国家哲学社会科学成果文库

NATIONAL ACHIEVEMENTS LIBRARY
OF PHILOSOPHY AND SOCIAL SCIENCES

近八十年来关中方音微观演变研究（上）

邢向东　著

中华书局

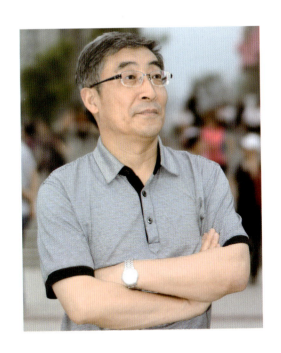

邢向东 1960年生，陕西神木人。山东大学文学博士。现任陕西师范大学文学院教授、博导，语言资源开发研究中心主任，《语言与文化论丛》主编。出版专著10部，发表论文120余篇，主编教材2部，主编《陕西方言重点调查研究》。《神木方言研究》获全国优秀博士论文奖和全国普通高校人文社会科学优秀成果二等奖。《陕北晋语语法比较研究》获第十二届北京大学王力语言学奖二等奖。曾主持国家社科基金项目"秦晋两省黄河沿岸方言的现状与历史研究"、重点项目"近八十年来关中方言微观演变研究"，现主持国家社科基金重大招标项目"西北地区汉语方言地图集"。2004年入选教育部新世纪优秀人才支持计划，享受国务院特殊津贴，2010年入选长江学者特聘教授，2015年入选文化名家暨"四个一批"人才，2016年入选"万人计划"哲学社会科学领军人才。兼任中国语言学会常务理事，全国汉语方言学会理事，陕西省语言学会副会长。

《国家哲学社会科学成果文库》
出版说明

为充分发挥哲学社会科学研究优秀成果和优秀人才的示范带动作用，促进我国哲学社会科学繁荣发展，全国哲学社会科学工作领导小组决定自 2010 年始，设立《国家哲学社会科学成果文库》，每年评审一次。入选成果经过了同行专家严格评审，代表当前相关领域学术研究的前沿水平，体现我国哲学社会科学界的学术创造力，按照"统一标识、统一封面、统一版式、统一标准"的总体要求组织出版。

全国哲学社会科学工作办公室

2021 年 3 月

主要合作者：张双庆

调查：邢向东、张双庆、陈荣泽、史艳锋、吴媛、徐朋彪

描写论述篇执笔：邢向东（第八章执笔：陈荣泽）

语料篇登录：张建军

语料篇复核：史艳锋、邢向东

全文校对：代少若、张永哲

全文绘图：孙建华

全文复核：曹兴隆、庄佳

本课题获得的资助：

1. 香港政府资助局立项课题《当代关中方言的调查及声母、介音演变研究》（项目编号 440808，主持人张双庆）。

2. 国家社科基金重点项目《近八十年来关中方言微观演变研究》（项目编号 10AYY002，主持人邢向东）。

目　录

方言地图目录

Table of Contents

List of Dialect Maps

序

　　邢向东教授最近给我发送了《近八十年来关中方音微观演变研究》一书的全部文稿。这是数年前张双庆教授主持的香港政府资助项目、邢向东教授主持的国家社会科学重点项目的最终合作的大型成果，几经评审，已经入选《国家哲学社会科学成果文库》了。邢向东教授知道我对西北地区汉语方言调查研究的不断情结，要让我先读为快。此等情谊，令人感动！

　　《近八十年来关中方音微观演变研究》内容非常丰富。全书分为两篇：上篇是"描写论述篇"，从所记录的语言事实出发，深入讨论关中方言微观演变的历史规律，例如古帮组声母的唇齿化、古知系合口字的读音及与精组合口字的分混问题、端精见组齐齿呼字的关系、关中方言例外上声字及其解释等等。这些讨论都非常专业，很有深度，足见作者探索问题的宏观视野和观察问题的微观境界。这两个方面都须要极其厚实的专业功力。下篇是"语料篇"，排比了关中地区48个地点、2273个单字的方言事实，可以作为上篇论述的充分佐证。项目调查时还调查记录了1624条词语、70个语法条目，最后都没有收入下篇，大概是出于篇幅的考虑，只好割舍了。这多少有点儿让人觉得惋惜。不过细读上篇就知道，讨论演变历史规律的时候很多地方都用到了词语和语法材料，并且很多字音的准确性是须要依靠词语和语法事实的支持的。大著指出，研究近八十年来关中方言微观演变的历史规律，具有重要的现实意义和学术价值。例如，关中方言的研究对汉语史、汉语共同语史的研究具有其他方言不可替代的重要作用；要进行西北地区汉语方言、语言接触和西北官话史的研究，必须先对关中方言作系统的考察；关中方言特殊的演变现象和规律，都反映出它在汉语语音史研究中有着某种独特的价值。我多年关注西北地区尤其是关中地区的方言调查研究，曾经仔细阅读过《西安方言词典》（王军虎，1996）、《关中方言略说》（孙立新，1997）、《演化与竞争——关中方言音韵结构的变迁》（张维佳，2002）等有关论著；还仔细参考过《陕西方言词汇集》（张崇主编，2007）的有关部分；也认真拜读过邢向东、张双庆两位教授此前发表过的多篇相关论文。因此我相信以上所说诚可信矣！

近时读报，2020 年 9 月 28 日，中共中央政治局以我国考古最新发现及其意义为题举行第二十三次集体学习。习近平总书记在主持学习时说："当今中国正经历广泛而深刻的社会变革，也正进行着坚持和发展中国特色社会主义的伟大实践创新。我们的实践创新必须建立在历史发展规律之上，必须行进在历史正确方向之上。"对此，总书记进一步强调要高度重视考古工作，对于中国应该建设怎样的考古学，他用了三个词来形容：中国特色、中国风格、中国气派。言语中传递着满满的文化自信。

习近平总书记的重要讲话，对我们来说是一个巨大的鼓舞。中国语言学，尤其是中国的汉语研究，在学科性质上是最接近考古学的人文社会学科之一。汉语是世界上使用人口最多的语言之一，是中国最具重要价值的资源之一，也是中华文化之根，华夏民族之魂。因此也应该用"中国特色、中国风格、中国气派"的标准，来建设现代中国语言学，建设现代中国汉语学。

我读《近八十年来关中方音微观演变研究》，自然会联想到习近平总书记的重要讲话。西北地区尤其是关中地区，是华夏民族文明最重要的发源地之一，对关中地区汉语方言进行深入细致的调查研究，无疑也具有考古学上的重要意义。本书以实地方言调查为基础，从大量的语言事实出发，探究历史演变规律，作出理论升华。全书实事求是，言之有据，言之有物，不说空话、虚话，传承了中国语言学优良的学风和文风。我敢说这是近期以来所发表的一部最重要方言学著作，比较符合"中国特色、中国风格、中国气派"的要求，所以愿意向读者郑重推荐。

《近八十年来关中方音微观演变研究》一书，研究讨论问题涉及三个重要的方向：一是现代关中地区的方言事实；二是最近八十年来关中地区方言的微观演变；三是西北地区或关中地区语音的历史演变。由此，我建议读者在阅读本书的时候还要同时阅读另外两部重要论著。一部是罗常培的《唐五代西北方音》（1933），另一部是白涤洲的《关中方音调查报告》（1954）。

罗常培是中国现代汉语方言学的重要奠基人之一。《唐五代西北方音》是古方言研究领域里最重要的一部著作，其研究方法和研究结论都经得起推敲，至今无出其右者。它首先把藏文对音或藏文译音转换成音标，由此知道汉文字的汉语读音，并由此发现唐五代西北方音有很多前人所没有说过的特点；然后把这个语音材料跟《切韵》系统进行比较，去推溯汉语读音的来源，当是属于唐中叶陇西一带的方言；之后对比现代西北地区兰州、平凉（甘肃），西安、三水（陕西），文水、兴县（山西）等三省六处音系，加以验证，同时可以看到唐五代西北方音到现代西北方音的历史演变。这六处音系里有两处就在关中地区。最后得出唐五代西北方音的面貌，指出唐五代西北方音具有一些显著的重要特点。下面可以简单举出几条：

1. 轻唇音"非敷奉"多读送气音［p'-］声母，可以看出当时已经显露出重唇音分化的痕迹；

2. 舌上音混入正齿音；

3. 正齿音的二三等不分；

4. 鱼韵字大部分变入止摄；

5. 通摄的一三等字元音不同；

6. 一等二等字的元音大多没有分别。

我们很容易发现，《近八十年来关中方音微观演变研究》一书"描写论述篇"里讨论到的一些重要问题，跟《唐五代西北方音》所说到的一些结论有密切关联。究根溯源，还真离不开《唐五代西北方音》这部著作。因此，两部著作参照着阅读，可以互为参考、互为印证，提高我们读者的分析能力和理论水平。

白涤洲是一位有才华的语言学家，惜乎年轻早逝。老舍先生是这样评论他的："他老想使别人过得去，什么新的旧的，反正自己没占了便宜。自己不占便宜就舒服。"1933 年，白涤洲先生调查了关中 42 县 50 个方言点的语音系统，他来不及整理就于第二年去世了。后来由喻世长先生整理其调查材料，并于 1954 年出版了《关中方音调查报告》(语言学专刊第六种)。该报告较为系统地描写了关中方言的语音状况，并对一些音韵特点及其演变、地理分布进行了简略的讨论。其中有一些讨论是整理者喻世长先生说的。罗常培在"序"里曾指出本书之不足，最主要是没有将声调和声母、韵母配合起来。当然，本书的音级总表只有 427 个单字音，而且只有声母和韵母，而缺声调，也没有涉及关中方言的词汇、语法材料，这也算是其中不足。不过，我们不能苛求于白涤洲。

无论怎么说，《关中方音调查报告》都为《近八十年来关中方音微观演变研究》这部著作提供了一个绝佳的参照系，为观察当代关中方言的语音演变提供了一个非常合适的窗口。而《近八十年来关中方音微观演变研究》增加了大量单字音材料，增加了很多词汇和语法的调查，极大地弥补了《关中方音调查报告》之缺陷。

三部重要著作，不仅关联起了关中地区八十年语音演变的历史，实际上也一定程度地构建了一个长达数千年的方言演变的历史模型。其中《近八十年来关中方音微观演变研究》这部著作是这个键条的最重要环节。读者把三部著作联系起来阅读，可以游荡于关中地区古今方言的海洋，尽情地享受中国方言学研究的无穷魅力！

我已垂垂年老，无力于生动的田野调查，于是读书便是打发日子最好的方式之一。每读好书，尤其读到老朋友的重要作品，便兴高采烈，经常会想起年轻时往来的旧事。读《近八十年来关中方音微观演变研究》一书文稿，也是如此。

《近八十年来关中方音微观演变研究》一书的作者邢向东教授和主要合作者张双庆教授，都是我在学界里的好朋友。

邢向东教授读博士时的导师是著名学者钱曾怡教授，也是我在学界里非常尊敬的师友和大姐。我主持过邢向东教授的博士论文答辩，也应邀主持过好几届他的博士学生的论文答辩。所以我们之间本来就有着很深的学术因缘。他回到陕西师范大学任教以后，日夜乡音缭绕，如鱼得水，很快就开拓了西北地区汉语方言研究的全新境界，做出很多突出的成绩，而且在汉语音韵、汉语语法、地理语言学等诸多中国语言学领域都成就不凡，蜚声学界。其时我也正倾心陶醉于西北地区的汉语方言以及有关的文化现象，因而不时得到他的照顾和指教，使我增加了很多见识。他于专业眼界开阔、思维缜密、善于发现问题，屡有新见，我甚佩服。但他不是一个书呆子，还有很多语言学之外的爱好。我多次在席间听他高唱西北地区的信天游，声情并茂，字正腔圆，大概跟专业的文艺家相差不远，每每让我们大家拍案叫绝！

张双庆教授是我在香港认识最早的学界朋友之一。他除了在中文大学的教职之外，还专攻汉语音韵学和汉语方言学，尤其专精于闽语、粤语和客家话等东南地区的方言，多有专论，闻名于学界。他还经常参加在内地举办的各种学术会议、学术活动，所以我有机会在很多场合向他请教学问，受益很多。我有时候去香港参加一些学术会议，他知道了一定会请我小酌。有一次我在香港一个地方讲座，他知道了专门搭车走了很远的路，给我坐镇压惊，其中透着浓浓的朋友情谊，叫我非常感动。

邢向东教授在西北，张双庆教授在东南，看似无缘，却是有情。好几年以前的事情了，邢向东教授希望开拓西北地区方言文化研究的境外影响，恰好张双庆教授这个时候也在利用香港的优势帮助东南地区的方言研究。我于是怂恿张双庆教授找时间到西北地区走走看看。我跟他说，到了那里你会很快爱上她的！不久之后，张双庆教授应邀专程参加在西宁青海民族大学举行的"第二届西北方言与民俗国际学术研讨会"。大约就是在这次会上或会后，两位教授的大手紧紧地握在一起了。张双庆教授沉醉于西北浩瀚的黄土地，爱上了西北地区厚重的语言与文化。于是有了后来的两个重大研究项目的合作，最终催生了我们现在看到的重要成果《近八十年来关中方音微观演变研究》。

以上文字分别说到三件事情：《近八十年来关中方音微观演变研究》的意义和价值；与这部大著有关的另外两部重要著作《唐五代西北方音》和

《关中方音调查报告》；略说这部大著的两位合作者。我笔拙，可能都没有说清楚。至于这部大著的其他长处或不足，我尚有自知之明，不敢多说，留着请各位读者评论。

是为序。

张 振 兴

2020 年 11 月 3 日于北京康城花园

时虚年八十

描写论述篇

绪　论

本书所指的"关中方言"主要根据一般的地理概念，适当考虑方言特点与分区，包括今陕西境内属于中原官话汾河片、关中片、秦陇片的方言。

一、本书缘起和宗旨

1.1　研究意义

关中是周秦汉唐故地，先后有十三个封建王朝、一千多年在此建都。因此，它曾经是中华文化、世界文化荟萃之地，是中华历史文化的根脉所在。历史上，关中方言曾经作为汉民族共同语的基础方言，其代表方言长安话对其他方言、周边地区和国家的语言施加过重要影响。唐代以后，关中又是汉族和少数民族语言文化广泛接触、融合之地，现代关中的许多姓氏都来自北方鲜卑、氐、羌等民族。因此，关中方言的研究对汉语史、汉民族共同语史的研究具有其他方言不可替代的重要作用。

西北方言近年来受到学界的高度关注，其原因是西北地区存在极其丰富的方言、语言及语言接触资源。而关中方言不仅是西北地区最重要的方言之一，而且是西北许多方言（包括汉民话、回民话）的源头。因此，要进行西北地区汉语方言、语言接触、西北方言史的研究，必须先对其源头——关中方言有系统的了解。这可能也是民国时期中央研究院在北方地区首先调查关中方言的重要因素。

近年的研究发现，关中方言与客赣方言、通泰方言有一定的关系，比如在古全浊声母今读塞音、塞擦音时送气以及介音的演变等方面有相当大的共性。全面系统地调查当代关中方言，并对其声母、韵母（尤其是介音）的演变进行深入考察，可以为深入认识客赣方言与北方方言的关系提供非常有力的参照系。

关中方言中蕴藏着极其重要的语音演变的信息。比如，古全浊声母字在北方方言中一律清化，其中的塞音、塞擦音清化后，一般按照平声送气、仄声不送气的规律分化，但关中地区远离中心的周边方言以及相邻的晋南、陇东方言，其古浊塞音、塞擦音的读法，却是不论平仄一律送气，这一点打破了人们关于北方话古全浊声母演变的传统认识，为探讨隋唐以来北方方言——特别是西北方言声母的演变，提供了非常重要的基础（李如龙、辛世彪 1999）。再如，关中方言中古知系字的演变、端精见组字声母的演变、双唇音声母的唇齿化演变等，都反映出这支方言在汉语语音史研究——特别是声母演变史研究中的独特价值。

1.2　研究缘起

1933 年，白涤洲先生调查了关中 42 县 50 个方言点的语音系统，后来由喻世长先生整理出版了《关中方音调查报告》（1954，以下简称《报告》），该报告较为系统地描写了关中方言的语音状况，并对一些音韵特点及其演变、地理分布进行了简略的讨论。这部著作作为观察当代关中方音的演变提供了绝佳的参照系。近年来的调查发现，关中方言是官话方言中极其活跃的一支。从《报告》到现在的近八十年间，它的韵母系统比较稳定，但声母系统则非常活跃，发生了一系列的变化，有些方面的变化颇为剧烈。如知系合口字的读音、端精见组齐齿呼字的分混、双唇音声母的唇齿化、山臻摄合口一等字介音的［y］化及精组字声母的腭化等。至于演变的方向，有的顺应普通话的影响，有的则与普通话背道而驰。在跟踪调查的基础上与当时的状况进行比较，揭示当代关中方言正在进行的演变，对官话方言演变的微观考察具有重要的价值。

从现代方言研究理论和实践的要求看，《报告》存在一些不足：（1）没有将声调和声母、韵母配合起来，罗常培先生在该书序言中已指出这一缺点。（2）音缀总表只有 400 多个单字音（缺声调），而且大都是文读，本次调查将字音对照增加到 2273 字，包括文白异读。（3）《报告》没有连读变调。（4）《报告》没有对关中方言的词汇、语法进行反映，而且关中方言至今没有一部系统的词汇对照集，这给官话方言的研究带来了很大的不便。汉语方言语音研究发展较快、词汇语法研究发展较慢的不平衡现象，在关中方言中表现得更加突出，这也是西北方言研究的一个缺陷。

新中国成立以来，特别是新时期以来，关中方言研究取得了长足的进展，如杨春霖等《陕西方音概况》、张崇《陕西方言古今谈》、孙立新《关中方言略说》、张维佳《演化与竞争——关中方言音韵结构的变迁》等，都是对关中方音进行宏观考察的代表性成果。张维佳的著作及其一系列论文，运用历史语言学方法，把共时和历时结合起来，从演化和竞争两个角度深入考察了关中方音的历史演变及其形成机制，在理论上达到了相当的高度。

不过，上述研究在方法论上有一点不足，就是没有注意材料的同时性，把白涤洲调查以来跨度达七十多年的语料放到同一平面来讨论问题，这无疑会造成两个缺陷：第一，平面描写中包含了不在同一平面的现象，因而导致结果与事实相违；第二，未将一千多年来关中方言的宏观演变与近百年来的微观演变分开，从而导致有些理论考察的结论出现偏差，尤其是不能揭示当代关中方言的变化。

1.3　研究宗旨

基于上述研究现状和学科发展的要求，我们认为，现在来对关中方言进行系统、全面的调查，在此基础上将本次调查的结果同《报告》所反映的现象进行对比，以系统地观察近八十年来关中方言的一些演变现象，尤其是最活跃的声母、介音的演变现象，应当具有非常重要的学术价值。

因此，本书的宗旨是在目前关中方言的调查研究的基础上，对《关中方音调查报告》进行追踪调查，同时观察近八十年来关中方言语音中的微观演变，通过对当代关中方言的微观演变的考察来解释汉语史上曾经发生的一些重要音变现象，为进一步开展官话方言研究提供可靠的当代关中方言大型语料。

二、调查点设置

2.1　《报告》的调查点

由于白涤洲先生当年的调查主要在西安进行，所以调查点的设置受到客观条件的限制。《报告》共有 50 个点，具体县份及地点如下（地名一律采用现代规范用字）：

　　　　1 华县　2 华县瓜坡镇　3 渭南韩马村　4 渭南故市镇　5 临潼铁炉镇　6 临潼　7 澄城王庄　8 白水　9 蒲城　10 蒲城义龙镇　11 蒲城荆姚镇　12 富平美原镇　13 富平　14 耀县　15 同官梁家原　16 高陵外门村　17 三原　18 泾阳鲁桥镇　19 淳化方里镇　20 咸阳洼店镇　21 兴平　22 武功　23 礼泉　24 乾县　25 永寿监军镇　26 旬邑太峪镇　27 彬县　28 长武常刘镇　29 扶风阎村　30 眉县　31 岐山青化镇　32 麟游昭贤镇　32 千阳　34 陇县朱柿镇　35 凤翔　36 宝鸡　37 商县府君庙　38 周至哑柏镇　39 周至　40 周至终南镇　41 户县　42 西安　43 蓝田　44 洛南富刘村　45 华阴西王堡　46 潼关　47 朝邑仓头镇　48 大荔　49 合阳　50 韩城

其中字体加粗的是一个县内重复的方言点，共 9 个。另有 16 个县调查点不在县城或县城附近。

2.2　本次调查的方言点设置

　　本次调查的宗旨是在对《报告》进行追踪调查的同时，进行更加全面的调查，以系统地反映当代关中方言的语音现状，考察近八十年来关中方言的微观演变。同时进行方言词汇的系统调查，提供关中方言词汇的较为详细的语料。因此，在调查点的设置上，既考虑了《报告》选点的情况，又考虑了本次调查的系统性和覆盖面。具体如下：

　　（1）基本删除县境内重复的方言点，但根据方言特点，保留了富平美原镇一点。

　　（2）《报告》有些县没有调查县城方言，本次选择这些县城（或近郊）方言进行调查。包括下列县城：渭南、澄城、铜川（同官）、泾阳、淳化、咸阳、旬邑①、长武、扶风、岐山、麟游、商州（商县）、洛南，共计 13 个。

（3）应归关中方言而白涤洲先生未调查者，共 12 县：长安、黄龙、宜川、黄陵、洛川、富县、宜君、太白、凤县、山阳、丹凤、定边。本次调查加入：长安、宜川、富县、黄陵、宜君、丹凤，共 6 县。

综上，本次调查共设点 48 个，列举如下（见图 0-1）：

渭南市：1 潼关　2 华县　3 大荔　4 合阳　5 韩城　6 蒲城　7 澄城
　　　　8 白水　9 富平　10 渭南　11 华阴　12 富平美原

商洛市：13 商州　14 洛南　15 丹凤

西安市：16 西安　17 长安　18 户县　19 周至　20 蓝田　21 临潼

图 0-1　本书调查的关中方言点②

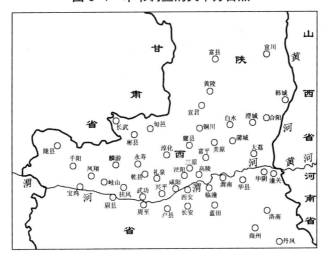

① 本次调查涉及的关中地名，一律使用简化以后的新词形。新旧词形对照如下：商雒—商洛，雒南—洛南，鄜县—富县，郃阳—合阳，鄠县—户县，盩厔—周至，栒邑—旬邑，邠县—彬县，郿县—眉县，汧阳—千阳，醴泉—礼泉。

② 书中用到方言地图共计 58 幅，审图号为：陕 S（2021）001 号。其中 14 幅引自《关中方音调查报告》（白涤洲遗稿、喻世长整理，中国科学院语言研究所编辑、中国科学院出版社 1954 年出版），和原书中一致。另外 44 幅为当代关中方言特征图，在陕西省测绘地理信息局的标准地图"陕西省地图政区简图"（审图号为：陕 S〔2018〕006）上标示方言特征。图中所标为调查时各点的行政区划名。因调查时间较早，个别点和最新行政区划名称略有不同，对应如下："彬县"今为"彬州市"，"耀县"今为"耀州市"，"华县"今为"华州区"，"户县"今为"鄠邑区"，"华阴"今为"华阴市"，"韩城"今为"韩城市"。

      22 高陵

延安市：23 富县　24 黄陵　25 宜川

铜川市：26 铜川　27 宜君　28 耀县

咸阳市：29 咸阳　30 三原　31 礼泉　32 兴平　33 武功　34 乾县

      35 彬县　36 长武　37 旬邑　38 永寿　39 淳化　40 泾阳

宝鸡市：41 扶风　42 眉县　43 麟游　44 千阳　45 陇县　46 岐山

      47 凤翔　48 宝鸡

三、调查研究的内容

3.1　调查内容

本次调查的内容包括语音、词汇、语法。

调查条目：语音包括单字音和连读变调。单字音调查包括《报告》中的所有 400 多字，并扩充到 2273 字。连读变调是为词汇和语法调查服务的。

词汇条目 1624 条。

语法条目 70 条。

3.2　成果内容

3.2.1　描写论述篇

主要考察当代关中方音的重要演变，尤其是考察声母、介音的演变及其在关中方言中地理分布的变化，具体包括下列内容：

（1）古帮组声母的唇齿化。当代关中的不少方言中，p、pʰ、m 在 o、u 两韵前发生唇齿化，演变为 pf、pfʰ、mf，而且这种变化的地域分布，从《报告》以来还有较大的扩散。这种正在发生的音变，对于认识汉语史上曾经发生的重唇音变轻唇音的音变，具有重要的价值。

（2）古知系合口字的读音及与精组合口字的分混问题。当代关中方言中这两组声母的读音、关系极其复杂，非常具有研究价值。《报告》中报道，关中话知系合口字和精组合口字有大面积的合流，近年来的研究发现，其中有些是"假合流"，即声母、韵母及介音之间互为演变条件，并没有真正合流为一组声母。所谓合流，是由于《报告》对音位的过度归纳造成的一种假象。当代方言中，这两组字的读音发生了饶有趣味的变化。在宝鸡地区所在的大多数西府方言中，古知系合口字完全失去合口介音 u，变成开口呼："猪＝知，出＝吃，书＝失"，《报告》中只报道岐山（青化镇）一地，且不与知系开口字合流。今天，西府的宝鸡、眉县、扶风、凤翔（还有本次未调查的凤县、太白）等方言都已如此，该特点的分布范围有较大的扩展，形成较大面积的知系开、合口字合流。不论与精组合口字合流还是读舌尖后音开口呼字，都是与普通话背道而驰的演变。该组字读 pf、pfʰ、f、v 声母的方言，虽然变化不大，但应包括《报告》未报道的长安等方言。

（3）端精见组齐齿呼字的关系。如这三组声母的齐齿呼字腭化为 tɕ、tɕʰ 声母，《报告》只有洛南一地，近年来有大面积扩展，以致"天地钉（子）铁"读舌面前塞擦音已经成为关中话的特征之一。这种变化也与普通话以及大部分北方方言大相径庭。

（4）山臻摄合口一等字韵母介音发生 y 化，其中来母合口字介音 y 化范围较广，分布较分散，精组字则在介音前化为 y 的同时，声母也腭化为 tɕ、tɕʰ、ɕ，这种变化集中分布在关中东府地区。同时，在中西部还有一种相反的演变，即山臻摄精组合口三等字（全旋宣俊峻句巡）读 u/ʯ 韵、舌尖前音声母。《报告》只反映了前者，没有反映后者。而这两方面都是北方方言中非常重要的两种演变方向，它们的竞争痕迹残存在北京等大部分北方方言中。

（5）关中方言例外上声字及其解释。关中方言中读为上声的字，有不少来自古清平、清入、去声字，形成例外。本研究将以重点考察的方法，解释造成例外的原因。

（6）礼泉方言音系及声调对元音开口度的影响。礼泉方言是本次试调查方言点。调查过程很细，发现了一些此前未曾注意的重要现象，如部分韵母开口度（或单、复元音）随声调而有区别，学界称为"调值分韵"或"异调分韵"。在关中方言中，此类现象也普遍存在，礼泉方言尤其突出。在本书中，我们从音理入手讨论了形成调值分韵现象的原因。

（7）其他一些语音问题。如古微疑云以母的分合：大多数关中方言微以母同疑云母有别，少部分合流。n、l 的分混及其分布地域的变化：这两组声母分混的复杂性在于，n、l 在开口呼、合口呼韵母前分混不同，甚至相同口呼的不同字，其分混的同言线也参差不齐。古全浊声母今读塞音、塞擦音时送气不送气的情况：目前，古全浊声母仄声字读送气音与不送气音，正处在变化之中，其表现形式，既有文白异读，又有新老交替，值得进行深入考察。这类问题宜于采用地理语言学方法，通过方言地图反映《报告》以来的微观演变，详见本书第十一、第十二章。此不赘述。

3.2.2 语料篇

关中方言字音对照集。包括 48 个调查点 2273 字的声韵调对照表。

限于篇幅，项目成果中的《词汇对照表》（1624 条）、《语法例句对照表》（70 条）未能在本书列出，拟将来单独成书。

第一章

关中方言概述

本章概述陕西省、关中地区的简况，并从方言归属、内部区划以及声韵调几个方面，对关中方言进行简略描写。

一、陕西省概况

陕西省简称"陕"或"秦"，位于我国西北地区东部的黄河中游，地处东经 105°29′—111°15′ 和北纬 31°42′—39°35′ 之间，东隔黄河与山西相望，西连甘肃、宁夏，北邻内蒙古，南连四川、重庆，东南与河南、湖北接壤。全省地域南北长、东西窄，南北长约 880 公里，东西宽约 160—490 公里。全省以秦岭为界，南北河流分属长江水系和黄河水系，主要有渭河、泾河、洛河、无定河和汉江、丹江、嘉陵江等。

陕西是中华民族古代文明发祥地之一。大约在 80 万年前，蓝田猿人就生活在这块土地上。1963 年发现的"蓝田猿人"，是全国发现的时间最早、最为完整的猿人头盖骨化石。约三四万年前，关中地区的原始人类逐步进入氏族公社时期。1953 年发现的西安半坡村遗址，就是六七千年前母系氏族公社的一座定居村落。大约在公元前 28 世纪左右，传说夏部落的始祖黄帝、炎帝都曾在陕西活动过。考古界有一种观点认为，神木石峁的城堡遗址可能是轩辕黄帝的行宫。公元前 21—前 16 世纪的夏朝时期，陕西有扈国、骆国出现。公元前 11 世纪，周武王灭商，在陕西建立西周王朝，此后又有秦、西汉、东汉、西晋、前赵、前秦、后秦、西魏、北周、隋、唐、大夏等 12 个王朝先后在陕西建都，时间长达 1100 多年。此外，还有刘玄、赤眉、黄巢、李自成 4 次农民起义在此建立政权计 11 年。1935 年 10 月 19 日，红军长征到达陕北吴起镇，从此，中共中央在陕北战斗、生活了 13 年，领导了全国的抗日战争和解放战争。延安成为中国革命的圣地。

陕西是我国对外开放最早的地区之一。著名的"丝绸之路"就以古长安为起点，从两汉时期开始，以长安为中心，同南亚、西亚、欧洲各国进行政治、经济、文化交流。

陕西地区行政区划始于春秋战国时期。战国时，魏国在洛河下游设上郡，楚国在汉江中游设汉中郡，秦国在陕北也设上郡。秦始皇统一六国后，分天下为 36 郡，陕西境内除保留上郡和汉中郡外，在渭河流域另设内史，与郡同级。西汉沿袭秦制，保留上郡与汉中郡，另将秦的内史分为 3 个相当于郡的政区：京兆尹、左冯翊、右扶风，称为"三辅"，治所均在长安城。三国时期，今陕西地区的大部分由雍州、荆州、益州管辖。西晋时大致和三国相仿。东晋至隋统一的二百多年间，南北分裂，战争频繁，行政区划十分混乱。唐初全国共设 10 道，今关中、陕北属关内道，陕南属山南道。宋改道为路，陕西大部属永兴军路，治所在今西安市；另有部分地区属秦凤路、利州路、京西南路、河东路。金仍用路制，完全设在陕西境内的有京兆府路、鄜延路。元代属陕西行省。明代称陕西布政使司，辖地包括今陕西全境、甘肃嘉峪关以东各地、宁夏、内蒙古鄂尔多斯市的大部、青海省青海湖以东部分。清代仍称陕西行省，清初陕西仍辖今甘肃、宁夏和青海东部。康熙二年（1663）移陕西右布政使驻巩昌，五年改为甘肃布政使，移驻兰州。从此，陕、甘两省分治。自元代起，陕西的省治一直在今西安市。

2015 年末，全省常住人口 3792.87 万人，除汉族外，还有回、满、蒙古、壮、藏族等 42 个少数民族。其中人口最多的是回族，占少数民族人口的约 89%。

二、关中概况和本次调查范围

2.1 关中的含义

关中的名称，古代和今天的内涵、外延均有一定的差异。古代关于"关中"的地域范围，以下面的"四关"或"五关"之内的说法最有代表性。《史记》卷五《项羽本纪》集解引徐广："东函谷，南武关，西散关，北萧关。"认为关中乃上述四关之中。这四关中，函谷关在河南省灵宝县境内，武关在商洛市丹凤县境内，萧关在宁夏回族自治区固原市原州区境内，散关在宝鸡市西南的大散岭上。胡三省注《资治通鉴》曰："西有陇关，东有函谷关，南有武关，北有临晋关，西南有散关。"陇关在甘肃陇县的陇山上，临晋关在渭南市大荔县东北黄河西岸。胡三省的说法，把关中的西界定在陕甘之间，明确了东北界在黄河东岸，更接近今天的关中，反映出"关中"作为地理名称，其范围从古至今有所变化。这样看来，历史上的关中比今天所谓关中的地域范围要大一些，还包括今甘肃、宁夏、河南与陕西接壤的部分地区。

现代行政地理意义上的关中，是陕西省的一个自然经济区，史称"八百里秦川"，东起潼关，西至宝鸡，占陕西省总面积的19%。陕西省会西安市就位于关中中部。关中地势平坦，物产丰饶，经济繁荣，文化发达，历来是陕西省工业、农业、科研、文化、教育最发达的地区，又是西北地区人口、文化、方言等的重要发源地。

2.2 本书的"关中"

本书所称"关中"主要是指今行政地理上的关中，同时也考虑方言上的区划。行政地理上，关中指陕西省中部的关中平原，由东向西包括渭南市、西安市、铜川市、咸阳市、宝鸡市。方言区划方面，关中话的范围比"关中"的范围要大，除了渭南市、西安市、铜川市、咸阳市、宝鸡市的方言之外，还包括延安市境内的富县、洛川、宜川、黄陵、黄龙，商洛市的商州、洛南、丹凤等县区。陕南安康市、汉中市的一些县区，从方言归属看也属于关中方言，但考虑到下面三个因素，未将它们包括到本书中来：一是《关中方音调查报告》没有调查安康、汉中境内的方言；二是它们在地理上与关中有秦岭相隔，方言也不连成一片；三是安康、汉中境内的中原官话大多有混合性质，受到西南官话、江淮官话的强烈影响，有些方言的归属还存在争议。

2.3 关中的"东府"与"西府"

关中历来有东府、西府之分，西府地域范围窄，一般指宝鸡市所辖地区，宋代属秦凤路。就方言来看，西府话大致指西府地区属于中原官话秦陇片的方言，还包括延安市属于秦陇片的富县话。其典型特征是古深臻摄与曾梗通摄舒声韵合流，即一般所说的不分前后鼻韵母，普通话的 ən:əŋ、in:iŋ、uən:uŋ、yn:yŋ 两套韵母，在西府方言中合为一套。东府地域范围广，包括关中的中、东部地区，方言范围涵盖了西府话之外的关中片、汾河片方言。不过，关中中部咸阳市范围内的方言，属于西府、东府方言的过渡地带，兼有两方面的特点。因此，关中东府、西府方言的主要差异，大致就是《中国语言地图集》（1987）中关中片与秦陇片之间的差异。本书提到东府、西府方言的时候，不再重复其所指范围。但有时使用略微笼统一些，如西府话不严格限于宝鸡地区及富县方言。

三、陕西省的方言区划

陕西省的汉语方言，老百姓口语中一般分为陕北话、关中话、陕南话。从方言系属看包括晋语、中原官话、西南官话、江淮官话以及少量赣语等。

3.1　中原官话以外的方言

（1）晋语。晋语指"山西省及其毗连地区有入声的方言"（李荣 1985）。陕西晋语分别属于五台片、大包片、吕梁片、志延片，分布在陕北榆林、延安两市的 19 个县区。

（2）西南官话。陕西的西南官话属于川黔片的陕南小片，分布在陕南汉中、安康两市的 16 个县区。

（3）江淮官话。陕西的江淮官话属于竹（山）柞（水）片，与湖北竹山、竹溪相连。主要分布在安康、商洛市的 6 个区县，有的和中原官话关中片、秦陇片同处一县，一般是中原官话占据县城和平坦的地区，江淮官话分布在较偏僻的山区。

（4）赣语。根据目前调查的结果，陕南的赣语方言主要有两片和两岛，分布在商洛、安康东部山区的 5 个县区。

（5）客家方言岛。据付新军和邢向东调查，陕南商洛还分布着客家话方言岛。如：商州区黑龙口镇罗湾村、三岔河镇阎坪村、杨斜镇川明村、砚池河镇西联村;柞水县红岩寺镇蓝家湾村、瓦房口镇西北沟村、杏坪镇肖台村;镇安县灵龙镇安乐村。

3.2 中原官话

陕西境内的中原官话分别属于汾河片、关中片、秦陇片和南鲁片,分布在68个市区县。

(1)汾河片:共4个县,地理上与山西晋南方言隔河相望。列举如下:

延安市:宜川县

渭南市:韩城市、合阳县、大荔县

(2)关中片:分布在关中、陕北、陕南的44个市区县。列举如下:

西安市:市辖区(本书称"西安")、临潼区、长安区、高陵县、蓝田县、户县、周至县

铜川市:市辖区(本书称"铜川")、耀县、宜君县

咸阳市:市辖区(本书称"咸阳")、礼泉县、泾阳县、永寿县、淳化县、三原县、彬县、兴平市、乾县、旬邑县、武功县

延安市:洛川县、黄陵县、黄龙县

渭南市:市辖区(本书称"渭南")、蒲城县、白水县、华阴市、澄城县、华县、富平县、潼关县

汉中市:城固县、洋县、西乡县

安康市:汉滨区、旬阳县、白河县、平利县(其中白河、平利还有江淮官话和赣语方言分布,县城方言混合性强,观点不一)

商洛市:商州区、洛南县、山阳县、丹凤县、镇安县(境内大面积分布江淮官话和赣语方言岛,县城方言混合性强)

(3)秦陇片:分布在19个市区县。列举如下:

宝鸡市:市辖区(本书称"宝鸡")、宝鸡县、岐山县、凤翔县、扶风县、千阳县、麟游县、眉县、陇县、太白县、凤县

咸阳市:长武县

延安市:富县

榆林市:定边县

汉中市:市辖区(内部分歧严重,归属观点不一)、勉县、略阳县、南

郑县、宁强县

（4）南鲁片：分布在商洛市商南县。

四、关中方音概述

本书所谓关中方言，指渭南市、西安市、铜川市、咸阳市、宝鸡市的方言，还包括延安市境内的富县、洛川、宜川、黄陵、黄龙，商洛市的商州、洛南、丹凤方言。

白涤洲遗稿、喻世长整理《关中方音调查报告》曾对近八十年前关中方言的语音面貌和语音演变情况作过较系统的描写。关于当代关中方言的语音特点和内部差异，孙立新（1997）、张维佳（2002）都有系统的描写和讨论。本节主要结合本次调查的情况，对关中方言的语音面貌和内部差异作简略的介绍。

在《中国语言地图集》（1987）中，关中方言分属中原官话关中片、秦陇片。邢向东（2007）又从关中片分出宜川、韩城、合阳、大荔四县，归属中原官话汾河片。《中国语言地图集》（第 2 版，2012）即将这 4 个县的方言归属汾河片。因此，本书调查的方言，包括了中原官话关中片、秦陇片、汾河片，其中关中片所占比重最大。

4.1　声母特点及内部差异

（1）关中方言声母普遍阻塞较紧，塞音爆破有力，除阻后气流较强。尤其是送气塞音、塞擦音声母，除阻后有很强的舌根、小舌部位的摩擦（舌面音拼齐、撮两呼时，摩擦在舌面和硬腭中部之间），如果用严式标音，其送气的塞音、塞擦音应记作 [pχ tχ ʈχ kχ tsχ ʈʂχ tsχ tɕç] 等，为了避免记音、描写和讨论的过度复杂，本书一律将其记为 [pʰ tʰ ʈʰ kʰ tsʰ ʈʂʰ tsʰ tɕʰ]。关中方言声母、介音的一系列演变，大致都和声母的这一发音特点有关。

（2）关中方言普遍有 v、ŋ 声母。有的方言 v 来自古微、云、以母及疑、影母合口一二等字，今读合口呼，音韵地位相当于普通话的合口呼零声母；有的方言只包括微、以母字，以微母字为多，反映其存古性特点，属于较早的语音层次。ŋ 来自古疑、影母的开口一二等字，今读开口呼，音韵地位相当于普通话的开口呼零声母。

（3）关中方言普遍有 ȵ 母，只与齐齿呼、撮口呼韵母相拼，所以不构成独立的音位，但在发音上，不能不说是该方言的一个特点。

（4）关中方言中，古全浊声母字一律清化。其中，古并、定、从、澄、崇、群六母平声字今一般读送气音。仄声字存在差异，处于关中中心地带的方言绝大多数读不送气音，如西安、户县、礼泉、咸阳等，周边方言部分送气，部分不送气，如岐山、凤翔、扶风、富县、黄陵、大荔、合阳、韩城、洛南等，都有相当数量的古全浊声母仄声字今读送气音。显示关中方言历史上曾经历过古全浊声母字不论平仄都送气的时期，同时，周边方言比中心地带的存古性更强。见表1-1。

表 1-1

	西安	岐山	彬县	礼泉	黄陵	富平	商州	合阳
步並	pu^{55}	pʰu^{44}	pʰu^{44}	pᶠʰu^{55}	pʰu^{44}	pᶠʰu^{55}	pᶠʰu^{55}	pʰu^{55}
拔並	pa^{24}	pʰa^{24}	pʰa^{24}	pa^{24}	pʰa^{24}	pʰa^{35}	pʰa^{35}	pʰa^{24}
道定	tau^{55}	tɔ^{44}	tɔ^{44} / tʰɔ^{44}	tɔ^{55}	tao^{44}	tɔ^{55}	tɔ^{55}	tɔo^{55} / tʰɔo^{55}
弟定	ti^{55}	tʰi^{44}	ti^{44} / tʰi^{44}	ti^{55}	tɕi^{44}	ti^{55}	ti^{55}	ti^{55} / tʰi^{55}
坐從	tsuo^{55}	tsʰuo^{44}	tsʰuo^{44}	tsuo^{55}	tʃʰuo^{44}	tsuo^{55}	tʃuo^{55}	tɕʰy^{55}
聚從	tɕy^{55}	tɕy^{44}	tɕy^{44}	tɕy^{52}	tɕy^{52}	tɕy^{55}	tɕy^{53}	tɕʰy^{55}
柱澄	pfu^{55}	tʂʰʅ^{44}	tʃʰu^{44}	tʃu^{55}	tʃʰu^{52}	tʃu^{55}	tʃu^{55}	pfʰu^{55}
纣澄	tʂou^{55}	tʂou^{53}	tʰou^{44}	tʂou^{55}	tʂʐu^{44}	tʂou^{55}	tʂou^{55}	tʂou^{55} / tʂʰou^{55}
助崇	tsou^{55} / pfu^{55}	tʂʰʅ^{44}	tʃu^{44}	tʃu^{55}	tsʰʐu^{44}	tsʰou^{55}	tsou^{55}	tsʰou^{55}
炸 崇, 油~	tsa^{24}	tsʰa^{24}	tsa^{24} / tsʰa^{24}	tsa^{24}	tsa^{24}	tsʰa^{35}	tsʰa^{35}	tsa^{24} / tsʰa^{24}
近群	tɕiẽ^{55}	tɕʰin^{44}	tɕʰiẽ^{44}	tɕiẽ^{55}	tɕʰiẽ^{44}	tɕiẽ^{55}	tɕiẽ^{55}	tɕʰiẽ^{55}
舅群	tɕiou^{55}	tɕiu^{44}	tɕiu^{24}	tɕiou^{24}	tɕiʐu^{44}	tɕiou^{55}	tɕiou^{55}	tɕʰiou^{55}

关于这一点，本书第十一章第三节将以3幅方言地图为基础，进一步讨

论其分布特点所反映的语音历史层次，并从理论上指出，古全浊声母仄声字是否送气，体现出文白异读同新老差异交织的状态，本质上是一种正在进行的离散式音变。

（5）关中方言中，古知系开口字分属 tʂ、tʂʰ、ʂ、ʐ 和 ts、tsʰ、s、z 两组声母，其中知组二等、庄组、章组止摄字读 ts、tsʰ、s，与古精组字合流。知章组三等、日母字读 tʂ、tʂʰ、ʂ、ʐ，独立为一个音类，其中在富平县美原镇、雷古镇、蒲城兴镇、渭南南原、华县瓜坡镇一带，该组字读 k、kʰ、x、ɣ，即有名的谚语"蒲城的蒸馍拿秤称"［pʰu²⁴ kʰəŋ³¹ tiᵒ kəŋ⁵³ moᵒ na²⁴ kʰəŋ⁴⁴ kʰəŋ³¹］所反映的方言特点。关中方言知庄章组开口字的音类特点，属于北方方言中分 tʂ、ts 类型中的昌徐型（熊正辉 1990）。

古知系合口字今读分歧严重，大体上有三种读音，四个类型。第一类，东府的西安、长安、周至、华阴、合阳等 9 个区县方言，读 pf、pfʰ、f、v，与精组合口字有别。第二类，西府的岐山、宝鸡、凤翔、扶风、眉县、太白（本次未调查）、凤县（本次未调查）等方言，读 tʂ、tʂʰ、ʂ、ʐ，开口呼韵母，与知系开口字合流，如岐山：猪＝知 tʂʅ³¹，出＝吃 tʂʰʅ³¹，书＝室 ʂʅ³¹，入＝日 ʐʅ³¹。第三类，读 tʃ、tʃʰ、ʃ、ʒ，合口呼韵母，音类独立，包括陇县、彬县、礼泉、咸阳、富平、临潼等方言，其东界在富平、白水以东，如礼泉：猪 tʃu³¹ ≠ 租 tsu³¹，出 tʃʰu³¹ ≠ 粗 tsʰu³¹，书 ʃu³¹ ≠ 苏 su³¹，坠 tʃue⁵⁵ ≠ 罪 tsue⁵⁵，吹 tʃʰue³¹ ≠ 崔 tsʰue³¹，睡 ʃue⁵⁵ ≠ 碎 sue⁵⁵。第四类，读 tʃ、tʃʰ、ʃ、ʒ，合口呼韵母，与精组合口字合流，其声母发音更接近舌尖前音，包括户县、蓝田、商州、渭南等东府方言，如商州：醉＝坠 tʃuei⁵⁵，脆＝吹（不计声调）tʃʰuei①，岁＝睡 ʃuei⁵⁵。

字音比较见表 1-2。为了反映知系开口字的读音类型，加入美原一点。

表 1-2

	西安	岐山	彬县	礼泉	黄陵	富平	美原	商州	合阳
茶澄麻	tsʰɑ²⁴	tsʰɑ²⁴	tsʰɑ²⁴	tsʰɑ²⁴	tsʰɑ²⁴	tsʰɑ³⁵	tsʰɑ³⁵	tsʰɑ³⁵	tsʰɑ²⁴

① 本书在比较字音时，凡没有标注声调的，一般不计声调。如此处：脆＝吹 tʃʰuei，下文彬县：全＝篡 tsʰuã，孙＝逊 suẽ。文中不再一一说明。

	西安	岐山	彬县	礼泉	黄陵	富平	美原	商州	合阳
支章支	tsʅ²¹	tsʅ³¹	tsʅ³¹	tsʅ³¹	tsʅ³¹	tsʅ³¹	tsʅ³¹	tsʅ³¹	tsʅ³¹
展知弥	tʂæ⁵³	tʂæ⁵³	tã⁵²	tæ̃⁵²	tʂæ̃⁵²	tʂã⁵³	kã⁵³	tʂã⁵³	tʂã⁵²
车昌麻	tʂʰɤ²¹	tʂʰɤ³¹	tʂʰɤ³¹	tʂʰɤ³¹	tʂʰɤ³¹	tʂʰɤ³¹	kʰiɛ³¹	tʂʰɤ³¹	t̠ʂʰə³¹ / t̠ʂʰɑ³¹
热日薛	zɤ²¹	zɤ³¹	zɤ³¹	zɤ³¹	zɤ³¹	zɤ³¹	ɣiə³¹	zɤ³¹	zə³¹
猪知鱼	pfu²¹	tʂʅ³¹	tʃu³¹	tʃu³¹	tʃu³¹	tʃu³¹	tʃʅ³¹	tʃu³¹	pfu³¹
如日鱼	vu²⁴	zʅ²⁴	ʒu³¹	ʒu³¹	ʒu³¹	ʒu³¹	ʒʅ³¹	ʒu³⁵	vu²⁴
锥章脂	pfei²¹	tʂei³¹	tʃuei³¹	tʃue³¹	tʃuei³¹	tʃuei³¹	tʃei³¹	tʃuei³¹	p̠fɿ³¹ / p̠fu³¹ / p̠fu⁵⁵
砖章仙	pfæ̃²¹	tʂæ̃³¹	tʃuã³¹	tʃuæ̃³¹	tʃuæ̃³¹	tʃuã³¹	tʃã³¹	tʃuã³¹	pfã³¹
虫澄东	pfʰəŋ²⁴	tʂʰəŋ²⁴	tʃʰuŋ²⁴	tʃʰuŋ²⁴	tʃʰuəŋ²⁴	tʃʰuəŋ³⁵	tʃʰəŋ³⁵	tʃʰuəŋ³⁵	pfʰəŋ²⁴
桌知觉	pfo²¹	tʂuo³¹	tʃuo³¹	tʃuo³¹	tʃuo³¹	tʃuo³¹	tʃo³¹	tʃuo³¹	pfo³¹
嘴精纸	tsuei⁵³	tsui⁵³	tsuei⁵²	tsue⁵²	tʃuei⁵²	tsuei⁵³	tʃei⁵³	tʃuei⁵³	t̠ɕyʅ⁵² / t̠ɕy⁵²
钻精桓	tsuæ̃²¹	tsuæ̃³¹	tsuã⁴⁴	tsuæ̃³¹	tɕyæ̃³¹	tɕyã³¹	tɕyã³¹	tɕyã³¹	tɕyã³¹
葱清通	tsʰuoŋ²¹	tsʰuŋ³¹	tsʰuŋ³¹	tsʰuŋ³¹	tʃʰuəŋ³¹	tsʰuəŋ³¹	tʃʰəŋ³¹	tʃʰuəŋ³¹	tɕʰyoŋ³¹
作精铎	tsuo²¹	tsuo³¹	tsuo³¹	tsuo³¹	tʃuo³¹	tsuo³¹	tʃo³¹	tʃuo³¹	tɕyə³¹

（6）关中方言古泥来母字的分混关系复杂。在齐齿呼、撮口呼韵母前，全部能分。在开口呼、合口呼韵母前，东府方言能分，西府方言合流，合流后读 l 母的占优势。不过个别合口呼字如"农、暖、嫩"等，大多数方言读 l 母。处在东、西府过渡地带的咸阳市淳化、永寿、彬县、武功等方言，泥来母洪音韵母字的分混关系比较杂乱，缺乏规律性（张维佳 2002）。见表 1—3。

表 1-3

	西安	岐山	彬县	礼泉	黄陵	富平	商州	合阳
南泥罩	næ̃^{24}	læ̃^{24}	lã^{24}	læ̃^{24}	næ̃^{24}	nã^{35}	nã^{35}	nã^{24} lã^{24} laŋ^{24}
蓝来谈	læ̃^{24}	læ̃^{24}	lã^{24}	næ̃^{24}	læ̃^{24}	lã^{35}	lã^{35}	lã^{24}
暖泥缓	nuæ̃^{53}	luæ̃^{53} lyæ̃^{53}	lyã^{52}	luæ̃^{52}	nuæ̃^{52} lyæ̃^{52}	luã^{53}	luã^{53}	yã^{52} lã^{52}
鸾来桓	luæ̃^{24}	lyæ̃^{24}	lyã^{24}	luæ̃^{24}	luæ̃^{24}	luã^{24}	luã^{35}	lã^{24}
年泥先	ȵiæ̃^{24}	ȵiæ̃^{24}	ȵiã^{24}	ȵiæ̃^{24}	ȵiæ̃^{24}	ȵiã^{35}	ȵiã^{35}	ȵiã^{24}
连来仙	liæ̃^{24} liæ̃^{55}	liæ̃^{24}	liã^{24}	liæ̃^{24}	liæ̃^{24}	liã^{35}	liã^{35}	liã^{24}
女泥语	ȵy^{53} mi^{53}	ȵy^{53}	ȵy^{52} mi^{52}	ny^{52}	ȵy^{52}	ȵy^{53}	ȵy^{53}	ȵy^{52}
驴来鱼	ly^{24} y^{24}	ly^{24}	ly^{24}	ly^{24}	y^{24}	ly^{35}	ly^{35}	y^{24}

关于泥来母分混的类型、韵母条件和地域分布特点，以及近八十年来的演变，第十一章第二节将通过 6 幅方言地图的比较，进行较详细的讨论。

（7）古端、精、见三组字关系复杂。在开口呼、合口呼韵母前，三组字分而不混。在撮口呼韵母前，精组、见晓组字合流，读 tɕ、tɕʰ、ɕ 母。在齐齿呼韵母前的分混关系主要有四种类型。第一类，端、精、见三组分立，钉≠精≠经，听≠清≠轻，如合阳等少数处在关中边缘的方言。第二类，端、精合流，见晓组分立，钉＝精≠经，听＝清≠轻，西≠稀，这是关中地区最占优势的类型，如凤翔、宝鸡、扶风、彬县、富平、大荔、宜君等。第三类，端组独立，精、见合流，即不分尖团音，钉≠精＝经，听≠清＝轻，西＝稀，处于中心地带的方言大多属于此类，如西安、咸阳、户县、周至、韩城、铜川等。第四类，端、精、见三组字在齐齿呼韵母前完全合流，定＝精＝经，听＝清＝轻，西＝稀，如长安、蓝田、兴平、渭南、洛南、丹凤等。字音比较见表 1-4。

表 1-4

	西安	岐山	彬县	礼泉	黄陵	富平	商州	合阳
低端齐	ti^{21}	$ʈi^{31}$	ti^{31}	ti^{31}	$tɕi^{31}$	ti^{31}	ti^{31}	ti^{31}
挤精荠	$tɕi^{53}$	$ʈi^{53}$	tsi^{52}	$tɕi^{52}$	$tɕi^{52}$	ti^{53}	$tɕi^{53}$	tsi^{52}
鸡见齐	$tɕi^{21}$	$tɕi^{31}$	$tɕi^{31}$	$tɕi^{31}$	$tɕi^{31}$	$tɕi^{31}$	$tɕi^{31}$	$tɕi^{31}$
梯透齐	t^hi^{21}	$ʈ^hi^{31}$	t^hi^{31}	t^hi^{31}	$tɕ^hi^{31}$	ts^hi^{31}	$tɕ^hi^{31}$	t^hi^{31}
齐从齐	$tɕ^hi^{24}$	$ʈ^hi^{24}$	ts^hi^{24}	$tɕ^hi^{24}$	$tɕ^hi^{24}$	ts^hi^{35}	$tɕ^hi^{35}$	ts^hi^{24}
棋群之	$tɕ^hi^{24}$	$tɕ^hi^{24}$	$tɕ^hi^{24}$	$tɕ^hi^{24}$	$tɕ^hi^{24}$	$tɕ^hi^{35}$	$tɕ^hi^{35}$	$tɕ^hi^{24}$
洗心荠	$ɕi^{53}$	si^{53}	si^{52}	$ɕi^{52}$	$ɕi^{52}$	si^{53}	$ɕi^{53}$	si^{52}
喜晓止	$ɕi^{53}$	$ɕi^{53}$	$ɕi^{52}$	$ɕi^{52}$	$ɕi^{52}$	$ɕi^{53}$	$ɕi^{53}$	$ɕi^{52}$

4.2　韵母特点及内部差异

（1）关中方言 ɑ 组韵母发音一般舌位较后，多为 ɑ、iɑ、uɑ、yɑ，西安等中心地区为央元音 [ʌ] 略偏后。

（2）复元音韵母普遍单元音化，其中古蟹摄开口一二等字、合口一等字今一般读 æ、iæ、uæ 韵，效摄字一般读 ɔ、iɔ 韵，在少数方言中，古蟹摄合口一等、止摄合口字（对应于普通话的 ei、uei 韵）今读 ɿ、ʮ 韵。

部分方言的 æ 组韵母（古蟹摄一二等字）在读阳平调时会有动程。因为关中话的阳平调一般是中升调，时值较长，在声调由低变高（声带由松变紧）的同时，容易伴随着元音舌位从低到高、开口度从大到小的变化过程。这种情况现在多称为"调值分韵"。这一点也说明，关中方言中复元音韵母的单元音化还不够彻底。第十章将以礼泉方言为例，对此作详细分析。

（3）古咸山摄、深臻摄舒声韵母分别合流，韵尾脱落，韵腹鼻化。咸山摄一般读 ã/æ̃ 组韵母，深臻摄一般读 ẽ/ɛ̃ 组韵母。

从与《报告》的比较来看，这一特点至少已经存在了百年以上。两组韵母的鼻化色彩都很浓重，而且鼻音韵尾完全脱落，成为关中话的一个典型的音值特征。

古曾梗通摄、宕江摄韵母分别合流，其中曾梗通摄韵母的韵尾是比较松

的舌根鼻音 ŋ，宕江摄韵母的韵尾读带鼻音的舌根浊擦音 [ɣ̃]。本书一律将其记为 ŋ。

（4）古深臻摄韵母和曾梗通摄韵母，在东府方言中分立，在西府方言中合流，读舌面中鼻音韵尾 [ɲ]，本书一律记为舌根鼻音韵尾 ŋ。这是划分东西府方言即中原官话关中片和秦陇片的主要依据。

在整个西北方言中，只有关中片方言（汾河片同此）的深臻摄与曾梗摄韵母分立，显得非常突出。

（5）古遇摄一等端系字，通摄合口入声端系、知系字，东府方言元音裂化为 ou 韵，与流摄韵母合流。西府方言仍保持独立，读 u 韵，其中与舌尖前音 ts、tsʰ、s 拼合时，韵母大都被同化为舌尖音 ɿ。在元音发生裂化的方言中，有的只包括遇摄一等泥组字和通摄入声端系、知系字，如西安，有的包括全部端系字，如富平。字音比较见表 1-5。

表 1-5

	西安	岐山	彬县	礼泉	黄陵	富平	商州	合阳
杜定姥	tu⁵⁵	tʰu⁴⁴	tʰu⁴⁴	tu⁵⁵	tu⁴⁴	tou⁵⁵	tou⁵⁵	tʰu⁵⁵
土透姥	tʰu⁵³	tʰu⁵³	tʰu⁵²	tʰu⁵²	tʰu⁵²	tʰou⁵³	tʰou⁵³	tʰu⁵²
怒泥暮	nou⁵⁵	lu⁴⁴	lou⁴⁴	lou⁵⁵	nɣu⁴⁴	nou⁵⁵	nou⁵⁵	nou⁵⁵
路来暮	lou⁵⁵	lu⁴⁴	lou⁴⁴	lou⁵⁵	lɣu⁴⁴	lou⁵⁵	lou⁵⁵	lou⁵⁵
租精模	tsu²¹	tsu³¹	tsu³¹	tsu³¹	tsɣu³¹	tiou³¹	tsou³¹ tɕiou³¹	tsou³¹
粗清模	tsʰu²¹	tsʰu³¹	tsʰu³¹	tsʰu³¹	tsʰɣu³¹	tsou⁵³	tsʰou³¹	tsʰou³¹
苏心模	su²¹	su³¹	su³¹	su³¹	sɣu³¹	sou³¹	sou³¹	sou³¹
独定屋	tu²⁴	tʰu²⁴	tʰu²⁴	tu²⁴	tʰu²⁴	tou³⁵	tou³⁵	tʰu²⁴
鹿来屋	lou²¹	lu³¹	lu³¹	lu³¹	lɣu³¹	lou³¹	lou³¹	lou³¹
族从屋	tsou²⁴ tsʰou²⁴	tsʰu²⁴	tsʰu²⁴	tsu²⁴	tsʰɣu²⁴	tsou³⁵	tsʰou³⁵	tsʰou²⁴
竹知屋	tsou²¹ pfu²¹	tʂɿ³¹	tʃu³¹	tʃu³¹	tsɣu³¹	tsou³¹	tsou³¹	tsou³¹

　　第十二章第五节用2幅方言地图将《报告》和本次的调查结果进行对比，发现关中方言中遇摄字韵母的裂化，其同言线几乎没有变化。表明这种音变现象至少在八十年前就已经稳定下来。

　　（6）古山臻摄合口一等字来母、精组字的介音，部分关中方言前化为y，其中来母字介音y化的分布较广，既有东府话，又有西府话，如眉县、岐山、旬邑、彬县、长武、澄城、大荔、合阳、韩城。渭南、商洛、铜川三市的大部分方言，精组字不仅韵母介音y化，声母也腭化了，如渭南、大荔、合阳、韩城、商州、耀县、宜君等。另一方面，在西府及咸阳市部分方言中有一种相反的演变现象，即山臻摄合口三等从心邪母字介音后化为u，声母保持舌尖前音读法，如彬县：全＝篡 tsʰuã，宣＝酸~.suã，旋~吃~做＝算 suã²，孙＝逊 suæ̃。包括岐山、凤翔、麟游、千阳、陇县、淳化、旬邑、彬县等，关中其他一些方言也保留着这一演变的痕迹，如西安话中"全"字的白读。字音比较见表1-6。

表 1-6

	西安	岐山	彬县	礼泉	黄陵	富平	商州	合阳
乱来换	luæ̃⁵⁵ læ̃⁵⁵	<u>luæ̃⁴⁴</u> <u>lyæ̃⁴⁴</u>	lyã⁴⁴	luæ̃⁵⁵	lyæ̃⁴⁴	luã⁵⁵	luã⁵⁵ lã⁵⁵	yã⁵⁵ lã⁵⁵
论来恩	luæ̃⁵⁵ lyæ̃⁵⁵	lyŋ⁴⁴	lyæ̃⁴⁴	luæ̃⁵⁵	lyæ̃⁴⁴	luæ̃⁵⁵	luæ̃⁵⁵	yæ̃⁵⁵
钻精桓	tsuæ̃²¹	tsuæ̃³¹	tsuã⁴⁴	tsuæ̃³¹	tɕyæ̃³¹	tɕyã³¹	tɕyã³¹	tɕyã³¹
汆清桓	tsʰuæ̃²¹	tsʰuæ̃³¹	tsʰuã³¹	tsʰuæ̃³¹	tʃʰuæ̃³¹	tɕʰyã³¹	tʃʰuã³¹	tɕʰyã³¹
酸心桓	suæ̃²¹	suæ̃³¹	suã³¹	suæ̃³¹	ɕyæ̃³¹	ɕyã³¹	ɕyã³¹	ɕyã³¹
尊精魂	tsuæ̃²¹	tsuŋ³¹	tsuæ̃³¹	tsuæ̃³¹	tɕyæ̃³¹	tɕyæ̃³¹	tɕyæ̃³¹	tɕyæ̃³¹
村清魂	tsʰuæ̃²¹	tsʰuŋ³¹	tsʰuæ̃³¹	tsʰuæ̃³¹	tɕʰyæ̃³¹	tɕʰyæ̃³¹	tɕʰyæ̃³¹	tɕʰyæ̃³¹
孙心魂	suæ̃²¹	suŋ³¹	suæ̃³¹	suæ̃³¹	ɕyæ̃³¹	ɕyæ̃³¹	ɕyæ̃³¹	ɕyæ̃³¹
全从仙	tɕʰyæ̃²⁴ tsʰuæ̃²⁴	tsʰuæ̃²⁴	tsʰuã²⁴	tɕʰyæ̃²⁴	tɕʰyæ̃²⁴	tɕʰyã³⁵	tɕʰyã³⁵	tɕʰyã²⁴
宣心仙	ɕyæ̃²¹	suæ̃³¹	suã³¹	ɕyæ̃³¹	ɕyæ̃³¹	ɕyã³¹	ɕyã³¹	ɕyã³¹
俊精稕	tɕyæ̃⁵⁵	tsuŋ⁴⁴	tsuæ̃⁴⁴	tɕyæ̃⁵⁵	tɕʰyæ̃⁴⁴	tɕyæ̃⁵⁵	tɕyæ̃⁵⁵	tɕyæ̃⁵⁵

（7）东府地区靠近黄河的韩城、合阳、宜川、大荔、澄城五处方言，古假摄三等韵、宕梗摄舒声韵存在文白异读。文白异读正是将韩城等划归汾河片的主要依据。其中，假摄三等字文读ə、iə类韵，白读ɑ、iɑ韵，与二等字相同；宕摄舒声字文读aŋ、iaŋ韵，白读o、uo、io/yo类韵；梗摄舒声字文读əŋ、iəŋ、uəŋ韵，白读ə、iə、yə类韵。下面以合阳、韩城为例，略举数字。见表1-7、表1-8、表1-9。

表 1-7　假摄字文白异读表

	家开二见	姐	斜	车	蛇	爷
合阳	$tɕia^{31}$	$tsiə^{24}$	$siɑ^{24}$	$tʂʰə^{31}$ / $tʂʰɑ^{55}$	$ʂɑ^{24}$ / $tʂʰã^{55}$	$iə^{24}$ $iɑ^{31}$ / $iɑ^{24}$ $iɑ̃^{55}$
韩城	$tɕia^{31}$	$tɕiɛ^{24}$	$ɕiɛ^{24}$ / $ɕia^{24}$	$tʂʰə^{31}$ / $tʂʰa^{31}$	$ʂə^{24}$ / $ʂa^{24}$	$iɛ^{24}$ / ia^{24}
西安	$tɕia^{31}$	$tɕie^{53}$	$ɕie^{24}$	$tʂʰɤ^{21}$	$ʂɤ^{24}$	ie^{24} ie^{55}

表 1-8　宕摄字文白异读表

	帮	狼	糠	娘	羊	装	黄	王
合阳	$paŋ^{31}$	$laŋ^{24}$ / lo^{24}	$kʰaŋ^{31}$ / $kʰə^{31}$	$n̠iaŋ^{24}$ / $n̠io^{24}$	$iaŋ^{24}$	$pfaŋ^{31}$ / pfo^{55}	$xuaŋ^{24}$ / xuo^{24}	$uaŋ^{24}$
韩城	$paŋ^{31}$	$laŋ^{24}$ / $lə^{24}$	$kʰaŋ^{31}$ / $kʰə^{31}$	$n̠iaŋ^{24}$ / $n̠iə^{24}$	$iaŋ^{24}$ / $iə^{24}$	$pfaŋ^{31}$ / $pfə^{31}$	$xuaŋ^{24}$	$uaŋ^{24}$
西安	$paŋ^{21}$	$laŋ^{24}$	$kʰaŋ^{21}$	$n̠iaŋ^{24}$ / $n̠iaŋ^{55}$	$iaŋ^{24}$	$pfaŋ^{21}$ / $pfaŋ^{55}$	$xuaŋ^{24}$	$uaŋ^{24}$

表 1-9　梗摄字文白异读表

	蹦	生	棚	影	明	整	星	横
合阳	$pəŋ^{55}$ / $piə^{55}$	$səŋ^{31}$ / $sə^{31}$ / $ʂʅ^{31}$	$pʰəŋ^{24}$ / $pʰiə^{24}$	$iəŋ^{52}$ / $n̠iəŋ^{52}$ / $n̠iə^{52}$	$miəŋ^{24}$ / $miə^{24}$	$tʂəŋ^{52}$ / $tʂə^{52}$	$siəŋ^{31}$ / $siə^{31}$	$xuoŋ^{55}$ / $ɕyə^{24}$

	蹦	生	棚	影	明	整	星	横
韩城	pəŋ⁴⁴ piɛ⁴⁴	sɚŋ³¹ sʅ³¹	pʰəŋ²⁴	n̠iəŋ⁵³ n̠iɛ⁵³	miəŋ²⁴ miɛ²⁴	tʂəŋ⁵³	ɕiəŋ³¹ ɕiɛ³¹	xuəŋ²⁴ ɕyɛ²⁴
西安	pəŋ⁵⁵	sɚŋ³¹ sẽ²¹	pʰəŋ²⁴	iəŋ⁵³	miəŋ²⁴	tʂəŋ⁵³	ɕiŋ²¹	xuəŋ²⁴ ɕye²⁴

　　第十二章八、九两节将用 3 幅地图反映宕梗摄、假摄三等字韵母在关中方言中的读音及其分布。

　　（8）高元音的后衍音。关中不少方言中，高元音 ʅ、ɿ、i、u 后带着一个明显的向中、央滑动的衍音，实际音值是高元音长而重，衍音弱而短，代表舌位滑动的方向。如第二章中，澄城话："i 韵后带着明显的衍音，实际音值接近［i:ə］。"韩城话："u 韵在 pf、pfʰ、f、v 后的实际音值为［ʋ］，上齿和下唇基本不离开，摩擦较重。在其他音节中，带着一个衍音 ə，实际发音为［u:ə］。"在笔者调查过的关中方言中，大致以渭南地区的方言这一点最明显。如大荔话几个高元音韵母的后衍音，可以记为［ɜ］。

　　高元音的另一个特点是，y 韵在不少方言中实际音值近［ʉ］，而且随着声调的不同而有所不同。这一点也是渭南地区的沿河一带方言最为明显。如合阳话："y 韵在阴平、上声、去声中的音值接近［ʉ］，在阳平调中发音过程明显拖长，为［yu］。"

　　高元音后带衍音的情况，在西北方言中比较普遍。大致是因为元音的发音较紧的缘故。受到汉语音韵结构分析传统的限制，我们似乎无法把高元音分析为韵腹，将其后舌位较低的衍音分析为韵尾，但实际上只有这样分析，才能反映韵母读音的真实情况。从发展趋势看，这种高元音后带衍音的现象，可能正是高元音发生裂化进而复元音化的开端。

4.3　声调特点

　　（1）关中方言一般有 4 个单字调，调型一致。阴平低降，阳平中升，上声高降，去声高平。因为没有曲折调，所以听起来说话很直、很硬。关于关中人的性格，有"生冷偘愣"［səŋ²¹ ləŋ⁵³ tsʰəŋ⁵⁵ tɕye⁵⁵］的说法，大概跟关中话的声调特点有关。

个别处于边缘地带的方言，如宜川话，只有 3 个单字调，上声和去声合流。

（2）大多数关中话不仅调类相同，同一调类字的来源也大体相同，属于典型的中原官话类型：阴平来自古清平、古清入、次浊入声，阳平来自古浊平、古全浊入声，上声来自古清上、次浊上，去声来自古去声、全浊上声。

（3）各单字调都有一些例外字，其中上声调例外字最多，由东向西呈逐渐增多的态势。详见第九章。

第二章

关中方言音系

本章对 48 个县市区方言调查点的声韵调系统进行描写。

一、西安方言音系 [①]

1.1 声母

西安方言有 27 个声母，包括零声母。

p 巴别布	pʰ 怕盘跑	m 门米面		
pf 抓庄追	pfʰ 春床吹		f 飞父水	v 文无锐
t 多点豆	tʰ 他啼稻	n 难怒弄		l 来利内
ts 资嘴渣	tsʰ 此才茶		s 四隋沙	
tʂ 知丈周	tʂʰ 池超车		ʂ 世烧社	ʐ 然柔
tɕ 今将绝	tɕʰ 去青奇	ɳ 泥硬女	ɕ 西香形	
k 古共贵	kʰ 可狂亏	ŋ 娥安袄	x 孩痕回	
∅ 日言五云				

1.2 韵母

西安方言有 40 个韵母。

---

① 征得北京大学王福堂先生同意，本调查的西安话记音和说明、单字音，完全依照《汉语方音字汇》（2003）的记音，只对韵母中的个别音标作了改动，以使其与本调查的体例协调。有改动的音标列举如下（先列《汉语方音字汇》，后列本调查）：a—ɑ, ia—iɑ, ua—uɑ；au—ɑu, iau—iɑu；aŋ—ɑŋ, iaŋ—iɑŋ, uaŋ—uɑŋ。因此，西安话的发音合作人阙如。

ɿ 资此时　ʅ 知池十　　i 第鸡备衣　　　u 故木出乌　　y 女虚玉
ɑ 爬辣抓　　　　　　　iɑ 架掐压　　　　ua 花刮娃
o 坡模物　　　　　　　　　　　　　　　uo 河落说　　yo 虐学岳
ɤ 割车惹

　　　　　　　　　　　ie 野铁灭　　　　　　　　　　　ye 靴劣悦

æ 盖买帅　　　　　　　iæ 阶崖　　　　　uæ 怪外歪
ɯ 核磕

ei 色百水　　　　　　　　　　　　　　　uei 桂堆内

au 饱桃袄　　　　　　　iau 条秒交摇
ou 奴口斗　　　　　　　iou 绿九有
ɚ 耳日

 æ̃ 半胆三船　　　　　　iæ̃ 边天减盐　　uæ̃ 短官完　　yæ̃ 圆犬选
ẽ 本根枕准　　　　　　iẽ 紧林心印　　uẽ 温魂棍　　yẽ 军群云
ɑŋ 忙党上床　　　　　　iɑŋ 讲良羊　　uɑŋ 光黄王
əŋ 碰庚中　　　　　　　iəŋ 冰灵星影

　　　　　　　　　　　　　　　　　　　uoŋ 东松红　　yoŋ 穷胸永

1.3　单字调

西安方言有 4 个单字调。

阴平 21　高专天婚发辣日　　　阳平 24　平门陈寒达学白
上声 53　顶水古体好女有　　　去声 55　叫盖令用地近序

1.4　说明

（1）声母 ʐ 摩擦性不强。

（2）送气音声母中的送气成分，开口呼、合口呼韵母前为 χ，齐齿呼、撮口呼前为 ç。

（3）零声母字开口呼音节以纯元音起头，齐合撮口呼音节开头带有轻微的唇舌同部位摩擦。

（4）元音 e 在韵母 ei、uei 中偏低，在 ie、ye 和 ẽ 组中更低，实际音值为［ɛ］。元音 ɤ 在 tʂ 组声母后偏前。元音 ə 偏后，实际音值为［ɤᴛ］。元音

o 在韵母 yoŋ 中偏高，实际音值为［ʊ］；在韵母 iou 中弱化。元音 i、u、y、
ɯ 略松，i、u 作韵尾时偏低，实际音值为［ɪ、ʊ］。

（5）韵母 aŋ、iaŋ、uaŋ 中鼻音韵尾弱化，韵母中元音带有鼻化成分，
韵母的实际音值为［ãˠ iãˠ uãˠ］。

（6）去声调有时有微升趋势，读为高升调 45。

（7）西安话市区口音因年龄不同而有差异：t、tʰ 声母齐齿韵字如"迭
替"，老年人读为 tɕ、tɕʰ 声母；知照组合口二三等字如"抓吹顺如"，老年
人读 pf 组声母，中年人少数字又读 ts、tʂ 组声母，青年人一般只读 ts、tʂ 组
声母；端系遇摄通摄（古入声）字如"都苏陆"，老年人读 ou 韵母，中青年
人除 n、l 声母后保持 ou 韵母外，其他都读 u 韵母。此外，市区回民口音 t、
tʰ 声母与韵母配合时常带有双唇颤音，如"都"ₜʙu。

（8）西安市郊区北部口音与市区同，南郊古端组字声母在齐齿韵前腭化
为 tɕ、tɕʰ，如"迭替"，与市区老年人口音同。

二、韩城方言音系

发音合作人：

解万锁，男，65 岁，韩城市新城区大董村人，高中文化，退休干部。

杨启家，男，61 岁，韩城市芝川镇西少梁村人，大学本科，进修学校
教师。

2.1　声母

韩城方言有 28 个声母，包括零声母。

p 布饱半	pʰ 怕盘败	m 门买米		
pf 转猪锥	pfʰ 窗春撞		f 水书衰	v 武微问软
t 多对带	tʰ 拖同地夺	n 难怒崖		l 兰路灵
ts 增渣脂	tsʰ 族炸绽		s 僧梳是	z 耳儿
ʂ 知蒸招	tʂʰ 昌仇治		ʂ 声扇蛇	ʐ 认热绕
tɕ 经醉挤	tɕʰ 轻轿区妻	ȵ 女医牙	ɕ 雪西算	
k 贵锅钢	kʰ 开柜狂	ŋ 我袄牛	x 荒鞋猴	

Ø 而<u>围</u>荣驴

2.2 韵母

韩城方言有 41 个韵母。

ʅ 资支<u>耳</u>/ɻ 知尺世　i 笔<u>去</u>眉　　　u 夫<u>水</u>木　　　y 雨驴<u>泪</u>

ɑ 爬蛇辣<u>生</u>　　　iɑ 家茄爷冷　　ua 刮夸挖　　　yɑ 嗟嘴

ə 婆歌多舌<u>汤</u>　　iə 药学羊鹊　　uə 河锅搓

　　　　　　　　　iE 爷<u>平</u>进　　　　　　　　　　yE 绝月瘸

æ 盖奶菜　　　　　iæ 介<u>街</u>解　　　uæ 乖坏歪

ɪ 色内<u>水</u>　　　　　　　　　　　　uɪ 回获国位　　yɪ 碎<u>最</u><u>醉</u>

ɯ 咳<u>黑</u>疙

ao 老烧靠　　　　　iao 表巧<u>雀</u>

əu 斗初<u>牛</u>　　　　iəu 丢秋流

ɚ 而<u>耳</u><u>日</u>

ã 船短<u>南</u>　　　　iã 边千烟　　　uã 关宽碗　　　yã 酸全圆

ɛ̃ 奔盾问　　　　　iɛ̃ 银民林　　　uɛ̃ 棍魂稳　　　yɛ̃ 孙轮云

ɑŋ 党三<u>汤</u>　　　　iɑŋ 良<u>尖</u>鸧　　uɑŋ 广荒旺

əŋ 松<u>针</u>懂　　　　iəŋ 兵英<u>平</u>檩　　uəŋ 空红<u>横</u>　　yəŋ 穷兄荣

2.3 单字调

韩城方言有 4 个单字调。

阴平 31　刚猪安一麦割月　　　阳平 24　陈糖人云舌杂服

上声 53　古好口草死比有　　　去声 44　盖菜饭近厚汉用

2.4 说明

（1）送气塞音、塞擦音带有很强的摩擦成分，气流量较大且长，与韵母伴随始终。

（2）pf、pfʰ 的双唇音色彩很重，发音时双唇、唇齿同时发生阻碍，气流、摩擦十分强烈。

（3）tʂ、tʂʰ、ʂ、ʐ 在同 ə 韵相拼时，音值接近舌叶音 [ʧ ʧʰ ʃ ʒ]。

（4）u 韵在 pf、pfʰ、f、v 后的实际音值为［υ］，上齿和下唇基本不离开，摩擦较重。在其他音节中，带着一个衍音 ə，实际发音为［uːə］。

（5）y 韵的实际音值是［ʉ］，在阳平调中发音过程明显拖长，读［yu］。

（6）iə 韵有明显的撮口色彩，实际音值是［iʸə］。

（7）aŋ、iaŋ、uaŋ 韵的 ŋ 韵尾发音较松，实际音值为［ỹ］。

（8）本方言韵母的文白异读十分突出，尤其是古假、宕、梗摄韵母，此外，部分咸深摄韵母的白读音分别与山臻摄有别。

（9）关中其他方言中读合口呼的韵母，本方言多读开口呼。

三、合阳方言音系

发音合作人：

史耀增，男，61 岁，合阳县城关人，大专文化，文化馆退休干部，民俗学家。

3.1　声母

合阳方言有 28 个声母，包括零声母。

p 布饱别	pʰ 怕爬病	m 门母买		
pf 转主捉	pfʰ 窗春纯		f 飞书衰	v 微唯软
t 到对道	tʰ 太同地	n 难怒崖		l 兰路灵
ts 增渣挤	tsʰ 族查自妻		s 梳时西	z 儿耳仍
tʂ 知蒸正	tʂʰ 昌仇治		ʂ 声涉蛇	ʐ 认绕让
tɕ 经举醉	tɕʰ 轻桥坐从	ȵ 女医鸟	ɕ 雪靴算	
k 贵耕鼓	kʰ 开跪狂	ŋ 额袄牛	x 荒黄胡	
∅ 而围午吕				

3.2　韵母

合阳方言有 42 个韵母。

ɿ 资支耳　ʮ 知尺识	i 被第弟	u 夫水北轴	y 女驴足慰
ɑ 爬蛇辣	iɑ 家茄野夹	uɑ 瓜夸刮	yɑ 蜷瘸锉嘴

o 婆大狼桌   io 墙养药学   uo 躲河夺

ə 歌日生   iə 茄爷憋明   yə 错靴横

ɛ 盖奶揣   iɛ 介街解   ɜu 怪歪个

ɪ 吹质北   ɯ 堆慰国   yɪ 碎脆虽

ɯ 咳黑圪

ɔɔ 胞摸烧   iɔɔ 钓掉巧

ou 斗走狗   iou 秋流丢

ɚ 而耳尔二

ã 板胆专   iã 间前盐   ũa 短宽弯   yã 圈旋酸

ẽ 奔准文   iẽ 新银饮   uẽ 墩温滚   yẽ 群轮孙云

ɑŋ 巷桑南   iɑŋ 良讲强   uɑŋ 光黄王

əŋ 僧楞中   iəŋ 兵宁姓

                                       uoŋ 东空共   yoŋ 总兄荣

3.3 单字调

合阳方言有 4 个单字调。

阴平 31   高诗灯天黑辣麦   阳平 24   陈来时麻白合舌
上声 52   使体五米假女有   去声 55   盖抗坐替让近大

3.4 说明

（1）送气塞音、塞擦音带有很强的摩擦成分，气流量较大且长，与韵母伴随始终。

（2）pf、pfʰ 的双唇音色彩很重，发音时双唇、唇齿同时发生阻碍，气流、摩擦十分强烈。

（3）tʂ、tʂʰ 与 ʐ、ɻ 以外的开口呼韵母相拼时，塞音成分较重，摩擦成分较轻。

（4）tɕ、tɕʰ、ɕ 在同撮口呼韵母相拼时，带有一点舌叶音色彩。

（5）u 韵在 pf、pfʰ、f、v 后的实际音值为 [ʋ]，上齿和下唇基本不离开。

（6）y 韵在阴平、上声、去声中的音值接近 [ʉ]，在阳平调中发音过程明显拖长，为 [yu]。

（7）o 韵在同唇音声母相拼时，带轻微的［u］介音，实际音值为［ᵘu］；io 韵在同 l、tɕ、tɕʰ、ɕ 等声母拼合时，带有一定的撮口色彩，实际音值为［iʸo］；uo 韵的主要元音略不圆，且比标准的［o］略低。

（8）iə、yə 韵中 ə 的实际音值是［ɜ］。

（9）ɛ 韵有轻微的动程，在阳平调中表现较为明显。

（10）ou 韵的主要元音音值圆唇度略低，iou 韵的主要元音音值介于［ɯ］［ɤ］之间。

（11）ɑŋ、iɑŋ、uɑŋ 韵的 ŋ 韵尾发音较松，实际音值为［ỹ］。

（12）uoŋ、yoŋ 韵的主要元音比标准的［o］略高，实际音值是［ʊ］。

四、澄城方言音系

发音合作人：

张相永，男，65 岁，高中文化，退休干部，澄城县城关镇城内村人。

4.1　声母

澄城方言有 30 个声母，包括零声母。

p 不包帮　　　pʰ 坡赔病　　　m 门木买

　　　　　　　　　　　　　　　　　　　　f 发飞冯　　　v 微唯袜

t 刀三碎底挤　tʰ 太同稻梯七 n 难拿崖　　　　　　　　　l 兰路灵

ts 争渣资　　　tsʰ 粗查迟　　　　　　　 s 生沙西　　　z 肉扔耳

tʂ 知招正　　　tʂʰ 昌仇赵　　　　　　　ʂ 声蛇闪　　　ʐ 人绕热

tʃ 猪捉总　　　tʃʰ 出戳葱　　　　　　　ʃ 书耍送　　　ʒ 入弱软

tɕ 经举家遵　　tɕʰ 旧窍村　　　ȵ 女牙鸟　ɕ 稀雪孙

k 干贵过　　　kʰ 开跪狂　　　ŋ 额袄岸　　x 灰黄下

ø 而暖鱼魏

4.2　韵母

澄城方言有 40 个韵母。

ɿ 资支词 ʅ 知吃十　i 被弟飞微　　　　u 夫树五　　　　　y 女俗慰

ɑ 爬拿辣蛇	iɑ 家<u>茄</u><u>爷</u>	uɑ 瓜夸刷	yɑ 嘴
o 拨婆磨		uo 河夺郭捉作	yo 学角缺脚
ɤ <u>遮热放</u>			
	iə <u>进姐灭</u>		
æ 盖寨奶	iæ 介街解	uæ 怪歪率	
ɔ 胞烧草	iɔ 表钓巧		
ɯ 咳圪四			
ei 北德		uei <u>慰</u>国追嘴	
əu 斗狗收	iəu 秋流丢		
ɚ 而<u>耳</u><u>儿</u>			
ã 板胆<u>闲</u>	iã 间前盐	uã 短宽转	yã 酸圈旋
ẽ 奔根文	iẽ 新银匀	uẽ 论婚温准	yẽ 尊群云
ɑŋ 帮巷张	iɑŋ 良讲乡	uɑŋ 光王装	
əŋ 僧冷坑	iəŋ 兵应硬	uəŋ 空共中总	yəŋ 兄穷荣

4.3　单字调

澄城方言有 4 个单字调。

阴平 31　高居灯黑辣割月　　阳平 24　陈时移白合舌麻
上声 53　煮口体米娶本有　　去声 44　盖唱让近大饭用

4.4　说明

（1）pʰ、tʰ、kʰ 送气强烈，能听到伴随的舌根、小舌部位的摩擦音。

（2）端精组齐齿呼字声母合流，读音略带腭化色彩。

（3）s 母与齐齿呼相拼时带腭化色彩，实际音值是 [sʲ]。

（4）ʧ、ʧʰ、ʃ、ʒ 只出现在合口呼韵母前，发音时双唇微撮，舌头两侧微翘，舌尖及舌面前部抵住或靠近上齿龈，上齿与下唇内侧略接触，带唇齿音色彩，实际音值为 [ʧᵛ ʧʰᵛf ʃᵛ ʒᵛ]。

（5）古心邪母字在洪音韵母前读 t 母，构成本方言的一大特点。

（6）i 韵后带着明显的衍音，实际音值接近 [i:ə]。

（7）u 单独作韵母与 ʧ、ʧʰ、ʃ、ʒ 相拼时，延续声母的发音动作，阻

碍基本消除，不过仍有摩擦，音值是［ʉᵢ］，在这组声母后充当介音时也是
［ʉᵢ］。

（8）y 韵的实际音值是［ʉ］。

（9）iə 韵的实际音值是［iɜ］。

（10）æ、iæ、uæ 中的 æ，在阴平、阳平字中开口度较大，在上声、去
声字中开口度较小。

（11）ei、uei 韵的实际音值是［ɪi uɪi］，舌位较高，动程很小。

（12）ɑŋ、iɑŋ、uɑŋ 韵的鼻韵尾很松，实际音值是［ỹ］。

（13）古假、宕、梗三摄的阳声韵多存在文白异读。

（14）上声的调尾略低于 3 度。去声的实际调值略高于 4 度。

五、白水方言音系

发音合作人：

杨选民，男，60 岁，高中文化，农民，白水县城关镇古城村人。

5.1　声母

白水方言有 30 个声母，包括零声母。

p 不包帮	pʰ 怕赔病	m 门木买		
			f 发飞冯	v 微唯袜
t 刀对店挤	tʰ 拖同稻	n 难拿崖		l 兰路灵
ts 左渣粥	tsʰ 查罪地妻		s 生岁西	z 褥肉耳
tʂ 知招正	tʂʰ 吃仇赵		ʂ 声蛇十	ʐ 人绕热
tʃ 猪捉装	tʃʰ 出戳窗		ʃ 书镯刷	ʒ 入弱软
tɕ 家经举遵	tɕʰ 窍棋旧村	ȵ 女牙硬	ɕ 虚雪孙	
k 干贵共	kʰ 开跪狂	ŋ 额袄岸	x 鞋灰下	
∅ 而一围鱼				

5.2　韵母

白水方言有 39 个韵母。

ɿ 资支翅 ʅ 知吃十	i 被弟以	u 夫树五	y 女足慰
a 爬拿辣	ia 家茄夹	ua 瓜夸刷	
o 拨婆磨		uo 河夺捉	yo 角雪学缺
ɤ 哥遮车			
	iɛ 茄迸爷		
ɔ 胞烧草	iɔ 表钓巧		
ɯ 咳核疙			
æ 盖寨奶	iæ 介街解	uæ 怪歪率	
ei 北德飞		uei 慰国追	
ou 斗狗收	iou 秋流丢		
ɚ 而耳二			
ã 板胆闲	iã 间前闲	uã 短弯转	yã 酸圈旋
ẽ 奔真文	iẽ 新银匀根	uẽ 论温准	yẽ 尊群云
aŋ 帮巷张	iaŋ 良讲乡	uaŋ 光王装	
əŋ 僧冷坑	iəŋ 兵平应	uəŋ 空共中	yəŋ 兄穷荣

5.3　单字调

白水方言有 4 个单字调。

阴平 31　高诗灯黑辣割月　　　阳平 24　陈时移白合舌麻
上声 53　使口体米假本有　　　去声 44　盖替近大饭让用

5.4　说明

（1）p^h、t^h、k^h 送气强烈，能听到伴随的舌根、小舌部位的摩擦音。

（2）tʃ、tʃ^h、ʃ、ʒ 只出现在合口呼韵母前，发音时双唇微撮，舌头两侧微翘，舌尖及舌面前部抵住或靠近上齿龈，上齿与下唇内侧略接触，带唇齿音色彩，实际音值为［tʃ^υ tʃ^{υh} ʃ^υ ʒ^υ］。

（3）古端透定与精清从母字在齐齿呼韵母前关系复杂。其中，今不送气声母精组合于端组，读略带腭化的 t 母，如：钉＝精 tiəŋ^{31}，跌＝接 tiɛ^{31}；送气声母端组合于精组，读带腭化色彩的 ts^h 母，如：铁＝切 ts^{h}iɛ^{31}，提＝齐 ts^{h}i^{24}。

（4）古见晓组声母与精组声母在齐齿呼韵母前有别。古精组齐齿呼字除了不送气音与端组合流以外，送气音及擦音读腭化程度较高的舌尖前音，实际音值是 [tsʲʰ sʲ]。尽管与 tɕʰ、ɕ 很接近，但仍有区别。

（5）u 单独作韵母与 tʃ、tʃʰ、ʃ、ʒ 相拼时，延续声母的发音动作，阻碍基本消除，不过仍有摩擦，唇形半圆，音值可记为 [ʉ]。在这组声母后充当介音时也是 [ʉ]。

（6）o、uo、yo 中的 o，实际音值略低偏央，圆唇度不高。

（7）æ、iæ、uæ 中的 æ，在阴平、阳平字中开口度较大，在上声、去声字中开口度较小。

（8）ɑŋ、iɑŋ、uɑŋ 的韵尾 ŋ 发音较松，实际音值为 [ɣ̃]。

（9）上声的调尾略低于 3 度。去声的实际调值略高于 4 度。

六、大荔方言音系

发音合作人：

张升阳，男，68 岁，大专文化，大荔县城关镇人，县志办民俗学家。

6.1 声母

大荔方言有 28 个声母，包括零声母。

p 布包表	pʰ 怕朋白	m 门满买		
pf 猪中转	pfʰ 出虫串		f 书帅风	v 味袜万武
t 刀对低挤	tʰ 太同夺天秋	n 男拿闹		l 兰路灵
ts 争渣早	tsʰ 粗查草		s 生师西	z 肉仍耳
tʂ 知招正	tʂʰ 昌仇赵		ʂ 声蛇闪	ʐ 人绕热
tɕ 经举家遵	tɕʰ 窍棋旧村	ȵ 女牙鸟	ɕ 雪旋酸	
k 干贵共	kʰ 开跪狂	ŋ 额袄牛	x 鞋孝黄	
Ø 而一围鱼驴				

6.2 韵母

大荔方言有 40 个韵母。

ʅ 资支死 ʅ 知吃十	i 被弟飞	u 木树五	y 女驴俗荸
a 爬拿遮	ia 家茄夹斜	ua 瓜夸瓦	
o 拨婆磨		uo 多河郭	yo 学角缺脚
ɤ 遮舌热			
	iɛ 叶姐捏		yɛ 靴
æ 盖寨奶	iæ 介街解	uæ 怪快歪	
ɔ 包烧草	iɔ 表钓尿		
ɯ 咳圪核			
ei 妹色德		uei 回为国	
ou 斗狗收	iou 秋流丢		
ɚ 而耳日			
ã 板单占	iã 间前烟	uã 短宽弯	yã 酸暖旋圆
ẽ 奔根文	iẽ 林心斤	uẽ 混温滚	yẽ 群轮尊
aŋ 帮张装	iaŋ 良讲羊	uaŋ 光王框	
əŋ 等坑种	iəŋ 顶平硬	uəŋ 空共瓮	yəŋ 兄穷倾

6.3　单字调

大荔方言有 4 个单字调。

阴平 31　高开灯黑辣割麦　　阳平 24　陈来才白合舌麻
上声 52　古短比纸口本有　　去声 55　盖借坐厚饭树用

6.4　说明

（1）送气塞音、塞擦音除阻后气流量较大，带有很强的摩擦成分。

（2）pf、pfʰ 的双唇音色彩很重，发音时双唇、唇齿同时发生阻碍，气流、摩擦十分强烈。

（3）古精清从母在齐齿呼韵母前与端组齐齿呼字合流，读音带腭化色彩。

（4）古心邪母在齐齿呼韵母前读 s，音值为〔sʲ〕。

（5）u 与 pf、pfʰ、f、v 相拼，带有唇齿音色彩，音值是〔ʋ〕。

（6）ɤ 与 tʂ、tʂʰ、ʂ、z 相拼时，实际音值为〔ɚ〕。

（7）æ、iæ、uæ 韵中的 æ 有轻微动程，在阳平调中表现最为明显。

（8）ɑŋ、iɑŋ、uɑŋ 韵的 ŋ 韵尾发音较松，实际音值为 [ɣ̃]。

七、蒲城方言音系

发音合作人：

刘文龙，男，70 岁，蒲城县城关镇达仁五组人，初中文化，农民。

7.1 声母

蒲城方言有 30 个声母，包括零声母。

p 包帮北	pʰ 怕坡赔病	m 门木买		
			f 发飞冯	v 微唯袜
t 多刀店挤	tʰ 拖太稻	n 难拿能		l 兰路灵
ts 早争粥	tsʰ 粗查地妻		s 生沙西	z 褥肉儿
tʂ 知招正	tʂʰ 昌仇赵		ʂ 声蛇闪	ʐ 人绕热
tʃ 猪捉总	tʃʰ 出戳葱		ʃ 书双送	ʒ 入弱软
tɕ 经举遵家	tɕʰ 旧窍村	ȵ 女牙鸟	ɕ 雪旋孙	
k 干贵过	kʰ 开跪狂	ŋ 额袄岸	x 鞋灰黄	
ø 而一鱼魏				

7.2 韵母

蒲城方言有 39 个韵母。

ɿ 资支翅 ʅ 知吃十	i 被弟以	u 夫五树	y 女俗苇
ɑ 爬拿辣	iɑ 家茄夹斜	uɑ 瓜夸刷	
o 拨婆磨		uo 河夺郭捉	yo 学角缺脚
ɤ 遮车舌			
	iɛ 茄进爷		
æ 盖寨奶	iæ 介街解	uæ 怪歪率	
ɔ 胞摸烧	iɔ 表钓巧		
ɯ 咳圪核			

ei 妹北德   uei 慰国追

ou 斗狗收   iou 秋流丢

ɚ 而耳儿

ã 板胆占   iã 间前盐   uã 短宽转   yã 圈旋圆酸

ẽ 奔根文   iẽ 新银匀   uẽ 论婚准   yẽ 群云孙

ɑŋ 帮巷张   iɑŋ 良讲乡   uɑŋ 黄王装

əŋ 僧冷坑   iəŋ 兵平硬   uəŋ 空共中   yəŋ 兄穷荣

7.3 单字调

蒲城方言有 4 个单字调。

阴平 31 高诗灯黑辣割月   阳平 35 陈时移白合舌麻

上声 53 口使体米假本有   去声 55 盖替让近大饭书

7.4 说明

（1）pʰ、tʰ、kʰ 送气强烈，能听到伴随的舌根、小舌部位的摩擦音。

（2）p、pʰ 与 u、o 相拼时，上齿与下唇轻微接触、摩擦，实际音值为 $[p^f\ p^{fh}]$。

（3）古端透定与精清从母字在齐齿呼韵母前关系复杂。其中，今不送气声母精组合于端组，读略带腭化的 t 母，如：钉＝精 tiəŋ³¹，跌＝接 tie³¹；送气声母端组合于精组，读带腭化色彩的 tsʰ 母，如：铁＝切 tsʰie³¹，提＝齐 tsʰi³⁵。

（4）古见晓组与精组字在齐齿呼韵母前有别。古精组齐齿呼字除了不送气音与端组合流以外，送气音及擦音读腭化程度很高的舌尖前音，实际音值是 $[ts^{jh}\ s^j]$。尽管与 tɕʰ、ɕ 很接近，但仍有区别。同时，tɕ 母在齐齿呼韵母前有混入 t 母的倾向，部分字出现两读。

（5）tʃ、tʃʰ、ʃ、ʒ 只出现在合口呼韵母前，发音时双唇微撮，舌头两侧微翘，舌尖及舌面前部抵住或靠近上齿龈，上齿与下唇内侧略接触，带唇齿音色彩，实际音值为 $[tʃ^ʋ\ tʃ^{ʋh}\ ʃ^ʋ\ ʒ^ʋ]$。

（6）u 与 tʃ、tʃʰ、ʃ、ʒ 相拼时，不论单独作韵母还是充当介音，圆唇度较高，实际音值都是 $[ʉ]$。

（7）ɤ 与 tʂ、tʂʰ、ʂ、ʐ 相拼时，实际音值为［ɻ̩］。

（8）æ、iæ、uæ 中的 æ 在阴平、阳平字中开口度较大，在上声、去声字中开口度较小。

（9）ɑŋ、iɑŋ、uɑŋ 韵的 ŋ 韵尾发音较松，实际音值为［ỹ］。

（10）上声的调尾略低于 3 度。去声的实际调值略高于 4 度。

八、美原（富平）方言音系

发音合作人：

张立河，男，72 岁，富平县美原镇雷古坊村人，大专文化，县志办退休干部。

8.1　声母

美原方言有 27 个声母，包括零声母。

p 不包帮	pʰ 怕盘婆	m 门马米		
			f 飞冯符饭	v 往文物微
t 担低颠	tʰ 太桃铜	n 难拿崖		l 兰路连
ts 支簪烛	tsʰ 菜查迟		s 赛扫沙	z 扔<u>儿二</u>
tʃ 主捉总	tʃʰ 处戳葱		ʃ 书刷松	ʒ 入弱软
tɕ 经举挤遵	tɕʰ 丘梯七村	ɲ 女牙硬	ɕ 雪修孙	
k 干贵知张	kʰ 开跪朝缠	ŋ 额袄岸	x 鞋灰闪神	ɣ 认绕热
Ø 而围午运有				

8.2　韵母

美原方言有 38 个韵母。

ɹ̩ 时支猪	i 眉知失	u 不毛哭	y 女娶<u>喂</u>
ɑ 打拉<u>瞎</u>抓	ia 假掐牙	ua 瓜夸花	
o 玻坡磨捉		uo 多脱河劣	yo 靴缺学脚
ə 哥可我			
	iɛ 遮车结<u>进</u>		

æ 摆在帅   iæ 械介街   uæ 怪坏歪

ɔ 胞草高   iɔ 叫瓢鸟

ɯ 胳疙咳

ei 北黑麦吹   uei 灰堆泪

ou 斗竹路   iou 酒袖有

ɚ 而二儿

ã 板胆占转   iã 间前闲   uã 短宽弯   yã 旋圆钻

ẽ 奔根针准   iẽ 新银匀   uẽ 论婚温   yẽ 群云尊

ɑŋ 帮巷张装   iɑŋ 良讲乡阳   uɑŋ 光黄王

əŋ 僧冷正中   iəŋ 兵平应硬   uəŋ 空共红   yəŋ 兄穷荣用

8.3　单字调

美原方言有 4 个单字调。

阴平 31　高天低安缺割月　　阳平 35　穷徐麻人舌杂服
上声 53　古好手草洗理有　　去声 55　坐厚汉盖饭近计

8.4　说明

（1）p、pʰ、m 与 u、o 韵相拼时有唇齿作用，并严重擦化，音值为［pᶠ pᶠʰ mᶠ］。其中 pʰ 擦化极重，塞音的成分已经很弱。

（2）古端、精、见组声母，凡今送气的，在齐齿呼韵母前一律腭化为 tɕʰ 母，如：梯＝七＝欺 tɕʰi³¹。

（3）古精组、知系合口字合流为 ʧ、ʧʰ、ʃ、ʒ 母，这组声母发音部位靠前，接近舌尖前音。我们将它独立出来，一是为了同其他方言比较，二是因为它们同 ts 组声母在开口呼韵母前形成对立，如：猪 ʧʅ³¹ ≠ 支 tsʅ³¹，庄 ʧɑŋ³¹ ≠ 脏 tsɑŋ³¹。

（4）k、kʰ、x、ɣ 母与齐齿呼韵母相拼时，实际音值是［c cʰ ç、ʝ］。发音过程中，上下白齿稍微接触，舌面后对着软腭前端与硬腭相接处上升。同时，从舌叶到舌面中部与上齿龈到软腭之间有较强的摩擦作用，发生摩擦的部位很长，能听到很重的气流擦过口腔的声音。

（5）i 韵与 k、kʰ、x、ɣ 母相拼时，伴有明显的摩擦成分，充当介音时亦如此。

（6）ŋ韵与tʃ、tʃʰ、ʃ、ʒ相拼时，舌位稍后，略带圆唇色彩。其他开口呼韵母与这4个声母相拼时，同样略带圆唇色彩。该方言"猪出书追吹水"之类字尽管有轻微的圆唇色彩，但与其他方言相比极弱，因此归入开口呼音节。

（7）uo、yo中的o，舌位较低，唇形略展。

（8）æ、iæ、uæ韵中的æ在上声、去声调中舌位略高于标准的［æ］。

（9）ɔ、iɔ韵中的ɔ在阳平字中略有动程。

（10）aŋ、iaŋ、uaŋ韵的ŋ韵尾发音较松，实际音值为［ỹ］。

九、富平方言音系

发音合作人：

邵扶中，男，72岁，富平县杜村镇金城堡人，中专文化，退休干部。

9.1 声母

富平方言有30个声母，包括零声母。

p 不包帮	pʰ 赔盘怕	m 门马明		
			f 飞冯符	v 往文物
t 到道低挤	tʰ 太同稻	n 难拿崖		l 兰路来
ts 支烛左	tsʰ 查催梯秋		s 沙时西	z 扔儿
tʂ 知占赵	tʂʰ 吃车朝		ʂ 闪十神	ʐ 认绕热
tʃ 主捉装	tʃʰ 处戳吹		ʃ 书刷双	ʒ 入软绒
tɕ 经举遵	tɕʰ 丘旗村	ɲ 女牙硬	ɕ 希雪孙	
k 干贵盖	kʰ 开跪狂	ŋ 额袄岸	x 鞋灰黄	
∅ 而围午元有				

9.2 韵母

富平方言有40个韵母。

ɿ 姊时扔 ʅ 知吃失 i 几眉碑 u 不哭猪 y 女婿喂

a 打杂瞎	ia 假牙夹	ua 瓜夸抓	
o 坡磨佛		uo 多锅捉	yo 脚却学
ɤ 哥可车			
	iɛ 结迸写		yɛ 靴劣缺
æ 摆在奶	iæ 械介街	uæ 怪坏帅	
ɔ 胞草高	iɔ 叫瓢鸟		
ɯ 胳疙咳			
ei 北黑麦		uei 灰泪吹	
ou 斗竹路	iou 酒袖留		
ɚ 二日儿			
ã 板胆占	iã 间前盐	uã 短宽转	yã 旋圆钻
ẽ 奔根文	iẽ 新银匀	uẽ 论婚准	yẽ 孙群云
aŋ 帮巷张	iaŋ 良讲乡	uaŋ 光王装	
əŋ 僧冷坑	iəŋ 兵应硬	uəŋ 空红中	yəŋ 兄穷荣

9.3 单字调

富平方言有 4 个单字调。

阴平 31　高天低安缺割月　　阳平 35　穷徐麻人舌杂服
上声 53　古好手草洗理有　　去声 55　坐厚汉盖饭近计

9.4 说明

（1）p^h、t^h、k^h 母送气强烈，舌根、小舌部位有明显的摩擦。

（2）p^h 与 u、o 韵相拼时有唇齿作用，擦化严重，音值为〔p^{fh}〕。p、m 母唇齿化不明显。

（3）古端透定与精清从母字在齐齿呼韵母前关系复杂。其中，今不送气声母精组合于端组，读略带腭化的 t 母，如：钉＝精 tiəŋ³¹，跌＝接 tiɛ³¹；送气声母端组合于精组，读带腭化色彩的 ts^h 母，如：铁＝切 ts^hiɛ³¹，提＝齐 ts^hi³⁵。古心邪母字读带腭化的 s 母，不与晓匣母齐齿呼字合流。

（4）tɕ、$tɕ^h$、ɕ 母的发音部位略靠后，接近舌面中音〔tʝ tʝʰ ç〕。

（5）tʂ、$tʂ^h$、ʂ、ʐ 发音部位比普通话略前。其中 tʂ、$tʂ^h$ 与 ɔ、ou、ã、ẽ、

aŋ 等韵母相拼时读音不稳定，一些字读 $[t\ t^h]$，如：张 taŋ³¹，臣 $t^hẽ^{35}$，缠 $t^hã^{35}$；但另一些字则是纯 $[tʂ\ tʂ^h]$，如：招 tʂɔ³¹，臭 tʂ^hou⁵⁵，占 tʂã⁵⁵，枕 tʂẽ⁵³，掌 tʂaŋ⁵³，此处均记为 tʂ、tʂ^h。

（6）tʃ、tʃ^h、ʃ、ʒ 发音时，双唇略向外翘，两颊略回收，舌尖及舌面前部抵住或接近上齿龈，上齿接近下唇内侧，唇形较圆，实际音值为 $[tʃ^v\ tʃ^{vh}\ ʃ^v\ ʒ^v]$，与 tʂ 组声母出现条件互补。

（7）u 单独作韵母与 tʃ、tʃ^h、ʃ、ʒ 相拼时，延续声母的发音动作，阻碍基本消除，不过仍有摩擦，唇形略展，音值是 $[ʮ]$，在这组声母后充当介音时也是 $[ʮ]$。

（8）ɤ 与 tʂ、tʂ^h、ʂ、ʐ 相拼时，实际音值为 $[ʅ]$。

（9）æ、iæ、uæ 韵中的 æ 在阴平字中音值是 $[æ]$，在阳平字中有动程，音值是 $[æɜ]$，在上声、去声字中舌位较高，音值是 $[ɛ]$。

（10）ɔ、iɔ 韵中的 ɔ 在阴平、阳平字中舌位略低于标准的 $[ɔ]$。

（11）aŋ、iaŋ、uaŋ 韵的 ŋ 韵尾发音较松，实际音值为 $[ɣ̃]$。

十、潼关方言音系

发音合作人：

王武胜，男，60 岁，潼关县城关镇人，高中文化，农民。

10.1 声母

潼关方言有 27 个声母，包括零声母。

p 布包帮	p^h 怕跑白	m 门满买	
pf 猪中转	pf^h 出虫串	f 书帅风	v 味袜武
t 刀对店	t^h 夺太梯	n 男拿能	l 兰路灵
ts 争渣粥早	ts^h 粗查柴草	s 沙师散	
tʂ 知招正	tʂ^h 昌仇赵	ʂ 声蛇闪	ʐ 人绕肉
tɕ 经挤遵	tɕ^h 七窍村	ȵ 女牙硬	ɕ 稀西酸
k 干贵共	k^h 开跪狂	ŋ 额袄牛	x 鞋灰黄
∅ 而一耳魏			

10.2　韵母

潼关方言有 38 个韵母。

ɿ 资支瓷 ʅ 知吃十	i 被弟飞	u 木树五	y 女俗莘
ɑ 爬拿辣	iɑ 家牙掐	uɑ 瓜夸挂	
o 拨婆佛		uo 河郭多	yo 学角缺脚
ɤ 车舌热			
	iɛ 叶姐捏		
æ 盖奶爱	iæ 介街解	uæ 怪快坏	
ɔ 包摸烧	iɔ 表钓尿		
ei 色德追		uei 腿雷国	
ou 斗狗收	iou 秋流丢		
ɚ 而耳日			
ã 板单占穿	iã 间前烟	uã 短宽换	yã 酸暖旋
ẽ 奔根文准	iẽ 心引林	uẽ 混滚捆	yẽ 尊孙群
ɑŋ 帮党张装	iɑŋ 良讲香	uɑŋ 光黄广	
əŋ 等坑正种	iəŋ 顶平英	uəŋ 东空共	yəŋ 兄穷倾

10.3　单字调

潼关方言有 4 个单字调。

阴平 31　高灯开黑辣割麦　　阳平 24　来才陈白合舌麻
上声 52　五短好比纸本有　　去声 44　借坐厚饭盖树用

10.4　说明

（1）送气塞音、塞擦音气流量较大，带有很强的摩擦成分。

（2）pf、pfʰ 的双唇音色彩很重，发音时双唇、唇齿同时发生阻碍，气流、摩擦十分强烈。

（3）"张、臣、缠、招、臭、城"等字声母读音不很稳定，有时是［tʂ tʂʰ］，有时又似［tɻ tɻʰ］。

（4）ɤ 与 tʂ、tʂʰ、ʂ、z̞ 相拼时，实际音值为［ʅə］。

（5）æ、iæ、uæ 韵中的 æ 在阳平调中读得近似复元音〔æɛ〕。

（6）ɔ、iɔ 韵中的 ɔ 在阳平字中略有动程。

（7）aŋ、iaŋ、uaŋ 韵的 ŋ 韵尾发音较松，实际音值为〔ỹ〕。

十一、华阴方言音系

发音合作人：

严涛，男，48 岁，高中文化，华阴市太华街道办人，农民。

11.1　声母

华阴方言有 28 个声母，包括零声母。

p 布包帮	pʰ 怕跑朋	m 门满买		
pf 猪中转	pfʰ 出虫串		f 书飞风	v 味袜万
t 到对店	tʰ 太梯同夺	n 男怒能		l 兰路灵
ts 争渣早	tsʰ 粗查草		s 生沙三	z 儿扔
tʂ 知招正	tʂʰ 昌仇赵		ʂ 声蛇闪	ʐ 人绕热
tɕ 焦经举遵	tɕʰ 秋旧村	ȵ 女牙鸟	ɕ 雪修酸	
k 干贵共	kʰ 开跪狂	ŋ 额袄牛	x 鞋红黄	
∅ 而一鱼魏				

11.2　韵母

华阴方言有 40 个韵母。

ɿ 资支死 ʅ 知吃十	i 被弟飞	u 木树五	y 女驴俗蕈
ɑ 爬打下	iɑ 夹掐霞	uɑ 瓜划瓦	
o 拨婆磨		uo 河左多	yo 学角脚
ɤ 车舌热			
	iɛ 叶茄捏		yɛ 靴绝月
æ 盖揣奶	iæ 介街解	uæ 怪快歪	
ɔ 包烧草	iɔ 表钓尿		
ɯ 咳圪核			

ei 色德追   uei 国碎为

ou 斗狗收   iou 秋流丢

ɚ 而<u>耳</u><u>日</u>

ã 板单穿 iã 间前烟 uã 短宽弯 yã 酸暖旋圆

ẽ 奔根春 iẽ 心林斤 uẽ 混温滚 yẽ 尊群轮

ɑŋ 帮张装 iɑŋ 良讲香 uɑŋ 光黄王

əŋ 等坑种 iəŋ 顶平硬 uəŋ 空共红 yəŋ 兄穷倾

11.3 单字调

华阴方言有 4 个单字调。

阴平 31 高开灯黑辣割麦 阳平 24 来才穷白合舌麻

上声 52 口好短比纸本有 去声 55 盖唱坐厚共饭用

11.4 说明

（1）送气塞音、塞擦音气流量较大，带有很强的摩擦成分。

（2）pf、pfʰ 的双唇音色彩很重，发音时唇齿部位发生阻碍的同时，上下唇也要闭拢，摩擦十分强烈。

（3）ts、tsʰ、s 与 ɿ 韵相拼时，发音部位靠前，接近齿间音。

（4）u 韵与 pf、pfʰ、f、v 相拼时，实际音值是 [ʋ]。

（5）ɑ、iɑ、uɑ 中的 ɑ 舌位极后且高，实际音值是 [ʌ]。

（6）o、uo、yo 中的 o 舌位略低，唇形略展。

（7）iɛ、yɛ 中的 ɛ 舌位偏央。

（8）æ、iæ、uæ 中的 æ 在上声、去声字中舌位较高，音值是 [ɛ]，在阴平、阳平字中音值是 [æ]，而且在阳平字中有动程。

（9）ɔ、iɔ 中的 ɔ 在上声、去声字中舌位比标准的 [ɔ] 略高，在阴平、阳平字中略低，在阳平字中有动程。

（10）ẽ、iẽ、uẽ、yẽ 中的 ẽ 有动程，实际音值是 [ẽɪ]。

（11）ɑŋ、iɑŋ、uɑŋ 韵的 ŋ 韵尾发音较松，实际音值为 [ỹ]。

十二、华县方言音系

发音合作人：

王德胜，男，57 岁，华县华州镇人，中专文化，退休干部。

雷安成，男，66 岁，华县下庙镇康甘村雷西组人，居住地离县城约 8 公里，长期在县城打工，小学文化，农民。

12.1　声母

华县方言有 30 个声母，包括零声母。

p 巴布别	pʰ 怕步盘	m 门马明		
			f 飞冯符	v 往文物
t 多道节低	tʰ 太稻梯秋	n 难拿能		l 兰路来
ts 支簪枣	tsʰ 查迟菜		s 时赛线	z 扔儿
tʂ 知占赵	tʂʰ 吃车朝		ʂ 闪十神	ʐ 认绕热
tʃ 主捉装总	tʃʰ 处戳窗葱		ʃ 书镯双松	ʒ 入弱软
tɕ 经举遵	tɕʰ 丘旗村	ȵ 女牙硬	ɕ 休雪蒜	
k 干贵过	kʰ 开跪狂	ŋ 额袄岸	x 鞋灰黄	
Ø 而碗运元有				

12.2　韵母

华县方言有 39 个韵母。

ɿ 姊齿时 ʅ 知吃失	i 几眉飞微	u 不哭猪	y 女吕娶喂
ɑ 打拉杂	iɑ 假牙掐	uɑ 瓜夸抓	
o 玻坡磨		uo 多脱捉	yo 绝缺脚学
ɣ 哥可遮			
	iɛ 结写爷		
æ 摆在奶	iæ 械介街	uæ 怪坏帅	
ɔ 胞草高	iɔ 叫瓢鸟		
ɯ 胳疙咳			
ei 北黑德		uei 灰泪吹国	

ou 斗竹路　　　　　iou 酒袖有

ɚ 耳二日

ã 板胆占　　　　　iã 间前盐　　　　　uã 短弯转　　　　　yã 旋圆钻

ẽ 奔根文　　　　　iẽ 新银匀饮　　　　uẽ 论婚准　　　　　yẽ 群云尊

ɑŋ 帮巷张　　　　　iɑŋ 良讲乡　　　　　uɑŋ 光黄装

 əŋ 僧冷坑　　　　　iəŋ 兵平应　　　　　uəŋ 空共中　　　　　yəŋ 兄穷荣

12.3　单字调

华县方言有 4 个单字调。

阴平 31　高天低安缺割月　　　阳平 35　穷徐麻人舌杂服

上声 53　古好手草洗理有　　　去声 55　坐厚汉盖饭近计

12.4　说明

（1）pʰ、tʰ、kʰ 送气强烈，能听到伴随的舌根、小舌部位的摩擦音。

（2）p、pʰ 与 u、o 相拼时有较强的唇齿摩擦作用，实际音值是［pᶠ
pᶠʰ］。

（3）ts、tsʰ、s 母与 ɿ 韵相拼时部位靠前，发音带齿间音色彩。

（4）tʂ、tʂʰ、ʂ、ʐ 发音部位比普通话略前。

（5）tʃ、tʃʰ、ʃ、ʒ 只出现在合口呼韵母前，发音时双唇微撮，舌头两侧
微翘，舌尖及舌面前部抵住或靠近上齿龈，上齿与下唇内侧略接触，带唇齿
音色彩，实际音值为［tʃᵛ tʃᵛʰ ʃᵛ ʒᵛ］。

（6）古精清从三母与齐齿呼韵母相拼时与端组字合流，读音略带腭化
色彩。

（7）古心邪母与齐齿呼韵母相拼时，读带腭化色彩的［sʲ］。

（8）u 与 tʃ、tʃʰ、ʃ、ʒ 相拼时，不论单独作韵母还是充当介音，实际音
值均为［ʉᵢ］，唇形半圆，圆唇度比蒲城一带低。

（9）y 韵舌位靠后，实际音值接近［ʉ］。

（10）æ、iæ、uæ 中的 æ 在上声、去声字中舌位较高，音值是［ɛ］，在
阴平、阳平字中音值是［æ］，而且在阳平字中有动程。

（11）ɔ、iɔ 中的 ɔ 在上声、去声字中舌位较高，是标准的［ɔ］，在阴平、

阳平字中舌位略高，在阳平字中有动程。

（12）aŋ、iaŋ、uaŋ韵的ŋ韵尾发音较松，实际音值为〔ɣ̃〕。

十三、渭南方言音系

渭南今为临渭区。

发音合作人：

穆保民，男，68岁，渭南市临渭区韩马村人，大专文化，退休教师。

13.1 声母

渭南方言有30个声母，包括零声母。

p 包帮北	pʰ 白盘拔	m 门马明		
			f 飞冯符饭	v 往文物
t 担当德	tʰ 太同道	n 男拿崖		l 兰暖来
ts 支烛枣	tsʰ 查掺菜		s 沙时赛	z 耳儿
tʂ 知占招	tʂʰ 吃车赵		ʂ 闪十手	ʐ 认绕让
tʃ 主捉总	tʃʰ 处戳葱		ʃ 书镯刷	ʒ 入软绒
tɕ 经挤店遵	tɕʰ 丘七听村	ȵ 女牙硬	ɕ 西休蒜	
k 贵盖过	kʰ 开跪客	ŋ 额袄岸	x 黄鞋闲	
∅ 而衣圆有				

13.2 韵母

渭南方言有39个韵母。

ʅ 姊时耳/ʮ 知吃失	i 鸡眉气	u 不毛哭猪	y 驴娶喂
a 打拉杂	ia 假掐夏	ua 瓜花抓	
o 拨坡磨		uo 科脱提作	yo 镢缺脚月
ɤ 哥可车			
	ie 结写叶		
ɛ 摆在崖二	iɛ 街解芥	uɛ 怪坏帅	
ɔ 胞摸草	iɔ 叫瓢鸟		

ɯ 胳疙咳

ei 妹北德麦 　　　　　　　　　　　　　　　uei 灰国吹最

ou 斗搜路竹 　　　　iou 酒袖绿

ɚ 而二日

ã 板满占 　　　　iã 间前盐 　　　　uã 短宽砖 　　　　yã 旋圆酸

ẽ 奔根文肯 　　　　iẽ 新银匀 　　　　uẽ 论婚准 　　　　yẽ 群云孙

ɑŋ 帮巷张 　　　　iɑŋ 良讲乡 　　　　uɑŋ 光王装

əŋ 僧冷正 　　　　iəŋ 兵平应硬 　　　　uəŋ 空红中总 　　　　yəŋ 兄穷荣

13.3 单字调

渭南方言有 4 个单字调。

阴平 31 　高猪开三缺割月 　　阳平 24 　穷床鹅局舌杂服

上声 53 　口好手丑死理有 　　去声 44 　近厚是盖饭近计

13.4 说明

（1）p、pʰ 与 o、u 韵相拼时，发生唇齿化，实际音值是 [pf pfʰ]。

（2）tʃ、tʃʰ、ʃ、ʒ 部位略偏前，与 ts、tʂ 两组声母处于双向互补关系，包括古精组字和知庄章日组拼合口呼韵母，为了与其他方言比较，将其单列为一组声母。

（3）古端透定、精清从、见溪群三组声母在齐齿呼韵母前合流为 tɕ、tɕʰ 母；心邪母与晓匣母字合流为 ɕ。

（4）u 单独作韵母与 tʃ、tʃʰ、ʃ、ʒ 相拼时，延续声母的发音动作，阻碍基本消除，不过仍有摩擦，圆唇度很低，音值是 [ʮ]，在这组声母后充当介音时也是 [ʮ]。

（5）y 韵跟 n、l 相拼时，发成 [ʉ]，跟 tɕ、tɕʰ、ɕ 相拼及在零声母中，发音接近 [ʉ] 而部位略前。

（6）ɤ 与 tʂ、tʂʰ、ʂ、ʐ 相拼时，实际音值为 [ʅə]，主要元音舌位比央元音高。

（7）ɛ、iɛ、ɜɛ 韵的 ɛ，在上声、去声字中舌位略高，在阴平、阳平字中舌位略低，在阳平字中有微小的动程。

（8）ɔ、iɔ 中的 ɔ 在阴平、阳平字中舌位略低，其中，在阳平字中略有动程。

（9）aŋ、iaŋ、uaŋ 韵的 ŋ 韵尾很松，实际音值是 [ỹ]。

十四、洛南方言音系

发音合作人：

韩民娃，男，54 岁，洛南县城关镇西街村二组人，大专文化，县政协干部。

14.1 声母

洛南方言有 30 个声母，包括零声母。

p 不包帮	pʰ 步拔婆	m 门马明		
			f 冯符饭	v 往袜物晚
t 担等德	tʰ 太同稻	n 男拿能		l 兰暖来挪
ts 支簪烛枣	tsʰ 查迟掺		s 沙时赛	z 儿
tʂ 知占招	tʂʰ 吃车抽		ʂ 闪十神	ʐ 认绕热
tʃ 主捉总	tʃʰ 处戳葱		ʃ 书说松	ʒ 入软锐
tɕ 经挤尊店	tɕʰ 丘七村听	ȵ 女牙硬	ɕ 洗休孙	
k 刚贵盖	kʰ 开跪客	ŋ 额袄岸	x 鞋闲黄	
∅ 而衣圆有				

14.2 韵母

洛南方言有 38 个韵母。

ɿ 姊齿支 ʅ 知吃失	i 鸡眉气	u 不哭猪	y 飞驴娶
ɑ 打拉杂	iɑ 假掐牙	uɑ 瓜夸抓	
o 拨坡磨		uo 科哥捉	yo 药学脚缺
ɤ 遮车热			
	ie 结野叶		ye 靴月
ɛ 摆在奶	iɛ 街解界	uɛ 怪坏帅	

ɔ 胞草高　　　　　　iɔ 叫瓢鸟

ɯ 胳疙咳

ei 北麦根　　　　　iei 新银匀　　　　　uei 国雷吹婚　　　　yei 尊群云

ou 斗竹路　　　　　iou 酒袖有

ɚ 耳二日

æ 板满汉　　　　　iæ 间前边　　　　　uæ 短宽砖　　　　　yæ 钻旋圆

ɑŋ 帮巷张　　　　　iɑŋ 良讲乡　　　　　uɑŋ 光黄装

əŋ 僧冷坑　　　　　ieŋ 兵平应　　　　　ueŋ 空共中　　　　　yeŋ 兄穷荣

14.3 单字调

洛南方言有 4 个单字调。

阴平 31　高猪开三缺割月　　　阳平 24　穷床鹅局舌杂服

上声 53　口好手丑死理有　　　去声 44　近厚是盖饭近计

14.4 说明

（1）pʰ、tʰ、kʰ 送气强烈，除阻后舌根与小舌部位有明显的摩擦音。

（2）tʃ、tʃʰ、ʃ、ʒ 只出现在合口呼韵母前，发音时双唇微撮，舌头两侧微翘，舌尖及舌面前部抵住或靠近上齿龈，上齿与下唇内侧略接触，带唇齿音色彩，实际音值为 [tʃᵛ tʃʰᵛ ʃᵛ ʒᵛ]。与 ts、tʂ 两组声母处于双向互补关系。为了方便和其他方言比较，将其单列。

（3）古端、精、见（晓）三组声母在齐齿呼韵母前合流为 tɕ、tɕʰ、ɕ 母。如：店＝箭＝见 tɕiã⁴⁴，梯＝七＝欺 tɕʰi³¹，西＝稀 ɕi³¹。

（4）u 单独作韵母与 tʃ、tʃʰ、ʃ、ʒ 相拼时，延续声母的发音动作，阻碍基本消除，不过仍有摩擦，唇形半圆，音值是 [ʉ]，在这组声母后充当介音时也是 [ʉ]。

（5）ɤ 与 tʂ、tʂʰ、ʂ、ʐ 相拼时，实际音值为 [ɘ]。

（6）ɛ、iɛ、uɛ 韵的 ɛ 在上声、去声字中舌位较高，音值是 [ɛ]，阴平、阳平字中开口度较大，并有动程，音值是 [ɛe]。

（7）ɔ、iɔ 韵中的 ɔ 在上声、去声字中舌位较高，音值是 [o]，阴平、阳平字中舌位较低，并有动程，音值是 [ɔo]。

（8）古深臻摄韵母与蟹止摄合流，读 ei、iei、uei、yei。

（9）ou、iou 韵在阴平、阳平字中动程较大，主要元音是标准的［o］，在上声、去声字中主要元音舌位较高，音值是［ʊ］。

（10）æ 韵同 ŋ 母相拼时，滋生 i 介音，实际读法是［ŋⁱæ］。

（11）aŋ、iaŋ、uaŋ 韵的 ŋ 韵尾发音较松，实际音值为［ỹ］。

十五、商州方言音系

发音合作人：

马发山，男，55 岁，商洛市商州区城关镇窑头村人，高中文化，教师。

15.1 声母

商州方言有 30 个声母，包括零声母。

p 不把比	pʰ 步盘怕	m 门马木			
				f 飞富发	v 无文武挖
t 刀道底店	tʰ 太谈同	n 难能崖			l 兰路来
ts 资簪祖	tsʰ 查掺菜			s 苏时赛	z 儿仍扔
tʂ 知占招	tʂʰ 吃成超			ʂ 陕湿神	ʐ 人绕热
tʃ 猪捉总	tʃʰ 出戳葱			ʃ 书刷松	ʒ 入软绒
tɕ 经挤遵	tɕʰ 梯七欺村	ȵ 女你年		ɕ 西溪孙	
k 干贵盖	kʰ 开跪快	ŋ 我袄暗		x 鞋闲黄	
∅ 瓮引元用					

15.2 韵母

商州方言有 40 个韵母。

ɿ 资此时 ʅ 知吃石	i 飞眉气比	u 布毛猪	y 女玉举苇
ɑ 打拉杂	iɑ 加掐牙	uɑ 瓜夸抓	
o 玻坡佛		uo 多脱捉左	yo 脚削药
ɤ 哥可遮			
	iɛ 揭鳖写		yɛ 劣月雪

æ 摆在奶	iæ 械介街	uæ 怪歪帅	
ɔ 招<u>毛</u>高	iɔ 要苗鸟		
ɯ 胳疙咳			
ei 北黑麦		uei 堆泪吹最	
ou 斗叔路	iou 酒修有		
ɚ 尔耳<u>日</u>			
ã 班胆三	iã 边年盐	uã 端弯闩	yã 钻捐冤
ẽ 本门文	iẽ 新印民	uẽ 顿婚准	yẽ 尊群晕
ɑŋ 帮忙张	iɑŋ 良将想	uɑŋ 光黄装	
əŋ 僧冷等	iəŋ 兵平英	uəŋ 空公中总	yəŋ 兄穷荣

15.3　单字调

商州方言有 4 个单字调。

阴平 31　诗知开发缺木月　　阳平 35　穷田麻柴舌杂服
上声 53　走好手草短理有　　去声 55　是厚柱爱饭近计

15.4　说明

（1）p^h、t^h、k^h 送气强烈，除阻后舌根与小舌部位有明显的摩擦音。

（2）p、p^h 与 u、o 相拼时上齿抵下唇，并擦化，实际音值为 [$p^f\ p^{fh}$]。

（3）t 与齐齿呼相拼发音接近 [ȶ]。同时，送气的端组字在齿齿呼韵母前读 [$tɕ^h$]，与精见组的细音韵母字合流，如：听＝清＝轻 $tɕ^hiəŋ^{31}$，提＝齐＝旗 $tɕ^hi^{35}$。

（4）tʃ、$tʃ^h$、ʃ、ʒ 只出现在合口呼韵母前，发音时双唇微撮，舌头两侧略翘，舌尖及舌面前部抵住或靠近上齿龈，上齿与下唇内侧略接触，带唇齿音色彩，实际音值为 [$tʃ^ʋ\ tʃ^{ʋh}\ ʃ^ʋ\ ʒ^ʋ$]。与 ts、tʂ 两组声母处于双向互补关系。为了方便和其他方言比较，将其单列。

（5）u 单独作韵母与 tʃ、$tʃ^h$、ʃ、ʒ 相拼时，延续声母的发音动作，阻碍基本消除，不过仍有摩擦，唇形半圆，音值是 [ʮ]，在这组声母后充当介音时也是 [ʮ]。

（6）ɚ 与 tʂ、$tʂ^h$、ʂ、ʐ 相拼时，实际音值为 [ɻʅ]。

（7）æ、iæ、uæ 中的 æ 在上声、去声字中舌位较高，音值是［ɛ］，在阴平、阳平字中音值是［æ］，而且在阳平字中有动程。

（8）ɑŋ、iɑŋ、uɑŋ 韵的 ŋ 韵尾发音较松，实际音值为［ỹ］。

十六、丹凤方言音系

发音合作人：

靳治民，男，61 岁，丹凤县龙驹寨镇南沟村人，初中文化，农民。

16.1 声母

丹凤方言有 30 个声母，包括零声母。

p 不包帮	pʰ 步盘拔	m 门马明		
			f 冯符饭	v 往袜物晚
t 担当德	tʰ 太同稻	n 男拿能		l 兰暖来挪
ts 支簪烛枣	tsʰ 查掺菜		s 沙时扫	z 儿扔
tʂ 知占招	tʂʰ 吃车抽		ʂ 闪十神	ʐ 认绕热
tʃ 主捉总	tʃʰ 处戳葱		ʃ 书说松	ʒ 入软锐
tɕ 经挤尊低	tɕʰ 丘七村听	ȵ 女牙硬	ɕ 洗休孙	
k 刚贵盖	kʰ 开跪客	ŋ 额袄岸	x 鞋闲黄	
∅ 而衣圆有				

16.2 韵母

丹凤方言有 38 个韵母。

ɿ 姊齿支 ʅ 知吃失 i 鸡眉气		u 不哭猪	y 飞驴娶昧
ɑ 打拉杂	iɑ 假掐牙	uɑ 瓜夸抓	
o 拨坡磨		uo 科哥所捉	yo 药学脚
ɤ 遮车蛇			
	iɛ 结野写		yɛ 靴缺月
æ 摆在奶	iæ 街解界	uæ 怪坏帅	
ɔ 胞草高	iɔ 叫瓢鸟		

ɯ 胳疙咳

ei 北色麦根	iei 新银匀	uei 婚国雷吹	yei 尊群云
ou 斗竹路	iou 酒袖留		

ɚ 耳二日

ã 板满汉	iã 间前盐	uã 短宽砖	yã 钻旋圆
ɑŋ 帮巷张	iɑŋ 良讲乡	uɑŋ 光黄装	
əŋ 僧冷坑	iəŋ 兵平硬	uəŋ 空共中	yəŋ 兄穷荣

16.3　单字调

丹凤方言有 4 个单字调。

阴平 31　高猪开三缺割月　　阳平 24　穷床鹅局舌杂服
上声 53　口好手丑死理有　　去声 44　近厚是盖饭近计

16.4　说明

（1）pʰ、tʰ、kʰ 送气强烈，除阻后舌根与小舌部位有明显的摩擦音。

（2）ʧ、ʧʰ、ʃ、ʒ 只出现在合口呼韵母前，发音时双唇微撮，舌头两侧微翘，舌尖及舌面前部抵住或靠近上齿龈，阻塞位置略前，上齿与下唇内侧略接触，带唇齿音色彩，实际音值为〔ʧᶹ ʧʰᶹ ʃᶹ ʒᶹ〕。与 ts、tʂ 两组声母处于双向互补关系。为了方便和其他方言比较，将其单列。

（3）古端、精、见（晓）三组声母在齐齿呼韵母前合流为 tɕ、tɕʰ、ɕ 母。如：店＝箭＝见 tɕiã⁴⁴，梯＝七＝欺 tɕʰi³¹，西＝稀 ɕi³¹。

（4）u 与 ʧ、ʧʰ、ʃ、ʒ 相拼时，不论单独作韵母还是充当介音，圆唇度都比商州、洛南低，实际音值是〔ʉ〕，唇形半圆。

（5）ɑ、iɑ、uɑ 中的 ɑ 实际音值介于〔ʌ〕〔ɑ〕之间。

（6）æ、iæ、uæ 韵的 æ 在阴平、阳平字中舌位较低，并有动程，在上声、去声字中舌位较高，音值为〔ɛ〕。

（7）ɔ、iɔ 韵中的 ɔ 在阴平、阳平字中舌位较低，并有动程，在上声、去声字中舌位较低，音值为〔ɒ〕。

（8）ou、iou 韵在阴平、阳平字中动程较大，主要元音是标准的〔o〕，在上声、去声字中主要元音舌位较高，音值是〔ʊ〕。

（9）古深臻摄韵母与蟹止摄合流，读 ei、iei、uei、yei。同时，本组韵母在阴平、阳平字中主要元音舌位较低，在上声、去声字中主要元音较高，音值为［ɪ］。

（10）ã、iã、uã、yã韵随着声调的不同，主要元音的舌位明显有别，在阴平、阳平字中音值为［ɑ̃］，在上声、去声字中音值为［æ̃］。

（11）ã韵同 ŋ 母相拼时，滋生 i 介音，实际读法是［ŋⁱã］。

（12）aŋ、iaŋ、uaŋ 韵的 ŋ 韵尾发音较松，实际音值为［ỹ］。

（13）以上（6）—（10）条说明，丹凤话中存在明显的异调变韵的现象。

十七、宜川方言音系

发音合作人：

强锁臣，男，67 岁，宜川丹州镇北垚村人，初中文化，农民。

崔智财，男，61 岁，宜川丹州镇北垚村人，初中文化，工人。

17.1 声母

宜川方言有 27 个声母，包括零声母。

p 巴布别	pʰ 步盘怕	m 门猛没		
			f 冯符飞	v 闻危微
t 到端帝	tʰ 夺太同	n 难怒弄		l 路连内
	tʰ 提天听	ȵ 年女硬		
ts 祖增嘴	tsʰ 醋曹从		s 散僧生	z 扔
tʂ 招主拙	tʂʰ 潮车虫		ʂ 烧声税说	ʐ 认绕软
tɕ 精节举	tɕʰ 秋旗穷		ɕ 修休旋	
k 贵高缸	kʰ 跪开葵	ŋ 岸安袄	x 胡化红	
ø 延元儿				

17.2 韵母

宜川方言有 39 个韵母。

ʮ 资支撕 ʯ 知直池 i 比第鸡林　　u 故木出醋　　y 女嘴虚泪

ɑ 爬辣蛇	iɑ 架牙野	uɑ 耍抓花	
o 坡婆没		uo 狼过桌说	yo 绝
ə 多个上	iə 脚虐凉药		
	iɛ 瘸铁血叶		yɛ 缺靴月
ɔ 饱保桃	iɔ 条箫轿		
ɯ 咳圪			
ɛɜ 排矮才盖	iɛɜ 阶街崖	uɛɜ 帅怪块	
ei 北色盆根	iei 品紧根	uei 桂推纯	yei 军群损
ɤu 斗租鹿	iɤu 丢流酒		
ɚ 而耳			
æ 胆三杆	iæ 变天减	uæ 短船官	yæ 恋卷全
ɑŋ 党桑长	iɑŋ 讲良羊	uɑŋ 床光筐	
əŋ 棚灯层	iəŋ 钉灵星	uəŋ 红从虫	yəŋ 倾穷胸荣

17.3　单字调

宜川方言有 3 个单字调。

阴平 51　高专开婚割缺月

阳平 24　穷才寒人云局俗

上去 45　古展口女有近盖共害岸

17.4　说明

（1）pʰ 与 u 韵相拼时送气很强。

（2）m 与 o 韵相拼时，实际音值为［mᵇ］。

（3）pʰ、tʰ、x 与开口呼韵母相拼时，由于送气强烈，带有轻微的小舌颤音。

（4）t、tʰ 与 u 韵相拼时，略带颤唇音。

（5）ʨʰ 是 /tʰ/ 音位在齐齿呼韵母前的变体，腭化的同时发生擦化，为了与其他方言比较，独立为一个声母。

（6）tʂ、tʂʰ、ʂ、ʐ 与合口呼韵母相拼时，舌面前部与硬腭稍有接触，但不是舌叶音。tʂ、tʂʰ、ʂ 与 ʅ 韵相拼时，发音接近舌叶音［tʃ tʃʰ ʃ］。

（7）u 韵与 tʂ、tʂʰ、ʂ、ʐ 相拼时音值是［ʯ］，与 ts、tsʰ、s 相拼时音值是［ʮ］。

（8）ɘ 韵与 tʂ、tʂʰ、ʂ、ʐ 相拼时，音值是［ʅ］。

（9）ɔ、iɔ 中的 ɔ 在阳平字中开口度较大，且有动程，实际音值为［ɑo］。在阴平、上声、去声字中音值为标准的［ɔ］。

（10）æ 韵与 k、kʰ、ŋ 相拼时，产生很短的［i］介音。

（11）深臻摄舒声字鼻化已经失去，同蟹止摄部分合流。

（12）韵尾 ŋ 实际音值为［ỹ］。

（13）上去声的实际调值为［453］。

十八、富县方言音系

发音合作人：

高光明，男，58 岁，富县富城镇人，初中文化，农民。

18.1 声母

富县方言有 27 个声母，包括零声母。

p 巴别布	pʰ 步盘怕	m 门猛没		
			f 冯符飞	v 闻微武
t 多点道	tʰ 夺太同	n 难怒弄		l 兰连内
	ȶʰ 梯天听	ȵ 年女硬		
ts 糟祖增主	tsʰ 醋曹仓从		s 散生沙书	z 乳软闰
tʂ 者拙招	tʂʰ 车着潮		ʂ 声收扇	ʐ 认绕然
tɕ 精结举	tɕʰ 秋旗穷		ɕ 修休旋	
k 贵高缸	kʰ 跪开葵	ŋ 岸安袄	x 化胡红	
ø 延远儿				

18.2 韵母

富县方言有 34 个韵母。

ɿ 资此时 ʅ 知直池 i 第鸡备　　　u 故木主　　　y 女虚玉

ɑ 爬辣打	iɑ 压架掐	uɑ 花刮耍	
ɤ 坡婆蛇车		uo 我过割桌	yo 劣绝确药
	iɛ 野铁谐		
ᴇ 带债开	iᴇ 介街盖矮	uᴇ 怪块帅	
ɔ 饱保桃	iɔ 条箫轿		
ɯ 咳核			
ei 北得色		uei 泪贵伟税	
ɤu 奴口斗	iu 绿酒舅		
ɐr 耳日			
ã 胆三含	iã 间减杆岸	uã 短关砖	yã 恋宣圆
ɑŋ 忙党桑	iɑŋ 讲良羊	uɑŋ 光筐床	
əŋ 盆庚整	iəŋ 紧停影	uəŋ 魂红纯从	yəŋ 群穷胸

18.3　单字调

富县方言有 4 个单字调。

阴平 31　高专开婚割缺月　　阳平 24　穷才寒人云局俗

上声 52　古展口草好女有　　去声 44　近盖抗汉共害岸

18.4　说明

（1）t、tʰ 与 u 韵相拼时，略带颤唇音。

（2）ʨʰ 是 /tʰ/ 音位在齐齿呼韵母前的变体，腭化的同时发生擦化，为了与其他方言比较，独立为一个声母。

（3）tʂ、tʂʰ 包括［ʈ ʈʰ］［tʂ tʂʰ］2 组变体。其中，［ʈ ʈʰ］与 ao、ɤu、ã、ɑŋ、əŋ 韵相拼。单字表中［ʈ ʈʰ］［tʂ tʂʰ］不做归并。另外，tʂ 组声母与 ʅ 韵相拼时，前舌面亦接触上腭，发音接近舌叶音。

（4）k、ŋ 与齐齿呼韵母相拼时，实际音值是［c ɲ］。iᴇ、iã 韵可同 k、ŋ 母相拼。

（5）古知章组宕摄开口三等入声药韵字，今声母为 tʂ、tʂʰ、ʂ，如：着~衣 tʂuɤ²⁴、着睡~ tʂʰuɤ³¹、酌 tʂuɤ²⁴、勺 ʂuɤ²⁴。

（6）u 与 ts、tsʰ、s、z 相拼，发成［ʮ］。不论单独成韵还是作介音，均如此。

（7）uo、yo 韵中的 o 音值介于［ɤ］［o］之间。

（8）ɛ、uɛ 与 k、kʰ、x 相拼，或在去声字中，舌位略高。

（9）ɔ 韵在阳平字中舌位较低，且有动程，音值为［ao］。

（10）ã 组韵母中的主要元音实际音值是［æ̃ã］，鼻音很轻。

（11）韵尾 ŋ 的实际音值为［ỹ］，其中 aŋ 组韵母最明显。

十九、黄陵方言音系

发音合作人：

李润京，男，51 岁，黄陵城区街道办黄花沟人，初中文化，农民。

19.1　声母

黄陵方言有 30 个声母，包括零声母。

p 簸布别	pʰ 怕盘步	m 门没面		
			f 冯符飞	v 闻微威
t 道灯多	tʰ 夺太同	n 难怒拿		l 兰连雷
ts 早祖增	tsʰ 曹锄撑		s 师沙僧	z 肉
tʂ 知遮招	tʂʰ 尺车潮		ʂ 湿蛇少	ʐ 认绕然
tʃ 主中左	tʃʰ 出虫从		ʃ 书船松	ʒ 惹闰软
tɕ 第精结举	tɕʰ 地秋旗去	ȵ 女年硬	ɕ 修休虚	
k 古贵干	kʰ 跪开葵	ŋ 安袄饿	x 化胡红	
∅ 延远儿				

19.2　韵母

黄陵方言有 40 个韵母。

ɿ 资支时 ʅ 知直池	i 比第鸡	u 故木出	y 虚女驴
ɑ 爬查辣	ia 架牙掐	ua 花刮抓	
o 簸婆没		uo 河鹅落说	yo 确药缺月
ɤ 割可车			

		iɛ 铁姐写		
ɛ 排台海	iɛi 戒懈盖艾	uɛ 怪块帅		
ɯ 咳核~桃				
ei 贝得涩	iei 给格额	uei 桂贵国税		
ɑo 饱桃袄	iɑo 条箫摇			
ɤu 鹿口斗	iɤu 绿九有			
ɚ 而耳日				
æ̃ 半胆三	iæ̃ 边天减杆	uæ̃ 短官船	yæ̃ 暖钻圆	
ẽ 本温枕	iẽ 紧林根恩	uẽ 墩棍春	yẽ 军寸云	
ɑŋ 忙党上	iɑŋ 良讲羊	uɑŋ 光王床		
əŋ 碰吞庚	iəŋ 冰灵星影	uəŋ 东红从虫	yəŋ 穷胸永	

19.3 单字调

黄陵方言有 4 个单字调。

阴平 31　高专开婚割缺月　　阳平 24　穷才寒人云局俗

上声 52　古展口草好女有　　去声 44　近盖抗汉共害岸

19.4 说明

（1）pʰ 与 o 韵相拼时，发生唇齿化，实际音值为［pᶠʰ］。

（2）tʂ、tʂʰ、ʂ、ʐ 母与 ʅ、ɤ 韵相拼时，舌头与上腭接触面大，音值接近舌叶音［tʃ tʃʰ ʃ ʒ］。

（3）k、ŋ 与齐齿呼韵母相拼时，实际音值是［c ɲ］。韵母 iɛ、iei、iæ̃、iẽ 可与 k、ŋ 声母相拼，这时介音较短，还不很稳定。

（4）古精组、知庄章日组声母在今合口呼韵母前合流，读作 tʃ、tʃʰ、ʃ、ʒ。如：作＝桌 tʃuɤ³¹，虫＝从 tʃʰuəŋ²⁴。

（5）古端透定、精清从、见溪群三组声母在今齐齿呼韵母前合流，读 tɕ、tɕʰ，如：钉＝精＝经 tɕiəŋ³¹，梯＝妻＝欺 tɕʰi³¹。同时，这两个声母塞化色彩较重。

（6）古心邪母与晓匣母在细音韵母前合流为 ɕ。

（7）u 与 tʃ、tʃʰ、ʃ、ʒ 相拼，单独作韵母时，延续声母的发音动作，阻

碍基本消除，不过仍有摩擦，音值是［ʉ̢］，在这组声母后充当介音时也是
［ʉ̢］。

（8）uo、yo 韵中 o 的实际音值介于圆唇和展唇之间。

（9）ɤ 韵与 tʂ、tʂʰ、ʂ、ʐ 相拼时，实际音值是［ʌ̩］。

（10）ε、iε、uε 韵中的 ε，在阴平、阳平字中有动程，音值是［εE］；在
上声、去声字中没有动程，音值为［ε］。

（11）ɑo 在阴平、阳平字中舌位较低，动程较大；在上声、去声字中舌
位较高，动程较小，实际音值为［ɔo］。

二十、宜君方言音系

发音合作人：

马福真，男，69 岁，宜君尧生车张村人，中专文化，工人。

20.1 声母

宜君方言有 32 个声母，包括零声母。

p 巴比布	pʰ 步盘怕	m 门没面		
			f 冯符飞	v 闻武微
t 多点道	tʰ 太同夺	n 难怒拿		l 兰连雷
ȶ 精积钓	ȶʰ 秋齐铁	ȵ 年女硬		
ts 资嘴增	tsʰ 醋曹从		s 散苏生心	z 肉褥儿
tʂ 知招沾	tʂʰ 尺车昌潮		ʂ 声扇世	ʐ 认绕然
tʃ 主追砖	tʃʰ 处穿虫		ʃ 书船说	ʒ 如软闰
tɕ 经结举	tɕʰ 丘旗穷		ɕ 休旋虚辖	
k 古贵缸	kʰ 跪看葵	ŋ 安袄饿	x 化胡红	
∅ 延远儿				

20.2 韵母

宜君方言有 39 个韵母。

ɿ 资支时	ʅ 知直池	i 比第鸡	u 故五出	y 虚女驴

ɑ 爬查辣	iɑ 架掐牙	uɑ 抓刮花	
o 簸婆没		uo 落过说	yo 绝确靴月
ɤ 割可车			
	iɛ 姐茄野		
ɛ 盖债矮	iɛi 阶街捱	uɛi 怪块帅	
ɔ 饱桃袄	ɔi 秒条箫		
ɯ 咳核			
ei 北色本温		uei 泪贵吹纯	
ou 绿口斗	iou 绿九有		
ɚ 而耳日			
æ̃ 半胆三	iæ̃ 边天减	uæ̃ 短官船	yæ̃ 暖钻圆
ə̃ 盆废根	iə̃ 紧林印	uə̃ 堆顿准	yə̃ 菌群云
ɑŋ 王党桑	iɑŋ 仰讲良	uɑŋ 光黄床	
əŋ 吞整风	iəŋ 冰停灵	uəŋ 东松虫	yəŋ 穷胸永

20.3 单字调

宜君方言有 4 个单字调。

阴平 21　高专开婚割缺月　　阳平 24　穷才寒人云局俗
上声 52　古展口草好女有　　去声 44　近盖抗汉共害岸

20.4 说明

（1）pʰ 与 u、o 相拼时，带唇齿化，实际音值为 [pᶠʰ]。

（2）tʂ、tʂʰ 包括 [tʂ tʂʰ]［t̪ t̪ʰ] 2 组变体。其中，[t̪ t̪ʰ] 与 ɔo、ou、æ̃、ə̃、ɑŋ、əŋ 相拼，是很典型的塞音。单字表中 [tʂ tʂʰ] 与 [t̪ t̪ʰ] 未作归并。

（3）古端透定母与精清从母在齐齿呼前合流，读带有擦化的 t̪、t̪ʰ 母，但同 tɕ、tɕʰ 的区别很明显。见溪群母在齐齿呼前读 tɕ、tɕʰ。古心邪母在齐齿呼韵母前读 s，晓匣母读 ɕ。

（4）u 单独作韵母与 tʃ、tʃʰ、ʃ、ʒ 相拼时，延续声母的发音动作，阻碍基本消除，不过仍有摩擦，音值是 [ʮ]，圆唇度很低。在这组声母后充当介音时音值相同。

（5）ε、iε、uε 韵中的 ε 在上声、去声字中的实际音值接近 [e]。

（6）ɔ、iɔ 韵中的 ɔ 在阳平字中开口度较大，且有动程。

（7）uo、yo 韵中的 o 音值介于 [ɤ][o] 之间。

（8）ei、uei 韵中 e 的舌位比标准的 [e] 高，实际音值为 [ɪ]。

（9）ou 韵的实际音值为 [ᵒu]，韵腹 o 一带而过。

（10）ẽ、iẽ、yẽ 中 ẽ 的舌位略高，实际音值是 [ĩ]。

（11）韵尾 ŋ 的实际音值是 [ɣ̃]。

（12）古蟹摄字与深臻摄字有混同现象。即部分蟹摄字韵母带鼻化，如蟹合一：每 mẽ⁵²，妹 mẽ⁴⁴，堆 tuẽ²¹；蟹合三：废 fẽ⁴⁴，肺 fẽ⁴⁴，吠 fẽ⁴⁴，伊 iẽ⁵²。部分深臻摄字韵母失去鼻化色彩，如深开三：参人~ sei²¹、枕 tʂei⁵²；臻合一：奔 pei²¹，本 pei⁵²，昆 kʰuei²¹，滚 kuei⁵²。

二十一、铜川方言音系

发音合作人：

陈忠禄，男，63 岁，铜川市印台区（老同官县城）城关村人，初中文化，农民。

杨彦芳，男，76 岁，铜川市印台区印台村人，大专文化，原印台区政协主席。

21.1 声母

铜川方言有 30 个声母，包括零声母。

p 巴布别	pʰ 步盘怕	m 门米面		
			f 冯符飞	v 微围危
t 多道帝	tʰ 太同稻	n 难怒年		l 来利内
ts 资嘴增	tsʰ 醋曹搓		s 僧生碎	z 肉儿
tʂ 招浊丈	tʂʰ 昌潮车着		ʂ 声扇世勺	ʐ 认绕弱
tʃ 猪抓庄	tʃʰ 出春床		ʃ 书要税	ʒ 如闰软
tɕ 今举焦	tɕʰ 齐旗梯条	ȵ 泥硬女	ɕ 修香旋	
k 古贵共	kʰ 看亏狂	ŋ 安袄饿	x 化胡红	

ø 延远儿

21.2 韵母

铜川方言有 40 个韵母。

ɿ 资此时 ʅ 知池十　i 第鸡备　　　　u 木故主　　　　y 女虚玉
ɑ 爬大辣　　　iɑ 架掐压　　　　　ua 花刮刷
o 簸模佛　　　　　　　　　　　　uo 坐落说　　　　yo 脚缺药
ɤ 各割磕车
　　　　　　　iɛ 野铁灭　　　　　　　　　　　　yɛ 靴劣月
ɔ 饱桃袄　　　iɔ 条秒交
æ 排斋海　　　iæ 阶谐崖　　　　uæ 怪外歪
ɯ 核磕
ei 色百根温　　　　　　　　　　uei 桂内吹昏
ɤu 斗丑口　　iɤu 绿九有
ɚ 耳日
æ̃ 半三杆　　　iæ̃ 边天减　　　uæ̃ 短船官　　yæ̃ 圆犬选
ə̃ 本渗枕　　　iẽ 紧林心　　　uẽ 嫩棍准　　yẽ 军群云
ɑŋ 忙党上　　　iɑŋ 讲良羊　　uɑŋ 光床王
ɤŋ 碰吞庚　　　iɤŋ 冰灵星　　uɤŋ 东松虫　　yɤŋ 穷胸永

21.3 单字调

铜川方言有 4 个单字调。

阴平 21　高天婚发跌磕落　　阳平 24　平琴门莲白达学
上声 52　顶躺好水女满有　　去声 44　坐奉叫破饿柜树

21.4 说明

（1）pʰ 与 o 相拼时，送气成分较强，但未唇齿化。

（2）古端组声母与今齐齿呼韵母相拼时，送气音腭化、擦化为 tɕʰ，并与精、见组齐齿呼字合流，如：提＝齐＝旗 tɕʰi²⁴；不送气音未发生腭化、擦化。

（3）tʂ、tʂʰ 与 ɔ、ɤu、æ、ẽ、ɑŋ、ɤŋ 等韵相拼时，塞化程度较重，音值接近 [t tʰ]。

（4）古知庄章日组今合口呼字，除宕摄入声字 "酌着勺弱" 等声母是 tʂ、tʂʰ、ʂ、ʐ外，其余读 tʃ、tʃʰ、ʃ、ʒ。

（5）u 单独作韵母与 tʃ、tʃʰ、ʃ、ʒ 相拼时，延续声母的发音动作，阻碍基本消除，不过仍有摩擦，音值是 [ʮ]，在这组声母后充当介音时也是 [ʮ]。

（6）uo、yo 韵中的 o 音值介于 [ɤ][o] 之间。ɤ 韵与 tʂ 组声母相拼时的音值是 [ɰ]。

（7）ɔ、iɔ 中的 ɔ 在阳平字中开口度较大一些，且略有动程。

（8）æ、iæ、uæ、yæ 中 æ 的实际音值略高，读阳平调时有韵尾。

（9）ẽ、iẽ、uẽ、yẽ 中 e 的实际音值比标准 [e] 低些，接近 [ɛ]。

（10）一部分来自古深臻摄的开口呼、合口呼字失去鼻化，与 ei、uei 韵合流，如：顺=睡 ʃuei⁴⁴；其中部分字存在鼻化、非鼻化异读。今读齐齿呼、撮口呼的字保持鼻化音。

二十二、耀县方言音系

发音合作人：

张纯德，男，67 岁，耀县南街人，教师。

22.1 声母

耀县方言有 31 个声母，包括零声母。

p 布别巴	pʰ 步怕盘	m 门米面		
			f 飞符冯	v 闻微武
t 多道夺	tʰ 太同稻	n 难怒		l 兰路连
	ȶʰ 梯天听	ȵ 泥硬女		
ts 糟祖增	tsʰ 曹醋产		s 丝苏生	z 肉儿
tʂ 知招张	tʂʰ 池潮昌		ʂ 蛇扇声	ʐ 认然热
tʃ 猪抓坐	tʃʰ 出春从		ʃ 书要锁	ʒ 如闰软

tɕ 精经结　　tɕʰ 秋丘旗　　　　　　　　ɕ 旋休旋

k 古贵共　　kʰ 跪开狂　　ŋ 安袄饿　　　x 化胡红

Ø 延远午围

22.2 韵母

耀县方言有 39 个韵母。

ɿ 资此时 ʅ 知池石		i 备第鸡	u 木故主	y 女虚雨

ɿ 资此时 ʅ 知池石　i 备第鸡　　　u 木故主　　　y 女虚雨

ɑ 爬大辣　　　　ia 架压掐　　　ua 花刮抓

ɤ 簸哥各蛇　　　　　　　　　　uo 过夺落桌　　yo 勺确药

　　　　　　　　iɛ 姐灭铁　　　　　　　　　yɛ 靴劣月

ɯ 核磕

æe 排斋盖　　　　iæe 介谐崖　　uæe 怪外帅

ei 百煤色　　　　　　　　　uei 桂国税

ɑo 饱桃袄　　　　iɑo 秒条交

ou 斗丑口　　　　iou 绿九有

ɚr 耳日而

æ̃ 半胆炭　　　　iæ̃ 边减杆岸　　uæ̃ 短官船　　yæ̃ 权选钻

ẽi 本渗枕　　　　iẽi 林紧印　　uẽi 嫩棍魂准　　yẽi 群勋村

ɑŋ 忙党桑　　　　iɑŋ 良讲羊　　uɑŋ 光王床

əŋ 碰吞庚　　　　iəŋ 冰灵星　　uəŋ 东红虫　　yəŋ 穷胸倾

22.3 单字调

耀县方言有 4 个单字调。

阴平 31　高天婚发跌磕落　　阳平 24　陈平琴门莲达学

上声 52　顶躺好水满有稻　　去声 44　叫破坐奉饿柜树

22.4 说明

（1）p、pʰ 与 u 韵相拼时，有时伴随滚唇现象。

（2）古透定母字逢齐齿呼韵母时发生腭化、擦化，为了与其他方言比较，独立为 tʰ 声母，而 t 母与齐齿呼韵母相拼，未发生腭化和擦化。

（3）tʂ、tʂʰ、ʂ与ʅ韵相拼时，略带舌叶音色彩。

（4）古精组、知庄章日组声母在今合口呼韵母前合流为ʧ、ʧʰ、ʃ、ʒ。如：作＝桌 tʃuɤ³¹，催＝吹 tʃʰuei³¹，从＝虫 tʃʰuəŋ²⁴，入 ʒu³¹。

（5）tʂ、tʂʰ 与 ɑo、ɤu、æ、ẽi、ɑŋ、əŋ 等韵母相拼时塞化程度较强，音值为 [t tʰ]。

（6）u单独作韵母与 ʧ、ʧʰ、ʃ、ʒ 相拼时，延续声母的发音动作，阻碍基本消除，不过仍有摩擦，音值是 [ʮ̝]，在这组声母后充当介音时也是 [ʮ̝]，唇形不很圆。

（7）uo、yo韵中的o音值介于 [ɤ][o] 之间。

（8）æe、iæe、uæe 的主要元音在阴平、阳平字中音值是 [æ]；上声、去声字中主要元音比 [æ] 高，音值接近 [ɛ]。

（9）ɑo、iɑo 韵在阴平、阳平、上声字中动程最大，在去声字中动程较小，舌位较高。

（10）æ̃、iæ̃、uæ̃、yæ̃ 中的 æ̃ 在阴平、阳平字中舌位低；在上声、去声字中舌位略高，鼻化程度弱。iæ̃ 韵可以拼 k、ŋ 声母。

（11）ẽi、iẽi、uẽi、yẽi 韵母鼻化色彩弱，颇容易忽略，其中，阳平字中鼻化程度稍强。有些当地人不能区分 ẽi 与 ei，uẽi 与 uei。

（12）后鼻音尾 ŋ 的实际音值为 [ỹ]，在阳平字后韵尾的发音最为明显。

（13）去声调值略有上行，开头部分低于4度。

二十三、高陵方言音系

发音合作人：

孙存生，男，64岁，高陵县鹿苑镇北街村人，初中文化，农民。

23.1 声母

高陵方言有31个声母，包括零声母。

p 布巴别	pʰ 怕步盘	m 门猛没		
			f 冯符飞	v 闻微武
t 到道夺	tʰ 太同稻	n 难怒拿		l 兰连若

ʨ 精积钓　　ʨʰ 秋齐铁　　ȵ 年女硬

ts 糟增祖　　tsʰ 醋曹巢　　　　　　　　s 散苏生小心

tʂ 者折拙招　 tʂʰ 车昌潮　　　　　　　ʂ 声收扇　　ʐ 认绕然

tʃ 主众知　　tʃʰ 处虫尺　　　　　　　 ʃ 书船湿　　ʒ 如软闰

ʨ 经结举　　ʨʰ 丘旗穷　　　　　　　　ɕ 修旋虚

k 贵高缸　　kʰ 跪开葵　　ŋ 岸安袄　　 x 化胡红

ø 延远儿

23.2　韵母

高陵方言有 40 个韵母。

ɿ 资支撕 ʅ 知池直　 i 比第鸡　　　　u 故五主　　　 y 虚女驴

ɑ 爬辣达　　　　　 ia 架牙亚　　　 ua 花刮娃抓

o 坡婆没　　　　　　　　　　　　 uo 河落说　　　 yo 确药勺

ə 我可车割

　　　　　　　　 iɛ 野铁谐　　　　　　　　　　 yɛ 靴缺劣月

æ 盖债矮　　　　　 iæ 介械街　　　 uæ 怪坏帅

ɯ 咳

ei 色北谁　　　　　　　　　　　　 uei 泪伟吹

ao 饱保桃　　　　　 iao 条箫轿

ɣu 斗鹿绿　　　　　 iɣu 酒舅绿

ɚ 而耳日

æ̃ 胆三杆　　　　　 iæ̃ 间衔减　　　 uæ̃ 短官选船　 yæ̃ 圆恋宣

ẽ 盆肾根　　　　　 iẽ 紧林心　　　 uẽ 温魂俊纯　 yẽ 菌群云

ɑŋ 党桑航　　　　　 iɑŋ 讲良仰　　　 uɑŋ 光慌床

əŋ 风庚整　　　　　 iəŋ 灵星停　　　 uəŋ 横红虫　　 yəŋ 倾穷胸

23.3　单字调

高陵方言有 4 个单字调。

阴平 31　高专开婚割缺月　　　阳平 24　穷才寒人云局俗

上声 52　古展口草好女有　　　去声 55　近盖抗汉共害岸

23.4 说明

（1）古端透定母和精清从母在今齐齿呼韵母前合流，读 ȶ、ȶʰ，并有擦化现象。［ȶ ȶʰ］与［t tʰ］［ts tsʰ］双向互补，［ȵ］与［n］互补。为了与其他方言比较，没有归并音位。古心邪母与齐齿呼韵母相拼时也带腭化色彩，实际音值是［sʲ］。

（2）tɕ、tɕʰ、ɕ 母的实际音值接近［tɕ tɕʰ ɕ］，发音时略有翻唇动作。

（3）tʂ、tʂʰ 与 ɑo、ɤu、æ、ẽ、ɑŋ、əŋ 等韵母相拼时，实际音值是［t tʰ］。

（4）tʃ、tʃʰ、ʃ、ʒ 来自古知系合口字，只与合口呼韵母相拼，与 tʂ 组声母关系互补。为了与其他方言比较，没有归并音位。

（5）u 单独为韵与 tʃ、tʃʰ、ʃ、ʒ 相拼时，延续声母的发音动作，阻碍解除后仍有摩擦，音值接近［ʮ］，圆唇度很低。充当介音时圆唇度更低。

（6）ɚ 与 tʂ、tʂʰ、ʂ、ʐ 母相拼时，实际音值是［ɻʯ］。uo、yo 韵的韵腹圆唇度很低，发音过程中由圆唇到展唇，中间存在一个过渡阶段。

（7）æ 略带动程，在上声、去声字中舌位略高，音值接近［ɛ］。

（8）韵母 ei、uei 在阴平、阳平字中动程较大，在上声、去声字中韵腹舌位稍高，动程较小。

（9）ɑo、iɑo 在阳平字中开口度较大。

（10）后鼻韵尾 ŋ 的实际发音较松，音值为［ɣ̃］，在阳平字中最为明显。

（11）去声的实际发音为［454］。

二十四、临潼方言音系

发音合作人：
李小斌，男，42 岁，临潼骊山街办上朱村人，初中文化，农民。
朱战力，男，42 岁，临潼骊山街办上朱村人，高中文化，农民。
朱小舟，男，46 岁，临潼骊山街办上朱村人，高中文化，农民。

24.1 声母

临潼方言有 30 个声母，包括零声母。

p 巴布别　　　　pʰ 怕步盘　　　　m 门米面

　　　　　　　　　　　　　　　　　　　　　　f 飞符冯　　　　v 微武

t 多道夺　　　　tʰ 太同稻　　　　n 难怒弄　　　　　　　　　l 兰路连

ts 糟祖增　　　　tsʰ 醋曹从　　　　　　　　　　s 散丝生　　　　z 儿

tʂ 知招浊　　　　tʂʰ 吃昌潮　　　　　　　　　　ʂ 烧扇声　　　　ʐ 绕认然

tʃ 主追专　　　　tʃʰ 处吹穿　　　　　　　　　　ʃ 书水拴　　　　ʒ 如闰软

tɕ 精结弟　　　　tɕʰ 秋旗听　　　　ɲ 泥硬女　　　ɕ 旋休香

k 古贵共　　　　kʰ 跪开狂　　　　ŋ 安袄饿　　　x 化胡红

Ø 延远儿

24.2　韵母

临潼方言有 38 个韵母。

ɿ 资此时 ʅ 知池十　i 第鸡备衣　　　　u 木故出书　　　y 女虚玉

ɑ 爬辣　　　　　iɑ 架掐压　　　　　uɑ 花刮耍

o 簸模佛　　　　　　　　　　　　　uo 坐落河　　　　yo 脚缺药

ɤ 各磕车说

　　　　　　　　　iɛ 野铁灭劣　　　　　　　　　　　yɛ 靴月

æ 排斋海爱　　　iæ 阶谐崖　　　　uæ 怪外歪

ɔ 饱桃袄　　　　iɔ 条秒交

ɯ 核磕

ei 色百本渗　　　iei 紧林心印　　　uei 桂棍吹准　　yei 军群云

ɤu 斗丑口　　　　iɤu 绿九有

ɚ 耳日

ã 半胆三杆　　　iã 边天减　　　　uã 短官拴船　　　yã 圆犬选

ɑŋ 忙党上　　　　iɑŋ 讲良羊　　　uɑŋ 光床黄装

əŋ 碰吞庚　　　　iəŋ 冰灵星　　　uəŋ 东松红虫　　yəŋ 倾穷胸

24.3　单字调

临潼方言有 4 个单字调。

阴平 31　高专开婚割缺月　　　阳平 24　穷才寒人云局俗

上声 52 古展口草好女有　　去声 45 近盖抗汉共害岸

24.4 说明

（1）p^h 与 o、u 韵相拼，送气强烈，唇齿化严重，实际音值为 [p^{fh}]。

（2）v 与 u 韵相拼时摩擦很重。

（3）tʃ、tʃʰ、ʃ、ʒ 母只拼合口呼韵母。上述四个声母，新派读 tʂ、tʂʰ、ʂ、ʐ 母拼开口呼韵母，如：猪＝知 tʂʅ³¹，出＝吃 tʂʰʅ³¹，书＝湿 ʂʅ³¹，润＝认 ʐei⁴⁵。均与相应的开口呼字合流。

（4）tʂ、tʂʰ 与 ɔ、ei、ɤu、ã、aŋ、əŋ 相拼时，实际音值是 [t tʰ]。

（5）古端组、精组、见晓组字与齐齿呼韵母相拼时，内部差异较大。一派如朱战力、李小斌，三组字在齐齿呼韵母前完全合流，如：钉＝精＝经 tɕiəŋ³¹，听＝清＝轻 tɕʰiəŋ³¹，心＝欣 ɕiei³¹。另一派如朱小舟，端透定母与精清从母在齐齿呼韵母前合流，读作 ȶ、ȶʰ 母，见溪群母读 tɕ、tɕʰ 母；心邪母在齐齿呼韵母前读 s 母，（实际音值为 [sʲ]），晓匣母读 ɕ 母，如：西 si³¹ ≠ 吸 ɕi³¹。不过，心邪母字与晓匣母字有混淆的趋势，如：修＝休 ɕiɤu³¹。本次调查单字音部分记录的是端、精、见（晓）三组齐齿呼字合流的一派。

（6）老派口音中，u 单独为韵与 tʃ、tʃʰ、ʃ、ʒ 相拼时，延续声母的发音动作，阻碍解除后仍有摩擦，音值接近 [ʮ]，圆唇度很低。充当介音时圆唇度更低。

（7）ɤ 与 tʂ、tʂʰ、ʂ、ʐ 母相拼时，实际音值是 [ɿɤ]。uo、yo 韵中的 o 音值介于 [ɤ][o] 之间。

（8）æ、iæ、uæ 中的 æ 在阴平字、阳平字中开口度较大，在上声、去声字中开口度较小。

（9）ɔ、iɔ 中的 ɔ 在阳平字、阴平字中开口度较大，且有动程，在上声、去声字中开口度较小。

（10）一部分老年人发古深臻摄舒声韵时，还略带鼻化，与 ei 组韵母不完全合流。

（11）韵尾 ŋ 的实际发音较松，音值为 [ỹ]。

二十五、蓝田方言音系

发音合作人：

张志毫，男，53 岁，蓝田县蓝关镇东场村人，初中文化，农民。

张缠芳，男，54 岁，蓝田县蓝关镇西关村人，高中文化，农民。

25.1　声母

蓝田方言有 29 个声母，包括零声母。

p 步布别	pʰ 盘怕跑	m 门米面		
			f 冯符飞	v 微武软
t 到道夺	tʰ 太同稻	n 难怒弄		l 兰连内吕
ts 祖糟争	tsʰ 醋巢曹		s 苏散生	
tʂ 招浊丈	tʂʰ 车昌潮		ʂ 世声扇	ʐ 绕认然
tʃ 主桌庄坐	tʃʰ 处虫从全		ʃ 书税锁选	ʒ 入锐仍
tɕ 帝精结举	tɕʰ 梯秋旗穷	ȵ 年硬女	ɕ 修休虚	
k 古贵跪共	kʰ 开葵看	ŋ 安袄饿	x 化胡红	
∅ 延远日				

25.2　韵母

蓝田方言有 40 个韵母。

ɿ 资支时 ʅ 知池十	i 第鸡备	u 故乌出	y 女虚玉
ɑ 爬辣大	iɑ 架掐压	uɑ 花刮要	
o 簸坡馍		uo 河落窝	yo 确绝靴
ɤ 割可鹅车			
	iɛ 灭铁野		yɛ 劣
æ 盖买海	iæ 阶鞋崖	uæ 怪外帅	
ɔ 饱桃袄	iɔ 条秒交		
ɯ 咳后			
ei 妹得北百		uei 桂堆税	
ɤu 鹿口斗	iɤu 绿九有		

ɚ 耳日

ã 半胆三杆	iã 边天减	uã 短官船	yã 卷劝楦
ẽ 本枕根	iẽ 紧林心印	uẽ 魂棍准	yẽ 军群云
ɑŋ 忙党上	iaŋ 讲良羊	uaŋ 光黄床	
əŋ 碰吞庚	iəŋ 冰灵星	uəŋ 东红松	yəŋ 穷胸永

25.3 单字调

蓝田方言有 4 个单字调。

阴平 31 高天昏吃跌磕落　　阳平 24 陈平才门莲达学

上声 52 顶躺好水稻满有　　去声 44 叫破饿柜坐奉树

25.4 说明

（1）p^h 与 u、o 相拼时送气强烈，带有唇齿擦音成分，实际音值为 $[p^{fh}]$。

（2）古端透定、精清从、见溪群三组声母在今齐齿呼韵母前合流，读 tɕ、$tɕ^h$，如：地＝济＝记 tɕi⁴⁴，钉＝精＝经 tɕiəŋ³¹，梯＝妻＝欺 $tɕ^h$i。

（3）古精组、知庄章日组声母在今合口呼韵母前合流，读 tʃ、$tʃ^h$、ʃ、ʒ，如：作＝桌 tʃuɣ³¹，催＝吹 $tʃ^h$uei³¹，锁＝所 ʃuɣ⁵²，从＝虫 $tʃ^h$uəŋ²⁴。该组声母同 ts、ts^h、s 与 tʂ、$tʂ^h$、ʂ、ʐ 处于双向互补关系中。为了与其他方言比较，今独立为一组声母。

（4）tʂ、$tʂ^h$ 与 ɔ、uɣ、ɣu、ã、ẽ、ɑŋ、əŋ 相拼时塞化色彩较重，实际音值为 $[tɭ\ tɭ^h]$，但不同的发音人发音不太一致、稳定。

（5）u 不论单独为韵还是充当介音，与 tʃ、$tʃ^h$、ʃ、ʒ 拼合时，实际音值都是 $[ʉ]$，圆唇度较低。

（6）y 的发音部位略靠后，实际音值介于 $[y][ʉ]$ 之间。

（7）ɣ 单独充当韵母时，舌位略偏央，与 tʂ、$tʂ^h$、ʂ、ʐ 相拼时音值为 $[ɤ̙]$。

（8）æ 在阴平、阳平字中的音值为 $[ɜæ]$，阳平字中动程最明显；上声、去声字中的音值为 $[ɛ]$。

（9）ɔ 的开口度比标准元音略小，有很小的动程，音值接近 $[oɔ]$；在阳平字中动程较大，实际音值为［ɑɔ］。

（10）ei、uei 的主要元音在去声字中舌位略高，实际音值为［ɿi uɿi］。

（11）ẽ、iẽ、uẽ、yẽ 中的 ẽ，实际音值是［ɛ̃］。

（12）ɑŋ、iɑŋ、uɑŋ 韵的韵尾 ŋ 发音较松，实际音值为［ỹ］。

二十六、长安方言音系

发音合作人：

卢禾潭，男，55 岁，长安区大居安村人，初中文化，农民。

26.1　声母

长安方言有 27 个声母，包括零声母。

p 巴布别	pʰ 怕盘跑	m 门米面		
pf 庄追柱抓	pfʰ 处春床虫		f 飞符冯	v 微武软
t 胆道夺	tʰ 太同稻	n 难怒弄		l 来连内
ts 资增嘴	tsʰ 醋曹从		s 苏生僧	
tʂ 招浊丈	tʂʰ 车潮昌		ʂ 世声扇	ʐ 绕认然
tɕ 第精经举	tɕʰ 梯秋丘穷	ȵ 女言硬	ɕ 修香旋	
k 改古贵	kʰ 开葵狂	ŋ 饿袄安	x 化胡红	
∅ 延远儿				

26.2　韵母

长安方言有 40 个韵母。

ɿ 资此时 ʅ 知池十	i 第鸡备	u 故出乌	y 女虚玉
ɑ 爬辣抓	iɑ 架掐压鸭	uɑ 刮花娃	
o 坡桌物		uo 落过河	yo 虐学药
ɤ 歌割鹅车			
	iɛ 野铁灭		yɛ 靴劣月
æ 排才盖帅	iæ 阶崖	uæ 怪外歪	
ɔ 饱桃袄	iɔ 条秒交摇		

ɯ 核磕后

ei 色百水   uei 桂堆内

ɤu 斗鹿丑   iɤu 绿九有

ɚ 耳日

ã 半胆三船   iã 边天减   uã 短官完   yã 圆犬选

ẽ 本枕根准   iẽ 紧林心印   uẽ 棍魂温   yẽ 军群云

ɑŋ 忙党上床   iɑŋ 讲良羊   uɑŋ 光黄王

əŋ 碰吞庚中   iəŋ 冰灵星   uəŋ 东松红   yəŋ 穷胸永

26.3　单字调

长安方言有 4 个单字调。

阴平 31　高专开婚割缺月　　阳平 24　穷才寒人云局俗
上声 53　古展口草好女有　　去声 44　近盖抗汉共害岸

26.4　说明

（1）古端透定、精清从、见溪群三组声母在今齐齿呼韵母前合流，读腭化音 tɕ、tɕʰ。如：地＝记 tɕi⁴⁴，钉＝精＝经 tɕiəŋ³¹，梯＝妻＝欺 tɕʰi³¹。

（2）tʂ、tʂʰ 与 ɤu、ɔ、ã、ẽ、ɑŋ、əŋ 相拼时，塞化色彩严重，实际音值为［t tʰ］。

（3）y 的舌位靠后一些，音值接近［ʉ］。

（4）a 在 a、ia、ua 中的实际音值是［A］，在 ɑŋ、iɑŋ、uɑŋ 中音值为［ɑ］。

（5）ɤ 与 tʂ、tʂʰ、ʂ、ʐ 相拼时，实际音值是［ʯ］。

（6）ɔ 在阳平字中开口度较大，且有动程，实际音值为［ɑɔ］。

（7）æ 在上声、去声字中实际音值为［ɛ］，在阳平字中有动程，音值为［æe］。

（8）ei、uei 的主要元音 e 在上声、去声字中舌位略高，音值为［ɪ］。

（9）ɚ 的卷舌色彩不重。

（10）ẽ、iẽ、uẽ、yẽ 中的 ẽ，实际音值是［ɛ̃］。

（11）韵尾 ŋ 发音较松，实际音值是［ỹ］。

二十七、户县方言音系

发音合作人:

张文奎,男,69 岁,户县县城东街人,初中文化,工人。

李虎林,男,58 岁,户县县城七一村人,初中文化,农民。

27.1 声母

户县方言有 29 个声母,包括零声母。

p 布步别	pʰ 怕盘跑	m 门米面		
			f 飞符冯	v 微袜武
t 到帝夺	tʰ 太梯同	n 难怒弄		l 兰连内吕
	ʈʰ 体天铁	ȵ 女年硬		
ts 糟祖增	tsʰ 才巢齿		s 散苏生	
tʂ 知招丈	tʂʰ 车昌潮		ʂ 声扇世	ʐ 认然绕
tʃ 主桌庄坐	tʃʰ 处虫全从		ʃ 书税选锁	ʒ 入闰软
tɕ 精结举	tɕʰ 秋旗穷			
k 古贵跪	kʰ 开葵看	ŋ 安袄饿	x 后化红	
∅ 延远日				

27.2 韵母

户县方言有 41 个韵母。

ɿ 资支时 ʅ 知池十 i 第鸡备		u 故木主书	y 女虚玉
ɑ 爬辣阿	iɑ 架掐压	uɑ 花刮娃耍	
o 簸坡馍		uo 河窝落	yo 嚼确勺药
ɤ 割可鹅车			
	iɛ 灭铁野		yɛ 劣缺说月
ɤʔ 着~衣酌弱			
ɛ 盖买海	iɛ 阶鞋崖	uɛ 怪外帅	
ɯ 咳核			
ei 妹色北百		uei 桂堆内国	

ɔo 饱桃袄	iɔo 条秒交摇		
ɤu 鹿口斗	iɤu 绿九有		
ɤɯ 耳日			
ã 半胆三	iã 边天减	uã 短官酸	yã 卷劝楦
ẽ 本枕根	iẽ 紧林心	uẽ 魂温准	yẽ 军群云
ɑŋ 忙党上	iɑŋ 讲良羊	uɑŋ 光王床	
əŋ 碰吞庚	iəŋ 冰灵星影	uəŋ 东红松	yəŋ 穷胸倾

27.3 单字调

户县方言有 4 个单字调。

阴平 31　高专开婚割缺月　　　阳平 24　穷才寒人云局俗

上声 52　古展口草好女有　　　去声 55　近盖抗汉共害岸

27.4 说明

（1）pʰ 与 u、o 相拼时声母略有唇齿化，实际音值为 [pfʰ]。

（2）tʰ 与齐齿呼韵母相拼时有腭化、擦化现象，音值为 [ȶʰ]；t 与齐齿呼韵母相拼时不发生腭化、擦化。为便于反映微观演变，将 ȶʰ 独立为一个声母。

（3）tʂ、tʂʰ 与 ɔo、ɤu、ã、ẽ、ɑŋ、əŋ 相拼时，塞音色彩较重，音值接近 [t tʰ]。

（4）古知庄章日组声母与精组声母在今合口呼韵母前合流为 tʃ、tʃʰ、ʃ、ʒ，发音同舌尖前音更接近。它同舌尖前音 ts、tsʰ、s 及舌尖后音 tʂ、tʂʰ、ʂ、ʐ 双向互补，理论上可以归入其中任何一组音位，为了便于同其他方言比较，独立出来。如：桌＝作 tʃuɤ³¹，专＝钻 tʃuã³¹，睡＝碎 ʃuei⁵⁵。

（5）u 单独为韵与 tʃ、tʃʰ、ʃ、ʒ 相拼时，延续声母的发音动作，阻碍解除但略有摩擦，音值接近 [ɥi]，圆唇度很低。充当介音时圆唇度更低。

（6）a 在 a、ia、ua 中的音值为 [ʌ]。

（7）uo、yo 韵中 o 的实际音值介乎 [ɤ][o] 之间，听起来更接近 [ɤ]。

（8）ɤ 韵与 tʂ、tʂʰ、ʂ、ʐ 相拼时，实际音值是 [ɘ]，但不与 iɤ 韵字相混。如：遮 tʂɘ³¹ ≠ 着 tʂɤ³¹。

（9）ɛ 在上声、去声字中实际音值比 [ɛ] 略高，接近 [ɛ]，在阴平、阳平字中实际音值为［ε］，而且在阳平字中略有动程，音值为［εe］。

（10）韵尾 ŋ 发音较松，其实际音值为［ỹ］。

二十八、周至方言音系

发音合作人：

张保全，男，56 岁，周至二曲镇镇丰村人，初中文化，农民。

28.1　声母

周至方言有 27 个声母，包括零声母。

p 步布别　　　pʰ 怕盘跑　　m 门米面

pf 主抓庄追　　pfʰ 锄虫处　　　　　　　f 冯符飞　　　v 微武软

t 到夺胆店　　tʰ 太同稻梯　　n 难怒脑　　　　　　　　　l 兰鹿老

ts 祖增浊　　　tsʰ 醋曹从　　　　　　　s 丝色生

tʂ 招蒸遮　　　tʂʰ 昌潮车　　　　　　　ʂ 声扇　　　　ʐ 认若绕

tɕ 精经举　　　tɕʰ 秋丘去　　n̠ 言硬女　　ɕ 修休虚

k 改古贵　　　kʰ 开葵狂　　　ŋ 安袄饿　　x 化胡红

Ø 延远儿

28.2　韵母

周至方言有 39 个韵母。

ɿ 资支时 ʅ 知池十　i 第鸡备　　　u 故木出乌　　y 女虚玉

ɑ 爬抓辣　　　　　iɑ 架鸭掐压　　uɑ 花娃刮

o 坡桌物　　　　　　　　　　　uo 过落浊　　yo 确药虐

ɤ 歌割车

　　　　　　　　　　iɛ 野介灭铁　　　　　　　　yɛ 靴月劣

æ 排才盖　　　　　　　　　　uæ 怪外歪

ɔ 饱桃袄　　　　　iɔ 条秒交

ɪ 色百水　　　　　　　　　　ɯ 桂堆内

ɯ 后核磕

ɤu 斗鹿丑口　　　iɤu 绿九有

ɚ 耳日

æ 半胆三杆　　　iæ 边天减盐　　　uæ 短官船完　　　yæ 圆犬选

ẽ 本枕根　　　　iẽ 紧林心印　　　uẽ 棍魂温　　　　yẽ 军群云

ɑŋ 忙党上床　　　iɑŋ 讲良羊　　　uɑŋ 光黄王

əŋ 碰吞庚　　　　iəŋ 冰灵星影　　　uəŋ 东松红翁　　　yəŋ 穷胸永

28.3　单字调

周至方言有 4 个单字调。

阴平 21　高专开婚割缺月　　　阳平 24　穷才寒人云局俗

上声 52　古展口草好女有　　　去声 55　近盖抗汉共害岸

28.4　说明

（1）pʰ 与 u 相拼时，爆破强烈，送气音较强。

（2）t、tʰ 和齐齿呼韵母相拼时，带有腭化色彩，实际音值接近 [ȶ ȶʰ]；t、tʰ 和合口呼韵母相拼时，带有滚唇动作。

（3）tʂ、tʂʰ 与 ɔ、ɤu、ã、ẽ、ɑŋ、əŋ 相拼时，塞化色彩很重，实际音值是 [t tʰ]。单字音中就记作 t、tʰ。

（4）a 在 a、ia、ua 中的实际音值是 [ʌ]，在 ɑŋ、iɑŋ、uɑŋ 中的实际音值为 [ɑ]。

（5）ɤ 与 tʂ、tʂʰ、ʂ、ʐ 相拼时，实际音值是 [ɤr]，前有介音，后有卷舌动作。

（6）æ 的舌位接近 [ɛ]，并略有动程。阴平、阳平字中舌位较低，动程更明显。

（7）ɔ 发音开口度较小，有较小的动程，其中阳平字开口度稍大些，实际音值为 [ɔɑ]。

（8）æ 和 k、kʰ、x 相拼时，中间带有小舌颤音。

（9）ẽ、iẽ、uẽ、yẽ 中的 ẽ，实际音值是 [ɛ̃]。

（10）韵尾 ŋ 发音较松，实际音值为 [ỹ]，以阳平字最为明显。

（11）阴平的开头比 3 度稍低，比 2 度高。

二十九、三原方言音系

发音合作人：

张根利，男，53 岁，三原县城关镇北城人，高中文化，农民。

刘玉莲，女，66 岁，三原县城关镇北城人，大专文化，退休教师。

陈淑芳，女，74 岁，三原县高渠乡（距县城两公里）人，初中文化，退休职工。

29.1 声母

三原方言有 29 个声母，包括零声母。

p 爸布北	pʰ 怕步杯盘	m 妈木门		
			f 裤费冯	v 武微晚
t 到夺钉精	tʰ 太同听秋	n 脑难怒		l 吕路兰嫩
ts 糟祖坐	tsʰ 曹初全		s 诗修生	
tʂ 知招张	tʂʰ 侄潮昌		ʂ 十社扇	ʐ 绕若然
tʃ 主转庄	tʃʰ 处穿撞		ʃ 书说帅	ʒ 若闰软
tɕ 举结江	tɕʰ 趣嚼丘	ȵ 年女硬	ɕ 虚休旋	
k 高贵共	kʰ 开跪口	ŋ 爱袄岸	x 鞋化灰	
Ø 日围雨元				

29.2 韵母

三原方言有 39 个韵母。

ɿ 资支只 ʅ 知直吃	i 第踢去	u 堡木出	y 足曲虚
ɑ 爬茶辣	iɑ 家牙夹	uɑ 耍刮瓦	
o 薄坡磨		uo 多坐郭	yo 确靴握月
ɤ 车各我			
	iɛ 铁姐歇		
æ 来菜盖	iæ 阶戒崖	uæ 帅怪外	
ɔ 饱摸烧	iɔ 苗咬笑		
ɯ 疙胳咳			

ei 北百妹   uei 最贵国

ou 赌鹿收   iou 绿流秋

ɚ 日儿耳

ã 胆三竿   iã 连减延   uã 短酸玩   yã 权选圆

ẽ 分问根   iẽ 林紧银   uẽ 顿轮温   yẽ 军群云

ɑŋ 帮党章   iɑŋ 良讲阳   uɑŋ 床光王

əŋ 灯吞庚   iŋ 冰定影   uŋ 东横翁   yŋ 琼胸容

29.3 单字调

三原方言有 4 个单字调。

阴平 31   猪开婚三笔出六   阳平 24   才平娘文匹读合

上声 52   展短口草好粉有   去声 55   坐厚爱唱汉大用

29.4 说明

（1）pʰ、tʰ、kʰ 的气流较强，拼开口呼韵母时在舌根、小舌部位有明显的摩擦。

（2）三原城关镇方言中古端透定和精清从母在齐齿呼韵母前的读音存在差异，一种是端精组合流，读 t、tʰ 母，如：钉＝精 ˌtiŋ，跌＝节 ˌtie，提＝齐 ˌtʰi，帖＝切 ˌtʰie；一种是端精组齐齿呼字不合流，端透定读 t、tʰ 母，精清从读 ts、tsʰ 母，如：钉 ˌtiŋ ≠ 精 ˌtsiŋ，跌 ˌtie ≠ 节 ˌtsie，提 ˌtʰi ≠ 齐 ˌtsʰi，贴 ˌtʰie ≠ 切 ˌtsʰie。本次调查以前者为准，记为 t、tʰ。

（3）心邪母细音字与晓匣母齐齿呼字的今读有别，心邪母齐齿呼字读带有腭化色彩的 s，晓匣母齐齿呼字读 ɕ。

（4）tʂ、tʂʰ 拼开口呼韵母（除 ɿ、ɚ 外）时，舌尖与上腭接触的部位稍靠后，有闭塞，同时带轻微的摩擦，实际音值是 [tʂ tʂʰ]。

（5）tʃ、tʃʰ、ʃ、ʒ 只出现在合口呼韵母前，发音时双唇微撮，舌头两侧微翘，舌尖及舌面前部抵住或靠近上齿龈，上齿与下唇略接触，带唇齿音色彩，实际音值为 [tʃʷ tʃʰʷ ʃʷ ʒʷ]。

（6）u 韵拼 f、v 母时实际音值为 [ʋ]；拼 tʃ、tʃʰ、ʃ、ʒ 母时唇形半圆，舌位居央而略靠前，实际音值为 [ʉ]。

（7）ɑ、iɑ、uɑ 中 ɑ 的舌位介于［ʌ］［ɑ］之间。

（8）o、uo、yo 中 o 的唇形较展，舌位略低。ɤ 韵的舌位略低，位置偏央。

（9）æ、iæ、uæ 中的 æ 在上声、去声调中舌位略高，在阴平、阳平调中舌位略低，略有动程，阳平时更明显，实际音值为［æɛ］。

（10）ɔ、iɔ 中的 ɔ，在阳平调中开口度稍大，略有动程，其音值为［ɔo］。

（11）ei 韵的动程小，韵尾较低，实际音值为［eɪ］，在阳平调中动程稍大。

（12）ɑŋ、iɑŋ、uɑŋ 的韵尾 ŋ 较松，实际音值为［ỹ］。

（13）去声的实际高度比 5 度略低。

三十、泾阳方言音系

发音合作人：

康春生，男，68 岁，泾阳县泾干镇木刘村人，中师文化，退休教师。

李龙，男，60 岁，泾阳县泾干镇东关村人，高中文化，退休教师。

张瑜，男，46 岁，泾阳县泾干镇南强村人，高中文化，农民。

辛定定，男，60 岁，泾阳县泾干镇东关村人，初中文化，农民。

陈明昌，男，72 岁，泾阳县泾干镇张家村人，大学文化，退休教师。

30.1 声母

泾阳方言有 29 个声母，包括零声母。

p 八布白	pʰ 怕步盘	m 母妹门		
			f 哭费冯	v 武微晚
t 第到夺	tʰ 踢太稻同	n 怒难		l 兰路内连
ts 祖增焦	tsʰ 助从秋		s 师生修	
tʂ 直招章	tʂʰ 迟潮昌		ʂ 社扇上	ʐ 热绕然
tʃ 主砖准	tʃʰ 除穿撞		ʃ 书说霜	ʒ 若闰软
tɕ 举结江	tɕʰ 旗趣桥	ȵ 年硬女	ɕ 俗虚休	
k 高贵共	kʰ 开跪空	ŋ 爱袄藕	x 鞋胡灰	
∅ 延危雨远				

30.2 韵母

泾阳方言有 38 个韵母。

ɿ 资支只 ʅ 知直吃　　i 第踢液　　　u 堡木出故　　y 足雨慰

ɑ 爬茶袜　　　　ia 家夹牙　　ua 耍刮花

o 簸坡物　　　　　　　uo 多坐郭　　yo 脚确靴月

ɣ 车割饿

　　　　　　　　iɛ 铁姐起

æ 那开盖爱　　　　　　uæ 帅快外

ɔ 饱摸桃烧　　iɔ 苗条效

ɯ 疙胳咳

ei 北倍妹　　　　　　uei 最贵国获

ou 斗鹿收　　iou 绿酒秀

ɚ 日儿耳

ã 胆三竿　　iã 连减缘　　uã 短恋酸　　yã 权选圆

ẽ 分问根　　iẽ 林紧银　　uẽ 顿寸温　　yẽ 军群云

ɑŋ 党章巷　　iɑŋ 良讲映　　uɑŋ 庄光王

əŋ 灯吞聋庚　　iŋ 冰定影　　uŋ 东红翁　　yŋ 琼穷容

30.3 单字调

泾阳方言有 4 个单字调。

阴平 31　低开三飞笔百月　　阳平 24　床平寒云局读合
上声 52　走碗口体手粉有　　去声 55　近父爱唱放大帽

30.4 说明

（1）pʰ、tʰ、kʰ 的气流较强，拼开口呼韵时在舌根部位有较明显的摩擦。

（2）t、tʰ 拼齐齿呼时，泾阳县城方言内部存在差异。一类不腭化，仍读 [t tʰ]。一类腭化，读为 [ȶ ȶʰ]，如：地 ȶiʔ，天 ȶʰiã。主要发音合作人（康春生、张瑜，下同）不腭化，因此单音字表中都记为 t、tʰ。

（3）在泾阳县城方言内部，精组声母齐齿呼字的今读存在差异。一类读

ts、tsʰ，实际音值为［tsʲ tsʲʰ］。尽管与tɕ、tɕʰ非常接近，但并未合流，不过这种差异正在逐渐缩小。如：节 ˛tsiɛ，齐 ˛tsʰi。一类读t、tʰ，与端透定齐齿呼字合流，如：精 ˛tiŋ，秋 ˛tʰiou。主要发音合作人康春生、李龙、张瑜、陈明昌是前者，辛定定发音为后者。因此，本次调查以主要发音合作人的发音为准，将精清从母齐齿呼字记为 ts、tsʰ。据发音人介绍，精清从三母齐齿呼字今读 t、tʰ 的情况在泾阳县北部地方较普遍。这正好同《报告》所记录的城东北 40 里鲁桥镇相符。

（4）s 拼齐齿呼韵时，舌尖微翘靠近上腭，在听感上与［ɕ］十分接近，实际音值为［sʲ］。

（5）tʂ、tʂʰ 拼开口呼韵母（除 ɭ、ɚ 外）时，舌尖抵住硬腭前部，发成略带摩擦的塞音，实际音值可记为［tˢ tˢʰ］。

（6）tʃ、tʃʰ、ʃ、ʒ 只出现在合口呼韵母前，发音时双唇微撮，舌头两侧微翘，舌尖及舌面前部抵住或靠近上齿龈，上齿与下唇略接触，带唇齿音色彩，实际音值为［tʃᵛ tʃᵛʰ ʃᵛ ʒᵛ］。

（7）发 ɭ 时双唇略向外翘。

（8）u 拼 f、v 时摩擦较重，实际音值为［ʋ］；拼 tʃ、tʃʰ、ʃ、ʒ 时唇形半圆，舌位略靠前，实际音值为［ʉ］。

（9）ɑ、iɑ、uɑ 中 ɑ 的实际音值介于［ʌ］［a］之间。

（10）o、uo、yo 中 o 的唇形略展，舌位略低。ɤ 的舌位略低，舌位偏央。

（11）æ、uæ 中的 æ 在上声、去声时舌位略高，在阴平、阳平时舌位略低，阳平时略有动程，实际音值为［æɜ］。

（12）ɔ、iɔ 中的 ɔ 在上声、去声时舌位略高，在阴平、阳平时舌位较低，在阳平调中有较明显的动程，实际音值为［ɔo］。

（13）ɑŋ、iɑŋ、uɑŋ 中的韵尾 ŋ 较松，实际音值为［ɣ̃］。

（14）去声的高度比 5 度略低，接近［44］。

三十一、咸阳方言音系

发音合作人：

胡晓民，男，65 岁，咸阳市渭城区杜家堡人，大专文化，退休教师。

31.1 声母

咸阳方言有 29 个声母，包括零声母。

p 布北别　　　pʰ 怕步盘　　　m 木妹门

　　　　　　　　　　　　　　　　　　　　　f 裤饭冯　　　v 武微晚

t 到夺第　　　tʰ 太稻同梯　　n 难能　　　　　　　　　　　l 脑劳吕连

ts 祖糟增　　　tsʰ 粗全从　　　　　　　　s 诗苏生

tʂ 知招丈　　　tʂʰ 扯潮昌　　　　　　　　ʂ 说扇尝　　　ʐ 绕若然

tʃ 主专庄　　　tʃʰ 初穿撞　　　　　　　　ʃ 书帅涮　　　ʒ 如锐软

tɕ 举焦江　　　tɕʰ 趣轿墙　　　ȵ 年硬女　　ɕ 虚修稀玄

k 高盖共　　　kʰ 开跪看　　　ŋ 我爱袄　　　x 化灰红

ø 日危沿远

31.2 韵母

咸阳方言有 39 个韵母。

ɿ 资支只 ʅ 知直吃　i 米踢去　　　　u 堡赌出　　　y 局俗雨

a 爬茶辣　　　　ia 家牙夹　　　　ua 要刮花

o 坡磨佛　　　　　　　　　　　　uo 多坐郭　　　yo 脚确靴月

ɤ 车各我

　　　　　　　　　iɛ 铁姐歇

æ 来盖爱　　　　iæ 阶谐鞋　　　uæ 帅怪外

ɔ 饱摸烧　　　　　iɔ 苗条效

ɯ 疙胳咳

ei 北百妹　　　　　　　　　　　　uei 最贵国获

ou 斗怒收　　　　iou 绿流秋

ɚ 日儿耳

ã 胆三竿　　　　iã 连减烟　　　uã 短酸玩　　yã 权选圆

ẽ 分问根　　　　iẽ 林紧银　　　uẽ 俊寸温　　yẽ 嫩军群

aŋ 帮党章　　　　iaŋ 良讲阳　　　uaŋ 庄光王

əŋ 灯争庚　　　　iŋ 冰定影　　　uŋ 东红翁　　yŋ 琼胸容

31.3 单字调

咸阳方言有 4 个单字调。

阴平 31　专抽三飞竹歇月　　阳平 24　床平扶人急读合
上声 52　古短丑好粉女有　　去声 55　近父正唱汉共用

31.4 说明

（1）pʰ、tʰ、kʰ 的气流较强，拼开口呼韵时在舌根、小舌部位有较明显的摩擦。

（2）tʂ、tʂʰ 母拼开口呼韵母（除 ʅ、ɤ 外）时，发较轻的塞音，略带摩擦，实际音值为 [tˢ tˢʰ]。

（3）tʃ、tʃʰ、ʃ、ʒ 只出现在合口呼韵母前，发音时双唇微撮，舌头两侧微翘，舌尖及舌面前部抵住或靠近上齿龈，上齿与下唇略接触，带唇齿音色彩，实际音值为 [tʃᵛ tʃᵛʰ ʃᵛ ʒᵛ]。

（4）ʅ 韵的开口度较 ʅ 略大，双唇略外翘。

（5）u 韵拼 f、v 母时的实际音值为 [ʋ]；拼 tʃ、tʃʰ、ʃ、ʒ 时唇形半圆，舌位偏央，其音值为 [ʉ̞]。

（6）ɑ、iɑ、uɑ 中 ɑ 的音值是 [ʌ]。

（7）o、uo、yo 中 o 的唇形较展，舌位略低、偏央。

（8）æ、iæ、uæ 中的 æ 在阳平调中略有动程，其音值可记为 [æᵊ]。

（9）ɔ、iɔ 中的 ɔ 在阳平调时开口度较大，略有动程，实际音值为 [ɔᵊ]。

（10）ei 韵的动程较小，韵尾较低，实际音值为 [eɪ]。

（11）ɑŋ、iɑŋ、uɑŋ 的韵尾 ŋ 较松，实际音值为 [ỹ]。

（12）阳平的起点比 2 度稍低。去声的实际高度介于 4 度与 5 度之间。

三十二、兴平方言音系

发音合作人：

魏志峰，男，63 岁，兴平市西城区杏花村人，小学文化，农民。

吕云龙，男，65 岁，兴平市东城区南街村人，高中文化，退休干部。

32.1　声母

兴平方言有 29 个声母，包括零声母。

p 八布别	pʰ 怕步盘	m 妈妹门		
			f 苦费饭	v 武微晚
t 到夺党	tʰ 太稻同	n 兰龙		l 拿路吕连
ts 祖糟坐	tsʰ 粗造从		s 师苏散	
tʂ 知招阵	tʂʰ 吃潮沉		ʂ 湿说扇	ʐ 绕若然
tʃ 主专庄	tʃʰ 除穿撞		ʃ 书帅船	ʒ 如锐闰
tɕ 举结精第	tɕʰ 趣桥齐梯	ȵ 硬女	ɕ 虚勺修旋	
k 高盖共	kʰ 开跪抗	ŋ 饿岸袄	x 鞋化灰	
Ø 日延危远				

32.2　韵母

兴平方言有 39 个韵母。

ʅ 资支只 ɿ 知直吃　i 第踢急		u 堡木赌出	y 局虚雨慰
ɑ 爬茶辣	iɑ 家牙夹	uɑ 要刮花	
o 簸坡佛		uo 多坐郭	yo 脚确靴月
ɤ 他车各			
	iɛ 铁姐滴		
æ 来菜盖	iæ 阶鞋崖	uæ 帅快外	
ɔ 饱桃烧	iɔ 苗条笑		
ɯ 疙胳咳			
ei 北百妹		uei 最贵国	
ou 斗怒收	iou 绿流秋		
ɚ 日儿耳			
ã 胆三竿	iã 连减烟	uã 短酸玩	yã 乱权选
ẽ 分问根	iẽ 林紧银	uẽ 顿寸魂	yẽ 嫩军群
ɑŋ 帮党章	iɑŋ 良讲阳	uɑŋ 庄光王	

əŋ 灯吞农庚　　　　iŋ 冰定影　　　　uŋ 东红翁　　　　yŋ 琼穷胸容

32.3　单字调

兴平方言有 4 个单字调。

阴平 31　边粗伤飞得福麦　　阳平 24　穷平人文拔杂合
上声 52　展碗草普好手有　　去声 55　是厚盖菜放阵用

32.4　说明

（1）t、tʰ 拼 u 韵时双唇颤动，其中 tʰ 更显著，拼 uo、uŋ 韵时下唇也有轻微颤动。

（2）端透定、精清从、见溪群三组声母的齐齿呼字，在兴平城关方言内部存在差异。一类是端、精合流为 t、tʰ 母，与见组字有别，如：地＝济 tiʔ ≠ 记 tɕiʔ，田＝钱 ₌tʰiã ≠ 乾 ₌tɕʰiã。一类是三组完全合流为 tɕ、tɕʰ 母，如：钉＝精＝经 ₌tɕiŋ，听＝清＝轻 ₌tɕʰiŋ。今以主要发音合作人（魏志峰、吕云龙，下同）的发音为准，一律记为 tɕ、tɕʰ。心邪母与晓匣母字合流为 ɕ。

（3）古泥来母在洪音韵母中的分合关系比较特殊，在鼻音韵母前读 n 母，在其他韵母前读 l 母；在细音韵母前有别。

（4）tʂ、tʂʰ 拼开口呼韵母（除 ʅ、ɤ 外）时，舌尖与硬腭前部接触，闭塞较紧，塞音成分较重，略有摩擦，实际音值为 [tˢ tˢʰ]。

（5）tʃ、tʃʰ、ʃ、ʒ 只出现在合口呼韵母前，发音时双唇微撮，舌头两侧微翘，舌尖及舌面前部抵住或靠近上齿龈，上齿与下唇略接触，带唇齿音色彩，实际音值为 [tʃᵛ tʃʰᵛ ʃ ʒᵛ]。

（6）ʅ 的开口度较大，口腔较开。

（7）u 拼 ts、tsʰ、s 时实际音值为 [ɥ]，作介音时舌尖音色彩不明显；拼 f、v 时摩擦较强，实际音值为 [ʋ]；拼 tʃ、tʃʰ、ʃ、ʒ 时嘴角肌肉向中间收紧，双唇略微突起，开口度较大，基本是声母发音的延续，实际音值为 [ʉᵢ]。

（8）ɑ、iɑ、uɑ 中 ɑ 的舌位介于 [ʌ] [ɑ] 之间。

（9）o、uo、yo 中的 o 唇形略展，舌位略低。ɤ 韵的舌位略低偏央，实际音值接近 [ə]。

（10）æ、iæ、uæ 中的 æ 在阳平调有明显的动程，实际音值为［æɛ］。

（11）ɔ、iɔ 中的 ɔ 在上声、去声时舌位略高，开口度较小，在阴平、阳平时舌位略低，开口度稍大，在阳平调时略有动程，实际音值为［ɔo］。

（12）ei 的动程很小，韵尾较低，实际音值为［eɪ］，在阳平调中动程稍大。

（13）ɑŋ、iɑŋ、uɑŋ 中的鼻音韵尾 ŋ 阻塞较松，实际音值为［ɣ̃］。

（14）去声的实际调值比［55］略低。

三十三、武功方言音系

发音合作人：

王满，男，48 岁，武功县大庄乡人，高中文化，电视台高级技师。

屈波，男，68 岁，武功县普集镇屈家村人，大学文化，退休干部。

33.1 声母

武功方言有 28 个声母，包括零声母。

p 八布北	pʰ 怕倍盘	m 妈妹门		
			f 裤饭冯	v 物武闻
t 第到夺	tʰ 梯太稻同			l 脑怒兰连
ts 祖糟坐	tsʰ 粗造仓		s 师苏散	
tʂ 直招蒸	tʂʰ 吃潮成		ʂ 收说声	ʐ 绕若认
tʃ 主转庄	tʃʰ 初吹撞		ʃ 书帅船	ʒ 如闰软
tɕ 举焦江	tɕʰ 集趣桥	ȵ 泥女硬	ɕ 虚休线旋	
k 高贵共	kʰ 开跪口	ŋ 爱袄岸	x 化灰红	
ø 严围雨元				

33.2 韵母

武功方言有 38 个韵母。

| ɿ 资支只 ʅ 知湿吃 | i 备第踢 | u 毛赌出 | y 局虚雨 |
| ɑ 爬茶辣 | iɑ 家牙夹 | uɑ 抓刮娃 | |

o 坡磨物		uo 多坐郭	yo 脚确靴月
ɤ 车各我			
	iɛ 铁姐歇		
æ 来盖爱		uæ 帅怪外	
ɔ 饱桃烧	iɔ 咬条笑		
ɯ 疙胳咳			
ei 北百妹		uei 最贵国	
ou 斗怒丑	iou 绿流秋		
ɚ 日儿耳			
ã 胆三竿	iã 连减烟	uã 短乱酸专	yã 权选元
ɛ̃ 分问根	iɛ̃ 林紧银	uɛ̃ 轮寸魂准	yɛ̃ 军群云
ɑŋ 帮党章	iɑŋ 良讲阳	uɑŋ 庄光王	
əŋ 朋争庚	iŋ 冰定影	uŋ 东横中从	yŋ 琼胸用

33.3　单字调

武功方言有 4 个单字调。

阴平 31　猪开婚三笔出月　　阳平 24　才平娘文读合舌
上声 52　展短口草好粉有　　去声 55　坐厚爱唱汉大用

33.4　说明

（1）pʰ、tʰ、kʰ 的气流较强，拼开口呼韵母时在舌根、小舌部位有较明显的摩擦。

（2）p、pʰ、m 与 o 韵相拼时，上齿轻微接触下唇；与 u 韵相拼时，上齿十分靠近下唇，接触比同 o 韵相拼时更轻微。以上 3 个辅音的实际音值可记为 [pᶠ pᶠʰ mᶠ]。

（3）t、tʰ 与 u 相拼时双唇颤动，tʰ 更显著。

（4）tʂ、tʂʰ 拼开口呼韵母（除 ʅ、ɤ 外）时，塞音较重，略有摩擦，实际音值为 [tʃˢ tʃˢʰ]。

（5）tʃ、tʃʰ、ʃ、ʒ 只出现在合口呼韵母前，发音时双唇微撮，舌头两侧微翘，舌尖及舌面前部抵住或靠近上齿龈，上齿与下唇略接触，带唇齿音色彩，实际音值为〔ʧʷ ʧʷʰ ʃʷ ʒʷ〕。

（6）x 有明显的喉部摩擦。

（7）u 拼 m、f、v 母时实际音值为〔ʊ〕；拼 ʧ、ʧʰ、ʃ、ʒ 时唇形半圆，实际音值为〔ʉ̞〕。

（8）ɑ、iɑ、uɑ 韵中 ɑ 的舌位介于〔ʌ〕〔ɑ〕之间。

（9）o、uo、yo 韵中 o 的唇形较展，在 yo 韵中舌位略高。ɤ 韵的舌位略低偏央，实际音值接近〔ə〕。

（10）æ、uæ 韵中的 æ 在阳平调中略有动程，其音值为〔ɜæ〕。

（11）ɔ、iɔ 中的 ɔ 在上声、去声时舌位略高，在阴平、阳平时舌位略低，阳平时略有动程，实际音值为〔ɔo〕。

（12）ei 韵的动程较小，在阳平调时动程较明显。

（13）ɑŋ、iɑŋ、uɑŋ 的韵尾 ŋ 较松，实际音值为〔ỹ〕。

（14）去声的实际调值比〔55〕略低。

三十四、礼泉方言音系

发音合作人：

张幸军，45 岁，礼泉县城关镇人，高中文化，农民。

34.1 声母

礼泉方言有 29 个声母，包括零声母。

p 爸布半	pʰ 怕步盘	m 米母妹		
			f 苦飞冯	v 闻微武
t 打到夺	tʰ 他太糖			l 怒路吕连
	tˀʰ 提条天	ȵ 女年硬		
ts 祖糟走	tsʰ 醋曹仓		s 散苏丝	
tʂ 知找丈	tʂʰ 尺潮昌		ʂ 社烧扇	ʐ 热绕然
tʃ 主专庄	tʃʰ 锄穿床		ʃ 税所书船	ʒ 如若软
tɕ 举结焦	tɕʰ 区切桥		ɕ 虚向修	
k 盖高共	kʰ 开跪口	ŋ 我爱袄	x 胡化灰	

ø 阿衣碗用

34.2 韵母

礼泉方言有 39 个韵母。

ʅ 资支只 ɿ 知直吃	i 比第踢	u 木赌出	y 局虚雨
ɑ 爬茶辣	iɑ 家牙夹	uɑ 抓刮花	
o 簸坡佛		uo 多坐郭	yo 脚确靴月
ɤ 车各我			
	iɛ 铁姐砌		
æ 来菜盖	iæ 阶戒谐	uæ 帅快外	
ɔ 饱桃烧	iɔ 苗咬笑		
e 北百妹		ue 最贵国	
ɯ 疙胳咳			
ou 斗鹿收	iou 绿流秋		
ɚ 日儿耳			
æ̃ 胆三竿	iæ̃ 连减烟	uæ̃ 短酸玩	yæ̃ 权选圆
ɛ̃ 分问根	iɛ̃ 林紧银	uɛ̃ 嫩寸温	yɛ̃ 军群云
ɑŋ 帮党章	iɑŋ 良讲阳	uɑŋ 创光王	
əŋ 灯庚横	iəŋ 冰定影	uŋ 东红翁	yŋ 琼穷容

34.3 单字调

礼泉方言有 4 个单字调。

阴平 31　高低天伤笔桌麦　　阳平 24　陈唐人云杂读舌
上声 52　古碗草普好手买　　去声 55　坐父盖怕送共岸

34.4 说明

（1）塞音、塞擦音阻塞较重，冲破阻碍时气流较强。

（2）p、pʰ、m 拼 o、u 韵时发生唇齿化，实际音值为［pf pfʰ mf］。

（3）t、tʰ 拼 u 韵时双唇颤动，tʰ 表现得更为明显。

（4）tʂ、tʂʰ 拼开口呼韵（除 ʅ、ɤ 外）时读略带擦音的塞音，实际音值为［tʂ tʂʰ］。

（5）tʃ、tʃʰ、ʃ、ʒ只出现在合口呼韵母前，与tʂ、tʂʰ、ʂ、ʐ出现条件互补。发音时，舌尖和前舌面对准上齿龈，双唇外翻呈半圆状，上齿与下唇内侧接触，实际音值是略带唇齿作用、半圆唇的舌叶音［tʃʋ tʃʰʋ ʃʋ ʒʋ］。其中清擦音［ʃ］能吹出哨音来。

（6）u拼p(pf)、pʰ(pfʰ)、m(mf)、f时，实际音值是唇齿半元音［ʋ］，摩擦很重，且一直持续到音节完毕；拼ts、tsʰ、s时实际音值为［ɥ］；拼tʃ、tʃʰ、ʃ、ʒ时实际音值为半圆唇的［ʉi］。

（7）ɑ、iɑ、uɑ中的ɑ实际音值为［ʌ］。

（8）o、uo、yo的主要元音舌位略低于标准的［o］，且圆唇度低、偏于央元音，实际音值接近［ɜ］。

（9）æ、iæ、uæ中的æ在阳平音节中有较明显的动程，实际音值为［ɜæ］。

（10）ɔ、iɔ中的ɔ在上声、去声音节中舌位略高，阴平、阳平中音值是标准的［ɔ］，略有动程。

（11）əŋ、iəŋ韵在阴平、阳平字中的音值为［ʌŋ iʌŋ］。

（12）ɑŋ、iɑŋ、uɑŋ的韵尾ŋ阻塞较松，实际音值是［ɣ̃］。

（13）去声的实际调值比［55］略低。

三十五、乾县方言音系

发音合作人：

宁智武，男，57岁，乾县城关镇东街村人，初中文化，工人。

35.1 声母

乾县方言有28个声母，包括零声母。

p 爸布别　　pʰ 怕步盘　　　m 母妹门

　　　　　　　　　　　　　　　f 苦飞方冯　　v 武微闻往

t 到夺钉　　tʰ 太稻同听　　　　　　　　　l 难路连吕

ts 祖糟坐　　tsʰ 醋曹仓　　　　s 诗苏散

tʂ 知招丈　　tʂʰ 尺潮昌　　　　ʂ 社说声　　ʐ 热绕认

tʃ 主追庄　　　tʃʰ 初吹撞　　　　　　　ʃ 书税霜　　　ʒ 如若软

tɕ 举结焦　　　tɕʰ 趣切桥　　　n̠ 女牛硬　　　ɕ 虚修向玄

k 盖官共　　　kʰ 开葵宽　　　ŋ 我爱袄　　　x 化灰红

ø 阿衣围远

35.2　韵母

乾县方言有 39 个韵母。

ɿ 资支只　ʅ 知直吃　i 眉第踢　　　u 堡赌粗出　　　y 足虚雨

ɑ 爬辣袜　　　　iɑ 家牙夹　　　uɑ 耍刮花

o 簸坡佛　　　　　　　　　　　uo 大多割　　　yo 确握靴月

ɤ 车各我

ɛ 日儿耳　　　　iɛ 铁姐砌

æ 来菜爱　　　　iæ 阶鞋崖　　　uæ 帅快歪

ɔ 饱摸烧　　　　iɔ 苗咬笑

ɯ 疙胳咳

ei 北妹色　　　　　　　　　　uei 最贵国获

ou 斗鹿收　　　　iou 绿流优

ã 胆三竿　　　　iã 连减缘　　　uã 短乱酸　　　yã 卷权选

ɛ̃ 分问根　　　　iɛ̃ 林紧银　　　uɛ̃ 顿嫩笋　　　yɛ̃ 军群云

ɑŋ 旁党章　　　　iɑŋ 良讲阳　　　uɑŋ 床矿王

əŋ 灯吞庚　　　　iŋ 冰定影　　　uŋ 东红翁　　　yŋ 琼穷容

35.3　单字调

乾县方言有 4 个单字调。

阴平 31　猪低天三竹桌六　　　阳平 24　床唐鹅云杂白合

上声 52　古碗口普好手有　　　去声 44　坐父盖怕汉饭用

35.4　说明

（1）pʰ、tʰ、kʰ 的气流较强，拼开口呼韵时在舌根部位有较明显的摩擦。

（2）p、pʰ 与 o 韵相拼时，带有明显的唇齿化，实际音值是［pᶠ pᶠʰ］。

（3）tʂ、tʂʰ、ʂ、ʐ 拼 ɿ、ʅ 韵时下唇略向外翘起，拼 ʅ 时更明显。tʂ、tʂʰ 拼 ɿ、ʅ 以外的开口呼韵母时，舌尖抬起与硬腭前部接触，阻塞较紧，塞音较重，略带摩擦，实际音值为 ［tʆ tʆʰ］。

（4）tʃ、tʃʰ、ʃ、ʒ 只出现在合口呼韵母前，发音时双唇微撮，舌头两侧微翘，舌尖及舌面前部抵住或靠近上齿龈，上齿与下唇略接触，带唇齿音色彩，实际音值为 ［tʃᵛ tʃᵛʰ ʃ ʒᵛ］。

（5）x 的气流较强，摩擦较重。

（6）u 拼 f、v 时实际音值为 ［ʋ］；拼 ts、tsʰ、s 时实际音值为 ［ɿ］；充当介音时，uo 韵拼 s 母限"所缩"二字，实际音值为 ［ɿo］，其余的舌尖音色彩不明显；拼 tʃ、tʃʰ、ʃ、ʒ 时唇形半圆，舌位靠前，实际音值为 ［ʉᵢ］。

（7）ɑ、iɑ、uɑ 中 ɑ 的舌位介于 ［ʌ］［ɑ］ 之间。

（8）o、uo、yo 中 o 的唇形略展，舌位稍低。ɤ 的舌位略低，位置偏央。

（9）æ、iæ、uæ 中 æ 在上声、去声时舌位略高，在阴平、阳平时舌位略低，有较明显的动程，实际音值是 ［æɛ］。

（10）发单韵母 ɛ 时，舌尖轻微抵住下齿背，舌体稍微上抬，气流在喉部受阻碍发声，实际音值为 ［ɦɛ］。

（11）ɔ、iɔ 中 ɔ 在上声、去声时舌位略高，阴平、阳平时舌位略低，阳平时动程稍明显，实际音值为 ［ɔo］。

（12）ei 韵在阴平、上声、去声调时动程很小，在阳平时有较明显的动程，实际音值为 ［eɪ］。

（13）ɑŋ、iɑŋ、uɑŋ 的 ŋ 韵尾阻塞较松，实际音值为 ［ỹ］。

三十六、永寿方言音系

发音合作人：
栗振兴，男，60 岁，永寿县监军镇城关村人，大专文化，退休干部。

36.1 声母

永寿方言有 27 个声母，包括零声母。

p 布半兵　　　pʰ 怕步盘　　　m 米母妹

f 苦飞方冯

t 到夺钉　　　tʰ 太同听　　　　　　　　　　　　l 脑蓝连吕

ts 祖糟争　　　tsʰ 醋曹仓　　　　　s 丝苏生

tʂ 知找丈　　　tʂʰ 尺潮昌　　　　　ʂ 社说扇　　　ʐ 热绕然

tʃ 主追庄　　　tʃʰ 初吹撞　　　　　ʃ 书税船　　　ʒ 如若软

tɕ 举结交精　　tɕʰ 趣桥丘枪　　ȵ 你年女　　ɕ 修休虚

k 盖贵共　　　kʰ 开跪抗　　　ŋ 饿爱岸　　　x 化灰红

ø 武闻围容延

36.2　韵母

永寿方言有 39 个韵母。

ɿ 资支只　ʅ 知直吃　i 第踢去　　　　u 毛赌出　　　　y 足虚雨慰

ɑ 爬大辣　　　　ia 家夹牙　　　　ua 抓刮袜

o 簸波佛　　　　　　　　　　　uo 大坐郭　　　yo 确握靴月

ɤ 车各我

　　　　　　　　iɛ 姐铁砌

æ 来菜盖　　　　iæ 鞋崖　　　　　uæ 帅快怪

ɔ 饱桃烧　　　　iɔ 苗条桥

ɯ 疙胳咳

ei 北倍色　　　　　　　　　　　uei 最贵国

ou 斗鹿收　　　iou 绿流秋

ɚ 日儿耳

ã 胆三竿　　　　iã 连减缘　　　　uã 短酸玩　　　yã 恋权圆

ẽ 分问根　　　　iẽ 林紧银　　　　uẽ 寸魂温　　　yẽ 论群云

ɑŋ 帮党桑　　　iɑŋ 良讲想　　　　uɑŋ 床光王

əŋ 灯吞庚　　　iŋ 冰定影　　　　uŋ 东红翁　　　yŋ 琼穷容

36.3　单字调

永寿方言有 4 个单字调。

阴平 31　高低天伤笔桌麦　　　阳平 24　陈唐人云杂读舌

上声 52　古碗草普好手女　　去声 55　坐父盖怕送共岸

36.4　说明

（1）p、pʰ与o韵相拼有唇齿作用，pʰ尤其明显。发音时唇形较展，上齿十分靠近下唇，气流经唇齿之间的缝隙摩擦成声。

（2）pʰ、tʰ、kʰ的气流较强，拼开口呼韵母时在舌根、小舌部位有较明显的摩擦。

（3）t、tʰ拼u时有颤唇现象，但不很稳定，气流强时颤唇明显。

（4）tʂ、tʂʰ拼开口呼韵母（除 ɿ、ɤ 外）时，舌尖与硬腭前部接触，闭塞较紧，塞音较重，略带摩擦，实际音值为［t͡ʃ t͡ʃʰ］。

（5）tʃ、tʃʰ、ʃ、ʒ只出现在合口呼韵母前，发音时双唇微撮，舌头两侧微翘，舌尖及舌面前部抵住或靠近上齿龈，上齿与下唇略接触，带唇齿音色彩，实际音值为［t͡ʃᵛ t͡ʃᵛʰ ʃᵛ ʒᵛ］。

（6）u拼ts、tsʰ、s时实际音值为［ʮ］；作介音时，仅suo音节的"所缩"二字韵元音值为［ʮo］，其余的舌尖音色彩不明显；u拼tʃ、tʃʰ、ʃ、ʒ时唇形半圆，舌位居央而略前，实际音值为［ʉᵢ］。

（7）ɑ、iɑ、uɑ中ɑ的舌位介于［ʌ］［ɑ］之间。

（8）o单独作韵母时略展，舌位稍低；uo、yo中o的音值有些差异，前者近［ɤ］，后者近［ə］；ɤ的舌位略低，位置偏央。

（9）æ、iæ、uæ中的æ在上声、去声时舌位略高，在阴平、阳平时舌位略低，有较明显的动程，其音值可记为［æɜ］。其中，iæ韵所辖仅"鞋崖"二字。

（10）ɔ、iɔ中的ɔ在上声、去声时舌位略高，在阴平、阳平时舌位略低，开口稍大，略有动程，其音值可记为［ɔo］。

（11）ei韵的动程较小，韵尾［i］的舌位稍低，实际音值为［eɪ］。在去声时主要元音［e］的舌位略高。

（12）iɛ̃韵中ɛ̃的鼻化较轻，在阴平、阳平调中其后似有一个韵尾，音值近［iɛ̃ⁱ］。

（13）ɑŋ、iɑŋ、uɑŋ的ŋ韵尾较松，实际音值为［ɣ̃］。

（14）去声的实际调值比［55］略低，介于4度与5度之间。

三十七、淳化方言音系

发音合作人：

俱明秀，男，67 岁，淳化固贤乡人，中专文化，退休干部。

冯朝智，男，65 岁，淳化方里乡人，中师文化，退休教师。

37.1 声母

淳化方言有 29 个声母，包括零声母。

p 布北别	pʰ 怕步杯盘	m 妈妹门		
			f 裤费房冯	
t 到夺钉精	tʰ 太同秋笛	n 难怒挪		l 兰路连吕
ts 糟祖争	tsʰ 曹全仓从		s 师生修选	z 肉褥
tʂ 知招丈	tʂʰ 直潮昌		ʂ 蛇烧扇	ʐ 热绕若
tʃ 主专庄	tʃʰ 处穿撞		ʃ 书帅霜	ʒ 如闰软
tɕ 举结讲	tɕʰ 旗轿丘	ȵ 硬你女	ɕ 虚休雄	
k 盖贵共	kʰ 开跪口	ŋ 爱袄岸	x 化灰红杏	
∅ 而武延远				

37.2 韵母

淳化方言有 37 个韵母。

ɿ 资支只 ʅ 知持吃	i 第踢去	u 堡故木出	y 局曲俗雨
ɑ 爬辣下	iɑ 家夹牙	uɑ 耍刮花袜	
o 簸薄佛		uo 多坐郭	yo 确握药
ɤ 车割渴			
	ie 铁姐歇		ye 绝靴月
æ 来菜矮		uæ 帅快怪	
ɔ 保桃烧	iɔ 苗条笑		
ɯ 疙胳咳			
ei 妹色分根	iei 林紧银	uei 贵国魂温	yei 军勋云
ou 赌鹿收	iou 绿流酒		

ɚ 日儿耳

ã 胆三竿	iã 连减缘	uã 短酸恋	yã 卷权远
ɑŋ 帮桑章	iɑŋ 良讲阳	uɑŋ 庄光王	
əŋ 灯吞聋	iŋ 冰定影	uŋ 东横翁	yŋ 琼穷容

37.3　单字调

淳化方言有 4 个单字调。

阴平 31　低开伤三笔百月　　阳平 24　才寒娘文局合舌

上声 52　古短口草好粉有　　去声 55　近厚唱汉树爱岸

37.4　说明

（1）pʰ、tʰ、kʰ 的气流较强，拼开口呼韵时在舌根、小舌部位有较明显的摩擦。

（2）t、tʰ 拼合口呼韵时，上下唇有轻微的接触，但无明显的颤唇动作。

（3）s 拼齐齿呼韵时，腭化明显，实际音值为 [sʲ]。

（4）tʂ、tʂʰ 拼开口呼韵母（除 ꭦ、ɚ 外）时有塞音色彩，不过塞音不重，实际音值为 [tˢ tˢʰ]。

（5）tʃ、tʃʰ、ʃ、ʒ 只出现在合口呼韵母前，发音时双唇微撮，舌头两侧微翘，舌尖及舌面前部抵住或靠近上齿龈，上齿与下唇内侧略接触，带唇齿音色彩，实际音值为 [tʃᶹ tʃʰᶹ ʃᶹ ʒᶹ]。

（6）x 的气流较强，摩擦较重。

（7）i 拼 tɕ、tɕʰ 时双唇略向外翘，声母发音部位靠后。

（8）u 单独充当韵母拼 tʃ、tʃʰ、ʃ、ʒ 时，唇形半圆，开口略大，舌位略靠前，实际音值为 [ʉ̜]；作介音拼 tʃ、tʃʰ、ʃ、ʒ 时，介音性质不很明显，韵母接近开口呼。

（9）ɑ、iɑ、uɑ 中 ɑ 的实际音值介于 [ʌ][ɑ] 之间，开口较大。

（10）o、uo、yo 中 o 的唇形略展，舌位略低。ɤ 的舌位偏央略低，拼 tʂ、tʂʰ、ʂ、ʐ 时实际音值为 [ɤ̝]。

（11）æ、uæ 中的 æ 在上声、去声时舌位略高，在阴平、阳平时舌位略低，略有动程，阳平时更明显，实际音值为 [æɛ]。

（12）ɔ、iɔ 中的 ɔ 在上声、去声时舌位略高，在阴平、阳平时舌位略低，阳平时有较明显的动程，实际音值为［ɔo］。

（13）ei、iei、uei、yei 中 ei 的动程较小，韵尾较低，实际音值为［eɪ］，在阳平时动程较明显。

（14）aŋ、iaŋ、uaŋ 中的 ŋ 韵尾较松，实际音值为［ỹ］。

（15）阳平的终点比 4 度略高，实际调值接近［25］。

三十八、旬邑方言音系

发音合作人：

郭百龄，男，61 岁，旬邑县城关镇西关村人，初中文化，农民。

杨百福，男，73 岁，旬邑县城关镇东关村人，高中文化，退休干部。

38.1　声母

旬邑方言有 27 个声母，包括零声母。

p 布北别	pʰ 怕步杯盘	m 妈妹门		
			f 费冯裤	
t 到夺第	tʰ 太淡同			l 难脑路连
ts 祖糟精	tsʰ 曹在秋铁		s 诗生修	
tʂ 知招张	tʂʰ 直赵昌		ʂ 湿说扇	ʐ 绕若然
tʃ 主转庄	tʃʰ 住穿床		ʃ 书帅税	ʒ 如尾闰
tɕ 举讲江	tɕʰ 趣桥旧	ȵ 疑女硬	ɕ 虚休雄	
k 高盖共	kʰ 开块空	ŋ 爱袄我	x 鞋化灰	
∅ 衣武闻元				

38.2　韵母

旬邑方言有 39 个韵母。

ɿ 资支只 ʅ 知直世 i 第踢尾		u 堡木出	y 沮局俗雨
a 爬法辣	ia 家夹牙	ua 抓刮挖	
o 簸坡佛		uo 多坐郭	yo 脚确靴月

ɤ 车各我

ie 铁姐歇

æ 来菜盖　　　　iæ 阶戒崖　　　　uæ 帅怪快

ɔ 饱摸烧　　　　iɔ 苗咬笑

ɯ 疙胳咳

ei 北妹特　　　　　　　　　　uei 最贵国

ou 斗炉收　　　　iou 绿流有

ɚ 日儿耳

ã 胆三竿　　　　iã 连减缘　　　　uã 短酸玩　　　　yã 暖权元

ɛ̃ 分问根　　　　iɛ̃ 林紧银　　　　uɛ̃ 顿寸温　　　　yɛ̃ 嫩军群

aŋ 帮党章　　　　iaŋ 良讲映　　　　uaŋ 庄双光

əŋ 碰灯吞　　　　iŋ 冰定影　　　　uŋ 东横翁　　　　yŋ 琼穷用

38.3　单字调

旬邑方言有 4 个单字调。

阴平 31　低开伤三笔出月　　　阳平 24　才寒娘文局合舌
上声 52　古短口草好粉有　　　去声 44　近厚爱唱汉树岸

38.4　说明

（1）pʰ、tʰ、kʰ 的气流较强，拼开口呼韵时在舌根、小舌部位有较明显的摩擦。

（2）t、tʰ 拼 u 有明显的颤唇动作。

（3）ts、tsʰ、s 拼齐齿呼韵母时腭化明显，摩擦略重，实际音值可记为［tsʲ tsʲʰ sʲ］。古端组字拼齐齿呼韵母，送气声母与精组合流，不送气音未合流。

（4）tʂ、tʂʰ 拼开口呼（除 ɿ、ɤ 外）时，舌尖与硬腭前部阻塞很紧，塞音很重，略带摩擦，实际音值为［tʲ tʲʰ］。

（5）tʃ、tʃʰ、ʃ、ʒ 只出现在合口呼韵母前，发音时双唇微撮，舌头两侧微翘，舌尖及舌面前部抵住或靠近上齿龈，上齿与下唇略接触，带唇齿音色彩，实际音值为［tʃᵛ tʃᵛʰ ʃᵛ ʒᵛ］。

（6）x 的气流较强，摩擦较重。

（7）u 拼 ts、tsʰ、s 时实际音值为［ɿ］；拼 tʃ、tʃʰ、ʃ、ʒ 时，双唇略微撮起，唇形稍展，实际音值为圆唇度较低的［ʮ］；拼零声母时双唇十分接近，唇形较展，且有一定摩擦，实际音值为［w］。

（8）ɑ、iɑ、uɑ 中 ɑ 的实际音值介于［ʌ］［ɑ］之间。

（9）o、uo、yo 中的 o 唇形略展，舌位略低。ɤ 的舌位偏央略低，实际音值接近［ə］。

（10）æ、iæ、uæ 中 æ 在上声、去声时舌位略高，在阴平、阳平时舌位略低，略有动程，实际音值为［ɜæ］。其中，iæ 韵的动程最明显。

（11）ɔ、iɔ 中的 ɔ 开口度较小，在上声、去声调中舌位略高，阴平、阳平调中舌位略低，阳平时略有动程，实际音值为［ɔo］。

（12）ei 韵的动程较小，韵尾的舌位稍低，实际音值为［eɪ］，在阳平字中动程稍大。

（13）ɑŋ、iɑŋ、uɑŋ 中的 ŋ 尾阻塞较松，实际音值为［ỹ］。

三十九、彬县方言音系

发音合作人：

赵三民，男，74 岁，彬县城关镇莲花池村人，大专文化，退休教师。

39.1　声母

彬县方言有 28 个声母，包括零声母。

p 八布别	pʰ 怕步杯盘	m 妈妹门		
			f 苦费饭冯	v 武微闻往
t 大低到	tʰ 太夺同梯			l 脑路难连
ts 祖糟节	tsʰ 字齐粗全		s 师苏修	
tʂ 知招张	tʂʰ 直赵丑		ʂ 说扇尝	ʐ 绕然认
tʃ 主转庄	tʃʰ 住穿撞		ʃ 书帅税	ʒ 若闰软
tɕ 举结江	tɕʰ 旗局桥	ȵ 女牛硬	ɕ 虚休雪	
k 盖贵共	kʰ 开跪空	ŋ 爱袄恩	x 鞋化红	
∅ 而衣延元				

39.2 韵母

彬县方言有 37 个韵母。

ɿ 资支只 ʅ 知吃世	i 第踢急	u 木醋出	y 租取宿
ɑ 爬茶辣瞎	iɑ 家夹牙	uɑ 抓要刮	
o 簸坡佛		uo 多坐郭	yo 脚确靴月
ɤ 车各饿			
ɛ 日儿耳	iɛ 铁姐歇		
æ 代菜盖		uæ 帅快怪	
ɔ 饱摸桃	iɔ 苗咬条		
ei 北妹色		uei 最贵国获	
ou 斗做收	iou 流旧酒		
ã 胆三竿含	iã 连减缘	uã 短酸官	yã 乱选圆
ɛ̃ 分问根温	iɛ̃ 林紧银	uɛ̃ 俊寸魂	yɛ̃ 嫩军群
ɑŋ 帮党忘	iɑŋ 良讲阳	uɑŋ 庄双王	
əŋ 灯吞翁	iŋ 冰定影	uŋ 东农红	yŋ 琼穷容

39.3 声调

彬县方言有 4 个单字调。

阴平 31	低开伤三笔百月	阳平 24 才寒娘文局合舌
上声 52	古短口草好粉女	去声 44 近厚爱唱汉大岸

39.4 说明

（1）pʰ、tʰ、kʰ 的气流较强，拼开口呼韵时在舌根、小舌部位有较明显的摩擦。

（2）发 v 时上齿与下唇接触较靠里。

（3）ts、tsʰ、s 拼齐齿呼韵母时腭化明显，摩擦稍轻，实际音值为〔tsʲ tsʲʰ sʲ〕。

（4）tʂ、tʂʰ 拼开口呼（除 ɿ、ɤ 外）时，舌尖与上齿龈及硬腭前部接触，发成带轻微摩擦的塞音，实际音值为〔t̺ t̺ʰ〕。

（5）tʃ、tʃʰ、ʃ、ʒ只出现在合口呼韵母前，发音时双唇微撮，舌头两侧微翘，舌尖及舌面前部抵住或靠近上齿龈，上齿与下唇略接触，带唇齿音色彩，实际音值为［tʃᵛ tʃᵛʰ ʃᵛ ʒᵛ］。

（6）x声母的摩擦较重。

（7）u拼f、v时实际音值为［ʋ］；拼ts、tsʰ、s时实际音值为［ʮ］，作介音时舌尖音色彩不明显；拼tʃ、tʃʰ、ʃ、ʒ时唇形半圆，开口度略大，实际音值为［ʉᵢ］。

（8）ɑ、iɑ、uɑ中ɑ的舌位介于［ʌ］［a］之间。

（9）o、uo、yo中o的唇形略展，舌位略低。ɤ的舌位略低，位置偏央。

（10）æ、uæ中的æ在上声、去声时舌位略高，在阴平、阳平时舌位略低，略有动程，音值为［æɛ］。

（11）ɛ韵只有零声母字，发音时气流在喉部受阻发声，实际音值为［ɦɛ］。

（12）ɔ、iɔ中的ɔ在上声、去声时舌位略高，开口较小，在阴平、阳平时舌位略低，开口较大，略有动程，实际音值为［ɔo］。

（13）ei、uei中ei的动程较小，韵尾较低，其音值为［eɪ］，在阳平时动程较明显。

（14）ɑŋ、iɑŋ、uɑŋ的韵尾ŋ较松，实际音值为［ỹ］。

（15）阴平的起点比3度略低；去声的高度比4度略高。

四十、长武方言音系

发音合作人：

尚光荣，男，67岁，长武县芋元乡人，高中文化，县档案馆退休干部。
吴新发，男，60岁，长武县昭仁镇窑头村人，初中文化，农民。

40.1 声母

长武方言有27个声母，包括零声母。

p八布别　　pʰ怕步盘　　m麦门棉

f苦饭冯

t 大到第　　tʰ 太夺同　　　　　　　　　　　l 难脑吕连

ts 祖节增精　tsʰ 曹秋净地　　　　　s 师苏修

tʂ 知招张　　tʂʰ 直潮昌　　　　　　ʂ 石说扇　　z 惹绕然

tʃ 主转庄　　tʃʰ 初穿撞　　　　　　ʃ 书税唇　　ʒ 若锐闰

tɕ 租结江　　tɕʰ 桥丘近　　ȵ 女牛硬　ɕ 虚休宣损

k 盖高共　　kʰ 开跪口　　　ŋ 我爱袄　x 下话灰

ø 衣武闻远

40.2　韵母

长武方言有 37 个韵母。

ɿ 资支只 ʅ 知直世　i 眉踢急去　　u 木粗鹿出　　y 足虚雨

ɑ 妈茶辣　　　　　iɑ 架夹牙　　　uɑ 刮话袜

o 播坡佛　　　　　　　　　　　　　uo 多坐郭　　yo 确靴月握

ɤ 车蛇咳割

　　　　　　　　　iɛ 姐铁歇

æ 那菜盖　　　　　　　　　　　　　uæ 帅快怪

ɔ 饱桃烧　　　　　iɔ 苗条笑

ei 北百妹色　　　　　　　　　　　　uei 最贵国

ou 斗怒收　　　　　iou 绿秋秀

ɚ 日儿耳

ã 胆三竿　　　　　iã 连减缘　　　uã 短酸官　yã 恋选圆

ẽ 本问根　　　　　iẽ 林紧银　　　uẽ 俊寸魂温　yẽ 轮军群

ɑŋ 房党桑　　　　　iɑŋ 良讲想　　uɑŋ 庄双王

əŋ 灯吞庚　　　　　iŋ 冰定影　　　uŋ 东横翁　　yŋ 琼穷容

40.3　单字调

长武方言有 4 个单字调。

阴平 31　高天婚飞曲说纳　　阳平 24　唐寒人文局合舌

上声 52　走比口草好女有　　去声 44　是厚爱唱放大用

40.4　说明

（1）pʰ、tʰ、kʰ 的气流较强，拼开口呼韵时在舌根、小舌部位有较明显的摩擦。

（2）ts、tsʰ、s 拼齐齿呼时，舌尖抵上齿背，摩擦较重，腭化不明显。古端组字拼齐齿呼韵母，送气声母与精组合流，不送气未合流。

（3）tʂ、tʂʰ 拼开口呼（除 ɿ、ɚ 外）时舌尖与硬腭前部接触较紧，塞音较重，略带摩擦，实际音值为〔tˢ tˢʰ〕。

（4）tʃ、tʃʰ、ʃ、ʒ 只出现在合口呼韵母前，发音时双唇微撮，舌头两侧微翘，舌尖及舌面前部抵住或靠近上齿龈，上齿与下唇略接触，带唇齿音色彩，实际音值为〔tʃᵛ tʃʰᵛ ʃᵛ ʒᵛ〕。

（5）x 的摩擦较重。

（6）u 拼 ts、tsʰ、s 时实际音值为〔ɥ〕；拼 tʃ、tʃʰ、ʃ、ʒ 时，双唇略微撮起，唇形半圆，开口略大，实际音值为〔ʮ〕。

（7）ɑ、iɑ、uɑ 中 ɑ 的舌位介于〔ʌ〕〔ɑ〕之间。

（8）o、uo、yo 中的 o 唇形略展，舌位略低。ɤ 的舌位略低偏央。

（9）æ、uæ 中的 æ 在上声、去声时舌位略高，在阴平、阳平时舌位略低，略有动程，其音值可记为〔æɛ〕。

（10）ɔ、iɔ 中的 ɔ 在上声、去声时舌位略高，开口较小，在阴平、阳平时舌位略低，开口较大，稍有动程，实际音值为〔ɔo〕。

（11）ei 韵的动程较小，在阳平调时动程稍大。

（12）ɑŋ、iɑŋ、uɑŋ 中的韵尾 ŋ 阻塞较松，实际音值为〔ỹ〕。

四十一、扶风方言音系

发音合作人：
田军让，男，61 岁，扶风县城关镇新店村人，初中文化，农民。

41.1　声母

扶风方言有 24 个声母，包括零声母。

p 布巴玻　　　pʰ 怕别盘　　　m 门母磨

　　　　　　　　　　　　　　　　　　　f 飞冯非　　　v 危微武

t 到带夺　　　tʰ 太道舵　　　　　　　　　　　　　l 南兰连

ts 左糟祖　　　tsʰ 坐仓曹　　　　　　　s 散生苏

tʂ 招主蒸　　　tʂʰ 昌潮虫　　　　　　　ʂ 扇书傻　　　ʐ 绕酿软

tɕ 精基低举　　tɕʰ 齐旗提区　　ȵ 年女硬　ɕ 休修旋

k 贵古歌　　　kʰ 跪规颗　　　ŋ 祆鹅崖　　x 河化话

Ø 严缘元言

41.2　韵母

扶风方言有 34 个韵母。

ɿ 只迟资 ʅ 知住出　i 低离去　　　　u 夫谋苦　　　　y 女桔曲

ɑ 那拉八抓　　　ia 家夹辖　　　　　uɑ 挖刮划

o 卧拨没　　　　　　　　　　　　　uo 果脱桌　　　yo 雀约学

ɤ 个饿舌

　　　　　　　　　iɛ 茄姐列　　　　　　　　　　　yɛ 月缺镢

ɔ 刀贸稻　　　　iɔ 表跃条

ᴇ 埋腮开帅　　　　　　　　　　　uᴇ 块乖淮

ei 杯披格追　　　　　　　　　　　ui 雷跪国

ou 走凑受　　　　iu 流休宿

ɚ 儿日二

æ̃ 南帆拴　　　　iæ̃ 减廉眼　　　　uæ̃ 官幻惯　　yæ̃ 轩权恋

ɑŋ 帮张庄　　　　iɑŋ 良枪江　　　　uɑŋ 匡光矿

əŋ 深登钟　　　　iŋ 林民冰　　　　uŋ 敦轰东　　　yŋ 伦倾穷

41.3　单字调

扶风方言有 4 个单字调。

阴平 31　高安开得割辣月　　阳平 24　穷寒人食白合俗

上声 52　古走草好稻五老　　去声 33　盖唱漏帽近共树

41.4 说明

（1）部分古全浊声母仄声字读送气音。

（2）pʰ与o、u相拼时上齿与下唇有接触，实际音值为［pᶠʰ］。如：婆pᶠʰo³³，步pᶠʰu³³。

（3）泥、来母字在洪音韵母前合流，均读l声母，如：南＝兰læ²⁴，挪＝罗luo²⁴。在细音韵母前不混，但l也带有腭化色彩。

（4）古端组、精组和见晓组字在今齐、撮呼韵母前合流，读tɕ、tɕʰ、ɕ。如：帝＝济＝计tɕi³³，天＝千＝牵tɕʰiæ³¹，修＝休ɕiu³¹。

（5）ɑ在ɑ、iɑ、uɑ中音值是［ʌ］。

（6）uo韵的主要元音实际发音开口度略小。

（7）ɔ、iɔ韵中ɔ的实际发音比标准元音开口度略小。

（8）ɚ的卷舌度不高。

（9）ɑŋ、iɑŋ、uɑŋ的韵尾很松，实际音值是［ỹ］。

（10）əŋ、iŋ、uŋ、yŋ中韵尾的位置介于［n］［ŋ］之间，实际音值为［ɲ］。

四十二、眉县方言音系

发音合作人：

张维涛，男，78岁，眉县首善镇人，中师文化，教师。

42.1 声母

眉县方言有25个声母，包括零声母。

p 布巴玻	pʰ 步坡怕	m 门母磨		
			f 飞冯非	
t 到带夺	tʰ 太道舵			l 南兰连
ȶ 精跌节	ȶʰ 秋铁齐	ȵ 年女硬		
ts 左糟增	tsʰ 坐仓从		s 散生修	
tʂ 招主蒸	tʂʰ 昌潮虫		ʂ 扇书傻	ʐ 绕认酿

tɕ 经结拘　　　tɕʰ 丘契区　　　　　　　ɕ 休需虚

k 贵古歌　　　kʰ 跪规颗　　　ŋ 袄鹅崖　　　x 河化话

ø 严元微

42.2　韵母

眉县方言有 34 个韵母。

ɿ 只迟资 ʅ 知住烛	i 低离七	u 夫谋出	y 女桔曲
ɑ 把拿辣抓	iɑ 家夹辖	uɑ 瓜挖划	
o 波拨没		uo 果勺脱	yo 雀约握
ɤ 歌讹蛇			
	iɛ 茄姐滴		yɛ 月掘镢
ɔ 刀贸稻	iɔ 表条跃		
ᴇ 来外衰		uᴇ 块乖淮	
ei 杯披水摔		uei 雷跪国	
ou 走凑受	iou 流六宿		
ɚ 儿日耳			
æ̃ 南男拴	iæ̃ 减颜眼	uæ̃ 官幻惯	yæ̃ 娟玄联
ɑŋ 帮张庄	iɑŋ 良枪江	uɑŋ 匡光矿	
əŋ 深吞登中	iŋ 林民冰	uŋ 敦轰东	yŋ 嫩伦倾穷

42.3　单字调

眉县方言有 4 个单字调。

阴平 31　高安开得割辣月　　　阳平 24　穷床寒人食白合

上声 52　古走口草稻五老　　　去声 44　盖唱漏近柱共树

42.4　说明

（1）部分古全浊声母仄声字读送气音。

（2）塞音声母 pʰ、tʰ、kʰ 送气强烈。

（3）t、tʰ 与 u 韵母相拼时，双唇有明显的颤动，实际音值为 [tᴮ tᴮʰ]。

（4）古泥、来母字在洪音韵母前合流，读 l 声母；在细音韵母前不混，但 l 也带有腭化色彩。

（5）古端透定母字和精清从母字与今齐齿呼韵母相拼读 t、t^h，实际音值是带舌尖音色彩的舌面前塞音 $[t^z \ t^{zh}]$，与 $t\varphi$、$t\varphi^h$ 区分明显，如：帝＝济 $ti^{44} \neq$ 计 $t\varphi i^{44}$，天＝千 $t^h i\tilde{æ}^{31} \neq$ 牵 $t\varphi^h i\tilde{æ}^{31}$。

（6）古心邪母字与今齐齿呼韵母相拼时，读带腭化色彩的舌尖前擦音 $[s^j]$，与 φ 区分明显。

（7）古知系合口字在眉县城关话中有两种读法：一种读 $t\$$、$t\$^h$、$\$$、z 拼开口呼，如：猪＝知 $t\$\gamma^{31}$，初＝吃 $t\$^h\gamma^{31}$，书＝湿 $\$\gamma^{31}$。一种读 $t\int$、$t\int^h$、$\int$、3 拼半圆唇的合口呼韵母，如：猪 $t\int u^{31}$，初 $t\int^h u^{31}$，书 $\int u^{31}$，入 $3u^{31}$。在日常交际中两种口音都使用频繁，都被认为是眉县话。本音系记录的是第一种口音。不过，宕摄开口三等药韵字"酌绰勺弱"读 $t\$uo^{31}$、$t\$^h uo^{31}$、$\$uo^{24}$、$zuo^{31}$，江摄开口二等觉韵字"桌浊捉戳朔"则只有 $t\$$、$t\$^h$、$\$$ 拼开口呼一种读法。

（8）α 在 α、$i\alpha$、$u\alpha$ 韵中音值是 $[\Lambda]$。

（9）γ 与 $t\$$ 组声母相拼时，音值为 $[\gamma\vartheta]$。

（10）uo 韵的主要元音实际发音开口度略小。

（11）$y\varepsilon$ 韵的主要元音实际发音有圆唇化色彩。

（12）$\mathfrak{o}$、$i\mathfrak{o}$ 韵中 $\mathfrak{o}$ 的实际发音比标准开口度略小。

（13）ϑ 的卷舌度很高。

（14）$a\eta$、$ia\eta$、$ua\eta$ 的韵尾很松，实际音值是 $[\tilde{\gamma}]$。

（15）$\vartheta\eta$、$i\eta$、$u\eta$、$y\eta$ 中韵尾的实际发音介于 $[n][\eta]$ 之间，实际音值为 $[\mathfrak{n}]$。

（16）眉县话有儿化韵。

四十三、麟游方言音系

发音合作人：

甄万举，男，64 岁，麟游县九成宫镇人，大学文化，干部。

李建德，男，70 岁，麟游县昭贤镇人，中专文化，教师。

43.1 声母

麟游方言有 31 个声母，包括零声母。

p 布巴玻   pʰ 步坡怕   m 门母磨

　　　　　　　　　　　　　　　　　f 飞冯非   v 危围微

t 到带夺   tʰ 太道舵   　　　　　　　　　l 南兰连

ȶ 节精跌   ȶʰ 且甜藉   ȵ 年女硬

ts 左糟增   tsʰ 坐仓从   　　　　　s 修散生   z 润入弱

tʂ 招知蒸   tʂʰ 昌潮吃   　　　　　ʂ 扇世舌   ʐ 绕认酿

tʃ 猪专中   tʃʰ 除穿虫   　　　　　ʃ 书栓顺   ʒ 如润软

tɕ 经举九   tɕʰ 丘权趣   　　　　　ɕ 休旋玄

k 贵古歌   kʰ 跪规颗   ŋ 袄鹅崖   x 河化话

ø 严缘元言

43.2 韵母

麟游方言有 34 个韵母。

ɿ 只迟资 ʅ 知吃世　i 低离去　　　u 夫谋朱　　　y 女桔曲

a 那拿洒　　　　ia 家夹辖　　　ua 瓜挖抓

o 波拨没　　　　　　　　　uo 果河桌　　　yo 雀约握

ɤ 哥鹅车

　　　　　　　　iɛ 茄姐械　　　　　　　　　yɛ 绝缺月

æ 来外卖　　　　　　　　uæ 块乖衰

ɔ 刀贸稻　　　iɔ 表条跃

ei 杯披白　　　　　　　　uei 雷跪国赘

ou 走凑受　　　iu 流六宿

ɚ 儿日扔

ã 南帆闲　　　iã 减颜眼　　 uã 官幻算喘　　yã 轩绢联

ɑŋ 帮张傍　　　iɑŋ 良枪江　　uɑŋ 匡光矿闯

əŋ 深登庚　　　iŋ 林民冰　　uŋ 敦弘东春　　yŋ 嫩伦倾

43.3 单字调

麟游方言有 4 个单字调。

阴平 31　高安开得割辣麦　　　阳平 24　穷寒人食白合俗
上声 53　古走草狗稻五老　　　去声 44　盖唱漏近共害树

43.4 说明

（1）部分古全浊声母仄声字读送气音。

（2）古泥、来母字在洪音韵母前合流，读 l 声母，例如南＝兰 $læ̃^{24}$，挪＝罗 luo^{24}。在细音韵母前不混，但 l 也带有腭化色彩。

（3）古端组、精组字在今齐齿呼韵母前合流，读 ȶ、ȶʰ，其实际音值是 [ȶᶻ ȶᶻʰ]，是带舌尖音色彩的舌面前塞音，与舌面前塞擦音 tɕ、tɕʰ 区分明显，如：帝＝济 $ȶi^{44}$ ≠ 计 $tɕi^{44}$，天＝千 $ȶʰiã^{31}$ ≠ 牵 $tɕʰiã^{31}$。为了与其他方言作比较，单列为一组声母。

（4）古心邪母、晓匣母与今齐齿呼相拼区分明显，心邪母的实际音值为 [sʲ]，即带有腭化色彩的舌尖前擦音，晓匣母读舌面前擦音 ɕ。

（5）tʃ、tʃʰ、ʃ、ʒ 只与合口呼韵母相拼。发音时，舌尖及舌面前部与上齿龈构成阻碍，双唇向外翻，上齿与下唇内侧略相抵，带唇齿音色彩，实际音值为 [tʃᵛ tʃᵛʰ ʃᵛ ʒᵛ]。该组声母与 tʂ、tʂʰ、ʂ、ʐ 出现条件互补，为了与其他方言比较，没有归并音位。

（6）u 与 tʃ、tʃʰ、ʃ、ʐ 相拼时，单元音韵母的实际音值为 [ʉ]，是圆唇度不高的央、高元音。发音时，保持声母的发音动作不变，只将阻碍部分放松，让带摩擦的气流呼出。介音 -u- 与 tʃ、tʃʰ、ʃ、ʐ 相拼时，圆唇色彩更弱，韵母几乎读成开口呼。

（7）ɑ 在 ɑ、iɑ、uɑ 中的实际音值是 [ʌ]。

（8）ɤ 韵与 tʂ 组声母相拼时，实际音值是 [ɻɚ]。

（9）æ、iæ 韵中 æ 的实际发音开口度略小。

（10）ɔ、iɔ 韵中 ɔ 的实际发音开口度略小 ɔ。

（11）ɑŋ、iɑŋ、uɑŋ 中的 ŋ 实际音值是 [ỹ]。

（12）əŋ、iŋ、uŋ、yŋ 中韵尾的实际发音介于 [n][ŋ] 之间，实际音值为［ɲ］。

四十四、岐山方言音系

发音合作人：

马继平，男，65 岁，岐山县凤鸣镇人，大学文化，教师。

44.1 声母

岐山方言有 26 个声母，包括零声母。

p 布巴玻	pʰ 步坡怕	m 门母磨		
			f 飞冯非	v 危围微
t 到带夺	tʰ 太道舵			l 南兰连吕
ȶ 节精跌	ȶʰ 且甜截	ȵ 年女硬		
ts 左糟增	tsʰ 坐仓从		s 修散生	
tʂ 招主蒸	tʂʰ 昌潮虫		ʂ 扇书傻	ʐ 绕认酿
tɕ 经举九	tɕʰ 丘权趣		ɕ 休旋玄	
k 贵古歌	kʰ 跪规颗	ŋ 袄鹅崖	x 河化话	
∅ 严缘元言				

44.2 韵母

岐山方言有 34 个韵母。

ɿ 只迟资 ʅ 知住烛 i 低离急		u 夫谋都	y 女桔曲
ɑ 拿洒拉抓	iɑ 家夹辖	uɑ 瓜挖刮	
o 波拨没		uo 果脱桌	yo 雀约握
ɤ 歌蛇搁			
	iɛ 姐械列滴 ʑ		yɛ 掘缺月
ɛ 来外衰		uɛ 块乖淮	
ɔ 刀贸稻	iɔ 表跃耀		
ei 杯披水则白		ui 雷跪国	
ou 走凑受	iu 流六宿		

ɚ 儿日扔

æ 南难闲拴	iæ 减颜眼	uæ 官幻惯	yæ 绢玄联
ɑŋ 帮张庄	iaŋ 良枪江	uaŋ 匡光矿	
əŋ 深吞登钟	iŋ 林民冰兵	uŋ 敦弘东	yŋ 嫩倾穷

44.3 单字调

岐山方言有 4 个单字调。

阴平 31　高安开得割辣月　　阳平 24　穷寒人劳食白合
上声 53　古走好草稻五老　　去声 44　盖唱漏近柱共树

44.4 说明

（1）pʰ、tʰ、kʰ 送气强烈。

（2）部分古全浊声母仄声字读送气音。

（3）p、pʰ 母与 o 韵相拼发生唇齿化，如：玻 pfo³¹、波 pfʰo³¹、婆 pfʰo²⁴、破 pfʰo⁴⁴。但与 u 相拼时唇齿作用不明显。

（4）古泥、来母字在洪音韵母前合流，均读 l 声母，如：南＝兰 læ²⁴，挪＝罗 luo²⁴。在细音韵母前不混，但 l 母也带有腭化色彩。

（5）古端透定母字和古精清从母字在今齐齿呼韵母前读 ȶ、ȶʰ，其实际音值是 [ȶ^z ȶ^{zh}]，即带舌尖音色彩的舌面前塞音，与舌面前塞擦音 tɕ、tɕʰ 区分明显，如：帝＝济 ȶi⁴⁴ ≠ 计 tɕi⁴⁴，天＝千 ȶʰiæ³¹ ≠ 牵 tɕʰiæ³¹。也有人将这组声母记为 ts、tsʰ。

（6）古心邪母字与齐齿呼韵母相拼时实际音值为 [sʲ]，与 ɕ 区分明显，如：修 siu³¹ ≠ 休 ɕiu³¹，辛 siŋ³¹ ≠ 欣 ɕiŋ³¹。

（7）ɑ、iɑ、uɑ 韵中 ɑ 的实际音值为 [ʌ]。

（8）uo 韵的主要元音实际发音开口度略小。

（9）yɛ 韵的主要元音实际发音有圆唇化色彩。

（10）ɔ、iɔ 韵中 ɔ 的实际发音开口度略小。

（11）ɚ 的卷舌度很高。

（12）ɑŋ、iaŋ、uaŋ 的 ŋ 韵尾很松，实际音值是 [ɣ̃]。

（13）əŋ、iŋ、uŋ、yŋ 中韵尾的实际发音介于 [n][ŋ] 之间，实际音值为［ɲ］。

四十五、凤翔方言音系

发音合作人：

李健荣，男，62岁，凤翔县郭店镇人，中专文化，干部。

45.1　声母

凤翔方言有 24 个声母，包括零声母。

p 巴别簸	pʰ 怕盘薄	m 门母磨		
			f 飞冯非	
t 到带夺	tʰ 太道舵			l 奴兰糯连
ȶ 节精跌	ȶʰ 且甜藉	ȵ 年女硬		
ts 左糟增	tsʰ 粗仓从		s 散生线	
tʂ 招主蒸	tʂʰ 昌潮虫		ʂ 扇书傻	
tɕ 经举九	tɕʰ 丘权趣		ɕ 休修旋	
k 贵古歌	kʰ 跪规颗	ŋ 袄鹅崖	x 河化话	
∅ 围微严缘				

45.2　韵母

凤翔方言有 33 个韵母。

ɿ 只迟资 ʅ 知猪烛	i 低离<u>去</u>	u 夫谋苦	y 女桔曲
ɑ 那洒八抓	iɑ 家夹辖	uɑ 瓜挖刮	
o 波拨没		uo 果歌桌	yo 雀约握
ɤ 蛇车遮			
	iɛ 茄列姐		yɛ 月掘镢
ᴇ 来外衰		uᴇ 块乖淮	
ɔ 刀稻日儿	iɔ 表条跃		
ei 杯披白水		uei 雷跪国	
ou 走凑受	iou 流六宿		

ã 南拴软　　　iã 减颜眼　　　uã 官幻惯　　　yã 轩绢联

ɑŋ 帮张庄　　　iɑŋ 良枪江　　　uɑŋ 匡光矿

əŋ 深庚准钟　　　iŋ 林民冰　　　uŋ 敦轰东　　　yŋ 嫩均穷

45.3　单字调

凤翔方言有 4 个单字调。

阴平 31　高安开婚得割辣　　　阳平 24　穷寒陈人食白合
上声 53　古走草好稻五老　　　去声 44　盖唱近共树漏用

45.4　说明

（1）部分古全浊声母仄声字读送气音，但比宝鸡其他地方少。

（2）p、pʰ 与 o、u 韵相拼发生唇齿化，实际音值是 [pᶠ pᶠʰ]。如：簸 pᶠo⁵³，婆 pᶠʰo²⁴，布 pᶠu⁴⁴，步 pᶠʰu⁴⁴。其中送气音声母比不送气音更明显。

（3）古泥、来母字在洪音韵母前混读，混读的情况因年龄而异，三十岁左右的年轻人、五六十岁的人和七八十岁以上老人有所不同。年轻人和五六十岁的人表现为有时读 n、有时读 l，[n l] 自由变读；七八十以上老人没有 n 声母，都读 l 声母。泥、来母在细音韵母前不混，但 l 带有腭化色彩。

（4）古端透定母字和精清从母字在今齐齿呼韵母前合流为 ȶ、ȶʰ，实际音值是 [ȶᶻ ȶᶻʰ]，即带舌尖音色彩的舌面前塞音，如：帝＝济 ȶi⁴⁴ ≠ 计 tɕi⁴⁴，天＝千 ȶʰiæ³¹ ≠ 牵 tɕʰiæ³¹。也有人将这组声母记为 ts、tsʰ。

（5）古精组和见晓组字与今齐齿呼韵母相拼有别，如：精 ȶiŋ³¹ ≠ 经 tɕiŋ³¹，清 ȶʰiŋ³¹ ≠ 轻 tɕʰiŋ³¹，辛 siŋ³¹ ≠ 欣 ɕiŋ³¹。但在齐齿呼前不分尖团的趋势已有所呈现，如：修＝休 ɕiu³¹，只是还没有波及到整个心母，是一种词汇扩散式音变。古精组和见晓组声母在今撮口呼韵母前合流为 tɕ、tɕʰ、ɕ。

（6）古知庄章日组合口字声母，新派读 tʂ、tʂʰ、ʂ、ʐ 声母，开口呼韵母；老派读略带合口成分的 tʃ、tʃʰ、ʃ、ʒ 母，开口呼韵母。本音系记录的是前一种读音。

（7）ɑ 在 ɑ、iɑ、uɑ 中的音值是 [ʌ]。

（8）ɔ、iɔ 中 ɔ 的实际发音开口度略小。

（9）ɑŋ、iɑŋ、uɑŋ 的韵尾很松，实际音值是 [ỹ]。

（10）əŋ、iŋ、uŋ、yŋ 中韵尾的发音部位介于［n］［ŋ］之间，实际音值为［ȵ］。

四十六、宝鸡（金台区）方言音系

发音合作人：

杜烈，男，71 岁，宝鸡市金台区胜利村人，初中文化，干部。

杜世昌，男，57 岁，宝鸡市金台区胜利村人，高中文化，工人。

46.1 声母

宝鸡（金台区）方言有 27 个声母，包括零声母。

p 布巴病	pʰ 坡怕步	m 门母磨		
			f 飞冯非	v 危围微
t 到带夺	tʰ 太道舵			l 南兰连
ts 左糟增	tsʰ 坐仓从		s 散生苏	
tʂ 招主蒸	tʂʰ 昌潮虫		ʂ 扇书傻	ʐ 绕认酿
tɕ 节精跌	tɕʰ 且甜藉	ȵ 年女硬	ɕ 修心先	
tɕ 经举九	tɕʰ 丘权趣		ç 休旋玄	
k 贵古歌	kʰ 跪规颗	ŋ 袄鹅崖	x 河化话	
Ø 严缘元言				

46.2 韵母

宝鸡（金台区）方言有 34 个韵母。

ɿ 只支资 ʅ 知制住	i 低离急	u 夫谋读	y 女桔曲
ɑ 洒八刷抓	iɑ 家夹辖	uɑ 瓜挖划	
o 波拨没		uo 歌果勺	yo 雀约握
ɤ 哥蛇搁			
	iɛ 茄列滴		yɛ 月掘镢
ɛ 盖外帅		uɛ 块乖淮	
ɔ 刀贸稻	iɔ 表条跃		

ei 杯披水则　　　　　　　　　　　ui 雷跪获

ou 走凑受　　　　iu 流六宿

ɚ 儿日耳

æ 南山板拴　　　iæ 减颜眼　　　uæ 官幻惯　　　yæ 轩绢联

ɑŋ 帮张上庄　　　iɑŋ 良枪江　　　uɑŋ 匡光矿

əŋ 深吞登种　　　iŋ 林民冰　　　uŋ 敦弘东　　　yŋ 嫩倾穷

46.3　单字调

宝鸡（金台区）方言有 4 个单字调。

阴平 31　高安开得割辣月　　　阳平 24　穷寒人劳食白合
上声 53　古走草好稻五老　　　去声 44　盖唱漏近柱共树

46.4　说明

（1）部分古全浊声母仄声字读送气音，如：肚 t^hu^{44}，坐 ts^huo^{44}，荠 $t\varphi^hi^{44}$。

（2）p、p^h 与 o、u 韵相拼有唇齿作用，实际音值为［$p^f\ p^{fh}$］，送气声母更为突出。

（3）古泥、来母字在洪音韵母前合流，均读 l 声母，如：南＝兰 $læ^{24}$，挪＝罗 luo^{24}，努＝鲁 lu^{53}。在细音韵母前不混，但 l 母也带有腭化色彩。

（4）古端组、精组声母在今齐齿呼韵母前合流为 tɕ、$tɕ^h$，与 tɕ、$tɕ^h$ 区分明显，如：帝＝济 $tɕi^{44}\neq$ 计 $tɕi^{44}$，天＝千 $tɕ^hiæ^{31}\neq$ 牵 $tɕ^hiæ^{31}$。古端组、精组字在今开口呼、合口呼韵母前不混。

（5）古心邪母与晓匣母字在今齐齿呼韵母前区分明显。心邪母字声母读略带舌尖音色彩的舌面前擦音 ɕ，晓匣母字读 ç，如：修 $ɕiu^{31}\neq$ 休 $çiu^{31}$，辛 $ɕiŋ^{31}\neq$ 欣 $çiŋ^{31}$。

（6）古知系合口字及宕江摄开口字，即与普通话 tʂ、$tʂ^h$、ʂ、ʐ 母合口呼字相对应的字，如"猪专庄"，老派读成开口呼，与"知粘张"同音。新派有读成合口呼韵母的情况，如：猪 $tʂu^{31}$，专 $tʂuæ^{31}$，庄 $tʂuɑŋ^{31}$。说明在普通话的影响下，宝鸡话原有的音系特点正在发生变化。

（7）古精组与见晓组声母在今撮口呼韵母前合流，读 tɕ、$tɕ^h$、ɕ。这组声母的实际音值接近舌面中音［tɕ tɕʰ ɕ］。

（8）ɑ、iɑ、uɑ 韵中主要元音 ɑ 的实际音值为［ʌ］。

（9）uo 韵的主要元音 o 实际发音开口度略小。

（10）yɛ 韵的主要元音 ɛ 实际发音有圆唇化色彩。

（11）ɛ、uɛ 韵中 ɛ 的实际发音开口度略小。

（12）ɔ、iɔ 韵中 ɔ 的实际发音开口度略小。

（13）ɑŋ、iɑŋ、uɑŋ 的韵尾很松，实际音值是［ỹ］。

（14）əŋ、iŋ、uŋ、yŋ 中韵尾的实际发音介于［n］［ŋ］之间，实际音值为［ɳ］。

四十七、千阳方言音系

发音合作人：

齐金昌，男，67 岁，千阳县南寨镇南寨村人，中专文化，干部。

47.1　声母

千阳方言有 30 个声母，包括零声母。

p 布八别	pʰ 步怕盘	m 门母磨		
			f 飞冯苦	v 危围微
				l 南兰连
t 到低刁	tʰ 太多稻			
ȶ 焦精接	ȶʰ 秋樵条	ȵ 年女硬		
ts 糟增争	tsʰ 仓茶全		s 修散生	
tʂ 招遮蒸	tʂʰ 昌潮乘		ʂ 扇世收	ʐ 绕然日
tʃ 猪专中	tʃʰ 除穿虫		ʃ 书栓顺	ʒ 如润软
tɕ 经举九	tɕʰ 丘权趣		ɕ 休喧玄	
k 贵古歌	kʰ 跪规颗	ŋ 袄鹅崖	x 河化话	
∅ 严缘元言				

47.2　韵母

千阳方言有 34 个韵母。

ɿ 资支思 ʅ 知日吃朱	i 比第几	u 故鹿租	y 虚举女
a 爬辣把抓	ia 架夹牙	ua 花刮瓜	
o 泼模佛		uo 过若割	yo 略嚼疟
eɤ 蛇舌遮			
	iɛ 介姐野		yɛ 靴瘸月
ᴇ 盖派在帅		uᴇ 怪快坏	
ɔ 饱烧桃	ɔi 条表交		
ei 色得妹吹		ui 国桂贵	
ou 斗丑收	iu 刘流绿		
ɚ 儿而耳			
æ̃ 胆三竿软	iæ̃ 间衔减	uæ̃ 短酸泉	yæ̃ 圈卷元
ɑŋ 党桑帮床	iɑŋ 讲枪良	uɑŋ 光狂黄	
əŋ 根庚横中	iŋ 紧林邻	uŋ 魂红东	yŋ 云穷胸

47.3 单字调

千阳方言有 4 个单字调。

阴平 31　高安开得割辣麦　　阳平 24　穷床寒人食白合

上声 53　古走草稻女五老　　去声 44　柱盖唱漏近共树

47.4 说明

（1）p、pʰ 与 o、u 相拼，有明显的唇齿塞擦音色彩，实际音值为〔pf pfʰ〕，其中送气音气流很强，唇齿色彩更重。

（2）ts、tsʰ、s 部位很前，发音时舌尖抵住下齿背。

（3）古全浊声母清化，平声字送气，有很大一部分仄声字也送气。

（4）泥来两母在洪音前相混，均读 l 声母，例如南＝兰 læ̃²⁴，努＝鲁 lu⁵³。在细音前不混，但 l 母也带有腭化色彩。

（5）古精组声母在齐齿呼前读 ʨ、ʨʰ。古端组声母今不送气音一律读 t；送气音在开口呼、合口呼韵母前读 tʰ，在齐齿呼韵母前读 ʨʰ，与来自精组的送气音合流，如：提＝齐 ʨʰi²⁴。

（6）古精组和见晓组声母在齐齿呼前不混，有尖团音的分别。如：精

ʈiŋ³¹ ≠ 经 tɕiŋ³¹，齐 tɕʰi²⁴ ≠ 旗 tɕʰi²⁴，修 siu³¹ ≠ 休 ɕiu³¹；在撮口呼前合流，如：蛆＝区 tɕʰy³¹，需＝虚 ɕy³¹。不过，山摄合口三等精组字读合口呼韵母，如：泉 tsʰuæ²⁴，宣 suæ³¹，选 suæ⁵³。

（7）ʧ、ʧʰ、ʃ、ʒ 只与开口呼韵母相拼。发音时，舌尖及舌面前部与上齿龈构成阻碍，双唇向外翻，略带圆唇色彩，上齿与下唇内侧接触，实际音值是〔ʧᵛ ʧᵛʰ ʃᵛ ʒᵛ〕。与这组声母拼合的韵母圆唇度很低，偏于开口呼。为了与其他方言比较，此处没有与舌尖后音归纳为一组音位。

（8）u 与 ts、tsʰ、s 相拼时，实际音值为舌尖前圆唇元音〔ʮ〕。

（9）ʅ 与 ʧ、ʧʰ、ʃ、ʐ 相拼时，单元音韵母的实际音值为〔ɨ〕，是不圆唇的央、高元音。发音时，保持声母的发音动作不变，只将阻碍部分放松，让带摩擦的气流呼出。略带唇齿作用。

（10）ɑ 在 ɑ、iɑ、uɑ 中的实际音值比〔ᴀ〕略前。

（11）ɔ、iɔ 韵中的 ɔ 唇形较展，舌位较高，开口度略小。

（12）æ̃、iæ̃、uæ̃、yæ̃ 韵的鼻化色彩很重。

（13）ɑŋ、iɑŋ、uɑŋ 的韵尾很松，实际音值是〔ɣ̃〕。

（14）əŋ、iŋ、uŋ、yŋ 中，ŋ 的实际音值为〔ɲ〕。

（15）知系合口字在千阳方言中读 ʧ、ʧʰ、ʃ、ʐ 母。不过，宕江摄的知系开口入声字"桌戳朔勺"等及通摄合口的"缩"字读 ts、tsʰ、s 母，与知系合口字演变不同步。如：昨＝琢 tsuo²⁴，错＝绰 tsʰuo³¹，缩＝朔 suo³¹。

四十八、陇县方言音系

发音合作人：

李树申，男，67 岁，陇县城关镇西大街人。中专文化，教师。

48.1 声母

陇县方言有 28 个声母，包括零声母。

p 布别八	pʰ 步怕婆	m 门母磨		
			f 飞冯附	v 危围微
t 到道低	tʰ 太大提			l 南兰连

ts 糟争租　　　tsʰ 仓巢从　　　　　　　s 散生师苏

tʂ 知招蒸　　　tʂʰ 吃昌潮　　　　　　　ʂ 食扇声　　　ʐ 日人热

tʃ 主砖中　　　tʃʰ 出穿虫　　　　　　　ʃ 书拴顺　　　ʒ 如润若

tɕ 精经举　　　tɕʰ 秋丘权　　　n̠ 年女硬　　ɕ 线旋玄

k 贵古歌　　　kʰ 跪规颗　　　ŋ 袄鹅崖　　x 河化话

ø 严缘元言

48.2　韵母

陇县方言有 33 个韵母。

ɿ 资支思 ʅ 知日吃　i 比第几　　　　u 故鹿租朱　　　y 虚举女

ɑ 爬辣把　　　　iɑ 架夹牙　　　　uɑ 花刮瓜耍

o 波模佛　　　　　　　　　　　uo 过合割桌　　　yo 确缺月药

ɣə 蛇舌遮

　　　　　　　　　iɛ 介姐野

ɛ 盖派在　　　　　　　　　　　uɛ 怪帅

ɔ 饱烧桃　　　　iɔ 条表交

ei 妹色得　　　　　　　　　　　ui 桂贵国追

ou 斗丑收　　　　iu 流刘绿

ɚ 儿而耳

æ 胆三竿　　　　iæ 间衔减　　　uæ 短酸船　　　yæ 全权元

ɑŋ 党桑张　　　iɑŋ 讲枪良　　　uɑŋ 光黄床

əŋ 根庚横　　　iŋ 紧林邻　　　uŋ 魂东红中　　　yŋ 云穷胸

48.3　单字调

陇县方言有 4 个单字调。

阴平 31　高安开得割辣月　　阳平 24　床穷寒人食白合

上声 53　古走好草稻五老　　去声 44　盖唱漏近柱共树

48.4　说明

（1）p、pʰ 和 o、u 相拼时发生唇齿化，实际音值为 [pᶠ pᶠʰ]，送气声母的唇齿摩擦色彩尤其强烈。

（2）古全浊声母清化，其中古平声字送气，仄声字不送气，但有一小部分仄声字也送气。

（3）t、t^h 与齐齿呼相拼时带有腭化色彩，其中送气音表现更明显。"提"在"提手旁"中甚至读成 $tɕ^hi^{24}$。

（4）泥来两母在洪音前相混，均读 l 声母，如：南＝兰 $læ̃^{24}$，挪＝罗 luo^{24}，努＝鲁 lu^{53}。在细音前不混，但 l 母也带有腭化色彩。

（5）tʃ、$tʃ^h$、ʃ、ʒ 是古知庄章日组声母与合口呼韵母相拼时的读音。发音时，舌尖及舌面前部与上齿龈构成阻碍，双唇向外翻，略带圆唇色彩，上齿与下唇内侧有接触，实际音值是 $[\,tʃ^v\ tʃ^{vh}\ ʃ^v\ ʒ^v\,]$。与这组声母拼合的合口呼韵母圆唇度很低，介于开口呼和合口呼之间。为了与其他方言比较，没有与舌尖后音归纳为一组音位。

（6）u 与 ts、ts^h、s 相拼时，实际音值为舌尖前圆唇元音 $[\,ʮ\,]$。与 tʃ、$tʃ^h$、ʃ、ʒ 相拼时，单元音韵母的实际音值为 $[\,ʉ_i\,]$，是圆唇度不高的央、高元音。发音时，保持声母的发音动作不变，只将阻碍部分放松，让带摩擦的气流呼出。介音 -u- 与 tʃ、$tʃ^h$、ʃ、ʒ 相拼时，圆唇色彩更弱，几乎读成单元音韵母。

（7）ɑ 在 ɑ、iɑ、uɑ 韵中的实际音值是 $[\,ʌ\,]$。

（8）ɑŋ、iɑŋ、uɑŋ 的韵尾很松，实际音值是 $[\,ɣ̃\,]$。

（9）əŋ、iŋ、uŋ、yŋ 韵中，ŋ 的实际音值为 $[\,ɲ\,]$。

第三章

关中方言古帮组声母的唇齿化与 汉语史上的重唇变轻唇

关中方言中存在双唇音声母在 o、u 韵前唇齿化的现象，近八十年来这种现象从地域分布到类型都有较大扩展。从发生顺序来看，送气音 pʰ 首先唇齿化，鼻音 m 最晚唇齿化。

本章以《关中方音调查报告》为出发点，来观察古帮组声母在今关中方言中的唇齿化现象，并联系前贤关于汉语史上重唇变轻唇的有关论述，分析双唇音发生唇齿化的语音机制。

一、《报告》中的双唇音声母唇齿化的类型

古帮组声母的唇齿化指双唇音 p、pʰ、m 在 o、u 韵前读 pf、pfʰ、mᵛ 的现象。根据《报告》，1930 年代，关中方言中已经存在这一音变现象。本次调查发现，这一音变在当代关中方言中还在继续扩展。

《报告》（6 页）对古帮组声母唇齿化现象的描写如下：

（一）由 p 变来的 pf　白先生说，"帮滂合口上齿抵下唇，老实说 pf 符号应作记此音之用，知照系读上齿与下唇破裂音者不妨另造也"。又说，"麟游 pu pʻu po pʻo 上齿接下唇"。又说，"po pʻo 之 p 上齿抵下唇为西北一带之特点，唯武功较轻微"（按西北指关中地区西北部）。

这种变化主要分布在西府方言中，东府个别方言也有存在。《报告》（238 页）用地图示意，见图 3-1。

图 3-1　《报告》双唇音声母唇齿化分布图

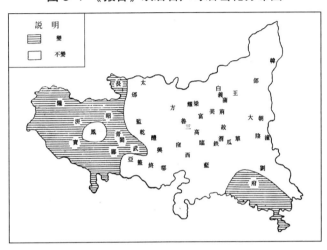

《报告》中的 50 处方言中共有 10 个点发生双唇音声母的唇齿化。根据参与变化的声母和变化时韵母的条件，可以分为三个小类。不同方言点唇齿化的程度并不完全一致，但为了避免不必要的枝节，下文一律用上标的"f、v"表示唇齿化。见表 3-1。

表 3-1　《报告》帮组字唇齿化类型表

类　型		类型一	类型二	类型三
代表点		青化（2）	阎村（7）	宝鸡（1）
声母＋韵母		p pʰ m＋o u	p pʰ＋o u	p pʰ＋o
例字	卜	pᶠo	pᶠo	pᶠo
	坡	pᶠʰo	pᶠʰo	pᶠʰo
	魔	mᵛo		
	逋	pᶠu	pᶠu	
	步	pᶠʰu	pᶠʰu	
	模	mᵛu		

　　类型一：参与变化的声母最完整，三个唇音声母 p、pʰ、m 在 o、u 两韵前都发生唇齿化。包括长武常刘、岐山青化。如岐山青化：波 pˠo，坡 pʰˠo，魔 mˠo，逋 pˠu，步 pʰˠu，铺 pʰˠu，木 mˠu，模 mˠu。

　　类型二：塞音 p、pʰ 在 o、u 韵前唇齿化，鼻音 m 未发生唇齿化。包括扶风阎村、眉县、麟游昭贤、千阳、陇县朱柿堡、武功、商县府君庙 7 点，其中武功、商县府君庙在声韵调部分没有记录，只在音缀总表中反映了部分字的唇齿化现象，似乎发音不太稳定。如扶风阎村：卜 pˠo，坡 pʰˠo，逋 pˠu，铺 pʰˠu，步 pʰˠu；再如眉县：玻 pˠo，波 pʰˠo，坡 pʰˠo，铺 pʰˠu；武功：波 pˠo，坡 pʰˠo，铺 pʰˠu。《报告》将武功话"波、铺"的唇齿化记为上标的小符号，可能反映唇齿化的程度较轻。

　　类型三：p、pʰ 在 o 韵前唇齿化，在 u 韵前未发生，鼻音也未发生唇齿化。有宝鸡一点：波 pˠo，坡 pʰˠo，卜 pˠo。

　　《报告》所报道的以上不同类型，反映出当时关中方言帮组字唇齿化的三个特点。第一，双唇音声母的唇齿化，首先最普遍地发生在塞音 p、pʰ 拼 o 韵的音节中，其次是在 pu、pʰu 中，最后是在 mo、mu 中。因此所有发生唇齿化的方言都有 pˠo、pʰˠo，有 pˠu、pʰˠu 的次多，有 mˠo、mˠu 的仅宝鸡一点。第二，从地域看，唇齿化首先并且主要在西府话中发生（仅凤翔未发生），其边缘已到达咸阳的长武、武功，东府地区只有商县府君庙一点。即当时的双唇音声母唇齿化，除了西府话外还不很普遍。第三，根据上述两点又可以判断，近八十年前，关中方言双唇音的唇齿化似乎还是一种新兴的音变，分布还不广。

二、本次调查反映的双唇音声母的唇齿化

　　本次调查发现，《报告》中报道有唇齿化的方言，除了麟游、眉县、长武三点未发现明显的唇齿化外①，其余 7 个点今天仍然存在。由于本次调查的都是县城或近郊话，所以与《报告》报道的具体情况有所不同。但这一音变继续扩展的态势则非常明显。如西府方言，《报告》中唇齿化很不充分的宝

---

　　① 这三点中，除眉县外，其余 2 个点《报告》的调查点与本次不对应。

鸡话，今方言已经存在系统的唇齿化现象：p、pʰ 与 o、u 韵相拼有唇齿作用，送气声母更为突出，如：菠 ₵pᶠo，波 ₵pᶠʰo，婆 ₵pᶠʰo，破 pᶠʰoˀ，补 ᶜpᶠu，布 pᶠuˀ，谱 ᶜpᶠʰu，铺₍店~₎pᶠʰuˀ，步 pᶠʰuˀ。《报告》没有报道的凤翔话，双唇送气塞音声母 pʰ 与 o、u 韵相拼有唇齿作用，如：婆 ₵pᶠʰo，破 pᶠʰoˀ，波 ₵pᶠo，谱 ᶜpᶠʰu，铺₍店~₎pᶠʰuˀ，步 pᶠʰuˀ。

以发生变化的声母和与声母相拼的韵母两方面为标准，此次调查所得类型主要有五种，见表 3-2。为了避免与《报告》混淆，将本次调查的类型称甲、乙、丙等。

表 3-2　当代关中方言古帮组声母唇齿化类型表

类　型	类型甲	类型乙	类型丙	类型丁	类型戊
代表点	礼泉（3）	千阳（9）	岐山（3）	扶风（6）	黄陵（1）
声母+韵母	p pʰ m+o u	p pʰ+o u	p pʰ+o	pʰ+o u	pʰ+o
例字　簸	pᶠo⁵²	pᶠo⁵³	pᶠo⁵²		
坡	pᶠʰo³¹	pᶠʰo³¹	pᶠʰo³¹	pᶠʰo³¹	pᶠʰo³¹
馍	mᵛo⁵⁵				
补	pᶠu⁵²	pᶠu⁵³			
铺	pᶠʰu³¹	pᶠʰu³¹		pᶠʰu³¹	
墓	mᵛu⁵⁵				

类型甲：三个唇音声母 p、pʰ、m 在 o、u 两韵前都发生唇齿化，与《报告》类型一相对应。有礼泉、美原、武功 3 点。如礼泉：p、pʰ、m 与 o、u 相拼时，带有明显的唇齿音色彩，上齿接触下唇的部位靠内，实际音值为 [pᶠ pᶠʰ mᵛ]（张双庆、邢向东 2011a）。如：波 ₵pᶠʰo，破 pᶠʰoˀ，磨₍~刀₎ᵢmᵛo，馍 mᵛoˀ，补 ᶜpᶠu，布 pᶠuˀ，普 ᶜpᶠʰu，步 pᶠʰuˀ，墓 mᵛuˀ[①]。

———

① 张永哲（2011）记载，位于凤翔、岐山、宝鸡三县交界地带的虢王镇话，p、pʰ、m 与 o、u 韵母相拼时音值为 [pᶠ pᶠʰ mᵛ]。邢向东曾经为该文审定音系。

类型乙：p、pʰ 与 o、u 相拼时有唇齿化现象，但 m 母不明显，与《报告》类型二相对应。如千阳：p、pʰ 与 o、u 相拼，有明显的唇齿塞擦音色彩，其中送气音送气强烈。如：簸~―~ ꞈpᶠo，波 ꞈpᶠʰo，坡 ꞈpᶠʰo，婆 ꞈpᶠʰo，破 pᶠʰoˀ，补 ꞈpᶠu，布 pᶠuˀ，铺~设 ꞈpᶠʰu，脯胸~ ꞈpᶠʰu，普 ꞈpᶠʰu，步 pᶠʰuˀ。同类的有凤翔、宝鸡、陇县、彬县、渭南、华县、蒲城、商州 8 点。

类型丙：p、pʰ 与 o 相拼时发生唇齿化，与 u 相拼唇齿化不明显，与《报告》类型三对应。如岐山：簸~―~ ꞈpᶠo，波 ꞈpᶠʰo，坡 ꞈpᶠʰo，婆 ꞈpᶠʰo，破 pᶠʰoˀ。永寿、乾县话亦属此类。

类型丁：送气音 pʰ 与 o、u 相拼时发生唇齿化，不送气音未发生，《报告》无对应类型。如扶风话：送气音 pʰ 与 o、u 相拼时，上齿与下唇有明显的接触、摩擦。如：坡 ꞈpᶠʰo，婆 ꞈpᶠʰo，破 pᶠʰoˀ，铺~盖 ꞈpᶠʰu，步 pᶠʰuˀ。同类的有户县、临潼、宜君、蓝田、富平 5 点。

类型戊：双唇送气塞音声母 pʰ 与 o 韵相拼有唇齿化，与 u 韵相拼唇齿作用不明显，《报告》无对应类型。如黄陵话，pʰ 与 o 相拼时，送气较重，且有擦化，实际音值是 [pᶠʰ]。

本次调查和《报告》相比，较为瞩目的变化有三点：第一，类型上，多了丁、戊两类，丁为 *pʰo、*pʰu 的声母唇齿化，戊只有 *pʰo 的声母唇齿化。第二，地域上，由基本在西府方言及少数咸阳方言中有分布（东府仅商县府君庙一点，类型二）扩散到东部，除了商州外，蓝田、临潼、富平、富平美原、渭南、华县也出现了唇齿化。《报告》中报道的方言点共 10 个，本次调查中发现的方言点共 22 个，除去本次调查中未发现唇齿化的麟游、眉县、长武 3 个点，增加了 15 个点，分布地域扩大了 1.5 倍（包括《报告》未设点的县份宜君、黄陵）。从地理上看，唇齿化现象呈由西向东逐渐推进的态势。第三，《报告》中报道有唇齿化的麟游、长武、眉县话，本次调查没有发现唇齿化；而《报告》中扶风阎村属类型二（p、pʰ 拼 o、u 唇齿化），但此次调查扶风城关话，结果属于类型丁，只有送气音与 o、u 相拼时唇齿化。也许是本次的调查点与《报告》不对应的缘故。

当代关中方言双唇音声母唇齿化的类型及其地理分布，可用图 3-2 示意如下。

图 3-2　双唇音声母唇齿化类型分布图

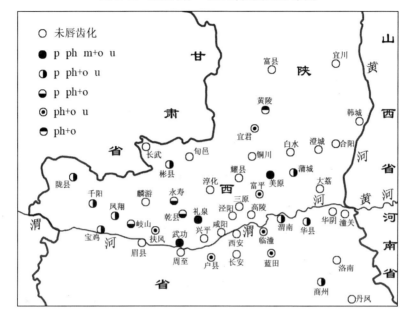

从地理上看，发生唇齿化的方言仍以西部地区最多。中部从长武、旬邑到咸阳、西安、长安，最东部紧靠黄河的方言，从富县、宜川到洛南、丹凤，各有一段地区未发生唇齿化。与白涤洲调查时的地理分布相比，西部地区由西府（宝鸡市辖地）向咸阳市境内进一步扩散，中东部地区西安以东，从南到北有一片带状地域发生了唇齿化。至于类型，除了类型乙（《报告》类型二）有两个集中发生的地域外，都比较分散，看不出明显的分布规律。

张维佳（2002）指出，帮组声母唇齿化的方言与知系合口字声母唇齿化的方言，互相之间呈互补状态。今天，这一格局仍然没有被打破。这是从《报告》到今天的一个重要相同点，体现了音系格局对语音演变的制约作用。不过，前者和后者存在本质的区别：在关中方言中，知系合口字读唇齿音声母 pf、pfʰ、f、v 已经音位化了，而帮组字声母的唇齿化还是一种音值的变化，在所有发生唇齿化的方言中，[pf pfʰ mᵛ] 只是双唇音 p、pʰ、m 的条件变体，而不是独立的音位。

三、根据发生次序来考察双唇音声母唇齿化的形成机制

《报告》中，双唇音声母在 o、u 韵前的唇齿化共有 3 种类型。从《报告》到本次调查的变化情况一目了然：甲、乙、丙类分别对应《报告》的一、二、三类，剩下的丁、戊两类，丁为送气音在 o、u 两韵中唇齿化，戊为送气音在 o 前唇齿化。各类出现的时间顺序可表示为公式一：

公式一

（戊）pʰo ＞（丙）pʰo pᶠo/（丁）pʰo pᶠʰu ＞（乙）pʰo pᶠo pᶠʰu pᶠu ＞（甲）pʰo pᶠo pᶠʰu pᶠu mᵛo mᵛu

将这个公式简化，就得到双唇音声母唇齿化的次序，由前到后排列如公式二：

公式二

① pʰo ＞② pᶠo/pᶠʰu ＞③ pᶠu ＞④ mᵛo mᵛu

公式一中"（丙）pʰo pᶠo"与"（丁）pʰo pᶠʰu"，公式二中"pᶠo"与"pᶠʰu"难以区分前后，不能勉强区别，只能并列。其中，双唇送气音声母 pʰ 在后半高圆唇元音 o 前最容易发生唇齿化，双唇鼻音声母较少发生唇齿化。

在这一规律的基础上，可以探讨一下双唇塞音、鼻音声母唇齿化的形成机制。

关于这一问题，张维佳（2002）结合汉语史上著名的"重唇音变轻唇音"的音变，已经作了相当深入的讨论，我们赞成他的基本结论。不过，张先生的目的是以今证古，我们的目的是探讨关中话的双唇音声母唇齿化的具体顺序和机制。目的不同，角度也会有所差别。

我们认为，导致关中方言双唇音声母唇齿化的主要因素有两个：第一是与后半高 / 高圆唇元音 o/u 相拼，其中半高元音更容易导致唇齿化。第二是关中方言声母发音时阻塞较紧，除阻后气流较强，尤其是送气塞音气流更强。

先看因素一。o 是后半高圆唇元音，u 是后高圆唇元音，双唇音 p、pʰ、m 的阻塞部位则在口腔的最前部，声、韵两个方面存在互相协调的问题，有可能造成某一方面的改变。这种情况古已有之。赵元任先生在考察中古轻唇

音的产生时指出 ①：

> On the other hand, suppose we assume that, if a labial word has a high i and further followed by a central(mixed) or a back vowel, which is usually associated with a retracted position of the jaw, then there will be a tendency for the lower lip to touch the upper teeth, thus resulting in dentilabials.

参考译文：另一方面，可以设想，如果一个唇音字有一个高 i，后接一个央元音或后元音，它总是伴随着牙床的后移，于是就会有下唇接触上齿的倾向，从而导致唇齿音的产生。——笔者根据张维佳（2002：194）的译文补订

"李方桂先生指出，中古发生轻唇化的三等唇音后面会出现一个合口成分。"（张维佳 2002：194）两位先生的观点说明一点，合口的后元音容易使双唇音声母发生唇齿化。平山久雄（2007：16）指出："根据我们的音位解释，产生轻唇化的韵母其条件可归纳为：（一）有介音 /i/；（二）主要元音是后舌元音（即 /ʌ/ 和 /ɑ/）。"就关中方言 p、pʰ、m 发生唇齿化的顺序来看，除了没有介音 i 以外，舌面后元音的确更容易导致这一变化的发生。只是在关中方言中，这个元音是 o。因为双唇阻塞消除后，要向 o 的发音动作过渡，其间往往要有过渡音 -u-②，这一点不须多说。由双唇音声母向后高、半高元音过渡，从发音部位的运动看，须要双唇前突并隆起，而舌体要形成后缩、后部抬起的状态，会使整个下颌向后运动，因此，这时比较省力、自然的动作是下唇不再和上唇平行突出，上下腭的位置产生一点"错位"，上腭较下腭略微前突（也可以说下腭略微后收），上齿自然地接触下唇（正如北京话的合口呼零声母有 ʋ- 的变体，许多方言在合口呼零声母形成后又变为 v 母），于是在 o 韵和双唇音声母之间出现过渡的 -ʋ-，这个过渡音又导致声母唇齿化。u 韵前的双唇音声母唇齿化，其机制与 o 韵相同，只是前者更容易产生

---

① 转引自平山久雄（2007）14 页。平山久雄先生原文参考文献：Chao, Yuen Ren（赵元任）1940. Distinctions within Ancient Chinese. Harvard Journal of Asiatic Studies 5:203—233。

② 有的方言读成 uo 韵，而且发声母时双唇即已拢圆，这是用声母拢圆的动作来适应元音的要求。如大部分陕北话，小部分关中话。即使是北京话，po、pʰo、mo 的元音前也有一个过渡的 [u]。

过渡性的 -ʋ- 罢了。

关于中古汉语轻唇音的产生，平山久雄先生（2007：17）说：

> 关于上面两个条件中，条件（二）的语音学作用已经由赵元任（Chao1940：224）（即上转引文献——引者注）说清楚了，就是下颌的后退引起了下唇与上齿的接触。我愿意做一点补充：我们可以想象，在轻唇化的萌芽阶段，下唇除了与上齿接触之外还与上唇保持接触，形成较软的闭塞，而待闭塞破裂时，随着下颌的后退，下唇就紧贴在上齿前面缓慢地往下挪移。我以为这么一小段过程应该促进了摩擦成分的产生和发展。如果后面的元音是前舌的，那么，下唇即使偶尔和上齿接触，破裂之后也会立即离开上齿，不能发生摩擦。

平山先生的这段"想象"，简直就是对关中方言双唇音声母唇齿化过程的描述！的确，在不少发生唇齿化的关中方言中，我们还能看到，在上齿与下唇成阻的同时，上唇仍然与下唇发生接触。因此，关中话的双唇音声母唇齿化，还处在"轻唇音"的初级阶段。

再看因素二。关中方言塞音声母发音时阻塞较紧，除阻后气流较强，造成双唇由紧闭到前突拢起比较费力，促使下颌做出后移的动作，进而导致过渡音 -ʋ- 的产生，并进一步使上齿接触下唇的动作逐渐前移到成阻、持阻阶段。同时，送气的塞音、塞擦音声母，除阻后伴有舌根与小舌部位的摩擦，严式标音应记为［pχ］等，在一些方言中，该成分一直伴随着韵母的始终。对关中方言的送气声母，《报告》（8 页）有如下的描写：

> 关于送气音的读法，白先生写道，"蒲城、耀县 pʻ 之送气靠后如 pχ"。又说，"大荔送气有摩擦"。又说，"礼泉送气时均在喉外，送气时摩擦可闻也"。又说，"蓝田送气亦甚浅而摩擦舌根甚烈，洛南同"。白先生这些话说得是一件事，就是送气声母在除阻后所带的气流，不是普通的从喉内发出的 h 音，而是在舌根软腭起摩擦作用的 x，x 比 h 应该说是靠前，不应说是靠后。

高本汉在《中国音韵学研究》（2003：173）中将西北方言中的送气塞音、塞擦音中的送气成分直接记为舌根清擦音 χ。例如："pχ，强的 p 后面随着一个清舌根摩擦音。用作声母的，在山西、陕西、甘肃、怀庆都有。例如'怕'太原 pχA。"关中方言这一特点今天依然如此：除阻时不仅气流强，而且摩擦位置靠前[①]。

总之，关中方言双唇音声母的唇齿化，是该地区方言元音、辅音两方面因素共同作用的结果。音理分析与方言中双唇塞音、鼻音声母唇齿化的先后顺序，可以互相印证。

至于为什么 m 声母在元音 o、u 前相对不易发生唇齿化，前面的讨论已经蕴含着其中的道理：鼻音声母不是塞音，而且是浊音，成阻时发音部位阻塞较软，除阻后气流较弱，只有双唇音声母和后半高、高圆唇元音方面的条件，缺少了破裂成音、气流较强这个条件，在它后面出现过渡音 -ʋ-、进而导致唇齿化的机会也就相对较少。

在这里，我们看到，一种音变之所以能够发生，是多种因素造成的，其中声母和韵母互相竞争、互相协调是最重要的因素。而最终的归宿是，当地人感到发音和谐自然。

四、余论

北方方言中，中古通摄合口三等东韵字唇音声母帮滂并变入非敷奉，今读唇齿音，如"风福非丰覆敷冯服奉"，但明母字未变成微母，仍然读双唇音，如西安：梦 məŋ²，目穆苜 ₌mu，牧睦 mu²。

同样，在北方方言中，中古流摄三等尤韵唇音字帮滂并母的"浮否妇负阜富副復"大都变为非敷奉母，并入遇合三的鱼虞韵唇音字，如西安：浮

---

①　对于送气声母率先发生唇齿化，还可以从另一个角度来理解：汉语方言中 f、h/x 声母之间互相混淆、转移的例子比比皆是，尤其是 h/x 变 f 的情况更是常见。可以设想，上述关中方言中，发声母送气的 pʰo、pʰu 音节时，后面的元音 o、u 更容易导致唇齿作用产生，从而使舌根、软腭的摩擦位置前移到唇齿的部位。如果从摩擦的角度来考虑，我们甚至可以将 pʰo pʰu > pᶠo pᶠu 的变化，理解为摩擦位置前移的结果。因此，在送气音 pʰ 与 o、u 韵拼合时，最容易发成唇齿音。关中话双唇音声母唇齿化的类型反映，pᶠo 音节最先出现，正说明了这一点。

ₔfu，富 fu²，副 fu²，妇 fu²，负 fu²，否 ˪fu。而明母字则未混入微母，仍然读双唇音，如西安：谋 ₔmu，矛 ₔmɔ/ₔmiɔ，蟊 ₔmɔ（北大中文系 2003：105—108，204；丁声树、李荣 1981：103）。

联系关中方言帮组声母唇齿化过程中鼻音声母发生较慢的事实，可以发现，这两组唇音字的读音透露出同样的信息：历史上的重唇变轻唇，也是 m 母字相对不易发生唇齿化。同时表明，在重唇变轻唇的各个音类中，大概通合三最晚发生唇齿化。而尤韵帮滂并母字混入非敷奉母的演变，则可能和通合三帮组字的轻唇化基本上同时发生。

根据赵元任、李方桂等先生的研究以及前文的讨论，韵母中带合口成分的后元音是重唇变轻唇的最主要原因。因此，从某种程度上说，关中话 p、pʰ、m 在 o、u 前的唇齿化，确实是在重演上古到中古汉语之间重唇变轻唇的音变，不过其涉及的韵类范围较小而已。

总之，当代关中方言帮组字声母的唇齿化，对汉语史上曾经发生过的"重唇音变轻唇音"——从帮滂并明分化出非敷奉微的演变，不论分化的机制，不同声母分化的先后次序，还是分化后的具体音值，都有重要的借鉴作用。如张维佳（2002）所说，我们可以通过观察关中方言中正在发生的演变，来印证、构拟历史上曾经发生的音变。

第四章

知系合口字声母在关中方言中的
读音类型及其演变

"古知系合口字"指中古合口韵的知庄章日组字，以及宕江摄开口知庄章日组今北方话一般读合口呼的字。

考察古知系字声母在当代关中方言中的读音及其演变，有两个相互关联的问题。第一，读音的变化，即自白涤洲调查关中方言的近八十年来该组声母的发音部位、发音方法的变化，这一问题又可分为两个方面：一是只有音值的变化，不牵涉音类的分合；二是音类分合关系的不同，主要牵涉到与古精组字的分混。第二，各种读音类型在地域分布上的变化。本章以《报告》为出发点，来观察古知庄章日组声母在关中方言合口呼韵母前的读音变化及与精组字的关系，以及不同读音类型分布的变化。

一、《报告》中知系合口字的读音类型、
地理分布及其再分析

1.1　《报告》中知系合口字的读音类型和地理分布

《关中方音调查报告》对知系字有较为详细的描写。下面首先看《报告》中知系字声母的读音类型。见表4-1。

表 4–1 《报告》所列关中方言知系字读音类型

开口			合口		
知二庄 ①	知三章日		知庄章日		
	类型一	类型二	类型一	类型二	类型三
tsʰ s	tʂ/ʈ tʂʰ/ʈʰ ʂ ʐ	k/c kʰ/cʰ x/ç ɣ	tʂ tʂʰ ʂ ʐ	pf pfʰ f v	ts tsʰ s z

关中方言中，古知系开口字一般以知二庄、知三章为分野发生分化，知二庄读舌尖前音 ts、tsʰ、s，与精组声母合流，知三章（章组止摄除外）读 tʂ、tʂʰ、ʂ、ʐ，独立为一个音类，读 tʂ/ʈ 或 k/c 组声母。属于官话方言知系开口字分 ts、tʂ 类型中的昌徐型（熊正辉 1990）。下文主要讨论古知系合口字及宕江摄开口字，一般不涉及其他开口字的问题。

在《报告》中，中古知系合口字在关中方言中有下列几种读音类型。

类型一：tʂ、tʂʰ、ʂ、ʐ，分布地点：陇县、岐山、永寿、乾县、礼泉、咸阳，共 6 处。其中又有三种情况（《报告》104 页）：

（甲）陇县介音 u 一律保持，像"桌"tʂuo，"追"tʂuei。元音 u 一律变 ʮ，像"猪"tʂʮ。

（乙）岐山一部字保持介音 u，一部失去介音 u，像"桌"tʂuo，"追"tʂei。失去介音 u，并不与原来没有介音的字读音相同，因为声母读法不同，例如原无介音的"旃"读 ʈã，失去介音的"专"读 tʂã，是不同的。这样一来，岐山的声母就增加了两个音位（§31）。

（丙）永寿、乾县、礼泉、咸阳四处，介音 u 变为介音 ʮ，像"追"tʂʮei。

类型二：pf、pfʰ、f、v，分布地点：西安、周至、哑柏、华阴、潼关、大荔、朝邑、合阳、韩城，共 9 个点，"像西安'主'pfu，'桌'pfo，'撞'pfaɣ̃，'中'pfuəŋ，'船'fã，'乳'vu"（《报告》100 页）。

---

① 江摄知庄组入声字读舌尖后音，同知系合口字。

类型三：ts、tsʰ、s、z，分布地点：华县等35点（《报告》105—106页）：

像华县"砖"tsʮã，"穿"ts'ʮã，"船"sʮã，"软"zʮã。拿陇县的读法来对照一下，陇县是"砖"tʂuã，"穿"tʂ'uã，"船"ʂuã，"软"zuã。很明显地看出华县等三十五处，当声母由tʂ变成ts时，介音也随着变化，即由舌后的介音u，变为舌尖的介音ʮ了。同样地，u要是主要元音也这样变，像华县"猪"tsʮ。

《报告》（237页）用方言地图示意知系合口字的读音类型，见图4-1。

图4-1 《报告》知系合口字读音类型示意图

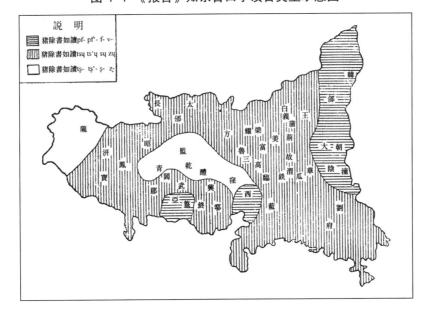

1.2 对类型三 ts、tsʰ、s、z 的再分析

通过分析《报告》声韵调表和音缀总表，可以看出，类型三35处的情况还可再分两种。

类型三甲，声母记音为ts、tsʰ、s、z，与精组合口字声母相同，但主要元音或介音不同，因此从整个音节看并不同音，共有18个方言点。其中关中东部分布较少，主要分布在中西部地区。又可分为 a、b 两种情况。

a 类占少数，如临潼，精组合口字中，模韵字的韵母已经裂化为 ou 韵，例如：租 ʈiu，粗 tsʰou，苏 sou。但 u 充当介音时没有变化，仍为 u，例如：坐 tsuo，搓 tsʰuo。而知系合口字则读 ʮ 韵或 ʮ 充当介音，例如：猪 tsʮ，除 tsʰʮ，书 sʮ。因此，醉 tsuei ≠ 追 tsʮei①，翠 tsʰuei ≠ 吹 tsʮʮei，遂 suei ≠ 水 sʮei。

b 类占多数，如兴平，精组字拼合口呼韵母时，单韵母主要元音为 ʮ，介音仍为 u。而知系字拼合口呼韵母时，单独作韵母和充当介音均为 ʮ。因此，租 tsʮ ≠ 猪 tsʮ，粗 tsʰʮ ≠ 除 tsʰʮ，苏 sʮ ≠ 书 sʮ，醉 tsuei ≠ 追 tsʮei，翠 tsʰuei ≠ 吹 tsʮʮei，遂 suei ≠ 水 sʮei。

类型三乙，声母记音为 ts、tsʰ、s、z，与精组合口字声母相同，主要元音和介音也相同，可以断定已经合流。如华县：租 ʈiou，粗 tsʰou，苏 sou，猪 tsʮ，除 tsʰʮ，书 sʮ，醉＝追 tsʮei，翠＝吹 tsʰʮei，遂＝水 sʮei，坐＝桌 tsʮo②，搓＝浊 tsʰʮo，蓑＝朔 sʮo。此种情况共有下列 17 处：华县、华县瓜坡、渭南、渭南故市、临潼铁炉庙、澄城王庄、蒲城、蒲城义龙、蒲城荆姚、富平美原、耀县、同官梁家原、商县府君庙、周至哑柏、户县、蓝田、洛南富刘。除了周至哑柏、户县等少数方言点外，分布地域集中在东部地区。

为了比较方便，下文将类型三甲改称类型三，类型三乙改称类型四。类型三各方言点例字读音见表 4-2，表中用县名代表方言点。

表 4-2　《报告》临潼等精知庄章日组合口呼字读音对照表③

	租	粗	苏	猪	除	书	如	醉	翠	遂	追	吹	水
临潼	ʈiu	tsʰou	sou	tsʮ	tsʰʮ	sʮ	zʮ	tsuei	tsʰuei	suei	tsʮei	tsʰʮei	sʮei
白水	tsou	tsʰou	sou	tsʮ	tsʰʮ	sʮ	zʮ	tsuei	tsʰuei	suei	tsʮei	tsʰʮei	sʮei

---

① 《报告》的单字音没有声调，所以，比较音节异同时不计声调。下文比较当代的读音时，尽量选取声调相同的字，在没有合适例字的情况下，也有少数字不计声调，不再一一说明。

② 《报告》音缀表中，"坐搓蓑"记为 ʮo 韵，"桌浊朔若"记为 ʮo 韵，这里根据声韵调统一为 ʮo 韵。

③ 《报告》中有少数音节的例字有替换，为了避免枝节，表中统一。

续表

	租	粗	苏	猪	除	书	如	醉	翠	遂	追	吹	水
富平	tsiu	tsʰou	sou	tʂʮ	tʂʰʮ	ʂʮ	ʐʮ	tsuei	tsʰuei	suei	tʂʮei	tʂʰʮei	ʂʮei
高陵	tsiu	tsʰou	sou	tʂʮ	tʂʰʮ	ʂʮ	ʐʮ	tsuei	tsʰuei	suei	tʂʮei	tʂʰʮei	ʂʮei
三原	tsou	tsʰou	sou	tʂʮ	tʂʰʮ	ʂʮ	ʐʮ	tsuei	tsʰuei	suei	tʂʮei	tʂʰʮei	ʂʮei
泾阳	tsiu	tsʰou	sou	tʂʮ	tʂʰʮ	ʂʮ	ʐʮ	tsuei	tsʰuei	suei	tʂʮei	tʂʰʮei	ʂʮei
淳化	tsou	tsʰou	sou	tʂʮ	tʂʰʮ	ʂʮ	ʐʮ	tsuei	tsʰuei	suei	tʂʮei	tʂʰʮei	ʂʮei
兴平	tsʮ	tsʰʮ	sʮ	tʂʮ	tʂʰʮ	ʂʮ	ʐʮ	tsuei	tsʰuei	suei	tʂʮei	tʂʰʮei	ʂʮei
武功	tsu	tsʰu	su	tʂʮ	tʂʰʮ	ʂʮ	ʐʮ	tsuei	tsʰuei	suei	tʂʮei	tʂʰʮei	ʂʮei
旬邑	tsou	tsʰou	sou	tʂʮ	tʂʰʮ	ʂʮ	ʐʮ	tsuei	tsʰuei	suei	tʂʮei	tʂʰʮei	ʂʮei
彬县	tsʮ	tsʰʮ	sʮ	tʂʮ	tʂʰʮ	ʂʮ	ʐʮ	tsuei	tsʰuei	suei	tʂʮei	tʂʰʮei	ʂʮei
长武	tsʮ	tsʰʮ	sʮ	tʂʮ	tʂʰʮ	ʂʮ	ʐʮ	tsuei	tsʰuei	suei	tʂʮei	tʂʰʮei	ʂʮei
扶风	tsʮ	tsʰʮ	sʮ	tʂʮ	tʂʰʮ	ʂʮ	ʐʮ	tsuei	tsʰuei	suei	tʂʮei	tʂʰʮei	ʂʮei
眉县	tsu	tsʰu	su	tʂʮ	tʂʰʮ	ʂʮ	ʐʮ	tsuei	tsʰuei	suei	tsʮei / tʂei	tsʰʮei / tʂʰei	ʂʮei / ʂei
麟游	tsʮ	tsʰʮ	sʮ	tʂʮ	tʂʰʮ	ʂʮ	ʐʮ	tsuei	tsʰuei	suei	tʂʮei	tʂʰʮei	ʂʮei
千阳	tsʮ	tsʰʮ	sʮ	tʂʮ	tʂʰʮ	ʂʮ	ʐʮ	tsuei	tsʰuei	suei	tʂʮei	tʂʰʮei	ʂʮei
凤翔	tsu	tsʰu	su	tʂʮ	tʂʰʮ	ʂʮ	ʐʮ	tsuei	tsʰuei	suei	tʂʮei	tʂʰʮei	ʂʮei
宝鸡	tsu	tsʰu	su	tʂʮ	tʂʰʮ	ʂʮ	ʐʮ	tsuei	tsʰuei	suei	tʂʮei	tʂʰʮei	ʂʮei

　　表 4-2 反映，属于类型三的方言中，不论元音 *u 在精组模韵字中是否裂化为 ou，它充当介音时，逢精组声母和知系声母读音都不同。根据上述情况可以断定，在《报告》时代，这些方言中知系合口字与精组字的读音肯定不同。只是白涤洲、喻世长先生都将它们的不同分析为元音的差异，而不看做是声母的区别。"另外白先生用圆唇程度的不同，区别中古音精照两类字，他说，'礼泉"紫"读 tsʮ，不圆唇；"祖"系读 tsʮ，圆唇；"朱"系读 tsʮ，半圆唇'。这是一种比较细微的分别。"（《报告》10 页）因此，从声母的角度来看，似乎它们的知系合口字声母和精组字声母都已经合流了。

　　那么，这些音节的不同能不能拿韵母来区分呢？也存在问题。其中的原因是,《报告》在归纳元音音位时，同时将［u ч ʮ ʮ̥ ʮ̩］归纳为一个音位,"在 u 音位里，单独用做韵母在多数声母后面是 u；单独用做韵母在 ts 等声母后面是 ч；单独用做韵母在 tʂ 等声母后面是 ʮ"（同上：15）;"i u y 用做介音时，或有变松的趋势（i 在 l 后变 ɪ），或有部位变到舌尖的趋势（u 或 y 变 ч 或 ʮ）"（同上：15）；而［ʮ̥ ʮ̩］只表示［ч ʮ］的圆唇度低，为半圆唇音，也是作为 u 的变体,"ч 后附加 ̥ 表示圆唇程度浅，就是 ʮ̥ 读 ч 与 ʅ 之间的音"（同上：10）。如凤翔话（同上：69—70）①:

/ts/　tsa 扎　tsʮ 猪

/tsʻ/　tsʻa 察　tsʻʮ 除

/s/　sa 杀　si 西　sʮ 书

……

/u/　fu 夫　sʮ̥ 书

这样就出现了"假合流"：声母与韵母（介音）互为音位变体的出现条件，它们又被分别归入本不同音的音位中，导致看不出其中的区别：在声母方面，这 18 个点的知系合口字同精组字声母"相同"，在韵母方面，［u ч ʮ̥］也被归纳为同一个音位 /u/。如此一来，整体音节读音并不相同的 tsu/tsч 与 tsʮ̥，经过音位归纳,"变成"了相同的音节。可以看出，作者在这里出现了过度归纳音位的失误，从而掩盖了本来存在的差异。王军虎（2001：251）曾对《报告》将［ч］（即《报告》的［ʮ̥］——引者）、［u］归并为一个音位提出批评，认为在凤翔型方言中,"ч 类韵母和合口呼韵母在 ts 组声母后完全对立"，因而不能合并。当然，在我们看来,《报告》在这里存在的问题，主要是辅音音值的审订和音位的过度归纳，而不是元音音位归纳。

1.3　重新分析的结论

根据上面的分析,《报告》中认为知系合口字已经和精组字合并为 ts、

---

① 音缀表中凤翔：租 tsч，粗 tsʰч，苏 sч（《报告》165 页）。对照一下下面的例子，一眼即可看出，《报告》是把［ч ʮ̥］同样处理成 /u/ 音位的变体了。

tsʰ、s、z 的类型三，在音节的层次上仍然存在差异。《报告》的作者记录单字音时，将它们的差异归于韵母或介音（这是通过音缀表反映出来的）①，我们则认为其中的差异可能是声母。理由如下。

第一，《报告》中只有岐山青化镇知系合口字读为 tʂ、tʂʰ、ʂ、ʐ 母、开口呼韵母，但与知系开口字尚未合流。另外眉县"追、吹、水、蕤"存在 tsʮei/tʂei、tsʰʮei/tʂʰei、sʮei/ʂei、zʮei/ʐei 两读的现象。而本次调查的结果是，将知系合口字读为 tʂ、tʂʰ、ʂ、ʐ 母、开口呼韵母的方言，已经扩展到西府的岐山、眉县（仍有部分字保留两读，当地人认为都是眉县话）、扶风、宝鸡（老派）、凤翔（据王军虎先生告知，凤翔城里主要是新派读音为开口呼，在凤翔方言内部，读音存在差异，处于变化过程中）等 5 点，并且与知系开口字合流：猪＝知，除＝吃，书＝十。知系合口字读开口呼已经成为西府话的典型特征，并且流传着一些有趣的笑话。在中部的临潼、乾县、兴平等地也有分布 ②。

宝鸡（老派）、扶风、眉县、凤翔等方言中，知系合口字由原来的读法变为舌尖后音、开口呼韵母，这种读法不可能由舌尖前音变来，只能由舌尖后音（实际上可能接近 tʃʲi、tʃʰʲi、ʃʲi、ʒʲi，详见下文）变来，是韵母失去合口成分的结果。

从《报告》一直到现在，关中话知系合口字韵母的圆唇成分都较弱（大致东部比西部合口成分强），如《报告》（10 页）对 tʂʮ、tʂʰʮ、ʂʮ、ʐʮ 等音节的描写："但是乾县、永寿、礼泉、咸阳'猪'tʂʮ。ʮ 后附加 ʮ 表示圆唇程度浅，就是 ʮ 读 ʮ 与 ʮ 之间的音。""礼泉'紫'读 tsʮ，不圆唇；'祖'系读 tsʮ，圆唇；'朱'系读 tʂʮ（当为 tʂʮ 之误——引者），半圆唇。"我们在《关中礼泉方言音系及声调对元音开口度的影响——兼论关中及西北方言调查中的音位处理原则》（本书第十章）中对这一特点进行过描述：

　　今天，这组音节的发音仍然是半圆唇的，具体情形是，当背着说话人听他们说话时，感到展唇的成分重，但观察说话人的发音动作，又

---

① 《报告》在这一点上采取了实事求是的做法，在音缀表中使用了严式标音。
② 据孙立新（1995），乾县部分地区、兴平西乡也存在此类读法。

发现嘴唇基本上是撮起的，同时，韵母阶段并不将嘴唇拢圆，只是在延续发声母时的动作。因此，这种口形其实主要是跟声母有关。……准确的记音应当是带唇齿化色彩的舌叶音［ʧᵛ ʧᵛʰ ʃᵛ ʒᵛ］，只是舌位略靠前，是舌尖和前舌面与上齿龈相抵。舌叶音发音时恰恰带有嘴唇外翻的动作 ①。

有的方言（大多为知系合口字与精组合口字未合流的方言，但也有知系精组合口字合流的方言，如富平美原）"猪除书追吹水砖川船软"等字的圆唇作用极弱。在千阳、凤翔（老派）、美原、丹凤等方言中，读音已近于开口呼，因此，从《报告》到现在，这组音变化大概不大，都是舌尖和前舌面都与齿龈发生接触的舌叶音。

根据上述分析，在《报告》时代，扶风、眉县、凤翔、宝鸡等方言知系合口字的发音，应当和今天的凤翔老派、千阳等方言差别不大，也应是舌叶音声母、圆唇度很低的央高元音韵母，同精组字的舌尖前音存在一定的差别，并未合流。正因如此，当声母的主导作用加强，合口呼韵母及介音的圆唇成分被声母吸收乃至完全失去，声母才能再"变回"到舌尖后音去。如果真的已经同精组合流为舌尖前声母，那又如何能再从其中分立出来，与本已分道扬镳的知系开口字再度合流呢？

第二，除了上面 5 点，其余如麟游、千阳、彬县、旬邑等方言，知系合口字和精组字仍然没有合流，两组字的区别非常明显，不容置疑。而其间的发音差异，首先是在声母方面，而不是韵母及介音，即知系合口字音节一般为 ʧ-、ʧʰ-、ʃ-、ʒ-，精组字音节一般为 tsu-/tsʅ-、tsʰu-/tsʰʅ-、su-/sʅ-。可以看得出来，声母在音节结构中显然处于强势，发韵母（或介音）的姿势基本上是对声母发音部位、口腔姿势的延续。而从耀县、蒲城、渭南、蓝田、商州往东，两组合口字开始相混，精组今合口呼字发音与知系合口字混同，都读 ʧ-、ʧʰ-、ʃ-、ʒ-（有的方言偏于舌尖前音），韵母也随之变得相同。因此，

---

① 张双庆和香港中文大学万波教授、中山大学庄初升教授 2010 年夏曾在西安专门调查了关中方言知庄章组合口字的发音，并录了音。万波教授和我们讨论这个问题时说，渭南的发音人田晓蓉老师，如果看她说话，嘴唇老是撮圆的，而且很夸张，可是听她说话时，感到圆唇成分很弱。

知系合口字与精组字，分是声母相分，合是声母相合，韵母不起区分音节的作用。

对《报告》知系合口字与精组字的关系进行重新分析的结果，可用图4-2示意如下。

图4-2　《报告》知系字与精组字关系重新分析示意图

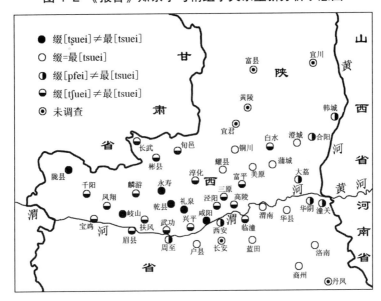

比较图4-1与图4-2可知，在图4-1中，有大片方言属于合口呼字精、知庄章合流的类型，而精、知分立的只占少数；在对《报告》的知系合口字与精组字关系进行重新分析以后，如图4-2所示，这一大片精、知合流的方言中，有多一半应归精、知分立的方言，只是其知系合口字的读音与咸阳等不同，可能是舌叶音声母。真正属于精、知合流的方言，主要分布在东府地区精知分立的方言和知系字读pf组声母的方言之间的一片斜三角地带。

二、知系合口字不同读音类型地域分布的变化

2.1　语音类型及其地域分布的变动情况

本次调查所得知系合口字的读音类型仍然为四类。见表4-3。

表 4–3 古知系合口字读音类型表

类型	类型一	类型二	类型三	类型四
例字及读音	猪＝知 tʂʅ	缀 pfei ≠最 tsuei	缀 tʃuei ≠最 tsuei	缀＝最 tʃuei
方言点	岐山（5）	西安（8）	咸阳（21）	渭南（14）

与《报告》相比，这组字的读音主要发生了如下变化：

（1）岐山、眉县、扶风、宝鸡、凤翔话演变为 tʂ、tʂ^{h}、ʂ、ʐ 声母拼开口呼韵母，猪＝知 tʂʅ，出＝吃 tʂ^{h}ʅ，书＝室 ʂʅ，如＝日 ʐʅ①。根据孙立新（1995：35—36）和我们的调查，同类读音还见于临潼新派、临潼代王一带、兴平西乡、乾县部分、泾阳蒋路乡一带、宜君尧生乡一带②。从上述情况和王军虎对凤翔方言的观察来看，这种发音特点似乎还在扩展③。如兴平西乡：朱 ꜀tʂʅ，书 ꜀ʂʅ，吹 ꜀tʂ^{h}ei，唇 ꜁ʂẽ，双 ꜀ʂɑŋ（孙立新 1995：35—36）。

（2）陇县、咸阳、礼泉、乾县、永寿由舌尖后音变为舌叶音（具体音值见下文的讨论），缀 tʃuei ≠最 tsuei，吹 tʃ^{h}uei ≠崔 ts^{h}uei，睡 ʃuei ≠碎 suei④。即《报告》类型三的方言分布有所扩大。

（3）铜川话《报告》（调查点在梁家原，在县城南 40 里）中为知系合口

① 《报告》中岐山青化镇猪≠知，出≠吃，这次调查两类音相同，故算作发生变化的类型。

② 据孙立新（2007：12），临潼代王一带知系合口字读 tʂ、tʂ^{h}、ʂ、ʐ 母，开口呼音节。另外，陕西师大研究生蒋彤是泾阳县蒋路乡人，在课堂上作发音示范时，如果留心发母语的“猪出书如”，就读成 tʃ^{ʋ}ɨ、tʃ^{ʋh}ɨ、ʃ^{ʋ}ɨ、ʒ^{ʋ}ɨ（嘴唇向外翘，略带唇齿色彩），一不留心，就发成 tʂʅ、tʂ^{h}ʅ、ʂʅ、ʐʅ，问其原因，回答是“我就是这么发音的。后一种发音省力”。可见，泾阳县也有新派将这组字读成舌尖后音拼开口呼韵母。研究生王丽是宜君县尧生乡人，作发音示范时亦将该组音发成 tʂʅ、tʂ^{h}ʅ、ʂʅ、ʐʅ，并说他们那里年轻人都是这样发音的。

③ 王军虎先生记录的凤翔方言，这一组声母尚未变成 tʂ、tʂ^{h}、ʂ、ʐ 开口呼。不过他对凤翔话老派读音的描写，已经在着力反映知系合口字的发音特点。在第四届西北方言与民俗国际学术研讨会上，王先生告诉我们，凤翔话比较新派的说法是 tʂ、tʂ^{h}、ʂ、ʐ 母，开口呼音节。这和我们本次的调查结果相吻合。从凤翔、临潼、兴平西乡等地的情况可见，这种发音的扩散过程还在继续。

④ 《报告》在礼泉“猪”字的读音下有一条注释很值得注意：“礼泉、乾县、永寿三地翘舌声母合口呼的读法不很稳定，‘猪’读 tʂʮ꜀，可是‘贮’读 tsʮ꜆。”读 tsʮ꜆ 就和兴平、武功的情况一致了：声母实际上是舌叶音，但与精组合口字有别。说明那时候咸阳、礼泉等方言中，这组字的声母已经开始变化。这就可以解释，为什么《报告》记录礼泉、乾县、永寿的知系合口字的单字音时，将“猪除书刷率追吹专川庄疮霜谆春唇终充”等记为翘舌音声母，将“如桌浊朔揣水蕤船软润绒”记为平舌音声母，“若”字乾县、永寿为翘舌音，礼泉为平舌音。显然，白涤洲先生的记音反映了当时的实际读音。

字与精组合流，本次调查未合流，应是调查点不对应所致。

《报告》类型二、类型四的地域分布和读音基本没有发生变化。

2.2　知系合口字读音类型变化与关中地理

知系合口字的读音类型在关中地区的演变，与地域的关系非常密切：（1）西府逐渐向 tʂ、tʂʰ、ʂ、ʐ（开口呼）演变，与精组字的距离越来越远，同时中部数点也出现了这一演变路向①；（2）中部、东部读 pf、pfʰ、f、v 的没有变化；（3）东部地区继续保持与精组合流的状况；（4）中部以咸阳地区为主，部分方言由舌尖后音演变为舌叶音，不过韵母圆唇度仍然不高，保持独立的音韵地位，成为与 ts、tsʰ、s、z 相对存在的四个辅音声母。

当代关中方言中知系合口字与精组字的分合关系及其地域分布，可用图 4-3 示意如下。

图 4-3　知系合口字与精组字关系示意图

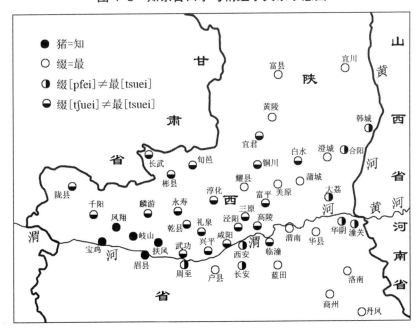

---

① 这到底是近年来发生的演变，还是早期就有的现象，还须要进行更深入的调查才能确定。

三、知系合口字音节的发音及其微观演变

3.1 知系合口字声母的音值与记音

关于知系合口字的音值，除了 pf、pfʰ、f、v 以外，不管其是否同精组字合流，历来调查关中方言的学者有三种记音法。白涤洲先生将陇县、咸阳等 6 处记作 tʂʮ、tʂʰʮ、ʂʮ、zʮ 或 tʂʮ̜、tʂʰʮ̜、ʂʮ̜、zʮ̜，将其他点记作 tʂʮ̠、tʂʰʮ̠、ʂʮ̠、zʮ̠，现代关中方言调查者一般都记作 tʂʮ、tʂʰʮ、ʂʮ、zʮ（王军虎 2001，乔光明、晁保通 2002，孙立新 1995、2008）①。为了能够准确地记录这组字音，白涤洲先生煞费苦心，说明该组音节发音比较特殊，审音记音有一定的难度。

根据我们的调查，这组音节发音的特殊之处在于声母。发音时发音器官的动作是：舌尖及舌面前部紧贴上齿龈，双唇向外翘起，两边的臼齿有咬合动作，上齿与下唇内侧略接触。如果用严式记音法，它们应当被记为伴随圆唇作用的舌叶音［tʃʷ tʃʷʰ ʃʷ ʒʷ］，宽式记音可以略去表示圆唇作用的符号。而韵母只是在声母的阻塞解除后，随着声母的发音动作发出的，这时，尽管带音气流通过的通道已经打开，但发声母时构成阻碍的部位仍有摩擦。在不同地区中有不同的特点：有的方言韵母阶段圆唇作用仍然明显，有的方言在韵母阶段圆唇作用明显减弱。前者如大多数中部、东部地区，如永寿、礼泉、乾县、咸阳、临潼等地，韵母及介音的圆唇成分较强，发单元音韵母时，带摩擦的气流一直延续到音节结束，音值当为带摩擦、半圆唇的舌面央元音［ʉ]。后者如千阳、凤翔（老派）等地，声母、韵母的圆唇作用均已很弱，韵母当为舌面央元音［ɨ]（略带圆唇作用，发音时向外翘唇）②，当 tʃ、tʃʰ、ʃ、ʒ 与其他的古合口韵相拼时，由于声母部分已有半圆唇动作，在韵母发音阶段，实际上已经没有介音了。因此，与知系合口字相拼的韵母，可以归入开口呼韵母，但声母仍为舌叶音。这种发音类型，可能与白涤洲、喻世

---

① 张维佳（2002）73—74 页的字音对照表中，陇县、咸阳等的合口呼字记音与《报告》相同，其余记作 tʂʮ-、tʂʰʮ-、ʂʮ-、zʮ-，77 页读音比较中则将咸阳也记作 tʂʮ-、tʂʰʮ-、ʂʮ-、zʮ-。

② 归纳元音音位时，［ʉ]以归入 /u/ 为宜，［ɨ]以归入 /i/ 为宜。

长（1954）中描写的岐山青化镇话比较接近①。如千阳：猪 ₑʧi ≠ 知 ₑtʂʅ，除 ʧʰi ≠ 池 tʂʰʅ，书 ʃi ≠ 石 ʂʅ，专 ₑʧæ̃ ≠ 粘 ₑtʂæ̃，传 ʧʰæ̃ ≠ 蝉 tʂʰæ̃，船 ʃæ̃ ≠ 善 ʂæ̃。

3.2 ʧ、ʧʰ、ʃ、ʒ 发音特点的形成及其变化

讨论知系合口字在关中方言中的发音特点和演变，必然牵涉到该组声母的出发点问题。我们认为，关中话知系合口字今读的出发点，当为 *tʂu-、*tʂʰu-、*ʂu-、*ʐu-。而由该组音演变为 pf、ʧ 等组声母，主要是基于以下两个特点。

（1）关中话 tʂ 组声母的发音部位靠前。这一特点高本汉在《中国音韵学研究》（2003：183）中已经描写过。他把 tʂ 分为 tʂ₁ 和 tʂ₂，指出："tʂ₁，是清，舌尖齿龈塞擦音，它的 t₁ 发音是弱的，在声母的地位见于归化、大同、文水、兴县、甘肃、陕南、怀庆……"比较白涤洲对两个方言点的描写："荆姚 tʂ 似是 ts。""陇县 tʂ tʂ' 一组极近国音。"（《报告》7 页）

（2）关中方言（整个西北方言大都如此）音节发音时的特点是：声母成阻、持阻较紧，除阻后气流很强，其中送气音往往伴随着舌根部位的摩擦音。因此，在音节中声母往往处于强势地位。不同部位的塞音、塞擦音、擦音都存在这一特点。

就知系合口字来说，声母发音部位靠前、阻塞偏紧、音节中处于强势地位这三个特点和合口韵母或介音共同作用，致使音节发生了一系列变化。其中，合口韵母或介音是音变的起因，而声母的发音特点则决定了音变的方向。由于声母的发音受到强调，持阻较紧且长，*tʂ 部位偏前，当说话人发出韵母时，发音器官不是迅速向韵母的姿势和动作转换，而是在声母阶段持续较长的时间，导致发 tʂu- 组音节时，韵母（或介音）的发音特征向声母前移，在发声母时已带圆唇作用。所以关中人在说这一组音时，往往有翻唇动作，将上下齿外侧都暴露出来，同时上齿接触下唇内侧，有的方言发声母

---

① 王军虎（2004）将知系合口字记为 ts、tsʰ、s、z 声母，ʮ 类韵母。请注意王先生的音系说明："[ts tsʰ s z] 拼齐齿呼和以 [ʮ] 为主要元音或介音的韵母时发音部位靠后，略带舌叶音色彩。""[ʮ] 韵母和 [ʮ] 介音舌位较后，圆唇度较小。"（王军虎 2004：185—186）王先生的音系中，ts 组声母与 ʮ 不匹配，也许反映了记音时的困惑。

时看上去唇形很圆，但听起来圆唇度却不高，有的甚至很低，就是因为圆唇动作是发生在声母阶段①。双唇向前向外翘起（同时上齿与下唇内侧接触）时，将两颊的肌肉前拉，导致口腔内舌尖前伸，舌面前部上抬，不再发成翘舌音，而发成带有圆唇作用的、舌尖及舌面前部都与齿龈接触的 tʂ 组声母。至于韵母，则在声母除阻后保持该动作不变，但气流通道略微加宽，使带音的气流通过。正如汉语的 tʂɿ、tʂʰɿ 类音节中，韵母的发音也只是在声母除阻后继续声母的发音动作。大多数方言即使在声母除阻后发韵母的阶段，仍然有很重的摩擦，发出的韵母接近半元音。整个音节可以标注为 tʂʷɥi̯、tʂʷʰɥi̯、ʂʷɥi̯、ʐʷɥi̯-。总之，关中方言知系合口字的发音特点，是由于 *tʂu-、*tʂʰu-、*ʂu-、*ʐu- 部位靠前、阻塞偏紧、气流较强，加上韵母发音特点前移造成的②。

以 tʂʷɥi̯、tʂʷʰɥi̯、ʂʷɥi̯、ʐʷɥi̯- 为节点，关中话知系合口字声母向不同方向发展。

在西府地区，tʂʷɥi 组音节中圆唇作用进一步减弱为 tʂʷi、tʂʷʰi、ʂʷi、ʐʷi，与 tʂɿ、tʂʰɿ、ʂɿ、ʐɿ 已经相当接近③。当声母的圆唇作用最终解除时，口腔内的舌体得到解放，发音部位回复到 tʂ、tʂʰ、ʂ、ʐ 的动作：舌尖上抵至齿龈脊。而这时，韵母中的合口成分已经失去，整个音节再也回不到合口呼了，只能留在开口呼音节中，与原来的开口呼音节合流。

在西安、合阳等方言中，在 tʂʷɥi̯、tʂʷʰɥi̯、ʂʷɥi̯、ʐʷɥi̯ 的基础上，由于声母的位置偏前，阻碍偏紧，持续时间较长，韵母的合口成分前移，使声母的唇齿作用进一步加强，上齿与下唇的接触点外移、加强，形成 pfʋ、pfʰʋ、fʋ、

---

① 关中话合口知系字的这一发音特点，在圆唇特征上与广州话［kw kwʰ w］的情形颇为相似。

② 描写清楚知系字的发音特点，关中方言中知系开口字多发成［t tʰ］（条件是韵母的元音舌位较低，"知［tʂɿ］、者［tʂɿə］"类音节的声母一般没有发成塞音的）的原因就很好解释了：最根本的原因在于，声母位置靠前，发音时阻塞较紧，除阻时气流较强，导将 tʂ、tʂʰ 除阻阶段的摩擦成音变成爆破成音。因此，合口呼和开口呼字发音特点形成的根本原因是一致的：对声母发音的强调，声母阻塞较紧，除阻阶段气流较强。开口呼和合口呼音节中声母发音的差异，则是由于不同呼的发音所致：合口呼音节发音时，由于声母阶段持续时间较长，使韵母的合口成分前移到声母部分，开口呼发音时没有这个过程，只有阻塞较紧和气流加强。

③ 用不太专业的方法来描写一下说话人的感受，可能有助于我们理解为什么西府方言要放弃这组音节：发声母很紧的［tʂʷi tʂʷʰi ʂʷi ʐʷi］或［tɕi tɕʰi ɕi ʑi］时，发音部位十分紧张，不如发［tʂɿ tʂʰɿ ʂɿ ʐɿ］来得"舒服"。

vʋ 的发音动作，而上齿与下唇的接触加强以后，舌头与上腭的接触就变得困难，因而逐渐分开，最后只剩上齿抵下唇的动作，成了纯粹的 pfʋ/pf-、pfʰʋ/pfʰ-、fʋ/f-、vʋ/v-。白涤洲对这一特点的描写如下："知照系字读时以舌尖抵齿龈，若不嫌累赘应写作 pf。""周至知照系读 pf pfʻ 时上齿紧抵下唇，舌尖位于上齿龈，发破裂音，盖 tʂ tʂʻ 变 pf pfʻ 之过渡音也。"（《报告》6 页）白先生对这组声母的观察十分细致，对它的演变过程的推断也是正确的。张维佳（2002：197—198）指出：

　　　　在以上诸型中，西安型和哑柏型（指 pf、tsf——引者）是比较和谐的音变形式，一方面，介音 -u- 被唇齿化塞擦音所吸收、所同化；另一方面，翘舌音变为唇齿化的塞擦音后，作为主元音的 u 依然保留。就前一种情况而言，介音 -u- 处在唇齿化塞擦音与央（或低后）元音之间，容易变成过渡音 -ʋ-，最后为这种唇齿塞擦音吸收、同化。

我们赞成张先生的分析，不过认为从 tʂu-、tʂʰu-、ʂu-、ʐu- 到 pfʋ/pf-、pfʰʋ/pfʰ-、fʋ/f-、vʋ/v-，可能经过了 tʃʋɐ̯-、tʃʰʋɐ̯-、ʃʋɐ̯-、ʒʋɐ̯- 的阶段。今西安回民发 pf、pfʰ 时，仍有上齿抵齿龈的动作。其他大部分地区的发音，已经没有这个动作，变成了纯粹的唇齿音①。韵母方面，单元音韵母延续唇齿音声母的发音动作，实际音值一般是半元音 [ʋ]。而其他原来以 *u 充当介音的合口呼音节，则由于圆唇作用被声母吸收，韵母失去合口成分，变成了开口呼韵母。这是声母强势导致韵母四呼转移的典型例证。正如王临惠（2001：55—56）所说：

　　　　我们如果从晋南方言口语中的实际读法来考察"猪、出、书"这类字的读音，就会发现单韵母 u 已不复存在，取而代之以 ʋ（u 的唇齿化形式）。现代汉语中双唇音和唇齿音不与合口呼韵母（单韵母 u 除外）

---

　　① 值得注意的是新疆汉语方言："'猪处'，兰银官话北疆片的吉木萨尔等四处都是 [ˌtʂfu tʂʰfuˀ]，中原官话南疆片焉耆、霍城等六处，都是 [ˌtʂfu ˌtʂʰfu]。"（刘俐李、周磊 1986：169）也是一种过渡型的发音状态。

相拼只是一种表面现象，因为双唇和唇齿的发音部位与 -u- 介音相近的缘故，在长期的语音发展过程中形成了声介合一的事实。我们今天所见到的 pf、pfʰ、f 无疑也是声介合一的产物，人们在拼读 pf、pfʰ、f 时不自觉地把唇形向中收拢当是 -u- 介音在声母里的残存形式。

上面两类声母的演变过程，可用下图表示：

*tʂu *tʂʰu *ʂu *zu → tʃʮi tʃʰʮi ʃʮi ʒʮi → tʃⁱi tʃʰⁱi ʃⁱi ʒⁱi → tʃɨ tʃʰɨ ʃɨ ʒɨ → tʂ tʂʰɿ ʂɿ zɿ（岐山型）

*tʂu *tʂʰu *ʂu *zu → tʃʮi tʃʰʮi ʃʮi ʒʮi → pfʊ pfʰʊ fʊ vʊ → pfʊ pfʰʊ fʊ vʊ（西安型）

宝鸡、扶风等方言从 tʂ、tʂʰ、ʂ、z 开始，再回到 tʂ、tʂʰ、ʂ、z，声母依旧，韵母则非，经历了螺旋式的演变过程。

四、关于宕江摄知系开口入声字的读音

《报告》中，宕江摄知系开口入声字"桌浊朔若"等在一些方言中与知系合口字发音不同，共有 4 个方言点，见表 4-4①。表中加上"猪除书如"四字以便比较。

表 4-4　宕江摄知系开口入声字读音表

	猪知鱼	除澄鱼	书书鱼	如日鱼	桌知觉	浊澄觉	朔生觉	若日药
荆姚蒲城	tʂʮ	tʂʰʮ	ʂʮ	zʮ	tʂʮə	tʂʮə②	ʂʮo	luo
青化岐山	tʂɿ	tʂʰɿ	ʂɿ	zɿ	tʂuo	tʂʰuo	ʂuo	zuo
凤翔	tʂʮ	tʂʰʮ	ʂʮ	zʮ	tʂʮo	tʂʰuo	ʂʮo	zuo
蓝田	tʂʮ	tʂʰʮ	ʂʮ	zʮ	tʂʮo	tʂʰʮo	ʂʮo	luo

① 由于《报告》音级表收字过少，药韵只有一个"若"字，所以无法判断其他药韵字的读音。根据今方言的反映来判断，药韵字的这一特点表现得比觉韵更甚。

② 蒲城荆姚"桌浊"的标音一依《报告》音级表 184 页。不过，根据《报告》33—34 页荆姚的声韵调表，应为 uo 韵，疑此处有误。

在表 4-4 中，凤翔、蓝田部分字与其他类相同，部分字不同。

这一现象反映了宕江摄开口入声知系字与舒声字发展不同步的现象。即部分关中方言中，药韵知章日组、觉韵知庄组字变成合口呼的时间，晚于相同声母的舒声字。因此，当它变为合口呼音节时，其他 tʂ、tʂʰ、ʂ、ʐ 母合口呼字已经离开了，它没有赶上其他字的演变步伐。

此类字在当代关中方言的读音，更突显了这一点，其中西府话表现最为突出。如岐山方言，知系合口字悉数读成 tʂ、tʂʰ、ʂ、ʐ 母开口呼韵母，只有宕江摄开口知系入声字保留合口呼读法。列举如下：

    药韵：着穿~ ˌtʂuo   着睡~ ˌtʂʰuo   酌 ˌtʂuo   绰 ˌtʂʰuo

    觉韵：桌 ˌtʂuo   戳 ˌtʂʰuo   浊 ˌtʂʰuo   捉 ˌtʂuo   朔 ˌsuo

今凤翔、扶风话同此，宝鸡大部分字与岐山相同，眉县少数字与岐山相同。《报告》中未反映扶风、宝鸡这类字与知系合口字有异（凤翔只有个别字不同）。也就是说，仅从材料对照看，在西府地区，宕江摄知系开口入声字与开口舒声字及其他摄知系合口字演变不同步的特点还在扩散。我们猜想，这大概是调查详略不同所致，而不是实际变化的反映。

在《报告》的四个方言中，今蓝田话还有一点残留，例如：

    药韵：着~衣 ˌtʂʅ   酌 ˌtʂuo   弱 ˌʐuo

    觉韵：浊 ˌtʂʰuo

荆姚镇此次没有调查，不知道是否有变化。

在《报告》中因字数太少无法判断的合阳话，今方言药韵知章日组字及个别觉韵字与其他知系合口字不同步，其他知系合口字读 pf、pfʰ、f、v 母，药韵字读 tʂ、tʂʰ、ʂ、ʐ 母，开口呼韵母。例如（邢向东、蔡文婷 2010：30）：

    药韵：酌 ˌtʂo   着 ˌtʂo   着睡~绰焯 ˌtʂʰo   着~邪了；~气：生气 ˌtʂʰo
         勺芍 ˌso   若 ˌʐo   弱 ˌʐo

    觉韵：朔 soʔ

就这一点而论，关中方言知系字的读音也发生了一定的变化。

第五章

关中东府方言古知庄章组合口字与精组字合流的内外因素

第四章已经揭示，在关中东府的部分方言中，存在古知庄章组、精组字在今合口呼韵母前合流的现象。同时，关中东府方言还有另外两条语音演变规律：（1）遇摄一等端系及通摄入声一等端系、知系三等字韵母裂化；（2）山臻摄合口一等精组字介音 y 化、声母腭化。知精合流型音变与这两条语音演变规律之间存在密切关系，后者是前者能够实现的外在条件。精组合口字与知庄章组合口字读音的趋同则是知精合流的内在因素。下面分别讨论几种音变之间的关系，探讨知精合流的内外因素。

一、关中方言中的知精合流型和知精不混型

第四章讨论了关中方言中古知系合口字的读音类型、地域分布和演变过程（张双庆、邢向东 2012）。文中反映，在本次调查的 48 个关中方言点中，有 14 个点知庄章组字与精组字在今合口呼韵母前合流。这种合流现象在白涤洲《关中方音调查报告》的时代即已存在。

下面先看当代关中方言中知庄章组合口字与精组字的关系。见图 5-1（同图 4-3）。

图 5-1 显示，古知庄章组、精组今合口呼字合流的方言，集中在东府地区。自西往东列举如下：户县、蓝田、渭南、华县、耀县、美原、蒲城、澄城、商州、洛南、丹凤、黄陵、富县、宜川。下文将这些方言称为"知精合

流型"。

图 5-1　知庄章组合口字与精组字关系示意图

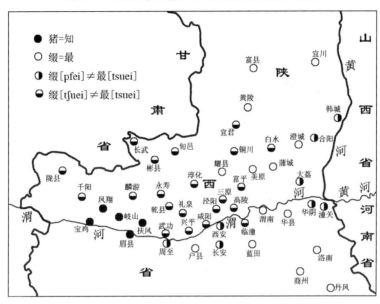

在上述方言的周围，还有 8 个方言点，知系合口字声母为 pf、pfʰ、f、v，精组合口字声母为 ts、tsʰ、s。列举如下：周至、西安、长安、华阴、韩城、合阳、大荔、潼关。这是关中方言中知庄章组、精组合口字有别的次要类型。

而从知精合流型方言分布地区往西，则分布着大片知系合口字声母为 tʃ、tʃʰ、ʃ、ʒ 并与精组字相分的方言，如白水、富平、高陵、三原、铜川、临潼等，这是关中方言中知庄章组合口字与精组有别的主要类型。

我们将以上方言称为"知精不混型"。

根据我们对《报告》中古知庄章组合口字与精组字关系的分析，从白涤洲先生调查关中方言以来近八十年中，关中东府方言古知庄章组合口字与精组字声母的分混关系未发生大的变化（除去《报告》未调查的方言。见第四章）。这表明这种现象至少已经存在了百年以上。

二、东府方言中古知庄章组、
精组字合口音节的对应关系

2.1 精组知系合口字的音节对应关系

抽象地看，关中方言中古知庄章组声母与今合口呼韵母组成的非声调音节共9个，精组声母与今合口呼组成的音节共6个，两类音节的对应关系见表5-1。表中用 tʂ 代表知庄章组字，用 ts 代表精组字，"*"表示抽象化的、作为出发点的音节。

表 5-1　知庄章组、精组合口字音节表

*tʂu 猪	*tʂua 抓	*tʂuo 捉	*tʂuæ 拽	*tʂuei 追	*tʂuã 专	*tʂuẽ 准	*tʂuaŋ 装	*tʂuŋ 中
*tsu 租		*tsuo 左		*tsuei 醉	*tsuã 钻	*tsuẽ 尊		*tsuŋ 总

表5-1显示，知庄章组合口字与精组字构成对立的音节有6个。也就是说，知精合流型的方言中，知庄章组声母与精组声母合流的，共有6个音节。

2.2 关中东府方言的两条语音规律

值得注意的是，在关中东府方言中，还有两条语音演变规律。

规律一，中古遇摄一等、通摄一等入声端系及三等知系字，今韵母元音裂化为 *ou 韵，如蒲城：都 ˪tou，土 ˊtʰou，奴 ˪nou，炉 ˪lou，祖 tsou，苏 ˪sou，秃 ˪tʰou，鹿 ˪lou，族 ˪tsʰou，竹 ˪tsou。而知庄章组合口字韵母元音（通三入除外）未裂化。

上述几组韵母发生裂化的方言列举如下：

遇摄端组，土 ˊtʰou：长安、户县、蓝田、临潼、高陵、富县、铜川、耀县、三原、淳化、泾阳、潼关、华县、蒲城、白水、富平、美原、渭南、华阴、商州、丹凤。共21点。

遇摄泥组，路 louʔ：西安、长安、户县、周至、蓝田、临潼、高陵、富县、黄陵、宜川、铜川、宜君、耀县、咸阳、三原、兴平、礼泉、干县、彬县、旬邑、永寿、淳化、泾阳、潼关、华县、大荔、合阳、韩城、蒲城、澄城、白水、富平、美原、渭南、华阴、商州、洛南、丹凤。共 38 点。

遇摄精组，祖 ˍtsou：长安、户县、蓝田、临潼、高陵、富县、黄陵、宜川、铜川、宜君、耀县、三原、泾阳、潼关、华县、大荔、合阳、韩城、蒲城、澄城、白水、富平、美原、渭南、华阴、商州、洛南、丹凤。共 28 点。

通一入精组，族 ˍtsʰou：西安、长安、户县、蓝田、临潼、高陵、富县、黄陵、宜川、铜川、宜君、耀县、三原、彬县、旬邑、淳化、泾阳、潼关、华县、大荔、合阳、韩城、蒲城、澄城、白水、富平、美原、渭南、华阴、商州、洛南、丹凤。共 32 点。

通三入知系，竹 ˍtsou：西安、长安、户县、蓝田、临潼、高陵、富县、黄陵、宜川、铜川、宜君、耀县、三原、旬邑、淳化、泾阳、潼关、华县、大荔、合阳、韩城、蒲城、澄城、白水、富平、美原、渭南、华阴、商州、洛南、丹凤。共 31 点。

以遇摄合口一等精组字"组"为例，关中方言读 ou、u 韵的分布见图 5-2。

图 5-2　"组"的读音分布图

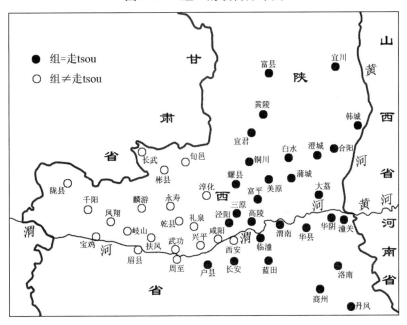

比较图 5-1 和图 5-2 即可看出，知精合流型的 14 个方言点，全部包括在精组遇摄和通摄入声字读 ou 韵的方言中，无一例外。由于"祖组租族苏竹"等实际读为 ou 韵，所以这些方言中 *tʂu 和 *tsu 两个音节不构成对立。六组"对立"的音节只剩 5 组。

规律二，东府方言中山臻摄合口一等精组字，声母及介音腭化为 tɕy-、tɕʰy-、ɕy-，如华阴：钻 ₌tɕyã，氽 ₌tɕʰyã，酸 ₌ɕyã，尊 ₌tɕyẽ，村 ₌tɕʰyẽ，孙 ₌ɕyẽ。

发生这一音变的方言见图 5-3（同图 7-3）。

图 5-3　山臻摄合口一等精组字声母、介音腭化分布图

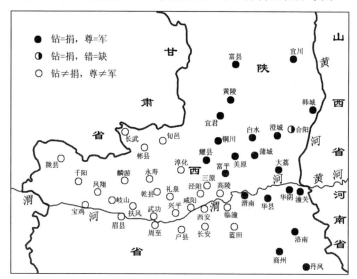

图 5-3 反映，知精合流型方言，除了户县、蓝田两点以外，其余 12 个点都发生了山臻摄合口一等精组字的腭化音变。也就是说，在这些方言中，*tʂuã 与 *tsuã、*tʂuẽ 与 *tsuẽ 实际上不构成对立。

这样，除了户县、蓝田以外，关中东府的知精合流型方言中，知庄章组和精组字构成对立的只剩 3 组音节。见表 5-2。

表 5-2　东府方言知庄章组、精组合口字对立音节表

*tʂuo 捉	*tʂuei 追	*tʂuŋ 中
*tsuo 左	*tsuei 醉	*tsuŋ 总

构成对立的音节越少，它们对两组字合流的阻碍作用就越小。就上述东府方言来说，音节对立对于这两组声母合流的阻碍作用，的确是比较有限的。

正是这两条语音规律的作用，使合口呼韵母前知庄章组、精组声母合流的阻力大大减弱，同时减少了知庄章组与精组合口字合流带来的字音混并①。

上面两条音变在关中东府发生的时间，显然早于知庄章组合口字与精组字的合流。因此，在大多数知精合流型方言中，知庄章组合口字与精组字其实只在 uo、uei、uŋ 三个韵母前存在对立关系，而当它们合流时，真正合流的也只有这三个音节，如蒲城：桌＝作 ʈʂuo，坠＝翠 ʈʂʰueiˀ，碎＝睡 ʃueiˀ，总＝肿 ʈʂuəŋ，从＝虫 ʐʈʂʰuəŋ。

在东府方言中，合阳、韩城、华阴、大荔等知系合口字声母读 pf、pfʰ、f、v 的方言，其知系合口字的演变应在渭南、华县等地知精合流之前，否则，它们的情况就会和渭南、华县等一样，出现知庄章组、精组合口字的合流。

这样看来，上述方言中知庄章组、精组的合流，是比较晚近的一种变化。

三、关中方言知系合口字声母的读音与东府话的知精合流

3.1　知精合流的内在因素

关于知精合流的内在因素，我们的考察结论是，合口呼韵母及介音 -u- 的作用使舌尖前和舌尖后塞擦音、擦音声母发生中和，来自 *ʈʂu-、*ʈʂʰu-、*ʂu- 和 *tsu-、*tsʰu-、*su- 的音节读音趋同，最后终于合流。

第四章通过对古知系合口字在关中方言中的演变的系统考察，得出知系

---

① 由于户县、蓝田两个方言点山臻摄合口一等精组字声母、介音未腭化，所以不能说规律二一定有助于东府方言知庄章组、精组合口字的合流，只能说它们在大多数方言中的阻碍作用有所减小。

合口字在关中话中的演变过程：

$$\text{*tşu *tş}^h\text{u *şu *zu} \rightarrow \text{t}\int^\upsilon\text{ʉ}_i\text{ t}\int^{\upsilon h}\text{ʉ}_i\int^\upsilon\text{ʉ}_i\text{ ʒ}^\upsilon\text{ʉ}_i \rightarrow \text{t}\int^\upsilon\text{i t}\int^{\upsilon h}\text{i}\int^\upsilon\text{i ʒ}^\upsilon\text{i} \rightarrow \text{t}\int\text{i t}\int^h\text{i}\int\text{i}$$

ʒi → tʂɹ tʂʰɹ ʂɹ ʐɹ（岐山型）

$$\text{*tşu *tş}^h\text{u *şu *zu} \rightarrow \text{t}\int^\upsilon\text{ʉ}_i\text{ t}\int^{\upsilon h}\text{ʉ}_i\int^\upsilon\text{ʉ}_i\text{ ʒ}^\upsilon\text{ʉ}_i \rightarrow \text{pf}^\upsilon\text{ʋ pf}^{h\upsilon}\text{ʋ f}^\upsilon\text{ʋ v}^\upsilon\text{ʋ} \rightarrow \text{pfʋ pf}^h\text{ʋ}$$

fʋ vʋ（西安型）

关中方言知系合口字演变的出发点是 *tşu- 组声母。由于声母和 -u- 之间的相互作用，知系声母发生了方向不同的演变。其中的共同阶段是合口字声母的舌叶化，即 tʃ$^\upsilon$ʉ$_i$、tʃ$^{\upsilon h}$ʉ$_i$、ʃ$^\upsilon$ʉ$_i$、ʒ$^\upsilon$ʉ$_i$ 阶段。这是我们调查关中方言时记录到的最普遍的读音类型，其中咸阳、兴平、富平等知庄章组合口字与精组有别的方言最为典型。其发音状态是，舌尖和舌面前部抵住上齿龈（龈脊之前的部分），嘴唇外翻呈喇叭状，上齿与下唇内侧接触，发声母时唇形较圆，到韵母阶段圆唇度降低。关中话这类声母尽管发成舌叶音，但其调音器官的位置比一般的舌叶音靠前，与舌尖前音比较接近。在关中东府方言中，与这组声母最接近的就是带合口成分的舌尖前音 tsu-、ts^{h}u-、su-[①]。tsu-、ts^{h}u-、su- 的声母受舌面元音 -u- 的同化，口腔内的调音部位在由发 ts 的姿态向发 -u- 的姿态过渡时，舌面前部与上腭发生接触，逐渐接近发位置靠前的舌叶音的姿态，tsu-、ts^{h}u-、su- 渐变为 tʃ$^\upsilon$u-、tʃ$^{\upsilon h}$u-、ʃ$^\upsilon$u-，也舌叶音化了。也就是说，tş 和 ts 在韵母及介音 u 前发生中和，从而合流，这是东府方言中知庄章组合口字与精组声母合流的内在语音条件。

综上，在渭南等东府方言中，由于 tsu-、ts^{h}u-、su- 与 tʃ$^\upsilon$ʉ$_i$-、tʃ$^{\upsilon h}$ʉ$_i$-、ʃ$^\upsilon$ʉ$_i$- 发音逐渐趋同，同时构成对立的只有 3 组音节，对它们合流的阻碍作用较小[②]。在韵母及介音 u 的中和作用下，最终实现了精组、知庄章组今合口呼字声母的合流。

---

① 在关中中西部地区，tsu- 类音节多数发成 tsɹ- 类音，韵母及介音 -u- 受声母同化，发成舌尖元音。

② 所谓对合流的阻碍较小，只是相对而言，并不是说构成对立的音节数量少，就会导致两组对立的音合流。构成对立的音节数量少，不是造成合流的主要原因，只是它们在两组声母发生合流时形成的阻碍作用比较弱而已。事实上，方言中经常存在只有极少音节形成对立的情况。

3.2　知精合流的方向

根据精组、知庄章组合口字合流以后的音值表现，结合知庄章组、精组今合口呼字的音节多少加以分析，关中东府方言知庄章组合口字和精组声母发生合流时，应是精组字向知庄章组字靠拢，而不是相反。

如前所述，关中东府方言中，*tṣu- 类音节共 9 组，*tsu- 类音节共 6 组，其中大多数方言的 *tsuã、*tsuẽ、tsu3 组音节已经变读为其他声母或韵母，因此 *tsu- 类音节只剩 3 组。从数量看，*tṣu- 类音节是 *tsu- 类音节的 3 倍。如果合流，应当是后者向前者靠拢的可能性大。

从实际发音来看，关中方言中，除了宝鸡、岐山等西府话"知猪"合流为 tṣ- 类开口呼音节，西安、合阳等东府话知系合口字读为 pf- 类声母，其余咸阳、渭南、铜川、商洛、延安（南部）等地区的方言，知庄章组合口字不论是否与精组合流，读音均倾向于带唇齿作用的舌叶音 tʃʷ-、tʃʰʷ-、ʃʷ-（张双庆、邢向东 2012），而精组合口字与知庄章组字合流的方言中，其合流后的声母同样倾向于读成 tʃʷ-、tʃʰʷ-、ʃʷ-。本次调查的 14 个知精合流型方言中，调查时和调查后反复听辨，只有富县一地将精知合流以后的声母记作 ts-、tsʰ-、s-，其他均记作 tʃ-、tʃʰ-、ʃ-（张双庆、邢向东 2011b，未刊，张双庆、邢向东 2012）。我们认为，这样记音能更准确地反映方言的实际情况。

白涤洲《报告》中对知精合流型与知精分立型方言的记音，表明他对知精合流型方言中声母走向的判断，与本书是一致的。对知精分立型方言，白先生将其知庄章组合口音节记为 tsʮ- 类音，而将精组合口音节记为 tsu- 类音，基本精神是通过韵母来区分这两组音节。如高陵外高桥话（不计声调，下同）：醉 tsuei ≠ 追 tsʮei，翠 tsʰuei ≠ 吹 tsʰʮei，遂 suei ≠ 水 sʮei，钻 tsuã ≠ 专 tsʮã，酸 suã ≠ 船 sʮã，尊 tsuẽ ≠ 谆 tsʮẽ，村 tsʰuẽ ≠ 春 tsʰʮẽ，孙 suẽ ≠ 唇 sʮẽ，踪 tsuŋ ≠ 终 tsʮəŋ，从 tsʰuŋ ≠ 充 tsʰʮəŋ。而对知精合流型方言，则将合流后的音节一律记为 tsʮ- 类音节，如户县话：猪 tsʮ，除 tsʰʮ，书 sʮ，如 zʮ，揣 tsʰʮæ，帅 sʮæ，追＝醉 tsʮei，吹＝翠 tsʰʮei，水＝遂 sʮei，专＝钻 tsʮã，川＝窜 tsʰʮã，船＝酸 sʮã，同类方言如华县、华县瓜坡、渭南韩马、渭南故市、临潼铁炉、澄城王庄、蒲城、蒲城义龙、蒲城荆姚、富平美原、耀县、同官（铜川）梁家原、商州府君庙、洛南富刘，无一例外（个别方言如蓝田，只记 tʂʯ-。白涤洲、喻世长 1954：164—175，185—191）。说明白涤洲先生已经充分注意到在合口呼音节中，如果知庄章组、精组字合流，那么是精组字向知庄章组字归并，而不是相反。

研究关中东府方言的其他著作，也有直接将知精合流后的读音记作 tʂ 组声母的。如田晓荣（2009：7—63）记载，渭南临渭区方言知庄章组精组今合口呼字已经合流，田著将合流后的音节记作 tʂʯ-、tʂʰʯ-、ʂʯ- 类音。知庄章组精组合口呼字合流后，临渭话共有 tʂʯo、tʂʯei、tʂʯŋ 等 3 组 12 个非声调音节。

不同调查者在记录和描写方言时对知精合流后的读音采用不同的记音方法，充分说明关中方言这类音节发音部位的特殊性和复杂性。

综上所述，在部分关中东府方言中，由于知庄章组声母和精组声母在合口呼韵母前的发音非常接近，同时精组合口字和知庄章组合口字形成对立的音节数量不多，对两组字合流构成的阻力不大，所以它们能够实现中和，混并为一组声母。于此同时，在西府方言中，随着知庄章组合口字的合口成分逐渐减弱，精组合口字韵母及介音 -u- 进一步舌尖化为 -ʯ-，两类音节的距离变得越来越远了。

第六章

关中方言端精见组齐齿呼字
读音及其分布的演变

端精见组齐齿呼字的分混和演变，是关中方言声母演变中的一个重要现象，这三组字的关系及其消长，反映了语言中几条演变规律发生关系时，互相影响的深度、广度及其后果，也反映了体现地域方言特点的演变规律和体现共同语特点的演变规律之间的互动关系，是研究语音演变规律的极有价值的课题。本章主要着眼于自白涤洲先生调查关中方言的近八十年来，关中方言中端精见组齐齿呼字的分混关系及其地理分布的变化。为了行文简洁，下文有时径直使用"端精组、端精见组"的概念，均指这几组声母与齐齿呼韵母相拼的音节。

一、《报告》中反映的端精见组
齐齿呼字的演变及其关系

1.1 《报告》中端精见组齐齿呼字的演变

在白涤洲调查的时代，关中方言已经发生了端精见组齐齿呼字合流的现象。《报告》（103 页）指出：

从 §40 和本节音变中产生的同音字现象来看，端精见三系声母在 i 前有两系甚至三系互相混淆的倾向，概括说来，有几种不同的方式：

（一）ti tsi tɕi 三者保持分别的只有旬邑、彬县、淳化、富平、美原、义龙、白水、合阳八处。（二）端系齐齿独立不混精见齐齿混读的有西安等十六处。（三）见系齐齿独立不混端系齐齿与精系齐齿混的有商县等七处眉县等七处华县等九处，澄城一处共二十四处（但其中有些地方不送气的字不混）。（四）精系齐齿独立不混端系齐齿与见系齐齿混的有蓝田一处。端精见三系齐齿混的有洛南一处（有些不送气的字不混）。

从上述描写可见，在 20 世纪 30 年代，关中方言这三组声母的分混关系中最占优势的，是端精合流，其次是精见合流。

至于心邪母和晓匣母的关系，《报告》（99 页）指出：

舌尖摩擦音在 i 前面时有三十二个地方保持不变，如富平"细" si。有十八个地方变为 ɕ，如西安"细" ɕi。这十八个地方就是上节（一）（二）（三）三组。……舌尖摩擦音在 y 前面时，全区一律腭化为 ɕ，例如"徐"全区一致都是 ɕy①。

在这三组声母中，端精组字合流之后的读音及其变化，是《报告》着力描写的内容之一。总的来说，端精组齐齿呼字合流以后，多数发生了腭化。至于腭化的程度如何，则不同方言有所不同。例如（《报告》7 页）：

兴平 tsi 之 ts 靠前，略似 ti 而非，有破裂意，盖 ȶ 也。……凤翔 ȶ 不是 t，不是 tsi，纯粹 ȶi，有人认真说则成 ti，与兴平成 tsi 不同。……商县端精两系齐齿所读非 tɕi，非 tsi，亦不与见系 tɕi 混，稍似 tsi 而非，当是 ȶi，以 ȶi 注之。

《报告》中端精见组齐齿呼字不同读音的地理分布见图 6-1。
下面列表说明《报告》时代端精见组齐齿呼字的分混关系。表中"端"

---

① s 未腭化的 32 处，指上文（一）合阳等 8 处，（三）商县、华县、澄城等 24 处；已经腭化为 ɕ 的 18 处，包括（二）西安等 16 处，（四）蓝田、洛南共 2 处。

包括部分定母仄声字，"透"包括定母平声字和部分定母仄声字，其余精清、见溪类推，心包括邪母，晓包括匣母。见表6-1。

图 6-1 《报告》端精见组齐齿呼字关系图

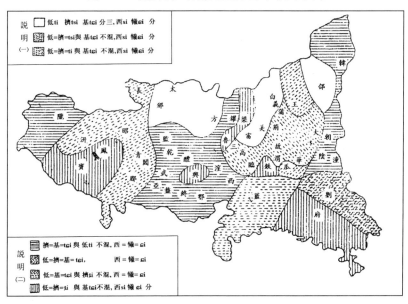

表 6-1 《报告》反映的关中方言端精见齐齿呼字关系表

类型 例字	类型甲：合阳（8） 端≠精≠见	类型乙：岐山（24） 端=精≠见	类型丙：礼泉（16） 端≠精=见	类型丁：蓝田（1） 端=见≠精	类型戊：洛南（1） 端=见=精
刁端	tiau	tsiau	tiau	tɕiau	tiau
焦精	tsiau	tsiau	tɕiau	ʈiau	tɕiau
交见	tɕiau	tɕiau	tɕiau	tɕiau	tɕiau
挑透	tʰiau	tsʰiau	tʰiau	tɕʰiau	tɕʰiau
樵／锹清	tsʰiau	tsʰiau	tɕʰiau	ʈʰiau	tɕʰiau
敲溪	tɕʰiau	tɕʰiau	tɕʰiau	tɕʰiau	tɕʰiau
消心	siau	siau	ɕiau	ɕiau	ɕiau
孝匣	ɕiau	ɕiau	ɕiau	ɕiau	ɕiau

从表 6-1 来看，白涤洲调查的时代，关中方言中见晓组齐齿呼字均已腭化为 tɕ、tɕʰ、ɕ 母。端精组齐齿呼字多有混淆，共有 24 点，情况最复杂。精见组相混的 16 处情况比较一致。另外出现了洛南一点端精见三组相混的现象 ①。

1.2 《报告》中端精见组齐齿呼字的分混类型

对于端精见三组齐齿呼字的演变，我们最关心的是其音类分合关系。

把表 6-1 和白涤洲、喻世长先生的描写结合起来，可以归纳出《报告》时代端精见组齐齿呼字的音类关系及类型、分布：

类型甲：端≠精≠见，心≠晓（旬邑、彬县、淳化、富平、美原、义龙、白水、合阳）

类型乙：端＝精≠见，心≠晓（商县、泾阳、宝鸡、凤翔、兴平、铁炉、同官；眉县、扶风、岐山、千阳、麟游、长武、瓜坡；华县、渭南、故市、临潼、高陵、三原、蒲城、荆姚、大荔；澄城）

类型丙：端≠精＝见，心＝晓（西安、耀县、咸阳、武功、礼泉、乾县、永寿、陇县、哑柏、周至、终南、户县、华阴、潼关、朝邑、韩城）

类型丁：端＝见≠精，心＝晓（蓝田）

类型戊：端＝精＝见，透＝清＝溪，心＝晓（洛南）

类型戊即端精见组齐齿呼字大合流，可能是类型乙、丙、丁的最后归宿。正如《报告》（103 页）所说："端精见三系声母在 i 前有两系甚至三系互相混淆的倾向。"

《报告》端精见组齐齿呼字的读音类型可用图 6-2 模拟如下。

1.3 《报告》中端精组齐齿呼字合流后的音值

在上面五种类型中，类型乙属端精组齐齿呼字合流、与见组有别的情况，但其端精组齐齿呼字合流后的音值十分复杂，有端组字擦化、精组字塞

---

① 部分不送气字未混，如：低 ti、蝶 tiɛ、丢 tiu、酒 ʨiu、颠 tiã、丁 tiŋ。主要是端组齐齿呼字，精组只有一个"酒"字，显示洛南的三组大合流是在西安型的基础上进一步合流的结果。在下文"类型戊"中，在等号上加阴影表示。

图 6-2　《报告》端精见组齐齿呼字读音类型模拟图

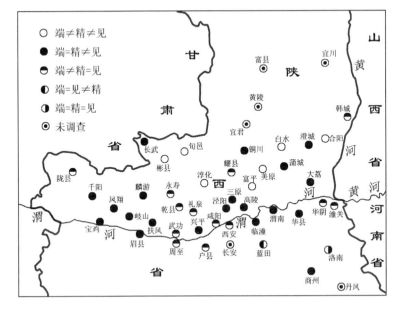

化并腭化、端精互换等复杂的情况，可以归纳为下列 4 种：

（1）t tʰ → ʨ ʨʰ，ts tsʰ → ʨ ʨʰ

①商县、泾阳、宝鸡：稳定

②凤翔、兴平、铁炉、同官：不稳定

（2）t tʰ → ts tsʰ

①眉县、瓜坡：全变

②扶风、岐山、千阳、麟游、长武：不送气音不变，送气音变：底 ti，体 tsʰi。

（3）ts tsʰ → t tʰ　华县、渭南、故市、临潼、高陵、三原、蒲城、荆姚、大荔：尽 tiẽ，七 tʰi。

（4）tʰ → tsʰ，ts → t，t，tsʰ 不变，相当于"tʰ、ts"互换发音方法：澄城

上述第（1）（2）两种以及第（4）种，都说明同一个规律："即 i 前面的舌尖音，不送气的容易读成塞音，送气的容易读成塞擦音。"（《报告》103 页）下文讨论的这几类声母在当代的演变将会反映出，不仅容易读成舌尖塞擦音的是送气塞音，而且最先变成舌面前塞擦音的，也是送气塞音。

二、端精见组齐齿呼字声母在
当代关中方言中的读音类型

本次调查反映，端精见组齐齿呼字声母又有进一步的演变，而且变化比较剧烈。

2.1 当代关中方言端精见组齐齿呼字的分混情况

当代关中方言中，端精见三组声母在齐齿呼韵母前的分混情况更加复杂。本次调查中反映的三组声母在齐齿呼前的分混情况和代表点见表 6-2。

表 6-2　当代关中方言端精见组齐齿呼字读音类型表

编号	A	B	C	D	E	F
类型	端≠精≠见	端≠精≠见 透=清≠溪	端=精≠见	端≠精=见	端≠精=见 透=清=溪	端=精=见
方言点	合阳 (3)	旬邑 (3)	岐山 (15)	西安 (15)①	商州 (3)	渭南 (10)
店端	tiã	tiã	ʨiæ̃	tiæ̃	ʨiã	ʨiã
箭精	tsiã	tsiã	ʨiæ̃	ʨiæ̃	ʨiã	ʨiã
见见	ʨiã	ʨiã	ʨiæ̃	ʨiæ̃	ʨiã	ʨiã
听透	tʰiəŋ	tsʰiŋ	ʨʰiŋ	tʰiŋ	ʨʰiŋ	ʨʰiŋ
清清	tsʰiəŋ	tsʰiŋ	ʨʰiŋ	ʨʰiŋ	ʨʰiəŋ	ʨʰiəŋ
轻溪	ʨʰiəŋ	ʨʰiŋ	ʨʰiŋ	ʨʰiŋ	ʨʰiəŋ	ʨʰiəŋ
线心	siã	siã	sʲiæ̃	ɕiæ̃	ɕiã	ɕiã
献晓	ɕiã	ɕiã	ɕiæ̃	ɕiæ̃	ɕiã	ɕiã

2.2 当代关中方言端精见组齐齿呼字的分混类型

表 6-2 显示，当代关中方言端精见组在齐齿呼韵母前的分混可以分成六

---

① 临潼老派属 C 类，新派属 D 类，故总数为 49 点。

种类型。

类型A：三组仍然完全分立，有合阳、彬县、泾阳等3处①，对应于《报告》的类型甲。如合阳话：底 ˊti ≠ 挤 ˊtsi ≠ 几 ˊtɕi，梯 ˵tʰi ≠ 妻 ˵tsʰi ≠ 欺 ˵tɕʰi，西 ˵si ≠ 稀 ˵ɕi。

类型B：见组独立，读 tɕ、tɕʰ、ɕ，端与精分立，分读 t 和 ts，但透清合流，读 tsʰ，有千阳、旬邑、长武等3点②，此类属《报告》类型甲、类型乙之间的过渡阶段。如旬邑：底 ˊti ≠ 挤 ˊtsi ≠ 几 ˊtɕi，梯＝七 ˵tsʰi ≠ 欺 ˵tɕʰi，西 ˵si ≠ 稀 ˵ɕi。

类型C：端精合流，见组分立。有宝鸡、岐山、凤翔、眉县、麟游、淳化、三原、高陵、富平、华县、蒲城、澄城、白水、大荔、临潼老派等15点，荆姚、故市本次未作调查。该类对应于《报告》的类型乙。其中绝大多数的见组字读舌面前音 tɕ、tɕʰ、ɕ，心（邪）读带腭化色彩的舌尖前擦音 sʲ，端精的音值则分为三派。一派如华县、大荔、眉县、麟游、岐山、凤翔等点，读带塞擦音色彩的舌面前塞音 tᶻ、tᶻʰ（讨论和举例时略去 z），如华县：底＝挤 ˊti ≠ 几 ˊtɕ，梯＝七 ˵tʰi ≠ 欺 ˵tɕʰi，这是 C 类的主流读法；一派如三原，读未腭化的 t、tʰ，如：钉＝精 ˵tiŋ，跌＝节 ˵tie，提＝齐 ˵tʰi，帖＝切 ˵tʰiɛ；第三派如蒲城、白水、富平，根据送气、不送气而有不同，不送气声母精合于端，读 t 母，如蒲城：钉＝精 ˵tiəŋ，跌＝接 ˵tiɛ，送气声母端合于精，读 tsʰ 母，如：铁＝切 ˵tsʰiɛ，提＝齐 ˵tsʰi。

本类中富平的情况比较特殊，心邪母与晓匣母齐齿呼字合流为 ɕ。凤翔话也有这种趋势，部分心邪母字与晓匣母字合流，如：线 siã˞ ≠ 现 ɕiã˞，修＝休 ˵ɕiu。

类型D：精见合流，端组分立，有西安、户县、周至、咸阳、永寿、武功、礼泉、乾县、陇县、潼关、耀县、华阴、韩城、富县、宜川等15点，这是官话方言中不分尖团音的类型，对应于《报告》的类型丙。其中端组字的音值有两派：一派如西安、潼关，没有明显的舌面化，如西安话：底

---

① 泾阳县内部有差异，三组分立在县境内占优势，精清从三母细音字今读 t、tʰ 并与端透定合流的情况在泾阳县北部地区较普遍。邢向东曾经调查过汉中市略阳话，亦属此类。

② 据乔光明、晁保通（2002）记录，彬县话亦属此类，但本次调查的结果是，彬县话端精见三组齐齿呼字仍然保持三分局面。大概是调查的具体地点或发音合作人不同所致。

^{c}ti ≠ 挤 = 几 ^{c}tɕi，梯 $_c$tʰi ≠ 七 = 欺 $_c$tɕʰi，西 = 稀 $_c$ɕi；一派如礼泉、户县、耀县、富县、宜川，不送气音不腭化、擦化，送气音有腭化、擦化现象，实际音值为 [tʰ]，如耀县：跌 $_c$tie，钉 $_c$tieŋ，天 $_c$tʰiã，听 $_c$tʰieŋ。

类型 E：擦音、送气音合流，不送气音有别，即端精有别，精见合流，透清溪合流，心（邪）晓（匣）合流。有铜川（同官）、商州（商县）、美原等点，部分对应于《报告》的类型戊。如商州：梯 = 七 = 欺 $_c$tɕʰi，西 = 溪 $_c$ɕi，但底 ^{c}ti ≠ 挤 = 几 ^{c}tɕi。

类型 F：三组完全合流。有扶风、兴平、蓝田、长安、渭南、临潼_{新派}、洛南、丹凤、黄陵、宜君等点①，分布地域比较零散，大致东部偏南和北部较多一些。如渭南：底 = 挤 = 几 ^{c}tɕi，梯 = 七 = 欺 $_c$tɕʰi，西 = 稀 $_c$ɕi。《报告》中的类型戊与此类基本对应，类型丁蓝田有可能进一步发展为本类。

当代关中方言中端精见三组齐齿呼字的分混类型，可用图 6-3 表示。

图 6-3　端精见组齐齿呼字关系示意图

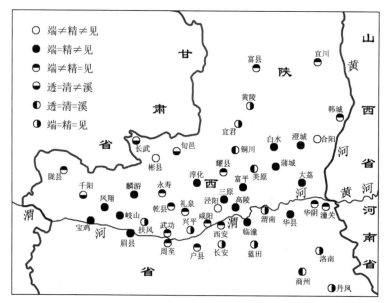

总之，在当代关中方言中，不仅有《报告》中已经存在的端精合流、精

----

① 华县瓜坡镇和延安市洛川亦属此类。

见合流的现象，而且出现了不少端精见合流的方言。三组字的分混类型在地域上的分布，呈现出复杂的局面，没有明显的分布规律。

三、端精见组齐齿呼字合流的路线

3.1　端精见组齐齿呼字合流的路线和时间顺序

从《报告》与本次调查结果的差异，可以推断这三组字在不同地点中合流的路线和时间顺序。

首先，类型 A 的端精见三组分立代表早期的情况。从数量看，《报告》时代有 8 个点属于此类，本次调查中除了义龙未调查外，只剩 3 个点，说明这种类型的分布在急剧缩小。

其次，B、C、D、E 类代表发生演变的不同类型与阶段。其中可以大别为两类，一类（C 类）走端精组合流的路子，这是关中方言的创新路线，在《报告》中最占优势。一类（D 类）走精见组合流的路子，这是大多数北方方言尖团音合流的共同路线。这两条演变规律发生接触，则会向端精见合流的方向演变。B 类是 A、C 之间的过渡类型，C 类进一步发展为 F 类；E 类是 D、F 之间的过渡类型。两个过渡类型 B 和 E 反映，不论是端精合流还是端精见大合流，都是送气音先变，不送气音后变。

3.2　变化的方言和变化的方向

将《报告》和本次调查基本对应的 29 个调查点列成表 6–3，可以看到有多少方言发生了变化，以及变化的方向。

表 6–3　《报告》与当代的类型比较表

当代 《报告》	类型 A	类型 B	类型 C	类型 D	类型 E	类型 F
类型甲	彬县 合阳（2）	①	富平 白水（2）		美原	

---

①　本次调查为类型乙的千阳、旬邑、长武三点中，旬邑、长武与《报告》不对应，故此处空白。

当代　《报告》	类型 A	类型 B	类型 C	类型 D	类型 E	类型 F
类型乙		千阳	华县 宝鸡 凤翔 眉县 蒲城 大荔 高陵 三原 临潼老派（9）			兴平 渭南 临潼新派（3）
类型丙				西安 永寿 耀县 武功 礼泉 乾县 周至 户县 潼关 韩城（10）		
类型丁						蓝田
类型戊						（洛南）

从表 6-3 来看，《报告》的类型甲（端≠精≠见）除了彬县、合阳保持三组分立以外，部分变成了类型 C（千阳变成类型 B，调查地点不对应），美原甚至变成了类型 E，距三组合流只有一步之遥，但没有变为类型 D（精见合流）的。类型乙（端=精≠见）大部分保留原来的状态，少部分变成类型 F，端精见三组齐齿呼字完全合流了①。类型丙（端≠精=见）中，两次调查对应的 10 个方言全部保持原来的状态未变。事实上，另外 8 个不对应的方言点，本次调查的县城方言也保持《报告》的状况未变，可见该类的分混关系非常稳定。类型丁也已发展为 F 类。总之，关中方言中端精见三组齐齿呼字演变的主流是：端≠精≠见→端=精≠见→端=精=见。

综上，我们认为，"A→B→C→F"代表了关中方言这三组齐齿呼字演变的主要方向。理由是，目前端精见合流的 F 类方言，主要来自《报告》的类型乙（端精合流、见组分立），没有一个来自类型丙（精见合流、端组

————

① 千阳《报告》属类型丙，本次调查为类型 B，倒退了。事实上不可能发生逆向演变，当是调查对象不同所致。

分立）。

另一方面，"A［→D］→E→F"也是一条可能的路线。理由是，美原从《报告》的类型甲（对应 A 类）发展到了 E 类，洛南在《报告》中介于 E 类和 F 类之间，现在完全属于 F 类。它们正好把 A、E、F 连接起来。而 E 类的前身必定是 D 类。本次调查中，商州、美原、铜川等均属 E 类，它们从端精分立、透清溪合流，最后变为三组大合流，是完全可能的。只是目前没有发现 D 类直接演变到 E 类的例子，所以用方括号表示。下节还要讨论这个问题。

四、从类型与音值上考察端精见
组字演变的时间顺序

4.1　端精见组字演变的过程

如上所述，从大类来看，近代以来端精见组齐齿呼字在关中方言中的分混类型有六种：A 类，端精见组分立；B 类：端精分立，透清合流；C 类：端精组合流；D 类：精见组合流；E 类：端与精见分立，透清溪合流；F 类：端精见组合流。

从以上六类的情况来看，端精见合流必定经历了端精合流或者精见合流的过程。端精合流和精见合流是两条不同的路线。两种路线在关中方言中都在发挥作用，导致不同的方言处于不同的演化阶段。因为这个演化过程正在进行，所以我们可以通过不同方言之间的错综关系以及各组声母的音值，进行细致的观察。

4.2　端精见组字合流的时间顺序

就关中方言共时平面上的差异，可以推断这三组字在不同地点中合流的时间顺序。

首先，A 类代表早期的状况：端组读舌尖前塞音，精组读舌尖前塞擦音、擦音，见晓组读舌面前塞擦音、擦音。音值上见晓组已经腭化，精组和端组尚未腭化。

B、C、D、E 类代表正在演变的不同阶段。从 A 类的三组分立出发，关中方言这三组字出现了较大的分歧，表现为两种演变路向：一种是 C 类，端透定与精清从在齐齿呼韵母前分别合流为 t、tʰ 或 tsʲ、tsʲʰ 母，心邪母在齐齿呼韵母前保留为 sʲ 母，这种演变在其他官话方言中较少发生；B 类是 A、C 两类之间的过渡类型，送气的透清母字在齐齿呼前合流，不送气的端精母字有别，说明端精组合流是从送气音开始，然后向不送气音扩散。另一种是 D 类，精清从心邪与见溪群晓匣在细音韵母前合流为 tɕ、tɕʰ、ɕ 母，端透定母字分立，读 t、tʰ/ȶ、ȶʰ。E 类是 D 类的进一步发展。这两种演变路线形成了错综复杂的接触关系，最终结果是出现 F 类——端精见三组字的完全合流为 tɕ、tɕʰ、ɕ 母。

那么，在关中方言内部，端精合流与精见合流这两种演变路线之间是什么关系呢？放到北方方言的宏观背景下来观察，端精组在齐齿呼前合流应是关中方言的创新，是该方言独立的演变，反映它的个性；精见组在齐齿呼、撮口呼前合流则是官话方言共同的演变方式在关中地区的反映，体现了关中话与其他官话方言的共性[1]。从地域上看，端精合流在关中方言中的分布比较普遍，既包括西部的宝鸡、岐山、扶风等，又包括中部的三原、富平和东部的蒲城、大荔、商州等。总的态势是，在中心地带分布较少，边缘地带势力较大。而且在中原官话秦陇片甘肃天水地区的部分方言，也存在这类演变[2]。

在白涤洲 1933 所调查的 50 个方言点中，端精见组的分混情况如下(《报告》103 页)：

---

[1] 据钱曾怡等（2002：16）和钱曾怡主编（2001：51、60—61、121）记载，山东诸城方言城关话，店＝贱 ȶiã³¹ ≠见＝战 tʂã³¹，甜＝钱 tʰiã⁵³ ≠钳＝缠 tʂʰã⁵³，星 ɕin²¹⁴ ≠兴 ʃən²¹⁴。端精组在齐齿呼韵母前合流，见晓组与知章组开口三等字合流并读洪音韵母（五莲方言同此）。前者与部分关中方言相同，后者不同。赵元任等《湖北方言调查报告》（1972：1194）记载咸宁方言端精组细音合流："（2）精组今细音：精清从三母读 t、tʻ，跟端组混。如'剪'＝'典' tiɛ̃，'妾'＝'铁' tʻi，'渐'＝'电' tʻiɛ̃，心母读 ɕ 跟晓匣细音混，如'薛'＝'协' ɕie，'癣'＝'险' ɕien；邪母读 tʻ 或 ɕ 不定，如'徐' ɕy，'详' tʻioŋ，'像' tʻioŋ，ɕioŋ。"从声韵调表和同音字表看，端透定和精清从在齐齿呼韵母前合流，与关中话的丙类相同，心邪和晓匣在齐、撮两呼前合流，与今关中话丁、戊、己类相同（同上：1178—1193）。

[2] 与宝鸡等地相连、同属秦陇片的甘肃天水一些方言也发生了同样的演变。据张成材、莫超（2005），这些地区包括：清水、秦安、拓石、漳县、两当、徽县、康县、舟曲等。

（一）ti tsi tɕi 三者保持分别的只有旬邑、彬县、淳化、富平、美原、义龙、白水、合阳八处。（二）端系齐齿独立不混精见齐齿混读的有西安等十六处。（三）见系齐齿独立不混端系齐齿与精系齐齿混的有商县等七处眉县等七处华县等九处，澄城一处共二十四处（但其中有些地方不送气的字不混）。（四）精系齐齿独立不混端系齐齿与见系齐齿混的有蓝田一处。端精见三系齐齿混的有洛南一处（有些不送气的字不混）。

从上述描写可见，在 20 世纪 30 年代，关中方言这三组声母的分混关系中最占优势的，是端精合流，其次是精见合流。

从关中方言的现状来看，见组字应是最早腭化的。见组字腭化以后，端组和精组开始腭化的历程，故而才会有端精合流、与见分别的大范围发生。而且，仅就关中（包括陇东）来说，应是端精合流占据主导地位，时间上可能先于精见合流。远藤光晓（2001：48—49）指出：

　　　　d-t- 声母在西北方言逢 -i- 介音就腭化为 tɕi-、tɕʰi-。……5.d-t-(n-l-)，也就是舌头音与 -i- 介音之间有排斥关系。但这个排斥关系在现代北京话和很多现代汉语方言里没有显现出来（但在上古至中古之间曾经产生过这个定律所引起的变化）。这一方面是因为舌头音与 i 之间的排斥关系比较弱，另一方面是因为很多现代汉语方言的音系里已经有 tɕi-、tɕʰi- 等音，因此抑制 d-t- 等变为 tɕi-、tɕʰi-，以免产生一系列同音字。

除了"介音 -i-"在关中应扩大为"元音 i"以外，用远藤先生的分析来解释关中方言端精合流与精见合流的时间先后，是十分有说服力的。如果关中方言的精见合流先于端精合流的话，一定会像大部分北方方言那样，抑制端精合流的趋向。但是，如果端精合流先于精见合流发生，那情形就不同了，因为精见合流代表一种权威的演变模式，在整个北方方言的宏观格局中，是处于强势的演变路线。所以，即使端精合流已经发生，它也会发生，并且势力也会逐步扩大。后来，这两者在关中不少方言中接触、交汇，导致这些方言齐齿呼韵母前的端精见三组声母完全合流。因此，端精见合流应当是两种演变路线接触、融合的结果。从《报告》所反映的事实看，在 20 世纪 30 年代，三组完全合流的方言只有洛南一地，而到本次调查，已经有渭南、华县、临潼、蓝田、长安、丹凤、洛南、洛川等 10 个点的方言。而且据《汉语方音字汇》(11 页)，西安老派的端精见组齐齿呼字也已完全合流，现在占主流的新派则是端组分立、精见合流，走的是跟普通话相同的路子。

在上述各种类型中，有两个现象值得注意：第一，端精见合流以后一律读舌面前音；第二，C 类的两小类中端精组字都有腭化，D 类的两小类中，端组字腭化的只占少数。这两点使我们可以进一步推断，在两种演变路线融合的过程中，由端精合流（C 类）向三组完全合流（F 类）发展的趋势强，由精见合流（D 类）向三组完全合流（F 类）发展的趋势相对较弱。换句话说，多数的情况可能是：端精合流后进一步融合于见组，一律腭化为舌面音。

4.3 送气与不送气的影响

现在再来看 E 类。该类是一种部分合流的情况，即端与精见分立，但透与清溪合流，如铜川（同官）、商州（商县）、美原，再如商州谢塬、耀县小坵新派（邢向东、黄珊 2007）。这是从精见合流（D）向端精见合流（F）过渡的中间阶段：擦音和送气的透清溪母已经合流，但不送气的端母仍然与精见分立。笔者曾经调查过的耀县小坵镇，老派属于 D 类，新派属于 E 类，新派一般代表语音演变的方向。说明在耀县这一类方言中，精见组首先合流，然后端组逐步与它们进一步合流。这是 C、D 两类接触以后发生的进一步演变，说明这三组声母的最后合流是从送气音向不送气音扩展的，即送气音先变，不送气音后变。如上所述，B 类彬县话也反映了这个规律。尽管合并的音类不同，但都是从送气音开始。请比较：

B：彬县　顶 $tiŋ^{53}$ ≠井 $tsiŋ^{53}$ ≠景 $tɕiŋ^{53}$　　听＝清 $ts^hiŋ^{31}$ ≠轻 $tɕ^hiŋ^{31}$

　　　　姓 $siŋ^{44}$ ≠幸 $ɕiŋ^{44}$

D：耀县<small>小坵老派</small>　顶 $tiŋ^{53}$ ≠井＝景 $tɕiŋ^{53}$　　听 $t^hiŋ^{31}$ ≠清＝轻 $tɕ^hiŋ^{31}$

　　　　姓＝幸 $ɕiŋ^{55}$

E：耀县<small>小坵新派</small>　顶 $tiŋ^{53}$ ≠井＝景 $tɕiŋ^{53}$　　听＝清＝轻 $tɕ^hiŋ^{31}$

　　　　姓＝幸 $ɕiŋ^{55}$

在山西方言中，北区的应县、朔城、平鲁、五台、神池、宁武、山阴等 7 个方言点，端母分立，精见母合流，但送气的透清溪母合流。如平鲁：低

ti²¹³ ≠ 挤＝机 tɕi²¹³，提＝齐＝期 tɕʰi⁴⁴，西＝稀 ɕi²¹³（杨增武 2002：105—135）。具有这个特点的方言还有静乐、楼烦两点（王临惠 2003：33）。这相当于关中的 E 类。汾河片的霍州话白读层，端精见组字在齐齿呼韵母前完全合流，如：低＝鸡 tɕi²¹³，丢＝揪 tɕiəu²¹³，梯＝欺 tɕʰi²¹³，天＝牵 tɕʰiɑŋ²¹³（侯精一、温端政 1993：624、688）。这相当于关中的 F 类。以上事实说明送气音先于不送气音合流是端精见三组合流中的普遍规律。

E 类的存在表明，精见合流也有向端精见合流进一步演变的可能：即 D 类向 E 类过渡，最后到达 F 类，端精见完全合流。这应当是端精合流的路线发挥作用的结果。表明尽管端组分立、精见合流代表权威的演变路线，但就关中方言这个局部来看，三组字在元音 i 前完全腭化为舌面音的趋势还是占了上风。

4.4　端精组齐齿呼字合流后的音值

在端精合流的内部，从音值上看，其中的塞音、塞擦音中，端透定、精清从两组之间存在竞争。如扶风、凤翔及城固等方言点中，精组的塞擦音读法占优势，发音上端组向精组靠拢，音值主要为舌尖前塞擦音［ts tsʰ］，但一般带腭化色彩，应记为［tsʲ tsʲʰ］（王军虎 2004：185）；而富平、蒲城、三原、大荔这一类方言中，端组的塞音读法处于强势，精组向端组靠拢，读为舌面前塞音［ȶ ȶʰ］。笔者调查过大荔段家乡话，端精组齐齿呼字合流后的读音，只有很微弱的擦音音色，单从对立互补的原则出发，把它们和［t tʰ］或［ts tsʰ］合并为一组音位都可以，但从读音相似性出发，则归入［t tʰ］组更为合适。如果为了反映端精组在齐齿呼韵母前的分合关系，也可以把它们另立为［ȶ ȶʰ］一组声母。

须要强调的是，端精两组齐齿呼字合流以后的读音，尽管学者们有人记为舌面前塞音 ȶ、ȶʰ，有人记为舌尖前塞擦音 ts、tsʰ，但仔细听辨起来，是塞音带有擦音成分，或者说塞擦音中塞的成分较重并带腭化色彩，实际上是两者的结合。如张成材先生（1990：11）对商县话的描写："北京［t tʻ］拼［i］的字，商县为［ts tsʻ］拼［i］，声母类似舌面前塞音［ȶ ȶʻ］，本志一律归入［ts tsʻ］。""类似舌面前塞音"就不是纯粹的舌面前塞音，实际上就是带有塞擦音色彩，否则张先生就不会将它们归入 ts、tsʰ 了。在同样发生端精组合流的

陇东方言中，情况也完全相同。郭沈青（2005）记录甘肃秦安音系时，在声母表后有两条说明："[ts]组声母，拼齐齿呼韵母，音值不稳定，为[tɕ tɕ‘]或[ts ts‘]。""端精组开口三四等字读[ts ts‘ s]声母，与见晓组开口三四等字读[tɕ tɕ‘ ɕ]有细微的区别。例如：低＝积 tsi²⁴ ≠ 鸡 tɕi²⁴| 梯＝七 ts‘i²⁴ ≠ 奇 tɕ‘i²⁴| 西 si²⁴ ≠ 吸 ɕi²⁴。"从历时的角度看，同一个方言中的读音也在变化，如白涤洲、喻世长（1954：69）将凤翔话端精组齐齿呼字记为 ȶ、ȶʰ，但王军虎（2004）则记为 ts、tsʰ 带舌叶音色彩。白先生（1954：70）将宝鸡话端精组齐齿呼字记作 ȶ、ȶʰ，笔者 2004 年在宝鸡县虢镇调查时反复听辨，觉得这两个音是以舌尖塞擦音为主，带有腭化色彩，记为 tsʲ、tsʲ‘。以上情况说明，凤翔、宝鸡一带端精组齐齿呼字合流以后，音值发生了变化①。

可见，端精组齐齿呼字合流后，腭化程度都比较高，只是在不同的地方（有些方言还应包括年代），舌尖塞音发生舌面化与擦化的成分哪个重一点而已。关中话的这一组声母，音值上构成了一个连续统，音类上则向舌面前塞擦音的方向演化②，可以表示如下：

$$\text{ti} \rightarrow \text{ȶi} \rightarrow \text{ȶ}^z\text{i} \rightarrow \text{ts}^j\text{i} \rightarrow \text{tsi}$$

$$\qquad\qquad \downarrow \qquad\quad \downarrow \qquad\quad \downarrow$$

$$\qquad\qquad \text{tɕi} \quad\;\; \text{tɕi} \quad\;\; \text{tɕi}$$

4.5　端精见组齐齿呼字合流的两条路线

经过端精合流或精见合流的过程后，三组字最终向见组的舌面前音声母合流，如长安、丹凤、洛南、蓝田、华县瓜坡镇等。在关中地区，凡三组声母合流的都一律读成舌面前塞擦音、擦音。总之，C 类、D 类都有可能进一

----

① 端精组齐齿呼字合流后音值有变化，是郭沈青先生与笔者讨论时提醒的。他讲的一个故事最能说明这一点：他在宝鸡文理学院的一位同事是凤翔人，平时把这组声母发成[tsʲ tsʲ‘]，但在下象棋喊"将"时，则是非常有力、典型的[ȶiaŋ⁴⁴]！无疑，[ȶ ȶ‘]是凤翔很老派的读音。

② 西安话老派精组字在齐齿呼韵与见组字的合流，也曾经过[ȶ ȶ‘ ʃ]或[tsʲ tsʲ‘ sʲ]阶段。高本汉（2003：388—389）说："在陕西的西安我们发见一种例可以证明虽极细微的音质也可以很有关系。一方面舌根音读 tɕ₂、tɕ‘₂、ɕ₂（舌面——前硬腭音），他方面 ts、ts‘、s 变成了 tɕ₁、tɕ‘₁、ɕ₁（舌面——齿龈音），所以在那里 tɕ₂i :tɕ₁i、tɕ‘₂i :tɕ‘₁i、ɕ₂i:ɕ₁i 对立。这种分别自然是太细微了，所以不能保持得好久，甚至于现在所讨论的这个城市有很多的居民已经把它舍弃了。"张维佳（2002：51）认为："高氏的 tɕ₁ tɕ‘₁ ɕ₁ 实际上就是舌面前塞音，白涤洲用 ȶ ȶ‘ 描写。"我们认为，这一组更有可能是[tsʲ tsʲ‘ sʲ]，就像现代合阳等方言表现的那样。毫无疑问，这正是精见组合流或端精见合流的过渡阶段。

步演化为 F 类，说明关中方言中舌面元音 i 不论是单独成韵还是处在介音位置，在音韵结构的变化中都处于强有力的主导地位，对声母起着很大的同化作用，结果是使端精见组齐齿呼字完全腭化、合流为舌面前音。

根据上面的讨论，端精见组齐齿呼字在关中方言中的演变过程和时间顺序可以分为两式，表示如下：

$$
\begin{array}{ccccc}
& 端\ t\ t^h & \rightarrow & 端\ t\ t^h/ts^j\ ts^{jh} & \rightarrow & 端\ t\varphi\ t\varphi^h \\
\text{Ⅰ 甲} & 精\ ts\ ts^h\ s \rightarrow \text{乙} & 精\ ts\ ts^h\ s \rightarrow \text{丙} & 精\ t\ t^h\ s^j/ts^j\ ts^{jh}\ s^j \rightarrow \text{己} & 精\ t\varphi\ t\varphi^h\ \varphi \\
& 见\ t\varphi\ t\varphi^h\ \varphi \rightarrow & 见\ t\varphi\ t\varphi^h\ \varphi & 见\ t\varphi\ t\varphi^h\ \varphi & \rightarrow & 见\ t\varphi\ t\varphi^h\ \varphi
\end{array}
$$

$$
\begin{array}{ccccc}
& 端\ t\ t^h & \rightarrow & 端\ t\ t^h & \rightarrow & 端\ t\ t\varphi^h & \rightarrow & 端\ t\varphi\ t\varphi^h \\
\text{Ⅱ 甲} & 精\ ts\ ts^h\ s \rightarrow \text{丁} & 精\ t\varphi\ t\varphi^h\ \varphi \rightarrow \text{戊} & 精\ t\varphi\ t\varphi^h\ \varphi \rightarrow \text{己} & 精\ t\varphi\ t\varphi^h\ \varphi \\
& 见\ t\varphi\ t\varphi^h\ \varphi \rightarrow & 见\ t\varphi\ t\varphi^h\ \varphi & \rightarrow & 见\ t\varphi\ t\varphi^h\ \varphi \rightarrow & 见\ t\varphi\ t\varphi^h\ \varphi
\end{array}
$$

五、境外关中回民方言的平行演变

5.1　新疆回民汉语及中亚东干语中端精见组的合流

一个值得注意的现象是，陕西境外来源于关中回民方言的汉语方言，均已实现端精见组齐齿呼字的合流。

刘俐李（1989）是描写乌鲁木齐回民话的专著。该书指出，"而现在通行于乌鲁木齐的回民汉语，是清朝末因陕甘等地大批回族居民不断西迁所形成的。……这些西迁回民以陕西人居多。在这些西迁回民的陕西话的基础上……形成了今天乌鲁木齐回民使用的语言"（刘俐李 1989：4）；乌鲁木齐汉民汉语的［ti-］［tʰi-］音节，回民汉语读［tɕi-］［tɕʰi-］，如：弟［ti³¹² | tɕi⁴⁴］，梯［tʰi⁴⁴ | tɕʰi²⁴］，店［tian³¹² | tɕiæ̃⁴⁴］，跳［tʰiau³¹² | tɕʰiɔ⁴⁴］等（同上：70）。在该书的同音字汇中，端精见组齐齿呼字毫无例外地记为 tɕi-、tɕʰi-（同上：43—67）。刘俐李（1993）描写的是新疆南部焉耆汉语方言。焉耆的汉民汉语和回民汉语有差别，而此地的回族也主要来自陕西关中，"1877 年，清军于焉耆、库车击溃白彦虎部，将其所掳回族民众就地安置。被安置在焉耆的数千陕西回民成为焉耆当时最大的说汉语的社团并延续至今。……因此，

可以说，陕西回族话是今天焉耆土著汉语方言的直接源头。直至今天，人们还把焉耆话称作回回话，尽管使用者以汉人居多"（刘俐李 1993：6）；"鉴于以上史实，我们可以说，焉耆土著汉语方言起源于陕西关中话"（同上：7）。该书记载，"'第、地'等字焉耆回族读为 tɕiʔ，'铁、天'的声母焉耆回族为 tɕʻ。焉耆汉族偶尔也这样读"（同上：21），而来自青海西宁的焉耆永宁回族话就不具有这个特点（同上：12—14、52—53）。这里反映的同样是来自陕西关中的回族话端精见组齐齿呼字合流。

远在中亚的东干语中的陕西话，端精见组齐齿呼字也已合流。如林涛（2003：36）记载，"汉语中古端组字今逢齐齿呼韵母时，东干语甘肃话口音读［t tʻ］声母，陕西话口音读［tɕ tɕʻ］声母，这种读音上的差异，加重了东干文中字音的异读现象"。海峰（2003：164）也记载，东干语方言中，"甘肃话 i 韵及齐齿呼韵前的 t tʻ，在陕西话中常发作 tɕ tɕʻ，但有时也发作 t tʻ，并不十分严格，这主要是来自甘肃方言或者说标准音影响的结果"。上述两部著作记录的东干语，均以甘肃话为主，作者此处专门指出了来自陕西的东干人的语音特点。林涛（2008：18）进一步明确指出："汉语中古端组字逢齐齿呼韵母时，中亚回族陕西话读［tɕ、tɕʻ］声母。"该书同音字汇记录，端组齐齿呼字只有来自效摄的 iɔ 韵字有 tiɔ、tʰiɔ/tɕiɔ、tɕʰiɔ 的又读，其余端精见组齐齿呼字均合流为 tɕi-、tɕʰi-（同上：55—69）。

根据王国杰（1997）和上述著作的记载，迁徙到陕西境外的关中回民主要来自东府地区，如渭南、华县、长安等，与今天发生端精见组齐齿呼字合流的方言分布地区基本吻合。

5.2 西安老派话曾经的端精见组大合流

此外，西安话老派也曾有过端精见齐齿呼字大合流的现象。如《汉语方音字汇》（2003：11）的《西安话声韵调》说明⑦记载："西安话市区口音因年龄不同而有差异：t tʻ 声母齐齿韵字如'叠惕'，老年人读为 tɕ、tɕʻ 声母……"说明⑧记载："西安市郊区北部口音与市区同，南郊古端组字声母在齐齿韵前腭化为 tɕ、tɕʻ，如'叠惕'，与市区老年人口音同。"此次调查也显示了同样的状况，西安市北郊的发音同市区相同，而南郊直到长安区，占优势的发音也是将端组齐齿呼字读成 tɕ、tɕʰ，也就是和蓝田等地相同。上面的事实说明，老派西安话同渭南等地的其他方言一样，也已实现端精见组齐齿呼字的合流。只是当代西安方言在共同语的强烈影响下，没有继承老派的这一语音特点，变成了与北京话相同的不分尖团音的类型。张崇先生曾调查过西安回民话，蒙张先生告知，目前的西安回民话和汉族一样，端组齐齿呼字与精见组分立。

5.3　境内外关中方言的平行演变

根据以上事实可以推断，陕西境外来自关中的回民话端精见组齐齿呼字合流的时间，应与境内关中话同步，境内外关中方言发生了平行的演变。这就是说，端精见合流是关中话中一股巨大的演变力量，即使来自关中的回民方言已经离开母体多年，这种力量仍然在发挥作用。

六、余论

在关中方言中，齐齿呼韵母前辅音声母的腭化是一股强大的音变力量，先后影响了见晓组、端组、精组字。在这个大趋势中，端精合流、精见合流是腭化的两种主要的表现方式和路线，两种方式如果发生接触，则端精见进一步合流。此外，还有端见合流，然后再将精组纳入的特殊路线①。

可以预测，如果没有外部力量的强大影响，关中方言端精见组字在齐齿呼韵母前的演变趋势是完全合流②。但是，现在来讨论这个问题，就必须充

---

①　据马毛朋《渭南方言志》（2006：206）报道："北部渭河以北地区如交斜、官道、故市、南七、下吉、辛市等乡镇语音中，城关镇话读 tɕ tɕʰ 声母的个别字在这些乡镇读 t tʰ 声母，例如进 tɕin⁴⁴（渭南）读作 tin⁴⁴（渭河以北地区），教、交 tɕiau²¹（渭南）读作 tiau²¹（渭河以北地区）等。"也就是说，在渭南的一些地方，还存在见组字读 t 组声母的情况。《山西方言调查研究报告》（侯精一、温端政 1993：625）反映，山西南片（中原官话汾河片）临汾、浮山、洪洞、古县，白读见组齐齿呼字也读 t、tʰ 母。如临汾：家 ₌tia，碱 ˊtian，敲 ₌tʰiau，轿 tʰiau²。这是一种与端组齐齿呼字合流于见组的舌面音 tɕ、tɕʻ 相反的演变。在关中方言中独树一帜，值得做进一步调查。

②　如本次临潼调查人史艳锋的音系说明：临潼音系新老派差别较大。几位发音合作人中，朱战力（42 岁）、李小斌（42 岁）不分尖团，朱小舟（46 岁）分尖团。分尖团的具体情况是，精清从同端透定在齐齿呼韵母前合流，读作 ｔ、ｔʰ；见溪群在齐齿呼韵母前读 tɕ、tɕʰ；心邪母与齐齿呼韵母相拼读作 sʲ，晓匣母与齐齿呼韵母相拼时读 ç。但部分心邪母与晓匣母字已经合流为 ç，如：修＝休 çivu³¹。邢向东、黄珊 2007 年调查临潼话时，一位发音人说，临潼受教育较少的人把端组读成 tɕ、tɕʰ，而受教育较多的人会把部分端读成 ｔ、ｔʰ，向西安话靠近。这应当是西安周边县城方言中普遍存在的现象。

分考虑到强势的西安方言和更强势的普通话的影响。西安话无疑是关中的权威方言，在人员流动日益频繁的情况下，它对其他方言的辐射力越来越强。同时，西安话端精见组的关系与普通话相一致。普通话日渐普及，客观上给西安话以强有力的支持，对端精见合流的趋势形成一种抵制力量（西安话老派、新派读音的替换就是证明）。因此，西安、户县这种精见合流、端组独立的现状，可能一直保留下去，而不会朝渭南、长安、临潼新派方言的方向发展，甚至可能会反过来影响周边方言向自己靠近。而离权威方言较远的地方则有可能按照该地区方言发展的自然趋势，继续受到腭化的影响，使端精见组最终合流。洛南、丹凤、黄陵、宜君乃至本次没有调查的延安洛川方言等，都是这一趋势的反映①。

为什么关中方言端、精两组声母的齐齿呼字能够合流，并形成一股强大的音变力量，在与精见组齐齿呼字合流的规律接触后，造成端精见三组齐齿呼字的大合流？这是该地区方言中声母和元音 i 之间相互作用的结果。其中，元音 i 对舌尖音声母 t、tʰ 和 ts、tsʰ 的腭化作用是首要条件（远藤光晓 2001）。但元音 i 和舌尖塞音声母的共存是汉语方言中的普遍现象，何以唯独在关中及周边方言中（还有一些方言）发挥如此强大的腭化作用？我们认为，其中最根本的原因还是要到这一带方言辅音声母的发音特点中去探求。

关中方言辅音声母发音时，成阻有力，持阻较紧，除阻后气流较强，尤其是送气声母，除阻后有较长且强烈的气流呼出，在舌根或舌面部位形成强烈的摩擦。高本汉在《中国音韵学研究》（2003：173）中将西北方言中的送气塞音、塞擦音中的送气成分直接记为舌根清擦音 χ。如果声母发音时接触部位的阻塞较紧，那么发塞音 t、tʰ 时舌体与齿龈的接触面就会增大，从而导致声母与韵母及介音 i 拼合时发生腭化，而气流较强，又容易使其发生擦化。发塞擦音 ts、tsʰ 时，如果用力较大，舌尖与上腭阻塞较紧，除阻时气流较强，同样容易导致舌体与上齿龈的接触面加大，舌尖进一步下移，从而发出舌面前塞音 ȶ、ȶʰ，或腭化为舌面音 tɕ、tɕʰ。因此，不论是 t、tʰ → tsʲ、tsʲʰ，还是 ts、tsʰ → tsʲ、tsʲʰ → ȶ、ȶʰ（→ t、tʰ），乃至最后向 tɕ、tɕʰ 演变，都

① 属于晋语五台片的延安市子长话，透（定）、清（从）母齐齿呼字一律同溪母字合流为 tɕʰi-，可见这股力量有多么强大。

是辅音声母的发音特点及其与韵母的相互作用所导致的结果。关中方言不论端精合流还是端精见合流，都以送气音声母最先开始，正说明除阻时气流较强是形成这一演变的主要因素。

　　端精组齐齿呼字声母的合流，与知系字 /*tʂ *tʂʰ/ 在开口呼韵母前的变体 [t tʰ]，在合口呼韵母前发成 tʃ、tʃʰ/pf、pfʰ，看起来互不相干，但隐藏在不同表象背后的终极原因却是相同的，它们体现了关中方言辅音声母发音上阻碍较紧、气流较强的特点及其对语音演变的强烈影响。再把视野放开，从关中往西北看，甘肃、宁夏、青海、新疆的汉语方言，无不具有上述特点。西北话听起来"咬牙切齿"，都反映了声母的共同点，概括起来就是：阻碍较紧，气流较强，在音节中与高元音及介音的互动关系非常活跃。而这一特点，又是形成西北方言语音演变中诸多共同特点的根本原因。

第七章

关中方言古山臻摄合口一等
精组字的介音 y 化与声母腭化

——兼及合口一等来母字和合口三等精组字的演变

在《关中方音调查报告》中，报道了关中东府方言存在精组合口一等字声母腭化、介音 y 化的现象。同时，关中方言还存在古来母字（在 n、l 合流的方言中，还包括泥母字，下同）介音 y 化的现象。

一、《报告》时代精组合口一等字
声母腭化、介音 y 化现象

1.1 《报告》中精组合口一等字声母的腭化

在《报告》中，关中 21 个点有精组声母腭化、介音由 u 变 y 的现象，都集中在东府地区。《报告》（106 页）说：

> 在耀县、富平、铁炉、商县一线以东除去潼关以外的二十一个地方，舌尖塞擦音 ts ts' 和摩擦音 s 在 uã uẽ 两种韵母前变读为 tɕ tɕ' ɕ，同时介音 u 变为介音 y。换句话说，"钻窜酸尊村孙" 六个音缀的声母都由舌尖音变为腭音，介音由 u 变为 y。像 "钻" 二十一处都是 tɕyã，"孙" 都是 ɕyẽ。

在《报告》报道的 21 个方言点中，临潼铁炉镇、澄城王庄山摄的"钻窜酸"有两读，如铁炉：钻 tɕyã/tsɿ̧ã，窜 tɕʰyã/tsʰɿ̧ã，酸 ɕyã/sɿ̧ã，臻摄字"尊村孙"只有腭化音一读。

富平、蒲城荆姚"钻窜酸"声母腭化，"尊村孙"未腭化。如富平：钻 tɕyã，窜 tɕʰyã，酸 ɕyã，但：尊 tsuẽ，村 tsʰuẽ，孙 suẽ。

在东部地区，只有临潼、潼关"钻窜酸"没有发生声母腭化、介音 y 化现象。

《报告》中精组合口一等字声母腭化的地理分布，见图 7-1。

图 7-1　《报告》精组合口一等字声母腭化类型图

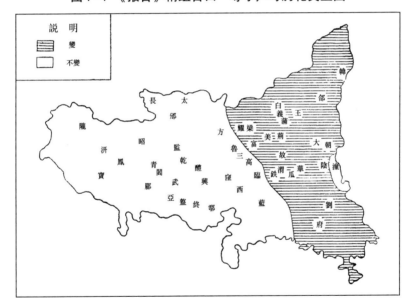

1.2　精组合口一等字声母腭化、介音 y 化的类型

关中方言中精组合口一等字的演变，主要表现为介音的 y 化和精组声母的舌面化。可以分为三个小类，具体情况如下。

类型一：山臻摄韵母的介音发生了不同程度的 y 化，并且使精组声母舌面化，因此与精组合口三等字、见组合口三四等字同音，如大荔话：钻＝捐，氽＝圈，酸＝宣，尊＝军，存＝裙，孙＝熏。这些方言大都属东部的渭南、铜川、商洛地区（张维佳 2002：71—72）。见表 7-1。各地声调相同，略去不标，下同。

表 7-1

例字	山 摄			臻 摄		
	钻进去	窜	蒜	尊	村	孙
铁炉	tsʐʮã	tsʰʐʮã tɕʰyã	sʐʮã ɕyã	tɕyẽ	tɕʰyẽ	ɕyẽ
富平	tɕyã	tɕʰyã	ɕyã	tɕyẽ	tɕʰyẽ	suẽ
铜川	tɕyã	tɕʰyã	ɕyã	tɕyei	tɕʰyei	ɕyei
渭南	tɕyã	tɕʰyã	ɕyã	tɕyẽ	tɕʰyẽ	ɕyẽ
商县	tɕyã	tɕʰyã	ɕyã	tɕyẽ	tɕʰyẽ	ɕyẽ
蒲城	tɕyã	tɕʰyã	ɕyã	tɕyẽ	tɕʰyẽ	ɕyẽ
大荔	tɕyæ	tɕʰyæ	ɕyæ	tɕyẽ	tɕʰyẽ	ɕyẽ

类型二：山臻摄以外，果通摄合口字精组字声母几乎全部腭化，蟹止摄韵母介音已经 y 化，但声母尚未腭化，达到了这种演变的极致。有合阳一点，见表 7-2。

表 7-2

音类	山 摄			臻 摄			通 摄		
例字	钻	窜	蒜	尊	村	孙	总	从	送
读音	tɕyã	tɕʰyã	ɕyã	tɕyẽ	tɕʰyẽ	ɕyẽ	tɕyuŋ	tɕʰyuŋ	ɕyuŋ

音类	果 摄			蟹 止 摄		
例字	坐	搓	蓑	醉/最	翠/脆	遂/岁
读音	tɕyə	tɕʰyə	ɕyə	tsyei	tsʰyei	sei

类型三：合口一等字介音未 y 化，读 u。分布在关中的中心地带以西，如西安、高陵、三原、咸阳、泾阳、户县、礼泉、永寿、凤翔、眉县等，《报告》中共 29 点。不举例。

以上类型，可用图 7-2 模拟如下。

图 7-2 《报告》精组合口一等字腭化类型模拟图

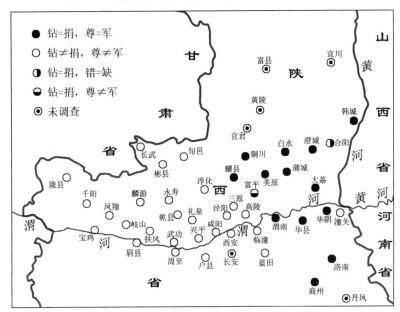

1.3 精组合口一等字在关中地区的不同演化

以上三种演变类型，反映出中古精组合口一等字在关中地区的不同演化及其程度，也反映了 u 介音 y 化及其对声母影响力量的强弱。

首先，从地理分布看，u 介音 y 化及其对声母的影响，在不同的方言小片中有着不同的情况。u 介音的 y 化在东府片呈强势，其中处在黄河岸边的合阳话表现最为彻底，在所有韵摄中都发生了 y 化，并使声母舌面化（蟹止摄精组字除外，介音 y 化，声母未腭化）。在东府与西府的交接地带和东府的个别方言，u 介音 y 化的力量较弱，对声母的影响力也减小，如临潼、潼关未发生精组声母腭化、u 介音 y 化、富平、荆姚山摄精组声母腭化，臻摄精组声母未腭化，而铁炉、王庄臻摄精组字完全腭化，山摄字存在两读。在西府片，不但精组一等字 u 介音没有 y 化的迹象，反倒是精组合口三等字的声母 tsʰ、s 对介音发生影响，使之变为 u/ʮ（详见下文）。处于中心地带的西安等方言没有发生这类变化。

其次，在不同韵母类型中，u 介音 y 化的趋势及其对声母的影响也有强弱之分。其中最强的是山臻两摄（从表 7-1 富平、荆姚的情况判断，又以山摄合口韵最先 y 化并使声母舌面化），其次是果通摄韵母，最后发生 y 化的是蟹止摄精组字的韵母。

在同一类韵母的 u 介音发生 y 化时，声母的特点也对该变化产生影响。根据张维佳考察，在 ts 组声母中，应是擦音最先变，其次是不送气塞擦音，最后是送气塞擦音（也许跟"窜篡佘"不常用有关，见张维佳 2002：84）。

二、本次调查及近年来其他调查反映的微观演变

本次调查结果与《报告》相比，精组合口一等字介音 y 化、声母腭化的情况有所变化。

变化一:《报告》富平话山摄精组字腭化，臻摄未腭化。此次调查山摄、臻摄精组合口一等字均已腭化。

变化二:《报告》中潼关话山臻摄精组合口一等字完全没有腭化，介音也没有前化为 y，此次调查的结果是，潼关话山臻摄精组字已完全腭化。

变化三:《报告》中合阳话蟹止摄合口一等字介音前化为 y，声母还是 ts、tsʰ、s，此次调查，合阳话精组一等字声母全部腭化，没有残留现象（邢向东、蔡文婷 2010）。

除了以上变化外，《报告》未调查而此次设点调查的方言中，澄城（县城）、铜川（同官，县城）、商州（县城）、洛南（县城）、丹凤、黄陵、宜君山臻摄合口一等精组字介音 y 化、声母腭化都已完成。不过，洛南、黄陵、宜君等其他字都腭化，"佘窜"没有腭化，而读同韵的精组合口字（洛南、黄陵）或知系合口字（宜君）。如宜君：钻 ₌tɕyæ，酸 ₌ɕyæ，尊 ₌tɕyɛ̃，村 ₌tɕʰyɛ，孙 ₌ɕyɛ̃；窜 tʃʰuæ̃ˀ，佘 ₌tʃʰuæ̃。

富县话不仅"窜佘"两字未腭化，而且部分臻摄字存在文白异读，白读腭化，文读同精组合口字，如：钻 ₌tɕyã，尊 ₌tɕyəŋ，损 ʿɕyəŋ；但：村 ₌tɕʰyəŋ/₌tsʰuəŋ，寸 tɕʰyəŋˀ/tsʰuəŋˀ，孙 ₌ɕyəŋ/₌suəŋ；佘 ₌tsʰuã，窜 tsʰuãˀ。

以上类型可用图 7-3 示意如下。

图 7-3　精组合口一等字腭化分布图

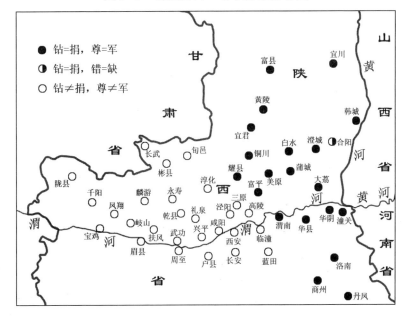

总体上，《报告》中所反映的介音 y 化的音值类型和地理分布，与今天调查的结果基本一致。可以说，在近八十年的时间里，精组合口一等字 u 介音 y 化、声母腭化保持了原来的态势和分布状况，只在局部有所扩展。

三、从介音来考察精组合口一等字声母腭化与其他音变的时间顺序

在关中不少方言中，存在韵摄合流和声母合流的现象。我们可以通过介音的不同观察山臻摄合口一等精组字声母腭化与这些合流现象的先后次序。

3.1　臻摄字声母腭化与臻摄、蟹止摄韵母合流的时间先后

《报告》报道同官梁家原臻摄与蟹止摄韵母在端组、来母字后面合流，如：敦＝堆 tuei，轮＝雷 luei，可是在精组声母后，臻摄韵母并未与端系字合流：尊 tɕyɛ̃、村 tɕʰyɛ̃、孙 ɕyɛ̃。此次调查发现，铜川话臻摄合口一等字主要元音和韵尾已同蟹止摄合流，介音仍然不同，如：寸 tɕʰyeiʔ ≠ 脆 tsʰʰyeiʔ，

孙 ₂ɕyei ≠ 虽 ₂ʂyei，也就是说，臻摄与蟹止摄韵母的合流进一步加深，但臻摄字的声母此前已经腭化，因此没有被合流运动所波及，仍然读 y 介音。再如洛南，本次调查发现，其臻摄合口韵与蟹止摄合口韵已经合流，但在精组声母后主要元音和韵尾合流，介音与声母则分得非常清楚，如：墩 ＝ 堆 tuei，雷 ＝ 论 luei（不计声调，下同）①，最 tʃuei ≠ 尊 tɕyei，催 tʃʰuei ≠ 村 tɕʰyei，碎 ʃuei ≠ 孙 ɕyei。这一现象反映出臻摄字声母腭化的时间要早于臻摄与蟹止摄韵母合流的时间。否则，臻摄合口介音就会与蟹止摄同步演变，读成 tʃuei、tʃʰuei、ʃuei。在这一方面，耀县话可以提供一个正在变化的例子。《报告》中，耀县话的臻摄合口一等字韵母同蟹止摄分得很清楚，同时臻摄合口一等精组字介音 y 化、声母腭化。据本次调查，耀县话两类韵母还是存在细微差别的，但深臻摄韵母 ẽi、iẽi、uẽi、yẽi 鼻化程度弱，很容易被忽略，大致上阳平字鼻化程度稍强一些。很多时候当地人已经不能区分 ẽi 与 ei、uẽi 与 uei，但调查人史艳锋通过语音分析软件对录音材料进行对比，发现其间存在细微差别的。同时，它的臻摄合口一等精组字则读鼻化韵，如：尊 ₂tɕyẽi，村 ₂tɕʰyẽi，孙 ₂ɕyẽi。可见，臻摄韵母与蟹止摄的合流，晚于臻摄合口一等精组字声母的腭化。

3.2 山臻摄字声母腭化与知精合口字合流的时间先后

在大多数渭南、商洛方言中，知庄章组声母在合口呼韵母前与精组合口字合流，合流后的读音，《报告》记为舌尖前音 ts、tsʰ、s，如商州府君庙：坐 ＝ 桌 tsɤo，翠 ＝ 吹 tsʰɤei，纵 ＝ 充 tsʰɤəŋ，但是在山臻摄字中，精组合口字的介音 y 化、声母腭化，与知庄章组声母的读音不同，钻 tɕyã ≠ 专 tsɤã，村 tɕʰyẽ ≠ 春 tsʰɤẽ。表明介音 y 化、声母腭化要早于知庄章组声母与精组声母的合流，否则山臻摄的知庄章组字声母就会与精组字一同腭化为 tɕ、tɕʰ、ɕ。其他精组与知庄章组声母合流的方言，如华县、蒲城、渭南等，均可作如是观。

此处，值得一提的是澄城方言。在澄城方言中，心母山臻摄合口字的介音已前化为 y，声母变为舌面前音，但是其他韵摄的心母合口字则和开口字

---

① "论"旧读 lyẽ，"仑"旧读 ₂lyẽ，今读 ₂luei。

一道，读成舌尖前塞音 t，因此：三＝丹 ˬtã，锁＝朵 ˬtuo，松＝冬 ˬtuəŋ，碎＝队 tueiˀ（孙立新 2004：104）。这一事实说明，澄城话 s→t 的变化是一种后起的演变，发生在山臻摄合口一等字介音 y 化、声母腭化以后，否则，山臻摄合口字也会跟其他韵摄以及开口字的 s 一样，变读为 t 母①。

3.3　声母的发音方法对介音 y 化与声母腭化的影响

声母对介音的 y 化也有反作用，即声母的发音方法不同可能影响到介音的 y 化与声母的腭化。在山臻摄合口一等精组字内部，塞擦音与擦音，塞擦音送气不送气也影响到 u 介音的 y 化。这方面，不同调查人在不同时期调查结果的差异可以提供很好的例子。如潼关话，据李斐报道，在他调查时，潼关话精组臻摄一等字中，读送气塞擦音的"村存忖寸"介音尚未 y 化，不送气的"尊"（包括三等字"遵"，在这一带方言中，"尊遵"同步演变）文读介音未 y 化，白读 y 化、声母腭化，擦音字"孙损"完全腭化，没有文白读。在山摄韵母中，擦音字"酸算蒜"声母腭化、介音 y 化，塞擦音字"钻阴平钻去声窜纂"介音均未 y 化，如：钻 ˬtsuã，窜 ˬtsʻuã，蒜 ɕyã̃，尊 ˬtɕyn，村 ˬtsʻuen，孙 ˬɕyn（李斐 2006：138—145）。这说明：擦音后的 u 介音应当最先前化为 y，同时导致声母腭化为舌面前音。在洛南、黄陵、宜君、铜川方言中，"钻酸算"等的介音读 y，但在送气的塞擦音"窜氽"后则读 ʮ，这又说明送气塞擦音后的介音可能是最后变为 y 的（也许是由于"窜氽"不常用，或此前已经混入知系合口字）。由此可以推断：发音方法对介音的 y 化有一定的制约作用，制约力量的大小，由弱到强依次是：擦音＜不送气塞擦音＜送气塞擦音。

四、来母合口一等字介音的 y 化

讨论完精组合口一等字声母、介音的演变以后，我们再来看一下与之相关的另一项介音的变化：来母合口一等字介音的 y 化。

---

① 澄城方言材料蒙渭南学院卜晓梅老师提供、核实。特此致谢。

4.1 《报告》中来母合口一等字介音 y 化的类型

《报告》报道，关中方言中存在来母合口一等字介音 y 化的现象，其分布地区与精组合口一等字声母腭化有所不同（《报告》106 页）：

> 另外"暖乱嫩论"四个字也有介音 u 变 y 的现象，但是出现的地区和上述六个字音出现的地区不很一致，例如洛南、华阴"暖乱"同读 lyã，"嫩论"同读 lyẽ，和"钻尊"等的变化是一致的；但是旬邑、彬县、长武"暖乱"读 lyã，"嫩论"读 lyẽ，可是"钻"读 tsuã，"尊"读 tsuẽ，前者变而后者不变；华县、瓜坡、渭南、故市、铁炉"暖乱"读 luã，"嫩论"读 luẽ，可是"钻"读 tɕyã，"孙"读 ɕyẽ，又是后者变而前者不变了。

具体地说，在《报告》中，来母合口一等字发生介音 u 前化为 y 的方言共有 20 点，根据声母是否保留分为两小类。列举如下：

类型一：读 lyã、lyẽ，共 15 点：

白水、蒲城、义龙、美原、洛南、华阴（东部）

兴平、永寿、旬邑、彬县、长武（中部偏西）

哑柏（"暖嫩"不 y 化，"乱论" y 化）（中部）

眉县、岐山（"乱嫩论"都 y 化，"暖"不 y 化）、麟游（西部）

类型二：l 母脱落，读 yã、yẽ。共 5 点，集中在东府的渭南地区，地域相连：

澄城王庄、朝邑、大荔、合阳、韩城[①]

从地理上看，来母合口一等字介音 y 化发生的地区，东、西府都有，其中东府的渭南市最多，如渭南地区除了华县、瓜坡、渭南、故市、铁炉、临潼等距西安较近的方言外，大多数山臻摄合口一等来母字韵母介音发生了

---

① 张光宇（2006：356）解释"吕"字的音变时指出："'吕'在汉语方言有两种语音理据明确的变化：ly → y，ly → lui → luei。这两种变化都和气流机制有关。边音是气流从舌头两边外出，撮口时气流应循舌央凹槽外出，其结果只有两种可能：声母丢失（ly → y），口呼变换（ly → lui）。"这段话可以解释为什么 l 母字变为撮口呼时声母容易脱落的现象，但这并不是说 l 母字转为撮口呼之后一定会脱落声母，如西府话 l 母字就读撮口呼。

y 化。

4.2　近八十年来的变化

此次调查发现，来母字介音 y 化的分布范围略有缩小，主要表现在东府方言中，如白水、华阴、洛南来母字没有 y 化。但咸阳有 y 化现象①。麟游臻摄有 y 化，山摄只剩个别字，如：暖 ⸢luã，弯 ₍lyã，卵 ⸢luã，乱 luã˴，嫩 lyŋ˴，仑 ₍lyŋ，论 lyŋ˴。本次增加的调查点中，黄陵、宜君、富县来母字介音 y 化。

以上分布见图 7–4。

图 7–4　山臻摄来母合口一等字介音 y 化分布图

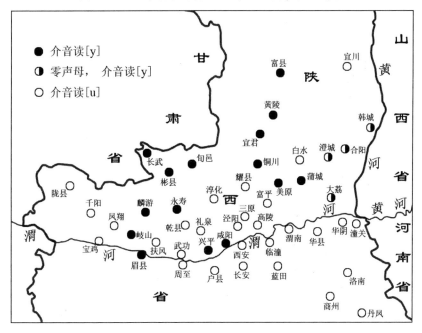

图 7–4 反映，来母字介音 y 化的范围主要集中在关中北部，在渭河以南地区只有眉县一点。

精组合口一等字和来母字介音 y 化的地理分布见图 7–5。

---

①　洛南、华阴调查点不对应。另据孙立新（1995）报道，咸阳、武功来母字山臻摄合口一等字介音也有 y 化。

图 7-5 山臻摄合口一等精组、来母字介音 y 化地理分布图

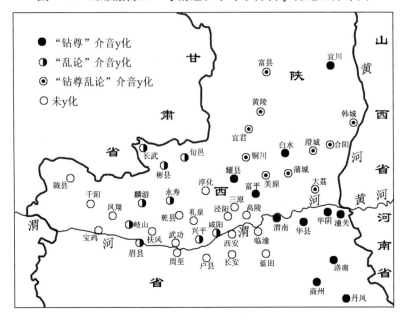

从图 7-5 看，此次调查的 48 个方言点中，只有 17 个点未受 y 化音变的波及。其余 31 个点中，两者重合的 10 个点，全部分布在东部偏北一带。

总之，山臻摄合口一等字介音的 y 化，不论其声母为何，当是同一性质的音变。而来母字介音 y 化与精组字介音 y 化，在关中地理上既有重合，更有差异，又表明它们不会是同步发生的音变。换句话说，在关中方言中，曾经大面积地发生过山臻摄合口一等字韵母介音的 y 化，这种音变首先涉及来（泥）母字，后来又影响了精组字，后者的地域比前者窄得多。

五、关中西部方言中与精组合口一等字相反的一种演变

在东部方言发生精组一等合口字介音 y 化、声母腭化的同时，在另一些方言中，则存在着另一种方向相反的声母、介音的演变。这种演变发生在西部的岐山、彬县一带：山臻摄三等从心邪母合口舒声字白读为 tsʰ、s 声母、合口呼韵母。如岐山：全泉 ₌tsʰuæ̃，酸=宣 ₌suæ̃，旋 ₌suæ̃，选 ˋsuæ̃，算蒜=旋~吃~做 suæ̃ˀ，俊=纵 tsuŋˀ，逊=送 suŋˀ（吴媛 2006）。再如彬县：全泉痊

诠 ₌tsʰuã，旋 ₌suã，选宣绚 ˤsuã，俊峻骏竣浚 tsuẽˀ，逊＝孙 ₌suẽ，旬荀循巡殉 ₌suẽ（乔光明、晁保通 2002）。

这种音变主要分布在西府片。从本次调查的结果看，岐山、凤翔、麟游、千阳、陇县、淳化、旬邑、彬县 8 点，山臻摄合口三等从心邪母字绝大多数读 tsʰ、s 母，u 介音。宝鸡、扶风、眉县 3 点只有部分字这样读，如眉县：全 ₌tsʰuæ̃，旋 ₌ɕyæ̃/₌suæ̃，旋 suæ̃ˀ，俊 tsuŋˀ。据孙立新（2004：115）和本次调查，户县、高陵亦属此类①。以上类型和分布，可用图 7-6 示意如下。

图 7-6 精组合口三等字读音类型分布图

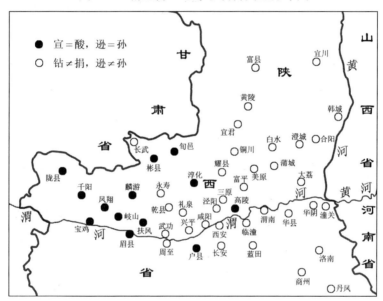

其他关中方言中也残存着同类变化的遗迹。如西安话：泉 ₌tsʰuæ̃，全 ₌tsʰuæ̃，旋 ₌ɕyæ̃/suæ̃ˀ（北大中文系 2003：273—274）。周至话：全 ₌tsʰuæ̃/₌tɕʰyæ̃，旋 ~吃~做 suæ̃ˀ。

这些方言残存的字音透露出两个重要的信息：第一，这种音变发生的时间比较早，应当在东府话山臻摄合口一等精组字声母腭化之前。因此不少方言只剩一部分字仍然读舌尖音声母、洪音韵母（下文将会论及，官话中多

---

① 据孙立新（2004：114），此次未调查的陕南山阳、洋县、城固也是如此。

有这种音变的残存现象）。第二，这种音变的波及范围比目前存在的范围大，因为合口三等精组字有洪音读法的除了西府片比较集中以外，在关中其他地方还有散点状的分布，大概是由于权威方言的覆盖，这种音变只有残存的痕迹，分布范围已经很小。

将图 7–3 与图 7–6 迭合在一起，就得到当代关中方言山臻摄精组合口字不同读音的地域分布图。见图 7–7。

图 7–7　山臻摄精组合口字读音分布图

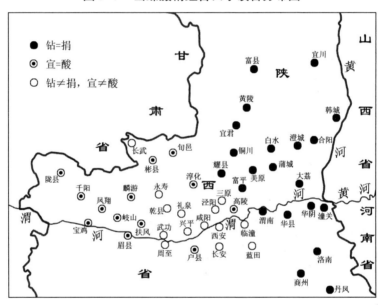

图 7–7 呈现的是山臻摄精组合口一等字与合口三等字的两种方向相反的语音演变在当代关中方言中的地理分布。从地图上看到，两类音变的界限在关中中部偏东的耀县、富平、渭南一带，精组合口一等字介音 y 化、声母腭化的演变集中在东部，而精组合口三等字介音 u 化的演变最集中的地域是西府话，在咸阳地区则呈散点状分布。两类音变在咸阳、西安地区与铜川、渭南、商洛地区划然分开，互不交叉。语音演变的分界限与行政地理划分惊人地重合。而西安及其周围的方言，则呈椭圆形覆盖在两类音变的中间偏南地带，显示强势方言对周边方言的影响。

中西部方言将山臻摄合口三等从心邪母舒声字读为 tsʰ、s 声母，合口呼韵母，与精组合口一等字保持洪音读法（未受东府话腭化波及），看起来似乎不相干，其实反映了同一个事实：在音节结构中，西府话中精组声母的读音非常稳定，处于强势地位，而介音的力量相对较弱，不仅不能影响声母，反倒受精组声母影响，使本属细音的三等字韵母洪音化，变成了合口呼韵母。这和西府话精组声母在齐齿呼韵母前读音稳定、保持尖团音分立的现象是一致的（远藤光晓 2001，吴媛 2006，毋效智 2005，邢向东、黄珊 2007，并见上文第六章）。在知系声母的演变、端精见组齐齿呼字声母的演变以及精组合口字的演变中，我们反复看到，关中方言东西两片中，声母与韵母在音节结构中的地位有很大的不同，在中、西部方言中声母处于强势地位，往往影响韵母使之发生变化。在讨论关中方言声母与介音的关系时，应当充分考虑到这一点。

总之，东部地区山臻摄精组合口一等字介音 y 化、声母腭化，向三等字靠近，西部地区山臻摄精组合口三等字介音 u 化、声母读舌尖音，向一等字靠近，中部地区一、三等声母和介音保持分立，构成了关中方言中精组合口字饶有趣味的内部差异，显示了关中方言不同区域之间声母与韵母对音节结构的影响力强弱上存在的巨大差异。

六、与其他方言的比较

6.1 晋南方言中山臻摄合口一等字的介音 y 化与声母腭化

山臻摄精组来母合口一等字介音 y 化、声母腭化，不仅存在于关中地区，也存在于黄河东岸的山西汾河片部分方言。据侯精一、温端政（1993：623），山西南区"运城片的运城、永济、平陆、临猗、河津和侯马片的夏县，'钻窜酸尊村孙'读作舌面音，韵母由合口转为撮口，'钻窜酸'与'捐劝轩'同音，'尊存孙'与'军裙熏'同音"。据王临惠（2003）、史秀菊（2004）及《运城方言志》（1991）、《永济方言志》（1990）等报道，上述方言非常整齐地将山臻摄精组合口字读成 y 介音、舌面音声母。但"暖乱嫩论"的韵母，则除了河津（与韩城隔河相望）一地"轮论"白读撮口呼韵母以外，其他一律读合口呼或开口呼韵母，声母也没有变为零声母。此外，河津话"准"字白读混入该组，念 ^{c}tɕʰyẽ（史秀菊2004：137）。例见表7-3（引自侯精一、温端政1993：623）：

表7-3

	钻=捐	窜=劝	酸=轩	尊=军	存=裙	孙=熏
运城	tɕyæ	tɕʻyæ	ɕyæ	tɕyeĭ	tɕʻyeĭ	ɕyeĭ
夏县	tɕyã	tɕʻyã	ɕyã	tɕyeĭ	tɕʻyeĭ	ɕyeĭ

这就是说，山臻摄精组合口一等字介音的 y 化和声母的舌面化，是发生在关中东府话和紧邻该地区的山西南区方言中的一种音变现象，如果不考虑黄河阻隔的话，其中大多数方言都是连成一片的。诚如张维佳（2002：126）所说："古山臻摄合口一等精组字与合口三等见系字今韵母合流这个特征其实几乎横贯关中东部所有地方，只是到了豫西才有分化的势头。"不过，这种音变力量的发源地更有可能在关中东府方言中，而且其力量也最大。表现在两个方面：第一，不少关中方言来母字也有同样的音变，有的还因为 y 的影响而中和为零声母；第二，在韩城、合阳方言中，它甚至引起其他韵摄的合口字介音 y 化、声母腭化。

从关中和晋南方言的比较出发，我们没有把关中话山臻摄精组合口一等字的这种音变首先描述为声母的变化，而是描述为：

在山臻摄精组合口一等字中，韵母介音前化为 y，导致精组声母由舌尖音变成舌面音。

这样表述，也更能概括整个关中方言的演变。

6.2 江淮官话中臻摄合口一等字的介音 y 化与声母腭化

江淮官话的少数方言也发生了臻摄合口一等字介音的 y 化，如南通、海安、东台、大丰、姜堰、泰州话"尊村存寸孙损"均读 y 介音，tɕ、tɕʰ、ɕ母。不同的是，上述方言精组和知章组合口字声母合流，所以"椿肫准春蠢出唇顺术纯"（包括入声字）也读 y 介音，tɕ、tɕʰ、ɕ 母，与相应的精组合口一等字及精见组合口三等字同音。如东台：尊=俊=军=肫 ˖tɕyən，村=

皴＝群＝春 tɕʰyəŋ（不计声调），孙＝笋＝勋＝顺 ɕyəŋ（不计声调）。这说明上述方言精组和知章组声母的合流早于臻摄韵母介音的 y 化。同韵的来母字则未发生介音 y 化（顾黔 2001：426—439）。山摄合口一等字只有南通话韵母变为 ỹ 韵，例如：佘＝穿＝全 tɕʰỹ（不计声调），酸＝宣 ɕỹ（同上：307—329）。江淮官话的音变说明，山臻摄精组合口一等字韵母介音 y 化、声母舌面化的音变，既有一定程度的普遍性，又在不同的方言中表现出不同的特点。

6.3　北方方言中山臻摄精组合口三等字的读音

另一方面，北方地区山臻摄精组合口三等字的读音，也有与关中西府相当的。如中原官话郑曹片的安徽濉溪话，山臻摄精组合口三等字与一等合流，读合口呼：全痊泉 ₌tsʰuæ ≠ 权拳 ₌tɕʰyæ，旋~吃~做＝算 suæʰ；俊 tsuẽʰ ≠ 郡 tɕyẽʰ，迅 suẽʰ ≠ 训 ɕyẽʰ（王旭东 2007：57—59）。同属郑曹片的江苏赣榆方言，则是山摄合口三等字与一等合流，读合口呼：全痊泉 ₌tsʰuan，宣＝酸 ₌suan，旋~吃~做＝算 suanʰ；臻摄三等字也读合口呼：俊竣骏峻 tsuənʰ，皴 ₌tsʰuən，荀心母旬询循巡殉 ₌suən，讯开口迅 suənʰ，但不跟一等字合流，一等字读开口呼。这一情况提示，赣榆话臻摄合口三等精组字读成舌尖音声母、合口呼韵母，是比较晚近的演变，如果它们在精组合口一等字丢失 u 介音以前就转读 uən 韵，就会跟一等字共变为开口呼（苏晓青 1997：218—220）。与之遥相呼应的是，晋语邯新片的河北鹿泉方言，情况也与关中西府相同：泉 ₌tsʰuæ ≠ 拳 ₌tɕʰyæ，宣 ₌suæ ≠ 喧山合三晓 ₌ɕyæ，俊 tsuẽʰ ≠ 郡 tɕyẽʰ，殉 suẽʰ ≠ 训 ɕyẽʰ（《河北省志·方言志》135—136 页）[①]。再如陕北话口语中普遍将"全"说 ₌tsʰuɛ，也属这种音变的遗迹。

有些北方方言还残存着臻摄合口三等精组字声母与介音相互竞争的痕迹。如北京话：遵臻合三 ₌tsuən，皴 ₌tsʰuən，笋榫 ˬsuən（比较：逊臻合一 ɕynʰ）。再如洛阳"遵皴"读合口呼，"笋榫"读撮口呼（贺巍 1993：59）；山东宁津"遵皴俊又笋"读合口呼，"俊又笋损臻合一"读撮口呼（曹延杰 2003：57—58）；山东博山"遵"读合口呼（钱曾怡 1993：52）。其中河北方言表现尤

---

① 濉溪话在齐齿呼和 y 韵母前不分尖团音，见王旭东（2007：35）；赣榆话、鹿泉话分尖团，见苏晓青（1997：204），《河北省志·方言志》130 页。

甚，如平谷话"遵俊竣峻骏皴笋桥"均读合口呼（陈淑静 1998：101），"俊"字廊坊、唐山、保定、石家庄、衡水、沧州（白）、鹿泉均读 tsuən²（《河北省志·方言志》187 页）。不过，"遵"读合口呼或许是声旁类推的结果。

因此，山臻摄合口三等精组字读合口呼韵母同样不只是关中西府独有的现象，在其他方言中也有分布。河北等地的情况不禁使人联想，再早些时候，官话中似乎有更多的方言将山臻摄（主要是臻摄）合口三等字读入一等字。这种现象跟北方方言中尖团音的分混有密切联系，但并不完全平行。

七、山臻摄合口字介音演变的音理分析

考察过山臻摄一等精组来母合口字介音 y 化、三等合口精组字介音 u 化以后，还有一个问题须要探讨一下：从音理分析看，山臻摄一等合口字介音的 y 化为什么会发生？其中精组字介音的 y 化为什么没有扩散到关中西府方言？

7.1 主要元音、介音和声母之间的互相作用

我们认为，山臻摄精组来母合口一等字韵母介音 y 化及声母的舌面化，是主要元音、介音和声母之间互相作用的结果。

首先须要指出，关中方言咸山深臻摄舒声韵的主要元音一律读鼻化韵，且大多数方言的主要元音为前元音，咸山摄为 a/æ，深臻摄为 ɛ/e。主要元音与介音之间是互相影响的。鼻化前元音 ã、æ̃、ɛ̃、ẽ 发音时，软腭、小舌处于悬空状态，与介音 u 配合发音时，比单纯的软腭、小舌先上抬（口元音）后下降（鼻辅音）的发音动作处理起来略为不易。在 uã、uẽ 之类韵母中，发介音 u 时双唇拢圆，舌头后缩，舌面后部隆起，与发 ã、æ̃、ɛ̃、ẽ 时软腭、小舌悬空、舌头前伸且前舌面抬高到一定高度的动作存在矛盾，这时，最省力的办法可能就是将介音的舌位前移，使舌头不须后缩，舌面后部不须隆起，这样，口腔各部位的动作处理起来就相对容易、轻松一些。y 是舌面前圆唇元音，从 y 到 ã、æ̃、ɛ̃、ẽ，只须舌面下降一个动作，比从 u 到 ã、æ̃、ɛ̃、ẽ 的发音过程更自然、省力。因此我们可以理解，为什么关中方言山臻摄合口字的介音特别容易 y 化，而其他韵母，像果蟹止通摄及山臻摄入声字合口韵母的

u 介音，一般并不发生 y 化，而是或者保持 u 不变，或者在一些方言中受声母影响，高化为 ʯ 了。

7.2 声母与介音的互动

当然，通过介音 y 化的方法协调发音动作，仅仅是一种途径和一种可能性，能不能够实现，还须看矛盾的另一方——声母的情况。如果舌尖前音声母的发音非常稳定，或者在音节结构的演变中居于强势地位，那么，也可能通过其他途径——如介音的舌尖化（实际上同时兼有前化）来实现发音动作的协调，或者保持已有的发音动作不变。从前文所述几种类型的地理分布来看，关中方言普遍存在着通过 u 介音前化为 y 来实现与主要元音的发音动作相协调的趋势，只是在不同方言中，实现协调时所波及的具体声母或采取的具体途径不同。在东府，山臻摄合口一等字中的精组和来母字合口介音发生了 y 化。在西府，来母字合口介音也发生 y 化，但一等精组字的介音则没有 y 化，反倒是山臻摄合口三等精组字的介音受声母同化，变成了 u/ʯ。说明西府一带方言中，舌尖前音不但发音稳定，而且对介音具有较强的同化作用。这不仅是西府话的特点，其实也是关中中西部方言的整体特点。关中的中心地带，如西安、咸阳、高陵、泾阳、礼泉等方言，舌尖前音声母的读音非常稳定，舌尖音的音色十分突出，部分方言使 u 介音高化并舌尖化为 ʯ。比较下列三地的读音：

表 7–4

	钻	窜	蒜	暖	乱	尊	村	孙	嫩	轮
西安	tsuæ̃	tsʰuæ̃	suæ̃	nuæ̃	luæ̃	tsuẽ	tsʰuẽ	suẽ	nuẽ	luẽ
礼泉	tsʯã	tsʰʯã	sʯã	luã	luã	tsʯẽ	tsʰʯẽ	sʯẽ	luẽ	luẽ
永寿	tsʯã	tsʰʯã	sʯã	lʯã	lʯã	tsʯẽ	tsʰʯẽ	sʯẽ	luẽ	luẽ

在这种情况下，山臻摄精组合口字的介音就不会发生 y 化了。

关中地区不论东、西府，山臻摄合口一等来母字介音都发生 y 化，说明 l 母与介音 y 的发音动作比较协调。从现在面积广大但零散的分布状况来分析，它在关中方言中可能较普遍地存在过，或许到《报告》时代，其分布已经萎缩了。当代关中方言中，其分布还在进一步萎缩中。

7.3　合阳话精组合口字声母腭化的扩展

合阳话在山臻摄以外的其他精组合口介音也前化为 y，应当是受山臻摄韵母同化的结果。说明在这个方言中，精组合口介音 y 化的趋势特别强烈，终于发展到了极致，北京话的所有合口呼精组字，该方言都无一例外地读成撮口呼。

八、结语

在关中地区，山臻摄合口字韵母的介音有两种方向相反的运动：第一种，合口一等字韵母介音的 y 化。这种音变在关中地区曾经普遍地发生，并波及（泥）来母和精组声母。其中在来母字音节中，该组韵母介音 y 化的范围遍及关中，并导致东部沿河地带 l 母脱落；在精组字中，则由于受到下面一种音变规律的阻击，只影响到东部方言，使其声母腭化为 tɕ、tɕʰ、ɕ。这种音变在关中以外的方言中也有发生，但范围较窄，主要存在于隔河相望的晋南方言，以及江淮官话泰如片的一部分方言。第二种，山臻摄合口三等精组字介音的 u 化。在关中地区，这种音变主要以西部地区为中心。不过，它在北方方言中分布的范围很广，如冀鲁官话、中原官话、北京官话等，而且很多北方话还残存着这种音变的痕迹，似乎是一种曾经大面积发生的语音演变。从两者在北方方言中影响的深度和广度来看，大概第二种音变发生的时间应早于第一种。上述两条音变规律在关中方言的精组字中产生竞争，结果是，第一条在东府方言中获胜，第二条在中部偏西一带占了上风。以西安为代表的中心地区，对以上两种音变采取"一视同仁"的拒绝态度，基本未受影响。

第八章

关中方言古溪母字"苦裤哭窟"的白读音

古溪母字"苦裤哭窟"在关中的许多方言中都有文白两种读音，文读音为 k^hu，白读音可以分为 fu、p^hu 两种类型。本章在实地调查的基础上观察"苦裤哭窟"两种白读音类型的地域分布，并分析其白读音的形成原因。

一、"苦裤哭窟"白读音的类型及其分布

古溪母遇摄合口一等、臻摄入声合口一等和通摄入声合口一等字"苦裤哭窟"在关中的许多方言中有文白两读，文读音都是 k^hu，白读音不尽一致，可以分为两种类型。

1.1　类型一："苦裤哭窟"的白读音为 fu

第一种类型中，"苦裤哭窟"的白读音一致为 fu。这一类型的读音，《报告》中已经论及："苦"白水 fu、兴平 f^hu、武功 f^hu、礼泉 f^hu、长武 f^hu、扶风 f^hu、麟游 pf^h、千阳 fu、宝鸡 f^hu、户县 fu，"哭"彬县 fu①。孙立新（1997）也论及该类型的分布，指出三原、户县、礼泉、宝鸡、麟游存在白读音 fu 和 p^hu。张维佳（2002：329）以《报告》为基础，根据实地调查结果绘制出了"苦裤哭"白读音分布的地图，图中有千阳、凤翔、

---

① 在白涤洲《关中方音调查报告》的声韵母表中，彬县 f 声母有例字"苦"，麟游 pf^h 声母有例字"库"，凤翔 f 声母有例字"苦"，商县 f 声母有例字"苦"。在其音缀表中，凤翔、商县"苦"没有白读音。但是在方言地图第十一图中有凤翔而无商县。因此，凤翔在音缀表中没有白读音 fu 应是遗漏了，声韵母表中商县 f 声母举"苦"字可能是弄错了。另外，白涤洲在 f 上加了送气符号（即 f^h），大概表示 f 有很强的摩擦气流，而并非表示在关中方言中有 f^h 这样的音位。

宝鸡市、宝鸡、太白、岐山、扶风、麟游、武功、长武、礼泉、兴平、户县、三原、富平、蒲城、白水等 17 个方言点，其中也包括属于下文类型二的麟游。根据本次调查和搜集到的材料看，类型一的分布比上述范围更广，分布在关中地区的 25 个区县。下面比较白涤洲调查时代和本次调查的结果。

《报告》中，关中有 12 个方言将 kʰu 读为 fu（包含遇摄、通摄入声溪母字），见图 8-1。

图 8-1 《报告》第十一图：kʰ- 变 f-

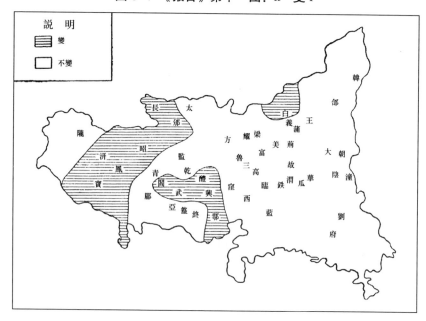

我们根据本次调查的结果画了 3 幅图，不同的字读 fu 的区域有所不同。见图 8-2、8-3、8-4。

图 8-2　"裤溪暮"白读声母是否唇化

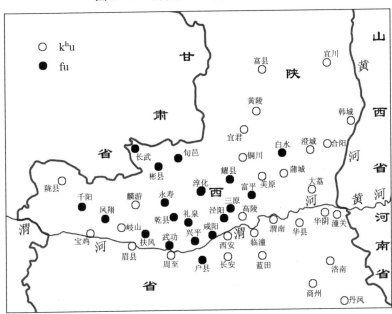

图 8-3　"苦溪姥"白读声母是否唇化

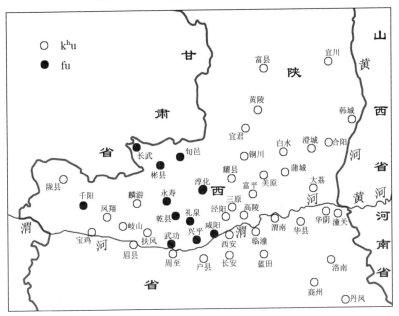

图 8-4 "哭溪屋"白读声母是否唇化

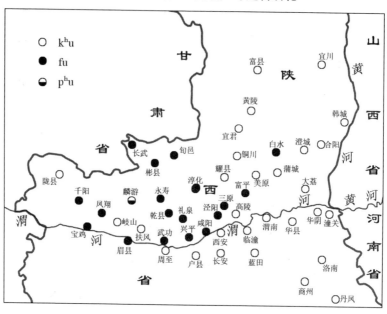

通过比较可以看出，在几个字中，"裤"字读 fu 的范围比《报告》有所扩大。主要表现在中部地区，原来只有扶风、武功、兴平、礼泉、户县 5 点，现在已东扩到咸阳、三原、富平、耀县、旬邑一线（宝鸡未调查到该读音，也许是发音人之故）。关中人将"裤"俗写为"袄"，口语中读成 [fər⁵⁵⁻⁵³]，就是这个读音的反映。图 8-3 反映"苦"字读 fu 主要涵盖咸阳市范围，西府只有千阳一点，图 8-4 反映，"哭"读 fu 的范围与"裤"大致相当，在西府和咸阳市各有一两个点相互参差。总之，当代关中方言中 kʰu 变 fu 的范围，比《报告》时代略有扩大。

将本次调查结果和其他学者的调查结果综合起来，类型一的分布情况可列举如下：陇县西部（陇县地方志编纂委员会 1993：942），裤 fu；千阳，苦裤哭 fu；宝鸡，裤哭 fu；凤翔，裤哭 fu；扶风（毋效智 1997），裤 fu；武功，苦裤哭窟 fu；兴平，苦裤哭窟 fu；咸阳，苦裤哭窟 fu；礼泉，苦裤哭窟 fu；乾县，苦裤哭窟 fu；永寿，苦裤哭窟 fu；彬县，苦裤哭窟 fu；长武，苦裤哭窟 fu；旬邑，苦裤哭窟 fu；淳化，苦裤哭窟 fu；泾阳，裤哭 fu；三原，裤哭 fu；高陵、户县、蓝田、临潼（孙立新 2007：47），苦裤哭窟 fu；

长安马王等（长安县地方志编纂委员会 1999：827），苦裤哭窟 fu；富平，裤哭 fu；白水，裤哭 fu；耀县，裤哭 fu[①]。

总之，类型一集中分布在关中中西部的西安、咸阳、宝鸡一带，在渭南、铜川的部分区县也有少许分布。从白读音 fu 的字数上看，上述方言不尽一致，多数方言"苦裤哭窟"都有白读音 fu，但是越到分布区域的边缘地带，白读音 fu 的数量就越少，通常在边缘地带仅"裤"字有白读音 fu，如陇县西部、临潼渭河北部（陕西省临潼县志编纂委员会 1991：996）。在这些地方，白读音 fu 已然表现出强弩之末的态势。

1.2　类型二："苦裤哭窟"的白读音为 p^{h}u（或 pf^{h}u）

这种类型在关中地区只分布在麟游一县，看起来似乎特殊而孤立。但是当我们把目光投向与之毗邻的甘肃方言时，其白读音的特殊性和分布的孤立性也就随之消失。该类型在甘肃天水、陇东地区分布甚广，具体如下：灵台北塬，哭 p^{h}u；庄浪，苦裤哭 p^{h}u（雷兆杰 2008：115、179）；张家川、清水、天水北道、两当、徽县、成县、拓石，苦裤哭 p^{h}u（张成材、莫超 2005）。从上述分布看，类型二恰好紧挨着类型一的西北部一带。从现有材料看，类型二与类型一在麟游、灵台呈现并存的局面。据《麟游县志》，麟游县城方言"裤苦窟"读 fu，接近甘肃灵台的地方白读为 p^{h}u（麟游县地方志编纂委员会 1993：577）。而据我们的调查，麟游县城"裤哭"为 p^{h}u，酒房、常丰等地读 fu。即便是在灵台县境内，这类字的白读音也存在差异，如"哭"，灵台北塬读 p^{h}u，灵台邵寨读 fu（雷兆杰 2008：179）。调查结果的差异正好说明"苦裤哭窟"的白读音 p^{h}u 和 fu 在麟游、灵台二县都存在，麟游、灵台应是类型二与类型一的过渡地带。

另外，甘肃、宁夏的个别方言"苦裤哭"读成 tʂ^{h}u。例如，甘肃平凉索罗塬"裤哭"读 tʂ^{h}u（平凉市志编纂委员会 1996：706），宁夏广武"裤苦"读 tʂ^{h}u（林涛 1994：37）。tʂ^{h}u 这种读音的地域分布十分有限，且在关中方

---

① 在一些方言点上，我们与张维佳（2002）的关中方言地图 2.13 存在不一致的地方。蒲城县城方言"苦裤哭窟"没有白读音 fu，张维佳调查的是蒲城兴镇方言。据孙立新（1997）和我们的调查，岐山方言"苦裤哭窟"并没有白读音 fu，但张维佳的方言地图上岐山有此白读音。至于太白方言，本次没有调查，仍以张维佳为准。

言中没有分布。

总的说来，关中方言"苦裤哭窟"的白读音，类型一是主体，分布最广，呈连续分布，类型二虽然只在关中的麟游一县有分布，但与甘肃境内的分布则是连成片的。

二、"苦裤哭窟"白读音的形成原因

"苦裤哭窟"来自溪母遇摄合口一等、臻摄入声合口一等和通摄入声合口一等，而溪母其他韵摄字都没有白读音。由此，我们推测"苦裤哭窟"白读音的形成原因应该与塞音声母的送气和合口韵 u 有密切联系。

2.1 送气塞音的强气流特征

在西北方言中，送气塞音、塞擦音声母的气流既强且长，学界对此早有论述。高本汉（2003：173）指出：

> Pχ，强的 p 后面随着一个清舌根摩擦音。用作声母的，在山西、陕西、甘肃、怀庆都有。例如"怕"太原 pχA。pç，强的 p 后面随着一个清舌面前腭的摩擦音。用作声母的，在归化、大同、太原、兴县、平阳、平凉、陕西、怀庆等处都有。例如"皮"西安 pçi。……我认为纯粹的送气音是真正的北京读音。我敢说受过教育的北京人给我一种很充分的理由，因为他们平常总说北京话的好处就在读音"轻"，而外省的读音"重"，他们所谓"轻""重"特别是指着 p'、t'、k' 的性质而言。

关于关中方言送气音的读法，白涤洲、喻世长（1954：8—9）也有详细的说明：

> 白先生写道，"蒲城、耀县 p' 之送气靠后如 px"。又说，"大荔送气有摩擦"。又说，"礼泉送气时均在喉外，送气时摩擦可闻也"。又说，"蓝田送气亦甚浅而摩擦舌根甚烈，洛南同"。白先生这些话说得是一件事，就是送气声母在除阻后所带的气流，不是普通的从喉内发出的 h 音，而

是在舌根软腭起摩擦作用的 x，x 比 h 应该说是靠前，不应说是靠后。白先生在举例时举的是 p'，但是 p' 以外的送气音也是同样性质的。

从上可知，关中方言中，送气塞音、塞擦音的气流很强，并且持续时间较长，带有明显的舌面软腭部位的摩擦，带有较强的 x。

在一些关中方言中，送气塞音的强送气、强摩擦特征对塞音本身造成了一定的影响。当然，这种影响必须要以一定的语音条件为前提。比如，前文讨论的端精见组齐齿呼字的合流，也是以送气音为先导（详见第六章），例见表 8-1（白涤洲、喻世长 1954：150—163）。

表 8-1

	低	梯	蝶	贴	刁	挑	颠	天	丁	亭
澄城	ti	tsʰi	tiɛ	tsʰiɛ	tiɑu	tsʰiɑu	tiã	tsʰiã	tiŋ	tsʰiŋ
长武	ti	tsʰi	tiɛ	tsʰiɛ	tiɑu	tsʰiɑu	tiã	tsʰiã	tiŋ	tsʰiŋ
麟游	ti	tsʰi	tiɛ	tsʰiɛ	tsiɑu	tsʰiɑu	tiã	tsʰiã	tiŋ	tsʰiŋ
千阳	ti	tsʰi	tiɛ	tsʰiɛ	tiɑu	tsʰiɑu	tiã	tsʰiã	tiŋ	tsʰiŋ

表 8-1 显示，上述方言透母字在齐齿呼前发生了变化，读成塞擦音 tsʰ，而端母字仍读塞音 t。邢向东、黄珊（2007）在考察中古端精见组字在关中方言齐齿呼韵母前的演变时将三组声母在齐齿呼前的读音分为甲乙丙丁戊己六类，指出："乙类是甲、丙两类之间的过渡类型，送气的透清母字在齐齿呼前合流，不送气的端精母字有别，说明端精组合流是从送气音开始，然后向不送气音扩散。"即送气舌尖塞音在一定语音条件下比不送气舌尖塞音变化更容易腭化、擦化。类似的语音变化在山西的应县、朔城、平鲁、五台、神池、宁武、山阴、霍州方言中也存在，如田＝钱 tɕʰ，条＝桥 tɕʰ（侯精一、温端政 1993：24）。另外，娄烦方言也是如此（翟英谊 1989）。

关中西部方言（如宝鸡、凤翔、扶风、陇县），双唇塞音 p、pʰ 在韵母 o、u 前，其实际音值为唇齿塞擦音 pf、pfʰ。但是，送气塞音 pʰ 的唇齿色彩更明显（详见第三章）。例如宝鸡方言，双唇塞音声母 p、pʰ 与 o、u 韵母相拼有唇齿作用，送气声母更为突出，如波 pfʰo、菠 pfo、婆 pfʰo、破 pfʰo、谱

pfʰu。

在关中方言中，送气的双唇塞音在 o、u 韵母前容易发生擦化，送气的舌尖塞音在齐齿呼前同样如此，而非送气的塞音要么擦化不明显，要么不擦化。这就造成了送气塞音声母与不送气塞音声母在相同语音条件下演变不同步的现象。而这些方言恰好多数存在"苦裤哭窟"读音 fu 的情况，由此观之，送气成分是促使塞音声母擦化的一个十分重要的因素。既然送气的双唇塞音和舌尖塞音在一定语音条件下都可以擦化，那么，送气的舌根塞音在一定的语音条件下也可以产生擦化现象。关中方言"苦裤哭窟"白读音 fu 就说明了送气舌根音的这种擦化现象，即 kʰ 在 u 韵母前擦化成 f。

另外，在白水方言中，不但溪母合口字"苦裤哭窟"有白读音 fu，而且见母合口字"骨姑"也有一个白读音 vu。白水方言见溪母合口字白读音的不同，从另外一个侧面说明了舌根塞音的送气是其擦化的原因之一。f、v 都为唇齿擦音，二者的区别仅是清浊的不同。擦音本身就有气流产生，因而清擦音和浊擦音也有气流强弱之别。罗常培、王均（2004：94）指出："清音跟浊音的区别除了带音不带音，往往还有气流强弱的区别：清音的气流较强，噪音成分也比浊音强些。"也就是说，f 的摩擦气流要比 v 强。所以，白水方言在见溪母字白读音的音变过程中，带强送气成分的 kʰ 在 u 韵前演变成气流较强的 f，而不送气的 k 则演变成气流较弱的 v。

送气特征使塞音擦化的现象在北方方言中比较少见，但是在南方的客、赣、闽、粤等方言中却屡见不鲜，例如广州话中溪母字今多读擦音 h、f。伍巍（1999）认为，广州话（乃至整个粤语）古溪母字的音变是因为塞音送气成分的作用。从语音实验的结果看，送气塞音与送气塞擦音、擦音关系密切。吴宗济、林茂灿（1989：139）指出，普通话的各组清辅音，从辅音除阻时长来看，大致形成如下的比例（数码表示毫秒）：

不送气塞音 ＜ 不送气塞擦音 ＜ 送气塞音 ＜ 送气塞擦音 ＜ 擦音
　10　　　　　　80　　　　　 100　　　　　 180　　　　 200

上述实验结果大概就是送气塞音在汉语方言中易产生擦化现象的重要原因。当然，对于关中方言而言，送气塞音擦化现象还有其他重要的语音条件（如韵母是 u），送气只是擦化的原因之一。

2.2 韵母 u 的强摩擦特征

石汝杰（1998）指出，在汉语的许多方言中高元音 i、y（有时也包括 u）在单独作韵母时常带有强摩擦倾向，这种强摩擦引起高元音舌尖化，也导致同一音节内其他成分的增减（如声母的增加、失落），以至于影响整个音系的格局。在许多关中方言中，高元音 u 既有强摩擦特征，又有舌尖化倾向。高元音 u 的强摩擦对关中方言声母的影响较大，导致声母数量增多，从而使得其音系格局发生较大的变动。例如关中方言的 pf、pfʰ 声母就是来自古知系合口字。张世方（2004）认为，中原官话知系合口字读唇齿音声母的现象是由合口呼介音 u 的强摩擦化引起的。

又如舌叶音 tʃ、tʃʰ、ʃ、ʒ。张双庆、邢向东（2011a，本书第十章）在讨论礼泉方言声母时指出，舌叶音 tʃ、tʃʰ、ʃ、ʒ 只出现在合口呼韵母前，与 tʂ、tʂʰ、ʂ、ʐ 出现条件互补，实际音值是半圆唇的舌叶音 tʃᵛ、tʃʰᵛ、ʃᵛ、ʒᵛ，在和 u 韵相拼时，其发音姿势和摩擦成分一直延续到音节结束。这里 tʃ、tʃʰ、ʃ、ʒ 所带的摩擦不是舌叶音本身所具有的特征，而是带摩擦的 u（实际音值为 [ʋ]）赋予的。即 tʂ、tʂʰ、ʂ、ʐ 在带强摩擦的 u 影响下变成了舌叶音 tʃ、tʃʰ、ʃ、ʒ。在关中方言中，来自知系字的舌叶音 tʃ、tʃʰ、ʃ、ʒ 和来自知系字的 pf、pfʰ（f、v），其形成原因是相同的，都由 u 的摩擦引起，只不过 tʃ、tʃʰ、ʃ、ʒ 所带的摩擦不及 pf、pfʰ 明显（详见第四章、第十章）。

在关中方言中，带强摩擦的 u 对声母的影响可以说是一种很普遍的现象。强摩擦的 u 对舌根音声母也能造成影响。只是在关中方言中 u 对舌根音的影响还比较有限，多数限于 *kʰu 音节，仅白水方言有几个不送气音字产生白读音 vu。这表明，白水方言 u 对舌根塞音影响比类型一的其他方言更大些，其发展速度也更快些。

类型二的成因也与 u 密切关联。桥本万太郎（2008：58—59）指出，在印欧语、日语、台语等语言中都有 p~k 的变化和替换，这几乎总与后续元音 u 或半元音 w 有关。在汉语方言中也不乏其例。例如甘肃张掖方言把普通话中 k、kʰ 拼 u、uo 读成 pf、pfʰ，其韵母 u 以及介音 u 实际上带唇齿化，如同 v（黄大祥 2009）。又如，湖南麻阳遇合一模韵的见溪母字读 p、pʰ 声母，"姑箍古股故谷"读 pu，"苦裤哭"读 pʰu。此外，"葵"字读 pʰɛ，似乎是

由 k^huɛ 变来的。不过，"桂鬼国骨亏"等 kuɛ、k^huɛ 音节的字不读作 p 声母（曹志耘 2009b）。类型二与张掖、麻阳方言的音变现象存在差异，这个差异就是类型二没有见母字变为 p 的情况。这说明类型二也与送气特征有密切联系，而张掖、麻阳方言的音变则主要与 u- 相关。但是，湖南麻阳方言在来自见溪母的 kuɛ、k^huɛ 音节字中只有"葵"字先变读为 p^hɛ，这或许也与塞音的送气有关。

综上，关中方言"苦裤哭窟"白读音的产生与舌根塞音 k^h 的强送气特征和合口韵 u 的摩擦特征密切相关。更确切地说，关中方言形成"苦裤哭窟"的白读音是塞音的送气特征和合口韵 u 共同作用的结果，二者缺一不可。

三、余论

以上主要考察了关中方言"苦裤哭窟"白读音的分布及成因。此外，还有一个问题须要指出，即类型一与类型二是否存在关系。这两种音变类型之间的关系，不外乎以下两种：一是各自独立，不存在先后关系；一是存在前后相继的演变关系。从前文的分析看，在汉语方言中与类型一、类型二类似的音变现象大量存在，二者各自独立产生完全是可能的。然而，也不能完全排除二者可能存在前后相继的演变关系。

因此，关中方言"苦裤哭窟"白读音的音变过程有两种可能，联系甘肃境内方言的情况，我们认为第一种的可能性最大：

（1）类型一、类型二有独立的音变过程：k^h > f/_u；k^h > p^h/_u。

（2）类型二与类型一存在前后相继的演变关系：k^h > p^h > f/_u。

第九章

关中方言例外上声字探究

关中话有不少与古今语音对应规律不符的上声字，其中来自古去声、全浊上的字最多。这些例外字少部分与普通话相同，大多数在关中话中具有一致性。造成例外上声字的原因是：连读变调和中和调对单字调的影响；普通话去声调值的影响；普通话调类的影响；古代关中话的遗留；其他。本章通过分析上述原因，提出了"连调固化式音变"与"借调固化式音变"的概念。

一、关中话的例外上声字

按照古今语音演变条例，关中话与中古音的声调对应规律是：中古清声母平声字今读阴平，浊声母平声字今读阳平，清上、次浊上字（以下简称"清上"）今读上声，全浊上、去声字今读去声，古清入、次浊入字（以下简称"清入"）今归阴平，全浊入字今归阳平。从今方言出发来看，关中话的上声字应来自古清上、次浊上字。

1.1 合阳方言的例外上声字

关中话今读上声的字，除了合规律的清上字以外，还有不少来自其他声调。其中古全浊上、去声字今读上声的例外字最多。下面以合阳话为例（邢向东、蔡文婷 2010：98—102）。

合阳位于关中东部黄河沿岸，对岸是山西临猗县。合阳话中，古清平、清入、次浊入字的例外字，今读阳平 35 字，上声 50 字，去声 42 字，上声最多，列举如下：

他粿倭跰揩筛煨悲依萎脂膏骄娇兜凫阉删篇侵芬芳昌夯称~呼烹倾攻磕恰撒撒撒~开抹卒猝膜诺鹊略朴~素饺确迫魄僻斥劈嫡辱

古浊平、全浊入的例外字，今读阴平 38 字，上声 12 字，去声 23 字，上声最少：

虞违岑扔虹擎铭~文袭突帛曝瀑

古全浊上、去声的例外字，今读阴平 34 字，阳平 24 字，上声 81 字。上声比前两类的总和还多，列举如下：

垛赦假放~厦偏~簿妒吐处~所庶署薯釜腐辅屡戍载满~碍沛蔼辅风箱稗会~计剑桧佩块队韵晦秽蒯块怪韵被避啙庇饵伪翡讳稻导稍诏绕~线戊阜谬撼憾缆鉴俭片簟歉浸呛枕动词诞散分~间~断, ~或铜涧腕嫩趟访创倡饷撞称相~柄艇挺泳咏黐控嗅讽

1.2 岐山方言的例外上声字

下面看岐山话。岐山县位于宝鸡市，岐山话属秦陇片，就关中地区而言则属西府话。

岐山话的古今声调对应规律与合阳相同（吴媛 2006：43—44）。在古清平、清入、次浊入的例外字中，岐山话读阳平 26 字，读上声 51 字，读去声 52 字。上声字列举如下：

他颇差~别筛施丕几~乎萎糕坳歼犍~子拼昆崑昌菖芳夯倾攻充恰撒折~断雀朴樸饺杌膜寞诺略掠迫魄轭僻赤斥劈辟卜酷腹牧辱褥 / 篇抹（斜线后的字根据原著同音字汇检出，下同）

古浊平、古全浊入的例外字中，岐山话读阴平 30 字，读上声 22 字，读去声 28 字，读上声的比例高于合阳话，列举如下：

模~范摹~仿屠符诬桅违榴潜饨偿扔鲸擎筒隆洽集惑曝属蜀

古去声、古全浊上字的例外字，读阴平 55 字，读阳平 22 字，读上声 123 字，与合阳话一样，读上声的占绝对优势，列举如下：

厦偏~假放~下~降跨埠妒吐赂虑滤处恕庶薯赋赴讣附屡戍沛载慨碍蔼尬隘逝砌佩会~计块蒯晦溃赘锐芮咔秽臂避被荔啙庇腻至饵伪类愧翡讳畏盗导稍湔俏邵北吴~, 地名绕戊嗅谬撼憾缆陷钐歉灿谏涧羡片佃幻趟辆畅创倡饷访妄巷称相~下底~厦~门簿拒距巨釜腐辅蟹恃稻赵兆负阜纣舰柄竟聘艇挺泳咏

控乘铳诵颂讼 / 屡俭稻诞

1.3 户县方言的例外上声字

户县话位于关中中部。孙立新描写过户县话的声调例外字。今按古声调来源，将其中的例外上声字重新排列于下（孙立新 2001：201—206）：

来自清平：诬丕歪肤煨揩楔骄娇创~伤芳芬龚称~呼，职~倾攻充~分，填~胚侵瘫篇 / 筛萎昌菖夯

来自清入、次浊入：恰撒~手，~种泄（上、去声两读）折~断沫抹决匹讫佛寋膜诺络略掠爵朴~素朴厚~饺确魄僻辟赤劈腹辱 / 斥 2 迫撤辟

来自浊平：闽扔拎惭酤 / 擎模~范

来自全浊入：袭突缚

来自全浊上：稻矣撼诞践 / 釜腐辅艇挺

来自去声：署薯亚块尬譬避隘假放~屡处~所刽稻箸碍霭绕陋吐赴赦厦偏~会~计沛庇蒯偶讳片辆趟创~作畅倡饷妄粽控讽憾缆枕动词灿涧 / 饵负 1~担，~责妒 1 附~加阜赋田~，~予庶佩晦伪稍访讽柄泳咏导<u>道</u>载记~，~重控①

二、例外上声字相关关系的分析

2.1 与普通话"共变"的例外上声字

在关中话的例外上声字中，有一部分字与普通话及其他北方方言相同，属于和普通话的"共变字"。以合阳话为例：

清平、清入：萎朴~素<u>饺抹</u>

浊平：擎

全浊上、去声：署薯釜腐辅屡饵伪翡缆俭枕动词访饷柄艇挺泳咏讽

从数量和比例来看，来自古全浊上、古去声的字最多，共 20 个，占合

---

① 晋南汾河片解州小片的方言，在这方面也与关中话存在相当大的一致性。如河津话的声调例外字中，今读上声的例外字最多，其中来自古清平 14 字，清入、次浊入 11 字；古浊平 7 字，全浊入 6 字；古全浊上 8 字，古去声 56 字。基本分布情况与合阳话相同（史秀菊 2004：80）。为了行文集中起见，讨论中一般不涉及汾河片解州小片。

阳话该部分例外字的 24.7%。

岐山话与普通话共变的例外上声字和合阳基本相同，只比合阳多三个字：卜（清入）；属蜀（全浊入）。比合阳少三字：署枕动词讽（全浊去，岐山读去声）。总数持平。

户县话与普通话共变的上声字与合阳话完全相同，不赘举。

可见，关中话的部分例外上声字与普通话及其他北方方言有共变关系，是北方方言的共同现象。其中来自古全浊上、去声的字最多（详见下文），其他来源的字较少。

2.2 关中方言一致的例外上声字

除了与普通话共变的部分，还有一部分例外字关中话普遍读上声。下面按来源进行分析。

清平、清入、次浊入

三地相同：筛篇昌芳夯倾攻膜恰撒诺略迫魄僻劈斥辱

两地相同：他棵骄娇芬撒膜（合阳＝岐山）

揩煨称~呼确（合阳＝户县）

菖充折~断掠（岐山＝户县）

浊平、全浊入

三地相同：扔

两地相同：违曝（合阳＝岐山）

突（合阳＝户县）

模~范（岐山＝户县）

全浊上、去声

三地相同：假放~厦妒吐庶处~所载满~碍霭沛会~计佩块晦剷避罾庇讳稻

导稍绕~线阜撼憾片涧诞趟创倡

两地相同：秽被谬歉称相~（合阳＝岐山）

刭（合阳＝户县）

赋赴附负隘灿辆畅妄（岐山＝户县）

各点与普通话相同、三地相同、两地相同的数目见表 9-1，不同来源的字所占比例见表 9-2。

表 9-1　合阳、岐山、户县例外上声字数目表

方言＼来源	清平、清入	浊平、全浊入	全浊上、去声	合计
合阳	50	12	81	143
岐山	52	22	123	197
户县	59	10	73	142
与普通话同	4	1	20	25
三地相同	18	1	32	51
合＝岐＋户	11	3	6	20
岐＝合＋户	11	3	15	29
户＝合＋岐	8	2	10	20

表 9-2　合阳、岐山、户县例外上声字比例表（％）

方言＼来源	清平、清入				浊平、全浊入				全浊上、去声			
条件	同普通话	三地同	两地同	合计	同普通话	三地同	两地同	合计	同普通话	三地同	两地同	合计
合阳	8	36	22	66	8	8	25	41	24.7	39.5	7.4	70.4
岐山	7.7	34.6	21.2	72.8	4.5	4.5	13.6	22.6	16.3	26	12.2	53.7
户县	6.8	30.5	13.6	50.9	10	10	20	40	27.4	43.8	13.7	84.9
平均	7.5	33.7	18.9	60.1	7.5	7.5	19.5	34.5	22.8	36.7	11.1	70.6

　　总之，从古声调的来源分析，各类例外上声字的比例关系是：全浊上、去声＞清平、清入＞浊平、全浊入；不同来源字的绝对数量同样为：全浊上、去声＞清平、清入＞浊平、全浊入。

　　从三地例外上声字的相关性来看，清平、清入字和普通话相同的平均7.5％，浊平、全浊入与之相同，去声、全浊上占22.8％。除了去声、全浊上

字以外，关中话例外上声字与普通话存在共变关系的比例并不大。

而三地相同的比例较高，其中清平、清入字平均为 33.7%，浊平、全浊入字 7.5%，去声、全浊上 36.7%，比例大大高于和普通话相同的字。三地、两地相同的字相加，清平、清入字占 52.6%，浊平、全浊入占 27%，去声、全浊上占 47.8%。如果加上和普通话相同的字，则三种例外字的平均比例高达 60.1%、34.5%、70.6%，反映出关中话例外字上声的高度一致性。在上述比例之外的字，则可以看作是不同方言个性的反映。

从不同方言点例外上声字的数量来看，岐山话最多，合阳、户县基本持平，岐山比其他方言多的主要是来自古浊平、全浊入和古去声、全浊上的字。这个倾向符合我们对东、西府方言差异的总体印象：属于秦陇片的西府话例外字超过东府话。

三、例外上声字形成的原因

关中话例外上声字与古声调、普通话的相关性已如上述。那么，这些例外是由什么因素造成的呢？综合分析关中方言的声调特点和与普通话声调的对应关系，我们认为其中的主要原因是：连读变调与调位中和，上声调值与普通话去声相似，受普通话调类影响等①。

3.1 连读变调与中和调对单字调的影响

关中各地方言都是四个单字调，调型一致。以西安话为例（北大中文系汉语教研室 1995：10）：

阴平 21　阳平 24　上声 53　去声 55

关中话的连读变调不复杂，以西安为代表的中心地区和周边地区有同有异。如西安话大致有如下连读变调条例（据《汉语方言词汇》11 页改写，轻声记作 0）：

（1）21+21（阴平 + 阴平）→ 24+21（阳平 + 阴平）

---

① 张维佳（2002）、樋口勇夫（2004）、王临惠（2007）在各自的研究中已经探讨过部分关中、晋南方言声调例外的原因，是本章的重要先行研究。

（2）53+53/0（上声＋上声/轻声）→21+53/0（部分）

（3）55+-er（去声儿化）→53（上声）①

在上面的连读变调中，（1）反映阴平与阳平关系密切，为关中话通例。（2）反映上声与阴平关系密切，如"老板、手表、老虎、买卖"（张崇 2007：5）。（3）反映去声与上声关系密切，如"裤儿 kʰuər⁵⁵⁻⁵³、馅儿 ɕyar⁵⁵⁻⁵³、被儿 piər⁵⁵⁻⁵³、对儿 tuər⁵⁵⁻⁵³"。

阴平与上声关系密切，在后字轻读和两个上声字相连时反映最为明显。如西部的扶风话有如下连调规律（毋效智 2005：68—71）：

（1）阴平＋轻声（来自阴平）→上声＋轻声：疤疤、刮刮、瞎瞎、当归、秋千、咋呼

（2）阴平＋轻声（来自非阴平）→上声＋轻声：窗台、干粮、工人、先人、方便、豌豆

（3）上声＋上声→阴平＋上声：保管、保姆、好比、俭省、老手、扭转

（4）上声＋轻声（来自上声）→阴平＋轻声：打搅、几两、老鼠、领口、马尾、小伙、里首

以上第（1）（2）（4）条实际上都是后字变读轻声的情形。第（1）（2）条反映了关中话一种普遍的调位中和规律：后字轻读的同时，前面的阴平字抬高为上声调。再如东部的商州话，"阴平后面不管出现什么调，前字由 21 调变为 53 调，同上声，后字由原调变成 21 调，同阴平"（张成材 1990：19）。扶风、商州，一西一东，代表了关中方言的普遍情况。扶风连调规律第（3）（4）条等同于西安话第（2）条，也等同于商州话另一条变调，即"上声跟上声相连，变成两类：一类由 53 调变成 21 调，同阴平；另一类是前后字都由 53 调变成 21 调，同阴平"（同上：19）。同样反映了阴平和上声之间的密切关系。

总之，关中话中按规律应读阴平的字读上声，有不少可能是受连读变调的影响形成的。如岐山话"筛子、毽子、歪的、悲伤、称呼、巷子、杌子、

---

① 在《汉语方言词汇》（1995：11）中，还提到西安话有如下变调模式：55+0（去声＋轻声）=53+0（部分）。不过暂未找到例词，《陕西方言词汇集》也没有记录。也许这是一种很老派的变调，它也反映去声和上声关系之密切。

撇开、突然"（"巷"字在关中话多有读阴平的）的前字极有可能是连读中的高降调固化后逐渐读作上声。

在关中周边地区，还有一种"阳平 +X → 24/21+53"的连调模式。即在阳平字后头，其他字不论单字调类如何（东府话去声除外），一律变读高降调（与上声调值相同），如韩城、商州、岐山、扶风等（张成材1990，吴媛2006、2008，毋效智2005）①。据秋谷裕幸先生近年来的调查和本次调查，韩城话的四个单字调为：阴平31，阳平35，上声52，去声44。韩城话的"阳平 +X"声调组合中，来自不同调类的后字都有部分变读上声52调。有此变读的绝大多数是口语词，以联合、偏正式结构为主。例如（秋谷裕幸、徐朋彪2016：54—55）：

35+31（阳平 + 阴平）→ 11+52：连枷、合叶、石灰、皮箱、龙锅大锅

35+35（阳平 + 阳平）→ 11+52：年时、蝴蝶、前头、旁人、男人

35+44（阳平 + 去声）→ 11+52：牛粪、爷舅舅父、阳岸向阳、坟地、
墙上、南岸、着气怄气、埋怨

可见，韩城话有一种阳平使后字变读高降调（上声）的连调规律。再如扶风话"有的阳平后面的非上声变成上声，该阳平同时变成阴平"（24+X → 31+42），例如：

24+31 → 31+42：财物、成色、浑身、葵花、镰刀

24+24 → 31+42：愁肠、厨房、锤头、麻糖、行情

24+55 → 31+42：芒种、文庙、白面、胡话、白菜

具有这种连调模式的词多为口语词，而且一般是偏正、并列式复合词（毋效智2005：64—65）。

阳平调后面的非上声字变读上声的连读变调，本质上是一种双音节语音词的调位中和模式（邢向东2004：8—18，吴媛2008：142—152），在关中周边地区普遍存在。东部在韩城一带，东南部在商州一带（张成材1990：19），西部在岐山、扶风、陈仓、凤翔（王军虎2008），北部在耀县一带（岳

---

① 郭沈青先生建议，可以同时观察一下来自上声的例外阴平字。这一点非常重要，可以检验本书的结论是否有说服力。如合阳话古清上、次浊上读阴平的例外字有：牯企揣矢豕蚤剖剐剩悄怅侥纠罕诊疹慷桨综拥涌，其中除了"矢豕剖"等书面语色彩较浓的字，"纠综拥"等与普通话共变的字，其他字与连读变调关系密切。这一方面容今后详细考察。

佳 2009)。甚至更北面属于晋语的延川话，也有类似的"中重式连读变调"
（张崇 1990：18—19)。这种连调模式在陕西以外的西北地区方言中存在更
普遍，发展更充分，属于涵盖面更大的"高低、低高搭配"的调位中和模式
的一部分（邢向东 2004：8—18，李倩 2001：106—131)。因此，我们认为，
这是关中话早期的一种连调式，它后来受到西安话为代表的权威方言的轻声
（表现为后字不论原调和前面的调类，一律读较轻较短的 21 调）的覆盖，只
保留在关中周边地区。不少关中方言两种连调式并存，反映原来的调位中和
模式在权威模式影响下逐渐式微的过程。如岳佳（2009 ）所记的耀县话①。

　　单就去声字和上声的关系来说，岐山话"提倡、侮辱、馄饨、饶恕、妨
碍、和蔼、累赘、邵北吴~，地名"等字，前面经常搭配阳平字，有可能是后字
高降的连调式固化后读为上声的（吴媛 2006)。

　　前述西安话变调规律（3 ）"去声字儿化时变读上声调"，也在关中话中
普遍存在②。这同样会导致一些充当名词的去声字变作上声，如"片、块"读
上声就很有可能是这种原因导致的结果。

　　值得注意的是，上述连读变调都体现在方言高频词中。由于连调中一些
阴平、阳平、去声字总是读与上声相同的高降调，这种变调有可能"固化"
到单字上面，从而改变原来的单字调，逐渐由语流中的优势读法取代单字调
的读法，形成"例外的上声字"。这种连读调固化为单字调的现象，可以称
之为"连调固化式"音变，是共时音变向历时音变转化的一种途径。

　　能够为上述推论提供有力旁证的是临汾屯里话。屯里话属中原官话汾河
片平阳小片。樋口勇夫的《临汾屯里方言研究》一书，详细记录、分析了屯
里话的声调例外字，并对例外的原因作了推测。

　　临汾屯里话有 5 个单字调：阴平 22，阳平 35，上声 31，阴去 44，阳去

---

　　①　在 IACL-18 & NACCL-22 的讨论中，孙景涛先生提出，这种连调模式当属两级变调，从这一角
度出发考虑会挖得更深。蒋平先生提出，这种连调应与轻重音有关。张维佳先生提出，可从声调高低变
化的韵律、从声调格局的角度考察。上述先生的意见，对笔者启发很大。有的邢向东（2004 ）中曾经涉
及，有的将另文讨论。关于此类变调，笔者的最新观点是，它们都源于西北方言的"词调"。详见邢向
东、马梦玲《论西北方言的词调及其与单字调、连读调的关系》，载《中国语文》2019 年第 1 期（26—
39 页)。

　　②　汾河片解州小片永济话也有相同的变调，如"扣儿、味儿、棍儿、锅盖儿"（吴建生、李改样
1990：6)。

51。在进行穷尽性列举、分析之后，作者分别讨论了屯里话声调例外字中，受普通话调类、调值、调类和调值、连读变调影响的情况。作者认为，屯里话古清、次浊上声今读阴去（44）调，古清去声今读上声（31）调的例外（即阴去和上声字互换声调——引者），正是由于在屯里话的某些连读变调模式中，前字位置上，上声和阴去"不管后字的声调如何"，都要发生互换的结果（樋口勇夫 2004：132）。

王临惠（2007）列举了山西临猗话的声调例外字，并且分析了形成的原因，其中一条是："将方言中的变调作为本调来读。如：①今阴平字轻音节前变读去声，有些字只固定出现在一些词中读变调。久而久之，人们误将变调当作本调来读。"该条所举例字除了清入归去声，还有"哪~里"变读阴平一例（王临惠 2007：53）。

3.2 普通话去声调值的影响

关中话的上声调值与普通话的去声调相似，方言上声是高降调，普通话去声是全降调。因此，在共同语对方言施加影响时，方言有可能因为这种调类和调值之间的"错位对应"，而直接借入共同语的调值，即方言区的人在模仿共同语发音时，误解方、普之间声调的对应关系，造成误读式的声调例外。关中话例外上声字中去声占大多数，可以从这里得到解释①。这种从共同语直接借入调值的方式，曹志耘（1998：89—99）、邢向东（2002：186—187）都讨论过，陈保亚（1996）、瞿建慧（2010：55—59）将其概括为"音值借贷"。从例外声调形成的原因着眼，可以称之为"借调固化式"音变。

有一个活生生的实例是，西安本地人本来不包粽子，当地话也没有"粽子"一词，但后来这个词随着"粽子"的实物一起进入西安话，却没有按照方言与普通话的调类对应规律读［tsuŋ⁵⁵ tsɿ⁰］，而是读成［ˈtsuŋ⁵³ tsɿ⁰］"，造成了一个例外上声字。关中人说"尴尬"一词的读音，可以看作是调类、调值的影响共同发挥作用的典型。普通话的这个词是从吴语借入的，而关中

---

① 共同语—方言之间调类、调值的错位对应关系，常常会导致一些初学语言学的人错误地理解调值与调类名称之间的关系，当然也会导致方言区的人在读受共同语影响的词音时，借入共同语的调值，造成声调例外。

话又从普通话辗转借入。"尴尬"关中话一般读［ˌka²¹ ˚ka⁵³］。前字读阴平，从普通话借入调类，后字读上声，从普通话借入调值，声母、韵母未发生变化。

张维佳（2002：184—185）曾经分析过关中话入声字的不规则分化。他指出："其二，因方言与标准语调值相近而使非常用字改调类，关中方言上声与标准语去声在调值上接近……像'魄恰洽寞漠诺略腹'之类的非常用字由于标准语的影响而读上声调。"王临惠（2007：53）也将"受到共同语相近调型的干扰发生例外现象"作为临猗话例外上声字的原因之一，例如"恕碍讳撼灿讯谤匿"。其他一些非常用的例外上声字，如"妒沛蒯庇皁撼秽谬刽"等的形成原因，也当作如是观。

在这方面，临汾屯里话同样可以提供旁证。根据樋口勇夫（2004：131）的分析结果，屯里话声调例外中，受普通话调值影响的有如下情况：

> （d）在古清平声今读阴去（44）调的例外当中，全部（12个字之中12个）字跟普通话调值（高平调）相似。（e）在古清、次浊上声今读阴平（22）调的例外当中，多数（48个字之中44个）字跟普通话调值（低平调）相似。（f）在古全浊上声今读上声（31）调的例外当中，多数（15个字之中10个）字跟普通话调值（下降调）相似。（g）在古去声今读上声（31）调的例外当中，多数（98个字之中91个）字跟普通话调值（下降调）相似。（h）在古入声今读上声（31）调的例外当中，多数（29个字之中19个）字跟普通话调值（下降调）相似。

以上（f）（g）（h）三条说的都是阴去和上声的关系。也就是说，在屯里话中，跟普通话调类不同但调值相似的字，因普通话调值的影响而大批地变成了声调例外字，其中包括较多的上声字。

临汾话是受到普通话严重影响的一个汾河片方言。普通话的调类、调值都对它的声调系统产生了重大影响，根据樋口勇夫的考察，调值的影响要大大强于调类的影响。我们认为，关中话所受普通话的影响虽然比临汾屯里话要小得多，但其具体情况则与屯里话相似：调值的影响大于调类。

比较3.1和3.2所讨论的两类例外上声字，我们会发现，由"连调固化式"音变造成的例外字,多数记录的是口语常用词(语素),而由"借调固化式"音变造成的例外上声字,则都是非常用词(语素)。因此,表面上看,两种音变的结果都是声调例外,但其发挥作用的具体对象、运作的具体过程都不完全相同。

3.3 普通话调类的影响

在关中话的例外上声字中,有 25 个字与普通话调类相同,其中上声、去声相混的占大多数。这些是与普通话"共变"的例外字,可以看作是受共同语影响的结果。不过,从这些字的读音在北方方言中十分普遍的情况来判断,这种影响不应当理解为当代普通话的影响,有的在官话的较早时期就已经发生了。如"饺",关中话"饺子"地道的说法是"角子 [ˌtɕyo tsʅ⁰]",这是中原官话的读音,现在说"饺子 [˚tɕiɑu tsʅ⁰]",显然是受到以北京话为代表的北方官话影响的结果。再如"萎翡伪署泳咏"等的读法,都应是随着相关词语借入的。这一点张维佳(2002:184)讨论古入声字异常演变时也已论及,如"涂抹"之"抹","撒种"之"撒",等等①。唐人李肇《唐国史补》有"关中人……呼釜为付"的记载,说的本是关中人将全浊声母字(釜)与清声母字(付)相混的情况,但是请注意,"呼 X 为 Y"的条件是两个字完全同音,"釜、付"同音表明唐代时关中话已将"釜"读入去声,现在读上声,当是后来受到共同语影响的结果。

3.4 古代关中话的遗留

关于古代关中话的声调,前人有一些记载。据张维佳(2002:166—167):"历史文献中直接描述古代关中方言声调状况的材料主要有三个:一是陆法言《切韵序》曰:'秦陇去声为入';一是慧琳《一切经音义》开成五年顾齐之序:'秦人去声似上,吴人上声似去';一是日本沙门安然《悉昙藏》卷五定异音条。"根据对《悉昙藏》有关描述的分析,张维佳认为古长

---

① 张维佳先生举关中"折断"之"折"读上声,也是由于标准语影响,疑有笔误。普通话"折"有 zhē、zhé、shé 三读,并无上声读法。笔者以为,"折断"的"折"读上声,恐怕与连调中阴平、上声往往"互换"关系更大。

安话上声和去声调值接近，所以较易发生混淆。在反映唐代长安方言的慧琳《一切经音义》中，就有"上去相涉"的现象（张维佳 2002：170—171）。不过，我们认为，陆法言、顾齐之关于"秦陇去声为入、去声似上"的记载，似应理解为与当时的标准语声调的对应关系。试分析顾齐之序言的上下文："秦人去声似上，吴人上声似去。"上下两句的文意应当是一致的，那么就只能理解为与当时标准语的对应关系，否则"秦人去声似上，吴人上声似去"就成了一个意思的两种说法，成了文字游戏了。因此，当时长安话上声、去声字的相混，同样可以解释为秦音的去声与标准语的上声"错位对应"的关系使然。至于全浊上与清上相混的例子，则如唐代李肇《唐国史补》中所记"关中人呼稻为讨"等，尽管李肇说的是全浊和次清声母相混的情形，但客观上也说明那时全浊上与清上相混的现象已经出现了。

不论古关中话上声、去声的调值是否接近，一些上声与去声相混的字属古已有之，大概是没有问题的。

3.5　其他

除了以上所论，还有其他原因也可能造成例外上声字。如"他"在关中话普遍读上声，是受"我、你"感染，类化而成。多音字声调归并也会形成例外上声字，如"放假"的"假"是去声字，"真假"的"假"是上声调，大概是前者受后者同化，变为上声字。"吐载绕"在关中方言中通读上声也可能是声调归并的结果。

第十章

礼泉方言音系及声调对元音开口度的影响

——兼论关中及西北方言调查中的音位处理原则

礼泉县位于陕西省咸阳市西北部，地理上东邻咸阳、泾阳，西邻乾县，南连兴平，北接永寿、淳化。2008 年 10 月 30 日到 11 月 8 日，课题组在礼泉城关进行了试调查，潘悟云先生参加了本次调查。调查内容包括基本音系、连读变调、2280 个单字音、1650 余条词语、70 个语法例句，历时 10 天。发音合作人张幸军先生，1961 年生，农民，高中文化，世居礼泉县城，不能说其他地方的话。张先生的话代表礼泉县城中派偏老的特点。

本章主要描写礼泉话的语音系统，讨论礼泉话韵母的一个独特现象：主要元音随着声调高低而有高低两套发音，说明《关中方音调查报告》以来礼泉话发生的重要变化，最后阐明我们对关中方言及西北方言调查中音位处理原则的意见。

一、音系描写

1.1 声母

礼泉话共 29 个声母，包括零声母在内。

p 布步别　　　pʰ 怕盘波　　　m 门母

　　　　　　　　　　　　　　　　　　f 飞冯　　　v 微武

t 到道钉　　　tʰ 太同　　　　　　　　　　　　l 路怒连吕

	ʈʰ 条听	ȵ 年硬女		
ts 糟祖	tsʰ 曹仓巢从		s 散苏师诗	
tʂ 招蒸知着	tʂʰ 潮吃车		ʂ 扇识社说	ʐ 绕认
tʃ 主中桌	tʃʰ 处虫戳		ʃ 书顺朔	ʒ 若闰软
k 盖高共	kʰ 开跪口	ŋ 我爱袄	x 胡化灰	
tɕ 精经举	tɕʰ 秋丘		ɕ 修休	
Ø 日严围危元				

说明：

（1）p、pʰ、m 与 u、o 两韵相拼时，带有明显的唇齿塞擦音色彩，上齿接触下唇的部位靠内，实际音值为 [pᶠ pᶠʰ mᵛ]。尽管这组声母没有从 p、pʰ、m 中独立出来，且出现的条件很清楚，就是在后、高/半高、圆唇元音后才读唇齿音，但它的语音学价值很高，应当有利于认识和解释汉语史上从重唇音分化出轻唇音声母的具体机制和过程。

（2）[ʈʰ] 是 tʰ 在齐齿呼韵母前的一个变体，即 tʰ 在齐齿呼韵母前的腭化音。从音位学看，应当处理成 tʰ 的条件变体。值得注意的是，据目前调查所知，有的关中方言端组字不论送气与否，在齐齿呼韵母前都发生了严重的腭化加擦化（邢向东、黄珊 2007，详见本书第六章）。但礼泉话只有送气音 tʰ 在齐齿呼韵母 i 前明显地腭化，而不送气的 t 则未发生腭化。另外，端精见组字在齐齿呼韵母前的分混关系是关中方言声母及介音演变的一个重大问题，为了便于探讨这个演变的渐变过程，我们将 ʈʰ 单独列为一个声母。其实，甘肃、宁夏、青海不少方言也存在端精组齐齿呼字的腭化现象，因此在西北方言的调查中，记音时都应注意 t、tʰ 在齐齿呼韵母前的发音。

（3）[ȵ] 是 n 在齐齿呼韵母前的一个变体，与 ʈʰ、tɕ 声母相平行。描写关中方言的论著一般不归并入 n 音位，本书亦将其独立出来。

（4）tʂ、tʂʰ 有一组重要的变体 [ʈ ʈʰ]，出现在开口呼韵母 æ、ɔ、ou、ã、ɛ̃、ɑŋ、ɤŋ 前，发音以塞音为主，略带摩擦，实际音值分别是 [ʈʂ ʈʂʰ]，如：张 ʈʂɑŋ，长 ʈʂʰɑŋ，真 ʈʂɛ̃，陈 ʈʂʰɛ̃。在实际语流中，这两个辅音发音并不始终一致，有时塞音的成分很重，有时略轻，是 [tʂ tʂʰ]。tʂ、tʂʰ 的另外两个变体 [tʂ tʂʰ]，只出现在 ʅ、ɻ 两个韵母前。

（5）舌叶音 tʃ、tʃʰ、ʃ、ʒ 只出现在合口呼韵母前，与 tʂ、tʂʰ、ʂ、ʐ 出现条件互补，实际音值是半圆唇的舌叶音［tʃʷ tʃʰʷ ʃʷ ʒʷ］。发音时，舌尖和前舌面对准上齿龈，双唇外翻呈半圆状，上齿略与下唇内侧接触，其中清擦音 ʃ 能吹出哨音来。在和 u（实际音值是［ɯ̯i］）韵相拼时，其口形和摩擦成分一直延续到音节结束。过去人们认为它们与 tʂ、tʂʰ、ʂ、ʐ（甚至包括 ts、tsʰ、s、z）出现条件互补，一般记作 tʂ、tʂʰ、ʂ、ʐ 或 ts、tsʰ、s、z，而将音节的圆唇作用归因于韵母及介音①。本次调查中反复观察、听辨、比对，发现这组音节的圆唇特征主要是在声母上，有的方言（大多为知系合口字与精组合口字未合流的方言，但也有知系精组合口字合流的方言，如富平美原）圆唇作用极弱。在千阳、凤翔（老派）、美原、丹凤等方言中，读音已近于开口呼，岐山、眉县、扶风、宝鸡、凤翔（新派）完全失去合口成分，读 tʂ、tʂʰ、ʂ、ʐ 母，开口呼韵母。因此，我们主张将这组声母独立出来，以便探讨关中方言知系合口字的演变。

将这组声母独立出来，除了音值本身外，还有以下考虑：第一，在关中方言中，由它们组成的音节发生变化的主导因素是在声母方面，其发音特点应当得到强调。第二，古知系声母在合口呼韵母前的演变及其与精组字的分合关系，是关中方言中极为突出的问题。因此，在调查、描写关中方言时，应当尽量保留这组声母的独立性。第三，礼泉话来自宕摄药韵的知章组字"酌着想、语气词着睡着勺芍"以及山摄的"说"字声母是 tʂ、tʂʰ、ʂ，来自江摄的知庄组字"桌戳浊捉朔"声母是 tʃ、tʃʰ、ʃ，着 tʂuo³¹ ≠ 桌 tʃuo³¹，说 ʂuo³¹ ≠ 朔 ʃuo³¹，已经形成了最小对立。因此，将这两组辅音分开，列为两组声母是适宜的。

1.2　韵母

礼泉话共 39 个韵母，不包括儿化韵。

ɿ 资支 ʅ 知直	i 第急踢	u 胡都组猪	y 虚欲
ɑ 爬辣抓	iɑ 架夹	uɑ 花刮	
æ 该盖帅	iæ 阶谐	uæ 乖怪	

_____

①　如《关中方音调查报告》将礼泉话这组音节记为 tʂʮ-、tʂʰʮ-、ʂʮ-、ʐʮ-，右下角的［ʮ］表示半圆唇。

o 婆物桌　　　　　　　　　　　　　uo 河过割说　　　yo 靴缺药

ɤ 蛇哥舌

　　　　　　　iɛ 姐界接

e 倍白色追　　　　　　　　　　　　ue 贵国

ɔ 保桃　　　　　　iɔ 条小窑

ɯ 胳蛤

ou 狗收鹿　　　　iou 流绿九

ɚ 儿日

ã 胆三船　　　　　iã 间盐前　　　　uã 短酸　　　　yã 权玄

ɛ̃ 根春　　　　　　iɛ̃ 心新　　　　　uɛ̃ 魂温　　　　yɛ̃ 群云

ɑŋ 党桑床　　　　　iɑŋ 讲梁　　　　　uɑŋ 光筐

ɤŋ 灯庚　　　　　　iɤŋ 星灵　　　　　uŋ 东翁　　　　yŋ 胸荣

说明：

（1）o、uo、yo 的主要元音舌位略低于标准的［o］，且圆唇度低、偏于央元音，实际音值接近［ɜ］；iɛ 韵的主要元音音值也偏央，但达不到［ɜ］的程度，应当是前面的介音起作用的结果。另外，o 只和唇音声母相拼，ɤ只和非唇音声母相拼，两者处于互补分布，可以归并为一个音位。uo 和 o也处于互补分布，也可以归纳为一个音位。因此，o 和 ɤ、uo 处于双向互补关系中。

（2）u 在 p(pf)、pʰ(pfʰ)、m(mᵛ)、f 后面时，实际音值是唇齿半元音［ʋ］，摩擦很重，且一直持续到音节完毕；在 ts、tsʰ、s 后面时是圆唇的舌尖前音［ʮ］。它只出现在单韵母中，作为介音时舌尖音色彩不明显。

（3）u 在［tʃ̩ tʃ̩ʰ ʃ̩ ʒ̩ᵛ］后面时有一个变体［ʉ̩］，实际音值是与带有圆唇色彩的舌叶音同一部位的元音，也就是发辅音［tʃ̩ tʃ̩ʰ ʃ̩ ʒ̩ᵛ］除阻后，原来的口型、舌位不变，留出一条通道，让带音的气流带着摩擦流出来，唇形略展。我们注意到，《报告》以及后来的学者在关中话语音描写中，对 u 音位的这个变体特别重视，关中西府知系合口字读开口呼韵母，中部和东府有好几派读音，都跟合口呼韵母有关，礼泉的这种类型正处于东、西府之间的过渡状态。

（4）æ、iæ、uæ 在阳平字中，主要元音有较明显的动程，可以标为

［æɜ］。ɔ、iɔ 的主要元音有微小的动程，可以标为［oɔ］。

（5）ɑŋ、iɑŋ、uɑŋ 的韵尾较松，实际音值是［aỹ iaỹ uaỹ］。

1.3 单字调

共 4 个单字调。不包括轻声。

阴平 31　高开婚知织黑入　　　阳平 24　穷寒陈才鹅局合

上声 52　古口好走五女有　　　去声 55　抗汉近坐厚害让

说明：

（1）阳平调的调尾在用力发音时较高。

（2）阴平、阳平时值较长，上声、去声时值较短。

（3）古全浊声母上声字今归入去声。古清、次浊声母入声字归入阴平，全浊声母入声字归入阳平。

二、声调高低对元音开口度的影响

礼泉音系中一个非常突出的现象是，声调的高低会影响韵母主要元音的开口度，即同一个韵母因声调不同而发成主要元音高低不同的两套读音。具体来说，读阴平 31、阳平 24 调的音节中，韵母主要元音舌位偏低，口腔开度较大；读上声 52、去声 55 的音节中，主要元音舌位偏高，口腔开度较小。下面以开口呼韵母为例，列表 10-1 示意如下（a、ɤ、o、ɿ、ʅ、i、u、y 等韵母变化不明显，不列入）：

表 10-1

韵母	阴平 31/阳平 24	例　字	上声 52/去声 55	例　字
æ	æ/æɜ	该 kæ³¹　来 læɜ²⁴①	ɛ	改 kɛ⁵²　盖 kɛ⁵⁵
e	ᴇ	北 pᴇ³¹　白 pʰᴇ²⁴	e	悲 pe⁵²　背 pe⁵⁵
ɔ	ɒ	高 kɒ³¹　豪 xɒ²⁴	ɔ	考 kʰɔ⁵²　靠 kʰɔ⁵⁵

---

① æ 韵在阳平调中略有动程。这是关中方言的普遍特点。

续表

韵母	阴平 31/ 阳平 24	例　字	上声 52/ 去声 55	例　字
ou	ou	偷 tʰou³¹　头 tʰou²⁴	ʋu①	狗 kʋu⁵²　路 lʋu⁵⁵
ã	ã	担 tã³¹　谈 tʰã²⁴	æ̃	胆 tæ̃⁵²　探 tʰæ̃⁵⁵
ɛ̃	ɛ̃	身 ʂɛ̃³¹　神 ʂɛ̃²⁴	ẽ	沈 ʂẽ⁵²　甚 ʂẽ⁵⁵
ɑŋ	ɑŋ	当 tɑŋ³¹　堂 tʰɑŋ²⁴	ʌŋ②	党 tʌŋ⁵²　挡 tʌŋ⁵⁵
ɤŋ	ʌŋ	争 tsʌŋ³¹　棱 lʌŋ²⁴	ɤŋ	冷 lɤŋ⁵²　挣 tsɤŋ⁵⁵

　　礼泉话韵母随着声调不同而舌位有高低之别，是一种系统的语音变异现象。形成这种变异的原因，既跟声调的高低有关，又与不同声调的时值长短有关。在礼泉话中，阴平、阳平的调值分别是低降调 31 和中升调 24，起点都不过中度，同时，这两个调的时值也比较长。上声、去声分别是高降调 52 和高平调 55，且时值较短。发低调时，声带较松弛，这时口腔开度略大、舌位较低，似乎是口腔、舌体与声带的协同动作；同时，音节的时值如果较长，韵母的音程就会加长，说话人可能须要把韵母的动程加大，以使该韵母发音饱满，无意中造成舌位低于高调音节中的发音。发高调时，声带拉得较紧，这时口腔开度略小、舌位较高，也是一种协同动作；同时，高调音节时值较短，韵母的音程也略短，与之相伴随，韵母的动程、舌位的高低就可能小于发低调的时候。这就造成声调高低影响韵母主要元音开口度大小、舌位高低的现象。

　　最能说明这一点的是阳平调的情况。关中话阳平调是一个 24/35 调，由半低 / 中向半高 / 高上升，且时值最长。据调查，关中各方言点发阳平调的 æ 韵字时，几乎都有动程，一般发成 [æɛ] 甚至 [æe]。早在白涤洲调查关中方言的时候，就发现了这一特点。如《报告》（10 页）中对 æ 韵的描写：

---

　　① ou 韵在上声、去声调时，主要元音不仅高，而且流音化，一带而过，原来的韵尾反倒占据主要元音的位置，发音持久。严格地应标为 [ᵘu]。

　　② 由于 ɑŋ 韵在上声、去声中读 ʌŋ，ɤŋ 韵在阴平、阳平中读 ʌŋ，所以表面上会形成混淆。实际上，由于它们出现的声调不同，而且当地人对韵母的感知是系统的，所以不会造成混淆。

　　　　与北京 ai 相当的元音在关中是单元音 æ，但有时候读得像个复元
　　音。……"西安 æ 是单音，惟阳平似复音，如埋作 mæɛ"。又说，"兴
　　平之 æ，平声是 æɛ，去声则近 ɛ"①。又说，"大荔 æ，阳平似 æɛ，阴平开，
　　去声紧"。又有时舌位稍高，或唇稍圆。

　　再如，合阳话 y 韵在其他调中的音值是［ʉ］，在阳平字中则发成［yu］，把
舌位从前到后的过程全部发出来了。关中话阳平音节的发音，似乎在声带由
松变紧的过程中，伴随着舌位由低到高的变化，凸显了声调同韵母元音开口
度的相关性。从发音原理上探究，其原因可能是声带在较长的时值内由松到
紧地运动，要把音节发饱满，就会加大下腭的运动过程，从而增加发音过程
中元音的动程，而这种变异在当地人心理和语感上并无感知。由此看来，声
带的松紧和时值的长短应当是不同声调影响韵母舌位高低的两个最主要的因
素。低调舌位低，高调舌位高，可以理解为韵母和声调之间的协调行为。

　　这种韵母的元音因声调不同而发生变异的现象，在汉语方言中普遍存
在。如湘语辰溆片的"异调变韵"就表现得十分突出（瞿建慧 2009，曹志
耘 2009a）。对其原因，远藤光晓（1994）、李如龙（1996）等都做过一定程
度的解释。远藤光晓（1994：501）说："这个问题的关键所在不外乎舌头、
下腭与喉头的连动关系。"他引述平山久雄先生的观点，倾向于认为，在存
在声调不同引起元音变化的方言中，低调音节的主要元音较低，起因于发
低音时胸骨舌骨肌活动导致舌骨乃至舌位向后下方的移动。曹志耘（2009a：
147）系统考察了汉语方言中的"调值分韵"现象，认为它与调值的高低、
长短都有关系："调值分韵的直接原因是调值的长短、高低本身……长调导
致韵母元音复化、韵尾增生（可合称'长化'），低调导致韵母元音低化、复
化，显然是两种主要的音变机制。从一个更高的层面来看，我们也可以把长
化、低化、复化都视为对原韵母的一种'强化'，即增强原韵母的长度、响
度和信息量。"我们赞同曹先生的基本观点，认为"调值分韵"能够表达这
种现象的内涵。从曹志耘所列举的诸多调值分韵现象来看，大致与高、短调

──────────

　　①　兴平是礼泉的紧邻，从《报告》看发音颇似礼泉。又从本次调查的结果来看，在关中方言中，
声调影响韵母发音的情况是普遍现象，只是大多数方言没有礼泉这样突出、系统而已。

值相联系的元音更为稳定，与低、长调值相联系的元音则不太稳定，因此被视为音变的结果。从音位的角度来看，它们都是同一个元音音位在不同声调中的音位变体。其稳定性是相对而言的①。

三、本次调查结果与《报告》的差异

礼泉县城话是 1933 年白涤洲先生调查关中方言的调查点之一。下面拿本次调查的结果同《报告》作一对照，以观察礼泉话近八十年来发生的变化。

3.1　与《报告》相同的情况

本次调查的大多数记录和《报告》相同，尤其是一些关中话独特的语音现象。例如，《报告》（10 页）对 tʂʮ、tʂʰʮ、ʂʮ、ʐʮ 等音节的描写："但是乾县、永寿、礼泉、咸阳'猪'tʂʮ。ʮ 后附加 ɿ 表示圆唇程度浅，就是 ʮ 读 ʮ 与 ɿ 之间的音。""礼泉'紫'读 tsɿ，不圆唇；'祖'系读 tsʮ，圆唇；'朱'系读 tsʮ（疑为 tʂʮ 之误——引者），半圆唇。"今天，这组音节的发音仍然是半圆唇的，具体情形是，当背着说话人听他们说话时，感到展唇的成分重，但观察说话人的发音动作，又发现嘴唇基本上是撮起的，同时，韵母阶段并不将嘴唇拢圆，只是在延续发声母时的动作。因此，这种口形其实主要是跟声母有关。从白涤洲先生开始，历来调查关中方言的学者都把这组声母记为舌尖后音 tʂ、tʂʰ、ʂ、ʐ 或舌尖前音 ts、tsʰ、s、z，而试图通过韵母来区别此类音节同其他 tʂ、tʂʰ、ʂ、ʐ 或 ts、tsʰ、s、z 母字。我们认为，这样处理并未找到问题的症结。其实更准确的记音应当是带唇齿化色彩的舌叶音［ʧʷ ʧʷʰ ʒʷ］，只是舌位略靠前，是舌尖和前舌面与上齿龈相抵。舌叶音发音恰恰带有嘴唇外翻的动作。因此，从《报告》到现在，这组音变化并不大，但我们的记音和《报告》不同。

---

① 韵母元音因声调高低不同而存在差异，对调查方言时如何记音提出了挑战。目前，我们的基本观点和做法是，在尽可能准确的前提下，选择正则元音或接近正则元音的音标来记音。

3.2　本次调查结果与《报告》的差异

本次调查结果与《报告》不同的，主要有以下几条。

（1）《报告》记录了礼泉话泥母和来母在齐齿呼、撮口呼韵母前不混，只是将这个声母记作 [ɲ]，处理成 ŋ 音位的一个变体。本次调查将这个音记作 n̠，独立出来。我们认为，《报告》将这个音处理为 ŋ 音位的变体，属于过度归并，并不恰当。n̠、ŋ 不仅发音上区别甚为明显，而且来源不同；这样归纳实际上掩盖了古泥、来母在细音韵母前有别的事实。

（2）白涤洲先生调查时十分注意腭化音 t̠、t̠ʰ。然而《报告》未报道礼泉话 t̠、t̠ʰ 有腭化现象。此次调查发现，t̠ 仍然没有腭化，t̠ʰ 则在 i 前面明显地腭化，读成 t̠ʰ 了。如：踢 t̠ʰi³¹，条 t̠ʰio²⁴，听 t̠ʰiəŋ³¹。不过，今礼泉话只是音值发生了变化，还未同其他声母发生合流①。

（3）《报告》未报道礼泉话 p、pʰ、m 逢 u、o 两韵有唇齿化现象。此次调查发现，今礼泉话明显存在这种现象，以上三个声母在 u、o 韵前分别读成 [pᶠ pᶠʰ mᵛ]。

（4）还有一些音，《报告》和此次调查的记音不同，都集中在韵母部分。其中来自古效摄和蟹开一帮组、合一三四止开口帮组、合口摄的韵母，《报告》记为复元音韵母 ɑu、iɑu、ei、uei，此次调查记为单元音韵母 ɔ、iɔ、e、ue。但蟹摄一二等韵记音相同：æ、uæ。

就以上几点不同来看，近八十年来，礼泉话还是发生了不小的变化，其中一些变化颇耐人寻味。如来自古端组的 t、tʰ 在齐齿呼韵母前发生腭化，是关中话中比较普遍的音变现象，《报告》中礼泉话没有此项变化，但现在送气音 tʰ 在齐齿呼韵母前已经腭化成了 t̠ʰ，说明关中话中这条演变规律还在继续进行，而发生腭化的首先是送气音，其次才是不送气音，也与我们在其他关中方言中观察到的端、精组声母的腭化顺序相同（邢向东、黄珊 2007，详见第六章）。再如，双唇音 p、pʰ、m 在 u、o 韵母前唇齿化，也是关中方言较普遍发生的语音演变。《报告》中礼泉话没有此项音变，而本次调查的结果是已经发生了唇齿化，发 [pᶠ pᶠʰ mᵛ]，说明此项演变也在关中方言中继

---

① 　与礼泉话发生同类变化的有户县、耀县、富县、宜川等方言。此外，千阳、旬邑、长武、美原透（定）母字与清（从）母字合流，端（定）与精（从）母字不合流，亦属类似情况。

续扩散（详见第三章）。再如，《报告》记录了前元音构成的复韵母的单化现象（æ、iæ、uæ，无一例外），来自效摄的韵母则一律记成复韵母 ɑu、iɑu。此次调查发现，大多数方言该组字的韵母为 ɔ、iɔ，比如，张维佳（2002：296—316）所附 8 个代表点音系中，除了韩城、蒲城兴镇为 ɑo、iɑo 外，西安、铜川、商州、宝鸡、岐山、陇县均为 ɔ、iɔ。可见 ɑu、iɑu → ɔ、iɔ 的单元音化，在近八十年来可能发展得更加充分了。不过也可能跟不同调查者的记音习惯有关①。

四、对关中及西北方言调查中音位处理方法的思考

通过近年来关中方言的调查实践和对近八十年来关中方言语音演变的观察，笔者体会到在关中方言及西北方言的语音调查中，对一些声母韵母的处理不能拘泥于音系学的原理，而应采取更切合方言实际的处理办法。

纵观关中方言乃至整个西北方言，声母在音节中的地位十分重要，往往在发音和语音演变中扮演着主导的角色。比如，不少关中方言 ts、tsʰ、s 后的 u 往往发成舌尖音 ʮ，这是因为声母处于强势地位，主导了整个音节的发音，导致韵母向其靠近，也发成舌尖音。再如，关中西部地区，古山摄合口三等从心邪母字（全泉选宣旋）不是像普通话那样读成撮口呼音节 tɕʰy-、ɕy-，相反却读合口呼音节 tsʰʮ-、sʮ-，说明在这些方言的声母和介音的相互作用中，声母处于强势地位，将韵母的介音拉到舌尖元音 ʮ 的位置，而不是介音导致声母发生腭化演变（邢向东、黄珊 2009）。众所周知，西北方言中辅音声母发音时阻塞、摩擦很重，送气音的送气成分很强，往往导致韵母 i、u、y 高化为 ɿ ʅ ʮ ʋ/ɣ（这种高化遍及陕甘宁青新五省区。张建军 2008）。以往研究西北方言的人多注意元音高化本身，而没有注意导致元音高化的原因是发音中声母处于强势，起了主导作用的缘故。因此，我们主张，在调查西北方言时，一方面固然要注意元音高化等现象，另一方面更要关注声母的发

---

① 白涤洲对咸阳、礼泉一带方言的记音，也许受到了刘文锦的影响。刘文锦在《记咸阳方音》中，即将古效摄韵母记为［ɑu］，同时说明"［ɑu］［iɑu］里的［u］应该是［ɔ]"。从刘文锦的说明看，八十年来咸阳、礼泉一带这组韵母的变化也不大。

音特点，把声母的发音部位、发音方法记准确，给以充分的描写，以便更深入地探求西北方言语音演变的规律。为了达到这个目的，在语音描写中，有时可不必太拘泥于音系学在归纳音位时的互补分布原则，将对探求语音演变有价值的辅音音位的变体单独记录出来。只有这样，在探讨西北方言语音演变规律的时候，才能注意到声母在其中所起的显著作用，找到语音演变的真正原因。

关中方言乃至整个西北方言，是官话中极具活力的一支，有不少重要的语音演变在发生、扩散，这些演变对于解释历史上曾经发生过的语音演变具有不可替代的重要作用。如第三章讨论的 p、pʰ、m 在后、高 / 半高元音前唇齿化为 [pᶠ pᶠʰ mᵛ] 的现象，对于我们理解上古汉语到中古汉语之间"重唇变轻唇"的音变，就具有特别的意义。而古端组字在齐齿呼韵母前的腭化，谁又能说不是在重演历史上曾经发生过的"舌头音变舌上音"的演变呢？所以，在调查中，仔细观察、记录细微的语音变化，有时甚至牺牲一点音系学的原则，应当是得大于失的。

第十一章

方言地图反映的关中方言地理

本章运用地理语言学方法，选取 6 种具有相当历史深度的语音现象，通过方言地图（部分与《关中方音调查报告》相对照），观察关中方言内部的语音差异及其地理分布特点。每组方言地图均附以适当的分析、解释，阐明地图所反映语音现象的分布特点及其在关中方言语音演变中的意义。最后从总体上讨论关中方言的宏观地理分布及其变化。

一、v-、u- 的分混

《报告》时代，关中地区的西北部、东南部存在两个古微母（含以母）与疑母（含云母）合口字合流的地区，中部则是大片的微、疑相分区，见图 11-1。本次调查的结果是，微以母与疑云母的合流区域略有扩展，主要表现在西府的凤翔、眉县、扶风及东部潼关"微味维、危魏围"声母合流，另外，白涤洲先生未调查的宜川、富县、黄陵、宜君、丹凤等，也属微以、疑云合流的方言，见图 11-2。

在北方方言区，微母合口字与疑云以母合流是大势。但在关中地区，两类韵母相分还是具有相当的稳定性。如果没有外力的推动，恐怕在短时期内不会发生大面积合流。

此外，关中地区微母以母的演变同步，也是值得注意的现象。

图 11-1 《报告》第一图：v-、u- 的分混

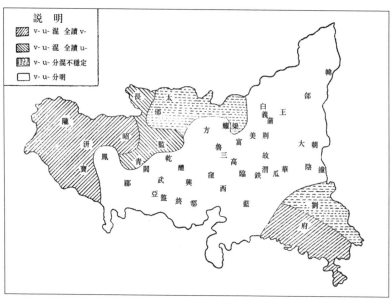

图 11-2 "微微味微维以、危疑魏疑围云"声母的分混

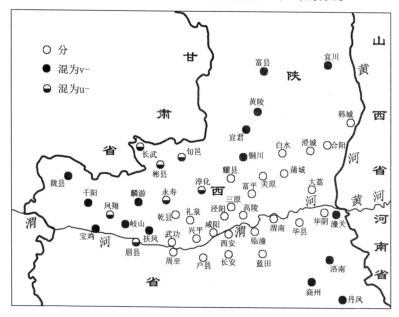

二、n、l 的分混

《报告》第二图（图 11-3）是泥来母分混关系图。从这张图看，20 世纪 30 年代关中方言泥来母之间的分混关系大致可分两类：第一类是"洪混细分"，即在洪音韵母前部分方言合流，在细音韵母前全部相分，分布在西府地区①。第二类是"洪细都分"，但洪音韵母前的具体情况比较复杂，n、l 在开口呼、合口呼韵母前分混的同言线大不相同。其中开口呼前 n、l 相混的同言线，在旬邑、彬县、礼泉、咸阳、眉县一线（含上述各点）以西。合口呼前 n、l 之间的分混，根据具体字的不同（韵尾不同）存在分歧，《报告》举"内暖嫩农" 4 字为例，将其分成 4 类：4 字全混（即开口呼、合口呼韵母前全混）的，有旬邑、彬县、咸阳、兴平、武功以西及最东部的韩城、合阳两点；而紧靠开口呼相分区以东，存在一个"内"字相混、"暖农嫩"相分的北狭南阔地带，主要是西安周边及铜川等地；再往东则是"内暖"相混、"农嫩"不混的狭长地带，包括渭南市西部一线；再往东是"内"字不混、其他 3 字相混的狭长地带，包括今渭南市东部除合阳、韩城以外的地区。

观察近八十年来的变化，有如下要点：第一，n、l 在细音韵母前相分的基本格局没有变化。第二，开口呼前 n、l 分混的同言线仍然在旬邑、礼泉、兴平一线，这 3 点及其以西地区为相混区，以东为相分区（见图 11-4）。第三，合口呼前变化较大，相混区大面积扩展，相分区大为收缩。其中"内"字读 n 声母的地区，白涤洲时代涵盖渭南东部大部分方言及商县，当代"内"读 n 母的地区已缩小至澄城、白水、华阴、大荔及白涤洲未调查的富县、黄陵、宜君，共 7 点，原来读 n 母的蒲城、美原、商州等，已经读 l，与"泪"合流（见图 11-5）。"暖嫩"读 n 母原来分布在耀县、铜川、富平、

---

① 《报告》将西府地区 [*n] 与齐齿呼、撮口呼相拼时的读音记为 [ɲ]（我们记为 [n]），同 [ŋ] 归纳为一个音位。[ɲ][ŋ] 相差较小，且分布条件互补，可能反映当时的发音特点。就今天的情况来看，关中及整个西北地区，齐齿呼、撮口呼前面的鼻音基本上都读 [n]，与 [ŋ] 的听感差异很大，不宜归纳为一个音位。只有这样，才构成泥（娘）、来母字"洪混细分"的局面。在《报告》中，古泥（娘）母今细音韵母字与疑影母今开口呼字合并为一个音位，于是"洪混细分"就无从谈起，更难以同其他方言相比较。可见，共时的语音系统的不同描写，也会导致对古今音变规律的不同认知，并不是简单的"好不好"的问题。

华县、商州以西，淳化（方里）、西安、周至以东的大片地区，现在"暖"只有西安、长安、户县、周至、蓝田、临潼读 n 母（全部属于西安市的范围），"嫩"只有西安、长安、户县、周至 4 点读 n 母，其他方言全部变读 l 母，即从《报告》时代的中部一大片，缩小为西安市范围内的少数方言（图11-6）。"农"字读 n 母原来分布在中部贯通南北的狭长地带，现在只剩周至、兴平、淳化 3 点（图 11-7）。因此，关中方言中泥来母在合口呼韵母前混并最严重，而且八十年来，n、l 在合口呼前合流的步伐并未停止，而是大踏步前进。在开口呼韵母前，n、l 分混线则比较稳定。

为了进一步观察 n、l 分混与合口呼韵母中韵尾类型的关系，我们画了"挪锣"分混特征图（见图 11-8），结果发现"挪"读 n 的分布区域与"内"部分重叠，较后者为大，包括泾阳、三原、高陵、西安、临潼等中部大片地区，以及东部大部分地区。东府地区 n、l 合流的区域有耀县、蓝田、富平、渭南、大荔、蒲城 6 点。这一情况表明，总体上看，在开尾韵的合口呼韵母前，n、l 的混并程度比元音尾韵、鼻尾韵要低一些。

综上，从白涤洲时代到现在，关中方言中泥来母字在洪音韵母前的分混，与韵母的口呼、韵尾都有关系，总体呈梯级分布。（1）开口呼韵母前合流区域最小，分布在西部地区；（2）合口呼的开尾韵、元音尾韵前合流区域较大，包括西部、东部大部分地区；（3）合口呼的前鼻音尾韵前合流区域次大，涵盖中部以外的关中地区；（4）合口呼的后鼻音尾韵前合流区域最大，只剩个别方言点还有区别[①]。据此推断，关中方言中 n、l 母的混并，应当是从合口呼韵母的鼻音尾韵前最先开始的。

总之，关中方言中 n、l 在洪音韵母前混并的等级关系可以表示如下：

开口呼＜合口呼（开尾韵＜元音尾韵＜前鼻音韵＜后鼻音韵）

关于 n、l 母在关中方言中分合关系详细分析，可参考张维佳（2002：87—90）。

---

① 但"浓"字的声母与"农"不完全相同，读 n 母的方言点较多。"浓"是书面语用字，受共同语影响大，不足为凭。

图 11-3 《报告》第二图：n、l 的分混

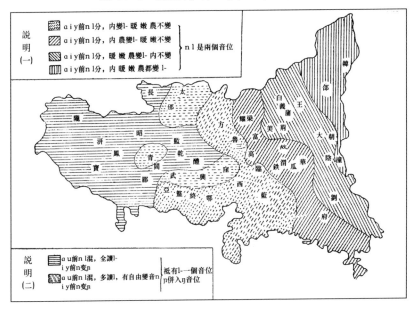

图 11-4 "拿泥"的声母

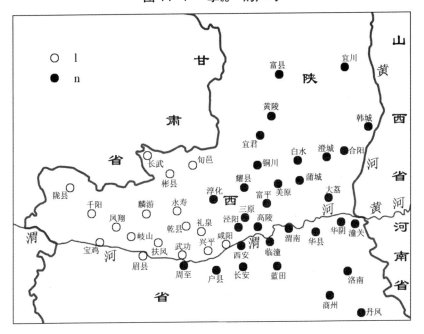

图 11-5 "内泥"的声母

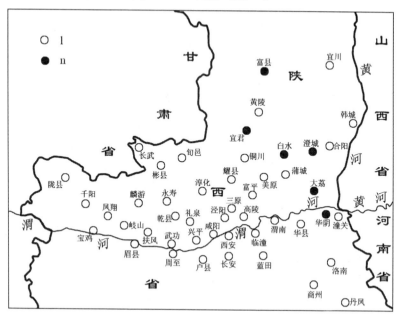

图 11-6 "暖嫩泥"的声母

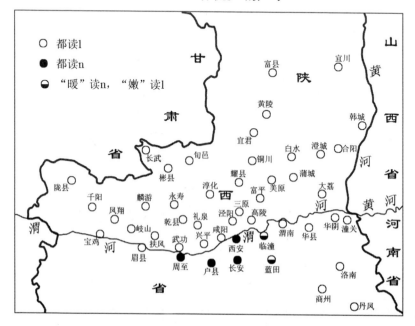

图 11-7 "农来"的声母

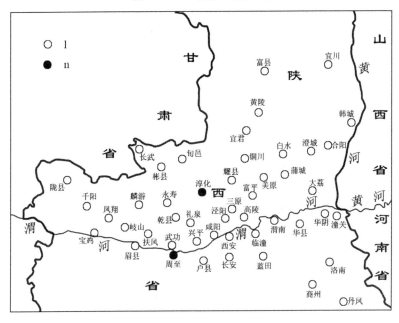

图 11-8 "挪泥锣来"声母的分混

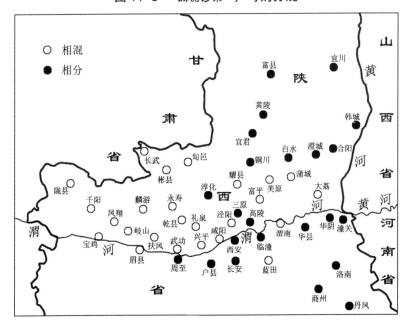

三、古全浊声母仄声字是否读送气音

古全浊声母仄声字读送气音，是部分关中方言的重要特点。张维佳（2002：242）曾指出："古全浊声母今读在关中方言片内形成一种'涡状'分布，中心地区读入送气少，周边地区读入送气多。"图11-9、图11-10、图11-11都反映了这一分布特点。

"病"（并母）读送气音在关中东、北部分布在宜君、富平、渭南一线以东，西部、北部则只有长武、旬邑、彬县、岐山数点，北部连成一线，西部分布较薄。值得注意的是西府地区除岐山外再无分布。

"蛋"（定母）读送气音在东府地区分布在宜君、铜川、美原、蒲城、华县以东，南部比"病"读送气的同言线东移，北部仍然连成一线。在西府分布较多，如麟游、扶风、眉县、千阳、凤翔。

"柜"（群母）读送气音，东府地区分布在耀县、富平、渭南、蓝田以东，比前两字的送气音区西移，西部分布在麟游、扶风、眉县以西，北部的长武、旬邑、彬县也读送气音。

总括以上3字读送气音的区域分布，可以得出一个基本结论：送气音在东部比较稳定，在西府地区不很稳定。同时在北部连成一线，在南部不能成线。分布状态符合张维佳的结论。

古全浊声母仄声字读送气音在中原官话汾河片、关中片、秦陇片等都有分布，总的发展态势是向不送气音演变，与共同语趋同。对于其演变过程，学界多在文白异读的框架内分析，认为是一种竞争性的演变。据笔者调查，古全浊声母仄声字读送气音向不送气音的变化，更多地是采取代际传播的方式，由老派向中、新派扩散。如在口语常用词"舅舅、地下、在屋里家、干净、不动"等词或短语中的全浊声母字，关中周边地区的老派多读送气音声母，新派多读不送气音。因此，这种演变可能更多地是采取了词汇扩散式的演变方式，即一种离散式的演变，同时也在不同风格的词汇中存在异读。总之，在古全浊声母仄声字的演变过程中，文白异读、新老派差异呈交织状态，有时很难截然分开。

由此看来，叠置式音变和词汇扩散式音变在本质上具有一定的共性，都是一种离散式的语音演变，只是前者着眼于同一个词的异读在不同风格的方言词汇中的分布, 后者更多地着眼于同一个词的异读在不同代际的人群中的分布。

图 11-9 "病並"是否读送气声母

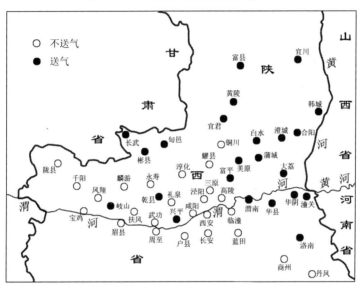

图 11-10 "蛋定"是否读送气声母

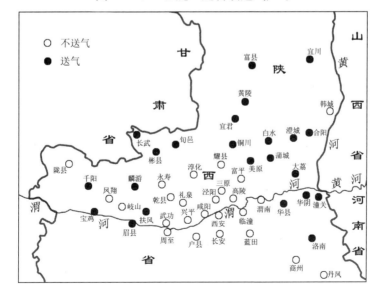

图 11-11 "柜群"是否读送气声母

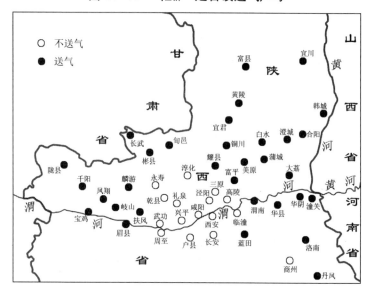

四、蟹合三、止合三唇音字的文读韵母

《报告》第十八图反映的是蟹合三、止合三唇音字的文读韵母读齐齿呼还是开口呼（图 11-12）。从图上看，白涤洲调查的时代，西安、蓝田、耀县以东地区存在一片"废微"读齐齿呼韵母的区域。本次用 2 张图分别展示"废、飞"的读法，结果与八十年前基本相当，但中部的临潼、蓝田等少数点已经不读齐齿呼，西安、周至仍然保留此种读音。

"废（废）飞（微）"同读齐齿呼，应当与"飞尾"白读 i 韵属于平行现象（秦晋黄河沿岸方言多将"麻雀"叫"飞虫 ₂ɕi ₂pfəŋ/₂tʂhuəŋ"，多将"肥"读 ɕi）。也就是说，该读音的历史层次，应当在蟹合三、止合三已经合流之后，比"支微入鱼"更晚，因此，蟹止摄韵母的演变是同步的。

另外，商州"飞肺吠"等白读 ɕy，正是"支微入鱼"现象的残迹，比 fi 的历史层次早。这也说明，北方地区大面积的"尾"白读 ʅ 的情况，并不属于支微入鱼现象的遗迹，而是与蟹合三、止合三读 i 韵相平行的读音，是 *vi 脱落声母的结果。

因此，关中地区止合三韵母的读音，实际上存在 3 个层次：层次一：y；层次二：i；层次三：uei。

图 11-12　《报告》第十八图：废微的读法

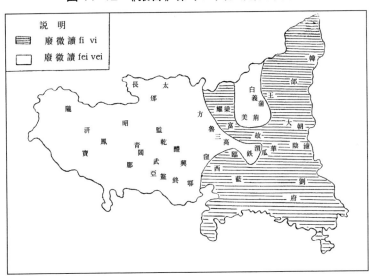

图 11-13　"废蟹合三废"的读法

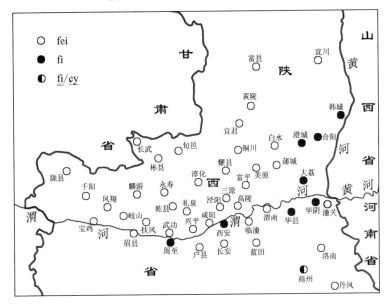

图 11-14 "飞止合三微"的读法

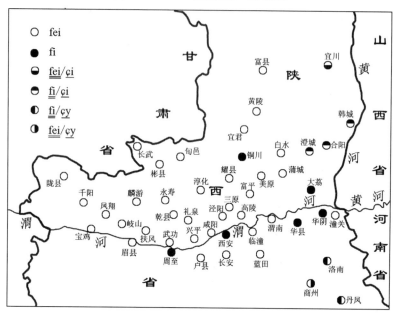

五、"儿耳"的白读音

《报告》第二十二图（图 11-15）反映止摄开口三等日母字是否白读 ʐ̩。在东府偏北的白水、义龙、蒲城、美原等 6 点，"儿耳二"有 ʐ̩ 的白读。从图 11-16 看，这个白读的分布范围比《报告》所反映的要大得多，其中"儿"的白读涵盖了耀县、铜川、富平、渭南以东的所有方言（潼关除外），成为东部方言的一个区域特征。"耳"白读 ʐ̩ 的方言范围更靠东部一些，但也比《报告》大。究其原因，恐怕不是八十年来止开三日母字白读 ʐ̩ 的区域扩展了，而是白涤洲先生当年没能更多地调查到这个白读音。联系到合阳、韩城、澄城、大荔等方言假三宕梗等摄的白读音在《报告》中都没有反映，这种可能性是极大的。从语音演变的规律看，ʐ̩ 实际上就是 ər 的前身。

值得注意的是，将"儿耳"白读 ʐ̩ 的方言，同时也把"扔"读成 ʐ̩。笔者在《神木方言研究》（2020：193—197）中曾经讨论过神木话把"扔"说成 ʌ̩ɯ（与"耳"同音）的现象，认为本字就是"扔"，是曾开三日母字白读与止开三日母字合流后的读音，其中间环节就是止开三日母字读 $z\mathrm{l}/z\mathrm{l}$。考察过关中方言止开三日母字的读音后，我们对这一点更加深信不疑。

图 11-15 《报告》第二十二图：儿耳二的读法

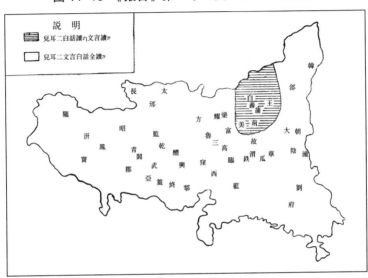

图 11-16 "儿耳止合三日"是否白读 $z\mathrm{l}$

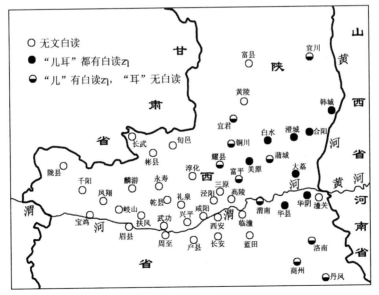

六、"大"的白读与"啥"的读法

"大"和"啥"是关中方言中两个语音上关系很密切的词,所以放在一起比较。

图 11-17 反映"大"的白读音。"大"的读音可从声母、韵母两个角度来观察。从声母来看,东部宜君、美原、渭南以东读送气音,北部长武、彬县、旬邑读送气音,西府地区没有读送气音的,与"病"读送气音的同言线最为接近(见图 11-9)。从韵母的角度看,除了麟游、岐山以西及长安、礼泉等方言外,其余方言都有 uo 韵的白读。将声韵结合起来看,tʰuo° 是关中方言最早期的读法,tuo° 的时间层次次之,tɑ° 最为晚近,应当是受共同语影响的结果。这一分布特点反映,在地道的关中方言中,果摄开口一等字"大"的读音与北方其他方言有不同的发展路线:北方大部分方言"大"的读音例外,而关中绝大多数方言符合古今音变条例。与同属歌韵的"多"比较一下,就会明白这个道理。

可以作为参照的是图 11-18,该图反映"什么"的合音词"啥"的读音。关中东部合阳、澄城、白水、大荔、蒲城、华阴 6 点,中部偏西的长武、旬邑、彬县、永寿、乾县 5 点,"什么"的合音词"啥"读 ₌suo 类音。这些点全部是"大"读 uo 韵的方言。"什么"的原形是"什摩","摩"属果摄开口一等明母字,正与"大"的中古音韵母相同。因此,合音词"啥"读 suo 同样属于果摄一等字符合古今音变条例的读法,与"大"读 tʰuo°/tuo° 平行。这个读音与北京话为代表的广大北方方言不同。因此,"大、啥"在关中地区的语音演变中具有平行性和典型性。

值得特别指出的是,一些关中人认为,关中方言"大"读 tʰuo°/tuo° 是保留古音。这实在是一种大大的误解。确切地讲,这一特点应当表述为:"大"读 tʰuo°/tuo° 的韵母符合北方方言中果摄开口字的音变规律,不能说它是保留古音。如果要说古音,其他方言的 tɑ° 倒是更接近中古音。

图 11-17　"大果开一去简定"的白读音

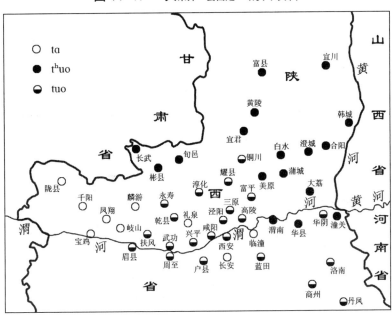

图 11-18　"啥"（"什么"的合音）的说法

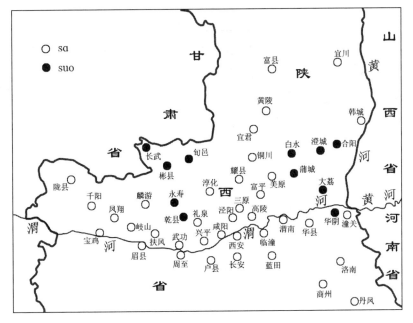

七、从方言地图看关中方言地理

从上面六组方言地图来看，关中方言的地理特征可以概括为两点。

（1）以西安为中心的地区与周边地区往往存在差异，总体上呈现"涡状"分布的特点。比如 v-、u- 的分混，n-、l- 的分混，古全浊声母仄声字送气，大都是西安及其周边地区从分或不送气，其他地区从合、送气。这一地理分布特点反映的方言层次是，某些重要的语音特点以西安为中心，逐渐向四周扩散，这些特点有的较新，有的较保守，大都同西安方言的权威地位及其与更权威的共同语的互动关系密切相关。大致来讲，以西安、咸阳为代表的方言是在早期比较一致的关中方言之上，覆盖了一层更权威、更新的方言特点，并以离散式音变的方式向周边扩散。这一点从其他语音特点的地理分布上也能得到印证。

（2）东、西部之间往往存在差异。尤其典型地表现为西府方言与东府方言的对立，东部沿河一带方言与其他关中方言的对立，有的还呈现出西府、中部、东部方言的三级对立。如"儿耳"的白读音，主要分布在东府地区，尤其是东部沿河一带；"大"白读 uo 韵，主要表现为西府与东府方言的对立，但如果加上声母送气，则进一步体现为西府、中部、东部之间的三级对立。在《中国语言地图集》（第 2 版，2012）中，西府方言被画归秦陇片，与陇东等地连成一片，东部沿河一带则画归汾河片，与晋南方言跨河相连，中间的大片区域为关中片。方言特点的地理分布，与方言分区互相印证；同时又可以看作更大区域范围内方言地理差异的局部体现。用这样的视角来观察方言地图体现的关中方言地理，才具有真正的地理语言学意义。

第十二章
关中方言地图及解释

　　本章利用方言地图观察近八十年来关中方言部分声母、韵母发生的微观演变。其中有些现象与《关中方音调查报告》的地图相对照，有些现象《报告》未画地图，但在关中方言的语音演变中具有比较重要的价值，也通过方言地图加以展示。每组方言地图后附以适当的分析、解释，阐明地图所反映的语言现象及其意义。

一、"尾"的文读音声母

　　在《报告》中，有 uei 韵前 f-、v- 变 ʂ-、ʐ- 的现象，只分布在户县、终南 2 点，见图 12-1。因为"吠"是书面语词，本次我们只画了"尾"的文读音地图，见图 12-2。结果显示，从咸阳、泾阳以西（加上临潼），除彬县、长武之外，咸阳、宝鸡地区所有方言都把"尾"读 ˬʐuei/ˬʐei/ˬzuei，范围大大超过《报告》时代。而白涤洲调查到 zuei 的读法的户县，本次反而没有调查到。不过，孙立新（2001）反映，户县方言"尾"有 zuei 的旧读（还有"娓"字），说明该字音处于即将消失的过程中。

　　至于"尾"读 ˬʐuei/ˬʐei/ˬzuei 的读法何以在八十年来有如此大面积的扩散，我们暂时还不能提出可靠的解释。有一种可能是，白涤洲先生当年调查时，发音人年纪较轻，而且多是学生，可能不知道这个"旧读"。因此，该读音的实际分布区域变化不大，只是这个读音主要存在于老派中，而且是旧读。差别在于年龄，而非地域。

图 12-1 《报告》第十四图：f-、v- 变 s-、z-

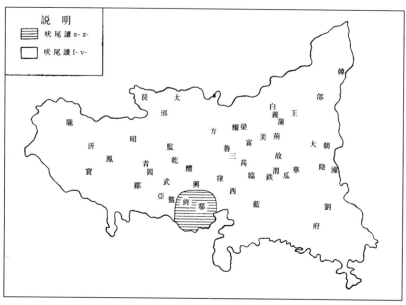

图 12-2 "尾止合三上微"的文读音声母

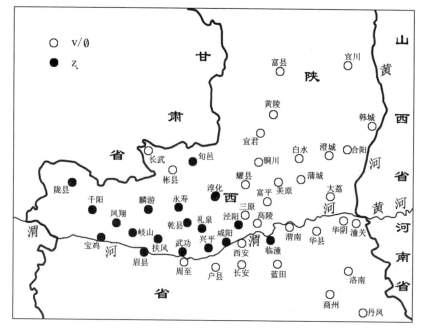

二、声母是否分尖团

从图 12-3 看,《报告》时代存在大片心邪母与晓匣母有别——即擦音声母在齐齿呼韵母前分尖团的方言。图 12-4 反映,八十年来这种情况有一定的变化:扶风、临潼、白水、美原、铜川、商州等 6 点心邪母与晓匣母已经合流,擦音声母分尖团的区域有所收缩。总的来看,心邪与晓匣逐步走向合流,是朝符合北方方言大势的方向演变。不过,由于端精见组齐齿呼字之间关系具有复杂性,擦音声母的分混往往与塞音、塞擦音同步,只是在一些方言中略微快一点而已。上述几个心邪与晓匣由分而合的方言点,正是端精见组齐齿呼字正在走向合流的方言。详见第六章。

图 12-3 《报告》第七图:"西牺"分混关系模拟图①

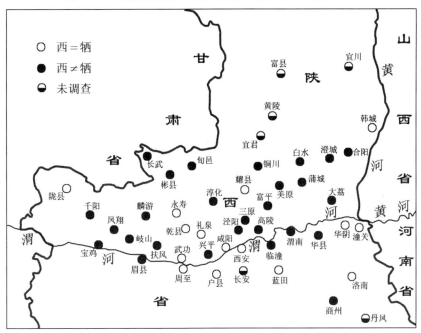

---

① 《报告》第七图题为:"t.t'.ts.ts' 的腭化与 t.t' 与 ts.ts' 互变",见第六章图 6-1,该图反映端精见组声母在齐齿呼韵母前的演变,涉及的声母较多。基本内容在本书第六章中已经讨论过。本节专门讨论心邪母与晓匣母在齐齿呼韵母前的分混,故只画了"西牺"分混关系模拟图。

图 12-4　"心心欣晓"声母是否相同

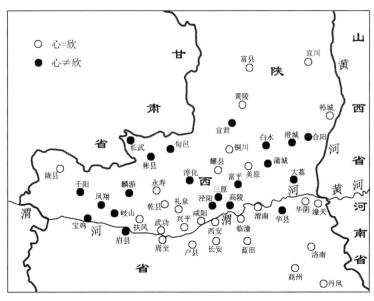

三、ɛ̃、uɛ̃ 和 ei、uei 的混并

在《报告》第四图（下图 12-5）中，ɛ̃、ei 合流、uɛ̃、uei 合流的方言，有 2 个点：铜川（同家梁）、临潼。此次调查发现，两组韵母合流的方言略有扩大，其中不论开合口完全合流的包括淳化、临潼、宜川、洛南、丹凤（后 3 点《报告》未调查），开口呼前合流的方言包括铜川、宜君 2 点（图 12-6）。据我们对关中方言的观察，这一特点还可能继续扩大，如耀县、潼关、商州等地，这两组韵母已经非常接近，可能进一步合并，其中商州部分方言已经合流。

在汉语语法史上，曾经存在人称代词复数形式"弭/每"（唐五代、元）与"们"（宋明）在不同朝代白话文献之间的交替，吕叔湘先生在《近代汉语指代词》（1985：58—59）中的假设之一是，这是由于共同语基础方言在不同官话之间的转移所致。吕先生的假设是符合语言实际的。在同一个地区的方言之间，韵母 *nə、*uən 向 ei、uei 演变，是共时平面上"们、每"之间发生交替的好例子，对吕先生的假设是一个有力的支持。

图 12-5 《报告》第四图：ɛ̃、uɛ̃ 和 ei、uei 的混并

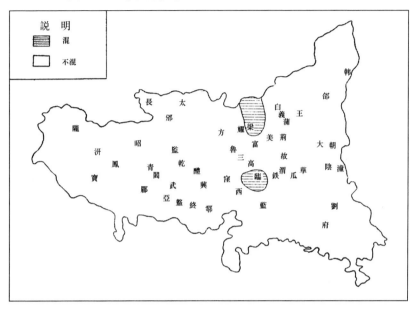

图 12-6 "魂臻合一魂回蟹合一灰、根臻开一痕隔梗开二麦"的分混

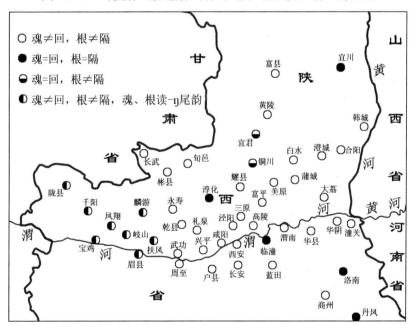

四、yɛ 和 yo 的分混

下面两张地图反映的是古山摄合口三四等韵与江开二、宕开三入声韵之间的关系及其变化。《报告》时代，关中西北部、东部（合阳、蓝田一条斜线）各有一片 yɛ、yo 不分，统读 yo 韵（见图 12-7）。此次调查发现，yɛ、yo 混读为 yo 的区域大幅度扩展，覆盖了关中中部的咸阳市大部、渭南市西部及蓝田、富县、黄陵、宜君（后 3 处《报告》未调查）等地，共 25 点，占据关中方言的半壁江山（图 12-8）。据此推测，山摄合口三四等与宕江摄开口二三等字韵母还将进一步合流。

至于合流的原因，则是这两个韵母所辖字数量较少，主要元音虽有舌位前后之别，但舌位高低相若。而在不少关中方言乃至西北方言中，比较普遍地存在一种现象：部分舌面前、高/半高元音韵母，主要元音发音结束后，往往有一个向央元音滑动的后滑音，这个后滑音发音如果足够长，就有可能拉动该元音向后元音移动。山摄三四等入声韵的主要元音就符合这一特点，它与宕江摄开口二三等入声韵之间的合流，可以从这个现象得到解释。

图 12-7 《报告》第五图：yɛ 和 yo 的分混

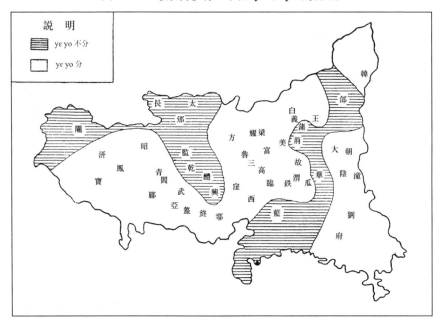

图12-8 "决山合四屑、角江开二觉"的分混

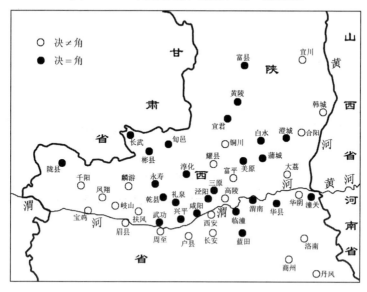

五、遇摄合口一等韵的裂化

遇摄合口一等字的裂化是北方方言中一条非常重要的音变规律，在西北方言中表现得尤其显著。《报告》第十九图反映的是关中方言中遇摄合口一等字的裂化现象（见图12-9）。本次调查显示，这个音变的同言线八十年来几乎没有发生变化。从图12-10看（增加"组"字），"土路组"三字都读ou韵的分布在关中中部，淳化、泾阳、长安、户县以东，白水、华阴、潼关、商州以西，共22个点。在3字全部复元音化的区域以东，分布着"路组"读ou韵、"土"读u韵的方言，东边有大荔、澄城、合阳、韩城、洛南、宜川6点，向北分布着旬邑、富县、黄陵、宜君4点，北部、东部在关中边缘地带连成一线。在3字全部复元音化的地区以西，则分布着"路"读ou韵、"土组"读u韵的方言，包括西安、咸阳、周至、兴平、彬县、永寿、礼泉、乾县等8点。三字都读u韵的基本上是西府方言。从韵摄和方言地理的关系看，关中方言遇摄合口一等字韵母裂化为复元音的次第，构成下面的等级序列：

泥组＞精组＞端组

从裂化发生的时间顺序看，当以泥来母字最早，其次是精组字，再次是端组字，西府话未被波及。发生裂化的核心地区应当在中部偏东一带。

图12-9 《报告》第十九图：都徒奴庐的读法

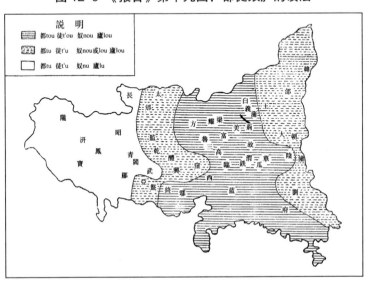

图12-10 "土路组遇合一"的读法

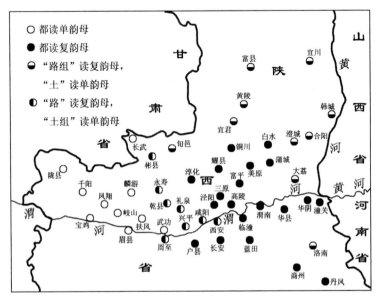

六、果摄开口一等字与合口字的关系

《报告》第二十图（图 12-11）反映，关中部分方言果摄开口一等字有同合口字相混的倾向，其中"歌轲蛾"读合口呼分布在西府和东部离开黄河沿岸的地区（朝邑合口），共 12 个点，"何"读合口呼全关中统一。说明那时果摄一等晓匣母字开合口已经合流，见溪群母则只是东西两翼发生合流。图 12-12 是此次调查"歌饿"的结果，其中"饿"读合口呼与《报告》几乎完全相同，"歌"读合口呼的分布略有收缩，后者应当是共同语影响的结果：唱歌是一种文化活动，容易受共同语说法的影响。潼关、扶风《报告》读开口呼，现在读合口呼，反映方音特点有所扩散。至于晓匣母字，本次调查的结果与《报告》相同，仍然全部读合口呼，与合口字混并。总之，八十年来果摄开合口一等字读音分混的整体格局变化不大。

图 12-11　《报告》第二十图：歌轲蛾何的读法

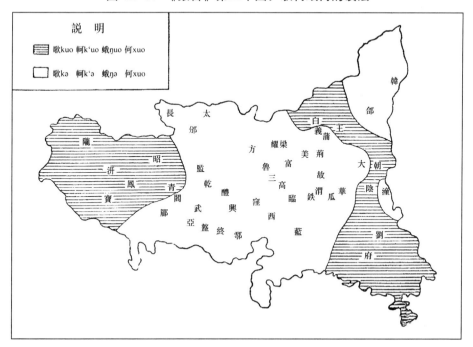

图 12-12 "歌饿果开一"的读法

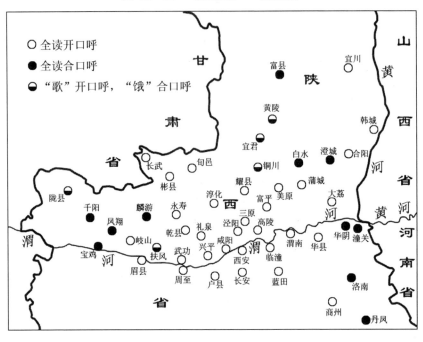

七、止摄合口三等字的白读韵母

"水"在沿河地带的宜川、澄城、韩城、合阳、大荔有 fu 的白读音,与之类似的是"睡",除了大荔,其他 4 点白读 fu,"醉"字,宜川、韩城、合阳 3 点读 tɕy。从知庄章组字在关中方言中的读音演变来看,fu 来自 *ʂu,此处 y、u 同源。该读音属于"支微入鱼"现象。在关中方言中,止摄合口字"穗、莘"白读 y 韵覆盖全境,"喂"字白读 y 韵则主要分布在铜川、耀县、泾阳以东、以北的大片地区,"水睡醉"白读 u、y 韵分布在沿河地带汾河片方言中。因此,关中方言保留"支微入鱼"现象的方言可分三级,"穗莘"是一级,分布在全境,"喂"是第二级,分布在东部以及咸阳北部,"水睡醉"是三级,只分布在靠近黄河的少数方言中。在关中口语中,"渭河"白读 yˀ xuo,"韦曲"白读 y tɕʰy,都反映历史上关中方言曾经广泛地存在"支微入鱼"的语音特点。从上述遗存现象可以推断,唐宋时代,"支微入鱼"一定是覆盖关中全境的一个语音现象，只是后来，随着以西安话为代表的近代关中方言逐渐覆盖关中的核心地带，"支微入鱼"的地盘逐渐缩小，符合条件而保留白读的字数也逐渐减少了。

图 12-13　"水睡醉"的白读韵母

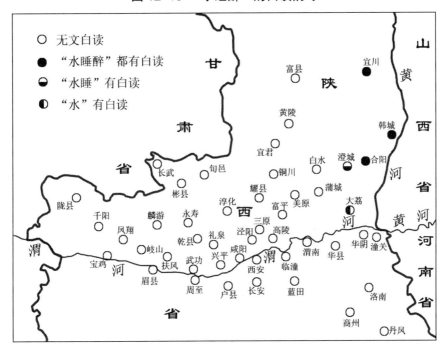

八、宕梗摄舒声韵的白读

宕摄舒声字是否有同果摄合流的白读音，梗摄舒声字是否有同假摄三等字合流的白读音，是关中东部方言的重要差异，是中原官话关中片与汾河片方言的分界线。从图 12-14、图 12-15 看，"狼墙"白读 uo/io 类韵、"明命"白读 iɛ 类韵的现象，分布在宜川、澄城、韩城、合阳 4 县，属汾河片方言（《中国语言地图集》[第 2 版，2012] 未将澄城画入汾河片，现在看来应当画入）。两条同言线完全重合，形成了同言线束，将关中片同汾河片划开。大荔县城话宕梗摄字白读音较少，因此调查未能体现出它同汾河片的联系。

图 12-14 "狼_{宕开一}、墙_{江开二}"的白读韵母

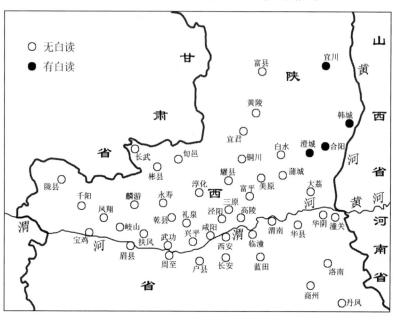

图 12-15 "明命_{梗开三}"的白读韵母

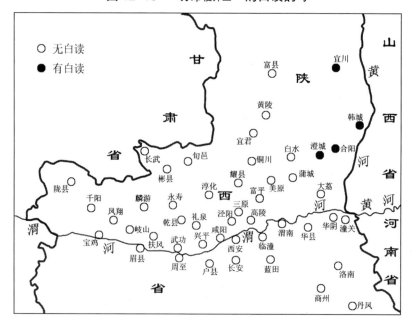

九、"斜"的白读音韵母

假摄开口三等字是否白读 ia 韵，是关中东部地区的另一条重要分界线。从图 12-16 看，黄河沿岸的宜川、韩城、合阳、大荔、澄城、白水 6 点白读 ia 韵，与宕梗摄舒声韵的同言线大部分重合。《中国语言地图集》（第 2 版，2012）将其与宕梗摄舒声韵的白读音一同作为划分汾河片与关中片的条件，是比较合适的。

图 12-16 "斜假开三"是否白读 ia 韵

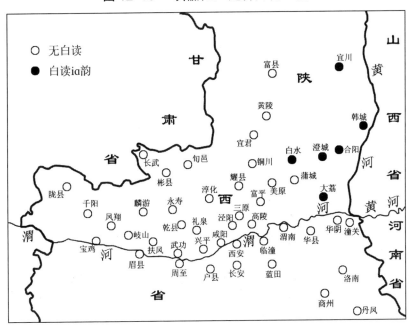

十、"说"的读法

"说"是山摄合口三等薛韵字，按规律关中方言应读 ʂuo、fo 类音，今关中地区的中西部有大片方言读 ʂuə 类音，不合古今对应条例。不过，其中西府方言古知庄章组合口字同开口字合流，因此，扶风、眉县、岐山、凤翔、宝鸡 5 点，"说"到底是随着其他知系合口字一起读开口呼，还是像西安那样独立地读成开口呼韵母，现在已不得而知。从地理上观察，读开口呼韵母的方言大致由西安、咸阳开始，顺着渭河向西延伸，东府合阳、大荔、潼关、华阴等读 fo/fie 类音，由合口呼变来。因此，只有西安以西的开口呼字是例外读法。这个例外读音已经成为"标准"关中话的特征之一，还有可能继续扩散。

从北方方言仙薛韵字的读音看，"恋劣沿铅兖"北京话及许多北方方言读齐齿呼，"缘"晋语普遍读齐齿呼，都是例外读音，是与关中"说"读开口呼 ʂɿɘ 平行的现象。既然这么多字属于例外读音，那么例外中一定包含着某种规律。

图 12-17 "说_{山合三入薛书}"的读法

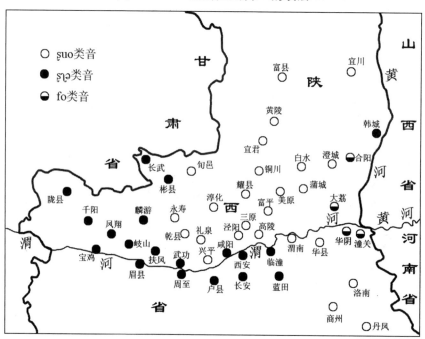

语料篇

关中方言字音对照集

凡　例

一、方言点

本表收入关中 48 个方言点的字音材料。排列顺序是：

西安、韩城、合阳、澄城、白水、大荔、蒲城、美原、富平、潼关、华阴、华县、渭南、洛南、商州、丹凤、宜川、富县、黄陵、宜君、铜川、耀县、高陵、临潼；蓝田、长安、户县、周至、三原、泾阳、咸阳、兴平、武功、礼泉、乾县、永寿、淳化、旬邑、彬县、长武、扶风、眉县、麟游、岐山、凤翔、宝鸡、千阳、陇县

二、字目

本表收入字目 2273 个。

一个字目代表中古韵书中的一个字（词）。如果一个字（词）中的某义项韵书另有音读，就另立字目。

三、排序

所有字目先按中古韵摄排列，同摄字再分开合口、一二三四等、平上去入。摄的次序是：果、假、遇、蟹、止、效、流、咸、深、山、臻、宕、江、曾、梗、通。

同韵字目按中古声母排列，具体顺序为：帮（非）、滂（敷）、並（奉）、明（微）；端、透、定、泥、来，精、清、从、心、邪；知、彻、澄，庄、初、崇、生，章、昌、船、书、禅、日；见、溪、群、疑，晓、匣，影、云、以。

字目下面列出中古音韵地位，包括摄、等、呼、声、韵、调各项。

四、注音原则

一律用国际音标标写声母和韵母，单字调用数字标写调值。其中，[ʦ ʦʰ]〔t tʰ〕等辅音，[ɿ ʅ] 等韵母，尽管属于音位变体，为方便比较不同地点的变化，一律标出。而双唇音声母 p、pʰ、m 的唇齿化，舌尖塞音声母 t、tʰ 的颤唇音等变化，以及元音的各种变体（如 u 的各种变体），则一律按照描写论述篇第二章"关中方言音系"归纳的音位注音。

《关中方音调查报告》的注音一概遵守原著，仅送气符号改用"ʰ"，与本书一致。

本次调查字音与《关中方音调查报告》的注音之间用"｜"区隔。

五、方言字音

各方言点的字音以县城人的口音为依据。所收字音包括日常口语中单音词的读音和可以从复合词中离析出来的词素的读音。没有调查到某字读音的空缺。

方言中一个字（词）有几个读音的，用"/"区隔，并根据读音之间的关系分别处理如下：

（一）异读

指一般异读。其中较常用的读音排列在前。不同的读音之间在意义、用法、语境上有区别的，遵照调查材料用脚注注出或在音节后说明，其中较普遍的差异注明"下同"。

（二）文白异读

文读在前，白读在后，用字下双横线表示文读，单横线表示白读。大多数文白异读不注明用法的差异，比较普遍的差异用脚注注出或在音节后说明。

（三）新老派读音

用音节后的"老、新"注明。

（四）单复数

人称代词中有通过声调变化区别单数、复数的，用脚注注出。

（五）单字读音

除了文白异读之外，还有一些字音是读单字时用，此类字用"读"标注。

字目 / 方言	多	拖	他	驮拿,~起来	舵
	果开一 平歌端	果开一 平歌透	果开一 平歌透	果开一 平歌定	果开一 上哿定
西安	tuo^{21}/tuo^{24} ∣ tuo	tʰuo^{21}	tʰɑ^{21}	tʰuo^{24}	tuo^{55}
韩城	tə^{31} ∣ tuo	tʰə^{31}	tʰɑ^{53}/tʰɑ^{31}①	tʰə^{24}	tʰə^{24}
合阳	to^{31} ∣ to	tʰuo^{31}	tʰɑ^{52}/tʰɑ^{31}	tʰuo^{24}	tʰuo^{24}
澄城	tuo^{31} ∣ tuo	tʰuo^{31}	tʰɑ^{53}/tʰɑ^{31}	tʰuo^{24}	tʰuo^{24}
白水	tuo^{31} ∣ tuo	tʰuo^{31}	tʰɑ^{53}/tʰɑ^{31}	tʰuo^{24}	tʰuo^{31}
大荔	tuo^{31} ∣ tuo	tʰuo^{31}	tʰɑ^{52}/tʰɑ^{31}	tʰuo^{24}	tʰuo^{31}
蒲城	tuo^{31} ∣ tuo	tʰuo^{31}	tʰɑ^{53}/tʰɑ^{31}	tʰuo^{35}	tʰuo^{31}
美原	tuo^{31} ∣ tuo	tʰuo^{31}	tʰɑ^{53}/tʰɑ^{31}	tʰuo^{35}	tʰuo^{31}
富平	tuo^{31} ∣ tuo	tʰuo^{31}	tʰɑ^{53}/tʰɑ^{31}	tʰuo^{35}	tʰuo^{35}
潼关	tuo^{31} ∣ tuo	tʰuo^{31}	tʰɑ^{31}	tʰuo^{24}	tʰuo^{44}
华阴	tuo^{31} ∣ tuo	tʰuo^{31}	tʰɑ^{52}/tʰɑ^{31}	tʰuo^{24}	tʰuo^{31}
华县	tuo^{31} ∣ tuo	tʰuo^{31}	tʰɑ^{53}/tʰɑ^{31}	tʰuo^{35}	tʰuo^{35}
渭南	tuo^{31}/tuo^{24} ∣ tuo	tʰuo^{31}	tʰɑ^{31}	tʰuo^{24}	tʰuo^{31}
洛南	tuo^{31} ∣ tuo	tʰuo^{31}	tʰɑ^{53}/tʰɑ^{31}	tʰuo^{24}	tuo^{31}
商州	tuo^{31}/tuo^{35} ∣ tuo	tʰuo^{31}	tʰɑ^{53}/tʰɑ^{31}	tʰuo^{35}	tuo^{55}
丹凤	tuo^{31}	tʰuo^{31}	tʰɑ^{53}/tʰɑ^{31}	tʰuo^{24}	tuo^{44}
宜川	tə^{51}	tʰə^{51}	tʰɑ^{51}	tʰə^{24}	tʰə^{24}
富县	tuo^{31}	tʰuo^{31}	tʰɑ^{52}/tʰɑ^{31}	tʰuo^{24}	tʰuo^{24}
黄陵	tuo^{31}	tʰuo^{31}	tʰɑ^{52}/tʰɑ^{31}	tʰuo^{24}	tʰuo^{31}
宜君	tuo^{21}	tʰuo^{21}	tʰɑ^{52}/tʰɑ^{21}	tʰuo^{24}	tʰuo^{21}
铜川	tuo^{21} ∣ tuo	tʰuo^{21}	tʰɑ^{52}/tʰɑ^{21}	tʰuo^{24}	tʰuo^{24}
耀县	tuo^{31} ∣ tuo	tʰuo^{31}	tʰɑ^{52}/tʰɑ^{31}	tʰuo^{24}	tʰuo^{24}
高陵	tuo^{31} ∣ tuo	tʰuo^{31}	tʰɑ^{52}/tʰɑ^{31}	tʰuo^{24}	tʰuo^{24}
临潼	tuo^{31} ∣ tuo	tʰuo^{31}	tʰɑ^{52}/tʰɑ^{31}	tʰuo^{24}	tʰuo^{24}

① 有异读时，上声表示单数，阴平表示复数。下同。

字目　方言	多 果开一平歌端	拖 果开一平歌透	他 果开一平歌透	驮拿,~起来 果开一平歌定	舵 果开一上哿定
蓝田	tuo³¹ ∣ tuo	tʰuo³¹	<u>t</u>ʰɑ³¹/tʰæ³¹/⁵²①	tʰuo²⁴	tʰuo³¹
长安	tuo³¹	tʰuo³¹	tʰɑ³¹	tʰuo²⁴	tʰuo²⁴
户县	tuo³¹ ∣ tuo	tʰuo³¹	tʰɑ³¹	tʰuo²⁴	tʰuo³¹
周至	tuo²¹ ∣ tˢuo	tʰuo²¹	tʰɑ²¹	tʰuo²⁴	tʰuo⁵⁵
三原	tuo³¹ ∣ tuo	tʰuo³¹	tʰɑ⁵²/tʰɑ³¹	tʰuo²⁴	tʰuo²⁴
泾阳	tuo³¹ ∣ tuo	tʰuo³¹	tʰɑ⁵²/tʰɑ³¹	tʰuo²⁴	tʰuo²⁴
咸阳	tuo³¹ ∣ tuo	tʰuo³¹	tʰɑ⁵²/tʰɑ²⁴ ~们	tʰuo²⁴	tʰuo³¹
兴平	tuo³¹ ∣ tˢuo	tʰuo³¹	tʰɑʶ⁵²/tʰɑ³¹	tʰuo²⁴	tʰuo³¹
武功	tuo³¹ ∣ tˢuo	tʰuo³¹	tʰɑ³¹	tʰuo²⁴	tʰuo³¹
礼泉	tuo³¹ ∣ tuo	tʰuo³¹	tʰɑ⁵²/tʰɑ³¹	tʰuo²⁴	tʰuo²⁴
乾县	tuo³¹ ∣ tuo	tʰuo³¹	tʰɑ⁵²/tʰɑ³¹	tʰuo²⁴	tʰuo³¹
永寿	tuo³¹ ∣ tuo	tʰuo³¹	tʰɑ⁵²/tʰɑ³¹	tʰuo²⁴	tuo⁵⁵
淳化	tuo³¹	tʰuo³¹	tʰɑ⁵²/tʰɑ³¹	tʰuo²⁴	tʰuo²⁴
旬邑	tuo³¹ ∣ tuo	tʰuo³¹	tʰɑ⁵²/tʰɑ³¹	tʰuo²⁴	tʰuo³¹
彬县	tuo³¹ ∣ tuo	tʰuo³¹	tʰɑ⁵²/tʰɑ³¹	tʰuo²⁴	tʰuo³¹
长武	tuo³¹ ∣ tuo	tʰuo³¹	tʰɑ⁵²/tʰɑ³¹①	tʰuo²⁴	tʰuo³¹
扶风	tuo³¹ ∣ tuo	tʰuo³¹	tʰɑ⁵²/tʰɑ³¹	tʰuo²⁴	tʰuo³¹
眉县	tuo³¹ ∣ tuo	tʰuo³¹	tʰɑ⁵²/tʰɑː³¹	tʰuo²⁴	tʰuo³¹
麟游	tuo³¹ ∣ tuo	tʰuo³¹	tʰɑ⁵³/tʰɑ³¹	tʰuo²⁴	tʰuo³¹
岐山	tuo³¹ ∣ tuo	tʰuo³¹	tʰɑ⁵³/tʰɑ³¹	tʰuo²⁴	tʰuo²⁴
凤翔	tuo³¹ ∣ tuo	tʰuo³¹	tʰɑ⁵³/tʰɑ³¹	tʰuo²⁴	<u>tuo⁵³</u>/tʰuo³¹
宝鸡	tuo³¹ ∣ tuo	tʰuo³¹	tʰɑ⁵³/tʰɑ³¹	tʰuo²⁴	tʰuo³¹
千阳	tuo³¹ ∣ tuo	tʰuo³¹	tʰɑ⁵³/tʰɑ³¹	tʰuo²⁴	<u>tuo⁴⁴</u>/tʰuo³¹
陇县	tuo³¹ ∣ tuo	tʰuo³¹	tʰɑ⁵³/tʰɑ³¹	tʰuo²⁴	tʰuo³¹

① tʰɑ³¹/tʰæ³¹ 单复数通用，tʰæ⁵² 只能用于单数。

字目 / 方言	大~小 果开一去箇定	驮~子 果开一去箇定	挪 果开一平歌泥	哪 果开一上哿泥	那 果开一去箇泥
西安	ta^{55}/tuo^{55}	tuo^{55}	nuo^{24} ∣ nuo	na^{53}	$næ^{55}$
韩城	ta^{44}/$t^{h}ə^{44}$	$t^{h}ə^{44}$	$nə^{24}$ ∣ nuo	na^{31}	$næ^{44}$
合阳	ta^{55}/$t^{h}o^{55}$	$t^{h}uo^{55}$	no^{24} ∣ no	la^{31}/la^{55}/na^{55}	$nɛ^{55}$
澄城	ta^{44}/$t^{h}uo^{44}$	$t^{h}uo^{44}$	nuo^{24} ∣ nuo	na^{53}	na^{44}
白水	ta^{44}/$t^{h}uo^{44}$	$t^{h}uo^{44}$	nuo^{24} ∣ nuo	na^{53}	na^{44}
大荔	ta^{55}/$t^{h}uo^{55}$	$t^{h}uo^{55}$	luo^{24} ∣ nuo	na^{52}	na^{55}
蒲城	ta^{55}/$t^{h}uo^{55}$	$t^{h}uo^{55}$	luo^{35} ∣ nuo	na^{53}	na^{53}
美原	ta^{55}/$t^{h}uo^{55}$	$t^{h}uo^{55}$	luo^{35} ∣ nuo	na^{53}	na^{53}
富平	ta^{55}/tuo^{55}	$t^{h}uo^{55}$	luo^{35} ∣ nuo	na^{31}	na^{53}
潼关	ta^{44}/$t^{h}uo^{44}$	$t^{h}uo^{44}$	nuo^{24} ∣ nuo	na^{52}	na^{52}
华阴	ta^{55}/tuo^{55}	$t^{h}uo^{55}$	nuo^{24} ∣ nuo	na^{52}	na^{52}
华县	ta^{55}/$t^{h}uo^{55}$	$t^{h}uo^{55}$	nuo^{35} ∣ nuo	na^{35}	na^{35}
渭南	ta^{44}/tuo^{44}/$t^{h}uo^{44}$	$t^{h}uo^{44}$	luo^{24} ∣ nuo	na^{53}	na^{53}/$nɛ^{44}$
洛南	ta^{44}/tuo^{44}	tuo^{44}	nuo^{24} ∣ nuo	na^{53}	na^{53}
商州	ta^{55}/tuo^{55}	tuo^{55}	nuo^{35} ∣ nuo	na^{53}	na^{53}
丹凤	ta^{44}/tuo^{44}	$t^{h}uo^{31}$	nuo^{24}	na^{53}	na^{53}
宜川	ta^{45}/$t^{h}ə^{45}$ 哪个~	$t^{h}ə^{45}$	nuo^{24}	$ɑ^{51}$/$nɑ^{51}$	$nə^{51}$/$nɛɛ^{45}$①
富县	ta^{44}/$t^{h}uo^{44}$	$t^{h}uo^{44}$	nuo^{24}	$nɑ^{31}$/$ɑ^{52}$/$nɑ^{52}$②	$nɛ^{52}$
黄陵	ta^{44}/$t^{h}uo^{44}$ 老~	$t^{h}uo^{24}$	nuo^{24}	na^{31}/ia^{52}/a^{52}	$nɛ^{52}$
宜君	ta^{44}/$t^{h}uo^{44}$ 老~		nuo^{24}	$nɑ^{21}$/$ɑ^{44}$	na^{44}/$nɛ^{44}$
铜川	ta^{44}/tuo^{44} 老~	$t^{h}uo^{44}$	nuo^{24} ∣ nuo	na^{52}	na^{44}/$næ^{44}$
耀县	ta^{44}/tuo^{44} 老~	$t^{h}uo^{44}$	luo^{24} ∣ nuo	na^{52}/$ɑ^{31}$	na^{44}/$næɛ^{44}$
高陵	ta^{55}/tuo^{55} 老~	$t^{h}uo^{24}$	nuo^{24} ∣ nuo	na^{55}/a^{52} ~搭	na^{55}/$næ^{52}$
临潼	ta^{45}	$t^{h}uo^{24}$	nuo^{24} ∣ nuo	na^{52}/a^{52}	na^{52}

① $nə^{51}$ ~么多。

② a^{52}/na^{52} ~搭。

字目＼方言	大~小 果开一 去箇定	驮~子 果开一 去箇定	挪 果开一 平歌泥	哪 果开一 上哿泥	那 果开一 去箇泥
蓝田	ta^{44}/tuo^{44}老~	tuo^{44}	luo^{24} ∣ nuo	$ɑ^{52}$	$næ^{44}$
长安	ta^{44}		nuo^{24}	na^{53}/$ɑ^{53}$①	na^{44}/$næ^{53}$
户县	ta^{55}/tuo^{55}老~	tuo^{55}	nuo^{24} ∣ nuo	$ɑ^{24}$	ne^{55}
周至	ta^{55}/tuo^{55}老~	tuo^{55}	nuo^{24} ∣ nuo	na^{55}/$ɑ^{21}$~搭	$næ^{55}$
三原	ta^{55}/tuo^{55}	t^huo^{24}	nuo^{24} ∣ nuo	na^{52}	na^{55}/$næ^{55}$
泾阳	ta^{55}/tuo^{55}	t^huo^{24}	luo^{24} ∣ nuo	na^{55}	na^{55}/$næ^{52}$
咸阳	ta^{55}/tuo^{55}	t^huo^{24}	luo^{24} ∣ nuo	la^{52}	la^{55}/$læ^{55}$
兴平	ta^{55}/tuo^{55}	t^huo^{24}	luo^{24} ∣ luo	la^{52}	la^{55}
武功	ta^{55}/tuo^{55}	t^huo^{24}	luo^{24} ∣ nuo	la^{52}	la^{55}
礼泉	ta^{55}	tuo^{55}	luo^{24} ∣ luo	$læ^{55}$	$læ^{55}$
乾县	ta^{44}/tuo^{44}	t^huo^{24}	luo^{24} ∣ luo	la^{52}	la^{44}
永寿	ta^{55}/tuo^{55}	t^huo^{24}	luo^{24} ∣ luo	la^{52}	la^{55}
淳化	ta^{55}/tuo^{55}~儿子/$tæ^{55}$~店乡	t^huo^{24}	nuo^{24} ∣ nuo	na^{52}	na^{55}/$næ^{55}$
旬邑	ta^{44}/t^huo^{44}	t^huo^{24}	luo^{24} ∣ luo	la^{52}	la^{44}/$læ^{44}$
彬县	ta^{44}/t^huo^{44}	t^huo^{24}	luo^{24} ∣ luo	la^{52}	la^{44}
长武	ta^{44}/t^huo^{44}	t^huo^{24}	luo^{24} ∣ luo	la^{52}	la^{44}/$læ^{44}$
扶风	ta^{33}/tuo^{33}	t^huo^{33}	luo^{24} ∣ luo	la^{33}	la^{33}
眉县	ta^{44}/tuo^{44}	t^huo^{44}	luo^{24} ∣ luo	la^{31}	la^{44}
麟游	ta^{44}	t^huo^{44}	luo^{24} ∣ luo	la^{44}	la^{44}
岐山	ta^{44}	t^huo^{44}	luo^{24} ∣ luo	la^{31}	la^{44}
凤翔	ta^{44}	t^huo^{44}	luo^{24} ∣ luo	la^{44}	la^{44}
宝鸡	ta^{44}	t^huo^{24}	luo^{24} ∣ luo	la^{44}	la^{44}
千阳	ta^{44}	t^huo^{44}	luo^{24} ∣ luo	la^{44}	la^{44}
陇县	ta^{44}	tuo^{44}	luo^{24} ∣ luo	la^{44}	la^{44}

① $ɑ^{53}$ ~搭：哪儿。

字目＼方言	锣 果开一平歌来	左 果开一上哿精	佐 果开一去箇精	搓 果开一平歌清	歌 果开一平歌见
西安	luo²⁴	tsuo⁵³	tsuo⁵³	tsʰuo²¹ ｜ tsʰuo	kɤ²¹ ｜ kɤ
韩城	lə²⁴	tsuə⁴⁴	tsuə⁵³	tsʰuə³¹ ｜ tsʰuo	kə³¹ ｜ kɤ
合阳	lo²⁴	tɕyə⁵⁵	tɕyə⁵⁵	tɕʰyə³¹ ｜ tɕʰyə	kə³¹ ｜ kɤ
澄城	luo²⁴	tʃuo⁴⁴	tʃuo⁵³	tʃʰuo³¹ ｜ tsʰuo	kuo³¹ ｜ kuo
白水	luo²⁴	tsuo⁵³	tsuo⁵³	tsʰuo³¹ ｜ tsʰuo	kuo³¹ ｜ kuo
大荔	luo²⁴	tsuo⁵²	tsuo⁵²	tsʰuo³¹ ｜ tsʰuo	kɤ³¹ ｜ kɤ
蒲城	luo³⁵	tʃuo⁵³	tʃuo⁵³	tʃʰuo³¹ ｜ tsʰɥɯo	kɤ³¹ ｜ kɤ
美原	luo³⁵	tʃo⁵⁵	tʃo⁵⁵	tʃʰo³¹ ｜ tsʰɥɯo	kə³¹ ｜ kɤ
富平	luo³⁵	tsuo⁵³	tsuo⁵³	tsʰuo³¹ ｜ tsʰuo	kɤ³¹ ｜ kɤ
潼关	luo²⁴	tsuo⁵²	tsuo⁵²	tsʰuo³¹ ｜ tsʰuo	kuo³¹ ｜ kɤ
华阴	luo²⁴	tsuo⁵⁵	tsuo⁵⁵	tsʰuo³¹ ｜ tsʰuo	kuo³¹ ｜ kuo
华县	luo³⁵	tʃuo⁵⁵	tʃuo⁵⁵	tʃʰuo³¹ ｜ tsʰȵo	kɤ³¹ ｜ kə
渭南	luo²⁴	tʃuo⁵³	tʃuo⁵³	tʃʰuo³¹ ｜ tsʰȵo	kɤ³¹ ｜ kə/kɤ
洛南	luo²⁴	tʃuo⁵³	tʃuo⁵³	tʃʰuo³¹ ｜ tsʰȵo	kuo³¹ ｜ kuo
商州	luo³⁵	tʃuo⁵³	tʃuo⁵³	tʃʰuo³¹ ｜ tsʰȵo	kɤ³¹ ｜ kuo
丹凤	luo²⁴	tʃuo⁴⁴	tʃuo⁵³	tʃʰuo³¹	kuo³¹
宜川	luo²⁴	tsuo⁴⁵	tsuo⁴⁵	tsʰuo⁵¹	kə⁵¹
富县	luo²⁴	tʃuo⁴⁴/tʃuo⁵²①	tʃuo⁴⁴	tʃʰuo³¹	ḵɤ³¹/ḵuo³¹/ḵɔ³¹
黄陵	luo²⁴	tʃuo⁴⁴	tʃuo³¹	tʃʰuo³¹	kɤ³¹
宜君	luo²⁴	tsuo⁴⁴	tsuo⁴⁴	tsʰuo²¹	kɤ²¹/kɔ²¹
铜川	luo²⁴	tsuo⁴⁴	tsuo⁵²	tsʰuo²¹ ｜ tsʰȵə	kɤ⁵²/kɤ²¹ ｜ kə
耀县	luo²⁴	tʃuo⁵²	tʃuo⁵²	tʃʰuo³¹ ｜ tsʰȵo	kɤ³¹ ｜ kə
高陵	luo²⁴	tsuo⁵²	tsuo⁵²	tsʰuo³¹ ｜ tsʰuo	kə³¹ ｜ kɤ
临潼	luo²⁴	tsuo⁵²	tsuo⁵²	tsʰuo³¹ ｜ tsʰuo	kɤ³¹ ｜ kɤ

① tʃuo⁵² 姓。

字目\方言	锣 果开一 平歌来	左 果开一 上哿精	佐 果开一 去箇精	搓 果开一 平歌清		歌 果开一 平歌见	
蓝田	luo²⁴	tʃuo⁵²	tʃuo⁵²	tʃʰuo³¹	tsʰɥə	kɤ³¹	kə
长安	luo²⁴	tsuo⁵³	tsuo⁵³	tsʰuo³¹		kɤ³¹	
户县	luo²⁴	tʃuo⁵²	tʃuo⁵²	tʃʰuo³¹*	tsʰuo	kɤ³¹	kɤ
周至	luo²⁴	tsuo⁵²	tsuo⁵²/tsuo²⁴①	tsʰuo²¹	tsʰuo/tsʰɥo	kɤ²¹	kɤ
三原	luo²⁴	tsuo⁵²	tsuo⁵²	tsʰuo³¹	tsʰuo	kɤ³¹	kɤ
泾阳	luo²⁴	tsuo⁵²	tsuo⁵²	tsʰuo³¹	tsʰuo	kɤ³¹	kə
咸阳	luo²⁴	tsuo⁵²	tsuo⁵²	tsʰuo³¹	tsʰuo	kɤ³¹	kə
兴平	luo²⁴	tsuo⁵²	tsuo⁵²	tsʰuo³¹	tsʰuo	kɤ³¹	kə
武功	luo²⁴	tsuo⁵²	tsuo⁵²	tsʰuo³¹	tsʰuo	kɤ³¹	kə
礼泉	luo²⁴	tsuo⁵²	tsuo⁵²	tsʰuo³¹	tsʰɥo	kɤ³¹	kə
乾县	luo²⁴	tsuo⁵²	tsuo⁵²	tsʰuo³¹	tsʰuo	kɤ³¹	kə
永寿	luo²⁴	tsuo⁵²	tsuo⁵²	tsʰuo³¹	tsʰuo	kɤ³¹	kə
淳化	luo²⁴	tsuo⁵⁵	tsuo⁵⁵	tsʰuo³¹	tsʰuo	kɤ³¹	kɤ
旬邑	luo²⁴	tsuo⁴⁴	tsuo⁴⁴	tsʰuo³¹	tsʰuo	kɤ³¹	kɤ
彬县	luo²⁴	tsuo⁴⁴	tsuo⁴⁴	tsʰuo³¹		kɤ³¹	kɤ
长武	luo²⁴	tsuo⁴⁴	tsuo⁴⁴	tsʰuo³¹	tsʰuo	kɤ³¹	kɤ
扶风	luo²⁴	tsuo³³	tsuo⁵²	tsʰuo³¹	tsʰuo	kɤ³¹	kɤ
眉县	luo²⁴	tsuo⁵²	tsuo⁵²	tsʰuo³¹	tsʰuo	kɤ³¹	kə
麟游	luo²⁴	tsuo⁴⁴/tsuo⁵³②	tsuo⁴⁴	tsʰuo³¹	tsʰuo	kuo³¹	kuo
岐山	luo²⁴	tsuo⁴⁴	tsuo⁴⁴	tsʰuo³¹	tsʰuo	kɤ³¹	ko
凤翔	luo²⁴	tsuo⁴⁴	tsuo⁴⁴	tsʰuo³¹	tsʰuo	kuo³¹	kuo
宝鸡	luo²⁴	tsuo⁴⁴	tsuo⁴⁴	tsʰuo³¹	tsʰua	kuo³¹	kuo
千阳	luo²⁴	tsuo⁴⁴	tsuo⁴⁴	tsʰuo³¹	tsʰuo/tsʰa	kuo³¹	kuo
陇县	luo²⁴	tsuo⁴⁴	tsuo⁴⁴	tsʰuo³¹	tsʰuo	kɤ³¹	kuo

① tsuo²⁴ ～料。

② tsuo⁵³ 姓。

字目 / 方言	个 果开一 去箇见	可 果开一 上哿溪	鹅 果开一 平歌疑	我 果开一 上哿疑	饿 果开一 去箇疑
西安	kɤ⁵⁵	kʰɤ⁵³	ŋɤ²⁴	ŋɤ⁵³/ŋɤ²¹①	ŋɤ⁵⁵
韩城	kə⁴⁴	kʰə⁵³	ŋə²⁴	ŋə⁵³/ŋə³¹	ŋə⁴⁴
合阳	kə⁵⁵/kə²¹/kuɛ²¹/uɛ²¹	kʰə⁵²/kʰə³¹	ŋə²⁴	ŋə⁵²/ŋə³¹	ŋə⁵⁵
澄城	kuo⁴⁴	kʰuo⁵³	ŋuo²⁴	ŋuo⁵³/ŋuo³¹	ŋuo⁴⁴
白水	kɤ⁴⁴	kʰuo⁵³	ŋuo²⁴	ŋuo⁵³/ŋuo³¹	ŋuo⁴⁴
大荔	kɤ⁵⁵	kʰɤ⁵²	ŋɤ²⁴	ŋuo⁵²/ŋuo³¹	ŋɤ⁵⁵
蒲城	kɤ⁵⁵	kʰɤ⁵³	ŋɤ³⁵	ŋuo⁵³/ŋuo³¹	ŋɤ⁵⁵
美原	kə⁵⁵	kʰə⁵³	ŋə³⁵	ŋə⁵³/ŋə³¹	ŋə⁵⁵
富平	kɤ⁵⁵	kʰɤ⁵³	ŋɤ³⁵	ŋɤ⁵³/ŋɤ³¹	ŋɤ⁵⁵
潼关	kɤ⁴⁴	kʰɤ⁵²	ŋuo²⁴	ŋuo⁵²/ŋuo³¹	ŋuo⁴⁴
华阴	kuo⁵⁵	kʰuo⁵²	ŋuo²⁴	ŋuo⁵²/ŋuo³¹	ŋuo⁵⁵
华县	kɤ⁵⁵	kʰɤ⁵³	ŋɤ³⁵	ŋɤ⁵³/ŋɤ³¹	ŋɤ⁵⁵
渭南	kɤ⁴⁴	kʰɤ⁵³	ŋɤ²⁴	ŋɤ⁵³/ŋɤ³¹	ŋɤ⁴⁴
洛南	kuo⁴⁴	kʰuo⁵³	ŋuo²⁴	ŋuo⁵³/ŋuo³¹	ŋuo⁴⁴
商州	kɤ⁵⁵	kʰɤ⁵³	ŋɤ³⁵	ŋɤ⁵³/ŋɤ³¹	ŋɤ⁵⁵
丹凤	kuo⁴⁴	kʰuo⁵³	ŋuo²⁴	ŋuo⁵³	ŋuo⁴⁴
宜川	kə⁴⁵	kʰə⁴⁵	ŋə²⁴	ŋə⁴⁵/ŋə⁵¹	ŋə⁴⁵
富县	kɤ⁴⁴/kuo²⁴②	kʰɤ⁵²/kʰuo⁵²	ŋuo²⁴	ŋuo⁵²/ŋuo³¹	ŋuo⁴⁴
黄陵	kɤ⁴⁴	kʰɤ⁵²	ŋuo²⁴	ŋuo⁵²/ŋuo³¹	ŋuo⁴⁴
宜君	kɤ⁴⁴	kʰɤ⁵²	ŋuo²⁴	ŋuo⁵²/ŋuo²¹	ŋuo⁴⁴
铜川	kɤ⁴⁴	kʰɤ⁵²	ŋuo²⁴	ŋuo⁵²/ŋuo²¹	ŋuo⁴⁴
耀县	kɤ⁴⁴	kʰɤ⁵²	ŋɤ²⁴	ŋɤ⁵²/ŋɤ³¹	ŋɤ⁴⁴
高陵	kə⁵⁵	kʰə⁵²	ŋə²⁴	ŋə⁵²/ŋə³¹	ŋə⁵⁵
临潼	kɤ⁴⁵	kʰɤ⁵²	ŋɤ²⁴	ŋɤ⁵²/ŋɤ³¹	ŋɤ⁴⁵

① 有异读时，上声表示单数，阴平表示复数。下同。
② kuo²⁴ 真～：的确，真的。

字目 方言	个 果开一 去箇见	可 果开一 上哿溪	鹅 果开一 平歌疑	我 果开一 上哿疑	饿 果开一 去箇疑
蓝田	kɤ⁴⁴	kʰɤ⁵²	ŋɤ²⁴	ŋɤ⁵²/ŋɤ³¹	ŋɤ⁴⁴
长安	kɤ⁴⁴	kʰɤ⁵³	ŋɤ²⁴	ŋɤ⁵³/ŋɤ²⁴ ~们	ŋɤ⁴⁴
户县	kɤ⁵⁵	kʰɤ⁵²	ŋɤ²⁴	ŋɤ⁵²/ŋɤ³¹	ŋɤ⁵⁵
周至	kɤ⁵⁵	kʰɤ⁵²	ŋɤ²⁴	ŋɤ⁵²/ŋɤ²¹	ŋɤ⁵⁵
三原	kɤ⁵⁵	kʰɤ⁵²	ŋɤ²⁴	ŋɤ⁵²/ŋɤ³¹	ŋɤ⁵⁵
泾阳	kɤ⁵⁵	kʰɤ⁵²	ŋɤ²⁴	ŋɤ⁵²/ŋɤ³¹	ŋɤ⁵⁵
咸阳	kɤ⁵⁵	kʰɤ⁵²	ŋɤ²⁴	ŋɤ⁵²/ŋɤ²⁴ ~们	ŋɤ⁵⁵
兴平	kɤ⁵⁵	kʰɤ⁵²	ŋɤ²⁴	ŋɤ⁵²/ŋɤ³¹	ŋɤ⁵⁵
武功	kɤ⁵⁵	kʰɤ⁵²	ŋɤ²⁴	ŋɤ⁵²/ŋɤ³¹	ŋɤ⁵⁵
礼泉	kɤ⁵⁵	kʰɤ⁵²	ŋɤ²⁴	ŋɤ⁵²/ŋɤ³¹	ŋɤ⁵⁵
乾县	kɤ⁴⁴	kʰɤ⁵²	ŋɤ²⁴	ŋɤ⁵²/ŋɤ³¹	ŋɤ⁴⁴
永寿	kɤ⁵⁵	kʰɤ⁵²	ŋɤ²⁴	ŋɤ⁵²/ŋɤ³¹	ŋɤ⁵⁵
淳化	kɤ⁵⁵	kʰɤ⁵²	ŋɤ²⁴	ŋɤ⁵²/ŋɤ³¹	ŋɤ⁵⁵
旬邑	kɤ⁴⁴	kʰɤ⁵²	ŋɤ²⁴	ŋɤ⁵²/ŋɤ³¹	ŋɤ⁴⁴
彬县	kɤ⁴⁴	kʰɤ⁵²	ŋɤ²⁴	ŋɤ⁵²/ŋɤ³¹	ŋɤ⁴⁴
长武	kɤ⁴⁴/kæ⁴⁴①	kʰɤ⁵²	ŋɤ²⁴	ŋɤ⁵²/ŋɤ³¹	ŋɤ⁴⁴
扶风	kɤ³³/kuo³³	kʰɤ⁵²/kʰuo⁵²/kʰuo³¹②	ŋɤ²⁴/ŋuo²⁴	ŋɤ⁵²/ŋuo⁵²/ŋuo³¹	ŋɤ³³/ŋuo³³
眉县	kɤ⁴⁴	kʰɤ⁵²	ŋɤ²⁴	ŋɤ⁵²/ŋɤ·³¹	ŋɤ⁴⁴
麟游	kɔ³¹	kʰuo⁵³	ŋuo²⁴ 老/ŋɤ²⁴ 新	ŋuo⁵³ 老/ŋɤ⁵³ 新/ŋɤ³¹ 新	ŋuo⁴⁴
岐山	kɤ⁴⁴	kʰɤ⁵³	ŋɤ²⁴	ŋɤ⁵³/ŋɤ³¹/ŋuo²⁴	ŋɤ⁴⁴
凤翔	kɤ⁴⁴/kɔ⁴⁴	kʰɤ/kʰɔ⁵³	uo²⁴	uo⁵³/ŋɔ⁵³/ŋɔ³¹	uo⁴⁴
宝鸡	kuo⁴⁴	kʰuo⁵³	ŋuo²⁴	ŋuo⁵³/ŋuo³¹	ŋuo⁴⁴ 老/ŋɤ⁴⁴ 新
千阳	kuo⁴⁴/kɔ²¹/kɤ⁴⁴	kʰuo⁵³	ŋuo²⁴	ŋuo⁵³/ŋuo³¹	ŋuo⁴⁴
陇县	kɤ⁴⁴ 新/kɔ⁴⁴ 老	kʰɤ³¹	ŋuo²⁴	ŋuo⁵³/ŋuo³¹	ŋuo⁴⁴

① kɤ⁴⁴ ~人；kæ⁴⁴ 这~。

② kʰuo³¹ 又，你咋~来了。

字目 / 方言	荷 薄~ 果开一去箇晓	河 果开一平歌匣	贺 果开一去箇匣	阿 果开一平歌影	茄 果开三平戈群
西安	xuo^{021}	xuo^{24}	xuo^{55}	a̠^{21}/uo^{21} ∣ uo	tɕʰie^{24}
韩城	xuə^{021}	xuə^{24}	xuə^{44}	a̠^{31}/uə^{31} ∣ ɤ	tɕʰiE^{24}/tɕʰia^{24}
合阳	xuo^{021}	xuo^{24}	xuo^{55}	ia^{24}/uo^{31} ∣ uo	tɕʰiə^{24}/tɕʰia^{24}
澄城	xuo^{021}	xuo^{24}	xuo^{44}	a̠^{31}/uo^{31} ∣ uo	tɕʰiə^{24}/tɕʰia^{24}
白水	xuo^{021}	xuo^{24}	xuo^{44}	a̠^{31}/uo^{31} ∣ uo	tɕʰia^{24}
大荔	xuo^{021}	xuo^{24}	xuo^{55}	a̠^{31}/uo^{31} ∣ uo	tɕʰie^{24}/tɕʰia^{24}
蒲城	xuo^{021}	xuo^{35}	xuo^{55}	a̠^{31}/uo^{31} ∣ uo	tɕʰie^{35}
美原	xuo^{021}	xuo^{35}	xuo^{55}	a̠^{31}/uo^{31} ∣ uo	tɕʰie^{35}
富平	xuo^{021}	xuo^{35}	xuo^{55}	a̠^{31}/uo^{31} ∣ ɑ	tɕʰie^{35}
潼关	xuo^{021}	xuo^{24}	xuo^{44}	a^{31} ∣ uo	tɕʰie^{24}
华阴	xuo^{021}	xuo^{24}	xuo^{55}	a^{31} ∣ uo	tɕʰie^{24}
华县	xuo^{021}	xuo^{35}	xuo^{55}	a̠^{31}/uo^{31} ∣ uo	tɕʰie^{24}
渭南	xuo^{021}	xuo^{24}	xuo^{44}	a̠^{31}/uo^{31} ∣ uo	tɕʰie^{24}
洛南	xuo^{021}	xuo^{24}	xuo^{44}	a^{31} ∣ uo	tɕʰie^{24}
商州	xuo^{021}	xuo^{35}	xuo^{55}	a^{53} ∣ uo	tɕʰie^{35}
丹凤	xuo^{021}	xuo^{24}	xuo^{44}	a^{31}	tɕʰie^{24}
宜川	xə^{021}	xə^{24}	xə^{45}	ŋə^{24}	tɕʰia^{24}
富县	xu^{021}	xuo^{24}	xuo^{44}	a̠^{31}/uo^{31}	tɕʰie^{24}
黄陵	xuo^{021}	xuo^{24}	xuo^{44}	a̠^{31}/ŋuo^{31}	tɕʰiE^{24}
宜君	xuo^{021}	xuo^{24}	xuo^{44}	uo^{21}	tɕʰiE^{24}
铜川	xuo^{021}	xuo^{24}	xuo^{44}	a̠^{21}/uo^{21} ∣ ɑ	tɕʰie^{24}
耀县	xuo^{021}	xuo^{24}	xuo^{44}	a̠^{31}/uo^{31} ∣ ɑ	tɕʰie^{24}
高陵	xu^{021}	xuo^{24}	xuo^{55}	a^{31} ∣ ɑ	tɕʰie^{24}
临潼	xuo^{24}	xuo^{24}	xuo^{45}	a̠^{31}/ŋɤ^{31} ∣ uo	tɕʰie^{24}

字目　　方言	荷薄~ 果开一 去箇晓	河 果开一 平歌匣	贺 果开一 去箇匣	阿 果开一 平歌影	茄 果开三 平戈群
蓝田	xuo021	xuo24	xuo44	a31/ŋɤ31 ｜ a	tɕʰiɛ24
长安	xuo021	xuo24	xuo44	a31/ŋɤ24	tɕʰiɛ24
户县	xuo021	xuo24	xuo55	a31/uo31 ｜ uo	tɕʰiɛ24
周至	xuo021	xuo24	xuo55	a24/a21/ŋɤ24 ｜ uo	tɕʰiɛ24
三原	xuo31	xuo24	xuo55	a31/uo31 ｜ a	tɕʰiɛ24
泾阳	xuo021	xuo24	xuo55	a31/uo31	tɕʰiɛ24
咸阳	xuo31	xuo24	xuo55	a31/ɤ31 ｜ a	tɕʰiɛ24
兴平	xuo31	xuo24	xuo55	a31/ɤ31 ｜ a	tɕʰiɛ24
武功	xuo31	xuo24	xuo55	a31/uo31 ｜ uo	tɕʰiɛ24
礼泉	xuo24	xuo24	xuo55	a31 ｜ a	tɕʰiɛ24
乾县	xuo52	xuo24	xuo44	a31/ŋɤ31 ｜ a	tɕʰiɛ24
永寿	xuo52	xuo24	xuo55	a31/uo31 ｜ uo	tɕʰiɛ24
淳化	xuo31	xuo24	xuo55	a31/uo31 ｜ a	tɕʰiɛ24
旬邑	xuo31	xuo24	xuo44	a31/uo31 ｜ a	tɕʰiɛ24
彬县	xuo31	xuo24	xuo44	a31/uo31 ｜ a	tɕʰiɛ24
长武	xuo31	xuo24	xuo44	a31/uo31 ｜ uo	tɕʰiɛ24
扶风	xuo31	xuo24	xuo33	a31/uo31 ｜ uo	tɕʰiɛ24
眉县	xuo24	xuo24	xuo44	uo31 ｜ a	tɕʰiɛ24
麟游	xuo24	xuo24	xuo44	vo31 ｜ a	tɕʰiɛ24
岐山	xuo021	xuo24	xuo44	a53/vo31 ｜ a	tɕʰiɛ24
凤翔	xuo31	xuo24	xuo44	uo31 ｜ a	tɕʰiɛ24
宝鸡	xuo24	xuo24	xuo44	vo31 ｜ a	tɕiɛ24
千阳	xuo53	xuo24	xuo44	a31/vo31 ｜ a	tɕʰiɛ24
陇县	xuo53	xuo24	xuo44	a31/vo31 ｜ a	tɕʰiɛ24

字目／方言	波 果合一平戈帮	簸~一~ 果合一上果帮	簸~箕 果合一去过帮	坡 果合一平戈滂	破 果合一去过滂
西安	p^ho^{21}	po^{53}	po^{55}	p^ho^{21} ｜ p^ho	p^ho^{55}
韩城	$p^hə^{31}$	$pə^{53}$	$pə^{44}$	$p^hə^{31}$ ｜ p^ho	$p^hə^{44}$
合阳	p^ho^{31}	po^{52}	po^{55}	p^ho^{31} ｜ p^ho	p^ho^{55}
澄城	p^ho^{31}	po^{53}	po^{44}	p^ho^{31} ｜ p^ho	p^ho^{44}
白水	p^ho^{31}	po^{53}	po^{44}	p^ho^{31} ｜ p^ho	p^ho^{44}
大荔	p^ho^{31}	po^{52}	po^{55}	p^ho^{31} ｜ p^ho	p^ho^{55}
蒲城	$p^{fh}o^{31}$	p^fo^{53}	p^fo^{55}	$p^{fh}o^{31}$ ｜ p^ho	$p^{fh}o^{55}$
美原	$p^{fh}o^{31}$	p^fo^{53}	p^fo^{55}	$p^{fh}o^{31}$ ｜ p^ho	$p^{fh}o^{55}$
富平	$p^{fh}o^{31}$	po^{53}	po^{55}	$p^{fh}o^{31}$ ｜ p^ho	$p^{fh}o^{55}$
潼关	p^ho^{31}	po^{52}	po^{44}	p^ho^{31} ｜ p^ho	p^ho^{44}
华阴	p^ho^{31}	po^{52}	po^{55}	p^ho^{31} ｜ p^ho	p^ho^{55}
华县	$p^{fh}o^{31}$	p^fo^{53}	p^fo^{55}	$p^{fh}o^{31}$ ｜ p^ho	$p^{fh}o^{55}$
渭南	$p^{fh}o^{31}$	p^fo^{53}	p^fo^{44}	$p^{fh}o^{31}$ ｜ p^ho	$p^{fh}o^{44}$
洛南	po^{31}	po^{53}	po^{44}	p^ho^{31} ｜ p^huo	p^ho^{44}
商州	$p^{fh}o^{31}$	p^fo^{53}	p^fo^{55}	$p^{fh}o^{31}$ ｜ $p^{fh}o$	$p^{fh}o^{55}$
丹凤	po^{31}	po^{53}	po^{44}	p^ho^{31}	p^ho^{44}
宜川	p^ho^{51}	po^{45}	po^{45}	p^ho^{51}	p^ho^{45}
富县	$p^hɤ^{31}$	$pɤ^{52}$	$pɤ^{44}$	$p^hɤ^{31}$	$p^hɤ^{44}$
黄陵	$p^{fh}o^{31}$	po^{52}	po^{44}	$p^{fh}o^{31}$	$p^{fh}o^{44}$
宜君	$p^{fh}o^{21}$	po^{52}	po^{44}	$p^{fh}o^{21}$	$p^{fh}o^{44}$
铜川	p^ho^{21}	po^{52}	po^{44}	p^ho^{21} ｜ p^ho	p^ho^{44}
耀县	$p^hɤ^{31}$	$pɤ^{52}$	$pɤ^{44}$	$p^hɤ^{31}$ ｜ p^ho	$p^hɤ^{44}$
高陵	p^ho^{31}	po^{52}	po^{55}	p^ho^{31} ｜ p^ho	p^ho^{55}
临潼	$p^{fh}o^{31}$	po^{52}	po^{45}	$p^{fh}o^{31}$ ｜ p^ho	$p^{fh}o^{45}$

字目／方言	波	簸~一~	簸~箕	坡	破
	果合一平戈帮	果合一上果帮	果合一去过帮	果合一平戈滂	果合一去过滂
蓝田	$p^{fh}o^{31}/po^{31}$	po^{52}	po^{44}	$p^{fh}o^{31}$ ∣ p^huo	$p^{fh}o^{44}$
长安	p^ho^{31}	po^{53}	po^{44}	p^ho^{31}	p^ho^{44}
户县	$p^{fh}o^{31}$	po^{52}	po^{55}	$p^{fh}o^{31}$ ∣ p^ho	$p^{fh}o^{55}$
周至	p^ho^{21}	po^{52}	po^{55}	p^ho^{21}	p^ho^{55}
三原	p^ho^{31}	po^{52}	po^{55}	p^ho^{31} ∣ p^ho	p^ho^{55}
泾阳	p^ho^{31}	po^{52}	po^{55}	p^ho^{31} ∣ p^ho	p^ho^{55}
咸阳	p^ho^{31}	po^{52}	po^{55}	p^ho^{31}	p^ho^{55}
兴平	p^ho^{31}	po^{52}	po^{55}	p^ho^{31} ∣ p^ho	p^ho^{55}
武功	p^fo^{31}	p^fo^{52}	p^fo^{55}	$p^{fh}o^{31}$ ∣ pf^ho	$p^{fh}o^{55}$
礼泉	$p^{fh}o^{31}$	p^fo^{52}	p^fo^{55}	$p^{fh}o^{31}$ ∣ p^ho	$p^{fh}o^{55}$
乾县	$p^{fh}o^{31}$	p^fo^{52}	p^fo^{44}	$p^{fh}o^{31}$ ∣ p^ho	$p^{fh}o^{44}$
永寿	p^ho^{31}	po^{52}	po^{55}	p^ho^{31} ∣ p^ho	p^ho^{55}
淳化	p^ho^{31}	po^{52}	po^{55}	p^ho^{31} ∣ p^huo	p^ho^{55}
旬邑	p^ho^{31}	po^{52}	po^{44}	p^ho^{31} ∣ p^huo	p^ho^{44}
彬县	p^ho^{31}	po^{52}	po^{44}	p^ho^{31} ∣ p^huo	p^ho^{44}
长武	p^ho^{31}	po^{52}	po^{44}	p^ho^{31} ∣ pf^huo	p^ho^{44}
扶风	$p^{fh}o^{31}$	po^{52}	po^{52}	$p^{fh}o^{31}$ ∣ pf^ho	$p^{fh}o^{33}$
眉县	p^ho^{31}	po^{52}	po^{44}	p^ho^{31} ∣ pf^ho	p^ho^{44}
麟游	po^{31}	po^{53}	po^{44}	p^ho^{31} ∣ pf^ho	p^ho^{44}
岐山	$p^{fh}o^{31}$	p^fo^{53}	p^fo^{44}	$p^{fh}o^{31}$ ∣ pf^ho	$p^{fh}o^{44}$
凤翔	p^fo^{31}	p^fo^{53}	p^fo^{44}	$p^{fh}o^{31}$ ∣ p^ho	$p^{fh}o^{44}$
宝鸡	$p^{fh}o^{31}$	p^fo^{53}	p^fo^{44}	$p^{fh}o^{31}$ ∣ pf^ho	$p^{fh}o^{44}$
千阳	$p^{fh}o^{31}$	p^fo^{53}	p^fo^{44}	$p^{fh}o^{31}$ ∣ pf^ho	$p^{fh}o^{44}$
陇县	p^fo^{31}	p^fo^{53}	p^fo^{44}	$p^{fh}o^{31}$ ∣ pf^ho	$p^{fh}o^{44}$

字目 / 方言	婆 果合一平戈並	薄~荷 果合一去过並	磨~刀 果合一平戈明	馍 果合一平戈明	磨名词 果合一去过明
西安	p^ho^{24}	p^ho^{55}	mo^{24}	mo^{55}	mo^{55}
韩城	$p^hə^{24}$	$p^hə^{44}$	$mə^{24}$	$mə^{24}$	$mə^{44}$
合阳	p^ho^{24}/p^ho^{55}	p^ho^{24}	p^ho^{24}	mo^{55}/mo^{24}	mo^{55}
澄城	p^ho^{24}	p^ho^{44}	mo^{24}	mo^{44}	mo^{44}
白水	p^ho^{24}	p^ho^{44}	mo^{24}	mo^{44}	mo^{44}
大荔	p^ho^{24}	p^ho^{24}	mo^{24}	mo^{55}	mo^{55}
蒲城	$p^{fh}o^{35}$	$p^{fh}o^{55}$	mo^{35}	mo^{55}	mo^{55}
美原	$p^{fh}o^{35}$	$p^{fh}o^{55}$	m^fo^{35}	m^fo^{55}	m^fo^{55}
富平	$p^{fh}o^{35}$	$p^{fh}o^{55}$	mo^{35}	mo^{55}	mo^{55}
潼关	p^ho^{24}	p^ho^{24}	mo^{24}	mo^{44}	mo^{44}
华阴	p^ho^{24}	po^{55}	mo^{24}	mo^{55}	mo^{55}
华县	$p^{fh}o^{35}$	$p^{fh}o^{55}$	mo^{35}	mo^{55}	mo^{55}
渭南	$p^{fh}o^{24}$	$p^{fh}o^{44}$	mo^{24}	mo^{44}	mo^{44}
洛南	p^ho^{44}	p^ho^{44}	mo^{24}	mo^{44}	mo^{44}
商州	$p^{fh}o^{35}$	$p^{fh}o^{55}$	mo^{35}	mo^{55}	mo^{55}
丹凤	p^ho^{24}	p^ho^{44}	mo^{24}	mo^{44}	mo^{44}
宜川	p^ho^{24}	p^ho^{45}	m^bo^{24}	m^bo^{24}	m^bo^{45}
富县	$p^hɤ^{24}$	$p^hɤ^{24}$	$m^bɤ^{24}$	$m^bɤ^{44}/m^bɤ^{24}$	$m^bɤ^{44}$
黄陵	$p^{fh}o^{24}$	$p^{fh}o^{24}$	mo^{24}	mo^{44}	mo^{44}
宜君	$p^{fh}o^{24}$	$p^{fh}o^{24}$	mo^{24}	mo^{44}	mo^{44}
铜川	p^ho^{24}	p^ho^{44}	mo^{24}	mo^{44}	mo^{44}
耀县	$p^hɤ^{24}$	$p^hɤ^{44}$	$mɤ^{44}$	$mɤ^{44}/mɤ^{24}$①	$mɤ^{44}$
高陵	p^ho^{24}	p^ho^{55}	mo^{24}	mo^{55}	mo^{55}
临潼	$p^{fh}o^{24}$	$p^{fh}o^{45}$	mo^{24}	mo^{45}	mo^{45}

① $mɤ^{24}$ ~~。

字目 方言	婆 果合一 平戈並	薄~荷 果合一 去过並	磨~刀 果合一 平戈明	馍 果合一 平戈明	磨名词 果合一 去过明
蓝田	pᶠʰo²⁴	pᶠʰo³¹	mo²⁴	mo⁴⁴	mo⁴⁴
长安	pʰo²⁴	pʰo⁴⁴/pʰo⁴⁴	mo²⁴	mo⁴⁴	mo⁴⁴
户县	pᶠʰo²⁴	pᶠʰo⁵⁵	mo²⁴	mo⁵⁵	mo⁵⁵
周至	pʰo²⁴	pʰo⁵⁵	mo²⁴	mo⁵⁵	mo⁵⁵
三原	pʰo²⁴	pʰo⁵⁵	mo²⁴	mo⁵⁵	mo⁵⁵
泾阳	pʰo²⁴	pʰo⁵⁵	mo²⁴	mo⁵⁵	mo⁵⁵
咸阳	pʰo²⁴	pʰo²⁴	mo²⁴	mo⁵⁵	mo⁵⁵
兴平	pʰo⁵⁵/pʰo²⁴①	pʰo⁵⁵	mo²⁴	mo⁵⁵	mo⁵⁵
武功	pᶠʰo²⁴	pᶠo⁵⁵	mᶠo²⁴	mᶠo⁵⁵	mᶠo⁵⁵
礼泉	pᶠʰo²⁴	pᶠʰo⁵⁵	mᶠo²⁴	mᶠo⁵⁵	mᶠo⁵⁵
乾县	pᶠʰo²⁴	pᶠo⁴⁴	mo²⁴	mo⁴⁴	mo⁴⁴
永寿	pʰo²⁴	po²⁴	mo²⁴	mo⁵⁵	mo⁵⁵
淳化	pʰo²⁴	pʰo⁵⁵	mo²⁴	mo⁵⁵	mo⁵⁵
旬邑	pʰo²⁴	pʰo⁴⁴	mo²⁴	mo²⁴	mo⁴⁴
彬县	pʰo²⁴	pʰo⁴⁴	mo²⁴	mo²⁴	mo⁴⁴
长武	pʰo²⁴	po²⁴/pʰo²⁴	mo²⁴	mo²⁴	mo⁴⁴
扶风	pᶠʰo²⁴/pᶠʰo³³	p̲o³³/pᶠʰo³³	mo²⁴	mo³³/mo²⁴②	mo³³
眉县	pʰo²⁴	pʰo⁴⁴	mo²⁴	mo⁴⁴	mo⁴⁴
麟游	pʰo²⁴	po⁴⁴	mo²⁴	mo⁴⁴	mo⁴⁴
岐山	pᶠʰo⁴⁴/pᶠʰo²⁴	pᶠo⁴⁴	mo²⁴	mo⁴⁴	mo⁴⁴
凤翔	pᶠʰo⁴⁴/pᶠʰo²⁴③	pɔ⁴⁴	mo²⁴	mo⁴⁴	mo⁴⁴
宝鸡	pᶠʰo²⁴	pᶠo⁴⁴	mo²⁴	mo⁴⁴	mo⁴⁴
千阳	pᶠʰo²⁴	pɔ⁴⁴	mo²⁴	mo⁴⁴	mo⁴⁴
陇县	pᶠʰo²⁴	pɔ⁴⁴	mo²⁴	mo⁴⁴	mo⁴⁴

① pʰo⁵⁵ 祖母；pʰo²⁴ ～娘。

② 单用时为 mo³³，叠用时为 mo³¹ mo⁵²，mo²⁴ 是根据连读音变推出的单字音。

③ pᶠʰo²⁴ ～娘。

字目 / 方言	躲	剁	妥	唾	垛字表"禾"旁
	果合一上果端	果合一去过端	果合一上果透	果合一去过透	果合一上果定
西安	tuo^{53}	tuo^{55}	tʰuo^{53}	tʰuo^{55}	tuo^{55}
韩城	tə^{53}	tə^{44}	tʰə^{53}	tʰə^{44}	tə^{53}
合阳	tuo^{52}	tuo^{55}	tʰuo^{52}	tʰuo^{55}	tuo^{52}
澄城	tuo^{53}	tuo^{44}	tʰuo^{53}	tʰuo^{44}	tuo^{44}
白水	tuo^{53}	tuo^{44}	tʰuo^{53}	tʰuo^{44}	tuo^{53}
大荔	tuo^{52}	tuo^{55}	tʰuo^{52}	tʰuo^{55}	tuo^{55}
蒲城	tuo^{53}	tuo^{55}	tʰuo^{53}	tʰuo^{55}	tuo^{55}
美原	tuo^{53}	tuo^{55}	tʰuo^{53}	tʰuo^{55}	tuo^{53}
富平	tuo^{53}	tuo^{55}	tʰuo^{53}	tʰuo^{55}	tuo^{55}
潼关	tuo^{52}	tuo^{44}	tʰuo^{52}	tʰuo^{44}	tuo^{44}
华阴	tuo^{52}	tuo^{55}	tʰuo^{52}	tʰuo^{55}	tʰuo^{55}
华县	tuo^{53}	tuo^{55}	tʰuo^{53}	tʰuo^{55}	tuo^{55}
渭南	tuo^{53}	tuo^{53}	tʰuo^{53}	tʰuo^{44}	tuo^{53}
洛南	tuo^{53}	tuo^{44}	tʰuo^{53}	tʰuo^{44}	tʰuo^{44}
商州	tuo^{53}	tuo^{55}	tʰuo^{53}	tʰuo^{55}	tuo^{55}
丹凤	tuo^{53}	tuo^{53}	tʰuo^{53}	tʰuo^{53}	tuo^{44}
宜川	tuo^{45}	tuo^{45}	tʰuo^{45}	tʰuo^{45}	tʰə^{45}
富县	tuo^{52}	tuo^{55}	tʰuo^{52}	tʰuo^{44}	tuo^{44}
黄陵	tuo^{52}	tuo^{44}	tʰuo^{52}	tʰuo^{44}	tʰuo^{44}
宜君	tuo^{52}	tuo^{44}	tʰuo^{52}	tʰuo^{44}	tuo^{52}
铜川	tuo^{52}	tuo^{44}	tʰuo^{52}	tʰuo^{44}	tuo^{44}
耀县	tuo^{52}	tuo^{52}/tuo^{44}	tʰuo^{52}	tʰuo^{44}	tuo^{44}
高陵	tuo^{52}	tuo^{52}	tʰuo^{52}	tʰuo^{55}	tuo^{55}
临潼	tuo^{52}	tuo^{52}	tʰuo^{52}	tʰuo^{45}	tuo^{45}

字目 方言	躲 果合一 上果端	刴 果合一 去过端	妥 果合一 上果透	唾 果合一 去过透	垛字表"禾"旁 果合一 上果定
蓝田	tuo^{52}	tuo^{44}	t^huo^{52}	t^huo^{44}	tuo^{44}
长安	tuo^{53}	tuo^{44}	t^huo^{53}	t^huo^{44}	tuo^{44}
户县	tuo^{52}	tuo^{55}	t^huo^{52}	t^huo^{55}	tuo^{55}
周至	tuo^{52}	tuo^{55}	t^huo^{52}	t^huo^{55}	tuo^{55}
三原	tuo^{52}	tuo^{55}	t^huo^{52}	t^huo^{55}	tuo^{55}
泾阳	tuo^{52}	tuo^{55}	t^huo^{52}	t^huo^{55}	tuo^{55}
咸阳	tuo^{52}	tuo^{55}	t^huo^{52}	t^huo^{55}	tuo^{52}
兴平	tuo^{52}	tuo^{55}	t^huo^{52}	t^huo^{55}	tuo^{55}
武功	tuo^{52}	tuo^{55}	t^huo^{52}	t^huo^{55}	tuo^{55}
礼泉	tuo^{52}	tuo^{55}	t^huo^{52}	t^huo^{55}	tuo^{55}
乾县	tuo^{52}	tuo^{44}	t^huo^{52}	t^huo^{44}	tuo^{44}
永寿	tuo^{52}	tuo^{55}	t^huo^{52}	t^huo^{55}	tuo^{55}
淳化	tuo^{52}	tuo^{55}	t^huo^{52}	t^huo^{55}	tuo^{55}
旬邑	tuo^{52}	tuo^{44}	t^huo^{52}	t^huo^{44}	tuo^{44}
彬县	tuo^{52}	tuo^{44}	t^huo^{52}	t^huo^{44}	tuo^{44}
长武	tuo^{52}	tuo^{44}	t^huo^{52}	t^huo^{44}	tuo^{44}
扶风	tuo^{52}	tuo^{33}	t^huo^{52}	t^huo^{33}	tuo^{52}
眉县	tuo^{52}	tuo^{44}	t^huo^{52}	t^huo^{44}	luo^{44}
麟游	tuo^{53}	tuo^{44}	t^huo^{53}	t^huo^{44}	tuo^{53}
岐山	tuo^{53}	tuo^{44}	t^huo^{53}	t^huo^{44}	tuo^{53}
凤翔	tuo^{53}	tuo^{44}	t^huo^{53}	t^huo^{44}	luo^{44}
宝鸡	tuo^{53}	tuo^{44}	t^huo^{53}	t^huo^{44}	tuo^{44}
千阳	tuo^{53}	tuo^{44}	t^huo^{53}	t^huo^{44}	luo^{44}
陇县	tuo^{53}	tuo^{44}	t^huo^{53}	t^huo^{44}	luo^{44}

字目 / 方言	糯 果合一 去过泥	骡 果合一 平戈来	摞 果合一 去过来	锉 果合一 去过清	矬 果合一 平戈从
西安	luo^{55}	luo^{24}	luo^{55}	$tsʰuo^{21}$	$tsʰuo^{24}$
韩城	$lə^{44}$	$lə^{24}$	$lə^{44}$	$tsʰuə^{31}$	$tsʰuə^{24}$
合阳	lo^{55}	lo^{24}	lo^{55}	$tɕʰyə^{31}$/$tɕʰyɑ^{52}$	$tɕʰyə^{24}$
澄城	luo^{44}	luo^{24}	luo^{44}	$tʃʰuo^{31}$	$tʃʰuo^{24}$
白水	nuo^{44}	luo^{24}	luo^{44}	$tsʰuo^{31}$	$tsʰuo^{24}$
大荔	nuo^{55}	luo^{24}	luo^{55}	$tsʰuo^{31}$	$tsʰuo^{24}$
蒲城	luo^{55}	luo^{35}	luo^{55}	$tʃʰuo^{31}$	$tʃʰuo^{35}$
美原	luo^{55}	luo^{35}	luo^{55}	$tʃʰo^{31}$	$tʃʰo^{35}$
富平	nuo^{55}	luo^{35}	luo^{55}	$tsʰuo^{31}$	$tsʰuo^{35}$
潼关	nuo^{44}	luo^{24}	luo^{44}	$tsʰuo^{31}$	$tsʰuo^{24}$
华阴	nuo^{55}	luo^{24}	luo^{55}	$tsʰuo^{31}$	$tsʰuo^{24}$
华县	luo^{55}	luo^{35}	luo^{55}	$tʃʰuo^{31}$	$tʃʰuo^{35}$
渭南	luo^{44}	luo^{24}	luo^{44}	$tʃʰuo^{31}$	$tʃʰuo^{24}$
洛南	luo^{44}	luo^{24}	luo^{44}	$tʃʰuo^{31}$	$tʃʰuo^{24}$
商州	nuo^{55}	luo^{35}	luo^{55}	$tʃʰuo^{31}$	$tʃʰuo^{35}$
丹凤	nuo^{44}	luo^{24}	luo^{44}	$tʃʰuo^{31}$	$tʃʰuo^{24}$
宜川	nuo^{45}	luo^{24}	luo^{45}	$tsʰuo^{51}$	
富县	nuo^{44}	luo^{24}	luo^{44}	$tsʰuo^{31}$	$tsʰuo^{24}$
黄陵	nuo^{44}读	luo^{24}	luo^{44}	$tʃʰuo^{31}$	$tʃʰuo^{31}$
宜君	nuo^{44}	luo^{24}	luo^{44}	$tsʰuo^{21}$	$tsʰuo^{44}$
铜川	luo^{44}	luo^{24}	luo^{44}	$tsʰuo^{21}$	$tsʰuo^{24}$
耀县	luo^{44}	luo^{24}	luo^{44}	$tʃʰuo^{31}$	
高陵	nuo^{55}	luo^{24}	luo^{55}	$tsʰuo^{31}$	$tsʰuo^{24}$
临潼	luo^{45}	luo^{24}	luo^{45}	$tsʰuo^{31}$	

字目 方言	糯 果合一 去过泥	骡 果合一 平戈来	摞 果合一 去过来	锉 果合一 去过清	矬 果合一 平戈从
蓝田	luo⁴⁴	luo²⁴	luo⁴⁴	tʃʰuo³¹	tʃʰuo⁴⁴
长安	luo⁴⁴	luo²⁴	luo⁴⁴	tsʰuo³¹	tsʰuo⁴⁴
户县	luo⁵⁵	luo²⁴	luo⁵⁵	tʃʰuo³¹	tʃʰuo²⁴
周至	nuo⁵⁵	luo²⁴	luo⁵⁵	tsʰuo²¹	tsʰuo²⁴
三原	luo⁵⁵	luo²⁴	luo⁵⁵	tsʰuo³¹	tsʰuo²⁴
泾阳	luo⁵⁵	luo²⁴	luo⁵⁵	tsʰuo³¹	tsʰuo²⁴
咸阳	luo⁵⁵	luo²⁴	luo⁵⁵	tsʰuo⁵⁵	tsʰuo²⁴
兴平	luo⁵⁵	luo²⁴	luo⁵⁵	tsʰuo³¹	tsʰuo²⁴
武功	luo⁵⁵	luo²⁴	luo⁵⁵	tsʰuo³¹	tsʰuo²⁴
礼泉	luo⁵⁵	luo²⁴	luo⁵⁵	tsʰuo³¹	tsʰuo³¹
乾县	luo⁴⁴	luo²⁴	luo⁴⁴	tsʰuo³¹	tsʰuo²⁴
永寿	luo⁵⁵	luo²⁴	luo⁵⁵	tsʰuo³¹	tsʰuo²⁴
淳化	luo⁵⁵	luo²⁴	luo⁵⁵	tsʰuo³¹	tsʰuo²⁴
旬邑	luo⁴⁴	luo²⁴	luo⁴⁴	tsʰuo³¹	tsʰuo²⁴
彬县	luo⁴⁴	luo²⁴	luo⁴⁴	tsʰuo³¹	tsʰuo²⁴
长武	luo²⁴	luo²⁴	luo⁴⁴	tsʰuo³¹	tsʰuo²⁴
扶风	luo³³	luo²⁴	luo³³	tsʰuo³¹	
眉县	luo⁴⁴	luo²⁴	luo⁴⁴	tsʰuo³¹	
麟游	luo⁴⁴	luo²⁴	luo⁴⁴	tsʰuo³¹	
岐山	luo⁴⁴	luo²⁴	luo⁴⁴	tsʰuo⁴⁴	tsʰuo²⁴
凤翔	luo⁴⁴	luo²⁴	luo⁴⁴	tsʰuo³¹	
宝鸡	luo⁴⁴	luo²⁴	luo⁴⁴	tsʰuo³¹	
千阳	luo⁴⁴	luo²⁴	luo⁴⁴	tsʰuo³¹	
陇县	luo⁴⁴	luo²⁴	luo⁴⁴	tsʰuo⁴⁴	tsʰuo²⁴

字目／方言	坐 果合一 上果从		座 果合一 去过从	梭 果合一 平戈心	锁 果合一 上果心	锅 果合一 平戈见	
西安	tsuo⁵⁵	tsuo	tsuo⁵⁵	suo²¹	suo⁵³	kuo²¹	kuo
韩城	tsʰuə⁴⁴	tsuo	tsʰuə⁴⁴	tsʰuə³¹	suə⁵³	kuə³¹	kuo
合阳	tɕʰyə⁵⁵	tɕyə	tɕʰyə⁵⁵	tɕʰyə³¹	ɕyə⁵²	kuo³¹	kuo
澄城	tʃʰuo⁴⁴	tʂuo	tʃʰuo⁴⁴	tʃʰuo³¹	tuo⁵³	kuo³¹	kuo
白水	tsʰuo⁴⁴	tsʰuo	tsʰuo⁴⁴	tsʰuo³¹	suo⁵³	kuo³¹	kuo
大荔	tsʰuo⁵⁵	tsʰuo	tsʰuo⁵⁵	tsʰuo³¹	suo⁵²	kuo³¹	kuo
蒲城	tʃʰuo⁵⁵	tsʰuo	tʃʰuo⁵⁵	tʃʰuo³¹	ʃuo⁵³	kuo³¹	kuo
美原	tʃʰo⁵⁵	tsʰʮo	tʃʰo⁵⁵	tʃʰo³¹	ʃo⁵³	kuo³¹	kuo
富平	tsuo⁵⁵	tsuo	tsuo⁵⁵	tsʰuo³¹	suo⁵³	kuo³¹	kuo
潼关	tsʰuo⁴⁴	tsuo	tsʰuo⁴⁴	tsʰuo³¹	suo⁵²	kuo³¹	kuo
华阴	tsʰuo⁵⁵	tsʰuo	tsʰuo⁵⁵	tsʰuo³¹	suo⁵²	kuo³¹	kuo
华县	tʃʰuo⁵⁵	tsʮo	tʃʰuo⁵⁵	tʃʰuo³¹	ʃuo⁵³	kuo³¹	kʮo
渭南	tʃʰuo⁴⁴	tsʰʮo	tʃʰʮo⁴⁴	tʃʰuo³¹	ʃuo⁵³	kuo³¹	kuo
洛南	tʃʰuo⁴⁴	tsʮo	tʃʰuo⁴⁴	tʃʰuo³¹	ʃuo⁵³	kuo³¹	kuo
商州	tʃuo⁵⁵	tsʮo	tʃuo⁵⁵	tʃʰuo³¹	ʃuo⁵³	kuo³¹	kuo
丹凤	tʃuo⁴⁴		tʃuo⁴⁴	tʃʰuo³¹	ʃuo⁵³	kuo³¹	
宜川	tsʰuo⁴⁵		tsʰuo⁴⁵	suo⁵¹	suo⁴⁵	kuo⁵¹	
富县	tsʰuo⁴⁴		tsʰuo⁴⁴	tsʰuo³¹	suo⁵²	kuo³¹	
黄陵	tʃʰuo⁴⁴		tʃʰuo⁴⁴	<u>ʃuo</u>³¹/tʃʰuo³¹	ʃuo⁵²	kuo³¹	
宜君	tsʰuo⁴⁴		tsʰuo⁴⁴	tsʰuo²¹	suo⁵²	kuo²¹	
铜川	<u>tsuo</u>⁴⁴/tsʰuo⁴⁴	tsʮə	<u>tsuo</u>⁴⁴/tsʰuo⁴⁴	suo²¹/suo⁵²①	suo⁵²	kuo²¹	kuo
耀县	tʃuo⁴⁴	tsʮ	tʃuo⁴⁴	tʃʰuo³¹	suo⁵²	kuo³¹	kuo
高陵	tsuo⁵⁵	tsuo	tsuo⁵⁵	tsʰuo³¹	suo⁵²	kuo³¹	kuo
临潼	tsuo⁴⁵	tsuo	tsuo⁴⁵	<u>suo</u>⁵²/tsʰuo³¹②	suo⁵²	kuo³¹	kuo

① suo⁵² 一～子弹。

② suo⁵² 一～子弹；tsʰuo³¹ ～子。

字目\方言	坐 果合一 上果从	座 果合一 去过从	梭 果合一 平戈心	锁 果合一 上果心	锅 果合一 平戈见
蓝田	tʃuo^{44} ｜ tsʅo	tʃuo^{44}	ʃuo^{31}	ʃuo^{52}	kuo^{31} ｜ kuo
长安	tsuo^{44}	tsuo^{53}	suo^{31}	suo^{53}	kuo^{31}
户县	tʃuo^{55} ｜ tʃuo	tʃuo^{55}	ʃuo^{31}	ʃuo^{52}	kuo^{31} ｜ kuo
周至	tsuo^{55} ｜ tsuo	tsuo^{55}	suo^{21}/tsʰuo^{21}	suo^{52}	kuo^{21} ｜ kuo
三原	tsuo^{55} ｜ tsuo	tsuo^{55}	suo^{31}	suo^{52}	kuo^{31} ｜ kuo
泾阳	tsuo^{55} ｜ tsuo	tsuo^{55}	suo^{31}	suo^{52}	kuo^{31} ｜ kuo
咸阳	tsuo^{55}	tsuo^{55}	tsʰuo^{31}	suo^{52}	kuo^{31}
兴平	tsuo^{55} ｜ tsuo	tsuo^{55}	tsʰuo^{31}	suo^{52}	kuo^{31} ｜ kuo
武功	tsuo^{55} ｜ tsuo	tsuo^{55}	tsʰuo^{31}	suo^{52}	kuo^{31} ｜ kuo
礼泉	tsuo^{55} ｜ tsuo	tsuo^{55}	suo^{31}	suo^{52}	kuo^{31} ｜ kuo
乾县	tsuo^{44} ｜ tsuo	tsuo^{44}	suo^{31}	suo^{52}	kuo^{31} ｜ kuo
永寿	tsuo^{55} ｜ tsuo	tsuo^{55}	tsʰuo^{31}	suo^{52}	kuo^{31} ｜ kuo
淳化	tsuo^{55} ｜ tsuo	tsuo^{55}	tsʰuo^{31}	suo^{52}	kuo^{31} ｜ kuo
旬邑	tsʰuo^{44} ｜ tsʰuo	tsʰuo^{44}	suo^{31}	suo^{52}	kuo^{31} ｜ kuo
彬县	tsʰuo^{44} ｜ tsʰuo	tsʰuo^{44}	tsʰuo^{31}	suo^{52}	kuo^{31} ｜ kuo
长武	tsʰuo^{44} ｜ tsʰuo	tsʰuo^{44}	tsʰuo^{31}	suo^{52}	kuo^{31} ｜ kuo
扶风	tsuo^{33}/tsʰuo^{33} ｜ tsuo	tsuo^{33}	suo^{31}/tsʰuo^{31}①	suo^{52}	kuo^{31} ｜ kuo
眉县	tsuo^{44} ｜ tsuo	tsuo^{44}	suo^{31}/tsʰuo^{31}	suo^{52}	kuo^{31} ｜ kuo
麟游	tsʰuo^{44} ｜ tsuo	tsʰuo^{44}	suo^{31}	suo^{53}	kuo^{31} ｜ kuo
岐山	tsʰuo^{44} ｜ tsʰuo	tsʰuo^{44}	tsʰuo^{31}	suo^{53}	kuo^{31} ｜ ko
凤翔	tsuo^{44}/tsʰuo^{44} ｜ tsuo	tsuo^{44}	tsʰuo^{31}	suo^{53}	kuo^{31} ｜ kuo
宝鸡	tsʰuo^{44} ｜ tsuo	tsʰuo^{44}	suo^{31}	suo^{53}	kuo^{31} ｜ kuo
千阳	tsuo^{44}/tsʰuo^{44} ｜ tsuo	tsuo^{44}/tsʰuo^{44}	tsʰuo^{31}	suo^{53}	kuo^{31} ｜ kuo
陇县	tsuo^{44} ｜ tsuo	tsuo^{44}	suo^{31}	suo^{53}	kuo^{31} ｜ kuo

① suo^{31} ～镖；tsʰuo^{31} ～子。

字目＼方言	果 果合一 上果见	过 果合一 去过见	科 果合一 平戈溪	颗 果合一 上果溪	课 果合一 去过溪
西安	kuo⁵³	kuo⁵⁵	kʰuo²¹ ｜ kʰuo	kʰuo⁵³	kʰuo⁵⁵
韩城	kua⁵³	kuə⁴⁴	kʰuə³¹ ｜ kʰuo	kʰuə⁵³	kʰuə⁴⁴
合阳	kuo⁵²	kuo⁵⁵	kʰuo³¹ ｜ kʰuo	kʰuo⁵²	kʰuo⁵⁵
澄城	kuo⁵³	kuo⁴⁴	kʰuo³¹ ｜ kʰuo	kʰuo⁵³	kʰuo⁴⁴
白水	kuo⁵³	kuo⁴⁴	kʰuo³¹	kʰuo⁵³	kʰuo⁴⁴
大荔	kuo⁵²	kuo⁵⁵	kʰuo³¹ ｜ kʰuo	kʰuo⁵²	kʰuo⁵⁵
蒲城	kuo⁵³	kuo⁵⁵	kʰuo³¹ ｜ kʰuo	kʰuo⁵³	kʰuo⁵⁵
美原	kuo⁵³	kuo⁵⁵	kʰuo³¹ ｜ kʰuo	kʰuo⁵³	kʰuo⁵⁵
富平	kuo⁵³	kuo⁵⁵	kʰuo³¹ ｜ kʰuo	kʰuo⁵³	kʰuo⁵⁵
潼关	kuo⁵²	kuo⁴⁴	kʰuo³¹ ｜ kʰuo	kʰuo⁵²	kʰuo⁴⁴
华阴	kuo⁵²	kuo⁵⁵	kʰuo³¹ ｜ kʰuo	kʰuo⁵²	kʰuo⁵⁵
华县	kuo⁵³	kuo⁵⁵	kʰuo³¹ ｜ kʰuo	kʰuo⁵³	kʰuo⁵⁵
渭南	kuo⁵³	kuo⁴⁴	kʰuo³¹ ｜ kʰuo	kʰuo⁵³	kʰuo⁴⁴
洛南	kuo⁵³	kuo⁴⁴	kʰuo³¹ ｜ kʰuo	kʰuo⁵³	kʰuo⁴⁴
商州	kuo⁵³	kuo⁵⁵	kʰɤ³¹ ｜ kʰuo	kʰɤ⁵³	kʰɤ⁵⁵
丹凤	kuo⁵³	kuo⁴⁴	kʰuo³¹	kʰuo⁵³	kʰuo⁴⁴
宜川	kuo⁴⁵	kuo⁴⁵	kʰuo⁵¹	kʰuo⁵¹	kʰuo⁴⁵
富县	kuo⁵²	kuo⁴⁴	kʰuo³¹	kʰuo²⁴	kʰuo⁴⁴
黄陵	kuo⁵²	kuo⁴⁴	kʰuo³¹/kʰɤ³¹新	kʰuo⁵²	kʰuo⁴⁴
宜君	kuo⁵²	kuo⁴⁴	kʰuo²¹	kʰuo⁵²	kʰuo⁴⁴
铜川	kuo⁵²	kuo⁴⁴	kʰuo²¹ ｜ kʰuo	kʰuo⁵²	kʰuo⁴⁴
耀县	kuo⁵²	kuo⁴⁴	kʰuo³¹ ｜ kʰuo	kʰuo⁵²	kʰuo⁴⁴
高陵	kuo⁵²	kuo⁵⁵	kʰuo³¹ ｜ kʰuo	kʰuo⁵²	kʰuo⁵⁵
临潼	kuo⁵²	kuo⁴⁵	kʰuo³¹ ｜ kʰuo	kʰuo⁵²	kʰuo⁴⁵

字目 方言	果 果合一 上果见	过 果合一 去过见	科 果合一 平戈溪	颗 果合一 上果溪	课 果合一 去过溪
蓝田	kuo⁵²	kuo⁴⁴	kʰuo³¹ ｜ kʰuo	kʰuo⁵²	kʰuo⁴⁴
长安	kuo⁵²	kuo⁴⁴	kʰuo³¹	kʰuo⁵³	kʰuo⁴⁴
户县	kuo⁵²	kuo⁵⁵	kʰuo³¹ ｜ kʰuo	kʰuo⁵²	kʰuo⁵⁵
周至	kuo⁵²	kuo⁵⁵	kʰuo²¹ ｜ kʰuo	kʰuo⁵²	kʰuo⁵⁵
三原	kuo⁵²	kuo⁵⁵	kʰuo³¹ ｜ kʰuo	kʰuo⁵²	kʰuo⁵⁵
泾阳	kuo⁵²	kuo⁵⁵	kʰuo³¹ ｜ kʰuo	kʰuo⁵²	kʰuo⁵⁵
咸阳	kuo⁵²	kuo⁵⁵	kʰuo³¹	kʰuo⁵²	kʰuo⁵⁵
兴平	kuo⁵²	kuo⁵⁵	kʰuo³¹ ｜ kʰuo	kʰuo⁵²	kʰuo⁵⁵
武功	kuo⁵²	kuo⁵⁵	kʰuo³¹ ｜ kʰuo	kʰuo⁵²	kʰuo⁵⁵
礼泉	kuo⁵²	kuo⁵⁵	kʰuo³¹ ｜ kʰuo	kʰuo⁵²	kʰuo⁵⁵
乾县	kuo⁵²	kuo⁴⁴	kʰuo³¹ ｜ kʰuo	kʰuo⁵²	kʰuo⁴⁴
永寿	kuo⁵²	kuo⁵⁵	kʰuo³¹ ｜ kʰuo	kʰuo⁵²	kʰuo⁵⁵
淳化	kuo⁵²	kuo⁵⁵	kʰuo³¹ ｜ kʰuo	kʰuo⁵²	kʰuo⁵⁵
旬邑	kuo⁵²	kuo⁴⁴	kʰuo³¹ ｜ kʰuo	kʰuo⁵²	kʰuo⁴⁴
彬县	kuo⁵²	kuo⁴⁴	kʰuo³¹ ｜ kʰɤ	kʰuo⁵²	kʰuo⁴⁴
长武	kuo⁵²	kuo⁴⁴	k̲ʰ̲ɤ̲³¹/kʰuo³¹ ｜ kʰuo	kʰuo⁵²	kʰuo⁴⁴
扶风	kuo⁵²	kuo³³	k̲ʰ̲ɤ̲³¹/kʰuo³¹ ｜ kʰɤ	k̲ʰ̲ɤ̲⁵²/kʰuo⁵²	k̲ʰ̲ɤ̲³³/kʰuo³³
眉县	kuo⁵²	kuo⁴⁴	kʰuo³¹ ｜ kʰuo	kʰuo⁵²	kʰuo⁴⁴
麟游	kuo⁵³	kuo⁴⁴	kʰuo³¹ ｜ kʰuo	kʰuo⁵³	kʰuo⁴⁴
岐山	kuo⁵³	kuo⁴⁴	kʰɤ³¹ ｜ kʰo	kʰuo⁵³	kʰuo⁴⁴
凤翔	kuo⁵³	kuo⁴⁴	kʰuo³¹ ｜ kʰuo	kʰuo⁵³	kʰuo⁴⁴
宝鸡	kuo⁵³	kuo⁴⁴	kʰuo³¹ ｜ kʰuo	kʰuo⁵³	kʰuo⁴⁴
千阳	kuo⁵³	kuo⁴⁴	kʰuo³¹ ｜ kʰuo	kʰuo⁵³	kʰuo⁴⁴
陇县	kuo⁵³	kuo⁴⁴	kʰuo³¹ ｜ kʰuo	kʰuo⁵³	kʰuo⁴⁴

字目 方言	讹 果合一 平戈疑		卧 果合一 去过疑	火 果合一 上果晓	货 果合一 去过晓	和~气 果合一 平戈匣	
西安	ŋɤ²⁴	uo	uo⁵⁵	xuo⁵³	xuo⁵⁵	xuo²⁴	xuo
韩城	ŋə²⁴	uo	uə⁴⁴	xuə⁵³	xuə⁴⁴	xuə²⁴	xuo
合阳	ŋə²⁴	uo	uo⁵⁵	xuo⁵²	xuo⁵⁵	xuo²⁴	xuo
澄城	ŋuo²⁴	uo	uo⁴⁴	xuo⁵³	xuo⁴⁴	xuo²⁴	xuo
白水	ŋuo²⁴	uo	uo⁴⁴	xuo⁵³	xuo⁴⁴	xuo²⁴	xuo
大荔	ŋɤ²⁴	uo	uo⁵⁵	xuo⁵²	xuo⁵⁵	xuo²⁴	xuo
蒲城	ŋɤ³⁵	uo	uo⁵⁵	xuo⁵³	xuo⁵⁵	xuo³⁵	xuo
美原	ŋə³⁵	uo	uo⁵⁵	xuo⁵³	xuo⁵⁵	xuo³⁵	xuo
富平	ŋɤ³⁵	uo	uo⁵⁵	xuo⁵³	xuo⁵⁵	xuo³⁵	xuo
潼关	ŋuo²⁴	uo	vo⁴⁴	xuo⁵²	xuo⁴⁴	xuo²⁴	xuo
华阴	ŋuo²⁴	uo	uo⁵⁵	xuo⁵²	xuo⁵⁵	xuo²⁴	xuo
华县	ŋɤ³⁵	uo	uo⁵⁵	xuo⁵³	xuo⁵⁵	xuo³⁵	xuo
渭南	ŋɤ²⁴	uo	uo⁴⁴	xuo⁵³	xuo⁴⁴	xuo²⁴	xuo
洛南	ŋuo²⁴	uo	vo⁴⁴	xuo⁵³	xuo⁴⁴	xuo²⁴	xuɔ
商州	ŋɤ³⁵	vo	vo⁵⁵	xuo⁵³	xuo⁵⁵	xuo³⁵	xuo
丹凤	ŋuo²⁴		vo⁴⁴	xuo⁵³	xuo⁴⁴	xuo²⁴	
宜川	ŋə²⁴		uo⁴⁵	xuo⁴⁵	xuo⁴⁵	xuo²⁴	
富县	ŋuo²⁴		vɤ⁴⁴	xuo⁵²/xu⁰²¹①	xuo⁴⁴	xuo²⁴	
黄陵	ŋuo²⁴		uo⁴⁴	xuo⁵²	xuo⁴⁴	xuo²⁴	
宜君	ŋuo²⁴		uo⁴⁴	xuo⁵²	xuo⁴⁴	xuo²⁴	
铜川	ŋuo²⁴	uo	uo⁴⁴	xuo⁵²	xuo⁴⁴	xuo²⁴	xuo
耀县	ŋɤ²⁴	uo	uo⁴⁴	xuo⁵²	xuo⁴⁴	xuo²⁴	xuo
高陵	ŋə²⁴	uo	uo⁵⁵	xuo⁵²	xuo⁵⁵	xuo²⁴	xuo
临潼	ŋɤ²⁴	uo	uo⁴⁵	xuo⁵²	xuo⁴⁵	xuo²⁴	xuo

① xu⁰²¹ 灶~。

字目 方言	讹 果合一 平戈疑	卧 果合一 去过疑	火 果合一 上果晓	货 果合一 去过晓	和~气 果合一 平戈匣
蓝田	ŋɤ²⁴ ｜ uo	uo⁴⁴	xuo⁵²	xuo⁴⁴	xuo²⁴ ｜ xuɔ
长安	ŋɤ²⁴	uo⁴⁴	xuo⁵³	xuo⁴⁴	xuo²⁴
户县	ŋɤ²⁴ ｜ uo	uo⁵⁵	xuo⁵²	xuo⁵⁵	xuo²⁴ ｜ xuo
周至	ŋɤ²⁴ ｜ uo	uo⁵⁵	xuo⁵²	xuo⁵⁵	xuo²⁴ ｜ xuo
三原	ŋɤ²⁴ ｜ uo	uo⁵⁵	xuo⁵²	xuo⁵⁵	xuo²⁴ ｜ xuo
泾阳	ŋɤ²⁴ ｜ uo	uo⁵⁵	xuo⁵²	xuo⁵⁵	xuo²⁴ ｜ xuo
咸阳	ŋɤ²⁴	uo⁵⁵	xuo⁵²	xuo⁵⁵	xuo²⁴ ｜ xuɔ
兴平	ŋɤ²⁴ ｜ uo	uo⁵⁵	xuo⁵²	xuo⁵⁵	xuo²⁴ ｜ xuo
武功	ŋɤ²⁴ ｜ uo	uo⁵⁵	xuo⁵²	xuo⁵⁵	xuo²⁴ ｜ xuo
礼泉	ŋɤ²⁴ ｜ uo	uo⁵⁵	xuo⁵²	xuo⁵⁵	xuo²⁴ ｜ xuɔ
乾县	ŋɤ²⁴ ｜ uo	uo⁴⁴	xuo⁵²	xuo⁴⁴	xuo²⁴ ｜ xuɔ
永寿	ŋɤ²⁴ ｜ uo	uo⁵⁵	xuo⁵²	xuo⁵⁵	xuo²⁴ ｜ xuɔ
淳化	ŋɤ²⁴ ｜ uo	uo⁵⁵	xuo⁵²	xuo⁵⁵	xuo²⁴ ｜ xuo
旬邑	ŋɤ²⁴ ｜ uo	uo⁴⁴	xuo⁵²	xuo⁴⁴	xuo²⁴ ｜ xuo
彬县	ŋɤ²⁴ ｜ uo	uo⁴⁴	xuo⁵²	xuo⁴⁴	xuo²⁴ ｜ xuo
长武	ŋɤ²⁴ ｜ uo	uo⁴⁴	xuo⁵²	xuo⁴⁴	xuo²⁴ ｜ xuo
扶风	ŋɤ²⁴/ŋuo²⁴ ｜ uo	vo³³	xuo⁵²	xuo³³	xuo²⁴/xuo³³ ｜ xuo
眉县	ŋɤ²⁴ ｜ uo	uo⁴⁴	xuo⁵²	xuo⁴⁴	xuo²⁴ ｜ xuo
麟游	ŋuo²⁴ ｜ vo	vo⁴⁴	xuo⁵³	xuo⁴⁴	xuo²⁴ ｜ xuo
岐山	ŋɤ²⁴ ｜ uo	vo⁴⁴	xuo⁵³	xuo⁴⁴	xuo²⁴ ｜ xuo
凤翔	ŋuo²⁴ ｜ uo	uo⁴⁴	xuo⁵³	xuo⁴⁴	xuo²⁴ ｜ xuo
宝鸡	ŋuo³¹ ｜ vo	vo⁴⁴	xuo⁵³	xuo⁴⁴	xuo²⁴ ｜ xuo
千阳	ŋuo²⁴ ｜ vo	vo⁴⁴	xuo⁵³	xuo⁴⁴	xuo²⁴ ｜ xuo
陇县	ŋuo²⁴ ｜ vo	vo⁴⁴	xuo⁵³	xuo⁴⁴	xuo²⁴ ｜ xuo

字目 / 方言	祸 果合一 上果匣	窝 果合一 平戈影	瘸 果合三 平戈群	靴 果合三 平戈晓	巴 假开二 平麻帮
西安	xuo^{55}	uo^{21}	$t\textctc^{h}y\textschwa^{24}$	$\textctc y\textschwa^{21}$	pa^{21} ǀ pa
韩城	$xu\textschwa^{44}$	$u\textschwa^{31}$	$t\textctc^{h}y\textsce^{24}$	$\textctc y\textsce^{31}$	pa^{31} ǀ pa
合阳	xuo^{55}/xuo^{24}	uo^{31}/uo^{55}	$\underline{t\textctc^{h}y\textschwa^{24}}/t\textctc^{h}y\textscript{ɑ}^{24}$	$\textctc y\textschwa^{31}$	$\underline{pa^{31}}/pf^{h}\underline{ɑ}^{31}$ ǀ pa
澄城	xuo^{44}	uo^{31}	$t\textctc^{h}yo^{24}$	$\textctc yo^{31}$	pa^{31} ǀ pa
白水	xuo^{44}	uo^{31}	$t\textctc yo^{24}$	$\textctc yo^{31}$	pa^{31} ǀ pa
大荔	xuo^{55}	uo^{31}	$t\textctc^{h}y\textsce^{24}$	$\textctc y\textsce^{31}$	pa^{31} ǀ pa
蒲城	xuo^{55}	uo^{31}	$t\textctc^{h}yo^{35}$	$\textctc yo^{31}$	pa^{31} ǀ pa
美原	xuo^{55}	uo^{31}	$t\textctc^{h}yo^{35}$	$\textctc yo^{31}$	pa^{31} ǀ pa
富平	xuo^{55}	uo^{31}	$t\textctc^{h}y\textsce^{35}$	$\textctc y\textsce^{31}$	pa^{31} ǀ pa
潼关	xuo^{44}	vo^{31}	$t\textctc^{h}yo^{24}$	$\textctc yo^{31}$	pa^{31} ǀ pa
华阴	xuo^{55}	uo^{31}	$t\textctc^{h}y\textsce^{24}$	$\textctc y\textsce^{31}$	pa^{31} ǀ pa
华县	xuo^{55}	uo^{31}	$t\textctc^{h}yo^{35}$	$\textctc yo^{31}$	pa^{31} ǀ pa
渭南	xuo^{44}	uo^{31}	$t\textctc^{h}yo^{24}$	$\textctc yo^{31}$	pa^{31} ǀ pa
洛南	xuo^{44}	vo^{31}	$t\textctc^{h}y\textsce^{24}$	$\textctc y\textsce^{31}$	pa^{31} ǀ pa
商州	xuo^{55}	vo^{31}	$t\textctc^{h}y\textsce^{35}$	$\textctc y\textsce^{31}$	pa^{31} ǀ pa
丹凤	xuo^{44}	vo^{31}	$t\textctc^{h}y\textsce^{24}$	$\textctc y\textsce^{31}$	pa^{31}
宜川	xuo^{45}	uo^{51}	$t\textctc^{h}i\textsce^{24}$	$\textctc y\textsce^{51}$	pa^{51}
富县	xuo^{44}	$v\textrtailr^{31}$	$t\textctc^{h}yo^{24}$	$\textctc yo^{31}$	pa^{31}
黄陵	xuo^{44}	$uo^{31}/v\textrtailr^{52}$①	$t\textctc^{h}yo^{24}$	$\textctc yo^{31}$	pa^{31}
宜君	xuo^{44}	uo^{21}	$t\textctc^{h}yo^{24}$	$\textctc yo^{21}$	pa^{21}
铜川	xuo^{44}	uo^{21}	$t\textctc^{h}y\textsce^{24}$	$\textctc y\textsce^{21}$	pa^{21} ǀ pa
耀县	xuo^{44}	uo^{31}	$t\textctc^{h}y\textsce^{24}$	$\textctc y\textsce^{31}$	pa^{31} ǀ pa
高陵	xuo^{55}	uo^{31}	$t\textctc^{h}y\textsce^{24}$	$\textctc y\textsce^{31}$	pa^{31} ǀ pa
临潼	xuo^{45}	uo^{31}	$t\textctc^{h}yo^{31}$	$\textctc yo^{31}$	pa^{31} ǀ pa

① $v\textrtailr^{52}$ ～～头。

字目 方言	祸 果合一 上果匣	窝 果合一 平戈影	瘸 果合三 平戈群	靴 果合三 平戈晓	巴 假开二 平麻帮
蓝田	xuo⁴⁴	uo³¹	tɕʰyo²⁴	ɕyo³¹	pa³¹/pʰa³¹①| pa
长安	xuo⁴⁴	uo³¹	tɕʰyɛ²⁴	ɕyɛ³¹	pa³¹
户县	xuo⁵⁵	uo³¹	tɕʰyE²⁴	ɕyE³¹	pa³¹ | pa
周至	xuo⁵⁵	uo²¹	tɕʰyɛ²⁴	ɕyɛ²¹	pa²¹ | pa
三原	xuo⁵⁵	uo³¹	tɕʰyo²⁴	ɕyo³¹	pa³¹ | pa
泾阳	xuo⁵⁵	uo³¹	tɕʰyo²⁴	ɕyo³¹	pa³¹ | pa
咸阳	xuo⁵⁵	uo³¹	tɕʰyo²⁴	ɕyo³¹	pa³¹ | pa
兴平	xuo⁵⁵	uo³¹	tɕʰyo²⁴	ɕyo³¹	pa³¹ | pa
武功	xuo⁵⁵	uo³¹	tɕʰyo²⁴	ɕyo³¹	pa³¹
礼泉	xuo⁵⁵	uo³¹	tɕʰyo²⁴	ɕyo³¹	pa³¹ | pa
乾县	xuo³¹	uo³¹	tɕʰyo²⁴	ɕyo³¹	pa³¹ | pa
永寿	xuo⁵⁵	uo³¹	tɕʰyo²⁴	ɕyo³¹	pa³¹ | pa
淳化	xuo⁵⁵	uo³¹	tɕʰyo²⁴	ɕyo³¹	pa³¹ | pa
旬邑	xuo⁴⁴	uo³¹	tɕʰyo²⁴	ɕyo³¹	pa³¹ | pa
彬县	xuo³¹	uo³¹	tɕʰyo²⁴	ɕyo³¹	pa³¹ | pa
长武	xuo⁴⁴	uo³¹	tɕʰyo²⁴	ɕyo³¹	pa³¹ |
扶风	xuo³³	vo³¹	tɕʰyɛ²⁴	ɕyɛ³¹	pa³¹ | pa
眉县	xuo⁴⁴	uo³¹	tɕʰyɛ²⁴	ɕyɛ³¹	pa³¹ | pa
麟游	xuo⁴⁴	vo³¹	tɕʰyɛ²⁴	ɕyɛ³¹	pa³¹ | pa
岐山	xuo⁴⁴/xuo²⁴	vo³¹	tɕʰyɛ²⁴	ɕyo³¹	pa³¹ | pa
凤翔	xuo⁴⁴	uo³¹	tɕʰyɛ²⁴	ɕyɛ³¹	pa³¹ | pa
宝鸡	xuo⁴⁴	vo³¹	tɕʰyɛ²⁴	ɕyɛ³¹	pa³¹ | pa
千阳	xuo⁴⁴	vo³¹	tɕʰyɛ²⁴	ɕyɛ³¹	pa³¹ | pa
陇县	xuo⁴⁴/xuo²⁴	vo³¹	tɕʰyo²⁴	ɕyo³¹	pa³¹ | pa

① pʰa³¹ ～不得。

字目 / 方言	把 假开二 上马帮	爸 假开二 去祃帮	怕 假开二 去祃滂	爬 假开二 平麻並	耙 假开二 去祃並
西安	pɑ⁵³/pɑ²¹①	pɑ⁵⁵	pʰɑ⁵⁵	pʰɑ²⁴ ∣ pʰɑ	pʰɑ²⁴
韩城	pɑ⁵³/pɑ³¹	pɑ⁴⁴	pʰɑ⁴⁴	pʰɑ²⁴ ∣ pʰɑ	pʰɑ⁴⁴
合阳	pɑ⁵²/pɑ⁵⁵	pɑ⁵⁵	pʰɑ⁵⁵	pʰɑ²⁴ ∣ pʰɑ	pʰɑ²⁴/pʰɑ⁵⁵②
澄城	pɑ⁵³/pɑ³¹	pɑ⁴⁴	pʰɑ⁴⁴	pʰɑ²⁴ ∣ pʰɑ	pʰɑ⁴⁴
白水	pɑ⁵³/pɑ³¹	pɑ⁴⁴	pʰɑ⁴⁴	pʰɑ²⁴ ∣ pʰɑ	pʰɑ⁴⁴
大荔	pɑ⁵²/pɑ³¹	pɑ⁵⁵	pʰɑ⁵⁵	pʰɑ²⁴ ∣ pʰɑ	pʰɑ⁵⁵
蒲城	pɑ⁵³/pɑ³¹	pɑ⁵⁵	pʰɑ⁵⁵	pʰɑ³⁵ ∣ pʰɑ	pʰɑ³⁵/pʰɑ⁵⁵
美原	pɑ⁵⁵/pɑ³¹	pɑ⁵⁵	pʰɑ⁵⁵	pʰɑ³⁵ ∣ pʰɑ	pʰɑ³⁵/pʰɑ⁵⁵
富平	pɑ⁵³/pɑ³¹	pɑ⁵⁵	pʰɑ⁵⁵	pʰɑ³⁵ ∣ pʰɑ	pʰɑ³⁵/pʰɑ⁵⁵
潼关	pɑ⁵²/pɑ³¹	pɑ⁴⁴	pʰɑ⁴⁴	pʰɑ²⁴ ∣ pʰɑ	pʰɑ²⁴
华阴	pɑ⁵²/pɑ³¹	pɑ⁵⁵	pʰɑ⁵⁵	pʰɑ²⁴ ∣ pʰɑ	pʰɑ²⁴/pʰɑ⁵⁵
华县	pɑ⁵³/pɑ³¹	pɑ⁵⁵	pʰɑ⁵⁵	pʰɑ³⁵ ∣ pʰɑ	pʰɑ⁵⁵
渭南	pɑ⁵³/pɑ³¹	pɑ⁴⁴	pʰɑ⁴⁴	pʰɑ²⁴ ∣ pʰɑ	pʰɑ⁴⁴
洛南	pɑ⁴⁴/pɑ³¹	pu⁴⁴	pʰɑ⁴⁴	pʰɑ²⁴ ∣ pʰɑ	pʰɑ⁴⁴
商州	pɑ⁵⁵/pɑ³¹	pɑ⁵⁵	pʰɑ⁵⁵	pʰɑ³⁵ ∣ pʰɑ	pɑ⁵⁵
丹凤	pɑ⁴⁴/pɑ³¹	pɑ⁴⁴	pʰɑ⁴⁴	pʰɑ²⁴	pɑ⁴⁴
宜川	pɑ⁴⁵/pɑ⁵¹	pɑ²⁴	pʰɑ⁴⁵	pʰɑ²⁴	pʰɑ²⁴/pʰɑ⁴⁵
富县	pɑ⁵²/pɑ³¹	pɑ⁴⁴	pʰɑ⁴⁴	pʰɑ²⁴	pʰɑ⁴⁴
黄陵	pɑ⁵²/pɑ³¹	pɑ⁴⁴	pʰɑ⁴⁴	pʰɑ²⁴	pʰɑ⁴⁴
宜君	pɑ²¹/pɑ⁵²	pɑ²¹	pʰɑ⁴⁴	pʰɑ²⁴	pʰɑ⁴⁴
铜川	pɑ²¹/pɑ⁵²	pɑ⁴⁴	pʰɑ⁴⁴	pʰɑ²⁴ ∣ pʰɑ	pʰɑ⁴⁴
耀县	pɑ³¹/mɑ³¹/pɑ⁵²③	pɑ³¹	pʰɑ⁴⁴	pʰɑ²⁴ ∣ pʰɑ	pʰɑ⁴⁴
高陵	pɑ⁵²/pɑ³¹	pɑ⁵⁵	pʰɑ⁵⁵	pʰɑ²⁴ ∣ pʰɑ	pɑ⁵⁵
临潼	pɑ⁵²/pɑ³¹	pɑ⁴⁵	pʰɑ⁴⁵	pʰɑ²⁴ ∣ pʰɑ	pʰɑ²⁴

① pɑ⁵³ 动词：～门；pɑ²¹ 介词：～书拿来。下同。

② "耙"字有异读时，一般去声表动作：～地；阳平构成名词：～子。

③ mɑ³¹ 介词：～书拿来。

字目 方言	把	爸	怕	爬	耙
	假开二 上马帮	假开二 去祃帮	假开二 去祃滂	假开二 平麻並	假开二 去祃並
蓝田	pa³¹/pa⁵²	pa⁴⁴	pʰa⁴⁴	pʰa²⁴ ｜ pʰa	pʰa²⁴/pa⁴⁴
长安	pa⁵²/pa³¹	pa⁴⁴	pʰa⁴⁴	pʰa²⁴	pa⁴⁴
户县	pa³¹/pa⁵²	pa⁵⁵	pʰa⁵⁵	pʰa²⁴ ｜ pʰa	pʰa²⁴/pa³¹①
周至	pa⁵²/pa²¹	pa⁵⁵	pʰa⁵⁵	pʰa²⁴ ｜ pʰa	pʰa⁵⁵
三原	pa³¹	pa⁵⁵	pʰa⁵⁵	pʰa²⁴ ｜ pʰa	pʰa²⁴/pa⁵⁵
泾阳	pa³¹	pa²⁴	pʰa⁵⁵	pʰa²⁴ ｜ pʰa	pʰa²⁴
咸阳	pa³¹	pa²⁴	pʰa⁵⁵	pʰa²⁴	pʰa⁵⁵
兴平	pa³¹	pa⁵⁵	pʰa⁵⁵	pʰa²⁴ ｜ pʰa	pʰa⁵⁵
武功	pa⁵²/pa³¹	pa⁵⁵	pʰa⁵⁵	pʰa²⁴	pʰa²⁴
礼泉	pa³¹	pa⁵⁵	pʰa⁵⁵	pʰa²⁴ ｜ pʰa	pa⁵⁵
乾县	pa⁵²/pa³¹	pa⁴⁴	pʰa⁴⁴	pʰa²⁴ ｜ pʰa	pʰa⁴⁴
永寿	pa⁵²	pa⁵⁵	pʰa⁵⁵	pʰa²⁴ ｜ pʰa	pʰa⁵⁵
淳化	pa⁵²/pa³¹	pa⁵⁵	pʰa⁵⁵	pʰa²⁴ ｜ pʰa	pʰa²⁴/pʰa⁵⁵
旬邑	pa⁵²/pa³¹	pa⁴⁴	pʰa⁴⁴	pʰa²⁴ ｜ pʰa	pʰa⁴⁴
彬县	pa⁵²/pa³¹	pa³¹	pʰa⁴⁴	pʰa²⁴ ｜ pʰa	pʰa⁴⁴
长武	pa³¹	pa²⁴	pʰa⁴⁴	pʰa²⁴ ｜ pʰa	pʰa⁴⁴
扶风	pa³³/pa³¹/pa⁵²②	pa³³/pa²⁴③	pʰa³³	pʰa²⁴ ｜ pʰa	pʰa²⁴
眉县	pa⁵²/pa³¹	pa⁴⁴	pʰa⁴⁴	pʰa²⁴ ｜ pʰa	pʰa⁴⁴
麟游	pa⁵³	pa⁴⁴	pʰa⁴⁴	pʰa²⁴ ｜ pʰa	pʰa²⁴
岐山	pa⁵³/pa³¹	pa⁴⁴	pʰa⁴⁴	pʰa²⁴ ｜ pʰa	pʰa²⁴
凤翔	pa⁵³/pa³¹	pa⁴⁴	pʰa⁴⁴	pʰa²⁴ ｜ pʰa	pʰa²⁴
宝鸡	pa⁵³/pa³¹/pa⁴⁴	pa⁴⁴/pa²⁴	pʰa⁴⁴	pʰa²⁴ ｜ pʰa	pʰa²⁴
千阳	pa⁵³/pa³¹	pa⁴⁴	pʰa⁴⁴	pʰa²⁴ ｜ pʰa	pʰa²⁴
陇县	pa⁵³/pa³¹	pa⁴⁴/pa²⁴	pʰa⁴⁴	pʰa²⁴ ｜ pʰa	pʰa²⁴

① pʰa²⁴～地，拖拉机带的～；pa³¹～地。

② pa³³ 锨～；pa³¹～伞拿下；pa⁵² 一～米。

③ pa³³ 叔父，重叠或前加人称代词；pa²⁴ 叔父，单用时。如都称呼父亲，则去声为背称，阳平为面称。

字目 方言	麻 假开二 平麻明	妈 假开二 平麻明	马 假开二 上马明	骂 假开二 去祃明	拿 假开二 平麻泥
西安	ma^{24} | ma	ma^{21}	ma^{53}	ma^{55}	na^{24} | na
韩城	ma^{24} | ma	ma^{24}	ma^{53}	ma^{44}	na^{24} | na
合阳	ma^{24} | ma	ma^{24}	ma^{52}	ma^{55}	na^{24} | na
澄城	ma^{24} | ma	ma^{24}	ma^{53}	ma^{44}	na^{24} | na
白水	ma^{24} | ma	ma^{24}	ma^{53}	ma^{44}	na^{24} | na
大荔	ma^{24} | ma	ma^{31}	ma^{52}	ma^{55}	na^{24} | na
蒲城	ma^{35} | ma	ma^{35}	ma^{53}	ma^{55}	na^{35} | na
美原	ma^{35} | ma	ma^{35}	ma^{53}	ma^{55}	na^{35} | na
富平	ma^{35} | ma	ma^{35}	ma^{53}	ma^{55}	na^{35} | na
潼关	ma^{24} | ma	ma^{31}	ma^{52}	ma^{44}	na^{24} | na
华阴	ma^{24} | ma	ma^{35}	ma^{52}	ma^{55}	na^{24} | na
华县	ma^{35} | ma	ma^{31}	ma^{53}	ma^{55}	na^{35} | na
渭南	ma^{24} | ma	ma^{31}	ma^{53}	ma^{44}	na^{24} | na
洛南	ma^{24} | ma	ma^{31}	ma^{53}	ma^{44}	na^{24} | na
商州	ma^{35} | ma	ma^{31}	ma^{53}	ma^{55}	na^{35} | na
丹凤	ma^{24}	ma^{31}	ma^{53}	ma^{44}	na^{24}
宜川	ma^{24}	ma^{51}	ma^{45}	ma^{45}	na^{24}
富县	ma^{24}	ma^{31}	ma^{52}	ma^{44}	na^{24}
黄陵	ma^{24}	ma^{31}	ma^{52}	ma^{44}	na^{24}
宜君	ma^{24}	ma^{21}	ma^{52}	ma^{44}	na^{24}
铜川	ma^{24} | ma	ma^{21}	ma^{52}	ma^{44}	na^{24} | na
耀县	ma^{24} | ma	ma^{31}	ma^{52}	ma^{44}	na^{24} | na
高陵	ma^{24} | ma	ma^{24}	ma^{52}	ma^{55}	na^{24} | na
临潼	ma^{24} | ma	ma^{31}/ma^{52}①	ma^{52}	ma^{45}	na^{24} | na

① ma^{31} 背称；ma^{52} 面称。

字目 方言	麻 假开二 平麻明	妈 假开二 平麻明	马 假开二 上马明	骂 假开二 去祃明	拿 假开二 平麻泥
蓝田	ma²⁴ ｜ ma	ma³¹	ma⁵²	ma⁴⁴	na²⁴ ｜ na
长安	ma²⁴	ma³¹	ma⁵³	ma⁴⁴	na²⁴
户县	ma²⁴ ｜ ma	ma²⁴	ma⁵²	ma⁵⁵	na²⁴ ｜ na
周至	ma²⁴ ｜ ma	ma²¹	ma⁵²	ma⁵⁵	na²⁴ ｜ na
三原	ma²⁴ ｜ ma	ma²⁴	ma⁵²	ma⁵⁵	na²⁴ ｜ na
泾阳	ma²⁴ ｜ ma	ma²⁴	ma⁵²	ma⁵⁵	na²⁴ ｜ na
咸阳	ma²⁴	ma²⁴	ma⁵²	ma⁵⁵	la²⁴
兴平	ma²⁴ ｜ ma	ma²⁴	ma⁵²	ma⁵⁵	la²⁴ ｜ na
武功	ma²⁴	ma²⁴	ma⁵²	ma⁵⁵	la²⁴ ｜ na
礼泉	ma²⁴ ｜ ma	ma²⁴	ma⁵²	ma⁵⁵	la²⁴ ｜ la
乾县	ma²⁴ ｜ ma	ma²⁴	ma⁵²	ma⁴⁴	la²⁴ ｜ la
永寿	ma²⁴ ｜ ma	ma²⁴	ma⁵²	ma⁵⁵	la²⁴ ｜ la
淳化	ma²⁴ ｜ ma	ma²⁴	ma⁵²	ma⁵⁵	na²⁴ ｜ na
旬邑	ma²⁴ ｜ ma	ma³¹	ma⁵²	ma⁴⁴	la²⁴ ｜ la
彬县	ma²⁴ ｜ ma	ma²⁴	ma⁵²	ma⁴⁴	la²⁴ ｜ la
长武	ma²⁴ ｜ ma	ma²⁴	ma⁵²	ma⁴⁴	la²⁴ ｜ la
扶风	ma²⁴ ｜ ma	ma²⁴	ma⁵²	ma³³	la²⁴ ｜ la
眉县	ma²⁴ ｜ ma	ma²⁴	ma⁵²	ma⁴⁴	la²⁴ ｜ la
麟游	ma²⁴ ｜ ma	ma²⁴	ma⁵³	ma⁴⁴	la²⁴ ｜ la
岐山	ma²⁴ ｜ ma	ma²⁴	ma⁵³	ma⁴⁴	la²⁴ ｜ la
凤翔	ma²⁴ ｜ ma	ma³¹/ma²⁴①	ma⁵³	ma⁴⁴	la²⁴ ｜ la
宝鸡	ma²⁴ ｜ ma	ma³¹	ma⁵³	ma⁴⁴	la²⁴ ｜ la
千阳	ma²⁴ ｜ ma	ma³¹	ma⁵³	ma⁴⁴	la²⁴ ｜ la
陇县	ma²⁴ ｜ ma	ma³¹	ma⁵³	ma⁴⁴	la²⁴ ｜ la

①　ma³¹ 面称；ma²⁴ 背称。

方言 \ 字目	茶 假开二 平麻澄	渣 假开二 平麻庄	诈 假开二 去祃庄	叉 假开二 平麻初	岔 假开二 去祃初
西安	tsʰɑ²⁴	tsɑ²¹	tsɑ⁵⁵	tsʰɑ²¹/tsʰɑ⁵⁵①	tsʰɑ⁵⁵
韩城	tsʰɑ²⁴	tsɑ³¹	tsɑ⁴⁴	tsʰɑ³¹/tsʰɑ⁴⁴	tsʰɑ⁴⁴
合阳	tsʰɑ²⁴	tsɑ³¹	tsɑ⁵⁵	tsʰɑ³¹	tsʰɑ⁵⁵
澄城	tsʰɑ²⁴	tsɑ³¹	tsɑ⁴⁴	tsʰɑ³¹/tsʰɑ⁴⁴	tsʰɑ⁴⁴
白水	tsʰɑ²⁴	tsɑ³¹	tsɑ⁴⁴	tsʰɑ³¹/tsʰɑ⁴⁴	tsʰɑ⁴⁴
大荔	tsʰɑ²⁴	tsɑ³¹	tsɑ⁵⁵	tsʰɑ³¹/tsʰɑ⁵⁵	tsʰɑ⁵⁵
蒲城	tsʰɑ³⁵	tsɑ³¹	tsɑ⁵⁵	tsʰɑ³¹/tsʰɑ⁵⁵	tsʰɑ⁵⁵
美原	tsʰɑ³⁵	tsɑ³¹	tsɑ⁵⁵	tsʰɑ³¹/tsʰɑ⁵⁵	tsʰɑ⁵⁵
富平	tsʰɑ³⁵	tsɑ³¹	tsɑ⁵⁵	tsʰɑ³¹/tsʰɑ⁵⁵	tsʰɑ⁵⁵
潼关	tsʰɑ²⁴	tsɑ³¹	tsɑ⁴⁴	tsʰɑ³¹/tsʰɑ⁴⁴	tsʰɑ⁴⁴
华阴	tsʰɑ²⁴	tsɑ³¹	tsɑ⁵⁵	tsʰɑ³¹/tsʰɑ⁵⁵	tsʰɑ⁵⁵
华县	tsʰɑ³⁵	tsɑ³¹	tsɑ⁵⁵	tsʰɑ³¹/tsʰɑ⁵⁵	tsʰɑ⁵⁵
渭南	tsʰɑ²⁴	tsɑ³¹	tsɑ⁴⁴	tsʰɑ³¹	tsʰɑ⁴⁴
洛南	tsʰɑ²⁴	tsɑ³¹	tsɑ⁴⁴	tsʰɑ³¹/tsʰɑ⁴⁴	tsʰɑ⁴⁴
商州	tsʰɑ³⁵	tsɑ³¹	tsɑ⁵⁵	tsʰɑ³¹/tsʰɑ⁵⁵	tsʰɑ⁵⁵
丹凤	tsʰɑ²⁴	tsɑ³¹	tsɑ⁴⁴	tsʰɑ³¹/tsʰɑ⁴⁴	tsʰɑ⁴⁴
宜川	tsʰɑ²⁴	tsɑ⁵¹	tsɑ⁴⁵	tsʰɑ⁵¹	tsʰɑ⁴⁵
富县	tsʰɑ²⁴	tsɑ³¹	tsɑ⁴⁴	tsʰɑ³¹	tsʰɑ⁴⁴
黄陵	tsʰɑ²⁴	tsɑ³¹	tsɑ⁴⁴	tsʰɑ³¹	tsʰɑ⁴⁴
宜君	tsʰɑ²⁴	tsɑ²¹	tsɑ⁴⁴	tsʰɑ²¹/tsʰɑ⁴⁴	tsʰɑ⁴⁴
铜川	tsʰɑ²⁴	tsɑ²¹	tsɑ⁴⁴	tsʰɑ²¹/tsʰɑ⁴⁴	tsʰɑ⁴⁴
耀县	tsʰɑ²⁴	tsɑ³¹	tsɑ⁴⁴	tsʰɑ³¹/tsʰɑ⁴⁴	tsʰɑ⁴⁴
高陵	tsʰɑ²⁴	tsɑ³¹	tsɑ⁵⁵	tsʰɑ³¹	tsʰɑ⁵⁵
临潼	tsʰɑ²⁴	tsɑ³¹	tsɑ⁴⁵	tsʰɑ³¹	tsʰɑ⁴⁵

① "叉"有异读时，一般去声表动词：腿～开；阴平构成名词：～子。

字目／方言	茶 假开二 平麻澄	渣 假开二 平麻庄	诈 假开二 去祃庄	叉 假开二 平麻初	岔 假开二 去祃初
蓝田	tsʰa²⁴	tsa³¹	tsa⁴⁴	tsʰa³¹	tsʰa⁴⁴
长安	tsʰa²⁴	tsa³¹	tsa⁴⁴	tsʰa³¹/tsʰa⁵³	tsʰa⁴⁴
户县	tsʰa²⁴	tsa³¹	tsa⁵⁵	tsʰa³¹/tsʰa⁵⁵	tsʰa⁵⁵
周至	tsʰa²⁴	tsa²¹	tsa⁵⁵	tsʰa²¹/tsʰa⁵²	tsʰa⁵⁵
三原	tsʰa²⁴	tsa³¹	tsa⁵⁵	tsʰa³¹	tsʰa⁵⁵
泾阳	tsʰa²⁴	tsa³¹	tsa⁵⁵	tsʰa³¹	tsʰa⁵⁵
咸阳	tsʰa²⁴	tsa³¹	tsa⁵⁵	tsʰa³¹/tsʰa⁵⁵	tsʰa⁵⁵
兴平	tsʰa²⁴	tsa³¹	tsa⁵⁵	tsʰa³¹/tsʰa⁵⁵	tsʰa⁵⁵
武功	tsʰa²⁴	tsa³¹	tsa⁵⁵	tsʰa³¹/tsʰa⁵⁵	tsʰa⁵⁵
礼泉	tsʰa²⁴	tsʰa³¹	tsa⁵⁵	tsʰa³¹	tsʰa⁵⁵
乾县	tsʰa²⁴	tsa³¹	tsa⁴⁴	tsʰa³¹/tsʰa⁴⁴	tsʰa⁴⁴
永寿	tsʰa²⁴	tsa³¹	tsa⁵⁵	tsʰa³¹	tsʰa⁵⁵
淳化	tsʰa²⁴	tsa³¹	tsa⁵⁵	tsʰa³¹/tsʰa⁵⁵	tsʰa⁵⁵
旬邑	tsʰa²⁴	tsa³¹	tsa⁴⁴	tsʰa³¹/tsʰa⁴⁴	tsʰa⁴⁴
彬县	tsʰa²⁴	tsa³¹	tsa⁴⁴	tsʰa³¹/tsʰa⁴⁴	tsʰa⁴⁴
长武	tsʰa²⁴	tsa³¹	tsa⁴⁴	tsʰa³¹/tsʰa⁴⁴	tsʰa⁴⁴
扶风	tsʰa²⁴	tsa³¹	tsa³³	tsʰa³¹	tsʰa³³
眉县	tsʰa²⁴	tsa³¹	tsa⁴⁴	tsʰa³¹	tsʰa⁴⁴
麟游	tsʰa²⁴	tsa³¹	tsa⁴⁴	tsʰa³¹	tsʰa⁴⁴
岐山	tsʰa²⁴	tsa³¹	tsa⁴⁴	tsʰa³¹	tsʰa⁴⁴
凤翔	tsʰa²⁴	tsa³¹	tsa⁴⁴	tsʰa³¹	tsʰa⁴⁴
宝鸡	tsʰa²⁴	tsa³¹	tsa⁴⁴	tsʰa³¹	tsʰa⁴⁴
千阳	tsʰa²⁴	tsa³¹	tsa⁴⁴	tsʰa³¹	tsʰa⁴⁴
陇县	tsʰa²⁴	tsa³¹	tsa⁴⁴	tsʰa³¹	tsʰa⁴⁴

字目 方言	查 假开二 平麻崇	乍 假开二 去祃崇	沙 假开二 平麻生	洒 假开二 上马生	厦 假开二 去祃生
西安	tsʰɑ²⁴	tsɑ⁵⁵	sɑ²¹/sɑ⁵⁵①	sɑ⁵³	sɑ⁵³
韩城	tsʰɑ²⁴	tsɑ⁴⁴	sɑ³¹	sɑ⁵³	sɑ⁵³
合阳	tsʰɑ²⁴	tsɑ⁵⁵	sɑ³¹/sɑ⁵⁵	sɑ⁵²	sɑ⁵²
澄城	tsʰɑ²⁴	tsɑ⁴⁴	sɑ³¹/sɑ⁴⁴	sɑ⁵³	sɑ⁵³
白水	tsʰɑ²⁴	tsɑ⁴⁴	sɑ³¹	sɑ⁵³	sɑ⁵³
大荔	tsʰɑ²⁴	tsɑ⁵⁵	sɑ³¹/sɑ⁵⁵	sɑ⁵²	sɑ⁵²
蒲城	tsʰɑ³⁵	tsɑ⁵³	sɑ³¹/sɑ⁵⁵	sɑ⁵³	sɑ⁵³
美原	tsʰɑ³⁵	tsɑ⁵³	sɑ³¹/sɑ⁵⁵	sɑ⁵³	sɑ⁵³
富平	tsʰɑ³⁵	tsɑ⁵⁵	sɑ³¹/sɑ⁵⁵	sɑ⁵³	sɑ⁵³
潼关	tsʰɑ²⁴	tsɑ⁴⁴	sɑ³¹/sɑ⁴⁴①	sɑ⁵²	sɑ⁵²
华阴	tsʰɑ²⁴	tsɑ⁵⁵	sɑ³¹/sɑ⁵⁵	sɑ⁵²	sɑ⁵²
华县	tsʰɑ³⁵	tsɑ⁵³	sɑ³¹/sɑ⁵⁵	sɑ⁵³	sɑ⁵³
渭南	tsʰɑ²⁴	tsɑ³¹	sɑ³¹	sɑ⁵³	sɑ⁵³
洛南	tsʰɑ²⁴	tsɑ⁴⁴	sɑ³¹/sɑ⁴⁴	sɑ⁵³	sɑ⁵³
商州	tsʰɑ³⁵	tsɑ⁵⁵	sɑ³¹/sɑ⁵⁵	sɑ⁵³	sɑ⁵³
丹凤	tsʰɑ²⁴	tsɑ³¹	sɑ³¹/sɑ⁴⁴	sɑ⁵³	sɑ⁵³
宜川	tsʰɑ²⁴	tsɑ⁴⁵	sɑ³¹/sɑ⁴⁵	sɑ⁴⁵	sɑ⁴⁵
富县	tsʰɑ²⁴	tsɑ⁵²	sɑ³¹/sɑ⁴⁴	sɑ⁵²	sɑ⁵²
黄陵	tsʰɑ²⁴	tsɑ⁵²	sɑ³¹/sɑ⁴⁴	sɑ⁵²	sɑ⁵²
宜君	tsʰɑ²⁴	tsɑ²¹	sɑ²¹/sɑ⁴⁴	sɑ⁵²	sɑ⁵²
铜川	tsʰɑ²⁴	tsɑ⁴⁴	sɑ²¹/sɑ⁴⁴	sɑ⁵²	sɑ⁵²
耀县	tsʰɑ²⁴	tsɑ⁴⁴	sɑ³¹/sɑ⁴⁴	sɑ⁵²	sɑ⁵²
高陵	tsʰɑ²⁴	tsɑ⁵⁵	sɑ³¹/sɑ⁵⁵	sɑ⁵²	sɑ⁵²
临潼	tsʰɑ²⁴	tsɑ⁴⁵	sɑ³¹/sɑ⁴⁵	sɑ⁵²	sɑ⁵²

① "沙"有异读时，阴平是名词，去声是动词。下同。

字目 方言	查 假开二 平麻崇	乍 假开二 去祃崇	沙 假开二 平麻生	洒 假开二 上马生	厦 假开二 去祃生
蓝田	tsʰa²⁴	tsa⁵²	sa³¹/sa⁴⁴	sa⁵²	sa⁵²
长安	tsʰa²⁴	tsa⁴⁴	sa³¹/sa⁴⁴	sa⁵³	sa⁵³
户县	tsʰa²⁴	tsa⁵²	sa³¹/sa⁵⁵	sa⁵²	sa⁵²
周至	tsʰa²⁴	tsa⁵⁵	sa²¹/sa⁵⁵	sa⁵²	sa⁵²
三原	tsʰa²⁴	tsa⁵²	sa³¹	sa⁵²	sa⁵²
泾阳	tsʰa²⁴	tsa⁵⁵	sa³¹	sa⁵²	sa⁵²
咸阳	tsʰa²⁴	tsa⁵⁵	sa³¹	sa⁵²	sa⁵²
兴平	tsʰa²⁴	tsa⁵²	sa³¹	sa⁵²	sa⁵²
武功	tsʰa²⁴	tsa⁵⁵	sa³¹	sa⁵²	sa⁵²
礼泉	tsʰa²⁴	tsa⁵²	sa³¹	sa⁵²	sa⁵²
乾县	tsʰa²⁴	tsa⁴⁴	sa³¹	sa⁵²	sa⁵²
永寿	tsʰa²⁴	tsa⁵⁵	sa³¹	sa⁵²	sa⁵²
淳化	tsʰa²⁴	tsa⁵⁵	sa³¹	sa⁵²	sa⁵²
旬邑	tsʰa²⁴	tsa⁴⁴	sa³¹	sa⁵²	sa⁵²
彬县	tsʰa²⁴	tsa⁴⁴	sa³¹	sa⁵²	sa⁵²
长武	tsʰa²⁴	tsa⁴⁴	sa³¹	sa⁵²	sa⁴⁴
扶风	tsʰa²⁴	tsa⁵²	sa³¹	sa⁵²	sa⁵²
眉县	tsʰa²⁴	tsa⁴⁴	sa³¹	sa⁵²	sa⁵²
麟游	tsʰa²⁴	tsa⁴⁴	sa³¹	sa⁵³	sa⁵³
岐山	tsʰa²⁴	tsʰa⁴⁴	sa³¹	sa⁵³	sa⁵³
凤翔	tsʰa²⁴	tsa³¹	sa³¹	sa⁵³	sa⁵³
宝鸡	tsʰa²⁴		sa³¹	sa⁵³	sa⁴⁴
千阳	tsʰa²⁴	tsa³¹	sa³¹	sa⁵³	sa⁵³
陇县	tsʰa²⁴	tsa³¹	sa³¹	sa⁵³	sa⁵³

字目 / 方言	家 假开二 平麻见	假真~ 假开二 上马见	嫁 假开二 去祃见	牙 假开二 平麻疑	雅 假开二 上马疑
西安	tɕia²¹	tɕia	tɕia⁵³	tɕia⁵⁵	ia²⁴/n̠ia²⁴	ia⁵³
韩城	tɕia³¹	tɕia	tɕia⁵³	tɕia⁴⁴	n̠ia²⁴	ia⁵³
合阳	tɕia³¹	tɕia	tɕia⁵²	tɕia⁵⁵	n̠ia²⁴	ia⁵²
澄城	tɕia³¹	tɕia	tɕia⁵³	tɕia⁴⁴	n̠ia²⁴	ia⁵³
白水	tɕia³¹	tɕia	tɕia⁵³	tɕia⁴⁴	n̠ia²⁴	ia⁵³
大荔	tɕia³¹	tɕia	tɕia⁵²	tɕia⁵⁵	n̠ia²⁴	ia⁵²
蒲城	tɕia³¹	tɕia	tɕia⁵³	tɕia⁵⁵	n̠ia³⁵	ia⁵³
美原	tɕia³¹	tɕia	tɕia⁵³	tɕia⁵⁵	n̠ia³⁵	ia⁵³
富平	tɕia³¹	tɕia	tɕia⁵³	tɕia⁵⁵	n̠ia³⁵	ia⁵³
潼关	tɕia³¹	tɕia	tɕia⁵²	tɕia⁴⁴	n̠ia²⁴	ia⁵²
华阴	tɕia³¹	tɕia	tɕia⁵²	tɕia⁵⁵	n̠ia²⁴	ia⁵²
华县	tɕia³¹	tɕia	tɕia⁵³	tɕia⁵⁵	n̠ia³⁵	ia⁵³
渭南	tɕia³¹	tɕia	tɕia⁵³	tɕia⁴⁴	n̠ia²⁴	ia⁵³
洛南	tɕia³¹	tɕia	tɕia⁵³	tɕia⁴¹	n̠ia²⁴	ia⁵³
商州	tɕia³¹	tɕia	tɕia⁵³	tɕia⁵⁵	n̠ia³⁵	ia⁵³
丹凤	tɕia³¹	tɕia⁵³	tɕia⁴⁴	tɕia⁴⁴	ia⁵³
宜川	tɕia⁵¹/tɕie⁵¹①	tɕia⁴⁵	tɕia⁴⁵	n̠ia²⁴	ia⁴⁵
富县	tɕia³¹	tɕia⁵²	tɕia⁴⁴	ia²⁴/n̠ia²⁴	ia⁵²
黄陵	tɕia³¹	tɕia⁵²	tɕia⁴⁴	ia²⁴/n̠ia²⁴	ia⁵²/n̠ia²⁴
宜君	tɕia²¹	tɕia⁵²	tɕia⁴⁴	n̠ia²⁴	ia²⁴/ia⁵²
铜川	tɕia²¹/ia²¹②	tɕia	tɕia⁵²	tɕia⁴⁴	ia²⁴/n̠ia²⁴	ia⁵²
耀县	tɕia³¹	tɕia	tɕia⁵²	tɕia⁴⁴	ia²⁴/n̠ia²⁴	ia⁵²
高陵	tɕia³¹	tɕia	tɕia⁵²	tɕia⁵⁵	ia²⁴/n̠ia²⁴	ia⁵²
临潼	tɕia³¹	tɕia	tɕia⁵²	tɕia⁴⁵	n̠ia²⁴	ia⁵²

① tɕie⁵¹ 人~。
② ia²¹ 娘~。

字目 方言	家	假真~	嫁	牙	雅
	假开二 平麻见	假开二 上马见	假开二 去祃见	假开二 平麻疑	假开二 上马疑
蓝田	tɕia³¹ | tɕia	tɕia⁵²	tɕia⁴⁴	ȵia²⁴	ia⁵²
长安	tɕia³¹	tɕia⁵³	tɕia⁴⁴	ia²⁴/ȵia²⁴	ia⁵³
户县	tɕia³¹ | tɕia	tɕia⁵²	tɕia⁵⁵	ia²⁴/ȵia²⁴	ia⁵²
周至	tɕia²¹ | tɕia	tɕia⁵²	tɕia⁵⁵	ia²⁴/ȵia²⁴	ia⁵²
三原	tɕia³¹ | tɕia	tɕia⁵²	tɕia⁵⁵	ȵia²⁴	ia⁵²
泾阳	tɕia³¹ | tɕia	tɕia⁵²	tɕia⁵⁵	ȵia²⁴	ia⁵²
咸阳	tɕia³¹ | tɕia	tɕia⁵²	tɕia⁵⁵	ia²⁴/ȵia²⁴	ia⁵²
兴平	tɕia³¹ | tɕia	tɕia⁵²	tɕia⁵⁵	ia²⁴/ȵia²⁴	ia⁵²
武功	tɕia³¹ | tɕia	tɕia⁵²	tɕia⁵⁵	ia²⁴/ȵia²⁴	ia⁵²
礼泉	tɕia³¹ | tɕia	tɕia⁵²	tɕia⁵⁵	ȵia²⁴	ia⁵²
乾县	tɕia³¹ | tɕia	tɕia⁵²	tɕia⁴⁴	ia²⁴/ȵia²⁴	ia⁵²
永寿	tɕia³¹ | tɕia	tɕia⁵²	tɕia⁵⁵	ia²⁴/ȵia²⁴	ia⁵²
淳化	tɕia³¹ | tɕia	tɕia⁵²	tɕia⁵⁵	ia²⁴/ȵia²⁴	ia⁵²
旬邑	tɕia³¹ | tɕia	tɕia⁵²	tɕia⁵⁵	ȵia²⁴	ia⁵²
彬县	tɕia³¹ | tɕia	tɕia⁵²	tɕia⁴⁴	ȵia²⁴	ia⁵²
长武	tɕia³¹ | tɕia	tɕia⁵²	tɕia⁴⁴	ia²⁴/ȵia²⁴	ia⁵²
扶风	tɕia³¹ | tɕia	tɕia⁵²	tɕia³³	ia²⁴/ȵia²⁴	ia⁵²
眉县	tɕia³¹ | tɕia	tɕia⁵²	tɕia⁴⁴	ia²⁴	ia⁵²
麟游	tɕia³¹ | tɕia	tɕia⁵³	tɕia⁴⁴	ia²⁴	ia⁵³
岐山	tɕia³¹ | tɕia	tɕia⁵³	tɕia⁴⁴	ia²⁴/ȵia²⁴	ia⁵³
凤翔	tɕia³¹ | tɕia	tɕia⁵³	tɕia⁴⁴	ia²⁴	ia⁵³
宝鸡	tɕia³¹ | tɕia	tɕia⁵³	tɕia⁴⁴	ia²⁴	ia⁵³
千阳	tɕia³¹ | tɕia	tɕia⁵³	tɕia⁴⁴	ia²⁴	ia⁵³
陇县	tɕia³¹ | tɕia	tɕia⁵³	tɕia⁴⁴	ia²⁴	ia⁵³

字目 / 方言	研	虾鱼~	吓~一跳	霞	夏姓
	假开二去祃疑	假开二平麻晓	假开二去祃晓	假开二平麻匣	假开二上马匣
西安	ȵia⁵⁵	çia²¹	xa⁵⁵	çia²⁴ ∣ çia	çia⁵⁵
韩城	ȵia⁴⁴	çia³¹/xa³¹	çia⁴⁴/xa⁴⁴ ∣ xa	çia²⁴ ∣ çia	çia⁴⁴
合阳	ȵia⁵⁵	çia³¹	xa⁵⁵ ∣ xa	çia²⁴ ∣ çia	çia⁵⁵
澄城	ȵia⁴⁴	çia³¹	xa⁴⁴ ∣ xa	çia²⁴ ∣ çia	çia⁴⁴
白水	ȵia⁴⁴	çia³¹	xa⁴⁴ ∣ xa	çia²⁴ ∣ çia	çia⁴⁴
大荔	ȵia⁵⁵	çia³¹	çia⁵⁵/xa⁵⁵ ∣ xa	çia²⁴ ∣ çia	çia⁵⁵
蒲城	ȵia⁵⁵	çia³¹	çia⁵⁵/xa⁵⁵ ∣ xa	çia³⁵ ∣ çia	çia⁵⁵
美原	ȵia⁵⁵	çia³¹	xa⁵⁵ ∣ xa	çia³⁵ ∣ çia	çia⁵⁵
富平	ȵia⁵⁵	çia³¹	çia⁵⁵/xa⁵⁵ ∣ xa	çia³⁵ ∣ çia	çia⁵⁵
潼关	ȵia⁴⁴	çia³¹	çia⁴⁴/xa⁴⁴ ∣ xa	çia²⁴ ∣ çia	çia⁴⁴
华阴	ȵia⁵⁵	çia³¹	çia⁵⁵/xa⁵⁵ ∣ xa	çia²⁴ ∣ çia	çia⁵⁵
华县	ȵia⁵⁵	çia³¹	çia⁵⁵/xa⁵⁵	çia³⁵ ∣ çia	çia⁵⁵
渭南	ȵia⁴⁴	çia³¹	xa⁴⁴	çia²⁴ ∣ çia	çia⁴⁴
洛南	ȵia⁴⁴	çia³¹	xa⁴⁴ ∣ xa	çia²⁴ ∣ çia	çia⁴⁴
商州	ȵia⁵⁵	çia³¹/xa³¹	çia⁵⁵/xa⁵⁵ ∣ xa	çia³⁵ ∣ çia	çia⁵⁵
丹凤	ȵia⁴⁴	çia³¹	çia³¹	çia²⁴	çia⁴⁴
宜川	ȵia⁴⁵	çia⁵¹	çia⁴⁵/xa⁴⁵	çia²⁴	çia⁴⁵
富县	ȵia³¹	çia²⁴	xa⁴⁴/xei³¹①	çia²⁴	çia⁴⁴
黄陵		çia²⁴	xa⁴⁴	çia²⁴	çia⁴⁴
宜君	ȵia⁴⁴	çia²⁴	xa⁴⁴	çia²⁴	çia⁴⁴
铜川	ȵia²¹	çia²¹	xa⁴⁴/xei²¹ ∣ xei	çia²⁴ ∣ çia	çia⁴⁴
耀县	ȵia⁴⁴	çia³¹	xa⁴⁴/xei³¹ ∣ xei	çia²⁴ ∣ çia	çia⁴⁴
高陵	ȵia³¹	çia³¹	xa⁵⁵/xei³¹ ∣ xa	çia²⁴ ∣ çia	çia⁵⁵
临潼	ȵia³¹	çia³¹	xa⁴⁵	çia²⁴	çia⁴⁵

① xei³¹ ~唬。下同。

字目 / 方言	研 假开二去祃疑	虾鱼~ 假开二平麻晓	吓~一跳 假开二去祃晓	霞 假开二平麻匣	夏姓 假开二上马匣
蓝田	ȵia^{31}	ɕia^{31}	xa^{44}/xei^{31} ∣ xa	ɕia^{24} ∣ ɕia	ɕia^{44}
长安	ȵia^{31}	ɕia^{31}	xa^{44}	ɕia^{24}	ɕia^{44}
户县	ȵia^{31}	ɕia^{31}	xa^{55}/xei^{31} ∣ xei	ɕia^{24} ∣ ɕia	ɕia^{55}
周至	ȵia^{21}	ɕia^{21}	ɕia^{55}/xa^{55}/xɿ^{21}	ɕia^{24} ∣ ɕia	ɕia^{55}
三原	ȵia^{31}	ɕia^{31}	xa^{55} ∣ xei	ɕia^{24} ∣ ɕia	ɕia^{55}
泾阳	ȵia^{55}	ɕia^{31}	xa^{55} ∣ xei	ɕia^{24} ∣ ɕia	ɕia^{55}
咸阳	ȵia^{55}	ɕia^{31}	ɕia^{55}/xa^{55}	ɕia^{24} ∣ ɕia	ɕia^{55}
兴平	ȵia^{55}	ɕia^{31}	xa^{55} ∣ xa	ɕia^{24} ∣ ɕia	ɕia^{55}
武功	ȵia^{55}	ɕia^{31}	xa^{55}	ɕia^{24}	ɕia^{55}
礼泉	ȵia^{31}	ɕia^{31}	xa^{55} ∣ xa	ɕia^{24} ∣ ɕia	ɕia^{55}
乾县	ȵia^{44}	ɕia^{31}	xa^{44} ∣ xa	ɕia^{24} ∣ ɕia	ɕia^{44}
永寿	ȵia^{55}	ɕia^{31}	xa^{55} ∣ xa	ɕia^{24} ∣ ɕia	ɕia^{55}
淳化	ȵia^{55}	ɕia^{31}	xa^{55}	ɕia^{24} ∣ ɕia	ɕia^{55}
旬邑	ȵia^{44}	ɕia^{31}	xa^{44} ∣ xa	ɕia^{24} ∣ ɕia	ɕia^{44}
彬县	ȵia^{44}	ɕia^{31}	ɕia^{44}/xa^{44} ∣ xa	ɕia^{24} ∣ ɕia	ɕia^{44}
长武	ȵia^{44}	ɕia^{31}	ɕia^{44}/xa^{44} ∣ xa	ɕia^{24} ∣ ɕia	ɕia^{44}
扶风	ia^{33}/ȵia^{33}	ɕia^{31}	ɕia^{33}/xa^{33}	ɕia^{24} ∣ ɕia	ɕia^{33}
眉县	ȵia^{44}	ɕia^{31}	ɕia^{44} ∣ xa	ɕia^{24} ∣ ɕia	ɕia^{44}
麟游	ȵia^{44}	ɕia^{31}	xa^{44} ∣ xa	ɕia^{24} ∣ ɕia	ɕia^{44}
岐山	ȵia^{44}	ɕia^{31}	xa^{44} ∣ xa	ɕia^{24} ∣ ɕia	ɕia^{44}
凤翔	ȵia^{44}	ɕia^{31}	xa^{44} ∣ xa	ɕia^{24} ∣ ɕia	ɕia^{44}
宝鸡	ia^{44}	ɕia^{31}	xa^{44} ∣ xa	ɕia^{24} ∣ ɕia	ɕia^{44}
千阳	ȵia^{44}	ɕia^{31}	xa^{44} ∣ xa	ɕia^{24} ∣ ɕia	ɕia^{44}
陇县	ȵia^{44}	ɕia^{31}	xa^{44} ∣ xa	ɕia^{24} ∣ ɕia	ɕia^{44}

字目 方言	下~降 假开二 去祃匣	夏春~ 假开二 去祃匣	鸦 假开二 平麻影	哑 假开二 上马影	亚 假开二 去祃影
西安	ɕia⁵⁵/xa⁵⁵	ɕia⁵⁵	ia²¹｜ja	ia⁵³｜ɲia	ia⁵³/ia⁵⁵
韩城	ɕia⁴⁴/xa⁴⁴	ɕia⁴⁴	ȵia³¹｜ja	ȵia⁵³｜ɲia	ia⁴⁴
合阳	ɕia⁵⁵/xa⁵⁵	ɕia⁵⁵	ia³¹/ȵia⁵²｜ja	ȵia⁵²｜ɲia	ia⁵⁵
澄城	ɕia⁴⁴/xa⁴⁴	ɕia⁴⁴	ia³¹｜ja	ȵia⁵³｜ɲia	ia⁵³
白水	ɕia⁴⁴/xa⁴⁴	ɕia⁴⁴	ia³¹｜ja	ȵia⁵³｜ɲia	ia⁵³
大荔	ɕia⁵⁵/xa⁵⁵	ɕia⁵⁵	ia³¹｜ja	ȵia⁵²｜ɲia	ia⁵²
蒲城	ɕia⁵⁵/xa⁵⁵	ɕia⁵⁵	ia³¹｜ja	ȵia⁵³｜ɲia	ia⁵³
美原	ɕia⁵⁵/xa⁵⁵	ɕia⁵⁵	ia³¹｜ja	ȵia⁵³｜ɲia	ia⁵⁵
富平	ɕia⁵⁵/xa⁵⁵	ɕia⁵⁵	ia³¹｜ja	ȵia⁵³｜ɲia	ia⁵³
潼关	ɕia⁴⁴/xa⁴⁴	ɕia⁴⁴	ia³¹｜ja	ȵia⁵²｜ɲia	ia⁵²
华阴	ɕia⁵⁵/xa⁵⁵	ɕia⁵⁵	ia³¹｜ja	ȵia⁵²｜ɲia	ia⁵²/ia⁵⁵
华县	ɕia⁵⁵/xa⁵⁵	ɕia⁵⁵	ia³¹｜ja	ȵia⁵³｜ɲa	ia⁵³/ia⁵⁵
渭南	ɕia⁴⁴/xa⁴⁴	ɕia⁴⁴	ia³¹	ȵia⁵³｜ɲa	ia⁵³
洛南	ɕia⁴⁴/xa⁴⁴	ɕia⁴⁴	ia³¹｜ja	ȵia⁵³	ia⁵³
商州	ɕia⁵⁵/xa⁵⁵	ɕia⁵⁵	ia³¹｜ja	ȵia⁵³｜ɲia	ia⁵⁵
丹凤	ɕia⁴⁴/xa⁴⁴	ɕia⁴⁴	ia³¹	ȵia⁵³	ia⁵³
宜川	ɕia⁴⁵/xa⁴⁵	ɕia⁴⁵	ua⁰²¹/ia⁴⁵/ia⁵¹	ȵia⁴⁵	ia⁴⁵
富县	ɕia⁴⁴/xa⁴⁴	ɕia⁴⁴	va⁰²¹/ia³¹/ȵia³¹①	ȵia⁵²	ia⁵²
黄陵	ɕia⁴⁴/xa⁴⁴	ɕia⁴⁴	ua⁰²¹/ia⁵²	ȵia⁵²	ia⁵²
宜君	ɕia⁴⁴/xa⁴⁴	ɕia⁴⁴	ia²¹	ia⁵²/ȵia⁵²	ia⁵²
铜川	ɕia⁴⁴/xa⁴⁴	ɕia⁴⁴	ia²¹｜ja	ia⁵²｜ɲia	ia⁵²
耀县	ɕia⁴⁴/xa⁴⁴	ɕia⁴⁴	ia³¹｜ja	ia⁵²｜ɲia	ia⁵²
高陵	ɕia⁵⁵	ɕia⁵⁵	ua⁰²¹/ia⁵²｜ja	ȵia⁵²｜ɲia	ia⁵²
临潼	ɕia⁴⁵/xa⁴⁵	ɕia⁴⁵	ia⁵²	ȵia⁵²｜ɲia	ia⁵²

① va⁰²¹ 老~；ȵia³¹ ~雀无声。

字目 / 方言	下~降	夏春~	鸦	哑	亚
	假开二 去祃匣	假开二 去祃匣	假开二 平麻影	假开二 上马影	假开二 去祃影
蓝田	ɕia⁴⁴/xa⁴⁴	ɕia⁴⁴	ia³¹ ∣ ja	n̠ia⁵²	ia⁵²
长安	ɕia⁴⁴/xa⁴⁴	ɕia⁴⁴	ia³¹	n̠ia⁵³	ia⁵³
户县	ɕia⁵⁵/xa⁵⁵	ɕia⁵⁵	ia³¹	ia⁵²/n̠ia⁵² ∣ ɲia	ia⁵²
周至	ɕia⁵⁵/xa⁵⁵	ɕia⁵⁵	ua⁰²¹/ia⁵²① ∣ ja	ia⁵²/n̠ia⁵² ∣ ɲia	ia⁵²
三原	ɕia⁵⁵/xa⁵⁵	ɕia⁵⁵	ia³¹ ∣ ja	n̠ia⁵² ∣ ɲia	ia⁵²
泾阳	ɕia⁵⁵/xa⁵⁵	ɕia⁵⁵	ia³¹ ∣ ja	n̠ia⁵²	ia⁵²
咸阳	ɕia⁵⁵	ɕia⁵⁵	ia³¹	n̠ia⁵²	ia⁵²
兴平	ɕia⁵⁵/xa⁵⁵	ɕia⁵⁵	ia³¹ ∣ ia	n̠ia⁵² ∣ ɲia	ia⁵²
武功	ɕia⁵⁵/xa⁵⁵	ɕia⁵⁵	ia³¹	ia⁵²/n̠ia⁵² ∣ ɲia	ia⁵²
礼泉	ɕia⁵⁵	xa⁵⁵	ia³¹ ∣ ja	n̠ia⁵²	ia⁵²
乾县	ɕia⁴⁴/xa⁴⁴	ɕia⁴⁴	ia³¹ ∣ ia	n̠ia⁵²	ia⁵²
永寿	ɕia⁵⁵/xa⁵⁵	ɕia⁵⁵	ia³¹ ∣ ia	ia⁵²/n̠ia⁵² ∣ ɲia	ia⁵²
淳化	xa⁵⁵	ɕia⁵⁵	ia³¹ ∣ ia	n̠ia⁵² ∣ ɲia	ia⁵²
旬邑	xa⁴⁴	ɕia⁴⁴	ia³¹ ∣ ia	n̠ia⁵²	ia⁵²
彬县	xa⁴⁴	ɕia⁴⁴	ia³¹ ∣ ia	n̠ia⁵² ∣ ɲia	ia⁵²
长武	ɕia⁴⁴/xa⁴⁴	ɕia⁴⁴	ia³¹ ∣ ia	n̠ia⁵² ∣ ɲia	ia⁵²
扶风	ɕia³³/xa³³	ɕia³³	ia³¹ ∣ ja	ia⁵² ∣ ɲia	ia⁵²
眉县	ɕia⁴⁴	ɕia⁴⁴	ia³¹ ∣ ia	ia⁵²	ia⁴⁴
麟游	xa⁴⁴	ɕia⁴⁴	ia³¹ ∣ ia	ia⁵³ ∣ ɲia	ia⁴⁴
岐山	xa⁵³	ɕia⁴⁴	ia³¹ ∣ ja	ia⁵³新/n̠ia⁴⁴老 ∣ ɲia	ia⁵³/ia⁴⁴②
凤翔	ɕia⁴⁴	ɕia⁴⁴	ia³¹ ∣ ia	ia⁴⁴ ∣ ɲia	ia⁴⁴
宝鸡	ɕia⁴⁴	ɕia⁴⁴	ia³¹ ∣ ja	ia⁵³ ∣ ɲia	ia⁵³
千阳	ɕia⁴⁴/xa⁴⁴	ɕia⁴⁴	ia³¹ ∣ ia	ia⁵³/n̠ia⁴⁴③ ∣ ɲia	ia⁴⁴
陇县	ɕia⁴⁴/xa⁴⁴	ɕia⁴⁴	ia³¹ ∣ ia	ia⁵³/ia⁴⁴ ∣ ɲia	ia⁵³

① ua⁰²¹ 老~；ia⁵² ~雀无声。

② ia⁴⁴ ~洲、~军。

③ n̠ia⁴⁴ 老派说"~巴"。

字目 / 方言	姐 假开三 上马精	借 假开三 去祃精	且 假开三 上马清	笡 假开三 去祃清	褯 假开三 去祃从
西安	tɕie⁵³ | tɕie	tɕie⁵⁵	tɕʰie⁵³ | tɕʰie	tɕʰie⁵⁵	tɕie⁵⁵
韩城	tɕiE²⁴ | tɕiɛ	tɕiE⁴⁴/tɕiɑ⁴⁴	tɕʰiE⁵³ | tɕʰiɛ	tɕʰiE⁴⁴	tɕʰiɑ⁴⁴
合阳	tsiə²⁴ | tsiɛ	tsiɑ⁵⁵	tsʰiə⁵² | tsʰiɛ	tsʰiə⁵⁵	tsʰiɑ⁵⁵
澄城	tiə²⁴ | tie	tiə⁴⁴/tiɑ⁴⁴	tʰiə⁵³ | tsʰiɛ	tʰiə⁴⁴	tʰiə⁴⁴/tʰiɑ⁴⁴
白水	tie²⁴ | tsiɛ	tie⁴⁴	tsʰiɛ⁵³ | tsʰiɛ	tsʰiɛ⁴⁴	tsʰiɑ⁴⁴
大荔	tie²⁴ | tsiɛ	tie⁵⁵	tʰiɛ⁵² | tsʰiɛ	tʰiɛ⁵⁵	tʰiɛ⁵⁵/tʰiɑ⁵⁵
蒲城	tie⁵³ | tsiɛ	tie⁵⁵	tsʰiɛ⁵³ | tsʰiɛ	tsʰiɛ⁵⁵	tsʰiɛ⁵⁵
美原	tɕie⁵³ | tsiɛ	tɕiə⁵⁵	tɕʰie⁵³ | tsʰiɛ	tɕʰie⁵⁵	tɕʰie⁵⁵
富平	tie⁵³ | tsiɛ	tie⁵⁵	tsʰiɛ⁵³ | tsʰiɛ	tsʰiɛ⁵⁵	tsʰiɛ⁵⁵
潼关	tɕie⁴⁴ | tsiɛ	tɕie⁴⁴	tɕʰie⁵² | tsʰic	tɕʰie⁴⁴	tɕʰie⁴⁴
华阴	tɕie⁵⁵ | tɕie	tɕie⁵⁵	tɕʰie⁵² | tɕʰie	tɕʰie⁵⁵	tɕʰie⁵⁵
华县	tie⁵³ | tie	tie⁵⁵	tʰie⁵³ | tʰie	tʰie⁵⁵	tʰie⁵⁵
渭南	tɕie⁵³ | tie	tɕie⁴⁴	tɕʰie⁵³ | tʰie	tɕʰie⁴⁴	tɕʰie⁴⁴
洛南	tɕie⁵³ | tɕie	tɕie⁴⁴	tɕʰie⁵³ | tɕʰie	tɕʰie⁴⁴	tɕʰie⁴⁴
商州	tɕie⁵³ | tɕie	tɕie⁵⁵	tɕʰie⁵³ | tɕʰie	tɕʰie⁵⁵	tɕʰie⁵⁵
丹凤	tɕie⁵³	tɕie⁴⁴	tɕʰie⁵³	tɕʰie⁴⁴	tɕʰie⁴⁴
宜川	tɕie⁴⁵	tɕie⁴⁵	tɕʰie⁴⁵	tɕʰiɑ⁴⁵	tɕʰiɑ⁴⁵
富县	tɕie⁵²	tɕie⁴⁴	tɕʰie⁵²	tɕʰie⁴⁴	tɕʰie⁴⁴
黄陵	tɕiE²⁴	tɕiE⁴⁴	tɕʰiE⁵²	tɕʰiE⁴⁴	tɕʰiE⁴⁴
宜君	ȶiE⁵²	ȶiE⁴⁴	ȶʰiE⁵²	ȶʰiE⁴⁴	ȶʰiE⁴⁴
铜川	tɕie⁵² | tsiɛ	tɕie⁴⁴	tɕʰie⁵² | tsʰie		tɕʰie⁴⁴
耀县	tɕie⁵² | tɕie	tɕie⁴⁴	tɕʰie⁵² | tɕʰie	tɕʰie⁴⁴	tɕʰie⁴⁴
高陵	ȶie²⁴ | ȶie	ȶie⁵⁵	tʰie⁵² | tʰie	tʰie⁵⁵	tʰie⁵⁵
临潼	tɕie⁵² | tie	tɕie⁴⁵	tɕʰie⁵² | tʰie	tɕʰie⁴⁵	tɕʰie⁴⁵

字目 方言	姐 假开三 上马精		借 假开三 去祃精	且 假开三 上马清		笡 假开三 去祃清	裾 假开三 去祃从
蓝田	tɕie⁵²	ȵie	tɕie⁴⁴	tɕʰie⁵²	tʰie	tɕʰie⁴⁴	tɕʰie⁴⁴
长安	tɕie⁵³		tɕie⁴⁴	tɕʰie⁵³		tɕʰie⁴⁴	tɕʰie⁴⁴
户县	tɕiɛ⁵²	tɕiɛ	tɕiɛ⁵⁵	tɕʰiɛ⁵²	tɕʰiɛ	tɕʰiɛ⁵⁵	tɕʰiɛ⁵⁵
周至	tɕiɛ⁵²	tɕiɛ	tɕiɛ⁵⁵	tɕʰiɛ⁵²	tɕʰiɛ	tɕʰiɛ⁵⁵	tɕʰiɛ⁵⁵
三原	tie²⁴	ȵie	tie⁵⁵	tʰie⁵²	tʰie	tʰie⁵⁵	tʰie⁵⁵
泾阳	tsie²⁴	ȵie	tsie⁵⁵/tsʰie⁵⁵①	tsʰie⁵²	tʰie	tsʰie⁵⁵	tsʰie⁵⁵
咸阳	tɕie²⁴		tɕie⁵⁵	tɕʰie⁵²		tɕʰie⁵⁵	tɕʰie⁵⁵
兴平	tɕie²⁴/tɕie⁵²	tsie/tie	tɕie⁵⁵	tɕʰie⁵²	tsʰie/tʰie	tɕʰie⁵⁵	tɕʰie⁵⁵
武功	tɕie⁵²	tɕie	tɕie⁵⁵	tɕʰie⁵²	tɕʰie	tɕʰie⁵⁵	tɕʰie⁵⁵
礼泉	tɕie²⁴	tɕie	tɕie⁵⁵	tɕʰie⁵²	tɕʰie	tɕʰie⁵⁵	tɕʰie⁵⁵
乾县	tɕie²⁴/tɕie⁵²	tɕie	tɕie⁴⁴	tɕʰie⁵²	tɕʰie	tɕʰie⁴⁴	tɕʰie⁴⁴
永寿	tɕie²⁴	tɕie	tɕie⁵⁵	tɕʰie⁵²	tɕʰie	tɕʰie⁵⁵	tɕʰie⁵⁵
淳化	tie²⁴/tie⁵²	tsie	tie⁵⁵	tʰie⁵²	tsʰie	tʰie⁵⁵	tʰie⁵⁵
旬邑	tsie⁵²	tsie	tsie⁴⁴	tsʰie⁵²	tsʰie	tsʰie⁴⁴	tsʰie⁴⁴
彬县	tsie⁵²	tɕie	tsie⁴⁴	tsʰie⁵²	tɕʰie	tsʰie⁴⁴	tsʰie⁴⁴
长武	tsie⁵²	tsie	tsie⁴⁴	tsʰie⁵²	tsʰie	tsʰie⁴⁴	tsʰie²⁴
扶风	tɕie²⁴/tɕie⁵²②	tsie	tɕie³³	tɕʰie⁵²	tsʰie	tɕʰie³³	tɕʰie³³
眉县	ȵie⁵²	tsie	ȵie⁴⁴	tʰie⁵²	tsʰie	tʰie⁴⁴	tʰie⁴⁴
麟游	ȵie²⁴	tsie	ȵie⁴⁴	tʰie⁵³	tsʰie	tʰie⁴⁴	tʰie⁴⁴
岐山	ȵie²⁴	tsie	ȵie⁴⁴	tʰie⁵³	tsʰie	tɕʰie⁴⁴	tɕʰie⁴⁴
凤翔	ȵie²⁴	tsie/tɕie	ȵie⁴⁴	tʰie⁵³	tsʰie/tɕʰie	tʰie⁴⁴	tʰie⁴⁴
宝鸡	tɕie²⁴	tɕie	tɕie⁴⁴	tɕʰie⁵³	tɕʰie	tɕʰie⁵³	tɕie⁴⁴
千阳	ȵie⁵³	tsie	ȵie⁴⁴	tʰie⁵³	tsʰie	tʰie⁴⁴	tʰie⁴⁴
陇县	tɕie⁵³	tɕie	tɕie⁴⁴	tɕʰie⁵³	tɕʰie	tɕʰie⁴⁴	tɕʰie⁴⁴

① tsʰie⁵⁵ ～向：找机会。

② tɕie²⁴ 你～；tɕie⁵² ～夫。

字目 / 方言	些 假开三平麻心	写 假开三上马心	卸 假开三去祃心	斜 假开三平麻邪	谢 假开三去祃邪
西安	çie²¹ ǀ çiɛ	çie⁵³	çie⁵⁵	çie²⁴	çie⁵⁵
韩城	çiᴇ³¹/çiɑ⁵³ ǀ çiɛ	çiᴇ⁵³	çiᴇ⁴⁴/çiɑ⁴⁴	çiᴇ²⁴/çiɑ²⁴	çiᴇ⁴⁴
合阳	siɑ²⁴ ǀ siɛ	siə⁵²	siə⁵⁵/siɑ⁵⁵	siɑ²⁴	siə⁵⁵
澄城	siə³¹/siɑ³¹ ǀ siɛ	siə⁵³	siə⁴⁴/siɑ⁴⁴	siə²⁴/siɑ²⁴	siə⁴⁴
白水	sie³¹ ǀ siɛ	sie⁵³	sie⁴⁴	siɑ²⁴	sie⁴⁴
大荔	sie³¹/siɑ³¹ ǀ siɛ	sie⁵²	sie⁵⁵/siɑ⁵⁵	sie²⁴/siɑ²⁴	sie⁵⁵
蒲城	sie³¹ ǀ siɛ	sie⁵³	sie⁵⁵	sie³⁵	sie⁵⁵
美原	çie³¹ ǀ siɛ	çie⁵³	çie⁵⁵	çie³⁵	çie⁵⁵
富平	sie³¹ ǀ çiɛ	sie⁵³	sie⁵⁵	sie³⁵	sie⁵⁵
潼关	çie³¹ ǀ çiɛ	çie⁵²	çie⁴⁴	çie²⁴	çie⁴⁴
华阴	çie³¹ ǀ çiɛ	çie⁵²	çie⁵⁵	çie²⁴	çie⁵⁵
华县	sie³¹ ǀ siɛ	sie⁵³	sie⁵⁵	sie³⁵	sie⁵⁵
渭南	çie³¹ ǀ çiɛ	çie⁵³	çie⁴⁴	çie²⁴	çie⁴⁴
洛南	çie³¹ ǀ çiɛ	çie⁵³	çie⁴⁴	çie²⁴	çie⁴⁴
商州	çie³¹ ǀ siɛ	çie⁵³	çie⁵⁵	çie³⁵	çie⁵⁵
丹凤	çie³¹	çie⁵³	çie⁴⁴	çie²⁴	çie⁴⁴
宜川	çie⁵¹/çiɑ⁵¹	çie⁴⁵	çie⁴⁵	çie²⁴/çiɑ²⁴	çie⁵²
富县	çie³¹	çie⁵²	çie⁴⁴	çie²⁴	çie⁴⁴
黄陵	çiᴇ³¹	çiᴇ⁵²	çiᴇ⁴⁴	çiᴇ²⁴	çiᴇ⁴⁴
宜君	siᴇ²¹	siᴇ⁵²	siᴇ⁴⁴	siᴇ²⁴	siᴇ⁴⁴
铜川	çie²¹ ǀ çiɛ	çie⁵²	çie⁴⁴	çie²⁴	çie⁴⁴
耀县	çie³¹ ǀ çiɛ	çie⁵²	çie⁴⁴	çie²⁴	çie⁴⁴
高陵	sie³¹ ǀ çiɛ	sie⁵²	sie⁵⁵	sie²⁴	sie⁵⁵
临潼	çie³¹ ǀ siɛ	çie⁵²	çie⁴⁵	çie²⁴	çie⁴⁵

字目 方言	些 假开三 平麻心		写 假开三 上马心	卸 假开三 去祃心	斜 假开三 平麻邪	谢 假开三 去祃邪
蓝田	ɕie³¹	ɕiɛ	ɕie⁵²	ɕie⁴⁴	ɕie²⁴	ɕie⁴⁴
长安	ɕie³¹		ɕie⁵³	ɕie⁴⁴	ɕie²⁴	ɕie⁴⁴
户县	ɕie³¹	ɕiɛ	ɕiɛ⁵²	ɕiɛ⁵⁵	ɕiɛ²⁴	ɕiɛ⁵⁵
周至	ɕie²¹	ɕiɛ	ɕie⁵²	ɕie⁵⁵	ɕie²⁴	ɕie⁵⁵
三原	sie³¹	ɕiɛ	sie⁵²	sie⁵⁵	sie²⁴	sie⁵⁵
泾阳	sie³¹	siɛ	sie⁵²	sie⁵⁵	sie²⁴	sie⁵⁵
咸阳	ɕie³¹		ɕie⁵²	ɕie⁵⁵	ɕie²⁴	ɕie⁵⁵
兴平	ɕie³¹	siɛ	ɕie⁵²	ɕie⁵⁵	ɕie²⁴	ɕie⁵⁵
武功	ɕie³¹	ɕiɛ	ɕie⁵²	ɕie⁵⁵	ɕie²⁴	ɕie⁵⁵
礼泉	ɕie³¹	ɕiɛ	ɕie⁵²	ɕie⁵⁵	ɕie²⁴	ɕie⁵⁵
乾县	ɕie³¹	ɕiɛ	ɕie⁵²	ɕie⁴⁴	ɕie²⁴	ɕie⁴⁴
永寿	ɕie³¹	ɕiɛ	ɕie⁵²	ɕie⁵⁵	ɕie²⁴	ɕie⁵⁵
淳化	sie³¹	siɛ	sie⁵²	sie⁵⁵	sie²⁴	sie⁵⁵
旬邑	sie³¹	siɛ	sie⁵²	sie⁴⁴	sie²⁴	sie⁴⁴
彬县	sie³¹	siɛ	sie⁵²	sie⁴⁴	sie²⁴	sie⁴⁴
长武	sie³¹		sie⁵²	sie⁴⁴	sie²⁴	sie⁴⁴
扶风	ɕie³¹	siɛ	ɕie⁵²	ɕie³³	ɕie²⁴	ɕie³³
眉县	sie³¹	siɛ	sie⁵²	sie⁴⁴	sie²⁴	sie⁴⁴
麟游	sie³¹	siɛ	ɕie⁵³	sie⁴⁴	sie²⁴	sie⁴⁴
岐山	sie³¹	siɛ	sie⁵²	sie⁴⁴	sie²⁴	sie⁴⁴
凤翔	sie³¹	siɛ	sie⁵³	sie⁴⁴	sie²⁴	sie⁴⁴
宝鸡	ɕie³¹	siɛ	ɕie⁵³	ɕie⁴⁴	ɕie²⁴	ɕie⁴⁴
千阳	sie³¹	siɛ	sie⁵³	sie⁴⁴	sie²⁴	sie⁴⁴
陇县	ɕie³¹	ɕiɛ	ɕie⁵²	ɕie⁴⁴	ɕie²⁴	ɕie⁴⁴

字目 / 方言	爹 假开三 平麻知	遮 假开三 平麻章	者 假开三 上马章	蔗 假开三 去祃章	车坐~ 假开三 平麻昌
西安	tie²¹	tʂɤ²¹ ∣ tʂʅə	tʂɤ²¹	tʂɤ²⁴	tʂʰɤ²¹ ∣ tʂʰʅə
韩城	tiɛ²⁴	tʂə³¹/tʂa³¹ ∣ tʂa	tʂə⁵³	tʂə⁴⁴	tʂʰə³¹/tʂʰa³¹ ∣ tʂʰə
合阳	tiə³¹	tʂə³¹/tʂa³¹ ∣ tʂʅə	tʂə³¹	tʂə⁵⁵	tʂʰə³¹/tʂʰa³¹ ∣ tʂʰə
澄城	tiə³¹	tʂɤ³¹/tʂa³¹ ∣ tʂʅə	tʂɤ³¹	tʂɤ⁴⁴	tʂʰɤ³¹/tʂʰa³¹ ∣ tʂʰə
白水	tie³¹	tʂɤ³¹ ∣ tʂʅə	tʂɤ³¹	tʂɤ⁴⁴	tʂʰɤ³¹ ∣ tʂʰə
大荔	tie³¹	tʂɤ³¹/tʂa³¹ ∣ tʂʅə	tʂɤ³¹	tʂɤ⁵⁵	tʂʰɤ³¹/tʂʰa³¹ ∣ tʂʰə
蒲城	tie³¹	tʂɤ³¹ ∣ kə	tʂɤ³¹	tʂɤ³⁵	tʂʰɤ³¹ ∣ tʂʰə
美原	tie⁵³	kie³¹ ∣ kiə	kie⁵³	kie⁵⁵	kʰie³¹ ∣ kʰiə
富平	tie³¹	tʂɤ³¹ ∣ tʂʅə	tʂɤ³¹	tʂɤ³⁵	tʂʰɤ³¹ ∣ tʂʰə
潼关	tie³¹	tʂɤ³¹ ∣ tʂʅə	tʂɤ³¹	tʂɤ⁴⁴	tʂʰɤ³¹ ∣ tʂʰə
华阴	tie³¹	tʂɤ³¹ ∣ tʂʅə	tʂɤ³¹	tʂɤ⁵⁵	tʂʰɤ³¹ ∣ tʂʰə
华县	tie³¹	tʂɤ³¹ ∣ tə/tʂʅə	tʂɤ³¹	tʂɤ⁵⁵	tʂʰɤ³¹ ∣ tʂʰʅə/tʰə
渭南	tɕie³¹	tʂɤ³¹ ∣ cə	tʂɤ³¹	tʂɤ²⁴	tʂʰɤ³¹ ∣ tʂʰə
洛南	tɕie³¹	tʂɤ³¹ ∣ tʂʅə	tʂɤ³¹	tʂɤ²⁴	tʂʰɤ³¹ ∣ tʂʰə
商州	tie³¹	tʂɤ³¹ ∣ tʂʅə	tʂɤ³¹	tʂɤ³⁵	tʂʰɤ³¹ ∣ tʂʰə
丹凤	tɕie³¹	tʂɤ³¹	tʂɤ³¹	tʂɤ²⁴	tʂʰɤ³¹
宜川	tie²⁴	tʂʅə⁵²/tʂa⁵²	tʂʅə⁵¹	tʂʅə⁵¹	tʂʰʅə⁵¹/tʂʰa⁵¹①
富县	tie³¹	tʂʅə³¹	tʂʅə³¹	tʂʅə⁴⁴	tʂʰʅə³¹
黄陵	tɕiɛ³¹	tʂʅɤ³¹	tʂʅɤ³¹	tʂʅɤ⁴⁴	tʂʰʅɤ³¹
宜君	ȶiɛ⁵²	tʂʅɤ²¹	tʂʅɤ²¹	tʂʅɤ⁴⁴	tʂʰʅɤ²¹/tɕy²¹
铜川	tie²¹	tʂʅɤ²¹ ∣ tʂʅə	tʂʅɤ⁵²	tʂʅɤ²⁴	tʂʰʅɤ²¹ ∣ tʂʰʅə
耀县	tie³¹	tʂʅɤ³¹ ∣ tʂʅə	tʂʅɤ³¹	tʂʅɤ⁴⁴	tʂʰʅɤ³¹ ∣ tʂʰʅə
高陵	ȶie³¹	tʂʅə³¹ ∣ tʂʅə	tʂʅə³¹	tʂʅə²⁴	tʂʰʅə³¹ ∣ tʂʰʅə
临潼	tɕie³¹/ȶie³¹	tʂʅɤ³¹ ∣ tʂʅə	tʂʅɤ³¹	tʂʅɤ²⁴	tʂʰʅɤ³¹ ∣ tʂʰʅə

① tʂʰa⁵¹ 纺花~。

字目 / 方言	爹 假开三 平麻知	遮 假开三 平麻章	者 假开三 上马章	蔗 假开三 去祃章	车坐~ 假开三 平麻昌
蓝田	tɕie³¹	tʂʅə²⁴ ∣ tʂʅə	tʂʅə³¹	tʂʅə²⁴	tʂʰʅə³¹ ∣ tʂʰʅə
长安	tɕie³¹	tʂʅɤ³¹	tʂʅɤ³¹	tʂʅɤ²⁴	tʂʰʅɤ³¹
户县	tieE³¹	tʂʅə³¹ ∣ tʂʅə	tʂʅə³¹①	tʂʅə²⁴	tʂʰʅə³¹ ∣ tʂʰʅə
周至	tie²⁴	tʂʅɤ²¹ ∣ tʂʅə	tʂʅɤ²¹	tʂʅɤ²⁴	tʂʰʅɤ²¹ ∣ tʂʰʅə
三原	tie³¹	tʂʅɤ³¹ ∣ tʂʅə	tʂʅɤ³¹	tʂʅɤ²⁴	tʂʰʅɤ³¹ ∣ tʂʰʅə
泾阳	tie³¹	tʂʅɤ³¹ ∣ tʂʅə	tʂʅɤ³¹	tʂʅɤ²⁴	tʂʰʅɤ³¹ ∣ tʂʰʅə
咸阳	tie³¹	tʂʅɤ³¹	tʂʅɤ³¹	tʂʅɤ²⁴	tʂʰʅɤ³¹
兴平	tie³¹	tʂʅɤ³¹ ∣ tʂʅə	tʂʅɤ⁵²	tʂʅɤ²⁴	tʂʰʅɤ³¹ ∣ tʂʰʅə
武功	tie³¹	tʂʅɤ³¹ ∣ tʂʅə	tʂʅɤ³¹	tʂʅɤ²⁴	tʂʰʅɤ³¹ ∣ tʂʰʅə
礼泉	tie⁵²	tʂʅɤ³¹ ∣ tʂʅə	tʂʅɤ³¹	tʂʅɤ²⁴	tʂʰʅɤ³¹ ∣ tʂʰʅə
乾县	tie³¹	tʂʅɤ³¹ ∣ tʂʅə	tʂʅɤ³¹	tʂʅɤ²⁴	tʂʰʅɤ³¹ ∣ tʂʰʅə
永寿	tie³¹	tʂʅɤ³¹ ∣ tʂʅə	tʂʅɤ⁵²	tʂʅɤ²⁴	tʂʰʅɤ³¹ ∣ tʂʰʅə
淳化	tie⁵²	tʂʅɤ³¹ ∣ tʂʅə	tʂʅɤ³¹	tʂʅɤ²⁴	tʂʰʅɤ³¹ ∣ tʂʰʅə
旬邑	tie³¹	tʂʅɤ³¹ ∣ tʂʅə	tʂʅɤ³¹	tʂʅɤ²⁴	tʂʰʅɤ³¹ ∣ tʂʰʅə
彬县	tie³¹	tʂʅɤ³¹ ∣ tʂʅə	tʂʅɤ³¹	tʂʅɤ²⁴	tʂʰʅɤ³¹ ∣ tʂʰʅə
长武	tie³¹	tʂʅɤ³¹ ∣ tʂʅə	tʂʅɤ⁵²	tʂʅɤ²⁴	tʂʰʅɤ³¹ ∣ tʂʰʅə
扶风	tɕie³¹	tʂʅɤ³¹ ∣ tʂʅə	tʂʅɤ³¹	tʂʅɤ²⁴	tʂʰʅɤ³¹ ∣ tʂʰʅə
眉县	ȶie³¹	tʂʅə³¹ ∣ tʂʅə	tʂʅə³¹	tʂʅə²⁴	tʂʰʅə³¹ ∣ tʂʰʅə
麟游	ȶie³¹	tʂʅə³¹ ∣ tʂʅə	tʂʅə³¹	tʂʅə²⁴	tʂʰʅə³¹ ∣ tʂʰʅə
岐山	ȶie³¹	tʂʅɤ³¹ ∣ tʂʅə	tʂʅɤ³¹	tʂʅɤ²⁴	tʂʰʅɤ³¹ ∣ tʂʰʅə
凤翔	ȶie³¹	tʂʅə³¹ ∣ tʂʅə	tʂʅə³¹	tʂʅə²⁴	tʂʰʅə³¹ ∣ tʂʰʅə
宝鸡	tɕie³¹	tʂʅɤ³¹ ∣ tʂʅə	tʂʅɤ³¹	tʂʅɤ²⁴	tʂʰʅɤ³¹ ∣ tʂʰʅə
千阳	ȶie³¹	tʂʅə³¹ ∣ tʂʅə	tʂʅə³¹	tʂʅə²⁴	tʂʰʅə³¹ ∣ tʂʰʅə
陇县	tie³¹	tʂʅə³¹ ∣ tʂʅə	tʂʅə³¹	tʂʅə²⁴	tʂʰʅə³¹ ∣ tʂʰʅə

① 一般用儿化：tʂər³¹。

字目\方言	扯 假开三 上马昌	蛇 假开三 平麻船	射 假开三 去祃船	赊 假开三 平麻书	舍~弃 假开三 上马书
西安	tʂʰɤ⁵³	ʂɤ²⁴ | ʂɿə	ʂɤ⁵⁵	ʂɤ²¹	ʂɤ⁵³
韩城	tʂʰə⁵³/tʂʰa⁵³	ʂə²⁴/ʂa²⁴ | ʂɿə	ʂə⁴⁴	ʂə³¹/ʂa³¹	ʂə⁵³/ʂa⁵³
合阳	tʂʰə⁵²/tʂʰa⁵²	ʂa²⁴/tʂʰã⁵⁵ | ʂɿə	ʂə⁵⁵	ʂa³¹	ʂa⁵²
澄城	tʂʰɤ⁵³/tʂʰa⁵³	ʂɤ²⁴/ʂa²⁴ | ʂɿə	ʂɤ⁴⁴	ʂɤ³¹/ʂa³¹	ʂɤ⁵³/ʂa⁵³
白水	tʂʰɤ⁵³	ʂɤ²⁴ | ʂɿə	ʂɤ⁴⁴	ʂɤ³¹	ʂɤ⁵³
大荔	tʂʰɤ⁵²/tʂʰa⁵²	ʂɤ²⁴/ʂa²⁴ | ʂɿə	ʂɤ⁵⁵	ʂɤ³¹/ʂa³¹	ʂɤ⁵²/ʂa⁵²
蒲城	tʂʰɤ⁵³	ʂɤ³⁵ | ʂɿə	ʂɤ⁵⁵	ʂɤ³¹	ʂɤ⁵³
美原	kʰie⁵³	xie³⁵ | xiə	xie⁵⁵	xie³¹	xie⁵³
富平	tʂʰɤ⁵³	ʂɤ³⁵ | ʂɿə	ʂɤ⁵⁵	ʂɤ³¹	ʂɤ⁵³
潼关	tʂʰɤ⁵²	ʂɤ²⁴ | ʂɿə	ʂɤ⁴⁴	ʂɤ³¹	ʂɤ⁵²
华阴	tʂʰɤ⁵²	ʂɤ²⁴ | ʂɿə	ʂɤ⁵⁵	ʂɤ³¹	ʂɤ⁵²
华县	tʂʰɤ⁵³	ʂɤ³⁵ | ʂə	ʂɤ⁵⁵	ʂɤ³¹	ʂɤ⁵³
渭南	tʂʰɤ⁵³	ʂɤ²⁴ | ʂɿə	ʂɤ⁴⁴	ʂɤ³¹	ʂɤ⁵³
洛南	tʂʰɤ⁵³	ʂɤ²⁴ | ʂɿə	ʂɤ⁴⁴	ʂɤ³¹	ʂɤ⁵³
商州	tʂʰɤ⁵³	ʂɤ³⁵ | ʂɿə	ʂɤ⁵³	ʂɤ³¹	ʂɤ⁵³
丹凤	tʂʰɤ⁵³	ʂɤ²⁴	ʂɤ⁵³	ʂɤ³¹	ʂɤ⁵³
宜川	tʂʰʅ˞⁵²	ʂʅ˞²⁴	ʂʅ˞⁵²	ʂʅ˞³¹	ʂʅ˞⁵²
富县	tʂʰʅ˞⁵²	ʂʅ˞²⁴	ʂʅ˞⁵²	ʂʅ˞²¹	ʂʅ˞⁵²
黄陵	tʂʰʅ˞⁵²	ʂʅ˞²⁴	ʂʅ˞⁵²	ʂʅ˞²¹	ʂʅ˞⁵²
宜君	tʂʰʅ˞⁵²	ʂʅ˞²⁴	ʂʅ˞⁴⁴	ʂʅ˞⁴⁴	ʂʅ˞⁵²
铜川	tʂʰə⁵²	ʂʅə²⁴ | ʂɿə	ʂʅə⁵⁵	ʂʅə³¹	ʂʅə⁵²
耀县	tʂʰʅ˞⁵²	ʂʅ˞²⁴ | ʂɿə	ʂʅ˞⁵²	ʂʅ˞³¹	ʂʅ˞⁵²
高陵	tʂʰʅə⁴⁵	ʂʅə²⁴/ʂa²⁴ | ʂɿə	ʂʅə⁴⁵	ʂʅə⁴⁵/ʂa⁵²	ʂʅə⁴⁵/ʂa⁴⁵
临潼	tʂʰʅə⁵²	ʂʅə²⁴ | ʂɿə	ʂʅə⁵²	ʂʅə³¹	ʂʅə⁵²

字目＼方言	扯 假开三上马昌	蛇 假开三平麻船	射 假开三去祃船	赊 假开三平麻书	舍~弃 假开三上马书
蓝田	tʂʰə⁵²	ʂə²⁴ ∣ ʂə	ʂə⁵²/ʂ̩²⁴	ʂə³¹	ʂə⁵²
长安	tʂʰɤ⁵³	ʂɤ²⁴	ʂɤ⁴⁴	ʂɤ³¹	ʂɤ⁵³
户县	tʂʰə⁵²	ʂə²⁴ ∣ ʂɑ	ʂə⁵⁵/ʂ̩²⁴	ʂə³¹	ʂə⁵²
周至	tʂʰɤ⁵²	ʂɤ²⁴ ∣ ʂə	ʂɤ⁵⁵	ʂɤ²¹	ʂɤ⁵²
三原	tʂʰɤ⁵²	ʂɤ²⁴ ∣ ʂə	ʂɤ⁵⁵	ʂɤ³¹	ʂɤ⁵²
泾阳	tʂʰɤ⁵²	ʂɤ²⁴ ∣ ʂə	ʂɤ⁵⁵	ʂɤ³¹	ʂɤ⁵²
咸阳	tʂʰɤ⁵²	ʂɤ²⁴	ʂɤ⁵⁵	ʂɤ³¹	ʂɤ⁵²
兴平	tʂʰɤ⁵²	ʂɤ²⁴ ∣ ʂə	ʂɤ⁵⁵	ʂɤ³¹	ʂɤ⁵²
武功	tʂʰɤ⁵²	ʂɤ²⁴ ∣ ʂə	ʂɤ⁵⁵	ʂɤ³¹	ʂɤ⁵²
礼泉	tʂʰɤ⁵²	ʂɤ²⁴ ∣ ʂə	ʂɤ⁵⁵	ʂɤ³¹	ʂɤ⁵²
乾县	tʂʰɤ⁵²	ʂɤ²⁴ ∣ ʂə	ʂɤ⁴⁴	ʂɤ³¹	ʂɤ⁵²
永寿	tʂʰɤ⁵²	ʂɤ²⁴ ∣ ʂə	ʂɤ⁵²	ʂɤ³¹	ʂɤ⁵²
淳化	tʂʰɤ⁵²	ʂɤ²⁴ ∣ ʂə	ʂɤ⁵²	ʂɤ³¹	ʂɤ⁵²
旬邑	tʂʰɤ⁵²	ʂɤ²⁴ ∣ ʂə	ʂɤ⁵²	ʂɤ³¹	ʂɤ⁵²
彬县	tʂʰɤ⁵²	ʂɤ²⁴ ∣ ʂə	ʂɤ⁵²	ʂɤ³¹	ʂɤ⁵²
长武	tʂʰɤ⁵²	ʂɤ²⁴ ∣ ʂə	ʂɤ⁵²	ʂɤ³¹	ʂɤ⁵²
扶风	tʂʰɤ⁵²	ʂɤ²⁴ ∣ ʂə	ʂɤ³³	ʂɤ³¹	ʂɤ⁵²
眉县	tʂʰə⁵²	ʂə²⁴ ∣ ʂə	ʂə⁴⁴	ʂə³¹	ʂə⁵²
麟游	tʂʰə⁵³	ʂə²⁴ ∣ ʂə	ʂə⁴⁴	ʂə³¹	ʂə⁵³
岐山	tʂʰə⁵³	ʂɤ²⁴ ∣ ʂə	ʂɤ⁴⁴	ʂɤ³¹	ʂə⁵³
凤翔	tʂʰə⁵³	ʂə²⁴ ∣ ʂə	ʂə⁴⁴	ʂə³¹	ʂə⁵³
宝鸡	tʂʰɤ⁵³	ʂɤ²⁴ ∣ ʂə	ʂɤ⁴⁴	ʂɤ⁴⁴	ʂə⁵³
千阳	tʂʰə⁵³	ʂə²⁴ ∣ ʂə	ʂə⁴⁴	ʂə³¹	ʂə⁵³
陇县	tʂʰə⁵³	ʂə²⁴ ∣ ʂə	ʂə⁴⁴	ʂə³¹	ʂə⁵³

字目 / 方言	舍宿~	佘	社	惹	爷
	假开三去祃书	假开三平麻禅	假开三上马禅	假开三上马日	假开三平麻以
西安	ʂɤ⁵⁵	ʂɤ²⁴	ʂɤ⁵⁵	zɤ⁵³ ∣ zə³¹	ie⁵⁵/ie²⁴①
韩城	ʂə⁴⁴	ʂə³¹	ʂə⁴⁴	zɑ⁵³/zɑ⁵³ ∣ zie	iə²⁴/iɑ²⁴
合阳	ʂɑ⁵⁵	ʂə²⁴	ʂə⁵⁵	zɑ⁵² ∣ ɕiʔ	iə²⁴/iɑ³¹/iɑ²⁴/iɑ⁵⁵
澄城	ʂɤ⁴⁴/ʂɑ⁴⁴	ʂɤ²⁴	ʂɤ⁴⁴/ʂɑ⁴⁴	zɤ⁵³/zɑ⁵³ ∣ zɑ	iə²⁴/iɑ²⁴
白水	ʂɤ⁴⁴	ʂɤ²⁴	ʂɤ⁴⁴	zɤ⁵³ ∣ zə	ie⁴⁴
大荔	ʂɤ⁵⁵/ʂɑ⁵⁵	ʂɤ²⁴	ʂɤ⁵⁵/ʂɑ⁵⁵	zɤ⁵²/zɑ⁵² ∣ zɑ	ie²⁴/iɑ²⁴
蒲城	ʂɤ⁵⁵	ʂɤ³⁵	ʂɤ⁵⁵	zɤ⁵³ ∣ zə	ie⁵⁵
美原	xie⁵⁵	xie³⁵	xie⁵⁵	ɣie⁵³ ∣ ɣiə	ie⁵⁵
富平	ʂɤ⁵⁵	ʂɤ³⁵	ʂɤ⁵⁵	zɤ⁵³ ∣ zə	ie⁵⁵
潼关	ʂɤ⁴⁴	ʂɤ²⁴	ʂɤ⁴⁴	zɤ⁵² ∣ zə	ie⁴⁴
华阴	ʂɤ⁵⁵	ʂɤ²⁴	ʂɤ⁵⁵	zɤ⁵² ∣ zə	ie⁵⁵
华县	ʂɤ⁵⁵	ʂɤ³⁵	ʂɤ⁵⁵	zɤ⁵³ ∣ zə/ɣə	ie⁵⁵
渭南	ʂɤ⁴⁴	ʂɤ²⁴	ʂɤ⁴⁴	zɤ⁵³ ∣ ɣ	ie⁴⁴
洛南	ʂɤ⁴⁴	ʂɤ²⁴	ʂɤ⁴⁴	zɤ⁵³	ie⁴⁴
商州	ʂɤ⁵⁵	ʂɤ³⁵	ʂɤ⁵⁵	zɤ⁵³ ∣ zə	ie⁵⁵
丹凤	ʂɤ⁵³	ʂɤ²⁴	ʂɤ⁴⁴	zɤ⁵³	ie⁴⁴
宜川	ʂʅ⁵²	ʂʅ²⁴	ʂʅ⁵²	zʅ⁵²	iɛ²⁴
富县	ʂʅ⁵²	ʂʅ⁴⁴	ʂʅ⁴⁴/ʂʅ⁵²②	zʅ⁵²	iɛ²⁴
黄陵	ʂʅ⁵²	ʂʅ²⁴	ʂʅ⁵³	zʅ⁵²	iɛ⁴⁴
宜君	ʂʅ⁵²	ʂʅ²⁴	ʂʅ⁴⁴	ʒʅ⁵²	iɛ⁴⁴
铜川	ʂiə⁵⁵	ʂiə⁵⁵	ʂiə⁵⁵	ziə⁵² ∣ ə	ie⁵⁵/ie²⁴
耀县	ʂɤ⁴⁵	ʂɤ²⁴	ʂɤ⁴⁵	zɤ⁵² ∣ zə	ie⁴⁵
高陵	ʂiə⁴⁵	ʂiə²⁴	ʂiə⁴⁵	ziə⁴⁵/zɑ⁴⁵ ∣ ə	ie²⁴/iɑ⁰²¹③
临潼	ʂiə⁴⁴	ʂiə²⁴	ʂiə⁴⁴	ziə⁵² ∣ ə	ie²⁴

① ie⁵⁵ 单用，ie²⁴ ～们儿。

② ʂʅ⁵² ～会。

③ iɑ⁰²¹ 外～。

字目 / 方言	舍宿~ 假开三 去祃书	佘 假开三 平麻禅	社 假开三 上马禅	惹 假开三 上马日	爷 假开三 平麻以
蓝田	ʂə⁴⁴	ʂə²⁴	ʂə⁴⁴	ʐə⁵² | ʐə	iɛ⁴⁴/iɛ²⁴/iã²⁴①
长安	ʂɤ⁴⁴	ʂɤ²⁴	ʂɤ⁴⁴	ʐɤ⁵³	iɛ⁴⁴/iɛ²⁴
户县	ʂə⁵⁵	ʂə²⁴	ʂə⁵⁵	ʐə⁵² | ʐə	iɛ⁵⁵/iɛ²⁴
周至	ʂɤ⁵⁵	ʂɤ²⁴	ʂɤ⁵⁵	ʐɤ⁵² | ʐə	iɛ⁵⁵/iɛ²⁴
三原	ʂɤ⁵⁵	ʂɤ²⁴	ʂɤ⁵⁵	ʐɤ⁵² | ʐə	iɛ⁵⁵
泾阳	ʂɤ⁵⁵	ʂɤ²⁴	ʂɤ⁵⁵	ʐɤ⁵² | ʐə	iɛ⁵⁵
咸阳	ʂɤ⁵⁵	ʂɤ²⁴	ʂɤ⁵⁵	ʐɤ⁵²	iɛ²⁴
兴平	ʂɤ⁵⁵	ʂɤ²⁴	ʂɤ⁵⁵	ʐɤ⁵² | ʐə	iɛ⁵⁵/iɛ²⁴
武功	ʂɤ⁵⁵	ʂɤ²⁴	ʂɤ⁵⁵	ʐɤ⁵² | ʐə	iɛ⁵⁵/iɛ²⁴
礼泉	ʂɤ⁵²	ʂɤ²⁴	ʂɤ⁵⁵	ʐɤ⁵² | ʐə	iɛ²⁴
乾县	ʂɤ⁵²	ʂɤ²⁴	ʂɤ⁴⁴	ʐɤ⁵² | ʐə	iɛ⁴⁴
永寿	ʂɤ⁵⁵	ʂɤ²⁴	ʂɤ⁵⁵	ʐɤ⁵² | ʐə	iɛ⁵⁵
淳化	ʂɤ⁵⁵	ʂɤ²⁴	ʂɤ⁵⁵	ʐɤ⁵² | ʐə	iɛ⁵⁵
旬邑	ʂɤ⁴⁴	ʂɤ²⁴	ʂɤ⁴⁴	ʐɤ⁵² | ʐə	iɛ²⁴
彬县	ʂɤ⁴⁴	ʂɤ²⁴	ʂɤ⁴⁴	ʐɤ⁵² | ʐə	iɛ²⁴
长武	ʂɤ⁴⁴	ʂɤ²⁴	ʂɤ⁴⁴	ʐɤ⁵² | ʐə	iɛ²⁴
扶风	ʂɤ⁵²	ʂɤ²⁴	ʂɤ³³	ʐɤ⁵² | ʐə	iɛ²⁴/iɛ³³②
眉县	ʂə⁴⁴	ʂə²⁴	ʂə⁴⁴	ʐə⁵² | ʐə	iɛ⁴⁴
麟游	ʂə⁵³	ʂə²⁴	ʂə⁴⁴	ʐə⁵³ | ʐə	iɛ⁴⁴
岐山	ʂɤ⁵³	ʂɤ²⁴	ʂɤ⁴⁴	ʐɤ⁵³ | ʐə	iɛ²⁴/iɛ⁴⁴
凤翔	ʂə⁵³	ʂə²⁴	ʂə⁴⁴	ʐə⁵³ | ʐə	iɛ⁴⁴
宝鸡	ʂɤ⁵³	ʂɤ²⁴	ʂɤ⁴⁴	ʐɤ⁵³ | ʐə	iɛ²⁴/iɛ⁴⁴③
千阳	ʂə⁵³	ʂə²⁴	ʂə⁴⁴	ʐə⁵³ | ʐə	iɛ²⁴
陇县	ʂə⁴⁴	ʂə²⁴	ʂə⁴⁴	ʐə⁵³ | ʐə	iɛ²⁴

① iã²⁴ ～父们。

② iɛ²⁴ 单用；iɛ³³ 重叠时或前加人称代词时使用。

③ iɛ⁴⁴ 背称。

字目 方言	野 假开三 上马以	夜 假开三 去祃以	鬃 假合二 平麻庄	傻 假合二 上马生	耍 假合二 上马生
西安	ie⁵³	ie⁵⁵/ie⁵³	pfa²¹	ʂa⁵³ ∣ ʂa/kua	fa⁵³
韩城	iɛ⁵³/ia⁵³	iɛ⁴⁴/ia⁴⁴	pfa³¹	ʂa⁵³ ∣ ʂa	fa⁵³
合阳	iə⁵²/ia⁵²	iə⁵⁵/ia⁵⁵	pfa³¹	ʂa⁵²	fa⁵²
澄城	iə⁵³/ia⁵³	iə⁴⁴/ia⁴⁴	tʃua³¹	ʂa⁵³ ∣ ʂa	ʃua⁵³
白水	ie⁵³	ie⁴⁴	tʃua³¹	ʂa³¹ ∣ ʂa	ʃua⁵³
大荔	ie⁵²/ia⁵²	ie⁵⁵/ia⁵⁵	pfa³¹	ʂa⁵²	fa⁵²
蒲城	ie⁵³	ie⁵⁵	tʃua³¹	ʂa⁵³ ∣ ʂa	ʃua⁵³
美原	ie⁵³	ie⁵⁵	tʃa³¹	xia⁵³	ʃa⁵³
富平	ie⁵³	ie⁵⁵	tʃua³¹	ʂa⁵³	ʃua⁵³
潼关	ie⁵²	ie⁴⁴	pfa³¹	ʂa⁵²	fa⁵²
华阴	ie⁵²	ie⁵⁵	pfa³¹	ʂa⁵² ∣ ʂa	fa⁵²
华县	ie⁵³	ie⁵⁵	tʃua³¹	ʂa⁵³	ʃua⁵³
渭南	ie⁵³	ie⁴⁴	tʃua³¹	ʂa³¹	ʃua⁵³
洛南	ie⁵³	ie⁴⁴	tʃua³¹	ʂa³¹ ∣ ʂa	ʃua⁵³
商州	ie⁵³	ie⁵⁵	tʃua³¹	ʂa⁵³	ʃua⁵³
丹凤	ie⁵³	ie⁴⁴	tʃua³¹	ʂa³¹	ʃua⁵³
宜川	iɛ⁴⁵/ia⁴⁵	iɛ⁴⁵/ia⁴⁵①	tʂua⁵¹	ʂa⁵¹	ʂua⁴⁵/fæ̃⁴⁵
富县	iɛ⁵²	iɛ⁴⁴	tsua³¹	ʂa⁵²	sua⁵²
黄陵	iɛ⁵²	iɛ⁴⁴/iɛ²⁴/ia²⁴②	tʃua³¹	ʂa³¹	ʃua⁵²
宜君	iɛ⁵²	iɛ⁴⁴/ia²¹	tʃua²¹	ʂa²¹	ʃua⁵²
铜川	iɛ⁵²/ia⁵²	iɛ⁴⁴/ia²¹③	tʃua²¹	ʂa⁵²	ʃua⁵²
耀县	iɛ⁵²	iɛ⁴⁴/iɛ³¹④	tʃua⁵²	ʂa⁵² ∣ kua	ʃua⁵²
高陵	iɛ⁵²	iɛ⁵⁵/iɛ²⁴⑤	tʃua³¹	ʂa³¹	ʃua⁵²
临潼	iɛ⁵²	iɛ⁴⁵/iɛ⁵²	tʃua³¹/tʂa³¹	ʂa⁵²	ʂa⁵²/ʃua⁵² 老

① ia⁴⁵ ～个儿：昨天。

② iɛ⁴⁴ ～黑咧；iɛ²⁴ ～个：昨天；ia²⁴ ～里。

③ ia²¹ ～来：昨天。

④ iɛ³¹ 用在"～个"中时一般变调 iɛ²⁴。

⑤ iɛ⁵⁵ ～黑咧；iɛ²⁴ ～个：昨天。

字目 方言	野 假开三 上马以	夜 假开三 去祃以	鬃 假合二 平麻庄	傻 假合二 上马生	耍 假合二 上马生
蓝田	iɛ⁵²	iɛ⁴⁴/iɛ⁵²	tʃua³¹	ʂa⁵² ∣ ʂa	ʃua⁵²
长安	i̱ɛ⁵³/i̱a⁵³	iɛ⁴⁴/iɛ⁵³①	pfa³¹	ʂa⁵³	fa⁵³
户县	i̱E⁵²/i̱a⁵²	iE⁵⁵/iɛ⁵²	tʃua³¹	ʂa⁵² ∣ ʂa	ʃua⁵²
周至	iɛ⁵²	iE⁵⁵/iɛ⁵²	pfa²¹读	ʂa⁵² ∣ ʂʅa	fa⁵²
三原	iɛ⁵²	iɛ⁵⁵		ʂa⁵²	ʃua⁵²
泾阳	iɛ⁵²	iɛ⁵⁵		ʂa⁵² ∣ ʂa/kua	ʃua⁵²
咸阳	iɛ⁵²	iɛ⁵⁵		ʂa⁵²	ʃua⁵²
兴平	iɛ⁵²	iɛ⁵⁵		ʂa⁵² ∣ ʂa/ka	ʃua⁵²
武功	iɛ⁵²	iɛ⁵⁵		ʂa⁵² ∣ ʂa/ka	ʃua⁵²
礼泉	iɛ⁵²	iɛ⁵⁵		ʂa⁵² ∣ ʂa	ʃua⁵²
乾县	iɛ⁵²	iɛ⁴⁴		ʂa⁵²	ʃua⁵²
永寿	iɛ⁵²	iɛ⁵⁵		ʂa⁵² ∣ ʂa	ʃua⁵²
淳化	iɛ⁵²	iɛ⁵⁵	tʃua³¹	ʂa⁵²	ʃua⁵²
旬邑	iɛ⁵²	iɛ⁴⁴	tʃua³¹	ʂa⁵²	ʃua⁵²
彬县	iɛ⁵²	iɛ⁴⁴		ʂa⁵²	ʃua⁵²
长武	iɛ⁵²	iɛ⁴⁴		ʂa⁵²	ʃua⁵²
扶风	iɛ⁵²	iɛ³³	tʂa³¹/tsuæ̃⁵²	ʂa³¹	ʂa⁵²
眉县	iɛ⁵²	iɛ⁴⁴	tsua³¹	ʂa⁵²	ʂa⁵²
麟游	iɛ⁵³	iɛ⁴⁴		∣ sa	ʃua⁵³
岐山	iɛ⁵³	iɛ⁴⁴	tsuæ̃⁴⁴	ʂa⁵³ ∣ kua	ʂa⁵³
凤翔	iɛ⁵³	iɛ⁴⁴	tsuæ̃⁴⁴	ʂa⁵³	ʂa⁵³
宝鸡	iɛ⁵³	iɛ⁴⁴/iɛ⁵³	tsuæ̃⁴⁴	ʂa⁵³ ∣ ʂa	ʂa⁵³/ʂua⁵³新
千阳	iɛ⁵³	iɛ⁴⁴	tsuæ̃⁴⁴	ʂa⁵³ ∣ kua	ʃa⁵³
陇县	iɛ⁵³	iɛ⁴⁴	tsuæ̃⁴⁴	∣ ʂa	ʃua⁵³

① iɛ⁴⁴ ～黑咧；iɛ⁵³ ～个：昨天。

字目 方言	瓜 假合二 平麻见	寡 假合二 上马见	夸 假合二 平麻溪	跨 假合二 去祃溪	瓦名词 假合二 上马疑
西安	kuɑ²¹ ǀ kuɑ	kuɑ⁵³	kʰuɑ²¹ ǀ kʰuɑ	kʰuɑ⁵³	uɑ⁵³
韩城	kuɑ³¹ ǀ kuɑ	kuɑ⁵³	kʰuɑ³¹ ǀ kʰuɑ	kʰuɑ³¹	uɑ⁵³
合阳	kuɑ³¹ ǀ kuɑ	kuɑ⁵²	kʰuɑ³¹ ǀ kʰuɑ	kʰuɑ⁵⁵	uɑ⁵²
澄城	kuɑ³¹ ǀ kuɑ	kuɑ⁵³	kʰuɑ³¹ ǀ kʰuɑ	kʰuɑ⁵³	uɑ⁵³
白水	kuɑ³¹ ǀ kuɑ	kuɑ⁵³	kʰuɑ³¹ ǀ kʰuɑ	kʰuɑ⁴⁴	uɑ⁵³
大荔	kuɑ³¹ ǀ kuɑ	kuɑ⁵²	kʰuɑ³¹ ǀ kʰuɑ	kʰuɑ⁵⁵	uɑ⁵²
蒲城	kuɑ³¹ ǀ kuɑ	kuɑ⁵³	kʰuɑ³¹ ǀ kʰuɑ	kʰuɑ⁵⁵	uɑ⁵³
美原	kuɑ³¹ ǀ kuɑ	kuɑ⁵³	kʰuɑ³¹ ǀ kʰuɑ	kʰuɑ⁵⁵	uɑ⁵³
富平	kuɑ³¹ ǀ kuɑ	kuɑ⁵³	kʰuɑ³¹ ǀ kʰuɑ	kʰuɑ⁵⁵	uɑ⁵³
潼关	kuɑ³¹ ǀ kuɑ	kuɑ⁵²	kʰuɑ³¹ ǀ kʰuɑ	kʰuɑ⁴⁴	vɑ⁵²
华阴	kuɑ³¹ ǀ kuɑ	kuɑ⁵²	kʰuɑ³¹ ǀ kʰuɑ	kʰuɑ⁵⁵	uɑ⁵²
华县	kuɑ³¹ ǀ kuɑ	kuɑ⁵³	kʰuɑ³¹ ǀ kʰuɑ	kʰuɑ⁵³	uɑ⁵³
渭南	kuɑ³¹ ǀ kuɑ	kuɑ⁵³	kʰuɑ³¹ ǀ kʰuɑ	kʰuɑ⁴⁴	uɑ⁵³
洛南	kuɑ³¹ ǀ kuɑ	kuɑ⁵³	kʰuɑ³¹ ǀ kʰuɑ	kʰuɑ⁵³	vɑ⁵³
商州	kuɑ³¹ ǀ kuɑ	kuɑ⁵³	kʰuɑ³¹ ǀ kʰuɑ	kʰuɑ⁵³	vɑ⁵³
丹凤	kuɑ³¹	kuɑ⁵³	kʰuɑ³¹	kʰuɑ⁵³	vɑ⁵³
宜川	kuɑ⁵¹	kuɑ⁴⁵	kʰuɑ⁵¹	kʰuɑ⁴⁵	uɑ⁴⁵
富县	kuɑ³¹	kuɑ⁵²	kʰuɑ³¹	kʰuɑ⁴⁴	vɑ⁵²
黄陵	kuɑ³¹	kuɑ⁵²	kʰuɑ³¹	kʰuɑ⁵²	uɑ⁵²
宜君	kuɑ²¹	kuɑ⁵²	kʰuɑ²¹	kʰuɑ⁵²	vɑ⁵²
铜川	kuɑ²¹ ǀ kuɑ	kuɑ⁵²	kʰuɑ²¹ ǀ kʰuɑ	kʰuɑ⁴⁴	uɑ⁵²
耀县	kuɑ³¹ ǀ kuɑ	kuɑ⁵²	kʰuɑ³¹ ǀ kʰuɑ	kʰuɑ⁵²	uɑ⁵²
高陵	kuɑ³¹ ǀ kuɑ	kuɑ⁵²	kʰuɑ³¹ ǀ kʰuɑ	kʰuɑ⁵⁵	uɑ⁵²
临潼	kuɑ³¹ ǀ kuɑ	kuɑ⁵²	kʰuɑ³¹/kʰuɑ⁵²① ǀ kʰuɑ	kʰuɑ⁴⁵	uɑ⁵²

---

① kʰuɑ⁵² 表扬。

字目 / 方言	瓜	寡	夸	跨	瓦名词
	假合二平麻见	假合二上马见	假合二平麻溪	假合二去祃溪	假合二上马疑
蓝田	kua^{31} | kua	kua^{52}	k^hua^{31} | k^hua	k^hua^{52}	ua^{52}
长安	kua^{31}	kua^{53}	k^hua^{31}	k^hua^{53}	ua^{53}
户县	kua^{31} | kua	kua^{52}	k^hua^{31} | k^hua	k^hua^{55}	ua^{52}
周至	kua^{21} | kua	kua^{52}	k^hua^{21} | k^hua	k^hua^{52}	ua^{52}
三原	kua^{31} | kua	kua^{52}	k^hua^{31} | k^hua	k^hua^{52}	ua^{52}
泾阳	kua^{31} | kua	kua^{52}	k^hua^{31} | k^hua	k^hua^{52}	ua^{52}
咸阳	kua^{31} | kua	kua^{52}	k^hua^{31} | k^hua	k^hua^{52}	ua^{52}
兴平	kua^{31} | kua	kua^{52}	k^hua^{31} | k^hua	k^hua^{52}	ua^{52}
武功	kua^{31} | kua	kua^{52}	k^hua^{31} | k^hua	k^hua^{55}	ua^{52}
礼泉	kua^{31} | kua	kua^{52}	k^hua^{31} | k^hua	k^hua^{55}	ua^{52}
乾县	kua^{31} | kua	kua^{52}	k^hua^{31} | k^hua	k^hua^{52}	ua^{52}
永寿	kua^{31} | kua	kua^{52}	k^hua^{31} | k^hua	k^hua^{55}	ua^{52}
淳化	kua^{31} | kua	kua^{52}	k^hua^{31} | k^hua	k^hua^{55}	ua^{52}
旬邑	kua^{31} | kua	kua^{52}	k^hua^{31} | k^hua	k^hua^{44}	ua^{52}
彬县	kua^{31} | kua	kua^{52}	k^hua^{31} | k^hua	k^hua^{44}	ua^{52}
长武	kua^{31} | kua	kua^{52}	k^hua^{31} | k^hua	k^hua^{44}	ua^{52}
扶风	kua^{31} | kua	kua^{52}	k^hua^{31} | k^hua	k^hua^{33}	va^{52}
眉县	kua^{31} | kua	kua^{52}	kua^{31} | k^hua	k^hua^{44}	ua^{52}
麟游	kua^{31} | kua	kua^{53}	k^hua^{31} | k^hua	k^hua^{44}	va^{53}
岐山	kua^{31} | kua	kua^{53}	k^hua^{31} | k^hua	k^hua^{53}	va^{53}
凤翔	kua^{31} | kua	kua^{53}	k^hua^{31} | k^hua	k^hua^{44}	ua^{53}
宝鸡	kua^{31} | kua	kua^{53}	k^hua^{31} | k^hua	k^hua^{44}	va^{53}
千阳	kua^{31} | kua	kua^{53}	k^hua^{31} | k^hua	k^hua^{53}	va^{53}
陇县	kua^{31} | kua	kua^{53}	k^hua^{31} | k^hua	k^hua^{53}	va^{53}

字目 / 方言	瓦动词 假合二去祃疑	花 假合二平麻晓	化 假合二去祃晓	华 假合二平麻匣	华~山, 姓 假合二去祃匣
西安	ua⁵⁵	xua²¹ ∣ hua	xua⁵⁵	xua²⁴	xua⁵⁵
韩城	ua⁴⁴	xua³¹ ∣ xua	xua⁴⁴	xua³¹	xua⁴⁴
合阳	ua⁵⁵	xua³¹ ∣ xua	xua⁵⁵	xua³¹	xua⁵⁵
澄城	ua⁴⁴	xua³¹ ∣ xua	xua⁴⁴	xua³¹	xua⁴⁴
白水	ua⁴⁴	xua³¹ ∣ xua	xua⁴⁴	xua³¹	xua⁴⁴
大荔	ua⁵⁵	xua³¹ ∣ xua	xua⁵⁵	xua³¹	xua⁵⁵
蒲城	ua⁵⁵	xua³¹ ∣ xua	xua⁵⁵	xua³¹	xua⁵⁵
美原	ua⁵⁵	xua³¹ ∣ xua	xua⁵⁵	xua³¹	xua⁵⁵
富平	ua⁵⁵	xua³¹ ∣ xua	xua⁵⁵	xua³¹	xua⁵⁵
潼关	va⁴⁴	xua³¹ ∣ xua	xua⁴⁴	xua³¹	xua⁴⁴
华阴	ua⁵⁵	xua³¹ ∣ xua	xua⁵⁵	xua³¹	xua⁵⁵
华县	ua⁵⁵	xua³¹ ∣ xua	xua⁵⁵	xua³¹	xua⁵⁵
渭南	ua⁴⁴	xua³¹ ∣ xua	xua⁴⁴	xua³¹	xua⁴⁴
洛南	va⁴⁴	xua³¹ ∣ hua	xua⁴⁴	xua³¹	xua⁴⁴
商州	va⁵⁵	xua³¹ ∣ xua	xua⁵⁵	xua³¹	xua⁵⁵
丹凤	va⁴⁴	xua³¹	xua⁴⁴	xua³¹	xua⁴⁴
宜川	ua⁴⁵	xua⁵¹	xua⁴⁵	xua⁵¹	xua⁴⁵/xua⁵¹
富县	va⁴⁴	xua³¹	xua⁴⁴	xua³¹	xua⁴⁴/xua³¹①
黄陵	ua⁴⁴	xua³¹	xua⁴⁴	xua³¹	xua⁴⁴/xua³¹
宜君	va⁴⁴	xua²¹	xua⁴⁴	xua²¹	xua⁴⁴/xua²¹
铜川	ua⁴⁴	xua²¹ ∣ xua	xua⁴⁴	xua²¹	xua⁴⁴/xua²¹
耀县	ua⁴⁴	xua³¹ ∣ xua	xua⁴⁴	xua³¹	xua⁴⁴/xua³¹
高陵	ua⁵⁵	xua³¹ ∣ xua	xua⁵⁵	xua³¹/xua²⁴②	xua⁵⁵/xua³¹
临潼	ua⁴⁵	xua³¹ ∣ xua	xua⁴⁵	xua³¹	xua⁴⁵/xua³¹

① xua⁴⁴ ～山；xua³¹ 姓。下同。

② xua²⁴ ～夏。下同。

字目 方言	瓦动词 假合二 去祃疑	花 假合二 平麻晓	化 假合二 去祃晓	华 假合二 平麻匣	华~山，姓 假合二 去祃匣
蓝田	ua⁴⁴	xua³¹ ｜ hua	xua⁴⁴	xua³¹	xua⁴⁴/xua³¹
长安	ua⁴⁴	xua³¹	xua⁴⁴	xua³¹/xua²⁴	xua⁴⁴/xua²⁴①
户县	ua⁵⁵	xua³¹ ｜ xua	xua⁵⁵	xua³¹	xua⁵⁵
周至	ua⁵⁵	xua²¹ ｜ xua	xua⁵⁵	xua²¹/xua²⁴	xua⁵⁵/xua²⁴
三原	ua⁵⁵	xua³¹ ｜ xua	xua⁵⁵	xua³¹	xua⁵⁵
泾阳	ua⁵⁵	xua³¹ ｜ xua	xua⁵⁵	xua³¹	xua⁵⁵
咸阳	ua⁵⁵	xua³¹ ｜ xua	xua⁵⁵	xua³¹	xua⁵⁵
兴平	ua⁵⁵	xua³¹ ｜ xua	xua⁵⁵	xua³¹	xua⁵⁵
武功	ua⁵⁵	xua³¹ ｜ xua	xua⁵⁵	xua³¹	xua⁵⁵
礼泉	ua⁵⁵	xua³¹ ｜ hua	xua⁵⁵	xua³¹	xua⁵⁵
乾县	ua⁴⁴	xua³¹ ｜ xua	xua⁴⁴	xua³¹	xua⁴⁴
永寿	ua⁵⁵	xua³¹ ｜ hua	xua⁵⁵	xua³¹	xua⁵⁵
淳化	ua⁵⁵	xua³¹ ｜ xua	xua⁵⁵	xua³¹	xua⁵⁵
旬邑	ua⁴⁴	xua³¹ ｜ xua	xua⁴⁴	xua³¹	xua⁴⁴
彬县	ua⁴⁴	xua³¹	xua⁴⁴	xua³¹	xua⁴⁴
长武	ua⁴⁴	xua³¹ ｜ xua	xua⁴⁴	xua³¹	xua⁴⁴
扶风	va³³	xua³¹ ｜ xua	xua³³	xua³¹	xua³³
眉县	ua⁴⁴	xua³¹ ｜ hua	xua⁴⁴	xua²⁴	xua⁴⁴
麟游	va⁴⁴	xua³¹ ｜ xua	xua⁴⁴	xua³¹	xua⁴⁴
岐山	va⁴⁴	xua³¹ ｜ xua	xua⁴⁴	xua³¹	xua⁴⁴
凤翔	ua⁴⁴	xua³¹ ｜ xua	xua⁴⁴	xua³¹	xua⁴⁴
宝鸡	va⁴⁴	xua³¹ ｜ xua	xua⁴⁴	xua³¹	华~va⁴⁴
千阳	va⁴⁴	xua³¹ ｜ xua	xua⁴⁴	xua³¹	xua⁴⁴
陇县	va⁴⁴	xua³¹ ｜ xua	xua⁴⁴	xua³¹	xua⁴⁴

---

① xua²⁴ ～国锋。

字目 / 方言	洼 假合二 平麻影	补 遇合一 上姥帮	谱 遇合一 上姥帮	布 遇合一 去暮帮	铺~设 遇合一 平模滂
西安	ua^{21}	pu^{53}	p^hu^{53}	pu^{55} ｜ pu	p^hu^{21} ｜ p^hu
韩城	ua^{44} ｜ ua	pu^{53}	p^hu^{53}	pu^{44}	p^hu^{31} ｜ p^hu
合阳	ua^{55} ｜ ua	pu^{52}	p^hu^{52}	pu^{55} ｜ pu	p^hu^{31} ｜ p^hu
澄城	ua^{31} ｜ ua	pu^{53}	p^hu^{53}	pu^{44}	p^hu^{31} ｜ p^hu
白水	ua^{31} ｜ ua	pu^{53}	p^hu^{53}	pu^{44}	p^hu^{31} ｜ p^hu
大荔	ua^{55} ｜ ua	pu^{52}	p^hu^{52}	pu^{55}	p^hu^{31} ｜ p^hu
蒲城	ua^{31} ｜ ua	p^fu^{53}	$p^{fh}u^{53}$	p^fu^{55} ｜ pu	$p^{fh}u^{31}$ ｜ p^hu
美原	ua^{31} ｜ ua	p^fu^{53}	$p^{fh}u^{53}$	p^fu^{55} ｜ pu	$p^{fh}u^{31}$ ｜ p^hu
富平	ua^{31} ｜ ua	pu^{53}	$p^{fh}u^{53}$	pu^{55}	$p^{fh}u^{31}$ ｜ p^hu
潼关	va^{31} ｜ ua	pu^{52}	p^hu^{52}	pu^{44} ｜ pu	p^hu^{31} ｜ p^hu
华阴	ua^{31} ｜ ua	pu^{52}	p^hu^{52}	pu^{55}	p^hu^{31} ｜ p^hu
华县	ua^{31} ｜ ua	p^fu^{53}	$p^{fh}u^{53}$	p^fu^{55}	$p^{fh}u^{31}$ ｜ p^hu
渭南	ua^{31} ｜ ua	p^fu^{53}	$p^{fh}u^{53}$	p^fu^{44}	$p^{fh}u^{31}$ ｜ p^hu
洛南	va^{31} ｜ va	pu^{53}	p^hu^{53}	pu^{44} ｜ pu	p^hu^{31} ｜ p^hu
商州	va^{31} ｜ va	p^fu^{53}	$p^{fh}u^{53}$	p^fu^{55} ｜ pu	$p^{fh}u^{31}$ ｜ $p^{fh}u$
丹凤	va^{31}	pu^{53}	p^hu^{53}	pu^{44}	p^hu^{31}
宜川	ua^{51}	pu^{45}	p^hu^{45}	pu^{45}	p^hu^{51}
富县	va^{31}	pu^{52}	p^hu^{52}	$\underline{pu}^{44}/p^h\underline{u}^{021}$①	p^hu^{31}
黄陵	ua^{31}	pu^{52}	p^hu^{52}	pu^{44}	p^hu^{31}
宜君	va^{21}	pu^{52}	$p^{fh}u^{44}$	pu^{44}	$p^{fh}u^{21}$
铜川	ua^{21} ｜ ua	pu^{52}	p^hu^{52}	$\underline{pu}^{44}/p^ho^{021}$②	p^hu^{21} ｜ p^hu
耀县	ua^{31} ｜ ua	pu^{52}	p^hu^{52}	pu^{44}	p^hu^{31} ｜ p^hu
高陵	ua^{31} ｜ ua	pu^{52}	p^hu^{52}	$\underline{pu}^{55}/p^hu^{55}$	p^hu^{31} ｜ p^hu
临潼	ua^{31} ｜ ua	pu^{52}	$p^{fh}u^{52}$	pu^{45}	$p^{fh}u^{31}$ ｜ p^hu

① p^hu^{021} 揠~。
② p^ho^{021} 抹~。

字目 / 方言	洼 假合二 平麻影	补 遇合一 上姥帮	谱 遇合一 上姥帮	布 遇合一 去暮帮	铺~设 遇合一 平模滂
蓝田	ua^{31} | ua	pu^{52}	$p^{fh}u^{52}$	pu^{44} | pu	$p^{fh}u^{31}$ | p^hu
长安	ua^{31}	pu^{53}	p^hu^{53}	pu^{44}	p^hu^{31}
户县	ua^{31} | ua	pu^{52}	$p^{fh}u^{52}$	pu^{55} | pu	$p^{fh}u^{31}$ | p^hu
周至	ua^{21} | ua	pu^{52}	p^hu^{52}	pu^{55} | pu	p^hu^{21} | p^hu
三原	ua^{31} | ua	pu^{52}	p^hu^{52}	pu^{55} | pu	p^hu^{31} | p^hu
泾阳	ua^{31} | ua	pu^{52}	p^hu^{52}	pu^{55}	p^hu^{31} | p^hu
咸阳	ua^{31}	pu^{52}	p^hu^{52}	pu^{55}	p^hu^{31}
兴平	ua^{31} | ua	pu^{52}	p^hu^{52}	pu^{55} | pu	p^hu^{31} | p^hu
武功	ua^{31} | ua	p^fu^{52}	$p^{fh}u^{52}$	p^fu^{55}	$p^{fh}u^{31}$ | p^hu
礼泉	ua^{31} | ua	p^fu^{52}	$p^{fh}u^{52}$	p^fu^{55} | pu	$p^{fh}u^{31}$ | p^hu
乾县	ua^{44} | ua	pu^{52}	p^hu^{52}	pu^{44} | pu	p^hu^{31} | p^hu
永寿	ua^{31} | ua	pu^{52}	p^hu^{52}	pu^{55}	p^hu^{31} | p^hu
淳化	ua^{31} | ua	pu^{52}	p^hu^{52}	pu^{55}	p^hu^{31} | p^hu
旬邑	ua^{44} | ua	pu^{52}	p^hu^{52}	pu^{44}	p^hu^{31} | p^hu
彬县	ua^{31} | va	pu^{52}	p^hu^{52}	$\underline{pu}^{44}/p^ho^{44}$	p^hu^{31} | p^hu
长武	ua^{31} | ua	pu^{52}	p^hu^{52}	pu^{44}	p^hu^{31} | pf^hu
扶风	va^{31} | ua	pu^{52}	$p^{fh}u^{52}$	$\underline{pu}^{33}/p^{fh}u^{33}$	$p^{fh}u^{31}$ | pf^hu
眉县	ua^{31} | ua	pu^{52}	p^hu^{52}	pu^{44} | pu	p^hu^{31} | pf^hu
麟游	va^{31} | va	pu^{53}	p^hu^{53}	pu^{44}	p^hu^{31} | pf^hu
岐山	va^{31} | ua	pu^{53}	p^hu^{53}	pu^{44}	p^hu^{31} | pf^hu
凤翔	ua^{31} | ua	p^fu^{53}	$p^{fh}u^{53}$	p^fu^{44} | pu	$p^{fh}u^{31}$ | p^hu
宝鸡	va^{31}	p^fu^{53}	$p^{fh}u^{53}$	p^fu^{44} | pu	$p^{fh}u^{31}$ | p^hu
千阳	va^{31} | va	p^fu^{53}	$p^{fh}u^{53}$	p^fu^{44} | pu	$p^{fh}u^{31}$ | pf^hu
陇县	va^{44} | va	p^fu^{53}	$p^{fh}u^{53}$	p^fu^{44}	$p^{fh}u^{31}$ | pf^hu

字目 方言	普 遇合一 上姥滂	铺店~ 遇合一 去暮滂	脯胸~ 遇合一 平模並	簿 遇合一 上姥並	步 遇合一 去暮並
西安	p^hu^{53}	p^hu^{55} ∣ p^hu	p^hu^{53}	pu^{55}	pu^{55}
韩城	p^hu^{53}	p^hu^{53} ∣ p^hu	p^hu^{24}	p^hu^{44}	p^hu^{44}
合阳	p^hu^{52}	p^hu^{55} ∣ p^hu	p^hu^{31}	p^hu^{52}	p^hu^{55}
澄城	p^hu^{53}	p^hu^{44} ∣ p^hu	p^hu^{53}	p^hu^{44}	p^hu^{44}
白水	p^hu^{53}	p^hu^{44} ∣ p^hu	p^hu^{24}	p^hu^{44}	p^hu^{44}
大荔	p^hu^{52}	p^hu^{55} ∣ p^hu	p^hu^{52}	p^hu^{55}	p^hu^{55}
蒲城	$p^{fh}u^{53}$	$p^{fh}u^{55}$ ∣ p^hu	$p^{fh}u^{35}$	$p^{fh}u^{55}$	$p^{fh}u^{55}$
美原	$p^{fh}u^{53}$	$p^{fh}u^{55}$ ∣ p^hu	$p^{fh}u^{53}$	$p^{fh}u^{55}$	$p^{fh}u^{55}$
富平	$p^{fh}u^{53}$	$p^{fh}u^{55}$ ∣ p^hu	$p^{fh}u^{53}$	$p^{fh}u^{55}$	$p^{fh}u^{55}$
潼关	p^hu^{52}	p^hu^{44} ∣ p^hu	p^hu^{52}	p^hu^{44}	p^hu^{44}
华阴	p^hu^{52}	p^hu^{55} ∣ p^hu	p^hu^{31}	p^hu^{55}	p^hu^{55}
华县	$p^{fh}u^{53}$	$p^{fh}u^{55}$ ∣ p^hu	$p^{fh}u^{53}$	$p^{fh}u^{55}$	$p^{fh}u^{55}$
渭南	$p^{fh}u^{53}$	$p^{fh}u^{44}$ ∣ p^hu	$p^{fh}u^{24}$	$p^{fh}u^{44}$	$p^{fh}u^{44}$
洛南	p^hu^{53}	p^hu^{44} ∣ p^hu	p^hu^{53}	p^hu^{44}	p^hu^{44}
商州	$p^{fh}u^{53}$	$p^{fh}u^{55}$ ∣ pf^hu	$p^{fh}u^{53}$	$p^{fh}u^{55}$	$p^{fh}u^{55}$
丹凤	p^hu^{53}	p^hu^{44}	p^hu^{53}	p^hu^{44}	p^hu^{44}
宜川	p^hu^{45}	p^hu^{45}	p^hu^{52}	p^hu^{52}	$\underline{pu^{55}}/p^hu^{55}$①
富县	p^hu^{52}	p^hu^{44}	$p^{fh}u^{24}$	po^{31}	$p^{fh}u^{45}$
黄陵	p^hu^{52}	p^hu^{44}	p^hu^{45}	p^hu^{45}	p^hu^{45}
宜君	$p^{fh}u^{44}$	$p^{fh}u^{44}$	p^hu^{52}	p^hu^{52}	p^hu^{44}
铜川	p^hu^{52}	p^hu^{44} ∣ p^hu	p^hu^{52}	p^hu^{52}	p^hu^{44}
耀县	p^hu^{52}	p^hu^{44} ∣ p^hu	$p^{fh}u^{44}$	$p^{fh}o^{24}$	$p^{fh}u^{44}$
高陵	p^hu^{52}	p^hu^{55} ∣ p^hu	p^hu^{52}	p^hu^{52}	p^hu^{44}
临潼	$p^{fh}u^{52}$	$p^{fh}u^{45}$ ∣ p^hu	p^hu^{52}	p^hu^{52}	p^hu^{44}

---

① p^hu^{55} 踏~：台阶。

字目 方言	普 遇合一 上姥滂	铺店~ 遇合一 去暮滂	脯胸~ 遇合一 平模並	簿 遇合一 上姥並	步 遇合一 去暮並
蓝田	$p^{fh}u^{52}$	$p^{h}u^{44}$ | $p^{h}u$	$p^{fh}u^{24}$	pu^{44}	pu^{44}
长安	$p^{h}u^{53}$	$p^{h}u^{44}$	$p^{h}u^{24}$	pu^{44}	pu^{52}
户县	$p^{fh}u^{52}$	$p^{fh}u^{55}$ | $p^{h}u$	$p^{fh}u^{24}$	pu^{55}	pu^{55}
周至	$p^{h}u^{52}$	$p^{h}u^{55}$ | $p^{h}u$	$p^{h}u^{52}$	$p^{h}u^{55}$	pu^{55}
三原	$p^{h}u^{52}$	$p^{h}u^{55}$ | $p^{h}u$	$p^{h}u^{52}$	$p^{h}u^{55}$	$pu^{55}/p^{h}u^{55}$
泾阳	$p^{h}u^{52}$	$p^{h}u^{55}$ | $p^{h}u$	$p^{h}u^{021}$	$p^{h}u^{55}$	$p^{h}u^{55}$
咸阳	$p^{h}u^{52}$	$p^{h}u^{55}$ | $p^{h}u$	$p^{h}u^{55}$	pu^{55}	$p^{h}u^{55}$
兴平	$p^{h}u^{52}$	$p^{h}u^{55}$ | $p^{h}u$	$p^{h}u^{52}$	pu^{55}	$p^{h}u^{55}$
武功	$p^{fh}u^{52}$	$p^{fh}u^{55}$ | $p^{h}u$	$p^{fh}u^{52}$	$p^{fh}u^{55}$	$p^{f}u^{55}$
礼泉	$p^{fh}u^{52}$	$p^{fh}u^{55}$ | $p^{h}u$	$p^{fh}u^{52}$	$p^{fh}u^{55}$	$p^{fh}u^{55}$
乾县	$p^{h}u^{52}$	$p^{h}u^{44}$ | $p^{h}u$	$p^{h}u^{44}$	$p^{h}u^{44}$	$p^{h}u^{44}$
永寿	$p^{h}u^{52}$	$p^{h}u^{55}$ | $p^{h}u$	$p^{h}u^{31}$	$p^{h}u^{55}$	$p^{h}u^{55}$
淳化	$p^{h}u^{52}$	$p^{h}u^{55}$ | $p^{h}u$	$p^{h}u^{31}$	$p^{h}u^{52}$	$p^{h}u^{55}$
旬邑	$p^{h}u^{52}$	$p^{h}u^{44}$ | $p^{h}u$	$p^{h}u^{52}$	$p^{h}u^{44}$	$p^{h}u^{44}$
彬县	$p^{h}u^{52}$	$p^{h}u^{44}$ | $p^{h}u$	$p^{h}u^{31}$	$p^{h}u^{44}$	$p^{h}u^{44}$
长武	$p^{h}u^{52}$	$p^{h}u^{44}$ | $p^{fh}u$	$p^{h}u^{31}$	$p^{h}u^{44}$	$p^{h}u^{44}$
扶风	$p^{fh}u^{52}$	$p^{fh}u^{33}$ | $p^{fh}u$	$p^{fh}u^{52}$	$p^{fh}u^{33}$	$p^{fh}u^{33}$
眉县	$p^{h}u^{52}$	$p^{h}u^{44}$ | $p^{fh}u$	$p^{h}u^{24}$	$p^{h}u^{44}$	$p^{h}u^{44}$
麟游	$p^{h}u^{53}$	$p^{h}u^{44}$ | $p^{fh}u$	$p^{h}u^{24}$	$p^{h}u^{44}$	$p^{h}u^{44}$
岐山	$p^{h}u^{53}$	$p^{h}u^{44}$ | $p^{fh}u$	$p^{h}u^{24}$	$p^{h}u^{53}$	$p^{h}u^{44}$
凤翔	$p^{fh}u^{53}$	$p^{fh}u^{44}$ | $p^{fh}u$	$p^{fh}u^{31}$	$p^{fh}u^{53}$	$p^{fh}u^{44}$
宝鸡	$p^{fh}u^{53}$	$p^{fh}u^{44}$ | $p^{fh}u$	$p^{fh}u^{24}$	$p^{fh}u^{44}$	$p^{fh}u^{44}$
千阳	$p^{fh}u^{53}$	$p^{fh}u^{44}$ | $p^{fh}u$	$p^{fh}u^{24}$	$p^{fh}u^{53}$	$p^{fh}u^{44}$
陇县	$p^{fh}u^{53}$	$p^{fh}u^{44}$ | $p^{fh}u$	$p^{fh}u^{24}$	$p^{fh}u^{53}$	$p^{fh}u^{44}$

字目 / 方言	模~子 遇合一 平模明	墓 遇合一 去暮明	都~城 遇合一 平模端	都~是 遇合一 平模端	赌 遇合一 上姥端
西安	mu²⁴/mu⁵³	mu⁵⁵	tu²¹ ǀ tou	tou²¹/tou²⁴①	tu⁵³
韩城	mu³¹	mu⁴⁴	tu³¹ ǀ tu	təu³¹	tu⁵³
合阳	mu²⁴	mu⁵⁵	tu³¹ ǀ tu	tou³¹	tu⁵²
澄城	mu⁵³	mu⁴⁴	tu³¹ ǀ tou	təu³¹	tu⁵³
白水	mu⁵³	mu⁴⁴	tou³¹ ǀ tou	tou³¹	tou⁵³
大荔	mu²⁴	mu⁵⁵	tu³¹ ǀ tu	tou³¹	tu⁵²
蒲城	mu⁵³	mu⁵⁵	tou³¹ ǀ tou	tou³¹/tou³⁵	tou⁵³
美原	mᶠu⁵³	mᶠu⁵⁵	tou³¹ ǀ tou	tou³¹	tou⁵³
富平	mu⁵³	mu⁵⁵	tou³¹ ǀ tou	tou³¹/tou³⁵	tou⁵³
潼关	mu²⁴	mu⁴⁴	tou³¹ ǀ tu	tou³¹	tou⁵²
华阴	mu⁵³	mu⁵⁵	tou³¹ ǀ tou	tou³¹	tou⁵²
华县	mu⁵³	mu⁵⁵	tou³¹ ǀ tou	tou³¹/tou³⁵	tou⁵³
渭南	mu⁵³	mu⁴⁴	tou³¹ ǀ tou	tou²⁴	tou⁵³
洛南	mu⁵³	mu⁴⁴	tu³¹ ǀ tu	tou³¹	tu⁵³
商州	mu⁵³	mu⁵⁵	tou³¹ ǀ tou	tou³¹	tou⁵³
丹凤	mu⁵³	mu⁴⁴	tou³¹	tou³¹	tou⁵³
宜川	mo⁵²	mu⁵⁵	tʵu³¹	tʵu³¹	tʵu⁵²
富县	mu⁵²/mo⁵²	mu⁴⁵	tʵu³¹	tʵu²⁴	tʵu⁵²
黄陵	mu⁵¹	mu⁴⁵	tʵu⁵¹	tʵu⁵¹	tu⁴⁵
宜君	mᵇʵ⁵²/mᵇʵ⁴⁴	mu⁴⁴	tu³¹	tʵu³¹	tu⁵²
铜川	mo⁵²	mu⁴⁴	tu³¹ ǀ tou	tu³¹	tu⁵²
耀县	mu⁵²	mu⁴⁴	tou²¹ ǀ tou	tou²¹	tu⁵²
高陵	mo⁵²	mu⁴⁴	tʵu²¹ ǀ tou	tʵu²¹	tʵu⁵²
临潼	mʵ⁵²	mu⁴⁴	tou³¹ ǀ tou	tou³¹	tou⁵²

---

① tou²¹ 副词，已经；tou²⁴ 副词，表范围。下同。

字目 / 方言	模~子	墓	都~城	都~是	赌
	遇合一 平模明	遇合一 去暮明	遇合一 平模端	遇合一 平模端	遇合一 上姥端
蓝田	mu^{31}	mu^{44}	$tɤu^{31}$ ｜ tou	$tɤu^{24}$	$tɤu^{52}$
长安	mu^{31}/mo^{53}	mu^{44}	$tɤu^{31}$	$tɤu^{31}/tɤu^{24}$	$tɤu^{53}$
户县	mo^{52}	mu^{55}	$tɤu^{31}$ ｜ tou	$tɤu^{31}$	$tɤu^{52}$
周至	mo^{52}	mu^{55}	$tɤu^{21}$ ｜ $tou/tˠu$	$tɤu^{21}$	tu^{52}
三原	mo^{52}/mu^{52}	mu^{55}	tou^{31} ｜ tou	tou^{31}/tou^{24}	tou^{52}
泾阳	mu^{52}	mu^{55}	tou^{31} ｜ tou	tou^{31}	tou^{52}
咸阳	mo^{52}	mu^{55}	tu^{31} ｜ tu	tou^{31}	tu^{52}
兴平	mo^{52}/mu^{52}	mu^{55}	tu^{31} ｜ tou	tou^{31}	tu^{52}
武功	$mᶠo^{52}$	$mᶠu^{55}$	tu^{31} ｜ $tˠu$	tou^{31}	tu^{52}
礼泉	mo^{52}	mu^{55}	tou^{31} ｜ tu	tou^{31}	tu^{52}
乾县	mo^{44}	mu^{44}	tu^{31} ｜ tu	tou^{31}	tu^{52}
永寿	mo^{52}	mu^{55}	tu^{31} ｜ tu	tou^{31}	tu^{52}
淳化	mu^{52}	mu^{55}	tou^{31} ｜ tou	tou^{31}/tou^{24}	tou^{52}
旬邑	mo^{52}	mu^{44}	tu^{31} ｜ $tˠu$	tou^{31}	tu^{52}
彬县	mu^{52}/mo^{44}	mu^{44}	tu^{31} ｜ tu	tou^{31}	tu^{52}
长武	mo^{52}	mu^{44}	tu^{31} ｜ tu	tou^{31}	tu^{52}
扶风	mu^{52}	mu^{33}	tu^{31} ｜ tu	tou^{31}/tou^{24}	tu^{52}
眉县	mo^{52}	mu^{44}	tu^{31} ｜ $tˠu$	tou^{31}	tu^{52}
麟游	mu^{44}	mu^{44}	tu^{31} ｜ tu	tou^{24}	tu^{53}
岐山	mu^{44}	mu^{44}	tu^{31} ｜ tu	tou^{31}	tu^{53}
凤翔	mu^{44}	mu^{44}	tu^{53} ｜ $tˠu$	tou^{24}	tu^{53}
宝鸡	mu^{44}	mu^{44}	tu^{31} ｜ tu	tu^{31}	tu^{53}
千阳	$\underline{mo^{44}}/mu^{44}$	mu^{44}	tu^{31} ｜ tu	$\underline{tou^{24}}/tu^{24}$	tu^{53}
陇县	mu^{44}	mu^{44}	tu^{31} ｜ $tˠu$	tu^{31}	tu^{53}

字目 \ 方言	土	兔	图	杜	度
	遇合一 上姥透	遇合一 去暮透	遇合一 平模定	遇合一 上姥定	遇合一 去暮定
西安	t^hu^{53}	t^hu^{55}	t^hu^{24}	tu^{55}	tu^{55}
韩城	t^hu^{53}	t^hu^{44}	t^hu^{24}	tu^{44}	tu^{44}
合阳	t^hu^{52}	t^hu^{55}	t^hu^{24}	t^hu^{55}	tu^{55}
澄城	t^hu^{53}	t^hu^{44}	t^hu^{24}	t^hu^{44}	tu^{44}
白水	t^hou^{53}	t^hou^{44}	t^hou^{24}	t^hou^{44}	tou^{44}
大荔	t^hu^{52}	t^hu^{55}	t^hu^{24}	t^hu^{55}	tu^{55}
蒲城	t^hou^{53}	t^hou^{55}	t^hou^{35}	tou^{55}	tou^{55}
美原	t^hou^{53}	t^hou^{55}	t^hou^{35}	tou^{55}	tou^{55}
富平	t^hou^{53}	t^hou^{55}	t^hou^{35}	tou^{55}	tou^{55}
潼关	t^hou^{52}	t^hou^{44}	t^hou^{24}	t^hou^{44}	tou^{44}
华阴	t^hou^{52}	t^hou^{55}	t^hou^{24}	t^hou^{55}	tou^{55}
华县	t^hou^{53}	t^hou^{55}	t^hou^{35}	t^hou^{55}	tou^{55}
渭南	t^hou^{53}	t^hou^{44}	t^hou^{24}	t^hou^{44}	tou^{44}
洛南	t^hu^{53}	t^hu^{44}	t^hu^{24}	t^hu^{44}	tu^{44}
商州	t^hou^{53}	t^hou^{55}	t^hou^{35}	tou^{55}	tou^{55}
丹凤	t^hou^{53}	t^hou^{44}	t^hou^{24}	tou^{44}	tou^{44}
宜川	$t^h\gamma u^{52}$	$t^h\gamma u^{55}$	$t^h\gamma u^{24}$	$t\gamma u^{55}$	$t\gamma u^{55}$
富县	$t^h\gamma u^{52}$	$t^h\gamma u^{45}$	$t^h\gamma u^{24}$	$t\gamma u^{45}$	$t\gamma u^{45}$
黄陵	t^hu^{45}	t^hu^{45}	t^hu^{24}	t^hu^{45}	tu^{45}
宜君	t^hu^{52}	t^hu^{44}	t^hu^{24}	t^hu^{44}	tu^{44}
铜川	t^hu^{52}	t^hu^{44}	t^hu^{24}	tu^{44}	tu^{44}
耀县	t^hu^{52}	t^hu^{44}	t^hu^{24}	t^hu^{44}	tu^{44}
高陵	$t^h\gamma u^{52}$	$t^h\gamma u^{44}$	$t^h\gamma u^{24}$	$t\gamma u^{44}$	$t\gamma u^{44}$
临潼	t^hou^{52}	t^hou^{44}	t^hou^{24}	tou^{44}	tou^{44}

字目 方言	土 遇合一 上姥透	兔 遇合一 去暮透	图 遇合一 平模定	杜 遇合一 上姥定	度 遇合一 去暮定
蓝田	$t^h\gamma u^{52}$	$t^h\gamma u^{44}$	$t^h\gamma u^{24}$	$t\gamma u^{44}$	$t\gamma u^{44}$
长安	$t^h\gamma u^{53}$	$t^h\gamma u^{44}$	$t^h\gamma u^{24}$	$t\gamma u^{44}$	$t\gamma u^{44}$
户县	$t^h\gamma u^{52}$	$t^h\gamma u^{55}$	$t^h\gamma u^{24}$	$t\gamma u^{55}$	$t\gamma u^{55}$
周至	$t^h u^{52}$	$t^h u^{55}$	$t^h u^{24}$	tu^{55}	tu^{55}
三原	$t^h ou^{52}$	$t^h ou^{55}$	$t^h ou^{24}$	tou^{55}	tou^{55}
泾阳	$t^h ou^{52}$	$t^h ou^{55}$	$t^h ou^{24}$	tou^{55}	tou^{55}
咸阳	$t^h u^{52}$	$t^h u^{55}$	$t^h u^{24}$	tu^{55}	tu^{55}
兴平	$t^h u^{52}$	$t^h u^{55}$	$t^h u^{24}$	tu^{55}	tu^{55}
武功	$t^h u^{52}$	$t^h u^{55}$	$t^h u^{24}$	tu^{55}	tu^{55}
礼泉	$t^h u^{52}$	$t^h u^{55}$	$t^h u^{24}$	tu^{55}	tu^{55}
乾县	$t^h u^{52}$	$t^h u^{44}$	$t^h u^{24}$	tu^{44}	tu^{44}
永寿	$t^h u^{52}$	$t^h u^{55}$	$t^h u^{24}$	tu^{55}	tu^{55}
淳化	$t^h ou^{52}$	$t^h ou^{55}$	$t^h ou^{24}$	tou^{55}	tou^{55}
旬邑	$t^h u^{52}$	$t^h u^{44}$	$t^h u^{24}$	$t^h u^{44}$	tu^{44}
彬县	$t^h u^{52}$	$t^h u^{44}$	$t^h u^{24}$	$t^h u^{44}$	tu^{44}
长武	$t^h u^{52}$	$t^h u^{44}$	$t^h u^{24}$	$t^h u^{44}$	tu^{44}
扶风	$t^h u^{52}$	$t^h u^{33}$	$t^h u^{24}$	tu^{33}	tu^{33}
眉县	$t^h u^{52}$	$t^h u^{44}$	$t^h u^{24}$	tu^{44}	tu^{44}
麟游	$t^h u^{53}$	$t^h u^{44}$	$t^h u^{24}$	$t^h u^{44}$	tu^{44}
岐山	$t^h u^{53}$	$t^h u^{44}$	$t^h u^{24}$	$t^h u^{44}$	tu^{44}
凤翔	$t^h u^{53}$	$t^h u^{44}$	$t^h u^{24}$	tu^{44}	tu^{44}
宝鸡	$t^h u^{53}$	$t^h u^{44}$	$t^h u^{24}$	tu^{44}	tu^{44}
千阳	$t^h u^{53}$	$t^h u^{44}$	$t^h u^{24}$	$\underline{tu}^{44}/\underline{t^h u}^{44}$	tu^{44}
陇县	$t^h u^{53}$	$t^h u^{44}$	$t^h u^{24}$	tu^{44}	tu^{44}

字目　方言	奴	努	怒	炉	鲁
	遇合一平模泥	遇合一上姥泥	遇合一去暮泥	遇合一平模来	遇合一上姥来
西安	nou^{24}	nou^{53}	nou^{55}	lou^{24}	lou^{53}
韩城	nəu^{24}	nəu^{53}	nəu^{44}	ləu^{24}	ləu^{53}
合阳	nou^{24}	nou^{52}	nou^{55}	lou^{24}	lou^{52}
澄城	nəu^{24}	nəu^{53}	nəu^{44}	ləu^{24}	ləu^{53}
白水	nou^{24}	nou^{53}	nou^{44}	lou^{24}	lou^{53}
大荔	nou^{24}	nou^{52}	nou^{55}	lou^{24}	lou^{52}
蒲城	nou^{35}	nou^{53}	nou^{55}	lou^{35}	lou^{53}
美原	nou^{35}	nou^{53}	nou^{55}	lou^{35}	lou^{53}
富平	nou^{35}	nou^{53}	nou^{55}	lou^{35}	lou^{53}
潼关	nou^{24}	nou^{52}	nou^{44}	lou^{24}	lou^{52}
华阴	nou^{24}	nou^{52}	nou^{55}	lou^{24}	lou^{52}
华县	nou^{35}	nou^{53}	nou^{55}	lou^{35}	lou^{53}
渭南	nou^{24}	nou^{53}	nou^{44}	lou^{24}	lou^{53}
洛南	nou^{24}	nou^{53}	nou^{44}	lou^{24}	lou^{53}
商州	nou^{35}	nou^{53}	nou^{55}	lou^{35}	lou^{53}
丹凤	nou^{24}	nou^{53}	nou^{44}	lou^{24}	lou^{53}
宜川	nɤu^{24}	nɤu^{45}	nɤu^{45}	lɤu^{24}	lɤu^{45}
富县	nɤu^{24}	nɤu^{52}	nɤu^{44}	lɤu^{24}	lɤu^{52}
黄陵	nɤu^{24}	nɤu^{52}	nɤu^{44}	lɤu^{24}	lɤu^{52}
宜君	nɤu^{24}	nou^{52}	nou^{52}	lou^{24}	lou^{52}
铜川	nɤu^{24}	nɤu^{52}	nɤu^{44}	lɤu^{24}	lɤu^{52}
耀县	nou^{24}	nou^{52}	nou^{44}	lou^{24}	lou^{52}
高陵	nɤu^{24}	nɤu^{52}	nɤu^{55}	lɤu^{24}	lɤu^{52}
临潼	nou^{24}	nɤu^{52}	nɤu^{45}	lɤu^{24}	lɤu^{52}

字目 方言	奴 遇合一 平模泥	努 遇合一 上姥泥	怒 遇合一 去暮泥	炉 遇合一 平模来	鲁 遇合一 上姥来
蓝田	nɤu^{24}	nɤu^{52}	nɤu^{44}	lɤu^{24}	lɤu^{52}
长安	nɤu^{24}	nɤu^{53}	nɤu^{44}	lɤu^{24}	lɤu^{53}
户县	nɤu^{24}	nɤu^{52}	nɤu^{55}	lɤu^{24}	lɤu^{52}
周至	nɤu^{24}	nɤu^{52}	nɤu^{55}	lɤu^{24}	lɤu^{52}
三原	nou^{24}	nou^{52}	nou^{55}	lou^{24}	lou^{52}
泾阳	nou^{24}	nou^{52}	nou^{55}	lou^{24}	lou^{52}
咸阳	lou^{24}	lou^{52}	lou^{55}	lou^{24}	lou^{52}
兴平	lou^{24}	lou^{52}	lou^{55}	lou^{24}	lou^{52}
武功	lou^{24}	lou^{52}	lou^{55}	lou^{24}	lou^{52}
礼泉	lou^{24}	lou^{52}	lou^{55}	lou^{24}	lou^{52}
乾县	lou^{24}	lou^{52}	lou^{44}	lou^{24}	lou^{52}
永寿	lou^{24}	lou^{52}	lou^{55}	lou^{24}	lou^{52}
淳化	nou^{24}	nou^{52}	nou^{55}	lou^{24}	lou^{52}
旬邑	lou^{24}	lou^{52}	lou^{44}	lou^{24}	lou^{52}
彬县	lou^{24}	lou^{52}	lou^{44}	lou^{24}	lou^{52}
长武	lou^{24}	lou^{52}	lou^{44}	lu^{24}	lu^{31}
扶风	lu^{24}	lu^{52}	lu^{33}	lou^{24}	lu^{52}
眉县	l̠u^{24}/l̠ou^{24}①	lu^{52}	lou^{44}	lou^{24}	lu^{52}
麟游	lu^{24}	lu^{53}	lu^{44}	lou^{24}	lou^{53}
岐山	lu^{24}	lu^{53}	lu^{44}	lu^{24}	lu^{53}
凤翔	lu^{24}	lu^{53}	lu^{44}	lu^{24}	lu^{53}
宝鸡	lou^{24}	lu^{53}	lou^{44}	lou^{24}	lu^{53}
千阳	lu^{24}	lu^{53}	lu^{44}	lu^{24}	lu^{53}
陇县	lu^{24}	lu^{53}	lou^{44}	lu^{24}	lu^{53}

① 两个音属自由变读，在口语中都常用。

字目 方言	路 遇合一 去暮来	露 遇合一 去暮来	租 遇合一 平模精		祖 遇合一 上姥精	做 遇合一 去暮精
西安	lou⁵⁵	lou⁵⁵/lu⁵⁵①	tsu²¹	tsou	tsu⁵³	tsu⁵⁵/tsou⁵⁵
韩城	ləu⁴⁴	ləu⁴⁴	tsəu³¹	tsou	tsəu⁵³	tsəu⁴⁴
合阳	lou⁵⁵	lou⁵⁵	tsou³¹	tsou	tsou⁵²	tsou⁵⁵
澄城	ləu⁴⁴	ləu⁴⁴	tsəu³¹	tsou	tsəu⁵³	tsəu⁴⁴
白水	lou⁴⁴	lou⁴⁴	tsou³¹	tsou	tsou⁵³	tsou⁴⁴
大荔	lou⁵⁵	lou⁵⁵	tsou³¹	tsou	tsou⁵²	tsou⁵⁵
蒲城	lou⁵⁵	lou⁵⁵	tiou³¹	tiou	tsou⁵³	tsou⁵⁵
美原	lou⁵⁵	lou⁵⁵	tɕiou³¹	tsou	tsou⁵³	tsou⁵⁵
富平	lou⁵⁵	lou⁵⁵	tiou³¹	tsiu	tsou⁵³	tsou⁵⁵
潼关	lou⁴⁴	lou⁴⁴	tsou³¹	tsou/pfu	tsou⁵²	tsou⁴⁴
华阴	lou⁵⁵	lou⁵⁵	tsou³¹	tsou	tsou⁵²	tsou⁵⁵
华县	lou⁵⁵	lou⁵⁵	tsou³¹	ȵiou	tsou⁵³	tsou⁵⁵
渭南	lou⁴⁴	lou⁴⁴	tɕiou³¹	tiu	tsou⁵³	tsou⁴⁴
洛南	lou⁴⁴	lou⁴⁴	tsou³¹	tsou	tsou⁵³	tsou⁴⁴
商州	lou⁵⁵	lou⁵⁵	tsou³¹/tɕiou³¹	tsou	tsou⁵³	tsou⁵⁵
丹凤	lou⁴⁴	lou⁴⁴	tsou³¹		tsou⁵³	tsou⁴⁴
宜川	lɤu⁴⁵	lɤu⁴⁵	tsɤu⁵¹		tsɤu⁴⁵	tsuo⁵¹/tsɤu⁴⁵/tsu⁴⁵
富县	lɤu⁴⁴	lɤu⁴⁴	tsɤu³¹		tsɤu⁵²	tsuo³¹/tsɤu⁴⁴
黄陵	lɤu⁴⁴	lɤu⁴⁴	tsɤu³¹		tsɤu⁵²	tʃuo³¹/tsɤu⁴⁴
宜君	lou⁴⁴	lou⁴⁴	tsou²¹		tsou⁵²	tsou⁴⁴
铜川	lɤu⁴⁴	lɤu⁴⁴	tɕiɤu²¹	tsou	tsɤu⁵²	tsɤu⁴⁴
耀县	lou⁴⁴	lou⁴⁴	tɕiou³¹	tsou	tsou⁵²	tsou⁴⁴
高陵	lɤu⁵⁵	lɤu⁵⁵	ȵiɤu³¹	tsiu	tsɤu⁵²	tsɤu⁵⁵
临潼	lɤu⁴⁵	lɤu⁴⁵	tsɤu³¹/tɕiɤu³¹老	ȵiu/tiu	tsɤu⁵²	tsɤu⁴⁵

① lou⁵⁵ ～面；lu⁵⁵ ～水。

字目　方言	路　遇合一去暮来	露　遇合一去暮来	租　遇合一平模精	祖　遇合一上姥精	做　遇合一去暮精
蓝田	lɤu^{44}	lɤu^{44}	tsɤu^{31}/tɕiɤu^{31} │ tsou	tsɤu^{52}	tʃuo^{31}/tsɤu^{44}
长安	lɤu^{44}	lɤu^{44}	tsɤu^{31}	tsɤu^{53}	tsuo^{31}/tsɤu^{44}
户县	lɤu^{55}	lɤu^{55}	tɕiɤu^{31} │ tsou	tsɤu^{52}	tsɤu^{55}
周至	lɤu^{55}	lɤu^{55}	tsu^{21} │ tsou	tsu^{52}	tsuo^{21}/tsɤu^{55}
三原	lou^{55}	lou^{55}	tsou^{31} │ tsou	tsou^{52}	tsou^{55}
泾阳	lou^{55}	lou^{55}	tsou^{31}/tiou^{31} │ tsiu	tsou^{52}	tsou^{55}
咸阳	lou^{55}	lou^{55}	tsu^{31} │ tsʅ	tsu^{52}	tsou^{55}
兴平	lou^{55}	lou^{55}	tsu^{31} │ tsʅ	tsu^{52}	tsou^{55}
武功	lu^{55}	lou^{55}	tsu^{31} │ tsu	tsu^{52}	tsuo^{31}/tsou^{55}
礼泉	lou^{55}	lou^{55}	tsu^{31} │ tsʅ	tsʅ^{52}	tsuo^{31}
乾县	lou^{44}	lou^{44}	tsu^{31} │ tsʅ	tsu^{52}	tsuo^{31}/tsou^{44}
永寿	lou^{55}	lou^{55}	tsu^{31}/tɕy^{31} │ tsʅ	tsu^{52}	tsuo^{31}/tsou^{55}
淳化	lou^{55}	lou^{55}	tiou^{31} │ tsou	tsou^{52}	tsou^{55}
旬邑	lou^{44}	lou^{44}	tsu^{31}/tsou^{31} │ tsou	tsu^{52}/tsou^{52}	tsu^{44}/tsou^{44}
彬县	lou^{44}	lou^{44}	tsu^{31} │ tsʅ	tsu^{52}	tsu^{44}/tsou^{31}
长武	lu^{44}	lou^{44}	tsu^{31}/tɕy^{31} │ tsʅ	tsu^{52}	tsu^{44}/tsou^{44}
扶风	lu^{33}	lou^{33}	tsu^{31} │ tsʅ	tsu^{52}	tsuo^{31}/tsu^{33}
眉县	lu^{44}	lu^{44}	tsu^{31} │ tsu	tsu^{52}	tsou^{44}
麟游	lu^{44}	lou^{44}	tsu^{31} │ tsʅ	tsu^{53}	tsu^{44}
岐山	lu^{44}	lou^{44}	tsu^{31} │ tsu	tsu^{53}	tsu^{44}
凤翔	lu^{44}	lu^{44}	tsu^{31} │ tsu	tsu^{53}	tsu^{44}
宝鸡	lu^{44}	lou^{44}	tsu^{31} │ tsu	tsu^{53}	tsu^{44}
千阳	lu^{44}	lu^{44}	tsu^{31} │ tsʅ	tsu^{53}	tsu^{44}
陇县	lu^{44}	lou^{44}	tsu^{31} │ tsʅ	tsu^{53}	tsuo^{31}/tsu^{44}

字目\方言	粗 遇合一 平模精	醋 遇合一 去暮清	苏 遇合一 平模心	素 遇合一 去暮心	箍 遇合一 平模见
西安	tsʰu²¹ | tsʰou	tsʰu⁵⁵/tsʰou⁵⁵	su²¹ | sou	su⁵⁵/sou⁵⁵	ku²¹
韩城	tsʰəu³¹ | tsʰou	tsʰəu⁴⁴	səu³¹ | sou	səu⁴⁴	ku³¹
合阳	tsʰou³¹ | tsʰou	tsʰou⁵⁵	sou³¹ | sou	sou⁵⁵	ku³¹
澄城	tsʰəu³¹ | tsʰou	tsʰəu⁴⁴	səu³¹ | sou	səu⁴⁴	ku³¹
白水	tsʰou³¹ | tsʰou	tsʰou⁴⁴	sou³¹ | sou	sou⁴⁴	ku³¹
大荔	tsʰou³¹ | tsʰou	tsʰou⁵⁵	sou³¹ | sou	sou⁵⁵	ku³¹
蒲城	tsʰou³¹ | tsʰou	tsʰou⁵⁵	sou³¹ | sou	sou⁵⁵	ku³¹
美原	tsʰou³¹ | tsʰou	tsʰou⁵⁵	sou³¹ | sou	sou⁵⁵	ku⁵³
富平	tsʰou³¹ | tsʰou	tsʰou⁵⁵	sou³¹ | sou	sou⁵⁵	ku³¹
潼关	tsʰou³¹ | tsʰou	tsʰou⁴⁴	sou³¹ | su	sou⁴⁴	ku³¹
华阴	tsʰou³¹ | tsʰou	tsʰou⁵⁵	sou³¹ | sou	sou⁵⁵	ku³¹
华县	tsʰou³¹ | tsʰou	tsʰou⁵⁵	sou³¹ | sou	sou⁵⁵	ku³¹
渭南	tsʰou³¹ | tsʰou	tsʰou⁴⁴	sou³¹ | sou	sou⁴⁴	ku³¹
洛南	tsʰou³¹ | tsʰou	tsʰou⁴⁴	sou³¹ | sou	sou⁴⁴	ku³¹
商州	tsʰou³¹ | tsʰou	tsʰou⁵⁵	sou³¹ | sou	sou⁵⁵	ku³¹
丹凤	tsʰou³¹	tsʰou⁴⁴	sou³¹	sou⁴⁴	ku³¹
宜川	tsʰɤu⁵¹	tsʰɤu⁴⁵/tsʰu⁴⁵	sɤu⁵¹	sɤu⁴⁵	ku⁵¹
富县	tsʰɤu³¹	tsʰɤu⁴⁴	sɤu³¹	sɤu⁴⁴	ku³¹
黄陵	tsʰɤu³¹	tsʰɤu⁴⁴	sɤu³¹	sɤu⁴⁴	ku³¹
宜君	tsʰou²¹	tsʰou⁴⁴	sou²¹	sou⁴⁴	ku²¹
铜川	tsʰɤu²¹ | tsʰou	tsʰɤu⁴⁴	sɤu²¹ | sou	sɤu⁴⁴	ku²¹
耀县	tsʰou³¹ | tsʰou	tsʰou⁴⁴	sou³¹ | sou	sou⁴⁴	ku³¹
高陵	tsʰɤu³¹ | tsʰou	tsʰou⁵⁵	sɤu³¹ | sou	sɤu⁵⁵	ku³¹
临潼	tsʰəu³¹ | tsʰou	tsʰou⁴⁵	sɤu³¹ | sou	sɤu⁴⁵	ku³¹

字目 / 方言	粗 (遇合一 平模精)	醋 (遇合一 去暮清)	苏 (遇合一 平模心)	素 (遇合一 去暮心)	箍 (遇合一 平模见)
蓝田	tsʰɤu^{31} ∣ tsʰou	tsʰɤu^{44}	sɤu^{31} ∣ sou	sɤu^{44}	ku^{31}
长安	tsʰɤu^{31}	tsʰɤu^{44}	sɤu^{31}	sɤu^{44}	ku^{31}
户县	tsʰɤu^{31} ∣ tsʰou	tsʰɤu^{55}/tsʰu^{55}	sɤu^{31} ∣ sou	sɤu^{55}	ku^{31}
周至	tsʰu^{21} ∣ tsʰou	tsʰu^{55}	su^{21} ∣ sou	su^{55}	ku^{21}
三原	tsʰou^{31} ∣ tsʰou	tsʰou^{55}	sou^{31} ∣ sou	sou^{55}	ku^{31}
泾阳	tsʰou^{31} ∣ tsʰou	tsʰou^{55}	sou^{31} ∣ sou	sou^{55}	ku^{31}
咸阳	tsʰu^{31} ∣ tsʰʯ	tsou^{55}	su^{31} ∣ sʯ	su^{55}	ku^{31}
兴平	tsʰu^{31} ∣ tsʰʯ	tsʰu^{55}	su^{31} ∣ sʯ	su^{55}	ku^{31}
武功	tsʰu^{31} ∣ tsʰu	tsʰu^{55}	su^{31} ∣ su	su^{55}	ku^{31}
礼泉	tsʰu^{31} ∣ tsʰʯ	tsʰu^{55}	sʯ^{31} ∣ sʯ	sʯ^{55}	ku^{31}
乾县	tsʰu^{31} ∣ tsʰʯ	tsʰu^{44}	su^{31} ∣ sʯ	su^{44}	ku^{31}
永寿	tsʰu^{31} ∣ tsʰʯ	tsʰu^{55}	su^{31} ∣ sʯ	su^{55}	ku^{31}
淳化	tsʰou^{31} ∣ tsʰou	tsʰou^{55}	sou^{31} ∣ sou	sou^{55}	ku^{31}/ku^{52}①
旬邑	tsʰu^{31}/tsʰou^{31} ∣ tsʰou	tsʰu^{44}/tsʰou^{44}	su^{31}/sou^{31} ∣ sou	su^{44}/sou^{44}	ku^{31}
彬县	tsʰu^{31} ∣ tsʰʯ	tsʰu^{44}	su^{31} ∣ sʯ	su^{44}	ku^{31}
长武	tsʰu^{31} ∣ tsʰʯ	tsʰu^{44}	su^{31} ∣ sʯ	su^{44}	ku^{31}
扶风	tsʰu^{31} ∣ tsʰʯ	tsʰu^{33}	su^{31} ∣ sʯ	su^{33}	ku^{31}
眉县	tsʰu^{31} ∣ tsʰu	tsʰu^{44}	su^{31} ∣ su	su^{44}	ku^{31}
麟游	tsʰu^{31} ∣ tsʰʯ	tsʰu^{44}	su^{31} ∣ sʯ	su^{44}	ku^{31}
岐山	tsʰu^{31} ∣ tsʰu	tsʰu^{44}	su^{31} ∣ su	su^{44}	ku^{31}/ku^{53}
凤翔	tsʰu^{31} ∣ tsʰu	tsʰu^{44}	su^{31} ∣ su	su^{44}	ku^{31}
宝鸡	tsʰu^{31} ∣ tsʰu	tsʰu^{44}	su^{31} ∣ su	su^{44}	ku^{31}
千阳	tsʰu^{31} ∣ tsʰʯ	tsʰu^{44}	su^{31} ∣ sʯ	su^{44}	ku^{31}
陇县	tsʰu^{44} ∣ tsʰʯ	tsʰu^{44}	su^{31} ∣ sʯ	su^{44}	ku^{31}

① ku^{31} 名词；ku^{52} 动词。下同。

字目 方言	古 遇合一 上姥见	顾 遇合一 去暮见	苦 遇合一 上姥溪	裤 遇合一 去暮溪	吴 遇合一 平模疑
西安	ku⁵³	ku⁵⁵	kʰu⁵³	kʰu⁵⁵	u²⁴
韩城	ku⁵³	ku⁴⁴	kʰu⁵³ ∣ kʰu	kʰu⁴⁴	u²⁴
合阳	ku⁵²	ku⁵⁵	kʰu⁵² ∣ kʰu	kʰu⁵⁵	u²⁴
澄城	ku⁵³	ku⁴⁴	kʰu⁵³ ∣ kʰu	kʰu⁴⁴	u²⁴
白水	ku⁵³	ku⁴⁴	kʰu⁵³ ∣ fu	fu⁴⁴	u²⁴
大荔	ku⁵²	ku⁵⁵	kʰu⁵² ∣ kʰu	kʰu⁵⁵	u²⁴
蒲城	ku⁵³	ku⁵⁵	kʰu⁵³ ∣ kʰu	kʰu⁵⁵	u³⁵
美原	ku⁵³	ku⁵⁵	kʰu⁵³ ∣ kʰu	kʰu⁵⁵	u³⁵
富平	ku⁵³	ku⁵⁵	kʰu⁵³ ∣ kʰu	<u>kʰu⁵⁵</u>/<u>fu⁵⁵</u>	u³⁵
潼关	ku⁵²	ku⁴⁴	kʰu⁵² ∣ kʰu	kʰu⁴⁴	vu²⁴
华阴	ku⁵²	ku⁵⁵	kʰu⁵² ∣ kʰu	kʰu⁵⁵	u²⁴
华县	ku⁵³	ku⁵⁵	kʰu⁵³ ∣ kʰu	kʰu⁵⁵	u³⁵
渭南	ku⁵³	ku⁴⁴	kʰu⁵³ ∣ kʰu	kʰu⁴⁴	u²⁴
洛南	ku⁵³	ku⁴⁴	kʰu⁵³ ∣ kʰu	kʰu⁴⁴	vu²⁴
商州	ku⁵³	ku⁵⁵	kʰu⁵³ ∣ kʰu	kʰu⁵⁵	vu³⁵
丹凤	ku⁵³	ku⁴⁴	kʰu⁵³	kʰu⁴⁴	vu²⁴
宜川	ku⁴⁵	ku⁴⁵	kʰu⁴⁵	kʰu⁴⁵	u²⁴
富县	ku⁵²	ku⁴⁴	kʰu⁵²	kʰu⁴⁴	vu²⁴
黄陵	ku⁵²	ku⁴⁴	kʰu⁵²	kʰu⁴⁴	u²⁴
宜君	ku⁵²	ku⁴⁴	kʰu⁵²	kʰu⁴⁴	u²⁴
铜川	ku⁵²	ku⁴⁴	kʰu⁵² ∣ kʰu	kʰu⁴⁴	u²⁴
耀县	ku⁵²	ku⁴⁴	kʰu⁵² ∣ kʰu	<u>kʰu⁴⁴</u>/<u>fu⁴⁴</u>	u²⁴
高陵	ku⁵²	ku⁵⁵	kʰu⁵² ∣ kʰu	kʰu⁵⁵	u²⁴
临潼	ku⁵²	ku⁴⁵	kʰu⁵² ∣ kʰu	kʰu⁴⁵	u²⁴

字目 方言	古	顾	苦	裤	吴
	遇合一 上姥见	遇合一 去暮见	遇合一 上姥溪	遇合一 去暮溪	遇合一 平模疑
蓝田	ku^{52}	ku^{44}	k^hu^{52} ｜ k^hu	k^hu^{44}	u^{24}
长安	ku^{53}	ku^{44}	k^hu^{53}	k^hu^{44}	u^{24}
户县	ku^{52}	ku^{55}	k^hu^{52} ｜ fu	k^hu^{55}/fu^{55}	u^{24}
周至	ku^{52}	ku^{55}	k^hu^{52} ｜ k^hu	k^hu^{55}	u^{24}
三原	ku^{52}	ku^{55}	k^hu^{52} ｜ k^hu	k^hu^{55}/fu^{55}	u^{24}
泾阳	ku^{52}	ku^{55}	k^hu^{52} ｜ k^hu	k^hu^{55}/fu^{52}①	u^{24}
咸阳	ku^{52}	ku^{55}	k^hu^{52}/fu^{52} ｜ k^hu	k^hu^{55}/fu^{55}	u^{24}
兴平	ku^{52}	ku^{55}	k^hu^{52}/fu^{52} ｜ f^hu	k^hu^{55}/fu^{55}	u^{24}
武功	ku^{52}	ku^{55}	k^hu^{52}/fu^{52} ｜ f^hu	k^hu^{55}/fu^{55}	u^{24}
礼泉	ku^{52}	ku^{55}	k^hu^{52}/fu^{52} ｜ f^hu	k^hu^{55}/fu^{55}	u^{24}
乾县	ku^{52}	ku^{44}	k^hu^{52}/fu^{52} ｜ k^hu	k^hu^{44}/fu^{44}	u^{24}
永寿	ku^{52}	ku^{55}	k^hu^{52}/fu^{52} ｜ k^hu	k^hu^{55}/fu^{55}	u^{24}
淳化	ku^{52}	ku^{55}	k^hu^{52}/fu^{52} ｜ k^hu	k^hu^{55}/fu^{55}	u^{24}
旬邑	ku^{52}	ku^{44}	k^hu^{52}/fu^{52} ｜ k^hu	k^hu^{44}/fu^{44}	u^{24}
彬县	ku^{52}	ku^{44}	k^hu^{52}/fu^{52} ｜ fu	k^hu^{44}/fu^{44}	u^{24}
长武	ku^{52}	ku^{44}	k^hu^{52}/fu^{52} ｜ f^hu	k^hu^{44}/fu^{44}	u^{24}
扶风	ku^{52}	ku^{33}	k^hu^{52} ｜ f^hu	$k^hu^{33}/k^huo^{33}/fu^{33}$	vu^{24}
眉县	ku^{52}	ku^{44}	k^hu^{52} ｜ k^hu	k^hu^{44}	u^{24}
麟游	ku^{53}	ku^{44}	k^hu^{53} ｜ pf^hu	k^hu^{44}	vu^{24}
岐山	ku^{53}	ku^{44}	k^hu^{53} ｜ k^hu	k^hu^{44}	vu^{24}
凤翔	ku^{53}	ku^{44}	k^hu^{53} ｜ fu	k^hu^{44}/fu^{44}	u^{24}
宝鸡	ku^{53}	ku^{44}	k^hu^{53} ｜ f^hu	k^hu^{44}	vu^{24}
千阳	ku^{53}	ku^{44}	k^hu^{53}/fu^{53} ｜ fu	k^hu^{44}/fu^{44}	vu^{24}
陇县	ku^{53}	ku^{44}	k^hu^{53} ｜ k^hu	k^hu^{44}	vu^{24}

① 一般用儿化音 fur^{52}。

字目 方言	五 遇合一 上姥疑	误 遇合一 去暮疑	呼 遇合一 平模晓	虎 遇合一 上姥晓	壶 遇合一 平模匣
西安	u⁵³	u⁵⁵	xu²¹	xu⁵³	xu²⁴
韩城	u⁵³	u⁴⁴	xu³¹ ∣ xu	xu⁵³	xu²⁴
合阳	u⁵²	u⁵⁵	xu³¹ ∣ xu	xu⁵²	xu²⁴
澄城	u⁵³	u⁴⁴	xu³¹ ∣ xu	xu⁵³	xu²⁴
白水	u⁵³	u⁴⁴	xu³¹ ∣ xu	xu⁵³	xu²⁴
大荔	u⁵²	u⁵⁵	xu³¹ ∣ xu	xu⁵²	xu²⁴
蒲城	u⁵³	u⁵⁵	xu³¹ ∣ xu	xu⁵³	xu³⁵
美原	u⁵³	u⁵⁵	xu³¹ ∣ xu	xu⁵³	xu³⁵
富平	u⁵³	u⁵⁵	xu³¹ ∣ xu	xu⁵³	xu³⁵
潼关	vu⁵²	vu⁴⁴	xu³¹ ∣ xu	xu⁵²	xu²⁴
华阴	u⁵²	u⁵⁵	xu³¹ ∣ xu	xu⁵²	xu²⁴
华县	u⁵³	u⁵⁵	xu³¹ ∣ xu	xu⁵³	xu³⁵
渭南	u⁵³	u⁴⁴	xu³¹ ∣ xu	xu⁵³	xu²⁴
洛南	vu⁵³	vu⁴⁴	xu³¹ ∣ xu	xu⁵³	xu²⁴
商州	vu⁵³	vu⁵⁵	xu³¹ ∣ xu	xu⁵³	xu³⁵
丹凤	vu⁵³	vu⁴⁴	xu³¹	xu⁵³	xu²⁴
宜川	u⁴⁵	u⁴⁵	xu⁵¹	xu⁴⁵	xu²⁴
富县	u⁵²	u⁴⁴	xu³¹	xu⁵²	xu²⁴
黄陵	u⁵²	u⁴⁴	xu³¹	xu⁵²	xu²⁴
宜君	u⁵²	u⁴⁴	xu²¹	xu⁵²	xu²⁴
铜川	u⁵²	u⁴⁴	xu²¹ ∣ xu	xu⁵²	xu²⁴
耀县	u⁵²	u⁴⁴	xu³¹ ∣ xu	xu⁵²	xu²⁴
高陵	u⁵²	u⁵⁵	xu³¹ ∣ xu	xu⁵²	xu²⁴
临潼	u⁵²	u⁴⁵	xu³¹ ∣ xu	xu⁵²	xu²⁴

字目 方言	五 遇合一 上姥疑	误 遇合一 去暮疑	呼 遇合一 平模晓	虎 遇合一 上姥晓	壶 遇合一 平模匣
蓝田	u⁵²	u⁴⁴	xu³¹ ∣ xu	xu⁵²	xu²⁴
长安	u⁵³	u⁴⁴	xu³¹	xu⁵³	xu²⁴
户县	u⁵²	u⁵⁵	xu³¹ ∣ xu	xu⁵²	xu²⁴
周至	u⁵²	u⁵⁵	xu²¹ ∣ xu	xu⁵²	xu²⁴
三原	u⁵²	u⁵⁵	xu³¹ ∣ xu	xu⁵²	xu²⁴
泾阳	u⁵²	u⁵⁵	xu³¹ ∣ xu	xu⁵²	xu²⁴
咸阳	u⁵²	u⁵⁵	xu³¹ ∣ xu	xu⁵²	xu²⁴
兴平	u⁵²	u⁵⁵	xu³¹ ∣ xu	xu⁵²	xu²⁴
武功	u⁵²	u⁵⁵	xu³¹ ∣ xu	xu⁵²	xu²⁴
礼泉	u⁵²	u⁵⁵	xu³¹ ∣ xu	xu⁵²	xu²⁴
乾县	u⁵²	u⁴⁴	xu³¹ ∣ xu	xu⁵²	xu²⁴
永寿	u⁵²	u⁵⁵	xu³¹ ∣ xu	xu⁵²	xu²⁴
淳化	u⁵²	u⁵⁵	xu³¹ ∣ xu	xu⁵²	xu²⁴
旬邑	u⁵²	u⁴⁴	xu³¹ ∣ xu	xu⁵²	xu²⁴
彬县	u⁵²	u⁴⁴	xu³¹ ∣ xu	xu⁵²	xu²⁴
长武	u⁵²	u⁴⁴	xu³¹ ∣ xu	xu⁵²	xu²⁴
扶风	vu⁵²	vu³³	xu³¹ ∣ xu	xu⁵²	xu²⁴
眉县	u⁵²	u⁴⁴	xu³¹ ∣ xu	xu⁵²	xu²⁴
麟游	vu⁵³	vu⁴⁴	xu³¹ ∣ xu	xu⁵³	xu²⁴
岐山	vu⁵³	vu⁴⁴	xu³¹ ∣ xu	xu⁵³	xu²⁴
凤翔	u⁵³	u⁴⁴	xu³¹ ∣ xu	xu⁵³	xu²⁴
宝鸡	vu⁵³	vu⁴⁴	xu³¹ ∣ xu	xu⁵³	xu²⁴
千阳	vu⁵³	vu⁴⁴	xu³¹ ∣ xu	xu⁵³	xu²⁴
陇县	vu⁵³	vu⁴⁴	xu³¹ ∣ xu	xu⁵³	xu²⁴

字目 方言	户 遇合一 上姥匣	护 遇合一 去暮匣	乌 遇合一 平模影	恶可~ 遇合一 去暮影	女 遇合三 上语泥
西安	xu^{55}	xu^{55}	u^{21} ｜ u	u^{55}	$ȵy^{53}/mi^{53}$① ｜ ɲy
韩城	xu^{44}	xu^{44}	u^{31} ｜ u	u^{44}	$ȵy^{53}$ ｜ ɲy
合阳	xu^{55}	xu^{55}	u^{31} ｜ u	u^{55}	$ȵy^{52}$ ｜ ɲy
澄城	xu^{44}	xu^{44}	u^{31} ｜ u	u^{44}	$ȵy^{53}$ ｜ ɲy
白水	xu^{44}	xu^{44}	u^{31} ｜ u	u^{44}	$ȵy^{53}$ ｜ ɲy
大荔	xu^{55}	xu^{55}	u^{31} ｜ u	u^{55}	$ȵy^{52}$ ｜ ɲy
蒲城	xu^{55}	xu^{55}	u^{31} ｜ u	$ŋɤ^{31}$	$ȵy^{53}$ ｜ ɲy
美原	xu^{55}	xu^{55}	u^{31} ｜ u	u^{55}	$ȵy^{53}$ ｜ ɲy
富平	xu^{55}	xu^{55}	u^{31} ｜ u	$ŋɤ^{31}$	$ȵy^{53}$ ｜ ɲy
潼关	xu^{44}	xu^{44}	vu^{31} ｜ u	vu^{44}	$ȵy^{52}$ ｜ ɲy
华阴	xu^{55}	xu^{55}	u^{31} ｜ u	u^{55}	$ȵy^{52}$ ｜ ɲy
华县	xu^{55}	xu^{55}	u^{31} ｜ u	u^{55}	$ȵy^{53}$ ｜ ɲy
渭南	xu^{44}	xu^{44}	u^{31} ｜ u	u^{44}	$ȵy^{53}$ ｜ ɲy
洛南	xu^{44}	xu^{44}	vu^{31} ｜ u	vu^{44}	$ȵy^{53}$ ｜ ɲy
商州	xu^{55}	xu^{55}	vu^{31} ｜ vu	vu^{55}	$ȵy^{53}$ ｜ ɲy
丹凤	xu^{44}	xu^{44}	vu^{31}	vu^{44}	$ȵy^{53}$
宜川	xu^{45}	xu^{45}	u^{24}	$ŋə^{51}$	$ȵy^{45}$
富县	xu^{44}	xu^{44}	vu^{31}	$ŋuo^{31}/vu^{44}$	$ȵy^{52}$
黄陵	xu^{44}	xu^{44}	u^{31}	$ŋuo^{31}$	$ȵy^{52}$
宜君	xu^{44}	xu^{44}	u^{21}	$ŋuo^{21}$	$ȵy^{52}$
铜川	xu^{44}	xu^{44}	u^{21} ｜ u	u^{44}	$ȵy^{52}$ ｜ ɲy
耀县	xu^{44}	xu^{44}	u^{31} ｜ u	$u^{44}/ŋɤ^{31}/ŋuo^{31}$②	$ȵy^{52}$ ｜ ɲy
高陵	xu^{55}	xu^{55}	u^{31} ｜ u	$ŋə^{31}$	$ȵy^{52}$ ｜ ɲy
临潼	xu^{45}	xu^{45}	u^{31} ｜ u	u^{45}	$ȵy^{52}$ ｜ ɲy

---

① mi^{53} ~猫：母猫。下同。

② u^{44} 厌~；$ŋɤ^{31}$ 可~；$ŋuo^{31}$ ~水。

字目 方言	户 遇合一 上姥匣	护 遇合一 去暮匣	乌 遇合一 平模影	恶可~ 遇合一 去暮影	女 遇合三 上语泥
蓝田	xu⁴⁴	xu⁴⁴	u³¹ ∣ u	u⁴⁴/ŋɤ³¹	n̠y⁵² ∣ ɲy
长安	xu⁴⁴	xu⁴⁴	u³¹	u⁴⁴	n̠y⁵³
户县	xu⁵⁵	xu⁵⁵	u³¹ ∣ u	u⁵⁵/ŋɤ³¹	n̠y⁵² ∣ ɲy
周至	xu⁵⁵	xu⁵⁵	u²¹ ∣ u	ŋɤ²¹	n̠y⁵² ∣ ɲy
三原	xu⁵⁵	xu⁵⁵	u³¹ ∣ u	ŋɤ³¹	n̠y⁵²/mi⁵² ∣ ɲy
泾阳	xu⁵⁵	xu⁵⁵	u³¹ ∣ u	ŋɤ³¹	n̠y⁵²/mi⁵² ∣ ɲy
咸阳	xu⁵⁵	xu⁵⁵	u³¹ ∣ u	ŋɤ³¹	n̠y⁵²/mi⁵² ∣ ɲy
兴平	xu⁵⁵	xu⁵⁵	u³¹ ∣ u	ŋɤ³¹	n̠y⁵²/mi⁵² ∣ ɲy
武功	xu⁵⁵	xu⁵⁵	u³¹ ∣ u	ŋɤ³¹	n̠y⁵²/mi⁵² ∣ ɲy
礼泉	xu⁵⁵	xu⁵⁵	u³¹ ∣ u	ŋɤ³¹	n̠y⁵² ∣ ɲy
乾县	xu⁴⁴	xu⁴⁴	u³¹ ∣ u	ŋɤ³¹	n̠y⁵²/mi⁵² ∣ ɲy
永寿	xu⁵⁵	xu⁵⁵	u³¹ ∣ u	ŋɤ³¹	n̠y⁵²/mi⁵² ∣ ɲy
淳化	xu⁵⁵	xu⁵⁵	u³¹ ∣ u	ŋɤ³¹	n̠y⁵²/mi⁵² ∣ ɲy
旬邑	xu⁴⁴	xu⁴⁴	u³¹ ∣ u	ŋɤ³¹	n̠y⁵²/mi⁵² ∣ ɲy
彬县	xu⁴⁴	xu⁴⁴	u³¹ ∣ u	ŋɤ³¹	n̠y⁵²/mi⁵² ∣ ɲy
长武	xu⁴⁴	xu⁴⁴	u³¹ ∣ u	u⁴⁴	n̠y⁵²/mi⁵² ∣ ɲy
扶风	xu³³	xu³³	vu³¹ ∣ u	vu³³/ŋuo³¹①	n̠y⁵² ∣ ɲy
眉县	xu⁴⁴	xu⁴⁴	u³¹ ∣ u	u⁴⁴/ŋɤ³¹	n̠y⁵² ∣ ɲy
麟游	xu⁴⁴	xu⁴⁴	vu³¹ ∣ vu	ŋuo³¹	n̠y⁵³ ∣ ɲy
岐山	xu⁴⁴	xu⁴⁴	vu³¹ ∣ u	vu⁴⁴	n̠y⁵³ ∣ ɲy
凤翔	xu⁴⁴	xu⁴⁴	u³¹ ∣ u	uo³¹	n̠y⁵³ ∣ ɲy
宝鸡	xu⁴⁴	xu⁴⁴	vu³¹ ∣ vu	ŋuo³¹	n̠y⁵³ ∣ ɲy
千阳	xu⁴⁴	xu⁴⁴	vu³¹ ∣ vu	vu⁴⁴/ŋuo³¹	n̠y⁵³ ∣ ɲy
陇县	xu⁴⁴	xu⁴⁴	vu³¹ ∣ vu	vu⁴⁴	n̠y⁵³ ∣ ɲy

① vu³³ 可~；ŋuo³¹ ~心。

字目 方言	庐 遇合三 平鱼来	驴 遇合三 平鱼来	吕 遇合三 上语来	虑 遇合三 去御来	蛆 遇合三 平鱼清
西安	lu²⁴	l̲y²⁴/y²⁴	ly⁵³ ∣ ly	ly⁵⁵/ly⁵³	tɕʰy²¹
韩城	ləu²⁴	y²⁴	y⁵³ ∣ y	y⁴⁴	tɕʰy³¹
合阳	lou²⁴	y²⁴	y⁵² ∣ y	y⁵⁵	tɕʰy³¹
澄城	ləu²⁴	y²⁴	y⁵³ ∣ y	y⁴⁴	tɕʰy³¹
白水	lou²⁴	ly²⁴	ly⁵³ ∣ ly	ly⁵³	tɕʰy³¹
大荔	lou²⁴	y²⁴	y⁵² ∣ y	y⁵²	tɕʰy³¹
蒲城	lou³⁵	ly³⁵	ly⁵³ ∣ ly	ly⁵³	tɕʰy³¹
美原	lou³⁵	ly³⁵	ly⁵³ ∣ ly	ly⁵³	tɕʰy³¹
富平	lou³⁵	ly³⁵	ly⁵³ ∣ ly	ly⁵³	tɕʰy³¹
潼关	lou²⁴	ly²⁴	ly⁵² ∣ ly	ly⁵²	tɕʰy³¹
华阴	lou²⁴	ly²⁴	ly⁵² ∣ ly	ly⁵²	tɕʰy³¹
华县	lou³⁵	ly³⁵	ly⁵³ ∣ ly	ly⁵³	tɕʰy³¹
渭南	lou²⁴	ly²⁴	ly⁵³ ∣ ly	ly⁵³	tɕʰy³¹
洛南	lou²⁴	ly²⁴	ly⁵³ ∣ ly	ly⁵³	tɕʰy³¹
商州	lou³⁵	ly³⁵	ly⁵³ ∣ ly	ly⁵³	tɕʰy³¹
丹凤	lou²⁴	ly²⁴	ly⁵³	ly⁵³	tɕʰy³¹
宜川	lɤu²⁴	l̲y⁴⁵/y²⁴	l̲y⁴⁵/y⁴⁵	l̲y⁴⁵/y⁴⁵	tɕʰy⁵¹
富县	lɤu²⁴	y²⁴	ly⁵²	ly⁵²	tɕʰy³¹
黄陵	lɤu²⁴	y²⁴	ly⁵²	ly⁵²	tɕʰy³¹
宜君	lu²⁴	y²⁴	ly⁵²	ly⁵²	tɕʰy²¹/tɕy⁵²
铜川	lɤu²⁴	ly²⁴	ly⁵² ∣ ly	ly⁵²	tɕʰy²¹
耀县	lou²⁴	ly²⁴	ly⁵² ∣ ly	ly⁵²	tɕʰy³¹
高陵	lɤu²⁴	l̲y²⁴/y²⁴①	ly⁵² ∣ ly	ly⁵²	tɕʰy³¹
临潼	lɤu²⁴	l̲y²⁴/y²⁴	ly⁵² ∣ ly	ly⁵²	tɕʰy³¹

---

① y²⁴～目的。

字目 方言	庐 遇合三 平鱼来	驴 遇合三 平鱼来	吕 遇合三 上语来	虑 遇合三 去御来	蛆 遇合三 平鱼清
蓝田	lɤu²⁴	ly²⁴	ly⁵² ∣ ly	ly⁵²	tɕʰy³¹
长安	lɤu²⁴	ly²⁴	ly⁵³	ly⁵³	tɕʰy³¹
户县	lɤu²⁴	ly²⁴	ly⁵² ∣ ly	ly⁵⁵	tɕʰy³¹
周至	lɤu²⁴	ly²⁴	ly⁵² ∣ ly	ly⁵⁵	tɕʰy²¹
三原	lou²⁴	ly²⁴	ly⁵² ∣ ly	ly⁵²	tɕʰy³¹
泾阳	lou²⁴	ly²⁴	ly⁵² ∣ ly	ly⁵²	tɕʰy³¹
咸阳	lou²⁴	ly²⁴	ly⁵² ∣ ly	ly⁵²	tɕʰy³¹
兴平	lou²⁴	ly²⁴	ly⁵² ∣ ly	ly⁵²	tɕʰy³¹
武功	lou²⁴	ly²⁴	ly⁵² ∣ ly	ly⁵⁵	tɕʰy³¹
礼泉	lou²⁴	ly²⁴	ly⁵² ∣ ly	ly⁵²	tɕʰy³¹
乾县	lou²⁴	ly²⁴	ly⁵² ∣ ly	ly⁵²	tɕʰy³¹
永寿	lou²⁴	ly²⁴	ly⁵² ∣ ly	ly⁵²	tɕʰy³¹
淳化	lou²⁴	ly²⁴	ly⁵² ∣ ly	ly⁵²	tɕʰy³¹
旬邑	lou²⁴	ly²⁴	ly⁵² ∣ ly	ly⁵²	tɕʰy³¹
彬县	lou²⁴	ly²⁴	ly⁵² ∣ ly	ly⁵²	tɕʰy³¹
长武	lu²⁴	ly²⁴	ly⁵² ∣ ly	ly⁵²	tɕʰy³¹
扶风	lu²⁴	ly²⁴	ly⁵² ∣ ly	ly⁵²	tɕʰy³¹
眉县	ly²⁴	ly²⁴	ly⁵² ∣ ly	ly⁵²	tɕʰy³¹
麟游	lu²⁴	ly²⁴	ly⁵³ ∣ ly	ly⁵³	tɕʰy³¹
岐山	lu²⁴	ly²⁴	ly⁵³ ∣ ly	ly⁵³	tɕʰy³¹
凤翔	lu²⁴	ly²⁴	ly⁵³ ∣ ly	ly⁵³	tɕʰy³¹
宝鸡	lou²⁴	ly²⁴	ly⁵³ ∣ ly	ly⁵³	tɕʰy³¹
千阳	lu²⁴	ly²⁴	ly⁵³ ∣ ly	ly⁴⁴	tɕʰy³¹
陇县	lu²⁴	ly²⁴	ly⁵³ ∣ ly	ly⁵³	tɕʰy³¹

字目 / 方言	絮	徐	绪	猪		著
	遇合三 去御心	遇合三 平鱼邪	遇合三 上语邪	遇合三 平鱼知		遇合三 去御知
西安	ɕy⁵⁵	ɕy²⁴	ɕy⁵⁵	pfu²¹	pfu	pfu⁵⁵
韩城	ɕy⁴⁴	ɕyu²⁴	ɕyu⁴⁴	pfu³¹	pfu	pfu⁴⁴
合阳	ɕy⁵⁵	ɕy²⁴	ɕy⁵⁵	pfu³¹	pfu	pfu⁵⁵
澄城	ɕy⁴⁴	ɕy²⁴	ɕy⁴⁴	tʃu³¹	tsʮ	tʃu⁴⁴
白水	ɕy²⁴	ɕy²⁴	ɕy⁴⁴	tʃu³¹	tsʮ	tʃu⁴⁴
大荔	ɕy⁵⁵	ɕy²⁴	ɕy⁵⁵	pfu³¹	pfu	pfu⁵⁵
蒲城	ɕy⁵⁵	ɕy³⁵	ɕy⁵⁵	tʃu³¹	tsʮ	tʃu⁵⁵
美原	ɕy⁵⁵	ɕy³⁵	ɕy⁵⁵	tʃʅ³¹	tsʮ	tʃʅ⁵⁵
富平	ɕy⁵⁵	ɕy³⁵	ɕy⁵⁵	tʃu³¹	tsʮ	tʃu⁵⁵
潼关	ɕy⁴⁴	ɕy²⁴	ɕy⁴⁴	pfu³¹	pfu	pfu²⁴
华阴	ɕy⁵⁵	ɕy²⁴	ɕy⁵⁵	pfu³¹	pfu	pfu⁵⁵
华县	ɕy⁵⁵	ɕy³⁵	ɕy⁵⁵	tʃu³¹	tsʮ	tʃu⁵⁵
渭南	ɕy⁴⁴	ɕy²⁴	ɕy⁴⁴	tʃu³¹	tsʮ	tʃu⁴⁴
洛南	ɕy⁴⁴	ɕy²⁴	ɕy⁴⁴	tʃu³¹	tsʮ	tʃu⁵³
商州	ɕy⁵⁵	ɕy³⁵	ɕy⁵⁵	tʃu³¹	tsʮ	tʃu⁵⁵
丹凤	ɕy⁴⁴	ɕy²⁴	ɕy⁴⁴	tʃu³¹		tʃu⁵³
宜川	ɕy⁴⁵	ɕy⁴⁵	ɕy⁴⁵	tʂu⁵¹		tʂu⁴⁵
富县	ɕy⁴⁴	ɕy²⁴	ɕy⁴⁴	tsu³¹		tsu⁵²
黄陵	ɕy⁴⁴	ɕy²⁴	ɕy⁴⁴	tʃu³¹		tʃu⁵²
宜君	ɕy⁴⁴	ɕy²⁴	ɕy⁴⁴	tʃu²¹		tʃu⁴⁴
铜川	ɕy⁴⁴	ɕy²⁴	ɕy⁴⁴	tʃu²¹	tsʮ	tʃu⁴⁴
耀县	ɕy⁴⁴	ɕy²⁴	ɕy⁴⁴	tʃu³¹	tsʮ	tʃu⁴⁴
高陵	ɕy⁵⁵	ɕy²⁴	ɕy⁵⁵	tʃu³¹	tsʮ	tʃu⁵²
临潼	ɕy⁴⁵	ɕy²⁴	ɕy⁴⁵	tʂʅ³¹/tʃu³¹ 老	tsʮ	tʂʅ⁴⁵/tʃu⁴⁵ 老

字目 方言	絮 遇合三 去御心	徐 遇合三 平鱼邪	绪 遇合三 上语邪	猪 遇合三 平鱼知	著 遇合三 去御知
蓝田	ɕy⁴⁴	ɕy²⁴	ɕy⁴⁴	tʃu³¹ ǀ tʂʯ	tʃu⁴⁴
长安	ɕy⁴⁴	ɕy²⁴	ɕy⁴⁴	pfu³¹	pfu⁴⁴
户县	ɕy⁵⁵	ɕy²⁴	ɕy⁵⁵	tʃu³¹ ǀ tʂʯ	tʃu⁵⁵
周至	ɕy⁵⁵	ɕy²⁴	ɕy⁵⁵	pfu²¹ ǀ pfu	pfu⁵⁵
三原	ɕy⁵⁵	ɕy²⁴	ɕy⁵⁵	tʃu³¹ ǀ tʂʯ	tʃu⁵⁵
泾阳	ɕy⁵⁵	ɕy²⁴	ɕy⁵⁵	tʃu³¹ ǀ tʂʯ	tʃu⁵⁵
咸阳	ɕy⁵⁵	ɕy²⁴	ɕy⁵⁵	tʃu³¹ ǀ tʂʮ̩	tʃu⁵⁵
兴平	ɕy⁵⁵	ɕy²⁴	ɕy⁵⁵	tʃu³¹ ǀ tʂʯ	tʃu⁵⁵
武功	ɕy⁵⁵	ɕy²⁴	ɕy⁵⁵	tʃu³¹ ǀ tʂʯ	tʃu⁵⁵
礼泉	ɕy⁵⁵	ɕy²⁴	ɕy⁵⁵	tʃu³¹ ǀ tʂʮ̩	tʃu⁵⁵
乾县	ɕy⁴⁴	ɕy²⁴	ɕy⁴⁴	tʃu³¹ ǀ tʂʮ̩	tʃu⁴⁴
永寿	ɕy⁵⁵	ɕy²⁴	ɕy⁵⁵	tʃu³¹ ǀ tʂʮ̩	tʃu⁵⁵
淳化	ɕy⁵⁵	ɕy²⁴	ɕy⁵⁵	tʃu³¹ ǀ tʂʯ	tʃu⁵⁵
旬邑	ɕy⁴⁴	ɕy²⁴	ɕy⁴⁴	tʃu³¹ ǀ tʂʯ	tʃu⁴⁴
彬县	ɕy⁴⁴	ɕy²⁴	ɕy⁴⁴	tʃu³¹ ǀ tʂʯ	tʃu⁴⁴
长武	ɕy⁴⁴	ɕy²⁴	ɕy⁴⁴	tʃu³¹ ǀ tʂʯ	tʃu⁴⁴
扶风	ɕy³³	ɕy²⁴	ɕy³³	tʂʅ³¹ ǀ tʂʯ	tʂʅ³³
眉县	ɕy⁴⁴	ɕy²⁴	ɕy⁴⁴	tʂʅ³¹/tʃu³¹ ǀ tʂʯ	tʂʅ⁴⁴/tʃu⁴⁴
麟游	ɕy⁴⁴	ɕy²⁴	ɕy⁴⁴	tʃu³¹ ǀ tʂʯ	tʃu²⁴
岐山	ɕy⁴⁴	ɕy²⁴	ɕy⁴⁴	tʂʅ³¹ ǀ tʂʅ	tʂʅ⁴⁴
凤翔	ɕy⁴⁴	ɕy²⁴	ɕy⁴⁴	tʂʅ³¹ ǀ tʂʯ	tʂʅ⁴⁴
宝鸡	ɕy⁴⁴	ɕy²⁴	ɕy⁴⁴	tʂʅ³¹/tʂu³¹新 ǀ tʂʯ	tʂʅ⁴⁴/tʂu⁴⁴新
千阳	ɕy⁴⁴	ɕy²⁴	ɕy⁴⁴	tʃʅ³¹ ǀ tʂʯ	tʃu⁴⁴
陇县	ɕy⁴⁴	ɕy²⁴	ɕy⁴⁴	tʃu³¹ ǀ tʂʯ	tʃu⁴⁴

字目 方言	褚 遇合三 上语彻	除 遇合三 平鱼澄		箸 遇合三 去御澄	阻 遇合三 上语庄	初 遇合三 平鱼初
西安	pfʰu⁵³	pfʰu²⁴	pfʰu	pfu⁵⁵	tsu⁵³	tsʰou²¹/pfʰu²¹
韩城	pfʰu⁵³	pfʰu²⁴	pfʰu	pfu⁴⁴	tsəu⁵³	tsʰəu³¹
合阳	pfʰu⁵²	pfʰu²⁴	pfʰu	pfu⁵⁵/pfʰu⁵⁵	tsou⁵²	tsʰou³¹
澄城	tʃʰu⁵³	tʃʰu²⁴	tsʰʮ	tʃu⁴⁴	tsəu⁵³	tsʰəu³¹
白水	tʃʰu⁵³	tʃʰu²⁴	tsʰʮ	tʃu⁴⁴	tsou⁵³	tsʰou³¹
大荔	pfʰu⁵²	pfʰu²⁴	pfʰu	pfu⁵⁵	tsou⁵²	tsʰou³¹
蒲城	tʃʰu⁵³	tʃʰu³⁵	tsʰʮ	tʃu⁵⁵	tsou⁵³	tsʰou³¹
美原	tʃʰʅ⁵³	tʃʰʅ³⁵	tsʰʮ	tʃʅ⁵⁵	tsou⁵³	tsʰou³¹
富平	tʃʰu⁵³	tʃʰu³⁵	tsʰʮ	tʃu⁵⁵	tsou⁵³	tsʰou³¹
潼关	pfʰu⁵²	pfʰu²⁴	pfʰu	pfu⁴⁴	tsou⁵²	tsʰou³¹
华阴	pfʰu⁵²	pfʰu²⁴	pfʰu	pfu⁵⁵	tsou⁵²	tsʰou³¹
华县	tʃʰu⁵³	tʃʰu³⁵	tsʰʮ	tʃu⁵⁵	tsou⁵³	tsʰou³¹
渭南	tʃʰu²⁴	tʃʰu²⁴	tsʰʮ	tʃu⁴⁴	tsou⁵³	tsʰou³¹
洛南	tʃʰu⁵³	tʃʰu²⁴	tsʰʮ	tʃu⁴⁴	tsou⁵³	tsʰou³¹
商州	tʃʰu⁵³	tʃʰu³⁵	tsʰʮ	tʃu⁵⁵	tsou⁵³	tsʰou³¹
丹凤	tʃʰu⁵³	tʃʰu²⁴		tʃu⁴⁴	tsou⁵³	tsʰou³¹
宜川	tʂu⁵¹	tʂʰu²⁴		tʂu⁵¹	tsʐu⁴⁵	tsʰʐu⁵¹
富县	tsu⁵²	tsʰu²⁴			tsʐu⁵²	tsʰʐu³¹
黄陵	tʃʰu⁵²	tʃʰu²⁴			tsʐu⁵²	tsʰʐu³¹
宜君	tsʰou⁵²	tʃʰu²⁴		tʃu⁴⁴	tsou⁵²	tsʰou²¹
铜川	tʃu²¹	tʃʰu²⁴	tsʮ	tʃu⁴⁴	tsʐu⁵²	tsʰʐu²¹
耀县	ɕy⁴⁴	tʃʰu²⁴	tsʰʮ	sʅ³¹~篓	tsou⁵²	tsʰou³¹
高陵	tʃʰu⁵²	tʃʰu²⁴	tsʮ	tʃu⁵⁵	tsʐu⁵²	tsʰʐu³¹
临潼	tʂʰʅ⁵²/tʃʰu⁵²老	tʂʰʅ²⁴/tʃʰu²⁴老	tsʰʮ	tʂʅ⁴⁵/tʃu⁴⁵老	tsəu⁵²	tsʰəu³¹

字目 / 方言	褚	除	箸	阻	初
	遇合三 上语彻	遇合三 平鱼澄	遇合三 去御澄	遇合三 上语庄	遇合三 平鱼初
蓝田	tʃʰu⁵²	tʃʰu²⁴ ∣ tsʰɻ	tʃu⁴⁴	tsɤu⁵²	tsʰɤu³¹
长安	pfʰu⁵³	pfʰu²⁴	pfu⁴⁴	tsɤu⁵³	tsʰɤu³¹
户县	tʃu³¹	tʃʰu²⁴ ∣ tsʰɻ	tʃu⁴⁴ ~箸	tsɤu⁵²	tsʰɤu³¹
周至	pfʰu⁵²	pfʰu²⁴ ∣ pfʰu	fu⁵⁵	tsu⁵²	tsʰu²¹/pfʰu²¹
三原	tʃu³¹	tʃʰu²⁴ ∣ tsɻ	tʃu⁵⁵	tsou⁵²	tsʰou³¹
泾阳	tʃʰu⁵²	tʃʰu²⁴ ∣ tsɻ	tʃu⁵⁵	tsou⁵²	tsʰou³¹
咸阳	tʃʰu⁵²	tʃʰu²⁴ ∣ tsɻ	tʃu⁵⁵	tsu⁵²	tʃʰu³¹
兴平	tʃu⁵²	tʃʰu²⁴ ∣ tsɻ	tʃu⁵⁵	tsu⁵²	tʃʰu³¹
武功	tʃʰu⁵²	tʃʰu²⁴ ∣ tsɻ	tʃu⁵⁵	tʃu⁵²	tʃʰu³¹
礼泉	tʃu³¹	tʃʰu²⁴ ∣ tsʰɻ	tʃu⁵⁵	tʃu⁵²	tʃʰu³¹
乾县	tʃʰu⁵²	tʃʰu²⁴ ∣ tsʰɻ	tʃu⁴⁴	tsu⁵²	tʃʰu³¹
永寿	tʃu³¹	tʃʰu²⁴ ∣ tsʰɻ	tʃu⁵⁵	tsu⁵²	tʃʰu³¹
淳化	tʃʰu⁵²	tʃʰu²⁴ ∣ tsɻ	tʃu⁵⁵	tsou⁵²	tsʰou³¹
旬邑	tʃʰu⁵²	tʃʰu²⁴ ∣ tsʰɻ	tʃu⁴⁴	tsu⁵²/tsou⁵²	tʃʰu³¹/tsʰou³¹
彬县	tʃʰu⁵²	tʃʰu²⁴ ∣ tsʰɻ	tʃu⁴⁴	tʃu⁵²	tʃʰu³¹
长武	tʃʰu⁵²	tʃʰu²⁴ ∣ tsʰɻ	tʃu⁴⁴	tʃu⁵²	tʃʰu³¹
扶风	tʂʅ³¹	tʂʰʅ²⁴ ∣ tsʰɻ	tʂʰʅ³³	tsu⁵²	tʂʰʅ³¹
眉县	tʂʰʅ⁵²/tʃʰu⁵²	tʂʰʅ²⁴/tʃʰu²⁴ ∣ tsʰɻ	tʂʰʅ⁴⁴	tsu⁵²	tʂʰʅ³¹/tʃʰu³¹
麟游	tʃu²⁴	tʃʰu²⁴ ∣ tsʰɻ	tʃʰu⁴⁴	tsu⁵³	tʃʰu³¹
岐山	tʂʅ³¹	tʂʰʅ²⁴ ∣ tsʰʅ	tʂʰʅ⁴⁴	tsu⁵³	tʂʰʅ³¹
凤翔	tʂʅ³¹	tʂʰʅ²⁴ ∣ tsʰɻ	tʂʰʅ⁴⁴	tsu⁵³	tʂʰʅ³¹
宝鸡	tʂʰʅ⁵³/tʂʰu⁵³新	tʂʰʅ²⁴/tʂʰu²⁴新 ∣ tsʰɻ	tʂʰʅ⁴⁴/tʂʰu⁴⁴新	tʂʅ⁵³/tʂu⁵³新	tʂʰʅ³¹/tʂʰu³¹新
千阳	tʃʅ³¹	tʃʰʅ²⁴ ∣ tsʰɻ	tʃʰʅ⁴⁴	tsu⁵³	tʃʰʅ³¹
陇县	tʃu³¹	tʃʰu²⁴ ∣ tsʰʅ	tʃʰu⁴⁴	tsʅ⁵³	tʃʰu³¹

字目 / 方言	础	锄	助	梳	所
	遇合三上语初	遇合三平鱼崇	遇合三去御崇	遇合三平鱼生	遇合三上语生
西安	ts^hou^{53}/pf^hu^{53}	ts^hou^{24}/pf^hu^{24}	$tsou^{55}$/pfu^{55}	sou^{21}/fu^{21}	fo^{53}
韩城	$ts^hə u^{53}$	$ts^hə u^{24}$	$ts^hə u^{44}$	$sə u^{31}$	$sə u^{53}$
合阳	ts^hou^{52}	ts^hou^{24}	ts^hou^{55}	sou^{31}	fo^{52}
澄城	$ts^hə u^{53}$	$ts^hə u^{24}$	$ts^hə u^{44}$	$sə u^{31}$	$\int uo^{53}$
白水	ts^hou^{53}	ts^hou^{24}	ts^hou^{44}	sou^{31}	$\int uo^{53}$
大荔	ts^hou^{52}	ts^hou^{24}	ts^hou^{55}	sou^{31}	fo^{52}
蒲城	ts^hou^{53}	ts^hou^{35}	ts^hou^{55}	sou^{31}	$\int uo^{53}$
美原	ts^hou^{53}	ts^hou^{35}	ts^hou^{55}	sou^{31}	$\int o^{53}$
富平	ts^hou^{53}	ts^hou^{35}	ts^hou^{55}	sou^{31}	$\int uo^{53}$
潼关	ts^hou^{52}	ts^hou^{24}	ts^hou^{44}	sou^{31}	fo^{52}
华阴	ts^hou^{52}	ts^hou^{24}	ts^hou^{55}	sou^{31}	fo^{52}
华县	ts^hou^{53}	ts^hou^{35}	ts^hou^{55}	sou^{31}	$\int uo^{53}$
渭南	ts^hou^{53}	ts^hou^{24}	ts^hou^{44}	sou^{31}	$\int uo^{53}$
洛南	ts^hou^{53}	ts^hou^{24}	$tsou^{44}$	sou^{31}	$\int uo^{53}$
商州	ts^hou^{53}	ts^hou^{35}	$tsou^{55}$	sou^{31}	$\int uo^{53}$
丹凤	ts^hou^{53}	ts^hou^{24}	$tsou^{44}$	sou^{31}	$\int uo^{53}$
宜川	$ts^h\gamma u^{45}$	$ts^h\gamma u^{24}$/$t\text{ʂ}u^{24}$	$ts^h\gamma u^{45}$	$s\gamma u^{51}$/$\text{ʂ}u^{51}$	$\text{ʂ}ə^{45}$ 厕~
富县	$ts^h\gamma u^{52}$	$ts^h\gamma u^{24}$	$ts^h\gamma u^{44}$	$s\gamma u^{31}$	suo^{52}
黄陵	$ts^h\gamma u^{52}$	$ts^h\gamma u^{24}$	$ts^h\gamma u^{44}$	$s\gamma u^{31}$	$\int uo^{52}$
宜君	ts^hou^{52}	ts^hou^{24}	ts^hou^{44}	sou^{21}	$\int uo^{52}$
铜川	$ts^h\gamma u^{52}$	$ts^h\gamma u^{24}$	$ts\gamma u^{44}$	$s\gamma u^{21}$	$\int uo^{52}$
耀县	ts^hou^{52}	ts^hou^{24}	$tsou^{44}$	sou^{31}	$\int uo^{52}$
高陵	$ts^h\gamma u^{52}$	$ts^h\gamma u^{24}$	$ts\gamma u^{55}$	$s\gamma u^{31}$	$\int uo^{52}$
临潼	$ts^h\gamma u^{52}$	$ts^h\gamma u^{24}$	$ts\gamma u^{45}$	$s\gamma u^{31}$	$\text{ʂ}\gamma^{52}$/$\int uo^{52}$ 老

字目〔方言〕	础	锄	助	梳	所
	遇合三 上语初	遇合三 平鱼崇	遇合三 去御崇	遇合三 平鱼生	遇合三 上语生
蓝田	$ts^h\curlyvee u^{52}$	$ts^h\curlyvee u^{24}$	$ts\curlyvee u^{44}$	$s\curlyvee u^{31}$	$\int uo^{52}$
长安	$ts^h\curlyvee u^{53}$	$ts^h\curlyvee u^{24}$	$ts\curlyvee u^{44}$	$s\curlyvee u^{31}/fu^{31}①$	fo^{53}
户县	$ts^h\curlyvee u^{52}$	$ts^h\curlyvee u^{24}$	$ts\curlyvee u^{55}$	$s\curlyvee u^{31}$	$\int uo^{52}$
周至	$ts^h u^{52}$	$pf^h u^{24}$	tsu^{55}	fu^{21}	fo^{52}
三原	$ts^h ou^{52}$	$ts^h ou^{24}$	$tsou^{55}$	sou^{31}	$\int uo^{52}$
泾阳	$ts^h ou^{52}$	$ts^h ou^{24}$	$ts^h ou^{55}$	sou^{31}	$\int uo^{52}$
咸阳	$t\int^h u^{52}$	$t\int^h u^{24}$	$t\int u^{55}$	$\int u^{31}$	$\int uo^{52}$
兴平	$t\int^h u^{52}$	$t\int^h u^{24}$	$t\int u^{55}$	$\int u^{31}$	$\int uo^{52}$
武功	$t\int^h u^{52}$	$t\int^h u^{24}$	$t\int u^{55}$	$\int u^{31}$	$\int uo^{53}$
礼泉	$t\int^h u^{52}$	$t\int^h u^{24}$	$t\int u^{55}$	$\int u^{31}$	$\int uo^{52}$
乾县	$t\int^h u^{52}$	$t\int^h u^{24}$	$t\int u^{44}$	$\int u^{31}$	suo^{52}
永寿	$t\int^h u^{52}$	$t\int^h u^{24}$	$t\int u^{55}$	$\int u^{31}$	suo^{52}
淳化	$ts^h ou^{52}$	$ts^h ou^{24}$	$ts^h ou^{55}$	sou^{31}	$\int uo^{52}$
旬邑	$t\int^h u^{52}$	$t\int^h u^{24}$	$t\int u^{44}$	$\int u^{31}$	$\int uo^{52}$
彬县	$t\int^h u^{52}$	$t\int^h u^{24}$	$t\int u^{44}$	$\int u^{31}$	$\int uo^{52}$
长武	$t\int^h u^{52}$	$t\int^h u^{24}$	$t\int u^{44}$	$\int u^{31}$	$\int uo^{52}$
扶风	$t\underset{\cdot}{s}^h\underset{\cdot}{l}^{52}$	$t\underset{\cdot}{s}^h\underset{\cdot}{l}^{24}$	$t\underset{\cdot}{s}\underset{\cdot}{l}^{33}$	$\underset{\cdot}{s}\underset{\cdot}{l}^{31}$	$\underset{\cdot}{s}uo^{52}$
眉县	$t\underset{\cdot}{s}^h\underset{\cdot}{l}^{52}/t\int^h u^{52}$	$t\underset{\cdot}{s}^h\underset{\cdot}{l}^{24}/t\int^h u^{24}$	$t\underset{\cdot}{s}\underset{\cdot}{l}^{44}/t\int u^{44}$	$\underset{\cdot}{s}\underset{\cdot}{l}^{31}/\int u^{31}$	$\underset{\cdot}{s}ɚ^{52}$
麟游	$t\int^h u^{53}$	$t\int^h u^{24}$	$t\int u^{44}$	$\int u^{31}$	$\int uo^{53}$
岐山	$t\underset{\cdot}{s}^h\underset{\cdot}{l}^{44}$	$t\underset{\cdot}{s}^h\underset{\cdot}{l}^{24}$	$t\underset{\cdot}{s}^h\underset{\cdot}{l}^{44}$	$\underset{\cdot}{s}\underset{\cdot}{l}^{31}$	$\underset{\cdot}{s}uo^{53}$
凤翔	$t\underset{\cdot}{s}^h\underset{\cdot}{l}^{53}$	$t\underset{\cdot}{s}^h\underset{\cdot}{l}^{24}$	$t\underset{\cdot}{s}^h\underset{\cdot}{l}^{44}$	$\underset{\cdot}{s}\underset{\cdot}{l}^{31}$	$\underset{\cdot}{s}uo^{53}$
宝鸡	$t\underset{\cdot}{s}^h\underset{\cdot}{l}^{53}/t\underset{\cdot}{s}^h u^{53}$新	$t\underset{\cdot}{s}^h\underset{\cdot}{l}^{24}/t\underset{\cdot}{s}^h u^{24}$新	$t\underset{\cdot}{s}\underset{\cdot}{l}^{44}/t\underset{\cdot}{s}u^{44}$新	$\underset{\cdot}{s}\underset{\cdot}{l}^{31}/\underset{\cdot}{s}u^{31}$新	$\underset{\cdot}{s}uo^{53}$
千阳	$t\int^h\underset{\cdot}{l}^{53}$	$t\int^h\underset{\cdot}{l}^{24}$	$t\int^h\underset{\cdot}{l}^{44}$	$\int\underset{\cdot}{l}^{31}$	suo^{53}
陇县	$t\int^h u^{53}$	$t\int^h u^{24}$	$t\int^h u^{44}$	$\int u^{31}$	$\int uo^{53}$

---

① $s\curlyvee u^{31}$ 年轻人使用。

字目 方言	诸	煮	处相~	处~所	书
	遇合三 平鱼章	遇合三 上语章	遇合三 上语昌	遇合三 去御昌	遇合三 平鱼书
西安	pfu²¹	pfu⁵³	pfʰu⁵³	pfʰu⁵³	fu²¹ ∣ fu
韩城	pfu³¹	pfu⁵³	pfʰu⁵³	pfʰu⁴⁴	fu³¹ ∣ fu
合阳	pfu³¹	pfu⁵²	pfʰu⁵²	pfʰu⁵²	fu³¹ ∣ fu
澄城	tʃu³¹	tʃu⁵³	tʃʰu⁵³	tʃʰu⁵³	ʃu³¹ ∣ sʅ
白水	tʃu³¹	tʃu⁵³	tʃʰu⁵³	tʃʰu⁵³	ʃu³¹ ∣ sʅ
大荔	pfu³¹	pfu⁵²	pfʰu⁵²	pfʰu⁵²	fu³¹ ∣ fu
蒲城	tʃu³¹	tʃu⁵³	tʃʰu⁵³	tʃʰu⁵⁵	ʃu³¹ ∣ sʅ
美原	tʃʅ³¹	tʃʅ⁵³	tʃʰʅ⁵³	tʃʰʅ⁵³	ʃʅ³¹ ∣ sʅ
富平	tʃu³¹	tʃu⁵³	tʃʰu⁵³	tʃʰu⁵³	ʃu³¹ ∣ sʅ
潼关	pfu³¹	pfu⁵²	pfʰu⁵²	pfʰu⁵²	fu³¹ ∣ fu
华阴	pfu³¹	pfu⁵²	pfʰu⁵²	pfʰu⁵²	fu³¹ ∣ fu
华县	tʃu³¹	tʃu⁵³	tʃʰu⁵³	tʃʰu⁵³	ʃu³¹ ∣ sʅ
渭南	tʃu³¹	tʃu⁵³	tʃʰu⁵³	tʃʰu⁵³	ʃu³¹ ∣ sʅ
洛南	tʃu³¹	tʃu⁵³	tʃʰu⁵³	tʃʰu⁵³	ʃu³¹ ∣ sʅ
商州	tʃu³¹	tʃu⁵³	tʃʰu⁵³	tʃʰu⁵³	ʃu³¹ ∣ sʅ
丹凤	tʃu³¹	tʃu⁵³	tʃʰu⁵³	tʃʰu⁵³	ʃu³¹
宜川	tʂu⁵¹	tʂu⁴⁵	tʂʰu⁴⁵	tʂʰu⁴⁵	ʂu⁵¹
富县	tsu³¹	tsu⁵²	tsʰu⁵²	tsʰu⁵²	su³¹
黄陵	tʃu⁵²	tʃu⁵²	tʃʰu⁵²	tʃʰu⁵²	ʃu³¹
宜君	tʃu²¹	tʃu⁵²	tʃʰu⁵²	tʃʰu⁵²	ʃu²¹
铜川	tʃu⁴⁴	tʃu⁵²	tʃʰu⁵²	tʃʰu⁵²	ʃu²¹ ∣ sʅ
耀县	tʃu⁴⁴	tʃu⁵²	tʃʰu⁵²	tʃʰu⁵²	ʃu³¹ ∣ sʅ
高陵	tʃu³¹	tʃu⁵²	tʃʰu⁵²	tʃʰu⁵²	ʃu³¹ ∣ sʅ
临潼	tʂʅ⁴⁵/tʃu⁴⁵老	tʂʅ⁵²/tʃu⁵²老	tʂʰʅ⁵²/tʃʰu⁵²老	tʂʰʅ⁵²/tʃʰu⁵²老	ʂʅ³¹/ʃu³¹老 ∣ sʅ

字目 方言	诸 遇合三 平鱼章	煮 遇合三 上语章	处相~ 遇合三 上语昌	处~所 遇合三 去御昌	书 遇合三 平鱼书
蓝田	tʃu³¹	tʃu⁵²	tʃʰu⁵²	tʃʰu⁵²	ʃu³¹ ∣ sʮ
长安	pfu³¹	pfu⁵³	pfʰu⁵³	pfʰu⁵³	fu³¹
户县	tʃu⁵⁵	tʃu⁵²	tʃʰu⁵²	tʃʰu⁵²	ʃu³¹ ∣ sʮ
周至	pfu²¹	pfu⁵²	pfʰu⁵²	pfʰu⁵²	fu²¹ ∣ fu
三原	tʃu³¹	tʃu⁵²	tʃʰu⁵²	tʃʰu⁵²	ʃu³¹ ∣ suŋ
泾阳	tʃu³¹	tʃu⁵²	tʃʰu⁵²	tʃʰu⁵²	ʃu³¹ ∣ sʮ
咸阳	tʃu³¹	tʃu⁵²	tʃʰu⁵²	tʃʰu⁵²	ʃu³¹ ∣ ʂʮ
兴平	tʃu³¹	tʃu⁵²	tʃʰu⁵²	tʃʰu⁵²	ʃu³¹ ∣ sʮ
武功	tʃu³¹	tʃu⁵²	tʃʰu⁵²	tʃʰu⁵²	ʃu³¹ ∣ sʮ
礼泉	tʃu³¹	tʃu⁵²	tʃʰu⁵²	tʃʰu⁵²	ʃu³¹ ∣ ʂʮ
乾县	tʃu³¹	tʃu⁵²	tʃʰu⁵²	tʃʰu⁵²	ʃu³¹ ∣ ʂʮ
永寿	tʃu³¹	tʃu⁵²	tʃʰu⁵²	tʃʰu⁵²	ʃu³¹ ∣ ʂʮ
淳化	tʃu³¹	tʃu⁵²	tʃʰu⁵²	tʃʰu⁵²	ʃu³¹ ∣ sʮ
旬邑	tʃu³¹	tʃu⁵²	tʃʰu⁵²	tʃʰu⁵²	ʃu³¹ ∣ sʮ
彬县	tʃu³¹	tʃu⁵²	tʃʰu⁵²	tʃʰu⁵²	ʃu³¹ ∣ sʮ
长武	tʃu³¹	tʃu⁵²	tʃʰu⁵²	tʃʰu⁵²	ʃu³¹ ∣ sʮ
扶风	tʂʅ³¹	tʂʅ⁵²	tʂʰʅ⁵²	tʂʰʅ⁵²	ʂʅ³¹ ∣ sʮ
眉县	tʂʅ³¹/tʃu³¹	tʂʅ⁵²/tʃu⁵²	tʂʰʅ⁵²/tʃʰu⁵²	tʂʰʅ⁵²/tʃʰu⁵²	ʂʅ³¹/ʃu³¹ ∣ sʮ
麟游	tʃu³¹	tʃu⁵³	tʃʰu⁵³	tʃʰu⁵³	ʃu³¹ ∣ sʮ
岐山	tʂʅ³¹	tʂʅ⁵³	tʂʰʅ⁵³	tʂʰʅ⁵³	ʂʅ³¹ ∣ ʂʅ
凤翔	tʂʅ³¹	tʂʅ⁵³	tʂʰʅ⁵³	tʂʰʅ⁵³	ʂʅ³¹ ∣ ʂʅ
宝鸡	tʂʅ³¹/tʂu³¹ 新	tʂʅ⁵³/tʂu⁵³ 新	tʂʰʅ⁵³/tʂʰu⁵³ 新	tʂʰʅ⁵³/tʂʰu⁵³ 新	ʂʅ³¹/ʂu³¹ 新
千阳	tʃu³¹	tʃu⁵³	tʃʰu⁵³	tʃʰu⁵³	ʃu³¹ ∣ sʮ
陇县	tʃu³¹	tʃu⁵³	tʃʰu⁵³	tʃʰu⁵³	ʃu³¹ ∣ ʂʮ

字目　　　方言	鼠　遇合三　上语书	恕　遇合三　去御书	薯　遇合三　去御禅	如　遇合三　平鱼日	汝　遇合三　上语日
西安	fu⁵³	fu⁵⁵	fu⁵³	vu²⁴ ｜ vu	vu⁵³
韩城	fu⁵³	fu⁵³	fu⁵³	vu²⁴ ｜ vu	vu⁵³
合阳	fu⁵²	fu⁵⁵	fu⁵²	vu²⁴ ｜ vu	vu⁵²
澄城	ʃu⁵³	ʃu⁵³	ʃu⁵³	ʒu³¹ ｜ zʮ	ʒu²⁴
白水	ʃu⁵³	ʃu⁴⁴	ʃu⁵³	ʒu²⁴ ｜ zʮ	ʒu⁵³
大荔	fu⁵²	fu⁵⁵	fu⁵²	vu²⁴ ｜ vu	vu⁵²
蒲城	ʃu⁵³	ʃu⁵⁵	ʃu⁵³	ʒu³¹ ｜ zʮ	ʒu⁵³
美原	ʃʅ⁵³	ʃʅ⁵³	ʃʅ⁵³	ʒʅ³¹ ｜ zʮ	ʒʅ³⁵
富平	ʃu⁵³	ʃu⁵⁵	ʃu⁵³	ʒu³¹ ｜ zʮ	ʒu⁵³
潼关	fu⁵²	fu⁴⁴	fu⁵²	vu²⁴ ｜ vu	vu⁵²
华阴	fu⁵²	fu⁵⁵	fu⁵²	vu²⁴ ｜ vu	vu⁵²
华县	ʃu⁵³	ʃu³⁵	ʃu⁵³	ʒu³¹ ｜ zʮ	ʒu⁵³
渭南	ʃu⁵³	ʃu⁴⁴	ʃu⁵³	ʒu²⁴ ｜ zʮ	ʒu⁵³
洛南	ʃu⁵³	ʃu⁴⁴	ʃu⁵³	ʒu²⁴ ｜ zʮ	ʒu⁵³
商州	ʃu⁵³	ʃu⁵⁵	ʃu⁵³	ʒu³⁵ ｜ zʮ	ʒu⁵³
丹凤	ʃu⁵³	ʃu⁴⁴	ʃu⁵³	ʒu²⁴	ʒu⁵³
宜川	ʂu⁴⁵	ʂu⁴⁵	ʂu⁴⁵	zʅ⁵¹	zʅ⁵¹
富县	su⁵²	sɤu⁵²/sɤu⁴⁴①	su⁵²	zu³¹	zu⁵²
黄陵	ʃu⁵²	sɤu⁴⁴	ʃu⁵²	ʒu³¹	ʒu⁵²
宜君	ʃu⁵²	ʃu²⁴	ʃu⁵²	ʒu²¹	ʒu⁵²
铜川	ʃu⁵²	ʃu⁵²	ʃu⁵²	ʒu²¹ ｜ zʮ	ʒu⁵²
耀县	ʃu⁵²	ɕy⁴⁴	ʃu⁵²	ʒu³¹ ｜ zʮ	ʒu⁵²
高陵	ʃu⁵²	sɤu⁵⁵	ʃu⁵²	ʒu³¹ ｜ zʮ	ʒu²⁴
临潼	ʂʅ⁵²/ʃu⁵²老	ʂʅ⁵²/ʃu⁵²老	ʂʅ⁵²/ʃu⁵²老	zʅ³¹/ʒu³¹老 ｜ zʮ	zʅ⁵²/ʒu⁵²老

① sɤu⁴⁴～我直言。

字目／方言	鼠	恕	薯	如	汝
	遇合三 上语书	遇合三 去御书	遇合三 去御禅	遇合三 平鱼日	遇合三 上语日
蓝田	$\int$u^{52}	s$\textipa{Z}$u^{44}	$\int$u^{52}	ʒu^{31} ｜ z$\textipa{1}$	ʒu^{52}
长安	fu^{53}	fu^{44}	fu^{53}	vu^{24} ｜	vu^{53}
户县	$\int$u^{52}	$\int$u^{55}	$\int$u^{52}	ʒu^{31} ｜ z$\textipa{1}$	ʒu^{52}
周至	fu^{52}	fu^{52}/ʂu^{52}	fu^{52}/ʂu^{52}	vu^{24} ｜ vu	z$\textipa{1}$u^{52}
三原	$\int$u^{52}	$\int$u^{52}	$\int$u^{52}	ʒu^{31} ｜ z$\textipa{1}$	ʒu^{24}
泾阳	$\int$u^{31}	sou^{55}	$\int$u^{52}	ʒu^{31} ｜ z$\textipa{1}$	ʒu^{52}
咸阳	$\int$u^{52}	$\int$u^{52}	$\int$u^{52}	ʒu^{31} ｜ z$\textipa{1}$	ʒu^{52}
兴平	$\int$u^{52}	$\int$u^{55}	$\int$u^{52}	ʒu^{31} ｜ z$\textipa{1}$	ʒu^{52}
武功	$\int$u^{52}	$\int$u^{55}	$\int$u^{52}	ʒu^{24} ｜ z$\textipa{1}$	ʒu^{52}
礼泉	$\int$u^{31}	$\int$u^{31}	$\int$u^{52}	ʒu^{31} ｜ z$\textipa{1}$	ʒu^{31}
乾县	$\int$u^{52}	$\int$u^{44}	$\int$u^{52}	ʒu^{24} ｜ z$\textipa{1}$	ʒu^{52}
永寿	$\int$u^{52}	$\int$u^{55}	$\int$u^{52}	ʒu^{31} ｜ z$\textipa{1}$	ʒu^{52}
淳化	$\int$u^{52}	$\int$u^{55}	$\int$u^{52}	ʒu^{31} ｜ z$\textipa{1}$	ʒu^{24}
旬邑	$\int$u^{52}	$\int$u^{44}	$\int$u^{52}	ʒu^{31} ｜ z$\textipa{1}$	ʒu^{52}
彬县	$\int$u^{52}	$\int$u^{24}	$\int$u^{52}	ʒu^{31} ｜ z$\textipa{1}$	ʒu^{52}
长武	$\int$u^{52}	$\int$u^{44}	$\int$u^{52}	ʒu^{31} ｜ z$\textipa{1}$	ʒu^{52}
扶风	ʂ$\textipa{1}$^{31}	ʂ$\textipa{1}$^{52}	ʂ$\textipa{1}$^{52}	z$\textipa{1}$^{31} ｜ z$\textipa{1}$	z$\textipa{1}$^{52}
眉县	ʂ$\textipa{1}$^{52}/$\int$u^{52}	ʂ$\textipa{1}$^{52}/$\int$u^{52}	ʂ$\textipa{1}$^{52}/$\int$u^{52}	z$\textipa{1}$^{31}/ʒu^{31} ｜ z$\textipa{1}$	z$\textipa{1}$^{52}/ʒu^{52}
麟游	$\int$u^{53}	$\int$u^{53}	$\int$u^{53}	ʒu^{31} ｜ z$\textipa{1}$	ʒu^{53}
岐山	ʂ$\textipa{1}$^{31}	ʂ$\textipa{1}$^{53}	ʂ$\textipa{1}$^{53}	z$\textipa{1}$^{24} ｜ z$\textipa{1}$	z$\textipa{1}$^{53}
凤翔	ʂ$\textipa{1}$^{53}	ʂ$\textipa{1}$^{53}	ʂ$\textipa{1}$^{53}	z$\textipa{1}$^{24} ｜ z$\textipa{1}$	z$\textipa{1}$^{53}
宝鸡	ʂ$\textipa{1}$^{53}/ʂu^{53}新	ʂ$\textipa{1}$^{53}/ʂu^{53}新	ʂ$\textipa{1}$^{53}/ʂu^{53}新	z$\textipa{1}$^{31}/z$\textipa{1}$u^{31}新 ｜ z$\textipa{1}$	z$\textipa{1}$^{53}/z$\textipa{1}$u^{53}新
千阳	ɕy^{53}/tɕʰy^{31}	$\int$$\textipa{1}$^{53}	$\int$$\textipa{1}$^{53}	ʒ$\textipa{1}$^{24} ｜ z$\textipa{1}$	ʒ$\textipa{1}$^{53}
陇县	$\int$u^{31}	$\int$u^{44}	$\int$u^{53}	ʒu^{31} ｜ z$\textipa{1}$	ʒu^{53}

字目 方言	居 遇合三 平鱼见	举 遇合三 上语见	锯 遇合三 去御见	墟 遇合三 平鱼溪	去 遇合三 去御溪
西安	tɕy^{21} ∣ tɕy	tɕy^{53}	tɕy^{55}	ɕy^{21}	tɕʰy^{55}/tɕʰi^{55}
韩城	tɕy^{31} ∣ tɕy	tɕy^{53}	tɕy^{44}	ɕy^{31}	tɕʰy^{44}/tɕʰi^{44}
合阳	tɕy^{31} ∣ tɕy	tɕy^{52}	tɕy^{55}	ɕy^{31}	tɕʰy^{55}/tɕʰi^{55}
澄城	tɕy^{31} ∣ tɕy	tɕy^{53}	tɕy^{44}	ɕy^{31}	tɕʰy^{44}/tɕʰi^{44}
白水	tɕy^{31} ∣ tɕy	tɕy^{53}	tɕy^{44}	ɕy^{31}	tɕʰy^{44}/tɕʰi^{44}
大荔	tɕy^{31} ∣ tɕy	tɕy^{52}	tɕy^{55}	ɕy^{31}	tɕʰy^{55}/tɕʰi^{55}
蒲城	tɕy^{31} ∣ tɕy	tɕy^{53}	tɕy^{55}	ɕy^{31}	tɕʰy^{55}/tɕʰi^{55}
美原	tɕy^{31} ∣ tɕy	tɕy^{53}	tɕy^{55}	ɕy^{31}	tɕʰy^{55}/tɕʰi^{55}
富平	tɕy^{31} ∣ tɕy	tɕy^{53}	tɕy^{55}	ɕy^{31}	tɕʰy^{55}/tɕʰi^{55}
潼关	tɕy^{31} ∣ tɕy	tɕy^{52}	tɕy^{44}	ɕy^{31}	tɕʰy^{44}/tɕʰi^{44}
华阴	tɕy^{31} ∣ tɕy	tɕy^{52}	tɕy^{55}	ɕy^{31}	tɕʰy^{55}/tɕʰi^{55}
华县	tɕy^{31} ∣ tɕy	tɕy^{53}	tɕy^{55}	ɕy^{31}	tɕʰy^{55}/tɕʰi^{55}
渭南	tɕy^{31} ∣ tɕy	tɕy^{53}	tɕy^{44}	ɕy^{31}	tɕʰy^{44}/tɕʰi^{44}
洛南	tɕy^{31} ∣ tɕy	tɕy^{53}	tɕy^{44}	ɕy^{31}	tɕʰy^{44}/tɕʰi^{44}
商州	tɕy^{31} ∣ tɕy	tɕy^{53}	tɕy^{55}	ɕy^{31}	tɕʰy^{55}/tɕʰi^{55}
丹凤	tɕy^{31}	tɕy^{53}	tɕy^{44}	ɕy^{31}	tɕʰy^{44}/tɕʰi^{44}
宜川	tɕy^{51}	tɕy^{45}	tɕy^{45}	ɕy^{51}	tɕʰy^{45}/tɕʰi^{45}
富县	tɕy^{31}	tɕy^{52}	tɕy^{44}	ɕy^{31}	tɕʰy^{44}/tɕʰy^{52}/tɕʰi^{44}
黄陵	tɕy^{31}	tɕy^{52}	tɕy^{44}	ɕy^{31}	tɕʰi^{44}
宜君	tɕy^{21}	tɕy^{44}	tɕy^{44}	ɕy^{21}	tɕʰy^{44}/tɕʰi^{44}
铜川	tɕy^{21} ∣ tɕy	tɕy^{52}	tɕy^{44}	ɕy^{21}	tɕʰy^{44}/tɕʰi^{44}
耀县	tɕy^{31} ∣ tɕy	tɕy^{52}	tɕy^{44}	ɕy^{31}	tɕʰy^{44}/tɕʰi^{44}
高陵	tɕy^{31} ∣ tɕy	tɕy^{52}	tɕy^{55}	ɕy^{31}	tɕʰy^{55}/tɕʰi^{55}
临潼	tɕy^{31} ∣ tɕy	tɕy^{52}	tɕy^{45}	ɕy^{31}	tɕʰy^{45}/tɕʰi^{45}

字目 / 方言	居 遇合三平鱼见	举 遇合三上语见	锯 遇合三去御见	墟 遇合三平鱼溪	去 遇合三去御溪
蓝田	tɕy³¹ | tɕy	tɕy⁵²	tɕy⁴⁴	ɕy³¹	t<u>ɕ</u>ʰy⁴⁴/t<u>ɕ</u>ʰi⁴⁴
长安	tɕy³¹	tɕy⁵³	tɕy⁴⁴	ɕy³¹	t<u>ɕ</u>ʰy⁴⁴/t<u>ɕ</u>ʰi⁴⁴
户县	tɕy³¹ | tɕy	tɕy⁵²	tɕy⁵⁵	ɕy³¹	t<u>ɕ</u>ʰy⁵⁵/t<u>ɕ</u>ʰi⁵⁵
周至	tɕy²¹ | tɕy	tɕy⁵²	tɕy⁵⁵	ɕy²¹	t<u>ɕ</u>ʰy⁵⁵/t<u>ɕ</u>ʰi⁵⁵
三原	tɕy³¹ | tɕy	tɕy⁵²	tɕy⁵⁵	ɕy³¹	t<u>ɕ</u>ʰy⁵⁵/t<u>ɕ</u>ʰi⁵⁵
泾阳	tɕy³¹ | tɕy	tɕy⁵²	tɕy⁵⁵	ɕy³¹	t<u>ɕ</u>ʰy⁵⁵/t<u>ɕ</u>ʰi⁵⁵
咸阳	tɕy³¹ | tɕy	tɕy⁵²	tɕy⁵⁵	ɕy³¹	t<u>ɕ</u>ʰy⁵⁵/t<u>ɕ</u>ʰi⁵⁵
兴平	tɕy³¹ | tɕy	tɕy⁵²	tɕy⁵⁵	ɕy³¹	t<u>ɕ</u>ʰy⁵⁵/t<u>ɕ</u>ʰi⁵⁵
武功	tɕy³¹ | tɕy	tɕy⁵²	tɕy⁵⁵	ɕy³¹	t<u>ɕ</u>ʰy⁵⁵/t<u>ɕ</u>ʰi⁵⁵
礼泉	tɕy³¹ | tɕy	tɕy⁵²	tɕy⁵⁵	ɕy³¹	t<u>ɕ</u>ʰy⁵⁵/t<u>ɕ</u>ʰi⁵⁵
乾县	tɕy³¹ | tɕy	tɕy⁵²	tɕy⁴⁴	ɕy³¹	t<u>ɕ</u>ʰy⁴⁴/t<u>ɕ</u>ʰi⁴⁴
永寿	tɕy³¹ | tɕy	tɕy⁵²	tɕy⁵⁵	ɕy³¹	t<u>ɕ</u>ʰy⁵⁵/t<u>ɕ</u>ʰi⁵⁵
淳化	tɕy³¹ | tɕy	tɕy⁵²	tɕy⁵⁵	ɕy³¹	t<u>ɕ</u>ʰy⁵⁵/t<u>ɕ</u>ʰi⁵⁵
旬邑	tɕy³¹ | tɕy	tɕy⁵²	tɕy⁴⁴	ɕy³¹	t<u>ɕ</u>ʰy⁴⁴/t<u>ɕ</u>ʰi⁴⁴
彬县	tɕy³¹ | tɕy	tɕy⁵²	tɕy⁴⁴	ɕy³¹	t<u>ɕ</u>ʰy⁴⁴/t<u>ɕ</u>ʰi⁴⁴
长武	tɕy³¹ | tɕy	tɕy⁵²	tɕy⁴⁴	ɕy³¹	t<u>ɕ</u>ʰy⁴⁴/t<u>ɕ</u>ʰi⁴⁴
扶风	tɕy³¹ | tɕy	tɕy³¹	tɕy³³	ɕy³¹	t<u>ɕ</u>ʰy³³/t<u>ɕ</u>ʰi³³
眉县	tɕy³¹ | tɕy	tɕy⁵²	tɕy⁴⁴	ɕy³¹	t<u>ɕ</u>ʰy⁴⁴/t<u>ɕ</u>ʰi⁴⁴
麟游	tɕy³¹ | tɕy	tɕy⁵³	tɕy⁴⁴	ɕy³¹	t<u>ɕ</u>ʰy⁴⁴/t<u>ɕ</u>ʰi⁴⁴
岐山	tɕy³¹ | tɕy	tɕy³¹	tɕy⁴⁴	ɕy³¹	tɕʰi⁴⁴/tɕʰi⁵³①
凤翔	tɕy³¹ | tɕy	tɕy³¹	tɕy⁴⁴	ɕy³¹	t<u>ɕ</u>ʰy⁴⁴/t<u>ɕ</u>ʰi⁴⁴
宝鸡	tʂy³¹ | tɕy	tʂy⁵³	tʂy⁴⁴	ʂy³¹	t<u>ʂ</u>ʰy⁴⁴/t<u>ɕ</u>ʰi⁴⁴
千阳	tɕy³¹ | tɕy	tɕy⁵³	tɕy⁴⁴	ɕy³¹	t<u>ɕ</u>ʰy⁴⁴/t<u>ɕ</u>ʰi⁴⁴
陇县	tɕy³¹ | tɕy	tɕy⁵³	tɕy⁴⁴	ɕy³¹	t<u>ɕ</u>ʰy⁴⁴/t<u>ɕ</u>ʰi⁴⁴

① tɕʰi⁴⁴ 来～；tɕʰi⁵³ ～皮。

字目 / 方言	渠 遇合三 平鱼群	巨 遇合三 上语群	鱼 遇合三 平鱼疑	语 遇合三 上语疑	御 遇合三 去御疑
西安	tɕʰy²⁴ ∣ tɕʰy	tɕy⁵⁵	y²⁴	y⁵³	y⁵⁵
韩城	tɕʰy²⁴ ∣ tɕʰy	tɕy⁴⁴	ȵy²⁴	ȵy⁵³	y⁴⁴
合阳	tɕʰy²⁴ ∣ tɕʰy	tɕy⁵⁵	ȵy²⁴	y⁵²	y⁵⁵
澄城	tɕʰy²⁴ ∣ tɕʰy	tɕy⁵³	y²⁴	y⁵³	y⁴⁴
白水	tɕʰy²⁴ ∣ tɕʰy	tɕy⁵³	y²⁴	y⁵³	y⁴⁴
大荔	tɕʰy²⁴ ∣ tɕʰy	tɕy⁵⁵	y²⁴	y⁵²	y⁵⁵
蒲城	tɕʰy³⁵ ∣ tɕʰy	tɕy⁵⁵	y³⁵	y⁵³	y⁵⁵
美原	tɕʰy³⁵ ∣ tɕʰy	tɕy⁵³	y³⁵	y⁵³	y⁵⁵
富平	tɕʰy³⁵ ∣ tɕʰy	tɕy⁵⁵	y³⁵	y⁵³	y⁵⁵
潼关	tɕʰy²⁴ ∣ tɕʰy	tɕy⁴⁴	y²⁴	y⁵²	y⁴⁴
华阴	tɕʰy²⁴ ∣ tɕʰy	tɕy⁵⁵	y²⁴	y⁵²	y⁵⁵
华县	tɕʰy³⁵ ∣ tɕʰy	tɕy⁵³	y³⁵	y⁵³	y⁵⁵
渭南	tɕʰy²⁴ ∣ tɕʰy	tɕy⁵³	y²⁴	y⁵³	y⁴⁴
洛南	tɕʰy²⁴ ∣ tɕʰy	tɕy⁵³	y²⁴	y⁵³	y⁴⁴
商州	tɕʰy³⁵ ∣ tɕʰy	tɕy⁵⁵	y³⁵	y⁵³	y⁵⁵
丹凤	tɕʰy²⁴	tɕy⁵³	y²⁴	y⁵³	y⁴⁴
宜川	tɕʰy²⁴	tɕy⁴⁵	y²⁴	y⁴⁵	y⁴⁵
富县	tɕʰy²⁴	tɕy⁵²	y²⁴	y⁵²	y⁴⁴
黄陵	tɕʰy²⁴	tɕy⁵²	y²⁴	y⁵²	y⁴⁴
宜君	tɕʰy²⁴	tɕy⁵²	y²⁴	y⁵²	y⁴⁴
铜川	tɕʰy²⁴ ∣ tɕʰy	tɕy⁴⁴	y²⁴	y⁵²	y⁴⁴
耀县	tɕʰy²⁴ ∣ tɕʰy	tɕy⁵²	y²⁴	y⁵²	y⁴⁴
高陵	tɕʰy²⁴ ∣ tɕʰy	tɕy⁵⁵	y²⁴	y⁵²	y⁵⁵
临潼	tɕʰy²⁴ ∣ tɕʰy	tɕy⁵²	y²⁴	y⁵²	y⁴⁵

字目 方言	渠 遇合三 平鱼群	巨 遇合三 上语群	鱼 遇合三 平鱼疑	语 遇合三 上语疑	御 遇合三 去御疑
蓝田	$tɕʰy^{24}$ ∣ $tɕʰy$	$tɕy^{52}$	y^{24}	y^{52}	y^{44}
长安	$tɕʰy^{24}$	$tɕy^{44}$	y^{24}	y^{53}	y^{44}
户县	$tɕʰy^{24}$ ∣ $tɕʰy$	$tɕy^{55}$	y^{24}	y^{52}	y^{55}
周至	$tɕʰy^{24}$ ∣ $tɕʰy$	$tɕy^{55}$	y^{24}	y^{52}	y^{55}
三原	$tɕʰy^{24}$ ∣ $tɕʰy$	$tɕy^{55}$	y^{24}	y^{52}	y^{55}
泾阳	$tɕʰy^{24}$ ∣ $tɕʰy$	$tɕy^{55}$	y^{24}	y^{52}	y^{55}
咸阳	$tɕʰy^{24}$ ∣ $tɕʰy$	$tɕy^{55}$	y^{24}	y^{52}	y^{55}
兴平	$tɕʰy^{24}$ ∣ $tɕʰy$	$tɕy^{55}$	y^{24}	y^{52}	y^{55}
武功	$tɕʰy^{24}$ ∣ $tɕʰy$	$tɕy^{55}$	y^{24}	y^{52}	y^{55}
礼泉	$tɕʰy^{24}$ ∣ $tɕʰy$	$tɕy^{55}$	y^{24}	y^{52}	y^{55}
乾县	$tɕʰy^{24}$ ∣ $tɕʰy$	$tɕy^{44}$	y^{24}	y^{52}	y^{44}
永寿	$tɕʰy^{24}$ ∣ $tɕʰy$	$tɕy^{55}$	y^{24}	y^{52}	y^{55}
淳化	$tɕʰy^{24}$ ∣ $tɕʰy$	$tɕy^{52}$	y^{24}	y^{52}	y^{55}
旬邑	$tɕʰy^{24}$ ∣ $tɕʰy$	$tɕy^{44}$	y^{24}	y^{52}	y^{44}
彬县	$tɕʰy^{24}$ ∣ $tɕʰy$	$\underline{tɕy^{44}}/tɕʰy^{44}$①	y^{24}	y^{52}	y^{44}
长武	$tɕʰy^{24}$ ∣ $tɕʰy$	$\underline{tɕy^{44}}/tɕʰy^{44}$	y^{24}	y^{52}	y^{44}
扶风	$tɕʰy^{24}$ ∣ $tɕʰy$	$tɕy^{33}$	y^{24}	y^{52}	y^{33}
眉县	$tɕʰy^{24}$ ∣ $tɕʰy$	$tɕy^{44}$	y^{24}	y^{52}	y^{44}
麟游	$tɕʰy^{24}$ ∣ $tɕʰy$	$tɕy^{44}$	y^{24}	y^{53}	y^{44}
岐山	$tɕʰy^{24}$ ∣ $tɕʰy$	$\underline{tɕy^{53}}/tɕʰy^{44}$	y^{24}	y^{53}	y^{44}
凤翔	$tɕʰy^{24}$ ∣ $tɕʰy$	$tɕy^{44}$	y^{24}	y^{53}	y^{44}
宝鸡	$tɕʰy^{24}$ ∣ $tɕʰy$	$tɕy^{44}$	y^{24}	y^{53}	y^{44}
千阳	$tɕʰy^{24}$ ∣ $tɕʰy$	$tɕy^{44}$	y^{24}	y^{53}	y^{44}
陇县	$tɕʰy^{24}$ ∣ $tɕʰy$	$tɕy^{53}$	y^{24}	y^{53}	y^{44}

---

① $tɕy^{44}$ ～大；$tɕʰy^{44}$ 姓～。长武同。

字目　方言	虚	许	於	余	与
	遇合三 平鱼晓	遇合三 上语晓	遇合三 平鱼影	遇合三 平鱼以	遇合三 上语以
西安	çy²¹ ∣ çy	çy⁵³	y⁵⁵	y²⁴	y⁵⁵
韩城	çy³¹ ∣ çy	çy⁵³	y⁴⁴	y²⁴	y⁴⁴
合阳	çy³¹ ∣ çy	çy⁵²	y⁵⁵	y²⁴	y⁵⁵
澄城	çy³¹ ∣ çy	çy⁵³	y⁴⁴	y²⁴	y⁴⁴
白水	çy³¹ ∣ çy	çy⁵³	y⁴⁴	y²⁴	y⁴⁴
大荔	çy³¹ ∣ çy	çy⁵²	y⁵⁵	y²⁴	y⁵⁵
蒲城	çy³¹ ∣ çy	çy⁵³	y⁵⁵	y³⁵	y⁵⁵
美原	çy³¹ ∣ çy	çy⁵³	y⁵⁵	y³⁵	y⁵⁵
富平	çy³¹ ∣ çy	çy⁵³	y⁵⁵	y³⁵	y⁵⁵
潼关	çy³¹ ∣ çy	çy⁵²	y⁴⁴	y²⁴	y⁴⁴
华阴	çy³¹ ∣ çy	çy⁵²	y⁵⁵	y²⁴	y⁵⁵
华县	çy³¹ ∣ çy	çy⁵³	y⁵⁵	y³⁵	y⁵⁵
渭南	çy³¹ ∣ çy	çy⁵³	y⁴⁴	y²⁴	y⁴⁴
洛南	çy³¹ ∣ çy	çy⁵³	y⁴⁴	y²⁴	y⁴⁴
商州	çy³¹ ∣ çy	çy⁵³	y⁵⁵	y³⁵	y⁵⁵
丹凤	çy³¹	çy⁵³	y⁴⁴	y²⁴	y⁴⁴
宜川	çy⁵¹	çy⁴⁵	y²⁴	y²⁴	y⁴⁵
富县	çy³¹	çy⁵²	y³¹	y²⁴	y³¹
黄陵	çy³¹	çy⁵²	y³¹	y²⁴	y³¹
宜君	çy²¹	çy⁵²	y²¹	y²⁴	y⁴⁴
铜川	çy²¹ ∣ çy	çy⁵²	y⁴⁴	y²⁴	y⁴⁴
耀县	çy³¹ ∣ çy	çy⁵²	y²⁴	y²⁴	y⁴⁴
高陵	çy³¹ ∣ çy	çy²⁴	y⁵⁵	y²⁴	y⁵⁵
临潼	çy³¹ ∣ çy	çy⁵²	y⁴⁵	y²⁴	y⁴⁵

字目 方言	虚 遇合三 平鱼晓	许 遇合三 上语晓	於 遇合三 平鱼影	余 遇合三 平鱼以	与 遇合三 上语以
蓝田	çy³¹ ｜ çy	çy⁵²	y⁴⁴	y²⁴	y⁴⁴
长安	çy³¹	çy⁵³	y⁴⁴	y²⁴	y⁴⁴
户县	çy³¹ ｜ çy	çy⁵²	y²⁴	y²⁴	y⁵⁵
周至	çy²¹ ｜ çy	çy⁵²	y²¹	y²⁴	y⁵⁵
三原	çy³¹ ｜ çy	çy⁵²	y²⁴	y²⁴	y⁵⁵
泾阳	çy³¹ ｜ çy	çy⁵²	y⁵⁵	y²⁴	y⁵⁵
咸阳	çy³¹ ｜ çy	çy⁵²	y⁵⁵	y²⁴	y⁵⁵
兴平	çy³¹ ｜ çy	çy⁵²	y³¹	y²⁴	y⁵⁵
武功	çy³¹ ｜ çy	çy⁵²	y³¹	y²⁴	y⁵⁵
礼泉	çy³¹ ｜ çy	çy⁵²/çy²⁴	y⁵⁵	y²⁴	y⁵⁵
乾县	çy³¹ ｜ çy	çy⁵²	y⁴⁴	y²⁴	y⁴⁴
永寿	çy³¹ ｜ çy	çy⁵²	y⁵⁵	y²⁴	y⁵⁵
淳化	çy³¹ ｜ çy	çy⁵²	y²⁴	y²⁴	y⁵⁵
旬邑	çy³¹ ｜ çy	çy⁵²	y²⁴	y²⁴	y⁴⁴
彬县	çy³¹ ｜ çy	çy⁵²	y⁴⁴	y²⁴	y⁵²
长武	çy³¹ ｜ çy	çy⁵²	y⁴⁴	y²⁴	y⁵²
扶风	çy³¹ ｜ çy	çy⁵²	y³¹	y²⁴	y³³
眉县	çy³¹ ｜ çy	çy⁵²	y³¹	y²⁴	y⁴⁴
麟游	çy³¹ ｜ çy	çy⁵³	y³¹	y²⁴	y⁴⁴
岐山	çy³¹ ｜ çy	çy⁵³/çy²⁴	y⁴⁴	y²⁴	y⁴⁴
凤翔	çy³¹ ｜ çy	çy⁵³	y³¹	y²⁴	y⁴⁴
宝鸡	çy³¹ ｜ çy	çy²⁴	y³¹	y²⁴	y⁴⁴
千阳	çy³¹ ｜ çy	çy⁵³	y³¹	y²⁴	y⁴⁴
陇县	çy³¹ ｜ çy	çy⁵³	y⁴⁴	y²⁴	y⁴⁴

字目 方言	预 遇合三 去御以	夫 遇合三 平虞非		府 遇合三 上虞非	斧 遇合三 上虞非	付 遇合三 去遇非
西安	y^{55}	fu^{21}	fu	fu^{53}	fu^{53}	fu^{55}
韩城	y^{44}	fu^{31}	fu	fu^{53}	fu^{53}	fu^{53}
合阳	y^{55}	fu^{31}	fu	fu^{52}	fu^{52}	fu^{55}
澄城	y^{44}	fu^{31}	fu	fu^{53}	fu^{53}	fu^{44}
白水	y^{44}	fu^{31}	fu	fu^{53}	fu^{53}	fu^{53}
大荔	y^{55}	fu^{31}	fu	fu^{52}	fu^{52}	fu^{55}
蒲城	y^{55}	fu^{31}	fu	fu^{53}	fu^{53}	fu^{55}
美原	y^{55}	fu^{31}	fu	fu^{53}	fu^{53}	fu^{55}
富平	y^{55}	fu^{31}	fu	fu^{53}	fu^{53}	fu^{53}
潼关	y^{44}	fu^{31}	fu	fu^{52}	fu^{52}	fu^{44}
华阴	y^{55}	fu^{31}	fu	fu^{52}	fu^{52}	fu^{55}
华县	y^{55}	fu^{31}	fu	fu^{53}	fu^{53}	fu^{53}
渭南	y^{44}	fu^{31}	fu	fu^{53}	fu^{53}	fu^{53}
洛南	y^{44}	fu^{31}	fu	fu^{53}	fu^{53}	fu^{53}
商州	y^{55}	fu^{31}	fu	fu^{53}	fu^{53}	fu^{53}
丹凤	y^{44}	fu^{31}		fu^{53}	fu^{53}	fu^{53}
宜川	y^{45}	fu^{51}		fu^{45}	fu^{45}	fu^{45}
富县	y^{44}	fu^{31}		fu^{52}	fu^{52}	fu^{52}/fu^{44}①
黄陵	y^{44}	fu^{31}		fu^{52}	fu^{52}	fu^{52}
宜君	y^{44}	fu^{21}		fu^{52}	fu^{52}	fu^{52}
铜川	y^{44}	fu^{21}	fu	fu^{52}	fu^{52}	fu^{52}
耀县	y^{44}	fu^{31}	fu	fu^{52}	fu^{44}	fu^{52}
高陵	y^{55}	fu^{31}	fu	fu^{52}	fu^{52}	fu^{52}
临潼	y^{45}	fu^{31}	fu	fu^{52}	fu^{52}	fu^{52}

① fu^{52} ～款；fu^{44} 姓。

字目 方言	预 遇合三 去御以	夫 遇合三 平虞非	府 遇合三 上虞非	斧 遇合三 上虞非	付 遇合三 去遇非
蓝田	y⁴⁴	fu³¹ ｜ fu	fu⁵²	fu⁵²	fu⁵²
长安	y⁴⁴	fu³¹	fu⁵³	fu⁵³	fu⁵³
户县	y⁵⁵	fu³¹ ｜ fu	fu⁵²	fu⁵²	fu⁵²/fu⁵⁵
周至	y⁵⁵	fu²¹ ｜ fu	fu⁵²	fu⁵²	fu⁵²
三原	y⁵⁵	fu³¹ ｜ fu	fu⁵²	fu⁵²	fu⁵²/fu⁵⁵
泾阳	y⁵⁵	fu³¹ ｜ fu	fu⁵²	fu⁵²	fu⁵²
咸阳	y⁵⁵	fu³¹ ｜ fu	fu⁵²	fu⁵²	fu⁵²
兴平	y⁵⁵	fu³¹ ｜ fu	fu⁵²	fu⁵²	fu⁵⁵
武功	y⁵⁵	fu³¹ ｜ fu	fu⁵²	fu⁵²	fu⁵⁵
礼泉	y⁵⁵	fu³¹ ｜ fu	fu⁵²	fu⁵²	fu⁵⁵
乾县	y⁴⁴	fu³¹ ｜ fu	fu⁵²	fu⁵²	fu⁴⁴
永寿	y⁵⁵	fu³¹ ｜ fu	fu⁵²	fu⁵²	fu⁵⁵
淳化	y⁵⁵	fu³¹ ｜ fu	fu⁵²	fu⁵²	fu⁵²
旬邑	y⁴⁴	fu³¹ ｜ fu	fu⁵²	fu⁵²	fu⁵²
彬县	y⁴⁴	fu³¹ ｜ fu	fu⁵²	fu⁵²	fu⁵²
长武	y⁴⁴	fu³¹ ｜ fu	fu⁵²	fu⁵²	fu⁵²
扶风	y³³	fu³¹ ｜ fu	fu⁵²	fu⁵²	fu³³/fu⁵²①
眉县	y⁴⁴	fu³¹ ｜ fu	fu⁵²	fu⁵²	fu⁴⁴
麟游	y⁴⁴	fu³¹ ｜ fu	fu⁵³	fu⁵³	fu⁴⁴
岐山	y⁴⁴	fu³¹ ｜ fu	fu⁵³	fu⁵³	fu⁴⁴
凤翔	y⁴⁴	fu³¹ ｜ fu	fu⁵³	fu⁵³	fu⁴⁴
宝鸡	y⁴⁴	fu³¹ ｜ fu	fu⁵³	fu⁵³	fu⁵³
千阳	y⁴⁴	fu³¹ ｜ fu	fu⁵³	fu⁵³	fu⁵³
陇县	y⁴⁴	fu³¹ ｜ fu	fu⁵³	fu⁵³	fu⁴⁴

① fu³³ 一~手套; fu⁵² ~款。

字目 / 方言	麸 遇合三 平虞敷	抚 遇合三 上虞敷	赴 遇合三 去遇敷	扶 遇合三 平虞奉	父 遇合三 上虞奉
西安	fu²¹	vu⁵³	fu⁵³	fu²⁴	fu⁵⁵
韩城	fu³¹	vu⁵³	fu⁵³	fu²⁴	fu⁴⁴
合阳	fu³¹	vu⁵²	fu⁵⁵	fu²⁴	fu⁵⁵
澄城	fu³¹	fu⁵³	fu⁵³	fu²⁴	fu⁴⁴
白水	fu³¹	vu⁵³	fu⁵³	fu²⁴	fu⁴⁴
大荔	fu³¹	vu⁵²	fu⁵²	fu²⁴	fu⁵⁵
蒲城	fu³¹	vu⁵³	fu⁵³	fu³⁵	fu⁵⁵
美原	fu³¹	vu⁵³	fu⁵³	fu³⁵	fu⁵⁵
富平	fu³¹	vu⁵³	fu⁵³	fu³⁵	fu⁵⁵
潼关	fu³¹	vu⁵²	fu⁵²	fu²⁴	fu⁴⁴
华阴	fu³¹	vu⁵²	fu⁵²	fu²⁴	fu⁵⁵
华县	fu³¹	vu⁵³	fu⁵³	fu³⁵	fu⁵⁵
渭南	fu³¹	fu⁵³	fu⁵³	fu²⁴	fu⁴⁴
洛南	fu³¹	vu⁵³	fu⁵³	fu²⁴	fu⁴⁴
商州	fu³¹	vu⁵³	fu⁵³	fu³⁵	fu⁵⁵
丹凤	fu³¹	vu⁵³	fu⁵³	fu²⁴	fu⁴⁴
宜川	fu⁵¹	u⁴⁵/fu⁴⁵①	fu⁴⁵	fu²⁴	fu⁴⁵
富县	fu³¹	vu⁵⁵	pʰu⁵²/fu⁵²	fu²⁴	fu⁴⁴
黄陵	fu³¹	u⁴⁴	pʰu⁵²	fu²⁴	fu⁴⁴
宜君	fu²¹	u⁴⁴/vu⁴⁴	fu⁵²	fu²⁴	fu⁵²
铜川	fu²¹	u⁴⁴/fu⁴⁴	fu⁵²	fu²⁴	fu⁴⁴
耀县	fu³¹	vu⁴⁴	pʰu³¹	fu²⁴	fu⁴⁴
高陵	fu³¹	fu²⁴/fu⁵²②	pʰu⁵²	fu²⁴	fu⁵⁵
临潼	fu³¹	vu⁴⁵/fu³¹③	fu⁵²	fu²⁴	fu⁴⁵

① u⁴⁵ ～养。

② fu⁵² ～顺。

③ vu⁴⁵ ～养；fu³¹ ～摸。

字目 方言	麸 遇合三 平虞敷	抚 遇合三 上虞敷	赴 遇合三 去遇敷	扶 遇合三 平虞奉	父 遇合三 上虞奉
蓝田	fu³¹	vu⁴⁴	fu⁵²	fu²⁴	fu⁴⁴
长安	fu³¹	fu²⁴	fu⁵³	fu²⁴	fu⁴⁴
户县	fu³¹	vu⁵²/fu⁵²①	fu⁵²	fu²⁴	fu⁵⁵
周至	fu²¹	vu⁵²	fu⁵²	fu²⁴	fu⁵⁵
三原	fu³¹	fu⁵²/vu⁵²	pʰu³¹	fu²⁴	fu⁵⁵
泾阳	fu³¹	vu⁵²	pʰu⁵²/fu⁵²	fu²⁴	fu⁵⁵
咸阳	fu³¹	vu⁵²	fu⁵²	fu²⁴	fu⁵⁵
兴平	fu³¹	vu⁵²	pʰu⁵²/fu⁵²	fu²⁴	fu⁵⁵
武功	fu³¹	vu⁵²	pᶠʰu⁵⁵	fu²⁴	fu⁵⁵
礼泉	fu³¹	fu⁵²	fu⁵²	fu²⁴	fu⁵⁵
乾县	fu³¹	vu⁴⁴	pʰu⁵²	fu²⁴	fu⁴⁴
永寿	fu³¹	u⁵⁵	fu⁵²	fu²⁴	fu⁵⁵
淳化	fu³¹	u⁵²	fu⁵²/pʰu⁵²	fu²⁴	fu⁵⁵
旬邑	fu³¹	u⁴⁴	fu⁵²	fu²⁴	fu⁴⁴
彬县	fu³¹	vu⁵²	fu⁵²	fu²⁴	fu⁴⁴
长武	fu³¹	fu⁵²/u⁵²	fu⁵²	fu²⁴	fu⁴⁴
扶风	fu³¹	vu⁵²	fu⁵²	fu²⁴	fu³³
眉县	fu³¹	u⁵²	fu⁴⁴	fu²⁴	fu⁴⁴
麟游	fu³¹	vu⁵³	fu⁵³	fu²⁴	fu⁴⁴
岐山	fu³¹	vu⁵³	fu⁵³	fu²⁴	fu⁴⁴
凤翔	fu³¹	u⁴⁴	fu³¹	fu²⁴	fu⁴⁴
宝鸡	fu³¹	vu⁵³	fu⁴⁴	fu²⁴	fu⁴⁴
千阳	fu³¹	vu⁵³	fu⁵³	fu²⁴	fu⁴⁴
陇县	fu³¹	vu⁵³/fu⁵³②	fu⁵³	fu²⁴	fu⁴⁴

① vu⁵² ～养。下同。
② vu⁵³ ～恤；fu⁵³ ～摸。

字目 方言	腐 遇合三 上虞奉	附 遇合三 去遇奉	无 遇合三 平虞微	武 遇合三 上虞微	雾 遇合三 去遇微
西安	fu⁵³	fu⁵⁵	vu²⁴ ∣ vu	vu⁵³	vu⁵⁵
韩城	fu⁵³	fu⁵³	vu²⁴ ∣ vu	vu⁵³	vu⁴⁴
合阳	fu⁵²	fu⁵⁵	vu²⁴ ∣ vu	vu⁵²	vu⁵⁵
澄城	fu⁵³	fu⁵³	vu²⁴ ∣ vu	vu⁵³	vu⁴⁴
白水	fu⁵³	fu⁵³	vu²⁴ ∣ vu	vu⁵³	vu⁴⁴
大荔	fu⁵²	fu⁵⁵	vu²⁴ ∣ vu	vu⁵²	vu⁵⁵
蒲城	fu⁵³	fu⁵³	vu³⁵ ∣ vu	vu⁵³	vu⁵⁵
美原	fu⁵³	fu⁵⁵	vu³⁵ ∣ vu	vu⁵³	vu⁵⁵
富平	fu⁵³	fu⁵³	vu³⁵ ∣ vu	vu⁵³	vu⁵⁵
潼关	fu⁵²	fu⁴⁴	vu²⁴ ∣ vu	vu⁵²	vu⁴⁴
华阴	fu⁵²	fu⁵⁵	vu²⁴ ∣ vu	vu⁵²	vu⁵⁵
华县	fu⁵³	fu⁵³	vu³⁵ ∣ vu	vu⁵³	vu⁵⁵
渭南	fu⁵³	fu⁵³	vu²⁴ ∣ vu	vu⁵³	vu⁴⁴
洛南	fu⁵³	fu⁵³	vu²⁴	vu⁵³	vu⁴⁴
商州	fu⁵³	fu⁵³	vu³⁵ ∣ vu	vu⁵³	vu⁵⁵
丹凤	fu⁵³	fu⁵³	vu²⁴	vu⁵³	vu⁴⁴
宜川	fu⁴⁵	fu⁴⁵	u²⁴	u⁴⁵	u⁴⁵
富县	fu⁵²	fu⁵²	vu²⁴	vu⁵²	vu⁴⁴
黄陵	fu⁴⁴/fu²⁴①	fu⁴⁴	u²⁴	u⁵²	u⁴⁴
宜君	fu⁵²	fu⁵²	u²⁴	u⁵²	vu⁴⁴
铜川	fu⁵²	fu⁵²	u²⁴	u⁵²	u⁴⁴
耀县	fu⁵²	fu⁴⁴	vu²⁴ ∣ vu	vu⁵²	vu⁴⁴
高陵	fu⁵²	fu⁵⁵	vu²⁴ ∣ vu	vu⁵²	vu⁵⁵
临潼	fu⁴⁵/fu⁵²/fu⁰²¹②	fu⁴⁵	u̠²⁴/vu̠²⁴ ∣ vu	vu⁵²	vu⁴⁵

① fu²⁴ ～竹。

② fu⁴⁵ ～竹；fu⁵² ～烂；fu⁰²¹ 豆～。

字目 方言	腐 遇合三 上麌奉	附 遇合三 去遇奉	无 遇合三 平虞微	武 遇合三 上麌微	雾 遇合三 去遇微
蓝田	fu^{52}	fu^{44}	vu^{24} ｜ vu	vu^{52}	vu^{44}
长安	fu^{53}	fu^{44}	vu^{24}	vu^{53}	vu^{44}
户县	fu^{52}	fu^{52}	vu^{24} ｜ vu	vu^{52}	vu^{55}
周至	fu^{52}	fu^{55}	vu^{24} ｜ vu	vu^{52}	vu^{55}
三原	fu^{52}	fu^{55}	vu^{24} ｜ vu	vu^{52}	vu^{55}
泾阳	fu^{52}	fu^{55}	vu^{24} ｜ vu	vu^{52}	vu^{55}
咸阳	fu^{52}	fu^{55}	vu^{24} ｜ vu	vu^{52}	vu^{55}
兴平	fu^{52}	fu^{55}	vu^{24} ｜ vu	vu^{52}	vu^{55}
武功	fu^{52}	fu^{55}	vu^{24} ｜ vu	vu^{52}	vu^{55}
礼泉	fu^{52}	fu^{55}	vu^{24} ｜ vu	vu^{52}	vu^{55}
乾县	fu^{52}	fu^{44}	vu^{24}	vu^{52}	vu^{44}
永寿	fu^{52}	fu^{52}	u^{24}	u^{52}	u^{55}
淳化	fu^{52}	fu^{52}	u^{24} ｜ vu	u^{52}	u^{55}
旬邑	fu^{52}	fu^{52}	u^{24}	u^{52}	u^{44}
彬县	fu^{44}	fu^{44}	u^{24}	u^{52}	u^{44}
长武	fu^{52}	fu^{44}	u^{24}	u^{52}	u^{44}
扶风	fu^{52}	fu^{52}	vu^{24} ｜ vu	vu^{52}	vu^{33}
眉县	fu^{52}	fu^{44}	u^{24} ｜ vu	vu^{52}	u^{44}
麟游	fu^{53}	fu^{53}	vu^{24} ｜ vu	vu^{53}	vu^{44}
岐山	fu^{53}	fu^{53}	vu^{24}	vu^{53}	vu^{44}
凤翔	fu^{53}	fu^{44}	u^{24} ｜ vu	u^{53}	u^{44}
宝鸡	fu^{53}	fu^{44}	vu^{24} ｜ vu	vu^{53}	vu^{44}
千阳	fu^{53}	fu^{44}	vu^{24} ｜ vu	vu^{53}	vu^{44}
陇县	fu^{53}	fu^{53}	vu^{24} ｜ vu	vu^{53}	vu^{44}

字目 方言	缕 遇合三 上虞来	屡 遇合三 去遇来	趋 遇合三 平虞清	取 遇合三 上虞清	趣 遇合三 去遇清
西安	ly⁵³	<u>ly</u>⁵³/<u>luei</u>⁵³	tɕʰy²¹	tɕʰy⁵³	tɕʰy⁵⁵
韩城	ləu²⁴	y⁵³	tɕʰy³¹	<u>tɕʰy</u>⁵³/<u>tsʰ̩</u>⁵³	tɕʰy⁴⁴
合阳	y⁵²/y⁵⁵	y⁵²	tɕʰy³¹	<u>tɕʰy</u>⁵²/<u>tsʰ̩</u>⁵²	tɕʰy⁵⁵
澄城	y⁵³	y⁵³	tɕʰy³¹	tɕʰy⁵³	tɕʰy⁴⁴
白水	ly⁵³	ly⁵³	tɕʰy³¹	tɕʰy⁵³	tɕʰy⁴⁴
大荔	y⁵²	y⁵²	tɕʰy³¹	tɕʰy⁵²	tɕʰy⁵⁵
蒲城	ly⁵³	luei⁵³	tɕʰy³¹	tɕʰy⁵³	tɕʰy⁵⁵
美原	ly⁵³	luei⁵³	tɕʰy³¹	tɕʰy⁵³	tɕʰy⁵⁵
富平	ly⁵³	luei⁵³	tɕʰy³⁵	tɕʰy⁵³	tɕʰy⁵⁵
潼关	ly⁵²	ly⁵²	tɕʰy³¹	tɕʰy⁵²	tɕʰy⁴⁴
华阴	ly⁵²	ly⁵²	tɕʰy³¹	tɕʰy⁵²	tɕʰy⁵⁵
华县	ly⁵³	luei⁵³	tɕʰy³¹	tɕʰy⁵³	tɕʰy⁵⁵
渭南	ly⁵³	ly⁵³	tɕʰy³¹	tɕʰy⁵³	tɕʰy⁴⁴
洛南	ly⁵³	ly⁵³	tɕʰy³¹	tɕʰy⁵³	tɕʰy⁴⁴
商州	ly⁵³	ly⁵³	tɕʰy³¹	tɕʰy⁵³	tɕʰy⁵⁵
丹凤	ly⁵³	ly⁵³	tɕʰy³¹	tɕʰy⁵³	tɕʰy⁴⁴
宜川	ly⁴⁵	<u>ly</u>⁴⁵/y⁴⁵	tɕʰy⁴⁵	tɕʰy⁴⁵	tɕʰy⁴⁵
富县	ly⁵²	luei⁵²	tɕʰy³¹	tɕʰy⁵²	tɕʰy⁵²
黄陵	lɤu⁵²	ly⁵²	tɕʰy³¹	tɕʰy⁵²	tɕʰy⁵²
宜君	ly²¹	luei⁵²	tɕʰy²¹	tɕʰy⁵²	tɕʰy⁵²
铜川	ly⁵²	<u>ly</u>⁵²/<u>luei</u>⁵²	tɕʰy²¹	tɕʰy⁵²	tɕʰy⁴⁴
耀县	ly⁵²	luei⁵²	tɕʰy³¹	tɕʰy⁵²	tɕʰy⁴⁴
高陵	ly⁵²	ly⁵²	tɕʰy³¹	tɕʰy⁵²	tɕʰy⁵⁵
临潼	ly⁵²	<u>ly</u>⁵²/<u>luei</u>⁵²	tɕʰy³¹	tɕʰy⁵²	tɕʰy⁴⁵

字目 方言	缕 遇合三 上虞来	屡 遇合三 去遇来	趋 遇合三 平虞清	取 遇合三 上虞清	趣 遇合三 去遇清
蓝田	ly⁵²	ly⁵²	tɕʰy³¹	tɕʰy⁵²	tɕʰy⁴⁴
长安	ly⁵³	ly⁵³	tɕʰy³¹	tɕʰy⁵³	tɕʰy⁴⁴
户县	ly⁵²	l̠y⁵²/luei⁵²	tɕʰy³¹	tɕʰy⁵²	tɕʰy⁵⁵
周至	ly⁵²	ly⁵²	tɕʰy²¹	tɕʰy⁵²	tɕʰy⁵⁵
三原	ly⁵²	luei⁵²	tɕʰy³¹	tɕʰy⁵²	tɕʰy⁵⁵
泾阳	ly⁵²	luei⁵²	tɕʰy³¹	tɕʰy⁵²	tɕʰy⁵⁵
咸阳	ly⁵²	l̠y⁵²/luei⁵²	tɕʰy³¹	tɕʰy⁵²	tɕʰy⁵⁵
兴平	ly⁵²	l̠y⁵²/luei⁵²	tɕʰy³¹	tɕʰy⁵²	tɕʰy⁵⁵
武功	ly⁵²	ly⁵²	tɕʰy³¹	tɕʰy⁵²	tɕʰy⁵⁵
礼泉	ly⁵²	lue⁵²	tɕʰy³¹	tɕʰy⁵²	tɕʰy⁵²
乾县	ly⁵²	l̠y⁵²/luei⁵²	tɕʰy³¹	tɕʰy⁵²	tɕʰy⁴⁴
永寿	ly⁵²	ly⁵²	tɕʰy³¹	tɕʰy⁵²	tɕʰy⁵⁵
淳化	ly⁵²	l̠y⁵²/luei⁵²	tɕʰy³¹	tɕʰy⁵²	tɕʰy⁵⁵
旬邑	ly⁵²	l̠y⁵²/luei⁵²	tɕʰy³¹	tɕʰy⁵²	tɕʰy⁴⁴
彬县	ly⁵²	l̠y⁵²/luei⁵²	tɕʰy³¹	tɕʰy⁵²	tɕʰy⁴⁴
长武	ly⁵²	l̠y⁵²/luei⁵²	tɕʰy³¹	tɕʰy⁵²	tɕʰy⁴⁴
扶风	ly⁵²	ly⁵²	tɕʰy³¹	tɕʰy⁵²	tɕʰy³³
眉县	ly⁵²	luei⁵²	tɕʰy³¹	tɕʰy⁵²	tɕʰy⁴⁴
麟游	ly⁵³	ly⁵³	tɕʰy³¹	tɕʰy⁵³	tɕʰy⁴⁴
岐山	ly⁵³	ly⁵³	tɕʰy³¹	tɕʰy⁵³	tɕʰy⁴⁴
凤翔		luei⁵³	tɕʰy³¹	tɕʰy⁵³	tɕʰy⁴⁴
宝鸡		ly⁵³	tɕʰy²⁴	tɕʰy⁵³	tɕʰy⁴⁴
千阳	ly⁵³	lui⁵³	tɕʰy²⁴	tɕʰy⁵³	tɕʰy⁴⁴
陇县	ly⁵³	lui⁵³	tɕʰy³¹	tɕʰy⁵³	tɕʰy⁴⁴

字目 方言	聚 遇合三 上虞从	须 遇合三 平虞心	续 遇合三 去遇邪	蛛 遇合三 平虞知	拄 遇合三 上虞知
西安	tɕy⁵⁵	ɕy²¹	ɕy⁵⁵	pfu²¹	pfu⁵³
韩城	tɕy⁴⁴	ɕy³¹	ɕy⁴⁴	pfu³¹	pfu⁵³
合阳	tɕʰy⁵⁵	ɕy³¹	ɕy⁵⁵	pfu³¹	pfu⁵²
澄城	tɕʰy⁴⁴	ɕy³¹	ɕy⁴⁴	tʃu³¹	tʃu⁵³
白水	tɕʰy⁴⁴	ɕy³¹	ɕy⁴⁴	tʃu³¹	tʃu⁵³
大荔	tɕʰy⁵⁵	ɕy³¹	ɕy⁵⁵	pfu³¹	pfu⁵²
蒲城	tɕʰy⁵⁵	ɕy³¹	ɕy⁵⁵	tʃu³¹	tʃu⁵³
美原	tɕy⁵³	ɕy³¹	ɕy⁵⁵	tʃʅ³¹	tʃʅ⁵³
富平	tɕy⁵⁵	ɕy³¹	ɕy⁵⁵	tʃu³¹	tʃu⁵³
潼关	tɕʰy⁴⁴	ɕy³¹	ɕy⁴⁴	pfu³¹	pfu⁵²
华阴	tɕʰy⁵⁵	ɕy³¹	ɕy⁵⁵	pfu³¹	pfu⁵²
华县	tɕʰy⁵⁵	ɕy³¹	ɕy⁵⁵	tʃu³¹	tʃʊ⁵³
渭南	tɕy⁴⁴	ɕy³¹	ɕy⁴⁴	tʃu³¹	tʃu⁵³
洛南	tɕy⁵³	ɕy³¹	ɕy⁴⁴	tʃu³¹	tʃu⁵³
商州	tɕy⁵³	ɕy³¹	ɕy⁵⁵	tʃu³¹	tʃu⁵³
丹凤	tɕy⁵³	ɕy³¹	ɕy⁴⁴	tʃu³¹	tʃu⁵³
宜川	tɕʰy⁴⁵	ɕy⁵¹	ɕy⁴⁵	tʂu⁵¹	tʂu⁴⁵
富县	tɕy⁵²	ɕy³¹	ɕy⁴⁴	tsu³¹	tsu⁵²
黄陵	tɕy⁵²	ɕy³¹	ɕy⁴⁴	tʃu³¹	tʃu⁵²
宜君	tɕy⁵²	ɕy²¹	ɕy⁴⁴	tʃu²¹	tʃu⁵²
铜川	tɕy⁴⁴	ɕy²¹	ɕy⁴⁴	tʃu²¹	tʃu⁵²
耀县	tɕy⁵²	ɕy⁵²	ɕy⁴⁴	tʃu³¹	tʃu⁴⁴
高陵	tɕy⁵⁵	ɕy³¹	ɕy⁵⁵	tʃu³¹	tʃu⁵²
临潼	tɕy⁵²	ɕy³¹	ɕy⁴⁵	tʂʅ³¹/tʃu³¹老	tʂʅ⁵²/tʃu⁵²老

字目 / 方言	聚	须	续	蛛	拄
	遇合三 上虞从	遇合三 平虞心	遇合三 去遇邪	遇合三 平虞知	遇合三 上虞知
蓝田	tɕy⁴⁴	ɕy³¹	ɕy⁴⁴	tʃu³¹	tʃu⁴⁴
长安	tɕy⁴⁴	ɕy³¹	ɕy⁴⁴	pfu³¹	pfu⁵³
户县	tɕy⁵⁵	ɕy³¹	ɕy⁵⁵	tʃu³¹	tʃu⁵²
周至	tɕy⁵⁵	ɕy²¹	ɕy⁵⁵	pfu²¹	pfu⁵²
三原	tɕy⁵⁵	ɕy³¹	ɕy⁵⁵	tʃu³¹	tʃu⁵⁵
泾阳	tɕy⁵⁵	ɕy³¹	ɕy⁵⁵	tʃu³¹	tʃu⁵²
咸阳	tɕy⁵⁵	ɕy³¹	ɕy⁵⁵	tʃu³¹	tʃu⁵²
兴平	tɕy⁵²	ɕy³¹	ɕy⁵⁵	tʃu³¹	tʃu⁵²
武功	tɕy⁵⁵	ɕy³¹	ɕy⁵⁵	tʃu³¹	tʃu⁵²
礼泉	tɕy⁵²	ɕy³¹	ɕy⁵⁵	tʃu³¹	tʃu⁵²
乾县	tɕy⁴⁴	ɕy³¹	ɕy⁴⁴	tʃu³¹	tʃu⁵²
永寿	tɕy⁵⁵	ɕy³¹	ɕy⁵⁵	tʃu³¹	tʃu⁵²
淳化	tɕy⁵⁵	ɕy³¹	ɕy⁵⁵	tʃu³¹	tʃu⁵²
旬邑	tɕy⁴⁴	ɕy³¹	ɕy⁴⁴	tʃu³¹	tʃu⁵²
彬县	tɕy⁴⁴	ɕy³¹	ɕy⁴⁴	tʃu³¹	tʃu⁵²
长武	tɕy⁴⁴	ɕy³¹	ɕy⁴⁴	tʃu³¹	tʃu⁵²
扶风	tɕy³³	ɕy³¹	ɕy³³	tʂʅ³¹	tʂʅ⁵²
眉县	tɕy⁴⁴	ɕy³¹	ɕy⁴⁴	tʂʅ³¹/tʃu³¹	tʂʅ⁵²/tʃu⁵²
麟游	tɕy⁴⁴	ɕy³¹	ɕy⁴⁴	tʃu³¹	tʃu⁵³
岐山	tɕy⁴⁴	ɕy³¹	ɕy⁴⁴	tʂʅ³¹	tʂʅ⁵³
凤翔	tɕy⁴⁴	ɕy³¹	ɕy⁴⁴	tʂʅ³¹	tʂʅ⁵³
宝鸡	tɕʰy⁵³	ɕy³¹	ɕy⁴⁴	tʂʅ⁵³/tʂu⁵³新	tʂʅ⁵³/tʂu⁵³新
千阳	tɕy⁴⁴	ɕy³¹	ɕy⁴⁴	tʃʅ³¹	tʃʅ⁵³
陇县	tɕy⁵³	ɕy³¹	ɕy⁴⁴	tʃu³¹	tʃu⁵³

字目　　方言	驻	厨	柱	住	数动词
	遇合三去遇知	遇合三平虞澄	遇合三上虞澄	遇合三去遇澄	遇合三上虞生
西安	pfu⁵⁵	pfʰu²⁴	pfu⁵⁵	pfu⁵⁵	sou⁵³/fu⁵³
韩城	pfu⁴⁴	pfʰu²⁴	pfʰu⁴⁴	pfu⁴⁴/pfʰu⁴⁴	səu⁵³
合阳	pfu⁵⁵	pfʰu²⁴	pfʰu⁵⁵	pfʰu⁵⁵	sou⁵²
澄城	tʃu⁴⁴	tʃʰu²⁴	tʃʰu⁴⁴	tʃʰu⁴⁴	səu⁵³
白水	tʃu⁴⁴	tʃʰu²⁴	tʃʰu⁴⁴	tʃʰu⁴⁴	sou⁵³
大荔	pfu⁵⁵	pfʰu²⁴	pfʰu⁵⁵	pfʰu⁵⁵	sou⁵²
蒲城	tʃu⁵⁵	tʃʰu³⁵	tʃʰu⁵⁵	tʃʰu⁵⁵	sou⁵³
美原	tʃʅ⁵⁵	tʃʰʅ³⁵	tʃʰʅ⁵⁵	tʃʰʅ⁵⁵	sou⁵³
富平	tʃu⁵⁵	tʃʰu³⁵	tʃu⁵⁵	tʃu⁵⁵	sou⁵³
潼关	pfu⁴⁴	pfʰu²⁴	pfʰu⁴⁴	pfʰu⁴⁴	sou⁵²
华阴	pfu⁵⁵	pfʰu²⁴	pfʰu⁵⁵	pfʰu⁵⁵	sou⁵²
华县	tʃu⁵⁵	tʃʰu³⁵	tʃʰu⁵⁵	tʃʰu⁵⁵	sou⁵³
渭南	tʃu⁴⁴	tʃʰu²⁴	tʃʰu⁴⁴	tʃʰu⁴⁴	sou⁵³
洛南	tʃu⁴⁴	tʃʰu²⁴	tʃu⁴⁴	tʃu⁴⁴	sou⁵³
商州	tʃu⁵⁵	tʃʰu³⁵	tʃu⁵⁵	tʃu⁵⁵/tʃʰu⁵⁵	sou⁵³
丹凤	tʃu⁴⁴	tʃʰu²⁴	tʃu⁴⁴	tʃu⁴⁴	sou⁵³
宜川	tsʐu⁴⁵	tʂʰu²⁴	tsʐu⁴⁵/tʂʰu⁴⁵	tsʐu⁴⁵/tʂʰu⁰²¹①	sʐɤu⁴⁵
富县	tsu⁴⁴	tsʰu²⁴	tsʰu⁵²	tsu⁵⁵/tsʰu⁰²¹	sʐɤu⁵²
黄陵	tʃu⁴⁴	tʃʰu²⁴	tʃʰu⁵²	tʃu⁴⁴/tʃʰu⁰²¹	sʐɤu⁵²
宜君	tʃu⁴⁴	tʃʰu²⁴	tʃʰu⁴⁴	tʃu⁴⁴/tʃʰu⁴⁴	sou⁵²
铜川	tʃu⁴⁴	tʃʰu²⁴	tʃʰu⁴⁴	tʃʰu⁴⁴/tʃu⁰²¹	sʐɤu⁵²
耀县	tʃu⁴⁴	tʃʰu²⁴	tʃu⁴⁴	tʃu⁴⁴/tʃʰu⁰²¹	sou⁵²
高陵	tʃu⁵⁵	tʃʰu²⁴	tʃu⁵⁵	tʃu⁵²/tʃʰu⁰²¹	sʐɤu⁵²
临潼	tʂʅ⁴⁵/tʃu⁴⁵老	tʂʰʅ²⁴/tʃʰu²⁴老	tʂʅ⁴⁵/tʃu⁴⁵老	tʂʅ⁴⁵/tʃu⁴⁵老	sʐɤu⁵²

① tʃʰu⁰²¹/tʂʰu⁰²¹/tsʰu⁰²¹ 作动词补语：捂～，盖～，逮～。

字目／方言	驻	厨	柱	住	数动词
	遇合三去遇知	遇合三平虞澄	遇合三上虞澄	遇合三去遇澄	遇合三上虞生
蓝田	$tʃu^{44}$	$tʃʰu^{24}$	$tʃu^{44}$	$tʃu^{44}/tʃʰu^{021}$	$sɤu^{52}$
长安	pfu^{44}	$pfʰu^{24}$	pfu^{44}	pfu^{44}	$sɤu^{53}$
户县	$tʃu^{55}$	$tʃʰu^{24}$	$tʃu^{55}$	$tʃu^{55}/tʃʰu^{55}$	$sɤu^{52}$
周至	pfu^{55}	$pfʰu^{24}$	pfu^{55}	pfu^{55}	$sɤu^{52}/fu^{52}$
三原	$tʃu^{55}$	$tʃʰu^{24}$	$tʃu^{55}$	$tʃu^{55}$	sou^{52}
泾阳	$tʃu^{55}$	$tʃʰu^{24}$	$tʃu^{55}$	$tʃu^{55}$	sou^{52}
咸阳	$tʃu^{55}$	$tʃʰu^{24}$	$tʃu^{55}$	$tʃu^{55}$	$ʃu^{52}$
兴平	$tʃu^{55}$	$tʃʰu^{24}$	$tʃu^{55}$	$tʃu^{55}$	$ʃu^{52}$
武功	$tʃu^{55}$	$tʃʰu^{24}$	$tʃu^{55}$	$tʃu^{55}$	$ʃu^{52}$
礼泉	$tʃu^{55}$	$tʃʰu^{24}$	$tʃu^{55}$	$tʃu^{55}$	$ʃu^{52}$
乾县	$tʃu^{44}$	$tʃʰu^{24}$	$tʃu^{44}$	$tʃu^{44}$	$ʃu^{52}$
永寿	$tʃu^{55}$	$tʃʰu^{24}$	$tʃu^{55}$	$tʃu^{55}$	$ʃu^{52}$
淳化	$tʃu^{55}$	$tʃʰu^{24}$	$tʃu^{55}$	$tʃu^{55}$	sou^{52}
旬邑	$tʃu^{44}$	$tʃʰu^{24}$	$tʃʰu^{44}$	$tʃu^{44}/tʃʰu^{44}$	$ʃu^{52}/sou^{52}$
彬县	$tʃu^{44}$	$tʃʰu^{24}$	$tʃʰu^{44}$	$tʃu^{44}$	$ʃu^{52}$
长武	$tʃu^{44}$	$tʃʰu^{24}$	$tʃu^{44}$	$tʃu^{44}/tʃʰu^{44}$	$ʃu^{52}$
扶风	$tʂʅ^{33}$	$tʂʰʅ^{24}$	$tʂʅ^{33}$	$tʂʅ^{33}/tʂʰʅ^{33}$	$ʂʅ^{52}$
眉县	$tʂʅ^{44}/tʃu^{44}$	$tʂʰʅ^{24}/tʃʰu^{24}$	$tʂʅ^{44}/tʃu^{44}$	$tʂʅ^{44}/tʃu^{44}$	$ʂʅ^{52}/ʃu^{53}$
麟游	$tʃu^{44}$	$tʃʰu^{24}$	$tʃu^{44}$	$tʃu^{44}$	$ʃu^{53}$
岐山	$tʂʅ^{44}$	$tʂʰʅ^{24}$	$tʂʰʅ^{44}$	$tʂʰʅ^{44}$	$ʂʅ^{53}$
凤翔	$tʂʅ^{44}$	$tʂʰʅ^{24}$	$tʂʅ^{44}$	$tʂʅ^{44}$	$ʂʅ^{53}$
宝鸡	$tʂʅ^{44}/tʂu^{44}$新	$tʂʰʅ^{24}/tʂʰu^{24}$新	$tʂʅ^{44}/tʂu^{44}$新	$tʂʅ^{44}/tʂu^{44}$新	$ʂʅ^{53}/ʂu^{53}$新
千阳	$tʃʅ^{44}$	$tʃʰʅ^{24}$	$tʃʅ^{44}$	$tʃʅ^{44}$	$ʃʅ^{53}$
陇县	$tʃu^{44}$	$tʃʰu^{24}$	$tʃu^{44}$	$tʃu^{44}$	$ʃu^{53}$

字目 方言	数_{名词}	朱	主	注	铸
	遇合三 去遇生	遇合三 平虞章	遇合三 上虞章	遇合三 去遇章	遇合三 去遇章
西安	sou⁵⁵/fu⁵⁵	pfu²¹	pfu⁵³	pfu⁵⁵	pfu⁵⁵
韩城	səu⁴⁴	pfu³¹	pfu⁵³	pfu⁴⁴	pfu⁴⁴
合阳	sou⁵⁵	pfu³¹	pfu⁵²	pfu⁵⁵	pfu⁵⁵
澄城	səu⁴⁴	tʃu³¹	tʃu⁵³	tʃu⁴⁴	tʃu⁴⁴
白水	sou⁴⁴	tʃu³¹	tʃu⁵³	tʃu⁴⁴	t̠ʃu⁴⁴/tɔ⁴⁴
大荔	sou⁵⁵	pfu³¹	pfu⁵²	pfu⁵⁵	pfu⁵⁵
蒲城	sou⁵⁵	tʃu³¹	tʃu⁵³	tʃu⁵⁵	t̠ʃu⁵⁵/tɔ⁵⁵
美原	sou⁵⁵	tʃʅ³¹	tʃʅ⁵³	tʃʅ⁵⁵	t̠ʃʅ⁵⁵/tɔ⁵⁵
富平	sou⁵⁵	tʃu³¹	tʃu⁵³	tʃu⁵⁵	t̠ʃu⁵⁵/tɔ⁵⁵
潼关	sou⁴⁴	pfu³¹	pfu⁵²	pfu⁴⁴	pfu⁴⁴
华阴	sou⁵⁵	pfu³¹	pfu⁵²	pfu⁵⁵	pfu⁵⁵
华县	sou⁵⁵	tʃu³¹	tʃu⁵³	tʃu⁵⁵	t̠ʃu⁵⁵/tɔ⁵⁵
渭南	sou⁴⁴	tʃu³¹	tʃu⁵³	tʃu⁴⁴	t̠ʃu⁴⁴/tɔ⁴⁴
洛南	sou⁴⁴	tʃu³¹	tʃu⁵³	tʃu⁴⁴	t̠ʃu⁴⁴/tɔ⁴⁴
商州	sou⁵⁵	tʃu³¹	tʃu⁵³	tʃu⁵⁵	t̠ʃu⁵⁵/tɔ⁵⁵
丹凤	sou⁴⁴	tʃu³¹	tʃu⁵³	tʃu⁴⁴	t̠ʃu⁴⁴/tɔ⁴⁴
宜川	sʅu⁴⁵	tʂu⁵¹	tʂu⁴⁵	tʂu⁴⁵	t̠ʂu⁴⁵/tɔ⁴⁵
富县	sʅu⁴⁴	tsu³¹	tsu⁵²	tsu⁵²	tsu⁵²/tɔ⁴⁴
黄陵	sʅu⁴⁴	tʃu³¹	tʃu⁵²	tʃu⁵²	t̠ʃu⁴⁴/tɑo⁴⁴
宜君	sou⁴⁴	tʃu³¹	tʃu⁵²	tʃu⁴⁴	tʃu⁴⁴
铜川	sʅu⁴⁴	tʃu²¹	tʃu⁵²/tʃʰu⁵²①	tʃu⁴⁴	tʃu⁴⁴
耀县	sou⁴⁴	tʃu³¹	tʃu⁵²	tʃu⁴⁴	t̠ʃu⁴⁴/tɑo⁴⁴
高陵	sʅu⁵⁵	tʃu³¹	tʃu⁵²	tʃu⁵²	t̠ʃu⁵⁵/tɑo⁵⁵
临潼	sʅu⁴⁵	tʂʅ³¹/tʃu³¹老	tʂʅ⁵²/tʃu⁵²老	tʂʅ⁴⁵/tʃu⁴⁵老	tʂʅ⁴⁵/tʃu⁴⁵老

---

① tʃʰu⁵² 买~。

字目 / 方言	数名词	朱	主	注	铸
	遇合三去遇生	遇合三平虞章	遇合三上虞章	遇合三去遇章	遇合三去遇章
蓝田	sɤu⁴⁴	tʃu³¹	tʃu⁵²	tʃu⁴⁴	tsɤu⁴⁴/tɔ⁴⁴
长安	sɤu⁴⁴	pfu³¹	pfu⁵³	pfu⁴⁴	pfu⁴⁴/tɔ⁴⁴
户县	sɤu⁵⁵	tʃu³¹	tʃu⁵²	tʃu⁵⁵	tʃu⁵⁵/toɤ⁵⁵
周至	sɤu⁵⁵/fu⁵⁵	pfu²¹	pfu⁵²	pfu⁵⁵	pfu⁵⁵/tɔ⁵⁵
三原	sou⁵⁵	tʃu³¹	tʃu⁵²	tʃu⁵⁵	tʃu⁵⁵
泾阳	sou⁵⁵	tʃu³¹	tʃu⁵²	tʃu⁵⁵	tʃu⁵⁵
咸阳	ʃu⁵⁵	tʃu³¹	tʃu⁵²	tʃu⁵⁵	tʃu⁵⁵
兴平	ʃu⁵⁵	tʃu³¹	tʃu⁵²	tʃu⁵⁵	tʃu⁵⁵
武功	ʃu⁵⁵	tʃu³¹	tʃu⁵²	tʃu⁵⁵	tʃu⁵⁵
礼泉	ʃu⁵⁵	tʃu³¹	tʃu⁵²	tʃu⁵⁵	tʃu⁵⁵
乾县	ʃu⁴⁴	tʃu³¹	tʃu⁵²	tʃu⁴⁴	tʃu⁴⁴
永寿	ʃu⁵⁵	tʃu³¹	tʃu⁵²	tʃu⁵⁵	tʃu²⁴
淳化	sou⁵⁵	tʃu³¹	tʃu⁵²	tʃu⁵⁵	tʃu⁵⁵
旬邑	ʃu⁴⁴/sou⁴⁴	tʃu³¹	tʃu⁵²	tʃu⁴⁴	tʃu⁴⁴
彬县	ʃu⁴⁴	tʃu³¹	tʃu⁵²	tʃu⁴⁴	tʃu⁴⁴
长武	ʃu⁴⁴	tʃu³¹	tʃu⁵²	tʃu⁴⁴	tʃu⁴⁴
扶风	ʂʅ³³	tʂʅ³¹	tʂʅ⁵²	tʂʅ³³	tʂʅ³³/tɔ³³
眉县	ʂʅ⁴⁴/ʃu⁴⁴	tʂʅ³¹/tʃu³¹	tʂʅ⁵²/tʃu⁵²	tʂʅ⁴⁴/tʃu⁴⁴	tʂʅ²⁴/tʃu²⁴
麟游	ʃu⁴⁴	tʃu³¹	tʃu⁵³	tʃu⁴⁴	tʃu²⁴/tɔ⁴⁴
岐山	ʂʅ⁴⁴	tʂʅ³¹	tʂʅ⁵³	tʂʅ²⁴	tʂʅ⁴⁴/tɔ⁴⁴
凤翔	ʂʅ⁴⁴	tʂʅ³¹	tʂʅ⁵³	tʂʅ⁴⁴	tʂʅ⁴⁴/tɔ⁴⁴
宝鸡	ʂʅ⁴⁴/ʂu⁴⁴新	tʂʅ³¹/tʂu³¹新	tʂʅ⁵³/tʂu⁵³新	tʂʅ²⁴/tʂu²⁴新	tʂʅ⁴⁴/tʂu⁴⁴新
千阳	ʃʅ⁴⁴	tʃʅ³¹	tʃʅ⁵³	tʃʅ⁴⁴	tʃʅ⁴⁴/tɔ⁴⁴
陇县	ʃu⁴⁴	tʃu³¹	tʃu⁵³	tʃu⁴⁴	tʃu⁴⁴/tɔ⁴⁴

字目\方言	输 遇合三 平虞书	戍 遇合三 去遇书	殊 遇合三 平虞禅	竖 遇合三 上虞禅	树 遇合三 去遇禅
西安	fu²¹	fu⁵⁵	fu²⁴	fu⁵⁵	fu⁵⁵
韩城	fu³¹	fu⁵³	pfʰu²⁴	fu⁵³	fu⁴⁴
合阳	fu³¹	fu⁵²	pfʰu²⁴	fu⁵⁵/pfʰu⁵⁵	fu⁵⁵
澄城	ʃu³¹	ʃu⁴⁴	ʃu²⁴	ʃu⁵³	ʃu⁴⁴
白水	ʃu³¹	ʃu⁴⁴	ʃu²⁴	ʃu⁵³	ʃu⁴⁴
大荔	fu³¹	fu⁵⁵	fu²⁴	fu⁵⁵	fu⁵⁵
蒲城	ʃu³¹	ʃu⁵³	ʃu³⁵	ʃu⁵³	ʃu⁵⁵
美原	ʃʅ³¹	ʃʅ⁵³	ʃʅ³⁵	ʃʅ⁵³	ʃʅ⁵⁵
富平	ʃu³¹	ʃu⁵³	ʃu³⁵	ʃu⁵³	ʃu⁵⁵
潼关	fu³¹	fu⁴⁴	fu²⁴	fu⁴⁴	fu⁴⁴
华阴	fu³¹	fu⁵⁵	fu²⁴	fu⁵⁵	fu⁵⁵
华县	ʃu³¹	ʃu⁵³	ʃu³⁵	ʃu⁵³	ʃu⁵³
渭南	ʃu³¹	ʃu⁴⁴	ʃu²⁴	ʃu⁵³	ʃu⁴⁴
洛南	ʒu³¹	ʃu⁴⁴	ʃu²⁴	ʃu⁴⁴	ʃu⁴⁴
商州	ʃu³¹/ʒu³¹	ʃu⁵⁵	ʃu³⁵	ʃu⁵³	ʃu⁵⁵
丹凤	ʒu³¹	ʃu⁴⁴	ʃu²⁴	ʃu⁴⁴	ʃu⁴⁴
宜川	ʂu⁵¹	ʂu⁴⁵	ʂu²⁴/tʂʰu²⁴	ʂu⁴⁵	ʂu⁴⁵
富县	su³¹		su²⁴	su⁵²	su⁴⁴
黄陵	ʃu³¹	ʃu⁵²	tʃu³¹	ʃu⁵²	ʃu⁴⁴
宜君	ʃu²¹/ʒu²¹	ʃu⁴⁴	ʃu²⁴	ʃu⁵²	ʃu⁴⁴
铜川	ʃu²¹	ʃu²¹	tʃu²⁴	ʃu⁴⁴	ʃu⁴⁴
耀县	ʃu³¹		ʃu²⁴	ʃu⁴⁴	ʃu⁴⁴
高陵	ʃu³¹	ʃu⁵⁵	tʃʰu²⁴	ʃu⁵⁵	ʃu⁵⁵
临潼	ʂʅ³¹/ʃu³¹老	ʂʅ⁵²/ʃu⁵²老	ʂʅ²⁴/ʃu²⁴老	ʂʅ⁴⁵/ʃu⁴⁵老	ʂʅ⁴⁵/ʃu⁴⁵老

字目 方言	输 遇合三 平虞书	戍 遇合三 去遇书	殊 遇合三 平虞禅	竖 遇合三 上虞禅	树 遇合三 去遇禅
蓝田	ʃu³¹	ʃu⁴⁴	ʃu²⁴	ʃu⁵²	ʃu⁴⁴
长安	fu³¹	fu⁴⁴	fu²⁴	fu⁴⁴	fu⁴⁴
户县	ʃu³¹	ʃu⁵⁵	ʃu²⁴	ʃu⁵⁵	ʃu⁵⁵
周至	fu²¹	fu⁵⁵	fu²⁴	fu⁵⁵	fu⁵⁵
三原	ʃu³¹	ʃu⁵⁵	ʃu²⁴	ʃu⁵⁵	ʃu⁵⁵
泾阳	ʃu³¹	ʃu⁵⁵	ʃu²⁴	ʃu⁵⁵	ʃu⁵⁵
咸阳	ʃu³¹	ʃu⁵⁵	ʃu³¹	ʃu⁵²	ʃu⁵⁵
兴平	ʃu³¹	ʃu⁵⁵	ʃu³¹	ʃu⁵⁵	ʃu⁵⁵
武功	ʃu³¹	ʃu⁵⁵	ʃu²⁴	ʃu⁵⁵	ʃu⁵⁵
礼泉	ʃu³¹	ʃu⁵⁵	ʃu³¹	ʃu⁵⁵	ʃu⁵⁵
乾县	ʃu³¹	ʃu⁴⁴	ʃu⁵²	ʃu⁴⁴	ʃu⁴⁴
永寿	ʃu³¹	ʃu⁵²	ʃu²⁴	ʃu⁵²	ʃu⁵⁵
淳化	ʃu³¹		ʃu²⁴	ʃu⁵²	ʃu⁵⁵
旬邑	ʃu³¹		ʃu³¹	ʃu⁵²	ʃu⁴⁴
彬县	ʃu³¹	ʃu⁴⁴	ʃu²⁴	ʃu⁴⁴	ʃu⁴⁴
长武	ʃu³¹	ʃu⁴⁴	tʃʰu²⁴	ʃu⁵²	ʃu⁴⁴
扶风	ʂʅ³¹	ʂʅ⁵²	ʂʅ³¹	ʂʅ⁵²	ʂʅ³³
眉县	ʂʅ³¹/ʃu³¹	ʂʅ³¹/ʃu³¹	ʂʅ³¹/ʃu³¹	ʂʅ⁴⁴/ʃu⁴⁴	ʂʅ⁴⁴/ʃu⁴⁴
麟游	ʃu³¹		ʃu³¹	ʃu⁴⁴	ʃu⁴⁴
岐山	ʂʅ³¹	ʂʅ⁵³	ʂʅ³¹	ʂʅ⁵³	ʂʅ⁴⁴
凤翔	ʂʅ³¹	ʂʅ⁴⁴	ʂʅ³¹	ʂʅ⁵³	ʂʅ⁴⁴
宝鸡	ʂʅ³¹/ʂu³¹新	ʂʅ⁴⁴/ʂu⁴⁴新	ʂʅ³¹/ʂu³¹新	ʂʅ⁴⁴/ʂu⁴⁴新	ʂʅ⁴⁴/ʂu⁴⁴新
千阳	ʃʅ³¹	ʃʅ⁵³	ʃʅ³¹	ʃʅ⁵³	ʃʅ⁴⁴
陇县	ʃu³¹	ʃu⁵³	ʃu³¹	ʃu⁵³	ʃu⁴⁴

字目 方言	儒 遇合三 平虞日	乳 遇合三 上虞日	驹 遇合三 平虞见	矩 遇合三 上虞见	句 遇合三 去遇见
西安	vu²⁴	vu⁵³	tɕy²¹	tɕy⁵⁵	tɕy⁵⁵
韩城	vu²⁴	vu⁵³	tɕy³¹	tɕy⁵³	tɕy⁴⁴
合阳	vu²⁴	vu⁵²	tɕy³¹	tɕy⁵⁵	tɕy⁵⁵
澄城	ʒu²⁴	ʒu⁵³	tɕy³¹	tɕy⁵³	tɕy⁴⁴
白水	ʒu²⁴	ʒu⁵³	tɕy³¹	tɕy⁵³	tɕy⁴⁴
大荔	vu²⁴	vu⁵²	tɕy³¹	tɕy⁵⁵	tɕy⁵⁵
蒲城	ʒu³⁵	ʒu⁵³	tɕy³¹	tɕy⁵⁵	tɕy⁵⁵
美原	ʒ̩³⁵	ʒ̩⁵³	tɕy³¹	tɕy⁵⁵	tɕy⁵⁵
富平	ʒu³⁵	ʒu⁵³	tɕy³¹	tɕy⁵⁵	tɕy⁵⁵
潼关	vu²⁴	vu⁵²	tɕy³¹	tɕy⁴⁴	tɕy⁴⁴
华阴	vu²⁴	vu⁵²	tɕy³¹	tɕy⁵⁵	tɕy⁵⁵
华县	ʒu³⁵	ʒu⁵³	tɕy³¹	tɕy⁵³	tɕy⁵⁵
渭南	ʒu²⁴	ʒu⁵³	tɕy³¹	tɕy³¹	tɕy⁴⁴
洛南	ʒu²⁴	ʒu⁵³	tɕy³¹	tɕy³¹	tɕy⁴⁴
商州	ʒu³⁵	ʒu⁵³	tɕy³¹	tɕy⁵³	tɕy⁵⁵
丹凤	ʒu²⁴	ʒu⁵³	tɕy³¹	tɕy³¹	tɕy⁴⁴
宜川	ʐu̩⁴⁵	ʐu̩⁴⁵	tɕy⁵¹	tɕy⁴⁵	tɕy⁴⁵
富县	zu²⁴	zu⁵²	tɕy³¹	tɕy⁵²	tɕy⁴⁴
黄陵	ʒu²⁴	ʒu⁵²	tɕy³¹	tɕy⁵²	tɕy⁴⁴
宜君	ʒu²⁴	ʒu⁵²	tɕy²¹	tɕy⁵²	tɕy⁴⁴
铜川	ʒu²⁴	ʒu⁵²	tɕy²¹	tɕy⁴⁴/tɕy²¹	tɕy⁴⁴
耀县	ʒu²⁴	ʒu⁵²	tɕy³¹	tɕy⁵²	tɕy⁴⁴
高陵	ʒu²⁴	ʒu⁵²	tɕy³¹	tɕy⁵⁵	tɕy⁵⁵
临潼	ʐu̩²⁴/ʒu²⁴老	ʐu̩⁵²/ʒu⁵²老	tɕy³¹	tɕy⁴⁵/tɕy⁰²¹①	tɕy⁴⁵

① tɕy⁰²¹ 规~。

字目 / 方言	儒 遇合三 平虞日	乳 遇合三 上虞日	驹 遇合三 平虞见	矩 遇合三 上虞见	句 遇合三 去遇见
蓝田	zu^{24}	zu^{52}	$tɕy^{31}$	$tɕy^{52}$	$tɕy^{44}$
长安	vu^{24}	vu^{53}	$tɕy^{31}$	$tɕy^{44}$	$tɕy^{44}$
户县	zu^{24}	zu^{52}	$tɕy^{31}$	$tɕy^{55}$	$tɕy^{55}$
周至	vu^{24}	vu^{52}	$tɕy^{21}$	$tɕy^{55}$	$tɕy^{55}$
三原	zu^{24}	zu^{52}	$tɕy^{31}$	$tɕy^{52}$	$tɕy^{55}$
泾阳	zu^{24}	zu^{52}	$tɕy^{31}$	$tɕy^{52}$	$tɕy^{55}$
咸阳	zu^{24}	zu^{52}	$tɕy^{31}$	$tɕy^{55}$	$tɕy^{55}$
兴平	zu^{24}	zu^{52}	$tɕy^{31}$	$tɕy^{52}$	$tɕy^{55}$
武功	zu^{24}	zu^{52}	$tɕy^{31}$	$tɕy^{52}$	$tɕy^{55}$
礼泉	zu^{24}	zu^{52}	$tɕy^{31}$	$tɕy^{52}$	$tɕy^{55}$
乾县	zu^{24}	zu^{52}	$tɕy^{31}$	$tɕy^{52}$	$tɕy^{44}$
永寿	zu^{24}	zu^{52}	$tɕy^{31}$	$tɕy^{52}$	$tɕy^{55}$
淳化	zu^{24}	zu^{52}	$tɕy^{31}$	$tɕy^{55}$	$tɕy^{55}$
旬邑	zu^{24}	zu^{52}	$tɕy^{31}$	$tɕy^{52}$	$tɕy^{44}$
彬县	zu^{24}	zu^{52}	$tɕy^{31}$	$tɕy^{52}$	$tɕy^{44}$
长武	zu^{24}	zu^{52}	$tɕy^{31}$	$tɕy^{44}$	$tɕy^{44}$
扶风	$ʐʅ^{24}$	$ʐʅ^{52}$	$tɕy^{31}$	$tɕy^{31}$	$tɕy^{33}$
眉县	$ʐʅ^{24}/zu^{24}$	$ʐʅ^{52}/zu^{52}$	$tɕy^{31}$	$tɕy^{44}$	$tɕy^{44}$
麟游	zu^{24}	zu^{53}	$tɕy^{31}$	$tɕy^{44}$	$tɕy^{44}$
岐山	$ʐʅ^{24}$	$ʐʅ^{53}$	$tɕy^{31}$	$tɕy^{53}$	$tɕy^{44}$
凤翔	$ʐʅ^{24}$	$ʐʅ^{53}$	$tɕy^{31}$	$tɕy^{31}$	$tɕy^{44}$
宝鸡	$ʐʅ^{24}/zu^{24}$新	$ʐʅ^{53}/zu^{53}$新	$tɕy^{31}$	$tɕy^{53}$	$tɕy^{44}$
千阳	$zʅ^{24}$	$zʅ^{53}$	$tɕy^{31}$	$tɕy^{52}$	$tɕy^{44}$
陇县	zu^{24}	zu^{53}	$tɕy^{31}$	$tɕy^{53}$	$tɕy^{44}$

字目／方言	区地~	瞿	具	愚	遇
	遇合三平虞溪	遇合三平虞群	遇合三去遇群	遇合三平虞疑	遇合三去遇疑
西安	tɕʰy²¹	tɕʰy²¹	tɕy⁵⁵	y²⁴ ∣ y	y⁵⁵
韩城	tɕʰy³¹	tɕy⁴⁴	tɕy⁴⁴	y²⁴ ∣ y	y⁴⁴
合阳	tɕʰy³¹	tɕʰy²⁴	tɕy⁵⁵	y²⁴ ∣ y	y⁵⁵
澄城	tɕʰy³¹	tɕʰy²⁴	tɕy⁴⁴	y²⁴ ∣ y	y⁴⁴
白水	tɕʰy³¹	tɕʰy²¹	tɕy⁴⁴	y²⁴ ∣ y	y⁴⁴
大荔	tɕʰy³¹	tɕy³¹	tɕy⁵⁵	y²⁴ ∣ y	y⁵⁵
蒲城	tɕʰy³¹	tɕʰy³⁵	tɕy⁵⁵	y³⁵ ∣ y	y⁵⁵
美原	tɕʰy³¹	tɕy³¹	tɕy⁵⁵	y³⁵ ∣ y	y⁵⁵
富平	tɕʰy³¹	tɕy³¹	tɕy⁵⁵	y³⁵ ∣ y	y⁵⁵
潼关	tɕʰy³¹	tɕy³¹	tɕy⁴⁴	y²⁴ ∣ y	y⁴⁴
华阴	tɕʰy³¹	tɕʰy²⁴	tɕy⁵⁵	y²⁴ ∣ y	y⁵⁵
华县	tɕʰy³¹	tɕy³¹	tɕy⁵⁵	y³⁵ ∣ y	y⁵⁵
渭南	tɕʰy³¹	tɕʰy²⁴	tɕy⁴⁴	y²⁴ ∣ y	y⁴⁴
洛南	tɕʰy³¹	tɕy³¹	tɕy⁴⁴	y²⁴ ∣ y	y⁴⁴
商州	tɕʰy³¹	tɕʰy³¹	tɕy⁵⁵	y³⁵ ∣ y	y⁵⁵
丹凤	tɕʰy³¹	tɕy³¹	tɕy⁴⁴	y²⁴	y⁴⁴
宜川	tɕʰy⁵¹	tɕy⁴⁵/tɕʰy⁵¹①	tɕy⁴⁵	y²⁴	y⁴⁵
富县	tɕʰy³¹	tɕy⁵²②	tɕy⁴⁴	y⁴⁴/y²⁴③	y⁴⁴
黄陵	tɕʰy³¹	tɕʰy³¹/tɕy⁵²	tɕy⁵²	y²⁴	y⁴⁴
宜君	tɕʰy²¹	tɕy⁵²	tɕy⁴⁴	y²⁴	y⁴⁴
铜川	tɕʰy²¹	tɕy⁴⁴	tɕy⁴⁴	y²⁴ ∣ y	y⁴⁴
耀县	tɕʰy³¹	tɕʰy³¹	tɕy⁴⁴	y⁴⁴ ∣ y	y⁴⁴
高陵	tɕʰy³¹	tɕy⁵²	tɕy⁵⁵	y²⁴ ∣ y	y⁵⁵
临潼	tɕʰy³¹	tɕʰy³¹/tɕy²⁴④	tɕy⁴⁵	y²⁴ ∣ y	y⁴⁵

① tɕy⁴⁵ ~秋白；tɕʰy⁵¹ 姓。
② tɕy⁵² ~秋白。下同。
③ y²⁴ ~蠢。
④ tɕy²⁴ ~秋白。

字目 方言	区 地~	瞿	具	愚	遇
	遇合三 平虞溪	遇合三 平虞群	遇合三 去遇群	遇合三 平虞疑	遇合三 去遇疑
蓝田	tɕʰy³¹	tɕy⁵²	tɕy⁴⁴	y²⁴ ｜ y	y⁴⁴
长安	tɕʰy³¹	tɕʰy³¹	tɕy⁴⁴	y²⁴	y⁴⁴
户县	tɕʰy³¹	tɕʰy³¹	tɕy⁵⁵	y⁵⁵ ｜ y	y⁵⁵
周至	tɕʰy²¹	tɕʰy²¹	tɕy⁵⁵	y²⁴ ｜ y	y⁵⁵
三原	tɕʰy³¹	tɕy³¹	tɕy⁵⁵	y²⁴ ｜ y	y⁵⁵
泾阳	tɕʰy³¹	tɕy⁵²	tɕy⁵⁵	y²⁴ ｜ y	y⁵⁵
咸阳	tɕʰy³¹	tɕʰy⁵²	tɕy⁵⁵	y²⁴ ｜ y	y⁵⁵
兴平	tɕʰy³¹	tɕʰy³¹	tɕy⁵⁵	y²⁴ ｜ y	y⁵⁵
武功	tɕʰy³¹	tɕʰy³¹	tɕy⁵⁵	y²⁴ ｜ y	y⁵⁵
礼泉	tɕʰy³¹	tɕʰy²⁴	tɕy⁵⁵	y²⁴ ｜ y	y⁵⁵
乾县	tɕʰy³¹	tɕʰy³¹	tɕy⁴⁴	y²⁴ ｜ y	y⁴⁴
永寿	tɕʰy³¹	tɕy⁵⁵	tɕy⁵⁵	y²⁴ ｜ y	y⁵⁵
淳化	tɕʰy³¹	tɕy⁵²	tɕy⁵⁵	y²⁴ ｜ y	y⁵⁵
旬邑	tɕʰy³¹	tɕy⁴⁴	tɕy⁴⁴	y²⁴ ｜ y	y⁴⁴
彬县	tɕʰy³¹	tɕy⁴⁴	tɕy⁴⁴	y²⁴ ｜ y	y⁴⁴
长武	tɕʰy³¹	tɕʰy²⁴	tɕy⁴⁴	y²⁴ ｜ y	y⁴⁴
扶风	tɕʰy³¹	tɕy³³	tɕy³³	y²⁴ ｜ y	y³³
眉县	tɕʰy³¹	tɕy⁴⁴	tɕy⁴⁴	y²⁴ ｜ y	y⁴⁴
麟游	tɕʰy³¹	tɕy⁴⁴	tɕy⁴⁴	y⁴⁴ ｜ y	y⁴⁴
岐山	tɕʰy³¹	tɕʰy⁴⁴	tɕy⁴⁴	y²⁴ ｜ y	y⁴⁴
凤翔	tɕʰy³¹	tɕy⁴⁴	tɕy⁴⁴	y²⁴ ｜ y	y⁴⁴
宝鸡	tɕʰy³¹	tɕy⁴⁴	tɕy⁴⁴	y²⁴ ｜ y	y⁴⁴
千阳	tɕʰy³¹	tɕy⁵³	tɕy⁴⁴	y⁴⁴ ｜ y	y⁴⁴
陇县	tɕʰy³¹	tɕy⁴⁴	tɕy⁴⁴	y⁴⁴ ｜ y	y⁴⁴

字目 方言	吁 遇合三 平虞晓	迂 遇合三 平虞影	于 遇合三 平虞云	雨 遇合三 上虞云	芋 遇合三 去遇云
西安	y^{55}	y^{21}	y^{24}/y^{55}①	y^{53}	y^{55}
韩城	y^{44}	y^{24}	y^{24}	y^{53}	y^{44}
合阳	y^{55}	y^{24}	y^{24}	y^{52}	y^{55}
澄城	y^{44}	y^{31}	y^{24}	y^{53}	y^{44}
白水	y^{44}	y^{24}	y^{24}	y^{53}	y^{44}
大荔	y^{55}	y^{31}	y^{24}	y^{52}	y^{55}
蒲城	y^{55}	y^{31}	y^{35}	y^{53}	y^{55}
美原	y^{55}	y^{31}	y^{35}	y^{53}	y^{55}
富平	y^{55}	y^{31}	y^{35}	y^{53}	y^{55}
潼关	y^{44}	y^{31}	y^{24}	y^{52}	y^{44}
华阴	y^{55}	y^{24}	y^{24}	y^{52}	y^{55}
华县	y^{55}	y^{31}	y^{35}	y^{53}	y^{55}
渭南	y^{44}	y^{24}	y^{24}/y^{44}	y^{53}	y^{44}
洛南	y^{31}	y^{31}	y^{24}	y^{53}	y^{44}
商州	y^{55}	y^{31}	y^{35}	y^{53}	y^{55}
丹凤	y^{31}	y^{31}	y^{24}	y^{53}	y^{44}
宜川	$y^{45/24}$②	y^{45}	y^{45}	y^{45}	y^{45}
富县	y^{44}/y^{24}	y^{24}	y^{24}	y^{52}	y^{44}
黄陵	y^{44}/y^{31}	y^{31}	y^{24}	y^{52}	y^{44}
宜君	y^{44}	y^{44}	y^{21}	y^{52}	y^{44}
铜川	y^{44}	y^{44}	y^{44}	y^{52}	y^{44}
耀县	y^{44}	y^{44}	y^{44}	y^{52}	y^{44}
高陵	y^{55}/y^{24}	y^{24}	y^{24}	y^{52}	y^{55}
临潼	y^{45}/y^{24}	y^{24}	y^{45}	y^{52}	y^{45}

---

① y^{24} 姓。下同。

② y^{24} 读阳平调时用来吆喝牲口。下同。

字目 方言	吁 遇合三 平虞晓	迂 遇合三 平虞影	于 遇合三 平虞云	雨 遇合三 上麌云	芋 遇合三 去遇云
蓝田	y⁴⁴	y⁴⁴	y²⁴	y⁵²	y⁴⁴
长安	y⁴⁴/y²⁴	y²⁴	y⁴⁴/y²⁴	y⁵³	y⁴⁴
户县	y⁵⁵	y⁵⁵	y²⁴	y⁵²	y⁵⁵
周至	y⁵⁵/y²⁴	y²⁴	y²⁴	y⁵²	y⁵⁵
三原	y⁵⁵	y²⁴	y²⁴	y⁵²	y⁵⁵
泾阳	y⁵⁵	y²⁴	y²⁴	y⁵²	y⁵⁵
咸阳	y⁵⁵	y²⁴	y⁵⁵	y⁵²	y²⁴
兴平	y⁵⁵	y²⁴	y⁵⁵	y⁵²	y⁵⁵
武功	y⁵⁵	y³¹	y²⁴	y⁵²	y⁵⁵
礼泉	y⁵⁵	y²⁴	y²⁴	y⁵²	y²⁴
乾县	y⁴⁴	y²⁴	y⁴⁴	y⁵²	y²⁴
永寿	y⁵⁵	y⁵⁵	y²⁴/y⁵⁵	y⁵²	y⁵⁵
淳化	y⁵⁵	y²⁴	y²⁴	y⁵²	y⁵⁵
旬邑	y⁴⁴	y²⁴	y⁴⁴	y⁵²	y⁴⁴
彬县	y⁴⁴	y⁴⁴	y²⁴	y⁵²	y²⁴
长武	y³¹	y³¹	y⁴⁴	y⁵²	y²⁴
扶风	y³³	y²⁴	y³¹	y⁵²	y³³
眉县	y³¹	y⁴⁴	y²⁴	y⁵²	y⁴⁴
麟游	y⁴⁴	y⁴⁴	y²⁴	y⁵³	y⁴⁴
岐山	y⁴⁴	y²⁴	y⁴⁴	y⁵³	y⁴⁴
凤翔	y⁴⁴	y²⁴	y²⁴	y⁵³	y⁴⁴
宝鸡	y⁴⁴	y⁴⁴	y³¹/y²⁴	y⁵³	y⁴⁴
千阳	y⁴⁴	y³¹	y³¹	y⁵³	y⁴⁴
陇县	y⁴⁴	y⁴⁴	y²⁴	y⁵³	y⁴⁴

字目 方言	榆 遇合三 平虞以	愈 遇合三 上虞以	喻 遇合三 去遇以	裕 遇合三 去遇以	呆 蟹开一 平哈端
西安	y^{24}	y^{55}	y^{55}	y^{21}	$tæ^{21}$
韩城	y^{24}	y^{24}	y^{53}	y^{31}	$tæ^{31}$
合阳	y^{24}	y^{24}	y^{55}	y^{31}	te^{31}
澄城	y^{24}	y^{44}	y^{44}	y^{31}	$tæ^{31}$
白水	y^{24}	y^{44}	y^{44}	y^{31}	$tæ^{31}$
大荔	y^{24}	y^{55}	y^{55}	y^{31}	$tæ^{31}$
蒲城	y^{35}	y^{55}	y^{55}	y^{31}	$tæ^{31}$
美原	y^{35}	y^{55}	y^{55}	y^{31}	$tæ^{31}$
富平	y^{35}	y^{55}	y^{55}	y^{31}	$tæ^{31}$
潼关	y^{24}	y^{44}	y^{44}	y^{31}	$tæ^{31}$
华阴	y^{24}	y^{55}	y^{55}	y^{31}	$tæ^{31}$
华县	y^{35}	y^{55}	y^{55}	y^{31}	$tæ^{31}$
渭南	y^{24}	y^{44}	y^{44}	y^{31}	te^{31}
洛南	y^{24}	y^{44}	y^{44}	y^{31}	te^{31}
商州	y^{35}	y^{55}	y^{55}	y^{31}	$tæ^{31}$
丹凤	y^{24}	y^{44}	y^{44}	y^{31}	$tæ^{31}$
宜川	y^{24}	y^{45}	y^{45}	y^{24}	tee^{51}
富县	y^{24}	y^{44}/y^{24}①	y^{44}	y^{24}	tE^{31}
黄陵	y^{24}	y^{44}	y^{44}	y^{31}	te^{31}
宜君	y^{24}	y^{44}	y^{44}	y^{24}	te^{21}
铜川	y^{24}	y^{44}	y^{44}	y^{24}	$tæ^{21}$
耀县	y^{24}	y^{44}	y^{44}	y^{31}	$tæe^{31}$
高陵	y^{24}	y^{55}	y^{55}	y^{24}	$tæ^{31}$
临潼	y^{24}	y^{45}	y^{45}	y^{31}	$tæ^{31}$

① y^{24} 姓。

字目 方言	榆 遇合三 平虞以	愈 遇合三 上虞以	喻 遇合三 去遇以	裕 遇合三 去遇以	呆 蟹开一 平咍端
蓝田	y^{24}	y^{44}	y^{44}	y^{31}	$tæ^{31}$
长安	y^{24}	y^{44}	y^{44}	y^{31}	$tæ^{31}$
户县	y^{24}	y^{55}	y^{55}	y^{31}	$tɛ^{31}$
周至	y^{24}	y^{55}	y^{55}	y^{21}	$tæ^{21}$
三原	y^{24}	y^{55}	y^{55}	y^{31}	$tæ^{31}$
泾阳	y^{24}	y^{55}	y^{55}	y^{31}	$tæ^{31}$
咸阳	y^{24}	y^{55}	y^{55}	y^{31}	$tæ^{31}$
兴平	y^{24}	y^{55}	y^{55}	y^{31}	$tæ^{31}$
武功	y^{24}	y^{55}	y^{55}	y^{31}	$tæ^{31}$
礼泉	y^{24}	y^{55}	y^{55}	y^{31}	$tæ^{31}$
乾县	y^{24}	y^{44}	y^{44}	y^{31}	$tæ^{31}$
永寿	y^{24}	y^{55}	y^{55}	y^{31}	$tæ^{31}$
淳化	y^{24}	y^{55}	y^{55}	y^{31}	$tæ^{31}$
旬邑	y^{24}	y^{44}	y^{44}	y^{31}	$tæ^{31}$
彬县	y^{24}	y^{44}	y^{44}	y^{31}	$tæ^{31}$
长武	y^{24}	y^{44}	y^{44}	y^{31}	$tæ^{31}$
扶风	$\underline{y}^{24}/\underline{ʐ̩}^{24}$①	y^{33}	y^{33}	y^{31}	$tɛ^{31}$
眉县	$\underline{y}^{24}/\underline{ʐ̩}^{24}$	y^{44}	y^{44}	y^{31}	$tɛ^{31}$
麟游	$\underline{y}^{24}/\underline{ʒu}^{31}$	y^{44}	y^{44}	y^{31}	$tæ^{31}$
岐山	$ʐ̩^{24}$	y^{44}	y^{44}	y^{44}	$tɛ^{31}$
凤翔	$\underline{y}^{31}/\underline{ʐ̩}^{31}$	y^{44}	y^{44}	y^{44}	$tɛ^{31}$
宝鸡	$ʐ̩^{24}$	y^{44}	y^{44}	y^{44}	$tɛ^{31}$
千阳	$\underline{y}^{24}/\underline{ʒ̩}^{31}$	y^{44}	y^{44}	y^{31}	$tɛ^{31}$
陇县	y^{24}	y^{44}	y^{44}	y^{31}	$tɛ^{31}$

① y^{24} ～树，不结榆钱；$ʐ̩^{24}$ ～树，结榆钱。下同。

字目／方言	戴 蟹开一去代端	胎 蟹开一平咍透	态 蟹开一去代透	贷 蟹开一去代透	台 蟹开一平咍定
西安	tæ^{55}	tʰæ^{21}	tʰæ^{55}	tæ^{55}	tʰæ^{24}
韩城	tæ^{44}	tʰæ^{31} ∣ tʰæ	tʰæ^{44}	tæ^{44}	tʰæ^{24}
合阳	tɛ^{55}	tʰɛ^{31} ∣ tʰæ	tʰɛ^{55}	tɛ^{55}	tʰɛ^{24}
澄城	tæ^{44}	tʰæ^{31} ∣ tʰæ	tʰæ^{44}	tæ^{44}	tʰæ^{24}
白水	tæ^{44}	tʰæ^{31} ∣ tʰæ	tʰæ^{44}	tæ^{44}	tʰæ^{24}
大荔	tæ^{55}	tʰæ^{31} ∣ tʰæ	tʰæ^{55}	tæ^{55}	tʰæ^{24}
蒲城	tæ^{55}	tʰæ^{31} ∣ tʰæ	tʰæ^{55}	tæ^{55}	tʰæ^{35}
美原	tæ^{55}	tʰæ^{31} ∣ tʰæ	tʰæ^{55}	tæ^{55}	tʰæ^{35}
富平	tæ^{55}	tʰæ^{31} ∣ tʰæ	tʰæ^{55}	tæ^{55}	tʰæ^{35}
潼关	tæ^{44}	tʰæ^{31} ∣ tʰæ	tʰæ^{44}	tæ^{44}	tʰæ^{24}
华阴	tæ^{55}	tʰæ^{31} ∣ tʰæ	tʰæ^{55}	tæ^{55}	tʰæ^{24}
华县	tæ^{55}	tʰæ^{31} ∣ tʰæ	tʰæ^{55}	tæ^{55}	tʰæ^{35}
渭南	tɛ^{44}	tʰɛ^{31} ∣ tʰæ	tʰɛ^{44}	tɛ^{44}	tʰɛ^{24}
洛南	tɛ^{44}	tʰɛ^{31} ∣ tʰæ	tʰɛ^{44}	tɛ^{44}	tʰɛ^{24}
商州	tæ^{55}	tʰæ^{31} ∣ tʰæ	tʰæ^{55}	tæ^{55}	tʰæ^{35}
丹凤	tæ^{44}	tʰæ^{31}	tʰæ^{44}	tæ^{44}	tʰæ^{24}
宜川	tɛe^{45}	tʰɛe^{51}	tʰɛe^{45}	tɛe^{45}	tʰɛe^{24}
富县	tᴇ^{44}	tʰᴇ^{31}	tʰᴇ^{44}	tᴇ^{44}	tʰᴇ^{24}
黄陵	tɛ^{44}	tʰɛ^{31}	tʰɛ^{44}	tɛ^{44}	tʰɛ^{24}
宜君	tɛ^{44}	tʰɛ^{21}	tʰɛ^{21}	tɛ^{44}	tʰɛ^{24}
铜川	tæ^{44}	tʰæ^{21} ∣ tʰæ	tʰæ^{44}	tæ^{44}	tʰæ^{24}
耀县	tæe^{44}	tʰæe^{31} ∣ tʰæ	tʰæe^{44}	tæe^{44}	tʰæe^{24}
高陵	tæ^{55}	tʰæ^{31} ∣ tʰæ	tʰæ^{55}	tæ^{55}	tʰæ^{24}
临潼	tæ^{45}	tʰæ^{31} ∣ tʰæ	tʰæ^{45}	tæ^{45}	tʰæ^{24}

字目 / 方言	戴 蟹开一 去代端	胎 蟹开一 平咍透	态 蟹开一 去代透	贷 蟹开一 去代透	台 蟹开一 平咍定
蓝田	tæ^{44}	tʰæ^{31} ∣ tʰæ	tʰæ^{44}	tæ^{44}	tʰæ^{24}
长安	tæ^{44}	tʰæ^{31}	tʰæ^{44}	tæ^{44}	tʰæ^{24}
户县	tɛ^{55}	tʰɛ^{31} ∣ tʰæ	tʰɛ^{55}	tɛ^{55}	tʰɛ^{24}
周至	tæ^{55}	tʰæ^{21} ∣ tʰæ	tʰæ^{55}	tæ^{55}	tʰæ^{24}
三原	tæ^{55}	tʰæ^{31} ∣ tʰæ	tʰæ^{55}	tæ^{55}	tʰæ^{24}
泾阳	tæ^{55}	tʰæ^{31} ∣ tʰæ	tʰæ^{55}	tæ^{55}	tʰæ^{24}
咸阳	tæ^{55}	tʰæ^{31} ∣ tʰæ	tʰæ^{55}	tæ^{55}	tʰæ^{24}
兴平	tæ^{55}	tʰæ^{31} ∣ tʰæ	tʰæ^{55}	tæ^{55}	tʰæ^{24}
武功	tæ^{55}	tʰæ^{31} ∣ tʰæ	tʰæ^{55}	tæ^{55}	tʰæ^{24}
礼泉	tæ^{55}	tʰæ^{31} ∣ tʰæ	tʰæ^{55}	tæ^{55}	tʰæ^{24}
乾县	tæ^{44}	tʰæ^{31} ∣ tʰæ	tʰæ^{44}	tæ^{44}	tʰæ^{24}
永寿	tæ^{55}	tʰæ^{31} ∣ tʰæ	tʰæ^{55}	tæ^{55}	tʰæ^{24}
淳化	tæ^{55}	tʰæ^{31} ∣ tʰæ	tʰæ^{55}	tæ^{55}	tʰæ^{24}
旬邑	tæ^{44}	tʰæ^{31} ∣ tʰæ	tʰæ^{44}	tæ^{44}	tʰæ^{24}
彬县	tæ^{44}	tʰæ^{31} ∣ tʰæ	tʰæ^{44}	tæ^{44}	tʰæ^{24}
长武	tæ^{44}	tʰæ^{31} ∣ tʰæ	tʰæ^{44}	tæ^{44}	tʰæ^{24}
扶风	tɛ^{33}	tʰɛ^{31} ∣ tʰæ	tʰɛ^{33}	tɛ^{33}	tʰɛ^{24}
眉县	tɛ^{44}	tʰɛ^{31} ∣ tʰæ	tʰɛ^{44}	tɛ^{44}	tʰɛ^{24}
麟游	tæ^{44}	tʰæ^{31} ∣ tʰæ	tʰæ^{44}	tæ^{44}	tʰæ^{24}
岐山	tɛ^{44}	tʰɛ^{31} ∣ tʰæ	tʰɛ^{44}	tɛ^{44}	tʰɛ^{24}
凤翔	tɛ^{44}	tʰɛ^{31} ∣ tʰæ	tʰɛ^{44}	tɛ^{44}	tʰɛ^{24}
宝鸡	tɛ^{44}	tʰɛ^{31} ∣ tʰæ	tʰɛ^{44}	tɛ^{44}	tʰɛ^{24}
千阳	tɛ^{44}	tʰæ^{31} ∣ tʰæ	tʰɛ^{44}	tɛ^{44}	tʰɛ^{24}
陇县	tɛ^{44}	tʰɛ^{31} ∣ tʰæ	tʰɛ^{44}	tɛ^{44}	tʰɛ^{24}

字目 方言	待 蟹开一 上海定	袋 蟹开一 去代定	乃 蟹开一 上海泥	耐 蟹开一 去代泥	来 蟹开一 平咍来
西安	$tæ^{55}$	$tæ^{55}$	$næ^{53}$	$næ^{55}$	$læ^{24}$
韩城	$t^hæ^{44}$	$tæ^{44}/t^hæ^{44}$	$næ^{53}$ ｜ $næ$	$næ^{44}$	$læ^{24}/lɪ^{24}$ ｜ $læ$
合阳	$t^hɛ^{55}$	$tɛ^{55}/t^hɛ^{31}$	$nɛ^{52}$ ｜ $næ$	$nɛ^{55}$	$lɛ^{24}/lɪ^{24}$ ｜ $læ$
澄城	$t^hæ^{44}$	$t^hæ^{44}$	$næ^{53}$ ｜ $næ$	$næ^{44}$	$læ^{24}/lɑ^{24}$ ｜ $læ$
白水	$t^hæ^{44}$	$tæ^{44}$	$næ^{53}$ ｜ $næ$	$næ^{44}$	$læ^{24}$ ｜ $læ$
大荔	$t^hæ^{55}$	$t^hæ^{55}$	$næ^{52}$ ｜ $næ$	$næ^{55}$	$læ^{24}$ ｜ $læ$
蒲城	$t^hæ^{55}$	$tæ^{55}$	$næ^{53}$ ｜ $næ$	$næ^{55}$	$læ^{35}$ ｜ $læ$
美原	$t^hæ^{55}$	$t^hæ^{55}$	$næ^{53}$ ｜ $næ$	$næ^{55}$	$læ^{35}$ ｜ $læ$
富平	$tæ^{55}$	$tæ^{55}$	$næ^{53}$ ｜ $næ$	$næ^{55}$	$læ^{35}$ ｜ $læ$
潼关	$tæ^{44}$	$tæ^{44}$	$næ^{52}$ ｜ $næ$	$næ^{44}$	$læ^{24}$ ｜ $læ$
华阴	$tæ^{55}$	$tæ^{55}$	$næ^{52}$ ｜ $næ$	$næ^{55}$	$læ^{24}$ ｜ $læ$
华县	$tæ^{55}$	$tæ^{55}$	$næ^{53}$ ｜ $næ$	$næ^{55}$	$læ^{35}$ ｜ $lɛ$
渭南	$tɛ^{44}$	$tɛ^{44}$	$nɛ^{53}$ ｜ $næ$	$nɛ^{44}$	$lɛ^{24}$ ｜ $læ$
洛南	$tɛ^{44}$	$tɛ^{44}$	nc^{53} ｜ $næ$	$nɛ^{44}$	$lɛ^{24}$ ｜ $læ$
商州	$tæ^{55}$	$tæ^{55}$	$næ^{53}$ ｜ $næ$	$næ^{55}$	$læ^{35}$ ｜ $læ$
丹凤	$tæ^{44}$	$tæ^{44}$	$næ^{53}$	$næ^{44}$	$læ^{24}$
宜川	$tɛe^{45}$	$tɛe^{45}/t^hɛe^{021}$①	$nɛe^{45}$	$nɛe^{45}$	$lɛe^{24}$
富县	tE^{44}	tE^{44}/t^hE^{021}	nE^{52}	nE^{44}	lE^{24}
黄陵	$tɛ^{44}/t^hɛ^{44}$②	$tɛ^{44}$	$nɛ^{52}$	$nɛ^{44}$	$lɛ^{24}$
宜君	$tɛ^{44}$	$tɛ^{44}$	$nɛ^{52}$	$nɛ^{44}$	$lɛ^{24}$
铜川	$tæ^{44}$	$tæ^{44}$	$næ^{52}$ ｜ $nɛ$	$næ^{44}$	$læ^{24}$ ｜ $lɛ$
耀县	$tæe^{44}$	$tæe^{44}$	$næe^{44}$ ｜ $nɛ$	$næe^{44}$	$læe^{24}$ ｜ $lɛ$
高陵	$tæ^{55}$	$tæ^{55}$	$næ^{52}$ ｜ $næ$	$næ^{55}$	$læ^{24}$ ｜ $læ$
临潼	$tæ^{45}$	$tæ^{45}$	$næ^{52}$ ｜ $næ$	$næ^{45}$	$læ^{24}$

---

① $t^hɛe^{021}$ 布～。富县同。

② $t^hɛ^{44}$ ～承。

字目 方言	待 蟹开一 上海定	袋 蟹开一 去代定	乃 蟹开一 上海泥	耐 蟹开一 去代泥	来 蟹开一 平咍来
蓝田	tæ⁴⁴	tæ⁴⁴	næ⁵² ∣ nε	næ⁴⁴	læ²⁴ ∣ læ
长安	tæ⁴⁴	tæ⁴⁴	næ⁵³	næ⁴⁴	læ²⁴
户县	tɛ⁵⁵	tɛ⁵⁵	nɛ⁵² ∣ nɛ	nɛ⁵⁵	lɛ²⁴ ∣ lɛ
周至	tæ⁵⁵	tæ⁵⁵	næ⁵² ∣ næ	næ⁵⁵	læ²⁴ ∣ læ
三原	tæ⁵⁵	tæ⁵⁵	næ⁵² ∣ næ	næ⁵⁵	læ²⁴ ∣ læ
泾阳	tæ⁵⁵	tæ⁵⁵	næ⁵² ∣ nε	næ⁵⁵	læ²⁴ ∣ lε
咸阳	tæ⁵⁵	tæ⁵⁵	læ⁵² ∣ nε	læ⁵⁵	læ²⁴ ∣ læ
兴平	tæ⁵⁵	tæ⁵⁵	læ⁵² ∣ næ	læ⁵⁵	læ²⁴ ∣ læ
武功	tæ⁵⁵	tæ⁵⁵	læ⁵² ∣ næ	læ⁵⁵	læ²⁴ ∣ læ
礼泉	tæ⁵⁵	tæ⁵⁵	læ⁵² ∣ læ	læ⁵⁵	læ²⁴ ∣ læ
乾县	tæ⁴⁴	tæ⁴⁴	læ⁵² ∣ læ	læ⁴⁴	læ²⁴ ∣ læ
永寿	tæ⁵⁵	tæ⁵⁵	læ⁵² ∣ læ	læ⁵⁵	læ²⁴ ∣ læ
淳化	tæ⁵⁵	tæ⁵⁵	næ⁵² ∣ næ	næ⁵⁵	læ²⁴ ∣ læ
旬邑	tæ⁴⁴	tæ⁴⁴	læ⁵² ∣ læ	læ⁴⁴	læ²⁴ ∣ læ
彬县	tæ⁴⁴	tæ⁴⁴	læ⁵² ∣ læ	læ⁴⁴	læ²⁴ ∣ læ
长武	tæ⁴⁴	tæ⁴⁴	læ⁵² ∣ læ	læ⁴⁴	læ²⁴ ∣ læ
扶风	tɛ³³	tɛ³³	lɛ⁵² ∣ læ	lɛ³³	lɛ²⁴ ∣ læ
眉县	tɛ⁴⁴	tɛ⁴⁴	lɛ⁵² ∣ læ	lɛ⁴⁴	lɛ²⁴ ∣ læ
麟游	tæ⁴⁴	tæ⁴⁴	læ⁵³ ∣ læ	læ⁴⁴	læ²⁴ ∣ læ
岐山	tɛ⁴⁴	tɛ⁴⁴	lɛ⁵³ ∣ læ	lɛ⁴⁴	lɛ²⁴ ∣ læ
凤翔	tɛ⁴⁴	tɛ⁴⁴	lɛ⁵³ ∣ læ	lɛ⁴⁴	lɛ²⁴ ∣ læ
宝鸡	tɛ⁴⁴	tɛ⁴⁴	lɛ⁵³ ∣ læ	lɛ⁴⁴	lɛ²⁴ ∣ læ
千阳	tɛ⁴⁴	tɛ⁴⁴	lɛ⁵³ ∣ læ	lɛ⁴⁴	lɛ²⁴ ∣ læ
陇县	tɛ⁴⁴	tɛ⁴⁴	lɛ⁵³ ∣ læ	lɛ⁴⁴	lɛ²⁴ ∣ læ

字目 方言	灾 蟹开一 平咍精	宰 蟹开一 上海精	再 蟹开一 去代精	猜 蟹开一 平咍清	彩 蟹开一 上海清
西安	tsæ²¹	tsæ⁵³	tsæ⁵⁵	tsʰæ²¹ ∣ tsʰɛ	tsʰæ⁵³
韩城	tsæ³¹	tsæ⁵³	tsæ⁴⁴	tsʰæ³¹ ∣ tsʰæ	tsʰæ⁵³
合阳	tsɛ³¹	tsɛ⁵²	tsɛ⁵⁵	tsʰɛ³¹/tsʰɛ⁵² ∣ tsʰæ	tsʰɛ⁵²
澄城	tsæ³¹	tsæ⁵³	tsæ⁴⁴	tsʰæ³¹ ∣ tsʰæ	tsʰæ⁵³
白水	tsæ³¹	tsæ⁵³	tsæ⁴⁴	tsʰæ³¹	tsʰæ⁵³
大荔	tsæ³¹	tsæ⁵²	tsæ⁵⁵	tsʰæ³¹ ∣ tsʰæ	tsʰæ⁵²
蒲城	tsæ³¹	tsæ⁵³	tsæ⁵⁵	tsʰæ³¹ ∣ tsʰæ	tsʰæ⁵³
美原	tsæ³¹	tsæ⁵³	tsæ⁵⁵	tsʰæ³¹ ∣ tsʰæ	tsʰæ⁵³
富平	tsæ³¹	tsæ⁵³	tsæ⁵⁵	tsʰæ³¹ ∣ tsʰæ	tsʰæ⁵³
潼关	tsæ³¹	tsæ⁵²	tsæ⁴⁴	tsʰæ³¹ ∣ tsʰæ	tsʰæ⁵²
华阴	tsæ³¹	tsæ⁵²	tsæ⁵⁵	tsʰæ³¹ ∣ tsʰæ	tsʰæ⁵²
华县	tsæ³¹	tsæ⁵³	tsæ⁵⁵	tsʰæ³¹ ∣ tsʰɛ	tsʰæ⁵³
渭南	tsɛ³¹	tsɛ⁵³	tsɛ⁴⁴	tsʰɛ³¹ ∣ tsʰæ	tsʰɛ⁵³
洛南	tsɛ³¹	tsɛ⁵³	tsɛ⁴⁴	tsʰɛ³¹ ∣ tsʰɛ	tsʰɛ⁵³
商州	tsæ³¹	tsæ⁵³	tsæ⁵⁵	tsʰæ³¹ ∣ tsʰɛ	tsʰæ⁵³
丹凤	tsæ³¹	tsæ⁵³	tsæ⁴⁴	tsʰæ³¹	tsʰæ⁵³
宜川	tsɛe⁵¹	tsɛe⁴⁵	tsɛe⁴⁵	tsʰɛe⁵¹	tsʰɛe⁴⁵
富县	tsE³¹	tsE⁵²	tsE⁴⁴	tsʰE⁵²	tsʰE⁵²
黄陵	tsɛ³¹	tsɛ⁵²	tsɛ⁴⁴	tsʰɛ⁵²	tsʰɛ⁵²
宜君	tsɛ²¹	tsɛ⁵²	tsɛ⁴⁴	tsʰɛ⁵²	tsʰɛ⁵²
铜川	tsæ²¹	tsæ⁵²	tsæ⁴⁴	tsʰæ²¹ ∣ tsʰɛ	tsʰæ⁵²
耀县	tsæe³¹	tsæe⁵²	tsæe⁴⁴	tsʰæe³¹ ∣ tsʰɛ	tsʰæe⁵²
高陵	tsæ³¹	tsæ⁵²	tsæ⁵⁵	tsʰæ³¹ ∣ tsʰæ	tsʰæ⁵²
临潼	tsæ³¹	tsæ⁵²	tsæ⁴⁵	tsʰæ³¹ ∣ tsʰɛ	tsʰæ⁵²

字目 方言	灾 蟹开一 平咍精	宰 蟹开一 上海精	再 蟹开一 去代精	猜 蟹开一 平咍清	彩 蟹开一 上海清
蓝田	tsæ³¹	tsæ⁵²	tsæ⁴⁴	tsʰæ³¹ | tsʰɛ	tsʰæ⁵²
长安	tsæ³¹	tsæ⁵³	tsæ⁴⁴	tsʰæ³¹	tsʰæ⁵³
户县	tsɛ³¹	tsɛ⁵²	tsɛ⁵⁵	tsʰɛ³¹ | tsʰɛ	tsʰɛ⁵²
周至	tsæ²¹	tsæ⁵²	tsæ⁵⁵	tsʰæ²¹ | tsʰɛ	tsʰæ⁵²
三原	tsæ³¹	tsæ⁵²	tsæ⁵⁵	tsʰæ³¹ | tsʰæ	tsʰæ⁵²
泾阳	tsæ³¹	tsæ⁵²	tsæ⁵⁵	tsʰæ³¹ | tsʰɛ	tsʰæ⁵²
咸阳	tsæ³¹	tsæ⁵²	tsæ⁵⁵	tsʰæ³¹ | tsʰɛ	tsʰæ⁵²
兴平	tsæ³¹	tsæ⁵²	tsæ⁵⁵	tsʰæ³¹ | tsʰæ	tsʰæ⁵²
武功	tsæ³¹	tsæ⁵²	tsæ⁵⁵	tsʰæ³¹ | tsʰæ	tsʰæ⁵²
礼泉	tsæ³¹	tsæ⁵²	tsæ⁵⁵	tsʰæ³¹ | tsʰɛ	tsʰæ⁵²
乾县	tsæ³¹	tsæ⁵²	tsæ⁴⁴	tsʰæ³¹ | tsʰɛ	tsʰæ⁵²
永寿	tsæ³¹	tsæ⁵²	tsæ⁵⁵	tsʰæ³¹ | tsʰɛ	tsʰæ⁵²
淳化	tsæ³¹	tsæ⁵²	tsæ⁵⁵	tsʰæ³¹ | tsʰæ	tsʰæ⁵²
旬邑	tsæ³¹	tsæ⁵²	tsæ⁴⁴	tsʰæ³¹ | tsʰæ	tsʰæ⁵²
彬县	tsæ³¹	tsæ⁵²	tsæ⁴⁴	tsʰæ³¹ | tsʰæ	tsʰæ⁵²
长武	tsæ³¹	tsæ⁵²	tsæ⁴⁴	tsʰæ³¹ | tsʰæ	tsʰæ⁵²
扶风	tsɛ³¹	tsɛ⁵²	tsɛ³³	tsʰɛ⁵² | tsʰæ	tsʰɛ⁵²
眉县	tsɛ³¹	tsɛ⁵²	tsɛ⁴⁴	tsʰɛ⁵² | tsʰɛ	tsʰɛ⁵²
麟游	tsæ³¹	tsæ⁵³	tsæ⁴⁴	tsʰæ³¹ | tsʰæ	tsʰæ⁵³
岐山	tsɛ³¹	tsɛ⁵³	tsɛ⁴⁴	tsʰɛ³¹ | tsʰæ	tsʰɛ⁵³
凤翔	tsɛ³¹	tsɛ⁵³	tsɛ⁴⁴	tsʰɛ³¹ | tsʰæ	tsʰɛ⁵³
宝鸡	tsɛ³¹	tsɛ⁵³	tsɛ⁴⁴	tsʰɛ³¹ | tsʰæ	tsʰɛ⁵³
千阳	tsɛ³¹	tsɛ⁵³	tsɛ⁴⁴	tsʰɛ⁵³ | tsʰæ	tsʰɛ⁵³
陇县	tsɛ³¹	tsɛ⁵³	tsɛ⁴⁴	tsʰɛ³¹ | tsʰɛ	tsʰɛ⁵³

字目 方言	菜 蟹开一 去代清	财 蟹开一 平哈从	在 蟹开一 上海从	载满~ 蟹开一 去代从	腮 蟹开一 平哈心
西安	$tsʰæ^{55}$	$tsʰæ^{24}$	$tsæ^{55}$	$tsæ^{53}$	$sæ^{21}$ ｜ $sɛ$
韩城	$tsʰæ^{44}$	$tsʰæ^{24}$	$tsʰæ^{44}$	$tsæ^{53}$	$sæ^{31}$ ｜ $sæ$
合阳	$tsʰɛ^{55}$	$tsʰɛ^{24}$	$tsʰɛ^{55}$	$tsɛ^{52}$	$sɛ^{31}$ ｜ $sæ$
澄城	$tsʰæ^{44}$	$tsʰæ^{24}$	$tsʰæ^{44}$	$tsæ^{53}$	$sæ^{31}$ ｜ $sæ$
白水	$tsʰæ^{44}$	$tsʰæ^{24}$	$tsʰæ^{44}$	$tsæ^{53}$	$sæ^{31}$ ｜ $sæ$
大荔	$tsʰæ^{55}$	$tsʰæ^{24}$	$tsʰæ^{55}$	$tsæ^{52}$	$sæ^{31}$ ｜ $sæ$
蒲城	$tsʰæ^{55}$	$tsʰæ^{35}$	$tsʰæ^{55}$	$tsæ^{53}$	$sæ^{31}$ ｜ $sæ$
美原	$tsʰæ^{55}$	$tsʰæ^{35}$	$tsʰæ^{55}$	$tsæ^{53}$	$sæ^{31}$ ｜ $sæ$
富平	$tsʰæ^{55}$	$tsʰæ^{35}$	$tsæ^{55}$	$tsæ^{53}$	$sæ^{31}$ ｜ $sæ$
潼关	$tsʰæ^{44}$	$tsʰæ^{24}$	$tsʰæ^{44}$	$tsæ^{52}$	$sæ^{31}$ ｜ $sæ$
华阴	$tsʰæ^{55}$	$tsʰæ^{24}$	$tsʰæ^{55}$	$tsæ^{52}$	$sæ^{31}$ ｜ $sæ$
华县	$tsʰæ^{55}$	$tsʰæ^{35}$	$tsʰæ^{55}$	$tsæ^{53}$	$sæ^{31}$ ｜ $sɛ$
渭南	$tsʰɛ^{44}$	$tsʰɛ^{24}$	$tsʰɛ^{44}$	$tsɛ^{53}$	$sɛ^{31}$ ｜ $sæ$
洛南	$tsʰɛ^{44}$	$tsʰɛ^{24}$	$tsʰɛ^{44}$	$tsɛ^{53}$	$sɛ^{31}$ ｜ $sɛ$
商州	$tsʰæ^{55}$	$tsʰæ^{35}$	$tsæ^{55}$	$tsæ^{53}$	$sæ^{31}$ ｜ $sɛ$
丹凤	$tsʰæ^{44}$	$tsʰæ^{24}$	$tsæ^{44}$	$tsæ^{53}$	$sæ^{31}$
宜川	$tsʰɛe^{45}$	$tsʰɛe^{24}$	$tsʰɛe^{45}$	$tsɛe^{45}$	$sɛe^{51}$
富县	$tsʰE^{44}$	$tsʰE^{24}$	$tsʰE^{44}$	tsE^{52}	sE^{31}
黄陵	$tsʰɛ^{44}$	$tsʰɛ^{24}$	$tsʰɛ^{44}$	$tsɛ^{52}$	$sɛ^{31}$
宜君	$tsʰɛ^{44}$	$tsʰɛ^{24}$	$tsʰɛ^{44}$	$tsɛ^{52}$	$sɛ^{21}$
铜川	$tsʰæ^{44}$	$tsʰæ^{24}$	$\underline{ts}æ^{44}/tsʰæ^{44}$	$tsæ^{52}$	$sæ^{21}$ ｜ $sɛ$
耀县	$tsʰæe^{44}$	$tsʰæe^{24}$	$tsæe^{44}$	$tsæe^{52}$	$sæe^{31}$ ｜ $sɛ$
高陵	$tsʰæ^{55}$	$tsʰæ^{24}$	$tsæ^{55}$	$tsæ^{52}$	$sæ^{31}$ ｜ $sɛ$
临潼	$tsʰæ^{45}$	$tsʰæ^{24}$	$tsæ^{45}$	$tsæ^{52}$	$sæ^{31}$ ｜ $sæ$

字目　方言	菜 蟹开一 去代清	财 蟹开一 平哈从	在 蟹开一 上海从	载满~ 蟹开一 去代从	腮 蟹开一 平哈心
蓝田	tsʰæ^{44}	tsʰæ^{24}	tsæ^{44}	tsæ^{52}	sæ^{31} ∣ sɛ
长安	tsʰæ^{44}	tsʰæ^{24}	tsæ^{44}	tsæ^{53}	sæ^{31}
户县	tsʰɛ^{55}	tsʰɛ^{24}	tsɛ^{55}	tsɛ^{52}	sɛ^{31} ∣ sɛ
周至	tsʰæ^{55}	tsʰæ^{24}	tsæ^{55}	tsæ^{52}	sæ^{21} ∣ sɛ
三原	tsʰæ^{55}	tsʰæ^{24}	tsæ^{55}	tsæ^{52}	sæ^{31} ∣ sæ
泾阳	tsʰæ^{55}	tsʰæ^{24}	tsæ^{55}	tsæ^{52}	sæ^{31} ∣ sɛ
咸阳	tsʰæ^{55}	tsʰæ^{24}	tsæ^{55}	tsæ^{52}	sæ^{31} ∣ sɛ
兴平	tsʰæ^{55}	tsʰæ^{24}	tsæ^{55}	tsæ^{52}	sæ^{31} ∣ sæ
武功	tsʰæ^{55}	tsʰæ^{24}	tsæ^{55}	tsæ^{52}	sæ^{31} ∣ sæ
礼泉	tsʰæ^{55}	tsʰæ^{24}	tsæ^{55}	tsæ^{52}	sæ^{31} ∣ sɛ
乾县	tsʰæ^{44}	tsʰæ^{24}	tsæ^{44}	tsæ^{52}	sæ^{31} ∣ sɛ
永寿	tsʰæ^{55}	tsʰæ^{24}	tsæ^{55}	tsæ^{52}	sæ^{31} ∣ sɛ
淳化	tsʰæ^{55}	tsʰæ^{24}	tsæ^{55}	tsæ^{52}	sæ^{31} ∣ sæ
旬邑	tsʰæ^{44}	tsʰæ^{24}	tsʰæ^{44}	tsæ^{52}	sæ^{31} ∣ sæ
彬县	tsʰæ^{44}	tsʰæ^{24}	tsʰæ^{44}	tsæ^{52}	sæ^{31} ∣ sæ
长武	tsʰæ^{44}	tsʰæ^{24}	tsʰæ^{44}	tsæ^{52}	sæ^{31} ∣ sæ
扶风	tsʰE^{33}	tsʰE^{24}	tsE^{33}	tsE^{52}	sE^{31} ∣ sæ
眉县	tsʰE^{44}	tsʰE^{24}	tsE^{44}	tsE^{52}	sE^{31} ∣ sɛ
麟游	tsʰæ^{44}	tsʰæ^{24}	tsæ^{44}	tsæ^{53}	sæ^{31} ∣ sæ
岐山	tsʰE^{44}	tsʰE^{24}	tsE^{44}	tsE^{53}	sE^{31} ∣ sæ
凤翔	tsʰE^{44}	tsʰE^{24}	tsE^{44}	tsE^{53}	sE^{31} ∣ sæ
宝鸡	tsʰE^{44}	tsʰE^{24}	tsE^{44}	tsE^{53}	sE^{31} ∣ sæ
千阳	tsʰE^{44}	tsʰE^{24}	tsE^{44}	tsE^{53}	sE^{31} ∣ sæ
陇县	tsʰE^{44}	tsʰE^{24}	tsE^{44}	tsE^{53}	sE^{31} ∣ sɛ

字目 / 方言	赛	该	改	概	开
	蟹开一去代心	蟹开一平咍见	蟹开一上海见	蟹开一去代见	蟹开一平咍溪
西安	sæ^{55}	kæ^{21} ｜ kæ	kæ^{53}	kæ^{55}	kʰæ^{21} ｜ kʰæ
韩城	sæ^{44}	kæ^{31} ｜ kæ	kæ^{53}	kæ^{44}	kʰæ^{31} ｜ kʰæ
合阳	sɛ^{55}	kɛ^{31} ｜ kæ	kɛ^{52}	kɛ^{55}	kʰɛ^{31} ｜ kʰæ
澄城	sæ^{44}	kæ^{31} ｜ kæ	kæ^{53}	kæ^{44}	kʰæ^{31} ｜ kʰæ
白水	sæ^{44}	kæ^{31} ｜ kæ	kæ^{53}	kæ^{44}	kʰæ^{31} ｜ kʰæ
大荔	sæ^{55}	kæ^{31} ｜ kæ	kæ^{52}	kæ^{55}	kʰæ^{31} ｜ kʰæ
蒲城	sæ^{55}	kæ^{31} ｜ kæ	kæ^{53}	kæ^{55}	kʰæ^{31} ｜ kʰæ
美原	sæ^{55}	kæ^{31} ｜ kæ	kæ^{53}	kæ^{55}	kʰæ^{31} ｜ kʰæ
富平	sæ^{55}	kæ^{31} ｜ kæ	kæ^{53}	kæ^{55}	kʰæ^{31} ｜ kʰæ
潼关	sæ^{44}	kæ^{31} ｜ kæ	kæ^{52}	kæ^{44}	kʰæ^{31} ｜ kʰæ
华阴	sæ^{55}	kæ^{31} ｜ kæ	kæ^{52}	kæ^{55}	kʰæ^{31} ｜ kʰæ
华县	sæ^{55}	kæ^{31} ｜ kæ	kæ^{53}	kæ^{55}	kʰæ^{31} ｜ kʰɛ
渭南	sɛ^{44}	kɛ^{31} ｜ kɛ	kɛ^{53}	kɛ^{44}	kʰɛ^{31} ｜ kʰɛ
洛南	sɛ^{44}	kɛ^{31} ｜ kɛ	kɛ^{53}	kɛ^{44}	kʰɛ^{31} ｜ kʰɛ
商州	sæ^{55}	kæ^{31} ｜ kæ	kæ^{53}	kæ^{55}	kʰæ^{31} ｜ kʰæ
丹凤	sæ^{44}	kæ^{31}	kæ^{53}	kæ^{44}	kʰæ^{31}
宜川	sɛe^{45}	kɛe^{51}	kɛe^{45}	kɛe^{45}	kʰɛe^{51}
富县	sE^{44}	kiE^{31}	kiE^{52}	kʰE^{52}	kʰE^{31}/kʰiE^{31}
黄陵	sɛ^{44}	kiɛ^{31}	kiɛ^{52}/kɛ^{52}①	kʰɛ^{52}	kʰɛ^{31}
宜君	sɛ^{44}	kɛ^{21}	kɛ^{52}	kʰɛ^{52}	kʰɛ^{21}
铜川	sæ^{44}	kæ^{21} ｜ kɛ	kæ^{52}	kæ^{44}	kʰæ^{21} ｜ kʰɛ
耀县	sæe^{44}	kæe^{31} ｜ kɛ	kæe^{52}	k̲æ̲e̲^{44}/kʰæe^{44}	kʰæe^{31} ｜ kʰɛ
高陵	sæ^{55}	kæ^{31} ｜ kæ	kæ^{52}	kæ^{55}	kʰæ^{31} ｜ kʰæ
临潼	sæ^{45}	kæ^{31} ｜ kɛ	kæ^{52}	kæ^{45}	kʰæ^{31}

① kɛ^{52} ～嫁。

字目 / 方言	赛 蟹开一 去代心	该 蟹开一 平咍见	改 蟹开一 上海见	概 蟹开一 去代见	开 蟹开一 平咍溪
蓝田	sæ⁴⁴	kæ³¹ ∣ kɛ	kæ⁵²	kæ⁴⁴	kʰæ³¹ ∣ kʰɛ
长安	sæ⁴⁴	kæ³¹	kæ⁵³	kæ⁴⁴	kʰæ³¹
户县	sɛ⁵⁵	kɛ³¹ ∣ kɛ	kɛ⁵²	kɛ⁵⁵	kʰɛ³¹ ∣ kʰɛ
周至	sæ⁵⁵	kæ²¹ ∣ kɛ	kæ⁵²	kæ⁵⁵	kʰæ²¹ ∣ kʰɛ
三原	sæ⁵⁵	kæ³¹ ∣ kæ	kæ⁵²	kæ⁵⁵	kʰæ³¹ ∣ kʰæ
泾阳	sæ⁵⁵	kæ³¹ ∣ kɛ	kæ⁵²	kæ⁵⁵	kʰæ³¹ ∣ kʰɛ
咸阳	sæ⁵⁵	kæ³¹ ∣ kɛ	kæ⁵²	kæ⁵⁵	kʰæ³¹ ∣ kʰɛ
兴平	sæ⁵⁵	kæ³¹ ∣ kæ	kæ⁵²	kæ⁵⁵	kʰæ³¹ ∣ kʰæ
武功	sæ⁵⁵	kæ³¹ ∣ kæ	kæ⁵²	kæ⁵⁵	kʰæ³¹ ∣ kʰæ
礼泉	sæ⁵⁵	kæ³¹ ∣ kɛ	kæ⁵²	kæ⁵⁵	kʰæ³¹ ∣ kʰɛ
乾县	sæ⁴⁴	kæ³¹ ∣ kɛ	kæ⁵²	kʰæ⁴⁴	kʰæ³¹ ∣ kʰɛ
永寿	sæ⁵⁵	kæ³¹ ∣ kɛ	kæ⁵²	<u>kæ⁵⁵</u>/kʰæ⁵⁵	kʰæ³¹ ∣ kʰɛ
淳化	sæ⁵⁵	kæ³¹ ∣ kæ	kæ⁵²	kæ⁵⁵	kʰæ³¹ ∣ kʰæ
旬邑	sæ⁴⁴	kæ³¹ ∣ kæ	kæ⁵²	kæ⁴⁴	kʰæ³¹ ∣ kʰæ
彬县	sæ⁴⁴	kæ³¹ ∣ kæ	kæ⁵²	<u>kæ⁴⁴</u>/kʰæ⁴⁴	kʰæ³¹ ∣ kʰæ
长武	sæ⁴⁴	kæ³¹ ∣ kæ	kæ⁵²	kæ⁴⁴	kʰæ³¹ ∣ kʰæ
扶风	sᴇ³³	kᴇ³¹ ∣ kæ	kᴇ⁵²	kᴇ³³	kʰᴇ³¹ ∣ kʰæ
眉县	sᴇ⁴⁴	kᴇ³¹ ∣ kɛ	kᴇ⁵²	kᴇ⁴⁴	kʰᴇ³¹ ∣ kʰɛ
麟游	sæ⁴⁴	kæ³¹ ∣ kæ	kæ⁵³	kæ⁴⁴	kʰæ³¹ ∣ kʰæ
岐山	sᴇ⁴⁴	kᴇ³¹ ∣ kæ	kᴇ⁵³/kᴇ³¹	kᴇ⁴⁴	kʰᴇ³¹ ∣ kʰæ
凤翔	sᴇ⁴⁴	kᴇ³¹ ∣ kæ	kᴇ⁵³	kᴇ⁴⁴	kʰᴇ³¹ ∣ kʰæ
宝鸡	sᴇ⁴⁴	kᴇ³¹ ∣ kæ	kᴇ⁵³	kᴇ⁴⁴	kʰᴇ³¹ ∣ kʰæ
千阳	sᴇ⁴⁴	kᴇ³¹ ∣ kæ	kᴇ⁵³	kᴇ⁴⁴	kʰᴇ³¹ ∣ kʰæ
陇县	sᴇ⁴⁴	kᴇ³¹ ∣ kæ	kᴇ⁵³	kᴇ⁴⁴	kʰᴇ³¹ ∣ kʰæ

字目 方言	凯 蟹开一 上海溪	慨 蟹开一 去代溪	咳 蟹开一 去代溪	碍 蟹开一 去代疑	海 蟹开一 上海晓
西安	$k^h æ^{53}$	$k^h æ^{53}$	$k^h ɯ^{21}$	$ŋ æ^{53}$ ｜ $ŋ æ$	$x æ^{53}$
韩城	$k^h æ^{53}$	$k^h æ^{53}$	$k^h ɯ^{31}$	$ŋ æ^{31}$ ｜ $ŋ æ$	$x æ^{53}$
合阳	$k^h ɛ^{52}$	$k^h ɛ^{52}$	$k^h ɯ^{31}$	$ŋ ɛ^{52}$ ｜ $ŋ æ$	$x ɛ^{52}$
澄城	$k^h æ^{53}$	$k^h æ^{53}$	$k^h ɯ^{31}$	$ŋ æ^{53}$ ｜ $ŋ æ$	$x æ^{53}$
白水	$k^h æ^{53}$	$k^h æ^{53}$	$k^h ɯ^{31}$	$ŋ æ^{53}$ ｜ $ŋ æ$	$x æ^{53}$
大荔	$k^h æ^{52}$	$k^h æ^{52}$	$k^h ɯ^{31}$	$ŋ æ^{52}$ ｜ $ŋ ɛ$	$x æ^{52}$
蒲城	$k^h æ^{53}$	$k^h æ^{53}$	$k^h ɯ^{31}$	$ŋ æ^{55}$ ｜ $ŋ æ$	$x æ^{53}$
美原	$k^h æ^{53}$	$k^h æ^{53}$	$k^h ɯ^{31}$	$ŋ æ^{53}$ ｜ $ŋ æ$	$x æ^{53}$
富平	$k^h æ^{53}$	$k^h æ^{53}$	$k^h ɯ^{31}$	$ŋ æ^{53}$ ｜ $ŋ æ$	$x æ^{53}$
潼关	$k^h æ^{52}$	$k^h æ^{52}$	$k^h ɤ^{31}$	$ŋ æ^{52}$ ｜ $ŋ æ$	$x æ^{52}$
华阴	$k^h æ^{52}$	$k^h æ^{52}$	$k^h ɯ^{31}$	$ŋ æ^{52}$ ｜ $ŋ ɛ$	$x æ^{52}$
华县	$k^h æ^{53}$	$k^h æ^{53}$	$k^h ɯ^{31}$	$ŋ æ^{53}$ ｜ $ŋ ɛ$	$x æ^{53}$
渭南	$k^h ɛ^{53}$	$k^h ɛ^{53}$	$k^h ɯ^{31}$	$ŋ ɛ^{53}$	$x ɛ^{53}$
洛南	$k^h ɛ^{53}$	$k^h ɛ^{53}$	$k^h ɯ^{31}$	$ŋ ɛ^{53}$ ｜ $ŋ ɛ$	$x ɛ^{53}$
商州	$k^h æ^{53}$	$k^h æ^{53}$	$k^h ɯ^{31}$	$ŋ æ^{53}$	$x æ^{53}$
丹凤	$k^h æ^{53}$	$k^h æ^{53}$	$k^h ɯ^{31}$	$ŋ æ^{53}$	$x æ^{53}$
宜川	$k^h ɛe^{45}$	$k^h ɛe^{45}$	$k^h ɯ^{51}$	$ŋ ee^{45}$	$x ɛe^{45}$
富县	$k^h E^{52}$	$k^h E^{52}$	$k^h ɯ^{31}$	$ŋ iE^{52}/ŋ E^{52}$	$x E^{52}$
黄陵	$k^h ɛ^{52}$	$k^h ɛ^{52}$	$k^h ɯ^{31}$	$ŋ iɛ^{52}$	$x ɛ^{52}$
宜君	$k^h ɛ^{52}$	$k^h ɛ^{52}$	$k^h ɯ^{21}$	$ŋ ɛ^{52}$	$x ɛ^{52}$
铜川	$k^h æ^{52}$	$k^h æ^{52}$	$k^h ɯ^{21}$	$ŋ æ^{52}$	$x æ^{52}$
耀县	$k^h æe^{52}$	$k^h æe^{52}$	$k^h ɯ^{31}$	$ŋ æe^{52}$ ｜ $ŋ ɛ$	$x æe^{52}$
高陵	$k^h æ^{52}$	$k^h æ^{52}$	$k^h ɯ^{52}$	$ŋ æ^{52}$ ｜ $ŋ æ$	$x æ^{52}$
临潼	$k^h æ^{52}$	$k^h æ^{52}$	$k^h ɯ^{31}$	$ŋ æ^{52}$	$x æ^{52}$

字目 / 方言	凯 蟹开一 上海溪	慨 蟹开一 去代溪	咳 蟹开一 去代溪	硋 蟹开一 去代疑	海 蟹开一 上海晓
蓝田	$k^h æ^{52}$	$k^h æ^{52}$	$k^h ɯ^{31}$	$ŋæ^{52}$ ｜ $ŋɛ$	$xæ^{52}$
长安	$k^h æ^{53}$	$k^h æ^{53}$	$k^h ɯ^{31}$	$ŋæ^{53}$	$xæ^{53}$
户县	$k^h ɛ^{52}$	$k^h ɛ^{52}$	$k^h ɯ^{31}$	$ŋɛ^{52}$ ｜ $ŋɛ$	$xɛ^{52}$
周至	$k^h æ^{52}$	$k^h æ^{52}$	$k^h ɯ^{21}$	$ŋɛ^{52}$ ｜ $ŋɛ$	$xæ^{52}$
三原	$k^h æ^{52}$	$k^h æ^{52}$	$k^h ɯ^{31}$	$ŋæ^{52}$	$xæ^{52}$
泾阳	$k^h æ^{52}$	$k^h æ^{52}$	$k^h ɯ^{31}$	$ŋæ^{52}$ ｜ $ŋæ$	$xæ^{52}$
咸阳	$k^h æ^{52}$	$k^h æ^{52}$	$k^h ɯ^{31}$	$ŋæ^{52}$ ｜ $ŋɛ$	$xæ^{52}$
兴平	$k^h æ^{52}$	$k^h æ^{52}$	$k^h ɯ^{31}$	$ŋæ^{52}$ ｜ $ŋæ$	$xæ^{52}$
武功	$k^h æ^{52}$	$k^h æ^{52}$	$k^h ɯ^{31}$	$ŋæ^{52}$ ｜ $ŋæ$	$xæ^{52}$
礼泉	$k^h æ^{52}$	$k^h æ^{52}$	$k^h ɯ^{31}$	$ŋæ^{52}$ ｜ $ŋɛ$	$xæ^{52}$
乾县	$k^h æ^{52}$	$k^h æ^{52}$	$k^h ɯ^{31}$	$ŋæ^{52}$ ｜ $ŋɛ$	$xæ^{52}$
永寿	$k^h æ^{52}$	$k^h æ^{52}$	$k^h ɯ^{52}$	$ŋæ^{52}$ ｜ $ŋɛ$	$xæ^{52}$
淳化	$k^h æ^{52}$	$k^h æ^{52}$	$k^h ɯ^{31}$	$ŋæ^{52}$ ｜ $ŋæ$	$xæ^{52}$
旬邑	$k^h æ^{52}$	$k^h æ^{52}$	$k^h ɯ^{31}$	$ŋæ^{52}$ ｜ $ŋæ$	$xæ^{52}$
彬县	$k^h æ^{52}$	$k^h æ^{52}$	$k^h ei^{31}$	$ŋæ^{52}$ ｜ $ŋæ$	$xæ^{52}$
长武	$k^h æ^{52}$	$k^h æ^{52}$	$k^h ɤ^{31}$	$ŋæ^{52}$ ｜ $ŋæ$	$xæ^{52}$
扶风	$k^h E^{52}$	$k^h E^{52}$	$\underline{k^h ɤ^{31}}/k^h uo^{31}/xE^{31}$①	$ŋE^{52}$ ｜ $ŋæ$	xE^{52}
眉县	$k^h E^{52}$	$k^h E^{52}$	$k^h ɤ^{52}$	$ŋE^{52}$ ｜ $ŋɛ$	xE^{52}
麟游	$k^h æ^{53}$	$k^h æ^{53}$	$k^h ei^{31}$	$ŋæ^{53}$	$xæ^{53}$
岐山	$k^h E^{53}$	$k^h E^{53}$	$k^h ɤ^{31}$	$ŋE^{53}$ ｜ $ŋæ$	xE^{53}
凤翔	$k^h E^{53}$	$k^h E^{53}$	$k^h ei^{31}$	$ŋE^{53}$ ｜ $ŋæ$	xE^{53}
宝鸡	$k^h E^{53}$	$k^h E^{53}$	$k^h uo^{31}$	$ŋE^{53}$ ｜ $ŋæ$	xE^{53}
千阳	$k^h E^{53}$	$k^h E^{53}$	$k^h uo^{31}$	$ŋE^{53}$ ｜ $ŋæ$	xE^{53}
陇县	$k^h E^{53}$	$k^h E^{53}$	$\underline{k^h ɤ^{31}}/\underline{k^h uo^{31}}$	$ŋE^{53}$ ｜ $ŋæ$	xE^{53}

① xE^{31} 百日～。

字目 方言	孩 蟹开一 平哈匣	亥 蟹开一 上海匣	哀 蟹开一 平哈影	爱 蟹开一 去代影	贝 蟹开一 去泰帮
西安	xæ²⁴	xæ⁵⁵	ŋæ²¹	ŋæ⁵⁵	pei⁵⁵ ｜ pei
韩城	xæ²⁴	xæ⁴⁴	ŋæ³¹	ŋæ⁴⁴	pɿ⁴⁴ ｜ pei
合阳	xɛ²⁴	xɛ⁵⁵	ŋɛ³¹	ŋɛ⁵⁵	pɿ⁵⁵ ｜ pei
澄城	xæ²⁴	xæ⁵³	ŋæ³¹	ŋæ⁴⁴	pei⁴⁴ ｜ pei
白水	xæ²⁴	xæ⁴⁴	ŋæ³¹	ŋæ⁴⁴	pei⁴⁴ ｜ pei
大荔	xæ²⁴	xæ⁵⁵	ŋæ³¹	ŋæ⁵⁵	pei⁵⁵ ｜ pei
蒲城	xæ³⁵	xæ⁵⁵	ŋæ³¹	ŋæ⁵⁵	pei⁵⁵ ｜ pei
美原	xæ³⁵	xæ³¹	ŋæ³¹	ŋæ⁵⁵	pei⁵⁵ ｜ pei
富平	xæ³⁵	xæ⁵⁵	ŋæ³¹	ŋæ⁵⁵	pei⁵⁵ ｜ pei
潼关	xæ²⁴	xæ⁴⁴	ŋæ³¹	ŋæ⁴⁴	pei⁴⁴ ｜ pei
华阴	xæ²⁴	xæ⁵⁵	ŋæ³¹	ŋæ⁵⁵	pei⁵⁵ ｜ pei
华县	xæ³⁵	xæ⁵⁵	ŋæ³¹	ŋæ⁵⁵	pei⁵⁵ ｜ pei
渭南	xɛ²⁴	xɛ⁴⁴	ŋɛ³¹	ŋɛ⁴⁴	pei⁴⁴ ｜ pei
洛南	xɛ²⁴	xɛ⁴⁴	ŋɛ³¹	ŋɛ⁴⁴	pei⁴⁴ ｜ pei
商州	xæ³⁵	xæ⁵⁵	ŋæ³¹	ŋæ⁵⁵	pei⁵⁵ ｜ pei
丹凤	xæ²⁴	xæ⁴⁴	ŋæ³¹	ŋæ⁴⁴	pei⁴⁴
宜川	xɛe²⁴	xɛe⁵¹	ŋɛe⁵¹	ŋɛe⁴⁵	pei⁵¹
富县	xE²⁴	xE⁴⁴	ŋiE³¹	ŋE⁴⁴/ŋiE⁴⁴	pei⁴⁴
黄陵	xɛ²⁴	xɛ³¹	ŋiɛ³¹	ŋiɛ⁴⁴	pei⁵²
宜君	xɛ²⁴	xɛ²¹	ŋɛ²¹	ŋɛ⁴⁴	pei⁴⁴
铜川	xæ²⁴	xæ⁴⁴	ŋæ²¹	ŋæ⁴⁴	pei²¹/pei⁴⁴ ｜ pei
耀县	xæe²⁴	xæe⁴⁴	ŋæe³¹	ŋæe⁴⁴	pei⁵² ｜ pei
高陵	xæ²⁴	xæ⁵²	ŋæ³¹	ŋæ⁵⁵	pei⁵⁵ ｜ pei
临潼	xæ²⁴	xæ⁴⁵	ŋæ³¹	ŋæ⁴⁵	pei⁴⁵ ｜ pei

字目 方言	孩 蟹开一 平咍匣	亥 蟹开一 上海匣	哀 蟹开一 平咍影	爱 蟹开一 去代影	贝 蟹开一 去泰帮
蓝田	xæ²⁴	xæ⁴⁴	ŋæ³¹	ŋæ⁴⁴/næ⁰²¹①	pei⁵² ｜ pei
长安	xæ²⁴	xæ⁴⁴	ŋæ³¹	ŋæ⁴⁴	pei⁴⁴
户县	xɛ²⁴	xɛ⁵⁵	ŋɛ³¹	ŋɛ⁵⁵	pei⁵² ｜ pei
周至	xæ²⁴	xæ⁵⁵	ŋæ²¹	ŋæ⁵⁵	pɿ⁵⁵ ｜ pei
三原	xæ²⁴	xæ³¹	ŋæ³¹	ŋæ⁵⁵	pei⁵⁵ ｜ pei
泾阳	xæ²⁴	xæ⁵⁵	ŋæ³¹	ŋæ⁵⁵	pei⁵⁵ ｜ pei
咸阳	xæ²⁴	xæ⁵⁵	ŋæ³¹	ŋæ⁵⁵	pei⁵⁵ ｜ pei
兴平	xæ²⁴	xæ⁵²	ŋæ³¹	ŋæ⁵⁵	pei⁵⁵ ｜ pei
武功	xæ²⁴	xæ⁵⁵	ŋæ³¹	ŋæ⁵⁵	pei⁵⁵ ｜ pei
礼泉	xæ²⁴	xæ³¹	ŋæ³¹	ŋæ⁵⁵	pe⁵⁵ ｜ pei
乾县	xæ²⁴	xæ³¹	ŋæ³¹	ŋæ⁴⁴	pei⁴⁴ ｜ pei
永寿	xæ²⁴	xæ⁵⁵	ŋæ³¹	ŋæ⁵⁵	pei⁵⁵ ｜ pei
淳化	xæ²⁴	xæ³¹	ŋæ³¹	ŋæ⁵⁵	pei⁵⁵ ｜ pei
旬邑	xæ²⁴	xæ³¹	ŋæ³¹	ŋæ⁴⁴	pei⁴⁴ ｜ pei
彬县	xæ²⁴	xæ⁴⁴	ŋæ³¹	ŋæ⁴⁴	pei⁴⁴ ｜ pei
长武	xæ²⁴	xæ⁴⁴	ŋæ³¹	ŋæ⁴⁴	pei⁴⁴ ｜ pei
扶风	xE²⁴	xE³³	ŋE³¹	ŋE³³	pei³³ ｜ pei
眉县	xE²⁴	xE⁴⁴	ŋE³¹	ŋE⁴⁴	pei⁴⁴ ｜ pei
麟游	xæ²⁴	xæ³¹	ŋæ³¹	ŋæ⁴⁴	pei⁴⁴ ｜ pei
岐山	xE²⁴	xE⁴⁴	ŋE³¹	ŋE⁴⁴	pei⁴⁴ ｜ pei
凤翔	xE²⁴	xE³¹	ŋE³¹	ŋE⁴⁴	pei⁴⁴ ｜ pei
宝鸡	xE²⁴	xE⁵³	ŋE³¹	ŋE⁴⁴	pei⁴⁴ ｜ pei
千阳	xE²⁴	xE³¹	ŋE³¹	ŋE⁴⁴	pei⁴⁴ ｜ pei
陇县	xE²⁴	xE³¹	ŋE³¹	ŋE⁴⁴	pei⁴⁴ ｜ pei

① næ⁰²¹ 惜～。

字目 / 方言	沛	带 动词	太	大 ~夫；~黄	奈
	蟹开一 去泰滂	蟹开一 去泰端	蟹开一 去泰透	蟹开一 去泰定	蟹开一 去泰泥
西安	pʰei⁵³ ∣ pʰei	tæ⁵⁵	tʰæ⁵⁵	tæ⁵⁵	næ⁵⁵
韩城	pʰɿ⁵³ ∣ pʰei	tæ⁴⁴	tʰæ⁴⁴	tæ⁴⁴	næ⁴⁴
合阳	pʰɿ⁵² ∣ pʰei	tɛ⁵⁵	tʰɛ⁵⁵	tɛ⁵⁵/tʰɛ⁵⁵①	nɛ⁵⁵
澄城	pʰei⁵³ ∣ pʰei	tæ⁴⁴	tʰæ⁴⁴	t̠æ⁴⁴/t̠ʰæ⁴⁴	næ⁴⁴
白水	pʰei⁵³ ∣ pʰei	tæ⁴⁴	tʰæ⁴⁴	tæ⁴⁴	næ⁴⁴
大荔	pʰei⁵² ∣ pʰei	tæ⁵⁵	tʰæ⁵⁵	tæ⁵⁵	næ⁵⁵
蒲城	pʰei⁵³ ∣ pʰei	tæ⁵⁵	tʰæ⁵⁵	tæ⁵⁵	næ⁵⁵
美原	pʰei⁵³ ∣ pʰei	tæ⁵⁵	tʰæ⁵⁵	t̠æ⁵⁵/t̠ʰæ⁵⁵	næ⁵⁵
富平	pʰei⁵³ ∣ pʰei	tæ⁵⁵	tʰæ⁵⁵	tæ⁵⁵	næ⁵⁵
潼关	pʰei⁵² ∣ pʰei	tæ⁴⁴	tʰæ⁴⁴	tæ⁴⁴	næ⁴⁴
华阴	pʰei⁵² ∣ pʰei	tæ⁵⁵	tʰæ⁵⁵	tæ⁵⁵	næ⁵⁵
华县	pʰei⁵³ ∣ pʰei	tæ⁵⁵	tʰæ⁵⁵	tæ⁵⁵	næ⁵⁵
渭南	pʰei⁵³ ∣ pʰei	tɛ⁴⁴	tʰɛ⁴⁴	tɛ⁴⁴	nɛ⁴⁴
洛南	pʰei⁵³ ∣ pʰei	tɕ⁴⁴	tʰɛ⁴⁴	tɛ⁴⁴	nɛ⁴⁴
商州	pʰei⁵³ ∣ pʰei	tæ⁵⁵	tʰæ⁵⁵	tæ⁵⁵	næ⁵⁵
丹凤	pʰei⁵³	tæ⁴⁴	tʰæ⁴⁴	tæ⁴⁴	næ⁴⁴
宜川	pʰei⁴⁵	tɛe⁴⁵	tʰɛe⁴⁵	tɛe⁴⁵/tʰɛe⁴⁵	nɛe⁴⁵
富县	pʰei⁵²	tE⁴⁴	tʰE⁴⁴	tE⁴⁴/tʰE⁴⁴	nE⁴⁴
黄陵	pʰei⁵²	tɛ⁴⁴	tʰɛ⁴⁴	tɛ⁴⁴/tʰɛ⁴⁴/tɑ⁴⁴②	nɛ⁴⁴
宜君	pʰei⁵²	tɛ⁴⁴	tʰɛ⁴⁴	tɛ⁴⁴/tʰɛ⁴⁴	nɛ⁴⁴
铜川	pʰei⁵² ∣ pʰei	tæ⁴⁴	tʰæ⁴⁴	tæ⁴⁴/tʰɛe⁴⁴	nɛe⁴⁴
耀县	pʰei⁵² ∣ pʰei	tæe⁴⁴	tʰæe⁴⁴	tæe⁴⁴	næe⁴⁴
高陵	pʰei⁵² ∣ pʰei	tæ⁵⁵	tʰæ⁵⁵	tæ⁵⁵	næ⁵⁵
临潼	pʰei⁵² ∣ pʰei	tæ⁴⁵	tʰæ⁴⁵	tæ⁴⁵	næ⁴⁵

① tɛ⁵⁵ ~夫；tʰɛ⁵⁵ ~黄。下同。
② tɛ⁴⁴ ~夫；tʰɛ⁴⁴/tɑ⁴⁴ ~黄。

字目 方言	沛	带_{动词}	太	大_{~夫；~黄}	奈
	蟹开一 去泰滂	蟹开一 去泰端	蟹开一 去泰透	蟹开一 去泰定	蟹开一 去泰泥
蓝田	p^hei^{52} ｜ p^hei	$tæ^{44}$	$t^hæ^{44}$	$tæ^{44}/t\alpha^{44}$①	$næ^{44}$
长安	p^hei^{44}	$tæ^{44}$	$t^hæ^{44}$	$tæ^{44}/t\alpha^{44}$	$næ^{44}$
户县	p^hei^{52} ｜ p^hei	$tɛ^{55}$	$t^hɛ^{55}$	$tɛ^{55}$	$nɛ^{55}$
周至	$p^hɿ^{52}$ ｜ p^hei	$tæ^{55}$	$t^hæ^{55}$	$tæ^{55}$	$næ^{55}$
三原	p^hei^{52} ｜ p^hei	$tæ^{55}$	$t^hæ^{55}$	$tæ^{55}$	$næ^{55}$
泾阳	p^hei^{52} ｜ p^hei	$tæ^{55}$	$t^hæ^{55}$	$tæ^{55}$	$næ^{55}$
咸阳	p^hei^{52} ｜ p^hei	$tæ^{55}$	$t^hæ^{55}$	$tæ^{55}$	$læ^{55}$
兴平	p^hei^{52} ｜ p^hei	$tæ^{55}$	$t^hæ^{55}$	$tæ^{55}$	$læ^{55}$
武功	p^hei^{52} ｜ p^hei	$tæ^{55}$	$t^hæ^{55}$	$tæ^{55}$	$læ^{55}$
礼泉	p^he^{52} ｜ p^hei	$tæ^{55}$	$t^hæ^{55}$	$tæ^{55}$	$læ^{55}$
乾县	p^hei^{52} ｜ p^hei	$tæ^{44}$	$t^hæ^{44}$	$tæ^{44}$	$læ^{44}$
永寿	p^hei^{52} ｜ p^hei	$tæ^{55}$	$t^hæ^{55}$	$tæ^{55}$	$læ^{55}$
淳化	p^hei^{52} ｜ p^hei	$tæ^{55}$	$t^hæ^{55}$	$tæ^{55}$	$næ^{55}$
旬邑	p^hei^{52} ｜ p^hei	$tæ^{44}$	$t^hæ^{44}$	$tæ^{44}$	$læ^{44}$
彬县	p^hei^{52} ｜ p^hei	$tæ^{44}$	$t^hæ^{44}$	$t^hæ^{44}$	$læ^{44}$
长武	p^hei^{52} ｜ p^hei	$tæ^{44}$	$t^hæ^{44}$	$t^hæ^{44}$	$læ^{44}$
扶风	p^hei^{52} ｜ p^hei	$tɛ^{33}$	$t^hɛ^{33}$	$tɛ^{33}$	$lɛ^{33}$
眉县	p^hei^{52} ｜ p^hei	$tɛ^{44}$	$t^hɛ^{44}$	$tɛ^{44}$	$lɛ^{44}$
麟游	p^hei^{53} ｜ p^hei	$tæ^{44}$	$t^hæ^{44}$	$tæ^{44}/t\alpha^{44}$ 多 /$t^hæ^{44}$ 少	$læ^{44}$
岐山	p^hei^{53} ｜ p^hei	$tɛ^{44}$	$t^hɛ^{44}$	$t^hɛ^{44}/tɛ^{44}$②	$lɛ^{44}$
凤翔	p^hei^{44} ｜ p^hei	$tɛ^{44}$	$t^hɛ^{44}$	$tɛ^{44}$	$lɛ^{44}$
宝鸡	p^hei^{53} ｜ p^hei	$tɛ^{44}$	$t^hɛ^{44}$	$tɛ^{44}$	$lɛ^{44}$
千阳	p^hei^{53} ｜ p^hei	$tɛ^{44}$	$t^hɛ^{44}$	$tɛ^{44}$	$lɛ^{44}$
陇县	p^hei^{53} ｜ p^hei	$tɛ^{44}$	$t^hɛ^{44}$	$tɛ^{44}$	$lɛ^{44}$

---

① $tæ^{44}$ ～夫；$t\alpha^{44}$ ～黄。下同。

② $t^hɛ^{44}$ ～夫；$tɛ^{44}$ ～黄。

字目 / 方言	赖 蟹开一 去泰来	蔡 蟹开一 去泰清	盖动词 蟹开一 去泰见	艾 蟹开一 去泰疑	害 蟹开一 去泰匣
西安	læ⁵⁵	tsʰæ⁵⁵	kæ⁵⁵	ŋæ⁵⁵	xæ⁵⁵ | xæ
韩城	læ⁴⁴	tsʰæ⁴⁴	kæ⁴⁴	ŋæ⁴⁴	xæ⁴⁴ | xæ
合阳	lɛ⁵⁵	tsʰɛ⁵⁵	kɛ⁵⁵	ŋɛ⁵⁵	xɛ⁵⁵ | xæ
澄城	læ⁴⁴	tsʰæ⁴⁴	kæ⁴⁴	ŋæ⁴⁴	xæ⁴⁴ | xæ
白水	læ⁴⁴	tsʰæ⁴⁴	kæ⁴⁴	ŋæ⁴⁴	xæ⁴⁴ | xæ
大荔	læ⁵⁵	tsʰæ⁵⁵	kæ⁵⁵	ŋæ⁵⁵	xæ⁵⁵ | xæ
蒲城	læ⁵⁵	tsʰæ⁵⁵	kæ⁵⁵	ŋæ⁵⁵	xæ⁵⁵ | xæ
美原	læ⁵⁵	tsʰæ⁵⁵	kæ⁵⁵	ŋæ⁵⁵	xæ⁵⁵ | xæ
富平	læ⁵⁵	tsʰæ⁵⁵	kæ⁵⁵	ŋæ⁵⁵	xæ⁵⁵ | xæ
潼关	læ⁴⁴	tsʰæ⁴⁴	kæ⁴⁴	ŋæ⁴⁴	xæ⁴⁴ | xɛ
华阴	læ⁵⁵	tsʰæ⁵⁵	kæ⁵⁵	ŋæ⁵⁵	xæ⁵⁵ | xæ
华县	læ⁵⁵	tsʰæ⁵⁵	kæ⁵⁵	ŋæ⁵⁵	xæ⁵⁵ | xɛ
渭南	lɛ⁴⁴	tsʰɛ⁴⁴	kɛ⁴⁴	ŋɛ⁴⁴	xɛ⁴⁴
洛南	lɛ⁴⁴	tsʰɛ⁴⁴	kɛ⁴⁴	ŋɛ⁴⁴	xɛ⁴⁴ | xɛ
商州	læ⁵⁵	tsʰæ⁵⁵	kæ⁵⁵	ŋæ⁵⁵	xæ⁵⁵ | xæ
丹凤	læ⁴⁴	tsʰæ⁴⁴	kæ⁴⁴	ŋæ⁴⁴	xæ⁴⁴
宜川	lɛe⁴⁵	tsʰɛe⁴⁵	kɛe⁴⁵	ŋee⁴⁵	xɛe⁴⁵
富县	lɛ⁴⁴	tsʰɛ⁴⁴	kiɛ⁴⁴/kɛ⁴⁴	ŋiɛ⁴⁴	xɛ⁴⁴
黄陵	lɛ⁴⁴	tsʰɛ⁴⁴	kiɛ⁴⁴/kɛ⁴⁴	ŋiɛ⁴⁴	xɛ⁴⁴
宜君	lɛ⁴⁴	tsʰɛ⁴⁴	kɛ⁴⁴	ŋɛ⁴⁴	xɛ⁴⁴
铜川	lee⁴⁴	tsʰæ⁴⁴	kæ⁴⁴	ŋæ⁴⁴	xæ⁴⁴
耀县	læe⁴⁴	tsʰæe⁴⁴	kæe⁴⁴	ŋæe⁴⁴	xæe⁴⁴ | xɛ
高陵	læ⁵⁵	tsʰæ⁵⁵	kæ⁵⁵	ŋæ⁵⁵	xæ⁵⁵ | xæ
临潼	læ⁴⁵	tsʰæ⁴⁵	kæ⁴⁵	ŋæ⁴⁵	xæ⁴⁵

字目 方言	赖 蟹开一去泰来	蔡 蟹开一去泰清	盖动词 蟹开一去泰见	艾 蟹开一去泰疑	害 蟹开一去泰匣
蓝田	læ⁴⁴	tsʰæ⁴⁴	kæ⁴⁴	ŋæ⁴⁴	xæ⁴⁴ ｜ xɛ
长安	læ⁴⁴	tsʰæ⁴⁴	kæ⁴⁴	ŋæ⁴⁴	xæ⁴⁴
户县	lɛ⁵⁵	tsʰɛ⁵⁵	kɛ⁵⁵	ŋɛ⁵⁵	xɛ⁵⁵ ｜ xɛ
周至	læ⁵⁵	tsʰæ⁵⁵	kæ⁵⁵	ŋæ⁵⁵	xæ⁵⁵ ｜ xɛ
三原	læ⁵⁵	tsʰæ⁵⁵	kæ⁵⁵	ŋæ⁵⁵	xæ⁵⁵
泾阳	læ⁵⁵	tsʰæ⁵⁵	kæ⁵⁵	ŋæ⁵⁵	xæ⁵⁵ ｜ xɛ
咸阳	læ⁵⁵	tsʰæ⁵⁵	kæ⁵⁵	ŋæ⁵⁵	xæ⁵⁵ ｜ xɛ
兴平	læ⁵⁵	tsʰæ⁵⁵	kæ⁵⁵	ŋæ⁵⁵	xæ⁵⁵ ｜ xæ
武功	læ⁵⁵	tsʰæ⁵⁵	kæ⁵⁵	ŋæ⁵⁵	xæ⁵⁵ ｜ xæ
礼泉	læ⁵⁵	tsʰæ⁵⁵	kæ⁵⁵	ŋæ⁵⁵	xæ⁵⁵ ｜ xɛ
乾县	læ⁴⁴	tsʰæ⁴⁴	kæ⁴⁴	ŋæ⁴⁴	xæ⁴⁴ ｜ xɛ
永寿	læ⁵⁵	tsʰæ⁵⁵	kæ⁵⁵	ŋæ⁵⁵	xæ⁵⁵ ｜ xɛ
淳化	læ⁵⁵	tsʰæ⁵⁵	kæ⁵⁵	ŋæ⁵⁵	xæ⁵⁵ ｜ xæ
旬邑	læ⁴⁴	tsʰæ⁴⁴	kæ⁴⁴	ŋæ⁴⁴	xæ⁴⁴ ｜ xæ
彬县	læ⁴⁴	tsʰæ⁴⁴	kæ⁴⁴	ŋæ⁴⁴	xæ⁴⁴ ｜ xæ
长武	læ⁴⁴	tsʰæ⁴⁴	kæ⁴⁴	ŋæ⁴⁴	xæ⁴⁴ ｜ xæ
扶风	lɛ³³	tsʰɛ³³	kɛ³³	ŋɛ³³	xɛ³³ ｜ xæ
眉县	lɛ⁴⁴	tsʰɛ⁴⁴	kɛ⁴⁴	ŋɛ⁴⁴	xɛ⁴⁴ ｜ xɛ
麟游	læ⁴⁴	tsʰæ⁴⁴	kæ⁴⁴	ŋæ⁴⁴	xæ⁴⁴ ｜ xæ
岐山	lɛ⁴⁴	tsʰɛ⁴⁴	kɛ⁴⁴	ŋɛ⁴⁴	xɛ⁴⁴ ｜ xæ
凤翔	lɛ⁴⁴	tsʰɛ⁴⁴	kɛ⁴⁴	ŋɛ⁴⁴	xɛ⁴⁴ ｜ xæ
宝鸡	lɛ⁴⁴	tsʰɛ⁴⁴	kɛ⁴⁴	ŋɛ⁴⁴	xɛ⁴⁴ ｜ xæ
千阳	lɛ⁴⁴	tsʰɛ⁴⁴	kɛ⁴⁴	ŋɛ⁴⁴	xɛ⁴⁴ ｜ xæ
陇县	lɛ⁴⁴	tsʰɛ⁴⁴	kɛ⁴⁴	ŋɛ⁴⁴	xɛ⁴⁴ ｜ xæ

字目 方言	蔼 蟹开一 去泰影	拜 蟹开二 去怪帮	排 蟹开二 平皆並	埋 蟹开二 平皆明	斋 蟹开二 平皆庄
西安	ŋæ^{53}	pæ^{55}	p^{h}æ^{24} ∣ p^{h}æ	mæ^{24}	tsæ^{21}
韩城	ŋæ^{31}	pæ^{44}	p^{h}æ^{24} ∣ p^{h}æ	mæ^{24} ∣ mæ	tsæ^{31}
合阳	ŋɛ^{52}	pɛ^{55}	p^{h}ɛ^{24} ∣ p^{h}æ	mɛ^{24} ∣ mæ	tsɛ^{31}
澄城	ŋæ^{53}	pæ^{44}	p^{h}æ^{24} ∣ p^{h}æ	mæ^{24} ∣ mæ	tsæ^{31}
白水	ŋæ^{53}	pæ^{44}	p^{h}æ^{24} ∣ p^{h}æ	mæ^{24} ∣ mæ	tsæ^{31}
大荔	ŋæ^{52}	pæ^{55}	p^{h}æ^{24} ∣ p^{h}æ	mæ^{24} ∣ mæ	tsæ^{31}
蒲城	ŋæ^{53}	pæ^{55}	p^{h}æ^{35} ∣ p^{h}æ	mæ^{35} ∣ mæ	tsæ^{31}
美原	ŋæ^{53}	pæ^{55}	p^{h}æ^{35} ∣ p^{h}æ	mɛ̃^{35} ∣ mæ	tsæ^{31}
富平	ŋæ^{53}	pæ^{55}	p^{h}æ^{35} ∣ p^{h}æ	mæ^{35} ∣ mæ	tsæ^{31}
潼关	ŋæ^{52}	pæ^{44}	p^{h}æ^{24}	mæ^{24}	tsæ^{31}
华阴	ŋæ^{52}	pæ^{55}	p^{h}æ^{24} ∣ p^{h}æ	mæ^{24}	tsæ^{31}
华县	ŋæ^{53}	pæ^{55}	p^{h}æ^{35} ∣ p^{h}æ	mæ^{35} ∣ mæ	tsæ^{31}
渭南	ŋɛ^{53}	pɛ^{44}	p^{h}ɛ^{24} ∣ p^{h}æ	mɛ^{24} ∣ mæ	tsɛ^{31}
洛南	ŋɛ^{53}	pɛ^{44}	p^{h}ɛ^{24} ∣ p^{h}æ	mɛ^{24} ∣ mɛ	tsɛ^{31}
商州	ŋæ^{53}	pæ^{55}	p^{h}æ^{35} ∣ p^{h}æ	mæ^{35} ∣ mæ	tsæ^{31}
丹凤	ŋæ^{53}	pæ^{44}	p^{h}æ^{24}	mæ^{24}	tsæ^{31}
宜川	ŋɛe^{45}	pɛe^{45}	p^{h}ɛe^{24}	mɛe^{24}/mæ̃^{24}①	tsɛe^{51}
富县	ŋiE^{52}	pE^{44}	p^{h}E^{24}	mE^{24}/mæ̃^{24}	tsE^{31}
黄陵	ŋie^{52}	pe^{44}	p^{h}ɛ^{24}	me^{24}/mæ̃^{24}	tsɛ^{31}
宜君	ŋɛ^{52}	pɛ^{44}	p^{h}ɛ^{24}	mɛ^{24}	tsɛ^{52}
铜川	ŋæ^{52}	pæ^{44}	p^{h}æ^{24} ∣ p^{h}æ	mæ^{24} ∣ mæ	tsæ^{21}
耀县	ŋæe^{52}	pæe^{44}	p^{h}æe^{24} ∣ p^{h}æ	mæe^{24} ∣ mæ	tsæe^{31}
高陵	ŋæ^{52}	pæ^{55}	p^{h}æ^{24} ∣ p^{h}æ	mæ^{24}/mæ̃^{24} ∣ mæ	tsæ^{31}
临潼	ŋæ^{52}	pæ^{45}	p^{h}æ^{24} ∣ p^{h}æ	mæ^{24} ∣ mæ	tsæ^{31}

① mæ̃^{24} ～怨。下同。

字目 / 方言	蔼	拜	排		埋		斋
	蟹开一 去泰影	蟹开二 去怪帮	蟹开二 平皆並		蟹开二 平皆明		蟹开二 平皆庄
蓝田	ŋæ^{52}	pæ^{44}	pʰæ^{24}	pʰæ	mæ^{24}	mæ	tsæ^{31}
长安	ŋæ^{53}	pæ^{44}	pʰæ^{24}		mæ^{24}/mã^{24}		tsæ^{31}
户县	ŋɛ^{52}	pɛ^{55}	pʰɛ^{24}	pʰæ	mɛ^{24}	mɛ	tsɛ^{31}
周至	ŋæ^{52}	pæ^{55}	pʰæ^{24}	pʰæ	mæ^{24}/mæ̃^{24}	mæ	tsæ^{21}
三原	ŋæ^{52}	pæ^{55}	pʰæ^{24}	pʰæ	mæ^{24}	mæ	tsæ^{31}
泾阳	ŋæ^{52}	pæ^{55}	pʰæ^{24}	pʰæ	mæ^{24}	mæ	tsæ^{31}
咸阳	ŋæ^{52}	pæ^{55}	pʰæ^{24}	pʰæ	mæ^{24}	mæ	tsæ^{31}
兴平	ŋæ^{52}	pæ^{55}	pʰæ^{24}	pʰæ	mæ^{24}	mæ	tsæ^{31}
武功	ŋæ^{52}	pæ^{52}	pʰæ^{24}	pʰæ	mæ^{24}	mæ	tsæ^{31}
礼泉	ŋæ^{52}	pæ^{55}	pʰæ^{24}	pʰæ	mæ^{24}	mæ	tsæ^{31}
乾县	ŋæ^{52}	pæ^{44}	pʰæ^{24}	pʰæ	mæ^{24}	mæ	tsæ^{31}
永寿	ŋæ^{52}	pæ^{55}	pʰæ^{24}	pʰæ	mæ^{24}/mæ̃^{24}	mæ	tsæ^{31}
淳化	ŋæ^{52}	pæ^{55}	pʰæ^{24}	pʰæ	mæ^{24}	mæ	tsæ^{31}
旬邑	ŋæ^{52}	pæ^{44}	pʰæ^{24}	pʰæ	mæ^{24}	mæ	tsæ^{31}
彬县	ŋæ^{52}	pæ^{44}	pʰæ^{24}	pʰæ	mæ^{24}	mæ	tsæ^{31}
长武	ŋæ^{52}	pæ^{44}	pʰæ^{24}	pʰæ	mæ^{24}	mæ	tsæ^{31}
扶风	ŋᴇ^{52}	pᴇ^{33}	pʰᴇ^{24}	pʰæ	mᴇ^{24}	mæ	tsᴇ^{31}
眉县	ŋᴇ^{52}	pᴇ^{44}	pʰᴇ^{24}	pʰɛ	mᴇ^{24}	mɛ	tsᴇ^{31}
麟游	ŋæ^{53}	pæ^{44}	pʰæ^{24}	pʰæ	mæ^{24}	mæ	tsæ^{31}
岐山	ŋᴇ^{53}	pᴇ^{44}	pʰᴇ^{24}	pʰæ	mᴇ^{24}	mæ	tsᴇ^{31}
凤翔	ŋᴇ^{53}	pᴇ^{44}	pʰᴇ^{24}	pʰæ	mᴇ^{24}	mæ	tsᴇ^{31}
宝鸡	ŋᴇ^{53}	pᴇ^{44}	pʰᴇ^{24}	pʰæ	mᴇ^{24}	mæ	tsᴇ^{31}
千阳	ŋᴇ^{53}	pᴇ^{44}	pʰᴇ^{24}	pʰæ	mᴇ^{24}	mæ	tsᴇ^{31}
陇县	ŋᴇ^{53}	pᴇ^{44}	pʰᴇ^{24}	pʰæ	mᴇ^{24}	mæ	tsᴇ^{31}

字目／方言	豺	阶	戒	楷	谐
	蟹开二平皆崇	蟹开二平皆见	蟹开二去怪见	蟹开二上骇溪	蟹开二平皆匣
西安	tsʰæ²⁴	tɕiæ²¹/tɕie²¹ 新	tɕie⁵⁵	kʰæ⁵³	ɕie²⁴
韩城	tsʰæ²⁴	tɕiæ³¹	tɕiæ⁴⁴	kʰæ⁵³	ɕiE²⁴
合阳	tsʰɛ²⁴	tɕie³¹	tɕie⁵⁵	kʰɛ⁵²	ɕie²⁴
澄城	tsʰæ²⁴	tɕiæ³¹	tɕiæ⁴⁴	kʰæ⁵³	ɕiæ²⁴
白水	tsʰæ²⁴	tɕiæ³¹	tɕiæ⁴⁴	kʰæ⁵³	ɕie²⁴
大荔	tsʰæ²⁴	tɕiæ³¹	tɕiæ⁵⁵	kʰæ⁵²	ɕie²⁴
蒲城	tsʰæ³⁵	tɕiæ³¹	tɕiæ⁵⁵	kʰæ⁵³	ɕiæ³⁵
美原	tsʰæ³⁵	tɕiæ³¹	tɕiæ⁵⁵	kʰæ⁵³	ɕie³⁵
富平	tsʰæ³⁵	tɕiæ³¹	tɕiæ⁵⁵	kʰæ⁵³	ɕie³⁵
潼关	tsʰæ²⁴	tɕiæ³¹	tɕiæ⁴⁴	kʰæ⁵²	ɕie²⁴
华阴	tsʰæ²⁴	tɕiæ³¹	tɕiæ⁵⁵	kʰæ⁵²	ɕiæ²⁴
华县	tsʰæ³⁵	tɕiæ³¹	tɕie⁵⁵	kʰæ⁵³	ɕiæ³⁵
渭南	tsʰɛ²⁴	tɕie³¹	tɕie⁴⁴	kʰɛ⁵³	ɕie²⁴
洛南	tsʰɛ²⁴	tɕie³¹	tɕie⁴⁴	kʰɛ⁵³	ɕie²⁴
商州	tsʰæ³⁵	tɕiæ³¹	tɕie⁵⁵	kʰæ⁵³	ɕie³⁵
丹凤	tsʰæ²⁴	tɕiæ³¹	tɕiæ⁴⁴	kʰæ⁵³	ɕiæ²⁴
宜川	tsʰɛe²⁴	tɕiee⁵¹	tɕiee⁴⁵	kʰɛe⁴⁵	ɕie²⁴
富县	tsʰE²⁴	tɕiE³¹	tɕiE⁴⁴	kʰE⁵²	ɕie²⁴
黄陵	tsʰɛ²⁴	tɕiE³¹	tɕie⁴⁴	kʰɛ⁵²	ɕiE²⁴
宜君	tsʰɛ²⁴	tɕie²¹	tɕie⁴⁴	kʰɛ⁵²	ɕiE²⁴
铜川	tsʰæ²⁴	tɕiæ²¹	tɕiæ⁴⁴	kʰæ⁵²	ɕiæ²⁴
耀县	tsʰæe²⁴	tɕiæe³¹	tɕiæe⁴⁴	kʰæe⁵²	ɕiæe²⁴
高陵	tsʰæ²⁴	tɕiæ³¹	tɕiæ⁵⁵	kʰæ⁵²	ɕie²⁴
临潼	tsʰæ²⁴	tɕiæ³¹	tɕiæ⁴⁵	kʰæ⁵²	ɕiæ²⁴

字目 / 方言	豺	阶	戒	楷	谐
	蟹开二 平皆崇	蟹开二 平皆见	蟹开二 去怪见	蟹开二 上骇溪	蟹开二 平皆匣
蓝田	$ts^hæ^{24}$	$tɕiæ^{31}$	$tɕie^{44}$	$k^hæ^{52}$	$ɕie^{24}$
长安	$ts^hæ^{24}$	$tɕiæ^{31}$	$tɕie^{44}$	$k^hæ^{53}$	$ɕie^{24}$
户县	$ts^hɛ^{24}$	$tɕiɛ^{31}$	$tɕiɛ^{55}$	$k^hɛ^{52}$	$ɕiɛ^{24}$
周至	$ts^hæ^{24}$	$tɕiɛ^{21}$	$tɕiɛ^{55}$	$k^hæ^{52}$	$ɕiɛ^{24}$
三原	$ts^hæ^{24}$	$tɕiæ^{31}$	$tɕiæ^{55}$	$k^hæ^{52}$	$ɕiæ^{24}$
泾阳	$ts^hæ^{24}$	$tɕie^{31}$	$tɕie^{55}$	$k^hæ^{52}$	$ɕie^{24}$
咸阳	$ts^hæ^{24}$	$tɕiæ^{31}$	$tɕie^{55}$	$k^hæ^{52}$	$ɕiæ^{24}$
兴平	$ts^hæ^{24}$	$tɕiæ^{31}$	$tɕiæ^{55}$	$k^hæ^{52}$	$ɕie^{24}$
武功	$ts^hæ^{24}$	$tɕie^{31}$	$tɕie^{55}$	$k^hæ^{52}$	$ɕie^{24}$
礼泉	$ts^hæ^{24}$	$tɕiæ^{31}$	$tɕiæ^{55}$	$k^hæ^{52}$	$ɕiæ^{24}$
乾县	$ts^hæ^{24}$	$tɕiæ^{31}$	$tɕie^{44}$	$k^hæ^{52}$	$ɕie^{24}$
永寿	$ts^hæ^{24}$	$tɕie^{31}$	$tɕie^{55}$	$k^hæ^{52}$	$ɕie^{24}$
淳化	$ts^hæ^{24}$	$tɕie^{31}$	$tɕie^{55}$	$k^hæ^{52}$	$ɕie^{24}$
旬邑	$ts^hæ^{24}$	$tɕiæ^{31}$	$tɕiæ^{44}$	$k^hæ^{52}$	$ɕie^{24}$
彬县	$ts^hæ^{24}$	$tɕie^{31}$	$tɕie^{44}$	$k^hæ^{52}$	$ɕie^{24}$
长武	$ts^hæ^{24}$	$tɕie^{31}$	$tɕie^{44}$	$k^hæ^{52}$	$ɕie^{24}$
扶风	$ts^hɛ^{24}$	$tɕie^{31}$	$tɕie^{33}$	$k^hɛ^{52}$	$ɕie^{24}$
眉县	$ts^hɛ^{24}$	$tɕie^{31}$	$tɕie^{44}$	$k^hɛ^{52}$	$ɕie^{24}$
麟游	$ts^hæ^{24}$	$tɕie^{31}$	$tɕie^{44}$	$k^hæ^{53}$	$ɕie^{24}$
岐山	$ts^hɛ^{24}$	$tɕie^{31}$	$tɕie^{44}$	$k^hɛ^{53}$	$ɕie^{24}$
凤翔	$ts^hɛ^{24}$	$tɕie^{31}$	$tɕie^{44}$	$k^hɛ^{53}$	$ɕie^{24}$
宝鸡	$ts^hɛ^{24}$	$tɕie^{31}$	$tɕie^{44}$	$k^hɛ^{53}$	$ɕie^{24}$
千阳	$ts^hɛ^{24}$	$tɕie^{31}$	$tɕie^{44}$	$k^hɛ^{53}$	$ɕie^{24}$
陇县	$ts^hɛ^{24}$	$tɕie^{31}$	$tɕie^{44}$	$k^hɛ^{53}$	$ɕie^{24}$

字目 方言	骇 蟹开二 上骇匣	械 蟹开二 去怪匣	挨~着 蟹开二 平皆影	摆 蟹开二 上蟹帮	派 蟹开二 去卦滂
西安	xæ⁵⁵	tɕie⁵⁵	ŋæ²¹	pæ⁵³	pʰæ⁵⁵/pʰæ⁵³①
韩城	xæ³¹	tɕiæ⁴⁴	ŋæ³¹	pæ⁵³ ∣ pæ	pʰæ⁴⁴
合阳	xɛ⁵⁵	ɕie⁵⁵/tɕie⁵⁵	ŋɛ³¹	pɛ⁵² ∣ pæ	pʰɛ⁵⁵
澄城	xæ⁴⁴	ɕiæ⁴⁴/tɕiæ⁴⁴	ŋæ³¹	pæ⁵³ ∣ pæ	pʰæ⁴⁴/pʰæ⁵³
白水	xæ³¹	tɕiæ⁴⁴	ŋæ³¹	pæ⁵³ ∣ pæ	pʰæ⁴⁴/pʰæ⁵³
大荔	xæ⁵⁵	tɕiæ⁵⁵	ŋæ³¹	pæ⁵² ∣ pæ	pʰæ⁵⁵/pʰæ⁵²
蒲城	xæ⁵⁵	tɕiæ⁵⁵	ŋæ³¹	pæ⁵³ ∣ pæ	pʰæ⁵⁵/pʰæ⁵³
美原	xæ³¹	ɕiæ⁵⁵/tɕiæ⁵⁵	ŋæ³¹	pæ⁵³ ∣ pæ	pʰæ⁵⁵/pʰæ⁵³
富平	xæ⁵⁵	tɕiæ⁵⁵	ŋæ³¹	pæ⁵³ ∣ pæ	pʰæ⁵⁵/pʰæ⁵³
潼关	xæ⁴⁴	tɕiæ⁴⁴	ŋæ³¹	pæ⁵²	pʰæ⁴⁴/pʰæ⁵²
华阴	xæ⁵⁵	tɕiæ⁵⁵	ŋæ³¹	pæ⁵²	pʰæ⁵⁵/pʰæ⁵²
华县	xæ⁵⁵	tɕiæ⁵⁵	ŋæ³¹	pæ⁵³ ∣ pæ	pʰæ⁵⁵/pʰæ⁵³
渭南	xɛ³¹	tɕie⁴⁴	ŋɛ³¹	pɛ⁵³ ∣ pæ	pʰɛ⁴⁴
洛南	xɛ³¹	tɕie⁴⁴	ŋɛ³¹	pɛ⁵³ ∣ pɛ	pʰɛ⁴⁴/pʰɛ⁵³
商州	xæ⁵⁵	tɕiæ⁵⁵	ŋæ³¹	pæ⁵³ ∣ pæ	pʰæ⁵⁵/pʰæ⁵³
丹凤	xæ³¹	tɕiæ⁴⁴	ŋæ³¹	pæ⁵³	pʰæ⁴⁴/pʰæ⁵³
宜川	xɛe⁵²	tɕiɛe⁴⁵	ŋee⁵¹	pee⁴⁵	pʰɛe⁴⁵
富县	xE³¹	tɕiE⁴⁴/ɕiE⁴⁴	ŋiE³¹	pE⁵²	pʰE⁵²
黄陵	xɛ³¹	tɕie⁴⁴	ŋiɛ³¹	pɛ⁵²	pʰɛ⁵²
宜君	xɛ²¹	tɕie⁴⁴	ŋɛ²¹/ie²⁴	pɛ⁵²	pʰɛ⁵²
铜川	xæ²¹	tɕiæ⁴⁴	ŋæ²¹	pæ⁵² ∣ pæ	pʰæ⁴⁴
耀县	xæe³¹	tɕiæe⁴⁴	ŋæe³¹	pæe⁵² ∣ pæ	pʰæe⁵²
高陵	xæ³¹	tɕiæ⁵⁵	ŋæ³¹	pæ⁵² ∣ pæ	pʰæ⁵⁵/pʰæ⁵²
临潼	xæ⁴⁵	tɕiæ⁴⁵	ŋæ²⁴	pæ⁵² ∣ pæ	pʰæ⁴⁵

① "派"有异读时,上声是名词,去声是动词。下同。

字目 / 方言	骇 蟹开二 上骇匣	械 蟹开二 去怪匣	挨~着 蟹开二 平皆影	摆 蟹开二 上蟹帮		派 蟹开二 去卦滂
蓝田	$xæ^{31}$	$tɕiɛ^{44}$	$ŋæ^{31}$	$pæ^{52}$	$pæ$	$pʰæ^{52}$
长安	$xæ^{44}$	$tɕiɛ^{44}$	$ŋæ^{31}$	$pæ^{53}$		$pʰæ^{44}/pʰæ^{53}$
户县	$xɛ^{31}$	$tɕiɛ^{55}$	$ŋɛ^{31}$	$pɛ^{52}$	$pɛ$	$pʰɛ^{52}/pʰɛ^{55}$
周至	$xæ^{55}$	$tɕiɛ^{55}$	$ŋæ^{21}$	$pæ^{52}$	$pæ$	$pʰæ^{55}/pʰæ^{52}$
三原	$xæ^{31}$	$tɕiɛ^{55}$	$ŋæ^{31}$	$pæ^{52}$	$pæ$	$pʰæ^{52}/pʰæ^{55}$
泾阳	$xæ^{55}$	$tɕiɛ^{55}$	$ŋæ^{31}$	$pæ^{52}$	$pæ$	$pʰæ^{55}/pʰæ^{52}$
咸阳	$xæ^{55}$	$tɕiɛ^{55}$	$ŋæ^{31}$	$pæ^{52}$	$pæ$	$pʰæ^{55}/pʰæ^{52}$
兴平	$xæ^{52}$	$tɕiɛ^{55}$	$ŋæ^{31}$	$pæ^{52}$	$pæ$	$pʰæ^{55}/pʰæ^{52}$
武功	$xæ^{55}$	$tɕiɛ^{55}$	$ŋæ^{31}$	$pæ^{52}$	$pæ$	$pʰæ^{55}/pʰæ^{52}$
礼泉	$xæ^{55}$	$tɕiɛ^{55}$	$ŋæ^{31}$	$pæ^{52}$	$pæ$	$pʰæ^{52}$
乾县	$xæ^{31}$	$tɕiɛ^{44}$	$ŋæ^{31}$	$pæ^{52}$	$pæ$	$pʰæ^{44}/pʰæ^{52}$
永寿	$xæ^{31}$	$tɕiɛ^{55}$	$ŋæ^{31}$	$pæ^{52}$	$pæ$	$pʰæ^{55}/pʰæ^{52}$
淳化	$xæ^{31}$	$tɕiɛ^{55}$	$ŋæ^{31}$	$pæ^{52}$	$pæ$	$pʰæ^{55}pʰæ^{52}$
旬邑	$xæ^{31}$	$tɕiæ^{55}$	$ŋæ^{31}$	$pæ^{52}$	$pæ$	$pʰæ^{52}/pʰæ^{44}$
彬县	$xæ^{31}$	$tɕiɛ^{44}$	$ŋæ^{31}$	$pæ^{52}$	$pæ$	$pʰæ^{52}/pʰæ^{44}$
长武	$xæ^{44}$	$tɕiɛ^{44}$	$ŋæ^{31}$	$pæ^{52}$	$pæ$	$pʰæ^{52}/pʰæ^{44}$
扶风	$xᴇ^{31}$	$ɕiɛ^{33}$	$ŋᴇ^{31}$	$pᴇ^{52}$	$pæ$	$pʰᴇ^{52}$
眉县	$xᴇ^{52}$	$ɕiɛ^{44}$	$ŋᴇ^{31}$	$pᴇ^{52}$	$pɛ$	$pʰᴇ^{44}$
麟游	$xæ^{31}$	$\underline{ɕiɛ^{44}}/tɕiɛ^{44}$	$ŋæ^{31}$	$pæ^{53}$	$pæ$	$pʰæ^{44}$
岐山	$xᴇ^{53}$	$ɕiɛ^{44}$	$ŋᴇ^{31}/ŋᴇ^{53}$	$pᴇ^{53}$	$pæ$	$pʰᴇ^{53}/pʰᴇ^{44}$
凤翔	$xᴇ^{31}$	$tɕiɛ^{44}$	$ŋᴇ^{31}$	$pᴇ^{53}$	$pæ$	$pʰᴇ^{44}$
宝鸡	$xᴇ^{44}$	$tɕiɛ^{44}$	$ŋᴇ^{31}$	$pᴇ^{53}$	$pæ$	$pʰᴇ^{44}$
千阳	$xᴇ^{31}$	$ɕiɛ^{44}$老 $/tɕiɛ^{44}$新	$ŋᴇ^{31}$	$pᴇ^{53}$	$pæ$	$pʰᴇ^{53}$
陇县	$xᴇ^{31}$	$tɕiɛ^{44}$	$ŋᴇ^{31}$	$pᴇ^{53}$	$pæ$	$pʰᴇ^{44}$

字目 / 方言	牌 蟹开二 平佳並	罢 蟹开二 上蟹並	稗 蟹开二 去卦並	买 蟹开二 上蟹明	卖 蟹开二 去卦明
西安	$p^hæ^{24}$	pa^{55}	$pæ^{55}$	$mæ^{53}$	$mæ^{55}$
韩城	$p^hæ^{24}$	pa^{44}	$p^hæ^{55}$	$mæ^{53}$	$mæ^{44}$
合阳	$p^hɛ^{24}$	pa^{55}/p^ha^{55}	$pɛ^{52}$	$mɛ^{52}$	$mɛ^{55}$
澄城	$p^hæ^{24}$	p^ha^{44}	$pæ^{44}$	$mæ^{53}$	$mæ^{44}$
白水	$p^hæ^{24}$	pa^{44}	$pæ^{44}$	$mæ^{53}$	$mæ^{44}$
大荔	$p^hæ^{24}$	pa^{55}	$pæ^{52}$	$mæ^{52}$	$mæ^{55}$
蒲城	$p^hæ^{35}$	pa^{55}	$pæ^{55}$	$mæ^{53}$	$mæ^{55}$
美原	$p^hæ^{35}$	pa^{55}/p^ha^{55}	$pæ^{55}$	$mæ^{53}$	$mæ^{55}$
富平	$p^hæ^{35}$	pa^{55}	$pæ^{55}$	$mæ^{53}$	$mæ^{55}$
潼关	$p^hæ^{24}$	pa^{44}	$p^hæ^{44}$	$mæ^{52}$	$mæ^{44}$
华阴	$p^hæ^{24}$	pa^{55}	$pæ^{52}$	$mæ^{52}$	$mæ^{55}$
华县	$p^hæ^{35}$	pa^{55}	$p^hæ^{55}$	$mæ^{53}$	$mæ^{55}$
渭南	$p^hɛ^{24}$	pa^{44}	$pɛ^{44}$	$mɛ^{53}$	$mɛ^{44}$
洛南	$p^hɛ^{24}$	pa^{44}	$pɛ^{44}$	$mɛ^{53}$	$mɛ^{44}$
商州	$p^hæ^{35}$	pa^{55}	$pæ^{55}$	$mæ^{53}$	$mæ^{55}$
丹凤	$p^hæ^{24}$	pa^{44}	$pæ^{44}$	$mæ^{53}$	$mæ^{44}$
宜川	$p^hɛe^{24}$	pa^{45}	$p^hɛe^{45}$	$mɛe^{45}$	$mɛe^{45}$
富县	p^hE^{24}	pa^{44}	p^hE^{44}	mE^{52}	mE^{44}
黄陵	$p^hɛ^{24}$	pa^{44}	$p^hɛ^{44}$	$mɛ^{52}$	$mɛ^{44}$
宜君	$p^hɛ^{24}$	pa^{44}	$p^hɛ^{44}$	$mɛ^{52}$	$mɛ^{44}$
铜川	$p^hæ^{24}$	pa^{44}		$mæ^{52}$	$mæ^{44}$
耀县	$p^hæe^{24}$	pa^{44}		$mæe^{52}$	$mæe^{44}$
高陵	$p^hæ^{24}$	pa^{55}	$pæ^{55}$	$mæ^{52}$	$mæ^{55}$
临潼	$p^hæ^{24}$	pa^{45}	$pæ^{45}$	$mæ^{52}$	$mæ^{45}$

字目 方言	牌 蟹开二 平佳並	罢 蟹开二 上蟹並	稗 蟹开二 去卦並	买 蟹开二 上蟹明	卖 蟹开二 去卦明
蓝田	pʰæ²⁴	pɑ⁴⁴	pæ⁴⁴	mæ⁵²	mæ⁴⁴
长安	pʰæ²⁴	pɑ⁴⁴	pɑ⁴⁴	mæ⁵³	mæ⁴⁴
户县	pʰɛ²⁴	pɑ⁵⁵	pɛ⁵⁵	mɛ⁵²	mɛ⁵⁵
周至	pʰæ²⁴	pɑ⁵⁵	pæ⁵⁵	mæ⁵²	mæ⁵⁵
三原	pʰæ²⁴	pɑ⁵⁵	pæ⁵⁵	mæ⁵²	mæ⁵⁵
泾阳	pʰæ²⁴	pɑ⁵⁵	pæ⁵⁵	mæ⁵²	mæ⁵⁵
咸阳	pʰæ²⁴	pɑ⁵⁵	pæ⁵²	mæ⁵²	mæ⁵⁵
兴平	pʰæ²⁴	pɑ⁵⁵	pæ⁵⁵	mæ⁵²	mæ⁵⁵
武功	pʰæ²⁴	pɑ⁵⁵	pæ⁵⁵	mæ⁵²	mæ⁵⁵
礼泉	pʰæ²⁴	pɑ⁵⁵	pæ⁵⁵	mæ⁵²	mæ⁵⁵
乾县	pʰæ²⁴	pɑ⁴⁴	pæ⁴⁴	mæ⁵²	mæ⁴⁴
永寿	pʰæ²⁴	pɑ⁵⁵	pæ⁵⁵	mæ⁵²	mæ⁵⁵
淳化	pʰæ²⁴	pɑ⁵⁵	pæ⁵⁵	mæ⁵²	mæ⁵⁵
旬邑	pʰæ²⁴	pɑ⁴⁴	pæ⁴⁴	mæ⁵²	mæ⁴⁴
彬县	pʰæ²⁴	pɑ⁴⁴	pæ⁴⁴	mæ⁵²	mæ⁴⁴
长武	pʰæ²⁴	pɑ⁴⁴/pʰɑ⁴⁴①	pæ⁴⁴	mæ⁵²	mæ⁴⁴
扶风	pʰɛ²⁴	pɑ³³	pɛ³³	mɛ⁵²	mɛ³³
眉县	pʰɛ²⁴	pɑ⁴⁴	pʰɛ⁴⁴	mɛ⁵²	mɛ⁴⁴
麟游	pʰæ²⁴	pɑ⁴⁴	pʰæ⁴⁴	mæ⁵³	mæ⁴⁴
岐山	pʰɛ²⁴	pɑ⁵³	pʰɛ⁵³/pʰɛ⁴⁴	mɛ⁵³	mɛ⁴⁴
凤翔	pʰɛ²⁴	pɑ⁴⁴	pɛ⁴⁴	mɛ⁵³	mɛ⁴⁴
宝鸡	pʰɛ²⁴	pɑ⁴⁴	pʰɛ⁴⁴	mɛ⁵³	mɛ⁴⁴
千阳	pʰɛ²⁴	pɑ⁴⁴	pʰɛ⁴⁴	mɛ⁵³	mɛ⁴⁴
陇县	pʰɛ²⁴	pɑ⁴⁴	pʰɛ⁴⁴	mɛ⁵³	mɛ⁴⁴

① pɑ⁴⁴～工；pʰɑ⁴⁴～唰。

字目　方言	奶 蟹开二 上蟹泥	债 蟹开二 去卦庄	钗 蟹开二 平佳初	柴 蟹开二 平佳崇	筛 蟹开二 平佳生
西安	næ⁵³	tsæ⁵⁵	tsʰæ²¹	tsʰæ²⁴	sæ²¹/sæ⁵³①
韩城	næ⁵³	tsæ⁴⁴	tsʰæ³¹	tsʰæ²⁴	sæ⁵³
合阳	nɛ⁵²	tsɛ⁵⁵	tsʰɑ³¹	tsʰɛ²⁴	sɛ⁵²
澄城	næ⁵³	tsæ⁴⁴	tsʰæ³¹	tsʰæ²⁴	sæ⁵³
白水	næ⁵³	tsæ⁴⁴	tsʰæ³¹	tsʰæ²⁴	sæ⁵³
大荔	næ⁵²	tsæ⁵⁵	tsʰæ³¹	tsʰæ²⁴	sæ⁵²
蒲城	næ⁵³	tsæ⁵⁵	tsʰæ³¹	tsʰæ³⁵	sæ⁵³
美原	næ⁵³	tsæ⁵⁵	tsʰæ³¹	tsʰæ³⁵	sæ⁵³
富平	næ⁵³	tsæ⁵⁵	tsʰæ³¹	tsʰæ³⁵	sæ⁵³
潼关	næ⁵²	tsæ⁴⁴	tsʰæ³¹	tsʰæ²⁴	sæ⁵²
华阴	næ⁵²	tsæ⁵⁵	tsʰæ³¹	tsʰæ²⁴	sæ⁵²
华县	næ⁵³	tsæ⁵⁵	tsʰæ³¹	tsʰæ³⁵	sæ⁵³
渭南	nɛ⁵³	tsɛ⁴⁴	tsʰɛ³¹	tsʰɛ²⁴	sɛ⁵³
洛南	nɛ⁵³	tsɛ⁴⁴	tsʰɛ³¹	tsʰɛ²⁴	sɛ⁵³
商州	næ⁵³	tsæ⁵⁵	tsʰæ³¹	tsʰæ³⁵	sæ⁵³
丹凤	næ⁵³	tsæ⁴⁴	tsʰæ³¹	tsʰæ²⁴	sæ⁵³
宜川	nɛe⁴⁵	tsɛe⁴⁵	tsʰɑ⁵¹/tsʰɛe⁵¹②	tsʰɛe²⁴	sɛe⁴⁵
富县	nE⁵²	tsE⁴⁴	tsʰã³¹	tsʰE²⁴	sE⁵²
黄陵	n̠ɛ⁵²/n̠yo²⁴	tsɛ⁴⁴	tsʰɛ̃³¹	tsʰɛ²⁴	sɛ⁵²
宜君	nɛ⁵²	tsɛ⁵²	tsʰɛ²¹	tsʰɛ²⁴	sɛ⁵²
铜川	næ⁵²	tsæ⁴⁴	tsʰæ̃²¹	tsʰæ²⁴	sæ⁵² ~子
耀县	næe⁵²	tsæe⁴⁴	tsʰɑ³¹	tsʰæe²⁴	sæe⁵² ~子
高陵	næ⁵²	tsæ⁵⁵	tsʰæ³¹	tsʰæ²⁴	sæ⁵²
临潼	næ⁵²	tsæ⁴⁵	tsʰæ³¹	tsʰæ²⁴	sæ⁵²

---

① sæ²¹ ～麦；sæ⁵³ ～子。长安、兴平同。

② tsʰɛe⁵¹ 薛宝～。

字目 方言	奶 蟹开二 上蟹泥	债 蟹开二 去卦庄	钗 蟹开二 平佳初	柴 蟹开二 平佳崇	筛 蟹开二 平佳生
蓝田	næ^{52}	tsæ^{44}	tsʰæ^{31}	tsʰæ^{24}	sæ^{31}
长安	næ^{53}	tsæ^{44}	tsʰæ̃^{31}	tsʰæ^{24}	sæ^{31}/sæ^{53}
户县	ne^{52}	tse^{55}	tsʰɛ^{31}/tsã^{31}	tsʰɛ^{24}	sɛ^{52}
周至	næ^{52}	tsæ^{55}	tsʰæ̃^{21}	tsʰæ^{24}	sæ^{21}
三原	næ^{52}	tsæ^{55}	tsʰæ^{31}	tsʰæ^{24}	sæ^{52}
泾阳	næ^{52}	tsæ^{55}	tsʰæ^{31}	tsʰæ^{24}	sæ^{52}
咸阳	læ^{52}	tsæ^{55}	tsʰæ^{31}	tsʰæ^{24}	sæ^{52}
兴平	læ^{52}	tsæ^{55}	tsʰæ^{31}	tsʰæ^{24}	sæ^{31}/sæ^{52}
武功	læ^{52}	tsæ^{55}	tsʰæ^{31}	tsʰæ^{24}	sæ^{31}
礼泉	læ^{52}	tsæ^{55}	tsʰæ^{31}	tsʰæ^{24}	sæ^{52}
乾县	læ^{52}	tsæ^{44}	tsʰæ^{31}	tsʰæ^{24}	sæ^{44}/sæ^{52}①
永寿	læ^{52}	tsæ^{55}	tsʰæ^{31}	tsʰæ^{24}	sæ^{55}/sæ^{52}
淳化	næ^{52}	tsæ^{55}	tsʰæ^{31}	tsʰæ^{24}	sæ^{55}/sæ^{52}
旬邑	læ^{52}	tsæ^{44}	tsʰæ^{31}	tsʰæ^{24}	sæ^{44}/sæ^{52}
彬县	læ^{52}	tsæ^{44}	tsʰæ^{31}	tsʰæ^{24}	sæ^{44}/sæ^{52}
长武	læ^{52}	tsæ^{44}	tsʰæ^{31}	tsʰæ^{24}	sæ^{44}
扶风	lɛ^{52}	tsɛ^{33}	tsʰɛ^{31}	tsʰɛ^{24}	sɛ^{52}
眉县	lɛ^{52}	tsɛ^{44}	tsʰɛ^{31}	tsʰɛ^{24}	sɛ^{52}
麟游	læ^{53}	tsæ^{44}	tsʰɑ^{31}	tsʰæ^{24}	sæ^{31}
岐山	lɛ^{53}	tsɛ^{44}	tsʰɛ^{31}	tsʰɛ^{24}	sɛ^{53}
凤翔	lɛ^{53}	tsɛ^{44}	tsʰɛ^{31}	tsʰɛ^{24}	sɛ^{53}
宝鸡	lɛ^{53}	tsɛ^{44}	tsʰɑ^{31}	tsʰɛ^{24}	sɛ^{31}
千阳	lɛ^{53}	tsɛ^{44}	tsʰɛ^{31}	tsʰɛ^{24}	sɛ^{53}
陇县	lɛ^{53}	tsɛ^{44}	tsʰɛ^{31}	tsʰɛ^{24}	sɛ^{53}

①　sæ^{44} ～子；sæ^{52} ～麦。下同。

字目 方言	洒 蟹开二 上蟹生	晒 蟹开二 去卦生	佳 蟹开二 平佳见	街 蟹开二 平佳见	解讲~；~开 蟹开二 上蟹见
西安	sɑ⁵³	sæ⁵⁵	tɕiɑ²¹	tɕie²¹	tɕie⁵³
韩城	sɑ⁵³	sæ⁴⁴	tɕiɑ³¹	tɕiæ³¹/kæ³¹	tɕiæ⁵³
合阳	sɑ⁵²	sɛ⁵⁵	tɕiɑ³¹	tɕie³¹	tɕie⁵²
澄城	sɑ⁵³	sæ⁴⁴	tɕiɑ³¹	tɕiæ³¹	tɕiæ⁵³
白水	sɑ⁵³	sæ⁴⁴	tɕiɑ³¹	tɕiæ³¹	tɕiæ⁵³
大荔	sɑ⁵²	sæ⁵⁵	tɕiɑ³¹	tɕiæ³¹	tɕiæ⁵²
蒲城	sɑ⁵³	sæ⁵⁵	tɕiɑ³¹	tɕiæ³¹	tɕiæ⁵³
美原	sɑ⁵³	sæ⁵⁵	tɕiɑ³¹	tɕiæ³¹	tɕiæ⁵³
富平	sɑ⁵³	sæ⁵⁵	tɕiɑ³¹	tɕiæ³¹	tɕiæ⁵³
潼关	sɑ⁵²	sæ⁴⁴	tɕiɑ³¹	tɕiæ³¹	tɕiæ⁵²
华阴	sɑ⁵²	sæ⁵⁵	tɕiɑ³¹	tɕiæ³¹	tɕiæ⁵²
华县	sɑ⁵³	sæ⁵⁵	tɕiɑ³¹	tɕiæ³¹	tɕiæ⁵³
渭南	sɑ⁵³	sɛ⁴⁴	tɕiɑ³¹	tɕie³¹	tɕie⁵³
洛南	sɑ⁵³	sɛ⁴⁴	tɕiɑ³¹	tɕie³¹	tɕie⁵³
商州	sæ⁵³	sæ⁵⁵	tɕiɑ³¹	tɕiæ³¹	tɕiæ⁵³
丹凤	sɑ⁵³	sæ⁴⁴	tɕiɑ³¹	tɕiæ³¹	tɕiæ⁵³
宜川	sɑ⁴⁵	sɛe⁴⁵	tɕiɑ⁵¹	tɕiɛe⁵¹	tɕiɛe⁴⁵
富县	sɑ⁵²	sE⁴⁴	tɕiɑ³¹	tɕiE³¹	tɕiE⁵²
黄陵	sɑ⁵²	sɛ⁴⁴	tɕiɑ³¹	tɕiE³¹	tɕie⁵²
宜君	sɑ⁵²	sɛ⁴⁴	tɕiɑ²¹	tɕie²¹	tɕie⁵²
铜川	sɑ⁵²	sæ⁴⁴	tɕiɑ²¹	tɕie²¹	tɕiæ⁵²
耀县	sɑ⁵²	sæe⁴⁴	tɕiɑ³¹	tɕiæe³¹	tɕiæe⁵²
高陵	sɑ⁵²	sæ⁵⁵	tɕiɑ³¹	tɕiæ³¹	tɕiæ⁵²
临潼	sɑ⁵²	sæ⁴⁵	tɕiɑ³¹	tɕiæ³¹	tɕiæ⁵²

字目 方言	洒	晒	佳	街	解讲~；~开
	蟹开二 上蟹生	蟹开二 去卦生	蟹开二 平佳见	蟹开二 平佳见	蟹开二 上蟹见
蓝田	sɑ⁵²	sæ⁴⁴	tɕiɑ³¹	tɕie³¹	tɕie⁵²
长安	sɑ⁵³	sæ⁴⁴	tɕiɑ³¹	tɕie³¹	tɕie⁵³
户县	sɑ⁵²	sɛ⁵⁵	tɕiɑ³¹	tɕiɛ³¹	tɕiɛ⁵²
周至	sɑ⁵²	sæ⁵⁵	tɕiɑ²¹	tɕie²¹	tɕie⁵²
三原	sɑ⁵²	sæ⁵⁵	tɕiɑ⁵²	tɕie³¹	tɕie⁵²
泾阳	sɑ⁵²	sæ⁵⁵	tɕiɑ³¹	tɕie³¹	tɕie⁵²
咸阳	sɑ⁵²	sæ⁵⁵	tɕiɑ³¹	tɕie³¹	tɕie⁵²
兴平	sɑ⁵²	sæ⁵⁵	tɕiɑ³¹	tɕie³¹	tɕie⁵²
武功	sɑ⁵²	sæ⁵⁵	tɕiɑ³¹	tɕie³¹	tɕie⁵²
礼泉	sɑ⁵²	sæ⁵⁵	tɕiɑ³¹	tɕie³¹	tɕie⁵²
乾县	sɑ⁵²	sæ⁴⁴	tɕiɑ³¹	t̠ɕie³¹/k̠æ³¹	tɕie⁵²
永寿	sɑ⁵²	sæ⁵⁵	tɕiɑ³¹	tɕie³¹	tɕie⁵²
淳化	sɑ⁵²	sæ⁵⁵	tɕiɑ³¹	tɕie³¹	tɕie⁵²
旬邑	sɑ⁵²	sæ⁴⁴	tɕiɑ³¹	tɕiæ³¹	tɕiæ⁵²
彬县	sɑ⁵²	sæ⁴⁴	tɕiɑ³¹	tɕie³¹	tɕie⁵²
长武	sɑ⁵²	sæ⁴⁴	tɕiɑ³¹	tɕiɑ³¹	tɕie⁵²
扶风	sɑ⁵²	sE³³	tɕiɑ³¹	tɕie³¹	tɕie⁵²
眉县	sɑ⁵²	sE⁴⁴	tɕiɑ³¹	tɕie³¹	tɕie⁵²
麟游	sɑ⁵³	sæ⁴⁴	tɕiɑ³¹	tɕie³¹	tɕie⁵³
岐山	sɑ⁵³	sE⁴⁴	tɕiɑ³¹	tɕie³¹	tɕie⁵³
凤翔	sɑ⁵³	sE⁴⁴	tɕiɑ³¹	tɕie³¹	tɕie⁵³
宝鸡	sɑ³¹	sE⁴⁴	tɕiɑ³¹	tɕie³¹	tɕie⁵³
千阳	sɑ⁵³	sE⁴⁴	tɕiɑ³¹	tɕie³¹	tɕie⁵³
陇县	sɑ⁵³	sE⁴⁴	tɕiɑ³¹	tɕie³¹	tɕie⁵³

字目 方言	懈	崖	捱	鞋	解晓也
	蟹开二 去卦见	蟹开二 平佳疑	蟹开二 平佳疑	蟹开二 平佳匣	蟹开二 上蟹匣
西安	ɕie^{55}	iæ^{24}/næ^{24}	iæ^{24}/næ^{24}	xæ^{24}	ɕie^{55}
韩城	ɕiæ^{44}	næ^{24}	næ^{24}	ɕiæ^{24}/xæ^{24}	ɕiæ^{44}
合阳	ɕie^{55}	nɛ^{24}	nɛ^{24}	xɛ^{24}	ɕie^{55}
澄城	ɕiæ^{44}	næ^{24}	næ^{24}	xæ^{24}	ɕiæ^{44}
白水	ɕiæ^{44}	næ^{24}	næ^{24}	xæ^{24}	ɕiæ^{44}
大荔	ɕiæ^{55}	næ^{24}	næ^{24}	xæ^{24}	ɕiæ^{55}
蒲城	ɕiæ^{55}	næ^{35}	næ^{35}	xæ^{35}	xæ^{55}
美原	ɕiæ^{55}	næ^{35}	næ^{35}	xæ^{35}	ɕiæ^{55}
富平	ɕie^{55}	næ^{35}	næ^{35}	xæ^{35}	xæ^{55}
潼关	ɕiæ^{44}	næ^{24}	næ^{24}	xæ^{24}	ɕiæ^{44}
华阴	ɕiæ^{55}	næ^{24}	næ^{24}	xæ^{24}	ɕiæ^{55}
华县	ɕiæ^{55}	næ^{35}	næ^{35}	xæ^{35}	ɕiæ^{55}
渭南	ɕie^{44}	nɛ^{24}	nɛ^{24}	xɛ^{24}	ɕie^{44}
洛南	ɕie^{44}	iɛ^{24}/nɛ^{24}	nɛ^{24}	xɛ^{24}	ɕie^{44}
商州	ɕie^{55}	næ^{35}	næ^{35}	xæ^{35}	ɕie^{55}
丹凤	ɕie^{44}	iæ^{24}/næ^{24}	næ^{24}	xæ^{24}	ɕie^{44}
宜川	ɕie^{45}	ieɛ^{24}/neɛ^{24}	nɛɛ^{24}	ɕieɛ^{24}新/xɛɛ^{24}	xɛɛ^{45}
富县	ɕie^{44}	iE^{24}/nE^{24}	nE^{24}	ɕiE^{24}/ɕie^{24}/xE^{24}	ɕie^{44}
黄陵	ɕie^{44}	nɛ^{24}	nɛ^{24}	xɛ^{24}	ɕiE^{44}
宜君	ɕie^{44}	nɛ^{24}	nɛ^{24}旧/ie^{24}新	xɛ^{24}	ɕiE^{44}
铜川	ɕiæ^{44}	næ^{24}	næ^{24}	xæ^{24}	ɕie^{44}
耀县	ɕiæe^{44}	iæe^{24}/ næe^{24}①	iæe^{24}新/næe^{24}	ɕiæe^{24}新/xæe^{24}	ɕie^{44}新/ɕiæe^{44}新/ tɕiæe^{52}
高陵	ɕiæe^{55}	iæ^{24}/næ^{24}	næ^{24}	ɕiæ^{24}/xæ^{24}	ɕiæ^{55}
临潼	ɕiæ^{45}	iæ^{24}/næ^{24}	næ^{24}	xæ^{24}	tɕiæ^{52}

---

　　① iæe^{24} 石头的；næe^{24} 土的。另外，iæe^{24} 高大一些；næe^{24} 小一些。

字目 方言	懈 蟹开二 去卦见	崖 蟹开二 平佳疑	捱 蟹开二 平佳疑	鞋 蟹开二 平佳匣	解晓也 蟹开二 上蟹匣
蓝田	ɕie⁴⁴	i̠æ²⁴/n̠æ²⁴	næ²⁴	ɕiæ²⁴/xæ²⁴	ɕie⁴⁴
长安	ɕie⁴⁴	i̠æ²⁴/n̠æ²⁴	næ²⁴	ɕie²⁴/xæ²⁴	ɕie⁴⁴
户县	ɕiE⁵⁵	i̠e²⁴/n̠e²⁴	nɛ²⁴	ɕiɛ²⁴/xɛ²⁴	ɕiE⁵⁵
周至	ɕiE⁵⁵	i̠e²⁴/n̠æ²⁴	næ²⁴	ɕiæ²⁴/xæ²⁴	ɕiE⁵⁵
三原	ɕie⁵⁵	næ²⁴	næ²⁴	xæ²⁴	tɕie⁵²
泾阳	ɕie⁵⁵	næ²⁴	næ²⁴	xæ²⁴	ɕie⁵⁵
咸阳	ɕie⁵⁵	læ²⁴	ŋ̠æ²⁴/læ²⁴	xæ²⁴	ɕie⁵⁵
兴平	ɕie⁵⁵	læ²⁴	ŋ̠æ²⁴	xæ²⁴	ɕie⁵⁵
武功	ɕie⁵⁵	læ²⁴	læ²⁴	ɕie²⁴/xæ²⁴	ɕie⁵⁵
礼泉	ɕie⁵⁵	læ²⁴	ŋ̠æ²⁴	xæ²⁴	ɕie⁵⁵
乾县	ɕie⁴⁴	ŋ̠æ²⁴	ŋ̠æ²⁴	ɕiæ²⁴/xæ²⁴	ɕie⁴⁴
永寿	ɕie⁵⁵	læ²⁴	læ²⁴	xæ²⁴	ɕiæ²⁴/ɕie⁵⁵
淳化	ɕie⁵⁵	næ²⁴	næ²⁴	xæ²⁴	ɕie⁵⁵
旬邑	ɕie⁴⁴	læ²⁴	læ²⁴	xæ²⁴	ɕie⁴⁴
彬县	ɕie⁴⁴	ŋ̠æ²⁴	ŋ̠æ²⁴	xæ²⁴	ɕie⁴⁴
长武	ɕie⁴⁴	ŋ̠æ²⁴	ŋ̠æ²⁴	xæ²⁴	ɕie⁴⁴
扶风	ɕie³³	ŋ̠E²⁴	ŋ̠E²⁴	ɕie²⁴/xE²⁴	tɕie⁵²
眉县	ɕie⁴⁴	i̠ɑ²⁴/ŋ̠E²⁴	ŋ̠E²⁴	xE²⁴	xE⁴⁴
麟游	ɕie⁴⁴	ŋ̠æ²⁴	ŋ̠æ²⁴	xæ²⁴	
岐山	ɕie⁴⁴	ŋ̠E²⁴	ŋ̠E²⁴	xE²⁴	ɕie⁴⁴
凤翔	ɕie⁴⁴	ŋ̠E²⁴	ŋ̠E²⁴	xE²⁴	ɕie⁴⁴
宝鸡	ɕie⁴⁴	ŋ̠E²⁴	ŋ̠E²⁴	xE²⁴	xE⁵³
千阳	ɕie⁴⁴	ŋ̠E²⁴	ŋ̠E²⁴	ɕie²⁴/xE²⁴	ɕie⁴⁴
陇县	ɕie⁴⁴	i̠ɑ²⁴/ŋ̠E²⁴	ŋ̠E²⁴	ɕie²⁴/xE²⁴	tɕie⁵³

字目 方言	蟹 蟹开二 上蟹匣	矮 蟹开二 上蟹影	隘 蟹开二 去卦影	败 蟹开二 去夬並	迈 蟹开二 去夬明
西安	ɕie⁵³/xæ⁰²¹	ŋæ⁵³	ŋæ⁵³	pæ⁵⁵	mæ⁵⁵
韩城	ɕiæ⁴⁴xæ⁴⁴	ŋæ⁵³	ŋæ⁵³	pʰæ⁴⁴	mæ⁴⁴
合阳	ɕie⁵⁵/xɛ⁰²¹	nɛ⁵²/ŋɛ⁵²新	ie⁵⁵	pʰɛ⁵⁵	me⁵⁵
澄城	ɕiæ⁴⁴/xæ⁰²¹	ŋæ⁵³	ŋæ⁵³	pʰæ⁴⁴	mæ⁴⁴
白水	ɕiæ⁴⁴/xæ⁰²¹	ŋæ⁵³	ŋæ⁵³	pʰæ⁴⁴	mæ⁴⁴
大荔	xæ⁰²¹	ŋæ⁵²	ŋæ⁵²	pʰæ⁵⁵	mæ⁵⁵
蒲城	ɕiæ⁵⁵/xæ⁰²¹	ŋæ⁵³	ŋæ⁵³	pʰæ⁵⁵	mæ⁵⁵
美原	ɕiæ⁵⁵/xæ⁵³	ŋæ⁵³	ŋæ⁵³	pʰæ⁵⁵	mæ⁵⁵
富平	ɕiæ⁵⁵/xæ⁵³	ŋæ⁵³	ŋæ⁵³	pæ⁵⁵/pʰæ⁵⁵	mæ⁵⁵
潼关	xæ⁰²¹	ŋæ⁵²	ŋæ⁵²	pʰæ⁴⁴	mæ⁴⁴
华阴	ɕiæ⁵⁵/xæ⁰²¹	ŋæ⁵²	ŋæ⁵²	pʰæ⁵⁵	mæ⁵⁵
华县	ɕiæ⁵⁵/xæ⁵³	ŋæ⁵³	ŋæ⁵³	pʰæ⁵⁵	mæ⁵⁵
渭南	ɕie⁴⁴/xɛ⁰²¹	ŋɛ⁵³	ŋɛ⁵³	pʰɛ⁴⁴	mɤ⁴⁴
洛南	ɕie⁴⁴	ŋɛ⁵³	ŋɛ⁵³	pʰɛ⁴⁴	me⁴⁴
商州	ɕiæ⁵⁵	ŋæ⁵³	ŋæ⁵³	pæ⁵⁵/pʰæ⁵⁵	mæ⁵⁵
丹凤	ɕiæ⁴⁴	ŋæ⁵³	ŋæ⁵³	pæ⁴⁴	mæ⁴⁴
宜川	ɕiee⁴⁵新/xɛe⁴⁵	ŋɛe⁵¹/nee⁵¹	ŋee⁴⁵	pʰee⁴⁵	mɛe⁴⁵
富县	ɕiE⁰²¹/xE⁰²¹	ŋiE⁵²/nE⁵²	ŋiE⁵²	pʰæ⁴⁴	mE⁴⁴
黄陵	ɕiæ̃⁰²¹/xæ̃⁰²¹	ne⁵²	ŋie⁵²	pʰɛ⁴⁴	me⁴⁴
宜君	ɕiE⁴⁴/ɕie⁰²¹/xɛ⁰²¹	ŋæ⁵²	ŋɛ⁵²	pʰɛ⁴⁴	me⁴⁴
铜川	ɕie⁴⁴/xæ⁵²	ŋæ⁵²	ŋæ⁵²	pʰæ⁴⁴	mæ⁴⁴
耀县	ɕiæe⁴⁴/tɕiæe⁵²/xæe⁴⁴①	ŋæe⁵²	ŋæe⁵²	pʰæe⁴⁴	mæe⁴⁴
高陵	ɕiæ⁵⁵/xæ⁰²¹	ŋæ⁵²	ŋæ⁵²/ŋæ⁵⁵	pʰæ⁵⁵	mæ⁵⁵
临潼	ɕie⁴⁵/xæ⁰²¹	ŋæ⁵²	ŋæ⁵²	pʰæ⁴⁵	mæ⁴⁵

---

① tɕiæe⁵² 虾兵～将。

字目 方言	蟹 蟹开二 上蟹匣	矮 蟹开二 上蟹影	隘 蟹开二 去卦影	败 蟹开二 去夬並	迈 蟹开二 去夬明
蓝田	ɕie⁴⁴/xæ⁰²¹	ŋæ⁵²	ŋæ⁵²	pʰæ⁴⁴	mæ⁴⁴
长安	ɕie⁴⁴/xæ⁰²¹	ŋæ⁵³	ŋæ⁵³	pæ⁴⁴	mæ⁴⁴
户县	ɕiɛ³¹	ŋɛ⁵²	ŋɛ⁵²	pɛ⁵⁵	mɛ⁵⁵
周至	ɕiɛ²¹	ŋæ⁵²	ŋæ⁵²/ŋæ⁵⁵①	pæ⁵⁵	mæ⁵⁵
三原	ɕiɛ³¹/xæ³¹	ŋæ⁵²	ŋæ⁵²	pʰæ⁵⁵	mæ⁵⁵
泾阳	xæ⁰²¹	ŋæ⁵²	ŋæ⁵⁵	pʰæ⁵⁵	mæ⁵⁵
咸阳	ɕiɛ³¹/xæ³¹	ŋæ⁵²	ŋæ⁵²	pʰæ⁵⁵	mæ⁵⁵
兴平	ɕiɛ⁵²/xæ⁵²	ŋæ⁵²	ŋæ⁵²	pʰæ⁵⁵	mæ⁵⁵
武功	ɕiɛ⁵⁵	ŋæ⁵²	ŋæ⁵²	pæ⁵⁵	mæ⁵⁵
礼泉		ŋæ⁵²	ŋæ⁵²	pʰæ⁵⁵	mæ⁵⁵
乾县	ɕiɛ⁵²/xæ⁵²	ŋæ⁵²	ŋæ⁵²	pʰæ⁴⁴	mæ⁴⁴
永寿	ɕiɛ⁵²/xæ⁵²	ŋæ⁵²	ŋæ⁵²	pʰæ⁵⁵	mæ⁵⁵
淳化	ɕiɛ⁵²/xæ⁵²	ŋæ⁵²/næ⁵²	ŋæ⁵²	pʰæ⁵⁵	mæ⁵⁵
旬邑	xæ⁵²	ŋæ⁵²	ŋæ⁵²	pʰæ⁴⁴	mæ⁴⁴
彬县	xæ⁵²	ŋæ⁵²	ŋæ⁵²	pʰæ⁴⁴	mæ⁴⁴
长武	ɕiɛ³¹/xæ⁵²	ŋæ⁵²	ŋæ⁵²	pʰæ⁴⁴	mæ⁴⁴
扶风	ɕiɛ³¹	ŋɛ⁵²	ŋɛ⁵²	pʰɛ³³	mɛ³³
眉县	ɕiɛ⁵²	ŋɛ⁵²	ŋɛ⁵²	pʰɛ⁴⁴	mɛ⁴⁴
麟游	ɕiɛ³¹	ŋæ⁵³	ŋæ⁴⁴	pʰæ⁴⁴	mæ⁴⁴
岐山	ɕiɛ⁵³	ŋɛ⁵³	ŋɛ⁵³	pʰɛ⁴⁴	mɛ⁴⁴
凤翔	ɕiɛ⁵³	ŋɛ⁵³	ŋɛ⁵³	pʰɛ⁴⁴	mɛ⁴⁴
宝鸡	ɕiɛ⁵³	ŋɛ⁵³	ŋɛ⁴⁴	pʰɛ⁴⁴	mɛ⁴⁴
千阳	ɕiɛ³¹	ŋɛ⁵³	ŋɛ⁵³	pʰɛ⁴⁴	mɛ⁴⁴
陇县	ɕiɛ³¹	ŋɛ⁵³	ŋɛ⁵³	pʰɛ⁴⁴	mɛ⁴⁴

① ŋæ⁵⁵ 关～。

字目 / 方言	寨 蟹开二去夬崇	蔽 蟹开三去祭帮	币 蟹开三去祭並	例 蟹开三去祭来	际 蟹开三去祭精
西安	tsæ⁵⁵	pi⁵⁵ ∣ pi	pi⁵⁵	li⁵⁵	tɕi⁵⁵
韩城	<u>ts</u>æ⁴⁴/tsʰæ⁴⁴	pi⁴⁴ ∣ pi	pi⁴⁴	lɿ⁴⁴	tɕi⁴⁴
合阳	<u>ts</u>ɛ⁵⁵/tsʰɛ⁵⁵	pi⁵⁵ ∣ pi	pi⁵⁵	li⁵⁵	tsi⁵⁵
澄城	tsæ⁴⁴	pi⁴⁴ ∣ pi	pi⁴⁴	li⁴⁴	ti⁴⁴
白水	tsæ⁴⁴	pi⁴⁴ ∣ pi	pi⁴⁴	li⁴⁴	ti⁴⁴
大荔	tsʰæ⁵⁵	pi⁵⁵ ∣ pi	pi⁵⁵	li⁵⁵	ti⁵⁵
蒲城	tsæ⁵⁵	pi⁵⁵ ∣ pi	pi⁵⁵	li⁵⁵	ti⁵⁵
美原	tsæ⁵⁵	pi⁵⁵ ∣ pi	pi⁵⁵	li⁵⁵	tɕi⁵⁵
富平	tsæ⁵⁵	pi⁵⁵ ∣ pi	pi⁵⁵	li⁵⁵	ti⁵⁵
潼关	tsʰæ⁴⁴	pi⁴⁴ ∣ pi	pi⁴⁴	li⁴⁴	tɕi⁴⁴
华阴	tsʰæ⁵⁵	pi⁵⁵ ∣ pi	pi⁵⁵	li⁵⁵	tɕi⁵⁵
华县	tsæ⁵⁵	pi⁵⁵ ∣ pi	pi⁵⁵	li⁵⁵	ti⁵⁵
渭南	tsɛ⁴⁴	pi⁴⁴ ∣ pi	pi⁴⁴	li⁴⁴	tɕi⁴⁴
洛南	tsɛ⁴⁴	pi⁴⁴ ∣ pi	pi⁴⁴	li⁴⁴	tɕi⁴⁴
商州	tsæ⁵⁵	pi⁵⁵ ∣ pi	pi⁵⁵	li⁵⁵	tɕi⁵⁵
丹凤	tsæ⁴⁴	pi⁴⁴	pi⁴⁴	li⁴⁴	tɕi⁴⁴
宜川	tsʰɛe⁴⁵	pi⁴⁵	pi⁴⁵	li⁴⁵	tɕi⁴⁵
富县	tsʰE⁴⁴	pi⁴⁴	pi⁴⁴	li⁴⁴	tɕi⁴⁴
黄陵	tsʰɛ⁴⁴	pi⁴⁴	pi⁴⁴	li⁴⁴	tɕi⁴⁴
宜君	tsʰɛ⁴⁴	pi⁴⁴	pi⁴⁴	li⁴⁴	tɕi⁴⁴
铜川	tsʰæ⁴⁴	pi⁴⁴ ∣ pi	pi⁴⁴	li⁴⁴	tɕi⁴⁴
耀县	tsæe⁴⁴	pi⁴⁴ ∣ pi	pi⁴⁴	li⁴⁴	tɕi⁴⁴
高陵	tsæ⁵⁵	pi⁵⁵ ∣ pi	pi⁵⁵	li⁵⁵	tɕi⁵⁵
临潼	tsæ⁴⁵	pi⁴⁵ ∣ pi	pi⁴⁵	li⁴⁵	tɕi⁴⁵

字目 / 方言	寨	蔽		币	例	际
	蟹开二去夬崇	蟹开三去祭帮		蟹开三去祭并	蟹开三去祭来	蟹开三去祭精
蓝田	$tsæ^{44}$	pi^{44}	pi	pi^{44}	li^{44}	$tɕi^{44}$
长安	$tsæ^{44}$	pi^{44}		pi^{44}	li^{44}	$tɕi^{44}$
户县	$tsæ^{55}$	pi^{55}	pi	pi^{55}	li^{55}	$tɕi^{55}$
周至	$tsæ^{55}$	pi^{55}	pi	pi^{55}	li^{55}	$tɕi^{55}$
三原	$tsæ^{55}$	pi^{55}	pi	pi^{55}	li^{55}	ti^{55}
泾阳	$tsæ^{55}$	pi^{55}	pi	pi^{55}	li^{55}	$tɕi^{55}$
咸阳	$tsæ^{55}$	pi^{55}	pi	pi^{55}	li^{55}	$tɕi^{55}$
兴平	$tsæ^{55}$	pi^{55}	pi	pi^{55}	li^{55}	$tɕi^{55}$
武功	$tsæ^{55}$	pi^{55}	pi	pi^{55}	li^{55}	$tɕi^{55}$
礼泉	$tsæ^{55}$	pi^{55}	pi	pi^{55}	li^{55}	$tɕi^{55}$
乾县	$tsæ^{44}$	pi^{44}	pi	pi^{44}	li^{44}	$tɕi^{44}$
永寿	$tsæ^{55}$	pi^{55}	pi	pi^{55}	li^{55}	$tɕi^{55}$
淳化	$tsæ^{55}$	pi^{55}	pi	pi^{55}	li^{55}	ti^{55}
旬邑	$tsæ^{44}$	pi^{44}	pi	pi^{44}	li^{44}	tsi^{44}
彬县	$tsæ^{44}$	pi^{44}	pi	pi^{44}	li^{44}	tsi^{44}
长武	$\underline{tsæ}^{44}/tsʰæ^{44}$	pi^{44}	pi	pi^{44}	li^{44}	tsi^{44}
扶风	$tsɛ^{33}$	pi^{33}	pi	pi^{33}	li^{33}	$tɕi^{33}$
眉县	$tsɛ^{44}$	pi^{44}	pi	pi^{44}	li^{44}	$tɕi^{44}$
麟游	$tsæ^{44}$	pi^{44}	pi	pi^{44}	li^{44}	$ʈi^{44}$
岐山	$\underline{tsɛ}^{44}/tsʰɛ^{44}$	pi^{44}	pi	pi^{44}	li^{44}	$ʈi^{44}$
凤翔	$tsɛ^{44}$	pi^{44}	pi	pi^{44}	li^{44}	$ʈi^{44}$
宝鸡	$tsɛ^{44}$	pi^{44}	pi	pi^{44}	li^{44}	$tɕi^{44}$
千阳	$\underline{tsɛ}^{44}/tsʰɛ^{44}$	pi^{44}	pi	pi^{44}	li^{44}	$ʈi^{44}$
陇县	$tsɛ^{44}$	pi^{44}	pi	pi^{44}	li^{44}	$tɕi^{44}$

字目 / 方言	滞	制~造	世	誓	艺
	蟹开三去祭澄	蟹开三去祭章	蟹开三去祭书	蟹开三去祭禅	蟹开三去祭疑
西安	tʂʅ^{55}	tʂʅ^{55}	ʂʅ^{55} ｜ ʂʅ	ʂʅ^{55}	i^{55}
韩城	tʂʅ^{44}	tʂʅ^{44}	ʂʅ^{44} ｜ ʂʅ	ʂʅ^{44}	i^{44}
合阳	tʂʰʅ^{24}/tʂʅ^{55}新	tʂʅ^{55}	ʂʅ^{55} ｜ ʂʅ	ʂʅ^{55}	i^{55}
澄城	tʂʅ^{44}	tʂʅ^{44}	ʂʅ^{44} ｜ ʂʅ	ʂʅ^{44}	i^{44}
白水	tʂʅ^{44}	tʂʅ^{44}	ʂʅ^{44} ｜ ʂʅ	ʂʅ^{44}	i^{44}
大荔	tʂʅ^{55}	tʂʅ^{55}	ʂʅ^{55} ｜ ʂʅ	ʂʅ^{55}	i^{55}
蒲城	tʂʅ^{55}	tʂʅ^{55}	ʂʅ^{55} ｜ ʂʅ	ʂʅ^{55}	i^{55}
美原	ki^{55}	ki^{55}	xi^{55} ｜ xi	xi^{55}	i^{55}
富平	tʂʅ^{55}	tʂʅ^{55}	ʂʅ^{55} ｜ ʂʅ	ʂʅ^{55}	i^{55}
潼关	tʂʅ^{44}	tʂʅ^{44}	ʂʅ^{44} ｜ ʂʅ	ʂʅ^{44}	i^{44}
华阴	tʂʅ^{55}	tʂʅ^{55}	ʂʅ^{55} ｜ ʂʅ	ʂʅ^{55}	i^{55}
华县	tʂʅ^{55}	tʂʅ^{55}	ʂʅ^{55} ｜ çi	ʂʅ^{55}	i^{55}
渭南	tʂʅ^{44}	tʂʅ^{44}	ʂʅ^{44} ｜ ʂʅ	ʂʅ^{44}	i^{44}
洛南	tʂʰʅ^{44}	tʂʅ^{44}	ʂʅ^{44} ｜ ʂʅ	ʂʅ^{44}	i^{44}
商州	tʂʅ^{55}	tʂʅ^{55}	ʂʅ^{55} ｜ ʂʅ	ʂʅ^{55}	i^{55}
丹凤	tʂʰʅ^{44}	tʂʅ^{44}	ʂʅ^{44}	ʂʅ^{44}	i^{44}
宜川	tʂʅ^{45}	tʂʅ^{45}	ʂʅ^{45}	ʂʅ^{45}	i^{45}
富县	tʂʅ^{44}	tʂʅ^{44}	ʂʅ^{44}	ʂʅ^{44}	i^{44}
黄陵	tʂʅ^{44}	tʂʅ^{44}	ʂʅ^{44}	ʂʅ^{44}	i^{44}
宜君	tʂʅ^{44}	tʂʅ^{44}	ʂʅ^{44}	ʂʅ^{44}	i^{44}
铜川	tʂʅ^{44}	tʂʅ^{44}	ʂʅ^{44} ｜ ʂʅ	ʂʅ^{44}	i^{44}
耀县	tʂʰʅ^{52}	tʂʅ^{44}	ʂʅ^{44} ｜ ʂʅ	ʂʅ^{44}	i^{44}
高陵	tʃʅ^{55}	tʃʅ^{55}	ʃʅ^{55} ｜ ʂʅ	ʃʅ^{55}	i^{55}
临潼	tʂʅ^{45}	tʂʅ^{45}	ʂʅ^{45} ｜ ʂʅ	ʂʅ^{45}	i^{45}

字目 / 方言	滞 蟹开三去祭澄	制~造 蟹开三去祭章	世 蟹开三去祭书	誓 蟹开三去祭禅	艺 蟹开三去祭疑
蓝田	tʂʅ^{44}	tʂʅ^{44}	ʂʅ^{44} ｜ ʂʅ	ʂʅ^{44}	i^{44}
长安	tʂʅ^{44}	tʂʅ^{44}	ʂʅ^{44}/ʂʅ^{24}①	ʂʅ^{44}	i^{44}
户县	tʂʅ^{55}	tʂʅ^{55}	ʂʅ^{55} ｜ ʂʅ	ʂʅ^{55}	i^{55}
周至	tʂʅ^{55}	tʂʅ^{55}	ʂʅ^{55} ｜ ʂʅ	ʂʅ^{55}	i^{55}
三原	tʂʅ^{55}	tʂʅ^{55}	ʂʅ^{55} ｜ ʂʅ	ʂʅ^{55}	i^{55}
泾阳	tʂʅ^{55}	tʂʅ^{55}	ʂʅ^{55} ｜ ʂʅ	ʂʅ^{55}	i^{55}
咸阳	tʂʅ^{55}	tʂʅ^{55}	ʂʅ^{55} ｜ ʂʅ	ʂʅ^{55}	i^{55}
兴平	tʂʅ^{55}	tʂʅ^{55}	ʂʅ^{55} ｜ ʂʅ	ʂʅ^{55}	i^{55}
武功	tʂʅ^{55}	tʂʅ^{55}	ʂʅ^{55} ｜ ʂʅ	ʂʅ^{55}	i^{55}
礼泉	tʂʅ^{55}	tʂʅ^{55}	ʂʅ^{55} ｜ ʂʅ	ʂʅ^{55}	i^{55}
乾县	tʂʅ^{44}	tʂʅ^{44}	ʂʅ^{44} ｜ ʂʅ	ʂʅ^{44}	i^{44}
永寿	tʂʅ^{55}	tʂʅ^{55}	ʂʅ^{55} ｜ ʂʅ	ʂʅ^{55}	i^{55}
淳化	tʂʅ^{55}	tʂʅ^{55}	ʂʅ^{55} ｜ ʂʅ	ʂʅ^{55}	i^{55}
旬邑	tʂʅ^{44}	tʂʅ^{44}	ʂʅ^{44} ｜ ʂʅ	ʂʅ^{44}	i^{44}
彬县	tʂʅ^{44}	tʂʅ^{44}	ʂʅ^{44} ｜ ʂʅ	ʂʅ^{44}	i^{44}
长武	tʂʅ^{44}/tʂʰʅ^{44}	tʂʅ^{44}	ʂʅ^{44} ｜ ʂʅ	ʂʅ^{44}	i^{44}
扶风	tʂʅ^{33}	tʂʅ^{33}	ʂʅ^{33} ｜ ʂʅ	ʂʅ^{33}	i^{33}
眉县	tʂʅ^{44}	tʂʅ^{44}	ʂʅ^{44} ｜ ʂʅ	ʂʅ^{44}	i^{44}
麟游	tʂʅ^{31}	tʂʅ^{44}	ʂʅ^{44} ｜ ʂʅ	ʂʅ^{44}	i^{44}
岐山	tʂʅ^{44}	tʂʅ^{44}	ʂʅ^{44} ｜ ʂʅ	ʂʅ^{44}	i^{44}
凤翔	tʂʅ^{44}	tʂʅ^{44}	ʂʅ^{44} ｜ ʂʅ	ʂʅ^{44}	i^{44}
宝鸡	tʂʅ^{44}	tʂʅ^{44}	ʂʅ^{44} ｜ ʂʅ	ʂʅ^{44}	i^{44}
千阳	tʂʅ^{44}	tʂʅ^{44}	ʂʅ^{44} ｜ ʂʅ	ʂʅ^{44}	i^{44}
陇县	tʂʅ^{44}	tʂʅ^{44}	ʂʅ^{44} ｜ ʂʅ	ʂʅ^{44}	i^{44}

① ʂʅ^{24} ～界。

字目 方言	蓖 蟹开四 平齐帮	闭 蟹开四 去霁帮	批 蟹开四 平齐滂		陛 蟹开四 上荠並	鼙 蟹开四 去霁並
西安	pi²¹	pi⁵⁵	pʰi²¹/pʰi⁵³	pʰi	pi⁵⁵	pi⁵⁵
韩城	pi³¹	pi⁴⁴	pʰi³¹	pʰi	pi⁴⁴	pʰi⁴⁴
合阳	pi⁵⁵	pi⁵⁵	pʰi³¹	pʰi	pi⁵⁵	pʰi⁵⁵
澄城	pi³¹	pi⁴⁴	pʰi³¹	pʰi	pi⁴⁴	pʰi⁴⁴
白水	pi³¹	pi⁴⁴	pʰi³¹	pʰi	pi⁴⁴	pʰi⁴⁴
大荔	pi³¹	pi⁵⁵	pʰi³¹	pʰi	pi⁵⁵	pʰi⁵⁵
蒲城	pi³¹	pi⁵⁵	pʰi³¹/pʰi⁵³	pʰi	pi⁵⁵	pʰi⁵⁵
美原	pi⁵³	pi⁵⁵	pʰi³¹/pʰi⁵³	pʰi	pi³¹	pʰi⁵⁵
富平	pi³¹	pi⁵⁵	pʰi³¹/pʰi⁵³	pʰi	pi⁵⁵	pi⁵⁵
潼关	pi³¹	pi⁴⁴	pʰi³¹	pʰi	pi⁴⁴	pʰi⁴⁴
华阴	pi³¹	pi⁵⁵	pʰi³¹/pʰi⁵²	pʰi	pi⁵⁵	pʰi⁵⁵
华县	pi³¹	pi⁵⁵	pʰi³¹/pʰi⁵³	pʰi	pi⁵⁵	pʰi⁵⁵
渭南	pi³¹	pi⁴⁴	pʰi³¹	pʰi	pi³¹	pʰi⁴⁴
洛南	pi³¹	pi⁴⁴	pʰi³¹	pʰi	pi⁵³	pi⁴⁴
商州	pi³¹	pi⁵⁵	pʰi³¹/pʰi⁵³	pʰi	pi⁵⁵	pi⁵⁵
丹凤	pi³¹	pi⁴⁴	pʰi³¹		pi⁵³	pi⁴⁴
宜川	pi⁴⁵	pi⁴⁵	pʰi⁵¹		pi⁴⁵	pʰi⁴⁵
富县	pi³¹	pi⁴⁴	pʰi³¹		pi³¹	pʰi⁵²
黄陵	pi⁵²	pi⁴⁴	pʰi³¹		pi⁵²	pʰi⁵²
宜君	pi⁵²	pi⁴⁴	pʰi²¹		pi²¹	pʰi⁴⁴
铜川	pi²¹	pi⁴⁴	pʰi⁵²	pʰi	pi⁴⁴	pʰi⁴⁴
耀县	pi³¹	pi⁴⁴	pʰi⁵²	pʰi	pi³¹	pʰi⁴⁴
高陵	pi⁵²	pi⁵⁵	pʰi⁵²	pʰi	pi⁵²	pi⁵⁵
临潼	pi³¹	pi⁴⁵	pʰi³¹/pʰi⁵²	pʰi	pi⁴⁵	pi⁴⁵

字目　方言	蓖	闭	批		陛	髀
	蟹开四平齐帮	蟹开四去霁帮	蟹开四平齐滂		蟹开四上荠並	蟹开四去霁並
蓝田	pi³¹	pi⁴⁴	pʰi³¹	pʰi	pi⁴⁴	pi⁴⁴
长安	pi³¹	pi⁴⁴	pʰi³¹/pʰi⁵³①		pi⁵³	pi⁴⁴
户县	pi³¹	pi⁵⁵	pʰi⁵²	pʰi	pi³¹	pi⁵⁵
周至	pi²¹	pi⁵⁵	pʰi²¹/pʰi⁵²		pi⁵²	pi⁵⁵
三原	pi³¹	pi⁵⁵	pʰi⁵²/pʰi³¹	pʰi	pi³¹	pi⁵⁵
泾阳	pi³¹	pi⁵⁵	pʰi³¹/pʰi⁵²②	pʰi	pi⁵⁵	pi⁵⁵
咸阳	pi³¹	pi⁵⁵	pʰi⁵²/pʰi³¹	pʰi	pi³¹	pi⁵⁵
兴平	pi³¹	pi⁵⁵	pʰi⁵²/pʰi³¹	pʰi	pi³¹	pi⁵⁵
武功	pi³¹	pi⁵⁵	pʰi⁵²/pʰi³¹	pʰi	pi⁵⁵	pi⁵⁵
礼泉	pi³¹	pi⁵⁵	pʰi³¹		pi³¹	pi⁵⁵
乾县	pi³¹	pi⁴⁴	pʰi⁵²	pʰi	pi⁴⁴	pi⁴⁴
永寿	pi⁵²	pi⁵⁵	pʰi⁵²	pʰi	pi⁵⁵	pi⁵⁵
淳化	pi³¹	pi⁵⁵	pʰi⁵²/pʰi³¹	pʰi	pi³¹	pi⁵⁵
旬邑	pi³¹	pi⁴⁴	pʰi⁵²	pʰi	pi³¹	pʰi⁴⁴
彬县	pi⁵²	pi⁴⁴	pʰi⁵²	pʰi	pi³¹	pʰi⁴⁴
长武	pi³¹	pi⁴⁴	pʰi⁵²	pʰi	pi⁴⁴	pʰi⁴⁴
扶风	pi³¹	pi³³	pʰi⁵²	pʰi	pi³¹	pi³³
眉县	pi³¹	pi⁴⁴	pʰi⁵²	pʰi	pi⁵²	pi⁴⁴
麟游	pi³¹	pi⁴⁴	pʰi⁵³	pʰi	pi⁵³	pi⁴⁴
岐山	pi⁵³	pi⁴⁴	pʰi⁵³	pʰi	pi³¹	pi⁴⁴
凤翔	pi⁴⁴	pi⁴⁴	pʰi⁴⁴	pʰi	pi⁵³	pi⁴⁴
宝鸡	pi⁴⁴	pi⁴⁴	pʰi⁵³	pʰi	pi³¹	pi⁴⁴
千阳	pi⁴⁴	pi⁴⁴	pʰi⁵³	pʰi	pi³¹	pi⁴⁴
陇县	pi³¹	pi⁴⁴	pʰi⁵³	pʰi	pi³¹	pi⁴⁴

① pʰi³¹～评；pʰi⁵³～发，一～。

② pʰi⁵²一～。

字目 方言	迷 蟹开四 平齐明	米 蟹开四 上荠明	谜 蟹开四 去霁明	低 蟹开四 平齐端	底 蟹开四 上荠端
西安	mi²⁴ ｜ mi	mi⁵³	mi⁵⁵	ti²¹	ti⁵³
韩城	mi²⁴ ｜ mi	mi⁵³	mi²⁴	ti³¹ ｜ ti	ti⁵³
合阳	mi²⁴ ｜ mi	mi⁵²	mi²⁴	ti³¹ ｜ ti	ti⁵²
澄城	mi²⁴ ｜ mi	mi⁵³	mi²⁴	ti³¹ ｜ ti	ti⁵³
白水	mi²⁴ ｜ mi	mi⁵³	mi²⁴	ti³¹ ｜ ti	ti⁵³
大荔	mi²⁴ ｜ mi	mi⁵²	mi⁵⁵	ti³¹ ｜ ti	ti⁵²
蒲城	mi³⁵ ｜ mi	mi⁵³	mi⁵⁵	ti³¹ ｜ ti	ti⁵³
美原	mi³⁵ ｜ mi	mi⁵³	mi⁵⁵	ti³¹ ｜ ti	ti⁵³
富平	mi³⁵ ｜ mi	mi⁵³	mi⁵⁵	ti³¹ ｜ ti	ti⁵³
潼关	mi²⁴ ｜ mi	mi⁵²	mi⁴⁴	ti³¹ ｜ ti	ti⁵²
华阴	mi²⁴ ｜ mi	mi⁵²	mi⁵⁵	ti³¹ ｜ ti	ti⁵²
华县	mi³⁵ ｜ mi	mi⁵³	mi³⁵	ti³¹ ｜ ti	ti⁵³
渭南	mi²⁴ ｜ mi	mi⁵³	mi²⁴	tɕi³¹ ｜ ti	tɕi⁵³
洛南	mi²⁴ ｜ mi	mi⁵³	mi²⁴	tɕi³¹ ｜ ti	tɕi⁵³
商州	mi³⁵ ｜ mi	mi⁵³	mi³⁵	ti³¹ ｜ ȶi	ti⁵³
丹凤	mi²⁴	mi⁵³	mi²⁴	tɕi³¹	tɕi⁵³
宜川	mi²⁴	mi⁴⁵	mi²⁴	ti⁵¹	ti⁴⁵
富县	mi²⁴	mi⁵²	mi²⁴	ti³¹	ti⁵²
黄陵	mi²⁴	mi⁵²	mi²⁴	tɕi³¹	tɕi⁵²
宜君	mi²⁴	mi⁵²	mi²⁴	ȶi²¹	ȶi⁵²
铜川	mi²⁴ ｜ mi	mi⁵²	mi⁴⁴	ti²¹ ｜ ti	ti⁵²
耀县	mi²⁴ ｜ mi	mi⁵²	mi²⁴	ti³¹ ｜ ti	ti⁵²
高陵	mi²⁴ ｜ mi	mi⁵²	mi⁵⁵	ȶi³¹ ｜ ti	ti⁵²
临潼	mi²⁴ ｜ mi	mi⁵²	mi⁴⁵~语/mi²⁴	tɕi³¹ ｜ ti	tɕi⁵²

字目　　方言	迷　蟹开四　平齐明	米　蟹开四　上荠明	谜　蟹开四　去霁明	低　蟹开四　平齐端	底　蟹开四　上荠端
蓝田	mi²⁴ ｜ mi	mi⁵²	mi²⁴	tɕi³¹ ｜ ti	tɕi⁵²
长安	mi²⁴	mi⁵³	mi⁴⁴	tɕi³¹	tɕi⁵³
户县	mi²⁴ ｜ mi	mi⁵²	mi⁴⁴	ti³¹ ｜ ti	ti⁵²
周至	mi²⁴ ｜ mi	mi⁵²	mi²⁴	ti²¹ ｜ ti	ti⁵²
三原	mi²⁴ ｜ mi	mi⁵²	mi⁵⁵	ti³¹ ｜ ti	ti⁵²
泾阳	mi²⁴ ｜ mi	mi⁵²	mi⁵⁵	ti³¹ ｜ ʨi	ti⁵²
咸阳	mi²⁴ ｜ mi	mi⁵²	mi⁵⁵	ti³¹ ｜ ti	ti⁵²
兴平	mi²⁴ ｜ mi	mi⁵²	mi²⁴	tɕi³¹ ｜ tsi	tɕi⁵²
武功	mi²⁴ ｜ mi	mi⁵²	mi²⁴	ti³¹ ｜ ti	ti⁵²
礼泉	mi²⁴ ｜ mi	mi⁵²	mi²⁴	ti³¹ ｜ ti	ti⁵²
乾县	mi²⁴ ｜ mi	mi⁵²	mi²⁴	ti³¹ ｜ ti	ti⁵²
永寿	mi²⁴ ｜ mi	mi⁵²	mi⁵⁵	ti³¹ ｜ ti	ti⁵²
淳化	mi²⁴ ｜ mi	mi⁵²	mi²⁴	ti³¹ ｜ ti	ti⁵²
旬邑	mi²⁴ ｜ mi	mi⁵²	mi⁴⁴	ti³¹ ｜ ti	ti⁵²
彬县	mi²⁴ ｜ mi	mi⁵²	mi⁴⁴	ti³¹ ｜ ti	ti⁵²
长武	mi²⁴ ｜ mi	mi⁵²	mi⁴⁴	ti³¹ ｜ ti	ti⁵²
扶风	mi²⁴ ｜ mi	mi⁵²	mi²⁴	tɕi³¹ ｜ ti	tɕi⁵²
眉县	mi²⁴ ｜ mi	mi⁵²	mi⁴⁴	ʈi³¹ ｜ tsi	ti⁵²
麟游	mi²⁴ ｜ mi	mi⁵³	mi⁴⁴	ʈi³¹ ｜ ti	ʈi⁵³
岐山	mi²⁴ ｜ mi	mi⁵³	mi⁴⁴	ʈi³¹ ｜ tsi	ʈi⁵³
凤翔	mi²⁴ ｜ mi	mi⁵³	mi⁴⁴	ʈi³¹ ｜ ʈi	ʈi⁵³
宝鸡	mi²⁴ ｜ mi	mi⁵³	mi⁴⁴	tɕi³¹ ｜ ʨi	tɕi⁵³
千阳	mi²⁴ ｜ mi	mi⁵³	mi⁴⁴	ti³¹ ｜ ti	ti⁵³
陇县	mi²⁴ ｜ mi	mi⁵³	mi⁴⁴	ti³¹ ｜ ti	ti⁵³

字目 / 方言	帝	梯		体	剃	题
	蟹开四去霁端	蟹开四平齐透		蟹开四上荠透	蟹开四去霁透	蟹开四平齐定
西安	ti⁵⁵	tʰi²¹	tʰi	tʰi⁵³	tʰi⁵⁵	tʰi²⁴
韩城	ti⁴⁴	tʰi³¹	tʰi	tʰi⁵³	tʰi⁴⁴	tʰi²⁴
合阳	ti⁵⁵	tʰi³¹	tʰi	tʰi⁵²	tʰi⁵⁵	tʰi²⁴
澄城	ti⁴⁴	tʰi³¹	tʰi	tʰi⁵³	tʰi⁴⁴	tʰi²⁴
白水	ti⁴⁴	tsʰi³¹	tsʰi	tsʰi⁵³	tsʰi⁴⁴	tsʰi²⁴
大荔	ti⁵⁵	tʰi³¹	tʰi	tʰi⁵²	tʰi⁵⁵	tʰi²⁴
蒲城	ti⁵⁵	tsʰi³¹	tsʰi	tsʰi⁵³	tsʰi⁵⁵	tsʰi³⁵
美原	ti⁵⁵	tɕʰi³¹	tʰi	tɕʰi⁵³	tɕʰi⁵⁵	tɕʰi³⁵
富平	ti⁵⁵	tsʰi³¹	tʰi	tsʰi⁵³	tsʰi⁵⁵	tsʰi³⁵
潼关	ti⁴⁴	tʰi³¹	tʰi	tʰi⁵²	tʰi⁴⁴	tʰi²⁴
华阴	ti⁵⁵	tʰi³¹	tʰi	tʰi⁵²	tʰi⁵⁵	tʰi²⁴
华县	ti⁵⁵	tʰi³¹	tʰi	tʰi⁵³	tʰi⁵⁵	tʰi³⁵
渭南	tɕi⁴⁴	tɕʰi³¹	tʰi	tɕʰi⁵³	tɕʰi⁴⁴	tɕʰi²⁴
洛南	tɕi⁴⁴	tɕʰi³¹	tɕʰi	tɕʰi⁵³	tɕʰi⁴⁴	tɕʰi²⁴
商州	ti⁵⁵	tɕʰi³¹	tʰi	tɕʰi⁵³	tɕʰi⁵⁵	tɕʰi³⁵
丹凤	tɕi⁴⁴	tɕʰi³¹		tɕʰi⁵³	tɕʰi⁴⁴	tɕʰi²⁴
宜川	ti⁴⁵	ʈʰi⁵¹		ʈʰi⁴⁵	ʈʰi⁴⁵	ʈʰi²⁴
富县	ti⁴⁴	ʈʰi³¹		ʈʰi⁵²	ʈʰi⁴⁴	ʈʰi²⁴
黄陵	tɕi⁴⁴	tɕʰi³¹		tɕʰi⁵²	tɕʰi⁴⁴	tɕʰi²⁴
宜君	ʈi⁴⁴	ʈʰi²¹		ʈʰi⁵²	ʈʰi⁴⁴	ʈʰi²⁴
铜川	ti⁴⁴	tɕʰi²¹	tsʰi	tɕʰi⁵²	tɕʰi⁴⁴	tɕʰi²⁴
耀县	ti⁴⁴	ʈʰi³¹	tʰi	ʈʰi⁵²	ʈʰi⁴⁴	ʈʰi²⁴
高陵	ʈi⁵⁵	tʰi³¹	tʰi	tʰi⁵²	tʰi²⁴	tʰi²⁴
临潼	tɕi⁴⁵	tɕʰi³¹	tʰi	tɕʰi⁵²	tɕʰi⁴⁵/tɕʰi²⁴	tɕʰi²⁴

字目 / 方言	帝 蟹开四 去霁端	梯 蟹开四 平齐透	体 蟹开四 上荠透	剃 蟹开四 去霁透	题 蟹开四 平齐定
蓝田	$tɕi^{44}$	$tɕʰi^{31}$ ǀ $tɕʰi$	$tɕʰi^{52}$	$tɕʰi^{44}$	$tɕʰi^{24}$
长安	$tɕi^{44}$	$tɕʰi^{31}$	$tɕʰi^{53}$	$tɕʰi^{44}$	$tɕʰi^{24}$
户县	ti^{55}	$tʰi^{31}$ ǀ $tʰi$	$tʰi^{52}$	$tʰi^{55}$	$tʰi^{24}$
周至	ti^{55}	$tʰi^{21}$ ǀ $tʰi$	$tʰi^{52}$	$tʰi^{24}$	$tʰi^{24}$
三原	ti^{55}	$tʰi^{31}$ ǀ $tʰi$	$tʰi^{52}$	$tʰi^{24}$	$tʰi^{24}$
泾阳	ti^{55}	$tʰi^{31}$ ǀ $tʰi$	$tʰi^{52}$	$tʰi^{24}$	$tʰi^{24}$
咸阳	ti^{55}	$tʰi^{31}$ ǀ $tʰi$	$tʰi^{52}$	$tʰi^{24}$	$tʰi^{24}$
兴平	$tɕi^{55}$	$tɕʰi^{31}$ ǀ $tsʰi$	$tɕʰi^{52}$	$tɕʰi^{24}$	$tɕʰi^{24}$
武功	ti^{55}	$tʰi^{31}$ ǀ $tʰi$	$tʰi^{52}$	$tʰi^{24}$	$tʰi^{24}$
礼泉	ti^{55}	$tʰi^{31}$ ǀ $tʰi$	$tʰi^{52}$	$tʰi^{55}$	$tʰi^{24}$
乾县	ti^{44}	$tʰi^{31}$ ǀ $tʰi$	$tʰi^{52}$	$tʰi^{24}$	$tʰi^{24}$
永寿	ti^{55}	$tʰi^{31}$ ǀ $tʰi$	$tʰi^{52}$	$tʰi^{55}$	$tʰi^{24}$
淳化	ti^{55}	$tʰi^{31}$ ǀ $tʰi$	$tʰi^{52}$	$tʰi^{24}$	$tʰi^{24}$
旬邑	ti^{44}	$tsʰi^{31}$ ǀ $tʰi$	$tsʰi^{52}$	$tsʰi^{44}$	$tsʰi^{24}$
彬县	ti^{44}	$tʰi^{31}$ ǀ $tʰi$	$tʰi^{52}$	$tʰi^{44}$	$tʰi^{24}$
长武	ti^{44}	$tsʰi^{31}$ ǀ $tsʰi$	$tsʰi^{52}$	$tsʰi^{44}$	$tsʰi^{24}$
扶风	$tɕi^{33}$	$tɕʰi^{31}$ ǀ $tsʰi$	$tɕʰi^{52}$	$tɕʰi^{33}$	$tɕʰi^{24}$
眉县	$ȶi^{44}$	$ȶʰi^{31}$ ǀ $tsʰi$	$ȶʰi^{52}$	$ȶʰi^{44}$	$ȶʰi^{24}$
麟游	$ȶi^{44}$	$ȶʰi^{31}$ ǀ $tsʰi$	$ȶʰi^{53}$	$ȶʰi^{44}$	$ȶʰi^{24}$
岐山	$ȶi^{44}$	$ȶʰi^{31}$ ǀ $tsʰi$	$ȶʰi^{53}$	$ȶʰi^{44}$	$ȶʰi^{24}$
凤翔	$ȶi^{44}$	$tʰi^{31}$ ǀ $tʰi$	$tʰi^{53}$	$tʰi^{44}$	$tʰi^{24}$
宝鸡	$tɕi^{44}$	$tɕʰi^{31}$ ǀ $tʰi$	$tɕʰi^{53}$	$tɕʰi^{44}$	$tɕʰi^{24}$
千阳	ti^{44}	$tʰi^{31}$ ǀ $tsʰi$	$tʰi^{53}$	$tʰi^{44}$	$tʰi^{24}$
陇县	ti^{44}	$tʰi^{31}$ ǀ $tʰi$	$tʰi^{53}$	$tʰi^{44}$	$tʰi^{24}$

字目 方言	弟 蟹开四 上荠定	递 蟹开四 去霁定	泥 蟹开四 平齐泥	犁 蟹开四 平齐来	礼 蟹开四 上荠来
西安	ti⁵⁵	ti⁵⁵	n̩i²⁴/n̩i⁵⁵① ǀ ɲi	li²⁴ ǀ li	li⁵³
韩城	ti⁴⁴	tʰi⁴⁴	n̩i²⁴ ǀ ɲi	lr²⁴ ǀ li	lr⁵³
合阳	ti⁵⁵/tʰi⁵⁵	tʰi⁵⁵	n̩i²⁴ ǀ ɲi	li²⁴ ǀ li	li⁵²
澄城	tʰi⁴⁴	tʰi⁴⁴	n̩i²⁴/n̩i⁴⁴ ǀ ɲi	li²⁴ ǀ li	li⁵³
白水	tsʰi⁴⁴	tsʰi⁴⁴	n̩i²⁴/n̩i⁴⁴ ǀ ɲi	li²⁴ ǀ li	li⁵³
大荔	tʰi⁵⁵	tʰi⁵⁵	n̩i²⁴ ǀ ɲi	li²⁴ ǀ li	li⁵²
蒲城	tsʰi⁵⁵	tsʰi⁵⁵	n̩i³⁵/n̩i⁵⁵ ǀ ɲi	li³⁵ ǀ li	li⁵³
美原	tɕʰi⁵⁵	tɕʰi⁵⁵	n̩i³⁵/n̩i⁵⁵ ǀ ɲi	li³⁵ ǀ li	li⁵³
富平	ti⁵⁵	ti⁵⁵	n̩i³⁵/n̩i⁵⁵ ǀ ɲi	li³⁵ ǀ li	li⁵³
潼关	ti⁴⁴	tʰi⁴⁴	n̩i²⁴/n̩i⁴⁴ ǀ ɲi	li²⁴ ǀ li	li⁵²
华阴	tʰi⁵⁵	tʰi⁵⁵	n̩i²⁴/n̩i⁵⁵ ǀ ɲi	li²⁴ ǀ li	li⁵²
华县	ti⁵⁵	ti⁵⁵	n̩i³⁵/n̩i⁵⁵ ǀ ɲi	li³⁵ ǀ li	li⁵³
渭南	tɕʰi⁴⁴	tɕʰi⁴⁴	n̩i²⁴ ǀ ɲi	li²⁴ ǀ li	li⁵³
洛南	tɕʰi⁴⁴	tɕi¹⁴	n̩i²⁴/n̩i⁴⁴ ǀ ɲi	li²⁴ ǀ li	li⁵³
商州	ti⁵⁵	ti⁵⁵	n̩i³⁵/n̩i⁵⁵ ǀ ɲi	li³⁵ ǀ li	li⁵³
丹凤	tɕi⁴⁴	tɕi⁴⁴	n̩i²⁴/n̩i⁴⁴	li²⁴	li⁵³
宜川	ti⁴⁵/tʰi⁴⁵	tʰi⁴⁵	n̩i²⁴/n̩i⁴⁵	li²⁴	li⁴⁵
富县	ti⁴⁴/tʰi⁴⁴②	tʰi⁴⁴	n̩i²⁴/n̩i⁴⁴	li²⁴	li⁵²
黄陵	tɕi⁴⁴	tɕʰi⁴⁴	n̩i²⁴/n̩i⁴⁴	li²⁴	li⁵²
宜君	ti⁴⁴	tʰi⁴⁴	n̩i²⁴/n̩i⁴⁴	li²⁴	li⁵²
铜川	ti⁴⁴/tɕʰi²¹	tɕʰi⁴⁴	n̩i²⁴/n̩i⁴⁴ ǀ ɲi	li²⁴ ǀ li	li⁵²
耀县	ti⁴⁴	tʰi⁴⁴	n̩i²⁴ ǀ ɲi	li²⁴ ǀ li	li⁵²
高陵	ti⁵⁵	ti⁵⁵	n̩i²⁴/n̩i⁵⁵ ǀ ɲi	li²⁴ ǀ li	li⁵²
临潼	tɕi⁴⁵	tɕi⁴⁵	n̩i²⁴/n̩i⁴⁵ ǀ ɲi	li²⁴ ǀ li	li⁵²

① n̩i⁵⁵ 去声字一般构成"泥子"。下同。

② tʰi⁴⁴ 兄～。

字目 方言	弟 蟹开四 上荠定	递 蟹开四 去霁定	泥 蟹开四 平齐泥	犁 蟹开四 平齐来	礼 蟹开四 上荠来
蓝田	tɕi⁴⁴	tɕʰi⁴⁴	ȵi²⁴ ｜ ȵi	li²⁴ ｜ li	li⁵²
长安	tɕi⁴⁴	tɕi⁴⁴	ȵi²⁴/ȵi⁴⁴	li²⁴	li⁵³
户县	ti⁵⁵	tʰi⁵⁵	ȵi²⁴ ｜ ȵi	li²⁴ ｜ li	li⁵²
周至	ti⁵⁵	ti⁵⁵	ȵi²⁴/ȵi⁵⁵ ｜ ɲi	li²⁴ ｜ li	li⁵²
三原	ti⁵⁵	ti⁵⁵	ȵi²⁴ ｜ ɲi	li²⁴ ｜ li	li⁵²
泾阳	ti⁵⁵	ti⁵⁵	ȵi²⁴ ｜ ɲi	li²⁴ ｜ li	li⁵²
咸阳	ti⁵⁵	ti⁵⁵	ȵi²⁴/ȵi⁵⁵ ｜ ɲi	li²⁴ ｜ li	li⁵²
兴平	tɕi⁵⁵	tɕi⁵⁵	ȵi²⁴/ȵi⁵⁵ ｜ ɲi	li²⁴ ｜ li	li⁵²
武功	ti⁵⁵	ti⁵⁵	ȵi²⁴/ȵi⁵⁵ ｜ ɲi	li²⁴ ｜ li	li⁵²
礼泉	ti⁵⁵	ti⁵⁵	ȵi²⁴ ｜ ɲi	li²⁴ ｜ li	li⁵²
乾县	ti⁴⁴	ti⁴⁴	ȵi²⁴ ｜ ɲi	li²⁴ ｜ li	li⁵²
永寿	ti⁵⁵	ti⁵⁵	ȵi²⁴ ｜ ɲi	li²⁴ ｜ li	li⁵²
淳化	ti⁵⁵	ti⁵⁵	ȵi²⁴ ｜ ɲi	li²⁴ ｜ li	li⁵²
旬邑	tsʰi⁴⁴	tsʰi⁴⁴	ȵi²⁴ ｜ ɲi	li²⁴ ｜ li	li⁵²
彬县	ti⁴⁴/tʰi⁴⁴	tʰi⁴⁴	ȵi²⁴ ｜ ɲi	li²⁴ ｜ li	li⁵²
长武	ti⁴⁴	ti⁴⁴	ȵi²⁴ ｜ ɲi	li²⁴ ｜ li	li⁵²
扶风	tɕʰi⁵²	tɕʰi³³	ȵi²⁴ ｜ ɲi	li²⁴ ｜ li	li⁵²
眉县	ʈi⁴⁴	ʈi⁴⁴	ȵi²⁴ ｜ ɲi	li²⁴ ｜ li	li⁵²
麟游	ʈi⁴⁴	ʈi⁴⁴	ȵi²⁴ ｜ ɲi	li²⁴ ｜ li	li⁵³
岐山	tʰi⁴⁴	tʰi⁴⁴	ȵi²⁴ ｜ ɲi	li²⁴ ｜ li	li⁵³
凤翔	ʈi⁴⁴	ʈi⁴⁴	ȵi²⁴ ｜ ɲi	li²⁴ ｜ li	li⁵³
宝鸡	tɕi⁴⁴/tɕʰi³¹	tɕi⁴⁴	ȵi²⁴ ｜ ɲi	li²⁴ ｜ li	li⁵³
千阳	ti⁴⁴/tʰi⁴⁴	ti⁴⁴/tʰi⁴⁴	ȵi²⁴ ｜ ɲi	li²⁴ ｜ li	li⁵³
陇县	ti⁴⁴	tɕi⁴⁴	ȵi²⁴ ｜ ɲi	li²⁴ ｜ li	li⁵³

字目／方言	丽	挤	济	妻	砌
	蟹开四去霁来	蟹开四上荠精	蟹开四去霁精	蟹开四平齐清	蟹开四去霁清
西安	li⁵⁵	tɕi⁵³ ｜ tɕi	tɕi⁵⁵	tɕʰi²¹	tɕʰie²¹
韩城	lɪ⁴⁴	tɕi⁵³ ｜ tɕi	tɕi⁴⁴	tɕʰi³¹	tɕʰi³¹
合阳	li²⁴	tsi⁵² ｜ tsi	tsi⁵⁵	tsʰi³¹	tsʰi⁵⁵
澄城	li⁴⁴	ti⁵³ ｜ ti	ti⁴⁴	tʰi³¹	tʰiə³¹
白水	li⁴⁴	tsi⁵³ ｜ tsi	ti⁴⁴	tsʰi³¹	tsʰie³¹
大荔	li⁵⁵	ti⁵² ｜ ti	ti⁵⁵	tʰi³¹	tʰie³¹
蒲城	li⁵⁵	ti⁵³ ｜ ti	ti⁵⁵	tsʰi³¹	tsʰie³¹
美原	li⁵⁵	tɕi⁵³ ｜ tsi	tɕi⁵⁵	tɕʰi³¹	tɕʰie³¹
富平	li⁵⁵	ti⁵³ ｜ tsi	ti⁵⁵	tsʰi³¹	tsʰie³¹
潼关	li⁴⁴	tɕi⁵² ｜ tɕi	tɕi⁴⁴	tɕʰi³¹	tɕʰie³¹
华阴	li⁵⁵	tɕi⁵² ｜ tɕi	tɕi⁵⁵	tɕʰi³¹	tɕʰie³¹
华县	li⁵⁵	ti⁵³ ｜ ti	ti⁵⁵	tʰi³¹	tʰie³¹
渭南	li⁴⁴	tɕi⁵³ ｜ ti	tɕi⁴⁴	tɕʰi³¹	tɕʰie³¹
洛南	li⁴⁴	tɕi⁵³ ｜ tɕi	tɕi⁴⁴	tɕʰi³¹	tɕʰie³¹
商州	li⁵⁵	tɕi⁵³ ｜ ʈi	tɕi⁵⁵	tɕʰi³¹	tɕʰi³¹
丹凤	li⁴⁴	tɕi⁵³	tɕi⁴⁴	tɕʰi³¹	tɕʰie³¹
宜川	li⁴⁵	tɕi⁴⁵	tɕi⁴⁵	tɕʰi⁵¹	tɕʰie⁵¹
富县	li²⁴	tɕi⁵²	tɕi⁴⁴	tɕʰi³¹	tɕʰie³¹
黄陵	li⁴⁴	tɕi⁵²	tɕi⁴⁴	tɕʰi³¹	tɕʰiE³¹
宜君	li²⁴	ʈi⁵²	ʈi⁴⁴	tʰi³¹	tʰiE²¹
铜川	li²⁴	tɕi⁵² ｜ tsi	tɕi⁴⁴	tɕʰi²¹	tɕʰie²¹
耀县	li²⁴	tɕi⁵² ｜ tɕi	tɕi⁴⁴	tɕʰi³¹	tɕʰie³¹
高陵	li⁵⁵	ti⁵² ｜ ti	ti⁵⁵	tʰi³¹	tʰie³¹
临潼	li²⁴	tɕi⁵² ｜ tsi	tɕi⁴⁵	tɕʰi³¹	tɕʰie³¹

字目／方言	丽 蟹开四 去霁来	挤 蟹开四 上荠精		济 蟹开四 去霁精	妻 蟹开四 平齐清	砌 蟹开四 去霁清
蓝田	li⁴⁴	tɕi⁵²	ȶi	tɕi⁴⁴	tɕʰi³¹	tɕʰi³¹
长安	li⁴⁴	tɕi⁵³		tɕi⁴⁴/tʂʅ⁴⁴①	tɕʰi³¹	tɕʰi³¹
户县	li⁵⁵	tɕi⁵²	tɕi	tɕi⁵⁵	tɕʰi³¹	tɕʰiɛ³¹
周至	li⁵⁵	tɕi⁵²	tɕi	tɕi⁵⁵	tɕʰi²¹	tɕʰiɛ²¹
三原	li⁵⁵	ȶi⁵²	ȶi	ȶi⁵⁵	tʰi³¹	tʰiɛ³¹
泾阳	li⁵⁵	tɕi⁵²	ȶi	tɕi⁵⁵	tɕʰi³¹	tɕʰiɛ³¹
咸阳	li⁵⁵	tɕi⁵²	tɕi	tɕi⁵⁵	tɕʰi³¹	tɕʰi⁵²/tɕʰiɛ³¹
兴平	li²⁴	tɕi⁵²	tsi	tɕi⁵⁵	tɕʰi³¹	tɕʰi³¹/tɕʰiɛ³¹
武功	li⁵⁵	tɕi⁵²	tɕi	tɕi⁵⁵	tɕʰi³¹	tɕʰi³¹/tɕʰiɛ³¹
礼泉	li⁵⁵	tɕi⁵²	tɕi	tɕi⁵⁵	tɕʰi³¹	tɕʰiɛ³¹
乾县	li⁴⁴	tɕi⁵²	tɕi	tɕi⁴⁴	tɕʰi³¹	tɕʰiɛ³¹
永寿	li⁵⁵	tɕi⁵²	tɕi	tɕi⁵⁵	tɕʰi³¹	tɕʰiɛ³¹
淳化	li⁵⁵	ȶi⁵²	tsi	ȶi⁵⁵	tʰi³¹	tʰi³¹/tʰiɛ³¹
旬邑	li⁴⁴	tsi⁵²	tsi	tsi⁴⁴	tsʰi³¹	tsʰi⁴⁴/tsʰiɛ⁴⁴
彬县	li⁴⁴	tsi⁵²	tsi	tsi⁴⁴	tsʰi³¹	tsʰi⁴⁴/tsʰiɛ³¹
长武	li⁴⁴	tɕi⁵²	ȶi	tsi⁴⁴	tsʰi⁴⁴	tsʰiɛ³¹
扶风	li³³	tɕi⁵²	tsi	tɕi³³	tɕʰi³¹	tɕʰi³³
眉县	li⁴⁴	ȶi⁵²	tsi	ȶi⁴⁴	tʰi³¹	tʰi⁴⁴
麟游	li⁴⁴	ȶi⁵³	tsi	ȶi⁴⁴	tʰi³¹	tʰiɛ³¹
岐山	li⁴⁴	ȶi⁵³	tsi	ȶi⁴⁴	tʰi³¹	tʰiɛ⁵³
凤翔	li⁴⁴	ȶi⁵³	ȶi	ȶi⁴⁴	tʰi³¹	tʰiɛ³¹
宝鸡	li⁴⁴	tɕi⁵³	ȶi	tɕi⁴⁴	tɕʰi³¹	tɕʰiɛ³¹/tɕʰi⁵³
千阳	li⁴⁴	ȶi⁵³	tsi	ȶi⁴⁴	tʰi³¹	ȶi⁴⁴/tʰi⁴⁴/tʰiɛ⁴⁴②
陇县	li⁴⁴	tɕi⁵³	tɕi	tɕi⁴⁴	tɕʰi³¹	tɕʰi³¹/tɕʰiɛ³¹

① tʂʅ⁴⁴ 广~街：地名，在西安市西大街处。

② 三种发音都有人使用。

字目 方言	齐 蟹开四 平齐从	剂 蟹开四 去霁从	西 蟹开四 平齐心	洗 蟹开四 上荠心	细 蟹开四 去霁心
西安	tɕʰi²⁴ ∣ tɕʰi	tɕi⁵⁵	ɕi²¹ ∣ ɕi	ɕi⁵³	ɕi⁵⁵
韩城	tɕʰi²⁴ ∣ tɕʰi	tɕi⁴⁴	ɕi³¹ ∣ ɕi	ɕi⁵³	ɕi⁴⁴
合阳	tsʰi²⁴ ∣ tsʰi	tsʰi⁵⁵	si³¹ ∣ si	si⁵²	si⁵⁵
澄城	tʰi²⁴ ∣ tsʰi	ti⁴⁴	si³¹ ∣ si	si⁵³	si⁴⁴
白水	tsʰi²⁴ ∣ tsʰi	ti⁴⁴	si³¹ ∣ si	si⁵³	si⁴⁴
大荔	tʰi²⁴ ∣ tʰi	tʰi⁵⁵	si³¹ ∣ si	si⁵²	si⁵⁵
蒲城	tsʰi³⁵ ∣ tʰi	ti⁵⁵	si³¹ ∣ si	si⁵³	si⁵⁵
美原	tɕʰi³⁵ ∣ tsʰi	tɕi⁵⁵/tɕʰi⁵⁵	ɕi³¹ ∣ si	ɕi⁵³	ɕi⁵⁵
富平	tsʰi³⁵ ∣ tsʰi	ti⁵⁵	si³¹ ∣ si	si⁵³	si⁵⁵
潼关	tɕʰi²⁴ ∣ tsʰi	tɕi⁴⁴	ɕi³¹ ∣ si	ɕi⁵²	ɕi⁴⁴
华阴	tɕʰi²⁴ ∣ tʰi	tɕi⁵⁵	ɕi³¹ ∣ si	ɕi⁵²	ɕi⁵⁵
华县	tʰi³⁵ ∣ tʰi	tʰi⁵⁵	si³¹ ∣ si	si⁵³	si⁵⁵
渭南	tɕʰi²⁴ ∣ tʰi	tɕʰi⁴⁴	ɕi³¹ ∣ si	ɕi⁵³	ɕi⁴⁴
洛南	tɕʰi²⁴ ∣ tɕʰi	tɕi⁴⁴	ɕi³¹ ∣ si	ɕi⁵³	ɕi⁴⁴
商州	tɕʰi³⁵ ∣ tʰi	tɕi⁵⁵	ɕi³¹ ∣ si	ɕi⁵³	ɕi⁵⁵
丹凤	tɕʰi²⁴	tɕi⁴⁴	ɕi³¹	ɕi⁵³	ɕi⁴⁴
宜川	tɕʰi²⁴	tɕʰi²⁴	ɕi⁵¹	ɕi⁴⁵	ɕi⁴⁵
富县	tɕʰi²⁴	tɕi⁴⁴	ɕi³¹	ɕi⁵²	ɕi⁴⁴
黄陵	tɕʰi²⁴	tɕi⁴⁴	ɕi³¹	ɕi⁵²	ɕi⁴⁴
宜君	ʈʰi²⁴	ʈi⁴⁴	si²¹	si⁵²	si⁴⁴
铜川	tɕʰi²⁴ ∣ tsʰi	tɕi⁴⁴	ɕi²¹ ∣ ɕi	ɕi⁵²	ɕi⁴⁴
耀县	tɕʰi²⁴ ∣ tɕʰi	tɕi⁴⁴	ɕi³¹ ∣ ɕi	ɕi⁵²	ɕi⁴⁴
高陵	ʈʰi²⁴ ∣ tʰi	ʈi⁵⁵	si³¹ ∣ si	si⁵²	si⁵⁵
临潼	tɕʰi²⁴ ∣ tsʰi	tɕi⁴⁵	ɕi³¹ ∣ si	ɕi⁵²	ɕi⁴⁵

字目 / 方言	齐 蟹开四 平齐从		剂 蟹开四 去霁从	西 蟹开四 平齐心		洗 蟹开四 上荠心	细 蟹开四 去霁心
蓝田	tɕʰi²⁴	tʰi	tɕi⁴⁴	ɕi³¹	ɕi	ɕi⁵²	ɕi⁴⁴
长安	tɕʰi²⁴		tɕi⁴⁴	ɕi³¹		ɕi⁵³	ɕi⁴⁴
户县	tɕʰi²⁴	tɕʰi	tɕi⁵⁵	ɕi³¹	ɕi	ɕi⁵²	ɕi⁵⁵
周至	tɕʰi²⁴	tɕʰi	tɕi⁵⁵	ɕi²¹	ɕi	ɕi⁵²	ɕi⁵⁵
三原	tʰi²⁴	tʰi	ti⁵⁵	si³¹	si	si⁵²	si⁵⁵
泾阳	tɕʰi²⁴	tʰi	tɕi⁵⁵	ɕi³¹	si	ɕi⁵²	ɕi⁵⁵
咸阳	tɕʰi²⁴	tɕʰi	tɕi⁵⁵	ɕi³¹	ɕi	ɕi⁵²	ɕi⁵⁵
兴平	tɕʰi²⁴	tsʰi	tɕi⁵⁵	ɕi³¹	si	ɕi⁵²	ɕi⁵⁵
武功	tɕʰi²⁴	tɕʰi	tɕi⁵⁵	ɕi³¹	ɕi	ɕi⁵²	ɕi⁵⁵
礼泉	tɕʰi²⁴	tɕʰi	tɕi⁵⁵	ɕi³¹	ɕi	ɕi⁵²	ɕi⁵⁵
乾县	tɕʰi²⁴	tɕʰi	tɕi⁴⁴	ɕi³¹	si	ɕi⁵²	ɕi⁴⁴
永寿	tɕʰi²⁴	tɕʰi	tɕi⁵⁵	ɕi³¹	ɕi	ɕi⁵²	ɕi⁵⁵
淳化	tʰi²⁴	tsʰi	ti⁵⁵	si³¹	si	si⁵²	si⁵⁵
旬邑	tsʰi²⁴	tsʰi	tsi⁴⁴	si³¹	si	si⁵²	si⁵⁵
彬县	tsʰi²⁴	tsʰi	tsi⁴⁴/tsʰi⁴⁴	si³¹	si	si⁵²	si⁴⁴
长武	tsʰi²⁴	tsʰi	tsi⁴⁴	si³¹	si	si⁵²	si⁴⁴
扶风	tɕʰi²⁴	tsʰi	tɕi⁵⁵	ɕi³¹	si	ɕi⁵²	ɕi³³
眉县	tʰi²⁴	tsʰi	ti⁴⁴	si³¹	si	si⁵³	si⁴⁴
麟游	tʰi²⁴	tsʰi	ti⁴⁴	si³¹	si	si⁵³	si⁴⁴
岐山	tʰi²⁴	tsʰi	tʰi³¹/tʰi⁴⁴	si³¹	si	si⁵³	si⁴⁴
凤翔	tʰi²⁴	tʰi	tʰi⁴⁴	si³¹	si	si⁵³	si⁴⁴
宝鸡	tɕʰi²⁴	tʰi	tɕi⁴⁴	ɕi³¹	si	ɕi⁵³	ɕi⁴⁴
千阳	tʰi²⁴	tsʰi	ti⁴⁴/tʰi⁴⁴	si³¹	si	si⁵³	si⁴⁴
陇县	tɕʰi²⁴	tɕʰi	tɕi⁴⁴	ɕi³¹	ɕi	ɕi⁵³	ɕi⁴⁴

字目 / 方言	婿 蟹开四去霁心	鸡 蟹开四平齐见	计 蟹开四去霁见	溪 蟹开四平齐溪	启 蟹开四上荠溪
西安	ςi^{021}	$t\varsigma i^{21}$	$t\varsigma i^{55}$	ςi^{21}	$t\varsigma^h i^{53}$
韩城	$\varsigma i\tilde{\varepsilon}^{021}$	$t\varsigma i^{31}$	$t\varsigma i^{44}$	ςi^{31}	$t\varsigma^h i^{53}$
合阳	si^{31}	$t\varsigma i^{31}$	$t\varsigma i^{55}$	ςi^{31}	$t\varsigma^h i^{52}$
澄城	si^{021}	$t\varsigma i^{31}$	$t\varsigma i^{44}$	ςi^{31}	$t\varsigma^h i^{53}$
白水	si^{021}	$t\varsigma i^{31}$	$t\varsigma i^{44}$	ςi^{31}	$t\varsigma^h i^{53}$
大荔	si^{021}	$t\varsigma i^{31}$	$t\varsigma i^{55}$	ςi^{31}	$t\varsigma^h i^{52}$
蒲城	si^{021}	$t\varsigma i^{31}$	$t\varsigma i^{55}$	ςi^{31}	$t\varsigma^h i^{53}$
美原	$\varsigma i\tilde{\varepsilon}^{021}$	$t\varsigma i^{31}$	$t\varsigma i^{55}$	ςi^{31}	$t\varsigma^h i^{53}$
富平	si^{021}	$t\varsigma i^{31}$	$t\varsigma i^{55}$	ςi^{31}	$t\varsigma^h i^{53}$
潼关	ςi^{021}	$t\varsigma i^{31}$	$t\varsigma i^{44}$	ςi^{31}	$t\varsigma^h i^{52}$
华阴	ςi^{021}	$t\varsigma i^{31}$	$t\varsigma i^{55}$	ςi^{31}	$t\varsigma^h i^{24}$
华县	ςi^{021}	$t\varsigma i^{31}$	$t\varsigma i^{55}$	ςi^{31}	$t\varsigma^h i^{53}$
渭南	ςi^{021}	$t\varsigma i^{31}$	$t\varsigma i^{44}$	ςi^{31}	$t\varsigma^h i^{53}$
洛南	ςi^{021}	$t\varsigma i^{31}$	$t\varsigma i^{44}$	ςi^{31}	$t\varsigma^h i^{53}$
商州	ςi^{021}	$t\varsigma i^{31}$	$t\varsigma i^{55}$	ςi^{31}	$t\varsigma^h i^{53}$
丹凤	ςi^{021}	$t\varsigma i^{31}$	$t\varsigma i^{44}$	ςi^{31}	$t\varsigma^h i^{53}$
宜川	ςi^{51}	$t\varsigma i^{51}$	$t\varsigma i^{45}/t\varsigma iei^{021}$ [1]	ςi^{51}	$t\varsigma^h i^{45}$
富县	ςi^{021}	$t\varsigma i^{31}$	$t\varsigma i^{44}$	ςi^{31}	$t\varsigma^h i^{52}$
黄陵	ςi^{021}	$t\varsigma i^{31}$	$t\varsigma i^{44}/t\varsigma^h i^{021}$ [2]	ςi^{31}	$t\varsigma^h i^{52}$
宜君	si^{021}	$t\varsigma i^{21}$	$t\varsigma i^{44}$	ςi^{21}	$t\varsigma^h i^{52}$
铜川	$\varsigma i^{021}/\varsigma i\tilde{\varepsilon}^{021}$	$t\varsigma i^{21}$	$t\varsigma i^{44}$	ςi^{21}	$t\varsigma^h i^{52}$
耀县	ςi^{021}	$t\varsigma i^{31}$	$t\varsigma i^{44}$	ςi^{31}	$t\varsigma^h i^{52}$
高陵	si^{021}	$t\varsigma i^{31}$	$t\varsigma i^{55}$	ςi^{31}	$t\varsigma^h i^{52}$
临潼	ςi^{021}	$t\varsigma i^{31}$	$t\varsigma i^{45}$	$\underline{\varsigma i^{31}}/\underline{\varsigma i^{45}}$	$t\varsigma^h i^{52}$

[1] $t\varsigma iei^{021}$ 伙~。
[2] $t\varsigma^h i^{021}$ 伙~。

字目 方言	婿 蟹开四 去霁心	鸡 蟹开四 平齐见	计 蟹开四 去霁见	溪 蟹开四 平齐溪	启 蟹开四 上荠溪
蓝田	φi^{021}	$t\varphi i^{31}$	$t\varphi i^{44}$	φi^{31}	$t\varphi^h i^{52}$
长安	φi^{021}	$t\varphi i^{31}$	$t\varphi i^{44}$	φi^{31}	$t\varphi^h i^{53}$
户县	φi^{31}	$t\varphi i^{31}$	$t\varphi i^{55}$	φi^{31}	$t\varphi^h i^{52}$
周至	φi^{021}	$t\varphi i^{21}$	$t\varphi i^{55}$	φi^{55}	$t\varphi^h i^{52}$
三原	si^{31}	$t\varphi i^{31}$	$t\varphi i^{55}$	φi^{31}	$t\varphi^h i^{52}$
泾阳	φi^{31}	$t\varphi i^{31}$	$t\varphi i^{55}$	φi^{31}	$t\varphi^h i^{52}$
咸阳	φi^{31}	$t\varphi i^{31}$	$t\varphi i^{55}$	φi^{31}	$t\varphi^h i^{52}$
兴平	φi^{31}	$t\varphi i^{31}$	$t\varphi i^{55}$	φi^{31}	$t\varphi^h i^{52}$
武功	φi^{31}	$t\varphi i^{31}$	$t\varphi i^{55}$	φi^{31}	$t\varphi^h i^{52}$
礼泉	φi^{31}	$t\varphi i^{31}$	$t\varphi i^{55}$	φi^{31}	$t\varphi^h i^{52}$
乾县	φi^{31}	$t\varphi i^{31}$	$t\varphi i^{44}$	φi^{31}	$t\varphi^h i^{52}$
永寿	φie^{31}	$t\varphi i^{31}$	$t\varphi i^{55}$	φi^{31}	$t\varphi^h i^{52}$
淳化	si^{31}	$t\varphi i^{31}$	$t\varphi i^{55}$	φi^{31}	$t\varphi^h i^{52}$
旬邑	si^{31}	$t\varphi i^{31}$	$t\varphi i^{44}$	φi^{31}	$t\varphi^h i^{52}$
彬县	si^{31}	$t\varphi i^{31}$	$t\varphi i^{44}$	φi^{31}	$t\varphi^h i^{52}$
长武	si^{31}	$t\varphi i^{31}$	$t\varphi i^{44}$	φi^{31}	$t\varphi^h i^{52}$
扶风	φi^{31}	$t\varphi i^{31}$	$t\varphi i^{33}$	φi^{31}	$t\varphi^h i^{52}$
眉县	si^{31}	$t\varphi i^{31}$	$t\varphi i^{44}$	φi^{31}	$t\varphi^h i^{52}$
麟游	si^{31}	$t\varphi i^{31}$	$t\varphi i^{44}$	φi^{31}	$t\varphi^h i^{53}$
岐山	φy^{31}	$t\varphi i^{31}$	$t\varphi i^{44}$	$t\varphi^h i^{31}/s\textchi^{53}$①	$t\varphi^h i^{53}$
凤翔	φy^{31}	$t\varphi i^{31}$	$t\varphi i^{44}$	φi^{31}	$t\varphi^h i^{53}$
宝鸡	φy^{31}	$t\varphi i^{31}$	$t\varphi i^{44}$	φi^{31}	$t\varphi^h i^{53}$
千阳	φy^{31}	$t\varphi i^{31}$	$t\varphi i^{44}$	φi^{31}	$s\textchi^h i^{53}$
陇县	φy^{31}	$t\varphi i^{31}$	$t\varphi i^{44}$	φi^{31}	$t\varphi^h i^{53}$

---

① $s\textchi^{53}$ 南~沟：地名。

字目 方言	契 蟹开四 去霁溪	倪 蟹开四 平齐疑	奚 蟹开四 平齐匣	系连~ 蟹开四 去霁匣	杯 蟹合一 平灰帮
西安	tɕʰi⁵⁵/tɕʰi²⁴	ȵi²⁴	ɕi²¹	ɕi⁵⁵	pʰei²¹
韩城	tɕʰi⁴⁴	ȵi²⁴	ɕi³¹	ɕi⁴⁴	pʰɹ³¹
合阳	tɕʰi⁵⁵	ȵi²⁴	ɕi³¹	ɕi⁵⁵	pʰɹ³¹
澄城	tɕʰi⁴⁴	ȵi²⁴	ɕi³¹	ɕi⁴⁴	pʰei³¹
白水	tɕʰi⁴⁴	ȵi²⁴	ɕi³¹	ɕi⁴⁴	pʰei³¹
大荔	tɕʰi⁵⁵	ȵi²⁴	ɕi³¹	ɕi⁵⁵	pʰei³¹
蒲城	tɕʰi⁵⁵	ȵi³⁵	ɕi³¹	ɕi⁵⁵	pʰei³¹
美原	tɕʰi⁵⁵	ȵi³¹	ɕi³¹	ɕi⁵⁵	pʰei³¹
富平	tɕʰi⁵⁵	ȵi³¹	ɕi³¹	ɕi⁵⁵	pʰei³¹
潼关	tɕʰi⁴⁴	ȵi²⁴	ɕi³¹	ɕi⁴⁴	pʰei³¹
华阴	tɕʰi⁵⁵	ȵi²⁴	ɕi³¹	ɕi⁵⁵	pʰei³¹
华县	tɕʰi⁵⁵	ȵi²⁴	ɕi³¹	ɕi⁵⁵	pʰei³¹
渭南	tɕʰi²⁴	ȵi²⁴	ɕi³¹	ɕi⁴⁴	pʰei³¹
洛南	tɕʰi⁴⁴	ȵi²⁴	ɕi³¹	ɕi⁴⁴	pʰei³¹
商州	tɕʰi⁵⁵	ȵi³⁵	ɕi³¹	ɕi⁵⁵	pʰei³¹
丹凤	tɕʰi⁴⁴	ȵi²⁴	ɕi³¹	ɕi⁴⁴	pʰei³¹
宜川	tɕʰi⁴⁵	ȵi²⁴	ɕi⁵¹	ɕi⁴⁵	pʰei⁵¹
富县	tɕʰi⁵²	ȵi²⁴	ɕi³¹读	ɕi⁴⁴	pʰei³¹
黄陵	tɕʰi⁴⁴	ȵi²⁴	ɕi³¹读	ɕi⁴⁴	pʰei³¹
宜君	tɕʰi⁴⁴	ȵi²⁴	ɕi²¹	ɕi⁴⁴	pʰei²¹
铜川	tɕʰi⁴⁴	ȵi²⁴	ɕi²¹	ɕi⁴⁴	pʰei²¹
耀县	tɕʰi³¹	ȵi²⁴	ɕi³¹	ɕi³¹	pʰei³¹
高陵	tɕʰi⁵⁵	ȵi²⁴	ɕi³¹读	ɕi⁵⁵	pʰei³¹
临潼	tɕʰi⁴⁵	ȵi²⁴	ɕi³¹	ɕi⁴⁵	pʰei³¹

字目\方言	契	倪	奚	系连~	杯
	蟹开四 去霁溪	蟹开四 平齐疑	蟹开四 平齐匣	蟹开四 去霁匣	蟹合一 平灰帮
蓝田	tɕʰi⁴⁴	ȵi²⁴	ɕi³¹	ɕi⁴⁴	pʰei³¹
长安	tɕʰi⁴⁴	ȵi²⁴	ɕi³¹	ɕi⁴⁴	pʰei³¹
户县	tɕʰi⁵⁵	ȵi²⁴	ɕi³¹	ɕi⁵⁵	pʰei³¹
周至	tɕʰi⁵⁵	ȵi²⁴	ɕi²⁴ 读	ɕi⁵⁵	pʰɿ²¹
三原	tɕʰi⁵⁵	ȵi²⁴	ɕi³¹	ɕi⁵⁵	pʰei³¹
泾阳	tɕʰi⁵⁵	ȵi³¹	ɕi³¹	ɕi⁵⁵	pʰei³¹
咸阳	tɕʰi⁵⁵	ȵi²⁴	ɕi³¹	ɕi⁵⁵	pʰei³¹
兴平	tɕʰi⁵⁵	ȵi²⁴	ɕi³¹	ɕi⁵⁵	pʰei³¹
武功	tɕʰi⁵⁵	ȵi²⁴	ɕi³¹	ɕi⁵⁵	pʰei³¹
礼泉	tɕʰi⁵⁵	ȵi²⁴	ɕi³¹	ɕi⁵⁵	pʰe³¹
乾县	tɕʰi⁴⁴	ȵi²⁴	ɕi³¹	ɕi⁴⁴	pʰei³¹
永寿	tɕʰi⁵⁵	ȵi²⁴	ɕi³¹	ɕi⁵⁵	pʰei³¹
淳化	tɕʰi³¹	ȵi³¹	ɕi³¹	ɕi⁵⁵	pʰei³¹
旬邑	tɕʰi⁴⁴	ȵi²⁴	ɕi³¹	ɕi⁴⁴	pʰei³¹
彬县	tɕʰi³¹	ȵi²⁴	ɕi³¹	ɕi⁴⁴	pʰei³¹
长武	tɕʰi⁴⁴	ȵi²⁴	ɕi³¹	ɕi⁴⁴	pʰei³¹
扶风	tɕʰi³¹	ȵi³¹	ɕi³¹	ɕi³³	pʰei³¹
眉县	tɕʰi⁴⁴	ȵi²⁴	ɕi³¹	ɕi⁴⁴	pʰei³¹
麟游	tɕʰi³¹	ȵi²⁴	ɕi³¹	ɕi⁴⁴	pʰei³¹
岐山	tɕʰi³¹	ȵi²⁴	ɕi³¹	ɕi⁴⁴	pʰei³¹
凤翔	tɕʰi³¹	ȵi²⁴	ɕi³¹	ɕi⁴⁴	pʰei³¹
宝鸡	tɕʰi⁴⁴	ȵi²⁴	ɕi³¹	ɕi⁴⁴	pʰei³¹
千阳	tɕʰi³¹	ȵi²⁴	ɕi³¹	ɕi⁴⁴	pʰei³¹
陇县	tɕʰi³¹	ȵi²⁴	ɕi³¹	ɕi⁴⁴	pʰei³¹

字目 方言	辈 蟹合一 去队帮	坯 蟹合一 平灰滂	配 蟹合一 去队滂	赔 蟹合一 平灰並	倍 蟹合一 上贿並
西安	pei⁵⁵	pʰei²¹	pʰei⁵⁵	pʰei²⁴	pʰei⁵⁵
韩城	pɿ⁴⁴	pʰɿ³¹	pʰɿ⁴⁴	pʰɿ²⁴	pʰɿ⁴⁴
合阳	pɿ⁵⁵	pʰɿ³¹	pʰɿ⁵⁵	pʰɿ²⁴	pʰɿ⁵⁵
澄城	pei⁴⁴	pʰei³¹	pʰei⁴⁴	pʰei²⁴	pʰei⁴⁴
白水	pei⁴⁴	pʰei³¹	pʰei⁴⁴	pʰei²⁴	pʰei⁴⁴
大荔	pei⁵⁵	pʰei³¹	pʰei⁵⁵	pʰei²⁴	pʰei⁵⁵
蒲城	pei⁵⁵	pʰei³¹	pʰei⁵⁵	pʰei³⁵	pʰei⁵⁵
美原	pei⁵⁵	pʰei³¹	pʰei⁵⁵	pʰei³⁵	pʰei⁵⁵
富平	pei⁵⁵	pʰei³¹	pʰei⁵⁵	pʰei³⁵	pʰei⁵⁵
潼关	pei⁴⁴	pʰei³¹	pʰei⁴⁴	pʰei²⁴	pʰei⁴⁴
华阴	pei⁵⁵	pʰei³¹	pʰei⁵⁵	pʰei²⁴	pʰei⁵⁵
华县	pei⁵⁵	pʰei³¹	pʰei⁵⁵	pʰei³⁵	pʰei⁵⁵
渭南	pei⁴⁴	pʰei³¹	pʰei⁴⁴	pʰei²⁴	pʰei⁴⁴
洛南	pei⁴⁴	pʰei³¹	pʰei⁴⁴	pʰei²⁴	pʰei⁴⁴
商州	pei⁵⁵	pʰei³¹	pʰei⁵⁵	pʰei³⁵	pʰei⁵⁵
丹凤	pei⁴⁴	pʰei³¹	pʰei⁴⁴	pʰei²⁴	pʰei⁴⁴
宜川	pei⁴⁵	pʰei⁵¹	pʰei⁴⁵	pʰei²⁴	pʰei⁴⁵
富县	pei⁴⁴	pʰei³¹	pʰei⁴⁴	pʰei²⁴	pʰei⁴⁴
黄陵	pei⁴⁴	pʰei³¹	pʰei⁴⁴	pʰei²⁴	pʰei⁴⁴
宜君	pei⁴⁴	pʰei²¹	pʰei⁴⁴	pʰei²⁴	pʰei⁴⁴
铜川	pei⁴⁴	pʰei²¹	pʰei⁴⁴	pʰei²⁴	pʰei⁴⁴
耀县	pei⁴⁴	pʰei³¹	pʰei⁴⁴	pʰei²⁴	pʰei⁴⁴
高陵	pei⁵⁵	pʰei³¹	pʰei⁵⁵	pʰei²⁴	pʰei⁵⁵
临潼	pei⁴⁵	pʰei³¹	pʰei⁴⁵	pʰei²⁴	pʰei⁴⁵

字目 / 方言	辈 蟹合一 去队帮	坏 蟹合一 平灰滂	配 蟹合一 去队滂	赔 蟹合一 平灰並	倍 蟹合一 上贿並
蓝田	pei^{44}	p^hei^{31}	p^hei^{44}	p^hei^{24}	p^hei^{44}
长安	pei^{44}	p^hei^{31}	p^hei^{44}	p^hei^{24}	p^hei^{44}
户县	pei^{55}	p^hei^{31}	p^hei^{55}	p^hei^{24}	p^hei^{55}
周至	$pɿ^{55}$	$p^hɿ^{21}$	$p^hɿ^{55}$	$p^hɿ^{24}$	$p^hɿ^{55}$
三原	pei^{55}	p^hei^{31}	p^hei^{55}	p^hei^{24}	p^hei^{55}
泾阳	pei^{55}	p^hei^{31}	p^hei^{55}	p^hei^{24}	p^hei^{55}
咸阳	pei^{55}	p^hei^{31}	p^hei^{55}	p^hei^{24}	p^hei^{55}
兴平	pei^{55}	p^hei^{31}	p^hei^{55}	p^hei^{24}	p^hei^{55}
武功	pei^{55}	p^hei^{31}	p^hei^{55}	p^hei^{24}	p^hei^{55}
礼泉	pe^{55}	p^he^{31}	p^he^{55}	p^he^{24}	p^he^{55}
乾县	pei^{44}	p^hei^{31}	p^hei^{44}	p^hei^{24}	p^hei^{44}
永寿	pei^{55}	p^hei^{31}	p^hei^{55}	p^hei^{24}	p^hei^{55}
淳化	pei^{55}	p^hei^{31}	p^hei^{55}	p^hei^{24}	p^hei^{55}
旬邑	pei^{44}	p^hei^{52}	p^hei^{44}	p^hei^{24}	p^hei^{44}
彬县	pei^{44}	p^hei^{31}	p^hei^{44}	p^hei^{24}	p^hei^{44}
长武	pei^{44}	p^hei^{31}	p^hei^{44}	p^hei^{24}	p^hei^{44}
扶风	pei^{33}	p^hei^{31}	p^hei^{33}	p^hei^{24}	p^hei^{33}
眉县	pei^{44}	p^hei^{52}	p^hei^{44}	p^hei^{24}	p^hei^{44}
麟游	pei^{44}	p^hei^{31}	p^hei^{44}	p^hei^{24}	p^hei^{44}
岐山	pei^{44}	p^hei^{31}	p^hei^{44}	p^hei^{24}	p^hei^{44}
凤翔	pei^{44}	p^hei^{31}	p^hei^{44}	p^hei^{24}	p^hei^{44}
宝鸡	pei^{44}	p^hei^{31}	p^hei^{44}	p^hei^{24}	p^hei^{53}
千阳	pei^{44}	p^hei^{31}	p^hei^{44}	p^hei^{24}	p^hei^{44}
陇县	pei^{44}	p^hei^{31}	p^hei^{44}	p^hei^{24}	p^hei^{44}

字目 方言	佩 蟹合一 去队並	背~诵 蟹合一 去队並	煤 蟹合一 平灰明	每 蟹合一 上贿明	妹 蟹合一 去队明
西安	pʰei⁵³	pei⁵⁵	mei²⁴	mei⁵³	mei⁵⁵
韩城	pʰʅ⁵³	pʰʅ⁴⁴	mʅ²⁴	mʅ⁵³	mʅ⁴⁴
合阳	pʰʅ⁵⁵	pʰʅ⁵⁵	mʅ²⁴	mʅ⁵²	mʅ⁵⁵
澄城	pʰei⁴⁴	pʰei⁴⁴	mei²⁴	mei⁵³	mei⁴⁴
白水	pʰei⁵³	pʰei⁴⁴	mei²⁴	mei⁵³	mei⁴⁴
大荔	pʰei⁵⁵	pʰei⁵⁵	mei²⁴	mei⁵²	mei⁵⁵
蒲城	pʰei⁵³	pei⁵⁵	mei³⁵	mei⁵³	mei⁵⁵
美原	pʰei⁵³	pʰei⁵⁵	mei³⁵	mei⁵³	mei⁵⁵
富平	pʰei⁵³	pei⁵⁵	mei³⁵	mei⁵³	mei⁵⁵
潼关	pʰei⁴⁴	pʰei⁴⁴	mei²⁴	mei⁵²	mei⁴⁴
华阴	pʰei⁵⁵	pʰei⁵⁵	mei²⁴	mei⁵²	mei⁵⁵
华县	pʰei⁵³	pʰei⁵⁵	mei³⁵	mei⁵³	mei⁵⁵
渭南	pʰei⁵³	pʰei⁴⁴	mei²⁴	mei⁵³	mei⁴⁴
洛南	pʰei⁵³	pei⁴⁴	mei²⁴	mei⁵³	mei⁴⁴
商州	pʰei⁵⁵	pei⁵⁵	mei³⁵	mei⁵³	mei⁵⁵
丹凤	pʰei⁵³	pei⁴⁴	mei²⁴	mei⁵³	mei⁴⁴
宜川	pʰei⁴⁵	pei⁴⁵/pʰei⁴⁵	mei²⁴	mei⁴⁵	mei⁴⁵
富县	pʰei⁴⁴	pei⁴⁴	mei²⁴	mei⁵²	mei⁴⁴
黄陵	pʰei⁵²	pei⁴⁴	mei²⁴	mei⁵²	mei⁴⁴
宜君	pʰei⁵²	pei⁴⁴	mẽ²⁴	mẽ⁵²	mẽ⁴⁴
铜川	pʰei⁵²	pei⁴⁴	mei²⁴	mei⁵²	mei⁴⁴
耀县	pʰei⁵²	pei⁴⁴/pʰei⁴⁴①	mei²⁴	mei⁵²	mei⁴⁴
高陵	pʰei⁵²	pei⁵⁵	mẽ²⁴	mẽ⁵²	mẽ⁵⁵
临潼	pʰei⁵²	pei⁴⁵	mei²⁴	mei⁵²	mei⁴⁵

① pʰei⁴⁴ 耳~。

字目 方言	佩 蟹合一 去队並	背~诵 蟹合一 去队並	煤 蟹合一 平灰明	每 蟹合一 上贿明	妹 蟹合一 去队明
蓝田	pʰei⁴⁴	pei⁴⁴	mei²⁴	mei⁵²	mei⁴⁴
长安	pʰei⁴⁴	pei⁴⁴	mei²⁴	mei⁵³	mei⁴⁴
户县	pʰei⁵⁵	pei⁵⁵	mei²⁴	mei⁵²	mei⁵⁵
周至	pʰ ɿ⁵⁵	pɿ⁵⁵	mɿ²⁴	mɿ⁵²	mɿ⁵⁵
三原	pʰei⁵²	pei⁵⁵	mei²⁴	mei⁵²	mei⁵⁵
泾阳	pʰei⁵²	pei⁵⁵	mei²⁴	mei⁵²	mei⁵⁵
咸阳	pʰei⁵²	pei⁵⁵	mei²⁴	mei⁵²	mei⁵⁵
兴平	pʰei⁵²	pei⁵⁵	mei²⁴	mei⁵²	mei⁵⁵
武功	pʰei⁵²	pei⁵⁵	mei²⁴	mei⁵²	mei⁵⁵
礼泉	pʰe⁵²	pe⁵⁵	me²⁴	me⁵²	me⁵⁵
乾县	pʰei⁴⁴	pei⁴⁴	mei²⁴	mei⁵²	mei⁴⁴
永寿	pʰei⁵⁵	pei⁵⁵	mei²⁴	mei⁵²	mei⁵⁵
淳化	pʰei⁵²/pʰei³¹	pei⁵⁵	mei²⁴	mei⁵²	mei⁵⁵
旬邑	pʰei⁵²	pʰei⁴⁴	mei²⁴	mei⁵²	mei⁴⁴
彬县	pʰei⁵²	pei⁴⁴/pʰei⁴⁴	mei²⁴	mei⁵²	mei⁴⁴
长武	pʰei⁵²	pei⁴⁴/pʰei⁴⁴	mei²⁴	mei⁵²	mei⁴⁴
扶风	pʰei⁵²	pei³³	mei²⁴	mei⁵²	mei³³
眉县	pʰei⁵²	pʰei⁴⁴	mei²⁴	mei⁵²	mei⁴⁴
麟游	pʰei⁵³	pʰei⁴⁴	mei²⁴	mei⁵³	mei⁴⁴
岐山	pʰei⁵³	pʰei⁴⁴	mei²⁴	mei⁵³	mei⁴⁴
凤翔	pʰei⁴⁴	pei⁴⁴	mei²⁴	mei⁵³	mei⁴⁴
宝鸡	pʰei⁴⁴	pei⁴⁴新/pʰei⁴⁴老	mei²⁴	mei⁵³	mei⁴⁴
千阳	pʰei⁵³	pei⁴⁴	mei²⁴	mei⁵³	mei⁴⁴
陇县	pʰei⁴⁴	pei⁴⁴	mei²⁴	mei⁵³	mei⁴⁴

字目 / 方言	堆 蟹合一平灰端	对 蟹合一去队端	推 蟹合一平灰透	腿 蟹合一上贿透	退 蟹合一去队透
西安	tuei²¹ ∣ tuei	tuei⁵⁵	tʰuei²¹ ∣ tʰuei	tʰuei⁵³	tʰuei⁵⁵
韩城	tɿ³¹ ∣ tei	tɿ⁴⁴	tʰɿ³¹ ∣ tʰei	tʰɿ⁵³	tʰɿ⁴⁴
合阳	tuɿ³¹ ∣ tuei	tuɿ⁵⁵	tʰuɿ³¹ ∣ tʰei	tʰuɿ⁵²	tʰuɿ⁵⁵
澄城	tuei³¹ ∣ tuei	tuei⁴⁴	tʰuei³¹ ∣ tʰuei	tʰuei⁵³	tʰuei⁴⁴
白水	tuei³¹ ∣ tuei	tuei⁴⁴	tʰuei³¹ ∣ tʰuei	tʰuei⁵³	tʰuei⁴⁴
大荔	tuei³¹ ∣ tuei	tuei⁵⁵	tʰuei³¹ ∣ tʰuei	tʰuei⁵²	tʰuei⁵⁵
蒲城	tuei³¹ ∣ tuei	tuei⁵⁵	tʰuei³¹ ∣ tʰuei	tʰuei⁵³	tʰuei⁵⁵
美原	tuei³¹ ∣ tuei	tuei⁵⁵	tʰuei³¹ ∣ tʰuei	tʰuei⁵³	tʰuei⁵⁵
富平	tuei³¹ ∣ tuei	tuei⁵⁵	tʰuei³¹ ∣ tʰuei	tʰuei⁵³	tʰuei⁵⁵
潼关	tuei³¹ ∣ tuei	tuei⁴⁴	tʰuei³¹ ∣ tʰuei	tʰuei⁵²	tʰuei⁴⁴
华阴	tuei³¹ ∣ tuei	tuei⁵⁵	tʰuei³¹ ∣ tʰuei	tʰuei⁵²	tʰuei⁵⁵
华县	tuei³¹ ∣ tuei/tʂuei	tuei⁵⁵	tʰuei³¹ ∣ tʰuei/tʂʰuei	tʰuei⁵³	tʰuei⁵⁵
渭南	tuei³¹ ∣ tuei	tuei⁴⁴	tʰuei³¹ ∣ tʰuei	tʰuei⁵³	tʰuei⁴⁴
洛南	tuei³¹ ∣ tuei	tuei⁴⁴	tʰuei³¹ ∣ tʰuei	tʰuei⁵³	tʰuei⁴⁴
商州	tuei³¹ ∣ tuei	tuei⁵⁵	tʰuei³¹ ∣ tʰuei	tʰuei⁵³	tʰuei⁵⁵
丹凤	tuei³¹	tuei⁴⁴	tʰuei³¹	tʰuei⁵³	tʰuei⁴⁴
宜川	tuei⁵¹	tuei⁴⁵	tʰuei⁵¹	tʰuei⁴⁵	tʰuei⁴⁵
富县	tuei³¹	tuei⁴⁴	tʰuei³¹	tʰuei⁵²	tʰuei⁴⁴
黄陵	tuei³¹	tuei⁴⁴	tʰuei³¹	tʰuei⁵²	tʰuei⁴⁴
宜君	tuẽ²¹	tuei⁴⁴	tʰuei²¹	tʰuei⁵²	tʰuei⁴⁴
铜川	tuei²¹ ∣ tuei	tuei⁴⁴	tʰuei²¹ ∣ tʰuei	tʰuei⁵²	tʰuei⁴⁴
耀县	tuei³¹ ∣ tuei	tuei⁴⁴	tʰuei³¹ ∣ tʰuei	tʰuei⁵²	tʰuei⁴⁴
高陵	tuei³¹ ∣ tuei	tuei⁵⁵	tʰuei³¹ ∣ tʰuei	tʰuei⁵²	tʰuei⁵⁵
临潼	tuei³¹ ∣ tuei	tuei⁴⁵	tʰuei³¹ ∣ tʰuei	tʰuei⁵²	tʰuei⁴⁵

字目　方言	堆　蟹合一平灰端	对　蟹合一去队端	推　蟹合一平灰透	腿　蟹合一上贿透	退　蟹合一去队透
蓝田	$tuei^{31}$ | $tuei$	$tuei^{44}$	$t^{h}uei^{31}$ | $t^{h}uei$	$t^{h}uei^{52}$	$t^{h}uei^{44}$
长安	$tuei^{31}$	$tuei^{44}$	$t^{h}uei^{31}$	$t^{h}uei^{53}$	$t^{h}uei^{44}$
户县	$tuei^{31}$ | $t^{s}uei$	$tuei^{55}$	$t^{h}uei^{31}$ | $t^{sh}uei$	$t^{h}uei^{52}$	$t^{h}uei^{55}$
周至	tur^{21} | $t^{s}uei$	tur^{55}	$t^{h}ur^{21}$ | $t^{sh}uei$	$t^{h}ur^{52}$	$t^{h}ur^{55}$
三原	$tuei^{31}$ | $tuei$	$tuei^{55}$	$t^{h}uei^{31}$ | $t^{h}uei$	$t^{h}uei^{52}$	$t^{h}uei^{55}$
泾阳	$tuei^{31}$ | $tuei$	$tuei^{55}$	$t^{h}uei^{31}$ | $t^{h}uei$	$t^{h}uei^{52}$	$t^{h}uei^{55}$
咸阳	$tuei^{31}$ | $tuei$	$tuei^{55}$	$t^{h}uei^{31}$ | $t^{h}uei$	$t^{h}uei^{52}$	$t^{h}uei^{55}$
兴平	$tuei^{31}$ | $t^{s}uei$	$tuei^{55}$	$t^{h}uei^{31}$ | $t^{sh}uei$	$t^{h}uei^{52}$	$t^{h}uei^{55}$
武功	$tuei^{31}$ | $t^{s}uei$	$tuei^{55}$	$t^{h}uei^{31}$ | $t^{sh}uei$	$t^{h}uei^{52}$	$t^{h}uei^{55}$
礼泉	tue^{31} | $tuei$	tue^{55}	$t^{h}ue^{31}$ | $t^{h}uei$	$t^{h}ue^{52}$	$t^{h}ue^{55}$
乾县	$tuei^{31}$ | $tuei$	$tuei^{44}$	$t^{h}uei^{31}$ | $t^{h}uei$	$t^{h}uei^{52}$	$t^{h}uei^{44}$
永寿	$tuei^{31}$ | $tuei$	$tuei^{55}$	$t^{h}uei^{31}$ | $t^{h}uei$	$t^{h}uei^{52}$	$t^{h}uei^{55}$
淳化	$tuei^{31}$ | $tuei$	$tuei^{55}$	$t^{h}uei^{31}$ | $t^{h}uei$	$t^{h}uei^{52}$	$t^{h}uei^{55}$
旬邑	$tuei^{31}$ | $tuei$	$tuei^{44}$	$t^{h}uei^{31}$ | $t^{h}uei$	$t^{h}uei^{52}$	$t^{h}uei^{44}$
彬县	$tuei^{31}$ | $tuei$	$tuei^{44}$	$t^{h}uei^{31}$ | $t^{h}uei$	$t^{h}uei^{52}$	$t^{h}uei^{44}$
长武	$tuei^{31}$ | $tuei$	$tuei^{44}$	$t^{h}uei^{31}$ | $t^{h}uei$	$t^{h}uei^{52}$	$t^{h}uei^{44}$
扶风	tui^{31} | $tuei$	tui^{33}	$t^{h}ui^{31}$ | $t^{h}uei$	$t^{h}ui^{52}$	$t^{h}ui^{33}$
眉县	$tuei^{31}$ | $t^{s}uei$	$tuei^{44}$	$t^{h}uei^{31}$ | $t^{sh}uei$	$t^{h}uei^{52}$	$t^{h}uei^{44}$
麟游	$tuei^{31}$ | $tuei$	$tuei^{44}$	$t^{h}uei^{31}$ | $t^{h}uei$	$t^{h}uei^{53}$	$t^{h}uei^{44}$
岐山	tui^{31} | $tuei$	tui^{44}	$t^{h}ui^{31}$ | $t^{h}uei$	$t^{h}ui^{53}$	$t^{h}ui^{44}$
凤翔	$tuei^{31}$ | $tuei$	$tuei^{44}$	$t^{h}uei^{31}$ | $t^{h}uei$	$t^{h}uei^{53}$	$t^{h}uei^{44}$
宝鸡	tui^{31} | $tuei$	tui^{44}	$t^{h}ui^{31}$ | $t^{h}uei$	$t^{h}ui^{53}$	$t^{h}ui^{44}$
千阳	tui^{31} | $tuei$	tui^{44}	$t^{h}ui^{31}$ | $t^{h}uei$	$t^{h}ui^{53}$	$t^{h}ui^{44}$
陇县	tui^{31} | $tuei$	tui^{44}	$t^{h}ui^{31}$ | $t^{h}uei$	$t^{h}ui^{53}$	$t^{h}ui^{44}$

字目 方言	队 蟹合一 去队定	内 蟹合一 去队泥	雷 蟹合一 平灰来	儡 蟹合一 上贿来	累 蟹合一 去队来
西安	tuei^{55}	luei^{55} ｜ luei	luei^{24} ｜ luei	luei^{53}	luei^{55}
韩城	tɿ^{44}	lɿ^{53} ｜ nei	lɿ^{24} ｜ lei	lɿ^{53}	lɿ^{44}
合阳	tuɿ^{55}	lɿ^{55}/nɿ^{55}新 ｜ luei	lɿ^{24} ｜ lei	lɿ^{52}	lɿ^{55}
澄城	tuei^{44}	nei^{44} ｜ nei	lei^{24} ｜ luei	lei^{53}	lei^{44}
白水	tuei^{44}	nei^{44} ｜ nei	lei^{24} ｜ lei	luei^{53}	luei^{55}
大荔	tuei^{55}	nei^{55} ｜ nei	lei^{24} ｜ lei	lei^{52}	lei^{55}
蒲城	tuei^{55}	luei^{55} ｜ nei	luei^{35} ｜ luei	luei^{53}	luei^{55}
美原	tuei^{55}	luei^{55} ｜ luei	luei^{35} ｜ luei	luei^{53}	luei^{53}
富平	tuei^{55}	luei^{55} ｜ nei	luei^{35} ｜ luei	luei^{53}	luei^{55}
潼关	tuei^{44}	luei^{44} ｜ luei	luei^{24} ｜ luei	luei^{52}	luei^{44}
华阴	tuei^{55}	nei^{55} ｜ nei	luei^{24} ｜ luei	luei^{52}	luei^{55}
华县	tuei^{55}	luei^{55} ｜ luei	luei^{35} ｜ luei	luei^{53}	luei^{55}
渭南	tuei^{44}	luei^{44} ｜ luei	luei^{24} ｜ luei	luei^{53}	luei^{55}
洛南	tuei^{44}	luei^{44} ｜ nei	luei^{24} ｜ luei	luei^{53}	luei^{53}
商州	tuei^{55}	luei^{55} ｜ luei	luei^{35} ｜ luei	luei^{53}	luei^{55}
丹凤	tuei^{44}	luei^{44}	luei^{24}	luei^{53}	luei^{53}
宜川	tuei^{45}	luei^{45}	luei^{24}	luei^{24}	luei^{45}
富县	tuei^{44}	nei^{44}	luei^{24}	luei^{52}	luei^{52}
黄陵	tuei^{44}	nei^{44}/lei^{52}①	luei^{24}	luei^{52}	luei^{52}
宜君	tuei^{44}	nẽ^{44}	luei^{24}	luei^{52}	luei^{52}
铜川	tuei^{44}	luei^{44} ｜ luei	luei^{24} ｜ luei	luei^{52}	luei^{44}
耀县	tuei^{44}	luei^{44} ｜ luei	luei^{24} ｜ lei	luei^{52}	luei^{52}
高陵	tuei^{55}	luei^{55}/nuei^{55} ｜ luei	luei^{24} ｜ luei	luei^{52}	luei^{52}
临潼	tuei^{45}	luei^{45} ｜ luei	luei^{24} ｜ luei	luei^{52}	luei^{45}

① lei^{52} 街~子。

字目 方言	队 蟹合一 去队定	内 蟹合一 去队泥	雷 蟹合一 平灰来	傫 蟹合一 上贿来	累 蟹合一 去队来
蓝田	tuei^{44}	luei^{44} | luei	luei^{24} | luei	luei^{52}	luei^{44}
长安	tuei^{44}	luei^{44}	luei^{24}	luei^{53}	luei^{44}
户县	tuei^{55}	luei^{55} | luei	luei^{24} | lui	luei^{52}	luei^{52}
周至	tur^{55}	lur^{55} | luei	lur^{24} | lui	lur^{52}	lur^{52}
三原	tuei^{55}	luei^{55} | luei	luei^{24} | luei	luei^{52}	luei^{55}
泾阳	tuei^{55}	luei^{55} | luei	luei^{24} | luei	luei^{52}	luei^{55}
咸阳	tuei^{55}	luei^{55} | luei	luei^{24} | luei	luei^{52}	luei^{55}
兴平	tuei^{55}	luei^{55} | luei	luei^{24} | luei	luei^{52}	luei^{55}
武功	tuei^{55}	luei^{55} | luei	luei^{24} | luei	luei^{52}	luei^{55}
礼泉	tue^{55}	lue^{55} | luei	lue^{24} | luei	lue^{52}	lue^{55}
乾县	tuei^{44}	luei^{44} | luei	luei^{24} | luei	luei^{52}	luei^{44}
永寿	tuei^{55}	luei^{55} | luei	luei^{24} | luei	luei^{52}	luei^{55}
淳化	tuei^{55}	luei^{55} | luei	luei^{24} | luei	luei^{52}	luei^{55}
旬邑	tuei^{44}	luei^{44} | luei	luei^{24} | luei	luei^{52}	luei^{44}
彬县	tuei^{44}	luei^{44} | luei	luei^{24} | luei	luei^{52}	luei^{44}
长武	tuei^{44}	luei^{44} | luei	luei^{24} | luei	luei^{52}	luei^{44}
扶风	tui^{33}	lui^{33} | luei	lui^{24} | luei	lui^{52}	lui^{52}
眉县	tuei^{44}	luei^{44} | luei	luei^{24} | luei	luei^{51}	luei^{44}
麟游	tuei^{44}	luei^{44} | luei	luei^{24} | luei	luei^{53}	luei^{44}
岐山	tui^{44}	lui^{44} | luei	lui^{24} | luei	lui^{53}	lui^{44}
凤翔	tuei^{44}	luei^{44} | luei	luei^{24} | luei	luei^{53}	luei^{44}
宝鸡	tui^{44}	lui^{44} | luei	lui^{24} | luei	lui^{53}	lui^{44}
千阳	tui^{44}	lui^{44} | luei	lui^{24} | luei	lui^{53}	lui^{53}
陇县	tui^{44}	lui^{44} | luei	lui^{24} | luei	lui^{53}	lui^{44}

字目 / 方言	催	罪	碎	盔	恢
	蟹合一平灰清	蟹合一上贿从	蟹合一去队心	蟹合一平灰溪	蟹合一平灰溪
西安	tsʰuei^{21}	tsuei^{55}	suei^{55}	kʰuei^{21}	xuei^{21}
韩城	tɕʰyɪ^{31}	tɕʰyɪ^{44}	ɕyɪ^{44}	kʰuɪ^{31}	xuɪ^{31}
合阳	tɕʰyɪ^{31}	tɕʰyɪ^{55}	ɕyɪ^{55}	kʰuɪ^{31}	xuɪ^{31}
澄城	tʃʰuei^{31}	tʃʰuei^{44}	tuei^{44}	kʰuei^{31}	xuei^{31}
白水	tsʰuei^{31}	tsʰuei^{44}	suei^{44}	kʰuei^{31}	xuei^{31}
大荔	tsʰuei^{31}	tsʰuei^{55}	suei^{55}	kʰuei^{31}	xuei^{31}
蒲城	tʃʰuei^{31}	tʃʰuei^{55}	ʃuei^{55}	kʰuei^{31}	xuei^{31}
美原	tʃʰei^{31}	tʃʰei^{55}	ʃei^{55}	kʰuei^{31}	xuei^{31}
富平	tsʰuei^{31}	tsuei^{55}	suei^{55}	kʰuei^{31}	xuei^{31}
潼关	tsʰuei^{31}	tsʰuei^{44}	suei^{44}	kʰuei^{31}	xuei^{31}
华阴	tsʰuei^{31}	tsʰuei^{55}	suei^{55}	kʰuei^{31}	xuei^{31}
华县	tʃʰuei^{31}	tʃʰuei^{55}	ʃuei^{55}	kʰuei^{31}	xuei^{31}
渭南	tʃʰuei^{31}	tʃʰuei^{44}	ʃuei^{44}	kʰuei^{31}	xuei^{31}
洛南	tʃʰuei^{31}	tʃʰuei^{44}	ʃuei^{44}	kʰuei^{31}	xuei^{31}
商州	tʃʰuei^{31}	tʃuei^{55}	ʃuei^{55}	kʰuei^{31}	xuei^{31}
丹凤	tʃʰuei^{31}	tʃuei^{44}	ʃuei^{44}	kʰuei^{31}	xuei^{31}
宜川	tsʰuei^{51}	tsʰuei^{45}	suei^{45}	kʰuei^{51}	xuei^{51}
富县	tsʰuei^{31}	tsʰuei^{55}	suei^{55}	xuei^{31}	xuei^{31}
黄陵	tʃʰuei^{31}	tʃʰuei^{44}	ʃuei^{44}	kʰuei^{31}	xuei^{31}
宜君	tsʰuei^{21}	tsʰuei^{44}	suei^{44}	kʰuei^{21}	xuei^{21}
铜川	tsʰuei^{21}	tsuei^{44}	suei^{44}/ʃuei^{44}①	kʰuei^{21}	xuei^{21}
耀县	tʃʰuei^{31}	tʃuei^{44}	ʃuei^{44}	kʰuei^{31}	xuei^{31}
高陵	tsʰuei^{31}	tsuei^{55}	suei^{55}	kʰuei^{31}	xuei^{31}
临潼	tsʰuei^{31}	tsuei^{45}	suei^{45}	kʰuei^{31}	xuei^{31}

① ʃuei^{44}～娃：小娃。

字目 方言	催 蟹合一 平灰清	罪 蟹合一 上贿从	碎 蟹合一 去队心	盔 蟹合一 平灰溪	恢 蟹合一 平灰溪
蓝田	tʃʰuei³¹	tʃuei⁴⁴	ʃuei⁴⁴	kʰuei³¹/kʰuæ⁰²¹①	xuei³¹
长安	tsʰuei³¹	tsuei⁴⁴	suei⁴⁴	kʰuei³¹	xuei³¹
户县	tʃʰuei³¹	tʃuei⁵⁵	ʃuei⁵⁵	kʰuei³¹	xuei³¹
周至	tsʰuʅ²¹	tsuʅ⁵⁵	suʅ⁵⁵	kʰuʅ²¹	xuʅ²¹
三原	tsʰuei³¹	tsuei⁵⁵	suei⁵⁵	kʰuei³¹	xuei³¹
泾阳	tsʰuei³¹	tsuei⁵⁵	suei⁵⁵	kʰuei³¹	xuei³¹
咸阳	tsʰuei³¹	tsuei⁵⁵	suei⁵⁵	kʰuei³¹	xuei³¹
兴平	tsʰuei³¹	tsuei⁵⁵	suei⁵⁵	kʰuei³¹	xuei³¹
武功	tsʰuei³¹	tsuei⁵⁵	suei⁵⁵	kʰuei³¹	xuei³¹
礼泉	tsʰue³¹	tsue⁵⁵	sue⁵⁵	kʰue³¹	xue³¹
乾县	tsʰuei³¹	tsuei⁴⁴	suei⁴⁴	kʰuei³¹	xuei³¹
永寿	tsʰuei³¹	tsuei⁵⁵	suei⁵⁵	kʰuei³¹	xuei³¹
淳化	tsʰuei³¹	tsuei⁵⁵	suei⁵⁵	kʰuei³¹	xuei³¹
旬邑	tsʰuei³¹	tsʰuei⁴⁴	suei⁴⁴	kʰuei³¹	xuei³¹
彬县	tsʰuei³¹	tsʰuei⁴⁴	suei⁴⁴	kʰuei³¹	xuei³¹
长武	tsʰuei³¹	tsʰuei⁴⁴	suei⁴⁴	kʰuei³¹	xuei³¹
扶风	tsʰui³¹	tsui³³	sui³³	kʰui³¹	xui³¹
眉县	tsʰuei³¹	tsuei⁴⁴	suei⁴⁴	kʰuei³¹	xuei³¹
麟游	tsʰuei³¹	tsuei⁴⁴	suei⁴⁴	kʰuei³¹	xuei³¹
岐山	tsʰui³¹	tsui⁴⁴	sui⁴⁴	kʰui³¹	xui³¹
凤翔	tsʰuei³¹	tsuei⁴⁴	suei⁴⁴	kʰuei³¹	xuei³¹
宝鸡	tsʰui³¹	tsui⁴⁴	sui⁴⁴	kʰui³¹	xui³¹
千阳	tsʰui³¹	tsui⁴⁴	sui⁴⁴	kʰui³¹	xui³¹
陇县	tsʰui³¹	tsui⁴⁴	sui⁴⁴	kʰui³¹	xui³¹

① kʰuæ⁰²¹ 锅~馍。

字目 方言	块 蟹合一 去队溪	桅 蟹合一 平灰疑	灰 蟹合一 平灰晓	悔 蟹合一 上贿晓	晦 蟹合一 去队晓
西安	kʰuæ⁵³	uei²⁴	xuei²¹	xuei⁵³	xuei⁵³
韩城	kʰuæ⁵³	uɿ²⁴	xuɿ³¹	xuɿ⁵³	xuɿ⁵³
合阳	kʰuɛ⁵²	uɿ²⁴	xuɿ³¹	xuɿ⁵²	xuɿ⁵²
澄城	kʰuæ⁵³	uei²⁴	xuei³¹	xuei⁵³	xuei⁵³
白水	kʰuæ⁵³	uei²⁴	xuei³¹	xuei⁵³	xuei⁵³
大荔	kʰuæ⁵²	uei²⁴	xuei³¹	xuei⁵²	xuei⁵²
蒲城	kʰuæ⁵³	uei³⁵	xuei³¹	xuei⁵³	xuei⁵³
美原	kʰuæ⁵³	uei³⁵	xuei³¹	xuei⁵³	xuei⁵³
富平	kʰuæ⁵³	uei³⁵	xuei³¹	xuei⁵³	xuei⁵³
潼关	kʰuæ⁵²	vei²⁴	xuei³¹	xuei⁵²	xuei⁵²
华阴	kʰuæ⁵²	uei²⁴	xuei³¹	xuei⁵²	xuei⁵²
华县	kʰuæ⁵³	uei³⁵	xuei³¹	xuei⁵³	xuei⁵³
渭南	kʰuɛ⁵³	uei²⁴	xuei³¹	xuei⁵³	xuei⁵³
洛南	kʰuɛ⁵³	vei²⁴	xuei³¹	xuei⁵³	xuei⁵³
商州	kʰuæ⁵³	vei³⁵	xuei³¹	xuei⁵³	xuei⁵³
丹凤	kʰuæ⁵³	vei²⁴	xuei³¹	xuei⁵³	xuei⁵³
宜川	kʰuɛe⁴⁵	vei²⁴	xuei⁵¹	xuei⁴⁵	xuei⁴⁵
富县	kʰuE⁵²	vei³¹	xuei³¹	xuei⁵²	xuei⁵²
黄陵	kʰuɛ⁵²	vei²⁴	xuei³¹	xuei⁵²	xuei⁵²
宜君	kʰuɛ⁵²	vei²¹	xuei²¹	xuei⁵²	xuei⁵²
铜川	kʰuæ⁵²	uei⁵²	xuei²¹	xuei⁵²	xuei²¹
耀县	kʰuæe⁵²	uei⁵²	xuei³¹	xuei⁵²	xuei⁵²
高陵	kʰuæ⁵²	uei²⁴	xuei³¹	xuei⁵²	xuei⁵²
临潼	kʰuæ⁵²	uei⁵²	xuei³¹	xuei⁵²	xuei⁵²

字目 方言	块 蟹合一 去队溪	桅 蟹合一 平灰疑	灰 蟹合一 平灰晓	悔 蟹合一 上贿晓	晦 蟹合一 去队晓
蓝田	kʰuæ⁵²	uei²⁴	xuei³¹	xuei⁵²	xuei⁵²
长安	kʰuæ⁵³	uei²⁴	xuei³¹	xuei⁵³	xuei⁵³
户县	kʰue⁵²	uei²⁴	xuei³¹	xuei⁵²	xuei⁵²
周至	kʰuæ⁵²	uɪ²⁴	xuɪ²¹	xuɪ⁵²	xuɪ⁵²
三原	kʰuæ⁵²	uei²⁴	xuei³¹	xuei⁵²	xuei⁵²
泾阳	kʰuæ⁵²	uei²⁴	xuei³¹	xuei⁵²	xuei⁵²
咸阳	kʰuæ⁵²	uei²⁴	xuei³¹	xuei⁵²	xuei⁵²
兴平	kʰuæ⁵²	uei²⁴	xuei³¹	xuei⁵²	xuei⁵²
武功	kʰuæ⁵²	uei²⁴	xuei³¹	xuei⁵²	xuei⁵²
礼泉	kʰuæ⁵²	ue³¹	xue³¹	xue⁵²	xue⁵²
乾县	kʰuæ⁵²	uei³¹	xuei³¹	xuei⁵²	xuei⁵²
永寿	kʰuæ⁵²	uei³¹	xuei³¹	xuei⁵²	xuei⁵²
淳化	kʰuæ⁵²	uei³¹	xuei³¹	xuei⁵²	xuei⁵²
旬邑	kʰuæ⁵²	uei³¹	xuei³¹	xuei⁵²	xuei⁵²
彬县	kʰuæ⁵²	uei²⁴	xuei³¹	xuei³¹	xuei⁵²
长武	kʰuæ⁵²	uei²⁴	xuei³¹	xuei⁵²	xuei⁵²
扶风	kʰuᴇ⁵²	vei²⁴	xui³¹	xui⁵²	xui⁵²
眉县	kʰuᴇ⁵²	uei³¹	xuei³¹	xuei⁵²	xuei⁵²
麟游	kʰuæ⁵³	vei³¹	xuei³¹	xuei⁵³	xuei⁵³
岐山	kʰuᴇ⁵³	vei⁵³	xui³¹	xui⁵³	xui⁵³
凤翔	kʰuᴇ⁵³	uei⁵³	xuei³¹	xuei⁵³	xuei⁴⁴
宝鸡	kʰuæ̃⁵³	vei²⁴	xui³¹	xui⁵³	xui⁴⁴
千阳	kʰuᴇ⁵³	vei²⁴	xui³¹	xui⁵³	xui⁵³
陇县	kʰuᴇ⁵³	vei⁵³	xui³¹	xui⁵³	xui⁴⁴

字目 方言	回 蟹合一 平灰匣	汇 蟹合一 上贿匣	溃~脓 蟹合一 去队匣	煨 蟹合一 平灰影	蜕 蟹合一 去泰透
西安	xuei²⁴	xuei⁵⁵	xuei⁵⁵/kʰuei⁵⁵①	uei⁵³	tʰuei⁵⁵
韩城	xuɿ²⁴	xuɿ⁴⁴	xuɿ⁴⁴	uɿ³¹	tʰɿ⁴⁴
合阳	xuɿ²⁴	xuɿ⁵⁵	xuɿ⁵⁵	uɿ⁵²	tʰuɿ⁵⁵
澄城	xuei²⁴	xuei⁴⁴	xuei⁴⁴/kʰuei⁴⁴	uei⁵³	tʰuei⁴⁴
白水	xuei²⁴	xuei⁴⁴	xuei⁴⁴	uei⁵³	tʰuei⁴⁴
大荔	xuei²⁴	xuei⁵⁵	xuei⁵⁵	uei⁵²	tʰuei⁵⁵
蒲城	xuei³⁵	xuei⁵⁵	xuei⁵⁵	uei⁵³	tʰuei⁵⁵
美原	xuei³⁵	xuei⁵⁵	xuei⁵⁵/kʰuei⁵⁵	uei⁵³	tʰuei⁵⁵
富平	xuei³⁵	xuei⁵⁵	xuei⁵⁵/kʰuei⁵⁵	uei⁵³	tʰuei⁵⁵
潼关	xuei²⁴	xuei⁴⁴	xuei⁴⁴	vei⁵²	tʰuei⁴⁴
华阴	xuei²⁴	xuei⁵⁵	xuei⁵⁵/kʰuei⁵⁵	uei⁵²	tʰuei⁵⁵
华县	xuei³⁵	xuei⁵⁵	kʰuei⁵⁵	uei⁵³	tʰuei⁵⁵
渭南	xuei²⁴	xuei⁴⁴	xuei⁴⁴	uei⁵³	tʰuei⁴⁴
洛南	xuei²⁴	xuei⁴⁴	xuei⁴⁴	vei⁵³	tʰuei⁴⁴
商州	xuei³⁵	xuei⁵⁵	xuei⁵⁵	vei⁵³	tʰuei⁵⁵
丹凤	xuei²⁴	xuei⁴⁴	xuei⁴⁴	vei⁵³	tʰuei⁴⁴
宜川	xuei²⁴	xuei⁴⁵	xuei⁴⁵/kʰuei⁴⁵	vei⁵¹	t̪ʰuei⁴⁵/t̪ʰuo⁵¹
富县	xuei²⁴	xuei⁴⁴	xuei⁴⁴/kʰuei⁴⁴	vei⁵²	tʰuei⁴⁴/tʰuo³¹
黄陵	xuei²⁴	xuei⁴⁴	xuei⁴⁴/kʰuei⁴⁴	vei⁵²	tʰuei⁴⁴/tʰuo³¹
宜君	xuei²⁴	xuei⁴⁴	xuei⁴⁴/kʰuẽ⁴⁴	vei⁴⁴	tʰuei⁴⁴/ʒuei⁵²
铜川	xuei²⁴	xuei⁴⁴	xuei⁴⁴/kʰuei⁴⁴	uei⁵²	tʰuei⁴⁴
耀县	xuei²⁴	xuei⁴⁴	xuei⁴⁴/kʰuei⁴⁴	uei⁵²	tʰuei⁴⁴/tʰuo³¹
高陵	xuei²⁴	xuei⁵⁵	xuei⁵⁵/kʰuei⁵⁵	uei³¹	tʰuei⁵⁵/tʰuo³¹
临潼	xuei²⁴	xuei⁴⁵	xuei⁴⁵/kʰuei⁴⁵	uei⁵²	tʰuei⁴⁵/tʰuo³¹

---

① 以下 kʰuei⁵⁵/kʰuei⁴⁴/kʰuɿ⁵⁵/kʰuei⁴⁵ 都为 "崩溃" 的 "溃" 的发音。

字目 / 方言	回	汇	溃~脓	煨	蜕
	蟹合一 平灰匣	蟹合一 上贿匣	蟹合一 去队匣	蟹合一 平灰影	蟹合一 去泰透
蓝田	xuei^{24}	xuei^{44}	xuei^{44}/kʰuei^{44}	uẽ^{31}	tʰuei^{44}/tʰuo^{31}
长安	xuei^{24}	xuei^{44}	xuei^{44}/kʰuei^{44}	uei^{31}	tʰuei^{44}
户县	xuei^{24}	xuei^{55}	xuei^{55}/kʰuei^{55}	uei^{52}	tʰuei^{55}/tʰuo^{31}①
周至	xuɿ^{24}	xuɿ^{55}	xuɿ^{55}/kʰuɿ^{55}	uɿ^{52}	tʰuɿ^{55}/tʰuo^{21}
三原	xuei^{24}	xuei^{55}	xuei^{55}	uei^{31}	tʰuei^{55}
泾阳	xuei^{24}	xuei^{55}	xuei^{55}	uei^{52}	tʰuei^{55}
咸阳	xuei^{24}	xuei^{55}	kʰuei^{55}/xuei^{55}	uei^{52}	tʰuei^{55}
兴平	xuei^{24}	xuei^{55}	kʰuei^{55}/xuei^{55}	uei^{31}	tʰuei^{55}
武功	xuei^{24}	xuei^{55}	kʰuei^{55}/xuei^{55}	uei^{52}	tʰuei^{55}
礼泉	xue^{24}	xue^{31}	xue^{55}	ue^{31}	tʰue^{55}
乾县	xuei^{24}	xuei^{44}	xuei^{44}/kʰuei^{44}	uei^{52}	tʰuei^{44}
永寿	xuei^{24}	xuei^{55}	xuei^{55}/kʰuei^{55}	uei^{52}	tʰuei^{55}
淳化	xuei^{24}	xuei^{55}	xuei^{55}/kʰuei^{55}	uei^{52}	tʰuei^{55}
旬邑	xuei^{24}	xuei^{44}	xuei^{44}/kʰuei^{44}	uei^{52}	tʰuei^{44}
彬县	xuei^{24}	xuei^{44}	xuei^{44}	uei^{31}	tʰuei^{44}
长武	xuei^{24}	xuei^{44}	xuei^{44}/kʰuei^{44}	uei^{52}	tʰuei^{44}
扶风	xui^{24}	xui^{33}	xui^{33}	vei^{52}	tʰui^{33}
眉县	xuei^{24}	xuei^{44}	xuei^{44}	uei^{52}	tʰuei^{44}
麟游	xuei^{24}	xuei^{44}	xuei^{44}	vei^{53}	tʰuei^{44}
岐山	xui^{24}	xui^{53}	xui^{53}	vei^{53}	tʰui^{44}
凤翔	xuei^{24}	xuei^{44}	xuei^{44}	uei^{53}	tʰuei^{44}
宝鸡	xui^{24}	xui^{44}	xui^{44}	vei^{44}	tʰui^{44}
千阳	xui^{24}	xui^{44}	kʰuei^{53}/<u>xui</u>^{44}	vei^{53}	tʰui^{44}
陇县	xui^{24}	xui^{44}	kʰui^{44}	vei^{53}	tʰui^{44}

① tʰuo^{31} ～壳。

字目 / 方言	兑 蟹合一去泰定	最 蟹合一去泰精	会~计 蟹合一去泰见	外 蟹合一去泰疑	会开~ 蟹合一去泰匣
西安	tuei^{55}	tsuei^{55}	kʰuæ^{53}	uæ^{55}/uei^{55}①	xuei^{55}
韩城	tʐɿ^{44}	tɕyɿ^{44}	kʰuæ^{53}	uæ^{44}/uɿ^{44}	xuɿ^{44}
合阳	tuɿ^{55}	tɕyɿ^{55}	kʰue^{52}	ue^{55}/uɿ^{55}	xuɿ^{55}
澄城	tuei^{44}	tʃuei^{44}	kʰuæ^{44}	uæ^{44}/uei^{44}	xuei^{44}
白水	tuei^{44}	tsuei^{44}	kʰuæ^{53}	uæ^{44}/uei^{44}	xuei^{44}
大荔	tuei^{55}	tsuei^{55}	kʰuæ^{52}	uæ^{55}/uei^{55}	xuei^{55}
蒲城	tuei^{55}	tʃuei^{55}	kʰuæ^{55}	uæ^{55}/uei^{55}	xuei^{55}
美原	tuei^{55}	tʃei^{55}	kʰuæ^{53}	uæ^{55}/uei^{55}	xuei^{55}
富平	tuei^{55}	tsuei^{55}	kʰuæ^{53}	uæ^{55}/uei^{55}	xuei^{55}
潼关	tuei^{44}	tsuei^{44}	kʰuæ^{44}	væ^{44}/vei^{44}	xuei^{44}
华阴	tuei^{55}	tsuei^{55}	kʰuæ^{55}	uæ^{55}/uei^{55}	xuei^{55}
华县	tuei^{55}	tʃuei^{55}	kʰuæ^{55}	uæ^{55}/uei^{55}	xuei^{55}
渭南	tuei^{44}	tʃuei^{44}	kʰue^{53}	ue^{44}/uei^{44}	xuei^{44}
洛南	tuei^{44}	tʃuei^{53}	kʰue^{44}	ve^{44}/vei^{44}	xuei^{44}
商州	tuei^{55}	tʃuei^{55}	kʰuæ^{53}	væ^{55}/vei^{55}	xuei^{55}
丹凤	tuei^{44}	tʃuei^{53}	kʰuæ^{44}	væ^{44}/vei^{44}	xuei^{44}
宜川	tuei^{45}	tsuei^{45}	kʰuɛe^{45}	vɛɛ^{45}	xuei^{45}
富县	tuei^{44}	tsuei^{44}	kʰuE^{52}	vE^{44}	xuei^{44}
黄陵	tuei^{44}	tʃuei^{44}	kʰue^{52}	vɛ^{44}/ue^{44}/vei^{44}	xuei^{44}
宜君	tuei^{44}	tsuei^{44}	kʰue^{52}	vɛ^{44}/vei^{44}	xuei^{44}
铜川	tuei^{44}	tsuei^{44}	kʰuæ^{44}	væ^{44}/vei^{44}	xuei^{44}
耀县	tuei^{44}	tʃuei^{44}	kʰuæe^{52}	uæe^{44}/uei^{44}	xuei^{44}
高陵	tuei^{55}	tsuei^{55}	kʰuæ^{52}	uæ^{55}	xuei^{55}
临潼	tuei^{45}	tsuei^{45}	kʰuæ^{45}	uæ^{45}/uei^{45}	xuei^{45}

① uei^{55} 该白读音大多用于"~爷、~婆"。

字目 方言	兑 蟹合一 去泰定	最 蟹合一 去泰精	会~计 蟹合一 去泰见	外 蟹合一 去泰疑	会开~ 蟹合一 去泰匣
蓝田	tuei⁴⁴	tʃuei⁴⁴	kʰuæ⁵²	uæ⁴⁴	xuei⁴⁴
长安	tuei⁴⁴	tsuei⁴⁴	kʰuæ⁵³	uæ⁴⁴	xuei⁴⁴
户县	tuei⁵⁵	tʃuei⁵⁵	kʰue⁵²	u̲e⁵⁵/uei⁵⁵	xuei⁵⁵
周至	tuʅ⁵⁵	tsuʅ⁵⁵	kʰuæ⁵²	uæ⁵⁵	xuʅ⁵⁵
三原	tuei⁵⁵	tsuei⁵⁵	kʰuæ⁵⁵	u̲æ⁵⁵/uei⁵⁵	xuei⁵⁵
泾阳	tuei⁵⁵	tsuei⁵⁵	kʰuæ⁵⁵	u̲æ⁵⁵/uei⁵⁵	xuei⁵⁵
咸阳	tuei⁵⁵	tsuei⁵⁵	kʰuæ⁵²	u̲æ⁵⁵/uei⁵⁵	xuei⁵⁵
兴平	tuei⁵⁵	tsuei⁵⁵	kʰuæ⁵²	u̲æ⁵⁵/uei⁵⁵	xuei⁵⁵
武功	tuei⁵⁵	tsuei⁵⁵	kʰuæ⁵⁵	u̲æ⁵⁵/uei⁵⁵	xuei⁵⁵
礼泉	tue⁵⁵	tsue⁵⁵	kʰuæ⁵²	uæ⁵⁵	xue⁵⁵
乾县	tuei⁴⁴	tsuei⁴⁴	kʰuæ⁵²	u̲æ⁴⁴/uei⁴⁴	xuei⁴⁴
永寿	tuei⁵⁵	tsuei⁵⁵	kʰuæ⁵²	u̲æ⁵⁵/uei⁵⁵	xuei⁵⁵
淳化	tuei⁵⁵	tsuei⁵⁵	kʰuæ⁵²	u̲æ⁵⁵/uei⁵⁵	xuei⁵⁵
旬邑	tuei⁴⁴	tsuei⁴⁴	kʰuæ⁵²	u̲æ⁴⁴/uei⁴⁴	xuei⁴⁴
彬县	tuei⁴⁴	tsuei⁴⁴	kʰuæ⁵²	u̲æ⁴⁴/uei⁴⁴	xuei⁴⁴
长武	tuei⁴⁴	tsuei⁴⁴	kʰuæ⁵²	u̲æ⁴⁴/uei⁴⁴	xuei⁴⁴
扶风	tui³³	tsui³³	kʰuᴇ⁵²	vᴇ³³	xui³³
眉县	tuei⁴⁴	tsuei⁴⁴	kʰuᴇ⁵²	uᴇ⁴⁴	xuei⁴⁴
麟游	tuei⁴⁴	tsuei⁴⁴	kʰuæ⁵³	væ⁴⁴	xuei⁴⁴
岐山	tui⁴⁴	tsui⁴⁴	kʰuᴇ⁴⁴	vᴇ⁴⁴	xui⁴⁴
凤翔	tuei⁴⁴	tsuei⁴⁴	kʰuᴇ⁴⁴	uᴇ⁴⁴	xuei⁴⁴
宝鸡	tui⁴⁴	tsui⁴⁴	kʰuᴇ⁴⁴	vᴇ⁴⁴	xui⁴⁴
千阳	tui⁴⁴	tsui⁴⁴	kʰuᴇ⁵³	væ⁴⁴	xui⁴⁴
陇县	tui⁴⁴	tsui⁴⁴	kʰuᴇ⁵³	vᴇ⁴⁴	xui⁴⁴

字目　方言	摆　蟹合二去怪崇	乖　蟹合二平皆见	怪　蟹合二去怪见	块　蟹合二去怪溪	怀　蟹合二平皆匣
西安	pfæ⁵⁵	kuæ²¹ ｜ kuæ	kuæ⁵⁵	kʰuæ⁵³	xuæ²⁴ ｜ xuæ
韩城	pfæ⁴⁴	kuæ³¹ ｜ kuæ	kuæ⁴⁴	kʰuæ⁵³	xuæ²⁴ ｜ xuæ
合阳	pfʰɛ⁵⁵/pfɛ⁵⁵	kuɛ³¹ ｜ kuæ	kuɛ⁵⁵	kʰuɛ⁵²	xuɛ²⁴ ｜ xuæ
澄城	tʃuæ⁴⁴	kuæ³¹ ｜ kuæ	kuæ⁴⁴	kʰuæ⁵³	xuæ²⁴ ｜ xuæ
白水	tʃuæ⁴⁴	kuæ³¹ ｜ kuæ	kuæ⁴⁴	kʰuæ⁵³	xuæ²⁴ ｜ xuæ
大荔	pfæ⁵⁵	kuæ³¹ ｜ kuæ	kuæ⁵⁵	kʰuæ⁵²	xuæ²⁴ ｜ xuæ
蒲城	tʃuæ⁵⁵	kuæ³¹ ｜ kuæ	kuæ⁵⁵	kʰuæ⁵³	xuæ³⁵ ｜ xuæ
美原	tʃæ⁵⁵	kuæ³¹ ｜ kuæ	kuæ⁵⁵	kʰuæ⁵³	xuæ³⁵ ｜ xuæ
富平	tʃuæ⁵⁵	kuæ³¹ ｜ kuæ	kuæ⁵⁵	kʰuæ⁵³	xuæ³⁵ ｜ xuæ
潼关	pfæ⁴⁴	kuæ³¹ ｜ kuæ	kuæ⁴⁴	kʰuæ⁵²	xuæ²⁴ ｜ xuæ
华阴	pfæ⁵⁵	kuæ³¹ ｜ kuæ	kuæ⁵⁵	kʰuæ⁵²	xuæ²⁴ ｜ xuæ
华县	tʃuæ⁵⁵	kuæ³¹ ｜ kuɛ	kuæ⁵⁵	kʰuæ⁵³	xuæ³⁵ ｜ xuɛ
渭南	tʃuɛ⁴⁴	kuɛ³¹	kuɛ⁴⁴	kʰuɛ⁵³	xuɛ²⁴
洛南	tʃuɛ⁴⁴	kuɛ³¹ ｜ kuæ	kuɛ⁴⁴	kʰuɛ⁵³	xuɛ²⁴ ｜ xuæ
商州	tʃuæ⁵⁵	kuæ³¹ ｜ kuæ	kuæ⁵⁵	kʰuæ⁵³	xuæ³⁵ ｜ xuæ
丹凤	tʃuæ⁴⁴	kuæ³¹	kuæ⁴⁴	kʰuæ⁵³	xuæ²⁴
宜川	tʂʰuɛe⁴⁵	kuɛe⁵¹	kuɛe⁴⁵	kʰuɛe⁴⁵	xuɛe²⁴
富县	tsʰuE⁴⁴	kuE³¹	kuE⁴⁴	kʰuE⁵²	xuE²⁴
黄陵	tʃʰuei⁴⁴	kuɛ³¹	kuɛ⁴⁴	kʰuɛ⁵²	xuɛ²⁴
宜君	tʃʰuei⁴⁴/tʃuɛ⁴⁴	kuɛ²¹	kuɛ⁴⁴	kʰuɛ⁵²	xuɛ²⁴
铜川	tʃʰuæ⁴⁴/ʃuei⁴⁴	kuæ²¹ ｜ kuɛ	kuæ⁴⁴	kʰuæ⁴⁴	xuæ²⁴ ｜ xuɛ
耀县	tʃuæe⁴⁴/tʃʰuei⁴⁴	kuæe³¹ ｜ kuɛ	kuæe⁴⁴	kʰuæe⁵²	xuæe²⁴ ｜ xuɛ
高陵	tʃuei⁵⁵	kuæ³¹ ｜ kuæ	kuæ⁵⁵	kʰuæ⁵²	xuæ²⁴ ｜ xuæ
临潼	tʂæ⁴⁵/tʂei⁴⁵/tʃuæ⁴⁵/tʃuei⁴⁵老	kuæ³¹	kuæ⁴⁵	kʰuæ⁵²	xuæ²⁴

字目 方言	捽 蟹合二 去怪崇	乖 蟹合二 平皆见	怪 蟹合二 去怪见	块 蟹合二 去怪溪	怀 蟹合二 平皆匣
蓝田	tʃuæ⁴⁴/tʃuei⁴⁴	kuæ³¹ | kuæ	kuæ⁴⁴	kʰuæ⁵²	xuæ²⁴ | xuæ
长安	pfei⁴⁴	kuæ³¹	kuæ⁴⁴	kʰuæ⁵³	xuæ²⁴
户县	tʃue⁵⁵	kue³¹ | kue	kue⁵⁵	kʰue⁵²	xue²⁴ | xue
周至	pfæ⁵⁵	kuæ²¹ | kuæ	kuæ⁵⁵	kʰuæ⁵²	xuæ²⁴ | xuæ
三原	tʃuei⁵⁵	kuæ³¹ | kuæ	kuæ⁵⁵	kʰuæ⁵²	xuæ²⁴ | xuæ
泾阳	tʃuei⁵⁵	kuæ³¹ | kuɛ	kuæ⁵⁵	kʰuæ⁵²	xuæ²⁴ | xuɛ
咸阳	tʃuei⁵⁵	kuæ³¹ | kuɛ	kuæ⁵⁵	kʰuæ⁵²	xuæ²⁴ | xuɛ
兴平	tʃuei⁵⁵	kuæ³¹ | kuæ	kuæ⁵⁵	kʰuæ⁵²	xuæ²⁴ | xuæ
武功	tʃuei⁵⁵	kuæ³¹ | kuæ	kuæ⁵⁵	kʰuæ⁵²	xuæ²⁴ | xuæ
礼泉	tʃue⁵⁵	kuæ³¹ | kuæ	kuæ⁵⁵	kʰuæ⁵²	xuæ²⁴ | xuɛ
乾县	tʃuei⁴⁴	kuæ³¹ | kuɛ	kuæ⁴⁴	kʰuæ⁵²	xuæ²⁴ | xuɛ
永寿	tʃuei⁵⁵	kuæ³¹ | kuɛ	kuæ⁵⁵	kʰuæ⁵²	xuæ²⁴ | xuɛ
淳化	tʃuei⁵⁵	kuæ³¹ | kuæ	kuæ⁵⁵	kʰuæ⁵²	xuæ²⁴ | xuæ
旬邑	tʃuei⁴⁴	kuæ³¹ | kuæ	kuæ⁴⁴	kʰuæ⁵²	xuæ²⁴ | xuæ
彬县	tʃuei⁴⁴	kuæ³¹ | kuæ	kuæ⁴⁴	kʰuæ⁵²	xuæ²⁴ | kuæ
长武	tʃʰuei²⁴	kuæ̃³¹ | kuæ	kuæ⁴⁴	kʰuæ⁵²	xuæ̃²⁴ | xuæ
扶风	tʂʰei³³	kuE³¹ | kuæ	kuE³³	kʰuE⁵²	xuE²⁴ | xuæ
眉县	tʂʰei⁴⁴/tʃuei⁴⁴	kuE³¹ | kuɛ	kuE⁴⁴	kʰuE⁵²	xuE²⁴ | xuɛ
麟游	tʃʰuei⁴⁴	kuæ³¹ | kuæ	kuæ⁴⁴	kʰuæ⁵³	xuæ²⁴ | xuæ
岐山	tʂʰei⁴⁴	kuE³¹ | kuæ	kuE⁴⁴	kʰuE⁵³	xuE²⁴ | xuæ
凤翔	tʂei⁴⁴	kuE³¹ | kuæ	kuE⁴⁴	kʰuE⁵³	xuE²⁴ | xuæ
宝鸡	tuŋ⁴⁴	kuE³¹ | kuæ	kuE⁴⁴	kʰuE⁵³	xuE²⁴ | xuæ
千阳	tʃʰei⁴⁴	kuæ³¹ | kuæ	kuE⁴⁴	kʰuE⁵³	xuæ²⁴ | xuæ
陇县	tʃuE⁴⁴	kuE³¹ | kuæ	kuE⁴⁴	kʰuE⁵³	xuE²⁴ | xuæ

字目 方言	坏 蟹合二 去怪匣	拐 蟹合二 上蟹见	挂 蟹合二 去卦见	歪 蟹合二 平佳晓		画 蟹合二 去卦匣
西安	xuæ⁵⁵	kuæ⁵³	kua⁵⁵	uæ²¹/uæ⁵³①	uæ	xua⁵⁵
韩城	xuæ⁴⁴	kuæ⁵³	kua⁴⁴	uæ³¹	uæ	xua⁴⁴
合阳	xuɛ⁵⁵	kuɛ⁵²	kua⁵⁵	uɛ³¹	uæ	xua⁵⁵
澄城	xuæ⁴⁴	kuæ⁵³	kua⁴⁴	uæ³¹	uæ	xua⁴⁴
白水	xuæ⁴⁴	kuæ⁵³	kua⁴⁴	uæ³¹	uæ	xua⁴⁴
大荔	xuæ⁵⁵	kuæ⁵²	kua⁵⁵	uæ³¹	uæ	xua⁵⁵
蒲城	xuæ⁵⁵	kuæ⁵³	kua⁵⁵	uæ³¹	uæ/uei	xua⁵⁵
美原	xuæ⁵⁵	kuæ⁵³	kua⁵⁵	uæ³¹	uæ	xua⁵⁵
富平	xuæ⁵⁵	kuæ⁵³	kua⁵⁵	uæ³¹	uæ	xua⁵⁵
潼关	xuæ⁴⁴	kuæ⁵²	kua⁴⁴	væ³¹	uæ	xua⁴⁴
华阴	xuæ⁵⁵	kuæ⁵²	kua⁵⁵	uæ³¹	uæ	xua⁵⁵
华县	xuæ⁵⁵	kuæ⁵³	kua⁵⁵	uæ³¹	uæ	xua⁵⁵
渭南	xuɛ⁴⁴	kuɛ⁵³	kua⁴⁴	uɛ³¹	uæ	xua⁴⁴
洛南	xuɛ⁴⁴	kuɛ⁵³	kua⁴⁴	vɛ³¹	uæ	xua⁴⁴
商州	xuæ⁵⁵	kuæ⁵³	kua⁵⁵	væ³¹		xua⁵⁵
丹凤	xuæ⁴⁴	kuæ⁵³	kua⁴⁴	væ³¹		xua⁴⁴
宜川	xuɛe⁴⁵	kuɛe⁴⁵	kua⁴⁵	vɛe⁵¹		xua⁴⁵
富县	xuE⁴⁴	kuE⁵²	kua⁴⁴	vE³¹		xua⁴⁴
黄陵	xuɛ⁴⁴	kuɛ⁵²	kua⁴⁴	vɛ³¹		xua⁴⁴
宜君	xuɛ⁴⁴	kuɛ⁵²	kua⁴⁴	vɛ²¹		xua⁴⁴
铜川	xuæ⁴⁴	kuæ⁵²	kua⁴⁴	væ²¹/uæ²¹		xua⁴⁴
耀县	xuæe⁴⁴	kuæe⁵²	kua⁴⁴	uæe³¹	uæ	xua⁴⁴
高陵	xuæ⁵⁵	kuæ⁵²	kua⁵⁵	uæ³¹/uæ⁵²②	uæ	xua⁵⁵
临潼	xuæ⁴⁵	kuæ⁵²	kua⁴⁵	uæ³¹	uæ	xua⁴⁵

① uæ²¹ 墙～咧；uæ⁵³ ～脖子。
② uæ³¹ 墙～咧；uæ⁵² 人恶。下同。

字目 方言	坏 蟹合二 去怪匣	拐 蟹合二 上蟹见	挂 蟹合二 去卦见	歪 蟹合二 平佳晓	画 蟹合二 去卦匣
蓝田	xuæ⁴⁴	kuæ⁵²	kua⁴⁴	uæ³¹ ｜ uæ	xua⁴⁴
长安	xuæ⁴⁴	kuæ⁵³	kua⁴⁴	uæ³¹/uæ⁵³	xua⁴⁴
户县	xuɛ⁵⁵	kuɛ⁵²	kua⁵⁵	uɛ³¹/uɛ⁵² ｜ uɛ	xua⁵⁵
周至	xuæ⁵⁵	kuæ⁵²	kua⁵⁵	uæ²¹/uæ⁵² ｜ uæ	xua⁵⁵
三原	xuæ⁵⁵	kuæ⁵²	kua⁵⁵	uæ³¹ ｜ uæ	xua⁵⁵
泾阳	xuæ⁵⁵	kuæ⁵²	kua⁵⁵	uæ³¹ ｜ uæ	xua⁵⁵
咸阳	xuæ⁵⁵	kuæ⁵²	kua⁵⁵	uæ³¹ ｜ uæ	xua⁵⁵
兴平	xuæ⁵⁵	kuæ⁵²	kua⁵⁵	uæ³¹/uæ⁵² ｜ uæ	xua⁵⁵
武功	xuæ⁵⁵	kuæ⁵²	kua⁵⁵	uæ³¹/uæ⁵² ｜ uæ	xua⁵⁵
礼泉	xuæ⁵⁵	kuæ⁵²	kua⁵⁵	uæ³¹ ｜ uæɪ	xua⁵⁵
乾县	xuæ⁴⁴	kuæ⁵²	kua⁴⁴	uæ³¹ ｜ uæɪ	xua⁴⁴
永寿	xuæ⁵⁵	kuæ⁵²	kua⁵⁵	uæ³¹/uæ⁵² ｜ uæɪ	xua⁵⁵
淳化	xuæ⁵⁵	kuæ⁵²	kua⁵⁵	uæ³¹ ｜ uæ	xua⁵⁵
旬邑	xuæ⁴⁴	kuæ⁵²	kua⁴⁴	uæ³¹/uæ⁵² ｜ uæ	xua⁴⁴
彬县	xuæ⁴⁴	kuæ⁵²	kua⁴⁴	uæ³¹/uæ⁵² ｜ uæ	xua⁴⁴
长武	xuæ⁴⁴	kuæ⁵²	kua⁴⁴	uæ³¹ ｜ uæ	xua⁴⁴
扶风	xuɛ³³	kuɛ⁵²	kua³³	vɛ⁵² ｜ uæ	xua³³
眉县	xuɛ⁴⁴	kuɛ⁵²	kua⁴⁴	uɛ⁵² ｜ uæ	xua⁴⁴
麟游	xuæ⁴⁴	kuæ⁵³	kua⁴⁴	væ⁵³	xua⁴⁴
岐山	xuɛ⁴⁴	kuɛ⁵³	kua⁴⁴	vɛ⁵³ ｜ uæ	xua⁴⁴
凤翔	xuɛ⁴⁴	kuɛ⁵³	kua⁴⁴	uɛ⁵³ ｜ uæ	xua⁴⁴
宝鸡	xuɛ⁴⁴	kuɛ⁵³	kua⁴⁴	vɛ³¹	xua⁴⁴
千阳	xuɛ⁴⁴	kuɛ⁵³	kua⁴⁴	vɛ⁵³	xua⁴⁴
陇县	xuɛ⁴⁴	kuɛ⁵³	kua⁴⁴	vɛ⁵³	xua⁴⁴

字目 方言	蛙 蟹合二 平佳影	快 蟹合二 去夬溪	话 蟹合二 去夬匣	脆 蟹合三 去祭清	岁 蟹合三 去祭心
西安	ua²¹	kʰuæ⁵⁵	xua⁵⁵	tsʰuei⁵⁵	suei⁵⁵
韩城	ua³¹	kʰuæ⁴⁴	xua⁴⁴	tɕʰyɪ⁴⁴	ɕyɪ⁴⁴
合阳	ua³¹	kʰuɛ⁵⁵	xua⁵⁵	tɕʰyɪ⁵⁵	ɕyɪ⁵⁵
澄城	ua³¹	kʰuæ⁴⁴	xua⁴⁴	tʃʰuei⁴⁴	tuei⁴⁴
白水	ua³¹	kʰuæ⁴⁴	xua⁴⁴	tsʰuei⁴⁴	suei⁴⁴
大荔	ua³¹	kʰuæ⁵⁵	xua⁵⁵	tsʰuei⁵⁵	suei⁵⁵
蒲城	ua³¹	kʰuæ⁵⁵	xua⁵⁵	tʃʰuei⁵⁵	ʃuei⁵⁵
美原	ua³¹	kʰuæ⁵⁵	xua⁵⁵	tʃʰei⁵⁵	ʃei⁵⁵
富平	ua³¹	kʰuæ⁵⁵	xua⁵⁵	tsʰuei⁵⁵	suei⁵⁵
潼关	va³¹	kʰuæ⁴⁴	xua⁴⁴	tsʰuei⁴⁴	suei⁴⁴
华阴	ua³¹	kʰuæ⁵⁵	xua⁵⁵	tsʰuei⁵⁵	suei⁵⁵
华县	ua³¹	kʰuæ⁵⁵	xua⁵⁵	tʃʰuei⁵⁵	ʃuei⁵⁵
渭南	ua³¹	kʰuɛ⁴⁴	xua⁴⁴	tʃʰuei⁴⁴	ʃuei⁴⁴
洛南	va³¹	kʰuɛ⁴⁴	xua⁴⁴	tʃʰuei⁴⁴	ʃuei⁴⁴
商州	va³¹	kʰuæ⁵⁵	xua⁵⁵	tʃʰuei⁵⁵	ʃuei⁵⁵
丹凤	va³¹	kʰuæ⁴⁴	xua⁴⁴	tʃʰuei⁴⁴	ʃuei⁴⁴
宜川	ua⁵¹	kʰuɛe⁴⁵	xua⁴⁵	tsʰuei⁴⁵	suei⁴⁵/ɕy⁴⁵
富县	va³¹	kʰuᴇ⁴⁴	xua⁴⁴	tsʰuei⁴⁴	suei⁴⁴
黄陵	ua³¹/va³¹	kʰuɛ⁴⁴	xua⁴⁴	tʃʰuei⁴⁴	ʃuei⁴⁴
宜君	va²¹	kʰuɛ⁴⁴	xua⁴⁴	tsʰuei⁴⁴	suei⁴⁴
铜川	ua²¹	kʰuæ⁴⁴	xua⁴⁴	tsʰuei⁴⁴	suei⁴⁴
耀县	ua³¹	kʰuæe⁴⁴	xua⁴⁴	tʃʰuei⁴⁴	ʃuei⁴⁴
高陵	ua³¹	kʰuæ⁵⁵	xua⁵⁵	tsʰuei⁵⁵	suei⁵⁵
临潼	ua³¹	kʰuæ⁴⁵	xua⁴⁵	tsʰuei⁴⁵	suei⁴⁵

字目 方言	蛙 蟹合二 平佳影	快 蟹合二 去夬溪	话 蟹合二 去夬匣	脆 蟹合三 去祭清	岁 蟹合三 去祭心
蓝田	ua³¹	kʰuæ⁴⁴	xua⁴⁴	tʃʰuei⁴⁴	ʃuei⁴⁴
长安	ua³¹	kʰuæ⁴⁴	xua⁴⁴	tsʰuei⁴⁴	suei⁴⁴
户县	ua³¹	kʰuɛ⁵⁵	xua⁵⁵	tʃʰuei⁵⁵	ʃuei⁵⁵
周至	ua²¹	kʰuæ⁵⁵	xua⁵⁵	tsʰuɿ⁵⁵	suɿ⁵⁵
三原	ua³¹	kʰuæ⁵⁵	xua⁵⁵	tsʰuei⁵⁵	<u>suei</u>⁵⁵/<u>tsuei</u>⁵⁵①
泾阳	ua³¹	kʰuæ⁵⁵	xua⁵⁵	tsʰuei⁵⁵	<u>suei</u>⁵⁵/<u>tsuei</u>⁵⁵
咸阳	ua³¹	kʰuæ⁵⁵	xua⁵⁵	tsʰuei⁵⁵	suei⁵⁵
兴平	ua³¹	kʰuæ⁵⁵	xua⁵⁵	tsʰuei⁵⁵	suei⁵⁵
武功	ua³¹	kʰuæ⁵⁵	xua⁵⁵	tsʰuei⁵⁵	<u>suei</u>⁵⁵/<u>tsuei</u>⁵⁵
礼泉	ua³¹	kʰuæ⁵⁵	xua⁵⁵	tsʰue⁵⁵	sue⁵⁵
乾县	ua³¹	kʰuæ⁴⁴	xua⁴⁴	tsʰuei⁴⁴	suei⁴⁴
永寿	ua³¹	kʰuæ⁵⁵	xua⁵⁵	tsʰuei⁵⁵	<u>suei</u>⁵⁵/<u>tsuei</u>⁵⁵
淳化	ua³¹	kʰuæ⁵⁵	xua⁵⁵	tsʰuei⁵⁵	<u>suei</u>⁵⁵/<u>tsuei</u>⁵⁵
旬邑	ua³¹	kʰuæ⁴⁴	xua⁴⁴	tsʰuei⁴⁴	<u>suei</u>⁴⁴/<u>tsuei</u>⁴⁴
彬县	ua³¹	kʰuæ⁴⁴	xua⁴⁴	tsʰuei⁴⁴	<u>suei</u>⁴⁴/<u>tsuei</u>⁴⁴
长武	ua³¹	kʰuæ⁴⁴	xua⁴⁴	tsʰuei⁴⁴	<u>suei</u>⁴⁴/<u>tsuei</u>⁴⁴
扶风	va³¹	kʰuᴇ³³	xua³³	tsʰui³³	sui³³
眉县	ua³¹	kʰuᴇ⁴⁴	xua⁴⁴	tsʰuei⁴⁴	suei⁴⁴
麟游	va³¹	kʰuæ⁴⁴	xua⁴⁴	tsʰuei⁴⁴	suei⁴⁴
岐山	va³¹	kʰuᴇ⁴⁴	xua⁴⁴	tsʰui⁴⁴	sui⁴⁴
凤翔	ua³¹	kʰuᴇ⁴⁴	xua⁴⁴	tsʰuei⁴⁴	suei⁴⁴
宝鸡	va³¹	kʰuᴇ⁴⁴	xua⁴⁴	tsʰui⁴⁴	sui⁴⁴
千阳	va³¹	kʰuᴇ⁴⁴	xua⁴⁴	tsʰui⁴⁴	<u>sui</u>⁴⁴/<u>tsui</u>⁴⁴
陇县	va³¹	kʰuᴇ⁴⁴	xua⁴⁴	tsʰui⁴⁴	sui⁴⁴

---

① tsuei⁵⁵ 过～：过生日。tsuei⁵⁵ 可能 "晬" 的音。"晬"《广韵》子对切，去队，精。有 "周岁" 之意，特指婴儿满周岁、满月或满百天。

字目 / 方言	缀	赘	税	卫	锐
	蟹合三去祭知	蟹合三去祭章	蟹合三去祭书	蟹合三去祭云	蟹合三去祭以
西安	pfei^{55}	pfei^{55}	fei^{55}	uei^{55}	vei^{55}
韩城	pfɿ^{31}	pfɿ^{31}	fɿ^{44}	uɿ^{44}	vɿ^{53}
合阳	pfɿ^{55}	pfɿ^{55}	fɿ^{55}	uɿ^{55}	vɿ^{55}
澄城	tʃuei^{44}	tʃuei^{44}	ʃuei^{44}	uei^{44}	ʒuei^{44}
白水	tʃuei^{44}	tʃuei^{44}	ʃuei^{44}	uei^{44}	ʒuei^{44}
大荔	pfʰei^{55}	pfʰei^{55}	fei^{55}	uei^{55}	vei^{55}
蒲城	tʃuei^{55}	tʃuei^{55}	ʃuei^{55}	uei^{55}	ʒuei^{53}
美原	tʃʰei^{55}	tʃʰei^{55}	ʃei^{55}	uei^{35}	ʒei^{53}
富平	tʃuei^{55}	tʃuei^{55}	ʃuei^{55}	uei^{55}	ʒuei^{53}
潼关	pfei^{44}	pfei^{44}	fei^{44}	vei^{44}	vei^{44}
华阴	pfei^{55}	pfei^{55}	fei^{55}	uei^{55}	vei^{55}
华县	tʃuei^{55}	tʃuei^{55}	ʃuei^{55}	uei^{55}	ʒuei^{53}
渭南	tʃuei^{44}	tʃuei^{44}	ʃuei^{44}	uei^{44}	ʒuei^{44}
洛南	tʃuei^{44}	tʃuei^{44}	ʃuei^{44}	vei^{44}	ʒuei^{44}
商州	tʃuei^{55}	tʃuei^{55}	ʃuei^{55}	vei^{55}	ʒuei^{55}
丹凤	tʃuei^{44}	tʃuei^{44}	ʃuei^{44}	vei^{44}	ʒuei^{44}
宜川	tʂuei^{45}	tʂʰuei^{45}	ʂuei^{45}	vei^{45}	zuei^{45}
富县	tsuei^{44}	tsuei^{44}	suei^{44}	vei^{44}	zuei^{55}
黄陵	tʃuei^{44}	tʃuei^{44}	ʃuei^{44}	vei^{44}	ʒuei^{44}
宜君	tʃuei^{44}	tʃuei^{21}	ʃuei^{44}	vei^{44}	ʒuei^{52}
铜川	tʃuei^{44}	tʃuei^{44}	ʃuei^{44}	vei^{44}/vei^{24}	ʒuei^{44}
耀县	tʂʅ^{31}	tuei^{44}	ʃuei^{44}	uei^{44}	ʒuei^{52}
高陵	tʃuei^{55}	tʃuei^{55}	ʃuei^{55}	uei^{55}	ʒuei^{52}
临潼	tʂei^{45}/tʃuei^{45}老	tʂei^{31}/tʃuei^{31}老	ʂei^{45}/ʃuei^{45}老	uei^{45}	zei^{45}/ʒuei^{45}老

字目 方言	缀 蟹合三 去祭知	赘 蟹合三 去祭章	税 蟹合三 去祭书	卫 蟹合三 去祭云	锐 蟹合三 去祭以
蓝田	tʃuei⁴⁴	tʃuei³¹	ʃuei⁴⁴	uei⁴⁴	ʒuei⁴⁴
长安	pfei⁴⁴	pfei⁴⁴	fei⁴⁴	uei⁴⁴	vei⁴⁴
户县	tʃuei³¹	tʃuei⁵⁵	ʃuei⁵⁵	uei⁵⁵	ʒuei⁵²
周至	pfɿ⁵⁵	pfɿ⁵⁵	fɿ⁵⁵	uɿ⁵⁵	vɿ⁵²
三原	tʃuei⁵⁵	tʃuei⁵⁵	ʃuei⁵⁵	uei⁵⁵	ʒuei⁵⁵
泾阳	tʃuei⁵⁵	tʃuei⁵⁵	ʃuei⁵⁵	uei⁵⁵	ʒuei⁵⁵
咸阳	tʃuei⁵⁵	tʃuei⁵⁵	ʃuei⁵⁵	uei⁵⁵	ʒuei⁵⁵
兴平	tʃuei⁵⁵	tʃuei⁵⁵	ʃuei⁵⁵	uei⁵⁵	ʒuei⁵⁵
武功	tʃuei⁵⁵	tʃuei⁵⁵	ʃuei⁵⁵	uei⁵⁵	ʒuei⁵⁵
礼泉	tʃue⁵⁵	tʃue⁵⁵	ʃue⁵⁵	ue⁵⁵	ʒue⁵²
乾县	tʃuei⁴⁴	tʃuei⁴⁴	ʃuei⁴⁴	uei⁴⁴	ʒuei⁴⁴
永寿	tʃuei⁵⁵	tʃuei⁵⁵	ʃuei⁵⁵	uei⁵⁵	ʒuei⁵²
淳化	tʃuei⁵⁵	tʃuei⁵⁵	ʃuei⁵⁵	uei⁵⁵	ʒuei⁵⁵
旬邑	tʃuei⁴⁴	tʃuei⁴⁴	ʃuei⁴⁴	uei²⁴	ʒuei⁵²
彬县	tʃuei⁴⁴	tʃuei⁴⁴	ʃuei⁴⁴	uei⁴⁴	ʒuei⁵²
长武	tʃuei⁴⁴	tʃuei⁴⁴	ʃuei⁴⁴	uei⁴⁴	ʒuei⁵²
扶风	tʂei³³	tʂei³³	ʂei³³	vei³³	ʐei⁵²
眉县	tʂei⁴⁴/tʃuei⁴⁴	tʂei⁴⁴/tʃuei⁴⁴	ʂei⁴⁴/ʃuei⁴⁴	uei⁴⁴	ʐei⁵²/ʒuei⁵²
麟游	tʃuei⁴⁴	tʃuei⁴⁴	ʃuei⁴⁴	vei²⁴	ʒuei⁵³
岐山	tʂei⁴⁴	tʂei⁵³	ʂei⁴⁴	vei²⁴	ʐei⁵³
凤翔	tʂʰei⁴⁴	tʂei⁴⁴	ʂei⁴⁴	uei²⁴	ʐei⁵³
宝鸡	tʂei⁴⁴	tʂei⁴⁴/tʂuei⁴⁴ 新	ʂei⁴⁴/ʂuei⁴⁴ 新	vei⁴⁴	ʐei⁵³/ʐuei⁵³ 新
千阳	ʂʈʃei⁴⁴	ŋɔ²⁴	ʃei⁴⁴	vei⁴⁴/vei²⁴①	ʒei⁵³
陇县	tʃui⁴⁴	tʃui⁴⁴	ʃui⁴⁴	vei²⁴	ʒui⁵³

① vei⁴⁴ ～生；vei²⁴ 保～。

字目 方言	废 蟹合三 去废非	肺 蟹合三 去废敷	吠 蟹合三 去废奉	秽 蟹合三 去废影	闰 蟹合四 平齐见
西安	fi^{55}/fei^{55}新 ∣ fei	fi^{55}/fei^{55}新	fei^{55}	xuei^{55}	kuei^{21}
韩城	fɿ^{44} ∣ fei	fɿ^{44}	fɿ^{44}	xuɿ^{44}	kuɿ^{31}
合阳	fɿ^{55} ∣ fei	fɿ^{55}	fɿ^{55}	xuɿ^{52}	kuɿ^{31}
澄城	fɿ^{44}	fɿ^{44}	fei^{44}	xuei^{44}	kuei^{31}
白水	fei^{44} ∣ fei	fei^{44}	fei^{53}	xuei^{44}	kuei^{31}
大荔	fɿ^{55} ∣ fei	fɿ^{55}	fei^{55}	xuei^{55}	kuei^{31}
蒲城	fei^{55} ∣ fei	fei^{55}	fei^{55}	xuei^{55}	kuei^{31}
美原	fei^{55} ∣ fei	fei^{55}	fei^{53}	xuei^{55}	kuei^{31}
富平	fei^{55}	fei^{55}	fei^{53}	xuei^{55}	kuei^{31}
潼关	fei^{44} ∣ fei	fei^{44}	fei^{44}	xuei^{44}	kuei^{31}
华阴	fi^{55}/fei^{55}新 ∣ fei	fi^{55}/fei^{55}新 ∣ fei	fei^{55}	xuei^{55}	kuei^{31}
华县	fɿ^{55}	fɿ^{55}	fɿ^{53}	xuei^{55}	kuei^{31}
渭南	fei^{44} ∣ fei	fei^{44}	fei^{44}	xuei^{44}	kuei^{31}
洛南	fei^{44}	fei^{44}	fei^{44}	xuei^{44}	kuei^{31}
商州	fi^{55}/ɕy^{55}	fi^{55}/ɕy^{55}	fi^{53}/ɕy^{53}	xuei^{55}	kuei^{31}
丹凤	fei^{44}	fei^{44}	fei^{44}	xuei^{44}	kuei^{31}
宜川	fei^{45}	fei^{45}	fei^{45}	xuei^{45}	kuei^{51}
富县	fei^{44}	fei^{44}	fei^{44}	xuei^{44}	kuei^{31}
黄陵	fei^{44}	fei^{44}	fei^{52}	xuei^{44}	kuei^{31}
宜君	fẽ^{44}	fẽ^{44}	fẽ^{44}	xuei^{44}	kuei^{21}
铜川	fei^{44} ∣ fei	fei^{44}	fei^{44}	xuei^{44}	kuei^{21}
耀县	fei^{44}	fei^{44}	fei^{44}	xuei^{44}	kuei^{31}
高陵	fei^{55} ∣ fei	fei^{55}	fei^{55}	xuei^{55}	kuei^{31}
临潼	fei^{45} ∣ fei	fei^{45}	fei^{45}	xuei^{45}	kuei^{31}

字目 方言	废 蟹合三 去废非	肺 蟹合三 去废敷	吠 蟹合三 去废奉	秽 蟹合三 去废影	闺 蟹合四 平齐见
蓝田	fei⁴⁴	fei⁴⁴	fei⁴⁴	xuei⁴⁴	kuei³¹
长安	fei⁴⁴	fei⁴⁴	fei⁴⁴	xuei⁴⁴	kuei³¹
户县	fei⁵⁵ ∣ fei	fei⁵⁵	fei⁵⁵	xuei⁵⁵	kuei³¹
周至	fʅ⁵⁵ ∣ fei	fʅ⁵⁵	fʅ⁵⁵	xur⁵	kur²¹
三原	fei⁵⁵ ∣ fei	fei⁵⁵	fei⁵⁵	xuei⁵⁵	kuei³¹
泾阳	fei⁵⁵ ∣ fei	fei⁵⁵	fei⁵⁵	xuei⁵⁵	kuei³¹
咸阳	fei⁵⁵ ∣ fei	fei⁵⁵	fei⁵⁵	xuei⁵⁵	kuei³¹
兴平	fei⁵⁵ ∣ fei	fei⁵⁵	fei⁵⁵	xuei⁵⁵	kuei³¹
武功	fei⁵⁵ ∣ fei	fei⁵⁵	fei⁵⁵	xuei⁵⁵	kuei³¹
礼泉	fe⁵⁵ ∣ fei	fe⁵⁵	fe⁵⁵	xue⁵⁵	kue³¹
乾县	fei⁴⁴ ∣ fei	fei⁴⁴	fei⁴⁴	xuei⁴⁴	kuei³¹
永寿	fei⁵⁵ ∣ fei	fei⁵⁵	fei⁵⁵	xuei⁵⁵	kuei³¹
淳化	fei⁵⁵ ∣ fei	fei⁵⁵	fei⁵⁵	xuei⁵⁵	kuei³¹
旬邑	fei⁴⁴ ∣ fei	fei⁴⁴	fei⁴⁴	xuei⁴⁴	kuei³¹
彬县	fei⁴⁴ ∣ fei	fei⁴⁴	fei⁴⁴	xuei⁴⁴	kuei³¹
长武	fei⁴⁴ ∣ fei	fei⁴⁴	fei⁴⁴	xuei⁴⁴	kuei³¹
扶风	fei³³ ∣ fei	fei³³	fei⁵²	xui⁵²	kui³¹
眉县	fei⁴⁴ ∣ fei	fei⁴⁴	fei⁴⁴	xuei⁴⁴	kuei³¹
麟游	fei⁴⁴ ∣ fei	fei⁴⁴	fei⁵³	xuei⁵³	kuei³¹
岐山	fei⁴⁴ ∣ fei	fei⁴⁴	fei⁵³	xui⁵³	kui³¹
凤翔	fei⁴⁴ ∣ fei	fei⁴⁴	fei⁵³	suei⁴⁴	kuei³¹
宝鸡	fei⁴⁴ ∣ fei	fei⁴⁴	fei⁴⁴	xui⁴⁴	kui³¹
千阳	fei⁴⁴ ∣ fei	fei⁴⁴	fei⁵³	x̲u̲i̲⁴⁴/sui⁴⁴	kui³¹
陇县	fei⁴⁴ ∣ fei	fei⁴⁴	fei⁵³	xui⁴⁴	kui³¹

字目 方言	桂 蟹合四 去霽見	奎 蟹合四 平齊溪	畦 蟹合四 平齊匣	惠 蟹合四 去霽匣	慧 蟹合四 去霽匣
西安	kuei^{55}	k^{h}uei^{24}	ɕi^{55}	xuei^{55}/ɕi^{55}①	xuei^{55}
韩城	kuɹ^{44}	k^{h}uɹ^{24}	ɕi^{44}	xuɹ^{44}/ɕi^{24}	xuɹ^{44}
合阳	kuɹ^{55}	k^{h}uɹ^{24}	ɕi^{55}	xuɹ^{55}/ɕi^{55}	xuɹ^{55}
澄城	kuei^{44}	k^{h}uei^{24}	ɕi^{44}	xuei^{44}/ɕi^{44}	xuei^{44}
白水	kuei^{44}	k^{h}uei^{24}	ɕi^{44}	xuei^{44}/ɕi^{44}	xuei^{44}
大荔	kuei^{55}	k^{h}uei^{24}	ɕi^{55}	xuei^{55}/ɕi^{55}	xuei^{55}
蒲城	kuei^{55}	k^{h}uei^{35}	ɕi^{55}	xuei^{55}/ɕi^{55}	xuei^{55}
美原	kuei^{55}	k^{h}uei^{35}	ɕi^{55}	xuei^{55}/ɕi^{55}	xuei^{55}
富平	kuei^{55}	k^{h}uei^{35}	ɕi^{55}	xuei^{55}/ɕi^{55}	xuei^{55}
潼关	kuei^{44}	k^{h}uei^{24}	ɕi^{44}	xuei^{44}/ɕi^{44}	xuei^{44}
华阴	kuei^{55}	k^{h}uei^{24}	ɕi^{55}	xuei^{55}/ɕi^{55}	xuei^{55}
华县	kuei^{55}	k^{h}uei^{35}	ɕi^{55}	xuei^{55}/ɕi^{35}	xuei^{55}
渭南	kuei^{44}	k^{h}uei^{24}	ɕi^{44}	xuei^{44}/ɕi^{44}	xuei^{44}
洛南	kuei^{44}	k^{h}uei^{24}	ɕi^{44}	xuei^{44}	xuei^{44}
商州	kuei^{55}	k^{h}uei^{35}	ɕi^{55}	xuei^{55}/ɕi^{35}	xuei^{55}
丹凤	kuei^{44}	k^{h}uei^{24}	ɕi^{44}	xuei^{44}	xuei^{44}
宜川	kuei^{45}	k^{h}uei^{24}	tɕ^{h}i^{24}	xuei^{45}	xuei^{45}
富县	kuei^{44}	k^{h}uei^{24}	tɕ^{h}i^{24}	xuei^{44}	xuei^{44}
黄陵	kuei^{44}	k^{h}uei^{24}	ɕi^{44}	xuei^{44}	xuei^{44}
宜君	kuei^{44}	k^{h}uei^{24}	ɕi^{44}	xuei^{44}/ɕi^{44}	xuei^{44}
铜川	kuei^{44}	k^{h}uei^{24}	ɕi^{44}	xuei^{44}/ɕi^{44}	xuei^{44}
耀县	kuei^{44}	k^{h}uei^{24}	ɕi^{44}	xuei^{44}/ɕi^{44}	xuei^{44}
高陵	kuei^{55}	k^{h}uei^{24}	ɕi^{55}	xuei^{55}/ɕi^{55}	xuei^{55}
临潼	kuei^{45}	k^{h}uei^{24}	ɕi^{45}	xuei^{45}/ɕi^{45}	xuei^{45}

---

① ɕi^{55} 姓。下同。

字目 / 方言	桂	奎	畦	惠	慧
	蟹合四 去霁见	蟹合四 平齐溪	蟹合四 平齐匣	蟹合四 去霁匣	蟹合四 去霁匣
蓝田	$kuei^{44}$	k^huei^{24}	φi^{44}	$\underline{xuei}^{44}/\varphi i^{24}$	$xuei^{44}$
长安	$kuei^{44}$	k^huei^{24}	φi^{44}	$xuei^{44}$	$xuei^{44}$
户县	$kuei^{55}$	k^huei^{24}	φi^{55}	$\underline{xuei}^{55}/\varphi i^{55}$	$xuei^{55}$
周至	$kuɹ^{55}$	$k^huɹ^{24}$	φi^{55}	$\underline{xuɹ}^{55}/\varphi i^{55}$	$xuɹ^{55}$
三原	$kuei^{55}$	k^huei^{24}	φi^{55}	$\underline{xuei}^{55}/\varphi i^{24}$	$xuei^{55}$
泾阳	$kuei^{55}$	k^huei^{24}	φi^{55}	$\underline{xuei}^{55}/\varphi i^{55}$	$xuei^{55}$
咸阳	$kuei^{55}$	k^huei^{24}	φi^{55}	$\underline{xuei}^{55}/\varphi i^{55}$	$xuei^{55}$
兴平	$kuei^{55}$	k^huei^{24}	φi^{55}	$\underline{xuei}^{55}/\varphi i^{55}$	$xuei^{55}$
武功	$kuei^{55}$	k^huei^{24}	φi^{55}	$xuei^{55}$	$xuei^{55}$
礼泉	kue^{55}	k^hue^{24}	φi^{55}	$\underline{xue}^{55}/\varphi i^{24}$	xue^{55}
乾县	$kuei^{44}$	k^huei^{24}	φi^{44}	$\underline{xuei}^{44}/\varphi i^{24}$	$xuei^{44}$
永寿	$kuei^{55}$	k^huei^{24}	φi^{55}	$xuei^{55}$	$xuei^{55}$
淳化	$kuei^{55}$	k^huei^{24}	φi^{55}	$\underline{xuei}^{55}/\varphi i^{55}$	$xuei^{55}$
旬邑	$kuei^{44}$	k^huei^{24}	φi^{44}	$\underline{xuei}^{44}/\varphi i^{24}$	$xuei^{44}$
彬县	$kuei^{44}$	k^huei^{24}	φi^{44}	$\underline{xuei}^{44}/\varphi i^{44}$	$xuei^{44}$
长武	$kuei^{44}$	k^huei^{24}	φi^{44}	$\underline{xuei}^{44}/\varphi i^{44}$	$xuei^{44}$
扶风	kui^{33}	k^hui^{24}	φi^{33}	xui^{33}	xui^{33}
眉县	$kuei^{44}$	k^huei^{24}	φi^{44}	$xuei^{44}$	$xuei^{44}$
麟游	$kuei^{44}$	k^huei^{24}	φi^{44}	$\underline{xuei}^{44}/\varphi i^{44}$	$xuei^{44}$
岐山	kui^{44}	k^hui^{24}	φi^{44}	xui^{44}	xui^{44}
凤翔	$kuei^{44}$	k^huei^{24}	φi^{44}	$xuei^{44}$	$xuei^{44}$
宝鸡	kui^{44}	k^hui^{24}	φi^{44}	xui^{44}	xui^{44}
千阳	kui^{44}	k^hui^{24}	φi^{44}	xui^{44}	xui^{44}
陇县	kui^{44}	k^hui^{24}	$t\varphi^h i^{44}$	$\underline{xui}^{44}/\varphi i^{44}$	xui^{44}

字目 方言	碑 止开三 平支帮	彼 止开三 上纸帮	臂 止开三 去寘帮	披 止开三 平支滂	譬 止开三 去寘滂
西安	pi²¹	pi⁵³	pi²¹	pʰei²¹	pʰi⁵³
韩城	pi³¹	pi⁵³	pi⁴⁴	pʰi³¹	pʰi⁵³
合阳	pi³¹	pi⁵²/pi⁵²	pi³¹	pʰi³¹	pʰi⁵²
澄城	pi³¹	pi⁵³	pi³¹	pʰei³¹	pʰi⁵³
白水	pi³¹	pi⁵³	pi³¹	pʰei³¹	pʰi⁵³
大荔	pi³¹	pi⁵²	pi³¹	pʰei³¹	pʰi⁵²
蒲城	pi³¹	pi⁵³	pi³¹	pʰei³¹	pʰi⁵³
美原	pi³¹	pi⁵³	pi³¹	pʰei³¹	pʰi⁵³
富平	pi³¹	pi⁵³	pi³¹	pʰei³¹	pʰi⁵³
潼关	pi³¹	pi⁵²	pi³¹	pʰei³¹	pʰi⁵²
华阴	pi³¹	pi⁵²	pi³¹	pʰei³¹	pʰi⁵²
华县	pi³¹	pi⁵³	pi³¹	pʰei³¹	pʰi⁵³
渭南	pi³¹	pi⁵³	pi³¹	pʰei³¹	pʰi⁵³
洛南	pi³¹	pi⁵³	pi³¹	pʰei³¹	pʰi⁵³
商州	pi³¹	pi⁵³	pi³¹	pʰei³¹	pʰi⁵³
丹凤	pi³¹	pi⁵³	pi³¹	pʰei³¹	pʰi⁵³
宜川	pi⁵¹	pʰi⁴⁵	pi⁵¹	pʰi⁵¹	pi⁴⁵
富县	pi³¹	pʰi⁵²	pi³¹	p̲ʰ̲i̲³̲¹̲/pʰei³¹	pʰi⁵²
黄陵	pi³¹	pʰi⁵²	pi³¹	pʰei³¹	pʰi⁵²
宜君	pi²¹	pi⁵²	pi²¹	pʰei²¹/pʰi⁵²①	pʰi⁵²
铜川	pi²¹	pi⁴⁴	pi²¹	pʰei²¹	pʰi⁵²
耀县	pi³¹	pi⁵²	pi³¹	pʰei³¹	pi⁵²
高陵	pi³¹	pi⁵²	pi³¹	pʰei³¹	pʰi⁵²
临潼	pi³¹	pi⁵²	pi³¹	pʰei³¹	pʰi⁵²

---

① pʰi⁵² ～发。

字目 方言	碑 止开三 平支帮	彼 止开三 上纸帮	臂 止开三 去寘帮	披 止开三 平支滂	譬 止开三 去寘滂
蓝田	pi³¹	pi⁵²	pi³¹	pʰi³¹/pʰei³¹	pi⁵²
长安	pi³¹	pi⁵³	pi³¹	pʰei³¹	pʰi⁵³
户县	pi³¹	pi⁵²	pi³¹	pʰei³¹	pi⁵²
周至	pi²¹	pi⁵²	pi²¹	pʰɿ²¹	pʰi⁵²
三原	pi³¹	pi³¹	pi³¹	pʰei³¹	pʰi⁵²
泾阳	pi³¹	pi⁵²	pi³¹	pʰei³¹	pʰi⁵²
咸阳	pi³¹	pi⁵²	pi³¹	pʰei³¹	pʰi⁵²
兴平	pi³¹	pi⁵²	pi³¹	pʰei³¹	pʰi⁵²
武功	pi³¹	pi³¹	pi³¹	pʰei³¹	pʰi⁵²
礼泉	pi³¹	pi⁵²	pi³¹	pʰi³¹	pʰi⁵²
乾县	pi³¹	pi⁵²	pi³¹	pʰei³¹	pʰi⁵²
永寿	pi³¹	pi⁵²	pi³¹	pʰei³¹	pʰi⁵²
淳化	pi³¹	pi⁵²	pi³¹	pʰei³¹	pʰi⁵²
旬邑	pi³¹	pi⁵²	pi³¹	pʰei³¹	pʰi⁵²
彬县	pi³¹	pi⁵²	pi³¹	pʰei³¹	pʰi⁵²
长武	pi³¹	pi⁵²	pi³¹	pʰei³¹	pʰi⁵²
扶风	pi³¹	pi⁵²	pi³¹	pʰei³¹	pʰi⁵²
眉县	pi³¹	pi⁵²	pi³¹	pʰei³¹	pʰi⁵²
麟游	pi³¹	pi⁵³	pi³¹	pʰei³¹	pʰi⁵³
岐山	pi³¹	pi⁵³	pi³¹	pʰei³¹	pʰi⁵³
凤翔	pi³¹	pi⁵³	pi³¹	pʰei³¹	pi⁴⁴
宝鸡	pi³¹	pi³¹	pi³¹	pʰei³¹	pʰi⁵³
千阳	pi³¹	pi⁵³	pi³¹/pei³¹	pʰei³¹	pi⁵³
陇县	pi³¹	pi⁵³	pi³¹	pʰei³¹	pi⁵³

方言\字目	皮 止开三 平支並	被~子 止开三 上纸並	避 止开三 去寘並	弥 止开三 平支明	离~别 止开三 平支来
西安	p^hi^{24}	pi^{55}	p^hi^{53}	mi^{24}	li^{24}
韩城	p^hi^{24}	p^hi^{44}	p^hi^{53}	mi^{24}	lr^{24}
合阳	p^hi^{24}	p^hi^{55}	p^hi^{52}	mi^{24}	li^{24}
澄城	p^hi^{24}	p^hi^{44}	p^hi^{53}	mi^{24}	li^{24}
白水	p^hi^{24}	p^hi^{44}	p^hi^{53}	mi^{24}	li^{24}
大荔	p^hi^{24}	p^hi^{55}	p^hi^{52}	mi^{24}	li^{24}
蒲城	p^hi^{35}	p^hi^{55}	p^hi^{53}	mi^{35}	li^{35}
美原	p^hi^{35}	p^hi^{55}	p^hi^{53}	mi^{35}	li^{35}
富平	p^hi^{35}	pi^{55}	p^hi^{53}	mi^{35}	li^{35}
潼关	p^hi^{24}	p^hi^{44}	p^hi^{52}	mi^{24}	li^{24}
华阴	p^hi^{24}	p^hi^{55}	p^hi^{52}	mi^{24}	li^{24}
华县	p^hi^{35}	p^hi^{55}	p^hi^{53}	mi^{35}	li^{35}
渭南	p^hi^{24}	p^hi^{44}	p^hi^{53}	mi^{24}	li^{24}
洛南	p^hi^{24}	pi^{44}	p^hi^{53}	mi^{24}	li^{24}
商州	p^hi^{35}	pi^{55}	p^hi^{53}	mi^{35}	li^{35}
丹凤	p^hi^{24}	pi^{44}	p^hi^{53}	mi^{24}	li^{24}
宜川	p^hi^{24}	p^hi^{45}	p^hi^{45}	mi^{24}	li^{24}
富县	p^hi^{24}	p^hi^{44}	p^hi^{52}	mi^{24}	li^{24}
黄陵	p^hi^{24}	p^hi^{44}	p^hi^{52}	mi^{24}	li^{24}
宜君	p^hi^{24}	p^hi^{44}	p^hi^{52}	mi^{24}	li^{24}
铜川	p^hi^{24}	pi^{44}	p^hi^{52}	mi^{24}	li^{24}
耀县	p^hi^{24}	pi^{44}	p^hi^{52}	mi^{24}	li^{24}
高陵	p^hi^{24}	pi^{55}	p^hi^{52}	mi^{24}	li^{24}
临潼	p^hi^{24}	pi^{45}	p^hi^{52}	mi^{24}	li^{24}

字目 方言	皮 止开三 平支并	被~子 止开三 上纸并	避 止开三 去寘并	弥 止开三 平支明	离~别 止开三 平支来
蓝田	p^hi^{24}	pi^{44}	$\underline{pi}^{44}/p^hi^{44}$	mi^{24}	li^{24}
长安	p^hi^{24}	pi^{44}	p^hi^{44}	mi^{24}	li^{24}
户县	p^hi^{24}	pi^{55}	$\underline{pi}^{52}/p^hi^{52}$	mi^{24}	li^{24}
周至	p^hi^{24}	pi^{55}	p^hi^{52}	mi^{24}	li^{24}
三原	p^hi^{24}	pi^{55}	p^hi^{52}	mi^{24}	li^{24}
泾阳	p^hi^{24}	pi^{55}	p^hi^{52}	mi^{24}	li^{24}
咸阳	p^hi^{24}	pi^{55}	p^hi^{52}	mi^{24}	li^{24}
兴平	p^hi^{24}	pi^{55}	p^hi^{52}	mi^{24}	li^{24}
武功	p^hi^{24}	pi^{55}	p^hi^{52}	mi^{24}	li^{24}
礼泉	p^hi^{24}	pi^{55}	p^hi^{52}	mi^{24}	li^{24}
乾县	p^hi^{24}	pi^{44}	p^hi^{52}	mi^{24}	li^{24}
永寿	p^hi^{24}	pi^{55}	p^hi^{52}	mi^{24}	li^{24}
淳化	p^hi^{24}	pi^{55}	p^hi^{52}	mi^{24}	li^{24}
旬邑	p^hi^{24}	pi^{44}	p^hi^{52}	mi^{24}	li^{24}
彬县	p^hi^{24}	pi^{44}	p^hi^{52}	mi^{24}	li^{24}
长武	p^hi^{24}	pi^{44}	p^hi^{52}	mi^{24}	li^{24}
扶风	p^hi^{24}	pi^{33}	p^hi^{52}	mi^{24}	li^{24}
眉县	p^hi^{24}	pi^{44}	p^hi^{52}	mi^{24}	li^{24}
麟游	p^hi^{24}	pi^{44}	p^hi^{53}	mi^{24}	li^{24}
岐山	p^hi^{24}	pi^{44}	p^hi^{53}	mi^{24}	li^{24}
凤翔	p^hi^{24}	$\underline{pi}^{44}/\underline{pi\eta}^{44}$	p^hi^{53}	mi^{24}	li^{24}
宝鸡	p^hi^{24}	pi^{44}	p^hi^{53}	mi^{24}	li^{24}
千阳	p^hi^{24}	pi^{44}	p^hi^{53}	mi^{24}	li^{24}
陇县	p^hi^{24}	pi^{44}	p^hi^{53}	mi^{24}	li^{24}

字目 方言	荔 止开三 去寘来	紫 止开三 上纸精	雌 止开三 平支清	此 止开三 上纸清	刺 止开三 去寘清
西安	li²¹	tsɿ⁵³	tsʰɿ²⁴	tsʰɿ⁵³	tsʰɿ⁵⁵
韩城	li³¹	tsɿ⁵³	tsʰɿ²⁴	tsʰɿ⁵³	tsʰɿ⁴⁴
合阳	li³¹	tsɿ⁵²	tsʰɿ³¹	tsʰɿ⁵²	tsʰɿ⁵⁵
澄城	li³¹	tsɿ⁵³	tsʰɿ²⁴	tsʰɿ⁵³	tsʰɿ⁴⁴
白水	li³¹	tsɿ⁵³	tsʰɿ²⁴	tsʰɿ⁵³	tsʰɿ⁴⁴
大荔	li³¹	tsɿ⁵²	tsʰɿ²⁴	tsʰɿ⁵²	tsʰɿ⁵⁵
蒲城	li³¹	tsɿ³¹	tsʰɿ³⁵	tsʰɿ⁵³	tsʰɿ⁵⁵
美原	li³¹	tsɿ³¹	tsʰɿ³¹	tsʰɿ⁵³	tsʰɿ⁵⁵
富平	li³¹	tsɿ³¹	tsʰɿ³¹	tsʰɿ⁵³	tsʰɿ⁵⁵
潼关	li³¹	tsɿ⁵²	tsʰɿ²⁴	tsʰɿ⁵²	tsʰɿ⁴⁴
华阴	li³¹	tsɿ⁵²	tsʰɿ²⁴	tsʰɿ⁵²	tsʰɿ⁵⁵
华县	li³¹	tsɿ³¹	tsʰɿ³¹	tsʰɿ⁵³	tsʰɿ³¹
渭南	li³¹	tsɿ⁵³	tsʰɿ²⁴	tsʰɿ⁵³	tsʰɿ⁴⁴
洛南	li³¹	tsɿ³¹	tsʰɿ³¹	tsʰɿ⁵³	tsʰɿ⁴⁴
商州	li³¹	tsɿ³¹	tsʰɿ³¹	tsʰɿ⁵³	tsʰɿ⁵⁵
丹凤	li³¹	tsɿ³¹	tsʰɿ³¹	tsʰɿ⁵³	tsʰɿ⁴⁴
宜川	li⁵¹	tsɿ⁴⁵	tsʰɿ⁴⁵	tsʰɿ⁴⁵	tsʰɿ⁴⁵
富县	li³¹	tsɿ³¹	tsʰɿ²⁴	tsʰɿ²⁴	tsʰɿ³¹
黄陵	li³¹	tsɿ³¹	tsʰɿ²⁴	tsʰɿ⁴⁴	tsʰɿ⁴⁴
宜君	li²¹/li⁵²①	tsɿ²¹	tsʰɿ²¹	tsʰɿ⁴⁴	tsʰɿ⁴⁴
铜川	li²¹/li⁵²	tsɿ²¹	tsʰɿ²¹	tsʰɿ⁵²	tsʰɿ⁴⁴
耀县	li³¹	tsɿ³¹	tsʰɿ³¹	tsʰɿ⁵²	tsʰɿ⁴⁴
高陵	li³¹	tsɿ³¹	tsʰɿ³¹	tsʰɿ⁵²	tsʰɿ⁵⁵
临潼	li³¹	tsɿ³¹	tsʰɿ³¹	tsʰɿ⁵²	tsʰɿ⁴⁵

---

① li⁵² ~枝。下同。

字目 / 方言	荔	紫	雌	此	刺
	止开三 去寘来	止开三 上纸精	止开三 平支清	止开三 上纸清	止开三 去寘清
蓝田	li³¹	tsʅ³¹	tsʰʅ³¹	tsʰʅ⁵²	tsʰʅ⁴⁴
长安	li³¹	tsʅ³¹	tsʰʅ³¹	tsʰʅ⁵³	tsʰʅ⁴⁴/tsʰʅ⁵³①
户县	li³¹	tsʅ⁵²	tsʰʅ³¹	tsʰʅ⁵²	tsʰʅ⁵⁵
周至	li²¹	tsʅ²¹	tsʰʅ²¹	tsʰʅ⁵²	tsʰʅ⁵⁵/tsʰʅ⁵²
三原	li³¹	tsʅ⁵²	tsʰʅ³¹	tsʰʅ⁵²	tsʰʅ⁵⁵
泾阳	li³¹	tsʅ⁵²/tsʅ³¹	tsʰʅ³¹	tsʰʅ⁵²	tsʰʅ⁵⁵
咸阳	li³¹	tsʅ³¹	tsʰʅ³¹	tsʰʅ⁵²	tsʰʅ⁵⁵
兴平	li³¹	tsʅ³¹	tsʰʅ³¹	tsʰʅ⁵²	tsʰʅ⁵⁵
武功	li³¹	tsʅ⁵²	tsʰʅ²⁴	tsʰʅ⁵²	tsʰʅ⁵⁵
礼泉	li³¹	tsʅ³¹	tsʰʅ³¹	tsʰʅ⁵²	tsʰʅ⁵⁵
乾县	li³¹	tsʅ³¹	tsʰʅ²⁴	tsʰʅ⁵²	tsʰʅ⁴⁴
永寿	li³¹	tsʅ³¹	tsʰʅ²⁴	tsʰʅ⁵²	tsʰʅ⁵⁵
淳化	li³¹	tsʅ³¹	tsʰʅ³¹	tsʰʅ⁵²	tsʰʅ⁵⁵
旬邑	li³¹	tsʅ³¹	tsʰʅ²⁴	tsʰʅ⁴⁴	tsʰʅ⁴⁴
彬县	li³¹	tsʅ³¹	tsʰʅ³¹	tsʰʅ⁴⁴	tsʰʅ⁴⁴
长武	li³¹	tsʅ³¹	tsʰʅ²⁴	tsʰʅ⁵²	tsʰʅ⁴⁴
扶风	li³¹	tsʅ³¹	tsʰʅ³³	tsʰʅ³³	tsʰʅ³³
眉县	li³¹	tsʅ³¹	tsʰʅ³¹	tsʰʅ⁵²	tsʰʅ⁴⁴
麟游	li⁴⁴	tsʅ³¹	tsʰʅ³¹	tsʰʅ⁴⁴	tsʰʅ⁵³
岐山	li⁵³	tsʅ³¹	tsʰʅ³¹	tsʰʅ³¹	tsʰʅ⁴⁴/tsʰʅ⁵³②
凤翔	li³¹	tsʅ³¹	tsʰʅ²⁴	tsʰʅ⁴⁴	tsʰʅ⁴⁴
宝鸡	li²⁴	tsʅ⁵³	tsʰʅ⁴⁴	tsʰʅ⁵³	tsʰʅ⁴⁴
千阳	li³¹	tsʅ³¹	tsʰʅ⁴⁴	tsʰʅ⁵³	tsʰʅ⁴⁴
陇县	li³¹	tsʅ³¹	tsʰʅ³¹	tsʰʅ⁵³	tsʰʅ⁴⁴

① tsʰʅ⁵³ 拼～刀。下同。
② tsʰʅ⁴⁴ 名词；tsʰʅ⁵³ 动词。

字目 \ 方言	斯	徙	赐	知		智
	止开三 平支心	止开三 上纸心	止开三 去寘心	止开三 平支知		止开三 去寘知
西安	sɿ²¹	ɕi²¹	sɿ²⁴/tsʰɿ²⁴	tʂʅ²¹	tʂʅ	tʂʅ⁵⁵
韩城	sɿ³¹	tɕʰi³¹	tsʰɿ⁴⁴	tʂʅ³¹	tʂʅ	tʂʅ⁴⁴
合阳	sɿ³¹	si⁵²	sɿ²⁴	tʂʅ³¹/tsɿ³¹①	tʂʅ	tʂʅ⁵⁵
澄城	tɯ³¹	si³¹	tɯ²⁴	tʂʅ³¹	tʂʅ	tʂʅ⁴⁴
白水	sɿ³¹	si³¹	sɿ²⁴	tʂʅ³¹	tʂʅ	tʂʅ⁴⁴
大荔	sɿ³¹	si⁵²	sɿ²⁴	tʂʅ³¹	tʂʅ	tʂʅ⁵⁵
蒲城	sɿ³¹	si³¹	sɿ³⁵	tʂʅ³¹	tʂʅ	tʂʅ⁵⁵
美原	sɿ³¹	ɕi³¹	sɿ³⁵	ki³¹	ki	ki⁵⁵
富平	sɿ³¹	si³¹	sɿ³⁵	tʂʅ³¹	tʂʅ	tʂʅ⁵⁵
潼关	sɿ³¹	ɕi³¹	tsʰɿ²⁴	tʂʅ³¹	tʂʅ	tʂʅ⁴⁴
华阴	sɿ³¹	ɕi³¹	tsʰɿ²⁴	tʂʅ³¹	tʂʅ	tʂʅ⁵⁵
华县	sɿ³¹	si³¹	sɿ³⁵	tʂʅ³¹	tʂʅ	tʂʅ⁵⁵
渭南	sɿ³¹	ɕi³¹	sɿ²⁴	tʂʅ³¹	tʂʅ	tʂʅ⁴⁴
洛南	sɿ³¹	ɕi³¹	sɿ²⁴/tsʰɿ²⁴	tʂʅ³¹	tʂʅ	tʂʅ⁴⁴
商州	sɿ³¹	ɕi³¹	sɿ⁵⁵	tʂʅ³¹	tʂʅ	tʂʅ⁵⁵
丹凤	sɿ³¹	ɕi³¹	sɿ²⁴/tsʰɿ²⁴	tʂʅ³¹		tʂʅ⁴⁴
宜川	sɿ⁵¹	ɕi⁵¹		tʂʅ⁵¹		tʂʅ⁴⁵
富县	sɿ³¹	ɕi⁵²	sɿ³¹	tʂʅ³¹		tʂʅ⁴⁴
黄陵	sɿ³¹	ɕi⁵²	tsʰɿ³¹	tʂʅ³¹		tʂʅ⁴⁴
宜君	sɿ²¹	si²¹	si²¹	tʂʅ²¹		tʂʅ⁴⁴
铜川	sɿ²¹	ɕi²¹	sɿ²¹	tʂʅ²¹	tʂʅ	tʂʅ⁴⁴
耀县	sɿ³¹	ɕi³¹	sɿ²⁴	tʂʅ³¹	tʂʅ	tʂʅ⁴⁴
高陵	sɿ²¹	si³¹	tsʰɿ⁵⁵	tʃʅ³¹	tʂʅ	tʃʅ⁵⁵
临潼	sɿ³¹	ɕi⁵²	sɿ²⁴/tsʰɿ⁵²	tʂʅ³¹	tʂʅ	tʂʅ⁴⁵

① tsɿ³¹～了。

字目 方言	斯 止开三 平支心	徙 止开三 上纸心	赐 止开三 去寘心	知 止开三 平支知	智 止开三 去寘知
蓝田	sʅ³¹	ɕi⁵²	sʅ⁵²	tʂʅ³¹ ∣ tʂʅ	tʂʅ⁴⁴
长安	sʅ⁴⁴①	ɕi³¹	tsʰʅ⁵³	sʅ³¹	tʂʅ⁴⁴
户县	sʅ³¹	ɕi⁵²	sʅ²⁴	tʂʅ³¹ ∣ tʂʅ	tʂʅ⁵⁵
周至	sʅ⁵⁵	ɕi²¹	tsʰʅ⁵²	tʂʅ²¹ ∣ tʂʅ	tʂʅ⁵⁵
三原	sʅ³¹	si³¹	t͜sʰʅ²⁴/sʅ²⁴	tʂʅ³¹ ∣ tʂʅ	tʂʅ⁵⁵
泾阳	sʅ³¹	ɕi⁵²	tsʰʅ⁵⁵/sʅ⁵⁵	tʂʅ³¹ ∣ tʂʅ	tʂʅ⁵⁵
咸阳	sʅ³¹	ɕi³¹	t͜sʰʅ²⁴/s͜ʅ²⁴	tʂʅ³¹ ∣ tʂʅ	tʂʅ⁵⁵
兴平	sʅ³¹	ɕi³¹	t͜sʰʅ²⁴/s͜ʅ²⁴	tʂʅ³¹ ∣ tʂʅ	tʂʅ⁵⁵
武功	sʅ³¹	ɕi³¹	tsʰʅ⁵⁵	tʂʅ³¹ ∣ tʂʅ	tʂʅ⁵⁵
礼泉	sʅ³¹	ɕi³¹	tsʰʅ²⁴	tʂʅ³¹ ∣ tʂʅ	tʂʅ⁵⁵
乾县	sʅ³¹	ɕi⁵²	tsʰʅ²⁴	tʂʅ³¹ ∣ tʂʅ	tʂʅ⁴⁴
永寿	sʅ³¹	ɕi³¹	t͜sʰʅ⁵²/sʅ²⁴	tʂʅ³¹ ∣ tʂʅ	tʂʅ⁵⁵
淳化	sʅ³¹	si³¹	t͜sʰʅ²⁴/s͜ʅ²⁴	tʂʅ³¹ ∣ tʂʅ	tʂʅ⁵⁵
旬邑	sʅ³¹	si³¹	sʅ²⁴	tʂʅ³¹ ∣ tʂʅ	tʂʅ⁴⁴
彬县	sʅ³¹	si³¹	sʅ²⁴	tʂʅ³¹ ∣ tʂʅ	tʂʅ⁴⁴
长武	sʅ³¹	si³¹	sʅ²⁴	tʂʅ³¹ ∣ tʂʅ	tʂʅ⁴⁴
扶风	sʅ³¹	ɕi³¹	sʅ²⁴	tʂʅ³¹ ∣ tʂʅ	tʂʅ³³
眉县	sʅ³¹	si³¹	sʅ²⁴	tʂʅ³¹ ∣ tʂʅ	tʂʅ⁴⁴
麟游	sʅ³¹	si³¹	sʅ²⁴	tʂʅ³¹ ∣ tʂʅ	tʂʅ⁴⁴
岐山	sʅ³¹	ɕi³¹	sʅ²⁴	tʂʅ³¹ ∣ tʂʅ	tʂʅ⁴⁴
凤翔	sʅ³¹	ɕi⁵³	tsʰʅ⁴⁴	tʂʅ³¹ ∣ tʂʅ	tʂʅ⁴⁴
宝鸡	sʅ³¹	ɕi⁵³	tsʰʅ⁴⁴	tʂʅ³¹ ∣ tʂʅ	tʂʅ⁴⁴
千阳	sʅ³¹	si³¹	sʅ²⁴	tʂʅ³¹ ∣ tʂʅ	tʂʅ⁴⁴
陇县	sʅ³¹	ɕi³¹	sʅ²⁴	tʂʅ³¹ ∣ tʂʅ	tʂʅ⁴⁴

① sʅ⁴⁴～大林。

字目 方言	池 止开三 平支澄	筛 止开三 平支生	支 止开三 平支章	纸 止开三 上纸章	侈 止开三 上纸昌
西安	tʂʰʅ²⁴ ｜ tʂʰʅ	sæ²¹/sæ⁵⁵①	tʂʅ²¹	tʂʅ⁵³	tʂʰʅ⁵³
韩城	tʂʰʅ²⁴ ｜ tʂʰʅ	sæ⁵³	tʂʅ³¹	tʂʅ⁵³	tʂʰʅ³¹
合阳	tʂʰʅ²⁴/tʂʰʅ²⁴ ｜ tʂʰʅ	sɛ⁵²	tʂʅ³¹	tʂʅ⁵²	tʂʰʅ⁵²
澄城	tʂʰʅ²⁴/tʂʰʅ²⁴ ｜ tʂʰʅ	sæ⁵³	tʂʅ³¹	tʂʅ⁵³	tʂʰʅ⁵³
白水	tʂʰʅ²⁴ ｜ tʂʰʅ	sæ⁵³	tʂʅ³¹	tʂʅ⁵³	tʂʰʅ⁵³
大荔	tʂʰʅ²⁴ ｜ tʂʰʅ	sæ⁵²	tʂʅ³¹	tʂʅ⁵²	tʂʰʅ⁵²
蒲城	tʂʰʅ³⁵ ｜ tʂʰʅ	sæ⁵³	tʂʅ³¹	tʂʅ⁵³	tʂʰʅ⁵³
美原	kʰi³⁵/tʂʰʅ³⁵ ｜ kʰi	sæ⁵³	tʂʅ³¹	tʂʅ⁵³	kʰi⁵³
富平	tʂʰʅ³⁵ ｜ tʂʰʅ	sæ⁵³	tʂʅ³¹	tʂʅ⁵³	tʂʰʅ⁵³
潼关	tʂʰʅ²⁴ ｜ tʂʰʅ	sæ⁵²	tʂʅ³¹	tʂʅ⁵²	tʂʰʅ⁵²
华阴	tʂʰʅ²⁴ ｜ tʂʰʅ	sæ⁵²	tʂʅ³¹	tʂʅ⁵²	tʂʰʅ⁵²
华县	tʂʰʅ³⁵ ｜ tʂʰʅ	sæ⁵³	tʂʅ³¹	tʂʅ⁵³	tʂʰʅ⁵³
渭南	tʂʰʅ²⁴ ｜ tʂʰʅ	sɛ⁵³	tʂʅ³¹	tʂʅ⁵³	tʂʰʅ⁵³
洛南	tʂʰʅ²⁴ ｜ tʂʰʅ	sɛ⁵³	tʂʅ³¹	tʂʅ⁵³	tʂʰʅ⁵³
商州	tʂʰʅ³⁵/tʂʰʅ³⁵ ｜ tʂʰʅ	sæ⁵³	tʂʅ³¹	tʂʅ⁵³	tʂʰʅ⁵³
丹凤	tʂʰʅ²⁴	sæ⁵³	tʂʅ³¹	tʂʅ⁵³	tʂʰʅ⁵³
宜川	tʂʰʅ²⁴	sɛe⁴⁵	tʂʅ⁵¹	tʂʅ⁴⁵	tʂʰʅ⁴⁵
富县	tʂʰʅ²⁴	sE⁵²～麦	tʂʅ³¹	tʂʅ⁵²	tʂʰʅ⁵²
黄陵	tʂʰʅ²⁴	sɛ⁵²	tʂʅ³¹	tʂʅ⁵²	tʂʰʅ⁵²
宜君	tʂʰʅ²⁴	sɛ⁵²	tʂʅ²¹	tʂʅ⁵²	tʂʰʅ⁵²
铜川	tʂʰʅ²⁴ ｜ tʂʰʅ	sæ⁵²	tʂʅ²¹	tʂʅ⁵²	tʂʰʅ⁵²
耀县	tʂʰʅ²⁴ ｜ tʂʰʅ	sæe⁵²	tʂʅ³¹	tʂʅ⁵²	tʂʰʅ⁵²
高陵	tʃʰʅ²⁴ ｜ tʂʰʅ	sæ⁵²	tʂʅ³¹	tʂʅ⁵²	tʃʰʅ⁵²
临潼	tʂʰʅ²⁴ ｜ tʂʰʅ	sæ⁵²	tʂʅ³¹	tʂʅ⁵²	tʂʰʅ⁵²

① 如果有异读，读阴平和上声时，阴平指动作，上声构成"筛子"。当读上声和去声时，上声指动作，去声构成"筛子"。

字目 / 方言	池		筛	支	纸	侈
	止开三 平支澄		止开三 平支生	止开三 平支章	止开三 上纸章	止开三 上纸昌
蓝田	tʂʰʅ²⁴	tʂʰʅ	sæ³¹	tʂʅ³¹	tʂʅ⁵²	tʂʰʅ⁵²
长安	tʂʰʅ²⁴		sæ³¹/sæ⁴⁴	tʂʅ³¹	tʂʅ⁵³	tʂʰʅ⁵³读
户县	tʂʰʅ²⁴	tʂʰʅ	sɛ⁵²	tʂʅ³¹	tʂʅ⁵²	tʂʰʅ⁵²
周至	tʂʰʅ²⁴	tʂʰʅ	sæ²¹	tʂʅ²¹	tʂʅ⁵²	tʂʰʅ⁵²
三原	tʂʰʅ²⁴	tʂʰʅ	sæ⁵²	tʂʅ³¹	tʂʅ⁵²	tʂʰʅ⁵²
泾阳	tʂʰʅ²⁴	tʂʰʅ	sæ⁵²	tʂʅ³¹	tʂʅ⁵²	tʂʰʅ⁵²
咸阳	tʂʰʅ²⁴	tʂʰʅ	sæ⁵²	tʂʅ³¹	tʂʅ⁵²	tʂʰʅ⁵²
兴平	tʂʰʅ²⁴	tʂʰʅ	sæ³¹/sæ⁵²	tʂʅ³¹	tʂʅ⁵²	tʂʰʅ⁵²
武功	tʂʰʅ²⁴	tʂʰʅ	sæ³¹	tʂʅ³¹	tʂʅ⁵²	tʂʰʅ⁵²
礼泉	tʂʰʅ²⁴	tʂʰʅ	sæ⁵²	tʂʅ³¹	tʂʅ⁵²	tʂʰʅ⁵²
乾县	tʂʰʅ²⁴	tʂʰʅ	sæ⁵²/sæ⁴⁴	tʂʅ³¹	tʂʅ⁵²	tʂʰʅ⁵²
永寿	tʂʰʅ²⁴	tʂʰʅ	sæ⁵²/sæ⁵⁵	tʂʅ³¹	tʂʅ⁵²	tʂʰʅ⁵²
淳化	tʂʰʅ²⁴	tʂʰʅ	sæ⁵²/sæ⁵⁵	tʂʅ³¹	tʂʅ⁵²	tʂʰʅ⁵²
旬邑	tʂʰʅ²⁴	tʂʰʅ	sæ⁵²/sæ⁴⁴	tʂʅ³¹	tʂʅ⁵²	tʂʰʅ⁵²
彬县	tʂʰʅ²⁴	tʂʰʅ	sæ⁵²/sæ⁴⁴	tʂʅ³¹	tʂʅ⁵²	tʂʰʅ⁵²
长武	t͟ʂ͟ʰ͟ʅ²⁴/tʂʰʅ²⁴	tʂʰʅ	sæ⁵²/sæ⁴⁴	tʂʅ³¹	tʂʅ⁵²	tʂʰʅ⁵²
扶风	tʂʰʅ²⁴	tʂʰʅ	sɛ³¹	tʂʅ³¹	tʂʅ⁵²	tʂʰʅ⁵²
眉县	tʂʰʅ²⁴	tʂʰʅ	sɛ³¹	tʂʅ³¹	tʂʅ⁵³	tʂʰʅ⁵²
麟游	tʂʰʅ²⁴	tʂʰʅ	sæ³¹	tʂʅ³¹	tʂʅ⁵³	tʂʰʅ⁵³
岐山	t͟ʂ͟ʰ͟ʅ³⁴/tʂʅ²⁴	tʂʰʅ	sɛ³¹	tʂʅ³¹	tʂʅ⁵³	tʂʰʅ⁵³
凤翔	tʂʰʅ³⁴	tʂʰʅ	sɛ³¹	tʂʅ³¹	tʂʅ⁵³	tʂʰʅ⁵³
宝鸡	tʂʰʅ²⁴		sɛ⁵³	tʂʅ³¹	tʂʅ⁵³	tʂʰʅ⁵³
千阳	tʂʰʅ²⁴	tʂʰʅ	sɛ⁵³	tʂʅ³¹	tʂʅ⁵³	tʂʰʅ⁵³
陇县	tʂʰʅ²⁴	tʂʰʅ	sɛ⁵³	tʂʅ³¹	tʂʅ⁵³	tʂʰʅ⁵³

字目 / 方言	施	翅	匙	是	儿
	止开三 平支书	止开三 去真书	止开三 平支禅	止开三 上纸禅	止开三 平支日
西安	sʅ^{21}	tsʰʅ^{55}	sʅ^{021}	sʅ^{55}	ɚ^{24} ∣ ɚ
韩城	sʅ^{31}	tsʰʅ^{44}	sʅ^{021}	sʅ^{44}	ɚ^{24}/ʐʅ^{31} ∣ ɚ
合阳	sʅ^{31}	tsʰʅ^{55}	sʅ^{24}/ɚ^{24}	sʅ^{55}	ɚ^{24}/ʐʅ^{24} ∣ ɚ
澄城	sʅ^{31}	tsʰʅ^{44}	sʅ^{021}	sʅ^{44}	ɚ^{24}/ʐʅ^{24} ∣ ʐʅ
白水	sʅ^{31}	tsʰʅ^{44}	sʅ^{021}	sʅ^{44}	ɚ^{24}/ʐʅ^{24} ∣ ɚ
大荔	sʅ^{31}	tsʰʅ^{55}	sʅ^{021}	sʅ^{55}	ɚ^{24}/ʐʅ^{24} ∣ ɚ
蒲城	sʅ^{31}	tsʰʅ^{55}	sʅ^{021}	sʅ^{55}	ɚ^{35}/ʐʅ^{35} ∣ ʐʅ
美原	sʅ^{31}	tsʰʅ^{55}	sʅ^{021}	sʅ^{55}	ɚ^{35}/ʐʅ^{35} ∣ ɚ
富平	sʅ^{31}	tsʰʅ^{55}	sʅ^{021}	sʅ^{55}	ɚ^{35}/ʐʅ^{35} ∣ ɚ
潼关	sʅ^{31}	tsʰʅ^{44}	sʅ^{021}	sʅ^{44}	ɚ^{24} ∣ ɚ
华阴	sʅ^{31}	tsʰʅ^{55}	sʅ^{021}	sʅ^{55}	ɚ^{24}/ʐʅ^{24} ∣ ɚ
华县	sʅ^{31}	tsʰʅ^{55}	sʅ^{021}	sʅ^{55}	ɚ^{35}/ʐʅ^{35} ∣ ɚ
渭南	sʅ^{31}	tsʰʅ^{44}	sʅ^{021}	sʅ^{44}	ɚ^{24} ∣ ɚ
洛南	sʅ^{31}	tsʰʅ^{44}	sʅ^{021}	sʅ^{44}	ɚ^{24}/ʐʅ^{24} ∣ ɚ
商州	sʅ^{31}	tsʰʅ^{55}	sʅ^{021}	sʅ^{55}	ɚ^{35}/ʐʅ^{35} ∣ ɚ
丹凤	sʅ^{31}	tsʰʅ^{44}	sʅ^{021}	sʅ^{44}	ɚ^{24}/ʐʅ^{24}
宜川	sʅ^{52}	tsʰʅ^{45}	sʅ^{24}	sʅ^{45}	ɚr^{24}
富县	sʅ^{31}	tsʰʅ^{44}	sʅ^{31}	sʅ^{44}	ɚr^{24}
黄陵	sʅ^{31}/sʅ^{24}	tsʰʅ^{44}	sʅ^{021}	sʅ^{44}	ɚr^{24}
宜君	sʅ^{21}	tsʰʅ^{44}	sʅ^{21}	sʅ^{44}	ɚr^{24}/ʐʅ^{24}
铜川	sʅ^{21}	tsʰʅ^{44}	sʅ^{21}	sʅ^{44}	ɚr^{24}/ʐʅ^{24} ∣ ɚ
耀县	sʅ^{44}	tsʰʅ^{44}	sʅ^{31}	sʅ^{44}	ɚr^{24}/ʐʅ^{24} ∣ ɚ
高陵	sʅ^{52}/sʅ^{24}	tsʰʅ^{55}	sʅ^{021}	sʅ^{55}	ɚr^{24} ∣ ɚ
临潼	sʅ^{31}	tsʰʅ^{45}	sʅ^{021}	sʅ^{45}	ɚr^{24} ∣ ɚ

字目 / 方言	施 止开三 平支书	翅 止开三 去寘书	匙 止开三 平支禅	是 止开三 上纸禅	儿 止开三 平支日
蓝田	ʂɿ^{31}	tsʰɿ^{44}	ʂɿ^{31}	ʂɿ^{44}	ɚr^{24} ｜ ɚ
长安	ʂɿ^{53}/ʂɿ^{24}①	tsʰɿ^{44}	ʂɿ^{021}	ʂɿ^{44}	ɚ^{24}
户县	ʂɿ^{31}	tsʰɿ^{55}	ʂɿ^{31}	ʂɿ^{55}	ɤɯ^{24}
周至	ʂɿ^{21}	tsʰɿ^{55}	ʂɿ^{21}	ʂɿ^{55}	ɚr^{24} ｜ ɚ
三原	ʂɿ^{31}	tsʰɿ^{55}	ʂɿ^{24}	ʂɿ^{55}	ɚ^{24} ｜ ɚ
泾阳	ʂɿ^{31}	tsʰɿ^{55}	ʂɿ^{31}	ʂɿ^{55}	ɚ^{24} ｜ ɚ
咸阳	ʂɿ^{31}	tsʰɿ^{55}	ʂɿ^{31}	ʂɿ^{55}	ɚ^{24} ｜ ɚ
兴平	ʂɿ^{31}	tsʰɿ^{52}	ʂɿ^{31}	ʂɿ^{55}	ɚ^{24} ｜ ɚ
武功	ʂɿ^{31}	tsʰɿ^{55}	ʂɿ^{31}	ʂɿ^{55}	ɚ^{24} ｜ ɚ
礼泉	ʂɿ^{52}	tsʰɿ^{24}	ʂɿ^{31}	ʂɿ^{55}	ɚ^{24} ｜ ɚ
乾县	ʂɿ^{31}	tsʰɿ^{44}	ʂɿ^{31}	ʂɿ^{44}	ɛ^{24} ｜ ɚ
永寿	ʂɿ^{31}	tsʰɿ^{55}	ʂɿ^{31}	ʂɿ^{55}	ɚ^{24} ｜ ɚ
淳化	ʂɿ^{31}	tsʰɿ^{55}	ʂɿ^{31}	ʂɿ^{55}	ɚ^{24} ｜ ɚ
旬邑	ʂɿ^{31}	tsʰɿ^{44}	ʂɿ^{31}	ʂɿ^{44}	ɚ^{24} ｜ ɚ
彬县	ʂɿ^{31}	tsʰɿ^{24}	ʂɿ^{31}	ʂɿ^{44}	ɛ^{24} ｜ ɚ
长武	ʂɿ^{24}	tsʰɿ^{44}	ʂɿ^{31}	ʂɿ^{44}	ɚ^{24} ｜ ɚ
扶风	ʂɿ^{31}	tsʰɿ^{52}	ʂɿ^{31}	ʂɿ^{33}	ɚ^{24} ｜ ɚ
眉县	ʂɿ^{31}	tsʰɿ^{44}	ʂɿ^{31}	ʂɿ^{44}	ɚ^{24} ｜ ɚ
麟游	ʂɿ^{31}	tsʰɿ^{44}	ʂɿ^{31}	ʂɿ^{44}	ɚ^{24} ｜ ɚ
岐山	ʂɿ^{31}	tsʰɿ^{44}/tsʰɿ^{24}②	ʂɿ^{31}	ʂɿ^{44}	ɚ^{24} ｜ ɚ
凤翔	ʂɿ^{31}	tsʰɿ^{44}	ʂɿ^{31}	ʂɿ^{44}	ɔ^{24} ｜ ɚ
宝鸡	ʂɿ^{31}	tsʰɿ^{44}	ʂɿ^{31}	ʂɿ^{44}	ɚ^{24} ｜ ɚ
千阳	ʂɿ^{31}	tsʰɿ^{44}	ʂɿ^{31}	ʂɿ^{44}	ɚ^{24} ｜ ɚ
陇县	ʂɿ^{31}	tsʰɿ^{44}	ʂɿ^{24}	ʂɿ^{44}	ɚ^{24} ｜ ɚ

① ʂɿ^{53} ～加；ʂɿ^{24} ～工。高陵 ʂɿ^{52} ～加；ʂɿ^{24} ～工。黄陵 ʂɿ^{24} ～工。

② tsʰɿ^{44} 鸡～；tsʰɿ^{24} ～膀。

字目 方言	尔 止开三 上纸日	寄 止开三 去寘见	企 止开三 上纸溪	骑 止开三 平支群	技 止开三 上纸群
西安	ə˞53	tɕi55	tɕʰi21	tɕʰi24	tɕi55
韩城	ə˞53	tɕi44	tɕʰi24	tɕʰi24	tɕi44
合阳	ə˞52	tɕi55	tɕʰi31	tɕʰi24	tɕi55
澄城	ə˞53	tɕi44	tɕʰi31	tɕʰi24	tɕi44
白水	ə˞53	tɕi44	tɕʰi31	tɕʰi24	tɕi44
大荔	ə˞52	tɕi55	tɕʰi31	tɕʰi24	tɕi55
蒲城	ə˞53	tɕi55	tɕʰi31	tɕʰi35	tɕi55
美原	ə˞53	tɕi55	tɕʰi31	tɕʰi35	tɕi55
富平	ə˞53	tɕi55	tɕʰi35	tɕʰi35	tɕi55
潼关	ə˞52	tɕi44	tɕʰi31	tɕʰi24	tɕi44
华阴	ə˞52	tɕi55	tɕʰi31	tɕʰi24	tɕi55
华县	ə˞53	tɕi55	tɕʰi31	tɕʰi35	tɕʰi55
渭南	ə˞53	tɕʰi44	tɕʰi31	tɕʰi24	tɕi44
洛南	ə˞53	tɕʰi44	tɕʰi44	tɕʰi24	tɕi44
商州	ə˞53	tɕi55	tɕʰi31	tɕʰi35	tɕi55
丹凤	ə˞53	tɕʰi44	tɕʰi44	tɕʰi24	tɕi44
宜川	ɐr45	tɕi45	tɕʰi45	tɕʰi24	tɕi45
富县	ɐr52	tɕi44	tɕʰi31	tɕʰi24	tɕi44
黄陵	ɐr52	tɕi44	tɕʰi31	tɕʰi24	tɕi44
宜君	ɐr52	tɕi44	tɕʰi21	tɕʰi24	tɕi44
铜川	ɐr52	tɕi44	tɕʰi21	tɕʰi24	tɕi44
耀县	ɐr52	tɕi44	tɕʰi31	tɕʰi24	tɕi44
高陵	ɐr52	tɕi55	tɕʰi31	tɕʰi24	tɕi55
临潼	er31	tɕi45	tɕʰi31	tɕʰi24	tɕi45

字目方言	尔	寄	企	骑	技
	止开三上纸日	止开三去寘见	止开三上纸溪	止开三平支群	止开三上纸群
蓝田	ɐr⁵²	tɕi⁴⁴	tɕʰi³¹	tɕʰi²⁴	tɕi⁴⁴
长安	ɚ⁵³	tɕi⁴⁴	tɕʰi⁴⁴	tɕʰi²⁴	tɕi⁴⁴
户县	ɣɯ⁵²	tɕi⁵⁵	tɕʰi³¹	tɕʰi²⁴	tɕi⁵⁵
周至	ɐr⁵²	tɕi⁵⁵	tɕʰi²¹	tɕʰi²⁴	tɕi⁵⁵
三原	ɚ⁵²	tɕi⁵⁵	tɕʰi³¹	tɕʰi²⁴	tɕi⁵⁵
泾阳	ɚ⁵²	tɕi⁵⁵	tɕʰi³¹	tɕʰi²⁴	tɕi⁵⁵
咸阳	ɚ⁵²	tɕi⁵⁵	tɕʰi³¹	tɕʰi²⁴	tɕi⁵⁵
兴平	ɚ⁵²	tɕi⁵⁵	tɕʰi³¹	tɕʰi²⁴	tɕi⁵⁵
武功	ɚ⁵²	tɕi⁵⁵	tɕʰi³¹	tɕʰi²⁴	tɕi⁵⁵
礼泉	ɚ⁵²	tɕi⁵⁵	tɕʰi³¹	tɕʰi²⁴	tɕi⁵⁵
乾县	ɛ⁵²	tɕi⁴⁴	tɕʰi³¹	tɕʰi²⁴	tɕi⁴⁴
永寿	ɚ⁵²	tɕi⁵⁵	tɕʰi³¹	tɕʰi²⁴	tɕi⁵⁵
淳化	ɚ⁵²	tɕi⁵⁵	tɕʰi³¹	tɕʰi²⁴	tɕi⁵⁵
旬邑	ɚ⁵²	tɕi⁴⁴	tɕʰi³¹	tɕʰi²⁴	tɕi⁴⁴
彬县	ɛ⁵²	tɕi⁴⁴	tɕʰi³¹	tɕʰi²⁴	tɕi⁴⁴
长武	ɚ⁵²	tɕi⁴⁴	tɕʰi³¹	tɕʰi²⁴	tɕi⁴⁴
扶风	ɚ⁵²	tɕi³³	tɕʰi³¹	tɕʰi²⁴	tɕi³³
眉县	ɚ⁵²	tɕi⁴⁴	tɕʰi³¹	tɕʰi²⁴	tɕi⁴⁴
麟游	ɚ⁵³	tɕi⁴⁴	tɕʰi³¹	tɕʰi²⁴	tɕi⁴⁴
岐山	ɚ⁵³	tɕi⁴⁴	tɕʰi³¹	tɕʰi²⁴	tɕi⁴⁴
凤翔	ɔ⁵³	tɕi⁴⁴	tɕʰi³¹	tɕʰi²⁴	tɕi⁴⁴
宝鸡	ɚ²⁴	tɕi⁴⁴	tɕʰi³¹	tɕʰi²⁴	tɕi⁴⁴
千阳	ɚ⁵³	tɕi⁴⁴	tɕʰi³¹	tɕʰi²⁴	tɕi⁴⁴
陇县	ɚ²⁴	tɕi⁴⁴	tɕʰi³¹	tɕʰi²⁴	tɕi⁴⁴

字目 / 方言	宜 止开三 平支疑	蚁 止开三 上纸疑	义 止开三 去寘疑	议 止开三 去寘疑	牺 止开三 平支晓	
西安	$i^{24}/n̠i^{24}$	i^{53}/i^{55}	i^{55}	i^{55}	$çi^{21}$	$çi$
韩城	i^{24}	$n̠i^{44}$	$n̠i^{44}$	$n̠i^{44}$	$çi^{31}$	$çi$
合阳	$n̠i^{24}$	i^{31}	i^{55}	i^{55}	$çi^{31}$	$çi$
澄城	$n̠i^{24}$	i^{31}	i^{44}	i^{44}	$çi^{31}$	$çi$
白水	$n̠i^{24}$	i^{53}	i^{44}	i^{44}	$çi^{31}$	$çi$
大荔	$n̠i^{24}$	i^{52}	i^{55}	i^{55}	$çi^{31}$	$çi$
蒲城	$i^{35}/n̠i^{35}$	i^{53}	i^{55}	i^{55}	$çi^{31}$	$çi$
美原	$i^{53}/n̠i^{35}$	i^{55}	i^{55}	i^{55}	$çi^{31}$	$çi$
富平	$i^{35}/n̠i^{35}$	i^{55}	i^{55}	i^{55}	$çi^{31}$	$çi$
潼关	i^{24}	i^{52}	i^{44}	i^{44}	$çi^{31}$	$çi$
华阴	$i^{24}/n̠i^{24}$	i^{31}	i^{55}	i^{55}	$çi^{31}$	$çi$
华县	$i^{35}/n̠i^{35}$	i^{31}	i^{55}	i^{55}	$çi^{31}$	$çi$
渭南	$i^{24}/n̠i^{24}$	i^{44}	i^{44}	i^{44}	$çi^{31}$	$çi$
洛南	$i^{24}/n̠i^{24}$	i^{44}	i^{44}	i^{44}	$çi^{31}$	$çi$
商州	$i^{35}/n̠i^{35}$	i^{53}	i^{55}	i^{55}	$çi^{31}$	$çi$
丹凤	$i^{24}/n̠i^{24}$	i^{44}	i^{44}	i^{44}	$çi^{31}$	
宜川	$n̠i^{45}/n̠i^{24}$①	i^{45}	i^{45}	i^{45}	$çi^{51}$	
富县	$i^{021}/n̠i^{24}$	i^{021}	i^{44}	i^{44}	$çi^{31}$	
黄陵	$i^{021}/n̠i^{24}$	i^{52}	i^{44}	i^{44}	$çi^{31}$	
宜君	$n̠i^{24}$	i^{44}	i^{44}	i^{44}	$çi^{21}$	
铜川	$i^{52}/n̠i^{24}$	$i^{21}/iɛ^{021}$②	i^{44}	i^{44}	$çi^{21}$	$çi$
耀县	$i^{52}/n̠i^{24}$	i^{44}	i^{44}	i^{44}	$çi^{31}$	$çi$
高陵	$i^{021}/n̠i^{24}$	i^{52}	i^{55}	i^{55}	$çi^{31}$	$çi$
临潼	$i^{021}/n̠i^{24}$	i^{31}	i^{45}	i^{45}	$çi^{31}$	$çi$

① $n̠i^{45}$ 便~；$n̠i^{24}$ 适~。

② $iɛ^{021}$ 蚂~。下同。

字目\方言	宜 止开三 平支疑	蚁 止开三 上纸疑	义 止开三 去寘疑	议 止开三 去寘疑	牺 止开三 平支晓
蓝田	i^{31}/ni^{24}	i^{31}/$i\varepsilon^{021}$	i^{44}	i^{44}	$çi^{31}$｜$çi$
长安	i^{24}/ni^{24}①	i^{53}	i^{44}	i^{44}	$çi^{31}$
户县	i^{31}/ni^{24}②	i^{52}	i^{55}	i^{55}	$çi^{31}$｜$çi$
周至	i^{021}/ni^{24}	i^{52}	i^{55}	i^{55}	$çi^{21}$｜$çi$
三原	i^{31}/ni^{24}	i^{55}	i^{55}	i^{55}	$çi^{31}$｜$çi$
泾阳	i^{24}/ni^{24}	i^{55}	i^{55}	i^{55}	$çi^{31}$｜$çi$
咸阳	i^{31}/ni^{24}	i^{55}	i^{55}	i^{55}	$çi^{31}$｜$çi$
兴平	i^{24}/ni^{24}	i^{52}	i^{55}	i^{55}	$çi^{31}$｜$çi$
武功	i^{24}/ni^{24}	i^{52}	i^{55}	i^{55}	$çi^{31}$｜$çi$
礼泉	i^{31}/ni^{24}	i^{31}	i^{55}	i^{55}	$çi^{31}$｜$çi$
乾县	i^{24}/ni^{24}	i^{52}	i^{44}	i^{44}	$çi^{31}$｜$çi$
永寿	i^{24}/ni^{24}	i^{55}	i^{55}	i^{55}	$çi^{31}$｜$çi$
淳化	i^{24}/ni^{24}	i^{55}	i^{55}	i^{55}	$çi^{31}$｜$çi$
旬邑	i^{24}/ni^{24}	i^{31}	i^{44}	i^{44}	$çi^{31}$｜$çi$
彬县	i^{24}/ni^{24}	i^{44}	i^{44}	i^{44}	$çi^{31}$｜$çi$
长武	i^{24}/ni^{24}	i^{31}	i^{44}	i^{44}	$çi^{31}$｜$çi$
扶风	ni^{24}	i^{31}	i^{33}	i^{33}	$çi^{31}$｜$çi$
眉县	ni^{24}	i^{52}	i^{44}	i^{44}	$çi^{31}$｜$çi$
麟游	i^{31}/ni^{24}	i^{31}	i^{44}	i^{44}	$çi^{31}$｜$çi$
岐山	ni^{24}	i^{31}	i^{44}	i^{44}	$çi^{31}$｜$çi$
凤翔	ni^{24}	i^{44}	i^{44}	i^{44}	$çi^{31}$｜$çi$
宝鸡	ni^{24}	i^{31}	i^{44}	i^{44}	$çi^{31}$｜$çi$
千阳	ni^{24}	i^{31}	i^{44}	i^{44}	$çi^{31}$｜$çi$
陇县	i^{24}/ni^{24}	i^{31}	i^{44}	i^{44}	$çi^{31}$｜$çi$

① i^{24}～川：地名；ni^{24} 适～。
② i^{31} 便～；ni^{24} 适～。另外不少点"便～"一词中读轻声"i^{021}"。铜川、耀县 i^{52} 便～；ni^{24} 适～。

字目\方言	戏 止开三 去霁晓	椅 止开三 上纸影	移 止开三 平支以	易难~ 止开三 去霁以	悲 止开三 平脂帮
西安	ςi^{55}	i^{53}	i^{24}	i^{55}	pei^{21}/pei^{53}
韩城	ςi^{44}	ηi^{53}	i^{24}	ηi^{44}	pi^{31}
合阳	ςi^{55}	ηi^{52}	i^{24}	i^{55}	pi^{52}
澄城	ςi^{44}	ηi^{53}	i^{24}	i^{44}	pei^{31}
白水	ςi^{44}	ηi^{53}	i^{24}	i^{44}	pei^{31}
大荔	ςi^{55}	ηi^{52}	i^{24}	i^{55}	pei^{31}
蒲城	ςi^{55}	ηi^{53}	i^{35}	i^{55}	pei^{53}
美原	ςi^{55}	ηi^{53}	i^{35}	i^{55}	pei^{53}
富平	ςi^{55}	i^{53}	i^{35}	i^{55}	pei^{53}
潼关	ςi^{44}	i^{52}	i^{24}	i^{44}	pei^{31}
华阴	ςi^{55}	ηi^{52}	i^{24}	i^{55}	pei^{52}
华县	ςi^{55}	ηi^{53}	i^{35}	i^{55}	pei^{53}
渭南	ςi^{44}	i^{53}	i^{24}	i^{44}	pei^{31}
洛南	ςi^{44}	ηi^{53}	i^{24}	i^{44}	pei^{31}
商州	ςi^{55}	i^{31}	i^{35}	i^{55}	pei^{31}
丹凤	ςi^{44}	i^{53}	i^{24}	i^{44}	pei^{31}
宜川	ςi^{45}	ηi^{45}	i^{24}	i^{45}	pei^{45}
富县	ςi^{44}	i^{52}	i^{24}	i^{31}	pei^{52}
黄陵	ςi^{44}	i^{52}	i^{24}	i^{31}	pei^{52}
宜君	ςi^{44}	i^{52}	i^{24}	i^{44}	pei^{52}
铜川	ςi^{44}	i^{52}	i^{24}	i^{44}	pei^{52}
耀县	ςi^{44}	i^{52}	i^{24}	i^{44}	pei^{52}
高陵	ςi^{55}	i^{52}	i^{24}	i^{55}	pei^{52}
临潼	ςi^{45}	i^{52}	i^{24}	i^{24}~经/i^{31}	pei^{52}

字目 方言	戏 止开三 去寘晓	椅 止开三 上纸影	移 止开三 平支以	易难~ 止开三 去寘以	悲 止开三 平脂帮
蓝田	çi^{44}	i^{52}	i^{24}	i^{44}	pei^{52}
长安	çi^{44}	i^{53}	i^{24}	i^{24}	pei^{53}
户县	çi^{55}	i^{52}	i^{24}	i^{55}	pei^{52}
周至	çi^{55}	i^{52}	i^{24}	i^{55}	pɿ^{52}
三原	çi^{55}	i^{52}	i^{24}	i^{55}	pei^{52}
泾阳	çi^{55}	i^{52}	i^{24}	i^{55}	pei^{31}/pei^{52}
咸阳	çi^{55}	i^{52}	i^{24}	i^{55}	pei^{52}
兴平	çi^{55}	i^{52}	i^{24}	i^{55}	pei^{52}
武功	çi^{55}	i^{52}	i^{24}	i^{55}	pei^{31}
礼泉	çi^{55}	i^{31}	i^{24}	i^{31}	pe^{52}
乾县	çi^{44}	i^{52}	i^{24}	i^{44}	pei^{52}
永寿	çi^{55}	i^{55}	i^{24}	i^{55}	pei^{52}
淳化	çi^{55}	i^{52}	i^{24}	i^{55}	pei^{52}
旬邑	çi^{44}	i^{52}	i^{24}	i^{44}	pei^{31}
彬县	çi^{44}	i^{52}	i^{24}	i^{44}	pei^{52}
长武	çi^{44}	i^{52}	i^{24}	i^{44}	pei^{31}
扶风	çi^{33}	i^{52}	i^{24}	i^{33}	pɿ^{31}
眉县	çi^{44}	i^{52}	i^{24}	i^{44}	pɿ^{31}
麟游	çi^{44}	i^{53}	i^{24}	i^{44}	pɿ^{31}
岐山	çi^{44}	i^{53}	i^{24}	i^{44}	pɿ^{31}
凤翔	çi^{44}	i^{44}	i^{24}	i^{44}	pɿ^{31}
宝鸡	çi^{44}	i^{53}	i^{24}	i^{44}	pei^{53}
千阳	çi^{44}	i^{53}	i^{24}	i^{44}	pɿ^{31}
陇县	çi^{44}	i^{53}	i^{24}	i^{44}	pɿ^{31}

字目\方言	比 止开三 上旨帮	秘 止开三 去至帮	屁 止开三 去至滂	琵 止开三 平脂並	备 止开三 去至並
西安	pi⁵³	mi²¹	pʰi⁵⁵	pʰi²⁴	pi⁵⁵
韩城	pi⁵³	mi³¹	pʰi⁴⁴	pʰi²⁴	pi⁴⁴
合阳	pi⁵²	mi³¹	pʰi⁵⁵	pʰi²⁴	pi⁵⁵
澄城	pi⁵³	mi³¹	pʰi⁴⁴	pʰi²⁴	pi⁴⁴
白水	pi⁵³	mi³¹	pʰi⁴⁴	pʰi²⁴	pi⁴⁴
大荔	pi⁵²	mi³¹	pʰi⁵⁵	pʰi²⁴	pi⁵⁵
蒲城	pi⁵³	mi³¹	pʰi⁵⁵	pʰi³⁵	pi⁵⁵
美原	pi⁵³	mi³¹	pʰi⁵⁵	pʰi³⁵	pi⁵⁵
富平	pi⁵³	mi³¹	pʰi⁵⁵	pʰi³⁵	pi⁵⁵
潼关	pi⁵²	mi³¹	pʰi⁴⁴	pʰi²⁴	pi⁴⁴
华阴	pi⁵²	mi³¹	pʰi⁵⁵	pʰi²⁴	pi⁵⁵
华县	pi⁵³	mi³¹	pʰi⁵⁵	pʰi³⁵	pi⁵⁵
渭南	pi⁵³	mi³¹	pʰi⁴⁴	pʰi²⁴	pi⁴⁴
洛南	pi⁵³	mi³¹	pʰi⁴⁴	pʰi²⁴	pi⁴⁴
商州	pi⁵³	mi³¹	pʰi⁵⁵	pʰi³⁵	pi⁵⁵
丹凤	pi⁵³	mi³¹	pʰi⁴⁴	pʰi²⁴	pi⁴⁴
宜川	pi⁴⁵	mi⁵¹	pʰi⁴⁵	pʰi²⁴	pi⁴⁵
富县	pi⁵²	mi³¹	pʰi⁴⁴	pi³¹	pi⁴⁴
黄陵	pi⁵²	mi³¹	pʰi⁴⁴	pʰi²⁴	pi⁴⁴
宜君	pi⁵²	mi⁴⁴	pʰi⁴⁴	pi⁵²	pi⁴⁴
铜川	pi⁵²/pei⁵²	mi²¹	pʰi⁴⁴	pʰi²⁴	pi⁴⁴
耀县	pi⁵²	mi³¹	pʰi⁴⁴	pi⁵²	pi⁴⁴
高陵	pi⁵²	mi³¹	pʰi⁵⁵	pʰi²⁴	pi⁵⁵
临潼	pi⁵²	mi³¹	pʰi⁴⁵	pʰi²⁴	pi⁴⁵

字目 方言	比 止开三 上旨帮	秘 止开三 去至帮	屁 止开三 去至滂	琵 止开三 平脂並	备 止开三 去至並
蓝田	pi⁵²	mi³¹	pʰi⁴⁴	pi²⁴	pi⁴⁴
长安	pi⁵³	mi³¹	pʰi⁴⁴	pʰi²⁴	pi⁴⁴
户县	pi⁵²	mi³¹	pʰi⁵⁵	pʰi²⁴	pi⁵⁵
周至	pi⁵²	mi²¹	pʰi⁵⁵	pʰi²⁴	pi⁵⁵
三原	pi⁵²	mi³¹	pʰi⁵⁵	pʰi²⁴	pi⁵⁵
泾阳	pi⁵²	mi³¹	pʰi⁵⁵	pʰi²⁴	pi⁵⁵
咸阳	pi⁵²		pʰi⁵⁵	pʰi²⁴	pi⁵⁵
兴平	pi⁵²	mi³¹	pʰi⁵⁵	pʰi²⁴	pi⁵⁵
武功	pi⁵²	mi³¹	pʰi⁵⁵	pʰi²⁴	pi⁵⁵
礼泉	pi⁵²	mi³¹	pʰi⁵⁵	pʰi²⁴	pi⁵⁵
乾县	pi⁵²	mi³¹	pʰi⁴⁴	pʰi²⁴	pi⁴⁴
永寿	pi⁵²	mi³¹	pʰi⁵⁵	pʰi²⁴	pi⁵⁵
淳化	pi⁵²	mi³¹	pʰi⁵⁵	pʰi²⁴	pi⁵⁵
旬邑	pi⁵²	mi³¹	pʰi⁴⁴	pʰi²⁴	pi⁴⁴
彬县	pi⁵²	mi³¹	pʰi⁴⁴	pʰi²⁴	pi⁴⁴
长武	pi⁵²		pʰi⁴⁴	pʰi²⁴	pi⁴⁴
扶风	pi⁵²	mi³¹	pʰi³³	pʰi²⁴	pi³³
眉县	pi⁵²	mi³¹	pʰi⁴⁴	pʰi²⁴	pi⁴⁴
麟游	pi⁵³	mi³¹	pʰi⁴⁴	pʰi³¹	pi⁴⁴
岐山	pi⁵³	mi³¹	pʰi⁴⁴	pʰi²⁴	pi⁴⁴
凤翔	pi⁵³	mi³¹	pʰi⁴⁴	pʰi²⁴	pi⁴⁴
宝鸡	pi⁵³	mi³¹	pʰi⁴⁴	pʰi²⁴	pi⁴⁴
千阳	pi⁵³	mi³¹	pʰi⁴⁴	pʰi²⁴	pi⁴⁴
陇县	pi⁵³	mi³¹	pʰi⁴⁴	pʰi²⁴	pi⁴⁴

字目 / 方言	鼻	眉	美	地	尼
	止开三 去至并	止开三 平脂明	止开三 上旨明	止开三 去至定	止开三 平脂泥
西安	pi²⁴	mi²⁴	mei⁵³	ti⁵⁵	ȵi²⁴
韩城	pʰi²⁴	mi²⁴	mɿ⁵³	tʰi⁴⁴	ȵi²⁴
合阳	pʰi²⁴	mi²⁴	mɿ⁵²	tʰi⁵⁵	ȵi²⁴
澄城	pʰi²⁴	mi²⁴	mei⁵³	tʰi⁴⁴	ȵi²⁴
白水	pʰi²⁴	mi²⁴	mei⁵³	tsʰi⁴⁴	ȵi²⁴
大荔	pʰi²⁴	mi²⁴	mei⁵²	tʰi⁵⁵	ȵi²⁴
蒲城	pʰi³⁵	mi³⁵	mei⁵³	tsʰi⁵⁵	ȵi³⁵
美原	pʰi³⁵	mi³⁵	mei⁵³/mi⁵³①	tɕʰi⁵⁵	ȵi³⁵
富平	pʰi³⁵	mi³⁵	mei⁵³	ti⁵⁵	ȵi³⁵
潼关	pʰi²⁴	mi²⁴	mei⁵²	tʰi⁴⁴	ȵi²⁴
华阴	pʰi²⁴	mi²⁴	mei⁵²	tʰi⁵⁵	ȵi²⁴
华县	pʰi³⁵	mi³⁵	mei⁵³	tʰi⁵⁵	ȵi³⁵
渭南	pʰi²⁴	mi²⁴	mei⁵³	tɕʰi⁴⁴	ȵi²⁴
洛南	pʰi²⁴	mi²⁴	mei⁵³	tɕi⁴⁴	ȵi²⁴
商州	pʰi³⁵	mi³⁵	mei⁵³	ti⁵⁵	ȵi³⁵
丹凤	pʰi²⁴	mi²⁴	mei⁵³	tɕi⁴⁴	ȵi²⁴
宜川	pʰi²⁴	mi²⁴	mei⁴⁵	tʰi⁴⁵	ȵi²⁴
富县	pʰi²⁴	mi²⁴	mei⁵²	tʰi⁴⁴/tɕʰi⁰²¹②	ȵi²⁴
黄陵	pʰi²⁴	mi²⁴	mei⁵²	tɕʰi⁴⁴	ȵi²⁴
宜君	pʰi²⁴	mi²⁴	mẽ⁵²	tʰi⁴⁴	ȵi²⁴
铜川	pʰi²⁴	mi²⁴	mei⁵²	ti⁴⁴	ȵi²⁴
耀县	pʰi²⁴	mi²⁴	mei⁵²	ti⁴⁴	ȵi²⁴
高陵	pʰi²⁴	mi²⁴	mei⁵²	ti⁵⁵	ȵi²⁴
临潼	pʰi²⁴	mi²⁴	mei⁵²	tɕi⁴⁵	ȵi²⁴

① mi⁵³ ～原。

② tɕʰi⁰²¹ 脚～。

字目＼方言	鼻	眉	美	地	尼
	止开三去至并	止开三平脂明	止开三上旨明	止开三去至定	止开三平脂泥
蓝田	pi²⁴	mi²⁴	mei⁵²	tɕi⁴⁴	ȵi²⁴
长安	pi²⁴	mi²⁴	mei⁵³	tɕi⁴⁴	ȵi²⁴
户县	pi²⁴	mi²⁴	mei⁵²	ʈi⁵⁵	ȵi²⁴
周至	pi²⁴	mi²⁴	mi⁵²	ti⁵⁵	ȵi²⁴
三原	pʰi²⁴	mi²⁴	mei⁵²	ti⁵⁵	ȵi²⁴
泾阳	pʰi²⁴	mi²⁴	mei⁵²	ti⁵⁵	ȵi²⁴
咸阳	pi²⁴	mi²⁴	mei⁵²	ti⁵⁵	ȵi²⁴
兴平	pi²⁴	mi²⁴	mei⁵²	tɕi⁵⁵	ȵi²⁴
武功	pi²⁴	mi²⁴	mei⁵²	ti⁵⁵	ȵi²⁴
礼泉	pi²⁴	mi²⁴	me⁵²	ti⁵⁵	ȵi²⁴
乾县	pi²⁴	mi²⁴	mei⁵²	ti⁴⁴	ȵi²⁴
永寿	pi²⁴	mi²⁴	mei⁵²	ti⁵⁵	ȵi²⁴
淳化	pʰi²⁴	mi²⁴	mei⁵²	ti⁵⁵	ȵi²⁴
旬邑	pʰi²⁴	mi²⁴	mei⁵²	tsʰi⁴⁴	ȵi²⁴
彬县	pʰi²⁴	mi²⁴	mei⁵²	tʰi⁴⁴	ȵi²⁴
长武	pʰi²⁴	mi²⁴	mei⁵²	ti⁴⁴/tʰi⁴⁴	ȵi²⁴
扶风	pʰi²⁴	mi²⁴	mei⁵²	t̠ɕi³³/t̠ɕʰi³³	ȵi²⁴
眉县	pʰi²⁴	mi²⁴	mei⁵²	ʈi⁴⁴	ȵi²⁴
麟游	pʰi²⁴	mi²⁴	mei⁵³	ʈʰi⁴⁴	ȵi²⁴
岐山	pʰi²⁴	mi²⁴	mei⁵³	ʈʰi⁴⁴	ȵi²⁴
凤翔	pʰi²⁴	mi²⁴	mei⁵³	ʈi⁴⁴	ȵi²⁴
宝鸡	pʰi²⁴	mi²⁴	mei⁵³	tɕi⁴⁴	ȵi²⁴
千阳	pʰi²⁴	mi²⁴	mei⁵³	t̠i⁴⁴/t̠ʰi⁴⁴	ȵi²⁴
陇县	pʰi²⁴	mi²⁴	mei⁵³	ʈi⁴⁴	ȵi²⁴

字目 方言	腻 止开三 去至泥	梨 止开三 平脂来	利 止开三 去至来	资 止开三 平脂精	姊 止开三 上旨精
西安	ȵi⁵⁵	li²⁴	li⁵⁵	tsɿ²¹	tsɿ⁵³
韩城	ȵi⁴⁴	lɿ²⁴	lɿ⁴⁴	tsɿ³¹	tsɿ⁵³
合阳	ȵi⁵⁵	li²⁴	li⁵⁵	tsɿ³¹	tsɿ⁵²
澄城	ȵi³¹	li²⁴	li⁴⁴	tsɿ³¹	tsɿ⁵³
白水	ȵi⁴⁴	li²⁴	li⁴⁴	tsɿ³¹	tsɿ⁵³
大荔	ȵi⁵⁵	li²⁴	li⁵⁵	tsɿ³¹	tsɿ⁵²
蒲城	ȵi⁵⁵	li³⁵	li⁵⁵	tsɿ³¹	tsɿ⁵³
美原	ȵi⁵⁵	li³⁵	li⁵⁵	tsɿ³¹	tsɿ⁵³
富平	ȵi⁵⁵	li³⁵	li⁵⁵	tsɿ³¹	tsɿ⁵³
潼关	ȵi⁴⁴	li²⁴	li⁴⁴	tsɿ³¹	tsɿ⁵²
华阴	ȵi⁵⁵	li²⁴	li⁵⁵	tsɿ³¹	tsɿ⁵²
华县	ȵi⁵⁵	li³⁵	li⁵⁵	tsɿ³¹	tsɿ⁵³
渭南	ȵi⁴⁴	li²⁴	li⁴⁴	tsɿ³¹	tsɿ⁵³
洛南	ȵi⁴⁴	li²⁴	li⁴⁴	tsɿ³¹	tsɿ⁵³
商州	ȵi⁵⁵	li³⁵	li⁵⁵	tsɿ³¹	tsɿ⁵³
丹凤	ȵi⁴⁴	li²⁴	li⁴⁴	tsɿ³¹	tsɿ⁵³
宜川	ȵi²⁴	li²⁴	li⁴⁵	tsɿ⁵¹	tsɿ⁴⁵
富县	ȵi³¹	li²⁴	li⁴⁴	tsɿ³¹	tsɿ⁵²
黄陵	ȵi³¹	li²⁴	li⁴⁴	tsɿ³¹	tsɿ⁵²
宜君	ȵi⁴⁴/ȵi²⁴	li²⁴	li⁴⁴	tsɿ²¹	tsɿ⁵²
铜川	ȵi⁴⁴	li²⁴	li⁴⁴	tsɿ²¹	tsɿ⁵²
耀县	ȵi³¹	li²⁴	li⁴⁴	tsɿ³¹	tsɿ⁵²
高陵	ȵi⁵⁵	li²⁴	li⁵⁵	tsɿ³¹	tsɿ⁵²
临潼	ȵi⁴⁵	li²⁴	li⁴⁵	tsɿ³¹	tsɿ⁵²

字目 / 方言	腻	梨	利	资	姊
	止开三 去至泥	止开三 平脂来	止开三 去至来	止开三 平脂精	止开三 上旨精
蓝田	ȵi^{44}	li^{24}	li^{44}	tsʅ^{31}	tsʅ^{52}
长安	ȵi^{44}	li^{24}	li^{44}	tsʅ^{31}	tsʅ^{53}
户县	ȵi^{31}	li^{24}	li^{55}	tsʅ^{31}	tsʅ^{52}
周至	ȵi^{55}	li^{24}	li^{55}	tsʅ^{21}	tsʅ^{52}
三原	ȵi^{31}	li^{24}	li^{55}	tsʅ^{31}	tsʅ^{52}
泾阳	ȵi^{31}	li^{24}	li^{55}	tsʅ^{31}	tsʅ^{52}
咸阳	ȵi^{55}	li^{24}	li^{55}	tsʅ^{31}	tsʅ^{52}
兴平	ȵi^{31}	li^{24}	li^{55}	tsʅ^{31}	tsʅ^{52}
武功	ȵi^{55}	li^{24}	li^{55}	tsʅ^{31}	tsʅ^{52}
礼泉	ȵi^{31}	li^{24}	li^{55}	tsʅ^{31}	tsʅ^{52}
乾县	ȵi^{31}	li^{24}	li^{44}	tsʅ^{31}	tsʅ^{52}
永寿	ȵi^{31}	li^{24}	li^{55}	tsʅ^{31}	tsʅ^{55}
淳化	ȵi^{31}	li^{24}	li^{55}	tsʅ^{31}	tsʅ^{52}
旬邑	ni^{44}	li^{24}	li^{44}	tsʅ^{31}	tsʅ^{52}
彬县	ni^{44}	li^{24}	li^{44}	tsʅ^{31}	tsʅ^{52}
长武	ni^{44}	li^{24}	li^{44}	tsʅ^{31}	tsʅ^{52}
扶风	ni^{33}	li^{24}	li^{33}	tsʅ^{31}	tsʅ^{52}
眉县	ni^{31}	li^{24}	li^{44}	tsʅ^{31}	tsʅ^{52}
麟游	ni^{53}	li^{24}	li^{44}	tsʅ^{31}	tsʅ^{53}
岐山	ni^{53}	li^{24}	li^{44}	tsʅ^{31}	tsʅ^{53}
凤翔	ni^{31}	li^{24}	li^{44}	tsʅ^{31}	tsʅ^{53}
宝鸡	ni^{31}	li^{24}	li^{44}	tsʅ^{31}	tsʅ^{53}
千阳	ni^{31}	li^{24}	li^{44}	tsʅ^{31}	tsʅ^{53}
陇县	ni^{44}	li^{24}	li^{44}	tsʅ^{31}	tsʅ^{53}

字目 方言	次 止开三 去至清	瓷 止开三 平脂从	自 止开三 去至从	私 止开三 平脂心	死 止开三 上纸心
西安	tsʰɿ⁵³	tsʰɿ²⁴	tsɿ⁵⁵/tsɿ⁵³①	sɿ²¹	sɿ⁵³
韩城	tsʰɿ⁴⁴	tsʰɿ²⁴	tsʰɿ⁴⁴	sɿ³¹	sɿ⁵³
合阳	tsʰɿ⁵⁵	tsʰɿ²⁴	tsʰɿ⁵⁵	sɿ³¹	sɿ⁵²
澄城	tsʰɿ⁵³	tsʰɿ²⁴	tsʰɿ⁴⁴	tɯ³¹	tɯ⁵³
白水	tsʰɿ⁵³	tsʰɿ²⁴	tsʰɿ⁴⁴	sɿ³¹	sɿ⁵³
大荔	tsʰɿ⁵²	tsʰɿ²⁴	tsʰɿ⁵⁵	sɿ³¹	sɿ⁵²
蒲城	tsʰɿ⁵³	tsʰɿ³⁵	tsʰɿ⁵⁵	sɿ³¹	sɿ⁵³
美原	tsʰɿ⁵³	tsʰɿ³⁵	tsʰɿ⁵⁵	sɿ³¹	sɿ⁵³
富平	tsʰɿ⁵³	tsʰɿ³⁵	tsɿ⁵⁵	sɿ³¹	sɿ⁵³
潼关	tsʰɿ⁵²	tsʰɿ²⁴	tsʰɿ⁴⁴	sɿ³¹	sɿ⁵²
华阴	tsʰɿ⁵³	tsʰɿ²⁴	tsʰɿ⁵⁵	sɿ³¹	sɿ⁵²
华县	tsʰɿ⁵³	tsʰɿ³⁵	tsʰɿ⁵⁵	sɿ³¹	sɿ⁵²
渭南	tsʰɿ⁵³	tsʰɿ²⁴	tsʰɿ⁴⁴	sɿ³¹	sɿ⁵³
洛南	tsʰɿ⁵³	tsʰɿ²⁴	tsɿ⁴⁴	sɿ³¹	sɿ⁵³
商州	tsʰɿ⁵³	tsʰɿ³⁵	tsɿ⁵⁵	sɿ³¹	sɿ⁵³
丹凤	tsʰɿ⁵³	tsʰɿ²⁴	tsɿ⁴⁴	sɿ³¹	sɿ⁵³
宜川	tsʰɿ⁴⁵	tsʰɿ²⁴	tsʰɿ⁴⁵	sɿ⁵¹	sɿ⁴⁵
富县	tsʰɿ⁴⁴	tsʰɿ²⁴	tsʰɿ⁴⁴	sɿ³¹	sɿ⁵²
黄陵	tsʰɿ⁴⁴	tsʰɿ²⁴	tsʰɿ⁴⁴	sɿ³¹	sɿ⁵²
宜君	tsʰɿ⁴⁴	tsʰɿ²⁴	tsʰɿ⁴⁴	sɿ²¹	sɿ⁵²
铜川	tsʰɿ⁴⁴	tsʰɿ²⁴	tsʰɿ⁴⁴	sɿ²¹	sɿ⁵²
耀县	tsʰɿ⁵²	tsʰɿ²⁴	tsɿ⁴⁴	sɿ³¹	sɿ⁵²
高陵	tsʰɿ⁵²	tsʰɿ²⁴	tsɿ⁵⁵/tsʰɿ⁵⁵②	sɿ³¹	sɿ⁵²
临潼	tsʰɿ⁵²	tsʰɿ²⁴	tsɿ⁴⁵	sɿ³¹	sɿ⁵²

---

① tsɿ⁵⁵～私；tsɿ⁵³～从。下同。

② tsʰɿ⁵⁵～行车。

字目／方言	次	瓷	自	私	死
	止开三去至清	止开三平脂从	止开三去至从	止开三平脂心	止开三上纸心
蓝田	tsʰɿ52	tsʰɿ24	tsɿ44	sɿ31	sɿ52
长安	tsʰɿ53	tsʰɿ24	tsɿ44/tsɿ53	sɿ31	sɿ53
户县	tsʰɿ52	tsʰɿ24	tsɿ55	sɿ31	sɿ52
周至	tsʰɿ52	tsʰɿ24	tsɿ55	sɿ21	sɿ52
三原	tsʰɿ52	tsʰɿ24	tsɿ55	sɿ31	sɿ52
泾阳	tsʰɿ52	tsʰɿ24	tsɿ55/tsɿ52	sɿ31	sɿ52
咸阳	tsʰɿ52	tsʰɿ24	tsɿ55	sɿ31	sɿ52
兴平	tsʰɿ52	tsʰɿ24	tsɿ55/tsɿ52	sɿ31	sɿ52
武功	tsʰɿ52	tsʰɿ24	tsɿ55	sɿ31	sɿ52
礼泉	tsʰɿ55	tsʰɿ24	tsɿ55	sɿ31	sɿ52
乾县	tsʰɿ52	tsʰɿ24	tsɿ44	sɿ31	sɿ52
永寿	tsʰɿ52	tsʰɿ24	tsɿ55	sɿ31	sɿ52
淳化	tsʰɿ52	tsʰɿ24	tsɿ55	sɿ31	sɿ52
旬邑	tsʰɿ44	tsʰɿ24	tsʰɿ44	sɿ31	sɿ52
彬县	tsʰɿ44	tsʰɿ24	tsʰɿ44	sɿ31	sɿ52
长武	tsʰɿ44	tsʰɿ24	tsʰɿ44	sɿ31	sɿ52
扶风	tsʰɿ33	tsʰɿ24	tsɿ33/tsʰɿ33	sɿ31	sɿ52
眉县	tsʰɿ44	tsʰɿ24	tsɿ44	sɿ31	sɿ52
麟游	tsʰɿ44	tsʰɿ24	tsʰɿ44	sɿ31	sɿ53
岐山	tsʰɿ44	tsʰɿ24	tsʰɿ44	sɿ31	sɿ53
凤翔	tsʰɿ44	tsʰɿ24	tsɿ44	sɿ31	sɿ53
宝鸡	tsʰɿ44	tsʰɿ24	tsɿ44	sɿ31	sɿ53
千阳	tsʰɿ53	tsʰɿ24	tsɿ44	sɿ31	sɿ53
陇县	tsʰɿ44	tsʰɿ24	tsɿ44	sɿ31	sɿ53

字目 方言	四 止开三 去至心	致 止开三 去至知	迟 止开三 平脂澄	稚 止开三 去至澄	师 止开三 平脂生
西安	sɿ^{55}	tʂɿ^{55}	tsʰɿ^{24}	tʂɿ^{55}	sɿ^{21}
韩城	sɿ^{44}	tʂɿ^{44}	tsʰɿ^{24}	tʂɿ^{44}	sɿ^{31}
合阳	sɿ^{55}	tʂɿ^{55}	tsʰɿ^{24}	tʂɿ^{55}/tsʰɿ^{52}	sɿ^{31}
澄城	tu^{44}	tʂɿ^{44}	tʂʰɿ^{24}/tsʰɿ^{24}	tʂɿ^{44}	sɿ^{31}
白水	sɿ^{44}	tʂɿ^{44}	tsʰɿ^{24}	tʂɿ^{44}	sɿ^{31}
大荔	sɿ^{55}	tʂɿ^{55}	tsʰɿ^{24}	tʂɿ^{55}	sɿ^{31}
蒲城	sɿ^{55}	tʂɿ^{55}	tsʰɿ^{35}	tʂɿ^{55}	sɿ^{31}
美原	sɿ^{55}	ki^{55}	tsʰɿ^{35}	ki^{55}	sɿ^{31}
富平	sɿ^{55}	tʂɿ^{55}	tsʰɿ^{35}	tʂɿ^{55}	sɿ^{31}
潼关	sɿ^{44}	tʂɿ^{44}	tsʰɿ^{24}	tʂɿ^{44}	sɿ^{31}
华阴	sɿ^{55}	tʂɿ^{55}	tsʰɿ^{24}	tʂɿ^{55}	sɿ^{31}
华县	sɿ^{55}	tʂɿ^{55}	tsʰɿ^{35}	tʂɿ^{55}	sɿ^{31}
渭南	sɿ^{44}	tʂɿ^{44}	tsʰɿ^{24}	tʂɿ^{44}	sɿ^{31}
洛南	sɿ^{44}	tʂɿ^{44}	tsʰɿ^{44}	tʂɿ^{44}	sɿ^{31}
商州	sɿ^{55}	tʂɿ^{55}	tʂʰɿ^{35}/tsʰɿ^{55}	tʂɿ^{55}	sɿ^{31}
丹凤	sɿ^{44}	tʂɿ^{44}	tsʰɿ^{44}	tʂɿ^{44}	sɿ^{31}
宜川	sɿ^{45}	tʂɿ^{45}	tʂʰɿ^{24}/tsʰɿ^{45}	tʂɿ^{45}	sɿ^{51}
富县	sɿ^{44}	tʂɿ^{44}	tʂʰɿ^{24}/tsʰɿ^{24}	tʂɿ^{44}	sɿ^{31}
黄陵	sɿ^{44}	tʂɿ^{44}	tʂʰɿ^{24}/tsʰɿ^{24}	tʂɿ^{44}	sɿ^{31}
宜君	sɿ^{44}	tʂɿ^{44}	tsʰɿ^{24}	tʂɿ^{44}	sɿ^{21}
铜川	sɿ^{44}	tʂɿ^{44}	tʂʰɿ^{24}/tsʰɿ^{24}	tʂɿ^{44}	sɿ^{21}
耀县	sɿ^{44}	tʂɿ^{44}	tsʰɿ^{24}	tʂɿ^{44}	sɿ^{44}
高陵	sɿ^{55}	tʃɿ^{55}	tʃʰɿ^{24}/tsʰɿ^{24}	tʃɿ^{55}	sɿ^{31}
临潼	sɿ^{45}	tʂɿ^{45}	tsʰɿ^{24}	tʂɿ^{45}	sɿ^{31}

字目 方言	四 止开三 去至心	致 止开三 去至知	迟 止开三 平脂澄	稚 止开三 去至澄	师 止开三 平脂生
蓝田	sʅ^{44}	tsʅ^{44}	tsʰʅ^{24}/tsʰʅ^{24}	tsʅ^{44}	sʅ^{31}
长安	sʅ^{44}	tsʅ^{44}	tsʰʅ^{24}	tsʅ^{44}	sʅ^{31}
户县	sʅ^{55}	tsʅ^{55}	tsʰʅ^{24}	tsʅ^{55}	sʅ^{31}
周至	sʅ^{55}	tsʅ^{55}	tsʰʅ^{24}	tsʅ^{55}	sʅ^{21}
三原	sʅ^{55}	tsʅ^{55}	tsʰʅ^{24}	tsʅ^{55}	sʅ^{31}
泾阳	sʅ^{55}	tsʅ^{55}	tsʰʅ^{24}	tsʅ^{55}	sʅ^{31}
咸阳	sʅ^{55}	tsʅ^{55}	tsʰʅ^{24}/tsʰʅ^{24}	tsʅ^{55}	sʅ^{31}
兴平	sʅ^{55}	tsʅ^{55}	tsʰʅ^{24}	tsʅ^{55}	sʅ^{31}
武功	sʅ^{55}	tsʅ^{55}	tsʰʅ^{24}	tsʅ^{55}	sʅ^{31}
礼泉	sʅ^{55}	tsʅ^{55}	tsʰʅ^{24}	tsʅ^{55}	sʅ^{31}
乾县	sʅ^{44}	tsʅ^{44}	tsʰʅ^{24}	tsʅ^{44}	sʅ^{31}
永寿	sʅ^{55}	tsʅ^{55}	tsʰʅ^{24}/tsʰʅ^{24}	tsʅ^{55}	sʅ^{31}
淳化	sʅ^{55}	tsʅ^{55}	tsʰʅ^{24}	tsʅ^{55}	sʅ^{31}
旬邑	sʅ^{44}	tsʅ^{44}	tsʰʅ^{24}	tsʅ^{44}	sʅ^{31}
彬县	sʅ^{44}	tsʅ^{44}	tsʰʅ^{24}/tsʰʅ^{24}	tsʅ^{44}	sʅ^{31}
长武	sʅ^{44}	tsʅ^{44}	tsʰʅ^{24}/tsʰʅ^{24}	tsʅ^{44}	sʅ^{31}
扶风	sʅ^{33}	tsʅ^{33}	tsʰʅ^{24}	tsʅ^{33}	sʅ^{31}
眉县	sʅ^{44}	tsʅ^{44}	tsʰʅ^{24}	tsʅ^{44}	sʅ^{31}
麟游	sʅ^{44}	tsʅ^{44}	tsʰʅ^{24}		sʅ^{31}
岐山	sʅ^{44}	tsʅ^{44}	tsʰʅ^{24}	tsʅ^{44}	sʅ^{31}
凤翔	sʅ^{44}	tsʅ^{44}	tsʰʅ^{24}	tsʅ^{44}	sʅ^{31}
宝鸡	sʅ^{44}	tsʅ^{44}	tsʰʅ^{24}	tsʅ^{44}	sʅ^{31}
千阳	sʅ^{44}	tsʅ^{44}	tsʰʅ^{24}/tsʰʅ^{24}	tsʅ^{44}	sʅ^{31}
陇县	sʅ^{44}	tsʅ^{44}	tsʰʅ^{24}	tsʅ^{44}	sʅ^{31}

字目\方言	脂 止开三 平脂章	指 止开三 上旨章	至 止开三 去至章	示 止开三 去至船	尸 止开三 平脂书
西安	tsʅ²¹	tsʅ⁵³/tsʅ²¹①	tsʅ⁵⁵	ʂʅ⁵⁵	ʂʅ²¹
韩城	tsʅ³¹	tsʅ⁵³	tsʅ⁵³	ʂʅ⁴⁴	ʂʅ³¹
合阳	tsʅ⁵²	tsʅ⁵²/tʂə⁵⁵	tsʅ⁵⁵	ʂʅ⁵⁵	ʂʅ³¹
澄城	tsʅ³¹	tsʅ⁵³/tsʅ³¹	tsʅ⁵³	ʂʅ⁴⁴	ʂʅ³¹
白水	tsʅ³¹	tsʅ⁵³/tsʅ³¹	tsʅ⁴⁴	ʂʅ⁴⁴	ʂʅ³¹
大荔	tsʅ³¹	tsʅ⁵²/tsʅ³¹	tsʅ⁵⁵	ʂʅ⁵⁵	ʂʅ³¹
蒲城	tsʅ³¹	tsʅ⁵³/tsʅ³¹	tsʅ⁵⁵	ʂʅ⁵⁵	ʂʅ³¹
美原	tsʅ³¹	tsʅ⁵³	tsʅ⁵³	ʂʅ⁵⁵	ʂʅ³¹
富平	tsʅ³¹	tsʅ⁵³/tsʅ³¹	tsʅ⁵⁵	ʂʅ⁵⁵	ʂʅ³¹
潼关	tsʅ³¹	tsʅ⁵²/tsʅ³¹	tsʅ⁴⁴	ʂʅ⁴⁴	ʂʅ³¹
华阴	tsʅ³¹	tsʅ⁵²	tsʅ⁵⁵	ʂʅ⁵⁵	ʂʅ³¹
华县	ʂʅ³¹	tsʅ⁵³/tsʅ³¹	tsʅ⁵⁵	ʂʅ⁵⁵	ʂʅ³¹
渭南	tsʅ³¹	tsʅ⁵³/tsʅ³¹	tsʅ⁴⁴	ʂʅ⁴⁴	ʂʅ³¹
洛南	tsʅ³¹	tsʅ⁵³/tsʅ³¹	tsʅ⁴⁴	ʂʅ⁴⁴	ʂʅ³¹
商州	tsʅ³¹	tsʅ⁵³/tsʅ³¹	tsʅ⁵³	ʂʅ⁵⁵	ʂʅ³¹
丹凤	tsʅ³¹	tsʅ⁵³/tsʅ³¹	tsʅ⁴⁴	ʂʅ⁴⁴	ʂʅ³¹
宜川	tsʅ⁴⁵	tsʅ⁴⁵/tsʅ⁵¹	tsʅ⁴⁵	ʂʅ⁴⁵	ʂʅ⁵¹
富县	tsʅ⁵²	tsʅ⁵²/tsʅ³¹	tsʅ⁴⁴/tsʅ⁵²②	ʂʅ³¹/ʂʅ⁴⁴③	ʂʅ³¹
黄陵	tsʅ⁵²	tsʅ⁵²/tshʅ³¹④	tsʅ⁴⁴/tsʅ⁵²	ʂʅ³¹	ʂʅ³¹
宜君	tsʅ²¹	tsʅ⁵²	tsʅ⁵²	ʂʅ⁴⁴	ʂʅ²¹
铜川	tsʅ²¹	tsʅ⁵²/tshʅ021	tsʅ⁵²/tsʅ⁴⁴	ʂʅ⁴⁴	ʂʅ²¹
耀县	tsʅ³¹	tsʅ⁵²	tsʅ⁵²	ʂʅ⁴⁴	ʂʅ³¹
高陵	tsʅ⁵²	tsʅ⁵²/tshʅ⁵²	tsʅ⁵⁵/tsʅ⁵²	ʂʅ⁵⁵	ʂʅ³¹
临潼	tsʅ³¹	tsʅ⁵²/tsʅ³¹	tsʅ⁴⁵/tsʅ⁵²⑤	ʂʅ⁴⁵	ʂʅ³¹

① tsʅ⁵³ ~望；tsʅ²¹ 手~头。

② tsʅ⁴⁴ 冬~；tsʅ⁵² 北京~西安。

③ ʂʅ³¹ ~威。

④ tshʅ³¹ 六~~。以下凡送气读音均为该用法。

⑤ tsʅ⁴⁵ ~东西：称重量。

字目 / 方言	脂	指	至	示	尸
	止开三 平脂章	止开三 上旨章	止开三 去至章	止开三 去至船	止开三 平脂书
蓝田	tsʅ^{52}	tsʅ^{52}	tsʅ^{52}	sʅ^{44}	sʅ^{31}
长安	tsʅ^{31}	tsʅ^{53}/tsʅ^{31}	tsʅ^{44}	sʅ^{44}	sʅ^{31}
户县	tsʅ^{52}	tsʅ^{52}	tsʅ^{55}	sʅ^{55}	sʅ^{31}
周至	tsʅ^{52}	tsʅ^{52}	tsʅ^{55}/tsʅ^{52}①	sʅ^{55}	sʅ^{21}
三原	tsʅ^{31}	tsʅ^{52}	tsʅ^{52}	sʅ^{55}	sʅ^{31}
泾阳	tsʅ^{31}	tsʅ^{52}	tsʅ^{52}	sʅ^{55}	sʅ^{31}
咸阳	tsʅ^{31}	tsʅ^{52}/tsʅ^{31}	tsʅ^{55}	sʅ^{55}	sʅ^{31}
兴平	tsʅ^{31}	tsʅ^{52}	tsʅ^{52}	sʅ^{55}	sʅ^{31}
武功	tsʅ^{31}	tsʅ^{52}/tsʅ^{31}	tsʅ^{55}	sʅ^{55}	sʅ^{31}
礼泉	tsʅ^{31}	tsʅ^{52}	tsʅ^{52}	sʅ^{55}	sʅ^{31}
乾县	tsʅ^{31}	tsʅ^{52}	tsʅ^{52}	sʅ^{44}	sʅ^{31}
永寿	tsʅ^{31}	tsʅ^{52}	tsʅ^{55}	sʅ^{55}	sʅ^{31}
淳化	tsʅ^{31}	tsʅ^{52}/tsʅ^{31}	tsʅ^{55}	sʅ^{55}	sʅ^{31}
旬邑	tsʅ^{31}	tsʅ^{52}/tsʅ^{31}	tsʅ^{44}	sʅ^{44}	sʅ^{31}
彬县	tsʅ^{31}	tsʅ^{52}/tsʅ^{31}	tsʅ^{44}	sʅ^{44}	sʅ^{31}
长武	tsʅ^{31}	tsʅ^{52}/tsʅ^{31}	tsʅ^{44}	sʅ^{44}	sʅ^{31}
扶风	tsʅ^{31}	tsʅ^{52}	tsʅ^{52}	sʅ^{33}	sʅ^{31}
眉县	tsʅ^{31}	tsʅ^{52}	tsʅ^{52}	sʅ^{44}	sʅ^{31}
麟游	tsʅ^{31}	tsʅ^{53}	tsʅ^{53}	sʅ^{44}	sʅ^{31}
岐山	tsʅ^{31}	tsʅ^{53}	tsʅ^{53}	sʅ^{44}	sʅ^{31}
凤翔	tsʅ^{31}	tsʅ^{53}	tsʅ^{53}	sʅ^{44}	sʅ^{31}
宝鸡	tsʅ^{31}	tsʅ^{53}	tsʅ^{44}	sʅ^{44}	sʅ^{31}
千阳	tsʅ^{31}	tsʅ^{53}	tsʅ^{53}	sʅ^{44}	sʅ^{31}
陇县	tsʅ^{31}	tsʅ^{53}	tsʅ^{53}	sʅ^{44}	sʅ^{31}

① tsʅ^{55} 北京～西安。高陵、黄陵、铜川去声均可用于"北京至西安"中。

字目 方言	屎 止开三 上旨书	视 止开三 去至禅	二 止开三 去至日	饥 止开三 平脂见	冀 止开三 去至见
西安	sʅ^{53}	sʅ^{55}	ɚ^{55}	tɕi^{21}	tɕi^{55}
韩城	sʅ^{53}	sʅ^{44}	ɚ^{44}/ʐ̩^{44}	tɕi^{31}	tɕi^{44}
合阳	sʅ^{52}	sʅ^{55}	ɚ^{55}/ʐ̩^{55}	tɕi^{31}	tɕi^{55}
澄城	sʅ^{53}	sʅ^{44}	ɚ^{44}/ʐ̩^{44}	tɕi^{31}	tɕi^{44}
白水	sʅ^{53}	sʅ^{44}	ɚ^{44}	tɕi^{31}	tɕi^{44}
大荔	sʅ^{52}	sʅ^{55}	ɚ^{55}/ʐ̩^{55}	tɕi^{31}	tɕi^{55}
蒲城	sʅ^{53}	sʅ^{55}	ɚ^{55}/ʐ̩^{55}	tɕi^{31}	tɕi^{55}
美原	sʅ^{53}	sʅ^{55}	ɚ^{55}/ʐ̩^{55}/lɯ^{55}	tɕi^{31}	tɕi^{55}
富平	sʅ^{53}	sʅ^{55}	ɚ^{55}	tɕi^{31}	tɕi^{55}
潼关	sʅ^{52}	sʅ^{44}	ɚ^{44}	tɕi^{31}	tɕi^{44}
华阴	sʅ^{52}	sʅ^{55}	ɚ^{55}	tɕi^{31}	tɕi^{55}
华县	sʅ^{53}	sʅ^{55}	ɚ^{55}	tɕi^{31}	tɕi^{55}
渭南	sʅ^{53}	sʅ^{44}	ɚ^{44}	tɕi^{31}	tɕi^{44}
洛南	sʅ^{53}	sʅ^{44}	ɚ^{44}	tɕi^{31}	tɕi^{44}
商州	sʅ^{53}	sʅ^{55}	ɚ^{55}	tɕi^{31}	tɕi^{55}
丹凤	sʅ^{53}	sʅ^{44}	ɚ^{44}	tɕi^{31}	tɕi^{44}
宜川	sʅ^{45}	sʅ^{45}	ɐr^{45}	tɕi^{51}	tɕi^{45}
富县	sʅ^{52}	sʅ^{44}	ɐr^{44}	tɕi^{31}	tɕi^{44}
黄陵	sʅ^{52}	sʅ^{52}	ɐr^{44}	tɕi^{31}	tɕi^{44}
宜君	sʅ^{52}	sʅ^{44}	ɐr^{44}	tɕi^{21}	tɕi^{44}
铜川	sʅ^{52}	sʅ^{44}	ɐr^{44}	tɕi^{21}	tɕi^{44}
耀县	sʅ^{52}	sʅ^{44}	ɐr^{44}	tɕi^{31}	tɕi^{44}
高陵	sʅ^{52}	sʅ^{55}	ɐr^{55}	tɕi^{31}	tɕi^{55}
临潼	sʅ^{52}	sʅ^{45}	ɐr^{45}	tɕi^{31}	tɕi^{45}

字目 方言	屎 止开三 上旨书	视 止开三 去至禅	二 止开三 去至日	饥 止开三 平脂见	冀 止开三 去至见
蓝田	$s\gamma^{52}$	$s\gamma^{44}$	er^{44}	$t\varphi i^{31}$	$t\varphi i^{44}$
长安	$s\gamma^{53}$	$s\gamma^{44}$	$\mathrm{ə}^{44}$	$t\varphi i^{31}$	$t\varphi i^{44}$
户县	$s\gamma^{52}$	$s\gamma^{55}$	$\mathrm{ɤɯ}^{55}$	$t\varphi i^{31}$	$t\varphi i^{55}$
周至	$s\gamma^{52}$	$s\gamma^{55}$	er^{55}	$t\varphi i^{21}$	$t\varphi i^{55}$
三原	$s\gamma^{52}$	$s\gamma^{55}$	$\mathrm{ə}^{55}$	$t\varphi i^{31}$	$t\varphi i^{55}$
泾阳	$s\gamma^{52}$	$s\gamma^{55}$	$\mathrm{ə}^{55}$	$t\varphi i^{31}$	$t\varphi i^{55}$
咸阳	$s\gamma^{52}$	$s\gamma^{55}$	$\mathrm{ə}^{55}$	$t\varphi i^{31}$	$t\varphi i^{55}$
兴平	$s\gamma^{52}$	$s\gamma^{55}$	$\mathrm{ə}^{55}$	$t\varphi i^{31}$	$t\varphi i^{55}$
武功	$s\gamma^{52}$	$s\gamma^{55}$	$\mathrm{ə}^{55}$	$t\varphi i^{31}$	$t\varphi i^{55}$
礼泉	$s\gamma^{52}$	$s\gamma^{55}$	$\mathrm{ə}^{55}$	$t\varphi i^{31}$	$t\varphi i^{55}$
乾县	$s\gamma^{52}$	$s\gamma^{44}$	$\mathrm{ɛ}^{44}$	$t\varphi i^{31}$	$t\varphi i^{44}$
永寿	$s\gamma^{52}$	$s\gamma^{55}$	$\mathrm{ə}^{55}$	$t\varphi i^{31}$	$t\varphi i^{55}$
淳化	$s\gamma^{52}$	$s\gamma^{55}$	$\mathrm{ə}^{55}$	$t\varphi i^{31}$	$t\varphi i^{55}$
旬邑	$s\gamma^{52}$	$s\gamma^{44}$	$\mathrm{ə}^{44}$	$t\varphi i^{31}$	$t\varphi i^{44}$
彬县	$s\gamma^{52}$	$s\gamma^{44}$	$\mathrm{ɛ}^{44}$	$t\varphi i^{31}$	$t\varphi i^{44}$
长武	$s\gamma^{52}$	$s\gamma^{44}$	$\mathrm{ə}^{44}$	$t\varphi i^{31}$	$t\varphi i^{44}$
扶风	$s\gamma^{52}$	$s\gamma^{33}$	$\mathrm{ə}^{33}$	$t\varphi i^{31}$	$t\varphi i^{33}$
眉县	$s\gamma^{52}$	$s\gamma^{44}$	$\mathrm{ə}^{44}$	$t\varphi i^{31}$	$t\varphi i^{44}$
麟游	$s\gamma^{53}$	$s\gamma^{44}$	$\mathrm{ə}^{44}$	$t\varphi i^{31}$	$t\varphi i^{44}$
岐山	$s\gamma^{52}$	$s\gamma^{44}$	$\mathrm{ə}^{44}$	$t\varphi i^{31}$	$t\varphi i^{44}$
凤翔	$s\gamma^{52}$	$s\gamma^{44}$	$\mathrm{ɔ}^{44}$	$t\varphi i^{31}$	$t\varphi i^{44}$
宝鸡	$s\gamma^{52}$	$s\gamma^{44}$	$\mathrm{ə}^{44}$	$t\varphi i^{31}$	$t\varphi i^{44}$
千阳	$s\gamma^{53}$	$s\gamma^{53}$	$\mathrm{ə}^{44}$	$t\varphi i^{31}$	$t\varphi i^{44}$
陇县	$s\gamma^{53}$	$s\gamma^{44}$	$\mathrm{ə}^{44}$	$t\varphi i^{31}$	$t\varphi i^{44}$

字目 方言	器 止开三 去至溪	祁 止开三 平脂群	伊 止开三 平脂影	姨 止开三 平脂以	肆 止开三 去至以
西安	tɕʰi⁵⁵	tɕʰi²⁴	i²¹	i⁵⁵/i²⁴	i⁵⁵
韩城	tɕʰi⁴⁴	tɕʰi²⁴	i³¹	i²⁴	i²⁴
合阳	tɕʰi⁵⁵	tɕʰi³¹	i²⁴	i²⁴	i²⁴
澄城	tɕʰi⁴⁴	tɕʰi²⁴	i³¹	i²⁴	i²⁴
白水	tɕʰi⁴⁴	tɕʰi²⁴	i³¹	i⁴⁴	i²⁴
大荔	tɕʰi⁵⁵	tɕʰi²⁴	i³¹	i²⁴	i²⁴
蒲城	tɕʰi⁵⁵	tɕʰi³⁵	i³¹	i³⁵	i³⁵
美原	tɕʰi⁵⁵	tɕʰi³¹	i³¹	i³⁵	i³⁵
富平	tɕʰi⁵⁵	tɕʰi³⁵	i³¹	i³⁵	i³⁵
潼关	tɕʰi⁴⁴	tɕʰi²⁴	i³¹	i²⁴	i²⁴
华阴	tɕʰi⁵⁵	tɕʰi³¹	i³¹	i⁵⁵	i²⁴
华县	tɕʰi⁵⁵	tɕʰi³⁵	i³¹	i³⁵	i³⁵
渭南	tɕʰi⁴⁴	tɕʰi²⁴	i³¹	i²⁴	i⁴⁴
洛南	tɕʰi⁴⁴	tɕʰi³¹	i²⁴	i²⁴	i²⁴
商州	tɕʰi⁵⁵	tɕʰi³⁵	i³¹	i⁵⁵	i³⁵
丹凤	tɕʰi⁴⁴	tɕʰi³¹	i²⁴	i⁴⁴	i²⁴
宜川	tɕʰi⁴⁵	tɕi²⁴	i⁴⁵	i²⁴	i²⁴
富县	tɕʰi⁴⁴	tɕi²⁴	i³¹/iəŋ⁵²①	i²⁴/iɤ⁰²¹②	n̠i²⁴
黄陵	tɕʰi⁴⁴	tɕi²⁴	i⁴⁴	i²⁴	n̠i²⁴
宜君	tɕʰi⁴⁴	tɕʰi²⁴	iẽ⁵²	i²⁴	i²⁴
铜川	tɕʰi⁴⁴	tɕʰi²¹	i²⁴	i²⁴	i²⁴
耀县	tɕʰi⁴⁴	tɕʰi⁵²/tɕʰi²⁴	n̠i³¹	i²⁴	n̠i²⁴
高陵	tɕʰi⁵⁵	tɕi²⁴/tɕʰi⁵²	i²⁴	i²⁴	n̠i²⁴
临潼	tɕʰi⁴⁵	tɕʰi²⁴	i²⁴/iei⁵²	i⁴⁵	i²⁴

---

① iəŋ⁵² 姓。下面 iei⁵² 相同。

② iɤ⁰²¹ 婆~。

字目 / 方言	器	祁	伊	姨	肆
	止开三 去至溪	止开三 平脂群	止开三 平脂影	止开三 平脂以	止开三 去至以
蓝田	$tɕʰi^{44}$	$tɕʰi^{24}$	i^{31}	i^{44}	i^{24}
长安	$tɕʰi^{44}$	$tɕʰi^{24}$	i^{24}/i^{31}①	i^{44}	
户县	$tɕʰi^{55}$	$tɕʰi^{31}/tɕʰi^{24}$②	i^{31}	i^{44}	i^{44}
周至	$tɕʰi^{55}$	$tɕʰi^{55}/tɕʰi^{24}$③	i^{24}	i^{55}	i^{55}
三原	$tɕʰi^{55}$	$tɕʰi^{24}$	i^{31}	i^{24}	
泾阳	$tɕʰi^{55}$	$tɕʰi^{24}$	i^{31}	i^{24}	i^{55}
咸阳	$tɕʰi^{55}$	$tɕʰi^{24}$	i^{24}	i^{24}	i^{24}
兴平	$tɕʰi^{55}$	$tɕʰi^{24}$	i^{24}	i^{55}	i^{24}
武功	$tɕʰi^{55}$	$tɕʰi^{24}$	i^{31}	i^{24}	i^{55}
礼泉	$tɕʰi^{55}$	$tɕʰi^{24}$	i^{31}	i^{24}	i^{24}
乾县	$tɕʰi^{44}$	$tɕʰi^{24}$	i^{31}	i^{24}	i^{44}
永寿	$tɕʰi^{55}$	$tɕʰi^{24}$	i^{31}	i^{24}	i^{55}
淳化	$tɕʰi^{55}$	$tɕʰi^{24}$	i^{31}	i^{24}	i^{55}
旬邑	$tɕʰi^{44}$	$tɕʰi^{24}$	i^{31}	i^{24}	i^{44}
彬县	$tɕʰi^{44}$	$tɕʰi^{24}$	i^{31}	i^{24}	i^{44}
长武	$tɕʰi^{44}$	$tɕʰi^{24}$	i^{31}	i^{24}	i^{44}
扶风	$tɕʰi^{33}$	$tɕʰi^{31}$	i^{31}	i^{33}/i^{24}④	i^{31}
眉县	$tɕʰi^{44}$	$tɕʰi^{24}$	i^{31}	i^{44}	i^{24}
麟游	$tɕʰi^{44}$	$tɕʰi^{31}$	i^{31}	i^{44}	i^{24}
岐山	$tɕʰi^{44}$	$tɕʰi^{24}/tɕʰi^{31}$⑤	i^{24}	i^{44}/i^{24}	i^{44}
凤翔	$tɕʰi^{44}$	$tɕʰi^{24}$	i^{31}	i^{31}	i^{24}
宝鸡	$tɕʰi^{44}$	$tɕʰi^{24}$	i^{44}	i^{24}	i^{24}
千阳	$tɕʰi^{44}$	$tɕʰi^{31}/tɕʰi^{53}$⑥	i^{24}	i^{24}	i^{24}
陇县	$tɕʰi^{44}$	$tɕʰi^{24}$	i^{24}	i^{24}	i^{24}

① i^{31} ～拉克。
② $tɕʰi^{31}$ 阴平、上声时一般用于"～连山"；$tɕʰi^{24}$ 姓；～县。
③ $tɕʰi^{24}$ ～连山。
④ i^{33} 前加人称代词；i^{24} 单用时。
⑤ $tɕʰi^{31}$ ～家沟：当地地名。
⑥ $tɕʰi^{53}$ ～家沟：当地地名。

字目 方言	你 止开三 上止泥	狸 止开三 平之来	李 止开三 上止来	吏 止开三 去志来	滋 止开三 平之精
西安	ȵi⁵³/ȵi²¹①	li²⁴	li⁵³	li⁵⁵	tsʐ²¹
韩城	ȵi⁵³/ȵi³¹	lʅ²⁴	lʅ⁵³	lʅ⁴⁴	tsʐ³¹
合阳	ȵi⁵²/ȵi³¹	li²⁴	li⁵²	li⁵⁵	tsʐ³¹
澄城	ȵi³¹/ȵi⁵³	li²⁴	li⁵³	li⁴⁴	tsʐ³¹
白水	ȵi⁵³/ȵi³¹	li²⁴	li⁵³	li⁴⁴	tsʐ³¹
大荔	ȵi⁵²/ȵi³¹	li²⁴	li⁵²	li⁵⁵	tsʐ³¹
蒲城	ȵi⁵³/ȵi³¹	li³⁵	li⁵³	li⁵⁵	tsʐ³¹
美原	ȵi⁵³/ȵi³¹	li³⁵	li⁵³	li⁵⁵	tsʐ³¹
富平	ȵi⁵³/ȵi³¹	li³⁵	li⁵³	li⁵⁵	tsʐ³¹
潼关	ȵi⁵²/ȵi³¹	li²⁴	li⁵²	li⁴⁴	tsʐ³¹
华阴	ȵi⁵²/ȵi³¹	li²⁴	li⁵²	li⁵⁵	tsʐ³¹
华县	ȵi⁵³/ȵi³¹	li³⁵	li⁵³	li⁵⁵	tsʐ³¹
渭南	ȵi⁵³/ȵi³¹	li²⁴	li⁵³	li⁴⁴	tsʐ³¹
洛南	ȵi⁵³/ȵi³¹	li²⁴	li⁵³	li⁴⁴	tsʐ³¹
商州	ȵi⁵³/ȵi³¹	li³⁵	li⁵³	li⁵⁵	tsʐ³¹
丹凤	ȵi⁵³/ȵi³¹	li²⁴	li⁵³	li⁴⁴	tsʐ³¹
宜川	ȵi⁴⁵/ȵi⁵¹	li⁴⁵	li⁴⁵	li⁴⁵	tsʐ⁵¹
富县	ȵi⁵²/ȵi³¹	li²⁴	li⁵²	li⁴⁴	ts̠ʐ³¹/tsʰʐ²⁴
黄陵	ȵi⁵²/ȵi³¹	li⁵²	li⁵²	li⁴⁴	tsʐ³¹
宜君	ȵi⁵²/ȵi³¹	li²⁴	li⁵²	li⁴⁴	tsʐ²¹
铜川	ȵi⁵²/ȵi²¹	li²⁴	li⁵²	li⁴⁴	tsʐ²¹
耀县	ȵi⁵²/ȵi³¹	li⁵²	li⁵²	li⁴⁴	tsʐ³¹
高陵	ȵi⁵²/ȵi³¹	li²⁴	li⁵²	li⁵⁵	tsʰʐ²⁴
临潼	ȵi⁵²/ȵi³¹	li²⁴	li⁵²	li⁴⁵	tsʐ³¹

---

① 如果有异读，上声表单数，阴平表复数。下同。

字目 方言	你 止开三 上止泥	狸 止开三 平之来	李 止开三 上止来	吏 止开三 去志来	滋 止开三 平之精
蓝田	ȵi⁵²/ȵi³¹	li²⁴	li⁵²	li⁴⁴	tsʅ³¹
长安	ȵi⁵³/ȵi³¹	li²⁴	li⁵³	li⁴⁴	tsʅ³¹
户县	ȵi⁵²/ȵi³¹	li⁵²/li²⁴①	li⁵²	li⁵⁵	tsʅ³¹
周至	ȵi⁵²/ȵi²¹	li²⁴	li⁵²	li⁵⁵	tsʅ²¹
三原	ȵi⁵²/ȵi³¹	li⁵²	li⁵²	li⁵⁵	tsʅ³¹
泾阳	ȵi⁵²/ȵi³¹	li³¹	li⁵²	li⁵⁵	tsʅ³¹
咸阳	ȵi⁵²/ȵi²⁴～们	li⁵²	li⁵²	li⁵⁵	tsʅ³¹
兴平	ȵi⁵²/ȵi³¹	li²⁴	li⁵²	li⁵⁵	tsʅ³¹
武功	ȵi⁵²/ȵi³¹	li⁵²	li⁵²	li⁵⁵	tsʅ³¹
礼泉	ȵi⁵²/ȵi³¹	li⁵²	li⁵²	li⁵⁵	tsʅ³¹
乾县	ȵi⁵²/ȵi³¹	li⁵²	li⁵²	li⁴⁴	tsʅ³¹
永寿	ȵi⁵²/ȵi³¹	li⁵²	li⁵²	li⁵⁵	tsʅ³¹
淳化	ȵi⁵²/ȵi³¹	li⁵²	li⁵²	li⁵⁵	tsʅ³¹
旬邑	ȵi⁵²/ȵi³¹	li²⁴	li⁵²	li⁴⁴	tsʅ³¹
彬县	ȵi⁵²/ȵi³¹	li⁵²	li⁵²	li⁴⁴	tsʅ³¹
长武	ȵi⁵²/ȵi²⁴～们	li⁵²	li⁵²	li⁴⁴	tsʅ³¹
扶风	ȵi⁵²/ȵi³¹	li²⁴	li⁵²	li³³	tsʅ³¹
眉县	ȵi⁵²/ȵi³¹	li²⁴	li⁵²	li⁴⁴	tsʅ³¹
麟游	ȵi⁵³/ȵi³¹	li²⁴	li⁵³	li⁴⁴	tsʅ³¹
岐山	ȵi⁵³/ȵi³¹	li²⁴	li⁵²	li⁴⁴	tsʅ³¹
凤翔	ȵi⁵³/ȵi³¹	li²⁴	li⁵³	li⁴⁴	tsʅ³¹
宝鸡	ȵi⁵³/ȵi³¹	li²⁴	li⁵³	li⁵³	tsʅ³¹
千阳	ȵi⁵³/ȵi³¹	li²⁴	li⁵³	li⁴⁴	tsʅ³¹
陇县	ȵi⁵³/ȵi³¹	li²⁴	li⁵²	li⁴⁴	tsʅ³¹

① li⁵² 狐～。

字目 / 方言	子	慈	字	丝	伺
	止开三 上止精	止开三 平之从	止开三 去志从	止开三 平之心	止开三 去志心
西安	tsʅ⁵³	tsʰʅ²⁴ ∣ tsʰʅ	tsʅ⁵⁵	sʅ²¹	tsʰʅ⁵⁵
韩城	tsʅ⁵³	tsʰʅ²⁴ ∣ tsʰʅ	tsʰʅ⁴⁴	sʅ³¹	sʅ⁴⁴
合阳	tsʅ⁵²	tsʰʅ²⁴ ∣ tsʰʅ	tsʰʅ⁵⁵	sʅ³¹	tsʰʅ⁵⁵
澄城	tsʅ⁵³	tsʰʅ²⁴ ∣ tsʰʅ	tsʰʅ⁴⁴	tɯ³¹	tsʰʅ⁴⁴
白水	tsʅ⁵³	tsʰʅ²⁴ ∣ tsʰʅ	tsʰʅ⁴⁴	sʅ³¹	tsʰʅ⁴⁴
大荔	tsʅ⁵²	tsʰʅ²⁴ ∣ tsʰʅ	tsʰʅ⁵⁵	sʅ³¹	tsʰʅ⁵⁵
蒲城	tsʅ⁵³	tsʰʅ³⁵ ∣ tsʰʅ	tsʰʅ⁵⁵	sʅ³¹	tsʰʅ⁵⁵
美原	tsʅ⁵³	tsʰʅ³⁵ ∣ tsʰʅ	tsʰʅ⁵⁵	sʅ³¹	tsʰʅ⁵⁵
富平	tsʅ⁵³	tsʰʅ³⁵ ∣ tsʰʅ	tsʅ⁵⁵	sʅ³¹	tsʰʅ⁵⁵
潼关	tsʅ⁵²	tsʰʅ²⁴ ∣ tsʰʅ	tsʰʅ⁴⁴	sʅ³¹	tsʰʅ⁴⁴
华阴	tsʅ⁵²	tsʰʅ²⁴ ∣ tsʰʅ	tsʰʅ⁵⁵	sʅ³¹	tsʰʅ⁵⁵
华县	tsʅ⁵³	tsʰʅ³⁵ ∣ tsʰʅ	tsʰʅ⁵⁵	sʅ³¹	tsʰʅ⁵⁵
渭南	tsʅ⁵³	tsʰʅ²⁴ ∣ tsʰʅ	tsʰʅ⁴⁴	sʅ³¹	tsʰʅ⁴⁴
洛南	tsʅ⁵³	tsʰʅ²⁴ ∣ tsʰʅ	tsʰʅ⁴⁴	sʅ³¹	tsʰʅ⁴⁴
商州	tsʅ⁵³	tsʰʅ³⁵ ∣ tsʰʅ	tsʅ⁵⁵	sʅ³¹	tsʰʅ⁵⁵
丹凤	tsʅ⁵³	tsʰʅ²⁴	tsʅ⁴⁴	sʅ³¹	tsʅ⁴⁴
宜川	tsʅ⁴⁵	tsʰʅ²⁴	tsʰʅ⁴⁵	sʅ⁵¹	tsʰʅ⁴⁵
富县	tsʅ⁵²	tsʰʅ²⁴	tsʰʅ⁴⁴	sʅ³¹	tsʰʅ⁴⁴
黄陵	tsʅ⁵²	tsʰʅ²⁴	tsʰʅ⁴⁴	sʅ³¹	tsʰʅ⁴⁴
宜君	tsʅ⁵²	tsʰʅ²⁴	tsʰʅ⁴⁴	sʅ²¹	tsʰʅ⁴⁴
铜川	tsʅ⁵²	tsʰʅ²⁴ ∣ tsʰʅ	tsʰʅ⁴⁴	sʅ²¹	tsʰʅ⁴⁴
耀县	tsʅ⁵²	tsʰʅ²⁴ ∣ tsʰʅ	tsʰʅ⁴⁴	sʅ³¹	sʅ²⁴
高陵	tsʅ⁵²	tsʰʅ²⁴ ∣ tsʰʅ	tsʅ⁵⁵	sʅ³¹	tsʰʅ⁵⁵
临潼	tsʅ⁵²	tsʰʅ²⁴ ∣ tsʰʅ	tsʅ⁴⁵	sʅ³¹	tsʅ⁴⁵

字目 方言	子 止开三 上止精	慈 止开三 平之从	字 止开三 去志从	丝 止开三 平之心	伺 止开三 去志心
蓝田	tsʅ⁵²	tsʰʅ²⁴ | tsʰʅ	tsʅ⁴⁴	sʅ³¹	tsʰʅ²⁴
长安	tsʅ⁵³	tsʰʅ²⁴	tsʅ⁴⁴	sʅ³¹	tsʰʅ²⁴
户县	tsʅ⁵²	tsʰʅ²⁴ | tsʰʅ	tsʅ⁵⁵	sʅ³¹	tsʰʅ²⁴/sʅ²⁴
周至	tsʅ⁵²	tsʰʅ²⁴ | tsʰʅ	tsʅ⁵⁵	sʅ²¹	tsʰʅ⁵⁵
三原	tsʅ⁵²	tsʰʅ²⁴ | tsʰʅ	tsʅ⁵⁵	sʅ³¹	tsʰʅ⁵⁵
泾阳	tsʅ⁵²	tsʰʅ²⁴ | tsʰʅ	tsʅ⁵⁵	sʅ³¹	tsʰʅ⁵⁵
咸阳	tsʅ⁵²	tsʰʅ²⁴ | tsʰʅ	tsʅ⁵⁵	sʅ³¹	tsʰʅ⁵⁵
兴平	tsʅ⁵²	tsʰʅ²⁴ | tsʰʅ	tsʅ⁵⁵	sʅ³¹	tsʰʅ⁵⁵
武功	tsʅ⁵²	tsʰʅ²⁴ | tsʰʅ	tsʅ⁵⁵	sʅ³¹	sʅ⁵⁵
礼泉	tsʅ⁵²	tsʰʅ²⁴ | tsʰʅ	tsʅ⁵⁵	sʅ³¹	tsʰʅ⁵⁵
乾县	tsʅ⁵²	tsʰʅ²⁴ | tsʰʅ	tsʅ⁴⁴	sʅ³¹	tsʰʅ²⁴
永寿	tsʅ⁵²	tsʰʅ²⁴ | tsʰʅ	tsʅ⁵⁵	sʅ³¹	tsʰʅ⁵⁵
淳化	tsʅ⁵²	tsʰʅ²⁴ | tsʰʅ	tsʅ⁵⁵	sʅ³¹	tsʰʅ⁵⁵
旬邑	tsʅ⁵²	tsʰʅ²⁴ | tsʰʅ	tsʰʅ⁴⁴	sʅ³¹	tsʰʅ⁴⁴
彬县	tsʅ⁵²	tsʰʅ²⁴ | tsʰʅ	tsʰʅ⁴⁴	sʅ³¹	sʅ⁴⁴
长武	tsʅ⁵²	tsʰʅ²⁴ | tsʰʅ	tsʰʅ⁴⁴	sʅ³¹	tsʰʅ⁴⁴
扶风	tsʅ⁵²	tsʰʅ²⁴ | tsʰʅ	tsʅ³³	sʅ³¹	tsʰʅ³³/sʅ²⁴
眉县	tsʅ⁵²	tsʰʅ²⁴ | tsʰʅ	tsʰʅ⁴⁴	sʅ³¹	tsʰʅ⁴⁴
麟游	tsʅ⁵³	tsʰʅ²⁴ | tsʰʅ	tsʰʅ⁴⁴	sʅ³¹	tsʰʅ⁴⁴
岐山	tsʅ⁵²	tsʰʅ²⁴ | tsʰʅ	tsʰʅ⁴⁴	sʅ³¹	tsʰʅ⁴⁴
凤翔	tsʅ⁵²	tsʰʅ²⁴ | tsʰʅ	tsʰʅ⁴⁴	sʅ³¹	tsʰʅ⁴⁴
宝鸡	tsʅ⁵³	tsʰʅ²⁴ | tsʰʅ	tsʰʅ⁴⁴	sʅ³¹	tsʰʅ⁴⁴
千阳	tsʅ⁵³	tsʰʅ²⁴ | tsʰʅ	tsʅ⁴⁴	sʅ³¹	tsʰʅ⁴⁴
陇县	tsʅ⁵²	tsʰʅ²⁴ | tsʰʅ	tsʰʅ⁴⁴	sʅ³¹	sʅ³¹

字目 / 方言	词	祠	似	寺	置
	止开三 平之邪	止开三 平之邪	止开三 上止邪	止开三 去志邪	止开三 去志知
西安	sɿ²⁴老/tsʰɿ²⁴新	sɿ²⁴老/tsʰɿ²⁴新	sɿ⁵³/sɿ⁵⁵	sɿ⁵⁵	tʂʅ²⁴/tʂʅ⁵⁵①
韩城	sɿ²⁴老/tsʰɿ²⁴新	sɿ²⁴老/tsʰɿ²⁴新	sɿ⁴⁴	sɿ⁴⁴	tʂʅ⁴⁴
合阳	sɿ²⁴	sɿ²⁴	sɿ⁵⁵	sɿ⁵⁵	tʂʅ⁵⁵
澄城	tɯ²⁴	sɿ²⁴	sɿ⁴⁴	tɯ⁴⁴	tʂʅ⁴⁴
白水	tsʰɿ²⁴	sɿ²⁴	sɿ⁴⁴	sɿ⁴⁴	tʂʅ⁴⁴
大荔	sɿ²⁴	sɿ²⁴	sɿ⁵²	sɿ⁵⁵	tʂʅ⁵⁵
蒲城	sɿ³⁵	sɿ³⁵	sɿ⁵⁵	sɿ⁵⁵	tʂʅ⁵⁵
美原	sɿ³⁵	sɿ³⁵	sɿ⁵⁵	sɿ⁵⁵	ki⁵⁵
富平	sɿ³⁵	sɿ³⁵	sɿ⁵⁵	sɿ⁵⁵	tʂʅ³⁵/tʂʅ⁵⁵
潼关	tsʰɿ²⁴	sɿ⁴⁴	sɿ⁴⁴	sɿ⁴⁴	tʂʅ⁴⁴
华阴	tsʰɿ²⁴	sɿ²⁴	sɿ⁵⁵	sɿ⁵⁵	tʂʅ⁵⁵
华县	sɿ³⁵	sɿ³⁵	sɿ⁵⁵	sɿ⁵⁵	tʂʅ⁵⁵
渭南	sɿ²⁴	sɿ²⁴	sɿ⁴⁴	sɿ⁴⁴	tʂʅ⁴⁴
洛南	tsʰɿ²⁴	sɿ²⁴	sɿ⁴⁴	sɿ⁴⁴	tʂʅ⁴⁴
商州	sɿ³⁵	sɿ³⁵	sɿ⁵⁵	sɿ⁵⁵	tʂʅ⁵⁵
丹凤	sɿ²⁴	sɿ²⁴	sɿ⁴⁴	sɿ⁴⁴	tʂʅ²⁴/tʂʅ⁴⁴
宜川	tsʰɿ²⁴老/sɿ²⁴新	tsʰɿ²⁴	sɿ⁴⁵	sɿ⁴⁵	tʂʅ⁴⁵
富县	tsʰɿ²⁴	tsʰɿ²⁴	sɿ⁴⁴	sɿ⁴⁴	tʂʅ⁴⁴
黄陵	sɿ²⁴	sɿ²⁴	sɿ⁴⁴	sɿ³¹	tʂʅ⁴⁴
宜君	tsʰɿ²⁴	tsʰɿ²⁴	sɿ⁴⁴	sɿ²¹	tʂʅ⁴⁴
铜川	sɿ²⁴	tsʰɿ²⁴	sɿ⁴⁴	sɿ⁴⁴	tʂʅ⁴⁴
耀县	sɿ²⁴	sɿ²⁴	sɿ⁴⁴	sɿ⁴⁴	tʂʅ⁴⁴/tʂʅ²⁴
高陵	sɿ²⁴	tsʰɿ²⁴	sɿ⁵⁵	sɿ⁵⁵	tɕʅ²⁴/tɕʅ⁵⁵
临潼	tsʰɿ²⁴	tsʰɿ²⁴	sɿ⁴⁵	sɿ²⁴	tʂʅ⁴⁵

① tʂʅ²⁴位~；tʂʅ⁵⁵~家当。阴平字在"位置"一词中使用，去声字在"置家当"中使用。下同。

字目 方言	词 止开三 平之邪	祠 止开三 平之邪	似 止开三 上止邪	寺 止开三 去志邪	置 止开三 去志知
蓝田	tsʰɿ²⁴老/sɿ²⁴新	tsʰɿ²⁴	sɿ⁵²	sɿ⁴⁴	tʂʅ⁴⁴
长安	tsʰɿ²⁴	tsʰɿ²⁴	sɿ⁴⁴	sɿ⁴⁴	tsʅ²⁴/tʂʅ⁴⁴
户县	sɿ²⁴	sɿ²⁴	sɿ⁵⁵	sɿ²⁴	tʂʅ⁵⁵/tʂʅ²⁴
周至	老tsʰɿ²⁴/sɿ²⁴新	tsʰɿ²⁴老/sɿ²⁴新	sɿ⁵⁵	sɿ⁵⁵	tʂʅ²⁴/tʂʅ⁵⁵
三原	tsʰɿ²⁴	tsʰɿ²⁴	sɿ⁵⁵	sɿ⁵⁵	tsʅ²⁴/tʂʅ⁵⁵
泾阳	tsʰɿ²⁴	tsʰɿ²⁴	sɿ⁵⁵	sɿ⁵⁵	tʂʅ⁵⁵
咸阳	tsʰɿ²⁴	tsʰɿ²⁴	sɿ⁵⁵	sɿ²⁴	tsʅ²⁴/tʂʅ⁵⁵
兴平	tsʰɿ²⁴	tsʰɿ²⁴	sɿ⁵⁵	sɿ⁵⁵	tsʅ²⁴/tʂʅ⁵⁵
武功	tsʰɿ²⁴	tsʰɿ²⁴	sɿ⁵⁵	sɿ⁵⁵	tsʅ²⁴/tʂʅ⁵⁵
礼泉	tsʰɿ²⁴	tsʰɿ²⁴	sɿ⁵²	sɿ³¹	tsʅ²⁴/tʂʅ⁵⁵
乾县	tsʰɿ²⁴	tsʰɿ²⁴老/sɿ²⁴新	sɿ⁴⁴	sɿ⁴⁴	tsʅ²⁴/tʂʅ⁴⁴
永寿	tsʰɿ²⁴	tsʰɿ²⁴	sɿ⁵⁵	sɿ⁵⁵	tsʅ²⁴/tʂʅ⁵⁵
淳化	tsʰɿ²⁴	tsʰɿ²⁴	sɿ⁵⁵	sɿ⁵⁵	tʂʅ⁵⁵
旬邑	tsʰɿ²⁴	tsʰɿ²⁴	sɿ⁴⁴	sɿ²⁴	tʂʅ⁴⁴
彬县	tsʰɿ²⁴	tsʰɿ²⁴	sɿ⁴⁴	sɿ⁴⁴	tʂʅ⁴⁴
长武	tsʰɿ²⁴	tsʰɿ²⁴	sɿ⁴⁴	sɿ²⁴	tʂʅ⁴⁴
扶风	sɿ²⁴	tsʰɿ²⁴	sɿ³³	sɿ³³	tʂʅ³³
眉县	tsʰɿ²⁴	tsʰɿ²⁴	sɿ⁴⁴	sɿ⁴⁴	tʂʅ⁴⁴
麟游	tsʰɿ²⁴	tsʰɿ²⁴	sɿ⁴⁴	sɿ⁴⁴	tʂʅ⁴⁴
岐山	tsʰɿ²⁴	tsʰɿ²⁴	sɿ⁴⁴	sɿ⁴⁴	tʂʅ⁴⁴
凤翔	tsʰɿ²⁴	tsʰɿ²⁴	sɿ⁵²	sɿ⁴⁴	tʂʅ⁴⁴
宝鸡	tsʰɿ²⁴	tsʰɿ²⁴	sɿ⁴⁴	sɿ⁴⁴	tʂʅ⁴⁴
千阳	tsʰɿ²⁴	tsʰɿ²⁴	sɿ⁴⁴	sɿ⁴⁴	tʂʅ⁴⁴
陇县	tsʰɿ²⁴	tsʰɿ²⁴	sɿ³¹	sɿ⁴⁴	tʂʅ⁴⁴

字目 方言	痴 止开三 平之彻	耻 止开三 上止彻	持 止开三 平之澄	痔 止开三 上止澄	治 止开三 去志澄
西安	tʂʰɻ^{21}	tʂʰɻ^{53}	tʂʰɻ^{24}	tʂɻ^{55}	tʂɻ^{55}
韩城	tʂʰɻ^{31}	tʂʰɻ^{52}	tʂʰɻ^{24}	tʂɻ^{53}	tʂʰɻ^{44}
合阳	tʂʰɻ^{31}	tʂʰɻ^{52}	tʂʰɻ^{24}	tʂɻ^{55}	tʂʰɻ^{55}
澄城	tʂʰɻ^{31}	tʂʰɻ^{53}	tʂʰɻ^{24}	tʂɻ^{53}	tʂʰɻ^{44}
白水	tʂʰɻ^{31}	tʂʰɻ^{53}	tʂʰɻ^{24}	tʂɻ^{53}	tʂɻ^{44}
大荔	tʂʰɻ^{31}	tʂʰɻ^{52}	tʂʰɻ^{24}	tʂɻ^{55}	tʂʰɻ^{55}
蒲城	tʂʰɻ^{31}	tʂʰɻ^{52}	tʂʰɻ^{35}	tʂɻ^{55}	tʂɻ^{55}
美原	kʰi^{31}	kʰi^{53}	kʰi^{35}	tʂɻ^{53}	ki^{55}
富平	tʂʰɻ^{31}	tʂʰɻ^{53}	tʂʰɻ^{35}	tʂɻ^{53}	tʂɻ^{55}
潼关	tʂʰɻ^{31}	tʂʰɻ^{52}	tʂʰɻ^{24}	tʂɻ^{44}	tʂɻ^{44}
华阴	tʂʰɻ^{31}	tʂʰɻ^{52}	tʂʰɻ^{24}	tʂɻ^{55}	tʂʰɻ^{55}
华县	tʂʰɻ^{31}	tʂʰɻ^{53}	tʂʰɻ^{35}	tʂɻ^{55}	tʂɻ^{55}
渭南	tʂʰɻ^{31}	tʂʰɻ^{53}	tʂʰɻ^{24}	tʂɻ^{44}	tʂɻ^{44}
洛南	tʂʰɻ^{31}	tʂʰɻ^{53}	tʂʰɻ^{24}	tʂɻ^{53}	tʂɻ^{44}
商州	tʂʰɻ^{31}	tʂʰɻ^{53}	tʂʰɻ^{35}	tʂɻ^{53}	tʂɻ^{55}
丹凤	tʂɻ^{31}	tʂʰɻ^{53}	tʂʰɻ^{24}	tʂɻ^{53}	tʂɻ^{44}
宜川	tʂʰɻ^{51}	tʂʰɻ^{45}	tʂʰɻ^{24}	tʂɻ^{45}	tʂɻ^{45}
富县	tʂʰɻ^{44}①	tʂʰɻ^{52}	tʂʰɻ^{52}/tʂʰɻ^{24}②	tʂɻ^{52}	tʂɻ^{44}
黄陵	tʂʰɻ^{31}/tʂʰɻ^{52}③	tʂʰɻ^{52}	tʂʰɻ^{24}	tʂɻ^{44}	tʂɻ^{44}
宜君	tʂʰɻ^{52}	tʂʰɻ^{52}	tʂʰɻ^{24}	t̠ʂ̠ɻ^{44}/t̠ʂ̠ɻ^{44}	tʂɻ^{44}
铜川	tʂʰɻ^{21}/tʂʰɻ^{52}④	tʂʰɻ^{52}	tʂʰɻ^{52}	tʂɻ^{52}	tʂɻ^{44}
耀县	tʂɻ^{31}/tʂʰɻ^{31}	tʂʰɻ^{52}	tʂʰɻ^{52}	tʂɻ^{44}	tʂɻ^{44}
高陵	tʃʰɻ^{31}	tʃʰɻ^{52}	tʃʰɻ^{24}	tʃɻ^{52}	tʃɻ^{55}
临潼	tʂʰɻ^{31}	tʂʰɻ^{52}	tʂʰɻ^{24}	tʂɻ^{45}	tʂɻ^{45}

---

① tʂʰɻ^{44} ～呆。

② tʂʰɻ^{24} ～枪。

③ tʂʰɻ^{31} ～呆；tʂʰɻ^{52} ～情。

④ tʂʰɻ^{52} ～子。

字目 / 方言	痴	耻	持	痔	治
	止开三 平之彻	止开三 上止彻	止开三 平之澄	止开三 上止澄	止开三 去志澄
蓝田	tʂʰʅ³¹	tʂʰʅ⁵²	tʂʰʅ²⁴	tʂʅ⁵²	tʂʅ⁴⁴
长安	tʂʰʅ³¹	tʂʰʅ⁵³	tʂʰʅ⁵³	tʂʅ⁴⁴	tʂʅ⁴⁴
户县	tʂʅ³¹/tʂʰʅ³¹	tʂʰʅ⁵²	tʂʰʅ⁵²	tʂʅ⁵⁵	tʂʅ⁵⁵
周至	tʂʰʅ²¹	tʂʰʅ⁵²	tʂʰʅ²⁴	tʂʅ⁵²	tʂʅ⁵⁵
三原	tʂʰʅ³¹	tʂʰʅ⁵²	tʂʰʅ²⁴	tʂʅ⁵²	tʂʅ⁵⁵
泾阳	tʂʰʅ³¹	tʂʰʅ⁵²	tʂʰʅ²⁴	tʂʅ⁵⁵	tʂʅ⁵⁵
咸阳	tʂʰʅ³¹	tʂʰʅ⁵²	tʂʰʅ²⁴	tʂʅ⁵⁵	tʂʅ⁵⁵
兴平	tʂʰʅ²⁴	tʂʰʅ⁵²	tʂʰʅ²⁴	tʂʅ⁵⁵	tʂʅ⁵⁵
武功	tʂʰʅ³¹	tʂʰʅ⁵²	tʂʰʅ²⁴	tʂʅ⁵⁵	tʂʅ⁵⁵
礼泉	tʂʰʅ³¹	tʂʰʅ⁵²	tʂʰʅ²⁴	tʂʅ⁵²	tʂʅ⁵⁵
乾县	tʂʰʅ³¹	tʂʰʅ⁵²	tʂʰʅ²⁴	tʂʅ⁴⁴	tʂʅ⁴⁴
永寿	tʂʰʅ³¹	tʂʰʅ⁵²	tʂʰʅ²⁴	tʂʅ⁵⁵	tʂʅ⁵⁵
淳化	tʂʅ³¹	tʂʰʅ⁵²	tʂʰʅ²⁴	tʂʅ⁵⁵	tʂʅ⁵⁵
旬邑	tʂʅ³¹	tʂʰʅ⁵²	tʂʰʅ²⁴	tʂʅ⁴⁴	tʂʅ⁴⁴
彬县	tʂʰʅ³¹	tʂʰʅ⁵²	tʂʰʅ²⁴	tʂʅ⁴⁴	tʂʅ⁴⁴
长武	tʂʰʅ³¹	tʂʰʅ⁵²	tʂʰʅ²⁴	tʂʅ⁴⁴	tʂʅ⁴⁴
扶风	tʂʰʅ³¹	tʂʰʅ⁵²	tʂʰʅ²⁴	tʂʅ³³	tʂʅ³³
眉县	tʂʰʅ²⁴	tʂʰʅ⁵²	tʂʰʅ²⁴	tʂʅ⁴⁴	tʂʅ⁴⁴
麟游	tʂʰʅ³¹	tʂʰʅ⁵³	tʂʰʅ²⁴	tʂʅ⁴⁴	tʂʅ⁴⁴
岐山	tʂʰʅ³¹	tʂʰʅ⁵³	tʂʰʅ²⁴	tʂʅ⁴⁴	tʂʅ⁴⁴
凤翔	tʂʅ³¹	tʂʰʅ⁵³	tʂʰʅ²⁴	tʂʅ⁴⁴	tʂʅ⁴⁴
宝鸡	tʂʰʅ³¹	tʂʰʅ⁵³	tʂʰʅ²⁴	tʂʅ⁴⁴	tʂʅ⁴⁴
千阳	tʂʰʅ³¹/tʂʰʅ²⁴	tʂʰʅ⁵³	tʂʰʅ⁵³	tʂʅ⁴⁴	tʂʅ⁴⁴
陇县	tʂʰʅ³¹	tʂʰʅ⁵³	tʂʰʅ²⁴	tʂʅ⁴⁴	tʂʅ⁴⁴

字目 方言	辎 止开三 平之庄	厕 止开三 去志初	士 止开三 上止崇	柿 止开三 上止崇	事 止开三 去志崇
西安	tʂʅ²¹	tsʰei²⁴	ʂʅ⁵⁵	ʂʅ⁵⁵	ʂʅ⁵⁵
韩城	tʂʅ³¹	tsʰɿ³¹	ʂʅ⁴⁴	ʂʅ⁴⁴	ʂʅ⁴⁴
合阳	tʂʅ³¹	tsʰɿ²⁴	ʂʅ⁵⁵	ʂʅ⁵⁵	ʂʅ⁵⁵
澄城	tʂʅ³¹	tsʰei³¹	ʂʅ⁴⁴	ʂʅ⁴⁴	ʂʅ⁴⁴
白水	tʂʅ³¹	tsʰei³¹	ʂʅ⁴⁴	ʂʅ⁴⁴	ʂʅ⁴⁴
大荔	tʂʅ³¹	tsʰei³¹	ʂʅ⁵⁵	ʂʅ⁵⁵	ʂʅ⁵⁵
蒲城	tʂʅ³¹	tsʰei³¹	ʂʅ⁵⁵	ʂʅ⁵⁵	ʂʅ⁵⁵
美原	tʂʅ³¹	tsʰei³¹	ʂʅ⁵⁵	ʂʅ⁵⁵	ʂʅ⁵⁵
富平	tʂʅ³¹	tsʰei³¹	ʂʅ⁵⁵	ʂʅ⁵⁵	ʂʅ⁵⁵
潼关	tʂʅ³¹	tsʰei³¹	ʂʅ⁴⁴	ʂʅ⁴⁴	ʂʅ⁴⁴
华阴	tʂʅ³¹	tsʰei³¹	ʂʅ⁵⁵	ʂʅ⁵⁵	ʂʅ⁵⁵
华县	tʂʅ³¹	tsʰei³¹	ʂʅ⁵⁵	ʂʅ⁵⁵	ʂʅ⁵⁵
渭南	tʂʅ³¹	tsʰei³¹	ʂʅ⁴⁴	ʂʅ⁴⁴	ʂʅ⁴⁴
洛南	tʂʅ³¹	tsʰei³¹	ʂʅ⁴⁴	ʂʅ⁴⁴	ʂʅ⁴⁴
商州	tʂʅ³¹	tsʰei³¹	ʂʅ⁵⁵	ʂʅ⁵⁵	ʂʅ⁵⁵
丹凤	tʂʅ³¹	tsʰei³¹/tʃʰuei³¹	ʂʅ⁴⁴	ʂʅ⁴⁴	ʂʅ⁴⁴
宜川	tʂʅ⁵¹	tsʰei⁵¹	ʂʅ⁴⁵	ʂʅ⁴⁵	ʂʅ⁴⁵
富县	tʂʅ³¹	tsʰei³¹	ʂʅ⁴⁴	ʂʅ⁴⁴	ʂʅ⁴⁴
黄陵	tʂʅ³¹	tsʰei³¹	ʂʅ⁴⁴	ʂʅ⁴⁴	ʂʅ⁴⁴
宜君	tʂʅ²¹	tsʰei²¹	ʂʅ⁴⁴	ʂʅ⁴⁴	ʂʅ⁴⁴
铜川	tʂʅ²¹	tsʰei²⁴	ʂʅ⁴⁴	ʂʅ⁴⁴	ʂʅ⁴⁴
耀县	tʂʅ³¹	tsʰei³¹	ʂʅ⁴⁴	ʂʅ⁴⁴	ʂʅ⁴⁴
高陵	tʂʅ³¹	tsʰei³¹	ʂʅ⁵⁵	ʂʅ⁵⁵	ʂʅ⁵⁵
临潼	tʂʅ⁴⁵	tsʰei³¹	ʂʅ⁴⁵	ʂʅ⁴⁵	ʂʅ⁴⁵

字目 方言	辎 止开三 平之庄	厕 止开三 去志初	士 止开三 上止崇	柿 止开三 上止崇	事 止开三 去志崇
蓝田	tʂʅ³¹	tsʰei³¹	ʂʅ⁴⁴	ʂʅ⁴⁴	ʂʅ⁴⁴
长安	tʂʅ³¹	tsʰei³¹	ʂʅ⁴⁴	ʂʅ⁴⁴	ʂʅ⁴⁴
户县	tʂʅ³¹	tsʰei³¹	ʂʅ⁵⁵	ʂʅ⁵⁵	ʂʅ⁵⁵
周至	tʂʅ²¹	tsʰʅ²¹	ʂʅ⁵⁵	ʂʅ⁵⁵	ʂʅ⁵⁵
三原	tʂʅ³¹	tsʰei³¹/tʂʅ³¹	ʂʅ⁵⁵	ʂʅ⁵⁵	ʂʅ⁵⁵
泾阳	tʂʅ³¹	tsʰei³¹	ʂʅ⁵⁵	ʂʅ⁵⁵	ʂʅ⁵⁵
咸阳	tʂʅ³¹	tsʰei³¹/tʂʅ³¹①	ʂʅ⁵⁵	ʂʅ⁵⁵	ʂʅ⁵⁵
兴平	tʂʅ³¹	tsʰei³¹	ʂʅ⁵⁵	ʂʅ⁵⁵	ʂʅ⁵⁵
武功	tʂʅ³¹	tsʰei³¹	ʂʅ⁵⁵	ʂʅ⁵⁵	ʂʅ⁵⁵
礼泉	tʂʅ³¹	tsʰe³¹/tʂʅ³¹	ʂʅ⁵⁵	ʂʅ⁵⁵	ʂʅ⁵⁵
乾县	tʂʅ³¹	tsʰei³¹	ʂʅ⁴⁴	ʂʅ⁴⁴	ʂʅ⁴⁴
永寿	tʂʅ³¹	tsʰei³¹	ʂʅ⁵⁵	ʂʅ⁵⁵	ʂʅ⁵⁵
淳化	tʂʅ³¹	tsʰei³¹	ʂʅ⁵⁵	ʂʅ⁵⁵	ʂʅ⁵⁵
旬邑	tʂʅ³¹	tsʰei³¹	ʂʅ⁴⁴	ʂʅ⁴⁴	ʂʅ⁴⁴
彬县	tʂʅ³¹	tsʰei³¹	ʂʅ⁴⁴	ʂʅ⁴⁴	ʂʅ⁴⁴
长武	tʂʅ³¹	tsʰei³¹	ʂʅ⁴⁴	ʂʅ⁴⁴	ʂʅ⁴⁴
扶风	tʂʅ³¹	tsʰei³¹	ʂʅ³³	ʂʅ³³	ʂʅ³³
眉县	tʂʅ³¹	tsʰei³¹	ʂʅ⁴⁴	ʂʅ⁴⁴	ʂʅ⁴⁴
麟游	tʂʅ³¹	tsʰei³¹	ʂʅ⁴⁴	ʂʅ⁴⁴	ʂʅ⁴⁴
岐山	tʂʅ³¹	tsʰei³¹	ʂʅ⁴⁴	ʂʅ⁴⁴	ʂʅ⁴⁴
凤翔	tʂʅ³¹	tsʰei³¹	ʂʅ⁴⁴	ʂʅ⁴⁴	ʂʅ⁴⁴
宝鸡	tʂʅ³¹	tsʰei³¹	ʂʅ⁴⁴	ʂʅ⁴⁴	ʂʅ⁴⁴
千阳	tʂʅ³¹	tsʰei³¹	ʂʅ⁴⁴	ʂʅ⁴⁴	ʂʅ⁴⁴
陇县	tʂʅ³¹	tsʰei³¹	ʂʅ⁴⁴	ʂʅ⁴⁴	ʂʅ⁴⁴

① tʂʅ³¹ 茅～。

字目 方言	使 止开三 上止生	之 止开三 平之章	止 止开三 上止章	志 止开三 去志章	齿 止开三 上止昌
西安	sɿ^{53}	tsɿ^{21}	tsɿ^{53}	tsɿ^{55}	tsʰɿ^{55}
韩城	sɿ^{53}	tsɿ^{31}	tsɿ^{53}	tsɿ^{44}	tsʰɿ^{53}
合阳	sɿ^{52}	tsɿ^{31}	tsɿ^{52}	tsɿ^{55}	tsʰɿ^{52}
澄城	sɿ^{53}	tsɿ^{31}	tsɿ^{53}	tsɿ^{44}	tsʰɿ^{53}
白水	sɿ^{53}	tsɿ^{31}	tsɿ^{53}	tsɿ^{44}	tsʰɿ^{53}
大荔	sɿ^{52}	tsɿ^{31}	tsɿ^{52}	tsɿ^{55}	tsʰɿ^{52}
蒲城	sɿ^{53}	tsɿ^{31}	tsɿ^{53}	tsɿ^{55}	tsʰɿ^{53}
美原	sɿ^{53}	tsɿ^{31}	tsɿ^{53}	tsɿ^{55}	tsʰɿ^{53}
富平	sɿ^{53}	tsɿ^{31}	tsɿ^{53}	tsɿ^{55}	tsʰɿ^{53}
潼关	sɿ^{52}	tsɿ^{31}	tsɿ^{52}	tsɿ^{44}	tsʰɿ^{52}
华阴	sɿ^{52}	tsɿ^{31}	tsɿ^{52}	tsɿ^{55}	tsʰɿ^{52}
华县	sɿ^{53}	tsɿ^{31}	tsɿ^{53}	tsɿ^{55}	tsʰɿ^{53}
渭南	sɿ^{53}	tsɿ^{31}	tsɿ^{53}	tsɿ^{44}	tsʰɿ^{53}
洛南	sɿ^{53}	tsɿ^{31}	tsɿ^{53}	tsɿ^{44}	tsʰɿ^{53}
商州	sɿ^{53}	tsɿ^{31}	tsɿ^{53}	tsɿ^{55}	tsʰɿ^{31}
丹凤	sɿ^{53}	tsɿ^{31}	tsɿ^{53}	tsɿ^{44}	tsʰɿ^{31}
宜川	sɿ^{45}	tsɿ^{51}	tsɿ^{45}	tsɿ^{45}	tsʰɿ^{24}
富县	sɿ^{52}	tsɿ^{31}	tsɿ^{52}	tsɿ^{52}	tsʰɿ^{24}
黄陵	sɿ^{44}	tsɿ^{31}	tsɿ^{52}	tsɿ^{52}	tsʰɿ^{31}
宜君	sɿ^{44}	tsɿ^{21}	tsɿ^{52}	tsɿ^{44}	tsʰɿ^{44}
铜川	sɿ^{52}	tsɿ^{21}	tsɿ^{52}	tsɿ^{44}	tsʰɿ^{52}
耀县	sɿ^{52}	tsɿ^{31}	tsɿ^{52}	tsɿ^{44}	tsʰɿ^{44}
高陵	sɿ^{55}	tsɿ^{31}	tsɿ^{52}	tsɿ^{52}	tsʰɿ^{31}
临潼	sɿ^{45}	tsɿ^{31}	tsɿ^{52}	tsɿ^{45}	tsʰɿ^{31}

字目 / 方言	使 止开三 上止生	之 止开三 平之章	止 止开三 上止章	志 止开三 去志章	齿 止开三 上止昌
蓝田	ʂɿ⁵²	tsɿ³¹	tsɿ⁵²	tsɿ⁴⁴	tsʰɿ⁵²
长安	ʂɿ⁵³	tsɿ³¹	tsɿ⁵³	tsɿ⁴⁴	tsʰɿ⁵³/tsɿ³¹①
户县	ʂɿ⁵²	tsɿ³¹	tsɿ⁵²	tsɿ⁵⁵	tsʰɿ³¹/tsʰɿ⁵²
周至	ʂɿ⁵²	tsɿ²¹	tsɿ⁵²	tsɿ⁵⁵	tsʰɿ⁵²
三原	ʂɿ⁵²	tsɿ³¹	tsɿ⁵²	tsɿ⁵⁵	tsʰɿ⁵²
泾阳	ʂɿ⁵²	tsɿ³¹	tsɿ⁵²	tsɿ⁵⁵	tsʰɿ⁵⁵
咸阳	ʂɿ⁵²	tsɿ³¹	tsɿ⁵²	tsɿ⁵⁵	tsʰɿ³¹
兴平	ʂɿ⁵²	tsɿ³¹	tsɿ⁵²	tsɿ⁵⁵	tsʰɿ³¹
武功	ʂɿ⁵²	tsɿ³¹	tsɿ⁵²	tsɿ⁵⁵	tsʰɿ⁵²
礼泉	ʂɿ⁵²	tsɿ³¹	tsɿ⁵²	tsɿ⁵⁵	tsʰɿ⁵²
乾县	ʂɿ⁵²	tsɿ³¹	tsɿ⁵²	tsɿ⁴⁴	tsʰɿ⁵²
永寿	ʂɿ⁵²	tsɿ³¹	tsɿ⁵²	tsɿ⁵⁵	tsʰɿ⁵²
淳化	ʂɿ⁵²	tsɿ³¹	tsɿ⁵²	tsɿ⁵⁵	tsʰɿ⁵²
旬邑	ʂɿ⁵²	tsɿ³¹	tsɿ⁵²	tsɿ⁴⁴	tsʰɿ⁵²
彬县	ʂɿ⁵²	tsɿ³¹	tsɿ⁵²	tsɿ⁴⁴	tsʰɿ⁵²
长武	ʂɿ⁵²	tsɿ³¹	tsɿ⁵²	tsɿ⁴⁴	tsʰɿ³¹
扶风	ʂɿ⁵²	tsɿ³¹	tsɿ⁵²	tsɿ³³	tsʰɿ⁵²
眉县	ʂɿ⁵²	tsɿ³¹	tsɿ⁵²	tsɿ⁴⁴	tsʰɿ⁵²
麟游	ʂɿ⁵³	tsɿ³¹	tsɿ⁵³	tsɿ⁴⁴	tsʰɿ⁵³
岐山	ʂɿ⁵³	tsɿ³¹	tsɿ⁵³	tsɿ⁴⁴	tsʰɿ⁵³
凤翔	ʂɿ⁵³	tsɿ³¹	tsɿ⁵³	tsɿ⁴⁴	tsʰɿ⁵³
宝鸡	ʂɿ⁴⁴	tsɿ³¹	tsɿ⁵³	tsɿ⁴⁴	tsʰɿ⁵³
千阳	ʂɿ⁵³	tsɿ³¹	tsɿ⁵³	tsɿ⁴⁴	tsʰɿ⁵³
陇县	ʂɿ⁴⁴	tsɿ³¹	tsɿ⁵³	tsɿ⁴⁴	tsʰɿ⁵³

① tsʰɿ⁵³ 牙~；tsɿ³¹ ~轮。

字目 方言	诗 止开三 平之书	始 止开三 上止书	试 止开三 去志书	时 止开三 平之禅	市 止开三 上止禅
西安	$ʂʅ^{21}$	$ʂʅ^{53}$	$ʂʅ^{55}$	$ʂʅ^{24}$	$ʂʅ^{55}$
韩城	$ʂʅ^{31}$	$ʂʅ^{53}$	$ʂʅ^{44}$	$ʂʅ^{24}$	$ʂʅ^{44}$
合阳	$ʂʅ^{31}$	$ʂʅ^{52}$	$ʂʅ^{55}$	$ʂʅ^{24}$	$ʂʅ^{55}$
澄城	$ʂʅ^{31}$	$ʂʅ^{53}$	$ʂʅ^{44}$	$ʂʅ^{24}$	$ʂʅ$
白水	$ʂʅ^{31}$	$ʂʅ^{53}$	$ʂʅ^{44}$	$ʂʅ^{24}$	$ʂʅ^{44}$
大荔	$ʂʅ^{31}$	$ʂʅ^{52}$	$ʂʅ^{55}$	$ʂʅ^{24}$	$ʂʅ^{55}$
蒲城	$ʂʅ^{31}$	$ʂʅ^{53}$	$ʂʅ^{55}$	$ʂʅ^{35}$	$ʂʅ^{55}$
美原	$ʂʅ^{31}$	$ʂʅ^{53}$	$ʂʅ^{55}$	$ʂʅ^{35}$	$ʂʅ^{55}$
富平	$ʂʅ^{31}$	$ʂʅ^{53}$	$ʂʅ^{55}$	$ʂʅ^{35}$	$ʂʅ^{55}$
潼关	$ʂʅ^{31}$	$ʂʅ^{52}$	$ʂʅ^{44}$	$ʂʅ^{24}$	$ʂʅ^{44}$
华阴	$ʂʅ^{31}$	$ʂʅ^{52}$	$ʂʅ^{55}$	$ʂʅ^{24}$	$ʂʅ^{55}$
华县	$ʂʅ^{31}$	$ʂʅ^{53}$	$ʂʅ^{55}$	$ʂʅ^{35}$	$ʂʅ^{55}$
渭南	$ʂʅ^{31}$	$ʂʅ^{53}$	$ʂʅ^{44}$	$ʂʅ^{24}$	$ʂʅ^{44}$
洛南	$ʂʅ^{31}$	$ʂʅ^{53}$	$ʂʅ^{44}$	$ʂʅ^{24}$	$ʂʅ^{44}$
商州	$ʂʅ^{31}$	$ʂʅ^{53}$	$ʂʅ^{55}$	$ʂʅ^{35}$	$ʂʅ^{55}$
丹凤	$ʂʅ^{31}$	$ʂʅ^{53}$	$ʂʅ^{44}$	$ʂʅ^{24}$	$ʂʅ^{44}$
宜川	$ʂʅ^{51}$	$ʂʅ^{45}$	$ʂʅ^{45}$	$ʂʅ^{24}$	$ʂʅ^{45}$
富县	$ʂʅ^{31}$	$ʂʅ^{52}$	$ʂʅ^{44}$	$ʂʅ^{24}$	$ʂʅ^{44}$
黄陵	$ʂʅ^{31}$	$ʂʅ^{52}$	$ʂʅ^{44}$	$ʂʅ^{24}$	$ʂʅ^{44}$
宜君	$ʂʅ^{21}$	$ʂʅ^{52}$	$ʂʅ^{44}$	$ʂʅ^{24}$	$ʂʅ^{24}$
铜川	$ʂʅ^{21}$	$ʂʅ^{52}$	$ʂʅ^{44}$	$ʂʅ^{24}$	$ʂʅ^{44}/ʂʅ^{52}$①
耀县	$ʂʅ^{31}$	$ʂʅ^{52}$	$ʂʅ^{44}$	$ʂʅ^{24}$	$ʂʅ^{44}$
高陵	$ʂʅ^{31}$	$ʂʅ^{52}$	$ʂʅ^{55}$	$ʂʅ^{24}$	$ʂʅ^{24}$
临潼	$ʂʅ^{31}$	$ʂʅ^{52}$	$ʂʅ^{45}$	$ʂʅ^{24}$	$ʂʅ^{24}$

①　$ʂʅ^{52}$ ～民。

字目　方言	诗 止开三 平之书	始 止开三 上止书	试 止开三 去志书	时 止开三 平之禅	市 止开三 上止禅
蓝田	$ʂ^{31}$	$ʂ^{52}$	$ʂ^{44}$	$ʂ^{24}$	$ʂ^{24}$
长安	$ʂ^{31}$	$ʂ^{53}$	$ʂ^{44}$	$ʂ^{24}$	$ʂ^{44}$
户县	$ʂ^{31}$	$ʂ^{52}$	$ʂ^{55}$	$ʂ^{24}$	$ʂ^{24}$
周至	$ʂ^{21}$	$ʂ^{52}$	$ʂ^{55}$	$ʂ^{24}$	$ʂ^{55}$/$ʂ^{24}$①
三原	$ʂ^{31}$	$ʂ^{52}$	$ʂ^{55}$	$ʂ^{24}$	$ʂ^{55}$
泾阳	$ʂ^{31}$	$ʂ^{52}$	$ʂ^{55}$	$ʂ^{24}$	$ʂ^{55}$/$ʂ^{24}$②
咸阳	$ʂ^{31}$	$ʂ^{52}$	$ʂ^{55}$	$ʂ^{24}$	$ʂ^{24}$
兴平	$ʂ^{31}$	$ʂ^{52}$	$ʂ^{55}$	$ʂ^{24}$	$ʂ^{24}$
武功	$ʂ^{31}$	$ʂ^{52}$	$ʂ^{55}$	$ʂ^{24}$	$ʂ^{24}$
礼泉	$ʂ^{31}$	$ʂ^{52}$	$ʂ^{55}$	$ʂ^{24}$	$ʂ^{24}$
乾县	$ʂ^{31}$	$ʂ^{52}$	$ʂ^{44}$	$ʂ^{24}$	$ʂ^{24}$
永寿	$ʂ^{31}$	$ʂ^{52}$	$ʂ^{55}$	$ʂ^{24}$	$ʂ^{24}$
淳化	$ʂ^{31}$	$ʂ^{52}$	$ʂ^{55}$	$ʂ^{24}$	$ʂ^{55}$
旬邑	$ʂ^{31}$	$ʂ^{52}$	$ʂ^{44}$	$ʂ^{24}$	$ʂ^{44}$
彬县	$ʂ^{31}$	$ʂ^{52}$	$ʂ^{44}$	$ʂ^{24}$	$ʂ^{44}$
长武	$ʂ^{31}$	$ʂ^{52}$	$ʂ^{44}$	$ʂ^{24}$	$ʂ^{44}$
扶风	$ʂ^{31}$	$ʂ^{52}$	$ʂ^{33}$	$ʂ^{24}$	$ʂ^{33}$
眉县	$ʂ^{31}$	$ʂ^{52}$	$ʂ^{44}$	$ʂ^{24}$	$ʂ^{44}$
麟游	$ʂ^{31}$	$ʂ^{31}$	$ʂ^{44}$	$ʂ^{24}$	$ʂ^{44}$
岐山	$ʂ^{31}$	$ʂ^{31}$	$ʂ^{44}$	$ʂ^{24}$	$ʂ^{44}$
凤翔	$ʂ^{31}$	$ʂ^{53}$	$ʂ^{44}$	$ʂ^{24}$	$ʂ^{44}$
宝鸡	$ʂ^{31}$	$ʂ^{53}$	$ʂ^{44}$	$ʂ^{24}$	$ʂ^{44}$
千阳	$ʂ^{31}$	$ʂ^{53}$	$ʂ^{44}$	$ʂ^{24}$	$ʂ^{44}$
陇县	$ʂ^{31}$	$ʂ^{53}$	$ʂ^{44}$	$ʂ^{24}$	$ʂ^{44}$

① $ʂ^{24}$ 西安～。
② $ʂ^{24}$ ～场。

字目 方言	侍 止开三 去志禅	而 止开三 平之日	耳 止开三 上止日	饵 止开三 去志日	基 止开三 平之见
西安	sʅ²¹	ɚ²¹	ɚ⁵³	ɚ⁵³	tɕi²¹ | tɕi
韩城	sʅ³¹	ɚ³¹	ɚ⁵³/ẓ⁵³	ɚ⁵³	tɕi³¹ | tɕi
合阳	sʅ⁵⁵	ɚ³¹	ɚ⁵²/ẓ⁵²	ɚ⁵²	tɕi³¹ | tɕi
澄城	sʅ⁴⁴	ɚ³¹	ɚ⁵³/ẓ⁵³	ɚ⁵³	tɕi³¹ | tɕi
白水	sʅ³¹	ɚ³¹	ɚ⁵³/ẓ⁵³	ɚ⁵³	tɕi³¹ | tɕi
大荔	sʅ⁵⁵	ɚ³¹	ɚ⁵²/ẓ⁵²	ɚ⁵²	tɕi³¹ | tɕi
蒲城	sʅ⁵⁵	ɚ³¹	ɚ⁵³	ɚ⁵³	tɕi³¹ | tɕi
美原	sʅ⁵⁵	ɚ³¹	ɚ⁵³/ẓ⁵³	ɚ⁵³	tɕi³¹ | tɕi
富平	sʅ⁵⁵	ɚ³¹	ɚ⁵³	ɚ⁵³	tɕi³¹ | tɕi
潼关	sʅ²⁴	ɚ³¹	ɚ⁵²	ɚ⁵²	tɕi³¹ | tɕi
华阴	sʅ⁵⁵	ɚ³¹	ɚ⁵²/ẓ⁵²	ɚ⁵²	tɕi³¹ | tɕi
华县	sʅ⁵⁵	ɚ³¹	ɚ⁵³/ẓ⁵³	ɚ⁵³	tɕi³¹ | tɕi
渭南	sʅ⁴⁴	ɚ³¹	ɚ⁵³/ẓ⁵³	ɚ⁵³	tɕi³¹ | tɕi
洛南	sʅ³¹	ɚ³¹	ɚ⁵³	ɚ⁵³	tɕi³¹ | tɕi
商州	sʅ⁵⁵	ɚ³¹	ɚ⁵³	ɚ⁵³	tɕi³¹ | tɕi
丹凤	sʅ⁴⁴	ɚ³¹	ɚ⁵³	ɚ⁵³	tɕi³¹
宜川	sʅ⁴⁵	ɐr²⁴	ɐr⁴⁵	ɐr⁴⁵	tɕi⁵¹
富县	sʅ⁴⁴	ɐr³¹	ɐr⁵²	ɐr⁵²	tɕi³¹
黄陵	sʅ⁴⁴	ɐr³¹	ɐr⁵²	ɐr⁵²	tɕi³¹
宜君	sʅ⁴⁴	ɐr²¹	ɐr⁵²	ɐr⁵²	tɕi²¹
铜川	sʅ²⁴	ɐr²¹	ɐr⁵²	ɐr⁵²	tɕi²¹ | tɕi
耀县	sʅ²⁴	ɐr³¹	ɐr⁵²	ɐr⁵²	tɕi³¹ | tɕi
高陵	sʅ⁵²	ɐr³¹	ɐr⁵²	ɐr⁵²	tɕi³¹ | tɕi
临潼	sʅ⁴⁵	ɐr³¹	ɐr⁵²	ɐr⁵²	tɕi³¹ | tɕi

字目 方言	侍 止开三 去志禅	而 止开三 平之日	耳 止开三 上止日	饵 止开三 去志日	基 止开三 平之见
蓝田	$sɿ^{44}$	$ɚ^{31}$	$ɚ^{52}$	$ɚ^{52}$	$tɕi^{31}$ ｜ $tɕi$
长安	$sɿ^{44}$	$ɚ^{31}$	$ɚ^{53}$	$ɚ^{53}$	$tɕi^{31}$
户县	$sɿ^{24}$	$ɣɯ^{31}$	$ɣɯ^{52}$	$ɣɯ^{52}$	$tɕi^{31}$ ｜ $tɕi$
周至	$sɿ^{55}$	$ɚ^{24}$	$ɚ^{52}$	$ɚ^{52}$	$tɕi^{21}$ ｜ $tɕi$
三原	$sɿ^{55}$	$ɚ^{31}$	$ɚ^{52}$	$ɚ^{52}$	$tɕi^{31}$ ｜ $tɕi$
泾阳	$sɿ^{55}/tsʰɿ^{55}$	$ɚ^{31}$	$ɚ^{52}$	$ɚ^{52}$	$tɕi^{31}$ ｜ $tɕi$
咸阳	$sɿ^{55}/tsʰɿ^{55}$	$ɚ^{31}$	$ɚ^{52}$	$ɚ^{52}$	$tɕi^{31}$ ｜ $tɕi$
兴平	$sɿ^{24}$	$ɚ^{31}$	$ɚ^{52}$	$ɚ^{52}$	$tɕi^{31}$ ｜ $tɕi$
武功	$sɿ^{55}$	$ɚ^{31}$	$ɚ^{52}$	$ɚ^{52}$	$tɕi^{31}$ ｜ $tɕi$
礼泉	$sɿ^{31}$	$ɚ^{31}$	$ɚ^{52}$	$ɚ^{52}$	$tɕi^{31}$ ｜ $tɕi$
乾县	$sɿ^{44}$	$ɛ^{31}$	$ɛ^{52}$	$ɛ^{52}$	$tɕi^{31}$ ｜ $tɕi$
永寿	$sɿ^{55}$	$ɚ^{31}$	$ɚ^{52}$	$ɚ^{52}$	$tɕi^{31}$ ｜ $tɕi$
淳化	$sɿ^{55}$	$ɚ^{31}$	$ɚ^{52}$	$ɚ^{52}$	$tɕi^{31}$ ｜ $tɕi$
旬邑	$sɿ^{44}$	$ɚ^{31}$	$ɚ^{52}$	$ɚ^{52}$	$tɕi^{31}$ ｜ $tɕi$
彬县	$sɿ^{44}$	$ɛ^{31}$	$ɛ^{52}$	$ɛ^{52}$	$tɕi^{31}$ ｜ $tɕi$
长武	$sɿ^{44}$	$ɚ^{31}$	$ɚ^{52}$	$ɚ^{52}$	$tɕi^{31}$ ｜ $tɕi$
扶风	$sɿ^{33}$	$ɚ^{31}$	$ɚ^{52}$	$ɚ^{52}$	$tɕi^{31}$ ｜ $tɕi$
眉县	$sɿ^{44}$	$ɚ^{24}$	$ɚ^{52}$	$ɚ^{52}$	$tɕi^{31}$ ｜ $tɕi$
麟游	$sɿ^{44}$	$ɚ^{24}$	$ɚ^{53}$	$ɚ^{53}$	$tɕi^{31}$ ｜ $tɕi$
岐山	$sɿ^{44}$	$ɚ^{24}$	$ɚ^{53}$	$ɚ^{53}$	$tɕi^{31}$ ｜ $tɕi$
凤翔	$sɿ^{44}$	$ɔ^{31}$	$ɔ^{44}$	$ɔ^{53}$	$tɕi^{31}$ ｜ $tɕi$
宝鸡	$sɿ^{44}$	$ɚ^{24}$	$ɚ^{53}$	$ɚ^{53}$	$tɕi^{31}$ ｜ $tɕi$
千阳	$sɿ^{24}/tsʰɿ^{44}$①	$ɚ^{31}$	$ɚ^{53}$	$ɚ^{53}$	$tɕi^{31}$ ｜ $tɕi$
陇县	$sɿ^{44}$	$ɚ^{24}$	$ɚ^{53}$	$ɚ^{53}$	$tɕi^{31}$ ｜ $tɕi$

① $sɿ^{24}$～卫；$tsʰɿ^{44}$～候。

字目 / 方言	己 止开三 上止见	记 止开三 去志见	欺 止开三 平之溪	起 止开三 上止溪	棋 止开三 平之群
西安	tɕi⁵³	tɕi⁵⁵	tɕʰi²¹ ｜ tɕʰi	tɕʰi⁵³/tɕʰiɛ⁵³	tɕʰi²⁴
韩城	tɕi⁵³	tɕi⁴⁴	tɕʰi³¹ ｜ tɕʰi	tɕʰi⁵³	tɕʰi²⁴
合阳	tɕi⁵²	tɕi⁵⁵	tɕʰi³¹ ｜ tɕʰi	tɕʰi⁵²	tɕʰi²⁴
澄城	tɕi⁵³	tɕi⁴⁴	tɕʰi³¹ ｜ tɕʰi	tɕʰi⁵³/tɕʰiə⁵³	tɕʰi²⁴
白水	tɕi⁵³	tɕi⁴⁴	tɕʰi³¹ ｜ tɕʰi	tɕʰi⁵³	tɕʰi²⁴
大荔	tɕi⁵²	tɕi⁵⁵	tɕʰi³¹ ｜ tɕʰi	tɕʰi⁵²	tɕʰi²⁴
蒲城	tɕi⁵³	tɕi⁵⁵	tɕʰi³¹ ｜ tɕʰi	tɕʰi⁵³/tɕʰiɛ⁵³	tɕʰi³⁵
美原	tɕi⁵³	tɕi⁵⁵	tɕʰi³¹ ｜ tɕʰi	tɕʰi⁵³/tɕʰiɛ⁵³	tɕʰi³⁵
富平	tɕi⁵³	tɕi⁵⁵	tɕʰi³¹ ｜ tɕʰi	tɕʰi⁵³/tɕʰiɛ⁵³	tɕʰi³⁵
潼关	tɕi⁵²	tɕi⁴⁴	tɕʰi³¹ ｜ tɕʰi	tɕʰi⁵²	tɕʰi²⁴
华阴	tɕi⁵²	tɕi⁵⁵	tɕʰi³¹ ｜ tɕʰi	tɕʰi⁵²	tɕʰi²⁴
华县	tɕi⁵³	tɕi⁵⁵	tɕʰi³¹ ｜ tɕʰi	tɕʰi⁵³/tɕʰiɛ⁵³	tɕʰi³⁵
渭南	tɕi⁵³	tɕi⁴⁴	tɕʰi³¹ ｜ tɕʰi	tɕʰi⁵³/tɕʰiɛ⁵³	tɕʰi²⁴
洛南	tɕi⁵³	tɕi⁴⁴	tɕʰi³¹ ｜ tɕʰi	tɕʰi⁵³	tɕʰi²⁴
商州	tɕi⁵³	tɕi⁵⁵	tɕʰi³¹ ｜ tɕʰi	tɕʰi⁵³/tɕʰiɛ⁵³	tɕʰi³⁵
丹凤	tɕi⁵³	tɕi⁴⁴	tɕʰi³¹	tɕʰi⁵³/tɕʰiɛ⁵³	tɕʰi²⁴
宜川	tɕi⁴⁵	tɕi⁴⁵	tɕʰi⁵¹	tɕʰi⁴⁵	tɕʰi²⁴
富县	tɕi⁵²	tɕi⁴⁴	tɕʰi³¹	tɕʰi⁵²	tɕʰi²⁴
黄陵	tɕi⁵²	tɕi⁴⁴	tɕʰi³¹	tɕʰi⁵²/tɕʰiE⁵²	tɕʰi²⁴
宜君	tɕi⁵²	tɕi⁴⁴	tɕʰi²¹	tɕʰi⁵²/tɕʰiE⁵²	tɕʰi²⁴
铜川	tɕi⁵²	tɕi⁴⁴	tɕʰi²¹ ｜ tɕʰi	tɕʰi⁵²/tɕʰiɛ⁵²	tɕʰi²⁴
耀县	tɕi⁵²	tɕi⁴⁴	tɕʰi³¹ ｜ tɕʰi	tɕʰi⁵²/tɕʰiɛ⁵²	tɕʰi²⁴
高陵	tɕi⁵²	tɕi⁵⁵	tɕʰi³¹ ｜ tɕʰi	tɕʰi⁵²/tɕʰiɛ⁵²	tɕʰi²⁴
临潼	tɕi⁵²	tɕi⁴⁵	tɕʰi³¹ ｜ tɕʰi	tɕʰi⁵²/tɕʰiɛ⁵²	tɕʰi²⁴

字目 / 方言	己	记	欺	起	棋
	止开三 上止见	止开三 去志见	止开三 平之溪	止开三 上止溪	止开三 平之群
蓝田	tɕi^{52}	tɕi^{44}	tɕʰi^{31} ｜ tɕʰi	tɕʰi^{52}/tɕʰiɛ^{52}	tɕʰi^{24}
长安	tɕi^{021}	tɕi^{44}	tɕʰi^{31}	tɕʰi^{53}/tɕʰiɛ^{53}	tɕʰi^{24}
户县	tɕi^{52}	tɕi^{55}	tɕʰi^{31} ｜ tɕʰi	tɕʰi^{52}/tɕʰiɛ^{52}	tɕʰi^{24}
周至	tɕi^{52}	tɕi^{55}	tɕʰi^{21} ｜ tɕʰi	tɕʰi^{52}/tɕʰiɛ^{52}	tɕʰi^{24}
三原	tɕi^{52}	tɕi^{55}	tɕʰi^{31} ｜ tɕʰi	tɕʰi^{52}/tɕʰiɛ^{52}	tɕʰi^{24}
泾阳	tɕi^{52}	tɕi^{55}	tɕʰi^{31} ｜ tɕʰi	tɕʰi^{52}/tɕʰiɛ^{52}	tɕʰi^{24}
咸阳	tɕi^{52}	tɕi^{55}	tɕʰi^{31} ｜ tɕʰi	tɕʰi^{52}/tɕʰiɛ^{52}	tɕʰi^{24}
兴平	tɕi^{52}	tɕi^{55}	tɕʰi^{31} ｜ tɕʰi	tɕʰi^{52}/tɕʰiɛ^{52}	tɕʰi^{24}
武功	tɕi^{52}	tɕi^{55}	tɕʰi^{31} ｜ tɕʰi	tɕʰi^{52}/tɕʰiɛ^{52}	tɕʰi^{24}
礼泉	tɕi^{52}	tɕi^{55}	tɕʰi^{31} ｜ tɕʰi	tɕʰi^{52}/tɕʰiɛ^{52}	tɕʰi^{24}
乾县	tɕi^{52}	tɕi^{44}	tɕʰi^{31} ｜ tɕʰi	tɕʰi^{52}/tɕʰiɛ^{52}	tɕʰi^{24}
永寿	tɕi^{52}	tɕi^{55}	tɕʰi^{31} ｜ tɕʰi	tɕʰi^{52}/tɕʰiɛ^{52}	tɕʰi^{24}
淳化	tɕi^{52}	tɕi^{55}	tɕʰi^{31} ｜ tɕʰi	tɕʰi^{52}/tɕʰiɛ^{52}	tɕʰi^{24}
旬邑	tɕi^{52}	tɕi^{44}	tɕʰi^{31} ｜ tɕʰi	tɕʰi^{52}/tɕʰiɛ^{52}	tɕʰi^{24}
彬县	tɕi^{52}	tɕi^{55}	tɕʰi^{31} ｜ tɕʰi	tɕʰi^{52}/tɕʰiɛ^{52}	tɕʰi^{24}
长武	tɕi^{52}	tɕi^{44}	tɕʰi^{31} ｜ tɕʰi	tɕʰi^{52}/tɕʰiɛ^{52}	tɕʰi^{24}
扶风	tɕi^{52}	tɕi^{33}	tɕʰi^{31} ｜ tɕʰi	tɕʰiɛ^{52}	tɕʰi^{24}
眉县	tɕi^{52}	tɕi^{44}	tɕʰi^{31} ｜ tɕʰi	tɕʰi^{52}/tɕʰiɛ^{52}	tɕʰi^{24}
麟游	tɕi^{53}	tɕi^{44}	tɕʰi^{31} ｜ tɕʰi	tɕʰi^{53}/tɕʰiɛ^{53}	tɕʰi^{24}
岐山	tɕi^{53}	tɕi^{44}	tɕʰi^{31} ｜ tɕʰi	tɕʰiɛ^{53}	tɕʰi^{24}
凤翔	tɕi^{53}	tɕi^{44}	tɕʰi^{31} ｜ tɕʰi	tɕʰi^{53}	tɕʰi^{24}
宝鸡	tɕi^{53}	tɕi^{44}	tɕʰi^{31} ｜ tɕʰi	tɕʰi^{53}	tɕʰi^{24}
千阳	tɕi^{53}	tɕi^{44}	tɕʰi^{31} ｜ tɕʰi	tɕʰi^{53}	tɕʰi^{24}
陇县	tɕi^{53}	tɕi^{44}	tɕʰi^{31} ｜ tɕʰi	tɕʰi^{53}/tɕʰiɛ^{53}	tɕʰi^{24}

字目 / 方言	忌 止开三去志群	疑 止开三平之疑	拟 止开三上止疑	熙 止开三平之晓	喜 止开三上止晓
西安	$tɕi^{55}$	$ȵi^{24}$	$ȵi^{53}$	$ɕi^{21}$	$ɕi^{53}$
韩城	$\underline{tɕi}^{44}/tɕʰi^{44}$	$ȵi^{24}$	$ȵi^{24}$	$ɕi^{31}$	$ɕi^{53}$
合阳	$\underline{tɕi}^{55}/tɕʰi^{55}$	$ȵi^{24}$	$ȵi^{52}$	$ɕi^{31}$	$ɕi^{52}$
澄城	$tɕi^{44}$	$ȵi^{24}$	$ȵi^{53}$	$ɕi^{31}$	$ɕi^{53}$
白水	$tɕi^{44}$	$ȵi^{24}$	$ȵi^{44}$	$ɕi^{31}$	$ɕi^{53}$
大荔	$tɕi^{55}$	$ȵi^{24}$	$ȵi^{52}$	$ɕi^{31}$	$ɕi^{52}$
蒲城	$tɕi^{55}$	$ȵi^{35}$	$ȵi^{53}$	$ɕi^{31}$	$ɕi^{53}$
美原	$tɕi^{55}$	$ȵi^{35}$	$ȵi^{55}$	$ɕi^{31}$	$ɕi^{53}$
富平	$tɕi^{55}$	$ȵi^{35}$	$ȵi^{55}$	$ɕi^{31}$	$ɕi^{53}$
潼关	$tɕi^{44}$	$ȵi^{24}$	$ȵi^{52}$	$ɕi^{31}$	$ɕi^{52}$
华阴	$tɕi^{55}$	$ȵi^{24}$	$ȵi^{52}$	$ɕi^{31}$	$ɕi^{52}$
华县	$tɕi^{55}$	$ȵi^{35}$	$ȵi^{53}$	$ɕi^{31}$	$ɕi^{53}$
渭南	$tɕi^{44}$	$ȵi^{24}$	$ȵi^{53}$	$ɕi^{31}$	$ɕi^{53}$
洛南	$tɕi^{44}$	$ȵi^{24}$	$ȵi^{44}$	$ɕi^{31}$	$ɕi^{53}$
商州	$tɕi^{55}$	$ȵi^{35}$	$ȵi^{55}$	$ɕi^{31}$	$ɕi^{53}$
丹凤	$tɕi^{44}$	$ȵi^{24}$	$ȵi^{44}$	$ɕi^{31}$	$ɕi^{53}$
宜川	$tɕi^{45}$	$ȵi^{24}$	$ȵi^{51}$	$ɕi^{51}$	$ɕi^{45}$
富县	$tɕi^{44}$	$ȵi^{24}$	$ȵi^{31}$	$ɕi^{31}$	$ɕi^{52}$
黄陵	$tɕi^{44}$	$ȵi^{24}$	$ȵi^{31}$	$ɕi^{31}$	$ɕi^{52}$
宜君	$tɕi^{44}$	$ȵi^{24}$	$ȵi^{44}$	$ɕi^{21}$	$ɕi^{52}$
铜川	$tɕi^{44}$	$ȵi^{24}$	$ȵi^{21}$	$ɕi^{21}$	$ɕi^{52}$
耀县	$tɕi^{44}$	$ȵi^{24}$	$ȵi^{31}$	$ɕi^{31}$	$ɕi^{52}$
高陵	$tɕi^{55}$	$ȵi^{24}$	$ȵi^{24}$	$ɕi^{31}$	$ɕi^{52}$
临潼	$tɕi^{45}$	$ȵi^{24}$	$ȵi^{31}$	$ɕi^{31}$	$ɕi^{52}$

字目 方言	忌 止开三 去志群	疑 止开三 平之疑	拟 止开三 上止疑	熙 止开三 平之晓	喜 止开三 上止晓
蓝田	tɕi^{44}	ȵi^{24}	ȵi^{31}	ɕi^{52}	ɕi^{52}
长安	tɕi^{44}	ȵi^{24}	ȵiɛ^{31}	ɕi^{31}	ɕi^{53}
户县	tɕi^{55}	ȵi^{24}	ȵi^{31}	ɕi^{52}	ɕi^{52}
周至	tɕi^{55}	ȵi^{24}	ȵi^{21}	ɕi^{52}	ɕi^{52}
三原	tɕi^{55}	ȵi^{24}	ȵi^{31}	ɕi^{31}	ɕi^{52}
泾阳	tɕi^{55}	ȵi^{24}	ȵi^{31}	ɕi^{31}	ɕi^{52}
咸阳	tɕi^{55}	ȵi^{24}	ȵi^{31}	ɕi^{31}	ɕi^{52}
兴平	tɕi^{55}	ȵi^{24}	ȵi^{31}	ɕi^{31}	ɕi^{52}
武功	tɕi^{55}	ȵi^{24}	ȵi^{55}	ɕi^{31}	ɕi^{52}
礼泉	tɕi^{55}	ȵi^{24}	ȵi^{31}	ɕi^{31}	ɕi^{52}
乾县	tɕi^{44}	ȵi^{24}	ȵi^{52}	ɕi^{31}	ɕi^{52}
永寿	tɕi^{55}	ȵi^{24}	ȵi^{52}	ɕi^{31}	ɕi^{52}
淳化	tɕi^{55}	ȵi^{24}	ȵi^{52}	ɕi^{31}	ɕi^{52}
旬邑	tɕi^{44}	ȵi^{24}	ȵi^{52}	ɕi^{31}	ɕi^{52}
彬县	tɕi^{44}/tɕʰi^{44}①	ȵi^{24}	ȵi^{44}	ɕi^{31}	ɕi^{52}
长武	tɕi^{44}	ȵi^{24}	ȵi^{44}	ɕi^{31}	ɕi^{52}
扶风	tɕi^{33}	ȵi^{24}	ȵi^{33}	ɕi^{31}	ɕi^{52}
眉县	tɕi^{44}	ȵi^{24}	ȵi^{44}	ɕi^{31}	ɕi^{52}
麟游	tɕi^{44}	ȵi^{24}	ȵi^{44}	ɕi^{31}	ɕi^{53}
岐山	tɕi^{44}	ȵi^{24}	ȵi^{44}	ɕi^{31}	ɕi^{53}
凤翔	tɕi^{44}	ȵi^{24}	ȵi^{24}	ɕi^{31}	ɕi^{53}
宝鸡	tɕi^{44}	ȵi^{24}	ȵi^{44}	ɕi^{31}	ɕi^{53}
千阳	tɕi^{44}	ȵi^{24}	ȵi^{44}	ɕi^{31}	ɕi^{53}
陇县	tɕi^{44}	ȵi^{24}	ȵi^{44}	ɕi^{31}	ɕi^{53}

① tɕʰi^{44}～顾：忌讳。

字目 方言	医 止开三 平之影	意 止开三 去志影	以 止开三 上止以	异 止开三 去志以	机 止开三 平微见
西安	i²¹	i⁵⁵	i²¹	i⁵⁵	tɕi²¹
韩城	ȵi³¹	i⁴⁴	i⁵³	i⁴⁴	tɕi³¹
合阳	ȵi³¹	i⁵⁵	i³¹	i⁵⁵	tɕi³¹
澄城	i³¹	i⁴⁴	i³¹	i⁴⁴	tɕi³¹
白水	i³¹	i⁴⁴	i³¹	i⁴⁴	tɕi³¹
大荔	i³¹	i⁵⁵	i³¹	i⁵⁵	tɕi³¹
蒲城	i³¹	i⁵⁵	i³¹	i⁵⁵	tɕi³¹
美原	i³¹	i⁵⁵	i³¹	i⁵⁵	tɕi³¹
富平	i³¹	i⁵⁵	i³¹	i⁵⁵	tɕi³¹
潼关	i³¹	i⁴⁴	i³¹	i⁴⁴	tɕi³¹
华阴	i³¹	i⁵⁵	i³¹	i⁵⁵	tɕi³¹
华县	i³¹	i⁵⁵	i³¹	i⁵⁵	tɕi³¹
渭南	i³¹	i⁴⁴	i³¹	i⁴⁴	tɕi³¹
洛南	i³¹	i⁴⁴	i³¹	i⁴⁴	tɕi³¹
商州	i³¹	i⁵⁵	i³¹	i⁵⁵	tɕi³¹
丹凤	i³¹	i⁴⁴	i³¹	i⁴⁴	tɕi³¹
宜川	i⁵¹	i⁴⁵	i⁰²¹	i⁴⁵	tɕi⁵¹
富县	i³¹	i⁴⁴	i³¹	i⁴⁴/i⁵²	tɕi³¹
黄陵	i³¹	i⁴⁴	i³¹	i⁴⁴	tɕi³¹
宜君	i²¹	i⁴⁴	i²¹	i⁴⁴	tɕi²¹
铜川	i²¹	i⁴⁴	i²¹	i⁴⁴	tɕi²¹
耀县	i³¹	i⁴⁴	i³¹	i⁴⁴	tɕi³¹
高陵	i³¹	i⁵⁵	i³¹	i⁵⁵	tɕi³¹
临潼	i³¹	i⁴⁵	i³¹	i⁴⁵	tɕi³¹

字目 方言	医 止开三 平之影	意 止开三 去志影	以 止开三 上止以	异 止开三 去志以	机 止开三 平微见
蓝田	i³¹	i⁴⁴	i³¹	i⁴⁴	tɕi³¹
长安	i³¹	i⁴⁴	i³¹	i⁴⁴	tɕi³¹
户县	i³¹	i⁵⁵	i³¹	i⁵⁵	tɕi³¹
周至	i²¹	i⁵⁵	i²¹	i⁵⁵	tɕi²¹
三原	i³¹	i⁵⁵	i³¹	i⁵⁵	tɕi³¹
泾阳	i³¹	i⁵⁵	i³¹	i⁵⁵	tɕi³¹
咸阳	i³¹	i⁵⁵	i³¹	i⁵⁵	tɕi³¹
兴平	i³¹	i⁵⁵	i³¹	i⁵⁵	tɕi³¹
武功	i³¹	i⁵⁵	i⁵²	i⁵⁵	tɕi³¹
礼泉	i³¹	i⁵⁵	i³¹	i⁵⁵	tɕi³¹
乾县	i³¹	i⁴⁴	i³¹	i⁴⁴	tɕi³¹
永寿	i³¹	i⁵⁵	i³¹	i⁵⁵	tɕi³¹
淳化	i³¹	i⁵⁵	i³¹	i⁵⁵	tɕi³¹
旬邑	i³¹	i⁴⁴	i³¹	i⁴⁴	tɕi³¹
彬县	i³¹	i⁴⁴	i³¹	i⁴⁴	tɕi³¹
长武	i³¹	i⁴⁴	i³¹	i⁴⁴	tɕi³¹
扶风	i³¹	i³³	i³¹	i³³	tɕi³¹
眉县	i³¹	i⁴⁴	i³¹	i⁴⁴	tɕi³¹
麟游	i³¹	i⁴⁴	i³¹	i⁴⁴	tɕi³¹
岐山	i³¹	i⁴⁴	i⁵³	i⁴⁴	tɕi³¹
凤翔	i³¹	i⁴⁴	i³¹	i⁴⁴	tɕi³¹
宝鸡	i³¹	i⁴⁴	i³¹	i⁵³	tɕi³¹
千阳	i³¹	i⁴⁴	i³¹	i⁴⁴	tɕi³¹
陇县	i³¹	i⁴⁴	i³¹	i⁴⁴	tɕi³¹

字目 方言	几~个 止开三 上尾见	既 止开三 去未见	岂 止开三 上尾溪	气 止开三 去未溪	祈 止开三 平微群
西安	tɕi⁵³	tɕi⁵⁵	tɕʰi⁵³	tɕʰi⁵⁵	tɕʰi²¹
韩城	tɕi⁵³	tɕi⁴⁴	tɕʰi²⁴	tɕʰi⁴⁴	tɕʰi²⁴
合阳	tɕi⁵²	tɕi⁵⁵	tɕʰi²⁴	tɕʰi⁵⁵	tɕʰi³¹
澄城	tɕi⁵³	tɕi⁴⁴	tɕʰi⁵³	tɕʰi⁴⁴	tɕʰi³¹
白水	tɕi⁵³	tɕi⁴⁴	tɕʰi⁵³	tɕʰi⁴⁴	tɕʰi³¹
大荔	tɕi⁵²	tɕi⁵⁵	tɕʰi⁵²	tɕʰi⁵⁵	tɕʰi³¹
蒲城	tɕi⁵³	tɕi⁵⁵	tɕʰi⁵³	tɕʰi⁵⁵	tɕʰi³¹
美原	tɕi⁵³	tɕi⁵⁵	tɕʰi³¹	tɕʰi⁵⁵	tɕʰi³¹
富平	tɕi⁵³	tɕi⁵⁵	tɕʰi³⁵	tɕʰi⁵⁵	tɕʰi³¹
潼关	tɕi⁵²	tɕi⁴⁴	tɕʰi⁵²	tɕʰi⁴⁴	tɕʰi³¹
华阴	tɕi⁵²	tɕi⁵⁵	tɕʰi⁵²	tɕʰi⁵⁵	tɕʰi³¹
华县	tɕi⁵³	tɕi⁵⁵	tɕʰi⁵³	tɕʰi⁵⁵	tɕʰi³¹
渭南	tɕi⁵³	tɕi⁴⁴	tɕʰi⁵³	tɕʰi⁴⁴	tɕʰi³¹
洛南	tɕi⁵³	tɕi⁴⁴	tɕʰi⁵³	tɕʰi⁴⁴	tɕʰi³¹
商州	tɕi⁵³	tɕi⁵⁵	tɕʰi³⁵	tɕʰi⁵⁵	tɕʰi³¹
丹凤	tɕi⁵³	tɕi⁴⁴	tɕʰi⁵³	tɕʰi⁴⁴	tɕʰi³¹
宜川	tɕi⁴⁵	tɕi⁴⁵	tɕʰi⁴⁵	tɕʰi⁴⁵	tɕʰi⁵¹
富县	tɕi⁵²	tɕi⁴⁴	tɕʰi²⁴①	tɕʰi⁴⁴	tɕʰi³¹
黄陵	tɕi⁵²	tɕi⁴⁴	tɕʰi³¹	tɕʰi⁴⁴	tɕʰi³¹
宜君	tɕi⁵²	tɕi⁵²	tɕʰi²⁴	tɕʰi⁴⁴	tɕʰi²¹
铜川	tɕi⁵²	tɕi⁴⁴	tɕʰi²¹	tɕʰi⁴⁴	tɕʰi²¹
耀县	tɕi⁵²	tɕi⁴⁴	tɕʰi³¹	tɕʰi⁴⁴	tɕʰi³¹
高陵	tɕi⁵²	tɕi⁵⁵	tɕʰi³¹②	tɕʰi⁵⁵	tɕʰi³¹
临潼	tɕi⁵²	tɕi⁴⁵	tɕʰi³¹	tɕʰi⁴⁵	tɕʰi³¹

① tɕʰi²⁴ ～有此理。
② tɕʰi³¹ ～有此理。黄陵同此。

字目 方言	几~个 止开三 上尾见	既 止开三 去未见	岂 止开三 上尾溪	气 止开三 去未溪	祈 止开三 平微群
蓝田	tɕi⁵²	tɕi⁴⁴	tɕʰi⁵²	tɕʰi⁴⁴	tɕʰi³¹
长安	tɕi⁵³	tɕi⁴⁴	tɕʰi⁵³/tɕʰi⁴⁴①	tɕʰi⁴⁴	tɕʰi²⁴
户县	tɕi⁵²	tɕi⁵⁵	tɕʰi²⁴/tɕʰi⁵²②	tɕʰi⁵⁵	tɕʰi³¹
周至	tɕi⁵²	tɕi⁵⁵	tɕʰi⁵²/tɕʰi⁵⁵	tɕʰi⁵⁵	tɕʰi²⁴
三原	tɕi⁵²	tɕi⁵⁵	tɕʰi³¹	tɕʰi⁵⁵	tɕʰi³¹
泾阳	tɕi⁵²	tɕi⁵⁵	tɕʰi⁵²	tɕʰi⁵⁵	tɕʰi³¹
咸阳	tɕi⁵²	tɕi⁵⁵	tɕʰi⁵⁵	tɕʰi⁵⁵	tɕʰi³¹
兴平	tɕi⁵²	tɕi⁵⁵	tɕʰi²⁴	tɕʰi⁵⁵	tɕʰi²⁴
武功	tɕi⁵²	tɕi⁵⁵	tɕʰi²⁴	tɕʰi⁵⁵	tɕʰi³¹
礼泉	tɕi⁵²	tɕi⁵⁵	tɕʰi²⁴	tɕʰi⁵⁵	tɕʰi³¹
乾县	tɕi⁵²	tɕi⁵⁵	tɕʰi³¹	tɕʰi⁴⁴	tɕʰi³¹
永寿	tɕi⁵²	tɕi⁵⁵	tɕʰi⁵²	tɕʰi⁵⁵	tɕʰi²⁴
淳化	tɕi⁵²	tɕi⁵⁵	tɕʰi⁵²	tɕʰi⁵⁵	tɕʰi³¹
旬邑	tɕi⁵²	tɕi⁴⁴	tɕʰi²⁴	tɕʰi⁴⁴	tɕʰi³¹
彬县	tɕi⁵²	tɕi⁴⁴	tɕʰi⁵²	tɕʰi⁴⁴	tɕʰi²⁴
长武	tɕi⁵²	tɕi⁴⁴	tɕʰi²⁴	tɕʰi⁴⁴	tɕʰi³¹
扶风	tɕi⁵²	tɕi³³	tɕʰi²⁴	tɕʰi³³	tɕʰi³¹
眉县	tɕi⁵²	tɕi⁴⁴	tɕʰi³¹	tɕʰi⁴⁴	tɕʰi³¹
麟游	tɕi⁵³	tɕi⁴⁴	tɕʰi²⁴	tɕʰi⁴⁴	tɕʰi³¹
岐山	tɕi⁵³	tɕi⁴⁴	tɕʰi²⁴	tɕʰi⁴⁴	tɕʰi³¹
凤翔	tɕi⁵³	tɕi⁴⁴	tɕʰi³¹	tɕʰi⁴⁴	tɕʰi⁵³
宝鸡	tɕi⁵³	tɕi⁴⁴	tɕʰi²⁴	tɕʰi⁴⁴	tɕʰi³¹
千阳	tɕi⁵³	tɕi⁴⁴	tɕʰi³¹	tɕʰi⁴⁴	tɕʰi³¹
陇县	tɕi⁵³	tɕi⁴⁴	tɕʰi²⁴	tɕʰi⁴⁴	tɕʰi³¹

① tɕʰi⁴⁴ ～有此理。周至去声读音同此。

② tɕʰi⁵² ～有此理。

字目 方言	沂 止开三 平微疑	毅 止开三 去未疑	希 止开三 平微晓	衣 止开三 平微影	累~积 止合三 上纸来
西安	i²⁴	i²⁴	ɕi²¹	i²¹	luei⁵³
韩城	ȵi²⁴	ȵi²⁴	ɕi³¹	ȵi³¹	lɿ⁵³
合阳	i²⁴	i²⁴	ɕi³¹	ȵi³¹	lɿ⁵²
澄城	ȵi²⁴	i⁴⁴	ɕi³¹	ȵi³¹	lei⁵³
白水	i²⁴	i²⁴	ɕi³¹	ȵi³¹	luei⁵³
大荔	i²⁴	i²⁴	ɕi³¹	ȵi³¹	lei⁵²
蒲城	i³⁵	i³⁵	ɕi³¹	ȵi³¹	luei⁵³
美原	i³⁵	i³⁵	ɕi³¹	i³¹	luei⁵³
富平	i³⁵	i³⁵	ɕi³¹	i³¹	luei⁵³
潼关	i²⁴	i²⁴	ɕi³¹	i³¹	luei⁵²
华阴	i²⁴	i²⁴	ɕi³¹	i³¹	luei⁵²
华县	i³⁵	i³⁵	ɕi³¹	i³¹	luei⁵³
渭南	i²⁴	i⁴⁴	ɕi³¹	i³¹	luei⁵³
洛南	i²⁴	i²⁴	ɕi³¹	i³¹	luei⁵³
商州	i³⁵	i³⁵	ɕi³¹	i³¹/ȵi³¹①	luei⁵³
丹凤	i²⁴	i²⁴	ɕi³¹	i³¹	luei⁵³
宜川	ȵi²⁴	i²⁴	ɕi⁵¹	i⁵¹/ȵi⁵¹	luei⁴⁵
富县	ȵi²⁴	i²⁴	ɕi³¹	i³¹/ȵi³¹	luei⁵²
黄陵	i²⁴	i²⁴	ɕi³¹	i³¹/ȵi³¹	luei⁵²
宜君	i²⁴	i²⁴	ɕi²¹	ȵi²¹	luei⁵²
铜川	i²⁴	i²⁴	ɕi²¹	i²¹	luei⁵²
耀县	i⁴⁴	i²⁴	ɕi³¹	i³¹	luei⁵²
高陵	i²⁴	i²⁴	ɕi³¹	i³¹/ȵi³¹	luei⁵²
临潼	i²⁴	i²⁴	ɕi³¹	i³¹	luei⁵²

---

① ȵi³¹~胞儿。以下"衣"ȵi²¹/⁵¹用法同此。

字目 方言	沂 止开三 平微疑	毅 止开三 去未疑	希 止开三 平微晓	衣 止开三 平微影	累~积 止合三 上纸来
蓝田	i²⁴	i²⁴	çi³¹	i³¹	luei⁵²
长安	i²⁴	i²⁴	çi³¹	i̠³¹/n̠i³¹	luei⁵³
户县	i²⁴	i²⁴	çi³¹	i̠³¹/n̠i³¹	luei⁵²
周至	i²⁴	i²⁴	çi²¹	i̠²¹/n̠i²¹	luɪ⁵²
三原	i²⁴	i²⁴	çi³¹	i³¹	luei⁵²
泾阳	i²⁴	i²⁴	çi³¹	i³¹	luei⁵²
咸阳	i²⁴	i²⁴	çi³¹	i³¹	luei⁵²
兴平	i²⁴	i²⁴	çi³¹	i³¹	luei⁵²
武功	i²⁴	i²⁴	çi³¹	i³¹	luei⁵²
礼泉	i²⁴	i²⁴	çi³¹	i³¹	lue⁵²
乾县	i²⁴	i²⁴	çi³¹	i³¹	luei⁵²
永寿	i²⁴	i²⁴	çi³¹	i³¹	luei⁵²
淳化	i²⁴	i⁵⁵	çi³¹	i³¹	luei⁵²
旬邑	i²⁴	i²⁴	çi³¹	i³¹	luei⁵²
彬县	i²⁴	i²⁴	çi³¹	i³¹	luei⁵²
长武	i²⁴	i²⁴	çi³¹	i³¹	luei⁵²
扶风	i²⁴	i²⁴	çi³¹	i³¹	luɪ⁵²
眉县	i²⁴	i²⁴	çi³¹	i³¹	luei⁵²
麟游	i³¹	i²⁴	çi³¹	i³¹	luei⁵³
岐山	i²⁴	i²⁴	çi³¹	i³¹	luɪ⁵³
凤翔	i²⁴	i²⁴	çi³¹	i³¹	luei⁵³
宝鸡	i²⁴	i²⁴	çi³¹	i³¹	luɪ⁵³
千阳	i²⁴	i²⁴	çi³¹	i³¹	luɪ⁵³
陇县	i²⁴	i²⁴	çi³¹	i³¹	luɪ⁵³

字目 方言	累连~ 止合三 去真来	嘴 止合三 上纸精	髓 止合三 上纸心	随 止合三 平支邪	揣 止合三 上纸初	
西安	luei⁵⁵	tsuei⁵³	suei²⁴	suei²⁴	pfʰæ⁵³/pfʰæ²¹①	pfʰæ
韩城	lɿ⁴⁴	tɕʯ⁵³/tɕʮɑ⁵³	ɕʯ²⁴	ɕʯ²⁴/ɕʮ²⁴	pfʰæ⁵³	pfʰæ
合阳	lɿ⁵⁵	tɕʯ⁵²/tɕʮ⁵²	ɕʯ⁵²	ɕʯ²⁴	pfʰɛ⁵²/pfʰɛ³¹	pfʰæ
澄城	lei⁴⁴	tʃuei⁵³	tuei⁵³	tuei²⁴	tʃʰuæ⁵³/tʃʰuæ³¹	tsʰɥæ
白水	luei⁴⁴	tsuei⁵³	suei²⁴	suei²⁴	tʃʰuæ⁵³/tʃʰuæ³¹	tsʰɥ̩æ
大荔	lei⁵²	tsuei⁵²	suei²⁴	suei²⁴	pfʰæ⁵²/pfʰæ³¹	pfʰæ
蒲城	luei⁵⁵	tʃuei⁵³	ʃuei³⁵	ʃuei³⁵	tʃʰuæ⁵³/tʃʰuæ³¹	tsʰɥæ
美原	luei⁵³	tʃei⁵³	ʃei³⁵	ʃei³⁵	tʃʰæ⁵³/tʃʰæ³¹	tsʰɥæ
富平	luei⁵³	tsuei⁵³	suei³⁵	suei³⁵	tʃʰuæ⁵³/tʃʰuæ³¹	tsʰɥ̩æ
潼关	luei⁴⁴	tsuei⁵²	suei²⁴	suei²⁴	pfʰæ⁵²/pfʰæ³¹	pfʰæ
华阴	luei⁵⁵	tsuei⁵²	suei²⁴	suei²⁴	pfʰæ⁵²/pfʰæ³¹	pfʰæ
华县	luei⁵⁵	tʃuei⁵³	ʃuei³⁵	ʃuei³⁵	tʃʰuæ⁵³/tʃʰuæ³¹	tsʰɥ̩æ
渭南	luei⁴⁴	tʃuei⁵³	ʃuei²⁴	ʃuei²⁴	tʃʰuɛ⁵³/tʃʰuɛ³¹	tsʰɥ̩æ
洛南	luei⁵³	tʃuei⁵³	ʃuei²⁴	ʃuei²⁴	tʃʰuɛ⁵³/tʃʰuɛ³¹	tsʰɥæ
商州	luei⁵³	tʃuei⁵³	ʃuei³⁵	ʃuei³⁵	tʃʰuæ⁵³/tʃʰuæ³¹	tsɥæ
丹凤	luei⁵³	tʃuei⁵³	ʃuei²⁴	ʃuei²⁴	tʃʰuæ⁵³/tʃʰuæ³¹	
宜川	luei⁴⁵	tsuei⁴⁵/tɕy⁴⁵	suei²⁴	suei²⁴	tsʰuee⁵¹	
富县	luei⁴⁴	tsuei⁵²	suei²⁴	suei²⁴	tsʰuɛ³¹	
黄陵	luei⁵²	tʃuei⁵²	ʃuei²⁴	ʃuei²⁴	tʃʰue³¹	
宜君	luei⁵²	tsuei⁵²	suei⁵²	suei²⁴	tʃʰuæ̃⁵²/tʃʰue²¹	
铜川	luei⁴⁴	tsuei⁵²	suei²⁴	suei²⁴	tʃʰuæ⁵²/tʃʰuæ²¹	tsʰɥ̩æ
耀县	luei⁵²	tʃuei⁵²	ʃuei²⁴	ʃuei²⁴	tʃʰuæ̃⁵²	tsʰɥ̩æ
高陵	luei⁵²	tsuei⁵²	suei²⁴	suei²⁴	tʃʰuæ³¹	tsʰɥ̩æ
临潼	luei⁵²	tsuei⁵²	suei²⁴	suei²⁴	tʂʰæ⁵²/tʃʰuæ⁵²老	tsʰɥ̩æ

① pfʰæ⁵³阴平一般表示"装、揣"的动作；pfʰæ²¹上声用于"～摩"。下同。

字目／方言	累连~	嘴	髓	随	揣
	止合三 去寘来	止合三 上纸精	止合三 上纸心	止合三 平支邪	止合三 上纸初
蓝田	luei⁵²	tʃuei⁵²	ʃuei²⁴	ʃuei²⁴	tʃʰuæ³¹ ｜ tsʰɥæ
长安	luei⁰²¹/luei⁴⁴①	tsuei⁵³	sũẽ⁵³/suei²⁴②	suei²⁴	pfʰæ³¹
户县	luei³¹	tʃuei⁵²	ʃuei²⁴	ʃuei²⁴	tʃʰuɛ³¹/tʃʰuɛ⁵⁵ ｜ tsʰɥæ
周至	luɪ⁰²¹/luɪ⁵⁵/⁵¹	tsuɪ⁵²	suɪ²⁴	suɪ²⁴	pfʰæ²¹ ｜ pfʰæ
三原	luei⁵²	tsuei⁵²	suei²⁴	suei²⁴	tʃʰuæ³¹ ｜ tsʰɥæ
泾阳	luei⁵²	tsuei⁵²	suei²⁴	suei²⁴	tʃʰuæ⁵²
咸阳	luei⁵²	tsuei⁵²	suei²⁴	suei²⁴	tʃʰuæ³¹ ｜ tsʰɥæ
兴平	luei⁵²	tsuei⁵²	suei²⁴	suei²⁴	tʃʰuæ³¹ ｜ tsʰɥæ
武功	luei⁵²	tsuei⁵²	suei⁵²	suei²⁴	tʃʰuæ³¹ ｜ tsʰɥæ
礼泉	lue⁵²	tsue⁵²	sue²⁴	sue²⁴	tʃʰuæ³¹ ｜ tsʰɥæ
乾县	luei⁵²	tsuei⁵²	suei²⁴	suei²⁴	tʃʰuæ³¹ ｜ tsʰɥæ
永寿	luei⁵²	tsuei⁵²	suei⁵²	suei²⁴	tʃʰuæ³¹ ｜ tsʰɥæ
淳化	luei⁵²	tsuei⁵²	suei⁵²	suei²⁴	tʃʰuæ⁵² ｜ tsʰɥæ
旬邑	luei⁵²	tsuei⁵²	suei⁵²	suei²⁴	tʃʰuæ⁵² ｜ tsʰɥæ
彬县	luei⁵²	tsuei⁵²	suei⁵²	suei²⁴	tʃʰuæ⁵² ｜ tsʰɥæ
长武	luei⁵²	tsuei⁵²	suei⁵²	suei²⁴	tʃʰuæ⁵² ｜ tsʰɥæ
扶风	lui⁵²	tsui⁵²	sui⁵²	sui²⁴	tʂʰɛ⁵² ｜ tsʰɥæi
眉县	luei⁴⁴	tsuei⁵²	suei⁵²	suei²⁴	tʂʰɛ⁵²/tʃʰuɛ⁵² ｜ tsʰɥæ
麟游	luei⁵³	tsuei⁵³	suei⁵³	suei²⁴	tʃʰuæ⁵³ ｜ tsʰɥæ
岐山	lui⁵³	tsui⁵³	sui⁵³	sui²⁴	tʂʰɛ⁵³ ｜ tsʰæ
凤翔	luei⁵³	tsuei⁵³	suei⁵³	suei²⁴	tʂʰɛ⁵³ ｜ tsʰɥæ
宝鸡	lui⁴⁴	tsui⁵³	sui²⁴	sui²⁴	tsʰuɛ³¹ ｜ tsʰɥæ
千阳	lui⁵³	tsui⁵³	sui⁵³	sui²⁴	tʃʰɛ⁵³ ｜ tsʰɥæ
陇县	lui⁵³	tsui⁵³	sui⁵³	sui²⁴	tʃʰuɛ⁵³ ｜ tsʰuæ

---

① luei⁰²¹ 连~；luei⁴⁴ ~得很。周至 luɪ⁰²¹ 连~；luɪ⁵⁵/⁵¹ ~得很。

② sũẽ⁵³／suei²⁴ 都可用于"骨~"。

字目 方言	吹 止合三 平支昌	垂 止合三 平支禅	睡 止合三 去寘禅	瑞 止合三 去寘禅	蕊 止合三 上纸日
西安	pfʰei²¹ ∣ pfʰei	pfʰei²⁴	fei⁵⁵	fei⁵⁵	vei⁵³
韩城	p̠fʰʅ³¹/p̠fʰu³¹ ∣ pfʰei	pfʰʅ²⁴	f̠i⁴⁴/f̠u⁴⁴	fʅ⁴⁴	vʅ⁵³
合阳	p̠fʰʅ³¹/p̠fʰu³¹ ∣ pfʰei	pfʰʅ⁵⁵	f̠i⁵⁵/f̠u⁵⁵	fʅ⁵⁵	vʅ⁵²
澄城	tʃʰuei³¹/tʃʰu³¹ ∣ tsʰɥei	tʃʰuei²⁴	ʂuei⁴⁴/ʂu⁴⁴	ʒuei⁴⁴	ʒuei⁵³
白水	tʃʰuei³¹ ∣ tsʰɥei	tʃʰuei²⁴	ʃuei⁴⁴	ʒuei⁴⁴	ʒuei⁵³
大荔	pfʰei³¹ ∣ pfʰɥei	pfʰei²⁴	fei⁵⁵	fei⁵⁵	vei⁵²
蒲城	tʃʰuei³¹ ∣ tsʰɥei	tʃʰuei³⁵	ʃuei⁵⁵	ʃuei⁵⁵	ʒuei⁵³
美原	tʃʰei³¹ ∣ tsʰɥei	tʃʰei⁵⁵	ʃei⁵⁵	ʃei⁵⁵	ʒei⁵³
富平	tʃʰuei³¹ ∣ tsʰɥei	tʃʰuei³⁵	ʃuei⁵⁵	ʃuei⁵⁵	ʒuei⁵³
潼关	pfʰei³¹ ∣ pfʰei	pfʰei²⁴	fei⁴⁴	vei⁴⁴	vei⁵²
华阴	pfʰei³¹ ∣ pfʰei	pfʰei²⁴	fei⁵⁵	fei⁵⁵	vei⁵²
华县	tʃʰuei³¹ ∣ tsʰɥei	tʃʰuei³⁵	ʃuei⁵⁵	ʒuei⁵⁵	ʒuei⁵³
渭南	tʃʰuei³¹ ∣ tsʰɥei	tʃʰuei²⁴	ʃuei⁴⁴	ʃuei⁴⁴	ʒuei⁵³
洛南	tʃʰuei³¹	tʃʰuei²⁴	ʃuei⁴⁴	ʒuei⁴⁴	ʒuei⁵³
商州	tʃʰuei³¹ ∣ tsʰɥei	tʃʰuei³⁵	ʃuei⁵⁵	ʒuei⁵⁵	ʒuei⁵³
丹凤	tʃʰuei³¹	tʃʰuei²⁴	ʃuei⁴⁴	ʒuei⁴⁴	ʒuei⁵³
宜川	tʂʰuei⁵¹	tʂʰuei²⁴	ʂuei⁴⁵ 新/ʂ̠u⁴⁵	ʐuei⁴⁵	ʐuei⁴⁵
富县	tsʰuei³¹	tsʰuei²⁴	suei⁴⁴	zuei⁴⁴/suei⁴⁴	zuei⁴⁴
黄陵	tʃʰuei³¹	tʃʰuei²⁴	ʃuei⁴⁴	ʒ̠uei⁴⁴/ʃuei⁴⁴	ʒuei⁴⁴
宜君	tʃʰuei²¹	tʃʰuei⁴⁴	ʃuei⁴⁴	ʒuei⁴⁴	ʒu⁵²
铜川	tʃʰuei²¹ ∣ tsʰɥei	tʃʰuei²⁴	ʃuei⁴⁴	ʃuei⁴⁴	ʒuei⁵²
耀县	tʃʰuei³¹ ∣ tsʰɥei	tʃʰuei²⁴	ʃuei⁴⁴	ʃuei⁴⁴	ʒuei⁵²
高陵	tʃʰuei³¹ ∣ tsʰɥei	tʃʰuei²⁴	ʃuei⁵⁵	ʒuei⁵⁵/ʃuei⁵⁵	ʒuei⁵⁵
临潼	tʂʰei³¹/tʃʰuei³¹ 老 ∣ tsʰɥei	tʂʰei²⁴/tʃʰuei²⁴ 老	ʂei⁴⁵/ʃuei⁴⁵ 老	ʐei⁴⁵/ʒuei⁴⁵ 老	ʐei⁵²/ʒuei⁵² 老

字目 方言	吹 止合三 平支昌	垂 止合三 平支禅	睡 止合三 去寘禅	瑞 止合三 去寘禅	蕊 止合三 上纸日
蓝田	tʂʰuei³¹ ｜ tsʰȵei	tʂʰuei²⁴	ʃuei⁴⁴	ʒuei⁴⁴	ʒuei⁴⁴
长安	pfʰei³¹	pfʰei²⁴	fei⁴⁴	vei⁴⁴	vei⁵³
户县	tʂʰuei³¹ ｜ tsʰȵei	tʂʰuei²⁴	ʃuei⁵⁵	ʒuei⁵⁵	ʒuei⁵⁵
周至	pfʰʅ²¹ ｜ pfui/pfei	pfʰʅ²⁴	fʅ⁵⁵	vʅ⁵⁵	vʅ⁵²
三原	tʂʰuei³¹ ｜ tsʰȵei	tʂʰuei²⁴	ʃuei⁵⁵	ʒuei⁵⁵/ʃuei⁵⁵	ʒuei⁵²
泾阳	tʂʰuei³¹ ｜ tsʰȵei	tʂʰuei²⁴/ʃuei²⁴①	ʃuei⁵⁵	ʒuei⁵⁵/ʃuei⁵⁵	ʒuei⁵²
咸阳	tʂʰuei³¹ ｜ tsʰȵei	tʂʰuei²⁴	ʃuei⁵⁵	ʒuei⁵⁵	ʒuei⁵⁵
兴平	tʂʰuei³¹ ｜ tsʰȵei	tʂʰuei²⁴	ʃuei⁵⁵	ʒuei⁵⁵/ʃuei⁵⁵	ʒuei⁵⁵
武功	tʂʰuei³¹ ｜ tsʰȵei	tʂʰuei²⁴	ʃuei⁵⁵	ʒuei⁵⁵	ʒuei⁵²
礼泉	tʂʰue³¹ ｜ tsʰȵei	tʂʰue²⁴	ʃue⁵⁵	ʒue⁵⁵/ʃue⁵⁵	ʒue⁵²
乾县	tʂʰuei³¹ ｜ tsʰȵei	tʂʰuei²⁴	ʃuei⁴⁴	ʒuei⁴⁴	ʒuei⁴⁴
永寿	tʂʰuei³¹ ｜ tsʰȵei	tʂʰuei²⁴	ʃuei⁵⁵	ʒuei⁵⁵/ʃuei⁵⁵	ʒuei⁵²
淳化	tʂʰuei³¹ ｜ tsʰȵei	tʂʰuei²⁴	ʃuei⁵⁵	ʒuei⁵⁵	ʒuei⁵²
旬邑	tʂʰuei³¹ ｜ tsʰȵei	tʂʰuei²⁴	ʃuei⁴⁴	ʒuei⁴⁴/ʃuei⁴⁴	ʒuei⁵²
彬县	tʂʰuei³¹ ｜ tsʰȵei	tʂʰuei²⁴	ʃuei⁴⁴	ʒuei⁴⁴/ʃuei⁴⁴	ʒuei⁵²
长武	tʂʰuei³¹ ｜ tsʰȵei	tʂʰuei²⁴	ʃuei⁴⁴	ʒuei⁴⁴/ʃuei⁴⁴	ʒuei⁵²
扶风	tʂʰei³¹ ｜ tsʰȵei	tʂʰei²⁴	ʂei³³	ʐei³³/ʂei³³	ʐei⁵²
眉县	tʂʰei³¹/tʂʰuei³¹ ｜ tsʰȵei	tʂʰei²⁴/tʂʰuei²⁴	ʂei⁴⁴/ ʃuei⁴⁴	ʐei⁵²/ʃuei⁵²	ʐei⁵²/ʒuei⁵²
麟游	tʂʰuei³¹ ｜ tsʰȵei	tʂʰuei⁴⁴	ʃuei⁴⁴	ʃuei⁴⁴	ʒuei⁵³
岐山	tʂʰei³¹ ｜ tʂʰei	tʂʰei²⁴	ʂei⁴⁴	ʂei⁴⁴	ʐei⁵³
凤翔	tʂʰei³¹ ｜ tsʰȵei	tʂʰei⁴⁴	ʂei⁴⁴	ʐei⁴⁴/ʂei⁴⁴	ʐei⁵³
宝鸡	tʂʰei³¹/tʂʰuei³¹新 ｜ tsʰȵei	tʂʰui²⁴	ʂei⁴⁴/ ʂuei⁴⁴新	ʐei⁴⁴/ʐuei⁴⁴新	ʐei⁵³/ ʐuei⁵³新
千阳	tʂʰei³¹ ｜ tsʰȵei	tʂʰei⁴⁴	ʃei⁴⁴	ʒei⁵³	ʒei⁵³
陇县	tʂʰui³¹ ｜ tsʰui	tʂʰui⁴⁴	ʃui⁴⁴	ʒui⁴⁴	ʒui⁵³

① ʃuei²⁴ 手～下。

字目 方言	规 止合三 平支见	诡 止合三 上纸见	亏 止合三 平支溪		跪 止合三 上纸群	危 止合三 平支疑
西安	kuei²¹/kʰuei²¹	kuei²¹	kʰuei²¹	kʰuei	kuei⁵⁵	uei²¹
韩城	kʰuɿ³¹	kuɿ⁵³	kʰuɿ³¹	kʰuei	kuɿ⁴⁴/kʰuɿ⁴⁴	uɿ³¹
合阳	kʰuɿ³¹	kuɿ⁵²	kʰuɿ³¹	kʰuei	kʰuɿ⁵⁵	uɿ³¹
澄城	kʰuei³¹	kuei⁵³	kʰuei³¹	kʰuei	kʰuei⁴⁴	uei³¹
白水	kʰuei³¹	kuei⁵³	kʰuei³¹	kʰuei	kʰuei⁴⁴	uei³¹
大荔	kʰuei³¹	kuei⁵²	kʰuei³¹	kʰuei	kʰuei⁵⁵	uei³¹
蒲城	kʰuei³¹	kuei⁵³	kʰuei³¹	kʰuei	kʰuei⁵⁵	uei³¹
美原	kʰuei³¹	kuei⁵³	kʰuei³¹	kʰuei	kʰuei⁵⁵	uei³¹
富平	kʰuei³¹	kuei⁵³	kʰuei³¹	kʰuei	kʰuei⁵⁵	uei³¹
潼关	kʰuei³¹	kuei⁵²	kʰuei³¹	kʰuei	kʰuei⁴⁴	vei³¹
华阴	kʰuei³¹	kuei⁵²	kʰuei³¹	kʰuei	kʰuei⁵⁵	uei³¹
华县	kʰuei³¹	kuei⁵³	kʰuei³¹	kʰuei	kʰuei⁵⁵	uei³¹
渭南	kʰuei³¹	kuei⁵³	kʰuei³¹	kʰuei	kʰuei⁴⁴	uei³¹
洛南	kʰuei³¹	kuei⁵³	kʰuei³¹	kʰuei	kʰuei⁴⁴	vei³¹
商州	kʰuei³¹	kuei⁵³	kʰuei³¹	kʰuei	kʰuei⁵⁵	vei³¹
丹凤	kʰuei³¹	kuei⁵³	kʰuei³¹		kʰuei⁴⁴	vei³¹
宜川	kuei⁵¹/kʰuei⁵¹	kuei⁴⁵	kʰuei⁵¹		kʰuei⁴⁵	vei⁵¹
富县	kuei³¹/kʰuei³¹	kuei⁵²	kʰuei³¹		kʰuei⁴⁴	vei³¹
黄陵	kuei³¹/kʰuei³¹	kuei⁵²	kʰuei³¹		kʰuei⁴⁴	vei³¹
宜君	kʰuei²¹	kuei⁵²	kʰuei²¹		kʰuei⁴⁴	vei²¹
铜川	kuei²¹/kʰuei²¹	kuei⁵²	kʰuei²¹	kʰuei	kʰuei⁴⁴	vei²¹
耀县	kuei³¹/kʰuei³¹	kuei⁵²	kʰuei³¹	kʰuei	kʰuei⁴⁴	uei³¹
高陵	kuei³¹/kʰuei³¹	kuei⁵²	kʰuei³¹	kʰuei	kʰuei⁵⁵	uei³¹
临潼	kuei³¹/kʰuei³¹	kuei⁵²	kʰuei³¹	kʰuei	kʰuei⁴⁵	uei³¹

字目　　方言	规	诡	亏	跪	危
	止合三平支见	止合三上纸见	止合三平支溪	止合三上纸群	止合三平支疑
蓝田	kuei^{31}/k^{h}uei^{31}	kuei^{52}	k^{h}uei^{31} ｜ k^{h}uei	k^{h}uei^{44}	uei
长安	kuei^{31}/k^{h}uei^{31}	kuei^{53}	k^{h}uei^{31}	kuei^{44}	uei^{31}
户县	kuei^{31}/k^{h}uei^{31}	kuei^{52}	k^{h}uei^{31} ｜ k^{h}uei	kuei^{55}	uei^{31}
周至	ku${\textrm{ı}}^{21}$/k^{h}u${\textrm{ı}}^{21}$	ku${\textrm{ı}}^{52}$/u${\textrm{ı}}^{52}$	k^{h}u${\textrm{ı}}^{21}$ ｜ k^{h}uei	ku${\textrm{ı}}^{55}$	u${\textrm{ı}}^{21}$
三原	k^{h}uei^{31}	kuei^{52}	k^{h}uei^{31} ｜ k^{h}uei	k^{h}uei^{55}	uei^{31}
泾阳	k^{h}uei^{31}	kuei^{52}	k^{h}uei^{31} ｜ k^{h}uei	k^{h}uei^{55}	uei^{31}
咸阳	kuei^{31}/k^{h}uei^{31}	kuei^{52}	k^{h}uei^{31} ｜ k^{h}uei	k^{h}uei^{55}	uei^{31}
兴平	kuei^{31}/k^{h}uei^{31}	kuei^{52}	k^{h}uei^{31} ｜ k^{h}uei	k^{h}uei^{55}	uei^{31}
武功	kuei^{31}/k^{h}uei^{31}	kuei^{52}	k^{h}uei^{31} ｜ k^{h}uei	k^{h}uei^{55}	uei^{31}
礼泉	k^{h}ue^{31}	kue^{52}	k^{h}ue^{31} ｜ k^{h}ue	k^{h}ue^{55}	ue^{31}
乾县	kuei^{31}/k^{h}uei^{31}	kuei^{52}	k^{h}uei^{31} ｜ k^{h}uei	kuei^{44}	uei^{31}
永寿	kuei^{31}/k^{h}uei^{31}	kuei^{52}	k^{h}uei^{31} ｜ k^{h}uei	k^{h}uei^{55}	uei^{31}
淳化	k^{h}uei^{31}	kuei^{52}	k^{h}uei^{31} ｜ k^{h}uei	k^{h}uei^{55}	uei^{31}
旬邑	k^{h}uei^{31}	kuei^{52}	k^{h}uei^{31} ｜ k^{h}uei	k^{h}uei^{44}	uei^{31}
彬县	k^{h}uei^{31}	kuei^{52}	k^{h}uei^{31} ｜ k^{h}uei	k^{h}uei^{44}	uei^{31}
长武	kuei^{31}/k^{h}uei^{31}	kuei^{52}	k^{h}uei^{31} ｜ k^{h}uei	k^{h}uei^{44}	uei^{31}
扶风	k^{h}ui^{31}	kui^{52}	k^{h}ui^{31} ｜ k^{h}uei	k^{h}ui^{33}	vei^{31}
眉县	k^{h}uei^{31}	kuei^{52}	k^{h}uei^{31} ｜ k^{h}uei	k^{h}uei^{44}	uei^{31}
麟游	k^{h}uei^{31}	kuei^{53}	k^{h}uei^{31} ｜ k^{h}uei	k^{h}uei^{44}	vei^{31}
岐山	k^{h}ui^{31}	kui^{53}	k^{h}ui^{31} ｜ k^{h}uei	k^{h}ui^{44}	vei^{31}
凤翔	k^{h}uei^{31}	kuei^{53}	k^{h}uei^{31} ｜ k^{h}uei	k^{h}uei^{44}	uei^{31}
宝鸡	k^{h}ui^{31}	kui^{53}	k^{h}ui^{31} ｜ k^{h}uei	k^{h}ui^{44}	vei^{31}
千阳	k^{h}ui^{31}	kui^{53}	k^{h}ui^{31} ｜ k^{h}uei	k^{h}ui^{44}	vei^{24}
陇县	k^{h}ui^{31}	kui^{53}	k^{h}ui^{31} ｜ k^{h}uei	k^{h}ui^{44}	vei^{31}

字目 方言	伪 止合三 去寘疑	毁 止合三 上纸晓	萎气~ 止合三 平支影	委 止合三 上纸影	喂 止合三 去寘影
西安	uei⁵³	xuei⁵³	uei⁵³	uei⁵³	uei⁵⁵
韩城	uɿ⁵³	xuɿ⁵³	uɿ³¹	uɿ⁵³	uɿ⁴⁴/y⁴⁴
合阳	uɿ⁵²	xuɿ⁵²	uɿ⁵²	uɿ⁵²	uɿ⁵⁵/y⁵⁵
澄城	uei⁵³	xuei⁵³	uei⁵³	uei⁵³	uei⁴⁴/y⁴⁴
白水	uei⁵³	xuei⁵³	uei⁵³	uei⁵³	uei⁴⁴/y⁴⁴
大荔	uei⁵²	xuei⁵²	uei⁵²	uei⁵²	uei⁵⁵/y⁵⁵
蒲城	uei⁵³	xuei⁵³	uei⁵³	uei⁵³	uei⁵⁵/y⁵⁵
美原	uei⁵³	xuei⁵³	uei⁵³	uei⁵³	uei⁵⁵/y⁵⁵
富平	uei⁵³	xuei⁵³	uei⁵³	uei⁵³	uei⁵⁵/y⁵⁵
潼关	vei⁵²	xuei⁵²	vei⁵²	vei⁵²	vei⁴⁴/y⁴⁴
华阴	uei⁵²	xuei⁵²	uei⁵²	uei⁵²	uei⁵⁵/y⁵⁵
华县	uei⁵³	xuei⁵³	uei⁵³	uei⁵³	uei⁵⁵/y⁵⁵
渭南	uei⁵³	xuei⁵³	uei⁵³	uei⁵³	uei⁴⁴/y⁴⁴
洛南	vei⁵³	xuei⁵³	vei⁵³	vei⁵³	vei⁴⁴
商州	vei⁵³	xuei⁵³	vei⁵³	vei⁵³	vei⁵⁵
丹凤	vei⁵³	xuei⁵³	vei⁵³	vei⁵³	vei⁴⁴
宜川	vei²⁴	xuei⁴⁵	vei⁴⁵	vei⁴⁵	vei⁴⁵/y⁴⁵
富县	vei⁵²	xuei⁵²	vei⁵²	vei⁵²	vei⁴⁴
黄陵	vei⁵²	xuei⁵²	vei⁵²	vei⁵²	vei⁴⁴/y⁴⁴
宜君	vei⁵²	xuei⁵²	vei⁵²	vei⁵²	vei⁴⁴
铜川	vei⁵²	xuei⁵²	vei⁵²	vei⁵²	vei⁴⁴/y⁴⁴
耀县	uei⁵²	xuei⁵²	萎⁵²	uei⁵²	uei⁴⁴/y⁴⁴
高陵	uei⁵²	xuei⁵²	uei⁵²	uei⁵²	uei⁵⁵
临潼	uei⁵²	xuei⁵²	uei⁵²	uei⁵²	uei⁴⁵①

---

① 渭北：y⁴⁵。

字目方言	伪	毁	萎气~	委	喂
	止合三去寘疑	止合三上纸晓	止合三平支影	止合三上纸影	止合三去寘影
蓝田	uei⁵²	xuei⁵²	uei⁵²	uei⁵²	uei⁴⁴
长安	uei⁵³	xuei⁵³	uei⁵³	uei⁵³	uei⁴⁴
户县	uei⁵²	xuei⁵²	uei⁵²	uei⁵²	uei⁵⁵
周至	uʅ⁵²	xuʅ⁵²	uʅ⁵²	uʅ⁵²	uʅ⁵⁵
三原	uei⁵²	xuei⁵²	uei⁵²	uei⁵²	uei̲⁵⁵/y̲⁵⁵
泾阳	uei⁵²	xuei⁵²	uei⁵²	uei⁵²	uei̲⁵⁵/y̲⁵⁵
咸阳	uei⁵²	xuei⁵²	uei⁵²	uei⁵²	uei⁵⁵
兴平	uei⁵²	xuei⁵²	uei⁵²	uei⁵²	uei⁵⁵
武功	uei⁵²	xuei⁵²	uei⁵²	uei⁵²	uei⁵⁵
礼泉	ue⁵²	xue⁵²	ue⁵²	ue⁵²	ue⁵⁵
乾县	uei⁵²	xuei⁵²	uei⁵²	uei⁵²	uei⁴⁴
永寿	uei⁵²	xuei⁵²	uei⁵²	uei⁵²	uei̲⁵⁵/y̲⁵⁵
淳化	uei⁵²	xuei⁵²	uei⁵²	uei⁵²	uei̲⁵⁵/y̲⁵⁵
旬邑	uei⁵²	xuei⁵²	uei⁵²	uei⁵²	uei̲⁴⁴/y̲⁴⁴
彬县	uei⁵²	xuei⁵²	uei⁵²	uei⁵²	uei̲⁴⁴/y̲⁴⁴
长武	uei⁵²	xuei⁵²	uei⁵²	uei⁵²	uei̲⁴⁴/y̲⁴⁴
扶风	vei⁵²	xuʅ⁵²	vei⁵²	vei⁵²	vei³³
眉县	uei⁵²	xuei⁵²	uei⁵²	uei⁵²	uei⁴⁴
麟游	vei⁵³	xuei⁵³	vei⁵³	vei⁵³	vei⁴⁴
岐山	vei⁵³	xuʅ⁵³	vei⁵³	vei⁵³	vei⁴⁴
凤翔	uei⁵³	xuei⁵³	uei⁵³	uei⁵³	uei⁴⁴
宝鸡	vei⁵³	xuʅ⁵³	vei⁵³	vei⁵³	vei⁴⁴
千阳	vei⁵³	xuʅ⁵³	vei⁵³	vei⁵³	vei⁴⁴
陇县	vei⁵³	xuʅ⁵³	vei⁵³	vei⁵³	vei⁴⁴

字目　　方言	为作~ 止合三 平支云	为~什么 止合三 去寘云	垒 止合三 上旨来	类 止合三 去至来	泪 止合三 去至来
西安	uei^{24}	uei^{55}	luei^{53}	luei^{55}	luei^{55}
韩城	uʅ^{24}	uʅ^{44}	lʅ^{53}	lʅ^{44}	$\underline{l}$ʅ^{44}/y^{53}
合阳	uʅ^{24}	uʅ^{55}	lʅ^{52}	lʅ^{55}	$\underline{l}$ʅ^{55}/y^{55}
澄城	uei^{24}	uei^{44}	y^{53}	lei^{44}	y^{44}
白水	uei^{24}	uei^{44}	luei^{53}	luei^{53}	luei^{44}
大荔	uei^{24}	uei^{55}	lei^{52}	lei^{55}	$\underline{l}$ei^{55}/y^{55}
蒲城	uei^{35}	uei^{55}	luei^{53}	luei^{55}	luei^{55}
美原	uei^{35}	uei^{55}	luei^{53}	luei^{53}	luei^{53}
富平	uei^{35}	uei^{55}	luei^{53}	luei^{55}	luei^{55}
潼关	vei^{24}	vei^{44}	luei^{52}	luei^{44}	luei^{44}
华阴	uei^{24}	uei^{55}	lei^{52}	luei^{55}	luei^{55}
华县	uei^{35}	uei^{55}	luei^{53}	luei^{55}	luei^{55}
渭南	uei^{24}	uei^{44}	luei^{53}	luei^{44}	luei^{44}
洛南	vei^{24}	vei^{24}	luei^{53}	luei^{44}	luei^{44}
商州	vei^{35}	vei^{55}	luei^{53}	luei^{55}	luei^{55}
丹凤	vei^{24}	vei^{24}	luei^{53}	luei^{44}	luei^{44}
宜川	vei^{24}	vei^{24}	luei^{45}	luei^{45}	$\underline{l}$uei^{45}/y^{021}①
富县	vei^{24}	vei^{44}	luei^{52}	luei^{44}	luei^{44}
黄陵	vei^{24}	vei^{44}	luei^{52}	luei^{52}	luei^{44}
宜君	vei^{24}	vei^{24}	luei^{52}	luei^{52}	luei^{52}
铜川	vei^{24}	vei^{44}	luei^{52}	luei^{44}	luei^{44}
耀县	uei^{24}	uei^{44}	luei^{52}	luei^{52}	luei^{44}
高陵	uei^{24}	uei^{55}	luei^{52}	luei^{52}	luei^{55}
临潼	uei^{24}	uei^{45}	luei^{52}	luei^{52}	luei^{45}

① y^{021} 眼~。

字目 方言	为作~ 止合三 平支云	为~什么 止合三 去真云	垒 止合三 上旨来	类 止合三 去至来	泪 止合三 去至来
蓝田	uei²⁴	uei⁴⁴/uei²⁴	luei⁵²	luei⁴⁴	luei⁴⁴
长安	uei²⁴	uei⁴⁴	luei⁵³	luei⁵³	luei⁴⁴
户县	uei²⁴	uei⁵⁵	luei⁵²	luei⁵⁵	luei⁵⁵
周至	ur²⁴	ur⁵⁵	lur⁵²	lur⁵⁵	lur⁵⁵
三原	uei²⁴	uei⁵⁵	luei⁵²	luei⁵²	luei⁵⁵
泾阳	uei²⁴	uei⁵⁵	luei⁵²	luei⁵²	luei⁵⁵
咸阳	uei²⁴	uei⁵⁵	luei⁵²	luei⁵⁵	luei⁵⁵
兴平	uei²⁴	uei⁵⁵	luei⁵²	luei⁵⁵	luei⁵⁵
武功	uei²⁴	uei⁵⁵	luei⁵²	luei⁵⁵	luei⁵⁵
礼泉	ue²⁴	ue⁵⁵	lue⁵²	lue⁵⁵	lue⁵⁵
乾县	uei²⁴	uei⁴⁴	luei⁵²	luei⁴⁴	luei⁴⁴
永寿	uei²⁴	uei⁵⁵	luei⁵²	luei⁵⁵	luei⁵⁵
淳化	uei²⁴	uei⁵⁵	luei⁵²	luei⁵²	luei⁵⁵
旬邑	uei²⁴	uei⁴⁴	luei⁵²	luei⁵²	luei⁴⁴/ly⁴⁴
彬县	uei²⁴	uei⁴⁴	luei⁵²	luei⁵²	luei⁴⁴
长武	uei²⁴	uei⁴⁴	luei⁵²	luei⁵²	luei⁴⁴
扶风	vei²⁴	vei³³	lui⁵²	lui³³	lui³³
眉县	uei²⁴	uei²⁴	luei⁵²	luei⁴⁴	luei⁴⁴
麟游	vei²⁴	vei⁴⁴	luei⁵³	luei⁵³	luei⁴⁴
岐山	vei²⁴	vei⁴⁴	lui⁵³	lui⁵³	lui⁴⁴
凤翔	uei²⁴	uei⁴⁴	luei⁵³	luei⁵³	luei⁴⁴
宝鸡	vei²⁴	vei⁴⁴	lui⁵³	lui⁵³	lui⁴⁴
千阳	vei²⁴	vei²⁴	lui⁵³	lui⁵³	lui⁴⁴
陇县	vei²⁴	vei⁴⁴	lui⁵³	lui⁵³	lui⁴⁴

字目 方言	醉 止合三 去至精		翠 止合三 去至清		虽 止合三 平脂心	粹 止合三 去至心	穗 止合三 去至邪
西安	tsuei⁵⁵	tsuei	tsʰuei⁵⁵	tsuei	suei²¹	tsʰuei⁵⁵	suei⁵⁵
韩城	tɕyɤ⁴⁴/tɕy⁴⁴	tsei	tɕʰyɤ⁴⁴	tsʰei	ɕyɤ³¹	tɕʰyɤ⁴⁴	ɕyɤ⁴⁴/ɕy⁴⁴
合阳	tɕyɤ⁵⁵/tɕy⁵⁵	tsuei	tɕʰyɤ⁵⁵	tsʰuei	ɕyɤ³¹	tɕʰyɤ⁵⁵	ɕyɤ⁵⁵/ɕy⁵⁵
澄城	tʃuei⁴⁴	tsuei	tʃʰuei⁴⁴	tsʰuei	tuei³¹	tʃʰuei⁴⁴	ʃuei⁴⁴/ɕy⁴⁴
白水	tsuei⁴⁴	tsuei	tsʰuei⁴⁴	tsʰuei	suei³¹	tsʰuei⁴⁴	suei⁴⁴/ɕy⁴⁴
大荔	tsuei⁵⁵	tsuei	tsʰuei⁵⁵	tsʰuei	suei³¹	tsʰuei⁵⁵	suei⁵⁵/ɕy⁵⁵
蒲城	tʃuei⁵⁵	tsʮei	tʃʰuei⁵⁵	tsʰʮei	ʃuei³¹	tʃʰuei⁵⁵	ʃuei⁵⁵/ɕy⁵⁵
美原	tʃei⁵⁵	tsʰʮei	tʃʰei⁵⁵	tsʰʮei	ʃei³⁵	tʃʰei⁵⁵	ʃei⁵⁵/ɕy⁵⁵
富平	tsuei⁵⁵	tsʰʮei	tsʰuei⁵⁵	tsʰʮei	suei³¹	tsʰuei⁵⁵	suei⁵⁵/ɕy⁵⁵
潼关	tsuei⁴⁴	tsuei	tsʰuei⁴⁴	tsʰuei	suei³¹	tsʰuei⁴⁴	suei⁴⁴/ɕy⁴⁴
华阴	tsuei⁵⁵	tsuei	tsʰuei⁵⁵	tsʰuei	suei³¹	tsʰuei⁵⁵	suei⁵⁵/ɕy⁵⁵
华县	tʃuei⁵⁵	tsʮei	tʃʰuei⁵⁵	tsʰʮei	ʃuei³¹	tʃʰuei⁵⁵	ʃuei⁵⁵/ɕy⁵⁵
渭南	tʃuei⁴⁴	tsʮei	tʃʰuei⁴⁴	tsʮei	ʃuei³¹	tʃʰuei⁴⁴	ʃuei⁴⁴/ɕy⁴⁴
洛南	tʃuei⁴⁴	tsʮei	tʃʰuei⁴⁴	tsʰʮei	ʃuei³¹	tʃʰuei⁴⁴	ʃuei⁴⁴
商州	tʃuei⁵⁵	tsʮei	tʃʰuei⁵⁵	tsʰʮei	ʃuei³¹	tʃʰuei⁵⁵	ʃuei⁵⁵
丹凤	tʃuei⁴⁴		tʃʰuei⁴⁴		ʃuei³¹	tʃʰuei⁴⁴	ʃuei⁴⁴
宜川	tsuei⁴⁵/tɕy⁴⁵		tsʰuei⁴⁵		suei²⁴	tsʰuei⁴⁵	suei⁴⁵ 新/ɕy⁴⁵/ ɕyei⁴⁵①
富县	tsuei⁴⁴		tsʰuei⁴⁴		suei³¹	tsʰuei⁴⁴	suei⁴⁴/ɕy⁴⁴
黄陵	tʃuei⁴⁴		tʃʰuei⁴⁴		ʃuei³¹	tʃʰuei⁴⁴	ʃuei⁴⁴/ɕy⁴⁴
宜君	tsuei⁴⁴		tsʰuei⁴⁴		suei⁵²	tsʰuei⁴⁴	ɕy⁴⁴
铜川	tsuei⁴⁴		tsʰuei⁴⁴		suei⁵²	tsʰuei⁴⁴	ɕy⁴⁴
耀县	tʃuei⁴⁴	tsʮei	tʃʰuei⁴⁴	tsʰʮei	ʃuei⁵²	ʃuei⁴⁴	ɕy⁴⁴
高陵	tsuei⁵⁵	tsuei	tsʰuei⁵⁵	tsʰuei	suei³¹	tsʰuei⁵⁵	suei⁵⁵/ɕy⁵⁵
临潼	tsuei⁴⁵	tsuei	tsʰuei⁴⁵	tsʰuei	suei³¹	tsʰuei⁴⁵	suei⁴⁵/ɕy⁴⁵

① ɕy⁴⁵ 虫~~；ɕyei⁴⁵ 千~谷儿。

字目 / 方言	醉		翠		虽	粹	穗
	止合三 去至精		止合三 去至清		止合三 平脂心	止合三 去至心	止合三 去至邪
蓝田	tʃuei⁴⁴	tsʐɿei	tʃʰuei⁴⁴	tsʰʐɿei	ʃuei²⁴	ʃuei⁴⁴	ʃuei⁴⁴/ɕy⁴⁴
长安	tsuei⁴⁴		tsʰuei⁴⁴		suei³¹	tsʰuei⁴⁴	suei⁴⁴
户县	tʃuei⁵⁵	tsɥei	tʃʰuei⁵⁵	tsʰɥei	ʃuei³¹	tʃʰuei⁵⁵	ʃuei⁵⁵/ɕy⁵⁵
周至	tsuɿ⁵⁵	tsuei	tsʰuɿ⁵⁵	tsʰuei	suɿ²¹	tsʰuɿ⁵⁵	suɿ⁵⁵/ɕy⁵⁵
三原	tsuei⁵⁵	tsuei	tsʰuei⁵⁵	tsʰuei	suei³¹	tsʰuei⁵⁵	ɕy⁵⁵
泾阳	tsuei⁵⁵	tsuei	tsʰuei⁵⁵	tsʰuei	suei³¹	tsʰuei⁵⁵	ɕy⁵⁵
咸阳	tsuei⁵⁵	tsuei	tsʰuei⁵⁵	tsʰuei	suei³¹	tsʰuei⁵⁵	suei⁵⁵
兴平	tsuei⁵⁵	tsuei	tsʰuei⁵⁵	tsʰuei	suei³¹	tsʰuei⁵⁵	suei⁵⁵
武功	tsuei⁵⁵	tsuei	tsʰuei⁵⁵	tsʰuei	suei³¹	tsʰuei⁵⁵	suei⁵⁵
礼泉	tsue⁵⁵	tsuei	tsʰue⁵⁵	tsʰuei	sue³¹	tsʰue⁵⁵	sue⁵⁵
乾县	tsuei⁴⁴	tsuei	tsʰuei⁴⁴	tsʰuei	suei³¹	suei⁴⁴	suei⁴⁴
永寿	tsuei⁵⁵	tsuei	tsʰuei⁵⁵	tsʰuei	suei³¹	suei⁵⁵	suei⁵⁵/ɕy⁵⁵
淳化	tsuei⁵⁵	tsuei	tsʰuei⁵⁵	tsʰuei	suei³¹	suei⁵⁵	suei⁵⁵/ɕy⁵⁵
旬邑	tsuei⁴⁴	tsuei	tsʰuei⁴⁴	tsʰuei	suei³¹	suei⁴⁴	suei⁴⁴/ɕy⁴⁴
彬县	tsuei⁴⁴	tsuei	tsʰuei⁴⁴	tsʰuei	suei³¹	tsʰuei⁴⁴	suei⁴⁴/ɕy⁴⁴
长武	tsuei⁴⁴	tsuei	tsʰuei⁴⁴	tsʰuei	suei³¹	tsʰuei⁴⁴	suei⁴⁴/ɕy⁴⁴
扶风	tsui³³	tsuei	tsʰui³³	tsʰuei	sui³¹	tsʰui³³	sui³³
眉县	tsuei⁴⁴	tsuei	tsʰuei⁴⁴	tsʰuei	suei³¹	tsʰuei⁴⁴	suei⁴⁴/ɕy⁴⁴
麟游	tsuei⁴⁴	tsuei	tsʰuei⁴⁴	tsʰuei	suei³¹	tsʰuei⁴⁴	suei⁴⁴/ɕy⁴⁴
岐山	tsui⁴⁴	tsuei	tsʰui⁴⁴	tsʰuei	sui³¹	tsʰui⁴⁴	ɕy³¹
凤翔	tsuei⁴⁴	tsuei	tsʰuei⁴⁴	tsʰuei	suei³¹	tsʰuei⁴⁴	ɕy⁴⁴
宝鸡	tsui⁴⁴	tsuei	tsʰui⁴⁴	tsʰuei	sui³¹	tsʰui⁴⁴	sui⁴⁴
千阳	tsui⁴⁴	tsuei	tsʰui⁴⁴	tsʰuei	sui⁵³	tsʰui⁴⁴	sui⁴⁴/ɕy⁴⁴
陇县	tsui⁴⁴	tsuei	tsʰui⁴⁴	tsʰuei	sui³¹	tsʰui⁴⁴	sui⁴⁴

字目 / 方言	追	锤	坠	衰	帅
	止合三平脂知	止合三平脂澄	止合三去至澄	止合三平脂生	止合三去至生
西安	pfei²¹ ∣ pfei	pfʰei²⁴	pfei⁵⁵	fæ²¹	fæ⁵⁵ ∣ fæ
韩城	pfɿ³¹ ∣ pfei	pfʰɿ²⁴/pfʰu²⁴	pfʰɿ⁴⁴	fæ³¹	fæ⁴⁴ ∣ fæ
合阳	pfʰɿ³¹ ∣ pfei	pfʰɿ²⁴/pfʰu²⁴	pfʰɿ⁵⁵/pfʰu⁵⁵	fɛ³¹	fɛ⁵⁵
澄城	tʃuei³¹ ∣ tsɥei	tʃʰuei²⁴	tʃʰuei⁴⁴	ʃuæ³¹	ʃuæ⁴⁴ ∣ sɥæ
白水	tʃuei³¹ ∣ tsɥei	tʃʰuei²⁴	tʃuei⁴⁴	ʃuæ³¹	ʃuæ⁴⁴ ∣ sɥæ
大荔	pfei³¹ ∣ pfei	pfʰei²⁴	pfʰei⁵⁵	fæ³¹	fæ⁵⁵ ∣ fæ
蒲城	tʃuei³¹ ∣ tsɥei	tʃʰuei³⁵	tʃʰuei⁵⁵	ʃuæ³¹	ʃuæ⁵⁵ ∣ sɥæ
美原	tʃei³¹ ∣ tsɥei	tʃʰei³⁵	tʃʰei⁵⁵	ʃæ³¹	ʃæ⁵⁵ ∣ sɥæ
富平	tʃuei³¹ ∣ tsɥei	tʃʰuei³⁵	tʃuei⁵⁵	ʃuæ³¹	ʃuæ⁵⁵ ∣ sɥæ
潼关	pfei³¹ ∣ pfei	pfʰei²⁴	pfei⁴⁴	fæ³¹	fæ⁴⁴ ∣ fæ
华阴	pfei³¹ ∣ pfei	pfʰei²⁴	pfei⁵⁵	fæ³¹	fæ⁵⁵ ∣ fæ
华县	tʃuei³¹ ∣ tsɥei	tʃʰuei³⁵	tʃʰuei⁵⁵	ʃuæ³¹	ʃuæ⁵⁵ ∣ sɥæ
渭南	tʃuei³¹ ∣ tsɥei	tʃʰuei²⁴	tʃuei⁴⁴	ʃue³¹	ʃue⁴⁴ ∣ sɥæ
洛南	tʃuei³¹ ∣ tsɥei	tʃʰuei²⁴	tʃuei⁴⁴	ʃue³¹	ʃue⁴⁴ ∣ sɥæ
商州	tʃuei³¹ ∣ tsɥei	tʃʰuei³⁵	tʃuei⁵⁵	ʃuæ³¹	ʃuæ⁵⁵ ∣ sɥæ
丹凤	tʃuei³¹	tʃʰuei²⁴	tʃuei⁴⁴	ʃuæ³¹	ʃuæ⁴⁴
宜川	tʂuei⁵¹	tʂʰuei²⁴	tʂʰuei⁴⁵/tʂʰu⁰²¹①	ʂuɛɛ⁵¹	ʂuɛɛ⁴⁵
富县	tsuei³¹	tsʰuei²⁴	tsʰuei⁴⁴	suE³¹	suE⁴⁴
黄陵	tʃuei³¹	tʃʰuei²⁴	tʃuei⁴⁴	ʃue³¹	ʃue⁴⁴
宜君	tʃuei²¹	tʃʰuei²⁴	tʃʰuei⁴⁴	ʃue²¹	ʃue⁴⁴
铜川	tʃuei²¹ ∣ tsɥei	tʃʰuei²⁴	tʃuei⁴⁴	ʃuæ²¹	ʃuæ⁴⁴
耀县	tʃuei³¹ ∣ tsɥei	tʃʰuei²⁴	tuei⁴⁴	ʃuæe³¹	ʃuæe⁴⁴ ∣ sɥæ
高陵	tʃuei³¹ ∣ tsɥei	tʃʰuei²⁴	tʃuei⁵⁵	ʃuæ³¹	ʃuæ⁵⁵ ∣ sɥæ
临潼	tʂei³¹/tʃuei³¹老 ∣ pfei	tʂʰei²⁴/tʃʰuei²⁴老	tʂei⁴⁵/tʃuei⁴⁵老	ʂæ³¹/ʃuæ³¹老	ʂæ⁴⁵/ʃuæ⁴⁵老 ∣ sɥæ

---

① tʂʰu⁰²¹ 耳～。

字目 / 方言	追	锤	坠	衰	帅
	止合三 平脂知	止合三 平脂澄	止合三 去至澄	止合三 平脂生	止合三 去至生
蓝田	tʃuei³¹ ｜ tsɥei	tʃʰuei²⁴	tʃuei⁴⁴	ʃuæ³¹	ʃuæ⁴⁴ ｜ ʂɥæ
长安	pfei³¹	pfʰei²⁴	pfei⁴⁴	fæ³¹	fæ⁴⁴
户县	tʃuei³¹ ｜ tsɥhei	tʃʰuei²⁴	tʃuei⁵⁵	ʃue³¹	ʃue⁵⁵ ｜ sɥhæ
周至	pfɿ²¹ ｜ pfui	pfʰɿ²⁴	pfɿ⁵⁵	fæ²¹	fæ⁵⁵ ｜ fæ
三原	tʃuei³¹ ｜ tsɥhei	tʃʰuei²⁴	tʃuei⁵⁵	ʃuæ³¹	ʃuæ⁵⁵ ｜ sɥhæ
泾阳	tʃuei³¹ ｜ tsɥhei	tʃʰuei²⁴	tʃuei⁵⁵	ʃuæ³¹	ʃuæ⁵⁵ ｜ sɥhæ
咸阳	tʃuei³¹ ｜ tsʐ̩ei	tʃʰuei²⁴	tʃuei⁵⁵	ʃuæ³¹	ʃuæ⁵⁵ ｜ sɥhæ
兴平	tʃuei³¹ ｜ tsɥhei	tʃʰuei²⁴	tʃuei⁵⁵	ʃuæ³¹	ʃuæ⁵⁵
武功	tʃuei³¹ ｜ tsɥhei	tʃʰuei²⁴	tʃuei⁵⁵	ʃuæ³¹	ʃuæ⁵⁵ ｜ sɥhæ
礼泉	tʃue³¹ ｜ tsʐ̩uei	tʃʰue²⁴	tʃue⁵⁵	ʃuæ³¹	ʃuæ⁵⁵ ｜ ʂʐ̩æ
乾县	tʃuei³¹ ｜ tsʐ̩ei	tʃʰuei²⁴	tʃuei⁴⁴	ʃuæ³¹	ʃuæ⁴⁴ ｜ ʂʐ̩æ
永寿	tʃuei³¹ ｜ tsʐ̩ei	tʃʰuei²⁴	tʃuei⁵⁵	ʃuæ³¹	ʃuæ⁵⁵ ｜ ʂʐ̩æ
淳化	tʃuei³¹ ｜ tsɥhei	tʃʰuei²⁴	tʃuei⁵⁵	ʃuæ³¹	ʃuæ⁵⁵ ｜ sɥhæ
旬邑	tʃuei³¹ ｜ tsɥhei	tʃʰuei²⁴	tʃʰuei⁴⁴	ʃuæ³¹	ʃuæ⁴⁴ ｜ sɥhæ
彬县	tʃuei³¹ ｜ tsɥhei	tʃʰuei²⁴	tʃʰuei⁴⁴	ʃuæ³¹	ʃuæ⁴⁴ ｜ sɥhæ
长武	tʃuei³¹ ｜ tsɥhei	tʃʰuei²⁴	tʃʰuei⁴⁴	ʃuæ³¹	ʃuæ⁴⁴ ｜ sɥhæ
扶风	tʂei³¹ ｜ tsɥhei	tʂʰei²⁴	tʂʰei³³	ʂE³¹	ʂE³³ ｜ sɥhæ
眉县	tʂei³¹/tʃuei³¹ ｜ tsɥhei/tʂei	tʂʰei²⁴/ tʃʰuei²⁴	tʂei⁴⁴/ tʃuei⁴⁴	ʂE³¹/ ʃuE³¹	ʂE⁴⁴/ʃuE⁴⁴ ｜ sɥhæ
麟游	tʃuei³¹ ｜ tsɥhei	tʃʰuei²⁴	tʃuei⁴⁴	ʃuæ³¹	ʃuæ⁴⁴ ｜ sɥhæ
岐山	tʂei³¹ ｜ tʂei	tʂʰei²⁴	tʂʰei⁴⁴	ʂE³¹	ʂE⁴⁴ ｜ ʂæ
凤翔	tʂei³¹ ｜ tsɥhei	tʂʰei²⁴	tʂei⁴⁴/ tʂʰei⁴⁴	ʂE³¹	ʂE⁴⁴ ｜ sɥhæ
宝鸡	tʂei³¹/tʃuei³¹新 ｜ tsɥhei	tʂʰei²⁴/ tʂʰuei²⁴新	tʂei⁴⁴/ tʃuei⁴⁴新	ʂE³¹/ ʃuE³¹新	ʂE⁴⁴/ʂuE⁴⁴新 ｜ sɥhæ
千阳	tʃei³¹ ｜ tsɥhei	tʃʰei²⁴	tʃei⁴⁴/ tʃʰei⁴⁴	ʃE³¹	ʃE⁴⁴ ｜ sɥhæ
陇县	tʃui³¹ ｜ tʂuei	tʃʰui²⁴	tʃui⁴⁴	ʃuE³¹	ʃuE⁴⁴ ｜ ʂuæ

字目 方言	锥 止合三 平脂章	水 止合三 上旨书	谁 止合三 平脂禅	龟 止合三 平脂见	轨 止合三 上旨见
西安	pfei²¹	fei⁵³ | fei	sei²⁴	kuei²¹	kuei⁵³
韩城	pfu³¹	fɿ⁵³/fu⁵³ | fei	fɿ²⁴	kuɪ³¹	kuɪ⁵³
合阳	pfɿ³¹/pfu³¹/pfu⁵⁵	fɿ⁵²/fu⁵² | fei	fɿ²⁴/sɿ²⁴	kuɪ³¹	kuɪ⁵²
澄城	tʃuei³¹	ʃuei⁵³/ʃu⁵³ | sʮei	sei²⁴	kuei³¹	kuei⁵³
白水	tʃuei³¹	ʃuei⁵³ | sʮei	sei²⁴	kuei³¹	kuei⁵³
大荔	pfei³¹	fei⁵²/fu⁵² | fei	sei²⁴	kuei³¹	kuei⁵²
蒲城	tʃuei³¹	ʃuei⁵³ | sʮei/sʮei	sei³⁵	kuei³¹	kuei⁵³
美原	tʃei³¹	ʃei⁵³ | sʮei	sei³⁵	kuei³¹	kuei⁵³
富平	tʃuei³¹	ʃuei⁵³ | sʮei	sei³⁵	kuei³¹	kuei⁵³
潼关	pfei³¹	fei⁵² | fei	sei²⁴	kuei³¹	kuei⁵²
华阴	pfei³¹	fei⁵² | fei	sei²⁴	kuei³¹	kuei⁵²
华县	tʃuei³¹	ʃuei⁵³ | sʮei	sei³⁵	kuei³¹	kuei⁵³
渭南	tʃuei³¹	ʃuei⁵³ | sʮei	sei²⁴	kuei³¹	kuei⁵³
洛南	tʃuei³¹	ʃuei⁵³ | sʮei	sei²⁴	kuei³¹	kuei⁵³
商州	tʃuei³¹	ʃuei⁵³ | sʮei	sei³⁵	kuei³¹	kuei⁵³
丹凤	tʃuei³¹	ʃuei⁵³	sei²⁴	kuei³¹	kuei⁵³
宜川	tʂuei⁵¹	ʂuei⁴⁵/ʂu⁴⁵	sei²⁴/ʂuei²⁴	kuei⁵¹	kuei⁴⁵
富县	tsuei³¹	suei⁵²	suei²⁴	kuei³¹	kuei⁵²
黄陵	tʃuei³¹	ʃuei⁵²	sei²⁴	kuei³¹	kuẽ⁵²
宜君	tʃuei²¹	ʃuei⁵²/ʂei⁵²①	sei²⁴	kuei²¹	kuei⁵²
铜川	tʃuei²¹	ʃuei⁵² | sʮei	sei²⁴	kuei²¹	kuei⁵²
耀县	tʃuei³¹	ʃuei⁵² | sʮei	sei²⁴	kuei³¹	kuei⁵²
高陵	tʃuei³¹	ʃuei⁵² | sʮei	sei²⁴	kuei³¹	kuei⁵²
临潼	tʂei³¹/tʃuei³¹老	ʂei⁵²/ʃuei⁵²老 | sʮei	sei²⁴	kuei³¹	kuei⁵²

① ʂei⁵² 奶~。

字目　方言	锥	水	谁	龟	轨
	止合三平脂章	止合三上旨书	止合三平脂禅	止合三平脂见	止合三上旨见
蓝田	tʃuei³¹	ʃuei⁵² ∣ sʮei	sei²⁴	kuei³¹	kuei⁵²
长安	pfei³¹	fei⁵³	sei²⁴	kuei³¹	kuei⁵³
户县	tʃuei³¹	ʃuei⁵² ∣ sʮ	sei²⁴	kuei³¹	kuei⁵²
周至	pfɿ²¹	fɿ⁵² ∣ fui	sɿ²⁴	kuɿ²¹	kuɿ⁵²
三原	tʃuei³¹	ʃuei⁵² ∣ sʮei	sei²⁴	kuei³¹	kuei⁵²
泾阳	tʃuei³¹	ʃuei⁵² ∣ sʮei	sei²⁴	kuei³¹	kuei⁵²
咸阳	tʃuei³¹	ʃuei⁵² ∣ sʮei	sei²⁴	kuei³¹	kuei⁵²
兴平	tʃuei³¹	ʃuei⁵² ∣ sʮei	sei²⁴	kuei³¹	kuei⁵²
武功	tʃuei³¹	ʃuei⁵² ∣ sʮei	sei²⁴	kuei³¹	kuei⁵²
礼泉	tʃue³¹	ʃue⁵² ∣ sʮei	se²⁴	kue³¹	kue⁵²
乾县	tʃuei³¹	ʃuei⁵² ∣ sʮei	sei²⁴	kuei³¹	kuei⁵²
永寿	tʃuei³¹	ʃuei⁵² ∣ sʮei	sei²⁴	kuei³¹	kuei⁵²
淳化	tʃuei³¹	ʃuei⁵² ∣ sʮei	sei²⁴	kuei³¹	kuei⁵²
旬邑	tʃuei³¹	ʃuei⁵² ∣ sʮei	sei²⁴	kuei³¹	kuei⁵²
彬县	tʃuei³¹	ʃuei⁵² ∣ sʮei	sei²⁴	kuei³¹	kuei⁵²
长武	tʃuei³¹	ʃuei⁵² ∣ sʮei	sei²⁴	kuei³¹	kuei⁵²
扶风	tʂei³¹	ʂei⁵² ∣ sʮei	sei²⁴	kui³¹	kui³¹
眉县	tʂei³¹/tʃuei³¹	ʂei⁵²/ʃuei⁵² ∣ sʮei/ʂei	sei²⁴	kuei³¹	kuei⁵²
麟游	tʃuei³¹	ʃuei⁵³ ∣ sʮei	sei²⁴	kuei³¹	kuei³¹
岐山	tʂei³¹	ʂei⁵³ ∣ ʂei	sei²⁴	kui³¹	kui³¹
凤翔	tʂei³¹	ʂei⁵³ ∣ sʮei	sei²⁴	kuei³¹	kuei³¹
宝鸡	tʂei³¹/tʃuei³¹ 新	ʂei⁵³/ʂuei⁵³ 新 ∣ sʮei	sei²⁴	kui³¹	kui³¹
千阳	tʃei³¹	ʃei⁵³ ∣ sʮei	ʃei²⁴/sei²⁴	kui³¹	kui³¹
陇县	tʃui³¹	ʃui⁵³ ∣ ʂuei	sei²⁴	kui³¹	kui³¹

方言＼字目	愧 止合三去至见	季 止合三去至见	葵 止合三平脂群	柜 止合三去至群	位 止合三去至云	
西安	k^huei^{55}	tɕi^{55}	k^huei^{24}	kuei^{55}	uei^{55}	uei
韩城	k^huɿ^{44}	tɕi^{44}	k^huɿ^{24}	k^huɿ^{44}	uɿ^{44}	uei
合阳	k^huɿ^{55}	tɕi^{55}	k^huɿ^{24}	<u>k^huɿ^{55}</u>/tɕʰy^{55}	uɿ^{55}	uei
澄城	k^huei^{44}	tɕi^{44}	k^huei^{24}	k^huei^{44}	uei^{44}	uei
白水	k^huei^{44}	tɕi^{44}	k^huei^{24}	k^huei^{44}	uei^{44}	uei
大荔	k^huei^{55}	tɕi^{55}	k^huei^{24}	k^huei^{55}	uei^{55}	uei
蒲城	k^huei^{55}	tɕi^{55}	k^huei^{35}	k^huei^{55}	uei^{55}	uei
美原	k^huei^{53}	tɕi^{55}	k^huei^{35}	k^huei^{55}	uei^{55}	uei
富平	k^huei^{55}	tɕi^{55}	k^huei^{35}	k^huei^{55}	uei^{55}	uei
潼关	k^huei^{44}	tɕi^{44}	k^huei^{24}	k^huei^{44}	vei^{44}	uei
华阴	k^huei^{55}	tɕi^{55}	k^huei^{24}	k^huei^{55}	uei^{55}	uei
华县	k^huei^{55}	tɕi^{55}	k^huei^{35}	k^huei^{55}	uei^{55}	uei
渭南	k^huei^{44}	tɕi^{44}	k^huei^{24}	k^huei^{24}	uei^{44}	uei
洛南	k^huei^{44}	tɕi^{44}	k^huei^{24}	k^huei^{44}	vei^{44}	vei
商州	k^huei^{55}	tɕi^{55}	k^huei^{35}	kuei^{55}	vei^{55}	vei
丹凤	k^huei^{44}	tɕi^{44}	k^huei^{24}	k^huei^{44}	vei^{44}	
宜川	k^huei^{45}	tɕi^{45}	k^huei^{24}	k^huei^{45}	vei^{45}	
富县	k^huei^{44}	tɕi^{44}	k^huei^{24}	k^huei^{44}	vei^{44}	
黄陵	k^huei^{44}	tɕi^{44}	k^huei^{24}	k^huei^{44}	vei^{44}	
宜君	k^huẽ^{44}	tɕi^{44}	k^huei^{24}	k^huẽ^{44}	vei^{44}	
铜川	k^huei^{44}	tɕi^{44}	k^huei^{24}	k^huei^{44}	<u>uei^{44}</u>/<u>vei^{44}</u>	vei
耀县	k^huei^{44}	tɕi^{44}	k^huei^{24}	k^huei^{44}	uei^{44}	uei
高陵	k^huei^{55}	tɕi^{55}	k^huei^{24}	kuei^{55}	uei^{55}	uei
临潼	k^huei^{45}	tɕi^{45}	k^huei^{24}	kuei^{45}	uei^{45}	uei

字目／方言	愧 止合三 去至见	季 止合三 去至见	葵 止合三 平脂群	柜 止合三 去至群	位 止合三 去至云	
蓝田	kʰuei⁴⁴	tɕi⁴⁴	kʰuei²⁴	kʰuei⁴⁴	uei⁴⁴	uei
长安	kʰuei⁴⁴/kʰuei⁵³①	tɕi⁴⁴	kʰuei²⁴	kuei⁴⁴	uei⁴⁴	
户县	kʰuei⁵²/kʰuei⁵⁵②	tɕi⁵⁵	kʰuei²⁴	kuei⁵⁵	uei⁵⁵	uei
周至	kʰuɪ⁵⁵	tɕi⁵⁵	kʰuɪ²⁴	kuɪ⁵⁵	uɪ⁵⁵	uei
三原	kʰuei⁵⁵	tɕi⁵⁵	kʰuei²⁴	kuei⁵⁵	uei⁵⁵	uei
泾阳	kʰuei⁵⁵	tɕi⁵⁵	kʰuei²⁴	kuei⁵⁵	uei⁵⁵	uei
咸阳	kʰuei⁵⁵	tɕi⁵⁵	kʰuei²⁴	kuei⁵⁵	uei⁵⁵	uei
兴平	kʰuei⁵⁵	tɕi⁵⁵	kʰuei²⁴	kuei⁵⁵	uei⁵⁵	uei
武功	kʰuei⁵⁵	tɕi⁵⁵	kʰuei²⁴	kuei⁵⁵	uei⁵⁵	uei
礼泉	kʰuei⁵²	tɕi⁵⁵	kʰue²⁴	kue⁵⁵	ue⁵⁵	uei
乾县	kʰuei⁵²	tɕi⁴⁴	kʰuei²⁴	kuei⁴⁴	uei⁴⁴	uei
永寿	kʰuei⁵²	tɕi⁵⁵	kʰuei²⁴	kuei⁵⁵	uei⁵⁵	uei
淳化	kʰuei⁵²	tɕi⁵⁵	kʰuei²⁴	kuei⁵⁵	uei⁵⁵	uei
旬邑	kʰuei⁵²	tɕi⁴⁴	kʰuei²⁴	kʰuei⁴⁴	uei⁴⁴	uei
彬县	kʰuei⁵²	tɕi⁴⁴	kʰuei²⁴	kʰuei⁴⁴	uei⁴⁴	uei
长武	kʰuei⁴⁴	tɕi⁴⁴	kʰuei²⁴	kʰuei⁴⁴	uei⁴⁴	uei
扶风	kʰui³³	tɕi³³	kʰui²⁴	kʰui³³	vei³³	uei
眉县	kʰuei⁴⁴	tɕi⁴⁴	kʰuei²⁴	kʰuei⁴⁴	uei⁴⁴	uei
麟游	kʰuei⁵³	tɕi⁴⁴	kʰuei²⁴	kʰuei⁴⁴	vei⁴⁴	vei
岐山	kʰui⁵³	tɕi⁴⁴	kʰui²⁴	kʰui⁴⁴	vei⁴⁴	uei
凤翔	kʰuei⁴⁴	tɕi⁴⁴	kʰuei²⁴	kʰuei⁴⁴	uei⁴⁴	uei
宝鸡	kʰui⁴⁴	tɕi⁴⁴	kʰui²⁴	kʰui⁴⁴	vei⁴⁴	vei
千阳	kʰui⁵³	tɕi⁴⁴	kʰui²⁴	kʰui⁴⁴	vei⁴⁴	vei
陇县	kʰui⁵³	tɕi⁴⁴	kʰui²⁴	kʰui⁴⁴	vei⁴⁴	vei

① kʰuei⁵³ 惭～。

② kʰuei⁵² 单念；kʰuei⁵⁵ 惭～。

字目\方言	维	遗	唯	飞	匪
	止合三平脂以	止合三平脂以	止合三上旨以	止合三平微非	止合三上尾非
西安	vi²⁴/vei²⁴新	i²⁴	vi²⁴/vei²⁴新	fi²¹/fei²¹新	fi⁵³/fei⁵³新
韩城	vɿ²⁴	i²⁴	vɿ²⁴	fɿ³¹/ɕi³¹	fɿ⁵³
合阳	vi²⁴	i²⁴	vi²⁴	fɿ³¹/ɕi³¹	fɿ⁵²新/fɿ⁵²老
澄城	vi²⁴	i²⁴	vi²⁴	fɿ³¹/ɕi³¹	fɿ⁵³
白水	vei²⁴	i²⁴	vei²⁴	fei³¹	fei⁵³
大荔	vi²⁴	i²⁴	vi²⁴	fi³¹	fi⁵²
蒲城	vei³⁵	i³⁵	vei³⁵	fei³¹	fei⁵³
美原	vei³⁵	i³⁵	vei³⁵	fei³¹	fei⁵³
富平	vei³⁵	i³⁵	vei³⁵	fei³¹	fei⁵³
潼关	vei²⁴	i²⁴	vei²⁴	fei³¹	fei⁵²
华阴	vi²⁴	i²⁴	vi²⁴	fi³¹	fi⁵²
华县	vi³⁵	i³⁵	vi³⁵	fi³¹	fi⁵³
渭南	vei²⁴	i²⁴	vei²⁴	fei³¹	fei⁵³
洛南	vei²⁴	i²⁴	vei²⁴	fei³¹/ɕy³¹	fei⁵³/ɕy⁵³
商州	vi³⁵/y³⁵	i³⁵/y³⁵	vi³⁵/y³⁵	fi³¹/ɕy³¹	fi⁵³/ɕy⁵³
丹凤	vei²⁴	i²⁴/y²⁴	vei²⁴/y²⁴	fei³¹/ɕy³¹	fei⁵³/ɕy⁵³
宜川	vei²⁴	i²⁴	vei²⁴	fei⁵¹/ɕi⁵¹	fei⁵¹
富县	vei²⁴	i²⁴	vei²⁴	fei³¹	fei⁵²
黄陵	vei²⁴	i²⁴/vɛ⁵²	vei²⁴	fei³¹	fei⁵²
宜君	vei²⁴	i²⁴/vei⁵²	vei²⁴	fei²¹	fẽ⁵²
铜川	vei²⁴	i²⁴	vei²⁴	fei²¹/fi²¹	fei⁵²/fi⁵²
耀县	vei²⁴	i²⁴	vei²⁴	fei³¹	fei⁵²
高陵	vei²⁴	i²⁴	vei²⁴	fei³¹	fei⁵²
临潼	vei²⁴	i²⁴	vei²⁴	fei³¹	fei⁵²

字目 方言	维 止合三 平脂以	遗 止合三 平脂以	唯 止合三 上旨以	飞 止合三 平微非	匪 止合三 上尾非
蓝田	vei²⁴	i²⁴	vei²⁴	fei³¹	fei⁵²
长安	vei²⁴	i²⁴	vei²⁴	fei³¹	fei⁵³
户县	vei²⁴	i²⁴/ue⁵²	vei²⁴	fei³¹	fei⁵²
周至	vɿ²⁴	i²⁴	vɿ²⁴	fɿ²¹	fɿ⁵²
三原	vei²⁴	i²⁴	vei²⁴	fei³¹	fei⁵²
泾阳	vei²⁴	i²⁴	vei²⁴	fei³¹	fei⁵²
咸阳	vei²⁴	i²⁴	vei²⁴	fei³¹	fei⁵²
兴平	vei²⁴	i²⁴	vei²⁴	fei³¹	fei⁵²
武功	vei²⁴	i²⁴	vei²⁴	fei³¹	fei⁵²
礼泉	ve²⁴	i²⁴	ve²⁴	fe³¹	fe⁵²
乾县	uei²⁴/vei²⁴	i²⁴	uei²⁴/vei²⁴	fei³¹	fei⁵²
永寿	uei²⁴	i²⁴	uei²⁴	fei³¹	fei⁵²
淳化	uei²⁴	i²⁴	uei²⁴	fei³¹	fei⁵²
旬邑	uei²⁴	i²⁴	uei²⁴	fei³¹	fei⁵²
彬县	uei²⁴	i²⁴	uei²⁴	fei³¹	fei⁵²
长武	uei²⁴	i²⁴	uei²⁴	fei³¹	fei⁵²
扶风	vei²⁴	i²⁴	vei²⁴	fei³¹	fei⁵²
眉县	uei²⁴	i²⁴	uei²⁴	fei³¹	fei⁵²
麟游	vei²⁴	i²⁴	vei²⁴	fei³¹	fei⁵³
岐山	vei²⁴	i²⁴	vei²⁴	fei³¹	fei⁵³
凤翔	uei²⁴	i²⁴	uei²⁴	fei³¹	fei⁵³
宝鸡	vei²⁴	i²⁴	vei²⁴	fei³¹	fei⁵³
千阳	vei²⁴	i²⁴	vei²⁴	fei³¹	fei⁵³
陇县	vei²⁴	i²⁴	vei²⁴	fei³¹	fei³¹

字目 / 方言	妃	费	肥	翡	微
	止合三 平微敷	止合三 去未敷	止合三 平微奉	止合三 去未奉	止合三 平微微
西安	fi²¹/fei²¹新	fi⁵⁵/fei⁵⁵新	fi²⁴/fei²⁴新	fei⁵³	vi²⁴/vei²⁴新 ∣ vei
韩城	fi³¹	fi⁴⁴/ɕi⁴⁴	fi²⁴/ɕi²⁴	fi⁵³	vi²⁴
合阳	fi³¹	fi⁵⁵/ɕi⁵⁵	fi²⁴/ɕi²⁴	fi⁵²	vi²⁴ ∣ vei
澄城	fi³¹	fi⁴⁴/ɕi⁴⁴	fi²⁴/ɕi²⁴	fei⁵³	vi²⁴
白水	fei³¹	fei⁴⁴	fei²⁴	fei⁵³	vei²⁴ ∣ vei
大荔	fi³¹	fi⁵⁵	fi³⁵	fei⁵³	vi²⁴ ∣ vei
蒲城	fei³¹	fei⁵⁵	fei³⁵	fei⁵³	vei³⁵ ∣ vei
美原	fei³¹	fei⁵⁵	fei³⁵	fei⁵³	vei³⁵ ∣ vei
富平	fei³¹	fei⁵⁵	fei³⁵	fei⁵³	vei³⁵ ∣ vei
潼关	fei³¹	fei⁴⁴	fei²⁴	fei⁵²	vei²⁴ ∣ vei
华阴	fei³¹	fi⁵⁵	fi²⁴	fei⁵²	vi²⁴ ∣ vei
华县	fi³¹	fi⁵⁵	fi²⁴	fei⁵³	vi³⁵
渭南	fei³¹	fei⁴⁴	fei²⁴	fei⁵³	vei²⁴ ∣ vei
洛南	fei³¹/ɕy³¹	fei⁴⁴/ɕy⁴⁴	fei²⁴/ɕy²⁴	fei⁵³	vei²⁴/y²⁴
商州	fi³¹	fi⁵⁵/ɕy⁵⁵	fi³⁵/ɕy³⁵	fi⁵³	vi³⁵/y³⁵ ∣ vei
丹凤	fei³¹/ɕy³¹	fei⁴⁴/ɕy⁴⁴	fei²⁴/ɕy²⁴	fei⁵³	vei²⁴/y²⁴
宜川	fei⁵¹	fei⁴⁵	fei²⁴/ɕi²⁴	pei⁴⁵	vei⁵¹
富县	fei³¹	fei⁴⁴	fei²⁴/ɕi²⁴	fei³¹	vei²⁴
黄陵	fei³¹	fei⁴⁴	fei²⁴	fei⁵²	vei²⁴
宜君	fẽ⁵²	fẽ⁴⁴	fẽ²⁴	fẽ⁵²	vei²⁴
铜川	fei²¹	fei⁴⁴/fi⁴⁴	fei²⁴/fi²⁴	fei⁵²	vei²⁴/vi²⁴ ∣ vei
耀县	fei³¹	fei⁴⁴	fei²⁴	pei⁴⁴	vei²⁴
高陵	fei³¹	fei⁵⁵	fei²⁴	fei⁵²	vei²⁴ ∣ vei
临潼	fei³¹	fei⁴⁵	fei²⁴	fei⁵²	vei²⁴ ∣ vei

字目 方言	妃 止合三 平微敷	费 止合三 去未敷	肥 止合三 平微奉	翡 止合三 去未奉	微 止合三 平微微
蓝田	fei³¹	fei⁴⁴	fei²⁴	fei⁵²	vei²⁴
长安	fei³¹	fei⁴⁴	fei²⁴	fei⁵³	vei²⁴
户县	fei³¹	fei⁵⁵	fei²⁴	fei⁵²	vei²⁴
周至	fɻ²¹	fɻ⁵⁵	fɻ²⁴	fɻ⁵²	vɻ²⁴ ∣ vei
三原	fei³¹	fei⁵⁵	fei²⁴	fei⁵²	vei²⁴ ∣ vei
泾阳	fei³¹	fei⁵⁵	fei²⁴	fei⁵²	vei²⁴ ∣ vei
咸阳	fei³¹	fei⁵⁵	fei²⁴	fei⁵²	vei²⁴ ∣ vei
兴平	fei³¹	fei⁵⁵	fei²⁴	fei⁵²	vei²⁴ ∣ vei
武功	fei³¹	fei⁵⁵	fei²⁴	fei⁵²	vei²⁴ ∣ vei
礼泉	fe³¹	fe⁵⁵	fe²⁴	fe³¹	ve²⁴ ∣ vei
乾县	fei³¹	fei⁴⁴	fei²⁴	fei⁵²	vei³¹ ∣ vei
永寿	fei³¹	fei⁵⁵	fei²⁴	fei⁵²	uei³¹ ∣ vei
淳化	fei³¹	fei⁵⁵	fei²⁴	fei⁵²	uei²⁴ ∣ vei
旬邑	fei³¹	fei⁴⁴	fei²⁴	fei⁵²	uei²⁴
彬县	fei³¹	fei⁴⁴	fei²⁴	fei⁵²	uei³¹ ∣ vei
长武	fei³¹	fei⁴⁴	fei²⁴	fei⁵²	uei²⁴ ∣ uei
扶风	fei³¹	fei³³	fei²⁴	fei³¹	vei²⁴ ∣ vei
眉县	fei⁵²	fei⁴⁴	fei²⁴	fei⁵²	uei²⁴ ∣ vei
麟游	fei³¹	fei⁴⁴	fei²⁴	fei³¹	vei²⁴ ∣ vei
岐山	fei³¹	fei⁴⁴	fei²⁴	fei⁵³	vei²⁴ ∣ uei
凤翔	fei³¹	fei⁴⁴	fei²⁴	fei⁴⁴	uei²⁴ ∣ vei
宝鸡	fei³¹	fei⁴⁴	fei²⁴	fei⁵³	vei²⁴ ∣ vei
千阳	fei⁵³	fei⁴⁴	fei²⁴	fei³¹	vei²⁴
陇县	fei³¹	fei⁴⁴	fei²⁴	fei⁵³	vei²⁴

字目 方言	尾 止合三 上尾微	味 止合三 去未微	归 止合三 平微见		鬼 止合三 上尾见	贵 止合三 去未见
西安	vei⁵³/i⁵³①	vi⁵⁵/vei⁵⁵新	kuei²¹	kuei	kuei⁵³	kuei⁵⁵
韩城	vɿ⁵³/i⁵³	vɿ⁴⁴	kuɿ³¹	kuei	kuɿ⁵³	kuɿ⁴⁴
合阳	vi⁵²/i⁵²	vi⁵⁵	kuɿ³¹	kuei	kuɿ⁵²	kuɿ⁵⁵
澄城	vi⁵³/i⁵³	vi⁴⁴	kuei³¹	kuei	kuei⁵³	kuei⁴⁴
白水	vei⁵³/i⁵³	vei⁴⁴	kuei³¹	kuei	kuei⁵³	kuei⁴⁴
大荔	vei⁵²/i⁵²	vi⁵⁵	kuei³¹	kuei	kuei⁵²	kuei⁵⁵
蒲城	vei⁵³/i⁵³	vei⁵⁵	kuei³¹	kuei	kuei⁵³	kuei⁵⁵
美原	vei⁵³/i⁵³	vei⁵⁵	kuei³¹	kuei	kuei⁵³	kuei⁵⁵
富平	vei⁵³/i⁵³	vei⁵⁵	kuei³¹	kuei	kuei⁵³	kuei⁵⁵
潼关	vei⁵³/i⁵³	vei⁴⁴	kuei³¹	kuei	kuei⁵²	kuei⁴⁴
华阴	vi⁵²/i⁵²	vi⁵⁵	kuei³¹	kuei	kuei⁵²	kuei⁵⁵
华县	vi⁵³/i⁵³	vi⁵⁵	kuei³¹	kuei	kuei⁵³	kuei⁵⁵
渭南	vei⁵³/i⁵³	vei⁴⁴	kuei³¹	kuei	kuei⁵³	kuei⁴⁴
洛南	vei⁵³/i⁵³	vei⁴⁴/y⁴⁴	kuei³¹	kuei	kuei⁵³	kuei⁴⁴
商州	vi⁵³/i⁵³	vi⁵⁵/y⁵⁵	kuei³¹	kuei	kuei⁵³	kuei⁵⁵
丹凤	vei⁵³/i⁵³	vei⁴⁴/y⁴⁴	kuei³¹		kuei⁵³	kuei⁴⁴
宜川	vei⁴⁵/i⁴⁵	vei⁴⁵	kuei⁵¹		kuei⁴⁵	kuei⁴⁵
富县	vei⁵²/i⁵²	vei⁴⁴	kuei³¹		kuei⁵²	kuei⁴⁴
黄陵	vei⁵²/i⁵²	vei⁴⁴	kuei³¹		kuei⁵²	kuei⁴⁴
宜君	vei⁵²/i⁵²	vei⁴⁴	kuei²¹		kuei⁵²	kuei⁴⁴
铜川	vei⁵²/i⁴⁴	uei⁴⁴/vei⁴⁴/vi⁴⁴/y⁴⁴	kuei²¹	kuei	kuei⁵²	kuei⁴⁴
耀县	uei⁵²/i⁵²	vei⁴⁴	kuei³¹	kuei	kuei⁵²	kuei⁴⁴
高陵	vei⁵²/i⁵²	vei⁵⁵	kuei³¹	kuei	kuei⁵²	kuei⁵⁵
临潼	zei⁵²/ʒuei⁵²老/i⁵²	vei⁴⁵	kuei³¹	kuei	kuei⁵²	kuei⁴⁵

---

① i⁵³ ~巴。下同。

字目 / 方言	尾	味	归		鬼	贵
	止合三 上尾微	止合三 去未微	止合三 平微见		止合三 上尾见	止合三 去未见
蓝田	vei^{52}/i^{52}	vei^{44}	kuei^{31}	kuei	kuei^{52}	kuei^{44}
长安	vei^{53}/i^{53}	vei^{44}	kuei^{31}		kuei^{53}	kuei^{44}
户县	vei^{52}/i^{52}	vei^{55}	kuei^{31}	kuei	kuei^{52}	kuei^{55}
周至	vɪ^{52}/i^{52}	vɪ^{55}	kuɪ^{21}	kuei	kuɪ^{52}	kuɪ^{55}
三原	uei^{52}/i^{52}	vei^{55}	kuei^{31}	kuei	kuei^{52}	kuei^{55}
泾阳	ʒuei^{52}/i^{52}	vei^{55}	kuei^{31}	kuei	kuei^{52}	kuei^{55}
咸阳	ʒuei^{52}/i^{52}	vei^{55}	kuei^{31}	kuei	kuei^{52}	kuei^{55}
兴平	ʒuei^{52}/i^{52}	vei^{55}	kuei^{31}	kuei	kuei^{52}	kuei^{55}
武功	ʒuei^{52}/i^{52}	vei^{55}	kuei^{31}	kuei	kuei^{52}	kuei^{55}
礼泉	ʒue^{52}/i^{52}	ve^{55}	kue^{31}	kuei	kue^{52}	kue^{55}
乾县	ʒuei^{52}/i^{52}	vei^{44}	kuei^{31}	kuei	kuei^{52}	kuei^{44}
永寿	ʒuei^{52}/i^{52}	uei^{55}	kuei^{31}	kuei	kuei^{52}	kuei^{55}
淳化	ʒuei^{52}/i^{52}	uei^{55}	kuei^{31}	kuei	kuei^{52}	kuei^{55}
旬邑	ʒuei^{52}/i^{52}	uei^{55}	kuei^{31}	kuei	kuei^{52}	kuei^{55}
彬县	uei^{52}/i^{52}	uei^{44}/y^{44}	kuei^{31}	kuei	kuei^{52}	kuei^{44}
长武	uei^{52}/i^{52}	uei^{44}	kuei^{31}	kuei	kuei^{52}	kuei^{44}
扶风	ʐei^{52}/i^{52}	vei^{33}	kui^{31}	kuei	kui^{52}	kui^{33}
眉县	ʐei^{52}/ʒuei^{52}/i^{52}	uei^{44}	kuei^{31}	kuei	kuei^{52}	kuei^{44}
麟游	ʐei^{53}/i^{53}	vei^{44}	kuei^{31}	kuei	kuei^{53}	kuei^{44}
岐山	ʐei^{53}/i^{44}	vei^{44}	kui^{31}	kuei	kui^{53}	kui^{44}
凤翔	ʐei^{53}/i^{53}	uei^{44}	kuei^{31}	kuei	kuei^{53}	kuei^{44}
宝鸡	ʐei^{53}	vei^{44}	kui^{31}	kuei	kui^{53}	kui^{44}
千阳	vei^{53}/i^{44}/ʒei^{44}	vei^{44}	kui^{31}	kuei	kui^{53}	kui^{44}
陇县	ʒui^{53}/i^{53}	vei^{44}	kui^{31}	kuei	kui^{53}	kui^{44}

字目 方言	魏 止合三 去未疑	挥 止合三 平微晓		讳 止合三 去未晓	威 止合三 平微影	慰 止合三 去未影
西安	uei^{55}	xuei^{21}	xuei	xuei^{55}	uei^{21}	<u>uei</u>^{55}/y^{55}
韩城	uɿ^{44}	xuɿ^{31}	xuei	xuɿ^{53}	uɿ^{31}	<u>uɿ</u>^{44}/y^{44}
合阳	uɿ^{55}	xuɿ^{31}	xuei	xuɿ^{52}	uɿ^{31}	<u>uɿ</u>^{55}/y^{55}
澄城	uei^{44}	xuei^{31}	xuei	xuei^{44}	uei^{31}	<u>uei</u>^{44}/y^{44}
白水	uei^{44}	xuei^{31}	xuei	xuei^{44}	uei^{31}	<u>uei</u>^{44}/y^{44}
大荔	uei^{55}	xuei^{31}	xuei	xuei^{55}	uei^{31}	<u>uei</u>^{55}/y^{55}
蒲城	uei^{55}	xuei^{31}	xuei	xuei^{55}	uei^{31}	<u>uei</u>^{55}/y^{55}
美原	uei^{55}	xuei^{31}	xuei	xuei^{55}	uei^{31}	<u>uei</u>^{55}/y^{55}
富平	uei^{55}	xuei^{31}	xuei	xuei^{55}	uei^{31}	<u>uei</u>^{55}/y^{55}
潼关	vei^{44}	xuei^{31}	xuei	xuei^{44}	vei^{31}	<u>vei</u>^{44}/y^{44}
华阴	uei^{55}	xuei^{31}	xuei	xuei^{52}	uei^{31}	<u>uei</u>^{55}/y^{55}
华县	uei^{55}	xuei^{31}	xuei	xuei^{55}	uei^{31}	<u>uei</u>^{55}/y^{55}
渭南	uei^{44}	xuei^{31}	xuei	xuei^{44}	uei^{31}	<u>uei</u>^{44}/y^{44}
洛南	vei^{44}	xuei^{31}	xuei	xuei^{44}	vei^{31}	<u>vei</u>^{44}/y^{44}
商州	vei^{55}	xuei^{31}	xuei	xuei^{55}	vei^{31}	<u>vei</u>^{55}/y^{55}
丹凤	vei^{44}	xuei^{31}		xuei^{44}	vei^{31}	<u>vei</u>^{44}/y^{44}
宜川	vei^{45}	xuei^{51}		xuei^{45}	vei^{51}	<u>vei</u>^{45}/y^{45}
富县	vei^{44}	xuei^{31}		xuei^{31}	vei^{31}	<u>vei</u>^{44}/y^{44}
黄陵	vei^{44}	xuei^{31}		xuei^{31}	vei^{31}	<u>vei</u>^{44}/y^{44}
宜君	vei^{44}	xuei^{21}		xuei^{44}	vei^{21}	y^{44}
铜川	<u>uei</u>^{44}/vei^{44}①	xuei^{21}	xuei	xuei^{52}	vei^{21}	<u>vei</u>^{44}/y^{44}
耀县	uei^{44}	xuei^{31}	xuei	xuei^{52}	uei^{31}	y^{44}
高陵	uei^{55}	xuei^{31}	xuei	xuei^{52}	uei^{31}	<u>uei</u>^{55}/y^{55}
临潼	uei^{45}	xuei^{31}	xuei	xuei^{45}	uei^{31}	<u>uei</u>^{45}/y^{45}

---

① vei^{44} 姓。

方言 \ 字目	魏 止合三 去未疑	挥 止合三 平微晓	讳 止合三 去未晓	威 止合三 平微影	慰 止合三 去未影
蓝田	uei⁴⁴	xuei³¹ | xuei	xuei⁴⁴	uei³¹	u̲ei⁴⁴/y̲⁴⁴
长安	uei⁴⁴	xuei³¹	xuei⁵³①	uei³¹	u̲ei⁴⁴/y̲⁴⁴②
户县	uei⁵⁵	xuei³¹ | xuei	xuei⁵⁵	uei³¹	y⁵⁵
周至	ur⁵⁵	xur²¹ | xuei	xur⁵²	ur²¹	u̲r⁵⁵/y̲⁵⁵
三原	uei⁵⁵	xuei³¹ | xuei	xuei⁵²	uei³¹	uei⁵⁵/y̲⁵⁵
泾阳	uei⁵⁵	xuei³¹ | xuei	xuei⁵²	uei³¹	uei⁵⁵/y̲⁵⁵
咸阳	uei⁵⁵	xuei³¹ | xuei	xuei⁵²	uei³¹	u̲ei⁵⁵/y̲⁵⁵
兴平	uei⁵⁵	xuei³¹ | xuei	xuei⁵²	uei³¹	u̲ei⁵⁵/y̲⁵⁵
武功	uei⁵⁵	xuei³¹ | xuei	xuei⁵⁵	uei³¹	u̲ei⁵⁵/y̲⁵⁵
礼泉	ue⁵⁵	xue³¹ | xuei	xue⁵²	ue³¹	u̲e⁵⁵/y̲⁵⁵
乾县	uei⁴⁴	xuei³¹ | xuei	xuei⁴⁴	uei³¹	uei⁴⁴/y̲⁴⁴
永寿	uei⁵⁵	xuei³¹ | xuei	xuei⁵⁵	uei³¹	u̲ei⁵⁵/y̲⁵⁵
淳化	uei⁵⁵	xuei³¹ | xuei	xuei⁵⁵	uei³¹	u̲ei⁵⁵/y̲⁵⁵
旬邑	uei⁵⁵	xuei³¹ | xuei	xuei⁵⁵	uei³¹	u̲ei⁴⁴/y̲⁴⁴
彬县	uei⁴⁴	xuei³¹ | xuei	xuei⁴⁴	uei³¹	y⁴⁴
长武	uei⁴⁴	xuei³¹ | xuei	xuei⁴⁴	uei³¹	u̲ei⁴⁴/y̲⁴⁴
扶风	vei³³	xui³¹ | xuei	xui⁵²	vei³¹	v̲ei³³/y̲³³
眉县	uei⁴⁴	xuei³¹ | xuei	xuei⁴⁴	uei³¹	u̲ei⁴⁴/y̲⁴⁴
麟游	vei⁴⁴	xuei³¹ | xuei	xuei³¹	vei³¹	y⁴⁴
岐山	vei⁴⁴	xui³¹ | xuei	xui⁵³	vei³¹	y⁴⁴
凤翔	uei⁴⁴	xuei³¹ | xuei	xuei⁴⁴	uei³¹	y⁴⁴
宝鸡	vei⁴⁴	xui³¹ | xuei	xui⁴⁴	vei³¹	y⁴⁴
千阳	vei⁴⁴	xui³¹ | xuei	xui⁵³	vei³¹	v̲ei⁴⁴/y̲⁴⁴
陇县	vei⁴⁴	xui³¹ | xuei	xui³¹	vei³¹	v̲ei⁴⁴/y̲⁴⁴

① xuei⁵³ 忌~。富县、黄陵 xuei³¹ 忌~。
② uei⁴⁴ 安~；y⁴⁴ ~问。

字目 / 方言	围 止合三 平微云	伟 止合三 上尾云	苇 止合三 上尾云	纬 止合三 去未云	胃 止合三 去未云
西安	uei^{24}	uei^{53}	uei^{53}/y^{53}	$uei^{24}/uei^{55}/y^{55}$	uei^{55}
韩城	$uɿ^{24}/y^{24}$	$uɿ^{53}$	$uɿ^{24}/y^{53}$	$uɿ^{53}/y^{44}$	$uɿ^{44}$
合阳	$uɿ^{24}$	$uɿ^{52}$	$uɿ^{24}/y^{52}$	$uɿ^{55}/y^{55}$	$uɿ^{55}$
澄城	uei^{24}/y^{24}	uei^{53}	uei^{53}/y^{53}	uei^{53}/y^{44}	uei^{44}
白水	uei^{24}	uei^{53}	uei^{53}/y^{53}	uei^{44}/y^{44}	uei^{44}
大荔	uei^{24}/y^{24}	uei^{52}	uei^{52}/y^{52}	uei^{55}/y^{55}	uei^{55}
蒲城	uei^{35}	uei^{35}	uei^{53}/y^{53}	uei^{53}/y^{55}	uei^{55}
美原	uei^{35}/y^{24}	uei^{53}	uei^{53}/y^{53}	uei^{53}/y^{55}	uei^{55}
富平	uei^{35}	uei^{53}	uei^{53}/y^{53}	uei^{53}/y^{55}	uei^{55}
潼关	vei^{24}/y^{24}	vei^{52}	vei^{52}/y^{52}	vei^{52}/y^{44}	vei^{44}
华阴	uei^{24}	uei^{52}	uei^{52}/y^{52}	uei^{55}/y^{55}	uei^{55}
华县	uei^{35}	uei^{35}	uei^{53}/y^{53}	uei^{53}/y^{55}	uei^{55}
渭南	uei^{24}	uei^{53}	uei^{53}/y^{53}	uei^{44}/y^{44}	uei^{44}
洛南	vei^{24}	vei^{53}	vei^{53}/y^{53}	vei^{53}/y^{44}	vei^{44}
商州	vei^{35}	vei^{53}	vei^{53}/y^{53}	vei^{53}/y^{55}	vei^{55}
丹凤	vei^{24}	vei^{53}	vei^{53}/y^{53}	vei^{44}	vei^{44}
宜川	vei^{24}/y^{24}①	vei^{24}	vei^{24}/y^{45}	vei^{45}/y^{45}	vei^{45}
富县	vei^{24}	vei^{52}	vei^{021}/y^{52}	vei^{52}	vei^{44}
黄陵	vei^{24}	vei^{52}	$vei^{24}/vei^{52}/y^{52}$②	vei^{52}/y^{24}③	vei^{44}
宜君	vei^{24}	vei^{52}	vei^{52}/y^{52}	vei^{21}	$vẽ^{44}$
铜川	vei^{24}	vei^{52}	uei^{52}/y^{52}	vei^{44}	uei^{44}
耀县	uei^{24}/y^{24}	uei^{52}	uei^{52}/y^{52}	uei^{52}	uei^{44}
高陵	uei^{24}/y^{24}④	uei^{52}	$uei^{52}/uei^{24}/y^{52}$⑤	uei^{52}/y^{52}	uei^{55}
临潼	uei^{24}	uei^{52}	uei^{52}/y^{52}	uei^{52}/y^{45}	uei^{45}

① y^{24} 把小孩拿被子~起来。
② vei^{24} ~草；vei^{52} 芦~ ；y^{52} ~子。
③ vei^{52} ~度；y^{24} ~线。
④ y^{24} ~~子。
⑤ uei^{24} ~子，实杆儿。

字目 / 方言	围	伟	苇	纬	胃
	止合三 平微云	止合三 上尾云	止合三 上尾云	止合三 去未云	止合三 去未云
蓝田	uei^{24}	uei^{52}	uei^{52}/y^{52}	uei^{44}	uei^{44}
长安	uei^{24}	uei^{53}	uei^{53}/y^{53}①	$vei^{53}/uei^{53}/y^{24}$②	uei^{44}
户县	uei^{24}	uei^{52}	$uei^{24}/uei^{52}/y^{52}$	uei^{55}	uei^{55}
周至	ur^{24}	ur^{52}	ur^{52}/y^{52}	ur^{52}	ur^{55}
三原	uei^{24}	uei^{52}	uei^{52}/y^{52}	uei^{55}/y^{55}	uei^{55}
泾阳	uei^{24}	uei^{52}	uei^{52}/y^{52}	uei^{55}/y^{55}	uei^{55}
咸阳	uei^{24}	uei^{52}	uei^{52}/y^{52}	uei^{52}/y^{55}	uei^{55}
兴平	uei^{24}	uei^{52}	uei^{52}/y^{52}	uei^{52}/y^{55}	uei^{55}
武功	uei^{24}	uei^{52}	uei^{52}/y^{52}	uei^{52}	uei^{55}
礼泉	ue^{24}	ue^{52}	ue^{52}/y^{52}	ue^{52}/y^{55}	ue^{55}
乾县	uei^{24}	uei^{52}	uei^{52}/y^{52}	uei^{52}/y^{44}	uei^{44}
永寿	uei^{24}	uei^{52}	uei^{52}/y^{52}	uei^{55}/y^{55}	uei^{55}
淳化	uei^{24}	uei^{52}	uei^{52}/y^{52}	uei^{55}/y^{55}	uei^{55}
旬邑	uei^{24}	uei^{52}	uei^{52}/y^{52}	uei^{44}/y^{44}	uei^{44}
彬县	uei^{24}	uei^{52}	uei^{52}/y^{52}	uei^{44}/y^{44}	uei^{44}
长武	uei^{24}	uei^{52}	uei^{52}	uei^{44}/y^{44}	uei^{44}
扶风	vei^{24}	vei^{52}	vei^{52}/y^{52}	vei^{52}/y^{33}	vei^{33}
眉县	uei^{24}	uei^{52}	uei^{52}/y^{44}	uei^{44}/y^{44}	uei^{44}
麟游	vei^{24}	vei^{53}	vei^{53}/y^{44}	vei^{53}/y^{44}	vei^{44}
岐山	vei^{24}	vei^{53}	y^{53}	vei^{53}/y^{44}	vei^{44}
凤翔	uei^{24}	uei^{53}	y^{44}	uei^{53}/y^{44}	uei^{44}
宝鸡	vei^{24}	vei^{53}	vei^{53}/y^{53}	y^{44}	vei^{44}
千阳	vei^{24}	vei^{53}	vei^{53}/y^{44}	vei^{53}/y^{44}	vei^{44}
陇县	vei^{24}	vei^{53}	vei^{53}/y^{44}	vei^{53}	vei^{44}

① y^{53} ～子。
② vei^{53} ～度；uei^{53} ～线；y^{24} ～线。

字目 方言	褒 效开一 平豪帮	堡 效开一 上皓帮	宝 效开一 上皓帮	报 效开一 去号帮	袍 效开一 平豪並
西安	pɑu²¹	p̠ɑu⁵³/p̠u⁵³	pɑu⁵³	pɑu⁵⁵	pʰɑu²⁴
韩城	pɑo⁵³	p̠ɑo⁵³/p̠u⁵³	pɑo⁵³	pɑo⁴⁴	pʰɑo²⁴
合阳	pɔo³¹	pu⁵²	pɔo⁵²	pɔo⁵⁵	pʰɔo²⁴
澄城	pɔ³¹	pu⁵³/fu³¹①	pɔ⁵³	pɔ⁴⁴	pʰɔ²⁴
白水	pɔ³¹	pu⁵³	pɔ⁵³	pɔ⁴⁴	pʰɔ²⁴
大荔	pɔ³¹	pu⁵²	pɔ⁵²	pɔ⁵⁵	pʰɔ²⁴
蒲城	pɔ³¹	pᶠu⁵³	pɔ⁵³	pɔ⁵⁵	pʰɔ³⁵
美原	pɔ³¹	p̠ɔ⁵³/pᶠu⁵³	pɔ⁵³	pɔ⁵⁵	pʰɔ³⁵
富平	pɔ³¹	pu⁵³	pɔ⁵³	pɔ⁵⁵	pʰɔ³⁵
潼关	pɔ³¹	pu⁵²	pɔ⁵²	pɔ⁴⁴	pʰɔ²⁴
华阴	pɔ³¹	pu⁵²	pɔ⁵²	pɔ⁵⁵	pʰɔ²⁴
华县	pɔ³¹	pᶠu⁵³	pɔ⁵³	pɔ⁵⁵	pʰɔ³⁵
渭南	pɔ³¹	p̠ɔ⁵³/pᶠu⁵³	pɔ⁵³	pɔ⁴⁴	pʰɔ²⁴
洛南	pɔ³¹	pu⁵³	pɔ⁵³	pɔ⁴⁴	pʰɔ²⁴
商州	pɔ³¹	pᶠu⁵³	pɔ⁵³	pɔ⁵⁵	pʰɔ³⁵
丹凤	pɔ³¹	pu⁵³	pɔ⁵³	pɔ⁴⁴	pʰɔ²⁴
宜川	pɔ⁴⁵	pɔ⁴⁵	pɔ⁴⁵	pɔ⁴⁵	pʰɔ²⁴
富县	pɔ⁵²	pu⁵²	pɔ⁵²	pɔ⁴⁴	pʰɔ²⁴
黄陵	pɑo³¹	pu⁵²	pɑo⁵²	pɑo⁴⁴	pʰɑo²⁴
宜君	pɔ²¹	p̠ɔ⁵²/p̠u²¹	pɔ⁵²	pɔ⁴⁴	pʰɔ²⁴
铜川	pɔ²¹	p̠ɔ⁵²/p̠u⁵²	pɔ⁵²	pɔ⁴⁴	pʰɔ²⁴
耀县	pɑo⁵²	pu⁵²	pɑo⁵²	pɑo⁴⁴	pʰɑo²⁴
高陵	pɑo³¹	pu⁵²	pɑo⁵²	pɑo⁵⁵	pʰɑo²⁴
临潼	pɔ³¹	p̠ɔ⁵²/p̠u⁵²	pɔ⁵²	pɔ⁴⁵	pʰɔ²⁴

① fu³¹ 郊城～：地名。

字目 方言	褒 效开一 平豪帮	堡 效开一 上皓帮	宝 效开一 上皓帮	报 效开一 去号帮	袍 效开一 平豪並
蓝田	pɔ⁵²	pu⁵²	pɔ⁵²	pɔ⁴⁴	pʰɔ²⁴
长安	pɔ³¹	p̲ɔ̲⁵³/pu⁵³①	pɔ⁵³	pɔ⁴⁴	pʰɔ²⁴
户县	pɔɔ⁵²	pu⁵²	pɔɔ⁵²	pɔɔ⁵⁵	pʰɔɔ²⁴
周至	pɔ²¹	p̲ɔ̲⁵²/pu⁵²	pɔ⁵²	pɔ⁵⁵	pʰɔ²⁴
三原	pɔ³¹	pu⁵²	pɔ⁵²	pɔ⁵⁵	pʰɔ²⁴
泾阳	pɔ³¹	pu⁵²	pɔ⁵²	pɔ⁵⁵	pʰɔ²⁴
咸阳	pɔ³¹	p̲ɔ̲⁵²/pu⁵²	pɔ⁵²	pɔ⁵⁵	pʰɔ²⁴
兴平	pɔ³¹	p̲ɔ̲⁵²/pu⁵²	pɔ⁵²	pɔ⁵⁵	pʰɔ²⁴
武功	pɔ³¹	pᶠu⁵²	pɔ⁵²	pɔ⁵⁵	pʰɔ²⁴
礼泉	pɔ³¹	pɔ⁵²	pɔ⁵²	pɔ⁵⁵	pʰɔ²⁴
乾县	pɔ³¹	p̲ɔ̲⁵²/pu⁵²	pɔ⁵²	pɔ⁴⁴	pʰɔ²⁴
永寿	pɔ³¹	pu⁵²	pɔ⁵²	pɔ⁵⁵	pʰɔ²⁴
淳化	pɔ³¹	pu⁵²	pɔ⁵²	pɔ⁵⁵	pʰɔ²⁴
旬邑	pɔ³¹	pu⁵²	pɔ⁵²	pɔ⁴⁴	pʰɔ²⁴
彬县	pɔ³¹	pu⁵²	pɔ⁵²	pɔ⁴⁴	pʰɔ²⁴
长武	pɔ³¹	pu⁵²	pɔ⁵²	pɔ⁴⁴	pʰɔ²⁴
扶风	pɔ³¹	pu⁵²	pɔ⁵²	pɔ³³	pʰɔ²⁴
眉县	pɔ³¹	p̲ɔ̲⁵²/pu⁵²	pɔ⁵²	pɔ⁴⁴	pʰɔ²⁴
麟游	pɔ³¹	pu⁵³	pɔ⁵³	pɔ⁴⁴	pʰɔ²⁴
岐山	pɔ³¹	pu⁵³	pɔ⁵³	pɔ⁴⁴	pʰɔ²⁴
凤翔	pɔ³¹	p̲ɔ̲⁵³/pᶠu⁵³	pɔ⁵³	pɔ⁴⁴	pʰɔ²⁴
宝鸡	pɔ³¹	pᶠu⁵³	pɔ⁵³	pɔ⁴⁴	pʰɔ²⁴
千阳	pɔ³¹	pᶠu⁵³	pɔ⁵³	pɔ⁴⁴	pʰɔ²⁴
陇县	pɔ³¹	pᶠu⁵³	pɔ⁵³	pɔ⁴⁴	pʰɔ²⁴

① pu⁵³ 温国～：村名。

方言＼字目	抱 效开一 上皓並	暴 效开一 去号並	菢 效开一 去号並	毛 效开一 平豪明	帽 效开一 去号明
西安	pau⁵⁵	pau⁵⁵	pau⁵⁵	mau²⁴/mu²⁴①	mau⁵⁵
韩城	pao⁴⁴/pʰu⁴⁴	pao⁴⁴	pʰu⁴⁴	mao²⁴/mu²⁴	mao⁴⁴
合阳	pɔɔ⁵⁵/pʰu⁵⁵	pɔɔ⁵⁵	pɔɔ⁵⁵/pʰu⁵⁵	mɔɔ²⁴/mu²⁴	mɔɔ⁵⁵
澄城	pɔ⁴⁴/pʰu⁴⁴	pɔ⁴⁴	pɔ⁴⁴/pʰu⁴⁴	mɔ²⁴/mu²⁴	mɔ⁴⁴
白水	pɔ⁴⁴/pʰu⁴⁴	pɔ⁴⁴	pɔ⁴⁴	mɔ²⁴/mu²⁴	mɔ⁴⁴
大荔	pɔ⁵⁵	pɔ⁵⁵	pɔ⁵⁵	mɔ²⁴/mu²⁴	mɔ⁵⁵
蒲城	pɔ⁵⁵	pɔ⁵⁵	pɔ⁵⁵	mɔ³⁵/mu³⁵	mɔ⁵⁵
美原	pɔ⁵⁵/pʰu⁵⁵	pɔ⁵⁵	pɔ⁵⁵/pʰu⁵⁵	mɔ³⁵/mu³⁵	mɔ⁵⁵
富平	pɔ⁵⁵/pu⁵⁵	pɔ⁵⁵	pɔ⁵⁵/pu⁵⁵	mɔ³⁵/mu³⁵	mɔ⁵⁵
潼关	pɔ⁴⁴	pɔ⁴⁴	pɔ⁴⁴	mɔ²⁴/mu²⁴	mɔ⁴⁴
华阴	pɔ⁵⁵/pʰu⁵⁵	pɔ⁵⁵	pɔ⁵⁵	mɔ²⁴/mu²⁴	mɔ⁵⁵
华县	pɔ⁵⁵	pɔ⁵⁵	pɔ⁵⁵	mɔ³⁵/mu³⁵	mɔ⁵⁵
渭南	pɔ⁴⁴/pʰu⁴⁴	pɔ⁴⁴	pɔ⁴⁴	mɔ²⁴/mu²⁴	mɔ⁴⁴
洛南	pɔ⁴⁴	pɔ⁴⁴	pɔ⁴⁴	mɔ²⁴/mu²⁴	mɔ⁴⁴
商州	pɔ⁵⁵	pɔ⁵⁵	pɔ⁵⁵	mɔ³⁵/mu³⁵	mɔ⁵⁵
丹凤	pɔ⁴⁴	pɔ⁴⁴	pɔ⁴⁴	mɔ²⁴/mu²⁴	mɔ⁴⁴
宜川	pɔ⁴⁵	pɔ⁴⁵	pʰu⁴⁵	mɔ²⁴/mu²⁴	mɔ⁴⁵
富县	pɔ⁴⁴	pɔ⁴⁴	pʰu⁴⁴	mɔ²⁴	mɔ⁴⁴
黄陵	pao⁴⁴	pao⁴⁴	pʰu⁴⁴	mao²⁴	mao⁴⁴
宜君	pɔ⁴⁴	pɔ⁴⁴	pɔ⁴⁴	mɔ²⁴/mu²⁴	mɔ⁴⁴
铜川	pɔ⁴⁴	pɔ⁴⁴	pɔ⁴⁴	mɔ²⁴/mu²⁴	mɔ⁴⁴
耀县	pao⁴⁴	pao⁴⁴	pao³¹	mao²⁴/mu²⁴	mao⁴⁴
高陵	pao⁵⁵	pao⁵⁵	pao⁵⁵	mao²⁴	mao⁵⁵
临潼	pɔ⁴⁵	pɔ⁴⁵	pɔ⁴⁵	mɔ²⁴/mu²⁴	mɔ⁴⁵

---

① mu²⁴ 绿～子，～娃子。下同。

字目 方言	抱 效开一 上皓並	暴 效开一 去号並	菢 效开一 去号並	毛 效开一 平豪明	帽 效开一 去号明
蓝田	$pɔ^{44}$	$pɔ^{44}$	$pɔ^{44}$	$mɔ^{24}/mu^{24}$	$mɔ^{44}$
长安	$pɔ^{44}$	$pɔ^{44}$	$pɔ^{44}$	$mɔ^{24}/mu^{24}$	$mɔ^{44}$
户县	$pɔo^{55}$	$pɔo^{55}$	$pɔo^{55}$	$mɔo^{24}/mu^{24}$	$mɔo^{55}$
周至	$pɔ^{55}$	$pɔ^{55}$	$pɔ^{55}$	$mɔ^{24}/mu^{24}$	$mɔ^{55}$
三原	$pɔ^{55}$	$pɔ^{55}$	$pɔ^{55}/pu^{55}$	$mɔ^{24}/mu^{24}$	$mɔ^{55}$
泾阳	$pɔ^{55}$	$pɔ^{55}$	$pɔ^{55}/pu^{55}$	$mɔ^{24}/mu^{24}$	$mɔ^{55}$
咸阳	$pɔ^{55}$	$pɔ^{55}$	$pɔ^{55}/pu^{55}$	$mɔ^{24}/mu^{24}$	$mɔ^{55}$
兴平	$pɔ^{55}$	$pɔ^{55}$	$pɔ^{55}/pu^{55}$	$mɔ^{24}/mu^{24}$	$mɔ^{55}$
武功	$pɔ^{55}$	$pɔ^{55}$	$pɔ^{55}$	$mɔ^{24}/m^{f}u^{24}$	$mɔ^{55}$
礼泉	$pɔ^{55}$	$pɔ^{55}$	$p^{f}u^{52}$	$mɔ^{24}/m^{f}u^{24}$	$mɔ^{55}$
乾县	$pɔ^{44}$	$pɔ^{44}$	pu^{52}	$mɔ^{24}/mu^{24}$	$mɔ^{44}$
永寿	$pɔ^{55}$	$pɔ^{55}$	pu^{55}	$mɔ^{24}/mu^{24}$	$mɔ^{55}$
淳化	$pɔ^{55}$	$pɔ^{55}$	pu^{55}	$mɔ^{24}/mu^{24}$	$mɔ^{55}$
旬邑	$pɔ^{44}$	$pɔ^{44}$	$p^{h}u^{44}$	$mɔ^{24}/mu^{24}$	$mɔ^{44}$
彬县	$pɔ^{44}$	$pɔ^{44}$	$p^{h}u^{44}$	$mɔ^{24}$	$mɔ^{44}$
长武	$pɔ^{44}$	$pɔ^{44}$	$p^{h}u^{44}$	$mɔ^{24}$	$mɔ^{44}$
扶风	$pɔ^{33}$	$pɔ^{33}$	$p^{fh}u^{33}$	$mɔ^{24}/mu^{24}$	$mɔ^{44}$
眉县	$pɔ^{44}$	$pɔ^{44}$	pu^{44}	$mɔ^{24}/mu^{24}$	$mɔ^{44}$
麟游	$pɔ^{44}$	$pɔ^{44}$	$p^{h}u^{44}$	$mɔ^{24}/mu^{24}$	$mɔ^{44}$
岐山	$pɔ^{44}$	$pɔ^{44}$	$p^{h}u^{44}$	$mɔ^{24}/mu^{24}$	$mɔ^{44}$
凤翔	$pɔ^{44}$	$pɔ^{44}$	$p^{fh}u^{44}$	$mɔ^{24}/mu^{24}$	$mɔ^{44}$
宝鸡	$pɔ^{44}$	$pɔ^{44}$	$p^{fh}u^{44}$	$mɔ^{24}/mu^{24}$	$mɔ^{44}$
千阳	$pɔ^{44}$	$pɔ^{44}$	$pɔ^{44}$	$mɔ^{24}/mu^{24}$	$mɔ^{44}$
陇县	$pɔ^{44}$	$pɔ^{44}$	$pɔ^{44}$	$mɔ^{24}/mu^{24}$	$mɔ^{44}$

字目 方言	刀 效开一 平豪端	倒打~ 效开一 上皓端	到 效开一 去号端	掏 效开一 平豪透	讨 效开一 上皓透
西安	tau^{21} ∣ tau	tau^{53}	tau^{55}	t^{h}au^{21}	t^{h}au^{53}
韩城	tao^{31} ∣ tau	tao^{53}	tao^{44}	t^{h}ao^{31}	t^{h}ao^{53}
合阳	tɔo^{31} ∣ tau	tɔo^{52}	tɔo^{55}	t^{h}ɔo^{31}	t^{h}ɔo^{52}
澄城	tɔ^{31} ∣ tau	tɔ^{53}	tɔ^{44}	t^{h}ɔ^{31}	t^{h}ɔ^{53}
白水	tɔ^{31} ∣ tau	tɔ^{53}	tɔ^{44}	t^{h}ɔ^{31}	t^{h}ɔ^{53}
大荔	tɔ^{31} ∣ tau	tɔ^{52}	tɔ^{55}	t^{h}ɔ^{31}	t^{h}ɔ^{52}
蒲城	tɔ^{31} ∣ tau	tɔ^{53}	tɔ^{55}	t^{h}ɔ^{31}	t^{h}ɔ^{53}
美原	tɔ^{31} ∣ tau	tɔ^{53}	tɔ^{55}	t^{h}ɔ^{31}	t^{h}ɔ^{53}
富平	tɔ^{31} ∣ tau	tɔ^{53}	tɔ^{55}	t^{h}ɔ^{31}	t^{h}ɔ^{53}
潼关	tɔ^{31} ∣ tau	tɔ^{52}	tɔ^{44}	t^{h}ɔ^{31}	t^{h}ɔ^{52}
华阴	tɔ^{31} ∣ tau	tɔ^{52}	tɔ^{55}	t^{h}ɔ^{31}	t^{h}ɔ^{52}
华县	tɔ^{31} ∣ tau	tɔ^{53}	tɔ^{55}	t^{h}ɔ^{31}	t^{h}ɔ^{53}
渭南	tɔ^{31} ∣ tau	tɔ^{53}	tɔ^{44}	t^{h}ɔ^{31}	t^{h}ɔ^{53}
洛南	tɔ^{31} ∣ tau	tɔ^{53}	tɔ^{44}	t^{h}ɔ^{31}	t^{h}ɔ^{53}
商州	tɔ^{31} ∣ tau	tɔ^{53}	tɔ^{55}	t^{h}ɔ^{31}	t^{h}ɔ^{53}
丹凤	tɔ^{31}	tɔ^{53}	tɔ^{44}	t^{h}ɔ^{31}	t^{h}ɔ^{53}
宜川	tɔ^{51}	tɔ^{45}	tɔ^{45}	t^{h}ɔ^{51}	t^{h}ɔ^{45}
富县	tɔ^{31}	tɔ^{52}	tɔ^{44}	t^{h}ɔ^{31}	t^{h}ɔ^{52}
黄陵	tao^{31}	tao^{52}	tao^{44}	t^{h}ao^{31}	t^{h}ao^{52}
宜君	tɔ^{21}	tɔ^{52}	tɔ^{44}	t^{h}ɔ^{21}	t^{h}ɔ^{52}
铜川	tɔ^{21} ∣ tau	tɔ^{52}	tɔ^{44}	t^{h}ɔ^{21}	t^{h}ɔ^{52}
耀县	tao^{31} ∣ tau	tao^{52}	tao^{44}	t^{h}ao^{31}	t^{h}ao^{52}
高陵	tao^{31} ∣ tau	tao^{52}	tao^{55}	t^{h}ao^{31}	t^{h}ao^{52}
临潼	tɔ^{31} ∣ tau	tɔ^{52}	tɔ^{45}	t^{h}ɔ^{31}	t^{h}ɔ^{52}

字目 / 方言	刀	倒打~	到	掏	讨
	效开一平豪端	效开一上皓端	效开一去号端	效开一平豪透	效开一上皓透
蓝田	tɔ³¹ ｜ tau	tɔ⁵²	tɔ⁴⁴	tʰɔ³¹	tʰɔ⁵²
长安	tɔ³¹	tɔ⁵³	tɔ⁴⁴	tʰɔ³¹	tʰɔ⁵³
户县	tɔɔ³¹ ｜ tau	tɔɔ⁵²	tɔɔ⁵⁵	tʰɔɔ³¹	tʰɔɔ⁵²
周至	tɔ²¹ ｜ tau	tɔ⁵²	tɔ⁵⁵	tʰɔ²¹	tʰɔ⁵²
三原	tɔ³¹ ｜ tau	tɔ⁵²	tɔ⁵⁵	tʰɔ³¹	tʰɔ⁵²
泾阳	tɔ³¹ ｜ tau	tɔ⁵²	tɔ⁵⁵	tʰɔ³¹	tʰɔ⁵²
咸阳	tɔ³¹ ｜ tau	tɔ⁵²	tɔ⁵⁵	tʰɔ³¹	tʰɔ⁵²
兴平	tɔ³¹ ｜ tau	tɔ⁵²	tɔ⁵⁵	tʰɔ³¹	tʰɔ⁵²
武功	tɔ³¹ ｜ tau	tɔ⁵²	tɔ⁵⁵	tʰɔ³¹	tʰɔ⁵²
礼泉	tɔ³¹ ｜ tau	tɔ⁵²	tɔ⁵⁵	tʰɔ³¹	tʰɔ⁵²
乾县	tɔ³¹ ｜ tau	tɔ⁵²	tɔ⁴⁴	tʰɔ³¹	tʰɔ⁵²
永寿	tɔ³¹ ｜ tau	tɔ⁵²	tɔ⁵⁵	tʰɔ³¹	tʰɔ⁵²
淳化	tɔ³¹ ｜ tau	tɔ⁵²	tɔ⁵⁵	tʰɔ³¹	tʰɔ⁵²
旬邑	tɔ³¹ ｜ tau	tɔ⁵²	tɔ⁴⁴	tʰɔ³¹	tʰɔ⁵²
彬县	tɔ³¹ ｜ tau	tɔ⁵²	tɔ⁴⁴	tʰɔ³¹	tʰɔ⁵²
长武	tɔ³¹ ｜ tau	tɔ⁵²	tɔ⁴⁴	tʰɔ³¹	tʰɔ⁵²
扶风	tɔ³¹ ｜ tau	tɔ⁵²	tɔ³³	tʰɔ³¹	tʰɔ⁵²
眉县	tɔ³¹ ｜ tau	tɔ⁵²	tɔ⁴⁴	tʰɔ³¹	tʰɔ⁵³
麟游	tɔ³¹ ｜ tau	tɔ⁵³	tɔ⁴⁴	tʰɔ³¹	tʰɔ⁵³
岐山	tɔ³¹ ｜ tau	tɔ⁵³	tɔ⁴⁴	tʰɔ³¹	tʰɔ⁵³
凤翔	tɔ³¹ ｜ tau	tɔ⁵³	tɔ⁴⁴	tʰɔ³¹	tʰɔ⁵³
宝鸡	tɔ³¹ ｜ tau	tɔ³¹	tɔ⁴⁴	tʰɔ³¹	tʰɔ⁵³
千阳	tɔ³¹ ｜ tau	tɔ⁵³	tɔ⁴⁴	tʰɔ³¹	tʰɔ⁵³
陇县	tɔ³¹ ｜ tau	tɔ⁵³	tɔ⁴⁴	tʰɔ³¹	tʰɔ⁵³

字目 / 方言	套	桃	道	稻	导
	效开一去号透	效开一平豪定	效开一上皓定	效开一上皓定	效开一去号定
西安	t^hau^{55}	t^hau^{24}	tau^{55}	t^hau^{53} | t^hau	tau^{53}
韩城	t^hao^{44}	t^hao^{24}	$\underline{tao}^{44}/t^hao^{44}$	t^hao^{53} | t^hau	t^hao^{53}
合阳	$t^hɔo^{55}$	$t^hɔo^{24}$	$\underline{tɔo}^{55}/t^h\underline{ɔo}^{55}$	$t^hɔo^{52}$ | t^hau	$tɔo^{52}$
澄城	$t^hɔ^{44}$	$t^hɔ^{24}$	$t^hɔ^{44}$	$t^hɔ^{53}$ | t^hau	$tɔ^{53}$
白水	$t^hɔ^{44}$	$t^hɔ^{24}$	$tɔ^{44}$	$t^hɔ^{53}$ | t^hau	$tɔ^{53}$
大荔	$t^hɔ^{55}$	$t^hɔ^{24}$	$t^hɔ^{55}$	$t^hɔ^{52}$ | t^hau	$tɔ^{52}$
蒲城	$t^hɔ^{55}$	$t^hɔ^{35}$	$tɔ^{55}$	$t^hɔ^{53}$ | t^hau	$tɔ^{53}$
美原	$t^hɔ^{55}$	$t^hɔ^{35}$	$t^hɔ^{55}$	$t^hɔ^{53}$ | t^hau	$tɔ^{53}$
富平	$t^hɔ^{55}$	$t^hɔ^{35}$	$tɔ^{55}$	$t^hɔ^{53}$ | t^hau	$tɔ^{53}$
潼关	$t^hɔ^{44}$	$t^hɔ^{24}$	$tɔ^{44}$	$t^hɔ^{52}$ | t^hau	$tɔ^{52}$
华阴	$t^hɔ^{55}$	$t^hɔ^{24}$	$t^hɔ^{55}$	$t^hɔ^{52}$ | t^hau	$tɔ^{52}$
华县	$t^hɔ^{55}$	$t^hɔ^{35}$	$t^hɔ^{55}$	$t^hɔ^{53}$ | t^hau	$tɔ^{53}$
渭南	$t^hɔ^{44}$	$t^hɔ^{24}$	$t^hɔ^{44}$	$t^hɔ^{53}$ | t^hau	$tɔ^{53}$
洛南	$t^hɔ^{44}$	$t^hɔ^{24}$	$t^hɔ^{44}$	$t^hɔ^{53}$ | t^hau	$tɔ^{53}$
商州	$t^hɔ^{55}$	$t^hɔ^{35}$	$tɔ^{55}$	$t^hɔ^{53}$ | t^hau	$tɔ^{53}$
丹凤	$t^hɔ^{44}$	$t^hɔ^{24}$	$tɔ^{44}$	$t^hɔ^{53}$	$tɔ^{53}$
宜川	$t^hɔ^{45}$	$t^hɔ^{24}$	$\underline{tɔ}^{45}/t^hɔ^{45}①$	$t^hɔ^{45}$	$tɔ^{45}$
富县	$t^hɔ^{44}$	$t^hɔ^{24}$	$tɔ^{44}$	$t^hɔ^{52}$	$tɔ^{52}$
黄陵	t^hao^{44}	t^hao^{24}	tao^{44}	t^hao^{52}	tao^{52}
宜君	$t^hɔ^{44}$	$t^hɔ^{24}$	$tɔ^{44}$	$t^hɔ^{52}$	$tɔ^{52}$
铜川	$t^hɔ^{44}$	$t^hɔ^{24}$	$tɔ^{44}$	$t^hɔ^{52}$ | t^hau	$tɔ^{52}$
耀县	t^hao^{44}	t^hao^{24}	tao^{44}	t^hao^{52} | t^hau	tao^{52}
高陵	t^hao^{55}	t^hao^{24}	tao^{55}	t^hao^{52} | t^hau	tao^{52}
临潼	$t^hɔ^{45}$	$t^hɔ^{24}$	$tɔ^{45}$	$t^hɔ^{52}$ | t^hau	$tɔ^{52}$

---

① $t^hɔ^{45}$ 房子与房子之间的走巷，宜川云岩使用。

字目　　方言	套　效开一 去号透	桃　效开一 平豪定	道　效开一 上皓定	稻　效开一 上皓定	导　效开一 去号定
蓝田	tʰɔ⁴⁴	tʰɔ²⁴	tɔ⁴⁴	tʰɔ⁵² ∣ tʰau	tɔ⁵²
长安	tʰɔ⁴⁴	tʰɔ²⁴	tɔ⁴⁴	tʰɔ⁵³	tɔ⁵³
户县	tʰɔo⁵⁵	tʰɔo²⁴	tɔo⁵⁵	tʰɔo⁵² ∣ tʰau	tɔo⁵²
周至	tʰɔ⁵⁵	tʰɔ²⁴	tɔ⁵⁵	tʰɔ⁵² ∣ tʰau	tɔ⁵²
三原	tʰɔ⁵⁵	tʰɔ²⁴	tɔ⁵⁵	tʰɔ⁵² ∣ tʰau	tɔ⁵²
泾阳	tʰɔ⁵⁵	tʰɔ²⁴	tɔ⁵⁵	tʰɔ⁵² ∣ tʰau	tɔ⁵²
咸阳	tʰɔ⁵⁵	tʰɔ²⁴	tɔ⁵⁵	tʰɔ⁵² ∣ tʰau	tɔ⁵²
兴平	tʰɔ⁵⁵	tʰɔ²⁴	tɔ⁵⁵	tʰɔ⁵² ∣ tʰau	tɔ⁵²
武功	tʰɔ⁵⁵	tʰɔ²⁴	tɔ⁵⁵	tʰɔ⁵² ∣ tʰau	tɔ⁵²
礼泉	tʰɔ⁵⁵	tʰɔ²⁴	tɔ⁵⁵	tʰɔ⁵² ∣ tʰau	tɔ⁵²
乾县	tʰɔ⁴⁴	tʰɔ²⁴	tɔ⁴⁴	tʰɔ⁵² ∣ tʰau	tɔ⁵²
永寿	tʰɔ⁵⁵	tʰɔ²⁴	tɔ⁵⁵	tʰɔ⁵² ∣ tʰau	tɔ⁵²
淳化	tʰɔ⁵⁵	tʰɔ²⁴	tɔ⁵⁵	tʰɔ⁵² ∣ tʰau	tɔ⁵²
旬邑	tʰɔ⁴⁴	tʰɔ²⁴	t̠ɔ⁴⁴/tʰɔ⁴⁴①	tʰɔ⁵² ∣ tʰau	tɔ⁵²
彬县	tʰɔ⁴⁴	tʰɔ²⁴	t̠ɔ⁴⁴/tʰɔ⁴⁴②	tʰɔ⁵² ∣ tʰau	tɔ⁵²
长武	tʰɔ⁴⁴	tʰɔ²⁴	t̠ɔ⁴⁴/tʰɔ⁴⁴	tʰɔ⁵² ∣ tʰau	tɔ⁵²
扶风	tʰɔ³³	tʰɔ²⁴	tɔ³³	tʰɔ⁵² ∣ tʰau	tɔ⁵²
眉县	tʰɔ⁴⁴	tʰɔ²⁴	tɔ⁴⁴	tʰɔ⁴⁴ ∣ tʰau	tɔ⁵²
麟游	tʰɔ⁴⁴	tʰɔ²⁴	tʰɔ⁴⁴	tʰɔ⁵³ ∣ tʰau	tɔ⁵³
岐山	tʰɔ⁴⁴	tʰɔ²⁴	tɔ⁴⁴	tʰɔ⁵³ ∣ tʰau	tɔ⁵³
凤翔	tʰɔ⁴⁴	tʰɔ²⁴	tɔ⁴⁴	tʰɔ⁴⁴ ∣ tʰau	tɔ⁵³
宝鸡	tʰɔ⁴⁴	tʰɔ²⁴	tʰɔ⁴⁴	tʰɔ⁴⁴ ∣ tʰau	tɔ⁵³
千阳	tʰɔ⁴⁴	tʰɔ²⁴	tɔ⁴⁴	tʰɔ⁵³ ∣ tʰau	tɔ⁵³
陇县	tʰɔ⁴⁴	tʰɔ²⁴	tɔ⁴⁴	tʰɔ⁵³ ∣ tʰau	tɔ⁵³

① tʰɔ⁴⁴ 赤～乡。

② tɔ⁴⁴ ～理；tʰɔ⁴⁴ 街～。

字目 方言	脑 效开一 上皓泥	劳 效开一 平豪来		老 效开一 上皓来	涝 效开一 去号来	遭 效开一 平豪精	
西安	nau⁵³	lau²⁴	lau	lau⁵³	lau⁵⁵	tsau²¹	tsau
韩城	nao⁵³	lao²⁴	lau	lao⁵³	lao⁴⁴	tsao³¹	tsau
合阳	nɔɔ⁵²	lɔɔ²⁴	lau	lɔɔ⁵²	lɔɔ⁵⁵/lɔɔ⁵²①	tsɔɔ³¹	tsau
澄城	nɔ²⁴	lɔ²⁴	lau	lɔ⁵³	lɔ⁴⁴	tsɔ³¹	tsau
白水	nɔ⁵³	lɔ²⁴	lau	lɔ⁵³	lɔ⁴⁴	tsɔ³¹	tsau
大荔	nɔ⁵²	lɔ²⁴	lau	lɔ⁵²	lɔ⁵⁵	tsɔ³¹	tsau
蒲城	nɔ⁵³	lɔ³⁵	lau	lɔ⁵³	lɔ⁵⁵	tsɔ³¹	tsau
美原	nɔ⁵³	lɔ³⁵	lau	lɔ⁵³	lɔ⁵⁵	tsɔ³¹	tsau
富平	nɔ⁵³	lɔ³⁵	lau	lɔ⁵³	lɔ⁵⁵	tsɔ³¹	tsau
潼关	nɔ⁵²	lɔ²⁴	lau	lɔ⁵²	lɔ⁴⁴	tsɔ³¹	tsau
华阴	nɔ⁵²	lɔ²⁴	lau	lɔ⁵²	lɔ⁵⁵	tsɔ³¹	tsau
华县	nɔ⁵³	lɔ³⁵	lau	lɔ⁵³	lɔ⁵⁵	tsɔ³¹	tsau
渭南	nɔ⁵³	lɔ²⁴	lau	lɔ⁵³	lɔ⁴⁴	tsɔ³¹	tsau
洛南	nɔ⁵³	lɔ²⁴	lau	lɔ⁵³	lɔ⁴⁴	tsɔ³¹	tsau
商州	nɔ⁵³	lɔ³⁵	lau	lɔ⁵³	lɔ⁵⁵	tsɔ³¹	tsau
丹凤	nɔ⁵³	lɔ²⁴		lɔ⁵³	lɔ⁴⁴	tsɔ³¹	
宜川	nɔ⁴⁵/nɔ²⁴②	lɔ²⁴		lɔ⁴⁵	lɔ⁴⁵	tsɔ⁵¹	
富县	nɔ⁵²/nɔ²⁴	lɔ²⁴		lɔ⁵²	lɔ⁴⁴	tsɔ³¹	
黄陵	nao⁵²	lao²⁴		lao⁵²	lao⁴⁴	tsao³¹	
宜君	nɔ⁵²	lɔ²⁴		lɔ⁵²	lɔ⁴⁴	tsɔ²¹	
铜川	nɔ⁵²	lɔ²⁴	au	lɔ⁵²	lɔ⁴⁴	tsɔ²¹	tsau
耀县	nao⁵²	lao²⁴	lau	lao⁵²	lao⁴⁴	tsao³¹	tsau
高陵	nao⁵²	lao²⁴	lau	lao⁵²	lao⁵⁵	tsao³¹	tsau
临潼	nɔ⁵²	lɔ²⁴	lau	lɔ⁵²	lɔ⁴⁵	tsɔ³¹	tsau

① lɔɔ⁵² ~池。
② nɔ²⁴ 指"头",下同。

字目 方言	脑 效开一 上皓泥	劳 效开一 平豪来	老 效开一 上皓来	涝 效开一 去号来	遭 效开一 平豪精
蓝田	nɔ⁵²	lɔ²⁴ ∣ lau	lɔ⁵²	lɔ⁴⁴	tsɔ³¹ ∣ tsau
长安	nɔ⁵³	lɔ²⁴	lɔ⁵³	lɔ⁴⁴	tsɔ³¹
户县	nɔo⁵²	lɔo²⁴ ∣ lau	lɔo⁵²	lɔo⁵⁵	tsɔo³¹ ∣ tsau
周至	nɔ⁵²	lɔ²⁴ ∣ lau	lɔ⁵²	lɔ⁵⁵	tsɔ²¹ ∣ tsau
三原	nɔ⁵²	lɔ²⁴ ∣ lau	lɔ⁵²	lɔ⁵⁵	tsɔ³¹ ∣ tsau
泾阳	nɔ⁵²	lɔ²⁴ ∣ lau	lɔ⁵²	lɔ⁵⁵	tsɔ³¹ ∣ tsau
咸阳	lɔ⁵²	lɔ²⁴ ∣ lau	lɔ⁵²	lɔ⁵⁵	tsɔ³¹ ∣ tsau
兴平	lɔ⁵²	lɔ²⁴ ∣ lau	lɔ⁵²	lɔ⁵⁵	tsɔ³¹ ∣ tsau
武功	lɔ⁵²	lɔ²⁴ ∣ lau	lɔ⁵²	lɔ⁵⁵	tsɔ³¹ ∣ tsau
礼泉	lɔ⁵²	lɔ²⁴ ∣ lau	lɔ⁵²	lɔ⁵⁵	tsɔ³¹ ∣ tsau
乾县	lɔ⁵²	lɔ²⁴ ∣ lau	lɔ⁵²	lɔ⁴⁴	tsɔ³¹ ∣ tsau
永寿	lɔ⁵²	lɔ²⁴	lɔ⁵²	lɔ⁵⁵	tsɔ³¹ ∣ tsau
淳化	nɔ⁵²	lɔ²⁴	lɔ⁵²	lɔ⁵⁵	tsɔ³¹ ∣ tsau
旬邑	lɔ⁵²	lɔ²⁴ ∣ lau	lɔ⁵²	lɔ⁴⁴	tsɔ³¹ ∣ tsau
彬县	lɔ⁵²	lɔ²⁴ ∣ lau	lɔ⁵²	lɔ⁴⁴	tsɔ³¹ ∣ tsau
长武	lɔ⁵²	lɔ²⁴ ∣ lau	lɔ⁵²	lɔ⁴⁴	tsɔ³¹ ∣ tsau
扶风	lɔ⁵²	lɔ²⁴ ∣ lau	lɔ⁵²	lɔ³³	tsɔ³¹ ∣ tsau
眉县	lɔ⁵²	lɔ²⁴ ∣ lau	lɔ⁵²	lɔ⁴⁴	tsɔ³¹ ∣ tsau
麟游	lɔ⁵³	lɔ²⁴ ∣ lau	lɔ⁵³	lɔ⁴⁴	tsɔ³¹ ∣ tsau
岐山	lɔ⁵³	lɔ²⁴ ∣ lau	lɔ⁵³	lɔ⁴⁴	tsɔ³¹ ∣ tsau
凤翔	lɔ⁵³	lɔ²⁴ ∣ lau	lɔ⁵³	lɔ⁴⁴	tsɔ³¹ ∣ tsau
宝鸡	lɔ⁵³	lɔ²⁴ ∣ lau	lɔ⁵³	lɔ⁴⁴	tsɔ³¹ ∣ tsau
千阳	lɔ⁵³	lɔ²⁴ ∣ lau	lɔ⁵³	lɔ⁴⁴	tsɔ³¹ ∣ tsau
陇县	lɔ⁵³	lɔ²⁴ ∣ lau	lɔ⁵³	lɔ⁴⁴	tsɔ³¹ ∣ tsau

字目 / 方言	早 效开一上皓精	灶 效开一去号精	操 效开一平豪清	草 效开一上皓清	糙 效开一去号清
西安	$tsɑu^{53}$	$tsɑu^{55}$	$tsʰɑu^{21}$ | $tsʰɑu$	$tsʰɑu^{53}$	$tsʰɑu^{55}$
韩城	$tsao^{53}$	$tsao^{44}$	$tsʰao^{31}$ | $tsʰau$	$tsʰao^{53}$	$tsʰao^{44}$
合阳	$tsɔɔ^{52}$	$tsɔɔ^{55}$	$tsʰɔɔ^{31}$ | $tsʰau$	$tsʰɔɔ^{52}$	$tsʰɔɔ^{55}$
澄城	$tsɔ^{53}$	$tsɔ^{44}$	$tsʰɔ^{31}$ | $tsʰau$	$tsʰɔ^{53}$	$tsʰɔ^{44}$
白水	$tsɔ^{53}$	$tsɔ^{44}$	$tsʰɔ^{31}$ | $tsʰau$	$tsʰɔ^{53}$	$tsʰɔ^{44}$
大荔	$tsɔ^{52}$	$tsɔ^{55}$	$tsʰɔ^{31}$ | $tsʰau$	$tsʰɔ^{52}$	$tsʰɔ^{55}$
蒲城	$tsɔ^{53}$	$tsɔ^{55}$	$tsʰɔ^{31}$ | $tsʰau$	$tsʰɔ^{53}$	$tsʰɔ^{55}$
美原	$tsɔ^{53}$	$tsɔ^{55}$	$tsʰɔ^{31}$ | $tsʰau$	$tsʰɔ^{53}$	$tsʰɔ^{55}$
富平	$tsɔ^{53}$	$tsɔ^{55}$	$tsʰɔ^{31}$ | $tsʰau$	$tsʰɔ^{53}$	$tsʰɔ^{55}$
潼关	$tsɔ^{52}$	$tsɔ^{44}$	$tsʰɔ^{31}$ | $tsʰau$	$tsʰɔ^{52}$	$tsʰɔ^{44}$
华阴	$tsɔ^{52}$	$tsɔ^{55}$	$tsʰɔ^{31}$ | $tsʰau$	$tsʰɔ^{52}$	$tsʰɔ^{55}$
华县	$tsɔ^{53}$	$tsɔ^{55}$	$tsʰɔ^{31}$ | $tsʰau$	$tsʰɔ^{53}$	$tsʰɔ^{55}$
渭南	$tsɔ^{53}$	$tsɔ^{44}$	$tsʰɔ^{31}$ | $tsʰau$	$tsʰɔ^{53}$	$tsʰɔ^{44}$
洛南	$tsɔ^{53}$	$tsɔ^{44}$	$tsʰɔ^{31}$ | $tsʰau$	$tsʰɔ^{53}$	$tsʰɔ^{44}$
商州	$tsɔ^{53}$	$tsɔ^{55}$	$tsʰɔ^{31}$ | $tsʰau$	$tsʰɔ^{53}$	$tsʰɔ^{55}$
丹凤	$tsɔ^{53}$	$tsɔ^{44}$	$tsʰɔ^{31}$	$tsʰɔ^{53}$	$tsʰɔ^{44}$
宜川	$tsɔ^{45}$	$tsɔ^{45}$	$tsʰɔ^{51}$	$tsʰɔ^{45}$	$tsʰɔ^{45}$
富县	$tsɔ^{52}$	$tsɔ^{44}$	$tsʰɔ^{31}$	$tsʰɔ^{52}$	$tsʰɔ^{44}$
黄陵	$tsao^{52}$	$tsao^{44}$	$tsʰao^{31}$	$tsʰao^{52}$	$tsʰao^{44}$
宜君	$tsɔ^{52}$	$tsɔ^{44}$	$tsʰɔ^{21}$	$tsʰɔ^{52}$	$tsʰɔ^{44}$
铜川	$tsɔ^{52}$	$tsɔ^{44}$	$tsʰɔ^{21}$ | $tsʰau$	$tsʰɔ^{52}$	$tsʰɔ^{44}$
耀县	$tsao^{52}$	$tsao^{44}$	$tsʰao^{31}$ | $tsʰau$	$tsʰao^{52}$	$tsʰao^{44}/tsʰao^{31}$①
高陵	$tsao^{52}$	$tsao^{55}$	$tsʰao^{31}$ | $tsʰau$	$tsʰao^{52}$	$tsʰao^{55}$
临潼	$tsɔ^{52}$	$tsɔ^{45}$	$tsʰɔ^{31}$ | $tsʰau$	$tsʰɔ^{52}$	$tsʰɔ^{45}$

① $tsʰao^{31}$ ～米。

字目 方言	早 效开一 上皓精	灶 效开一 去号精	操 效开一 平豪清		草 效开一 上皓清	糙 效开一 去号清
蓝田	tsɔ⁵²	tsɔ⁴⁴	tsʰɔ³¹	tsʰau	tsʰɔ⁵²	tsʰɔ⁴⁴
长安	tsɔ⁵³	tsɔ⁴⁴	tsʰɔ³¹		tsʰɔ⁵³	tsʰɔ⁴⁴
户县	tsɔo⁵²	tsɔo⁵⁵	tsʰɔo³¹	tsʰau	tsʰɔo⁵²	tsʰɔo⁵⁵
周至	tsɔ⁵²	tsɔ⁵⁵	tsʰɔ²¹	tsʰau	tsʰɔ⁵²	tsʰɔ⁵⁵
三原	tsɔ⁵²	tsɔ⁵⁵	tsʰɔ³¹	tsʰau	tsʰɔ⁵²	tsʰɔ⁵⁵
泾阳	tsɔ⁵²	tsɔ⁵⁵	tsʰɔ³¹	tsʰau	tsʰɔ⁵²	tsʰɔ⁵⁵
咸阳	tsɔ⁵²	tsɔ⁵⁵	tsʰɔ³¹	tsʰau	tsʰɔ⁵²	tsʰɔ⁵⁵
兴平	tsɔ⁵²	tsɔ⁵⁵	tsʰɔ³¹	tsʰau	tsʰɔ⁵²	tsʰɔ⁵⁵
武功	tsɔ⁵²	tsɔ⁵⁵	tsʰɔ³¹	tsʰau	tsʰɔ⁵²	tsʰɔ⁵⁵
礼泉	tsɔ⁵²	tsɔ⁵⁵	tsʰɔ³¹	tsʰau	tsʰɔ⁵²	tsʰɔ⁵⁵
乾县	tsɔ⁵²	tsɔ⁴⁴	tsʰɔ³¹	tsʰau	tsʰɔ⁵²	tsʰɔ⁴⁴
永寿	tsɔ⁵²	tsɔ⁵⁵	tsʰɔ³¹	tsʰau	tsʰɔ⁵²	tsʰɔ⁵⁵
淳化	tsɔ⁵²	tsɔ⁵⁵	tsʰɔ³¹	tsʰau	tsʰɔ⁵²	tsʰɔ⁵⁵
旬邑	tsɔ⁵²	tsɔ⁴⁴	tsʰɔ³¹	tsʰau	tsʰɔ⁵²	tsʰɔ⁴⁴
彬县	tsɔ⁵²	tsɔ⁴⁴	tsʰɔ³¹	tsʰau	tsʰɔ⁵²	tsʰɔ⁴⁴
长武	tsɔ⁵²	tsɔ⁴⁴	tsʰɔ³¹	tsʰau	tsʰɔ⁵²	tsʰɔ⁴⁴
扶风	tsɔ⁵²	tsɔ³³	tsʰɔ³¹	tsʰau	tsʰɔ⁵²	tsʰɔ³³
眉县	tsɔ⁵²	tsɔ⁴⁴	tsʰɔ³¹	tsʰau	tsʰɔ⁵²	tsʰɔ⁴⁴
麟游	tsɔ⁵³	tsɔ⁴⁴	tsʰɔ³¹	tsʰau	tsʰɔ⁵³	tsʰɔ⁴⁴
岐山	tsɔ⁵³	tsɔ⁴⁴	tsʰɔ³¹	tsʰau	tsʰɔ⁵³	tsʰɔ⁴⁴
凤翔	tsɔ⁵³	tsɔ⁴⁴	tsʰɔ³¹	tsʰau	tsʰɔ⁵³	tsʰɔ⁴⁴
宝鸡	tsɔ⁵³	tsɔ⁴⁴	tsʰɔ³¹	tsʰau	tsʰɔ⁵³	tsʰɔ⁴⁴
千阳	tsɔ⁵³	tsɔ⁴⁴	tsʰɔ³¹	tsʰau	tsʰɔ⁵³	tsʰɔ⁴⁴
陇县	tsɔ⁵³	tsɔ⁴⁴	tsʰɔ³¹	tsʰau	tsʰɔ⁵³	tsʰɔ⁴⁴

字目 方言	曹 效开一 平豪从	造 效开一 上皓从	臊 效开一 平豪心	嫂 效开一 上皓心	扫~帚 效开一 去号心
西安	tsʰau²⁴	tsʰau⁵⁵	sau²¹/sau⁵⁵①	sau⁵³	sau⁵⁵ ｜ sau
韩城	tsʰao²⁴	tsʰao⁴⁴	sao⁴⁴	sao⁵³ ｜ sau	sao⁴⁴ ｜ sau
合阳	tsʰɔo²⁴	tsʰɔo⁵⁵	sɔo³¹/sɔo⁵⁵	sɔo⁵² ｜ sau	sɔo⁵⁵ ｜ sau
澄城	tsʰɔ²⁴	tsʰɔ⁴⁴	tɔ⁴⁴	tɔ⁵³ ｜ sau	tɔ⁴⁴ ｜ tau
白水	tsʰɔ²⁴	tsʰɔ⁴⁴	sɔ³¹/sɔ⁴⁴	sɔ⁵³ ｜ sau	sɔ⁴⁴ ｜ sau
大荔	tsʰɔ²⁴	tsʰɔ⁵⁵	sɔ⁵⁵	sɔ⁵² ｜ sau	sɔ⁵⁵ ｜ sau
蒲城	tsʰɔ³⁵	tsʰɔ⁵⁵	sɔ⁵⁵	sɔ⁵³ ｜ sau	sɔ⁵⁵ ｜ sau
美原	tsʰɔ³⁵	tsʰɔ⁵⁵	sɔ⁵⁵	sɔ⁵³ ｜ sau	sɔ⁵⁵ ｜ sau
富平	tsʰɔ³⁵	tsʰɔ⁵⁵	sɔ⁵⁵	sɔ⁵³ ｜ sau	sɔ⁵⁵
潼关	tsʰɔ²⁴	tsʰɔ⁴⁴	sɔ⁴⁴	sɔ⁵² ｜ sau	sɔ⁴⁴ ｜ sau
华阴	tsʰɔ²⁴	tsʰɔ⁵⁵	sɔ⁵⁵	sɔ⁵² ｜ sau	sɔ⁵⁵ ｜ sau
华县	tsʰɔ³⁵	tsʰɔ⁵⁵	sɔ⁵⁵	sɔ⁵³ ｜ sau	sɔ⁵⁵
渭南	tsʰɔ²⁴	tsʰɔ⁴⁴	sɔ⁴⁴	sɔ⁵³	sɔ⁴⁴
洛南	tsʰɔ²⁴	tsʰɔ⁴⁴	sɔ⁴⁴	sɔ⁵³ ｜ sau	sɔ⁴⁴ ｜ sau
商州	tsʰɔ³⁵	tsʰɔ⁵⁵	sɔ⁵⁵	sɔ⁵³ ｜ sau	sɔ⁵⁵
丹凤	tsʰɔ²⁴	tsʰɔ⁴⁴	sɔ⁴⁴	sɔ⁵³	sɔ⁴⁴
宜川	tsʰɔ²⁴	tsʰɔ⁴⁵	sɔ⁴⁵	sɔ⁴⁵	sɔ⁴⁵
富县	tsʰɔ²⁴	tsʰɔ⁴⁴	sɔ⁴⁴/sɔ³¹	sɔ⁵²	sɔ⁴⁴
黄陵	tsʰao²⁴	tsʰao⁴⁴	sao⁴⁴/sao³¹	sao⁵²	sao⁴⁴
宜君	tsʰɔ²⁴	tsʰɔ⁴⁴	sɔ²¹/sɔ⁴⁴	sɔ⁵²	sɔ⁴⁴
铜川	tsʰɔ²⁴	tsʰɔ⁴⁴	sɔ²¹/sɔ⁴⁴	sɔ⁵² ｜ sau	sɔ⁴⁴
耀县	tsʰao²⁴	tsao⁴⁴	sao³¹/sao⁴⁴	sao⁵²	sao⁴⁴/sao³¹②
高陵	tsʰao²⁴	tsʰao⁵⁵	sao⁵⁵/sao³¹	sao⁵²	sao⁵⁵
临潼	tsʰɔ²⁴	tsʰɔ⁴⁵	sɔ⁴⁵/sɔ⁵²	sɔ⁵²	sɔ⁴⁵

① sau²¹ 腥~；sau⁵⁵ ~子。
② 扫帚：sao⁴⁴ tʃʰu⁰²¹ 大的；sao³¹ tou⁵² 小的。

字目 方言	曹 效开一 平豪从	造 效开一 上皓从	臊 效开一 平豪心	嫂 效开一 上皓心	扫~帚 效开一 去号心
蓝田	tsʰɔ²⁴	tsʰɔ⁴⁴	sɔ³¹/sɔ⁴⁴	sɔ⁵²	sɔ⁴⁴ ∣ sau
长安	tsʰɔ²⁴	tsʰɔ⁴⁴	sɔ⁴⁴/sɔ³¹	sɔ⁵³	sɔ⁴⁴
户县	tsʰɔɔ²⁴	tsʰɔɔ⁵⁵	sɔɔ³¹/sɔɔ⁵⁵	sɔɔ⁵²	sɔɔ⁵⁵ ∣ sau
周至	tsʰɔ²⁴	tsʰɔ⁵⁵	sɔ⁵⁵/sɔ²¹	sɔ⁵²	sɔ⁵⁵ ∣ sau
三原	tsʰɔ²⁴	tsʰɔ⁵⁵	sɔ³¹	sɔ²⁴	sɔ⁵⁵
泾阳	tsʰɔ²⁴	tsʰɔ⁵⁵	sɔ⁵⁵	sɔ⁵²	sɔ⁵⁵
咸阳	tsʰɔ²⁴	tsʰɔ⁵⁵	sɔ⁵⁵	sɔ⁵²	sɔ⁵⁵ ∣ sau
兴平	tsʰɔ²⁴	tsʰɔ⁵⁵	sɔ⁵⁵	sɔ⁵²	sɔ⁵⁵ ∣ sau
武功	tsʰɔ²⁴	tsʰɔ⁵⁵	sɔ³¹	sɔ⁵²	sɔ⁵⁵ ∣ sau
礼泉	tsʰɔ²⁴	tsɔ⁵⁵	sɔ⁵⁵	sɔ⁵²	sɔ⁵⁵ ∣ sau
乾县	tsʰɔ²⁴	tsɔ⁴⁴	sɔ⁴⁴	sɔ⁵²	sɔ⁴⁴ ∣ sau
永寿	tsʰɔ²⁴	tsɔ⁵⁵	sɔ⁵⁵	sɔ⁵²	sɔ⁵⁵ ∣ sau
淳化	tsʰɔ²⁴	tsɔ⁵⁵/tsʰɔ⁵⁵	sɔ³¹	sɔ⁵²	sɔ⁵⁵ ∣ sau
旬邑	tsʰɔ²⁴	tsʰɔ⁴⁴	sɔ⁴⁴	sɔ⁵²	sɔ⁴⁴ ∣ sau
彬县	tsʰɔ²⁴	tsʰɔ⁴⁴	sɔ⁴⁴	sɔ⁵²	sɔ⁴⁴ ∣ sau
长武	tsʰɔ²⁴	tsʰɔ⁴⁴	sɔ⁴⁴	sɔ⁵²	sɔ⁴⁴ ∣ sau
扶风	tsʰɔ²⁴	tsʰɔ³³	sɔ³³	sɔ⁵² ∣ sau	sɔ³³ ∣ sau
眉县	tsʰɔ²⁴	tsʰɔ⁴⁴	sɔ³¹/sɔ⁴⁴	sɔ⁵² ∣ sau	sɔ⁴⁴ ∣ sau
麟游	tsʰɔ²⁴	tsʰɔ⁴⁴	sɔ³¹	sɔ⁵³ ∣ sau	sɔ⁴⁴ ∣ sau
岐山	tsʰɔ²⁴	tsʰɔ⁴⁴	sɔ⁴⁴	sɔ⁵³ ∣ sau	sɔ⁴⁴ ∣ sau
凤翔	tsʰɔ²⁴	tsʰɔ⁴⁴	sɔ³¹	sɔ⁵³ ∣ sau	sɔ⁴⁴ ∣ sau
宝鸡	tsʰɔ²⁴	tsɔ⁴⁴	sɔ³¹	sɔ⁵³ ∣ sau	sɔ⁴⁴ ∣ sau
千阳	tsʰɔ²⁴	tsʰɔ⁴⁴	sɔ³¹/sɔ⁴⁴	sɔ⁵³ ∣ sau	sɔ⁴⁴ ∣ sau
陇县	tsʰɔ²⁴	tsʰɔ⁴⁴	sɔ³¹/sɔ⁴⁴	sɔ⁵³ ∣ sau	sɔ⁴⁴ ∣ sau

字目 / 方言	高 效开一平豪见	稿 效开一上皓见	告 效开一去号见	考 效开一上皓溪	靠 效开一去号溪
西安	kau²¹ | kau	kau⁵³	kau⁵⁵	kʰau⁵³ | kʰau	kʰau⁵⁵
韩城	kao³¹ | kau	kao⁵³	kao⁴⁴	kʰao⁵³ | kʰau	kʰao⁴⁴
合阳	kɔo³¹ | kau	kɔo⁵²	kɔo⁵⁵	kʰɔo⁵² | kʰau	kʰɔo⁵⁵
澄城	kɔ³¹ | kau	kɔ⁵³	kɔ⁴⁴	kʰɔ⁵³ | kʰau	kʰɔ⁴⁴
白水	kɔ³¹ | kau	kɔ⁵³	kɔ⁴⁴	kʰɔ⁵³ | kʰau	kʰɔ⁴⁴
大荔	kɔ³¹ | kau	kɔ⁵²	kɔ⁵⁵	kʰɔ⁵² | kʰau	kʰɔ⁵⁵
蒲城	kɔ³¹ | kau	kɔ⁵³	kɔ⁵⁵	kʰɔ⁵³ | kʰau	kʰɔ⁵⁵
美原	kɔ³¹ | kau	kɔ⁵³	kɔ⁵⁵	kʰɔ⁵³ | kʰau	kʰɔ⁵⁵
富平	kɔ³¹ | kau	kɔ⁵³	kɔ⁵⁵	kʰɔ⁵³	kʰɔ⁵⁵
潼关	kɔ³¹ | kau	kɔ⁵²	kɔ⁴⁴	kʰɔ⁵²	kʰɔ⁴⁴
华阴	kɔ³¹ | kau	kɔ⁵²	kɔ⁵⁵	kʰɔ⁵² | kʰau	kʰɔ⁵⁵
华县	kɔ³¹ | kau	kɔ⁵³	kɔ⁵⁵	kʰɔ⁵³ | kʰau	kʰɔ⁵⁵
渭南	kɔ³¹ | kau	kɔ⁵³	kɔ⁴⁴	kʰɔ⁵³	kʰɔ⁴⁴
洛南	kɔ³¹ | kau	kɔ⁵³	kɔ⁴⁴	kʰɔ⁵³ | kʰau	kʰɔ⁴⁴
商州	kɔ³¹ | kau	kɔ⁵³	kɔ⁵⁵	kʰɔ⁵³ | kʰau	kʰɔ⁵⁵
丹凤	kɔ³¹	kɔ⁵³	kɔ⁴⁴	kʰɔ⁵³	kʰɔ⁴⁴
宜川	kɔ⁵¹	kɔ⁴⁵	kɔ⁴⁵	kʰɔ⁴⁵	kʰɔ⁴⁵
富县	kɔ³¹	kɔ⁵²	kɔ⁴⁴	kʰɔ⁵²	kʰɔ⁴⁴
黄陵	kao³¹	kao⁵²	kao⁴⁴	kʰao⁵²	kʰao⁴⁴
宜君	kɔ²¹	kɔ⁵²	kɔ⁴⁴	kʰa⁵²	kʰɔ⁴⁴
铜川	kɔ²¹ | kau	kɔ⁵²	kɔ⁴⁴	kʰɔ⁵²	kʰɔ⁴⁴
耀县	kao³¹ | kau	kao⁵²	kao⁴⁴	kʰao⁵² | kʰau	kʰao⁴⁴
高陵	kao³¹ | kau	kao⁵²	kao⁵⁵	kʰao⁵²	kʰao⁵⁵
临潼	kɔ³¹ | kau	kɔ⁵²	kɔ⁴⁵	kʰɔ⁵²	kʰɔ⁴⁵

字目 / 方言	高	稿	告	考	靠
	效开一平豪见	效开一上皓见	效开一去号见	效开一上皓溪	效开一去号溪
蓝田	kɔ³¹ | kau	kɔ⁵²	kɔ⁴⁴	kʰɔ⁵² | kʰau	kʰɔ⁴⁴
长安	kɔ³¹	kɔ⁵³	kɔ⁴⁴	kʰɔ⁵³	kʰɔ⁴⁴
户县	kɔɔ³¹ | kau	kɔɔ⁵²	kɔɔ⁵⁵	kʰɔɔ⁵² | kʰau	kʰɔɔ⁵⁵
周至	kɔ²¹ | kau	kɔ⁵²	kɔ⁵⁵	kʰɔ⁵² | kʰau	kʰɔ⁵⁵
三原	kɔ³¹ | kau	kɔ⁵²	kɔ⁵⁵	kʰɔ⁵²	kʰɔ⁵⁵
泾阳	kɔ³¹ | kau	kɔ⁵²	kɔ⁵⁵	kʰɔ⁵² | kʰau	kʰɔ⁵⁵
咸阳	kɔ³¹ | kau	kɔ⁵²	kɔ⁵⁵	kʰɔ⁵² | kʰau	kʰɔ⁵⁵
兴平	kɔ³¹ | kau	kɔ⁵²	kɔ⁵⁵	kʰɔ⁵² | kʰau	kʰɔ⁵⁵
武功	kɔ³¹ | kau	kɔ⁵²	kɔ⁵⁵	kʰɔ⁵² | kʰau	kʰɔ⁵⁵
礼泉	kɔ³¹ | kau	kɔ⁵²	kɔ⁵⁵	kʰɔ⁵² | kʰau	kʰɔ⁵⁵
乾县	kɔ³¹ | kau	kɔ⁵²	kɔ⁴⁴	kʰɔ⁵² | kʰau	kʰɔ⁴⁴
永寿	kɔ³¹ | kau	kɔ⁵²	kɔ⁵⁵	kʰɔ⁵² | kʰau	kʰɔ⁵⁵
淳化	kɔ³¹ | kau	kɔ⁵²	kɔ⁵⁵	kʰɔ⁵² | kʰau	kʰɔ⁵⁵
旬邑	kɔ³¹ | kau	kɔ⁵²	kɔ⁴⁴	kʰɔ⁵² | kʰau	kʰɔ⁴⁴
彬县	kɔ³¹ | kau	kɔ⁵²	kɔ⁴⁴	kʰɔ⁵² | kʰau	kʰɔ⁴⁴
长武	kɔ³¹ | kau	kɔ⁵²	kɔ⁴⁴	kʰɔ⁵² | kʰau	kʰɔ⁴⁴
扶风	kɔ³¹ | kau	kɔ⁵²	kɔ³³	kʰɔ⁵² | kʰau	kʰɔ³³
眉县	kɔ³¹ | kau	kɔ⁵²	kɔ⁴⁴	kʰɔ⁵² | kʰau	kʰɔ⁴⁴
麟游	kɔ³¹ | kau	kɔ⁵³	kɔ⁴⁴	kʰɔ⁵³ | kʰau	kʰɔ⁴⁴
岐山	kɔ³¹ | kau	kɔ⁵³	kɔ⁴⁴	kʰɔ⁵³ | kʰau	kʰɔ⁴⁴
凤翔	kɔ³¹ | kau	kɔ⁵³	kɔ⁴⁴	kʰɔ⁵³ | kʰau	kʰɔ⁴⁴
宝鸡	kɔ³¹ | kau	kɔ⁵³	kɔ⁴⁴	kʰɔ⁵³ | kʰau	kʰɔ⁴⁴
千阳	kɔ³¹ | kau	kɔ⁵³	kɔ⁴⁴	kʰɔ⁵³ | kʰau	kʰɔ⁴⁴
陇县	kɔ³¹ | kau	kɔ⁵³	kɔ⁴⁴	kʰɔ⁵³ | kʰau	kʰɔ⁴⁴

字目／方言	熬 效开一平豪疑	傲 效开一去号疑	蒿 效开一平豪晓	好形容词 效开一上皓晓	好喜~ 效开一去号晓
西安	ŋau²⁴/ŋau²¹ ｜ ŋau	ŋau⁵⁵	xau²¹ ｜ xau	xau⁵³	xau⁵⁵
韩城	ŋao²⁴ ｜ ŋau	ŋao⁴⁴	xao³¹ ｜ xau	xao⁵³	xao⁴⁴
合阳	ŋɔo²⁴ ｜ ŋau	ŋɔo⁵⁵	xɔo³¹ ｜ xau	xɔo⁵²	xɔo⁵⁵
澄城	ŋɔ²⁴ ｜ ŋau	ŋɔ⁴⁴	xɔ³¹ ｜ xau	xɔ⁵³	xɔ⁴⁴
白水	ŋɔ²⁴ ｜ ŋau	ŋɔ⁴⁴	xɔ³¹ ｜ xau	xɔ⁵³	xɔ⁴⁴
大荔	ŋɔ²⁴ ｜ ŋau	ŋɔ⁵⁵	xɔ³¹ ｜ xau	xɔ⁵²	xɔ⁵⁵
蒲城	ŋɔ³⁵ ｜ ŋau	ŋɔ⁵⁵	xɔ³¹ ｜ xau	xɔ⁵³	xɔ⁵⁵
美原	ŋɔ³⁵ ｜ ŋau	ŋɔ⁵⁵	xɔ³¹ ｜ xau	xɔ⁵³	xɔ⁵⁵
富平	ŋɔ³⁵ ｜ ŋau	ŋɔ⁵⁵	xɔ³¹	xɔ⁵³	xɔ⁵⁵
潼关	ŋɔ²⁴ ｜ ŋau	ŋɔ⁴⁴	xɔ³¹ ｜ xau	xɔ⁵²	xɔ⁴⁴
华阴	ŋɔ²⁴ ｜ ŋau	ŋɔ⁵⁵	xɔ³¹ ｜ xau	xɔ⁵²	xɔ⁵⁵
华县	ŋɔ³⁵ ｜ ŋau	ŋɔ⁵⁵	xɔ³¹ ｜ xau	xɔ⁵³	xɔ⁵⁵
渭南	ŋɔ²⁴ ｜ ŋau	ŋɔ⁴⁴	xɔ³¹ ｜ xau	xɔ⁵³	xɔ⁴⁴
洛南	ŋɔ²⁴ ｜ ŋau	ŋɔ⁴⁴	xɔ³¹ ｜ xau	xɔ⁵³	xɔ⁵³
商州	ŋɔ³⁵ ｜ ŋau	ŋɔ⁵⁵	xɔ³¹ ｜ xau	xɔ⁵³	xɔ⁵⁵
丹凤	ŋɔ²⁴	ŋɔ⁴⁴	xɔ³¹	xɔ⁵³	xɔ⁵³
宜川	ŋɔ²⁴	ŋɔ⁴⁵	xɔ⁵¹	xɔ⁴⁵	xɔ⁴⁵
富县	ŋɔ²⁴	ŋɔ⁴⁴	xɔ³¹	xɔ⁵²	xɔ⁴⁴
黄陵	ŋao³¹	ŋao⁴⁴	xao³¹	xao⁵²	xao⁴⁴
宜君	ŋɔ²⁴/ŋɔ²¹	ŋɔ⁴⁴	xɔ²¹	xɔ⁵²	xɔ⁴⁴
铜川	ŋɔ²⁴/ŋɔ²¹① ｜ ŋau	ŋɔ⁴⁴	xɔ²¹	xɔ⁵²	xɔ⁴⁴
耀县	ŋao²⁴ ｜ ŋau	ŋao⁴⁴	xao³¹	xao⁵²	xao⁵²
高陵	ŋao²⁴ ｜ ŋau	ŋao⁵⁵	xao³¹	xao⁵²	xao⁵⁵
临潼	ŋɔ²⁴ ｜ ŋau	ŋɔ⁴⁵	xɔ³¹	xɔ⁵²	xɔ⁴⁵

① ŋɔ²¹ ～长工。

字目 方言	熬 效开一 平豪疑	傲 效开一 去号疑	蒿 效开一 平豪晓	好形容词 效开一 上皓晓	好喜~ 效开一 去号晓
蓝田	ŋɔ²⁴ | ŋau	ŋɔ⁴⁴	xɔ³¹ | xau	xɔ⁵²	xɔ⁴⁴
长安	ŋɔ²⁴	ŋɔ⁴⁴	xɔ³¹	xɔ⁵³	xɔ⁴⁴
户县	ŋɔo²⁴ | ŋau	ŋɔo⁵⁵	xɔo³¹ | xau	xɔo⁵²	xɔo⁵⁵
周至	ŋɔ²⁴ | ŋau	ŋɔ⁵⁵	xɔ²¹ | xau	xɔ⁵²	xɔ⁵⁵
三原	ŋɔ²⁴ | ŋau	ŋɔ⁵⁵	xɔ³¹	xɔ⁵²	xɔ⁵⁵
泾阳	ŋɔ²⁴ | ŋau	ŋɔ⁵⁵	xɔ³¹	xɔ⁵²	xɔ⁵⁵
咸阳	ŋɔ²⁴ | ŋau	ŋɔ⁵⁵	xɔ³¹ | xau	xɔ⁵²	xɔ⁵⁵
兴平	ŋɔ²⁴ | ŋau	ŋɔ⁵⁵	xɔ³¹ | xau	xɔ⁵²	xɔ⁵⁵
武功	ŋɔ²⁴ | ŋau	ŋɔ⁵⁵	xɔ³¹ | xau	xɔ⁵²	xɔ⁵⁵
礼泉	ŋɔ²⁴ | ŋau	ŋɔ⁵⁵	xɔ³¹ | xau	xɔ⁵²	xɔ⁵⁵
乾县	ŋɔ²⁴ | ŋau	ŋɔ⁴⁴	xɔ³¹ | xau	xɔ⁵²	xɔ⁴⁴
永寿	ŋɔ²⁴ | ŋau	ŋɔ⁵⁵	xɔ³¹ | xau	xɔ⁵²	xɔ⁵⁵
淳化	ŋɔ²⁴ | ŋau	ŋɔ⁵⁵	xɔ³¹ | xau	xɔ⁵²	xɔ⁵⁵
旬邑	ŋɔ²⁴ | ŋau	ŋɔ⁴⁴	xɔ³¹ | xau	xɔ⁵²	xɔ⁴⁴
彬县	ŋɔ²⁴ | ŋau	ŋɔ⁴⁴	xɔ³¹ | xau	xɔ⁵²	xɔ⁴⁴
长武	ŋɔ²⁴ | ŋau	ŋɔ⁴⁴	xɔ³¹ | xau	xɔ⁵²	xɔ⁴⁴
扶风	ŋɔ²⁴ | ŋau	ŋɔ³³	xɔ³¹ | xau	xɔ⁵²	xɔ³³
眉县	ŋɔ²⁴ | ŋau	ŋɔ⁴⁴	xɔ³¹ | xau	xɔ⁵²	xɔ⁴⁴
麟游	ŋɔ²⁴ | ŋau	ŋɔ⁴⁴	xɔ³¹ | xau	xɔ⁵³	xɔ⁴⁴
岐山	ŋɔ²⁴ | ŋau	ŋɔ⁴⁴	xɔ³¹ | xau	xɔ⁵³	xɔ⁴⁴
凤翔	ŋɔ²⁴ | ŋau	ŋɔ⁴⁴	xɔ³¹ | xau	xɔ⁵³	xɔ⁴⁴
宝鸡	ŋɔ²⁴ | ŋau	ŋɔ⁴⁴	xɔ³¹ | xau	xɔ⁵³	xɔ⁵³
千阳	ŋɔ²⁴ | ŋau	ŋɔ⁴⁴	xɔ³¹ | xau	xɔ⁵³	xɔ⁴⁴
陇县	ŋɔ²⁴ | ŋau	ŋɔ⁴⁴	xɔ³¹ | xau	xɔ⁵³	xɔ⁴⁴

字目 方言	壕 效开一 平豪匣	浩 效开一 上皓匣	号~数 效开一 去号匣	祅 效开一 上皓影	懊~悔 效开一 去号影
西安	xɑu²⁴	xɑu⁵⁵	xɑu⁵⁵	ŋɑu⁵³	ŋɑu⁵⁵
韩城	xao²⁴	xao⁴⁴	xao⁴⁴	ŋao⁵³	ŋao⁴⁴
合阳	xɔo²⁴	xɔo⁵⁵	xɔo⁵⁵	ŋɔo⁵²	ŋɔo⁵⁵
澄城	xɔ²⁴	xɔ⁴⁴	xɔ⁴⁴	ŋɔ⁵³	ŋɔ⁴⁴
白水	xɔ²⁴	xɔ⁴⁴	xɔ⁴⁴	ŋɔ⁵³	ŋɔ⁴⁴
大荔	xɔ²⁴	xɔ⁵⁵	xɔ⁵⁵	ŋɔ⁵²	ŋɔ⁵⁵
蒲城	xɔ³⁵	xɔ⁵⁵	xɔ⁵⁵	ŋɔ⁵³	ŋɔ⁵⁵
美原	xɔ³⁵	xɔ³⁵	xɔ⁵⁵	ŋɔ⁵³	ŋɔ⁵⁵
富平	xɔ³⁵	xɔ⁵⁵	xɔ⁵⁵	ŋɔ⁵³	ŋɔ⁵⁵
潼关	xɔ²⁴	xɔ⁴⁴	xɔ⁴⁴	ŋɔ⁵²	ŋɔ⁴⁴
华阴	xɔ²⁴	xɔ⁵⁵	xɔ⁵⁵	ŋɔ⁵²	ŋɔ⁵⁵
华县	xɔ³⁵	xɔ⁵⁵	xɔ⁵⁵	ŋɔ⁵³	ŋɔ⁵⁵
渭南	xɔ²⁴	xɔ⁴⁴	xɔ⁴⁴	ŋɔ⁵³	ŋɔ⁴⁴
洛南	xɔ²⁴	xɔ⁴⁴	xɔ⁴⁴	ŋɔ⁵³	ŋɔ⁴⁴
商州	xɔ³⁵	xɔ⁵⁵	xɔ⁵⁵	ŋɔ⁵³	ŋɔ⁵⁵
丹凤	xɔ²⁴	xɔ⁴⁴	xɔ⁴⁴	ŋɔ⁵³	ŋɔ⁴⁴
宜川	xɔ²⁴	xɔ⁴⁵	xɔ⁴⁵	ŋɔ⁴⁵	ŋɔ⁴⁵
富县	xɔ²⁴	xɔ⁴⁴	xɔ⁴⁴	ŋɔ⁵²	ŋɔ⁴⁴
黄陵	xao²⁴	xao⁴⁴	xao⁴⁴	ŋao⁵²	ŋao⁴⁴
宜君	xɔ²⁴	xɔ⁴⁴	xɔ⁴⁴	ŋɔ⁵²	ŋɔ⁴⁴
铜川	xɔ²⁴	xɔ²⁴	xɔ⁴⁴	ŋɔ⁵²	ŋɔ⁴⁴
耀县	xao²⁴	xao²⁴	xao⁴⁴	ŋao⁵²	ŋao⁴⁴
高陵	xao²⁴	xao⁵⁵	xao⁵⁵	ŋao⁵²	ŋao⁵⁵
临潼	xɔ²⁴	xɔ⁴⁵	xɔ⁴⁵	ŋɔ⁵²	ŋɔ⁴⁵

字目 方言	壕	浩	号~数	袄	懊~悔
	效开一 平豪匣	效开一 上皓匣	效开一 去号匣	效开一 上皓影	效开一 去号影
蓝田	$x\mathfrak{o}^{24}$	$x\mathfrak{o}^{44}$	$x\mathfrak{o}^{44}$	$\eta\mathfrak{o}^{52}$	$\eta\mathfrak{o}^{44}$
长安	$x\mathfrak{o}^{24}$	$x\mathfrak{o}^{44}$	$x\mathfrak{o}^{44}$	$\eta\mathfrak{o}^{53}$	$\eta\mathfrak{o}^{44}$
户县	$x\mathfrak{o}o^{24}$	$x\mathfrak{o}o^{55}$	$x\mathfrak{o}o^{55}$	$\eta\mathfrak{o}o^{52}$	$\eta\mathfrak{o}o^{55}$
周至	$x\mathfrak{o}^{24}$	$x\mathfrak{o}^{55}$	$x\mathfrak{o}^{55}$	$\eta\mathfrak{o}^{52}$	$\eta\mathfrak{o}^{55}$
三原	$x\mathfrak{o}^{24}$	$x\mathfrak{o}^{55}$	$x\mathfrak{o}^{55}$	$\eta\mathfrak{o}^{52}$	$\eta\mathfrak{o}^{55}$
泾阳	$x\mathfrak{o}^{24}$	$x\mathfrak{o}^{55}$	$x\mathfrak{o}^{55}$	$\eta\mathfrak{o}^{52}$	$\eta\mathfrak{o}^{55}$
咸阳	$x\mathfrak{o}^{24}$	$x\mathfrak{o}^{55}$	$x\mathfrak{o}^{55}$	$\eta\mathfrak{o}^{52}$	$\eta\mathfrak{o}^{55}$
兴平	$x\mathfrak{o}^{24}$	$x\mathfrak{o}^{55}$	$x\mathfrak{o}^{55}$	$\eta\mathfrak{o}^{52}$	$\eta\mathfrak{o}^{55}$
武功	$x\mathfrak{o}^{24}$	$x\mathfrak{o}^{55}$	$x\mathfrak{o}^{55}$	$\eta\mathfrak{o}^{52}$	$\eta\mathfrak{o}^{55}$
礼泉	$x\mathfrak{o}^{24}$	$x\mathfrak{o}^{31}$	$x\mathfrak{o}^{55}$	$\eta\mathfrak{o}^{52}$	$\eta\mathfrak{o}^{55}$
乾县	$x\mathfrak{o}^{24}$	$x\mathfrak{o}^{44}$	$x\mathfrak{o}^{44}$	$\eta\mathfrak{o}^{52}$	$\eta\mathfrak{o}^{44}$
永寿	$x\mathfrak{o}^{24}$	$x\mathfrak{o}^{55}$	$x\mathfrak{o}^{55}$	$\eta\mathfrak{o}^{52}$	$\eta\mathfrak{o}^{55}$
淳化	$x\mathfrak{o}^{24}$	$x\mathfrak{o}^{24}$	$x\mathfrak{o}^{55}$	$\eta\mathfrak{o}^{52}$	$\eta\mathfrak{o}^{55}$
旬邑	$x\mathfrak{o}^{24}$	$x\mathfrak{o}^{44}$	$x\mathfrak{o}^{44}$	$\eta\mathfrak{o}^{52}$	$\eta\mathfrak{o}^{44}$
彬县	$x\mathfrak{o}^{24}$	$x\mathfrak{o}^{44}$	$x\mathfrak{o}^{44}$	$\eta\mathfrak{o}^{52}$	$\eta\mathfrak{o}^{44}$
长武	$x\mathfrak{o}^{24}$	$x\mathfrak{o}^{44}$	$x\mathfrak{o}^{44}$	$\eta\mathfrak{o}^{52}$	$\eta\mathfrak{o}^{44}$
扶风	$x\mathfrak{o}^{24}$	$x\mathfrak{o}^{33}$	$x\mathfrak{o}^{33}$	$\eta\mathfrak{o}^{52}$	$\eta\mathfrak{o}^{33}$
眉县	$x\mathfrak{o}^{24}$	$x\mathfrak{o}^{44}$	$x\mathfrak{o}^{44}$	$\eta\mathfrak{ɚ}^{52}$	$\eta\mathfrak{o}^{44}$
麟游	$x\mathfrak{o}^{24}$	$x\mathfrak{o}^{44}$	$x\mathfrak{o}^{44}$	$\eta\mathfrak{o}^{53}$	$\eta\mathfrak{o}^{44}$
岐山	$x\mathfrak{o}^{24}$	$x\mathfrak{o}^{44}$	$x\mathfrak{o}^{44}$	$\eta\mathfrak{o}^{53}$	$\eta\mathfrak{o}^{53}$
凤翔	$x\mathfrak{o}^{24}$	$x\mathfrak{o}^{44}$	$x\mathfrak{o}^{44}$	$\eta\mathfrak{o}^{53}$	$\eta\mathfrak{o}^{44}$
宝鸡	$x\mathfrak{o}^{24}$	$x\mathfrak{o}^{44}$	$x\mathfrak{o}^{44}$	$\eta\mathfrak{o}^{53}$	$\eta\mathfrak{o}^{53}$
千阳	$x\mathfrak{o}^{24}$	$x\mathfrak{o}^{44}$	$x\mathfrak{o}^{44}$	$\eta\mathfrak{o}^{53}$	$\eta\mathfrak{o}^{44}$
陇县	$x\mathfrak{o}^{24}$	$x\mathfrak{o}^{44}$	$x\mathfrak{o}^{44}$	$\eta\mathfrak{o}^{53}$	$\eta\mathfrak{o}^{53}$

字目 / 方言	包 效开二 平肴帮	饱 效开二 上巧帮	豹 效开二 去效帮	抛 效开二 平肴滂	炮 效开二 去效滂
西安	pau²¹ ∣ pau	pau⁵³	pau⁵⁵	pʰau²¹	pʰau⁵⁵
韩城	pao³¹ ∣ pau	pao⁵³	pao⁴⁴	pʰao³¹	pʰao⁴⁴
合阳	pɔo³¹ ∣ pau	pɔo⁵²	pɔo⁵⁵	pʰɔo³¹	pʰɔo⁵⁵
澄城	pɔ³¹ ∣ pau	pɔ⁵³	pɔ⁴⁴	pʰɔ³¹	pʰɔ⁴⁴
白水	pɔ³¹ ∣ pau	pɔ⁵³	pɔ⁴⁴	pʰɔ³¹	pʰɔ⁴⁴
大荔	pɔ³¹ ∣ pau	pɔ⁵²	pɔ⁵⁵	pʰɔ³¹	pʰɔ⁵⁵
蒲城	pɔ³¹ ∣ pau	pɔ⁵³	pɔ⁵⁵	pʰɔ³¹	pʰɔ⁵⁵
美原	pɔ³¹ ∣ pau	pɔ⁵³	pɔ⁵⁵	pʰɔ³¹	pʰɔ⁵⁵
富平	pɔ³¹ ∣ pau	pɔ⁵³	pɔ⁵⁵	pʰɔ³¹	pʰɔ⁵⁵
潼关	pɔ³¹ ∣ pau	pɔ⁵²	pɔ⁴⁴	pʰɔ³¹	pʰɔ⁴⁴
华阴	pɔ³¹ ∣ pau	pɔ⁵²	pɔ⁵⁵	pʰɔ³¹	pʰɔ⁵⁵
华县	pɔ³¹ ∣ pau	pɔ⁵³	pɔ⁵⁵	pʰɔ³¹	pʰɔ⁵⁵
渭南	pɔ³¹ ∣ pau	pɔ⁵³	pɔ⁴⁴	pʰɔ³¹	pʰɔ⁴⁴
洛南	pɔ³¹ ∣ pau	pɔ⁵³	pɔ⁴⁴	pʰɔ³¹	pʰɔ⁴⁴
商州	pɔ³¹	pɔ⁵³	pɔ⁵⁵	pʰɔ³¹	pʰɔ⁵⁵
丹凤	pɔ³¹	pɔ⁵³	pɔ⁴⁴	pɔ⁴⁴	pʰɔ⁴⁴
宜川	pɔ⁵¹	pɔ⁴⁵	pɔ⁴⁵	pʰɔ⁵¹	pʰɔ⁴⁵
富县	pɔ³¹	pɔ⁵²	pɔ⁴⁴	pʰɔ³¹	pʰɔ⁴⁴
黄陵	pao³¹	pao⁵²	pao⁴⁴	pʰao³¹	pʰao⁴⁴
宜君	pɔ²¹	pɔ⁵²	pɔ⁴⁴	pʰɔ²¹	pʰɔ⁴⁴
铜川	pɔ²¹ ∣ pau	pɔ⁵²	pɔ⁴⁴	pʰɔ²¹	pʰɔ⁴⁴
耀县	pao³¹ ∣ pau	pao⁵²	pao⁴⁴	pʰao³¹	pʰao⁴⁴
高陵	pao³¹ ∣ pau	pao⁵²	pao⁵⁵	pʰao³¹	pʰao⁵⁵
临潼	pɔ³¹ ∣ pau	pɔ⁵²	pɔ⁴⁵	pʰɔ³¹	pʰɔ⁴⁵

字目 / 方言	包	饱	豹	抛	炮
	效开二平肴帮	效开二上巧帮	效开二去效帮	效开二平肴滂	效开二去效滂
蓝田	pɔ³¹ ｜ pau	pɔ⁵²	pɔ⁴⁴	pʰɔ³¹	pʰɔ⁴⁴
长安	pɔ³¹	pɔ⁵³	pɔ⁴⁴	pʰɔ³¹	pʰɔ⁴⁴
户县	pɔo³¹ ｜ pau	pɔo⁵²	pɔo⁵⁵	pʰɔo³¹	pʰɔo⁵⁵
周至	pɔ²¹	pɔ⁵²	pɔ⁵⁵	pʰɔ²¹	pʰɔ⁵⁵
三原	pɔ³¹ ｜ pau	pɔ⁵²	pɔ⁵⁵	pʰɔ³¹	pʰɔ⁵⁵
泾阳	pɔ³¹ ｜ pau	pɔ⁵²	pɔ⁵⁵	pʰɔ³¹	pʰɔ⁵⁵
咸阳	pɔ³¹ ｜ pau	pɔ⁵²	pɔ⁵⁵	pʰɔ³¹	pʰɔ⁵⁵
兴平	pɔ³¹ ｜ pau	pɔ⁵²	pɔ⁵⁵	pʰɔ³¹	pʰɔ⁵⁵
武功	pɔ³¹ ｜ pau	pɔ⁵²	pɔ⁵⁵	pʰɔ³¹	pʰɔ⁵⁵
礼泉	pɔ³¹	pɔ³¹	pɔ⁵⁵	pʰɔ³¹	pʰɔ⁵⁵
乾县	pɔ³¹ ｜ pau	pɔ⁵²	pɔ⁴⁴	pʰɔ³¹	pʰɔ⁴⁴
永寿	pɔ³¹ ｜ pau	pɔ⁵²	pɔ⁵⁵	pʰɔ³¹	pʰɔ⁵⁵
淳化	pɔ³¹ ｜ pau	pɔ⁵²	pɔ⁵⁵	pʰɔ³¹	pʰɔ⁵⁵
旬邑	pɔ³¹ ｜ pau	pɔ⁵²	pɔ⁴⁴	pʰɔ³¹	pʰɔ⁴⁴
彬县	pɔ³¹ ｜ pau	pɔ⁵²	pɔ⁴⁴	pʰɔ³¹	pʰɔ⁴⁴
长武	pɔ³¹ ｜ pau	pɔ⁵²	pɔ⁴⁴	pʰɔ³¹	pʰɔ⁴⁴
扶风	pɔ³¹ ｜ pau	pɔ⁵²	pɔ³³	pʰɔ³¹	pʰɔ³³
眉县	pɔ³¹ ｜ pau	pɔ⁵²	pɔ⁴⁴	pʰɔ³¹	pʰɔ⁴⁴
麟游	pɔ³¹ ｜ pau	pɔ⁵³	pɔ⁴⁴	pʰɔ³¹	pʰɔ⁴⁴
岐山	pɔ³¹ ｜ pau	pɔ⁵³	pɔ⁴⁴	pʰɔ³¹	pʰɔ⁴⁴
凤翔	pɔ³¹ ｜ pau	pɔ⁵³	pɔ⁴⁴	pʰɔ²⁴	pʰɔ⁴⁴
宝鸡	pɔ³¹ ｜ pau	pɔ⁵³	pɔ⁴⁴	pʰɔ³¹	pʰɔ⁴⁴
千阳	pɔ³¹ ｜ pau	pɔ⁵³	pɔ⁴⁴	pʰɔ³¹	pʰɔ⁴⁴
陇县	pɔ³¹ ｜ pau	pɔ⁵³	pɔ⁴⁴	pʰɔ³¹	pʰɔ⁴⁴

字目 方言	跑 效开二 平肴並	刨 效开二 平肴並	鲍 效开二 上巧並	铇 效开二 去效並	猫 效开二 平肴明
西安	p^hau^{53}/p^hau^{24}	pau^{24}	pau^{21}	pau^{55}	mau^{24}
韩城	p^hao^{24}	pao^{53}	pao^{31}	p^hao^{44}	mao^{24}
合阳	$p^hɔo^{24}$	$pɔo^{31}$	$pɔo^{31}$	$pɔo^{31}/p^hɔo^{55}$	$mɔo^{24}$
澄城	$p^hɔ^{53}/p^hɔ^{24}$	$pɔ^{24}$	$pɔ^{31}$	$p^hɔ^{44}$	$mɔ^{24}$
白水	$p^hɔ^{24}$	$pɔ^{24}$	$pɔ^{31}$	$pɔ^{44}$	$mɔ^{24}$
大荔	$p^hɔ^{24}$	$pɔ^{24}$	$pɔ^{31}$	$p^hɔ^{55}$	$mɔ^{24}$
蒲城	$p^hɔ^{35}$	$pɔ^{35}$	$pɔ^{31}$	$pɔ^{55}$	$mɔ^{35}$
美原	$p^hɔ^{53}/p^hɔ^{35}$	$pɔ^{35}$	$pɔ^{31}$	$pɔ^{55}$	$mɔ^{35}$
富平	$p^hɔ^{35}$	$pɔ^{35}$	$pɔ^{31}$	$pɔ^{55}$	$mɔ^{35}$
潼关	$p^hɔ^{24}$	$pɔ^{24}$	$pɔ^{31}$	$p^hɔ^{44}$	$mɔ^{24}$
华阴	$p^hɔ^{53}/p^hɔ^{24}$	$pɔ^{24}$	$pɔ^{31}$	$p^hɔ^{55}$	$mɔ^{24}$
华县	$p^hɔ^{53}/p^hɔ^{35}$	$pɔ^{35}$	$p^hɔ^{31}$	$p^hɔ^{55}$	$mɔ^{35}$
渭南	$p^hɔ^{53}/p^hɔ^{24}$	$pɔ^{24}$	$pɔ^{31}$	$pɔ^{44}$	$mɔ^{24}$
洛南	$p^hɔ^{24}$	$pɔ^{24}$	$pɔ^{31}$	$pɔ^{44}$	$mɔ^{24}$
商州	$p^hɔ^{35}$	$pɔ^{35}$	$pɔ^{31}$	$pɔ^{55}$	$mɔ^{35}$
丹凤	$p^hɔ^{24}$	$pɔ^{24}$	$pɔ^{31}$	$pɔ^{44}$	$mɔ^{24}$
宜川	$p^hɔ^{24}$	$pɔ^{51}$	$pɔ^{51}$	$p^hɔ^{45}$	$mɔ^{24}/ciɔ^{24}$
富县	$p^hɔ^{24}$	$pɔ^{31}$	$pɔ^{44}/pɔ^{31}$①	$p^hɔ^{44}$	$mɔ^{24}$
黄陵	p^hao^{52}/p^hao^{24}	pao^{24}	pao^{44}	pao^{44}	mao^{24}
宜君	$p^hɔo^{52}/p^hɔo^{24}$	$p^hɔo^{21}$	$pɔo^{21}$	$pɔo^{44}$	$mɔo^{24}/miɔo^{24}$
铜川	$p^hɔo^{52}/p^hɔo^{24}$	$pɔ^{24}$	$pɔ^{21}$	$pɔ^{44}$	$mɔ^{24}/ciɔ^{24}$
耀县	p^hao^{52}/p^hao^{24}	pao^{24}	pao^{31}	pao^{44}	mao^{24}
高陵	p^hao^{52}/p^hao^{24}	pao^{24}	pao^{55}	pao^{55}	mao^{24}
临潼	$p^hɔ^{24}$	$pɔ^{24}$	$pɔ^{31}$	$pɔ^{45}$	$mɔ^{24}$

① $pɔ^{31}$ 姓。

字目 方言	跑 效开二平肴並	刨 效开二平肴並	鲍 效开二上巧並	铇 效开二去效並	猫 效开二平肴明
蓝田	pʰɔ⁵²/pʰɔ²⁴	pɔ²⁴	pɔ³¹	pɔ⁴⁴	mɔ²⁴
长安	pʰɔ²⁴	pʰɔ³¹	pɔ⁴⁴	pɔ⁴⁴	mɔ²⁴
户县	pʰɔo⁵²/pʰɔo²⁴	pɔo²⁴	pɔo³¹	pɔo⁵⁵	mɔo²⁴
周至	pʰɔ⁵²/pʰɔ²⁴	pɔ²⁴	pɔ⁵⁵	pɔ⁵⁵	mɔ²⁴
三原	pʰɔ⁵²/pʰɔ²⁴	pɔ²⁴	pɔ³¹	pɔ⁵⁵	mɔ²⁴
泾阳	pʰɔ⁵²/pʰɔ²⁴	pɔ²⁴	pɔ³¹	pɔ⁵⁵	mɔ²⁴
咸阳	pʰɔ⁵²/pʰɔ²⁴	pɔ²⁴	pɔ³¹	pɔ⁵⁵	mɔ²⁴
兴平	pʰɔ⁵²/pʰɔ²⁴	pɔ²⁴	pɔ³¹	pɔ⁵⁵	mɔ²⁴
武功	pʰɔ⁵²/pʰɔ²⁴	pɔ²⁴	pɔ³¹	pɔ⁵⁵	mɔ²⁴
礼泉	pʰɔ⁵²	pɔ²⁴	pɔ³¹	pɔ⁵⁵	mɔ²⁴
乾县	pʰɔ⁵²/pʰɔ²⁴	pɔ²⁴	pɔ⁴⁴	pɔ⁴⁴	mɔ²⁴
永寿	pʰɔ⁵²/pʰɔ²⁴	pɔ²⁴	pɔ⁵⁵	pɔ⁵⁵	mɔ²⁴
淳化	pʰɔ⁵²/pʰɔ²⁴	pɔ²⁴	pɔ⁵⁵	pʰɔ⁵⁵	mɔ²⁴
旬邑	pʰɔ⁵²/pʰɔ²⁴	pɔ²⁴	pɔ³¹	pɔ⁴⁴	mɔ²⁴
彬县	pʰɔ⁵²/pʰɔ²⁴	pɔ²⁴	pɔ⁴⁴	pɔ⁴⁴	mɔ²⁴
长武	pʰɔ⁵²/pʰɔ²⁴	pʰɔ²⁴	pɔ³¹	pɔ⁴⁴	mɔ²⁴
扶风	pʰɔ⁵²/pʰɔ²⁴ ①	pʰɔ²⁴	pɔ³³	pɔ³³	mɔ²⁴
眉县	pʰɔ⁵²	pʰɔ²⁴	pɔ³¹	pɔ⁴⁴	mɔ²⁴
麟游	pʰɔ⁵³	pʰɔ²⁴	pɔ³¹	pɔ⁴⁴	mɔ²⁴
岐山	pʰɔ⁵³/pʰɔ²⁴	pʰɔ²⁴	pɔ⁴⁴	pɔ⁴⁴	mɔ²⁴
凤翔	pʰɔ⁵³	pʰɔ²⁴	pɔ⁴⁴	pʰɔ⁴⁴	mɔ²⁴
宝鸡	pʰɔ⁵³/pʰɔ²⁴	pʰɔ²⁴	pɔ³¹	pɔ²⁴	mɔ²⁴
千阳	pʰɔ⁵³	pʰɔ²⁴	pɔ³¹	pɔ⁴⁴	mɔ²⁴
陇县	pʰɔ⁵³/pʰɔ²⁴	pɔ⁴⁴	pɔ³¹	pɔ⁴⁴	mɔ²⁴

① 两个音属于自由变读。

字目 方言	卯 效开二 上巧明	貌 效开二 去效明	铙 效开二 平肴泥	闹 效开二 去效泥	罩 效开二 去效知
西安	mau⁵³	mau⁵⁵	nau²⁴	nau⁵⁵	tsɑu⁵⁵
韩城	mao⁵³	mao⁴⁴	nao²⁴	nao⁴⁴	tsao⁴⁴
合阳	mɔo⁵²	mɔo⁵⁵	nɔo²⁴	nɔo⁵⁵	tsɔo⁵⁵
澄城	mɔ⁵³	mɔ⁴⁴	nɔ²⁴	nɔ⁴⁴	tsɔ⁴⁴
白水	mɔ⁵³	mɔ⁴⁴	nɔ²⁴	nɔ⁴⁴	tsɔ⁴⁴
大荔	mɔ⁵²	mɔ⁵⁵	nɔ²⁴	nɔ⁵⁵	tsɔ⁵⁵
蒲城	mɔ⁵³	mɔ⁵⁵	nɔ³⁵	nɔ⁵⁵	tsɔ⁵⁵
美原	mɔ⁵³	mɔ⁵⁵	nɔ³⁵	nɔ⁵⁵	tsɔ⁵⁵
富平	mɔ⁵³	mɔ⁵⁵	nɔ³⁵	nɔ⁵⁵	tsɔ⁵⁵
潼关	mɔ⁵²	mɔ⁴⁴	nɔ²⁴	nɔ⁴⁴	tsɔ⁴⁴
华阴	mɔ⁵²	mɔ⁵⁵	nɔ²⁴	nɔ⁵⁵	tsɔ⁵⁵
华县	mɔ⁵³	mɔ⁵⁵	nɔ³⁵	nɔ⁵⁵	tsɔ⁵⁵
渭南	mɔ⁵³	mɔ⁴⁴	nɔ²⁴	nɔ⁴⁴	tsɔ⁴⁴
洛南	mɔ⁵³	mɔ⁴⁴	nɔ²⁴	nɔ⁴⁴	tsɔ⁴⁴
商州	mɔ⁵³	mɔ⁵⁵	nɔ³⁵	nɔ⁵⁵	tsɔ⁵⁵
丹凤	mɔ⁵³	mɔ⁴⁴	nɔ²⁴	nɔ⁴⁴	tsɔ⁴⁴
宜川	mɔ⁴⁵	mɔ⁴⁵	nɔ²⁴	nɔ⁴⁵	tsɔ⁴⁵
富县	mɔ⁵²	mɔ⁴⁴	nɔ²⁴	nɔ⁴⁴	tsɔ⁴⁴
黄陵	mao⁵²	mao⁴⁴	nao²⁴	nao⁴⁴	tsao⁴⁴
宜君	mɔo⁵²	mɔo⁴⁴	nɔo²⁴	nɔ⁴⁴	tsɔ⁴⁴
铜川	mɔ⁵²	mɔ⁴⁴	nɔ²⁴	nɔ⁴⁴	tsɔ⁴⁴
耀县	mao⁵²	mao⁴⁴	nao²⁴	nao⁴⁴	tsao⁴⁴
高陵	mao⁵²	mao⁵⁵	nao²⁴	nao⁵⁵	tsao⁵⁵
临潼	mɔ⁵²	mɔ⁴⁵	nɔ²⁴	nɔ⁴⁵	tsɔ⁴⁵

字目 方言	卯 效开二 上巧明	貌 效开二 去效明	铙 效开二 平肴泥	闹 效开二 去效泥	罩 效开二 去效知
蓝田	mɔ⁵²	mɔ⁴⁴	nɔ²⁴	nɔ⁴⁴	tsɔ⁴⁴
长安	mɔ⁵³	mɔ⁴⁴	nɔ²⁴	nɔ⁴⁴	tsɔ⁴⁴
户县	mɔo⁵²	mɔo⁵⁵	nɔo²⁴	nɔo⁵⁵	tsɔo⁵⁵
周至	mɔ⁵²	mɔ⁵⁵	nɔ²⁴	nɔ⁵⁵	tsɔ⁵⁵
三原	mɔ⁵²	mɔ⁵⁵	nɔ²⁴	nɔ⁵⁵	tsɔ⁵⁵
泾阳	mɔ⁵²	mɔ⁵⁵	nɔ²⁴	nɔ⁵⁵	tsɔ⁵⁵
咸阳	mɔ⁵²	mɔ⁵⁵	lɔ²⁴	lɔ⁵⁵	tsɔ⁵⁵
兴平	mɔ⁵²	mɔ⁵⁵	lɔ²⁴	lɔ⁵⁵	tsɔ⁵⁵
武功	mɔ⁵²	mɔ⁵⁵	lɔ²⁴	lɔ⁵⁵	tsɔ⁵⁵
礼泉	mɔ⁵²	mɔ⁵⁵	lɔ²⁴	lɔ⁵⁵	tsɔ⁵⁵
乾县	mɔ⁵²	mɔ⁴⁴	lɔ²⁴	lɔ⁴⁴	tsɔ⁴⁴
永寿	mɔ⁵²	mɔ⁵⁵	lɔ²⁴	lɔ⁵⁵	tsɔ⁵⁵
淳化	mɔ⁵²	mɔ⁵⁵	nɔ²⁴	nɔ⁵⁵	tsɔ⁵⁵
旬邑	mɔ⁵²	mɔ⁴⁴	lɔ²⁴	lɔ⁴⁴	tsɔ⁴⁴
彬县	mɔ⁵²	mɔ⁴⁴	lɔ²⁴	lɔ⁴⁴	tsɔ⁴⁴
长武	mɔ⁵²	mɔ⁴⁴	lɔ²⁴	lɔ⁴⁴	tsɔ⁴⁴
扶风	mɔ⁵²	mɔ⁴⁴	lɔ²⁴	lɔ⁴⁴	tsɔ³³
眉县	mɔ⁵²	mɔ⁴⁴	lɔ²⁴	lɔ⁴⁴	tsɔ⁴⁴
麟游	mɔ⁵³	mɔ⁴⁴	lɔ²⁴	lɔ⁴⁴	tsɔ⁴⁴
岐山	mɔ⁵³	mɔ⁴⁴	lɔ²⁴	lɔ⁴⁴	tsɔ⁴⁴
凤翔	mɔ⁵³	mɔ⁴⁴	lɔ²⁴	lɔ⁴⁴	tsɔ⁴⁴
宝鸡	mɔ⁵³	mɔ⁴⁴	lɔ²⁴	lɔ⁴⁴	tsɔ⁴⁴
千阳	mɔ⁵³	mɔ⁴⁴	lɔ²⁴	lɔ⁴⁴	tsɔ⁴⁴
陇县	mɔ⁵³	mɔ⁴⁴	lɔ²⁴	lɔ⁴⁴	tsɔ⁴⁴

字目 / 方言	抓 用手~牌	爪	找 ~零钱	笊	抄
	效开二平肴庄	效开二上巧庄	效开二上巧庄	效开二去效庄	效开二平肴初
西安	pfa²¹	pfa⁵³/tsau⁵³	tsau⁵³	tsau⁵⁵	tsʰau²¹
韩城	pfa³¹	tsao⁵³	tsao⁵³	tsao⁴⁴	tsʰao³¹
合阳	pfa³¹	pfa⁵²/tsɔ⁵²	tsɔ⁵²	tsɔo⁵⁵	tsʰɔo³¹
澄城	tʃua³¹	tʃua⁵³/tsɔ⁵³	tsɔ⁵³	tsɔ⁴⁴	tsʰɔ³¹
白水	tʃua³¹	tʃua⁵³/tsɔ⁵³	tsɔ⁵³	tsɔ⁴⁴	tsʰɔ³¹
大荔	pfa³¹	pfa⁵²/tsɔ⁵²	tsɔ⁵²	tsɔ⁵⁵	tsʰɔ³¹
蒲城	tʃua³¹	tʃua⁵³/tsɔ⁵³	tsɔ⁵³	tsɔ⁵⁵	tsʰɔ³¹
美原	tʃa³¹	tʃa⁵³/tsɔ⁵³	tsɔ⁵³	tsɔ⁵⁵	tsʰɔ³¹
富平	tʃua³¹	tʃua⁵³/tsɔ⁵³	tsɔ⁵³	tsɔ⁵⁵	tsʰɔ³¹
潼关	pfa³¹	pfa⁵²/tsɔ⁵²	tsɔ⁵²	tsɔ⁴⁴	tsʰɔ³¹
华阴	pfa³¹	pfa⁵²/tsɔ⁵²	tsɔ⁵²	tsɔ⁵⁵	tsʰɔ³¹
华县	tʃua³¹	tʃua⁵³/tsɔ⁵³	tsɔ⁵³	tsɔ⁵⁵	tsʰɔ³¹
渭南	tʃua³¹	tʃua⁵³/tsɔ⁵³	tsɔ⁵³	tsɔ⁴⁴	tsʰɔ³¹
洛南	tʃua³¹	tʃua⁵³/tsɔ⁵³	tsɔ⁵³	tsɔ⁴⁴	tsʰɔ³¹
商州	tʃua³¹	tʃua⁵³/tsɔ⁵³	tsɔ⁵³	tsɔ⁵⁵	tsʰɔ³¹
丹凤	tʃua³¹	tʃua⁵³/tsɔ⁵³	tsɔ⁵³	tsɔ⁴⁴	tsʰɔ³¹
宜川	tʂua⁵¹/tsɔ⁵¹	tsua⁴⁵/tsɔ⁴⁵	tsɔ⁴⁵	tsɔ⁴⁵	tsʰɔ⁵¹
富县	tsua³¹/tsɔ³¹	tsua⁵²	tsɔ⁵²	tsɔ⁴⁴	tsʰɔ³¹
黄陵	tʃua³¹/tsao³¹	tʃua⁵²/tsao⁵²	tsao⁵²	tsao⁴⁴	tsʰao³¹
宜君	tʃua²¹/tsɔ²¹	tʃua⁵²/tsɔ⁵²	tsɔ⁵²	tsɔ⁴⁴	tsʰɔ²¹
铜川	tʃua²¹/tsɔ²¹	tʃua⁵²/tsɔ⁵²	tsɔ⁵²	tsɔ⁴⁴	tsʰɔ²¹
耀县	tʃua³¹/tsao³¹	tʃua⁵²/tsao⁵²	tsao⁵²	tsao⁴⁴	tsʰao³¹
高陵	tʃua³¹/tsao³¹	tʃua⁵²/tsao⁵²	tsao⁵²	tsao⁵⁵	tsʰao³¹
临潼	tʂa³¹/tʃua³¹老/tsɔ²⁴	tʂa⁵²/tʃua⁵²老/tsɔ⁵²	tsɔ⁵²	tsɔ⁴⁵	tsʰɔ³¹

字目 / 方言	抓 用手~牌	爪	找 ~零钱	笊	抄
	效开二平肴庄	效开二上巧庄	效开二上巧庄	效开二去效庄	效开二平肴初
蓝田	tʃua³¹	tʃua⁵²	tsɔ⁵²	tsɔ⁴⁴	tsʰɔ³¹
长安	pfa³¹	pfa⁵³/tsɔ⁵³	tsɔ⁵³	tsɔ⁴⁴	tsʰɔ³¹
户县	tʃua³¹/tsɔo³¹	tʃua⁵²/tsɔo⁵²	tsɔo⁵²	tsɔo⁵⁵	tsʰɔo³¹
周至	pfa²¹/tsɔ²¹	pfa⁵²/tsɔ⁵²	tsɔ⁵²	tsɔ⁵⁵	tsʰɔ²¹
三原	tʃua³¹	tʃua⁵²/tsɔ⁵²	tsɔ⁵²	tsɔ⁵⁵	tsʰɔ³¹
泾阳	tʃua³¹	tʃua⁵²/tsɔ⁵²	tsɔ⁵²	tsɔ⁵⁵	tsʰɔ³¹
咸阳	tʃua³¹	tʃua⁵²/tsɔ⁵²	tsɔ⁵²	tsɔ⁵⁵	tsʰɔ³¹
兴平	tʃua³¹	tʃua⁵²/tsɔ⁵²	tsɔ⁵²	tsɔ⁵⁵	tsʰɔ³¹
武功	tʃua³¹	tʃua⁵²/tsɔ⁵²	tsɔ⁵²	tsɔ⁵⁵	tsʰɔ³¹
礼泉	tʃua³¹	tʃua⁵²/tsɔ⁵²	tʃɔ⁵²	tsɔ⁵⁵	tsʰɔ³¹
乾县	tʃua³¹	tʃua⁵²/tsɔ⁵²	tsɔ⁵²	tsɔ⁴⁴	tsʰɔ³¹
永寿	tʃua³¹	tʃua⁵²/tsɔ⁵²	tsɔ⁵²	tsɔ⁵⁵	tsʰɔ³¹
淳化	tʃua³¹	tʃua⁵²/tsɔ⁵²	tsɔ⁵²	tsɔ⁵⁵	tsʰɔ³¹
旬邑	tʃua³¹	tʃua⁵²/tsɔ⁵²	tsɔ⁵²	tsɔ⁴⁴	tsʰɔ³¹
彬县	tʃua³¹	tʃua⁵²/tsɔ⁵²	tsɔ⁵²	tsɔ⁴⁴	tsʰɔ³¹
长武	tʃua³¹	tʃua⁵²/tsɔ⁵²	tsɔ⁵²	tsɔ⁴⁴	tsʰɔ³¹
扶风	tʂa³¹	tʂa⁵²/tsɔ⁵²	tsɔ⁵²	tsɔ³³	tsʰɔ³¹
眉县	tʂa³¹/tʃua³¹	tʂa⁵²/tsɔ⁵²	tsɔ⁵²	tsɔ⁴⁴	tsʰɔ³¹
麟游	tʃua³¹	tsɔ⁵³	tsɔ⁵³	tsɔ⁴⁴	tsʰɔ³¹
岐山	tʂa³¹	tʂa⁵³/tsɔ⁵³	tsɔ⁵³	tsɔ⁴⁴	tsʰɔ³¹
凤翔	tʂa³¹	tʂa⁵³/tsɔ⁵³	tsɔ⁵³	tsɔ⁴⁴	tsʰɔ³¹
宝鸡	tʂa³¹	tsɔ⁵³	tsɔ⁵³	tsɔ⁴⁴	tsʰɔ³¹
千阳	tʃa³¹	tʃa⁴⁴/tsɔ⁵³	tsɔ⁵³	tsɔ⁴⁴	tsʰɔ³¹
陇县	tʃua³¹	tʃua⁵³	tsɔ⁵³	tsɔ⁴⁴	tsʰɔ³¹

字目 方言	炒 效开二 上巧初	巢 效开二 平肴崇	梢 效开二 平肴生	潲~雨 效开二 去效生	交 效开二 平肴见	
西安	tsʰau⁵³	tsʰau²⁴	sau²¹	sau⁵⁵	tɕiau²¹	tɕiau
韩城	tsʰɑo⁵³	tsʰɑo²⁴	sɑo³¹	sɑo⁴⁴	tɕiɑo³¹	tɕiau
合阳	tsʰɔɔ⁵²	tsʰɔɔ²⁴	sɔɔ³¹	sɔɔ⁵⁵	tɕiɔɔ³¹	tɕiau
澄城	tsʰɔ⁵³	tsʰɔ²⁴	sɔ³¹	sɔ⁴⁴	tɕiɔ³¹	tɕiau
白水	tsʰɔ⁵³	tsʰɔ²⁴	sɔ³¹	sɔ⁴⁴	tɕiɔ³¹	tɕiau
大荔	tsʰɔ⁵²	tsʰɔ²⁴	sɔ³¹	sɔ⁵⁵	tɕiɔ³¹	tɕiau
蒲城	tsʰɔ⁵³	tsʰɔ³⁵	sɔ³¹	sɔ⁵⁵	tɕiɔ³¹	tɕiau
美原	tsʰɔ⁵³	tsʰɔ³⁵	sɔ³¹	sɔ⁵⁵	tɕiɔ³¹	tɕiau
富平	tsʰɔ⁵³	tsʰɔ³⁵	sɔ³¹	sɔ⁵⁵	tɕiɔ³¹	tɕiau
潼关	tsʰɔ⁵²	tsʰɔ²⁴	sɔ³¹	sɔ⁴⁴	tɕiɔ³¹	tɕiau
华阴	tsʰɔ⁵²	tsʰɔ²⁴	sɔ³¹	sɔ⁵⁵	tɕiɔ³¹	tɕiau
华县	tsʰɔ⁵³	tsʰɔ³⁵	sɔ³¹	sɔ⁵⁵	tɕiɔ³¹	tɕiau
渭南	tsʰɔ⁵³	tsʰɔ²⁴	sɔ³¹	sɔ⁴⁴	tɕiɔ³¹	tɕiau
洛南	tsʰɔ⁵³	tsʰɔ³¹	sɔ³¹	sɔ⁴⁴	tɕiɔ³¹	tɕiau
商州	tsʰɔ⁵³	tsʰɔ³⁵	sɔ³¹	sɔ⁵⁵	tɕiɔ³¹	tɕiau
丹凤	tsʰɔ⁵³	tsʰɔ³¹	sɔ³¹	sɔ⁴⁴	tɕiɔ³¹	
宜川	tsʰɔ⁴⁵	tsʰɔ²⁴	sɔ⁵¹	sɔ⁴⁵	tɕiɔ⁵¹	
富县	tsʰɔ⁵²	tsʰɔ²⁴	sɔ³¹	sɔ⁴⁴	tɕiɔ³¹	
黄陵	tsʰɑo⁵²	tsʰɑo²⁴	sɑo³¹	sɑo⁴⁴	tɕiɑo³¹	
宜君	tsʰɔ⁵²	tsʰɔ²⁴	sɔ²¹	sɔ⁴⁴	tɕiɔ²¹	
铜川	tsʰɔ⁵²	tsʰɔ²⁴	sɔ²¹	sɔ⁴⁴	tɕiɔ²¹	tɕiau
耀县	tsʰɑo⁵²	tsʰɑo²⁴	sɑo³¹	sɑo⁴⁴	tɕiɑo³¹	tɕiau
高陵	tsʰɑo⁵²	tsʰɑo²⁴	sɑo³¹	sɑo⁵⁵	tɕiɑo³¹	tɕiau
临潼	tsʰɔ⁵²	tsʰɔ²⁴	sɔ³¹	sɔ⁴⁵	tɕiɔ³¹	tɕiau

字目 方言	炒 效开二 上巧初	巢 效开二 平肴崇	梢 效开二 平肴生	潲~雨 效开二 去效生	交 效开二 平肴见
蓝田	tsʰɔ⁵²	tsʰɔ²⁴	sɔ³¹	sɔ⁴⁴	tɕiɔ³¹ ｜ tɕiau
长安	tsʰɔ⁵³	tsʰɔ²⁴	sɔ³¹	sɔ⁴⁴	tɕiɔ³¹
户县	tsʰɔo⁵²	tsʰɔo²⁴	sɔo³¹	sɔo⁵⁵	tɕiɔo³¹ ｜ tɕiau
周至	tsʰɔ⁵²	tsʰɔ²⁴	sɔ²¹	sɔ⁵⁵	tɕiɔ²¹ ｜ tɕiau
三原	tsʰɔ⁵²	tsʰɔ²⁴	sɔ³¹	sɔ⁵⁵	tɕiɔ³¹ ｜ tɕiau
泾阳	tsʰɔ⁵²	tsʰɔ²⁴	sɔ³¹	sɔ⁵⁵	tɕiɔ³¹ ｜ tɕiau
咸阳	tsʰɔ⁵²	tsʰɔ²⁴	sɔ³¹	sɔ⁵⁵	tɕiɔ³¹ ｜ tɕiau
兴平	tsʰɔ⁵²	tsʰɔ²⁴	sɔ³¹	sɔ⁵⁵	tɕiɔ³¹ ｜ tɕiau
武功	tsʰɔ⁵²	tsʰɔ²⁴	sɔ³¹	sɔ⁵⁵	tɕiɔ³¹ ｜ tɕiau
礼泉	tsʰɔ⁵²	tsʰɔ²⁴	sɔ³¹	sɔ⁵⁵	tɕiɔ³¹ ｜ tɕiau
乾县	tsʰɔ⁵²	tsʰɔ²⁴	sɔ³¹	sɔ⁴⁴	tɕiɔ³¹ ｜ tɕiau
永寿	tsʰɔ⁵²	tsʰɔ²⁴	sɔ³¹	sɔ⁵⁵	tɕiɔ³¹ ｜ tɕiau
淳化	tsʰɔ⁵²	tsʰɔ²⁴	sɔ³¹	sɔ⁵⁵	tɕiɔ³¹ ｜ tɕiau
旬邑	tsʰɔ⁵²	tsʰɔ²⁴	sɔ³¹	sɔ⁴⁴	tɕiɔ³¹ ｜ tɕiau
彬县	tsʰɔ⁵²	tsʰɔ²⁴	sɔ³¹	sɔ⁴⁴	tɕiɔ³¹ ｜ tɕiau
长武	tsʰɔ⁵²	tsʰɔ²⁴	sɔ³¹	sɔ⁴⁴	tɕiɔ³¹ ｜ tɕiau
扶风	tsʰɔ⁵²	tsʰɔ²⁴	sɔ³¹	sɔ³³	tɕiɔ³¹ ｜ tɕiau
眉县	tsʰɔ⁵²	tsʰɔ²⁴	sɔ³¹	sɔ⁴⁴	tɕiɔ³¹ ｜ tɕiau
麟游	tsʰɔ⁵³	tsʰɔ²⁴	sɔ³¹	sɔ⁴⁴	tɕiɔ³¹ ｜ tɕiau
岐山	tsʰɔ⁵³	tsʰɔ²⁴	sɔ³¹	sɔ⁴⁴	tɕiɔ³¹ ｜ tɕiau
凤翔	tsʰɔ⁵³	tsʰɔ²⁴	sɔ³¹	①	tɕiɔ³¹ ｜ tɕiau
宝鸡	tsʰɔ⁵³	tsʰɔ²⁴	sɔ³¹	sɔ⁴⁴	tɕiɔ³¹ ｜ tɕiau
千阳	tsʰɔ⁵³	tsʰɔ²⁴	sɔ³¹	sɔ⁴⁴	tɕiɔ³¹ ｜ tɕiau
陇县	tsʰɔ⁵³	tsʰɔ²⁴	sɔ³¹	sɔ⁴⁴	tɕiɔ³¹ ｜ tɕiau

---

① 当地说"漂 pʰiɔ³¹"。

字目 方言	搅 效开二 上巧见	窖 效开二 去效见	敲 效开二 平肴溪		巧 效开二 上巧溪	咬 效开二 上巧疑
西安	tɕiau⁵³	tɕiau⁵⁵	tɕʰiau²¹	tɕʰiau	tɕʰiau⁵³	ȵiau⁵³
韩城	tɕiao⁵³	tɕiao⁴⁴	tɕʰiao³¹	tɕʰiau	tɕʰiao⁵³	ȵiao⁵³
合阳	tɕiɔɔ⁵²	tɕiɔɔ⁵⁵	tɕʰiɔɔ³¹	tɕʰiau	tɕʰiɔɔ⁵²	ȵiɔɔ⁵²
澄城	tɕiɔ⁵³	tɕiɔ⁴⁴	tɕʰiɔ³¹	tɕʰiau	tɕʰiɔ⁵³	ȵiɔ⁵³
白水	tɕiɔ⁵³	tɕiɔ⁴⁴	tɕʰiɔ³¹	tɕʰiau	tɕʰiɔ⁵³	ȵiɔ⁵³
大荔	tɕiɔ⁵²	tɕiɔ⁵⁵	tɕʰiɔ³¹	tɕʰiau	tɕʰiɔ⁵²	ȵiɔ⁵²
蒲城	tɕiɔ⁵³	tɕiɔ⁵⁵	tɕʰiɔ³¹	tɕʰiau	tɕʰiɔ⁵³	ȵiɔ⁵³
美原	tɕiɔ⁵³	tɕiɔ⁵⁵	tɕʰiɔ³¹	tɕʰiau	tɕʰiɔ⁵³	ȵiɔ⁵³
富平	tɕiɔ⁵³	tɕiɔ⁵⁵	tɕʰiɔ³¹	tɕʰiau	tɕʰiɔ⁵³	ȵiɔ⁵³
潼关	tɕiɔ⁵²	tɕiɔ⁴⁴	tɕʰiɔ³¹	tɕʰiau	tɕʰiɔ⁵²	ȵiɔ⁵²
华阴	tɕiɔ⁵²	tɕiɔ⁵⁵	tɕʰiɔ³¹	tɕʰiau	tɕʰiɔ⁵²	ȵiɔ⁵²
华县	tɕiɔ⁵³	tɕiɔ⁵⁵	tɕʰiɔ³¹	tɕʰiau	tɕʰiɔ⁵³	ȵiɔ⁵³
渭南	tɕiɔ⁵³	tɕiɔ⁴⁴	tɕʰiɔ³¹	tɕʰiau	tɕʰiɔ⁵³	ȵiɔ⁵³
洛南	tɕiɔ⁵³	tɕiɔ⁴⁴	tɕʰiɔ³¹	tɕʰiau	tɕʰiɔ⁵³	ȵiɔ⁵³
商州	tɕiɔ⁵³	tɕiɔ⁵⁵	tɕʰiɔ³¹	tɕʰiau	tɕʰiɔ⁵³	ȵiɔ⁵³
丹凤	tɕiɔ⁵³	tɕiɔ⁴⁴	tɕʰiɔ³¹		tɕʰiɔ⁵³	ȵiɔ⁵³
宜川	tɕiɔ⁴⁵	tɕiɔ⁴⁵	tɕʰiɔ⁵¹		tɕʰiɔ⁴⁵	ȵiɔ⁴⁵
富县	tɕiɔ⁵²	tɕiɔ⁴⁴	tɕʰiɔ³¹		tɕʰiɔ⁵²	ȵiɔ⁵²
黄陵	tɕiao⁵²	tɕiao⁴⁴	tɕʰiao³¹		tɕʰiao⁵²	ȵiao⁵²
宜君	tɕiɔ⁵²	tɕiɔ⁴⁴	tɕʰiɔ²¹		tɕʰiɔ⁵²	ȵiɔ⁵²
铜川	tɕiɔ⁵²	tɕiɔ⁴⁴	tɕʰiɔ²¹	tɕʰiau	tɕʰiɔ⁵²	ȵiɔ⁵²
耀县	tɕiao⁵²	tɕiao⁴⁴	tɕʰiao³¹	tɕʰiau	tɕʰiao⁵²	ȵiao⁵²
高陵	tɕiao⁵²	tɕiao⁵⁵	tɕʰiao³¹	tɕʰiau	tɕʰiao⁵²	ȵiao⁵²
临潼	tɕiɔ⁵²	tɕiɔ⁴⁵	tɕʰiɔ³¹	tɕʰiau	tɕʰiɔ⁵²	ȵiɔ⁵²

字目 方言	搅 效开二 上巧见	窖 效开二 去效见	敲 效开二 平肴溪		巧 效开二 上巧溪	咬 效开二 上巧疑
蓝田	tɕiɔ^{52}	tɕiɔ^{44}	tɕʰiɔ^{31}	tɕʰiau	tɕʰiɔ^{52}	ȵiɔ^{52}
长安	tɕiɔ^{53}	tɕiɔ^{44}	tɕʰiɔ^{31}		tɕʰiɔ^{53}	ȵiɔ^{53}
户县	tɕiɔɔ^{52}	tɕiɔɔ^{55}	tɕʰiɔɔ^{31}	tɕʰiau	tɕʰiɔɔ^{52}	ȵiɔɔ^{52}
周至	tɕiɔ^{52}	tɕiɔ^{55}	tɕʰiɔ^{21}	tɕʰiau	tɕʰiɔ^{52}	ȵiɔ^{52}
三原	tɕiɔ^{52}	tɕiɔ^{55}	tɕʰiɔ^{31}	tɕʰiau	tɕʰiɔ^{52}	ȵiɔ^{52}
泾阳	tɕiɔ^{52}	tɕiɔ^{55}	tɕʰiɔ^{31}	tɕʰiau	tɕʰiɔ^{52}	ȵiɔ^{52}
咸阳	tɕiɔ^{52}	tɕiɔ^{55}	tɕʰiɔ^{31}	tɕʰiau	tɕʰiɔ^{52}	ȵiɔ^{52}
兴平	tɕiɔ^{52}	tɕiɔ^{55}	tɕʰiɔ^{31}	tɕʰiau	tɕʰiɔ^{52}	ȵiɔ^{52}
武功	tɕiɔ^{52}	tɕiɔ^{55}	tɕʰiɔ^{31}	tɕʰiau	tɕʰiɔ^{52}	ȵiɔ^{52}
礼泉	tɕiɔ^{52}	tɕiɔ^{55}	tɕʰiɔ^{31}	tɕʰiau	tɕʰiɔ^{52}	ȵiɔ^{52}
乾县	tɕiɔ^{52}	tɕiɔ^{44}	tɕʰiɔ^{31}	tɕʰiau	tɕʰiɔ^{52}	ȵiɔ^{52}
永寿	tɕiɔ^{52}	tɕiɔ^{55}	tɕʰiɔ^{31}	tɕʰiau	tɕʰiɔ^{52}	ȵiɔ^{52}
淳化	tɕiɔ^{52}	tɕiɔ^{55}	tɕʰiɔ^{31}	tɕʰiau	tɕʰiɔ^{52}	ȵiɔ^{52}
旬邑	tɕiɔ^{52}	tɕiɔ^{44}	tɕʰiɔ^{31}	tɕʰiau	tɕʰiɔ^{52}	ȵiɔ^{52}
彬县	tɕiɔ^{52}	tɕiɔ^{44}	tɕʰiɔ^{31}	tɕʰiau	tɕʰiɔ^{52}	ȵiɔ^{52}
长武	tɕiɔ^{52}	tɕiɔ^{44}	tɕʰiɔ^{31}	tɕʰiau	tɕʰiɔ^{52}	ȵiɔ^{52}
扶风	tɕiɔ^{52}	tɕiɔ^{33}	tɕʰiɔ^{31}	tɕʰiau	tɕʰiɔ^{52}	ȵiɔ^{52}
眉县	tɕiɔ^{52}	tɕiɔ^{44}	tɕʰiɔ^{31}	tɕʰiau	tɕʰiɔ^{52}	ȵiɔ^{52}
麟游	tɕiɔ^{53}	tɕiɔ^{44}	tɕʰiɔ^{31}	tɕʰiau	tɕʰiɔ^{53}	ȵiɔ^{53}
岐山	tɕiɔ^{53}	tɕiɔ^{44}	tɕʰiɔ^{31}	tɕʰiau	tɕʰiɔ^{53}	ȵiɔ^{53}
凤翔	tɕiɔ^{53}	tɕiɔ^{44}	tɕʰiɔ^{31}	tɕʰiau	tɕʰiɔ^{53}	ȵiɔ^{53}
宝鸡	tɕiɔ^{53}	tɕiɔ^{44}	tɕʰiɔ^{31}	tɕʰiau	tɕʰiɔ^{53}	ȵiɔ^{53}
千阳	tɕiɔ^{53}	tɕiɔ^{44}	tɕʰiɔ^{31}	tɕʰiau	tɕʰiɔ^{53}	ȵiɔ^{53}
陇县	tɕiɔ^{53}	tɕiɔ^{44}	tɕʰiɔ^{31}	tɕʰiau	tɕʰiɔ^{53}	ȵiɔ^{53}

字目 / 方言	孝 效开二 去效晓	肴 效开二 平肴匣	校学~ 效开二 去效匣	靿 效开二 去效影	膘 效开三 平宵帮
西安	çiau⁵⁵ | çiau	iau²⁴	çiau⁵⁵	iau⁵⁵	piau²¹
韩城	çiɑo⁴⁴/xɑo⁴⁴ | çiau	iɑo²⁴	çiɑo⁴⁴	iɑo⁴⁴	piɑo³¹
合阳	çiɔo⁵⁵ | çiau	iɔo²⁴	çiɔo⁵⁵	iɔo⁵⁵	piɔo³¹
澄城	çiɔ⁴⁴ | çiau	iɔ²⁴	çiɔ⁴⁴	iɔ⁴⁴	piɔ³¹
白水	çiɔ⁴⁴ | çiau	iɔ²⁴	çiɔ⁴⁴	iɔ⁴⁴	piɔ³¹
大荔	çiɔ⁵⁵/xɔ⁵⁵ | çiau	iɔ²⁴	çiɔ⁵⁵	iɔ⁵⁵	piɔ³¹
蒲城	çiɔ⁵⁵ | çiau	iɔ³⁵	çiɔ⁵⁵	iɔ⁵⁵	piɔ³¹
美原	çiɔ⁵⁵ | çiau	ȵiɔ³⁵	çiɔ⁵⁵	iɔ⁵⁵	piɔ³¹
富平	çiɔ⁵⁵ | çiau	iɔ³⁵	çiɔ⁵⁵	iɔ⁵⁵	piɔ³¹
潼关	çiɔ⁴⁴ | çiau	iɔ²⁴	çiɔ⁴⁴	iɔ⁴⁴	piɔ³¹
华阴	çiɔ⁵⁵ | çiau	iɔ²⁴	çiɔ⁵⁵	iɔ⁵⁵	piɔ³¹
华县	çiɔ⁵⁵ | çiau	iɔ³⁵	çiɔ⁵⁵	iɔ⁵⁵	piɔ³¹
渭南	çiɔ⁴⁴ | çiau	iɔ²⁴	çiɔ⁴⁴	iɔ⁴⁴	piɔ³¹
洛南	çiɔ⁴⁴ | çiau	iɔ²⁴	çiɔ⁴⁴	iɔ⁴⁴	piɔ³¹
商州	çiɔ⁵⁵ | çiau	iɔ³⁵	çiɔ⁵⁵	iɔ⁵⁵	piɔ³¹
丹凤	çiɔ⁴⁴	iɔ²⁴	çiɔ⁴⁴	iɔ⁴⁴	piɔ³¹
宜川	çiɔ⁴⁵	ȵiɔ²⁴	çiɔ⁴⁵	iɔ⁴⁵	piɔ⁵¹
富县	çiɔ⁴⁴	iɔ²⁴	çiɔ⁴⁴	iɔ⁴⁴	piɔ³¹
黄陵	çiɑo⁴⁴	iɑo²⁴	çiɑo⁴⁴	iɑo⁴⁴	piɑo³¹
宜君	çiɔ⁴⁴	iɔ²⁴	çiɔ⁴⁴	iɔ⁴⁴	piɔ²¹
铜川	çiɔ⁴⁴ | çiau	ȵiɔ²⁴	çiɔ⁴⁴	iɔ⁴⁴	piɔ²¹
耀县	çiɑo⁴⁴ | çiau	iɑo²⁴	çiɑo⁴⁴	iɑo³¹	piɑo³¹
高陵	çiɑo⁵⁵ | çiau	iɑo²⁴	çiɑo⁵⁵	iɑo⁵⁵	piɑo³¹
临潼	çiɔ⁴⁵ | çiau	iɔ²⁴	çiɔ⁴⁵	iɔ⁴⁵	piɔ³¹

字目／方言	孝 效开二 去效晓	肴 效开二 平肴匣	校学~ 效开二 去效匣	勒 效开二 去效影	膘 效开三 平宵帮
蓝田	ɕiɔ⁴⁴ ǀ ɕiau	iɔ²⁴	ɕiɔ⁴⁴	iɔ³¹	piɔ³¹
长安	ɕiɔ⁴⁴	iɔ²⁴	ɕiɔ⁴⁴	iɔ⁴⁴	piɔ³¹
户县	ɕiɔɔ⁵⁵ ǀ ɕiau	iɔɔ²⁴	ɕiɔɔ⁵⁵	iɔɔ³¹	piɔɔ³¹
周至	ɕiɔ⁵⁵ ǀ ɕiau	iɔ²⁴	ɕiɔ⁵⁵	iɔ⁵⁵	piɔ²¹
三原	ɕiɔ⁵⁵ ǀ ɕiau	iɔ²⁴	ɕiɔ⁵⁵	iɔ⁵⁵	piɔ³¹
泾阳	ɕiɔ⁵⁵ ǀ ɕiau	ȵiɔ²⁴	ɕiɔ⁵⁵	iɔ⁵⁵	piɔ³¹
咸阳	ɕiɔ⁵⁵ ǀ ɕiau	iɔ²⁴	ɕiɔ⁵⁵	iɔ⁵⁵	piɔ³¹
兴平	ɕiɔ⁵⁵ ǀ ɕiau	iɔ²⁴	ɕiɔ⁵⁵	iɔ⁵⁵	piɔ³¹
武功	ɕiɔ⁵⁵ ǀ ɕiau	iɔ²⁴	ɕiɔ⁵⁵	iɔ⁵⁵	piɔ³¹
礼泉	ɕiɔ⁵⁵ ǀ ɕiau	iɔ²⁴	ɕiɔ⁵⁵	iɔ⁵⁵	piɔ³¹
乾县	ɕiɔ⁴⁴ ǀ ɕiau	iɔ²⁴	ɕiɔ⁴⁴	iɔ⁴⁴	piɔ³¹
永寿	ɕiɔ⁵⁵ ǀ ɕiau	iɔ²⁴	ɕiɔ⁵⁵	ȵiɔ⁵⁵	piɔ³¹
淳化	ɕiɔ⁵⁵ ǀ ɕiau	iɔ²⁴	ɕiɔ⁵⁵	ȵiɔ⁵⁵	piɔ³¹
旬邑	ɕiɔ⁴⁴ ǀ ɕiau	iɔ²⁴	ɕiɔ⁴⁴	ȵiɔ⁴⁴	piɔ³¹
彬县	ɕiɔ⁴⁴ ǀ ɕiau	iɔ²⁴	ɕiɔ⁴⁴	ȵiɔ⁴⁴	piɔ³¹
长武	ɕiɔ⁴⁴ ǀ ɕiau	ȵiɔ²⁴	ɕiɔ⁴⁴	ȵiɔ⁴⁴	piɔ³¹
扶风	ɕiɔ³³ ǀ ɕiau	iɔ²⁴	ɕiɔ³³	iɔ³³	piɔ³¹
眉县	ɕiɔ⁴⁴ ǀ ɕiau	iɔ²⁴	ɕiɔ⁴⁴	iɔ⁴⁴	piɔ³¹
麟游	ɕiɔ⁴⁴ ǀ ɕiau	ȵiɔ³¹	ɕiɔ⁴⁴	ȵiɔ⁴⁴	piɔ³¹
岐山	ɕiɔ⁴⁴ ǀ ɕiau	iɔ²⁴	ɕiɔ⁴⁴	iɔ⁴⁴	piɔ³¹
凤翔	ɕiɔ⁴⁴ ǀ ɕiau	iɔ²⁴	ɕiɔ⁴⁴	iɔ⁴⁴	piɔ³¹
宝鸡	ɕiɔ⁴⁴ ǀ ɕiau	iɔ²⁴	ɕiɔ⁴⁴	iɔ⁴⁴	piɔ³¹
千阳	ɕiɔ⁴⁴ ǀ ɕiau	iɔ²⁴	ɕiɔ⁴⁴	iɔ⁴⁴	piɔ³¹
陇县	ɕiɔ⁴⁴ ǀ ɕiau	iɔ²⁴	ɕiɔ⁴⁴	iɔ⁴⁴	piɔ³¹

字目\方言	表 效开三上小帮	飘 效开三平宵滂		票 效开三去笑滂	瓢 效开三平宵並	苗 效开三平宵明	
西安	piau^{53}	pʰiau^{21}	pʰiau	pʰiau^{55}	pʰiau^{24}	miau^{24}	miau
韩城	piao^{53}	pʰiao^{31}	pʰiau	pʰiao^{44}	pʰiao^{24}	miao^{24}	miau
合阳	piɔo^{52}	pʰiɔo^{31}	pʰiau	pʰiɔo^{55}	pʰiɔo^{24}	miɔo^{24}	miau
澄城	piɔ^{53}	pʰiɔ^{31}	pʰiau	pʰiɔ^{44}	pʰiɔ^{24}	miɔ^{24}	miau
白水	piɔ^{53}	pʰiɔ^{31}	pʰiau	pʰiɔ^{44}	pʰiɔ^{24}	miɔ^{24}	miau
大荔	piɔ^{52}	pʰiɔ^{31}	pʰiau	pʰiɔ^{55}	pʰiɔ^{24}	miɔ^{24}	miau
蒲城	piɔ^{53}	pʰiɔ^{31}	pʰiau	pʰiɔ^{55}	pʰiɔ^{35}	miɔ^{35}	miau
美原	piɔ^{53}	pʰiɔ^{31}	pʰiau	pʰiɔ^{55}	pʰiɔ^{35}	miɔ^{35}	miau
富平	piɔ^{53}	pʰiɔ^{31}	pʰiau	pʰiɔ^{55}	pʰiɔ^{35}	miɔ^{35}	miau
潼关	piɔ^{52}	pʰiɔ^{31}	pʰiau	pʰiɔ^{44}	pʰiɔ^{24}	miɔ^{24}	miau
华阴	piɔ^{52}	pʰiɔ^{31}	pʰiau	pʰiɔ^{55}	pʰiɔ^{24}	miɔ^{24}	miau
华县	piɔ^{53}	pʰiɔ^{31}	pʰiau	pʰiɔ^{55}	pʰiɔ^{35}	miɔ^{35}	miau
渭南	piɔ^{53}	pʰiɔ^{31}	pʰiau	pʰiɔ^{44}	pʰiɔ^{24}	miɔ^{24}	miau
洛南	piɔ^{53}	pʰiɔ^{31}	pʰiau	pʰiɔ^{44}	pʰiɔ^{24}	miɔ^{24}	miau
商州	piɔ^{53}	pʰiɔ^{31}	pʰiau	pʰiɔ^{55}	pʰiɔ^{35}	miɔ^{35}	miau
丹凤	piɔ^{53}	pʰiɔ^{31}		pʰiɔ^{44}	pʰiɔ^{24}	pʰiɔ^{24}	
宜川	piɔ^{45}	pʰiɔ^{51}		pʰiɔ^{45}	pʰiɔ^{24}	miɔ^{24}	
富县	piɔ^{52}	pʰiɔ^{31}		pʰiɔ^{44}	pʰiɔ^{24}	miɔ^{24}	
黄陵	piao^{52}	pʰiao^{31}		pʰiao^{44}	pʰiao^{24}	miao^{24}	
宜君	piɔ^{52}	pʰiɔ^{21}		pʰiɔ^{44}	pʰiɔ^{24}	miɔ^{52}	
铜川	piɔ^{52}	pʰiɔ^{21}	pʰiau	pʰiɔ^{44}	pʰiɔ^{24}	miɔ^{24}	miau
耀县	piao^{52}	pʰiao^{31}	pʰiau	pʰiao^{44}	pʰiao^{24}	miao^{24}	miau
高陵	piao^{52}	pʰiao^{31}	pʰiau	pʰiao^{55}	pʰiao^{24}	miao^{24}	miau
临潼	piɔ^{52}	pʰiɔ^{31}	pʰiau	pʰiɔ^{45}	pʰiɔ^{24}	miɔ^{24}	miau

字目 / 方言	表	飘	票	瓢	苗
	效开三 上小帮	效开三 平宵滂	效开三 去笑滂	效开三 平宵並	效开三 平宵明
蓝田	$pi\mathfrak{o}^{52}$	$p^hi\mathfrak{o}^{31}$ ｜ p^hiau	$p^hi\mathfrak{o}^{44}$	$p^hi\mathfrak{o}^{24}$	$mi\mathfrak{o}^{24}$ ｜ $miau$
长安	$pi\mathfrak{o}^{53}$	$p^hi\mathfrak{o}^{31}$	$p^hi\mathfrak{o}^{44}$	$p^hi\mathfrak{o}^{24}$	$mi\mathfrak{o}^{24}$
户县	$pi\mathfrak{oo}^{52}$	$p^hi\mathfrak{oo}^{31}$ ｜ p^hiau	$p^hi\mathfrak{oo}^{55}$	$p^hi\mathfrak{oo}^{24}$	$mi\mathfrak{oo}^{24}$ ｜ $miau$
周至	$pi\mathfrak{o}^{52}$	$p^hi\mathfrak{o}^{21}$ ｜ p^hiau	$p^hi\mathfrak{o}^{55}$	$p^hi\mathfrak{o}^{24}$	$mi\mathfrak{o}^{24}$ ｜ $miau$
三原	$pi\mathfrak{o}^{52}$	$p^hi\mathfrak{o}^{31}$ ｜ p^hiau	$p^hi\mathfrak{o}^{55}$	$p^hi\mathfrak{o}^{24}$	$mi\mathfrak{o}^{24}$ ｜ $miau$
泾阳	$pi\mathfrak{o}^{52}$	$p^hi\mathfrak{o}^{31}$ ｜ p^hiau	$p^hi\mathfrak{o}^{55}$	$p^hi\mathfrak{o}^{24}$	$mi\mathfrak{o}^{24}$ ｜ $miau$
咸阳	$pi\mathfrak{o}^{52}$	$p^hi\mathfrak{o}^{31}$ ｜ p^hiau	$p^hi\mathfrak{o}^{55}$	$p^hi\mathfrak{o}^{24}$	$mi\mathfrak{o}^{24}$ ｜ $miau$
兴平	$pi\mathfrak{o}^{52}$	$p^hi\mathfrak{o}^{31}$ ｜ p^hiau	$p^hi\mathfrak{o}^{55}$	$p^hi\mathfrak{o}^{24}$	$mi\mathfrak{o}^{24}$ ｜ $miau$
武功	$pi\mathfrak{o}^{52}$	$p^hi\mathfrak{o}^{31}$ ｜ p^hiau	$p^hi\mathfrak{o}^{55}$	$p^hi\mathfrak{o}^{24}$	$mi\mathfrak{o}^{24}$ ｜ $miau$
礼泉	$pi\mathfrak{o}^{52}$	$p^hi\mathfrak{o}^{31}$ ｜ p^hiau	$p^hi\mathfrak{o}^{55}$	$p^hi\mathfrak{o}^{24}$	$mi\mathfrak{o}^{24}$ ｜ $miau$
乾县	$pi\mathfrak{o}^{52}$	$p^hi\mathfrak{o}^{31}$ ｜ p^hiau	$p^hi\mathfrak{o}^{44}$	$p^hi\mathfrak{o}^{24}$	$mi\mathfrak{o}^{24}$ ｜ $miau$
永寿	$pi\mathfrak{o}^{52}$	$p^hi\mathfrak{o}^{31}$ ｜ p^hiau	$p^hi\mathfrak{o}^{55}$	$p^hi\mathfrak{o}^{24}$	$mi\mathfrak{o}^{24}$ ｜ $miau$
淳化	$pi\mathfrak{o}^{52}$	$p^hi\mathfrak{o}^{31}$ ｜ p^hiau	$p^hi\mathfrak{o}^{55}$	$p^hi\mathfrak{o}^{24}$	$mi\mathfrak{o}^{24}$ ｜ $miau$
旬邑	$pi\mathfrak{o}^{52}$	$p^hi\mathfrak{o}^{31}$ ｜ p^hiau	$p^hi\mathfrak{o}^{44}$	$p^hi\mathfrak{o}^{24}$	$mi\mathfrak{o}^{24}$ ｜ $miau$
彬县	$pi\mathfrak{o}^{52}$	$p^hi\mathfrak{o}^{31}$ ｜ p^hiau	$p^hi\mathfrak{o}^{44}$	$p^hi\mathfrak{o}^{24}$	$mi\mathfrak{o}^{24}$ ｜ $miau$
长武	$pi\mathfrak{o}^{52}$	$p^hi\mathfrak{o}^{31}$ ｜ p^hiau	$p^hi\mathfrak{o}^{44}$	$p^hi\mathfrak{o}^{24}$	$mi\mathfrak{o}^{24}$ ｜ $miau$
扶风	$pi\mathfrak{o}^{52}$	$p^hi\mathfrak{o}^{31}$ ｜ p^hiau	$p^hi\mathfrak{o}^{33}$	$p^hi\mathfrak{o}^{24}$	$mi\mathfrak{o}^{24}$ ｜ $miau$
眉县	$pi\mathfrak{o}^{52}$	$p^hi\mathfrak{o}^{31}$ ｜ p^hiau	$p^hi\mathfrak{o}^{44}$	$p^hi\mathfrak{o}^{24}$	$mi\mathfrak{o}^{24}$ ｜ $miau$
麟游	$pi\mathfrak{o}^{53}$	$p^hi\mathfrak{o}^{31}$ ｜ p^hiau	$p^hi\mathfrak{o}^{44}$	$p^hi\mathfrak{o}^{24}$	$mi\mathfrak{o}^{24}$ ｜ $miau$
岐山	$pi\mathfrak{o}^{53}$	$p^hi\mathfrak{o}^{31}$ ｜ p^hiau	$p^hi\mathfrak{o}^{44}$	$p^hi\mathfrak{o}^{24}$	$mi\mathfrak{o}^{24}$ ｜ $miau$
凤翔	$pi\mathfrak{o}^{53}$	$p^hi\mathfrak{o}^{31}$ ｜ p^hiau	$p^hi\mathfrak{o}^{44}$	$p^hi\mathfrak{o}^{24}$	$mi\mathfrak{o}^{24}$ ｜ $miau$
宝鸡	$pi\mathfrak{o}^{53}$	$p^hi\mathfrak{o}^{31}$ ｜ p^hiau	$p^hi\mathfrak{o}^{44}$	$p^hi\mathfrak{o}^{24}$	$mi\mathfrak{o}^{24}$ ｜ $miau$
千阳	$pi\mathfrak{o}^{53}$	$p^hi\mathfrak{o}^{31}$ ｜ p^hiau	$p^hi\mathfrak{o}^{44}$	$p^hi\mathfrak{o}^{24}$	$mi\mathfrak{o}^{24}$ ｜ $miau$
陇县	$pi\mathfrak{o}^{53}$	$p^hi\mathfrak{o}^{31}$ ｜ p^hiau	$p^hi\mathfrak{o}^{44}$	$p^hi\mathfrak{o}^{24}$	$mi\mathfrak{o}^{24}$ ｜ $miau$

字目 方言	秒 效开三 上小明	庙 效开三 去笑明	燎平声 效开三 平宵来	燎火~眉毛 效开三 上小来	疗 效开三 去笑来
西安	miau^{53}	miau^{55}	liau^{24}	liau^{53}	liau^{24}
韩城	miao^{53}	miao^{44}	liao^{24}	liao^{53}	liao^{24}
合阳	miɔo^{52}	miɔo^{55}	liɔo^{24}	liɔo^{52}	liɔo^{24}
澄城	miɔ^{53}	miɔ^{44}	liɔ^{24}	liɔ^{53}	liɔ^{24}
白水	miɔ^{53}	miɔ^{44}	liɔ^{24}	liɔ^{53}	liɔ^{24}
大荔	miɔ^{52}	miɔ^{55}	liɔ^{24}	liɔ^{52}	liɔ^{24}
蒲城	miɔ^{53}	miɔ^{55}	liɔ^{35}	liɔ^{53}	liɔ^{35}
美原	miɔ^{53}	miɔ^{55}	liɔ^{35}	liɔ^{53}	liɔ^{35}
富平	miɔ^{53}	miɔ^{55}	liɔ^{35}	liɔ^{53}	liɔ^{35}
潼关	miɔ^{52}	miɔ^{44}	liɔ^{24}	liɔ^{52}	liɔ^{24}
华阴	miɔ^{52}	miɔ^{55}	liɔ^{24}	liɔ^{52}	liɔ^{24}
华县	miɔ^{53}	miɔ^{55}	liɔ^{35}	liɔ^{53}	liɔ^{35}
渭南	miɔ^{53}	miɔ^{44}	liɔ^{24}	liɔ^{53}	liɔ^{24}
洛南	miɔ^{53}	miɔ^{44}	liɔ^{24}	liɔ^{53}	liɔ^{24}
商州	miɔ^{53}	miɔ^{55}	liɔ^{35}	liɔ^{53}	liɔ^{35}
丹凤	miɔ^{53}	miɔ^{44}	liɔ^{24}	liɔ^{53}	liɔ^{24}
宜川	miɔ^{45}	miɔ^{45}	liɔ^{24}	liɔ^{45}	liɔ^{24}
富县	miɔ^{52}	miɔ^{44}	liɔ^{24}	liɔ^{52}	liɔ^{24}
黄陵	miao^{52}	miao^{44}	liao^{24}	liao^{52}	liao^{24}
宜君	miɔ^{44}	miɔ^{44}	liɔ^{24}	liɔ^{52}	liɔ^{24}
铜川	miɔ^{52}	miɔ^{44}	liɔ^{24}	liɔ^{52}	liɔ^{24}
耀县	miao^{52}	miao^{44}	liao^{24}	liao^{52}	liao^{24}
高陵	miao^{52}	miao^{55}	liao^{24}	liao^{52}	liao^{24}
临潼	miɔ^{52}	miɔ^{45}	liɔ^{24}	liɔ^{52}	liɔ^{24}

字目 方言	秒 效开三 上小明	庙 效开三 去笑明	燎平声 效开三 平宵来	燎火~眉毛 效开三 上小来	疗 效开三 去笑来
蓝田	miɔ⁵²	miɔ⁴⁴	liɔ²⁴	liɔ⁵²	liɔ²⁴
长安	miɔ⁵³	miɔ⁴⁴	liɔ²⁴	liɔ⁵³	liɔ²⁴
户县	miɔɔ⁵²	miɔɔ⁵⁵	liɔɔ²⁴	liɔɔ⁵²	liɔɔ²⁴
周至	miɔ⁵²	miɔ⁵⁵	liɔ²⁴	liɔ⁵²	liɔ²⁴
三原	miɔ⁵²	miɔ⁵⁵	liɔ²⁴	liɔ⁵²	liɔ²⁴
泾阳	miɔ⁵²	miɔ⁵⁵	liɔ²⁴	liɔ⁵²	liɔ²⁴
咸阳	miɔ⁵²	miɔ⁵⁵	liɔ²⁴	liɔ⁵²	liɔ²⁴
兴平	miɔ⁵²	miɔ⁵⁵	liɔ²⁴	liɔ⁵²	liɔ²⁴
武功	miɔ⁵²	miɔ⁵⁵	liɔ²⁴	liɔ⁵²	liɔ²⁴
礼泉	miɔ⁵²	miɔ⁵⁵	liɔ²⁴	liɔ⁵²	liɔ²⁴
乾县	miɔ⁵²	miɔ⁴⁴	liɔ²⁴	liɔ⁵²	liɔ²⁴
永寿	miɔ⁵²	miɔ⁵⁵	liɔ²⁴	liɔ⁵²	liɔ²⁴
淳化	miɔ⁵²	miɔ⁵⁵	liɔ²⁴	liɔ⁵²	liɔ²⁴
旬邑	miɔ⁵²	miɔ⁴⁴	liɔ²⁴	liɔ⁵²	liɔ²⁴
彬县	miɔ⁵²	miɔ⁴⁴	liɔ²⁴	liɔ⁵²	liɔ²⁴
长武	miɔ⁵²	miɔ⁴⁴	liɔ²⁴	liɔ⁵²	liɔ²⁴
扶风	miɔ⁵²	miɔ³³	liɔ²⁴	liɔ⁵²	liɔ²⁴
眉县	miɔ⁵²	miɔ⁴⁴	liɔ²⁴	liɔ⁵²	liɔ²⁴
麟游	miɔ⁵³	miɔ⁴⁴	liɔ²⁴	liɔ⁵³	liɔ²⁴
岐山	miɔ⁵³	miɔ⁴⁴	liɔ²⁴	liɔ⁵³	liɔ²⁴
凤翔	miɔ⁵³	miɔ⁴⁴	liɔ²⁴	liɔ⁵³	liɔ²⁴
宝鸡	miɔ⁵³	miɔ⁴⁴	liɔ²⁴	liɔ⁵³	liɔ²⁴
千阳	miɔ⁵³	miɔ⁴⁴	liɔ²⁴	liɔ⁵³	liɔ²⁴
陇县	miɔ⁵³	miɔ⁴⁴	liɔ²⁴	liɔ⁵³	liɔ⁵³

字目 方言	焦 效开三平宵精		剿 效开三上小精	锹 效开三平宵清	悄 效开三上小清	俏 效开三去笑清
西安	tɕiɑu²¹	tɕiɑu	tɕiɑu⁵³	tɕʰiɑu²¹	tɕʰiɑu²¹	tɕʰiɑu⁵⁵
韩城	tɕiɑo³¹	tɕiɑu	tsʰɑo³¹	tɕʰiɑo⁴⁴	tɕʰiɑo³¹	tɕʰiɑo⁴⁴
合阳	tsiɔc³¹	tsiɑu	tsʰɔc³¹	tsʰiɔc³¹	tsʰiɔc³¹	tsʰiɔc⁵⁵
澄城	tiɔ³¹	tiɑu	tsʰɔ³¹	tʰiɔ³¹	tʰiɔ³¹	tʰiɔ⁴⁴
白水	tiɔ³¹	tsɑu	tsʰɔ³¹	tsʰiɔ³¹	tsʰiɔ³¹	tsʰiɔ⁴⁴
大荔	tiɔ³¹	tiɑu	tiɔ⁵²	tʰiɔ³¹	tʰiɔ³¹	tʰiɔ⁵⁵
蒲城	tiɔ³¹	ʈiɑu	tsʰɔ³¹	tsʰiɔ³¹	tsʰiɔ³¹	tsʰiɔ⁵⁵
美原	tɕiɔ³¹	tsiɑu	tsʰɔ³¹	tɕʰiɔ³¹	tɕʰiɔ³¹	tɕʰiɔ⁵⁵
富平	tiɔ³¹	tsɑu	tiɔ⁵³	tsʰiou³¹	tsʰiɔ³¹	tsʰiɔ⁵⁵
潼关	tɕiɔ³¹	tɕiɑu	tɕiɔ⁵²	tɕʰiɔ³¹	tɕʰiɔ³¹	tɕʰiɔ⁴⁴
华阴	tɕiɔ³¹	tɕɑu	tsʰɔ³¹	tɕʰiɔ³¹	tɕʰiɔ³¹	tɕʰiɔ⁵⁵
华县	tiɔ³¹	ʈiɑu	tsʰɔ³¹	tʰiɔ³¹	tʰiɔ³¹	tʰiɔ⁵⁵
渭南	tɕiɔ³¹	tiɑu	tsʰɔ³¹	tɕʰiɔ³¹	tɕʰiɔ³¹	tɕʰiɔ⁴⁴
洛南	tɕiɔ³¹	tɕiɑu	tɕʰiɔ³¹	tɕʰiɔ³¹	tɕʰiɔ³¹	tɕʰiɔ⁴⁴
商州	tɕiɔ³¹	ʈiɑu	tɕiɔ⁵³	tɕʰiɔ³¹	tɕʰiɔ³¹	tɕʰiɔ⁵⁵
丹凤	tɕiɔ³¹		tɕʰiɔ³¹	tɕʰiɔ³¹	tɕʰiɔ³¹	tɕʰiɔ⁴⁴
宜川	tɕiɔ⁵¹		tsʰɔ²⁴	tɕʰiɔ⁴⁵	tɕʰiɔ⁵¹	tɕʰiɔ⁴⁵
富县	tɕiɔ³¹		tɕiɔ⁵²/tsʰɔ³¹	tɕʰiɔ⁴⁴	tɕʰiɔ³¹	tɕʰiɔ⁴⁴
黄陵	tɕiɑo³¹		tɕiɑo³¹/tsʰɑo³¹	tɕʰiɑo³¹	tɕʰiɑo³¹	tɕʰiɑo⁴⁴
宜君	ʈiɔ²¹		tsɔ²¹	tʰiɔ²¹	tʰiɔ²¹	tʰiɔ⁴⁴
铜川	tɕiɔ²¹	tsiɑu	tɕiɔ⁵²/tsʰɔ²¹	tɕʰiɔ²¹	tɕʰiɔ²¹	tɕʰiɔ⁴⁴
耀县	tɕiɑo³¹	tɕiɑu	tsʰɑo³¹	tɕʰiɑo⁴⁴	tɕʰiɑo³¹	tɕʰiɑo⁵²
高陵	ʈiɑo³¹	tiɑu	tsʰɑo³¹	tʰiɑo³¹	tʰiɑo³¹	tʰiɑo⁵⁵
临潼	tɕiɔ³¹	ʈiɑu	tsʰɔ³¹	tɕʰiɔ³¹	tɕʰiɔ³¹	tɕʰiɔ⁴⁵

字目 / 方言	焦 效开三 平宵精		剿 效开三 上小精	锹 效开三 平宵清	悄 效开三 上小清	俏 效开三 去笑清
蓝田	tɕiɔ³¹	ȶiɑu	tɕiɔ³¹/tsʰɔ³¹	tɕʰiɔ³¹	tɕʰiɔ³¹	tɕʰiɔ⁴⁴
长安	tɕiɔ³¹		tsʰɔ³¹	tɕʰiɔ³¹	tɕʰiɔ³¹	tɕʰiɔ⁴⁴
户县	tɕiɔɔ³¹	tɕiɑu	tsʰɔɔ³¹	tɕʰiɔɔ³¹	tɕʰiɔɔ³¹	tɕʰiɔɔ⁵⁵
周至	tɕiɔ²¹	tɕiɑu	tsʰɔ²¹	tɕʰiɔ²¹	tɕʰiɔ²¹	tɕʰiɔ⁵⁵
三原	tiɔ³¹	ȶiɑu	tsʰɔ⁵²	tɕʰiɔ³¹	tʰiɔ³¹	tʰiɔ⁵²
泾阳	tɕiɔ³¹	ȶiɑu	tsʰɔ⁵²	tɕʰiɔ³¹	tɕʰiɔ³¹	tɕʰiɔ⁵⁵
咸阳	tɕiɔ³¹	tɕiɑu	tsʰɔ³¹	tɕʰiɔ³¹	tɕʰiɔ³¹	tɕʰiɔ⁵⁵
兴平	tɕiɔ³¹	tsiɑu	tsʰɔ⁵²	tɕʰiɔ³¹	tɕʰiɔ³¹	tɕʰiɔ⁵⁵
武功	tɕiɔ³¹	tɕiɑu	tɕiɔ⁵²	tɕʰiɔ³¹	tɕʰiɔ³¹	tɕʰiɔ⁵⁵
礼泉	tɕiɔ³¹	tɕiɑu	tsʰɔ³¹	tɕʰiɔ³¹	tɕʰiɔ³¹	tɕʰiɔ⁵⁵
乾县	tɕiɔ³¹	tɕiɑu	tsʰɔ³¹	tɕʰiɔ³¹	tɕʰiɔ³¹	tɕʰiɔ⁴⁴
永寿	tɕiɔ³¹	tɕiɑu	tsʰɔ³¹	tɕʰiɔ³¹	tɕʰiɔ³¹	tɕʰiɔ⁵⁵
淳化	tiɔ³¹	tsiɑu	tsʰɔ⁵²	tʰiɔ³¹	tʰiɔ³¹	tʰiɔ⁵²
旬邑	tsiɔ³¹	tsiɑu	tsʰɔ³¹	tsʰiɔ³¹	tsʰiɔ³¹	tsʰiɔ⁵²
彬县	tsiɔ³¹	tsiɑu	tsʰɔ³¹	tsʰiɔ³¹	tsʰiɔ³¹	tsʰiɔ⁴⁴
长武	tsiɔ³¹	tsiɑu	tsʰɔ³¹	tsʰiɔ³¹	tsʰiɔ³¹	tsʰiɔ⁴⁴
扶风	tɕiɔ³¹	tsiɑu	tsʰɔ³¹	tɕʰiɔ³¹	tɕʰiɔ³¹	tɕʰiɔ³³
眉县	ȶiɔ³¹	tsiɑu	ȶiɔ⁵²	tʰiɔ³¹	tʰiɔ³¹	tʰiɔ⁴⁴
麟游	ȶiɔ³¹	tsiɑu	tsʰɔ³¹	tʰiɔ³¹	tʰiɔ³¹	tʰiɔ⁴⁴
岐山	ȶiɔ³¹	tsiɑu	tsʰɔ³¹	tʰiɔ³¹	tʰiɔ³¹	tʰiɔ⁵³
凤翔	ȶiɔ³¹	ȶiɑu	ȶiɔ⁵³	tʰiɔ³¹	tʰiɔ³¹	tʰiɔ⁴⁴
宝鸡	tɕiɔ³¹	ȶiɑu	tsʰɔ³¹	tɕʰiɔ³¹	tɕʰiɔ³¹	tɕʰiɔ⁴⁴
千阳	ȶiɔ³¹	tsiɑu	tsʰɔ³¹	tsʰiɔ³¹	tʰiɔ³¹	tʰiɔ⁴⁴
陇县	tɕiɔ³¹	tɕiɑu	tɕiɔ³¹	tɕʰiɔ³¹	tɕʰiɔ³¹	tɕʰiɔ⁴⁴

字目\方言	樵 效开三平宵从		消 效开三平宵心		小 效开三上小心	笑 效开三去笑心	朝今~ 效开三平宵知	
西安	tɕʰiau²⁴	tɕʰiau	ɕiau²¹	ɕiau	ɕiau⁵³	ɕiau⁵⁵	tʂau²¹	ʈau
韩城	tɕʰiao²⁴	tɕʰiau	ɕiao³¹	ɕiau	ɕiao⁵³	ɕiao⁴⁴	tʂao³¹	ʈau
合阳	tsʰiɔo²⁴	tsʰiau	siɔo³¹	siau	siɔo⁵²	siɔo⁵⁵	tʂɔo³¹	tʂau
澄城	tʰiɔ²⁴	tsʰiau	ɕiɔ³¹	siau	ɕiɔ⁵³	ɕiɔ⁴⁴	tʂɔ³¹	ʈau
白水	tsʰiɔ²⁴	tsʰiau	siɔ³¹	siau	siɔ⁵³	siɔ⁴⁴	tʂɔ³¹	ʈau
大荔	tʰiɔ²⁴	tʰiau	siɔ³¹	siau	siɔ⁵²	siɔ⁵⁵	tʂɔ³¹	ʈau
蒲城	tsʰiɔ³⁵	tʰiau	siɔ³¹	siau	siɔ⁵³	siɔ⁵⁵	tʂɔ³¹	ʈau
美原	tɕiɔ³¹	tsʰiau	ɕiɔ³¹	siau	ɕiɔ⁵³	ɕiɔ⁵⁵	kɔ³¹	kau
富平	tsʰiɔ³⁵	tsʰiau	siɔ³¹	siau	siɔ⁵³	siɔ⁵⁵	tʂɔ³¹	ʈau
潼关	tɕʰiɔ²⁴	tɕʰiau	ɕiɔ³¹	ɕiau	ɕiɔ⁵²	ɕiɔ⁴⁴	tʂɔ³¹	ʈau
华阴	tɕʰiɔ²⁴	tɕʰiau	ɕiɔ³¹	ɕiau	ɕiɔ⁵²	ɕiɔ⁵⁵	tʂɔ³¹	ʈau
华县	tʰiɔ³⁵	tʰiau	siɔ³¹	siau	siɔ⁵³	siɔ⁵⁵	tʂɔ³¹	ʈau
渭南	tɕʰiɔ²⁴	tʰiau	ɕiɔ³¹	siau	ɕiɔ⁵³	ɕiɔ⁴⁴	tʂɔ³¹	ʈau
洛南	tɕʰiɔ²⁴	tɕʰiau	ɕiɔ³¹	ɕiau	ɕiɔ⁵³	ɕiɔ⁴⁴	tʂɔ³¹	ʈau
商州	tɕʰiɔ³⁵	tʰiau	ɕiɔ³¹	siau	ɕiɔ⁵³	ɕiɔ⁵⁵	tʂɔ³¹	ʈau
丹凤	tɕʰiɔ²⁴		ɕiɔ³¹		ɕiɔ⁵³	ɕiɔ⁴⁴	tʂɔ³¹	
宜川	tɕʰiɔ²⁴		ɕiɔ⁵¹		ɕiɔ⁴⁵	ɕiɔ⁴⁵	tʂʰɔ²⁴	
富县	tɕʰiɔ²⁴		ɕiɔ³¹		ɕiɔ⁵²	ɕiɔ⁴⁴	tɔ³¹	
黄陵	tɕʰiao²⁴		ɕiao³¹		ɕiao⁵²	ɕiao⁴⁴	tʂao³¹	
宜君	tʰiɔ²⁴		siɔ²¹		siɔ⁵²	siɔ⁴⁴	t̠ɔ²¹/tʰɔ²⁴	
铜川	tɕʰiɔ²⁴	tsʰiau	ɕiɔ²¹	siau	ɕiɔ⁵²	ɕiɔ⁴⁴	tʂɔ²¹	ʈau
耀县	tɕʰiao²⁴	tɕʰiau	ɕiao³¹	ɕiau	ɕiao⁵²	ɕiao⁴⁴	tʰao²⁴	ʈau
高陵	tʰiau²⁴	tʰiau	siau³¹	siau	siau⁵²	siau⁵⁵	ʈao³¹	ʈau
临潼	tɕʰiɔ³¹/tɕiɔ³¹	tʰiau	ɕiɔ³¹	siau	ɕiɔ⁵²	ɕiɔ⁴⁵	tʂɔ³¹	ʈau

字目 / 方言	樵		消		小	笑	朝今~
	效开三 平宵从		效开三 平宵心		效开三 上小心	效开三 去笑心	效开三 平宵知
蓝田	tɕʰiɔ²⁴	tʰiau	ɕiɔ³¹	ɕiau	ɕiɔ⁵²	ɕiɔ⁴⁴	tʂʰɔ²⁴ ǀ tɕau
长安	tɕʰiɔ²⁴		ɕiɔ³¹		ɕiɔ⁵³	ɕiɔ⁴⁴	tɔ³¹
户县	tɕʰiɔɔ²⁴	tɕʰiau	ɕiɔɔ³¹	ɕiau	ɕiɔɔ⁵²	ɕiɔɔ⁵⁵	tʂɔɔ³¹ ǀ tɕau
周至	tɕʰiɔ²⁴	tɕʰiau	ɕiɔ²¹	ɕiau	ɕiɔ⁵²	ɕiɔ⁵⁵	tɔ²¹ ǀ tɕau
三原	tʰiɔ²⁴	tʰiau	siɔ³¹	siau	siɔ⁵²	siɔ⁵⁵	tɔ³¹ ǀ tɕau
泾阳	tɕʰiɔ²⁴	tʰiau	ɕiɔ³¹	siau	ɕiɔ⁵²	ɕiɔ⁵⁵	tɔ³¹ ǀ tɕau
咸阳	tɕʰiɔ²⁴	tɕʰiau	ɕiɔ³¹	ɕiau	ɕiɔ⁵²	ɕiɔ⁵⁵	tɔ³¹ ǀ tɕau
兴平	tɕʰiɔ²⁴	tsʰiau	ɕiɔ³¹	siau	ɕiɔ⁵²	ɕiɔ⁵⁵	tɔ³¹ ǀ tɕau
武功	tɕʰiɔ²⁴	tɕʰiau	ɕiɔ³¹	ɕiau	ɕiɔ⁵²	ɕiɔ⁵⁵	tɔ³¹ ǀ tɕau
礼泉	tɕʰiɔ²⁴	tɕʰiau	ɕiɔ³¹	ɕiau	ɕiɔ⁵²	ɕiɔ⁴⁴	tɔ⁵² ǀ tɕau
乾县	tɕʰiɔ²⁴	tɕʰiau	ɕiɔ³¹	ɕiau	ɕiɔ⁵²	ɕiɔ⁴⁴	tɔ³¹ ǀ tɕau
永寿	tɕʰiɔ²⁴	tɕʰiau	ɕiɔ³¹	siau	ɕiɔ⁵²	ɕiɔ⁵⁵	tɔ³¹ ǀ tɕau
淳化	tʰiɔ²⁴	tsʰiau	siɔ³¹	siau	siɔ⁵²	siɔ⁵⁵	tɔ³¹ ǀ tʂau
旬邑	tsʰiɔ²⁴	tsʰiau	siɔ³¹	siau	siɔ⁵²	siɔ⁴⁴	tɔ³¹ ǀ tɕau
彬县	tsʰiɔ²⁴	tsʰiau	siɔ³¹	siau	siɔ⁵²	siɔ⁴⁴	tɔ³¹ ǀ tʂau
长武	tsʰiɔ²⁴	tsʰiau	siɔ³¹	siau	siɔ⁵²	siɔ⁴⁴	tɔ³¹ ǀ tʰau
扶风	tɕʰiɔ²⁴	tɕʰiau	ɕiɔ³¹	ɕiau	ɕiɔ⁵²	ɕiɔ³³	tʂɔ³¹ ǀ tʰau
眉县	tʰiɔ²⁴	tsʰiau	siɔ³¹	siau	siɔ³¹	siɔ⁴⁴	tʂɔ³¹ ǀ tʰau
麟游	tʰiɔ²⁴	tɕʰiau	siɔ³¹	ɕiau	siɔ⁵³	siɔ⁴⁴	tʂɔ³¹ ǀ tɕau
岐山	tʰiɔ²⁴	tɕʰiau	siɔ³¹	ɕiau	siɔ⁵³	siɔ⁴⁴	tʂɔ³¹ ǀ tɕau
凤翔	tʰiɔ²⁴	tʰiau	siɔ³¹	siau	siɔ⁵³	siɔ⁴⁴	tʂɔ³¹ ǀ tɕau
宝鸡	tɕʰiɔ²⁴	tʰiau	ɕiɔ³¹	siau	ɕiɔ⁵³	ɕiɔ⁴⁴	tʂʰɔ²⁴ ǀ tʂau
千阳	tʰiɔ²⁴	tsʰiau	siɔ³¹	siau	siɔ⁵³	siɔ⁴⁴	tʂɔ³¹/tʂʰɔ²⁴ ǀ tʂau
陇县	tɕʰiɔ²⁴	tɕʰiau	ɕiɔ³¹	ɕiau	ɕiɔ⁵³	ɕiɔ⁴⁴	tʂɔ³¹ ǀ tʂau

字目 方言	超 效开三 平宵彻	朝~代 效开三 平宵澄	赵 效开三 上小澄	召 效开三 去笑澄	招 效开三 平宵章
西安	tʂʰau²¹ ∣ tʰau	tʂʰau²⁴	tʂau⁵⁵	tʂau²¹	tʂau²¹
韩城	tʂʰao³¹ ∣ tʰau	tʂʰao²⁴	tʂʰao⁴⁴	tʂao³¹	tʂao³¹
合阳	tʂʰɔo³¹ ∣ tʂʰau	tʂʰɔo²⁴	tʂʰɔo⁵⁵	tʂɔo³¹	tʂɔo³¹
澄城	tʂʰɔ³¹ ∣ tʰau	tʂʰɔ²⁴	tʂʰɔ⁴⁴	tʂɔ³¹	tʂɔ³¹
白水	tʂʰɔ³¹ ∣ tʰau	tʂʰɔ²⁴	tʂʰɔ⁴⁴	tʂɔ³¹	tʂɔ³¹
大荔	tʂʰɔ³¹ ∣ tʰau	tʂʰɔ²⁴	tʂʰɔ⁵⁵	tʂɔ³¹	tʂɔ³¹
蒲城	tʂʰɔ³¹ ∣ tʂʰau	tʂʰɔ³⁵	tʂʰɔ⁵⁵	tʂɔ³¹	tʂɔ³¹
美原	kʰɔ³¹ ∣ kʰau	kʰɔ³⁵	kʰɔ⁵⁵	kɔ³¹	kɔ³¹
富平	tʂʰɔ³¹ ∣ tʂʰau	tʂʰɔ³⁵	tʂɔ⁵⁵	tʂɔ³¹	tʂɔ³¹
潼关	tʂʰɔ³¹ ∣ tʰau	tʂʰɔ²⁴	tʂɔ⁴⁴	tʂɔ³¹	tʂɔ³¹
华阴	tʂʰɔ³¹ ∣ tʰau	tʂʰɔ²⁴	tʂʰɔ⁵⁵	tʂɔ³¹	tʂɔ³¹
华县	tʂʰɔ³¹ ∣ tʰau	tʂʰɔ³⁵	tʂʰɔ⁵⁵	tʂɔ³¹	tʂɔ³¹
渭南	tʂʰɔ³¹ ∣ tʰau	tʂʰɔ²⁴	tʂʰɔ⁴⁴	tʂɔ³¹	tʂɔ³¹
洛南	tʂʰɔ³¹ ∣ tʰau	tʂʰɔ²⁴	tʂʰɔ⁴⁴	tʂɔ³¹	tʂɔ³¹
商州	tʂʰɔ³¹ ∣ tʰau	tʂʰɔ³⁵	tʂɔ⁵⁵	tʂɔ³¹	tʂɔ³¹
丹凤	tʂʰɔ³¹	tʂʰɔ²⁴	tʂɔ⁴⁴	tʂɔ³¹	tʂɔ³¹
宜川	tʂʰɔ⁵¹	tʂʰɔ²⁴	tʂɔ⁴⁵/tʂʰɔ⁴⁵	tʂɔ⁵¹	tʂɔ⁵¹
富县	tʰɔ³¹	tʰɔ²⁴	tʰɔ⁴⁴	tɔ³¹	tɔ³¹
黄陵	tʂʰao³¹	tʂʰao²⁴	tʂʰao⁴⁴	tʂao³¹	tʂao³¹
宜君	tʰɔo²¹	tʰɔo²⁴	tʰɔo²⁴	tɔo²¹	tɔo²¹
铜川	tʂʰɔ²¹ ∣ tʰau	tʂʰɔ²⁴	tʂɔ⁴⁴/tʂʰɔ⁴⁴	tʂɔ²¹/tʂɔ⁵²①	tʂɔ²¹
耀县	tʰao³¹ ∣ tʰau	tʰao²⁴	tao⁴⁴	tao³¹/tao⁵²	tao³¹
高陵	tʰao³¹ ∣ tʰau	tʰao²⁴	tao⁵⁵	tao³¹	tao³¹
临潼	tʂʰɔ³¹ ∣ tʰau	tʂʰɔ²⁴	tʂɔ⁴⁵	tʂɔ³¹	tʂɔ³¹

① tʂɔ⁵² 号~。耀县、户县同。

字目 方言	超 效开三 平宵彻	朝~代 效开三 平宵澄	赵 效开三 上小澄	召 效开三 去笑澄	招 效开三 平宵章
蓝田	tʂʰɔ³¹ | tʰau	tʂʰɔ²⁴	tʂɔ⁴⁴	tʂɔ³¹/tʂɔ⁵²	tʂɔ³¹
长安	tʰɔ³¹	tʰɔ²⁴	tɔ⁴⁴	tɔ³¹	tɔ³¹
户县	tʂʰɔɔ³¹ | tʰau	tʂʰɔɔ²⁴	tʂɔɔ⁵⁵	tʂɔɔ³¹/tʂɔɔ⁵²	tʂɔɔ³¹
周至	tʰɔ²¹ | tʰau	tʰɔ²⁴	tɔ⁵⁵	tɔ²¹	tɔ²¹
三原	tʰɔ³¹ | tʰau	tʰɔ²⁴	tɔ⁵⁵	tɔ³¹	tɔ³¹
泾阳	tʰɔ³¹ | tʰau	tʰɔ²⁴	tɔ⁵⁵	tɔ³¹	tɔ³¹
咸阳	tʰɔ³¹ | tʰau	tʰɔ²⁴	tɔ⁵⁵	tɔ⁵²	tɔ³¹
兴平	tʰɔ³¹ | tʰau	tʰɔ²⁴	tɔ⁵⁵	tɔ³¹	tɔ³¹
武功	tʰɔ³¹ | tʰau	tʰɔ²⁴	tɔ⁵⁵	tɔ³¹	tɔ³¹
礼泉	tʰɔ⁵² | tʰau	tʰɔ²⁴	tɔ⁵⁵	tɔ³¹	tɔ³¹
乾县	tʰɔ³¹ | tʰau	tʰɔ²⁴	tɔ⁴⁴	tɔ³¹	tɔ³¹
永寿	tʰɔ³¹ | tʂʰau	tʰɔ²⁴	tɔ⁵⁵	tɔ³¹	tɔ³¹
淳化	tʰɔ³¹ | tʂʰau	tʰɔ²⁴	tɔ⁵⁵	tɔ³¹	tɔ³¹
旬邑	tʰɔ³¹ | tʂʰau	tʰɔ²⁴	tʰɔ⁴⁴	tɔ³¹	tɔ³¹
彬县	tʰɔ³¹ | tʂʰau	tʰɔ²⁴	tʰɔ⁴⁴	tɔ³¹	tɔ³¹
长武	tʰɔ³¹ | tʰau	tʰɔ²⁴	tʰɔ⁴⁴	tɔ³¹	tɔ³¹
扶风	tʂʰɔ³¹ | tʰau	tʂʰɔ²⁴/tʂʰuo²⁴①	tʂɔ³³	tʂɔ³¹/tʂɔ⁵²②	tʂɔ³¹
眉县	tʂʰɔ³¹ | tʰau	tʂʰɔ²⁴	tʂɔ⁴⁴	tʂɔ⁴⁴	tʂɔ³¹
麟游	tʂʰɔ³¹ | tʰau	tʂʰɔ²⁴	tʂʰɔ⁴⁴	tʂɔ³¹	tʂɔ³¹
岐山	tʂʰɔ³¹ | tʰau	tʂʰɔ²⁴	tʂɔ⁵³	tʂɔ⁴⁴	tʂɔ³¹
凤翔	tʂʰɔ³¹ | tʰau	tʂʰɔ²⁴	tʂɔ⁴⁴	tʂɔ⁴⁴	tʂɔ³¹
宝鸡	tʂʰɔ³¹ | tʂʰau	tʂʰɔ²⁴	tʂɔ⁴⁴	tʂɔ³¹	tʂɔ³¹
千阳	tʂʰɔ³¹ | tʂʰau	tʂʰɔ²⁴	tʂɔ⁴⁴	tʂɔ³¹	tʂɔ³¹
陇县	tʂʰɔ³¹ | tʰau	tʂʰɔ²⁴	tʂɔ⁴⁴	tʂɔ³¹	tʂɔ³¹

① tʂʰuo²⁴ ～前走。
② tʂɔ³¹ ～集；tʂɔ⁵² 号～。

字目 / 方言	沼 效开三 上小章	照 效开三 去笑章	烧 效开三 平宵书	少多~ 效开三 上小书	少~年 效开三 去笑书
西安	tʂau²¹	tʂau⁵⁵/ʐau⁵⁵	ʂau²¹/ʂau⁵⁵① ∣ ʂau	ʂau⁵³	ʂau⁵⁵
韩城	tʂao³¹	tʂao⁴⁴/ʐao⁴⁴	ʂao³¹/ʂao⁴⁴ ∣ ʂau	ʂao⁵³	ʂao⁴⁴
合阳	tʂɔo⁵²	tʂɔo⁵⁵/ʐɔo⁵⁵	ʂɔo³¹/ʂɔo⁵⁵ ∣ ʂau	ʂɔo⁵²	ʂɔo⁵⁵
澄城	tʂɔ³¹	tʂɔ⁴⁴/ʐɔ⁴⁴	ʂɔ³¹/ʂɔ⁴⁴ ∣ ʂau	ʂɔ⁵³	ʂɔ⁴⁴
白水	tʂɔ³¹	tʂɔ⁴⁴/ʐɔ⁴⁴	ʂɔ³¹/ʂɔ⁴⁴ ∣ ʂau	ʂɔ⁵³	ʂɔ⁴⁴
大荔	tʂɔ³¹	tʂɔ⁵⁵/ʐɔ⁵⁵	ʂɔ³¹/ʂɔ⁵⁵ ∣ ʂau	ʂɔ⁵²	ʂɔ⁵⁵
蒲城	tʂɔ³¹	tʂɔ⁵⁵/ʐɔ⁵⁵	ʂɔ³¹/ʂɔ⁵⁵ ∣ ʂau	ʂɔ⁵³	ʂɔ⁵⁵
美原	kɔ³¹	kɔ⁵⁵/ɣɔ⁵⁵	xɔ³¹/xɔ⁵⁵ ∣ xau	xɔ⁵³	xɔ⁵⁵
富平	tʂɔ³¹	tʂɔ⁵⁵/ʐɔ⁵⁵	ʂɔ³¹/ʂɔ⁵⁵ ∣ ʂau	ʂɔ⁵³	ʂɔ⁵⁵
潼关	tʂɔ³¹	tʂɔ⁴⁴/ʐɔ⁴⁴	ʂɔ³¹/ʂɔ⁴⁴ ∣ ʂau	ʂɔ⁵²	ʂɔ⁴⁴
华阴	tʂɔ³¹	tʂɔ⁵⁵/ʐɔ⁵⁵	ʂɔ³¹/ʂɔ⁵⁵ ∣ ʂau	ʂɔ⁵²	ʂɔ⁵⁵
华县	tʂɔ³¹	tʂɔ⁵⁵/ʐɔ⁵⁵	ʂɔ³¹/ʂɔ⁵⁵ ∣ ʂau	ʂɔ⁵³	ʂɔ⁵⁵
渭南	tʂɔ³¹	tʂɔ⁴⁴/ʐɔ⁴⁴	ʂɔ³¹/ʂɔ⁴⁴ ∣ ʂau	ʂɔ⁵³	ʂɔ⁴⁴
洛南	tʂɔ³¹	tʂɔ⁴⁴/ʐɔ⁴⁴	ʂɔ³¹/ʂɔ⁴⁴ ∣ ʂau	ʂɔ⁵³	ʂɔ⁴⁴
商州	tʂɔ³¹	tʂɔ⁵⁵/ʐɔ⁵⁵	ʂɔ³¹/ʂɔ⁵⁵ ∣ ʂau	ʂɔ⁵³	ʂɔ⁵⁵
丹凤	tʂɔ³¹	tʂɔ⁴⁴/ʐɔ⁴⁴	ʂɔ³¹/ʂɔ⁴⁴	ʂɔ⁵³	ʂɔ⁴⁴
宜川	tʂɔ⁵¹	tʂɔ⁴⁵/ʐɔ⁴⁵	ʂɔ⁵¹	ʂɔ⁴⁵	ʂɔ⁴⁵
富县	ʈɔ³¹	ʈɔ⁴⁴/ʐɔ⁴⁴	ʂɔ³¹	ʂɔ⁵²	ʂɔ⁴⁴
黄陵	tʂao³¹	tʂao⁴⁴/ʐao⁴⁴	ʂao³¹	ʂao⁵²	ʂao⁴⁴
宜君	ʈɔo²¹	ʈɔo⁴⁴/ʐɔo⁴⁴	ʂɔ²¹	ʂɔ⁵²	ʂɔ⁴⁴
铜川	tʂɔ²¹	tʂɔ⁴⁴/ʐɔ⁴⁴	ʂɔ²¹ ∣ ʐau	ʂɔ⁵²	ʂɔ⁴⁴
耀县	ʈao³¹	ʈao⁴⁴/ʐao⁴⁴	ʂao³¹ ∣ ʂau	ʂao⁵²	ʂao⁴⁴
高陵	ʈao³¹	ʈao⁵⁵/ʐao⁵⁵	ʂao³¹ ∣ ʂau	ʂao⁵²	ʂao⁵⁵
临潼	tʂɔ³¹	tʂɔ⁴⁵/ʐɔ⁴⁵	ʂɔ³¹ ∣ ʂau	ʂɔ⁵²	ʂɔ⁴⁵

① ʂau⁵⁵ 去声，用在"早~，晚~"中。下同。

字目 方言	沼 效开三 上小章	照 效开三 去笑章	烧 效开三 平宵书	少多~ 效开三 上小书	少~年 效开三 去笑书
蓝田	tʂɔ³¹	tʂɔ⁴⁴/zɔ⁴⁴	ʂɔ³¹ ∣ ʂau	ʂɔ⁵²	ʂɔ⁴⁴
长安	tɔ³¹	tɔ⁴⁴/zɔ⁴⁴	ʂɔ³¹	ʂɔ⁵³	ʂɔ⁴⁴
户县	tʂɒɔ³¹	tʂɒɔ⁵⁵/zɒɔ⁵⁵	ʂɒɔ³¹ ∣ ʂau	ʂɒɔ⁵²	ʂɒɔ⁵⁵
周至	tɔ²¹	tɔ⁵⁵/zɔ⁵⁵	ʂɔ²¹ ∣ ʂau	ʂɔ⁵²	ʂɔ⁵⁵
三原	tɔ³¹	tɔ⁵⁵	ʂɔ³¹ ∣ ʂau	ʂɔ⁵²	ʂɔ⁵⁵
泾阳	tɔ³¹	tɔ⁵⁵/zɔ⁵⁵	ʂɔ³¹ ∣ ʂau	ʂɔ⁵²	ʂɔ⁵⁵
咸阳	tɔ³¹	tɔ⁵⁵/zɔ⁵⁵	ʂɔ³¹ ∣ ʂau	ʂɔ⁵²	ʂɔ⁵⁵
兴平	tɔ³¹	tɔ⁵⁵/zɔ⁵⁵	ʂɔ³¹/ʂɔ⁵⁵ ∣ ʂau	ʂɔ⁵²	ʂɔ⁵⁵
武功	tɔ³¹	tɔ⁵⁵	ʂɔ³¹ ∣ ʂau	ʂɔ⁵²	ʂɔ⁵⁵
礼泉	tɔ³¹	tɔ⁵⁵	ʂɔ³¹/ʂɔ⁵⁵ ∣ ʂau	ʂɔ⁵²	ʂɔ⁵⁵
乾县	tɔ³¹	tɔ⁴⁴/zɔ⁴⁴	ʂɔ³¹ ∣ ʂau	ʂɔ⁵²	ʂɔ⁴⁴
永寿	tɔ³¹	tɔ⁵⁵/zɔ⁵⁵	ʂɔ³¹ ∣ ʂau	ʂɔ⁵²	ʂɔ⁵⁵
淳化	tɔ³¹	tɔ⁵⁵/zɔ⁵⁵	ʂɔ³¹ ∣ ʂau	ʂɔ⁵²	ʂɔ⁵⁵
旬邑	tɔ³¹	tɔ⁴⁴/zɔ⁴⁴	ʂɔ³¹ ∣ ʂau	ʂɔ⁵²	ʂɔ⁴⁴
彬县	tɔ³¹	tɔ⁴⁴/zɔ⁴⁴	ʂɔ³¹ ∣ ʂau	ʂɔ⁵²	ʂɔ⁴⁴
长武	tɔ³¹	tɔ⁴⁴/zɔ⁴⁴	ʂɔ³¹ ∣ ʂau	ʂɔ⁵²	ʂɔ⁴⁴
扶风	tʂɔ³¹	tʂɔ³³/zɔ³³	ʂɔ³¹/ʂɔ³³① ∣ ʂau	ʂɔ⁵²	ʂɔ³³
眉县	tʂɔ³¹	tʂɔ⁴⁴/zɔ⁴⁴	ʂɔ³¹ ∣ ʂau	ʂɔ⁵²	ʂɔ⁴⁴
麟游	tʂɔ³¹	tʂɔ⁴⁴	ʂɔ³¹	ʂɔ⁵³	ʂɔ⁴⁴
岐山	tʂɔ³¹	tʂɔ⁴⁴/zɔ⁴⁴	ʂɔ³¹/ʂɔ⁴⁴ ∣ ʂau	ʂɔ⁵³	ʂɔ⁴⁴
凤翔	tʂɔ³¹	tʂɔ⁴⁴/zɔ⁴⁴	ʂɔ³¹ ∣ ʂau	ʂɔ⁵³	ʂɔ⁴⁴
宝鸡	tʂɔ³¹	tʂɔ⁴⁴	ʂɔ³¹ ∣ ʂau	ʂɔ⁵³	ʂɔ⁴⁴
千阳	tʂɔ³¹	tʂɔ⁴⁴/zɔ⁴⁴	ʂɔ³¹/ʂɔ⁴⁴ ∣ ʂau	ʂɔ⁵³	ʂɔ⁴⁴
陇县	tʂɔ³¹	tʂɔ⁴⁴/zɔ⁴⁴	ʂɔ³¹/ʂɔ⁴⁴ ∣ ʂau	ʂɔ⁵³	ʂɔ⁴⁴

① ʂɔ³¹ ～水；ʂɔ³³ 指火烧云。

字目 / 方言	韶	绍	邵	饶	扰
	效开三 平宵禅	效开三 上小禅	效开三 去笑禅	效开三 平宵日	效开三 上小日
西安	$ʂau^{24}$	$ʂau^{24}$	$ʂau^{24}$	$ʐau^{24}$	$ʐau^{53}$
韩城	$ʂao^{24}$	$ʂao^{24}$	$ʂao^{44}$	$ʐao^{24}$	$ʐao^{53}$
合阳	$ʂɔo^{24}$	$ʂɔo^{24}$	$ʂɔo^{24}$	$ʐɔo^{24}/nɔo^{24}$	$ʐɔo^{52}$
澄城	$ʂɔ^{24}$	$ʂɔ^{24}$	$ʂɔ^{24}$	$ʐɔ^{24}$	$ʐɔ^{53}$
白水	$ʂɔ^{24}$	$ʂɔ^{24}$	$ʂɔ^{24}$	$nɔ^{24}$	$ʐɔ^{53}$
大荔	$ʂɔ^{24}$	$ʂɔ^{24}$	$ʂɔ^{24}$	$ʐɔ^{24}$	$ʐɔ^{52}$
蒲城	$ʂɔ^{35}$	$ʂɔ^{35}$	$ʂɔ^{55}$	$ʐɔ^{35}$	$ʐɔ^{53}$
美原	$xɔ^{35}$	$xɔ^{35}$	$xɔ^{55}$	$ɣɔ^{35}$	$ɣɔ^{53}$
富平	$ʂɔ^{35}$	$ʂɔ^{35}$	$ʂɔ^{55}$	$nɔ^{35}$	$ʐɔ^{53}$
潼关	$ʂɔ^{24}$	$ʂɔ^{24}$	$ʂɔ^{24}$	$ʐɔ^{24}$	$ʐɔ^{52}$
华阴	$ʂɔ^{24}$	$ʂɔ^{24}$	$ʂɔ^{24}$	$ʐɔ^{24}$	$ʐɔ^{52}$
华县	$ʂɔ^{35}$	$ʂɔ^{35}$	$ʂɔ^{35}$	$ʐɔ^{35}$	$ʐɔ^{53}$
渭南	$ʂɔ^{24}$	$ʂɔ^{24}$	$ʂɔ^{44}$	$ʐɔ^{24}$	$ʐɔ^{52}$
洛南	$ʂɔ^{24}$	$ʂɔ^{24}$	$ʂɔ^{24}$	$ʐɔ^{24}$	$ʐɔ^{53}$
商州	$ʂɔ^{35}$	$ʂɔ^{35}$	$ʂɔ^{35}$	$ʐɔ^{35}$	$ʐɔ^{53}$
丹凤	$ʂɔ^{24}$	$ʂɔ^{24}$	$ʂɔ^{24}$	$ʐɔ^{24}$	$ʐɔ^{53}$
宜川	$ʂɔ^{24}$	$ʂɔ^{24}$	$ʂɔ^{45}$	$ʐɔ^{24}$	$ʐɔ^{45}$
富县	$ʂɔ^{24}$	$ʂɔ^{24}$	$ʂɔ^{24}$	$ʐɔ^{24}$	$ʐɔ^{52}$
黄陵	$ʂao^{24}$	$ʂao^{24}$	$ʂao^{24}$	$ʐao^{24}/iao^{24}$①	$ʐao^{52}$
宜君	$ʂɔ^{24}$	$ʂɔ^{24}$	$ʂɔ^{24}$	$ʐɔ^{24}/nɔ^{24}$②	$ʐɔ^{52}$
铜川	$ʂɔ^{24}$	$ʂɔ^{24}$	$ʂɔ^{24}$	$ʐɔ^{24}/nɔ^{24}$	$ʐɔ^{52}$
耀县	$ʂao^{24}$	$ʂao^{24}$	$ʂao^{24}$	$ʐao^{24}/nao^{24}$	$ʐao^{52}$
高陵	$ʂao^{24}$	$ʂao^{24}$	$ʂao^{24}$	$ʐao^{24}$	$ʐao^{52}$
临潼	$ʂɔ^{24}$	$ʂɔ^{24}/ʂɔ^{45}$③	$ʂɔ^{45}$	$ʐɔ^{24}/nɔ^{24}$	$ʐɔ^{52}$

① iao^{24} ～漱石。

② $nɔ^{24}$ 姓。下同。

③ $ʂɔ^{24}$ 介～；$ʂɔ^{44}$ ～兴。下同。

字目 方言	韶 效开三 平宵禅	绍 效开三 上小禅	邵 效开三 去笑禅	饶 效开三 平宵日	扰 效开三 上小日
蓝田	ʂɔ24	ʂɔ24/ʂɔ44	ʂɔ44	ʐɔ24/nɔ24	ʐɔ52
长安	ʂɔ24	ʂɔ24	ʂɔ44	ʐɔ24	ʐɔ53
户县	ʂɔɔ24	ʂɔɔ24	ʂɔɔ24	ʐɔɔ24/nɔɔ24	ʐɔɔ52
周至	ʂɔ24	ʂɔ24	ʂɔ24	nɔ24	ʐɔ52
三原	ʂɔ24	ʂɔ24	ʂɔ24	ʐɔ24	ʐɔ52
泾阳	ʂɔ24	ʂɔ24	ʂɔ24	ʐɔ24	ʐɔ52
咸阳	ʂɔ24	ʂɔ24	ʂɔ24	ʂɔ24	ʐɔ52
兴平	ʂɔ24	ʂɔ24	ʂɔ24	ʐɔ24	ʐɔ52
武功	ʂɔ24	ʂɔ24	ʂɔ24	ʐɔ24	ʐɔ52
礼泉	ʂɔ24	ʂɔ24	ʂɔ24	ʐɔ24	ʐɔ52
乾县	ʂɔ24	ʂɔ24	ʂɔ44	ʐɔ24	ʐɔ52
永寿	ʂɔ24	ʂɔ24	ʂɔ55	ʐɔ24	ʐɔ52
淳化	ʂɔ24	ʂɔ24	ʂɔ55	ʐɔ24	ʐɔ52
旬邑	ʂɔ24	ʂɔ24	ʂɔ44	ʐɔ24	ʐɔ52
彬县	ʂɔ24	ʂɔ24	ʂɔ24	ʐɔ24	ʐɔ52
长武	ʂɔ24	ʂɔ24	ʂɔ24	ʐɔ24	ʐɔ52
扶风	ʂɔ24	ʂɔ24	ʂɔ24	ʐɔ24	ʐɔ52
眉县	ʂɔ24	ʂɔ24	ʂɔ24	ʐɔ24	ʐɔ52
麟游	ʂɔ24	ʂɔ24	ʂɔ24	ʐɔ24	ʐɔ53
岐山	ʂɔ24	ʂɔ24	ʂɔ24/ʂɔ53①	ʐɔ24	ʐɔ53
凤翔	ʂɔ24	ʂɔ24	ʂɔ44	ʐɔ24	ʐɔ53
宝鸡	ʂɔ24	ʂɔ24	ʂɔ44	ʐɔ24	ʐɔ53
千阳	ʂɔ24	ʂɔ24	ʂɔ24	ʐɔ24	ʐɔ53
陇县	ʂɔ24	ʂɔ24	ʂɔ24/ʂɔ53	ʐɔ24	ʐɔ53

① ʂɔ24 姓；ʂɔ53 地名，北吴～。陇县同。

字目 / 方言	绕~线	娇	桥	轿	嚣
	效开三 去笑日	效开三 平宵见	效开三 平宵群	效开三 去笑群	效开三 平宵晓
西安	ʐɑu^{53}/ʐɑu^{55} ｜ ʐɑu	tɕiɑu^{21}	tɕʰiɑu^{24}	tɕiɑu^{55}	ɕiɑu^{21}
韩城	ʐao^{53} ｜ ʐɑu	tɕiao^{31}	tɕʰiao^{24}	tɕʰiao^{44}	ɕiao^{31}
合阳	ʐɔo^{52} ｜ ʐɤ	tɕiɔo^{52}	tɕʰiɔo^{24}	tɕʰiɔo^{55}	ɕiɔo^{31}
澄城	ʐɔ^{53} ｜ ʐɑu	tɕiɔ^{53}	tɕʰiɔ^{24}	tɕʰiɔ^{44}	ɕiɔ^{31}
白水	ʐɔ^{53} ｜ ʐɑu	tɕiɔ^{31}	tɕʰiɔ^{24}	tɕʰiɔ^{44}	ɕiɔ^{31}
大荔	ʐɔ^{52} ｜ ʐɑu	tɕiɔ^{52}	tɕʰiɔ^{24}	tɕʰiɔ^{55}	ɕiɔ^{31}
蒲城	ʐɔ^{53} ｜ ʐɑu/ɣɑu	tɕiɔ^{31}	tɕʰiɔ^{35}	tɕʰiɔ^{55}	ɕiɔ^{31}
美原	ɣɔ^{53}/ɣɑu	tɕiɔ^{31}	tɕʰiɔ^{35}	tɕʰiɔ^{55}	ɕiɔ^{31}
富平	ʐɔ^{53} ｜ ʐɑu	tɕiɔ^{31}	tɕʰiɔ^{35}	tɕʰiɔ^{55}	ɕiɔ^{31}
潼关	ʐɔ^{52} ｜ ʐɑu	tɕiɔ^{31}	tɕʰiɔ^{24}	tɕʰiɔ^{44}	ɕiɔ^{31}
华阴	ʐɔ^{52} ｜ ʐɑu	tɕiɔ^{52}	tɕʰiɔ^{24}	tɕʰiɔ^{55}	ɕiɔ^{31}
华县	ʐɔ^{53} ｜ ʐɑu	tɕiɔ^{31}	tɕʰiɔ^{35}	tɕʰiɔ^{55}	ɕiɔ^{31}
渭南	ʐɔ^{53}/ʐɔ^{44} ｜ ʐɑu	tɕiɔ^{31}	tɕʰiɔ^{24}	tɕʰiɔ^{44}	ɕiɔ^{31}
洛南	ʐɔ^{53}/ʐɔ^{44} ｜ ʐɑu	tɕiɔ^{31}	tɕʰiɔ^{24}	tɕʰiɔ^{44}	ɕiɔ^{31}
商州	ʐɔ^{53}/ʐɔ^{55} ｜ ʐɑu	tɕiɔ^{31}	tɕʰiɔ^{35}	tɕʰiɔ^{55}	ɕiɔ^{31}
丹凤	ʐɔ^{53}/ʐɔ^{44}	tɕiɔ^{31}	tɕʰiɔ^{24}	tɕʰiɔ^{44}	ɕiɔ^{31}
宜川	ʐɔ^{45}	tɕiɔ^{51}	tɕʰiɔ^{24}	tɕʰiɔ^{45}	ɕiɔ^{51}
富县	ʐɔ^{52}	tɕiɔ^{52}	tɕʰiɔ^{24}	tɕʰiɔ^{44}	ɕiɔ^{31}
黄陵	ʐao^{52}	tɕiao^{52}	tɕʰiao^{24}	tɕʰiao^{44}	ɕiao^{31}
宜君	ʐɔ^{52}	tɕiɔ^{52}	tɕʰiɔ^{24}	tɕʰiɔ^{44}	siɔ^{21}
铜川	ʐɔ^{52}/ʐɔ^{44} ｜ ʐɑu	tɕiɔ^{52}/tɕiɔ^{21}	tɕʰiɔ^{24}	tɕʰiɔ^{44}	ɕiɔ^{21}
耀县	ʐao^{52} ｜ ʐɑu	tɕiao^{31}	tɕʰiao^{24}	<u>tɕiao^{44}</u>/<u>tɕʰiao^{44}</u>	ɕiao^{31}
高陵	ʐao^{52} ｜ ʐɑu	tɕiao^{31}	tɕʰiao^{24}	tɕʰiao^{55}	ɕiao^{31}
临潼	ʐɔ^{52} ｜ ʐɑu	tɕiɔ^{52}	tɕʰiɔ^{24}	tɕiɔ^{45}	ɕiɔ^{31}

字目 / 方言	绕~线	娇	桥	轿	嚣
	效开三 去笑日	效开三 平宵见	效开三 平宵群	效开三 去笑群	效开三 平宵晓
蓝田	$z\underset{\circ}{\mathrm{o}}^{52}$ ︱ $z\underset{\circ}{\mathrm{au}}$	$t\varphi\mathrm{iɔ}^{31}$	$t\varphi^h\mathrm{iɔ}^{24}$	$t\varphi\mathrm{iɔ}^{44}$	$\varphi\mathrm{iɔ}^{31}$
长安	$z\underset{\circ}{\mathrm{o}}^{53}$	$t\varphi\mathrm{iɔ}^{31}$	$t\varphi^h\mathrm{iɔ}^{24}$	$t\varphi\mathrm{iɔ}^{44}$	$\varphi\mathrm{iɔ}^{31}$
户县	$z\underset{\circ}{\mathrm{oo}}^{52}$ ︱ $z\underset{\circ}{\mathrm{au}}$	$t\varphi\mathrm{iɔɔ}^{31}$	$t\varphi^h\mathrm{oɔi}^{24}$	$t\varphi\mathrm{iɔɔ}^{55}$	$\varphi\mathrm{iɔɔ}^{31}$
周至	$z\underset{\circ}{\mathrm{o}}^{52}$ ︱ $z\underset{\circ}{\mathrm{au}}$	$t\varphi\mathrm{iɔ}^{52}$	$t\varphi^h\mathrm{iɔ}^{24}$	$t\varphi^h\mathrm{iɔ}^{55}$	$\varphi\mathrm{iɔ}^{21}$
三原	$z\underset{\circ}{\mathrm{o}}^{52}/z\underset{\circ}{\mathrm{o}}^{55}$ ︱ $z\underset{\circ}{\mathrm{au}}$	$t\varphi\mathrm{iɔ}^{31}$	$t\varphi^h\mathrm{iɔ}^{24}$	$\underline{t\varphi\mathrm{iɔ}^{55}}/t\varphi^h\mathrm{iɔ}^{55}$	$\varphi\mathrm{iɔ}^{31}$
泾阳	$z\underset{\circ}{\mathrm{o}}^{52}$ ︱ $z\underset{\circ}{\mathrm{au}}$	$t\varphi\mathrm{iɔ}^{31}$	$t\varphi^h\mathrm{iɔ}^{24}$	$\underline{t\varphi\mathrm{iɔ}^{55}}/t\varphi^h\mathrm{iɔ}^{55}$	$\varphi\mathrm{iɔ}^{31}$
咸阳	$z\underset{\circ}{\mathrm{o}}^{52}$ ︱ $z\underset{\circ}{\mathrm{au}}$	$t\varphi\mathrm{iɔ}^{31}$	$t\varphi^h\mathrm{iɔ}^{24}$	$t\varphi^h\mathrm{iɔ}^{55}$	$\varphi\mathrm{iɔ}^{31}$
兴平	$z\underset{\circ}{\mathrm{o}}^{52}$ ︱ $z\underset{\circ}{\mathrm{au}}$	$t\varphi\mathrm{iɔ}^{31}$	$t\varphi^h\mathrm{iɔ}^{24}$	$t\varphi^h\mathrm{iɔ}^{55}$	$\varphi\mathrm{iɔ}^{31}$
武功	$z\underset{\circ}{\mathrm{o}}^{52}$ ︱ $z\underset{\circ}{\mathrm{au}}$	$t\varphi\mathrm{iɔ}^{31}$	$t\varphi^h\mathrm{iɔ}^{24}$	$t\varphi^h\mathrm{iɔ}^{55}$	$\varphi\mathrm{iɔ}^{31}$
礼泉	$z\underset{\circ}{\mathrm{o}}^{52}$ ︱ $z\underset{\circ}{\mathrm{au}}$	$t\varphi\mathrm{iɔ}^{31}$	$t\varphi^h\mathrm{iɔ}^{24}$	$t\varphi^h\mathrm{iɔ}^{55}$	$\varphi\mathrm{iɔ}^{31}$
乾县	$z\underset{\circ}{\mathrm{o}}^{52}$ ︱ $z\underset{\circ}{\mathrm{au}}$	$t\varphi\mathrm{iɔ}^{31}$	$t\varphi^h\mathrm{iɔ}^{24}$	$t\varphi^h\mathrm{iɔ}^{44}$	$\varphi\mathrm{iɔ}^{31}$
永寿	$z\underset{\circ}{\mathrm{o}}^{52}$ ︱ $z\underset{\circ}{\mathrm{au}}$	$t\varphi\mathrm{iɔ}^{31}$	$t\varphi^h\mathrm{iɔ}^{24}$	$t\varphi^h\mathrm{iɔ}^{55}$	$\varphi\mathrm{iɔ}^{31}$
淳化	$z\underset{\circ}{\mathrm{o}}^{52}$ ︱ $z\underset{\circ}{\mathrm{au}}$	$t\varphi\mathrm{iɔ}^{31}$	$t\varphi^h\mathrm{iɔ}^{24}$	$t\varphi^h\mathrm{iɔ}^{55}$	$\varphi\mathrm{iɔ}^{31}$
旬邑	$z\underset{\circ}{\mathrm{o}}^{52}$ ︱ $z\underset{\circ}{\mathrm{au}}$	$t\varphi\mathrm{iɔ}^{31}$	$t\varphi^h\mathrm{iɔ}^{24}$	$t\varphi^h\mathrm{iɔ}^{44}$	$\varphi\mathrm{iɔ}^{31}$
彬县	$z\underset{\circ}{\mathrm{o}}^{52}$ ︱ $z\underset{\circ}{\mathrm{au}}$	$t\varphi\mathrm{iɔ}^{31}$	$t\varphi^h\mathrm{iɔ}^{24}$	$t\varphi^h\mathrm{iɔ}^{44}$	$\varphi\mathrm{iɔ}^{31}$
长武	$z\underset{\circ}{\mathrm{o}}^{52}$ ︱ $z\underset{\circ}{\mathrm{au}}$	$t\varphi\mathrm{iɔ}^{31}$	$t\varphi^h\mathrm{iɔ}^{24}$	$t\varphi^h\mathrm{iɔ}^{44}$	$\varphi\mathrm{iɔ}^{31}$
扶风	$z\underset{\circ}{\mathrm{o}}^{52}$ ︱ $z\underset{\circ}{\mathrm{au}}$	$t\varphi\mathrm{iɔ}^{52}$	$t\varphi^h\mathrm{iɔ}^{24}$	$t\varphi^h\mathrm{iɔ}^{33}$	$\varphi\mathrm{iɔ}^{31}$
眉县	$z\underset{\circ}{\mathrm{o}}^{52}$ ︱ $z\underset{\circ}{\mathrm{au}}$	$t\varphi\mathrm{iɔ}^{52}$	$t\varphi^h\mathrm{iɔ}^{24}$	$t\varphi^h\mathrm{iɔ}^{44}$	$\varphi\mathrm{iɔ}^{31}$
麟游	$z\underset{\circ}{\mathrm{o}}^{53}$ ︱ $z\underset{\circ}{\mathrm{au}}$	$t\varphi\mathrm{iɔ}^{53}$	$t\varphi^h\mathrm{iɔ}^{24}$	$t\varphi^h\mathrm{iɔ}^{44}$	$\varphi\mathrm{iɔ}^{31}$
岐山	$z\underset{\circ}{\mathrm{o}}^{53}$ ︱ $z\underset{\circ}{\mathrm{au}}$	$t\varphi\mathrm{iɔ}^{31}$	$t\varphi^h\mathrm{iɔ}^{24}$	$t\varphi^h\mathrm{iɔ}^{44}$	$\varphi\mathrm{iɔ}^{31}$
凤翔	$z\underset{\circ}{\mathrm{o}}^{44}$ ︱ $z\underset{\circ}{\mathrm{au}}$	$t\varphi\mathrm{iɔ}^{53}$	$t\varphi^h\mathrm{iɔ}^{24}$	$t\varphi^h\mathrm{iɔ}^{44}$	$\varphi\mathrm{iɔ}^{31}$
宝鸡	$z\underset{\circ}{\mathrm{o}}^{53}$ ︱ $z\underset{\circ}{\mathrm{au}}$	$t\varphi\mathrm{iɔ}^{31}$	$t\varphi^h\mathrm{iɔ}^{24}$	$t\varphi^h\mathrm{iɔ}^{44}$	$\varphi\mathrm{iɔ}^{31}$
千阳	$z\underset{\circ}{\mathrm{o}}^{53}$ ︱ $z\underset{\circ}{\mathrm{au}}$	$t\varphi\mathrm{iɔ}^{31}$	$t\varphi^h\mathrm{iɔ}^{24}$	$t\varphi^h\mathrm{iɔ}^{44}$	$\varphi\mathrm{iɔ}^{31}$
陇县	$z\underset{\circ}{\mathrm{o}}^{53}$ ︱ $z\underset{\circ}{\mathrm{au}}$	$t\varphi\mathrm{iɔ}^{31}$	$t\varphi^h\mathrm{iɔ}^{24}$	$t\varphi^h\mathrm{iɔ}^{44}$	$\varphi\mathrm{iɔ}^{31}$

字目　方言	腰　效开三平宵影	要想~　效开三去笑影	摇　效开三平宵以	舀　效开三上小以	耀　效开三去笑以
西安	iau²¹	iau⁵⁵	iau²⁴	iau⁵³	iau⁵⁵
韩城	iao³¹	iao⁴⁴	iao²⁴	iao⁵³	iao⁴⁴/ʐao⁴⁴①
合阳	iɔo³¹	iɔo⁵⁵	iɔo²⁴	iɔo⁵²	iɔo⁵⁵
澄城	iɔ³¹	iɔ⁴⁴	iɔ²⁴	iɔ⁵³	iɔ⁴⁴/ʐɔ⁴⁴
白水	iɔ³¹	iɔ⁴⁴	iɔ²⁴	iɔ⁵³	iɔ⁴⁴/ʐɔ⁴⁴
大荔	iɔ³¹	iɔ⁵⁵	iɔ²⁴	iɔ⁵²	iɔ⁵⁵
蒲城	iɔ³¹	iɔ⁵⁵	iɔ³⁵	iɔ⁵³	iɔ⁵⁵/ʐɔ⁵⁵
美原	iɔ³¹	iɔ⁵⁵	iɔ³⁵	iɔ⁵³	iɔ⁵⁵
富平	iɔ³¹	iɔ⁵⁵	iɔ³⁵	iɔ⁵³	iɔ⁵⁵/ʐɔ⁵⁵
潼关	iɔ³¹	iɔ⁴⁴	iɔ²⁴	iɔ⁵²	iɔ⁴⁴
华阴	iɔ³¹	iɔ⁵⁵	iɔ²⁴	iɔ⁵²	iɔ⁵⁵
华县	iɔ³¹	iɔ⁵⁵	iɔ³⁵	iɔ⁵³	iɔ⁵⁵
渭南	iɔ³¹	iɔ⁴⁴	iɔ²⁴	iɔ⁵³	iɔ⁴⁴/ʐɔ⁴⁴
洛南	iɔ³¹	iɔ⁴⁴	iɔ²⁴	iɔ⁵³	iɔ⁴⁴/ʐɔ⁴⁴
商州	iɔ³¹	iɔ⁵⁵	iɔ³⁵	iɔ⁵³	iɔ⁵⁵/ʐɔ⁵⁵
丹凤	iɔ³¹	iɔ⁴⁴	iɔ²⁴	iɔ⁵³	iɔ⁴⁴/ʐɔ⁴⁴
宜川	iɔ⁵¹	iɔ⁴⁵	iɔ²⁴	iɔ⁴⁵	iɔ⁴⁵
富县	iɔ³¹	iɔ⁴⁴	iɔ²⁴	iɔ⁵²	iɔ⁴⁴
黄陵	iao³¹	iao⁴⁴	iao²⁴	iao⁵²	iao⁴⁴
宜君	iɔ²¹	iɔ⁴⁴	iɔ²⁴	iɔ⁵²	iɔ⁴⁴
铜川	iɔ²¹	iɔ⁴⁴	iɔ²⁴	iɔ⁵²	iɔ⁴⁴
耀县	iao³¹	iao⁴⁴	iao²⁴	iao⁵²	iao⁴⁴
高陵	iao³¹	iao⁵⁵	iao²⁴	iao⁵²	iao⁵⁵
临潼	iɔ³¹	iɔ⁴⁵	iɔ²⁴	iɔ⁵²	iɔ⁴⁵

① ʐao⁴⁴ ～眼。下同。

字目 方言	腰 效开三 平宵影	要想~ 效开三 去笑影	摇 效开三 平宵以	舀 效开三 上小以	耀 效开三 去笑以
蓝田	iɔ³¹	iɔ⁴⁴	iɔ²⁴	iɔ⁵²	iɔ⁴⁴
长安	iɔ³¹	iɔ⁴⁴	iɔ²⁴	iɔ⁵³	iɔ⁴⁴
户县	iɔo³¹	iɔo⁵⁵	iɔo²⁴	iɔo⁵²	iɔo⁵⁵
周至	iɔ²¹	iɔ⁵⁵	iɔ²⁴	iɔ⁵²	iɔ⁵⁵
三原	iɔ³¹	iɔ⁵⁵	iɔ²⁴	iɔ⁵²	iɔ⁵⁵
泾阳	iɔ³¹	iɔ⁵⁵	iɔ²⁴	iɔ⁵²	i̠ɔ⁵⁵/ʑɔ⁵⁵
咸阳	iɔ³¹	iɔ⁵⁵	iɔ²⁴	iɔ⁵²	i̠ɔ⁵⁵/ʑɔ⁵⁵
兴平	iɔ³¹	iɔ⁵⁵	iɔ²⁴	iɔ⁵²	i̠ɔ⁵⁵/ʑɔ⁵⁵
武功	iɔ³¹	iɔ⁵⁵	iɔ²⁴	iɔ⁵²	iɔ⁵⁵
礼泉	iɔ³¹	iɔ⁵⁵	iɔ²⁴	iɔ⁵²	iɔ⁵⁵
乾县	iɔ³¹	iɔ⁴⁴	iɔ²⁴	iɔ⁵²	i̠ɔ⁴⁴/ʑɔ⁴⁴
永寿	iɔ³¹	iɔ⁵⁵	iɔ²⁴	iɔ⁵²	i̠ɔ⁵⁵/ʑɔ⁵⁵
淳化	iɔ³¹	iɔ⁵⁵	iɔ²⁴	iɔ⁵²	i̠ɔ⁵⁵/ʑɔ⁵⁵
旬邑	iɔ³¹	iɔ⁴⁴	iɔ²⁴	iɔ⁵²	i̠ɔ⁴⁴/ʑɔ⁴⁴
彬县	iɔ³¹	iɔ⁴⁴	iɔ²⁴	iɔ⁵²	i̠ɔ⁴⁴/ʑɔ⁴⁴
长武	iɔ³¹	iɔ⁴⁴	iɔ²⁴	iɔ⁵²	iɔ⁴⁴
扶风	iɔ³¹	iɔ³³	iɔ²⁴	iɔ⁵²	iɔ³³
眉县	iɔ³¹	iɔ⁴⁴	iɔ²⁴	iɔ⁵²	iɔ⁴⁴
麟游	iɔ³¹	iɔ⁴⁴	iɔ²⁴	iɔ⁵³	i̠ɔ⁴⁴/ʑɔ⁴⁴
岐山	iɔ³¹	iɔ⁴⁴	iɔ²⁴	iɔ⁵³	iɔ⁴⁴
凤翔	iɔ³¹	iɔ⁴⁴	iɔ²⁴	iɔ⁵³	iɔ⁴⁴
宝鸡	iɔ³¹	iɔ⁴⁴	iɔ²⁴	iɔ⁵³	iɔ⁴⁴
千阳	iɔ³¹	iɔ⁴⁴	iɔ²⁴	iɔ⁵³	iɔ⁴⁴
陇县	iɔ³¹	iɔ⁴⁴	iɔ²⁴	iɔ⁵³	iɔ⁴⁴

字目 / 方言	刁		鸟		钓	挑		跳
	效开四 平萧端		效开四 上筱端		效开四 去啸端	效开四 平萧透		效开四 去啸透
西安	tiau²¹	tiau	ȵiau⁵³	ɲiau	tiau⁵⁵	tʰiau²¹	tʰiau	tʰiau⁵⁵
韩城	tiao³¹	tiau	ȵiao⁵³	ɲiau	tiao⁴⁴	tʰiao³¹	tʰiau	tʰiao⁴⁴
合阳	tiɔ³¹	tiau	ȵiɔ⁵²	ɲiau	tiɔ⁵⁵	tʰiɔ³¹/tʰoɕi⁵⁵	tʰiau	tʰiɔ⁵⁵
澄城	tiɔ³¹	tiau	ȵiɔ⁵³	ɲiau	tiɔ⁴⁴	tʰiɔ³¹	tsʰiau	tʰiɔ⁴⁴
白水	tiɔ³¹	tsiau	ȵiɔ⁵³	ɲiau	tiɔ⁴⁴	tsʰiɔ³¹	tsʰiau	tsʰiɔ⁴⁴
大荔	tiɔ³¹	tiau	ȵiɔ⁵²	ɲiau	tiɔ⁵⁵	tʰiɔ³¹	tʰiau	tʰiɔ⁵⁵
蒲城	tiɔ³¹	ʈiau	ȵiɔ⁵³	ɲiau	tiɔ⁵⁵	tsʰiɔ³¹	tʰiau	tsʰiɔ⁵⁵
美原	tiɔ³¹	ʈiau	ȵiɔ⁵³	ɲiau	tiɔ⁵⁵	tɕʰiɔ³¹	tʰiau	tɕʰiɔ⁵⁵
富平	tiɔ³¹	tiau	ȵiɔ⁵³	ɲiau	tiɔ⁴⁴	tsʰiɔ³¹	tʰiau	tsʰiɔ⁵⁵
潼关	tiɔ³¹	tiau	ȵiɔ⁵²	ɲiau	tiɔ⁴⁴	tʰiɔ³¹	tʰiau	tʰiɔ⁴⁴
华阴	tiɔ³¹	tiau	ȵiɔ⁵²	ɲiau	tiɔ⁵⁵	tʰiɔ³¹	tʰiau	tʰiɔ⁵⁵
华县	tiɔ³¹	tiau	ȵiɔ⁵³	ɲiau	tiɔ⁵⁵	tʰiɔ³¹	tʰiau	tʰiɔ⁵⁵
渭南	tɕiɔ³¹	tiau	ȵiɔ⁵³	ɲiau	tɕiɔ⁴⁴	tɕʰiɔ³¹/tɕʰiɔ⁵³①	tʰiau	tɕʰiɔ⁴⁴
洛南	tɕiɔ³¹	tiau	ȵiɔ⁵³	ɲiau	tɕiɔ⁴⁴	tɕʰiɔ³¹	tɕʰiau	tɕʰiɔ⁴⁴
商州	tiɔ³¹	ʈiau	ȵiɔ⁵³	ɲiau	tiɔ⁵⁵	tɕʰiɔ³¹	ʈʰiau	tɕʰiɔ⁵⁵
丹凤	tɕiɔ³¹		ȵiɔ⁵³		tɕiɔ⁴⁴	tɕʰiɔ³¹		tɕʰiɔ⁴⁴
宜川	tiɔ⁵¹		ȵiɔ⁴⁵		tiɔ⁴⁵	tʰiɔ⁵¹/tʰiɔ⁴⁵		tʰiɔ²⁴
富县	tiɔ³¹		ȵiɔ⁵²		tiɔ⁴⁴	tʰiɔ³¹/tʰiɔ⁵²		tʰiɔ²⁴
黄陵	tɕiao³¹		ȵiao⁵²		tɕiao⁴⁴	tɕʰiao³¹/tɕʰiao⁵²		tɕʰiao²⁴
宜君	ʈiɔ²¹		ȵiɔ⁵²		ʈiɔ⁴⁴	tʰiɔ⁵²/tʰiɔ²¹		tʰiɔ⁴⁴
铜川	tiɔ²¹	tiau	ȵiɔ⁵²	ɲiau	tiɔ⁴⁴	tɕʰiɔ²¹	tʰiau	tɕʰiɔ⁴⁴
耀县	tiao³¹	tiau	ȵiao⁵²	ɲiau	tiao⁴⁴	ʈʰiao⁵²	tʰiau	ʈʰiao²⁴
高陵	ʈiao³¹	tiau	ȵiao⁵²	ɲiau	ʈiao⁵⁵	tʰiao³¹/tʰiao⁵²	tʰiau	tʰiao²⁴
临潼	tɕiɔ³¹	ʈiau	ȵiɔ⁵²	ɲiau	tɕiɔ⁴⁵	tɕʰiɔ³¹/tɕʰiɔ⁵²	ʈʰiau	tɕʰiɔ⁴⁵

① tɕʰiɔ³¹ "担"的意思，如"～大梁"。下同。

字目 / 方言	刁 效开四 平萧端	鸟 效开四 上筱端	钓 效开四 去啸端	挑 效开四 平萧透	跳 效开四 去啸透
蓝田	tɕiɔ³¹ | tɕiau	ȵiɔ⁵² | ȵiau	tɕiɔ⁴⁴	tɕʰiɔ³¹ | tɕʰiau	tɕʰiɔ²⁴/tɕʰiɔ⁴⁴①
长安	tiɔ³¹	ȵiɔ⁵³	tɕiɔ⁴⁴	tɕʰiɔ³¹/tɕʰiɔ⁵³	tɕʰiɔ⁴⁴
户县	tiɔo³¹ | tiau	ȵiɔo⁵² | ȵiau	tiɔo⁵⁵	tʰiɔo³¹ | tʰiau	tʰiɔo⁴⁴
周至	tiɔ²¹ | tiau	ȵiɔ⁵² | ȵiau	tiɔ⁵⁵	tʰiɔ²¹/tʰiɔ⁵² | tʰiau	tʰiɔ⁵⁵
三原	tiɔ³¹ | tiau	ȵiɔ⁵² | ȵiau	tiɔ⁵⁵	tʰiɔ³¹ | tʰiau	tʰiɔ²⁴
泾阳	tiɔ³¹ | tiau	ȵiɔ⁵² | ȵiau	tiɔ⁵⁵	tʰiɔ³¹ | tʰiau	tʰiɔ²⁴
咸阳	tiɔ³¹ | tiau	ȵiɔ⁵² | ȵiau	tiɔ⁵⁵	tʰiɔ³¹ | tʰiau	tʰiɔ⁵⁵
兴平	tɕiɔ³¹ | tsiau	ȵiɔ⁵² | ȵiau	tɕiɔ⁵⁵	tɕʰiɔ³¹ | tsʰiau	tɕʰiɔ⁵⁵
武功	tiɔ³¹ | tiau	ȵiɔ⁵² | ȵiau	tiɔ⁵⁵	tʰiɔ³¹ | tʰiau	tʰiɔ⁵⁵
礼泉	tiɔ³¹ | tiau	ȵiɔ⁵² | ȵiau	tiɔ⁵⁵	tʰiɔ⁵² | tʰiau	tʰiɔ⁵⁵
乾县	tiɔ³¹ | tiau	ȵiɔ⁵² | ȵiau	tiɔ⁴⁴	tʰiɔ³¹ | tʰiau	tʰiɔ²⁴
永寿	tiɔ³¹ | tiau	ȵiɔ⁵² | ȵiau	tiɔ⁵⁵	tʰiɔ³¹ | tʰiau	tʰiɔ⁵⁵
淳化	tiɔ³¹ | tiau	ȵiɔ⁵² | ȵiau	tiɔ⁵⁵	tʰiɔ³¹ | tʰiau	tʰiɔ⁵⁵
旬邑	tiɔ³¹ | tiau	ȵiɔ⁵² | ȵiau	tiɔ⁴⁴	tsʰiɔ³¹ | tʰiau	tsʰiɔ²⁴
彬县	tiɔ³¹ | tiau	ȵiɔ⁵² | ȵiau	tiɔ⁴⁴	tʰiɔ³¹ | tʰiau	tʰiɔ²⁴
长武	tiɔ³¹ | tiau	ȵiɔ⁵² | ȵiau	tiɔ⁴⁴	tsʰiɔ³¹ | tʰiau	tsʰiɔ²⁴
扶风	tɕiɔ³¹ | tsiau	ȵiɔ⁵² | ȵiau	tɕiɔ³³	tɕʰiɔ³¹ | tsʰiau	tɕʰiɔ³³
眉县	tiɔ³¹ | tsiau	ȵiɔ⁵² | ȵiau	tiɔ⁴⁴	tʰiɔ³¹ | tsʰiau	tʰiɔ⁴⁴
麟游	tiɔ³¹ | tsiau	ȵiɔ⁵³ | ȵiau	tiɔ⁴⁴	tʰiɔ⁵³ | tsʰiau	tʰiɔ²⁴
岐山	tiɔ³¹ | tsiau	ȵiɔ⁵³ | ȵiau	tiɔ⁴⁴	tʰiɔ³¹ | tʰiau	tʰiɔ⁴⁴
凤翔	tiɔ³¹ | tiau	ȵiɔ⁵³ | ȵiau	tiɔ⁴⁴	tʰiɔ⁵³ | tʰiau	tʰiɔ⁴⁴
宝鸡	tɕiɔ³¹ | tiau	ȵiɔ⁵³ | ȵiau	tɕiɔ⁴⁴	tɕʰiɔ³¹ | tʰiau	tɕʰiɔ²⁴
千阳	tiɔ³¹ | tiau	ȵiɔ⁵³ | ȵiau	tiɔ⁴⁴	tʰiɔ⁵³ | tsʰiau	tʰiɔ⁴⁴
陇县	tiɔ³¹ | tiau	ȵiɔ⁵³ | ȵiau	tiɔ⁴⁴	tʰiɔ³¹ | tʰiau	tʰiɔ²⁴

① tɕʰiɔ²⁴ ～房。

字目 / 方言	条	跳	掉	尿	撩
	效开四平萧定	效开四平萧定	效开四去啸定	效开四去啸泥	效开四平萧来
西安	tʰiau²⁴	tʰiau²⁴	tiau⁵⁵	ȵiau⁵⁵	liau²⁴
韩城	tʰiɑo²⁴	tʰiɑo²⁴	tiɑo⁴⁴	ȵiɑo⁴⁴	liɑo²⁴
合阳	tʰiɔo²⁴	tʰiɔo²⁴	tiɔo⁵⁵/tʰiɔo⁵⁵	ȵiɔo⁵⁵	liɔo²⁴
澄城	tʰiɔ²⁴	tʰiɔ²⁴	tiɔ⁴⁴	ȵiɔ⁴⁴	liɔ²⁴
白水	tsʰiɔ²⁴	tsʰiɔ²⁴	tiɔ⁴⁴	ȵiɔ⁴⁴	liɔ²⁴
大荔	tʰiɔ²⁴	tʰiɔ²⁴	tiɔ⁵⁵	ȵiɔ⁵⁵	liɔ²⁴
蒲城	tsʰiɔ³⁵	tsʰiɔ³⁵	tiɔ⁵⁵	ȵiɔ⁵⁵	liɔ³⁵
美原	tɕʰiɔ³⁵	tɕʰiɔ³⁵	tiɔ⁵⁵	ȵiɔ⁵⁵	liɔ³⁵
富平	tsʰiɔ³⁵	tsʰiɔ³⁵	tiɔ⁵⁵	ȵiɔ⁵⁵	liɔ³⁵
潼关	tʰiɔ²⁴	tʰiɔ²⁴	tiɔ⁴⁴	ȵiɔ⁴⁴	liɔ²⁴
华阴	tʰiɔ²⁴	tʰiɔ²⁴	tiɔ⁵⁵	ȵiɔ⁵⁵	liɔ²⁴
华县	tʰiɔ³⁵	tʰiɔ³⁵	tiɔ⁵⁵	ȵiɔ⁵⁵	liɔ³⁵
渭南	tɕʰiɔ²⁴	tɕʰiɔ²⁴	tɕiɔ⁴⁴	ȵiɔ⁴⁴	liɔ²⁴
洛南	tɕʰiɔ²⁴	tɕʰiɔ²⁴	tɕiɔ⁴⁴	ȵiɔ⁴⁴	liɔ²⁴
商州	tɕʰiɔ³⁵	tɕʰiɔ³⁵	tiɔ⁵⁵	ȵiɔ⁵⁵	liɔ³⁵
丹凤	tɕʰiɔ²⁴	tɕʰiɔ²⁴	tɕiɔ⁴⁴	ȵiɔ⁴⁴	liɔ²⁴
宜川	ȶʰiɔ²⁴	ȶʰiɔ²⁴	tiɔ⁴⁵	ȵiɔ⁴⁵	liɔ²⁴
富县	ȶʰiɔ²⁴	ȶʰiɔ²⁴	tiɔ⁴⁴	ȵiɔ⁴⁴	liɔ²⁴
黄陵	tɕʰiɑo²⁴	tɕʰiɑo²⁴	tɕiɑo⁴⁴	ȵiɑo⁴⁴	liɑo²⁴
宜君	ȶʰiɔ²⁴	ȶʰiɔ²⁴	ȶiɔ⁴⁴	ȵiɔ⁴⁴	liɔ⁴⁴
铜川	tɕʰiɔ²⁴	tɕʰiɔ²⁴	tiɔ⁴⁴	ȵiɔ⁴⁴	liɔ²⁴
耀县	tʰiɑo²⁴	tʰiɑo²⁴	tiɑo⁴⁴	ȵiɑo⁴⁴	liɑo²⁴
高陵	tʰiɑo²⁴	tʰiɑo²⁴	tiɑo⁵⁵	ȵiɑo⁵⁵	liɑo²⁴
临潼	tɕʰiɔ²⁴	tɕʰiɔ²⁴	tɕiɔ⁴⁵	ȵiɔ⁴⁵	liɔ²⁴

字目 方言	条 效开四 平萧定	跳 效开四 平萧定	掉 效开四 去啸定	尿 效开四 去啸泥	撩 效开四 平萧来
蓝田	tɕʰiɔ^{24}	tɕʰiɔ^{24}	tɕiɔ^{44}	ȵiɔ^{44}	liɔ^{24}
长安	tɕʰiɔ^{24}	tɕʰiɔ^{24}	tɕiɔ^{44}	ȵiɔ^{44}	liɔ^{24}
户县	tʰiɔɔ^{24}	tʰiɔɔ^{24}	tiɔɔ^{55}	ȵiɔɔ^{55}	liɔɔ^{24}
周至	tʰiɔ^{24}	tɕʰiɔ^{24}	tiɔ^{55}	ȵiɔ^{55}	liɔ^{24}
三原	tʰiɔ^{24}	tʰiɔ^{24}	tiɔ^{55}	ȵiɔ^{55}	liɔ^{24}
泾阳	tʰiɔ^{24}	tʰiɔ^{24}	tiɔ^{55}	ȵiɔ^{55}	liɔ^{24}
咸阳	tʰiɔ^{24}	tʰiɔ^{24}/tʰiɔ^{55}	tiɔ^{55}	ȵiɔ^{55}	liɔ^{24}
兴平	tɕʰiɔ^{24}	tɕʰiɔ^{24}/tɕʰiɔ^{55}	tɕiɔ^{55}	ȵiɔ^{55}	liɔ^{24}
武功	tʰiɔ^{24}	tiʰɔ^{24}	tiɔ^{55}	ȵiɔ^{55}	liɔ^{24}
礼泉	tʰiɔ^{24}	tʰiɔ^{24}	tiɔ^{55}	ȵiɔ^{55}	liɔ^{24}
乾县	tʰiɔ^{24}	tʰiɔ^{24}	tiɔ^{44}	ȵiɔ^{44}	liɔ^{24}
永寿	tʰiɔ^{24}	tʰiɔ^{24}	tiɔ^{55}	ȵiɔ^{55}	liɔ^{24}
淳化	tʰiɔ^{24}	tʰiɔ^{24}	tiɔ^{55}	ȵiɔ^{55}	liɔ^{24}
旬邑	tsʰiɔ^{24}	tsʰiɔ^{24}	tiɔ^{44}	ȵiɔ^{44}	liɔ^{24}
彬县	tʰiɔ^{24}	tʰiɔ^{24}	tiɔ^{44}	ȵiɔ^{44}	liɔ^{24}
长武	tsʰiɔ^{24}	tsʰiɔ^{24}	tiɔ^{44}	ȵiɔ^{44}	liɔ^{24}
扶风	tɕʰiɔ^{24}	tɕʰiɔ^{24}	tɕiɔ^{33}	ȵiɔ^{33}	liɔ^{24}
眉县	ʈʰiɔ^{24}	ʈʰiɔ^{24}	ʈiɔ^{44}	ȵiɔ^{44}	liɔ^{24}
麟游	ʈʰiɔ^{24}	ʈʰiɔ^{24}	ʈiɔ^{44}	ȵiɔ^{44}	liɔ^{24}
岐山	ʈʰiɔ^{24}	ʈʰiɔ^{24}	ʈiɔ^{44}	ȵiɔ^{44}	liɔ^{24}
凤翔	ʈʰiɔ^{24}	ʈʰiɔ^{24}	ʈiɔ^{44}	ȵiɔ^{44}	liɔ^{24}
宝鸡	tɕʰiɔ^{24}	tɕʰiɔ^{24}	tɕiɔ^{44}	ȵiɔ^{44}	liɔ^{24}
千阳	ʈʰiɔ^{24}	ʈʰiɔ^{24}	tiɔ^{44}	ȵiɔ^{44}	liɔ^{24}
陇县	tʰiɔ^{24}	tʰiɔ^{24}	tiɔ^{44}	ȵiɔ^{44}	liɔ^{24}

字目 / 方言	了 效开四 上筱来	料 效开四 去啸来	箫 效开四 平萧心	浇 效开四 平萧见	缴 效开四 上筱见
西安	liɑu^{53}/lɑu^{53}	liɑu^{55}	ɕiɑu^{21}	tɕiɑu^{21}	tɕiɑu^{21}
韩城	liɑo^{53}	liɑo^{44}	ɕiɑo^{31}	tɕiɑo^{31}	tɕiɑo^{31}
合阳	liɔo^{52}	liɔo^{55}	siɔo^{31}	tɕiɔo^{31}	tɕiɔo^{31}
澄城	liɔ^{53}	liɔ^{44}	siɔ^{31}	tɕiɔ^{31}	tɕiɔ^{31}
白水	liɔ^{53}	liɔ^{44}	siɔ^{31}	tɕiɔ^{31}	tɕiɔ^{31}
大荔	liɔ^{52}	liɔ^{55}	siɔ^{31}	tɕiɔ^{31}	tɕiɔ^{31}
蒲城	liɔ^{53}	liɔ^{55}	siɔ^{31}	tɕiɔ^{31}	tɕiɔ^{31}
美原	liɔ^{53}	liɔ^{55}	ɕiɔ^{31}	tɕiɔ^{31}	tɕiɔ^{31}
富平	liɔ^{53}	liɔ^{55}	siɔ^{31}	tɕiɔ^{31}	tɕiɔ^{31}
潼关	liɔ^{52}	liɔ^{44}	ɕiɔ^{31}	tɕiɔ^{31}	tɕiɔ^{31}
华阴	liɔ^{52}	liɔ^{55}	ɕiɔ^{31}	tɕiɔ^{31}	tɕiɔ^{31}
华县	liɔ^{53}	liɔ^{55}	siɔ^{31}	tɕiɔ^{31}	tɕiɔ^{31}
渭南	liɔ^{53}	liɔ^{44}	ɕiɔ^{31}	tɕiɔ^{31}	tɕiɔ^{31}
洛南	liɔ^{53}	liɔ^{44}	ɕiɔ^{31}	tɕiɔ^{31}	tɕiɔ^{31}
商州	liɔ^{53}	liɔ^{55}	ɕiɔ^{31}	tɕiɔ^{31}	tɕiɔ^{31}
丹凤	liɔ^{53}	liɔ^{44}	ɕiɔ^{31}	tɕiɔ^{31}	tɕiɔ^{31}
宜川	liɔ^{45}	liɔ^{45}	ɕiɔ^{51}	tɕiɔ^{51}	tɕiɔ^{51}
富县	liɔ^{52}	liɔ^{44}	ɕiɔ^{31}	tɕiɔ^{31}	tɕiɔ^{31}
黄陵	liɑo^{52}	liɑo^{44}	ɕiɑo^{31}	tɕiɑo^{31}	tɕiɑo^{31}
宜君	liɔ^{21}	liɔ^{44}	siɔ^{21}	tɕiɔ^{21}	tɕiɔ^{21}
铜川	liɔ^{52}	liɔ^{44}	ɕiɔ^{21}	tɕiɔ^{21}	tɕiɔ^{21}
耀县	liɑo^{52}	liɑo^{44}	ɕiɑo^{31}	tɕiɑo^{31}	tɕiɑo^{31}
高陵	liɑo^{52}	liɑo^{55}	siɑo^{31}	tɕiɑo^{31}	tɕiɑo^{31}
临潼	liɔ^{52}	liɔ^{45}	ɕiɔ^{31}	tɕiɔ^{31}	tɕiɔ^{31}

字目 方言	了 效开四 上筱来	料 效开四 去啸来	箫 效开四 平萧心	浇 效开四 平萧见	缴 效开四 上筱见
蓝田	liɔ⁵²	liɔ⁴⁴	ɕiɔ³¹	tɕiɔ³¹	tɕiɔ³¹
长安	liɔ⁵³	liɔ⁴⁴	ɕiɔ³¹	tɕiɔ³¹	tɕiɔ³¹
户县	liɔɔ⁵²	liɔɔ⁵⁵	ɕiɔɔ³¹	tɕiɔɔ³¹	tɕiɔɔ³¹
周至	liɔ⁵²	liɔ⁵⁵	ɕiɔ²¹	tɕiɔ²¹	tɕiɔ²¹
三原	liɔ⁵²	liɔ⁵⁵	siɔ³¹	tɕiɔ³¹	tɕiɔ³¹
泾阳	liɔ⁵²	liɔ⁵⁵	ɕiɔ³¹	tɕiɔ³¹	tɕiɔ³¹
咸阳	liɔ⁵²	liɔ⁵⁵	ɕiɔ³¹	tɕiɔ³¹	tɕiɔ³¹
兴平	liɔ⁵²	liɔ⁵⁵	ɕiɔ³¹	tɕiɔ³¹	tɕiɔ³¹
武功	liɔ⁵²	liɔ⁵⁵	ɕiɔ³¹	tɕiɔ³¹	tɕiɔ³¹
礼泉	liɔ⁵²	liɔ⁵⁵	ɕiɔ³¹	tɕiɔ³¹	tɕiɔ³¹
乾县	liɔ⁵²	liɔ⁴⁴	ɕiɔ³¹	tɕiɔ³¹	tɕiɔ³¹
永寿	liɔ⁵²	liɔ⁵⁵	ɕiɔ³¹	tɕiɔ³¹	tɕiɔ³¹
淳化	liɔ⁵²	liɔ⁵⁵	siɔ³¹	tɕiɔ³¹	tɕiɔ³¹
旬邑	liɔ⁵²	liɔ⁴⁴	siɔ³¹	tɕiɔ³¹	tɕiɔ³¹
彬县	liɔ⁵²	liɔ⁴⁴	siɔ³¹	tɕiɔ³¹	tɕiɔ³¹
长武	liɔ⁵²	liɔ⁴⁴	siɔ³¹	tɕiɔ³¹	tɕiɔ³¹
扶风	liɔ⁵²	liɔ³³	ɕiɔ³¹	tɕiɔ³¹	tɕiɔ³¹
眉县	liɔ⁵²	liɔ⁴⁴	siɔ³¹	tɕiɔ³¹	tɕiɔ³¹
麟游	liɔ⁵³	liɔ⁴⁴	siɔ³¹	tɕiɔ³¹	tɕiɔ³¹
岐山	liɔ⁵³	liɔ⁴⁴	siɔ³¹	tɕiɔ³¹	tɕiɔ³¹
凤翔	liɔ⁵³	liɔ⁴⁴	siɔ³¹	tɕiɔ³¹	tɕiɔ³¹
宝鸡	liɔ⁵³	liɔ⁴⁴	ɕiɔ³¹	tɕiɔ³¹	tɕiɔ³¹
千阳	liɔ⁵³	liɔ⁴⁴	siɔ³¹	tɕiɔ³¹	tɕiɔ³¹
陇县	liɔ⁵³	iɔ⁴⁴	ɕiɔ³¹	tɕiɔ³¹	tɕiɔ³¹

字目 方言	叫	窍	尧	晓	吆
	效开四 去啸见	效开四 去啸溪	效开四 平萧疑	效开四 上筱晓	效开四 平萧影
西安	tɕiau⁵⁵	tɕʰiau⁵⁵	iau²⁴	ɕiau⁵³	iau²¹
韩城	tɕiao⁴⁴	tɕʰiao⁴⁴	iao²⁴	ɕiao⁵³	iao³¹
合阳	tɕiɔɔ⁵⁵	tɕʰiɔɔ⁵⁵	iɔɔ²⁴	ɕiɔɔ⁵²	iɔɔ³¹
澄城	tɕiɔ⁴⁴	tɕʰiɔ⁴⁴	iɔ²⁴	ɕiɔ⁵³	iɔ³¹
白水	tɕiɔ⁴⁴	tɕʰiɔ⁴⁴	iɔ²⁴	ɕiɔ⁵³	iɔ³¹
大荔	tɕiɔ⁵⁵	tɕʰiɔ⁵⁵	iɔ²⁴	ɕiɔ⁵²	iɔ³¹
蒲城	tɕiɔ⁵⁵	tɕʰiɔ⁵⁵	iɔ³⁵	ɕiɔ⁵³	iɔ³¹
美原	tɕiɔ⁵⁵	tɕʰiɔ⁵⁵	iɔ³⁵	ɕiɔ⁵³	iɔ³¹
富平	tɕiɔ⁵⁵	tɕʰiɔ⁵⁵	iɔ³⁵	ɕiɔ⁵³	iɔ³¹
潼关	tɕiɔ⁴⁴	tɕʰiɔ⁴⁴	iɔ²⁴	ɕiɔ⁵²	iɔ³¹
华阴	tɕiɔ⁵⁵	tɕʰiɔ⁵⁵	iɔ²⁴	ɕiɔ⁵²	iɔ³¹
华县	tɕiɔ⁵⁵	tɕʰiɔ⁵⁵	iɔ³⁵	ɕiɔ⁵³	iɔ³¹
渭南	tɕiɔ⁴⁴	tɕʰiɔ⁴⁴	iɔ²⁴	ɕiɔ⁵³	iɔ³¹
洛南	tɕiɔ⁴⁴	tɕʰiɔ⁴⁴	iɔ²⁴	ɕiɔ⁵³	iɔ³¹
商州	tɕiɔ⁵⁵	tɕʰiɔ⁵⁵	iɔ³⁵	ɕiɔ⁵³	iɔ³¹
丹凤	tɕiɔ⁴⁴	tɕʰiɔ⁴⁴	iɔ²⁴	ɕiɔ⁵³	iɔ³¹
宜川	tɕiɔ⁴⁵	tɕʰiɔ⁴⁵	iɔ²⁴	ɕiɔ⁴⁵	iɔ⁵¹
富县	tɕiɔ⁴⁴	tɕʰiɔ⁴⁴	iɔ²⁴	ɕiɔ⁵²	iɔ³¹
黄陵	tɕiao⁴⁴	tɕʰiao⁴⁴	iao²⁴	ɕiao⁵²	iao³¹
宜君	tɕiɔ⁴⁴	tɕʰiɔ⁴⁴	iɔ²⁴	ɕiɔ⁵²	iɔ²¹
铜川	tɕiɔ⁴⁴	tɕʰiɔ⁴⁴	iɔ²⁴	ɕiɔ⁵²	iɔ²¹
耀县	tɕiao⁴⁴	tɕʰiao⁴⁴	iao²⁴	ɕiao⁵²	iao³¹
高陵	tɕiau⁵⁵	tɕʰiau⁵⁵	iau²⁴	ɕiau⁵²	iau³¹
临潼	tɕiɔ⁴⁵	tɕʰiɔ⁴⁵	iɔ²⁴	ɕiɔ⁵²	iɔ³¹

字目 / 方言	叫	窍	尧	晓	吆
	效开四去啸见	效开四去啸溪	效开四平萧疑	效开四上筱晓	效开四平萧影
蓝田	tɕiɔ⁴⁴	tɕʰiɔ⁴⁴	iɔ²⁴	ɕiɔ⁵²	iɔ³¹
长安	tɕiɔ⁴⁴	tɕʰiɔ⁴⁴	iɔ²⁴	ɕiɔ⁵³	iɔ³¹
户县	tɕiɔɔ⁵⁵	tɕʰiɔɔ⁵⁵	iɔɔ²⁴	ɕiɔɔ⁵²	iɔɔ³¹
周至	tɕiɔ⁵⁵	tɕʰiɔ⁵⁵	iɔ²⁴	ɕiɔ⁵²	iɔ²¹
三原	tɕiɔ⁵⁵	tɕʰiɔ⁵⁵	iɔ²⁴	ɕiɔ⁵²	iɔ³¹
泾阳	tɕiɔ⁵⁵	tɕʰiɔ⁵⁵	iɔ²⁴	ɕiɔ⁵²	iɔ³¹
咸阳	tɕiɔ⁵⁵	tɕʰiɔ⁵⁵	iɔ²⁴	ɕiɔ⁵²	iɔ³¹
兴平	tɕiɔ⁵⁵	tɕʰiɔ⁵⁵	iɔ²⁴	ɕiɔ⁵²	iɔ³¹
武功	tɕiɔ⁵⁵	tɕʰiɔ⁵⁵	iɔ²⁴	ɕiɔ⁵²	iɔ³¹
礼泉	tɕiɔ⁵⁵	tɕʰiɔ⁵⁵	iɔ²⁴	ɕiɔ⁵²	iɔ³¹
乾县	tɕiɔ⁴⁴	tɕʰiɔ⁴⁴	iɔ²⁴	ɕiɔ⁵²	iɔ³¹
永寿	tɕiɔ⁵⁵	tɕʰiɔ⁵⁵	iɔ²⁴	ɕiɔ⁵²	iɔ³¹
淳化	tɕiɔ⁵⁵	tɕʰiɔ⁵⁵	iɔ²⁴	ɕiɔ⁵²	iɔ³¹
旬邑	tɕiɔ⁴⁴	tɕʰiɔ⁴⁴	iɔ²⁴	ɕiɔ⁵²	iɔ³¹
彬县	tɕiɔ⁴⁴	tɕʰiɔ⁴⁴	iɔ²⁴	ɕiɔ⁵²	iɔ⁵²
长武	tɕiɔ⁴⁴	tɕʰiɔ⁴⁴	iɔ²⁴	ɕiɔ⁵²	iɔ³¹
扶风	tɕiɔ³³	tɕʰiɔ³³	iɔ²⁴	ɕiɔ⁵²	iɔ³¹
眉县	tɕiɔ⁴⁴	tɕʰiɔ⁴⁴	iɔ²⁴	ɕiɔ⁵²	iɔ³¹
麟游	tɕiɔ⁴⁴	tɕʰiɔ⁴⁴	iɔ²⁴	ɕiɔ⁵³	iɔ³¹
岐山	tɕiɔ⁴⁴	tɕʰiɔ⁴⁴	iɔ²⁴	ɕiɔ⁵³	iɔ³¹
凤翔	tɕiɔ⁴⁴	tɕʰiɔ⁴⁴	iɔ²⁴	ɕiɔ⁵³	iɔ³¹
宝鸡	tɕiɔ⁴⁴	tɕʰiɔ⁴⁴	iɔ²⁴	ɕiɔ⁵³	iɔ³¹
千阳	tɕiɔ⁴⁴	tɕʰiɔ⁴⁴	iɔ²⁴	ɕiɔ⁵³	iɔ³¹
陇县	tɕiɔ⁴⁴	tɕʰiɔ⁴⁴	iɔ²⁴	ɕiɔ⁵³	iɔ³¹

关中方言字音对照集

（续上册）

字目 方言	剖 流开一 上厚滂	亩 流开一 上厚明	母 流开一 上厚明	戊 流开一 去候明	贸 流开一 去候明
西安	pʰɑu²¹	mu⁵³	mu⁵³	u⁵⁵	mɑu⁵⁵
韩城	pʰɑo³¹	mu⁵³	mu⁵³	vu⁵³	mɑo⁴⁴
合阳	pʰɔo³¹	mu⁵²	mu⁵²	vu⁵²	mɔo⁵⁵
澄城	pʰɔ³¹	mu⁵³	mu⁵³	vu⁵³	mɔ⁴⁴
白水	pʰɔ³¹	mu⁵³	mu⁵³	u⁴⁴	mɔ⁴⁴
大荔	pʰɔ³¹	mu⁵²	mu⁵²	u⁵⁵	mɔ⁵⁵
蒲城	pʰɔ³¹	mu⁵³	mu⁵³	u⁵⁵	mɔ⁵⁵
美原	pʰɔ³¹	mu⁵³	mu⁵³	vu⁵³	mɔ⁵⁵
富平	pʰɔ³¹	mu⁵³	mu⁵³	vu⁵⁵	mɔ⁵⁵
潼关	pʰɔ³¹	mu⁵²	mu⁵²	vu⁴⁴	mɔ⁴⁴
华阴	pʰɔ³¹	mu⁵²	mu⁵²	vu⁵²	mɔ⁵⁵
华县	pʰɔ³¹	mu⁵³	mu⁵³	u⁵⁵	mɔ⁵⁵
渭南	pʰɔ³¹	mu⁵³	mu⁵³	u⁴⁴	mɔ⁴⁴
洛南	pʰɔ³¹	mu⁵³	mu⁵³	vu⁴⁴	mɔ⁴⁴
商州	pʰɔ³¹	mu⁵³	mu⁵³	vu⁵⁵	mɔ⁵⁵
丹凤	pʰɔ³¹	mu⁵³	mu⁵³	vu⁴⁴	mɔ⁴⁴
宜川	pʰɔ⁵¹	mu⁴⁵	mu⁴⁵	u⁴⁵	mɔ⁴⁵
富县	pʰɔ³¹	mᵇu⁵²	mᵇu⁵²	vu⁵²	mɔ⁴⁴
黄陵	pʰɑo³¹	mu⁵²	mu⁵²	u³¹	mɑo⁴⁴
宜君	pʰɔ²¹	mu⁵²	mu⁵²	u⁴⁴	mɔ⁴⁴
铜川	pʰɔ²¹	mu⁵²	mu⁵²	u⁵²	mɔ⁴⁴
耀县	pʰɑo³¹	mu⁵²	mu⁵²	u³¹	mɑo⁴⁴
高陵	pʰɑo³¹	mu⁵²	mu⁵²	vu⁵²	mɑo⁵⁵
临潼	pʰɔ³¹	mu⁵²	mu⁵²	u⁵²	mɔ⁴⁵

字目 方言	剖 流开一 上厚滂	畝 流开一 上厚明	母 流开一 上厚明	戊 流开一 去候明	贸 流开一 去候明
蓝田	pʰɔ³¹	mu⁵²	mu⁵²	vu⁴⁴	mɔ⁴⁴
长安	pʰɔ³¹	mu⁵³	mu⁵³	u⁴⁴	mɔ⁴⁴
户县	pʰɔo³¹	mu⁵²	mu⁵²	vu⁵⁵	mɔo⁵⁵
周至	pʰɔ²¹	mu⁵²	mu⁵²	vu⁵⁵	mɔ⁵⁵
三原	pʰɔ³¹	mu⁵²	mu⁵²	vu⁵²	mɔ⁵⁵
泾阳	pʰɔ³¹	mu⁵²	mu⁵²	vu⁵²	mɔ⁵⁵
咸阳	pʰɔ³¹	mu⁵²	mu⁵²	u⁵⁵	mɔ⁵⁵
兴平	pʰɔ³¹	mu⁵²	mu⁵²	vu⁵⁵	mɔ⁵⁵
武功	pʰɔ³¹	mᶠu⁵²	mᶠu⁵²	u⁵⁵	mɔ⁵⁵
礼泉	pʰɔ³¹	mᶠu⁵²	mᶠu⁵²	vu⁵²	mɔ⁵⁵
乾县	pʰɔ³¹	mu⁵²	mu⁵²	u⁴⁴	mɔ⁴⁴
永寿	pʰɔ³¹	mu⁵²	mu⁵²	u⁵⁵	mɔ⁵⁵
淳化	pʰɔ³¹	mu⁵²	mu⁵²	u⁵⁵	mɔ⁵⁵
旬邑	pʰɔ³¹	mu⁵²	mu⁵²	u⁴⁴	mɔ⁴⁴
彬县	pʰɔ³¹	mu⁵²	mu⁵²	u⁴⁴	mɔ⁴⁴
长武	pʰɔ³¹	mu⁵²	mu⁵²	u⁴⁴	mɔ⁴⁴
扶风	pʰɔ³¹	mu⁵²	mu⁵²	vu⁵²	mɔ³³
眉县	pʰɔ³¹	mu⁵²	mu⁵²	u⁵²	mɔ⁴⁴
麟游	pʰɔ³¹	mu⁵³	mu⁵³	vu⁵³	mɔ⁴⁴
岐山	pʰɔ³¹/pᶠʰo⁵³①	mu⁵³	mu⁵³	vu⁵³	mɔ⁴⁴
凤翔	pʰɔ³¹/pᶠʰo⁴⁴	mu⁵³	mu⁵³	u⁵³	mɔ⁴⁴
宝鸡	pᶠʰo³¹	mu⁵³	mu⁵³	u⁴⁴	mɔ⁴⁴
千阳	pʰɔ³¹	mu⁵³	mu⁵³	vu⁴⁴	mɔ⁴⁴
陇县	pʰɔ³¹	mu⁵³	mu⁵³	vu⁵³	mɔ⁴⁴

① pᶠʰo⁵³ ～开。凤翔同。

字目 方言	兜 流开一 平侯端	斗容器 流开一 上厚端	斗 流开一 去候端	偷 流开一 平侯透	透 流开一 去候透
西安	tou ǀ tou	tou^{53}	tou^{55}	tʰou^{21} ǀ tʰou	tʰou^{55}
韩城	təu^{31} ǀ tou	təu^{53}	təu^{44}	tʰəu^{31} ǀ tʰou	tʰəu^{44}
合阳	tou^{52} ǀ tou	tou^{52}	tou^{55}	tʰou^{31} ǀ tʰou	tʰou^{55}
澄城	təu^{53} ǀ tou	təu^{53}	təu^{44}	tʰəu^{31} ǀ tʰou	tʰəu^{44}
白水	tou^{31} ǀ tou	tou^{53}	tou^{44}	tʰou^{31} ǀ tʰou	tʰou^{44}
大荔	tou^{31} ǀ tou	tou^{52}	tou^{55}	tʰou^{31} ǀ tʰou	tʰou^{55}
蒲城	tou^{31} ǀ tou	tou^{53}	tou^{55}	tʰou^{31} ǀ tʰou	tʰou^{55}
美原	tou^{31} ǀ tou	tou^{53}	tou^{55}	tʰou^{31} ǀ tʰou	tʰou^{55}
富平	tou^{31} ǀ tou	tou^{53}	tou^{55}	tʰou^{31} ǀ tʰou	tʰou^{55}
潼关	tou^{31} ǀ tou	tou^{52}	tou^{44}	tʰou^{31} ǀ tʰou	tʰou^{44}
华阴	tou^{31} ǀ tou	tou^{52}	tou^{55}	tʰou^{31} ǀ tʰou	tʰou^{55}
华县	tou^{31} ǀ tou	tou^{53}	tou^{55}	tʰou^{31} ǀ tʰou	tʰou^{55}
渭南	tou^{31} ǀ tov	tou^{53}	tou^{44}	tʰou^{31} ǀ tʰou	tʰou^{44}
洛南	tou^{31} ǀ tou	tou^{53}	tou^{44}	tʰou^{31} ǀ tʰou	tʰou^{44}
商州	tou^{31} ǀ tou	tou^{53}	tou^{55}	tʰou^{31} ǀ tʰou	tʰou^{55}
丹凤	tou^{31}	tou^{53}	tou^{44}	tʰou^{31}	tʰou^{44}
宜川	tɤu^{51}	tɤu^{45}	tɤu^{45}	tʰɤu^{51}	tʰɤu^{45}
富县	tɤu^{52}	tɤu^{52}	tɤu^{44}	tʰɤu^{31}	tʰɤu^{44}
黄陵	tɤu^{52}	tɤu^{52}	tɤu^{44}	tʰɤu^{31}	tʰɤu^{44}
宜君	tou^{52}	tou^{52}	tou^{44}	tʰou^{21}	tʰou^{44}
铜川	tɤu^{52} ǀ tou	tɤu^{52}	tɤu^{44}	tʰɤu^{21} ǀ tʰou	tʰɤu^{44}
耀县	tou^{52} ǀ tou	tou^{52}	tou^{44}	tʰou^{31} ǀ tʰou	tʰou^{44}
高陵	tɤu^{31} ǀ tou	tɤu^{52}	tɤu^{55}	tʰɤu^{31} ǀ tʰou	tʰɤu^{55}
临潼	tɤu^{31} ǀ tou	tɤu^{52}	tɤu^{45}	tʰɤu^{31} ǀ tʰou	tʰɤu^{45}

字目 方言	兜 流开一 平侯端	斗容器 流开一 上厚端	斗 流开一 去候端	偷 流开一 平侯透	透 流开一 去候透
蓝田	tʃu^{31} | tou	tʃu^{52}	tʃu^{44}	tʰʃu^{31} | tʰou	tʰʃu^{44}
长安	tʃu^{31}	tʃu^{53}	tʃu^{44}	tʰʃu^{31}	tʰʃu^{44}
户县	tʃu^{31} | tou	tʃu^{52}	tʃu^{55}	tʰʃu^{31} | tʰou	tʰʃu^{55}
周至	tʃu^{21} | tou	tʃu^{52}	tʃu^{55}	tʰʃu^{21} | tʰou	tʰʃu^{55}
三原	tou^{31} | tou	tou^{52}	tou^{55}	tʰou^{31} | tʰou	tʰou^{55}
泾阳	tou^{31} | tou	tou^{52}	tou^{55}	tʰou^{31} | tʰou	tʰou^{55}
咸阳	tou^{31} | tou	tou^{52}	tou^{55}	tʰou^{31} | tʰou	tʰou^{55}
兴平	tou^{31} | tou	tou^{52}	tou^{55}	tʰou^{31} | tʰou	tʰou^{55}
武功	tou^{31} | tou	tou^{52}	tou^{55}	tʰou^{31} | tʰou	tʰou^{55}
礼泉	tou^{31} | tou	tou^{52}	tou^{55}	tʰou^{31} | tʰou	tʰou^{55}
乾县	tou^{31} | tou	tou^{52}	tou^{44}	tʰou^{31} | tʰou	tʰou^{44}
永寿	tou^{31} | tou	tou^{52}	tou^{55}	tʰou^{31}	tʰou^{55}
淳化	tou^{31} | tou	tou^{52}	tou^{55}	tʰou^{31} | tʰou	tʰou^{55}
旬邑	tou^{31} | tou	tou^{52}	tou^{44}	tʰou^{31} | tʰou	tʰou^{44}
彬县	tou^{31} | tou	tou^{52}	tou^{44}	tʰou^{31} | tʰou	tʰou^{44}
长武	tou^{31} | tou	tou^{52}	tou^{44}	tʰou^{31} | tʰou	tʰou^{44}
扶风	tou^{31} | tou	tou^{52}	tou^{33}	tʰou^{31} | tʰou	tʰou^{33}
眉县	tou^{31} | tou	tou^{52}	tou^{44}	tʰou^{31} | tʰou	tʰou^{44}
麟游	tou^{31} | tou	tou^{53}	tou^{44}	tʰou^{31} | tʰou	tʰou^{44}
岐山	tou^{31} | tou	tou^{53}	tou^{44}	tʰou^{31} | tʰou	tʰou^{44}
凤翔	tou^{31} | tou	tou^{53}	tou^{44}	tʰou^{31} | tʰou	tʰou^{44}
宝鸡	tou^{31} | tou	tou^{53}	tou^{44}	tʰou^{31} | tʰou	tʰou^{44}
千阳	tou^{31} | tou	tou^{53}	tou^{44}	tʰou^{31} | tʰou	tʰou^{44}
陇县	tou^{31} | tou	tou^{53}	tou^{44}	tʰou^{31} | tʰou	tʰou^{44}

字目 方言	头 流开一 平候定	豆 流开一 去候定	楼 流开一 平候来	篓 流开一 上厚来	漏 流开一 去候来
西安	tʰou²⁴	tou⁵⁵	lou²⁴ ∣ lou	lou⁵³	lou⁵⁵
韩城	tʰəu²⁴	t̠əu⁴⁴/t̠ʰəu⁴⁴	ləu²⁴ ∣ lou	ləu⁵³	ləu⁴⁴
合阳	tʰou²⁴	tʰou⁵⁵	lou²⁴ ∣ lou	lou⁵²	lou⁵⁵
澄城	tʰəu²⁴	tʰəu⁴⁴	ləu²⁴ ∣ lou	ləu⁵³	ləu⁴⁴
白水	tʰou²⁴	tʰou⁴⁴	lou²⁴ ∣ lou	lou⁵³	lou⁴⁴
大荔	tʰou²⁴	tʰou⁵⁵	lou²⁴ ∣ lou	lou⁵²	lou⁵⁵
蒲城	tʰou³⁵	tʰou⁵⁵	lou³⁵ ∣ lou	lou⁵³	lou⁵⁵
美原	tʰou³⁵	tʰou⁵⁵	lou³⁵ ∣ lou	lou⁵³	lou⁵⁵
富平	tʰou³⁵	tou⁵⁵	lou³⁵ ∣ lou	lou⁵³	lou⁵⁵
潼关	tʰou²⁴	tʰou⁴⁴	lou²⁴ ∣ lou	lou⁵²	lou⁴⁴
华阴	tʰou²⁴	tʰou⁵⁵	lou²⁴ ∣ lou	lou⁵²	lou⁵⁵
华县	tʰou³⁵	tʰou⁵⁵	lou³⁵ ∣ lou	lou⁵³	lou⁵⁵
渭南	tʰou²⁴	tou⁴⁴	lou²⁴ ∣ lou	lou⁵³	lou⁴⁴
洛南	tʰou²⁴	tʰou⁴⁴	lou²⁴ ∣ lou	lou⁵³	lou⁴⁴
商州	tʰou³⁵	tou⁵⁵	lou³⁵ ∣ lou	lou⁵³	lou⁵⁵
丹凤	tʰou²⁴	tou⁴⁴	lou²⁴	lou⁵³	lou⁴⁴
宜川	tʰɤu²⁴	tʰɤu⁴⁵	lɤu²⁴	lɤu⁴⁵	lɤu⁴⁵
富县	tʰɤu²⁴	tʰɤu⁴⁴	lɤu²⁴	lɤu⁵²	lɤu⁴⁴
黄陵	tʰɤu²⁴	tɤu⁴⁴	lɤu²⁴	lɤu⁵²	lɤu⁴⁴
宜君	tʰou²⁴	tʰou⁴⁴	lou²⁴	lou⁵²	lou⁴⁴
铜川	tʰɤu²⁴	tɤu⁴⁴	lɤu²⁴ ∣ lou	lɤu⁵²	lɤu⁴⁴
耀县	tʰou²⁴	tou⁴⁴	lou²⁴ ∣ lou	lou⁵²	lou⁴⁴
高陵	tʰɤu²⁴	tɤu⁵⁵	lɤu²⁴ ∣ lou	lɤu⁵²	lɤu⁵⁵
临潼	tʰɤu²⁴	tɤu⁴⁵	lɤu²⁴ ∣ lou	lɤu⁵²	lɤu⁴⁵

字目 / 方言	头 流开一平候定	豆 流开一去候定	楼 流开一平候来	篓 流开一上厚来	漏 流开一去候来
蓝田	tʰɤu^{24}	tɤu^{44}	lɤu^{24} ｜ lou	lɤu^{52}	lɤu^{44}
长安	tʰɤu^{24}	tɤu^{44}	lɤu^{24}	lɤu^{53}	lɤu^{44}
户县	tʰɤu^{24}	tɤu^{55}	lɤu^{24} ｜ lou	lɤu^{52}	lɤu^{55}
周至	tʰɤu^{24}	tɤu^{55}	lɤu^{24} ｜ lou	lɤu^{52}	lɤu^{55}
三原	tʰou^{24}	tou^{55}	lou^{24} ｜ lou	lou^{52}	lou^{55}
泾阳	tʰou^{24}	tou^{55}	lou^{24} ｜ lou	lou^{52}	lou^{55}
咸阳	tʰou^{24}	tou^{55}	lou^{24}	lou^{52}	lou^{55}
兴平	tʰou^{24}	tou^{55}	lou^{24} ｜ lou	lou^{52}	lou^{55}
武功	tʰou^{24}	tou^{55}	lou^{24} ｜ lou	lou^{52}	lou^{55}
礼泉	tʰou^{24}	tou^{55}	lou^{24} ｜ lou	lou^{52}	lou^{55}
乾县	tʰou^{24}	tou^{44}	lou^{24} ｜ lou	lou^{52}	lou^{44}
永寿	tʰou^{24}	tou^{55}	lou^{24} ｜ lou	lou^{52}	lou^{55}
淳化	tʰou^{24}	tou^{55}	lou^{24} ｜ lou	lou^{52}	lou^{55}
旬邑	tʰou^{24}	tou^{44}	lou^{24} ｜ lou	lou^{52}	lou^{44}
彬县	tʰou^{24}	tʰou^{24}	lou^{24} ｜ lou	lou^{52}	lou^{44}
长武	tʰou^{24}	<u>tou</u>^{44}/tʰou^{44}	lu^{24} ｜ lou	lou^{52}	lou^{44}
扶风	tʰou^{24}	tou^{33}	lou^{24} ｜ lou	lou^{24}	lou^{33}
眉县	tʰou^{24}	tou^{44}	lou^{24} ｜ lou	lou^{52}	lou^{44}
麟游	tʰou^{24}	tou^{44}	lou^{24} ｜ lou	lou^{53}	lou^{44}
岐山	tʰou^{24}	tou^{44}	lou^{24} ｜ lou	lou^{53}	lou^{44}
凤翔	tʰou^{24}	tou^{44}	lou^{24}	lou^{53}	lou^{44}
宝鸡	tʰou^{24}	tou^{44}	lou^{24} ｜ lou	lou^{53}	lou^{44}
千阳	tʰou^{24}	tou^{44}	lou^{24} ｜ lou	lou^{53}	lou^{44}
陇县	tʰou^{24}	tou^{44}	lu^{24} ｜ lou	lou^{31}	lou^{44}

字目\方言	走 流开一 上厚精	奏 流开一 去候精	凑 流开一 去候清	叟 流开一 上厚心	钩 流开一 平候见
西安	tsou⁵³ | tsou	tsou⁵⁵	tsʰou⁵⁵ | tsʰou	sou⁵³ | sou	kou²¹ | kou
韩城	tsəu⁵³ | tsou	tsəu⁴⁴	tsʰəu⁴⁴ | tsʰou	səu⁴⁴ | sou	kəu³¹ | kou
合阳	tsou⁵² | tsou	tsʰou⁵⁵/tsou⁵⁵ 新	tsʰou⁵⁵ | tsʰou	sou⁵⁵ | sou	kou³¹ | kou
澄城	tsəu⁵³ | tsou	tsəu⁴⁴	tsʰəu⁴⁴ | tsʰou	səu⁵³ | sou	kəu³¹ | kou
白水	tsou⁵³ | tsou	tsou⁴⁴	tsʰou⁴⁴ | tsʰou	sou⁵³ | sou	kou³¹ | kou
大荔	tsou⁵² | tsou	tsou⁵⁵	tsʰou⁵⁵ | tsʰou	sou⁵² | sou	kou³¹ | kou
蒲城	tsou⁵³ | tsou	tsou⁵⁵	tsʰou⁵⁵ | tsou	sou⁵³ | sou	kou³¹ | kou
美原	tsou⁵³ | tsou	tsʰou⁵⁵	tsʰou⁵⁵ | tsʰou	sou⁵³ | sou	kou³¹ | kou
富平	tsou⁵³ | tsou	tsou⁵⁵	tsʰou⁵⁵ | tsou	sou⁵³ | sou	kou³¹ | kou
潼关	tsou⁵² | tsou	tsou⁴⁴	tsʰou⁴⁴ | tsou	sou⁵² | sou	kou³¹ | kou
华阴	tsou⁵² | tsou	tsou⁵⁵	tsʰou⁵⁵ | tsʰou	sou⁵² | sou	kou³¹ | kou
华县	tsou⁵³ | tsou	tsou⁵⁵	tsʰou⁵⁵ | tsou	sou⁵³ | sou	kou³¹ | kou
渭南	tsou⁵³ | tsou	tsou⁴⁴	tsʰou⁴⁴ | tsʰou	sou⁵⁵ | sou	kou³¹ | kou
洛南	tsou⁵³ | tsou	tsou⁴⁴	tsʰou⁴⁴ | tsʰou	sou⁴⁴ | sou	kou³¹ | kou
商州	tsou⁵³ | tsou	tsou⁵⁵	tsʰou⁵⁵ | tsʰou	sou⁵⁵ | sou	kou³¹ | kou
丹凤	tsou⁵³	tsou⁴⁴	tsʰou⁴⁴	sou⁴⁴	kou³¹
宜川	tsɤu⁴⁵	tsɤu⁴⁵	tsʰɤu⁴⁵	sɤu⁴⁵	kɤu⁵¹
富县	tsɤu⁵²	tsɤu⁴⁴	tsʰɤu⁴⁴	sɤu⁴⁴	kɤu³¹
黄陵	tsɤu⁵²	tsɤu⁴⁴	tsʰɤu⁴⁴	sɤu⁴⁴	kɤu³¹
宜君	tsou⁵²	tsou⁴⁴	tsʰou⁴⁴	sou⁴⁴	kou²¹
铜川	tsɤu⁵² | tsou	tsɤu⁴⁴	tsʰɤu⁴⁴ | tsou	sɤu⁴⁴ | sou	kɤu²¹ | kou
耀县	tsou⁵² | tsou	tsou⁴⁴	tsʰou⁴⁴ | tsou	sou³¹	kou³¹ | kou
高陵	tsɤu⁵² | tsou	tsɤu⁵⁵	tsʰɤu⁵⁵ | tsʰou	sɤu⁵⁵ | sou	kɤu³¹ | kou
临潼	tsɤu⁵² | tsou	tsɤu⁴⁵	tsʰɤu⁴⁵ | tsou	sɤu³¹ | sou	kɤu³¹ | kou

字目 / 方言	走 流开一上厚精		奏 流开一去候精		凑 流开一去候清		叟 流开一上厚心		钩 流开一平侯见	
蓝田	tsɤu⁵²	tsou	tsɤu⁴⁴		tsʰɤu⁴⁴	tsʰou	sɤu³¹	sou	kɤu³¹	kou
长安	tsɤu⁵³		tsɤu⁴⁴		tsʰɤu⁴⁴		sɤu⁵³		kɤu³¹	
户县	tsɤu⁵²	tsou	tsɤu⁵⁵		tsʰɤu⁵⁵	tsʰou	sɤu³¹	sou	kɤu³¹	kou
周至	tsɤu⁵²	tsou	tsɤu⁵⁵		tsʰɤu⁵⁵	tsʰou	sɤu⁵²	sou	kɤu²¹	kou
三原	tsou⁵²	tsou	tsou⁵⁵		tsʰou⁵⁵	tsʰou	sou³¹	sou	kou³¹	kou
泾阳	tsou⁵²	tsou	tsou⁵⁵		tsʰou⁵⁵	tsou	sou⁵²	sou	kou³¹	kou
咸阳	tsou⁵²	tsou	tsou⁵⁵		tsʰou⁵⁵	tsʰou	sou³¹	sou	kou³¹	kou
兴平	tsou⁵²	tsou	tsou⁵⁵/tsʰou⁵⁵		tsʰou⁵⁵	tsʰou	sou⁵²	sou	kou³¹	kou
武功	tsou⁵²	tsou	tsou⁵⁵		tsʰou⁵⁵	tsʰou	sou⁵²	sou	kou³¹	sou
礼泉	tsou⁵²	tsou	tsou⁵⁵/tsʰou⁵⁵		tsʰou⁵⁵	tsʰou	sou⁵²	sou	kou³¹	kou
乾县	tsou⁵²	tsou	tsou⁴⁴		tsʰou⁴⁴	tsʰou	sou⁵²	sou	kou³¹	kou
永寿	tsou⁵²	tsou	tsou⁵⁵		tsʰou⁵⁵	tsʰou	sou⁵²		kou³¹	kou
淳化	tsou⁵²	tsou	tsou⁵⁵		tsʰou⁵⁵	tsou	sou³¹	sou	kou³¹	kou
旬邑	tsou⁵²	tsou	tsou⁴⁴		tsʰou⁴⁴	tsʰou	sou⁵²	sou	kou³¹	kou
彬县	tsou⁵²	tsou	tsou⁴⁴		tsʰou⁴⁴	tsʰou	sou⁵²	sou	kou³¹	kou
长武	tsou⁵²	tsou	tsou⁴⁴		tsʰou⁴⁴	tsʰou	sou⁵²	sou	kou³¹	kou
扶风	tsou⁵²	tsou	tsou³³		tsʰou³³	tsou	sou⁵²	sou	kou³¹	kou
眉县	tsou⁵²	tsou	tsou⁴⁴		tsʰou⁴⁴	tsʰiou	sou⁵²	sou	kou³¹	kou
麟游	tsou⁵³	tsou	tsou⁴⁴		tsʰou⁴⁴	tsou	sou⁵³	sou	kou³¹	kou
岐山	tsou⁵³	tsou	tsou⁴⁴		tsʰou⁴⁴	tsou	sou⁵³	sou	kou³¹	kou
凤翔	tsou⁵³		tsou⁴⁴		tsʰou⁴⁴	tsou	sou⁴⁴	sou	kou³¹	kou
宝鸡	tsou⁵³	tsou	tsu⁴⁴		tsʰou⁴⁴	tsou		sou	kou³¹	kou
千阳	tsou⁵³	tsou	tsou⁴⁴		tsʰou⁴⁴	tsʰou	sou⁵³	sou	kou³¹	kou
陇县	tsou⁵³	tsou	tsou⁴⁴		tsʰou⁴⁴	tsou	sou⁵³	sou	kou³¹	kou

字目 方言	狗 流开一 上厚见	够 流开一 去候见	构 流开一 去候见	抠 流开一 平候溪	口 流开一 上厚溪
西安	kou⁵³	kou⁵⁵	kou⁵⁵	kʰou²¹	kʰou⁵³ ∣ kʰou
韩城	kəu⁵³	kəu⁴⁴	kəu⁴⁴	kʰəu³¹	kʰəu⁵³ ∣ kʰou
合阳	kou⁵²	kou⁵⁵	kou⁵⁵	kʰou³¹	kʰou⁵² ∣ kʰou
澄城	kəu⁵³	kəu⁴⁴	kəu⁴⁴	kʰəu³¹	kʰəu⁵³ ∣ kʰou
白水	kou⁵³	kou⁴⁴	kou⁴⁴	kʰou³¹	kʰou⁵³ ∣ kʰou
大荔	kou⁵²	kou⁵⁵	kou⁵⁵	kʰou³¹	kʰou⁵² ∣ kʰou
蒲城	kou⁵³	kou⁵⁵	kou⁵⁵	kʰou³¹	kʰou⁵³ ∣ kʰou
美原	kou⁵³	kou⁵⁵	kou⁵⁵	kʰou³¹	kʰou⁵³ ∣ kʰou
富平	kou⁵³	kou⁵⁵	kou⁵⁵	kʰou³¹	kʰou⁵³ ∣ kʰou
潼关	kou⁵²	kou⁴⁴	kou⁴⁴	kʰou³¹	kʰou⁵² ∣ kʰou
华阴	kou⁵²	kou⁵⁵	kou⁵⁵	kʰou³¹	kʰou⁵² ∣ kʰou
华县	kou⁵³	kou⁵⁵	kou⁵⁵	kʰou³¹	kʰou⁵³
渭南	kou⁵³	kou⁴⁴	kou⁴⁴	kʰou³¹	kʰou⁵³ ∣ kʰou
洛南	kou⁵³	kou⁴⁴	kou⁴⁴	kʰou³¹	kʰou⁵³ ∣ kʰou
商州	kou⁵³	kou⁵⁵	kou⁵⁵	kʰou³¹	kʰou⁵³ ∣ kʰou
丹凤	kou⁵³	kou⁴⁴	kou⁴⁴	kʰou³¹	kʰou⁵³
宜川	kɣu⁴⁵	kɣu⁴⁵	kɣu⁴⁵	kʰɣu⁵¹	kʰɣu⁴⁵
富县	kɣu⁵²	kɣu⁴⁴	kɣu⁴⁴	kʰɣu³¹	kʰɣu⁵²
黄陵	kɣu⁵²	kɣu⁴⁴	kɣu⁴⁴	kʰɣu³¹	kʰɣu⁵²
宜君	kou⁵²	kou⁴⁴	kou⁴⁴	kʰou²¹	kʰou⁵²
铜川	kɣu⁵²	kɣu⁴⁴	kɣu⁴⁴	kʰɣu²¹	kʰɣu⁵² ∣ kʰou
耀县	kou⁵²	kou⁴⁴	kou⁴⁴	kʰou³¹	kʰou⁵² ∣ kʰou
高陵	kɣu⁵²	kɣu⁵⁵	kɣu⁵⁵	kʰɣu³¹	kʰɣu⁵² ∣ kʰou
临潼	kɣu⁵²	kɣu⁴⁴	kɣu⁴⁴	kʰɣu³¹	kʰɣu⁵² ∣ kʰou

字目 方言	狗 流开一 上厚见	够 流开一 去候见	构 流开一 去候见	抠 流开一 平侯溪	口 流开一 上厚溪
蓝田	kɤu⁵²	kɤu⁴⁴	kɤu⁴⁴	kʰɤu³¹	kʰɤu⁵² ∣ kʰou
长安	kɤu⁵³	kɤu⁴⁴	kɤu⁴⁴	kʰɤu³¹	kʰɤu⁵³
户县	kɤu⁵²	kɤu⁵⁵	kɤu⁵⁵	kʰɤu³¹	kʰɤu⁵² ∣ kʰou
周至	kɤu⁵²	kɤu⁵⁵	kɤu⁵⁵	kʰɤu²¹	kʰɤu⁵² ∣ kʰou
三原	kou⁵²	kou⁵⁵	kou⁵⁵	kʰou³¹	kʰou⁵² ∣ kʰou
泾阳	kou⁵²	kou⁵⁵	kou⁵⁵	kʰou³¹	kʰou⁵² ∣ kʰou
咸阳	kou⁵²	kou⁵⁵	kou⁵⁵	kʰou³¹	kʰou⁵² ∣ kʰou
兴平	kou⁵²	kou⁵⁵	kou⁵⁵	kʰou³¹	kʰou⁵² ∣ kʰou
武功	kou⁵²	kou⁵⁵	kou⁵⁵	kʰou³¹	kʰou⁵² ∣ kʰou
礼泉	kou⁵²	kou⁵⁵	kou⁵⁵	kʰou³¹	kʰou⁵² ∣ kʰou
乾县	kou⁵²	kou⁴⁴	kou⁴⁴	kʰou³¹	kʰou⁵² ∣ kʰou
永寿	kou⁵²	kou⁵⁵	kou⁵⁵	kʰou³¹	kʰou⁵²
淳化	kou⁵²	kou⁵⁵	kou⁵⁵	kʰou³¹	kʰou⁵² ∣ kʰou
旬邑	kou⁵²	kou⁴⁴	kou⁴⁴	kʰou³¹	kʰou⁵² ∣ kʰou
彬县	kou⁵²	kou⁴⁴	kou⁴⁴	kʰou³¹	kʰou⁵² ∣ kʰou
长武	kou⁵²	kou⁴⁴	kou⁴⁴	kʰou³¹	kʰou⁵² ∣ kʰou
扶风	kou⁵²	kou³³	kou³³	kʰou³¹	kʰou⁵² ∣ kʰou
眉县	kou⁵²	kou⁴⁴	kou⁴⁴	kʰou³¹	kʰou⁵² ∣ kʰou
麟游	kou⁵³	kou⁴⁴	kou⁴⁴	kʰou³¹	kʰou⁵³ ∣ kʰou
岐山	kou⁵³	kou⁴⁴	kou⁴⁴	kʰou³¹	kʰou⁵³ ∣ kʰou
凤翔	kou⁵³	kou⁴⁴	kou⁴⁴	kʰou³¹	kʰou⁵³ ∣ kʰou
宝鸡	kou⁵³	kou⁴⁴	kou⁴⁴	kʰou³¹	kʰou⁵³ ∣ kʰou
千阳	kou⁵³	kou⁴⁴	kou⁴⁴	kʰou³¹	kʰou⁵³ ∣ kʰou
陇县	kou⁵³	kou⁴⁴	kou⁴⁴	kʰou³¹	kʰou⁵³ ∣ kʰou

字目 / 方言	扣 流开一 去候溪	藕 流开一 上厚疑		吼 流开一 上厚晓		猴 流开一 平侯匣	后前~ 流开一 上厚匣
西安	k^hou^{55}/k^hou^{24}①	ηou^{53}	ηou	xou^{53}	xou	xou^{24}	xou^{55}
韩城	$k^h\partial u^{44}/k^h\partial u^{24}$	$\eta\partial u^{53}$	ηou	$x\partial u^{53}$	xou	$x\partial u^{24}$	$x\partial u^{44}$
合阳	k^hou^{55}	ηou^{52}	ηou	xou^{52}	xou	xou^{24}	xou^{55}
澄城	$k^h\partial u^{44}/k^h\partial u^{24}$	$\eta\partial u^{53}$	ηou	$x\partial u^{53}$	xou	$x\partial u^{24}$	$x\partial u^{44}$
白水	k^hou^{44}/k^hou^{24}	ηou^{53}	ηou	xu^{53}	xou	xu^{24}	xu^{44}
大荔	k^hou^{55}/k^hou^{24}	ηou^{52}	ηou	xou^{52}	xou	xou^{24}	xou^{55}
蒲城	k^hou^{55}/k^hou^{35}	ηou^{53}	ηou	xou^{53}	xou	xou^{35}	xou^{55}
美原	k^hou^{55}/k^hou^{35}	ηou^{53}	ηou	xou^{53}	xou	xou^{35}	xou^{55}
富平	k^hou^{55}/k^hou^{35}	ηou^{53}	ηou	xou^{53}	xou	xou^{35}	xou^{55}
潼关	k^hou^{44}/k^hou^{24}	ηou^{52}	ηou	xou^{52}	xou	xou^{24}	xou^{55}
华阴	k^hou^{55}/k^hou^{24}	ηou^{52}	ηou	xou^{52}	xou	xou^{24}	xou^{55}
华县	k^hou^{55}/k^hou^{35}	ηou^{53}	ηou	xou^{53}	xou	xou^{35}	xou^{55}
渭南	k^hou^{44}/k^hou^{24}	ηou^{53}	ηou	xou^{53}	xou	xou^{24}	xou^{44}
洛南	k^hou^{44}/k^hou^{24}	ηou^{53}	ηou	xou^{53}	xou	xou^{24}	xou^{44}
商州	k^hou^{55}/k^hou^{35}	ηou^{53}	ηou	xou^{53}	xou	xou^{35}	xou^{55}
丹凤	k^hou^{44}/k^hou^{24}	ηou^{53}		xou^{53}		xou^{24}	xou^{44}
宜川	$k^h\gamma u^{45}$	$\eta\gamma u^{45}$		$x\gamma u^{45}$		$x\gamma u^{24}$	$x\gamma u^{45}$
富县	$k^h\gamma u^{44}$	$\eta\gamma u^{52}$		$\eta\gamma u^{52}$		$x\gamma u^{24}$	$x\gamma u^{44}$
黄陵	$k^h\gamma u^{44}$	$\eta\gamma u^{52}$		$x\gamma u^{52}$		$x\gamma u^{24}$	$x\gamma u^{44}$
宜君	k^hou^{44}	ηou^{52}		xou^{52}		xou^{24}	xou^{44}/xu^{021}②
铜川	$k^h\gamma u^{44}$	$\eta\gamma u^{52}$	ηou	$x\gamma u^{52}$	xou	$x\gamma u^{24}$	$x\gamma u^{44}/x\mu^{44}$③
耀县	k^hou^{44}	ηou^{52}	ηou	xou^{52}	xou	xou^{24}	$xou^{44}/xu^{021}/x\mu^{44}$
高陵	$k^h\gamma u^{55}$	$\eta\gamma u^{52}$	ηou	$x\gamma u^{52}$	xou	$x\gamma u^{24}$	$x\gamma u^{55}$
临潼	$k^h\gamma u^{45}$	$\eta\gamma u^{52}$	ηou	$x\gamma u^{52}$	xou	$x\gamma u^{24}$	$x\gamma u^{45}/x\mu^{45}$

① k^hou^{55} ~子；k^hou^{24} 动词。下同。

② xu^{021} 用于后字，如"先~（妯娌）、门背~"。下同。

③ $x\mu^{44}$ ~头。下同。

字目　方言	扣	藕	吼	猴	后前~
	流开一 去候溪	流开一 上厚疑	流开一 上厚晓	流开一 平侯匣	流开一 上厚匣
蓝田	$k^h\gamma u^{44}$	$\eta\gamma u^{52}$ | ηou	$x\gamma u^{52}$ | xou	$x\gamma u^{24}$	$\underline{x\gamma u^{44}}$/$\underline{x\u0268^{44}}$/$xu^{31}$
长安	$k^h\gamma u^{44}$	$\eta\gamma u^{53}$	$x\gamma u^{53}$	$x\gamma u^{24}$	$\underline{x\gamma u^{44}}$/$\underline{x\u0268^{44}}$
户县	$k^h\gamma u^{55}$	$\eta\gamma u^{52}$ | ηou	$x\gamma u^{52}$ | xou	$x\gamma u^{24}$	$\underline{x\gamma u^{55}}$/$\underline{xu^{021}}$
周至	$k^h\gamma u^{55}$	$\eta\gamma u^{52}$ | ηou	$x\gamma u^{52}$ | xou/xu	$x\gamma u^{24}$	$x\gamma u^{55}$
三原	$k^h ou^{55}$	ηou^{52} | ηou	xou^{52} | xou	xou^{24}	xou^{55}
泾阳	$k^h ou^{55}$	ηou^{52} | ηou	xou^{52} | xou	xou^{24}	xou^{55}
咸阳	$k^h ou^{55}$	ηou^{52} | ηou	xou^{52} | xou	xou^{24}	xou^{55}
兴平	$k^h ou^{55}$	ηou^{52} | ηou	xou^{52} | xou	xou^{24}	xou^{55}
武功	$k^h ou^{55}$	ηou^{52} | ηou	xou^{52} | xou	xou^{24}	xou^{55}
礼泉	$k^h ou^{55}$	ηou^{52} | ηou	xou^{52} | xou	xou^{24}	xou^{55}
乾县	$k^h ou^{44}$	ηou^{52} | ηou	xou^{52} | xou	xou^{24}	xou^{44}
永寿	$k^h ou^{55}$	ηou^{52} | ηou	xou^{52} | xou	xou^{24}	xou^{55}
淳化	$k^h ou^{55}$	ηou^{52} | ηou	xou^{52} | xou	xou^{24}	xou^{55}
旬邑	$k^h ou^{44}$	ηou^{52} | ηou	xou^{52} | xou	xou^{24}	xou^{44}
彬县	$k^h ou^{44}$	ηou^{52} | ηou	xou^{52} | xou	xou^{24}	xou^{44}
长武	$k^h ou^{44}$	ηou^{52} | ηou	xou^{52} | xou	xou^{24}	xou^{44}
扶风	$k^h ou^{33}$/$k^h ou^{24}$	ηou^{52} | ηou	xou^{52} | xou	xou^{24}	xou^{33}
眉县	$k^h ou^{44}$	ηou^{52} | ηou	xou^{52} | xou	xou^{24}	xou^{44}
麟游	$k^h ou^{44}$	ηou^{53} | ηou	xou^{53} | xou	xou^{24}	xou^{44}
岐山	$k^h ou^{44}$	ηou^{53}	xou^{53} | xou	xou^{24}	xou^{44}
凤翔	$k^h ou^{44}$	ηou^{53} | ηou	xou^{53} | xou	xou^{24}	xou^{44}
宝鸡	$k^h ou^{44}$	ηou^{53} | ηou	xou^{53} | xou	xou^{24}	xou^{44}
千阳	$k^h ou^{44}$	ηou^{53} | ηou	xou^{53} | xou	xou^{24}	xou^{44}
陇县	$k^h ou^{44}$	ηou^{53} | ηou	xou^{53} | xou	xou^{24}	xou^{44}

字目 方言	候 流开一 去候匣	欧 流开一 平候影	呕 流开一 上厚影	沤 流开一 去候影	否 流开三 上有非
西安	xou⁵⁵	ŋou²¹	ŋou²¹	ŋou⁵⁵	fu⁵³
韩城	xəu⁴⁴	ŋəu³¹	ŋəu⁵³	ŋəu⁴⁴	fu⁵³
合阳	xou⁵⁵	ŋou³¹	ŋou⁵²	ŋou⁵⁵	fu⁵²
澄城	xəu⁴⁴	ŋəu³¹	ŋəu³¹	ŋəu⁴⁴	fu⁵³
白水	xu⁴⁴	ŋou³¹	ŋou³¹	ŋou⁴⁴	fu⁵³
大荔	xou⁵⁵	ŋou³¹	ŋou³¹	ŋou⁵⁵	fu⁵²
蒲城	xou⁵⁵	ŋou³¹	ŋou³¹	ŋou⁵⁵	fu⁵³
美原	xou⁵⁵	ŋou³¹	ŋou³¹	ŋou⁵⁵	fu⁵³
富平	xou⁵⁵	ŋou³¹	ŋou³¹	ŋou⁵⁵	fu⁵³
潼关	xou⁵⁵	ŋou³¹	ŋou³¹	ŋou⁴⁴	fu⁵²
华阴	xou⁵⁵	ŋou³¹	ŋou³¹	ŋou⁵⁵	fu⁵²
华县	xou⁵⁵	ŋou³¹	ŋou³¹	ŋou⁵⁵	fu⁵³
渭南	xou⁴⁴	ŋou³¹	ŋou³¹	ŋou⁴⁴	fu⁵³
洛南	xou⁴⁴	ŋou³¹	ŋou³¹	ŋou⁴⁴	fu⁵³
商州	xou⁵⁵	ŋou³¹	ŋou³¹	ŋou⁵⁵	fu⁵³
丹凤	xou⁴⁴	ŋou³¹	ŋou³¹	ŋou⁴⁴	fu⁵³
宜川	xɤu⁴⁵	ŋɤu⁵¹	ŋɤu⁴⁵	ŋɤu⁴⁵	fu⁴⁵
富县	xɤu²⁴	ŋɤu³¹	ŋɤu³¹	ŋɤu⁴⁴	fu⁵²
黄陵	xɤu²⁴	ŋɤu³¹	ŋɤu³¹	ŋɤu⁴⁴	fu⁵²
宜君	xou⁴⁴	ŋou²¹	ŋou⁵²	ŋou⁴⁴	fu⁵²
铜川	xɤu⁴⁴	ŋɤu²¹	ŋɤu⁵²	ŋɤu⁴⁴	fu⁵²
耀县	xou⁴⁴	ŋou³¹	ŋou³¹	ŋou⁴⁴	fu⁵²
高陵	xɤu⁵⁵	ŋɤu³¹	ŋɤu³¹	ŋɤu⁵⁵	fu⁵²
临潼	xɤu⁴⁵	ŋɤu³¹	ŋɤu³¹	ŋɤu⁴⁵	fu⁵²

字目 方言	候 流开一 去候匣	欧 流开一 平候影	呕 流开一 上厚影	沤 流开一 去候影	否 流开三 上有非
蓝田	xɤu^{44}	ŋɤu^{31}	ŋɤu^{52}	ŋɤu^{44}	fu^{52}
长安	xɤu^{44}	ŋɤu^{31}	ŋɤu^{31}	ŋɤu^{44}	fu^{53}
户县	xɤu^{55}	ŋɤu^{31}	ŋɤu^{52}/ŋɤu^{31}①	ŋɤu^{55}	fu^{52}
周至	xɤu^{55}	ŋɤu^{21}	ŋɤu^{21}	ŋɤu^{55}	fu^{52}
三原	xou^{55}	ŋou^{31}	ŋou^{31}	ŋou^{55}	fu^{52}
泾阳	xou^{55}	ŋou^{31}	ŋou^{31}	ŋou^{55}	fu^{52}
咸阳	xou^{55}	ŋou^{31}	ŋou^{31}	ŋou^{55}	fu^{52}
兴平	xou^{55}	ŋou^{31}	ŋou^{31}	ŋou^{31}	fu^{52}
武功	xou^{55}	ŋou^{31}	ŋou^{31}	ŋou^{31}	fu^{52}
礼泉	xou^{55}	ŋou^{31}	ŋou^{31}	ŋou^{31}	fu^{52}
乾县	xou^{44}	ŋou^{31}	ŋou^{31}	ŋou^{31}	fu^{52}
永寿	xou^{55}	ŋou^{31}	ŋou^{31}	ŋou^{55}	fu^{52}
淳化	xou^{55}	ŋou^{31}	ŋou^{31}	ŋou^{31}	fu^{52}
旬邑	xou^{44}	ŋou^{31}	ŋou^{31}	ŋou^{31}	fu^{52}
彬县	xou^{44}	ŋou^{31}	ŋou^{31}	ŋou^{31}	fu^{52}
长武	xou^{44}	ŋou^{31}	ŋou^{31}	ŋou^{44}	fu^{52}
扶风	xou^{33}	ŋou^{31}	ŋou^{31}	ŋou^{31}	fu^{52}
眉县	xou^{44}	ŋou^{31}	ŋou^{31}	ŋou^{44}	fu^{52}
麟游	xou^{44}	ŋou^{31}	ŋou^{53}	ŋou^{31}	fu^{53}
岐山	xou^{44}	ŋou^{31}	ŋou^{53}	ŋou^{31}	fu^{53}
凤翔	xou^{44}	ŋou^{31}	ŋou^{31}	ŋou^{44}	fu^{53}
宝鸡	xou^{44}	ŋou^{31}	ŋou^{31}	ŋou^{44}	fu^{53}
千阳	xou^{44}	ŋou^{31}	ŋou^{53}	ŋou^{53}	fu^{53}
陇县	xou^{44}	ŋou^{31}	ŋou^{31}	ŋou^{44}	fu^{53}

① ŋɤu^{52} 单念；ŋɤu^{31} ～吐。

字目 方言	富 流开三 去宥非	副 流开三 去宥敷	浮 流开三 平尤奉	妇 流开三 上有奉	复~兴 流开三 去宥奉
西安	fu⁵⁵	fu⁵⁵	fu²⁴	fu⁵⁵	fu²¹
韩城	fu⁴⁴	fu⁴⁴	fu²⁴	fu⁴⁴	fu³¹
合阳	fu⁵⁵	fu⁵⁵	fu²⁴	fu⁵⁵	fu³¹
澄城	fu⁴⁴	fu⁴⁴	fu²⁴	fu⁴⁴	fu³¹
白水	fu⁴⁴	fu⁴⁴	fu²⁴	fu⁴⁴	fu³¹
大荔	fu⁵⁵	fu⁵⁵	fu²⁴	fu⁵⁵	fu³¹
蒲城	fu⁵⁵	fu⁵⁵	fu³⁵	fu⁵⁵	fu³¹
美原	fu⁵⁵	fu⁵⁵	fu³⁵	fu⁵⁵	fu³¹
富平	fu⁵⁵	fu⁵⁵	fu³⁵	fu⁵⁵	fu³¹
潼关	fu⁴⁴	fu⁴⁴	fu²⁴	fu⁴⁴	fu³¹
华阴	fu⁵⁵	fu⁵⁵	fu²⁴	fu⁵⁵	fu³¹
华县	fu⁵⁵	fu⁵⁵	fu³⁵	fu⁵⁵	fu³¹
渭南	fu⁴⁴	fu⁴⁴	fu²⁴	fu⁴⁴	fu³¹
洛南	fu⁴⁴	fu⁴⁴	fu²⁴	fu⁴⁴	fu³¹
商州	fu⁵⁵	fu⁵⁵	fu³⁵	fu⁵⁵	fu³¹
丹凤	fu⁴⁴	fu⁴⁴	fu²⁴	fu⁴⁴	fu³¹
宜川	fu⁴⁵	fu⁴⁵	fu²⁴	fu⁵¹	fu²⁴
富县	fu⁴⁴	fu⁴⁴	fu²⁴	fu⁴⁴	fu³¹
黄陵	fu⁴⁴	fu⁴⁴	fu²⁴	fu⁴⁴	fu³¹
宜君	fu⁴⁴	fu⁴⁴	fu²⁴	fu⁴⁴	fu²¹
铜川	fu⁴⁴	fu⁴⁴	fu²⁴	fu⁴⁴	fu²¹
耀县	fu⁴⁴	fu⁴⁴	fu²⁴	fu⁴⁴	fu³¹
高陵	fu⁵⁵	fu⁵⁵	fu²⁴	fu⁵⁵	fu²⁴
临潼	fu⁴⁵	fu⁴⁵	fu²⁴	fu⁴⁵	fu³¹

字目 方言	富	副	浮	妇	复~兴
	流开三 去宥非	流开三 去宥敷	流开三 平尤奉	流开三 上有奉	流开三 去宥奉
蓝田	fu⁴⁴	fu⁴⁴	fu²⁴	fu⁴⁴	fu³¹
长安	fu⁴⁴	fu⁴⁴	fu²⁴/pfʰu²⁴①	fu⁴⁴	fu⁴⁴
户县	fu⁵⁵	fu⁵⁵	fu²⁴	fu⁵⁵	fu³¹
周至	fu⁵⁵	fu⁵⁵	fu²⁴	fu⁵⁵	fu⁵⁵
三原	fu⁵⁵	fu⁵⁵	fu²⁴	fu⁵⁵	fu³¹
泾阳	fu⁵⁵	fu⁵⁵	fu²⁴	fu⁵⁵	fu³¹
咸阳	fu⁵⁵	fu⁵⁵	fu²⁴	fu⁵⁵	fu²⁴
兴平	fu⁵⁵	fu⁵⁵	fu²⁴	fu⁵⁵	fu³¹
武功	fu⁵⁵	fu⁵⁵	fu²⁴	fu⁵⁵	fu³¹
礼泉	fu⁵⁵	fu⁵⁵	fu²⁴	fu⁵⁵	fu³¹
乾县	fu⁴⁴	fu⁴⁴	fu²⁴	fu⁴⁴	fu³¹
永寿	fu⁵⁵	fu⁵⁵	fu²⁴	fu⁵⁵	fu³¹
淳化	fu⁵⁵	fu⁵⁵	fu²⁴	fu⁵⁵	fu³¹
旬邑	fu⁴⁴	fu⁴⁴	fu²⁴	fu⁴⁴	fu³¹
彬县	fu⁴⁴	fu⁴⁴	fu²⁴	fu⁴⁴	fu³¹
长武	fu⁴⁴	fu⁴⁴	fu²⁴	fu⁴⁴	fu³¹
扶风	fu³³	fu³³	fu²⁴	fu³³	fu³¹
眉县	fu⁴⁴	fu⁴⁴	fu²⁴	fu⁴⁴	fu³¹
麟游	fu⁴⁴	fu⁴⁴	fu²⁴	fu⁴⁴	fu³¹
岐山	fu⁴⁴	fu⁴⁴	fu²⁴	fu⁴⁴	fu³¹
凤翔	fu⁴⁴	fu⁴⁴	fu²⁴	fu⁴⁴	fu³¹
宝鸡	fu⁴⁴	fu⁴⁴	fu²⁴	fu⁴⁴	fu³¹
千阳	fu⁴⁴	fu⁴⁴	fu²⁴	fu⁴⁴	fu³¹
陇县	fu⁴⁴	fu⁴⁴	fu²⁴	fu⁴⁴	fu³¹

① pfʰu²⁴ ~水。

字目 方言	谋 流开三 平尤明	矛 流开三 平尤明	扭 流开三 上有泥	流 流开三 平尤来	柳 流开三 上有来
西安	mu²⁴	<u>mau²⁴</u>/<u>miau²⁴</u>①	ȵiou⁵³	liou²⁴	liou⁵³ ǀ lɿu
韩城	mu²⁴	<u>mɑo²⁴</u>/<u>miɑo²⁴</u>	ȵieu⁵³	lieu²⁴	lieu⁵³ ǀ lɿou
合阳	mu²⁴	<u>mɔo²⁴</u>/<u>miɔo²⁴</u>	ȵiou⁵²	liou²⁴	liou⁵² ǀ lɿou
澄城	mu²⁴	<u>mɔ²⁴</u>/<u>miɔ²⁴</u>	ȵiəu⁵³	liəu²⁴	liəu⁵³ ǀ lɿou
白水	mu²⁴	<u>mɔ²⁴</u>/<u>ɕiɔ²⁴</u>	ȵiou⁵³	liou²⁴	liou⁵³ ǀ lɿu
大荔	mu²⁴	<u>mɔ²⁴</u>/<u>miɔ²⁴</u>	ȵiou⁵²	liou²⁴	liou⁵² ǀ lɿu
蒲城	mu³⁵	<u>mɔ³⁵</u>/<u>ɕiɔ³⁵</u>	ȵiou⁵³	liou³⁵	liou⁵³ ǀ lɿu
美原	mu³⁵	<u>mɔ³⁵</u>/<u>ɕiɔ³⁵</u>	ȵiou⁵³	liou³⁵	liou⁵³ ǀ lɿu
富平	mu³⁵	<u>mɔ³⁵</u>/<u>ɕiɔ³⁵</u>	ȵiou⁵³	liou³⁵	liou⁵³ ǀ lɿu
潼关	mu²⁴	<u>mɔ²⁴</u>/<u>miɔ²⁴</u>	ȵiou⁵³	liou²⁴	liou⁵³ ǀ lɿu
华阴	mu²⁴	<u>mɔ²⁴</u>	ȵiou⁵²	liou²⁴	liou⁵² ǀ lɿu
华县	mu³⁵	<u>mɔ³⁵</u>/<u>ɕiɔ³⁵</u>	ȵiou⁵³	liou³⁵	liou⁵³ ǀ lɿu
渭南	mu²⁴	<u>mɔ²⁴</u>/<u>miɔ²⁴</u>	ȵiou⁵³	liou²⁴	liou⁵³ ǀ lɿu
洛南	mu²⁴	<u>mɔ²⁴</u>/<u>miɔ²⁴</u>	ȵiou⁵³	liou²⁴	liou⁵³ ǀ lɿu
商州	mu³⁵	<u>mɔ³⁵</u>/<u>ɕiɔ³⁵</u>	ȵiou⁵³	liou³⁵	liou⁵³ ǀ liu
丹凤	mu²⁴	<u>mɔ²⁴</u>/<u>miɔ²⁴</u>	ȵiou⁵³	liou²⁴	liou⁵³
宜川	mu²⁴	<u>mɔ²⁴</u>/<u>miɔ²⁴</u>	ȵiɤu⁴⁵	liɤu²⁴	liɤu⁴⁵
富县	mu²⁴	<u>mɔ²⁴</u>/<u>miɔ²⁴</u>	ȵiu⁵²	liu²⁴	liu⁵²
黄陵	mu²⁴	<u>mɑo²⁴</u>/<u>miɑo²⁴</u>	ȵiɤu⁵²	liɤu²⁴	liɤu⁵²
宜君	mu²⁴	<u>mɔ²⁴</u>/<u>miɔ²⁴</u>	ȵiou⁵²	liou²⁴	liou⁵²
铜川	mu²⁴	<u>mɔ²⁴</u>/<u>miɔ²⁴</u>	ȵiɤu⁵²	liɤu²⁴	liɤu⁵² ǀ lɿou
耀县	mu²⁴	<u>mɑo²⁴</u>/<u>miɑo²⁴</u>	ȵiou⁵²	liou²⁴	liou⁵² ǀ lɿou
高陵	mu²⁴	<u>mɑo²⁴</u>/<u>miɑo²⁴</u>	ȵiɤu⁵²	liɤu²⁴	liɤu⁵² ǀ lɿu
临潼	mu²⁴	<u>mɔ²⁴</u>/<u>miɔ²⁴</u>	ȵiɤu⁵²	liɤu²⁴	liɤu⁵² ǀ lɿu

① mau²⁴ ～盾；miau²⁴ ～子，～头。下同。

字目 / 方言	谋 流开三 平尤明	矛 流开三 平尤明	扭 流开三 上有泥	流 流开三 平尤来	柳 流开三 上有来
蓝田	mu^{24}	<u>mɔ</u>^{24}/<u>miɔ</u>^{24}	ȵiɤu^{52}	liɤu^{24}	liɤu^{52} ∣ lɹu
长安	mu^{24}	<u>mɔ</u>^{24}/<u>miɔ</u>^{24}	ȵiɤu^{53}	liɤu^{24}	liɤu^{53}
户县	mu^{24}	<u>mɔo</u>^{24}/<u>miɔo</u>^{24}	ȵiɤu^{52}	liɤu^{24}	liɤu^{52} ∣ lru
周至	mu^{24}	<u>mɔ</u>^{24}/<u>miɔ</u>^{24}	ȵiɤu^{52}	liɤu^{24}	liɤu^{52} ∣ lru
三原	mu^{24}	<u>mɔ</u>^{24}/<u>miɔ</u>^{24}	ȵiou^{52}	liou^{24}	liou^{52} ∣ liu
泾阳	mu^{24}	<u>mɔ</u>^{24}/<u>miɔ</u>^{24}	ȵiou^{52}	liou^{24}	liou^{52} ∣ lɹou
咸阳	mu^{24}	<u>mɔ</u>^{24}/<u>miɔ</u>^{24}	ȵiou^{52}	liou^{24}	liou^{52} ∣ lru
兴平	mu^{24}	<u>mɔ</u>^{24}/<u>miɔ</u>^{24}	ȵiou^{52}	liou^{24}	liou^{52} ∣ liu
武功	mᶠu^{24}	<u>mɔ</u>^{24}/<u>miɔ</u>^{24}	ȵiou^{52}	liou^{24}	liou^{52} ∣ liu
礼泉	mᶠu^{24}	<u>mɔ</u>^{24}/<u>miɔ</u>^{24}	ȵiou^{52}	liou^{24}	liou^{52} ∣ liu
乾县	mu^{24}	<u>mɔ</u>^{24}/<u>miɔ</u>^{24}	ȵiou^{52}	liou^{24}	liou^{52} ∣ lru
永寿	mu^{24}	<u>mɔ</u>^{24}/<u>miɔ</u>^{24}	ȵiou^{52}	liou^{24}	liou^{52} ∣ liu
淳化	mu^{24}	<u>mɔ</u>^{24}/<u>miɔ</u>^{24}	ȵiou^{52}	liou^{24}	liou^{52} ∣ liu
旬邑	mu^{24}	<u>mɔ</u>^{24}/<u>miɔ</u>^{24}	ȵiou^{52}	liou^{24}	liou^{52} ∣ liu
彬县	mu^{24}	<u>mɔ</u>^{24}/<u>miɔ</u>^{24}	ȵiou^{52}	liou^{24}	liou^{52} ∣ liu
长武	mu^{24}	<u>mɔ</u>^{24}/<u>miɔ</u>^{24}	ȵiou^{52}	liou^{24}	liou^{52} ∣ liu
扶风	mu^{24}	<u>mɔ</u>^{24}/<u>miɔ</u>^{24}	ȵiu^{52}	liu^{24}	liu^{52} ∣ lru
眉县	mu^{24}	<u>mɔ</u>^{24}/<u>miɔ</u>^{24}	ȵiou^{52}	liou^{24}	liou^{52} ∣ lru
麟游	mu^{24}	<u>mɔ</u>^{24}/<u>miɔ</u>^{24}	ȵiu^{53}	liu^{24}	liu^{53} ∣ liu
岐山	mu^{24}	<u>mɔ</u>^{24}/<u>miɔ</u>^{24}	ȵiu^{53}	liu^{24}	liu^{53} ∣ lru
凤翔	mu^{24}	<u>mɔ</u>^{24}/<u>miɔ</u>^{24}	ȵiu^{53}	liu^{24}	liu^{53} ∣ lru
宝鸡	mu^{24}	<u>mɔ</u>^{24}/<u>miɔ</u>^{24}	ȵiu^{53}	liu^{24}	liu^{53} ∣ liu
千阳	mu^{24}	<u>mɔ</u>^{24}/<u>miɔ</u>^{24}	ȵiu^{53}	liu^{24}	liu^{53} ∣ liu
陇县	mu^{24}	<u>mɔ</u>^{24}/<u>miɔ</u>^{24}	ȵiu^{53}	liu^{24}	liu^{53} ∣ liu

字目 方言	溜 流开三 去宥来	揪 流开三 平尤精		酒 流开三 上有精	秋~天 流开三 平尤清		就 流开三 去宥从
西安	liou⁵⁵	tɕiou²¹	tɕiu	tɕiou⁵³	tɕʰiou²¹	tɕʰiu	tɕiou⁵⁵/tsou⁵⁵
韩城	liəu⁴⁴	tɕiəu³¹	tɕiu	tɕiəu⁵³	tɕʰiəu³¹	tɕʰiu	tɕiəu⁴⁴/tsʰəu⁴⁴
合阳	liou⁵⁵	tsiou³¹	tsiu	tsiou⁵²	tsʰiou³¹	tsʰiu	tsʰiou⁵⁵
澄城	liəu⁴⁴	tiəu³¹	tiu	tiəu⁵³	tʰiəu³¹	tʰiu	tʰiəu⁴⁴
白水	liou⁴⁴	tiou³¹	tsiu	tiou⁵³	tsʰiou³¹	tsʰiu	tsʰiou⁴⁴
大荔	liou⁵⁵	tiou³¹	tiu	tiou⁵²	tʰiou³¹	tʰiu	tʰiou⁵⁵
蒲城	liou⁵⁵	tiou³¹	tiu	tiou⁵³	tsʰiou³¹	tʰiu	tsʰiou⁵⁵
美原	liou⁵⁵	tɕiou³¹	tsiu	tɕiou⁵³	tɕʰiou³¹	tsʰiu	tɕʰiou⁵⁵
富平	liou⁵⁵	tiou³¹	tsiu	tiou⁵³	tsʰiou³¹	tsiu	tiou⁵⁵/tsou⁵⁵
潼关	liou⁴⁴	tɕiou³¹	tɕiu	tɕiou⁵²	tɕʰiou³¹		tɕʰiou⁴⁴
华阴	liou⁵⁵	tɕiou³¹	tiu	tɕiou⁵²	tɕʰiou³¹	tʰiu	tɕiou⁵⁵
华县	liou⁵⁵	tiou³¹	tiu/tsiu	tiou⁵³	tʰiou³¹	tʰiu/tsʰiu	tʰiou⁵⁵/tsʰou⁵⁵
渭南	liou⁴⁴	tɕiou³¹	tiu	tɕiou⁵³	tɕʰiou³¹	tʰiu	tɕiou⁴⁴/tsou⁴⁴
洛南	liou⁴⁴	tɕiou³¹	ȶiu	tɕiou⁵³	tɕʰiou³¹	tɕʰiu	tɕʰiou⁴⁴/tsʰou⁴⁴
商州	liou⁵⁵	tɕiou³¹	ȶiu	tɕiou⁵³	tɕʰiou³¹	ȶʰiu	tɕiou⁵⁵/tsou⁵⁵
丹凤	liou⁴⁴	tɕiou³¹		tɕiou⁵³	tɕʰiou³¹		tɕiou⁴⁴/tsʰou⁴⁴
宜川	liɤu⁴⁵	tɕiɤu⁵¹		tɕiɤu⁴⁵	tɕʰiɤu⁵¹		tɕʰiɤu⁴⁵
富县	liu⁴⁴	tɕiu³¹		tɕiu⁵²	tɕʰiu³¹		tɕiu⁴⁴/tɕʰiu⁴⁴
黄陵	liɤu⁴⁴	tɕiɤu³¹		tɕiɤu⁵²	tɕʰiɤu³¹		tɕiɤu⁴⁴/tɕʰiɤu⁴⁴
宜君	liou⁴⁴	ȶiou²¹		ȶiou⁵²	tʰiou²¹		tʰiou⁴⁴
铜川	liɤu⁴⁴	tɕiɤu²¹	ȶiu	tɕiɤu⁵²	tɕʰiɤu²¹	tʰiu	tɕiɤu⁴⁴/tɕʰiɤu⁴⁴
耀县	liou⁴⁴	tɕiou³¹	tɕiu	tɕiou⁵³	tɕʰiou³¹	tɕʰiu	tɕiou⁴⁴
高陵	liɤu⁵⁵	ȶiɤu³¹	tiu	ȶiɤu⁵²	tʰiɤu³¹	tʰiu	ȶiɤu⁵⁵/tsɤu⁵⁵
临潼	liɤu⁴⁵	tɕiɤu³¹	ȶiu/tiu	tɕiɤu⁵²	tɕʰiɤu³¹	tʰiu/tʰiu	tɕiɤu⁴⁵/tsɤu⁴⁵

字目／方言	溜 流开三 去宥来	揪 流开三 平尤精	酒 流开三 上有精	秋~天 流开三 平尤清	就 流开三 去宥从
蓝田	liʮ⁴⁴	tɕiʮ³¹ ｜ tiu	tɕiʮ⁵²	tɕʰiʮ³¹ ｜ tʰiu	tɕiʮ⁴⁴/tsʮ⁴⁴
长安	liʮ⁴⁴	tɕiʮ³¹	tɕiʮ⁵³	tɕʰiʮ³¹	tɕiʮ⁴⁴/tsʮ⁴⁴
户县	liʮ⁵⁵	tɕiʮ³¹ ｜ tɕiu	tɕiʮ⁵²	tɕʰiʮ³¹ ｜ tɕʰiu	tɕiʮ⁵⁵
周至	liʮ⁵⁵	tɕiʮ²¹ ｜ tɕiu	tɕiʮ⁵²	tɕʰiʮ²¹ ｜ tɕʰiu	tɕiʮ⁵⁵/tsʮ⁵⁵
三原	liou⁵⁵	tiou³¹ ｜ tiu	tiou⁵²	tʰiou³¹ ｜ tʰiu	tiou⁵⁵/tsou⁵⁵
泾阳	liou⁵⁵	tɕiou³¹ ｜ ȶiu	tɕiou⁵²	tɕʰiou³¹ ｜ ȶʰiu	tsou⁵⁵
咸阳	liou⁵⁵	tɕiou³¹ ｜ tɕiu	tɕiou⁵²	tɕʰiou³¹ ｜ tɕʰiu	tɕiou⁵⁵/tsou⁵⁵
兴平	liou⁵⁵	tɕiou³¹ ｜ tsiu	tɕiou⁵²	tɕʰiou³¹ ｜ tsʰiu	tɕiou⁵⁵/tsou⁵⁵
武功	liou⁵⁵	tɕiou³¹	tɕiou⁵²	tɕʰiou³¹	tɕiou⁵⁵/tsou⁵⁵
礼泉	liou⁵⁵	tɕiou³¹ ｜ tsiu	tɕiou⁵²	tɕʰiou³¹ ｜ tsʰiu	tɕiou⁵⁵/tsou⁵⁵
乾县	liou⁴⁴	tɕiou³¹ ｜ tɕiu	tɕiou⁵²	tɕʰiou³¹ ｜ tsʰiu	tɕiou⁴⁴/tsou⁴⁴
永寿	liou⁵⁵	tɕiou³¹ ｜ tsiu	tɕiou⁵²	tɕʰiou³¹ ｜ tsʰiu	tɕiou⁵⁵/tsou⁵⁵
淳化	liou⁵⁵	tiou³¹ ｜ tsiu	tiou⁵²	tʰiou³¹ ｜ tsʰiu	tiou⁵⁵/tsou⁵⁵
旬邑	liou⁴⁴	tsiou³¹ ｜ tsiu	tsiou⁵²	tsʰiou³¹ ｜ tsʰiu	tsʰiou⁴⁴
彬县	liou⁴⁴	tsiou³¹ ｜ tsiu	tsiou⁵²	tsʰiou³¹ ｜ tsʰiu	tsʰiou⁴⁴
长武	liou⁴⁴	tsiou³¹ ｜ tsiu	tsiou⁵²	tsʰiou³¹ ｜ tsʰiu	tsiou⁴⁴/tsʰiou⁴⁴
扶风	liu³³	tɕiu³¹ ｜ tsiu	tɕiu⁵²	tɕʰiu³¹ ｜ tsʰiu	tɕiu³³/tɕʰiu³³
眉县	liou⁴⁴	ȶiou³¹ ｜ tsiu	ȶiou⁵²	ȶʰiou³¹ ｜ tsʰiu	ȶiou⁴⁴
麟游	liu⁴⁴	ȶiu³¹ ｜ tsiu	ȶiu⁵³	ȶʰiu³¹ ｜ tsʰiu	ȶiu⁴⁴
岐山	liu⁴⁴	ȶiu³¹ ｜ tsiu	ȶiu⁵³	ȶʰiu³¹ ｜ tsʰiu	ȶiu⁴⁴
凤翔	liu⁴⁴	ȶiu³¹ ｜ ȶiu	ȶiu⁵³	ȶʰiu³¹ ｜ tsʰiu	ȶiu⁴⁴
宝鸡	liu⁴⁴	tɕiu³¹ ｜ ȶiu	tɕiu⁵³	tɕʰiu³¹ ｜ ȶʰiu	tɕiu⁴⁴
千阳	liu⁴⁴	ȶiu³¹ ｜ tsiu	ȶiu⁵³	ȶʰiu³¹ ｜ tsʰiu	ȶʰiu⁴⁴
陇县	liu⁴⁴	tɕiu³¹ ｜ tɕiu	tɕiu⁵³	tɕʰiu³¹ ｜ tɕʰiu	tɕiu⁴⁴/tsou⁴⁴

字目 方言	修 流开三 平尤心	秀 流开三 去宥心	囚 流开三 平尤邪	袖 流开三 去宥邪	肘 流开三 上有知
西安	çiou²¹ | çiu	çiou⁵⁵	çiou²⁴	çiou⁵⁵	tʂou⁵³ | tou
韩城	çiəu³¹ | çiu	çiəu⁴⁴	çiəu²⁴	çiəu⁴⁴	tʂəu⁵³
合阳	siou³¹ | siu	siou⁵⁵	siou²⁴	siou⁵⁵	tʂou⁵² | tʂou
澄城	siəu³¹ | siu	siəu⁴⁴	siəu²⁴	siəu⁴⁴	tʂəu⁵³
白水	siou³¹ | siu	siou⁴⁴	siou²⁴	siou⁴⁴	tʂou⁵³ | tou
大荔	siou³¹ | siu	siou⁵⁵	siou²⁴	siou⁵⁵	tʂou⁵² | tou
蒲城	siou³¹ | siu	siou⁵⁵	siou³⁵	siou⁵⁵	tʂou⁵³ | kou/tʂou
美原	çiou³¹ | siu	çiou⁵⁵	çiou³⁵	çiou⁵⁵	kou⁵³ | kou
富平	siou³¹ | siu	siou⁵⁵	siou³⁵	siou⁵⁵	tʂou⁵³ | tou
潼关	çiou³¹ | çiu	çiou⁴⁴	çiou²⁴	çiou⁴⁴	tʂou⁵²
华阴	çiou³¹ | çiu	çiou⁵⁵	çiou²⁴	çiou⁵⁵	tʂou⁵² | tou
华县	siou³¹ | siu	siou⁵⁵	siou³⁵	siou⁵⁵	tʂou⁵³ | tou
渭南	çiou³¹ | siu	çiou⁴⁴	çiou²⁴	çiou⁴⁴	tʂou⁵³ | tou
洛南	çiou³¹ | siu	çiou⁴⁴	çiou²⁴	çiou⁴⁴	tʂou⁵³ | tou
商州	çiou³¹ | siu	çiou⁵⁵	çiou³⁵	çiou⁵⁵	tʂou⁵³ | tou
丹凤	çiou³¹	çiou⁴⁴	çiou²⁴	çiou⁴⁴	tʂou⁵³
宜川	çiɤu⁵¹	çiɤu⁴⁵	çiɤu²⁴	çiɤu⁴⁵	tʂɤu⁴⁵
富县	çiu³¹	çiu⁴⁴	tɕʰiu³¹	çiu⁴⁴	tɤu⁵²
黄陵	çiɤu³¹	çiɤu⁴⁴	tɕʰiɤu²⁴	çiɤu⁴⁴	tʂɤu⁵²
宜君	siou²¹	siou⁴⁴	siou²⁴	siou⁴⁴	tou⁵²
铜川	çiɤu²¹ | siu	çiɤu⁴⁴	çiɤu²⁴	çiɤu⁴⁴	tʂɤu⁵²
耀县	çiou³¹ | çiu	çiou⁴⁴	çiou²⁴	çiou⁴⁴	tou⁵² | tʂou
高陵	siɤu³¹ | siu	siɤu⁵⁵	tʰiɤu²⁴	siɤu⁵⁵	tɤu⁵² | tou
临潼	çiɤu³¹ | siu	çiɤu⁴⁵	tɕʰiɤu²⁴/ çiɤu²⁴	çiɤu⁴⁵	tʂɤu⁵²/tʂɤu⁵²① | tou

---

① tʂɤu⁵² 胳~子。下同。

字目 / 方言	修 流开三 平尤心	秀 流开三 去宥心	囚 流开三 平尤邪	袖 流开三 去宥邪	肘 流开三 上有知
蓝田	ɕiʐu³¹ ∣ ɕiu	ɕiʐu⁴⁴	tɕʰiʐu²⁴	ɕiʐu⁴⁴	<u>tʂʐu⁵²</u>/tsʐu⁵² ∣ ʈou
长安	ɕiʐu³¹	ɕiʐu⁴⁴	tɕʰiʐu²⁴	ɕiʐu⁴⁴	<u>ʈʐu⁵³</u>/tsʐu⁵³
户县	ɕiʐu³¹ ∣ ɕiu	ɕiʐu⁵⁵	ɕiʐu²⁴	ɕiʐu⁵⁵	tʂʐu⁵² ∣ ʈou
周至	ɕiʐu²¹ ∣ ɕiu	ɕiʐu⁵⁵	tɕʰiʐu²⁴	ɕiʐu⁵⁵	ʈʐu⁵² ∣ ʈou
三原	siou³¹ ∣ siu	siou⁵⁵	siou²⁴	siou⁵⁵	ʈou⁵² ∣ ʈou
泾阳	ɕiou³¹ ∣ siu	ɕiou⁵⁵	ɕiou²⁴	ɕiou⁵⁵	ʈou⁵²
咸阳	ɕiou²¹ ∣ ɕiu	ɕiou⁵⁵	<u>tɕʰiou²⁴</u>/ɕiou²⁴	ɕiou⁵⁵	ʈou⁵² ∣ ʈou
兴平	ɕiou³¹ ∣ siu	ɕiou⁵⁵	ɕiou²⁴	ɕiou⁵⁵	ʈou⁵² ∣ ʈou
武功	ɕiou³¹	ɕiou⁵⁵	ɕiou²⁴	ɕiou⁵⁵	ʈou⁵² ∣ ʈou
礼泉	ɕiou³¹ ∣ ɕiu	ɕiou⁵⁵	<u>tɕʰiou²⁴</u>/ɕiou²⁴	ɕiou⁵⁵	ʈou⁵² ∣ ʈou
乾县	ɕiou³¹ ∣ ɕiu	ɕiou⁴⁴	tɕʰiou²⁴	ɕiou⁴⁴	ʈou⁵² ∣ ʈou
永寿	ɕiou³¹ ∣ ɕiu	ɕiou⁵⁵	tɕʰiou²⁴	ɕiou⁵⁵	ʈou⁵²
淳化	siou³¹ ∣ siu	siou⁵⁵	siou²⁴	siou⁵⁵	ʈou⁵² ∣ ʈou
旬邑	siou³¹ ∣ siu	siou⁵⁵	siou²⁴	siou⁴⁴	ʈou⁵² ∣ ʈou
彬县	siou³¹ ∣ siu	siou⁴⁴	tsʰiou²⁴	siou⁴⁴	ʈou⁵² ∣ tʂou
长武	siou³¹ ∣ siu	siou⁴⁴	siou²⁴	siou⁴⁴	ʈou⁵² ∣ ʈou
扶风	ɕiu³¹ ∣ siu	ɕiu³³	<u>tɕʰiu²⁴</u>/ɕiu²⁴	ɕiu³³	tʂou⁵² ∣ ʈou
眉县	siu³¹ ∣ siu	siu⁴⁴	siu²⁴	ɕiu⁴⁴	tʂou⁵² ∣ ʈou
麟游	siu³¹ ∣ siu	siu⁴⁴	siu²⁴	siu⁴⁴	tʂou⁵³ ∣ ʈou
岐山	siu³¹ ∣ siu	siu⁴⁴	siu²⁴	siu⁴⁴	tʂou⁵³ ∣ ʈou
凤翔	siu³¹/ɕiu³¹新 ∣ siu	siu⁴⁴/ɕiu⁴⁴新	siu²⁴	siu⁴⁴/ɕiu⁴⁴新	tʂou⁵³ ∣ ʈou
宝鸡	ɕiu³¹ ∣ siu	ɕiu⁴⁴	tɕʰiu²⁴	ɕiu⁴⁴	tʂou⁵³ ∣ tʂou
千阳	siu³¹ ∣ siu	siu⁴⁴	siu²⁴	siu⁴⁴	tʂou⁵³ ∣ tʂou
陇县	ɕiu³¹ ∣ ɕiu	ɕiu⁴⁴	<u>tɕʰiu²⁴</u>/ɕiu²⁴	ɕiu⁴⁴	tʂou⁵³ ∣ ʈou

字目 / 方言	昼 流开三去宥知	抽 流开三平尤彻	丑 流开三上有彻	绸 流开三平尤澄	纣 流开三上有澄
西安	tʂou⁵⁵	tʂʰou²¹	tʂʰou⁵³ ｜ tʰou	tʂʰou²⁴	tʂou⁵⁵
韩城	tʂəu⁴⁴	tʂʰəu³¹	tʂʰəu⁵³ ｜ tʂʰou	tʂʰəu²⁴	tʂəu⁴⁴
合阳	tʂou⁵⁵	tʂʰou³¹	tʂʰou⁵² ｜ tʰou	tʂʰou²⁴	tsou⁵⁵/tʂʰou⁵⁵
澄城	tʂəu⁴⁴	tʂʰəu³¹	tʂʰəu⁵³ ｜ tʂʰou	tʂʰəu²⁴	tʂəu⁴⁴
白水	tʂou⁴⁴	tʂʰou³¹	tʂʰou⁵³ ｜ tʰou	tʂʰou²⁴	tʂou⁴⁴
大荔	tʂou⁵⁵	tʂʰou³¹	tʂʰou⁵² ｜ tʰou	tʂʰou²⁴	tʂou⁵⁵
蒲城	tʂou⁵⁵	tʂʰou³¹	tʂʰou⁵³ ｜ kʰou/ tʂʰou	tʂʰou³⁵	tʂou⁵⁵
美原	kou⁵⁵	kʰou³¹	kʰou⁵³ ｜ kʰou	kʰou³⁵	kou⁵⁵/kʰou⁵⁵①
富平	tʂou⁵⁵	tʂʰou³¹	tʂʰou⁵³ ｜ tʰou	tʂʰou³⁵	tʂou⁵⁵
潼关	tʂou⁴⁴	tʂʰou³¹	tʂʰou⁵² ｜ tʰou	tʂʰou²⁴	tʂou⁴⁴
华阴	tʂou⁵⁵	tʂʰou³¹	tʂʰou⁵² ｜ tʰou	tʂʰou²⁴	tʂou⁵⁵
华县	tʂou⁵⁵	tʂʰou³¹	tʂʰou⁵³ ｜ tʰou	tʂou⁵⁵	tʂou⁵⁵
渭南	tʂou⁴⁴	tʂʰou³¹	tʂʰou⁵³ ｜ tʰou	tʂʰou²⁴	tsou⁴⁴/tʂʰou⁴⁴
洛南	tʂou⁴⁴	tʂʰou³¹	tʂʰou⁵³ ｜ tʰou	tʂʰou²⁴	tʂou⁴⁴
商州	tʂou⁵⁵	tʂʰou³¹	tʂʰou⁵³ ｜ tʰou	tʂʰou³⁵	tʂou⁵⁵
丹凤	tʂou⁴⁴	tʂʰou³¹	tʂʰou⁵³	tʂʰou²⁴	tʂou⁴⁴
宜川	tʂɣu⁴⁵	tʂʰɣu⁵¹	tʂʰɣu⁴⁵	tʂʰɣu²⁴	tʂɣu⁴⁵
富县	tɣu⁴⁴	tʰɣu³¹	tʰɣu⁵²	tʰɣu²⁴	tɣu⁴⁴
黄陵	tʂɣu⁴⁴	tʂʰɣu³¹	tʂʰɣu⁵²	tʂʰɣu²⁴	tʂɣu⁴⁴
宜君	tou⁴⁴	tʰou²¹	tʰou⁵²	tʰou²⁴	tou⁴⁴
铜川	tʂɣu⁴⁴	tʂʰɣu²¹	tʂʰɣu⁵²	tʂʰɣu²⁴	tʂɣu⁴⁴
耀县	tou⁴⁴	tʰou³¹	tʰou⁵² ｜ tʂʰou	tʰou²⁴	tou⁴⁴
高陵	tɣu⁵⁵	tʰɣu³¹	tʰɣu⁵² ｜ tʰou	tʰɣu²⁴	tɣu⁵⁵
临潼	tʂɣu⁴⁵	tʂʰɣu³¹	tʂʰɣu⁵² ｜ tʰou	tʂʰɣu²⁴	tʂʰɣu⁴⁵

① kou⁵⁵ ～王；kʰou⁵⁵ ～棍。

字目／方言	昼	抽	丑	绸	纣
	流开三 去宥知	流开三 平尤彻	流开三 上有彻	流开三 平尤澄	流开三 上有澄
蓝田	tʂʅu⁴⁴	tʂʰʅu³¹	tʂʰʅu⁵² ｜ tʰou	tʂʰʅu²⁴	tʂʅu⁴⁴
长安	tʅu⁴⁴	tʰʅu³¹	tʰʅu⁵³	tʰʅu²⁴	tʅu⁴⁴
户县	tʂʅu⁵⁵	tʂʰʅu³¹	tʂʰʅu⁵² ｜ tʰou	tʂʰʅu²⁴	tʂʅu⁵⁵
周至	tʅu⁵⁵	tʰʅu²¹	tʰʅu⁵² ｜ tʰou	tʰʅu²⁴	tʅu⁵⁵
三原	tou⁵⁵	tʰou³¹	tʰou⁵² ｜ tʰou	tʰou²⁴	tou⁵⁵
泾阳	tou⁵⁵	tʰou³¹	tʰou⁵²	tʰou²⁴	tou⁵⁵
咸阳	tou⁵⁵	tʰou³¹	tʰou⁵² ｜ tʰou	tʰou²⁴	tou⁵⁵
兴平	tou⁵⁵	tʰou³¹	tʰou⁵² ｜ tʰou	tʰou²⁴	tou⁵⁵
武功	tou⁵⁵	tʰou³¹	tʰou⁵² ｜ tʰou	tʰou²⁴	tou⁵⁵
礼泉	tou⁵⁵	tʰou³¹	tʰou⁵² ｜ tʰou	tʰou²⁴	tou⁵⁵
乾县	tou⁴⁴	tʰou³¹	tʰou⁵² ｜ tʰou	tʰou²⁴	tou⁴⁴
永寿	tou⁵⁵	tʰou³¹	tʰou⁵² ｜ tʰou	tʰou²⁴	tou⁵⁵
淳化	tou⁵⁵	tʰou³¹	tʰou⁵² ｜ tʰou	tʰou²⁴	tou⁵⁵
旬邑	tou⁴⁴	tʰou³¹	tʰou⁵² ｜ tʰou	tʰou²⁴	tou⁴⁴
彬县	tou⁴⁴	tʰou³¹	tʰou⁵² ｜ tʰou	tʰou²⁴	tou⁴⁴
长武	tou⁴⁴	tʰou³¹	tʰou⁵² ｜ tʰou	tʰou²⁴	tou⁴⁴
扶风	tʂou³³	tʂʰou³¹	tʂʰou⁵² ｜ tʰou	tʂʰou²⁴	tʂou³³
眉县	tʂou⁴⁴	tʂʰou³¹	tʂʰou⁵² ｜ tʰou	tʂʰou²⁴	tʂou⁴⁴
麟游	tʂou⁴⁴	tʂʰou³¹	tʂʰou⁵³ ｜ tʰou	tʂʰou²⁴	tʂou⁴⁴
岐山	tʂou⁴⁴	tʂʰou³¹	tʂʰou⁵³ ｜ tʰou	tʂʰou²⁴	tʂou⁵³
凤翔	tʂou⁴⁴	tʂʰou³¹	tʂʰou⁵³ ｜ tʰou	tʂʰou²⁴	tʂou⁴⁴
宝鸡	tʂou⁴⁴	tʂʰou³¹	tʂʰou⁵³ ｜ tʂʰou	tʂʰou²⁴	tʂou⁴⁴
千阳	tʂou⁴⁴	tʂʰou³¹	tʂʰou⁵³ ｜ tʂʰou	tʂʰou²⁴	tʂou⁴⁴
陇县	tʂou⁴⁴	tʂʰou³¹	tʂʰou⁵³ ｜ tʰou	tʂʰou²⁴	tʂou⁴⁴

字目 方言	宙 流开三 去宥澄	邹 流开三 平尤庄	皱 流开三 去宥庄	搊 流开三 平尤初	瞅 流开三 上有初
西安	tʂou⁵⁵	tsou²¹	tsou⁵⁵	tsʰou²¹	tsʰou⁵³
韩城	tʂəu⁴⁴	tsəu³¹	tsəu⁴⁴	tsʰəu³¹	tsʰəu⁵³
合阳	tʂou⁵⁵	tsou³¹	tsou⁵⁵	tsʰou³¹	tsʰou⁵²
澄城	tʂəu⁴⁴	tsəu³¹	tsəu⁴⁴	tsʰəu³¹	tsʰəu⁵³
白水	tʂou⁴⁴	tsou³¹	tsou⁴⁴	tsʰou³¹	tsʰou⁵³
大荔	tʂou⁵⁵	tsou³¹	tsou⁵⁵	tsʰou³¹	tsʰou⁵²
蒲城	tʂou⁵⁵	tsou³¹	tsou⁵⁵	tsʰou³¹	tsʰou⁵³
美原	kou⁵⁵	tsou³¹	tsou⁵⁵	tsʰou³¹	tsʰou⁵³
富平	tʂou⁵⁵	tsou³¹	tsou⁵⁵	tsʰou³¹	tsʰou⁵³
潼关	tʂou⁴⁴	tsou³¹	tsou⁴⁴	tsʰou³¹	tsʰou⁵²
华阴	tʂou⁵⁵	tsou³¹	tsou⁵⁵	tsʰou³¹	tsʰou⁵²
华县	tʂou⁵⁵	tsou³¹	tsou³¹	tsʰou³¹	tsʰou⁵³
渭南	tʂou⁴⁴	tsou³¹	tsou⁴⁴	tsʰou³¹	tsʰou⁵³
洛南	tʂou⁴⁴	tsou³¹	tsʰou³¹	tsʰou³¹	tsʰou⁵³
商州	tʂou⁵⁵	tsou³¹	tsou³¹	tsʰou³¹	tsʰou⁵³
丹凤	tʂou⁴⁴	tsou³¹	tsʰou³¹	tsʰou³¹	tsʰou⁵³
宜川	tʂɤu⁴⁵	tsɤu⁵¹	tsɤu⁴⁵	tsʰɤu⁴⁵	tsʰɤu⁴⁵
富县	tʂɤu⁴⁴	tsɤu³¹	tsɤu⁴⁴	tsʰɤu³¹	tsʰɤu⁵²
黄陵	tʂɤu⁴⁴	tʂɤu³¹	tsɤu⁴⁴	tsʰɤu³¹	tsʰɤu⁵²
宜君	tʂou⁴⁴	tsou²¹	tsou⁴⁴	tsʰou²¹	tsʰou⁵²
铜川	tʂɤu⁴⁴	tsɤu²¹	tsɤu⁴⁴	tsʰɤu²¹	tsʰɤu⁵²
耀县	tʂou⁴⁴	tsou³¹	tsou³¹	tsʰou³¹	tsʰou⁵²
高陵	tʂɤu⁵⁵	tsɤu³¹	tsɤu⁵⁵	tsʰɤu³¹	tsʰɤu⁵²
临潼	tʂɤu⁴⁵	tsɤu³¹	tsɤu⁴⁵	tsʰɤu³¹	tsʰɤu⁵²

字目 方言	宙 流开三 去宥澄	邹 流开三 平尤庄	皱 流开三 去宥庄	搊 流开三 平尤初	瞅 流开三 上有初
蓝田	tʂʐu⁴⁴	tsʐu³¹	tsʐu⁴⁴	tsʰʐu³¹	tsʰʐu⁵²
长安	tʐu⁴⁴	tsʐu³¹	tsʐu⁴⁴	tsʰʐu³¹	tsʰʐu⁵³
户县	tʂʐu⁵⁵	tsʐu⁵⁵	tsʐu⁵⁵	tsʰʐu³¹	tsʰʐu⁵²
周至	tʐu⁵⁵	tsu⁵⁵	tsu⁵⁵	tsʰʐu²¹	tsʰʐu⁵²
三原	ʈou⁵⁵	tsou³¹	tsou⁵⁵/tsuŋ⁵⁵①	tsʰou³¹	tsʰou⁵²
泾阳	ʈou⁵⁵	tsou³¹	tsuŋ⁵⁵/tsou⁵⁵	tsʰou³¹	tsʰou⁵²
咸阳	ʈou⁵⁵	tsou³¹	tsou⁵⁵/tsuŋ⁵⁵	tsʰou³¹	tsʰou⁵²
兴平	ʈou⁵⁵	tsou³¹	tsou⁵⁵	tsʰou³¹	tsʰou⁵²
武功	ʈou⁵⁵	tsou³¹	tsou⁵⁵/tsuŋ⁵⁵	tsʰou³¹	tsʰou⁵²
礼泉	ʈou⁵⁵	tsou³¹	tsou⁵⁵	tsʰou³¹	tsʰou⁵²
乾县	ʈou⁴⁴	tsou³¹	tsou⁴⁴	tsʰou³¹	tsʰou⁵²
永寿	ʈou⁵⁵	tsou³¹	tsou⁵⁵	tsʰou³¹	tsʰou⁵²
淳化	ʈou⁵⁵	tsou³¹	tsou⁵⁵	tsʰou³¹	tsʰou⁵²
旬邑	ʈou⁴⁴	tsou³¹	tsou⁴⁴	tsʰou³¹	tsʰou⁵²
彬县	ʈou⁴⁴	tsou³¹	tsou⁴⁴	tsʰou³¹	tsʰou⁵²
长武	ʈou⁴⁴	tsou³¹	tsou⁴⁴	tsʰou³¹	tsʰou⁵²
扶风	tʂou³³	tsou³¹	tʂou³³	tsʰou³¹	tsʰou⁵²
眉县	tʂou⁴⁴	tsou³¹	tʂou⁴⁴	tsʰou³¹	tsʰou⁵²
麟游	tʂou⁴⁴	tsou³¹	tsou⁴⁴	tsʰou³¹	tsʰou⁵³
岐山	tʂou⁴⁴	tsou³¹	tʂou⁴⁴	tsʰou³¹	tsʰou⁵³
凤翔	tʂou⁴⁴	tsou³¹	tʂou⁴⁴	tsʰou³¹	tsʰou⁵³
宝鸡	tʂou⁴⁴	tsou³¹	tʂou⁴⁴	tsʰou³¹	tsʰou⁵³
千阳	tʂou⁴⁴	tsou³¹	tsou⁴⁴	tsʰou³¹	tsʰou⁵³
陇县	tʂou⁴⁴	tsou³¹	tʂou⁴⁴	tsʰou³¹	tsʰou⁵³

① tsuŋ⁵⁵ 衣服～。下同。

字目 方言	愁 流开三 平尤崇	骤 流开三 去宥崇	瘦 流开三 去宥生	搜 流开三 平尤生	州 流开三 平尤章
西安	tsʰou²⁴	tsou⁵⁵	sou⁵⁵	sou²¹	tʂou²¹
韩城	tsʰəu²⁴	tsəu⁴⁴	səu⁴⁴	səu³¹	tʂəu³¹
合阳	tsʰou²⁴	tsou⁵⁵	sou⁵⁵	sou³¹	tʂou³¹
澄城	tsʰəu²⁴	tsəu⁴⁴	səu⁴⁴	səu³¹	tʂəu³¹
白水	tsʰou²⁴	tsou⁴⁴	sou⁴⁴	sou³¹	tʂou³¹
大荔	tsʰou²⁴	tsou⁵⁵	sou⁵⁵	sou³¹	tʂou³¹
蒲城	tsʰou³⁵	tsou⁵⁵	sou⁵⁵	sou³¹	tʂou³¹
美原	tsʰou³⁵	tsou⁵⁵	sou⁵⁵	sou³¹	kou³¹
富平	tsʰou³⁵	tsou⁵⁵	sou⁵⁵	sou³¹	tʂou³¹
潼关	tsʰou²⁴	tsou⁴⁴	sou⁴⁴	sou³¹	tʂou³¹
华阴	tsʰou²⁴	tsou⁵⁵	sou⁵⁵	sou³¹	tʂou³¹
华县	tsʰou³⁵	tsou⁵⁵	sou⁵⁵	sou³¹	tʂou³¹
渭南	tsʰou²⁴	tsou⁴⁴	sou⁴⁴	sou³¹	tʂou³¹
洛南	tsʰou²⁴	tsou⁴⁴	sou⁴⁴	sou³¹	tʂou³¹
商州	tsʰou³⁵	tsou³¹	sou⁵⁵	sou³¹	tʂou³¹
丹凤	tsʰou²⁴	tsou⁴⁴	sou⁴⁴	sou³¹	tʂou³¹
宜川	tsʰɤu²⁴	tsɤu⁴⁵/tɕy⁴⁵①	sɤu⁴⁵	sɤu⁵¹	tʂɤu⁵¹
富县	tsʰɤu²⁴	tsɤu⁴⁴/tɕy⁵¹	sɤu⁴⁴	sɤu³¹	tʂɤu³¹
黄陵	tsʰɤu²⁴	tsɤu⁴⁴	sɤu⁴⁴	sɤu³¹	tʂɤu³¹
宜君	tsʰou²⁴	tsou²⁴	sou⁴⁴	sou²¹	tʂou²¹
铜川	tsʰɤu²⁴	tsɤu²⁴	sɤu⁴⁴	sɤu²¹	tʂɤu²¹
耀县	tsʰou²⁴	tsou²⁴	sɤu⁴⁴	sou³¹	tʂou³¹
高陵	tsʰɤu²⁴	tsɤu⁵⁵	sɤu⁵⁵	sɤu³¹	tʂɤu³¹
临潼	tsʰɤu²⁴	tsɤu³¹	sɤu⁴⁵	sɤu³¹	tʂɤu³¹

① tɕy⁴⁵ ~变。富县 tɕy⁵¹ 同此。

字目 方言	愁 流开三 平尤崇	骤 流开三 去宥崇	瘦 流开三 去宥生	搜 流开三 平尤生	州 流开三 平尤章
蓝田	tsʰɤu²⁴	tsɤu⁴⁴	sɤu⁴⁴	sɤu³¹	tʂɤu³¹
长安	tsʰɤu²⁴	tsɤu⁴⁴	sɤu⁴⁴	sɤu³¹	tʐu³¹
户县	tsʰɤu²⁴	tsɤu⁵⁵	sɤu⁵⁵	sɤu³¹	tʂɤu³¹
周至	tsʰɤu²⁴	tsɤu⁵⁵	sɤu⁵⁵	sɤu²¹	tʐu²¹
三原	tsʰou²⁴	tsou⁵⁵	sou⁵⁵	sou³¹	tɕou³¹
泾阳	tsʰou²⁴	tsou⁵⁵	sou⁵⁵	sou³¹	tɕou³¹
咸阳	tsʰou²⁴	tsou⁵⁵	sou⁵⁵	sou³¹	tɕou³¹
兴平	tsʰou²⁴	tsou⁵⁵	sou⁵⁵	sou³¹	tɕou³¹
武功	tsʰou²⁴	tsou⁵⁵	sou⁵⁵	sou³¹	tɕou³¹
礼泉	tsʰou²⁴	tsou³¹	sou⁵⁵	sou³¹	tɕou³¹
乾县	tsʰou²⁴	tsou⁴⁴	sou⁴⁴	sou³¹	tɕou³¹
永寿	tsʰou²⁴	tsou⁵⁵	sou⁵⁵	sou³¹	tɕou³¹
淳化	tsʰou²⁴	tsou⁵⁵	sou⁵⁵	sou³¹	tɕou³¹
旬邑	tsʰou²⁴	tsou⁴⁴	sou⁴⁴	sou³¹	tɕou³¹
彬县	tsʰou²⁴	tsou⁴⁴	sou⁴⁴	sou³¹	tɕou³¹
长武	tsʰou²⁴	tsou⁴⁴	sou⁴⁴	sou³¹	tɕou³¹
扶风	tsʰou²⁴	tsou³³	sou³³	sou³¹	tʂou³¹
眉县	tsʰou²⁴	tsou⁴⁴	sou⁴⁴	sou³¹	tʂou³¹
麟游	tsʰou²⁴	tsou⁴⁴	sou⁴⁴	sou³¹	tʂou³¹
岐山	tsʰou²⁴	tsou⁴⁴	sou⁴⁴	sou³¹	tʂou³¹
凤翔	tsʰou²⁴	tsou⁴⁴	sou⁴⁴	sou³¹	tʂou³¹
宝鸡	tsʰou²⁴	tsou⁴⁴	sou⁴⁴	sou³¹	tʂou³¹
千阳	tsʰou²⁴	tsou⁴⁴	sou⁴⁴	sou³¹	tʂou³¹
陇县	tsʰou²⁴	tsou⁴⁴	sou⁴⁴	sou³¹	tʂou³¹

字目 方言	帚 流开三 上有章	咒 流开三 去宥章	丑 流开三 上有昌	臭 流开三 去宥昌	收 流开三 平尤书
西安	tʂou⁵³	tʂou⁵⁵	tʂʰou⁵³	tʂʰou⁵⁵	ʂou²¹ ∣ ʂou
韩城	fu³¹	tʂəu⁴⁴	tʂʰəu⁵³	tʂʰəu⁴⁴	ʂəu³¹ ∣ ʂou
合阳	pfʰu³¹	tʂou⁵⁵	tʂʰou⁵²	tʂʰou⁵⁵	ʂou³¹ ∣ ʂou
澄城	tʃʰu⁰²¹	tʂəu⁴⁴	tʂʰəu⁵³	tʂʰəu⁴⁴	ʂəu³¹ ∣ ʂou
白水	tʃʰu⁰²¹	tʂou⁴⁴	tʂʰou⁵³	tʂʰou⁴⁴	ʂou³¹ ∣ ʂou
大荔	fu⁰²¹	tʂou⁵⁵	tʂʰou⁵²	tʂʰou⁵⁵	ʂou³¹ ∣ ʂou
蒲城	tʃʰu⁰²¹	tʂou⁵⁵	tʂʰou⁵³	tʂʰou⁵⁵	ʂou³¹ ∣ ʂou/ɕiu/xiou
美原	kou⁵³/tʃʰ ʅ⁰²¹/tʃʰ ʅ⁵³①	kou⁵⁵	kʰou⁵³	kʰou⁵⁵	xou³¹ ∣ xiou
富平	tʃʰu⁰²¹	tʂou⁵⁵	tʂʰou⁵³	tʂʰou⁵⁵	ʂou³¹ ∣ ʂou
潼关	fu⁰²¹	tʂou⁴⁴	tʂʰou⁵²	tʂʰou⁴⁴	ʂou³¹ ∣ ʂou
华阴	fu⁰²¹ 扫~	tʂou⁵⁵	tʂʰou⁵²	tʂʰou⁵⁵	ʂou³¹ ∣ ʂou
华县	tʃʰu²¹/tʂou⁵³	tʂou⁵⁵	tʂʰou⁵³	tʂʰou⁵⁵	ʂou³¹ ∣ ʂou
渭南	tʃʰu⁰²¹	tʂou⁴⁴	tʂʰou⁵³	tʂʰou⁵³	ʂou³¹ ∣ ʂou
洛南	tʃʰu⁰²¹	tʂou⁴⁴	tʂʰou⁵³	tʂʰou⁴⁴	ʂou³¹ ∣ ʂou
商州	tʃʰu⁰²¹	tʂou⁵⁵	tʂʰou⁵³	tʂʰou⁵⁵	ʂou³¹ ∣ ʂou
丹凤	tʃʰu⁰²¹	tʂou⁴⁴	tʂʰou⁵³	tʂʰou⁵³	ʂou³¹
宜川	tʂʰu⁴⁵	tʂɤu⁴⁵	tʂʰɤu⁴⁵	tʂʰɤu⁴⁵	ʂɤu⁵¹
富县	tsʰu⁰²¹	tɤu⁴⁴	tʰɤu⁵²	tʰɤu⁴⁴	ʂɤu³¹
黄陵	tʃʰu⁰²¹	tʂɤu⁴⁴	tʂʰɤu⁵²	tʂʰɤu⁴⁴	ʂɤu³¹
宜君	tou²¹/tʃʰu²¹	tou⁴⁴	tʰou⁵²	ɕiou⁵²	ʂou²¹
铜川	tʂɤu⁵²/tʃʰu⁵²	tʂɤu⁴⁴	tʂʰɤu⁵²	tʂʰɤu⁴⁴	ʂɤu²¹ ∣ ʂou
耀县	tou⁵²/tʃʰu⁵²②	tou⁴⁴	tʰou⁵²	tʰou⁴⁴	ʂou³¹ ∣ ʂou
高陵	tʃʰu⁰²¹	tɤu⁵⁵	tʰɤu⁵²	tʰɤu⁵⁵	ʂɤu³¹ ∣ ʂou
临潼	tʃʰu³¹	tʂɤu⁴⁵	tʂʰɤu⁵²	tʂʰɤu⁴⁵	ʂɤu³¹ ∣ ʂou

---

① tʃʰ ʅ⁰²¹ 扫~；tʃʰ ʅ⁵³ 笤~。

② tʃʰu⁵² 笤~。

字目 方言	帚 流开三 上有章	咒 流开三 去宥章	丑 流开三 上有昌	臭 流开三 去宥昌	收 流开三 平尤书	
蓝田	tʃʰu⁰²¹	tʂʐu⁴⁴	tʂʰʐu⁵²	tʂʰʐu⁴⁴	ʂʐu³¹	ʂou
长安	pfu⁰²¹	tʐu⁴⁴	tʰʐu⁵³	tʰʐu⁴⁴	ʂʐu³¹	
户县	tʃu⁰²¹/tʂʐu⁵²①	tʂʐu⁵⁵	tʂʰʐu⁵²	tʂʰʐu⁵⁵/ɕiʐu⁵²	ʂʐu³¹	ʂou
周至	pfu⁰²¹	tʐu⁵⁵	tʰʐu⁵²	tʰʐu⁵⁵	ʂʐu²¹	
三原	tʃʰu³¹	tou⁵⁵	tʰou⁵²	tʰou⁵⁵	ʂou³¹	ʂou
泾阳	ʃu⁰²¹	tou⁵⁵	tʰou⁵²	tʰou⁵⁵	ʂou³¹	ʂou
咸阳	tʃu³¹	tou⁵⁵	tʰou⁵²	tʰou⁵⁵	ʂou³¹	ʂou
兴平	tʃu⁵²	tou⁵⁵	tʰou⁵²	tʰou⁵⁵	ʂou³¹	ʂou
武功	tʃu⁵²	tou⁵⁵	tʰou⁵²	tʰou⁵⁵	ʂou³¹	ʂou
礼泉	tou³¹	tou⁵⁵	tʰou⁵²	tʰou⁵⁵	ʂou³¹	ʂou
乾县	tou⁵²	tou⁴⁴	tʰou⁵²	tʰou⁴⁴	ʂou³¹	ʂou
永寿	tʃʰu⁵²	tou⁵⁵	tʰou⁵²	tʰou⁵⁵	ʂou³¹	ʂou
淳化	tʃʰu⁵²	tou⁵⁵	tʰou⁵²	tʰou⁵⁵	ʂou³¹	ʂou
旬邑	tʃu⁵²	tou⁴⁴	tʰou⁵²	tʰou⁴⁴	ʂou³¹	ʂou
彬县	tʃu⁵²	tou⁴⁴	tʰou⁵²	tʰou⁴⁴	ʂou³¹	ʂou
长武	tʃu⁵²	tou⁴⁴	tʰou⁵²	tʰou⁴⁴	tʰou⁴⁴	ʂou
扶风	tʂʰʅ³¹	tʂou³³	tʂʰou⁵²	tʂʰou³³	ʂou³¹	ʂou
眉县	tʂʅ³¹/tʃʰu³¹	tʂou⁴⁴	tʂʰou⁵²	tʂʰou⁴⁴	ʂou³¹	ʂou
麟游	tʃʰu³¹	tʂou⁴⁴	tʂʰou⁵³	tʂʰou⁴⁴	ʂou³¹	ʂou
岐山	tʂʰʅ³¹	tʂou⁴⁴	tʂʰou⁵³	tʂʰou⁴⁴	ʂou³¹	ʂou
凤翔	tʂʅ³¹	tʂou⁴⁴	tʂʰou⁵³	tʂʰou⁴⁴	ʂou³¹	ʂou
宝鸡	tʂʅ³¹	tʂou⁴⁴	tʂʰou⁵³	tʂʰou⁴⁴/ɕiu⁴⁴	ʂou³¹	ʂou
千阳	tʃʅ³¹	tʂou⁴⁴	tʂʰou⁵³	tʂʰou⁴⁴	ʂou³¹	ʂou
陇县	tʃu⁴⁴	tʂou⁴⁴	tʂʰou⁵³	tʂʰou⁴⁴	ʂou³¹	ʂou

① tʃu⁰²¹ 扫～。

字目 方言	手 流开三 上有书	兽 流开三 去宥书	仇~恨 流开三 平尤禅	受 流开三 上有禅	寿 流开三 去宥禅
西安	ʂou⁵³	ʂou⁵⁵	tʂʰou²⁴	ʂou⁵⁵	ʂou⁵⁵
韩城	ʂəu⁵³	ʂəu⁴⁴	tʂʰəu²⁴	ʂəu⁴⁴	ʂəu⁴⁴
合阳	ʂou⁵²	ʂou⁵⁵	tʂʰou²⁴	ʂou⁵⁵	ʂou⁵⁵
澄城	ʂəu⁵³	ʂəu⁴⁴	tʂʰəu²⁴	ʂəu⁴⁴	ʂəu⁴⁴
白水	ʂou⁵³	ʂou⁴⁴	tʂʰou²⁴	ʂou⁴⁴	ʂou⁴⁴
大荔	ʂou⁵²	ʂou⁵⁵	tʂʰou²⁴	ʂou⁵⁵	ʂou⁵⁵
蒲城	ʂou⁵³	ʂou⁵⁵	tʂʰou³⁵	ʂou⁵⁵	ʂou⁵⁵
美原	xou⁵³	xou⁵⁵	kʰou³⁵	xou⁵⁵	xou⁵⁵
富平	ʂou⁵³	ʂou⁵⁵	tʂʰou³⁵	ʂou⁵⁵	ʂou⁵⁵
潼关	ʂou⁵²	ʂou⁴⁴	tʂʰou²⁴	ʂou⁴⁴	ʂou⁴⁴
华阴	ʂou⁵²	ʂou⁵⁵	tʂʰou²⁴	ʂou⁵⁵	ʂou⁵⁵
华县	ʂou⁵³	ʂou⁵⁵	tʂʰou³⁵	ʂou⁵⁵	ʂou⁵⁵
渭南	ʂou⁵³	ʂou⁴⁴	tʂʰou²⁴	ʂou⁴⁴	ʂou⁴⁴
洛南	ʂou⁵³	ʂou⁴⁴	tʂʰou²⁴	ʂou⁴⁴	ʂou⁴⁴
商州	ʂou⁵³	ʂou⁵⁵	tʂʰou³⁵	ʂou⁵⁵	ʂou⁵⁵
丹凤	ʂou⁵³	ʂou⁴⁴	tʂʰou²⁴	ʂou⁴⁴	ʂou⁴⁴
宜川	ʂɤu⁴⁵	ʂɤu⁴⁵	tʂʰɤu²⁴/ʂɤu²⁴①	ʂɤu⁴⁵	ʂɤu⁴⁵
富县	ʂɤu⁵²	ʂɤu⁴⁴	tʰɤu²⁴/tɕʰiu²⁴②	ʂɤu⁴⁴	ʂɤu⁴⁴
黄陵	ʂɤu⁵²	ʂɤu⁴⁴	tʂʰɤu²⁴/tɕʰiɤu²⁴	ʂɤu⁴⁴	ʂɤu⁴⁴
宜君	ʂou⁵²	ʂou⁴⁴	tʰou²⁴/tɕʰiou²⁴	ʂou⁴⁴	ʂou⁴⁴
铜川	ʂɤu⁵²	ʂɤu⁴⁴	tʂʰɤu²⁴	ʂɤu⁴⁴	ʂɤu⁴⁴
耀县	ʂou⁵²	ʂou⁴⁴	tʰou²⁴	ʂou⁴⁴	ʂou⁴⁴
高陵	ʂɤu⁵²	ʂɤu⁵⁵	tʰɤu²⁴	ʂɤu⁵⁵	ʂɤu⁵⁵
临潼	ʂɤu⁵²	ʂɤu⁴⁵	tʂʰɤu²⁴	ʂɤu⁴⁵	ʂɤu⁴⁵

① ʂɤu²⁴ ~人。下同。

② tɕʰiu²⁴ 姓。黄陵同。

字目 / 方言	手 流开三 上有书	兽 流开三 去宥书	仇~恨 流开三 平尤禅	受 流开三 上有禅	寿 流开三 去宥禅
蓝田	ʂɣu⁵²	ʂɣu⁴⁴	tʂʰɣu²⁴	ʂɣu⁴⁴	ʂɣu⁴⁴
长安	ʂɣu⁵³	ʂɣu⁴⁴	tʰɣu²⁴	ʂɣu⁴⁴	ʂɣu⁴⁴
户县	ʂɣu⁵²	ʂɣu⁵⁵	tʂʰɣu²⁴	ʂɣu⁵⁵	ʂɣu⁵⁵
周至	ʂɣu⁵²	ʂɣu⁵⁵	tʰɣu²⁴	ʂɣu⁵⁵	ʂɣu⁵⁵
三原	ʂou⁵²	ʂou⁵⁵	tʰou²⁴	ʂou⁵⁵	ʂou⁵⁵
泾阳	ʂou⁵²	ʂou⁵⁵	tʰou²⁴	ʂou⁵⁵	ʂou⁵⁵
咸阳	ʂou⁵²	ʂou⁵⁵	tʰou²⁴	ʂou⁵⁵	ʂou⁵⁵
兴平	ʂou⁵²	ʂou⁵⁵	tʰou²⁴	ʂou⁵⁵	ʂou⁵⁵
武功	ʂou⁵²	ʂou⁵⁵	tʰou²⁴	ʂou⁵⁵	ʂou⁵⁵
礼泉	ʂou⁵²	ʂou⁵⁵	tʰou²⁴	ʂou⁵⁵	ʂou⁵⁵
乾县	ʂou⁵²	ʂou⁴⁴	tʰou²⁴	ʂou⁴⁴	ʂou⁴⁴
永寿	ʂou⁵²	ʂou⁵⁵	tʰou²⁴	ʂou⁵⁵	ʂou⁵⁵
淳化	ʂou⁵²	ʂou⁵⁵	tʰou²⁴	ʂou⁵⁵	ʂou⁵⁵
旬邑	ʂou⁵²	ʂou⁴⁴	tʰou²⁴	ʂou⁴⁴	ʂou⁴⁴
彬县	ʂou⁵²	ʂou⁴⁴	tʰou²⁴	ʂou⁴⁴	ʂou⁴⁴
长武	ʂou⁵²	ʂou⁴⁴	tʰou²⁴	ʂou⁴⁴	ʂou⁴⁴
扶风	ʂou⁵²	ʂou³³	tʂʰou²⁴/ʂou²⁴	ʂou³³	ʂou³³
眉县	ʂou⁵²	ʂou⁴⁴	tʂʰou²⁴	ʂou⁴⁴	ʂou⁴⁴
麟游	ʂou⁵³	ʂou⁴⁴	tʂʰou²⁴	ʂou⁴⁴	ʂou⁴⁴
岐山	ʂou⁵³	ʂou⁴⁴	tʂʰou²⁴/ʂou²⁴	ʂou⁴⁴	ʂou⁴⁴
凤翔	ʂou⁵³	ʂou⁴⁴	tʂʰou²⁴/ʂou²⁴	ʂou⁴⁴	ʂou⁴⁴
宝鸡	ʂou⁵³	ʂou⁴⁴	tʂʰou²⁴	ʂou⁴⁴	ʂou⁴⁴
千阳	ʂou⁵³	ʂou⁴⁴	tʂʰou²⁴/ʂou²⁴	ʂou⁴⁴	ʂou⁴⁴
陇县	ʂou⁵³	ʂou⁴⁴	tʂʰou²⁴	ʂou⁴⁴	ʂou⁴⁴

字目\方言	揉 流开三 平尤日	阄 流开三 平尤见	九 流开三 上有见	救 流开三 去宥见	丘 流开三 平尤溪
西安	z̩ou²⁴	tɕiou²¹	tɕiou⁵³	tɕiou⁵⁵	tɕʰiou³¹ ｜ tɕʰiu
韩城	z̩əu²⁴	tɕiəu³¹	tɕiəu⁵³	tɕiəu⁴⁴	tɕʰiəu³¹ ｜ tɕʰiu
合阳	z̩ou²⁴	tɕʰiou³¹	tɕiou⁵²	tɕiou⁵⁵	tɕʰiou³¹ ｜ tɕʰiu
澄城	z̩əu²⁴	tɕiəu³¹	tɕiəu⁵³	tɕiəu⁴⁴	tɕʰiəu³¹ ｜ tɕʰiu
白水	z̩ou²⁴	tɕʰiou³¹	tɕiou⁵³	tɕiou⁴⁴	tɕʰiou³¹ ｜ tɕʰiu
大荔	z̩ou²⁴	tɕiou³¹	tɕiou⁵²	tɕiou⁵⁵	tɕʰiou³¹ ｜ tɕʰiu
蒲城	z̩ou³⁵	tɕiou³¹	tɕiou⁵³	tɕiou⁵⁵	tɕʰiou³¹ ｜ tɕʰiu
美原	ɣou³⁵	tɕiou³¹	tɕiou⁵³	tɕiou⁵⁵	tɕʰiou³¹ ｜ tɕʰiu
富平	z̩ou³⁵	tɕiou³¹	tɕiou⁵³	tɕiou⁵⁵	tɕʰiou³¹ ｜ tɕʰiu
潼关	z̩ou²⁴	tɕiou³¹	tɕiou⁵²	tɕiou⁴⁴	tɕʰiou³¹ ｜ tɕʰiu
华阴	z̩ou²⁴	tɕiou³¹	tɕiou⁵²	tɕiou⁵⁵	tɕʰiou³¹ ｜ tɕʰiu
华县	z̩ou³⁵	tɕiou³¹	tɕiou⁵³	tɕiou⁵⁵	tɕʰiou³¹ ｜ tɕʰiu
渭南	z̩ou²⁴	tɕiou³¹	tɕiou⁵³	tɕiou⁴⁴	tɕʰiou³¹ ｜ tɕʰiu
洛南	z̩ou²⁴	tɕiou³¹	tɕiou⁵³	tɕiou⁴⁴	tɕʰiou³¹ ｜ tɕʰiu
商州	z̩ou³⁵	tɕiou³¹	tɕiou⁵³	tɕiou⁵⁵	tɕʰiou³¹ ｜ tɕʰiu
丹凤	z̩ou²⁴	tɕiou³¹	tɕiou⁵³	tɕiou⁴⁴	tɕʰiou³¹
宜川	zʅɤu²⁴	tɕʰiɤu⁵¹	tɕiɤu⁴⁵	tɕiɤu⁴⁵	tɕʰiɤu⁵¹
富县	zʅɤu²⁴	tɕʰiu³¹	tɕiu⁵²	tɕiu⁴⁴	tɕʰiu³¹
黄陵	zʅɤu²⁴	tɕiɤu³¹	tɕiɤu⁵²	tɕiɤu⁴⁴	tɕʰiɤu³¹
宜君	z̩ou²⁴	tɕʰiou⁵²	tɕiou⁵²	tɕiou⁴⁴	tɕʰiou²¹
铜川	zʅɤu²⁴	tɕiɤu²¹/tɕiɤu⁵²	tɕiɤu⁵²	tɕiɤu⁴⁴	tɕʰiɤu²¹ ｜ tɕʰiu
耀县	z̩ou²⁴	tɕiou³¹	tɕiou⁵²	tɕiou⁴⁴	tɕʰiou³¹ ｜ tɕʰiu
高陵	zʅɤu²⁴	tɕiɤu³¹	tɕiɤu⁵²	tɕiɤu⁵⁵	tɕʰiɤu³¹ ｜ tɕʰiu
临潼	zʅɤu²⁴	tɕiɤu³¹	tɕiɤu⁵²	tɕiɤu⁴⁵	tɕʰiɤu³¹ ｜ tɕʰiu

字目 方言	揉 流开三 平尤日	阄 流开三 平尤见	九 流开三 上有见	救 流开三 去有见	丘 流开三 平尤溪
蓝田	zʐu²⁴	tɕiʐu³¹	tɕiʐu⁵²	tɕiʐu⁴⁴	tɕʰiʐu³¹ ∣ tɕʰiu
长安	zʐu²⁴	tɕiʐu³¹	tɕiʐu⁵³	tɕiʐu⁴⁴	tɕʰiʐu³¹
户县	zʐu²⁴	tɕiʐu³¹	tɕiʐu⁵²	tɕiʐu⁵⁵	tɕʰiʐu³¹ ∣ tɕʰiu
周至	zʐu²⁴	tɕiʐu²¹	tɕiʐu⁵²	tɕiʐu⁵⁵	tɕʰiʐu²¹ ∣ tɕʰiu
三原	z̺ou²⁴	tɕiou³¹	tɕiou⁵²	tɕiou⁵⁵	tɕʰiou³¹ ∣ tɕʰiu
泾阳	z̺ou²⁴	tɕiou³¹	tɕiou⁵²	tɕiou⁵⁵	tɕʰiou³¹ ∣ tɕʰiu
咸阳	z̺ou²⁴	tɕiou³¹	tɕiou⁵²	tɕiou⁵⁵	tɕʰiou³¹ ∣ tɕʰiu
兴平	z̺ou²⁴	tɕiou³¹	tɕiou⁵²	tɕiou⁵⁵	tɕʰiou³¹ ∣ tɕʰiu
武功	z̺ou²⁴	tɕiou³¹	tɕiou⁵²	tɕiou⁵⁵	tɕʰiou³¹ ∣ tɕʰiu
礼泉	z̺ou²⁴	tɕiou³¹	tɕiou⁵²	tɕiou⁵⁵	tɕʰiou³¹ ∣ tɕʰiu
乾县	z̺ou²⁴	tɕiou³¹	tɕiou⁵²	tɕiou⁴⁴	tɕʰiou³¹ ∣ tɕʰiu
永寿	z̺ou²⁴	tɕiou³¹	tɕiou⁵²	tɕiou⁵⁵	tɕʰiou³¹ ∣ tɕʰiu
淳化	z̺ou²⁴	tɕiou³¹	tɕiou⁵²	tɕiou⁵⁵	tɕʰiou³¹ ∣ tɕʰiu
旬邑	z̺ou²⁴	tɕiou³¹	tɕiou⁵²	tɕiou⁴⁴	tɕʰiou³¹ ∣ tɕʰiu
彬县	z̺ou²⁴	tɕiou³¹	tɕiou⁵²	tɕiou⁴⁴	tɕʰiou³¹ ∣ tɕʰiu
长武	z̺ou²⁴	tɕiou³¹	tɕiou⁵²	tɕiou⁴⁴	tɕʰiou³¹ ∣ tɕʰiu
扶风	z̺ou²⁴		tɕiu⁵²	tɕiu³³	tɕʰiu³¹ ∣ tɕʰiu
眉县	z̺ou²⁴		tɕiou⁵²	tɕiou⁴⁴	tɕʰiou³¹ ∣ tɕʰiu
麟游	z̺ou²⁴		tɕiu⁵³	tɕiu⁴⁴	tɕʰiu³¹ ∣ tɕʰiu
岐山	z̺ou²⁴	tɕiu³¹	tɕiu⁵³	tɕiu⁴⁴	tɕʰiu³¹ ∣ tɕʰiu
凤翔	z̺ou²⁴		tɕiou⁵³	tɕiou⁴⁴	tɕʰiou³¹ ∣ tɕʰiu
宝鸡	z̺ou²⁴		tɕiu⁵³	tɕiu⁴⁴	tɕʰiu³¹ ∣ tɕʰiu
千阳	z̺ou²⁴	tɕiu³¹	tɕiu⁵³	tɕiu⁴⁴	tɕʰiu³¹ ∣ tɕʰiu
陇县	z̺ou²⁴	tɕiu³¹	tɕiu⁵³	tɕiu⁴⁴	tɕʰiu³¹ ∣ tɕʰiu

字目／方言	球 流开三 平尤群	舅 流开三 上有群	旧 流开三 去宥群	牛 流开三 平尤疑	休 流开三 平尤晓
西安	tɕʰiou^{24}	tɕiou^{55}	tɕiou^{55}	n̠iou^{24}	ɕiou^{21} ǀ ɕiu
韩城	tɕʰiəu^{24}	tɕʰiəu^{44}	tɕʰiəu^{44}	ŋəu^{24}	ɕiəu^{31} ǀ ɕiu
合阳	tɕʰiou^{24}	tɕʰiou^{55}	tɕʰiou^{55}	n̠iou^{24}/ŋou^{24}	ɕiou^{31} ǀ ɕiu
澄城	tɕʰiəu^{24}	tɕʰiəu^{44}	tɕʰiəu^{44}	ŋəu^{24}	ɕiəu^{31} ǀ ɕiu
白水	tɕʰiou^{24}	tɕiou^{44}	tɕʰiou^{44}	n̠iou^{24}	ɕiou^{31} ǀ ɕiu
大荔	tɕʰiou^{24}	tɕʰiou^{55}	tɕʰiou^{55}	n̠iou^{24}/ŋou^{24}	ɕiou^{31} ǀ ɕiu
蒲城	tɕʰiou^{35}	tɕiou^{55}	tɕʰiou^{55}	n̠iou^{35}	ɕiou^{31} ǀ ɕiu
美原	tɕʰiou^{35}	tɕiou^{55}	tɕʰiou^{55}	n̠iou^{35}	ɕiou^{31} ǀ ɕiu
富平	tɕʰiou^{35}	tɕiou^{55}	tɕiou^{55}	n̠iou^{35}	ɕiou^{31} ǀ ɕiu
潼关	tɕʰiou^{24}	tɕʰiou^{44}	tɕʰiou^{44}	n̠iou^{24}	ɕiou^{31} ǀ ɕiu
华阴	tɕʰiou^{24}	tɕiou^{55}	tɕʰiou^{55}	ŋou^{24}	ɕiou^{31} ǀ ɕiu
华县	tɕʰiou^{35}	tɕʰiou^{55}	tɕʰiou^{55}	n̠iou^{35}	ɕiou^{31} ǀ ɕiu
渭南	tɕʰiou^{24}	tɕiou^{44}	tɕʰiou^{44}	n̠iou^{24}	ɕiou^{31} ǀ ɕiu
洛南	tɕʰiou^{24}	tɕʰiou^{44}	tɕʰiou^{44}	n̠iou^{24}	ɕiou^{31} ǀ ɕiu
商州	tɕʰiou^{35}	tɕiou^{55}	tɕiou^{55}	n̠iou^{35}	ɕiou^{31} ǀ ɕiu
丹凤	tɕʰiou^{24}	tɕiou^{44}	tɕiou^{44}	n̠iou^{24}	ɕiou^{31}
宜川	tɕʰiɤu^{24}	tɕʰiɤu^{45}	tɕʰiɤu^{45}	n̠iɤu^{24}/ŋɤu^{24}	ɕiɤu^{51}
富县	tɕʰiu^{24}	tɕiu^{44}	tɕʰiu^{44}	n̠iu^{24}	ɕiu^{31}
黄陵	tɕʰiɤu^{24}	tɕiɤu^{44}	tɕʰiɤu^{44}	n̠iɤu^{24}	ɕiɤu^{31}
宜君	tɕʰiou^{24}	tɕiou^{44}	tɕiou^{44}/tɕʰiou^{44}	n̠iou^{24}	ɕiou^{21}
铜川	tɕʰiɤu^{24}	tɕiɤu^{44}	tɕiɤu^{44}/tɕʰiɤu^{44}	n̠iɤu^{24}	ɕiɤu^{21} ǀ ɕiu
耀县	tɕʰiou^{24}	tɕiou^{44}	tɕiou^{44}	n̠iou^{24}	ɕiou^{31} ǀ ɕiu
高陵	tɕʰiɤu^{24}	tɕiɤu^{55}	tɕiɤu^{55}	n̠iɤu^{24}	ɕiɤu^{31} ǀ ɕiu
临潼	tɕʰiɤu^{24}	tɕiɤu^{45}	tɕiɤu^{45}	n̠iɤu^{24}	ɕiɤu^{31} ǀ ɕiu

字目 方言	球 流开三 平尤群	舅 流开三 上有群	旧 流开三 去宥群	牛 流开三 平尤疑	休 流开三 平尤晓
蓝田	tɕʰiɤu²⁴	tɕiɤu⁴⁴	tɕiɤu⁴⁴	n̠iɤu²⁴	ɕiɤu³¹ ｜ ɕiu
长安	tɕʰiɤu²⁴	tɕiɤu⁴⁴	tɕiɤu⁴⁴	n̠iɤu²⁴	ɕiɤu³¹
户县	tɕʰiɤu²⁴	tɕiɤu⁵⁵	tɕiɤu⁵⁵	n̠iɤu²⁴	ɕiɤu³¹ ｜ ɕiu
周至	tɕʰiɤu²⁴	tɕiɤu⁵⁵	tɕiɤu⁵⁵	n̠iɤu²⁴	ɕiɤu²¹ ｜ ɕiu
三原	tɕʰiou²⁴	tɕiou²⁴	tɕiou⁵⁵	n̠iou²⁴	ɕiou³¹ ｜ ɕiu
泾阳	tɕʰiou²⁴	tɕiou⁵⁵	tɕiou⁵⁵	n̠iou²⁴	ɕiou³¹ ｜ ɕiu
咸阳	tɕʰiou²⁴	tɕiou²⁴	tɕiou⁵⁵	n̠iou²⁴	ɕiou³¹ ｜ ɕiu
兴平	tɕʰiou²⁴	tɕiou⁵⁵	tɕiou⁵⁵	n̠iou²⁴	ɕiou³¹ ｜ ɕiu
武功	tɕʰiou²⁴	tɕiou⁵⁵	tɕiou⁵⁵	n̠iou²⁴	ɕiou³¹ ｜ ɕiu
礼泉	tɕʰiou²⁴	tɕiou²⁴	tɕiou⁵⁵	n̠iou²⁴	ɕiou³¹ ｜ ɕiu
乾县	tɕʰiou²⁴	tɕiou⁴⁴	tɕiou⁴⁴	n̠iou²⁴	ɕiou³¹ ｜ ɕiu
永寿	tɕʰiou²⁴	tɕiou⁵⁵	tɕiou⁵⁵	n̠iou²⁴	ɕiou³¹ ｜ ɕiu
淳化	tɕʰiou²⁴	tɕiou⁵⁵	tɕiou⁵⁵	n̠iou²⁴	ɕiou³¹ ｜ ɕiu
旬邑	tɕʰiou²⁴	tɕiou⁴⁴	tɕʰiou⁴⁴	n̠iou²⁴	ɕiou³¹ ｜ ɕiu
彬县	tɕʰiou²⁴	tɕiou²⁴	tɕʰiou⁴⁴	n̠iou²⁴	ɕiou³¹ ｜ ɕiu
长武	tɕʰiou²⁴	tɕiou⁴⁴/tɕʰiou⁴⁴	tɕʰiou⁴⁴	n̠iou²⁴	ɕiou³¹ ｜ ɕiu
扶风	tɕʰiu²⁴	tɕiu³³	tɕiu³³/tɕʰiu³³	n̠iu²⁴	ɕiu³¹ ｜ ɕiu
眉县	tɕʰiou²⁴	tɕiou⁴⁴	tɕiou⁴⁴/tɕʰiou⁴⁴	n̠iou²⁴	ɕiou³¹ ｜ ɕiu
麟游	tɕʰiu²⁴	tɕiu⁴⁴	tɕʰiu⁴⁴	n̠iu²⁴	ɕiu³¹ ｜ ɕiu
岐山	tɕʰiu²⁴	tɕiu⁴⁴	tɕʰiu⁴⁴	n̠iu²⁴	ɕiu³¹ ｜ ɕiu
凤翔	tɕʰiou²⁴	tɕiou⁴⁴	tɕiou⁴⁴	n̠iou²⁴	ɕiou³¹ ｜ ɕiu
宝鸡	tɕʰiu²⁴	tɕiu⁴⁴	tɕiu⁴⁴/tɕʰiu⁴⁴	n̠iu²⁴	ɕiu³¹ ｜ ɕiu
千阳	tɕʰiu²⁴	tɕiu⁴⁴	tɕiu⁴⁴/tɕʰiu⁴⁴	n̠iu²⁴	ɕiu³¹ ｜ ɕiu
陇县	tɕʰiu²⁴	tɕiu⁴⁴	tɕiu⁴⁴	n̠iu²⁴	ɕiu³¹ ｜ ɕiu

字目 方言	朽 流开三 上有晓	嗅 流开三 去宥晓	优 流开三 平尤影	邮 流开三 平尤云	有 流开三 上有云
西安	ɕiou⁵³	ɕiou⁵³/ɕiou⁵⁵	iou²¹	iou²⁴	iou⁵³
韩城	ɕiəu⁵³	ɕiəu⁵³	iəu³¹	iəu²⁴	iəu⁵³
合阳	ɕiou⁵²	ɕiou⁵²/ɕyoŋ³¹	iou³¹	n̠iou²⁴/iou²⁴新	iou⁵²
澄城	ɕiəu⁵³	ɕiəu⁵³	iəu³¹	iəu²⁴	iəu⁵³
白水	ɕiou⁵³	ɕiou⁵³	iou³¹	iou²⁴	iou⁵³
大荔	ɕiou⁵²	ɕiou⁵⁵	iou³¹	iou²⁴	iou⁵²
蒲城	ɕiou⁵³	ɕiou⁵³	iou³¹	iou³⁵	iou⁵³
美原	ɕiou⁵³	ɕiou⁵³	iou³¹	iou³⁵	iou⁵³
富平	ɕiou⁵³	ɕiou⁵³	iou³¹	iou³⁵	iou⁵³
潼关	ɕiou⁵²	ɕiou⁴⁴	iou³¹	iou²⁴	iou⁵²
华阴	ɕiou⁵²	ɕiou⁵²	iou³¹	iou²⁴	iou⁵²
华县	ɕiou⁵³	ɕiou⁵³	iou³¹	iou³⁵	iou⁵³
渭南	ɕiou⁵³	ɕiou⁴⁴	iou³¹	iou²⁴	iou⁵³
洛南	ɕiou⁵³	ɕiou⁵³	iou³¹	iou²⁴	iou⁵³
商州	ɕiou⁵³	ɕiou⁵³	iou³¹	iou³⁵	iou⁵³
丹凤	ɕiou⁵³	ɕiou⁵³	iou³¹	iou²⁴	iou⁵³
宜川	ɕiɤu⁴⁵	ɕiɤu⁴⁵	iɤu⁵¹	iɤu²⁴	iɤu⁴⁵
富县	ɕiu⁵²	ɕiu⁵²	iu³¹	iu²⁴	iu⁵²
黄陵	ɕiɤu⁵²	ɕiɤu⁵²	iɤu³¹	iɤu²⁴	iɤu⁵²
宜君	ɕiou⁵²	ɕiou⁵²	iou²¹	iou²⁴	iou⁵²
铜川	ɕiɤu⁵²	ɕiɤu⁵²	iɤu²¹	iɤu²⁴	iɤu⁵²
耀县	ɕiou⁵²	ɕiou⁵²	iou³¹	iou²⁴	iou⁵²
高陵	ɕiɤu⁵²	ɕiɤu⁵²	iɤu³¹	iɤu²⁴	iɤu⁵²
临潼	ɕiɤu⁵²	ɕiɤu⁵²	iɤu³¹	iɤu²⁴	iɤu⁵²

字目 方言	朽 流开三 上有晓	嗅 流开三 去宥晓	优 流开三 平尤影	邮 流开三 平尤云	有 流开三 上有云
蓝田	çiɤu⁵²	çiɤu⁵²	iɤu³¹	iɤu²⁴	iɤu⁵²
长安	çiɤu⁵³	çiɤu⁵³	iɤu³¹	iɤu²⁴	iɤu⁵³
户县	çiɤu⁵²	çiɤu⁵²	iɤu³¹	iɤu²⁴	iɤu⁵²
周至	çiɤu⁵²	çiɤu⁵²	iɤu²¹	iɤu²⁴	iɤu⁵²
三原	çiou⁵²	çiou⁵²	iou³¹	iou²⁴	iou⁵²
泾阳	çiou⁵²	çiou⁵²	iou³¹	iou²⁴	iou⁵²
咸阳	çiou⁵²	çiou⁵²	iou³¹	iou²⁴	iou⁵²
兴平	çiou⁵²	çiou⁵²	iou³¹	iou²⁴	iou⁵²
武功	çiou⁵²	çiou⁵²	iou³¹	iou²⁴	iou⁵²
礼泉	çiou⁵²	çiou⁵²	iou³¹	iou²⁴	iou⁵²
乾县	çiou⁵²	çiou⁵²	iou³¹	iou²⁴	iou⁵²
永寿	çiou⁵²	çiou⁵²	iou³¹	iou²⁴	iou⁵²
淳化	çiou⁵²	çiou⁵²	iou³¹	iou²⁴	iou⁵²
旬邑	çiou⁵²	çiou⁵²	iou³¹	iou²⁴	iou⁵²
彬县	çiou⁵²	çiou⁵²	iou³¹	iou²⁴	iou⁵²
长武	çiou⁵²	çiou⁵²	iou³¹	iou²⁴	iou⁵²
扶风	çiu⁵²	çiu⁵²	iu³¹	iu²⁴	iu⁵²
眉县	çiou⁵²	çiou⁴⁴	iou³¹	iou²⁴	iou⁵²
麟游	çiu⁵³	çiu⁵³	iu³¹	iu²⁴	iu⁵³
岐山	çiu⁵³	çiu⁵³	iu³¹	iu²⁴	iu⁵³
凤翔	çiou⁵³	çiou⁴⁴	iou³¹	iou²⁴	iou⁵³
宝鸡	çiu⁵³	çiu⁵³	iu³¹	iu²⁴	iu⁵³
千阳	çiu⁵³	çiu⁵³	iu³¹	iu²⁴	iu⁵³
陇县	çiu⁵³	çiu⁴⁴	iu³¹	iu²⁴	iu⁵³

字目／方言	右	油	诱	釉	彪
	流开三去宥云	流开三平尤以	流开三上有以	流开三去宥以	流开三平幽帮
西安	iou⁵⁵	iou²⁴	iou⁵⁵	iou⁵⁵	piau²¹
韩城	iəu⁴⁴	iəu²⁴	iəu⁴⁴	iəu⁴⁴	piɑo³¹
合阳	iou⁵⁵	iou²⁴	iou⁵⁵	iou⁵⁵	piɔ³¹
澄城	iəu⁴⁴	iəu²⁴	iəu⁴⁴	iəu⁴⁴	piɔ³¹
白水	iou⁴⁴	iou²⁴	iou⁴⁴	iou⁴⁴	piɔ³¹
大荔	iou⁵⁵	iou²⁴	iou⁵⁵	iou⁵⁵	piɔ³¹
蒲城	iou⁵⁵	iou³⁵	iou⁵⁵	iou⁵⁵	piɔ³¹
美原	iou⁵⁵	iou³⁵	iou⁵⁵	iou⁵⁵	piɔ³¹
富平	iou⁵⁵	iou³⁵	iou⁵⁵	iou⁵⁵	piɔ³¹
潼关	iou⁴⁴	iou²⁴	iou⁴⁴	iou⁴⁴	piɔ³¹
华阴	iou⁵⁵	iou²⁴	iou⁵⁵	iou⁵⁵	piɔ³¹
华县	iou⁵⁵	iou³⁵	iou⁵⁵	iou⁵⁵	piɔ³¹
渭南	iou⁴⁴	iou²⁴	iou⁴⁴	iou⁴⁴	piɔ³¹
洛南	iou⁴⁴	iou²⁴	iou⁴⁴	iou⁴⁴	piɔ³¹
商州	iou⁵⁵	iou³⁵	iou⁵⁵	iou⁵⁵	piɔ³¹
丹凤	iou⁴⁴	iou²⁴	iou⁴⁴	iou⁴⁴	piɔ³¹
宜川	iɤu⁴⁵	iɤu²⁴	iɤu⁴⁵	iɤu⁴⁵	piɔ⁵¹
富县	iu⁴⁴	iu²⁴	iu⁴⁴	iu⁴⁴	piɔ³¹
黄陵	iɤu⁴⁴	iɤu²⁴	iɤu⁴⁴	iɤu⁴⁴	piɑo³¹
宜君	iou⁴⁴	iou²⁴	iou⁴⁴	iou⁴⁴	piɔ²¹
铜川	iɤu⁴⁴	iɤu²⁴	iɤu⁴⁴	iɤu⁴⁴	piɔ²¹
耀县	iou⁴⁴	iou²⁴	iou⁴⁴	iou⁴⁴	piɑo³¹
高陵	iɤu⁵⁵	iɤu²⁴	iɤu⁵⁵	iɤu⁵⁵	piɑo³¹
临潼	iɤu⁴⁵	iɤu²⁴	iɤu⁴⁵	iɤu⁴⁵	piɔ³¹

字目 方言	右 流开三 去宥云	油 流开三 平尤以	诱 流开三 上有以	釉 流开三 去宥以	彪 流开三 平幽帮
蓝田	iʴu⁴⁴	iʴu²⁴	iʴu⁴⁴	iʴu⁴⁴	piɔ³¹
长安	iʴu⁴⁴	iʴu²⁴	iʴu⁴⁴	iʴu⁴⁴	piɔ³¹
户县	iʴu⁵⁵	iʴu²⁴	iʴu⁵⁵	iʴu⁵⁵	piɔɔ³¹
周至	iʴu⁵⁵	iʴu²⁴	iʴu⁵⁵	iʴu⁵⁵	piɔ²¹
三原	iou⁵⁵	iou²⁴	iou⁵⁵	iou⁵⁵	piɔ³¹
泾阳	iou⁵⁵	iou²⁴	iou⁵⁵	iou⁵⁵	piɔ³¹
咸阳	iou⁵⁵	iou²⁴	iou⁵⁵	iou⁵⁵	piɔ³¹
兴平	iou⁵⁵	iou²⁴	iou⁵⁵	iou⁵⁵	piɔ³¹
武功	iou⁵⁵	iou²⁴	iou⁵⁵	iou⁵⁵	piɔ³¹
礼泉	iou⁵⁵	iou²⁴	iou⁵⁵	iou⁵⁵	piɔ³¹
乾县	iou⁴⁴	iou²⁴	iou⁴⁴	iou⁴⁴	piɔ³¹
永寿	iou⁵⁵	iou²⁴	iou⁵⁵	iou⁵⁵	piɔ³¹
淳化	iou⁵⁵	iou²⁴	iou⁵⁵	iou⁵⁵	piɔ³¹
旬邑	iou⁵⁵	iou²⁴	iou⁴⁴	iou⁴⁴	piɔ³¹
彬县	iou⁴⁴	iou²⁴	iou⁴⁴	iou⁴⁴	piɔ³¹
长武	iou⁴⁴	iou²⁴	iou⁴⁴	iou⁴⁴	piɔ³¹
扶风	iu³³	iu²⁴	iu³³	iu³³	piɔ³¹
眉县	iou⁴⁴	iou²⁴	iou⁴⁴	iou⁴⁴	piɔ³¹
麟游	iu⁴⁴	iu²⁴	iu⁴⁴	iu⁴⁴	piɔ³¹
岐山	iu⁴⁴	iu²⁴	iu⁴⁴	iu⁴⁴	piɔ³¹
凤翔	iou⁴⁴	iou²⁴	iou⁴⁴	iou⁴⁴	piɔ³¹
宝鸡	iu⁴⁴	iu²⁴	iu⁴⁴	iu⁴⁴	piɔ³¹
千阳	iu⁴⁴	iu²⁴	iu⁴⁴	iu⁴⁴	piɔ³¹
陇县	iu⁴⁴	iu²⁴	iu⁴⁴	iu⁴⁴	piɔ³¹

字目 方言	谬 流开三 去幼明	丢 流开三 平幽端	纠~正 流开三 上黝见	幽 流开三 平幽影	幼 流开三 去幼影
西安	n̨iou⁵⁵ ｜ ȵiu	tiou²¹ ｜ tiu	tɕiou²¹	iou²¹	iou⁵⁵
韩城	n̨iəu⁵³ ｜ miou	tiəu³¹ ｜ tiu	tɕiəu³¹	iəu³¹	iəu⁴⁴
合阳	n̨iou⁵² ｜ miou	tiou³¹ ｜ tiu	tɕiou³¹	iou³¹	iou⁵⁵
澄城	n̨iəu⁴⁴ ｜ miou	tiəu³¹ ｜ tiu	tɕiəu³¹	iəu³¹	iəu⁴⁴
白水	n̨iou⁵⁵ ｜ miou	tiou³¹ ｜ t̨iu	tɕiou³¹	iou³¹	iou⁴⁴
大荔	n̨iou⁵² ｜ miou	tiou³¹ ｜ tiu	tɕiou³¹	iou³¹	iou⁵⁵
蒲城	n̨iou⁵⁵ ｜ miu	tiou³¹ ｜ tiu	tɕiou³¹	iou³¹	iou⁵⁵
美原	n̨iou⁵⁵ ｜ miu	tiou³¹ ｜ tiu	tɕiou³¹	iou³¹	iou⁵⁵
富平	n̨iou⁵⁵ ｜ miu	tiou³¹ ｜ tiu	tɕiou³¹	iou³¹	iou⁵⁵
潼关	n̨iou⁴⁴ ｜ ȵiu	tiou³¹ ｜ tiu	tɕiou³¹	iou³¹	iou⁴⁴
华阴	n̨iou⁵⁵ ｜ ȵiu	tiou³¹ ｜ tiu	tɕiou³¹	iou³¹	iou⁵⁵
华县	n̨iou⁵⁵ ｜ ȵiu	tiou³¹ ｜ t̨iu	tɕiou³¹	iou³¹	iou⁵⁵
渭南	n̨iou⁴⁴ ｜ miu	tɕiou³¹ ｜ tiu	tɕiou³¹	iou³¹	iou⁴⁴
洛南	n̨iou⁴⁴ ｜ ȵiu	tɕiou³¹ ｜ tiu	tɕiou³¹	iou³¹	iou⁴⁴
商州	n̨iou⁵⁵ ｜ ȵiu	tiou³¹ ｜ t̨iu	tɕiou³¹	iou³¹	iou⁵⁵
丹凤	n̨iou⁴⁴	tɕiou³¹	tɕiou³¹	iou³¹	iou⁴⁴
宜川	n̨iɤu⁴⁵	tiɤu⁵¹	tɕiɤu⁵¹	iɤu⁵¹	iɤu⁴⁵
富县	n̨iu⁵²	tiu³¹	tɕiu³¹	iu³¹	iu⁴⁴
黄陵	n̨iɤu⁵²	tɕiɤu³¹	tɕiɤu³¹	iɤu³¹	iɤu⁴⁴
宜君	n̨iou⁴⁴	tiou²¹	tɕiou²¹	iou²¹	iou⁴⁴
铜川	n̨iɤu⁴⁴ ｜ ȵiu	tiɤu²¹ ｜ tiu	tɕiɤu²¹	iɤu²¹	iɤu⁴⁴
耀县	n̨iou⁴⁴ ｜ ȵiu	tiou³¹ ｜ tiu	tɕiou³¹	iou³¹	iou⁴⁴
高陵	n̨iɤu⁵⁵ ｜ ȵiu	tiɤu³¹ ｜ tiu	tɕiɤu³¹	iɤu³¹	iɤu⁵⁵
临潼	n̨iɤu⁴⁵ ｜ miu	tɕiɤu³¹ ｜ t̨iu	tɕiɤu³¹	iɤu³¹	iɤu⁴⁵

字目＼方言	谬	丢	纠~正	幽	幼
	流开三去幼明	流开三平幽端	流开三上黝见	流开三平幽影	流开三去幼影
蓝田	n̠iɤu⁴⁴｜n̠iu	tɕiɤu³¹｜t̠iu	tɕiɤu³¹	iɤu³¹	iɤu⁴⁴
长安	n̠iɤu⁴⁴	tɕiɤu³¹	tɕiɤu³¹	iɤu³¹	iɤu⁴⁴
户县	n̠iɤu⁵⁵｜n̠iu	tiɤu³¹｜tiu	tɕiɤu³¹	iɤu³¹	iɤu⁵⁵
周至	n̠iɤu⁵⁵/miɔ⁵²/miɔ²⁴①｜n̠iu	tiɤu²¹｜tiu	tɕiɤu²¹	iɤu²¹	iɤu⁵⁵
三原	n̠iou⁵⁵｜n̠iu	tiou³¹｜tiu	tɕiou³¹	iou³¹	iou⁵⁵
泾阳	n̠iou⁵⁵	tiou³¹｜t̠iu	tɕiou³¹	iou³¹	iou⁵⁵
咸阳	n̠iou⁵⁵｜n̠iu	tiou³¹｜tiu	tɕiou³¹	iou³¹	iou⁵⁵
兴平	n̠iou⁵⁵｜n̠iu	tɕiou³¹｜tsiu	tɕiou³¹	iou³¹	iou⁵⁵
武功	n̠iou⁵⁵	tiou³¹	tɕiou³¹	iou³¹	iou⁵⁵
礼泉	n̠iou⁵⁵｜n̠iu	tiou³¹｜tiu	tɕiou³¹	iou³¹	iou⁵⁵
乾县	n̠iou⁴⁴｜n̠iu	tiou³¹｜tiu	tɕiou³¹	iou³¹	iou⁴⁴
永寿	n̠iou⁵⁵｜n̠iu	tiou³¹｜tiu	tɕiou³¹	iou³¹	iou⁵⁵
淳化	n̠iou⁵⁵｜n̠iu	tiou³¹｜tiu	tɕiou³¹	iou³¹	iou⁵⁵
旬邑	n̠iou⁴⁴｜n̠iu	tiou³¹｜tiu	tɕiou³¹	iou³¹	iou⁴⁴
彬县	n̠iou⁴⁴｜n̠iu	tiou³¹｜tiu	tɕiou³¹	iou³¹	iou⁴⁴
长武	n̠iou⁴⁴｜n̠iu	tiou³¹｜tiu	tɕiou³¹	iou³¹	iou⁴⁴
扶风	n̠iu³³｜n̠iu	tɕiu³¹｜tiu	tɕiu³¹	iu³¹	iu³³
眉县	n̠iou⁴⁴｜n̠iu	t̠iou³¹｜tsiu	tɕiou³¹	iou³¹	iou⁴⁴
麟游	n̠iu⁵³｜n̠iu	t̠iu³¹｜tiu	tɕiu³¹	iu³¹	iu⁴⁴
岐山	n̠iu⁵³｜n̠iu	t̠iu³¹｜tiu	tɕiu³¹	iu³¹	iu⁴⁴
凤翔	n̠iou⁵³｜n̠iu	t̠iou³¹｜tiu	tɕiou³¹	iou³¹	iou⁴⁴
宝鸡	n̠iu⁵³｜n̠iu	tɕiu³¹｜tiu	tɕiu³¹	iu³¹	iu⁴⁴
千阳	n̠iu⁵³｜n̠iu	tiu³¹｜tiu	tɕiu³¹	iu³¹	iu⁴⁴
陇县	n̠iu⁵³｜n̠iu	tiu³¹｜tiu	tɕiu³¹	iu³¹	iu⁴⁴

① miɔ²⁴ ～失。

字目／方言	耽 咸开一平覃端	搭 咸开一入合端	贪 咸开一平覃透	探 咸开一去勘透	踏 咸开一入合透
西安	$tæ̃$	ta^{21}/ta^{24}	$t^hæ̃^{21}$	$t^hæ̃^{55}$	t^ha^{24} ｜ t^ha
韩城	$tã^{31}$	ta^{31}	$t^hã^{31}$	$t^hã^{44}$	t^ha^{24} ｜ t^ha
合阳	$tã^{31}$	ta^{31}	$t^hã^{31}$	$t^hã^{55}$	t^ha^{24} ｜ t^ha
澄城	$tã^{31}$	ta^{31}	$t^hã^{31}$	$t^hã^{44}$	t^ha^{24} ｜ t^ha
白水	$tã^{31}$	ta^{31}	$t^hã^{31}$	$t^hã^{44}$	t^ha^{24} ｜ t^ha
大荔	$tã^{31}$	ta^{31}	$t^hã^{31}$	$t^hã^{55}$	t^ha^{24} ｜ t^ha
蒲城	$tã^{31}$	ta^{31}	$t^hã^{31}$	$t^hã^{55}$	t^ha^{35} ｜ t^ha
美原	$tã^{31}$	ta^{31}	$t^hã^{31}$	$t^hã^{55}$	t^ha^{35} ｜ t^ha
富平	$tã^{31}$	ta^{31}	$t^hã^{31}$	$t^hã^{55}$	t^ha^{35} ｜ t^ha
潼关	$tã^{31}$	ta^{31}	$t^hã^{31}$	$t^hã^{44}$	t^ha^{24} ｜ t^ha
华阴	$tã^{31}$	ta^{31}	$t^hã^{31}$	$t^hã^{55}$	t^ha^{24} ｜ t^ha
华县	$tã^{31}$	ta^{31}	$t^hã^{31}$	$t^hã^{55}$	t^ha^{35} ｜ t^ha
渭南	$tã^{31}$	ta^{31}	$t^hã^{31}$	$t^hã^{44}$	t^ha^{24} ｜ t^ha
洛南	$tæ̃^{31}$	ta^{31}	$t^hæ̃^{31}$	$t^hæ̃^{44}$	t^ha^{24} ｜ t^ha
商州	$tã^{31}$	ta^{31}	$t^hã^{31}$	$t^hã^{55}$	t^ha^{35} ｜ t^ha
丹凤	$tã^{31}$	ta^{31}	$t^hã^{31}$	$t^hã^{44}$	t^ha^{24}
宜川	$tæ̃^{51}$	ta^{51}	$t^hæ̃^{51}$	$t^hæ̃^{45}$	t^ha^{24}
富县	$tã^{31}$	ta^{31}	$t^hã^{31}$	$t^hã^{44}$	t^ha^{24}
黄陵	$tæ̃^{31}$	ta^{31}	$t^hæ̃^{31}$	$t^hæ̃^{44}$	t^ha^{24}
宜君	$tæ̃^{21}$	ta^{21}	$t^hæ̃^{24}$	$t^hæ̃^{44}$	t^ha^{24}
铜川	$tæ̃^{21}$	ta^{21}	$t^hæ̃^{21}$	$t^hæ̃^{44}$	t^ha^{24} ｜ t^ha
耀县	$tæ̃^{31}$	ta^{31}	$t^hæ̃^{31}$	$t^hæ̃^{44}$	t^ha^{24} ｜ t^ha
高陵	$tæ̃^{31}$	ta^{31}	$t^hæ̃^{31}$	$t^hæ̃^{55}$	t^ha^{24} ｜ t^ha
临潼	$tã^{31}$	ta^{31}	$t^hã^{31}$	$t^hã^{45}$	t^ha^{24} ｜ t^ha

字目 方言	耽 咸开一 平覃端	搭 咸开一 入合端	贪 咸开一 平覃透	探 咸开一 去勘透	踏 咸开一 入合透	
蓝田	tã³¹	ta³¹	tʰã³¹	tʰã⁴⁴	tʰa²⁴	tʰa
长安	tã³¹	ta³¹	tʰã³¹	tʰã⁴⁴	tʰa²⁴	
户县	tã³¹	ta³¹	tʰã³¹	tʰã⁵⁵	tʰa²⁴	tʰa
周至	tæ̃²¹	ta²¹	tʰæ̃²¹	tʰæ̃⁵⁵	tʰa²⁴	tʰa
三原	tã³¹	ta³¹	tʰã³¹	tʰã⁵⁵	tʰa²⁴	tʰa
泾阳	tã³¹	ta³¹	tʰã³¹	tʰã⁵⁵	tʰa²⁴	tʰa
咸阳	tã³¹	ta³¹	tʰã³¹	tʰã⁵⁵	tʰa²⁴	tʰa
兴平	tã³¹	ta³¹	tʰã³¹	tʰã⁵⁵	tʰa²⁴	tʰa
武功	tã³¹	ta³¹	tʰã³¹	tʰã⁵⁵	tʰa²⁴	tʰa
礼泉	tæ̃³¹	ta³¹	tʰæ̃³¹	tʰæ̃⁵⁵	tʰa²⁴	tʰa
乾县	tã³¹	ta³¹	tʰã³¹	tʰã⁴⁴	tʰa²⁴	tʰa
永寿	tã³¹	ta³¹	tʰã³¹	tʰã⁵⁵	tʰa²⁴	tʰa
淳化	tã³¹	ta³¹	tʰæ̃²⁴	tʰã⁵⁵	tʰa²⁴	tʰa
旬邑	tã³¹	ta³¹	tʰã³¹	tʰã⁴⁴	tʰa²⁴	tʰa
彬县	tã³¹	ta³¹	tʰã³¹	tʰã⁴⁴	tʰa²⁴	tʰa
长武	tã³¹	ta³¹	tʰã³¹	tʰã⁴⁴	tʰa²⁴	tʰa
扶风	tæ̃³¹	ta³¹	tʰæ̃³¹	tʰæ̃³³	tʰa²⁴	tʰa
眉县	tæ̃³¹	ta³¹	tʰæ̃³¹	tʰæ̃⁴⁴	tʰa²⁴	tʰa
麟游	tã³¹	ta³¹	tʰã³¹	tʰã⁴⁴	tʰa²⁴	tʰa
岐山	tæ̃³¹	ta³¹	tʰæ̃³¹	tʰæ̃⁴⁴	tʰa²⁴	tʰa
凤翔	tã³¹	ta³¹	tʰã³¹	tʰã⁴⁴	tʰa²⁴	tʰa
宝鸡	tæ̃³¹	ta³¹	tʰæ̃³¹	tʰæ̃⁴⁴	tʰa²⁴	tʰa
千阳	tæ̃³¹	ta³¹	tʰæ̃³¹	tʰæ̃⁴⁴	tʰa²⁴	tʰa
陇县	tæ̃³¹	ta³¹	tʰæ̃³¹	tʰæ̃⁴⁴	tʰa²⁴	tʰa

字目 / 方言	潭 咸开一平覃定	沓 咸开一入合定	南 咸开一平覃泥		纳 咸开一入合泥	拉 咸开一入合来	
西安	$t^h\tilde{æ}^{24}$	$t^h a^{24}$	$n\tilde{æ}^{24}$	$n\tilde{a}$	na^{21}	la^{21}/la^{55}	la
韩城	$t^h\tilde{a}^{24}$	$t^h a^{24}$	$\underline{n\tilde{a}^{24}}/la\eta^{24}$	$n\tilde{a}$	na^{31}	la^{31}	la
合阳	$t^h\tilde{a}^{24}$	$t^h a^{55}$	$n\tilde{a}^{24}/l\tilde{a}^{24}/la\eta^{24}$①	$n\tilde{a}$	na^{31}	la^{31}	la
澄城	$t^h\tilde{a}^{24}$	$t^h a^{24}$	$n\tilde{a}^{24}$	$n\tilde{a}$	na^{31}	la^{31}	la
白水	$t^h\tilde{a}^{24}$	$t^h a^{24}$	$n\tilde{a}^{24}$	$n\tilde{a}$	na^{31}	la^{31}	la
大荔	$t^h\tilde{a}^{24}$	$t^h a^{55}$	$n\tilde{a}^{24}$	$n\tilde{a}$	na^{31}	la^{31}	la
蒲城	$t^h\tilde{a}^{35}$	$t^h a^{35}$	$n\tilde{a}^{35}$	$n\tilde{a}$	na^{31}	la^{31}	la
美原	$t^h\tilde{a}^{35}$	$t^h a^{35}$	$n\tilde{a}^{35}$	$n\tilde{a}$	na^{31}	la^{31}	la
富平	$t^h\tilde{a}^{35}$	$t^h a^{35}$	$n\tilde{a}^{35}$	$n\tilde{a}$	na^{31}	la^{31}	la
潼关	$t^h\tilde{a}^{24}$	$t^h a^{24}$	$n\tilde{a}^{24}$	$n\tilde{a}$	na^{31}	la^{31}	la
华阴	$t^h\tilde{a}^{24}$	$t^h a^{55}$	$n\tilde{a}^{24}$	$n\tilde{a}$	na^{31}	la^{31}	la
华县	$t^h\tilde{a}^{35}$	$t^h a^{35}$	$n\tilde{a}^{35}$	$n\tilde{a}$	na^{31}	la^{31}	la
渭南	$t^h\tilde{a}^{24}$	$t^h a^{24}$	$n\tilde{a}^{24}$	$n\tilde{a}$	na^{31}	la^{31}	la
洛南	$t^h\tilde{æ}^{24}$	$t^h a^{24}$	$n\tilde{æ}^{24}$	$n\tilde{a}$	na^{31}	la^{31}	la
商州	$t^h\tilde{a}^{35}$	$t^h a^{35}$	$n\tilde{a}^{35}$	$n\tilde{a}$	na^{31}	la^{31}	la
丹凤	$t^h\tilde{a}^{24}$	$t^h a^{24}$	$n\tilde{a}^{24}$		na^{31}	la^{31}	
宜川	$t^h\tilde{æ}^{24}$	$t^h a^{24}$	$n\tilde{æ}^{24}$		na^{51}	la^{51}	
富县	$t^h\tilde{a}^{24}$	$t^h a^{52}$	$n\tilde{a}^{24}$		na^{31}	la^{31}	
黄陵	$t^h\tilde{æ}^{24}$	$t^h a^{52}$	$n\tilde{æ}^{24}$		na^{31}	la^{31}	
宜君	$t^h\tilde{æ}^{24}$	$t^h a^{44}$	$n\tilde{æ}^{24}$		na^{21}	la^{21}	
铜川	$t^h\tilde{æ}^{24}$	$t^h a^{44}$	$n\tilde{æ}^{24}$	$n\tilde{a}$	na^{21}	la^{21}	la
耀县	$t^h\tilde{æ}^{24}$	$t^h a^{24}$	$n\tilde{æ}^{24}$	$n\tilde{a}$	na^{31}	la^{31}	la
高陵	$t^h\tilde{æ}^{24}$	$t^h a^{24}$	$n\tilde{æ}^{24}$	$n\tilde{a}$	na^{31}	la^{31}	la
临潼	$t^h\tilde{a}^{24}$	$t^h a^{24}$	$n\tilde{a}^{24}$	$n\tilde{a}$	na^{31}	la^{31}	la

---

① $la\eta^{24}$ ～瓜。

字目 / 方言	潭 咸开一 平覃定	沓 咸开一 入合定	南 咸开一 平覃泥	纳 咸开一 入合泥	拉 咸开一 入合来
蓝田	tʰã²⁴	tʰɑ²⁴	nã²⁴ ｜ nã	nɑ³¹	lɑ³¹ ｜ la
长安	tʰã²⁴	tʰɑ²⁴	nã²⁴	nɑ³¹	lɑ³¹
户县	tʰã²⁴	tʰɑ²⁴	nã²⁴ ｜ nã	nɑ³¹	lɑ³¹ ｜ la
周至	tʰæ̃²⁴	tʰɑ²⁴	næ̃²⁴ ｜ nã	nɑ²¹	lɑ²¹ ｜ la
三原	tʰã²⁴	tʰɑ²⁴	nã²⁴ ｜ nã	lɑ³¹	lɑ³¹ ｜ la
泾阳	tʰã²⁴	tʰɑ²⁴	nã²⁴ ｜ lã	nɑ³¹	lɑ³¹ ｜ la
咸阳	tʰɑ²⁴	tʰɑ²⁴	nã²⁴	lɑ³¹	lɑ³¹ ｜ la
兴平	tʰã²⁴	tʰɑ²⁴	nã²⁴ ｜ nã	lɑ³¹	lɑ³¹ ｜ la
武功	tʰã²⁴	tʰɑ²⁴	lã²⁴ ｜ lã	lɑ³¹	lɑ³¹ ｜ na
礼泉	tʰæ̃²⁴	tʰɑ²⁴	læ̃²⁴ ｜ lã	lɑ³¹	lɑ³¹ ｜ la
乾县	tʰã²⁴	tʰɑ²⁴	lã²⁴ ｜ lã	lɑ³¹	lɑ³¹ ｜ la
永寿	tʰã²⁴	tʰɑ²⁴	lã²⁴ ｜ lã	lɑ³¹	lɑ³¹ ｜ la
淳化	tʰã²⁴	tʰɑ²⁴	nã²⁴ ｜ nã	nɑ³¹	lɑ³¹ ｜ la
旬邑	tʰã²⁴	tʰɑ²⁴	lã²⁴ ｜ nã	lɑ³¹	lɑ³¹ ｜ la
彬县	tʰã²⁴	tʰɑ²⁴	lã²⁴ ｜ lã	lɑ³¹	lɑ³¹ ｜ la
长武	tʰã²⁴	tʰɑ²⁴	lã²⁴ ｜ nã	lɑ³¹	lɑ³¹ ｜ la
扶风	tʰæ̃²⁴	tʰɑ³¹	læ̃²⁴ ｜ lã	lɑ³¹	lɑ³¹ ｜ la
眉县	tʰæ̃²⁴	tʰɑ²⁴	læ̃²⁴ ｜ nã	lɑ³¹	lɑ³¹ ｜ la
麟游	tʰã²⁴	tʰɑ²⁴	lã²⁴ ｜ lã	lɑ³¹	lɑ³¹ ｜ na
岐山	tʰæ̃²⁴	tʰɑ²⁴	læ̃²⁴ ｜ lã	lɑ³¹	lɑ³¹ ｜ na
凤翔	tʰã²⁴	tʰɑ²⁴	lã²⁴ ｜ lã	lɑ³¹	lɑ³¹ ｜ la
宝鸡	tʰæ̃²⁴	tʰɑ²⁴	læ̃²⁴ ｜ lã	lɑ⁴⁴	lɑ³¹ ｜ la
千阳	tʰæ̃²⁴	tʰɑ²⁴	læ̃²⁴ ｜ lã	lɑ³¹	lɑ³¹ ｜ lɒ
陇县	tʰæ̃²⁴	tʰɑ²⁴	læ̃²⁴ ｜ lã	lɑ³¹	lɑ³¹ ｜ la

字目 方言	簪 咸开一 平覃精		参~加 咸开一 平覃清	惨 咸开一 上感清	蚕 咸开一 平覃从		杂 咸开一 入合从
西安	tsæ̃²¹	tsã	tsʰæ̃²¹	tsʰæ̃⁵³	tsʰæ̃²⁴	tsʰã	tsɑ²⁴
韩城	tsã³¹	tsã	tsʰã³¹	tsʰã⁵³	tsʰã²⁴/tsʰaŋ²⁴	tsʰã	tsɑ²⁴
合阳	tsã³¹	tsã	tsʰã³¹	tsʰã⁵²	tsʰã²⁴	tsʰã	tsʰɑ²⁴
澄城	tsã³¹	tsã	tsʰã³¹	tsʰã⁵³	tsʰã²⁴	tsʰã	tsɑ²⁴
白水	tsã³¹	tsã	tsʰã³¹	tsʰã⁵³	tsʰã²⁴	tsʰã	tsʰɑ²⁴
大荔	tsã³¹	tsã	tsʰã³¹	tsʰã⁵²	tsʰã²⁴	tsʰã	tsɑ²⁴
蒲城	tsã³¹	tsã	tsʰã³¹	tsʰã⁵³	tsʰã³⁵	tsʰã	tsɑ³⁵
美原	tsã³¹	tsã	tsʰã³¹	tsʰã⁵³	tsʰã³⁵	tsʰã	tsɑ³⁵
富平	tsã³¹	tsã	tsʰã³¹	tsʰã⁵³	tsʰã³⁵	tsʰã	tsɑ³⁵
潼关	tsã³¹	tsã	tsʰã³¹	tsʰã⁵²	tsʰã²⁴	tsʰã	tsɑ²⁴
华阴	tsã³¹	tsã	tsʰã³¹	tsʰã⁵²	tsʰã²⁴	tsʰã	tsɑ²⁴
华县	tsã³¹	tsã	tsʰã³¹	tsʰã⁵³	tsʰã³⁵	tsʰã	tsɑ³⁵
渭南	tsã³¹	tsã	tsʰã³¹	tsʰã⁵³	tsʰã²⁴	tsʰã	tsʰɑ²⁴
洛南	tsæ̃³¹	tsã	tsʰæ̃³¹	tsʰæ̃⁵³	tsʰæ̃²⁴	tsʰã	tsɑ²⁴
商州	tsã³¹	tsã	tsʰã³¹	tsʰã⁵³	tsʰã³⁵	tsʰã	tsɑ³⁵
丹凤	tsã³¹		tsʰã³¹	tsʰã⁵³	tsʰã²⁴		tsʰã²⁴
宜川	tsæ̃⁴⁵		tsʰæ̃⁵¹	tsʰæ̃⁵¹	tsʰæ̃²⁴		tsʰɑ²⁴
富县	tsã³¹		tsʰã³¹	tsʰã²⁴	tsʰã²⁴		tsʰɑ²⁴
黄陵	tsæ̃³¹		tsʰæ̃³¹	tsʰæ̃³¹	tsʰæ̃²⁴		tsɑ²⁴
宜君	tsæ̃⁵²		tsʰæ̃²¹	tsʰæ̃⁵²	tsʰæ̃²⁴		tsɑ²⁴
铜川	tsæ̃⁵²	tsã	tsʰæ̃²¹	tsʰæ̃⁵²	tsʰæ̃²⁴	tsʰã	tsɑ²⁴
耀县	tsæ̃⁵²	tsã	tsʰæ̃³¹	tsʰæ̃⁵²	tsʰæ̃²⁴	tsʰã	tsɑ²⁴
高陵	tsæ̃³¹	tsã	tsʰæ̃³¹	tsʰæ̃⁵²	tsʰæ̃²⁴	tsʰã	tsɑ²⁴
临潼	tsã³¹	tsã	tsʰã³¹	tsʰã⁵²	tsʰã²⁴	tsʰã	tsɑ²⁴

字目\方言	簪	参~加	惨	蚕	杂
	咸开一平覃精	咸开一平覃清	咸开一上感清	咸开一平覃从	咸开一入合从
蓝田	tsã³¹ ｜ tsã	tsʰã³¹	tsʰã⁵²	tsʰã²⁴ ｜ tsʰã	tsɑ²⁴
长安	tsã³¹	tsʰã³¹	tsʰã⁵³	tsʰã²⁴	tsɑ²⁴
户县	tsã⁵² ｜ tsã	tsʰã³¹	tsʰã⁵²	tsʰã²⁴ ｜ tsʰã	tsɑ²⁴
周至	tsæ̃²¹ ｜ tsã	tsʰæ̃²¹	tsʰæ̃⁵²	tsʰæ̃²⁴	tsɑ²⁴
三原	tsã³¹ ｜ tsã	tsʰã³¹	tsʰã⁵²	tsʰã²⁴ ｜ tsʰã	tsɑ²⁴
泾阳	tsã³¹ ｜ tsã	tsʰã³¹	tsʰã⁵²	tsʰã²⁴ ｜ tsʰã	tsɑ²⁴
咸阳	tsã³¹ ｜ tsã	tsʰã³¹	tsʰã⁵²	tsʰã²⁴ ｜ tsʰã	tsɑ²⁴
兴平	tsã³¹ ｜ tsã	tsʰã³¹	tsʰã⁵²	tsʰã²⁴ ｜ tsʰã	tsɑ²⁴
武功	tsã³¹ ｜ tsã	tsʰã³¹	tsʰã⁵²	tsʰã²⁴ ｜ tsʰã	tsɑ²⁴
礼泉	tsæ̃³¹ ｜ tsã	tsʰæ̃³¹	tsʰæ̃⁵²	tsʰã²⁴ ｜ tsʰã	tsɑ²⁴
乾县	tsã³¹ ｜ tsã	tsʰã³¹	tsʰã⁵²	tsʰã²⁴ ｜ tsʰã	tsɑ²⁴
永寿	tsã³¹ ｜ tsã	tsʰã³¹	tsʰã⁵²	tsʰã²⁴ ｜ tsʰã	tsɑ²⁴
淳化	tsã³¹ ｜ tsã	tsʰã³¹	tsʰã⁵²	tsʰã²⁴ ｜ tsʰã	tsɑ²⁴
旬邑	tsã³¹ ｜ tsã	tsʰã³¹	tsʰã⁵²	tsʰã²⁴ ｜ tsʰã	tsɑ²⁴
彬县	tsã³¹ ｜ tsã	tsʰã³¹	tsʰã⁵²	tsʰã²⁴ ｜ tsʰã	tsɑ²⁴
长武	tsã³¹ ｜ tsã	tsʰã³¹	tsʰã⁵²	tsʰã²⁴ ｜ tsʰã	tsɑ²⁴
扶风	tsæ̃³¹ ｜ tsã	tsʰæ̃³¹	tsʰæ̃⁵²	tsʰæ̃²⁴ ｜ tsʰã	tsɑ²⁴
眉县	tsæ̃³¹ ｜ tsã	tsʰæ̃³¹	tsʰæ̃⁵²	tsʰæ̃²⁴ ｜ tsʰã	tsʰɑ²⁴
麟游	tsã³¹ ｜ tsã	tsʰã³¹	tsʰã⁵³	tsʰã²⁴ ｜ tsʰã	tsɑ²⁴
岐山	tsæ̃³¹ ｜ tsã	tsʰæ̃³¹	tsʰæ̃⁵³	tsʰæ̃²⁴ ｜ tsʰã	tsɑ²⁴
凤翔	tsã³¹ ｜ tsã	tsʰã³¹	tsʰã⁵³	tsʰã²⁴ ｜ tsʰã	tsɑ²⁴
宝鸡	tsæ̃³¹ ｜ tsã	tsʰæ̃³¹	tsʰæ̃⁵³	tsʰæ̃²⁴/tsʰɑ²⁴① ｜ tsʰã	tsɑ²⁴
千阳	tsæ̃³¹ ｜ tsã	tsʰæ̃³¹	tsʰæ̃⁵³	tsʰæ̃²⁴ ｜ tsʰã	tsɑ²⁴
陇县	tsæ̃³¹ ｜ tsã	tsʰæ̃³¹	tsʰæ̃⁵³	tsʰæ̃²⁴ ｜ tsʰã	tsɑ²⁴

---

① tsʰɑ²⁴ ～儿。

字目 / 方言	感	鸽	堪	砍	勘
	咸开一上感见	咸开一入合见	咸开一平覃溪	咸开一上感溪	咸开一去勘溪
西安	kæ̃^{53}	kɤ^{21}	kʰæ̃^{21}	kʰæ̃^{53}	kʰæ̃^{21}
韩城	kã^{53}	kɤ^{31}	kʰã^{31}	kʰã^{53}	kʰã^{31}
合阳	kã^{52}	kə^{31}	kʰã^{31}	kʰã^{52}	kʰã^{31}
澄城	kã^{53}	kuo^{31}	kʰã^{31}	kʰã^{53}	kʰã^{31}
白水	kã^{53}	kuo^{31}	kʰã^{31}	kʰã^{53}	kʰã^{31}
大荔	kã^{52}	kɤ^{31}	kʰã^{31}	kʰã^{52}	kʰã^{31}
蒲城	kã^{53}	kɤ^{31}	kʰã^{31}	kʰã^{53}	kʰã^{31}
美原	kã^{53}	kə^{31}	kʰã^{31}	kʰã^{53}	kʰã^{31}
富平	kã^{53}	kɤ^{31}	kʰã^{31}	kʰã^{53}	kʰã^{31}
潼关	kã^{52}	kuo^{31}	kʰã^{31}	kʰã^{52}	kʰã^{31}
华阴	kã^{52}	kɤ^{31}	kʰã^{31}	kʰã^{52}	kʰã^{31}
华县	kã^{53}	kɤ^{31}	kʰã^{31}	kʰã^{53}	kʰã^{31}
渭南	kã^{53}	kɤ^{31}	kʰã^{31}	kʰã^{53}	kʰã^{31}
洛南	kæ̃^{53}	kuo^{31}	kʰæ̃^{31}	kʰæ̃^{53}	kʰæ̃^{31}
商州	kã^{53}	kɤ^{31}	kʰã^{31}	kʰã^{53}	kʰã^{31}
丹凤	kã^{53}	kuo^{31}	kʰã^{31}	kʰã^{53}	kʰã^{31}
宜川	kiæ̃^{45}	kə^{51}	kʰiæ̃^{51}	kʰiæ̃^{45}	kʰiæ̃^{51}
富县	kiã^{52}	kuo^{31}老/kɤ^{31}新	kʰã^{31}	kʰã^{52}	kʰã^{31}
黄陵	kiæ̃^{52}	kɤ^{31}	kʰæ̃^{31}	kʰæ̃^{52}	kʰæ̃^{31}
宜君	kiæ̃^{52}	kɤ^{21}	kʰæ̃^{21}	kʰæ̃^{52}	kʰæ̃^{21}
铜川	kæ̃^{52}	kɤ^{31}	kʰæ̃^{21}	kʰæ̃^{52}	kʰæ̃^{21}
耀县	kiæ̃^{52}	kɤ^{31}/kɑo^{31}	kʰæ̃^{31}	kʰæ̃^{52}	kʰæ̃^{31}
高陵	kæ̃^{52}	kə^{31}	kʰæ̃^{31}	kʰæ̃^{52}	kʰæ̃^{31}
临潼	kã^{52}	kɤ^{31}	kʰã^{31}	kʰã^{52}	kʰã^{31}

字目 / 方言	感	鸽	堪	砍	勘
	咸开一 上感见	咸开一 入合见	咸开一 平覃溪	咸开一 上感溪	咸开一 去勘溪
蓝田	$kã^{52}$	$kɤ^{31}$	$k^hã^{31}$	$k^hã^{52}$	$k^hã^{31}$
长安	$kã^{53}$	$kɤ^{31}$	$k^hã^{31}$	$k^hã^{53}$	$k^hã^{31}$
户县	$kæ̃^{52}$	$kɤ^{31}$	$k^hã^{31}$	$k^hã^{52}$	$k^hã^{31}$
周至	$kæ̃^{52}$	$kɤ^{21}$	$k^hæ̃^{21}$	$k^hæ̃^{52}$	$k^hæ̃^{21}$
三原	$kã^{52}$	$kɤ^{31}$	$k^hã^{31}$	$k^hã^{52}$	$k^hã^{31}$
泾阳	$kã^{52}$	$kɤ^{31}$	$k^hã^{31}$	$k^hã^{52}$	$k^hã^{31}$
咸阳	$kã^{52}$	$kɤ^{31}$	$k^hã^{31}$	$k^hã^{52}$	$k^hã^{31}$
兴平	$kã^{52}$	$kɤ^{31}$	$k^hã^{31}$	$k^hã^{52}$	$k^hã^{31}$
武功	$kã^{52}$	$kɤ^{31}$	$k^hã^{31}$	$k^hã^{52}$	$k^hã^{31}$
礼泉	$kæ̃^{52}$	$kɤ^{31}$	$k^hæ̃^{31}$	$k^hæ̃^{52}$	$k^hæ̃^{31}$
乾县	$kã^{52}$	$kɤ^{31}$	$k^hã^{31}$	$k^hã^{52}$	$k^hã^{31}$
永寿	$kã^{52}$	$kɤ^{31}$	$k^hã^{31}$	$k^hã^{52}$	$k^hã^{31}$
淳化	$kã^{52}$	$kɤ^{31}$	$k^hã^{31}$	$k^hã^{52}$	$k^hã^{31}$
旬邑	$kã^{52}$	$kɤ^{31}$	$k^hã^{31}$	$k^hã^{52}$	$k^hã^{31}$
彬县	$kã^{52}$	$kɤ^{31}$	$k^hã^{31}$	$k^hã^{52}$	$k^hã^{31}$
长武	$kã^{52}$	$kɤ^{31}$	$k^hã^{31}$	$k^hã^{52}$	$k^hã^{31}$
扶风	$kæ̃^{52}$	$k̲ɤ̲^{31}$/kuo^{31}	$k^hæ̃^{31}$	$k^hæ̃^{52}$	$k^hæ̃^{31}$
眉县	$kæ̃^{52}$	$kɤ^{31}$	$k^hæ̃^{31}$	$k^hæ̃^{52}$	$k^hæ̃^{31}$
麟游	$kã^{53}$	kuo^{31}	$k^hã^{31}$	$k^hã^{53}$	$k^hã^{31}$
岐山	$kæ̃^{53}$	$kɤ^{31}$	$k^hã^{31}$	$k^hæ̃^{31}$	$k^hæ̃^{31}$
凤翔	$kã^{53}$	kuo^{31}	$k^hã^{31}$	$k^hã^{53}$	$k^hã^{31}$
宝鸡	$kæ̃^{53}$	kuo^{31}	$k^hæ̃^{31}$	$k^hæ̃^{53}$	$k^hæ̃^{31}$
千阳	$kæ̃^{53}$	kuo^{31}	$k^hæ̃^{31}$	$k^hæ̃^{53}$	$k^hæ̃^{31}$
陇县	$kæ̃^{53}$	kuo^{31}	$k^hæ̃^{31}$	$k^hæ̃^{53}$	$k^hæ̃^{31}$

字目\方言	喝~酒 咸开一入合晓	含~一口水 咸开一平覃匣	撼 咸开一上感匣	憾 咸开一去勘匣	盒 咸开一入合匣
西安	xuo^{21}	$x\tilde{æ}^{24}$	$x\tilde{æ}^{53}$	$x\tilde{æ}^{53}$	xuo^{24}
韩城	xuo^{31}	$x\tilde{a}^{24}$	$x\tilde{a}^{53}$	$x\tilde{a}^{44}$	xuo^{24}
合阳	xuo^{31}	$x\tilde{a}^{24}$	$x\tilde{a}^{52}$	$x\tilde{a}^{52}$	xuo^{24}
澄城	xuo^{31}	$x\tilde{a}^{24}$	$x\tilde{a}^{53}$	$x\tilde{a}^{53}$	xuo^{24}
白水	xuo^{31}	$x\tilde{a}^{24}$	$x\tilde{a}^{53}$	$x\tilde{a}^{53}$	xuo^{24}
大荔	xuo^{31}	$x\tilde{a}^{24}$	$x\tilde{a}^{52}$	$x\tilde{a}^{52}$	xuo^{24}
蒲城	xuo^{31}	$x\tilde{a}^{35}$	$x\tilde{a}^{53}$	$x\tilde{a}^{53}$	xuo^{35}
美原	xuo^{31}	$x\tilde{a}^{35}$	$x\tilde{a}^{53}$	$x\tilde{a}^{53}$	xuo^{35}
富平	xuo^{31}	$x\tilde{a}^{35}$	$x\tilde{a}^{53}$	$x\tilde{a}^{53}$	xuo^{35}
潼关	xuo^{31}	$x\tilde{a}^{24}$	$x\tilde{a}^{52}$	$x\tilde{a}^{52}$	xuo^{24}
华阴	xuo^{31}	$x\tilde{a}^{24}$	$x\tilde{a}^{52}$	$x\tilde{a}^{52}$	xuo^{24}
华县	xuo^{31}	$x\tilde{a}^{35}$	$x\tilde{a}^{53}$	$x\tilde{a}^{53}$	xuo^{35}
渭南	xuo^{31}	$x\tilde{a}^{24}$	$x\tilde{a}^{53}$	$x\tilde{a}^{53}$	xuo^{24}
洛南	xuo^{31}	$x\tilde{æ}^{24}$	$x\tilde{æ}^{53}$	$x\tilde{æ}^{53}$	xuo^{24}
商州	xuo^{31}	$x\tilde{a}^{35}$	$x\tilde{a}^{53}$	$x\tilde{a}^{53}$	xuo^{35}
丹凤	xuo^{31}	$x\tilde{a}^{24}$	$x\tilde{a}^{53}$	$x\tilde{a}^{53}$	xuo^{24}
宜川	$xə^{51}$	$x\tilde{æ}^{24}$	$x\tilde{æ}^{45}$	$x\tilde{æ}^{45}$	$xə^{24}$
富县	xuo^{31}	$x\tilde{a}^{24}$	$x\tilde{a}^{31}$	$x\tilde{a}^{52}$	xuo^{24}
黄陵	xuo^{31}	$x\tilde{æ}^{24}$	$x\tilde{æ}^{52}$	$x\tilde{æ}^{52}$	xuo^{24}
宜君	xuo^{21}	$x\tilde{æ}^{24}$	$x\tilde{æ}^{52}$	$x\tilde{æ}^{52}$	xuo^{24}
铜川	xuo^{21}	$x\tilde{æ}^{24}$	$x\tilde{æ}^{52}$	$x\tilde{æ}^{52}$	xuo^{24}
耀县	xuo^{31}	$x\tilde{æ}^{24}$	$x\tilde{æ}^{52}$	$x\tilde{æ}^{52}$	xuo^{24}
高陵	xuo^{31}	$x\tilde{æ}^{24}$	$x\tilde{æ}^{52}$	$x\tilde{æ}^{52}$	xuo^{24}
临潼	xuo^{31}	$x\tilde{a}^{24}$	$x\tilde{a}^{52}$	$x\tilde{a}^{52}$	xuo^{24}

字目 方言	喝~酒 咸开一 入合晓	含~一口水 咸开一 平覃匣	撼 咸开一 上感匣	憾 咸开一 去勘匣	盒 咸开一 入合匣
蓝田	xuo^{31}	$x\tilde{a}^{24}$	$x\tilde{a}^{52}$	$x\tilde{a}^{52}$	xuo^{24}
长安	xuo^{31}	$x\tilde{a}^{24}$	$x\tilde{a}^{53}$	$x\tilde{a}^{53}$	xuo^{24}
户县	xuo^{31}	$x\tilde{a}^{24}$	$x\tilde{a}^{52}$	$x\tilde{a}^{52}$	xuo^{24}
周至	xuo^{21}	$x\tilde{æ}^{24}$	$x\tilde{æ}^{52}$	$x\tilde{æ}^{52}$	xuo^{24}
三原	xuo^{31}	$x\tilde{a}^{24}$	$x\tilde{a}^{52}$	$x\tilde{a}^{52}$	xuo^{24}
泾阳	xuo^{31}	$x\tilde{a}^{24}$	$x\tilde{a}^{52}$	$x\tilde{a}^{52}$	xuo^{24}
咸阳	xuo^{31}	$x\tilde{a}^{24}$	$x\tilde{a}^{52}$	$x\tilde{a}^{52}$	xuo^{24}
兴平	xuo^{31}	$x\tilde{a}^{24}$	$x\tilde{a}^{52}$	$x\tilde{a}^{52}$	xuo^{24}
武功	xuo^{31}	$x\tilde{a}^{24}$	$x\tilde{a}^{52}$	$x\tilde{a}^{52}$	xuo^{24}
礼泉	xuo^{31}	$x\tilde{æ}^{24}$	$x\tilde{æ}^{52}$	$x\tilde{æ}^{52}$	xuo^{24}
乾县	xuo^{31}	$x\tilde{a}^{24}$	$x\tilde{a}^{52}$	$x\tilde{a}^{52}$	xuo^{24}
永寿	xuo^{31}	$x\tilde{a}^{24}$	$x\tilde{a}^{52}$	$x\tilde{a}^{52}$	xuo^{24}
淳化	xuo^{31}	$x\tilde{a}^{24}$	$x\tilde{a}^{52}$	$x\tilde{a}^{52}$	xuo^{24}
旬邑	xuo^{31}	$x\tilde{a}^{24}$	$x\tilde{a}^{52}$	$x\tilde{a}^{52}$	xuo^{24}
彬县	xuo^{31}	$x\tilde{a}^{24}$	$x\tilde{a}^{52}$	$x\tilde{a}^{52}$	xuo^{24}
长武	xuo^{31}	$x\tilde{a}^{24}$	$x\tilde{a}^{52}$	$x\tilde{a}^{52}$	xuo^{24}
扶风	xuo^{31}	$x\tilde{æ}^{24}$	$x\tilde{æ}^{52}$	$x\tilde{æ}^{52}$	xuo^{24}
眉县	xuo^{31}	$x\tilde{æ}^{24}$	$x\tilde{æ}^{52}$	$x\tilde{æ}^{52}$	xuo^{24}
麟游	xuo^{31}	$x\tilde{a}^{24}$	$x\tilde{a}^{53}$	$x\tilde{a}^{53}$	xuo^{24}
岐山	xuo^{31}	$x\tilde{æ}^{24}$	$x\tilde{æ}^{53}$	$x\tilde{æ}^{53}$	xuo^{24}
凤翔	xuo^{31}	$x\tilde{a}^{24}$	$x\tilde{a}^{44}$	$x\tilde{a}^{53}$	xuo^{24}
宝鸡	xuo^{31}	$x\tilde{æ}^{24}$	$x\tilde{æ}^{44}$	$x\tilde{æ}^{44}$	xuo^{24}
千阳	xuo^{31}	$x\tilde{a}^{24}$	$x\tilde{a}^{53}$	$x\tilde{a}^{53}$	xuo^{24}
陇县	xuo^{31}	$x\tilde{æ}^{24}$	$x\tilde{æ}^{53}$	$x\tilde{æ}^{53}$	xuo^{24}

字目 方言	庵 咸开一 平覃影	揞 咸开一 上感影	暗 咸开一 去勘影	担~任 咸开一 平谈端	胆 咸开一 上敢端
西安	$\eta\tilde{æ}^{21}$	$\eta\tilde{æ}^{53}$	$\eta\tilde{æ}^{55}$	$t\tilde{æ}^{21}$	$t\tilde{æ}^{53}$
韩城	$\eta\tilde{a}^{31}/\eta\alpha\eta^{31}$	$\eta\tilde{a}^{44}$	$\eta\tilde{a}^{44}/\eta\alpha\eta^{44}$	$t\tilde{a}^{31}$	$t\tilde{a}^{53}$
合阳	$\eta\tilde{a}^{31}/\eta\alpha\eta^{31}$	$\eta\tilde{a}^{52}$	$\eta\tilde{a}^{55}$	$t\tilde{a}^{31}$	$t\tilde{a}^{52}$
澄城	$\eta\tilde{a}^{31}$	$\eta\tilde{a}^{53}$	$\eta\tilde{a}^{44}$	$t\tilde{a}^{31}$	$t\tilde{a}^{53}$
白水	$\eta\tilde{a}^{31}$	$\eta\tilde{a}^{53}$	$\eta\tilde{a}^{44}$	$t\tilde{a}^{31}$	$t\tilde{a}^{53}$
大荔	$\eta\tilde{a}^{31}$	$\eta\tilde{a}^{52}$	$\eta\tilde{a}^{55}$	$t\tilde{a}^{31}$	$t\tilde{a}^{52}$
蒲城	$\eta\tilde{a}^{31}$	$\eta\tilde{a}^{53}$	$\eta\tilde{a}^{55}$	$t\tilde{a}^{31}$	$t\tilde{a}^{53}$
美原	$\eta\tilde{a}^{31}$	$\eta\tilde{a}^{53}$	$\eta\tilde{a}^{55}$	$t\tilde{a}^{31}$	$t\tilde{a}^{53}$
富平	$\eta\tilde{a}^{31}$	$\eta\tilde{a}^{53}$	$\eta\tilde{a}^{55}$	$t\tilde{a}^{31}$	$t\tilde{a}^{53}$
潼关	$\eta\tilde{a}^{31}$	$\eta\tilde{a}^{52}$	$\eta\tilde{a}^{44}$	$t\tilde{a}^{31}$	$t\tilde{a}^{52}$
华阴	$\eta\tilde{a}^{31}$	$\eta\tilde{a}^{52}$	$\eta\tilde{a}^{55}$	$t\tilde{a}^{31}$	$t\tilde{a}^{52}$
华县	$\eta\tilde{a}^{31}$	$\eta\tilde{a}^{53}$	$\eta\tilde{a}^{55}$	$t\tilde{a}^{31}$	$t\tilde{a}^{53}$
渭南	$\eta\tilde{a}^{31}$	$\eta\tilde{a}^{53}$	$\eta\tilde{a}^{44}$	$t\tilde{a}^{31}$	$t\tilde{a}^{53}$
洛南	$\eta\tilde{æ}^{31}$	$\eta\tilde{æ}^{53}$	$\eta\tilde{æ}^{44}$	$t\tilde{æ}^{31}$	$t\tilde{æ}^{53}$
商州	$\eta\tilde{a}^{31}$	$\eta\tilde{a}^{53}$	$\eta\tilde{a}^{55}$	$t\tilde{a}^{31}$	$t\tilde{a}^{53}$
丹凤	$\eta\tilde{a}^{31}$	$\eta\tilde{a}^{53}$	$\eta\tilde{a}^{44}$	$t\tilde{a}^{31}$	$t\tilde{a}^{53}$
宜川	$\eta i\tilde{æ}^{51}$	$\eta i\tilde{æ}^{45}$	$\eta i\tilde{æ}^{45}$	$t\tilde{æ}^{51}$	$t\tilde{æ}^{45}$
富县	$\eta i\tilde{a}^{31}$	$\eta i\tilde{a}^{44}$	$\eta i\tilde{a}^{44}$	$t\tilde{a}^{31}$	$t\tilde{a}^{52}$
黄陵	$\eta i\tilde{æ}^{31}$	$\eta i\tilde{æ}^{44}$	$\eta i\tilde{æ}^{44}$	$t\tilde{æ}^{31}$	$t\tilde{æ}^{52}$
宜君	$\eta\tilde{æ}^{21}$	$\eta\tilde{æ}^{44}$	$\eta\tilde{æ}^{44}$	$t\tilde{æ}^{21}$	$t\tilde{æ}^{52}$
铜川	$\eta\tilde{æ}^{21}$	$\eta\tilde{æ}^{52}$	$\eta\tilde{æ}^{44}$	$t\tilde{æ}^{21}$	$t\tilde{æ}^{52}$
耀县	$\eta i\tilde{æ}^{31}$	$\eta i\tilde{æ}^{52}$	$\eta i\tilde{æ}^{44}$	$t\tilde{æ}^{31}$	$t\tilde{æ}^{52}$
高陵	$\eta\tilde{æ}^{31}$	$\eta\tilde{æ}^{55}$	$\eta\tilde{æ}^{55}$	$t\tilde{æ}^{31}$	$t\tilde{æ}^{52}$
临潼	$\eta\tilde{a}^{31}$	$\eta\tilde{a}^{45}$	$\eta\tilde{a}^{45}$	$t\tilde{a}^{31}$	$t\tilde{a}^{52}$

字目 / 方言	庵	揞	暗	担~任	胆
	咸开一 平覃影	咸开一 上感影	咸开一 去勘影	咸开一 平谈端	咸开一 上敢端
蓝田	ŋã³¹	ŋã⁴⁴	ŋã⁴⁴	tã³¹	tã⁵²
长安	ŋã³¹	ŋã⁴⁴	ŋã⁴⁴	tæ̃³¹	tæ̃⁵³
户县	ŋã³¹	ŋã⁵⁵	ŋã⁵⁵	tã³¹	tæ̃⁵²
周至	ŋæ̃²¹	ŋæ̃⁵⁵	ŋæ̃⁵⁵	tæ̃²¹	tæ̃⁵²
三原	ŋã³¹	ŋã⁵⁵	ŋã⁵⁵	tã³¹	tã⁵²
泾阳	ŋã³¹	ŋã⁵⁵	ŋã⁵⁵	tã³¹	tã⁵²
咸阳	ŋã³¹	ŋã⁵²	ŋã⁵⁵	tã³¹	tã⁵²
兴平	ŋã³¹	ŋã⁵²	ŋã⁵⁵	tã³¹	tã⁵²
武功	ŋã³¹	ŋã⁵²	ŋã⁵⁵	tã³¹	tã⁵²
礼泉	ŋæ̃³¹	ŋæ̃⁵²	ŋæ̃⁵⁵	tæ̃³¹	tæ̃⁵²
乾县	ŋã³¹	ŋã⁵²	ŋã⁴⁴	tã³¹	tã⁵²
永寿	ŋã³¹	ŋã⁵²	ŋã⁵⁵	tã³¹	tã⁵²
淳化	ŋã³¹	ŋã⁵²	ŋã⁵⁵	tã³¹	tã⁵²
旬邑	ŋã³¹	ŋã⁵²	ŋã⁴⁴	tã³¹	tã⁵²
彬县	ŋã³¹	ŋã⁵²	ŋã⁴⁴	tã³¹	tã⁵²
长武	ŋã³¹	ŋã⁵²	ŋã⁴⁴	tã³¹	tã⁵²
扶风	ŋæ̃³¹	ŋæ̃⁵²	ŋæ̃³³	tæ̃³¹	tæ̃⁵²
眉县	ŋæ̃³¹	ŋæ̃⁴⁴	ŋæ̃⁴⁴	tæ̃³¹	tæ̃⁵²
麟游	ŋã³¹	ŋã⁴⁴	ŋã⁴⁴	tã³¹	tã⁵³
岐山	ŋã³¹	ŋæ̃⁵³	ŋæ̃⁴⁴	tæ̃³¹	tæ̃⁵³
凤翔	ŋã³¹	ŋã⁴⁴	ŋã⁵³	tã³¹	tã⁵³
宝鸡	ŋæ̃³¹	ŋæ̃⁴⁴	ŋæ̃⁴⁴	tæ̃³¹	tæ̃⁵³
千阳	ŋæ̃³¹	ŋæ̃⁴⁴	ŋæ̃⁴⁴	tæ̃³¹	tæ̃⁵³
陇县	ŋæ̃³¹	ŋæ̃⁴⁴	ŋæ̃⁴⁴	tæ̃³¹	tæ̃⁵³

字目 / 方言	担挑~ 咸开一 去阚端	毯 咸开一 上敢透	塔 咸开一 入盍透	谈 咸开一 平谈定	淡 咸开一 上敢定
西安	tæ̃⁵⁵	tʰã⁵³	tʰɑ²¹	tʰæ̃²⁴	tæ̃⁵⁵
韩城	t̠ã⁴⁴/tɑŋ⁴⁴	tʰã⁵³	tʰɑ³¹	tʰã²⁴	t̠ʰã⁴⁴/tʰɑŋ⁴⁴
合阳	tã⁵⁵	tʰã⁵²	tʰɑ³¹	tʰã²⁴	tʰã⁵⁵
澄城	tã⁴⁴	tʰã⁵³	tʰɑ³¹	tʰã²⁴	tʰã⁴⁴
白水	tã⁴⁴	tʰã⁵³	tʰɑ³¹	tʰã²⁴	tʰã⁴⁴
大荔	tã⁵⁵	tʰã⁵²	tʰɑ³¹	tʰã²⁴	tʰã⁵⁵
蒲城	tã⁵⁵	tʰã⁵³	tʰɑ³¹	tʰã³⁵	tʰã⁵⁵
美原	tã⁵⁵	tʰã⁵³	tʰɑ³¹	tʰã³⁵	tʰã⁵⁵
富平	tã⁵⁵	tʰã⁵³	tʰɑ³¹	tʰã³⁵	tã⁵⁵
潼关	tã⁴⁴	tʰã⁵²	tʰɑ³¹	tʰã²⁴	tʰã⁴⁴
华阴	tã⁵⁵	tʰã⁵²	tʰɑ³¹	tʰã²⁴	tʰã⁵⁵
华县	tã⁵⁵	tʰã⁵³	tʰɑ³¹	tʰã³⁵	tʰã⁵⁵
渭南	tã⁴⁴	tʰã⁵³	tʰɑ³¹	tʰã²⁴	tʰã⁴⁴
洛南	tæ̃⁴⁴	tʰæ̃⁵³	tʰɑ³¹	tʰæ̃²⁴	tʰæ̃⁴⁴
商州	tã⁵⁵	tʰã⁵³	tʰɑ³¹	tʰã³⁵	tʰã⁵⁵
丹凤	tã⁴⁴	tʰã⁵³	tʰɑ³¹	tʰã²⁴	tã⁴⁴
宜川	tæ̃⁴⁵	tʰæ̃⁵¹	tʰɑ⁵¹	tʰæ̃²⁴	tʰæ̃⁴⁵
富县	tã⁴⁴	tʰã⁵²	tʰɑ³¹	tʰã²⁴	t̠ã⁴⁴/tʰã⁴⁴
黄陵	tæ̃⁴⁴	tʰã⁵²	tʰɑ³¹	tʰæ̃²⁴	tæ̃⁴⁴
宜君	tæ̃⁴⁴	tʰæ̃⁵²	tʰɑ²¹	tʰæ̃²⁴	tæ̃⁴⁴
铜川	tæ̃⁴⁴	tʰæ̃⁵²	tʰɑ²¹	tʰæ̃²⁴	tʰæ̃⁴⁴
耀县	tæ̃⁴⁴	tʰæ̃⁵²	tʰɑ³¹	tʰæ̃²⁴	tæ̃⁴⁴
高陵	tæ̃⁵⁵	tʰæ̃⁵²	tʰɑ³¹	tʰæ̃²⁴	tæ̃⁵⁵
临潼	tã⁴⁵	tʰã⁵²	tʰɑ³¹	tʰã²⁴	tã⁴⁵

字目 方言	担挑~ 咸开一 去阚端	毯 咸开一 上敢透	塔 咸开一 入盍透	谈 咸开一 平谈定	淡 咸开一 上敢定
蓝田	ta^{44}	t^ha^{52}	t^ha^{31}	t^ha^{24}	ta^{44}
长安	ta^{44}	t^ha^{53}	t^ha^{31}	t^ha^{24}	ta^{44}
户县	ta^{55}	t^ha^{52}	t^ha^{31}	t^ha^{24}	ta^{55}
周至	$tæ^{55}$	$t^hæ^{52}$	t^ha^{21}	$t^hæ^{24}$	$tæ^{55}$
三原	ta^{55}	t^ha^{52}	t^ha^{31}	t^ha^{24}	ta^{55}
泾阳	ta^{55}	t^ha^{52}	t^ha^{31}	t^ha^{24}	ta^{55}/t^ha^{55}①
咸阳	ta^{55}	t^ha^{52}	t^ha^{31}	t^ha^{24}	ta^{55}
兴平	ta^{55}	t^ha^{52}	t^ha^{31}	t^ha^{24}	ta^{55}
武功	ta^{55}	t^ha^{52}	t^ha^{31}	t^ha^{24}	ta^{55}
礼泉	$tæ^{55}$	$t^hæ^{52}$	t^ha^{31}	$t^hæ^{24}$	$tæ^{55}$
乾县	ta^{44}	t^ha^{52}	t^ha^{31}	t^ha^{24}	t^ha^{44}
永寿	ta^{55}	t^ha^{52}	t^ha^{31}	t^ha^{24}	ta^{55}
淳化	ta^{44}	t^ha^{52}	t^ha^{31}	t^ha^{24}	ta^{55}
旬邑	ta^{44}	t^ha^{52}	t^ha^{31}	t^ha^{24}	t^ha^{44}
彬县	ta^{44}	t^ha^{52}	t^ha^{31}	t^ha^{24}	t^ha^{44}
长武	ta^{44}	t^ha^{52}	t^ha^{31}	t^ha^{24}	t^ha^{44}
扶风	$tæ^{33}$	$t^hæ^{52}$	t^ha^{31}	$t^hæ^{24}$	$tæ^{33}$
眉县	$tæ^{44}$	$t^hæ^{52}$	t^ha^{31}	$t^hæ^{24}$	$tæ^{44}$
麟游	ta^{44}	t^ha^{53}	t^ha^{31}	t^ha^{44}	t^ha^{44}
岐山	$tæ^{44}$	$t^hæ^{53}$	t^ha^{31}	$t^hæ^{31}$	$t^hæ^{44}$
凤翔	ta^{44}	t^ha^{53}	t^ha^{31}	t^ha^{24}	ta^{44}
宝鸡	$tæ^{44}$	$t^hæ^{53}$	t^ha^{31}	$t^hæ^{24}$	$tæ^{44}$
千阳	$tæ^{44}$	$t^hæ^{53}$	t^ha^{31}	$t^hæ^{44}$	$\underline{tæ^{44}}/\underline{t^hæ^{44}}$
陇县	$tæ^{44}$	$t^hæ^{53}$	t^ha^{31}	$t^hæ^{24}$	$tæ^{44}$

① t^ha^{55} 姓。

字目 / 方言	蓝 咸开一平谈来	揽 咸开一上敢来	滥 咸开一去阚来	蜡 咸开一入盍来	惭 咸开一平谈从
西安	$læ̃^{24}$	$læ̃^{53}$	$læ̃^{55}$	la^{21}	$tsæ̃^{53}/tsæ̃^{24}$
韩城	$lã̠^{24}/laŋ^{24}$	$lã̠^{53}/laŋ^{53}$	$lã^{44}$	la^{31}	$tsʰã^{53}$
合阳	$lã^{24}$	$lã^{52}$	$lã^{55}$	la^{31}	$tsʰã^{55}$
澄城	$lã^{24}$	$lã^{53}$	$lã^{44}$	la^{31}	$tsʰã^{24}$
白水	$lã^{24}$	$lã^{53}$	$lã^{44}$	la^{31}	$tsʰã^{24}$
大荔	$lã^{24}$	$lã^{52}$	$lã^{55}$	la^{31}	$tsʰã^{24}$
蒲城	$lã^{35}$	$lã^{53}$	$lã^{55}$	la^{31}	$tsʰã^{35}$
美原	$lã^{35}$	$lã^{53}$	$lã^{55}$	la^{31}	$tsʰã^{53}$
富平	$lã^{35}$	$lã^{53}$	$lã^{55}$	la^{31}	$tsʰã^{35}$
潼关	$lã^{24}$	$lã^{52}$	$lã^{44}$	la^{31}	$tsʰã^{24}$
华阴	$lã^{24}$	$lã^{52}$	$lã^{55}$	la^{31}	$tsʰã^{55}$
华县	$lã^{35}$	$lã^{53}$	$lã^{55}$	la^{31}	$tsʰã^{35}$
渭南	$lã^{24}$	$lã^{53}$	$lã^{44}$	la^{31}	$tsʰã^{24}$
洛南	$læ̃^{24}$	$læ̃^{53}$	$læ̃^{44}$	la^{31}	$tsʰæ̃^{24}$
商州	$lã^{35}$	$lã^{53}$	$lã^{55}$	la^{31}	$tsʰã^{35}$
丹凤	$lã^{24}$	$lã^{53}$	$lã^{44}$	la^{31}	$tsʰã^{53}$
宜川	$læ̃^{24}$	$læ̃^{45}$	$læ̃^{45}$	la^{51}	$tsʰæ̃^{45}$
富县	$lã^{24}$	$lã^{52}$	$lã^{44}$	la^{31}	$tsʰã^{52}$
黄陵	$læ̃^{24}$	$læ̃^{52}$	$læ̃^{44}$	la^{31}	$tsʰæ̃^{52}$
宜君	$læ̃^{24}$	$læ̃^{52}$	$læ̃^{44}$	la^{21}	$tsʰæ̃^{52}$
铜川	$læ̃^{24}$	$læ̃^{52}$	$læ̃^{44}$	la^{21}	$tsæ̃^{52}/tsæ̃^{24}$
耀县	$læ̃^{24}$	$læ̃^{52}$	$læ̃^{44}$	la^{31}	$tsʰæ̃^{52}$
高陵	$læ̃^{24}$	$læ̃^{52}$	$læ̃^{55}$	la^{31}	$tsʰæ̃^{52}$
临潼	$lã^{24}$	$lã^{52}$	$lã^{45}$	la^{31}	$tsʰã^{52}$

字目 / 方言	蓝 咸开一 平谈来	揽 咸开一 上敢来	滥 咸开一 去阚来	蜡 咸开一 入盍来	惭 咸开一 平谈从
蓝田	lã²⁴	lã⁵²	lã⁴⁴	la³¹	tsʰã⁵²
长安	lã²⁴	lã⁵³	lã⁴⁴	la³¹	tsʰã²⁴
户县	lã²⁴	lã⁵²	lã⁵⁵	la³¹	tsʰã⁵²
周至	læ̃²⁴	læ̃⁵²	læ̃⁵⁵	la²¹	tsʰæ̃²⁴
三原	lã²⁴	lã⁵²	lã⁵⁵	la³¹	tsʰã²⁴
泾阳	lã²⁴	lã⁵²	lã⁵⁵	la³¹	tsʰã²⁴
咸阳	lã²⁴	lã⁵²	lã⁵⁵	la³¹	tsʰã⁵²
兴平	nã²⁴	nã⁵²	nã⁵⁵	la³¹	tsʰã⁵²
武功	lã²⁴	lã⁵²	lã⁵⁵	la³¹	tsʰã⁵²
礼泉	læ̃²⁴	læ̃⁵²	læ̃⁵⁵	la³¹	tsʰæ̃⁵²
乾县	lã²⁴	lã⁵²	lã⁴⁴	la³¹	tsʰã²⁴
永寿	lã²⁴	lã⁵²	lã⁵⁵	la³¹	tsʰã⁵²
淳化	lã²⁴	lã⁵²	lã⁵⁵	la³¹	tsʰã⁵²
旬邑	lã²⁴	lã⁵²	lã⁴⁴	la³¹	tsʰã⁵²
彬县	lã²⁴	lã⁵²	lã⁴⁴	la³¹	tsʰã⁵²
长武	lã²⁴	lã⁵²	lã⁴⁴	la³¹	tsʰã²⁴
扶风	læ̃²⁴	læ̃⁵²	læ̃³³	la³¹	tsʰæ̃⁵²
眉县	læ̃²⁴	læ̃⁵²	læ̃⁴⁴	la³¹	tsʰæ̃⁵²
麟游	lã²⁴	lã⁵³	lã⁴⁴	la³¹	tsʰã⁵³
岐山	læ̃²⁴	læ̃⁵³	læ̃⁴⁴	la³¹	tsʰæ̃⁵³
凤翔	lã²⁴	lã⁵³	lã⁴⁴	la³¹	tsʰã²⁴
宝鸡	læ̃²⁴	læ̃⁵³	læ̃⁴⁴	la³¹	tsʰæ̃²⁴
千阳	læ̃²⁴	læ̃⁵³	læ̃⁴⁴	la³¹	tsʰæ̃⁵³
陇县	læ̃²⁴	læ̃⁵³	læ̃⁴⁴	la³¹	tsʰæ̃⁵³

字目 方言	暂 咸开一 去阚从	三 咸开一 平谈心	甘 咸开一 平谈见	敢 咸开一 上敢见	磕 咸开一 入盍溪
西安	tsæ̃⁵⁵	sæ̃²¹ ｜ sã	kæ̃²¹	kæ̃⁵³	kʰɤ²¹
韩城	tsʰã⁵³	s̲ã̲³¹/saŋ³¹ ｜ sã	kã³¹	k̲ã̲⁵³/kaŋ⁵³	kʰɤ³¹
合阳	tsʰã⁵⁵	s̲ã̲³¹/saŋ³¹ ｜ sã	kã³¹	kã⁵²	kʰə⁵²
澄城	tsʰã⁴⁴	tã³¹ ｜ sã	kã³¹	kã⁵³	kʰuo⁵³
白水	tsʰã⁴⁴	sã³¹ ｜ sã	kã³¹	kã⁵³	kʰuo³¹
大荔	tsã⁵⁵	sã³¹ ｜ sã	kã³¹	kã⁵²	kʰɤ³¹
蒲城	tsã⁵⁵	sã³¹ ｜ sã	kã³¹	kã⁵³	kʰɤ³¹
美原	tsã⁵⁵	sã³¹ ｜ sã	kã³¹	kã⁵³	kʰə³¹
富平	tsã⁵⁵	sã³¹ ｜ sã	kã³¹	kã⁵³	kʰɤ³¹
潼关	tsã⁴⁴	sã³¹ ｜ sã	kã³¹	kã⁵²	kʰɤ³¹
华阴	tsã⁵⁵	sã³¹ ｜ sã	kã³¹	kã⁵²	kʰɤ³¹
华县	tsã⁵⁵	sã³¹ ｜ sã	kã³¹	kã⁵³	kʰɤ³¹
渭南	tsã⁴⁴	sã³¹ ｜ sã	kã³¹	kã⁵³	kʰɤ³¹
洛南	tsʰæ̃⁴⁴	sæ̃³¹ ｜ sã	kæ̃³¹	kæ̃⁵³	kʰuo³¹
商州	tsã⁵⁵	sã³¹ ｜ sã	kã³¹	kã⁵³	kʰuo³¹
丹凤	tsã⁴⁴	sã³¹	kã³¹	kã⁵³	kʰuo³¹
宜川	tsæ̃⁴⁵	sæ̃⁵¹	kiæ̃⁵¹	kiæ̃⁴⁵	kʰə⁵¹
富县	tsã⁴⁴	sã³¹	kiã³¹	kiã⁵²	kʰuo³¹
黄陵	tsæ̃⁴⁴	sæ̃³¹	kiæ̃³¹	kiæ̃⁵²	kʰɤ³¹
宜君	tsæ̃⁴⁴	sæ̃²¹	kæ̃²¹	kiæ̃⁵²	kʰɤ²¹
铜川	tsæ̃⁴⁴	sæ̃²¹ ｜ sã	kæ̃²¹	kæ̃⁵²	kʰɤ²¹
耀县	tsæ̃⁴⁴	sæ̃³¹ ｜ sã	kæ̃³¹	kiæ̃⁵²	kʰɤ³¹
高陵	tsæ̃⁵⁵	sæ̃³¹ ｜ sã	kæ̃³¹	kæ̃⁵²	kʰə³¹
临潼	tsã⁴⁵	sã³¹ ｜ sã	kã³¹	kã⁵²	kʰɤ³¹

字目 方言	暂 咸开一 去阚从	三 咸开一 平谈心	甘 咸开一 平谈见	敢 咸开一 上敢见	磕 咸开一 入盍溪
蓝田	tsã⁴⁴	sã³¹ ｜ sã	kã³¹	kã⁵²	kʰɤ³¹
长安	tsã⁴⁴	sã³¹	kã³¹	kã⁵³	kʰɤ³¹
户县	tsã⁵⁵	sã³¹ ｜ sã	kã³¹	kã⁵²	kʰɤ³¹
周至	tsæ̃⁵⁵	sæ̃²¹ ｜ sã	kæ̃²¹	kæ̃⁵²	kʰɤ²¹
三原	tsã⁵⁵	sã³¹ ｜ sã	kã³¹	kã⁵²	kʰɤ³¹
泾阳	tsã⁵⁵	sã³¹ ｜ sã	kã³¹	kã⁵²	kʰɤ³¹
咸阳	tsã⁵⁵	sã³¹ ｜ sã	kã³¹	kã⁵²	kʰɤ³¹
兴平	tsã⁵⁵	sã³¹ ｜ sã	kã³¹	kã⁵²	kʰɤ³¹
武功	tsã⁵⁵	sã³¹ ｜ sã	kã³¹	kã⁵²	kʰɤ³¹
礼泉	tsæ̃⁵⁵	sæ̃³¹ ｜ sã	kæ̃³¹	kæ̃⁵²	kʰɤ³¹
乾县	tsã⁴⁴	sã³¹ ｜ sã	kã³¹	kã⁵²	kʰuo³¹
永寿	tsã⁵⁵	sã³¹ ｜ sã	kã³¹	kã⁵²	kʰuo³¹
淳化	tsã⁵⁵	sã³¹ ｜ sã	kã³¹	kã⁵²	kʰɤ³¹/kʰuo³¹
旬邑	tsã⁴⁴	sã³¹ ｜ sã	kã³¹	kã⁵²	kʰuo³¹
彬县	tsã⁴⁴	sã³¹ ｜ sã	kã³¹	kã⁵²	kʰuo³¹
长武	tsã⁴⁴	sã³¹ ｜ sã	kã³¹	kã⁵²	kʰuo³¹
扶风	tsæ̃³³	sæ̃³¹ ｜ sã	kæ̃³¹	kæ̃⁵²	kʰuo³¹
眉县	tsæ̃⁴⁴	sæ̃³¹ ｜ sã	kæ̃³¹	kæ̃⁵²	kʰɤ³¹
麟游	tsã⁴⁴	sã³¹ ｜ sã	kã³¹	kã⁵³	kʰɤ³¹/kʰuo³¹
岐山	tsæ̃⁴⁴	sæ̃³¹ ｜ sã	kæ̃³¹	kæ̃⁵³	kʰɤ³¹
凤翔	tsã⁴⁴	sã³¹ ｜ sã	kã³¹	kã⁵³	kʰuo³¹
宝鸡	tsæ̃⁴⁴	sæ̃³¹ ｜ sã	kæ̃³¹	kæ̃⁵³	kʰuo³¹
千阳	tsæ̃⁴⁴	sæ̃³¹ ｜ sã	kæ̃³¹	kæ̃⁵³	kʰuo³¹
陇县	tsæ̃⁴⁴	sæ̃³¹ ｜ sã	kæ̃³¹	kæ̃⁵³	kʰuo³¹

字目 / 方言	憨 咸开一平谈晓	喊 咸开一上敢晓	站立 咸开二去陷知	札 咸开二入洽知	赚 咸开二去陷澄
西安	xæ̃²¹	xæ̃⁵³	tsæ̃⁵⁵	tsɑ²¹	pfæ̃⁵⁵/tɕiæ̃⁵⁵
韩城	xã̱³¹/xɑŋ³¹	xã⁵³	tsã⁴⁴	tsɑ³¹	pfʰã⁴⁴/tɕiã⁴⁴
合阳	xã³¹	xã⁵²	tsã⁵⁵	tsɑ³¹	pfã̱⁵⁵/pfʰã⁵⁵/tsiã⁵⁵
澄城	xã³¹	xã⁵³	tsã⁴⁴	tsɑ³¹	tʃuã⁴⁴/tɕiã⁴⁴
白水	xã³¹	xã⁵³	tsã⁴⁴	tsɑ³¹	tʃʰuã⁴⁴
大荔	xã³¹	xã⁵²	tsã⁵⁵	tsɑ³¹	tɕiã⁵⁵
蒲城	xã³¹	xã⁵³	tsã⁵⁵	tsɑ³¹	tʃʰuã⁵⁵/tɕiã⁵⁵
美原	xã³¹	xã⁵³	tsã⁵⁵	tsɑ³¹	tʃʰã⁵⁵/tɕiã⁵⁵
富平	xã³¹	xã⁵³	tsã⁵⁵	tsɑ³¹	tʃuã⁵⁵/tɕiã⁵⁵
潼关	xã³¹	xã⁵²	tsã⁴⁴	tsɑ³¹	pfã⁴⁴/tɕiã⁴⁴
华阴	xã³¹	xã⁵²	tsã⁵⁵	tsɑ³¹	tɕiã⁵⁵
华县	xã³¹	xã⁵³	tsã⁵⁵	tsɑ³¹	tʃʰuã⁵⁵/tɕiã⁵⁵
渭南	xã³¹	xã⁵³	tsã⁴⁴	tsɑ³¹	tʃuã⁴⁴/tɕiã⁴⁴
洛南	xæ̃³¹	xæ̃⁵³	tsæ̃⁴⁴	tsɑ³¹	tʃuæ̃⁴⁴
商州	xã³¹	xã⁵³	tsã⁵⁵	tsɑ³¹	tʃuã⁵⁵/tɕiã⁵⁵
丹凤	xã³¹	xã⁵³	tsã⁴⁴	tsɑ³¹	tʃuã⁴⁴/tɕiã⁴⁴
宜川	xæ̃⁵¹	xæ̃⁴⁵	tsæ̃⁴⁵	tsɑ⁵¹	tʂuæ̃⁴⁵
富县	xã³¹	xã⁵²	tsã⁴⁴	tsɑ³¹	tsuã̱⁴⁴/tsʰuã̱⁴⁴
黄陵	xæ̃³¹	xæ̃⁵²	tsæ̃⁴⁴	tsɑ³¹	tʃuæ̃⁴⁴/tɕiæ̃⁴⁴
宜君	xæ̃²¹	xæ̃⁵²	tsæ̃⁴⁴	tsɑ²¹	tɕiæ̃⁴⁴/tʃʰuæ̃⁴⁴
铜川	xæ̃²¹	xæ̃⁵²	tsæ̃⁴⁴	tsɑ²¹	tʃuæ̃⁴⁴/tɕiæ̃⁴⁴
耀县	xæ̃³¹	xæ̃⁵²	tsæ̃⁴⁴	tsɑ³¹	tʃuæ̃⁴⁴/tɕiæ̃⁴⁴
高陵	xæ̃³¹	xæ̃⁵²	tsæ̃⁵⁵	tsɑ³¹	tɕiæ̃⁵⁵
临潼	xã³¹	xã⁵²	tsã⁴⁵	tsɑ³¹	tsã̱⁴⁵/tʃuã⁴⁵ 老/tɕiã̱⁴⁵

字目 方言	憨 咸开一 平谈晓	喊 咸开一 上敢晓	站立 咸开二 去陷知	札 咸开二 入洽知	赚 咸开二 去陷澄
蓝田	xã³¹	xã⁵²	tsã⁴⁴	tsɑ³¹	tʃuã⁴⁴/tɕiã⁴⁴
长安	xã³¹	xã⁵³	tsã⁴⁴	tsɑ³¹	pfã⁴⁴/tɕiã⁴⁴
户县	xã³¹	xã⁵²	tsã⁵⁵	tsɑ³¹	tʃuã⁵⁵/tɕiã⁵⁵
周至	xæ̃²¹	xæ̃⁵²	tsæ̃⁵⁵	tsɑ²¹	pfæ̃⁵⁵/tɕiæ̃⁵⁵
三原	xã³¹	xã⁵²	tsã⁵⁵	tsɑ³¹	tʃuã⁵⁵/tɕiã⁵⁵
泾阳	xã³¹	xã⁵²	tsã⁵⁵	tsɑ³¹	tʃuã⁵⁵/tɕiã⁵⁵
咸阳	xã³¹	xã⁵²	tsã⁵⁵	tsɑ³¹	tʃuã⁵⁵/tɕiã⁵⁵
兴平	xã³¹	xã⁵²	tsã⁵⁵	tsɑ³¹	tʃuã⁵⁵
武功	xã³¹	xã⁵²	tsã⁵⁵	tsɑ³¹	tʃuã⁵⁵
礼泉	xæ̃³¹	xæ̃⁵²	tsæ̃⁵⁵	tsɑ³¹	tʃuæ̃⁵⁵/tɕiæ̃⁵⁵
乾县	xã³¹	xã⁵²	tsã⁴⁴	tsɑ³¹	tʃuã⁴⁴/tɕiã⁴⁴
永寿	xã³¹	xã⁵²	tsã⁵⁵	tsɑ³¹	tʃuã⁵⁵/tɕiã⁵⁵
淳化	xã³¹	xã⁵²	tsã⁵⁵	tsɑ³¹	tʃuã⁵⁵/tɕiã⁵⁵
旬邑	xã³¹	xã⁵²	tsã⁴⁴	tsɑ³¹	tʃuã⁴⁴/tɕiã⁴⁴
彬县	xã³¹	xã⁵²	tsã⁴⁴	tsɑ³¹	tʃuã⁴⁴/tɕiã⁴⁴
长武	xã³¹	xã⁵²	tsã⁴⁴	tsɑ³¹	tʃuã⁴⁴
扶风	xæ̃³¹	xæ̃⁵²	tsæ̃³³	tsɑ³¹	tʂæ̃³³
眉县	xæ̃³¹	xæ̃⁵²	tsæ̃⁴⁴	tsɑ³¹	tɕiæ̃⁴⁴
麟游	xã³¹	xã⁵³	tsã⁴⁴	tsɑ³¹	tʃuã⁴⁴/ȶiã⁴⁴
岐山	xæ̃³¹	xæ̃⁵³	tsæ̃⁴⁴	tsɑ³¹	tɕiæ̃⁴⁴
凤翔	xã³¹	xã⁵³	tsã⁴⁴	tsɑ³¹	ȶiã⁴⁴
宝鸡	xæ̃³¹	xæ̃⁵³	tsæ̃⁴⁴	tsɑ³¹	tʂæ̃⁴⁴
千阳	xæ̃⁵³	xæ̃⁵³	tsæ̃⁴⁴	tsɑ³¹	tʃæ̃⁴⁴/tɕiæ̃⁴⁴
陇县	xæ̃³¹	xæ̃⁵³	tsæ̃⁴⁴	tsɑ³¹	tʃuæ̃⁴⁴

字目 / 方言	斩 咸开二 上豏庄	蘸 咸开二 去陷庄	眨 咸开二 入洽庄	插 咸开二 入洽初	馋 咸开二 平咸崇
西安	tsæ^{53}	tsæ^{55}	tsa^{21}	tsʰa^{21}	tsʰæ^{24}
韩城	tsã^{53}	tsã^{44}/tsaŋ^{44}	tsa^{31}	tsʰa^{31}	tsʰã^{24}/tsʰaŋ^{24}
合阳	tsã^{52}	tsã^{55}	tsã^{52}	tsʰa^{31}	tsʰã^{24}
澄城	tsã^{53}	tsã^{44}	tsã^{31}	tsʰa^{31}	tsʰã^{24}
白水	tsã^{53}	tsã^{44}	tsa^{31}	tsʰa^{31}	tsʰã^{24}
大荔	tsã^{52}	tsã^{55}	tsa^{31}	tsʰa^{31}	tsʰã^{24}
蒲城	tsã^{53}	tsã^{55}	tsa^{31}	tsʰa^{31}	tsʰã^{35}
美原	tsã^{53}	tsã^{55}	tsã^{31}	tsʰa^{31}	tsʰã^{35}
富平	tsã^{53}	tsã^{55}	tsã^{31}	tsʰa^{31}	tsʰã^{35}
潼关	tsã^{52}	tsã^{44}	tsa^{31}	tsʰa^{31}	tsʰã^{24}
华阴	tsã^{52}	tsã^{55}	tsa^{31}	tsʰa^{31}	tsʰã^{24}
华县	tsã^{53}	tsã^{55}	tsa^{31}	tsʰa^{31}	tsʰã^{35}
渭南	tsã^{53}	tsã^{44}	tsa^{53}	tsʰa^{31}	tsʰã^{24}
洛南	tsæ^{53}	tsæ^{44}	tsa^{31}	tsʰa^{31}	tsʰæ^{24}
商州	tsã^{53}	tsã^{55}	tsa^{31}	tsʰa^{31}	tsʰã^{35}
丹凤	tsã^{53}	tsã^{44}	tsa^{31}	tsʰa^{31}	tsʰã^{24}
宜川	tsæ^{45}	tsæ^{45}	tsæ^{45}	tsʰa^{51}	tsʰæ^{24}
富县	tsã^{52}	tsã^{44}	tsã^{31}	tsʰa^{31}	tsʰã^{24}
黄陵	tsæ^{52}	tsæ^{44}	tsæ^{31}	tsʰa^{31}	tsʰæ^{24}
宜君	tsæ^{52}	tsæ^{44}	tsæ^{21}	tsʰa^{21}	tsʰæ^{24}
铜川	tsæ^{52}	tsæ^{44}	tsæ^{21}	tsʰa^{21}	tsʰæ^{24}
耀县	tsæ^{52}	tsæ^{44}	tsæ^{31}	tsʰa^{31}	tsʰæ^{24}
高陵	tsæ^{52}	tsæ^{55}	tsæ^{52}	tsʰa^{31}	tsʰæ^{24}
临潼	tsã^{52}	tsã^{45}	tsã^{31}	tsʰa^{31}	tsʰã^{24}

字目方言	斩	蘸	眨	插	馋
	咸开二上豏庄	咸开二去陷庄	咸开二入洽庄	咸开二入洽初	咸开二平咸崇
蓝田	tsã⁵²	tsã⁴⁴	tsã⁵²	tsʰɑ³¹	tsʰã²⁴
长安	tsã⁵³	tsã⁴⁴	tsɑ³¹	tsʰɑ³¹	tsʰã²⁴
户县	tsã⁵²	tsã⁵⁵	tsã⁵²	tsʰɑ³¹	tsʰã²⁴
周至	tsæ̃⁵²	tsæ̃⁵⁵	tsæ̃⁵²	tsʰɑ²¹	tsʰæ̃²⁴
三原	tsã⁵²	tsã⁵⁵	<u>tsɑ³¹</u>/tsã³¹	tsʰɑ³¹	tsʰã²⁴
泾阳	tsã⁵²	tsã⁵⁵	tsã³¹	tsʰɑ³¹	tsʰã²⁴
咸阳	tsã⁵²	tsã⁵⁵	<u>tsɑ³¹</u>/tsã³¹	tsʰɑ³¹	tsʰã²⁴
兴平	tsã⁵²	tsã⁵⁵	tsã³¹	tsʰɑ³¹	tsʰã²⁴
武功	tsã⁵²	tsã⁵⁵	tsã³¹	tsʰɑ³¹	tsʰã²⁴
礼泉	tsæ̃⁵²	tsæ̃⁵⁵	<u>tsɑ³¹</u>/tsæ̃³¹	tsʰɑ³¹	tsʰæ̃²⁴
乾县	tsã⁵²	tsã⁴⁴	tsɑ³¹	tsʰɑ³¹	tsʰã²⁴
永寿	tsã⁵²	tsã⁵⁵	tsã³¹	tsʰɑ³¹	tsʰã²⁴
淳化	tsã⁵²	tsã⁵⁵	tsã³¹	tsʰɑ³¹	tsʰã²⁴
旬邑	tsã⁵²	tsã⁴⁴	tsã³¹	tsʰɑ³¹	tsʰã²⁴
彬县	tsã⁵²	tsã⁴⁴	tsã³¹	tsʰɑ³¹	tsʰã²⁴
长武	tsã⁵²	tsã⁴⁴	tsã³¹	tsʰɑ³¹	tsʰã²⁴
扶风	tsæ̃⁵²	tsæ̃³³	tsɑ³¹	tsʰɑ³¹	tsʰæ̃²⁴
眉县	tsæ̃⁵²	tsæ̃⁴⁴	tsæ̃³¹	tsʰɑ³¹	tsʰæ̃²⁴
麟游	tsã⁵³	tsã⁴⁴	tsɑ³¹	tsʰɑ³¹	tsʰã²⁴
岐山	tsæ̃⁵³	tsæ̃⁴⁴	<u>tsɑ³¹</u>/tsæ̃³¹	tsʰɑ³¹	tsʰæ̃²⁴
凤翔	tsã⁵³	tsã⁴⁴	tsã³¹	tsʰɑ³¹	tsʰã²⁴
宝鸡	tsæ̃⁵³	tsæ̃⁴⁴	tsæ̃³¹	tsʰɑ³¹	tsʰæ̃²⁴
千阳	tsæ̃⁵³	tsæ̃⁴⁴	<u>tsɛ³¹</u>/tsæ̃³¹	tsʰɑ³¹	tsʰæ̃²⁴
陇县	tsæ̃⁵³	tsæ̃⁴⁴	<u>tsɑ³¹</u>/tsæ̃³¹	tsʰɑ³¹	tsʰæ̃²⁴

字目\方言	闸	炸油~	杉	减	夹
	咸开二 入洽崇	咸开二 入洽崇	咸开二 平咸生	咸开二 上豏见	咸开二 入洽见
西安	tsa⁵⁵	tsa²⁴	sæ̃²¹/sɑ²¹	tɕiæ̃⁵³	tɕia²¹
韩城	tsa⁴⁴	tsʰa²⁴	sã³¹	tɕiã⁵³	tɕia³¹
合阳	tsa⁵⁵	tsa²⁴/tsʰa²⁴	sã³¹/sɑ³¹	tɕiã⁵²	tɕia³¹
澄城	tsa⁴⁴	tsʰa²⁴	sã³¹	tɕiã⁵³	tɕia³¹
白水	tsa⁴⁴	tsʰa²⁴	sã³¹	tɕiã⁵³	tɕia³¹
大荔	tsa⁵⁵	tsa²⁴/tsʰa²⁴	sã³¹	tɕiã⁵²	tɕia³¹
蒲城	tsa⁵⁵	tsʰa³⁵	sã³¹	tɕiã⁵³	tɕia³¹
美原	tsa⁵⁵	tsʰa³⁵	sã³¹	tɕiã⁵³	tɕia³¹
富平	tsa⁵⁵	tsʰa³⁵	sã³¹	tɕiã⁵³	tɕia³¹
潼关	tsa⁴⁴	tsʰa²⁴	sã³¹	tɕiã⁵²	tɕia³¹
华阴	tsa⁵⁵	tsʰa²⁴	sã³¹	tɕiã⁵²	tɕia³¹
华县	tsa⁵⁵	tsʰa³⁵	sã³¹	tɕiã⁵³	tɕia³¹
渭南	tsa⁴⁴	tsʰa²⁴	sã³¹	tɕiã⁵³	tɕia³¹
洛南	tsa⁴⁴	tsʰa²⁴	sæ̃³¹	tɕiæ̃⁵³	tɕia³¹
商州	tsa⁵⁵	tsʰa³⁵	sã³¹	tɕiã⁵³	tɕia³¹
丹凤	tsa⁴⁴	tsʰa²⁴	sã³¹/sɑ³¹	tɕiã⁵³	tɕia³¹
宜川	tsa⁴⁵	tsʰa²⁴	sa⁵¹	tɕiæ̃⁴⁵	tɕia⁵¹
富县	tsa⁴⁴	tsa²⁴/tsʰa²⁴	sã³¹	tɕiã⁵²	tɕia³¹
黄陵	tsa⁴⁴	tsa²⁴	sæ̃³¹	tɕiæ̃⁵²	tɕia³¹
宜君	tsa⁴⁴	tsa²⁴	sæ̃⁴⁴	tɕiæ̃⁵²	tɕia²¹
铜川	tsa⁴⁴	tsa²⁴	sæ̃²¹/sɑ²¹	tɕiæ̃⁵²	tɕia²¹
耀县	tsa⁴⁴	tsa²⁴	sɑ³¹	tɕiæ̃⁵²	tɕia³¹
高陵	tsa⁵⁵	tsa²⁴	sɑ³¹	tɕiæ̃⁵²	tɕia³¹
临潼	tsa²⁴	tsa²⁴/tsʰa²⁴	sɑ³¹	tɕiã⁵²	tɕia³¹

字目 方言	闸	炸油~	杉	减	夹
	咸开二 入洽崇	咸开二 入洽崇	咸开二 平咸生	咸开二 上豏见	咸开二 入洽见
蓝田	tsa⁴⁴	tsa²⁴	sa³¹	tɕiã⁵²	tɕia³¹
长安	tsa⁴⁴	tsa²⁴	sa³¹	tɕiã⁵³	tɕia³¹
户县	tsa⁵⁵	tsa²⁴	sa³¹	tɕiã⁵²	tɕia³¹
周至	tsa⁵⁵	tsa²⁴	sæ̃²¹/sɑ²¹	tɕiæ̃⁵²	tɕia²¹
三原	tsa⁵⁵	tsa²⁴	sã³¹	tɕiã⁵²	tɕia³¹
泾阳	tsa⁵⁵	tsa²⁴/tsʰa²⁴	sã³¹	tɕiã⁵²	tɕia³¹
咸阳	tsa⁵⁵	tsa²⁴	sa³¹	tɕiã⁵²	tɕia³¹
兴平	tsa⁵⁵	tsa²⁴	sa³¹	tɕiã⁵²	tɕia³¹
武功	tsa⁵⁵	tsa²⁴	sã³¹	tɕiã⁵²	tɕia³¹
礼泉	tsa⁵⁵	tsa²⁴	sæ̃³¹	tɕiæ̃⁵²	tɕia³¹
乾县	tsa⁴⁴	tsa²⁴	sã³¹	tɕiã⁵²	tɕia³¹
永寿	tsa⁵⁵	tsa²⁴	sã³¹	tɕiã⁵²	tɕia³¹
淳化	tsa⁵⁵	tsa²⁴	sã³¹	tɕiã⁵²	tɕia³¹
旬邑	tsa⁴⁴	tsa²⁴	sã³¹	tɕiã⁵²	tɕia³¹
彬县	tsa⁴⁴	tsa²⁴/tsʰa²⁴	sã³¹	tɕiã⁵²	tɕia³¹
长武	tsa⁴⁴	tsa²⁴	sa³¹	tɕiã⁵²	tɕia³¹
扶风	tsa³³	tsʰa²⁴	sæ̃³¹	tɕiæ̃⁵²	tɕia³¹
眉县	tsʰa⁴⁴	tsʰa⁴⁴	sæ̃³¹	tɕiæ̃⁵²	tɕia³¹
麟游	tsa⁴⁴	tsa²⁴	sã³¹	tɕiã⁵³	tɕia³¹
岐山	tsa⁴⁴	tsʰa²⁴	sæ̃³¹	tɕiæ̃⁵³	tɕia³¹
凤翔	tsa⁴⁴	tsʰa²⁴	sã³¹	tɕiã⁵³	tɕia³¹
宝鸡	tsa⁴⁴	tsa²⁴	sa³¹	tɕiæ̃⁵³	tɕia³¹
千阳	tsa⁴⁴	tsa²⁴/tsʰa²⁴	sæ̃³¹	tɕiæ̃⁵³	tɕia³¹
陇县	tsa⁴⁴	tsa²⁴	sæ̃³¹	tɕiæ̃⁵³	tɕia³¹

字目\方言	鸽	掐	咸	咸	陷
	咸开二平咸溪	咸开二入洽溪	咸开二平咸匣	咸开二平咸匣	咸开二去陷匣
西安	tɕʰiæ̃²¹	tɕʰia²¹	ɕiæ̃²⁴	ɕiæ̃²⁴/xæ̃²⁴	ɕiæ̃⁵⁵
韩城	tɕʰiaŋ³¹	tɕʰia³¹	ɕiã²⁴	ɕiã²⁴/xaŋ²⁴	ɕiã⁴⁴/tiaŋ⁴⁴
合阳	tɕʰiã³¹/tɕʰiaŋ³¹	tɕʰia³¹	ɕiã²⁴	ɕiã²⁴/xã²⁴	ɕiã⁵⁵
澄城	tɕʰiã³¹	tɕʰia³¹	ɕiã²⁴	ɕiã²⁴/xã²⁴	ɕiã⁴⁴
白水	tɕʰiã³¹	tɕʰia³¹	ɕiã²⁴	ɕiã²⁴/xã²⁴	ɕiã⁴⁴
大荔	tɕʰiã³¹	tɕʰia³¹	ɕiã²⁴	ɕiã²⁴/xã²⁴	ɕiã⁵⁵
蒲城	tɕʰiã³¹	tɕʰia³¹	ɕiã³⁵	ɕiã³⁵/xã³⁵	ɕiã⁵⁵
美原	tɕʰiã³¹	tɕʰia³¹	ɕiã³⁵	ɕiã³⁵/xã³⁵	ɕiã⁴⁴
富平	tɕʰiã³¹	tɕʰia³¹	ɕiã³⁵	ɕiã³⁵/xã³⁵	ɕiã⁵⁵
潼关	tɕʰiã³¹	tɕʰia³¹	ɕiã²⁴	ɕiã²⁴/xã²⁴	ɕiã⁴⁴
华阴	tɕʰiã³¹	tɕʰia³¹	ɕiã²⁴	ɕiã²⁴/xã²⁴	ɕiã⁵⁵
华县	tɕʰiã³¹	tɕʰia³¹	ɕiã³⁵	ɕiã³⁵/xã³⁵	ɕiã⁵⁵
渭南	tɕʰiã³¹	tɕʰia³¹	ɕiã²⁴	ɕiã²⁴/xã²⁴	ɕiã⁵⁵
洛南	tɕʰiæ̃³¹	tɕʰia³¹	ɕiæ̃²⁴	ɕiæ̃²⁴/xæ̃²⁴	ɕiæ̃⁴⁴
商州	tɕʰiã³¹	tɕʰia³¹	ɕiã³⁵	ɕiã³⁵/xã³⁵	ɕiã⁵⁵
丹凤	tɕʰiã³¹	tɕʰia³¹	ɕiã²⁴	ɕiã²⁴/xã²⁴	ɕiã⁴⁴
宜川	tɕʰiæ̃⁵¹	tɕʰia⁵¹	ɕiæ̃²⁴	ɕiæ̃²⁴/xæ̃²⁴	ɕiæ̃⁴⁵
富县	tɕʰiã³¹	tɕʰia³¹	ɕiã²⁴	xã²⁴	ɕiã⁴⁴
黄陵	tɕʰiæ̃³¹	tɕʰia³¹	ɕiæ̃²⁴	xæ̃²⁴	ɕiæ̃⁴⁴
宜君	tɕʰiæ̃²¹	tɕʰia²¹	ɕiæ̃²⁴	ɕiæ̃²⁴/xæ̃²⁴	ɕiæ̃⁵²/ɕiæ̃⁴⁴①
铜川	tɕʰiæ̃²¹	tɕʰia²¹	ɕiæ̃²⁴	ɕiæ̃²⁴/xæ̃²⁴	ɕiæ̃⁴⁴
耀县	tɕʰiæ̃³¹	tɕʰia³¹	ɕiæ̃²⁴	ɕiæ̃²⁴/xæ̃²⁴	ɕiæ̃⁵²
高陵	tɕʰiæ̃³¹	tɕʰia³¹	ɕiæ̃²⁴	ɕiæ̃²⁴/xæ̃²⁴	ɕiæ̃⁵²
临潼	tɕʰiã³¹	tɕʰia³¹	ɕiã²⁴	ɕiã²⁴/xã²⁴	ɕiã⁵²

① ɕiæ̃⁴⁴ 注～。

字目 / 方言	鸧	掐	咸	咸	陷
	咸开二平咸溪	咸开二入洽溪	咸开二平咸匣	咸开二平咸匣	咸开二去陷匣
蓝田	tɕʰiã³¹	tɕʰia³¹	ɕiã²⁴	ɕiã²⁴/xã²⁴	ɕiã⁴⁴
长安	tɕʰiã³¹	tɕʰia³¹	ɕiã²⁴	ɕiã²⁴/xã²⁴	ɕiã⁴⁴
户县	tɕʰiã³¹	tɕʰia³¹	ɕiã²⁴	ɕiã²⁴/xã²⁴	ɕiã⁵⁵
周至	tɕʰiæ̃²¹	tɕʰia²¹	ɕiæ̃²⁴	ɕiæ̃²⁴/xæ̃²⁴	ɕiæ̃⁵⁵
三原	tɕʰiã³¹	tɕʰia³¹	ɕiã²⁴	ɕiã²⁴/xã²⁴	ɕiã⁵⁵
泾阳	tɕʰiã³¹	tɕʰia³¹	ɕiã²⁴	xã²⁴	ɕiã⁵⁵
咸阳	tʰiã³¹	tɕʰia³¹	ɕiã²⁴	ɕiã²⁴/xã²⁴	ɕiã⁵⁵
兴平	tɕʰiã³¹	tɕʰia³¹	ɕiã²⁴	ɕiã²⁴/xã²⁴	ɕiã⁵⁵
武功	tɕʰiã³¹	tɕʰia³¹	ɕiã²⁴	ɕiã²⁴/xã²⁴	ɕiã⁵⁵
礼泉	tɕʰiæ̃³¹	tɕʰia³¹	ɕiæ̃²⁴	ɕiæ̃²⁴/xæ̃²⁴	ɕiæ̃⁵⁵
乾县	tɕʰiã³¹	tɕʰia³¹	ɕiã²⁴	xã²⁴	ɕiã⁴⁴
永寿	tɕʰiã³¹	tɕʰia³¹	ɕiã²⁴	xã²⁴	ɕiã⁵⁵
淳化	tɕʰiã³¹	tɕʰia³¹	ɕiã²⁴	xã²⁴	ɕiã⁵²
旬邑	tɕʰiã³¹	tɕʰia³¹	ɕiã²⁴	ɕiã²⁴/xã²⁴	ɕiã⁵²
彬县	tɕʰiã³¹	tɕʰia³¹	ɕiã²⁴	ɕiã²⁴/xã²⁴	ɕiã⁴⁴
长武	tɕʰiã³¹	tɕʰia³¹	ɕiã²⁴	ɕiã²⁴/xã²⁴	ɕiã⁴⁴
扶风	tɕʰiæ̃³¹	tɕʰia³¹	ɕiæ̃²⁴	xæ̃²⁴	ɕiæ̃⁵²
眉县	tɕʰiæ̃³¹	tɕʰia³¹	ɕiæ̃²⁴	ɕiæ̃²⁴/xæ̃²⁴	ɕiæ̃⁴⁴
麟游	tɕʰiã³¹	tɕʰia³¹	ɕiã²⁴	ɕiã²⁴/xã²⁴	ɕiæ̃⁵³
岐山	tɕʰiæ̃³¹	tɕʰia³¹	ɕiæ̃²⁴	ɕiæ̃²⁴/xæ̃²⁴	ɕiæ̃⁵³
凤翔	tɕʰiã³¹	tɕʰia³¹	ɕiã²⁴	ɕiã²⁴	ɕiã⁴⁴
宝鸡	tɕʰiæ̃³¹	tɕʰia³¹	ɕiæ̃²⁴	xæ̃²⁴	ɕiæ̃⁴⁴
千阳	tɕʰiæ̃³¹	tɕʰia³¹	ɕiæ̃²⁴	ɕiæ̃²⁴/xæ̃²⁴	ɕiæ̃⁵³
陇县	tɕʰiæ̃³¹	tɕʰia³¹	ɕiæ̃²⁴	ɕiæ̃²⁴/xæ̃²⁴	ɕiæ̃⁵³

字目 \\ 方言	狭	搀	衫	钐	监~视,~牢
	咸开二入洽匣	咸开二平衔初	咸开二平衔生	咸开二去鉴生	咸开二平衔见
西安	çia²⁴	tsʰæ̃²¹	sæ̃²¹		tɕiæ̃²¹ ｜ tɕiã
韩城	çia²⁴	tsʰã³¹	s̱ã³¹/saŋ³¹	san⁴⁴	tɕiã³¹ ｜ tɕiã
合阳	çia²⁴	tsʰã³¹	sã³¹	sã⁵⁵	tɕiã³¹ ｜ tɕiã
澄城	çia²⁴	tsʰã³¹	sã³¹	sã⁴⁴	tɕiã³¹ ｜ tɕiã
白水	çia²⁴	tsʰã³¹	sã³¹	sã⁴⁴	tɕiã³¹ ｜ tɕiã
大荔	çia²⁴	tsʰã³¹	sã³¹	sã⁵⁵	tɕiã³¹ ｜ tɕiã
蒲城	çia³⁵	tsʰã³¹	sã³¹	sã⁵⁵	tɕiã³¹ ｜ tɕiã
美原	çia²⁴	tsʰã³¹	sã³¹	sã⁵⁵	tɕiã³¹ ｜ tɕiã
富平	çia³⁵	tsʰã³¹	sã³¹	sã⁵⁵	tɕiã³¹ ｜ tɕiã
潼关	çia²⁴	tsʰã³¹	sã³¹	sã⁴⁴	tɕiã³¹ ｜ tɕiã
华阴	çia²⁴	tsʰã³¹	sã³¹	sã⁵⁵	tɕiã³¹ ｜ tɕiã
华县	çia³⁵	tsʰã³¹	sã³¹	sã⁵⁵	tɕiã³¹ ｜ tɕiã
渭南	çia²⁴	tsʰã³¹	sã³¹	sã⁴⁴	tɕiã³¹ ｜ tɕiã
洛南	çia²⁴	tsʰæ̃³¹	sæ̃³¹	sæ̃⁴⁴	tɕiæ̃³¹ ｜ tɕiã
商州	çia³⁵	tsʰã³¹	sã³¹	sã⁵⁵	tɕiã³¹ ｜ tɕiã
丹凤	çia²⁴	tsʰã³¹	sã³¹	sã⁴⁴	tɕiã³¹
宜川	çia²⁴	tsʰæ̃⁵¹	sæ̃⁵¹	sæ̃⁴⁵	tɕiæ̃⁵¹
富县	çia²⁴	tsʰã³¹	sã³¹	sã⁴⁴	tɕiã³¹
黄陵	çia²⁴	tsʰæ̃²⁴	sæ̃³¹	sæ̃⁴⁴	tɕiæ̃³¹
宜君	çia²⁴	tsʰæ̃²¹	sæ̃²¹	sæ̃⁴⁴	tɕiæ̃²¹
铜川	çia²⁴	tsʰæ̃²¹	sæ̃²¹	sæ̃⁴⁴	tɕiæ̃²¹ ｜ tɕiã
耀县	çia²⁴	tsʰæ̃³¹	sæ̃³¹	sæ̃³¹	tɕiæ̃³¹ ｜ tɕiã
高陵	çia²⁴	tsʰæ̃³¹	sæ̃³¹	sæ̃⁵⁵	tɕiæ̃³¹ ｜ tɕiã
临潼	çia²⁴	tsʰã³¹	sã³¹	sã⁵²/sã⁴⁵①	tɕiã³¹ ｜ tɕiã

① sã⁵² ~子；sã⁴⁵ ~麦。

字目　方言	狭	搀	衫	铲	监~视，~牢
	咸开二入洽匣	咸开二平衔初	咸开二平衔生	咸开二去鉴生	咸开二平衔见
蓝田	çia²⁴	tsʰã³¹	sã³¹	sã⁵²	tɕiã³¹ ǀ tɕiã
长安	çia²⁴	tsʰã³¹	sã³¹	sã⁴⁴	tɕiã³¹
户县	çia²⁴	tsʰã³¹	sã³¹	sã⁵²	tɕiã³¹ ǀ tɕiã
周至	çia²⁴	tsʰæ̃²¹	sæ̃²¹	sæ̃⁵⁵	tɕiæ̃²¹ ǀ tɕiã
三原	çia²⁴	tsʰã³¹	sã³¹	sã⁵⁵	tɕiã³¹ ǀ tɕiã
泾阳	çia²⁴	tsʰã³¹	sã³¹	sã⁵⁵	tɕiã³¹ ǀ tɕiã
咸阳	çia²⁴	tsʰã³¹	sã³¹	sã⁵⁵	tɕiã³¹
兴平	çia²⁴	tsʰã³¹	sã³¹	sã⁵⁵	tɕiã³¹ ǀ tɕiã
武功	çia²⁴	tsʰã³¹	sã³¹	sã⁵⁵	tɕiã³¹ ǀ tɕiã
礼泉	çia²⁴	tsʰæ̃³¹	sæ̃³¹	sæ̃⁵⁵	tɕiæ̃³¹ ǀ tɕiã
乾县	çia²⁴	tsʰã³¹	sã³¹	sã⁴⁴	tɕiã³¹ ǀ tɕiã
永寿	çia²⁴	tsʰã³¹	sã³¹	sã⁵⁵	tɕiã³¹ ǀ tɕiã
淳化	çia²⁴	tsʰã³¹	sã³¹	sã⁵⁵	tɕiã³¹ ǀ tɕiã
旬邑	çia²⁴	tsʰã³¹	sã³¹	sã⁴⁴	tɕiã³¹ ǀ tɕiã
彬县	çia²⁴	tsʰã³¹	sã³¹	sã⁴⁴	tɕiã³¹ ǀ tɕiã
长武	çia²⁴	tsʰã³¹	sã³¹	sã⁴⁴	tɕiã³¹ ǀ tɕiã
扶风	çia²⁴	tsʰæ̃³¹	sæ̃³¹	sæ̃³³	tɕiæ̃³¹ ǀ tɕiã
眉县	çia²⁴	tsʰæ̃³¹	sæ̃³¹	sæ̃⁴⁴	tɕiæ̃³¹ ǀ tɕiã
麟游	<u>çia²⁴/tɕʰia³¹</u>①	tsʰã³¹	sã³¹	sã⁴⁴	tɕiã³¹ ǀ tɕiã
岐山	çia²⁴	tsʰæ̃³¹	sæ̃³¹	sæ̃⁵³	tɕiæ̃³¹ ǀ tɕiã
凤翔	çia²⁴	tsʰã³¹	sã³¹		tɕiã³¹ ǀ tɕiã
宝鸡	çia²⁴	tsʰæ̃³¹	sæ̃³¹	sæ̃³¹/sæ̃⁵³②	tɕiæ̃³¹ ǀ tɕiã
千阳	çia²⁴	tsʰæ̃³¹	sæ̃³¹	sæ̃⁴⁴	tɕiæ̃³¹ ǀ tɕiã
陇县	çia²⁴	tsʰæ̃³¹	sæ̃³¹	sæ̃³¹/sæ̃⁵³	tɕiæ̃³¹ ǀ tɕiã

① tɕʰia³¹ 窄~，山~~。

② sæ̃³¹ 动词；sæ̃⁵³ 名词。下同。

字目 方言	鉴 咸开二 去鉴见	甲 咸开二 入狎见	嵌 咸开二 平衔溪	衔 咸开二 平衔匣	舰 咸开二 上槛匣
西安	tɕiã^{55}	tɕia^{21}	tɕʰiã^{21}	çiã^{24}	tɕiã^{55}
韩城	tɕiã^{44}	tɕia^{31}	tɕʰiã^{44}	çiã^{24}	tɕiã^{53}
合阳	tɕiã^{52}	tɕia^{31}	tɕʰiã^{55}	çiã^{24}	tɕiã^{55}
澄城	tɕiã^{44}	tɕia^{31}	tɕʰiã^{31}	çiã^{24}	tɕiã^{44}
白水	tɕiã^{44}	tɕia^{31}	tɕʰiã^{31}	çiã^{24}	tɕiã^{44}
大荔	tɕiã^{52}	tɕia^{31}	tɕʰiã^{55}	çiã^{24}	tɕiã^{55}
蒲城	tɕiã^{55}	tɕia^{31}	tɕʰiã^{31}	çiã^{35}	tɕiã^{55}
美原	tɕiã^{55}	tɕia^{31}	tɕʰiã^{31}	çiã^{35}	tɕiã^{53}
富平	tɕiã^{53}	tɕia^{31}	tɕʰiã^{53}	çiã^{35}	tɕiã^{55}
潼关	tɕiã^{52}	tɕia^{31}	tɕʰiã^{44}	çiã^{24}	tɕiã^{44}
华阴	tɕiã^{55}	tɕia^{31}	tɕʰiã^{55}	çiã^{24}	tɕiã^{55}
华县	tɕiã^{55}	tɕia^{31}	tɕʰiã^{31}	çiã^{35}	tɕiã^{55}
渭南	tɕiã^{44}	tɕia^{31}	tɕʰiã^{44}	çiã^{24}	tɕiã^{44}
洛南	tɕiæ̃^{44}	tɕia^{31}	tɕʰiæ̃^{31}	çiã^{24}	tɕiæ̃^{44}
商州	tɕiã^{55}	tɕia^{31}	tɕʰiã^{31}	çiã^{35}	tɕiã^{55}
丹凤	tɕiã^{44}	tɕia^{31}	tɕʰiã^{31}	çiã^{24}	tɕiã^{44}
宜川	tɕiæ̃^{45}	tɕia^{51}	tɕʰiæ̃^{45}	çiæ̃^{24}	tɕiæ̃^{45}
富县	tɕiã^{31}	tɕia^{31}	tɕʰiã^{31}	çiã^{24}	tɕiã^{44}
黄陵	tɕiæ̃^{44}	tɕia^{31}	tɕʰiæ̃^{44}	çiã^{24}	tɕiæ̃^{44}
宜君	tɕiæ̃^{52}	tɕia^{21}	tɕʰiæ̃^{21}	çiã^{24}	tɕiæ̃^{44}
铜川	tɕiæ̃^{52}	tɕia^{21}	tɕʰiæ̃^{24}	çiã^{24}	tɕiæ̃^{52}
耀县	tɕiæ̃^{44}	tɕia^{31}	tɕʰiæ̃^{24}	çiã^{24}	tɕiæ̃^{44}
高陵	tɕiæ̃^{55}	tɕia^{31}	tɕʰiæ̃^{31}	çiæ̃^{24}	tɕiæ̃^{55}
临潼	tɕiã^{45}/tɕiã^{52}	tɕia^{31}	tɕʰiã^{31}	çiã^{24}	tɕiã^{45}

字目 方言	鉴 咸开二 去鉴见	甲 咸开二 入狎见	嵌 咸开二 平衔溪	衔 咸开二 平衔匣	舰 咸开二 上槛匣
蓝田	tɕiã⁴⁴	tɕiɑ³¹	tɕʰiã⁴⁴	ɕiã²⁴	tɕiã⁴⁴
长安	tɕiã⁴⁴	tɕiɑ³¹	tɕʰiã⁴⁴	ɕiã²⁴	tɕiã⁴⁴
户县	tɕiã⁵⁵	tɕiɑ³¹	tɕʰiã³¹	ɕiã²⁴	tɕiã⁵⁵
周至	tɕiæ̃⁵⁵	tɕiɑ²¹	tɕʰiæ̃⁵⁵	ɕiæ̃²⁴	tɕiæ̃⁵⁵
三原	tɕiã⁵⁵	tɕiɑ³¹	tɕʰiã³¹	ɕiã²⁴	tɕiã⁵²
泾阳	tɕiã⁵⁵	tɕiɑ³¹	tɕʰiã⁵⁵	ɕiã²⁴	tɕiã⁵²
咸阳	tɕiã⁵⁵	tɕiɑ³¹	tɕʰiã⁵⁵	ɕiã²⁴	tɕiã⁵⁵
兴平	tɕiã⁵⁵	tɕiɑ³¹	tɕʰiã³¹	ɕiã²⁴	tɕiã⁵²
武功	tɕiã⁵⁵	tɕiɑ³¹	tɕʰiã³¹	ɕiɑ²⁴	tɕiã⁵⁵
礼泉	tɕiã⁵⁵	tɕiɑ³¹	tɕʰiæ̃⁵²	ɕiæ̃²⁴	tɕiæ̃⁵²
乾县	tɕiã⁴⁴	tɕiɑ³¹	tɕʰiã⁴⁴	ɕiã²⁴	tɕiã⁵²
永寿	tɕiã⁵⁵	tɕiɑ³¹	tɕʰiã³¹	ɕiã²⁴	tɕiã⁵⁵
淳化	tɕiã⁵⁵	tɕiɑ³¹	tɕʰiã³¹	ɕiã²⁴	tɕiã⁵⁵
旬邑	tɕiã⁴⁴	tɕiɑ³¹	tɕʰiã⁴⁴	ɕiã²⁴	tɕiã⁵²
彬县	tɕiã⁴⁴	tɕiɑ³¹	tɕʰiã³¹	ɕiã²⁴	tɕiã⁴⁴
长武	tɕiã⁴⁴	tɕiɑ³¹	tɕʰiã³¹	ɕiã²⁴	tɕiã⁵²
扶风	tɕiæ̃⁵²	tɕiɑ³¹	tɕʰiæ̃³¹	ɕiæ̃²⁴	tɕiæ̃⁵²
眉县	tɕiæ̃⁴⁴	tɕiɑ³¹	tɕʰiæ̃⁴⁴	ɕiæ̃²⁴	tɕiæ̃⁵²
麟游	tɕiã⁵³	tɕiɑ³¹	tɕʰiã²⁴	ɕiã²⁴/xã²⁴	tɕiã⁵³
岐山	tɕiæ̃⁵³	tɕiɑ³¹	tɕiæ̃³¹	ɕiæ̃²⁴	tɕiæ̃⁵³
凤翔	tɕiã⁵³	tɕiɑ³¹	tɕʰiã⁴⁴	ɕiã²⁴	tɕiã⁴⁴
宝鸡	tɕiæ̃³¹	tɕiɑ³¹	tɕʰiæ̃³¹	ɕiæ̃²⁴	tɕiæ̃⁴⁴
千阳	tɕiæ̃⁴⁴	tɕiɑ³¹	tɕʰiæ̃²⁴	ɕiæ̃²⁴	tɕiæ̃⁵³
陇县	tɕiæ̃³¹	tɕiɑ³¹	tɕʰiæ̃³¹	ɕiæ̃²⁴	tɕiæ̃⁵³

字目 方言	匣 咸开二 入狎匣	鸭 咸开二 入狎影	贬 咸开三 上琰帮	黏 咸开三 平盐泥	镊 咸开三 入葉泥
西安	ɕia^{24}	ia^{21}	piã^{53}	zã^{24}	ȵie^{21}
韩城	ɕia^{24}/xa^{24}	ȵia^{31}	piã^{53}	zã^{24}/zaŋ^{24}	ȵiE^{31}
合阳	ɕia^{24}/xa^{24}	ȵia^{24}	piã^{52}	zã^{24}	ȵiə^{31}
澄城	ɕia^{24}/xa^{24}	ȵia^{31}	piã^{53}	zã^{24}	ȵiə^{31}
白水	ɕia^{24}/xa^{24}	ȵia^{31}	piã^{53}	zã^{24}	ȵie^{31}
大荔	ɕia^{24}/xa^{24}	ȵia^{24}	piã^{52}	zã^{24}	ȵie^{31}
蒲城	ɕia^{35}/xa^{35}	ȵia^{31}	piã^{53}	zã^{35}	ȵie^{31}
美原	ɕia^{35}/xa^{35}	ȵia^{31}	piã^{53}	ɣã^{35}	ȵie^{31}
富平	ɕia^{35}/xa^{35}	ȵia^{31}	piã^{53}	zã^{35}	ȵie^{31}
潼关	ɕia^{24}/xa^{24}	ia^{31}	piã^{52}	zã^{24}	ȵie^{31}
华阴	ɕia^{24}/xa^{24}	ȵia^{31}	piã^{52}	zã^{24}	ȵie^{31}
华县	ɕia^{35}/xa^{35}	ȵia^{31}	piã^{53}	zã^{35}	ȵie^{31}
渭南	ɕia^{24}/xa^{24}	ȵia^{31}	piã^{53}	zã^{24}	ȵie^{31}
洛南	ɕia^{24}	ȵia^{31}	piæ̃^{53}	zæ̃^{24}	ȵie^{31}
商州	ɕia^{35}	ȵia^{31}	piã^{53}	zã^{35}	ȵie^{31}
丹凤	ɕia^{24}	ȵia^{31}	piã^{53}	zã^{24}	ȵie^{31}
宜川	ɕia^{24}/xa^{24}	ȵia^{51}	piæ̃^{45}	zæ̃^{24}	ȵie^{51}
富县	ɕia^{24}/xa^{24}/xã^{24}	ȵia^{31}	piã^{52}	zã^{24}	ȵie^{31}
黄陵	ɕia^{24}/xæ̃^{021}	ȵia^{31}	piæ̃^{52}	ȵiæ̃^{24}/zæ̃^{24}	ȵiE^{31}
宜君	ɕia^{24}/xæ̃^{021}	ȵia^{21}	piæ̃^{52}	ȵiæ̃^{24}/zæ̃^{24}	ȵiE^{21}
铜川	ɕia^{24}	ia^{21}	piæ̃^{52}	ȵiæ̃^{24}/zæ̃^{24}	ȵie^{21}
耀县	ɕia^{24}/xæ̃^{021}	ȵia^{31}	piæ̃^{52}	ȵiæ̃^{24}/zæ̃^{24}	ȵie^{31}
高陵	ɕia^{24}/xæ̃^{021}	ȵia^{31}	piæ̃^{52}	ȵiæ̃^{24}/zæ̃^{24}①	ȵie^{31}
临潼	ɕia^{24}	ia^{31}/ȵia^{31}	piã^{52}	zã^{24}	ȵie^{31}

---

① 过去用zæ̃^{24}，现在多用ȵiæ̃^{24}，两者都可以用在"你的话～得很"中。周至同。

字目 方言	匣 咸开二 入狎匣	鸭 咸开二 入狎影	贬 咸开三 上琰帮	黏 咸开三 平盐泥	镊 咸开三 入葉泥
蓝田	$çia^{24}$/$xɑ^{24}$/$xɑŋ^{021}$①	ia^{31}/$ȵia^{31}$	$piã^{52}$	$ȵiã^{24}$/$zã^{24}$	$ȵie^{31}$
长安	$çia^{24}$/$xã^{24}$②	ia^{31}	$piã^{53}$	$zã^{24}$	$ȵie^{31}$
户县	$çia^{24}$/$xã^{021}$③	ia^{31}/$ȵia^{31}$	$piã^{52}$	$ȵiã^{24}$/$zã^{24}$	$ȵiɛ^{31}$
周至	$çia^{24}$/$çiæ̃^{021}$④	$ȵia^{21}$	$piæ̃^{52}$	$ȵiæ̃^{24}$/$zæ̃^{24}$	$ȵie^{21}$
三原	$çia^{24}$	$ȵia^{31}$	$piã^{52}$	$zã^{24}$	$ȵie^{31}$
泾阳	$çia^{24}$	ia^{31}	$piã^{52}$	$zã^{24}$	$ȵie^{31}$
咸阳	$çia^{24}$/$xã^{24}$	ia^{31}	$piã^{52}$	$ȵiã^{24}$/$zã^{24}$	$ȵie^{31}$
兴平	$çia^{24}$/$xã^{24}$	$ȵia^{31}$	$piã^{52}$	$zã^{24}$	$ȵie^{31}$
武功	$çia^{24}$	ia^{31}	$piã^{52}$	$zã^{24}$	$ȵie^{31}$
礼泉	$çia^{24}$	ia^{52}	$piã^{52}$	$zæ̃^{24}$	$ȵie^{31}$
乾县	$çia^{24}$	ia^{31}	$piã^{52}$	$ȵiã^{24}$/$zã^{24}$	$ȵie^{31}$
永寿	$çia^{24}$	ia^{31}	$piã^{52}$	$ȵiã^{24}$/$zã^{24}$	$ȵie^{31}$
淳化	$çia^{24}$	$ȵia^{31}$	$piã^{52}$	$ȵiã^{24}$/$zã^{24}$	$ȵie^{31}$
旬邑	$çia^{24}$	ia^{31}/$ȵia^{31}$	$piã^{52}$	$zã^{24}$	$ȵie^{31}$
彬县	$çia^{24}$	ia^{31}/$ȵia^{31}$	$piã^{52}$	$ȵiã^{24}$/$zã^{24}$	$ȵie^{31}$
长武	$çia^{24}$	ia^{31}	$piã^{52}$	$ȵiã^{24}$/$zã^{24}$	$ȵie^{31}$
扶风	$çia^{24}$	ia^{31}	$piæ̃^{52}$	$ȵiæ̃^{24}$/$zæ̃^{24}$	$ȵie^{31}$
眉县	$çia^{24}$	ia^{31}	$piæ̃^{52}$	$zæ̃^{24}$	$ȵie^{31}$
麟游	$çia^{24}$	ia^{31}	$piã^{53}$	$zã^{24}$	$ȵie^{31}$
岐山	$çia^{24}$	ia^{31}	$piæ̃^{53}$	$zæ̃^{24}$	$ȵie^{31}$
凤翔	$çia^{24}$/$çiã^{31}$	ia^{31}	$piã^{53}$	$zã^{24}$	$ȵie^{31}$
宝鸡	$çia^{24}$	ia^{31}	$piæ̃^{53}$	$zæ̃^{24}$	$ȵie^{31}$
千阳	$çia^{24}$	ia^{31}	$piæ̃^{53}$	$zæ̃^{24}$	$ȵie^{31}$
陇县	$çia^{24}$	ia^{31}	$piæ̃^{53}$	$zæ̃^{24}$	$ȵie^{31}$

① $xɑ^{24}$ 抽～；$xɑŋ^{021}$ 风～。
② $xã^{24}$ 抽～。
③ $xã^{021}$ 风～。
④ $çiæ̃^{021}$ 抽～。

字目 / 方言	镰 咸开三 平盐来	敛 咸开三 上琰来	殓 咸开三 去艳来	猎 咸开三 入葉来	尖 咸开三 平盐精
西安	liæ̃²⁴	liæ̃⁵³	liæ̃⁵⁵	lie²¹ ǀ liɛ	tɕiæ̃²¹
韩城	liã²⁴/liaŋ²⁴	liã⁵³	liã⁵³	liɛ³¹ ǀ lɪɛ	tɕiã³¹/tɕiaŋ³¹
合阳	liã²⁴	liã⁵²	liã⁵⁵	liə³¹ ǀ lɪɛ	tsiã³¹
澄城	liã²⁴	liã⁵³	liã⁴⁴	liə³¹ ǀ lɪɛ	tiã³¹
白水	liã²⁴	liã⁵³	liã⁴⁴	liɛ³¹ ǀ lɪɛ	tiã³¹
大荔	liã²⁴	liã⁵²	liã⁵⁵	lie³¹ ǀ lɪɛ	tiã³¹
蒲城	liã³⁵	liã⁵³	liã⁵⁵	lie³¹ ǀ lɪɛ	tiã³¹
美原	liã³⁵	liã⁵³	liã⁵⁵	lie³¹ ǀ lɪɛ	tɕiã³¹
富平	liã³⁵	liã⁵³	liã⁵⁵	lie³¹ ǀ lie	tiã³¹
潼关	liã²⁴	liã⁵²	liã⁴⁴	lie³¹ ǀ lie	tɕiã³¹
华阴	liã²⁴	liã⁵²	liã⁵⁵	lie³¹ ǀ lie	tɕiã³¹
华县	liã³⁵	liã⁵³	liã⁵⁵	lie³¹ ǀ lɪɛ	tiã³¹
渭南	liã²⁴	liã⁵³	liã⁴⁴	lie³¹ ǀ lɪɛ	tɕiã³¹
洛南	liæ̃²⁴	liæ̃⁵³	liæ̃⁴⁴	lie³¹ ǀ lɪɛ	tɕiæ̃³¹
商州	liã³⁵	liã⁵³	liã⁵⁵	lie³¹ ǀ lie	tɕiã³¹
丹凤	liã²⁴	liã⁵³	liã⁴⁴	lie³¹	tɕiã³¹
宜川	liæ̃²⁴	liæ̃⁴⁵	liæ̃²⁴	lie⁵¹	tɕiæ̃⁵¹
富县	liã²⁴	liã⁴⁴	liã⁴⁴	lie³¹	tɕiã³¹
黄陵	liæ̃²⁴	liæ̃⁴⁴	liæ̃⁴⁴	liɛ³¹	tɕiæ̃³¹
宜君	liæ̃²⁴	liæ̃⁵²	liæ̃⁴⁴	liɛ²¹	ȵiæ̃²¹
铜川	liæ̃²⁴	liæ̃⁴⁴	liæ̃⁴⁴	lie²¹ ǀ lɪɛ	tɕiæ̃²¹
耀县	liæ̃²⁴	liæ̃⁵²	liæ̃³¹	lie³¹ ǀ lɪɛ	tɕiæ̃³¹
高陵	liæ̃²⁴	liæ̃⁵⁵	liæ̃⁵⁵	lie³¹ ǀ lie	ȵiæ̃³¹
临潼	liã²⁴	liã⁵²	liã⁴⁵	lie³¹ ǀ lie	tɕiã³¹

字目 方言	镰 咸开三 平盐来	敛 咸开三 上琰来	猃 咸开三 去艳来	猎 咸开三 入葉来	尖 咸开三 平盐精
蓝田	liã^{24}	liã^{52}	liã^{44}	lie^{31} ∣ lɪɛ	tɕiã^{31}
长安	liã^{24}	liã^{021} 收~	liã^{021} 装~	lie^{31}	tɕiã^{31}
户县	liã^{24}	liã^{52}	liã^{55}	liɛ^{31} ∣ lɪɛ	tɕiã^{31}
周至	liæ̃^{24}	liæ̃^{52}	liæ̃^{55}	lie^{21} ∣ lie	tɕiæ̃^{21}
三原	liã^{24}	liã^{52}	liã^{31}	lie^{31} ∣ liɛ	tiã^{31}
泾阳	liã^{24}	liã^{55}	liã^{55}	lie^{31} ∣ liɛ	tɕiã^{31}
咸阳	liã^{24}	liã^{55}	liã^{55}	lie^{31}	tɕiã^{31}
兴平	liã^{24}	liã^{55}	liã^{55}	lie^{31} ∣ liɛ	tɕiã^{31}
武功	liã^{24}	liã^{55}	liã^{55}	lie^{31} ∣ liɛ	tɕiã^{31}
礼泉	liæ̃^{24}	liã^{55}	liã^{55}	lie^{31} ∣ lɪɛ	tɕiã^{31}
乾县	liã^{24}	liã^{44}	liã^{44}	lie^{31} ∣ liɛ	tɕiã^{31}
永寿	liã^{24}	liã^{55}	liã^{55}	lie^{31} ∣ lɪɛ	tɕiã^{31}
淳化	liã^{24}	liã^{55}	liã^{55}	lie^{31} ∣ lie	tiã^{31}
旬邑	liã^{24}	liã^{44}	liæ̃^{44}	lie^{31} ∣ lɪɛ	tsiã^{31}
彬县	liã^{24}	liã^{44}	liã^{44}	lie^{31} ∣ lɪɛ	tsiã^{31}
长武	liã^{24}	liã^{44}	liã^{44}	lie^{31} ∣ lɪɛ	tsiæ̃^{31}
扶风	liæ̃^{24}	liæ̃^{52}	liæ̃^{52}	lie^{31} ∣ lɪɛ	tɕiæ̃^{31}
眉县	liæ̃^{24}	liæ̃^{44}	liæ̃^{44}	lie^{31} ∣ lɪɛ	ȶiæ̃^{31}
麟游	liã^{24}	liã^{44}	liã^{44}	lie^{31} ∣ lɪɛ	ȶiã^{31}
岐山	liæ̃^{24}	liæ̃^{44}	liæ̃^{44}	lie^{31} ∣ lɪɛ	ȶiæ̃^{31}
凤翔	liã^{24}	liã^{53}	liã^{44}	lie^{31} ∣ lie	ȶiã^{31}
宝鸡	liæ̃^{24}	liæ̃^{44}	liæ̃^{44}	lie^{31} ∣ lie	tɕiæ̃^{31}
千阳	liæ̃^{24}	liæ̃^{44}	liæ̃^{44}	lie^{31} ∣ lie	ȶiæ̃^{31}
陇县	liæ̃^{24}	liæ̃^{44}	liæ̃^{44}	lie^{31} ∣ lie	tɕiæ̃^{31}

字目 方言	接 咸开三 入葉精	签 咸开三 平盐清	妾 咸开三 入葉清	潜 咸开三 平盐从	渐 咸开三 上琰从
西安	tɕie²¹	tɕʰiã²¹	tɕʰie²¹	tɕʰiã⁵³	tɕiæ̃⁵⁵/tsæ̃⁵⁵
韩城	tɕiɛ³¹	tɕʰiã³¹/tɕʰiaŋ³¹	tɕʰiɛ³¹	tɕʰiã⁵³	tɕiã⁴⁴
合阳	tsiə³¹	tsʰiã³¹	tsʰiə³¹	tsʰiã³¹	tsiã⁵⁵
澄城	tiə³¹	tʰiã³¹	tʰiə³¹	tʰiã⁵³	tiã⁴⁴
白水	tie³¹	tsʰiã³¹	tsʰie³¹	tsʰiã³¹	tiã⁴⁴
大荔	tie³¹	tʰiã³¹	tʰie³¹	tʰiã³¹	tiã⁵⁵
蒲城	tie³¹	tsʰiã³¹	tsʰie³¹	tsʰiã⁵³	tiã⁵⁵
美原	tɕie³¹	tɕʰiã³¹	tɕʰie³¹	tɕʰiã⁵³	tɕiã⁵⁵
富平	tie³¹	tsʰiã³¹	tsʰie³¹	tsʰiã⁵³	tiã⁵⁵
潼关	tɕie³¹	tɕʰiã³¹	tɕʰie³¹	tɕʰiã³¹	tɕiã⁴⁴
华阴	tɕie³¹	tɕʰiã³¹	tɕʰie³¹	tɕʰiã³¹	tɕiã⁵⁵
华县	tie³¹	tʰiã³¹	tʰie³¹	tʰiã⁵³	tiã⁵⁵
渭南	tɕie³¹	tɕʰiã³¹	tɕʰie³¹	tɕʰiã³¹	tɕiã⁴⁴
洛南	tɕie³¹	tɕʰiæ̃³¹	tɕʰie³¹	tɕʰiã⁵³	tɕiæ̃⁴⁴
商州	tɕie³¹	tɕʰiã³¹	tɕʰie³¹	tɕʰiã⁵³	tsã⁵⁵
丹凤	tɕie³¹	tɕʰiã³¹	tɕʰie³¹	tɕʰiã³¹	tɕiã⁴⁴
宜川	tɕie⁵¹	tɕʰiæ̃⁵¹	tɕʰie⁵¹	tɕʰiæ̃²⁴	tɕiæ̃⁴⁵
富县	tɕie³¹	tɕʰiã³¹	tɕʰie³¹	tɕʰiã³¹	tiã⁴⁴
黄陵	tɕiɛ³¹	tɕʰiæ̃³¹	tɕʰiɛ⁵²	tɕʰiæ̃⁵²	tɕiæ̃⁵⁵
宜君	ȶie²¹	ȶʰiæ̃²¹	ȶʰiɛ²¹	ȶʰiæ̃²¹	ȶiæ̃⁴⁴
铜川	tɕie²¹	tɕʰiæ̃²¹	tɕʰie²¹	tɕʰiæ̃⁵²	tɕiæ̃⁴⁴/tsæ̃⁴⁴
耀县	tɕie³¹	tɕʰiã³¹	tɕʰie³¹	tɕʰiã³¹	tsæ̃⁴⁴
高陵	ȶie³¹	ȶʰiã³¹	ȶʰie³¹	ȶʰiã⁵²	ȶiæ̃⁵⁵
临潼	tɕie³¹	tɕʰiã³¹	tɕʰie³¹	tɕʰiã⁵²	tɕiã⁴⁵

字目 / 方言	接	签	妾	潜	渐
	咸开三入葉精	咸开三平盐清	咸开三入葉清	咸开三平盐从	咸开三上琰从
蓝田	tɕie³¹	tɕʰiã³¹	tɕʰie³¹	tɕʰiã⁵²	<u>tɕiã⁴⁴</u>/tsã⁴⁴
长安	tɕie³¹	tɕʰiã³¹	tɕʰie³¹	tɕʰiã⁵³	tsã⁴⁴
户县	tɕiɛ³¹	tɕʰiã³¹	tɕʰiɛ³¹	tɕʰiã³¹	tsã⁵⁵
周至	tɕie²¹	tɕʰiæ²¹	tɕʰie²¹	tɕʰiæ⁵²	<u>tɕiæ⁵⁵</u>/tsæ⁵⁵
三原	tie³¹	tʰiã³¹	tɕʰie³¹	tʰiã⁵²	tiã⁵⁵
泾阳	tɕie³¹	tɕʰiã³¹	tɕʰie³¹	<u>tɕʰiã⁵²</u>/tʰiã⁵²	tɕiæ⁵⁵
咸阳	tɕie³¹	tɕʰiã³¹	tɕʰie³¹	tɕʰiã⁵²	tsã⁵⁵
兴平	tɕie³¹	tɕʰiã³¹	tɕʰie³¹	tɕʰiã⁵²	tɕiã⁵⁵
武功	tɕie³¹	tɕʰiã³¹	tɕʰie³¹	tɕʰiã⁵²	tɕiã⁵⁵
礼泉	tɕie³¹	tɕʰiã³¹	tɕʰie³¹	tɕʰiæ⁵²	tsæ⁵⁵
乾县	tɕie³¹	tɕʰiã³¹	tɕʰie³¹	tɕʰiã⁵²	tɕiã⁴⁴
永寿	tɕie³¹	tɕʰiã³¹	tɕʰie³¹	tɕʰiã⁵²	tɕiã⁵⁵
淳化	tie³¹	tʰiã³¹	tʰie³¹	tʰiã⁵²	tiã⁵⁵
旬邑	tsie³¹	tsʰiã³¹	tsʰie³¹	tsʰiã⁵²	tsiã⁴⁴
彬县	tsie³¹	tsʰiã³¹	tsʰie³¹	tsʰiã⁵²	tsiã⁴⁴
长武	tsie³¹	tsʰiã³¹	tsʰie³¹	tsʰiã⁵²	tsiã⁴⁴
扶风	tɕie³¹	tɕʰiæ³¹	tɕʰie³¹	tɕʰiæ⁵²	tɕiæ³³
眉县	ʈie³¹	ʈʰiæ³¹	ʈʰie³¹	ʈʰiæ⁵²	ʈiæ⁴⁴
麟游	ʈie³¹	ʈʰiã³¹	ʈʰie³¹	ʈʰiã⁵³	ʈiã⁴⁴
岐山	ʈie³¹	ʈʰiã³¹	ʈʰie⁴⁴	ʈʰiã⁵³	ʈiæ⁴⁴
凤翔	ʈie³¹	ʈʰiã³¹	ʈʰie⁵³	ʈʰiã⁵³	ʈiã⁴⁴
宝鸡	tɕie³¹	tɕʰiæ³¹	tɕʰie⁵³	tɕʰiæ⁵³	tɕiæ⁴⁴
千阳	ʈie³¹	ʈʰiæ²⁴	ʈʰie³¹	ʈʰiæ⁵³	ʈiæ⁴⁴
陇县	tɕie³¹	tɕʰiæ³¹	tɕʰie³¹	tɕʰiæ⁵³	tɕiæ⁴⁴

字目 / 方言	捷	沾	瞻	占	折
	咸开三 入葉从	咸开三 平盐知	咸开三 平盐章	咸开三 去艳章	咸开三 入葉章
西安	tɕie²⁴	tʂæ²¹	tʂæ²¹	tʂæ⁵⁵	tʂɤ⁵³/tʂɤ²¹①
韩城	tɕʰiɛ²⁴	tʂã³¹/tʂaŋ³¹	tʂã³¹	tʂã⁴⁴	tʂə³¹
合阳	tsʰiə²⁴	tʂã³¹	tʂã³¹	tʂã⁵⁵	tʂə³¹
澄城	tʰiə²⁴	tʂã³¹	tʂã³¹	tʂã⁴⁴	tʂɤ³¹
白水	tsʰiɛ²⁴	tʂã³¹	tʂã³¹	tʂã⁴⁴	tʂɤ³¹
大荔	tʰiɛ²⁴	tʂã³¹	tʂã³¹	tʂã⁴⁴	tʂɤ³¹
蒲城	tsʰiɛ³⁵	tʂã³¹	tʂã³¹	tʂã⁵⁵	tʂɤ³¹
美原	tɕʰiɛ³⁵	kã³¹	kã³¹	kã⁵⁵	kiɛ³¹
富平	tie³⁵	tʂã³¹	tʂã³¹	tʂã⁵⁵	tʂɤ³¹
潼关	tɕie²⁴	tʂã³¹	tʂã³¹	tʂã⁴⁴	tʂɤ³¹
华阴	tɕie²⁴	tʂã³¹	tʂã³¹	tʂã⁵⁵	tʂɤ³¹
华县	tʰie³⁵	tʂã³¹	tʂã³¹	tʂã⁵⁵	tʂɤ³¹
渭南	tɕʰie²⁴	tʂã³¹	tʂã³¹	tʂã⁴⁴	tʂɤ³¹
洛南	tɕie²⁴	tʂæ³¹	tʂæ³¹	tʂæ⁴⁴	tʂɤ³¹
商州	tɕie³⁵	tʂã³¹	tʂã³¹	tʂã⁵⁵	tʂɤ³¹
丹凤	tɕie²⁴	tʂã³¹	tʂã³¹	tʂã⁴⁴	tʂɤ³¹
宜川	tɕie²⁴	tʂæ⁵¹	tʂæ⁵¹	tʂæ⁴⁵	tʂʅə⁵¹
富县	tɕie²⁴	tã³¹	tã³¹	tã⁴⁴	tʂʅə⁵²/tʂʅə³¹
黄陵	tɕiɛ²⁴	tʂæ³¹	tʂæ³¹	tʂæ⁴⁴	tʂʅɤ⁵²
宜君	tʰiɛ²⁴	tæ²¹	tæ²¹	tæ⁴⁴	tʂʅɤ⁵²
铜川	tɕie²⁴	tʂæ³¹	tʂæ³¹	tʂæ⁴⁴	tʃʅɤ²¹
耀县	tɕie²⁴	tæ³¹	tæ³¹	tæ⁴⁴	tʃʅɤ³¹/tʃʅɤ⁵²
高陵	tie²⁴	tæ³¹	tæ³¹	tæ⁵⁵	tʂʅə³¹
临潼	tɕie²⁴	tʂã³¹	tʂã³¹	tʂã⁴⁵	tʂʅɤ³¹/tʂʅɤ²⁴

① tʂɤ⁵³ 把硬东西折坏；tʂɤ²¹ 衣服、被子、纸张折起来。下同。

字目 方言	捷 咸开三 入葉从	沾 咸开三 平盐知	瞻 咸开三 平盐章	占 咸开三 去艳章	折 咸开三 入葉章
蓝田	tɕie²⁴	tʂã³¹	tʂã³¹	tʂã⁴⁴	tʂʅə³¹
长安	tɕie²⁴	tã³¹	tã³¹	tã⁴⁴	tʂʵ³¹
户县	tɕiɛ²⁴	tʂã³¹	tʂã³¹	tʂã⁵⁵	tʂʅə³¹
周至	tɕie²⁴	tæ̃²¹	tæ̃²¹	tæ̃⁵⁵	tʂʵ²¹/tʂʵ⁵²
三原	tie²⁴	tã³¹	tã³¹	tã⁵⁵	tʂʵ³¹/tʂʵ⁵²
泾阳	tɕie²⁴	tã³¹	tã³¹	tã⁵⁵	tʂʵ⁵²/tʂʵ³¹
咸阳	tɕie²⁴	tã³¹	tã³¹	tã⁵⁵	tʂʵ³¹/tʂʵ⁵²
兴平	tɕie²⁴	tã³¹	tã³¹	tã⁵⁵	tʂʵ³¹/tʂʵ⁵²
武功	tɕie²⁴	tã³¹	tã³¹	tã⁵⁵	tʂʵ⁵²
礼泉	tɕie²⁴	tæ̃³¹	tæ̃³¹	tæ̃⁵⁵	tʂʵ⁵²
乾县	tɕie²⁴	tã³¹	tã³¹	tã⁴⁴	tʂʵ⁵²/tʂʵ³¹
永寿	tɕie²⁴	tã³¹	tã³¹	tã⁵⁵	tʂʵ⁵²/tʂʵ³¹
淳化	tʰie²⁴	tã³¹	tã³¹	tã⁵⁵	tʂʵ⁵²/tʂʵ³¹
旬邑	tsʰie²⁴	tã³¹	tã³¹	tã⁴⁴	tʂʵ⁵²/tʂʵ³¹
彬县	tsie²⁴	tã³¹	tã³¹	tã⁴⁴	tʂʵ⁵²/tʂʵ³¹
长武	tsie²⁴	tã³¹	tã³¹	tã⁴⁴	tʂʵ⁵²/tʂʵ³¹
扶风	t̠ɕie²⁴/t̠ɕʰie²⁴	tʂæ̃³¹	tʂæ̃³¹	tʂæ̃³³	tʂʵ²⁴
眉县	t̠ie²⁴	tʂæ̃³¹	tʂæ̃³¹	tʂæ̃⁴⁴	tʂʅə³¹
麟游	t̠ʰie²⁴	tʂã³¹	tʂã³¹	tʂã⁴⁴	tʂʅə²⁴
岐山	t̠ie²⁴/t̠ʰie²⁴	tʂæ̃³¹	tʂæ̃³¹	tʂæ̃⁴⁴	tʂʵ²⁴
凤翔	tie²⁴	tʂã³¹	tʂã³¹	tʂã⁴⁴	tʂʅə³¹
宝鸡	tɕie²⁴	tʂæ̃³¹	tʂæ̃³¹	tʂæ̃⁴⁴	tʂʵ²⁴
千阳	t̠ie²⁴	tʂæ̃³¹	tʂæ̃³¹	tʂæ̃⁴⁴	tʂʅə²⁴
陇县	tɕie²⁴	tʂæ̃³¹	tʂæ̃³¹	tʂæ̃⁴⁴	tʂʅə³¹

字目 / 方言	陕	闪	摄	蟾	涉
	咸开三上琰书	咸开三上琰书	咸开三入葉书	咸开三平盐禅	咸开三入葉禅
西安	ʂæ̃⁵³	ʂæ̃⁵³	ʂɤ²¹/n̦ie²¹	tʂʰæ̃²⁴	ʂɤ²¹
韩城	ʂã⁵³	ʂã⁵³	n̦iE³¹	tʂʰã²⁴	ʂə³¹
合阳	ʂã⁵²	ʂã⁵²	ʂə³¹	tʂʰã²⁴	ʂə³¹
澄城	ʂã⁵³	ʂã⁵³	ʂɤ³¹/n̦iə³¹	ʂã²⁴	ʂɤ³¹
白水	ʂã⁵³	ʂã⁵³	ʂɤ³¹/n̦ie³¹	ʂã²⁴	ʂɤ³¹
大荔	ʂã⁵²	ʂã⁵²	ʂɤ³¹/n̦ie³¹	tʂʰã²⁴	ʂɤ³¹
蒲城	ʂã⁵³	ʂã⁵³	ʂɤ³¹/n̦ie³¹	ʂã³⁵	ʂɤ³¹
美原	xã⁵³	xã⁵³	xie³¹	xã³⁵	xie³¹
富平	ʂã⁵³	ʂã⁵³	ʂɤ³¹/n̦ie³¹	ʂã³⁵	ʂɤ³¹
潼关	ʂã⁵²	ʂã⁵²	ʂɤ³¹/n̦ie³¹	tʂʰã²⁴	ʂɤ³¹
华阴	ʂã⁵²	ʂã⁵²	ʂɤ³¹/n̦ie³¹	tʂʰã²⁴	ʂɤ³¹
华县	ʂã⁵³	ʂã⁵³	ʂɤ³¹/n̦ie³¹	ʂã³⁵	ʂɤ³¹
渭南	ʂã⁵³	ʂã⁵³	ʂɤ³¹/n̦ie³¹	ʂã²⁴	ʂɤ³¹
洛南	ʂã⁵³	ʂã⁵³	ʂɤ³¹/n̦ie³¹	ʂã³⁵	ʂɤ³¹
商州	ʂæ̃⁵³	ʂæ̃⁵³	ʂɤ³¹/n̦ie³¹	ʂæ̃²⁴	ʂɤ³¹
丹凤	ʂã⁵³	ʂã⁵³	ʂɤ³¹/n̦ie³¹	ʂã²⁴	ʂɤ³¹
宜川	ʂæ̃⁴⁵	ʂæ̃⁴⁵	n̦ie⁵¹/ʂʅə⁴⁵	tʂʰæ̃²⁴	ʂʅə⁴⁵
富县	ʂã⁵²	ʂã⁵²	n̦ie³¹/ʂʅə³¹	ʂã²⁴	ʂʅə⁵²
黄陵	ʂæ̃⁵²	ʂæ̃⁵²	n̦iE³¹/ʂʅɤ³¹	tʂʰæ̃²⁴	ʂʅɤ³¹
宜君	ʂæ̃⁵²	ʂæ̃⁵²	ʂʅɤ²¹/n̦iE²¹	tʰæ̃²⁴	ʂʅɤ⁵²
铜川	ʂæ̃⁵²	ʂæ̃⁵²	ʂʅɤ⁵²/n̦ie²¹	tʂʰæ̃²⁴	ʂʅɤ⁵²
耀县	ʂæ̃⁵²	ʂæ̃⁵²	n̦ie³¹/ʃʅɤ³¹	tʰæ̃²⁴	ʃʅɤ³¹
高陵	ʂæ̃⁵²	ʂæ̃⁵²	n̦ie³¹/ʃʅə³¹	tʂʰæ̃²⁴	ʃʅə³¹
临潼	ʂã⁵²	ʂã⁵²	ʂʅɤ³¹/n̦ie³¹	tʂʰã²⁴	ʂʅɤ³¹

字目 / 方言	陕	闪	摄	蟾	涉
	咸开三 上琰书	咸开三 上琰书	咸开三 入葉书	咸开三 平盐禅	咸开三 入葉禅
蓝田	ʂã⁵²	ʂã⁵²	n̠ie³¹/ʂʅə³¹	tʂʰã²⁴/ʂã²⁴	ʂʅə³¹
长安	ʂã⁵³	ʂã⁵³	ʂʅɤ³¹/n̠ie³¹	tʰã²⁴	ʂʅɤ³¹
户县	ʂã⁵²	ʂã⁵²	n̠ie³¹/ʂʅə³¹	tʂʰã²⁴/ʂã²⁴	ʂʅə³¹
周至	ʂæ̃⁵²	ʂæ̃⁵²	n̠ie²¹/ʂʅɤ²¹	tʰæ̃²⁴/ʂæ̃²⁴老	ʂʅɤ²¹
三原	ʂã⁵²	ʂã⁵²	n̠ie³¹/ʂɤ³¹	ʂã²⁴	ʂɤ³¹
泾阳	ʂã⁵²	ʂã⁵²	ʂɤ³¹	tʰã²⁴	ʂɤ³¹
咸阳	ʂã⁵²	ʂã⁵²	ʂɤ³¹	tʰã²⁴	ʂɤ³¹
兴平	ʂã⁵²	ʂã⁵²	ʂɤ³¹/n̠ie³¹	tʰã²⁴	ʂɤ³¹
武功	ʂã⁵²	ʂã⁵²	ʂɤ³¹/n̠ie³¹	ʂã²⁴	ʂɤ³¹
礼泉	ʂæ̃⁵²	ʂæ̃⁵²	ʂɤ³¹/n̠ie³¹	tʰæ̃²⁴	ʂɤ³¹
乾县	ʂã⁵²	ʂã⁵²	ʂɤ³¹/n̠ie³¹	tʰã²⁴	ʂɤ³¹
永寿	ʂã⁵²	ʂã⁵²	ʂɤ³¹/n̠ie³¹	tʰã²⁴	ʂɤ⁵²
淳化	ʂã⁵²	ʂã⁵²	ʂɤ³¹/n̠ie³¹	tʰã²⁴	ʂɤ³¹
旬邑	ʂã⁵²	ʂã⁵²	ʂɤ³¹	tʰã²⁴	ʂɤ³¹
彬县	ʂã⁵²	ʂã⁵²	n̠ie³¹	tʰã²⁴	ʂɤ⁵²
长武	ʂã⁵²	ʂã⁵²	ʂɤ³¹/n̠ie³¹	ʂã²⁴	ʂɤ³¹
扶风	ʂæ̃⁵²	ʂæ̃⁵²	ʂɤ³¹	ʂæ̃²⁴	ʂɤ³¹
眉县	ʂæ̃⁵²	ʂæ̃⁵²	ʂʅə³¹/n̠ie³¹	ʂæ̃²⁴	ʂʅə³¹
麟游	ʂã⁵³	ʂã⁵³	ʂʅə⁵³/n̠ie³¹		ʂʅə⁵³
岐山	ʂæ̃⁵³	ʂæ̃⁵³	n̠ie³¹	ʂæ̃²⁴	ʂɤ⁵³
凤翔	ʂã⁵³	ʂã⁵³	n̠ie³¹	ʂã²⁴	ʂʅə³¹
宝鸡	ʂæ̃⁵³	ʂæ̃⁵³	ʂɤ⁵³	tʂʰæ̃²⁴	ʂɤ⁵³
千阳	ʂæ̃⁴⁴	ʂæ̃⁵³	ʂʅə³¹/n̠ie³¹	ʂæ̃²⁴	ʂʅə⁵³
陇县	ʂæ̃⁵³	ʂæ̃⁵³	n̠ie³¹	tʂʰæ̃²⁴	ʂʅə³¹

字目 方言	染 咸开三 上琰日	检 咸开三 上琰见	脸 咸开三 上琰见	钳 咸开三 平盐群	俭 咸开三 上琰群
西安	$z_{\textstyle.}\tilde{æ}^{53}$/$z_{\textstyle.}\tilde{æ}^{55}$①	$tɕi\tilde{æ}^{53}$	$li\tilde{æ}^{53}$	$tɕ^hi\tilde{æ}^{24}$	$tɕi\tilde{æ}^{53}$
韩城	$\underline{z\tilde{a}^{53}}$/$zaŋ^{53}$	$tɕia^{53}$	$\underline{li\tilde{a}^{53}}$/$liaŋ^{53}$	$\underline{tɕ^hi\tilde{a}^{24}}$/$tɕ^hiaŋ^{24}$	$tɕ^hi\tilde{a}^{44}$
合阳	$z_{\textstyle.}\tilde{a}^{52}$	$tɕi\tilde{a}^{52}$	$li\tilde{a}^{52}$	$tɕ^hi\tilde{a}^{24}$	$tɕi\tilde{a}^{52}$
澄城	$z_{\textstyle.}\tilde{a}^{53}$	$tɕi\tilde{a}^{53}$	$li\tilde{a}^{53}$	$tɕ^hi\tilde{a}^{24}$	$tɕi\tilde{a}^{53}$
白水	$z_{\textstyle.}\tilde{a}^{53}$	$tɕi\tilde{a}^{53}$	$li\tilde{a}^{53}$	$tɕ^hi\tilde{a}^{24}$	$tɕi\tilde{a}^{53}$
大荔	$z_{\textstyle.}\tilde{a}^{52}$	$tɕi\tilde{a}^{52}$	$li\tilde{a}^{52}$	$tɕ^hi\tilde{a}^{24}$	$tɕi\tilde{a}^{52}$
蒲城	$z_{\textstyle.}\tilde{a}^{53}$/$z_{\textstyle.}\tilde{a}^{55}$	$tɕi\tilde{a}^{53}$	$li\tilde{a}^{53}$	$tɕ^hi\tilde{a}^{35}$	$tɕi\tilde{a}^{53}$
美原	$ɣ\tilde{a}^{53}$	$tɕi\tilde{a}^{53}$	$li\tilde{a}^{53}$	$tɕ^hi\tilde{a}^{35}$	$tɕi\tilde{a}^{53}$
富平	$z_{\textstyle.}\tilde{a}^{53}$/$z_{\textstyle.}\tilde{a}^{55}$	$tɕi\tilde{a}^{53}$	$li\tilde{a}^{53}$	$tɕ^hi\tilde{a}^{35}$	$tɕi\tilde{a}^{53}$
潼关	$z_{\textstyle.}\tilde{a}^{52}$	$tɕi\tilde{a}^{52}$	$li\tilde{a}^{52}$	$tɕ^hi\tilde{a}^{24}$	$tɕi\tilde{a}^{52}$
华阴	$z_{\textstyle.}\tilde{a}^{52}$	$tɕi\tilde{a}^{52}$	$li\tilde{a}^{52}$	$tɕ^hi\tilde{a}^{24}$	$tɕi\tilde{a}^{52}$
华县	$z_{\textstyle.}\tilde{a}^{53}$/$z_{\textstyle.}\tilde{a}^{55}$	$tɕi\tilde{a}^{53}$	$li\tilde{a}^{53}$	$tɕ^hi\tilde{a}^{35}$	$tɕi\tilde{a}^{53}$
渭南	$z_{\textstyle.}\tilde{a}^{53}$	$tɕi\tilde{a}^{53}$	$li\tilde{a}^{53}$	$tɕ^hi\tilde{a}^{24}$	$tɕi\tilde{a}^{53}$
洛南	$z_{\textstyle.}\tilde{a}^{53}$	$tɕi\tilde{a}^{53}$	$li\tilde{æ}^{53}$	$tɕ^hi\tilde{æ}^{24}$	$tɕi\tilde{æ}^{53}$
商州	$z_{\textstyle.}\tilde{æ}^{53}$	$tɕi\tilde{æ}^{53}$	$li\tilde{æ}^{53}$	$tɕ^hi\tilde{a}^{35}$	$tɕi\tilde{a}^{53}$
丹凤	$z_{\textstyle.}\tilde{a}^{53}$	$tɕi\tilde{a}^{53}$	$li\tilde{a}^{53}$	$tɕ^hi\tilde{a}^{24}$	$tɕi\tilde{a}^{53}$
宜川	$z_{\textstyle.}\tilde{æ}^{45}$	$tɕi\tilde{æ}^{45}$	$li\tilde{æ}^{45}$	$tɕ^hi\tilde{a}^{24}$	$tɕi\tilde{æ}^{45}$
富县	$z_{\textstyle.}\tilde{a}^{52}$	$tɕi\tilde{a}^{52}$	$li\tilde{a}^{52}$	$tɕ^hi\tilde{a}^{24}$	$tɕi\tilde{a}^{52}$
黄陵	$z_{\textstyle.}\tilde{æ}^{52}$	$tɕi\tilde{æ}^{52}$	$li\tilde{æ}^{52}$	$tɕ^hi\tilde{a}^{24}$	$tɕi\tilde{æ}^{52}$
宜君	$z_{\textstyle.}\tilde{æ}^{52}$	$tɕi\tilde{æ}^{52}$	$li\tilde{æ}^{52}$	$tɕ^hi\tilde{a}^{24}$	$tɕi\tilde{æ}^{52}$
铜川	$z_{\textstyle.}\tilde{æ}^{52}$	$tɕi\tilde{æ}^{52}$	$li\tilde{æ}^{52}$	$tɕ^hi\tilde{a}^{24}$	$tɕi\tilde{æ}^{52}$
耀县	$z_{\textstyle.}\tilde{æ}^{52}$	$tɕi\tilde{æ}^{52}$	$li\tilde{æ}^{52}$	$tɕ^hi\tilde{a}^{24}$	$tɕi\tilde{æ}^{52}$
高陵	$z_{\textstyle.}\tilde{æ}^{52}$	$tɕi\tilde{æ}^{52}$	$li\tilde{æ}^{52}$	$tɕ^hi\tilde{a}^{24}$	$tɕi\tilde{æ}^{52}$
临潼	$z_{\textstyle.}\tilde{a}^{52}$/$z_{\textstyle.}\tilde{a}^{45}$	$tɕi\tilde{a}^{52}$	$li\tilde{a}^{52}$	$tɕ^hi\tilde{a}^{24}$	$tɕi\tilde{a}^{52}$

① $z_{\textstyle.}\tilde{æ}^{53}$ 传～；$z_{\textstyle.}\tilde{æ}^{55}$ ～布。下同。

字目 / 方言	染	检	脸	钳	俭
	咸开三 上琰日	咸开三 上琰见	咸开三 上琰见	咸开三 平盐群	咸开三 上琰群
蓝田	$z\tilde{a}^{52}$	$t\textctc i\tilde{a}^{31}$	$li\tilde{a}^{52}$	$t\textctc^h i\tilde{a}^{24}$	$t\textctc i\tilde{a}^{52}$
长安	$z\tilde{a}^{53}$	$t\textctc i\tilde{a}^{53}$	$li\tilde{a}^{53}$	$t\textctc^h i\tilde{a}^{24}$	$t\textctc i\tilde{a}^{53}$
户县	$z\tilde{a}^{52}$	$t\textctc i\tilde{a}^{31}/t\textctc i\tilde{a}^{52}$①	$li\tilde{a}^{52}$	$t\textctc^h i\tilde{a}^{24}$	$t\textctc i\tilde{a}^{52}$
周至	$z\tilde{æ}^{52}$	$t\textctc i\tilde{æ}^{52}$	$li\tilde{æ}^{52}$	$t\textctc^h i\tilde{æ}^{24}$	$t\textctc i\tilde{æ}^{52}$
三原	$z\tilde{a}^{52}$	$t\textctc i\tilde{a}^{31}$	$li\tilde{a}^{52}$	$t\textctc^h i\tilde{a}^{24}$	$t\textctc i\tilde{a}^{52}$
泾阳	$z\tilde{a}^{52}$	$t\textctc i\tilde{a}^{52}$	$li\tilde{a}^{52}$	$t\textctc^h i\tilde{a}^{24}$	$t\textctc i\tilde{a}^{52}$
咸阳	$z\tilde{a}^{52}/z\tilde{a}^{55}$	$t\textctc i\tilde{a}^{52}$	$li\tilde{a}^{52}$	$t\textctc^h i\tilde{a}^{24}$	$t\textctc i\tilde{a}^{52}$
兴平	$z\tilde{a}^{52}/z\tilde{a}^{55}$	$t\textctc i\tilde{a}^{52}$	$li\tilde{a}^{52}$	$t\textctc^h i\tilde{a}^{24}$	$t\textctc i\tilde{a}^{52}$
武功	$z\tilde{a}^{52}/z\tilde{a}^{55}$	$t\textctc i\tilde{a}^{52}$	$li\tilde{a}^{52}$	$t\textctc^h i\tilde{a}^{24}$	$t\textctc i\tilde{a}^{52}$
礼泉	$z\tilde{æ}^{55}$	$t\textctc i\tilde{æ}^{52}$	$li\tilde{æ}^{52}$	$t\textctc^h i\tilde{æ}^{24}$	$t\textctc i\tilde{æ}^{52}$
乾县	$z\tilde{a}^{52}/z\tilde{a}^{44}$	$t\textctc i\tilde{a}^{52}$	$li\tilde{a}^{52}$	$t\textctc^h i\tilde{a}^{24}$	$t\textctc i\tilde{a}^{52}$
永寿	$z\tilde{a}^{52}/z\tilde{a}^{55}$	$t\textctc i\tilde{a}^{52}$	$li\tilde{a}^{52}$	$t\textctc^h i\tilde{a}^{24}$	$t\textctc i\tilde{a}^{52}$
淳化	$z\tilde{a}^{52}$	$t\textctc i\tilde{a}^{52}$	$li\tilde{a}^{52}$	$t\textctc^h i\tilde{a}^{24}$	$t\textctc i\tilde{a}^{52}$
旬邑	$z\tilde{a}^{52}/z\tilde{a}^{44}$	$t\textctc i\tilde{a}^{52}$	$li\tilde{a}^{52}$	$t\textctc^h i\tilde{a}^{24}$	$t\textctc i\tilde{a}^{52}$
彬县	$z\tilde{a}^{52}$	$t\textctc i\tilde{a}^{52}$	$li\tilde{a}^{52}$	$t\textctc^h i\tilde{a}^{24}$	$t\textctc i\tilde{a}^{52}$
长武	$z\tilde{a}^{52}$	$t\textctc i\tilde{a}^{52}$	$li\tilde{a}^{52}$	$t\textctc^h i\tilde{a}^{24}$	$t\textctc i\tilde{a}^{52}$
扶风	$z\tilde{æ}^{33}$	$t\textctc i\tilde{æ}^{52}$	$li\tilde{æ}^{52}$	$t\textctc^h i\tilde{æ}^{24}$	$t\textctc i\tilde{æ}^{52}$
眉县	$z\tilde{æ}^{52}$	$t\textctc i\tilde{æ}^{52}$	$li\tilde{æ}^{52}$	$t\textctc^h i\tilde{æ}^{24}$	$t\textctc i\tilde{æ}^{52}$
麟游	$z\tilde{a}^{53}$	$t\textctc i\tilde{a}^{53}$	$li\tilde{a}^{53}$	$t\textctc^h i\tilde{a}^{24}$	$t\textctc i\tilde{a}^{53}$
岐山	$z\tilde{æ}^{44}$	$t\textctc i\tilde{æ}^{53}$	$li\tilde{æ}^{53}$	$t\textctc^h i\tilde{æ}^{24}$	$t\textctc i\tilde{æ}^{53}$
凤翔	$z\tilde{a}^{44}$	$t\textctc i\tilde{a}^{53}$	$li\tilde{a}^{53}$	$t\textctc^h i\tilde{a}^{24}$	$t\textctc i\tilde{a}^{53}$
宝鸡	$z\tilde{æ}^{53}$	$t\textctc i\tilde{æ}^{53}$	$li\tilde{æ}^{53}$	$t\textctc^h i\tilde{æ}^{24}$	$t\textctc i\tilde{æ}^{53}$
千阳	$z\tilde{æ}^{44}$	$t\textctc i\tilde{æ}^{53}$	$li\tilde{æ}^{53}$	$t\textctc^h i\tilde{æ}^{24}$	$t\textctc i\tilde{æ}^{53}$
陇县	$z\tilde{æ}^{53}$	$t\textctc i\tilde{æ}^{53}$	$li\tilde{æ}^{53}$	$t\textctc^h i\tilde{æ}^{24}$	$t\textctc i\tilde{æ}^{53}$

① $t\textctc i\tilde{a}^{31}$ ～察院。

字目 方言	验 咸开三 去艳疑	险 咸开三 上琰晓	淹 咸开三 平盐影	掩 咸开三 上琰影	厌 咸开三 去艳影
西安	iæ̃^{55}	çiæ̃^{53} | çiã	iæ̃^{21}	iæ̃^{53}	iæ̃^{55}
韩城	ȵiã^{44}	çiã^{53} | çiã	<u>ȵiã^{31}</u>/ȵiaŋ^{31}	ȵiã^{53}	iã^{44}
合阳	iã^{55}	çiã^{52} | çiã	ȵiã^{31}	ȵiã^{52}	iã^{55}
澄城	iã^{44}	çiã^{53} | çiã	ȵiã^{31}	ȵiã^{53}	iã^{44}
白水	iã^{44}	çiã^{53} | çiã	ȵiã^{31}	iã^{53}	iã^{44}
大荔	iã^{55}	çiã^{52} | çiã	ȵiã^{31}	iã^{52}	iã^{55}
蒲城	iã^{55}	çiã^{53} | çiã	çiã^{53}	iã^{53}	iã^{55}
美原	iã^{55}	çiã^{53} | çiã	ȵiã^{31}	iã^{53}	iã^{55}
富平	iã^{55}	çiã^{53} | çiã	ȵiã^{31}	iã^{53}	iã^{55}
潼关	iã^{44}	çiã^{52} | çiã	ȵiã^{31}	iã^{52}	iã^{44}
华阴	iã^{55}	çiã^{52} | çiã	ȵiã^{31}	iã^{52}	iã^{55}
华县	iã^{55}	çiã^{53} | çiã	ȵiã^{31}	iã^{53}	iã^{55}
渭南	iã^{44}	çiã^{53} | çiã	ȵiã^{31}	iã^{53}	iã^{44}
洛南	iæ̃^{44}	çiæ̃^{53} | çiã	ȵiã^{31}	iæ̃^{53}	iæ̃^{44}
商州	iã^{55}	çiã^{53} | çiã	ȵiã^{31}	iã^{53}	iã^{55}
丹凤	iã^{44}	çiã^{53}	ȵiã^{31}	iã^{53}	iã^{44}
宜川	iæ̃^{45}	çiæ̃^{45}	ȵiæ̃^{51}	iæ̃^{45}	iæ̃^{45}
富县	iã^{44}	çiã^{52}	ȵiã^{31}	iã^{52}	iã^{44}
黄陵	iæ̃^{44}	çiæ̃^{52}	ȵiæ̃^{31}	iæ̃^{52}	iæ̃^{44}
宜君	iæ̃^{44}	çiæ̃^{52}	iæ̃^{21}	iæ̃^{52}	iæ̃^{44}
铜川	iæ̃^{44}	çiæ̃^{52} | çiã	ȵiæ̃^{21}	iæ̃^{52}	iæ̃^{44}
耀县	iæ̃^{44}	çiæ̃^{52} | çiã	ȵiæ̃^{31}	iæ̃^{52}	iæ̃^{44}
高陵	iæ̃^{55}	çiæ̃^{52} | çiã	ȵiæ̃^{31}	iæ̃^{52}	iæ̃^{55}
临潼	iã^{45}	çiã^{52} | çiã	ȵiã^{31}	iã^{52}	iã^{45}

字目 / 方言	验 咸开三 去艳疑	险 咸开三 上琰晓	淹 咸开三 平盐影	掩 咸开三 上琰影	厌 咸开三 去艳影
蓝田	iã⁴⁴	ɕiã⁵² ｜ ɕiã	iã³¹	iã⁵²	iã⁴⁴
长安	iã⁴⁴	ɕiã⁵³	iã³¹	iã⁵³	iã⁴⁴
户县	iã⁵⁵	ɕiã⁵² ｜ ɕiã	i̠ã³¹/n̠iã³¹	iã⁵²	iã⁵⁵
周至	iæ̃⁵⁵	ɕiæ̃⁵² ｜ ɕiã	n̠iæ̃²¹	iæ̃⁵²	iæ̃⁵⁵
三原	iã⁵⁵	ɕiã⁵² ｜ ɕiã	n̠iã³¹	iã⁵²	iã⁵⁵
泾阳	iã⁵⁵	ɕiã⁵² ｜ ɕiã	n̠iã³¹	iã⁵²	iã⁵⁵
咸阳	iã⁵⁵	ɕiã⁵²	iã³¹/n̠iã³¹	iã⁵²	iã⁵⁵
兴平	iã⁵⁵	ɕiã⁵² ｜ ɕiã	i̠ã³¹/n̠iã³¹	iã⁵²	iã⁵⁵
武功	iã⁵⁵	ɕiã⁵²	i̠ã³¹/n̠iã³¹	iã⁵²	iã⁵⁵
礼泉	iæ̃⁵⁵	ɕiæ̃⁵² ｜ ɕiã	n̠iæ̃³¹	iã⁵²	iæ̃⁵⁵
乾县	iã⁴⁴	ɕiã⁵² ｜ ɕiã	n̠iã³¹	iã⁵²	iã⁴⁴
永寿	iã⁵⁵	ɕiã⁵² ｜ ɕiã	n̠iã³¹	iã⁵²	iã⁵⁵
淳化	iã⁵⁵	ɕiã⁵² ｜ ɕiã	n̠iã³¹	iã⁵²	iã⁵⁵
旬邑	iã⁴⁴	ɕiã⁵² ｜ ɕiã	n̠iã³¹	iã⁵²	iã⁴⁴
彬县	iã⁴⁴	ɕiã⁵² ｜ ɕiã	n̠iã³¹	iã⁵²	iã⁴⁴
长武	iã⁴⁴	ɕiã⁵² ｜ ɕiã	n̠iã³¹	iã⁵²	iã⁴⁴
扶风	iæ̃³³	ɕiæ̃⁵² ｜ ɕiã	i̠ã³¹/n̠iæ̃³¹	iæ̃⁵²	iæ̃³³
眉县	iæ̃⁴⁴	ɕiæ̃⁵² ｜ ɕiã	iæ̃³¹	iæ̃⁵²	iæ̃⁴⁴
麟游	iã⁴⁴	ɕiã⁵³ ｜ ɕiã	i̠ã³¹/n̠iã³¹	iã⁵³	iã⁴⁴
岐山	iæ̃⁴⁴	ɕiæ̃⁵³ ｜ ɕiã	iæ̃³¹	iæ̃⁵³	iæ̃⁴⁴
凤翔	iã⁴⁴	ɕiã⁵³ ｜ ɕiã	n̠iã³¹	iã⁵³	iã⁴⁴
宝鸡	iæ̃⁴⁴	ɕiæ̃⁵³ ｜ ɕiã	iæ̃³¹	iæ̃⁵³	iæ̃⁴⁴
千阳	iæ̃⁴⁴	ɕiæ̃⁵³ ｜ ɕiã	n̠iæ̃³¹	iæ̃⁵³	iæ̃⁴⁴
陇县	iæ̃⁴⁴	ɕiæ̃⁵³ ｜ ɕiã	iæ̃³¹	iæ̃⁵³	iæ̃⁴⁴

字目 \ 方言	炎	盐	艳	叶树~	剑
	咸开三平盐云	咸开三平盐以	咸开三去艳以	咸开三入叶以	咸开三去酽见
西安	iæ̃^{55}	iæ̃^{24} ｜ iã	iæ̃^{55}	ie^{21}	tɕiæ̃^{55}
韩城	iã^{44}	i̲ã^{24}/iɑŋ^{24} ｜ iã	iã^{44}	iE^{31}	tɕiã^{44}
合阳	iã^{55}	iã^{24} ｜ jã	iã^{55}	iə^{31}	tɕiã^{55}
澄城	iã^{44}	iã^{24} ｜ jã	iã^{44}	iə^{31}	tɕiã^{44}
白水	iã^{44}	iã^{24} ｜ iã	iã^{44}	iɛ^{31}	tɕiã^{44}
大荔	iã^{55}	iã^{24} ｜ iã	iã^{55}	iɛ^{31}	tɕiã^{55}
蒲城	iã^{55}	iã^{35} ｜ iã	iã^{55}	iɛ^{31}	tɕiã^{55}
美原	iã^{55}	iã^{35} ｜ iã	iã^{55}	iɛ^{31}	tɕiã^{55}
富平	iã^{55}	iã^{35} ｜ jã	iã^{55}	iɛ^{31}	tɕiã^{55}
潼关	iã^{44}	iã^{24} ｜ jã	iã^{44}	iɛ^{31}	tɕiã^{44}
华阴	iã^{55}	iã^{24} ｜ jã	iã^{55}	iɛ^{31}	tɕiã^{55}
华县	iã^{55}	iã^{35} ｜ iã	iã^{55}	iɛ^{31}	tɕiã^{55}
渭南	iã^{44}	iã^{24} ｜ iã	iã^{44}	iɛ^{31}	tɕiã^{44}
洛南	iæ̃^{44}	iæ̃^{24} ｜ iã	iæ̃^{44}	iɛ^{31}	tɕiæ̃^{44}
商州	iã^{55}	iã^{35} ｜ iã	iã^{55}	iɛ^{31}	tɕiã^{55}
丹凤	iã^{44}	iã^{24}	iã^{44}	iɛ^{31}	tɕiã^{44}
宜川	iæ̃^{45}	iæ̃^{24}	iæ̃^{45}	iɛ^{51}	tɕiæ̃^{45}
富县	iã^{44}	iã^{24}	iã^{44}	iɛ^{31}	tɕiã^{44}
黄陵	iæ̃^{44}	iæ̃^{24}	iæ̃^{44}	iE^{31}	tɕiæ̃^{44}
宜君	iæ̃^{44}	iæ̃^{24}	iæ̃^{44}	iE^{21}	tɕiæ̃^{44}
铜川	iæ̃^{44}	iæ̃^{24} ｜ iã	iæ̃^{44}	iɛ^{21}	tɕiæ̃^{44}
耀县	iæ̃^{44}	iæ̃^{24} ｜ iã	iæ̃^{44}	iɛ^{31}	tɕiæ̃^{44}
高陵	iæ̃^{55}	iæ̃^{24} ｜ jã	iæ̃^{55}	iɛ^{31}	tɕiæ̃^{55}
临潼	iã^{45}	iã^{24} ｜ jã	iã^{45}	iɛ^{31}	tɕiã^{45}

字目\方言	炎 咸开三 平盐云	盐 咸开三 平盐以	艳 咸开三 去艳以	叶树～ 咸开三 入葉以	剑 咸开三 去酽见
蓝田	iã²⁴/iæ̃⁴⁴①	iã²⁴ | iã	iã⁴⁴	iɛ³¹	tɕiã⁵²
长安	iã⁴⁴	iã²⁴	iã⁴⁴	iɛ³¹	tɕiã⁴⁴
户县	iã⁵⁵	iã²⁴ | iã	iã⁵⁵	iɛ³¹	tɕiã⁵⁵
周至	iæ̃⁵⁵	iæ̃²⁴ | iã	iæ̃⁵⁵	iɛ²¹	tɕiæ̃⁵⁵
三原	iã⁵⁵	iã²⁴ | jã	iã⁵⁵	iɛ³¹	tɕiã³¹
泾阳	iã⁵⁵	iã²⁴ | iã	iã⁵⁵	iɛ³¹	tɕiã⁵⁵
咸阳	iã⁵⁵	iã²⁴	iã⁵⁵	iɛ³¹	tɕiã⁵⁵
兴平	iã⁵⁵	iã²⁴ | iã	iã⁵⁵	iɛ³¹	tɕiã⁵⁵
武功	iã⁵⁵	iã²⁴ | iã	iã⁵⁵	iɛ³¹	tɕiã⁵⁵
礼泉	iæ̃⁵⁵	iæ̃²⁴ | iã	iæ̃⁵⁵	iɛ³¹	tɕiã³¹
乾县	iã⁴⁴	iã²⁴ | iã	iã⁴⁴	iɛ³¹	tɕiã⁴⁴
永寿	iã⁵⁵	iã²⁴ | iã	iã⁵⁵	iɛ³¹	tɕiã⁵⁵
淳化	iã⁵⁵	iã²⁴ | iã	iã⁵⁵	iɛ³¹	tɕiã⁵⁵
旬邑	iã⁴⁴	iã²⁴ | iã	iã⁴⁴	iɛ³¹	tɕiã⁴⁴
彬县	iã⁴⁴	iã²⁴ | iã	iã⁴⁴	iɛ³¹	tɕiã⁴⁴
长武	iã⁴⁴	iã²⁴ | iã	iã⁴⁴	iɛ³¹	tɕiã⁴⁴
扶风	iæ̃³³	iæ̃²⁴ | jã	iæ̃³³	iɛ³¹	tɕiæ̃³³
眉县	iæ̃⁴⁴	iæ̃²⁴ | iã	iæ̃⁴⁴	iɛ³¹	tɕiã⁴⁴
麟游	iã⁴⁴	iã²⁴ | iã	iã⁴⁴	iɛ³¹	tɕiæ̃⁴⁴
岐山	iæ̃⁴⁴	iæ̃²⁴ | jã	iæ̃⁴⁴	iɛ³¹	tɕiæ̃⁴⁴
凤翔	iã⁴⁴	iã²⁴ | iã	iã⁴⁴	iɛ³¹	tɕiã⁴⁴
宝鸡	iæ̃⁴⁴	iæ̃²⁴ | jã	iæ̃⁴⁴	iɛ³¹	tɕiæ̃⁴⁴
千阳	iæ̃⁴⁴	iæ̃²⁴ | jã	iæ̃⁴⁴	iɛ³¹	tɕiæ̃⁴⁴
陇县	iæ̃⁴⁴	iæ̃²⁴ | iã	iæ̃⁴⁴	iɛ³¹	tɕiæ̃⁴⁴

① iã²⁴ ～黄子孙；iæ̃⁴⁴ 烈日～～。

字目／方言	劫 咸开三 入业见		欠 咸开三 去酽溪		怯 咸开三 入业溪		严 咸开三 平严疑	酽 咸开三 去酽疑
西安	tɕie^{21}	tɕie	tɕʰiã^{55}	tɕʰiã	tɕʰie^{21}	tɕʰie	iã^{24}/ȵiã^{24}	iã^{55}
韩城	tɕʰiɛ^{31}	tɕie	tɕʰiã^{44}/tɕʰiaŋ^{44}	tɕʰiã	tɕʰiɛ^{31}	tɕʰie	ȵiã^{24}/ȵiaŋ^{24}	ȵiaŋ^{44}
合阳	tɕiə^{31}	tɕie	tɕʰiã^{55}	tɕʰiã	tɕʰiə^{31}	tɕʰie	ȵiã^{24}	ȵiã^{55}
澄城	tɕiə^{31}	tɕie	tɕʰiã^{44}	tɕʰiã	tɕiə^{31}	tɕʰie	iã^{24}/ȵiã^{24}	ȵiã^{44}
白水	tɕʰie^{31}	tɕie	tɕʰiã^{44}	tɕʰiã	tɕʰie^{31}	tɕʰie	iã^{24}/ȵiã^{24}	ȵiã^{44}
大荔	tɕie^{24}	tɕie	tɕʰiã^{55}	tɕʰiã	tɕʰie^{31}	tɕʰie	iã^{24}/ȵiã^{24}	ȵiã^{55}
蒲城	tɕie^{31}	tɕie	tɕʰiã^{55}	tɕʰiã	tɕʰie^{31}	tɕʰie	iã^{35}/ȵiã^{35}	ȵiã^{55}
美原	tɕie^{31}	tɕie	tɕʰiã^{55}	tɕʰiã	tɕʰie^{31}	tɕʰie	ȵiã^{35}	ȵiã^{55}
富平	tɕie^{31}	tɕie	tɕʰiã^{55}	tɕʰiã	tɕʰie^{31}	tɕʰie	iã^{35}/ȵiã^{35}	ȵiã^{55}
潼关	tɕie^{24}	tɕie	tɕʰiã^{44}	tɕʰiã	tɕʰie^{31}	tɕʰie	iã^{24}/ȵiã^{24}	ȵiã^{44}
华阴	tɕie^{31}	tɕie	tɕʰiã^{55}	tɕʰiã	tɕʰie^{31}	tɕʰie	ȵiã^{24}	ȵiã^{55}
华县	tɕie^{31}	tɕie	tɕʰiã^{55}	tɕʰiã	tɕʰie^{31}	tɕʰie	iã^{35}/ȵiã^{35}	ȵiã^{55}
渭南	tɕʰie^{31}	tɕie	tɕʰiã^{44}	tɕʰiã	tɕʰie^{31}	tɕʰie	iã^{24}/ȵiã^{24}	ȵiã^{44}
洛南	tɕie^{31}	tɕie	tɕʰiæ̃^{44}	tɕʰiã	tɕʰie^{31}	tɕʰie	iæ̃^{24}/ȵiæ̃^{24}	ȵiæ̃^{44}
商州	tɕie^{31}	tɕie	tɕʰiã^{55}	tɕʰiã	tɕʰie^{31}	tɕʰie	iã^{35}/ȵiã^{35}	ȵiã^{55}
丹凤	tɕie^{31}		tɕʰiã^{44}		tɕʰie^{31}		iã^{24}/ȵiã^{24}	ȵiã^{44}
宜川	tɕʰie^{24}		tɕʰiæ̃^{45}		tɕʰie^{51}		iæ̃^{24}/ŋæ̃^{24}	ȵiæ̃^{45}
富县	tɕʰie^{31}		tɕʰiã^{44}		tɕʰie^{31}		iã^{24}/ŋã^{24}	ȵiã^{44}
黄陵	tɕiɛ^{24}		tɕʰiæ̃^{44}		tɕʰiɛ^{31}		iæ̃^{24}/ȵiæ̃^{24}	ȵiæ̃^{44}
宜君	tɕiɛ^{24}/tʰiɛ^{24}		tɕʰiã^{44}		tɕʰiɛ^{21}		ȵiã^{24}	ȵiã^{44}
铜川	tɕie^{21}	tɕie	tɕʰiã^{44}	tɕʰiã	tɕʰie^{21}	tɕʰie	iæ̃^{24}/ȵiæ̃^{24}	ȵiæ̃^{44}
耀县	tɕʰie^{31}	tɕie	tɕʰiæ̃^{44}	tɕʰiã	tɕʰie^{31}	tɕʰie	iæ̃^{24}/ȵiæ̃^{24}	ȵiæ̃^{44}
高陵	tɕiɛ^{24}	tɕie	tɕʰiæ̃^{55}	tɕʰiã	tɕʰie^{31}	tɕʰie	iæ̃^{24}/ȵiæ̃^{24}	ȵiæ̃^{55}
临潼	tɕiɛ^{24}	tɕie	tɕʰiã^{45}	tɕʰiã	tɕʰie^{31}	tɕʰie	iã^{24}/ȵiã^{24}	ȵiã^{45}

字目 / 方言	劫		欠		怯		严	酽
	咸开三 入业见		咸开三 去酽溪		咸开三 入业溪		咸开三 平严疑	咸开三 去酽疑
蓝田	tɕie³¹	tɕie	tɕʰiã⁴⁴	tɕʰie	tɕʰie³¹	tɕʰie	iã²⁴/n̠iã²⁴	iã⁴⁴
长安	tɕie²⁴		tɕʰiã⁴⁴		tɕʰie³¹		iã²⁴/n̠iã²⁴	iã⁴⁴
户县	tɕʰie³¹	tɕie	tɕʰiã⁵⁵	tɕʰie	tɕʰie³¹	tɕʰie	iã²⁴/n̠iã²⁴	iã⁵⁵
周至	tɕie²⁴	tɕie	tɕʰiã⁵⁵	tɕʰie	tɕʰie²¹/tɕʰyo²¹	tɕʰie	iã²⁴/n̠iã²⁴	n̠iã⁵⁵
三原	tɕie²⁴	tɕie	tɕʰiã⁵⁵	tɕʰie	tɕʰie³¹	tɕʰie	iã²⁴/n̠iã²⁴	n̠iã⁵⁵
泾阳	tɕie²⁴	tɕie	tɕʰiã⁵⁵	tɕʰie	tɕʰie³¹	tɕʰie	iã²⁴/n̠iã²⁴	n̠iã⁵⁵
咸阳	tɕʰie³¹		tɕʰiã⁵⁵		tɕʰie³¹		iã²⁴/n̠iã²⁴	n̠iã⁵⁵
兴平	tɕʰie³¹	tɕie	tɕʰiã⁵⁵	tɕʰie	tɕʰie³¹	tɕʰie	iã²⁴/n̠iã²⁴	n̠iã⁵⁵
武功	tɕʰie³¹	tɕie	tɕʰiã⁵⁵	tɕʰie	tɕʰie³¹	tɕʰie	iɑ²⁴/n̠iɑ²⁴	n̠iã⁵⁵
礼泉	tɕie²⁴	tɕie	tɕʰiã⁵⁵	tɕʰie	tɕʰie³¹	tɕʰie	iã²⁴/n̠iã²⁴	n̠iã⁵⁵
乾县	tɕie²⁴	tɕie	tɕʰiã⁴⁴	tɕʰie	tɕʰie³¹	tɕʰie	iã²⁴/n̠iã²⁴	n̠iã⁴⁴
永寿	tɕʰie³¹	tɕie	tɕʰiã⁵⁵	tɕʰie	tɕʰie³¹	tɕʰie	iã²⁴/n̠iã²⁴	n̠iã⁵⁵
淳化	tɕie²⁴	tɕie	tɕʰiã⁵⁵	tɕʰie	tɕʰie³¹	tɕʰie	iã²⁴/n̠iã²⁴	n̠iã⁵⁵
旬邑	tɕie³¹	tɕie	tɕʰiã⁴⁴	tɕʰie	tɕʰie³¹	tɕʰie	iã²⁴/n̠iã²⁴	n̠iã⁴⁴
彬县	tɕie³¹	tɕie	tɕʰiã⁴⁴	tɕʰie	tɕʰie³¹	tɕʰie	iã²⁴/n̠iã²⁴	n̠iã⁴⁴
长武	tɕie³¹	tɕie	tɕʰiã⁴⁴	tɕʰie	tɕʰie³¹	tɕʰie	iã²⁴/n̠iã²⁴	n̠iã⁴⁴
扶风	tɕie³¹	tɕie	tɕʰiæ̃³³	tɕʰie	tɕʰie³¹	tɕʰie	iæ̃²⁴/n̠iæ̃²⁴	iæ̃³³/n̠iæ̃³³
眉县	tɕie³¹	tɕie	tɕʰiæ̃⁴⁴	tɕʰie	tɕʰie³¹	tɕʰie	iæ̃²⁴/n̠iæ̃²⁴	n̠iæ̃⁴⁴
麟游	tɕie³¹	tɕie	tɕʰiã⁴⁴	tɕʰie	tɕʰie³¹	tɕʰie	iã²⁴	n̠iã⁴⁴
岐山	tɕie⁵³/tɕʰie³¹	tɕie	tɕʰiæ̃⁴⁴	tɕʰie	tɕʰie³¹	tɕʰie	iæ̃²⁴/n̠iæ̃²⁴	n̠iæ̃⁴⁴
凤翔	tɕie³¹	tɕie	tɕʰiã⁴⁴	tɕʰie	tɕʰie³¹	tɕʰie	iã²⁴n̠iã²⁴	n̠iã⁴⁴
宝鸡	tɕie²⁴	tɕie	tɕʰiæ̃⁴⁴	tɕʰie	tɕʰie³¹	tɕʰie	iæ̃²⁴/n̠iæ̃²⁴	n̠iæ̃⁴⁴
千阳	tɕie³¹	tɕie	tɕʰiã⁴⁴	tɕʰie	tɕʰie³¹	tɕʰie	iæ̃²⁴/n̠iæ̃²⁴	n̠iæ̃⁴⁴
陇县	tɕʰie²⁴	tɕie	tɕʰiã⁴⁴	tɕʰie	tɕʰie³¹	tɕʰie	iæ̃²⁴	n̠iæ̃⁴⁴

字目 方言	业 咸开三 入业疑	枧 咸开三 平严晓	胁 咸开三 入业晓	腌 咸开三 平严影	掂 咸开四 平添端
西安	ie²¹/n̠ie²¹	ɕiã²¹	ɕie²⁴ ǀ ɕie	iã²¹	tiã²¹
韩城	n̠iE³¹	ɕiã³¹/ɕiaŋ³¹	ɕiE²⁴ ǀ ɕie	n̠iã³¹/n̠iaŋ³¹	tiã³¹/tiaŋ³¹
合阳	n̠iə³¹	ɕiã³¹	ɕiə²⁴ ǀ ɕie	n̠iã³¹	tiã³¹
澄城	iə³¹/n̠iə³¹	ɕiã³¹	ɕiə²⁴ ǀ ɕie	n̠iã³¹	tiã³¹
白水	ie³¹/n̠ie³¹	ɕiã³¹	ɕie²⁴ ǀ ɕie	n̠iã³¹	tiã³¹
大荔	ie³¹/n̠ie³¹	ɕiã³¹	ɕie²⁴ ǀ ɕie	n̠iã³¹	tiã³¹
蒲城	ie³¹/n̠iε³¹	ɕiã³¹	ɕie³⁵ ǀ ɕie	n̠iã³¹	tiã³¹
美原	n̠ie³¹	ɕiã³¹	ɕie³⁵ ǀ ɕie	n̠iã³¹	tiã³¹
富平	ie³¹/n̠ie³¹	ɕiã³¹	ɕie³⁵ ǀ ɕie	n̠iã³¹	tiã³¹
潼关	ie³¹/n̠ie³¹	ɕiã³¹	ɕie²⁴ ǀ ɕie	n̠iã³¹	tiã³¹
华阴	n̠ie³¹	ɕiã³¹	ɕie²⁴ ǀ ɕie	n̠iã³¹	tiã³¹
华县	ie³¹/n̠ie³¹	ɕiã³¹	ɕie³⁵ ǀ ɕie	n̠iã³¹	tiã³¹
渭南	ie³¹/n̠ie³¹	ɕiã³¹	ɕie²⁴ ǀ ɕie	n̠iã³¹	tɕiã³¹
洛南	ie³¹/n̠ie³¹	ɕiæ³¹	ɕie²⁴ ǀ ɕie	n̠ie³¹	tɕiæ⁴⁴
商州	ie³¹/n̠ie³¹	ɕiã³¹	ɕie³⁵ ǀ ɕie	n̠iã³¹	tiã³¹
丹凤	ie³¹/n̠ie³¹	ɕiã³¹	ɕie²⁴	n̠iã³¹	tɕiã⁴⁴
宜川	n̠ie⁵¹	ɕiæ⁵¹	ɕie²⁴	n̠iæ⁵¹	tiæ⁵¹
富县	n̠ie³¹	ɕiã³¹	ɕie²⁴	n̠iã³¹	tiã³¹
黄陵	n̠iE³¹	ɕiæ³¹	ɕiE²⁴	n̠iæ³¹	tɕiæ³¹
宜君	n̠iE²¹	ɕiæ²¹	ɕiE²⁴	n̠iæ²¹	t̠iæ²¹
铜川	n̠ie²¹	ɕiæ²¹	ɕie²⁴ ǀ ɕie	n̠iæ²¹	tiæ²¹
耀县	n̠ie³¹	ɕiæ³¹	ɕie²⁴ ǀ ɕie	n̠iæ³¹	tiæ³¹
高陵	n̠ie³¹	ɕiæ³¹	ɕie²⁴ ǀ ɕie	n̠iæ³¹	t̠iæ³¹
临潼	n̠ie³¹	ɕiã³¹	ɕie²⁴ ǀ ɕie	n̠iã³¹	tɕiã³¹

字目 方言	业	枚	胁	腌	掂
	咸开三 入业疑	咸开三 平严晓	咸开三 入业晓	咸开三 平严影	咸开四 平添端
蓝田	ȵie³¹	ɕiã³¹	ɕiɛ²⁴ ｜ ɕiɛ	iã³¹	tɕiã³¹
长安	ȵie³¹	ɕiã³¹	ɕiɛ²⁴	iã³¹	tɕiã³¹
户县	ȵiE³¹	ɕiã³¹	ɕiE²⁴ ｜ ɕiɛ	iã̱³¹/ȵiã³¹	tiã³¹
周至	ȵie²¹	ɕiæ²¹	ɕiɛ²⁴ ｜ ɕiɛ	ȵiæ²¹	tiæ²¹
三原	ȵie³¹	ɕiã³¹	ɕiɛ²⁴ ｜ ɕiɛ	ȵiã³¹	tiã³¹
泾阳	ȵie³¹	ɕiã³¹	ɕiɛ²⁴ ｜ ɕiɛ	ȵiã³¹	tiã³¹
咸阳	ȵie³¹	ɕiã³¹	ɕiɛ²⁴	ȵiã³¹	tiã³¹
兴平	ȵie³¹	ɕiã³¹	ɕiɛ²⁴ ｜ ɕiɛ	ȵiã³¹	tɕiã³¹
武功	ȵie³¹	ɕiã³¹	ɕiɛ²⁴ ｜ ɕiɛ	ȵiã³¹	tiã³¹
礼泉	ȵie³¹	ɕiã³¹	ɕiɛ²⁴ ｜ ɕiɛ	ȵiæ³¹	tiã³¹
乾县	ȵie³¹	ɕiã³¹	ɕiɛ²⁴ ｜ ɕiɛ	ȵiã³¹	tiã³¹
永寿	ȵie³¹	ɕiã³¹	ɕiɛ²⁴ ｜ ɕiɛ	iã̱³¹/ȵiã³¹	tiã³¹
淳化	ȵie³¹	ɕiã³¹	ɕiɛ²⁴ ｜ ɕiɛ	ȵiã³¹	tiã³¹
旬邑	ȵie³¹	ɕiã³¹	ɕiɛ²⁴ ｜ ɕiɛ	ȵiã³¹	tiã³¹
彬县	ȵie³¹	ɕiã³¹	ɕiɛ²⁴ ｜ ɕiɛ	ȵiã³¹	tiã³¹
长武	ȵie³¹	ɕiã³¹	ɕiɛ²⁴ ｜ ɕiɛ	ȵiã³¹	tiã³¹
扶风	ȵie³¹	ɕiæ³¹	ɕiɛ²⁴ ｜ ɕiɛ	iæ̱³¹/ȵiæ³¹	tɕiæ³¹
眉县	ȵie³¹	ɕiæ³¹	ɕiɛ²⁴ ｜ ɕiɛ	ȵiã³¹	ȶiæ³¹
麟游	ȵie³¹	ɕiã³¹	ɕiɛ²⁴ ｜ ɕiɛ	ȵiã³¹	ȶiã³¹
岐山	ȵie³¹	ɕiæ³¹	ɕiɛ²⁴ ｜ ɕiɛ	ȵiã³¹	ȶiæ³¹
凤翔	ȵie³¹	ɕiã³¹	ɕiɛ²⁴ ｜ ɕiɛ	ȵiã³¹	ȶiã³¹
宝鸡	ȵie³¹	ɕiæ³¹	ɕiɛ²⁴ ｜ ɕiɛ	ȵiæ³¹	tɕiæ³¹
千阳	ȵie³¹	ɕiæ³¹	ɕiɛ²⁴ ｜ ɕiɛ	iæ̱³¹/ȵiæ³¹	tiæ³¹
陇县	ȵie³¹	ɕiæ³¹	ɕiɛ²⁴ ｜ ɕiɛ	iæ³¹	tiæ³¹

字目 / 方言	点	店	跌	添	舔
	咸开四 上忝端	咸开四 去椓端	咸开四 入帖端	咸开四 平添透	咸开四 上忝透
西安	tiæ̃⁵³	tiæ̃⁵⁵	tie²¹	tʰiæ̃²¹	tʰiæ̃⁵³
韩城	t̠iã̱⁵³/tiaŋ⁵³	tiã⁴⁴	tiɛ³¹	tʰiã³¹/tʰiaŋ³¹	tʰiã̱⁵³/tʰiaŋ⁵³
合阳	tiã⁵²	tiã⁵⁵	tiə̱³¹/tia³¹	tʰiã³¹	tʰiã⁵²
澄城	tiã⁵³	tiã⁴⁴	tiə³¹	tʰiã³¹	tʰiã⁵³
白水	tiã⁵³	tiã⁴⁴	tie³¹	tsʰiã³¹	tsʰiã⁵³
大荔	tiã⁵²	tiã⁵⁵	tie³¹	tʰiã³¹	tʰiã⁵²
蒲城	tiã⁵³	tiã⁵⁵	tie³¹	tsʰiã³¹	tsʰiã⁵³
美原	tiã⁵³	tiã⁵⁵	tie³¹	tɕʰiã³¹	tɕʰiã⁵³
富平	tiã⁵³	tiã⁵⁵	tie³¹	tsʰiã³¹	tsʰiã⁵³
潼关	tiã⁵²	tiã⁴⁴	tie³¹	tʰiã³¹	tʰiã⁵²
华阴	tiã⁵²	tiã⁵⁵	tie³¹	tʰiã³¹	tʰiã⁵²
华县	tiã⁵³	tiã⁵⁵	tie³¹	tʰiã³¹	tʰiã⁵³
渭南	tɕiã⁵³	tɕiã⁴⁴	tɕie³¹	tɕʰiã³¹	tɕʰiã⁵³
洛南	tɕiæ̃⁵³	tɕiæ̃⁴⁴	tɕie³¹	tɕʰiæ̃³¹	tɕʰiæ̃⁵³
商州	tiã⁵³	tiã⁵⁵	tie³¹	tɕʰiã³¹	tɕʰiã⁵³
丹凤	tɕiã⁵³	tɕiã⁴⁴	tɕie³¹	tɕʰiã³¹	tɕʰiã⁵³
宜川	tiæ̃⁴⁵	tiæ̃⁴⁵	tie⁵¹	ȶʰiæ̃⁵¹	ȶʰiæ̃⁴⁵
富县	tiã⁵²	tiã⁴⁴	tie³¹	ȶʰiã³¹	ȶʰiã⁵²
黄陵	tɕiæ̃⁵²	tɕiæ̃⁴⁴	tɕiɛ³¹	tɕʰiæ̃³¹	tɕʰiæ̃⁵²
宜君	ȶiæ̃⁵²	ȶiæ̃⁴⁴	tiɛ²¹	ȶʰiæ̃²¹	ȶʰiæ̃⁵²
铜川	tiæ̃⁵²	tiæ̃⁴⁴	ȶiɛ²¹	tɕʰiæ̃²¹	tɕʰiæ̃⁵²
耀县	tiæ̃⁵²	tiæ̃⁴⁴	tie³¹	ȶʰiæ̃³¹	ȶʰiæ̃⁵²
高陵	ȶiæ̃⁵²	ȶiæ̃⁵⁵	ȶie³¹	ȶʰiæ̃³¹	ȶʰiæ̃⁵²
临潼	tɕiã⁵²	tɕiã⁴⁵	tɕie³¹	tɕʰiã³¹	tɕʰiã⁵²

字目　方言	点　咸开四　上忝端	店　咸开四　去栎端	跌　咸开四　入帖端	添　咸开四　平添透	舔　咸开四　上忝透
蓝田	tɕiã⁵²	tɕiã⁴⁴	tɕie³¹	tɕʰiã³¹	tɕʰiã⁵²
长安	tɕiã⁵³	tɕiã⁴⁴	tɕie³¹	tɕʰiã³¹	tɕʰiã⁵³
户县	tiã⁵²	tiã⁵⁵	tiE³¹	tʰiã³¹	tʰiã⁵²
周至	tiã⁵²	tiã⁵⁵	tie²¹	tʰiæ̃²¹	tʰiæ̃⁵²
三原	tiã⁵²	tiã⁵⁵	tie³¹	tʰiã³¹	tʰiã⁵²
泾阳	tiã⁵²	tiã⁵⁵	tie³¹	tʰiã³¹	tʰiã⁵²
咸阳	tiã⁵²	tiã⁵⁵	tie³¹	tʰiã³¹	tʰiã⁵²
兴平	tɕiã⁵²	tɕiã⁵⁵	tɕie³¹	tɕʰiã³¹	tɕʰiã⁵²
武功	tiã⁵²	tiã⁵⁵	tie³¹	tʰiã³¹	tʰiã⁵²
礼泉	tiæ̃⁵²	tiæ̃⁵⁵	tie³¹	tʰiæ̃³¹	tʰiæ̃⁵²
乾县	tiã⁵²	tiã⁴⁴	tie³¹	tʰiã³¹	tʰiã⁵²
永寿	tiã⁵²	tiã⁵⁵	tie³¹	tʰiã³¹	tʰiã⁵²
淳化	tiã⁵²	tiã⁵⁵	tie³¹	tʰiã³¹	tʰiã⁵²
旬邑	tiã⁵²	tiã⁴⁴	tie³¹	tsʰiã³¹	tsʰiã⁵²
彬县	tiã⁵²	tiã⁴⁴	tie³¹	tʰiã³¹	tʰiã⁵²
长武	tiã⁵²	tiã⁴⁴	tie³¹	tsʰiã³¹	tsʰiã⁵²
扶风	tɕiæ̃⁵²	tɕiæ̃³³	tɕie³¹	tɕʰiæ̃³¹	tɕʰiæ̃⁵²
眉县	ȶiæ̃⁵²	ȶiæ̃⁴⁴	ȶie³¹	tʰiæ̃³¹	tʰiæ̃⁵²
麟游	ȶiã⁵³	ȶiã⁴⁴	ȶie³¹	tʰiã³¹	tʰiã⁵³
岐山	ȶiæ̃⁵³	ȶiæ̃⁴⁴	ȶie³¹	tʰiæ̃³¹	tʰiæ̃⁵³
凤翔	ȶiã⁵³	ȶiã⁴⁴	ȶie³¹	tʰiã³¹	tʰiã⁵³
宝鸡	tɕiæ̃⁵³	tɕiæ̃⁴⁴	tɕie³¹	tɕʰiæ̃³¹	tɕʰiæ̃⁵³
千阳	tiæ̃⁵³	tiæ̃⁴⁴	tie³¹	tʰiæ̃³¹	tʰiæ̃⁵³
陇县	tiæ̃⁵³	tiæ̃⁴⁴	tie³¹	tʰiæ̃³¹	tʰiæ̃⁵³

字目 方言	贴 咸开四 入帖透	甜 咸开四 平添定	碟 咸开四 入帖定	念 咸开四 去椓泥	茶 咸开四 入帖泥
西安	tʰie²¹ ｜ tʰie	tʰiæ²⁴	tie²⁴	ȵiæ⁵⁵	ȵie⁵⁵
韩城	tʰiɛ³¹ ｜ tʰie	tʰiã²⁴/tʰiaŋ²⁴	tʰiɛ²⁴	ȵiã⁴⁴/ȵiaŋ⁵³	ȵiɛ²⁴
合阳	tʰiə³¹ ｜ tʰie	tʰiã²⁴	tʰiə²⁴	ȵiã⁵⁵	ȵiə²⁴
澄城	tʰiə³¹ ｜ tsʰie	tʰiã²⁴	tʰiə²⁴	ȵiã⁴⁴	ȵiə²⁴
白水	tsʰie³¹ ｜ tʰie	tsʰiã²⁴	tsʰie²⁴	ȵiã⁴⁴	ȵie²⁴
大荔	tʰie³¹ ｜ tʰie	tʰiã²⁴	tʰie²⁴	ȵiã⁵⁵	ȵie²⁴
蒲城	tsʰie³¹ ｜ tʰie	tsʰiã³⁵	tsʰie³⁵	ȵiã⁵⁵	ȵie³⁵
美原	tɕʰie³¹ ｜ tʰie	tɕʰiã³⁵	tɕʰie³⁵	ȵiã⁵⁵	ȵie³⁵
富平	tsʰie³¹ ｜ tʰie	tsʰiã³⁵	tsʰie³⁵	ȵiã⁵⁵	ȵie³⁵
潼关	tʰie³¹ ｜ tʰie	tʰiã²⁴	tie²⁴	ȵiã⁴⁴	ȵiɛ²⁴
华阴	tʰie³¹ ｜ tʰie	tʰiã²⁴	tʰie²⁴	ȵiã⁵⁵	ȵie²⁴
华县	tʰie³¹ ｜ tʰie	tʰiã³⁵	tʰie³⁵	ȵiã⁵⁵	ȵie³⁵
渭南	tɕʰie³¹ ｜ tɕʰie	tɕʰiã²⁴	tɕʰie²⁴	ȵiã⁴⁴	ȵie²⁴
洛南	tɕʰie³¹ ｜ tɕʰie	tɕʰiæ²⁴	tɕʰie²⁴	ȵiæ⁴⁴	ȵie²⁴
商州	tɕʰie³¹ ｜ tʰie	tɕʰiã³⁵	tɕʰie³⁵	ȵiã⁵⁵	ȵie⁵⁵
丹凤	tɕʰie³¹	tɕʰiã²⁴	tɕʰie²⁴	ȵiã⁴⁴	ȵie²⁴
宜川	tʰie⁵¹	tʰiæ²⁴	tʰie²⁴	ȵiæ⁴⁵	ȵie⁵¹
富县	tʰie³¹	tʰiã²⁴	tʰie²⁴	ȵiã⁴⁴	ȵie²⁴
黄陵	tɕʰiɛ³¹	tɕʰiɛ²⁴	tɕʰiɛ²⁴	ȵiæ⁴⁴	ȵiɛ²⁴
宜君	tʰiɛ²¹	tʰiæ²⁴	tʰiɛ²⁴	ȵiæ⁴⁴	ȵiæ²¹
铜川	tɕʰie²¹ ｜ tsʰie	tɕʰiæ²⁴	tie²⁴	ȵiæ⁴⁴	ȵie²⁴
耀县	tʰie³¹ ｜ tʰie	tʰiæ²⁴	tʰie²⁴	ȵiæ⁴⁴	ȵie²⁴
高陵	tʰie³¹ ｜ tʰie	tʰiæ²⁴	tie²⁴	ȵiæ⁵⁵	ȵie²⁴ 发~
临潼	tɕʰie³¹ ｜ tʰie	tɕʰiã²⁴	tɕʰie²⁴	ȵiã⁴⁵	ȵie⁴⁵

字目\\方言	贴 咸开四 入帖透		甜 咸开四 平添定	碟 咸开四 入帖定	念 咸开四 去桥泥	茶 咸开四 入帖泥
蓝田	tɕʰie³¹	tɕʰiɛ	tɕʰiã²⁴	tɕiɛ²⁴	ȵiã⁴⁴	ȵiã³¹
长安	tɕʰie³¹		tɕʰiã²⁴	tɕiɛ²⁴	ȵiã⁴⁴	ȵiɛ⁴⁴ 发~
户县	tʰie³¹	tʰiɛ	tʰiã²⁴	tiɛ²⁴	ȵiã⁵⁵	ȵiɛ²⁴/ȵiɛ⁵⁵
周至	tʰie²¹	tʰiɛ	tʰiæ̃²⁴	tiɛ²⁴	ȵiæ̃⁵⁵	ȵiɛ⁵⁵
三原	tʰie³¹	tʰiɛ	tʰiã²⁴	tʰiɛ²⁴	ȵiã⁵⁵	ȵiɛ²⁴
泾阳	tʰie³¹	tʰiɛ	tʰiã²⁴	tiɛ²⁴	ȵiã⁵⁵	ȵiɛ²⁴
咸阳	tʰie³¹	tʰiɛ	tʰiã²⁴	tiɛ²⁴	ȵiã⁵⁵	ȵiɛ²⁴
兴平	tɕʰie³¹	tʰiɛ	tɕʰiã²⁴	tɕiɛ²⁴	ȵiã⁵⁵	ȵiɛ⁵⁵
武功	tʰie³¹	tʰiɛ	tʰiã²⁴	tiɛ²⁴	ȵiã⁵⁵	ȵiɛ⁵⁵
礼泉	tʰie³¹	tʰiɛ	tʰiæ̃²⁴	tiɛ²⁴	ȵiæ̃⁵⁵	ȵiɛ²⁴
乾县	tʰie³¹	tʰiɛ	tʰiã²⁴	tiɛ²⁴	ȵiã⁴⁴	ȵiɛ⁴⁴
永寿	tʰie³¹	tʰiɛ	tʰiã²⁴	tiɛ²⁴	ȵiã⁵⁵	ȵiɛ⁵⁵
淳化	tʰie³¹	tʰiɛ	tʰiæ̃²⁴	tʰiɛ²⁴	ȵiã⁵⁵	ȵiɛ²⁴
旬邑	tsʰie³¹	tʰiɛ	tsʰiã²⁴	<u>tie²⁴</u>/tsʰie²⁴	ȵiã⁴⁴	ȵiɛ²⁴
彬县	tʰie³¹	tʰiɛ	tʰiã²⁴	tiɛ²⁴	ȵiã⁴⁴	ȵiɛ²⁴
长武	tsʰie³¹	tsʰiɛ	tsʰiã²⁴	tiɛ²⁴	ȵiã⁴⁴	
扶风	tɕʰie³¹	tsʰiɛ	tɕʰiæ̃²⁴	<u>tɕiɛ²⁴</u>/<u>tɕʰie²⁴</u>	ȵiæ̃³³	ȵiɛ²⁴
眉县	tʰie³¹	tsʰiɛ	tʰiã²⁴	tiɛ²⁴	ȵiã⁴⁴	ȵiɛ²⁴
麟游	tʰie³¹	tsʰiɛ	tʰiã²⁴	tiɛ²⁴	ȵiã⁴⁴	ȵiɛ²⁴
岐山	tʰie³¹	tsʰiɛ	tʰiæ̃²⁴	tʰiɛ²⁴	ȵiæ̃⁴⁴	ȵiɛ²⁴
凤翔	tʰie³¹	tʰiɛ	tʰiã²⁴	tiɛ²⁴	ȵiã⁴⁴	ȵiɛ²⁴
宝鸡	tɕʰie³¹	tʰiɛ	tɕʰiæ̃²⁴	tɕiɛ²⁴	ȵiæ̃⁴⁴	ȵiɛ²⁴
千阳	tʰie³¹	tsʰiɛ	tʰiæ̃²⁴	<u>tie²⁴</u>/tʰie²⁴	ȵiæ̃⁴⁴	ȵiɛ²⁴
陇县	tʰie³¹	tʰiɛ	tʰiæ̃²⁴	tiɛ²⁴	ȵiæ̃⁴⁴	ȵiɛ²⁴

字目 方言	兼 咸开四 平添见	挟~菜 咸开四 入帖见	谦 咸开四 平添溪	歉 咸开四 去桥溪	嫌 咸开四 平添匣
西安	tɕiæ̃²¹	tɕia²¹	tɕʰiæ̃²¹	tɕʰiæ̃⁵⁵	ɕiæ̃²⁴
韩城	tɕiã³¹	tɕia³¹	tɕʰiã³¹	tɕʰiã⁴⁴	ɕiã²⁴
合阳	tɕiã³¹	tɕia³¹	tɕʰiã³¹	tɕʰiã⁵²	ɕiã²⁴
澄城	tɕiã³¹	tɕia³¹	tɕʰiã³¹	tɕʰiã⁴⁴	ɕiã²⁴
白水	tɕiã³¹	tɕia³¹	tɕʰiã³¹	tɕʰiã⁴⁴	ɕiã²⁴
大荔	tɕiã³¹	tɕia³¹	tɕʰiã³¹	tɕʰiã⁵⁵	ɕiã²⁴
蒲城	tɕiã³¹	tɕia³¹	tɕʰiã³¹	tɕʰiã⁵⁵	ɕiã³⁵
美原	tɕiã³¹	tɕia³¹	tɕʰiã³¹	tɕʰiã⁵⁵	ɕiã³⁵
富平	tɕiã³¹	tɕia³¹	tɕʰiã³¹	tɕʰiã⁵⁵	ɕiã³⁵
潼关	tɕiã³¹	tɕia³¹	tɕʰiã³¹	tɕʰiã⁴⁴	ɕiã²⁴
华阴	tɕiã³¹	tɕia³¹	tɕʰiã³¹	tɕʰiã⁵⁵	ɕiã²⁴
华县	tɕiã³¹	tɕia³¹	tɕʰiã³¹	tɕʰiã⁵⁵	ɕiã³⁵
渭南	tɕiã³¹	tɕia³¹	tɕʰiã³¹	tɕʰiã⁴⁴	ɕiã²⁴
洛南	tɕiæ̃³¹	tɕia³¹	tɕʰiæ̃³¹	tɕʰiæ̃⁴⁴	ɕiæ̃²⁴
商州	tɕiã³¹	tɕia³¹	tɕʰiã³¹	tɕʰiã⁵⁵	ɕiã³⁵
丹凤	tɕiã³¹	tɕia³¹	tɕʰiã³¹	tɕʰiã⁴⁴	ɕiã²⁴
宜川	tɕiæ̃⁵¹	tɕia⁵¹	tɕʰiæ̃⁵¹	tɕʰiæ̃⁴⁵	ɕiæ̃²⁴
富县	tɕiã³¹	tɕia³¹	tɕʰiã³¹	tɕʰiã⁴⁴	ɕiã²⁴
黄陵	tɕiæ̃³¹	tɕia³¹	tɕʰiæ̃³¹	tɕʰiæ̃⁴⁴	ɕiæ̃²⁴
宜君	tɕiæ̃²¹	tɕia²¹	tɕʰiæ̃²¹	tɕʰiæ̃²¹	ɕiæ̃²⁴
铜川	tɕiæ̃²¹	tɕia²¹	tɕʰiæ̃²¹	tɕʰiæ̃⁴⁴	ɕiæ̃²⁴
耀县	tɕiæ̃³¹	tɕia³¹	tɕʰiæ̃³¹	tɕʰiæ̃⁴⁴	ɕiæ̃²⁴
高陵	tɕiæ̃³¹	tɕia³¹	tɕʰiæ̃³¹	tɕʰiæ̃⁵⁵	ɕiæ̃²⁴
临潼	tɕiã³¹	tɕia³¹	tɕʰiã³¹	tɕʰiã⁴⁵	ɕiã²⁴

字目 方言	兼	挟~菜	谦	欷	嫌
	咸开四 平添见	咸开四 入帖见	咸开四 平添溪	咸开四 去桥溪	咸开四 平添匣
蓝田	tɕiã³¹	tɕia³¹	tɕʰiã³¹	tɕʰiã⁴⁴	ɕiã²⁴
长安	tɕiã³¹	tɕia³¹	tɕʰiã³¹	tɕʰiã⁴⁴	ɕiã²⁴
户县	tɕiã³¹	tɕia³¹	tɕʰiã³¹	tɕʰiã⁵⁵	ɕiã²⁴
周至	tɕiæ̃²¹	tɕia²¹	tɕʰiæ̃²¹	tɕʰiæ̃⁵⁵	ɕiæ̃²⁴
三原	tɕiã³¹	tɕia³¹	tɕʰiã³¹	tɕʰiã³¹	ɕiã²⁴
泾阳	tɕiã³¹	tɕia³¹	tɕʰiã³¹	tɕʰiã⁵⁵	ɕiã²⁴
咸阳	tɕiã³¹	tɕia³¹	tɕʰiã³¹	tɕʰiã⁵⁵	ɕiã²⁴
兴平	tɕiã³¹	tɕia³¹	tɕʰiã³¹	tɕʰiã⁵⁵	ɕiã²⁴
武功	tɕiã³¹	tɕia³¹	tɕʰiã³¹	tɕʰiã⁵⁵	ɕiã²⁴
礼泉	tɕiæ̃³¹	tɕia³¹	tɕʰiã³¹	tɕʰiæ̃³¹	ɕiæ̃²⁴
乾县	tɕiã³¹	tɕia³¹	tɕʰiã³¹	tɕʰiã⁴⁴	ɕiæ̃²⁴
永寿	tɕiã³¹	tɕia³¹	tɕʰiã³¹	tɕʰiã⁵⁵	ɕiã²⁴
淳化	tɕiã³¹	tɕia³¹	tɕʰiã³¹	tɕʰiã⁵⁵	ɕiã²⁴
旬邑	tɕiã³¹	tɕia³¹	tɕʰiã³¹	tɕʰiã⁴⁴	ɕiã²⁴
彬县	tɕiã³¹	tɕia³¹	tɕʰiã³¹	tɕʰiã⁴⁴	ɕiã²⁴
长武	tɕiã³¹	tɕia³¹	tɕʰiã³¹	tɕʰiã⁴⁴	ɕiã²⁴
扶风	tɕiæ̃³¹	tɕia³¹	tɕʰiæ̃³¹	tɕʰiæ̃⁵²	ɕiæ̃²⁴
眉县	tɕiæ̃³¹	tɕia³¹	tɕʰiæ̃³¹	tɕʰiæ̃⁴⁴	ɕiæ̃²⁴
麟游	tɕiã³¹	tɕia³¹	tɕʰiã³¹	tɕʰiã⁴⁴	ɕiã²⁴
岐山	tɕiæ̃³¹	tɕia³¹	tɕʰiæ̃³¹	tɕʰiæ̃⁵³	ɕiæ̃²⁴
凤翔	tɕiã³¹	tɕiã³¹	tɕʰiã³¹	tɕʰiã⁴⁴	ɕiã²⁴
宝鸡	tɕiæ̃³¹	tɕia³¹	tɕʰiæ̃³¹	tɕʰiæ̃⁴⁴	ɕiæ̃²⁴
千阳	tɕiæ̃³¹	tɕia³¹	tɕʰiæ̃³¹	tɕʰiæ̃⁵³	ɕiæ̃²⁴
陇县	tɕiæ̃³¹	tɕia³¹	tɕʰiæ̃³¹	tɕʰiæ̃⁴⁴	ɕiæ̃²⁴

字目／方言	协	法	泛	凡	犯
	咸开四入帖匣	咸合三入乏非	咸合三去梵敷	咸合三平凡奉	咸合三上范奉
西安	ɕie²⁴	fa²¹ | fa	fæ̃⁵⁵	fæ̃²⁴ | fã	fæ̃⁵⁵
韩城	ɕiɛ²⁴	fa³¹ | fa	fã⁴⁴	fã²⁴ | fã	fã⁴⁴
合阳	ɕiə²⁴	fa³¹ | fa	fã⁵⁵	fã²⁴ | fã	fã⁵⁵
澄城	ɕiə²⁴	fa³¹ | fa	fã⁴⁴	fã²⁴ | fã	fã⁴⁴
白水	ɕie²⁴	fa³¹ | fa	fã⁴⁴	fã²⁴ | fã	fã⁴⁴
大荔	ɕie²⁴	fa³¹ | fa	fã⁵⁵	fã²⁴ | fã	fã⁵⁵
蒲城	ɕie³⁵	fa³¹ | fa	fã⁵⁵	fã³⁵ | fã	fã⁵⁵
美原	ɕie³⁵	fa³¹ | fa	fã⁵⁵	fã³⁵ | fã	fã⁵⁵
富平	ɕie³⁵	fa³¹ | fa	fã⁵⁵	fã³⁵ | fã	fã⁵⁵
潼关	ɕie²⁴	fa³¹ | fa	fã⁴⁴	fã²⁴ | fã	fã⁴⁴
华阴	ɕie²⁴	fa³¹ | fa	fã⁵⁵	fã²⁴ | fã	fã⁵⁵
华县	ɕie³⁵	fa³¹ | fa	fã⁵⁵	fã³⁵ | fã	fã⁵⁵
渭南	ɕie²⁴	fa³¹ | fa	fã⁴⁴	fã²⁴ | fã	fã⁴⁴
洛南	ɕie²⁴	fa³¹ | fa	fæ̃⁴⁴	fæ̃²⁴ | fã	fæ̃⁴⁴
商州	ɕie³⁵	fa³¹ | fa	fã⁵⁵	fã³⁵ | fã	fã⁵⁵
丹凤	ɕie²⁴	fa³¹	fã⁴⁴	fã²⁴	fã⁴⁴
宜川	ɕie²⁴	fa⁵¹	fæ̃⁴⁵	fæ̃²⁴	fæ̃⁴⁵
富县	ɕie²⁴	fa³¹	fã⁴⁴	fã²⁴	fã⁴⁴
黄陵	ɕiɛ²⁴	fa³¹	fæ̃⁴⁴	fæ̃²⁴	fæ̃⁴⁴
宜君	ɕiɛ²⁴	fa²¹	fæ̃⁴⁴	fæ̃²⁴	fæ̃⁴⁴
铜川	ɕie²⁴	fa²¹ | fa	fæ̃⁴⁴	fæ̃²⁴ | fã	fæ̃⁴⁴
耀县	ɕie²⁴	fa³¹ | fa	fæ̃⁴⁴	fæ̃²⁴ | fã	fæ̃⁴⁴
高陵	ɕie²⁴	fa³¹ | fa	fæ̃⁵⁵	fæ̃²⁴ | fã	fæ̃⁵⁵
临潼	ɕie²⁴	fa³¹ | fa	fã⁴⁵	fã²⁴ | fã	fã⁴⁵

字目 / 方言	协	法	泛	凡	犯
	咸开四入帖匣	咸合三入乏非	咸合三去梵敷	咸合三平凡奉	咸合三上范奉
蓝田	ɕie²⁴	fɑ³¹ | fɑ	fã⁴⁴	fɑ²⁴ | fã	fã⁴⁴
长安	ɕie²⁴	fɑ³¹	fã⁴⁴	fã²⁴	fã⁴⁴
户县	ɕiɛ²⁴	fɑ³¹ | fɑ	fã⁵⁵	fã²⁴ | fã	fã⁵⁵
周至	ɕie²⁴	fɑ²¹ | fɑ	fæ̃⁵⁵	fæ̃²⁴ | fã	fæ̃⁵⁵
三原	ɕie²⁴	fɑ³¹ | fɑ	fã³¹	fã²⁴ | fã	fã⁵⁵
泾阳	ɕie²⁴	fɑ³¹ | fɑ	fã⁵⁵	fã²⁴ | fã	fã⁵⁵
咸阳	ɕie²⁴	fɑ³¹ | fɑ	fã⁵⁵	fã²⁴	fã⁵⁵
兴平	ɕie²⁴	fɑ³¹ | fɑ	fã⁵⁵	fã²⁴ | fã	fã⁵⁵
武功	ɕie²⁴	fɑ³¹ | fɑ	fæ̃⁵⁵	fã²⁴ | fã	fã⁵⁵
礼泉	ɕie²⁴	fɑ³¹ | fɑ	fæ̃³¹	fæ̃²⁴ | fã	fæ̃⁵⁵
乾县	ɕie²⁴	fɑ³¹ | fɑ	fã⁴⁴	fã²⁴ | fã	fã⁴⁴
永寿	ɕie²⁴	fɑ³¹ | fɑ	fã⁵⁵	fã²⁴ | fã	fã⁵⁵
淳化	ɕie²⁴	fɑ³¹ | fɑ	fã⁵⁵	fã²⁴ | fã	fã⁵⁵
旬邑	ɕie²⁴	fɑ³¹ | fɑ	fã⁴⁴	fã²⁴ | fã	fã⁴⁴
彬县	ɕie²⁴	fɑ³¹ | fɑ	fã⁴⁴	fã²⁴ | fã	fã⁴⁴
长武	ɕie²⁴	fɑ³¹ | fɑ	fã⁴⁴	fã²⁴ | fã	fã⁴⁴
扶风	ɕie²⁴	fɑ³¹ | fɑ	fæ̃³³	fæ̃²⁴ | fã	fæ̃³³
眉县	ɕie²⁴	fɑ³¹ | fɑ	fæ̃⁴⁴	fæ̃²⁴ | fã	fæ̃⁴⁴
麟游	ɕie²⁴	fɑ³¹ | fɑ	fã⁴⁴	fã²⁴ | fã	fã⁴⁴
岐山	ɕie²⁴	fɑ³¹ | fɑ	fæ̃⁴⁴	fæ̃²⁴ | fã	fæ̃⁴⁴
凤翔	ɕie²⁴	fɑ³¹ | fɑ	fã⁴⁴	fã²⁴ | fã	fã⁴⁴
宝鸡	ɕie²⁴	fɑ³¹ | fɑ	fæ̃⁴⁴	fæ̃²⁴ | fã	fæ̃⁴⁴
千阳	ɕie²⁴	fɑ³¹ | fɑ	fæ̃⁴⁴	fæ̃²⁴ | fã	fæ̃⁴⁴
陇县	ɕie²⁴	fɑ³¹ | fɑ	fæ̃⁴⁴	fæ̃²⁴ | fã	fæ̃⁴⁴

字目 方言	乏 咸合三 入乏奉	禀 深开三 上寝帮	品 深开三 上寝滂	赁 深开三 去沁泥	林 深开三 平侵来
西安	fɑ²⁴	piŋ⁵³	pʰiẽ⁵³	liẽ⁵⁵	liẽ²⁴ | lĩ
韩城	fɑ²⁴	piəŋ⁵³	pʰiẽ⁵³	liəŋ⁴⁴	liẽ²⁴ | lĩ
合阳	fɑ²⁴	piəŋ⁵²	pʰiẽ⁵²	liẽ⁵⁵	liẽ²⁴ | lĩ
澄城	fɑ²⁴	piəŋ⁵³	pʰiẽ⁵³	liẽ⁴⁴	liẽ²⁴ | lĩ
白水	fɑ²⁴	piəŋ⁵³	pʰiẽ⁵³	liẽ⁴⁴	liẽ²⁴ | lĩ
大荔	fɑ²⁴	piəŋ⁵²	pʰiẽ⁵²	liẽ⁵⁵	liẽ²⁴ | lĩ
蒲城	fɑ³⁵	piəŋ⁵³	pʰiẽ⁵³	liẽ⁵⁵	liẽ³⁵ | lĩ
美原	fɑ³⁵	piəŋ⁵³	pʰiẽ⁵³	liẽ⁵⁵	liẽ³⁵ | lĩ
富平	fɑ³⁵	piəŋ⁵³	pʰiẽ⁵³	liẽ⁵⁵	liẽ³⁵ | lĩ
潼关	fɑ²⁴	piəŋ⁵²	pʰiẽ⁵²	liẽ⁴⁴	liẽ²⁴ | lĩ
华阴	fɑ²⁴	piəŋ⁵²	pʰiẽ⁵²	liẽ⁵⁵	liẽ²⁴ | lĩ
华县	fɑ³⁵	piəŋ⁵³	pʰiẽ⁵³	liẽ⁵⁵	liẽ³⁵ | lĩ
渭南	fɑ²⁴	piəŋ⁵³	pʰiẽ⁵³	liẽ⁴⁴	liẽ²⁴ | lĩ
洛南	fɑ²⁴	piəŋ⁵³	pʰiei⁵³	liei⁴⁴	liei²⁴ | lĩ
商州	fɑ³⁵	piəŋ⁵³	pʰiẽ⁵³	liẽ⁵⁵	liẽ³⁵ | lĩ
丹凤	fɑ²⁴	piəŋ⁵³	pʰiei⁵³	liei⁴⁴	liei²⁴
宜川	fɑ²⁴	piəŋ⁴⁵	pʰiei⁴⁵	<u>liei⁴⁵</u>/li⁴⁵	li²⁴
富县	fɑ²⁴	piəŋ⁵²	pʰiəŋ⁵²	liəŋ⁴⁴	liəŋ²⁴
黄陵	fɑ²⁴	piəŋ⁵²	pʰiẽ⁵²	liẽ⁴⁴	liẽ²⁴
宜君	fɑ²⁴	piəŋ⁵²	pʰiẽ⁵²	liẽ⁴⁴	liẽ²⁴
铜川	fɑ²⁴	piɤŋ⁵²	pʰiẽ⁵²	liẽ⁴⁴	liẽ²⁴ | lĩ
耀县	fɑ²⁴	piəŋ⁵²	pʰiẽi⁵²	liẽi⁴⁴	liẽi²⁴ | lĩ
高陵	fɑ²⁴	piəŋ⁵²	pʰiẽ⁵²	liẽ⁵⁵	liẽ²⁴ | lĩ
临潼	fɑ²⁴	piəŋ⁵²	pʰiei⁵²	liei⁴⁵	liei²⁴ | lĩ

字目 方言	乏 咸合三 入乏奉	禀 深开三 上寝帮	品 深开三 上寝滂	赁 深开三 去沁泥	林 深开三 平侵来
蓝田	fa²⁴	piəŋ⁵²	pʰiẽ⁵²	liẽ⁴⁴	liẽ²⁴ ∣ liẽ
长安	fa²⁴	piəŋ⁵³	pʰiẽ⁵³	liẽ⁴⁴	liẽ²⁴
户县	fa²⁴	piəŋ⁵²	pʰiẽ⁵²	liẽ⁵⁵	liẽ²⁴ ∣ liẽ
周至	fa²⁴	piəŋ⁵²	pʰiẽ⁵²	liẽ⁵⁵	liẽ²⁴ ∣ liẽ
三原	fa²⁴	piŋ⁵²	pʰiẽ⁵²	liẽ⁵⁵	liẽ²⁴ ∣ liẽ
泾阳	fa²⁴	piŋ⁵²	pʰiẽ⁵²	liẽ⁵⁵	liẽ²⁴ ∣ liẽ
咸阳	fa²⁴	piŋ⁵²	pʰiẽ⁵²	liẽ⁵⁵	liẽ²⁴ ∣ liẽ
兴平	fa²⁴	piŋ⁵²	pʰiẽ⁵²	liẽ⁵⁵	liẽ²⁴ ∣ liẽ
武功	fa²⁴	piŋ⁵²	pʰiẽ⁵²	liẽ⁵⁵	liẽ²⁴ ∣ liẽ
礼泉	fa²⁴	piəŋ⁵²	pʰiẽ⁵²	liẽ⁵⁵	liẽ²⁴ ∣ liẽ
乾县	fa²⁴	piŋ⁵²	pʰiẽ⁵²	liẽ⁴⁴	liẽ²⁴ ∣ liẽ
永寿	fa²⁴	piŋ⁵²	pʰiẽ⁵²	liẽ⁵⁵	liẽ²⁴ ∣ liẽ
淳化	fa²⁴	piŋ⁵²	pʰiei⁵²	liei⁵⁵	liei²⁴ ∣ liẽ
旬邑	fa²⁴	piŋ⁵²	pʰiẽ⁵²	liẽ⁴⁴	liẽ²⁴ ∣ liẽ
彬县	fa²⁴	piŋ⁵²	pʰiẽ⁵²	liẽ⁴⁴	liẽ²⁴ ∣ liẽ
长武	fa²⁴	piŋ⁵²	pʰiẽ⁵²	liẽ⁴⁴	liẽ²⁴ ∣ liẽ
扶风	fa²⁴	piŋ⁵²	pʰiŋ⁵²	liŋ³³	liŋ²⁴ ∣ liəŋ
眉县	fa²⁴	piŋ⁵²	pʰiŋ⁵²	liŋ⁴⁴	liŋ²⁴ ∣ liəŋ
麟游	fa²⁴	piŋ⁵³	pʰiŋ⁵³	liŋ⁴⁴	liŋ²⁴ ∣ liŋ
岐山	fa²⁴	piŋ⁵³	pʰiŋ⁵³	liŋ⁴⁴	liŋ²⁴ ∣ liəŋ
凤翔	fa²⁴	piŋ⁵³	pʰiŋ⁵³	liŋ⁴⁴	liŋ²⁴ ∣ liŋ
宝鸡	fa²⁴	piŋ⁵³	pʰiŋ⁵³	liŋ⁴⁴	liŋ²⁴ ∣ liŋ
千阳	fa²⁴	piŋ⁵³	pʰiŋ⁵³	liŋ⁴⁴	liŋ²⁴ ∣ liŋ
陇县	fa²⁴	piŋ⁵³	pʰiŋ⁵³	liŋ⁴⁴	liŋ²⁴ ∣ liŋ

字目 方言	檁 深开三 上寝来	立 深开三 入缉来	浸 深开三 去沁精	侵 深开三 平侵清	寝 深开三 上寝清
西安	liẽ⁵³	li²¹	tɕʰiẽ²¹	tɕʰiẽ²¹	tɕʰiẽ⁵³
韩城	liəŋ⁵³	lɿ³¹	tɕʰiẽ⁵³	tɕʰiẽ⁵³	tɕʰiẽ⁵³
合阳	liẽ⁵²	li³¹	tsʰiẽ⁵²	tsʰiẽ⁵²	tsʰiẽ⁵²
澄城	liẽ⁵³	li³¹	tʰiẽ³¹	tʰiẽ³¹	tʰiẽ⁵³
白水	liẽ⁵³	li³¹	tsʰiẽ³¹	tsʰiẽ³¹	tsʰiẽ⁵³
大荔	liẽ⁵²	li³¹	tʰiẽ³¹	tʰiẽ³¹	tʰiẽ⁵²
蒲城	liẽ⁵³	li³¹	tsʰiẽ³¹	tsʰiẽ³¹	tsʰiẽ⁵³
美原	liẽ⁵³	li³¹	tɕiẽ³¹	tɕiẽ³¹	tɕʰiẽ⁵³
富平	liẽ⁵³	li³¹	tiẽ³¹	tiẽ³¹	tsʰiẽ⁵³
潼关	liẽ⁵²	li³¹	tɕʰiẽ³¹	tɕʰiẽ³¹	tɕʰiẽ⁵²
华阴	liẽ⁵²	li³¹	tɕʰiẽ³¹	tɕʰiẽ³¹	tɕʰiẽ⁵²
华县	liẽ⁵³	li³¹	tʰiẽ³¹	tʰiẽ³¹	tʰiẽ⁵³
渭南	liẽ⁵³	li³¹	tɕʰiẽ³¹	tɕʰiẽ³¹	tɕʰiẽ⁵³
洛南	liei⁵³	li³¹	tɕiei³¹	tɕʰiei³¹	tɕʰiei⁵³
商州	liẽ⁵³	li³¹	tɕiẽ³¹	tɕiẽ³¹	tɕʰiẽ⁵³
丹凤	liei⁵³	li³¹	tɕiei³¹	tɕʰiei³¹	tɕʰiei⁵³
宜川	liei⁴⁵/li⁴⁵	li⁵¹	tɕʰiei⁴⁵	tɕʰiei⁴⁵	tɕʰiei⁴⁵
富县	liəŋ⁵²	li³¹	tɕʰiəŋ⁵²	tɕʰiəŋ⁵²	tɕʰiəŋ⁵²
黄陵	liẽ⁵²	li³¹	tɕʰiẽ⁵²	tɕʰiẽ⁵²	tɕʰiẽ⁵²
宜君	liẽ⁵²	li²¹	t̪ʰiẽ²¹	t̪ʰiẽ⁵²	t̪ʰiẽ⁵²
铜川	liẽ⁵²	li²¹	tɕʰiẽ²¹	tɕʰiẽ²¹	tɕʰiẽ⁵²
耀县	li⁵²	li³¹	tɕʰiẽi⁵²	tɕʰiẽi⁵²	tɕʰiẽi⁵²
高陵	liẽ⁵²	li³¹	ȶiẽ⁵²	t̪ʰiẽ³¹	t̪ʰiẽ⁵²
临潼	liei⁵²	li³¹	tɕʰiei³¹	tɕʰiei³¹	tɕʰiei⁵²

字目 / 方言	檩 深开三 上寝来	立 深开三 入缉来	浸 深开三 去沁精	侵 深开三 平侵清	寝 深开三 上寝清
蓝田	liẽ⁵²	li³¹	tɕiẽ³¹	tɕʰiẽ³¹	tɕʰiẽ⁵²
长安	liẽ⁵³	li³¹	tɕʰiẽ⁵³/tɕiẽ⁵³/tɕiẽ⁴⁴①	tɕʰiẽ⁵³	tɕʰiẽ⁵³
户县	liẽ⁵²	li³¹	tɕʰiẽ⁵²	tɕʰiẽ⁵²	tɕʰiẽ⁵²
周至	liẽ⁵²	li²¹	tɕiẽ⁵⁵/tɕʰiẽ⁵²	tɕʰiẽ²¹	tɕʰiẽ⁵²
三原	liẽ⁵²	li³¹/lei³¹	tiẽ³¹	tiẽ³¹	tʰiẽ⁵²
泾阳	liẽ⁵²	li³¹/lei³¹	tɕiẽ⁵⁵	tɕʰiẽ³¹/tɕiẽ³¹	tɕʰiẽ⁵²
咸阳	liẽ⁵²	li³¹/lei³¹	tɕiẽ³¹	tɕiẽ³¹	tɕʰiẽ⁵²
兴平	liẽ⁵²	li³¹/lei³¹	tɕiẽ³¹	tɕʰiẽ³¹/tɕiẽ³¹	tɕʰiẽ⁵²
武功	liẽ⁵²	li³¹/lei³¹	tɕiẽ³¹	tɕʰiẽ³¹	tɕʰiẽ⁵²
礼泉	liẽ⁵²	li⁵²/le⁵²	tɕiẽ⁵²	tɕiẽ³¹	tɕʰiẽ⁵²
乾县	liẽ⁵²	li³¹/lei³¹	tɕiẽ³¹	tɕiẽ³¹	tɕʰiẽ⁵²
永寿	liẽ⁵²	li³¹	tɕiẽ³¹	tɕʰiẽ³¹	tɕʰiẽ⁵²
淳化	liei⁵²	li³¹/lei³¹	tiei³¹	tiei³¹	tʰiei⁵²
旬邑	liẽ⁵²	li³¹	tsiẽ³¹	tsʰiẽ³¹	tsʰiẽ⁵²
彬县	liẽ⁵²	li³¹	tsiẽ³¹	tsʰiẽ³¹	tsʰiẽ⁵²
长武	liẽ⁵²	li³¹	tsiẽ³¹	tsiẽ³¹	tsʰiẽ⁵²
扶风	liŋ⁵²	li³¹/lei³¹	tɕiŋ³¹	tɕiŋ³¹	tɕʰiŋ⁵²
眉县	liŋ⁵²	li³¹	ȶiŋ³¹	ȶiŋ³¹	ȶʰiŋ⁵²
麟游	liŋ⁵³	li³¹	ȶiŋ³¹	ȶiŋ³¹	ȶʰiŋ⁵³
岐山	liŋ⁵³	li³¹	ȶiŋ³¹	ȶʰiŋ³¹	ȶʰiŋ⁵³
凤翔	liŋ⁵³	li³¹	ȶiŋ³¹	ȶiŋ³¹	ȶʰiŋ⁵³
宝鸡	liŋ⁵³	li³¹	tɕiŋ³¹	tɕʰiŋ³¹	tɕʰiŋ⁵³
千阳	liŋ⁵³	li³¹	ȶiŋ³¹	ȶiŋ³¹	ȶʰiŋ⁵³
陇县	liŋ⁵³	li³¹	tɕʰiŋ³¹	tɕiŋ³¹	tɕʰiŋ³¹

① tɕʰiẽ⁵³ 水～咧；tɕiẽ⁵³ ～嘎子；tɕiẽ⁴⁴ ～泡。下同。

字目 / 方言	缉 深开三入缉清	集 深开三入缉从	心 深开三平侵心	寻 深开三平侵邪	习 深开三入缉邪
西安	tɕʰi^{21}①	tɕi^{24}/tɕi^{21}②	ɕiẽ^{21}	ɕiẽ^{24}	ɕi^{24}
韩城	tɕʰi^{31}	tɕʰi^{24}	ɕiẽ^{31}	ɕiəŋ^{24}	ɕi^{24}
合阳	tsʰi^{31}	tsʰi^{24}	siẽ^{31}	siẽ^{24}	si^{24}
澄城	tʰi^{31}	tʰi^{24}	siẽ^{31}	siẽ^{24}	si^{24}
白水	tsʰi^{31}	tsʰi^{24}	siẽ^{31}	siẽ^{24}	si^{24}
大荔	tʰi^{31}	tʰi^{24}	siẽ^{31}	siẽ^{24}	si^{24}
蒲城	tsʰi^{31}	tsʰi^{35}	siẽ^{31}	siẽ^{35}	si^{35}
美原	tɕʰi^{31}	tɕʰi^{35}	ɕiẽ^{31}	ɕiẽ^{35}	ɕi^{35}
富平	tsʰi^{31}	tsʰi^{35}	siẽ^{31}	siẽ^{35}	si^{35}
潼关	tɕʰi^{31}	tɕʰi^{24}	ɕiẽ^{31}	ɕiẽ^{24}	ɕi^{24}
华阴	tɕʰi^{31}	tɕʰi^{24}	ɕiẽ^{31}	ɕiẽ^{24}	ɕi^{24}
华县	tʰi^{31}	tʰi^{35}	siẽ^{31}	siẽ^{35}	si^{35}
渭南	tɕʰi^{31}	tɕʰi^{24}	ɕiẽ^{31}	ɕiẽ^{24}	ɕi^{24}
洛南	tɕʰi^{31}	tɕʰi^{24}	ɕiei^{31}	ɕiei^{24}	ɕi^{24}
商州	tɕʰi^{31}	tɕʰi^{35}/tɕi^{31}	ɕiẽ^{31}	ɕiẽ^{35}	ɕi^{35}
丹凤	tɕʰi^{31}	tɕʰi^{24}	ɕiei^{31}	ɕiei^{24}	ɕi^{24}
宜川	tɕi^{51}	tɕʰi^{24}	ɕiei^{51}	ɕiei^{24}/sei^{24}	ɕi^{24}
富县	tɕʰi^{31}	tʰi^{24}/tɕʰi^{24}③	ɕiəŋ^{31}	ɕiəŋ^{24}	ɕi^{24}
黄陵	tɕʰi^{31}	tɕʰi^{52}/tɕʰi^{24}	ɕiẽ^{31}	ɕiẽ^{24}	ɕi^{24}
宜君	ȶi^{21}/ȶʰi^{21}	ȶʰi^{24}	siẽ^{21}	siẽ^{24}	si^{24}
铜川	tɕʰi^{21}/tɕi^{21}	tɕʰi^{24}/tɕi^{21}/tʰi^{24}④	ɕiẽ^{21}	ɕyẽ^{24}/ɕiẽ^{24}	ɕi^{24}
耀县	tɕi^{31}	tɕi^{31}/tɕi^{24}	ɕiẽi^{31}	ɕiẽi^{24}	ɕi^{24}
高陵	ȶʰi^{52}/ȶi^{31}⑤	ȶi^{31}/ȶʰi^{31}	siẽ^{31}	siẽ^{24}	si^{24}
临潼	tɕʰi^{31}	tɕʰi^{52}~团/tɕi^{31}	ɕiei^{31}	ɕiei^{24}	ɕi^{24}

① tɕʰi^{21} ～鞋口。下同。

② tɕi^{24} 赶～。下同。

③ tʰi^{24} ～体，～合。

④ tɕʰi^{24}/tʰi^{24} ～市。

⑤ ȶʰi^{52} ～鞋口子；ȶi^{31} ～拿。送气声用于"～鞋口子"，不送气声用于"～拿"中。

字目 方言	缉 深开三 入缉清	集 深开三 入缉从	心 深开三 平侵心	寻 深开三 平侵邪	习 深开三 入缉邪
蓝田	tɕʰi³¹	tɕi³¹/tɕi²⁴	ɕiẽ³¹	ɕiẽ²⁴	ɕi²⁴
长安	tɕʰi³¹	tɕi³¹/tɕi²⁴	ɕiẽ³¹	ɕiẽ²⁴	ɕi²⁴
户县	tɕʰi³¹	tɕi³¹/tɕi²⁴	ɕiẽ³¹	ɕiẽ²⁴	ɕi²⁴
周至	tɕʰi²¹/tɕi²¹	tɕi²¹/tɕi²⁴	ɕiẽ²¹	ɕiẽ²⁴	ɕi²⁴
三原	tʰi³¹	ti³¹/tʰi²⁴①	siẽ³¹	siẽ²⁴	si²⁴
泾阳	tɕʰi²¹	tɕʰi²⁴/tɕi²⁴②	ɕiẽ³¹	ɕiẽ²⁴	ɕi²⁴
咸阳	tɕi³¹/tɕʰi³¹	tɕi³¹	ɕiẽ³¹	ɕiẽ²⁴	ɕi²⁴
兴平	tɕʰi³¹	tɕi³¹	ɕiẽ³¹	ɕyẽ²⁴/ɕiẽ²⁴	ɕi²⁴
武功	tɕi³¹/tɕʰi³¹	tɕi³¹/tɕʰi³¹	ɕiẽ³¹	ɕyẽ²⁴/ɕiẽ²⁴	ɕi²⁴
礼泉	tɕʰi³¹	tɕi³¹	ɕiẽ³¹	ɕiẽ²⁴	ɕi²⁴
乾县	tɕʰi³¹	tɕi³¹/tɕʰi²⁴	ɕiẽ³¹	ɕiẽ²⁴	ɕi²⁴
永寿	tɕʰi³¹	tɕi²⁴/tɕi³¹	ɕiẽ³¹	ɕiẽ³¹	ɕi²⁴
淳化	tʰi³¹	ti³¹/ti²⁴	siei³¹	siei²⁴	si²⁴
旬邑	tsʰi³¹	tsʰi²⁴	siẽ³¹	siẽ²⁴	si²⁴
彬县	tsʰi³¹	tsʰi²⁴	siẽ³¹	ɕyẽ²⁴/siẽ²⁴	si²⁴
长武	tsʰi³¹	tsi²⁴/tsʰi²⁴	siẽ³¹	siẽ²⁴	si²⁴
扶风	tɕi³¹	tɕi³¹/tɕʰi²⁴	ɕiŋ³¹	ɕiŋ²⁴	ɕi²⁴
眉县	ʈʰi³¹	ʈi³¹	siŋ³¹	siŋ²⁴	si²⁴
麟游	ʈʰi³¹	ʈi³¹/ʈʰi²⁴	siŋ³¹	siŋ²⁴	si²⁴
岐山	ʈi³¹	ʈʰi⁵³	siŋ³¹	siŋ²⁴	si²⁴
凤翔	ʈʰi³¹	ʈʰi³¹	siŋ³¹	siŋ²⁴	si²⁴
宝鸡	tɕʰi³¹	tɕi²⁴	ɕiŋ³¹	ɕiŋ²⁴	ɕi²⁴
千阳	ʈʰi³¹	ʈi⁴⁴/ʈʰi²⁴	siŋ³¹	siŋ²⁴	si²⁴
陇县	tɕʰi³¹	tɕi²⁴	ɕiŋ³¹	ɕiŋ²⁴	ɕi²⁴

---

① ti³¹ ～合；tʰi²⁴ 赶～。
② tɕʰi²⁴ 粮～路；tɕi²⁴ ～中。

字目 / 方言	沉	蛰	参人~	渗	涩
	深开三 平侵澄	深开三 入缉澄	深开三 平侵生	深开三 去沁生	深开三 入缉生
西安	tʂʰɛ̃^{24}	tʂɤ^{24}	sɛ̃^{21}	sɛ̃^{55}	sei^{21}
韩城	tʂʰɛ̃^{24}	tʂʰə^{24}	sɛ̃^{31}	səŋ^{44}	sɿ^{31}
合阳	tʂʰɛ̃^{24}	tʂʰə^{24}	sɛ̃^{31}	sɛ̃^{55}	sɿ^{31}
澄城	tʂʰɛ̃^{24}	tʂʰɤ^{24}	sɛ̃^{31}	sɛ̃^{44}	sei^{31}
白水	tʂʰɛ̃^{24}	tʂʰɤ^{24}	sɛ̃^{31}	sɛ̃^{44}	sei^{31}
大荔	tʂʰɛ̃^{24}	tʂɤ^{24}	sɛ̃^{31}	sɛ̃^{55}	sei^{31}
蒲城	tʂʰɛ̃^{35}	tʂʰɤ^{35}	sɛ̃^{31}	sɛ̃^{55}	sei^{31}
美原	kʰɛ̃^{35}	kʰie^{35}	sɛ̃^{31}	sɛ̃^{55}	sei^{31}
富平	tʂʰɛ̃^{35}	tʂʰɤ^{35}	sɛ̃^{31}	sɛ̃^{55}	sei^{31}
潼关	tʂʰɛ̃^{24}	tʂɤ^{24}	sɛ̃^{31}	sɛ̃^{44}	sei^{31}
华阴	tʂʰɛ̃^{24}	tʂɤ^{24}	sɛ̃^{31}	sɛ̃^{55}	sei^{31}
华县	tʂʰɛ̃^{35}	tʂʰɤ^{35}	sɛ̃^{31}	sɛ̃^{55}	sei^{31}
渭南	tʂʰɛ̃^{24}	tʂɤ^{24}	sɛ̃^{31}	sɛ̃^{44}	sei^{31}
洛南	tʂʰei^{24}	tʂɤ^{24}	sei^{31}	sei^{44}	sei^{31}
商州	tʂʰɛ̃^{35}	tʂɤ^{35}	sɛ̃^{31}	sɛ̃^{55}	sei^{31}
丹凤	tʂʰei^{24}	tʂɤ^{24}	sei^{31}	sei^{44}	sei^{31}
宜川	tʂʰei^{24}	tʂʰei^{021} 惊~	sei^{51}	sei^{45}	sei^{51}
富县	tʰəŋ^{24}	tʂʰə^{021} 惊~	səŋ^{31}	səŋ^{44}	sei^{31}
黄陵	tʂʰɛ̃^{24}	tʂʰɤ^{021} 惊~	sɛ̃^{31}	sɛ̃^{44}	sei^{31}
宜君	tʰɛ̃^{24}	tʂʰɤ^{21} 惊~	sei^{21}	sɛ̃^{44}	sei^{21}
铜川	tʂʰɛ̃^{24}	tʂʰɤ^{24}	sei^{21}	sɛ̃^{44}	sei^{21}
耀县	tʰɛ̃i^{24}	tʂʰɤ^{24} 惊~	sɛ̃i^{31}	sɛ̃i^{44}	sei^{31}
高陵	tʰɛ̃^{24}	tʂɤ^{24}	sɛ̃^{31}	sɛ̃^{55}	sei^{31}
临潼	tʂʰei^{24}	tʂɤ^{24}	sei^{31}	sei^{45}	sei^{31}

字目 方言	沉 深开三 平侵澄	蛰 深开三 入缉澄	参人~ 深开三 平侵生	渗 深开三 去沁生	涩 深开三 入缉生
蓝田	tʂʰẽ²⁴	tʂʅə²⁴	sẽ³¹	sẽ⁴⁴	sei³¹
长安	tʰẽ²⁴	tʂʅɤ²⁴	sẽ³¹	sẽ⁴⁴	sei³¹
户县	tʂʰẽ²⁴	tʂʅə²⁴	sẽ³¹	sẽ⁵⁵	sei³¹
周至	tʰẽ²⁴	tʂʅɤ²⁴	sẽ²¹	sẽ⁵⁵	sʅ²¹
三原	tʰẽ²⁴	tʂɤ²⁴	sẽ³¹	sẽ⁵⁵	sei³¹
泾阳	tʰẽ²⁴	tʂɤ²⁴	sẽ³¹	sẽ⁵⁵	sei³¹
咸阳	tʰẽ²⁴	tʂɤ²⁴	sẽ³¹	sẽ⁵⁵	sei³¹
兴平	tʰẽ²⁴	tʂɤ²⁴	sẽ³¹	sẽ⁵⁵	sei³¹
武功	tʰẽ²⁴	tʂɤ²⁴	sẽ³¹	sẽ⁵⁵	sei³¹
礼泉	tʰẽ²⁴	tʂɤ²⁴	sẽ³¹	sẽ⁵⁵	sei³¹
乾县	tʰẽ²⁴	tʂɤ²⁴	sẽ³¹	sẽ⁴⁴	sei³¹
永寿	tʰẽ²⁴	tʂɤ²⁴	sẽ³¹	sẽ⁵⁵	sei³¹
淳化	tʰei²⁴	tʂɤ³¹	sei³¹	sẽ⁵⁵	sei³¹
旬邑	tʰẽ²⁴	tʂʰɤ²⁴	sẽ³¹	sẽ⁴⁴	sei³¹
彬县	tʰẽ²⁴	tʂʰɤ²⁴	sẽ³¹	sẽ⁴⁴	sei³¹
长武	tʰẽ²⁴	tʂʰɤ²⁴	sẽ³¹	sẽ⁴⁴	sei³¹
扶风	tʂʰəŋ²⁴	tʂɤ²⁴	səŋ³¹	səŋ³³	sei³¹
眉县	tʂʰəŋ²⁴	tʂʅə²⁴	səŋ³¹	səŋ⁴⁴	sei³¹
麟游	tʂʰəŋ²⁴	tʂʅə²⁴	səŋ³¹	səŋ⁴⁴	sei³¹
岐山	tʂʰəŋ²⁴	tʂɤ²⁴	səŋ³¹	səŋ⁴⁴	sei³¹
凤翔	tʂʰəŋ²⁴	tʂʅə²⁴	səŋ³¹	səŋ⁴⁴	sei³¹
宝鸡	tʂʰəŋ²⁴	tʂɤ²⁴	səŋ³¹	səŋ⁴⁴	sei³¹
千阳	tʂʰəŋ²⁴	tʂʅə²⁴	səŋ³¹	səŋ⁴⁴	sei³¹
陇县	tʂʰəŋ²⁴	tʂʅə²⁴	səŋ³¹	səŋ⁴⁴	sei³¹

字目 方言	针 深开三 平侵章	枕名词 深开三 上寝章	枕动词 深开三 去沁章	汁 深开三 入缉章	深 深开三 平侵书
西安	$tʂẽ^{21}$	$tʂẽ^{53}$	$tʂẽ^{53}$	$tʂʅ^{21}$	$ʂẽ^{21}$
韩城	$\underline{tʂẽ}^{31}/tʂəŋ^{31}$	$tʂəŋ^{53}$	$tʂəŋ^{53}$	$tʂʅ^{31}$	$ʂẽ^{31}$
合阳	$tʂẽ^{31}$	$tʂẽ^{52}$	$tʂẽ^{52}$	$tʂʅ^{31}$	$ʂẽ^{31}$
澄城	$tʂẽ^{31}$	$tʂẽ^{53}$	$tʂẽ^{53}$	$tʂʅ^{31}$	$ʂẽ^{31}$
白水	$tʂẽ^{31}$	$tʂẽ^{53}$	$tʂẽ^{53}$	$tʂʅ^{31}$	$ʂẽ^{31}$
大荔	$tʂẽ^{31}$	$tʂẽ^{52}$	$tʂẽ^{52}$	$tʂʅ^{31}$	$ʂẽ^{31}$
蒲城	$tʂẽ^{31}$	$tʂẽ^{53}$	$tʂẽ^{53}$	$tʂʅ^{31}$	$ʂẽ^{31}$
美原	$kẽ^{31}$	$kẽ^{53}$	$kẽ^{53}$	ki^{31}	$xẽ^{31}$
富平	$tʂẽ^{31}$	$tʂẽ^{53}$	$tʂẽ^{53}$	$tʂʅ^{31}$	$ʂẽ^{31}$
潼关	$tʂẽ^{31}$	$tʂẽ^{52}$	$tʂẽ^{52}$	$tʂʅ^{31}$	$ʂẽ^{31}$
华阴	$tʂẽ^{31}$	$tʂẽ^{52}$	$tʂẽ^{52}$	$tʂʅ^{31}$	$ʂẽ^{31}$
华县	$tʂẽ^{31}$	$tʂẽ^{53}$	$tʂẽ^{53}$	$tʂʅ^{31}$	$ʂẽ^{31}$
渭南	$tʂẽ^{31}$	$tʂẽ^{53}$	$tʂẽ^{53}$	$tʂʅ^{31}$	$ʂẽ^{31}$
洛南	$tʂei^{31}$	$tʂei^{53}$	$tʂei^{53}$	$tʂʅ^{31}$	$ʂei^{31}$
商州	$tʂẽ^{31}$	$tʂẽ^{53}$	$tʂẽ^{53}$	$tʂʅ^{31}$	$ʂẽ^{31}$
丹凤	$tʂei^{31}$	$tʂei^{53}$	$tʂei^{53}$	$tʂʅ^{31}$	$ʂei^{31}$
宜川	$tʂei^{51}$	$tʂei^{45}$	$tʂei^{45}$	$tʂʅ^{51}$	$ʂei^{51}$
富县	$tʂəŋ^{31}$	$tʂəŋ^{52}$	$tʂəŋ^{52}$	$tʂʅ^{31}$	$ʂəŋ^{31}$
黄陵	$tʂẽ^{31}$	$tʂẽ^{52}$	$tʂẽ^{52}$	$tʂʅ^{31}$	$ʂẽ^{31}$
宜君	$tẽ^{21}$	tei^{52}	tei^{52}	$tʂʅ^{21}$	$ʂẽ^{21}$
铜川	$tʂẽ^{21}$	$tʂẽ^{52}$	$tʂẽ^{52}$	$tʂʅ^{21}$	$ʂẽ^{21}$
耀县	$tẽi^{31}$	$tẽi^{52}$	$tẽi^{52}$	$tʂʅ^{31}$	$ʂẽi^{31}$
高陵	$tẽ^{31}$	$tẽ^{52}$	$tẽ^{52}$	$tʃʅ^{31}$	$ʂẽ^{31}$
临潼	$tʂei^{31}$	$tʂei^{52}$	$tʂei^{52}$	$tʂʅ^{31}$	$ʂei^{31}$

字目\方言	针 深开三 平侵章	枕名词 深开三 上寝章	枕动词 深开三 去沁章	汁 深开三 入缉章	深 深开三 平侵书
蓝田	tʂ̩ẽ³¹	tʂ̩ẽ⁵²	tʂ̩ẽ⁵²	tʂ̩³¹	ʂẽ³¹
长安	tẽ³¹	tẽ⁵³	tẽ⁵³	tʂ̩³¹	ʂẽ³¹
户县	tʂ̩ẽ³¹	tʂ̩ẽ⁵²	tʂ̩ẽ⁵²	tʂ̩³¹	ʂẽ³¹
周至	tẽ²¹	tẽ⁵²	tẽ⁵²	tʂ̩²¹	ʂẽ²¹
三原	tẽ³¹	tẽ⁵²	tẽ⁵²	tʂ̩³¹	ʂẽ³¹
泾阳	tẽ³¹	tẽ⁵²	tẽ⁵²	tʂ̩³¹	ʂẽ³¹
咸阳	tẽ³¹	tẽ⁵²	tẽ⁵²	tʂ̩³¹	ʂẽ³¹
兴平	tẽ³¹	tẽ⁵²	tẽ⁵²	tʂ̩³¹	ʂẽ³¹
武功	tẽ³¹	tẽ⁵²	tẽ⁵²	tʂ̩³¹	ʂẽ³¹
礼泉	tẽ³¹	tẽ⁵³	tẽ⁵²	tʂ̩³¹	ʂẽ³¹
乾县	tẽ³¹	tẽ⁵²	tẽ⁵²	tʂ̩³¹	ʂẽ³¹
永寿	tẽ³¹	tẽ⁵²	tẽ⁵²	tʂ̩³¹	ʂẽ³¹
淳化	ʨei³¹	ʨei⁵²	ʨei⁵²	tʂ̩³¹	ʂei³¹
旬邑	tẽ³¹	tẽ⁵²	tẽ⁵²	tʂ̩³¹	ʂẽ³¹
彬县	tẽ³¹	tẽ⁵²	tẽ⁵²	tʂ̩³¹	ʂẽ³¹
长武	tẽ³¹	tẽ⁵²	tẽ⁵²	tʂ̩³¹	ʂẽ³¹
扶风	tʂəŋ³¹	tʂəŋ⁵²	tʂəŋ⁵²	tʂ̩³¹	ʂəŋ³¹
眉县	tʂəŋ³¹	tʂəŋ⁵²	tʂəŋ⁵²	tʂ̩³¹	ʂəŋ³¹
麟游	tʂəŋ³¹	tʂəŋ⁵³	tʂəŋ⁵³	tʂ̩³¹	ʂəŋ³¹
岐山	tʂəŋ³¹	tʂəŋ⁵³	tʂəŋ⁴⁴	tʂ̩³¹	ʂəŋ³¹
凤翔	tʂəŋ³¹	tʂəŋ⁵³	tʂəŋ⁵³	tʂ̩³¹	ʂəŋ³¹
宝鸡	tʂəŋ³¹	tʂəŋ⁵³	tʂəŋ⁴⁴	tʂ̩³¹	ʂəŋ³¹
千阳	tʂəŋ³¹	tʂəŋ⁵³	tʂəŋ⁵³	tʂ̩³¹	ʂəŋ³¹
陇县	tʂəŋ³¹	tʂəŋ⁵³	tʂəŋ⁵³	tʂ̩³¹	ʂəŋ³¹

字目 / 方言	婶 深开三 上寝书	湿 深开三 入缉书	甚 深开三 上寝禅	十 深开三 入缉禅	壬 深开三 平侵日
西安	ʂẽ^{53}	ʂʅ^{21}	ʂẽ^{55}	ʂʅ^{24}	ʐẽ^{24}
韩城	ʂɛ̃^{53}	ʂʅ^{31}	ʂɛ̃^{44}	ʂʅ^{24}	ʐəŋ^{24}
合阳	ʂẽ^{52}	ʂʅ^{31}	ʂẽ^{55}	ʂʅ^{24}	ʐẽ^{24}
澄城	ʂẽ^{53}	ʂʅ^{31}	ʂẽ^{44}	ʂʅ^{24}	ʐẽ^{24}
白水	ʂẽ^{53}	ʂʅ^{31}	ʂẽ^{44}	ʂʅ^{24}	ʐẽ^{24}
大荔	ʂẽ^{52}	ʂʅ^{31}	ʂẽ^{55}	ʂʅ^{24}	ʐẽ^{24}
蒲城	ʂẽ^{53}	ʂʅ^{31}	ʂẽ^{55}	ʂʅ^{35}	ʐẽ^{35}
美原	xɛ̃^{53}	xi^{31}	xɛ̃^{55}	xi^{35}	ɣɛ̃^{35}
富平	ʂẽ^{53}	ʂʅ^{31}	ʂẽ^{55}	ʂʅ^{35}	ʐẽ^{35}
潼关	ʂẽ^{52}	ʂʅ^{31}	ʂẽ^{44}	ʂʅ^{24}	ʐẽ^{24}
华阴	ʂẽ^{52}	ʂʅ^{31}	ʂẽ^{55}	ʂʅ^{24}	ʐẽ^{24}
华县	ʂẽ^{53}	ʂʅ^{31}	ʂẽ^{55}	ʂʅ^{35}	ʐẽ^{35}
渭南	ʂẽ^{53}	ʂʅ^{31}	ʂẽ^{44}	ʂʅ^{24}	ʐẽ^{24}
洛南	ʂei^{53}	ʂʅ^{31}	ʂei^{44}	ʂʅ^{24}	ʐei^{24}
商州	ʂẽ^{53}	ʂʅ^{31}	ʂẽ^{55}	ʂʅ^{35}	ʐẽ^{35}
丹凤	ʂei^{53}	ʂʅ^{31}	ʂei^{44}	ʂʅ^{24}	ʐei^{24}
宜川	ʂei^{45}	ʂʅ^{51}	ʂei^{45}	ʂʅ^{24}	ʐei^{24}
富县	ʂəŋ^{52}	ʂʅ^{31}	ʂəŋ^{44}	ʂʅ^{24}	ʐəŋ^{24}
黄陵	ʂẽ^{52}	ʂʅ^{31}	ʂẽ^{44}	ʂʅ^{24}	ʐẽ^{44}
宜君	ʂẽ^{52}	ʂʅ^{21}	ʂẽ^{44}	ʂʅ^{24}	ʐẽ^{44}
铜川	ʂẽ^{52}	ʂʅ^{21}	ʂẽ^{44}	ʂʅ^{24}	ʐẽ^{44}
耀县	ʂẽi^{52}	ʂʅ^{31}	ʂẽi^{44}	ʂʅ^{24}	ʐẽi^{24}
高陵	ʂẽ^{52}	ʃʅ^{31}	ʂẽ^{55}	ʃʅ^{24}	ʐẽ^{55}
临潼	ʂei^{52}	ʂʅ^{31}	ʂei^{45}	ʂʅ^{24}	ʐei^{24}

字目 方言	婶 深开三 上寝书	湿 深开三 入缉书	甚 深开三 上寝禅	十 深开三 入缉禅	壬 深开三 平侵日
蓝田	ʂẽ⁵²	ʂʅ³¹	ʂẽ⁴⁴	ʂʅ²⁴	z̧ẽ²⁴
长安	ʂẽ⁵³	ʂʅ³¹	ʂẽ⁴⁴	ʂʅ²⁴	z̧ẽ⁴⁴
户县	ʂẽ⁵²	ʂʅ³¹	ʂẽ⁵⁵	ʂʅ²⁴	z̧ẽ²⁴
周至	ʂẽ⁵²	ʂʅ²¹	ʂẽ⁵⁵	ʂʅ²⁴	z̧ẽ⁵⁵
三原	ʂẽ⁵²	ʂʅ³¹	ʂẽ⁵⁵	ʂʅ²⁴	z̧ẽ²⁴
泾阳	ʂẽ⁵²	ʂʅ³¹	ʂẽ⁵⁵	ʂʅ²⁴	z̧ẽ²⁴
咸阳	ʂẽ⁵²	ʂʅ³¹	ʂẽ⁵⁵	ʂʅ²⁴	z̧ẽ²⁴
兴平	ʂẽ⁵²	ʂʅ³¹	ʂẽ⁵⁵	ʂʅ²⁴	z̧ẽ⁵⁵
武功	ʂẽ⁵²	ʂʅ³¹	ʂẽ⁵⁵	ʂʅ²⁴	z̧ẽ²⁴
礼泉	ʂẽ⁵²	ʂʅ³¹	ʂẽ⁵⁵	ʂʅ²⁴	z̧ẽ²⁴
乾县	ʂẽ⁵²	ʂʅ³¹	ʂẽ⁴⁴	ʂʅ²⁴	z̧ẽ²⁴
永寿	ʂẽ⁵²	ʂʅ³¹	ʂẽ⁵⁵	ʂʅ²⁴	z̧ẽ²⁴
淳化	ʂei⁵²	ʂʅ³¹	ʂei⁵⁵	ʂʅ²⁴	z̧ei²⁴
旬邑	ʂẽ⁵²	ʂʅ³¹	ʂẽ⁴⁴	ʂʅ²⁴	z̧ẽ²⁴
彬县	ʂẽ⁵²	ʂʅ³¹	ʂẽ⁴⁴	ʂʅ²⁴	z̧ẽ²⁴
长武	ʂẽ⁵²	ʂʅ³¹	ʂẽ⁴⁴	ʂʅ²⁴	z̧ẽ²⁴
扶风	ʂəŋ⁵²	ʂʅ³¹	ʂəŋ³³	ʂʅ²⁴	z̧əŋ²⁴
眉县	ʂəŋ⁵²	ʂʅ³¹	ʂəŋ⁴⁴	ʂʅ²⁴	z̧əŋ²⁴
麟游	ʂəŋ⁵³	ʂʅ³¹	ʂəŋ⁴⁴	ʂʅ²⁴	z̧əŋ²⁴
岐山	ʂəŋ⁵³	ʂʅ³¹	ʂəŋ⁴⁴	ʂʅ²⁴	z̧əŋ²⁴
凤翔	ʂəŋ⁵³	ʂʅ³¹	ʂəŋ⁴⁴	ʂʅ²⁴	z̧əŋ²⁴
宝鸡	ʂəŋ⁵³	ʂʅ³¹	ʂəŋ⁴⁴	ʂʅ²⁴	z̧əŋ²⁴
千阳	ʂəŋ⁵³	ʂʅ³¹	ʂəŋ⁴⁴	ʂʅ²⁴	z̧əŋ²⁴
陇县	ʂəŋ⁵³	ʂʅ³¹	ʂəŋ⁴⁴	ʂʅ²⁴	z̧əŋ²⁴

字目 方言	任责~ 深开三 去沁日	入 深开三 入缉日	金 深开三 平侵见	锦 深开三 上寝见	禁~止 深开三 去沁见
西安	zẽ⁵⁵	vu²¹	tɕiẽ²¹	tɕiẽ⁵³	tɕiẽ⁵⁵
韩城	zẽ⁴⁴	vu³¹	tɕiẽ³¹	tɕiẽ⁵³	tɕiẽ⁴⁴
合阳	zẽ⁵⁵	vu³¹	tɕiẽ³¹	tɕiẽ⁵²	tɕiẽ⁵⁵
澄城	zẽ⁴⁴	ʒu³¹	tɕiẽ³¹	tɕiẽ⁵³	tɕiẽ⁴⁴
白水	zẽ⁴⁴	ʒu³¹	tɕiẽ³¹	tɕiẽ⁵³	tɕiẽ⁴⁴
大荔	zẽ⁵⁵	vu³¹	tɕiẽ³¹	tɕiẽ⁵²	tɕiẽ⁵⁵
蒲城	zẽ⁵⁵	ʒu³¹	tɕiẽ³¹	tɕiẽ⁵³	tɕiẽ⁵⁵
美原	ɣẽ⁵⁵	ʒ̩³¹	tɕiẽ³¹	tɕiẽ⁵³	tɕiẽ⁵⁵
富平	zẽ⁵⁵	ʒu³¹	tɕiẽ³¹	tɕiẽ⁵³	tɕiẽ⁵⁵
潼关	zẽ²⁴	vu³¹	tɕiẽ³¹	tɕiẽ⁵²	tɕiẽ⁴⁴
华阴	zẽ⁵⁵	vu³¹	tɕiẽ³¹	tɕiẽ⁵²	tɕiẽ⁵⁵
华县	zẽ⁵⁵	ʒu³¹	tɕiẽ³¹	tɕiẽ⁵³	tɕiẽ⁵⁵
渭南	zẽ⁴⁴	ʒu³¹	tɕiẽ³¹	tɕiẽ⁵³	tɕiẽ⁴⁴
洛南	zei⁴⁴	ʒu³¹	tɕiei³¹	tɕiei⁵³	tɕiei⁴⁴
商州	zẽ⁵⁵	ʒu³¹	tɕiẽ³¹	tɕiẽ⁵³	tɕiẽ⁵⁵
丹凤	zei⁴⁴	ʒu³¹	tɕiei³¹	tɕiei⁵³	tɕiei⁴⁴
宜川	zei⁴⁵/zei²⁴①	zu̩⁵¹	tɕiei⁵¹	tɕiei⁴⁵	tɕiei⁴⁵
富县	zəŋ⁴⁴/zəŋ²⁴	zu³¹	tɕiəŋ³¹	tɕiəŋ⁵²	tɕiəŋ⁴⁴
黄陵	zẽ⁴⁴	ʒu³¹	tɕiẽ³¹	tɕiẽ⁵²	tɕiẽ⁴⁴
宜君	zẽ⁴⁴/zẽ²⁴	ʒu²¹	tɕiẽ²¹	tɕiẽ⁵²	tɕiẽ⁴⁴
铜川	zẽ⁴⁴/zẽ²⁴	ʒu²¹	tɕiẽ²¹	tɕiẽ⁵²	tɕiẽ⁴⁴
耀县	zei⁴⁴/zei²⁴	ʒu³¹	tɕiei³¹	tɕiei⁵²	tɕiei⁴⁴
高陵	zẽ⁵⁵	ʒu³¹	tɕiẽ³¹	tɕiẽ⁵²	tɕiẽ⁵⁵
临潼	zei⁴⁵	zu̩³¹/ʒu³¹ 老	tɕiei³¹	tɕiei⁵²	tɕiei⁴⁵

---

① zei²⁴ 姓。下同。

字目 方言	任责~ 深开三 去沁日	入 深开三 入缉日	金 深开三 平侵见	锦 深开三 上寝见	禁~止 深开三 去沁见
蓝田	zɛ̃⁴⁴	ʒu³¹	tɕiɛ̃³¹	tɕiɛ̃⁵²	tɕiɛ̃⁴⁴
长安	zɛ̃⁴⁴	vu³¹	tɕiɛ̃³¹	tɕiɛ̃⁵³	tɕiɛ̃⁴⁴
户县	zɛ̃⁵⁵	ʒu³¹	tɕiɛ̃³¹	tɕiɛ̃⁵²	tɕiɛ̃⁵⁵
周至	zɛ̃⁵⁵	vu²¹	tɕiɛ̃³¹	tɕiɛ̃⁵²	tɕiɛ̃⁵⁵
三原	zɛ̃⁵⁵	ʒu³¹	tɕiɛ̃³¹	tɕiɛ̃⁵²	tɕiɛ̃⁵⁵
泾阳	zɛ̃⁵⁵	ʒu³¹	tɕiɛ̃³¹	tɕiɛ̃⁵²	tɕiɛ̃⁵⁵
咸阳	zɛ̃⁵⁵	ʒu³¹	tɕiɛ̃³¹	tɕiɛ̃⁵²	tɕiɛ̃⁵⁵
兴平	zɛ̃⁵⁵	ʒu³¹	tɕiɛ̃³¹	tɕiɛ̃⁵²	tɕiɛ̃⁵⁵
武功	zɛ̃⁵⁵	ʒu³¹	tɕiɛ̃³¹	tɕiɛ̃⁵²	tɕiɛ̃⁵⁵
礼泉	zɛ̃⁵⁵	ʒu³¹	tɕiɛ̃³¹	tɕiɛ̃⁵²	tɕiɛ̃⁵²
乾县	zɛ̃⁴⁴	ʒu³¹	tɕiɛ̃³¹	tɕiɛ̃⁵²	tɕiɛ̃⁴⁴
永寿	zɛ̃⁵⁵	ʒu³¹	tɕiɛ̃³¹	tɕiɛ̃⁵²	tɕiɛ̃⁵⁵
淳化	zei⁵⁵	ʒu³¹	tɕiei³¹	tɕiei⁵²	tɕiei⁵⁵
旬邑	zɛ̃⁴⁴	ʒu³¹	tɕiɛ̃³¹	tɕiɛ̃⁵²	tɕiɛ̃⁴⁴
彬县	zɛ̃⁴⁴	ʒu³¹	tɕiɛ̃³¹	tɕiɛ̃⁵²	tɕiɛ̃⁴⁴
长武	zɛ̃⁴⁴	ʒu³¹	tɕiɛ̃³¹	tɕiɛ̃⁵²	tɕiɛ̃⁴⁴
扶风	zəŋ³³	ʐʅ³¹	tɕiŋ³¹	tɕiŋ⁵²	tɕiŋ³³
眉县	zəŋ⁴⁴	ʐʅ³¹/ʒu³¹	tɕiŋ³¹	tɕiŋ⁵²	tɕiŋ⁴⁴
麟游	zəŋ⁴⁴	ʒu³¹	tɕiŋ³¹	tɕiŋ⁵³	tɕiŋ⁴⁴
岐山	zəŋ⁴⁴	ʐʅ³¹	tɕiŋ³¹	tɕiŋ⁵³	tɕiŋ⁴⁴
凤翔	zəŋ⁴⁴	ʐʅ³¹	tɕiŋ³¹	tɕiŋ⁵³	tɕiŋ⁴⁴
宝鸡	zəŋ⁴⁴	ʐʅ³¹/ʐu³¹ 新	tɕiŋ³¹	tɕiŋ⁵³	tɕiŋ⁴⁴
千阳	zəŋ⁴⁴	ʒʅ⁵³	tɕiŋ³¹	tɕiŋ⁵³	tɕiŋ⁴⁴
陇县	zəŋ⁴⁴	ʒu³¹	tɕiŋ³¹	tɕiŋ⁵³	tɕiŋ⁴⁴

字目 方言	急 深开三 入缉见	给 深开三 入缉见	钦 深开三 平侵溪	泣 深开三 入缉溪	琴 深开三 平侵群
西安	tɕi²⁴	tɕi²¹/kei⁵³	tɕʰiẽ²¹	tɕʰi²¹	tɕʰiẽ²⁴
韩城	tɕi²⁴	kuɪ⁴⁴/kɪ⁴⁴/tɕi³¹	tɕʰiẽ³¹	tɕʰi⁴⁴	tɕʰiẽ²⁴
合阳	tɕi²⁴	tɕi³¹/kɪ⁵²	tɕʰiẽ³¹	tɕʰi³¹	tɕʰiẽ²⁴
澄城	tɕi²⁴	tɕi³¹/kuei⁴⁴	tɕʰiẽ³¹	tɕʰi³¹	tɕʰiẽ²⁴
白水	tɕi²⁴	tɕi³¹/kei⁴⁴	tɕʰiẽ³¹	tɕʰi³¹	tɕʰiẽ²⁴
大荔	tɕi²⁴	tɕi³¹/kei⁵²	tɕʰiẽ³¹	tɕʰi³¹	tɕʰiẽ²⁴
蒲城	tɕi³⁵	tɕi³¹/kei⁵³	tɕʰiẽ³¹	tɕʰi³¹	tɕʰiẽ³⁵
美原	tɕʰi³⁵	tɕi³¹/kei⁵⁵	tɕʰiẽ³¹	tɕʰi³¹	tɕʰiẽ³⁵
富平	tɕi³⁵	tɕi³¹/kei⁵⁵	tɕʰiẽ³¹	tɕʰi³¹	tɕʰiẽ³⁵
潼关	tɕi²⁴	tɕi³¹/kei⁵²	tɕʰiẽ³¹	tɕʰi³¹	tɕʰiẽ²⁴
华阴	tɕi²⁴	tɕi³¹/kei⁵⁵	tɕʰiẽ³¹	tɕʰi³¹	tɕʰiẽ²⁴
华县	tɕi³⁵	tɕi³¹/kei⁵⁵	tɕʰiẽ³¹	tɕʰi³¹	tɕʰiẽ³⁵
渭南	tɕi²⁴	kei⁵⁵/tɕi³¹	tɕʰiẽ³¹	tɕʰi³¹	tɕʰiẽ²⁴
洛南	tɕi²⁴	kei⁴⁴	tɕʰiei⁵³	tɕʰi³¹	tɕʰiei²⁴
商州	tɕi³⁵	tɕi³¹/kei⁵⁵	tɕʰiẽ³¹	tɕʰi³¹	tɕʰiẽ³⁵
丹凤	tɕi²⁴	kei⁴⁴	tɕʰiei⁵³	tɕʰi²⁴	tɕʰiei²⁴
宜川	tɕi²⁴	kei⁴⁵	tɕʰiei⁴⁵	tɕʰi⁴⁵	tɕʰiei²⁴
富县	tɕi²⁴	kiei⁴⁴/tɕi³¹	tɕʰiəŋ³¹	tɕʰi⁵²	tɕʰiəŋ²⁴
黄陵	tɕi²⁴	kiei⁴⁴	tɕʰiəŋ³¹	tɕʰi³¹	tɕʰiẽ²⁴
宜君	tɕi²⁴	ki⁴⁴/tɕi²⁴~荞	tɕʰiẽ²¹	ʈi²⁴	tɕʰiẽ²⁴
铜川	tɕi²⁴	tɕi²¹/kei⁴⁴	tɕʰiẽ²¹	tɕʰi²¹	tɕʰiẽ²⁴
耀县	tɕi²⁴	kei⁴⁴	tɕʰiẽi³¹	ʈʰi⁴⁴	tɕʰiẽi²⁴
高陵	tɕi²⁴	kei⁵⁵	tɕʰiẽ³¹	tɕʰi³¹	tɕʰiẽ²⁴
临潼	tɕi²⁴	kei⁵²/tɕi³¹	tɕʰiei³¹	tɕʰi³¹	tɕʰiei²⁴

字目 方言	急	给	钦	泣	琴
	深开三 入缉见	深开三 入缉见	深开三 平侵溪	深开三 入缉溪	深开三 平侵群
蓝田	tɕi²⁴	kei⁵²	tɕʰiɛ̃³¹	tɕʰi⁴⁴	tɕʰiɛ̃²⁴
长安	tɕi²⁴	tɕi³¹/kei⁵³	tɕʰiəŋ³¹	tɕʰi⁴⁴	tɕʰiɛ̃²⁴
户县	tɕi²⁴	kei⁵²/tɕi³¹	tɕʰiã³¹	tɕʰi³¹	tɕʰie²⁴
周至	tɕi²⁴	kɿ⁵⁵/tɕi²⁴/kɯ⁵⁵	tɕʰiɛ²¹	tɕʰi⁵⁵	tɕʰiɛ̃²⁴
三原	tɕi²⁴	kei⁵⁵/tɕi⁵⁵	tɕʰiɛ̃³¹	tɕʰi³¹	tɕʰiɛ̃²⁴
泾阳	tɕi²⁴	kei⁵⁵/tɕi³¹	tɕʰiɛ̃³¹	tɕʰi³¹	tɕʰiɛ̃²⁴
咸阳	tɕi²⁴	kei⁵⁵	tɕʰiɛ̃³¹	tɕʰi³¹	tɕʰiɛ̃²⁴
兴平	tɕi²⁴	kei⁵⁵/tɕi³¹	tɕʰiɛ̃³¹	tɕʰi⁵⁵	tɕʰiɛ̃²⁴
武功	tɕi²⁴	tɕi³¹/kei⁵²	tɕʰiɛ̃³¹	tɕʰi³¹	tɕʰiɛ̃²⁴
礼泉	tɕi²⁴	ke⁵⁵/tɕi³¹	tɕʰiɛ̃³¹	tɕʰi³¹	tɕʰiɛ̃²⁴
乾县	tɕi²⁴	tɕi³¹/kei⁴⁴	tɕʰiɛ̃³¹	tɕʰi⁵²	tɕʰiɛ̃²⁴
永寿	tɕi²⁴	kei⁵⁵/tɕi³¹	tɕʰiɛ̃³¹	tɕʰi⁵²	tɕʰiɛ̃²⁴
淳化	tɕi²⁴	kei⁵⁵	tɕʰiei³¹	tɕʰi³¹	tɕʰiei²⁴
旬邑	tɕi²⁴	kei⁴⁴	tɕʰiɛ̃³¹	tɕʰi³¹	tɕʰiɛ̃²⁴
彬县	tɕi²⁴	kei⁴⁴/tɕi³¹	tɕʰiɛ̃³¹	tɕʰi³¹	tɕʰiɛ̃²⁴
长武	tɕi²⁴	kei⁴⁴/tɕi³¹	tɕʰiɛ̃³¹	tɕʰi³¹	tɕʰiɛ̃²⁴
扶风	tɕi²⁴	kei³³	tɕʰiŋ³¹	tɕʰi³¹	tɕʰiŋ²⁴
眉县	tɕi²⁴	kei⁴⁴	tɕʰiŋ³¹	tɕʰi³¹	tɕʰiŋ²⁴
麟游	tɕi²⁴	kei⁴⁴	tɕʰiŋ³¹	tɕʰi³¹	tɕʰiŋ²⁴
岐山	tɕi²⁴	kei⁵³	tɕʰiŋ³¹	tɕʰi³¹	tɕʰiŋ²⁴
凤翔	tɕi²⁴	tɕi³¹/tɕiŋ³¹①	tɕʰiŋ³¹	tɕʰi³¹	tɕʰiŋ²⁴
宝鸡	tɕi²⁴	tɕi³¹	tɕʰiŋ³¹	tɕʰi⁴⁴	tɕʰiŋ²⁴
千阳	tɕi²⁴	kei⁴⁴	tɕʰiŋ³¹	tɕʰi³¹	tɕʰiŋ²⁴
陇县	tɕi²⁴	kei⁵³	tɕʰiŋ³¹	tɕʰi³¹	tɕʰiŋ²⁴

① tɕiŋ³¹ 供～。

字目 / 方言	妗	及	吟	吸	音
	深开三 去沁群	深开三 入缉群	深开三 平侵疑	深开三 入缉晓	深开三 平侵影
西安	tɕiẽ⁵⁵	tɕi²⁴/tɕi²¹	iẽ²⁴	ɕi²¹	iẽ²¹
韩城	tɕʰiəŋ⁴⁴	tɕʰi²⁴	iẽ³¹	ɕi³¹	iẽ³¹
合阳	tɕʰiẽ⁵⁵	tɕʰi²⁴	n̡iẽ²⁴	ɕi³¹	iẽ³¹
澄城	tɕʰiẽ⁴⁴	tɕʰi²⁴	iẽ²⁴	ɕi³¹	iẽ³¹
白水	tɕiẽ⁴⁴	tɕi³¹	iẽ²⁴	ɕi³¹	iẽ³¹
大荔	tɕʰiẽ⁵⁵	tɕʰi²⁴	iẽ²⁴	ɕi³¹	iẽ³¹
蒲城	tɕʰiẽ⁵⁵	tɕi³⁵	iẽ³⁵	ɕi³¹	iẽ³¹
美原	tɕʰiẽ⁵⁵	tɕi³¹	iẽ⁵³	ɕi³¹	iẽ³¹
富平	tɕiẽ⁵⁵	tɕi³¹	iẽ³⁵	ɕi³¹	iẽ³¹
潼关	tɕʰiẽ⁴⁴	tɕi²⁴	iẽ²⁴	ɕi³¹	iẽ³¹
华阴	tɕʰiẽ⁵⁵	tɕʰi²⁴	iẽ²⁴	ɕi³¹	iẽ³¹
华县	tɕʰiẽ⁵⁵	tɕʰi³⁵	iẽ³⁵	ɕi³¹	iẽ³¹
渭南	tɕiẽ⁴⁴	tɕʰi²⁴	iẽ²⁴	ɕi³¹	iẽ³¹
洛南	tɕʰiei⁴⁴	tɕi²⁴	iei²⁴	ɕi³¹	iei³¹
商州	tɕiẽ⁵⁵	tɕi³⁵	iẽ³⁵	ɕi³¹	iẽ³¹
丹凤	tɕiei⁴⁴	tɕi²⁴	iei²⁴	ɕi³¹	iei³¹
宜川	tɕʰiei⁴⁵	tɕi⁵¹	iei⁵¹	ɕi⁵¹	iei⁵¹
富县	tɕʰiəŋ⁴⁴	tɕi³¹	iəŋ³¹	ɕi³¹	iəŋ³¹
黄陵	tɕʰiẽ⁴⁴	tɕi³¹	iẽ³¹	ɕi³¹	iẽ³¹
宜君	tɕʰiẽ⁴⁴	tɕi²¹	iẽ²¹	ɕi²¹	iẽ²¹
铜川	tɕʰiẽ⁴⁴	tɕi²⁴/tɕi²¹	iẽ²¹	ɕi²¹	iẽ²¹
耀县	tɕiẽi⁴⁴	tɕi³¹	iɛ⁵² 呻~	ɕi³¹	iẽi³¹
高陵	tɕiẽ⁵⁵	tɕi²⁴	iẽ³¹	ɕi³¹	iẽ³¹
临潼	tɕiei⁴⁵	tɕi²⁴	iei²⁴	ɕi³¹	iei³¹

字目 方言	妗 深开三 去沁群	及 深开三 入缉群	吟 深开三 平侵疑	吸 深开三 入缉晓	音 深开三 平侵影
蓝田	tɕiɛ̃⁴⁴	tɕi²⁴	iɛ̃³¹	ɕi³¹	iɛ̃³¹
长安	tɕiɛ̃⁴⁴	tɕi²⁴/tɕi³¹①	iɛ̃⁵³	ɕi³¹	iɛ̃³¹
户县	tɕiɛ̃⁵⁵	tɕi²⁴	iɛ̃³¹	ɕi³¹	iɛ̃³¹
周至	tɕiɛ̃⁵⁵	tɕi²⁴	iɛ̃²¹	ɕi²¹	iɛ̃²¹
三原	tɕiɛ̃⁵⁵	tɕi²⁴	iɛ̃³¹	ɕi³¹	iɛ̃³¹
泾阳	tɕiɛ̃⁵⁵	tɕi²⁴	iɛ̃²⁴	ɕi³¹	iɛ̃³¹
咸阳	tɕiɛ̃⁵⁵	tɕi²⁴	iɛ̃²⁴	ɕi³¹	iɛ̃³¹
兴平	tɕiɛ̃⁵⁵	tɕi²⁴	iɛ̃²⁴	ɕi³¹	iɛ̃³¹
武功	tɕiɛ̃⁵⁵	tɕi²⁴	iɛ̃²⁴	ɕi³¹	iɛ̃³¹
礼泉	tɕiɛ̃⁵⁵	tɕi²⁴	iɛ̃³¹	ɕi³¹	iɛ̃³¹
乾县	tɕiɛ̃⁴⁴	tɕi²⁴	iɛ̃²⁴	ɕi³¹	iɛ̃³¹
永寿	tɕiɛ̃⁵⁵	tɕi²⁴	iɛ̃²⁴	ɕi³¹	iɛ̃³¹
淳化	tɕiei⁵⁵	tɕi²⁴	iei²⁴	ɕi³¹	iei³¹
旬邑	tɕʰiɛ̃⁴⁴	tɕi²⁴	iɛ̃²⁴	ɕi³¹	iɛ̃³¹
彬县	tɕiɛ̃⁴⁴	tɕi²⁴	iɛ̃²⁴	ɕi³¹	iɛ̃³¹
长武	tɕʰiɛ̃⁴⁴	tɕi²⁴	iɛ̃²⁴	ɕi³¹	iɛ̃³¹
扶风	tɕiŋ³³/tɕʰiŋ³³	tɕi²⁴	iŋ⁵²	ɕi³¹	iŋ³¹
眉县	tɕʰiŋ⁴⁴	tɕi²⁴	iŋ⁵²	ɕi³¹	iŋ³¹
麟游	tɕʰiŋ⁴⁴	tɕi²⁴	iŋ⁵³	ɕi³¹	iŋ³¹
岐山	tɕʰiŋ⁴⁴	tɕi²⁴	iŋ⁵³/zəŋ³¹②	ɕi³¹	iŋ³¹
凤翔	tɕʰiŋ⁴⁴	tɕi²⁴	iŋ²⁴	ɕi³¹	iŋ³¹
宝鸡	tɕʰiŋ⁴⁴	tɕi³¹	iŋ²⁴	ɕi³¹	iŋ³¹
千阳	tɕʰiŋ⁴⁴	tɕi²⁴	iŋ⁵³	ɕi³¹	iŋ³¹
陇县	tɕiŋ⁴⁴	tɕi²⁴	iŋ⁴⁴	ɕi³¹	iŋ³¹

① tɕi²⁴ ～格；tɕi³¹ ～时。

② zəŋ³¹ 象声词。

字目 方言	阴 深开三 平侵影	饮~酒 深开三 上寝影	饮~马 深开三 去沁影	揖 深开三 入缉影	淫 深开三 平侵以
西安	iẽ²¹	iẽ⁵³	iẽ⁵⁵	i²¹	iẽ²⁴
韩城	n̠iẽ³¹	n̠iẽ⁵³	n̠iəŋ⁴⁴	i³¹	iẽ²⁴
合阳	n̠iẽ³¹	n̠iẽ⁵²	n̠iẽ⁵⁵	i³¹	iẽ²⁴
澄城	n̠iẽ³¹	iẽ⁵³	n̠iẽ⁴⁴	i³¹	iẽ²⁴
白水	n̠iẽ³¹	n̠iẽ⁴⁴	n̠iẽ⁴⁴	i³¹	iẽ²⁴
大荔	n̠iẽ³¹	iẽ⁵²	n̠iẽ⁵⁵	i³¹	iẽ²⁴
蒲城	n̠iẽ³¹	iẽ⁵³	n̠iẽ⁵⁵	i³¹	iẽ³⁵
美原	n̠iẽ³¹	n̠iẽ⁵³	n̠iẽ⁵⁵	n̠i⁵³/i⁵³	iẽ³⁵
富平	n̠iẽ³¹	iẽ⁵³	n̠iẽ⁵⁵	i³¹	iẽ³⁵
潼关	n̠iẽ³¹	iẽ⁵²	n̠iẽ⁴⁴	i³¹	iẽ²⁴
华阴	n̠iẽ³¹	iẽ⁵²	n̠iẽ⁵⁵	i³¹	iẽ²⁴
华县	n̠iẽ³¹	iẽ⁵³	n̠iẽ⁵⁵	i³¹	iẽ³⁵
渭南	n̠iẽ³¹	iẽ⁵³	n̠iẽ⁴⁴	i³¹	iẽ²⁴
洛南	n̠iei³¹	iei⁵³	n̠iei⁴⁴	i³¹	iei²⁴
商州	n̠iẽ³¹	iẽ⁵³	n̠iẽ⁵⁵	i³¹	iẽ³⁵
丹凤	n̠iei³¹	iei⁵³	n̠iei⁴⁴	i³¹	iei²⁴
宜川	n̠iei⁵¹	iei⁴⁵	n̠iei⁴⁵	i⁵¹	iei²⁴
富县	iəŋ³¹/n̠iəŋ³¹	iəŋ⁵²	n̠iəŋ⁴⁴	i⁵²	iəŋ²⁴
黄陵	iẽ³¹/n̠iẽ³¹	iẽ⁵²	n̠iẽ⁴⁴	i⁵²	iẽ²⁴
宜君	iẽ²¹	iẽ⁵²	n̠iẽ⁴⁴	i⁵²	iẽ²⁴
铜川	iẽ²¹/n̠iẽ²¹	iẽ⁵²	n̠iẽ⁴⁴	i²¹	iẽ²⁴
耀县	iẽi³¹/n̠iẽi³¹	n̠iẽi⁴⁴	n̠iẽi⁴⁴	i³¹	iẽi²⁴
高陵	iẽ³¹/n̠iẽ³¹	iẽ⁵²	n̠iẽ⁵⁵	i³¹	iẽ²⁴
临潼	iei³¹/n̠iei³¹	iei⁵²	n̠iei⁴⁵	i³¹	iẽ²⁴

字目\方言	阴	饮~酒	饮~马	揖	淫
	深开三 平侵影	深开三 上寝影	深开三 去沁影	深开三 入缉影	深开三 平侵以
蓝田	iẽ³¹	iẽ⁵²	iẽ⁴⁴	i³¹	iẽ²⁴
长安	iẽ³¹	iẽ⁵³	iẽ⁴⁴	i³¹	iẽ²⁴
户县	iẽ³¹	iẽ⁵²	iẽ⁵⁵	i³¹	iẽ²⁴
周至	iẽ²¹	iẽ⁵²	n̠iẽ⁵⁵	i²¹	iẽ²⁴
三原	i̠ẽ³¹/n̠iẽ³¹	iẽ⁵²	n̠iẽ⁵⁵	i³¹	iẽ²⁴
泾阳	iẽ³¹	iẽ⁵²	n̠iẽ⁵⁵	i³¹	iẽ²⁴
咸阳	i̠ẽ³¹/n̠iẽ³¹	iẽ⁵²	n̠iẽ⁵⁵	i³¹	iẽ²⁴
兴平	i̠ẽ³¹/n̠iẽ³¹	iẽ⁵²	n̠iẽ⁵⁵	i³¹	iẽ²⁴
武功	iẽ³¹	iẽ⁵²	iẽ⁵⁵	i³¹	iẽ²⁴
礼泉	iẽ³¹	iẽ⁵²	n̠iẽ⁵⁵	i³¹	iẽ²⁴
乾县	iẽ³¹	n̠iẽ⁵²	n̠iẽ⁴⁴	i³¹	iẽ²⁴
永寿	iẽ³¹	iẽ⁵²	n̠iẽ⁵⁵	i³¹	iẽ²⁴
淳化	i̠ei³¹/n̠iei³¹	iei⁵²	n̠iei⁵⁵	i³¹	iei²⁴
旬邑	i̠ẽ³¹/n̠iẽ³¹	iẽ⁵²	n̠iẽ⁵⁵	i³¹	iẽ²⁴
彬县	i̠ẽ³¹/n̠iẽ³¹	iẽ⁵²	n̠iẽ⁴⁴	i³¹	iẽ²⁴
长武	i̠ẽ³¹/n̠iẽ³¹	iẽ⁵²	n̠iẽ⁴⁴	i³¹	iẽ²⁴
扶风	i̠ŋ³¹/n̠iŋ³¹	iŋ⁵²/n̠iŋ³³	i̠ŋ³³/n̠iŋ³³	i³¹	iŋ²⁴
眉县	i̠ŋ³¹/n̠iŋ³¹	iŋ⁵²	i̠ŋ⁴⁴/n̠iŋ⁴⁴	i³¹	iŋ²⁴
麟游	iŋ³¹	iŋ⁵³	n̠iŋ⁴⁴	i³¹	iŋ²⁴
岐山	iŋ³¹	iŋ⁵³	n̠iŋ⁴⁴	i³¹	iŋ²⁴
凤翔	iŋ³¹	iŋ⁵³	n̠iŋ⁴⁴	i³¹	iŋ²⁴
宝鸡	n̠iŋ³¹	iŋ⁵³	n̠iŋ⁴⁴	i³¹	iŋ²⁴
千阳	i̠ŋ³¹/n̠iŋ³¹	iŋ⁵³	i̠ŋ⁴⁴/n̠iŋ⁴⁴	i³¹	iŋ²⁴
陇县	iŋ³¹	iŋ⁵³	i̠ŋ⁴⁴/n̠iŋ⁴⁴	i³¹	iŋ²⁴

字目 / 方言	单~独 山开一平寒端	掸 山开一上旱端	旦 山开一去翰端	滩 山开一平寒透	坦 山开一上旱透
西安	tæ̃²¹	tæ̃⁵³	tæ̃⁵⁵	tʰæ̃²¹ ｜ tʰã	tʰæ̃⁵³
韩城	tã³¹	tã⁵³	tã⁴⁴	tʰã³¹ ｜ tʰã	tʰã⁵³
合阳	tã³¹	tã⁵²	tã⁵⁵	tʰã³¹ ｜ tʰã	tʰã⁵²
澄城	tã³¹	tã⁵³	tã⁴⁴	tʰã³¹ ｜ tʰã	tʰã⁵³
白水	tã³¹	tʰã⁵³	tã⁴⁴	tʰã³¹ ｜ tʰã	tʰã⁵³
大荔	tã³¹	tã⁵²	tã⁵⁵	tʰã³¹ ｜ tʰã	tʰã⁵²
蒲城	tã³¹	tʰã⁵³	tã⁵⁵	tʰã³¹ ｜ tʰã	tʰã⁵³
美原	tã³¹	tʰã⁵³	tã⁵⁵	tʰã³¹ ｜ tʰã	tʰã⁵³
富平	tã³¹	tʰã⁵³	tã⁵⁵	tʰã³¹ ｜ tʰã	tʰã⁵³
潼关	tã³¹	tʰã⁵²	tã⁴⁴	tʰã³¹ ｜ tʰã	tʰã⁵²
华阴	tã³¹	tʰã⁵²	tã⁵⁵	tʰã³¹ ｜ tʰã	tʰã⁵²
华县	tã³¹	tʰã⁵³	tã⁵⁵	tʰã³¹ ｜ tʰã	tʰã⁵³
渭南	tã³¹	tʰã⁵³	tã⁴⁴	tʰã³¹ ｜ tʰã	tʰã⁵³
洛南	tæ̃³¹	tʰæ̃⁵³	tæ̃⁴⁴	tʰæ̃³¹ ｜ tʰã	tʰæ̃⁵³
商州	tã³¹	tʰã⁵³	tã⁵⁵	tʰã³¹ ｜ tʰã	tʰã⁵³
丹凤	tã³¹	tʰã⁵³	tã⁴⁴	tʰã³¹	tʰã⁵³
宜川	tæ̃⁵¹	tæ̃⁴⁵	tæ̃⁴⁵	tʰæ̃⁵¹	tʰæ̃⁴⁵
富县	tã³¹	tã⁵²	tã⁴⁴	tʰã³¹	tʰã⁵²
黄陵	tæ̃³¹	tæ̃⁵²	tæ̃⁴⁴	tʰæ̃³¹	tʰæ̃⁵²
宜君	tæ̃²¹	tæ̃⁵²	tæ̃⁴⁴	tʰæ̃²¹	tʰæ̃⁵²
铜川	tæ̃²¹	tæ̃⁴⁴/tʰæ̃⁵²①	tæ̃⁴⁴	tʰæ̃²¹ ｜ tʰã	tʰæ̃⁵²
耀县	tæ̃³¹	tʰæ̃⁵²	tæ̃⁴⁴	tʰæ̃³¹ ｜ tʰã	tʰæ̃⁵²
高陵	tæ̃³¹	tæ̃⁵²	tæ̃⁵⁵	tʰæ̃³¹ ｜ tʰã	tʰæ̃⁵²
临潼	tã³¹	tã⁵²/tʰã²⁴	tã⁴⁵	tʰã³¹ ｜ tʰã	tʰã⁵²

① tʰæ̃⁵² 鸡毛~子。

字目 / 方言	单~独 山开一平寒端	掸 山开一上旱端	旦 山开一去翰端	滩 山开一平寒透	坦 山开一上旱透
蓝田	tã³¹	tã⁵²	tã⁴⁴	tʰã³¹ ∣ tʰã	tʰã⁵²
长安	tã³¹	tã⁵³	tã⁴⁴	tʰã³¹	tʰã⁵³
户县	tã³¹	tʰã⁵²	tã⁵⁵	tʰã³¹ ∣ tʰã	tʰã⁵²
周至	tæ²¹	tæ⁵²	tæ⁵⁵	tʰæ²¹ ∣ tʰã	tʰæ⁵²
三原	tã³¹	tã⁵²	tã⁵⁵	tʰã³¹ ∣ tʰã	tʰã⁵²
泾阳	tã³¹	tã⁵²	tã⁵⁵	tʰã³¹ ∣ tʰã	tʰã⁵²
咸阳	tã³¹	tã⁵²/tʰã⁵²	tã⁵⁵	tʰã³¹	tʰã⁵²
兴平	tã³¹	tã⁵²/tʰã⁵²	tã⁵⁵	tʰã³¹ ∣ tʰã	tʰã⁵²
武功	tã³¹	tã⁵²	tã⁵⁵	tʰã³¹ ∣ tʰã	tʰã⁵²
礼泉	tæ³¹	tæ⁵⁵	tæ⁵⁵	tʰæ³¹ ∣ tʰã	tʰæ⁵²
乾县	tã³¹	tã⁴⁴	tã⁴⁴	tʰã³¹ ∣ tʰã	tʰã⁵²
永寿	tã³¹	tʰã⁵⁵	tã⁵⁵	tʰã³¹ ∣ tʰã	tʰã⁵²
淳化	tã³¹	tã⁵²	tã⁵⁵	tʰã³¹ ∣ tʰã	tʰã⁵²
旬邑	tã³¹	tʰã⁴⁴	tã⁴⁴	tʰã³¹ ∣ tʰã	tʰã⁵²
彬县	tã³¹	tʰã⁴⁴	tã⁴⁴	tʰã³¹ ∣ tʰã	tʰã⁴⁴
长武	tã³¹	tã⁵²	tã⁴⁴	tʰã³¹ ∣ tʰã	tʰã⁵²
扶风	tæ³¹	tæ⁵²/tʰæ⁵²	tæ³³	tʰæ³¹ ∣ tʰã	tʰæ⁵²
眉县	tæ³¹	tæ⁵²	tæ⁴⁴	tʰæ³¹ ∣ tʰã	tʰæ⁵²
麟游	tã³¹	tã⁵³	tã⁴⁴	tʰã³¹ ∣ tʰã	tʰã⁵³
岐山	tæ³¹	tæ⁵³	tæ⁴⁴	tʰæ³¹ ∣ tʰã	tʰæ⁵³
凤翔	tã³¹	tã⁵³	tã⁴⁴	tʰã³¹ ∣ tʰã	tʰã⁵³
宝鸡	tæ³¹	tæ⁵³	tæ⁴⁴	tʰæ³¹ ∣ tʰã	tʰæ⁵³
千阳	tæ³¹	tæ⁵³	tæ⁴⁴	tʰæ³¹ ∣ tʰã	tʰæ⁵³
陇县	tæ³¹	tæ⁵³	tæ⁴⁴	tʰæ³¹ ∣ tʰã	tʰæ⁵³

字目 方言	炭 山开一去翰透	獭 山开一入曷透	弹~琴 山开一平寒定	诞 山开一上旱定	蛋 山开一去翰定
西安	tʰæ⁵⁵	tʰɑ²¹	tʰæ²⁴	tæ⁵⁵	tæ⁵⁵
韩城	tʰã⁴⁴	tʰã³¹	tʰã²⁴	tã⁵³	tʰã⁴⁴
合阳	tʰã⁵⁵	tʰã³¹	tʰã²⁴	tʰã⁵²	tʰã⁵⁵
澄城	tʰã⁴⁴	tʰã³¹	tʰã²⁴	tã⁵³	tʰã⁴⁴
白水	tʰã⁴⁴	tʰã³¹	tʰã²⁴	tã⁴⁴	tʰã⁴⁴
大荔	tʰã⁵⁵	tʰã³¹	tʰã²⁴	tã⁵²	tʰã⁵⁵
蒲城	tʰã⁵⁵	tʰã³¹	tʰã³⁵	tã⁵⁵	tʰã⁵⁵
美原	tʰã⁵⁵	tʰã³¹	tʰã³⁵	tã⁵³	tʰã⁵⁵
富平	tʰã⁵⁵	tʰã³¹	tʰã³⁵	tã⁵⁵	tã⁵⁵
潼关	tʰã⁴⁴	tʰã³¹	tʰã²⁴	tã⁵²	tʰã⁴⁴
华阴	tʰã⁵⁵	tʰã³¹	tʰã²⁴	tã⁵⁵	tʰã⁵⁵
华县	tʰã⁵⁵	tʰã³¹	tʰã³⁵	tã⁵⁵	tʰã⁵⁵
渭南	tʰã⁴⁴	tʰã³¹	tʰã²⁴	tã⁴⁴	tʰã⁴⁴
洛南	tʰæ⁴⁴	tʰã³¹	tʰæ²⁴	tæ⁵³	tʰæ⁴⁴
商州	tʰã⁵⁵	tʰã³¹	tʰã³⁵	tã⁵⁵	tã⁵⁵
丹凤	tʰã⁴⁴	tʰã³¹	tʰã²⁴	tã⁵³	tã⁴⁴
宜川	tʰæ⁴⁵	tʰɑ⁵¹	tʰæ²⁴	tæ⁴⁵	tʰæ⁴⁵
富县	tʰã⁴⁴	tʰã³¹	tʰã²⁴	tã⁵²	tʰã⁴⁴
黄陵	tʰæ⁴⁴	tʰã³¹	tʰæ²⁴	tæ⁵²	tæ̠⁴⁴/tʰæ⁴⁴
宜君	tʰæ⁴⁴	tʰɑ²¹	tʰæ²⁴	tæ⁵²	tæ̠⁴⁴/tʰæ̠⁴⁴
铜川	tʰæ⁴⁴	tʰɑ²¹	tʰæ²⁴	tæ⁴⁴	tæ̠⁴⁴/tʰæ̠⁴⁴
耀县	tʰæ⁴⁴	tʰã³¹	tʰæ²⁴	tæ⁵²	tæ⁴⁴
高陵	tʰæ⁵⁵	tʰã³¹	tʰæ²⁴	tæ⁵²	tæ⁵⁵
临潼	tʰã⁴⁵	tʰã³¹	tʰã²⁴	tã⁵²	tã⁴⁵

字目 / 方言	炭 山开一去翰透	獭 山开一入曷透	弹~琴 山开一平寒定	诞 山开一上旱定	蛋 山开一去翰定
蓝田	tʰã⁴⁴	tʰɑ³¹	tʰã²⁴	tã⁵²	tã⁴⁴
长安	tʰã⁴⁴	tʰɑ³¹	tʰã²⁴	tã⁴⁴	tã⁴⁴
户县	tʰã⁵⁵	tʰɑ³¹	tʰã²⁴	tã⁵²	tã⁵⁵
周至	tʰã⁵⁵	tʰɑ²¹	tʰæ̃²⁴	tæ̃⁵²	tæ̃⁵⁵
三原	tʰã⁵⁵	tʰɑ³¹	tʰã²⁴	tã⁵²	tã⁵⁵
泾阳	tʰã⁵⁵	tʰɑ³¹	tʰã²⁴	tã⁵⁵	tã⁵⁵
咸阳	tʰã⁵⁵	tʰɑ³¹	tʰã²⁴	tã⁵²	tã⁵⁵
兴平	tʰã⁵⁵	tʰɑ³¹	tʰã²⁴	tã⁵²	tã⁵⁵
武功	tʰã⁵⁵	tʰɑ³¹	tʰã²⁴	tã⁵²	tã⁵⁵
礼泉	tʰæ̃⁵⁵	tʰɑ³¹	tʰæ̃²⁴	tæ̃⁵²	tæ̃⁵⁵
乾县	tʰã⁴⁴	tʰɑ³¹	tʰã²⁴	tã⁴⁴	tã⁴⁴
永寿	tʰã⁵⁵	tʰɑ³¹	tʰã²⁴	tã⁵⁵	tã⁵⁵
淳化	tʰã⁵⁵	tʰɑ³¹	tʰã²⁴	tã⁵⁵	tã⁵⁵
旬邑	tʰã⁴⁴	tʰɑ³¹	tʰã²⁴	tã⁴⁴	tʰã⁴⁴
彬县	tʰã⁴⁴	tʰɑ³¹	tʰã²⁴	tã⁴⁴	tʰã⁴⁴
长武	tʰã⁴⁴	tʰɑ³¹	tʰã²⁴	tã⁴⁴	tʰã⁴⁴
扶风	tʰæ̃³³	tʰɑ³¹	tʰæ̃²⁴	tæ̃⁵²	tæ̠³³/tʰæ̃³³
眉县	tʰæ̃⁴⁴	tʰɑ³¹	tʰæ̃²⁴	tæ̃⁵²	tæ̠⁴⁴/tʰæ̠⁴⁴
麟游	tʰã⁴⁴	tʰɑ³¹	tʰã²⁴	tã⁵³	tʰã⁴⁴
岐山	tʰæ̃⁴⁴	tʰɑ³¹	tʰæ̃²⁴	tæ̃⁵³	tæ̃⁴⁴
凤翔	tʰã⁴⁴	tʰɑ³¹	tʰã²⁴	tã⁵³	tã⁴⁴
宝鸡	tʰæ̃⁴⁴	tʰɑ³¹	tʰæ̃²⁴	tæ̃⁴⁴	tʰæ̃⁴⁴
千阳	tʰæ̃⁴⁴	tʰɑ³¹	tʰæ̃²⁴	tæ̃⁵³	tæ̠⁴⁴/tʰæ̠⁴⁴
陇县	tʰæ̃⁴⁴	tʰɑ³¹	tʰæ̃²⁴	tæ̃⁵³	tæ̃⁴⁴

字目／方言	达 山开一 入曷定	难~易 山开一 平寒泥	难患~ 山开一 去翰泥	捺 山开一 入曷泥	兰 山开一 平寒来
西安	ta²⁴	næ̃²⁴	næ̃⁵⁵	nɑ²¹	læ̃²⁴
韩城	ta²⁴	nɑ̃²⁴	nɑ̃⁴⁴	nɑ³¹	lɑ̃²⁴
合阳	ta²⁴	nɑ̃²⁴	nɑ̃⁵⁵	nɑ³¹	lɑ̃²⁴
澄城	tʰɑ²⁴	nɑ̃²⁴	nɑ̃⁴⁴	nɑ³¹	lɑ̃²⁴
白水	ta²⁴	nɑ̃²⁴	nɑ̃⁴⁴	nɑ³¹	lɑ̃²⁴
大荔	ta²⁴	nɑ̃²⁴	nɑ̃⁵⁵	nɑ³¹	lɑ̃²⁴
蒲城	tʰɑ³⁵	nɑ̃³⁵	nɑ̃⁵⁵	nɑ³¹	lɑ̃³⁵
美原	ta³⁵	nɑ̃³⁵	nɑ̃⁵⁵	nɑ³¹	lɑ̃³⁵
富平	ta³⁵	nɑ̃³⁵	nɑ̃⁵⁵	nɑ³¹	lɑ̃³⁵
潼关	ta²⁴	nɑ̃²⁴	nɑ̃⁴⁴	nɑ³¹	lɑ̃²⁴
华阴	ta²⁴	nɑ̃²⁴	nɑ̃⁵⁵	nɑ³¹	lɑ̃²⁴
华县	ta³⁵	nɑ̃³⁵	nɑ̃⁵⁵	nɑ³¹	lɑ̃³⁵
渭南	ta²⁴	nɑ̃²⁴	nɑ̃⁴⁴	nɑ³¹	lɑ̃²⁴
洛南	ta²⁴	næ̃²⁴	næ̃⁴⁴	nɑ³¹	læ̃²⁴
商州	ta³⁵	nɑ̃³⁵	nɑ̃⁵⁵	nɑ³¹	lɑ̃³⁵
丹凤	ta²⁴	nɑ̃²⁴	nɑ̃⁴⁴	nɑ³¹	lɑ̃²⁴
宜川	ta²⁴	næ̃²⁴	næ̃⁴⁵	nɑ⁵¹	læ̃²⁴
富县	ta²⁴	nɑ̃²⁴	nɑ̃⁴⁴	nɑ³¹	lɑ̃²⁴
黄陵	ta²⁴	næ̃²⁴	næ̃⁴⁴	nɑ³¹	læ̃²⁴
宜君	ta²⁴	næ̃²⁴	næ̃⁴⁴	nɑ²¹	læ̃²⁴
铜川	ta²⁴	næ̃²⁴	næ̃⁴⁴	nɑ²¹	læ̃²⁴
耀县	ta²⁴	næ̃²⁴	næ̃⁴⁴	nɑ⁵²	læ̃²⁴
高陵	ta²⁴	næ̃²⁴	næ̃⁵⁵	nɑ³¹	læ̃²⁴
临潼	ta²⁴	nɑ̃²⁴	nɑ̃⁴⁵	nɑ³¹	lɑ̃²⁴

字目 方言	达 山开一 入曷定	难~易 山开一 平寒泥	难患~ 山开一 去翰泥	捺 山开一 入曷泥	兰 山开一 平寒来
蓝田	ta²⁴	nã²⁴	nã⁴⁴	na³¹	lã²⁴
长安	ta²⁴	nã²⁴	nã⁴⁴	na³¹	lã²⁴
户县	ta²⁴	nã²⁴	nã⁵⁵	na³¹	lã²⁴
周至	ta²⁴	næ̃²⁴	næ̃⁵⁵	na²¹	læ̃²⁴
三原	ta²⁴	nã²⁴	nã⁵⁵	na³¹	lã²⁴
泾阳	ta²⁴	nã²⁴	nã⁵⁵	na³¹	lã²⁴
咸阳	ta²⁴	nã²⁴	nã⁵⁵	la³¹	lã²⁴
兴平	ta²⁴	nã²⁴	nã⁵⁵	la³¹	nã²⁴
武功	ta²⁴	lã²⁴	lã⁵⁵	la³¹	lã²⁴
礼泉	ta²⁴	læ̃²⁴	læ̃⁵⁵	la³¹	læ̃²⁴
乾县	ta²⁴	lã²⁴	lã⁴⁴	la³¹	lã²⁴
永寿	ta²⁴	lã²⁴	lã⁵⁵	la³¹	lã²⁴
淳化	ta²⁴	nã²⁴	nã⁵⁵	na³¹	lã²⁴
旬邑	ta²⁴	lã²⁴	lã⁴⁴	la³¹	lã²⁴
彬县	ta²⁴	lã²⁴	lã⁴⁴	la³¹	lã²⁴
长武	ta²⁴	lã²⁴	lã⁴⁴	la³¹	lã²⁴
扶风	ta²⁴	læ̃²⁴	læ̃³³	la³¹	læ̃²⁴
眉县	ta²⁴/tʰa²⁴①	læ̃²⁴	læ̃⁴⁴	la³¹	læ̃²⁴
麟游	ta²⁴	lã²⁴	lã⁴⁴	la³¹	lã²⁴
岐山	ta²⁴	læ̃²⁴	læ̃⁴⁴	la³¹	læ̃²⁴
凤翔	ta²⁴	lã²⁴	lã⁴⁴	la³¹	lã²⁴
宝鸡	ta²⁴	læ̃²⁴	læ̃⁴⁴	la³¹	læ̃²⁴
千阳	ta²⁴	læ̃²⁴	læ̃⁴⁴	la³¹	læ̃²⁴
陇县	ta²⁴	læ̃²⁴	læ̃⁴⁴	la³¹	læ̃²⁴

① tʰa²⁴ 姓。

字目 方言	懒 山开一 上旱来	烂 山开一 去翰来	辣 山开一 入曷来	赞 山开一 去翰精	餐 山开一 平寒清
西安	lã^{53}	lã^{55}	lɑ^{21}	tsã^{55}	tsʰã^{21}
韩城	lã^{53}	lã^{44}	lɑ^{31}	tsã^{44}	tsʰã^{31}
合阳	lã^{52}	lã^{55}	lɑ^{31}	tsã^{55}	tsʰã^{31}
澄城	lã^{53}	lã^{44}	lɑ^{31}	tsã^{44}	tsʰã^{31}
白水	lã^{53}	lã^{44}	lɑ^{31}	tsã^{44}	tsʰã^{31}
大荔	lã^{52}	lã^{55}	lɑ^{31}	tsã^{55}	tsʰã^{31}
蒲城	lã^{53}	lã^{55}	lɑ^{31}	tsã^{55}	tsʰã^{31}
美原	lã^{53}	lã^{55}	lɑ^{31}	tsã^{55}	tsʰã^{31}
富平	lã^{53}	lã^{55}	lɑ^{31}	tsã^{55}	tsʰã^{31}
潼关	lã^{52}	lã^{44}	lɑ^{31}	tsã^{44}	tsʰã^{31}
华阴	lã^{52}	lã^{55}	lɑ^{31}	tsã^{55}	tsʰã^{31}
华县	lã^{53}	lã^{55}	lɑ^{31}	tsã^{55}	tsʰã^{31}
渭南	lã^{53}	lã^{44}	lɑ^{31}	tsã^{44}	tsʰã^{31}
洛南	læ̃^{53}	læ̃^{44}	lɑ^{31}	tsæ̃^{53}	tsʰæ̃^{31}
商州	lã^{53}	lã^{55}	lɑ^{31}	tsã^{55}	tsʰã^{31}
丹凤	lã^{53}	lã^{44}	lɑ^{31}	tsã^{53}	tsʰã^{31}
宜川	læ̃^{45}	læ̃^{45}	lɑ^{51}	tsæ̃^{45}	tsʰæ̃^{51}
富县	lã^{52}	lã^{44}	lɑ^{31}	tsã^{44}	tsʰã^{31}
黄陵	læ̃^{52}	læ̃^{44}	lɑ^{31}	tsæ̃^{44}	tsʰæ̃^{31}
宜君	læ̃^{52}	læ̃^{44}	lɑ^{21}	tsæ̃^{44}	tsʰæ̃^{21}
铜川	læ̃^{52}	læ̃^{44}	lɑ^{21}	tsæ̃^{44}	tsæ̃^{21}
耀县	læ̃^{52}	læ̃^{44}	lɑ^{31}	tsæ̃^{44}	tsʰæ̃^{31}
高陵	læ̃^{52}	læ̃^{55}	lɑ^{31}	tsæ̃^{55}	tsʰæ̃^{31}
临潼	lã^{52}	lã^{45}	lɑ^{31}	tsã^{45}	tsʰã^{31}

字目 / 方言	懒	烂	辣	赞	餐
	山开一 上旱来	山开一 去翰来	山开一 入曷来	山开一 去翰精	山开一 平寒清
蓝田	lã^{52}	lã^{44}	lɑ^{31}	tsã^{44}	tsʰã^{31}
长安	lã^{53}	lã^{44}	lɑ^{31}	tsã^{44}	tsʰã^{31}
户县	lã^{52}	lã^{55}	lɑ^{31}	tsã^{55}	tsʰã^{31}
周至	læ̃^{52}	læ̃^{55}	lɑ^{21}	tsæ̃^{55}	tsʰæ̃^{21}
三原	lã^{52}	lã^{55}	lɑ^{31}	tsã^{55}	tsʰã^{31}
泾阳	lã^{52}	lã^{55}	lɑ^{31}	tsã^{55}	tsʰã^{31}
咸阳	lã^{52}	lã^{55}	lɑ^{31}	tsã^{55}	tsʰã^{31}
兴平	nã^{52}	nã^{55}	lɑ^{31}	tsã^{55}	tsʰã^{31}
武功	lã^{52}	lã^{55}	lɑ^{31}	tsã^{55}	tsʰã^{31}
礼泉	læ̃^{52}	læ̃^{55}	lɑ^{31}	tsæ̃^{55}	tsʰæ̃^{31}
乾县	lã^{52}	lã^{44}	lɑ^{31}	tsã^{44}	tsʰã^{31}
永寿	lã^{52}	lã^{55}	lɑ^{31}	tsã^{55}	tsʰã^{31}
淳化	lã^{52}	lã^{55}	lɑ^{31}	tsã^{55}	tsʰã^{31}
旬邑	lã^{52}	lã^{44}	lɑ^{31}	tsã^{44}	tsʰã^{31}
彬县	lã^{52}	lã^{55}	lɑ^{31}	tsã^{44}	tsʰã^{31}
长武	lã^{52}	lã^{44}	lɑ^{31}	tsã^{44}	tsʰã^{31}
扶风	læ̃^{52}	læ̃^{33}	lɑ^{31}	tsæ̃^{33}	tsʰæ̃^{31}
眉县	læ̃^{52}	læ̃^{44}	lɑ^{31}	tsæ̃^{44}	tsʰæ̃^{31}
麟游	lã^{53}	lã^{44}	lɑ^{31}	tsã^{44}	tsʰã^{31}
岐山	læ̃^{53}	læ̃^{44}	lɑ^{31}	tsæ̃^{44}	tsʰæ̃^{31}
凤翔	lã^{53}	lã^{44}	lɑ^{31}	tsã^{44}	tsʰã^{31}
宝鸡	læ̃^{53}	læ̃^{44}	lɑ^{31}	tsæ̃^{44}	tsʰæ̃^{31}
千阳	læ̃^{53}	læ̃^{44}	lɑ^{31}	tsæ̃^{44}	tsʰæ̃^{31}
陇县	læ̃^{53}	læ̃^{44}	lɑ^{31}	tsæ̃^{44}	tsʰæ̃^{31}

字目 方言	灿 山开一 去翰清	擦 山开一 入曷清	残 山开一 平寒从	珊 山开一 平寒心	伞 山开一 上旱心
西安	tsʰæ̃⁵³	tsʰɑ²¹	tsʰæ̃²⁴	sæ̃²¹	sæ̃⁵³
韩城	tsʰã⁵³	tsʰɑ³¹	tsʰã²⁴	sã³¹	sã⁵³
合阳	tsʰã⁵²	tsʰɑ³¹	tsʰã²⁴	sã³¹	sã⁵²
澄城	tsʰã⁵³	tsʰɑ³¹	tsʰã²⁴	sã³¹	sã⁵³
白水	tsʰã⁵³	tsʰɑ³¹	tsʰã²⁴	sã³¹	sã⁵³
大荔	tsʰã⁵⁵	tsʰɑ³¹	tsʰã²⁴	sã³¹	sã⁵²
蒲城	tsʰã⁵³	tsʰɑ³¹	tsʰã³⁵	sã³¹	sã⁵³
美原	tsʰã⁵³	tsʰɑ³¹	tsʰã³⁵	sã³¹	sã⁵³
富平	tsʰã⁵³	tsʰɑ³¹	tsʰã³⁵	sã³¹	sã⁵³
潼关	tsʰã⁴⁴	tsʰɑ³¹	tsʰã²⁴	sã³¹	sã⁵²
华阴	tsʰã⁵²	tsʰɑ³¹	tsʰã²⁴	sã³¹	sã⁵²
华县	tsʰã⁵³	tsʰɑ³¹	tsʰã³⁵	sã³¹	sã⁵³
渭南	tsʰã⁵³	tsʰɑ³¹	tsʰã²⁴	sã³¹	sã⁵³
洛南	tsʰæ̃⁵³	tsʰɑ³¹	tsʰæ̃²⁴	sæ̃³¹	sæ̃⁵³
商州	tsʰã⁵³	tsʰɑ³¹	tsʰã³⁵	sã³¹	sã⁵³
丹凤	tsʰã⁵³	tsʰɑ³¹	tsʰã²⁴	sã³¹	sã⁵³
宜川	tsʰæ̃⁴⁵	tsʰɑ⁵¹	tsʰæ̃²⁴	sæ̃⁵¹	sæ̃⁴⁵
富县	tsʰã⁵²	tsʰɑ³¹	tsʰã²⁴	sã³¹	sã⁵²
黄陵	tsʰæ̃⁴⁴	tsʰɑ³¹	tsʰæ̃²⁴	sæ̃³¹	sæ̃⁵²
宜君	tsʰæ̃²¹	tsʰɑ²¹	tsʰæ̃²⁴	sæ̃²¹	sæ̃⁵²
铜川	tsʰæ̃⁵²	tsʰɑ²¹	tsæ̃²⁴	sæ̃²¹	sæ̃⁵²
耀县	tsʰæ̃⁵²	tsʰɑ³¹	tsʰæ̃²⁴	sæ̃³¹	sæ̃⁵²
高陵	tsʰæ̃⁵⁵	tsʰɑ³¹	tsʰæ̃²⁴	sæ̃³¹	sæ̃⁵²
临潼	tsʰã⁵²	tsʰɑ³¹	tsʰã²⁴	sã³¹	sã⁵²

字目 方言	灿 山开一 去翰清	擦 山开一 入曷清	残 山开一 平寒从	珊 山开一 平寒心	伞 山开一 上旱心
蓝田	tsʰã⁵²	tsʰɑ³¹	tsʰã²⁴	sã³¹	sã⁵²
长安	tsʰã⁴⁴	tsʰɑ³¹	tsʰã²⁴	sã³¹	sã⁵³
户县	tsʰã⁵²	tsʰɑ³¹	tsʰã²⁴	sã³¹	sã⁵²
周至	tsʰæ̃⁵⁵	tsʰɑ²¹	tsʰæ̃²⁴	sæ̃²¹	sæ̃⁵²
三原	tsʰã⁵²	tsʰɑ³¹	tsʰã²⁴	sã³¹	sã⁵²
泾阳	tsʰã⁵²	tsʰɑ³¹	tsʰã²⁴	sã³¹	sã⁵²
咸阳	tsʰã⁵²	tsʰɑ³¹	tsʰã²⁴	sã³¹	sã⁵²
兴平	tsʰã⁵²	tsʰɑ³¹	tsʰã²⁴	sã³¹	sã⁵²
武功	tsʰã⁵⁵	tsʰɑ³¹	tsʰã²⁴	sã³¹	sã⁵²
礼泉	tsʰæ̃⁵²	tsʰɑ³¹	tsʰæ̃²⁴	sæ̃³¹	sæ̃⁵²
乾县	tsʰã⁵²	tsʰɑ³¹	tsʰã²⁴	sã³¹	sã⁵²
永寿	tsʰã⁵²	tsʰɑ³¹	tsʰã²⁴	sã³¹	sã⁵²
淳化	tsʰã⁵²	tsʰɑ³¹	tsʰã²⁴	sã³¹	sã⁵²
旬邑	tsʰã⁵²	tsʰɑ³¹	tsʰã²⁴	sã³¹	sã⁵²
彬县	tsʰã⁵²	tsʰɑ³¹	tsʰã²⁴	sã³¹	sã⁵²
长武	tsʰã⁵²	tsʰɑ³¹	tsʰã²⁴	sã³¹	sã⁵²
扶风	tsʰæ̃⁵²	tsʰɑ³¹	tsʰæ̃²⁴	sæ̃³¹	sæ̃⁵²
眉县	tsʰæ̃⁵²	tsʰɑ³¹	tsʰæ̃²⁴	sæ̃³¹	sæ̃⁵²
麟游	tsʰã⁵³	tsʰɑ³¹	tsʰã²⁴	sã³¹	sã⁵²
岐山	tsʰæ̃⁵³	tsʰɑ³¹	tsʰæ̃²⁴	sã³¹	sæ̃⁵³
凤翔	tsʰã⁵³	tsʰɑ³¹	tsʰã²⁴	sã³¹	sã⁵³
宝鸡	tsʰæ̃⁴⁴	tsʰɑ³¹	tsʰæ̃²⁴	sæ̃³¹	sæ̃⁵³
千阳	tsʰæ̃⁵³	tsʰɑ³¹	tsʰæ̃²⁴	sæ̃³¹	sæ̃⁵³
陇县	tsʰæ̃⁵³	tsʰɑ³¹	tsʰæ̃²⁴	sæ̃³¹	sæ̃⁵³

字目 方言	散 分~ 山开一 去翰心	肝 山开一 平寒见	擀 山开一 上旱见	割 山开一 入曷见	看~守 山开一 平寒溪
西安	sæ̃⁵⁵	kæ̃²¹	kæ̃⁵³	kɤ²¹	kʰæ̃²¹/kʰæ̃⁵⁵
韩城	sã⁴⁴	kã³¹	kã⁵³	kə³¹	kʰã³¹
合阳	sã⁵²	kã³¹	kã⁵²	kə³¹	kʰã³¹
澄城	tã⁴⁴	kã³¹	kã⁵³	kuo³¹	kʰã³¹
白水	sã⁴⁴	kã³¹	kã⁵³	kuo³¹	kʰã³¹
大荔	sã⁵⁵	kã³¹	kã⁵²	kɤ³¹	kʰã³¹
蒲城	sã⁵⁵	kã³¹	kã⁵³	kɤ³¹	kʰã³¹
美原	sã⁵⁵	kã³¹	kã⁵³	kə³¹	kʰã³¹
富平	sã⁵⁵	kã³¹	kã⁵³	kɤ³¹	kʰã³¹
潼关	sã⁴⁴	kã³¹	kã⁵²	kuo³¹	kʰã³¹
华阴	sã⁵⁵	kã³¹	kã⁵²	kuo³¹	kʰã³¹
华县	sã⁵⁵	kã³¹	kã⁵³	kɤ³¹	kʰã³¹
渭南	sã⁴⁴	kã³¹	kã⁵³	kɤ³¹	kʰã³¹
洛南	sæ̃⁴⁴	kæ̃³¹	kæ̃⁵³	kuo³¹	kʰæ̃³¹
商州	sã⁵⁵	kã³¹	kã⁵³	kɤ³¹	kʰã³¹
丹凤	sã⁴⁴	kã³¹	kã⁵³	kuo³¹	kʰã³¹
宜川	sæ̃⁴⁵	kiæ̃⁵¹	kiæ̃⁴⁵	kə⁵¹	kʰiæ̃⁴⁵
富县	sã⁴⁴	kiã³¹	kiã⁵²	kuo³¹	kʰã³¹/kʰiã³¹
黄陵	sæ̃⁴⁴	kiæ̃³¹	kiæ̃⁵²	kɤ³¹	kʰæ̃⁴⁴
宜君	sæ̃⁴⁴	kiæ̃²¹	kiæ̃⁵²	kɤ³¹	kʰæ̃⁴⁴
铜川	sæ̃⁴⁴	kæ̃²¹	kæ̃⁵²	kɤ²¹	kʰæ̃²¹
耀县	sæ̃⁵²	kæ̃³¹	kiæ̃⁵²	kɤ³¹	kʰæ̃⁴⁴
高陵	sæ̃⁵⁵	kæ̃³¹	kæ̃⁵²	kə³¹	kʰæ̃⁵⁵
临潼	sã⁵²	kã³¹	kã⁵²/kiã⁵²老	kɤ³¹	kʰã³¹

字目 方言	散分~ 山开一 去翰心	肝 山开一 平寒见	擀 山开一 上旱见	割 山开一 入曷见	看~守 山开一 平寒溪
蓝田	sã⁴⁴	kã³¹	kã⁵²	kɤ³¹	kʰã³¹
长安	sã⁴⁴	kã³¹	kã⁵³	kɤ³¹	kʰã³¹
户县	sã⁵⁵	kã³¹	kã⁵²	kɤ³¹	kʰã⁵⁵
周至	sæ̃⁵⁵	kæ̃²¹	kæ̃⁵²	kɤ²¹	kʰæ̃²¹
三原	sã⁵²	kã³¹	kã⁵²	kuo³¹	kʰã³¹
泾阳	sã⁵²	kã³¹	kã⁵²	kɤ³¹	kʰã³¹
咸阳	sã⁵⁵	kã³¹	kã⁵²	kɤ³¹	kʰã³¹
兴平	sã⁵⁵	kã³¹	kã⁵²	kɤ³¹	kʰã³¹
武功	sã⁵⁵	kã³¹	kã⁵²	kɤ³¹	kʰã³¹
礼泉	sæ̃⁵²	kæ̃³¹	kæ̃⁵²	kuo³¹	kʰã³¹
乾县	sã⁴⁴	kã³¹	kã⁵²	kuo³¹	kʰã³¹
永寿	sã⁵⁵	kã³¹	kã⁵²	kuo³¹	kʰã³¹
淳化	sã⁵⁵	kã³¹	kã⁵²	kɤ³¹	kʰã⁵⁵
旬邑	sã⁴⁴	kã³¹	kã⁵²	kuo³¹	kʰã³¹
彬县	sã⁴⁴	kã³¹	kã⁵²	k̲ɤ̲³¹/kuo³¹	kʰã⁴⁴
长武	sã⁴⁴	kã³¹	kã⁵²	k̲ɤ̲³¹/kuo³¹	kʰã⁴⁴
扶风	sæ̃³³	kæ̃³¹	kæ̃⁵²	kuo³¹	kʰæ̃³¹
眉县	sæ̃⁴⁴	kæ̃³¹	kæ̃⁵²	kuo³¹	kʰæ̃⁴⁴
麟游	sã⁴⁴	kã³¹	kã⁵³	kuo³¹	kʰã³¹
岐山	sæ̃⁴⁴	kæ̃³¹	kæ̃⁵³	kɤ³¹	kʰæ̃³¹
凤翔	sã⁴⁴	kã³¹	kã⁵³	kuo³¹	kʰã³¹
宝鸡	sæ̃⁴⁴	kæ̃³¹	kæ̃⁵³	kuo³¹	kʰæ̃³¹
千阳	sæ̃⁴⁴	kæ̃³¹	kæ̃⁵³	kuo³¹	kʰæ̃⁴⁴
陇县	sæ̃⁴⁴	kæ̃³¹	kæ̃⁵³	kuo³¹	kʰæ̃⁵³

字目 方言	看~见 山开一 去翰溪		渴 山开一 入曷溪	岸 山开一 去翰疑		罕 山开一 上旱晓	汉 山开一 去翰晓
西安	$k^hæ^{55}$	$k^hã$	$k^hɤ^{21}$	$ŋæ^{55}$	$ŋã$	$xæ^{53}$	$xæ^{55}$
韩城	$k^hã^{44}$	$k^hã$	$k^hə^{31}$	$ŋã^{44}$	$ŋã$	$xã^{53}$	$xã^{44}$
合阳	$k^hã^{55}$	$k^hã$	$k^hə^{31}$	$ŋã^{55}$	$ŋã$	$xã^{31}$	$xã^{55}$
澄城	$k^hã^{44}$	$k^hã$	k^huo^{31}	$ŋã^{44}$	$ŋã$	$xã^{31}$	$xã^{44}$
白水	$k^hã^{44}$	$k^hã$	k^huo^{31}	$ŋã^{44}$	$ŋã$	$xã^{53}$	$xã^{44}$
大荔	$k^hã^{55}$	$k^hã$	$k^hɤ^{31}$	$ŋã^{55}$	$ŋã$	$xã^{31}$	$xã^{31}$
蒲城	$k^hã^{55}$	$k^hã$	$k^hɤ^{31}$	$ŋã^{55}$	$ŋã$	$xã^{53}$	$xã^{55}$
美原	$k^hã^{55}$	$k^hã$	$k^hə^{31}$	$ŋã^{55}$	$ŋã$	$xã^{53}$	$xã^{55}$
富平	$k^hã^{55}$	$k^hã$	$k^hɤ^{31}$	$ŋã^{55}$	$ŋã$	$xã^{53}$	$xã^{55}$
潼关	$k^hã^{44}$	$k^hã$	k^huo^{31}	$ŋã^{44}$	$ŋã$	$xã^{31}$	$xã^{44}$
华阴	$k^hã^{55}$	$k^hã$	k^huo^{31}	$ŋã^{55}$	$ŋã$	$xã^{52}$	$xã^{55}$
华县	$k^hã^{55}$	$k^hã$	$k^hɤ^{31}$	$ŋã^{55}$	$ŋã$	$xã^{53}$	$xã^{55}$
渭南	$k^hã^{44}$	$k^hã$	$k^hɤ^{31}$	$ŋã^{44}$	$ŋã$	$xã^{53}$	$xã^{44}$
洛南	$k^hæ^{44}$	$k^hã$	k^huo^{31}	$ŋæ^{44}$	$ŋã$	$xæ^{53}$	$xæ^{44}$
商州	$k^hã^{55}$	$k^hã$	$k^hɤ^{31}$	$ŋã^{55}$	$ŋã$	$xã^{53}$	$xã^{55}$
丹凤	$k^hã^{44}$		k^huo^{31}	$ŋã^{44}$		$xã^{53}$	$xã^{44}$
宜川	$k^hiæ^{45}$		$k^hə^{45}$	$ŋiæ^{45}$		$xæ^{51}$	$xæ^{45}$
富县	$k^hã^{44}/k^hiã^{44}$		k^huo^{31}	$ŋiã^{44}$		$xã^{31}$	$xã^{44}$
黄陵	$k^hæ^{44}$		$k^hɤ^{31}$	$ŋiæ^{44}$		$xæ^{31}$	$xæ^{44}$
宜君	$k^hæ^{44}$		$k^hɤ^{21}$	$ŋæ^{44}$		$xæ^{52}/xæ^{21}$①	$xæ^{44}$
铜川	$k^hæ^{44}$	$k^hã$	$k^hɤ^{21}$	$ŋæ^{44}$	$ŋã$	$xæ^{52}/xæ^{21}$	$xæ^{44}$
耀县	$k^hæ^{44}$	$k^hã$	$k^hɤ^{31}$	$ŋiæ^{44}$	$ŋã$	$xæ^{31}$	$xæ^{44}$
高陵	$k^hæ^{55}$	$k^hã$	$k^hə^{31}$	$ŋæ^{55}$	$ŋã$	$xæ^{52}$	$xæ^{55}$
临潼	$k^hã^{45}$	$k^hã$	$k^hɤ^{31}$	$ŋæ^{45}$	$ŋã$	$ŋæ^{45}$	$xã^{45}$

① $xæ^{21}$～井：地名。铜川同。

字目 / 方言	看~见		渴	岸		罕	汉
	山开一去翰溪		山开一入曷溪	山开一去翰疑		山开一上旱晓	山开一去翰晓
蓝田	kʰã⁴⁴	kʰã	kʰɤ³¹	ŋã⁴⁴	ŋã	xã⁵²	xã⁴⁴
长安	kʰã⁴⁴		kʰɤ³¹	ŋã⁴⁴		xã⁵³	xã⁴⁴
户县	kʰã⁵⁵	kʰã	kʰɤ³¹	ŋã⁵⁵	ŋã	xã⁵²	xã⁵⁵
周至	kʰæ̃⁵⁵	kʰã	kʰɤ²¹	ŋæ̃⁵⁵	ŋã	xæ̃⁵²	xæ̃⁵⁵
三原	kʰæ̃⁵⁵	kʰã	kʰɤ³¹	ŋã⁵⁵	ŋã	xã⁵²	xã⁵⁵
泾阳	kʰã⁵⁵	kʰã	kʰɤ³¹	ŋã⁵⁵	ŋã	xã⁵²	xã⁵⁵
咸阳	kʰã⁵⁵	kʰã	kʰɤ³¹	ŋã⁵⁵	ŋã	xã⁵²	xã⁵⁵
兴平	kʰã⁵⁵	kʰã	kʰɤ³¹	ŋã⁵⁵	ŋã	xã⁵²	xã⁵⁵
武功	kʰã⁵⁵	kʰã	kʰɤ³¹	ŋã⁵⁵	ŋã	xã⁵²	xã⁵⁵
礼泉	kʰæ̃⁵⁵	kʰã	kʰuo³¹	ŋæ̃⁵⁵	ŋã	xæ̃⁵²	xæ̃⁵⁵
乾县	kʰã⁴⁴	kʰã	kʰɤ³¹	ŋã⁴⁴	ŋã	xã⁵²	xã⁴⁴
永寿	kʰã⁵⁵	kʰã	kʰɤ³¹	ŋã⁵⁵	ŋã	xã⁵²	xã⁵⁵
淳化	kʰã⁵⁵	kʰã	kʰɤ³¹	ŋã⁵⁵	ŋã	xã⁵²	xã⁵⁵
旬邑	kʰã⁴⁴	kʰã	kʰuo³¹	ŋã⁴⁴	ŋã	xã⁵²	xã⁴⁴
彬县	kʰã⁴⁴	kʰã	kʰuo³¹	ŋã⁴⁴	ŋã	xã⁵²	xã⁴⁴
长武	kʰã⁴⁴	kʰã	kʰuo³¹	ŋã⁴⁴	ŋã	xã⁵²	xã⁴⁴
扶风	kʰæ̃³³	kʰã	k̲ʰ̲ɤ̲³¹/kʰuo³¹	ŋæ̃³³	ŋã	xæ̃⁵²	xæ̃³³
眉县	kʰæ̃⁴⁴	kʰã	kʰɤ³¹新 /kʰuo³¹老	ŋæ̃⁴⁴	ŋã	xæ̃⁵²	xæ̃⁴⁴
麟游	kʰã⁴⁴	kʰã	kʰuo³¹	ŋã⁴⁴	ŋã	xã⁵³	xã⁴⁴
岐山	kʰæ̃⁴⁴	kʰã	kʰɤ³¹	ŋæ̃⁴⁴	ŋã	xæ̃⁵³	xæ̃⁴⁴
凤翔	kʰã⁴⁴	kʰã	kʰuo³¹	ŋã⁴⁴	ŋã	xã⁵³	xã⁴⁴
宝鸡	kʰæ̃⁴⁴	kʰã	kʰuo³¹	ŋæ̃⁴⁴	ŋã	xæ̃⁵³	xæ̃⁴⁴
千阳	kʰæ̃⁴⁴	kʰã	kʰuo³¹	ŋæ̃⁴⁴	ŋã	xæ̃⁵³	xæ̃⁴⁴
陇县	kʰæ̃⁴⁴	kʰã	kʰuo³¹	ŋæ̃⁴⁴	ŋã	xæ̃⁵³	xæ̃⁴⁴

字目 方言	喝~采，吆~ 山开一 入曷晓	寒 山开一 平寒匣	旱 山开一 上旱匣	汗 山开一 去翰匣	安 山开一 平寒影
西安	xuo³¹	xæ̃²⁴	xæ̃⁵⁵	xæ̃⁵⁵	ŋæ̃²¹
韩城	xuoə³¹	xã²⁴	xã⁴⁴	xã⁴⁴	ŋã³¹
合阳	xuo³¹	xã²⁴	xã⁵⁵	xã⁵⁵	ŋã³¹
澄城	xuo³¹	xã²⁴	xã⁴⁴	xã⁴⁴	ŋã³¹
白水	xuo³¹	xã²⁴	xã⁴⁴	xã⁴⁴	ŋã³¹
大荔	xuo³¹	xã²⁴	xã⁵⁵	xã⁵⁵	ŋã³¹
蒲城	xuo³¹	xã³⁵	xã⁵⁵	xã⁵⁵	ŋã³¹
美原	xuo³¹	xã²⁴	xã⁴⁴	xã⁵⁵	ŋã³¹
富平	xuo³¹	xã³⁵	xã⁵⁵	xã⁵⁵	ŋã³¹
潼关	xuo³¹	xã²⁴	xã⁴⁴	xã⁴⁴	ŋã³¹
华阴	xuo³¹	xã²⁴	xã⁵⁵	xã⁵⁵	ŋã³¹
华县	xuo³¹	xã³⁵	xã⁵⁵	xã⁵⁵	ŋã³¹
渭南	xuo³¹	xã²⁴	xã⁴⁴	xã⁴⁴	ŋã³¹
洛南	xuo³¹	xæ̃²⁴	xæ̃⁴⁴	xæ̃⁴⁴	ŋæ̃³¹
商州	xuo³¹	xã³⁵	xã⁵⁵	xã⁵⁵	ŋã³¹
丹凤	xuo³¹	xã²⁴	xã⁴⁴	xã⁴⁴	ŋã³¹
宜川	xə⁵¹	xæ̃²⁴	xæ̃⁴⁵	xæ̃⁴⁵	ŋiæ̃⁵¹
富县	xuo³¹	xã²⁴	xã⁴⁴	xã⁴⁴	ŋiã³¹
黄陵	xuo³¹	xæ̃²⁴	xæ̃⁴⁴	xæ̃⁴⁴	ŋiæ̃³¹/ŋæ̃³¹
宜君	xuo²¹	xæ̃²⁴	xæ̃⁴⁴	xæ̃⁴⁴	ŋæ̃²¹
铜川	xuo²¹	xæ̃²⁴	xæ̃⁴⁴	xæ̃⁴⁴	ŋæ̃²¹
耀县	xuo³¹	xæ̃²⁴	xæ̃⁴⁴	xæ̃⁴⁴	ŋiæ̃³¹
高陵	xuo³¹	xæ̃²⁴	xæ̃⁵⁵	xæ̃⁵⁵	ŋæ̃³¹
临潼	xuo³¹	xã²⁴	xã⁴⁵	xã⁴⁵	ŋã³¹

字目 方言	喝~采, 吆~ 山开一 入曷晓	寒 山开一 平寒匣	旱 山开一 上旱匣	汗 山开一 去翰匣	安 山开一 平寒影
蓝田	xuo³¹	xã²⁴	xã⁴⁴	xã⁴⁴	ŋã³¹
长安	xuo³¹	xã²⁴	xã⁴⁴	xã⁴⁴	ŋã³¹
户县	xuo³¹	xã²⁴	xã⁵⁵	xã⁵⁵	ŋã³¹
周至	xuo²¹	xæ̃²⁴	xæ̃⁵⁵	xæ̃⁵⁵	ŋæ̃²¹
三原	xuo³¹	xã²⁴	xã⁵⁵	xã⁵⁵	ŋã³¹
泾阳	xuo³¹	xã²⁴	xã⁵⁵	xã⁵⁵	ŋã³¹
咸阳	xuo³¹	xã²⁴	xã⁵⁵	xã⁵⁵	ŋã³¹
兴平	xuo³¹	xã²⁴	xã⁵⁵	xã⁵⁵	ŋã³¹
武功	xuo³¹	xã²⁴	xã⁵⁵	xã⁵⁵	ŋã³¹
礼泉	xuo³¹	xæ̃²⁴	xæ̃⁵⁵	xæ̃⁵⁵	ŋæ̃³¹
乾县	xuo³¹	xã²⁴	xã⁴⁴	xã⁴⁴	ŋã³¹
永寿	xuo³¹	xã²⁴	xã⁵⁵	xã⁵⁵	ŋã³¹
淳化	xuo³¹	xã²⁴	xã⁵⁵	xã⁵⁵	ŋã³¹
旬邑	xuo³¹	xã²⁴	xã⁴⁴	xã⁵⁵	ŋã³¹
彬县	xuo³¹	xã²⁴	xã⁴⁴	xã⁴⁴	ŋã³¹
长武	xuo³¹	xã²⁴	xã⁴⁴	xã⁴⁴	ŋã³¹
扶风	xuo³¹	xæ̃²⁴	xæ̃³³	xæ̃³³	ŋæ̃³¹
眉县	xuo³¹	xæ̃²⁴	xæ̃⁴⁴	xæ̃⁴⁴	ŋæ̃³¹
麟游	xuo³¹	xã²⁴	xã⁴⁴	xã⁴⁴	ŋã³¹
岐山	xuo³¹	xæ̃²⁴	xæ̃⁴⁴	xæ̃⁴⁴	ŋæ̃³¹
凤翔	xuo³¹	xã²⁴	xã⁴⁴	xã⁴⁴	ŋã³¹
宝鸡	xuo³¹	xæ̃²⁴	xæ̃⁴⁴	xæ̃⁴⁴	ŋæ̃³¹
千阳	xuo³¹	xæ̃²⁴	xæ̃⁴⁴	xæ̃⁴⁴	ŋæ̃³¹
陇县	xuo³¹	xæ̃²⁴	xæ̃⁴⁴	xæ̃⁴⁴	ŋæ̃³¹

字目 方言	按 山开一 去翰影	扮 山开二 去裥帮	八 山开二 入黠帮	盼 山开二 去裥滂		办 山开二 去裥並
西安	ŋæ̃⁵⁵	pæ̃⁵⁵/pæ̃²¹①	pɑ²¹	pʰæ̃⁵⁵	pʰã	pæ̃⁵⁵
韩城	ŋã⁴⁴	pã³¹	pɑ³¹	pʰã³¹	pʰã	pʰã⁴⁴
合阳	ŋã⁵⁵	pʰã⁵⁵	pɑ³¹	pʰã³¹	pʰã	pʰã⁵⁵
澄城	ŋã⁴⁴	pã⁴⁴	pɑ³¹	pʰã³¹	pʰã	pã⁴⁴
白水	ŋã⁴⁴	pã⁴⁴/pã³¹	pɑ³¹	pʰã⁴⁴	pʰã	pã⁴⁴
大荔	ŋã⁵⁵	pã⁵⁵	pɑ³¹	pʰã³¹	pʰã	pã⁵⁵
蒲城	ŋã⁵⁵	pã³¹	pɑ³¹	pʰã³¹	pʰã	pã⁵⁵
美原	ŋã⁵⁵	pʰã⁵⁵/pã³¹	pɑ³¹	pʰã³¹	pʰã	pã⁵⁵
富平	ŋã⁵⁵	pã³¹	pɑ³¹	pʰã³¹	pʰã	pã⁵⁵
潼关	ŋã⁴⁴	pã⁴⁴	pɑ³¹	pʰã³¹	pʰã	pã⁴⁴
华阴	ŋã⁵⁵	pã⁵⁵	pɑ³¹	pʰã³¹	pʰã	pã⁵⁵
华县	ŋã⁵⁵	pã⁵⁵	pɑ³¹	pʰã³¹	pʰã	pã⁵⁵
渭南	ŋã⁴⁴	pã⁴⁴/pã³¹	pɑ³¹	pʰã⁴⁴	pʰã	pã⁴⁴
洛南	ŋæ̃⁴⁴	pæ̃³¹	pɑ³¹	pʰæ̃³¹	pʰã	pæ̃⁴⁴
商州	ŋã⁵⁵	pã⁵⁵	pɑ³¹	pʰã³¹	pʰã	pã⁵⁵
丹凤	ŋã⁴⁴	pã³¹	pɑ³¹	pʰã³¹		pã⁴⁴
宜川	ŋiæ̃⁴⁵	pæ̃⁴⁵	pɑ⁵¹	pʰæ̃⁵¹		pæ̃⁴⁵
富县	ŋiã⁴⁴	pã³¹	pɑ³¹	pʰã³¹		pã⁴⁴
黄陵	ŋiæ̃⁴⁴	pæ̃³¹	pɑ³¹	pʰæ̃³¹		pæ̃⁴⁴
宜君	ŋæ̃⁴⁴	pæ̃⁴⁴	pɑ²¹	pʰæ̃⁴⁴		pæ̃⁴⁴
铜川	ŋæ̃⁴⁴	pæ̃⁴⁴	pɑ²¹	pʰæ̃⁴⁴	pʰã	pæ̃⁴⁴
耀县	ŋiæ̃⁴⁴	pæ̃³¹	pɑ³¹	pʰæ̃³¹	pʰã	pæ̃⁴⁴
高陵	ŋæ̃⁵⁵	pæ̃⁵²	pɑ³¹	pʰæ̃⁵⁵	pʰã	pæ̃⁵⁵
临潼	ŋã⁴⁵	pã⁴⁵	pɑ³¹	pʰã⁴⁵	pʰã	pã⁴⁵

① pæ̃⁵⁵ ～演；pæ̃²¹ 打～。下同。

字目 / 方言	按	扮	八	盼	办
	山开一去翰影	山开二去裥帮	山开二入黠帮	山开二去裥滂	山开二去裥並
蓝田	$ŋã^{44}$	$pã^{31}$	$pɑ^{31}$	$pʰã^{31}$ ∣ $pʰã$	$pã^{44}$
长安	$ŋã^{44}$	$pã^{44}$	$pɑ^{31}$	$pʰã^{44}$	$pã^{44}$
户县	$ŋã^{55}$	$pã^{31}$	$pɑ^{31}$	$pʰã^{55}$ ∣ $pʰã$	$pã^{55}$
周至	$ŋæ̃^{55}$	$pæ̃^{55}$	$pɑ^{21}$	$pʰæ̃^{55}$ ∣ $pʰã$	$pæ̃^{55}$
三原	$ŋã^{55}$	$pã^{55}/pã^{31}$	$pɑ^{31}$	$pʰã^{55}$ ∣ $pʰã$	$pã^{55}$
泾阳	$ŋã^{55}$	$pã^{55}/pã^{021}$	$pɑ^{31}$	$pʰã^{55}$	$pã^{55}$
咸阳	$ŋã^{55}$	$pã^{55}/pã^{31}$	$pɑ^{31}$	$pʰã^{55}$	$pã^{55}$
兴平	$ŋã^{55}$	$pã^{55}/pã^{31}$	$pɑ^{31}$	$pʰã^{55}$ ∣ $pʰã$	$pã^{55}$
武功	$ŋã^{55}$	$pã^{55}/pã^{31}$	$pɑ^{31}$	$pʰã^{55}$ ∣ $pʰã$	$pã^{55}$
礼泉	$ŋæ̃^{55}$	$pæ̃^{55}$	$pɑ^{31}$	$pʰæ̃^{55}$ ∣ $pʰã$	$pæ̃^{55}$
乾县	$ŋã^{44}$	$pã^{44}/pã^{31}$	$pɑ^{31}$	$pʰã^{44}$ ∣ $pʰã$	$pã^{44}$
永寿	$ŋã^{55}$	$pã^{55}/pã^{31}$	$pɑ^{31}$	$pʰã^{31}$ ∣ $pʰã$	$pã^{55}$
淳化	$ŋã^{55}$	$pã^{55}/pã^{31}$	$pɑ^{31}$	$pʰã^{55}$ ∣ $pʰã$	$pã^{55}$
旬邑	$ŋã^{44}$	$pã^{31}$	$pɑ^{31}$	$pʰã^{31}$ ∣ $pʰã$	$pã^{44}$
彬县	$ŋã^{44}$	$pã^{44}$	$pɑ^{31}$	$pʰã^{31}$ ∣ $pʰã$	$pʰã^{44}$
长武	$ŋã^{44}$	$pã^{44}$	$pɑ^{31}$	$pʰã^{31}$ ∣ $pʰã$	$pã^{44}/pʰã^{44}$
扶风	$ŋæ̃^{33}$	$pæ̃^{31}$	$pɑ^{31}$	$pʰæ̃^{33}$ ∣ $pʰã$	$pæ̃^{33}$
眉县	$ŋæ̃^{44}$	$pæ̃^{31}$	$pɑ^{31}$	$pʰæ̃^{44}$ ∣ $pʰã$	$pæ̃^{44}$
麟游	$ŋã^{44}$	$pã^{31}$	$pɑ^{31}$	$pʰã^{44}$ ∣ $pʰã$	$pã^{44}$
岐山	$ŋã^{44}$	$pæ̃^{31}$	$pɑ^{31}$	$pʰæ̃^{44}$ ∣ $pʰã$	$pæ̃^{44}$
凤翔	$ŋã^{44}$	$pã^{31}$	$pɑ^{31}$	$pʰã^{44}$ ∣ $pʰã$	$pã^{44}$
宝鸡	$ŋæ̃^{44}$	$pæ̃^{31}$	$pɑ^{31}$	$pʰæ̃^{44}$ ∣ $pʰã$	$pæ̃^{44}$
千阳	$ŋæ̃^{44}$	$pæ̃^{31}$	$pɑ^{31}$	$pʰæ̃^{44}$ ∣ $pʰã$	$pæ̃^{44}$
陇县	$ŋæ̃^{44}$	$pæ̃^{44}$	$pɑ^{31}$	$pʰæ̃^{44}$ ∣ $pʰã$	$pæ̃^{44}$

字目 方言	拔 山开二 入黠並	抹~布 山开二 入黠明	绽 山开二 去裥澄	盏 山开二 上产庄	扎 山开二 入黠庄
西安	pɑ^{24}	mɑ^{21}	tsʰæ̃^{55}	tsæ̃^{53}	tsa^{21} ∣ tsa
韩城	pʰɑ^{24}	mɑ^{31}	tsʰã^{44}	tsæ̃^{53}	tsa^{31} ∣ tsa
合阳	pʰɑ^{24}	mɑ^{31}	tsʰã^{55}	tsã^{31}	tsa^{31} ∣ tsa
澄城	pʰɑ^{24}	mɑ^{31}	tsʰã^{44}	tsæ̃^{53}	tsa^{31} ∣ tsa
白水	pʰɑ^{24}	mɑ^{31}	tsʰã^{44}	tsæ̃^{53}	tsa^{31} ∣ tsa
大荔	pʰɑ^{24}	mɑ^{31}	tsʰã^{55}	tsã^{31}	tsa^{31} ∣ tsa
蒲城	pʰɑ^{35}	mɑ^{31}	tsʰã^{55}	tsæ̃^{53}	tsa^{31} ∣ tsa
美原	pʰɑ^{35}	mɑ^{31}	tsʰã^{55}	tsæ̃^{53}	tsa^{31} ∣ tsa
富平	pʰɑ^{35}	mɑ^{31}	tsʰã^{55}	tsæ̃^{53}	tsa^{31} ∣ tsa
潼关	pʰɑ^{24}	mɑ^{31}	tsʰã^{44}	tsæ̃^{52}	tsa^{31} ∣ tsa
华阴	pʰɑ^{24}	mɑ^{31}	tsʰã^{55}	tsæ̃^{53}	tsa^{31} ∣ tsa
华县	pʰɑ^{35}	mɑ^{31}	tsʰã^{55}	tsæ̃^{53}	tsa^{31} ∣ tsa
渭南	pʰɑ^{24}	mɑ^{31}	tsʰã^{44}	tsæ̃^{53}	tsa^{31} ∣ tsa
洛南	pʰɑ^{24}	mɑ^{31}	tsʰæ̃^{44}	tsæ̃^{53}	tsa^{31} ∣ tsa
商州	pʰɑ^{35}	mɑ^{31}	tsʰã^{55}	tsæ̃^{53}	tsa^{31} ∣ tsa
丹凤	pʰɑ^{24}	mɑ^{31}	tsʰã^{44}	tsã^{53}	tsa^{31}
宜川	pʰɑ^{24}	mɑ^{51}	tsʰã^{45}/tʂæ̃^{45}~放	tsæ̃^{45}	tsa^{51}
富县	pʰɑ^{24}	mɑ^{31}	tsʰã^{44}	tsã^{52}	tsa^{31}
黄陵	pʰɑ^{24}	mɑ^{31}	tsʰæ̃^{44}	tsæ̃^{52}	tsa^{31}
宜君	pʰɑ^{24}	mɑ^{21}	tsʰæ̃^{44}	tsæ̃^{52}	tsa$^{21˙}$
铜川	pɑ^{24}/pʰɑ^{24}	mɑ^{21}	tsʰæ̃^{44}	tsæ̃^{52}	tsa$^{21˙}$ ∣ tsa
耀县	pɑ^{24}	mɑ^{31}	tiæ̃^{44}	tsæ̃^{44}	tsa^{31} ∣ tsa
高陵	pʰɑ^{24}	mɑ^{31}	tsʰæ̃^{55}	tsæ̃^{52}	tsa^{31} ∣ tsa
临潼	pɑ^{24}/pʰɑ^{24}	mɑ^{31}	tsʰã^{45}	tsæ̃^{52}	tsa^{31} ∣ tsa

字目 方言	拔 山开二 入黠並	抹~布 山开二 入黠明	绽 山开二 去裥澄	盏 山开二 上产庄	扎 山开二 入黠庄
蓝田	pa²⁴	ma³¹	tsʰã⁴⁴/tɕiəŋ⁴⁴~放	tsã⁵²	tsa³¹ ｜ tsa
长安	pa²⁴	ma³¹	tsʰã⁴⁴/tsã⁴⁴①	tsã⁵³	tsɑ³¹
户县	pa²⁴	ma³¹	tsʰã⁵⁵	tsã⁵²	tsa³¹ ｜ tsa
周至	pa²⁴	ma²¹	t̠ɛ⁵⁵/tsʰɛ⁵⁵	tsɛ⁵²	tsa²¹ ｜ tsa
三原	pa²⁴	ma³¹	tsʰã⁵⁵	tsã⁵²	tsa³¹ ｜ tsa
泾阳	pʰa²⁴	ma³¹	tsʰã⁵⁵	tsã⁵²	tsa³¹
咸阳	pa²⁴	ma³¹	tsʰã⁵⁵	tsã⁵²	tsɑ³¹
兴平	pa²⁴	ma³¹	tsʰã⁵⁵	tsã⁵²	tsa³¹ ｜ tsa
武功	pa²⁴	ma³¹	tsã⁵⁵	tsã⁵²	tsa³¹ ｜ tsa
礼泉	pa²⁴	ma³¹	tsʰɛ⁵⁵	tsɛ⁵²	tsa³¹ ｜ tsa
乾县	pa²⁴	ma³¹	tsʰɑ⁴⁴	tsã⁵²	tsa³¹ ｜ tsa
永寿	pa²⁴	ma³¹	tsʰã⁵⁵	tsã⁵²	tsa³¹ ｜ tsa
淳化	pʰa²⁴	ma³¹	tsʰã⁵⁵	tsã⁵²	tsa³¹ ｜ tsa
旬邑	pʰa²⁴	ma³¹	tsʰã⁴⁴	tsã⁵²	tsa³¹ ｜ tsa
彬县	pʰa²⁴	ma³¹	tsʰã⁴⁴	tsã⁵²	tsa³¹ ｜ tsa
长武	pʰa²⁴	ma³¹	tsʰã⁴⁴	tsã⁵²	tsa³¹ ｜ tsa
扶风	pa²⁴/pʰa²⁴	ma³¹	tsɛ³¹/tsʰɛ³³②	tsɛ³¹	tsa³¹ ｜ tsa
眉县	pa²⁴	ma³¹	tsʰɛ⁴⁴	tsɛ⁵²	tsa³¹ ｜ tsa
麟游	pʰa²⁴	ma³¹	tsʰã⁴⁴	tsã⁵³	tsa³¹ ｜ tsa
岐山	pʰa²⁴	ma³¹	tsʰã⁴⁴	tsɛ³¹	tsa³¹ ｜ tsa
凤翔	pa²⁴	ma³¹	tsʰã⁴⁴	tsã³¹	tsa³¹ ｜ tsa
宝鸡	pʰa²⁴	ma³¹	tsʰɛ⁴⁴	tsɛ⁵³	tsa³¹ ｜ tsa
千阳	pa²⁴/pʰa²⁴	ma³¹	tsʰɛ⁴⁴	tsɛ⁵³	tsa³¹ ｜ tsa
陇县	pa²⁴	ma³¹	tsɛ⁴⁴	tsɛ³¹	tsa³¹ ｜ tsa

① tsʰã⁴⁴ 线~开咧。

② tsɛ³¹ 手脚的皮肤上因干燥而裂口；tsʰɛ³³ 破~。

字目＼方言	铲 山开二 上产初	察 山开二 入黠初	山 山开二 平山生	产~妇 山开二 上产生	杀 山开二 入黠生
西安	tsʰæ̃⁵³	tsʰɑ²¹ ∣ tsʰɑ	sæ̃²¹	tsʰæ̃⁵³	sɑ²¹ ∣ sɑ
韩城	tsʰã⁵³	tsʰɑ²⁴ ∣ tsʰɑ	sã³¹	tsʰã⁵³	sɑ³¹ ∣ sɑ
合阳	tsʰã⁵²	tsʰɑ³¹ ∣ tsʰɑ	sã³¹	tsʰã⁵²	sɑ³¹ ∣ sɑ
澄城	tsʰã⁵³	tsʰɑ²⁴ ∣ tsʰɑ	sã³¹	tsʰã⁵³	sɑ³¹ ∣ sɑ
白水	tsʰã⁵³	tsʰɑ³¹ ∣ tsʰɑ	sã³¹	tsʰã⁵³	sɑ³¹ ∣ sɑ
大荔	tsʰã⁵²	tsʰɑ³¹ ∣ tsʰɑ	sã³¹	tsʰã⁵²	sɑ³¹ ∣ sɑ
蒲城	tsʰã⁵³	tsʰɑ³¹ ∣ tsʰɑ	sã³¹	tsʰã⁵³	sɑ³¹ ∣ sɑ
美原	tsʰã⁵³	tsʰɑ³¹ ∣ tsʰɑ	sã³¹	tsʰã⁵³	sɑ³¹ ∣ sɑ
富平	tsʰã⁵³	tsʰɑ³¹ ∣ tsʰɑ	sã³¹	tsʰã⁵³	sɑ³¹ ∣ sɑ
潼关	tsʰã⁵²	tsʰɑ³¹ ∣ tsʰɑ	sã³¹	tsʰã⁵²	sɑ³¹ ∣ sɑ
华阴	tsʰã⁵²	tsʰɑ³¹ ∣ tsʰɑ	sã³¹	tsʰã⁵²	sɑ³¹ ∣ sɑ
华县	tsʰã⁵³	tsʰɑ³¹ ∣ tsʰɑ	sã³¹	tsʰã⁵³	sɑ³¹ ∣ sɑ
渭南	tsʰã⁵³	tsʰɑ³¹ ∣ tsʰɑ	sã³¹	tsʰã⁵³	sɑ³¹ ∣ sɑ
洛南	tsʰæ̃⁵³	tsʰɑ³¹ ∣ tsʰɑ	sæ̃³¹	tsʰæ̃⁵³	sɑ³¹ ∣ sɑ
商州	tsʰã⁵³	tsʰɑ³¹ ∣ tsʰɑ	sã³¹	tsʰã⁵³	sɑ³¹ ∣ sɑ
丹凤	tsʰã⁵³	tsʰɑ³¹	sã³¹	tsʰã⁵³	sɑ³¹
宜川	tsʰæ̃⁴⁵	tsʰɑ²⁴	sæ̃⁵¹	tsʰæ̃⁴⁵	sɑ⁵¹
富县	tsʰã⁵²	tsʰɑ²⁴	sã³¹	tsʰã⁵²	sɑ³¹
黄陵	tsʰæ̃⁵²	tsʰɑ²⁴	sæ̃³¹	tsʰæ̃⁵²	sɑ³¹
宜君	tsʰæ̃⁵²	tsʰɑ²¹	sæ̃²¹	tsʰæ̃⁵²	sɑ²¹
铜川	tsʰæ̃⁵²	tsʰɑ²¹ ∣ tsʰɑ	sæ̃²¹	tsʰæ̃⁵²	sɑ²¹ ∣ sɑ
耀县	tsʰæ̃⁵²	tsʰɑ²⁴ ∣ tsʰɑ	sæ̃³¹	tsʰæ̃⁵²	sɑ³¹ ∣ sɑ
高陵	tsʰæ̃⁵²	tsʰɑ²⁴ ∣ tsʰɑ	sæ̃³¹	tsʰæ̃⁵²	sɑ³¹ ∣ sɑ
临潼	tsʰã⁵²	tsʰɑ²⁴ ∣ tsʰɑ	sã³¹	tsʰã⁵²	sɑ³¹ ∣ sɑ

字目 / 方言	铲 山开二 上产初	察 山开二 入黠初	山 山开二 平山生	产~妇 山开二 上产生	杀 山开二 入黠生
蓝田	tsʰã⁵²	tsʰa²⁴ ∣ tsʰa	sã³¹	tsʰã⁵²	sa³¹ ∣ sa
长安	tsʰã⁵³	tsʰa²⁴	sã³¹	tsʰã⁵³	sa³¹
户县	tsʰã⁵²	tsʰa²⁴ ∣ tsʰa	sã³¹	tsʰã⁵²	sa³¹ ∣ sa
周至	tsʰæ̃⁵²	tsʰa²⁴ ∣ tsʰa	sæ̃²¹	tsʰæ̃⁵²	sa²¹ ∣ sa
三原	tsʰã⁵²	tsʰa²⁴ ∣ tsʰa	sã³¹	tsʰã⁵²	sa³¹ ∣ sa
泾阳	tsʰã⁵²	tsʰa³¹	sã³¹	tsʰã⁵²	sa³¹
咸阳	tsʰã⁵²	tsʰa²⁴	sã³¹	tsʰã⁵²	sa³¹
兴平	tsʰã⁵²	tsʰa³¹ ∣ tsʰa	sã³¹	tsʰã⁵²	sa³¹ ∣ sa
武功	tsʰã⁵²	tsʰa³¹ ∣ tsʰa	sã³¹	tsʰã⁵²	sa³¹ ∣ sa
礼泉	tsʰæ̃⁵²	tsʰa²⁴ ∣ tsʰa	sæ̃³¹	tsʰæ̃⁵²	sa³¹ ∣ sa
乾县	tsʰã⁵²	tsʰa³¹ ∣ tsʰa	sã³¹	tsʰã⁵²	sa³¹ ∣ sa
永寿	tsʰã⁵²	tsʰa³¹ ∣ tsʰa	sã³¹	tsʰã⁵²	sa³¹ ∣ sa
淳化	tsʰã⁵²	tsʰa³¹ ∣ tsʰa	sã³¹	tsʰã⁵²	sa³¹ ∣ sa
旬邑	tsʰã⁵²	tsʰa³¹ ∣ tsʰa	sã³¹	tsʰã⁵²	sa³¹ ∣ sa
彬县	tsʰã⁵²	tsʰa³¹ ∣ tsʰa	sã³¹	tsʰã⁵²	sa³¹ ∣ sa
长武	tsʰã⁵²	tsʰa²⁴ ∣ tsʰa	sã³¹	tsʰã⁵²	sa³¹ ∣ sa
扶风	tsʰæ̃⁵²	tsʰa³¹ ∣ tsʰa	sæ̃³¹	tsʰæ̃⁵²	sa³¹ ∣ sa
眉县	tsʰæ̃⁵²	tsʰa²⁴ ∣ tsʰa	sæ̃³¹	tsʰæ̃⁵²	sa³¹ ∣ sa
麟游	tsʰã⁵³	tsʰa²⁴ ∣ tsʰa	sã³¹	tsʰã⁵³	sa³¹ ∣ sa
岐山	tsʰæ̃⁵³	tsʰa³¹ ∣ tsʰa	sæ̃³¹	tsʰæ̃⁵³	sa³¹ ∣ sa
凤翔	tsʰã⁵³	tsʰa²⁴ ∣ tsʰa	sã³¹	tsʰã⁵³	sa³¹ ∣ sa
宝鸡	tsʰæ̃⁵³	tsʰa²⁴ ∣ tsʰa	sæ̃³¹	tsʰæ̃⁵³	sa³¹ ∣ sa
千阳	tsʰæ̃⁵³	tsʰa²⁴ ∣ tsʰa	sæ̃³¹	tsʰæ̃⁵³	sa³¹ ∣ sa
陇县	tsʰæ̃⁵³	tsʰa³¹ ∣ tsʰa	sæ̃³¹	tsʰæ̃⁵³	sa³¹ ∣ sa

字目 / 方言	间房~ 山开二 平山见	简 山开二 上产见	间~断,~或 山开二 去裥见	眼 山开二 上产疑	闲 山开二 平山匣
西安	tɕiæ²¹	tɕiæ⁵³	tɕiæ⁵³	n̠iæ⁵³	ɕiæ²⁴/xæ²⁴①
韩城	tɕiã³¹	tɕiã⁵³	tɕiã⁵³	n̠iã⁵³	ɕiã²⁴/xã²⁴
合阳	tɕiã³¹	tɕiã⁵²	tɕiã⁵²/tɕiã⁵⁵②	n̠iã⁵²	ɕiã²⁴/xã²⁴
澄城	tɕiã³¹	tɕiã⁵³	tɕiã⁵³	n̠iã⁵³	ɕiã²⁴/xã²⁴
白水	tɕiã³¹	tɕiã⁵³	tɕiã⁵³	n̠iã⁵³	ɕiã²⁴/xã²⁴
大荔	tɕiã³¹	tɕiã⁵²	tɕiã⁵²	n̠iã⁵²	ɕiã²⁴/xã²⁴
蒲城	tɕiã³¹	tɕiã⁵³	tɕiã⁵⁵	n̠iã⁵³	ɕiã³⁵/xã³⁵
美原	tɕiã³¹	tɕiã⁵³	tɕiã⁵³/tɕiã⁵⁵	n̠iã⁵³	ɕiã³⁵/xã³⁵
富平	tɕiã³¹	tɕiã⁵³	tɕiã⁵⁵	n̠iã⁵³	ɕiã³⁵/xã³⁵
潼关	tɕiã³¹	tɕiã⁵²	tɕiã⁵²	n̠iã⁵²	ɕiã²⁴/xã²⁴
华阴	tɕiã³¹	tɕiã⁵²	tɕiã⁵²	n̠iã⁵²	ɕiã²⁴/xã²⁴
华县	tɕiã³¹	tɕiã⁵³	tɕiã⁵⁵	n̠iã⁵³	ɕiã³⁵/xã³⁵
渭南	tɕiã³¹	tɕiã⁵³	tɕiã⁴⁴	n̠iã⁵³	ɕiã²⁴/xã²⁴
洛南	tɕiæ³¹	tɕiæ⁵³	tɕiæ⁵³	n̠iæ⁵³	ɕiæ²⁴/xæ²⁴
商州	tɕiã³¹	tɕiã⁵³	tɕiã⁵⁵	n̠iã⁵³	ɕiã³⁵/xã³⁵
丹凤	tɕiã³¹	tɕiã⁵³	tɕiã⁵³	n̠iã⁵³	ɕiã²⁴/xã²⁴
宜川	tɕiæ⁵¹	tɕiæ⁴⁵	tɕiæ⁵¹	n̠iæ⁴⁵	ɕiæ²⁴/xæ²⁴
富县	tɕiã³¹	tɕiã⁵²	tɕiã³¹	n̠iã⁵²	ɕiã²⁴/xã²⁴
黄陵	tɕiæ³¹	tɕiæ⁵²	tɕiæ³¹	n̠iæ⁵²	ɕiæ²⁴/xæ²⁴
宜君	tɕiæ²¹	tɕiæ⁵²	tɕiæ⁵² ~断	n̠iæ⁵²	ɕiæ²⁴/xæ²⁴
铜川	tɕiæ²¹	tɕiæ⁵²	tɕiæ⁴⁴	n̠iæ⁵²	ɕiæ²⁴/xæ²⁴
耀县	tɕiæ³¹	tɕiæ⁵²	tɕiæ⁵²	n̠iæ⁵²	ɕiæ²⁴/xæ²⁴
高陵	tɕiæ³¹	tɕiæ⁵²	tɕiæ⁵²	n̠iæ⁵²	ɕiæ²⁴/xæ²⁴
临潼	tɕiã³¹	tɕiã⁵²	tɕiã³¹	n̠iã⁵²	ɕiã²⁴/xã²⁴

① ɕiæ²⁴ ～人免进；xæ²⁴ ～人。下同。

② tɕiã⁵² ～断；tɕiã⁵⁵ ～或。

字目 方言	间房~ 山开二 平山见	简 山开二 上产见	间~断,~或 山开二 去裥见	眼 山开二 上产疑	闲 山开二 平山匣
蓝田	tɕiã³¹	tɕiã⁵²	tɕiã³¹	n̠iã⁵²	ɕiã²⁴/xã²⁴
长安	tɕiã³¹	tɕiã⁵³	tɕiã³¹	n̠iã⁵³	ɕiã²⁴/xã²⁴
户县	tɕiã³¹	tɕiã⁵²	tɕiã³¹	n̠iã⁵²	ɕiã²⁴/xã²⁴
周至	tɕiæ̃²¹	tɕiæ̃⁵²	tɕiæ̃⁵²	n̠iæ̃⁵²	ɕiæ̃²⁴/xæ̃²⁴
三原	tɕiã³¹	tɕiã⁵²	tɕiã⁵²	n̠iã⁵²	ɕiã²⁴/xã²⁴
泾阳	tɕiã³¹	tɕiã⁵²	tɕiã⁵⁵	n̠iã⁵²	ɕiã²⁴/xã²⁴
咸阳	tɕiã³¹	tɕiã⁵²	tɕiã⁵⁵	n̠iã⁵²	ɕiã²⁴/xã²⁴
兴平	tɕiã³¹	tɕiã⁵²	tɕiã⁵²	n̠iã⁵²	ɕiã²⁴/xã²⁴
武功	tɕiã³¹	tɕiã⁵²	tɕiã⁵²	n̠iã⁵²	ɕiã²⁴/xã²⁴
礼泉	tɕiæ̃³¹	tɕiæ̃⁵²	tɕiæ̃⁵⁵	n̠iæ̃⁵²	ɕiæ̃²⁴/xæ̃²⁴
乾县	tɕiã³¹	tɕiã⁵²	tɕiã⁵²	n̠iã⁵²	ɕiã²⁴/xã²⁴
永寿	tɕiã³¹	tɕiã⁵²	tɕiã⁵²	n̠iã⁵²	ɕiã²⁴/xã²⁴
淳化	tɕiã³¹	tɕiã⁵²	tɕiã³¹	n̠iã⁵²	ɕiã²⁴/xã²⁴
旬邑	tɕiã³¹	tɕiã⁵²	tɕiã³¹	n̠iã⁵²	ɕiã²⁴/xã²⁴
彬县	tɕiã³¹	tɕiã⁵²	tɕiã⁵²	n̠iã⁵²	ɕiã²⁴/xã²⁴
长武	tɕiã³¹	tɕiã⁵²	tɕiã⁵²	n̠iã⁵²	ɕiã²⁴/xã²⁴
扶风	tɕiæ̃³¹	tɕiæ̃⁵²	tɕiæ̃⁵²	n̠iæ̃⁵²	ɕiæ̃²⁴/xæ̃²⁴
眉县	tɕiæ̃³¹	tɕiæ̃⁵²	tɕiæ̃⁵²	n̠iæ̃⁵²	ɕiæ̃²⁴/xæ̃²⁴
麟游	tɕiã³¹	tɕiã⁵³	tɕiã⁵³	n̠iã⁵³	ɕiã²⁴/xã²⁴
岐山	tɕiæ̃³¹	tɕiæ̃⁵³	tɕiæ̃³¹	n̠iæ̃⁵³	xæ̃²⁴
凤翔	tɕiã³¹	tɕiã⁵³	tɕiã⁵³	n̠iã⁵³	ɕiã²⁴
宝鸡	tɕiæ̃³¹	tɕiæ̃⁵³	tɕiæ̃³¹	n̠iæ̃⁵³	ɕiæ̃²⁴
千阳	tɕiæ̃³¹	tɕiæ̃⁵³	tɕiæ̃⁵³	n̠iæ̃⁵³	ɕiæ̃²⁴/xæ̃²⁴
陇县	tɕiæ̃³¹	tɕiæ̃⁵³	tɕiæ̃⁵³	n̠iæ̃⁵³	ɕiæ̃²⁴

字目 方言	限 山开二 上产匣	轧 山开二 入黠影	班 山开二 平删帮	板 山开二 上潸帮	攀 山开二 平删滂
西安	$\varsigma i\tilde{a}^{55}$	$n_{j}ia^{55}$	$p\tilde{æ}^{21}$	$p\tilde{æ}^{53}$	$p^{h}\tilde{æ}^{21}$
韩城	$\varsigma i\tilde{a}^{44}$	$n_{j}ia^{31}/tsa^{44}$①	$p\tilde{a}^{31}$	$p\tilde{a}^{53}$	$p^{h}\tilde{a}^{31}$
合阳	$\varsigma i\tilde{a}^{55}$	$n_{j}ia^{31}/tsa^{55}$	$p\tilde{a}^{31}$	$p\tilde{a}^{52}$	$p\tilde{a}^{31}$
澄城	$\varsigma i\tilde{a}^{44}$	tsa^{44}	$p\tilde{a}^{31}$	$p\tilde{a}^{53}$	$p^{h}\tilde{a}^{31}$
白水	$\varsigma i\tilde{a}^{44}$	$n_{j}ia^{44}$	$p\tilde{a}^{31}$	$p\tilde{a}^{53}$	$p^{h}\tilde{a}^{31}$
大荔	$\varsigma i\tilde{a}^{55}$	$n_{j}ia^{55}$	$p\tilde{a}^{31}$	$p\tilde{a}^{52}$	$p^{h}\tilde{a}^{31}$
蒲城	$\varsigma i\tilde{a}^{55}$	$tsa^{35}/n_{j}ia^{31}$	$p\tilde{a}^{31}$	$p\tilde{a}^{53}$	$p^{h}\tilde{a}^{31}$
美原	$\varsigma i\tilde{a}^{55}$	$n_{j}ia^{55}$	$p\tilde{a}^{31}$	$p\tilde{a}^{53}$	$p^{h}\tilde{a}^{31}$
富平	$\varsigma i\tilde{a}^{55}$	tsa^{35}	$p\tilde{a}^{31}$	$p\tilde{a}^{53}$	$p^{h}\tilde{a}^{31}$
潼关	$\varsigma i\tilde{a}^{44}$	$n_{j}ia^{44}$	$p\tilde{a}^{31}$	$p\tilde{a}^{52}$	$p^{h}\tilde{a}^{31}$
华阴	$\varsigma i\tilde{a}^{55}$	$n_{j}ia^{55}$	$p\tilde{a}^{31}$	$p\tilde{a}^{52}$	$p^{h}\tilde{a}^{31}$
华县	$\varsigma i\tilde{a}^{55}$	$n_{j}ia^{55}$	$p\tilde{a}^{31}$	$p\tilde{a}^{53}$	$p^{h}\tilde{a}^{31}$
渭南	$\varsigma i\tilde{a}^{44}$	$n_{j}ia^{44}/tsa^{44}$	$p\tilde{a}^{31}$	$p\tilde{a}^{53}$	$p^{h}\tilde{a}^{31}$
洛南	$\varsigma i\tilde{a}^{44}$	$n_{j}ia^{44}$	$p\tilde{æ}^{31}$	$p\tilde{æ}^{53}$	$p^{h}\tilde{æ}^{31}$
商州	$\varsigma i\tilde{a}^{55}$	$n_{j}ia^{55}$	$p\tilde{a}^{31}$	$p\tilde{a}^{53}$	$p^{h}\tilde{a}^{31}$
丹凤	$\varsigma i\tilde{a}^{44}$	$n_{j}ia^{44}$	$p\tilde{a}^{31}$	$p\tilde{a}^{53}$	$p^{h}\tilde{a}^{31}$
宜川	$\varsigma i\tilde{a}^{45}$	tsa^{51}	$p\tilde{æ}^{51}$	$p\tilde{æ}^{45}$	$p^{h}\tilde{æ}^{51}$
富县	$\varsigma i\tilde{a}^{44}$	$n_{j}ia^{31}/tsa^{31}$	$p\tilde{a}^{31}$	$p\tilde{a}^{52}$	$p^{h}\tilde{a}^{31}$
黄陵	$\varsigma i\tilde{æ}^{44}$	$n_{j}ia^{31}/tsa^{31}$	$p\tilde{æ}^{31}$	$p\tilde{æ}^{52}$	$p^{h}\tilde{æ}^{31}$
宜君	$\varsigma i\tilde{æ}^{44}$	$tsa^{24}/n_{j}ia^{21}$	$p\tilde{æ}^{21}$	$p\tilde{æ}^{52}$	$p^{h}\tilde{æ}^{21}$
铜川	$\varsigma i\tilde{æ}^{44}$	tsa^{44}	$p\tilde{æ}^{21}$	$p\tilde{æ}^{52}$	$p^{h}\tilde{æ}^{21}$
耀县	$\varsigma i\tilde{æ}^{44}$	tsa^{44}	$p\tilde{æ}^{31}$	$p\tilde{æ}^{52}$	$p^{h}\tilde{æ}^{31}$
高陵	$\varsigma i\tilde{æ}^{55}$	$n_{j}ia^{55}/tsa^{55}$	$p\tilde{æ}^{31}$	$p\tilde{æ}^{52}$	$p^{h}\tilde{æ}^{31}$
临潼	$\varsigma i\tilde{a}^{45}$	$\underline{i}a^{31}/\underline{n_{j}i}a^{31}$	$p\tilde{a}^{31}$	$p\tilde{a}^{52}$	$p^{h}\tilde{a}^{31}$

① tsa^{44} ～棉花。下同。

字目 方言	限 山开二 上产匣	轧 山开二 入黠影	班 山开二 平删帮	板 山开二 上潸帮	攀 山开二 平删滂
蓝田	çiã⁴⁴	tsa³¹	pã³¹	pã⁵²	pʰã³¹
长安	çiã⁴⁴	n̠ia³¹/tsa⁴⁴	pã³¹	pã⁵³	pʰã³¹
户县	çiã⁵⁵	tsa⁵⁵/n̠ia⁵⁵①	pã³¹	pã⁵²	pʰã³¹
周至	çiæ̃⁵⁵	n̠ia⁵⁵/tsa²⁴	pæ̃²¹	pæ̃⁵²	pʰæ̃²¹
三原	çiã⁵⁵	n̠ia⁵⁵	pã³¹	pã⁵²	pʰã³¹
泾阳	çiã⁵⁵	n̠ia⁵⁵	pã³¹	pã⁵²	pʰã³¹
咸阳	çiã⁵⁵	n̠ia⁵⁵/tsa⁵⁵②	pã³¹	pã⁵²	pʰã³¹
兴平	çiã⁵⁵	n̠ia⁵⁵	pã³¹	pã⁵²	pʰã³¹
武功	çiã⁵⁵	n̠ia⁵⁵	pã³¹	pã⁵²	pã³¹
礼泉	çiæ̃³¹	n̠ia⁵⁵	pæ̃³¹	pæ̃⁵²	pʰæ̃³¹
乾县	çiã⁴⁴	tsa⁴⁴	pã³¹	pã⁵²	pʰã³¹
永寿	çiã⁵⁵	tsa⁵⁵	pã³¹	pã⁵²	pʰã³¹
淳化	çiã⁵⁵	tsa³¹	pã³¹	pã⁵²	pʰã³¹
旬邑	çiã⁴⁴	tsa³¹	pã³¹	pã⁵²	pʰã³¹
彬县	çiã⁴⁴	tsa⁴⁴	pã³¹	pã⁵²	pʰã³¹
长武	çiã⁴⁴	n̠ia⁴⁴/tsa⁴⁴	pã³¹	pã⁵²	pʰã³¹
扶风	çiæ̃³³	tsa²⁴	pæ̃³¹	pæ̃⁵²	pʰæ̃³¹
眉县	çiæ̃⁴⁴	tsa²⁴	pæ̃³¹	pæ̃⁵²	pʰæ̃
麟游	çiã⁴⁴	tsʰa²⁴	pã³¹	pã⁵²	pʰã³¹
岐山	çiæ̃⁴⁴	<u>tsa²⁴</u>/<u>tsʰa²⁴</u>	pæ̃³¹	pæ̃⁵³	pʰæ̃³¹
凤翔	çiæ̃⁴⁴	tsa²⁴	pã³¹	pã⁵³	pʰã³¹
宝鸡	çiæ̃⁴⁴	tsa²⁴	pæ̃³¹	pæ̃⁵³	pʰæ̃³¹
千阳	çiæ̃⁴⁴	tsa²⁴	pæ̃³¹	pæ̃⁵³	pʰæ̃³¹
陇县	çiæ̃⁴⁴	tsa²⁴	pæ̃³¹	pæ̃⁵³	pʰæ̃³¹

① tsa⁵⁵ ～钢；n̠ia⁵⁵ ～棉花。
② n̠ia⁵⁵ ～棉花；tsa⁵⁵ ～花机。长武同。

字目 方言	襻 山开二 去谏滂	蛮 山开二 平删明	慢 山开二 去谏明		栈 山开二 去谏崇	铡 山开二 入鎋崇
西安	pʰæ̃⁵⁵	mæ̃²⁴	mæ̃⁵⁵	mã	tsæ̃⁵⁵	tsɑ²⁴
韩城	pʰã⁴⁴	mã²⁴	mã⁴⁴	mã	tsã⁵³	tsʰɑ²⁴
合阳	pʰã⁵⁵	mã²⁴	mã⁵⁵	mã	tsã⁵⁵	tsʰɑ²⁴
澄城	pʰã⁴⁴	mã²⁴	mã⁴⁴	mã	tsã⁴⁴	tsʰɑ²⁴
白水	pʰã⁴⁴	mã²⁴	mã⁴⁴	mã	tsã⁴⁴	tsʰɑ²⁴
大荔	pʰã⁵⁵	mã²⁴	mã⁵⁵	mã	tsã⁵⁵	tsʰɑ²⁴
蒲城	pʰã⁵⁵	mã³⁵	mã⁵⁵	mã	tsã⁵⁵	tsʰɑ³⁵
美原	pʰã⁵⁵	mã³⁵	mã⁵⁵	mã	tsã⁵⁵	tsʰɑ³⁵
富平	pʰã⁵⁵	mã³⁵	mã⁵⁵	mã	tsã⁵⁵	tsʰɑ³⁵
潼关	pʰã⁴⁴	mã²⁴	mã⁴⁴	mã	tsã⁴⁴	tsʰɑ²⁴
华阴	pʰã⁵⁵	mã²⁴	mã⁵⁵	mã	tsã⁵⁵	tsʰɑ²⁴
华县	pʰã⁵⁵	mã³⁵	mã⁵⁵	mã	tsã⁵⁵	tsʰɑ³⁵
渭南	pʰã⁴⁴	mã²⁴	mã⁴⁴	mã	tsã⁴⁴	tsʰɑ²⁴
洛南	pʰæ̃⁴⁴	mæ̃²⁴	mæ̃⁴⁴	mã	tsæ̃⁴⁴	tsʰɑ²⁴
商州	pʰã⁵⁵	mã³⁵	mã⁵⁵	mã	tsã⁵⁵	tsʰɑ³⁵
丹凤	pʰã⁴⁴	mã²⁴	mã⁴⁴		tsã⁴⁴	tsʰɑ²⁴
宜川	pʰæ̃⁵¹	mæ̃²⁴	mæ̃⁴⁵		tsæ̃⁴⁵	tsʰɑ²⁴
富县	pʰã³¹	mã²⁴	mã⁴⁴		tsã⁴⁴	tsʰɑ²⁴
黄陵	pʰæ̃⁴⁴	mæ̃²⁴	mæ̃⁴⁴		tsæ̃⁴⁴	tsʰɑ²⁴
宜君	pʰæ̃²¹	mæ̃²⁴	mæ̃⁴⁴		ʈæ̃⁴⁴	tsʰɑ²⁴
铜川	pʰæ̃⁴⁴	mæ̃²⁴	mæ̃⁴⁴	mã	tsæ̃⁴⁴	tsʰɑ²⁴
耀县	pʰæ̃³¹	mæ̃²⁴	mæ̃⁴⁴	mã	tsæ̃⁴⁴	tsʰɑ²⁴
高陵	pʰæ̃⁵⁵	mæ̃²⁴	mæ̃⁵⁵	mã	tsæ̃⁵⁵	tsɑ²⁴
临潼	pʰã⁴⁵	mã²⁴	mã⁴⁵	mã	tsã⁴⁵	tsʰɑ²⁴

字目 方言	攀 山开二 去谏滂	蛮 山开二 平删明	慢 山开二 去谏明		栈 山开二 去谏崇	铡 山开二 入鎋崇
蓝田	pʰã⁴⁴	mã²⁴	mã⁴⁴	mã	tsã⁴⁴	tsɑ²⁴
长安	pʰã⁴⁴	mã²⁴	mã⁴⁴		tsã⁴⁴	tsɑ²⁴
户县	pʰã⁵⁵	mã²⁴	mã⁵⁵	mã	tsã⁵⁵	tsɑ²⁴
周至	pʰæ̃⁵⁵	mæ̃²⁴	mæ̃⁵⁵	mã	tsæ̃⁵⁵	tsɑ²⁴
三原	pʰã⁵⁵	mã²⁴	mã⁵⁵	mã	tsã⁵⁵	tsʰɑ²⁴
泾阳	pʰã⁵⁵	mã²⁴	mã⁵⁵		tsã⁵⁵	tsʰɑ²⁴
咸阳	pʰã⁵⁵	mã²⁴	mã⁵⁵		tsã⁵⁵	tsɑ²⁴
兴平	pʰã⁵⁵	mã²⁴	mã⁵⁵	mã	tsã⁵⁵	tsɑ²⁴
武功	pʰã⁵⁵	mã²⁴	mã⁵⁵	mã	tsã⁵⁵	tsɑ²⁴
礼泉	pʰæ̃⁵⁵	mæ̃²⁴	mæ̃⁵⁵	mã	tsæ̃⁵⁵	tsɑ²⁴
乾县	pʰã⁴⁴	mã²⁴	mã⁴⁴	mã	tsã⁴⁴	tsɑ²⁴
永寿	pʰã⁵⁵	mã²⁴	mã⁵⁵	mã	tsã⁵⁵	tsʰɑ²⁴
淳化	pʰã⁵⁵	mã²⁴	mã⁵⁵	mã	tsã⁵⁵	tsʰɑ²⁴
旬邑	pʰã⁴⁴	mã²⁴	mã⁴⁴	mã	tsã⁴⁴	tsʰɑ²⁴
彬县	pʰã⁴⁴	mã²⁴	mã⁴⁴	mã	tsã⁴⁴	tsʰɑ²⁴
长武	pʰã⁴⁴	mã²⁴	mã⁴⁴	mã	tsã⁴⁴	tsʰɑ²⁴
扶风	pʰæ̃³³	mæ̃²⁴	mæ̃³³	mã	tsæ̃³³	tsʰɑ²⁴
眉县	pʰæ̃⁴⁴	mæ̃²⁴	mæ̃⁴⁴	mã	tsæ̃⁴⁴	tsʰɑ²⁴
麟游	pʰã⁴⁴	mã²⁴	mã⁴⁴	mã	tsã⁴⁴	tsʰɑ²⁴
岐山	pʰã⁴⁴	mæ̃²⁴	mæ̃⁴⁴	mã	tsæ̃⁴⁴	tsʰɑ²⁴
凤翔	pʰã⁴⁴	mã²⁴	mã⁴⁴	mã	tsʰã⁴⁴	tsʰɑ²⁴
宝鸡	pʰæ̃⁴⁴	mæ̃²⁴	mæ̃⁴⁴	mã	tsæ̃⁴⁴	tsʰɑ²⁴
千阳	pʰæ̃⁴⁴	mæ̃²⁴	mæ̃⁴⁴	mã	tsæ̃⁴⁴	tsʰɑ²⁴
陇县	pʰæ̃⁴⁴	mæ̃²⁴	mæ̃⁴⁴	mã	tsæ̃⁴⁴	tsɑ²⁴

字目 / 方言	删 山开二 平删生	疤 山开二 去谏生	奸 山开二 平删见	涧 山开二 去谏见	颜 山开二 平删疑
西安	sæ̃²¹	ʂæ̃⁵⁵	tɕiæ̃²¹	tɕiæ̃⁵⁵	iæ̃²⁴
韩城	sã³¹	ʂã⁴⁴	tɕiã³¹	tɕiã⁵³	n̠iã²⁴
合阳	sã⁵²/sɑ̃⁵²	sã⁵⁵	tɕiã³¹	tɕiã⁵²	iã²⁴/n̠iã²⁴①
澄城	sã³¹	ʃuã⁴⁴	tɕiã³¹	tɕiã⁵³	n̠iã²⁴
白水	sã³¹	ʂã⁴⁴	tɕiã³¹	tɕiã⁴⁴	n̠iã²⁴
大荔	sã³¹	sã⁵⁵	tɕiã³¹	tɕiã⁵⁵	iã²⁴/n̠iã²⁴
蒲城	sã³¹	ʂã⁵⁵	tɕiã³¹	tɕiã⁵⁵	n̠iã³⁵
美原	sã³¹	ʃã⁵⁵	tɕiã³¹	tɕiã⁵³	iã³⁵
富平	sã³¹	ʂã⁵⁵	tɕiã³¹	tɕiã⁵⁵	iã³⁵
潼关	sã³¹	ʂã⁴⁴	tɕiã³¹	tɕiã⁴⁴	iã²⁴/n̠iã²⁴
华阴	sã³¹	sã⁵⁵	tɕiã³¹	tɕiã⁵²	iã²⁴/n̠iã²⁴
华县	sã³¹	ʂã⁵⁵	tɕiã³¹	tɕiã⁵³	iã³⁵
渭南	sã³¹	ʂã⁴⁴	tɕiã³¹	tɕiã⁴⁴	n̠iã²⁴
洛南	sæ̃³¹	ʂæ̃⁴⁴	tɕiæ̃³¹	tɕiæ̃⁵³	n̠iæ̃²⁴
商州	sã³¹	ʂã⁵⁵	tɕiã³¹	tɕiã⁵⁵	iã³⁵
丹凤	sã³¹	ʂã⁴⁴	tɕiã³¹	tɕiã⁵³	n̠iã²⁴
宜川	sæ̃⁵¹	ʂuæ̃⁴⁵	tɕiæ̃⁵¹	tɕiæ̃⁵¹	iæ̃²⁴/n̠iæ̃²⁴
富县	sã³¹	ʂã⁴⁴	tɕiã³¹	tɕiã³¹	iã²⁴/n̠iã²⁴
黄陵	sæ̃³¹	ʃuæ̃⁴⁴	tɕiæ̃³¹	tɕiæ̃⁵²	iæ̃²⁴
宜君	sæ̃²¹	ʃuæ̃⁴⁴	tɕiæ̃²¹	tɕiæ̃²¹/tɕiæ̃⁵² 清~	iæ̃²⁴
铜川	sæ̃²¹	ʂæ̃⁴⁴	tɕiæ̃²¹	tɕiæ̃²¹/tɕiæ̃⁵² 清~	iæ̃²⁴/n̠iæ̃²⁴
耀县	sæ̃³¹	ʂæ̃⁴⁴	tɕiæ̃³¹	tɕiæ̃³¹	iæ̃²⁴
高陵	sæ̃³¹	ʂæ̃⁵⁵	tɕiæ̃³¹	tɕiæ̃⁵²	iæ̃²⁴
临潼	sã³¹	ʂã⁴⁵	tɕiã³¹	tɕiã⁵²	iã²⁴

---

① iã²⁴ 姓。下同。

字目\方言	删 山开二 平删生	疝 山开二 去谏生	奸 山开二 平删见	涧 山开二 去谏见	颜 山开二 平删疑
蓝田	$s\tilde{a}^{31}$	$ʂ\tilde{a}^{44}$	$tɕi\tilde{a}^{31}$	$tɕi\tilde{a}^{52}$	$i\tilde{a}^{24}$
长安	$s\tilde{a}^{31}/ʂ\tilde{a}^{31}$	$ʂ\tilde{a}^{44}$	$tɕi\tilde{a}^{31}$	$tɕi\tilde{a}^{44}$	$i\tilde{a}^{24}$
户县	$s\tilde{a}^{31}$	$ʂ\tilde{a}^{55}$	$tɕi\tilde{a}^{31}$	$tɕi\tilde{a}^{52}$	$\underline{i\tilde{a}}^{24}/ȵi\tilde{a}^{24}$
周至	$s\tilde{æ}^{21}$	$ʂ\tilde{æ}^{55}$	$tɕi\tilde{æ}^{21}$	$tɕi\tilde{æ}^{52}$	$i\tilde{æ}^{24}$
三原	$s\tilde{a}^{31}$	$ʃu\tilde{a}^{55}$	$tɕi\tilde{a}^{31}$	$tɕi\tilde{a}^{52}$	$i\tilde{a}^{24}$
泾阳	$s\tilde{a}^{31}$	$ʃu\tilde{a}^{55}$	$tɕi\tilde{a}^{31}$	$tɕi\tilde{a}^{52}$	$i\tilde{a}^{24}$
咸阳	$s\tilde{a}^{31}$	$ʃu\tilde{a}^{55}$	$tɕi\tilde{a}^{31}$	$tɕi\tilde{a}^{52}$	$\underline{i\tilde{a}}^{24}/ȵi\tilde{a}^{24}$
兴平	$s\tilde{a}^{31}$	$ʂ\tilde{a}^{55}$	$tɕi\tilde{a}^{31}$	$tɕi\tilde{a}^{55}$	$\underline{i\tilde{a}}^{24}/ȵi\tilde{a}^{24}$
武功	$s\tilde{a}^{31}$	$ʂ\tilde{a}^{55}$	$tɕi\tilde{a}^{31}$	$tɕi\tilde{a}^{55}$	$i\tilde{a}^{24}$
礼泉	$s\tilde{æ}^{31}$	$ʃu\tilde{æ}^{55}$	$tɕi\tilde{æ}^{31}$	$tɕi\tilde{æ}^{31}$	$\underline{i\tilde{æ}}^{24}/ȵi\tilde{æ}^{24}$
乾县	$s\tilde{a}^{31}$	$ʂ\tilde{a}^{44}$	$tɕi\tilde{a}^{31}$	$tɕi\tilde{a}^{31}$	$i\tilde{a}^{24}$
永寿	$s\tilde{a}^{31}$	$ʂ\tilde{a}^{55}$	$tɕi\tilde{a}^{31}$	$tɕi\tilde{a}^{31}$	$i\tilde{a}^{24}$
淳化	$s\tilde{a}^{31}$	$ʂ\tilde{a}^{55}$	$tɕi\tilde{a}^{31}$	$tɕi\tilde{a}^{31}$	$i\tilde{a}^{24}$
旬邑	$s\tilde{a}^{31}$	$ʃu\tilde{a}^{44}$	$tɕi\tilde{a}^{31}$	$tɕi\tilde{a}^{31}$	$\underline{i\tilde{a}}^{24}/ȵi\tilde{a}^{24}$
彬县	$s\tilde{a}^{31}$	$ʂ\tilde{a}^{44}$	$tɕi\tilde{a}^{31}$	$tɕi\tilde{a}^{31}$	$i\tilde{a}^{24}$
长武	$s\tilde{a}^{31}$	$ʃu\tilde{a}^{44}$	$tɕi\tilde{a}^{31}$	$tɕi\tilde{æ}^{44}$	$\underline{i\tilde{a}}^{24}/ȵi\tilde{a}^{24}$
扶风	$s\tilde{æ}^{31}$	$ʂ\tilde{æ}^{31}$	$tɕi\tilde{æ}^{31}$	$tɕi\tilde{æ}^{31}$	$i\tilde{æ}^{24}$
眉县	$s\tilde{æ}^{31}$	$ʂ\tilde{æ}^{44}/ʃu\tilde{æ}^{44}$	$tɕi\tilde{æ}^{31}$	$tɕi\tilde{æ}^{52}$	$i\tilde{æ}^{24}$
麟游	$s\tilde{a}^{53}$	$ʃu\tilde{a}^{44}$	$tɕi\tilde{a}^{31}$	$tɕi\tilde{a}^{53}$	$i\tilde{a}^{24}$
岐山	$ʂ\tilde{æ}^{31}$	$ʂ\tilde{æ}^{44}$	$tɕi\tilde{æ}^{31}$	$tɕi\tilde{æ}^{53}$	$i\tilde{æ}^{24}$
凤翔	$s\tilde{a}^{31}$	$ʂ\tilde{a}^{44}$	$tɕi\tilde{a}^{31}$	$tɕi\tilde{a}^{44}$	$i\tilde{a}^{24}$
宝鸡	$s\tilde{æ}^{31}$	$ʂ\tilde{æ}^{44}$	$tɕi\tilde{æ}^{31}$	$tɕi\tilde{æ}^{53}$	$i\tilde{æ}^{24}$
千阳	$s\tilde{æ}^{31}$	$ʃ\tilde{æ}^{44}$	$tɕi\tilde{æ}^{31}$	$tɕi\tilde{æ}^{44}$	$i\tilde{æ}^{24}$
陇县	$s\tilde{æ}^{31}$	$ʂ\tilde{æ}^{44}$	$tɕi\tilde{æ}^{31}$	$tɕi\tilde{æ}^{53}$	$i\tilde{æ}^{24}$

字目　方言	雁　山开二去谏疑	瞎　山开二入鎋晓	辖　山开二入鎋匣	晏　山开二去谏影	鞭　山开三平仙帮
西安	$ia\tilde{}^{55}$	$\varsigma ia^{21}/xa^{21}$	ςia^{24}	$ia\tilde{}^{55}$	$pia\tilde{}^{21}$ ∣ $pia\tilde{}$
韩城	$\eta ia\tilde{}^{44}$	$\varsigma ia^{31}/xa^{31}$	$\varsigma ia^{24}/xa^{31}$	$ia\tilde{}^{44}$	$pia\tilde{}^{31}$ ∣ $pia\tilde{}$
合阳	$\eta ia\tilde{}^{55}/ia\tilde{}^{55}$新	$\varsigma ia^{31}/xa^{31}$	$\varsigma ia^{24}/xa^{24}$	$ia\tilde{}^{55}$	$pia\tilde{}^{31}$ ∣ $pia\tilde{}$
澄城	$ia\tilde{}^{44}$	$\varsigma ia^{31}/xa^{31}$	ςia^{24}	$ia\tilde{}^{44}$	$pia\tilde{}^{31}$ ∣ $pia\tilde{}$
白水	$\eta ia\tilde{}^{44}$	$\varsigma ia^{31}/xa^{31}$	$\varsigma ia^{24}/xa^{24}$	$ia\tilde{}^{44}$	$pia\tilde{}^{31}$ ∣ $pia\tilde{}$
大荔	$\eta ia\tilde{}^{55}$	$\varsigma ia^{31}/xa^{31}$	$\varsigma ia^{24}/xa^{24}$	$ia\tilde{}^{55}$	$pia\tilde{}^{31}$ ∣ $pia\tilde{}$
蒲城	$ia\tilde{}^{55}$	$\varsigma ia^{31}/xa^{31}$	ςia^{35}	$ia\tilde{}^{55}$	$pia\tilde{}^{31}$ ∣ $pia\tilde{}$
美原	$ia\tilde{}^{55}$	$\varsigma ia^{31}/xa^{31}$	ςia^{35}	$ia\tilde{}^{55}$	$pia\tilde{}^{31}$ ∣ $pia\tilde{}$
富平	$ia\tilde{}^{55}$	$\varsigma ia^{31}/xa^{31}$	ςia^{35}	$ia\tilde{}^{55}$	$pia\tilde{}^{31}$ ∣ $pia\tilde{}$
潼关	$ia\tilde{}^{44}$	$\varsigma ia^{31}/xa^{31}$	ςia^{24}	$ia\tilde{}^{44}$	$pia\tilde{}^{31}$ ∣ $pia\tilde{}$
华阴	$\eta ia\tilde{}^{55}$	$\varsigma ia^{31}/xa^{31}$	ςia^{24}	$ia\tilde{}^{55}$	$pia\tilde{}^{31}$ ∣ $pia\tilde{}$
华县	$ia\tilde{}^{55}$	$\varsigma ia^{31}/xa^{31}$	ςia^{35}	$ia\tilde{}^{55}$	$pia\tilde{}^{31}$ ∣ $pia\tilde{}$
渭南	$ia\tilde{}^{44}$	$\varsigma ia^{31}/xa^{31}$	ςia^{24}	$ia\tilde{}^{44}$	$pia\tilde{}^{31}$ ∣ $pia\tilde{}$
洛南	$ia\ae\tilde{}^{44}$	$\varsigma ia^{31}/xa^{31}$	ςia^{24}	$ia\ae\tilde{}^{44}$	$pia\ae\tilde{}^{31}$ ∣ $pia\tilde{}$
商州	$ia\tilde{}^{55}/\eta ia\tilde{}^{55}$	$\varsigma ia^{31}/xa^{31}$	ςia^{35}	$ia\tilde{}^{55}$	$pia\tilde{}^{31}$ ∣ $pia\tilde{}$
丹凤	$ia\tilde{}^{44}$	$\varsigma ia^{31}/xa^{31}$	ςia^{24}	$ia\tilde{}^{44}$	$pia\tilde{}^{31}$
宜川	$ia\ae\tilde{}^{45}/\eta ia\ae\tilde{}^{45}$	$\varsigma ia^{51}/xa^{51}$	ςia^{24}	$ia\ae\tilde{}^{45}$	$pia\ae\tilde{}^{51}$
富县	$ia\tilde{}^{44}$	$\varsigma ia^{31}/xa^{31}$	$\varsigma ia^{24}/xa^{24}$	$ia\tilde{}^{44}$	$pia\tilde{}^{31}$
黄陵	$ia\ae\tilde{}^{44}$	xa^{31}	$\varsigma ia^{24}/xa^{24}$	$ia\ae\tilde{}^{44}$	$pia\ae\tilde{}^{31}$
宜君	$ia\ae\tilde{}^{44}$	$\varsigma ia^{21}/xa^{21}$	ςia^{24}	$ia\ae\tilde{}^{44}$	$pia\ae\tilde{}^{21}$
铜川	$ia\ae\tilde{}^{44}$	$\varsigma ia^{21}/xa^{21}$	$\varsigma ia^{24}/xa^{24}$	$ia\ae\tilde{}^{44}$	$pia\ae\tilde{}^{21}$ ∣ $pia\tilde{}$
耀县	$ia\ae\tilde{}^{44}$	$\varsigma ia^{31}/xa^{31}$	ςia^{24}	$ia\ae\tilde{}^{44}$	$pia\ae\tilde{}^{31}$ ∣ $pia\tilde{}$
高陵	$ia\ae\tilde{}^{55}$	$\varsigma ia^{31}/xa^{31}$	ςia^{24}	$ia\ae\tilde{}^{55}$	$pia\ae\tilde{}^{31}$ ∣ $pia\tilde{}$
临潼	$ia\tilde{}^{45}$	xa^{31}	ςia^{24}	$ia\tilde{}^{45}$	$pia\tilde{}^{31}$ ∣ $pia\tilde{}$

字目 方言	雁 山开二 去谏疑	瞎 山开二 入鎋晓	辖 山开二 入鎋匣	晏 山开二 去谏影	鞭 山开三 平仙帮
蓝田	iã⁴⁴	çia³¹/xa³¹	çia²⁴	iã⁴⁴	piã³¹ ∣ piã
长安	iã⁴⁴	çia³¹/xa³¹	çia²⁴	iã⁴⁴	piã³¹
户县	iã⁵⁵	çia³¹/xa³¹	çia²⁴	iã⁵⁵	piã³¹ ∣ piã
周至	iæ̃⁵⁵/n̠iæ̃⁵⁵	çia²¹/xa²¹	çia²⁴	iã⁵⁵	piæ̃²¹ ∣ piã
三原	iã⁵⁵	xa³¹	çia²⁴	iã⁵⁵	piã³¹ ∣ piã
泾阳	iã⁵⁵	xa³¹	çia²⁴	iã⁵⁵	piã³¹
咸阳	iã⁵⁵	çia³¹/xa³¹	çia²⁴	iã⁵⁵	piã³¹
兴平	iã⁵⁵/n̠iã⁵⁵	çia³¹/xa³¹	çia²⁴	iã⁵⁵	piã³¹ ∣ piã
武功	iã⁵⁵	xa³¹	çia²⁴	iã⁵⁵	piã³¹ ∣ piã
礼泉	iæ̃⁵⁵	çia³¹/xa³¹	çia²⁴/xa²⁴	n̠iæ̃⁵⁵	piæ̃³¹ ∣ piã
乾县	iã⁴⁴	çia³¹/xa³¹	çia²⁴	iã⁴⁴	piã³¹ ∣ piã
永寿	iã⁵⁵	çia³¹/xa³¹	çia²⁴	iã⁵⁵	piã³¹ ∣ piã
淳化	iã⁵⁵/n̠iã⁵⁵	xa³¹	çia²⁴	iã⁵⁵	piã³¹ ∣ piã
旬邑	iã⁴⁴	çia³¹/xa³¹	çia²⁴	iã⁴⁴	piã³¹ ∣ piã
彬县	iã⁴⁴/n̠iã⁴⁴	çia³¹/xa³¹	çia²⁴	iã⁴⁴	piã³¹ ∣ piã
长武	iæ⁴⁴	çia³¹/xa³¹	çia²⁴/xa²⁴	iã⁴⁴	piã³¹ ∣ piã
扶风	iæ̃³³	çia³¹/xa³¹	çia²⁴	iæ̃³³	piæ̃³¹ ∣ piã
眉县	iæ̃⁴⁴	xa³¹	çia²⁴	iæ̃⁴⁴	piæ̃³¹ ∣ piã
麟游	iã⁴⁴	xa³¹	çia²⁴	iã⁴⁴	piã³¹ ∣ piã
岐山	iæ̃⁴⁴	xa³¹	çia²⁴	iæ̃⁴⁴	piæ̃³¹ ∣ piã
凤翔	iã⁴⁴	xa³¹	çia²⁴	iã⁴⁴	piã³¹ ∣ piã
宝鸡	iæ̃⁴⁴	xa³¹	çia²⁴	iæ̃⁴⁴	piæ̃³¹ ∣ piã
千阳	iæ̃⁴⁴	çia³¹/xa³¹	çia²⁴	iæ̃⁴⁴	piæ̃³¹ ∣ piã
陇县	iæ̃⁴⁴	xa³¹	çia²⁴	iæ̃⁴⁴	piæ̃³¹ ∣ piã

字目　方言	变	别~人		偏	骗欺~	便~宜
	山开三去线帮	山开三入薛帮		山开三平仙滂	山开三去线滂	山开三平仙並
西安	piæ̃⁵⁵	pie²⁴	piɛ	pʰiæ̃²¹	pʰiæ̃⁵⁵	pʰiæ̃²⁴
韩城	piã⁴⁴	piɛ²⁴	piɛ	pʰiã³¹	pʰiã⁴⁴	pʰiã²⁴
合阳	piã⁵⁵/pʰiã⁵⁵①	piə²⁴	piɛ	pʰiã³¹	pʰiã⁵⁵	pʰiã²⁴
澄城	piã⁴⁴	piə²⁴	piɛ	pʰiã³¹	pʰiã⁴⁴	pʰiã²⁴
白水	piã⁴⁴	pie²⁴	piɛ	pʰiã³¹	pʰiã⁴⁴	pʰiã²⁴
大荔	piã⁵⁵	pie²⁴	piɛ	pʰiã³¹	pʰiã⁵⁵	pʰiã²⁴
蒲城	piã⁵⁵	pie³⁵	piɛ	pʰiã³¹	pʰiã⁵⁵	pʰiã³⁵
美原	piã⁵⁵	pʰie³⁵	piɛ	pʰiã³¹	pʰiã⁵⁵	pʰiã³⁵
富平	piã⁵⁵	pie³⁵	piɛ	pʰiã³¹	pʰiã⁵⁵	pʰiã³⁵
潼关	piã⁴⁴	pie²⁴	piɛ	pʰiã³¹	pʰiã⁴⁴	pʰiã²⁴
华阴	piã⁵⁵	pie²⁴	piɛ	pʰiã³¹	pʰiã⁵⁵	pʰiã²⁴
华县	piã⁵⁵	pie³⁵	piɛ	pʰiã³¹	pʰiã⁵⁵	pʰiã³⁵
渭南	piã⁴⁴	pie²⁴	piɛ	pʰiã³¹	pʰiã⁴⁴	pʰiã²⁴
洛南	piæ̃⁴⁴	pie²⁴	piɛ	pʰiæ̃³¹	pʰiæ̃⁴⁴	pʰiæ̃²⁴
商州	piã⁵⁵	pie³⁵	piɛ	pʰiã³¹	pʰiã⁵⁵	pʰiã³⁵
丹凤	piã⁴⁴	pie²⁴		pʰiã³¹	pʰiã⁴⁴	pʰiã²⁴
宜川	piæ̃⁴⁵	pie²⁴/pʰie²⁴②		pʰiæ̃⁵¹	pʰiæ̃⁴⁵	pʰiæ̃²⁴
富县	piã⁴⁴	piɛ²⁴		pʰiã³¹	pʰiã⁴⁴	pʰiã²⁴
黄陵	piæ̃⁴⁴	piɛ²⁴		pʰiæ̃³¹	pʰiæ̃⁴⁴	pʰiæ̃²⁴
宜君	piæ̃⁴⁴	piɛ²⁴		pʰiæ̃²¹	pʰiæ̃⁴⁴	pʰiæ̃²⁴
铜川	piæ̃⁴⁴	pie²⁴	piɛ	pʰiæ̃²¹	pʰiæ̃⁴⁴	pʰiæ̃²⁴
耀县	piæ̃⁴⁴	pie²⁴	piɛ	pʰiæ̃³¹	pʰiæ̃⁴⁴	pʰiæ̃²⁴
高陵	piæ̃⁵⁵	pie²⁴	piɛ	pʰiæ̃³¹	pʰiæ̃⁵⁵	pʰiæ̃²⁴
临潼	piã⁴⁵	pie²⁴	piɛ	pʰiã³¹	pʰiã⁴⁵	pʰiã²⁴

① piã⁵⁵ ~化；pʰiã⁵⁵ ~工。
② pʰie²⁴ ~弄一下。

字目 方言	变 山开三 去线帮	别~人 山开三 入薛帮	偏 山开三 平仙滂	骗欺~ 山开三 去线滂	便~宜 山开三 平仙並
蓝田	piã⁴⁴	piɛ²⁴ ｜ piɛ	pʰiã³¹	pʰiã⁴⁴	pʰiã²⁴
长安	piã⁴⁴	piɛ²⁴	pʰiã³¹	pʰiã⁴⁴	pʰiã²⁴
户县	piã̃⁵⁵	piɛ²⁴ ｜ piɛ	pʰiã³¹	pʰiã̃⁵⁵	pʰiã²⁴
周至	piã̃⁵⁵	piɛ²⁴ ｜ piɛ	pʰiæ̃²¹	pʰiæ̃⁵⁵	pʰiæ̃²⁴
三原	piã̃⁵⁵	piɛ²⁴ ｜ piɛ	pʰiæ̃³¹	pʰiæ̃⁵⁵	pʰiæ̃²⁴
泾阳	piã̃⁵⁵	piɛ²⁴ ｜ piɛ	pʰiã³¹	pʰiã̃⁵⁵	pʰiã²⁴
咸阳	piã̃⁵⁵	piɛ²⁴	pʰiã³¹	pʰiã̃⁵⁵	pʰiã²⁴
兴平	piã̃⁵⁵	piɛ²⁴ ｜ piɛ	pʰiã³¹	pʰiã̃⁵⁵	pʰiã²⁴
武功	piã̃⁵⁵	piɛ²⁴ ｜ piɛ	pʰiã³¹	pʰiã̃⁵⁵	pʰiã²⁴
礼泉	piæ̃⁵⁵	piɛ³¹ ｜ piɛ	pʰiã³¹	pʰiæ̃⁵⁵	pʰiæ̃²⁴
乾县	piã⁴⁴	piɛ²⁴ ｜ piɛ	pʰiã³¹	pʰiã⁴⁴	pʰiã²⁴
永寿	piã̃⁵⁵	piɛ²⁴ ｜ piɛ	pʰiã³¹	pʰiã̃⁵⁵	pʰiã²⁴
淳化	piã̃⁵⁵	piɛ²⁴ ｜ piɛ	pʰiã³¹	pʰiã̃⁵⁵	pʰiã²⁴
旬邑	piã⁴⁴	piɛ²⁴/pʰiɛ²⁴ ｜ piɛ	pʰiã³¹	pʰiã⁴⁴	pʰiã²⁴
彬县	piã⁴⁴	piɛ²⁴ ｜ piɛ	pʰiã³¹	pʰiã⁴⁴	pʰiã²⁴
长武	piã⁴⁴	piɛ²⁴/piɛ²⁴ ｜ piɛ	pʰiã³¹	pʰiã⁴⁴	pʰiã²⁴
扶风	piæ̃³³	piɛ²⁴/pʰiɛ²⁴ ｜ piɛ	pʰiæ̃³¹	pʰiæ̃³³	pʰiæ̃²⁴
眉县	piæ̃⁴⁴	piɛ²⁴ ｜ piɛ	pʰiã³¹	pʰiæ̃⁴⁴	pʰiæ̃²⁴
麟游	piã⁴⁴	piɛ²⁴ ｜ piɛ	pʰiã³¹	pʰiã⁴⁴	pʰiã²⁴
岐山	piæ̃⁴⁴	piɛ²⁴ ｜ piɛ	pʰiæ̃³¹	pʰiæ̃⁴⁴	pʰiæ̃²⁴
凤翔	piã⁴⁴	piɛ²⁴ ｜ piɛ	pʰiã³¹	pʰiã⁴⁴	pʰiã²⁴
宝鸡	piæ̃⁴⁴	piɛ²⁴ ｜ piɛ	pʰiæ̃³¹	pʰiæ̃⁴⁴	pʰiæ̃²⁴
千阳	piæ̃⁴⁴	piɛ²⁴/pʰiɛ²⁴ ｜ piɛ	pʰiæ̃³¹	pʰiæ̃⁴⁴	pʰiæ̃²⁴
陇县	piæ̃⁴⁴	piɛ²⁴ ｜ piɛ	pʰiã³¹	pʰiæ̃⁴⁴	pʰiæ̃²⁴

字目 方言	辨 山开三 上狝並	便方~ 山开三 去线並	别离~ 山开三 入薛並	棉 山开三 平仙明	免 山开三 上狝明
西安	piã̃⁵⁵	piã̃⁵⁵	pie²⁴	miã̃²⁴	miã̃⁵³
韩城	piã⁴⁴	piã⁴⁴	piE²⁴	miɑ²⁴	miã⁵³
合阳	piã⁵⁵	piã⁵⁵	piə²⁴/pʰiə²⁴①	miã²⁴	miã⁵²
澄城	piã⁴⁴	piã⁴⁴	piə²⁴	miã²⁴	miã⁵³
白水	piã⁴⁴	piã⁴⁴	pie²⁴	miã²⁴	miã⁵³
大荔	piã⁵⁵	piã⁵⁵	pie²⁴	miã²⁴	miã⁵²
蒲城	piã⁵⁵	piã⁵⁵	pie³⁵	miã³⁵	miã⁵³
美原	piã⁵⁵	piã⁵⁵	pie³⁵	miã³⁵	miã⁵³
富平	piã⁵⁵	piã⁵⁵	pie³⁵	miã³⁵	miã⁵³
潼关	piã⁴⁴	piã⁴⁴	pie²⁴	miã²⁴	miã⁵²
华阴	piã⁵⁵	piã⁵⁵	pie²⁴	miã²⁴	miã⁵²
华县	piã⁵⁵	piã⁵⁵	pie³⁵	miã³⁵	miã⁵³
渭南	piã⁴⁴	piã⁴⁴	pie²⁴	miã²⁴	miã⁵³
洛南	piã̃⁴⁴	piã̃⁴⁴	pie²⁴	miã̃²⁴	miã̃⁵³
商州	piã⁵⁵	piã⁵⁵	pie³⁵	miã³⁵	miã⁵³
丹凤	piã⁴⁴	piã⁴⁴	pie²⁴	miã²⁴	miã⁵³
宜川	piã̃⁴⁵	piã̃⁴⁵	pie²⁴	miã̃²⁴	miã̃⁴⁵
富县	piã⁴⁴	piã⁴⁴	pie²⁴/pʰie²⁴	miã²⁴	miã⁵²
黄陵	piã̃⁴⁴	piã̃⁴⁴	piE²⁴	miã̃²⁴	miã̃⁵²
宜君	piã̃⁴⁴	piã̃⁴⁴	piE²⁴/pʰiE²⁴	miã̃²⁴	miã̃⁵²
铜川	piã̃⁴⁴	piã̃⁴⁴	pie²⁴	miã̃²⁴	miã̃⁵²
耀县	piã̃⁴⁴	piã̃⁴⁴	pie²⁴	miã̃²⁴	miã̃⁵²
高陵	piã̃⁵⁵	piã̃⁵⁵	pie²⁴	miã̃²⁴	miã̃⁵²
临潼	piã⁴⁵	piã⁴⁵	pie²⁴	miã²⁴	miã⁵²

① pʰiə²⁴：～针儿。富县、宜君同。

字目 方言	辨 山开三 上狝並	便_{方~} 山开三 去线並	别_{离~} 山开三 入薛並	棉 山开三 平仙明	免 山开三 上狝明
蓝田	piã⁴⁴	piã⁴⁴	piɛ²⁴	miã²⁴	miã⁵²
长安	piã⁴⁴	piã⁴⁴	piɛ²⁴	miã²⁴	miã⁵³
户县	piã⁵⁵	piã⁵⁵	piɛ²⁴	miã²⁴	miã⁵²
周至	piæ̃⁵⁵	piæ̃⁵⁵	piɛ²⁴	miæ̃²⁴	miæ̃⁵²
三原	piæ̃⁵⁵	piæ̃⁵⁵	piɛ²⁴	miã²⁴	miã⁵²
泾阳	piã⁵⁵	piã⁵⁵	piɛ²⁴	miã²⁴	miã⁵²
咸阳	piã⁵⁵	piã⁵⁵	piɛ²⁴	miã²⁴	miã⁵²
兴平	piã⁵⁵	piã⁵⁵	piɛ²⁴	miã²⁴	miã⁵²
武功	piã⁵⁵	piã⁵⁵	piɛ²⁴	miã²⁴	miã⁵²
礼泉	piæ̃⁵⁵	piæ̃⁵⁵	piɛ²⁴	miæ̃²⁴	miæ̃⁵²
乾县	piã⁴⁴	piã⁴⁴	piɛ²⁴	miã²⁴	miã⁵²
永寿	piã⁵⁵	piã⁵⁵	piɛ²⁴	miã²⁴	miã⁵²
淳化	piã⁵⁵	piã⁵⁵	piɛ²⁴	miã²⁴	miã⁵²
旬邑	piã⁴⁴	piã⁴⁴	piɛ²⁴	miã²⁴	miã⁵²
彬县	piã⁴⁴	piã⁴⁴	piɛ²⁴	miã²⁴	miã⁵²
长武	piã⁴⁴	piã⁴⁴	piɛ²⁴	miã²⁴	miã⁵²
扶风	piæ̃³³	piæ̃³³	piɛ²⁴	miæ̃²⁴	miæ̃⁵²
眉县	piã⁴⁴	piã⁴⁴	piɛ²⁴	miæ̃²⁴	miæ̃⁵²
麟游	piã⁴⁴	piã⁴⁴	piɛ²⁴	miã²⁴	miã⁵³
岐山	piæ̃⁴⁴	piæ̃⁴⁴	pʰiɛ²⁴	miã²⁴	miã⁵³
凤翔	piã⁴⁴	piã⁴⁴	piɛ²⁴	miã²⁴	miã⁵³
宝鸡	piæ̃⁴⁴	piæ̃⁴⁴	piɛ²⁴	miæ̃²⁴	miæ̃⁵³
千阳	piæ̃⁴⁴	piæ̃⁴⁴	piɛ²⁴	miã²⁴	miæ̃⁵³
陇县	piæ̃⁴⁴	piæ̃⁴⁴	piɛ²⁴	miã²⁴	miæ̃⁵³

字目 方言	面~孔 山开三 去线明	灭 山开三 入薛明	碾 山开三 上狝泥	连 山开三 平仙来	列 山开三 入薛来
西安	miã̱⁵⁵	mie²¹ ∣ miɛ	ȵiã̱⁵³/ȵiã̱⁵⁵	liã̱²⁴/liã̱⁵⁵	lie²¹
韩城	miã̱⁴⁴	miɛ³¹ ∣ miɛ	ȵiã̱⁵³/ȵiã̱⁴⁴	liã̱²⁴	liɛ³¹
合阳	miã̱⁵⁵	miə³¹ ∣ miɛ	ȵiã̱⁵²	liã̱²⁴	liə³¹
澄城	miã̱⁴⁴	miə³¹ ∣ miɛ	ȵiã̱⁵³	liã̱²⁴	liə³¹
白水	miã̱⁴⁴	miɛ³¹ ∣ miɛ	ȵiã̱⁵³/ȵiã̱⁴⁴	liã̱²⁴	liɛ³¹
大荔	miã̱⁵⁵	miɛ³¹ ∣ miɛ	ȵiã̱⁵²	liã̱²⁴	liɛ³¹
蒲城	miã̱⁵⁵	miɛ³¹ ∣ miɛ	ȵiã̱⁵³/ȵiã̱⁵⁵	liã̱³⁵	liɛ³¹
美原	miã̱⁵⁵	miɛ³¹ ∣ miɛ	ȵiã̱⁵³/ȵiã̱⁵⁵	liã̱³⁵/liã̱⁵⁵	liɛ³¹
富平	miã̱⁵⁵	miɛ³¹ ∣ miɛ	ȵiã̱⁵³/ȵiã̱⁵⁵	liã̱³⁵	liɛ³¹
潼关	miã̱⁴⁴	miɛ³¹ ∣ miɛ	ȵiã̱⁵²/ȵiã̱⁴⁴	liã̱²⁴	liɛ³¹
华阴	miã̱⁵⁵	miɛ³¹ ∣ miɛ	ȵiã̱⁵²	liã̱²⁴	liɛ³¹
华县	miã̱⁵⁵	miɛ³¹ ∣ miɛ	ȵiã̱⁵³/ȵiã̱⁵⁵	liã̱³⁵	liɛ³¹
渭南	miã̱⁴⁴	miɛ³¹ ∣ miɛ	ȵiã̱⁵³/ȵiã̱⁴⁴	liã̱²⁴	lie³¹
洛南	miã̱⁴⁴	miɛ³¹ ∣ miɛ	ȵiã̱⁵³/ȵiã̱⁴⁴	liã̱²⁴	liɛ³¹
商州	miã̱⁵⁵	miɛ³¹ ∣ miɛ	ȵiã̱⁵³/ȵiã̱⁵⁵	liã̱³⁵	liɛ³¹
丹凤	miã̱⁴⁴	mie³¹	ȵiã̱⁵³/ȵiã̱⁴⁴	liã̱²⁴	liɛ³¹
宜川	miã̱⁴⁵	mie⁵¹	ȵiã̱⁴⁵ ~子，~场	liã̱²⁴	lie⁵¹
富县	miã̱⁴⁴	mie³¹	ȵiã̱⁵²/ȵiã̱⁴⁴	liã̱²⁴	liɛ³¹
黄陵	miã̱⁴⁴	miɛ³¹	ȵiã̱⁴⁴	liã̱²⁴	liɛ³¹
宜君	miã̱⁴⁴	miɛ²¹	ȵiã̱⁵²/ȵiã̱⁴⁴	liã̱²⁴	liɛ²¹
铜川	miã̱⁴⁴	mie²¹ ∣ miɛ	ȵiã̱⁵²/ȵiã̱⁴⁴	liã̱²⁴/liã̱⁴⁴	lie²¹
耀县	miã̱⁴⁴	mie³¹ ∣ miɛ	ȵiã̱⁵²/ȵiã̱⁴⁴	liã̱²⁴	liɛ³¹
高陵	miã̱⁵⁵	mie³¹ ∣ miɛ	ȵiã̱⁵²/ȵiã̱⁵⁵	liã̱²⁴	lie³¹
临潼	miã̱⁴⁵	mie³¹ ∣ miɛ	ȵiã̱⁵²	liã̱²⁴	liɛ³¹

字目　方言	面~孔　山开三去线明	灭　山开三入薛明	碾　山开三上狝泥	连　山开三平仙来	列　山开三入薛来
蓝田	miã⁴⁴	mie³¹ ∣ mie	ȵiã⁵²/ȵiã⁴⁴	liã²⁴	lie³¹
长安	miã⁴⁴	mie³¹	ȵiã⁵³/ȵiã⁴⁴①	liã²⁴/liã⁴⁴	lie³¹
户县	miã⁵⁵	miɛ³¹ ∣ mie	ȵiã⁵²/ȵiã⁵⁵	liã²⁴	liɛ³¹
周至	miæ̃⁵⁵	mie²¹ ∣ mie	ȵiæ̃⁵²/ȵiæ̃⁵⁵②	liã²⁴	lie²¹
三原	miã⁵⁵	mie³¹ ∣ mie	ȵiã⁵²/ȵiã⁵⁵	liã²⁴	lie³¹
泾阳	miã⁵⁵	mie³¹	ȵiã⁵²/ȵiã⁵⁵	liã²⁴	lie³¹
咸阳	miã⁵⁵	mie³¹ ∣ mie	ȵiã⁵²	liã²⁴	lie³¹
兴平	miã⁵⁵	mie³¹ ∣ mie	ȵiã⁵²/ȵiã⁵⁵	liã²⁴	lie³¹
武功	miã⁵⁵	mie³¹ ∣ mie	ȵiã⁵²/ȵiã⁵⁵	liã²⁴	lie³¹
礼泉	miæ̃⁵⁵	mie³¹ ∣ mie	ȵiæ̃⁵²	liã²⁴	lie³¹
乾县	miã⁴⁴	mie³¹ ∣ mie	ȵiã⁵²/ȵiã⁴⁴	liã²⁴	lie³¹
永寿	miã⁵⁵	mie³¹ ∣ mie	ȵiã⁵²	liã²⁴	lie³¹
淳化	miã⁵⁵	mie³¹ ∣ mie	ȵiã⁵²/ȵiã⁵⁵	liã²⁴	lie³¹
旬邑	miã⁴⁴	mie³¹ ∣ mie	ȵiã⁵²/ȵiã⁴⁴	liã²⁴	lie³¹
彬县	miã⁴⁴	mie³¹ ∣ mie	ȵiã⁵²	liã²⁴	lie³¹
长武	miã⁴⁴	mie³¹ ∣ mie	ȵiã⁴⁴	liã²⁴	lie³¹
扶风	miæ̃³³	mie³¹ ∣ mie	ȵiæ̃⁵²	liæ̃²⁴	lie³¹
眉县	miæ̃⁴⁴	mie³¹ ∣ mie	ȵiæ̃⁵²	liæ̃²⁴	liɛ³¹
麟游	miã⁴⁴	mie³¹ ∣ mie	ȵiã⁵³	liæ̃²⁴	lie³¹
岐山	miæ̃⁴⁴	mie³¹ ∣ mie	ȵiæ̃⁵³	liæ̃²⁴	lie³¹
凤翔	miã⁴⁴	mie³¹ ∣ mie	ȵiã⁵³	liã²⁴	lie³¹
宝鸡	miæ̃⁴⁴	mie³¹ ∣ mie	ȵiæ̃⁴⁴	liæ̃²⁴/luæ̃²⁴	lie³¹
千阳	miæ̃⁴⁴	mie³¹ ∣ mie	ȵiã⁵³	liã²⁴	lie³¹
陇县	miæ̃⁴⁴	mie³¹ ∣ mie	ȵiæ̃⁴⁴	liæ̃²⁴	liɛ³¹

① "碾"声调有异读时，一般上声表动作，去声构成"碾子"。

② 碾子："ȵiæ̃⁵⁵"碾米用，"ȵiæ̃⁵²"是地里用的，较细；宜君同此，"ȵiæ̃⁴⁴"家里用，"ȵiæ̃⁵²"地里用。

字目 / 方言	煎 山开三 平仙精	剪 山开三 上狝精	箭 山开三 去线精	迁 山开三 平仙清	浅 山开三 上狝清
西安	tɕiæ̃²¹ | tɕiã	tɕiæ̃⁵³	tɕiæ̃⁵⁵	tɕʰiæ̃²¹ | tɕʰiã	tɕʰiæ̃⁵³
韩城	tɕiã³¹ | tɕiã	tɕiã⁵³	tɕiã⁴⁴	tɕʰiã³¹ | tɕiã	tɕʰiã⁵³
合阳	tsiã³¹ | tsiã	tsiã⁵²	tsiã⁵⁵	tsʰiã³¹ | tsʰiã	tsʰiã⁵²
澄城	tiã³¹ | tiã	tiã⁵³	tiã⁴⁴	tʰiã³¹ | tsʰiã	tʰiã⁵³
白水	tiã³¹ | tsiã	tiã⁵³	tiã⁴⁴	tsʰiã³¹ | tsʰiã	tsʰiã⁵³
大荔	tiã³¹ | tiã	tiã⁵²	tiã⁵⁵	tʰiã³¹ | tʰiã	tʰiã⁵²
蒲城	tiã³¹ | tiã	tiã⁵³	tiã⁵⁵	tsʰiã³¹ | tʰiã	tsʰiã⁵³
美原	tɕiã³¹ | tsiã	tɕiã⁵³	tɕiã⁵⁵	tɕʰiã³¹ | tsʰiã	tɕʰiã⁵³
富平	tiã³¹ | tsiã	tiã⁵³	tiã⁵⁵	tsʰiã³¹ | tsʰiã	tsʰiã⁵³
潼关	tɕiã³¹ | tɕiã	tɕiã⁵²	tɕiã⁴⁴	tɕʰiã³¹ | tɕiã	tɕʰiã⁵²
华阴	tɕiã³¹ | tɕiã	tɕiã⁵²	tɕiã⁵⁵	tɕʰiã³¹ | tɕiã	tɕʰiã⁵²
华县	tiã³¹ | tiã/tsiã	tiã⁵³	tiã⁵⁵	tʰiã³¹ | tʰiã/tsʰiã	tʰiã⁵³
渭南	tɕiã³¹ | tiã	tɕiã⁵³	tɕiã⁴⁴	tɕʰiã³¹ | tʰiã	tɕʰiã⁵³
洛南	tɕiæ̃³¹ | tɕiã	tɕiæ̃⁵³	tɕiæ̃⁴⁴	tɕʰiæ̃³¹ | tɕʰiã	tɕʰiæ̃⁵³
商州	tɕiã³¹ | ȶiã	tɕiã⁵³	tɕiã⁵⁵	tɕʰiã³¹ | ȶiã	tɕʰiã⁵³
丹凤	tɕiã³¹	tɕiã⁵³	tɕiã⁴⁴	tɕʰiã³¹	tɕʰiã⁵³
宜川	tɕiæ̃⁵¹	tɕiæ̃⁴⁵	tɕiæ̃⁴⁵	tɕʰiæ̃⁵¹	tɕʰiæ̃⁴⁵
富县	tɕiã³¹	tɕiã⁵²	tɕiã⁴⁴	tɕʰiã³¹	tɕʰiã⁵²
黄陵	tɕiæ̃³¹	tɕiæ̃⁵²	tɕiæ̃⁴⁴	tɕʰiæ̃³¹	tɕʰiæ̃⁵²
宜君	ȶiæ̃²¹	ȶiæ̃⁵²	ȶiæ̃⁴⁴	ȶʰiæ̃²¹	ȶʰiæ̃⁵²
铜川	tɕiæ̃²¹ | ȶiã	tɕiæ̃⁵²	tɕiæ̃⁴⁴	tɕʰiæ̃²¹ | ȶʰiã	tɕʰiæ̃⁵²
耀县	tɕiæ̃³¹ | tɕiã	tɕiæ̃⁵²	tɕiæ̃⁴⁴	tɕʰiæ̃³¹ | tɕʰiã	tɕʰiæ̃⁵²
高陵	ȶiæ̃³¹ | tiã	ȶiæ̃⁵²	ȶiæ̃⁵⁵	ȶʰiæ̃³¹ | tʰiã	ȶʰiæ̃⁵²
临潼	tɕiã³¹ | tiã/ȶiã	tɕiã⁵²	tɕiã⁴⁵	tɕʰiã³¹ | tʰiã/ȶʰiã	tɕʰiã⁵²

字目 方言	煎 山开三 平仙精	剪 山开三 上狝精	箭 山开三 去线精	迁 山开三 平仙清	浅 山开三 上狝清
蓝田	tɕiã³¹ | tiã	tɕiã⁵²	tɕiã⁴⁴	tɕʰiã³¹ | tʰiã	tɕʰiã⁵²
长安	tɕiã³¹	tɕiã⁵³	tɕiã⁴⁴	tɕʰiã³¹	tɕʰiã⁵³
户县	tɕiã³¹ | tɕiã	tɕiã⁵²	tɕiã⁵⁵	tɕʰiã³¹ | tɕʰiã	tɕʰiã⁵²
周至	tɕiæ̃²¹ | tɕiã	tɕiæ̃⁵²	tɕiæ̃⁵⁵	tɕʰiæ̃²¹ | tɕʰiã	tɕʰiæ̃⁵²
三原	tiã³¹ | tiã	tiã⁵²	tiã⁵⁵	tʰiã³¹ | tʰiã	tʰiã⁵²
泾阳	tɕiæ̃³¹ | ȶiã	tɕiæ̃⁵²	tɕiæ̃⁵⁵	tɕʰiæ̃³¹ | tʰiã	tɕʰiæ̃⁵²
咸阳	tɕiã³¹	tɕiã⁵²	tɕiã⁵⁵	tɕʰiã³¹	tɕʰiã⁵²
兴平	tɕiã³¹ | ȶiã	tɕiã⁵²	tɕiã⁵⁵	tɕʰiã³¹ | ȶiã	tɕʰiã⁵²
武功	tɕiã³¹ | tɕiã	tɕiã⁵²	tɕiã⁵⁵	tɕʰiã³¹ | tɕʰiã	tɕʰiã⁵²
礼泉	tɕiæ̃³¹ | tɕiã	tɕiæ̃⁵²	tɕiæ̃⁵⁵	tɕʰiæ̃³¹ | tɕʰiã	tɕʰiæ̃⁵²
乾县	tɕiã³¹ | tɕiã	tɕiã⁵²	tɕiã⁴⁴	tɕʰiã³¹ | tɕʰiã	tɕʰiã⁵²
永寿	tɕiã³¹ | tɕiã	tɕiã⁵²	tɕiã⁵⁵	tɕʰiã³¹ | tɕʰiã	tɕʰiã⁵²
淳化	tiã³¹ | tsiã	tiã⁵²	tiã⁵⁵	tʰiã³¹ | tsʰiã	tʰiã⁵²
旬邑	tsiã³¹ | tsiã	tsiã⁵²	tsiã⁴⁴	tsʰiã³¹ | tsʰiã	tsʰiã⁵²
彬县	tsiã³¹ | tsiã	tsiã⁵²	tsiã⁴⁴	tsʰiã³¹ | tsʰiã	tsʰiã⁵²
长武	tsiã³¹ | tsiã	tsiã⁵²	tsiæ̃⁴⁴	tsʰiã³¹ | tsʰiã	tsʰiã⁵²
扶风	tɕiæ̃³¹ | tsiã	tɕiæ̃⁵²	tɕiæ̃³³	tɕʰiæ̃³¹ | tsʰiã	tɕʰiæ̃⁵²
眉县	ȶiæ̃³¹ | tsiã	ȶiæ̃⁵²	ȶiæ̃⁴⁴	ȶʰiæ̃³¹ | tsʰiã	ȶʰiæ̃⁵²
麟游	tɕiã³¹ | tsiã	tɕiã⁵³	tɕiã⁴⁴	tʰiã³¹ | tsʰiã	tʰiã⁵³
岐山	ȶiæ̃³¹ | tsiã	ȶiæ̃⁵³	ȶiæ̃⁴⁴	tʰiæ̃³¹ | tsʰiã	ȶʰiæ̃⁵³
凤翔	ȶiã³¹ | ȶiã	ȶiã⁵³	ȶiã⁴⁴	tʰiã³¹ | ȶiã	tʰiã⁵³
宝鸡	tɕiæ̃³¹ | ȶiã	tɕiæ̃⁵³	tɕiæ̃⁴⁴	tɕʰiæ̃³¹ | ȶiã	tɕʰiæ̃⁵³
千阳	ȶiæ̃³¹ | tsiã	ȶiæ̃⁵³	ȶiæ̃⁴⁴	ȶʰiæ̃³¹ | tsʰiã	ȶʰiæ̃⁵³
陇县	tɕiæ̃³¹ | tɕiã	tɕiæ̃⁵³	tɕiæ̃⁴⁴	tɕʰiæ̃³¹ | tɕʰiã	tɕʰiæ̃⁵³

字目 方言	钱 山开三 平仙从	践 山开三 上狝从	贱 山开三 去线从	鲜 山开三 平仙心	癣 山开三 上狝心
西安	tɕʰiæ̃24	tɕiæ̃55	tɕiæ̃55	ɕiæ̃53/ɕiæ̃21	ɕiæ̃53
韩城	tɕʰiã24	tɕʰiã53	tɕʰiã44	ɕiã53	ɕiã53
合阳	tsʰiã31	tsiã52	tsʰiã55	siã31	siã52
澄城	tʰiã24	tiã44	tʰiã44	siã31	siã53
白水	tsʰiã24	tiã44	tsʰiã44	siã53	siã53
大荔	tʰiã24	tiã55	tʰiã55	siã31	siã52
蒲城	tsʰiã35	tiã55	tsʰiã55	siã53	siã53
美原	tɕʰiã35	tɕiã53	tɕʰiã55	ɕiã53	ɕiã53
富平	tsʰiã35	tiã55	tiã55	siã53	siã53
潼关	tɕʰiã24	tɕiã44	tɕʰiã44	ɕiã31	ɕiã52
华阴	tɕʰiã24	tɕiã55	tɕʰiã55	ɕiã52	ɕiã52
华县	tʰiã35	tiã55	tʰiã55	siã53	siã53
渭南	tɕʰiã24	tɕiã44	tɕʰiã44	ɕiã53	ɕiã53
洛南	tɕʰiæ̃24	tɕiæ̃44	tɕʰiæ̃44	ɕiæ̃53	ɕiæ̃53
商州	tɕʰiã35	tɕiã55	tɕiã55	ɕiã53	ɕiã53
丹凤	tɕʰiã24	tɕiã44	tɕiã44	ɕiã53	ɕiã53
宜川	tɕʰiæ̃24	tɕiæ̃45	tɕʰiæ̃45	ɕiæ̃45	ɕiæ̃45
富县	tɕʰiã24	tɕiã44	tɕʰiã44	ɕiã52	ɕiã52
黄陵	tɕʰiæ̃24	tɕiæ̃44	tɕʰiæ̃44	ɕiæ̃52	ɕiæ̃52
宜君	tʰiæ̃24	tiæ̃44	tʰiæ̃44	siæ̃52	siæ̃52
铜川	tɕʰiæ̃24	tɕiæ̃44	tɕiæ̃44	ɕiæ̃21/ɕiæ̃52	ɕiæ̃52
耀县	tɕʰiæ̃24	tɕiæ̃44/tɕʰiæ̃52①	tɕiæ̃44	ɕiæ̃52	ɕiæ̃52
高陵	tʰiæ̃24	tiæ̃52	tiæ̃55	siæ̃52	siæ̃52
临潼	tɕʰiã24	tɕiã45	tɕiã45	ɕiã52	ɕiã52

① tɕiæ̃44 实～；tɕʰiæ̃52 ～踏。

字目 方言	钱 山开三 平仙从	践 山开三 上狝从	贱 山开三 去线从	鲜 山开三 平仙心	癣 山开三 上狝心
蓝田	tɕʰiã²⁴	tɕiã⁴⁴	tɕiã⁴⁴	ɕiã⁵²	ɕiã⁵²
长安	tɕʰiã²⁴	tɕiã⁴⁴	tɕiã⁴⁴	ɕiã⁵³	ɕiã⁵³
户县	tɕʰiã²⁴	tɕiã⁵²	tɕiã⁵⁵	ɕiã⁵²	ɕiã⁵²
周至	tɕʰiæ̃²⁴	tɕiæ̃⁵²	tɕiæ̃⁵⁵	ɕiæ̃⁵⁵	ɕiæ̃⁵²
三原	tʰiã²⁴	tiã⁵²	tiã⁵⁵	siã³¹	siã⁵²
泾阳	tɕʰiæ̃²⁴	tɕiã⁵⁵	tɕiã⁵⁵	ɕiã⁵²/ɕiã³¹	ɕiã⁵²
咸阳	tɕʰiã²⁴	tɕiã⁵⁵	tɕiã⁵⁵	ɕiã⁵²	ɕiã⁵²
兴平	tɕʰiã²⁴	tɕiã⁵⁵	tɕiã⁵⁵	ɕiã⁵²	ɕiã⁵²
武功	tɕʰiã²⁴	tɕiã⁵²	tɕiã⁵⁵	ɕiã⁵²	ɕyã⁵²
礼泉	tɕʰiã²⁴	tɕiæ̃⁵²	tɕiæ̃⁵⁵	ɕiæ̃³¹	ɕiæ̃⁵²
乾县	tɕʰiã²⁴	tɕiã⁴⁴	tɕiã⁴⁴	ɕiã⁵²	ɕiã⁵²
永寿	tɕʰiã²⁴	tɕiã⁵⁵	tɕiã⁵⁵	ɕiã⁵²	ɕiã⁵²
淳化	tʰiã²⁴	tiã⁵⁵	tiã⁵⁵	siã⁵²/siã³¹	siã⁵²
旬邑	tsʰiã²⁴	tsiã⁴⁴	tsʰiã⁴⁴	siã⁵²/siã³¹	siã⁵²
彬县	tsʰiã²⁴	tsiã⁴⁴	tsʰiã⁴⁴	siã⁵²	siã⁵²
长武	tsʰiã²⁴	tsiã⁴⁴	tsiã⁴⁴	siã⁵²	siã⁵²
扶风	tɕʰiæ̃²⁴	tɕiæ̃³³	tɕiæ̃³³	ɕiæ̃⁵²	ɕiæ̃⁵²
眉县	tʰiæ̃²⁴	ȶiæ̃⁴⁴	ȶiæ̃⁴⁴	siæ̃⁵²	siæ̃⁵²
麟游	tʰiã²⁴	ȶiã⁴⁴	ȶiã⁴⁴	s̲i̲ã̲⁵³/s̲u̲ã̲³¹	siã⁵³
岐山	tʰiã²⁴	tɕʰiæ̃⁴⁴	ȶiæ̃⁴⁴	siæ̃⁵³	siæ̃⁵³
凤翔	tʰiã²⁴	ȶiã⁴⁴	ȶiã⁴⁴	siã⁵³	siã⁵³
宝鸡	tɕʰiæ̃²⁴	tɕiæ̃⁴⁴	tɕiæ̃⁴⁴	ɕiæ̃³¹	ɕiæ̃⁵³
千阳	tʰiæ̃²⁴	ȶiæ̃⁴⁴	ȶiæ̃⁴⁴	siæ̃⁵³	siæ̃⁵³
陇县	tɕʰiæ̃²⁴	tɕiæ̃⁴⁴	tɕiæ̃⁴⁴	ɕiæ̃³¹	ɕiæ̃⁵³

字目 / 方言	线 山开三 去线心	薛 山开三 入薛心	羡 山开三 去线邪	展 山开三 上狝知	哲 山开三 入薛知
西安	$ɕiæ̃^{55}$	$ɕye^{21}/ɕie^{21}$	$ɕiæ̃^{55}$	$tʂæ̃^{53}$	$tʂʅ^{55}/tʂʅ^{24}$
韩城	$ɕiã^{44}$	$ɕiɛ^{31}$	$ɕiã^{44}$	$tʂã^{53}$	$tʂə^{44}$
合阳	$siã^{55}$	$siə^{31}$	$siã^{55}$	$tʂã^{52}$	$tʂə^{55}/tʂə^{24}$
澄城	$siã^{44}$	$ɕyo^{31}/siə̃^{31}$	$siã^{44}$	$tʂã^{53}$	$tʂʅ^{44}$
白水	$siã^{44}$	$siɛ^{31}$	$siã^{44}$	$tʂã^{53}$	$tʂʅ^{24}$
大荔	$siã^{55}$	$siɛ^{31}$	$siã^{55}$	$tʂã^{52}$	$tʂʅ^{55}$
蒲城	$siã^{55}$	$siɛ^{31}$	$siã^{53}$	$tʂã^{53}$	$tʂʅ^{35}$
美原	$ɕiã^{55}$	$ɕiɛ^{31}$	$ɕiã^{53}$	$kã^{53}$	$kiɛ^{55}$
富平	$siã^{55}$	$siɛ^{31}$	$siã^{55}$	$tʂã^{53}$	$tʂʅ^{55}$
潼关	$ɕiã^{44}$	$ɕiɛ^{31}$	$ɕiã^{44}$	$tʂã^{52}$	$tʂʅ^{24}$
华阴	$ɕiã^{55}$	$ɕiɛ^{31}$	$ɕiã^{55}$	$tʂã^{52}$	$tʂʅ^{55}$
华县	$siã^{55}$	$siɛ^{31}$	$siã^{55}$	$tʂã^{53}$	$tʂʅ^{55}$
渭南	$ɕiã^{44}$	$ɕiɛ^{31}$	$ɕiã^{44}$	$tʂã^{53}$	$tʂʅ^{24}$
洛南	$ɕiæ̃^{44}$	$ɕiɛ^{31}$	$ɕiæ̃^{44}$	$tʂæ̃^{53}$	$tʂʅ^{24}$
商州	$ɕiã^{55}$	$ɕiɛ^{31}$	$ɕiã^{55}$	$tʂã^{53}$	$tʂʅ^{35}$
丹凤	$ɕiã^{44}$	$ɕiɛ^{31}$	$ɕiã^{44}$	$tʂã^{53}$	$tʂʅ^{24}$
宜川	$ɕiæ̃^{45}$	$ɕiɛ^{51}$	$ɕiæ̃^{45}$	$tʂæ̃^{45}$	$tʂʐə^{51}$
富县	$ɕiã^{44}$	$ɕiɛ^{31}$	$ɕiã^{44}/ɕiɛ^{44}$	$tã^{52}$	$tʂʐə^{24}$
黄陵	$ɕiæ̃^{44}$	$ɕiɛ^{31}$	$ɕiæ̃^{52}$	$tʂæ̃^{52}$	$tʂʐʅ^{52}$
宜君	$siæ̃^{44}$	$siɛ^{21}$	$siæ̃^{52}$	$tæ̃^{52}$	$tʂʅ^{44}/tʂʅ^{24}$
铜川	$ɕiæ̃^{44}$	$ɕye^{21}/ɕie^{21}$	$ɕiæ̃^{52}$	$tʂæ̃^{52}$	$tʂʅ^{44}/tʂʅ^{24}$
耀县	$ɕiæ̃^{44}$	$ɕye^{31}/ɕie^{31}$	$ɕiæ̃^{52}$	$tæ̃^{52}$	$tʃʅ^{44}/tʃʅ^{24}$
高陵	$siæ̃^{55}$	$siɛ^{31}$	$siæ̃^{52}$	$tæ̃^{52}$	$tʂʐə^{24}$
临潼	$ɕiã^{45}$	$ɕiɛ^{31}$	$ɕiã^{52}$	$tʂã^{52}$	$tʂʅ^{24}$

字目 方言	线 山开三 去线心	薛 山开三 入薛心	羡 山开三 去线邪	展 山开三 上狝知	哲 山开三 入薛知
蓝田	ɕia⁴⁴	ɕie³¹	ɕia⁴⁴	tʂã⁵²	tʂɹə⁴⁴
长安	ɕia⁴⁴	ɕye³¹/ɕie³¹	ɕia⁴⁴	tã⁵³	tʂɹ⁴⁴/tʂɹ²⁴
户县	ɕiã⁵⁵	ɕiE³¹	ɕiã⁵⁵	tʂã⁵²	tʂɹə²⁴
周至	ɕiæ̃⁵⁵	ɕie²¹	ɕiæ̃⁵⁵	tæ̃⁵²	tʂɹɤ²⁴
三原	siã⁵⁵	sie³¹	siã⁵⁵	tã⁵²	tʂɹ²⁴
泾阳	ɕiã⁵⁵	ɕie³¹	ɕiã⁵⁵	tã⁵²	tʂɹ²⁴
咸阳	ɕiã⁵⁵	ɕie³¹	ɕiã⁵⁵	tã⁵²	tʂɹ³¹
兴平	ɕiã⁵⁵	ɕie³¹	ɕiã⁵⁵	tã⁵²	tʂɹ²⁴
武功	ɕiã⁵⁵	ɕie³¹	ɕiã⁵⁵	tã⁵²	tʂɹ²⁴
礼泉	ɕiæ̃⁵⁵	ɕie³¹	ɕiæ̃⁵⁵	tæ̃⁵²	tʂɹ²⁴
乾县	ɕiã⁴⁴	ɕie³¹	ɕiã⁵²	tã⁵²	tʂɹ²⁴
永寿	ɕiã⁵⁵	ɕie³¹	ɕiã⁵⁵	tã⁵²	tʂɹ²⁴
淳化	siã⁵⁵	sie³¹	siã⁵²	tã⁵²	tʂɹ²⁴
旬邑	siã⁴⁴	sie³¹	siã⁴⁴	tã⁵²	tʂɹ²⁴
彬县	siã⁴⁴	sie³¹	siã⁴⁴	tã⁵²	tʂɹ²⁴
长武	siã⁴⁴	sie³¹	siã⁴⁴	tã⁵²	tʂɹ³¹
扶风	ɕiæ̃³³	ɕie³¹	ɕiæ̃⁵²	tʂæ̃⁵²	tʂɹ²⁴
眉县	siæ̃⁴⁴	sie³¹	siæ̃⁵²	tʂæ̃⁵²	tʂɹə²⁴
麟游	siã⁴⁴	sie³¹	siã⁵³	tʂã⁵³	tʂɹə²⁴
岐山	siæ̃⁴⁴	sie³¹	siæ̃⁵³	tʂæ̃⁵³	tʂɹ²⁴
凤翔	siã⁴⁴	sie³¹	siã⁴⁴	tʂã⁵³	tʂɹə²⁴
宝鸡	ɕiæ̃⁴⁴	ɕie³¹	ɕiæ̃⁵³	tʂæ̃⁵³	tʂɹ²⁴
千阳	siæ̃⁴⁴	sie⁵³	siæ̃⁵³	tʂæ̃⁵³	tʂɹə²⁴
陇县	ɕiæ̃⁴⁴	ɕie³¹	ɕiæ̃⁵³	tʂæ̃⁵³	tʂɹə²⁴

字目 / 方言	撤	缠	辙	毡	战
	山开三 入薛彻	山开三 平仙澄	山开三 入薛澄	山开三 平仙章	山开三 去线章
西安	tʂʰɤ53	tʂʰæ̃24 ｜ tʰã	tʂɤ24	tʂæ̃21	tʂæ̃55
韩城	tʂʰə44	tʂʰã24 ｜ tʂʰã	tʂʰə24	tʂã31	tʂã44
合阳	tʂʰə52	tʂʰã24 ｜ tʂʰã	tʂʰə24	tʂã31	tʂã55
澄城	tʂʰɤ53	tʂʰã24 ｜ tʂʰã	tʂʰɤ24	tʂã31	tʂã44
白水	tʂʰɤ53	tʂʰã24 ｜ tʰã	tʂʰɤ24	tʂã31	tʂã44
大荔	tʂʰɤ52	tʂʰã24 ｜ tʂʰã	tʂɤ24	tʂã31	tʂã55
蒲城	tʂʰɤ53	tʂʰã35 ｜ tʂʰã	tʂʰɤ35	tʂã31	tʂã55
美原	kʰiɛ53	kʰã35 ｜ kʰã	kiɛ35	kã31	kɛ55
富平	tʂʰɤ53	tʂʰã35 ｜ tʰã	tʂʰɤ35	tʂã31	tʂã55
潼关	tʂʰɤ52	tʂʰã24 ｜ tʰã	tʂɤ24	tʂã31	tʂã44
华阴	tʂʰɤ52	tʂʰã24 ｜ tʰã	tʂɤ24	tʂã31	tʂã55
华县	tʂʰɤ53	tʂʰã35 ｜ tʰã	tʂʰɤ35	tʂã31	tʂã55
渭南	tʂʰɤ53	tʂʰã24 ｜ tʰã	tʂʰɤ24	tʂã31	tʂã44
洛南	tʂʰɤ53	tʂʰæ̃24 ｜ tʰã	tʂʰɤ24	tʂæ̃31	tʂæ̃44
商州	tʂʰɤ53	tʂʰã35 ｜ tʰã	tʂɤ35	tʂã31	tʂã55
丹凤	tʂʰɤ53	tʂʰã24	tʂʰɤ24	tʂã31	tʂã44
宜川	tʂʰə45	tʂʰæ̃24	tʂʅə24	tʂæ̃51	tʂæ̃45
富县	tʂʰə52	tʰã24	tʂʰə24	tã31	tã44
黄陵	tʂʰʅɤ52	tʂʰæ̃24	tʂʰʅɤ24	tʂæ̃31	tʂæ̃44
宜君	tʂʰʅɤ52	tʰæ̃24	tʂʰʅɤ24	tæ̃21	tæ̃44
铜川	tʂʰʅɤ52	tʂʰæ̃24 ｜ tʰã	tʂʰʅɤ24	tʂæ̃21	tʂæ̃44
耀县	tʃʰʅɤ52	tʰæ̃24 ｜ tʰã	tʃʰʅɤ24	tæ̃31	tæ̃44
高陵	tʂʰʅə52	tʰæ̃24 ｜ tʰã	tʂʅə24	tæ̃31	tæ̃55
临潼	tʂʰʅɤ52	tʂʰã24 ｜ tã	tʂʅɤ24	tʂã31	tʂã45

字目 ＼ 方言	撤	缠	辙	毡	战
	山开三 入薛彻	山开三 平仙澄	山开三 入薛澄	山开三 平仙章	山开三 去线章
蓝田	tʂʰɿə⁵²	tʂʰã²⁴ ǀ tʰã	tʂɿə²⁴	tʂã³¹	tʂã⁴⁴
长安	tʂʰɿɤ⁵³	tʰã²⁴	tʂɿɤ²⁴	tã³¹	tã⁴⁴
户县	tʂʰɿə⁵²	tʂʰã²⁴ ǀ tʰã	tʂɿə²⁴	tʂã³¹/tʂã⁵⁵①	tʂã⁵⁵
周至	tʂʰɿɤ⁵²	tʰæ̃²⁴ ǀ tʰã	tʂɿɤ²⁴	tæ̃²¹	tæ̃⁵⁵
三原	tʂʰɤ⁵²	tʰã²⁴ ǀ tʰã	tʂʰɤ²⁴	tã³¹	tã⁵⁵
泾阳	tʂʰɤ⁵²	tʰã²⁴	tʂʰɤ²⁴	tã³¹	tã⁵⁵
咸阳	tʂʰɤ⁵²	tʰã²⁴	tʂɤ²⁴	tã³¹	tã⁵⁵
兴平	tʂʰɤ⁵²	tʰã²⁴ ǀ tʰã	tʂɤ²⁴	tã³¹	tã⁵⁵
武功	tʂʰɤ⁵²	tʰã²⁴ ǀ tʰã	tʂɤ²⁴	tã³¹	tã⁵⁵
礼泉	tʂʰɤ²⁴	tʰæ̃²⁴ ǀ tʰã	tʂɤ²⁴	tæ̃³¹	tæ̃⁵⁵
乾县	tʂʰɤ⁵²	tʰã²⁴ ǀ tʰã	tʂɤ²⁴	tã³¹	tã⁴⁴
永寿	tʂʰɤ⁵²	tʰã²⁴ ǀ tʰã	tʂɤ²⁴	tã³¹	tã⁵⁵
淳化	tʂʰɤ⁵²	tʰã²⁴ ǀ tʰã	tʂʰɤ²⁴	tã³¹	tã⁵⁵
旬邑	tʂʰɤ⁵²	tʰã²⁴ ǀ tʰã	tʂʰɤ²⁴	tã³¹	tã⁴⁴
彬县	tʂʰɤ⁵²	tʰã²⁴ ǀ tʂʰã	tʂʰɤ²⁴	tã³¹	tã⁴⁴
长武	tʂʰɤ⁵²	tʰã²⁴ ǀ tʰã	tʂʰɤ²⁴	tã³¹	tã⁴⁴
扶风	tʂʰɤ⁵²	tʂʰæ̃²⁴ ǀ tʰã	t̠ʂɤ²⁴/tʂʰɤ²⁴	tʂæ̃³¹	tʂæ̃³³
眉县	tʂʰɿə⁴⁴	tʂʰæ̃²⁴ ǀ tʰã	tʂɿə²⁴	tʂæ̃³¹	tʂæ̃⁴⁴
麟游	tʂʰɿə⁵³	tʂʰã²⁴ ǀ tʰã	tʂʰɿə²⁴	tʂã³¹	tʂã⁴⁴
岐山	tʂʰɤ⁵³	tʂʰæ̃²⁴ ǀ tʰã	tʂʰɤ²⁴	tʂæ̃³¹	tʂæ̃⁴⁴
凤翔	tʂʰɿə⁴⁴	tʂʰã²⁴ ǀ tʰã	tʂʰɿə²⁴	tʂã³¹	tʂã⁴⁴
宝鸡	tʂʰɤ⁵³	tʂʰæ̃²⁴ ǀ tʂʰã	tʂʰɤ²⁴	tʂæ̃³¹	tʂæ̃⁴⁴
千阳	tʂʰɿə⁵³	tʂʰæ̃²⁴ ǀ tʂʰã	tʂʰɿə²⁴	tʂæ̃³¹	tʂæ̃⁴⁴
陇县	tʂʰɿə⁵³	tʂʰæ̃²⁴ ǀ tʂʰã	tʂɿə²⁴	tʂæ̃³¹	tʂæ̃⁴⁴

① tʂã⁵⁵ 毡~子。

字目 方言	折~断 山开三 入薛章	舌 山开三 入薛船	搧 山开三 平仙书	扇名词 山开三 去线书	设 山开三 入薛书
西安	tʂɤ^{53}/tʂɤ^{21}	ʂɤ^{24}	ʂæ̃^{21} ∣ ʂã	ʂæ̃^{55}	ʂɤ^{21}
韩城	tʂə^{31}	ʂə^{24}	ʂã^{31} ∣ ʂã	ʂã^{44}	ʂə^{31}
合阳	tʂə^{31}	ʂə^{24}	ʂã^{31} ∣ ʂã	ʂã^{55}	ʂə^{31}
澄城	tʂɤ^{53}	ʂɤ^{24}	ʂã^{31} ∣ ʂã	ʂã^{44}	ʂɤ^{31}
白水	tʂɤ^{53}	ʂɤ^{24}	ʂã^{31} ∣ ʂã	ʂã^{44}	ʂɤ^{31}
大荔	tʂɤ^{52}	ʂɤ^{24}	ʂã^{31} ∣ ʂã	ʂã^{55}	ʂɤ^{31}
蒲城	tʂɤ^{53}	ʂɤ^{35}	ʂã^{31} ∣ ʂã/ʂã	ʂã^{55}	ʂɤ^{31}
美原	kie^{53}	xie^{35}	xã^{31} ∣ xiã	xã^{55}	xie^{31}
富平	tʂɤ^{53}	ʂɤ^{35}	ʂã^{31} ∣ xiã	ʂã^{55}	ʂɤ^{31}
潼关	tʂɤ^{52}	ʂɤ^{24}	ʂã^{31} ∣ ʂã	ʂã^{44}	ʂɤ^{31}
华阴	tʂɤ^{53}	ʂɤ^{24}	ʂã^{31} ∣ ʂã	ʂã^{55}	ʂɤ^{31}
华县	tʂɤ^{53}	ʂɤ^{35}	ʂã^{31} ∣ ʂã/ɕˣã	ʂã^{55}	ʂɤ^{31}
渭南	tʂɤ^{53}	ʂɤ^{24}	ʂã^{31} ∣ ɕˣã	ʂã^{44}	ʂɤ^{31}
洛南	tʂɤ^{53}	ʂɤ^{24}	ʂæ^{31} ∣ ʂã	ʂæ^{44}	ʂɤ^{31}
商州	tʂɤ^{53}	ʂɤ^{35}	ʂã^{31} ∣ ʂã	ʂã^{55}	ʂɤ^{31}
丹凤	tʂɤ^{53}	ʂɤ^{24}	ʂã^{31}	ʂã^{44}	ʂɤ^{31}
宜川	tʂɻə^{51}	ʂɻə^{24}	ʂæ̃^{51}	ʂæ̃^{45}	ʂɻə^{45}
富县	tʂɻə^{31}	ʂɻə^{24}	ʂã^{31}	ʂã^{44}	ʂɻə^{31}
黄陵	tʂɻɤ^{52}	ʂɻɤ^{24}	ʂæ̃^{31}	ʂæ̃^{44}	ʂɻɤ^{31}
宜君	tʂɻɤ^{52}	ʂɻɤ^{24}	ʂæ̃^{21}	ʂæ̃^{44}	ʂɻɤ^{21}
铜川	tʂɻɤ^{52}/ʂɻɤ^{21}	ʂɻɤ^{24}	ʂæ̃^{21} ∣ ʂã	ʂæ̃^{44}	tʂɻɤ^{21}
耀县	tʃɻɤ^{52}	ʃɻɤ^{24}	ʂæ̃^{31} ∣ ʂã	ʂæ̃^{44}	ʃɻɤ^{31}
高陵	tʂɻə^{52}	ʂɻə^{24}	ʂæ̃^{31} ∣ ʂã	ʂæ̃^{55}	ʂɻə^{31}
临潼	tʂɻɤ^{52}	ʂɻɤ^{24}	ʂã^{31} ∣ ʂã	ʂã^{45}	ʂɻɤ^{31}

字目／方言	折~断 山开三入薛章	舌 山开三入薛船	搧 山开三平仙书	扇名词 山开三去线书	设 山开三入薛书
蓝田	tʂɿə⁵²	ʂɿə²⁴	ʂã³¹ ∣ ʂã	ʂã⁴⁴	ʂɿə³¹
长安	tʂʴ⁵³/tʂʴ³¹①	ʂʴ²⁴	ʂã³¹	ʂã⁴⁴	ʂʴ³¹
户县	tʂɿə⁵²	ʂɿə²⁴	ʂã³¹ ∣ ʂã	ʂã⁵⁵	ʂɿə³¹
周至	tʂʴ⁵²	ʂʴ²⁴	ʂæ̃²¹ ∣ ʂã	ʂæ̃⁵⁵	ʂʴ²¹
三原	tʂʴ⁵²	ʂʴ²⁴	ʂã³¹ ∣ ʂã	ʂã⁵⁵	ʂʴ³¹
泾阳	tʂʴ⁵²/tʂʴ³¹	ʂʴ²⁴	ʂã³¹	ʂã⁵⁵	ʂʴ³¹
咸阳	tʂʴ⁵²/tʂʴ³¹	ʂʴ²⁴	ʂã³¹	ʂã⁵⁵	ʂʴ³¹
兴平	tʂʴ⁵²/tʂʴ³¹	ʂʴ²⁴	ʂã³¹ ∣ ʂã	ʂã⁵⁵	ʂʴ³¹
武功	tʂʴ⁵²/tʂʴ³¹	ʂʴ²⁴	ʂã³¹ ∣ ʂã	ʂã⁵⁵	ʂʴ³¹
礼泉	tʂʴ⁵²	ʂʴ²⁴	ʂæ̃³¹ ∣ ʂã	ʂæ̃⁵⁵	ʂʴ³¹
乾县	tʂʴ⁵²/tʂʴ³¹	ʂʴ²⁴	ʂã³¹ ∣ ʂã	ʂã⁴⁴	ʂʴ³¹
永寿	tʂʴ⁵²/tʂʴ³¹	ʂʴ²⁴	ʂã³¹ ∣ ʂã	ʂã⁵⁵	ʂʴ³¹
淳化	tʂʴ⁵²/tʂʴ³¹	ʂʴ²⁴	ʂã³¹ ∣ ʂã	ʂã⁵⁵	ʂʴ³¹
旬邑	tʂʴ⁵²/tʂʴ³¹	ʂʴ²⁴	ʂã³¹ ∣ ʂã	ʂã⁴⁴	ʂʴ⁵²/ʂʴ³¹
彬县	tʂʴ⁵²/tʂʴ³¹	ʂʴ²⁴	ʂã³¹ ∣ ʂã	ʂã⁴⁴	ʂʴ⁵²
长武	tʂʴ⁵²/tʂʴ³¹	ʂʴ²⁴	ʂã³¹ ∣ ʂã	ʂã⁴⁴	ʂʴ⁵²
扶风	tʂʴ⁵²	ʂʴ²⁴	ʂæ̃³¹ ∣ ʂã	ʂæ̃³³	ʂʴ³¹
眉县	tʂɿə⁵²	ʂɿə²⁴	ʂæ̃³¹ ∣ ʂã	ʂæ̃⁴⁴	ʂɿə³¹
麟游	tʂɿə⁵³	ʂɿə²⁴	ʂã³¹ ∣ ʂã	ʂã⁴⁴	ʂɿə⁵³
岐山	tʂʴ⁵³	ʂʴ²⁴	ʂæ̃³¹ ∣ ʂã	ʂæ̃⁴⁴	ʂʴ³¹/ʂʴ⁵³②
凤翔	tʂɿə³¹	ʂɿə²⁴	ʂã³¹ ∣ ʂã	ʂã⁴⁴	ʂɿə⁵³
宝鸡	tʂʴ⁵³	ʂʴ²⁴	ʂæ̃³¹ ∣ ʂã	ʂæ̃⁴⁴	ʂʴ⁵³
千阳	tʂɿə⁵³	ʂɿə²⁴	ʂæ̃³¹ ∣ ʂã	ʂæ̃⁴⁴	ʂɿə³¹
陇县	tʂɿə⁵³	ʂɿə²⁴	ʂæ̃³¹ ∣ ʂã	ʂæ̃⁴⁴	ʂɿə⁵³

① tʂʴ³¹ ~一下。
② ʂʴ³¹ 建~；ʂʴ⁵³ ~备。

字目 / 方言	蝉 山开三 平仙禅	善 山开三 上狝禅	折弄~了 山开三 入薛禅	然 山开三 平仙日		热 山开三 入薛日
西安	tʂʰæ̃²⁴/ʂæ̃²⁴	ʂæ̃⁵⁵	ʂʏ²⁴	zæ̃²⁴	zã	zʏ²¹
韩城	tʂʰã²⁴	ʂã⁴⁴	ʂə²⁴	zã²⁴	ɣã	zə³¹
合阳	ʂã²⁴	ʂã⁵⁵/tʂʰã⁵²①	ʂə²⁴	zã²⁴	zã	zə³¹
澄城	ʂã²⁴	ʂã⁴⁴/tʂʰã⁵³	ʂʏ²⁴	zã²⁴	zã	zʏ³¹
白水	ʂã²⁴	ʂã⁴⁴/tʂʰã⁵³	ʂʏ²⁴	zã²⁴	zã	zʏ³¹
大荔	tʂʰã²⁴/ʂã²⁴	ʂã⁵⁵/tʂʰã⁵²	ʂʏ²⁴	zã²⁴	zã	zʏ³¹
蒲城	ʂã³⁵	ʂã⁵⁵/tʂʰã⁵³	ʂʏ³⁵	zã³⁵	zã/ɣã	zʏ³¹
美原	xã³⁵	xã⁵⁵/kʰã⁵³	xiɛ³⁵	ɣã³⁵	ɣã	ɣiɛ³¹
富平	ʂã³⁵	ʂã⁵⁵/tʂʰã⁵³	ʂʏ³⁵	zã³⁵	ɣã	zʏ³¹
潼关	tʂʰã²⁴/ʂã²⁴	ʂã⁴⁴/tʂʰã⁵²	ʂʅ²⁴	zã²⁴	zã	zʅ³¹
华阴	tʂʰã²⁴	ʂã⁵⁵	ʂʏ²⁴	zã²⁴	zã	zʏ³¹
华县	tʂʰã³⁵/ʂã³⁵	ʂã⁵⁵/tʂʰã⁵³	ʂʏ³⁵	zã³⁵	zã/ɣã	zʏ³¹
渭南	ʂã²⁴	ʂã⁴⁴/tʂʰã⁵³	ʂʏ²⁴	zã²⁴	zã/ɣã	zʏ³¹
洛南	ʂæ̃²⁴	ʂæ̃⁴⁴/tʂʰæ̃⁵³	ʂʏ²⁴	zæ̃²⁴	zã	zʏ³¹
商州	ʂã³⁵	ʂã⁵⁵/tʂʰã⁵³	ʂʏ³⁵	zã³⁵	zã	zʏ³¹
丹凤	ʂã²⁴	ʂã⁴⁴/tʂʰã⁵³	ʂʏ²⁴	zã²⁴		zʏ³¹
宜川	tʂʰæ̃²⁴	ʂæ̃⁴⁵	ʂʐə²⁴	zæ̃⁵¹		zʐə⁵¹
富县	tʰæ̃²⁴	ʂã⁴⁴	ʂʐə²⁴	zã²⁴		zʐə³¹
黄陵	tʂʰæ̃²⁴/ʂæ̃²⁴	ʂæ̃⁴⁴	ʂʐʏ²⁴	zæ̃²⁴		zʐʏ³¹
宜君	tʰæ̃²⁴/ʂæ̃²⁴	ʂæ̃⁴⁴	ʂʐʏ²⁴	zæ̃²⁴		zʐʏ²¹
铜川	tʂʰæ̃²⁴/ʂæ̃²⁴	ʂæ̃⁴⁴	ʂʐʏ²⁴	zæ̃²⁴	zã	zʏ²¹
耀县	tʰæ̃²⁴/ʂæ̃²⁴	ʂæ̃⁴⁴	ʂʐʏ²⁴	zæ̃²⁴	zã	zʐʏ³¹
高陵	ʂæ̃²⁴	ʂæ̃⁵⁵	ʂʐə²⁴	zæ̃²⁴	zã	zʐə³¹
临潼	tʂʰã²⁴	ʂã⁴⁵	ʂʐʏ²⁴	zã²⁴	zã	zʐʏ³¹

① tʂʰã⁵² 常演切，从孙立新说。下同。

字目 / 方言	蝉 山开三平仙禅	善 山开三上狝禅	折弄~了 山开三入薛禅	然 山开三平仙日	热 山开三入薛日
蓝田	tʂʰã²⁴/sã²⁴	sã⁴⁴	ʂɻə²⁴	zã²⁴ ∣ zã	zɻə³¹
长安	t̠ʰã²⁴/sã²⁴	sã⁴⁴	ʂɻɤ²⁴	zã²⁴	zɻɤ³¹
户县	tʂʰã²⁴/sã²⁴	sã⁵⁵	ʂɻə²⁴	zã²⁴ ∣ zã	zɻə³¹
周至	tʰæ̃²⁴/sæ̃²⁴老	sæ̃⁵⁵	ʂɻɤ²⁴	zæ̃²⁴ ∣ zã	zɻɤ²¹
三原	tʰã²⁴	sã⁵⁵	ʂɤ²⁴	zã²⁴ ∣ zã	zɤ³¹
泾阳	sã²⁴	sã⁵⁵	ʂɤ²⁴	zã²⁴	zɤ³¹
咸阳	tʰã²⁴	sã⁵⁵	ʂɤ²⁴	zã²⁴	zɤ³¹
兴平	sã²⁴	sã⁵⁵	ʂɤ²⁴	zã²⁴ ∣ zã	zɤ³¹
武功	tʰã²⁴	sã⁵⁵	ʂɤ²⁴	zã²⁴ ∣ zã	zɤ³¹
礼泉	tʰæ̃²⁴	sæ̃⁵⁵	ʂɤ²⁴	zæ̃²⁴ ∣ zã	zɤ³¹
乾县	t̠ʰã²⁴/sã²⁴	sã⁴⁴	ʂɤ²⁴	zã²⁴ ∣ zã	zɤ³¹
永寿	sã²⁴	sã⁵⁵	ʂɤ²⁴	zã²⁴ ∣ zã	zɤ³¹
淳化	sã²⁴	sã⁵⁵	ʂɤ²⁴	zã²⁴ ∣ zã	zɤ³¹
旬邑	tʂʰã²⁴/sã²⁴	sã⁴⁴	ʂɤ²⁴	zã²⁴ ∣ zã	zɤ³¹
彬县	sã²⁴	sã⁴⁴	ʂɤ²⁴	zã²⁴ ∣ zã	zɤ³¹
长武	sã²⁴	sã⁴⁴	ʂɤ²⁴	zã²⁴ ∣ zã	zɤ³¹
扶风	sæ̃²⁴	sæ̃³³	ʂɤ²⁴	zæ̃²⁴ ∣ zã	zɤ³¹
眉县	tʂʰæ̃²⁴	sæ̃⁴⁴	ʂɻə²⁴	zæ̃²⁴ ∣ zã	zɻə³¹
麟游	tʂʰã²⁴	sã⁴⁴	ʂɻə²⁴	zã²⁴ ∣ zã	zɻə³¹
岐山	sæ̃²⁴	sæ̃⁴⁴	ʂɤ²⁴	zæ̃²⁴ ∣ zã	zɤ³¹
凤翔	sã²⁴	sã⁴⁴	ʂɻə²⁴	zã²⁴ ∣ zã	zɻə³¹
宝鸡	sæ̃²⁴	sæ̃⁴⁴	ʂɤ²⁴	zæ̃²⁴ ∣ zã	zɤ³¹
千阳	tʂʰæ̃²⁴	sæ̃⁴⁴	ʂɻə²⁴	zæ̃²⁴ ∣ zã	zɻə³¹
陇县	sæ̃²⁴	sæ̃⁴⁴	ʂɻə²⁴	zæ̃²⁴ ∣ zã	zɻə³¹

字目／方言	遣	乾~坤	件	杰	谚
	山开三 上狝溪	山开三 平仙群	山开三 上狝群	山开三 入薛群	山开三 去线疑
西安	tɕʰiæ̃⁵³	tɕʰiæ̃²⁴	tɕiæ̃⁵⁵	tɕie²⁴	iæ̃⁵⁵
韩城	tɕʰiã⁵³	tɕʰiã²⁴	tɕʰiã⁴⁴	tɕiɛ²⁴	iã⁴⁴
合阳	tɕʰiã⁵²	tɕʰiã²⁴	tɕʰiã⁵⁵	tɕʰiə²⁴	iã⁵⁵
澄城	tɕʰiã⁵³	tɕʰiã²⁴	tɕʰiã⁴⁴	tɕiə²⁴	iã⁴⁴
白水	tɕʰiã⁵³	tɕʰiã²⁴	tɕʰiã⁴⁴	tɕie²⁴	iã⁴⁴
大荔	tɕʰiã⁵²	tɕʰiã²⁴	tɕʰiã⁵⁵	tɕʰie²⁴	iã⁵⁵
蒲城	tɕʰiã⁵³	tɕʰiã³⁵	tɕʰiã⁵⁵	tɕie³⁵	iã⁵⁵
美原	tɕʰiã⁵³	tɕʰiã³⁵	tɕʰiã⁵⁵	tɕie³⁵	iã⁵⁵
富平	tɕʰiã⁵³	tɕʰiã³⁵	tɕiã⁵⁵	tɕie³⁵	iã⁵⁵
潼关	tɕʰiã⁵²	tɕʰiã²⁴	tɕʰiã⁴⁴	tɕie²⁴	iã⁴⁴
华阴	tɕʰiã⁵³	tɕʰiã²⁴	tɕʰiã⁴⁴	tɕie²⁴	iã⁵⁵
华县	tɕʰiã⁵³	tɕʰiã³⁵	tɕʰiã⁵⁵	tɕie³⁵	iã⁵⁵
渭南	tɕʰiã⁵²	tɕʰiã²⁴	tɕʰiã⁵⁵	tɕie²⁴	iã⁴⁴
洛南	tɕʰiæ̃⁵³	tɕʰiæ̃²⁴	tɕʰiæ̃⁴⁴	tɕie²⁴	iæ̃⁴⁴
商州	tɕʰiã⁵³	tɕʰiã³⁵	tɕiã⁵⁵	tɕie³⁵	iã⁵⁵
丹凤	tɕʰiã⁵³	tɕʰiã²⁴	tɕiã⁴⁴	tɕie²⁴	iã⁴⁴
宜川	tɕʰiæ̃⁵¹	tɕʰiæ̃²⁴	tɕʰiæ̃⁴⁵	tɕie²⁴	iæ̃⁴⁵
富县	tɕʰiã⁵²	tɕʰiã²⁴	tɕʰiã⁴⁴	t͟ɕ͟i͟e͟²⁴/t͟ɕ͟ʰ͟i͟e͟²⁴	iã⁴⁴
黄陵	tɕʰiæ̃⁵²	tɕʰiæ̃²⁴	tɕʰiæ̃⁴⁴	tɕiɛ²⁴	iæ̃⁴⁴
宜君	tɕʰiæ̃⁵²	tɕʰiæ̃²⁴	tɕʰiæ̃⁴⁴	tɕʰiɛ²⁴	iæ̃⁴⁴
铜川	tɕʰiæ̃⁵²	tɕʰiæ̃²⁴	tɕʰiæ̃⁰²¹/tɕiæ̃⁴⁴①	tɕie²⁴	iæ̃⁴⁴
耀县	tɕʰiæ̃⁵²	tɕʰiæ̃²⁴	tɕiæ̃⁴⁴	tɕie²⁴	iæ̃⁴⁴
高陵	tɕʰiæ̃⁵²	tɕʰiæ̃²⁴	tɕiæ̃⁵⁵	tɕie²⁴	iæ̃⁵⁵
临潼	tɕʰiã⁵²	tɕʰiã³¹/tɕʰiã²⁴②	tɕiã⁴⁵	tɕie²⁴	iã⁴⁵

---

① tɕʰiæ̃⁰²¹ 物~。

② tɕʰiã³¹ ~坤；tɕʰiã²⁴ ~隆、~县、~坤。

字目 方言	遣 山开三 上狝溪	乾~坤 山开三 平仙群	件 山开三 上狝群	杰 山开三 入薛群	谚 山开三 去线疑
蓝田	tɕʰiã⁵²	tɕʰiã²⁴	tɕiã⁴⁴	tɕie²⁴	iã⁴⁴
长安	tɕʰiã⁵³	tɕʰiã²⁴	tɕiã⁴⁴	tɕie²⁴	iã⁴⁴
户县	tɕʰiã⁵²	tɕʰiã²⁴	tɕiã⁵⁵	tɕiE²⁴	iã⁵⁵
周至	tɕʰiæ̃⁵²	tɕʰiæ̃²⁴	tɕiæ̃⁵⁵	tɕie²⁴	iæ̃⁵⁵
三原	tɕʰiã⁵²	tɕʰiã²⁴	tɕiã⁵⁵	tɕie²⁴	iã⁵⁵
泾阳	tɕʰiã⁵²	tɕʰiã²⁴	tɕiã⁵⁵	tɕie²⁴	iã⁵⁵
咸阳	tɕʰiã⁵²	tɕʰiã²⁴	tɕiã⁵⁵	tɕie²⁴	iã⁵⁵
兴平	tɕʰiã⁵²	tɕʰiã²⁴	tɕiã⁵⁵	tɕie²⁴	iã⁵⁵
武功	tɕʰiã⁵²	tɕʰiã²⁴	tɕiã⁵⁵	tɕie²⁴	iã⁵⁵
礼泉	tɕʰiæ̃³¹	tɕʰiæ̃²⁴	tɕiæ̃⁵⁵	tɕie²⁴	iæ̃⁵⁵
乾县	tɕʰiã⁵²	tɕʰiã²⁴	tɕiã⁴⁴	tɕie²⁴	iã⁴⁴
永寿	tɕʰiã⁵²	tɕʰiã²⁴	tɕiã⁵⁵	tɕie²⁴	iã⁵⁵
淳化	tɕʰiã⁵²	tɕʰiã²⁴	tɕiã⁵⁵	tɕie²⁴	iã⁵⁵
旬邑	tɕʰiã⁵²	tɕʰiã²⁴	tɕʰiã⁴⁴	tɕie²⁴	iã⁴⁴
彬县	tɕʰiã⁵²	tɕʰiã²⁴	tɕʰiã⁴⁴	tɕie²⁴	iã⁴⁴
长武	tɕʰiã⁵²	tɕʰiã²⁴	tɕʰiã⁴⁴	tɕie²⁴	iã⁴⁴
扶风	tɕʰiæ̃⁵²	tɕʰiæ̃²⁴	tɕiæ̃³³/tɕʰiæ̃³³	tɕie²⁴	iæ̃³³
眉县	tɕʰiæ̃⁵²	tɕʰiæ̃²⁴	tɕʰiæ̃⁴⁴	tɕie²⁴	iæ̃⁴⁴
麟游	tɕʰiã⁵³	tɕʰiã²⁴	tɕʰiã⁴⁴	tɕie²⁴	iã⁴⁴
岐山	tɕʰiæ̃⁵³	tɕʰiæ̃²⁴	tɕʰiæ̃⁴⁴	tɕie²⁴	iæ̃⁴⁴
凤翔	tɕʰiã⁵³	tɕʰiã²⁴	tɕiã⁴⁴	tɕie²⁴	iã⁴⁴
宝鸡	tɕʰiæ̃⁵³	tɕʰiæ̃²⁴	tɕʰiæ̃⁴⁴	tɕie²⁴	iæ̃⁴⁴
千阳	tɕʰiæ̃⁵³	tɕʰiæ̃²⁴	tɕʰiæ̃⁴⁴	tɕie²⁴	iæ̃⁴⁴
陇县	tɕʰiæ̃⁵³	tɕʰiæ̃²⁴	tɕiæ̃⁴⁴	tɕie²⁴	iæ̃⁴⁴

字目\\方言	孽 山开三 入薛疑	焉 山开三 平仙云	延 山开三 平仙以	演 山开三 上狝以	拽 山开三 入薛以
西安	ȵie^{21}	iæ̃^{21}	iæ̃^{24}	iæ̃^{53}	ie^{21}
韩城	ȵiɛ^{31}	iã^{31}	iã^{24}	iã^{53}	iɛ^{31}
合阳	ȵiə^{31}	iã^{31}	iã^{24}	iã^{52}	iə^{31}
澄城	ȵiə^{31}	iã^{31}	iã^{24}	iã^{53}	iə^{31}
白水	ȵiɛ^{31}	iã^{31}	iã^{24}	iã^{53}	iɛ^{31}
大荔	ȵiɛ^{31}	iã^{31}	iã^{24}	iã^{52}	iɛ^{31}
蒲城	ȵiɛ^{31}	iã^{31}	iã^{35}	iã^{53}	iɛ^{31}
美原	ȵiɛ^{31}	iã^{31}	iã^{35}	iã^{53}	iɛ^{31}
富平	ȵiɛ^{31}	iã^{31}	iã^{35}	iã^{53}	iɛ^{31}
潼关	ȵiɛ^{31}	iã^{31}	iã^{24}	iã^{52}	iɛ^{31}
华阴	ȵiɛ^{31}	iã^{31}	iã^{24}	iã^{52}	iɛ^{31}
华县	ȵiɛ^{31}	iã^{31}	iã^{35}	iã^{53}	iɛ^{31}
渭南	ȵiɛ^{31}	iã^{31}	iã^{24}	iã^{53}	iɛ^{31}
洛南	ȵiɛ^{31}	iæ̃^{31}	iæ̃^{24}	iæ̃^{53}	iɛ^{31}
商州	ȵiɛ^{31}	iã^{31}	iã^{35}	iã^{53}	iɛ^{31}
丹凤	ȵiɛ^{31}	iã^{31}	iã^{24}	iã^{53}	iɛ^{31}
宜川	ȵiɛ^{51}	iæ̃^{51}	iæ̃^{24}/iɑŋ^{24}	iæ̃^{45}	iɛ^{51} ～地
富县	ȵiɛ^{31}	iã^{31}	iã^{24}	iã^{52}	iɛ^{31}
黄陵	ȵi^{31}	iæ̃^{31}	iæ̃^{24}	iæ̃^{52}	iɛ^{31}
宜君	ȵiɛ^{21}	iæ̃^{21}	iæ̃^{24}	iæ̃^{52}	iɛ^{21}
铜川	ȵiɛ^{21}	iæ̃^{21}	iæ̃^{24}	iæ̃^{52}	iɛ^{21}
耀县	ȵiɛ^{31}	iæ̃^{31}	iæ̃^{24}	iæ̃^{52}	iɛ^{31}
高陵	ȵiɛ^{31}	iæ̃^{31}	iæ̃^{24}	iæ̃^{52}	iɛ^{31} 牛～犁
临潼	ȵiɛ^{31}	iã^{31}	iã^{24}	iã^{52}	iɛ^{31}

字目　方言	孽 山开三 入薛疑	焉 山开三 平仙云	延 山开三 平仙以	演 山开三 上狝以	拽 山开三 入薛以
蓝田	n̠ie³¹	iã³¹	iã²⁴	iã⁵²	ie³¹
长安	n̠ie³¹	iã³¹	iã²⁴	iã⁵³	ie³¹
户县	n̠iɛ³¹	iã³¹	iã²⁴	iã⁵²	iɛ³¹
周至	n̠ie²¹	iæ̃²¹	iæ̃²⁴	iæ̃⁵²	ie²¹
三原	n̠ie³¹	iã³¹	iã²⁴	iã⁵²	ie³¹
泾阳	n̠ie³¹	iã³¹	iã²⁴	iã⁵²	ie³¹
咸阳	n̠ie³¹	iã³¹	iã²⁴	iã⁵²	ie³¹
兴平	n̠ie³¹	iã³¹	iã²⁴	iã⁵²	ie³¹
武功	n̠ie³¹	iã³¹	iã²⁴	iã⁵²	ie³¹
礼泉	n̠ie³¹	iæ̃³¹	iæ̃²⁴	iæ̃⁵²	ie³¹
乾县	n̠ie³¹	iã³¹	iã²⁴	iã⁵²	ie³¹
永寿	n̠ie³¹	iã³¹	iã²⁴	iã⁵²	ie³¹
淳化	n̠ie³¹	iã³¹	iã²⁴	iã⁵²	ie³¹
旬邑	n̠ie³¹	iã³¹	iã²⁴	iã⁵²	ie³¹
彬县	n̠ie³¹	iã³¹	iã²⁴	iã⁵²	ie³¹
长武	n̠ie³¹	iã³¹	iã²⁴	iã⁵²	ie³¹
扶风	n̠ie³¹	iæ̃³¹	iæ̃²⁴	iæ̃⁵²	ie³¹
眉县	n̠ie³¹	iæ̃³¹	iæ̃²⁴	iæ̃⁵²	
麟游	n̠ie³¹	n̠iã³¹	iã²⁴	iã⁵²	ie³¹
岐山	n̠ie³¹	iæ̃³¹	iæ̃²⁴	iæ̃⁵³	ie³¹
凤翔	n̠ie³¹	iã³¹	iã²⁴	iã⁵³	ie³¹
宝鸡	n̠ie³¹	n̠iæ̃³¹	iæ̃²⁴	iæ̃⁵³	ie³¹
千阳	n̠ie³¹	iã³¹	iã²⁴	iã⁵³	
陇县	n̠ie³¹	iæ̃³¹	iæ̃²⁴	iã⁵³	ie³¹

字目 方言	建 山开三 去愿见	揭 山开三 入月见	键 山开三 上阮群	健 山开三 去愿群	言 山开三 平元疑
西安	tɕiæ̃⁵⁵	tɕie²¹	tɕiæ̃⁵⁵	tɕiæ̃⁵⁵	iæ̃²⁴/n̠iæ̃²⁴①
韩城	tɕiã⁴⁴	tɕiE³¹	tɕiã⁴⁴	tɕiã⁴⁴	n̠iã²⁴
合阳	tɕiã⁵⁵	tɕiə³¹	tɕʰiã⁵⁵/tɕiã⁵⁵新	tɕʰiã⁵⁵/tɕiã⁵⁵新	iã²⁴/n̠iã²⁴
澄城	tɕiã⁴⁴	tɕiə³¹	tɕiã⁴⁴	tɕiã⁴⁴	iã²⁴/n̠iã²⁴
白水	tɕiã⁴⁴	tɕie³¹	tɕiã⁴⁴	tɕiã⁴⁴	iã²⁴/n̠iã²⁴
大荔	tɕiã⁵⁵	tɕie³¹	tɕiã⁵⁵	tɕiã⁵⁵	iã²⁴/n̠iã²⁴
蒲城	tɕiã⁵⁵	tɕie³¹	tɕiã⁵⁵	tɕiã⁵⁵	iã³⁵/n̠iã³⁵
美原	tɕiã⁵⁵	tɕie³¹	tɕiã⁵⁵	tɕiã⁵⁵	iã³⁵/n̠iã³⁵
富平	tɕiã⁵⁵	tɕie³¹	tɕiã⁵⁵	tɕiã⁵⁵	iã³⁵/n̠iã³⁵
潼关	tɕiã⁴⁴	tɕie³¹	tɕiã⁴⁴	tɕiã⁴⁴	iã²⁴/n̠iã²⁴
华阴	tɕiã⁵⁵	tɕie³¹	tɕiã⁵⁵	tɕiã⁵⁵	iã²⁴/n̠iã²⁴
华县	tɕiã⁵⁵	tɕie³¹	tɕiã⁵⁵	tɕiã⁵⁵	iã³⁵/n̠iã³⁵
渭南	tɕiã⁴⁴	tɕie³¹	tɕiã⁴⁴	tɕiã⁴⁴	iã²⁴/n̠iã²⁴
洛南	tɕiæ̃⁴⁴	tɕie³¹	tɕiæ̃⁴⁴	tɕiæ̃⁴⁴	iæ̃²⁴/n̠iæ̃²⁴
商州	tɕiã⁵⁵	tɕie³¹	tɕiã⁵⁵	tɕiã⁵⁵	iã³⁵/n̠iã³⁵
丹凤	tɕiã⁴⁴	tɕie³¹	tɕiã⁴⁴	tɕiã⁴⁴	iã²⁴/n̠iã²⁴
宜川	tɕiã⁴⁵	tɕie⁵¹	tɕiã⁴⁵	tɕiæ̃⁴⁵	iæ̃²⁴/n̠iæ̃²⁴
富县	tɕiã⁴⁴	tɕie³¹	tɕiã⁴⁴	tɕiã⁴⁴	iã²⁴/n̠iã²⁴
黄陵	tɕiæ̃⁴⁴	tɕiE³¹	tɕiæ̃⁴⁴	tɕiæ̃⁴⁴	iæ̃²⁴/n̠iæ̃²⁴
宜君	tɕiæ̃⁴⁴	tɕiE²¹	tɕiæ̃⁴⁴	tɕiæ̃⁴⁴	iæ̃²⁴/n̠iæ̃²⁴
铜川	tɕiæ̃⁴⁴	tɕie²¹	tɕiæ̃⁴⁴	tɕiæ̃⁴⁴	iæ̃²⁴/n̠iæ̃²⁴
耀县	tɕiæ̃⁴⁴	tɕie³¹	tɕiæ̃⁴⁴	tɕiæ̃⁴⁴	iæ̃²⁴/n̠iæ̃²⁴
高陵	tɕiæ̃⁵⁵	tɕie³¹	tɕiæ̃⁵⁵	tɕiæ̃⁵⁵	iæ̃²⁴/n̠iæ̃²⁴
临潼	tɕiã⁴⁵	tɕie³¹	tɕiã⁴⁵	tɕiã⁴⁵	iã²⁴/n̠iã²⁴

① n̠iæ̃²⁴～喘。

字目 方言	建 山开三 去愿见	揭 山开三 入月见	键 山开三 上阮群	健 山开三 去愿群	言 山开三 平元疑
蓝田	tɕiã⁴⁴	tɕie³¹	tɕiã⁴⁴	tɕiã⁴⁴	iã²⁴/n̠iã²⁴
长安	tɕiã⁴⁴	tɕie³¹	tɕiã⁴⁴	tɕiã⁴⁴	<u>i</u>ã²⁴/n̠iã²⁴
户县	tɕiã⁵⁵	tɕiɛ³¹	tɕiã⁵⁵	tɕiã⁵⁵	iã²⁴/n̠iã²⁴
周至	tɕiã̃⁵⁵	tɕie²¹	tɕiã̃⁵⁵	tɕiã̃⁵⁵	<u>i</u>ã²⁴/n̠iã²⁴
三原	tɕiã⁵⁵	tɕie³¹	tɕiã⁵⁵	tɕiã⁵⁵	<u>i</u>ã²⁴/n̠iã²⁴
泾阳	tɕiã⁵⁵	tɕie³¹	tɕiã⁵⁵	tɕiã⁵⁵	iã²⁴/n̠iã²⁴
咸阳	tɕiã⁵⁵	tɕie³¹	tɕiã⁵⁵	tɕiã⁵⁵	iã²⁴
兴平	tɕiã⁵⁵	tɕie³¹	tɕiã⁵⁵	tɕiã⁵⁵	iã²⁴/n̠iã²⁴
武功	tɕiã⁵⁵	tɕie³¹	tɕiã⁵⁵	tɕiã⁵⁵	iã²⁴
礼泉	tɕiã̃⁵⁵	tɕie³¹	tɕiã̃⁵⁵	tɕiã̃⁵⁵	iã̃²⁴/n̠iã̃²⁴
乾县	tɕiã⁴⁴	tɕie³¹	tɕiã⁴⁴	tɕiã⁴⁴	<u>i</u>ã²⁴/n̠iã²⁴
永寿	tɕiã⁵⁵	tɕie³¹	tɕiã⁵⁵	tɕiã⁵⁵	<u>i</u>ã²⁴/n̠iã²⁴
淳化	tɕiã⁵⁵	tɕie³¹	tɕiã⁵⁵	tɕiã⁵⁵	iã²⁴/n̠iã²⁴
旬邑	tɕiã⁴⁴	tɕie³¹	tɕiã⁴⁴	tɕiã⁴⁴	<u>i</u>ã²⁴/n̠iã²⁴
彬县	tɕiã⁴⁴	tɕie³¹	tɕiã⁴⁴	tɕiã⁴⁴	<u>i</u>ã²⁴/n̠iã²⁴
长武	tɕiã⁴⁴	tɕie³¹	tɕiã⁴⁴	tɕiã⁴⁴	iã²⁴
扶风	tɕiã̃³³	tɕie³¹	tɕiã̃³³	tɕiã̃³³	iã̃²⁴/n̠iã̃²⁴
眉县	tɕiã̃⁴⁴	tɕie³¹	tɕiã̃⁵²	tɕiã̃⁴⁴	iã̃²⁴/n̠iã̃²⁴
麟游	tɕiã⁴⁴	tɕie³¹	tɕiã⁴⁴	tɕiã⁴⁴	iã²⁴/n̠iã³¹
岐山	tɕiã̃⁴⁴	tɕie³¹	tɕiã̃⁵³	tɕiã̃⁴⁴	iã̃²⁴/n̠iã̃²⁴
凤翔	tɕiã⁴⁴	tɕie³¹	tɕiã⁴⁴	tɕiã⁴⁴	iã²⁴/n̠iã³¹
宝鸡	tɕiã̃⁴⁴	tɕie³¹	tɕiã̃⁴⁴	tɕiã̃⁴⁴	iã̃²⁴
千阳	tɕiã̃⁴⁴	tɕie³¹	tɕiã̃⁵³	tɕiã̃⁵³	iã̃²⁴/n̠iã̃²⁴
陇县	tɕiã̃⁴⁴	tɕie³¹	tɕiã̃⁵³	tɕiã̃⁵³	<u>i</u>ã̃²⁴/n̠iã̃²⁴

字目 / 方言	掀	献	歇	蔫花萎	堰
	山开三平元晓	山开三去愿晓	山开三入月晓	山开三平元影	山开三去愿影
西安	ɕiæ̃²¹	ɕiæ̃⁵⁵	ɕie²¹	n̠iæ̃²¹	iæ̃⁵⁵
韩城	ɕiã³¹	ɕiã⁴⁴	ɕiɛ³¹	n̠iã³¹	n̠iã⁴⁴
合阳	ɕiã³¹	ɕiã⁵⁵	ɕiə³¹	n̠iã³¹	n̠iã⁵⁵
澄城	ɕiã³¹	ɕiã⁴⁴	ɕiə³¹	n̠iã³¹	n̠iã⁴⁴
白水	ɕiã³¹	ɕiã⁴⁴	ɕie³¹	n̠iã³¹	n̠iã⁴⁴
大荔	ɕiã³¹	ɕiã⁵⁵	ɕie³¹	n̠iã³¹	n̠iã⁵⁵
蒲城	ɕiã³¹	ɕiã⁵⁵	ɕie³¹	n̠iã³¹	n̠iã⁵⁵
美原	ɕiã³¹	ɕiã⁵³	ɕie³¹	n̠iã³¹	n̠iã⁵⁵
富平	ɕiã³¹	ɕiã⁵⁵	ɕie³¹	n̠iã³¹	n̠iã⁵⁵
潼关	ɕiã³¹	ɕiã⁴⁴	ɕie³¹	n̠iã³¹	iã⁴⁴
华阴	ɕiã³¹	ɕiã⁵⁵	ɕie³¹	n̠iã³¹	n̠iã⁵⁵
华县	ɕiã³¹	ɕiã⁵⁵	ɕie³¹	n̠iã³¹	iã⁵⁵
渭南	ɕiã³¹	ɕiã⁴⁴	ɕie³¹	n̠iã³¹	iã⁴⁴
洛南	ɕiæ̃³¹	ɕiæ̃⁴⁴	ɕie³¹	n̠iæ̃³¹	iæ̃⁴⁴
商州	ɕiã³¹	ɕiã⁵⁵	ɕie³¹	n̠iã³¹	iã⁵⁵
丹凤	ɕiã³¹	ɕiã⁴⁴	ɕie³¹	n̠iã³¹	iã⁴⁴
宜川	ɕiæ̃⁵¹	ɕiæ̃⁴⁵	ɕie⁵¹	n̠iæ̃⁵¹	iæ̃⁴⁵
富县	ɕiã³¹	ɕiã⁴⁴	ɕie³¹	n̠iã³¹	iã⁴⁴
黄陵	ɕiæ̃³¹	ɕiæ̃⁴⁴	ɕiɛ³¹	n̠iæ̃³¹	n̠iæ̃⁴⁴
宜君	ɕiæ̃²¹	ɕiæ̃⁵²	ɕiɛ²¹	<u>n̠iæ̃²¹</u>/iæ̃²¹	iæ̃⁴⁴/<u>n̠iæ̃⁴⁴</u>
铜川	ɕiæ̃²¹	ɕiæ̃⁴⁴	ɕie²¹	n̠iæ̃²¹	<u>iæ̃⁴⁴</u>/<u>n̠iæ̃⁴⁴</u>
耀县	ɕiæ̃³¹	ɕiæ̃⁴⁴	ɕie³¹	n̠iæ̃³¹	n̠iæ̃⁴⁴
高陵	ɕiæ̃³¹	ɕiæ̃⁵⁵	ɕie³¹	n̠iæ̃³¹	iæ̃⁵⁵
临潼	ɕiã³¹	ɕiã⁴⁵	ɕie³¹	n̠iã³¹	iã⁴⁵

字目 / 方言	掀 山开三 平元晓	献 山开三 去愿晓	歇 山开三 入月晓	蔫花萎 山开三 平元影	堰 山开三 去愿影
蓝田	çiã³¹	çiã⁴⁴	çiɛ³¹	n̠iã³¹	iã⁴⁴
长安	çiã³¹	çiã⁴⁴	çiɛ³¹	n̠iɑ⁵⁵/n̠iã³¹①	iã⁴⁴
户县	çiã³¹	çiã⁵⁵	çiɛ³¹	n̠iã³¹	iã⁵⁵
周至	çiæ̃²¹	çiæ̃⁵⁵	çiɛ²¹	n̠iæ̃²¹	iæ̃⁵⁵
三原	çiã³¹	çiã⁵⁵	çiɛ³¹	n̠iã³¹	n̠iã⁵⁵
泾阳	çiã³¹	çiã⁵⁵	çiɛ³¹	n̠iã³¹	n̠iã⁵⁵
咸阳	çiã³¹	çiã⁵⁵	çiɛ³¹	n̠iã³¹	iã⁵⁵
兴平	çiã³¹	çiã⁵²	çiɛ³¹	n̠iã³¹	iã⁵⁵
武功	çiã³¹	çiã⁵²	çiɛ³¹	n̠iã³¹	iã⁵⁵
礼泉	çiæ̃³¹	çiæ̃⁵⁵	çiɛ³¹	n̠iæ̃³¹	iæ̃⁵⁵
乾县	çiã³¹	çiã⁴⁴	çiɛ³¹	n̠iã³¹	iã⁴⁴
永寿	çiã³¹	çiã⁵²	çiɛ³¹	n̠iã³¹	iã⁵⁵
淳化	çiã³¹	çiã⁵²	çiɛ³¹	n̠iã³¹	n̠iã⁵⁵
旬邑	çiã³¹	çiã⁵²	çiɛ³¹	n̠iã³¹	iã⁴⁴
彬县	çiã³¹	çiã⁴⁴	çiɛ³¹	n̠iã³¹	iã⁴⁴/n̠iã⁴⁴
长武	çiã³¹	çiã⁴⁴	çiɛ³¹	n̠iã³¹	iã⁴⁴
扶风	çiæ̃³¹	çiæ̃³³	çiɛ³¹	n̠iæ̃³¹	iæ̃³³
眉县	çiæ̃³¹	çiæ̃⁴⁴	çiɛ³¹	n̠iæ̃³¹	iæ̃⁴⁴
麟游	çiã³¹	çiã⁴⁴	çiɛ³¹	n̠iã³¹	iã⁴⁴
岐山	çiæ̃³¹	çiæ̃⁴⁴	çiɛ³¹	n̠iæ̃³¹	n̠iæ̃⁴⁴
凤翔	çiã³¹	çiã⁴⁴	çiɛ³¹	n̠iã³¹	iã⁴⁴
宝鸡	çiæ̃³¹	çiæ̃⁴⁴	çiɛ³¹	n̠iæ̃³¹	iæ̃⁴⁴
千阳	çiæ̃³¹	çiæ̃⁴⁴	çiɛ³¹	n̠iæ̃³¹	iæ̃⁴⁴
陇县	çiæ̃³¹	çiæ̃⁴⁴	çiɛ³¹	n̠iæ̃³¹	n̠iæ̃⁴⁴

① n̠iɑ⁵⁵ 草~咧。

字目 方言	边 山开四 平先帮	扁 山开四 上铣帮	遍—~ 山开四 去霰帮	憋 山开四 入屑帮	片 山开四 去霰滂
西安	piæ̃^{21}	piæ̃^{53}/piɑ^{53}	piæ̃^{55}	pie^{21}	pʰiæ̃^{53}
韩城	piã^{31}	pʰiã^{53}	piã^{44}	piɛ^{31}	pʰiã^{53}
合阳	piã^{31}	piã^{52}/pã^{52}	piã^{55}	piə^{31}	pʰiã^{52}
澄城	piã^{31}	piã^{53}	piã^{44}	piə^{31}	pʰiã^{53}
白水	piã^{31}	piã^{53}/pã^{53}	piã^{44}	piɛ^{31}	pʰiã^{53}
大荔	piã^{31}	piã^{52}/pã^{52}	piã^{55}	piɛ^{31}	pʰiã^{52}
蒲城	piã^{31}	piã^{53}	piã^{55}	pie^{31}	pʰiã^{53}
美原	piã^{31}	pã^{53}	piã^{55}	pie^{31}	pʰiã^{53}
富平	piã^{31}	piã^{53}	piã^{55}	pie^{31}	pʰiã^{53}
潼关	piã^{31}	piã^{52}/pã^{52}	piã^{44}	pie^{31}	pʰiã^{52}
华阴	piã^{31}	piã^{52}	piã^{55}	pie^{31}	pʰiã^{52}
华县	piã^{31}	piã^{53}	piã^{55}	pie^{31}	pʰiã^{53}
渭南	piã^{31}	piã^{53}/pã^{53}	piã^{44}	pie^{31}	pʰiã^{53}
洛南	piæ̃^{31}	piæ̃^{53}	piæ̃^{44}	pie^{31}	pʰiæ̃^{53}
商州	piã^{31}	piã^{53}	piã^{55}	pie^{31}	pʰiã^{53}
丹凤	piã^{31}	piã^{53}/pã^{53}/piɑ^{53}①	piã^{44}	pie^{31}	pʰiã^{53}
宜川	piæ̃^{51}	piæ̃^{45}	piæ̃^{45}	pie^{51}	pʰiæ̃^{45}
富县	piã^{31}	piã^{52}	piã^{44}	pie^{31}	pʰiã^{52}
黄陵	piæ̃^{31}	piæ̃^{52}	piæ̃^{44}	piɛ^{31}	pʰiæ̃^{52}
宜君	piæ̃^{21}	piæ̃^{52}	piæ̃^{44}	piɛ^{21}	pʰiæ̃^{52}
铜川	piæ̃^{21}	piæ̃^{52}/piɑ^{52}	piæ̃^{44}	pie^{21}	pʰiæ̃^{52}
耀县	piæ̃^{31}	piæ̃^{52}	piæ̃^{44}	pie^{31}	pʰiæ̃^{52}
高陵	piæ̃^{31}	piæ̃^{52}/piɑ^{52}	piæ̃^{55}	pie^{31}	pʰiæ̃^{52}
临潼	piã^{31}	piã^{52}/piɑ^{52}	piã^{45}	pie^{31}	pʰiã^{52}

① pã^{53} ～豆。

字目 方言	边 山开四 平先帮	扁 山开四 上铣帮	遍一~ 山开四 去霰帮	憋 山开四 入屑帮	片 山开四 去霰滂
蓝田	$piã^{31}$	$piã^{52}/pia^{52}$	$piã^{44}$	pie^{31}	$p^hiã^{52}$
长安	$piã^{31}$	$piã^{53}/pia^{53}$	$piã^{44}$	pie^{31}	$p^hiã^{53}$
户县	$piã^{31}$	$piã^{52}$	$piã^{55}$	pie^{31}	$p^hiã^{52}$
周至	$piæ̃^{21}$	$piæ̃^{52}/pia^{52}$	$piæ̃^{55}$	pie^{21}	$p^hiæ̃^{52}$
三原	$piã^{31}$	$piã^{52}/pia^{52}$	$piã^{55}$	pie^{31}	$p^hiã^{52}$
泾阳	$piã^{31}$	$piã^{52}/pia^{52}$	$piã^{55}$	pie^{31}	$p^hiã^{52}$
咸阳	$piã^{31}$	$piã^{52}/pia^{52}$	$piã^{55}$	pie^{31}	$p^hiã^{52}$
兴平	$piã^{31}$	$piã^{52}/pia^{52}$	$piã^{55}$	pie^{31}	$p^hiã^{52}$
武功	$piã^{31}$	$piã^{52}/pia^{52}$	$piã^{55}$	pie^{31}	$p^hiã^{52}$
礼泉	$piæ̃^{31}$	$piæ̃^{52}/pia^{52}$	$piæ̃^{55}$	pie^{31}	$p^hiæ̃^{52}$
乾县	$piã^{31}$	$piã^{52}$	$piã^{44}$	pie^{31}	$p^hiã^{52}$
永寿	$piã^{31}$	$piã^{52}$	$piã^{55}$	pie^{31}	$p^hiã^{52}$
淳化	$piã^{31}$	$piã^{52}$	$piã^{55}$	pie^{31}	$p^hiã^{52}$
旬邑	$piã^{31}$	$piã^{52}$	$piã^{44}$	pie^{31}	$p^hiã^{52}$
彬县	$piã^{31}$	$piã^{52}/pia^{52}$	$piã^{44}$	pie^{31}	$p^hiã^{52}$
长武	$piã^{31}$	$piã^{52}/pia^{52}$	$piã^{44}$	pie^{31}	$p^hiã^{52}$
扶风	$piæ̃^{31}$	$piæ̃^{52}$	$piæ̃^{33}$	pie^{31}	$p^hiæ̃^{52}$
眉县	$piæ̃^{31}$	$piæ̃^{52}$	$piæ̃^{44}$	pie^{31}	$p^hiæ̃^{52}$
麟游	$piã^{31}$	$piã^{53}$	$piã^{44}$	pie^{31}	$p^hiã^{53}$
岐山	$piæ̃^{31}$	$piæ̃^{53}$	$piæ̃^{44}$	pie^{31}	$p^hiæ̃^{53}$
凤翔	$piã^{31}$	$piã^{53}$	$piã^{44}$	pie^{31}	$p^hiã^{53}$
宝鸡	$piæ̃^{31}$	$piæ̃^{53}$	$piæ̃^{44}$	pie^{31}	$p^hiæ̃^{53}$
千阳	$piæ̃^{31}$	$piæ̃^{53}$	$piæ̃^{44}$	pie^{31}	$p^hiæ̃^{53}$
陇县	$piæ̃^{31}$	$piæ̃^{53}$	$piæ̃^{44}$	pie^{31}	$p^hiæ̃^{53}$

字目 / 方言	撇 山开四 入屑滂	辫 山开四 上铣並	眠 山开四 平先明	面 山开四 去霰明	篾 山开四 入屑明
西安	pʰie²¹/pʰie⁵³ ∣ pʰiɛ	piɛ̃⁵⁵	miɛ̃²⁴	miɛ̃⁵⁵	mie²¹
韩城	pʰiE³¹ ∣ pʰiɛ	pʰiã⁴⁴	miã²⁴	miã⁴⁴	miE³¹
合阳	pʰiə⁵² ∣ pʰiɛ	pʰiã⁵⁵	miã²⁴	miã⁵⁵	mi²⁴
澄城	pʰiə³¹/pʰiə⁵³ ∣ pʰiɛ	pʰiã⁴⁴	miã²⁴	miã⁴⁴	miə³¹
白水	pʰie³¹/pʰie⁵³ ∣ pʰiɛ	pʰiã⁴⁴	miã²⁴	miã⁴⁴	mie³¹
大荔	pʰie⁵²/pʰie³¹ ∣ pʰiɛ	pʰiã⁵⁵	miã²⁴	miã⁵⁵	mie³¹
蒲城	pʰie⁵³ ∣ pʰiɛ	pʰiã⁵⁵	miã³⁵	miã⁵⁵	mie³¹
美原	pʰie³¹/pʰie⁵³ ∣ pʰiɛ	pʰiã⁵⁵	miã³⁵	miã⁵⁵	mi³⁵
富平	pʰie⁵³ ∣ pʰiɛ	piã⁵⁵	miã³⁵	miã⁵⁵	mie³¹
潼关	pʰie³¹/pʰie⁵² ∣ pʰiɛ	pʰiã⁴⁴	miã²⁴	miã⁴⁴	mie³¹
华阴	pʰie³¹ ∣ pʰiɛ	pʰiã⁵⁵	miã²⁴	miã⁵⁵	mie³¹
华县	pʰie⁵³/pʰie⁵³ ∣ pʰiɛ	pʰiã⁵⁵	miã³⁵	miã⁵⁵	mie³¹
渭南	pʰie³¹/pʰie⁵³ ∣ pʰiɛ	pʰiã⁴⁴	miã²⁴	miã⁴⁴	mie³¹
洛南	pʰie³¹/pʰie⁵³ ∣ pʰiɛ	pʰiɛ̃⁴⁴	miɛ̃²⁴	miɛ̃⁴⁴	mie³¹
商州	pʰie⁵³ ∣ pʰiɛ	piã⁵⁵	miã³⁵	miã⁵⁵	mie³¹
丹凤	pʰie³¹/pʰie⁵³	pʰiã⁴⁴	miã²⁴	miã⁴⁴	mie³¹
宜川	pʰie⁵¹	pʰiɛ̃⁴⁵	miɛ̃²⁴	miɛ̃⁴⁵	mie²⁴
富县	pʰie⁵²	piã⁴⁴	miã²⁴	miã⁴⁴	mi²⁴
黄陵	pʰiE⁵²	p̲i̲ɛ̃⁴⁴/p̲ʰ̲iɛ̃⁴⁴	miɛ̃²⁴	miɛ̃⁴⁴	mi²⁴/mi⁵²①
宜君	pʰiE²¹	pʰiɛ̃⁴⁴	miɛ̃²⁴	miɛ̃⁴⁴	miE²¹
铜川	pʰie⁵²/pʰie²¹ ∣ pʰiɛ	pʰiɛ̃⁴⁴	miɛ̃²⁴	miɛ̃⁴⁴	mie²¹
耀县	pʰie⁵² ∣ pʰiɛ	p̲i̲ɛ̃⁴⁴/p̲ʰ̲iɛ̃⁴⁴	miɛ̃²⁴	miɛ̃⁴⁴	mie³¹
高陵	pʰie³¹ ∣ pʰiɛ	piɛ̃⁵⁵	miɛ̃²⁴	miɛ̃⁵⁵	mi²⁴ 竹~
临潼	pʰie³¹ ∣ pʰiɛ	piã⁴⁵	miã²⁴	miã⁴⁵	mie³¹

① mi²⁴ 竹~；mi⁵² 吹~儿。

字目　方言	撇　山开四 入屑滂	辬　山开四 上铣並	眠　山开四 平先明	面　山开四 去霰明	篾　山开四 入屑明
蓝田	pʰiɛ³¹ ∣ pʰiɛ	piã⁴⁴	miã²⁴	miã⁴⁴	miɛ³¹
长安	pʰiɛ³¹	piã⁴⁴	miã²⁴	miã⁴⁴	mi²⁴
户县	pʰiɛ³¹ ∣ pʰiɛ	piã⁵⁵	miã²⁴	miã⁵⁵	miɛ³¹
周至	pʰiɛ⁵⁵ ∣ pʰiɛ	piæ̃⁵⁵	miæ̃²⁴	miæ̃⁵⁵	mi²⁴
三原	pʰiɛ³¹ ∣ pʰiɛ	pʰiã⁵⁵	miã²⁴	miã⁵⁵	
泾阳	pʰiɛ³¹	piã⁵⁵	miã²⁴	miã⁵⁵	miɛ³¹
咸阳	pʰiɛ³¹/pʰiɛ⁵²①	piã⁵⁵	miã²⁴	miã⁵⁵	miɛ³¹
兴平	pʰiɛ³¹/pʰiɛ⁵² ∣ pʰiɛ	piã⁵⁵	miã²⁴	miã⁵⁵	miɛ²⁴
武功	pʰiɛ³¹ ∣ pʰiɛ	piã⁵⁵	miã²⁴	miã⁵⁵	miɛ³¹
礼泉	pʰiɛ³¹ ∣ pʰiɛ	piæ̃⁵⁵	miæ̃²⁴	miæ̃⁵⁵	
乾县	pʰiɛ³¹ ∣ pʰiɛ	piã⁴⁴	miã²⁴	miã⁴⁴	miɛ³¹
永寿	pʰiɛ³¹/pʰiɛ⁵² ∣ pʰiɛ	piã⁵⁵	miã²⁴	miã⁵⁵	miɛ³¹
淳化	pʰiɛ³¹/pʰiɛ⁵² ∣ pʰiɛ	piã⁵⁵	miã²⁴	miã⁵⁵	miɛ³¹
旬邑	pʰiɛ³¹/pʰiɛ⁵² ∣ pʰiɛ	piã⁴⁴/pʰiã⁴⁴	miã²⁴	miã⁴⁴	miɛ³¹
彬县	pʰiɛ³¹/pʰiɛ⁵² ∣ pʰiɛ	pʰiã⁴⁴	miã²⁴	miã⁴⁴	miɛ³¹
长武	pʰiɛ³¹/pʰiɛ⁵² ∣ pʰiɛ	pʰiã⁴⁴	miã²⁴	miã⁴⁴	miɛ³¹
扶风	pʰiɛ³¹ ∣ pʰiɛ	piæ̃³³/pʰiæ̃³³	miæ̃²⁴	miæ̃³³	miɛ³¹
眉县	pʰiɛ³¹ ∣ pʰiɛ	pʰiæ̃⁴⁴	miæ̃²⁴	miæ̃⁴⁴	mi²⁴
麟游	pʰiɛ³¹ ∣ pʰiɛ	pʰiã⁴⁴	miã²⁴	miã⁴⁴	mi²⁴
岐山	pʰiɛ³¹ ∣ pʰiɛ	pʰiæ̃⁴⁴	miæ̃²⁴	miæ̃⁴⁴	mi²⁴
凤翔	pʰiɛ³¹ ∣ pʰiɛ	pʰiã⁴⁴	miã²⁴	miã⁴⁴	mi²⁴
宝鸡	pʰiɛ³¹/pʰiɛ⁵³② ∣ pʰiɛ	pʰiæ̃⁴⁴	miæ̃²⁴	miæ̃⁴⁴	mi³¹
千阳	pʰiɛ³¹ ∣ pʰiɛ	pʰiæ̃⁴⁴	miæ̃²⁴	miæ̃⁴⁴	mi²⁴
陇县	pʰiɛ³¹ ∣ pʰiɛ	piæ̃⁴⁴	miæ̃²⁴	miæ̃⁴⁴	mi²⁴

① pʰiɛ⁵² 左~子。
② pʰiɛ³¹ ~撇；pʰiɛ⁵³ ~开。

字目 / 方言	颠	典	天	腆	铁
	山开四平先端	山开四上铣端	山开四平先透	山开四上铣透	山开四入屑透
西安	tiæ²¹ | tiã	tiæ⁵³	tʰiæ²¹ | tʰiã	tʰiæ⁵³	tʰie²¹
韩城	tiã³¹ | tiã	tiã⁵³	tʰiã³¹ | tʰiã	tʰiã⁵³	tʰiɛ³¹
合阳	tiã³¹ | tiã	tiã⁵²	tʰiã³¹ | tʰiã	tiã⁵²	tʰiə³¹
澄城	tiã³¹ | tiã	tiã⁵³	tʰiã³¹ | tsʰiã	tiã⁵³	tʰiə³¹
白水	tiã³¹ | tiã	tiã⁵³	tsʰiã³¹ | tʰiã	tiã⁵³	tsʰie³¹
大荔	tiã³¹ | tiã	tiã⁵²	tʰiã³¹ | tʰiã	tiã⁵²	tʰie³¹
蒲城	tiã³¹ | tiã	tiã⁵³	tsʰiã³¹ | tʰiã	tiã⁵³	tsʰie³¹
美原	tiã³¹ | tiã	tiã⁵³	tɕʰiã³¹ | tʰiã	tiã⁵³	tɕʰie³¹
富平	tiã³¹ | tiã	tiã⁵³	tsʰiã³¹ | tʰiã	tiã⁵³	tsʰie³¹
潼关	tiã³¹ | tiã	tiã⁵²	tʰiã³¹ | tʰiã	tiã⁵²	tʰie³¹
华阴	tiã³¹ | tiã	tiã⁵²	tʰiã³¹ | tʰiã	tiã⁵²	tʰie³¹
华县	tiã³¹ | tiã/tsiã	tiã⁵³	tʰiã³¹ | tʰiã/tsʰiã	tʰiã⁵³	tʰie³¹
渭南	tɕiã³¹ | tiã	tɕiã⁵³	tɕʰiã³¹ | tɕʰiã	tɕiã⁵³	tɕʰie³¹
洛南	tɕiæ³¹ | tiã	tɕiæ⁵³	tɕʰiæ³¹ | tɕʰiã	tɕiæ⁵³	tɕʰie³¹
商州	tiã³¹ | ȶiã	tiã⁵³	tɕʰiã³¹ | ȶʰiã	tɕʰiã⁵³	tɕʰie³¹
丹凤	tɕiã³¹	tɕiã⁵³	tɕʰiã³¹	tɕiã⁵³	tɕʰie³¹
宜川	tiæ⁵¹	tiæ⁴⁵	ȶʰiæ⁵¹	tiæ⁴⁵	ȶʰie⁵¹
富县	tiã³¹	tiã⁵²	ȶʰiã³¹	tiã³¹	ȶʰie³¹
黄陵	tɕiæ³¹	tɕiæ⁵²	tɕʰiæ³¹	tɕiæ⁵²	tɕʰiɛ³¹
宜君	ȶiæ²¹	ȶiæ⁵²	tʰiæ²¹	tʰiæ⁵²	tʰiɛ²¹
铜川	tiæ²¹ | tiã	tiæ⁵²	tɕʰiæ²¹ | tʰiã	tʰiæ⁵²	tɕʰiæ²¹
耀县	tiæ³¹ | tiã	tiæ⁵²	ȶʰiæ³¹ | tʰiã	tiæ⁵²	tʰie³¹
高陵	ȶiæ³¹ | tiã	ȶiæ⁵²	ȶʰiæ³¹ | tʰiã	ȶiæ⁵²	tʰie³¹
临潼	tɕiã³¹ | tiã/ȶiã	tɕiã⁵²	tɕʰiã³¹ | tɕʰiã	tɕʰiã⁵²	tɕʰie³¹

字目 方言	颠 山开四 平先端	典 山开四 上铣端	天 山开四 平先透	睓 山开四 上铣透	铁 山开四 入屑透
蓝田	tɕiã³¹ | tɕiã	tɕiã⁵²	tɕʰiã³¹ | tɕʰiã	tɕʰiã⁵²	tɕʰie³¹
长安	tɕiã³¹	tɕiã⁵³	tɕʰiã³¹	tɕʰiã⁵³	tɕʰie³¹
户县	tiã³¹ | tiã	tiã⁵²	tʰiã³¹ | tʰiã	tʰiã⁵²	tʰiɛ³¹
周至	tiæ̃²¹ | tiæ̃	tiæ̃⁵²	tʰiæ̃²¹ | tʰiæ̃	tʰiæ̃⁵²	tʰie²¹
三原	tiã³¹ | tiã	tiã⁵²	tʰiã³¹ | tʰiã	tʰiã⁵²	tʰie³¹
泾阳	tiã³¹ | ȶiã	tiã⁵²	tʰiã³¹ | tʰiã	tʰiã⁵²	tʰie³¹
咸阳	tiã³¹ | ȶiã	tiã⁵²	tʰiã³¹	tʰiã⁵²	tʰie³¹
兴平	tɕiã³¹ | tiã	tɕiã⁵²	tɕʰiã³¹ | tʰiã	tɕʰiã⁵²	tɕʰie³¹
武功	tiã³¹ | tiã	tiã⁵²	tʰiã³¹ | tʰiã	tʰiã⁵²	tʰie³¹
礼泉	tiæ̃³¹ | tiã	tiæ̃⁵²	tʰiæ̃³¹ | tʰiã	tʰiæ̃³¹	tʰie³¹
乾县	tiã³¹ | tiã	tiã⁵²	tʰiã³¹ | tʰiã	tʰiã⁵²	tʰie³¹
永寿	tiã³¹ | tiã	tiã⁵²	tʰiã³¹ | tʰiã	tʰiã⁵²	tʰie³¹
淳化	tiã³¹ | tiã	tiã⁵²	tʰiã³¹ | tʰiã	tʰiã⁵²	tʰie³¹
旬邑	tiã³¹ | tiã	tiã⁵²	tsʰiã³¹ | tʰiã	tsʰiã⁵²	tsʰie³¹
彬县	tiã³¹ | tiã	tiã⁵²	tʰiã³¹ | tʰiã	tʰiã⁵²	tʰie³¹
长武	tiã³¹ | tiã	tiã⁵²	tsʰiã³¹ | tsʰiã	tsʰiã⁵²	tsʰie³¹
扶风	tɕiæ̃³¹ | tiã	tɕiæ̃⁵²	tɕʰiæ̃³¹ | tʰiã	tɕʰiæ̃⁵²	tɕʰie³¹
眉县	ȶiæ̃³¹ | tsiã	ȶiæ̃⁵²	ȶʰiæ̃³¹ | tsʰiã	ȶʰie⁴⁴	ȶʰie³¹
麟游	ȶiã³¹ | tiã	ȶiã⁵³	tʰiã³¹ | tsʰiã	tie⁴⁴	ȶʰie³¹
岐山	ȶiæ̃³¹ | tsiã	ȶiæ̃⁵³	tʰiæ̃³¹ | tsʰiã	tʰiæ̃⁵³	ȶʰie³¹
凤翔	ȶiã³¹ | tiã	ȶiã⁵³	tʰiã³¹ | tʰiã	tʰiã⁵³	ȶʰie³¹
宝鸡	tɕiæ̃³¹ | tiã	tɕiæ̃⁵³	tɕʰiæ̃³¹ | tʰiã		tɕʰie³¹
千阳	tiæ̃³¹ | tiã	tiæ̃⁵³	tɕʰiæ̃³¹ | tsʰiã	tʰie⁴⁴	tɕʰie³¹
陇县	tiæ̃³¹ | tiã	tiæ̃⁵³	tʰiæ̃³¹ | tʰiã	tʰiæ̃⁵³/tie⁴⁴	tʰie³¹

字目 方言	田	垫	年	撵	捏
	山开四 平先定	山开四 去霰定	山开四 平先泥	山开四 上铣泥	山开四 入屑泥
西安	tʰiã²⁴	tiã⁵⁵	n̠iã²⁴ ｜ ɲiã	n̠iã⁵³	n̠ie²¹
韩城	tʰiã²⁴	tʰiã⁴⁴	n̠iã²⁴ ｜ ɲiã	n̠iã⁵³	n̠iɛ³¹
合阳	tʰiã²⁴	tʰiã⁵⁵	n̠iã²⁴ ｜ ɲiã	n̠iã⁵²	n̠iə³¹
澄城	tʰiã²⁴	tʰiã⁴⁴	n̠iã²⁴ ｜ ɲiã	n̠iã⁵³	n̠iə³¹
白水	tsʰiã²⁴	tsʰiã⁴⁴	n̠iã²⁴ ｜ ɲiã	n̠iã⁵³	n̠ie³¹
大荔	tʰiã²⁴	tʰiã⁵⁵	n̠iã²⁴ ｜ ɲiã	n̠iã⁵²	n̠ie³¹
蒲城	tsʰiã³⁵	tsʰiã⁵⁵	n̠iã³⁵ ｜ ɲiã	n̠iã⁵³	n̠ie³¹
美原	tɕʰiã³⁵	tɕʰiã⁵⁵	n̠iã³⁵ ｜ ɲiã	n̠iã⁵³	n̠ie³¹
富平	tsʰiã³⁵	tiã⁵⁵	n̠iã³⁵ ｜ ɲiã	n̠iã⁵³	n̠ie³¹
潼关	tʰiã²⁴	tʰiã⁴⁴	n̠iã²⁴ ｜ ɲiã	n̠iã⁵²	n̠ie³¹
华阴	tʰiã²⁴	tʰiã⁵⁵	n̠iã²⁴ ｜ ɲiã	n̠iã⁵²	n̠ie³¹
华县	tʰiã³⁵	tʰiã⁵⁵	n̠iã³⁵ ｜ ɲiã	n̠iã⁵³	n̠ie³¹
渭南	tɕʰiã²⁴	tɕʰiã⁴⁴	n̠iã²⁴ ｜ ɲiã	n̠iã⁵³	n̠ie³¹
洛南	tɕʰiæ̃²⁴	tɕʰiæ̃⁴⁴	n̠iæ̃²⁴ ｜ ɲiã	n̠iæ̃⁵³	n̠ie³¹
商州	tɕʰiã³⁵	tɕʰiã⁵⁵	n̠iã³⁵ ｜ ɲiã	n̠iã⁵³	n̠ie³¹
丹凤	tɕʰiæ̃²⁴	tɕʰiæ̃⁴⁴	n̠iã²⁴	n̠iã⁵³	n̠ie³¹
宜川	tʰiæ̃²⁴	tʰiæ̃⁴⁵	n̠iæ̃²⁴	n̠iæ̃⁴⁵	n̠ie⁵¹
富县	tʰiã²⁴	tʰiã⁴⁴	n̠iã²⁴	n̠iã⁵²	n̠ie³¹
黄陵	tɕʰiæ̃²⁴	tɕʰiæ̃⁴⁴	n̠iæ̃²⁴	n̠iæ̃⁵²	n̠iɛ³¹
宜君	tʰiæ̃²⁴	tʰiæ̃⁴⁴	n̠iæ̃²⁴	n̠iæ̃⁵²	n̠iɛ²¹
铜川	tɕʰiæ̃²⁴	tiæ̃⁴⁴	n̠iæ̃²⁴ ｜ ɲiã	n̠iæ̃⁵²	n̠ie²¹
耀县	tʰiæ̃²⁴	tiæ̃⁴⁴	n̠iæ̃²⁴ ｜ ɲiã	n̠iæ̃⁵²	n̠ie³¹
高陵	tʰiæ̃²⁴	tiæ̃⁵⁵	n̠iæ̃²⁴ ｜ ɲiã	n̠iæ̃⁵²	n̠ie³¹
临潼	tɕʰiã²⁴	tɕiã⁴⁵	n̠iã²⁴ ｜ ɲiã	n̠iã⁵²	n̠ie³¹

字目 方言	田 山开四 平先定	垫 山开四 去霰定	年 山开四 平先泥	撵 山开四 上铣泥	捏 山开四 入屑泥
蓝田	tɕʰiã²⁴	tɕiã⁴⁴	n̠iã²⁴ ∣ ɲiã	n̠iã⁵²	n̠ie³¹
长安	tɕʰiã²⁴	tɕiã⁴⁴	n̠iã²⁴	n̠iã⁵³	n̠ie³¹
户县	tʰiã²⁴	tiã⁵⁵	n̠iã²⁴ ∣ ɲiã	n̠iã⁵²	n̠iɛ³¹
周至	tʰiæ̃²⁴	tiæ̃⁵⁵	n̠iæ̃²⁴ ∣ ɲiã	n̠iæ̃⁵²	n̠ie²¹
三原	tʰiã²⁴	tiã⁵⁵	n̠iã²⁴ ∣ ɲiã	n̠iã⁵²	n̠ie³¹
泾阳	tʰiã²⁴	tiã⁵⁵	n̠iã²⁴ ∣ ɲiã	n̠iã⁵²	n̠ie³¹
咸阳	tʰiã²⁴	tiã⁵⁵	n̠iã²⁴	n̠iã⁵²	n̠ie³¹
兴平	tɕʰiã²⁴	tɕiã⁵⁵	n̠iã²⁴ ∣ ɲiã	n̠iã⁵²	n̠ie³¹
武功	tʰiã²⁴	tiã⁵⁵	n̠iã²⁴ ∣ ɲiã	n̠iã⁵²	n̠ie³¹
礼泉	tʰiæ̃²⁴	tiæ̃⁵⁵	n̠iæ̃²⁴ ∣ ɲiã	n̠iæ̃⁵²	n̠ie³¹
乾县	tʰiã²⁴	tiã⁴⁴	n̠iã²⁴ ∣ ɲiã	n̠iã⁵²	n̠ie³¹
永寿	tʰiã²⁴	tiã⁵⁵	n̠iã²⁴ ∣ ɲiã	n̠iã⁵²	n̠ie³¹
淳化	tʰiã²⁴	tiã⁵⁵	n̠iã²⁴ ∣ ɲiã	n̠iã⁵²	n̠ie³¹
旬邑	tsʰiã²⁴	tsʰiã⁴⁴	n̠iã²⁴ ∣ ɲiã	n̠iã⁵²	n̠ie³¹
彬县	tʰiã²⁴	tʰiã⁴⁴	n̠iã²⁴ ∣ ɲiã	n̠iã⁵²	n̠ie³¹
长武	tsʰiã²⁴	tiã⁴⁴	n̠iã²⁴ ∣ ɲiã	n̠iã⁵²	n̠ie³¹
扶风	tɕʰiæ̃²⁴	tɕiæ̃³³/tɕʰiæ̃³³	n̠iæ̃²⁴ ∣ ɲiã	n̠iæ̃⁵²	n̠ie³¹
眉县	tʰiæ̃²⁴	tʰiæ̃⁴⁴	n̠iæ̃²⁴ ∣ ɲiã	n̠iæ̃⁵²	n̠ie³¹
麟游	tʰiã²⁴	tʰiã⁴⁴	n̠iã²⁴ ∣ ɲiã	n̠iã⁵³	n̠ie³¹
岐山	tʰiæ̃²⁴	tʰiæ̃⁴⁴	n̠iæ̃²⁴ ∣ ɲiã	n̠iæ̃⁵³	n̠ie³¹
凤翔	tʰiã²⁴	tʰiã⁴⁴	n̠iã²⁴ ∣ ɲiã	n̠iã⁵³	n̠ie³¹
宝鸡	tɕʰiæ̃²⁴	tɕʰiæ̃⁴⁴	n̠iæ̃²⁴ ∣ ɲiã	n̠iæ̃⁵³	n̠ie³¹
千阳	tʰiæ̃²⁴	tʰiæ̃⁴⁴	n̠iæ̃²⁴ ∣ ɲiã	n̠iæ̃⁵³	n̠ie³¹
陇县	tʰiæ̃²⁴	tiæ̃⁴⁴	n̠iæ̃²⁴ ∣ ɲiã	n̠iæ̃⁵³	n̠ie³¹

字目 方言	莲 山开四 平先来	练 山开四 去霰来	笺 山开四 平先精	荐 山开四 去霰精	节 山开四 入屑精
西安	liæ̃24	liæ̃55	tɕʰiæ̃21	tɕiæ̃55	tɕie21
韩城	liã24	liã44	tɕʰiã31	tɕiã44	tɕiɛ31
合阳	liã24	liã55	tsʰiã31	tsiã55	tsiə31
澄城	liã24	liã44	tʰiã31	tiã44	tiə31
白水	liã24	liã44	tsʰiã31	tiã44	tie31
大荔	liã24	liã55	tʰiã31	tiã55	tie31
蒲城	liã35	liã55	tsʰiã31	tiã55	tie31
美原	liã24	liã44	tɕʰiã31	tɕiã44	tɕie31
富平	liã24	liã55	tɕʰiã31	tɕiã55	tɕie31
潼关	liã35	liã55	tʰiã31	tiã55	tie31
华阴	liã35	liã55	tsʰiã31	tiã55	tie31
华县	liã35	liã55	tɕʰiã31	tɕiã55	tɕie31
渭南	liã24	liã44	tɕʰiã31	tɕiã44	tɕie31
洛南	liæ̃24	liæ̃44	tɕʰiæ̃31	tɕiæ̃44	tɕie31
商州	liã35	liã55	tɕʰiã31	tɕiã55	tɕie31
丹凤	liã24	liã44	tɕʰiã31	tɕiã44	tɕie31
宜川	liæ̃24	liæ̃45	tɕʰiæ̃45	tɕiæ̃45	tɕie51
富县	liã24	liã44	tɕʰiã31	tɕiã44	tɕie31
黄陵	liæ̃24	liæ̃44	tɕʰiã31	tɕiæ̃44	tɕiɛ31
宜君	liæ̃24	liæ̃44	tsæ̃52	ȶiæ̃44	ȶiɛ21
铜川	liæ̃24	liæ̃44	tɕiæ̃44/tɕʰiã21	tɕiæ̃44	tɕie21
耀县	liæ̃24	liæ̃44	tɕʰiæ̃31	tɕiæ̃44	tɕie31
高陵	liæ̃24	liæ̃55	tʰiæ̃31	ȶiæ̃55	ȶie31
临潼	liã24	liã45	tɕiã52	tɕiã45	tɕie31

字目　方言	莲	练	笺	荐	节
	山开四平先来	山开四去霰来	山开四平先精	山开四去霰精	山开四入屑精
蓝田	liã²⁴	liã⁴⁴	tɕʰiã⁴⁴	tɕiã⁴⁴	tɕie³¹
长安	liã²⁴	liã⁴⁴	tɕʰiã⁴⁴	tɕiã⁴⁴	tɕie³¹
户县	liã²⁴	liã⁵⁵	tɕʰiã⁵²	tɕiã⁵⁵	tɕiɛ³¹
周至	liæ̃²⁴	liæ̃⁵⁵	tɕʰiæ̃⁵⁵	tɕiæ̃⁵⁵	tɕie²¹
三原	liã²⁴	liã⁵⁵	tʰiã³¹	tiã⁵⁵	tie³¹
泾阳	liã²⁴	liã⁵⁵	tɕʰiã³¹	tɕiã⁵⁵	tɕie³¹
咸阳	liã²⁴	liã⁵⁵	tɕʰiã³¹	tɕiã⁵⁵	tɕie³¹
兴平	liã²⁴	liã⁵⁵	tɕʰiã³¹	tɕiã⁵⁵	tɕie³¹
武功	liã²⁴	liã⁵⁵	tɕʰiã³¹	tɕiã⁵⁵	tɕie³¹
礼泉	liæ̃²⁴	liæ̃⁵⁵	tɕʰiæ̃³¹	tɕiæ̃⁵⁵	tɕie³¹
乾县	liã²⁴	liã⁴⁴	tɕʰiã³¹	tɕiã⁴⁴	tɕie³¹
永寿	liã²⁴	liã⁵⁵	tɕʰiã³¹	tɕiã⁵⁵	tɕie³¹
淳化	liã²⁴	liã⁵⁵	tʰiã³¹	tiã⁵⁵	tie³¹
旬邑	liã²⁴	liã⁴⁴	tsʰiã³¹	tsiã⁴⁴	tsie³¹
彬县	liã²⁴	liã⁴⁴	tsʰiã³¹	tsiã⁴⁴	tsie³¹
长武	liã²⁴	liã⁴⁴	tsʰiã³¹	tsiã⁴⁴	tsie³¹
扶风	liæ̃²⁴	liæ̃³³	tɕʰiæ̃³¹	tɕiæ̃³³	tɕie³¹
眉县	liæ̃²⁴	liæ̃⁴⁴	tʰiæ̃³¹	ȵiæ̃⁴⁴	ȵie³¹
麟游	liã²⁴	liã⁴⁴	tʰiã³¹	ȵiã⁴⁴	ȵie²⁴
岐山	liæ̃²⁴	liæ̃⁴⁴	tsæ̃³¹	ȵiæ̃⁴⁴	ȵie³¹
凤翔	liã²⁴	liã⁴⁴	ȵiã³¹	ȵiã⁴⁴	ȵie³¹
宝鸡	liæ̃²⁴	liæ̃⁴⁴	tɕiæ̃³¹	tɕiæ̃⁴⁴	tɕie²⁴
千阳	liæ̃²⁴	liæ̃⁴⁴	tsæ̃³¹	ȵiæ̃⁴⁴	ȵie³¹
陇县	liæ̃²⁴	liæ̃⁴⁴	tɕiæ̃⁴⁴	tɕiæ̃⁴⁴	tɕie³¹

字目 / 方言	千	切	前	截	先
	山开四平先清	山开四入屑清	山开四平先从	山开四入屑从	山开四平先心
西安	tɕʰiæ̃²¹	tɕʰiɛ²¹	tɕʰiæ̃²⁴	tɕiɛ²⁴	ɕiæ̃²¹/ɕiæ̃⁵⁵①
韩城	tɕʰiã³¹	tɕʰiE³¹	tɕʰiã²⁴	tɕʰiE²⁴	ɕiã³¹/ɕiã⁴⁴
合阳	tsʰiã³¹	tsʰiə³¹	tsʰiã²⁴	tsʰiə²⁴	siã³¹/siã⁵⁵
澄城	tʰiã³¹	tʰiə³¹	tʰiã²⁴	tʰiə²⁴	siã³¹
白水	tsʰiã³¹	tsʰiɛ³¹	tsʰiã²⁴	tsʰiɛ²⁴	siã³¹/siã⁴⁴
大荔	tʰiã³¹	tʰiɛ³¹	tʰiã²⁴	tʰiɛ²⁴	siã³¹/siã⁵⁵
蒲城	tsʰiã³¹	tsʰiɛ³¹	tsʰiã³⁵	tsʰiɛ³⁵	siã³¹/siã⁵⁵
美原	tɕʰiã³¹	tɕʰiɛ³¹	tɕʰiã³⁵	tɕʰiɛ³⁵	ɕiã³¹/ɕiã⁵⁵
富平	tɕʰiã³¹	tsʰiɛ³¹	tsʰiã³⁵	tsʰiɛ³⁵	siã³¹/siã⁵⁵
潼关	tʰiã³¹	tɕʰiɛ³¹	tɕʰiã²⁴	tɕiɛ²⁴	ɕiã³¹/ɕiaŋ⁴⁴
华阴	tsʰiã³¹	tɕʰiɛ³¹	tɕʰiã²⁴	tɕʰiɛ²⁴	ɕiã³¹/ɕiã⁵⁵
华县	tɕʰiã³¹	tʰiɛ³¹	tʰiã³⁵	tʰiɛ³⁵	siã³¹/siaŋ⁵⁵
渭南	tɕʰiã³¹	tɕʰiɛ³¹	tɕʰiã²⁴	tɕʰiɛ²⁴	ɕiã³¹/ɕiã⁴⁴
洛南	tɕʰiæ̃³¹	tɕʰiɛ³¹	tɕʰiæ̃²⁴	tɕʰiɛ²⁴	ɕiæ̃³¹
商州	tɕʰiã³¹	tɕʰiɛ³¹	tɕʰiã³⁵	tɕʰiɛ³⁵	ɕiã³¹/ɕiaŋ⁵⁵
丹凤	tɕʰiã³¹	tɕʰiɛ³¹	tɕʰiã²⁴	tɕʰiɛ²⁴	ɕiã³¹/ɕiaŋ⁴⁴
宜川	tɕʰiæ̃⁵¹	tɕʰiɛ⁵¹	tɕʰiæ̃²⁴	tɕʰiɛ²⁴	ɕiæ̃⁵¹/ɕiæ̃⁴⁵
富县	tɕʰiã³¹	tɕʰiɛ³¹	tɕʰiã²⁴	tɕʰiɛ²⁴	ɕiã³¹/ɕiã⁴⁴
黄陵	tɕʰiæ̃³¹	tɕʰiE³¹	tɕʰiæ̃²⁴	tɕʰiE²⁴	ɕiæ̃³¹/ɕiæ̃⁴⁴
宜君	ȶʰiæ̃²¹	ȶʰiE²¹	ȶʰiæ̃²⁴	ȶʰiE²⁴	siæ̃²¹
铜川	tɕʰiæ̃²¹	tɕʰiɛ²¹	tɕʰiæ̃²⁴	tɕʰiɛ²⁴	ɕiæ̃²¹/ɕiæ̃⁴⁴
耀县	tɕʰiæ̃³¹	tɕʰiɛ³¹	tɕʰiæ̃²⁴	tɕʰiɛ²⁴	ɕiæ̃³¹
高陵	ȶʰiæ̃³¹	ȶʰiɛ³¹	ȶʰiæ̃²⁴	<u>ȶ</u>iɛ²⁴/ȶʰiæ̃²⁴	siã³¹/siã⁵⁵
临潼	tɕʰiã³¹	tɕʰiɛ³¹	tɕʰiã²⁴	tɕiɛ²⁴	ɕiã³¹

① ɕiæ̃⁵⁵ ～后：妯娌。下同。

字目／方言	千	切	前	截	先
	山开四平先清	山开四入屑清	山开四平先从	山开四入屑从	山开四平先心
蓝田	tɕʰiã³¹	tɕʰiɛ³¹	tɕʰiã²⁴	tɕiɛ²⁴	ɕiã³¹
长安	tɕʰiã³¹	tɕʰiɛ³¹	tɕʰiã²⁴	tɕiɛ²⁴	ɕiã³¹/ɕiã⁴⁴
户县	tɕʰiã³¹	tɕʰiɛ³¹	tɕʰiã²⁴	tɕiɛ²⁴	ɕiã³¹/ɕiã⁵⁵
周至	tɕʰiæ̃²¹	tɕʰiɛ²¹	tɕʰiæ̃²⁴	tɕiɛ²⁴	ɕiæ̃²¹/ɕiæ̃⁵⁵
三原	tʰiã³¹	tʰiɛ³¹	tʰiã²⁴	tʰiɛ²⁴	siã³¹
泾阳	tɕʰiã³¹	tɕʰiɛ³¹	tɕʰiã²⁴	tɕiɛ²⁴	ɕiã³¹
咸阳	tɕʰiã³¹	tɕʰiɛ³¹	tɕʰiã²⁴	tɕiɛ²⁴	ɕiã³¹
兴平	tɕʰiã³¹	tɕʰiɛ³¹	tɕʰiã²⁴	tɕiɛ²⁴	ɕiã³¹
武功	tɕʰiã³¹	tɕʰiɛ³¹	tɕʰiã²⁴	tɕiɛ²⁴	ɕiã³¹
礼泉	tɕʰiæ̃³¹	tɕʰiɛ³¹	tɕʰiã²⁴	tɕiɛ²⁴	ɕiæ̃³¹/ɕiæ̃⁵⁵
乾县	tɕʰiã³¹	tɕʰiɛ³¹	tɕʰiã²⁴	tɕiɛ²⁴	ɕiã³¹
永寿	tɕʰiã³¹	tɕʰiɛ³¹	tɕʰiã²⁴	tɕiɛ²⁴	ɕiã³¹
淳化	tʰiã³¹	tʰiɛ³¹	tʰiã²⁴	tʰiɛ²⁴	siæ̃³¹
旬邑	tsʰiã³¹	tsʰiɛ³¹	tsʰiã²⁴	tsʰiɛ²⁴	siã³¹
彬县	tsʰiã³¹	tsʰiɛ³¹	tsʰiã²⁴	tsʰiɛ²⁴	siã³¹
长武	tsʰiã³¹	tsʰiɛ³¹	tsʰiã²⁴	tsiɛ²⁴	siã³¹
扶风	tɕʰiæ̃³¹	tɕʰiɛ³¹	tɕʰiæ̃²⁴	tɕiɛ²⁴/tɕʰiɛ²⁴	ɕiæ̃³¹
眉县	tʰiæ̃³¹	tʰiɛ³¹	tʰiæ̃²⁴	ȶiɛ²⁴	siæ̃³¹
麟游	tʰiã³¹	tʰiɛ³¹	tʰiã²⁴	tʰiɛ²⁴	siã³¹
岐山	tʰiã³¹	tʰiɛ³¹	tʰiã²⁴	tʰiɛ²⁴	siæ̃³¹
凤翔	tʰiã³¹	tʰiɛ³¹	tʰiã²⁴	tʰiɛ³¹	siã³¹
宝鸡	tɕʰiæ̃³¹	tɕʰiɛ³¹	tɕʰiæ̃²⁴	tɕiɛ²⁴	ɕiæ̃³¹
千阳	tʰiæ̃³¹	tʰiɛ³¹	tʰiæ̃²⁴	ȶiɛ²⁴	siæ̃³¹
陇县	tɕʰiæ̃³¹	tɕʰiɛ³¹	tɕʰiæ̃²⁴	tɕiɛ²⁴	ɕiæ̃³¹

字目 方言	楔 山开四 入屑心	肩 山开四 平先见	趼 山开四 上铣见	见 山开四 去霰见	结 山开四 入屑见
西安	ɕie²¹	tɕiæ²¹	tɕiæ⁵³/tɕiɑŋ⁵³	tɕiæ⁵⁵	tɕie²¹
韩城	ɕiE³¹	tɕiã³¹	tɕiã⁵³	tɕiã⁴⁴	tɕiE³¹
合阳	siə³¹	tɕiã³¹/tɕiɑŋ³¹	tɕiã⁵²	tɕiã⁵⁵	tɕiə³¹
澄城	siə³¹	tɕiã³¹	tɕiã⁵³	tɕiã⁴⁴	tɕiə³¹
白水	sie³¹	tɕiã³¹	tɕiã⁵³	tɕiã⁴⁴	tɕie³¹
大荔	sie³¹	tɕiã³¹	tɕiã⁵²	tɕiã⁵⁵	tɕie³¹
蒲城	sie³¹	tɕiã³¹	tɕiã⁵³/tɕiɑŋ⁵³	tɕiã⁵⁵	tɕie³¹
美原	ɕie³¹	tɕiã³¹	tɕiã⁵³	tɕiã⁵⁵	tɕie³¹
富平	sie³¹	tɕiã³¹	tɕiã⁵³/tɕiɑŋ⁵³	tɕiã⁵⁵	tɕie³¹
潼关	ɕie³¹	tɕiã³¹	tɕiã⁵²	tɕiã⁴⁴	tɕie³¹
华阴	ɕie³¹	tɕiã³¹	tɕiã⁵²/tɕiɑŋ⁵²	tɕiã⁵⁵	tɕie³¹
华县	sie³¹	tɕiã³¹	tɕiã⁵³	tɕiã⁵⁵	tɕie³¹
渭南	ɕie³¹	tɕiã³¹	tɕiã⁵³	tɕiã⁴⁴	tɕie³¹
洛南	ɕie³¹	tɕiæ³¹	tɕiæ⁵³/tɕiɑŋ⁵³	tɕiæ⁴⁴	tɕie³¹
商州	ɕie³¹	tɕiã³¹	tɕiã⁵³/tɕiɑŋ⁵³	tɕiã⁵⁵	tɕie³¹
丹凤	ɕie³¹	tɕiã³¹	tɕiã⁵³/tɕiɑŋ⁵³	tɕiã⁴⁴	tɕie³¹
宜川	ɕie⁵¹	tɕiæ⁵¹	tɕiæ⁴⁵	tɕiæ⁴⁵	tɕie⁵¹
富县	ɕie³¹	tɕiã³¹	tɕiã⁵²	tɕiã⁴⁴	tɕie³¹
黄陵	ɕiE³¹	tɕiæ³¹	tɕiæ⁵²	tɕiæ⁴⁴	tɕiE³¹
宜君	siE²¹	tɕiæ²¹	tɕiæ⁵²	tɕiæ⁴⁴	tɕiE²¹
铜川	ɕie²¹	tɕiæ²¹	tɕiæ⁵²/tɕiɑŋ⁵²	tɕiæ⁴⁴	tɕie²¹
耀县	ɕie³¹	tɕiæ³¹	tɕiæ⁵²	tɕiæ⁴⁴	tɕie³¹
高陵	sie³¹	tɕiæ³¹	tɕiɑŋ⁵²	tɕiã⁵⁵	tɕie³¹
临潼	ɕie³¹	tɕiã³¹/tɕiɑŋ³¹	tɕiã⁵²/tɕiɑŋ⁵²	tɕiã⁴⁵	tɕie³¹

字目 方言	楔 山开四 入屑心	肩 山开四 平先见	趼 山开四 上铣见	见 山开四 去霰见	结 山开四 入屑见
蓝田	ɕie³¹	tɕiã³¹	tɕiã⁵²	tɕiã⁴⁴	tɕie³¹
长安	ɕie³¹	tɕiã³¹	tɕiã⁵³	tɕiã⁴⁴	tɕie³¹
户县	ɕiɛ³¹	tɕiã³¹	tɕiã⁵²	tɕiã⁵⁵	tɕiɛ³¹
周至	ɕie²¹	tɕiæ̃²¹	tɕiæ̃⁵²	tɕiæ̃⁵⁵	tɕie²¹
三原	sie³¹	tɕiã³¹	tɕiã⁵²	tɕiã⁵⁵	tɕie³¹
泾阳	ɕie³¹	tɕiã³¹	tɕiã⁵²/tɕiaŋ⁵²	tɕiã⁵⁵	tɕie³¹
咸阳	ɕie³¹	tɕiã³¹	tɕiã⁵²	tɕiã⁵⁵	tɕie³¹
兴平	ɕie³¹	tɕiã³¹	tɕiã⁵²	tɕiã⁵⁵	tɕie³¹
武功	ɕie³¹	tɕiã³¹	tɕiã⁵²	tɕiã⁵⁵	tɕie³¹
礼泉	ɕie³¹	ɕie³¹	tɕiæ̃⁵²	tɕiæ̃⁵⁵	tɕie³¹
乾县	ɕie³¹	tɕiã³¹	tɕiã⁵²	tɕiã⁴⁴	tɕie³¹
永寿	ɕie³¹	tɕiã³¹	tɕiã⁵²	tɕiã⁵⁵	tɕie³¹
淳化	sie³¹	tɕiã³¹	tɕiã⁵²	tɕiã⁵⁵	tɕie³¹
旬邑	sie³¹	tɕiã³¹	tɕiã⁵²	tɕiã⁴⁴	tɕie³¹
彬县	sie³¹	tɕiã³¹	tɕiã⁵²	tɕiã⁴⁴	tɕie³¹
长武	sie³¹	tɕiã³¹	tɕiã⁵²	tɕiã⁴⁴	tɕie³¹
扶风	ɕie³¹	tɕiæ̃³¹	tɕiæ̃⁵²	tɕiæ̃³³	tɕie³¹
眉县	sie³¹	tɕiæ̃³¹	tɕiæ̃⁵²	tɕiæ̃⁴⁴	tɕie³¹
麟游	sie³¹	tɕiã³¹	tɕiã⁵³	tɕiã⁴⁴	tɕie³¹
岐山	sie³¹	tɕiæ̃³¹	tɕiæ̃⁵³	tɕiæ̃⁴⁴	tɕie³¹
凤翔	sie³¹	tɕiã³¹	tɕiã⁵³	tɕiã⁴⁴	tɕie³¹
宝鸡	ɕie³¹	tɕiæ̃³¹	tɕiaŋ⁵³	tɕiæ̃⁴⁴	tɕie³¹
千阳	sie³¹	tɕiæ̃³¹	tɕiæ̃⁵³	tɕiæ̃⁴⁴	tɕie³¹
陇县	ɕie³¹	tɕiæ̃³¹	tɕiæ̃⁵³	tɕiæ̃⁴⁴	tɕie³¹

字目 方言	牵 山开四 平先溪	研 山开四 平先疑	砚 山开四 去霰疑	显 山开四 上铣晓	贤 山开四 平先匣
西安	$tɕ^hiã^{21}$	$iã^{24}$	$iã^{55}$	$ɕiã^{53}$	$ɕiã^{24}$
韩城	$tɕ^hiã^{31}$	$ȵiã^{24}$	$ȵiã^{44}$	$ɕiã^{53}$	$ɕiã^{24}$
合阳	$tɕ^hiã^{31}$	$ȵiã^{24}$	$ȵiã^{55}$	$ɕiã^{52}$	$ɕiã^{24}$
澄城	$tɕ^hiã^{31}$	$ȵiã^{24}$	$ȵiã^{44}$	$ɕiã^{53}$	$ɕiã^{24}$
白水	$tɕ^hiã^{31}$	$ȵiã^{24}$	$ȵiã^{44}$	$ɕiã^{53}$	$ɕiã^{24}$
大荔	$tɕ^hiã^{31}$	$ȵiã^{24}$	$iã^{55}$	$ɕiã^{52}$	$ɕiã^{24}$
蒲城	$tɕ^hiã^{31}$	$ȵiã^{35}$	$ȵiã^{55}$	$ɕiã^{53}$	$ɕiã^{35}$
美原	$tɕ^hiã^{31}$	$ȵiã^{35}$	$ȵiã^{55}$	$ɕiã^{53}$	$ɕiã^{35}$
富平	$tɕ^hiã^{31}$	$iã^{35}$	$iã^{55}$	$ɕiã^{53}$	$ɕiã^{35}$
潼关	$tɕ^hiã^{31}$	$iã^{24}$	$iã^{44}$	$ɕiã^{52}$	$ɕiã^{24}$
华阴	$tɕ^hiã^{31}$	$iã^{24}$	$iã^{55}$	$ɕiã^{52}$	$ɕiã^{24}$
华县	$tɕ^hiã^{31}$	$iã^{35}$	$iã^{55}$	$ɕiã^{53}$	$ɕiã^{35}$
渭南	$tɕ^hiã^{31}$	$ȵiã^{24}$	$ȵiã^{44}$	$ɕiã^{53}$	$ɕiã^{24}$
洛南	$tɕ^hiæ^{31}$	$ȵiæ^{24}$	$iæ^{44}$	$ɕiæ^{53}$	$ɕiæ^{24}$
商州	$tɕ^hiã^{31}$	$\underline{iã^{35}}/ȵiã^{35}$	$\underline{iã^{55}}/ȵiã^{55}$	$ɕiã^{53}$	$ɕiã^{35}$
丹凤	$tɕ^hiã^{31}$	$ȵiã^{24}$	$iã^{44}$	$ɕiã^{53}$	$ɕiã^{24}$
宜川	$tɕ^hiæ^{51}$	$iæ^{24}$	$iæ^{45}$	$ɕiæ^{45}$	$ɕiæ^{24}$
富县	$tɕ^hiã^{31}$	$ȵiã^{24}$	$ȵiã^{44}$	$ɕiã^{52}$	$ɕiã^{24}$
黄陵	$tɕ^hiæ^{31}$	$iæ^{24}$	$iæ^{44}$	$ɕiæ^{52}$	$ɕiæ^{24}$
宜君	$tɕ^hiæ^{21}$	$ȵiæ^{24}$	$ȵiæ^{44}$	$ɕiæ^{52}$	$ɕiæ^{24}$
铜川	$tɕ^hiæ^{21}$	$iæ^{24}$	$iæ^{44}$	$ɕiæ^{52}$	$ɕiæ^{24}$
耀县	$tɕ^hiã^{31}$	$\underline{iæ^{24}}/ȵiæ^{24}$	$iæ^{44}$	$ɕiã^{52}$	$ɕiæ^{24}$
高陵	$tɕ^hiã^{31}$	$iæ^{24}$	$iæ^{55}$	$ɕiã^{52}$	$ɕiæ^{24}$
临潼	$tɕ^hiã^{31}$	$iã^{24}$	$iã^{45}$	$ɕiã^{52}$	$ɕiã^{24}$

字目 方言	牵 山开四 平先溪	研 山开四 平先疑	砚 山开四 去霰疑	显 山开四 上铣晓	贤 山开四 平先匣
蓝田	tɕʰiã³¹	iã²⁴	iã⁴⁴	ɕiã⁵²	ɕiã²⁴
长安	tɕʰiã³¹	iã²⁴	iã⁴⁴	ɕiã⁵³	ɕiã²⁴
户县	tɕʰiã³¹	iã²⁴	iã⁵⁵	ɕiã⁵²	ɕiã²⁴
周至	tɕʰiæ̃²¹	iæ̃²⁴	iæ̃⁵⁵	ɕiæ̃⁵²	ɕiæ̃²⁴
三原	tɕʰiã³¹	iã²⁴	iã⁵⁵	ɕiã⁵²	ɕiã²⁴
泾阳	tɕʰiã³¹	iã²⁴	iã⁵⁵	ɕiã⁵²	ɕiã²⁴
咸阳	tɕʰiã³¹	iã²⁴	iã⁵⁵	ɕiã⁵²	ɕiã²⁴
兴平	tɕʰiã³¹	iã²⁴	iã⁵⁵	ɕiã⁵²	ɕiã²⁴
武功	tɕʰiã³¹	iã²⁴	iã⁵⁵	ɕiã⁵²	ɕiã²⁴
礼泉	tɕʰiæ̃³¹	iæ̃²⁴	iæ̃⁵⁵	ɕiæ̃⁵²	ɕiæ̃²⁴
乾县	tɕʰiã³¹	iã²⁴	iã⁴⁴	ɕiã⁵²	ɕiã²⁴
永寿	tɕʰiã³¹	iã²⁴	iã⁵⁵	ɕiã⁵²	ɕiã²⁴
淳化	tɕʰiã³¹	iã²⁴	iã⁵⁵	ɕiã⁵²	ɕiã²⁴
旬邑	tɕʰiã³¹	iã²⁴	iã⁴⁴	ɕiã⁵²	ɕiã²⁴
彬县	tɕʰiã³¹	iã²⁴	iã⁴⁴	ɕiã⁵²	ɕiã²⁴
长武	tɕʰiã³¹	iã²⁴	iã⁴⁴	ɕiã⁵²	ɕiã²⁴
扶风	tɕʰiæ̃³¹	iæ̃²⁴	iæ̃³³	ɕiæ̃⁵²	ɕiæ̃²⁴
眉县	tɕʰiæ̃³¹	iæ̃²⁴	iæ̃⁴⁴	ɕiæ̃⁵²	ɕiæ̃²⁴
麟游	tɕʰiã³¹	iã²⁴	iã⁴⁴	ɕiã⁵³	ɕiã²⁴
岐山	tɕʰiã³¹	iæ̃²⁴	iæ̃⁴⁴	ɕiæ̃⁵³	ɕiæ̃²⁴
凤翔	tɕʰiã³¹	iã²⁴	iã⁴⁴	ɕiã⁵³	ɕiã²⁴
宝鸡	tɕʰiæ̃³¹	iæ̃²⁴	iæ̃⁴⁴	ɕiæ̃⁵³	ɕiæ̃²⁴
千阳	tɕʰiæ̃³¹	iæ̃²⁴	iæ̃⁴⁴	ɕiæ̃⁵³	ɕiæ̃²⁴
陇县	tɕʰiæ̃³¹	iæ̃²⁴	iæ̃⁴⁴	ɕiæ̃⁵³	ɕiæ̃²⁴

字目 方言	现 山开四 去霰匣	烟 山开四 平先影	燕~子 山开四 去霰影	噎 山开四 入屑影	搬 山合一 平桓帮
西安	ɕiæ̃⁵⁵	iæ̃²¹	iæ̃⁵⁵	ie²¹	pæ̃²¹ ┃ pã
韩城	ɕiã⁴⁴	iã³¹	iã⁴⁴	iɛ³¹	pã³¹ ┃ pã
合阳	ɕiã⁵⁵	iã³¹	iã⁵⁵	iə³¹	pã³¹ ┃ pã
澄城	ɕiã⁴⁴	iã³¹	iã⁴⁴	iə³¹	pã³¹ ┃ pã
白水	ɕiã⁴⁴	iã³¹	iã⁴⁴	ie³¹	pã³¹ ┃ pã
大荔	ɕiã⁵⁵	iã³¹	iã⁵⁵	ie³¹	pã³¹ ┃ pã
蒲城	ɕiã⁵⁵	iã³¹	iã⁵⁵	ie³¹	pã³¹ ┃ pã
美原	ɕiã⁵⁵	iã³¹	iã⁵⁵	ie³¹	pã³¹ ┃ pã
富平	ɕiã⁵⁵	iã³¹	iã⁵⁵	ie³¹	pã³¹ ┃ pã
潼关	ɕiã⁴⁴	iã³¹	iã⁴⁴	ie³¹	pã³¹ ┃ pã
华阴	ɕiã⁵⁵	iã³¹	iã⁵⁵	ie³¹	pã³¹ ┃ pã
华县	ɕiã⁵⁵	iã³¹	iã⁵⁵	ie³¹	pã³¹ ┃ pã
渭南	ɕiã⁴⁴	iã³¹	iã⁴⁴	ie³¹	pã³¹ ┃ pã
洛南	ɕiæ̃⁴⁴	iæ̃³¹	iæ̃⁴⁴	ie³¹	pæ̃³¹ ┃ pã
商州	ɕiã⁵⁵	iã³¹	iã⁵⁵	ie³¹	pã³¹ ┃ pã
丹凤	ɕiã⁴⁴	iã³¹	iã⁴⁴	ie³¹	pã³¹
宜川	ɕiæ̃⁴⁵	iæ̃⁵¹	iæ̃⁴⁵	ie⁵¹	pæ̃⁵¹
富县	ɕiã⁴⁴	iã³¹	iã⁴⁴	ie³¹	pã³¹
黄陵	ɕiæ̃⁴⁴	iæ̃³¹	iæ̃⁴⁴	iɛ³¹	pæ̃³¹
宜君	ɕiæ̃⁴⁴	iæ̃²¹	iæ̃⁴⁴	iɛ²¹	pæ̃²¹
铜川	ɕiæ̃⁴⁴	iæ̃²¹	iæ̃⁴⁴	ie²¹	pæ̃²¹ ┃ pã
耀县	ɕiæ̃⁴⁴	iæ̃²¹	iæ̃⁴⁴	ie³¹	pæ̃³¹ ┃ pã
高陵	ɕiæ̃⁵⁵	iæ̃³¹	iæ̃⁵⁵	ie³¹	pæ̃³¹ ┃ pã
临潼	ɕiã⁴⁵	iã³¹	iã⁴⁵	ie³¹	pã³¹ ┃ pã

字目 方言	现 山开四 去霰匣	烟 山开四 平先影	燕~子 山开四 去霰影	噎 山开四 入屑影	搬 山合一 平桓帮
蓝田	ɕiã⁴⁴	iã³¹	iã⁴⁴	iɛ³¹	pã³¹ ｜ pã
长安	ɕiã⁴⁴	iã³¹	iã⁴⁴	iɛ³¹	pã³¹
户县	ɕiã⁵⁵	iã³¹	iã⁵⁵	iɛ³¹	pã³¹ ｜ pã
周至	ɕiæ̃⁵⁵	iæ̃²¹	iæ̃⁵⁵	iɛ²¹	pã²¹ ｜ pã
三原	ɕiã⁵⁵	iã³¹	iã⁵⁵	iɛ³¹	pã³¹ ｜ pã
泾阳	ɕiã⁵⁵	iã³¹	iã⁵⁵	iɛ³¹	pã³¹
咸阳	ɕiã⁵⁵	iã³¹	iã⁵⁵	iɛ³¹	pã³¹
兴平	ɕiã⁵⁵	iã³¹	iã⁵⁵	iɛ³¹	pã³¹ ｜ pã
武功	ɕiã⁵⁵	iã³¹	iã⁵⁵	iɛ³¹	pã³¹ ｜ pã
礼泉	ɕiæ̃⁵⁵	iæ̃³¹	iæ̃⁵⁵	iɛ³¹	pæ̃³¹ ｜ pã
乾县	ɕiã⁴⁴	iã³¹	iã⁴⁴	iɛ³¹	pã³¹ ｜ pã
永寿	ɕiã⁵⁵	iã³¹	iã⁵⁵	iɛ³¹	pã³¹ ｜ pã
淳化	ɕiã⁵⁵	iã³¹	iã⁵⁵	iɛ³¹	pã³¹ ｜ pã
旬邑	ɕiã⁴⁴	iã³¹	iã⁴⁴	iɛ³¹	pã³¹ ｜ pã
彬县	ɕiã⁴⁴	iã³¹	iã⁴⁴	iɛ³¹	pã³¹ ｜ pã
长武	ɕiã⁴⁴	iã³¹	iã⁴⁴	iɛ³¹	pã³¹ ｜ pã
扶风	ɕiæ̃³³	iæ̃³¹	iæ̃³³	iɛ³¹	pæ̃³¹ ｜ pã
眉县	ɕiæ̃⁴⁴	iæ̃³¹	iæ̃⁴⁴	iɛ³¹	pæ̃³¹ ｜ pã
麟游	ɕiã⁴⁴	iã³¹	iã⁴⁴	iɛ³¹	pã³¹ ｜ pã
岐山	ɕiæ̃⁴⁴	iæ̃³¹	iæ̃⁴⁴	iɛ³¹	pæ̃³¹ ｜ pã
凤翔	ɕiã⁴⁴	iã³¹	iã⁴⁴	iɛ³¹	pã³¹ ｜ pã
宝鸡	ɕiæ̃⁴⁴	iæ̃³¹	iæ̃⁴⁴	iɛ³¹	pæ̃³¹ ｜ pã
千阳	ɕiæ̃⁴⁴	iæ̃³¹	iæ̃⁴⁴	iɛ³¹	pæ̃³¹ ｜ pã
陇县	ɕiæ̃⁴⁴	iæ̃³¹	iæ̃⁴⁴	iɛ³¹	pæ̃³¹ ｜ pã

字目 / 方言	半 山合一去换帮	拨 山合一入末帮	潘 山合一平桓滂	判 山合一去换滂	泼 山合一入末滂
西安	$p\tilde{æ}^{55}$	po^{21}	$p^h\tilde{æ}^{21}$	$p^h\tilde{æ}^{55}$	p^ho^{21}/po^{21}
韩城	$p\tilde{a}^{44}$	$pə^{31}$	$p^h\tilde{a}^{31}$	$p^h\tilde{a}^{44}$	$p^hə^{31}$
合阳	$p\tilde{a}^{55}$	po^{31}	$p^h\tilde{a}^{31}$	$p^h\tilde{a}^{55}$	p^ho^{31}
澄城	$p\tilde{a}^{44}$	po^{31}	$p^h\tilde{a}^{31}$	$p^h\tilde{a}^{44}$	p^ho^{31}
白水	$p\tilde{a}^{44}$	po^{31}	$p^h\tilde{a}^{31}$	$p^h\tilde{a}^{44}$	p^ho^{31}
大荔	$p\tilde{a}^{55}$	po^{31}	$p^h\tilde{a}^{31}$	$p^h\tilde{a}^{55}$	p^ho^{31}
蒲城	$p\tilde{a}^{55}$	p^fo^{31}	$p^h\tilde{a}^{31}$	$p^h\tilde{a}^{55}$	$p^{fh}o^{31}$
美原	$p\tilde{a}^{55}$	p^fo^{31}	$p^h\tilde{a}^{31}$	$p^h\tilde{a}^{55}$	$p^{fh}o^{31}$
富平	$p\tilde{a}^{55}$	po^{31}	$p^h\tilde{a}^{31}$	$p^h\tilde{a}^{55}$	$p^{fh}o^{31}$
潼关	$p\tilde{a}^{44}$	po^{31}	$p^h\tilde{a}^{31}$	$p^h\tilde{a}^{44}$	p^ho^{31}
华阴	$p\tilde{a}^{55}$	po^{31}	$p^h\tilde{a}^{31}$	$p^h\tilde{a}^{55}$	p^ho^{31}
华县	$p\tilde{a}^{55}$	p^fo^{31}	$p^h\tilde{a}^{31}$	$p^h\tilde{a}^{55}$	$p^{fh}o^{31}$
渭南	$p\tilde{a}^{44}$	p^fo^{31}	$p^h\tilde{a}^{31}$	$p^h\tilde{a}^{44}$	$p^{fh}o^{31}$
洛南	$p\tilde{æ}^{44}$	po^{31}	$p^h\tilde{æ}^{31}$	$p^h\tilde{æ}^{44}$	p^ho^{31}
商州	$p\tilde{a}^{55}$	p^fo^{31}	$p^h\tilde{a}^{31}$	$p^h\tilde{a}^{55}$	$p^{fh}o^{31}$
丹凤	$p\tilde{a}^{44}$	po^{31}	$p^h\tilde{a}^{31}$	$p^h\tilde{a}^{44}$	p^ho^{31}
宜川	$p\tilde{æ}^{45}$	po^{51}	$p^h\tilde{æ}^{51}$	$p^h\tilde{æ}^{45}$	p^ho^{51}
富县	$p\tilde{a}^{44}$	$pɣ^{31}$	$p^h\tilde{a}^{31}$	$p^h\tilde{a}^{44}$	$p^hɣ^{31}$
黄陵	$p\tilde{æ}^{44}$	po^{31}	$p^h\tilde{æ}^{31}$	$p^h\tilde{æ}^{44}$	$p^{fh}o^{31}$
宜君	$p\tilde{æ}^{44}$	po^{21}	$p^h\tilde{æ}^{21}$	$p^h\tilde{æ}^{44}$	$p^{fh}o^{21}$
铜川	$p\tilde{æ}^{44}$	po^{21}	$p^h\tilde{æ}^{21}$	$p^h\tilde{æ}^{44}$	p^ho^{21}
耀县	$p\tilde{æ}^{44}$	$pɣ^{31}$	$p^h\tilde{æ}^{31}$	$p^h\tilde{æ}^{44}$	$p^hɣ^{31}$
高陵	$p\tilde{æ}^{55}$	po^{31}	$p^h\tilde{æ}^{31}$	$p^h\tilde{æ}^{55}$	p^ho^{31}
临潼	$p\tilde{a}^{45}$	po^{31}	$p^h\tilde{a}^{31}$	$p^h\tilde{a}^{45}$	$p^{fh}o^{31}$

字目 方言	半 山合一 去换帮	拨 山合一 入末帮	潘 山合一 平桓滂	判 山合一 去换滂	泼 山合一 入末滂
蓝田	$p\tilde{a}^{44}/pa\eta^{44}①$	po^{31}	$p^h\tilde{a}^{31}$	$p^h\tilde{a}^{44}$	$p^{fh}o^{31}$
长安	$p\tilde{a}^{44}$	po^{31}	$p^h\tilde{a}^{31}$	$p^h\tilde{a}^{44}$	p^ho^{31}
户县	$p\tilde{a}^{55}$	po^{31}	$p^h\tilde{a}^{31}$	$p^h\tilde{a}^{55}$	$p^{fh}o^{31}$
周至	$p\tilde{æ}^{55}$	po^{21}	$p^h\tilde{æ}^{21}$	$p^h\tilde{æ}^{55}$	p^ho^{21}
三原	$p\tilde{a}^{55}$	po^{31}	$p^h\tilde{a}^{31}$	$p^h\tilde{a}^{55}$	p^ho^{31}
泾阳	$p\tilde{a}^{55}/pa\eta^{55}$	po^{31}	$p^h\tilde{a}^{31}$	$p^h\tilde{a}^{55}$	p^ho^{31}
咸阳	$p\tilde{a}^{55}/pa\eta^{55}$	po^{31}	$p^h\tilde{a}^{31}$	$p^h\tilde{a}^{55}$	p^ho^{31}
兴平	$p\tilde{a}^{55}/pa\eta^{55}$	po^{31}	$p^h\tilde{a}^{31}$	$p^h\tilde{a}^{55}$	p^ho^{31}
武功	$p\tilde{a}^{55}/pa\eta^{55}$	p^fo^{31}	$p^h\tilde{a}^{31}$	$p^h\tilde{a}^{55}$	$p^{fh}o^{31}$
礼泉	$p\tilde{æ}^{55}$	p^fo^{31}	$p^h\tilde{æ}^{31}$	$p^h\tilde{æ}^{55}$	$p^{fh}o^{31}$
乾县	$p\tilde{a}^{44}$	p^fo^{31}	$p^h\tilde{a}^{31}$	$p^h\tilde{a}^{44}$	$p^{fh}o^{31}$
永寿	$p\tilde{a}^{55}$	po^{31}	$p^h\tilde{a}^{31}$	$p^h\tilde{a}^{55}$	p^ho^{31}
淳化	$p\tilde{a}^{55}$	po^{31}	$p^h\tilde{a}^{31}$	$p^h\tilde{a}^{55}$	p^ho^{31}
旬邑	$p\tilde{a}^{44}/pa\eta^{44}$	po^{31}	$p^h\tilde{a}^{31}$	$p^h\tilde{a}^{44}$	p^ho^{31}
彬县	$p\tilde{a}^{44}$	po^{31}	$p^h\tilde{a}^{31}$	$p^h\tilde{a}^{44}$	p^ho^{31}
长武	$p\tilde{a}^{44}$	po^{31}	$p^h\tilde{a}^{31}$	$p^h\tilde{a}^{44}$	p^ho^{31}
扶风	$p\tilde{æ}^{33}$	po^{31}	$p^h\tilde{æ}^{31}$	$p^h\tilde{æ}^{33}$	$p^{fh}o^{31}$
眉县	$p\tilde{æ}^{44}$	po^{31}	$p^h\tilde{æ}^{31}$	$p^h\tilde{æ}^{44}$	p^ho^{31}
麟游	$p\tilde{a}^{44}$	po^{31}	$p^h\tilde{a}^{31}$	$p^h\tilde{a}^{44}$	p^ho^{31}
岐山	$p\tilde{æ}^{44}$	p^fo^{31}	$p^h\tilde{æ}^{31}$	$p^h\tilde{æ}^{44}$	$p^{fh}o^{31}$
凤翔	$p\tilde{a}^{44}$	p^fo^{31}	$p^h\tilde{a}^{31}$	$p^h\tilde{a}^{44}$	$p^{fh}o^{31}$
宝鸡	$p\tilde{æ}^{44}$	p^fo^{31}	$p^h\tilde{æ}^{31}$	$p^h\tilde{æ}^{44}$	$p^{fh}o^{31}$
千阳	$p\tilde{æ}^{44}$	p^fo^{31}	$p^h\tilde{æ}^{31}$	$p^h\tilde{æ}^{44}$	$p^{fh}o^{31}$
陇县	$p\tilde{æ}^{44}$	p^fo^{31}	$p^h\tilde{æ}^{31}$	$p^h\tilde{æ}^{44}$	$p^{fh}o^{31}$

① $pa\eta^{44}$ 左～个儿。下同。

字目 方言	盘 山合一 平桓並	拌 山合一 上缓並	叛 山合一 去换並	钹 山合一 入末並	瞒 山合一 平桓明
西安	$p^hæ̃^{24}$	$pæ̃^{55}$	$p^hæ̃^{55}$	po^{21}	$mæ̃^{24}$
韩城	$p^hã^{24}$	$p^hã^{44}$	$p^hã^{44}$	$p^hə^{31}$	$mã^{24}$
合阳	$p^hã^{24}$	$p^hã^{55}$	$p^hã^{55}$	p^ho^{31}	$mã^{24}$
澄城	$p^hã^{24}$	$p^hã^{44}$	$p^hã^{44}$	p^ho^{31}	$mã^{24}$
白水	$p^hã^{24}$	$p^hã^{44}$	$p^hã^{44}$	po^{31}	$mã^{24}$
大荔	$p^hã^{24}$	$p^hã^{55}$	$p^hã^{55}$	p^ho^{31}	$mã^{24}$
蒲城	$p^hã^{35}$	$p^hã^{55}$	$p^hã^{55}$	$p^{fh}o^{31}$	$mã^{35}$
美原	$p^hã^{35}$	$p^hã^{55}$	$p^hã^{55}$	$p^{fh}o^{31}$	$mã^{35}$
富平	$p^hã^{35}$	$p^hã^{55}$	$p^hã^{55}$	$p^{fh}o^{31}$	$mã^{35}$
潼关	$p^hã^{24}$	$p^hã^{44}$	$p^hã^{44}$	p^ho^{31}	$mã^{24}$
华阴	$p^hã^{24}$	$p^hã^{55}$	$p^hã^{55}$	po^{31}	$mã^{24}$
华县	$p^hã^{35}$	$p^hã^{55}$	$p^hã^{55}$	p^fo^{31}	$mã^{35}$
渭南	$p^hã^{24}$	$p^hã^{44}$	$p^hã^{44}$	p^fo^{31}	$mã^{24}$
洛南	$p^hæ̃^{24}$	$p^hæ̃^{44}$	$p^hæ̃^{44}$	po^{31}	$mæ̃^{24}$
商州	$p^hã^{35}$	$pã^{55}$	$p^hã^{55}$	p^fo^{31}	$mã^{35}$
丹凤	$p^hã^{24}$	$p^hã^{44}$	$p^hã^{44}$	po^{31}	$mã^{24}$
宜川	$p^hæ̃^{24}$	$p^hæ̃^{45}$	$p^hæ̃^{45}$	po^{51}	$mæ̃^{24}$
富县	$p^hã^{24}$	$p^hã^{44}$	$p^hã^{44}$	$pɤ^{31}$	$mã^{24}$
黄陵	$p^hæ̃^{24}$	$p^hæ̃^{44}$	$p^hæ̃^{44}$	po^{31}	$mæ̃^{24}$
宜君	$p^hæ̃^{24}$	$p^hæ̃^{44}$	$p^hæ̃^{44}$	$p^{fh}o^{24}$	$mæ̃^{24}$
铜川	$p^hæ̃^{24}$	$p^hæ̃^{44}$	$p^hæ̃^{44}$	p^ho^{21}	$mæ̃^{24}$
耀县	$p^hæ̃^{24}$	$p^hæ̃^{44}$	$p^hæ̃^{44}$	$pɤ^{31}$	$mæ̃^{24}$
高陵	$p^hæ̃^{24}$	$pæ̃^{55}$	$p^hæ̃^{55}$	po^{31}	$mæ̃^{24}$
临潼	$p^hã^{24}$	$pã^{45}$	$p^hã^{45}$	po^{31}	$mã^{24}$

字目 方言	盘 山合一 平桓並	拌 山合一 上缓並	叛 山合一 去换並	钹 山合一 入末並	瞒 山合一 平桓明
蓝田	pʰã²⁴	pã⁴⁴	pʰã⁴⁴	po³¹	mã²⁴
长安	pʰã²⁴	pã⁴⁴	pʰã⁴⁴	po³¹	mã²⁴
户县	pʰã²⁴	pã⁵⁵	pʰã⁵⁵	po³¹	mã²⁴
周至	pʰæ̃²⁴	pæ̃⁵⁵	pʰæ̃⁵⁵	po²¹	mæ̃²⁴
三原	pʰã²⁴	pã⁵⁵	pʰã⁵⁵	po²⁴	mã²⁴
泾阳	pʰã²⁴	pã⁵⁵	pʰã⁵⁵	po³¹	mã²⁴
咸阳	pʰã²⁴	pã⁵⁵	pʰã⁵⁵	po³¹	mã²⁴
兴平	pʰã²⁴	pã⁵⁵	pʰã⁵⁵	p̲o̲³¹/pʰo³¹	mã²⁴
武功	pʰã²⁴	pã⁵⁵	pʰã⁵⁵	po²⁴	mã²⁴
礼泉	pʰæ̃²⁴	pæ̃⁵⁵	pʰæ̃⁵⁵	pfo³¹	mæ̃²⁴
乾县	pʰã²⁴	pã⁴⁴	pʰã⁴⁴	po³¹	mã²⁴
永寿	pʰã²⁴	pã⁵⁵	pʰã⁵⁵	po³¹	mã²⁴
淳化	pʰã²⁴	pã⁵⁵	pʰã⁵⁵	po³¹	mã²⁴
旬邑	pʰã²⁴	pʰã⁴⁴	pʰã⁴⁴	po³¹	mã²⁴
彬县	pʰã²⁴	pʰã⁴⁴	pʰã⁴⁴	po³¹	mã²⁴
长武	pʰã²⁴	pʰã⁴⁴	pʰã⁴⁴	po³¹	mã²⁴
扶风	pʰæ̃²⁴	pʰæ̃³³	pʰæ̃³³	pfʰo²⁴	mæ̃²⁴
眉县	pʰæ̃²⁴	pʰæ̃⁴⁴	pʰæ̃⁴⁴	pʰo²⁴	mæ̃²⁴
麟游	pʰã²⁴	pʰã⁴⁴	pʰã⁴⁴	pʰo²⁴	mã²⁴
岐山	pʰæ̃²⁴	pʰæ̃⁴⁴	pʰæ̃⁴⁴	pfʰo²⁴	mæ̃²⁴
凤翔	pʰã²⁴	pʰã⁴⁴	pʰã⁴⁴	pfʰo²⁴	mã²⁴
宝鸡	pʰæ̃²⁴	pʰæ̃⁴⁴	pʰæ̃⁴⁴	pfo³¹	mæ̃²⁴
千阳	pʰæ̃²⁴	pʰã⁴⁴	pʰæ̃⁴⁴	pfʰo²⁴	mæ̃²⁴
陇县	pʰæ̃²⁴	pʰæ̃⁴⁴	pʰæ̃⁴⁴	pfʰo²⁴	mæ̃²⁴

字目 / 方言	满 山合一上缓明	漫 山合一去换明	末 山合一入末明	端 山合一平桓端	短 山合一上缓端
西安	mæ̃⁵³	mæ̃⁵⁵	mo²¹	tuæ̃²¹ ｜ tuæ̃	tuæ̃⁵³
韩城	mã⁵³	mã⁴⁴	mə³¹	tã³¹ ｜ tã	tã⁵³
合阳	mã⁵²	mã⁵⁵	mo³¹	t̲u̲ã³¹/tã³¹/t̲u̲o³¹① ｜ tuã	tuã⁵²
澄城	mã⁵³	mã⁴⁴	mo³¹	tuã³¹/tã³¹ ｜ tuã	tuã⁵³
白水	mã⁵³	mã⁴⁴	mo³¹	tuã³¹ ｜ tuã	tuã⁵³
大荔	mã⁵²	mã⁵⁵	mo³¹	tuã³¹ ｜ tuã	tuã⁵²
蒲城	mã⁵³	mã⁵⁵	mo³¹	tuã³¹ ｜ tuã	tuã⁵³
美原	mã⁵³	mã⁵⁵	mᶠo³¹	tuã³¹ ｜ tuã	tuã⁵³
富平	mã⁵³	mã⁵⁵	mo³¹	tuã³¹ ｜ tuã	tuã⁵³
潼关	mã⁵²	mã⁴⁴	mo³¹	tuã³¹ ｜ tuã	tuã⁵²
华阴	mã⁵²	mã⁵⁵	mo³¹	tuã³¹ ｜ tuã	tuã⁵²
华县	mã⁵³	mã⁵⁵	mo³¹	tuã³¹ ｜ tuã	tuã⁵³
渭南	mã⁵³	mã⁴⁴	mo³¹	tuã³¹ ｜ tuã	tuã⁵³
洛南	mæ̃⁵³	mæ̃⁴⁴	mo³¹	tuæ̃³¹ ｜ tuã	tuæ̃⁵³
商州	mã⁵³	mã⁵⁵	mo³¹	tuã³¹ ｜ tuã	tuã⁵³
丹凤	mã⁵³	mã⁴⁴	mo³¹	tuã³¹	tuã⁵³
宜川	mæ̃⁴⁵	mæ̃⁴⁵	mo⁵¹	tuæ̃⁵¹	tuæ̃⁴⁵
富县	mã⁵²	mã⁴⁴	mᵇɤ³¹	tuã³¹	tuã⁵²
黄陵	mæ̃⁵²	mæ̃⁴⁴	mo³¹	tuæ̃³¹	tuæ̃⁵²
宜君	mæ̃⁵²	mæ̃⁴⁴	mo²¹	tuæ̃²¹	tuæ̃⁵²
铜川	mæ̃⁵²	mæ̃⁴⁴	mo²¹	tuæ̃²¹ ｜ tyã	tuæ̃⁵²
耀县	mæ̃⁵²	mæ̃⁴⁴	mɤ³¹	tuæ̃³¹ ｜ tyã	tuæ̃⁵²
高陵	mæ̃⁵²	mæ̃⁵⁵	mo³¹	tuæ̃³¹ ｜ tuã	tuæ̃⁵²
临潼	mã⁵²	mã⁴⁵	mo³¹	tuã³¹ ｜ tᵘuã	tuã⁵²

---

① tã³¹ 五月～午。下同。

字目　方言	满	漫	末	端	短
	山合一上缓明	山合一去换明	山合一入末明	山合一平桓端	山合一上缓端
蓝田	mã⁵²	mã⁴⁴	mo³¹	tuã³¹ ｜ tuã	tuã⁵²
长安	mã⁵³	mã⁴⁴	mo³¹	tuã³¹	tuã⁵³
户县	mã⁵²	mã⁵⁵	mo³¹	tuã³¹ ｜ tuã	tuã⁵²
周至	mæ̃⁵²	mæ̃⁵⁵	mo²¹	tuæ̃²¹/tæ̃²¹ ｜ tˣuã	tuæ̃⁵²
三原	mã⁵²	mã⁵⁵	mo³¹	tuã³¹ ｜ tuã	tuã⁵²
泾阳	mã⁵²	mã⁵⁵	mo³¹	tuã³¹ ｜ tuã	tuã⁵²
咸阳	mã⁵²	mã⁵⁵	mo³¹	tuã³¹ ｜ tuã	tuã⁵²
兴平	mã⁵²	mã⁵⁵	mo³¹	tuã³¹ ｜ tˣuã	tuã⁵²
武功	mã⁵²	mã⁵⁵	mᶠo³¹	tuã³¹ ｜ tuã	tuã⁵²
礼泉	mæ̃⁵²	mæ̃⁵⁵	mᶠo³¹	tuæ̃³¹ ｜ tˣuã	tuæ̃⁵²
乾县	mã⁵²	mã⁴⁴	mo³¹	tuã³¹ ｜ tˣuã	tuã⁵²
永寿	mã⁵²	mã⁵⁵	mo³¹	tuã³¹ ｜ tˣuã	tuã⁵²
淳化	mã⁵²	mã⁵⁵	mo³¹	tuã³¹ ｜ tuã	tuã⁵²
旬邑	mã⁵²	mã⁴⁴	mo³¹	tuã³¹ ｜ tuã	tuã⁵²
彬县	mã⁵²	mã⁴⁴	mo³¹	tuã³¹ ｜ tuã	tuã⁵²
长武	mã⁵²	mã⁴⁴	mo³¹	tuã³¹ ｜ tuã	tuã⁵²
扶风	mæ̃⁵²	mæ̃³³	mo³¹	tuæ̃³¹ ｜ tuã	tuæ̃⁵²
眉县	mæ̃⁵²	mæ̃⁴⁴	mo³¹	tuæ̃³¹ ｜ tuã	tuæ̃⁵²
麟游	mã⁵³	mã⁴⁴	mo³¹	tuã³¹/tã³¹ ｜ tuã	tuã⁵³
岐山	mæ̃⁵³	mæ̃⁴⁴	mo³¹	tuæ̃³¹ ｜ tuã	tuæ̃⁵³
凤翔	mã⁵³	mã⁴⁴	mo³¹	tuã³¹ ｜ tuã	tuã⁵³
宝鸡	mæ̃⁵³	mæ̃⁴⁴	mo³¹	tuæ̃³¹ ｜ tuã	tuæ̃⁵³
千阳	mæ̃⁵³	mæ̃⁴⁴	mo³¹	tuæ̃³¹ ｜ tuã	tuæ̃⁵³
陇县	mæ̃⁵³	mæ̃⁴⁴	mo³¹	tuæ̃³¹ ｜ tuã	tuæ̃⁵³

字目 / 方言	锻 山合一 去换端	掇拾~ 山合一 入末端	脱 山合一 入末透	团 山合一 平桓定	断~绝 山合一 上缓定
西安	tuæ̃^{55}	tuo^{021}	tʰuo^{21}	tʰuæ̃^{24} | tʰuã	tuæ̃^{55}
韩城	tã^{44}	tə^{53}	tʰə^{31}	tʰã^{24} | tʰã	tã^{44}/tʰã^{44}tʰ/uã^{44}
合阳	tuã^{55}	tuo^{31}/to^{31}	tʰuo^{31}	tʰuã^{24} | tʰuã	tuã^{55}/tʰuã^{55}
澄城	tuã^{44}	tuo^{021}	tʰuo^{31}	tʰuã^{24} | tʰuã	tʰuã^{44}
白水	tuã^{44}	tuo^{021}	tʰuo^{31}	tʰuã^{24} | tʰuã	tʰuã^{44}
大荔	tuã^{55}	tuo^{021}	tʰuo^{31}	tʰuã^{24} | tʰuã	tʰuã^{55}
蒲城	tuã^{55}	tuo^{021}	tʰuo^{31}	tʰuã^{35} | tʰuã	tuã^{55}
美原	tuã^{55}	tuo^{53}	tʰuo^{31}	tʰuã^{35} | tʰuã	tʰuã^{55}
富平	tuã^{55}	tuo^{53}	tʰuo^{31}	tʰuã^{35} | tʰuã	tuã^{55}
潼关	tuã^{44}	tuo^{021}	tʰuo^{31}	tʰuã^{24} | tʰuã	tuã^{44}
华阴	tuã^{55}	tuo^{021}	tʰuo^{31}	tʰuã^{24} | tʰuã	tʰuã^{55}
华县	tuã^{55}	tuo^{53}	tʰuo^{31}	tʰuã^{35} | tʰuã	tuã^{55}
渭南	tuã^{44}	tuo^{021}	tʰuo^{31}	tʰuã^{24} | tʰuã	tuã^{44}
洛南	tuæ̃^{44}	tuo^{53}	tʰuo^{31}	tʰuæ̃^{24} | tʰuã	tuæ̃^{44}
商州	tuã^{55}	tuo^{53}	tʰuo^{31}	tʰuã^{35} | tʰuã	tuã^{55}
丹凤	tuã^{44}	tuo^{53}	tʰuo^{31}	tʰuã^{24}	tuã^{44}
宜川	tuæ̃^{45}	tuo^{45}	tʰuo^{52}	tʰuæ̃^{24}	tuæ̃^{45}/tʰuæ̃^{45}
富县	tuã^{44}	tuo^{31}	tʰuo^{31}	tʰuã^{24}	tuã^{44}
黄陵	tuæ̃^{44}	tuo^{31}	tʰuo^{31}	tʰuæ̃^{24}/tɕʰyæ̃^{021}①	tuæ̃^{44}
宜君	tuæ̃^{44}	tuo^{21}	tʰuo^{21}	tʰuæ̃^{24}	tuæ̃^{44}
铜川	tuæ̃^{44}	tuo^{52}	tʰuo^{21}	tʰuæ̃^{24} | tʰuã	tuæ̃^{44}
耀县	tuæ̃^{44}	tuo^{52}	tʰuo^{31}	tʰuæ̃^{24}/tɕʰyæ̃^{24} | tʰuã	tuæ̃^{44}
高陵	tuæ̃^{55}	tuo^{31}	tʰuo^{31}	tʰuæ̃^{24} | tʰuã	tuæ̃^{55}
临潼	tuã^{45}	tuo^{31}	tʰuo^{31}	tʰuã^{24} | tʰuã	tuã^{45}

① 黄陵 "tɕʰyæ̃^{021}"、耀县 "tɕʰyæ̃^{24}" 均为 "搅~"。

字目 方言	锻 山合一 去换端	掇拾~ 山合一 入末端	脱 山合一 入末透	团 山合一 平桓定	断~绝 山合一 上缓定
蓝田	tuã⁴⁴	tuo³¹	tʰuo³¹	tʰuã²⁴ ∣ tʰuã	tuã⁴⁴
长安	tuã⁴⁴	tuo²¹	tʰuo³¹	tʰuã²⁴	tuã⁴⁴
户县	tuã⁵⁵	tuo³¹	tʰuo³¹	tʰuã²⁴/tʰã⁰²¹① ∣ tʰuã	tuã⁵⁵
周至	tuæ̃⁵⁵	tuo²¹	tʰuo²¹	tʰuæ̃²⁴ ∣ tᶻʰuã	tuæ̃⁵⁵
三原	tuã⁵⁵	tuo³¹	tʰuo³¹	tʰuã²⁴ ∣ tʰuã	tuã⁵⁵
泾阳	tuã⁵⁵	tuo³¹	tʰuo³¹	tʰuã²⁴ ∣ tʰuã	tuã⁵⁵
咸阳	tuã⁵⁵	tuo³¹	tʰuo³¹	tʰuã²⁴	tuã⁵⁵
兴平	tuã⁵⁵	tuo³¹	tʰuo³¹	tʰuã²⁴ ∣ tᶻʰuã	tuã⁵⁵
武功	tuã⁵⁵	tuo³¹	tʰuo³¹	tʰuã²⁴ ∣ tᶻʰuã	tuã⁵⁵
礼泉	tuæ̃⁴⁴	tuo⁰²¹	tʰuo³¹	tʰuã²⁴ ∣ tᶻʰuã	tuæ̃⁵⁵
乾县	tuã⁵⁵	tuo³¹	tʰuo³¹	tʰuã²⁴ ∣ tᶻʰuã	tuã⁴⁴
永寿	tuã⁵⁵	tuo³¹	tʰuo³¹	tʰuã²⁴ ∣ tᶻʰuã	tuã⁵⁵
淳化	tuã⁵⁵	tuo³¹	tʰuo³¹	tʰuã²⁴ ∣ tʰuã	tuã⁵⁵
旬邑	tuã⁴⁴	tuo³¹	tʰuo³¹	tʰuã²⁴ ∣ tʰuã	tuã⁴⁴
彬县	tuã⁴⁴	tuo³¹	tʰuo³¹	tʰuã²⁴ ∣ tʰuã	tuã⁴⁴/tʰuã⁴⁴
长武	tuã⁴⁴	tuo³¹	tʰuo³¹	tʰuã²⁴ ∣ tʰuã	tuã⁴⁴/tʰuã⁴⁴
扶风	tuæ̃³³	tuo³¹	tʰuo³¹	tʰuæ̃²⁴ ∣ tʰuã	tuæ̃³³/tʰuæ̃³³
眉县	tuæ̃⁴⁴	tuo³¹	tʰuo³¹	tʰuæ̃²⁴ ∣ tʰuã	tuæ̃⁴⁴/tʰuæ̃⁴⁴
麟游	tuã⁴⁴	tuo³¹	tʰuo³¹	tʰuã²⁴ ∣ tʰuã	tuã⁴⁴/tʰuã⁴⁴
岐山	tuæ̃⁴⁴	tuo³¹	tʰuo³¹	tʰuæ̃²⁴ ∣ tʰuã	tʰuæ̃⁴⁴
凤翔	tuã⁴⁴	tuo³¹	tʰuo³¹	tʰuã²⁴ ∣ tʰuã	tuã⁴⁴
宝鸡	tuæ̃⁴⁴	tuo³¹	tʰuo³¹	tʰuæ̃²⁴ ∣ tʰuã	tuæ̃⁴⁴
千阳	tuæ̃⁴⁴	tuo⁵³	tʰuo³¹	tʰuæ̃²⁴ ∣ tʰuã	tuæ̃⁴⁴/tʰuæ̃⁴⁴
陇县	tuæ̃⁴⁴	tuo³¹	tʰuo³¹	tʰuæ̃²⁴	tuæ̃⁴⁴

① tʰã⁰²¹ 搅~。

字目 / 方言	段 山合一去换定	夺 山合一入末定	暖 山合一上缓泥	鸾 山合一平桓来	卵 山合一上缓来
西安	tuæ̃^{55}	tuo^{24}	nuæ̃^{53} ∣ nuã	luæ̃^{24}	nuæ̃^{53}
韩城	tᵃ^{44}	tʰə^{24}	yã^{53} ∣ lã	lã^{24}	lã^{53}
合阳	tʰuã^{55}	tuo^{24}/tʰuo^{24}	yã^{52}/lã^{52} ∣ lã	lã^{24}	lã^{52}
澄城	tuã^{44}	tʰuo^{24}	yã^{53} ∣ yã	lã^{24}	yã^{53}
白水	tuã^{44}	tʰuo^{24}	luã^{53} ∣ lyã	luã^{24}	luã^{53}
大荔	tuã^{55}	tʰuo^{24}	yã^{52} ∣ yã	yã^{24}	yã^{52}
蒲城	tuã^{55}	tʰuo^{35}	luã^{53} ∣ lyã	luã^{35}	luã^{53}
美原	tuã^{55}	tʰuo^{35}	luã^{53} ∣ lyã	luã^{35}	luã^{53}
富平	tuã^{55}	tuo^{35}	luã^{53} ∣ luã	luã^{35}	luã^{53}
潼关	tuã^{44}	tʰuo^{24}	luã^{52} ∣ luã	luã^{24}	luã^{52}
华阴	tʰuã^{55}	tʰuo^{24}	luã^{52} ∣ yã	luã^{24}	luã^{52}
华县	tuã^{55}	tʰuo^{35}	luã^{53} ∣ lyã	luã^{35}	luã^{53}
渭南	tuã^{44}	tʰuo^{24}	luã^{53} ∣ lyã	luã^{24}	luã^{53}
洛南	tuæ̃^{44}	tʰuo^{24}	luæ̃^{53} ∣ lyã	luæ̃^{24}	luæ̃^{53}
商州	tuã^{55}	tʰuo^{35}	luã^{53} ∣ luã	luã^{35}	luã^{53}
丹凤	tuã^{44}	tʰuo^{24}	luã^{53}	luã^{24}	luã^{53}
宜川	tuæ̃^{45}/tʰuæ̃^{45}	tʰuo^{24}	luæ̃^{45}	luæ̃^{24}	luæ̃^{45}
富县	tuã^{44}/tʰuã^{44}	tʰuo^{24}	lyã^{52}	lyã^{24}	lyã^{52}
黄陵	tuæ̃^{44}	tʰuo^{24}	nuæ̃^{52}/lyæ̃^{52}	luæ̃^{24}	lyæ̃^{52}
宜君	tuæ̃^{44}/tʰuæ̃^{44}	tʰuo^{24}	lyæ̃^{52}	lyæ̃^{24}	lyæ̃^{52}
铜川	tuæ̃^{44}	tuo^{24}	lyæ̃^{52} ∣ luã	lyæ̃^{24}	lyæ̃^{52}
耀县	tuæ̃^{44}	tuo^{24}	luæ̃^{52} ∣ luã	luæ̃^{24}	luæ̃^{52}
高陵	tuæ̃^{55}	tuo^{24}	nuæ̃^{52} ∣ luã	luæ̃^{24}	nuæ̃^{52}
临潼	tuã^{45}	tuo^{24}	luã^{52} ∣ luã	luã^{24}	luã^{52}

字目 方言	段 山合一 去换定	夺 山合一 入末定	暖 山合一 上缓泥	鸾 山合一 平桓来	卵 山合一 上缓来
蓝田	tuã⁴⁴	tuo²⁴	nuã⁵² ｜ nuã	luã²⁴	luã⁵²
长安	tuã⁴⁴	tuo²⁴	nuã⁵³	luã²⁴	nuã⁵³
户县	tuã⁵⁵	tuo²⁴/tʰuo²⁴	nuã⁵² ｜ nuã	luã²⁴	nuã⁵²
周至	tuæ̃⁵⁵	tuo²⁴	nuæ̃⁵² ｜ lyã/nuã	luæ̃²⁴	nuæ̃⁵²
三原	tuã⁵⁵	tuo²⁴	luã⁵² ｜ luã	luã²⁴	luã⁵²
泾阳	tuã⁵⁵	tuo²⁴	luã⁵² ｜ luã	luã²⁴	luã⁵²
咸阳	tuã⁵⁵	tuo²⁴	lyã⁵²	lyã²⁴	lyã⁵²
兴平	tuã⁵⁵	tuo²⁴	lyã⁵² ｜ lyã	lyã²⁴	lyã⁵²
武功	tuã⁵⁵	tuo²⁴	luã⁵² ｜ luã	luã²⁴	luã⁵²
礼泉	tuæ̃⁵⁵	tuo²⁴	luæ̃⁵² ｜ luã	luæ̃²⁴	luæ̃⁵²
乾县	tuã⁴⁴	tuo²⁴	luã⁵² ｜ luã	luã²⁴	luã⁵²
永寿	tuã⁵⁵	tuo²⁴	lyã⁵² ｜ lyã	lyã²⁴	lyã⁵²
淳化	tuã⁵⁵	tuo²⁴	lyã⁵² ｜ luã	lyã²⁴	lyã⁵²
旬邑	tuã⁴⁴	tuo²⁴/tʰuo²⁴	lyã⁵² ｜ lyã	lyã²⁴	lyã⁵²
彬县	tuã⁴⁴	tuo²⁴/tʰuo²⁴	lyã⁵² ｜ lyã	lyã²⁴	lyã⁵²
长武	tuã⁴⁴/tʰuã⁴⁴	tuo²⁴/tʰuo²⁴	lyã⁵² ｜ lyã	lyã²⁴	lyã⁵²
扶风	tuæ̃³³	tuo²⁴	luæ̃⁵²/lyæ̃⁵² ｜ luã	lyæ̃²⁴	lyæ̃⁵²
眉县	tuæ̃⁴⁴	tuo²⁴	luæ̃⁵²/lyæ̃⁵² ｜ luã	lyæ̃²⁴	luæ̃⁵²
麟游	tʰuã⁴⁴	tuo²⁴	luã⁵³ ｜ lyã	luã²⁴	luã⁵²
岐山	tʰuæ̃⁴⁴	tuo²⁴	luæ̃⁵³/lyæ̃⁵³ ｜ luã	lyæ̃²⁴	luæ̃⁵³/lyæ̃⁵³
凤翔	tuã⁴⁴	tuo²⁴	luã⁵³ ｜ luã	lyã²⁴	luã⁵³
宝鸡	tʰuæ̃⁴⁴	tuo²⁴	luæ̃⁵³ ｜ luã	lyæ̃²⁴	luæ̃⁵³
千阳	tuæ̃⁴⁴	tuo²⁴	luæ̃⁵³/lyæ̃⁵³ ｜ luã	lyæ̃²⁴	luæ̃⁵³
陇县	tuæ̃⁴⁴	tuo²⁴	luæ̃⁵³ ｜ luã	lyæ̃²⁴	luæ̃⁵³

字目 方言	乱 山合一 去换来		挼 山合一 入末来	钻动词 山合一 平桓精		攒 山合一 上缓精	钻木工用具 山合一 去换精
西安	luæ̃⁵⁵/læ̃⁵⁵	lyã	ly²¹	tsuæ̃²¹	tsuã	tsæ̃⁵³	tsuæ̃⁵⁵
韩城	yã⁴⁴	yã	y³¹	tɕyã³¹/tɕyã⁴⁴	tɕyã	tsã⁵³	tɕyã⁴⁴
合阳	yã⁵⁵/lã⁵⁵	yã	yə³¹/lio³¹	tɕyã³¹/tɕyã⁵⁵	tɕyã	tsã⁵²/tsã³¹	tɕyã⁵⁵
澄城	yã⁴⁴	yã	y³¹	tɕyã³¹	tɕyã/tsʅã	tsã⁵³	tɕyã⁴⁴
白水	luã⁴⁴	lyã	ly³¹	tɕyã³¹	tɕyã	tsã⁵³	tɕyã⁴⁴
大荔	yã⁵⁵	yã	y³¹	tɕyã³¹/tɕyã⁵⁵	tɕyã	tsã⁵²	tɕyã⁵⁵
蒲城	lyã⁵⁵	lyã	ly³¹	tɕyã³¹	tɕyã	tsã⁵³	tɕyã⁵⁵
美原	luã⁵⁵	lyã	ly³¹	tɕyã³¹	tɕyã	tsã⁵³	tɕyã⁵⁵
富平	luã⁵⁵	luã	ly³¹	tɕyã³¹	tɕyã	tsã⁵³	tɕyã⁵⁵
潼关	luã⁴⁴	luã	ly³¹	tɕyã³¹	tɕyã	tsã⁵²	tɕyã⁴⁴
华阴	luã⁵⁵	yã	ly³¹	tɕyã³¹	tɕyã	tsã⁵²	tɕyã⁵⁵
华县	luã⁵⁵	luã	ly³¹	tɕyã³¹	tɕyã	tsã⁵³	tɕyã⁵⁵
渭南	luã⁴⁴	luã	ly³¹	tɕyã³¹	tɕyã	tsã⁵³	tɕyã⁴⁴
洛南	læ̃⁴⁴	lyã	ly³¹	tɕyæ̃³¹	tɕyã	tsæ̃⁵³	tɕyæ̃⁴⁴
商州	luã⁵⁵/lã⁵⁵	luã	ly³¹	tɕyã³¹	tɕyã	tsã⁵³	tɕyã⁵⁵
丹凤	luã⁴⁴		ly³¹	tɕyã³¹		tsã⁵³	tɕyã⁴⁴
宜川	luæ̃⁴⁵		y⁵¹	tsuæ̃⁵¹		tsæ̃⁴⁵	tsuæ̃⁴⁵
富县	lyã⁴⁴		ly³¹	tɕyã³¹		tsã⁵²	tɕyã⁴⁴
黄陵	lyæ̃⁴⁴		ly³¹	tɕyæ̃³¹		tsæ̃⁵²	tɕyæ̃⁴⁴
宜君	lyæ̃⁴⁴		ly²¹	tɕyæ̃²¹		tsæ̃⁵²	tɕyæ̃⁴⁴
铜川	lyæ̃⁴⁴	luã	ly²¹	tɕyæ̃²¹	tɕyã	tsæ̃⁵²	tɕyæ̃⁴⁴
耀县	luæ̃⁴⁴	luã	ly³¹	tɕyæ̃³¹	tɕyã	tsæ̃⁵²	tɕyæ̃⁴⁴
高陵	luæ̃⁵⁵	lyã	ly³¹	tsuæ̃³¹	tsuã	tsæ̃⁵²	tsuæ̃⁵⁵
临潼	luã⁴⁵	luã	ly³¹	tsuã³¹	tsuã	tsã⁵²	tsuã⁴⁵

字目 方言	乱 山合一 去换来		捋 山合一 入末来	钻动词 山合一 平桓精		攒 山合一 上缓精	钻木工用具 山合一 去换精
蓝田	luã⁴⁴	luã	ly³¹	tʃuã³¹	tsʅã	tsã⁵²	tʃuã⁴⁴
长安	luã⁴⁴		ly³¹	tsuã³¹		tsã⁵³	tsuã⁴⁴
户县	luã⁵⁵	luã/lyã	ly³¹	tʃuã³¹	tsʅã	tsã⁵²	tʃuã⁵⁵
周至	luæ̃⁵⁵/lyæ̃⁵⁵	lyã	ly²¹	tsuæ̃²¹	tsuã	tsæ̃⁵²	tsuæ̃⁵⁵
三原	luã⁵⁵	lyã	ly³¹	tsuã31	tsuã	tsã⁵²	tsuã⁵⁵
泾阳	luã⁵⁵	luã	ly³¹	tsuã³¹	tsuã	tsã⁵²	tsuã⁵⁵
咸阳	lyã⁵⁵		ly³¹	tsuã³¹		tsã⁵²	tsuã⁵⁵
兴平	lyã⁵⁵	lyã	ly³¹	tsuã⁵⁵	tsuã	tsã⁵²	tsuã⁵⁵
武功	luã⁵⁵	luã	ly³¹	tsuã³¹	tsuã	tsã⁵²	tsuã⁵⁵
礼泉	luæ̃⁵⁵	luã	ly³¹	tsuæ̃³¹	tsuã	tsæ̃⁵²	tsuæ̃⁵⁵
乾县	luã⁴⁴	luã	ly³¹	tsuã³¹	tsuã	tsã⁵²	tsuã⁴⁴
永寿	lyã⁵⁵	lyã	ly³¹	tsuã³¹	tsuã	tsã⁵²	tsuã⁵⁵
淳化	lyã⁵⁵	luã	ly³¹	tsuã³¹	tsuã	tsã⁵²	tsuã⁵⁵
旬邑	lyã⁴⁴	lyã	ly³¹	tsuã³¹	tsuã	tsã⁵²	tsuã⁴⁴
彬县	lyã⁴⁴	lyã	ly³¹	tsuã³¹	tsuã	tsã⁵²	tsuã⁴⁴
长武	lyã⁴⁴	lyã	ly³¹	tsuã³¹	tsuã	tsã⁵²	tsuã⁴⁴
扶风	luæ̃³³/lyæ̃³³	luã	ly³¹	tsuæ̃³¹	tsuã	tsæ̃⁵²	tsuæ̃³³
眉县	luæ̃⁴⁴	luã	ly³¹	tsuæ̃³¹	tsuã	tsæ̃⁵²	tsuæ̃⁴⁴
麟游	luã⁴⁴	luã	ly³¹	tsuã⁴⁴	tsuã	tsã⁵²	tsuã⁴⁴
岐山	luæ̃⁴⁴/lyæ̃⁴⁴	luã	luo³¹	tsuæ̃³¹	tsuã	tsæ̃⁵³	tsuæ̃⁴⁴
凤翔	luã⁴⁴	luã		tsuã³¹	tsuã	tsã⁵³	tsuã⁴⁴
宝鸡	lyæ̃⁴⁴	luã	ly³¹	tsuæ̃⁴⁴	tsuã	tsæ̃⁵³	tsuæ̃⁴⁴
千阳	luæ̃⁴⁴	luã	ly³¹	tsuã³¹	tsuã	tsæ̃⁵³	tsuæ̃⁴⁴
陇县	luæ̃⁴⁴	luã	ly³¹	tsuæ̃³¹	tsuã	tsæ̃⁵³	tsuæ̃⁴⁴

字目 方言	余 山合一 平桓清	窜 山合一 去换清		撮 山合一 入末清	酸 山合一 平桓心		算 山合一 去换心
西安	tsʰuæ̃²¹	tsʰuæ̃⁵⁵	tsʰuã	tsʰuo²¹/tsuo²¹①	suæ̃²¹	suã	suæ̃⁵⁵
韩城	tɕʰyã³¹	tɕʰyã³¹	tɕʰyã	tsuə³¹	ɕyã³¹	ɕyã	ɕyã⁴⁴
合阳	tɕʰyã³¹	tɕʰyã⁵⁵	tɕʰyã	tɕʰyə³¹	ɕyã³¹	ɕyã	ɕyã⁵⁵
澄城	tɕʰyã³¹	tɕʰyã⁴⁴	tsʰʅã/tɕʰyã	tʃuo³¹	ɕyã³¹	ɕyã/sʅã	ɕyã⁴⁴
白水	tʃʰuã³¹	tʃʰuã⁴⁴	tɕʰyã	tsuo³¹	ɕyã³¹	ɕyã	ɕyã⁴⁴
大荔	tɕʰyã³¹	tɕʰyã⁵⁵	tɕʰyã	tsʰuo³¹/tsuo³¹	ɕyã³¹	ɕyã	ɕyã⁵⁵
蒲城	tɕʰyã³¹	tɕʰyã⁵⁵	tɕʰyã	tʃʰuo³¹/tʃuo³¹	ɕyã³¹	ɕyã	ɕyã⁵⁵
美原	tɕʰyã³¹	tɕʰyã⁵⁵	tɕʰyã	tʃo³¹	ɕyã³¹	ɕyã	ɕyã⁵⁵
富平	tɕʰyã³¹	tɕʰyã⁵⁵	tɕʰyã	tsʰuo³¹/tsuo³¹	ɕyã³¹	suã	ɕyã⁵⁵
潼关	tɕʰyã³¹	tɕʰyã⁴⁴	tɕʰyã	tsʰuo³¹/tsuo³¹	ɕyã³¹	ɕyã	ɕyã⁴⁴
华阴	tɕʰyã³¹	tɕʰyã⁵⁵	tɕʰyã	tsʰuo³¹/tsuo³¹	ɕyã³¹	ɕyã	ɕyã⁵⁵
华县	tɕʰyã³¹	tɕʰyã⁵⁵	tɕʰyã	tʃʰuo³¹/tʃuo³¹	ɕyã³¹	ɕyã	ɕyã⁵⁵
渭南	tʃʰuã³¹	tʃʰuã⁴⁴	tɕʰyã	tʃuo³¹	ɕyã³¹	ɕyã	ɕyã⁴⁴
洛南	tʃʰuæ̃³¹	tʃʰuæ̃⁴⁴	tɕyã	tʃuo³¹	ɕyæ̃³¹	ɕyã	ɕyæ̃⁴⁴
商州	tʃʰuã³¹	tʃʰuã⁵⁵	tɕyã	tʃʰuo³¹/tʃuo³¹	ɕyã³¹	ɕyã	ɕyã⁵⁵
丹凤	tʃʰuã³¹	tʃʰuã⁴⁴		tʃuo³¹	ɕyã³¹		ɕyã⁴⁴
宜川	tsʰuæ̃⁴⁵	tsʰuæ̃⁴⁵		tsuo⁵¹/tsʰuo⁵¹	suæ̃⁵¹		suæ̃⁴⁵
富县	tsʰuã³¹	tsʰuã⁴⁴		tsuo³¹	ɕyã³¹		ɕyã⁴⁴
黄陵	tʃʰuæ̃³¹	tʃʰuæ̃⁴⁴/tʃʰuæ̃³¹②		tʃʰuo³¹/tʃuo³¹	ɕyæ̃³¹		ɕyæ̃⁴⁴
宜君	tʃʰuæ̃⁴⁴	tʃʰuæ̃⁴⁴		tsʰuo²¹/tsuo²¹ ～合	ɕyæ̃²¹		ɕyæ̃⁴⁴
铜川		tʃʰuæ̃⁴⁴/tɕʰyæ̃⁴⁴	tɕʰyã	tsʰuo²¹/tsuo²¹	ɕyæ̃²¹	ɕyã	ɕyæ̃⁴⁴
耀县	tʃuæ̃⁵²	tʃʰuæ̃⁴⁴	tɕʰyã	tʃuo³¹	ɕyæ̃³¹	ɕyã	ɕyæ̃⁴⁴
高陵	tsʰuæ̃³¹	tsʰuæ̃⁵⁵/tsʰuæ̃³¹ | tsʰuã		tsʰuo³¹/tsuo⁵²	suæ̃³¹	suã	suæ̃⁵⁵
临潼	tsʰuã³¹	tsʰuã⁴⁵	tɕʰyã	tsuo³¹/tsʰuo³¹	suã³¹	ɕyã/sʅã	suã⁴⁵

---

① tsuo²¹ 一～毛。以下不送气音读法同此。

② tʃʰuæ̃³¹ ～咧。以下阴平读法同此。

字目 / 方言	㳕 山合一 平桓清	酇 山合一 去换清	撮 山合一 入末清	酸 山合一 平桓心	算 山合一 去换心
蓝田	tʂʰuã^{31}	tʂʰuã^{44} ｜ tsʰʮã	tʃuo^{31}/tʃʰuo^{31}	ʃuã^{31} ｜ sʮã	ʃuã^{44}
长安	tsʰuã^{31}	pfʰã^{44}	tsʰuo^{31}/tsuo^{31}	suã^{31}	suã^{44}
户县	tʂʰuã^{31}	tʂʰuã^{55} ｜ tsʰʮã	tʃuo^{31}/tʃʰuo^{31}	ʃuã^{31} ｜ sʮã	ʃuã^{55}
周至	tsʰuæ̃^{21}	tsʰuæ̃^{55}/tsʰuæ̃^{21} ｜ tsʰuã	tsʰuo^{21}/tsuo^{21}	suæ̃^{21} ｜ suã	suæ̃^{55}
三原	tsʰuã^{31}	tsʰuã^{55} ｜ tsʰuã	tsʰuo^{31}/tsuo^{31}	suã^{31} ｜ suã	suã^{55}
泾阳	tsʰuã^{31}	tsʰuã^{55} ｜ tsʰuã	tsʰuo^{31}/tsuo^{31}	suã^{31} ｜ suã	suã^{55}
咸阳	tsʰuã^{31}	tsʰuã^{55}	tsʰuo^{31}/tsuo^{31}	suã^{31}	suã^{55}
兴平	tsʰuã^{31}	tʃʰuã^{55} ｜ tsʰuã	tsʰuo^{31}/tsuo^{31}	suã^{31} ｜ suã	suã^{55}
武功	tsʰuã^{31}	tsʰuã^{55}	tsʰuo^{31}/tsuo^{31}	suã^{31} ｜ suã	suã^{55}
礼泉	tsʰuæ̃^{31}	tsʰuæ̃^{55} ｜ tsʰuã	tsʰuo^{31}/tsuo^{31}	suæ̃^{31} ｜ suã	suæ̃^{55}
乾县	tsʰuã^{31}	tsʰuã^{44} ｜ tsʰuã	tsʰuo^{31}/tsuo^{31}	suã^{31} ｜ suã	suã^{44}
永寿	tsʰuã^{31}	tʃʰuã^{55} ｜ tsʰuã	tsʰuo^{31}/tsuo^{31}	suã^{31} ｜ suã	suã^{55}
淳化	tsʰuã^{31}	tʃʰuã^{55} ｜ tsʰuã	tsʰuo^{31}/tsuo^{31}	suã^{31} ｜ suã	suã^{55}
旬邑	tsʰuã^{31}	tʃʰuã^{44} ｜ tsʰuã	tsuo^{31}	suã^{31} ｜ suã	suã^{55}
彬县	tsʰuã^{31}	tsʰuã^{44} ｜ tsʰuã	tsuo^{31}	suã^{31} ｜ suã	suã^{24}
长武	tsʰuã^{31}	tsʰuã^{44} ｜ tsʰuã	tsʰuo^{31}	suã^{31} ｜ suã	suæ̃^{44}
扶风	tsʰuæ̃^{31}	tsʰuæ̃^{33} ｜ tsʰuã	tsuo^{31}	suæ̃^{31} ｜ suã	suæ̃^{33}
眉县	tsʰuæ̃^{31}	tsʰuæ̃^{44} ｜ tsʰuã	tsuo^{31}	suæ̃^{31} ｜ suã	suæ̃^{44}
麟游		tsʰuã^{44} ｜ tsʰuã	tsuo^{31}	suã^{31} ｜ suã	suã^{44}
岐山	tsʰuã^{31}	tsʰuæ̃^{44} ｜ tsʰuã	tsuo^{31}	suæ̃^{31} ｜ suã	suæ̃^{44}
凤翔	tsʰuã^{31}	tsʰuã^{44} ｜ tsʰuã	tsuo^{31}	suã^{31} ｜ suã	suã^{44}
宝鸡	tsʰuæ̃^{31}	tsʰuæ̃^{31} ｜ tsʰuã	tsuo^{31}	suæ̃^{31} ｜ suã	suæ̃^{44}
千阳	tsʰuæ̃^{31}	tsʰuæ̃^{44} ｜ tsʰuã	tsuo^{31}	suæ̃^{31} ｜ suã	suæ̃^{44}
陇县	tsʰuæ̃^{31}	tsʰuæ̃^{44} ｜ tsʰuã	tsuo^{31}	suæ̃^{31} ｜ suã	suæ̃^{44}

字目 方言	官 山合一 平桓见		管 山合一 上缓见	贯 山合一 去换见	括 山合一 入末见	聒 山合一 入末见
西安	kuæ̃²¹	kuã	kuæ̃⁵³	kuæ̃⁵⁵	kʰuo²¹/kʰuo⁵³	kuo²¹
韩城	kuã³¹	kuã	kuã⁵³	kuã⁴⁴	kʰuə³¹	kuə³¹
合阳	kuã³¹	kuã	kuã⁵²	kuã⁵⁵	kʰuo³¹	kuo³¹
澄城	kuã³¹	kuã	kuã⁵³	kuã⁴⁴	kʰuo³¹	kuo³¹
白水	kuã³¹	kuã	kuã⁵³	kuã⁴⁴	kʰuo³¹	kuo³¹
大荔	kuã³¹	kuã	kuã⁵²	kuã⁵⁵	kʰuo³¹	kuo³¹
蒲城	kuã³¹	kuã	kuã⁵³	kuã⁵⁵	kʰuo³¹	kuo³¹
美原	kuã³¹	kuã	kuã⁵³	kuã⁵⁵	kʰuo³¹	kuo³¹
富平	kuã³¹	kuã	kuã⁵³	kuã⁵⁵	kʰuo³¹	kuo³¹
潼关	kuã³¹	kuã	kuã⁵²	kuã⁴⁴	kʰuo³¹	kuo³¹
华阴	kuã³¹	kuã	kuã⁵²	kuã⁵⁵	kʰuo³¹	kuo³¹
华县	kuã³¹	kuã	kuã⁵³	kuã⁵⁵	kʰuo³¹	kuo³¹
渭南	kuã³¹	kuã	kuã⁵³	kuã⁴⁴	kʰuo³¹	kuo³¹
洛南	kuæ̃³¹	kuã	kuæ̃⁵³	kuæ̃⁴⁴	kʰuo³¹	kuo³¹
商州	kuã³¹	kuã	kuã⁵³	kuã⁵⁵	kʰuo³¹	kuo³¹
丹凤	kuã³¹		kuã⁵³	kuã⁴⁴	kʰuo³¹	kuo³¹
宜川	kuæ̃⁵¹		kuæ̃⁴⁵	kuæ̃⁴⁵	kʰuo⁵¹	kuo⁵¹
富县	kuã³¹		kuã⁵²	kuã⁴⁴	kʰuo³¹	kuo³¹
黄陵	kuæ̃³¹		kuæ̃⁵²	kuæ̃⁴⁴	kʰuo³¹	kɤ⁵²
宜君	kuæ̃²¹		kuæ̃⁵²	kuæ̃⁴⁴	kʰuo²¹	kɤ²¹
铜川	kuæ̃²¹	kuã	kuæ̃⁵²	kuæ̃⁴⁴	kʰuo²¹	kɤ²¹
耀县	kuæ̃³¹	kuã	kuæ̃⁵²	kuæ̃⁴⁴	kʰuo³¹	kuo³¹
高陵	kuæ̃³¹	kuã	kuæ̃⁵²	kuæ̃⁵⁵	kʰuo³¹	kuo⁵²
临潼	kuã³¹	kuã	kuã⁵²	kuã⁴⁵	kʰuo³¹	kuo³¹

字目 方言	官 山合一 平桓见	管 山合一 上缓见	贯 山合一 去换见	括 山合一 入末见	聒 山合一 入末见
蓝田	kuã³¹ ｜ kuã	kuã⁵²	kuã⁴⁴	kʰuo³¹	kə³¹
长安	kuã³¹	kuã⁵³	kuã⁴⁴	kʰuo³¹	kuo³¹
户县	kuã³¹ ｜ kuã	kuã⁵²	kuã⁵⁵	kʰuo³¹	kuo³¹
周至	kuæ̃²¹ ｜ kuã	kuæ̃⁵²	kuæ̃⁵⁵	kʰuo²¹	
三原	kuæ̃³¹ ｜ kuã	kuã⁵²	kuã⁵⁵	kʰuo³¹	kuo³¹
泾阳	kuã³¹	kuã⁵²	kuã⁵⁵	kʰuo³¹	kuo³¹
咸阳	kuã³¹	kuã⁵²	kuã⁵⁵	kʰuo³¹	kuo³¹
兴平	kuã³¹ ｜ kuã	kuã⁵²	kuã⁵⁵	kʰuo³¹	kuo³¹
武功	kuã³¹ ｜ kuã	kuã⁵²	kuã⁵⁵	kʰuo³¹	kuo³¹
礼泉	kuæ̃³¹ ｜ kuã	kuæ̃⁵²	kuæ̃⁵⁵	kʰuo³¹	kuo³¹
乾县	kuã³¹ ｜ kuã	kuã⁵²	kuã⁴⁴	kʰuo³¹	kuo³¹
永寿	kuã³¹ ｜ kuã	kuã⁵²	kuã⁵⁵	kʰuo³¹	kuo³¹
淳化	kuæ̃³¹ ｜ kuã	kuã⁵²	kuã⁵⁵	kʰuo³¹	kuo³¹
旬邑	kuã³¹ ｜ kuã	kuã⁵²	kuã⁴⁴	kʰuo³¹	kuo³¹
彬县	kuã³¹ ｜ kuã	kuã⁵²	kuã⁴⁴	kʰuo³¹	kuo³¹
长武	kuæ̃³¹ ｜ kuã	kuã⁵²	kuã⁴⁴	kʰuo³¹	kuo³¹
扶风	kuæ̃³¹ ｜ kuã	kuæ̃⁵²	kuæ̃³³	kʰɤ³¹	kuo³¹
眉县	kuæ̃³¹ ｜ kuã	kuæ̃⁵²	kuæ̃⁴⁴	kʰuo³¹	
麟游	kuã³¹ ｜ kuã	kuã⁵³	kuã⁴⁴	kʰuo³¹	
岐山	kuæ̃³¹ ｜ kuã	kuæ̃⁵³	kuæ̃⁴⁴	kʰuo³¹	
凤翔	kuã³¹ ｜ kuã	kuã⁵³	kuã⁴⁴	kʰuo³¹	kuo³¹
宝鸡	kuæ̃³¹ ｜ kuã	kuæ̃⁵³	kuæ̃⁴⁴	kʰuo³¹	kuo³¹
千阳	kuæ̃³¹ ｜ kuã	kuæ̃⁵³	kuæ̃⁴⁴	kʰuo³¹	
陇县	kuæ̃³¹ ｜ kuã	kuæ̃⁵³	kuæ̃⁴⁴	kʰuo³¹	

字目 / 方言	宽 山合一平桓溪		款 山合一上缓溪	阔 山合一入末溪	玩 山合一去换疑	欢 山合一平桓晓	
西安	$k^huæ^{21}$	$k^huã$	$k^huæ^{53}$	k^huo^{21}	$uæ^{24}/uæ̃^{55}$	$xuæ^{21}$	$xuã$
韩城	$k^huã^{31}$	$k^huã$	$k^huã^{53}$	$k^huə^{31}$	$uã^{24}$	$xuã^{31}$	$xuã$
合阳	$k^huã^{31}$	$k^huã$	$k^huã^{52}$	k^huo^{31}	$uã^{55}$	$xuã^{31}$	$xuã$
澄城	$k^huã^{31}$	$k^huã$	$k^huã^{53}$	k^huo^{31}	$uã^{24}$	$xuã^{31}$	$xuã$
白水	$k^huã^{31}$	$k^huã$	$k^huã^{53}$	k^huo^{31}	$uã^{24}$	$xuã^{31}$	$xuã$
大荔	$k^huã^{31}$	$k^huã$	$k^huã^{52}$	k^huo^{31}	$uã^{55}$	$xuã^{31}$	$xuã$
蒲城	$k^huã^{31}$	$k^huã$	$k^huã^{53}$	k^huo^{31}	$uã^{35}$	$xuã^{31}$	$xuã$
美原	$k^huã^{31}$	$k^huã$	$k^huã^{53}$	k^huo^{31}	$uã^{35}$	$xuã^{31}$	$xuã$
富平	$k^huã^{31}$	$k^huã$	$k^huã^{53}$	k^huo^{31}	$uã^{35}$	$xuã^{31}$	$xuã$
潼关	$k^huã^{31}$	$k^huã$	$k^huã^{52}$	k^huo^{31}	$vã^{44}$	$xuã^{31}$	$xuã$
华阴	$k^huã^{31}$	$k^huã$	$k^huã^{52}$	k^huo^{31}	$uã^{24}$	$xuã^{31}$	$xuã$
华县	$k^huã^{31}$	$k^huã$	$k^huã^{53}$	k^huo^{31}	$uã^{35}$	$xuã^{31}$	$xuã$
渭南	$k^huã^{31}$	$k^huã$	$k^huã^{53}$	k^huo^{31}	$uã^{24}$	$xuã^{31}$	$xuã$
洛南	$k^huæ̃^{31}$	$k^huã$	$k^huæ̃^{53}$	k^huo^{31}	$væ̃^{24}$	$xuæ̃^{31}$	$xuã$
商州	$k^huã^{31}$	$k^huã$	$k^huã^{53}$	k^huo^{31}	$vã^{35}$	$xuã^{31}$	$xuã$
丹凤	$k^huã^{31}$		$k^huã^{53}$	k^huo^{31}	$vã^{24}$	$xuã^{31}$	
宜川	$k^huæ̃^{51}$		$k^huæ̃^{45}$	k^huo^{51}	$væ̃^{24}$	$xuæ̃^{51}$	
富县	$k^huã^{31}$		$k^huã^{52}$	k^huo^{31}	$vã^{24}$	$xuã^{31}$	
黄陵	$k^huæ̃^{31}$		$k^huæ̃^{52}$	k^huo^{31}	$væ̃^{24}$	$xuæ̃^{31}$	
宜君	$k^huæ̃^{21}$		$k^huæ̃^{52}$	k^huo^{21}	$væ̃^{24}/væ̃^{44}$	$xuæ̃^{21}$	
铜川	$k^huæ̃^{21}$	$k^huã$	$k^huæ̃^{52}$	k^huo^{21}	$væ̃^{24}/væ̃^{44}$	$xuæ̃^{21}$	$xuã$
耀县	$k^huæ̃^{31}$	$k^huã$	$k^huæ̃^{52}$	k^huo^{31}	$uæ̃^{24}$	$xuæ̃^{31}$	$xuã$
高陵	$k^huæ̃^{31}$	$k^huã$	$k^huæ̃^{52}$	k^huo^{31}	$uæ̃^{24}$	$xuæ̃^{31}$	$xuã$
临潼	$k^huã^{31}$	$k^huã$	$k^huã^{52}$	k^huo^{31}	$uã^{24}$	$xuã^{31}$	$xuã$

字目\方言	宽 山合一 平桓溪	款 山合一 上缓溪	阔 山合一 入末溪	玩 山合一 去换疑	欢 山合一 平桓晓
蓝田	kʰuã³¹ ｜ kʰuã	kʰuã⁵²	kʰuo³¹	uã²⁴/uã⁴⁴	xuã³¹ ｜ xuã
长安	kʰuã³¹	kʰuã⁵³	kʰuo³¹	uã²⁴	xuã³¹
户县	kʰuã³¹ ｜ kʰuã	kʰuã⁵²	kʰuo³¹	u̲ã²⁴/ṵã⁵⁵	xuã³¹ ｜ xuã
周至	kʰuæ̃²¹ ｜ kʰuã	kʰuæ̃⁵²	kʰuo²¹	uæ̃²⁴	xuæ̃²¹ ｜ xuã
三原	kʰuã³¹ ｜ kʰuã	kʰuã⁵²	kʰuo³¹	uã²⁴	xuã³¹ ｜ xuã
泾阳	kʰuã³¹	kʰuã⁵²	kʰuo³¹	uã²⁴	xuã³¹
咸阳	kʰuã³¹	kʰuã⁵²	kʰuo³¹	uã²⁴	xuã³¹ ｜ xuã
兴平	kʰuã³¹ ｜ kʰuã	kʰuã⁵²	kʰuo³¹	uã²⁴	xuã³¹ ｜ xuã
武功	kʰuã³¹ ｜ kʰuã	kʰuã⁵²	kʰuo³¹	uã²⁴	xuã³¹ ｜ xuã
礼泉	kʰuæ̃³¹ ｜ kʰuã	kʰuæ̃⁵²	kʰuo³¹	uæ̃²⁴	xuæ̃³¹ ｜ xuã
乾县	kʰuã³¹ ｜ kʰuã	kʰuã⁵²	kʰuo³¹	uã²⁴	xuã³¹ ｜ xuã
永寿	kʰuã³¹ ｜ kʰuã	kʰuã⁵²	kʰuo³¹	uã²⁴	xuã³¹ ｜ xuã
淳化	kʰuã³¹ ｜ kʰuã	kʰuã⁵²	kʰuo³¹	uã²⁴	xuã³¹ ｜ xuã
旬邑	kʰuã³¹ ｜ kʰuã	kʰuã⁵²	kʰuo³¹	uã²⁴	xuã³¹ ｜ xuã
彬县	kʰuã³¹ ｜ kʰuã	kʰuã⁵²	kʰuo³¹	uã²⁴	xuã³¹ ｜ xuã
长武	kʰuã³¹ ｜ kʰuã	kʰuã⁵²	kʰuo³¹	uã²⁴	xuã³¹ ｜ xuã
扶风	kʰuæ̃³¹ ｜ kʰuã	kʰuæ̃⁵²	kʰɤ³¹	væ̃²⁴	xuæ̃³¹ ｜ xuã
眉县	kʰuæ̃³¹ ｜ kʰuã	kʰuæ̃⁵²	kʰuo³¹	væ̃²⁴	xuæ̃³¹ ｜ xuã
麟游	kʰuã³¹ ｜ kʰuã	kʰuã⁵³	kʰuo³¹	vã²⁴	xuã³¹ ｜ xuã
岐山	kʰuæ̃³¹ ｜ kʰuã	kʰuæ̃⁵³	kʰɤ³¹	væ̃²⁴	xuæ̃³¹ ｜ xuã
凤翔	kʰuã³¹ ｜ kʰuã	kʰuã⁵³	kʰuo³¹	uã²⁴	xuã³¹ ｜ xuã
宝鸡	kʰuæ̃³¹ ｜ kʰuã	kʰuæ̃⁵³	kʰuo³¹	væ̃²⁴	xuæ̃³¹ ｜ xuã
千阳	kʰuæ̃³¹ ｜ kʰuã	kʰuæ̃⁵³	kʰuo³¹	væ̃²⁴	xuæ̃³¹ ｜ xuã
陇县	kʰuæ̃³¹ ｜ kʰuã	kʰuæ̃⁵³	kʰuo³¹	væ̃²⁴	xuæ̃³¹ ｜ xuã

字目\方言	唤	豁	桓	完	缓
	山合一去换晓	山合一入末晓	山合一平桓匣	山合一平桓匣	山合一上缓匣
西安	xuã⁵⁵	xuo²¹	xuã²⁴	uã²⁴	xuã⁵³
韩城	xuã⁴⁴	xuə³¹	xuã²⁴	uã²⁴	xuã⁵³
合阳	xuã⁵⁵	xuo³¹	xuã²⁴	uã²⁴	xuã⁵²
澄城	xuã⁴⁴	xuo³¹	xuã²⁴	uã²⁴	xuã⁵³
白水	xuã⁴⁴	xuo³¹	xuã²⁴	uã²⁴	xuã⁵³
大荔	xuã⁵⁵	xuo³¹	xuã²⁴	uã²⁴	xuã⁵²
蒲城	xuã⁵⁵	xuo³¹	xuã³⁵	uã³⁵	xuã⁵³
美原	xuã⁵⁵	xuo³¹	xuã³⁵	uã³⁵	xuã⁵³
富平	xuã⁵⁵	xuo³¹	xuã³⁵	uã³⁵	xuã⁵³
潼关	xuã⁴⁴	xuo³¹	xuã²⁴	vã²⁴	xuã⁵²
华阴	xuã⁵⁵	xuo³¹	xuã²⁴	uã²⁴	xuã⁵²
华县	xuã⁵⁵	xuo³¹	xuã³⁵	uã³⁵	xuã⁵³
渭南	xuã⁴⁴	xuo³¹	xuã²⁴	uã²⁴	xuã⁵³
洛南	xuæ̃⁴⁴	xuo³¹	xuæ̃²⁴	væ̃²⁴	xuæ̃⁵³
商州	xuã⁵⁵	xuo³¹	xuã³⁵	vã³⁵	xuã⁵³
丹凤	xuã⁴⁴	xuo³¹	xuã²⁴	vã²⁴	xuã⁵³
宜川	xuæ̃⁴⁵	xuo⁵¹	xuæ̃²⁴	væ̃²⁴	xuæ̃⁴⁵
富县	xuã⁴⁴	xuo³¹	xuã²⁴	vã²⁴	xuã⁵²
黄陵	xuæ̃⁴⁴	xuo³¹	xuæ̃²⁴	væ̃²⁴	xuæ̃⁵²
宜君	xuæ̃⁴⁴	xuo²¹	xuæ̃²⁴	væ̃²⁴	xuæ̃⁵²
铜川	xuæ̃⁴⁴	xuo²¹	xuæ̃²⁴	væ̃²⁴	xuæ̃⁵²
耀县	xuæ̃⁴⁴	xuo³¹	xuæ̃²⁴	uæ̃²⁴	xuæ̃⁵²
高陵	xuæ̃⁵⁵	xuo³¹	xuæ̃²⁴	uæ̃²⁴	xuæ̃⁵²
临潼	xuã⁴⁵	xuo³¹	xuã²⁴	uã²⁴	xuã⁵²

字目 方言	唤 山合一 去换晓	豁 山合一 入末晓	桓 山合一 平桓匣	完 山合一 平桓匣	缓 山合一 上缓匣
蓝田	xuã⁴⁴	xuo³¹	xuã²⁴	uã²⁴	xuã⁵²
长安	xuã⁴⁴	xuo³¹	xuã²⁴	uã²⁴	xuã⁵³
户县	xuã⁵⁵	xuo³¹	xuã²⁴	uã²⁴	xuã⁵²
周至	xuæ̃⁵⁵	xuo²¹	xuæ̃²⁴	uæ̃²⁴	xuæ̃⁵²
三原	xuã⁵⁵	xuo³¹	xuã²⁴	uã²⁴	xuã⁵²
泾阳	xuã⁵⁵	xuo³¹	xuã²⁴	uã²⁴	xuã⁵²
咸阳	xuã⁵⁵	xuo³¹	xuã²⁴	uã²⁴	xuã⁵²
兴平	xuã⁵⁵	xuo³¹	xuã²⁴	uã²⁴	xuã⁵²
武功	xuã⁵⁵	xuo³¹	xuã²⁴	uã²⁴	xuã⁵²
礼泉	xuæ̃⁵⁵	xuo³¹	xuæ̃²⁴	uæ̃²⁴	xuæ̃⁵²
乾县	xuã⁴⁴	xuo³¹	xuã²⁴	uã²⁴	xuã⁵²
永寿	xuã⁵⁵	xuo³¹	xuã²⁴	uã²⁴	xuã⁵²
淳化	xuã⁵⁵	xuo³¹	xuã²⁴	uã²⁴	xuã⁵²
旬邑	xuã⁴⁴	xuo³¹	xuã²⁴	uã²⁴	xuã⁵²
彬县	xuã⁴⁴	xuo³¹	xuã²⁴	uã²⁴	xuã⁵²
长武	xuã⁴⁴	xuo³¹	xuã²⁴	uã²⁴	xuã⁵²
扶风	xuæ̃⁵²	xuo³¹	xuæ̃²⁴	væ̃²⁴	xuæ̃⁵²
眉县	xuæ̃⁴⁴	xuo³¹	xuæ̃²⁴	uæ̃²⁴	xuæ̃⁵²
麟游	xuã⁴⁴	xuo³¹	xuã²⁴	vã²⁴	xuã⁵³
岐山	xuæ̃⁴⁴	xuo³¹	xuæ̃²⁴	væ̃²⁴	xuæ̃⁵³
凤翔	xuã⁴⁴	xuo³¹	xuã²⁴	uã²⁴	xuã⁵³
宝鸡	xuæ̃⁴⁴	xuo³¹	xuæ̃²⁴	væ̃²⁴	xuæ̃⁵³
千阳	xuæ̃⁴⁴	xuo³¹	xuæ̃²⁴	væ̃²⁴	xuæ̃⁵³
陇县	xuæ̃⁴⁴	xuo³¹	xuæ̃²⁴	væ̃²⁴	xuæ̃⁵³

字目 方言	换 山合一 去换匣	活 山合一 入末匣	豌 山合一 平桓影	碗 山合一 上缓影	腕 山合一 去换影
西安	$xu\tilde{æ}^{55}$	xuo^{24}	$u\tilde{æ}^{21}$	$u\tilde{æ}^{53}$	$\underline{u\tilde{æ}}^{53}/v\tilde{æ}^{53}$
韩城	$xu\tilde{a}^{44}$	$xuə^{24}$	$u\tilde{a}^{31}$	$u\tilde{a}^{53}$	$u\tilde{a}^{53}$
合阳	$xu\tilde{a}^{55}$	xuo^{24}	$v\tilde{a}^{31}$	$v\tilde{a}^{52}$	$v\tilde{a}^{52}$
澄城	$xu\tilde{a}^{44}$	xuo^{24}	$u\tilde{a}^{31}$	$u\tilde{a}^{53}$	$v\tilde{a}^{53}$
白水	$xu\tilde{a}^{44}$	xuo^{24}	$u\tilde{a}^{31}$	$u\tilde{a}^{53}$	$u\tilde{a}^{53}$
大荔	$xu\tilde{a}^{55}$	xuo^{24}	$u\tilde{a}^{31}$	$u\tilde{a}^{52}$	$u\tilde{a}^{52}$
蒲城	$xu\tilde{a}^{55}$	xuo^{35}	$u\tilde{a}^{31}$	$u\tilde{a}^{53}$	$v\tilde{a}^{53}$
美原	$xu\tilde{a}^{55}$	xuo^{35}	$u\tilde{a}^{31}$	$u\tilde{a}^{53}$	$v\tilde{a}^{53}$
富平	$xu\tilde{a}^{55}$	xuo^{35}	$u\tilde{a}^{31}$	$u\tilde{a}^{53}$	$v\tilde{a}^{53}$
潼关	$xu\tilde{a}^{44}$	xuo^{24}	$v\tilde{a}^{31}$	$v\tilde{a}^{52}$	$v\tilde{a}^{52}$
华阴	$xu\tilde{a}^{55}$	xuo^{24}	$u\tilde{a}^{31}$	$u\tilde{a}^{52}$	$u\tilde{a}^{52}$
华县	$xu\tilde{a}^{55}$	xuo^{35}	$u\tilde{a}^{31}$	$u\tilde{a}^{53}$	$u\tilde{a}^{53}$
渭南	$xu\tilde{a}^{44}$	xuo^{24}	$u\tilde{a}^{31}$	$u\tilde{a}^{53}$	$\underline{u\tilde{a}}^{53}/v\tilde{a}^{53}$
洛南	$xu\tilde{a}^{44}$	xuo^{24}	$v\tilde{æ}^{31}$	$v\tilde{æ}^{53}$	$v\tilde{æ}^{53}$
商州	$xu\tilde{a}^{55}$	xuo^{35}	$v\tilde{a}^{31}$	$v\tilde{a}^{53}$	$v\tilde{a}^{53}$
丹凤	$xu\tilde{a}^{44}$	xuo^{24}	$v\tilde{a}^{31}$	$v\tilde{a}^{53}$	$v\tilde{a}^{53}$
宜川	$xu\tilde{æ}^{45}$	xuo^{24}	$v\tilde{æ}^{51}$	$v\tilde{æ}^{45}$	$v\tilde{æ}^{45}$
富县	$xu\tilde{a}^{44}$	xuo^{24}	$v\tilde{a}^{31}$	$v\tilde{a}^{52}$	$v\tilde{a}^{44}$
黄陵	$xu\tilde{æ}^{44}$	xuo^{24}	$v\tilde{æ}^{31}$	$v\tilde{æ}^{52}$	$v\tilde{æ}^{44}$
宜君	$xu\tilde{æ}^{44}$	xuo^{24}	$v\tilde{æ}^{52}$	$v\tilde{æ}^{52}$	$v\tilde{æ}^{52}$
铜川	$xu\tilde{æ}^{44}$	xuo^{24}	$u\tilde{æ}^{21}$	$v\tilde{æ}^{52}$	$\underline{u\tilde{æ}}^{52}/v\tilde{æ}^{52}$
耀县	$xu\tilde{æ}^{44}$	xuo^{24}	$u\tilde{æ}^{31}$	$u\tilde{æ}^{52}$	$u\tilde{æ}^{52}$
高陵	$xu\tilde{æ}^{55}$	xuo^{24}	$u\tilde{æ}^{52}$	$u\tilde{æ}^{52}$	$v\tilde{æ}^{55}$
临潼	$xu\tilde{a}^{45}$	xuo^{24}	$u\tilde{a}^{31}$	$u\tilde{a}^{52}$	$v\tilde{a}^{52}$老$/u\tilde{a}^{52}$

字目 / 方言	换	活	豌	碗	腕
	山合一 去换匣	山合一 入末匣	山合一 平桓影	山合一 上缓影	山合一 去换影
蓝田	xuã⁴⁴	xuo²⁴	uã³¹	uã⁵²	<u>uã</u>⁵²/vã⁴⁴
长安	xuã⁴⁴	xuo²⁴	uã³¹	uã⁵³	vã⁴⁴
户县	xuã⁵⁵	xuo²⁴	uã³¹	uã⁵²	<u>uã</u>⁵⁵/vã⁵⁵
周至	xuæ̃⁵⁵	xuo²⁴	uæ̃²¹	uæ̃⁵²	væ̃⁵⁵
三原	xuã⁵⁵	xuo²⁴	uã³¹	uã⁵²	<u>uã</u>⁵²/vã⁵²
泾阳	xuã⁵⁵	xuo²⁴	uã³¹	uã⁵²	vã⁵²
咸阳	xuã⁵⁵	xuo²⁴	uã³¹	uã⁵²	vã⁵²
兴平	xuã⁵⁵	xuo²⁴	uã³¹	uã⁵²	<u>uã</u>⁵²/vã⁵²
武功	xuã⁵⁵	xuo²⁴	uã³¹	uã⁵²	<u>uã</u>⁵²/vã⁵²
礼泉	xuæ̃⁵⁵	xuo²⁴	uæ̃³¹	uæ̃⁵²	<u>uæ̃</u>⁵²/væ̃⁵²
乾县	xuã⁴⁴	xuo²⁴	uã³¹	uã⁵²	vã⁴⁴
永寿	xuã⁵⁵	xuo²⁴	uã⁵²	uã⁵²	uã⁵²
淳化	xuã⁵⁵	xuo²⁴	uã³¹	uã⁵²	uã⁵²
旬邑	xuã⁴⁴	xuo²⁴	uã³¹	uã⁵²	uã³¹
彬县	xuã⁴⁴	xuo²⁴	uã³¹	uã⁵²	uã³¹
长武	xuã⁴⁴	xuo²⁴	uã³¹	uã⁵²	uã³¹
扶风	xuæ̃³³	xuo²⁴	væ̃³¹	væ̃⁵²	væ̃⁵²
眉县	xuæ̃⁴⁴	xuo²⁴	uæ̃³¹	uæ̃⁵²	uæ̃⁴⁴
麟游	xuã⁴⁴	xuo²⁴	vã⁵³	vã⁵³	vã⁵³
岐山	xuæ̃⁴⁴	xuo²⁴	væ̃³¹	væ̃⁵³	væ̃³¹
凤翔	xuã⁴⁴	xuo²⁴	uã⁵³	uã⁵³	uã³¹
宝鸡	xuæ̃⁴⁴	xuo²⁴	væ̃³¹	væ̃⁵³	væ̃³¹
千阳	xuæ̃⁴⁴	xuo²⁴	væ̃³¹	væ̃⁵³	væ̃³¹
陇县	xuæ̃⁴⁴	xuo²⁴	væ̃⁵³	væ̃⁵³	væ̃⁴⁴

字目／方言	顽 山合二 平山疑	幻 山合二 去裥匣	滑 山合二 入黠匣	挖 山合二 入黠影	篡 山合二 去谏初
西安	u$\tilde{æ}^{53}$/v$\underline{\tilde{æ}^{24}}$	xu$\tilde{æ}^{55}$	xuɑ^{24}	uɑ^{21}	tsʰu$\tilde{æ}^{55}$/pf$\tilde{æ}^{55}$
韩城	u$\tilde{ɑ}^{24}$	xu$\tilde{ɑ}^{44}$	xuɑ^{24}	uɑ^{31}	pf$\tilde{ɑ}^{44}$
合阳	v$\tilde{ɑ}^{24}$	xu$\tilde{ɑ}^{44}$	xuɑ^{24}	uɑ^{31}	pfʰ$\tilde{ɑ}^{55}$
澄城	v$\tilde{ɑ}^{24}$	xu$\tilde{ɑ}^{44}$	xuɑ^{24}	uɑ^{31}	tʃʰu$\tilde{ɑ}^{44}$
白水	u$\tilde{ɑ}^{24}$	xu$\tilde{ɑ}^{44}$	xuɑ^{24}	uɑ^{31}	tʃʰu$\tilde{ɑ}^{44}$
大荔	u$\tilde{ɑ}^{24}$	xu$\tilde{ɑ}^{55}$	xuɑ^{24}	uɑ^{31}	pfʰ$\tilde{ɑ}^{55}$
蒲城	v$\tilde{ɑ}^{35}$	xu$\tilde{ɑ}^{55}$	xuɑ^{35}	uɑ^{31}	tʃʰu$\tilde{ɑ}^{55}$
美原	v$\tilde{ɑ}^{35}$	xu$\tilde{ɑ}^{55}$	xuɑ^{35}	uɑ^{31}	tʃʰ$\tilde{ɑ}^{55}$
富平	v$\tilde{ɑ}^{35}$	xu$\tilde{ɑ}^{55}$	xuɑ^{35}	uɑ^{31}	tʃʰu$\tilde{ɑ}^{55}$
潼关	v$\tilde{ɑ}^{24}$	xu$\tilde{ɑ}^{44}$	xuɑ^{24}	vɑ^{31}	pfʰ$\tilde{ɑ}^{44}$
华阴	u$\tilde{ɑ}^{24}$	xu$\tilde{ɑ}^{55}$	xuɑ^{24}	uɑ^{31}	pfʰ$\tilde{ɑ}^{55}$
华县	u$\tilde{ɑ}^{35}$	xu$\tilde{ɑ}^{55}$	xuɑ^{35}	uɑ^{31}	tʃʰu$\tilde{ɑ}^{55}$
渭南	u$\underline{\tilde{ɑ}^{24}}$/v$\underline{\tilde{ɑ}^{24}}$	xu$\tilde{ɑ}^{44}$	xuɑ^{24}	uɑ^{31}	tʃʰu$\tilde{ɑ}^{44}$
洛南	v$\tilde{æ}^{24}$	xu$\tilde{æ}^{44}$	xuɑ^{24}	vɑ^{31}	tʃʰu$\tilde{æ}^{44}$
商州	v$\tilde{ɑ}^{35}$	xu$\tilde{ɑ}^{55}$	xuɑ^{35}	vɑ^{31}	tʃʰu$\tilde{ɑ}^{55}$
丹凤	v$\tilde{ɑ}^{24}$	xu$\tilde{ɑ}^{44}$	xuɑ^{24}	vɑ^{31}	tʃʰu$\tilde{ɑ}^{44}$
宜川	v$\tilde{æ}^{24}$	xu$\tilde{æ}^{45}$	xuɑ^{24}	uɑ^{51}	tsʰu$\tilde{æ}^{45}$
富县	v$\tilde{ɑ}^{24}$	xu$\tilde{ɑ}^{44}$	xuɑ^{24}	vɑ^{31}	tsʰu$\tilde{ɑ}^{44}$
黄陵	v$\tilde{æ}^{24}$	xu$\tilde{æ}^{44}$	xuɑ^{24}	vɑ^{31}	tʃʰu$\tilde{æ}^{44}$
宜君	u$\underline{\tilde{æ}^{24}}$/v$\underline{\tilde{æ}^{24}}$	xu$\tilde{æ}^{44}$	xuɑ^{24}	vɑ^{21}	tʃʰu$\tilde{æ}^{44}$
铜川	u$\underline{\tilde{æ}^{24}}$/v$\underline{\tilde{æ}^{24}}$	xu$\tilde{æ}^{44}$	xuɑ^{24}	uɑ^{21}	tʃu$\tilde{æ}^{44}$
耀县	u$\tilde{æ}^{24}$	xu$\tilde{æ}^{44}$	xuɑ^{24}	uɑ^{31}	tʃʰu$\tilde{æ}^{44}$
高陵	v$\tilde{æ}^{24}$	xu$\tilde{æ}^{55}$	xuɑ^{24}	uɑ^{31}	tʃʰu$\tilde{æ}^{55}$
临潼	v$\tilde{ɑ}^{24}$老/u$\tilde{ɑ}^{24}$	xu$\tilde{ɑ}^{45}$	xuɑ^{24}	uɑ^{31}	tʂʰ$\tilde{ɑ}^{45}$/tʃʰu$\tilde{ɑ}^{45}$老

字目 / 方言	顽	幻	滑	挖	篡
	山合二 平山疑	山合二 去裥匣	山合二 入黠匣	山合二 入黠影	山合二 去谏初
蓝田	uã²⁴	xuã⁴⁴	xua²⁴	ua³¹	tʃʰuã⁴⁴
长安	vã²⁴	xuã⁴⁴	xua²⁴	ua⁵³	tsʰuã⁴⁴/pfʰã⁴⁴
户县	uã²⁴	xuã⁵⁵	xua²⁴	ua³¹	tʃʰuã⁵⁵
周至	uæ̃²⁴	xuæ̃⁵⁵	xua²⁴	ua²¹	tsʰuæ̃⁵⁵
三原	uã⁵²/vã⁵⁵	xuã⁵⁵	xua²⁴	ua³¹	tʃʰuã⁵⁵
泾阳	vã²⁴	xuã⁵⁵	xua²⁴	ua³¹	tsʰuã⁵⁵/tʃʰuã⁵⁵
咸阳	uã²⁴	xuã⁵⁵	xua²⁴	ua³¹	tsʰuã⁵⁵
兴平	uã²⁴	xuã⁵⁵	xua²⁴	ua³¹	tʃʰuã⁵⁵
武功	uã²⁴	xuã⁵⁵	xua²⁴	ua³¹	tʃʰuã⁵⁵
礼泉	uæ̃²⁴/væ̃²⁴	xuæ̃⁵⁵	xua²⁴	ua³¹	tʃʰuæ̃⁴⁴
乾县	uã²⁴	xuã⁴⁴	xua²⁴	ua³¹	tʃʰuã⁴⁴
永寿	uã²⁴	xuã⁵⁵	xua²⁴	ua³¹	tsʰuã⁵⁵
淳化	uã²⁴	xuã⁵⁵	xua²⁴	ua³¹	tʃʰuã⁵⁵
旬邑	uã²⁴	xuã⁴⁴	xua²⁴	ua³¹	tʃʰuã⁴⁴
彬县	uã²⁴	xuã⁴⁴	xua²⁴	ua³¹	tʃʰuã⁴⁴
长武	uã²⁴	xuã⁴⁴	xua²⁴	ua³¹	tʃʰuã⁴⁴
扶风	væ̃²⁴	xuæ̃³³	xua²⁴	va³¹	tsʰuæ̃³³
眉县	uæ̃²⁴	xuæ̃⁵²	xua²⁴	ua³¹	tsʰuæ̃⁴⁴
麟游	vã²⁴	xuã⁴⁴	xua²⁴	va³¹	tʃʰuã⁴⁴
岐山	væ̃²⁴	xuæ̃⁵³	xua²⁴	va³¹	tʂʰæ̃⁴⁴
凤翔	uã²⁴	xuã⁴⁴	xua²⁴	ua³¹	tʂʰã⁴⁴
宝鸡	væ̃²⁴	xuæ̃⁴⁴	xua²⁴	va³¹	tʂʰæ̃⁴⁴/tʂʰuæ̃⁴⁴新
千阳	væ̃²⁴	xuæ̃⁴⁴	xua²⁴	va³¹	tʃʰæ̃⁴⁴
陇县	væ̃²⁴	xuæ̃⁴⁴	xua²⁴	va³¹	tʃʰuæ̃⁵³

字目　方言	撰　山合二　上潸崇	闩　山合二　平删生	涮　山合二　去谏生	刷　山合二　入鎋生	关　山合二　平删见
西安	pfæ̃^{55}	fæ̃^{55}	fæ̃^{55}	fa^{21} ∣ fa	kuæ̃^{21}
韩城	pfã^{44}	fã^{31}	fã^{44}	fa^{31} ∣ fa	kuã^{31}
合阳	pf^{h}ã^{55}	fã^{55}	fã^{55}	fa^{31} ∣ fa	kuã^{31}
澄城	$tʃ$uã^{44}	$ʃ$uã^{44}	$ʃ$uã^{44}	$ʃua^{31}$ ∣ $sʅɣa$	kuã^{31}
白水	$tʃ$uã^{44}	$ʃ$uã^{44}	$ʃ$uã^{44}	$ʃua^{31}$ ∣ $sʅ_{h}a$	kuã^{31}
大荔	pf^{h}ã^{55}	fã^{55}	fã^{55}	fa^{31} ∣ fa	kuã^{31}
蒲城	$tʃ$uã^{55}	$ʃ$uã^{55}	$ʃ$uã^{55}	$ʃua^{31}$ ∣ $sʅɣa$	kuã^{31}
美原	$tʃ$ã^{55}	$ʃ$ã^{55}	$ʃ$ã^{55}	$ʃa^{31}$ ∣ $sʅɣa$	kuã^{31}
富平	$tʃ$uã^{55}	$ʃ$uã^{55}	$ʃ$uã^{55}	$ʃua^{31}$ ∣ $sʅ_{h}a$	kuã^{31}
潼关	pfã^{44}	fã^{44}	fã^{44}	fa^{31} ∣ fa	kuã^{31}
华阴	pf^{h}ã^{55}	fã^{55}	fã^{55}	fa^{31} ∣ fa	kuã^{31}
华县	$tʃ$uã^{55}	$ʃ$uã^{31}	$ʃ$uã^{55}	$ʃua^{31}$ ∣ $sʅ_{h}a$	kuã^{31}
渭南	$tʃ$uã^{44}	$ʃ$uã^{44}	$ʃ$uã^{44}	$ʃua^{31}$ ∣ $sʅ_{h}a$	kuã^{31}
洛南	$tʃ$uæ̃^{44}	$ʃ$uæ̃^{44}	$ʃ$uæ̃^{44}	$ʃua^{31}$ ∣ $sʅɣa$	kuæ̃^{31}
商州	$tʃ$uã^{55}	$ʃ$uã^{31}	$ʃ$uã^{55}	$ʃua^{31}$ ∣ $sʅɣa$	kuã^{31}
丹凤	$tʃ$uã^{44}	$ʃ$uã^{44}	$ʃ$uã^{44}	$ʃua^{31}$	kuã^{31}
宜川	$tʂ$uæ̃^{45}	$ʂ$uæ̃^{45}	$ʂ$uæ̃^{45}	$ʂua^{51}$	kuæ̃^{51}
富县	tsuã^{44}	$s$uã^{31}	$s$uã^{44}	sua^{31}	kuã^{31}
黄陵	$tʃ$uæ̃^{44}	$ʃ$uæ̃^{31}	$ʃ$uæ̃^{44}	$ʃua^{31}$	kuæ̃^{31}
宜君	$tɕy$æ̃^{44}	$ʃ$uæ̃^{21}	$ʃ$uæ̃^{44}	$ʃua^{21}$	kuæ̃^{21}
铜川	$tʃ$uæ̃^{44}	$ʃ$uæ̃^{44}	$ʃ$uæ̃^{44}	$ʃua^{21}$ ∣ $sʅ_{h}a$	kuæ̃^{21}
耀县	$tʃ$uæ̃^{44}	$ʃ$uæ̃^{31}	$ʃua^{31}$	$ʃua^{31}$ ∣ $sʅ_{h}a$	kuæ̃^{31}
高陵	$tʃ$uæ̃^{55}	$ʃ$uæ̃^{55}	$ʃ$uæ̃^{55}	$ʃua^{31}$ ∣ $sʅ_{h}a$	kuæ̃^{31}
临潼	$tʂ$ã^{45}/$tʃ$uã^{45}老	$ʂ$ã^{31}/$ʃ$uã^{31}老	$ʂ$ã^{45}/$ʃ$uã^{45}老	$ʂa^{31}$/$ʃua^{31}$老 ∣ $sʅ_{h}a$	kuã^{31}

字目＼方言	撰 山合二 上潸崇	闩 山合二 平删生	涮 山合二 去谏生	刷 山合二 入鎋生	关 山合二 平删见
蓝田	tʃuã⁴⁴	ʃuã³¹	ʃuã⁴⁴/ʃua³¹	ʃua³¹ ｜ ʂɥa	kuã³¹
长安	pfã⁴⁴	fã⁴⁴	fã⁴⁴	fã³¹	kuã³¹
户县	tʃuã⁵⁵	ʃuã³¹	ʃuã⁴⁴/ʃua³¹	ʃua³¹ ｜ ʂɥa	kuã³¹
周至	tsuæ̃⁵⁵	fæ̃⁵⁵	fæ̃⁵⁵	fa²¹ ｜ fa	kuæ̃²¹
三原	tʃuã⁵⁵	ʃuã⁵⁵	ʃuã⁵⁵	ʃua³¹ ｜ ʂɥ̥a	kuã³¹
泾阳	tʃuã⁵⁵	ʃuã⁵⁵	ʃuã⁵⁵	ʃua³¹ ｜ ʂɥ̥a	kuã³¹
咸阳	tʃuã⁵⁵	ʃuã⁵⁵	ʃuã⁵⁵	ʃua³¹ ｜ ʂɥ̥a	kuã³¹
兴平	tʃuã⁵⁵	ʃuã⁵⁵	ʃuã⁵⁵	ʃua³¹ ｜ ʂɥ̥a	kuã³¹
武功	tʃuã⁵⁵	ʃuã³¹	ʃuã⁵⁵	ʃua³¹ ｜ ʂɥ̥a	kuã³¹
礼泉	tʃuæ̃⁵⁵	ʃuæ̃³¹	ʃuæ̃⁵⁵	ʃua³¹ ｜ ʂua	kuæ̃³¹
乾县	tʃuã⁴⁴	ʃuã⁴⁴	ʃuã⁴⁴	ʃua³¹ ｜ ʂua	kuã³¹
永寿	tʃuã⁵⁵	ʃuã⁵⁵	ʃuã⁵⁵	ʃua³¹ ｜ ʂua	kuã³¹
淳化	tʃuã⁵⁵	ʃuã⁵⁵	ʃuã⁵⁵	ʃua³¹ ｜ ʂɥ̥a	kuã³¹
旬邑	tʃuã⁴⁴	ʃuã³¹	ʃuã⁴⁴	ʃua³¹ ｜ ʂɥ̥a	kuã³¹
彬县	tʃuã⁴⁴	ʃuã⁴⁴	ʃuã⁴⁴	ʃua³¹ ｜ ʂɥa	kuã³¹
长武	tʃuã⁴⁴	ʃuã⁴⁴	ʃuæ̃⁴⁴	ʃua³¹ ｜ ʂɥa	kuã³¹
扶风	tʂæ̃³³	ʂæ̃³³	ʂæ̃³³	ʂa³¹ ｜ ʂɥ̥a	kuæ̃³¹
眉县	tʂæ̃⁴⁴/tʃuæ̃⁴⁴	ʂæ̃⁴⁴/ʃuæ̃⁴⁴	ʂæ̃⁴⁴/ʃuæ̃⁴⁴	ʂa³¹/ʃua³¹ ｜ ʂɥ̥a	kuæ̃³¹
麟游	tʃuã⁴⁴	ʃuã⁴⁴	ʃuã⁴⁴	ʃua³¹ ｜ ʂɥ̥a	kuã³¹
岐山	tʂæ̃⁴⁴	ʂæ̃⁴⁴	ʂæ̃⁴⁴	ʂa³¹ ｜ ʂa	kuæ̃³¹
凤翔	tʂã⁴⁴	ʂã⁴⁴	ʂã⁴⁴	ʂa³¹ ｜ ʂɥ̥a	kuã³¹
宝鸡	tʂæ̃⁴⁴/tʂuæ̃⁴⁴新	ʂæ̃⁴⁴/ʂuæ̃⁴⁴新	ʂæ̃⁴⁴/ʂuæ̃⁴⁴新	ʂa³¹/ʂua³¹新 ｜ ʂɥ̥a	kuæ̃³¹
千阳	tʃæ̃⁴⁴	ʃæ̃⁴⁴	ʃæ̃⁴⁴	ʃa³¹ ｜ ʂɥ̥a	kuæ̃³¹
陇县	tʃuæ̃⁴⁴	ʃuæ̃⁴⁴	ʃuæ̃⁴⁴	ʃua³¹ ｜ ʂua	kuæ̃³¹

字目 方言	惯 山合二 去谏见	刮 山合二 入鎋见	还_{动词} 山合二 平山匣	还_{~有} 山合二 平山匣	患 山合二 去谏匣
西安	kuæ̃^{55}	kua^{21}	xuæ̃^{24}	<u>xuæ̃^{24}</u>/x<u>æ̃</u>^{24}	xuæ̃^{55}
韩城	kuã^{44}	kua^{31}	xuã^{24}	xæ^{24}	xuã^{44}
合阳	kuã^{55}	kua^{31}/kua^{52}	xuã^{24}	<u>xuã^{24}</u>/x<u>ã</u>^{24}	xuã^{55}
澄城	kuã^{44}	kua^{31}	xuã^{24}	xã^{24}	xuã^{44}
白水	kuã^{44}	kua^{31}	xuã^{24}	xã^{24}	xuã^{44}
大荔	kuã^{55}	kua^{31}	xuã^{24}	xã^{24}	xuã^{55}
蒲城	kuã^{55}	kua^{31}	xuã^{35}	xã^{35}	xuã^{55}
美原	kuã^{55}	kua^{31}	xuã^{35}	xã^{35}	xuã^{55}
富平	kuã^{55}	kua^{31}	xuã^{35}	xã^{35}	xuã^{55}
潼关	kuã^{44}	kua^{31}	xuã^{24}	xã^{24}	xuã^{44}
华阴	kuã^{55}	kua^{31}	xuã^{24}	xã^{24}	xuã^{55}
华县	kuã^{55}	kua^{31}	xuã^{35}	xã^{35}	xuã^{55}
渭南	kuã^{44}	kua^{31}	xuã^{24}	xã^{24}	xuã^{44}
洛南	kuæ̃^{44}	kua^{31}	xuæ̃^{24}	xæ̃^{24}	xuæ̃^{44}
商州	kuã^{55}	kua^{31}	xuã^{35}	xã^{35}	xuã^{55}
丹凤	kuã^{44}	kua^{31}	xuã^{24}	xã^{24}	xuã^{44}
宜川	kuæ̃^{45}	kua^{51}	xuæ̃^{24}	xa^{24}/xεe^{24}	xuæ̃^{45}
富县	kuã^{44}	kua^{31}	xuã^{24}	<u>xuã^{24}</u>/x<u>E</u>^{24}	xuã^{44}
黄陵	kuæ̃^{44}	kua^{31}	xuæ̃^{24}	xε^{24}	xuæ̃^{44}
宜君	kuæ̃^{44}	kua^{21}	xuæ̃^{24}	<u>xuæ̃^{24}</u>/x<u>æ̃</u>^{24}	xuæ̃^{44}
铜川	kuæ̃^{44}	kua^{21}	xuæ̃^{24}	<u>xuæ̃^{24}</u>/x<u>æ̃</u>^{24}	xuæ̃^{44}
耀县	kuæ̃^{44}	kua^{31}	xuæ̃^{24}	xæ̃^{24}/xa^{24}	xuæ̃^{44}
高陵	kuæ̃^{55}	kua^{31}	xuæ̃^{24}	<u>xuã^{24}</u>/x<u>a</u>^{24}	xuæ̃^{55}
临潼	kuæ̃^{45}	kua^{31}	xuã^{24}	<u>xuã^{24}</u>/x<u>ã</u>^{24}/x<u>a</u>^{24}	xuã^{45}

字目 方言	惯 山合二 去谏见	刮 山合二 入鎋见	还_{动词} 山合二 平山匣	还~有 山合二 平山匣	患 山合二 去谏匣
蓝田	kuã⁴⁴	kuɑ³¹	xuã²⁴	<u>xuã²⁴</u>/xɑ²⁴	xuã⁴⁴
长安	kuã⁴⁴	kuɑ³¹	xuã²⁴	xã²⁴	xuã⁴⁴
户县	kuã⁵⁵	kuɑ³¹	xuã²⁴	xɛ²⁴/xɑ²⁴	xuã⁵⁵
周至	kuæ̃⁵⁵	kuɑ²¹	xuæ̃²⁴	<u>xuæ̃²⁴</u>/xɑ²⁴/<u>xæ²⁴</u>	xuæ̃⁵⁵
三原	kuã⁵⁵	kuɑ³¹	xuã²⁴	xæ̃²⁴	xuã⁵⁵
泾阳	kuã⁵⁵	kuɑ³¹	xuã²⁴	xæ²⁴/xɑ²⁴	xuã⁵⁵
咸阳	kuã⁵⁵	kuɑ³¹	xuã²⁴	xæ²⁴	xuã⁵⁵
兴平	kuã⁵⁵	kuɑ³¹	xuã²⁴	xæ²⁴/xɑ²⁴	xuã⁵⁵
武功	kuã⁵⁵	kuɑ³¹	xuã²⁴	xæ²⁴/xɑ²⁴	xuã⁵⁵
礼泉	kuæ̃⁵⁵	kuɑ³¹	xuæ̃²⁴	xæ²⁴/xɑ²⁴	xuæ̃⁵⁵
乾县	kuã⁴⁴	kuɑ³¹/kuɑ⁵²①	xuã²⁴	<u>xuã²⁴</u>/xɑ²⁴	xuã⁴⁴
永寿	kuã⁵⁵	kuɑ³¹	xuã²⁴	<u>xuã²⁴</u>/xɑ²⁴	xuã⁵⁵
淳化	kuã⁵⁵	kuɑ³¹	xuã²⁴	xã²⁴/xɑ²⁴	xuã⁵⁵
旬邑	kuã⁵⁵	kuɑ³¹	xuã²⁴	<u>xuã²⁴</u>/xɑ²⁴	xuã⁵⁵
彬县	kuã⁴⁴	kuɑ³¹	xuã²⁴	xɑ²⁴	xuã⁴⁴
长武	kuã⁴⁴	kuɑ³¹	xuã²⁴	xɑ²⁴	xuã⁴⁴
扶风	kuæ̃³³	kuɑ³¹	xuæ̃²⁴	xɑ²⁴	xuæ̃³³
眉县	kuæ̃⁴⁴	kuɑ³¹	xuæ̃²⁴	<u>xuæ̃²⁴</u>/<u>xæ̃²⁴</u>/xɑ²⁴	xuæ̃⁴⁴
麟游	kuã⁴⁴	kuɑ³¹	xuã²⁴	xã²⁴	xuã⁴⁴
岐山	kuæ̃⁴⁴	kuɑ³¹	xuæ̃²⁴	xɑ²⁴	xuæ̃⁴⁴
凤翔	kuã⁴⁴	kuɑ³¹	xuã²⁴	xã²⁴	xuã⁴⁴
宝鸡	kuæ̃⁴⁴	kuɑ³¹	xuæ̃²⁴	xuæ̃²⁴	xuæ̃⁴⁴
千阳	kuæ̃⁴⁴	kuɑ³¹	xuæ̃²⁴	<u>xuæ̃²⁴</u>/<u>xæ̃²⁴</u>/xɑ²⁴	xuæ̃⁴⁴
陇县	kuæ̃⁴⁴	kuɑ³¹	xuæ̃²⁴	xɑ²⁴	xuæ̃⁴⁴

---

① kuɑ³¹ ～胡子；kuɑ⁵² ～风。

字目 方言	弯 山合二 平删影		恋 山合三 去线来	劣 山合三 入薛来		全 山合三 平仙从	绝 山合三 入薛从
西安	uæ²¹	uã	luæ²⁴	lye²¹	lyɛ	tɕʰyæ²⁴/tsʰuæ²⁴	tɕye²⁴
韩城	uã³¹	uã	liã²⁴	yɛ³¹	lyɛ	tɕʰyã²⁴	tɕyɛ²⁴
合阳	uã³¹	uã	lã²⁴	yə³¹	yə	tɕʰyã²⁴	tɕʰyə²⁴
澄城	uã³¹	uã	lã²⁴	yo³¹	yə	tɕʰyã²⁴	tɕyo²⁴
白水	uã³¹	uã	luã²⁴	lyo³¹	lyo	tɕʰyã²⁴	tɕyo²⁴
大荔	uã³¹	uã	liã²⁴	lye³¹	lyɛ	tɕʰyã²⁴	tɕʰyɛ²⁴
蒲城	uã³¹	uã	luã³⁵	lyo³¹	lyo	tɕʰyã³⁵	tɕyo³⁵
美原	uã³¹	uã	luã³⁵	luo³¹	lyo	tɕʰyã³⁵	tɕyo³⁵
富平	uã³¹	uã	luã³⁵	lye³¹	lyɛ	tɕʰyã³⁵	tɕyɛ³⁵
潼关	vã³¹	uã	luã²⁴	lyo³¹	lyɛ	tɕʰyã²⁴	tɕyo²⁴
华阴	uã³¹	uã	luã²⁴	lye³¹	lyɛ	tɕʰyã²⁴	tɕye²⁴
华县	uã³¹	uã	luã³⁵	luo³¹	lyo/lyə	tɕʰyã³⁵	tɕyo³⁵
渭南	uã³¹	uã	luã²⁴	lyo³¹	lyɛ	tɕʰyã²⁴	tɕyo²⁴
洛南	væ³¹	vã	luæ²⁴	lie³¹	luo	tɕʰyæ²⁴	tɕye²⁴
商州	vã³¹	vã	luã³⁵	lye³¹	lyɛ	tɕʰyã³⁵	tɕyɛ³⁵
丹凤	vã³¹		luã²⁴	lie³¹		tɕʰyã²⁴	tɕye²⁴
宜川	væ⁵¹		luæ²⁴	liə⁵¹		tɕʰyæ²⁴	tɕye²⁴
富县	vã³¹		liã²⁴/lyã²⁴	lyo⁵²		tɕʰyã²⁴	tɕyo²⁴
黄陵	væ³¹		liæ²⁴/lyæ⁴⁴	lyo⁵²		tɕʰyæ²⁴	tɕyo²⁴
宜君	væ²¹		liæ²⁴	lyo⁵²		tɕʰyæ²⁴	tɕyo²⁴
铜川	væ²¹	vã	lyæ²⁴	lye²¹	lyɛ	tɕʰyæ²⁴	tɕyɛ²⁴
耀县	uæ³¹	uã	luæ²⁴	lye³¹	lyɛ	tɕʰyæ²⁴	tɕyɛ²⁴
高陵	uæ³¹	uã	lyæ²⁴	lye³¹	lyɛ	tsʰuæ²⁴	tɕyɛ²⁴
临潼	uã³¹	uã	luã²⁴	lie³¹	lyɛ	tsʰuã²⁴	tɕyo²⁴

字目 方言	弯 山合二 平删影	恋 山合三 去线来	劣 山合三 入薛来	全 山合三 平仙从	绝 山合三 入薛从
蓝田	uã³¹ ｜ uã	liã²⁴/luã²⁴	lyɛ³¹ ｜ luo	tʂʰuã²⁴	tɕyo²⁴
长安	uã³¹	luã²⁴	lyɛ³¹	tsʰuã²⁴	tɕyɛ²⁴
户县	uã³¹ ｜ uã	luã²⁴	lyE³¹ ｜ lyɛ	tʂʰuã²⁴	tɕyE²⁴
周至	uæ̃²¹ ｜ uã	lyæ̃²⁴	lyɛ²¹ ｜ lyɛ	tɕʰyæ̃²⁴/tsʰuæ̃²⁴	tɕyɛ²⁴
三原	uã³¹ ｜ uã	luã²⁴	luo³¹ ｜ lyɛ	tɕʰyã²⁴/tsʰuã²⁴	tɕyo²⁴
泾阳	uã³¹ ｜ uã	luã²⁴	liɛ³¹/luo³¹ ｜ lyɛ	tɕʰyã²⁴/tsʰuã²⁴	tɕyo²⁴
咸阳	uã³¹	lyã²⁴	lyo³¹	tɕʰyã²⁴/tsʰuã²⁴	tɕyo²⁴
兴平	uã³¹ ｜ uã	lyã²⁴	luo³¹ ｜ lyɛ	tɕʰyã²⁴	tɕyo²⁴
武功	uã³¹ ｜ uã	luã²⁴	lyo³¹ ｜ lyɛ	tɕʰyã²⁴	tɕyo²⁴
礼泉	uæ̃³¹ ｜ uã	luæ̃²⁴	luo⁵² ｜ lyɛ	tɕʰyæ̃²⁴	tɕyo²⁴
乾县	uã³¹ ｜ uã	luã²⁴	lyo⁵² ｜ lyɛ	tɕʰyã²⁴	tɕyo²⁴
永寿	uã³¹ ｜ uã	lyã²⁴	lyo⁵² ｜ lyɛ/lyo	tsʰuã²⁴	tɕyo²⁴
淳化	uã³¹ ｜ uã	lyã²⁴	lyo³¹ ｜ lyɛ	tɕʰyã²⁴/tsʰuã²⁴	tɕyo²⁴
旬邑	uã³¹ ｜ uã	lyã⁴⁴	lyo³¹ ｜ lyo	tsʰuã²⁴	tɕyo²⁴
彬县	uã³¹ ｜ vã	lyã²⁴	lyo³¹ ｜ lyo	tsʰuã²⁴	tɕyo²⁴
长武	uã³¹ ｜ uã	lyã²⁴	lyo³¹ ｜ lyo	tɕʰyã²⁴/tsʰuã²⁴	tɕyo²⁴
扶风	væ̃³¹ ｜ uã	lyæ̃²⁴	lyɛ³¹ ｜ lyɛ	tsʰuæ̃²⁴	tɕyɛ²⁴
眉县	uæ̃³¹ ｜ uã	lyæ̃²⁴	lyɛ³¹ ｜ lyɛ	tsʰuæ̃²⁴	tɕyɛ²⁴
麟游	vã³¹ ｜ vã	lyã²⁴	lyɛ³¹ ｜ lyɛ	tsʰuã²⁴	tɕyɛ²⁴
岐山	væ̃³¹ ｜ uã	lyæ̃²⁴	lyɛ³¹ ｜ lyɛ	tsʰuæ̃²⁴	tɕyɛ²⁴
凤翔	uã³¹ ｜ uã	lyã²⁴	lyɛ³¹ ｜ lyɛ	tsʰuã²⁴	tɕyɛ²⁴
宝鸡	væ̃³¹ ｜ vã	lyæ̃²⁴	lyɛ³¹ ｜ lyɛ	tɕʰyæ̃²⁴	tɕyɛ²⁴
千阳	væ̃³¹ ｜ vã	liæ̃²⁴	lyɛ³¹ ｜ lyɛ	tsʰuæ̃²⁴	tɕyɛ²⁴
陇县	væ̃³¹ ｜ vã	lyæ̃⁴⁴	lyo³¹ ｜ lyo	tɕʰyæ̃²⁴/tsʰuæ̃²⁴	tɕyo²⁴

字目 / 方言	宣 山合三 平仙心	选 山合三 上狝心	雪 山合三 入薛心	旋 山合三 平仙邪	旋~吃~做 山合三 去线邪
西安	ɕyæ²¹	ɕyæ	ɕye²¹ ǀ ɕyɛ	ɕyæ²⁴/ɕyæ²¹	ɕyæ²⁴/suæ⁵⁵
韩城	ɕyã²⁴	ɕyã⁵³	ɕyE³¹ ǀ ɕyɛ	ɕyã²⁴	ɕyã⁴⁴
合阳	ɕyã³¹	ɕyã⁵²	ɕyə³¹ ǀ ɕyə	ɕyã²⁴/tɕʰyã²⁴/ɕyə²⁴	ɕyã⁵⁵
澄城	ɕyã³¹	ɕyã⁵³	ɕyo³¹ ǀ ɕyə	ɕyã²⁴	ɕyã⁴⁴
白水	ɕyã³¹	ɕyã⁵³	ɕyo³¹ ǀ ɕyɛ	ɕyã²⁴	ɕyã⁴⁴
大荔	ɕyã³¹	ɕyã⁵²	ɕyɛ³¹ ǀ ɕyə	ɕyã²⁴	ɕyã⁵⁵
蒲城	ɕyã³¹	ɕyã⁵³	ɕyo³¹ ǀ ɕyo	ɕyã³⁵	ɕyã⁵⁵
美原	ɕyã³¹	ɕyã⁵³	ɕyo³¹ ǀ ɕyɛ	ɕyã³⁵	ɕyã⁵⁵
富平	ɕyã³¹	ɕyã⁵³	ɕyɛ³¹ ǀ ɕyɛ	ɕyã³⁵	ɕyã⁵⁵
潼关	ɕyã³¹	ɕyã⁵³	ɕyo³¹ ǀ ɕyɛ	ɕyã²⁴	ɕyã⁴⁴
华阴	ɕyã³¹	ɕyã⁵²	ɕyɛ³¹ ǀ ɕyə	ɕyã²⁴	ɕyã⁵⁵
华县	ɕyã³¹	ɕyã⁵³	ɕyo³¹ ǀ ɕyo	ɕyã³⁵	ɕyã⁵⁵
渭南	ɕyã³¹	ɕyã⁵³	ɕyo³¹ ǀ ɕyɛ	ɕyã²⁴	ɕyã⁴⁴
洛南	ɕyæ³¹	ɕyæ⁵³	ɕye³¹ ǀ ɕyɛ	ɕyæ²⁴	ɕyæ⁴⁴
商州	ɕyã³¹	ɕyã⁵³	ɕyɛ³¹ ǀ ɕyɛ	ɕyã³⁵	ɕyã⁵⁵
丹凤	ɕyã³¹	ɕyã⁵³	ɕye³¹	ɕyã²⁴	ɕyã⁴⁴
宜川	ɕyæ⁵¹	ɕyæ⁴⁵	ɕye⁵¹	ɕyæ²⁴/tɕʰyæ²⁴①	ɕyæ⁴⁵
富县	ɕyã³¹	ɕyã⁵²	ɕyo³¹	ɕyã²⁴	ɕyã⁴⁴
黄陵	ɕyæ³¹	ɕyæ⁵²	ɕyo³¹	ɕyæ²⁴	ɕyæ⁴⁴
宜君	ɕyæ²¹	ɕyæ⁵²	ɕyo²¹	ɕyæ²⁴	ɕyæ⁴⁴
铜川	ɕyæ²¹	ɕyæ⁵²	ɕye²¹ ǀ ɕyɛ	ɕyæ²⁴	ɕyæ⁴⁴
耀县	ɕyã³¹	ɕyæ⁵²	ɕyɛ³¹ ǀ ɕyɛ	ɕyæ²⁴	ɕiæ⁴⁴
高陵	ɕyæ³¹	suæ⁵²	ɕyɛ³¹ ǀ ɕyɛ	ɕyæ²⁴/suæ²⁴	suæ⁵⁵
临潼	ɕyã³¹	suã⁵²	ɕyo³¹ ǀ ɕyɛ	ɕyã²⁴/suã²⁴	ɕyã²⁴

① tɕʰyæ²⁴ ～风。

字目 方言	宣 山合三 平仙心	选 山合三 上狝心	雪 山合三 入薛心	旋 山合三 平仙邪	旋~吃~做 山合三 去线邪
蓝田	ʃuã³¹	ʃuã⁵²	ɕyo³¹ ∣ ɕyo	ɕyã²⁴/ʃuã²⁴①	ʃuã⁴⁴
长安	ɕyã³¹	ɕyã⁵³	ɕyε³¹	ɕyã²⁴	suã⁴⁴
户县	ʃuã³¹	ɕyã⁵²/ʃuã⁵²	ɕyE³¹ ∣ ɕyε	ʃuã²⁴	ʃuã⁵⁵
周至	ɕyæ̃²¹	ɕyæ̃⁵²	ɕyε²¹ ∣ ɕyε	ɕyæ̃²⁴	suæ̃⁵⁵
三原	ɕyã³¹	ɕyã⁵²	ɕyo³¹ ∣ ɕyε	ɕyã²⁴	suã⁵⁵
泾阳	ɕyã³¹	ɕyã⁵²/suã⁵²	ɕyo³¹ ∣ ɕyε	ɕyã²⁴	suã⁵⁵
咸阳	ɕyã³¹	ɕyã⁵²	ɕyo³¹	ɕyã²⁴	suã⁵⁵
兴平	ɕyã³¹	ɕyã⁵²	ɕyo³¹ ∣ ɕyo	ɕyã²⁴	suã⁵⁵
武功	ɕyã³¹	ɕyã⁵²	ɕyo³¹ ∣ ɕyε	ɕyã²⁴	suã⁵⁵
礼泉	ɕyæ̃³¹	ɕyæ̃⁵²	ɕyo³¹ ∣ ɕyo	ɕyæ̃²⁴	suæ̃⁵⁵
乾县	ɕyã³¹	ɕyã⁵²	ɕyo³¹ ∣ ɕyo	ɕyã²⁴	suã⁴⁴
永寿	ɕyã³¹	ɕyã⁵²	ɕyo³¹ ∣ ɕyε	ɕyã²⁴	suã⁵⁵
淳化	ɕyã³¹/suã³¹	suã⁵²	ɕyo³¹ ∣ ɕyε	ɕyã²⁴	suã⁵⁵
旬邑	suã³¹	suã⁵²	ɕyo³¹ ∣ ɕyo	suã²⁴	suã⁴⁴
彬县	suã³¹	suã⁵²	ɕyo³¹ ∣ ɕyo	suã²⁴	suã⁴⁴
长武	ɕyã³¹	ɕyã⁵²	ɕyo³¹ ∣ ɕyo	ɕyã²⁴	suã⁴⁴
扶风	ɕyæ̃³¹	ɕyæ̃⁵²	ɕyε³¹ ∣ ɕyε	ɕyæ̃²⁴	suæ̃³³
眉县	suæ̃³¹	ɕyæ̃⁵²	ɕyε³¹ ∣ ɕyε	ɕyæ̃²⁴/suæ̃²⁴	suæ̃⁴⁴
麟游	suã³¹	suã⁵³	ɕyε³¹ ∣ ɕyε	ɕyã²⁴	suã⁴⁴
岐山	suæ̃³¹	suæ̃⁵³	ɕyε³¹ ∣ ɕyε	suæ̃²⁴	suæ̃⁴⁴
凤翔	suã³¹	suã⁵³	ɕyε³¹ ∣ ɕyε	suã²⁴	suã⁴⁴
宝鸡	ɕyæ̃³¹	suæ̃⁵³	ɕyε³¹ ∣ ɕyε	ɕyæ̃²⁴	suæ̃⁴⁴
千阳	suæ̃³¹	ɕyæ̃⁵³/suæ̃⁵³	ɕyε³¹ ∣ ɕyε	ɕyæ̃²⁴	suæ̃⁴⁴
陇县	ɕyæ̃³¹/suæ̃³¹	ɕyæ̃⁵³/suæ̃⁵³	ɕyo³¹ ∣ ɕyε	ɕyæ̃²⁴	suæ̃⁴⁴

① ʃuã²⁴ 头上长的~。高陵、眉县念作 suæ̃²⁴，临潼念作 suã²⁴。

字目 / 方言	转~眼,~送	转~螺丝,~圆圈	传~下来	篆	传~记
	山合三上狝知	山合三去线知	山合三平仙澄	山合三上狝澄	山合三去线澄
西安	pfɛ̃⁵³	pfɛ̃⁵⁵	pfʰɛ̃²⁴	pfɛ̃⁵⁵	pfɛ̃⁵⁵
韩城	pfã⁵³	pfã⁴⁴	pfʰã²⁴	pfʰã⁴⁴	pfã⁴⁴
合阳	pfã⁵²	pfã⁵⁵	pfʰã²⁴	pfʰã⁵⁵	pfã⁵⁵
澄城	tʃuã⁵³	tʃuã⁴⁴	tʃʰuã²⁴	tʃuã⁴⁴	tʃuã⁴⁴
白水	tʃuã⁵³	tʃuã⁴⁴	tʃʰuã²⁴	tʃuã⁴⁴	tʃuã⁴⁴
大荔	pfã⁵²	pfã⁵⁵	pfʰã²⁴	pfʰã⁵⁵	pfã⁵⁵
蒲城	tʃuã⁵³	tʃuã⁵⁵	tʃʰuã³⁵	tʃuã⁵⁵	tʃuã⁵⁵
美原	tʃã⁵³	tʃã⁵⁵	tʃʰã³⁵	tʃã⁵⁵	tʃã⁵⁵
富平	tʃuã⁵³	tʃuã⁵⁵	tʃʰuã³⁵	tʃuã⁵⁵	tʃuã⁵⁵
潼关	pfã⁵²	pfã⁴⁴	pfʰã²⁴	pfã⁴⁴	pfã⁴⁴
华阴	pfã⁵²	pfã⁵⁵	pfʰã²⁴	pfã⁵⁵	pfã⁵⁵
华县	tʃuã⁵³	tʃuã⁵⁵	tʃʰuã³⁵	tʃuã⁵⁵	tʃuã⁵⁵
渭南	tʃuã⁵³	tʃuã⁴⁴	tʃʰuã²⁴	tʃuã⁴⁴	tʃuã⁴⁴
洛南	tʃuɛ̃⁵³	tʃuɛ̃⁴⁴	tʃʰuɛ̃²⁴	tʃuɛ̃⁴⁴	tʃuɛ̃⁴⁴
商州	tʃuã⁵³	tʃuã⁵⁵	tʃʰuã³⁵	tʃuã⁵⁵	tʃuã⁵⁵
丹凤	tʃuã⁵³	tʃuã⁴⁴	tʃʰuã²⁴	tʃuã⁴⁴	tʃuã⁴⁴
宜川	tʂuɛ̃⁴⁵	tʂuɛ̃⁴⁵	tʂʰuɛ̃²⁴	tʂʰuɛ̃⁴⁵	tʂuɛ̃⁴⁵
富县	tsuã⁵²	tsuã⁴⁴	tsʰuã²⁴	tsuã⁴⁴	tsuã⁴⁴
黄陵	tʃuɛ̃⁵²	tʃuɛ̃⁴⁴	tʃʰuɛ̃²⁴	tʃuɛ̃⁴⁴	tʃuɛ̃⁴⁴
宜君	tʃuɛ̃⁵²	tʃuɛ̃⁴⁴	tʃʰuɛ̃²⁴	tʃuɛ̃⁴⁴	tʃuɛ̃⁴⁴
铜川	tʃuɛ̃⁴⁴	tʃuɛ̃⁴⁴	tʃʰuɛ̃²⁴	tʃuɛ̃⁴⁴	tʃuɛ̃⁴⁴
耀县	tʃuɛ̃⁴⁴	tʃuɛ̃⁴⁴	tʃʰuɛ̃²⁴	tʃuɛ̃⁴⁴	tʃuɛ̃⁴⁴
高陵	tʃuɛ̃⁵²	tʃuɛ̃⁵⁵	tʃʰuɛ̃²⁴	tʃuɛ̃⁵⁵	tʃuɛ̃⁵⁵
临潼	tʂã⁵²/ tʃuã⁵²老	tʂã⁴⁵/ tʃuã⁴⁵老	tʂʰã²⁴/ tʃʰuã²⁴老	tʂã⁴⁵/ tʃuã⁴⁵老	tʂã⁴⁵/ tʃuã⁴⁵老

字目 方言	转~眼, ~送 山合三 上狝知	转~螺丝, ~圆圈 山合三 去线知	传~下来 山合三 平仙澄	篆 山合三 上狝澄	传~记 山合三 去线澄
蓝田	tʃuã⁵²	tʃuã⁴⁴	tʃʰuã²⁴	tʃuã⁴⁴	tʃuã⁴⁴
长安	pfã⁵³	pfã⁴⁴	pfʰã²⁴	pfã⁴⁴	pfã⁴⁴
户县	tʃuã⁵²	tʃuã⁵⁵	tʃʰuã²⁴	tʃuã⁵⁵	tʃuã⁵⁵
周至	pfæ̃⁵²	pfæ̃⁵⁵	pfʰæ̃²⁴/tsʰuæ̃²⁴	pfæ̃⁵⁵	pfæ̃⁵⁵
三原	tʃuã⁵⁵	tʃuã⁵⁵	tʃʰuã²⁴	tʃuã⁵⁵	tʃuã⁵⁵
泾阳	tʃuã⁵²	tʃuã⁵⁵	tʃʰuã²⁴	tʃuã⁵⁵	tʃuã⁵⁵
咸阳	tʃuã⁵²	tʃuã⁵⁵	tʃʰuã²⁴	tʃuã⁵⁵	tʃuã⁵⁵
兴平	tʃuã⁵²	tʃuã⁵⁵	tʃʰuã²⁴	tʃuã⁵⁵	tʃuã⁵⁵
武功	tʃuã⁵²	tʃuã⁵⁵	tʃʰuã²⁴	tʃuã⁵⁵	tʃuã⁵⁵
礼泉	tʃuæ̃⁵²	tʃuæ̃⁵⁵	tʃʰuæ̃²⁴	tʃuæ̃⁵⁵	tʃuæ̃⁵⁵
乾县	tʃuã⁵²	tʃuã⁴⁴	tʃʰuã²⁴	tʃuã⁴⁴	tʃuã⁴⁴
永寿	tʃuã⁵²	tʃuã⁵⁵	tʃʰuã²⁴	tʃuã⁵⁵	tʃuã⁵⁵
淳化	tʃuã⁵²	tʃuã⁵⁵	tʃʰuã²⁴	tʃuã⁵⁵	tʃuã⁵⁵
旬邑	tʃuã⁵²	tʃuã⁴⁴	tʃʰuã²⁴	tʃuã⁴⁴	tʃuã⁴⁴
彬县	tʃuã⁵²	tʃuã⁴⁴	tʃʰuã²⁴	tʃuã⁴⁴	tʃuã⁴⁴
长武	tʃuã⁵²	tʃuã⁴⁴	tʃʰuã²⁴	tʃuã⁴⁴	tʃuã⁴⁴
扶风	tʂæ̃³³	tʂæ̃³³	tʂʰæ̃²⁴	tʂæ̃³³	tʂæ̃³³
眉县	tʂæ̃⁴⁴/tʃuæ̃⁴⁴	tʂæ̃⁴⁴/tʃuæ̃⁴⁴	tʂʰæ̃²⁴/tʃʰuæ̃²⁴	tʂæ̃⁴⁴	tʂæ̃⁴⁴/tʃuæ̃⁴⁴
麟游	tʃuã⁴⁴	tʃuã⁴⁴	tʃʰuã²⁴	tʃuã⁴⁴	tʃuã⁴⁴
岐山	tʂæ̃⁴⁴	tʂæ̃⁴⁴	tʂʰæ̃²⁴	tʂæ̃⁴⁴	tʂæ̃⁴⁴
凤翔	tʂã⁵³	tʂã⁴⁴	tʂʰã²⁴	tʂã⁴⁴	tʂã⁴⁴
宝鸡	tʂæ̃⁵³/tʂuæ̃⁵³新	tʂæ̃⁴⁴/tʂuæ̃⁴⁴新	tʂʰæ̃²⁴/tʂʰuæ̃²⁴新	tʂæ̃⁴⁴/tʂuæ̃⁴⁴新	tʂæ̃⁴⁴/tʂuæ̃⁴⁴新
千阳	tʃæ̃⁴⁴	tʃæ̃⁴⁴	tʃʰæ̃²⁴	tʃæ̃⁴⁴	tʃæ̃⁴⁴
陇县	tʃuæ̃⁵³	tʃuæ̃⁴⁴	tʃʰuæ̃²⁴	tʃuæ̃⁴⁴	tʃuæ̃⁴⁴

字目 / 方言	砖	拙	穿	喘	串
	山合三平仙章	山合三入薛章	山合三平仙昌	山合三上狝昌	山合三去线昌
西安	pfæ̃^{21}	pfo^{21}	pfʰæ̃^{21}	pfʰæ̃^{53}	pfʰæ̃^{55}
韩城	pfa^{31}	tɕyE^{31}	pfʰã^{31}	pfʰã^{53}	pfʰã^{44}
合阳	pfa^{31}	pfo^{31}	pfʰã^{31}	pfʰã^{52}	pfʰã^{55}
澄城	tʃuã^{31}	tʃuo^{31}	tʃʰuã^{31}	tʃʰuã^{53}	tʃʰuã^{44}
白水	tʃuã^{31}	tʃuo^{31}	tʃʰuã^{31}	tʃʰuã^{53}	tʃʰuã^{44}
大荔	pfã^{31}	pfo^{31}	pfʰã^{31}	pfʰã^{52}	pfʰã^{55}
蒲城	tʃuã^{31}	tʃuo^{31}	tʃʰuã^{31}	tʃʰuã^{53}	tʃʰuã^{55}
美原	tʃã^{31}	tʃo^{31}	tʃʰã^{31}	tʃʰã^{53}	tʃʰã^{55}
富平	tʃuã^{31}	tʃuo^{31}	tʃʰuã^{31}	tʃʰuã^{53}	tʃʰuã^{55}
潼关	pfã^{31}	pfo^{31}	pfʰã^{31}	pfʰã^{52}	pfʰã^{44}
华阴	pfã^{31}	pfo^{31}	pfʰã^{31}	pfʰã^{52}	pfʰã^{55}
华县	tʃuã^{31}	tɕyo^{31}	tʃʰuã^{31}	tʃʰuã^{53}	tʃʰuã^{55}
渭南	tʃuã^{31}	tʃuo^{31}	tʃʰuã^{31}	tʃʰuã^{53}	tʃʰuã^{44}
洛南	tʃuæ̃^{31}	tʃuo^{24}	tʃʰuæ̃^{31}	tʃʰuæ̃^{53}	tʃʰuæ̃^{44}
商州	tʃuã^{31}	tɕyɛ^{31}	tʃʰuã^{31}	tʃʰuã^{53}	tʃʰuã^{55}
丹凤	tʃuã^{31}	tʃuo^{24}	tʃʰuã^{31}	tʃʰuã^{53}	tʃʰuã^{44}
宜川	tʂuæ̃^{51}	tʂuo^{24}	tʂʰuæ̃^{51}	tʂʰuæ̃^{45}	tʂʰuæ̃^{45}
富县	tsuã^{31}	tsʰuo^{24}	tsʰuã^{31}	tsʰuã^{52}	tsʰuã^{44}
黄陵	tʃuæ̃^{31}	tʃuo^{24}	tʃʰuæ̃^{31}	tʃʰuæ̃^{52}	tʃʰuæ̃^{44}
宜君	tʃuæ̃^{21}	tʃuo^{24}	tʃʰuæ̃^{21}	tʃʰuæ̃^{52}	tʃʰuæ̃^{44}
铜川	tʃuæ̃^{21}	tʃuo^{21}	tʃʰuæ̃^{21}	tʃʰuæ̃^{52}	tʃʰuæ̃^{44}
耀县	tʃuæ̃^{31}	tʃuo^{31}	tʃʰuæ̃^{31}	tʃʰuæ̃^{52}	tʃʰuæ̃^{44}
高陵	tʃuæ̃^{31}	tʃuo^{24}	tʃʰuæ̃^{31}	tʃʰuæ̃^{52}	tʃʰuæ̃^{55}
临潼	tʂã^{31}/tʃuã^{31}老	tʂɤ^{24}/tʃuo^{24}老	tʂʰã^{31}/tʃʰuã^{31}老	tʂʰã^{52}/tʃʰuã^{52}老	tʂʰã^{45}/tʃʰuã^{45}老

字目 / 方言	砖	拙	穿	喘	串
	山合三平仙章	山合三入薛章	山合三平仙昌	山合三上狝昌	山合三去线昌
蓝田	tʃuã³¹	tʃuo³¹	tʃʰuã³¹	tʃʰuã⁵²	tʃʰuã⁴⁴
长安	pfã³¹	tsuo²⁴	pfʰã³¹	pfʰã⁵³	pfʰã⁴⁴
户县	tʃuã³¹	tʃuo³¹	tʃʰuã³¹	tʃʰuã⁵²	tʃʰuã⁵⁵
周至	pfæ̃²¹	tsuo²⁴	pfʰæ̃²¹	pfʰæ̃⁵²	pfʰæ̃⁵⁵
三原	tʃuã³¹	tʃuo²⁴	tʃʰuã³¹	tʃʰuã⁵²	tʃʰuã⁵⁵
泾阳	tʃuã³¹	tʃuo²⁴	tʃʰuã³¹	tʃʰuã⁵²	tʃʰuã⁵⁵
咸阳	tʃuã³¹	tʃuo²⁴	tʃʰuã³¹	tʃʰuã⁵²	tʃʰuã⁵⁵
兴平	tʃuã³¹	tʃuo³¹	tʃʰuã³¹	tʃʰuã⁵²	tʃʰuã⁵⁵
武功	tʃuã³¹	tʃuo³¹	tʃʰuã³¹	tʃʰuã⁵²	tʃʰuã⁵²
礼泉	tʃuæ̃³¹	tʃuo³¹	tʃʰuæ̃³¹	tʃʰuæ̃⁵²	tʃʰuæ̃⁵⁵
乾县	tʃuã³¹	tʃuo²⁴	tʃʰuã³¹	tʃʰuã⁵²	tʃʰuã⁴⁴
永寿	tʃuã³¹	tʃuo²⁴	tʃʰuã³¹	tʃʰuã⁵²	tʃʰuã⁵⁵
淳化	tʃuã³¹	tʃuo³¹	tʃʰuã³¹	tʃʰuã⁵²	tʃʰuã⁵⁵
旬邑	tʃuã³¹	tʃuo³¹	tʃʰuã³¹	tʃʰuã⁵²	tʃʰuã⁴⁴
彬县	tʃuã³¹	tʂɤ³¹	tʃʰuã³¹	tʃʰuã⁵²	tʃʰuã⁴⁴
长武	tʃuã³¹	tʂɤ³¹	tʃʰuã³¹	tʃʰuã⁵²	tʃʰuã⁴⁴
扶风	tʂæ̃³¹	tʂɤ³¹	tʂʰæ̃³¹	tʂʰæ̃⁵²	tʂʰæ̃³³
眉县	tʂæ̃³¹/tʃuæ̃³¹	tʂʅə²⁴	tʂʰæ̃³¹/tʃʰuæ̃³¹	tʂʰæ̃⁵²/tʃʰuæ̃⁵²	tʂʰæ̃⁴⁴/tʃʰuæ̃⁴⁴
麟游	tʃuã³¹	tʃuo²⁴	tʃʰuã³¹	tʃʰuã⁵³	tʃʰuã⁴⁴
岐山	tʂæ̃³¹	tʂɤ³¹	tʂʰæ̃³¹	tʂʰæ̃⁵³	tʂʰæ̃⁴⁴
凤翔	tʂã³¹	tʂʅə³¹	tʂʰã³¹	tʂʰã⁵³	tʂʰã⁴⁴
宝鸡	tʂæ̃³¹/tʂuæ̃³¹新	tʂɤ³¹	tʂʰæ̃³¹/tʂʰuæ̃³¹新	tʂʰæ̃⁵³/tʂʰuæ̃⁵³新	tʂʰæ̃⁴⁴/tʂʰuæ̃⁴⁴新
千阳	tʃæ̃³¹	tʂʅə⁵³	tʃʰæ̃³¹	tʃʰæ̃⁵³	tʃʰæ̃⁴⁴
陇县	tʃuæ̃³¹	tʃuo²⁴	tʃʰuæ̃³¹	tʃʰuæ̃⁵³	tʃʰuæ̃⁴⁴

字目\方言	船\山合三\平仙船	说\山合三\入薛书	软\山合三\上狝日	卷~起\山合三\上狝见	卷试~\山合三\去线见
西安	fæ̃²⁴/pfʰæ̃²⁴新 ∣ fã	ʂɤ²¹	væ̃⁵³ ∣ vã	tɕyæ̃⁵³	tɕyæ̃⁵⁵ ∣ tɕyã
韩城	fã²⁴ ∣ fã	ʂə³¹	vã⁵³ ∣ vã	tɕyã⁵³	tɕyã⁵³ ∣ tɕyã
合阳	fã²⁴ ∣ pfã	fo³¹	vã⁵² ∣ vã	tɕʰyã⁵²	tɕyã⁵⁵ ∣ tɕyã
澄城	ʃuã²⁴ ∣ sɥã	ʃuo³¹	ʒuã⁵³ ∣ zɥã	tɕyã⁵³	tɕyã⁴⁴ ∣ tɕyã
白水	ʃuã²⁴ ∣ sɥʰã	ʃuo³¹	ʒuã⁵³	tɕyã⁵³	tɕyã⁵³ ∣ tɕyã
大荔	fã²⁴ ∣ pfã	fiæ³¹	væ⁵² ∣ vã	tɕyã⁵²	tɕyã⁵⁵ ∣ tɕyã
蒲城	tʃʰuã³⁵/ʃuã³⁵ ∣ sɥʰã/sɥã	ʃuo³¹	ʒuã⁵³ ∣ zɥʰã	tɕyã⁵³	tɕyã⁵⁵ ∣ tɕyã
美原	tʃʰã³⁵/ʃã³⁵ ∣ sɥã	ʃo³¹	ʒã⁵³	tɕyã⁵³	tɕyã⁵⁵ ∣ tɕyã
富平	tʃʰuã³⁵/ʃuã³⁵ ∣ sɥã	ʃuo³¹	ʒuã⁵³ ∣ zɥã	tɕyã⁵³	tɕyã⁵⁵ ∣ tɕyã
潼关	fã²⁴ ∣ fã	fo³¹	vã⁵² ∣ vã	tɕyã⁵²	tɕyã⁴⁴ ∣ tɕyã
华阴	pfʰã²⁴/fã²⁴ ∣ pfã	fo³¹	vã⁵² ∣ vã	tɕyã⁵²	tɕyã⁵⁵ ∣ tɕyã
华县	tʃʰuã³⁵/ʃuã³⁵ ∣ sɥʰã	ʃuo³¹	ʒuã⁵³ ∣ zɥʰã	tɕyã⁵³	tɕyã⁵⁵ ∣ tɕyã
渭南	ʃuã²⁴ ∣ sɥʰã	ʃuo³¹	ʒuã⁵³ ∣ zɥã	tɕyã⁵³	tɕyã⁴⁴ ∣ tɕyã
洛南	tʃʰuæ²⁴/ʃuæ²⁴ ∣ sɥã	ʃuo³¹	ʒuæ⁵³ ∣ zɥã	tɕyæ⁵³	tɕyæ⁵³ ∣ tɕyã
商州	tʃʰuã³⁵/ʃuã³⁵	ʃuo³¹	ʒuã⁵³ ∣ zɥã	tɕyã⁵³	tɕyã⁵⁵ ∣ tɕyã
丹凤	tʃʰuã²⁴/ʃuã²⁴	ʃuo³¹	ʒuã⁵³	tɕyã⁵³	tɕyã⁵³
宜川	tʂʰuæ̃²⁴/ʂuæ̃²⁴	ʂuo⁵¹	zɻuæ̃⁴⁵	tɕyæ̃⁴⁵	tɕyæ̃⁴⁵
富县	tsʰuã²⁴/suã²⁴	suo³¹	zuã⁵²	tɕyã⁵²	tɕyã⁴⁴
黄陵	tʃʰuæ̃²⁴/ʃuæ̃²⁴	ʃuo³¹	ʒuæ̃⁵²	tɕyæ̃⁵²	tɕyæ̃⁵²
宜君	ʃuæ̃²⁴	ʃuo²¹	ʒuæ̃⁵²	tɕyæ̃⁵²	tɕyæ̃⁴⁴
铜川	tʃʰuæ̃²⁴/ʃuæ̃²⁴ ∣ sɥʰã	ʃuo²¹	ʒuæ̃⁵² ∣ zɥʰã	tɕyæ̃⁵²	tɕyæ̃⁴⁴ ∣ tɕyã
耀县	ʃuæ̃²⁴ ∣ sɥʰã	ɕyo³¹/ʃuo³¹	ʒuæ̃⁵² ∣ zɥʰã	tɕyæ̃⁵²	tɕyæ̃⁴⁴ ∣ tɕyã
高陵	ʃuæ̃²⁴ ∣ sɥʰã	ʃuo³¹	ʒuæ̃⁵²	tɕyæ̃⁵²	tɕyæ̃⁵² ∣ tɕyã
临潼	tʂʰã²⁴/tʃʰuã²⁴老/ʃuã²⁴老 ∣ sɥʰã	ʂɤ³¹/ʃuo³¹老	zã⁵²/ʒuã⁵²老 ∣ zɥʰã	tɕyã⁵²	tɕyã⁵² ∣ tɕyã

字目 方言	船 山合三 平仙船	说 山合三 入薛书	软 山合三 上狝日	卷~起 山合三 上狝见	卷试~ 山合三 去线见
蓝田	tʃʰuã²⁴/ʃuã²⁴ ∣ sʮã	ʃuo³¹/ ʃʅɤ³¹	ʒuã⁵²/vã⁵² ∣ zʮã	tɕyã⁵²	tɕyã⁵² ∣ tɕyã
长安	pfʰã²⁴/fã²⁴	ʂʅɤ³¹	vã⁵³	tɕyã⁵³	tɕyã⁴⁴
户县	ʃuã²⁴ ∣ sʮã	ʂʅɤ³¹/ ɕyɛ³¹	ʒuã⁵² ∣ zʮã	tɕyã⁵²	tɕyã⁵² ∣ tɕyã
周至	pfʰuæ̃²⁴ ∣ sʮã/fã	suo²¹/ ʂʅɤ²¹	væ̃⁵² ∣ ʮã/vã/zʮã	tɕyæ̃⁵²	tɕyæ̃⁵² ∣ tɕyã
三原	tʃʰuã²⁴/ʃuã²⁴ ∣ sʮã	ʃuo³¹	ʒuã⁵² ∣ zʮã	tɕyã⁵²	tɕyã⁵⁵ ∣ tɕyã
泾阳	ʃuã²⁴ ∣ sʮã	ʃuo³¹	ʒuã⁵² ∣ zʮã	tɕyã⁵²	tɕyã⁵⁵
咸阳	ʃuã²⁴	ʂʅɤ³¹	ʒuã⁵²	tɕyã⁵²	tɕyã⁵⁵ ∣ tɕyã
兴平	ʃuã²⁴ ∣ sʮã	ʂuo³¹	ʒuã⁵² ∣ zʮã	tɕyã⁵²	tɕyã⁵⁵ ∣ tɕyã
武功	tʃʰuã²⁴/ʃuã²⁴ ∣ sʮã	ʂʅɤ³¹	ʒuã⁵² ∣ zʮã	tɕyã⁵²	tɕyã⁵⁵ ∣ tɕyã
礼泉	ʃuæ̃²⁴ ∣ sʮã	ʂuo³¹	ʒuæ̃⁵² ∣ zʮã	tɕyæ̃⁵²	tɕyæ̃⁵⁵ ∣ tɕyã
乾县	ʃuã²⁴ ∣ sʮã	ʂuo³¹	ʒuã⁵² ∣ zʮã	tɕyã⁵²	tɕyã⁴⁴ ∣ tɕyã
永寿	ʃuã²⁴ ∣ sʮã	ʂuo³¹	ʒuã⁵² ∣ zʮã	tɕyã⁵²	tɕyã⁵⁵ ∣ tɕyã
淳化	ʃuã²⁴ ∣ sʮã	ʃuo³¹	ʒuã⁵² ∣ zʮã	tɕyã⁵²	tɕyã⁵⁵ ∣ tɕyã
旬邑	ʃuã²⁴ ∣ sʮã	ʃuo³¹	ʒuã⁵² ∣ zʮã	tɕyã⁵²	tɕyã⁴⁴ ∣ tɕyã
彬县	ʃuã²⁴ ∣ sʮã	ʂɤ³¹	ʒuã⁵² ∣ zʮã	tɕyã⁵²	tɕyã⁴⁴ ∣ tɕyã
长武	ʃuã²⁴ ∣ sʮã	ʂɤ³¹	ʒuã⁵² ∣ zʮã	tɕyã⁵²	tɕyã⁴⁴ ∣ tɕyã
扶风	ʂæ̃²⁴ ∣ sʮã	ʂɤ³¹	zæ̃⁵² ∣ zʮã	tɕyæ̃⁵²	tɕyæ̃³³ ∣ tɕyã
眉县	tʃʰuæ̃²⁴/ʂæ̃²⁴ ∣ sʮã	ʂʅɤ³¹	z̞æ̃⁵²/ʒuæ̃⁵² ∣ zʮã	tɕyæ̃⁵²	tɕyæ̃⁴⁴ ∣ tɕyã
麟游	tʃʰuã²⁴ ∣ fã	ʂʅɤ³¹	ʒuã⁵³ ∣ zʮã	tɕyã⁵³	tɕyã⁴⁴ ∣ tɕyã
岐山	ʂæ̃²⁴ ∣ ʂã	ʂɤ³¹	zæ̃⁵³ ∣ zã	tɕyæ̃⁵³	tɕyæ̃⁴⁴ ∣ tɕyã
凤翔	tʂʰã²⁴ ∣ sʮã	ʂʅɤ³¹	zã⁵³ ∣ zʮã	tɕyã⁵³	tɕyã⁴⁴
宝鸡	ʂæ̃²⁴/ʂuæ̃²⁴ 新 ∣ sʮã	ʂɤ³¹	zæ̃⁵³/zuæ̃⁵³ 新 ∣ zʮã	tɕyæ̃⁵³	tɕyæ̃⁴⁴ ∣ tɕyã
千阳	ʃæ̃²⁴ ∣ sʮã	ʂʅɤ³¹	ʒæ̃⁵³ ∣ zʮã	tɕyæ̃⁵³	tɕyæ̃⁴⁴ ∣ tɕyã
陇县	tʃʰuæ̃²⁴/ʃuæ̃²⁴ ∣ ʂuã	ʂʅɤ³¹	ʒuæ̃⁵³ ∣ zuã	tɕyæ̃⁵³	tɕyæ̃⁴⁴ ∣ tɕyã

字目／方言	圈圆~	权		圈猪~	倦	圆	
	山合三平仙溪	山合三平仙群		山合三上狝群	山合三去线群	山合三平仙云	
西安	tɕʰyæ²¹	tɕʰyæ²⁴	tɕʰyã	tɕyæ⁵⁵	tɕyæ⁵⁵	yæ²⁴	yã
韩城	tɕʰyã³¹	tɕʰyã²⁴	tɕʰyã	tɕʰyã⁴⁴	tɕyã⁴⁴	yã²⁴	yã
合阳	tɕʰyã³¹	tɕʰyã²⁴	tɕʰyã	tɕʰyã⁵⁵	tɕyã⁵⁵	yã²⁴	yã
澄城	tɕʰyã³¹	tɕʰyã²⁴	tɕʰyã	tɕʰyã⁴⁴	tɕyã⁴⁴	yã²⁴	yã
白水	tɕʰyã³¹	tɕʰyã²⁴	tɕʰyã	tɕʰyã⁴⁴	tɕyã⁴⁴	yã²⁴	yã
大荔	tɕʰyã³¹	tɕʰyã²⁴	tɕʰyã	tɕʰyã⁵⁵	tɕyã⁵⁵	yã²⁴	yã
蒲城	tɕʰyã³¹	tɕʰyã³⁵	tɕʰyã	tɕʰyã⁵⁵	tɕyã⁵⁵	yã³⁵	yã
美原	tɕʰyã³¹	tɕʰyã³⁵	tɕʰyã	tɕʰyã⁵⁵	tɕyã⁵⁵	yã³⁵	yã
富平	tɕʰyã³¹	tɕʰyã³⁵	tɕʰyã	tɕʰyã⁵⁵	tɕyã⁵⁵	yã³⁵	yã
潼关	tɕʰyã³¹	tɕʰyã²⁴	tɕʰyã	tɕʰyã⁴⁴	tɕyã⁴⁴	yã²⁴	yã
华阴	tɕʰyã³¹	tɕʰyã²⁴	tɕʰyã	tɕʰyã⁵⁵	tɕyã⁵⁵	yã²⁴	yã
华县	tɕʰyã³¹	tɕʰyã³⁵	tɕʰyã	tɕʰyã⁵⁵	tɕyã⁵⁵	yã³⁵	yã
渭南	tɕʰyã³¹	tɕʰyã²⁴	tɕʰyã	tɕʰyã⁴⁴	tɕyã⁴⁴	yã²⁴	yã
洛南	tɕʰyæ³¹	tɕʰyæ²⁴	tɕʰyã	tɕyæ⁴⁴	tɕyæ⁴⁴	yæ²⁴	yã
商州	tɕʰyã³¹	tɕʰyã³⁵	tɕʰyã	tɕyã⁵⁵	tɕyã⁵⁵	yã³⁵	yã
丹凤	tɕʰyã³¹	tɕʰyã²⁴		tɕyã⁴⁴	tɕyã⁴⁴	yã²⁴	
宜川	tɕʰyæ⁵¹	tɕʰyæ²⁴		tɕʰyæ⁴⁵	tɕyæ⁴⁵	yæ²⁴	
富县	tɕʰyã³¹	tɕʰyã²⁴		tɕʰyã⁴⁴	tɕyã⁴⁴	yã²⁴	
黄陵	tɕʰyæ³¹	tɕʰyæ²⁴		tɕʰyæ⁴⁴	tɕyæ⁴⁴	yæ²⁴	
宜君	tɕʰyæ²¹	tɕʰyæ²⁴		tɕʰyæ⁴⁴	tɕyæ⁴⁴	yæ²⁴	
铜川	tɕʰyæ²¹	tɕʰyæ²⁴	tɕʰyã	tɕʰyæ⁴⁴	tɕyæ⁴⁴	yæ²⁴	yã
耀县	tɕʰyæ³¹	tɕʰyæ²⁴	tɕʰyã	tɕʰyæ⁴⁴	tɕyæ⁴⁴	yæ²⁴	yã
高陵	tɕʰyæ³¹	tɕʰyæ²⁴	tɕʰyã	tɕyæ⁵⁵	tɕyæ⁵⁵	yæ²⁴	yã
临潼	tɕʰyã³¹	tɕʰyã²⁴	tɕʰyã	tɕyæ⁴⁵	tɕyã⁴⁵	yã²⁴	yã

字目 / 方言	圈圆~	权	圈猪~	倦	圆
	山合三平仙溪	山合三平仙群	山合三上狝群	山合三去线群	山合三平仙云
蓝田	tɕʰyã^{31}	tɕʰyã^{24} ｜ tɕʰyã	tɕyã^{44}	tɕyã^{44}	yã^{24} ｜ yã
长安	tɕʰyã^{31}	tɕʰyã^{24}	tɕyã^{44}	tɕyã^{44}	yã^{24}
户县	tɕʰyã^{31}	tɕʰyã^{24} ｜ tɕʰyã	tɕyã^{55}	tɕyã^{55}	yã^{24} ｜ yã
周至	tɕʰyæ̃^{21}	tɕʰyæ̃^{24} ｜ tɕʰyã	tɕyæ̃^{55}	tɕyæ̃^{55}	yæ̃^{24} ｜ yã
三原	tɕʰyã^{31}	tɕʰyã^{24} ｜ tɕʰyã	tɕyã^{55}	tɕyã^{55}	yã^{24} ｜ yã
泾阳	tɕʰyã^{31}	tɕʰyã^{24} ｜ tɕʰyã	tɕyã^{55}	tɕyã^{55}	yã^{24} ｜ yã
咸阳	tɕʰyã^{31}	tɕʰyã^{24}	tɕyã^{55}	tɕyã^{55}	yã^{24}
兴平	tɕʰyã^{31}	tɕʰyã^{24} ｜ tɕʰyã	tɕyã^{55}	tɕyã^{55}	yã^{24} ｜ yã
武功	tɕʰyã^{31}	tɕʰyã^{24} ｜ tɕʰyã	tɕyã^{55}	tɕyã^{55}	yã^{24} ｜ yã
礼泉	tɕʰyæ̃^{31}	tɕʰyæ̃^{24} ｜ tɕʰyã	tɕyæ̃^{55}	tɕyæ̃^{55}	yæ̃^{24} ｜ yã
乾县	tɕʰyã^{31}	tɕʰyã^{24} ｜ tɕʰyã	tɕyã^{44}	tɕyã^{44}	yã^{24} ｜ yã
永寿	tɕʰyã^{31}	tɕʰyã^{24} ｜ tɕʰyã	tɕyã^{55}	tɕyã^{55}	yã^{24} ｜ yã
淳化	tɕʰyã^{31}	tɕʰyã^{24} ｜ tɕʰyã	tɕʰyã^{55}	tɕyã^{55}	yã^{24} ｜ yã
旬邑	tɕʰyã^{31}	tɕʰyã^{24} ｜ tɕʰyã	tɕʰyã^{44}	tɕyã^{44}	yã^{24} ｜ yã
彬县	tɕʰyã^{31}	tɕʰyã^{24} ｜ tɕʰyã	tɕʰyã^{44}	tɕyã^{44}	yã^{24} ｜ yã
长武	tɕʰyã^{31}	tɕʰyã^{24} ｜ tɕʰyã	tɕyã^{44}	tɕyã^{44}	yã^{24} ｜ yã
扶风	tɕʰyæ̃^{31}	tɕʰyæ̃^{24} ｜ tɕʰyã	tɕʰyæ̃^{33}	tɕyæ̃^{33}	yæ̃^{24} ｜ yã
眉县	tɕʰyæ̃^{31}	tɕʰyæ̃^{24} ｜ tɕʰyã	tɕʰyæ̃^{44}	tɕyæ̃^{44}	yæ̃^{24} ｜ yã
麟游	tɕʰyã^{31}	tɕʰyã^{24} ｜ tɕʰyã	tɕʰyã^{44}	tɕyã^{44}	yã^{24} ｜ yã
岐山	tɕʰyæ̃^{31}	tɕʰyæ̃^{24} ｜ tɕʰyã	tɕʰyæ̃^{44}	tɕyæ̃^{44}	yæ̃^{24} ｜ yã
凤翔	tɕʰyã^{31}	tɕʰyã^{24} ｜ tɕʰyã	tɕʰyã^{44}	tɕyã^{44}	yã^{24} ｜ yã
宝鸡	tɕʰyæ̃^{31}	tɕʰyæ̃^{24} ｜ tɕʰyã	tɕʰyæ̃^{44}	tɕyæ̃^{44}	yæ̃^{24} ｜ yã
千阳	tɕʰyæ̃^{31}	tɕʰyæ̃^{24} ｜ tɕʰyã	tɕyæ̃^{44}	tɕyæ̃^{44}	yæ̃^{24} ｜ yã
陇县	tɕʰyæ̃^{31}	tɕʰyæ̃^{24} ｜ tɕʰyã	tɕʰyæ̃^{44}	tɕyæ̃^{44}	yæ̃^{24} ｜ yã

字目 方言	院 山合三 去线云	缘 山合三 平仙以	沿 山合三 平仙以	铅 山合三 平仙以	悦 山合三 入薛以
西安	yæ̃^{55}	yæ̃^{24}/iæ̃^{24}	iæ̃^{24}	tɕʰiæ̃^{21}	ye^{21} ｜ yɛ
韩城	yã^{44}	iã^{24}	iã^{24}	tɕʰiã^{31}	yE^{31} ｜ yɛ
合阳	yã^{55}	iã^{24}/yã^{24}新	iã^{24}	tɕʰiã^{31}	yə^{31} ｜ yə
澄城	yã^{44}	yã^{24}/iã^{24}	iã^{24}	tɕʰiã^{31}	yo^{31} ｜ yə
白水	yã^{44}	iã^{24}	iã^{24}	tɕʰiã^{31}	yo^{31} ｜ yɛ
大荔	yã^{55}	iã^{24}	iã^{24}	tɕʰiã^{31}	ye^{31} ｜ yə
蒲城	yã^{55}	iã^{35}	iã^{35}	tɕʰiã^{31}	yo^{31} ｜ yo
美原	yã^{55}	iã^{35}	iã^{35}	tɕʰiã^{31}	yo^{31} ｜ yo
富平	yã^{55}	iã^{35}	iã^{35}	tɕʰiã^{31}	yɛ^{31} ｜ yɛ
潼关	yã^{44}	iã^{24}	iã^{24}	tɕʰiã^{31}	yo^{31} ｜ yɛ
华阴	yã^{55}	yã^{24}	iã^{24}	tɕʰiã^{31}	yɛ^{31} ｜ yə
华县	yã^{55}	yã^{35}/iã^{35}	iã^{35}	tɕʰiã^{31}	yo^{31} ｜ yo
渭南	yã^{44}	yã^{24}/iã^{24}	iã^{24}	tɕʰiã^{31}	yo^{31} ｜ yɛ
洛南	yã^{44}	yæ̃^{24}	iæ̃^{24}	tɕʰiæ̃^{31}	yɛ^{31} ｜ yɛ
商州	yã^{55}	iã^{35}	iã^{35}	tɕʰiã^{31}	yɛ^{31} ｜ yɛ
丹凤	yã^{44}	yã^{24}	iã^{24}	tɕʰiã^{31}	yɛ^{31}
宜川	yæ̃^{45}	iæ̃^{24}	iæ̃^{24}	tɕʰiæ̃^{51}	yɛ^{51}
富县	yã^{44}	yã^{24}/iã^{24}	iã^{24}	tɕʰiã^{31}	yo^{31}
黄陵	yæ̃^{44}	yæ̃^{24}	iæ̃^{24}	tɕʰiæ̃^{31}	yo^{31}
宜君	yæ̃^{44}	iæ̃^{24}	iæ̃^{24}	tɕʰiæ̃^{21}	yo^{21}
铜川	yæ̃^{44}	yæ̃^{24}/iæ̃^{24}①	iæ̃^{24}	tɕʰiæ̃^{21}	ye^{21} ｜ yɛ
耀县	yæ̃^{44}	iæ̃^{24}	iæ̃^{24}/n̠iæ̃^{24}	tɕʰiæ̃^{31}	yɛ^{31} ｜ yɛ
高陵	yæ̃^{55}	yæ̃^{24}	iæ̃^{24}	tɕʰiæ̃^{31}	yo^{31} ｜ yɛ
临潼	yæ̃^{45}	yã^{24}/iã^{24}	iã^{24}	tɕʰiã^{31}	yo^{31} ｜ yɛ

① yæ̃^{24} ～分；iæ̃^{24} ～故。

字目 方言	院 山合三 去线云	缘 山合三 平仙以	沿 山合三 平仙以	铅 山合三 平仙以	悦 山合三 入薛以
蓝田	yã⁴⁴	y̲ã²⁴/iã²⁴	iã²⁴	tɕʰiã³¹	yo³¹ ｜ yo
长安	yã⁴⁴	y̲ã²⁴/iã²⁴	iã²⁴	tɕʰiã³¹	yɛ³¹
户县	yã⁵⁵	iã²⁴	iã²⁴	tɕʰiã³¹	yE³¹ ｜ yɛ
周至	yæ̃⁵⁵	y̲æ̃²⁴/iæ̃²⁴	iæ̃²⁴	tɕʰiæ̃²¹	yɛ²¹ ｜ yɛ
三原	yã⁵⁵	iã²⁴	iã²⁴	tɕʰiã³¹	yo³¹ ｜ yɛ
泾阳	yã⁵⁵	y̲ã²⁴/iã²⁴	iã²⁴	tɕʰiã³¹	yo³¹ ｜ yɛ
咸阳	yã⁵⁵	yã²⁴	iã²⁴	tɕʰiã³¹	yo³¹
兴平	yã⁵⁵	y̲ã²⁴/iã²⁴	iã²⁴	tɕʰiã³¹	yo³¹ ｜ yo
武功	yã⁵⁵	yã²⁴	iã²⁴	tɕʰiã³¹	yɛ³¹ ｜ yɛ
礼泉	yæ̃⁵⁵	iæ̃²⁴	iæ̃²⁴	tɕʰiæ̃³¹	yo³¹ ｜ yo
乾县	yã⁴⁴	iã²⁴	iã²⁴	tɕʰiã³¹	yo³¹ ｜ yo
永寿	yã⁵⁵	y̲ã²⁴/iã²⁴	iã²⁴	tɕʰiã³¹	yo³¹ ｜ yo
淳化	yã⁵⁵	y̲ã²⁴/iã²⁴	iã²⁴	tɕʰiã³¹	yo³¹ ｜ yɛ
旬邑	yã⁴⁴	y̲ã²⁴/iã²⁴	iã²⁴	tɕʰiã³¹	yo³¹ ｜ yo
彬县	yã⁴⁴	iã²⁴	iã²⁴	tɕʰiã³¹	yo³¹ ｜ yo
长武	yã⁴⁴	iã²⁴	iã²⁴	tɕʰiã³¹	yo³¹ ｜ yo
扶风	yæ̃³³	y̲æ̃²⁴/iæ̃²⁴	iæ̃²⁴	tɕʰiæ̃³¹	yɛ³¹ ｜ yɛ
眉县	yæ̃⁴⁴	y̲æ̃²⁴/iæ̃²⁴	iæ̃²⁴	tɕʰiæ̃³¹	yɛ³¹ ｜ yɛ
麟游	yã⁴⁴	iã²⁴	iã²⁴	tɕʰiã³¹	yɛ³¹ ｜ yɛ
岐山	yæ̃⁴⁴	iæ̃²⁴	iæ̃²⁴	tɕʰiæ̃³¹	yɛ³¹ ｜ yɛ
凤翔	yã⁴⁴	iã²⁴	iã²⁴	tɕʰiã³¹	yɛ³¹ ｜ yɛ
宝鸡	yæ̃⁴⁴	iæ̃²⁴	iæ̃²⁴	tɕʰiæ̃³¹	yɛ³¹ ｜ yɛ
千阳	yã⁴⁴	iæ̃²⁴	iæ̃²⁴	tɕʰiã³¹	yɛ³¹ ｜ yɛ
陇县	yã⁴⁴	iæ̃²⁴	iæ̃²⁴	tɕʰiã³¹	yo³¹ ｜ yɛ

字目 方言	藩 山合三 平元非	反 山合三 上阮非	贩 山合三 去愿非	发 山合三 入月非	翻 山合三 平元敷
西安	fæ̃²¹	fæ̃⁵³/fæ̃²¹①	fæ̃⁵⁵	fɑ²¹	fæ̃²¹
韩城	fã³¹	fã⁵³	fã⁴⁴	fã³¹	fã³¹
合阳	fã³¹	fã⁵²	fã⁵⁵	fã³¹	fã³¹
澄城	fã³¹	fã⁵³	fã⁴⁴	fã³¹	fã³¹
白水	fã³¹	fã⁵³	fã⁴⁴	fã³¹	fã³¹
大荔	fã³¹	fã⁵²	fã⁵⁵	fã³¹	fã³¹
蒲城	fã³¹	fã⁵³	fã⁵⁵	fã³¹	fã³¹
美原	fã³¹	fã⁵³/fã³¹	fã⁵⁵	fã³¹	fã³¹
富平	fã³¹	fã⁵³	fã⁵⁵	fã³¹	fã³¹
潼关	fã³¹	fã⁵²	fã⁴⁴	fã³¹	fã³¹
华阴	fã³¹	fã⁵²	fã⁵⁵	fã³¹	fã³¹
华县	fã³¹	fã⁵³	fã⁵⁵	fã³¹	fã³¹
渭南	fã³¹	fã⁵³	fã⁴⁴	fã³¹	fã³¹
洛南	fæ̃³¹	fæ̃⁵³	fæ̃⁴⁴	fɑ³¹	fæ̃³¹
商州	fã³¹	fã⁵³	fã⁵⁵	fɑ³¹	fã³¹
丹凤	fã³¹	fã⁵³	fã⁴⁴	fɑ³¹	fã³¹
宜川	fæ̃⁵¹	fæ̃⁴⁵/fæ̃⁵¹	fæ̃⁴⁵	fɑ⁵¹	fæ̃⁵¹
富县	fã³¹	fã⁵²/fã³¹	fã⁴⁴	fã³¹	fã³¹
黄陵	fæ̃³¹	fæ̃⁵²/fæ̃³¹	fæ̃⁴⁴	fɑ³¹	fæ̃³¹
宜君	fæ̃²¹	fæ̃⁵²/fæ̃²¹	fæ̃⁴⁴	fɑ²¹	fæ̃²¹
铜川	fæ̃²¹	fæ̃⁵²/fæ̃²¹	fæ̃⁴⁴	fɑ²¹	fæ̃²¹
耀县	fæ̃³¹	fæ̃⁵²	fæ̃⁴⁴	fɑ³¹	fæ̃³¹
高陵	fæ̃³¹	fæ̃⁵²/ĩ³¹	fæ̃⁵⁵	fɑ³¹	fæ̃³¹
临潼	fã³¹	fã⁵²/fã³¹	fã⁴⁵	fɑ³¹	fã³¹

① fæ̃²¹ 拿～，～正。下同。

字目 / 方言	藩 山合三 平元非	反 山合三 上阮非	贩 山合三 去愿非	发 山合三 入月非	翻 山合三 平元敷
蓝田	fã³¹	fã⁵²	fã⁴⁴	fɑ³¹	fã³¹
长安	fã³¹	fã⁵³/fã³¹	fã⁴⁴	fɑ³¹	fã³¹
户县	fã³¹	fã⁵²	fã⁵⁵	fɑ³¹	fã³¹
周至	fæ̃²¹	fæ̃⁵²/fæ̃²¹	fæ̃⁵⁵	fɑ²¹	fæ̃²¹
三原	fã³¹	fã⁵²	fã⁵⁵	fɑ³¹	fã³¹
泾阳	fã³¹	fã⁵² ~对 /fã³¹ ~正	fã⁵⁵	fɑ³¹	fã³¹
咸阳	fã³¹	fã⁵²/fã³¹	fã⁵⁵	fɑ³¹	fã³¹
兴平	fã³¹	fã⁵²/fã³¹	fã⁵⁵	fɑ³¹	fã³¹
武功	fã³¹	fã⁵²/fã³¹	fã⁵⁵	fɑ³¹	fã³¹
礼泉	fæ̃³¹	fæ̃⁵²	fæ̃⁵⁵	fɑ³¹	fæ̃³¹
乾县	fã³¹	fã⁵²/fã³¹	fã⁴⁴	fɑ³¹	fã³¹
永寿	fã³¹	fã⁵²/fã³¹	fã⁵⁵	fɑ³¹	fã³¹
淳化	fã³¹	fã⁵²/fã³¹	fã⁵⁵	fɑ³¹	fã³¹
旬邑	fã³¹	fã⁵²/fã³¹	fã⁴⁴	fɑ³¹	fã³¹
彬县	fã³¹	fã⁵²/fã³¹	fã⁴⁴	fɑ³¹	fã³¹
长武	fã³¹	fã⁵²/fã³¹	fã⁴⁴	fɑ³¹	fã³¹
扶风	fæ̃³¹	fæ̃⁵²	fæ̃³³	fɑ³¹	fæ̃³¹
眉县	fæ̃³¹	fæ̃⁵²	fæ̃⁴⁴	fɑ³¹	fæ̃³¹
麟游	fã³¹	fã⁵³	fã⁴⁴	fɑ³¹	fã³¹
岐山	fæ̃³¹	fæ̃⁵³	fæ̃⁴⁴	fɑ³¹	fæ̃³¹
凤翔	fã³¹	fã⁵³	fã⁴⁴	fɑ³¹	fã³¹
宝鸡	fæ̃³¹	fæ̃⁵³	fæ̃⁴⁴	fɑ³¹	fæ̃³¹
千阳	fæ̃³¹	fæ̃⁵³	fæ̃⁴⁴	fɑ³¹	fæ̃³¹
陇县	fæ̃³¹	fæ̃⁵³	fæ̃⁴⁴	fɑ³¹	fæ̃³¹

字目 方言	烦 山合三 平元奉	饭 山合三 去愿奉	罚 山合三 入月奉	晚 山合三 上阮微	万 山合三 去愿微
西安	fæ̃^{24}	fæ̃^{55}	fɑ^{24}	væ̃^{53} ｜ vã	væ̃^{55}
韩城	fã^{24}	fã^{44}	fɑ^{24}	vã^{53} ｜ vã	vã^{44}
合阳	fã^{24}	fã^{55}	fɑ^{24}	vã^{52} ｜ vã	vã^{55}
澄城	fã^{24}	fã^{44}	fɑ^{24}	vã^{53} ｜ vã	vã^{44}
白水	fã^{24}	fã^{44}	fɑ^{24}	vã^{53} ｜ vã	vã^{44}
大荔	fã^{24}	fã^{55}	fɑ^{24}	vã^{52} ｜ vã	vã^{55}
蒲城	fã^{35}	fã^{55}	fɑ^{35}	vã^{53} ｜ vã	vã^{55}
美原	fã^{35}	fã^{55}	fɑ^{35}	vã^{53} ｜ vã	vã^{55}
富平	fã^{35}	fã^{55}	fɑ^{35}	vã^{53} ｜ vã	vã^{55}
潼关	fã^{24}	fã^{44}	fɑ^{24}	vã^{52} ｜ vã	vã^{44}
华阴	fã^{24}	fã^{55}	fɑ^{24}	vã^{52} ｜ vã	vã^{55}
华县	fã^{35}	fã^{55}	fɑ^{35}	vã^{53} ｜ vã	vã^{55}
渭南	fã^{24}	fã^{44}	fɑ^{24}	vã^{53} ｜ vã	vã^{44}
洛南	fæ̃^{24}	fæ̃^{44}	fɑ^{24}	væ̃^{53} ｜ vã	væ̃^{44}
商州	fã^{35}	fã^{55}	fɑ^{35}	vã^{53} ｜ vã	vã^{55}
丹凤	fã^{24}	fã^{44}	fɑ^{24}	vã^{53}	vã^{44}
宜川	fæ̃^{24}	fæ̃^{45}	fɑ^{24}	væ̃^{45}	væ̃^{45}
富县	fã^{24}	fã^{44}	fɑ^{24}	vã^{52}	vã^{44}
黄陵	fæ̃^{24}	fæ̃^{44}	fɑ^{24}	væ̃^{52}	væ̃^{44}
宜君	fæ̃^{24}	fæ̃^{44}	fɑ^{24}	væ̃^{52}	væ̃^{44}
铜川	fæ̃^{24}	fæ̃^{44}	fɑ^{24}	væ̃^{52} ｜ vã	væ̃^{44}
耀县	fæ̃^{24}	fæ̃^{44}	fɑ^{24}	væ̃^{52} ｜ vã	væ̃^{44}
高陵	fæ̃^{24}	fæ̃^{55}	fɑ^{24}	væ̃^{52} ｜ vã	væ̃^{55}
临潼	fã^{24}	fã^{45}	fɑ^{24}	vã^{52} ｜ vã	vã^{45}

字目　方言	烦 山合三平元奉	饭 山合三去愿奉	罚 山合三入月奉	晚 山合三上阮微	万 山合三去愿微
蓝田	fã²⁴	fã⁴⁴	fɑ²⁴	vã⁵² ｜ vã	vã⁴⁴
长安	fã²⁴	fã⁴⁴	fɑ²⁴	vã⁵³	vã⁴⁴
户县	fã²⁴	fã⁵⁵	fɑ²⁴	vã⁵² ｜ vã	vã⁵⁵
周至	fæ̃²⁴	fæ̃⁵⁵	fɑ²⁴	væ̃⁵² ｜ vã	væ̃⁵⁵
三原	fã²⁴	fã⁵⁵	fɑ²⁴	vã⁵² ｜ vã	vã⁵⁵
泾阳	fã²⁴	fã⁵⁵	fɑ²⁴	vã⁵² ｜ vã	vã⁵⁵
咸阳	fã²⁴	fã⁵⁵	fã²⁴	vã⁵²	vã⁵⁵
兴平	fã²⁴	fã⁵⁵	fɑ²⁴	vã⁵² ｜ vã	vã⁵⁵
武功	fã²⁴	fã⁵⁵	fɑ²⁴	vã⁵² ｜ vã	vã⁵⁵
礼泉	fæ̃²⁴	fæ̃⁵⁵	fɑ²⁴	væ̃⁵² ｜ vã	væ̃⁵⁵
乾县	fã²⁴	fã⁴⁴	fɑ²⁴	vã⁵² ｜ vã	vã⁴⁴
永寿	fã²⁴	fã⁵⁵	fɑ²⁴	uã⁵² ｜ vã	uã⁵⁵
淳化	fã²⁴	fã⁵⁵	fɑ²⁴	uã⁵² ｜ vã	uã⁵⁵
旬邑	fã²⁴	fã⁴⁴	fɑ²⁴	uã⁵² ｜ vã	uã⁴⁴
彬县	fã²⁴	fã⁴⁴	fɑ²⁴	uã⁵² ｜ vã	uã⁴⁴
长武	fã²⁴	fã⁴⁴	fɑ²⁴	uã⁵² ｜ uã	uã⁴⁴
扶风	fæ̃²⁴	fæ̃³³	fɑ²⁴	væ̃⁵² ｜ vã	væ̃³³
眉县	fæ̃²⁴	fæ̃⁴⁴	fɑ²⁴	uæ̃⁵² ｜ vã	uɑ⁴⁴
麟游	fã²⁴	fã⁴⁴	fɑ²⁴	vã⁵³ ｜ vã	vã⁴⁴
岐山	fæ̃²⁴	fæ̃⁴⁴	fɑ²⁴	væ̃⁵³ ｜ vã	væ̃⁴⁴
凤翔	fã²⁴	fã⁴⁴	fɑ²⁴	uã⁵³	uã⁴⁴
宝鸡	fæ̃²⁴	fæ̃⁴⁴	fɑ²⁴	væ̃⁵³ ｜ vã	væ̃⁴⁴
千阳	fæ̃²⁴	fæ̃⁴⁴	fɑ²⁴	væ̃⁵³ ｜ vã	væ̃⁴⁴
陇县	fæ̃²⁴	fæ̃⁴⁴	fɑ²⁴	væ̃⁵³ ｜ vã	væ̃⁴⁴

字目\方言	袜 山合三入月微		愿 山合三入月见	劝 山合三去愿溪	橛 山合三入月群	元 山合三平元疑
西安	va²¹	va	tɕyɛ⁵⁵	tɕʰyæ̃⁵⁵	tɕyɛ²⁴	yæ̃²⁴
韩城	va³¹	va	tɕyE⁴⁴	tɕʰyã⁴⁴	tɕʰyE²⁴	yã²⁴
合阳	va³¹	va	tɕyə⁵⁵	tɕʰyã⁵⁵	tɕʰyə²⁴	yã²⁴
澄城	va³¹	va	tɕyo⁴⁴	tɕʰyã⁴⁴	tɕʰyo²⁴	yã²⁴
白水	va³¹	va	tɕyo⁴⁴	tɕʰyã⁴⁴	tɕʰyo²⁴	yã²⁴
大荔	va³¹	va	tɕyɛ⁵⁵	tɕʰyã⁵⁵	tɕʰyɛ²⁴	yã²⁴
蒲城	va³¹	va	tɕyo⁵⁵	tɕʰyã⁵⁵	tɕʰyo³⁵	yã³⁵
美原	va³¹	va	tɕyo⁵⁵	tɕʰyã⁵⁵	tɕʰyo³⁵	yã³⁵
富平	va³¹	va	tɕyɛ⁵⁵	tɕʰyã⁵⁵	tɕʰyɛ²⁴	yã³⁵
潼关	va³¹	va	tɕyo⁴⁴	tɕʰyã⁴⁴	tɕʰyo²⁴	yã²⁴
华阴	va³¹	va	tɕyɛ⁵⁵	tɕʰyã⁵⁵	tɕʰyɛ²⁴	yã²⁴
华县	va³¹	va	tɕyo⁵⁵	tɕʰyã⁵⁵	tɕʰyo³⁵	yã³⁵
渭南	va³¹	va	tɕyo⁴⁴	tɕʰyã⁴⁴	tɕʰyo²⁴	yã²⁴
洛南	va³¹	va	tɕyɛ⁴⁴	tɕʰyæ̃⁴⁴	tɕʰyɛ²⁴	yæ̃²⁴
商州	va³¹	va	tɕyɛ⁵⁵	tɕʰyã⁵⁵	tɕʰyɛ³⁵	yã³⁵
丹凤	va³¹		tɕyɛ⁴⁴	tɕʰyã⁴⁴	tɕʰyɛ²⁴	yã²⁴
宜川	ua⁵¹		tɕyɛ⁴⁵	tɕʰyæ̃⁴⁵	tɕʰyɛ²⁴	yæ̃²⁴
富县	va³¹		tɕyo⁴⁴	tɕʰyã⁴⁴	tɕʰyo²⁴	yã²⁴
黄陵	ua³¹/va³¹		tɕyo⁴⁴	tɕʰyã⁴⁴	tɕʰyo²⁴	yæ̃²⁴
宜君	va²¹		tɕyo⁵²	tɕʰyæ̃⁴⁴	tɕʰyo²¹	yæ̃²⁴
铜川	ua²¹	ua	tɕyɛ⁴⁴	tɕʰyæ̃⁴⁴	tɕʰyɛ²⁴	yæ̃²⁴
耀县	va³¹	va	tɕyɛ⁴⁴	tɕʰyæ̃⁴⁴	tɕʰyɛ²⁴	yæ̃²⁴
高陵	va³¹	va	tɕyɛ⁵⁵	tɕʰyæ̃⁵⁵	tɕʰyɛ²⁴	yæ̃²⁴
临潼	va³¹	va	tɕyo⁴⁵	tɕʰyã⁴⁵	tɕyo²⁴	yã²⁴

字目　方言	袜		愿	劝	橛	元
	山合三 入月微		山合三 入月见	山合三 去愿溪	山合三 入月群	山合三 平元疑
蓝田	va³¹	va	tɕyo⁴⁴	tɕʰyã⁴⁴	tɕyo²⁴	yã²⁴
长安	va³¹		tɕye⁴⁴	tɕʰyã⁴⁴	tɕye²⁴	yã²⁴
户县	va³¹	va	tɕyɛ⁵⁵	tɕʰyã⁵⁵	tɕyɛ²⁴	yã²⁴
周至	va²¹	va	tɕyɛ⁵⁵	tɕʰyæ̃⁵⁵	tɕyɛ²⁴	yæ̃²⁴
三原	va³¹	va	tɕyo⁵⁵	tɕʰyã⁵⁵	tɕyo³¹	yã²⁴
泾阳	va³¹	va	tɕyo⁵⁵	tɕʰyã⁵⁵	tɕʰyo²⁴	yã²⁴
咸阳	va³¹	va	tɕyo⁵⁵	tɕʰyã⁵⁵	tɕyo²⁴	yã²⁴
兴平	vã³¹	va	tɕyo⁵⁵	tɕʰyã⁵⁵	tɕyo³¹	yã²⁴
武功	va³¹	va	tɕyɛ⁵⁵	tɕʰyã⁵⁵	tɕyo²⁴	yã²⁴
礼泉	va³¹	va	tɕyo⁵⁵	tɕʰyæ̃⁵⁵	tɕyo²⁴	yæ̃²⁴
乾县	va³¹	va	tɕyo⁴⁴	tɕʰyã⁴⁴	tɕyo⁵²	yã²⁴
永寿	ua³¹	ua	tɕyo⁵⁵	tɕʰyã⁵⁵	tɕyo²⁴	yã²⁴
淳化	ua³¹	va	tɕyo⁵⁵	tɕʰyã⁵⁵	tɕyo³¹	yã²⁴
旬邑	ua³¹	va	tɕyo⁴⁴	tɕʰyã⁴⁴	tɕyo³¹	yã²⁴
彬县	ua³¹	va	tɕyo⁴⁴	tɕʰyã⁴⁴	tɕʰyo²⁴	yã²⁴
长武	ua³¹	ua	tɕyo⁴⁴	tɕʰyã⁴⁴	tɕʰyo²⁴	yã²⁴
扶风	va³¹	va	tɕyɛ³³	tɕʰyæ̃³³	tɕʰyɛ²⁴	yæ̃²⁴
眉县	ua³¹	va	tɕyɛ⁴⁴	tɕʰyæ̃⁴⁴	tɕʰyɛ²⁴	yæ̃²⁴
麟游	va³¹	va	tɕyɛ⁴⁴	tɕʰyã⁴⁴	tɕʰyɛ²⁴	yã²⁴
岐山	va³¹	ua	tɕyɛ³¹	tɕʰyã⁴⁴	tɕʰyɛ³¹	yæ̃²⁴
凤翔	ua³¹	va	tɕyɛ⁴⁴	tɕʰyã⁴⁴	tɕyɛ³¹	yã²⁴
宝鸡	va³¹	va	tɕyɛ³¹	tɕʰyæ̃⁴⁴	tɕʰyɛ²⁴	yæ̃²⁴
千阳	va³¹	va	tɕyɛ⁴⁴	tɕʰyã⁴⁴	tɕʰyɛ²⁴	yæ̃²⁴
陇县	va³¹	va	tɕyo⁴⁴	tɕʰyã⁴⁴	tɕʰyo²⁴	yæ̃²⁴

字目 / 方言	阮	愿	月	喧	楦
	山合三 上阮疑	山合三 去愿疑	山合三 入月疑	山合三 平元晓	山合三 去愿晓
西安	vɐ̃⁵³	yɐ̃⁵⁵	ye²¹	ɕyɐ̃²¹	ɕyɐ̃⁵⁵
韩城	vã⁵³	yã⁴⁴	yE³¹	ɕyã²⁴	ɕyã⁴⁴
合阳	uã⁵²/yã²⁴	yã⁵⁵	yə³¹	ɕyã³¹	ɕyã⁵⁵
澄城	ʒuã⁵³	yã⁴⁴	yo³¹	ɕyã³¹	ɕyã⁴⁴
白水	ʒuã⁵³	yã⁴⁴	yo³¹	ɕyã³¹	ɕyã⁴⁴
大荔	uã⁵²	yã⁵⁵	yɛ³¹	ɕyã³¹	ɕyã⁵⁵
蒲城	ʒuã⁵³	yã⁵⁵	yo³¹	ɕyã³¹	ɕyã⁵⁵
美原	ʒã⁵³	yã⁵⁵	yo³¹	ɕyã³¹	ɕyã⁵⁵
富平	ʒuã⁵³	yã⁵⁵	ye³¹	ɕyã³¹	ɕyã⁵⁵
潼关	vã⁵²	yã⁴⁴	yo³¹	ɕyã³¹	ɕyã⁴⁴
华阴	vã⁵²	yã⁵⁵	ye³¹	ɕyã³¹	ɕyã⁵⁵
华县	ʒuã⁵³	yã⁵⁵	yo³¹	ɕyã³¹	ɕyã⁵⁵
渭南	ʒuã⁵³	yã⁴⁴	yo³¹	ɕyã³¹	ɕyã⁴⁴
洛南	ʒuɐ̃⁵³	yɐ̃⁴⁴	ye³¹	ɕyɐ̃³¹	ɕyɐ̃⁴⁴
商州	ʒuã⁵³	yã⁵⁵	ye³¹	ɕyã³¹	ɕyã⁵⁵
丹凤	ʒuã⁵³	yã⁴⁴	ye³¹	ɕyã³¹	ɕyã⁴⁴
宜川	yɐ̃⁴⁵	yɐ̃⁴⁵	ye⁵¹	ɕyɐ̃⁵¹	ɕyɐ̃⁴⁵
富县	zuã⁵²	yã⁴⁴	yo³¹	ɕyã³¹	ɕyã⁴⁴
黄陵	ʒuɐ̃⁵²	yɐ̃⁴⁴	yo³¹	ɕyɐ̃³¹	ɕyɐ̃³¹
宜君	ʒuɐ̃⁵²	yɐ̃⁴⁴	yo²¹	ɕyɐ̃²¹	ɕyɐ̃⁴⁴
铜川	ʒuɐ̃⁵²	yɐ̃⁴⁴	ye²¹	ɕyɐ̃²¹	ɕyɐ̃⁴⁴
耀县	ʒuɐ̃⁵²	yã⁴⁴	ye³¹	ɕyɐ̃³¹	ɕyã⁴⁴
高陵	ʒuɐ̃⁵²	yɐ̃⁵⁵	ye³¹	ɕyɐ̃³¹	ɕyɐ̃⁵⁵
临潼	zã⁵²/ʒuã⁵² 老	yã⁴⁵	yo³¹	ɕyã³¹	ɕyã⁴⁵

字目 方言	阮 山合三 上阮疑	愿 山合三 去愿疑	月 山合三 入月疑	喧 山合三 平元晓	楦 山合三 去愿晓
蓝田	$ʒuã^{52}$	$yã^{44}$	yo^{31}	$ɕyã^{31}$	$ɕyã^{44}$
长安	$vã^{53}$	$yã^{44}$	ye^{31}	$ɕyã^{31}$	$ɕyã^{44}$
户县	$ʒuã^{52}$	$yã^{55}$	$yɛ^{31}$	$ɕyã^{31}$	$ɕyã^{55}$
周至	$væ̃^{24}$	$yæ̃^{55}$	ye^{21}	$ɕyæ̃^{21}$	$ɕyæ̃^{55}$
三原	$ʒuã^{52}$	$yã^{55}$	yo^{31}	$ɕyã^{31}$	$ɕyã^{55}$
泾阳	$ʒuã^{52}$	$yã^{55}$	yo^{31}	$ɕyã^{31}$	$ɕyã^{55}$
咸阳	$ʒuã^{52}$	$yã^{55}$	yo^{31}	$ɕyã^{31}$	$ɕyã^{55}$
兴平	$ʒuã^{52}$	$yã^{55}$	yo^{31}	$ɕyã^{31}$	$ɕyã^{55}$
武功	$ʒuã^{52}$	$yã^{55}$	yo^{31}	$ɕyã^{31}$	$ɕyã^{55}$
礼泉	$ʒuæ̃^{52}$	$yæ̃^{55}$	yo^{31}	$ɕyæ̃^{31}$	$ɕyæ̃^{55}$
乾县	$ʒuã^{52}$	$yã^{44}$	yo^{31}	$ɕyã^{31}$	$ɕyã^{44}$
永寿	$ʒuã^{52}$	$yã^{55}$	yo^{31}	$ɕyã^{31}$	$ɕyã^{55}$
淳化	$ʒuã^{52}$	$yã^{55}$	yo^{31}	$ɕyã^{31}$	$ɕyã^{55}$
旬邑	$ʒuã^{52}$	$yã^{44}$	yo^{31}	$ɕyã^{31}$	$ɕyã^{44}$
彬县	$ʒuã^{52}$	$yã^{44}$	yo^{31}	$ɕyã^{31}$	$ɕyã^{44}$
长武	$ʒuã^{52}$	$yã^{44}$	yo^{31}	$ɕyã^{31}$	$ɕyã^{44}$
扶风	$zæ̃^{52}$	$yæ̃^{33}$	ye^{31}	$ɕyæ̃^{31}$	$ɕyæ̃^{33}$
眉县	$zæ̃^{52}/ʒuæ̃^{52}$	$yæ̃^{44}$	ye^{31}	$ɕyæ̃^{31}$	$ɕyæ̃^{44}$
麟游	$ʒuã^{53}$	$yã^{44}$	ye^{31}	$ɕyã^{31}/suã^{31}$	$ɕyã^{44}$
岐山	$zæ̃^{53}$	$iæ̃^{44}$	ye^{31}	$ɕyæ̃^{31}$	$ɕyæ̃^{44}$
凤翔	$zã^{53}$	$yã^{44}$	ye^{31}	$ɕyã^{31}$	$ɕyã^{44}$
宝鸡	$zæ̃^{53}$	$yæ̃^{44}$	ye^{31}	$ɕyæ̃^{31}$	$ɕyæ̃^{44}$
千阳	$zæ̃^{53}$	$yæ̃^{44}$	ye^{31}	$ɕyæ̃^{31}$	$ɕyæ̃^{44}$
陇县	$ʒuæ̃^{53}$	$yæ̃^{44}$	yo^{31}	$ɕyæ̃^{31}$	$ɕyæ̃^{44}$

字目 / 方言	冤	宛	怨	园	远
	山合三平元影	山合三上阮影	山合三去愿影	山合三平元云	山合三上阮云
西安	$y\tilde{æ}^{21}$	$v\tilde{æ}^{53}$	$y\tilde{æ}^{55}$	$y\tilde{æ}^{24}$	$y\tilde{æ}^{53}/y\tilde{æ}^{55}$
韩城	$y\tilde{a}^{31}$	$u\tilde{a}^{53}$	$y\tilde{a}^{44}$	$y\tilde{a}^{24}$	$y\tilde{a}^{53}$
合阳	$y\tilde{a}^{31}$	$u\tilde{a}^{52}$	$y\tilde{a}^{55}$	$y\tilde{a}^{24}$	$y\tilde{a}^{52}$
澄城	$y\tilde{a}^{31}$	$u\tilde{a}^{53}$	$y\tilde{a}^{44}$	$y\tilde{a}^{24}$	$y\tilde{a}^{53}$
白水	$y\tilde{a}^{31}$	$u\tilde{a}^{53}$	$y\tilde{a}^{44}$	$y\tilde{a}^{24}$	$y\tilde{a}^{53}$
大荔	$y\tilde{a}^{31}$	$u\tilde{a}^{52}$	$y\tilde{a}^{55}$	$y\tilde{a}^{24}$	$y\tilde{a}^{52}$
蒲城	$y\tilde{a}^{31}$	$u\tilde{a}^{53}$	$y\tilde{a}^{55}$	$y\tilde{a}^{35}$	$y\tilde{a}^{53}$
美原	$y\tilde{a}^{31}$	$u\tilde{a}^{53}$	$y\tilde{a}^{55}$	$y\tilde{a}^{35}$	$y\tilde{a}^{53}$
富平	$y\tilde{a}^{31}$	$u\tilde{a}^{53}$	$y\tilde{a}^{55}$	$y\tilde{a}^{35}$	$y\tilde{a}^{53}$
潼关	$y\tilde{a}^{31}$	$v\tilde{a}^{52}$	$y\tilde{a}^{44}$	$y\tilde{a}^{24}$	$y\tilde{a}^{52}$
华阴	$y\tilde{a}^{31}$	$u\tilde{a}^{52}$	$y\tilde{a}^{55}$	$y\tilde{a}^{24}$	$y\tilde{a}^{52}$
华县	$y\tilde{a}^{31}$	$u\tilde{a}^{53}$	$y\tilde{a}^{55}$	$y\tilde{a}^{35}$	$y\tilde{a}^{53}$
渭南	$y\tilde{a}^{31}$	$u\tilde{a}^{53}$	$y\tilde{a}^{44}$	$y\tilde{a}^{24}$	$y\tilde{a}^{53}$
洛南	$y\tilde{æ}^{31}$	$v\tilde{æ}^{53}$	$y\tilde{æ}^{44}$	$y\tilde{æ}^{24}$	$y\tilde{æ}^{53}$
商州	$y\tilde{a}^{31}$	$v\tilde{a}^{53}$	$y\tilde{a}^{55}$	$y\tilde{a}^{35}$	$y\tilde{a}^{53}$
丹凤	$y\tilde{a}^{31}$	$v\tilde{a}^{53}$	$y\tilde{a}^{44}$	$y\tilde{a}^{24}$	$y\tilde{a}^{53}$
宜川	$y\tilde{æ}^{51}$	$v\tilde{æ}^{45}$	$y\tilde{æ}^{45}$	$y\tilde{æ}^{24}$	$y\tilde{æ}^{45}$
富县	$y\tilde{a}^{31}$	$v\tilde{a}^{52}$	$y\tilde{a}^{44}$	$y\tilde{a}^{24}$	$y\tilde{a}^{52}$
黄陵	$y\tilde{æ}^{31}$	$v\tilde{æ}^{52}$	$y\tilde{æ}^{44}$	$y\tilde{æ}^{24}$	$y\tilde{æ}^{52}$
宜君	$y\tilde{æ}^{21}$	$v\tilde{æ}^{52}$	$y\tilde{æ}^{44}$	$y\tilde{æ}^{24}$	$y\tilde{æ}^{52}$
铜川	$y\tilde{æ}^{21}$	$v\tilde{æ}^{52}$	$y\tilde{æ}^{44}$	$y\tilde{æ}^{24}$	$y\tilde{æ}^{52}$
耀县	$y\tilde{æ}^{31}$	$u\tilde{æ}^{52}$	$y\tilde{æ}^{44}$	$y\tilde{æ}^{24}$	$y\tilde{æ}^{52}$
高陵	$y\tilde{æ}^{31}$	$v\tilde{æ}^{52}$	$y\tilde{æ}^{55}$	$y\tilde{æ}^{24}$	$y\tilde{æ}^{52}$
临潼	$y\tilde{a}^{31}$	$u\tilde{a}^{52}$	$y\tilde{a}^{45}$	$y\tilde{a}^{24}$	$y\tilde{a}^{52}$

字目 方言	冤 山合三 平元影	宛 山合三 上阮影	怨 山合三 去愿影	园 山合三 平元云	远 山合三 上阮云
蓝田	yã³¹	uã⁵²	yã⁴⁴	yã²⁴	yã⁵²
长安	yã³¹	vã⁵³	yã⁴⁴	yã²⁴	yã⁵³
户县	yã³¹	uã⁵²	yã⁵⁵	yã²⁴	yã⁵²
周至	yæ̃²¹	væ̃⁵²	yæ̃⁵⁵	yæ̃²⁴	yæ̃⁵²
三原	yã³¹	uã⁵²	yã⁵⁵	yã²⁴	yã⁵²
泾阳	yã³¹	uã⁵²	yã⁵⁵	yã²⁴	yã⁵²
咸阳	yã³¹	uã⁵²	yã⁵⁵	yã²⁴	yã⁵²
兴平	yã³¹	uã⁵²	yã⁵⁵	yã²⁴	yã⁵²
武功	yã³¹	uã⁵²	yã⁵⁵	yã²⁴	yã⁵²
礼泉	yæ̃³¹	uæ̃³¹	yæ̃⁵⁵	yæ̃²⁴	yæ̃⁵²
乾县	yã³¹	uã⁵²	yã⁴⁴	yã²⁴	yã⁵²
永寿	yã³¹	uã⁵²	yã⁵⁵	yã²⁴	yã⁵²
淳化	yã³¹	uã⁵²	yã⁵⁵	yã²⁴	yã⁵²
旬邑	yã³¹	uã⁵²	yã⁴⁴	yã²⁴	yã⁵²
彬县	yã³¹	uã⁵²	yã⁴⁴	yã²⁴	yã⁵²
长武	yã³¹	uã⁵²	yã⁴⁴	yã²⁴	yã⁵²
扶风	yæ̃³¹	væ̃⁵²	yæ̃³³	yæ̃²⁴	yæ̃⁵²
眉县	yæ̃³¹	uæ̃⁵²	yæ̃³¹	yæ̃²⁴	yæ̃⁵²
麟游	yã³¹	vã⁵³	yã⁴⁴	yã²⁴	yã⁵²
岐山	iæ̃³¹	væ̃⁵³	yæ̃⁴⁴	iæ̃²⁴	yæ̃⁵³
凤翔	iã³¹	uã⁵³	yã⁴⁴	yã²⁴	yã⁵³
宝鸡	yæ̃³¹	væ̃⁵³	yæ̃⁴⁴	yæ̃²⁴	yæ̃⁵³
千阳	yæ̃³¹	væ̃⁵³	yæ̃³¹	yæ̃²⁴	yæ̃⁵³
陇县	yæ̃³¹	væ̃⁵³	yæ̃⁴⁴	yæ̃²⁴	yæ̃⁵³

字目 方言	越 山合三 入月云	决 山合四 入屑见		犬 山合四 上铣溪	缺 山合四 入屑溪		血 山合四 入屑晓
西安	ye²¹	tɕye²¹	tɕyɛ	tɕʰyæ̃⁵³	tɕʰye²¹	tɕʰye	ɕie²¹
韩城	yE³¹	tɕyE³¹	tɕye	tɕʰyæ̃⁵³	tɕʰyE³¹	tɕʰye	ɕiE³¹
合阳	yə³¹	tɕyə³¹	tɕyə	tɕʰyã⁵²	tɕʰyə³¹	tɕʰyə	ɕiə³¹
澄城	yo³¹	tɕyo³¹	tɕyə	tɕʰyã⁵³	tɕʰyo³¹	tɕʰyə	ɕiə³¹
白水	yo³¹	tɕyo³¹	tɕye	tɕʰyã⁵³	tɕʰyo³¹	tɕʰye	ɕie³¹
大荔	ye³¹	tɕye³¹	tɕyə	tɕʰyã⁵²	tɕʰye³¹	tɕʰyə	ɕie³¹
蒲城	yo³¹	tɕyo³¹	tɕyo	tɕʰyã⁵³	tɕʰyo³¹	tɕʰyo	ɕie³¹
美原	yo³¹	tɕyo⁵³	tɕye	tɕʰyã⁵³	tɕʰyo³¹	tɕʰye	ɕie³¹
富平	ye³¹	tɕye³¹	tɕye	tɕʰyã⁵³	tɕʰye³¹	tɕʰye	ɕie³¹
潼关	yo³¹	tɕyo³¹	tɕye	tɕʰyã⁵²	tɕʰyo³¹	tɕʰye	ɕie³¹
华阴	ye³¹	tɕye³¹	tɕye	tɕʰyã⁵²	tɕʰye³¹	tɕʰye	ɕie³¹
华县	yo³¹	tɕyo³¹	tɕyo/tɕye	tɕʰyã⁵³	tɕʰyo³¹	tɕʰyo/tɕʰye	ɕie³¹
渭南	yo³¹	tɕyo³¹	tɕye	tɕʰyã⁵³	tɕʰyo³¹	tɕʰye	ɕie³¹
洛南	ye³¹	tɕye³¹	tɕye	tɕʰyæ̃⁵³	tɕʰye³¹	tɕʰye	ɕie³¹
商州	ye³¹	tɕyɛ³¹/ tɕyɛ⁵³①	tɕyɛ	tɕʰyã⁵³	tɕʰye³¹	tɕʰye	ɕie³¹
丹凤	ye³¹	tɕye³¹		tɕʰyã⁵³	tɕʰye³¹		ɕie³¹
宜川	ye⁵¹	tɕye²⁴		tɕʰyæ̃⁴⁵	tɕʰye⁵¹		ɕie⁵¹
富县	yo³¹	tɕyo³¹/tɕyo⁵²		tɕʰyã⁵²	tɕʰyo³¹		ɕie³¹
黄陵	yo³¹	tɕyo³¹/tɕyo⁵²		tɕʰyæ̃⁵²	tɕʰyo³¹		ɕiE³¹
宜君	yo²¹	tɕyo⁵²		tɕʰyæ̃⁵²	tɕʰyo²¹		ɕiE²¹
铜川	ye²¹/ie²¹	tɕye²¹	tɕye	tɕʰyæ̃⁵²	tɕʰye²¹	tɕʰye	ɕie²¹
耀县	ye³¹/ie³¹	tɕye⁵²	tɕye	tɕʰyæ̃⁵²	tɕʰye³¹	tɕʰye	ɕie³¹
高陵	ye³¹	tɕye³¹/tɕye⁵²	tɕye	tɕʰyæ̃⁵²	tɕʰye³¹	tɕʰye	ɕie³¹
临潼	yo³¹	tɕyo⁵²	tɕye	tɕʰyã⁵²	tɕʰyo³¹	tɕʰye	ɕie³¹

① tɕyɛ⁵³ ～定。下同。

字目 / 方言	越	决		犬	缺		血
	山合三 入月云	山合四 入屑见		山合四 上铣溪	山合四 入屑溪		山合四 入屑晓
蓝田	yo³¹	tɕyo⁵²	tɕyo	tɕʰyã⁵²	tɕʰyo³¹	tɕʰyo	ɕie³¹
长安	yɛ³¹	tɕyɛ³¹		tɕʰyã⁵³	tɕʰyɛ³¹		ɕie³¹
户县	yE³¹	tɕyE⁵²	tɕyɛ	tɕʰyã⁵²	tɕʰyE³¹	tɕʰyɛ	ɕiE³¹
周至	ye²¹	tɕyɛ²¹/tɕyɛ⁵²	tɕyɛ	tɕʰyæ⁵²	tɕʰyɛ²¹	tɕʰyɛ	ɕie²¹
三原	yo³¹	tɕyo³¹	tɕyɛ	tɕʰyã⁵²	tɕʰyo³¹	tɕʰyɛ	ɕie³¹
泾阳	yo³¹	tɕyo³¹	tɕyɛ	tɕʰyã⁵²	tɕʰyo³¹	tɕʰyɛ	ɕie³¹
咸阳	yo³¹	tɕyo³¹	tɕyɛ	tɕʰyã⁵²	tɕʰyo³¹		ɕie³¹
兴平	yo³¹	tɕyo³¹	tɕyo	tɕʰyã⁵²	tɕʰyo³¹	tɕʰyo	ɕie³¹
武功	yo³¹	tɕyo³¹	tɕyɛ	tɕʰyã⁵²	tɕʰyo³¹	tɕʰyɛ	ɕie³¹
礼泉	yo³¹	tɕyo³¹	tɕyo	tɕʰyæ⁵²	tɕʰyo³¹	tɕʰyo	ɕie³¹
乾县	yo³¹	tɕyo⁵²	tɕyo	tɕʰyã⁵²	tɕʰyo³¹	tɕʰyo	ɕie³¹
永寿	yo³¹	tɕyo³¹	tɕyo	tɕʰyã⁵²	tɕʰyo³¹	tɕʰyo	ɕie³¹
淳化	yo³¹	tɕyo³¹	tɕyɛ	tɕʰyã⁵²	tɕʰyo³¹	tɕʰyɛ	ɕie³¹
旬邑	yo³¹	tɕyo³¹	tɕyo	tɕʰyã⁵²	tɕʰyo³¹	tɕʰyo	ɕie³¹
彬县	yo³¹	tɕyo³¹	tɕyo	tɕʰyã⁵²	tɕʰyo³¹	tɕʰyo	ɕie³¹
长武	yo³¹	tɕyo³¹	tɕyo	tɕʰyã⁵²	tɕʰyo³¹	tɕʰyo	ɕie³¹
扶风	yɛ³¹	tɕyɛ³¹	tɕyɛ	tɕʰyæ⁵²	tɕʰyɛ³¹	tɕʰyɛ	ɕie³¹
眉县	yɛ³¹	tɕyɛ³¹	tɕyɛ	tɕʰyæ⁵²	tɕʰyɛ³¹	tɕʰyɛ	ɕie³¹
麟游	yɛ³¹	tɕyɛ⁵³	tɕyɛ	tɕʰyã⁵³	tɕʰyɛ³¹	tɕʰyɛ	ɕie³¹
岐山	yɛ³¹	tɕyɛ³¹	tɕyɛ	tɕʰyæ⁵³	tɕʰyɛ³¹	tɕʰyɛ	ɕie³¹
凤翔	yɛ³¹	tɕyɛ⁵³	tɕyɛ	tɕʰyã⁵³	tɕʰyɛ³¹	tɕʰyɛ	ɕie³¹
宝鸡	yɛ³¹	tɕyɛ³¹	tɕyɛ	tʂʰyæ⁵³	tɕʰyɛ³¹	tɕʰyɛ	ɕie³¹
千阳	yɛ³¹	tɕyɛ⁵³	tɕyɛ	tɕʰyæ⁵³	tɕʰyɛ³¹	tɕʰyɛ	ɕie³¹
陇县	yo³¹	tɕyo³¹	tɕyo	tɕʰyæ⁵³	tɕʰyo³¹	tɕʰyo	ɕie³¹

字目／方言	玄 山合四平先匣	县 山合四去霰匣	穴 山合四入屑匣	渊 山合四平先影	吞 臻开一平痕透
西安	ɕyæ̃^{24}	ɕiæ̃^{55}	ɕie^{24}	yæ̃^{21}	tʰuẽ^{21}/tʰəŋ^{21}
韩城	ɕyã^{24}	ɕiã^{44}	ɕiɛ^{24}	yã^{31}	tʰəŋ^{31}
合阳	ɕyã^{24}	ɕiã^{55}	ɕiə^{24}	yã^{31}	tʰəŋ^{31}
澄城	ɕyã^{24}	ɕiã^{44}	ɕiə^{24}	yã^{31}	tʰəŋ^{31}
白水	ɕyã^{24}	ɕiã^{44}	ɕie^{24}	iã^{31}	tʰəŋ^{31}
大荔	ɕyã^{24}	ɕiã^{55}	ɕie^{24}	yã^{31}	tʰəŋ^{31}
蒲城	ɕyã^{35}	ɕiã^{55}	ɕie^{35}	yã^{31}	tʰəŋ^{31}
美原	ɕyã^{35}	ɕiã^{55}	ɕie^{35}	yã^{31}	tʰəŋ^{31}
富平	ɕyã^{35}	ɕiã^{55}	ɕye^{35}	yã^{31}	tʰəŋ^{31}
潼关	ɕyã^{24}	ɕiã^{44}	ɕie^{24}	yã^{31}	tʰəŋ^{31}
华阴	ɕyã^{24}	ɕiã^{55}	ɕie^{24}	yã^{31}	tʰəŋ^{31}
华县	ɕyã^{35}	ɕiã^{55}	ɕyo^{35}	yã^{31}	tʰəŋ^{31}
渭南	ɕyã^{24}	ɕiã^{44}	ɕie^{24}	yã^{31}	tʰəŋ^{31}
洛南	ɕyæ̃^{24}	ɕiæ̃^{44}	ɕie^{24}	yæ̃^{31}	tʰəŋ^{31}
商州	ɕyã^{35}	ɕiã^{55}	ɕyɛ^{35}	yã^{31}	tʰəŋ^{31}
丹凤	ɕyã^{24}	ɕiã^{44}	ɕiɛ^{24}	yã^{31}	tʰəŋ^{31}
宜川	ɕyæ̃^{24}	ɕiæ̃^{45}	ɕiɛ^{24}	yɛ^{51}	tʰəŋ^{51}
富县	ɕyã^{24}	ɕiã^{44}	ɕie^{24}	yã^{31}	tʰəŋ^{31}
黄陵	ɕyæ̃^{24}	ɕiæ̃^{44}	ɕiɛ^{24}	yæ̃^{31}	tʰəŋ^{31}
宜君	ɕyæ̃^{24}	ɕiæ̃^{44}	ɕiɛ^{24}	iæ̃^{21}	tʰəŋ^{21}
铜川	ɕyæ̃^{24}	ɕiæ̃^{44}	ɕie^{24}	yæ̃^{21}	tʰɤŋ^{21}
耀县	ɕyæ̃^{24}	ɕiæ̃^{44}	ɕie^{24}	yæ̃^{31}	tʰəŋ^{31}
高陵	ɕyæ̃^{24}	ɕiæ̃^{55}	ɕie^{24}	yæ̃^{31}	tʰəŋ^{31}
临潼	ɕyã^{24}	ɕiã^{45}	ɕie^{24}	yã^{31}	tʰəŋ^{31}

字目 / 方言	玄	县	穴	渊	吞
	山合四平先匣	山合四去霰匣	山合四入屑匣	山合四平先影	臻开一平痕透
蓝田	ɕyã²⁴	ɕiã⁴⁴	ɕie²⁴	yã³¹	tʰuẽ³¹/tʰəŋ³¹
长安	ɕyã²⁴	ɕiã⁴⁴	ɕie²⁴	yã³¹	tʰəŋ³¹
户县	ɕyã²⁴	ɕiã⁵⁵	ɕiɛ²⁴	yã³¹	tʰəŋ³¹
周至	ɕyæ̃²⁴	ɕiæ̃⁵⁵	ɕie²⁴	yæ̃²¹	tʰəŋ²¹
三原	ɕyã²⁴	ɕiã⁵⁵	ɕie²⁴	yã³¹	tʰəŋ³¹
泾阳	ɕyã²⁴	ɕiã⁵⁵	ɕie²⁴	yã³¹	tʰəŋ³¹
咸阳	ɕyã²⁴	ɕiã⁵⁵	ɕie²⁴	yã³¹	tʰəŋ³¹
兴平	ɕyã²⁴	ɕiã⁵⁵	ɕie²⁴	yã³¹	tʰəŋ³¹
武功	ɕyã²⁴	ɕiã⁵⁵	ɕie²⁴	yã³¹	tʰəŋ³¹
礼泉	ɕyæ̃²⁴	ɕiæ̃⁵⁵	ɕie²⁴	yæ̃³¹	tʰuẽ³¹/tʰəŋ³¹
乾县	ɕyã²⁴	ɕiã⁴⁴	ɕie²⁴	yã³¹	tʰəŋ³¹
永寿	ɕyã²⁴	ɕiã⁵⁵	ɕie²⁴	yã³¹	tʰəŋ³¹
淳化	ɕyã²⁴	ɕiã⁵⁵	ɕie²⁴	yã³¹	tʰəŋ³¹
旬邑	ɕyã²⁴	ɕiã⁵⁵	ɕie²⁴	yã³¹	tʰəŋ³¹
彬县	ɕyã²⁴	ɕiã⁴⁴	ɕie²⁴	yã³¹	tʰəŋ³¹
长武	ɕyã²⁴	ɕiã⁴⁴	ɕie²⁴	yã³¹	tʰəŋ³¹
扶风	ɕyæ̃²⁴	ɕiæ̃³³	ɕie²⁴	yæ̃³¹	tʰəŋ³¹
眉县	ɕyæ̃²⁴	ɕiæ̃⁴⁴	ɕie²⁴	yæ̃³¹	tʰəŋ³¹
麟游	ɕyã²⁴	ɕiã⁴⁴	ɕie²⁴	yã³¹	tʰəŋ³¹
岐山	ɕyæ̃²⁴	ɕiæ̃⁴⁴	ɕie²⁴	yæ̃³¹	tʰəŋ³¹
凤翔	ɕyã²⁴	ɕiã⁴⁴	ɕie²⁴	yã³¹	tʰəŋ³¹
宝鸡	ɕyæ̃²⁴	ɕiæ̃⁴⁴	ɕie²⁴	yæ̃³¹	tʰəŋ³¹
千阳	ɕyæ̃²⁴	ɕiæ̃⁴⁴	ɕie²⁴	yæ̃³¹	tʰəŋ³¹
陇县	ɕyæ̃²⁴	ɕiæ̃⁴⁴	ɕie²⁴	yæ̃³¹	tʰəŋ³¹

字目 / 方言	根	垦	痕	很	恨
	臻开一平痕见	臻开一上很溪	臻开一平痕匣	臻开一上很匣	臻开一去恨匣
西安	kẽ²¹	kʰẽ⁵³/kʰuẽ⁵³	xẽ²⁴ ｜ xẽ	xẽ⁵³	xẽ⁵⁵
韩城	k̲ẽ³¹/tɕiẽ³¹	kʰẽ⁵³	xẽ²⁴ ｜ xẽ	xẽ⁵³	xẽ⁴⁴
合阳	k̲ẽ³¹/tɕiẽ³¹	kʰẽ⁵²	xẽ²⁴ ｜ xẽ	xẽ⁵²	xẽ⁵⁵
澄城	k̲ẽ³¹/tɕiẽ³¹	kʰẽ⁵³	xẽ²⁴ ｜ xẽ	xẽ⁵³	xẽ⁴⁴
白水	kẽ³¹	kʰẽ⁵³	xẽ²⁴ ｜ xẽ	xẽ⁵³	xẽ⁴⁴
大荔	kẽ³¹	kʰẽ⁵²	xẽ²⁴ ｜ xẽ	xẽ⁵²	xẽ⁵⁵
蒲城	kẽ³¹	kʰẽ⁵³	xẽ³⁵ ｜ xẽ	xẽ⁵³	xẽ⁵⁵
美原	kẽ³¹	kʰẽ³¹	xẽ³¹ ｜ xẽ	xẽ⁵³	xẽ⁵⁵
富平	kẽ³¹	kʰẽ⁵³	xẽ³⁵ ｜ xẽ	xẽ⁵³	xẽ⁵⁵
潼关	kẽ³¹	kʰẽ⁵²	xẽ²⁴ ｜ xẽ	xẽ⁵²	xẽ⁴⁴
华阴	kẽ³¹	kʰẽ⁵²	xẽ²⁴ ｜ xẽ	xẽ⁵²	xẽ⁵⁵
华县	kẽ³¹	kʰẽ⁵³	xẽ³⁵ ｜ xẽ	xẽ⁵³	xẽ⁵⁵
渭南	kẽ³¹	kʰẽ⁵³	xẽ²⁴ ｜ xẽ	xẽ⁵³	xẽ⁴⁴
洛南	kei³¹	kʰei⁵³	xei²⁴ ｜ xẽ	xei⁵³	xei⁴⁴
商州	kẽ³¹	kʰẽ⁵³	xẽ³⁵ ｜ xẽ	xẽ⁵³	xẽ⁵⁵
丹凤	kei³¹	kʰei⁵³	xei²⁴	xei⁵³	xei⁴⁴
宜川	k̲ei⁵¹/tɕiei⁵¹	kʰei⁴⁵	xei²⁴ ~迹	xei⁴⁵	xei⁴⁵
富县	kəŋ³¹	kʰəŋ³¹	xəŋ²⁴	xəŋ⁵²	xəŋ⁴⁴
黄陵	kẽ³¹/kiẽ³¹	kʰẽ³¹	xẽ²⁴	xẽ⁵²	xẽ⁴⁴
宜君	kẽ²¹/kiẽ²¹ ~本	kʰẽ²¹	xẽ²⁴	xẽ⁵²	xẽ⁴⁴
铜川	kei²¹	kʰei²¹/kʰẽ²¹	xẽ²⁴ ｜ xẽ/xei	xẽ⁵²	xẽ⁴⁴
耀县	kẽi³¹	kʰẽi³¹	xẽi²⁴ ｜ xẽ	xẽi⁵²	xẽi⁴⁴
高陵	kẽ³¹	kʰẽ³¹	xẽ²⁴ ｜ xẽ	xẽ⁵²	xẽ⁵⁵
临潼	kei³¹	kʰei⁵²	xei²⁴ ｜ xẽ/xei	xei⁵²	xei⁴⁵

字目 方言	根 臻开一 平痕见	垦 臻开一 上很溪	痕 臻开一 平痕匣	很 臻开一 上很匣	恨 臻开一 去恨匣
蓝田	kẽ³¹	kʰẽ³¹	xẽ²⁴ | xẽ	xẽ⁵²	xẽ⁴⁴
长安	kẽ³¹	kʰẽ⁵³	xẽ²⁴	xẽ⁵³	xẽ⁴⁴
户县	kẽ³¹	kʰẽ³¹	xẽ²⁴ | xẽ	xẽ⁵²	xẽ⁵⁵
周至	kẽ²¹	kʰẽ²¹	xẽ²⁴ | xẽ	xẽ⁵²	xẽ⁵⁵
三原	kẽ³¹	kʰẽ⁵²	xẽ²⁴ | xẽ	xẽ⁵²	xẽ⁵⁵
泾阳	kẽ³¹	kʰẽ³¹	xẽ²⁴ | xẽ	xẽ⁵²	xẽ⁵⁵
咸阳	kẽ³¹	kʰẽ⁵²	xẽ²⁴	xẽ⁵²	xẽ⁵⁵
兴平	kẽ³¹	kʰẽ⁵²	xẽ²⁴ | xẽ	xẽ⁵²	xẽ⁵⁵
武功	kẽ³¹	kʰẽ⁵²	xẽ²⁴ | xẽ	xẽ⁵²	xẽ⁵⁵
礼泉	kẽ³¹	kʰẽ³¹	xẽ²⁴ | xẽ	xẽ⁵²	xẽ⁵⁵
乾县	kẽ³¹	kʰẽ³¹	xẽ²⁴ | xẽ	xẽ⁵²	xẽ⁴⁴
永寿	kẽ³¹	kʰẽ³¹	xẽ²⁴ | xẽ	xẽ⁵²	xẽ⁵⁵
淳化	kei³¹	kʰei³¹	xei³¹ | xẽ	xei⁵²	xei⁵⁵
旬邑	kẽ³¹	kʰẽ³¹	xẽ²⁴ | xẽ	xẽ⁵²	xẽ⁴⁴
彬县	kẽ³¹	kʰẽ³¹	xẽ²⁴ | xẽ	xẽ⁵²	xẽ⁴⁴
长武	kẽ³¹	kʰẽ⁵²	xẽ²⁴ | xẽ	xẽ⁵²	xẽ⁴⁴
扶风	kəŋ³¹	kʰəŋ³¹	xəŋ³¹ | xəŋ	xəŋ⁵²	xəŋ³³
眉县	kəŋ³¹	kʰəŋ⁵²	xəŋ²⁴ | xəŋ	xəŋ⁵²	xəŋ⁴⁴
麟游	kəŋ³¹	kʰəŋ³¹	xəŋ²⁴ | xəŋ	xəŋ⁵²	xəŋ⁴⁴
岐山	kəŋ³¹	kʰəŋ³¹	xəŋ³¹ | xəŋ	xəŋ⁵³	xəŋ⁴⁴
凤翔	kəŋ³¹	kʰəŋ⁵³	xəŋ²⁴ | xəŋ	xəŋ⁵³	xəŋ⁴⁴
宝鸡	kəŋ³¹	kʰəŋ⁵³	xəŋ²⁴ | xəŋ	xəŋ⁵³	xəŋ⁴⁴
千阳	kəŋ³¹	kʰəŋ³¹	xəŋ²⁴ | xəŋ	xəŋ⁵³	xəŋ⁴⁴
陇县	kəŋ³¹	kʰəŋ⁵³	xəŋ³¹ | xəŋ	xəŋ⁵³	xəŋ⁴⁴

字目 方言	恩 臻开一 平痕影	彬 臻开三 平真帮	殡 臻开三 去震帮	笔 臻开三 入质帮	匹 臻开三 入质滂
西安	ŋẽ²¹ ǀ ŋẽ	piẽ²¹	piẽ²¹	pi²¹	pʰi⁵³
韩城	ŋẽ³¹ ǀ ŋẽ	piẽ³¹	piẽ³¹	pi³¹	pʰi²⁴
合阳	ŋẽ³¹ ǀ ŋẽ	piẽ³¹	piẽ⁵⁵	pi³¹	pʰi⁵⁵
澄城	ŋẽ³¹ ǀ ŋẽ	piẽ³¹	piẽ³¹	pi³¹	pʰi⁵³
白水	ŋẽ³¹ ǀ ŋẽ	piẽ³¹	piẽ³¹	pi³¹	pʰi³⁵
大荔	ŋẽ³¹ ǀ ŋẽ	piẽ³¹	piẽ⁵⁵	pi³¹	pʰi⁵²
蒲城	ŋẽ³¹ ǀ ŋẽ	piẽ³¹	piẽ³¹	pi³¹	pʰi⁵⁵
美原	ŋẽ³¹ ǀ ŋẽ	piẽ³¹	piẽ³¹	pi³¹	pʰi⁵³
富平	ŋẽ³¹ ǀ ŋẽ	piẽ³¹	piẽ³¹	pi³¹	pʰi⁵³
潼关	ŋẽ³¹ ǀ ŋẽ	piẽ³¹	piẽ³¹	pi³¹	pʰi⁵²
华阴	ŋẽ³¹ ǀ ŋẽ	piẽ³¹	piẽ⁵⁵	pi³¹	pʰi⁵⁵
华县	ŋẽ³¹ ǀ ŋẽ	piẽ³¹	piẽ³¹	pi³¹	pʰi⁵⁵
渭南	ŋẽ³¹ ǀ ŋẽ	piẽ³¹	piẽ³¹	pi³¹	pʰi³⁵
洛南	ŋei³¹ ǀ ŋẽ	piei³¹	piei³¹	pi³¹	pʰi⁵³
商州	ŋẽ³¹ ǀ ŋẽ	piẽ³¹	piẽ⁵⁵	pi³¹	pʰi³⁵
丹凤	ŋei³¹	piei³¹	piei³¹	pi³¹	pʰi²⁴
宜川	ŋei⁵¹	piei⁵¹	piei⁵¹	pi⁵¹	pʰi⁴⁵
富县	ŋəŋ³¹	piəŋ³¹	piəŋ³¹	pi³¹	pʰi⁵²
黄陵	ŋiẽ³¹	piẽ³¹	piəŋ³¹	pi³¹	pʰi⁵²
宜君	ŋẽ²¹	piẽ²¹	piẽ²¹	pi²¹	pʰi⁴⁴
铜川	ŋẽ²¹ ǀ ŋẽ/ŋei	piẽ²¹	piẽ²¹	pi²¹	pʰi⁵²
耀县	ŋiẽi³¹ ǀ ŋẽ	piẽi³¹	piẽi³¹	pi³¹	pʰi⁵²
高陵	ŋẽ³¹ ǀ ŋẽ	piẽ³¹	piẽ³¹	pi³¹	pʰi⁵²
临潼	ŋei³¹ ǀ ŋei	piei³¹	piei³¹	pi³¹	pʰi⁵²

字目 方言	恩 臻开一 平痕影	彬 臻开三 平真帮	殡 臻开三 去震帮	笔 臻开三 入质帮	匹 臻开三 入质滂
蓝田	ŋɛ̃³¹ ｜ ŋɛ̃	piɛ̃³¹	piɛ̃³¹	pi³¹	pʰi⁵²
长安	ŋɛ̃³¹	piɛ̃³¹	piɛ̃³¹	pi³¹	pʰi⁵³
户县	ŋɛ̃³¹ ｜ ŋɛ̃	piɛ̃³¹	piɛ̃³¹	pi³¹	pʰi⁵²
周至	ŋɛ̃²¹ ｜ ŋɛ̃	piɛ̃²¹	piɛ̃²¹	pi²¹	pʰi²⁴/pʰi⁵²①
三原	ŋɛ̃³¹ ｜ ŋɛ̃	piɛ̃³¹	piɛ̃³¹	pi³¹	pʰi⁵²
泾阳	ŋɛ̃³¹ ｜ ŋɛ̃	piɛ̃³¹	piɛ̃³¹	pi³¹	pʰi⁵²
咸阳	ŋɛ̃³¹	piɛ̃³¹	piɛ̃⁵⁵	pi³¹	pʰi⁵²
兴平	ŋɛ̃³¹ ｜ ŋɛ̃	piɛ̃³¹	piɛ̃³¹	pi³¹	pʰi⁵²
武功	ŋɛ̃³¹ ｜ ŋɛ̃	piɛ̃³¹	piɛ̃³¹	pi³¹	pʰi²⁴
礼泉	ŋɛ̃³¹ ｜ ŋɛ̃	piɛ̃³¹	piɛ̃⁵⁵	pi³¹	pʰi⁵²
乾县	ŋɛ̃³¹ ｜ ŋɛ̃	piɛ̃³¹	piɛ̃⁴⁴	pi³¹	pʰi²⁴
永寿	ŋɛ̃³¹ ｜ ŋɛ̃	piɛ̃³¹	piɛ̃⁵⁵	pi³¹	pʰi²⁴
淳化	ŋei³¹ ｜ ŋɛ̃	piei³¹	piei³¹	pi³¹	pʰi⁵²
旬邑	ŋɛ̃³¹ ｜ ŋɛ̃	piɛ̃³¹	piɛ̃⁴⁴	pi³¹	pʰi⁴⁴
彬县	ŋɛ̃³¹ ｜ ŋɛ̃	piɛ̃³¹	piɛ̃⁴⁴	pi³¹	pʰi⁴⁴
长武	ŋɛ̃³¹ ｜ ŋɛ̃	piɛ̃³¹	piɛ̃³¹	pi³¹	pʰi⁴⁴
扶风	ŋəŋ³¹ ｜ ŋəŋ	piŋ³¹	piŋ³¹	pi³¹	pʰi⁵²
眉县	ŋəŋ³¹ ｜ ŋəŋ	piŋ³¹	piŋ⁴⁴	pi³¹	pʰi⁴⁴
麟游	ŋəŋ³¹ ｜ ŋəŋ	piŋ³¹	piŋ³¹	pi³¹	pʰi⁴⁴
岐山	ŋəŋ³¹ ｜ ŋəŋ	piŋ³¹	piŋ⁴⁴	pi³¹	pʰi⁴⁴
凤翔	ŋəŋ³¹ ｜ ŋəŋ	piŋ³¹	piŋ³¹	pi³¹	pʰi⁴⁴
宝鸡	ŋəŋ³¹ ｜ ŋəŋ	piŋ³¹	piŋ⁴⁴	pi³¹	pʰi⁵³
千阳	ŋəŋ³¹ ｜ ŋəŋ	piŋ³¹	piŋ⁵³	pi³¹	pʰi⁴⁴
陇县	ŋəŋ³¹ ｜ ŋəŋ	piŋ³¹	piŋ⁵³	pi³¹	pʰi⁴⁴

① pʰi⁵² 一～马。

字目＼方言	贫	民	敏	密	邻
	臻开三平真並	臻开三平真明	臻开三上轸明	臻开三入质明	臻开三平真来
西安	pʰiẽ²⁴ ｜ pʰiẽ	miẽ²⁴ ｜ miẽ	miẽ⁵³	mi²¹	liẽ²⁴
韩城	pʰiẽ²⁴ ｜ piẽ	miẽ²⁴ ｜ miẽ	miẽ⁵³	mi³¹	liẽ²⁴
合阳	pʰiẽ²⁴ ｜ piẽ	miẽ²⁴ ｜ miẽ	miẽ⁵²	mi³¹	liẽ²⁴
澄城	pʰiẽ²⁴ ｜ pʰiẽ	miẽ²⁴ ｜ miẽ	miẽ⁵³	mi³¹	liẽ²⁴
白水	pʰiẽ²⁴ ｜ pʰiẽ	miẽ²⁴ ｜ miẽ	miẽ⁵³	mi³¹	liẽ²⁴
大荔	pʰiẽ²⁴ ｜ piẽ	miẽ²⁴ ｜ miẽ	miẽ⁵²	mi³¹	liẽ²⁴
蒲城	pʰiẽ³⁵ ｜ pʰiẽ	miẽ³⁵ ｜ miẽ	miẽ⁵³	mi³¹	liẽ³⁵
美原	pʰiẽ³⁵ ｜ pʰiẽ	miẽ³⁵ ｜ miẽ	miẽ⁵³	mi³¹	liẽ³⁵
富平	pʰiẽ³⁵ ｜ pʰiẽ	miẽ³⁵ ｜ miẽ	miẽ⁵³	mi³¹	liẽ³⁵
潼关	pʰiẽ²⁴ ｜ pʰiẽ	miẽ²⁴ ｜ miẽ	miẽ⁵²	mi³¹	liẽ²⁴
华阴	pʰiẽ²⁴ ｜ piẽ	miẽ²⁴ ｜ miẽ	miẽ⁵²	mi³¹	liẽ²⁴
华县	pʰiẽ³⁵ ｜ pʰiẽ	miẽ³⁵ ｜ miẽ	miẽ⁵³	mi³¹	liẽ³⁵
渭南	pʰiẽ²⁴ ｜ pʰiẽ	miẽ²⁴ ｜ miẽ	miẽ⁵³	mi³¹	liẽ²⁴
洛南	pʰiei²⁴ ｜ pʰiẽ	miei²⁴ ｜ miẽ	miei⁵³	mi³¹	liei²⁴
商州	pʰiẽ³⁵ ｜ pʰiẽ	miẽ³⁵ ｜ miẽ	miẽ⁵³	mi³¹	liẽ³⁵
丹凤	pʰiei²⁴	miei²⁴	miei⁵³	mi³¹	liei²⁴
宜川	pʰiei²⁴	miei²⁴/mi²⁴	mi⁴⁵	mi⁵¹	liei²⁴/li²⁴
富县	pʰiəŋ²⁴	miəŋ²⁴	miəŋ⁵²	mi³¹	liəŋ²⁴
黄陵	pʰiẽ²⁴	miẽ²⁴	miẽ⁵²	mi³¹	liẽ²⁴
宜君	pʰiẽ²⁴	miẽ²⁴	miẽ⁵²	mi²¹	liẽ²⁴
铜川	pʰiẽ²⁴ ｜ pʰiẽ	miẽ²⁴ ｜ miẽ	miẽ⁵²	mi²¹	liẽ²⁴
耀县	pʰiẽi²⁴ ｜ pʰiẽ	miẽi²⁴ ｜ miẽ	miẽi⁵²	mi³¹	liẽi²⁴
高陵	pʰiẽ²⁴ ｜ pʰiẽ	miẽ²⁴ ｜ miẽ	miẽ⁵²	mi³¹	liẽ²⁴
临潼	pʰiei²⁴ ｜ pʰiẽ	miei²⁴ ｜ miẽ	miei⁵²/mei⁵²①	mi³¹	liei²⁴

① mei⁵² 方志～。

字目 方言	贫		民		敏	密	邻
	臻开三 平真并		臻开三 平真明		臻开三 上轸明	臻开三 入质明	臻开三 平真来
蓝田	pʰiẽ²⁴	pʰiẽ	miẽ²⁴	miẽ	miẽ⁵²	mi³¹	liẽ²⁴
长安	pʰiẽ²⁴		miẽ²⁴		miẽ⁵³	mi³¹	liẽ²⁴
户县	pʰiẽ²⁴	pʰiẽ	miẽ²⁴	miẽ	miẽ⁵²	mi³¹	liẽ²⁴
周至	pʰiẽ²⁴	pʰiẽ	miẽ²⁴	miẽ	miẽ⁵²	mi²¹	liẽ²⁴
三原	pʰiẽ²⁴	pʰiẽ	miẽ²⁴	miẽ	miẽ⁵²	mi³¹	liẽ²⁴
泾阳	pʰiẽ²⁴	pʰiẽ	miẽ²⁴		miẽ⁵²	mi³¹	liẽ²⁴
咸阳	pʰiẽ²⁴	pʰiẽ	miẽ²⁴		miẽ⁵²	mi³¹	liẽ²⁴
兴平	pʰiẽ²⁴	pẽ	miẽ²⁴	miẽ	miẽ⁵²	mi³¹	liẽ²⁴
武功	pʰiẽ²⁴	pẽ	miẽ²⁴	miẽ	miẽ⁵²	mi³¹	liẽ²⁴
礼泉	pʰiẽ²⁴	pʰiẽ	miẽ²⁴	miẽ	miẽ⁵²	mi³¹	liẽ²⁴
乾县	pʰiẽ²⁴	pʰiẽ	miẽ²⁴	miẽ	miẽ⁵²	mi³¹	liẽ²⁴
永寿	pʰie²⁴	pʰiẽ	miẽ²⁴	miẽ	miẽ⁵²	mi³¹	liẽ²⁴
淳化	pʰiei²⁴	pʰiẽ	miei²⁴	miẽ	miei⁵²	mi³¹	liei²⁴
旬邑	pʰiẽ²⁴	pʰiẽ	miẽ²⁴	miẽ	miẽ⁵²	mi³¹	liẽ²⁴
彬县	pʰiẽ²⁴	pʰiẽ	miẽ²⁴	miẽ	miẽ⁵²	mi³¹	liẽ²⁴
长武	pʰiẽ²⁴	pʰiẽ	miẽ²⁴	miẽ	miẽ⁵²	mi³¹	liẽ²⁴
扶风	pʰiŋ²⁴	pʰiŋ	miŋ²⁴	miŋ	miŋ⁵²	mi³¹	liŋ²⁴
眉县	pʰiŋ²⁴	pʰiŋ	miŋ²⁴	miŋ	miŋ⁵²	mi³¹	liŋ²⁴
麟游	pʰiŋ²⁴	pʰiŋ	miŋ²⁴	miŋ	miŋ⁵³	mi³¹	liŋ²⁴
岐山	pʰiŋ²⁴	pʰiŋ	miŋ²⁴	miŋ	miŋ⁵³	mi³¹	liŋ²⁴
凤翔	pʰiŋ²⁴	pʰiŋ	miŋ²⁴	miŋ	miŋ⁵³	mi³¹	liŋ²⁴
宝鸡	pʰiŋ²⁴	pʰiŋ	miŋ²⁴	miŋ	miŋ⁵³	mi³¹	liŋ²⁴
千阳	pʰiŋ²⁴	pʰiŋ	miŋ²⁴	miŋ	miŋ⁵³	mi³¹	liŋ²⁴
陇县	pʰiŋ²⁴	pʰiŋ	miŋ²⁴	miŋ	miŋ⁵³	mi³¹	liŋ²⁴

字目\\方言	吝\\臻开三\\去震来	栗\\臻开三\\入质来	津\\臻开三\\平真精		尽~前\\臻开三\\上轸精	进\\臻开三\\去震精
西安	liẽ⁵⁵	li²¹	tɕiẽ²¹/tɕiŋ²¹①	tɕiẽ	tɕiẽ⁵³	tɕiẽ⁵⁵
韩城	liẽ⁴⁴	lɿ³¹	tɕiẽ³¹	tɕiẽ	tɕiẽ⁵³	tɕiẽ⁴⁴
合阳	liẽ⁵⁵	li³¹	tsiẽ³¹	tsiẽ	tsiẽ⁵²	tsiẽ⁵⁵
澄城	liẽ⁴⁴	li³¹	tiẽ³¹	tiẽ	tiẽ⁵³	tiẽ⁴⁴
白水	liẽ⁴⁴	li³¹	tiẽ³¹	tsiẽ	tiẽ⁵³	tiẽ⁴⁴
大荔	liẽ⁵⁵	li³¹	tiẽ³¹	tiẽ	tiẽ⁵²	tiẽ⁵⁵
蒲城	liẽ⁵⁵	li³¹	tiẽ³¹	tiẽ	tiẽ⁵³	tiẽ⁵⁵
美原	liẽ⁵⁵	li³¹	tɕiẽ³¹	tsiẽ	tɕiẽ⁵³	tɕiẽ⁵⁵
富平	liẽ⁵⁵	li³¹	tiẽ³¹	tsiẽ	tiẽ⁵³	tiẽ⁵⁵
潼关	liẽ⁴⁴	li³¹	tɕiẽ³¹	tɕiẽ	tɕiẽ⁵²	tɕiẽ⁴⁴
华阴	liẽ⁵⁵	li³¹	tɕiẽ³¹	tɕiẽ	tɕiẽ⁵²	tɕiẽ⁵⁵
华县	liẽ⁵⁵	li³¹	tiẽ³¹	tsiẽ	tiẽ⁵³	tiẽ⁵⁵
渭南	liẽ⁴⁴	li³¹	tɕiẽ³¹	tsiẽ	tɕiẽ⁵³	tɕiẽ⁴⁴
洛南	liei⁴⁴	li³¹	tɕiei³¹	tɕiẽ	tɕiei⁵³	tɕiei⁴⁴
商州	liẽ⁵⁵	li³¹	tɕiẽ³¹	tɕiẽ	tɕiẽ⁵³	tɕiẽ⁵⁵
丹凤	liei⁴⁴	li³¹	tɕiei³¹		tɕiei⁵³	tɕiei⁴⁴
宜川	liei⁴⁵	li⁴⁵ ~子	tɕiei⁵¹/tɕiəŋ⁰²¹②		tɕʰiei⁴⁵	tɕiei⁴⁵
富县	liəŋ⁴⁴	li³¹	tɕiəŋ³¹		tɕiəŋ⁵²	tɕiəŋ⁴⁴
黄陵	liẽ⁴⁴	li³¹	tɕiẽ³¹/tɕiəŋ³¹		tɕiẽ⁵²	tɕiẽ⁴⁴
宜君	liẽ⁴⁴	li²¹ ~子	ȶiẽ²¹/ȶiəŋ²¹		ȶiẽ⁵²	ȶiẽ⁴⁴
铜川	liẽ⁴⁴	li²¹	tɕiẽ²¹/tɕiɤŋ²¹	tɕiẽ	tɕiẽ⁵²	tɕiẽ⁴⁴
耀县	liẽi⁴⁴	li³¹	tɕiẽi³¹	tɕiẽ	tɕiẽi⁵²	tɕiẽi⁴⁴
高陵	liẽ⁵⁵	li³¹ ~子	ȶiẽ³¹	tiẽ	ȶiẽ⁵²	ȶiẽ⁵⁵
临潼	liei⁴⁵	li³¹	tɕiei³¹	ȶiẽ	tɕiei⁵²	tɕiei⁴⁵

---

① tɕiŋ²¹ 天~。下同。

② tɕiei⁵¹ 河~；tɕiəŋ⁰²¹ 天~。

字目 方言	吝 臻开三 去震来	栗 臻开三 入质来	津 臻开三 平真精		尽~前 臻开三 上轸精	进 臻开三 去震精
蓝田	liɛ̃⁴⁴	li³¹	tɕiɛ̃³¹/tɕiəŋ³¹	tiɛ̃	tɕiɛ̃⁵²	tɕiɛ̃⁴⁴
长安	liɛ̃⁴⁴	li³¹	tɕiɛ̃³¹/tɕiəŋ³¹		tɕiɛ̃⁵³	tɕiɛ̃⁴⁴
户县	liɛ̃⁵⁵	li³¹	tɕiɛ̃³¹/tɕiəŋ³¹	tɕiɛ̃	tɕiɛ̃⁵²	tɕiɛ̃⁵⁵
周至	liɛ̃⁵⁵	li²¹	tɕiɛ̃²¹/tɕiəŋ²¹	tɕiɛ̃	tɕiɛ̃⁵²	tɕiɛ̃⁵⁵
三原	liɛ̃⁵⁵	li³¹	tiɛ̃³¹	tiɛ̃	tiɛ̃⁵²	tiɛ̃⁵⁵
泾阳	liɛ̃⁵⁵	li³¹	tsiɛ̃³¹/tɕiŋ³¹	ʨiɛ̃	tsiɛ̃⁵²	tsiɛ̃⁵⁵
咸阳	liɛ̃⁵⁵	li³¹	tɕiɛ̃³¹		tɕiɛ̃⁵²	tɕiɛ̃⁵⁵
兴平	liɛ̃⁵⁵	li³¹	tɕiɛ̃³¹	ʨiɛ̃	tɕiɛ̃⁵²	tɕiɛ̃⁵⁵
武功	liɛ̃⁵⁵	li³¹	tɕiŋ³¹	tɕiɛ̃	tɕiɛ̃⁵²	tɕiɛ̃⁵⁵
礼泉	liɛ̃⁵⁵	li³¹	tɕiɛ̃³¹/tɕiəŋ³¹	tɕiɛ̃	tɕiɛ̃⁵²	tɕiɛ̃⁵⁵
乾县	liɛ̃⁴⁴	li⁵²	tɕiɛ̃³¹	tsiɛ̃	tɕiɛ̃⁴⁴	tɕiɛ̃⁴⁴
永寿	liɛ̃⁵⁵	li⁵²	tɕiɛ̃³¹	tɕiɛ̃	tɕiɛ̃⁵²	tɕiɛ̃⁵⁵
淳化	liei⁵⁵	li³¹	tɕiei³¹	tɕiɛ̃	tiei⁵⁵	tiei⁵⁵
旬邑	liɛ̃⁴⁴	li³¹	tsiɛ̃³¹	tsiɛ̃	tsiɛ̃⁵²	tsiɛ̃⁴⁴
彬县	liɛ̃⁴⁴	li³¹	tsiɛ̃³¹	tsiɛ̃	tsiɛ̃⁵²	tsiɛ̃⁴⁴
长武	liɛ̃⁴⁴	li³¹	tsiɛ̃³¹/tsiŋ³¹	tsiɛ̃	tsiɛ̃⁵²	tsiɛ̃⁴⁴
扶风	liŋ³³	li³¹	tɕiŋ³¹	tsiŋ	tɕiŋ⁵²	tɕiŋ³³
眉县	liŋ⁴⁴	li³¹	ʨiŋ³¹	tsiŋ	ʨiŋ⁴⁴	ʨiŋ⁴⁴
麟游	liŋ⁴⁴	li³¹	ʨiŋ³¹	tɕiŋ	ʨiŋ⁵³	ʨiŋ⁴⁴
岐山	liŋ⁴⁴	li³¹	ʨiŋ³¹	tɕiŋ	ʨiŋ⁵³	ʨiŋ⁴⁴
凤翔	liŋ⁴⁴	li³¹	ʨiŋ³¹	ʨiŋ	ʨiŋ⁵³	ʨiŋ⁴⁴
宝鸡	liŋ⁴⁴	li³¹	tɕiŋ³¹	ʨiŋ	tɕiŋ⁵³	tɕiŋ⁴⁴
千阳	liŋ⁴⁴	li³¹	ʨiŋ³¹	tsiŋ	ʨiŋ⁴⁴	ʨiŋ⁴⁴
陇县	liŋ⁴⁴	li⁵³	tɕiŋ³¹	tɕiŋ	tɕiŋ⁴⁴	tɕiŋ⁴⁴

字目 方言	亲~戚 臻开三 平真清	亲~家 臻开三 去震清	七 臻开三 入质清	秦 臻开三 平真从	尽 臻开三 上轸从
西安	tɕʰiẽ^{21} | tɕʰiẽ	tɕʰiẽ^{55}	tɕʰi^{21}	tɕʰiẽ^{24}	tɕiẽ^{55}
韩城	tɕʰiẽ^{31} | tɕʰiẽ	tɕʰiẽ^{44}	tɕʰi^{31}	tɕʰiẽ^{24}	tɕʰiẽ^{44}
合阳	tsʰiẽ^{31} | tsʰiẽ	tsʰiẽ^{55}	tsʰi^{31}	tsʰiẽ^{24}	tsʰiẽ^{55}
澄城	tʰiẽ^{31} | tʰiẽ	tʰiẽ^{44}	tʰi^{31}	tʰiẽ^{24}	tʰiẽ^{44}
白水	tsʰiẽ^{31} | tsʰiẽ	tsʰiẽ^{44}	tsʰi^{31}	tsʰiẽ^{24}	tsʰiẽ^{44}
大荔	tʰiẽ^{31} | tʰiẽ	tʰiẽ^{55}	tʰi^{31}	tʰiẽ^{24}	tʰiẽ^{55}
蒲城	tsʰiẽ^{31} | tʰiẽ	tsʰiẽ^{55}	tsʰi^{31}	tsʰiẽ^{35}	tsʰiẽ^{55}
美原	tɕʰiẽ^{31} | tsʰiẽ	tɕʰiẽ^{31}	tɕʰi^{31}	tɕʰiẽ^{35}	tɕʰiẽ^{55}
富平	tsʰiẽ^{31} | tsʰiẽ	tsʰiẽ^{55}	tsʰi^{31}	tsʰiẽ^{35}	tiẽ^{55}
潼关	tɕʰiẽ^{31} | tɕʰiẽ	tɕʰiẽ^{44}	tɕʰi^{31}	tɕʰiẽ^{24}	tɕʰiẽ^{44}
华阴	tɕʰiẽ^{31} | tɕʰiẽ	tɕʰiẽ^{55}	tɕʰi^{31}	tɕʰiẽ^{24}	tɕʰiẽ^{55}
华县	tʰiẽ^{31} | tsʰiẽ	tʰiẽ^{55}	tʰi^{31}	tʰiẽ^{35}	tiẽ^{55}
渭南	tɕʰiẽ^{31} | tsʰiẽ	tɕʰiẽ^{44}	tɕʰi^{31}	tɕʰiẽ^{24}	tɕiẽ^{44}
洛南	tɕʰiei^{31} | tɕʰiẽ	tɕʰiei^{44}	tɕʰi^{31}	tɕʰiei^{24}	tɕiei^{44}
商州	tɕʰiẽ^{31} | tɕʰiẽ	tɕʰiẽ^{31}	tɕʰi^{31}	tɕʰiẽ^{35}	tɕiẽ^{55}
丹凤	tɕʰiei^{31}	tɕʰiei^{44}	tɕʰi^{31}	tɕʰiei^{24}	tɕiei^{44}
宜川	tɕʰiei^{51}	tɕʰiei^{45}	tɕʰi^{51}	tɕʰiei^{24}	tɕʰiei^{45}
富县	tɕʰiəŋ^{31}	tɕʰiəŋ^{44}/tɕʰiəŋ^{31}①	tɕʰi^{31}	tɕʰiəŋ^{24}	tɕʰiəŋ^{44}/tɕʰiəŋ^{31}
黄陵	tɕʰiẽ^{31}	tɕʰiẽ^{44}	tɕʰi^{31}	tɕʰiẽ^{24}	tɕʰiẽ^{44}/tɕʰiẽ^{31}
宜君	tʰiẽ^{21}	tʰiẽ^{44}	tʰi^{21}	tʰiẽ^{24}	tʰiẽ^{44}
铜川	tɕʰiẽ^{21} | tɕʰiẽ	tɕʰiẽ^{44}	tɕʰi^{21}	tɕʰiẽ^{24}	tɕiẽ^{44}
耀县	tɕʰiẽi^{31} | tɕʰiẽ	tɕʰiẽi^{31}/tɕʰiẽi^{44}~家母	tɕʰi^{31}	tɕʰiẽi^{24}	tɕiẽi^{44}
高陵	tʰiẽ^{31} | tʰiẽ	tʰiẽ^{55}	tʰi^{31}	tʰiẽ^{24}	tiẽ^{55}/ʈiẽ^{31} 大~
临潼	tɕʰiei^{31} | tʰiẽ	tɕʰiei^{45}	tɕʰi^{31}	tɕʰiei^{24}	tɕiei^{45}

---

① tɕʰiəŋ^{44} 称对方母亲；tɕʰiəŋ^{31} 称对方父亲。

字目 方言	亲~戚 臻开三 平真清		亲~家 臻开三 去震清	七 臻开三 入质清	秦 臻开三 平真从	尽 臻开三 上轸从
蓝田	tɕʰiẽ^{31}	tʰiẽ	tɕʰiẽ^{44}	tɕʰi^{31}	tɕʰiẽ^{24}	tɕiẽ^{44}
长安	tɕʰiẽ^{31}		tɕʰiẽ^{44}/tɕʰiã^{53}①	tɕʰi^{31}	tɕʰiẽ^{24}	tɕiẽ^{44}/tɕie^{31}②
户县	tɕʰiẽ^{31}	tɕʰiẽ	tɕʰiẽ^{55}	tɕʰi^{31}	tɕʰiẽ^{24}	tɕiẽ^{55}
周至	tɕʰiẽ^{21}	tɕʰiẽ	tɕʰiẽ^{55}	tɕʰi^{21}	tɕʰiẽ^{24}	tɕiẽ^{55}/tɕie^{21}
三原	tʰiẽ^{31}	tʰiẽ	tʰiẽ^{52}	tʰi^{31}	tʰiẽ^{24}	tiẽ^{55}
泾阳	tsʰiẽ^{31}	tɕʰiẽ	tsʰiẽ^{55}	tsʰi^{31}	tsʰiẽ^{24}	tsiẽ^{55}
咸阳	tɕʰiẽ^{31}		tɕʰiẽ^{55}	tɕʰi^{31}	tɕʰiẽ^{24}	tɕiẽ^{55}
兴平	tɕʰiẽ^{31}	tʰiẽ	tɕʰiẽ^{52}	tɕʰi^{31}	tɕʰiẽ^{24}	tɕiẽ^{55}
武功	tɕʰiẽ^{31}	tɕʰiẽ	tɕʰiẽ^{55}	tɕʰi^{31}	tɕʰiẽ^{24}	tɕiẽ^{55}
礼泉	tɕʰiẽ^{31}	tɕʰiẽ	tɕʰiẽ^{31}	tɕʰi^{31}	tɕʰiẽ^{24}	tɕiẽ^{55}
乾县	tɕʰiẽ^{31}	tɕʰiẽ	tɕʰiẽ^{31}	tɕʰi^{31}	tɕʰiẽ^{24}	tɕiẽ^{44}
永寿	tɕʰiẽ^{31}	tɕʰiẽ	tɕʰiẽ^{55}	tɕʰi^{31}	tɕʰiẽ^{24}	tɕiẽ^{55}
淳化	tʰiei^{31}	tɕʰiẽ	tʰiei^{55}	tʰi^{31}	tʰiei^{24}	tiei^{55}
旬邑	tsʰiẽ^{31}	tɕʰiẽ	tsʰiẽ^{44}	tsʰi^{31}	tsʰiẽ^{24}	tsiẽ^{44}
彬县	tsʰiẽ^{31}	tɕʰiẽ	tsʰiẽ^{44}	tsʰi^{31}	tsʰiẽ^{24}	tsiẽ^{44}
长武	tsʰiẽ^{31}	tsʰiẽ	tsʰiẽ^{44}	tsʰi^{31}	tsʰiẽ^{24}	tsiẽ^{44}
扶风	tɕʰiŋ^{31}	tsʰiŋ	tɕʰiŋ^{33}	tɕʰi^{31}	tɕʰiŋ^{24}	tɕiŋ^{33}
眉县	tʰiŋ^{31}	tsʰiŋ	tʰiŋ^{31}	tʰi^{31}	tʰiŋ^{24}	ȵiŋ^{44}
麟游	tʰiŋ^{31}	tsʰiŋ	tʰiŋ^{31}	tʰi^{31}	tʰiŋ^{24}	ȵiŋ^{44}
岐山	tʰiŋ^{31}	tɕʰiŋ	tʰiŋ^{44}	tʰi^{31}	tʰiŋ^{24}	tʰiŋ^{53}
凤翔	tʰiŋ^{31}	tʰiŋ	tʰiŋ^{31}	tʰi^{31}	tʰiŋ^{24}	ȵiŋ^{44}
宝鸡	tɕʰiŋ^{31}	tʰiŋ	tɕʰiŋ^{44}	tɕʰi^{31}	tɕʰiŋ^{24}	tɕiŋ^{44}
千阳	tʰiŋ^{31}	tsʰiŋ	tʰiŋ^{31}	tʰi^{31}	tʰiŋ^{24}	ȵiŋ^{44}
陇县	tɕʰiŋ^{31}	tɕʰiŋ	tɕʰiŋ^{44}	tɕʰi^{31}	tɕʰiŋ^{24}	tɕʰiŋ^{44}

① tɕʰiã^{53} ～家，合音。

② tɕie^{31} 大～，小～。下同。

方言＼字目	疾 臻开三 入质从	新 臻开三 平真心	信 臻开三 去震心	膝 臻开三 入质心	珍 臻开三 平真知
西安	tɕi²⁴	ɕiẽ²¹ ｜ ɕiẽ	ɕiẽ⁵⁵	tɕʰi²¹	tʂẽ²¹
韩城	tɕʰi²⁴	ɕiẽ³¹ ｜ ɕiẽ	ɕiẽ⁴⁴	tɕʰi³¹	tʂẽ³¹
合阳	tsʰi²⁴	siẽ³¹ ｜ siẽ	siẽ⁵⁵	tsʰi³¹	tʂẽ³¹
澄城	tʰi²⁴	siẽ³¹ ｜ siẽ	siẽ⁴⁴	tʰi³¹	tʂẽ³¹
白水	tsʰi²⁴	siẽ³¹ ｜ siẽ	siẽ⁴⁴	tsʰi³¹	tʂẽ³¹
大荔	tʰi²⁴	siẽ³¹ ｜ siẽ	siẽ⁵⁵	tʰi³¹	tʂẽ³¹
蒲城	tsʰi³⁵	siẽ³¹ ｜ siẽ	siẽ⁵⁵	tsʰi³¹	tʂẽ³¹
美原	tɕi³⁵	ɕiẽ³¹ ｜ siẽ	ɕiẽ⁵⁵	tɕʰi³¹	kẽ³¹
富平	ti³⁵	siẽ³¹ ｜ siẽ	siẽ⁵⁵	tsʰi³¹	tʂẽ³¹
潼关	tɕi²⁴	ɕiẽ³¹ ｜ ɕiẽ	ɕiẽ⁴⁴	tɕʰi³¹	tʂẽ³¹
华阴	tɕʰi²⁴	ɕiẽ³¹ ｜ ɕiẽ	ɕiẽ⁵⁵	tɕʰi³¹	tʂẽ³¹
华县	tʰi³⁵	siẽ³¹ ｜ siẽ	siẽ⁵⁵	tʰi³¹	tʂẽ³¹
渭南	tɕʰi²⁴	ɕiẽ³¹ ｜ siẽ	ɕiẽ⁴⁴	tɕʰi³¹	tʂẽ³¹
洛南	tɕʰi²⁴	ɕiei³¹ ｜ ɕiẽ	ɕiei⁴⁴	tɕʰi³¹	tʂei³¹
商州	tɕi³⁵	ɕiẽ³¹ ｜ siẽ	ɕiẽ⁵⁵	tɕʰi³¹	tʂẽ³¹
丹凤	tɕʰi²⁴	ɕiei³¹	ɕiei⁴⁴	tɕʰi³¹	tʂei³¹
宜川	tɕi²⁴	ɕiei⁵¹	ɕiei⁴⁵	ɕi⁵¹/sei⁴⁵①	tʂei⁵¹
富县	tɕi²⁴	ɕiəŋ³¹	ɕiəŋ⁴⁴	tɕʰi³¹	tʂəŋ³¹
黄陵	tɕʰi²⁴	ɕiẽ³¹	ɕiẽ⁴⁴	tɕʰi³¹	tʂẽ³¹
宜君	ʈʰi²⁴	siẽ²¹	siẽ⁴⁴	ʈʰi²¹	tẽ²¹
铜川	tɕi²⁴	ɕiẽ²¹ ｜ siẽ	ɕiẽ⁴⁴	tɕʰi²¹	tʂẽ²¹
耀县	tɕi²⁴	ɕiẽi³¹ ｜ ɕiẽ	ɕiẽi⁴⁴	tɕʰi³¹	tẽi³¹
高陵	ʈi²⁴	siẽ³¹ ｜ siẽ	siẽ⁵⁵	tʰi³¹	tẽ³¹
临潼	tɕi²⁴	ɕiẽi³¹ ｜ siẽ	ɕiei⁴⁵	tɕʰi³¹	tʂei³¹

① sei⁴⁵ 磕～盖。

字目 方言	疾 臻开三 入质从	新 臻开三 平真心	信 臻开三 去震心	膝 臻开三 入质心	珍 臻开三 平真知
蓝田	tɕi²⁴	ɕiẽ³¹ ∣ siẽ	ɕiẽ⁴⁴	tɕʰi³¹	tʂẽ³¹
长安	tɕi²⁴	ɕiẽ³¹	ɕiẽ⁴⁴	tɕʰi³¹	tẽ³¹
户县	tɕi²⁴	ɕiẽ³¹ ∣ ɕiẽ	ɕiẽ⁵⁵	tɕʰi³¹	tʂẽ³¹
周至	tɕi²⁴	ɕiẽ²¹ ∣ ɕiẽ	ɕiẽ⁵⁵	tɕʰi²¹	tẽ²¹
三原	ti²⁴	siẽ³¹ ∣ siẽ	siẽ⁵⁵	tʰi³¹	tẽ³¹
泾阳	tɕi²⁴	ɕiẽ³¹ ∣ siẽ	ɕiẽ⁵⁵	tɕʰi³¹	tẽ³¹
咸阳	tɕi²⁴	ɕiẽ³¹	ɕiẽ⁵⁵	tɕʰi³¹	tẽ³¹
兴平	tɕi²⁴	ɕiẽ³¹ ∣ siẽ	ɕiẽ⁵⁵	tɕʰi²⁴	tẽ³¹
武功	tɕi²⁴	ɕiẽ³¹ ∣ ɕiẽ	ɕiẽ⁵⁵	tɕʰi²⁴	tẽ³¹
礼泉	tɕi²⁴	ɕiẽ³¹ ∣ ɕiẽ	ɕiẽ⁵⁵	tɕʰi³¹	tẽ³¹
乾县	tɕi²⁴	ɕiẽ³¹ ∣ ɕiẽ	ɕiẽ⁴⁴	tɕʰi³¹	tẽ³¹
永寿	tɕi²⁴	ɕiẽ³¹ ∣ ɕiẽ	ɕiẽ⁵⁵	tɕʰi³¹	tẽ³¹
淳化	ti²⁴	siei³¹ ∣ siẽ	siei⁵⁵	tʰi³¹	tei³¹
旬邑	tsʰi²⁴	siẽ³¹ ∣ siẽ	siẽ⁴⁴	tsʰi³¹	tẽ³¹
彬县	tsi²⁴	siẽ³¹ ∣ siẽ	siẽ⁴⁴	tsʰi³¹	tẽ³¹
长武	tsi²⁴	siẽ³¹ ∣ siẽ	siẽ⁴⁴	tsʰi³¹	tẽ³¹
扶风	tɕi³³	ɕiŋ³¹ ∣ siŋ	ɕiŋ³³	tɕʰi³¹	tʂəŋ³¹
眉县	ȶi²⁴	siŋ³¹ ∣ siŋ	siŋ⁴⁴	tʰi³¹	tʂəŋ³¹
麟游	ȶi²⁴	siŋ³¹ ∣ siŋ	siŋ⁴⁴	si³¹	tʂəŋ³¹
岐山	ȶi²⁴	siŋ³¹ ∣ siŋ	siŋ⁴⁴	ȶʰi³¹	tʂəŋ³¹
凤翔	ȶi²⁴	siŋ³¹ ∣ siŋ	siŋ⁴⁴	ȶʰi³¹	tʂəŋ³¹
宝鸡	tɕi²⁴	ɕiŋ³¹ ∣ siŋ	ɕiŋ⁴⁴	ɕi³¹	tʂəŋ³¹
千阳	ȶi²⁴	siŋ³¹ ∣ siŋ	siŋ⁴⁴	ȶʰi³¹	tʂəŋ³¹
陇县	tɕi²⁴	ɕiŋ³¹ ∣ ɕiŋ	ɕiŋ⁴⁴	tɕʰi³¹	tʂəŋ³¹

字目 / 方言	镇	趁	陈	阵	侄
	臻开三去震知	臻开三去震彻	臻开三平真澄	臻开三去震澄	臻开三入质澄
西安	tʂẽ⁵⁵	tʂʰẽ⁵⁵	tʂʰẽ²⁴	tʂẽ⁵⁵	tʂʅ²⁴
韩城	tʂẽ⁴⁴	tʂʰɛ̃⁴⁴	tʂʰɛ̃²⁴	tʂẽ⁴⁴	tʂʰʅ²⁴
合阳	tʂẽ⁵⁵	tʂʰẽ⁵⁵	tʂʰẽ²⁴	tʂẽ⁵⁵	tʂʰʅ²⁴
澄城	tʂẽ⁴⁴	tʂʰẽ⁴⁴	tʂʰʅ²⁴/tʂʰẽ²⁴	tʂẽ⁴⁴	tʂʰʅ²⁴
白水	tʂẽ⁴⁴	tʂʰẽ⁴⁴	tʂʰẽ²⁴	tʂẽ⁴⁴	tʂʰʅ²⁴
大荔	tʂẽ⁵⁵	tʂʰẽ⁵⁵	tʂʰẽ²⁴	tʂẽ⁵⁵	tʂʰʅ²⁴
蒲城	tʂẽ⁵⁵	tʂʰẽ⁵⁵	tʂʰẽ³⁵	tʂẽ⁵⁵	tʂʰʅ³⁵
美原	kẽ⁵⁵	kʰẽ⁵⁵	kʰẽ³⁵	kẽ⁵⁵	kʰi³⁵
富平	tʂẽ⁵⁵	tʂʰẽ⁵⁵	tʂʰẽ³⁵	tʂẽ⁵⁵	tʂʰʅ³⁵
潼关	tʂẽ⁴⁴	tʂʰẽ⁴⁴	tʂʰẽ²⁴	tʂẽ⁴⁴	tʂʰʅ²⁴
华阴	tʂẽ⁵⁵	tʂʰẽ⁵⁵	tʂʰẽ²⁴	tʂẽ⁵⁵	tʂʰʅ²⁴
华县	tʂẽ⁵⁵	tʂʰẽ⁵⁵	tʂʰẽ³⁵	tʂẽ⁵⁵	tʂʰʅ³⁵
渭南	tʂẽ⁴⁴	tʂʰẽ⁴⁴	tʂʰẽ²⁴	tʂẽ⁴⁴	tʂʰʅ²⁴
洛南	tʂei⁴⁴	tʂʰei⁴⁴	tʂʰei²⁴	tʂei⁴⁴	tʂʰʅ²⁴
商州	tʂẽ⁵⁵	tʂʰẽ⁵⁵	tʂʰẽ³⁵	tʂẽ⁵⁵	tʂʅ³⁵
丹凤	tʂei⁴⁴	tʂʰei⁴⁴	tʂʰei²⁴	tʂei⁴⁴	tʂʰʅ²⁴
宜川	tʂei⁴⁵	tʂʰei⁴⁵	tʂʰei²⁴	tʂei⁴⁵	tʂʰʅ²⁴
富县	təŋ⁴⁴	tʰəŋ⁴⁴	tʰəŋ²⁴	təŋ⁴⁴	tʂʰʅ²⁴
黄陵	tʂẽ⁴⁴	tʂʰẽ⁴⁴	tʂʰẽ²⁴	tʂẽ⁴⁴	tʂʰʅ²⁴
宜君	tẽ⁴⁴	tʰẽ⁴⁴	tʰẽ²⁴	tẽ⁴⁴	tʂʰʅ²⁴
铜川	tʂẽ⁴⁴	tʂʰẽ⁴⁴	tʂʰẽ²⁴	tʂẽ⁴⁴	tʂʰʅ²⁴
耀县	tẽi⁴⁴	tʰẽi⁴⁴	tʰẽi²⁴	tẽi⁴⁴	tʂʰʅ²⁴
高陵	tẽ⁵⁵	tʰẽ⁵⁵	tʰẽ²⁴	tẽ⁵⁵	tʃʅ²⁴
临潼	tʂei⁴⁵	tʂʰei⁴⁵	tʂʰei²⁴	tʂei⁴⁵	tʂʰʅ²⁴

字目 / 方言	镇	趁	陈	阵	侄
	臻开三去震知	臻开三去震彻	臻开三平真澄	臻开三去震澄	臻开三入质澄
蓝田	tʂẽ⁴⁴	tʂʰẽ⁴⁴	tʂʰẽ²⁴	tʂẽ⁴⁴	tʂʅ²⁴
长安	tẽ⁴⁴	tʰẽ⁴⁴	tʰẽ²⁴	tẽ⁴⁴	tʂʅ²⁴
户县	tʂẽ⁵⁵	tʂʰẽ⁵⁵	tʂʰẽ²⁴	tʂẽ⁵⁵	tʂʅ²⁴
周至	tẽ⁵⁵	tʰẽ⁵⁵	tʰẽ²⁴	tẽ⁵⁵	tʂʅ²⁴
三原	tẽ⁵⁵	tʰẽ⁵⁵	tʰẽ²⁴	tʂẽ⁵⁵	tʂʰʅ²⁴
泾阳	tẽ⁵⁵	tʰẽ⁵⁵	tʰẽ²⁴	tẽ⁵⁵	tʂʅ²⁴
咸阳	tẽ⁵⁵	tʰẽ⁵⁵	tʰẽ²⁴	tʂẽ⁵⁵	tʂʅ²⁴
兴平	tẽ⁵⁵	tʰẽ⁵⁵	tʰẽ²⁴	tẽ⁵⁵	tʂʅ²⁴
武功	tẽ⁵⁵	tʰẽ⁵⁵	tʰẽ²⁴	tʂẽ⁵⁵	tʂʅ²⁴
礼泉	tẽ⁵⁵	tʰẽ⁵⁵	tʰẽ²⁴	tʂẽ⁵⁵	tʂʅ²⁴
乾县	tẽ⁴⁴	tʰẽ⁴⁴	tʰẽ²⁴	tẽ⁴⁴	tʂʅ²⁴
永寿	tẽ⁵⁵	tʰẽ⁵⁵	tʰẽ²⁴	tẽ⁵⁵	tʂʅ²⁴
淳化	tei⁵⁵	tʰei⁵⁵	tʰei²⁴	tei⁵⁵	tʂʰʅ²⁴
旬邑	tẽ⁴⁴	tʰẽ⁴⁴	tʰẽ²⁴	tẽ⁴⁴	tʂʰʅ²⁴
彬县	tẽ⁴⁴	tʰẽ⁴⁴	tʰẽ²⁴	tẽ⁴⁴	tʂʰʅ²⁴
长武	tẽ⁴⁴	tʰẽ⁴⁴	tʰẽ²⁴	tẽ⁴⁴	tʂʅ²⁴
扶风	tʂəŋ³³	tʂʰəŋ³³	tʂʰəŋ²⁴	tʂəŋ³³	tʂʰʅ²⁴
眉县	tʂəŋ⁴⁴	tʂʰəŋ⁴⁴	tʂʰəŋ²⁴	tʂəŋ⁴⁴	tʂʅ²⁴
麟游	tʂəŋ⁴⁴	tʂʰəŋ⁴⁴	tʂʰəŋ²⁴	tʂəŋ⁴⁴	tʂʰʅ²⁴
岐山	tʂəŋ⁴⁴	tʂʰəŋ⁴⁴	tʂʰəŋ²⁴	tʂəŋ⁴⁴	tʂʰʅ²⁴
凤翔	tʂəŋ⁴⁴	tʂʰəŋ⁴⁴	tʂʰəŋ²⁴	tʂəŋ⁴⁴	tʂʅ²⁴
宝鸡	tʂəŋ⁴⁴	tʂʰəŋ⁴⁴	tʂʰəŋ²⁴	tʂəŋ⁴⁴	tʂʰʅ²⁴
千阳	tʂəŋ⁴⁴	tʂʰəŋ⁴⁴	tʂʰəŋ²⁴	tʂəŋ⁴⁴	t͡ʂʅ²⁴/tʂʰʅ²⁴
陇县	tʂəŋ⁴⁴	tʂʰəŋ⁴⁴	tʂʰəŋ²⁴	tʂəŋ⁴⁴	tʂʅ²⁴

字目　方言	臻　臻开三平真庄	衬　臻开三去震初	虱　臻开三入质生	真　臻开三平真章	疹　臻开三上轸章
西安	tʂẽ^{21}	tsʰẽ^{55} ｜ tsʰɛ̃	sei^{21}	tʂẽ^{21}/tʂən^{21} ｜ tẽ	tʂẽ^{21}/tʂẽ^{53}
韩城	tʂẽ^{31}	tsʰẽ^{44}/tsʰən^{44} ｜ tsʰɛ̃	sɿ^{31}	tʂẽ^{31} ｜ tẽ	tʂẽ^{31}
合阳	tʂẽ^{31}	tsʰẽ^{55} ｜ tsʰẽ	sɿ^{31}	tʂẽ^{31} ｜ tʂẽ	tʂẽ^{31}
澄城	tʂẽ^{31}	tsʰẽ^{44} ｜ tsʰẽ	sei^{31}	tʂẽ^{31} ｜ tẽ	tʂẽ^{31}
白水	tʂẽ^{31}	tsʰẽ^{44} ｜ tsʰẽ	sei^{31}	tʂẽ^{31} ｜ tẽ	tʂẽ^{31}
大荔	tʂẽ^{31}	tsʰẽ^{55}	sei^{31}	tʂẽ^{31} ｜ tẽ	tʂẽ^{31}
蒲城	tʂẽ^{31}	tsʰẽ^{55} ｜ tsʰẽ	sei^{31}	tʂẽ^{31} ｜ tẽ/kẽ/tʂẽ	tʂẽ^{31}
美原	tʂẽ^{31}	tsʰẽ^{55} ｜ tsʰẽ	sei^{31}	kẽ^{31} ｜ kẽ	kẽ^{31}
富平	tʂẽ^{31}	tsʰẽ^{55} ｜ tsʰẽ	sei^{31}	tʂẽ^{31} ｜ tẽ	tʂẽ^{31}
潼关	tʂẽ^{31}	tsʰẽ^{44} ｜ tsʰẽ	sei^{31}	tʂẽ^{31} ｜ tẽ	tʂẽ^{52}
华阴	tʂẽ^{31}	tsʰẽ^{55} ｜ tsʰẽ	sei^{31}	tʂẽ^{31} ｜ tẽ	tʂẽ^{31}
华县	tʂẽ^{31}	tsʰẽ^{55} ｜ tsʰẽ	sei^{31}	tʂẽ^{31} ｜ tẽ	tʂẽ^{31}
渭南	tʂẽ^{31}	tsʰẽ^{44} ｜ tsʰẽ	sei^{31}	tʂẽ^{31} ｜ tẽ	tʂẽ^{31}
洛南	tʂei^{31}	tsʰei^{44} ｜ tsʰɛ̃	sei^{31}	tʂei^{31} ｜ tẽ	tʂei^{31}
商州	tʂẽ^{31}	tsʰẽ^{55} ｜ tsʰẽ	sei^{31}	tʂẽ^{31} ｜ tẽ	tʂẽ^{31}
丹凤	tʂei^{31}	tsʰei^{44}	sei^{31}	tʂei^{31}	tʂei^{31}
宜川	tʂei^{51}	tsʰei^{45}	sei^{51}	tʂei^{51}	tʂei^{51}
富县	tsən^{31}	tsʰən^{44}	sei^{31}	tən^{31}	tən^{31}
黄陵	tʂẽ^{31}	tsʰẽ^{44}	sei^{31}	tʂẽ^{31}	tʂẽ^{31}
宜君	tẽ^{21}	tsʰẽ^{44}	sei^{31}	tẽ^{21}	tẽ^{21}/tẽ^{52}
铜川	tsẽ^{21}	tsʰẽ^{44} ｜ tsʰei	sei^{21}	tʂẽ^{21} ｜ tẽ/ʨei	tʂẽ^{21}/tʂẽ^{52}
耀县	tʂẽi^{31}	tsʰẽi^{44}	sei^{31}	tẽi^{31} ｜ tẽ	tẽi^{31}/tẽi^{52}①
高陵	tẽ^{31}	tsʰẽ^{55} ｜ tsʰẽ	sei^{31}	tẽ^{31} ｜ tẽ	tẽ^{31}
临潼	tʂei^{31}	tsʰei^{45} ｜ tsʰɛ̃	sei^{31}	tʂei^{31} ｜ tẽ/ʨei	tʂei^{31}

① tẽi^{52} ～子。

字目／方言	臻 臻开三平真庄	衬 臻开三去震初	虱 臻开三入质生	真 臻开三平真章	疹 臻开三上轸章
蓝田	tsẽ^{31}	tsʰẽ^{44} ｜ tsʰɛ̃	sei^{31}	tsẽ^{31} ｜ tẽ	tsẽ^{31}
长安	tsẽ^{31}	tsʰẽ^{44}	sei^{31}	tẽ^{31}	tẽ^{31}/tẽ^{53} 新
户县	tsẽ^{31}	tsʰẽ^{55} ｜ tsʰɛ̃	sei^{31}	tʂẽ^{31} ｜ tẽ	tʂẽ^{31}
周至	tsẽ^{21}	tsʰẽ^{55} ｜ tsʰɛ̃	sɿ^{21}	tẽ^{21} ｜ tɛ̃	tẽ^{21}
三原	tẽ^{31}	tsʰẽ^{55} ｜ tsʰɛ̃	sei^{31}	tẽ^{31} ｜ tɛ̃	tẽ^{31}
泾阳	tsẽ^{31}/tẽ^{31}	tsʰẽ^{55}	sei^{31}	tẽ^{31}	tẽ^{31}
咸阳	tsẽ^{31}	tsʰɛ̃^{55}	sei^{31}	tẽ^{31}	tẽ^{31}
兴平	tsẽ^{31}	tsʰɛ̃^{55} ｜ tsʰɛ̃	sei^{31}	tẽ^{31} ｜ tɛ̃	tẽ^{31}
武功	tẽ^{31}	tsʰɛ̃^{55} ｜ tsʰɛ̃	sei^{31}	tẽ^{31} ｜ tɛ̃	tẽ^{31}
礼泉	tẽ^{31}	tsʰẽ^{55} ｜ tsʰɛ̃	sei^{31}	tẽ^{31} ｜ tɛ̃	tẽ^{31}
乾县	tẽ^{31}	tsʰɛ̃^{44} ｜ tsʰɛ̃	sei^{31}	tẽ^{31} ｜ tɛ̃	tẽ^{31}
永寿	tsẽ^{31}	tsʰẽ^{55} ｜ tsʰɛ̃	sei^{31}	tẽ^{31} ｜ tɛ̃	tẽ^{31}
淳化	tɕei^{31}	tsʰei^{55}	sei^{31}	tɕei^{31} ｜ tɛ̃	tɕei^{31}
旬邑	tsẽ^{31}	tsʰẽ^{44} ｜ tsʰɛ̃	sei^{31}	tẽ^{31} ｜ tɛ̃	tẽ^{31}
彬县	tsẽ^{31}	tsʰɛ̃^{44} ｜ tsʰɛ̃	sei^{31}	tẽ^{31} ｜ tɛ̃	tẽ^{31}
长武	tsẽ^{31}	tsʰɛ̃^{44} ｜ tsʰɛ̃	sei^{31}	tẽ^{31} ｜ tɛ̃	tẽ^{52}
扶风	tʂəŋ^{31}	tsʰəŋ^{33} ｜ tsʰəŋ	sei^{31}	tʂəŋ^{31} ｜ təŋ	tʂəŋ^{31}
眉县	tʂəŋ^{31}	tsʰəŋ^{44} ｜ tsʰəŋ	sei^{31}	tʂəŋ^{31} ｜ təŋ	tʂəŋ^{31}
麟游	tʂəŋ^{31}	tsʰəŋ^{44} ｜ tsʰəŋ	sei^{31}	tʂəŋ^{31} ｜ təŋ	tʂəŋ^{31}
岐山	tʂəŋ^{31}	tsʰəŋ^{44} ｜ ʂʰẽ	sei^{31}	tʂəŋ^{31} ｜ təŋ	tʂəŋ^{31}
凤翔	tʂəŋ^{31}	tsʰəŋ^{44} ｜ tsʰəŋ	sei^{31}	tʂəŋ^{31} ｜ təŋ	tʂəŋ^{53}
宝鸡	tʂəŋ^{31}	tsʰəŋ^{44} ｜ tsʰəŋ	sei^{31}	tʂəŋ^{31} ｜ tʂəŋ	tʂəŋ^{31}
千阳	tʂəŋ^{31}	tsʰəŋ^{44} ｜ tsʰəŋ	sei^{31}	tʂəŋ^{31} ｜ tʂəŋ	tʂəŋ^{31}
陇县	tʂəŋ^{31}	tsʰəŋ^{44}	sei^{31}	tʂəŋ^{31} ｜ tʂəŋ	tʂəŋ^{53}

字目 方言	震 臻开三 去震章	质 臻开三 入质章	神 臻开三 平真船	实 臻开三 入质船	身 臻开三 平真书
西安	tʂẽ⁵⁵	tʂʅ²¹	ʂẽ²⁴ | ʂɛ̃	ʂʅ²⁴	ʂẽ²¹
韩城	tʂẽ⁴⁴	tʂʅ³¹	ʂẽ²⁴ | ʂɛ̃	ʂʅ²⁴	ʂẽ³¹
合阳	tʂẽ⁵⁵	tʂʅ³¹	ʂẽ²⁴ | ʂɛ̃	ʂʅ²⁴	ʂẽ³¹
澄城	tʂẽ⁴⁴	tʂʅ³¹	ʂẽ²⁴ | ʂɛ̃	ʂʅ²⁴	ʂẽ³¹
白水	tʂẽ⁴⁴	tʂʅ³¹	ʂẽ²⁴ | ʂɛ̃	ʂʅ²⁴	ʂẽ³¹
大荔	tʂẽ⁵⁵	tʂʅ³¹	ʂẽ²⁴ | ʂɛ̃	ʂʅ²⁴	ʂẽ³¹
蒲城	tʂẽ⁵⁵	tʂʅ³¹	ʂẽ³⁵ | ʂɛ̃/xɛ̃	ʂʅ³⁵	ʂẽ³¹
美原	kẽ⁵⁵	ki³¹	xẽ³⁵ | xiẽ	xi³⁵	xẽ³¹
富平	tʂẽ⁵⁵	tʂʅ³¹	ʂẽ³⁵ | ʂɛ̃	ʂʅ³⁵	ʂẽ³¹
潼关	tʂẽ⁴⁴	tʂʅ³¹	ʂẽ²⁴ | ʂɛ̃	ʂʅ²⁴	ʂẽ³¹
华阴	tʂẽ⁵⁵	tʂʅ³¹	ʂẽ²⁴ | ʂɛ̃	ʂʅ²⁴	ʂẽ³¹
华县	tʂẽ⁵⁵	tʂʅ³¹	ʂẽ³⁵ | ʂɛ̃/cɛ̃	ʂʅ³⁵	ʂẽ³¹
渭南	tʂẽ⁴⁴	tʂʅ³¹	ʂẽ²⁴ | ʂɛ̃/cˇɛ̃	ʂʅ²⁴	ʂẽ³¹
洛南	tʂei⁴⁴	tʂʅ³¹	ʂei²⁴ | ʂɛ̃	ʂʅ²⁴	ʂei³¹
商州	tʂẽ⁵⁵	tʂʅ³¹	ʂẽ³⁵ | ʂɛ̃	ʂʅ³⁵	ʂẽ³¹
丹凤	tʂei⁴⁴	tʂʅ³¹	ʂei²⁴	ʂʅ²⁴	ʂei³¹
宜川	tʂei⁴⁵	tʂʅ⁵¹	ʂei²⁴	ʂʅ²⁴	ʂei⁵¹
富县	tʂəŋ⁴⁴	tʂʅ³¹	ʂəŋ²⁴	ʂʅ²⁴	ʂəŋ³¹
黄陵	tʂẽ⁴⁴	tʂʅ³¹	ʂẽ²⁴	ʂʅ²⁴	ʂẽ³¹
宜君	tẽ⁴⁴	tʂʅ²¹	ʂẽ²⁴	ʂʅ²⁴	ʂẽ²¹
铜川	tʂẽ⁴⁴	tʂʅ²¹	ʂẽ²⁴ | ʂɛ̃/ʂei	ʂʅ²⁴	ʂẽ²¹
耀县	tẽi⁴⁴	tʂʅ³¹	ʂẽi²⁴ | ʂɛ̃	ʂʅ²⁴	ʂẽi³¹
高陵	tẽ⁵⁵	tʃʅ³¹	ʂẽ²⁴ | ʂɛ̃	ʃʅ²⁴	ʂẽ³¹
临潼	tʂei⁴⁵	tʂʅ³¹	ʂei²⁴ | ʂɛ̃/ʂei	ʂʅ²⁴	ʂei³¹

字目／方言	震 臻开三 去震章	质 臻开三 入质章	神 臻开三 平真船	实 臻开三 入质船	身 臻开三 平真书
蓝田	tʂɛ̃^{44}	tʂɿ^{31}	ʂɛ̃^{24} ∣ ʂɛ̃	ʂɿ^{24}	ʂɛ̃^{31}
长安	tɛ̃^{44}	tʂɿ^{31}	ʂɛ̃^{24}	ʂɿ^{24}	ʂɛ̃^{31}
户县	tʂɛ̃^{55}	tʂɿ^{31}	ʂɛ̃^{24} ∣ ʂɛ̃	ʂɿ^{24}	ʂɛ̃^{31}
周至	tɛ̃^{55}	tʂɿ^{21}	ʂɛ̃^{24} ∣ ʂɛ̃	ʂɿ^{24}	ʂɛ̃^{21}
三原	tɛ̃^{55}	tʂɿ^{31}	ʂɛ̃^{24} ∣ ʂɛ̃	ʂɿ^{24}	ʂɛ̃^{31}
泾阳	tɛ̃^{55}	tʂɿ^{31}	ʂɛ̃^{24} ∣ ʂɛ̃	ʂɿ^{24}	ʂɛ̃^{31}
咸阳	tɛ̃^{55}	tʂɿ^{31}	ʂɛ̃^{24}	ʂɿ^{24}	ʂɛ̃^{31}
兴平	tɛ̃^{55}	tʂɿ^{31}	ʂɛ̃^{24} ∣ ʂɛ̃	ʂɿ^{24}	ʂɛ̃^{31}
武功	tɛ̃^{55}	tʂɿ^{31}	ʂɛ̃^{24} ∣ ʂɛ̃	ʂɿ^{24}	ʂɛ̃^{31}
礼泉	tɛ̃^{55}	tʂɿ^{31}	ʂɛ̃^{24} ∣ ʂɛ̃	ʂɿ^{24}	ʂɛ̃^{31}
乾县	tɛ̃^{44}	tʂɿ^{31}	ʂɛ̃^{24} ∣ ʂɛ̃	ʂɿ^{24}	ʂɛ̃^{31}
永寿	tɛ̃^{55}	tʂɿ^{31}	ʂɛ̃^{24} ∣ ʂɛ̃	ʂɿ^{24}	ʂɛ̃^{31}
淳化	tɛi^{55}	tʂɿ^{31}	ʂei^{24} ∣ ʂɛ̃	ʂɿ^{24}	ʂei^{31}
旬邑	tɛ̃^{44}	tʂɿ^{31}	ʂɛ̃^{24} ∣ ʂɛ̃	ʂɿ^{24}	ʂɛ̃^{31}
彬县	tɛ̃^{44}	tʂɿ^{31}	ʂɛ̃^{24} ∣ ʂɛ̃	ʂɿ^{24}	ʂɛ̃^{31}
长武	tɛ̃^{44}	tʂɿ^{31}	ʂɛ̃^{24} ∣ ʂɛ̃	ʂɿ^{24}	ʂɛ̃^{31}
扶风	tʂəŋ^{33}	tʂɿ^{31}	ʂəŋ^{24} ∣ ʂəŋ	ʂɿ^{24}	ʂəŋ^{31}
眉县	tʂəŋ^{44}	tʂɿ^{31}	ʂəŋ^{24} ∣ ʂəŋ	ʂɿ^{24}	ʂəŋ^{31}
麟游	tʂəŋ^{44}	tʂɿ^{31}	ʂəŋ^{24} ∣ ʂəŋ	ʂɿ^{24}	ʂəŋ^{31}
岐山	tʂəŋ^{44}	tʂɿ^{31}	ʂəŋ^{24} ∣ ʂəŋ	ʂɿ^{24}	ʂəŋ^{31}
凤翔	tʂəŋ^{44}	tʂɿ^{31}	ʂəŋ^{24} ∣ ʂəŋ	ʂɿ^{24}	ʂəŋ^{31}
宝鸡	tʂəŋ^{44}	tʂɿ^{31}	ʂəŋ^{24} ∣ ʂəŋ	ʂɿ^{24}	ʂəŋ^{31}
千阳	tʂəŋ^{44}	tʂɿ^{31}	ʂəŋ^{24} ∣ ʂəŋ	ʂɿ^{24}	ʂəŋ^{31}
陇县	tʂəŋ^{44}	tʂɿ^{31}	ʂəŋ^{24} ∣ ʂəŋ	ʂɿ^{24}	ʂəŋ^{31}

字目 / 方言	失 臻开三 入质书	辰 臻开三 平真禅	肾 臻开三 上轸禅	慎 臻开三 去震禅	人 臻开三 平真日
西安	ʂʅ²¹	ʂẽ²⁴/tʂʰẽ²⁴ 新①	ʂẽ⁵⁵/ʂəŋ⁵⁵ 老	ʂẽ⁵⁵	zẽ²⁴ ∣ zʅ̃
韩城	ʂʅ³¹	ʂẽ⁵³/tʂʰẽ²⁴	ʂẽ⁴⁴	ʂẽ⁵⁵	zẽ²⁴ ∣ zʅ̃
合阳	ʂʅ³¹	<u>tʂʰẽ²⁴/ʂẽ²⁴</u>	ʂẽ⁵⁵	ʂẽ⁵⁵	zẽ²⁴ ∣ zʅ̃
澄城	ʂʅ³¹	ʂẽ²⁴/tʂʰẽ²⁴ 新	ʂẽ⁴⁴	ʂẽ⁴⁴	zẽ²⁴ ∣ zʅ̃
白水	ʂʅ³¹	ʂẽ²⁴	ʂẽ⁴⁴	ʂẽ⁴⁴	zẽ²⁴ ∣ zʅ̃
大荔	ʂʅ³¹	ʂẽ²⁴	ʂẽ⁵⁵	ʂẽ⁵⁵	zẽ²⁴ ∣ zʅ̃
蒲城	ʂʅ³¹	ʂẽ³⁵/tʂʰẽ³⁵ 新	ʂẽ⁵⁵/ʂəŋ⁵⁵	ʂẽ⁵⁵	zẽ³⁵ ∣ zʅ̃/ɣẽ
美原	xi³¹	xẽ³⁵	xẽ⁵⁵	xẽ⁵⁵	ɣẽ³⁵ ∣ ɣẽ
富平	ʂʅ³¹	ʂẽ³⁵/tʂʰẽ³⁵ 新	ʂẽ⁵⁵/ʂəŋ⁵⁵	ʂẽ⁵⁵	zẽ³⁵ ∣ zʅ̃
潼关	ʂʅ³¹	ʂẽ²⁴	ʂẽ⁴⁴	ʂẽ⁴⁴	zẽ²⁴ ∣ zʅ̃
华阴	ʂʅ³¹	ʂẽ²⁴/tʂʰẽ²⁴	ʂẽ⁵⁵	ʂẽ⁵⁵	zẽ²⁴ ∣ zʅ̃
华县	ʂʅ³¹	ʂẽ³⁵	ʂẽ⁵⁵	ʂẽ⁵⁵	zẽ³⁵ ∣ ɣẽ/zʅ̃
渭南	ʂʅ³¹	ʂẽ²⁴/tʂʰẽ²⁴	ʂẽ⁴⁴	ʂẽ⁴⁴	zẽ²⁴ ∣ zʅ̃/ɣẽ
洛南	ʂʅ³¹	ʂei²⁴/tʂʰei²⁴	ʂei⁴⁴	ʂei⁴⁴	zei²⁴ ∣ zʅ̃
商州	ʂʅ³¹	ʂẽ³⁵/tʂʰẽ³⁵ 新	ʂẽ⁵⁵	ʂẽ⁵⁵	zẽ³⁵ ∣ zʅ̃
丹凤	ʂʅ³¹	ʂei²⁴/tʂʰei²⁴ 新	ʂei⁴⁴	ʂei⁴⁴	zei²⁴
宜川	ʂʅ⁵¹	tʂʰei²⁴	ʂei⁴⁵	ʂei⁴⁵	zei²⁴
富县	ʂʅ³¹	ʂəŋ⁰²¹/tʰəŋ²⁴	ʂəŋ⁴⁴	ʂəŋ⁵²	zəŋ²⁴
黄陵	ʂʅ³¹	tʂʰẽ²⁴/ʂẽ⁰²¹ 时~	ʂẽ⁴⁴	ʂẽ⁴⁴	zẽ²⁴
宜君	ʂʅ²¹	ʂẽ²¹/tʰẽ²⁴	ʂẽ⁵²	ʂẽ⁵²/ʂẽ⁴⁴②	zẽ²⁴
铜川	ʂʅ²¹	ʂẽ²⁴/tʂʰẽ²⁴	ʂẽ⁴⁴/ʂʅɣ⁴⁴	ʂẽ⁴⁴	zẽ²⁴ ∣ zʅei
耀县	ʂʅ³¹	tʰẽi²⁴/ʂẽi⁵² 时~	ʂẽi⁴⁴	ʂẽi⁴⁴	zẽi²⁴ ∣ zʅ̃
高陵	ʃʅ³¹	tʰẽ²⁴/ʂẽ²⁴ 时~	ʂẽ⁵⁵	ʂẽ⁵⁵	zẽ²⁴ ∣ zʅ̃
临潼	ʂʅ³¹	tʂʰei²⁴	ʂei⁴⁵	ʂei⁴⁵	zei²⁴ ∣ zʅ̃

① ʂẽ²⁴ ~龙，时~。下同。

② ʂẽ⁴⁴ 谨~。

字目 / 方言	失	辰	肾	慎	人
	臻开三 入质书	臻开三 平真禅	臻开三 上轸禅	臻开三 去震禅	臻开三 平真日
蓝田	ʂ̩³¹	ʂẽ²⁴/tʂʰẽ²⁴	ʂẽ⁴⁴/ʂəŋ⁴⁴	ʂẽ⁴⁴	ʐẽ²⁴ ∣ ʐ̃ẽ
长安	ʂ̩³¹	ʂẽ²⁴/tʰẽ²⁴	ʂẽ⁴⁴	ʂẽ⁴⁴	ʐẽ²⁴
户县	ʂ̩³¹	ʂẽ²⁴/tʂʰẽ²⁴	ʂəŋ⁵⁵	ʂẽ⁵⁵	ʐẽ²⁴ ∣ ʐ̃ẽ
周至	ʂ̩²¹	ʂẽ²⁴/tʰẽ²⁴	ʂəŋ⁵⁵	ʂẽ⁵⁵	ʐẽ²⁴ ∣ ʐ̃ẽ
三原	ʂ̩³¹	tʰẽ²⁴/ʂẽ³¹	ʂẽ⁵⁵	ʂẽ⁵⁵	ʐẽ²⁴ ∣ ʐ̃ẽ
泾阳	ʂ̩³¹	tʰẽ²⁴/ʂẽ³¹	ʂẽ⁵⁵	ʂẽ⁵⁵	ʐẽ²⁴ ∣ ʐ̃ẽ
咸阳	ʂ̩³¹	tʰẽ²⁴	ʂəŋ⁵⁵	ʂẽ⁵⁵	ʐẽ²⁴ ∣ ʐ̃ẽ
兴平	ʂ̩³¹	ʂẽ²⁴/tʰẽ²⁴ 新	ʂəŋ⁵⁵	ʂẽ⁵⁵	ʐẽ²⁴ ∣ ʐ̃ẽ
武功	ʂ̩³¹	tʰẽ²⁴/ʂẽ²⁴	ʂẽ⁵⁵/ʂəŋ⁵⁵	ʂẽ⁵⁵	ʐẽ²⁴ ∣ ʐ̃ẽ
礼泉	ʂ̩³¹	tʰẽ²⁴/ʂẽ²⁴	ʂẽ⁵⁵	ʂẽ⁵⁵	ʐẽ²⁴ ∣ ʐ̃ẽ
乾县	ʂ̩³¹	tʰẽ²⁴	ʂəŋ⁴⁴	ʂẽ⁴⁴	ʐẽ²⁴ ∣ ʐ̃ẽ
永寿	ʂ̩³¹	ʂẽ²⁴/tʰẽ²⁴	ʂẽ⁵⁵	ʂẽ⁵⁵	ʐẽ²⁴ ∣ ʐ̃ẽ
淳化	ʂ̩³¹	ʂei²⁴/tʰei²⁴	ʂei⁵⁵	ʂei⁵⁵	ʐei²⁴ ∣ ʐ̃ẽ
旬邑	ʂ̩³¹	tʰẽ²⁴/ʂẽ²⁴	ʂẽ⁴⁴	ʂẽ⁴⁴	ʐẽ²⁴ ∣ ʐ̃ẽ
彬县	ʂ̩³¹	tʰẽ²⁴	ʂəŋ⁴⁴	ʂẽ⁴⁴	ʐẽ²⁴ ∣ ʐ̃ẽ
长武	ʂ̩³¹	ʂẽ²⁴/tʰẽ²⁴	ʂəŋ⁴⁴	ʂẽ⁴⁴	ʐẽ²⁴ ∣ ʐ̃ẽ
扶风	ʂ̩³¹	ʂəŋ²⁴	ʂəŋ³³	ʂəŋ³³	ʐəŋ²⁴ ∣ ʐəŋ
眉县	ʂ̩³¹	ʂəŋ²⁴	ʂəŋ⁴⁴	ʂəŋ⁴⁴	ʐəŋ²⁴ ∣ ʐəŋ
麟游	ʂ̩³¹	tʂʰəŋ²⁴	ʂəŋ⁴⁴	ʂəŋ⁵³	ʐəŋ²⁴ ∣ ʐəŋ
岐山	ʂ̩³¹	ʂəŋ²⁴	ʂəŋ⁴⁴	ʂəŋ⁴⁴	ʐəŋ²⁴ ∣ ʐəŋ
凤翔	ʂ̩³¹	ʂəŋ²⁴	ʂəŋ⁴⁴	ʂəŋ⁴⁴	ʐəŋ²⁴ ∣ ʐəŋ
宝鸡	ʂ̩³¹	tʂʰəŋ²⁴	ʂəŋ⁴⁴	ʂəŋ⁴⁴	ʐəŋ²⁴ ∣ ʐəŋ
千阳	ʂ̩³¹	ʂəŋ²⁴	ʂəŋ⁴⁴	ʂəŋ⁵³	ʐəŋ²⁴ ∣ ʐəŋ
陇县	ʂ̩³¹	tʂʰəŋ²⁴/ʂəŋ²⁴①	ʂəŋ⁴⁴	ʂəŋ⁴⁴	ʐəŋ²⁴ ∣ ʐəŋ

① tʂʰəŋ²⁴ 诞~；ʂəŋ²⁴ ~巳午未。

字目 \ 方言	忍	认	日	巾	紧
	臻开三 上轸日	臻开三 去震日	臻开三 入质日	臻开三 平真见	臻开三 上轸见
西安	z̢ẽ^{53}	z̢ẽ^{55}	ɚ^{21} ∣ ɚ	tɕiẽ^{21}	tɕiẽ^{53}
韩城	z̢ẽ^{53}	z̢ẽ^{44}	ɻ̩^{31}/ɚ^{31} ∣ ɚ	tɕiẽ^{31}	tɕiẽ^{53}
合阳	z̢ẽ^{52}	z̢ẽ^{55}	ɻ̩^{31}/zɚ^{55}/z̢ẽ^{31} ∣ ʐ̩	tɕiẽ^{31}	tɕiẽ^{52}
澄城	z̢ẽ^{53}	z̢ẽ^{44}	ɻ̩^{31}/ɚ^{31} ∣ ɚ	tɕiẽ^{31}	tɕiẽ^{53}
白水	z̢ẽ^{53}	z̢ẽ^{44}	ɻ̩^{31}/ɚ^{31} ∣ ɚ	tɕiẽ^{31}	tɕiẽ^{53}
大荔	z̢ẽ^{52}	z̢ẽ^{55}	ɻ̩^{31}/ɚ^{31} ∣ ɚ	tɕiẽ^{31}	tɕiẽ^{52}
蒲城	z̢ẽ^{53}	z̢ẽ^{55}	ɻ̩^{31}/ɚ^{31} ∣ ɚ	tɕiẽ^{31}	tɕiẽ^{53}
美原	ɣẽ^{53}	ɣẽ^{55}	ɻ̩^{31}/ɚ^{31} ∣ ɚ	tɕiẽ^{31}	tɕiẽ^{53}
富平	z̢ẽ^{53}	z̢ẽ^{55}	ɻ̩^{31}/ɚ^{31} ∣ ɚ	tɕiẽ^{31}	tɕiẽ^{53}
潼关	z̢ẽ^{52}	z̢ẽ^{44}	ɻ̩^{31}/ɚ^{31} ∣ ɚ	tɕiẽ^{31}	tɕiẽ^{52}
华阴	z̢ẽ^{52}	z̢ẽ^{55}	ɻ̩^{31}/ɚ^{31} ∣ ʐ̩	tɕiẽ^{31}	tɕiẽ^{52}
华县	z̢ẽ^{53}	z̢ẽ^{55}	ɻ̩^{31}/ɚ^{31} ∣ ɚ	tɕiẽ^{31}	tɕiẽ^{53}
渭南	z̢ẽ^{53}	z̢ẽ^{44}	ɻ̩^{31}/ɚ^{31} ∣ ɚ	tɕiẽ^{31}	tɕiẽ^{53}
洛南	z̢ei^{53}	z̢ei^{44}	ɚ^{31} ∣ ɚ	tɕiei^{31}	tɕiei^{53}
商州	z̢ẽ^{53}	z̢ẽ^{55}	ɚ^{31} ∣ ɚ	tɕiẽ^{31}	tɕiẽ^{53}
丹凤	z̢ei^{53}	z̢ei^{44}	ɚ^{31}	tɕiei^{31}	tɕiei^{53}
宜川	z̢ei^{45}	z̢ei^{45}	ʐ̩^{51}	tɕiei^{51}	tɕiei^{45}
富县	z̢əŋ^{52}	z̢əŋ^{44}	ɐr^{31}/ʐ̩^{31}	tɕiəŋ^{31}	tɕiəŋ^{52}
黄陵	z̢ẽ^{52}	z̢ẽ^{44}	ɐɹ^{31}	tɕiẽ^{31}	tɕiẽ^{52}
宜君	z̢ẽ^{52}	z̢ẽ^{44}	ɐɹ^{21}	tɕiẽ^{21}	tɕiẽ^{52}
铜川	z̢ẽ^{52}	z̢ẽ^{44}	ɐɹ^{21}/z̢ẽ^{21}① ∣ ɚ	tɕiẽ^{21}	tɕiẽ^{52}
耀县	z̢ei^{52}	z̢ei^{44}	ɐr^{31} ∣ ɚ	tɕiẽi^{31}	tɕiẽi^{52}
高陵	z̢ẽ^{52}	z̢ẽ^{55}	ɐr^{31} ∣ ɚ	tɕiẽ^{31}	tɕiẽ^{52}
临潼	z̢ei^{52}	z̢ei^{45}	ɐr^{31} ∣ ɚ	tɕiei^{31}	tɕiei^{52}

① z̢ẽ^{21} 白～。

字目 / 方言	忍	认	日	巾	紧
	臻开三 上轸日	臻开三 去震日	臻开三 入质日	臻开三 平真见	臻开三 上轸见
蓝田	zẽ^{52}	zẽ^{44}	ʐʅ^{31}/ɚ^{31} | ɚ	tɕiẽ^{31}	tɕiẽ^{52}
长安	zẽ^{53}	zẽ^{44}	ɚ^{31}	tɕiẽ^{31}	tɕiẽ^{53}
户县	zẽ^{52}	zẽ^{55}	ɣɯ^{31} | ɚ	tɕiẽ^{31}	tɕiẽ^{52}
周至	zẽ^{52}	zẽ^{55}	ɚ^{21} | ɚ	tɕiẽ^{21}	tɕiẽ^{52}
三原	zẽ^{52}	zẽ^{55}	ɚ^{31} | ɚ	tɕiẽ^{31}	tɕiẽ^{52}
泾阳	zẽ^{52}	zẽ^{55}	ɚ^{31} | ɚ	tɕiẽ^{31}	tɕiẽ^{52}
咸阳	zẽ^{52}	zẽ^{55}	ɚ^{31}	tɕiẽ^{31}	tɕiẽ^{52}
兴平	zẽ^{52}	zẽ^{55}	ɚ^{31} | ɚ	tɕiẽ^{31}	tɕiẽ^{52}
武功	zẽ^{52}	zẽ^{55}	ʐʅ^{31}/ɚ^{31} | ɚ	tɕiẽ^{31}	tɕiẽ^{52}
礼泉	zẽ^{52}	zẽ^{55}	ɚ^{31} | ɚ	tɕiẽ^{31}	tɕiẽ^{52}
乾县	zẽ^{52}	zẹ^{44}	ʐʅ^{31} | ɚ	tɕiẽ^{31}	tɕiẽ^{52}
永寿	zẽ^{52}	zẽ^{55}	ʐʅ^{31}/ɚ^{31} | ɚ	tɕiẽ^{31}	tɕiẽ^{52}
淳化	zei^{52}	zei^{55}	ɚ^{31} | ɚ	tɕiei^{31}	tɕiei^{52}
旬邑	zẽ^{52}	zẽ^{44}	ɚ^{31} | ɚ	tɕiẽ^{31}	tɕiẽ^{52}
彬县	zẽ^{52}	zẹ^{44}	ɚ^{31} | ɚ	tɕiẽ^{31}	tɕiẽ^{52}
长武	zẽ^{52}	zẽ^{44}	ʐʅ^{31}/ɚ^{31} | ɚ	tɕiẽ^{31}	tɕiẽ^{52}
扶风	zəŋ^{52}	zəŋ^{33}	ɚ^{31} | ʐʅ	tɕiŋ^{31}	tɕiŋ^{52}
眉县	zəŋ^{52}	zəŋ^{44}	ʐʅ^{31}/ɚ^{31} | ɚ	tɕiŋ^{31}	tɕiŋ^{52}
麟游	zəŋ^{53}	zəŋ^{44}	ʐʅ^{31}/ɚ^{31} | ɚ	tɕiŋ^{31}	tɕiŋ^{53}
岐山	zəŋ^{53}	zəŋ^{44}	ɚ^{31} | ʐʅ	tɕiŋ^{31}	tɕiŋ^{53}
凤翔	zəŋ^{53}	zəŋ^{44}	ʐʅ^{31}/ɚ^{31} | ʐʅ	tɕiŋ^{31}	tɕiŋ^{53}
宝鸡	zəŋ^{53}	zəŋ^{44}	ʐʅ^{31} | ɚ	tɕiŋ^{31}	tɕiŋ^{53}
千阳	zəŋ^{53}	zəŋ^{53}	ʐʅ^{31} | ɚ	tɕiŋ^{31}	tɕiŋ^{53}
陇县	zəŋ^{53}	zəŋ^{44}	ʐʅ^{31}/ɚ^{31}	tɕiŋ^{31}	tɕiŋ^{53}

字目 方言	吉 臻开三 入质见	仅 臻开三 去震群	银 臻开三 平真疑	衅 臻开三 去震晓	因 臻开三 平真影
西安	tɕi²¹	tɕiẽ⁵³	iẽ²⁴｜iẽ	çiẽ⁵⁵	iẽ²¹｜iẽ
韩城	tɕi³¹	tɕiẽ⁵³	ȵiẽ²⁴｜ɲiẽ	çyẽ⁴⁴	iẽ³¹｜jẽ
合阳	tɕi³¹	tɕiẽ⁵²	ȵiẽ²⁴｜ɲiẽ	çiẽ³¹	iẽ³¹｜jẽ
澄城	tɕi³¹	tɕiẽ⁵³	ȵiẽ²⁴｜ɲiẽ	çiẽ⁴⁴	iẽ³¹｜jẽ
白水	tɕi³¹	tɕiẽ⁵³	ȵiẽ²⁴｜ɲiẽ	çiẽ⁴⁴	iẽ³¹｜jẽ
大荔	tɕi³¹	tɕiẽ⁵²	ȵiẽ²⁴｜jẽ	çiẽ⁵⁵	iẽ³¹｜jẽ
蒲城	tɕi³¹	tɕiẽ⁵³	ȵiẽ³⁵｜iẽ	çiẽ⁵⁵	iẽ³¹｜iẽ
美原	tɕi³¹	tɕiẽ⁵³	ȵiẽ³⁵｜ɲiẽ	çiẽ⁵⁵	iẽ³¹｜iẽ
富平	tɕi³¹	tɕiẽ⁵³	iẽ³⁵｜jẽ	çiẽ⁵⁵	iẽ³¹｜jẽ
潼关	tɕi³¹	tɕiẽ⁵²	ȵiẽ²⁴｜jẽ	çiẽ⁴⁴	iẽ³¹｜jẽ
华阴	tɕi³¹	tɕiẽ⁵²	ȵiẽ²⁴｜ɲiẽ	çiẽ⁵⁵	iẽ³¹｜iẽ
华县	tɕi³¹	tɕiẽ⁵³	ȵiẽ³⁵｜ɲiẽ	çiẽ⁵⁵	iẽ³¹｜jẽ
渭南	tɕi³¹	tɕiẽ⁵³	ȵiẽ²⁴｜ɲiẽ	çiẽ⁴⁴	iẽ³¹｜jẽ
洛南	tɕi³¹	tɕiei⁵³	iei²⁴｜ɲiẽ	çiei⁴⁴	iei³¹｜iẽ
商州	tɕi³¹	tɕiẽ⁵³	iẽ³⁵｜iẽ	çiẽ⁵⁵	iẽ³¹｜iẽ
丹凤	tɕi³¹	tɕiei⁵³	iei²⁴	çiei⁴⁴	iei³¹
宜川	tɕi⁵¹	tɕiei⁴⁵	ȵiei²⁴	çiei⁴⁵	iei⁵¹
富县	tɕi³¹	tɕiəŋ⁵²	ȵiəŋ²⁴	çiəŋ⁴⁴	iəŋ³¹
黄陵	tɕi³¹	tɕiẽ⁵²	ȵiẽ²⁴	çiẽ⁴⁴	iẽ³¹
宜君	tɕi²¹	tɕiẽ⁵²	ȵiẽ²⁴	çiẽ²¹	iẽ²¹
铜川	tɕi²¹	tɕiẽ⁵²	ȵiẽ²⁴｜ɲiẽ	çiẽ⁴⁴	iẽ²¹｜jẽ
耀县	tɕ³¹	tɕiẽi⁵²	iẽi²⁴｜jẽ	çi⁵²	iẽi³¹｜jẽ
高陵	tɕi³¹	tɕiẽ⁵²	iẽ²⁴｜jẽ	çiẽ⁵⁵	iẽ³¹｜jẽ
临潼	tɕi³¹	tɕiei⁵²	iei²⁴｜iẽ	<u>çiei</u>⁴⁵/<u>çi</u>⁴⁵	iei³¹｜jẽ

字目 方言	吉 臻开三 入质见	仅 臻开三 去震群	银 臻开三 平真疑	衅 臻开三 去震晓	因 臻开三 平真影
蓝田	tɕi³¹	tɕiẽ⁵²	iẽ²⁴ ｜ iẽ	ɕiẽ⁴⁴	iẽ³¹ ｜ iẽ
长安	tɕi³¹	tɕiẽ⁵³	iẽ²⁴	ɕiẽ⁴⁴	iẽ³¹
户县	tɕi³¹	tɕiẽ⁵²	iẽ²⁴ ｜ iẽ	ɕiẽ⁵⁵	iẽ³¹ ｜ iẽ
周至	tɕi²¹	tɕiẽ⁵²	iẽ²⁴ ｜ iẽ	ɕiẽ⁵⁵	iẽ²¹ ｜ iẽ
三原	tɕi³¹	tɕiẽ⁵²	iẽ²⁴ ｜ jẽ	ɕiẽ⁵⁵	iẽ³¹ ｜ jẽ
泾阳	tɕi³¹	tɕiẽ⁵²	iẽ²⁴ ｜ iẽ	ɕiẽ⁵⁵	iẽ³¹ ｜ jẽ
咸阳	tɕi³¹	tɕiẽ⁵²	iẽ²⁴	ɕiẽ⁵⁵	iẽ³¹
兴平	tɕi³¹	tɕiẽ⁵²	iẽ²⁴ ｜ iẽ	ɕiẽ⁵⁵	iẽ³¹ ｜ iẽ
武功	tɕi³¹	tɕiẽ⁵²	iẽ²⁴ ｜ iẽ	ɕiẽ⁵⁵	iẽ³¹ ｜ iẽ
礼泉	tɕi³¹	tɕiẽ⁵³	iẽ²⁴ ｜ iẽ	ɕiẽ⁵⁵	iẽ³¹
乾县	tɕi³¹	tɕiẽ⁵²	iẽ²⁴ ｜ iẽ	ɕiẽ⁴⁴	iẽ³¹ ｜ iẽ
永寿	tɕi²⁴	tɕiẽ⁵²	iẽ²⁴ ｜ iẽ	ɕiẽ⁵²	iẽ³¹ ｜ iẽ
淳化	tɕi³¹	tɕiei⁵²	iei²⁴ ｜ iẽ	ɕiei³¹	iei³¹ ｜ iẽ
旬邑	tɕi³¹	tɕiẽ⁵²	iẽ²⁴ ｜ iẽ	ɕiẽ⁴⁴	iẽ³¹ ｜ iẽ
彬县	tɕi³¹	tɕiẽ⁵²	iẽ²⁴ ｜ iẽ	ɕiẽ⁴⁴	iẽ³¹ ｜ iẽ
长武	tɕi³¹	tɕiẽ⁵²	iẽ²⁴ ｜ iẽ	ɕiẽ⁴⁴	iẽ³¹ ｜ iẽ
扶风	tɕi³¹	tɕiŋ⁵²	iŋ²⁴ ｜ iŋ	ɕiŋ³³	iŋ³¹ ｜ iŋ
眉县	tɕi³¹	tɕiŋ⁵²	iŋ²⁴ ｜ iŋ	ɕiŋ⁴⁴	iŋ³¹ ｜ iŋ
麟游	tɕi³¹	tɕiŋ⁵³	iŋ²⁴ ｜ iŋ	ɕiŋ⁴⁴	iŋ³¹ ｜ iŋ
岐山	tɕi³¹	tɕiŋ⁵³	iŋ²⁴ ｜ iŋ	ɕiŋ⁴⁴	iŋ³¹ ｜ iŋ
凤翔	tɕi³¹	tɕiŋ⁵³	iŋ²⁴ ｜ iŋ	ɕiŋ⁴⁴	iŋ³¹ ｜ iŋ
宝鸡	tɕi³¹	tɕiŋ⁵³	iŋ²⁴ ｜ iŋ	ɕiŋ⁴⁴	iŋ³¹ ｜ iŋ
千阳	tɕi³¹	tɕiŋ⁵³	iŋ²⁴ ｜ iŋ	ɕiŋ⁴⁴	iŋ³¹ ｜ iŋ
陇县	tɕi³¹	tɕiŋ⁵³	iŋ²⁴ ｜ iŋ	ɕiŋ⁴⁴	iŋ³¹ ｜ iŋ

字目\方言	印	一	寅	引	逸
	臻开三去震影	臻开三入质影	臻开三平真以	臻开三上轸以	臻开三入质以
西安	iẽ⁵⁵	i²¹	iẽ²⁴	iẽ⁵³/iẽ⁵⁵	i²⁴
韩城	iẽ⁴⁴	i³¹	iẽ²⁴	iẽ⁵³	i²⁴
合阳	iẽ⁵⁵	i³¹	iẽ²⁴	iẽ⁵²	i²⁴
澄城	iẽ⁴⁴	i³¹	iẽ²⁴	iẽ⁵³	i²⁴
白水	iẽ⁴⁴	i³¹	iẽ²⁴	iẽ⁵³	i²⁴
大荔	iẽ⁵⁵	i³¹	iẽ²⁴	iẽ⁵²	i²⁴
蒲城	iẽ⁵⁵	i³¹	iẽ³⁵	iẽ⁵³	i³⁵
美原	iẽ⁵⁵	i³¹	iẽ³⁵	iẽ⁵³	i³⁵
富平	iẽ⁵⁵	i³¹	iẽ³⁵	iẽ⁵³	i³⁵
潼关	iẽ⁴⁴	i³¹	iẽ²⁴	iẽ⁵²	i²⁴
华阴	iẽ⁵⁵	i³¹	iẽ²⁴	iẽ⁵²	i²⁴
华县	iẽ⁵⁵	i³¹	iẽ³⁵	iẽ⁵³	i³⁵
渭南	iẽ⁴⁴	i³¹	iẽ²⁴	iẽ⁵³	i²⁴
洛南	iei⁴⁴	i³¹	iei²⁴	iei⁵³	i²⁴
商州	iẽ⁵⁵	i³¹	iẽ³⁵	iẽ⁵³	i³⁵
丹凤	iei⁴⁴	i³¹	iei²⁴	iei⁵³	i²⁴
宜川	iei⁴⁵	i²⁴	iei⁵¹	iei⁴⁵	i²⁴
富县	iəŋ⁴⁴	i³¹	iəŋ²⁴	iəŋ⁵²	i⁴⁴
黄陵	iẽ⁴⁴	i³¹	iẽ²⁴	iẽ⁵²	i³¹
宜君	iẽ⁴⁴	i²¹	iẽ²⁴	iẽ⁵²	i²⁴
铜川	iẽ⁴⁴	i²¹	iẽ²⁴	iẽ⁵²	i²⁴
耀县	iẽi⁴⁴	i³¹	iẽi²⁴	iẽi⁵²	i²⁴
高陵	iẽ⁵⁵	i³¹	iẽ²⁴	iẽ⁵²	i²⁴
临潼	iei⁴⁵	i³¹	iei²⁴	iei⁵²	i²⁴

字目 方言	印 臻开三 去震影	一 臻开三 入质影	寅 臻开三 平真以	引 臻开三 上轸以	逸 臻开三 入质以
蓝田	iẽ⁴⁴	i³¹	iẽ²⁴	iẽ⁵²	i²⁴
长安	iẽ⁴⁴	i³¹	iẽ²⁴	iẽ⁵³	i²⁴
户县	iẽ⁵⁵	i³¹	iẽ²⁴/iã⁵¹①	iẽ⁵²	i²⁴
周至	iẽ⁵⁵	i²¹	iẽ²⁴	iẽ⁵²	i²⁴
三原	iẽ⁵⁵	i³¹	iẽ²⁴	iẽ⁵²	i³¹
泾阳	iẽ⁵⁵	i³¹	iẽ²⁴	iẽ⁵²	i²⁴
咸阳	iẽ⁵⁵	i³¹	iẽ²⁴	iẽ⁵²	i²⁴
兴平	iẽ⁵⁵	i³¹	iẽ²⁴	iẽ⁵²	i²⁴
武功	iẽ⁵⁵	i³¹	iẽ²⁴	iẽ⁵²	i²⁴
礼泉	iẽ⁵⁵	i³¹	iẽ²⁴	iẽ⁵²	i²⁴
乾县	iẽ⁴⁴	i³¹	iẽ²⁴	iẽ⁵²	i²⁴
永寿	iẽ⁵⁵	i³¹	iẽ²⁴	iẽ⁵²	i²⁴
淳化	iei⁵⁵	i³¹	iei²⁴	iei⁵²	i²⁴
旬邑	iẽ⁴⁴	i³¹	iẽ²⁴	iẽ⁵²	i²⁴
彬县	iẽ⁴⁴	i³¹	iẽ²⁴	iẽ⁵²	i²⁴
长武	iẽ⁴⁴	i³¹	iẽ²⁴	iẽ⁵²	i²⁴
扶风	iŋ³³	i³¹	iŋ²⁴	iŋ⁵²	i²⁴
眉县	iŋ⁴⁴	i³¹	iŋ²⁴	iŋ⁵²	i²⁴
麟游	iŋ⁴⁴	i³¹	iŋ²⁴	iŋ⁵³	i²⁴
岐山	iŋ⁴⁴	i³¹	iŋ²⁴	iŋ⁵³	i²⁴
凤翔	iŋ⁴⁴	i³¹	iŋ²⁴	iŋ⁵³	i²⁴
宝鸡	iŋ⁴⁴	i³¹	iŋ²⁴	iŋ⁵³	i³¹
千阳	iŋ⁴⁴	i³¹	iŋ²⁴	iŋ⁵³	i²⁴
陇县	iŋ⁴⁴	i³¹	iŋ²⁴	iŋ⁵³	i²⁴

---

① iã⁵² ～时。

字目 / 方言	筋 臻开三 平殷见	谨 臻开三 上隐见	劲有~ 臻开三 去焮见	乞 臻开三 入讫溪	勤 臻开三 平殷群
西安	tɕiẽ^{21}	tɕiẽ^{53}	tɕiẽ^{55}	tɕʰi^{21}	tɕʰiẽ^{24} | tɕʰiẽ
韩城	tɕiẽ^{31}	tɕiẽ^{53}	tɕiẽ^{44}	tɕʰi^{31}	tɕʰiẽ^{24} | tɕʰiẽ
合阳	tɕiẽ^{31}	tɕiẽ^{52}	tɕiẽ^{55}	tɕʰi^{31}	tɕʰiẽ^{24} | tɕʰiẽ
澄城	tɕiẽ^{31}	tɕiẽ^{53}	tɕiẽ^{44}	tɕʰi^{31}	tɕʰiẽ^{24} | tɕʰiẽ
白水	tɕiẽ^{31}	tɕiẽ^{53}	tɕiẽ^{44}	tɕʰi^{31}	tɕʰiẽ^{24} | tɕʰiẽ
大荔	tɕiẽ^{31}	tɕiẽ^{52}	tɕiẽ^{55}	tɕʰi^{31}	tɕʰiẽ^{24} | tɕʰiẽ
蒲城	tɕiẽ^{31}	tɕiẽ^{53}	tɕiẽ^{55}	tɕʰi^{31}	tɕʰiẽ^{35} | tɕʰiẽ
美原	tɕiẽ^{31}	tɕiẽ^{53}	tɕiẽ^{55}	tɕʰi^{31}	tɕʰiẽ^{35} | tɕʰiẽ
富平	tɕiẽ^{31}	tɕiẽ^{53}	tɕiẽ^{55}	tɕʰi^{31}	tɕʰiẽ^{35} | tɕʰiẽ
潼关	tɕiẽ^{31}	tɕiẽ^{52}	tɕiẽ^{44}	tɕʰi^{31}	tɕʰiẽ^{24} | tɕʰiẽ
华阴	tɕiẽ^{31}	tɕiẽ^{53}	tɕiẽ^{55}	tɕʰi^{31}	tɕʰiẽ^{24} | tɕʰiẽ
华县	tɕiẽ^{31}	tɕiẽ^{53}	tɕiẽ^{55}	tɕʰi^{31}	tɕʰiẽ^{35} | tɕʰiẽ
渭南	tɕiẽ^{31}	tɕiẽ^{53}	tɕiẽ^{44}	tɕʰi^{31}	tɕʰiẽ^{24} | tɕʰiẽ
洛南	tɕiei^{31}	tɕiei^{53}	tɕiei^{44}	tɕʰi^{31}	tɕʰiei^{24} | tɕʰiẽ
商州	tɕiẽ^{31}	tɕiẽ^{53}	tɕiẽ^{55}	tɕʰi^{31}	tɕʰiẽ^{35} | tɕʰiẽ
丹凤	tɕiei^{31}	tɕiei^{53}	tɕiei^{44}	tɕʰi^{31}	tɕʰiei^{24}
宜川	tɕiei^{51}	tɕiei^{45}	tɕiei^{45}	tɕʰi^{51}	tɕʰiei^{24}
富县	tɕiəŋ^{31}	tɕiəŋ^{52}	tɕiəŋ^{44}	tɕʰi^{31}	tɕʰiəŋ^{24}
黄陵	tɕiẽ^{31}	tɕiẽ^{52}	tɕiẽ^{44}	tɕʰi^{31}	tɕʰiẽ^{24}
宜君	tɕiẽ^{21}	tɕiẽ^{52}	tɕiẽ^{44}	tɕʰi^{21}	tɕʰiẽ^{24}
铜川	tɕiẽ^{21}	tɕiẽ^{52}	tɕiẽ^{44}	tɕʰi^{21}	tɕʰiẽ^{24} | tɕʰiẽ
耀县	tɕiẽi^{31}	tɕiẽi^{52}	tɕiẽi^{44}	tɕʰi^{31}	tɕʰiẽi^{24} | tɕʰiẽ
高陵	tɕiẽ^{31}	tɕiẽ^{52}	tɕiẽ^{55}	tɕʰi^{31}	tɕʰiẽ^{24} | tɕʰiẽ
临潼	tɕiei^{31}	tɕiei^{52}	tɕiei^{45}	tɕʰi^{31}	tɕʰiei^{24} | tɕʰiẽ

字目　方言	筋　臻开三平殷见	谨　臻开三上隐见	劲有~　臻开三去焮见	乞　臻开三入迄溪	勤　臻开三平殷群
蓝田	tɕiẽ³¹	tɕiẽ⁵²	tɕiẽ⁴⁴	tɕʰi³¹	tɕʰiẽ²⁴ ∣ tɕʰiẽ
长安	tɕiẽ³¹	tɕiẽ⁵³	tɕiẽ⁴⁴	tɕʰi³¹	tɕʰiẽ²⁴
户县	tɕiẽ³¹	tɕiẽ⁵²	tɕiẽ⁵⁵	tɕʰi³¹	tɕʰiẽ²⁴ ∣ tɕʰiẽ
周至	tɕiẽ²¹	tɕiẽ⁵²	tɕiẽ⁵⁵	tɕʰi²¹	tɕʰiẽ²⁴ ∣ tɕʰiŋ
三原	tɕiẽ³¹	tɕiẽ⁵²	tɕiẽ⁵⁵	tɕʰi³¹	tɕʰiẽ²⁴ ∣ tɕʰiẽ
泾阳	tɕiẽ³¹	tɕiẽ⁵²	tɕiẽ⁵⁵	tɕʰi³¹	tɕʰiẽ²⁴ ∣ tɕʰiẽ
咸阳	tɕiẽ³¹	tɕiẽ⁵²	tɕiẽ⁵⁵	tɕʰi³¹	tɕʰiẽ²⁴
兴平	tɕiẽ³¹	tɕiẽ⁵²	tɕiẽ⁵⁵	tɕʰi³¹	tɕʰiẽ²⁴ ∣ tɕʰiẽ
武功	tɕiẽ³¹	tɕiẽ⁵²	tɕiẽ⁵⁵	tɕʰi³¹	tɕʰiẽ²⁴ ∣ tɕʰiẽ
礼泉	tɕiẽ³¹	tɕiẽ⁵²	tɕiẽ⁵⁵	tɕʰi³¹	tɕʰiẽ²⁴ ∣ tɕʰiẽ
乾县	tɕiẽ³¹	tɕiẽ⁵²	tɕiẽ⁴⁴	tɕʰi³¹	tɕʰiẽ²⁴ ∣ tɕʰiẽ
永寿	tɕiẽ³¹	tɕiẽ⁵²	tɕiẽ⁵⁵	tɕʰi³¹	tɕʰiẽ²⁴ ∣ tɕʰiẽ
淳化	tɕiei³¹	tɕiei⁵²	tɕiei⁵⁵	tɕʰi³¹	tɕʰiei²⁴ ∣ tɕʰiẽ
旬邑	tɕiẽ³¹	tɕiẽ⁵²	tɕiẽ⁴⁴	tɕʰi³¹	tɕʰiẽ²⁴ ∣ tɕʰiẽ
彬县	tɕiẽ³¹	tɕiẽ⁵²	tɕiẽ⁴⁴	tɕʰi³¹	tɕʰiẽ²⁴ ∣ tɕʰiẽ
长武	tɕiẽ³¹	tɕiẽ⁵²	tɕiẽ⁴⁴	tɕʰi³¹	tɕʰiẽ²⁴ ∣ tɕʰiẽ
扶风	tɕiŋ³¹	tɕiŋ⁵²	tɕiŋ³³	tɕʰi³¹	tɕʰiŋ²⁴ ∣ tɕʰiŋ
眉县	tɕiŋ³¹	tɕiŋ⁵²	tɕiŋ⁴⁴	tɕʰi³¹	tɕʰiŋ²⁴ ∣ tɕʰiŋ
麟游	tɕiŋ³¹	tɕiŋ⁵³	tɕiŋ⁴⁴	tɕʰi³¹	tɕʰiŋ²⁴ ∣ tɕʰiŋ
岐山	tɕiŋ³¹	tɕiŋ⁵³	tɕiŋ⁴⁴	tɕʰi³¹	tɕʰiŋ²⁴ ∣ tɕʰiŋ
凤翔	tɕiŋ³¹	tɕiŋ⁵³	tɕiŋ⁴⁴	tɕʰi³¹	tɕʰiŋ²⁴ ∣ tɕʰiŋ
宝鸡	tɕiŋ³¹	tɕiŋ⁵³	tɕiŋ⁴⁴	tɕʰi³¹	tɕʰiŋ²⁴ ∣ tɕʰiŋ
千阳	tɕiŋ³¹	tɕiŋ⁵³	tɕiŋ⁴⁴	tɕʰi³¹	tɕʰiŋ²⁴ ∣ tɕʰiŋ
陇县	tɕiŋ³¹	tɕiŋ⁵³	tɕiŋ⁴⁴	tɕʰi³¹	tɕʰiŋ²⁴ ∣ tɕʰiŋ

字目 方言	近 臻开三 上隐群	欣 臻开三 平殷晓		殷 臻开三 平殷影	隐 臻开三 上隐影	奔 臻合一 平魂帮	
西安	tɕiẽ⁵⁵	ɕiẽ²¹	ɕiẽ	iẽ²¹	iẽ⁵³	pẽ²¹	pẽ
韩城	tɕʰiẽ⁴⁴	ɕiẽ³¹	ɕiẽ	ȵiẽ³¹	ȵiẽ⁵³	pẽ³¹	pẽ
合阳	tɕʰiẽ⁵⁵	ɕiẽ³¹	ɕiẽ	iẽ³¹	ȵiẽ⁵²	pẽ³¹	pẽ
澄城	tɕʰiẽ⁴⁴	ɕiẽ³¹	ɕiẽ	iẽ³¹	iẽ⁵³	pẽ³¹	pẽ
白水	tɕʰiẽ⁴⁴	ɕiẽ³¹	ɕiẽ	iẽ³¹	iẽ⁵³	pẽ³¹	pẽ
大荔	tɕʰiẽ⁵⁵	ɕiẽ³¹	ɕiẽ	iẽ³¹	iẽ⁵²	pẽ³¹	pẽ
蒲城	tɕʰiẽ⁵⁵	ɕiẽ³¹	ɕiẽ	iẽ³¹	iẽ⁵³	pẽ³¹	pẽ
美原	tɕʰiẽ⁵⁵	ɕiẽ³¹	ɕiẽ	iẽ³¹	iẽ⁵³	pẽ³¹	pẽ
富平	tɕiẽ⁵⁵	ɕiẽ³¹	ɕiẽ	iẽ³¹	iẽ⁵³	pẽ³¹	pẽ
潼关	tɕʰiẽ⁴⁴	ɕiẽ³¹	ɕiẽ	iẽ³¹	iẽ⁵²	pẽ³¹	pẽ
华阴	tɕʰiẽ⁵⁵	ɕiẽ³¹	ɕiẽ	iẽ³¹	iẽ⁵²	pẽ³¹	pẽ
华县	tɕʰiẽ⁵⁵	ɕiẽ³¹	ɕiẽ	iẽ³¹	iẽ⁵³	pẽ³¹	pẽ
渭南	tɕʰiẽ⁴⁴	ɕiẽ³¹	ɕiẽ	iẽ³¹	iẽ⁵³	pẽ³¹	pẽ
洛南	tɕʰiei⁴⁴	ɕiei³¹	ɕiẽ	iei³¹	iei⁵³	pei³¹	pẽ
商州	tɕiẽ⁵⁵	ɕiẽ³¹	ɕiẽ	iẽ³¹	iẽ⁵³	pẽ³¹	pẽ
丹凤	tɕiei⁴⁴	ɕiei³¹		iei³¹	iei⁵³	pei³¹	
宜川	tɕʰiei⁴⁵	ɕiei⁵¹		i²⁴	iei⁴⁵	pei⁴⁵	
富县	tɕʰiəŋ⁴⁴	ɕiəŋ³¹		iəŋ³¹	iəŋ⁵²	pəŋ⁴⁴	
黄陵	tɕʰiẽ⁴⁴	ɕiẽ³¹		iẽ³¹	iẽ⁵²	pẽ³¹	
宜君	tɕʰiẽ⁴⁴	ɕiẽ²¹		iẽ²¹/iẽ⁵²①	iẽ⁵²	pei²¹	
铜川	tɕiẽ⁴⁴	ɕiẽ²¹	ɕiẽ	iẽ²¹	iẽ⁵²	pẽ²¹/pẽ⁵²/pei⁵²	pei
耀县	tɕiẽi⁴⁴	ɕiẽi³¹	ɕiẽ	iẽi³¹	iẽi⁵²	pẽi³¹	pẽ
高陵	tɕiẽ⁵⁵	ɕiẽ³¹	ɕiẽ	iẽ³¹	iẽ⁵²	pẽ³¹	pẽ
临潼	tɕiei⁴⁵	ɕiei³¹	ɕiẽ	iei³¹	iei⁵²	pei³¹	pẽ

---

① iẽ⁵² 姓。下同。

字目 方言	近 臻开三 上隐群	欣 臻开三 平殷晓	殷 臻开三 平殷影	隐 臻开三 上隐影	奔 臻合一 平魂帮
蓝田	tɕiẽ⁴⁴	ɕiẽ³¹ | ɕiẽ	iẽ³¹	iẽ⁵²	pẽ³¹ | pẽ
长安	tɕiẽ⁴⁴	ɕiẽ³¹	iẽ⁵³/iẽ³¹	iẽ⁵³	pẽ³¹
户县	tɕiẽ⁵⁵	ɕiẽ³¹ | ɕiẽ	iẽ³¹	iẽ⁵²	pẽ³¹ | pẽ
周至	tɕiẽ⁵⁵	ɕiẽ²¹ | ɕiẽ	iẽ²¹	iẽ⁵²	pẽ²¹ | pẽ
三原	tɕiẽ⁵⁵	ɕiẽ³¹ | ɕiẽ	iẽ³¹	iẽ⁵²	pẽ³¹ | pẽ
泾阳	tɕiẽ⁵⁵	ɕiẽ³¹	iẽ³¹	iẽ⁵²	pẽ³¹ | pẽ
咸阳	tɕiẽ⁵⁵	ɕiẽ³¹	iẽ³¹	iẽ⁵²	pẽ³¹
兴平	tɕiẽ⁵⁵	ɕiẽ³¹ | ɕiẽ	iẽ³¹	iẽ⁵²	pẽ³¹ | pẽ
武功	tɕiẽ⁵⁵	ɕiẽ³¹ | ɕiẽ	iẽ³¹	iẽ⁵²	pẽ³¹ | pẽ
礼泉	tɕiẽ⁵⁵	ɕiẽ³¹ | ɕiẽ	iẽ³¹	iẽ⁵²	pẽ³¹ | pẽ
乾县	tɕiẽ⁴⁴	ɕiẽ³¹ | ɕiẽ	iẽ³¹	iẽ⁵²	pẽ⁴⁴ | pẽ
永寿	tɕiẽ⁵⁵	ɕiẽ³¹ | ɕiẽ	iẽ³¹	iẽ⁵²	pẽ³¹ | pẽ
淳化	tɕiei⁵⁵	ɕiei³¹ | ɕiẽ	iei³¹	iei⁵²	pei⁵⁵ | pẽ
旬邑	tɕʰiẽ⁴⁴	ɕiẽ³¹ | ɕiẽ	iẽ³¹	iẽ⁵²	pẽ⁴⁴ | pẽ
彬县	tɕʰiẽ⁴⁴	ɕiẽ³¹ | ɕiẽ	iẽ³¹	iẽ⁵²	pẽ³¹ | pẽ
长武	tɕʰiẽ⁴⁴	ɕiẽ³¹ | ɕiẽ	iẽ³¹	iẽ⁵²	pẽ³¹ | pẽ
扶风	tɕin̠³³/tɕʰin̠³³	ɕiŋ³¹ | ɕiŋ	iŋ³¹	iŋ⁵²	pəŋ³¹ | pəŋ
眉县	tɕiŋ⁴⁴	ɕiŋ³¹ | ɕiŋ	iŋ³¹	iŋ⁵²	pəŋ³¹ | pəŋ
麟游	tɕʰiŋ⁴⁴	ɕiŋ³¹ | ɕiŋ	iŋ³¹	iŋ⁵³	pəŋ³¹ | pəŋ
岐山	tɕʰiŋ⁴⁴	ɕiŋ³¹ | ɕiŋ	iŋ³¹	iŋ⁵³	pəŋ³¹ | pəŋ
凤翔	tɕiŋ⁴⁴	ɕiŋ³¹ | ɕiŋ	iŋ³¹	iŋ⁵³	pəŋ³¹ | pəŋ
宝鸡	tɕʰiŋ⁴⁴	ɕiŋ³¹ | ɕiŋ	iŋ⁵³	iŋ⁵³	pəŋ³¹ | pəŋ
千阳	tɕin̠⁴⁴/tɕʰin̠⁴⁴	ɕiŋ³¹ | ɕiŋ	iŋ³¹	iŋ³¹	pəŋ³¹ | pəŋ
陇县	tɕiŋ⁴⁴	ɕiŋ³¹ | ɕiŋ	iŋ³¹	iŋ⁵³	pəŋ³¹ | pəŋ

字目 / 方言	本 臻合一 上混帮	不 臻合一 入没帮	喷~水 臻合一 平魂滂	喷~香,~嚏 臻合一 去恩滂	盆 臻合一 平魂並
西安	pẽ^{53}	pu^{21}/pu^{24}	pʰẽ^{21} ∣ pʰɛ̃	pʰẽ^{55}	pʰẽ^{24}
韩城	pẽ^{53}	pu^{31}	pʰẽ^{31} ∣ pʰɛ̃	pʰẽ^{44}	pʰẽ^{24}
合阳	pẽ^{52}	pu^{31}	pʰẽ^{31} ∣ pʰɛ̃	pʰẽ^{55}	pʰẽ^{24}
澄城	pẽ^{53}	pu^{31}	pʰẽ^{31} ∣ pʰɛ̃	pʰẽ^{44}	pʰẽ^{24}
白水	pẽ^{53}	pu^{31}	pʰẽ^{31} ∣ pʰɛ̃	pʰẽ^{44}	pʰẽ^{24}
大荔	pẽ^{52}	pu^{31}	pʰẽ^{31} ∣ pʰɛ̃	pʰẽ^{55}	pʰẽ^{24}
蒲城	pẽ^{53}	pu^{31}	pʰẽ^{31} ∣ pʰɛ̃	pʰẽ^{55}	pʰẽ^{35}
美原	pẽ^{53}	p^{f}u^{31}	pʰẽ^{31} ∣ pʰɛ̃	pʰẽ^{55}	pʰẽ^{35}
富平	pẽ^{53}	pu^{31}	pʰẽ^{31} ∣ pʰɛ̃	pʰẽ^{55}	pʰẽ^{35}
潼关	pẽ^{52}	pu^{31}	pʰẽ^{31} ∣ pʰɛ̃	pʰẽ^{44}	pʰẽ^{24}
华阴	pẽ^{52}	pu^{31}	pʰẽ^{31} ∣ pʰɛ̃	pʰẽ^{55}	pʰẽ^{24}
华县	pẽ^{53}	p^{f}u^{31}	pʰẽ^{31} ∣ pʰɛ̃	pʰẽ^{55}	pʰẽ^{35}
渭南	pẽ^{53}	pu^{31}	pʰẽ^{31} ∣ pʰɛ̃	pʰẽ^{44}	pʰẽ^{24}
洛南	pei^{53}	pu^{31}	pʰei^{31} ∣ pʰɛ̃	pʰei^{44}	pʰei^{24}
商州	pẽ^{53}	pu^{31}	pʰẽ^{31} ∣ pʰɛ̃	pʰẽ^{55}	pʰẽ^{35}
丹凤	pei^{53}	pu^{31}	pʰei^{31}	pʰei^{44}	pʰei^{24}
宜川	pei^{45}	pu^{24}	pʰei^{51}	pʰei^{45}①	pʰei^{24}
富县	pəŋ^{52}	pu^{31}	pʰəŋ^{31}	pʰəŋ^{31}/pʰəŋ^{44}②	pʰəŋ^{24}
黄陵	pẽ^{52}	pu^{31}	pʰẽ^{31}	pʰẽ^{31}/pʰẽ^{44}	pʰẽ^{24}
宜君	pei^{52}	pu^{21}	pʰei^{21}	pʰei^{44}/pʰei^{24}③	pʰẽ^{24}
铜川	pẽ^{52}	pu^{21}	pʰẽ^{21} ∣ pʰei	pʰẽ^{44}	pʰẽ^{24}/pʰei^{24}④
耀县	pẽi^{52}	pu^{31}	pʰẽi^{31} ∣ pʰɛ̃	pʰẽi^{44}/pʰẽi^{24}	pʰẽi^{24}
高陵	pẽ^{52}	pu^{31}	pʰẽ^{31} ∣ pʰɛ̃	pʰẽ^{55}	pʰẽ^{24}
临潼	pei^{52}	pu^{31}	pʰei^{31}	pʰei^{45}	pʰei^{24}

① pʰei^{45} ~嚏, 记作 pʰei^{45} tʰiɛ^{021}。
② pʰəŋ^{31} 香~~, ~香; pʰəŋ^{44} ~嚏。下同。
③ pʰei^{44} ~嚏; pʰei^{24} ~香。
④ pʰẽ^{24} ~子。

字目 方言	本 臻合一 上混帮	不 臻合一 入没帮	喷~水 臻合一 平魂滂	喷~香, ~嚏 臻合一 去恩滂	盆 臻合一 平魂並
蓝田	pẽ⁵²	pu³¹	pʰẽ³¹ ｜ pʰẽ	pʰẽ⁴⁴	pʰẽ²⁴
长安	pẽ⁵³	pu³¹	pʰẽ³¹	pʰẽ⁴⁴	pʰẽ²⁴
户县	pẽ⁵²	pu³¹	pʰẽ³¹ ｜ pʰẽ	pʰẽ⁵⁵	pʰẽ²⁴
周至	pẽ⁵²	pu²¹	pʰẽ²¹ ｜ pʰẽ	pʰẽ⁵⁵	pʰẽ²⁴
三原	pẽ⁵²	pu³¹	pʰẽ³¹ ｜ pʰẽ	pʰẽ⁵⁵	pʰẽ²⁴
泾阳	pẽ⁵²	pu³¹	pʰẽ³¹ ｜ pʰẽ	pʰẽ⁵⁵	pʰẽ²⁴
咸阳	pẽ⁵²	pu³¹	pʰẽ³¹	pʰẽ⁵⁵	pʰẽ²⁴
兴平	pẽ⁵²	pu³¹	pʰẽ³¹ ｜ pʰẽ	pʰẽ⁵⁵	pʰẽ²⁴
武功	pẽ⁵²	pfu³¹	pʰẽ³¹ ｜ pʰẽ	pʰẽ⁵⁵	pʰẽ²⁴
礼泉	pẽ⁵²	pfu³¹	pʰẽ³¹ ｜ pʰẽ	pʰẽ⁵⁵	pʰẽ²⁴
乾县	pẽ⁵²	pu³¹	pʰẽ³¹ ｜ pʰẽ	pʰẽ⁴⁴	pʰẽ²⁴
永寿	pẽ⁵²	pu³¹	pʰẽ³¹ ｜ pʰẽ	pʰẽ⁵⁵	pʰẽ²⁴
淳化	pei⁵²	pu³¹	pʰei³¹ ｜ pʰẽ	pʰei⁵⁵	pʰei²⁴
旬邑	pẽ⁵²	pu³¹	pʰẽ³¹ ｜ pʰẽ	pʰẽ⁴⁴	pʰẽ²⁴
彬县	pẽ⁵²	pu³¹	pʰẽ³¹ ｜ pʰẽ	pʰẽ⁴⁴	pʰẽ²⁴
长武	pẽ⁵²	pu³¹	pʰẽ³¹ ｜ pʰẽ	pʰẽ⁴⁴	pʰẽ²⁴
扶风	pəŋ⁵²	pu³¹	pʰəŋ³¹ ｜ pʰəŋ	pʰəŋ³³	pʰəŋ²⁴
眉县	pəŋ⁵²	pu³¹	pʰəŋ³¹ ｜ pʰəŋ	pʰəŋ⁴⁴	pʰəŋ²⁴
麟游	pəŋ⁵³	pu³¹	pʰəŋ³¹ ｜ pʰəŋ	pʰəŋ⁴⁴	pʰəŋ²⁴
岐山	pəŋ⁵³	pu³¹	pʰəŋ³¹ ｜ pʰəŋ	pʰəŋ⁴⁴	pʰəŋ²⁴
凤翔	pəŋ⁵³	pfu³¹	pʰəŋ³¹ ｜ pʰəŋ	pʰəŋ⁴⁴	pʰəŋ²⁴
宝鸡	pəŋ⁵³	pfu³¹	pʰəŋ³¹ ｜ pʰəŋ	pʰəŋ⁴⁴	pʰəŋ²⁴
千阳	pəŋ⁵³	pfu³¹	pʰəŋ³¹ ｜ pʰəŋ	pʰəŋ⁴⁴	pʰəŋ²⁴
陇县	pəŋ⁵³	pfu³¹	pʰəŋ³¹ ｜ pʰəŋ	pʰəŋ⁴⁴	pʰəŋ²⁴

字目 / 方言	笨 臻合一上混並	勃 臻合一入没並	脖 臻合一入没並	门 臻合一平魂明	闷 臻合一去恩明
西安	pẽ⁵⁵	po²¹	po²⁴	mẽ²⁴ ∣ mẽ	mẽ⁵⁵/mẽ²¹
韩城	p̲ẽ⁴⁴/pʰẽ⁴⁴	pʰə³¹	pʰə²⁴/pə⁴⁴①	mẽ²⁴ ∣ mẽ	mẽ⁴⁴
合阳	pʰẽ⁵⁵	pʰo³¹	pʰo²⁴	mẽ²⁴ ∣ mẽ	mẽ⁵⁵
澄城	pʰẽ⁴⁴/mẽ⁴⁴	pʰo³¹	pʰo²⁴	mẽ²⁴ ∣ mẽ	mẽ⁴⁴
白水	pʰẽ⁴⁴	pʰo³¹	pʰo²⁴	mẽ²⁴ ∣ mẽ	mẽ⁴⁴
大荔	pʰẽ⁵⁵/mẽ⁵⁵	pʰo²⁴	pʰo²⁴	mẽ²⁴ ∣ mẽ	mẽ⁵⁵
蒲城	pʰẽ⁵⁵/mẽ⁵⁵	pfʰo³¹	pfʰo³⁵	mẽ³⁵ ∣ mẽ	mẽ⁵⁵
美原	pʰẽ⁵⁵	pfʰo³¹	pfʰo³⁵	mẽ³⁵ ∣ mẽ	mẽ⁵⁵
富平	pʰẽ⁵⁵/mẽ⁵⁵	pfʰo³¹	pfʰo³⁵	mẽ³⁵ ∣ mẽ	mẽ⁵⁵
潼关	pʰẽ⁴⁴/mẽ⁴⁴	po²⁴	pʰo²⁴	mẽ²⁴ ∣ mẽ	mẽ⁴⁴
华阴	pʰẽ⁵⁵	pʰo³¹	pʰo²⁴	mẽ²⁴ ∣ mẽ	mẽ⁵⁵
华县	pʰẽ⁵⁵	pfʰo³¹	pfʰo³⁵	mẽ³⁵ ∣ mẽ	mẽ⁵⁵
渭南	pʰẽ⁴⁴	pfʰo³¹	pfʰo²⁴	mẽ²⁴ ∣ mẽ	mẽ⁴⁴
洛南	pʰei⁴⁴	po³¹	pʰo²⁴	mei²⁴ ∣ mẽ	mei⁴⁴
商州	pẽ⁵⁵	pfo³¹	pfʰo³⁵	mẽ³⁵ ∣ mẽ	mẽ⁵⁵
丹凤	pʰei⁴⁴	po³¹	pʰo²⁴	mei²⁴	mei⁴⁴
宜川	pʰei⁴⁵	pʰo²⁴	p̲o̲²⁴/pʰo²⁴	mei²⁴	mei⁴⁵
富县	pʰəŋ⁴⁴	pʰɤ²⁴	pʰɤ²⁴	məŋ²⁴	məŋ⁴⁴
黄陵	p̲ẽ̲⁴⁴/pʰẽ̲⁴⁴	po²⁴	pʰo²⁴	mẽ²⁴	mẽ⁴⁴
宜君	pʰẽ⁴⁴	pfʰo²¹	pfʰo²⁴	mẽ²⁴	mẽ⁴⁴
铜川	pʰẽ⁴⁴	pʰo²¹	pʰo²⁴	mei²⁴/mi⁰²¹② ∣ mei	mẽ⁴⁴
耀县	pʰẽi⁴⁴	pʰɤ²⁴	pʰɤ²⁴	mẽi²⁴ ∣ mẽ	mẽi⁴⁴
高陵	pẽ⁵⁵	pʰo³¹	pʰo²⁴	mẽ²⁴ ∣ mẽ	mẽ⁵⁵
临潼	pei⁴⁵	po³¹	pfʰo²⁴	mei²⁴ ∣ mẽ	mei⁴⁵

① pʰə²⁴ ～子；pə⁴⁴ 肚脐眼。

② mi⁰²¹ 囟～。下同。

字目 / 方言	笨 臻合一 上混並	勃 臻合一 入没並	脖 臻合一 入没並	门 臻合一 平魂明	闷 臻合一 去圂明
蓝田	$pẽ^{44}$	po^{31}	po^{24}	$mẽ^{24}$ ｜ $mẽ$	$mẽ^{44}$
长安	$pẽ^{44}$	po^{31}	po^{24}	$mẽ^{24}/mi^{021}$	$mẽ^{44}$
户县	$pẽ^{55}$	po^{31}	po^{24}	$mẽ^{24}$ ｜ $mẽ$	$mẽ^{55}$
周至	$pẽ^{55}$	po^{21}	po^{24}	$mẽ^{24}$ ｜ $mẽ$	$mẽ^{55}$
三原	$pẽ^{55}$	p^ho^{31}	p^ho^{24}	$mẽ^{24}$ ｜ $mẽ$	$mẽ^{55}$
泾阳	$pẽ^{55}$	p^ho^{31}	po^{24}	$mẽ^{24}$	$mẽ^{55}$
咸阳	$pẽ^{55}$	po^{24}	po^{24}	$mẽ^{24}$	$mẽ^{55}$
兴平	$pẽ^{55}$	po^{31}	po^{24}	$mẽ^{24}$ ｜ $mẽ$	$mẽ^{55}$
武功	$pẽ^{55}$	p^fo^{24}	p^fo^{24}	$mẽ^{24}$ ｜ $mẽ$	$mẽ^{55}$
礼泉	$pẽ^{55}$	p^fo^{31}	p^fo^{24}	$mẽ^{24}$ ｜ $mẽ$	$mẽ^{55}$
乾县	$pẽ^{44}$	p^fo^{24}	p^fo^{24}	$mẽ^{24}$ ｜ $mẽ$	$mẽ^{31}/mẽ^{44}$
永寿	$pẽ^{55}$	po^{31}	po^{24}	$mẽ^{24}$ ｜ $mẽ$	$mẽ^{55}$
淳化	pei^{55}	p^ho^{31}	p^ho^{24}	mei^{24} ｜ $mẽ$	mei^{55}
旬邑	$p^hẽ^{44}$	po^{31}	p^ho^{24}	$mẽ^{24}$ ｜ $mẽ$	$mẽ^{44}$
彬县	$p^hẽ^{44}$	po^{31}	p^ho^{24}	$mẽ^{24}$ ｜ $mẽ$	$mẽ^{44}$
长武	$p^hẽ^{44}$	po^{24}	p^ho^{24}	$mẽ^{24}$ ｜ $mẽ$	$mẽ^{44}$
扶风	$\underline{p}əŋ^{33}/p^həŋ^{33}$	p^fho^{31}	p^fho^{24}	$məŋ^{24}$ ｜ $məŋ$	$məŋ^{33}$
眉县	$pəŋ^{44}$	po^{31}	p^ho^{31}	$məŋ^{24}$ ｜ $məŋ$	$məŋ^{44}$
麟游	$p^həŋ^{44}$	po^{31}	p^ho^{31}	$məŋ^{24}$ ｜ $məŋ$	$məŋ^{44}$
岐山	$p^həŋ^{53}$	p^fho^{31}	p^fho^{31}	$məŋ^{24}$ ｜ $məŋ$	$məŋ^{44}$
凤翔	$məŋ^{44}$	p^fo^{31}	p^fho^{24}	$məŋ^{24}$ ｜ $məŋ$	$məŋ^{44}$
宝鸡	$pəŋ^{44}$	p^fo^{24}	p^fho^{31}	$məŋ^{24}$ ｜ $məŋ$	$məŋ^{44}$
千阳	$\underline{p}əŋ^{44}/p^həŋ^{44}$	$\underline{p}^fo^{31}/p^fh\underline{o}^{31}$	p^fho^{24}	$məŋ^{24}$ ｜ $məŋ$	$məŋ^{44}$
陇县	$pəŋ^{44}$	p^fo^{31}	p^fho^{24}	$məŋ^{24}$ ｜ $məŋ$	$məŋ^{44}$

字目 / 方言	没 臻合一 入没明	墩 臻合一 平魂端	顿 臻合一 去恩端	褪 臻合一 去恩透	屯 臻合一 平魂定
西安	mo²¹	tuẽ²¹	tuẽ⁵⁵	tʰuei⁵⁵	tʰuẽ²⁴ ∣ tʰuẽ
韩城	mə³¹	tẽ³¹	tẽ⁴⁴	tʰʅ⁴⁴	tʰẽ²⁴ ∣ tʰẽ
合阳	mo³¹	tuẽ³¹	tuẽ⁵⁵	tʰuɯ⁵⁵	tʰuẽ²⁴ ∣ tʰuẽ
澄城	mo³¹	tuẽ³¹	tuẽ⁴⁴	tʰuei⁴⁴	tʰuẽ²⁴ ∣ tʰuẽ
白水	mo³¹	tuẽ³¹	tuẽ⁴⁴	tʰuei⁴⁴	tʰuẽ²⁴ ∣ tʰuẽ
大荔	mo³¹	tuẽ³¹	tuẽ⁵⁵	tʰuei⁵⁵	tʰuẽ²⁴ ∣ tʰuẽ
蒲城	mo³¹	tuẽ³¹	tuẽ⁵⁵	tʰuei⁵⁵	tʰuẽ³⁵ ∣ tʰuẽ
美原	mᶠo³¹	tuẽ³¹	tuẽ⁵⁵	tʰuei⁵⁵	tʰuẽ³⁵ ∣ tʰuẽ
富平	mo³¹	tuẽ³¹	tuẽ⁵⁵	tʰuei⁵⁵	tʰuẽ³⁵ ∣ tʰuẽ
潼关	mo³¹	tuẽ³¹	tuẽ⁴⁴	tʰuei⁴⁴	tʰuẽ²⁴ ∣ tʰuẽ
华阴	mo³¹	tuẽ³¹	tuẽ⁵⁵	tʰuei⁵⁵	tʰuẽ²⁴ ∣ tʰuẽ
华县	mo³¹	tuẽ³¹	tuẽ⁵⁵	tʰuei⁵⁵	tʰuẽ³⁵ ∣ tʰuẽ
渭南	mo³¹	tuẽ³¹	tuẽ⁴⁴	tʰuei⁴⁴	tʰuẽ²⁴ ∣ tʰuẽ
洛南	mo³¹	tuei³¹	tuei⁴⁴	tʰuei⁴⁴	tʰuei²⁴ ∣ tʰuẽ
商州	mo³¹	tuẽ³¹	tuẽ⁵⁵	tʰuei⁵⁵	tʰuẽ³⁵ ∣ tʰuẽ
丹凤	mo³¹	tuei³¹	tuei⁴⁴	tʰuei⁴⁴	tʰuei²⁴
宜川	mo⁵¹	tuei⁵¹	tuei⁴⁵	tʰuei⁴⁵	tʰuei²⁴
富县	mɤ³¹	tuəŋ³¹	tuəŋ⁴⁴	tʰuei⁴⁴	tʰuəŋ²⁴
黄陵	mo³¹	tuẽ³¹	tuẽ⁴⁴	tʰuei⁴⁴	tʰuẽ²⁴
宜君	mo²¹	tuẽ²¹	tuẽ⁴⁴	tʰuei⁴⁴	tʰuẽ²⁴
铜川	mo²¹	tuẽ²¹	tuẽ⁴⁴	tʰuei⁴⁴	tʰuẽ²⁴ ∣ tʰuei
耀县	mɤ³¹	tuẽi³¹	tuẽi⁴⁴	tʰuẽi⁴⁴	tʰuẽi²⁴ ∣ tʰuẽ
高陵	mo³¹	tuẽ³¹	tuẽ⁵⁵	tʰuei⁵⁵	tʰuẽ²⁴ ∣ tʰuẽ
临潼	mo³¹	tuei³¹	tuei⁴⁵	tʰuei⁴⁵	tʰuẽ²⁴ ∣ tʰuẽ

字目 方言	没 臻合一 入没明	墩 臻合一 平魂端	顿 臻合一 去恩端	褪 臻合一 去恩透	屯 臻合一 平魂定
蓝田	mo³¹	tuẽ³¹	tuẽ⁴⁴	tʰuei⁴⁴	tʰuẽ²⁴ ｜ tʰuẽ
长安	mo³¹	tuẽ³¹	tuẽ⁴⁴	tʰuei⁴⁴	tʰuẽ²⁴
户县	mo³¹	tuẽ³¹	tuẽ⁵⁵	tʰuei⁵⁵	tʰuẽ²⁴ ｜ tʰuẽ
周至	mo²¹	tuẽ²¹	tuẽ⁵⁵	tʰur⁵⁵	tʰuẽ²⁴ ｜ tˢʰuẽ
三原	mo³¹	tuẽ³¹	tuẽ⁵⁵	tʰuei⁵⁵	tʰuẽ²⁴ ｜ tʰuẽ
泾阳	mo³¹	tuẽ³¹	tuẽ⁵⁵	tʰuei⁵⁵	tʰuẽ²⁴
咸阳	mo³¹	tuẽ³¹	tuẽ⁵⁵	tʰuei⁵⁵	tʰuẽ²⁴
兴平	mo³¹	tuẽ³¹	tuẽ⁵⁵	tʰuei⁵⁵	tʰuẽ²⁴ ｜ tˢʰuẽ
武功	mᶠo³¹	tuẽ³¹	tuẽ⁵⁵	tʰuei⁵⁵	tʰuẽ²⁴ ｜ tˢʰuẽ
礼泉	mᶠo³¹	tuẽ³¹	tuẽ⁵⁵	tʰuei⁵⁵	tʰuẽ²⁴ ｜ tʰuẽ
乾县	mo³¹	tuẽ³¹	tuẽ⁴⁴	tʰuei⁴⁴	tʰuẽ²⁴ ｜ tʰuẽ
永寿	mo³¹	tuẽ³¹	tuẽ⁵⁵	tʰuei⁵⁵	tʰuẽ²⁴ ｜ tʰuẽ
淳化	mo³¹	tuei³¹	tuei⁵⁵	tʰuei⁵⁵	tʰuei²⁴ ｜ tʰuẽ
旬邑	mo³¹	tuẽ³¹	tuẽ⁴⁴	tʰuei⁴⁴	tʰuẽ²⁴ ｜ tʰuẽ
彬县	mo³¹	tuẽ³¹	tuẽ⁴⁴	tʰuei⁴⁴	tʰuẽ²⁴ ｜ tʰuẽ
长武	mo³¹	tuẽ³¹	tuẽ⁴⁴	tʰuei⁴⁴	tʰuẽ²⁴ ｜ tʰuẽ
扶风	mo³¹	tuŋ³¹	tuŋ³³	tʰui³³	tʰuŋ²⁴ ｜ tʰuoŋ
眉县	mo³¹	tuŋ³¹	tuŋ⁴⁴	tʰuei⁴⁴	tʰuŋ⁴⁴ ｜ tˢʰuoŋ
麟游	mo³¹	tuŋ³¹	tuŋ⁴⁴	tʰuei⁴⁴	tʰuŋ⁴⁴ ｜ tʰuoŋ
岐山	mo³¹	tuŋ³¹	tuŋ⁴⁴	tʰuŋ⁴⁴	tʰuŋ²⁴ ｜ tʰuoŋ
凤翔	mo³¹	tuŋ³¹	tuŋ⁴⁴	tʰuei⁴⁴	tʰuŋ²⁴ ｜ tʰuoŋ
宝鸡	mo³¹	tuŋ³¹	tuŋ⁴⁴	tʰui⁴⁴	tʰuŋ²⁴ ｜ tuoŋ
千阳	mo³¹	tuŋ³¹	tuŋ⁴⁴	tʰui⁴⁴	tʰuŋ²⁴ ｜ tʰuŋ
陇县	mo³¹	tuŋ³¹	tuŋ⁴⁴	tʰui⁴⁴	tʰuŋ²⁴ ｜ tʰuoŋ

字目 方言	臀 臻合一 平魂定	盾矛~, 赵~ 臻合一 上混定	钝 臻合一 去慁定	突 臻合一 入没定	嫩 臻合一 去慁泥
西安	tʰuẽ²⁴	tuẽ⁵⁵	tuẽ⁵⁵	t̠ʰu²¹/tu⁵³	nuẽ⁵⁵ | nuẽ
韩城	tʰɛ̃²⁴	tɛ̃⁴⁴	tʰɛ̃²⁴	tʰu³¹	yẽ⁵³ | yẽ
合阳	tʰuẽ²⁴	tuẽ⁵⁵	tuẽ⁵⁵	tʰu⁵²	yẽ⁵² | yẽ
澄城	tʰuẽ²⁴	tuẽ⁴⁴	tuẽ⁴⁴	tʰu³¹	yẽ⁵³ | yẽ
白水	tʰuẽ²⁴	tuẽ⁴⁴	tuẽ⁴⁴	tou³¹	luẽ⁴⁴ | lyẽ
大荔	tʰuẽ²⁴	tuẽ⁵⁵	tuẽ⁵⁵	tʰu³¹	yẽ⁵² | yẽ
蒲城	tʰuẽ³⁵	tuẽ⁵⁵	tuẽ⁵⁵	tou⁵³	luẽ⁵⁵ | lyẽ
美原	tʰuẽ³⁵	tuẽ⁵⁵	tuẽ⁵⁵	tʰou⁵³	luẽ⁵⁵ | lyẽ
富平	tʰuẽ³⁵	tuẽ⁵⁵	tuẽ⁵⁵	tou⁵³	luẽ⁵³ | luẽ
潼关	tʰuẽ²⁴	tuẽ⁴⁴	tuẽ⁴⁴	tʰou³¹	luẽ⁴⁴ | luẽ
华阴	tʰuẽ²⁴	tuẽ⁵⁵	tuẽ⁵⁵	tʰou⁵²	luẽ⁵² | luẽ
华县	tʰuẽ³⁵	tuẽ⁵⁵	tuẽ⁵⁵	tou⁵³	luẽ⁵⁵ | luẽ
渭南	tʰuẽ²⁴	tʰuẽ⁴⁴	tʰuẽ⁴⁴	tʰou³¹	luẽ⁴⁴ | luẽ
洛南	tʰuei²⁴	tuei⁴⁴	tuei⁴⁴	tʰu³¹	luei⁴⁴ | lyẽ
商州	tʰuẽ³⁵	tuẽ⁵⁵	tuẽ⁵⁵	tʰou³¹	luẽ⁵⁵ | luẽ
丹凤	tʰuei²⁴	tuei⁴⁴	tuei⁴⁴	tʰou³¹	luei⁴⁴
宜川	tʰuei²⁴	tuei⁴⁵	tuei⁴⁵	tʰu⁵¹	n̠uei⁴⁵/luei⁴⁵
富县	tɕiã⁵⁵	tuəŋ⁴⁴	tuəŋ⁴⁴	tu³¹	lyəŋ⁴⁴
黄陵	tʰuẽ²⁴	tuẽ⁴⁴	tuẽ⁴⁴	tʰu³¹	lyẽ⁴⁴
宜君	tʰuẽ²⁴	tuẽ⁴⁴	tʰuẽ²⁴	tu²¹	lyẽ⁴⁴
铜川	tʰuẽ²⁴	tuẽ⁴⁴	tuẽ⁴⁴	tʁu⁵²	luẽ⁴⁴ | luei
耀县	tʰuẽi²⁴	tuẽi⁴⁴	tuẽi⁴⁴	tʰou⁵²	luẽi⁴⁴ | luẽ
高陵	tʰuẽ²⁴	tuẽ⁵⁵	tuẽ⁵⁵	tʁu⁵²	luẽ⁵⁵ | luẽ
临潼	tʰuei²⁴	tuei⁴⁵	tuei⁴⁵	t̠ʰʁu⁵²/t̠ʁu⁵²	luei⁵² | lue/luei

字目\方言	臀 臻合一 平魂定	盾矛~, 赵~ 臻合一 上混定	钝 臻合一 去慁定	突 臻合一 入没定	嫩 臻合一 去慁泥
蓝田	tʰuẽ²⁴	tuẽ⁴⁴	tuẽ⁴⁴	<u>tʰɤu</u>⁵²/<u>tɤu</u>⁵²	luẽ⁴⁴ ｜ nuẽ
长安	tʰuẽ²⁴	tuẽ⁴⁴	tuẽ⁴⁴	tɤu⁵³	nuẽ⁴⁴
户县	tiã⁵⁵	tuẽ⁵⁵	tuẽ⁵⁵	<u>tʰɤu</u>⁵²/<u>tɤu</u>⁵²	nuẽ⁵⁵ ｜ nuẽ
周至	tʰiæ̃⁵⁵	tuẽ⁵⁵	tuẽ⁵⁵	<u>tʰu</u>⁵²/<u>tɤu</u>⁵²	nuẽ⁵⁵ ｜ nuẽ
三原	tʰuẽ²⁴	tuẽ⁵⁵	tuẽ⁵⁵	tʰou³¹	luẽ⁵⁵ ｜ luẽ
泾阳	tʰuẽ²⁴	tuẽ⁵⁵	tuẽ⁵⁵	tʰou⁵²	luẽ⁵⁵ ｜ luẽ
咸阳	tʰuẽ²⁴	tuẽ⁵⁵	tuẽ⁵⁵	tʰu³¹	lyẽ⁵⁵
兴平	tʰuẽ²⁴	tuẽ⁵⁵	tuẽ⁵⁵	tʰu³¹	lyẽ⁵⁵ ｜ lyẽ
武功	tʰuẽ²⁴	tuẽ⁵⁵	tuẽ⁵⁵	tʰu³¹	luẽ⁵⁵ ｜ luẽ
礼泉	tʰuẽ²⁴	tuẽ⁵⁵	tuẽ⁵⁵/tʰuẽ²⁴	tʰu³¹	luẽ⁵⁵ ｜ luẽ
乾县	tʰuẽ²⁴	tuẽ⁴⁴	tuẽ⁴⁴	tʰu³¹	luẽ⁴⁴ ｜ luẽ
永寿	tʰuẽ²⁴	tuẽ⁵⁵	tuẽ⁵⁵	tʰu³¹	lyẽ⁵⁵ ｜ lyẽ
淳化	tʰuei²⁴	tuei⁵⁵	tuei⁵⁵/tʰuei²⁴	tʰou⁵²	lyei⁵⁵ ｜ luẽ
旬邑	tʰuẽ²⁴	tuẽ⁴⁴	tuẽ⁴⁴	tʰu³¹	lyẽ⁴⁴ ｜ lyẽ
彬县	tʰuẽ²⁴	tuẽ⁴⁴	tuẽ⁴⁴	tʰu³¹	lyẽ⁴⁴ ｜ lyẽ
长武	tʰuẽ²⁴	tuẽ⁴⁴	tuẽ⁴⁴	tʰu³¹	lyẽ⁴⁴ ｜ lyẽ
扶风	tʰuŋ²⁴	tuŋ³³	tuŋ³³	tʰu³¹	lyŋ³³ ｜ lyəŋ
眉县	tʰuŋ²⁴	tuŋ⁴⁴	tuŋ⁴⁴	<u>tʰu</u>³¹/tou⁵²	lyŋ⁴⁴ ｜ lyəŋ
麟游	tʰuŋ²⁴	tuŋ⁴⁴	tuŋ⁴⁴	tʰu³¹	lyŋ⁴⁴ ｜ lyəŋ
岐山	tʰuŋ²⁴	tuŋ⁴⁴	tuŋ⁴⁴	tʰu³¹	lyŋ⁴⁴ ｜ lyəŋ
凤翔	tʰuŋ²⁴	tuŋ⁴⁴	tuŋ⁴⁴	tʰu³¹	lyŋ⁴⁴ ｜ lyəŋ
宝鸡	tʰuŋ²⁴	tuŋ⁴⁴	tuŋ⁴⁴	tʰu⁵³	lyŋ⁴⁴ ｜ lyəŋ
千阳	tʰuŋ²⁴	tuŋ⁴⁴	tuŋ⁴⁴	tʰu³¹	lyŋ⁴⁴ ｜ lyəŋ
陇县	tʰuŋ²⁴	tuŋ⁴⁴	tuŋ⁴⁴	tʰu³¹	lyŋ⁴⁴ ｜ lyəŋ

字目 / 方言	仑	论议~		尊		卒	村	
	臻合一平魂来	臻合一去恩来		臻合一平魂精		臻合一入没精	臻合一平魂清	
西安	luẽ²⁴/lyẽ²⁴①	luẽ⁴⁴/lyẽ⁴⁴②	lyẽ	tsuẽ²¹	tsuẽ	tsou²⁴	tsʰuẽ²¹	tsʰuẽ
韩城	yẽ²⁴	yẽ⁴⁴	yẽ	tɕyẽ³¹	tɕyẽ	tsʰou²⁴	tɕʰyẽ³¹	tɕʰyẽ
合阳	yẽ²⁴	yẽ⁵⁵	yẽ	tɕyẽ³¹	tɕyẽ	tsʰou²⁴	tɕʰyẽ³¹	tɕʰyẽ
澄城	yẽ²⁴	yẽ⁴⁴	yẽ	tɕyẽ³¹	tɕyẽ	tsəu²⁴	tɕʰyẽ³¹	tɕʰyẽ
白水	luẽ²⁴	luẽ⁴⁴	lyẽ	tɕyẽ³¹	tɕyẽ	tsou²⁴	tɕʰyẽ³¹	tɕʰyẽ
大荔	yẽ²⁴	yẽ⁵⁵	yẽ	tɕyẽ³¹	tɕyẽ	tsou²⁴	tɕʰyẽ³¹	tɕʰyẽ
蒲城	luẽ³⁵	luẽ⁵⁵	lyẽ	tɕyẽ³¹	tɕyẽ/tsɿẽ	tsou³⁵	tɕʰyẽ³¹	tɕʰyẽ/tsʰɿẽ
美原	luẽ³⁵	luẽ⁵⁵	lyẽ	tɕyẽ³¹	tɕyẽ	tsou³⁵	tɕʰyẽ³¹	tɕʰyẽ
富平	luẽ³⁵	luẽ⁵⁵	luẽ	tɕyẽ³¹	tsuẽ	tsou³⁵	tɕʰyẽ³¹	tsʰuẽ
潼关	luẽ²⁴	luẽ⁴⁴	luẽ	tɕyẽ³¹	tsuẽ	tsou²⁴	tɕʰyẽ³¹	tsʰuẽ
华阴	luẽ²⁴	luẽ⁵⁵	luẽ	tɕyẽ³¹	tɕyẽ	tsou²⁴	tɕʰyẽ³¹	tɕʰyẽ
华县	luẽ³⁵	luẽ⁵⁵	luẽ	tɕyẽ³¹	tɕyẽ	tsou³⁵	tɕʰyẽ³¹	tɕʰyẽ
渭南	luẽ²⁴	luẽ⁴⁴	luẽ	tɕyẽ³¹	tɕyẽ	tsou²⁴	tɕʰyẽ³¹	tɕʰyẽ
洛南	luei²⁴	luei⁴⁴	lyẽ	tɕyei³¹	tɕyẽ	tsou²⁴	tɕʰyei³¹	tɕʰyẽ
商州	luẽ³⁵	luẽ⁵⁵	luẽ	tɕyẽ³¹	tɕyẽ	tsou³⁵	tɕʰyẽ³¹	tɕʰyẽ
丹凤	luei⁴⁴	luei⁴⁴		tɕyei³¹		tsou²⁴	tɕʰyei³¹	
宜川	luei²⁴	luei⁴⁵		tsuei⁵¹		tsʰɤu²⁴	tsʰuei⁵¹	
富县	lyəŋ²⁴	lyəŋ⁴⁴		tɕyəŋ³¹		tsʰɤu²⁴	tsʰuəŋ³¹/tɕʰyəŋ³¹	
黄陵	lyẽ²⁴	lyẽ⁴⁴		tɕyẽ³¹		tsʰɤu²⁴	tɕʰyẽ³¹	
宜君	luẽ⁵²	lyẽ⁴⁴		tɕyẽ²¹		tsou²⁴	tɕʰyẽ³¹	
铜川	luẽ²⁴/lyẽ²⁴	luẽ⁴⁴/lyẽ⁴⁴	luei	tɕyẽ²¹	tɕyẽ	tsɤu²⁴	tɕʰyẽ²¹	tɕʰyẽ
耀县	luẽi²⁴	luẽi⁴⁴	luẽ	tɕyẽi³¹	tɕyẽ	tsou²⁴	tɕʰyẽi³¹	tɕʰyẽ
高陵	luẽ²⁴	luẽ⁵⁵	luẽ	tsuẽ³¹	tsuẽ	tsɤu²⁴	tsʰuẽ³¹	tsʰuẽ
临潼	luei²⁴	luei⁴⁵	luẽ/luei	tsuei³¹	tɕyẽ/tsuei	tsɤu²⁴	tsʰuei³¹	tɕʰyẽ/tsʰuei

---

① lyẽ²⁴ 旧读。下同。

② lyẽ²⁴ 旧读。下同。

字目\方言	仑	论议~		尊		卒	村	
	臻合一平魂来	臻合一去恩来		臻合一平魂精		臻合一入没精	臻合一平魂清	
蓝田	luẽ^{24}	luẽ^{44}	lyẽ	tʃuẽ^{31}	tsʮẽ	tsʮu^{24}	tʃʰuẽ^{31}	tsʰʮẽ
长安	lyẽ^{24}/luẽ^{24}	lyẽ^{44}/luẽ^{44}		tsuẽ^{31}		tsʮu^{24}	tsʰuẽ^{31}	
户县	luẽ^{24}	luẽ^{55}	luẽ	tʃuẽ^{31}	tsʮẽ	tsʮu^{24}	tʃʰuẽ^{31}	tsʰʮẽ
周至	luẽ^{24}	luẽ^{55}	luẽ	tsuẽ^{21}	tsuẽ	tsu^{24}	tsʰuẽ^{21}	tsʰuẽ
三原	luẽ^{24}	luẽ^{55}	luẽ	tsuẽ^{31}	tsuẽ	tsou^{24}	tsʰuẽ^{31}	tsʰuẽ
泾阳	luẽ^{24}	luẽ^{55}	luẽ	tsuẽ^{31}	tsuẽ	tsou^{24}	tsʰuẽ^{31}	tsʰuẽ
咸阳	lyẽ^{24}	lyẽ^{55}		tsuẽ^{31}		tsu^{24}	tsʰuẽ^{31}	
兴平	lyẽ^{24}	lyẽ^{55}	lyẽ	tsuẽ^{31}	tsuẽ	tsu^{24}	tsʰuẽ^{31}	tsʰuẽ
武功	luẽ^{24}	luẽ^{55}	luẽ	tsuẽ^{31}	tsuẽ	tsu^{24}	tsʰuẽ^{31}	tsʰuẽ
礼泉	luẽ^{24}	luẽ^{55}	luẽ	tsuẽ^{31}	tsuẽ	tsu^{24}	tsʰuẽ^{31}	tsʰuẽ
乾县	luẽ^{24}	luẽ^{44}	luẽ	tsuẽ^{31}	tsuẽ	tsu^{24}	tsʰuẽ^{31}	tsʰuẽ
永寿	lyẽ^{24}	lyẽ^{55}	lyẽ	tsuẽ^{31}	tsuẽ	tsu^{24}	tsʰuẽ^{31}	tsʰuẽ
淳化	lyei^{24}	lyei^{55}	luẽ	tsuei^{31}	tsuẽ	tsou^{24}	tsʰuei^{31}	tsʰuẽ
旬邑	lyẽ^{24}	lyẽ^{44}	lyẽ	tsuẽ^{31}	tsuẽ	tsou^{24}	tsʰuẽ^{31}	tsʰuẽ
彬县	lyẽ^{24}	lyẽ^{44}	lyẽ	tsuẽ^{31}	tsuẽ	tsu^{24}	tsʰuẽ^{31}	tsʰuẽ
长武	lyẽ^{24}	lyẽ^{44}	lyẽ	tsuẽ^{31}	tsuẽ	tsʰu^{24}	tsʰuẽ^{31}	tsʰuẽ
扶风	lyŋ^{24}	lyŋ^{33}	lyəŋ	tsuŋ^{31}	tsuoŋ	tsu^{24}	tsʰuŋ^{31}	tsʰuoŋ
眉县	lyŋ^{24}	lyŋ^{44}	lyəŋ	tsuŋ^{31}	tsuoŋ	tsʰu^{24}	tsʰuŋ^{31}	tsʰuoŋ
麟游	lyŋ^{24}	lyŋ^{44}	lyəŋ	tsuŋ^{31}	tsuoŋ	tsʰu^{24}	tsʰuŋ^{31}	tsʰuoŋ
岐山	lyŋ^{24}	lyŋ^{44}	lyəŋ	tsuŋ^{31}	tsuoŋ	tsu^{24}	tsʰuŋ^{31}	tsʰuoŋ
凤翔	lyŋ^{24}	lyŋ^{44}	lyəŋ	tsuŋ^{31}	tsuoŋ	tsu^{24}	tsʰuŋ^{31}	tsʰuoŋ
宝鸡	lyŋ^{24}	lyŋ^{44}	lyəŋ	tsuŋ^{31}	tsuoŋ	tsu^{24}	tsʰuŋ^{31}	tsʰuoŋ
千阳	lyŋ^{24}	lyŋ^{44}	lyəŋ	tsuŋ^{31}	tsuŋ	tsu^{24}	tsʰuŋ^{31}	tsʰuŋ
陇县	lyŋ^{24}	lyŋ^{44}	lyəŋ	tsuŋ^{31}	tsuoŋ	tsu^{24}	tsʰuŋ^{31}	tsʰuoŋ

字目 方言	寸 臻合一 去慁清	猝 臻合一 入没清	存 臻合一 平魂从	蹲 臻合一 平魂从	孙 臻合一 平魂心
西安	tsʰuẽ⁵⁵	tsʰu⁵⁵	tsʰuẽ²⁴	tuẽ²¹	suẽ²¹ ∣ suẽ
韩城	tɕʰyẽ⁵³	tsʰəu²⁴	tɕʰyẽ²⁴	tẽ³¹	ɕyẽ³¹ ∣ ɕyẽ
合阳	tɕʰyẽ⁵⁵/tɕʰyẽ⁵²	tsʰou²⁴	tɕʰyẽ²⁴	tuẽ³¹	ɕyẽ³¹ ∣ ɕyẽ
澄城	tɕʰyẽ⁴⁴	tsʰəu⁴⁴	tɕʰyẽ²⁴	tuẽ³¹	ɕyẽ³¹ ∣ ɕyẽ
白水	tɕʰyẽ⁴⁴	tsʰou⁴⁴	tɕʰyẽ²⁴	tuẽ³¹	ɕyẽ³¹ ∣ ɕyẽ
大荔	tɕʰyẽ⁵⁵	tsou²⁴	tɕʰyẽ³⁵	tuẽ³¹	ɕyẽ³¹ ∣ ɕyẽ
蒲城	tɕʰyẽ⁵⁵	tsʰou³¹	tɕʰyẽ³⁵	tuẽ³¹	ɕyẽ³¹ ∣ ɕyẽ/sʯẽ
美原	tɕʰyẽ⁵⁵	tsʰou³⁵	tɕʰyẽ³⁵	tuẽ³¹	ɕyẽ³¹ ∣ ɕyẽ
富平	tɕʰyẽ⁵⁵	tsʰou⁵⁵	tɕʰyẽ³⁵	tuẽ³¹	ɕyẽ³¹ ∣ suẽ
潼关	tɕʰyẽ⁴⁴	tsʰou⁴⁴	tɕʰyẽ²⁴	tuẽ³¹	ɕyẽ³¹ ∣ suẽ
华阴	tɕʰyẽ⁵⁵	tsʰou²⁴	tɕʰyẽ²⁴	tuẽ³¹	ɕyẽ³¹ ∣ ɕyẽ
华县	tɕʰyẽ⁵⁵	tsʰou⁵⁵	tɕʰyẽ³⁵	tuẽ³¹	ɕyẽ³¹ ∣ ɕyẽ
渭南	tɕʰyẽ⁴⁴	tsʰou⁴⁴	tɕʰyẽ²⁴	tuẽ³¹	ɕyẽ³¹ ∣ ɕyẽ
洛南	tɕʰyei⁴⁴	tsʰu⁴⁴	tɕʰyei²⁴	tuei³¹	ɕyei³¹ ∣ ɕyẽ
商州	tɕʰyẽ⁵⁵	tsʰou⁵⁵	tɕʰyẽ³⁵	tuẽ³¹	ɕyẽ³¹ ∣ ɕyẽ
丹凤	tɕʰyei⁴⁴	tsʰou⁴⁴	tɕʰyei²⁴	tuei³¹	ɕyei³¹
宜川	tsʰuei⁴⁵	tsʰɤu⁵¹/tsʰu⁵¹ ～死	tsʰuei²⁴	tuei⁵¹	suei⁵¹
富县	t̲s̲ʰ̲u̲ə̲ŋ̲⁵²/tɕʰyəŋ⁵²	tsʰɤu³¹	tɕʰyəŋ²⁴	tuəŋ³¹	s̲u̲ə̲ŋ̲³¹/ɕyəŋ³¹
黄陵	tɕʰyẽ⁴⁴	tsʰɤu³¹	tɕʰyẽ²⁴	tuẽ³¹	ɕyẽ³¹
宜君	tɕʰyẽ⁴⁴	tsʰou²¹	tɕʰyẽ²⁴	tuẽ³¹	ɕyẽ²¹
铜川	tɕʰyẽ⁴⁴	tsʰɤu²¹	tɕʰyẽ²⁴	tuẽ²¹	ɕyẽ²¹ ∣ ɕyẽ
耀县	tɕʰyẽi⁴⁴	tsʰou³¹	tɕʰyẽi²⁴	tuẽi³¹	ɕyẽi³¹ ∣ ɕyẽ
高陵	tsʰuẽ⁵⁵	tsʰɤu⁵²	tsʰuẽ²⁴	tuẽ³¹	suẽ³¹ ∣ suẽ
临潼	tsʰuei⁴⁵	tsʰɤu⁵²	tsʰuei²⁴	tuei³¹	suei³¹ ∣ ɕyẽ/suei

方言＼字目	寸　臻合一去慁清	猝　臻合一入没清	存　臻合一平魂从	蹲　臻合一平魂从	孙　臻合一平魂心
蓝田	tʃʰuẽ⁴⁴	tsʰɤu²¹	tʃʰuẽ²⁴	tuẽ³¹	ʃuẽ³¹ ｜ sʮẽ
长安	tsʰuẽ⁴⁴	tsʰɤu³¹	tsʰuẽ²⁴	tuẽ³¹	suẽ³¹
户县	tʃʰuẽ⁵⁵	tsʰɤu³¹	tʃʰuẽ²⁴	tuẽ³¹	ʃuẽ³¹ ｜ sʮʰẽ
周至	tsʰuẽ⁵⁵	tsʰu²¹	tsʰuẽ²⁴	tuẽ²¹	suẽ²¹ ｜ suẽ
三原	tsʰuẽ⁵⁵	tsʰou⁵⁵	tsʰuẽ²⁴	tuẽ³¹	suẽ³¹ ｜ suẽ
泾阳	tsʰuẽ⁵⁵	tsʰou³¹	tsʰuẽ²⁴	tuẽ³¹	suẽ³¹ ｜ suẽ
咸阳	tsʰuẽ⁵⁵	tsʰou³¹	tsʰuẽ²⁴	tuẽ³¹	suẽ³¹
兴平	tsʰuẽ⁵⁵	tsʰu⁵⁵	tsʰuẽ²⁴	tuẽ³¹	suẽ³¹ ｜ suẽ
武功	tsʰuẽ⁵⁵	tsʰu⁵⁵	tsʰuẽ²⁴	tuẽ³¹	suẽ³¹ ｜ suẽ
礼泉	tsʰuẽ⁵⁵		tsʰuẽ²⁴	tuẽ³¹	suẽ³¹ ｜ suẽ
乾县	tsʰue⁴⁴	tsʰu⁴⁴	tsʰuẽ²⁴	tue³¹	suẽ³¹ ｜ suẽ
永寿	tsʰue⁵⁵	tsʰu⁵⁵	tsʰuẽ²⁴	tuẽ³¹	suẽ³¹ ｜ suẽ
淳化	tsʰuei⁵⁵	tsʰou⁵⁵	tsʰuei²⁴	tuei³¹	suei³¹ ｜ suẽ
旬邑	tsʰue⁴⁴	tsʰou⁴⁴	tsʰuẽ²⁴	tuẽ³¹	suẽ³¹ ｜ suẽ
彬县	tsʰue⁴⁴	tsʰou⁴⁴	tsʰuẽ²⁴	tue³¹	suẽ³¹ ｜ suẽ
长武	tsʰuẽ⁴⁴	tsʰu⁴⁴	tsʰuẽ²⁴	tuẽ³¹	suẽ³¹ ｜ suẽ
扶风	tsʰuŋ³³	tsʰu³¹	tsʰuŋ²⁴	tuŋ³¹	suŋ³¹ ｜ suoŋ
眉县	tsʰuŋ⁴⁴	tsʰu³¹	tsʰuŋ²⁴	tuŋ³¹	suŋ³¹ ｜ suoŋ
麟游	tsʰuŋ⁴⁴	tsʰu²⁴	tsʰuŋ²⁴	tuŋ³¹	suŋ³¹ ｜ suoŋ
岐山	tsʰuŋ⁴⁴	tsʰu³¹	tsʰuŋ²⁴	tuŋ³¹	suŋ³¹ ｜ suoŋ
凤翔	tsʰuŋ⁴⁴	tsʰu³¹	tsʰuŋ²⁴	tuŋ³¹	suŋ³¹ ｜ suoŋ
宝鸡	tsʰuŋ⁴⁴	tsʰu³¹	tsʰuŋ²⁴	tuŋ³¹	suŋ³¹ ｜ suoŋ
千阳	tsʰuŋ⁴⁴	tsʰu³¹	tsʰuŋ²⁴	tuŋ³¹	suŋ³¹ ｜ suŋ
陇县	tsʰuŋ⁴⁴	tsʰu³¹	tsʰuŋ²⁴	tuŋ³¹	suŋ³¹ ｜ suoŋ

字目／方言	损 臻合一 上混心	逊 臻合一 去恩心	昆 臻合一 平魂见	滚 臻合一 上混见	棍 臻合一 去恩见
西安	suẽ^{53}	çyẽ^{55}	kʰuẽ^{21} ∣ kʰuẽ	kuẽ^{53} ∣ kuẽ	kuẽ^{55}
韩城	çyẽ^{53}	çyẽ^{44}	kʰuẽ^{31} ∣ kʰuẽ	kuẽ^{53} ∣ kuẽ	kuẽ^{44}
合阳	çyẽ^{52}	çyẽ^{55}	kʰuẽ^{31} ∣ kʰuẽ	kuẽ^{52} ∣ kuẽ	kuẽ^{55}
澄城	çyẽ^{53}	çyẽ^{44}	kʰuẽ^{31} ∣ kʰuẽ	kuẽ^{53}	kuẽ^{44}
白水	çyẽ^{53}	çyẽ^{44}	kʰuẽ^{31} ∣ kʰuẽ	kuẽ^{53} ∣ kuẽ	kuẽ^{44}
大荔	çyẽ^{53}	çyẽ^{55}	kʰuẽ^{31} ∣ kʰuẽ	kuẽ^{52} ∣ kuẽ	kuẽ^{55}
蒲城	çyẽ^{53}	çyẽ^{55}	kʰuẽ^{31} ∣ kʰuẽ	kuẽ^{53} ∣ kuẽ	kuẽ^{55}
美原	çyẽ^{53}	çyẽ^{55}	kʰuẽ^{31} ∣ kʰuẽ	kuẽ^{53} ∣ kuẽ	kuẽ^{55}
富平	çyẽ^{53}	çyẽ^{55}	kʰuẽ^{31} ∣ kʰuẽ	kuẽ^{53}	kuẽ^{55}
潼关	çyẽ^{52}	çyẽ^{44}	kʰuẽ^{31} ∣ kʰuẽ	kuẽ^{52} ∣ kuẽ	kuẽ^{44}
华阴	çyẽ^{52}	çyẽ^{55}	kʰuẽ^{31} ∣ kʰuẽ	kuẽ^{52} ∣ kuẽ	kuẽ^{55}
华县	çyẽ^{53}	çyẽ^{55}	kʰuẽ^{31} ∣ kʰuẽ	kuẽ^{53} ∣ kuẽ	kuẽ^{55}
渭南	çyẽ^{53}	çyẽ^{44}	kʰuẽ^{31} ∣ kʰuẽ	kuẽ^{53} ∣ kuẽ	kuẽ^{44}
洛南	çyei^{53}	çyei^{44}	kʰuẽ^{31} ∣ kʰuẽ	kuẽ^{53}	kuẽ^{55}
商州	çyẽ^{53}	çyẽ^{55}	kʰuei^{31} ∣ kʰuẽ	kuei^{53}	kuei^{44}
丹凤	çyei^{53}	çyei^{44}	kʰuei^{31}	kuei^{53}	kuei^{44}
宜川	çyei^{45}	suei^{45}	kʰuei^{51}	kuei^{45}	kuei^{45}
富县	çyəŋ^{52}	çyəŋ^{44}	kʰuəŋ^{52}	kuəŋ^{52}	kuəŋ^{44}
黄陵	çyẽ^{52}	çyẽ^{31}	kʰuẽ^{31}	kuẽ^{52}	kuẽ^{44}
宜君	çyẽ^{52}	çyẽ^{44}	kʰuei^{21}	kuei^{52}	kuẽ^{44}
铜川	çyẽ^{52}	çyẽ^{44}	kʰuei^{21} ∣ kʰuei	kuẽ^{52} ∣ kuei	kuẽ^{44}
耀县	çyẽi^{52}	çyẽi^{44}	kʰuẽi^{31} ∣ kʰuẽ	kuẽi^{52} ∣ kuẽ	kuẽi^{44}
高陵	suẽ^{52}	çyẽ^{24}/suẽ^{24}	kʰuẽ^{31} ∣ kʰuẽ	kuẽ^{52}	kuẽ^{55}
临潼	suei^{52}	çyei^{45}	kʰuei^{31} ∣ kʰuẽ/kʰuei	kuei^{52} ∣ kuẽ	kuei^{45}

字目 方言	损 臻合一 上混心	逊 臻合一 去慁心	昆 臻合一 平魂见	滚 臻合一 上混见	棍 臻合一 去慁见
蓝田	ʃuẽ⁵²	ɕyẽ⁴⁴	kʰuẽ³¹ | kʰuẽ	kuẽ⁵² | kuẽ	kuẽ⁴⁴
长安	suẽ⁵³	ɕyẽ⁴⁴	kʰuẽ³¹	kuẽ⁵³	kuẽ⁴⁴
户县	ʃuẽ⁵²	ɕyẽ⁵⁵/ɕyẽ²⁴	kʰuẽ³¹ | kʰuẽ	kuẽ⁵²	kuẽ⁵⁵
周至	suẽ⁵²	ɕyẽ⁵⁵	kʰuẽ²¹ | kʰuẽ	kuẽ⁵² | kuẽ	kuẽ⁵⁵
三原	suẽ⁵²	ɕyẽ⁵⁵	kʰuẽ³¹ | kʰuẽ	kuẽ⁵²	kuẽ⁵⁵
泾阳	suẽ⁵²	ɕyẽ⁵⁵	kʰuẽ³¹ | kʰuẽ	kuẽ⁵² | kuẽ	kuẽ⁵⁵
咸阳	suẽ⁵²	ɕyẽ²⁴	kʰuẽ³¹	kuẽ⁵²	kuẽ⁵⁵
兴平	suẽ⁵²	ɕyẽ⁵⁵	kʰuẽ³¹ | kʰuẽ	kuẽ⁵² | kuẽ	kuẽ⁵⁵
武功	suẽ⁵²	ɕyẽ⁵⁵	kʰuẽ³¹ | kʰuẽ	kuẽ⁵²	kuẽ⁵⁵
礼泉	suẽ⁵²	ɕyẽ⁵⁵	kʰuẽ³¹ | kʰuẽ	kuẽ⁵² | kuẽ	kuẽ⁵⁵
乾县	suẽ⁵²	ɕyẽ⁴⁴	kʰuẽ³¹ | kʰuẽ	kuẽ⁵² | kuẽ	kuẽ⁴⁴
永寿	suẽ⁵²	ɕyẽ⁵⁵	kʰuẽ³¹ | kʰuẽ	kuẽ⁵² | kuẽ	kuẽ⁵⁵
淳化	suei⁵²	suei⁵⁵	kʰuei³¹	kuei⁵²	kuei⁵⁵
旬邑	suẽ⁵²	ɕyẽ⁴⁴	kʰuẽ³¹ | kʰuẽ	kuẽ⁵² | kuẽ	kuẽ⁴⁴
彬县	suẽ⁵²	ɕyẽ⁴⁴	kʰuẽ³¹ | kʰuẽ	kuẽ⁵² | kuẽ	kuẽ⁴⁴
长武	suẽ⁵²/ɕyẽ⁵²	ɕyẽ⁴⁴	kʰuẽ³¹ | kʰuẽ	kuẽ⁵² | kuẽ	kuẽ⁴⁴
扶风	suŋ⁵²	ɕyŋ³³	kʰuŋ⁵² | kʰuoŋ	kuŋ⁵² | kuoŋ	kuŋ³³
眉县	suŋ⁵²	suŋ⁴⁴	kʰuŋ³¹ | kʰuoŋ	kuŋ⁵² | kuoŋ	kuŋ⁴⁴
麟游	suŋ⁵³	suŋ⁵³	kʰuŋ³¹ | kʰuəŋ	kuŋ⁵³	kuŋ⁴⁴
岐山	suŋ⁵³	suŋ⁴⁴	kʰuŋ⁵³ | kʰuoŋ	kuŋ⁵³ | kuoŋ	kuŋ⁴⁴
凤翔	suŋ⁵³	ɕyŋ⁴⁴	kʰuŋ⁵³ | kʰuoŋ	kuŋ⁵³ | kuoŋ	kuŋ⁴⁴
宝鸡	suŋ⁵³	ɕyŋ⁴⁴	kʰuŋ³¹ | kʰuəŋ	kuŋ⁵³	kuŋ⁴⁴
千阳	suŋ⁵³	suŋ²⁴	kʰuŋ⁵³ | kʰuŋ	kuŋ⁵³ | kuŋ	kuŋ⁴⁴
陇县	suŋ⁵³	ɕyŋ⁴⁴	kʰuŋ³¹ | kʰuoŋ	kuŋ⁵³	kuŋ⁴⁴

字目 方言	骨 臻合一 入没见	坤 臻合一 平魂溪	捆 臻合一 上混溪	困 臻合一 去恩溪	窟 臻合一 入没溪
西安	ku²¹	kʰuẽ²¹	kʰuẽ⁵³	kʰuẽ⁵⁵	kʰu²¹
韩城	ku³¹	kʰuẽ³¹	kʰuẽ⁵³	kʰuẽ⁴⁴	kʰu³¹
合阳	ku³¹	kʰuẽ³¹	kʰuẽ⁵²	kʰuẽ⁵⁵	kʰu³¹
澄城	ku³¹	kʰuẽ³¹	kʰuẽ⁵³	kʰuẽ⁴⁴	kʰu³¹
白水	vu³¹	kʰuẽ³¹	kʰuẽ⁵³	kʰuẽ⁴⁴	kʰu³¹
大荔	ku³¹	kʰuẽ³¹	kʰuẽ⁵²	kʰuẽ⁵⁵	kʰu³¹
蒲城	ku³¹	kʰuẽ³¹	kʰuẽ⁵³	kʰuẽ⁵⁵	kʰu³¹
美原	ku³¹	kʰuẽ³¹	kʰuẽ⁵³	kʰuẽ⁵⁵	kʰu³¹
富平	ku³¹	kʰuẽ³¹	kʰuẽ⁵³	kʰuẽ⁵⁵	kʰu³¹
潼关	ku³¹	kʰuẽ³¹	kʰuẽ⁵²	kʰuẽ⁴⁴	kʰu³¹
华阴	ku³¹	kʰuẽ³¹	kʰuẽ⁵³	kʰuẽ⁵⁵	kʰu³¹
华县	ku³¹	kʰuẽ³¹	kʰuẽ⁵³	kʰuẽ⁵⁵	kʰu³¹
渭南	ku³¹	kʰuẽ³¹	kʰuẽ⁵³	kʰuẽ⁴⁴	kʰu³¹
洛南	ku³¹	kʰuẽ³¹	kʰuẽ⁵³	kʰuẽ⁵⁵	kʰu³¹
商州	ku³¹	kʰuei³¹	kʰuei⁵³	kʰuei⁴⁴	kʰu³¹
丹凤	ku³¹	kʰuei³¹	kʰuei⁵³	kʰuei⁴⁴	kʰu³¹
宜川	ku⁵¹	kʰuei⁵¹	kʰuei⁴⁵	kʰuei⁴⁵	kʰu⁵¹
富县	ku³¹	kʰuəŋ³¹	kʰuəŋ⁵²	kʰuəŋ⁴⁴	kʰu³¹
黄陵	ku³¹	kʰuẽ³¹	kʰuẽ⁵²	kʰuẽ⁴⁴	kʰu³¹
宜君	ku²¹	kʰuei²¹	kʰuẽ⁵²	kʰuẽ⁴⁴	kʰu²¹
铜川	ku²¹	kʰuei²¹	kʰuẽ⁵²	kʰuẽ⁴⁴	kʰu²¹
耀县	ku³¹	kʰuẽi³¹	kʰuẽi⁵²	kʰuẽi⁴⁴	kʰuəŋ³¹
高陵	ku³¹	kʰuẽ³¹	kʰuẽ⁵²	kʰuẽ⁵⁵	kʰu³¹
临潼	ku³¹	kʰuei³¹	kʰuei⁵²	kʰuei⁴⁵	kʰu³¹

字目 方言	骨 臻合一 入没见	坤 臻合一 平魂溪	捆 臻合一 上混溪	困 臻合一 去恩溪	窟 臻合一 入没溪
蓝田	ku³¹	kʰuẽ³¹	kʰuẽ⁵²	kʰuẽ⁴⁴	kʰu³¹
长安	ku³¹	kʰuẽ³¹	kʰuẽ⁵³	kʰuẽ⁴⁴	kʰu³¹
户县	ku³¹	kʰuẽ³¹	kʰuẽ⁵²	kʰuẽ⁵⁵	kʰu³¹
周至	ku²¹	kʰuẽ²¹	kʰuẽ⁵²	kʰuẽ⁵⁵	kʰu²¹
三原	ku³¹	kʰuẽ³¹	kʰuẽ⁵²	kʰuẽ⁵⁵	kʰu³¹
泾阳	ku³¹	kʰuẽ³¹	kʰuẽ⁵²	kʰuẽ⁵⁵	kʰu³¹
咸阳	ku³¹	kʰuẽ³¹	kʰuẽ⁵²	kʰuẽ⁵⁵	k̲ʰ̲u̲³¹/f̲u̲³¹
兴平	ku³¹	kʰuẽ³¹	kʰuẽ⁵²	kʰuẽ⁵⁵	k̲ʰ̲u̲³¹/f̲u̲³¹
武功	ku³¹	kʰuẽ³¹	kʰuẽ⁵²	kʰuẽ⁵⁵	k̲ʰ̲u̲³¹/f̲u̲³¹
礼泉	ku³¹	kʰuẽ³¹	kʰuẽ⁵²	kʰuẽ⁵⁵	k̲ʰ̲u̲³¹/f̲u̲³¹
乾县	ku³¹	kʰuẽ³¹	kʰuẽ⁵²	kʰuẽ⁴⁴	k̲ʰ̲u̲³¹/f̲u̲³¹
永寿	ku³¹	kʰuẽ³¹	kʰuẽ⁵²	kʰuẽ⁵⁵	k̲ʰ̲u̲³¹/f̲u̲³¹
淳化	ku³¹	kʰuei³¹	kʰuei⁵²	kʰuei⁵⁵	k̲ʰ̲u̲³¹/f̲u̲³¹
旬邑	ku³¹	kʰuẽ³¹	kʰuẽ⁵²	kʰuẽ⁵⁵	k̲ʰ̲u̲³¹/f̲u̲³¹
彬县	ku³¹	kʰuẽ³¹	kʰuẽ⁵²	kʰuẽ⁴⁴	k̲ʰ̲u̲³¹/f̲u̲³¹
长武	ku³¹	kʰuẽ³¹	kʰuẽ⁵²	kʰuẽ⁴⁴	k̲ʰ̲u̲³¹/f̲u̲³¹
扶风	ku³¹	kʰuŋ³¹	kʰuŋ⁵²	kʰuŋ³³	kʰu³¹
眉县	ku³¹	kʰuŋ³¹	kʰuŋ⁵²	kʰuŋ⁴⁴	kʰu³¹
麟游	ku³¹	kʰuŋ³¹	kʰuŋ⁵³	kʰuŋ⁴⁴	kʰu³¹
岐山	ku³¹	kʰuŋ³¹	kʰuŋ⁵³	kʰuŋ⁴⁴	kʰu³¹
凤翔	ku³¹	kʰuŋ³¹	kʰuŋ⁵³	kʰuŋ⁴⁴	kʰu³¹
宝鸡	ku³¹	kʰuŋ³¹	kʰuŋ⁵³	kʰuŋ⁴⁴	kʰu³¹
千阳	ku³¹	kʰuŋ⁵³	kʰuŋ⁵³	kʰuŋ⁴⁴	kʰu³¹
陇县	ku³¹	kʰuŋ³¹	kʰuŋ⁵³	kʰuŋ⁴⁴	kʰu³¹

字目 方言	杌 臻合一 入没疑	婚 臻合一 平魂晓	忽 臻合一 入没晓	魂 臻合一 平魂匣	混 臻合一 上混匣
西安	u²¹	xuẽ²¹	xu²¹	xuẽ²⁴ | xuẽ	xuẽ⁵⁵
韩城	u³¹	xuẽ³¹	xu³¹	xuẽ²⁴ | xuẽ	xuẽ⁴⁴
合阳	u³¹	xuẽ³¹	xu³¹	xuẽ²⁴ | xuẽ	xuẽ⁵⁵
澄城	u³¹	xuẽ³¹	xu³¹	xuẽ²⁴ | xuẽ	xuẽ⁴⁴
白水	u³¹	xuẽ³¹	xu³¹	xuẽ²⁴ | xuẽ	xuẽ⁴⁴
大荔	u³¹	xuẽ³¹	xu³¹	xuẽ²⁴ | xuẽ	xuẽ⁵⁵
蒲城	u³¹	xuẽ³¹	xu³¹	xuẽ³⁵ | xuẽ	xuẽ⁵⁵
美原	u³¹	xuẽ³¹	xu³¹	xuẽ³⁵ | xuẽ	xuẽ⁵⁵
富平	u³¹	xuẽ³¹	xu³¹	xuẽ³⁵ | xuẽ	xuẽ⁵⁵
潼关	vu³¹	xuẽ³¹	xu³¹	xuẽ²⁴ | xuẽ	xuẽ⁴⁴
华阴	u³¹	xuẽ³¹	xu³¹	xuẽ²⁴ | xuẽ	xuẽ⁵⁵
华县	u³¹	xuẽ³¹	xu³¹	xuẽ³⁵ | xuẽ	xuẽ⁵⁵
渭南	u³¹	xuẽ³¹	xu³¹	xuẽ²⁴ | xuẽ	xuẽ⁴⁴
洛南	vu³¹	xuei³¹	xu³¹	xuei²⁴ | xuẽ	xuei⁴⁴
商州	vu³¹	xuẽ³¹	xu³¹	xuẽ³⁵ | xuẽ	xuẽ⁵⁵
丹凤	vu³¹	xuei³¹	xu³¹	xuei²⁴	xuei⁴⁴
宜川	u⁵¹	xuei⁵¹	xu⁵¹	xuei²⁴	xuei⁴⁵
富县	u³¹	xuəŋ³¹	xu³¹	xuəŋ²⁴	xuəŋ⁴⁴
黄陵	u³¹	xuẽ³¹	xu³¹	xuẽ²⁴	xuẽ⁴⁴
宜君	vu²¹	xuei²¹	xu²¹	xuẽ²⁴	xuei⁴⁴
铜川	u²¹	xuei²¹/xuẽ²¹	xu²¹	xuẽ²⁴ | xuei	xue⁴⁴
耀县	u³¹	xuẽi³¹	xu³¹	xuẽi²⁴ | xuẽ	xuẽi⁴⁴
高陵	u³¹	xuẽ³¹	xu³¹	xuẽ²⁴ | xuẽ	xuẽ⁵⁵
临潼	u³¹	xuei³¹	xu³¹	xuei²⁴ | xuẽ/xuei	xuei⁴⁵

字目 方言	杌 臻合一 入没疑	婚 臻合一 平魂晓	忽 臻合一 入没晓	魂 臻合一 平魂匣	混 臻合一 上混匣
蓝田	u³¹	xuẽ³¹	xu³¹	xuẽ²⁴ ｜ xuẽ	xuẽ⁴⁴
长安	u³¹	xuẽ³¹	xu³¹	xuẽ²⁴	xuẽ⁴⁴
户县	u³¹	xuẽ³¹	xu³¹	xuẽ²⁴ ｜ xuẽ	xuẽ⁵⁵
周至	u²¹	xuẽ²¹	xu²¹	xuẽ²⁴ ｜ xuẽ	xuẽ⁵⁵
三原	u³¹	xuẽ³¹	xu³¹	xuẽ²⁴ ｜ xuẽ	xuẽ⁵⁵
泾阳	u⁵²	xuẽ³¹	xu³¹	xuẽ²⁴	xuẽ⁵⁵
咸阳	u³¹	xuẽ³¹	xu³¹	xuẽ²⁴	xuẽ⁵⁵
兴平	u³¹	xuẽ³¹	xu³¹	xuẽ²⁴ ｜ xuẽ	xuẽ⁵⁵
武功	u³¹	xuẽ³¹	xu³¹	xuẽ²⁴ ｜ xuẽ	xuẽ⁵⁵
礼泉	u³¹	xuẽ³¹	xu³¹	xuẽ²⁴ ｜ xuẽ	xuẽ⁵⁵
乾县	u³¹	xuẽ³¹	xu³¹	xuẽ²⁴ ｜ xuẽ	xuẽ⁴⁴
永寿	u³¹	xuẽ³¹	xu³¹	xuẽ²⁴ ｜ xuẽ	xuẽ⁵⁵
淳化	u³¹	xuei³¹	xu³¹	xuei²⁴	xuei⁵⁵
旬邑	u³¹	xuẽ³¹	xu³¹	xuẽ²⁴ ｜ xuẽ	xuẽ⁴⁴
彬县	u³¹	xuẽ³¹	xu³¹	xuẽ²⁴ ｜ xuẽ	xuẽ⁴⁴
长武	u³¹	xuẽ³¹	xu³¹	xuẽ²⁴ ｜ xuẽ	xuẽ⁴⁴
扶风	vu³¹	xuŋ³¹	xu³¹	xuŋ²⁴ ｜ xuoŋ	xuŋ³³
眉县	u⁵²	xuŋ³¹	xu³¹	xuŋ²⁴ ｜ xuoŋ	xuŋ⁴⁴
麟游	vu⁵³	xuŋ³¹	xu³¹	xuŋ²⁴ ｜ xuəŋ	xuŋ⁴⁴
岐山	vu⁵³	xuŋ³¹	xu³¹	xuŋ²⁴ ｜ xuoŋ	xuŋ⁵³
凤翔	u⁵³	xuŋ³¹	xu³¹	xuŋ²⁴ ｜ xuoŋ	xuŋ⁴⁴
宝鸡		xuŋ³¹	xu³¹	xuŋ²⁴ ｜ xuəŋ	xuŋ⁴⁴
千阳	vu³¹	xuŋ³¹	xu³¹	xuŋ²⁴ ｜ xuŋ	xuŋ⁴⁴
陇县	vu³¹	xuŋ³¹	xu³¹	xuŋ²⁴ ｜ xuoŋ	xuŋ⁴⁴

字目 方言	温 臻合一 平魂影		稳 臻合一 上混影	轮 臻合三 平谆来	律 臻合三 入术来	遵 臻合三 平谆精
西安	uẽ²¹	uẽ	uẽ⁵³	luẽ²⁴/lyẽ²⁴①	ly²¹	tsuẽ²¹
韩城	uẽ³¹	uẽ	uẽ⁵³	yẽ²⁴	y³¹	tɕyẽ³¹
合阳	uẽ³¹	uẽ	uẽ⁵²	yẽ²⁴	y³¹	tɕyẽ³¹
澄城	uẽ³¹	uẽ	uẽ⁵³	yẽ²⁴	y³¹	tɕyẽ³¹
白水	uẽ³¹	vẽ	uẽ⁵³	luẽ²⁴	ly³¹	tɕyẽ³¹
大荔	uẽ³¹	uẽ	uẽ⁵²	yẽ²⁴	y³¹	tɕyẽ³¹
蒲城	uẽ³¹	uẽ	uẽ⁵³	luẽ³⁵	ly³¹	tɕyẽ³¹
美原	uẽ³¹	uẽ	uẽ⁵³	luẽ³⁵	ly³¹	tɕyẽ³¹
富平	uẽ³¹	uẽ	uẽ⁵³	luẽ³⁵	ly³¹	tɕyẽ³¹
潼关	vẽ³¹	uẽ	vẽ⁵²	luẽ²⁴	ly³¹	tɕyẽ³¹
华阴	uẽ³¹	uẽ	uẽ⁵²	luẽ²⁴	ly³¹	tɕyẽ³¹
华县	uẽ³¹	uẽ	uẽ⁵³	luẽ³⁵	ly³¹	tɕyẽ³¹
渭南	uẽ³¹	uẽ	uẽ⁵³	luẽ²⁴	ly³¹	tɕyẽ³¹
洛南	vei³¹	vẽ	vei⁵³	luei²⁴	ly³¹	tɕyei³¹
商州	vẽ³¹	vẽ	vẽ⁵³	luẽ³⁵	ly³¹	tɕyẽ³¹
丹凤	vei³¹		vei⁵³	luei²⁴	ly³¹	tɕyei³¹
宜川	vei⁵¹		vei⁴⁵	luei²⁴	l̲y⁵¹/y⁵¹	tsuei⁵¹
富县	vəŋ³¹		vəŋ⁵²	lyəŋ²⁴	ly³¹	tɕyəŋ³¹
黄陵	vẽ³¹		vẽ⁵²	lyẽ²⁴	ly³¹	tɕyẽ³¹
宜君	vei²¹		vẽ⁵²	lyẽ²⁴	ly²¹	tɕyẽ²¹
铜川	vei²¹	vei	uẽ⁵²/vẽ⁵²	luẽ²⁴/lyẽ²⁴	ly²¹	tɕyẽ²¹
耀县	uẽi³¹	uẽ	uẽi⁵²	luẽi²⁴	ly³¹	tɕyẽi³¹
高陵	uẽ³¹	uẽ	uẽ⁵²	luẽ²⁴	ly³¹	tsuẽ³¹
临潼	uei³¹	uẽ	uei⁵²	luei²⁴	ly³¹	tsuei³¹

① lyẽ²⁴旧读。

字目 方言	温 臻合一 平魂影	稳 臻合一 上混影	轮 臻合三 平谆来	律 臻合三 入术来	遵 臻合三 平谆精
蓝田	uẽ³¹ ｜ uẽ	uẽ⁵²	luẽ²⁴	ly³¹	tʃuẽ³¹
长安	uẽ³¹	uẽ⁵³	lyẽ²⁴	ly³¹	tsuẽ³¹
户县	uẽ³¹ ｜ uẽ	uẽ⁵²	luẽ²⁴	ly³¹	tʃuẽ³¹
周至	uẽ²¹ ｜ uẽ	uẽ⁵²	luẽ²⁴	ly²¹	tsuẽ²¹
三原	uẽ³¹ ｜ uẽ	uẽ⁵²	luẽ²⁴	ly³¹	tsuẽ³¹
泾阳	uẽ³¹ ｜ uẽ	uẽ⁵²	luẽ²⁴	ly³¹	tsuẽ³¹
咸阳	uẽ³¹	uẽ⁵²	lyẽ²⁴	ly³¹	tsuẽ³¹
兴平	uẽ³¹ ｜ uẽ	uẽ⁵²	lyẽ²⁴	ly³¹	tsuẽ³¹
武功	uẽ³¹ ｜ uẽ	uẽ⁵²	luẽ²⁴	ly³¹	tsuẽ³¹
礼泉	uẽ³¹ ｜ uẽ	uẽ⁵²	luẽ²⁴	ly³¹	tsuẽ³¹
乾县	vẽ³¹ ｜ uẽ	vẽ⁵²	lue²⁴	ly³¹	tsuẽ³¹
永寿	uẽ³¹ ｜ uẽ	uẽ⁵²	lyẽ²⁴	ly³¹	tsuẽ³¹
淳化	uei³¹	uei⁵²	lyei²⁴	ly³¹	tsuei³¹
旬邑	uẽ³¹ ｜ vẽ	uẽ⁵²	lyẽ²⁴	ly³¹	tsuẽ³¹
彬县	uẽ³¹ ｜ vẽ	uẽ⁵²	lyẽ²⁴	ly³¹	tsuẽ³¹
长武	uẽ³¹ ｜ uẽ	uẽ⁵²	lyẽ²⁴	ly³¹	tsuẽ³¹
扶风	vəŋ³¹ ｜ uoŋ	vəŋ⁵²	lyŋ²⁴	ly³¹	tsuŋ³¹
眉县	uəŋ³¹ ｜ uoŋ	uəŋ⁵²	lyŋ²⁴	ly³¹	tsuŋ³¹
麟游	vəŋ³¹ ｜ vəŋ	vəŋ⁵³	lyŋ²⁴	ly³¹	tsuŋ³¹
岐山	vəŋ³¹ ｜ uoŋ	vəŋ⁵³	lyŋ²⁴	ly³¹	tsuŋ³¹
凤翔	uŋ³¹ ｜ uoŋ	uŋ⁵³	lyŋ²⁴	ly³¹	tsuŋ³¹
宝鸡	vəŋ³¹ ｜ vəŋ	vəŋ⁵³	lyŋ²⁴	ly³¹	tsuŋ³¹
千阳	vəŋ³¹ ｜ vəŋ	vəŋ⁵³	lyŋ²⁴	ly³¹	tsuŋ³¹
陇县	vəŋ³¹ ｜ voŋ	vəŋ⁵³	lyŋ²⁴	ly³¹	tsuŋ³¹

字目 方言	俊 臻合三 去稕精	皴 臻合三 平谆清	荀 臻合一 平谆心	笋 臻合三 上准心	迅 臻合三 去稕心
西安	tɕyẽ⁵⁵	tsʰuẽ²¹	ɕyẽ²⁴	suẽ⁵³	ɕiẽ⁵⁵
韩城	tɕyẽ⁴⁴	tɕʰyẽ³¹	ɕyẽ²⁴	ɕyẽ⁵³	ɕyẽ⁴⁴
合阳	tɕyẽ⁵⁵	tɕʰyẽ³¹	ɕyẽ²⁴	ɕyẽ⁵²	siẽ⁵⁵
澄城	tɕyẽ⁴⁴	tɕʰyẽ³¹	ɕyẽ²⁴	ɕyẽ⁵³	siẽ⁴⁴
白水	tɕyẽ⁴⁴	tɕʰyẽ³¹	ɕyẽ²⁴	ɕyẽ⁵³	siẽ⁴⁴
大荔	tɕyẽ⁵⁵	tɕʰyẽ³¹	ɕyẽ²⁴	ɕyẽ⁵²	ɕyẽ⁵⁵
蒲城	tɕyẽ⁵⁵	tɕʰyẽ³¹	ɕyẽ³⁵	ɕyẽ⁵³	siẽ⁵⁵
美原	tɕyẽ⁵⁵	tɕʰyẽ³¹	ɕyẽ³⁵	ɕyẽ⁵³	ɕiẽ⁵⁵
富平	tɕyẽ⁵⁵	tɕʰyẽ³¹	ɕyẽ³⁵	ɕyẽ⁵³	siẽ⁵⁵
潼关	tɕyẽ⁴⁴	tɕʰyẽ³¹	ɕyẽ²⁴	ɕyẽ⁵²	ɕyẽ⁴⁴
华阴	tɕyẽ⁵⁵	tɕʰyẽ³¹	ɕyẽ²⁴	ɕyẽ²⁴	ɕiẽ⁵⁵
华县	tɕyẽ⁵⁵	tɕʰyẽ³¹	ɕyẽ³⁵	ɕyẽ⁵³	siẽ⁵⁵
渭南	tɕyẽ⁴⁴	tɕʰyẽ³¹	ɕyẽ²⁴	ɕyẽ⁵³	ɕiẽ⁴⁴
洛南	tɕyei⁴⁴	tɕʰyei³¹	ɕyei²⁴	ɕyei⁵³	ɕyei⁴⁴
商州	tɕyẽ⁵⁵	tɕʰyẽ³¹	ɕyẽ³⁵	ɕyẽ⁵³	ɕyẽ⁵⁵/ɕiẽ⁵⁵①
丹凤	tɕyei⁴⁴	tɕʰyei³¹	ɕyei²⁴	ɕyei⁵³	ɕyei⁴⁴
宜川	tɕʰyei⁴⁵	tsʰuei⁵¹	ɕyei²⁴	ɕyei⁴⁵/ɕy⁴⁵②	ɕiei⁴⁵
富县	tɕʰyəŋ⁴⁴	tɕʰyəŋ⁵²	ɕyəŋ²⁴	ɕyəŋ⁵²	ɕiəŋ⁴⁴
黄陵	tɕʰyẽ⁴⁴	tɕʰyẽ³¹	ɕyẽ²⁴	ɕyẽ⁵²	ɕiẽ⁴⁴
宜君	tɕyẽ⁴⁴	tɕʰyẽ²¹	ɕyẽ²⁴	ɕyẽ⁵²	ɕiẽ⁴⁴
铜川	tɕyẽ⁴⁴	tɕʰyẽ²¹	ɕyẽ²⁴	ɕyẽ⁵²	ɕiẽ⁴⁴
耀县	tɕyẽi⁴⁴	tɕʰyẽi³¹	ɕyẽi²⁴	ɕyẽi⁵²	ɕyẽi⁴⁴
高陵	tsuẽ⁵⁵	tsʰuẽ³¹	ɕyẽ²⁴	suẽ⁵²	siẽ⁵⁵
临潼	tɕyei⁴⁵	tsʰuei³¹	ɕyei²⁴	suei⁵²	ɕiei⁴⁵

① ɕiẽ⁵⁵ 鲁~。

② ɕy⁴⁵ 荀~。

字目　方言	俊	皴	荀	笋	迅
	臻合三去稕精	臻合三平谆清	臻合一平谆心	臻合三上准心	臻合三去稕心
蓝田	tʃuẽ⁴⁴	tʃʰuẽ³¹	çyẽ²⁴	ʃuẽ⁵²	çiẽ⁴⁴
长安	tsuẽ⁴⁴	tsʰuẽ³¹	çyẽ²⁴	suẽ⁵³	çiẽ⁴⁴
户县	tʃuẽ⁵⁵	tʃʰuẽ³¹	ʃuẽ²⁴	ʃuẽ⁵²	çiẽ⁵⁵
周至	tsuẽ⁵⁵	tsʰuẽ²¹	çyẽ²⁴	suẽ⁵²	çyẽ⁵⁵
三原	tsuẽ⁵⁵	tsʰuẽ³¹	suẽ²⁴	suẽ⁵²	siẽ⁵⁵
泾阳	tsuẽ⁵⁵	tsʰuẽ³¹	suẽ²⁴	suẽ⁵²	çiẽ⁵⁵
咸阳	tsuẽ⁵⁵	tsʰuẽ³¹	çyẽ²⁴	suẽ⁵²	çiẽ⁵⁵
兴平	tɕyẽ⁵⁵	tsʰuẽ³¹	çyẽ²⁴	suẽ⁵²	çiẽ⁵⁵
武功	tɕyẽ⁵⁵	tsʰuẽ³¹	çyẽ²⁴	suẽ⁵²	çiẽ⁵⁵
礼泉	tɕyẽ⁵⁵	tsʰuẽ³¹	çyẽ²⁴	suẽ⁵²	çiẽ⁵⁵
乾县	tɕyẽ⁴⁴	tsʰuẽ³¹	çyẽ²⁴	suẽ⁵²	çiẽ⁴⁴
永寿	tɕyẽ⁵⁵	tsʰuẽ³¹	çyẽ²⁴	suẽ⁵²	çiẽ⁵⁵
淳化	tsuei⁵⁵	tsʰuei³¹	suei²⁴	suei⁵²	siei⁵⁵
旬邑	tsuẽ⁴⁴	tsʰuẽ³¹	suẽ²⁴	suẽ⁵²	siẽ⁴⁴
彬县	tsuẽ⁴⁴	tsʰuẽ³¹	suẽ²⁴	suẽ⁵²	siẽ⁴⁴
长武	tɕyẽ⁴⁴/tsuẽ⁴⁴	tsʰuẽ³¹	çyẽ²⁴	çyẽ⁵²	siẽ⁴⁴
扶风	tsuŋ³³	tsʰuŋ³¹	çyŋ²⁴	suŋ⁵²	çiŋ³³
眉县	tsuŋ⁴⁴	tsʰuŋ³¹	çyŋ²⁴	suŋ⁵²	çiŋ⁴⁴
麟游	tsuŋ⁴⁴	tsʰuŋ³¹	çyŋ²⁴	suŋ⁵³	siŋ⁴⁴
岐山	tsuŋ⁴⁴	tsʰuŋ³¹	çyŋ²⁴	suŋ⁵³	çiŋ⁴⁴
凤翔	tsuŋ⁴⁴	tsʰuŋ³¹	çyŋ²⁴	suŋ⁵³	siŋ⁴⁴
宝鸡	tsuŋ⁴⁴	tsʰuŋ³¹	çyŋ²⁴	suŋ⁵³	çiŋ⁴⁴
千阳	tsuŋ⁴⁴	tsʰuŋ³¹	çyŋ²⁴	suŋ⁵³	siŋ⁴⁴
陇县	tsuŋ⁴⁴	tsʰuŋ³¹	çyŋ²⁴	suŋ⁵³	çyŋ⁴⁴/çiŋ⁴⁴

字目 / 方言	戌	巡	殉	椿	术 白~
	臻合三 入术心	臻合三 平谆邪	臻合三 去稕邪	臻合三 平谆彻	臻合三 入术澄
西安	ɕy²¹	ɕyɛ̃²⁴	ɕyɛ̃⁵⁵	pfʰɛ̃²¹	fu²⁴
韩城	ɕy³¹	ɕyɛ̃²⁴	ɕyɛ̃²⁴	pfʰɛ̃³¹	pfʰu²⁴
合阳	ɕy³¹	ɕyɛ̃²⁴	ɕyɛ̃²⁴	pfʰɛ̃³¹	pfʰu²⁴
澄城	ɕy³¹	ɕyɛ̃²⁴	ɕyɛ̃⁴⁴	tʂʰuɛ̃³¹	tʂʰu²⁴
白水	ɕy³¹	ɕyɛ̃²⁴	ɕyɛ̃⁴⁴	tʂʰuɛ̃³¹	ʃu²⁴
大荔	ɕy³¹	ɕyɛ̃²⁴	ɕyɛ̃⁵⁵	pfʰɛ̃³¹	fu²⁴
蒲城	ɕy³¹	ɕyɛ̃³⁵	ɕyɛ̃⁵⁵	tʂʰuɛ̃³¹	ʃu³⁵
美原	ɕy³¹	ɕyɛ̃³⁵	ɕyɛ̃³⁵	tʂʰɛ̃³¹	tʂʰʅ³⁵
富平	ɕy³¹	ɕyɛ̃³⁵	ɕyɛ̃⁵⁵	tʂʰuɛ̃³¹	ʃu³⁵
潼关	ɕy³¹	ɕyɛ̃²⁴	ɕyɛ̃⁴⁴	pfʰɛ̃³¹	fu²⁴
华阴	ɕy³¹	ɕyɛ̃²⁴	ɕyɛ̃²⁴	pfʰɛ̃³¹	fu²⁴
华县	ɕy³¹	ɕyɛ̃³⁵	ɕyɛ̃⁵⁵	tʂʰuɛ̃³¹	ʃu³⁵
渭南	ɕy³¹	ɕyɛ̃²⁴	ɕyɛ̃⁴⁴	tʂʰuɛ̃³¹	tʂʰu²⁴
洛南	ɕy³¹	ɕyei²⁴	ɕyei⁴⁴	tʂʰuei³¹	ʃu²⁴
商州	ɕy³¹	ɕyɛ̃³⁵	ɕyɛ̃⁵⁵	tʂʰuɛ̃³¹	ʃu³⁵
丹凤	ɕy³¹	ɕyei²⁴	ɕyei²⁴	tʂʰuei³¹	ʃu²⁴
宜川	ɕy⁵¹	ɕyei²⁴	ɕyei²⁴	tʂʰuei⁵¹	ʂu⁴⁵
富县	ɕy³¹	ɕyəŋ²⁴	ɕyəŋ²⁴	tsʰuəŋ³¹	su²⁴
黄陵	ɕy³¹	ɕyɛ̃²⁴	ɕyɛ̃²⁴	tʂʰuɛ̃³¹	ʃu²⁴
宜君	ɕy²¹	ɕyɛ̃²⁴	ɕyɛ̃²⁴	tʂʰuei²¹/tʂʰu²¹	tʂʰu²⁴
铜川	ɕy²¹	ɕyɛ̃²⁴	ɕyɛ̃²⁴	tʂʰuei²¹	tʂʰu²⁴
耀县	ɕy³¹	ɕyɛi²⁴	ɕyɛi²⁴	tʂʰuɛi³¹	ʃu²⁴
高陵	ɕy³¹	ɕyɛ̃²⁴	ɕyɛ̃²⁴	tʂʰuɛ̃³¹	ʃu²⁴
临潼	ɕy³¹	suei²⁴	ɕyei²⁴	tʂʰei³¹/tʂʰuei³¹ 老	ʂʅ²⁴/ʃu²⁴ 老

字目 方言	戌 臻合三 入术心	巡 臻合三 平谆邪	殉 臻合三 去稕邪	椿 臻合三 平谆彻	术白~ 臻合三 入术澄
蓝田	ɕy³¹	ɕyẽ²⁴	ɕyẽ⁴⁴	tʃʰuẽ³¹	ʃu²⁴
长安	ɕy³¹	ɕyẽ²⁴	ɕyẽ⁴⁴	pfʰẽ³¹	fu⁵³
户县	ɕy³¹	ɕyẽ²⁴/ʃuẽ²⁴ 老	ʃuẽ²⁴	tʃʰuẽ³¹	tʃu³¹
周至	ɕy²¹	ɕyẽ²⁴	ɕyẽ⁵⁵	pfʰẽ²¹/tsʰuẽ²¹①	fu⁵²
三原	ɕy³¹	suẽ²⁴	suẽ²⁴	tʃʰuẽ³¹	ʃu²⁴
泾阳	ɕy³¹	suẽ²⁴	suẽ²⁴	tʃʰuẽ³¹	ʃu²⁴
咸阳	ɕy³¹	ɕyẽ²⁴	ɕyẽ⁵⁵	tʃʰuẽ³¹	tʃʰu²⁴
兴平	ɕy³¹	ɕyẽ²⁴	ɕyẽ⁵⁵	tʃʰuẽ³¹	ʃu⁵⁵
武功	ɕy³¹	ɕyẽ²⁴	ɕyẽ²⁴	tʃʰuẽ³¹	ʃu²⁴
礼泉	ɕy³¹	ɕyẽ²⁴	ɕyẽ²⁴	tʃʰuẽ³¹	ʃu⁵⁵
乾县	ɕy³¹	ɕyẽ²⁴	ɕyẽ⁴⁴	tʃʰuẽ³¹	ʃu⁴⁴
永寿	ɕy³¹	ɕyẽ²⁴	ɕyẽ⁵⁵	tʃʰuẽ³¹	ʃu²⁴
淳化	ɕy³¹	suei²⁴	suei⁵⁵	tʃʰuei³¹	ʃu²⁴
旬邑	ɕy³¹	suẽ²⁴	suẽ⁴⁴	tʃʰuẽ³¹	tʃʰu²⁴
彬县	ɕy³¹	suẽ²⁴	ɕyẽ⁴⁴	tʃʰuẽ³¹	tʃʰu²⁴
长武	ɕy³¹	ɕyẽ²⁴	ɕyẽ⁴⁴	tʃʰuẽ³¹	tʃʰu²⁴
扶风	ɕy³¹	ɕyŋ²⁴	ɕyŋ²⁴	tʂʰəŋ³¹	tʂʅ³¹
眉县	ɕy³¹	ɕyŋ²⁴	ɕyŋ⁴⁴	tʂʰəŋ³¹/tʃʰuəŋ³¹	tʂʅ³¹
麟游	ɕy³¹	ɕyŋ²⁴	ɕyŋ²⁴	tʃʰuəŋ³¹	tʃu³¹
岐山	ɕy³¹	ɕyŋ²⁴	ɕyŋ²⁴	tʂʰəŋ³¹	tʂʅ³¹
凤翔	ɕy³¹	ɕyŋ²⁴	ɕyŋ²⁴	tʂʰəŋ³¹	tʂʅ³¹
宝鸡	ɕy³¹	ɕyŋ²⁴	ɕyŋ²⁴	tʂʰəŋ³¹/tʂʰuəŋ³¹ 新	ʂʅ⁵³/ʂu⁵³ 新
千阳	ɕy³¹	ɕyŋ²⁴	ɕyŋ⁴⁴	tʃʰəŋ³¹	tʃʅ³¹
陇县	ɕy³¹	ɕyŋ²⁴	ɕyŋ²⁴	tʃʰuŋ³¹	tʃu³¹

① pfʰẽ²¹ ~树；tsʰuẽ²¹ ~木。

字目 / 方言	率~领	朜	准	春	蠢
	臻合三入术生	臻合三平谆章	臻合三上准章	臻合三平谆昌	臻合三上准昌
西安	fæ⁵⁵	tsẽ²¹	pfẽ⁵³	pfʰẽ²¹ ｜ pfʰɛ̃	pfʰẽ⁵³
韩城	fæ⁴⁴	tsɛ̃³¹	pfɛ̃⁵³	pfʰɛ̃³¹ ｜ pfʰɛ̃	pfʰɛ̃⁵³
合阳	fe⁵⁵	tʰue²⁴	pfe⁵²	pfʰe³¹ ｜ pfʰɛ̃	pfʰe⁵²
澄城	ʃuæ⁴⁴	tsẽ³¹	tʃuẽ⁵³	tʃʰuẽ³¹ ｜ tsʰɥẽ	tʃʰuẽ⁵³
白水	ʃuæ⁴⁴	tsẽ³¹	tʃuẽ⁵³	tʃʰuẽ³¹ ｜ tsʰɥ̃ẽ	tʃʰuẽ⁵³
大荔	fæ⁵⁵	tsẽ³¹	pfe⁵²	pfʰẽ³¹ ｜ pfʰɛ̃	pfʰe⁵²
蒲城	ʃuæ⁵⁵	tsẽ³¹	tʃuẽ⁵³	tʃʰuẽ³¹ ｜ tsʰɥẽ	tʃʰuẽ⁵³
美原	ʃæ⁵⁵	tsɛ̃³¹	tʃɛ̃⁵³	tʃʰɛ̃³¹ ｜ tsʰɥẽ	tʃʰɛ̃⁵³
富平	ʃuæ⁵⁵	tsẽ³¹	tʃuẽ⁵³	tʃʰuẽ³¹ ｜ tsʰɥ̃ẽ	tʃʰuẽ⁵³
潼关	fæ⁴⁴	tsẽ³¹	pfe⁵²	pfʰẽ³¹ ｜ pfʰɛ̃	pfʰẽ⁵²
华阴	fæ⁵⁵	tsẽ³¹	pfe⁵²	pfʰẽ³¹ ｜ pfʰɛ̃	pfʰe⁵²
华县	ʃuæ⁵⁵	tsẽ³¹	tʃuẽ⁵³	tʃʰuẽ³¹ ｜ tsʰɥ̃ẽ	tʃʰuẽ⁵³
渭南	ʃue⁴⁴	tsẽ³¹	tʃuẽ⁵³	tʃʰuẽ³¹ ｜ tsʰɥẽ	tʃʰuẽ⁵³
洛南	ʃue⁴⁴	tsei³¹	tʃuei⁵³	tʃʰuei³¹ ｜ tsʰɥ̃ẽ	tʃʰuei⁵³
商州	ʃuæ⁵⁵	tsẽ³¹	tʃuẽ⁵³	tʃʰuẽ³¹ ｜ tsʰɥẽ	tʃʰuẽ⁵³
丹凤	ʃuæ⁴⁴	tsei³¹	tʃuei⁵³	tʃʰuei³¹	tʃʰuei⁵³
宜川	ʂuee⁴⁵		tʂuei⁴⁵	tʂʰuei⁵¹	tʂʰuei²⁴
富县	suE⁴⁴		tsuəŋ⁵²	tsʰuəŋ³¹	tsʰuəŋ⁵²
黄陵	ʃue⁴⁴		tʃuẽ⁵²	tʃʰuẽ³¹	tʃʰuẽ⁵²
宜君	ʃue⁴⁴	tẽ²¹	tʃuei⁵²	tʃʰuei²¹	tʃʰuei²⁴~~欲动
铜川	ʃuæ⁴⁴		tʃuẽ⁵²	tʃʰuei²¹ ｜ tsʰɥ̃ei	tʃʰuei⁵²
耀县	ʃuæe⁴⁴	tsɛ̃i³¹	tʃuɛ̃i⁵²	tʃʰuɛ̃i³¹ ｜ tsʰɥ̃ẽ	tʃʰuɛ̃i⁵²
高陵	ʃuæ⁵⁵	tsẽ³¹	tʃuẽ⁵²	tʃʰuẽ³¹ ｜ tsʰɥ̃ẽ	tʃʰuẽ⁵²
临潼	ʂæ⁴⁵/ʃuæ⁴⁵ 老	tʂei³¹	tʂei⁵²/tʃuei⁵² 老	tʂʰei³¹/tʃʰuei³¹ 老 ｜ tsʰɥ̃ẽ/tsʰɥei	tʂʰei⁵²/tʃʰuei⁵² 老

字目 / 方言	率~领	肫	准	春	蠢
	臻合三 入术生	臻合三 平谆章	臻合三 上准章	臻合三 平谆昌	臻合三 上准昌
蓝田	ʃuæ⁴⁴	tsẽ³¹	tʃuẽ⁵²	tʃʰuẽ³¹	tʃʰuẽ⁵²
长安	fæ⁴⁴	tsəŋ³¹	pfẽ⁵³	pfʰẽ³¹	pfʰẽ⁵³
户县	ʃue⁵⁵	tsẽ³¹	tʃuẽ⁵²	tʃʰuẽ³¹	tʃʰuẽ⁵²
周至	fæ⁵⁵	tsẽ²¹	pfẽ⁵²	pfʰẽ²¹ ∣ pfʰɛ̃	tsʰuẽ⁵²
三原	ʃuæ⁵⁵	tsẽ³¹	tʃuẽ⁵²	tʃʰuẽ³¹ ∣ tsʰɥɛ̃	tʃʰuẽ⁵²
泾阳	ʃuæ⁵⁵	tsẽ³¹	tʃuẽ⁵²	tʃʰuẽ³¹ ∣ tsʰɥɛ̃	tʃʰuẽ⁵²
咸阳	ʃuæ⁵⁵	tʂẽ³¹	tʃuẽ⁵²	tʃʰuẽ³¹	tʃʰuẽ⁵²
兴平	ʃuæ⁵⁵	tʂẽ³¹	tʃuẽ⁵²	tʃʰuẽ³¹ ∣ tsʰɥɛ̃	tʃʰuẽ⁵²
武功	ʃuæ⁵⁵	tʂẽ³¹	tʃuẽ⁵²	tʃʰuẽ³¹ ∣ tsʰɥɛ̃	tʃʰuẽ⁵²
礼泉	ʃuæ⁵⁵	tsẽ³¹	tʃuẽ⁵²	tʃʰuẽ³¹ ∣ tsʰɥɛ̃	tʃʰuẽ⁵²
乾县	ʃuæ⁴⁴	tʂẽ³¹	tʃuẽ⁵²	tʃʰuẽ³¹ ∣ tsʰɥɛ̃	tʃʰuẽ⁵²
永寿	ʃuæ⁵⁵	tsẽ³¹	tʃuẽ⁵²	tʃʰuẽ³¹ ∣ tsʰɥɛ̃	tʃʰuẽ⁵²
淳化	ʃuæ⁵⁵	tʂei³¹	tʃuei⁵²	tʃʰuei³¹ ∣ tsʰɥɛ̃	tʃʰuei⁵²
旬邑	ʃuæ⁴⁴	tʂẽ³¹	tʃuẽ⁵²	tʃʰuẽ³¹ ∣ tsʰɥɛ̃	tʃʰuẽ⁵²
彬县	ʃuæ⁴⁴	tʂẽ³¹	tʃuẽ⁵²	tʃʰuẽ³¹ ∣ tsʰɥɛ̃	tʃʰuẽ⁵²
长武	ʃuæ⁴⁴	tsẽ³¹	tʃuẽ⁵²	tʃʰuẽ³¹ ∣ tsʰɥɛ̃	tʃʰuẽ⁵²
扶风	ʂE³¹	tʂəŋ³¹	tʂəŋ⁵²	tʂʰəŋ³¹ ∣ tsʰɥəŋ	tʂʰəŋ⁵²
眉县	ʂE⁴⁴/ʃuE⁴⁴	tsəŋ³¹	tʂəŋ⁵²/ tʃuəŋ⁵²	tʂʰəŋ³¹/tʃʰuəŋ³¹ ∣ tsʰɥəŋ	tʂʰəŋ⁵²/ tʃʰuəŋ⁵²
麟游	ʃuæ⁴⁴	tsəŋ³¹	tʃuəŋ⁵³	tʃʰuəŋ³¹ ∣ tsʰɥəŋ	tʃʰəŋ⁵³
岐山	ʂE⁴⁴	tsəŋ³¹	tʂəŋ⁵³	tʂʰəŋ³¹ ∣ tʂʰəŋ	tʂʰəŋ⁵³
凤翔	ʂE⁴⁴	tsəŋ³¹	tʂəŋ⁵³	tʂʰəŋ³¹ ∣ tsʰɥəŋ	tʂʰəŋ⁵³
宝鸡	ʂE⁴⁴/ʃuE⁴⁴ 新	tsəŋ³¹	tʂəŋ⁵³/ tʂuəŋ⁵³ 新	tʂʰəŋ³¹/tʂʰuəŋ³¹ 新 ∣ tsʰɥəŋ	tʂʰun⁵³
千阳	ʃE⁴⁴	tʂəŋ³¹	tʃəŋ⁵³	tʃʰəŋ³¹ ∣ tsʰɥəŋ	tʃʰəŋ⁵³
陇县	ʂE⁴⁴	tsəŋ³¹	tʃuŋ⁵³	tʃʰuŋ³¹ ∣ tsʰuəŋ	tʃʰuŋ⁵³

字目 / 方言	出	唇	顺	术	舜
	臻合三入术昌	臻合三平谆船	臻合三去稕船	臻合三入术船	臻合三去稕书
西安	pfʰu²¹	fẽ²⁴/pfʰẽ²⁴ ∣ fẽ	fẽ⁵⁵	fu²⁴ 算~	fẽ⁵⁵
韩城	pfʰu³¹	fẽ²⁴ ∣ fẽ	fẽ⁴⁴	fu⁵³	fẽ⁴⁴
合阳	pfʰu³¹	fẽ²⁴ ∣ fẽ	fẽ⁵⁵	fu²⁴	fẽ⁵⁵
澄城	tʃʰu³¹	ʃuẽ²⁴ ∣ sʮẽ	ʃuẽ⁴⁴	ʃu²⁴	ʃuẽ⁴⁴
白水	tʃʰu³¹	ʃuẽ²⁴ ∣ sʮẽ	ʃuẽ⁴⁴	ʃu²⁴	ʃuẽ⁴⁴
大荔	pfʰu³¹	fẽ²⁴ ∣ fẽ	fẽ⁵⁵	fu²⁴	fẽ⁵⁵
蒲城	tʃʰu³¹	ʃuẽ³⁵/tʃʰuẽ³⁵ ∣ sʮẽ	ʃuẽ⁵⁵	ʃu³⁵	ʃuẽ⁵⁵
美原	tʃʰʅ³¹	ʃẽ³⁵ ∣ sʮẽ	ʃẽ⁵⁵	ʃʅ³⁵	ʃẽ⁵⁵
富平	tʃʰu³¹	ʃuẽ³⁵/tʃʰuẽ³⁵ ∣ sʮẽ	ʃuẽ⁵⁵	ʃu³⁵	ʃuẽ⁵⁵
潼关	pfʰu³¹	fẽ²⁴ ∣ fẽ	fẽ⁴⁴	fu²⁴	fẽ⁴⁴
华阴	pfʰu³¹	fẽ²⁴ ∣ fẽ	fẽ⁵⁵	fu²⁴	fẽ⁵⁵
华县	tʃʰu³¹	ʃuẽ³⁵/tʃʰuẽ³⁵ ∣ sʮẽ	ʃuẽ⁵⁵	ʃu³⁵	ʃuẽ⁵⁵
渭南	tʃʰu³¹	ʃuẽ²⁴ ∣ sʮẽ	ʃuẽ⁴⁴	ʃu²⁴	ʃuẽ⁴⁴
洛南	tʃʰu³¹	ʃuei²⁴ ∣ sʮẽ	ʃuei⁴⁴	ʃu²⁴	ʃuei⁴⁴
商州	tʃʰu³¹	ʃuẽ³⁵/tʃʰuẽ³⁵ ∣ sʮẽ	ʃuẽ⁵⁵	ʃu³⁵	ʃuẽ⁵⁵
丹凤	tʃʰu³¹	ʃuei²⁴	ʃuei⁴⁴	ʃu²⁴	ʃuei⁴⁴
宜川	tʂʰu⁵¹	tʂʰuei²⁴/ʂei²⁴/tʂʰei²⁴ 老 ①	ʂuei⁴⁵	ʂu⁰²¹ 算~	ʂuei⁴⁵
富县	tʂʰu³¹	suəŋ²⁴	suəŋ⁴⁴	su²⁴	suəŋ⁴⁴
黄陵	tʃʰu³¹	ʃuẽ²⁴/tʃʰuẽ²⁴	ʃuẽ⁴⁴	ʃu²⁴	ʃuẽ⁴⁴
宜君	tʃʰu²¹	ʃuei²⁴	ʃuei⁴⁴	ʃu²⁴	ʃuei⁴⁴
铜川	tʃʰu²¹	ʃuei²⁴ ∣ sʮei	ʃuei⁴⁴/ʃuẽ⁴⁴	ʃu²⁴	ʃuei⁴⁴/ʃuẽ⁴⁴
耀县	tʃʰu³¹	ʃuẽi²⁴ ∣ sʮẽ	ʃuẽi⁴⁴	ʃu²⁴ 算~	ʃuẽi⁴⁴
高陵	tʃʰu³¹	ʃuẽ²⁴ ∣ sʮẽ	ʃuẽ⁵⁵	ʃu²⁴	ʃuẽ⁵⁵
临潼	tʂʰʅ³¹/ tʃʰu³¹ 老	tʂʰei²⁴/ʂei²⁴ / ʃuei²⁴ 老 ∣ sʮẽ/sʮei	ʂei⁴⁵/ ʃuei⁴⁵ 老	ʂʅ²⁴/ ʃu²⁴ 老	ʂei⁴⁵/ ʃuei⁴⁵ 老

① ʂei²⁴ 口~儿。

字目／方言	出	唇	顺	术	舜
	臻合三 入术昌	臻合三 平谆船	臻合三 去稕船	臻合三 入术船	臻合三 去稕书
蓝田	tʃʰu³¹	ʃuẽ²⁴ ǀ sɥẽ	ʃuẽ⁴⁴	ʃu²⁴	ʃuẽ⁴⁴
长安	pfʰu³¹	fẽ²⁴	fẽ⁴⁴	fu²⁴	fẽ⁴⁴
户县	tʃʰu³¹	ʃuẽ²⁴	ʃuẽ⁵⁵	ʃu²⁴	ʃuẽ⁵⁵
周至	pfʰu²¹	pfʰẽ²⁴ ǀ fẽ	fẽ⁵⁵	fu²⁴	fẽ⁵⁵
三原	tʃʰu³¹	ʃuẽ²⁴ ǀ sɥẽ	ʃuẽ⁵⁵	ʃu²⁴	ʃuẽ⁵⁵
泾阳	tʃʰu³¹	ʃuẽ²⁴ ǀ sɥẽ	ʃuẽ⁵⁵	ʃu²⁴	ʃuẽ⁵⁵
咸阳	tʃʰu³¹	ʃuẽ²⁴	ʃuẽ⁵⁵	ʃu⁵⁵	ʃuẽ⁵⁵
兴平	tʃʰu³¹	ʃuẽ²⁴ ǀ sɥẽ	ʃuẽ⁵⁵	ʃu⁵⁵	ʃuẽ⁵⁵
武功	tʃʰu³¹	ʃuẽ²⁴ ǀ sɥẽ/sɥei	ʃuẽ⁵⁵	ʃu²⁴	ʃuẽ⁵⁵
礼泉	tʃʰu³¹	tʃʰuẽ²⁴/ʃuẽ²⁴ ǀ sɥẽ	ʃuẽ⁵⁵	ʃu⁵⁵	ʃuẽ⁵⁵
乾县	tʃʰu³¹	ʃuẽ²⁴ ǀ sɥẽ	ʃuẽ⁴⁴	ʃu²⁴	ʃuẽ⁴⁴
永寿	tʃʰu³¹	tʃʰuẽ²⁴/ʃuẽ²⁴ ǀ sɥẽ	ʃuẽ⁵⁵	ʃu²⁴	ʃuẽ⁵⁵
淳化	tʃʰu³¹	ʃuei²⁴ ǀ sɥẽ	ʃuei⁵⁵	ʃu²⁴	ʃuei⁵⁵
旬邑	tʃʰu³¹	ʃuẽ²⁴ ǀ sɥẽ	ʃuẽ⁴⁴	ʃu²⁴	ʃuẽ⁴⁴
彬县	tʃʰu³¹	ʃuẽ²⁴ ǀ sɥẽ	ʃuẽ⁴⁴	ʃu²⁴	ʃuẽ⁴⁴
长武	tʃʰu³¹	ʃuẽ²⁴ ǀ sɥẽ	ʃuẽ⁴⁴	ʃu⁴⁴	ʃuẽ⁴⁴
扶风	tʂʰʐ̩³¹	ʂəŋ²⁴ ǀ sɥiəŋ	ʂəŋ³³	ʂʐ̩³³	ʂəŋ³³
眉县	tʂʰʐ̩³¹/tʃʰu³¹	ʂəŋ²⁴ ǀ sɥiəŋ	ʂəŋ⁴⁴/ʃuəŋ⁴⁴	ʂʐ̩⁴⁴	ʂəŋ⁴⁴/ʃuəŋ⁴⁴
麟游	tʃʰu³¹	tʃʰuəŋ²⁴ ǀ sɥiəŋ	ʃuəŋ⁴⁴	ʃu⁴⁴	ʃuəŋ⁴⁴
岐山	tʂʰʐ̩³¹	ʂəŋ²⁴ ǀ ʂəŋ	ʂəŋ⁴⁴	ʂʐ̩⁴⁴	ʂəŋ⁴⁴
凤翔	tʂʰʐ̩³¹	tʂʰəŋ²⁴ ǀ zɥiəŋ/ʂəŋ	ʂəŋ⁴⁴	ʂʐ̩²⁴	ʂəŋ⁴⁴
宝鸡	tʂʰʐ̩³¹/tʂʰu³¹新	tʂʰəŋ²⁴/tʂʰuəŋ²⁴新 ǀ sɥiəŋ	ʂəŋ⁴⁴/ʂuaŋ⁴⁴新	ʂʐ̩²⁴/ʂu²⁴新	ʂəŋ⁴⁴/ʂuaŋ⁴⁴新
千阳	tʃʰʐ̩³¹	ʃəŋ²⁴ ǀ sɥiəŋ	ʃəŋ⁴⁴	ʃʐ̩²⁴	ʃəŋ⁴⁴
陇县	tʃʰu³¹	tʃʰuŋ²⁴/ʃuŋ²⁴ ǀ ʂuəŋ	ʃuŋ⁴⁴	ʃu²⁴	ʃuŋ⁴⁴

字目 方言	纯 臻合三 平谆禅	闰 臻合三 去稕日	均 臻合三 平谆见	橘 臻合三 入术见	菌 臻合三 上准群
西安	pfʰẽ²⁴	vẽ⁵⁵	tɕyẽ²¹	tɕy²¹	tɕyẽ⁵⁵
韩城	pfʰẽ²⁴	vẽ⁴⁴	tɕyẽ³¹	tɕyu³¹	tɕʰyẽ⁵³
合阳	pfʰẽ²⁴	vẽ⁵⁵	tɕyẽ³¹	tɕy³¹	tɕyẽ⁵⁵
澄城	tʃʰuẽ²⁴	ʒuẽ⁴⁴	tɕyẽ³¹	tɕy³¹	tɕyẽ⁴⁴
白水	tʃʰuẽ²⁴	ʒuẽ⁴⁴	tɕyẽ³¹	tɕy³¹	tɕyẽ⁴⁴
大荔	pfʰẽ²⁴	vẽ⁵⁵	tɕyẽ³¹	tɕy³¹	tɕyẽ⁵⁵
蒲城	tʃʰuẽ³⁵	ʒuẽ⁵⁵	tɕyẽ³¹	tɕy³¹	tɕyẽ⁵⁵
美原	tʃʰẽ³⁵	ʒẽ⁵⁵	tɕyẽ³¹	tɕy³¹	tɕyẽ⁵⁵
富平	tʃʰuẽ³⁵	ʒuẽ⁵⁵	tɕyẽ³¹	tɕy³¹	tɕyẽ⁵⁵
潼关	pfʰẽ²⁴	vẽ⁴⁴	tɕyẽ³¹	tɕy³¹	tɕyẽ⁴⁴
华阴	pfʰẽ²⁴	vẽ⁵⁵	tɕyẽ³¹	tɕy³¹	tɕyẽ⁵⁵
华县	tʃʰuẽ³⁵	ʒuẽ⁵⁵	tɕyẽ³¹	tɕy³¹	tɕyẽ⁵⁵
渭南	tʃʰuẽ²⁴	ʒuẽ⁴⁴	tɕyẽ³¹	tɕy³¹	tɕyẽ⁴⁴
洛南	tʃʰuei²⁴	ʒuei⁴⁴	tɕyei³¹	tɕy³¹	tɕyei⁴⁴
商州	tʃʰuẽ³⁵	ʒuẽ⁵⁵	tɕyẽ³¹	tɕy³¹	tɕyẽ⁵⁵
丹凤	tʃʰuei²⁴	ʒuei⁴⁴	tɕyei³¹	tɕy³¹	tɕyei⁴⁴
宜川	tʂʰuei²⁴	ʐuei⁴⁵	tɕyei⁵²	tɕy⁵¹	tɕyei⁴⁵
富县	tsʰuəŋ²⁴	zuəŋ⁴⁴	tɕyəŋ³¹	tɕy³¹	tɕyəŋ⁵²
黄陵	tʃʰuẽ²⁴	ʒuẽ⁴⁴	tɕyẽ³¹	tɕy³¹	tɕyẽ⁴⁴
宜君	tʃʰuei²⁴	ʒuei⁴⁴	tɕyẽ²¹	tɕy²¹	tɕyẽ⁴⁴
铜川	tʃʰuei²⁴	ʒuei⁴⁴/ʒuẽ⁴⁴	tɕyẽ²¹	tɕy²¹	tɕyẽ⁴⁴
耀县	tʃʰuẽi²⁴	ʒuẽi⁴⁴	tɕyẽi³¹	tɕy³¹	tɕyẽi⁵²
高陵	tʃʰuẽ²⁴	ʒuẽ⁵⁵	tɕyẽ³¹	tɕy³¹	tɕyẽ⁵⁵
临潼	tʂʰei²⁴/tʃʰuei²⁴老	ʐei⁴⁵/ʒuei⁴⁵老	tɕyei³¹	tɕy³¹	tɕyei⁴⁵

字目／方言	纯	闰	均	橘	菌
	臻合三平谆禅	臻合三去稕日	臻合三平谆见	臻合三入术见	臻合三上准群
蓝田	tʂʰuẽ²⁴	ʒuẽ⁴⁴	tɕyẽ³¹	tɕy³¹	tɕyẽ⁴⁴
长安	pfʰẽ²⁴	vẽ⁴⁴	tɕyẽ³¹	tɕy³¹	tɕyẽ⁴⁴
户县	tʂʰuẽ²⁴	ʒuẽ⁵⁵	tɕyẽ³¹	tɕy³¹	tɕyẽ⁵⁵
周至	pfʰẽ²⁴/tsʰuẽ²⁴	vẽ⁵⁵	tɕyẽ²¹	tɕy²¹	tɕyẽ⁵⁵
三原	tʂʰuẽ²⁴	ʒuẽ⁵⁵	tɕyẽ³¹	tɕy³¹	tɕyẽ⁵⁵
泾阳	tʂʰuẽ²⁴	ʒuẽ⁵⁵	tɕyẽ³¹	tɕy³¹	tɕyẽ⁵⁵
咸阳	tʂʰuẽ²⁴	ʒuẽ⁵⁵	tɕyẽ³¹	tɕy³¹	tɕyẽ⁵⁵
兴平	tʂʰuẽ²⁴	ʒuẽ⁵⁵	tɕyẽ³¹	tɕy³¹	tɕyẽ⁵²
武功	tʂʰuẽ²⁴	ʒuẽ⁵⁵	tɕyẽ³¹	tɕy³¹	tɕyẽ⁵⁵
礼泉	tʂʰuẽ²⁴	ʒuẽ⁵⁵	tɕyẽ³¹	tɕy³¹	tɕyẽ⁵⁵
乾县	tʂʰuẽ²⁴	ʒuẽ⁴⁴	tɕyẽ³¹	tɕy³¹	tɕyẽ⁵²
永寿	tʂʰuẽ²⁴	ʒuẽ⁵⁵	tɕyẽ³¹	tɕy³¹	tɕyẽ⁵⁵
淳化	tʂʰuei²⁴	ʒuei⁵⁵	tɕyei³¹	tɕy³¹	tɕyei⁵⁵
旬邑	tʂʰuẽ²⁴	ʒuẽ⁴⁴	tɕyẽ³¹	tɕy³¹	tɕyẽ⁴⁴
彬县	tʂʰuẽ²⁴	ʒuẽ⁴⁴	tɕyẽ³¹	tɕy³¹	tɕyẽ⁴⁴
长武	tʂʰuẽ²⁴	ʒuẽ⁴⁴	tɕyẽ³¹	tɕy³¹	tɕyẽ⁴⁴
扶风	tʂʰəŋ²⁴	zõẽ³³	tɕyŋ³¹	tɕy³¹	tɕyŋ³¹
眉县	tʂʰəŋ²⁴/tʂʰuəŋ²⁴	zõẽ⁴⁴/ʒuõẽ⁴⁴	tɕyŋ³¹	tɕy³¹	tɕyŋ⁴⁴
麟游	tʂʰuəŋ²⁴	ʒuõẽ⁴⁴	tɕyŋ³¹	tɕy³¹	tɕyŋ⁴⁴
岐山	tʂʰəŋ²⁴	zõẽ⁴⁴	tɕyŋ³¹	tɕy³¹	tɕyŋ⁴⁴
凤翔	tʂʰəŋ²⁴	zõẽ⁴⁴	tɕyŋ³¹	tɕy³¹	tɕyŋ⁴⁴
宝鸡	tʂʰəŋ²⁴/tʂʰuəŋ²⁴新	zõẽ⁴⁴/zuõẽ⁴⁴新	tɕyŋ³¹	tɕy³¹	tɕyŋ⁴⁴
千阳	tʂʰəŋ²⁴	ʒəŋ⁴⁴	tɕyŋ³¹	tɕy³¹	tɕyŋ⁴⁴
陇县	tʂʰuŋ²⁴	ʒuŋ⁴⁴	tɕyŋ³¹	tɕy³¹	tɕyŋ⁴⁴

字目 方言	匀 臻合三 平谆以	允 臻合三 上准以	分动词 臻合三 平文非	粉 臻合三 上吻非	粪 臻合三 去问非
西安	yẽ²⁴/iẽ²⁴	yẽ⁵³	fẽ²¹ | fẽ	fẽ⁵³	fẽ⁵⁵
韩城	iẽ²⁴	yẽ⁵³	fẽ³¹ | fẽ	fẽ⁵³	fẽ⁴⁴
合阳	iẽ²⁴	yẽ²⁴	fẽ³¹ | fẽ	fẽ⁵²	fẽ⁵⁵
澄城	yẽ²⁴/iẽ²⁴	yẽ⁵³	fẽ³¹ | fẽ	fẽ⁵²	fẽ⁴⁴
白水	iẽ²⁴	yẽ⁵³	fẽ³¹ | fẽ	fẽ⁵³	fẽ⁴⁴
大荔	iẽ²⁴	yẽ⁵²	fẽ³¹ | fẽ	fẽ⁵²	fẽ⁵⁵
蒲城	iẽ³⁵	yẽ⁵³	fẽ³¹ | fẽ	fẽ⁵³	fẽ⁵⁵
美原	yẽ³⁵/iẽ³⁵	yẽ⁵³	fẽ³¹ | fẽ	fẽ⁵³	fẽ⁵⁵
富平	yẽ³⁵/iẽ³⁵	yẽ⁵³	fẽ³¹ | fẽ	fẽ⁵³	fẽ⁵⁵
潼关	iẽ²⁴	yẽ⁵²	fẽ³¹ | fẽ	fẽ⁵²	fẽ⁴⁴
华阴	iẽ²⁴	yẽ⁵³	fẽ³¹ | fẽ	fẽ⁵²	fẽ⁵⁵
华县	yẽ³⁵/iẽ³⁵	yẽ⁵³	fẽ³¹ | fẽ	fẽ⁵³	fẽ⁵⁵
渭南	iẽ²⁴	yẽ⁵³	fẽ³¹ | fẽ	fẽ⁵³	fẽ⁴⁴
洛南	iei²⁴	yei⁵³	fei³¹ | fẽ	fei⁵³	fei⁴⁴
商州	yẽ³⁵/iẽ³⁵	yẽ⁵³	fẽ³¹ | fẽ	fẽ⁵³	fẽ⁵⁵
丹凤	iei²⁴	yei⁵³	fei³¹	fei⁵³	fei⁴⁴
宜川	iei²⁴	yei⁴⁵	fei⁵¹	fei⁴⁵	fei⁴⁵
富县	iəŋ²⁴	yəŋ⁵²	fəŋ³¹	fəŋ⁵²	fəŋ⁴⁴
黄陵	iẽ²⁴	yẽ⁵²	fẽ³¹	fẽ⁵²	fẽ⁴⁴
宜君	yẽ²⁴/iẽ²⁴	yẽ⁴⁴	fẽ²¹	fẽ⁵²	fẽ⁴⁴
铜川	yẽ²⁴/iẽ²⁴	yẽ⁵²	fei²¹ | fei	fẽ⁵²	fẽ⁴⁴
耀县	yẽi²⁴	yẽi⁴⁴	fẽi³¹ | fẽ	fẽi⁵²	fẽi⁴⁴
高陵	yẽ²⁴/iẽ²⁴	yẽ⁵²	fẽ³¹ | fẽ	fẽ⁵²	fẽ⁵⁵
临潼	yei²⁴/iei²⁴	yei⁵²	fei³¹ | fẽ/fei	fei⁵²	fei⁴⁵

字目 / 方言	匀 臻合三 平谆以	允 臻合三 上准以	分 动词 臻合三 平文非	粉 臻合三 上吻非	粪 臻合三 去问非
蓝田	$y\tilde{e}^{24}$	$y\tilde{e}^{52}$	$f\tilde{e}^{31}$ ｜ $f\tilde{e}$	$f\tilde{e}^{52}$	$f\tilde{e}^{44}$
长安	$\underline{y\tilde{e}^{24}}/i\tilde{e}^{24}$	$y\tilde{e}^{53}$	$f\tilde{e}^{31}$	$f\tilde{e}^{53}$	$f\tilde{e}^{44}$
户县	$\underline{y\tilde{e}^{24}}/i\tilde{e}^{24}$	$y\tilde{e}^{52}$	$f\tilde{e}^{31}$ ｜ $f\tilde{e}$	$f\tilde{e}^{52}$	$f\tilde{e}^{55}$
周至	$\underline{y\tilde{e}^{24}}/i\tilde{e}^{24}$	$y\tilde{e}^{52}$	$f\tilde{e}^{21}$ ｜ $f\tilde{e}$	$f\tilde{e}^{52}$	$f\tilde{e}^{55}$
三原	$\underline{y\tilde{e}^{24}}/i\tilde{e}^{24}$	$y\tilde{e}^{52}$	$f\tilde{e}^{31}$ ｜ $f\tilde{e}$	$f\tilde{e}^{52}$	$f\tilde{e}^{55}$
泾阳	$\underline{y\tilde{e}^{24}}/i\tilde{e}^{24}$	$y\tilde{e}^{52}$	$f\tilde{e}^{31}$	$f\tilde{e}^{52}$	$f\tilde{e}^{55}$
咸阳	$\underline{y\tilde{e}^{24}}/i\tilde{e}^{24}$	$y^{\varepsilon 52}$	$f\tilde{e}^{31}$	$f\tilde{e}^{52}$	$f\tilde{e}^{55}$
兴平	$\underline{y\tilde{e}^{24}}/i\tilde{e}^{24}$	$y\tilde{e}^{52}$	$f\tilde{e}^{31}$ ｜ $f\tilde{e}$	$f\tilde{e}^{52}$	$f\tilde{e}^{55}$
武功	$y\tilde{e}^{24}$	$y\tilde{e}^{52}$	$f\tilde{e}^{31}$ ｜ $f\tilde{e}$	$f\tilde{e}^{52}$	$f\tilde{e}^{55}$
礼泉	$\underline{y\tilde{e}^{24}}/i\tilde{e}^{24}$	$y\tilde{e}^{52}$	$f\tilde{e}^{31}$ ｜ $f\tilde{e}$	$f\tilde{e}^{52}$	$f\tilde{e}^{55}$
乾县	$i\tilde{e}^{24}$	$y\tilde{e}^{52}$	$f\tilde{e}^{31}$ ｜ $f\tilde{e}$	$f\tilde{e}^{52}$	$f\tilde{e}^{44}$
永寿	$\underline{y\tilde{e}^{24}}/i\tilde{e}^{24}$	$y\tilde{e}^{52}$	$f\tilde{e}^{31}$ ｜ $f\tilde{e}$	$f\tilde{e}^{52}$	$f\tilde{e}^{55}$
淳化	$\underline{yei^{24}}/iei^{24}$	yei^{52}	fei^{31} ｜ $f\tilde{e}$	fei^{52}	fei^{55}
旬邑	$\underline{y\tilde{e}^{24}}/i\tilde{e}^{24}$	$y\tilde{e}^{52}$	$f\tilde{e}^{31}$ ｜ $f\tilde{e}$	$f\tilde{e}^{52}$	$f\tilde{e}^{44}$
彬县	$y\tilde{e}^{24}$	$y\tilde{e}^{52}$	$f\tilde{e}^{31}$ ｜ $f\tilde{e}$	$f\tilde{e}^{52}$	$f\tilde{e}^{44}$
长武	$i\tilde{e}^{24}$	$y\tilde{e}^{52}$	$f\tilde{e}^{31}$ ｜ $f\tilde{e}$	$f\tilde{e}^{52}$	$f\tilde{e}^{44}$
扶风	$i\eta^{24}$	$y\eta^{52}$	$f\eta^{31}$ ｜ $f\eta$	$f\eta^{52}$	$f\eta^{33}$
眉县	$i\eta^{24}$	$y\eta^{52}$	$f\eta^{31}$ ｜ $f\eta$	$f\eta^{52}$	$f\eta^{44}$
麟游	$i\eta^{24}$	$y\eta^{53}$	$f\eta^{31}$ ｜ $f\eta$	$f\eta^{53}$	$f\eta^{44}$
岐山	$i\eta^{24}$	$y\eta^{53}$	$f\eta^{31}$ ｜ $f\eta$	$f\eta^{53}$	$f\eta^{44}$
凤翔	$y\eta^{24}$	$y\eta^{53}$	$f\eta^{31}$ ｜ $f\eta$	$f\eta^{53}$	$f\eta^{44}$
宝鸡	$y\eta^{24}$	$y\eta^{53}$	$f\eta^{31}$ ｜ $f\eta$	$f\eta^{53}$	$f\eta^{44}$
千阳	$i\eta^{24}$	$y\eta^{53}$	$f\eta^{31}$ ｜ $f\eta$	$f\eta^{53}$	$f\eta^{44}$
陇县	$\underline{y\eta^{24}}/\underline{i\eta}^{24}$	$y\eta^{53}$	$f\eta^{31}$ ｜ $f\eta$	$f\eta^{53}$	$f\eta^{44}$

字目 方言	纷 臻合三 平文敷	佛 臻合三 入物敷	坟 臻合三 平文奉	愤 臻合三 上吻奉	份 臻合三 去问非
西安	fẽ²¹	fo²⁴	fẽ²⁴	fẽ⁵⁵	fẽ⁵⁵
韩城	fẽ³¹	fə³¹	fẽ²⁴	fẽ⁵³	fẽ⁴⁴
合阳	fẽ³¹	fo²⁴	fẽ²⁴	fẽ⁵⁵	fẽ⁵⁵
澄城	fẽ³¹	fo³¹	fẽ²⁴	fẽ⁴⁴	fẽ⁴⁴
白水	fẽ³¹	fo³¹	fẽ²⁴	fẽ⁴⁴	fẽ⁴⁴
大荔	fẽ³¹	fo²⁴	fẽ²⁴	fẽ⁵⁵	fẽ⁵⁵
蒲城	fẽ³¹	fo³¹	fẽ³⁵	fẽ⁵⁵	fẽ⁵⁵
美原	fẽ³¹	fo⁵³	fẽ³⁵	fẽ⁵⁵	fẽ⁵⁵
富平	fẽ³¹	fo³¹	fẽ³⁵	fẽ⁵⁵	fẽ⁵⁵
潼关	fẽ³¹	fo²⁴	fẽ²⁴	fẽ⁴⁴	fẽ⁴⁴
华阴	fẽ³¹	fo²⁴	fẽ²⁴	fẽ⁵⁵	fẽ⁵⁵
华县	fẽ³¹	fo³⁵	fẽ³⁵	fẽ⁵⁵	fẽ⁵⁵
渭南	fẽ³¹	fo²⁴	fẽ²⁴	fẽ⁴⁴	fẽ⁴⁴
洛南	fei³¹	fo²⁴	fei²⁴	fei⁴⁴	fei⁴⁴
商州	fẽ³¹	fu³¹	fẽ³⁵	fẽ⁵⁵	fẽ⁵⁵
丹凤	fei³¹	fu³¹	fei²⁴	fei⁴⁴	fei⁴⁴
宜川	fei⁵¹	fu²⁴	fei²⁴	fei⁴⁵	fei⁴⁵
富县	fəŋ³¹	fu⁵²	fəŋ²⁴	fəŋ⁴⁴	fəŋ⁴⁴
黄陵	fẽ³¹	fo²⁴	fẽ²⁴	fẽ⁴⁴	fẽ⁵²
宜君	fẽ²¹	fo⁵²	fẽ²⁴	fẽ⁴⁴	fẽ⁴⁴
铜川	fei²¹	fo⁵²	fẽ²⁴	fẽ⁴⁴	fẽ⁴⁴
耀县	fẽi³¹	fɤ²⁴	fẽi²⁴	fẽi⁴⁴	fẽi⁴⁴
高陵	fẽ³¹	fo⁵²	fẽ²⁴	fẽ⁵⁵	fẽ⁵⁵
临潼	fei³¹	fo⁵²/fu²⁴①	fei²⁴	fei⁴⁵	fei⁵²

① fu²⁴ 仿～。

字目 方言	纷 臻合三 平文敷	佛 臻合三 入物敷	坟 臻合三 平文奉	愤 臻合三 上吻奉	份 臻合三 去问非
蓝田	$f\tilde{e}^{31}$	fo^{52}	$f\tilde{e}^{24}$	$f\tilde{e}^{44}$	$f\tilde{e}^{44}$
长安	$f\tilde{e}^{31}$	fu^{24}	$f\tilde{e}^{24}$	$f\tilde{e}^{44}$	$f\tilde{e}^{44}$
户县	$f\tilde{e}^{31}$	fo^{52}	$f\tilde{e}^{24}$	$f\tilde{e}^{55}$	$f\tilde{e}^{55}$①
周至	$f\tilde{e}^{21}$	fu^{21}	$f\tilde{e}^{24}$	$f\tilde{e}^{55}$	$f\tilde{e}^{55}$
三原	$f\tilde{e}^{31}$	fo^{24}	$f\tilde{e}^{24}$	$f\tilde{e}^{55}$	$f\tilde{e}^{52}$
泾阳	$f\tilde{e}^{31}$	fo^{24}	$f\tilde{e}^{24}$	$f\tilde{e}^{55}$	$f\tilde{e}^{55}$
咸阳	$f\tilde{e}^{31}$	fo^{24}	$f\tilde{e}^{24}$	$f\tilde{e}^{55}$	$f\tilde{e}^{55}$
兴平	$f\tilde{e}^{31}$	fo^{24}	$f\tilde{e}^{24}$	$f\tilde{e}^{55}$	$f\tilde{e}^{55}$
武功	$f\tilde{e}^{31}$	fo^{24}	$f\tilde{e}^{24}$	$f\tilde{e}^{55}$	$f\tilde{e}^{52}$
礼泉	$f\tilde{e}^{31}$	fo^{52}	$f\tilde{e}^{24}$	$f\tilde{e}^{55}$	$f\tilde{e}^{55}$
乾县	$f\tilde{e}^{31}$	fo^{24}	$f\tilde{e}^{24}$	$f\tilde{e}^{44}$	$f\tilde{e}^{44}$
永寿	$f\tilde{e}^{31}$	fo^{24}	$f\tilde{e}^{24}$	$f\tilde{e}^{55}$	$f\tilde{e}^{55}$
淳化	fei^{31}	fo^{24}	fei^{24}	fei^{55}	fei^{55}
旬邑	$f\tilde{e}^{31}$	fo^{24}	$f\tilde{e}^{24}$	$f\tilde{e}^{44}$	$f\tilde{e}^{44}$
彬县	$f\tilde{e}^{31}$	fo^{24}	$f\tilde{e}^{24}$	$f\tilde{e}^{44}$	$f\tilde{e}^{44}$
长武	$f\tilde{e}^{31}$	fo^{24}	$f\tilde{e}^{24}$	$f\tilde{e}^{44}$	$f\tilde{e}^{44}$
扶风	$fəŋ^{31}$	fo^{24}	$fəŋ^{24}$	$fəŋ^{33}$	$fəŋ^{33}$
眉县	$fəŋ^{31}$	fo^{24}	$fəŋ^{24}$	$fəŋ^{44}$	$fəŋ^{44}$
麟游	$fəŋ^{31}$	fo^{24}	$fəŋ^{24}$	$fəŋ^{44}$	$fəŋ^{44}$
岐山	$fəŋ^{31}$	fo^{24}	$fəŋ^{24}$	$fəŋ^{44}$	$fəŋ^{44}$
凤翔	$fəŋ^{31}$	fo^{24}	$fəŋ^{24}$	$fəŋ^{44}$	$fəŋ^{44}$
宝鸡	$fəŋ^{31}$	fo^{24}	$fəŋ^{24}$	$fəŋ^{44}$	$fəŋ^{44}$
千阳	$fəŋ^{31}$	fo^{24}	$fəŋ^{24}$	$fəŋ^{44}$	$fəŋ^{44}$
陇县	$fəŋ^{31}$	fo^{24}	$fəŋ^{24}$	$fəŋ^{44}$	$fəŋ^{44}$

① 常用 $fər^{55-52}$。

字目 / 方言	佛 臻合三入物奉	蚊 臻合三平文微	问 臻合三去问微	物 臻合三入物微	军 臻合三平文见
西安	fo^{24} ｜ fo	vẽ^{24}	vẽ^{55}	vo^{21} ｜ vo	tɕyẽ^{21}
韩城	fə^{24} ｜ fo	vẽ^{24}	vẽ^{44}	və^{31} ｜ vo	tɕyẽ^{31}
合阳	fo^{24} ｜ fo	vẽ^{24}	vẽ^{55}	vo^{31} ｜ vo	tɕyẽ^{31}
澄城	fo^{24} ｜ fo	vẽ^{24}	vẽ^{44}	vo^{31} ｜ vo	tɕyẽ^{31}
白水	fo^{24} ｜ fo	vẽ^{24}	vẽ^{44}	vo^{31} ｜ vo	tɕyẽ^{31}
大荔	fo^{24} ｜ fo	vẽ^{24}	vẽ^{55}	vo^{31} ｜ vo	tɕyẽ^{31}
蒲城	fo^{35} ｜ fo	vẽ^{35}	vẽ^{55}	vo^{31} ｜ vo	tɕyẽ^{31}
美原	fo^{35} ｜ fo	vẽ^{35}	vẽ^{55}	vo^{31} ｜ vo	tɕyẽ^{31}
富平	fo^{35} ｜ fo	vẽ^{35}	vẽ^{55}	vo^{31} ｜ vo	tɕyẽ^{31}
潼关	fo^{24} ｜ fo	vẽ^{24}	vẽ^{44}	vo^{31} ｜ vo	tɕyẽ^{31}
华阴	fo^{24} ｜ fo	vẽ^{24}	vẽ^{55}	vo^{31} ｜ vo	tɕyẽ^{31}
华县	fo^{35} ｜ fo	vẽ^{35}	vẽ^{55}	vo^{31} ｜ vo	tɕyẽ^{31}
渭南	fo^{24} ｜ fo	vẽ^{24}	vẽ^{44}	vo^{31} ｜ vo	tɕyẽ^{31}
洛南	fo^{24} ｜ fo	vei^{24}	vei^{44}	vo^{31} ｜ vo	tɕyei^{31}
商州	fo^{35} ｜ fo	vẽ^{35}	vẽ^{55}	vo^{31} ｜ vo	tɕyẽ^{31}
丹凤	fo^{24}	vei^{24}	vei^{44}	vo^{31}	tɕyei^{31}
宜川	fo^{24}	vei^{24}	vei^{45}	uo^{51}	tɕyei^{51}
富县	fɣ^{24}	vəŋ^{24}	vəŋ^{44}	vɣ^{31}	tɕyəŋ^{31}
黄陵	fo^{24}	vẽ^{24}	vẽ^{44}	uo^{31}	tɕyẽ^{31}
宜君	fo^{24}	vẽ^{24}	vẽ^{44}	uo^{21}	tɕyẽ^{21}
铜川	fo^{24} ｜ fo	vẽ^{24}	vei^{44}	uo^{21} ｜ uo	tɕyẽ^{21}
耀县	fɣ^{24} ｜ fo	vẽi^{24}	vẽi^{44}	vɣ^{31} ｜ vo	tɕyẽi^{31}
高陵	fo^{24} ｜ fo	vẽ^{24}	vẽ^{55}	vo^{31} ｜ vo	tɕyẽ^{31}
临潼	fo^{24} ｜ fo	vei^{24}	vei^{45}/uei^{45}	vɣ^{31}老 /uo^{31} ｜ vo	tɕyei^{31}

字目 方言	佛 臻合三 入物奉		蚊 臻合三 平文微	问 臻合三 去问微	物 臻合三 入物微		军 臻合三 平文见
蓝田	fo^{24}	fo	$v\tilde{e}^{24}$	$v\tilde{e}^{44}$	vo^{31}	vo	$tɕy\tilde{e}^{31}$
长安	fo^{24}		$v\tilde{e}^{24}$	$v\tilde{e}^{44}$	vo^{31}		$tɕy\tilde{e}^{31}$
户县	fo^{24}	fo	$v\tilde{e}^{24}$	$v\tilde{e}^{55}$	vo^{31}	vo	$tɕy\tilde{e}^{31}$
周至	fo^{24}	fo	$v\tilde{e}^{24}$	$v\tilde{e}^{55}$	vo^{21}	vo	$tɕy\tilde{e}^{21}$
三原	fo^{24}	fo	$v\tilde{e}^{24}$	$v\tilde{e}^{55}$	vo^{31}	vo	$tɕy\tilde{e}^{31}$
泾阳	fo^{24}	fo	$v\tilde{e}^{24}$	$v\tilde{e}^{55}$	vo^{31}	vo	$tɕy\tilde{e}^{31}$
咸阳	fo^{24}		$v\tilde{e}^{24}$	$v\tilde{ε}^{55}$	vo^{31}	vo	$tɕy\tilde{e}^{31}$
兴平	fo^{24}	fo	$v\tilde{ε}^{24}$	$v\tilde{ε}^{55}$	vo^{31}	vo	$tɕy\tilde{ε}^{31}$
武功	fo^{24}	fo	$v\tilde{ε}^{24}$	$v\tilde{ε}^{55}$	vo^{31}	vo	$tɕy\tilde{ε}^{31}$
礼泉	fo^{24}	fo	$v\tilde{e}^{24}$	$v\tilde{ε}^{55}$	vo^{31}	vo	$tɕy\tilde{ε}^{31}$
乾县	fo^{24}	fo	$v\tilde{e}^{24}$	$v\tilde{ε}^{44}$	vo^{31}	vo	$tɕy\tilde{e}^{31}$
永寿	fo^{24}	fo	$u\tilde{ε}^{24}$	$u\tilde{ε}^{55}$	uo^{31}	uo	$tɕy\tilde{e}^{31}$
淳化	fo^{24}	fo	uei^{24}	uei^{55}	uo^{31}	vo	$tɕyei^{31}$
旬邑	fo^{24}	fo	$u\tilde{ε}^{24}$	$u\tilde{ε}^{55}$	uo^{31}	uo	$tɕy\tilde{ε}^{31}$
彬县	fo^{24}/p^ho^{24}①	fo	$u\tilde{ε}^{24}$	$u\tilde{ε}^{44}$	uo^{31}	uo	$tɕy\tilde{ε}^{31}$
长武	fo^{24}	fo	$u\tilde{ε}^{24}$	$u\tilde{ε}^{44}$	uo^{31}	uo	$tɕy\tilde{ε}^{31}$
扶风	fo^{24}	fo	$vəŋ^{24}$	$vəŋ^{33}$	vo^{31}	vo	$tɕyŋ^{31}$
眉县	fo^{24}	fo	$uəŋ^{24}$	$uəŋ^{44}$	uo^{31}	vo	$tɕyŋ^{31}$
麟游	fo^{24}	fo	$vəŋ^{24}$	$vəŋ^{44}$	vo^{31}	vo	$tɕyŋ^{31}$
岐山	fo^{24}	fo	$vəŋ^{24}$	$vəŋ^{44}$	vo^{31}	vo	$tɕyŋ^{31}$
凤翔	fo^{24}	fo	$uŋ^{24}$	$uŋ^{44}$	uo^{31}	vo	$tɕyŋ^{31}$
宝鸡	fo^{24}	fo	$vəŋ^{24}$	$vəŋ^{44}$	vo^{31}	vo	$tɕyŋ^{31}$
千阳	fo^{24}	fo	$vəŋ^{24}$	$vəŋ^{44}$	vo^{31}	vo	$tɕyŋ^{31}$
陇县	fo^{24}	fo	$vəŋ^{24}$	$vəŋ^{44}$	vo^{31}	vo	$tɕyŋ^{31}$

① p^ho^{24} 大～寺：地名。

字目 方言	屈 臻合三 入物溪	裙 臻合三 平文群	郡 臻合三 去问群	熏 臻合三 平文晓	荤 臻合三 平文晓
西安	tɕʰy²¹	tɕʰyẽ²⁴	tɕyẽ⁵⁵	ɕyẽ²¹	xuẽ²¹
韩城	tɕʰy³¹	tɕʰyẽ²⁴	tɕyẽ⁴⁴	ɕyẽ³¹	xuẽ³¹
合阳	tɕʰy³¹	tɕʰyẽ²⁴	tɕyẽ⁵⁵	ɕyẽ³¹	xuẽ³¹
澄城	tɕʰy³¹	tɕʰyẽ²⁴	tɕyẽ⁴⁴	ɕyẽ³¹	xuẽ³¹
白水	tɕʰy³¹	tɕʰyẽ²⁴	tɕyẽ⁴⁴	ɕyẽ³¹	xuẽ³¹
大荔	tɕʰy³¹	tɕʰyẽ²⁴	tɕyẽ⁵⁵	ɕyẽ³¹	xuẽ³¹
蒲城	tɕʰy³¹	tɕʰyẽ³⁵	tɕyẽ⁵⁵	ɕyẽ³¹	xuẽ³¹
美原	tɕʰy³¹	tɕʰyẽ³⁵	tɕyẽ⁵⁵	ɕyẽ³¹	xuẽ³¹
富平	tɕʰy³¹	tɕʰyẽ³⁵	tɕyẽ⁵⁵	ɕyẽ³¹	xuẽ³¹
潼关	tɕʰy³¹	tɕʰyẽ²⁴	tɕyẽ⁴⁴	ɕyẽ³¹	xuẽ³¹
华阴	tɕʰy³¹	tɕʰyẽ²⁴	tɕyẽ⁵⁵	ɕyẽ³¹	xuẽ³¹
华县	tɕʰy³¹	tɕʰyẽ³⁵	tɕyẽ⁵⁵	ɕyẽ³¹	xuẽ³¹
渭南	tɕʰy³¹	tɕʰyẽ²⁴	tɕyẽ⁴⁴	ɕyẽ³¹	xuẽ³¹
洛南	tɕʰy³¹	tɕʰyei²⁴	tɕyei⁴⁴	ɕyei³¹	xuei³¹
商州	tɕʰy³¹	tɕʰyẽ³⁵	tɕyẽ⁵⁵	ɕyẽ³¹	xuẽ³¹
丹凤	tɕʰy³¹	tɕʰyei²⁴	tɕyei⁴⁴	ɕyei³¹	xuei³¹
宜川	tɕʰy⁵¹	tɕʰyei²⁴	tɕyei⁴⁵	ɕyei⁵¹	xuei⁵¹
富县	tɕʰy³¹	tɕʰyəŋ²⁴	tɕyəŋ³¹	ɕyəŋ³¹	xuəŋ³¹
黄陵	tɕʰy³¹	tɕʰyẽ²⁴	tɕyẽ⁴⁴	ɕyẽ³¹	xuẽ³¹
宜君	tɕʰy²¹	tɕʰyẽ²⁴	tɕyẽ⁴⁴	ɕyẽ²¹	xuei²¹
铜川	tɕʰy²¹	tɕʰyẽ²⁴	tɕyẽ⁴⁴	ɕyẽ²¹	xuẽ²¹
耀县	tɕʰy³¹	tɕʰyẽi²⁴	tɕyẽi³¹	ɕyẽi³¹	xuẽi³¹
高陵	tɕʰy³¹	tɕʰyẽ²⁴	tɕyẽ³¹	ɕyẽ³¹	xuẽ³¹
临潼	tɕʰy³¹	tɕʰyei²⁴	tɕyei⁴⁵	ɕyei³¹	xuei³¹

字目\方言	屈 臻合三 入物溪	裙 臻合三 平文群	郡 臻合三 去问群	熏 臻合三 平文晓	荤 臻合三 平文晓
蓝田	tɕʰy³¹	tɕʰyẽ²⁴	tɕyẽ³¹	ɕyẽ³¹	xuẽ³¹
长安	tɕʰy³¹	tɕʰyẽ²⁴	tɕyẽ⁴⁴	ɕyẽ³¹	xuẽ³¹
户县	tɕʰy³¹	tɕʰyẽ²⁴	tɕyẽ³¹	ɕyẽ³¹	xuẽ³¹
周至	tɕʰy²¹	tɕʰyẽ²⁴	tɕyẽ⁵⁵	ɕyẽ²¹	xuẽ²¹
三原	tɕy³¹	tɕʰyẽ²⁴	tɕyẽ⁵⁵	ɕyẽ³¹	xuẽ³¹
泾阳	tɕʰy³¹	tɕʰyẽ²⁴	tɕyẽ⁵⁵	ɕyẽ³¹	xuẽ³¹
咸阳	tɕʰy³¹	tɕʰyẽ²⁴	tɕyẽ⁵⁵	ɕyẽ³¹	xuẽ³¹
兴平	tɕʰy³¹	tɕʰyẽ²⁴	tɕyẽ³¹	ɕyẽ³¹	xuẽ³¹
武功	tɕʰy³¹	tɕʰyẽ²⁴	tɕyẽ³¹	ɕyẽ³¹	xuẽ³¹
礼泉	tɕʰy³¹	tɕʰyẽ²⁴	tɕyẽ⁵⁵	ɕyẽ³¹	xuẽ³¹
乾县	tɕʰy³¹	tɕʰyẽ²⁴	tɕyẽ³¹	ɕyẽ³¹	xuẽ³¹
永寿	tɕʰy³¹	tɕʰyẽ²⁴	tɕyẽ⁵⁵	ɕyẽ³¹	xuẽ³¹
淳化	tɕʰy³¹	tɕʰyei²⁴	tɕyei³¹	ɕyei³¹	xuei³¹
旬邑	tɕʰy³¹	tɕʰyẽ²⁴	tɕyẽ⁴⁴	ɕyẽ³¹	xuẽ³¹
彬县	tɕʰy³¹	tɕʰyẽ²⁴	tɕyẽ⁴⁴	ɕyẽ³¹	xuẽ³¹
长武	tɕʰy³¹	tɕʰyẽ²⁴	tɕyẽ⁴⁴	ɕyẽ³¹	xuẽ³¹
扶风	tɕʰy³¹	tɕʰyŋ²⁴	tɕyŋ³³	ɕyŋ³¹	xuŋ³¹
眉县	tɕʰy³¹	tɕʰyŋ²⁴	tɕyŋ⁴⁴	ɕyŋ³¹	xuŋ³¹
麟游	tɕʰy³¹	tɕʰyŋ²⁴	tɕyŋ⁴⁴	ɕyŋ³¹	xuŋ³¹
岐山	tɕʰy³¹	tɕʰyŋ²⁴	tɕyŋ³¹	ɕyŋ³¹	xuŋ³¹
凤翔	tɕʰy³¹	tɕʰyŋ²⁴	tɕyŋ⁴⁴	ɕyŋ³¹	xuŋ³¹
宝鸡	tɕʰy³¹	tɕʰyŋ²⁴	tɕyŋ⁴⁴	ɕyŋ³¹	xuŋ³¹
千阳	tɕʰy³¹	tɕʰyŋ²⁴	tɕyŋ⁴⁴	ɕyŋ³¹	xuŋ³¹
陇县	tɕʰy³¹	tɕʰyŋ²⁴	tɕyŋ³¹	ɕyŋ³¹	xuŋ³¹

字目 / 方言	训	熨	云	运	帮
	臻合三去问晓	臻合三去问影	臻合三平文云	臻合三去问云	宕开一平唐帮
西安	ɕyɛ̃⁵⁵	yɛ̃⁵⁵	yɛ̃²⁴ | yɛ̃	yɛ̃⁵⁵	paŋ²¹ | paɣ̃
韩城	ɕyɛ̃⁴⁴	yɛ̃⁴⁴	yɛ̃²⁴ | yɛ̃	yɛ̃⁴⁴	paŋ³¹ | paɣ̃
合阳	ɕyɛ̃⁵⁵	yɛ̃⁵⁵	yɛ̃²⁴ | yɛ̃	yɛ̃⁵⁵	paŋ³¹ | paɣ̃
澄城	ɕyɛ̃⁴⁴	yɛ̃⁴⁴	yɛ̃²⁴ | yɛ̃	yɛ̃⁴⁴	paŋ³¹ | paɣ̃
白水	ɕyɛ̃⁴⁴	yɛ̃⁴⁴	yɛ̃²⁴ | yɛ̃	yɛ̃⁴⁴	paŋ³¹ | paɣ̃
大荔	ɕyɛ̃⁵⁵	yɛ̃⁵⁵	yɛ̃²⁴ | yɛ̃	yɛ̃⁵⁵	paŋ³¹ | paɣ̃
蒲城	ɕyɛ̃⁵⁵	yɛ̃⁵⁵	yɛ̃³⁵ | yɛ̃	yɛ̃⁵⁵	paŋ³¹ | paɣ̃
美原	ɕyɛ̃⁵⁵	yɛ̃⁵⁵	yɛ̃³⁵ | yɛ̃	yɛ̃⁵⁵	paŋ³¹ | paɣ̃
富平	ɕyɛ̃⁵⁵	yɛ̃⁵⁵	yɛ̃³⁵ | yɛ̃	yɛ̃⁵⁵	paŋ³¹ | paɣ̃
潼关	ɕyɛ̃⁴⁴	yɛ̃⁴⁴	yɛ̃²⁴ | yɛ̃	yɛ̃⁴⁴	paŋ³¹ | paɣ̃
华阴	ɕyɛ̃⁵⁵	yɛ̃⁵⁵	yɛ̃²⁴ | yɛ̃	yɛ̃⁵⁵	paŋ³¹ | paɣ̃
华县	ɕyɛ̃⁵⁵	yɛ̃⁵⁵	yɛ̃³⁵ | yɛ̃	yɛ̃⁵⁵	paŋ³¹ | paɣ̃
渭南	ɕyɛ̃⁴⁴	yɛ̃⁴⁴	yɛ̃²⁴ | yɛ̃	yɛ̃⁴⁴	paŋ³¹ | paɣ̃
洛南	ɕyei⁴⁴	yei⁴⁴	yei²⁴ | yɛ̃	yei⁴⁴	paŋ³¹ | paɣ̃
商州	ɕyɛ̃⁵⁵	yɛ̃⁵⁵	yɛ̃³⁵ | yɛ̃	yɛ̃⁵⁵	paŋ³¹ | paɣ̃
丹凤	ɕyei⁴⁴	yei⁴⁴	yei²⁴	yei⁴⁴	paŋ³¹
宜川	ɕyei⁴⁵	yei⁴⁵	yei²⁴	yei⁴⁵	paŋ⁵¹
富县	ɕyəŋ⁴⁴	yəŋ⁴⁴	yəŋ²⁴	yəŋ⁴⁴	paŋ³¹
黄陵	ɕyɛ̃⁴⁴	yɛ̃⁴⁴	yɛ̃²⁴	yɛ̃⁴⁴	paŋ³¹
宜君	ɕyɛ̃⁴⁴	yɛ̃⁴⁴	yɛ̃²⁴	yɛ̃⁴⁴	paŋ²¹
铜川	ɕyɛ̃⁴⁴	yɛ̃⁴⁴	yɛ̃²⁴ | yɛ̃	yɛ̃⁴⁴	paŋ²¹ | paɣ̃
耀县	ɕyɛi⁴⁴	y̱ɛ̱i⁴⁴/y̱⁴⁴①	yɛi²⁴ | yɛ̃	yɛi⁴⁴	paŋ³¹ | paɣ̃
高陵	ɕyɛ̃⁵⁵	yɛ̃⁵⁵	yɛ̃²⁴ | yɛ̃	yɛ̃⁵⁵	paŋ³¹ | paɣ̃
临潼	ɕyei⁴⁵	yei⁴⁵	yei²⁴ | yɛ̃/yei	yei⁴⁵	paŋ³¹ | paɣ̃

① y̱⁴⁴～衣服。

字目 方言	训 臻合三 去问晓	熨 臻合三 去问影	云 臻合三 平文云		运 臻合三 去问云	帮 宕开一 平唐帮	
蓝田	ɕyɛ̃⁴⁴	yɛ̃⁴⁴	yɛ̃²⁴	yɛ̃	yɛ̃⁴⁴	paŋ³¹	paɣ̃
长安	ɕyɛ̃⁴⁴	yɛ̃⁴⁴	yɛ̃²⁴		yɛ̃⁴⁴	paŋ³¹	
户县	ɕyɛ̃⁵⁵	yɛ̃⁵⁵	yɛ̃²⁴	yɛ̃	yɛ̃⁵⁵	paŋ³¹	paɣ̃
周至	ɕyɛ̃⁵⁵	yɛ̃⁵⁵	yɛ̃²⁴	yɛ̃	yɛ̃⁵⁵	paŋ²¹	paɣ̃
三原	ɕyɛ̃⁵⁵	yɛ̃⁵⁵	yɛ̃²⁴	yɛ̃	yɛ̃⁵⁵	paŋ³¹	paɣ̃
泾阳	ɕyɛ̃⁵⁵	yɛ̃⁵⁵	yɛ̃²⁴	yɛ̃	yɛ̃⁵⁵	paŋ³¹	paɣ̃
咸阳	ɕyɛ̃⁵⁵	yɛ̃⁵⁵	yɛ̃²⁴		yɛ̃⁵⁵	paŋ³¹	
兴平	ɕyɛ̃⁵⁵	yɛ̃⁵⁵	yɛ̃²⁴	yɛ̃	yɛ̃⁵⁵	paŋ³¹	paɣ̃
武功	ɕyɛ̃⁵⁵	yɛ̃⁵⁵	yɛ̃²⁴	yɛ̃	yɛ̃⁵⁵	paŋ³¹	paɣ̃
礼泉	ɕyɛ̃⁵⁵	yɛ̃⁵⁵	yɛ̃²⁴	yɛ̃	yɛ̃⁵⁵	paŋ³¹	paɣ̃
乾县	ɕyɛ̃⁴⁴	yɛ̃⁴⁴	yɛ̃²⁴	yɛ̃	yɛ̃⁴⁴	paŋ³¹	paɣ̃
永寿	ɕyɛ̃⁵⁵	yɛ̃⁵⁵	yɛ̃²⁴	yɛ̃	yɛ̃⁵⁵	paŋ³¹	paɣ̃
淳化	ɕyei⁵⁵	yei⁵⁵	yei²⁴	yɛ̃	yei⁵⁵	paŋ³¹	paɣ̃
旬邑	ɕyɛ̃⁴⁴	yɛ̃⁴⁴	yɛ̃²⁴	yɛ̃	yɛ̃⁴⁴	paŋ³¹	paɣ̃
彬县	ɕyɛ̃⁴⁴	yɛ̃⁴⁴	yɛ̃²⁴	yɛ̃	yɛ̃⁴⁴	paŋ³¹	paɣ̃
长武	ɕyɛ̃⁴⁴	yɛ̃⁴⁴	yɛ̃²⁴	yɛ̃	yɛ̃⁴⁴	paŋ³¹	paɣ̃
扶风	ɕyŋ³³	yŋ³³	yŋ²⁴	yuŋ	yŋ³³	paŋ³¹	paɣ̃
眉县	ɕyŋ⁴⁴	yŋ⁴⁴	yŋ²⁴	yuŋ	yŋ⁴⁴	paŋ³¹	paɣ̃
麟游	ɕyŋ⁴⁴	yŋ⁴⁴	yŋ²⁴	yəŋ	yŋ⁴⁴	paŋ³¹	paɣ̃
岐山	ɕyŋ⁴⁴	yŋ⁴⁴	yŋ²⁴	yuŋ	yŋ⁴⁴	paŋ³¹	paɣ̃
凤翔	ɕyŋ⁴⁴	yŋ⁴⁴	yŋ²⁴	yuŋ	yŋ⁴⁴	paŋ³¹	paɣ̃
宝鸡	ɕyŋ⁴⁴	yŋ⁴⁴	yŋ²⁴	yəŋ	yŋ⁴⁴	paŋ³¹	paɣ̃
千阳	ɕyŋ⁴⁴	yŋ⁴⁴	yŋ²⁴	yəŋ	yŋ⁴⁴	paŋ³¹	paɣ̃
陇县	ɕyŋ⁴⁴	yŋ⁴⁴	yŋ²⁴	yuŋ	yŋ⁴⁴	paŋ³¹	paɣ̃

字目 方言	榜 宕开一 上荡帮	博 宕开一 入铎帮	泊梁山~ 宕开一 入铎滂	旁 宕开一 平唐並	傍 宕开一 去宕並
西安	pɑŋ⁵³	po²¹	pʰo²¹	pʰɑŋ²⁴	pʰɑŋ²⁴
韩城	pɑŋ⁵³	pə³¹	pʰə³¹	pʰɑŋ²⁴	pʰɑŋ²⁴
合阳	pɑŋ⁵²	po³¹	pʰo³¹	pʰɑŋ²⁴	pɑŋ⁵⁵
澄城	pɑŋ⁵³	po³¹	pʰo³¹	pʰɑŋ²⁴	pʰɑŋ²⁴
白水	pɑŋ⁵³	po³¹	pʰo³¹	pʰɑŋ²⁴	pɑŋ⁴⁴
大荔	pɑŋ⁵²	po³¹	pʰo³¹	pʰɑŋ²⁴	pɑŋ⁵⁵
蒲城	pɑŋ⁵³	pfo³¹	pfʰo³¹	pʰɑŋ³⁵	pɑŋ⁵⁵
美原	pɑŋ⁵³	pfo³¹	pfʰo³¹	pʰɑŋ³⁵	pɑŋ⁵⁵
富平	pɑŋ⁵³	po³¹	po³¹	pʰɑŋ³⁵	pɑŋ⁵⁵
潼关	pɑŋ⁵²	po³¹	pʰo³¹	pʰɑŋ²⁴	pɑŋ⁴⁴
华阴	pɑŋ⁵²	po³¹	pʰo³¹	pʰɑŋ²⁴	pɑŋ⁵⁵
华县	pɑŋ⁵³	pfo³¹	pfʰo³¹	pʰɑŋ³⁵	pɑŋ⁵⁵
渭南	pɑŋ⁵³	pfo³¹	pfʰo³¹	pʰɑŋ²⁴	pɑŋ⁴⁴
洛南	pɑŋ⁵³	po³¹	pʰo³¹	pʰɑŋ²⁴	pʰɑŋ²⁴
商州	pɑŋ⁵³	pfo³¹	pfo³¹	pʰɑŋ³⁵	pɑŋ⁵⁵
丹凤	pɑŋ⁵³	po³¹	po³¹	pʰɑŋ²⁴	pʰɑŋ²⁴
宜川	pɑŋ⁴⁵	po⁵¹	po⁵¹	pʰɑŋ²⁴	pʰɑŋ²⁴
富县	pɑŋ⁵²	pɤ²⁴	pɤ³¹	pʰɑŋ²⁴	pʰɑŋ⁴⁴
黄陵	pɑŋ⁵²	po²⁴	pfʰo³¹	pʰɑŋ²⁴	pʰɑŋ⁴⁴
宜君	pɑŋ⁵²	po²¹	pfʰo²¹/pei²¹	pʰɑŋ²⁴	pʰɑŋ²⁴
铜川	pɑŋ⁵²	po²¹	po²¹	pʰɑŋ²⁴	pʰɑŋ⁴⁴
耀县	pɑŋ⁵²	pɤ³¹	pɤ³¹	pʰɑŋ²⁴	pʰɑŋ²⁴
高陵	pɑŋ⁵²	po³¹	po³¹	pʰɑŋ²⁴	pɑŋ⁵⁵
临潼	pɑŋ⁵²	po³¹	pei³¹	pʰɑŋ²⁴	pʰɑŋ²⁴ ~大款

字目 方言	榜 宕开一 上荡帮	博 宕开一 入铎帮	泊梁山~ 宕开一 入铎滂	旁 宕开一 平唐並	傍 宕开一 去宕並
蓝田	paŋ⁵²	po³¹	pᶠʰo³¹	pʰaŋ²⁴	paŋ⁴⁴
长安	paŋ⁵³	po³¹	pʰo³¹	pʰaŋ²⁴	paŋ⁴⁴/paŋ⁵³ ~大款
户县	paŋ⁵²	po³¹	po³¹	pʰaŋ²⁴	pʰaŋ²⁴
周至	paŋ⁵²	po²¹	po²¹	pʰaŋ²⁴	paŋ⁵⁵
三原	paŋ⁵²	po³¹	pʰo³¹	pʰaŋ²⁴	pʰaŋ²⁴
泾阳	paŋ⁵²	po³¹	pʰo³¹	pʰaŋ²⁴	paŋ⁵⁵
咸阳	paŋ⁵²	po³¹	pei³¹	pʰaŋ²⁴	paŋ⁵⁵
兴平	paŋ⁵²	po³¹	pʰo³¹	pʰaŋ²⁴	paŋ⁵⁵
武功	paŋ⁵²	pᶠo³¹	pᶠʰo³¹	pʰaŋ²⁴	paŋ⁵⁵
礼泉	paŋ⁵²	pᶠo⁵⁵	pᶠʰo³¹	pʰaŋ²⁴	paŋ⁵⁵
乾县	paŋ⁵²	pᶠo³¹	pᶠo³¹	pʰaŋ²⁴	pʰaŋ²⁴
永寿	paŋ⁵²	po³¹	po³¹	pʰaŋ²⁴	pʰaŋ⁵⁵
淳化	paŋ⁵²	po³¹	pei³¹	pʰaŋ²⁴	pʰaŋ²⁴
旬邑	paŋ⁵²	po³¹	pei³¹	pʰaŋ²⁴	pʰaŋ²⁴
彬县	paŋ⁵²	po³¹	po³¹	pʰaŋ²⁴	paŋ⁴⁴
长武	paŋ⁵²	po³¹	pei³¹	pʰaŋ²⁴	paŋ⁴⁴
扶风	paŋ⁵²	po³¹	po³¹	pʰaŋ²⁴	p̲a̲ŋ̲³³/pʰaŋ²⁴
眉县	paŋ⁵²	po³¹	po³¹	pʰaŋ²⁴	paŋ⁴⁴/pʰaŋ²⁴
麟游	paŋ⁵³	po³¹	pʰo³¹	pʰaŋ²⁴	pʰaŋ²⁴
岐山	paŋ⁵³	pᶠo³¹	pᶠo³¹	pʰaŋ²⁴	paŋ⁴⁴
凤翔	paŋ⁵³	pᶠo³¹	pᶠʰo³¹	pʰaŋ²⁴	pʰaŋ⁴⁴
宝鸡	paŋ⁵³	pᶠo³¹	pᶠʰo³¹	pʰaŋ²⁴	pʰaŋ²⁴
千阳	paŋ⁵³	pᶠo³¹	pᶠo³¹	pʰaŋ²⁴	paŋ⁴⁴
陇县	paŋ⁵³	pᶠo³¹	pᶠo³¹	pʰaŋ²⁴	paŋ⁴⁴

字目 \\ 方言	薄厚~ 宕开一 入铎並	忙 宕开一 平唐明	蟒 宕开一 上荡明	幕 宕开一 入铎明	摸 宕开一 入铎明
西安	po²⁴	maŋ²⁴ | maɣ̃	maŋ⁵³	mu⁵⁵	mo²¹/mau²¹
韩城	pʰə²⁴	maŋ²⁴ | maɣ̃	maŋ⁵³	mu⁴⁴	mə³¹/mao³¹
合阳	pʰo²⁴	maŋ²⁴ | maɣ̃	maŋ⁵²	mu⁵⁵	mo³¹/mɔ³¹
澄城	pʰo²⁴	maŋ²⁴ | maɣ̃	maŋ⁵³	mu⁴⁴	mo³¹/mɔ³¹
白水	pʰo²⁴	maŋ²⁴ | maɣ̃	maŋ⁵³	mu⁴⁴	mɔ³¹
大荔	pʰo²⁴	maŋ²⁴ | maɣ̃	maŋ⁵²	mu⁵⁵	mo³¹/mɔ³¹
蒲城	pᶠʰo³⁵	maŋ³⁵ | maɣ̃	maŋ⁵³	mu⁵⁵	mo³¹/mɔ³¹
美原	pᶠʰo³⁵	maŋ³⁵ | maɣ̃	maŋ⁵³	mᶠu⁵⁵	mᶠo³¹/mɔ³¹
富平	pᶠʰo³⁵	maŋ³⁵ | maɣ̃	maŋ⁵³	mu⁵⁵	mo³¹/mɔ³¹
潼关	pʰo²⁴	maŋ²⁴ | maɣ̃	maŋ⁵²	mu⁴⁴	mo³¹/mɔ³¹
华阴	pʰo²⁴	maŋ²⁴ | maɣ̃	maŋ⁵²	mu⁵⁵	mo³¹/mɔ³¹
华县	pᶠʰo³⁵	maŋ³⁵ | maɣ̃	maŋ⁵³	mu⁵⁵	mo³¹/mɔ³¹
渭南	pᶠʰo²⁴	maŋ²⁴ | maɣ̃	maŋ⁵³	mu⁴⁴	mo³¹/mɔ³¹
洛南	pʰo²⁴	maŋ²⁴ | maɣ̃	maŋ⁵³	mu⁴⁴	mo³¹/mɔ³¹
商州	pᶠo³⁵	maŋ³⁵ | maɣ̃	maŋ⁵³	mu⁵⁵	mo³¹/mɔ³¹
丹凤	po²⁴	maŋ²⁴	maŋ⁵³	mu⁴⁴	mo³¹/mɔ³¹
宜川	pʰo²⁴	maŋ²⁴	maŋ⁴⁵	mu⁴⁵	mo⁵¹/mu⁵¹
富县	pʰɣ²⁴	maŋ²⁴	maŋ⁵²	mu⁴⁴	mᵇɣ³¹/mɔ³¹
黄陵	pᶠʰo²⁴	maŋ²⁴	maŋ⁵²	mu⁴⁴	mo³¹/mao³¹
宜君	pᶠʰo²⁴	maŋ²⁴	maŋ⁵²	mu⁴⁴	mo²¹/mɔ²¹
铜川	pʰo²⁴	maŋ²⁴ | maɣ̃	maŋ⁵²	mu⁴⁴	mo²¹/mɔ²¹
耀县	pʰɣ²⁴	maŋ²⁴ | maɣ̃	maŋ⁵²	mu⁴⁴	mɣ³¹/mao³¹
高陵	pʰo²⁴	maŋ²⁴ | maɣ̃	maŋ⁵²	mu⁵⁵	mo³¹/mao³¹
临潼	pᶠʰo²⁴	maŋ²⁴ | maɣ̃	maŋ⁵²	mu⁴⁵	mo³¹/mɔ³¹

字目 方言	薄厚~ 宕开一 入铎並	忙 宕开一 平唐明	蟒 宕开一 上荡明	幕 宕开一 入铎明	摸 宕开一 入铎明
蓝田	po²⁴	maŋ²⁴ | maɣ̃	maŋ⁵²	mu⁴⁴	<u>mo³¹</u>/mɔ³¹
长安	po²⁴	maŋ²⁴	maŋ⁵³	mu⁴⁴	<u>mo³¹</u>/mɔ³¹
户县	po²⁴	maŋ²⁴ | maɣ̃	maŋ⁵²	mu⁵⁵	<u>mo³¹</u>/mɔo³¹
周至	po²⁴	maŋ²⁴ | maɣ̃	maŋ⁵²	mu⁵⁵	<u>mo²¹</u>/mɔ²¹
三原	pʰo²⁴	maŋ²⁴ | maɣ̃	maŋ⁵²	mu⁵⁵	<u>mo³¹</u>/mɔ³¹
泾阳	pʰo²⁴	maŋ²⁴	maŋ⁵²	mu⁵⁵	<u>mo³¹</u>/mɔ³¹
咸阳	po²⁴	maŋ²⁴	maŋ⁵²	mu⁵⁵	<u>mo³¹</u>/mɔ³¹
兴平	po²⁴	maŋ²⁴ | maɣ̃	maŋ⁵²	mu⁵⁵	<u>mo³¹</u>/mɔ³¹
武功	pᶠo²⁴	maŋ²⁴ | maɣ̃	maŋ⁵²	mᶠu⁵⁵	mᶠo³¹
礼泉	pᶠo²⁴	maŋ²⁴ | maɣ̃	maŋ⁵²	mᶠu³¹	mᶠo³¹
乾县	pᶠo²⁴	maŋ²⁴ | maɣ̃	maŋ⁵²	mu⁴⁴	<u>mo³¹</u>/mɔ³¹
永寿	po²⁴	maŋ²⁴ | maɣ̃	maŋ⁵²	mu⁵⁵	mo³¹
淳化	pʰo²⁴	maŋ²⁴ | maɣ̃	maŋ⁵²	mu⁵⁵	mo³¹
旬邑	pʰo²⁴	maŋ²⁴ | maɣ̃	maŋ⁵²	mu⁴⁴	<u>mo³¹</u>/mɔ³¹
彬县	pʰo²⁴	maŋ²⁴ | maɣ̃	maŋ⁵²	mu⁴⁴	<u>mo³¹</u>/mɔ³¹
长武	pʰo²⁴	maŋ²⁴ | maɣ̃	maŋ⁵²	mu⁴⁴	mo³¹
扶风	pᶠʰo²⁴	maŋ²⁴ | maɣ̃	maŋ⁵²	mu³³	mo³¹
眉县	po²⁴	maŋ²⁴ | maɣ̃	maŋ⁵²	mu⁴⁴	<u>mo³¹</u>/mɔ³¹
麟游	pʰo²⁴	maŋ²⁴ | maɣ̃	maŋ⁵³	mu⁴⁴	<u>mo³¹</u>/mɔ³¹
岐山	pᶠʰo²⁴	maŋ²⁴ | maɣ̃	maŋ⁵³	mu⁴⁴	<u>mo³¹</u>/mɔ³¹
凤翔	pᶠʰo²⁴	maŋ²⁴ | maɣ̃	maŋ⁵³	mu⁴⁴	mo³¹
宝鸡	pᶠʰo²⁴	maŋ²⁴ | maɣ̃	maŋ⁵³	mu⁴⁴	<u>mo³¹</u>/mɔ³¹
千阳	pᶠʰo²⁴	maŋ²⁴ | maɣ̃	maŋ⁵³	mu⁴⁴	<u>mo³¹</u>/mɔ³¹
陇县	pᶠo²⁴	maŋ²⁴ | maɣ̃	maŋ⁵³	mu⁴⁴	mo³¹

字目 / 方言	当~时, 应~ 宕开一 平唐端	党 宕开一 上荡端	当~作, 典~ 宕开一 去宕端	汤 宕开一 平唐透	躺 宕开一 上荡透
西安	taŋ²¹ | taɣ̃	taŋ⁵³/taŋ⁵⁵①	taŋ⁵⁵ | taɣ̃	tʰaŋ²¹ | tʰaɣ̃	tʰaŋ⁵³
韩城	taŋ³¹ | taɣ̃	taŋ⁵³/taŋ⁴⁴	taŋ⁴⁴ | taɣ̃	tʰaŋ³¹/tʰə³¹ | tʰaɣ̃	tʰaŋ⁵³
合阳	taŋ³¹ | taɣ̃	taŋ⁵²/taŋ⁵⁵	taŋ⁵⁵ | taɣ̃	tʰaŋ³¹ | tʰaɣ̃	tʰaŋ⁵²
澄城	taŋ³¹ | taɣ̃	taŋ⁵³	taŋ⁴⁴ | taɣ̃	tʰaŋ³¹ | tʰaɣ̃	tʰaŋ⁵³
白水	taŋ³¹ | taɣ̃	taŋ⁵³	taŋ⁴⁴ | taɣ̃	tʰaŋ³¹ | tʰaɣ̃	tʰaŋ⁵³
大荔	taŋ³¹ | taɣ̃	taŋ⁵²/taŋ⁵⁵	taŋ⁵⁵ | taɣ̃	tʰaŋ³¹ | tʰaɣ̃	tʰaŋ⁵²
蒲城	taŋ³¹ | taɣ̃	taŋ⁵³	taŋ⁵⁵ | taɣ̃	tʰaŋ³¹ | tʰaɣ̃	tʰaŋ⁵³
美原	taŋ³¹ | taɣ̃	taŋ⁵³/taŋ⁵⁵	taŋ⁵⁵ | taɣ̃	tʰaŋ³¹ | tʰaɣ̃	tʰaŋ⁵³
富平	taŋ³¹ | taɣ̃	taŋ⁵³	taŋ⁵⁵ | taɣ̃	tʰaŋ³¹ | tʰaɣ̃	tʰaŋ⁵³
潼关	taŋ³¹ | taɣ̃	taŋ⁵²	taŋ⁴⁴ | taɣ̃	tʰaŋ³¹ | tʰaɣ̃	tʰaŋ⁵²
华阴	taŋ³¹ | taɣ̃	taŋ⁵²	taŋ⁵⁵ | taɣ̃	tʰaŋ³¹ | tʰaɣ̃	tʰaŋ⁵²
华县	taŋ³¹ | taɣ̃	taŋ⁵³	taŋ⁵⁵ | taɣ̃	tʰaŋ³¹ | tʰaɣ̃	tʰaŋ⁵³
渭南	taŋ³¹ | taɣ̃	taŋ⁵³	taŋ⁴⁴ | taɣ̃	tʰaŋ³¹ | tʰaɣ̃	tʰaŋ⁵³
洛南	taŋ³¹ | taɣ̃	taŋ⁵³	taŋ⁴⁴ | taɣ̃	tʰaŋ³¹ | tʰaɣ̃	tʰaŋ⁵³
商州	taŋ³¹ | taɣ̃	taŋ⁵³	taŋ⁵⁵ | taɣ̃	tʰaŋ³¹ | tʰaɣ̃	tʰaŋ⁵³
丹凤	taŋ³¹	taŋ⁵³	taŋ⁴⁴	tʰaŋ³¹	tʰaŋ⁵³
宜川	taŋ⁵¹	taŋ⁴⁵	taŋ⁴⁵	tʰaŋ⁵¹/tʰə⁵¹	tʰaŋ⁴⁵
富县	taŋ³¹	taŋ⁵²	taŋ⁴⁴	tʰaŋ³¹	tʰaŋ⁵²
黄陵	taŋ³¹	taŋ⁵²	taŋ⁴⁴	tʰaŋ³¹	tʰaŋ⁵²
宜君	taŋ²¹	taŋ⁵²	taŋ⁴⁴	tʰaŋ²¹	tʰaŋ⁵²
铜川	taŋ²¹ | taɣ̃	taŋ⁵²	taŋ⁴⁴ | taɣ̃	tʰaŋ²¹ | tʰaɣ̃	tʰaŋ⁵²
耀县	taŋ³¹ | taɣ̃	taŋ⁵²	taŋ⁴⁴ | taɣ̃	tʰaŋ³¹ | tʰaɣ̃	tʰaŋ⁵²
高陵	taŋ³¹ | taɣ̃	taŋ⁵²	taŋ⁵⁵ | taɣ̃	tʰaŋ³¹ | tʰaɣ̃	tʰaŋ⁵²
临潼	taŋ³¹ | taɣ̃	taŋ⁵²	taŋ⁴⁵ | taɣ̃	tʰaŋ³¹ | tʰaɣ̃	tʰaŋ⁵²

---

① taŋ⁵⁵ 姓。下同。

字目 / 方言	当~时,应~	党	当~作,典~	汤	躺
	宕开一平唐端	宕开一上荡端	宕开一去宕端	宕开一平唐透	宕开一上荡透
蓝田	taŋ³¹ | taɣ̃	taŋ⁵²	taŋ⁴⁴ | taɣ̃	tʰaŋ³¹ | tʰaɣ̃	tʰaŋ⁵²
长安	taŋ³¹	taŋ⁵³	taŋ⁴⁴	tʰaŋ³¹	tʰaŋ⁵³
户县	taŋ³¹ | taɣ̃	taŋ⁵²	taŋ⁵⁵ | taɣ̃	tʰaŋ³¹ | tʰaɣ̃	tʰaŋ⁵²
周至	taŋ²¹ | taɣ̃	taŋ⁵²	taŋ⁵⁵ | taɣ̃	tʰaŋ²¹ | tʰaɣ̃	tʰaŋ⁵²
三原	taŋ³¹ | taɣ̃	taŋ⁵²	taŋ⁵⁵ | taɣ̃	tʰaŋ³¹ | tʰaɣ̃	tʰaŋ⁵²
泾阳	taŋ³¹ | taɣ̃	taŋ⁵²	taŋ⁵⁵ | taɣ̃	tʰaŋ³¹ | tʰaɣ̃	tʰaŋ⁵²
咸阳	taŋ³¹	taŋ⁵²	taŋ⁵⁵	tʰaŋ³¹	tʰaŋ⁵²
兴平	taŋ³¹ | taɣ̃	taŋ⁵²	taŋ⁵⁵ | taɣ̃	tʰaŋ³¹ | tʰaɣ̃	tʰaŋ⁵²
武功	taŋ³¹ | taɣ̃	taŋ⁵²	taŋ⁵⁵ | taɣ̃	tʰaŋ³¹ | tʰaɣ̃	tʰaŋ⁵²
礼泉	taŋ³¹ | taɣ̃	taŋ⁵²	taŋ⁵⁵ | taɣ̃	tʰaŋ³¹ | tʰaɣ̃	tʰaŋ⁵²
乾县	taŋ³¹ | taɣ̃	taŋ⁵²	taŋ⁴⁴ | taɣ̃	tʰaŋ³¹ | tʰaɣ̃	tʰaŋ⁵²
永寿	taŋ³¹ | taɣ̃	taŋ⁵²	taŋ⁵⁵ | taɣ̃	tʰaŋ³¹ | tʰaɣ̃	tʰaŋ⁵²
淳化	taŋ³¹ | taɣ̃	taŋ⁵²	taŋ⁵⁵ | taɣ̃	tʰaŋ³¹ | tʰaɣ̃	tʰaŋ⁵²
旬邑	taŋ³¹ | taɣ̃	taŋ⁵²	taŋ⁴⁴ | taɣ̃	tʰaŋ³¹ | tʰaɣ̃	tʰaŋ⁵²
彬县	taŋ³¹ | taɣ̃	taŋ⁵²	taŋ⁴⁴ | taɣ̃	tʰaŋ³¹ | tʰaɣ̃	tʰaŋ⁵²
长武	taŋ³¹ | taɣ̃	taŋ⁵²	taŋ⁴⁴ | taɣ̃	tʰaŋ³¹ | tʰaɣ̃	tʰaŋ⁵²
扶风	taŋ³¹ | taɣ̃	taŋ⁵²	taŋ³³ | taɣ̃	tʰaŋ³¹ | tʰaɣ̃	tʰaŋ⁵²
眉县	taŋ³¹ | taɣ̃	taŋ⁵²	taŋ⁴⁴ | taɣ̃	tʰaŋ³¹ | tʰaɣ̃	tʰaŋ⁵²
麟游	taŋ³¹ | taɣ̃	taŋ⁵³	taŋ⁴⁴ | taɣ̃	tʰaŋ³¹ | tʰaɣ̃	tʰaŋ⁵³
岐山	taŋ³¹ | taɣ̃	taŋ⁵³	taŋ⁴⁴ | taɣ̃	tʰaŋ³¹ | tʰaɣ̃	tʰaŋ⁵³
凤翔	taŋ³¹ | taɣ̃	taŋ⁵³	taŋ⁴⁴ | taɣ̃	tʰaŋ³¹ | tʰaɣ̃	tʰaŋ⁵³
宝鸡	taŋ³¹ | taɣ̃	taŋ⁵³	taŋ⁴⁴ | taɣ̃	tʰaŋ³¹ | tʰaɣ̃	tʰaŋ⁵³
千阳	taŋ³¹ | taɣ̃	taŋ⁵³	taŋ⁴⁴ | taɣ̃	tʰaŋ³¹ | tʰaɣ̃	tʰaŋ⁵³
陇县	taŋ³¹ | taɣ̃	taŋ⁵³	taŋ⁴⁴ | taɣ̃	tʰaŋ³¹ | tʰaɣ̃	tʰaŋ⁵³

字目 方言	烫 宕开一 去宕透	托 宕开一 入铎透	糖 宕开一 平唐定	荡 宕开一 上荡定	宕 宕开一 去宕定
西安	$t^h aŋ^{55}$	$t^h uo^{21}$	$t^h aŋ^{24}$	$taŋ^{55}$	$taŋ^{55}$
韩城	$t^h aŋ^{44}$	$t^h ə^{31}$	$t^h aŋ^{24}$	$taŋ^{44}$	$taŋ^{44}$
合阳	$t^h aŋ^{55}$	$t^h uo^{31}$	$\underline{t^h aŋ^{24}}/\underline{t^h a^{31}}/\underline{t^h uo^{31}}$①	$taŋ^{55}$	$taŋ^{55}$
澄城	$t^h aŋ^{44}$	$t^h uo^{31}$	$t^h aŋ^{24}$	$taŋ^{44}$	$taŋ^{44}$
白水	$t^h aŋ^{44}$	$t^h uo^{31}$	$t^h aŋ^{24}$	$taŋ^{44}$	$taŋ^{44}$
大荔	$t^h aŋ^{55}$	$t^h uo^{31}$	$t^h aŋ^{24}$	$taŋ^{55}$	$taŋ^{55}$
蒲城	$t^h aŋ^{55}$	$t^h uo^{31}$	$t^h aŋ^{35}$	$taŋ^{55}$	$taŋ^{55}$
美原	$t^h aŋ^{55}$	$t^h uo^{31}$	$t^h aŋ^{35}$	$taŋ^{55}$	$taŋ^{55}$
富平	$t^h aŋ^{55}$	$t^h uo^{31}$	$t^h aŋ^{35}$	$taŋ^{55}$	$taŋ^{55}$
潼关	$t^h aŋ^{44}$	$t^h uo^{31}$	$t^h aŋ^{24}$	$taŋ^{44}$	$taŋ^{44}$
华阴	$t^h aŋ^{55}$	$t^h uo^{31}$	$t^h aŋ^{24}$	$taŋ^{55}$	$taŋ^{55}$
华县	$t^h aŋ^{55}$	$t^h uo^{31}$	$t^h aŋ^{35}$	$taŋ^{55}$	$taŋ^{55}$
渭南	$t^h aŋ^{44}$	$t^h uo^{31}$	$t^h aŋ^{24}$	$taŋ^{44}$	$taŋ^{44}$
洛南	$t^h aŋ^{44}$	$t^h uo^{31}$	$t^h aŋ^{24}$	$taŋ^{44}$	$taŋ^{44}$
商州	$t^h aŋ^{55}$	$t^h uo^{31}$	$t^h aŋ^{35}$	$taŋ^{55}$	$taŋ^{55}$
丹凤	$t^h aŋ^{44}$	$t^h uo^{31}$	$t^h aŋ^{24}$	$taŋ^{44}$	$taŋ^{44}$
宜川	$t^h aŋ^{45}$	$t^h ə^{51}$	$t^h aŋ^{24}$	$taŋ^{45}$	$taŋ^{45}$
富县	$t^h aŋ^{44}$	$t^h uo^{31}$	$t^h aŋ^{24}$	$taŋ^{44}$	$taŋ^{44}$
黄陵	$t^h aŋ^{44}$	$t^h uo^{31}$	$t^h aŋ^{24}$	$taŋ^{44}$	$taŋ^{44}$
宜君	$t^h aŋ^{21}$	$t^h uo^{21}$	$t^h aŋ^{24}$	$taŋ^{44}$	$taŋ^{44}$
铜川	$t^h aŋ^{44}$	$t^h uo^{52}$	$t^h aŋ^{24}$	$taŋ^{44}$	$taŋ^{44}$
耀县	$t^h aŋ^{44}$	$t^h uo^{31}$	$t^h aŋ^{24}$	$taŋ^{44}$	$taŋ^{44}$
高陵	$t^h aŋ^{55}$	$t^h uo^{31}$	$t^h aŋ^{24}$	$taŋ^{55}$	$taŋ^{55}$
临潼	$t^h aŋ^{45}$	$t^h uo^{31}$	$t^h aŋ^{24}$	$taŋ^{45}$	$taŋ^{45}$

① $t^h a^{31}$ 蜂～；$t^h uo^{31}$ 蜂～。

字目 方言	烫 宕开一 去宕透	托 宕开一 入铎透	糖 宕开一 平唐定	荡 宕开一 上荡定	宕 宕开一 去宕定
蓝田	tʰaŋ⁴⁴	tʰuo³¹	tʰaŋ²⁴	taŋ⁴⁴	taŋ⁴⁴
长安	tʰaŋ⁴⁴	tʰuo³¹	tʰaŋ²⁴	taŋ⁴⁴	taŋ⁴⁴
户县	tʰaŋ⁵⁵	tʰuo³¹	tʰaŋ²⁴	taŋ⁵⁵	taŋ⁵⁵
周至	tʰaŋ⁵⁵	tʰuo²¹	tʰaŋ²⁴	taŋ⁵⁵	taŋ⁵⁵
三原	tʰaŋ⁵⁵	tʰuo³¹	tʰaŋ²⁴	taŋ⁵⁵	taŋ⁵⁵
泾阳	tʰaŋ⁵⁵	tʰuo³¹	tʰaŋ²⁴	taŋ⁵⁵	taŋ⁵⁵
咸阳	tʰaŋ⁵⁵	tʰuo³¹	tʰaŋ²⁴	taŋ⁵⁵	taŋ⁵⁵
兴平	tʰaŋ⁵⁵	tʰuo³¹	tʰaŋ²⁴	taŋ⁵⁵	taŋ⁵⁵
武功	tʰaŋ⁵⁵	tʰuo³¹	tʰaŋ²⁴	taŋ⁵⁵	taŋ⁵⁵
礼泉	tʰaŋ⁵⁵	tʰuo³¹	tʰaŋ²⁴	taŋ⁵⁵	taŋ⁵⁵
乾县	tʰaŋ⁴⁴	tʰuo³¹	tʰaŋ²⁴	taŋ⁴⁴	taŋ⁴⁴
永寿	tʰaŋ⁵⁵	tʰuo³¹	tʰaŋ²⁴	taŋ⁵⁵	taŋ⁵⁵
淳化	tʰaŋ⁵⁵	tʰuo³¹	tʰaŋ²⁴	taŋ⁵⁵	taŋ⁵⁵
旬邑	tʰaŋ⁴⁴	tʰuo³¹	tʰaŋ²⁴	taŋ⁴⁴	taŋ⁴⁴
彬县	tʰaŋ⁴⁴	tʰuo³¹	tʰaŋ²⁴	taŋ⁴⁴	taŋ⁴⁴
长武	tʰaŋ⁴⁴	tʰuo³¹	tʰaŋ²⁴	taŋ⁴⁴	taŋ⁴⁴
扶风	tʰaŋ³³	tʰuo³¹	tʰaŋ²⁴	taŋ³³	taŋ³³
眉县	tʰaŋ³¹	tʰuo³¹	tʰaŋ²⁴	taŋ⁴⁴	taŋ⁴⁴
麟游	tʰaŋ⁴⁴	tʰuo³¹	tʰaŋ²⁴	taŋ⁴⁴	
岐山	tʰaŋ⁴⁴	tʰuo³¹	tʰaŋ²⁴	taŋ⁴⁴	taŋ⁴⁴
凤翔	tʰaŋ⁴⁴	tʰuo³¹	tʰaŋ²⁴	taŋ⁴⁴	taŋ⁴⁴
宝鸡	tʰaŋ⁴⁴	tʰuo³¹	tʰaŋ²⁴	taŋ⁴⁴	
千阳	tʰaŋ⁴⁴	tʰuo³¹	tʰaŋ²⁴	taŋ⁴⁴	taŋ⁴⁴
陇县	tʰaŋ⁴⁴	tʰuo³¹	tʰaŋ²⁴	taŋ⁴⁴	taŋ⁴⁴

字目 / 方言	铎 宕开一 入铎定	囊 宕开一 平唐泥		诺 宕开一 入铎泥	狼 宕开一 平唐来	朗 宕开一 上荡来
西安	tuo²⁴	naŋ²¹	naɣ̃	nuo⁵³	laŋ²⁴	laŋ⁵⁵
韩城	tʰə²⁴	naŋ³¹	naɣ̃	nə³¹	laŋ²⁴/lə²⁴	laŋ⁴⁴
合阳	tʰuo²⁴	naŋ³¹	naɣ̃	no⁵²	laŋ²⁴/lo²⁴	laŋ⁵⁵
澄城	tʰuo²⁴	naŋ³¹	naɣ̃	nuo⁵³	laŋ²⁴/luo²⁴	laŋ⁴⁴
白水	tʰuo²⁴	naŋ³¹	naɣ̃	nuo⁵³	laŋ²⁴	laŋ⁴⁴
大荔	tʰuo²⁴	naŋ³¹	naɣ̃	nuo⁵²	laŋ²⁴	laŋ⁵⁵
蒲城	tʰuo³⁵	naŋ³¹	naɣ̃	luo⁵³	laŋ³⁵	laŋ⁵⁵
美原	tʰuo³⁵	naŋ³¹	naɣ̃	luo⁵³	laŋ³⁵	laŋ⁵⁵
富平	tʰuo³⁵	naŋ³¹	naɣ̃	luo³¹	laŋ³⁵	laŋ⁵⁵
潼关	tʰuo²⁴	naŋ³¹	naɣ̃	nuo⁵²	laŋ²⁴	laŋ⁴⁴
华阴	tuo²⁴	naŋ³¹	naɣ̃	nuo⁵²	laŋ²⁴	laŋ⁵⁵
华县	tʰuo³⁵	naŋ³¹	naɣ̃	nuo⁵³	laŋ³⁵	laŋ⁵⁵
渭南	tuo²⁴	naŋ³¹	naɣ̃	nuo⁵³	laŋ²⁴	laŋ⁴⁴
洛南	tuo²⁴	naŋ³¹	naɣ̃	luo⁵³	laŋ²⁴	laŋ⁵³
商州	tuo³⁵	naŋ³¹	naɣ̃	luo³¹	laŋ³⁵	laŋ⁵³
丹凤	tuo²⁴	naŋ³¹		luo⁵³	laŋ²⁴	laŋ⁵³
宜川	tʰuo²⁴	naŋ²⁴		nuo⁴⁵	laŋ²⁴/luo²⁴	laŋ⁴⁵
富县	tʰuo²⁴	naŋ²⁴		nuo⁵²	laŋ²⁴	laŋ⁴⁴
黄陵	tuo²⁴	naŋ²⁴		nuo⁵²	laŋ²⁴	laŋ⁴⁴
宜君	tʰuo²⁴	naŋ²¹		nuo⁵²	laŋ²⁴	laŋ⁴⁴
铜川	tuo²⁴	naŋ²¹	naɣ̃	luo²¹/luo⁵²①	laŋ²⁴	laŋ⁴⁴
耀县	tʰuo²⁴	naŋ³¹	naɣ̃	luo⁵²	laŋ²⁴	laŋ⁴⁴
高陵	tuo²⁴	naŋ²⁴	naɣ̃	luo⁵²	laŋ²⁴	laŋ⁵⁵
临潼	tuo²⁴	naŋ³¹	naɣ̃	nuo⁵²	laŋ²⁴	laŋ⁴⁵

① luo⁵² ～言。

字目／方言	铎　宕开一入铎定	囊　宕开一平唐泥	诺　宕开一入铎泥	狼　宕开一平唐来	朗　宕开一上荡来
蓝田	tuo^{24}	$naŋ^{31}$｜$naɣ̃$	nuo^{31}	$laŋ^{24}$	$laŋ^{52}$
长安	tuo^{24}	$naŋ^{24}$	nuo^{53}	$laŋ^{24}$	$laŋ^{53}$
户县	$tʰuo^{24}$	$naŋ^{31}$｜$naɣ̃$	nuo^{52}	$laŋ^{24}$	$laŋ^{52}$
周至	tuo^{24}	$naŋ^{24}$｜$naɣ̃$	nuo^{52}	$laŋ^{24}$	$laŋ^{52}$
三原	tuo^{24}	$naŋ^{31}$｜$naɣ̃$	nuo^{52}	$laŋ^{24}$	$laŋ^{55}$
泾阳	tuo^{24}	$naŋ^{31}$｜$naɣ̃$	nuo^{52}	$laŋ^{24}$	$laŋ^{55}$
咸阳	tuo^{24}	$laŋ^{24}$	luo^{52}	$laŋ^{24}$	$laŋ^{55}$
兴平	tuo^{24}	$naŋ^{31}$｜$naɣ̃$	luo^{31}	$naŋ^{24}$	$naŋ^{55}$
武功	tuo^{24}	$laŋ^{31}$｜$laɣ̃$	luo^{52}	$laŋ^{24}$	$laŋ^{55}$
礼泉	tuo^{24}	$laŋ^{31}$｜$laɣ̃$	luo^{31}	$laŋ^{24}$	$laŋ^{55}$
乾县	tuo^{24}	$laŋ^{31}$｜$laɣ̃$	luo^{52}	$laŋ^{24}$	$laŋ^{55}$
永寿	tuo^{24}	$laŋ^{31}$｜$laɣ̃$	luo^{52}	$laŋ^{24}$	$laŋ^{55}$
淳化	$tʰuo^{24}$	$naŋ^{31}$｜$naɣ̃$	nuo^{52}	$laŋ^{24}$	$laŋ^{55}$
旬邑	tuo^{24}	$laŋ^{31}$｜$laɣ̃$	luo^{52}	$laŋ^{24}$	$laŋ^{44}$
彬县	tuo^{24}	$laŋ^{31}$｜$laɣ̃$	luo^{52}	$laŋ^{24}$	$laŋ^{44}$
长武	tuo^{24}	$laŋ^{31}$｜$laɣ̃$	luo^{52}	$laŋ^{24}$	$laŋ^{44}$
扶风	tuo^{24}	$laŋ^{31}$｜$laɣ̃$	luo^{52}	$laŋ^{24}$	$laŋ^{33}$
眉县	tuo^{24}	$laŋ^{31}$｜$laɣ̃$	$ʐuo^{44}$	$laŋ^{24}$	$laŋ^{44}$
麟游	tuo^{24}	$laŋ^{31}$｜$laɣ̃$	luo^{53}	$laŋ^{24}$	$laŋ^{44}$
岐山	tuo^{24}	$laŋ^{31}$｜$laɣ̃$	$ʐuo^{53}$	$laŋ^{24}$	$laŋ^{44}$
凤翔	tuo^{24}	$laŋ^{31}$｜$laɣ̃$	$ʐuo^{53}$	$laŋ^{24}$	$laŋ^{44}$
宝鸡	tuo^{24}	$laŋ^{31}$｜$laɣ̃$	$ʐuo^{53}$	$laŋ^{24}$	$laŋ^{44}$
千阳	tuo^{24}	$naŋ^{31}$｜$laɣ̃$	luo^{53}	$laŋ^{24}$	$laŋ^{44}$
陇县	tuo^{24}	$laŋ^{31}$｜$laɣ̃$	$\underline{luo}^{53}$/$\underline{ʐuo}^{53}$	$laŋ^{24}$	$laŋ^{44}$

字目 方言	浪 宕开一 去宕来	落 宕开一 入铎来	烙 宕开一 入铎来	脏肮~ 宕开一 平唐精	葬 宕开一 去宕精
西安	laŋ⁵⁵	luo²¹	luo²¹	tsaŋ²¹ ｜ tsaɣ̃	tsaŋ⁵⁵
韩城	laŋ⁴⁴	lə³¹	lə³¹	tsaŋ³¹ ｜ tsaɣ̃	tsaŋ⁴⁴
合阳	laŋ⁵⁵	lo³¹	lo³¹	tsaŋ³¹ ｜ tsaɣ̃	tsaŋ⁵⁵
澄城	laŋ⁴⁴	luo³¹	luo³¹	tsaŋ³¹ ｜ tsaɣ̃	tsaŋ⁴⁴
白水	laŋ⁴⁴	luo³¹	luo³¹	tsaŋ³¹ ｜ tsaɣ̃	tsaŋ⁴⁴
大荔	laŋ⁵⁵	luo³¹	luo³¹	tsaŋ³¹ ｜ tsaɣ̃	tsaŋ⁵⁵
蒲城	laŋ⁵⁵	luo³¹	luo³¹	tsaŋ³¹ ｜ tsaɣ̃	tsaŋ⁵⁵
美原	laŋ⁵⁵	luo³¹	luo³¹	tsaŋ³¹ ｜ tsaɣ̃	tsaŋ⁵⁵
富平	laŋ⁵⁵	luo³¹	luo³¹	tsaŋ³¹ ｜ tsaɣ̃	tsaŋ⁵⁵
潼关	laŋ⁴⁴	luo³¹	luo³¹	tsaŋ³¹ ｜ tsaɣ̃	tsaŋ⁴⁴
华阴	laŋ⁵⁵	luo³¹	luo³¹	tsaŋ³¹ ｜ tsaɣ̃	tsaŋ⁵⁵
华县	laŋ⁵⁵	luo³¹	luo³¹	tsaŋ³¹ ｜ tsaɣ̃	tsaŋ⁵⁵
渭南	laŋ⁴⁴	luo³¹	luo³¹	tsaŋ³¹ ｜ tsaɣ̃	tsaŋ⁴⁴
洛南	laŋ⁴⁴	luo³¹	luo³¹	tsaŋ⁴⁴ ｜ tsaɣ̃	tsaŋ⁴⁴
商州	laŋ⁵⁵	luo³¹	luo³¹	tsaŋ⁵⁵ ｜ tsaɣ̃	tsaŋ⁵⁵
丹凤	laŋ⁴⁴	luo³¹	luo³¹	tsaŋ⁴⁴	tsaŋ⁴⁴
宜川	laŋ⁴⁵	luo⁵¹	luo⁵¹	tsaŋ⁵¹	tsaŋ⁴⁵
富县	laŋ⁴⁴	luo³¹/la³¹	luo³¹	tsaŋ³¹	tsaŋ⁴⁴
黄陵	laŋ⁴⁴	luo³¹	luo³¹	tsaŋ³¹	tsaŋ⁴⁴
宜君	laŋ⁴⁴	luo²¹	luo²¹	tsaŋ²¹	tsaŋ⁴⁴
铜川	laŋ⁴⁴	luo²¹	luo²¹	tsaŋ²¹ ｜ tsaɣ̃	tsaŋ⁴⁴
耀县	laŋ⁴⁴	luo³¹	luo³¹	tsaŋ³¹ ｜ tsaɣ̃	tsaŋ⁴⁴
高陵	laŋ⁵⁵	luo³¹	luo³¹	tsaŋ³¹ ｜ tsaɣ̃	tsaŋ⁵⁵
临潼	laŋ⁴⁵	luo³¹	luo³¹	tsaŋ³¹ ｜ tsaɣ̃	tsaŋ⁴⁵

字目／方言	浪	落	烙	脏舡~	葬
	宕开一 去宕来	宕开一 入铎来	宕开一 入铎来	宕开一 平唐精	宕开一 去宕精
蓝田	laŋ^{44}	luo^{31}	luo^{31}	tsaŋ^{31} ｜ tsaɣ̃	tsaŋ^{44}
长安	laŋ^{44}	luo^{31}	luo^{31}	tsaŋ^{31}	tsaŋ^{44}
户县	laŋ^{55}	luo^{31}	luo^{31}	tsaŋ^{31} ｜ tsaɣ̃	tsaŋ^{55}
周至	laŋ^{55}	luo^{21}	luo^{21}	tsaŋ^{21} ｜ tsaɣ̃	tsaŋ^{55}
三原	laŋ^{55}	luo^{31}	luo^{31}	tsaŋ^{31} ｜ tsaɣ̃	tsaŋ^{55}
泾阳	laŋ^{55}	luo^{31}	luo^{31}	tsaŋ^{31} ｜ tsaɣ̃	tsaŋ^{55}
咸阳	laŋ^{55}	luo^{31}	luo^{31}	tsaŋ^{31}	tsaŋ^{55}
兴平	naŋ^{55}	luo^{31}	luo^{31}	tsaŋ^{31} ｜ tsaɣ̃	tsaŋ^{55}
武功	laŋ^{55}	luo^{31}	luo^{31}	tsaŋ^{31} ｜ tsaɣ̃	tsaŋ^{55}
礼泉	laŋ^{55}	luo^{31}	luo^{31}	tsaŋ^{31} ｜ tsaɣ̃	tsaŋ^{55}
乾县	laŋ^{55}	luo^{31}	luo^{31}	tsaŋ^{31} ｜ tsaɣ̃	tsaŋ^{44}
永寿	laŋ^{55}	luo^{31}	luo^{31}	tsaŋ^{31} ｜ tsaɣ̃	tsaŋ^{55}
淳化	laŋ^{55}	luo^{31}	luo^{31}	tsaŋ^{31} ｜ tsaɣ̃	tsaŋ^{55}
旬邑	laŋ^{44}	luo^{31}	luo^{31}	tsaŋ^{31} ｜ tsaɣ̃	tsaŋ^{44}
彬县	laŋ^{44}	luo^{31}	luo^{31}	tsaŋ^{31} ｜ tsaɣ̃	tsaŋ^{44}
长武	laŋ^{44}	luo^{31}	luo^{31}	tsaŋ^{31} ｜ tsaɣ̃	tsaŋ^{44}
扶风	laŋ^{33}	luo^{31}	luo^{31}	tsaŋ^{31} ｜ tsaɣ̃	tsaŋ^{33}
眉县	laŋ^{44}	luo^{31}	luo^{31}	tsaŋ^{31} ｜ tsaɣ̃	tsaŋ^{44}
麟游	laŋ^{44}	luo^{31}	luo^{31}	tsaŋ^{31} ｜ tsaɣ̃	tsaŋ^{44}
岐山	laŋ^{44}	luo^{31}	luo^{31}	tsaŋ^{31} ｜ tsaɣ̃	tsaŋ^{44}
凤翔	laŋ^{44}	luo^{31}	luo^{31}	tsaŋ^{31} ｜ tsaɣ̃	tsaŋ^{44}
宝鸡	laŋ^{44}	luo^{31}	luo^{31}	tsaŋ^{31} ｜ tsaɣ̃	tsaŋ^{44}
千阳	laŋ^{44}	luo^{31}	luo^{31}	tsaŋ^{31} ｜ tsaɣ̃	tsaŋ^{44}
陇县	laŋ^{44}	luo^{31}	luo^{31}	tsaŋ^{31} ｜ tsaɣ̃	tsaŋ^{44}

字目 方言	作 宕开一 入铎精	仓 宕开一 平唐清		藏隐~ 宕开一 平唐从	脏肝~ 宕开一 去宕从	凿 宕开一 入铎从
西安	tsuo²¹	tsʰaŋ²¹	tsʰaɣ̃	tsʰaŋ²⁴/tɕʰiaŋ²⁴	tsaŋ⁵⁵	tsuo²⁴
韩城	tsuə³¹	tsʰaŋ³¹	tsʰaɣ̃	tsʰaŋ²⁴	tsaŋ⁴⁴	tsʰuə²⁴
合阳	tɕyə³¹	tsʰaŋ³¹	tsʰaɣ̃	tsʰaŋ²⁴	tsaŋ⁵⁵	tɕʰyə²⁴
澄城	tʃuo³¹	tsʰaŋ³¹	tsʰaɣ̃	tsʰaŋ²⁴	tsaŋ⁴⁴	tʃʰuo²⁴
白水	tsuo³¹	tsʰaŋ³¹	tsʰaɣ̃	tsʰaŋ²⁴	tsaŋ⁴⁴	tsʰuo²⁴
大荔	tsuo³¹	tsʰaŋ³¹	tsʰaɣ̃	tsʰaŋ²⁴	tsaŋ⁵⁵	tsuo²⁴
蒲城	tʃuo³¹	tsʰaŋ³¹	tsʰaɣ̃	tsʰaŋ³⁵/tɕʰian³⁵	tsaŋ⁵⁵	tʃʰuo³⁵
美原	tʃo³¹	tsʰaŋ³¹	tsʰaɣ̃	tsʰaŋ³⁵/tɕʰian³⁵	tsaŋ⁵⁵	tʃʰo³⁵
富平	tsuo³¹	tsʰaŋ³¹	tsʰaɣ̃	tsʰaŋ³⁵/tɕʰian³⁵	tsaŋ⁵⁵	tsʰuo³⁵
潼关	tsuo³¹	tsʰaŋ³¹	tsʰaɣ̃	tsʰaŋ²⁴	tsaŋ⁴⁴	tsʰuo²⁴
华阴	tsuo³¹	tsʰaŋ³¹	tsʰaɣ̃	tsʰaŋ²⁴/tɕʰiaŋ²⁴	tsaŋ⁵⁵	tsʰuo²⁴
华县	tʃuo³¹	tsʰaŋ³¹	tsʰaɣ̃	tsʰaŋ³⁵	tsaŋ⁵⁵	tʃʰuo³⁵
渭南	tʃuo³¹	tsʰaŋ³¹	tsʰaɣ̃	tsʰaŋ²⁴/tɕʰiaŋ²⁴	tsaŋ⁴⁴	tʃuo²⁴
洛南	tʃuo³¹	tsʰaŋ³¹	tsʰaɣ̃	tsʰaŋ²⁴/tɕʰiaŋ²⁴	tsaŋ⁴⁴	tʃʰuo²⁴
商州	tʃuo³¹	tsʰaŋ³¹	tsʰaɣ̃	tsʰaŋ³⁵/tɕʰiaŋ³⁵	tsaŋ⁵⁵	tʃʰuo³⁵
丹凤	tʃuo³¹	tsʰaŋ³¹		tsʰaŋ²⁴/tɕʰiaŋ²⁴	tsaŋ⁴⁴	tʃuo²⁴
宜川	tsuo⁵¹	tsʰaŋ⁵¹		tsʰaŋ²⁴	tsaŋ⁴⁵	tsʰuo²⁴
富县	tsuo³¹	tsʰaŋ³¹		tsʰaŋ²⁴	tsaŋ⁴⁴	tsʰuo²⁴
黄陵	tʃuo³¹	tsʰaŋ³¹		tsʰaŋ²⁴	tsaŋ⁴⁴	tʃʰuo²⁴
宜君	tsuo²¹	tsʰaŋ²¹		tsʰaŋ²⁴	tsaŋ⁴⁴	tsʰuo²⁴
铜川	tsuo²¹	tsʰaŋ²¹	tsʰaɣ̃	tsʰaŋ²⁴/tɕʰiaŋ²⁴	tsaŋ⁴⁴	tsʰuo²⁴
耀县	tʃuo³¹	tsʰaŋ³¹	tsʰaɣ̃	tsʰaŋ²⁴/tɕʰiaŋ²⁴	tsaŋ⁴⁴	tʃuo²⁴
高陵	tsuo³¹	tsʰaŋ³¹	tsʰaɣ̃	tsʰaŋ²⁴/tʰiaŋ²⁴	tsaŋ⁵⁵	tsʰuo²⁴
临潼	tsuo³¹	tsʰaŋ³¹	tsʰaɣ̃	tsʰaŋ²⁴/tɕʰiaŋ²⁴	tsaŋ⁴⁵	tsuo²⁴

字目 方言	作 宕开一 入铎精	仓 宕开一 平唐清		藏隐~ 宕开一 平唐从	脏肝~ 宕开一 去宕从	凿 宕开一 入铎从
蓝田	tʃuo³¹	tsʰaŋ³¹	tsʰaɣ̃	tsʰaŋ²⁴/tɕʰiaŋ²⁴	tsaŋ⁴⁴	tʃuo²⁴
长安	tsuo³¹	tsʰaŋ³¹		tsʰaŋ²⁴/tɕʰiaŋ²⁴	tsaŋ⁴⁴	tsuo²⁴
户县	tʃuo³¹	tsʰaŋ³¹	tsʰaɣ̃	tsʰaŋ²⁴/tɕʰiaŋ²⁴	tsaŋ⁵⁵	tʃuo²⁴
周至	tsuo²¹	tsʰaŋ²¹	tsʰaɣ̃	tsʰaŋ²⁴/tɕʰiaŋ²⁴	tsaŋ⁵⁵	tsuo²⁴
三原	tsuo³¹	tsʰaŋ³¹	tsʰaɣ̃	tsʰaŋ²⁴/tɕʰiaŋ²⁴	tsaŋ⁵⁵	tsʰuo²⁴
泾阳	tsuo³¹	tsʰaŋ³¹	tsʰaɣ̃	tsʰaŋ²⁴/tɕʰiaŋ²⁴	tsaŋ⁵⁵	tsʰuo²⁴
咸阳	tsuo³¹	tsʰaŋ³¹		tsʰaŋ²⁴/tɕʰiaŋ²⁴	tsaŋ⁵⁵	tsuo²⁴
兴平	tsuo³¹	tsʰaŋ³¹	tsʰaɣ̃	tsʰaŋ²⁴/tɕʰiaŋ²⁴	tsaŋ⁵⁵	tsuo²⁴
武功	tsuo³¹	tsʰaŋ³¹	tsʰaɣ̃	tsʰaŋ²⁴/tɕʰiaŋ²⁴	tsaŋ⁵⁵	tsuo²⁴/tsɔ²⁴①
礼泉	tsuo³¹	tsʰaŋ³¹	tsʰaɣ̃	tsʰaŋ²⁴/tɕʰiaŋ²⁴	tsaŋ⁵⁵	tsuo²⁴
乾县	tsuo³¹	tsʰaŋ³¹	tsʰaɣ̃	tsʰaŋ²⁴/tɕʰiaŋ²⁴	tsaŋ⁴⁴	tsuo²⁴
永寿	tsuo³¹	tsʰaŋ³¹	tsʰaɣ̃	tsʰaŋ²⁴/tɕʰiaŋ²⁴	tsaŋ⁵⁵	tsuo²⁴
淳化	tsuo³¹	tsʰaŋ³¹	tsʰaɣ̃	tsʰaŋ²⁴/tʰiaŋ²⁴	tsaŋ⁵⁵	tsʰuo²⁴
旬邑	tsuo³¹	tsʰaŋ³¹	tsʰaɣ̃	tsʰaŋ²⁴/tsʰiaŋ²⁴	tsaŋ⁴⁴	tsʰuo²⁴
彬县	tsuo³¹	tsʰaŋ³¹	tsʰaɣ̃	tsʰaŋ²⁴/tsʰiaŋ²⁴	tsaŋ⁴⁴	tsʰuo²⁴
长武	tsuo³¹	tsʰaŋ³¹	tsʰaɣ̃	tsʰaŋ²⁴/tsʰiaŋ²⁴	tsaŋ⁴⁴	tsʰuo²⁴
扶风	tsuo³¹	tsʰaŋ³¹	tsʰaɣ̃	tsʰaŋ²⁴/tɕʰiaŋ²⁴	tsaŋ³³	tsʰuo²⁴
眉县	tsuo³¹	tsʰaŋ³¹	tsʰaɣ̃	tsʰaŋ²⁴/tʰiaŋ²⁴	tsaŋ⁴⁴	tsuo²⁴/tsʰuo²⁴
麟游	tsuo³¹	tsʰaŋ³¹	tsʰaɣ̃	tʰiaŋ²⁴	tsaŋ⁴⁴	tsʰuo²⁴
岐山	tsuo³¹	tsʰaŋ³¹	tsʰaɣ̃	tʰiaŋ²⁴	tsaŋ⁴⁴	tsʰuo²⁴
凤翔	tsuo³¹	tsʰaŋ³¹	tsʰaɣ̃	tsʰaŋ²⁴/tʰiaŋ²⁴	tsaŋ⁴⁴	tsʰuo³¹
宝鸡	tsuo³¹	tsʰaŋ³¹	tsʰaɣ̃	tɕʰiaŋ²⁴	tsaŋ⁴⁴	tsʰuo²⁴
千阳	tsuo³¹	tsʰaŋ³¹	tsʰaɣ̃	tsʰaŋ²⁴/tʰiaŋ²⁴	tsaŋ⁴⁴	tsuo²⁴/tsʰuo²⁴
陇县	tsuo³¹	tsʰaŋ³¹	tsʰaɣ̃	tsʰaŋ²⁴/tɕʰiaŋ²⁴	tsaŋ⁴⁴	tsuo²⁴

① tsuo²⁴ ～木头；tsɔ²⁴ ～石头。

字目\方言	昨 宕开一入铎从	丧婚~ 宕开一平唐心	嗓 宕开一上荡心	丧~失 宕开一去宕心	索 宕开一入铎心
西安	tsuo²⁴	saŋ²¹	saŋ⁵³	saŋ⁵⁵	suo²¹
韩城	tsʰuə²⁴	saŋ⁵³	saŋ⁵³	saŋ⁴⁴	suə³¹
合阳	tɕyə²⁴	saŋ³¹	saŋ⁵²	saŋ⁵⁵	ɕyə³¹
澄城	tʃuo²⁴	taŋ³¹	taŋ⁵³	taŋ⁴⁴	tuo³¹
白水	tsuo²⁴	saŋ⁵³	saŋ⁵³	saŋ⁴⁴	suo³¹
大荔	tsuo²⁴	saŋ³¹	saŋ⁵²	saŋ⁵⁵	suo³¹
蒲城	tʃuo³⁵	saŋ³¹	saŋ⁵³	saŋ⁵⁵	ʃuo³¹
美原	tʃo³⁵	saŋ³¹	saŋ⁵³	saŋ⁵⁵	ʃo³¹
富平	tsuo³⁵	saŋ³¹	saŋ⁵³	saŋ⁵⁵	suo³¹
潼关	tsʰuo²⁴	saŋ³¹	saŋ⁵²	saŋ⁴⁴	suo³¹
华阴	tsuo²⁴	saŋ³¹	saŋ⁵²	saŋ⁵⁵	suo³¹
华县	tʃuo³⁵	saŋ³¹	saŋ⁵³	saŋ⁵⁵	ʃuo³¹
渭南	tʃuo²⁴	saŋ³¹	saŋ⁵³	saŋ⁴⁴	ʃuo³¹
洛南	tʃuo²⁴	saŋ⁵³	saŋ⁵³	saŋ⁴⁴	ʃuo³¹
商州	tʃuo³⁵	saŋ³¹	saŋ⁵³	saŋ⁵³	ʃuo³¹
丹凤	tʃuo²⁴	saŋ⁵³	saŋ⁵³	saŋ⁴⁴	ʃuo³¹
宜川	tsuo⁵¹	saŋ⁵¹	saŋ⁴⁵	saŋ⁴⁵	suo⁵¹
富县	tsuo²⁴	saŋ³¹	saŋ⁵²	saŋ⁴⁴	suo³¹
黄陵	tʃuo²⁴	saŋ³¹	saŋ⁵²	saŋ⁴⁴	ʃuo³¹
宜君	tsuo²¹	saŋ²¹	saŋ⁵²	saŋ⁴⁴	suo²¹
铜川	tsuo²⁴	saŋ²¹	saŋ⁵²	saŋ⁴⁴	suo²¹
耀县	tʃuo²⁴	saŋ³¹	saŋ⁵²	saŋ⁴⁴	ʃuo³¹
高陵	tsuo²⁴	saŋ³¹	saŋ⁵²	saŋ⁵⁵	suo³¹
临潼	tsuo²⁴	saŋ³¹	saŋ⁵²	saŋ⁴⁵	suo³¹

字目 方言	昨 宕开一 入铎从	丧婚~ 宕开一 平唐心	嗓 宕开一 上荡心	丧~失 宕开一 去宕心	索 宕开一 入铎心
蓝田	t͡ʃuo²⁴	saŋ³¹	saŋ⁵²	saŋ⁴⁴	ʃuo³¹
长安	tsuo²⁴	saŋ³¹	saŋ⁵³	saŋ⁴⁴	suo⁵³/suo³¹ ~要
户县	t͡ʃuo²⁴	saŋ³¹	saŋ⁵²	saŋ⁵⁵	ʃuo³¹
周至	tsuo²⁴	saŋ²¹	saŋ⁵²	saŋ⁵⁵	suo⁵²/suo²¹
三原	tsuo²⁴	saŋ³¹	saŋ⁵²	saŋ⁵⁵	suo³¹
泾阳	tsuo²⁴	saŋ³¹	saŋ⁵²	saŋ⁵⁵	suo³¹
咸阳	tsuo²⁴	saŋ³¹	saŋ⁵²	saŋ⁵⁵	suo³¹
兴平	tsuo²⁴	saŋ³¹	saŋ⁵²	saŋ⁵⁵	suo³¹
武功	tsuo²⁴	saŋ³¹	saŋ⁵²	saŋ⁵⁵	suo³¹
礼泉	tsuo²⁴	saŋ³¹	saŋ⁵²	saŋ⁵⁵	suo³¹
乾县	tsuo²⁴	saŋ³¹	saŋ⁵²	saŋ⁴⁴	suo⁵²
永寿	tsuo²⁴	saŋ³¹	saŋ⁵²	saŋ⁵⁵	suo⁵²
淳化	tsuo²⁴	saŋ³¹	saŋ⁵²	saŋ⁵⁵	suo³¹
旬邑	tsuo²⁴	saŋ³¹	saŋ⁵²	saŋ⁴⁴	suo³¹
彬县	tsuo²⁴	saŋ³¹	saŋ⁵²	saŋ⁴⁴	suo³¹
长武	tsuo²⁴	saŋ³¹	saŋ⁵²	saŋ⁴⁴	suo³¹
扶风	tsuo²⁴	saŋ³¹	saŋ⁵²	saŋ³³	suo³¹
眉县	tsuo²⁴	saŋ³¹	saŋ⁵²	saŋ⁴⁴	suo³¹
麟游	tsuo²⁴	saŋ³¹	saŋ⁵³	saŋ⁴⁴	suo³¹
岐山	tsuo²⁴	saŋ³¹	saŋ⁵³	saŋ⁴⁴	suo³¹
凤翔	tsuo²⁴	saŋ³¹	saŋ⁵³	saŋ⁴⁴	suo³¹
宝鸡	tsuo²⁴	saŋ³¹	saŋ⁵³	saŋ⁴⁴	suo³¹
千阳	tsuo²⁴	saŋ³¹	saŋ⁵³	saŋ⁴⁴	suo³¹
陇县	tsuo²⁴	saŋ³¹	saŋ⁵³	saŋ⁴⁴	suo³¹

字目 方言	钢 宕开一 平唐见	杠 宕开一 去宕见	各 宕开一 入铎见	糠 宕开一 平唐溪	炕 宕开一 去宕溪
西安	kaŋ²¹	kaŋ⁵⁵	kɤ²¹	kʰaŋ²¹	kʰaŋ⁵⁵
韩城	kaŋ³¹	kaŋ⁴⁴	kə³¹	kʰaŋ³¹/kʰə³¹	kʰaŋ⁴⁴
合阳	kaŋ³¹/kaŋ⁵⁵①	kaŋ⁵⁵	kə³¹	kʰaŋ³¹/kʰə³¹	kʰaŋ⁵⁵
澄城	kaŋ³¹	kaŋ⁴⁴	kuo³¹	kʰaŋ³¹/kʰuo³¹	kʰaŋ⁴⁴
白水	kaŋ³¹	kaŋ⁴⁴	kuo³¹	kʰaŋ³¹	kʰaŋ⁴⁴
大荔	kaŋ³¹	kaŋ⁵⁵	kɤ³¹	kʰaŋ³¹	kʰaŋ⁵⁵
蒲城	kaŋ³¹	kaŋ⁵⁵	kɤ³¹	kʰaŋ³¹	kʰaŋ⁵⁵
美原	kaŋ³¹/kaŋ⁵⁵	kaŋ⁵⁵	kə³¹	kʰaŋ³¹	kʰaŋ⁵⁵
富平	kaŋ³¹	kaŋ⁵⁵	kɤ³¹	kʰaŋ³¹	kʰaŋ⁵⁵
潼关	kaŋ³¹	kaŋ⁴⁴	kɤ³¹	kʰaŋ³¹	kʰaŋ⁴⁴
华阴	kaŋ³¹	kaŋ⁵⁵	kɤ³¹	kʰaŋ³¹	kʰaŋ⁵⁵
华县	kaŋ³¹	kaŋ⁵⁵	kɤ³¹	kʰaŋ³¹	kʰaŋ⁵⁵
渭南	kaŋ³¹	kaŋ⁴⁴	kɤ³¹	kʰaŋ³¹	kʰaŋ⁴⁴
洛南	kaŋ³¹	kaŋ⁴⁴	kuo³¹	kʰaŋ³¹	kʰaŋ⁴⁴
商州	kaŋ³¹	kaŋ⁵⁵	kɤ³¹	kʰaŋ³¹	kʰaŋ⁵⁵
丹凤	kaŋ³¹	kaŋ⁴⁴	kuo³¹	kʰaŋ³¹	kʰaŋ⁴⁴
宜川	kaŋ⁵¹	kaŋ⁴⁵	kə⁵¹	kʰaŋ⁵¹/kʰə⁵¹	kʰaŋ⁴⁵②
富县	kaŋ³¹	kaŋ⁴⁴	kuo³¹	kʰaŋ³¹	kʰaŋ⁴⁴
黄陵	kaŋ³¹	kaŋ⁴⁴	kɤ³¹	kʰaŋ³¹	kʰaŋ⁴⁴
宜君	kaŋ²¹	kaŋ⁴⁴	kɤ²¹	kʰaŋ²¹	kʰaŋ⁴⁴
铜川	kaŋ²¹	kaŋ⁴⁴	kɤ²¹	kʰaŋ²¹	kʰaŋ⁴⁴
耀县	kaŋ³¹	kaŋ⁴⁴	kɤ³¹	kʰaŋ³¹	kʰaŋ⁴⁴
高陵	kaŋ³¹	kaŋ⁵⁵	kə³¹	kʰaŋ³¹	kʰaŋ⁵⁵
临潼	kaŋ³¹	kaŋ⁴⁵	kɤ³¹	kʰaŋ³¹	kʰaŋ⁴⁵

① kaŋ³¹ 名词；kaŋ⁵⁵ 动词。
② 宜川土话把睡的"炕"叫"焙 pʰei⁴⁵"。

字目 方言	钢 宕开一 平唐见	杠 宕开一 去宕见	各 宕开一 入铎见	糠 宕开一 平唐溪	炕 宕开一 去宕溪
蓝田	kaŋ³¹	kaŋ⁴⁴	kɤ³¹	kʰaŋ³¹	kʰaŋ⁴⁴
长安	kaŋ³¹	kaŋ⁴⁴	kɤ³¹	kʰaŋ³¹	kʰaŋ⁴⁴
户县	kaŋ³¹	kaŋ⁵⁵	kɤ³¹	kʰaŋ³¹	kʰaŋ⁵⁵
周至	kaŋ²¹	kaŋ⁵⁵	kɤ²¹	kʰaŋ²¹	kʰaŋ⁵⁵
三原	kaŋ³¹	kaŋ⁵⁵	kɤ³¹	kʰaŋ³¹	kʰaŋ⁵⁵
泾阳	kaŋ³¹	kaŋ⁵⁵	kɤ³¹	kʰaŋ³¹	kʰaŋ⁵⁵
咸阳	kaŋ³¹	kaŋ⁵⁵	kɤ³¹	kʰaŋ³¹	kʰaŋ⁵⁵
兴平	kaŋ³¹	kaŋ⁵⁵	kɤ³¹	kʰaŋ³¹	kʰaŋ⁵⁵
武功	kaŋ³¹	kaŋ⁵⁵	kɤ³¹	kʰaŋ³¹	kʰaŋ⁵⁵
礼泉	kaŋ³¹	kaŋ⁵⁵	kɤ³¹	kʰaŋ³¹	kʰaŋ⁵⁵
乾县	kaŋ³¹	kaŋ⁴⁴	kɤ³¹	kʰaŋ³¹	kʰaŋ⁴⁴
永寿	kaŋ³¹	kaŋ⁵⁵	kɤ³¹	kʰaŋ³¹	kʰaŋ⁵⁵
淳化	kaŋ³¹	kaŋ⁵⁵	kɤ³¹	kʰaŋ³¹	kʰaŋ⁵⁵
旬邑	kaŋ³¹	kaŋ⁴⁴	kɤ³¹	kʰaŋ³¹	kʰaŋ⁴⁴
彬县	kaŋ³¹	kaŋ⁴⁴	kɤ³¹	kʰaŋ³¹	kʰaŋ⁴⁴
长武	kaŋ³¹	kaŋ⁴⁴	kɤ³¹	kʰaŋ³¹	kʰaŋ⁴⁴
扶风	kaŋ³¹	kaŋ³³	kɤ³¹/kuo³¹	kʰaŋ³¹	kʰaŋ³³
眉县	kaŋ³¹	kaŋ⁴⁴	kuo³¹	kʰaŋ³¹	kʰaŋ⁴⁴
麟游	kaŋ³¹	kaŋ⁴⁴	kuo³¹	kʰaŋ³¹	kʰaŋ⁴⁴
岐山	kaŋ³¹	kaŋ⁴⁴	kɤ³¹	kʰaŋ³¹	kʰaŋ⁴⁴
凤翔	kaŋ³¹	kaŋ⁴⁴	kuo³¹	kʰaŋ³¹	kʰaŋ⁴⁴
宝鸡	kaŋ³¹	kaŋ⁴⁴	kuo³¹	kʰaŋ³¹	kʰaŋ⁴⁴
千阳	kaŋ³¹	kaŋ⁴⁴	kuo³¹	kʰaŋ³¹	kʰaŋ⁴⁴
陇县	kaŋ³¹	kaŋ⁴⁴	kɤ³¹/kuo³¹	kʰaŋ³¹	kʰaŋ⁴⁴

字目 / 方言	昂 宕开一 平唐疑	鄂 宕开一 入铎疑	郝 宕开一 入铎晓	行~列,银~ 宕开一 平唐匣	鹤 宕开一 入铎匣
西安	ŋaŋ²¹ ｜ ŋaɣ̃	ŋɤ²¹	xuo²¹	xaŋ²⁴ ｜ xaɣ̃	xuo²¹
韩城	ŋaŋ³¹ ｜ ŋaɣ̃	ŋə²⁴	xuə³¹	xaŋ²⁴ ｜ xaɣ̃	xuə²⁴
合阳	ŋaŋ³¹ ｜ ŋaɣ̃	ŋə²⁴	xuo³¹	xaŋ²⁴/xaŋ⁵⁵①	xuo²⁴
澄城	ŋaŋ³¹ ｜ ŋaɣ̃	ŋuo²⁴	xuo³¹	xaŋ²⁴	xuo³¹
白水	ŋaŋ³¹ ｜ ŋaɣ̃	ŋuo³¹	xuo³¹	xaŋ²⁴ ｜ xaɣ̃	xuo³¹
大荔	ŋaŋ³¹ ｜ ŋaɣ̃	ŋɤ³¹	xuo³¹	xaŋ²⁴ ｜ xaɣ̃	xuo³¹
蒲城	ŋaŋ³¹ ｜ ŋaɣ̃	ŋɤ³⁵	xuo³¹	xaŋ³⁵ ｜ xaɣ̃	xuo³¹
美原	ŋaŋ³¹ ｜ ŋaɣ̃	ŋə³⁵	xuo³¹	xaŋ⁵⁵/xaŋ³⁵ ｜ xaɣ̃	xuo³¹
富平	ŋaŋ³¹ ｜ ŋaɣ̃	ŋɤ³⁵	xuo³¹	xaŋ³⁵ ｜ xaɣ̃	xuo³¹
潼关	ŋaŋ³¹ ｜ ŋaɣ̃	ŋɤ³¹	xuo³¹	xaŋ²⁴ ｜ xaɣ̃	xuo³¹
华阴	ŋaŋ³¹ ｜ ŋaɣ̃	ŋɤ²⁴	xuo³¹	xaŋ²⁴/xaŋ⁵⁵ ｜ xaɣ̃	xuo³¹
华县	ŋaŋ³¹ ｜ ŋaɣ̃	ŋɤ³¹	xuo³¹	xaŋ³⁵/xaŋ⁵⁵ ｜ xaɣ̃	xuo³¹
渭南	ŋaŋ³¹ ｜ ŋaɣ̃	ŋɤ³¹	xuo³¹	xaŋ²⁴/xaŋ⁴⁴ ｜ xaɣ̃	xuo³¹
洛南	ŋaŋ³¹ ｜ ŋaɣ̃	ŋuo²⁴	xuo³¹	xaŋ²⁴/xaŋ⁴⁴ ｜ xaɣ̃	xuo³¹
商州	ŋaŋ³¹ ｜ ŋaɣ̃	ŋɤ³¹	xuo³¹	xaŋ³⁵ ｜ xaɣ̃	xuo³¹
丹凤	ŋaŋ³¹	ŋuo²⁴	xuo³¹	xaŋ²⁴/xaŋ⁴⁴	xuo³¹
宜川	ŋaŋ²⁴	ŋə²⁴	xə⁴⁵	xaŋ²⁴	xə⁵¹
富县	ŋaŋ³¹	ŋɤ²⁴	xuo³¹	xaŋ²⁴	xuo²⁴
黄陵	ŋaŋ³¹	ŋɤ²⁴	xuo³¹	xaŋ²⁴	xuo³¹
宜君	ŋaŋ²¹	ŋuo²⁴	xuo²¹	xaŋ²⁴	xuo²¹
铜川	ŋaŋ²¹ ｜ ŋaɣ̃	ŋɤ²⁴/ŋuo²⁴	xɤ²¹/xuo²¹	xaŋ²⁴ ｜ xaɣ̃	xuo²¹
耀县	ŋaŋ³¹ ｜ ŋaɣ̃	ŋɤ³¹	xuo³¹	xaŋ²⁴ ｜ xaɣ̃	xuo²⁴
高陵	ŋaŋ³¹ ｜ ŋaɣ̃	ŋə²⁴	xuo³¹	xaŋ²⁴ ｜ xaɣ̃	xuo³¹
临潼	ŋaŋ³¹ ｜ ŋaɣ̃/naŋ	ŋɤ²⁴	xuo³¹	xaŋ²⁴ ｜ xaɣ̃	xuo³¹

① xaŋ²⁴ 银~；xaŋ⁵⁵ ~列。下同。

字目 / 方言	昂 宕开一 平唐疑		鄂 宕开一 入铎疑	郝 宕开一 入铎晓	行 ~列, 银~ 宕开一 平唐匣		鹤 宕开一 入铎匣
蓝田	$ŋaŋ^{31}$	$ŋaɤ̃$	$ŋɤ^{31}$	xuo^{31}	$xaŋ^{24}$	$xaɤ̃$	xuo^{31}
长安	$ŋaŋ^{31}$		$ŋɤ^{31}$	xuo^{31}	$xaŋ^{24}$		xuo^{31}
户县	$ŋaŋ^{31}$	$ŋaɤ̃$	$ŋɤ^{24}$	xuo^{31}	$xaŋ^{24}$	$xaɤ̃$	xuo^{31}
周至	$ŋaŋ^{21}$	$ŋaɤ̃$	$ŋɤ^{24}$	xuo^{21}	$xaŋ^{24}$	$xaɤ̃$	xuo^{21}
三原	$ŋaŋ^{24}$	$ŋaɤ̃$	$ŋɤ^{24}$	xuo^{31}	$xaŋ^{24}$	$xaɤ̃$	xuo^{31}
泾阳	$ŋaŋ^{24}$		$ŋɤ^{24}$	xuo^{31}	$xaŋ^{24}$		xuo^{31}
咸阳	$ŋaŋ^{31}$		$ŋɤ^{24}$	xuo^{31}	$xaŋ^{24}$		xuo^{31}
兴平	$ŋaŋ^{31}$	$ŋaɤ̃$	$ŋɤ^{24}$	xuo^{31}	$xaŋ^{24}$	$xaɤ̃$	xuo^{31}
武功	$ŋaŋ^{31}$	$ŋaɤ̃$	$ŋɤ^{24}$	xuo^{31}	$xaŋ^{31}$	$xaɤ̃$	xuo^{31}
礼泉	$ŋaŋ^{31}$	$ŋaɤ̃$	$ŋɤ^{24}$	xuo^{31}	$xaŋ^{24}$	$xaɤ̃$	xuo^{31}
乾县	$ŋaŋ^{31}$	$ŋaɤ̃$	$ŋɤ^{31}$	xuo^{31}	$xaŋ^{24}$	$xaɤ̃$	xuo^{31}
永寿	$ŋaŋ^{24}$	$ŋaɤ̃$	$ŋɤ^{24}$	xuo^{31}	$xaŋ^{24}$	$xaɤ̃$	xuo^{31}
淳化	$ŋaŋ^{31}$	$ŋaɤ̃$	$ŋɤ^{24}$	xuo^{31}	$xaŋ^{24}$	$xaɤ̃$	xuo^{24}
旬邑	$ŋaŋ^{24}$	$ŋaɤ̃$	$ŋɤ^{24}$	xuo^{31}	$xaŋ^{24}$	$xaɤ̃$	xuo^{31}
彬县	$ŋaŋ^{31}$	$ŋaɤ̃$	$ŋɤ^{24}$	xuo^{31}	$xaŋ^{24}$	$xaɤ̃$	xuo^{24}
长武	$ŋaŋ^{31}$	$ŋaɤ̃$	$ŋɤ^{24}$	xuo^{31}	$xaŋ^{24}$	$xaɤ̃$	xuo^{24}
扶风	$ŋaŋ^{31}$	$ŋaɤ̃$	$ŋuo^{24}$	xuo^{31}	$xaŋ^{24}$	$xaɤ̃$	xuo^{31}
眉县	$ŋaŋ^{31}$	$ŋaɤ̃$	$ŋɤ^{24}$	xuo^{31}	$xaŋ^{24}$	$xaɤ̃$	xuo^{31}
麟游	$ŋaŋ^{31}$	$ŋaɤ̃$	$ŋuo^{24}$	xuo^{31}	$xaŋ^{44}$	$xaɤ̃$	xuo^{31}
岐山	$ŋaŋ^{31}$	$ŋaɤ̃$	$ŋɤ^{24}$	xuo^{31}	$xaŋ^{24}$	$xaɤ̃$	xuo^{31}
凤翔	$ŋaŋ^{31}$	$ŋaɤ̃$	$ŋɤ^{24}/ŋuo^{24}$	xuo^{31}	$xaŋ^{24}$	$xaɤ̃$	xuo^{31}
宝鸡	$ŋaŋ^{31}$	$ŋaɤ̃$	$ŋuo^{24}$	xuo^{31}	$xaŋ^{24}$		xuo^{31}
千阳	$ŋaŋ^{31}$	$ŋaɤ̃$	$ŋɤ^{24}/ŋuo^{24}$	xuo^{31}	$xaŋ^{24}$	$xaɤ̃$	xuo^{31}
陇县	$ŋaŋ^{31}$	$ŋaɤ̃$	$ŋuo^{24}$	xuo^{31}	$xaŋ^{24}$	$xaɤ̃$	xuo^{31}

字目 / 方言	肮 宕开一 平唐影	恶形容词 宕开一 入铎影	娘 宕开三 平阳泥		酿 宕开三 去漾泥	凉 宕开三 平阳来
西安	ŋaŋ²¹/naŋ²¹	ŋɤ²¹	ȵian²⁴/ȵian⁵⁵①	ŋiaɣ̃	zɑŋ⁵³	liaŋ²⁴
韩城	ŋaŋ³¹	ŋə³¹	ȵian²⁴/ȵiə²⁴	ŋiaɣ̃	zɑŋ⁵³	liaŋ²⁴/liə²⁴
合阳	ŋaŋ³¹	ŋə³¹	ȵian²⁴/ȵio²⁴	ŋiaɣ̃	zɑŋ⁵⁵	liaŋ²⁴/liə⁵²
澄城	ŋaŋ³¹	ŋuo³¹	ȵian²⁴/ȵyo²⁴	ŋiaɣ̃	zɑŋ⁵³	liaŋ²⁴
白水	ŋaŋ³¹	ŋuo³¹	ȵian²⁴	ŋiaɣ̃	zɑŋ³¹	liaŋ²⁴
大荔	ŋaŋ³¹	ŋɤ³¹	ȵian²⁴	ŋiaɣ̃	zɑŋ⁵²	liaŋ²⁴
蒲城	ŋaŋ³¹	ŋɤ³¹	ȵian³⁵	ŋiaɣ̃	zɑŋ⁵³	liaŋ³⁵
美原	ŋaŋ³¹	ŋə³¹	ȵian³⁵	ŋiaɣ̃	ɣan³¹	liaŋ³⁵
富平	ŋaŋ³¹	ŋɤ³¹	ȵian³⁵	ŋiaɣ̃	zɑŋ³¹	liaŋ³⁵
潼关	ŋaŋ³¹	ŋɤ³¹	ȵian²⁴	ŋiaɣ̃	zɑŋ³¹	liaŋ²⁴
华阴	ŋaŋ³¹	ŋuo³¹	ȵian²⁴	ŋiaɣ̃	zɑŋ⁵³	liaŋ²⁴
华县	ŋaŋ³¹	ŋɤ³¹	ȵian³⁵	ŋiaɣ̃	zɑŋ⁵³	liaŋ³⁵
渭南	ŋaŋ³¹	ŋɤ³¹	ȵian²⁴	ŋiaɣ̃	zɑŋ⁵³	liaŋ²⁴
洛南	ŋaŋ³¹	ŋuo³¹	ȵian²⁴	ŋiaɣ̃	zɑŋ⁵³	liaŋ²⁴
商州	ŋaŋ³¹	ŋɤ³¹	ȵian³⁵	ŋiaɣ̃	zɑŋ⁵³	liaŋ³⁵
丹凤	ŋaŋ³¹	ŋuo³¹	ȵian²⁴		zɑŋ⁵³	liaŋ²⁴
宜川	ŋaŋ⁵¹	ŋə⁵¹	ȵian²⁴/ȵiə²⁴ 奶		ȵian⁴⁵/zɑŋ⁴⁵	liaŋ²⁴/liə²⁴②
富县	ŋaŋ³¹	ŋuo³¹	ȵian²⁴/ȵyo²⁴ 奶		zɑŋ⁴⁴	liaŋ²⁴
黄陵	ŋaŋ³¹	ŋuo³¹	ȵian²⁴		zɑŋ⁵²	liaŋ²⁴
宜君	ŋaŋ²¹	ŋuo²¹	ȵian²⁴/ȵyo²⁴③		zɑŋ²¹	liaŋ²⁴
铜川	ŋaŋ²¹/naŋ²¹	ŋuo²¹	ȵian²⁴	ŋiaɣ̃	zɑŋ²¹	liaŋ²⁴
耀县	ŋaŋ³¹	ŋɤ³¹/ŋuo³¹④	ȵian²⁴	ŋiaɣ̃	zɑŋ³¹	liaŋ²⁴
高陵	ŋaŋ³¹	ŋə³¹	ȵian²⁴	ŋiaɣ̃	zɑŋ³¹	liaŋ²⁴
临潼	ŋaŋ³¹	ŋɤ³¹	ȵian²⁴	ŋiaɣ̃	ȵian⁵²	liaŋ²⁴

① ȵian²⁴ 新～；ȵian⁵⁵ 称叔父的妻子。下同。

② liə²⁴ 天～。另外，宜川把"凉水"叫"la⁴⁵ ʂu⁰²¹"，"la⁴⁵"本字可能是"冷"。

③ ȵyo²⁴ 老～：曾祖母。

④ ŋuo³¹ ～水。

字目 / 方言	肮 宕开一 平唐影	恶形容词 宕开一 入铎影	娘 宕开三 平阳泥		酿 宕开三 去漾泥	凉 宕开三 平阳来
蓝田	ŋaŋ³¹	ŋɤ³¹	ȵiaŋ²⁴	ŋiaɣ̃	liaŋ⁴⁴/ẓaŋ⁵²～皮	liaŋ²⁴
长安	ŋaŋ³¹	ŋɤ³¹	ȵiaŋ²⁴/ȵiaŋ⁴⁴		ẓaŋ⁵³	liaŋ²⁴
户县	ŋaŋ³¹	ŋɤ³¹	ȵiaŋ²⁴	ŋiaɣ̃	ẓaŋ³¹	liaŋ²⁴
周至	ŋaŋ²¹	ŋɤ²¹	ȵiaŋ²⁴/ȵiaŋ⁵⁵	ŋiaɣ̃	ȵiaŋ⁵⁵/ẓaŋ⁵²	liaŋ²⁴
三原	ŋaŋ³¹	ŋɤ³¹	ȵiaŋ²⁴	ŋiaɣ̃	ẓaŋ³¹	liaŋ²⁴
泾阳	ŋaŋ³¹	ŋɤ³¹	ȵiaŋ²⁴	ŋiaɣ̃	ẓaŋ³¹	liaŋ²⁴
咸阳	ŋaŋ³¹	ŋɤ³¹	ȵiaŋ²⁴		ẓaŋ³¹	liaŋ²⁴
兴平	ŋaŋ³¹/naŋ³¹	ŋɤ³¹	ȵiaŋ²⁴/ȵiaŋ⁵⁵	ŋiaɣ̃	ẓaŋ⁵²	liaŋ²⁴
武功	ŋaŋ³¹	ŋɤ³¹	ȵiaŋ²⁴/ȵiaŋ⁵⁵	ŋiaɣ̃	ẓaŋ⁵²	liaŋ²⁴
礼泉	ŋaŋ³¹	ŋɤ³¹	ȵiaŋ²⁴	ŋiaɣ̃	ẓaŋ⁵²	liaŋ²⁴
乾县	ŋaŋ³¹	ŋɤ³¹	ȵiaŋ²⁴	ŋiaɣ̃	ẓaŋ⁵²	liaŋ²⁴
永寿	laŋ³¹	ŋɤ³¹	ȵiaŋ²⁴	ŋiaɣ̃	ȵiaŋ⁵²	liaŋ²⁴
淳化	naŋ³¹	ŋɤ³¹	ȵiaŋ²⁴	ŋiaɣ̃	ẓaŋ³¹	liaŋ²⁴
旬邑	laŋ³¹	ŋɤ³¹	ȵiaŋ²⁴	ŋiaɣ̃	ẓaŋ³¹	liaŋ²⁴
彬县	ŋaŋ³¹	ŋɤ³¹	ȵiaŋ²⁴/ȵia²⁴	ŋiaɣ̃	ẓaŋ³¹	liaŋ²⁴
长武	ŋaŋ³¹	ŋɤ³¹	ȵiaŋ²⁴	ŋiaɣ̃	ẓaŋ³¹	liaŋ²⁴
扶风	ŋaŋ³¹	ŋɤ³¹/ŋuo³¹	ȵiaŋ²⁴/ȵia²⁴/ȵia³³①	ŋiaɣ̃	ȵiaŋ³¹/ẓaŋ³¹	liaŋ²⁴
眉县	ŋaŋ³¹	ŋɤ³¹	ȵiaŋ²⁴/ȵia²⁴	ŋiaɣ̃	ȵiaŋ⁴⁴/ẓaŋ³¹	liaŋ²⁴
麟游	ŋaŋ³¹/laŋ³¹	ŋuo³¹	ȵiaŋ²⁴	ŋiaɣ̃	ẓaŋ³¹	liaŋ²⁴
岐山	ŋaŋ³¹	ŋɤ³¹	ȵiaŋ³¹/ȵia²⁴/ȵia⁴⁴	ŋiaɣ̃	ẓaŋ³¹	liaŋ²⁴
凤翔	ŋaŋ³¹	uo³¹	ȵiaŋ²⁴	ŋiaɣ̃	ẓaŋ³¹	liaŋ²⁴
宝鸡	ŋaŋ³¹	ŋuo³¹	ȵia²⁴	ŋiaɣ̃	ẓaŋ³¹	liaŋ²⁴
千阳	ŋaŋ³¹	ŋuo³¹	ȵiaŋ²⁴/ȵia²⁴	ŋiaɣ̃	ẓaŋ³¹	liaŋ²⁴
陇县	ŋaŋ³¹	ŋuo³¹	ȵiaŋ²⁴/ȵia²⁴/ȵia⁴⁴②	ŋiaɣ̃	ȵiaŋ⁵³/ẓaŋ³¹	liaŋ²⁴

① ȵia²⁴ 单用时；ȵia³³ 重叠或前加人称代词时。

② ȵia²⁴ 面称；ȵia⁴⁴ 背称，称伯父、叔父的妻子。岐山同。

字目 / 方言	两~个	亮	略	浆	奖
	宕开三 上养来	宕开三 去漾来	宕开三 入药来	宕开三 平阳精	宕开三 上养精
西安	liaŋ⁵³	liaŋ⁵⁵	lye²¹ ǀ lyo	tɕiaŋ²¹/tɕiaŋ⁵⁵①	tɕiaŋ⁵³
韩城	liaŋ⁵³/liə⁵³	liaŋ⁴⁴	liə³¹ ǀ lio	tɕiaŋ⁴⁴/tɕiə⁴⁴	tɕiaŋ⁵³
合阳	liaŋ⁵²	liaŋ⁵⁵	lio⁵² ǀ lyə	tsiaŋ⁵⁵	tsiaŋ⁵²
澄城	liaŋ⁵³	liaŋ⁴⁴	lyo⁵³ ǀ lyə	tiaŋ³¹	tiaŋ⁵³
白水	liaŋ⁵³	liaŋ⁴⁴	lyo³¹ ǀ lyo	tiaŋ³¹	tiaŋ⁵³
大荔	liaŋ⁵²	liaŋ⁵⁵	lyo³¹ ǀ lyo	tiaŋ³¹	tiaŋ⁵²
蒲城	liaŋ⁵³	liaŋ⁵⁵	lyo⁵³ ǀ lyo	tiaŋ³¹	tiaŋ⁵³
美原	liaŋ⁵³	liaŋ⁵⁵	luo⁵³ ǀ luo	tɕiaŋ³¹/tɕiaŋ⁵⁵	tɕiaŋ⁵³
富平	liaŋ⁵³	liaŋ⁵⁵	luo⁵³ ǀ luo	tiaŋ³¹	tiaŋ⁵³
潼关	liaŋ⁵²	liaŋ⁴⁴	luo³¹ ǀ lyo	tɕiaŋ³¹	tɕiaŋ⁵²
华阴	liaŋ⁵²	liaŋ⁵⁵	luo⁵² ǀ luo	tɕiaŋ³¹/tɕiaŋ⁵⁵	tɕiaŋ⁵²
华县	liaŋ⁵³	liaŋ⁵⁵	luo⁵³ ǀ luo	tiaŋ³¹	tiaŋ⁵³
渭南	liaŋ⁵³	liaŋ⁴⁴	lyo³¹ ǀ luo	tɕiaŋ³¹	tɕiaŋ⁵³
洛南	liaŋ⁵³	liaŋ⁴⁴	luo⁵³ ǀ luo	tɕiaŋ⁵³/tɕiaŋ⁴⁴	tɕiaŋ⁵³
商州	liaŋ⁵³	liaŋ⁵⁵	luo⁵³ ǀ luo	tɕiaŋ³¹/tɕiaŋ⁵⁵	tɕiaŋ⁵³
丹凤	liaŋ⁵³	liaŋ⁴⁴	luo⁵³	tɕiaŋ⁵³/tɕiaŋ⁴⁴	tɕiaŋ⁵³
宜川	liaŋ⁴⁵	liaŋ⁴⁵	liə⁵¹	tɕiaŋ⁴⁵	tɕiaŋ⁴⁵
富县	liaŋ⁵²	liaŋ⁴⁴	lyo⁵²	tɕiaŋ³¹	tɕiaŋ⁵²
黄陵	liaŋ⁵²	liaŋ⁴⁴	lyo⁵²	tɕiaŋ³¹	tɕiaŋ⁵²
宜君	liaŋ⁵²	liaŋ⁴⁴	lyo⁵²	ȶiaŋ²¹	ȶiaŋ⁵²
铜川	liaŋ⁵²	liaŋ⁴⁴	luo⁵² ǀ luo	tɕiaŋ²¹	tɕiaŋ⁵²
耀县	liaŋ⁵²	liaŋ⁴⁴	luo⁵² ǀ luo	tɕiaŋ³¹	tɕiaŋ⁵²
高陵	liaŋ⁵²	liaŋ⁵⁵	luo⁵² ǀ luo	ȶiaŋ³¹	ȶiaŋ⁵²
临潼	liaŋ⁵²	liaŋ⁴⁵	luo⁵² ǀ luo	tɕiaŋ³¹	tɕiaŋ⁵²

① tɕiaŋ⁵⁵ ～洗。下同。

字目 方言	两~个 宕开三 上养来	亮 宕开三 去漾来	略 宕开三 入药来	浆 宕开三 平阳精	奖 宕开三 上养精
蓝田	liaŋ⁵²	liaŋ⁴⁴	luo⁵² | luo	tɕiaŋ⁴⁴	tɕiaŋ⁵²
长安	liaŋ⁵³	liaŋ⁴⁴	lyɛ⁵³/luo⁵³①	tɕiaŋ³¹	tɕiaŋ⁵³
户县	liaŋ⁵²	liaŋ⁵⁵	luo⁵² | luo	tɕiaŋ⁵⁵	tɕiaŋ⁵²
周至	liaŋ⁵²	liaŋ⁵⁵	lyɛ⁵²/luo⁵² | lyo	tɕiaŋ²¹	tɕiaŋ⁵²
三原	liaŋ⁵²	liaŋ⁵⁵	luo⁵² | luo	tiaŋ³¹	tiaŋ⁵²
泾阳	liaŋ⁵²	liaŋ⁵⁵	luo⁵² | luo	tɕiaŋ³¹	tɕiaŋ⁵²
咸阳	liaŋ⁵²	liaŋ⁵⁵	luo⁵² | luo	tɕiaŋ³¹/tɕiaŋ⁵⁵	tɕiaŋ⁵²
兴平	liaŋ⁵²	liaŋ⁵⁵	luo⁵² | luo	tɕiaŋ³¹/tɕiaŋ⁵⁵	tɕiaŋ⁵²
武功	liaŋ⁵²	liaŋ⁵⁵	luo⁵² | lyo	tɕiaŋ⁵⁵	tɕiaŋ⁵²
礼泉	liaŋ⁵²	liaŋ⁵⁵	luo⁵² | luo	tɕiaŋ³¹	tɕiaŋ⁵²
乾县	liaŋ⁵²	liaŋ⁴⁴	lyo³¹ | luo	tɕiaŋ³¹/tɕiaŋ⁴⁴	tɕiaŋ⁵²
永寿	liaŋ⁵²	liaŋ⁵⁵	lyo⁵² | lyo	tɕiaŋ³¹/tɕiaŋ⁵⁵	tɕiaŋ⁵²
淳化	liaŋ⁵²	liaŋ⁵⁵	luo⁵² | luo	tiaŋ⁵⁵/tiaŋ³¹	tiaŋ⁵²
旬邑	liaŋ⁵²	liaŋ⁴⁴	lyo⁵² | lyo	tsiaŋ³¹	tsiaŋ⁵²
彬县	liaŋ⁵²	liaŋ⁴⁴	lyo⁵² | lyo	tsiaŋ³¹	tsiaŋ⁵²
长武	liaŋ⁵²	liaŋ⁴⁴	lyo⁵² | luo	tsiaŋ⁴⁴	tsiaŋ⁵²
扶风	liaŋ⁵²	liaŋ³³	lyo⁵² | lyo	tɕiaŋ³¹	tɕiaŋ⁵²
眉县	liaŋ⁵²	liaŋ⁴⁴	lyo⁵² | lyo	ʨiaŋ³¹	ʨiaŋ⁵²
麟游	liaŋ⁵³	liaŋ⁴⁴	lyo⁵³ | lyo	ʨiaŋ³¹	ʨiaŋ⁵³
岐山	liaŋ⁵³	liaŋ⁴⁴	lyo⁵³ | lyo	ʨiaŋ³¹	ʨiaŋ⁵³
凤翔	liaŋ⁵³	liaŋ⁴⁴	lyo⁵³ | luo	ʨiaŋ³¹	ʨiaŋ⁵³
宝鸡	liaŋ⁵³	liaŋ⁴⁴	lyo⁵³ | lyo	tɕiaŋ³¹	tɕiaŋ⁵³
千阳	liaŋ⁵³	liaŋ⁴⁴	lyo⁵³ | lyo	ʨiaŋ³¹	ʨiaŋ⁵³
陇县	liaŋ⁵³	liaŋ⁴⁴	lyo⁵³ | luo	tɕiaŋ⁴⁴	tɕiaŋ⁵³

① lyɛ⁵³ ～微；luo⁵³ ～略，～微。下同。

字目 / 方言	酱 宕开三 去漾精	雀 宕开三 入药精	枪 宕开三 平阳清	抢 宕开三 上养清	鹊 宕开三 入药清
西安	tɕiaŋ⁵⁵	tɕʰyo²¹/tɕʰiau⁵³	tɕʰiaŋ²¹ ｜ tɕʰiaɣ̃	tɕʰiaŋ⁵³	tɕʰyo²¹/tɕʰiau⁵³①
韩城	tɕiaŋ⁴⁴	tɕʰiə³¹/tɕʰiao⁵³	tɕʰiaŋ³¹ ｜ tsʰiaɣ̃	tɕʰiaŋ⁵³	tɕʰiə³¹ ｜ tɕʰyo
合阳	tsiaŋ⁵⁵	tsʰio³¹/tsʰiɔo⁵²	tsʰiaŋ³¹ ｜ tsʰiaɣ̃	tsʰiaŋ⁵²/tsʰio⁵²	tsʰio³¹/tsʰiɔo³¹ ｜ tsʰyə
澄城	tiaŋ⁴⁴	tɕʰyo³¹	tʰiaŋ³¹ ｜ tsʰiaɣ̃	tʰiaŋ⁵³	tɕʰyo³¹ ｜ tɕʰyo
白水	tiaŋ⁴⁴	tɕʰyo³¹	tsʰiaŋ³¹ ｜ tsʰiaɣ̃	tsʰiaŋ⁵³	tɕʰyo³¹ ｜ tɕʰyo
大荔	tiaŋ⁵⁵	tɕʰyo³¹	tʰiaŋ³¹ ｜ tʰiaɣ̃	tʰiaŋ⁵²	tɕʰyo³¹ ｜ tɕʰyo
蒲城	tiaŋ⁵⁵	tɕʰyo³¹	tsʰiaŋ³¹ ｜ tʰiaɣ̃	tsʰiaŋ⁵³	tɕʰyo³¹ ｜ tɕʰyo
美原	tɕiaŋ⁵⁵	tɕʰyo³¹	tɕʰiaŋ³¹ ｜ tsʰiaɣ̃	tɕʰiaŋ⁵³	tɕʰyo³¹ ｜ tɕʰyo
富平	tiaŋ⁵⁵	tɕʰyo³¹	tsʰiaŋ³¹ ｜ tsʰiaɣ̃	tsʰiaŋ⁵³	tɕʰyo³¹ ｜ tɕʰyo
潼关	tɕiaŋ⁴⁴	tɕʰyo³¹	tɕʰiaŋ³¹ ｜ tɕʰiaɣ̃	tɕʰiaŋ⁵²	tɕʰyo³¹ ｜ tɕʰyo
华阴	tɕiaŋ⁵⁵	tɕʰyo³¹	tɕʰiaŋ³¹ ｜ tʰiaɣ̃	tɕʰiaŋ⁵²	tɕʰyo³¹ ｜ tɕʰyo
华县	tiaŋ⁵⁵	tɕʰyo³¹	tʰiaŋ³¹ ｜ tʰiaɣ̃	tʰiaŋ⁵³	tɕʰyo³¹ ｜ tɕʰyo
渭南	tɕiaŋ⁴⁴	tɕʰyo³¹/tɕʰiɔ⁵³	tɕʰiaŋ³¹ ｜ tsʰiaɣ̃	tɕʰiaŋ⁵³	tɕʰyo³¹/tɕʰiɔ⁵³ ｜ tɕʰyo
洛南	tɕiaŋ⁴⁴	tɕʰyo³¹	tɕʰiaŋ³¹ ｜ tɕʰiaɣ̃	tɕʰiaŋ⁵³	tɕʰyo³¹ ｜ tɕʰyo
商州	tɕiaŋ⁵⁵	tɕʰyo³¹/tɕʰiɔ⁵³	tɕʰiaŋ³¹ ｜ tʰiaɣ̃	tɕʰiaŋ⁵³	tɕʰyo³¹/tɕʰiɔ⁵³ ｜ tɕʰyo
丹凤	tɕiaŋ⁴⁴	tɕʰyo³¹	tɕʰiaŋ³¹	tɕʰiaŋ⁵³	tɕʰyo³¹
宜川	tɕiaŋ⁴⁵	tɕʰiə⁵¹/tɕʰiɔ⁵¹	tɕʰiaŋ⁵¹	tɕʰiaŋ⁴⁵	tɕʰiə⁵¹/tɕʰiɔ⁵¹
富县	tɕiaŋ⁴⁴	tɕʰyo³¹/tɕʰiɔ⁵²	tɕʰiaŋ³¹	tɕʰiaŋ⁵²	tɕʰyo³¹/tɕʰiɔ⁵²
黄陵	tɕiaŋ⁴⁴	tɕʰyo³¹/tɕʰiao⁵²	tɕʰiaŋ³¹	tɕʰiaŋ⁵²	tɕʰyo³¹/tɕʰiao³¹
宜君	tiaŋ⁴⁴	tɕʰyo²¹/tʰiɔo⁵²	tʰiaŋ²¹	tʰiaŋ⁵²	tɕʰyo²¹
铜川	tɕiaŋ⁴⁴	tɕʰyo²¹/tɕʰiɔ⁵²	tɕʰiaŋ²¹	tɕʰiaŋ⁵²	tɕʰyo²¹/tɕʰiɔ⁵² ｜ tɕʰyo
耀县	tɕiaŋ⁴⁴	tɕʰyo³¹/tɕʰiao⁵²	tɕʰiaŋ³¹	tɕʰiaŋ⁵²	tɕʰyo³¹/tɕʰiao³¹ ｜ tɕʰyo
高陵	tiaŋ⁵⁵	tɕʰyo³¹/tʰiao⁵²	tʰiaŋ³¹ ｜ tʰiaɣ̃	tʰiaŋ⁵²	tɕʰyo³¹/tʰiɔ³¹ ｜ tɕʰyo
临潼	tɕiaŋ⁴⁵	tɕʰyo³¹/tɕʰiɔ⁵²	tɕʰiaŋ³¹ ｜ tʰiaɣ̃	tɕʰiaŋ⁵²	tɕʰyo³¹/tɕʰiɔ³¹ ｜ tsʰuo

① tɕʰiau⁵³ 野鹊：喜～。下同。

字目 / 方言	酱 宕开三 去漾精	雀 宕开三 入药精	枪 宕开三 平阳清	抢 宕开三 上养清	鹊 宕开三 入药清
蓝田	tɕiaŋ⁴⁴	tɕʰyo³¹/tɕʰiɔ⁵²	tɕʰiaŋ³¹ ｜ tiaɣ̃	tɕʰiaŋ⁵²	tɕʰyo³¹/tɕʰiɔ³¹ ｜ tsʰɣo
长安	tɕiaŋ⁴⁴	tɕʰyɛ³¹/tɕʰiɔ⁵³	tɕʰiaŋ³¹	tɕʰiaŋ⁵³	tɕʰyɛ³¹/tɕʰiɔ³¹
户县	tɕiaŋ⁵⁵	tɕʰyo³¹/tɕʰiɔi⁵²	tɕʰiaŋ³¹ ｜ tɕʰiaɣ̃	tɕʰiaŋ⁵²	tɕʰyo³¹/tɕʰiɔi³¹ ｜ tɕʰyo/tɕʰɣo
周至	tɕiaŋ⁵⁵	tɕʰyo²¹/tɕʰiɔ⁵²①	tɕʰiaŋ²¹ ｜ tɕʰiaɣ̃	tɕʰiaŋ⁵²	tɕʰyo²¹/tɕʰiɔ²¹ ｜ tɕʰyo
三原	tiaŋ⁵⁵	tɕʰyo³¹/tɕʰiɔ⁵²	tʰiaŋ³¹ ｜ tʰiaɣ̃	tʰiaŋ⁵²	tɕʰyo³¹ ｜ tɕʰyo
泾阳	tsaŋ⁵⁵	tɕʰyo³¹/tɕʰiɔ⁵²	tɕʰiaŋ³¹ ｜ tʰiaɣ̃	tɕʰiaŋ⁵²	tɕʰyo³¹ ｜ tɕʰyo
咸阳	tɕiaŋ⁵⁵	tɕʰyo³¹/tɕʰiɔ⁵²	tɕʰiaŋ³¹	tɕʰiaŋ⁵²	tɕʰyo³¹ ｜ tɕʰyo
兴平	tɕiaŋ⁵⁵	tɕʰyo³¹/tɕʰiɔ⁵²	tɕʰiaŋ³¹ ｜ tʰiaɣ̃	tɕʰiaŋ⁵²	tɕʰyo³¹ ｜ tɕʰyo
武功	tɕiaŋ⁵⁵	tɕʰyo³¹/tɕʰiɔ⁵²	tɕʰiaŋ³¹ ｜ tɕʰiaɣ̃	tɕʰiaŋ⁵²	tɕʰyo³¹ ｜ tɕʰyo
礼泉	tɕiaŋ⁵⁵	tɕʰyo³¹/tɕʰiɔ⁵²	tɕʰiaŋ³¹ ｜ tɕʰiaɣ̃	tɕʰiaŋ⁵²	tɕʰyo³¹ ｜ tɕʰyo
乾县	tɕiaŋ⁴⁴	tɕʰyo⁵²	tɕʰiaŋ³¹ ｜ tɕʰiaɣ̃	tɕʰiaŋ⁵²	tɕʰyo⁵² ｜ tɕʰyo
永寿	tɕiaŋ⁵⁵	tɕʰyo³¹	tɕʰiaŋ³¹ ｜ tɕʰiaɣ̃	tɕʰiaŋ⁵²	tɕʰyo³¹ ｜ tɕʰyo
淳化	tiaŋ⁵⁵	tɕʰyo³¹/tʰiɔ⁵²	tʰiaŋ³¹ ｜ tsʰiaɣ̃	tʰiaŋ⁵²	tɕʰyo³¹ ｜ tɕʰyo
旬邑	tsiaŋ⁴⁴	tɕʰyo³¹/tsʰiɔ⁵²	tsʰiaŋ³¹ ｜ tsʰiaɣ̃	tsʰiaŋ⁵²	tɕʰyo³¹ ｜ tsʰɣo
彬县	tsiaŋ⁴⁴	tɕʰyo³¹	tsʰiaŋ³¹ ｜ tsʰiaɣ̃	tsʰiaŋ⁵²	tɕʰyo⁵² ｜ tɕʰyo
长武	tsiaŋ⁴⁴	tɕʰyo³¹/tsʰiɔ⁵²	tsʰiaŋ³¹ ｜ tsʰiaɣ̃	tsʰiaŋ⁵²	tɕʰyo³¹ ｜ tɕʰyo
扶风	tɕiaŋ³³	tɕʰyo³¹/tɕʰiɔ⁵²	tɕʰiaŋ³¹ ｜ tsʰiaɣ̃	tɕʰiaŋ⁵²	tɕʰyo³¹/tɕʰiɔ⁵² ｜ tɕʰyo
眉县	ȶiaŋ⁴⁴	tɕʰyo³¹	ȶʰiaŋ³¹ ｜ tsʰiaɣ̃	ȶʰiaŋ⁵²	tɕʰyo³¹ ｜ tɕʰyo
麟游	ȶiaŋ⁴⁴	tɕʰyo³¹/ȶʰiɔ⁵³	ȶʰiaŋ³¹ ｜ tsʰiaɣ̃	ȶʰiaŋ⁵³	tɕʰyo³¹ ｜ tɕʰyo
岐山	ȶiaŋ⁴⁴	tɕʰyo³¹	ȶʰiaŋ³¹ ｜ tsʰiaɣ̃	ȶʰiaŋ³¹	tɕʰyo³¹ ｜ tɕʰyo
凤翔	ȶiaŋ⁴⁴	tɕʰyo³¹/ȶʰiɔ⁵³	ȶʰiaŋ³¹ ｜ tsʰiaɣ̃	ȶʰiaŋ⁵³	tɕʰyo³¹/ȶʰiɔ³¹ ｜ tɕʰyo
宝鸡	tɕiaŋ⁴⁴	tɕʰyo³¹	tɕʰiaŋ³¹ ｜ tsʰiaɣ̃	tɕʰiaŋ⁵³	tɕʰyo³¹ ｜ tɕʰyo
千阳	ȶiaŋ⁴⁴	tɕʰyo³¹	ȶʰiaŋ³¹ ｜ tsʰiaɣ̃	ȶʰiaŋ⁵³	tɕʰyo³¹ ｜ tɕʰyo
陇县	tɕiaŋ⁴⁴	tɕʰyo⁵³	tɕʰiaŋ³¹ ｜ tɕʰiaɣ̃	tɕʰiaŋ⁵³	tɕʰyo³¹ ｜ tɕʰyo

---

① 一般读儿化音，此是还原的读音。

字目 / 方言	墙 宕开三 平阳从	匠 宕开三 去漾从	嚼 宕开三 入药从	箱 宕开三 平阳心	想 宕开三 上养心
西安	tɕʰiaŋ^{24a}	tɕiaŋ^{55}	tɕyo^{24}	ɕiaŋ^{21}	ɕiaŋ^{53}
韩城	tɕʰiaŋ^{24}/tɕʰiə^{24}	tɕʰiaŋ^{44}	tɕiə^{24}	ɕiaŋ^{31}	ɕiaŋ^{53}/ɕiə^{53}
合阳	tsʰio^{24}	tsʰiaŋ^{55}	tsʰio^{24}	siaŋ^{31}	siaŋ^{52}/sio^{52}
澄城	tʰiaŋ^{24}/tɕʰyo^{24}	tʰiaŋ^{44}	tɕʰyo^{24}	siaŋ^{31}	siaŋ^{53}
白水	tsʰiaŋ^{24}	tsʰiaŋ^{44}	tɕʰyo^{24}	siaŋ^{31}	siaŋ^{53}
大荔	tʰiaŋ^{24}	tʰiaŋ^{55}	tɕʰyo^{24}	siaŋ^{31}	siaŋ^{52}
蒲城	tsʰiaŋ^{35}	tsʰiaŋ^{55}	tɕʰyo^{35}	siaŋ^{31}	siaŋ^{53}
美原	tɕʰiaŋ^{35}	tɕʰiaŋ^{55}	tɕʰyo^{35}	ɕiaŋ^{31}	ɕiaŋ^{53}
富平	tsʰiaŋ^{35}	tiaŋ^{55}	tɕʰyo^{35}	siaŋ^{31}	siaŋ^{53}
潼关	tɕʰiaŋ^{24}	tɕʰiaŋ^{44}	tɕʰyo^{24}	ɕiaŋ^{31}	ɕiaŋ^{52}
华阴	tɕʰiaŋ^{24}	tɕʰiaŋ^{55}	tɕʰyo^{24}	ɕiaŋ^{31}	ɕiaŋ^{52}
华县	tʰiaŋ^{35}	tʰiaŋ^{55}	tɕʰyo^{35}	siaŋ^{31}	siaŋ^{53}
渭南	tɕʰiaŋ^{24}	tɕʰiaŋ^{44}	tɕʰyo^{24}	ɕiaŋ^{31}	ɕiaŋ^{53}
洛南	tɕʰiaŋ^{24}	tɕʰiaŋ^{44}	tɕʰyo^{24}	ɕiaŋ^{31}	ɕiaŋ^{53}
商州	tɕʰiaŋ^{35}	tɕiaŋ^{55}	tɕʰyo^{35}	ɕiaŋ^{31}	ɕiaŋ^{53}
丹凤	tɕʰiaŋ^{24}	tɕiaŋ^{44}	tɕʰyo^{24}	ɕiaŋ^{31}	ɕiaŋ^{53}
宜川	tɕʰiaŋ^{24}/tɕʰiə^{24} 土～	tɕʰiaŋ^{45}	tɕʰiə^{24}	ɕiaŋ^{51}	ɕiaŋ^{45}
富县	tɕʰiaŋ^{24}	tɕʰiaŋ^{44}	tɕʰyo^{24}	ɕiaŋ^{31}	ɕiaŋ^{52}
黄陵	tɕʰiaŋ^{24}	tɕʰiaŋ^{44}	tɕʰyo^{24}	ɕiaŋ^{31}	ɕiaŋ^{52}
宜君	tʰiaŋ^{24}	tʰiaŋ^{44}	tɕʰyo^{24}	siaŋ^{21}	siaŋ^{52}
铜川	tɕʰiaŋ^{24}	tɕʰiaŋ^{44}	tɕʰyo^{24}	ɕiaŋ^{21}	ɕiaŋ^{52}
耀县	tɕʰiaŋ^{24}	tɕʰiaŋ^{44}	tɕʰyo^{24}	ɕiaŋ^{31}	ɕiaŋ^{52}
高陵	tʰiaŋ^{24a}	tiaŋ^{55}	tɕʰyo^{24}	siaŋ^{31}	siaŋ^{52}
临潼	tɕʰiaŋ^{24}	tɕiaŋ^{45}	tsʰuo^{24}	ɕiaŋ^{31}	ɕiaŋ^{52}

字目 方言	墙 宕开三 平阳从	匠 宕开三 去漾从	嚼 宕开三 入药从	箱 宕开三 平阳心	想 宕开三 上养心
蓝田	tɕʰiaŋ^{24}	tɕiaŋ^{44}	tʃuo^{24}	ɕiaŋ^{31}	ɕiaŋ^{52}
长安	tɕʰiaŋ^{24}	tɕiaŋ^{44}	tɕiɔ^{24}/tɕyo^{24} 老	ɕiaŋ^{31}	ɕiaŋ^{53}
户县	tɕʰiaŋ^{24}	tɕiaŋ^{55}	tɕyo^{24}	ɕiaŋ^{31}	ɕiaŋ^{52}
周至	tɕʰiaŋ^{24}	tɕiaŋ^{55}	tɕiɔ^{24}	ɕiaŋ^{21}	ɕiaŋ^{52}
三原	tʰiaŋ^{24}	tiaŋ^{55}	tɕʰyo^{24}	siaŋ^{31}	siaŋ^{52}
泾阳	tɕʰiaŋ^{24}	tɕiaŋ^{55}	tɕʰyo^{24}	ɕiaŋ^{31}	ɕiaŋ^{52}
咸阳	tɕʰiaŋ^{24}	tɕiaŋ^{55}	tɕiɔ^{24}	ɕiaŋ^{31}	ɕiaŋ^{52}
兴平	tɕʰiaŋ^{24}	tɕiaŋ^{55}	tɕiɔ^{24}	ɕiaŋ^{31}	ɕiaŋ^{52}
武功	tɕʰiaŋ^{24}	tɕiaŋ^{55}	tɕiɔ^{24}	ɕiaŋ^{31}	ɕiaŋ^{52}
礼泉	tɕʰiaŋ^{24}	tɕiaŋ^{55}	tɕiɔ^{24}	ɕiaŋ^{31}	ɕiaŋ^{52}
乾县	tɕʰiaŋ^{24}	tɕiaŋ^{44}	tɕyo^{24}/tɕiɔ^{24}	ɕiaŋ^{31}	ɕiaŋ^{52}
永寿	tɕʰiaŋ^{24}	tɕiaŋ^{55}	tɕiɔ^{24}	ɕiaŋ^{31}	ɕiaŋ^{52}
淳化	tʰiaŋ^{24}	tiaŋ^{55}	tsʰuo^{24}	siaŋ^{31}	siaŋ^{52}
旬邑	tsʰiaŋ^{24}	tsʰiaŋ^{44}	tɕʰyo^{24}	siaŋ^{31}	siaŋ^{52}
彬县	tsʰiaŋ^{24}	tsiaŋ^{44}	tɕʰyo^{24}	siaŋ^{31}	siaŋ^{52}
长武	tsʰiaŋ^{24}	tsʰiaŋ^{44}	tɕʰyo^{24}	siaŋ^{31}	siaŋ^{52}
扶风	tɕʰiaŋ^{24}	tɕiaŋ^{33}	tɕʰyo^{24}	ɕiaŋ^{31}	ɕiaŋ^{52}
眉县	tʰiaŋ^{24}	ȶiaŋ^{44}	tɕyo^{24}	siaŋ^{31}	siaŋ^{52}
麟游	tʰiaŋ^{24}	tʰiaŋ^{31}	tɕyo^{24}/tɕʰyo^{24}	siaŋ^{31}	siaŋ^{53}
岐山	tʰiaŋ^{24}	tʰiaŋ^{31}	tɕʰyo^{24}	siaŋ^{31}	siaŋ^{53}
凤翔	tʰiaŋ^{24}	ȶiaŋ^{44}/tʰiaŋ^{44}	tɕʰyo^{24}	siaŋ^{31}	siaŋ^{53}
宝鸡	tɕʰiaŋ^{24}	tɕʰiaŋ^{31}	tɕʰyo^{24}	ɕiaŋ^{31}	ɕiaŋ^{53}
千阳	tʰiaŋ^{24}	ȶiaŋ^{44}	tɕyo^{24}	siaŋ^{31}	siaŋ^{53}
陇县	tɕʰiaŋ^{24}	tɕiaŋ^{44}	tɕyo^{24}	ɕiaŋ^{31}	ɕiaŋ^{53}

字目 / 方言	相~貌 宕开三 去漾心	削 宕开三 入药心	详 宕开三 平阳邪	像 宕开三 上养邪	张量词 宕开三 平阳知
西安	ɕiaŋ⁵⁵ ｜ ɕiaɣ̃	ɕyo²¹ ｜ ɕyo	ɕiaŋ²⁴	ɕiaŋ⁵⁵	tʂaŋ²¹ ｜ tɑɣ̃
韩城	ɕiaŋ⁴⁴ ｜ ɕiaɣ̃	ɕiə³¹ ｜ ɕyo	ɕiaŋ²⁴	ɕiaŋ⁴⁴/ɕiə⁴⁴	tʂaŋ³¹ ｜ tʂaɣ̃
合阳	siaŋ⁵⁵/sio³¹ ｜ siaɣ̃	sio³¹ ｜ tsʰyə	siaŋ²⁴	siaŋ⁵⁵/sio⁵⁵	tʂaŋ³¹/tʂo³¹ ｜ tʂaɣ̃
澄城	siaŋ⁴⁴ ｜ siaɣ̃	ɕyo³¹ ｜ syə	siaŋ²⁴	siaŋ⁴⁴	tʂaŋ³¹/tʂuo³¹ ｜ tʂaɣ̃
白水	siaŋ⁴⁴ ｜ siaɣ̃	ɕyo³¹ ｜ ɕyo	siaŋ²⁴	siaŋ⁴⁴	tʂaŋ³¹ ｜ tɑɣ̃
大荔	siaŋ⁵⁵ ｜ siaɣ̃	ɕyo³¹ ｜ ɕyo	siaŋ²⁴	siaŋ⁵⁵	tʂaŋ³¹ ｜ tʂaɣ̃
蒲城	siaŋ⁵⁵ ｜ siaɣ̃	ɕyo³¹ ｜ sʮo	siaŋ³⁵	siaŋ⁵⁵	tʂaŋ³¹ ｜ tʂaɣ̃/kaɣ̃
美原	ɕiaŋ⁵⁵ ｜ siaɣ̃	ɕyo⁵³ ｜ ɕyo	ɕiaŋ³⁵	ɕiaŋ⁵⁵	kaŋ³¹ ｜ kaɣ̃
富平	siaŋ⁵⁵ ｜ siaɣ̃	ɕyo³¹ ｜ suo	siaŋ³⁵	siaŋ⁵⁵	tʂaŋ³¹ ｜ tɑɣ̃
潼关	ɕiaŋ⁴⁴ ｜ ɕiaɣ̃	ɕyo³¹ ｜ ɕyo	ɕiaŋ²⁴	ɕiaŋ⁴⁴	tʂaŋ³¹ ｜ tɑɣ̃
华阴	ɕiaŋ⁵⁵ ｜ siaɣ̃	ɕyo³¹ ｜ ɕyo	ɕiaŋ²⁴	ɕiaŋ⁵⁵	tʂaŋ³¹ ｜ tɑɣ̃
华县	siaŋ⁵⁵ ｜ siaɣ̃	ɕyo³¹ ｜ sʮo	siaŋ³⁵	siaŋ⁵⁵	tʂaŋ³¹ ｜ tɑɣ̃
渭南	ɕiaŋ⁴⁴ ｜ siaɣ̃	ɕyo³¹ ｜ sʮo	ɕiaŋ²⁴	ɕiaŋ⁴⁴	tʂaŋ³¹ ｜ tɑɣ̃
洛南	ɕiaŋ⁴⁴ ｜ ɕiaɣ̃	ɕyo³¹ ｜ ɕyo	ɕiaŋ²⁴	ɕiaŋ⁴⁴	tʂaŋ³¹ ｜ tɑɣ̃
商州	ɕiaŋ⁵⁵ ｜ siaɣ̃	ɕyo³¹ ｜ ɕyo	ɕiaŋ³⁵	ɕiaŋ⁵⁵	tʂaŋ³¹ ｜ tɑɣ̃
丹凤	ɕiaŋ⁴⁴	ɕyo³¹	ɕiaŋ²⁴	ɕiaŋ⁴⁴	tʂaŋ³¹
宜川	ɕiaŋ⁴⁵	ɕiə⁵¹	ɕiaŋ²⁴	ɕiaŋ⁴⁵	tʂaŋ⁵¹
富县	ɕiaŋ⁴⁴	ɕyo³¹	ɕiaŋ²⁴	ɕiaŋ⁴⁴	tɑŋ³¹
黄陵	ɕiaŋ⁴⁴	ɕyo³¹	ɕiaŋ²⁴	ɕiaŋ⁴⁴	tʂaŋ³¹
宜君	siaŋ⁴⁴	ɕyo²¹	siaŋ²⁴	siaŋ⁴⁴	tɑŋ²¹
铜川	ɕiaŋ⁴⁴ ｜ siaɣ̃	ɕyo⁵² ｜ ɕyo	ɕiaŋ²⁴	ɕiaŋ⁴⁴	tʂaŋ²¹ ｜ tɑɣ̃
耀县	ɕiaŋ⁴⁴ ｜ siaɣ̃	ɕyo⁵² ｜ sʮo /ɕyo	ɕiaŋ²⁴	ɕiaŋ⁴⁴	tɑŋ³¹ ｜ tɑɣ̃
高陵	siaŋ⁵⁵ ｜ siaɣ̃	suo³¹ ｜ suo	ɕiaŋ²⁴	ɕiaŋ⁵⁵	tɑŋ³¹ ｜ tɑɣ̃
临潼	ɕiaŋ⁴⁵ ｜ siaɣ̃	suo³¹ ｜ suo	ɕiaŋ²⁴	ɕiaŋ⁴⁵	tʂaŋ³¹ ｜ tɑɣ̃

字目 \ 方言	相~貌 宕开三 去漾心	削 宕开三 入药心	详 宕开三 平阳邪	像 宕开三 上养邪	张量词 宕开三 平阳知
蓝田	ɕiaŋ⁴⁴ ∣ ɕiaɣ̃	ʃuo³¹/ɕyo³¹/ɕiɔ³¹ ∣ tsʰɣo	ɕiaŋ²⁴	ɕiaŋ⁴⁴	ɕiaŋ³¹ ∣ ʈaɣ̃
长安	ɕiaŋ⁴⁴	ɕyo³¹	ɕiaŋ²⁴	ɕiaŋ⁴⁴	ʈaŋ³¹
户县	ɕiaŋ⁵⁵ ∣ ɕiaɣ̃	ʃuo³¹ ∣ tɕʰyo/tsʰɣo	ɕiaŋ²⁴	ɕiaŋ⁵⁵	ʈʂaŋ³¹ ∣ ʈaɣ̃
周至	ɕiaŋ⁵⁵ ∣ ɕiaɣ̃	ɕyo²¹/ɕiɔ²¹ ∣ ɕyo	ɕiaŋ²⁴	ɕiaŋ⁵⁵	ʈaŋ²¹ ∣ ʈaɣ̃
三原	siaŋ⁵⁵ ∣ siaɣ̃	suo³¹ ∣ suo	siaŋ²⁴	siaŋ⁵⁵	ʈaŋ³¹ ∣ ʈaɣ̃
泾阳	ɕiaŋ⁵⁵ ∣ ɕiaɣ̃	suo³¹ ∣ ɕyo	ɕiaŋ²⁴	ɕiaŋ⁵⁵	ʈaŋ³¹ ∣ ʈaɣ̃
咸阳	ɕiaŋ⁵⁵	ɕyo³¹ ∣ ɕyo	ɕiaŋ²⁴	ɕiaŋ⁵⁵	ʈaŋ³¹
兴平	ɕiaŋ⁵⁵ ∣ siaɣ̃	ɕiɔ³¹/suo³¹ ∣ ous	ɕiaŋ²⁴	ɕiaŋ⁵⁵	ʈaŋ³¹ ∣ ʈaɣ̃
武功	ɕiaŋ⁵⁵ ∣ ɕiaɣ̃	ɕiɔ³¹ ∣ ɕyo	ɕiaŋ²⁴	ɕiaŋ⁵⁵	ʈaŋ³¹ ∣ ʈaɣ̃
礼泉	ɕiaŋ⁵⁵	ɕyo³¹/ɕiɔ³¹ ∣ suo	ɕiaŋ²⁴	ɕiaŋ⁵⁵	ʈaŋ³¹ ∣ ʈaɣ̃
乾县	ɕiaŋ⁴⁴ ∣ ɕiaɣ̃	ɕiɔ³¹ ∣ ɕiau	ɕiaŋ²⁴	ɕiaŋ⁴⁴	ʈaŋ³¹ ∣ ʈaɣ̃
永寿	ɕiaŋ⁵⁵ ∣ ɕiaɣ̃	ɕyo³¹ ∣ ɕyo	ɕiaŋ²⁴	ɕiaŋ⁵⁵	ʈaŋ³¹ ∣ ʈaɣ̃
淳化	siaŋ⁵⁵ ∣ siaɣ̃	suo³¹ ∣ ɕyo	siaŋ²⁴	siaŋ⁵⁵	ʈaŋ³¹ ∣ ʈaɣ̃
旬邑	siaŋ⁴⁴ ∣ siaɣ̃	ɕyo³¹ ∣ tsʰɣo	siaŋ²⁴	siaŋ⁴⁴	ʈaŋ³¹ ∣ ʈaɣ̃
彬县	siaŋ⁴⁴ ∣ siaɣ̃	ɕyo³¹ ∣ ɕyo	siaŋ²⁴	siaŋ⁴⁴	ʈaŋ³¹ ∣ ʈʂaɣ̃
长武	siaŋ⁴⁴ ∣ siaɣ̃	ɕyo³¹ ∣ ɕyo	siaŋ²⁴	siaŋ⁴⁴	ʈaŋ³¹ ∣ ʈaɣ̃
扶风	ɕiaŋ³³ ∣ siaɣ̃	suo³¹ ∣ ɕyo	ɕiaŋ²⁴	ɕiaŋ³³	ʈʂaŋ³¹ ∣ ʈaɣ̃
眉县	siaŋ⁴⁴ ∣ siaɣ̃	siɔ³¹/ɕyo³¹ ∣ ɕyo	siaŋ²⁴	siaŋ⁴⁴	ʈʂaŋ³¹ ∣ ʈaɣ̃
麟游	siaŋ⁴⁴ ∣ siaɣ̃	siɔ³¹/ɕyo³¹ ∣ ɕyo	siaŋ²⁴	siaŋ⁴⁴	ʈʂaŋ³¹ ∣ ʈaɣ̃
岐山	siaŋ⁴⁴ ∣ siaɣ̃	siɔ³¹/ɕyo³¹ ∣ ɕyo	siaŋ²⁴	siaŋ⁴⁴	ʈʂaŋ³¹ ∣ ʈaɣ̃
凤翔	siaŋ⁴⁴ ∣ siaɣ̃	ɕyo³¹ ∣ ɕyo	siaŋ²⁴	siaŋ⁴⁴	ʈʂaŋ³¹ ∣ ʈaɣ̃
宝鸡	ɕiaŋ⁴⁴ ∣ siaɣ̃	ɕiɔ³¹/ɕyo³¹ ∣ ɕyo	ɕiaŋ²⁴	ɕiaŋ⁴⁴	ʈʂaŋ³¹ ∣ ʈʂaɣ̃
千阳	siaŋ⁴⁴ ∣ siaɣ̃	siɔ³¹ ∣ ɕyo	siaŋ²⁴	siaŋ⁴⁴	ʈʂaŋ³¹ ∣ ʈʂaɣ̃
陇县	ɕiaŋ⁴⁴ ∣ ɕiaɣ̃	ɕyo³¹ ∣ ɕyo	ɕiaŋ²⁴	ɕiaŋ⁴⁴	ʈʂaŋ³¹ ∣ ʈʂaɣ̃

字目 方言	长生~ 宕开三 上养知	账 宕开三 去漾知	着~衣 宕开三 入药知	畅 宕开三 去漾彻	肠 宕开三 平阳澄
西安	tʂaŋ⁵³	tʂaŋ⁵⁵	tʂɤ²¹/pfo²¹	tʂʰaŋ⁵³	tʂʰaŋ²⁴
韩城	t̠ʂaŋ⁵³/t̠ʂə⁵³	tʂaŋ⁴⁴	tʂə³¹	tʂʰaŋ⁵³	t̠ʂʰaŋ²⁴/tʂʰə²⁴
合阳	t̠ʂaŋ⁵²/t̠ʂo⁵²	tʂaŋ⁵⁵	tʂo²⁴	tʂʰaŋ⁵⁵	tʂʰaŋ²⁴
澄城	t̠ʂaŋ⁵³/tʂuo⁵³	tʂaŋ⁴⁴	tʂuo³¹	tʂʰaŋ⁵³	t̠ʂʰaŋ²⁴/tʂʰuo²⁴
白水	tʂaŋ⁵³	tʂaŋ⁴⁴	tʂuo²⁴	tʂʰaŋ⁵³	tʂʰaŋ²⁴
大荔	tʂaŋ⁵²	tʂaŋ⁵⁵	tʂʰuo²⁴	tʂʰaŋ⁵²	tʂʰaŋ²⁴
蒲城	tʂaŋ⁵³	tʂaŋ⁵⁵	tʂuo³¹	tʂʰaŋ⁵³	tʂʰaŋ³⁵
美原	kaŋ⁵³	kaŋ⁵⁵	kuo³⁵	kʰaŋ⁵³	kʰaŋ³⁵
富平	tʂaŋ⁵³	tʂaŋ⁵⁵	tʂuo³⁵	tʂʰaŋ⁵³	tʂʰaŋ³⁵
潼关	tʂaŋ⁵²	tʂaŋ⁴⁴	pfo³¹	tʂʰaŋ⁵²	tʂʰaŋ²⁴
华阴	tʂaŋ⁵³	tʂaŋ⁵⁵	pfo²⁴	tʂʰaŋ⁵³	tʂʰaŋ²⁴
华县	tʂaŋ⁵³	tʂaŋ⁵⁵	tʃuo³⁵	tʂʰaŋ⁵³	tʂʰaŋ³⁵
渭南	tʂaŋ⁵³	tʂaŋ⁴⁴	tɕyo²⁴	tʂʰaŋ⁵³	tʂʰaŋ²⁴
洛南	tʂaŋ⁵³	tʂaŋ⁴⁴	tʂuo²⁴	tʂʰaŋ⁵³	tʂʰaŋ²⁴
商州	tʂaŋ⁵³	tʂaŋ⁵⁵	tʂuo³⁵	tʂʰaŋ⁵³	tʂʰaŋ³⁵
丹凤	tʂaŋ⁵³	tʂaŋ⁴⁴	tʂuo²⁴	tʂʰaŋ⁵³	tʂʰaŋ²⁴
宜川	t̠ʂaŋ⁴⁵/t̠ʂə⁴⁵	tʂaŋ⁴⁵	tʂə²⁴	tʂʰaŋ⁴⁵	t̠ʂʰaŋ²⁴/tʂʰə²⁴
富县	ʈaŋ⁵²	ʈaŋ⁴⁴	tʂuo²⁴	ʈʰaŋ⁵²	ʈʰaŋ²⁴
黄陵	tʂaŋ⁵²	tʂaŋ⁴⁴	tʂuo³¹	tʂʰaŋ⁵²	tʂʰaŋ²⁴
宜君	ʈʰaŋ⁵²	ʈaŋ⁴⁴	ʈuo²¹	ʈʰaŋ⁵²	ʈʰaŋ²⁴
铜川	tʂaŋ⁵²	tʂaŋ⁴⁴	tʂuo²⁴	tʂʰaŋ⁵²	tʂʰaŋ²⁴
耀县	ʈaŋ⁵²	ʈaŋ⁴⁴	ʈuo²⁴	ʈʰaŋ⁵²	ʈʰaŋ²⁴
高陵	ʈaŋ⁵²	ʈaŋ⁵⁵	tʂuo³¹/tsuo⁰²¹①	ʈʰaŋ⁵²	ʈʰaŋ²⁴
临潼	tʂaŋ⁵²	ʂaŋ⁴⁵	tʂuo²⁴/tɕyo³¹②	tʂʰaŋ⁵²	tʂʰaŋ²⁴

---

① tsuo⁰²¹ 穿~。

② tɕyo³¹ 坐~吃。

字目 / 方言	长生~	账	着~衣	畅	肠
	宕开三 上养知	宕开三 去漾知	宕开三 入药知	宕开三 去漾彻	宕开三 平阳澄
蓝田	ɕian⁵²	tʂaŋ⁴⁴	tʂə³¹	tʂʰaŋ⁵²	tʂʰaŋ²⁴
长安	taŋ⁵³	taŋ⁴⁴	tʂʏ²⁴	tʰaŋ⁵³	tʰaŋ²⁴
户县	tʂaŋ⁵²	tʂaŋ⁵⁵	tʂʏ³¹	tʂʰaŋ⁵²	tʂʰaŋ²⁴
周至	taŋ⁵²	taŋ⁵⁵	tʂʏ²¹	tʰaŋ⁵²	tʰaŋ²⁴
三原	taŋ⁵²	taŋ⁵⁵	tʂuo³¹	tʰaŋ⁵²	tʰaŋ²⁴
泾阳	taŋ⁵²	taŋ⁵⁵	tʂuo³¹	tʰaŋ⁵²	tʰaŋ²⁴
咸阳	taŋ⁵²	taŋ⁵⁵	tʂuo³¹	tʰaŋ⁵²	tʰaŋ²⁴
兴平	taŋ⁵²	taŋ⁵⁵	tʃuo²⁴	tʰaŋ⁵²	tʰaŋ²⁴
武功	taŋ⁵²	taŋ⁵⁵	tʂuo²⁴	tʰaŋ⁵²	tʰaŋ²⁴
礼泉	taŋ⁵²	taŋ⁵⁵	tʂuo³¹	tʰaŋ⁵²	tʰaŋ²⁴
乾县	taŋ⁵²	taŋ⁴⁴	tʂuo²⁴	tʰaŋ⁵²	tʰaŋ²⁴
永寿	taŋ⁵²	taŋ⁵⁵	tʂuo²⁴	tʰaŋ⁵²	tʰaŋ²⁴
淳化	taŋ⁵²	taŋ⁵⁵	tʂuo³¹	tʰaŋ⁵²	tʰaŋ²⁴
旬邑	taŋ⁵²	taŋ⁴⁴	tʂuo²⁴	tʰaŋ⁵²	tʰaŋ²⁴
彬县	taŋ⁵²	taŋ⁴⁴	tʃuo²⁴	tʰaŋ⁵²	tʰaŋ²⁴
长武	taŋ⁵²	taŋ⁴⁴	tʃuo²⁴	tʰaŋ⁵²	tʰaŋ²⁴
扶风	tʂaŋ⁵²	tʂaŋ³³	tʂuo²⁴	tʂʰaŋ⁵²	tʂʰaŋ²⁴
眉县	tʂaŋ⁵²	tʂaŋ⁴⁴	tʂuo³¹	tʂʰaŋ⁴⁴	tʂʰaŋ²⁴
麟游	tʂaŋ⁵³	tʂaŋ⁴⁴	tʃuo²⁴	tʂʰaŋ⁵³	tʂʰaŋ²⁴
岐山	tʂaŋ⁵³	tʂaŋ⁴⁴	tʂuo³¹	tʂʰaŋ⁵³	tʂʰaŋ²⁴
凤翔	tʂaŋ⁵³	tʂaŋ⁴⁴	tʂuo²⁴	tʂʰaŋ⁵³	tʂʰaŋ²⁴
宝鸡	tʂaŋ⁵³	tʂaŋ⁴⁴	tʂuo²⁴	tʂʰaŋ⁵³	tʂʰaŋ²⁴
千阳	tʂaŋ⁵³	tʂaŋ⁴⁴	tsuo²⁴	tʂʰaŋ⁵³	tʂʰaŋ²⁴
陇县	tʂaŋ⁵³	tʂaŋ⁴⁴	tʃuo²⁴	tʂʰaŋ⁵³	tʂʰaŋ²⁴

字目 / 方言	丈	着 睡~, 附~	装	壮	疮
	宕开三 上养澄	宕开三 入药澄	宕开三 平阳庄	宕开三 去漾庄	宕开三 平阳初
西安	$tʂaŋ^{55}$	pf^ho^{24}	$pfaŋ^{21}/pfaŋ^{55}$	$pfaŋ^{55}$	$pf^haŋ^{21}$ ｜ $pf^ha\tilde{ɣ}$
韩城	$tʂ^haŋ^{44}/tʂ^hə^{44}$	$tʂ^hə^{31}$	$pfaŋ^{31}/pfə^{31}$	$pfaŋ^{44}$	$pf^haŋ^{31}$ ｜ $pf^ha\tilde{ɣ}$
合阳	$tʂ^haŋ^{55}$	$tʂ^ho^{31}$	$pfaŋ^{31}/pfo^{55}$	$pfaŋ^{55}/pfo^{55}$	$pf^haŋ^{31}/pfaŋ^{31}$ ｜ $pf^ha\tilde{ɣ}$
澄城	$tʂ^haŋ^{44}/tʂ^huo^{44}$	$tʂ^huo^{021}$	$tʃuaŋ^{31}$	$tʃuaŋ^{44}$	$tʃ^huaŋ^{31}$ ｜ $ts^hʮa\tilde{ɣ}$
白水	$tʂ^haŋ^{44}$	$tʂ^huo^{021}$	$tʃuaŋ^{31}/tʃuaŋ^{44}$	$tʃuaŋ^{44}$	$tʃ^huaŋ^{31}$ ｜ $ts^hʮa\tilde{ɣ}$
大荔	$tʂ^haŋ^{55}$	$tʂ^huo^{021}$	$pfaŋ^{31}$	$pfaŋ^{55}$	$pf^haŋ^{31}$ ｜ $pf^ha\tilde{ɣ}$
蒲城	$tʂ^haŋ^{55}$	$tʃ^huo^{021}$	$tʃuaŋ^{31}/tʃuaŋ^{55}$	$tʃuaŋ^{55}$	$tʃ^huaŋ^{31}$ ｜ $ts^hʮa\tilde{ɣ}/ts^hɻa\tilde{ɣ}$
美原	$k^haŋ^{55}$	k^huo^{021}	$tʃaŋ^{31}/tʃaŋ^{55}$	$tʃaŋ^{55}$	$tʃ^haŋ^{31}$ ｜ $tsɻa\tilde{ɣ}$
富平	$tʂaŋ^{55}$	$tʂ^huo^{021}$	$tʃuaŋ^{31}/tʃuaŋ^{55}$	$tʃuaŋ^{55}$	$tʃ^huaŋ^{31}$ ｜ $ts^hʮa\tilde{ɣ}$
潼关	$tʂ^haŋ^{44}$	pf^ho^{021}	$pfaŋ^{31}$	$pfaŋ^{44}$	$pf^haŋ^{31}$ ｜ $pf^ha\tilde{ɣ}$
华阴	$tʂ^haŋ^{55}$	pf^ho^{021}	$pfaŋ^{31}/pfaŋ^{55}$	$pfaŋ^{55}$	$pf^haŋ^{31}$ ｜ $pf^ha\tilde{ɣ}$
华县	$tʂ^haŋ^{55}$	$tʃ^huo^{021}$	$tʃuaŋ^{31}$	$tʃuaŋ^{55}$	$tʃ^huaŋ^{31}$ ｜ $ts^hʮa\tilde{ɣ}$
渭南	$tʂ^haŋ^{44}$	$tɕyo^{021}$	$tʃuaŋ^{31}/tʃuaŋ^{44}$	$tʃuaŋ^{44}$	$tʃ^huaŋ^{31}$ ｜ $ts^hʮa\tilde{ɣ}$
洛南	$tʂaŋ^{44}$	$tʂ^huo^{021}$	$tʃuaŋ^{31}/tʃuaŋ^{44}$	$tʃuaŋ^{44}$	$tʃ^huaŋ^{31}$ ｜ $ts^hɻa\tilde{ɣ}$
商州	$tʂaŋ^{55}$	$tʂ^huo^{021}$	$tʃuaŋ^{31}/tʃuaŋ^{55}$	$tʃuaŋ^{55}$	$tʃ^huaŋ^{31}$ ｜ $ts^hʮa\tilde{ɣ}$
丹凤	$tʂaŋ^{44}$	$tʂ^huo^{021}$	$tʃuaŋ^{31}/tʃuaŋ^{44}$	$tʃuaŋ^{44}$	$tʃ^huaŋ^{31}$
宜川	$tʂaŋ^{45}$ ~夫 / $tʂaŋ^{45}$	$tʂ^hə^{24}$ 睡~	$tsuaŋ^{51}$	$tsuaŋ^{45}$	$tʂ^huaŋ^{51}/tʂ^huo^{51}$
富县	$taŋ^{44}/t^haŋ^{44}$	$tʂuo^{31}/tʂ^huo^{31}$	$tsuaŋ^{31}$	$tsuaŋ^{44}$	$ts^huaŋ^{31}$
黄陵	$tʂaŋ^{44}$	$tʂuo^{31}/tʂ^huo^{31}$	$tʃuaŋ^{31}$	$tʃuaŋ^{44}$	$tʃ^huaŋ^{31}$
宜君	$t^haŋ^{44}$	tuo^{24}/t^huo^{21}	$tʃuaŋ^{21}$	$tʃuaŋ^{44}$	$tʃ^huaŋ^{21}$
铜川	$tʂaŋ^{44}$	$tʂ^huo^{24}$	$tʃuaŋ^{31}$	$tʃuaŋ^{44}$	$tʃ^huaŋ^{21}$ ｜ $ts^hʮa\tilde{ɣ}$
耀县	$taŋ^{44}$	tuo^{31}/t^huo^{31}	$tʃuaŋ^{31}$	$tʃuaŋ^{44}$	$tʃ^huaŋ^{31}$ ｜ $ts^hʮa\tilde{ɣ}$
高陵	$taŋ^{55}$	$tʂuo^{24}/tʂ^huo^{31}$	$tʃuaŋ^{31}$	$tʃuaŋ^{55}$	$tʃ^huaŋ^{31}$ ｜ $ts^hʮa\tilde{ɣ}$
临潼	$tʂaŋ^{45}$	$tʂuo^{24}/tʂ^huo^{021}$①	$tʂaŋ^{31}/tʃuaŋ^{31}$ 老	$tʂaŋ^{45}/tʃuaŋ^{45}$ 老	$ts^haŋ^{31}/tʃ^huaŋ^{31}$ 老 /$tʂaŋ^{31}$ ｜ $ts^hʮa\tilde{ɣ}$

① $tʂuo^{24}$ 附~；$tʂ^huo^{021}$ 睡~。一般情况下，不送气用于"附着"，送气音用于"睡着"，形成文白异读。

字目 / 方言	丈 宕开三 上养澄	着睡~,附~ 宕开三 入药澄	装 宕开三 平阳庄	壮 宕开三 去漾庄	疮 宕开三 平阳初
蓝田	tʂaŋ⁴⁴	tʃʰuo³¹	tʃuaŋ³¹	tʃuaŋ⁴⁴	tʃʰuaŋ³¹ ｜ tsʰʮaɤ̃
长安	taŋ⁴⁴	pfʰo³¹/tɔ²⁴/tsɤ²⁴	pfaŋ³¹	pfaŋ⁴⁴	pfʰaŋ³¹
户县	tʂaŋ⁵⁵	tʂɤ²⁴/tɕʰyo²¹	tʃuaŋ³¹	tʃuaŋ⁵⁵	tʃʰuaŋ³¹ ｜ tsʰʮaɤ̃
周至	taŋ⁵⁵	tʂʰuo²¹/tʂɤ²⁴/tsɔ²⁴	pfaŋ²¹	pfaŋ⁵⁵	pfʰaŋ²¹ ｜ pfʰaɤ̃
三原	taŋ⁵⁵	tʂʰuo³¹	tʃuaŋ³¹	tʃuaŋ⁵⁵	tʃʰuaŋ³¹ ｜ tsʰʮaɤ̃
泾阳	taŋ⁵⁵	tʂʰuo³¹	tʃuaŋ³¹	tʃuaŋ⁵⁵	tʃʰuaŋ³¹ ｜ tsʰʮaɤ̃
咸阳	taŋ⁵⁵	tʃʰuo²⁴/tɔ²⁴	tʃuaŋ³¹	tʃuaŋ⁵⁵	tʃʰuaŋ³¹
兴平	taŋ⁵⁵	tʂʰuo³¹	tʃuaŋ³¹	tʃuaŋ⁵⁵	tʃʰuaŋ³¹ ｜ tsʰʮaɤ̃
武功	taŋ⁵⁵	tʂʰuo³¹	tʃuaŋ³¹	tʃuaŋ⁵⁵	tʃʰuaŋ³¹ ｜ tʂʰuaɤ̃
礼泉	taŋ⁵⁵	tʂʰuo³¹	tʃuaŋ³¹	tʃuaŋ⁵⁵	tʃʰuaŋ³¹ ｜ tsʰʮaɤ̃
乾县	taŋ⁴⁴	tʂʰuo²⁴	tʃuaŋ³¹	tʃuaŋ⁴⁴	tʃʰuaŋ³¹ ｜ tsʰʮaɤ̃
永寿	taŋ⁵⁵	tʂʰuo²⁴	tʃuaŋ³¹	tʃuaŋ⁵⁵	tʃʰuaŋ³¹ ｜ tsʰʮaɤ̃
淳化	taŋ⁵⁵	tɕʰyo³¹	tʃuaŋ³¹	tʃuaŋ⁵⁵	tʃʰuaŋ³¹ ｜ tsʰʮaɤ̃
旬邑	taŋ⁴⁴/tʰaŋ⁴⁴	tʂʰuo³¹/tsuo²⁴	tʃuaŋ³¹	tʃuaŋ⁴⁴	tʃʰuaŋ³¹ ｜ tsʰʮaɤ̃
彬县	tʰaŋ⁴⁴	tʃʰuo³¹	tʃuaŋ³¹	tʃuaŋ⁴⁴	tʃʰuaŋ³¹ ｜ tsʰʮaɤ̃
长武	tʰaŋ⁴⁴	tʃʰuo³¹	tʃuaŋ³¹	tʃuaŋ⁴⁴	tʃʰuaŋ³¹ ｜ tsʰʮaɤ̃
扶风	tʂaŋ³³/tʂʰaŋ³³	tsuo²⁴/tʂʰuo²⁴/tʂʰuo³¹	tʂaŋ³¹	tʂaŋ³³	tʂʰaŋ³¹ ｜ tsʰʮaɤ̃
眉县	tʂaŋ⁴⁴	tʂʰuo³¹	tʂaŋ³¹/tʃuaŋ³¹	tʂaŋ⁴⁴/tʃuaŋ⁴⁴	tʂʰaŋ³¹/tʃʰuaŋ³¹ ｜ tsʰʮaɤ̃
麟游	tʂaŋ⁴⁴	tʃuo²⁴/tʃʰuo²⁴	tʃuaŋ³¹	tʃuaŋ⁴⁴	tʃʰuaŋ³¹ ｜ tsʰʮaɤ̃
岐山	tʂaŋ⁴⁴/tʂʰaŋ⁴⁴	tʂʰuo³¹	tʂaŋ³¹	tʂaŋ⁴⁴	tʂʰaŋ³¹ ｜ tʰaɤ̃
凤翔	tʂaŋ⁴⁴	tʂʰuo³¹	tʂaŋ³¹	tʂaŋ⁴⁴	tʂʰaŋ³¹ ｜ tsʰʮaɤ̃
宝鸡	tʂaŋ⁴⁴	tʂʰuo²⁴	tʂaŋ³¹/tsuaŋ³¹新	tʂaŋ⁴⁴/tsuaŋ⁴⁴新	tʂʰaŋ³¹/tʂʰuaŋ³¹新 ｜ tsʰʮaɤ̃
千阳	tʂaŋ⁴⁴/tʂʰaŋ⁴⁴	tsʰuo³¹	tʃaŋ³¹	tʃaŋ⁴⁴	tʃʰaŋ³¹ ｜ tsʰʮaɤ̃
陇县	tʂaŋ⁴⁴	tʃuo²⁴	tʃuaŋ³¹	tʃuaŋ⁴⁴	tʃʰuaŋ³¹ ｜ tʂʰuaɤ̃

字目 / 方言	闯 宕开三 上养初	创 宕开三 去漾初	床 宕开三 平阳崇	状 宕开三 去漾崇	霜 宕开三 平阳生
西安	pfʰaŋ⁵³	pfʰaŋ⁵³	pfʰaŋ²⁴	pfaŋ⁵⁵	faŋ²¹｜fã
韩城	pfʰaŋ⁵³	pfʰaŋ⁴⁴	pfʰaŋ²⁴/pfʰə²⁴	pfaŋ⁴⁴	faŋ³¹/fə³¹｜fã
合阳	pfʰaŋ⁵²	pfʰaŋ⁵²	pfʰaŋ²⁴/pfʰo²⁴	pfʰaŋ⁵⁵	faŋ³¹｜fã
澄城	tʃʰuaŋ⁵³	tʃʰuaŋ⁵³	tʃʰuaŋ²⁴	tʃuaŋ⁴⁴	ʃuaŋ³¹｜sɻ̥ã
白水	tʃʰuaŋ⁵³	tʃʰuaŋ⁵³	tʃʰuaŋ²⁴	tʃuaŋ⁴⁴	ʃuaŋ³¹｜sɻ̥ã
大荔	pfʰaŋ⁵²	pfʰaŋ⁵²	pfʰaŋ²⁴	pfʰaŋ⁵⁵	faŋ³¹｜fã
蒲城	tʃʰuaŋ⁵³	tʃʰuaŋ⁵⁵	tʃʰuaŋ²⁴	tʃʰuaŋ⁵⁵	ʃuaŋ³¹｜sɻ̥ã/sɻã
美原	tʃʰaŋ⁵³	tʃʰaŋ⁵³	tʃʰaŋ³⁵	tʃaŋ⁵⁵	ʃaŋ³¹｜sɻã
富平	tʃʰuaŋ⁵³	tʃʰuaŋ⁵³	tʃʰuaŋ³⁵	tʃuaŋ⁵⁵	ʃuaŋ³¹｜sɻ̥ã
潼关	pfʰaŋ⁵²	pfʰaŋ⁵²	pfʰaŋ²⁴	pfaŋ⁴⁴	faŋ³¹｜fã
华阴	pfʰaŋ⁵²	pfʰaŋ⁵²	pfʰaŋ²⁴	pfaŋ⁵⁵	faŋ³¹｜fã
华县	tʃʰuaŋ⁵³	tʃʰuaŋ⁵³	tʃʰuaŋ³⁵	tʃuaŋ⁵⁵	ʃuaŋ³¹｜sɻ̥ã
渭南	tʃʰuaŋ⁵³	tʃʰuaŋ⁵³	tʃʰuaŋ²⁴	tʃuaŋ⁴⁴	ʃuaŋ³¹｜sɻ̥ã
洛南	tʃʰuaŋ⁵³	tʃʰuaŋ⁵³	tʃʰuaŋ²⁴	tʃuaŋ⁴⁴	ʃuaŋ³¹｜sɻã
商州	tʃʰuaŋ⁵³	tʃʰuaŋ⁵³	tʃʰuaŋ³⁵	tʃuaŋ⁵⁵	ʃuaŋ³¹｜sɻã
丹凤	tʃʰuaŋ⁵³	tʃʰuaŋ⁵³	tʃʰuaŋ²⁴	tʃuaŋ⁴⁴	ʃuaŋ³¹
宜川	tʂʰuaŋ⁴⁵	tʂʰuaŋ⁴⁵	tʂʰuaŋ²⁴	tʂuaŋ⁴⁵/tʂʰuaŋ⁴⁵	ʂuaŋ⁵¹
富县	tsʰuaŋ⁵²	tsʰuaŋ⁵²	tsʰuaŋ²⁴	tsʰuaŋ⁴⁴	suaŋ³¹
黄陵	tʃʰuaŋ⁵²	tʃʰuaŋ⁵²	tʃʰuaŋ²⁴	tʃʰuaŋ⁴⁴	ʃuaŋ³¹
宜君	tʃʰuaŋ⁵²	tʃʰuaŋ⁵²	tʃʰuaŋ²⁴	tʃʰuaŋ⁴⁴	ʃuaŋ²¹
铜川	tʃʰuaŋ⁵²	tʃʰuaŋ⁵²	tʃʰuaŋ²⁴	tʃuaŋ⁴⁴	ʃuaŋ²¹｜ʂã
耀县	tʃʰuaŋ⁵²	tʃʰuaŋ⁵²	tʃʰuaŋ²⁴	tʃuaŋ⁴⁴	ʃuaŋ³¹｜ʂã
高陵	tʃʰuaŋ⁵²	tʃʰuaŋ⁵²	tʃʰuaŋ²⁴	tʃuaŋ⁵⁵	ʃuaŋ³¹｜sɻ̥ã
临潼	tʂʰaŋ⁵²/tʃʰuaŋ⁵²老	tʂʰaŋ⁵²/tʃʰuaŋ⁵²老	tʂʰaŋ²⁴/tʃʰuaŋ²⁴老	tʂaŋ⁴⁵/tʃuaŋ⁴⁵老	ʂaŋ³¹/ʃuaŋ³¹老｜sɻ̥ã

字目／方言	闯	创	床	状	霜
	宕开三上养初	宕开三去漾初	宕开三平阳崇	宕开三去漾崇	宕开三平阳生
蓝田	tʂʰuaŋ⁵²	tʂʰuaŋ⁵²	tʂʰuaŋ²⁴	tʂuaŋ⁴⁴	ʃuaŋ³¹ ∣ sɥaɣ̃
长安	pfʰaŋ⁵³	pfʰaŋ⁵³	pfʰaŋ²⁴	pfaŋ⁴⁴	faŋ³¹
户县	tʂʰuaŋ⁵²	tʂʰuaŋ⁵²	tʂʰuaŋ²⁴	tʂuaŋ⁵⁵	ʃuaŋ³¹ ∣ zɥaɣ̃
周至	pfʰaŋ⁵²	pfʰaŋ⁵⁵	pfʰaŋ²⁴	pfaŋ⁵⁵	faŋ²¹ ∣ faɣ̃
三原	tʂʰuaŋ⁵²	tʂʰuaŋ⁵²	tʂʰuaŋ²⁴	tʂuaŋ⁵⁵	ʃuaŋ³¹ ∣ sɥaɣ̃
泾阳	tʂʰuaŋ⁵²	tʂʰuaŋ⁵²	tʂʰuaŋ²⁴	tʂuaŋ⁵⁵	ʃuaŋ³¹ ∣ sɥaɣ̃
咸阳	tʂʰuaŋ⁵²	tʂʰuaŋ⁵²	tʂʰuaŋ²⁴	tʂuaŋ⁵⁵	ʃuaŋ³¹
兴平	tʂʰuaŋ⁵²	tʂʰuaŋ⁵²	tʂʰuaŋ²⁴	tʂuaŋ⁵⁵	ʃuaŋ³¹ ∣ sɥaɣ̃
武功	tʂʰuaŋ⁵²	tʂʰuaŋ⁵²	tʂʰuaŋ²⁴	tʂuaŋ⁵⁵	ʃuaŋ³¹ ∣ sɥaɣ̃
礼泉	tʂʰuaŋ⁵²	tʂʰuaŋ⁵²	tʂʰuaŋ²⁴	tʂuaŋ⁵⁵	ʃuaŋ³¹ ∣ ʂɥaɣ̃
乾县	tʂʰuaŋ⁵²	tʂʰuaŋ⁵²	tʂʰuaŋ²⁴	tʂuaŋ⁴⁴	ʃuaŋ³¹ ∣ ʂɥaɣ̃
永寿	tʂʰuaŋ⁵²	tʂʰuaŋ⁵²	tʂʰuaŋ²⁴	tʂuaŋ⁵⁵	ʃuaŋ³¹ ∣ ʂɥaɣ̃
淳化	tʂʰuaŋ⁵²	tʂʰuaŋ⁵²	tʂʰuaŋ²⁴	tʂuaŋ⁵⁵	ʃuaŋ³¹ ∣ sɥaɣ̃
旬邑	tʂʰuaŋ⁵²	tʂʰuaŋ⁵²	tʂʰuaŋ²⁴	tʂuaŋ⁴⁴	ʃuaŋ³¹ ∣ sɥaɣ̃
彬县	tʂʰuaŋ⁵²	tʂʰuaŋ⁵²	tʂʰuaŋ²⁴	tʂuaŋ⁴⁴	ʃuaŋ³¹ ∣ sɥaɣ̃
长武	tʂʰuaŋ⁵²	tʂʰuaŋ⁵²	tʂʰuaŋ²⁴	tʂuaŋ⁴⁴	ʃuaŋ³¹ ∣ sɥaɣ̃
扶风	tʂʰaŋ⁵²	tʂʰaŋ⁵²	tʂʰaŋ²⁴	tʂaŋ³³	ʂaŋ³¹ ∣ sɥaɣ̃
眉县	tʂʰaŋ⁵²/ tʂʰuaŋ⁵²	tʂʰaŋ⁵²/ tʂʰuaŋ⁵²	tʂʰaŋ²⁴/ tʂʰuaŋ²⁴	tʂaŋ⁴⁴/ tʂuaŋ⁴⁴	ʂaŋ³¹/ʃuaŋ³¹ ∣ sɥaɣ̃
麟游	tʂʰuaŋ⁵³	tʂʰuaŋ⁵³	tʂʰuaŋ²⁴	tʂuaŋ⁴⁴	ʃuaŋ³¹ ∣ sɥaɣ̃
岐山	tʂʰaŋ⁵³	tʂʰaŋ⁵³	tʂʰaŋ²⁴	tʂaŋ⁴⁴	ʂaŋ³¹ ∣ ʂaɣ̃
凤翔	tʂʰaŋ⁵³	tʂʰaŋ⁵³	tʂʰaŋ²⁴	tʂaŋ⁴⁴	ʂaŋ³¹ ∣ sɥaɣ̃
宝鸡	tʂʰaŋ⁵³/ tʂʰuaŋ⁵³新	tʂʰaŋ⁵³/ tʂʰuaŋ⁵³新	tʂʰaŋ²⁴/ tʂʰuaŋ²⁴新	tʂaŋ⁴⁴/ tʂuaŋ⁴⁴新	ʂaŋ³¹/ʂuaŋ³¹新 ∣ sɥaɣ̃
千阳	tʂʰaŋ⁵³	tʂʰaŋ⁵³	tʂʰaŋ²⁴	tʂaŋ⁴⁴	ʃaŋ³¹ ∣ sɥaɣ̃
陇县	tʂʰuaŋ⁵³	tʂʰuaŋ⁵³	tʂʰuaŋ²⁴	tʂuaŋ⁴⁴	ʃuaŋ³¹ ∣ ʂuaɣ̃

字目\方言	爽	章	掌	障	酌
	宕开三上养生	宕开三平阳章	宕开三上养章	宕开三去漾章	宕开三入药章
西安	faŋ⁵³	tʂaŋ²¹	tʂaŋ⁵³	tʂaŋ⁵⁵	pfo²¹
韩城	faŋ⁵³	tʂaŋ³¹	tʂaŋ⁵³	tʂaŋ⁴⁴	tʂə³¹
合阳	faŋ⁵²	tʂaŋ³¹	tʂaŋ⁵²	tʂaŋ⁵⁵	tʂo³¹
澄城	ʃuaŋ⁵³	tʂaŋ³¹	tʂaŋ⁵³	tʂaŋ⁴⁴	tʂuo³¹
白水	ʃuaŋ⁵³	tʂaŋ³¹	tʂaŋ⁵³	tʂaŋ⁴⁴	tʂuo³¹
大荔	faŋ⁵²	tʂaŋ³¹	tʂaŋ⁵²	tʂaŋ⁵⁵	tʂuo³¹
蒲城	ʃuaŋ⁵³	tʂaŋ³¹	tʂaŋ⁵³	tʂaŋ⁵⁵	tʃuo³⁵
美原	ʃaŋ⁵³	kaŋ³¹	kaŋ⁵³	kaŋ⁵⁵	kuo³⁵/kʰuo³⁵
富平	ʃuaŋ⁵³	tʂaŋ³¹	tʂaŋ⁵³	tʂaŋ⁵⁵	tʂuo³¹
潼关	faŋ⁵²	tʂaŋ³¹	tʂaŋ⁵²	tʂaŋ⁴⁴	pfo²⁴
华阴	faŋ⁵²	tʂaŋ³¹	tʂaŋ⁵²	tʂaŋ⁵⁵	pfo³¹
华县	ʃuaŋ⁵³	tʂaŋ³¹	tʂaŋ⁵³	tʂaŋ⁵⁵	tʃuo³¹
渭南	ʃuaŋ⁵³	tʂaŋ³¹	tʂaŋ⁵³	tʂaŋ⁴⁴	tʃuo²⁴
洛南	ʃuaŋ⁵³	tʂaŋ³¹	tʂaŋ⁵³	tʂaŋ⁴⁴	tʂuo³¹
商州	ʃuaŋ⁵³	tʂaŋ³¹	tʂaŋ⁵³	tʂaŋ⁵⁵	tʂuo³¹
丹凤	ʃuaŋ⁵³	tʂaŋ³¹	tʂaŋ⁵³	tʂaŋ⁴⁴	tʂuo²⁴
宜川	ʂuan⁴⁵	tʂaŋ⁵¹	tʂaŋ⁴⁵	tʂaŋ⁴⁵	tʂuo²⁴
富县	ʂuan⁵²	ʈaŋ³¹	ʈaŋ⁵²	ʈaŋ⁴⁴	tʂuo²⁴
黄陵	ʃuaŋ⁵²	tʂaŋ³¹	tʂaŋ⁵²	tʂaŋ⁴⁴	tʂuo²⁴
宜君	ʃuaŋ⁵²	ʈaŋ²¹	ʈaŋ⁵²	ʈaŋ⁴⁴	ʈuo²⁴ 斟~
铜川	ʃuaŋ⁵²	tʂaŋ²¹	tʂaŋ⁵²	tʂaŋ⁴⁴	tʂuo²⁴
耀县	ʃuaŋ⁵²	ʈaŋ³¹	ʈaŋ⁵²	ʈaŋ⁵²	ʈuo²⁴
高陵	ʃuaŋ⁵²	ʈaŋ³¹	ʈaŋ⁵²	ʈaŋ⁵²	tʂuo²⁴
临潼	ʂaŋ⁵²/ʃuaŋ⁵² 老	tʂaŋ³¹	tʂaŋ⁵²	tʂaŋ³¹	tʂʮ²⁴

字目 方言	爽 宕开三 上养生	章 宕开三 平阳章	掌 宕开三 上养章	障 宕开三 去漾章	酌 宕开三 入药章
蓝田	ʂuaŋ⁵²	tʂaŋ³¹	tʂaŋ⁵²	tʂaŋ⁴⁴	tsuo²⁴
长安	faŋ⁵³	taŋ³¹	taŋ⁵³	taŋ⁴⁴	tsuo²⁴
户县	ʃuaŋ⁵²	tʂaŋ³¹	tʂaŋ⁵²	tʂaŋ⁵⁵	tʂʅʅ⁰²¹ 斟~
周至	faŋ⁵²	taŋ²¹	taŋ⁵²	taŋ⁵⁵	tʂuo²⁴
三原	ʃuaŋ⁵²	taŋ³¹	taŋ⁵²	taŋ⁵⁵	tʂuo²⁴
泾阳	ʃuaŋ⁵²	taŋ³¹	taŋ⁵²	taŋ⁵⁵	tʂuo²⁴
咸阳	ʃuaŋ⁵²	taŋ³¹	taŋ⁵²	taŋ⁵⁵	tʂuo²⁴
兴平	ʃuaŋ⁵²	taŋ³¹	taŋ⁵²	taŋ⁵⁵	tʃuo²⁴
武功	ʃuaŋ⁵²	taŋ³¹	taŋ⁵²	taŋ⁵⁵	tʂuo²⁴
礼泉	ʃuaŋ⁵²	taŋ³¹	taŋ⁵²	taŋ⁵⁵	tʂuo²⁴
乾县	ʃuaŋ⁵²	taŋ³¹	taŋ⁵²	taŋ⁴⁴	tʃuo²⁴
永寿	ʃuaŋ⁵²	taŋ³¹	taŋ⁵²	taŋ⁵⁵	tʃuo²⁴
淳化	ʃuaŋ⁵²	taŋ³¹	taŋ⁵²	taŋ⁵⁵	tʂuo³¹
旬邑	ʃuaŋ⁵²	taŋ³¹	taŋ⁵²	taŋ⁴⁴	tʂuo²⁴
彬县	ʃuaŋ⁵²	taŋ³¹	taŋ⁵²	taŋ⁴⁴	tʃuo²⁴
长武	ʃuaŋ⁵²	taŋ³¹	taŋ⁵²	taŋ⁴⁴	tʃuo²⁴
扶风	ʂaŋ⁵²	tʂaŋ³¹	tʂaŋ⁵²	tʂaŋ³³	tʂuo²⁴
眉县	ʂaŋ⁵²/ʃuaŋ⁵²	tʂaŋ³¹	tʂaŋ⁵²	tʂaŋ⁴⁴	tʂuo²⁴
麟游	ʃuaŋ⁵³	tʂaŋ³¹	tʂaŋ⁵³	tʂaŋ⁵³	tʃuo²⁴
岐山	ʂaŋ⁵³	tʂaŋ³¹	tʂaŋ⁵³	tʂaŋ⁴⁴	tʂuo²⁴
凤翔	ʂaŋ⁵³	tʂaŋ³¹	tʂaŋ⁵³	tʂaŋ³¹	tʂuo²⁴
宝鸡	ʂaŋ⁵³/ʃuaŋ⁵³ 新	tʂaŋ³¹	tʂaŋ⁵³	tʂaŋ⁴⁴	tʂuo²⁴
千阳	ʃaŋ⁵³	tʂaŋ³¹	tʂaŋ⁵³	tʂaŋ³¹	tsuo²⁴
陇县	ʂaŋ⁵³	tʂaŋ³¹	tʂaŋ⁵³	tʂaŋ⁴⁴	tsuo²⁴

字目 \ 方言	昌 宕开三 平阳昌	厂 宕开三 上养昌	唱 宕开三 去漾昌	绰 宕开三 入药昌	伤 宕开三 平阳书
西安	tʂʰaŋ⁵³	tʂʰaŋ⁵³	tʂʰaŋ⁵⁵	pfʰo²¹	ʂaŋ²¹
韩城	tʂʰaŋ³¹	tʂʰaŋ⁵³	tʂʰaŋ⁴⁴	tʂʰə²⁴	ʂaŋ³¹
合阳	tʂʰaŋ⁵²	tʂʰaŋ⁵²	tʂʰaŋ⁵⁵	tʂʰo³¹	ʂaŋ³¹
澄城	tʂʰaŋ⁵³	tʂʰaŋ⁵³	tʂʰaŋ⁴⁴	tʂʰuo³¹	ʂaŋ³¹
白水	tʂʰaŋ⁵³	tʂʰaŋ⁵³	tʂʰaŋ⁴⁴	tʂʰuo³¹	ʂaŋ³¹
大荔	tʂʰaŋ⁵²	tʂʰaŋ⁵²	tʂʰaŋ⁵⁵	tʂʰuo³¹	ʂaŋ³¹
蒲城	tʂʰaŋ³¹	tʂʰaŋ⁵³	tʂʰaŋ⁵⁵	tʃʰuo³¹	ʂaŋ³¹
美原	kʰaŋ⁵³	kʰaŋ⁵³	kʰaŋ⁵⁵	kʰuo³¹	xaŋ³¹
富平	tʂʰaŋ³¹	tʂʰaŋ⁵³	tʂʰaŋ⁵⁵	tʂʰuo⁵²	ʂaŋ³¹
潼关	tʂʰaŋ⁵²	tʂʰaŋ⁵²	tʂʰaŋ⁴⁴	pfʰo³¹	ʂaŋ³¹
华阴	tʂʰaŋ⁵²	tʂʰaŋ⁵²	tʂʰaŋ⁴⁴	pfʰo³¹	ʂaŋ³¹
华县	tʂʰaŋ³¹	tʂʰaŋ⁵³	tʂʰaŋ⁵⁵	tʃʰuo³¹	ʂaŋ³¹
渭南	tʂʰaŋ⁵³	tʂʰaŋ⁵³	tʂʰaŋ⁴⁴	tʃʰuo⁴⁴	ʂaŋ³¹
洛南	tʂʰaŋ⁵³	tʂʰaŋ⁵³	tʂʰaŋ⁴⁴	tʂʰuo³¹	ʂaŋ³¹
商州	tʂʰaŋ³¹	tʂʰaŋ⁵³	tʂʰaŋ⁵⁵	tʂʰuo³¹	ʂaŋ³¹
丹凤	tʂʰaŋ⁵³	tʂʰaŋ⁵³	tʂʰaŋ⁴⁴	tʂʰuo³¹	ʂaŋ³¹
宜川	tʂʰaŋ⁴⁵	tʂʰaŋ⁴⁵	tʂʰaŋ⁴⁵	tʂʰuo⁵¹	ʂaŋ⁵¹
富县	tʰaŋ⁵²	tʰaŋ⁵²	tʰaŋ⁴⁴	tʂʰuo³¹	ʂaŋ³¹
黄陵	tʂʰaŋ⁵²	tʂʰaŋ⁵²	tʂʰaŋ⁴⁴	tʃʰuo³¹/tʂʰuo³¹	ʂaŋ³¹
宜君	tʰaŋ⁵²	tʰaŋ⁵²	tʰaŋ⁴⁴	tʰuo²¹	ʂaŋ²¹
铜川	tʂʰaŋ⁵²	tʂʰaŋ⁵²	tʂʰaŋ⁴⁴	tʂʰuo²¹	ʂaŋ²¹
耀县	tʰaŋ⁵²	tʰaŋ⁵²	tʰaŋ⁴⁴	tʰuo³¹	ʂaŋ³¹
高陵	tʰaŋ⁵²	tʰaŋ⁵²	tʰaŋ⁵⁵	tsuo⁵⁵/ʨiao⁵²~号	ʂaŋ³¹
临潼	tʂʰaŋ⁵²	tʂʰaŋ⁵²	tʂʰaŋ⁴⁵	tʂʰɤ²⁴/tʃʰuo²⁴老	ʂaŋ³¹

字目 / 方言	昌	厂	唱	绰	伤
	宕开三 平阳昌	宕开三 上养昌	宕开三 去漾昌	宕开三 入药昌	宕开三 平阳书
蓝田	tʂʰaŋ⁵²	tʂʰaŋ⁵²	tʂʰaŋ⁴⁴	tʂʰuo³¹	ʂaŋ³¹
长安	tʰaŋ⁵³	tʰaŋ⁵³	tʰaŋ⁴⁴	tsʰuo³¹老/pfʰo³¹①	ʂaŋ³¹
户县	tʰaŋ⁵²	tʂʰaŋ⁵²	tʂʰaŋ⁵⁵	tʂʰuo³¹	ʂaŋ³¹
周至	tʰaŋ⁵²	tʰaŋ⁵²	tʰaŋ⁵⁵	tsʰuo²¹	ʂaŋ²¹
三原	tʰaŋ⁵²	tʰaŋ⁵²	tʰaŋ⁵⁵	tʂʰuo³¹	ʂaŋ³¹
泾阳	tʰaŋ⁵²	tʰaŋ⁵²	tʰaŋ⁵⁵	tsʰuo³¹	ʂaŋ³¹
咸阳	tʰaŋ⁵²	tʰaŋ⁵²	tʰaŋ⁵⁵	tsʰuo³¹	ʂaŋ³¹
兴平	tʰaŋ⁵²	tʰaŋ⁵²	tʰaŋ⁵⁵	tsʰuo³¹	ʂaŋ³¹
武功	tʰaŋ⁵²	tʰaŋ⁵²	tʰaŋ⁵⁵	tsʰuo³¹	ʂaŋ³¹
礼泉	tʰaŋ⁵²	tʰaŋ⁵²	tʰaŋ⁵⁵	tsʰuo³¹	ʂaŋ³¹
乾县	tʰaŋ⁵²	tʰaŋ⁵²	tʰaŋ⁴⁴	tʂʰuo³¹	ʂaŋ³¹
永寿	tʰaŋ⁵²	tʰaŋ⁵²	tʰaŋ⁵⁵	tʂʰuo³¹	ʂaŋ³¹
淳化	tʰaŋ⁵²	tʰaŋ⁵²	tʰaŋ⁵⁵	tsʰuo³¹	ʂaŋ³¹
旬邑	tʰaŋ⁵²	tʰaŋ⁵²	tʰaŋ⁴⁴	tsʰuo³¹	ʂaŋ³¹
彬县	tʰaŋ⁵²	tʰaŋ⁵²	tʰaŋ⁴⁴	tʂʰuo³¹	ʂaŋ³¹
长武	tʰaŋ⁵²	tʰaŋ⁵²	tʰaŋ⁴⁴	tʂʰuo³¹	ʂaŋ³¹
扶风	tʂʰaŋ⁵²	tʂʰaŋ⁵²	tʂʰaŋ³³	tsʰuo³¹	ʂaŋ³¹
眉县	tʂʰaŋ⁵²	tʂʰaŋ⁵²	tʂʰaŋ⁴⁴	tsʰuo³¹	ʂaŋ³¹
麟游	tʂʰaŋ⁵³	tʂʰaŋ⁵³	tʂʰaŋ⁴⁴	tʂʰuo³¹	ʂaŋ³¹
岐山	tʂʰaŋ⁵³	tʂʰaŋ⁵³	tʂʰaŋ⁴⁴	tsʰuo³¹	ʂaŋ³¹
凤翔	tʂʰaŋ³¹	tʂʰaŋ⁵³	tʂʰaŋ⁴⁴	tsʰuo³¹	ʂaŋ³¹
宝鸡	tʂʰaŋ⁵³	tʂʰaŋ⁵³	tʂʰaŋ⁴⁴	tsʰuo³¹	ʂaŋ³¹
千阳	tʂʰaŋ⁵³	tʂʰaŋ⁵³	tʂʰaŋ⁴⁴	tsʰuo³¹	ʂaŋ³¹
陇县	tʂʰaŋ⁵³	tʂʰaŋ⁵³	tʂʰaŋ⁴⁴	tsʰuo³¹	ʂaŋ³¹

① pfʰo³¹ ～～有余。

字目 / 方言	赏	饷	常	尝	上~山
	宕开三 上养书	宕开三 去漾书	宕开三 平阳禅	宕开三 平阳禅	宕开三 上养禅
西安	ʂaŋ⁵³	ɕiaŋ⁵³	tʂʰaŋ²⁴/ʂaŋ²⁴①	ʂaŋ²⁴/tʂʰaŋ²⁴ 新	ʂaŋ⁵⁵
韩城	ʂaŋ⁵³	ɕiaŋ⁵³	tʂʰaŋ²⁴	tʂʰaŋ²⁴/ʂaŋ²⁴/ʂə²⁴	ʂaŋ⁴⁴/ʂə⁴⁴
合阳	ʂaŋ⁵²	ɕiaŋ⁵²	tʂʰaŋ⁵²	ʂaŋ²⁴/ʂɔ²⁴	ʂaŋ⁵⁵/ʂɔ⁵⁵
澄城	ʂaŋ⁵³	ɕiaŋ⁵³	tʂʰaŋ²⁴/ʂaŋ²⁴	ʂaŋ²⁴	ʂaŋ⁴⁴/ʂuo⁴⁴
白水	ʂaŋ⁵³	ɕiaŋ⁵³	tʂʰaŋ²⁴	ʂaŋ²⁴	ʂaŋ⁴⁴
大荔	ʂaŋ⁵²	ɕiaŋ⁵²	tʂʰaŋ⁵²/ʂaŋ²⁴	ʂaŋ²⁴/tʂʰaŋ²⁴ 新	ʂaŋ⁵⁵
蒲城	ʂaŋ⁵³	ɕiaŋ⁵³	tʂʰaŋ³⁵/ʂaŋ³⁵	tʂʰaŋ³⁵/ʂaŋ³⁵	ʂaŋ⁵⁵
美原	xaŋ⁵³	ɕiaŋ⁵³	kʰaŋ³⁵/xaŋ³⁵	xaŋ³⁵	xaŋ⁵⁵
富平	ʂaŋ⁵³	ɕiaŋ⁵³	tʂʰaŋ³⁵/ʂaŋ³⁵	tʂʰaŋ³⁵/ʂaŋ³⁵	ʂaŋ⁵⁵
潼关	ʂaŋ⁵²	ɕiaŋ⁵²	tʂʰaŋ⁵²/ʂaŋ²⁴	ʂaŋ²⁴/tʂʰaŋ²⁴ 新	ʂaŋ⁴⁴
华阴	ʂaŋ⁵²	ɕiaŋ⁵³	tʂʰaŋ²⁴	ʂaŋ²⁴	ʂaŋ⁵⁵
华县	ʂaŋ⁵³	ɕiaŋ⁵³	tʂʰaŋ³⁵/ʂaŋ³⁵	ʂaŋ³⁵/tʂʰaŋ³⁵ 新	ʂaŋ⁵⁵
渭南	ʂaŋ⁵³	ɕiaŋ⁵³	tʂʰaŋ²⁴/ʂaŋ²⁴	tʂʰaŋ²⁴/ʂaŋ²⁴	ʂaŋ⁴⁴
洛南	ʂaŋ⁵³	ɕiaŋ⁵³	tʂʰaŋ²⁴	tʂʰaŋ²⁴/ʂaŋ²⁴	ʂaŋ⁴⁴
商州	ʂaŋ⁵³	ɕiaŋ⁵³	tʂʰaŋ³⁵	tʂʰaŋ³⁵/ʂaŋ³⁵	ʂaŋ⁵⁵
丹凤	ʂaŋ⁵³	ɕiaŋ⁵³	tʂʰaŋ²⁴	tʂʰaŋ²⁴/ʂaŋ²⁴	ʂaŋ⁴⁴
宜川	ʂaŋ⁴⁵	ɕiaŋ⁴⁵/ʂaŋ⁴⁵	tʂʰaŋ²⁴	ʂaŋ²⁴/ʂə²⁴	ʂaŋ⁴⁵/ʂə⁴⁵
富县	ʂaŋ⁵²	ɕiaŋ⁵²	tʰaŋ²⁴	ʂaŋ²⁴	ʂaŋ⁴⁴
黄陵	ʂaŋ⁵²	ɕiaŋ⁵²	tʂʰaŋ²⁴	tʂʰaŋ²⁴/ʂaŋ²⁴	ʂaŋ⁴⁴
宜君	ʂaŋ⁵²	ɕiaŋ⁵²	tʰaŋ²⁴/ʂaŋ²⁴	tʰaŋ²⁴/ʂaŋ²⁴	ʂaŋ⁴⁴
铜川	ʂaŋ⁵²	ɕiaŋ⁵²	tʂʰaŋ²⁴/ʂaŋ²⁴	tʂʰaŋ²⁴/ʂaŋ²⁴	ʂaŋ⁴⁴
耀县	ʂaŋ⁵²	ɕiaŋ⁵²	tʰaŋ²⁴/ʂaŋ²⁴	ʂaŋ²⁴	ʂaŋ⁴⁴
高陵	ʂaŋ⁵²	ɕiaŋ⁵²	tʰaŋ²⁴/ʂaŋ²⁴	tʰaŋ²⁴/ʂaŋ²⁴	ʂaŋ⁴⁴
临潼	ʂaŋ⁵²	ɕiaŋ⁵²	tʂʰaŋ²⁴/ʂaŋ²⁴	ʂaŋ²⁴	ʂaŋ⁴⁵

---

① ʂaŋ²⁴ 姓，或用于地名。下同。

字目 方言	赏	饷	常	尝	上~山
	宕开三 上养书	宕开三 去漾书	宕开三 平阳禅	宕开三 平阳禅	宕开三 上养禅
蓝田	ʂaŋ⁵²	ɕiaŋ⁵²	tʂʰaŋ²⁴	tʂʰaŋ²⁴/ʂaŋ²⁴	ʂaŋ⁴⁴
长安	ʂaŋ⁵³	ɕiaŋ⁵³	tʰaŋ²⁴	ʂaŋ²⁴/tʰaŋ²⁴新	ʂaŋ⁴⁴
户县	ʂaŋ⁵²	ɕiaŋ⁵²	tʂʰaŋ²⁴/ʂaŋ²⁴	ʂaŋ²⁴	ʂaŋ⁵⁵
周至	ʂaŋ⁵²	ɕiaŋ⁵²	tʰaŋ²⁴/ʂaŋ²⁴	ʂaŋ²⁴/tʰaŋ²⁴新	ʂaŋ⁵⁵
三原	ʂaŋ⁵²	ɕiaŋ⁵²	tʰaŋ²⁴/ʂaŋ²⁴	tʰaŋ²⁴/ʂaŋ²⁴	ʂaŋ⁵⁵
泾阳	ʂaŋ⁵²	ɕiaŋ⁵²	tʰaŋ²⁴/ʂaŋ²⁴	tʰaŋ²⁴/ʂaŋ²⁴	ʂaŋ⁵⁵
咸阳	ʂaŋ⁵²	ɕiaŋ⁵²	tʰaŋ²⁴/ʂaŋ²⁴	tʰaŋ²⁴/ʂaŋ²⁴	ʂaŋ⁵⁵
兴平	ʂaŋ⁵²	ɕiaŋ⁵²	tʰaŋ²⁴	tʰaŋ²⁴/ʂaŋ²⁴	ʂaŋ⁵⁵
武功	ʂaŋ⁵²	ɕiaŋ⁵²	tʰaŋ²⁴	ʂaŋ²⁴	ʂaŋ⁵⁵
礼泉	ʂaŋ⁵²	ɕiaŋ⁵²	tʰaŋ²⁴/ʂaŋ²⁴	tʰaŋ²⁴/ʂaŋ²⁴	ʂaŋ⁵⁵
乾县	ʂaŋ⁵²	ɕiaŋ⁵²	tʰaŋ²⁴	tʰaŋ²⁴/ʂaŋ²⁴	ʂaŋ⁴⁴
永寿	ʂaŋ⁵²	ɕiaŋ⁵²	tʰaŋ²⁴	tʰaŋ²⁴/ʂaŋ²⁴	ʂaŋ⁵⁵
淳化	ʂaŋ⁵²	ɕiaŋ⁵²	tʰaŋ²⁴/ʂaŋ²⁴	ʂaŋ²⁴	ʂaŋ⁵⁵
旬邑	ʂaŋ⁵²	ɕiaŋ⁵²	tʰaŋ²⁴	ʂaŋ²⁴	ʂaŋ⁴⁴
彬县	ʂaŋ⁵²	ɕiaŋ⁵²	tʰaŋ²⁴/ʂaŋ²⁴	ʂaŋ²⁴	ʂaŋ⁴⁴
长武	ʂaŋ⁵²	ɕiaŋ⁵²	tʰaŋ²⁴/ʂaŋ²⁴	tʰaŋ²⁴/ʂaŋ²⁴	ʂaŋ⁴⁴
扶风	ʂaŋ⁵²	ɕiaŋ⁵²	tʂʰaŋ²⁴/ʂaŋ²⁴	tʂʰaŋ²⁴/ʂaŋ²⁴	ʂaŋ³³
眉县	ʂaŋ⁵²	ɕiaŋ⁵²	tʂʰaŋ²⁴	tʂʰaŋ²⁴	ʂaŋ⁴⁴
麟游	ʂaŋ⁵³	ɕiaŋ⁵³	tʂʰaŋ²⁴	ʂaŋ²⁴	ʂaŋ⁴⁴
岐山	ʂaŋ⁵³	ɕiaŋ⁵³	tʂʰaŋ²⁴/ʂaŋ²⁴	tʂʰaŋ²⁴	ʂaŋ⁴⁴
凤翔	ʂaŋ⁵³	ɕiaŋ⁵³	tʂʰaŋ²⁴/ʂaŋ²⁴	tʂʰaŋ²⁴/ʂaŋ²⁴	ʂaŋ⁴⁴
宝鸡	ʂaŋ⁵³	ɕiaŋ⁵³	tʂʰaŋ²⁴	tʂʰaŋ²⁴	ʂaŋ⁴⁴
千阳	ʂaŋ⁵³	ʂaŋ⁵³	tʂʰaŋ²⁴/ʂaŋ²⁴	ʂaŋ²⁴	ʂaŋ⁴⁴
陇县	ʂaŋ⁵³	ɕiaŋ⁵³	tʂʰaŋ²⁴	tʂʰaŋ²⁴/ʂaŋ²⁴	ʂaŋ⁴⁴

字目\方言	勺 宕开三 入药禅	瓢 宕开三 平阳日	嚷 宕开三 上养日	让 宕开三 去漾日	弱 宕开三 入药日
西安	fo^{24}	ʐɑŋ^{24} ǀ ʐɑɣ̃	ʐɑŋ^{21}	ʐɑŋ^{55}	vo^{21}/vo^{24}
韩城	ʂə^{24}	ʐɑŋ^{24}/ʐə^{24} ǀ ʐɑɣ̃	ʐɑŋ^{53}	ʐɑŋ^{44}	ʐə^{24}
合阳	ʂo^{24}	ʐɑŋ^{24} ǀ ʐɑɣ̃	ʐɑŋ^{52}	ʐɑŋ^{55}	ʐo^{24}
澄城	ʂuo^{24}	ʐɑŋ^{24} ǀ ʐɑɣ̃	ʐɑŋ^{53}	ʐɑŋ^{44}	ʐuo^{24}
白水	ʂuo^{24}	ʐɑŋ^{24} ǀ ʐɑɣ̃	ʐɑŋ^{53}	ʐɑŋ^{44}	ʒuo^{24}
大荔	ʂuo^{24}	ʐɑŋ^{24} ǀ ʐɑɣ̃	ʐɑŋ^{52}	ʐɑŋ^{55}	vo^{24}
蒲城	ɕyo^{35}	ʐɑŋ^{35} ǀ ʐɑɣ̃	ʐɑŋ^{53}	ʐɑŋ^{55}	ʐɑŋ^{55}
美原	ɕyo^{35}	ɣɑŋ^{35} ǀ ɣɑɣ̃	ɣɑŋ^{53}	ɣɑŋ^{44}	luo^{31}/luo^{35}
富平	ɕyo^{35}	ʐɑŋ^{35} ǀ ʐɑɣ̃	ʐɑŋ^{53}	ʐɑŋ^{55}	ʐuo^{35}
潼关	fo^{24}	ʐɑŋ^{24} ǀ ʐɑɣ̃	ʐɑŋ^{31}	ʐɑŋ^{44}	vo^{31}
华阴	fo^{24}	ʐɑŋ^{24} ǀ ʐɑɣ̃	ʐɑŋ^{52}	ʐɑŋ^{55}	vo^{24}
华县	ʃuo^{35}	ʐɑŋ^{35} ǀ ʐɑɣ̃	ʐɑŋ^{53}	ʐɑŋ^{55}	ʒuo^{35}
渭南	ɕyo^{24}	ʐɑŋ^{24} ǀ ʐɑɣ̃	ʐɑŋ^{31}	ʐɑŋ^{44}	ʒuo^{21}
洛南	ɕyo^{24}	ʐɑŋ^{24} ǀ ʐɑɣ̃	ʐɑŋ^{31}	ʐɑŋ^{44}	luo^{31}
商州	ɕyo^{35}	ʐɑŋ^{35} ǀ ʐɑɣ̃	ʐɑŋ^{53}	ʐɑŋ^{55}	luo^{21}
丹凤	ɕyo^{24}	ʐɑŋ^{24}	ʐɑŋ^{31}	ʐɑŋ^{44}	luo^{31}
宜川	ʂʯ^{24}	ʐɑŋ^{24}/ʐə^{24}	ʐɑŋ^{45}	ʐɑŋ^{45}	ʐə^{24}/ʐɑŋ^{24}
富县	ʂuo^{24}	ʐɑŋ^{24}	ʐɑŋ^{52}	ʐɑŋ^{44}	ʐuo^{24}/ʐɑŋ^{24}
黄陵	ʂuo^{24}	ʐɑŋ^{24}	ʐɑŋ^{52}	ʐɑŋ^{44}	ʐuo^{24}/ʐɑŋ^{24}
宜君	ʂuo^{24}	ʐɑŋ^{24}	ʐɑŋ^{52}	ʐɑŋ^{44}	ʐuo^{24}/ʐɑŋ^{24}
铜川	ʂuo^{24}	ʐɑŋ^{24} ǀ ʐɑɣ̃	ʐɑŋ^{52}	ʐɑŋ^{44}	ʐuo^{24}
耀县	ɕyo^{24}	ʐɑŋ^{24} ǀ ʐɑɣ̃	ʐɑŋ^{52}	ʐɑŋ^{44}	luo^{24}/ʐɑŋ^{24}
高陵	ɕyo^{24}	ʐɑŋ^{24} ǀ ʐɑɣ̃	ʐɑŋ^{52}	ʐɑŋ^{55}	ʐuo^{24}/ʐɑŋ^{24}
临潼	ɕyo^{24}	ʐɑŋ^{24} ǀ ʐɑɣ̃	ʐɑŋ^{52}	ʐɑŋ^{45}	ʐɤ^{24}/ʒuo^{24} 老

字目／方言	勺 宕开三 入药禅	瓢 宕开三 平阳日	嚷 宕开三 上养日	让 宕开三 去漾日	弱 宕开三 入药日
蓝田	çyo²⁴	zɑŋ²⁴ ∣ zɑ̃	zɑŋ³¹	zɑŋ⁴⁴	z̲uo²⁴/zɑŋ²⁴
长安	fo²⁴	zɑŋ²⁴	zɑŋ³¹	zɑŋ⁴⁴	v̲o²⁴/zɑŋ²⁴①
户县	çyo²⁴	zɑŋ²⁴ ∣ zɑ̃	zɑŋ³¹	zɑŋ⁵⁵	z̲ʐ³¹/zʐ²⁴/zɑŋ²⁴
周至	ʂuo²⁴	zɑŋ²⁴ ∣ zɑ̃	zɑŋ²¹	zɑŋ⁵⁵	z̲uo²⁴/zɑŋ²⁴
三原	çyo²⁴	zɑŋ²⁴ ∣ zɑ̃	zɑŋ⁵²	zɑŋ⁵⁵	ʒuo²⁴
泾阳	çyo²⁴	zɑŋ²⁴ ∣ zɑ̃	zɑŋ⁵²	zɑŋ⁵⁵	ʒuo²⁴
咸阳	çyo²⁴	zɑŋ²⁴	zɑŋ³¹	zɑŋ⁵⁵	ʒuo²⁴
兴平	çyo²⁴	zɑŋ²⁴ ∣ zɑ̃	zɑŋ³¹	zɑŋ⁵⁵	zuo²⁴
武功	çyo²⁴	zɑŋ²⁴ ∣ zɑ̃	zɑŋ⁵²	zɑŋ⁵⁵	zuo³¹
礼泉	ʂuo²⁴	zɑŋ²⁴ ∣ zɑ̃	zɑŋ⁵²	zɑŋ⁵⁵	ʒuo³¹
乾县	ʂuo²⁴	zɑŋ²⁴ ∣ zɑ̃	zɑŋ³¹	zɑŋ⁴⁴	ʒuo²⁴
永寿	ʂuo²⁴	zɑŋ²⁴ ∣ zɑ̃	zɑŋ⁵²	zɑŋ⁵⁵	ʒuo³¹
淳化	çyo²⁴	zɑŋ²⁴ ∣ zɑ̃	zɑŋ⁵²	zɑŋ⁵⁵	zuo²⁴
旬邑	ʂuo²⁴	zɑŋ²⁴ ∣ zɑ̃	zɑŋ³¹	zɑŋ⁴⁴	ʒuo²⁴
彬县	ʃuo²⁴	zɑŋ²⁴ ∣ zɑ̃	zɑŋ⁵²	zɑŋ⁴⁴	ʒuo²⁴
长武	ʃuo²⁴	zɑŋ²⁴ ∣ zɑ̃	zɑŋ⁵²	zɑŋ⁴⁴	ʒuo³¹
扶风	ʂuo²⁴	zɑŋ²⁴ ∣ zɑ̃	zɑŋ⁵²	zɑŋ³³	zuo³¹
眉县	ʂuo²⁴/çyo³¹/çyo⁵²②	zɑŋ²⁴ ∣ zɑ̃	zɑŋ³¹	zɑŋ⁴⁴	zuo³¹
麟游	ʃuo²⁴	zɑŋ²⁴ ∣ zɑ̃	zɑŋ⁵³	zɑŋ⁴⁴	ʒuo³¹
岐山	ʂuo²⁴	zɑŋ²⁴ ∣ zɑ̃	zɑŋ⁵³	zɑŋ⁴⁴	zuo³¹
凤翔	s̲uo²⁴/ç̲yo²⁴	zɑŋ²⁴ ∣ zɑ̃	zɑŋ⁵³	zɑŋ⁴⁴	zuo³¹
宝鸡	ʂuo²⁴	zɑŋ²⁴ ∣ zɑ̃	zɑŋ⁵³	zɑŋ⁴⁴	zuo³¹
千阳	suo²⁴	zɑŋ²⁴ ∣ zɑ̃	zɑŋ³¹	zɑŋ⁴⁴	ʒuo³¹
陇县	ʂuo²⁴	zɑŋ²⁴ ∣ zɑ̃	zɑŋ⁵³	zɑŋ⁴⁴	zuo³¹

① zɑŋ²⁴ 车带气不足。
② çyo³¹/çyo⁵² 不能单用。

字目 / 方言	姜 宕开三 平阳见	脚 宕开三 入药见	羌 宕开三 平阳溪	却 宕开三 入药溪	强~弱 宕开三 平阳群
西安	tɕiaŋ^{21} ｜ tɕiaɣ̃	tɕyo^{21}	tɕʰiaŋ^{21} ｜ tɕʰiaɣ̃	tɕʰyo^{21}	tɕʰiaŋ^{24}
韩城	tɕiaŋ^{31} ｜ tɕiaɣ̃	tɕiə^{31}	tɕʰiaŋ^{31} ｜ tɕʰiaɣ̃	tɕʰiə^{31}	tɕʰiaŋ^{24}
合阳	tɕiaŋ^{31} ｜ tɕiaɣ̃	tɕio^{31}	tɕʰiaŋ^{31} ｜ tɕʰiaɣ̃	tɕʰio^{31}	tɕʰiaŋ^{24}/tɕʰio^{24}
澄城	tɕiaŋ^{31} ｜ tɕiaɣ̃	tɕyo^{31}	tɕʰiaŋ^{31} ｜ tɕʰiaɣ̃	tɕʰyo^{31}	tɕʰiaŋ^{24}
白水	tɕiaŋ^{31} ｜ tɕiaɣ̃	tɕyo^{31}	tɕʰiaŋ^{31} ｜ tɕʰiaɣ̃	tɕʰyo^{31}	tɕʰiaŋ^{24}
大荔	tɕiaŋ^{31} ｜ tɕiaɣ̃	tɕyo^{31}	tɕʰiaŋ^{31} ｜ tɕʰiaɣ̃	tɕʰyo^{31}	tɕʰiaŋ^{24}
蒲城	tɕiaŋ^{31} ｜ tɕiaɣ̃	tɕyo^{31}	tɕʰiaŋ^{31} ｜ tɕʰiaɣ̃	tɕʰyo^{31}	tɕʰiaŋ^{35}
美原	tɕiaŋ^{31} ｜ tɕiaɣ̃	tɕyo^{31}	tɕʰiaŋ^{31} ｜ tɕʰiaɣ̃	tɕʰyo^{31}	tɕʰiaŋ^{35}
富平	tɕiaŋ^{31} ｜ tɕiaɣ̃	tɕyo^{31}	tɕʰiaŋ^{31} ｜ tɕʰiaɣ̃	tɕʰyo^{31}	tɕʰiaŋ^{35}
潼关	tɕiaŋ^{31} ｜ tɕiaɣ̃	tɕyo^{31}	tɕʰiaŋ^{31} ｜ tɕʰiaɣ̃	tɕʰyo^{31}	tɕʰiaŋ^{24}
华阴	tɕiaŋ^{31} ｜ tɕiaɣ̃	tɕyo^{31}	tɕʰiaŋ^{31} ｜ tɕʰiaɣ̃	tɕʰyo^{31}	tɕʰiaŋ^{24}
华县	tɕiaŋ^{31} ｜ tɕiaɣ̃	tɕyo^{31}	tɕʰiaŋ^{31} ｜ tɕʰiaɣ̃	tɕʰyo^{31}	tɕʰiaŋ^{35}
渭南	tɕiaŋ^{31} ｜ tɕiaɣ̃	tɕyo^{31}	tɕʰiaŋ^{31} ｜ tɕʰiaɣ̃	tɕʰyo^{31}	tɕʰiaŋ^{24}
洛南	tɕiaŋ^{31} ｜ tɕiaɣ̃	tɕyo^{31}	tɕʰiaŋ^{31} ｜ tɕʰiaɣ̃	tɕʰyo^{31}	tɕʰiaŋ^{24}
商州	tɕiaŋ^{31} ｜ tɕiaɣ̃	tɕyo^{31}	tɕʰiaŋ^{31} ｜ tɕʰiaɣ̃	tɕʰyo^{31}	tɕʰiaŋ^{35}
丹凤	tɕiaŋ^{31}	tɕyo^{31}	tɕʰiaŋ^{31}	tɕʰyo^{31}	tɕʰiaŋ^{31}
宜川	tɕiaŋ^{51}	tɕiə^{51}/tɕʰiə^{51} ~地	tɕʰiaŋ^{51}	tɕʰyɛ^{51}	tɕʰiaŋ^{24}/tɕʰiə^{24}①
富县	tɕiaŋ^{31}	tɕyo^{31}	tɕʰiaŋ^{31}	tɕʰyo^{31}	tɕʰiaŋ^{24}
黄陵	tɕiaŋ^{31}	tɕyo^{31}	tɕʰiaŋ^{31}	tɕʰyo^{31}	tɕʰiaŋ^{24}
宜君	tɕiaŋ^{21}	tɕyo^{21}/tɕʰyo^{21}②	tɕʰiaŋ^{21}	tɕʰyo^{21}	tɕʰiaŋ^{24}
铜川	tɕiaŋ^{21} ｜ tɕiaɣ̃	tɕyo^{21}	tɕʰiaŋ^{21} ｜ tɕʰiaɣ̃	tɕʰyo^{21}	tɕʰiaŋ^{24}
耀县	tɕiaŋ^{31} ｜ tɕiaɣ̃	tɕyo^{31}	tɕʰiaŋ^{31} ｜ tɕʰiaɣ̃	tɕʰyo^{31}	tɕʰiaŋ^{24}
高陵	tɕiaŋ^{31} ｜ tɕiaɣ̃	tɕyo^{31}	tɕʰiaŋ^{31} ｜ tɕʰiaɣ̃	tɕʰyo^{31}	tɕʰiaŋ^{24}
临潼	tɕiaŋ^{31} ｜ tɕiaɣ̃	tɕyo^{31}	tɕʰiaŋ^{31} ｜ tɕʰiaɣ̃	tɕʰyo^{31}	tɕʰiaŋ^{24}

① tɕʰiə^{24}北垴不说，农村说。

② tɕʰyo^{21} ~地。下同。

字目　方言	姜　宕开三 平阳见		脚　宕开三 入药见	羌　宕开三 平阳溪		却　宕开三 入药溪	强~弱　宕开三 平阳群
蓝田	tɕiaŋ^{31}	tɕiaɣ̃	<u>tɕyo^{31}</u>/tɕʰyo^{31}	tɕʰiaŋ^{31}	tɕʰiaɣ̃	tɕʰyo^{31}	tɕʰiaŋ^{24}
长安	tɕiaŋ^{31}		tɕyo^{31}	tɕʰiaŋ^{31}		tɕʰyo^{53}/tɕʰyɛ^{31}新	tɕʰiaŋ^{24}
户县	tɕiaŋ^{31}	tɕiaɣ̃	tɕyo^{31}	tɕʰiaŋ^{31}	tɕʰiaɣ̃	tɕʰyo^{31}	tɕʰiaŋ^{24}
周至	tɕiaŋ^{21}	tɕiaɣ̃	tɕyo^{21}	tɕʰiaŋ^{21}	tɕʰiaɣ̃	tɕʰyo^{52}	tɕʰiaŋ^{24}
三原	tɕiaŋ^{31}	tɕiaɣ̃	tɕyo^{31}	tɕʰiaŋ^{31}	tɕʰiaɣ̃	tɕʰyo^{31}	tɕʰiaŋ^{24}
泾阳	tɕiaŋ^{31}	tɕiaɣ̃	tɕyo^{31}	tɕʰiaŋ^{31}	tɕʰiaɣ̃	tɕʰyo^{31}	tɕʰiaŋ^{24}
咸阳	tɕiaŋ^{31}	tɕiaɣ̃	tɕyo^{31}	tɕʰiaŋ^{31}		tɕʰyo^{31}	tɕʰiaŋ^{24}
兴平	tɕiaŋ^{31}	tɕiaɣ̃	tɕyo^{31}	tɕʰiaŋ^{31}	tɕʰiaɣ̃	tɕʰyo^{31}	tɕʰiaŋ^{24}
武功	tɕiaŋ^{31}	tɕiaɣ̃	tɕyo^{31}	tɕʰiaŋ^{31}	tɕʰiaɣ̃	tɕʰyo^{31}	tɕʰiaŋ^{24}
礼泉	tɕiaŋ^{31}	tɕiaɣ̃	tɕyo^{31}	tɕʰiaŋ^{31}	tɕʰiaɣ̃	tɕʰyo^{31}	tɕʰiaŋ^{24}
乾县	tɕiaŋ^{31}	tɕiaɣ̃	tɕyo^{31}	tɕʰiaŋ^{31}	tɕʰiaɣ̃	tɕʰyo^{31}	tɕʰiaŋ^{24}
永寿	tɕiaŋ^{31}	tɕiaɣ̃	tɕyo^{31}	tɕʰiaŋ^{31}	tɕʰiaɣ̃	tɕʰyo^{31}	tɕʰiaŋ^{24}
淳化	tɕiaŋ^{31}	tɕiaɣ̃	tɕyo^{31}	tɕʰiaŋ^{31}	tɕʰiaɣ̃	tɕʰyo^{52}	tɕʰiaŋ^{24}
旬邑	tɕiaŋ^{31}	tɕiaɣ̃	tɕyo^{31}	tɕʰiaŋ^{31}	tɕʰiaɣ̃	tɕʰyo^{31}	tɕʰiaŋ^{24}
彬县	tɕiaŋ^{31}	tɕiaɣ̃	tɕyo^{31}	tɕʰiaŋ^{31}	tɕʰiaɣ̃	tɕʰyo^{31}	tɕʰiaŋ^{24}
长武	tɕiaŋ^{31}	tɕiaɣ̃	tɕyo^{31}	tɕʰiaŋ^{31}	tɕʰiaɣ̃	tɕʰyo^{31}	tɕʰiaŋ^{24}
扶风	tɕiaŋ^{31}	tɕiaɣ̃	tɕyo^{31}	tɕʰiaŋ^{31}	tɕʰiaɣ̃	tɕʰyo^{31}	tɕʰiaŋ^{24}
眉县	tɕiaŋ^{31}	tɕiaɣ̃	tɕyo^{31}	tɕʰiaŋ^{31}	tɕʰiaɣ̃	tɕʰyo^{31}	tɕʰiaŋ^{24}
麟游	tɕiaŋ^{31}	tɕiaɣ̃	tɕyo^{31}	tɕʰiaŋ^{31}	tɕʰiaɣ̃	tɕʰyo^{31}	tɕʰiaŋ^{24}
岐山	tɕiaŋ^{31}	tɕiaɣ̃	tɕyo^{31}	tɕʰiaŋ^{31}	tɕʰiaɣ̃	tɕʰyo^{31}	tɕʰiaŋ^{24}
凤翔	tɕiaŋ^{31}	tɕiaɣ̃	tɕyo^{31}	tɕʰiaŋ^{31}	tɕʰiaɣ̃	tɕʰyo^{31}	tɕʰiaŋ^{24}
宝鸡	tɕiaŋ^{31}	tɕiaɣ̃	tɕyo^{31}	tɕʰiaŋ^{31}	tɕʰiaɣ̃	tɕʰyo^{53}	tɕʰiaŋ^{24}
千阳	tɕiaŋ^{31}	tɕiaɣ̃	tɕyo^{31}	tɕʰiaŋ^{44}	tɕʰiaɣ̃	tɕʰyo^{31}	tɕʰiaŋ^{24}
陇县	tɕiaŋ^{31}	tɕiaɣ̃	tɕyo^{31}	tɕʰiaŋ^{31}	tɕʰiaɣ̃	tɕʰyo^{31}	tɕʰiaŋ^{24}

字目／方言	强 勉~, 倔~ 宕开三 上养群	仰 宕开三 上养疑	虐 宕开三 入药疑	香 宕开三 平阳晓	响 宕开三 上养晓
西安	tɕiaŋ⁵⁵/tɕʰiaŋ⁵³①	iaŋ⁵³/ȵiaŋ⁵³	yo²¹/ȵye²¹	ɕiaŋ²¹ ∣ ɕiã	ɕiaŋ⁵³
韩城	tɕʰiaŋ⁴⁴/tɕʰiaŋ⁵³	ȵiaŋ⁵³	iə³¹	ɕiaŋ³¹ ∣ ɕiã	ɕiaŋ⁵³/ɕiə⁵³
合阳	tɕʰiaŋ⁵⁵/tɕʰiaŋ³¹	ȵiaŋ⁵²/ȵio²⁴②	io³¹	ɕiaŋ³¹ ∣ ɕiã	ɕiaŋ⁵²
澄城	tɕʰiaŋ⁴⁴/tɕʰiaŋ⁵³	ȵiaŋ⁵³/ȵyo²⁴	yo³¹	ɕiaŋ³¹ ∣ ɕiã	ɕiaŋ⁵³
白水	tɕʰiaŋ⁵⁵/tɕʰiaŋ⁵³	ȵiaŋ⁵³	yo³¹	ɕiaŋ³¹ ∣ ɕiã	ɕiaŋ⁵³
大荔	tɕʰiaŋ⁴⁴/tɕʰiaŋ⁵²	ȵiaŋ⁵²	ȵyo³¹	ɕiaŋ³¹ ∣ ɕiã	ɕiaŋ⁵²
蒲城	tɕʰiaŋ⁵⁵/tɕʰiaŋ⁵³	ȵiaŋ⁵³	yo³¹	ɕiaŋ³¹ ∣ ɕiã	ɕiaŋ⁵³
美原	tɕʰiaŋ⁵⁵/tɕʰiaŋ⁵³	ȵiaŋ⁵³	yo³¹	ɕiaŋ³¹ ∣ ɕiã	ɕiaŋ⁵³
富平	tɕʰiaŋ⁵⁵/tɕʰiaŋ⁵³	ȵiaŋ⁵³	yo³¹	ɕiaŋ³¹ ∣ ɕiã	ɕiaŋ⁵³
潼关	tɕʰiaŋ⁴⁴/tɕʰiaŋ⁵²	ȵiaŋ⁵²	yo³¹	ɕiaŋ³¹ ∣ ɕiã	ɕiaŋ⁵²
华阴	tɕʰiaŋ⁵⁵/tɕʰiaŋ⁵²	iaŋ⁵²/ȵiaŋ⁵²	yo³¹	ɕiaŋ³¹ ∣ ɕiã	ɕiaŋ⁵²
华县	tɕʰiaŋ⁵⁵/tɕʰiaŋ⁵³	ȵiaŋ⁵³	yo³¹	ɕiaŋ³¹ ∣ ɕiã	ɕiaŋ⁵³
渭南	tɕʰiaŋ⁴⁴/tɕʰiaŋ⁵³	iaŋ⁵³/ȵiaŋ⁵³	ȵyo³¹	ɕiaŋ³¹ ∣ ɕiã	ɕiaŋ⁵³
洛南	tɕʰiaŋ⁴⁴/tɕʰiaŋ⁵³	ȵiaŋ⁵³	ȵyo³¹	ɕiaŋ³¹ ∣ ɕiã	ɕiaŋ⁵³
商州	tɕʰiaŋ⁵⁵/tɕʰiaŋ⁵³	ȵiaŋ⁵³	ȵyo³¹	ɕiaŋ³¹ ∣ ɕiã	ɕiaŋ⁵³
丹凤	tɕʰiaŋ⁴⁴/tɕʰiaŋ⁵³	ȵiaŋ⁵³	yo³¹	ɕiaŋ³¹	ɕiaŋ⁵³
宜川	tɕʰiaŋ⁴⁵③	iaŋ⁴⁵/ȵiə⁴⁵	ȵiə⁵¹	ɕiaŋ⁵¹	ɕiaŋ⁴⁵/ɕiə⁴⁵
富县	tɕʰiaŋ⁴⁴/tɕʰiaŋ⁰²¹	ȵiaŋ⁵²	lyo³¹	ɕiaŋ³¹	ɕiaŋ⁵²
黄陵	tɕʰiaŋ⁴⁴/tɕʰiaŋ⁵²	ȵiaŋ⁵²	yo³¹	ɕiaŋ³¹	ɕiaŋ⁵²
宜君	tɕʰiaŋ⁴⁴ 倔~ / tɕʰiaŋ⁵² 勉~	ȵiaŋ⁵²	yo²¹	ɕiaŋ²¹	ɕiaŋ⁵²
铜川	tɕʰiaŋ⁴⁴/tɕʰiaŋ⁵²	ȵiaŋ²⁴/ȵiaŋ⁵² 信~	yo²¹/ȵyo²¹	ɕiaŋ²¹ ∣ ɕiã	ɕiaŋ⁵²
耀县	tɕʰiaŋ⁴⁴/tɕʰiaŋ⁵²④	ȵiaŋ²⁴/ȵiaŋ⁵²	yo³¹	ɕiaŋ³¹ ∣ ɕiã	ɕiaŋ⁵²
高陵	tɕiaŋ⁵⁵/tɕʰiaŋ⁵²	ȵiaŋ⁵²	yo³¹	ɕiaŋ³¹ ∣ ɕiã	ɕiaŋ⁵²
临潼	tɕʰiaŋ⁵²/tɕiaŋ⁴⁵	ȵiaŋ⁵²	ȵyo³¹/yo³¹	ɕiaŋ³¹ ∣ ɕiã	ɕiaŋ⁵²

① tɕiaŋ⁵⁵ 倔~；tɕʰiaŋ⁵³ 勉~。下同。
② ȵiaŋ⁵² ~面；ȵio²⁴ ~头。
③ 另外，糨 tɕiə⁴⁵：~子。
④ tɕʰiaŋ⁴⁴ 倔~；tɕʰiaŋ⁵² 勉~。

字目　方言	强勉~,偏~　宕开三上养群	仰　宕开三上养疑	虐　宕开三入药疑	香　宕开三平阳晓	响　宕开三上养晓
蓝田	tɕian⁴⁴/tɕʰian⁵²	<u>i</u>an⁵²/<u>n̠</u>ian⁵²	n̠yo³¹/yo³¹	ɕian³¹ ∣ ɕiã	ɕian⁵²
长安	tɕian⁴⁴/tɕʰian⁵³	ian²⁴	n̠yo³¹	ɕian³¹	ɕian⁵³
户县	tɕian⁵⁵/tɕʰian⁵²	<u>i</u>an⁵²/<u>n̠</u>ian⁵²	yo³¹	ɕian³¹ ∣ ɕiã	ɕian⁵²
周至	tɕian⁵⁵/tɕʰian⁵²	n̠ian⁵²	yo²¹	ɕian²¹ ∣ ɕiã	ɕian⁵²
三原	tɕʰian⁵²/tɕian⁵⁵	ian²⁴/<u>n̠</u>ian⁵²	yo³¹	ɕian³¹ ∣ ɕiã	ɕian⁵²
泾阳	tɕʰian⁵²/tɕian⁵⁵①	<u>i</u>an⁵²/<u>n̠</u>ian⁵²	n̠yo³¹/yo³¹	ɕian³¹ ∣ ɕiã	ɕian⁵²
咸阳	tɕʰian⁵²/tɕian⁵⁵	<u>i</u>an⁵²/<u>n̠</u>ian⁵²	n̠yo³¹/yo³¹	ɕian³¹	ɕian⁵²
兴平	tɕʰian⁵²/tɕian⁵⁵	<u>i</u>an⁵²/<u>n̠</u>ian⁵²	yo³¹	ɕian³¹ ∣ ɕiã	ɕian⁵²
武功	tɕʰian⁵²/tɕian⁵⁵	<u>i</u>an⁵²/<u>n̠</u>ian⁵²	yo³¹	ɕian³¹ ∣ ɕiã	ɕian⁵²
礼泉	tɕʰian⁵²/tɕian⁵⁵	n̠ian⁵²	yo³¹	ɕian³¹ ∣ ɕiã	ɕian⁵²
乾县	tɕʰian⁵²/tɕian⁴⁴	n̠ian⁵²	yo³¹	ɕian³¹ ∣ ɕiã	ɕian⁵²
永寿	tɕʰian⁵²/tɕian⁵⁵	n̠ian⁵²	yo³¹	ɕian³¹ ∣ ɕiã	ɕian⁵²
淳化	tɕʰian⁵²/tɕian⁵⁵	n̠ian⁵²	yo³¹	ɕian³¹ ∣ ɕiã	ɕian⁵²
旬邑	tɕʰian⁵²/tɕian⁴⁴	n̠ian⁵²	yo³¹	ɕian³¹ ∣ ɕiã	ɕian⁵²
彬县	tɕʰian⁵²/tɕian⁴⁴	n̠ian⁵²	yo³¹	ɕian³¹ ∣ ɕiã	ɕian⁵²
长武	tɕʰian⁵²/tɕian⁴⁴	n̠ian⁵²	n̠yo³¹/yo³¹	ɕian³¹ ∣ ɕiã	ɕian⁵²
扶风	tɕian³³/tɕʰian³³	<u>i</u>an⁵²/<u>n̠</u>ian⁵²	n̠yo³¹/yo³¹	ɕian³¹ ∣ ɕiã	ɕian⁵²
眉县	tɕʰian⁵²	n̠ian⁵²	yo³¹	ɕian³¹ ∣ ɕiã	ɕian⁵²
麟游	tɕʰian⁴⁴	n̠ian⁵³	yo³¹/lyo⁵³	ɕian³¹ ∣ ɕiã	ɕian⁵³
岐山	tɕʰian⁴⁴	n̠ian⁵³	yo³¹	ɕian³¹ ∣ ɕiã	ɕian⁵³
凤翔	tɕʰian³¹/tɕian⁴⁴	n̠ian⁵³	n̠yo³¹/<u>yo</u>³¹	ɕian³¹ ∣ ɕiã	ɕian⁵³
宝鸡	tɕʰian⁴⁴	n̠ian⁵³	n̠yo³¹/yo³¹	ɕian³¹ ∣ ɕiã	ɕian⁵³
千阳	tɕian⁴⁴/tɕʰian⁴⁴	n̠ian⁵³	lyo⁴⁴/yo⁴⁴	ɕian³¹ ∣ ɕiã	ɕian⁵³
陇县	tɕʰian³¹/tɕian⁴⁴	n̠ian⁵³	yo⁴⁴	ɕian³¹ ∣ ɕiã	ɕian⁵³

① 作姓氏讲也读 tɕian⁵⁵，如南~村。

字目 方言	向 宕开三 去漾晓	秧 宕开三 平阳影	约 宕开三 入药影	羊 宕开三 平阳以	痒 宕开三 上养以
西安	ɕiaŋ⁵⁵	iaŋ²¹	yo²¹/n̠yo²¹ ∣ yo	iaŋ²⁴ ∣ jaɣ̃	iaŋ⁵³
韩城	ɕiaŋ⁴⁴	n̠iaŋ³¹	n̠iə³¹ ∣ ɲio	iaŋ²⁴/iə²⁴ ∣ jaɣ̃	iaŋ⁵³
合阳	ɕiaŋ⁵⁵	iaŋ³¹/n̠iaŋ³¹	n̠io³¹ ∣ ɲyə	iaŋ²⁴ ∣ jaɣ̃	iaŋ⁵²
澄城	ɕiaŋ⁴⁴	iaŋ³¹	n̠yo³¹ ∣ ɲyə	iaŋ²⁴ ∣ jaɣ̃	iaŋ⁵³
白水	ɕiaŋ⁵⁵	iaŋ³¹	yo³¹ ∣ ɲyo	iaŋ²⁴ ∣ jaɣ̃	iaŋ⁵³
大荔	ɕiaŋ⁵⁵	n̠iaŋ³¹	yo³¹/n̠yo³¹ ∣ yo	iaŋ²⁴ ∣ jaɣ̃	iaŋ⁵²
蒲城	ɕiaŋ⁵⁵	iaŋ³¹	yo³¹ ∣ ɲyo	iaŋ³⁵ ∣ jaɣ̃	iaŋ⁵³
美原	ɕiaŋ⁵⁵	n̠iaŋ³¹	yo³¹ ∣ yo	iaŋ³⁵ ∣ jaɣ̃	iaŋ⁵³
富平	ɕiaŋ⁵⁵	n̠iaŋ³¹	yo³¹ ∣ ɲyo	iaŋ³⁵ ∣ jaɣ̃	iaŋ⁵³
潼关	ɕiaŋ⁴⁴	iaŋ³¹	yo³¹ ∣ yo	iaŋ²⁴ ∣ jaɣ̃	iaŋ⁵²
华阴	ɕiaŋ⁵⁵	iaŋ³¹/n̠iaŋ³¹	yo³¹ ∣ yo	iaŋ²⁴ ∣ jaɣ̃	iaŋ⁵²
华县	ɕiaŋ⁵⁵	n̠iaŋ³¹	yo³¹ ∣ yo	iaŋ³⁵ ∣ jaɣ̃	iaŋ⁵³
渭南	ɕiaŋ⁴⁴	n̠iaŋ³¹	yo³¹ ∣ ɲyo	iaŋ²⁴ ∣ jaɣ̃	iaŋ⁵³
洛南	ɕiaŋ⁴⁴	n̠iaŋ³¹	yo³¹ ∣ yo	iaŋ²⁴ ∣ jaɣ̃	iaŋ⁵³
商州	ɕiaŋ⁵⁵	n̠iaŋ³¹	yo³¹ ∣ yo	iaŋ³⁵ ∣ jaɣ̃	iaŋ⁵³
丹凤	ɕiaŋ⁴⁴	n̠iaŋ³¹	yo³¹	iaŋ²⁴	iaŋ⁵³
宜川	ɕiaŋ⁴⁵	iaŋ⁵¹	iə⁵¹	iaŋ²⁴/iə²⁴	iaŋ⁴⁵
富县	ɕiaŋ⁴⁴	iaŋ³¹	yo³¹	iaŋ²⁴	iaŋ⁵²
黄陵	ɕiaŋ⁴⁴	iaŋ³¹	yo³¹	iaŋ²⁴	iaŋ⁵²
宜君	ɕiaŋ⁴⁴	iaŋ²¹	yo²¹	iaŋ²⁴	iaŋ⁵²
铜川	ɕiaŋ⁴⁴	iaŋ²¹	yo²¹/n̠yo²¹ ∣ yo	iaŋ²⁴ ∣ jaɣ̃	iaŋ⁵²
耀县	ɕiaŋ⁴⁴	n̠iaŋ³¹	yo³¹ ∣ yo	iaŋ²⁴ ∣ jaɣ̃	iaŋ⁵²
高陵	ɕiaŋ⁵⁵	iaŋ³¹	yo³¹ ∣ yo	iaŋ²⁴ ∣ jaɣ̃	iaŋ⁵²
临潼	ɕiaŋ⁴⁵	iaŋ³¹	yo³¹ ∣ ɲyo	iaŋ²⁴ ∣ jaɣ̃	iaŋ⁵²

字目 方言	向 宕开三 去漾晓	秧 宕开三 平阳影	约 宕开三 入药影	羊 宕开三 平阳以	痒 宕开三 上养以
蓝田	φian^{44}	ian^{31}	yo^{31} ｜ yo	ian^{24} ｜ $ja\tilde{\gamma}$	ian^{52}
长安	φian^{44}	ian^{31}	$y\epsilon^{31}$	ian^{24}	ian^{53}
户县	φian^{55}	ian^{31}	yo^{31} ｜ yo	ian^{24} ｜ $ja\tilde{\gamma}$	ian^{52}
周至	φian^{55}	ian^{21}	yo^{21} ｜ yo	ian^{24} ｜ $ja\tilde{\gamma}$	ian^{52}
三原	φian^{55}	ian^{31}	yo^{31} ｜ yo	ian^{24} ｜ $ja\tilde{\gamma}$	ian^{52}
泾阳	φian^{55}	ian^{31}	yo^{31} ｜ yo	ian^{24} ｜ $ja\tilde{\gamma}$	ian^{52}
咸阳	φian^{55}	ian^{31}	yo^{31} ｜ yo	ian^{24}	ian^{52}
兴平	φian^{55}	ian^{31}	yo^{31} ｜ yo	ian^{24} ｜ $ia\tilde{\gamma}$	ian^{52}
武功	φian^{55}	ian^{31}	yo^{31} ｜ yo	ian^{24} ｜ $ja\tilde{\gamma}$	ian^{52}
礼泉	φian^{55}	ian^{31}	yo^{31} ｜ yo	ian^{24} ｜ $ja\tilde{\gamma}$	ian^{52}
乾县	φian^{44}	ian^{31}	yo^{31} ｜ yo	ian^{24} ｜ $ja\tilde{\gamma}$	ian^{52}
永寿	φian^{55}	ian^{31}	yo^{31} ｜ yo	ian^{24} ｜ $ia\tilde{\gamma}$	ian^{52}
淳化	φian^{55}	ian^{31}	yo^{31} ｜ yo	ian^{24} ｜ $ja\tilde{\gamma}$	ian^{52}
旬邑	φian^{44}	ian^{31}	yo^{31} ｜ yo	ian^{24} ｜ $ia\tilde{\gamma}$	ian^{52}
彬县	φian^{44}	ian^{31}	yo^{31} ｜ yo	ian^{24} ｜ $ja\tilde{\gamma}$	ian^{52}
长武	φian^{44}	ian^{31}	yo^{31} ｜ yo	ian^{24} ｜ $ja\tilde{\gamma}$	ian^{52}
扶风	φian^{33}	$\underline{ian^{31}}/\underline{n.ian^{31}}$	yo^{31} ｜ yo	ian^{24} ｜ $ja\tilde{\gamma}$	ian^{52}
眉县	φian^{44}	ian^{31}	yo^{31} ｜ yo	ian^{24} ｜ $ja\tilde{\gamma}$	ian^{52}
麟游	φian^{44}	ian^{31}	yo^{31} ｜ yo	ian^{24} ｜ $ja\tilde{\gamma}$	ian^{53}
岐山	φian^{44}	ian^{31}	$yo^{31}/io^{44}/n.yo^{31}$ 老 ｜ yo	ian^{24} ｜ $ja\tilde{\gamma}$	ian^{53}
凤翔	φian^{44}	ian^{31}	yo^{31} ｜ yo	ian^{24} ｜ $ja\tilde{\gamma}$	ian^{53}
宝鸡	φian^{44}	ian^{31}	yo^{31} ｜ yo	ian^{24} ｜ $ja\tilde{\gamma}$	ian^{53}
千阳	φian^{44}	ian^{31}	yo^{31} ｜ yo	ian^{24} ｜ $ja\tilde{\gamma}$	ian^{53}
陇县	φian^{44}	ian^{31}	yo^{31} ｜ yo	ian^{24} ｜ $ja\tilde{\gamma}$	ian^{53}

字目 方言	样 宕开三 去漾以	药 宕开三 入药以		光 宕合一 平唐见		广 宕合一 上荡见	桄 宕合一 去宕见
西安	iaŋ⁵⁵	yo²¹	yo	kuaŋ²¹	kuaɣ̃	kuaŋ⁵³	kuaŋ⁵⁵
韩城	iaŋ⁴⁴	iə³¹	io	kuaŋ³¹	kuaɣ̃	kuaŋ⁵³	kuaŋ²⁴
合阳	iaŋ⁵⁵	io³¹	yə	kuaŋ³¹	kuaɣ̃	kuaŋ⁵²	kuaŋ²⁴
澄城	iaŋ⁴⁴	yo³¹	yo	kuaŋ³¹	kuaɣ̃	kuaŋ⁵³	kuaŋ²⁴
白水	iaŋ⁴⁴	yo³¹	yo	kuaŋ³¹	kuaɣ̃	kuaŋ⁵³	kuaŋ²⁴
大荔	iaŋ⁵⁵	yo³¹	yo	kuaŋ³¹	kuaɣ̃	kuaŋ⁵²	kuaŋ²⁴
蒲城	iaŋ⁵⁵	yo³¹	yo	kuaŋ³¹	kuaɣ̃	kuaŋ⁵³	kuaŋ³⁵
美原	iaŋ⁵⁵	yo³¹	yo	kuaŋ³¹/kuaŋ⁵⁵①	kuaɣ̃	kuaŋ⁵³	kuaŋ³⁵
富平	iaŋ⁵⁵	yo³¹	yo	kuaŋ³¹	kuaɣ̃	kuaŋ⁵³	kuaŋ³⁵
潼关	iaŋ⁴⁴	yo³¹	yo	kuaŋ³¹	kuaɣ̃	kuaŋ⁵²	kuaŋ²⁴
华阴	iaŋ⁵⁵	yo³¹	yo	kuaŋ³¹	kuaɣ̃	kuaŋ⁵²	kuaŋ²⁴
华县	iaŋ⁵⁵	yo³¹	yo	kuaŋ³¹	kuaɣ̃	kuaŋ⁵³	kuaŋ³⁵
渭南	iaŋ⁴⁴	yo³¹	yo	kuaŋ³¹	kuaɣ̃	kuaŋ⁵³	kuaŋ²⁴
洛南	iaŋ⁴⁴	yo³¹	yo	kuaŋ³¹	kuaɣ̃	kuaŋ⁵³	kuaŋ²⁴
商州	iaŋ⁵⁵	yo³¹	yo	kuaŋ³¹	kuaɣ̃	kuaŋ⁵³	kuaŋ³⁵
丹凤	iaŋ⁴⁴	yo³¹		kuaŋ³¹		kuaŋ⁵³	kuaŋ²⁴
宜川	iaŋ⁴⁵/iə⁴⁵②	iə⁵¹		kuaŋ⁵¹/kuo⁵¹③		kuaŋ⁴⁵	kʰuaŋ⁵¹
富县	iaŋ⁴⁴	yo³¹		kuaŋ³¹	kuaɣ̃	kuaŋ⁵²	kʰuaŋ⁴⁴
黄陵	iaŋ⁴⁴	yo³¹		kuaŋ³¹		kuaŋ⁵²	kʰuaŋ⁴⁴
宜君	iaŋ⁴⁴	yo²¹		kuaŋ²¹		kuaŋ⁵²	kʰuaŋ⁴⁴
铜川	iaŋ⁴⁴	yo²¹	yo	kuaŋ²¹	kuaɣ̃	kuaŋ⁵²	kʰuaŋ⁴⁴/kuaŋ²⁴④
耀县	iaŋ⁴⁴	yo³¹	yo	kuaŋ³¹	kuaɣ̃	kuaŋ⁵²	kʰuaŋ⁴⁴
高陵	iaŋ⁵⁵	yo³¹	yo	kuaŋ³¹	kuaɣ̃	kuaŋ⁵³	kʰuaŋ⁵⁵⑤
临潼	iaŋ⁴⁵	yo³¹	yo	kuaŋ³¹	kuaɣ̃	kuaŋ⁵²	kuaŋ³¹

---

① kuaŋ⁵⁵ ～场。

② iə⁴⁵ 鞋～子。

③ kuo⁵¹ 地上～。

④ kuaŋ²⁴ ～～戏：秦腔。

⑤ 系推出音，一般用 kuãr⁵⁵⁻⁵²。

字目 方言	样 宕开三 去漾以	药 宕开三 入药以	光 宕合一 平唐见	广 宕合一 上荡见	桄 宕合一 去宕见
蓝田	iaŋ⁴⁴	yo³¹ ｜ yo	kuaŋ³¹ ｜ kuãɣ̃	kuaŋ⁵²	kʰuaŋ⁴⁴
长安	iaŋ⁴⁴	yo³¹	kuaŋ³¹	kuaŋ⁵³	kuaŋ²⁴
户县	iaŋ⁵⁵	yo³¹ ｜ yo	kuaŋ³¹ ｜ kuãɣ̃	kuaŋ⁵²	kua³¹/kuaŋ⁵⁵①
周至	iaŋ⁵⁵	yo²¹ ｜ yo	kuaŋ²¹ ｜ kuãɣ̃	kuaŋ⁵²	kuaŋ⁵⁵
三原	iaŋ⁵⁵	yo³¹ ｜ yo	kuaŋ³¹ ｜ kuãɣ̃	kuaŋ⁵²	kuaŋ⁵⁵
泾阳	iaŋ⁵⁵	yo³¹ ｜ yo	kuaŋ³¹/kuaŋ²⁴② ｜ kuãɣ̃	kuaŋ⁵²	kuaŋ⁵⁵
咸阳	iaŋ⁵⁵	yo³¹	kuaŋ³¹	kuaŋ⁵²	kuaŋ²⁴
兴平	iaŋ⁵⁵	yo³¹ ｜ yo	kuaŋ³¹ ｜ kuãɣ̃	kuaŋ⁵²	kuaŋ⁵⁵
武功	iaŋ⁵⁵	yo³¹ ｜ yo	kuaŋ³¹ ｜ kuãɣ̃	kuaŋ⁵²	kuaŋ⁵⁵
礼泉	iaŋ⁵⁵	yo³¹ ｜ yo	kuaŋ³¹ ｜ kuãɣ̃	kuaŋ⁵²	kuaŋ⁵⁵
乾县	iaŋ⁴⁴	yo³¹ ｜ yo	kuaŋ³¹ ｜ kuãɣ̃	kuaŋ⁵²	kuaŋ⁴⁴
永寿	iaŋ⁵⁵	yo³¹ ｜ yo	kuaŋ³¹ ｜ kuãɣ̃	kuaŋ⁵²	kuaŋ⁵⁵
淳化	iaŋ⁵⁵	yo³¹ ｜ yo	kuaŋ³¹ ｜ kuãɣ̃	kuaŋ⁵²	kuaŋ⁵⁵
旬邑	iaŋ⁴⁴	yo³¹ ｜ yo	kuaŋ³¹ ｜ kuãɣ̃	kuaŋ⁵²	kuaŋ⁴⁴
彬县	iaŋ⁴⁴	yo³¹ ｜ yo	kuaŋ³¹ ｜ kuãɣ̃	kuaŋ⁵²	kuaŋ⁴⁴
长武	iaŋ⁴⁴	yo³¹ ｜ yo	kuaŋ³¹ ｜ kuãɣ̃	kuaŋ⁵²	kuaŋ⁴⁴
扶风	iaŋ³³	yo³¹ ｜ yo	kuaŋ³¹ ｜ kuãɣ̃	kuaŋ⁵²	kuaŋ³³
眉县	iaŋ⁴⁴	yo³¹ ｜ yo	kuaŋ³¹ ｜ kuãɣ̃	kuaŋ⁵²	kuaŋ⁴⁴
麟游	iaŋ⁴⁴	yo³¹ ｜ yo	kuaŋ³¹ ｜ kuãɣ̃	kuaŋ⁵³	kuaŋ⁴⁴
岐山	iaŋ⁴⁴	yo³¹ ｜ yo	kuaŋ³¹ ｜ kuãɣ̃	kuaŋ⁵³	kuaŋ⁴⁴
凤翔	iaŋ⁴⁴	yo³¹ ｜ yo	kuaŋ³¹ ｜ kuãɣ̃	kuaŋ⁵³	kuaŋ⁴⁴
宝鸡	iaŋ⁴⁴	yo³¹ ｜ yo	kuaŋ³¹ ｜ kuãɣ̃	kuaŋ⁵³	kuaŋ⁴⁴
千阳	iaŋ⁴⁴	yo³¹ ｜ yo	kuaŋ³¹ ｜ kuãɣ̃	kuaŋ⁵³	kʰuaŋ⁴⁴
陇县	iaŋ⁴⁴	yo³¹ ｜ yo	kuaŋ³¹ ｜ kuãɣ̃	kuaŋ⁵³	kuaŋ⁴⁴

① kua³¹ 一～子。

② kuaŋ²⁴ "只、仅"的意思。

字目\方言	郭 宕合一 入铎见	扩 宕合一 入铎溪	慌 宕合一 平唐晓	谎 宕合一 上荡晓	霍 宕合一 入铎晓
西安	kuo²¹	kʰuo²¹	xuaŋ²¹	xuaŋ⁵³ ｜ xuãɣ̃	xuo²¹
韩城	kuə³¹	kʰuə³¹	xuaŋ³¹	xuaŋ⁵³ ｜ xuãɣ̃	xuə³¹
合阳	kuo³¹	kʰuo³¹	xuaŋ³¹	xuaŋ⁵² ｜ xuãɣ̃	xuo³¹
澄城	kuo³¹	kʰuo³¹	xuaŋ³¹	xuaŋ⁵³ ｜ xuãɣ̃	xuo³¹
白水	kuo³¹	kʰuo³¹	xuaŋ³¹	xuaŋ⁵³ ｜ xuãɣ̃	xuo³¹
大荔	kuo³¹	kʰuo³¹	xuaŋ³¹	xuaŋ⁵² ｜ xuãɣ̃	xuo³¹
蒲城	kuo³¹	kʰuo³¹	xuaŋ³¹	xuaŋ⁵³ ｜ xuãɣ̃	xuo³¹
美原	kuo³¹	kʰuo³¹	xuaŋ³¹	xuaŋ⁵³ ｜ xuãɣ̃	xuo³¹
富平	kuo³¹	kʰuo³¹	xuaŋ³¹	xuaŋ⁵³ ｜ xuãɣ̃	xuo³¹
潼关	kuo³¹	kʰuo³¹	xuaŋ³¹	xuaŋ⁵² ｜ xuãɣ̃	xuo³¹
华阴	kuo³¹	kʰuo³¹	xuaŋ³¹	xuaŋ⁵² ｜ xuãɣ̃	xuo³¹
华县	kuo³¹	kʰuo³¹	xuaŋ³¹	xuaŋ⁵³ ｜ xuãɣ̃	xuo³¹
渭南	kuo³¹	kʰuo³¹	xuaŋ³¹	xuaŋ⁵³ ｜ xuãɣ̃	xuo³¹
洛南	kuo³¹	kʰuo³¹	xuaŋ³¹	xuaŋ⁵³ ｜ xuãɣ̃	xuo³¹
商州	kuo³¹	kʰuo³¹	xuaŋ³¹	xuaŋ⁵³ ｜ xuãɣ̃	xuo³¹
丹凤	kuo³¹	kʰuo³¹	xuaŋ³¹	xuaŋ⁵³	xuo³¹
宜川	kuo⁵¹	kʰuo⁵¹	xuaŋ⁵¹	xuaŋ⁵¹	xuo⁵¹
富县	kuo³¹	kʰuo³¹	xuaŋ³¹	xuaŋ⁵²	xuo³¹
黄陵	kuo³¹	kʰuo³¹	xuaŋ³¹	xuaŋ⁵²	xuo³¹
宜君	kuo²¹	kʰuo²¹	xuaŋ²¹	xuaŋ⁵²	xuo²¹
铜川	kuo²¹	kʰuo²¹	xuaŋ²¹	xuaŋ⁵² ｜ xuãɣ̃	xuo²¹
耀县	kuo³¹	kʰuo³¹	xuaŋ³¹	xuaŋ⁵² ｜ xuãɣ̃	xuo³¹
高陵	kuo³¹	kʰuo³¹	xuaŋ³¹	xuaŋ⁵² ｜ xuãɣ̃	xuo³¹
临潼	kuo³¹	kʰuo³¹	xuaŋ³¹	xuaŋ⁵² ｜ xuãɣ̃	xuo³¹

字目 方言	郭 宕合一 入铎见	扩 宕合一 入铎溪	慌 宕合一 平唐晓	谎 宕合一 上荡晓	霍 宕合一 入铎晓
蓝田	kuo³¹	kʰuo³¹	xuaŋ³¹	xuaŋ⁵² ｜ xuã	xuo³¹
长安	kuo³¹	kʰuo³¹	xuaŋ³¹	xuaŋ⁵³	xuo³¹
户县	kuo³¹	kʰuo³¹	xuaŋ³¹	xuaŋ⁵² ｜ xuã	xuo³¹
周至	kuo²¹	kʰuo²¹	xuaŋ²¹	xuaŋ⁵² ｜ xuã	xuo²¹
三原	kuo³¹	kʰuo³¹	xuaŋ³¹	xuaŋ⁵² ｜ xuã	xuo³¹
泾阳	kuo³¹	kʰuo³¹	xuaŋ³¹	xuaŋ⁵² ｜ xuã	xuo³¹
咸阳	kuo³¹	kʰuo³¹	xuaŋ³¹	xuaŋ⁵² ｜ xuã	xuo³¹
兴平	kuo³¹	kʰuo³¹	xuaŋ³¹	xuaŋ⁵² ｜ xuã	xuo³¹
武功	kuo³¹	kʰuo³¹	xuaŋ³¹	xuaŋ⁵² ｜ xuã	xuo³¹
礼泉	kuo³¹	kʰuo³¹	xuaŋ³¹	xuaŋ⁵² ｜ xuã	xuo³¹
乾县	kuo³¹	kʰuo³¹	xuaŋ³¹	xuaŋ⁵² ｜ xuã	xuo³¹
永寿	kuo³¹	kʰuo³¹	xuaŋ³¹	xuaŋ⁵² ｜ xuã	xuo³¹
淳化	kuo³¹	kʰuo³¹	xuaŋ³¹	xuaŋ⁵² ｜ xuã	xuo³¹
旬邑	kuo³¹	kʰuo³¹	xuaŋ³¹	xuaŋ⁵² ｜ xuã	xuo³¹
彬县	kuo³¹	kʰuo³¹	xuaŋ³¹	xuaŋ⁵² ｜ xuã	xuo³¹
长武	kuo³¹	kʰuo³¹	xuaŋ³¹	xuaŋ⁵² ｜ xuã	xuo³¹
扶风	kuo³¹	kʰɤ³¹	xuaŋ³¹	xuaŋ⁵² ｜ xuã	xuo³¹
眉县	kuo³¹	kʰuo³¹	xuaŋ³¹	xuaŋ⁵² ｜ xuã	xuo³¹
麟游	kuo³¹	kʰuo³¹	xuaŋ³¹	xuaŋ⁵³ ｜ xuã	xuo³¹
岐山	kuo³¹	kʰɤ³¹	xuaŋ³¹	xuaŋ⁵³ ｜ xuã	xuo³¹
凤翔	kuo³¹	kʰuo³¹	xuaŋ³¹	xuaŋ⁵³ ｜ xuã	xuo³¹
宝鸡	kuo³¹	kʰuo³¹	xuaŋ³¹	xuaŋ⁵³ ｜ xuã	xuo³¹
千阳	kuo³¹	kʰuo³¹	xuaŋ³¹	xuaŋ⁵³ ｜ xuã	xuo³¹
陇县	kuo³¹	kʰuo³¹	xuaŋ³¹	xuaŋ⁵³ ｜ xuã	xuo³¹

字目 方言	黄	汪		方		仿	放
	宕合一 平唐匣	宕合一 平唐影		宕合三 平阳非		宕合三 上养非	宕合三 去漾非
西安	xuaŋ²⁴	uaŋ²¹	uaɤ̃	faŋ²¹	faɤ̃	faŋ⁵³	faŋ⁵⁵
韩城	xuaŋ²⁴	uaŋ³¹	uaɤ̃	faŋ³¹	faɤ̃	faŋ⁵³	fa̠ŋ⁴⁴/fɔ⁴⁴
合阳	xuaŋ²⁴	uaŋ³¹	uaɤ̃	faŋ³¹	faɤ̃	faŋ⁵²	fa̠ŋ⁵⁵/fo⁵⁵
澄城	x̠uaŋ²⁴/x̠uo²⁴	uaŋ³¹	uaɤ̃	faŋ³¹	faɤ̃	faŋ⁵³	fa̠ŋ⁴⁴/fɤ⁴⁴
白水	xuaŋ²⁴	uaŋ³¹	uaɤ̃	faŋ³¹	faɤ̃	faŋ⁵³	faŋ⁴⁴
大荔	xuaŋ²⁴	uaŋ³¹	uaɤ̃	faŋ³¹	faɤ̃	faŋ⁵²	faŋ⁵⁵
蒲城	xuaŋ³⁵	uaŋ³¹	uaɤ̃	faŋ³¹	faɤ̃	faŋ⁵³	faŋ⁵⁵
美原	xuaŋ³⁵	uaŋ³¹	uaɤ̃	faŋ³¹	faɤ̃	faŋ⁵³	faŋ⁵⁵
富平	xuaŋ³⁵	uaŋ³¹	uaɤ̃	faŋ³¹	faɤ̃	faŋ⁵³	faŋ⁵⁵
潼关	xuaŋ²⁴	vaŋ³¹	uaɤ̃	faŋ³¹	faɤ̃	faŋ⁵²	faŋ⁴⁴
华阴	xuaŋ²⁴	uaŋ³¹	uaɤ̃	faŋ³¹	faɤ̃	faŋ⁵²	faŋ⁵⁵
华县	xuaŋ³⁵	uaŋ³¹	uaɤ̃	faŋ³¹	faɤ̃	faŋ⁵³	faŋ⁵⁵
渭南	xuaŋ²⁴	uaŋ³¹	uaɤ̃	faŋ³¹	faɤ̃	faŋ⁵³	faŋ⁴⁴
洛南	xuaŋ²⁴	vaŋ³¹	vaɤ̃	faŋ³¹	faɤ̃	faŋ⁵³	faŋ⁴⁴
商州	xuaŋ³⁵	vaŋ³¹	vaɤ̃	faŋ³¹	faɤ̃	faŋ⁵³	faŋ⁵⁵
丹凤	xuaŋ²⁴	vaŋ³¹		faŋ³¹		faŋ⁵³	faŋ⁴⁴
宜川	x̠uaŋ²⁴/x̠uo²⁴①	vaŋ⁴⁵		faŋ⁵¹		faŋ⁴⁵	faŋ⁴⁵
富县	xuaŋ²⁴	vaŋ³¹		faŋ³¹		faŋ⁵²	faŋ⁴⁴
黄陵	xuaŋ²⁴	vaŋ³¹		faŋ³¹		faŋ⁵²	faŋ⁴⁴
宜君	xuaŋ²⁴	vaŋ²¹		faŋ²¹		faŋ⁵²	faŋ⁴⁴
铜川	xuaŋ²⁴	uaŋ²¹	uaɤ̃	faŋ²¹	faɤ̃	faŋ⁵²	faŋ⁴⁴
耀县	xuaŋ²⁴	uaŋ³¹	uaɤ̃	faŋ³¹	faɤ̃	faŋ⁵²	faŋ⁴⁴
高陵	xuaŋ²⁴	uaŋ³¹	uaɤ̃	faŋ³¹	faɤ̃	faŋ⁵²	faŋ⁵⁵
临潼	xuaŋ²⁴	uaŋ³¹	uaɤ̃	faŋ³¹	faɤ̃	faŋ⁵²	faŋ⁴⁵

① xuo²⁴ ～布。

字目／方言	黄	汪		方		仿	放
	宕合一平唐匣	宕合一平唐影		宕合三平阳非		宕合三上养非	宕合三去漾非
蓝田	xuaŋ²⁴	uaŋ³¹	uaɣ̃	faŋ³¹	faɣ̃	faŋ⁵²	faŋ⁴⁴
长安	xuaŋ²⁴	uaŋ³¹		faŋ³¹		faŋ⁵³	faŋ⁴⁴
户县	xuaŋ²⁴	uaŋ³¹	uaɣ̃	faŋ³¹	faɣ̃	faŋ⁵²	faŋ⁵⁵
周至	xuaŋ²⁴	uaŋ²¹	uaɣ̃	faŋ²¹	faɣ̃	faŋ⁵²	faŋ⁵⁵
三原	xuaŋ²⁴	uaŋ³¹	uaɣ̃	faŋ³¹	faɣ̃	faŋ⁵²	faŋ⁵⁵
泾阳	xuaŋ²⁴	uaŋ³¹		faŋ³¹	faɣ̃	faŋ⁵²	faŋ⁵⁵
咸阳	xuaŋ²⁴	uaŋ³¹	uaɣ̃	faŋ³¹		faŋ⁵²	faŋ⁵⁵
兴平	xuaŋ²⁴	uaŋ³¹	uaɣ̃	faŋ³¹	faɣ̃	faŋ⁵²	faŋ⁵⁵
武功	xuaŋ²⁴	uaŋ³¹	uaɣ̃	faŋ³¹	faɣ̃	faŋ⁵²	faŋ⁵⁵
礼泉	xuaŋ²⁴	uaŋ³¹	uaɣ̃	faŋ³¹	faɣ̃	faŋ⁵²	faŋ⁵⁵
乾县	xuaŋ²⁴	uaŋ³¹	uaɣ̃	faŋ³¹	faɣ̃	faŋ⁵²	faŋ⁴⁴
永寿	xuaŋ²⁴	uaŋ³¹	uaɣ̃	faŋ³¹	faɣ̃	faŋ⁵²	faŋ⁵⁵
淳化	xuaŋ²⁴	uaŋ³¹		faŋ³¹	faɣ̃	faŋ⁵²	faŋ⁵⁵
旬邑	xuaŋ²⁴	uaŋ³¹	uaɣ̃	faŋ³¹	faɣ̃	faŋ⁵²	faŋ⁴⁴
彬县	xuaŋ²⁴	uaŋ³¹	uaɣ̃	faŋ³¹	faɣ̃	faŋ⁵²	faŋ⁴⁴
长武	xuaŋ²⁴	uaŋ³¹	uaɣ̃	faŋ³¹	faɣ̃	faŋ⁵²	faŋ⁴⁴
扶风	xuaŋ²⁴	vaŋ³¹	uaɣ̃	faŋ³¹	faɣ̃	faŋ⁵²	faŋ³³
眉县	xuaŋ²⁴	uaŋ³¹	uaɣ̃	faŋ³¹	faɣ̃	faŋ⁵²	faŋ⁴⁴
麟游	xuaŋ²⁴	vaŋ³¹	vaɣ̃	faŋ³¹	faɣ̃	faŋ⁵³	faŋ⁴⁴
岐山	xuaŋ²⁴	vaŋ³¹	uaɣ̃	faŋ³¹	faɣ̃	faŋ⁵³	faŋ⁴⁴
凤翔	xuaŋ²⁴	uaŋ³¹	uaɣ̃	faŋ³¹	faɣ̃	faŋ⁵³	faŋ⁴⁴
宝鸡	xuaŋ²⁴	vaŋ³¹	vaɣ̃	faŋ³¹	faɣ̃	faŋ⁵³	faŋ⁴⁴
千阳	xuaŋ²⁴	vaŋ³¹	vaɣ̃	faŋ³¹	faɣ̃	faŋ⁵³	faŋ⁴⁴
陇县	xuaŋ²⁴	vaŋ³¹	vaɣ̃	faŋ³¹	faɣ̃	faŋ⁵³	faŋ⁴⁴

字目 方言	芳 宕合三 平阳敷	纺 宕合三 上养敷	访 宕合三 去漾敷	防 宕合三 平阳奉	缚 宕合三 入药奉
西安	faŋ⁵³/faŋ²¹①	faŋ⁵³	faŋ⁵³	faŋ²⁴	fu²¹
韩城	faŋ³¹	faŋ⁵³/fə⁵³	faŋ⁵³	faŋ²⁴	fə⁵³
合阳	faŋ⁵²	faŋ⁵²/fo⁵²	faŋ⁵²	faŋ²⁴	fo²⁴/faŋ²⁴
澄城	faŋ⁵³	faŋ⁵³/fɤ⁵³	faŋ⁵³	faŋ²⁴	fo³¹
白水	faŋ⁵³	faŋ⁵³	faŋ⁵³	faŋ²⁴	fo⁵³
大荔	faŋ⁵²	faŋ⁵²	faŋ⁵²	faŋ²⁴	fo²⁴
蒲城	faŋ³¹	faŋ⁵³	faŋ⁵³	faŋ³⁵	fo⁵³
美原	faŋ⁵³	faŋ⁵³	faŋ⁵³	faŋ³⁵	fo⁵³
富平	faŋ⁵³	faŋ⁵³	faŋ⁵³	faŋ³⁵	fo⁵³
潼关	faŋ³¹	faŋ⁵²	faŋ⁵²	faŋ²⁴	fo²⁴
华阴	faŋ⁵²	faŋ⁵²	faŋ⁵²	faŋ²⁴	fo⁵²
华县	faŋ⁵³	faŋ⁵³	faŋ⁵³	faŋ³⁵	fo⁵³
渭南	faŋ⁵³	faŋ⁵³	faŋ⁵³	faŋ²⁴	fo³¹
洛南	faŋ⁵³	faŋ⁵³	faŋ⁵³	faŋ²⁴	fo⁵³
商州	faŋ⁵³	faŋ⁵³	faŋ⁵³	faŋ³⁵	fo³¹
丹凤	faŋ⁵³	faŋ⁵³	faŋ⁵³	faŋ²⁴	fo³¹
宜川	faŋ⁴⁵ 人名	faŋ⁴⁵	faŋ⁴⁵	faŋ²⁴	fu²⁴
富县	faŋ⁵²	faŋ⁵²	faŋ⁵²	faŋ²⁴	fu⁵²/fɤ²⁴
黄陵	faŋ⁵²	faŋ⁵²	faŋ⁵²	faŋ²⁴	fu⁵²/faŋ²⁴②
宜君	faŋ⁵²	faŋ⁵²	faŋ⁵²	faŋ²⁴	fo⁵²
铜川	faŋ⁵²	faŋ⁵²	faŋ⁵²	faŋ²⁴	fo⁵²
耀县	faŋ⁵²	faŋ⁵²	faŋ⁵²	faŋ²⁴	fɤ⁵²/fɤ²⁴
高陵	faŋ⁵²	faŋ⁵²	faŋ⁵²	faŋ²⁴	fu²⁴
临潼	faŋ⁵²/faŋ³¹	faŋ⁵²	faŋ⁵²	faŋ²⁴	fo⁵²

① faŋ⁵³ 上声字一般说人名时使用。下同。
② fu⁵² 束~；faŋ²⁴ ~笤帚。

字目 方言	芳 宕合三 平阳敷	纺 宕合三 上养敷	访 宕合三 去漾敷	防 宕合三 平阳奉	缚 宕合三 入药奉
蓝田	$faŋ^{52}$/$faŋ^{24}$①	$faŋ^{52}$	$faŋ^{52}$	$faŋ^{24}$	fo^{24}
长安	$faŋ^{53}$	$faŋ^{53}$	$faŋ^{53}$	$faŋ^{24}$	fo^{24}
户县	$faŋ^{52}$	$faŋ^{52}$	$faŋ^{52}$	$faŋ^{24}$	fo^{52}/fo^{24}②
周至	$faŋ^{52}$	$faŋ^{52}$	$faŋ^{52}$	$faŋ^{24}$	fo^{24}
三原	$faŋ^{52}$	$faŋ^{52}$	$faŋ^{52}$	$faŋ^{24}$	fu^{24}
泾阳	$faŋ^{52}$	$faŋ^{52}$	$faŋ^{52}$	$faŋ^{24}$	fo^{24}
咸阳	$faŋ^{52}$	$faŋ^{52}$	$faŋ^{52}$	$faŋ^{24}$	fo^{24}
兴平	$faŋ^{52}$	$faŋ^{52}$	$faŋ^{52}$	$faŋ^{24}$	fo^{52}
武功	$faŋ^{52}$	$faŋ^{52}$	$faŋ^{52}$	$faŋ^{24}$	fu^{31}
礼泉	$faŋ^{52}$	$faŋ^{52}$	$faŋ^{52}$	$faŋ^{24}$	fu^{52}
乾县	$faŋ^{52}$	$faŋ^{52}$	$faŋ^{52}$	$faŋ^{24}$	fo^{24}
永寿	$faŋ^{31}$	$faŋ^{52}$	$faŋ^{52}$	$faŋ^{24}$	fu^{24}
淳化	$faŋ^{52}$	$faŋ^{52}$	$faŋ^{52}$	$faŋ^{24}$	fo^{52}
旬邑	$faŋ^{52}$	$faŋ^{52}$	$faŋ^{52}$	$faŋ^{24}$	fo^{24}
彬县	$faŋ^{52}$	$faŋ^{52}$	$faŋ^{52}$	$faŋ^{24}$	fo^{52}
长武	$faŋ^{52}$	$faŋ^{52}$	$faŋ^{52}$	$faŋ^{24}$	fo^{24}
扶风	$faŋ^{52}$	$faŋ^{52}$	$faŋ^{52}$	$faŋ^{24}$	fo^{24}
眉县	$faŋ^{52}$	$faŋ^{52}$	$faŋ^{52}$	$faŋ^{24}$	fo^{31}
麟游	$faŋ^{53}$	$faŋ^{53}$	$faŋ^{53}$	$faŋ^{24}$	fo^{24}
岐山	$faŋ^{53}$	$faŋ^{53}$	$faŋ^{53}$	$faŋ^{24}$	fo^{24}
凤翔	$faŋ^{53}$	$faŋ^{53}$	$faŋ^{53}$	$faŋ^{24}$	fo^{24}
宝鸡	$faŋ^{53}$	$faŋ^{53}$	$faŋ^{53}$	$faŋ^{24}$	fo^{24}
千阳	$faŋ^{53}$	$faŋ^{53}$	$faŋ^{53}$	$faŋ^{24}$	fo^{31}
陇县	$faŋ^{31}$	$faŋ^{53}$	$faŋ^{53}$	$faŋ^{24}$	fo^{24}

① $faŋ^{24}$ ～香。
② fo^{52} 束～；fo^{24} ～笤帚。

字目 方言	亡 宕合三 平阳微	网 宕合三 上养微	忘 宕合三 去漾微	逛 宕合三 去漾见	镬 宕合三 入药见
西安	van^{24} ∣ $va\tilde{\gamma}$	van^{53}	uan^{55}/van^{55}	$kuan^{55}$	$tɕye^{21}$
韩城	van^{24} ∣ $va\tilde{\gamma}$	van^{53}	van^{44}/$və^{44}$	$kuan^{44}$	$tɕyE^{31}$
合阳	van^{24} ∣ $va\tilde{\gamma}$	van^{52}/vo^{52}	van^{55}/vo^{55}	$kuan^{55}$	$tɕyə^{31}$
澄城	van^{24} ∣ $va\tilde{\gamma}$	van^{53}	van^{44}/$vɤ^{44}$	$kuan^{44}$	$tɕyo^{31}$
白水	van^{24} ∣ $va\tilde{\gamma}$	van^{53}	van^{44}	$kuan^{44}$	$tɕyo^{31}$
大荔	van^{24} ∣ $va\tilde{\gamma}$	van^{52}	van^{55}	$kuan^{55}$	$tɕyɛ^{31}$
蒲城	van^{35} ∣ $va\tilde{\gamma}$	van^{53}	van^{55}	$kuan^{55}$	$tɕyo^{31}$
美原	van^{35} ∣ $va\tilde{\gamma}$	van^{53}	van^{55}	$kuan^{55}$	$tɕyo^{31}$
富平	van^{35} ∣ $va\tilde{\gamma}$	van^{53}	van^{55}	$kuan^{55}$	$tɕyɛ^{31}$
潼关	van^{24} ∣ $va\tilde{\gamma}$	van^{52}	van^{44}	$kuan^{44}$	$tɕyo^{31}$
华阴	van^{24} ∣ $va\tilde{\gamma}$	van^{52}	van^{55}	$kuan^{55}$	$tɕyo^{31}$
华县	van^{35} ∣ $va\tilde{\gamma}$	van^{53}	van^{55}	$kuan^{55}$	$tɕyo^{31}$
渭南	van^{24} ∣ $va\tilde{\gamma}$	van^{53}	van^{44}	$kuan^{44}$	$tɕyo^{31}$
洛南	van^{24} ∣ $va\tilde{\gamma}$	van^{53}	van^{44}	$kuan^{44}$	$tɕyɛ^{31}$
商州	van^{35} ∣ $va\tilde{\gamma}$	van^{53}	van^{55}	$kuan^{55}$	$tɕyo^{31}$
丹凤	van^{24}	van^{53}	van^{44}	$kuan^{44}$	$tɕyɛ^{31}$
宜川	uan^{24}	uan^{45}	uan^{45}/uo^{45}	$kuan^{45}$	$tɕyɛ^{51}$
富县	van^{24}	van^{52}	van^{44}	$kuan^{44}$	$tɕyo^{31}$
黄陵	van^{24}	van^{52}	van^{44}	$kuan^{44}$	$tɕyo^{31}$
宜君	van^{24}	van^{52}	van^{44}	$kuan^{44}$/k^huan^{44}	$tɕyo^{21}$
铜川	uan^{24} ∣ $ua\tilde{\gamma}$	uan^{52}	uan^{44}	$kuan^{44}$	$tɕyɛ^{21}$
耀县	van^{24} ∣ $va\tilde{\gamma}$	van^{52}	van^{44}	$kuan^{44}$	$tɕyɛ^{31}$
高陵	van^{24} ∣ $va\tilde{\gamma}$	van^{52}	van^{55}	$kuan^{55}$	$tɕyɛ^{31}$
临潼	van^{24} ∣ $va\tilde{\gamma}$	van^{52}	van^{45}	$kuan^{4}$	$tɕyo^{31}$

字目 / 方言	亡 宕合三 平阳微	网 宕合三 上养微	忘 宕合三 去漾微	逛 宕合三 去漾见	钁 宕合三 入药见
蓝田	vaŋ²⁴ | vaɣ̃	vaŋ⁵²	uaŋ⁴⁴/vaŋ⁴⁴	kuaŋ⁴⁴	tɕyo³¹
长安	vaŋ²⁴ | vaɣ̃	vaŋ⁵³	uaŋ⁴⁴/vaŋ⁴⁴	kuaŋ⁴⁴	tɕyɛ³¹
户县	vaŋ²⁴	vaŋ⁵²	uaŋ⁵⁵/vaŋ⁵⁵	kuaŋ⁵⁵	tɕyɛ³¹
周至	vaŋ²⁴ | vaɣ̃	vaŋ⁵²	vaŋ⁵⁵	kuaŋ⁵⁵	tɕyɛ²¹
三原	vaŋ²⁴ | vaɣ̃	vaŋ⁵²	vaŋ⁵⁵	kuaŋ⁵⁵	tɕyo³¹
泾阳	vaŋ²⁴ | vaɣ̃	vaŋ⁵²	vaŋ⁵⁵	kuaŋ⁵⁵	tɕyo³¹
咸阳	vaŋ²⁴	vaŋ⁵²	uaŋ⁵⁵	kuaŋ⁵⁵	tɕyo³¹
兴平	vaŋ²⁴ | vaɣ̃	vaŋ⁵²	uaŋ⁵⁵	kuaŋ⁵⁵	tɕyo³¹
武功	vaŋ²⁴ | vaɣ̃	vaŋ⁵²	vaŋ⁵⁵	kuaŋ⁵⁵	tɕyo³¹
礼泉	vaŋ²⁴ | vaɣ̃	vaŋ⁵²	vaŋ⁵⁵	kuaŋ⁵⁵	tɕyo³¹
乾县	vaŋ²⁴ | vaɣ̃	vaŋ⁵²	uaŋ⁴⁴	kuaŋ⁴⁴	tɕyo³¹
永寿	uaŋ²⁴ | uaɣ̃	uaŋ⁵²	uaŋ⁵⁵	kuaŋ⁵⁵	tɕyo³¹
淳化	uaŋ²⁴ | vaɣ̃	uaŋ⁵²	uaŋ⁵⁵	kuaŋ⁵⁵	tɕyo³¹
旬邑	uaŋ²⁴ | vaɣ̃	uaŋ⁵²	uaŋ⁴⁴	kuaŋ⁴⁴	tɕyo³¹
彬县	vaŋ²⁴ | vaɣ̃	vaŋ⁵²	vaŋ⁴⁴	kuaŋ⁴⁴	tɕyo³¹
长武	uaŋ²⁴ | vaɣ̃	uaŋ⁵²	uaŋ⁴⁴	kuaŋ⁴⁴	tɕyo³¹
扶风	vaŋ²⁴ | vaɣ̃	vaŋ⁵²	vaŋ³³	kuaŋ³³	tɕyɛ³¹
眉县	uaŋ²⁴ | vaɣ̃	uaŋ⁵²	uaŋ⁴⁴	kuaŋ⁴⁴	tɕyɛ³¹
麟游	vaŋ²⁴ | uaɣ̃	vaŋ⁵³	vaŋ⁴⁴	kuaŋ⁴⁴	tɕyɛ³¹
岐山	vaŋ²⁴ | uaɣ̃	vaŋ⁵³	vaŋ⁴⁴	kuaŋ⁴⁴	tɕyɛ³¹
凤翔	uaŋ²⁴ | vaɣ̃	uaŋ⁵³	uaŋ⁴⁴	kuaŋ⁴⁴	tɕyɛ³¹
宝鸡	vaŋ²⁴ | uaɣ̃	vaŋ⁵³	vaŋ⁴⁴	kuaŋ⁴⁴	tɕyɛ³¹
千阳	vaŋ²⁴ | vaɣ̃	vaŋ⁵³	vaŋ⁴⁴	kuaŋ⁴⁴	tɕyɛ³¹
陇县	vaŋ²⁴ | vaɣ̃	vaŋ⁵³	vaŋ⁴⁴	kuaŋ⁴⁴	tɕyo³¹

字目 方言	筐 宕合三 平阳溪	狂 宕合三 平阳群	况 宕合三 去漾晓	枉 宕合三 上养影	王 宕合三 平阳云
西安	kʰuaŋ²¹	kʰuaŋ²⁴	kʰuaŋ⁵⁵	uaŋ²⁴	uaŋ²⁴
韩城	kʰuaŋ³¹	kʰuaŋ²⁴	kʰuaŋ⁴⁴	uaŋ⁵³	uaŋ²⁴
合阳	kʰuaŋ³¹	kʰuaŋ²⁴	kʰuaŋ⁵⁵	uaŋ⁵²	uaŋ²⁴
澄城	kʰuaŋ³¹	kʰuaŋ²⁴	kʰuaŋ⁴⁴	uaŋ⁵³	uaŋ²⁴
白水	kʰuaŋ³¹	kʰuaŋ²⁴	kʰuaŋ⁵⁵	uaŋ⁵²	uaŋ²⁴
大荔	kʰuaŋ³¹	kʰuaŋ²⁴	kʰuaŋ⁵⁵	uaŋ⁵²	uaŋ²⁴
蒲城	kʰuaŋ³¹	kʰuaŋ³⁵	kʰuaŋ⁵⁵	uaŋ³¹	uaŋ³⁵
美原	kʰuaŋ³¹	kʰuaŋ³⁵	kʰuaŋ⁵⁵	uaŋ³¹	uaŋ³⁵
富平	kʰuaŋ³¹	kʰuaŋ³⁵	kʰuaŋ⁵⁵	uaŋ³¹	uaŋ³⁵
潼关	kʰuaŋ³¹	kʰuaŋ²⁴	kʰuaŋ⁴⁴	vaŋ⁵²	vaŋ²⁴
华阴	kʰuaŋ³¹	kʰuaŋ²⁴	kʰuaŋ⁵⁵	uaŋ⁵²	uaŋ²⁴
华县	kʰuaŋ³¹	kʰuaŋ³⁵	kʰuaŋ⁵⁵	uaŋ⁵³	uaŋ³⁵
渭南	kʰuaŋ³¹	kʰuaŋ²⁴	kʰuaŋ⁴⁴	uaŋ⁵³	uaŋ²⁴
洛南	kʰuaŋ³¹	kʰuaŋ²⁴	kʰuaŋ⁴⁴	vaŋ⁵³	vaŋ²⁴
商州	kʰuaŋ³¹	kʰuaŋ³⁵	kʰuaŋ⁵⁵	vaŋ⁵³	vaŋ³⁵
丹凤	kʰuaŋ³¹	kʰuaŋ²⁴	kʰuaŋ⁴⁴	vaŋ⁵³	vaŋ²⁴
宜川	kʰuaŋ⁵¹	kʰuaŋ²⁴	kʰuaŋ⁴⁵	uaŋ⁴⁵	uaŋ²⁴
富县	kʰuaŋ³¹	kʰuaŋ²⁴	kʰuaŋ⁴⁴	vaŋ⁵²	vaŋ²⁴
黄陵	kʰuaŋ³¹	kʰuaŋ²⁴	kʰuaŋ⁴⁴	vaŋ⁵²	vaŋ²⁴
宜君	kʰuaŋ²¹	kʰuaŋ²⁴	kʰuaŋ⁴⁴	vaŋ⁵²	vaŋ²⁴
铜川	kʰuaŋ²¹	kʰuaŋ²⁴	kʰuaŋ⁴⁴	uaŋ⁵²	uaŋ²⁴
耀县	kʰuaŋ³¹	kʰuaŋ²⁴	kʰuaŋ⁴⁴	uaŋ⁵²	uaŋ²⁴
高陵	kʰuaŋ³¹	kʰuaŋ²⁴	kʰuaŋ⁵⁵	uaŋ⁵²	uaŋ²⁴
临潼	kʰuaŋ³¹	kʰuaŋ²⁴	kʰuaŋ⁴⁵	uaŋ³¹	uaŋ²⁴

字目 方言	筐 宕合三 平阳溪	狂 宕合三 平阳群	况 宕合三 去漾晓	枉 宕合三 上养影	王 宕合三 平阳云
蓝田	kʰuaŋ³¹	kʰuaŋ²⁴	kʰuaŋ⁴⁴	uaŋ⁵²	uaŋ²⁴
长安	kʰuaŋ³¹	kʰuaŋ²⁴	kʰuaŋ⁴⁴	uaŋ⁵³	uaŋ²⁴
户县	kʰuaŋ³¹	kʰuaŋ²⁴	kʰuaŋ⁵⁵	uaŋ⁵²	uaŋ²⁴
周至	kʰuaŋ²¹	kʰuaŋ²⁴	kʰuaŋ⁵⁵	uaŋ⁵²	uaŋ²⁴
三原	kʰuaŋ³¹	kʰuaŋ²⁴	kʰuaŋ⁵⁵	uaŋ⁵²	uaŋ²⁴
泾阳	kʰuaŋ³¹	kʰuaŋ²⁴	kʰuaŋ⁵⁵	uaŋ⁵²	uaŋ²⁴
咸阳	kʰuaŋ³¹	kʰuaŋ²⁴	kʰuaŋ⁵⁵	uaŋ³¹	uaŋ²⁴
兴平	kʰuaŋ³¹	kʰuaŋ²⁴	kʰuaŋ⁵⁵	uaŋ⁵²	uaŋ²⁴
武功	kʰuaŋ³¹	kʰuaŋ²⁴	kʰuaŋ⁵⁵	uaŋ⁵²	uaŋ²⁴
礼泉	kʰuaŋ³¹	kʰuaŋ²⁴	kʰuaŋ⁵⁵	uaŋ³¹	uaŋ²⁴
乾县	kʰuaŋ³¹	kʰuaŋ²⁴	kʰuaŋ⁴⁴	uaŋ⁵²	uaŋ²⁴
永寿	kʰuaŋ³¹	kʰuaŋ²⁴	kʰuaŋ⁵⁵	uaŋ⁵²	uaŋ²⁴
淳化	kʰuaŋ³¹	kʰuaŋ²⁴	kʰuaŋ⁵⁵	uaŋ⁵²	uaŋ²⁴
旬邑	kʰuaŋ³¹	kʰuaŋ²⁴	kʰuaŋ⁴⁴	uaŋ⁵²	uaŋ²⁴
彬县	kʰuaŋ³¹	kʰuaŋ²⁴	kʰuaŋ⁴⁴	uaŋ⁵²	uaŋ²⁴
长武	kʰuaŋ³¹	kʰuaŋ²⁴	kʰuaŋ⁴⁴	uaŋ⁵²	uaŋ²⁴
扶风	kʰuaŋ³¹	kʰuaŋ²⁴	kʰuaŋ³³	vaŋ⁵²	vaŋ²⁴
眉县	kʰuaŋ³¹	kʰuaŋ²⁴	kʰuaŋ⁴⁴	uaŋ⁵²	uaŋ²⁴
麟游	kʰuaŋ³¹	kʰuaŋ²⁴	kʰuaŋ⁴⁴	vaŋ⁵³	vaŋ²⁴
岐山	kʰuaŋ³¹	kʰuaŋ²⁴	kʰuaŋ⁴⁴	vaŋ⁵³	vaŋ²⁴
凤翔	kʰuaŋ³¹	kʰuaŋ²⁴	kʰuaŋ⁴⁴	uaŋ⁵³	uaŋ²⁴
宝鸡	kʰuaŋ³¹	kʰuaŋ²⁴	kʰuaŋ⁴⁴	vaŋ⁵³	vaŋ²⁴
千阳	kʰuaŋ³¹	kʰuaŋ²⁴	kʰuaŋ⁴⁴	vaŋ⁵³	vaŋ²⁴
陇县	kʰuaŋ³¹	kʰuaŋ²⁴	kʰuaŋ⁴⁴	vaŋ⁵³	vaŋ²⁴

字目 方言	往 宕合三 上养云	旺 宕合三 去漾云	邦 江开二 平江帮	绑 江开二 上讲帮	剥 江开二 入觉帮
西安	vaŋ⁵³/vaŋ⁵⁵①	uaŋ⁵⁵	paŋ²¹	paŋ⁵³	po²¹
韩城	uaŋ⁵³	uaŋ⁴⁴	paŋ³¹	paŋ⁵³	pɔ³¹
合阳	uaŋ⁵²	uaŋ⁵⁵	paŋ³¹	paŋ⁵²	po³¹
澄城	uaŋ⁵³	uaŋ⁴⁴	paŋ³¹	paŋ⁵³	po³¹
白水	uaŋ⁵²	uaŋ⁴⁴	paŋ³¹	paŋ⁵³	po³¹
大荔	uaŋ⁵²	uaŋ⁵⁵	paŋ³¹	paŋ⁵²	po³¹
蒲城	uaŋ⁵³	uaŋ⁵⁵	paŋ³¹	paŋ⁵³	pᶠo³¹
美原	vaŋ⁵⁵/vaŋ⁵³	uaŋ⁵⁵	paŋ³¹	paŋ⁵³	pᶠo³¹
富平	uaŋ⁵³	uaŋ⁵⁵	paŋ³¹	paŋ⁵³	po³¹
潼关	vaŋ⁵²	vaŋ⁴⁴	paŋ³¹	paŋ⁵²	po³¹
华阴	uaŋ⁵²/uaŋ⁵⁵	uaŋ⁵⁵	paŋ³¹	paŋ⁵²	po³¹
华县	uaŋ⁵³	uaŋ⁵⁵	paŋ³¹	paŋ⁵³	pᶠo³¹
渭南	uaŋ⁵³/uaŋ⁴⁴	uaŋ⁴⁴	paŋ³¹	paŋ⁵³	pᶠo³¹
洛南	vaŋ⁵³/vaŋ⁴⁴	vaŋ⁴⁴	paŋ³¹	paŋ⁵³	po³¹
商州	vaŋ⁵³/vaŋ⁵⁵	vaŋ⁵⁵	vaŋ⁵⁵	paŋ⁵³	pᶠo³¹
丹凤	vaŋ⁵³/vaŋ⁴⁴	vaŋ⁴⁴	paŋ³¹	paŋ⁵³	po³¹
宜川	<u>vaŋ⁴⁵</u>/<u>uaŋ⁴⁵</u>/<u>uo⁵¹</u>/<u>vo⁴⁵</u>②	uaŋ⁴⁵	paŋ⁵¹	paŋ⁴⁵	po⁵¹
富县	vaŋ⁵²/vaŋ⁴⁴	vaŋ⁴⁴	paŋ³¹	paŋ⁵²	pɤ³¹
黄陵	vaŋ⁵²/vaŋ⁴⁴	vaŋ⁴⁴	paŋ³¹	paŋ⁵²	po³¹
宜君	vaŋ⁴⁴/vaŋ⁵²	vaŋ⁴⁴	paŋ²¹	paŋ⁵²	po²¹
铜川	uaŋ⁵²/uaŋ⁴⁴	uaŋ⁴⁴	paŋ²¹	paŋ⁵²	po²¹
耀县	vaŋ⁵²/vaŋ⁴⁴	uaŋ⁴⁴	paŋ³¹	paŋ⁵²	pɤ³¹
高陵	vaŋ⁵²/vaŋ⁵⁵	uaŋ⁵⁵	paŋ³¹	paŋ⁵²	po³¹
临潼	vaŋ⁵²/vaŋ⁴⁵	uaŋ⁴⁵	paŋ³¹	paŋ⁵²	po³¹

---

① vaŋ⁵³ 动词：~~，~来；vaŋ⁵⁵ 介词：~前走。下同。

② vaŋ⁴⁵ 来~；uaŋ⁴⁵ ~前走；uo⁵¹ ~前走；vo⁴⁵ ~年。

字目 方言	往	旺	邦	绑	剥
	宕合三 上养云	宕合三 去漾云	江开二 平江帮	江开二 上讲帮	江开二 入觉帮
蓝田	$vaŋ^{52}$/$uaŋ^{52}$/ $vaŋ^{44}$/$uaŋ^{44}$	$uaŋ^{44}$	$paŋ^{31}$	$paŋ^{52}$	po^{31}
长安	$vaŋ^{53}$/$vaŋ^{44}$	$uaŋ^{44}$	$paŋ^{31}$	$paŋ^{53}$	po^{31}
户县	$vaŋ^{52}$/$vaŋ^{55}$	$uaŋ^{55}$	$paŋ^{31}$	$paŋ^{52}$	po^{31}
周至	$vaŋ^{52}$/$vaŋ^{55}$	$uaŋ^{55}$	$paŋ^{21}$	$paŋ^{52}$	po^{21}
三原	$vaŋ^{52}$	$uaŋ^{55}$	$paŋ^{31}$	$paŋ^{52}$	po^{31}
泾阳	$vaŋ^{55}$	$uaŋ^{55}$	$paŋ^{31}$	$paŋ^{52}$	po^{31}
咸阳	$vaŋ^{52}$	$uaŋ^{55}$	$paŋ^{31}$	$paŋ^{52}$	$\underline{po}^{31}$/po^{31}
兴平	$vaŋ^{52}$	$uaŋ^{55}$	$paŋ^{31}$	$paŋ^{52}$	po^{31}
武功	$vaŋ^{52}$	$uaŋ^{55}$	$paŋ^{31}$	$paŋ^{52}$	p^fo^{31}
礼泉	$vaŋ^{52}$	$uaŋ^{55}$	$paŋ^{31}$	$paŋ^{52}$	p^fo^{31}
乾县	$vaŋ^{52}$	$uaŋ^{44}$	$paŋ^{31}$	$paŋ^{52}$	p^fo^{31}
永寿	$uaŋ^{52}$	$uaŋ^{55}$	$paŋ^{31}$	$paŋ^{52}$	po^{31}
淳化	$uaŋ^{52}$	$uaŋ^{55}$	$paŋ^{31}$	$paŋ^{52}$	po^{31}
旬邑	$uaŋ^{52}$	$uaŋ^{44}$	$paŋ^{31}$	$paŋ^{52}$	po^{31}
彬县	$uaŋ^{52}$	$uaŋ^{44}$	$paŋ^{31}$	$paŋ^{52}$	po^{31}
长武	$uaŋ^{52}$	$uaŋ^{44}$	$paŋ^{31}$	$paŋ^{52}$	po^{31}
扶风	$vaŋ^{33}$	$vaŋ^{33}$	$paŋ^{31}$	$paŋ^{52}$	$\underline{po}^{31}$/po^{31}
眉县	$uaŋ^{52}$	$uaŋ^{44}$	$paŋ^{31}$	$paŋ^{52}$	po^{31}
麟游	$vaŋ^{53}$	$vaŋ^{44}$	$paŋ^{31}$	$paŋ^{53}$	$\underline{po}^{31}$/po^{31}
岐山	$vaŋ^{44}$	$vaŋ^{44}$	$paŋ^{31}$	$paŋ^{53}$	p^fo^{31}
凤翔	$uaŋ^{53}$	$uaŋ^{44}$	$paŋ^{31}$	$paŋ^{53}$	p^fo^{31}
宝鸡	$vaŋ^{53}$	$vaŋ^{44}$	$paŋ^{31}$	$paŋ^{53}$	p^fo^{31}
千阳	$vaŋ^{44}$	$vaŋ^{44}$	$paŋ^{31}$	$paŋ^{53}$	p^fo^{31}
陇县	$vaŋ^{53}$	$vaŋ^{44}$	$paŋ^{31}$	$paŋ^{53}$	p^fo^{31}

字目 方言	胖 江开二 平江滂	胖 江开二 去绛滂	朴 江开二 入觉滂	庞 江开二 平江並	棒 江开二 上讲並
西安	pʰaŋ²¹	pʰaŋ⁵⁵	pʰu⁵³	pʰaŋ²⁴	paŋ⁵⁵/paŋ²⁴①
韩城	pʰaŋ³¹	pʰaŋ⁴⁴	pʰu⁵³	pʰaŋ²⁴	paŋ⁴⁴
合阳	pʰaŋ²⁴	pʰaŋ⁵⁵	pʰu⁵²/pʰo⁵²	pʰaŋ²⁴	paŋ⁵⁵/pʰaŋ⁵⁵
澄城	pʰaŋ³¹	pʰaŋ⁴⁴	pʰu⁵³	pʰaŋ²⁴	pʰaŋ⁴⁴
白水	pʰaŋ³¹	pʰaŋ⁴⁴	pʰu⁵³	pʰaŋ²⁴	pʰaŋ⁴⁴
大荔	pʰaŋ³¹	pʰaŋ⁵⁵	pʰu⁵²	pʰaŋ²⁴	paŋ⁵⁵
蒲城	pʰaŋ³¹	pʰaŋ⁵⁵	pᶠʰu⁵³	pʰaŋ³⁵	paŋ⁵⁵
美原	pʰaŋ³¹	pʰaŋ⁵⁵	pᶠʰu⁵³	pʰaŋ³⁵	paŋ⁵⁵/pʰaŋ⁵⁵
富平	pʰaŋ³¹	pʰaŋ⁵⁵	pᶠʰu⁵³	pʰaŋ³⁵	paŋ⁵⁵
潼关	pʰaŋ³¹	pʰaŋ⁴⁴	pʰu⁵²	pʰaŋ²⁴	paŋ⁴⁴
华阴	pʰaŋ³¹	pʰaŋ⁵⁵	pʰu⁵²	pʰaŋ²⁴	paŋ⁵⁵
华县	pʰaŋ³¹	pʰaŋ⁵⁵	pᶠʰu⁵³	pʰaŋ³⁵	pʰaŋ⁵⁵
渭南	pʰaŋ³¹	pʰaŋ⁴⁴	pᶠʰu⁵³	pʰaŋ²⁴	paŋ⁴⁴
洛南	pʰaŋ³¹	pʰaŋ⁴⁴	pʰu⁵³	pʰaŋ²⁴	paŋ⁴⁴
商州	pʰaŋ³¹	pʰaŋ⁵⁵	pᶠʰu⁵³	pʰaŋ³⁵	paŋ⁵⁵
丹凤	pʰaŋ³¹	pʰaŋ⁴⁴	pʰu⁵³	pʰaŋ²⁴	paŋ⁴⁴
宜川	pʰaŋ⁴⁵	pʰaŋ⁴⁵	pʰu⁴⁵	pʰaŋ²⁴	pʰaŋ⁴⁵
富县		pʰaŋ⁴⁴	pʰu⁵²	pʰaŋ²⁴	pʰaŋ⁴⁴
黄陵	pʰaŋ⁴⁴	pʰaŋ⁴⁴	pʰu⁵²	pʰaŋ²⁴	paŋ⁴⁴
宜君	pʰaŋ²¹	pʰaŋ⁴⁴	pᶠʰu⁴⁴	pʰaŋ²⁴	paŋ⁴⁴/pʰaŋ⁴⁴
铜川	pʰaŋ²¹	pʰaŋ⁴⁴	pʰu⁵²	pʰaŋ²⁴	paŋ⁴⁴/pʰaŋ⁴⁴
耀县		pʰaŋ⁴⁴	pʰu⁵²	pʰaŋ²⁴/pʰəŋ²⁴	paŋ⁴⁴
高陵		pʰaŋ⁵⁵	pʰu⁵²	pʰaŋ²⁴	paŋ⁵⁵
临潼	pʰaŋ³¹	pʰaŋ⁴⁵	pᶠʰu⁵²	pʰaŋ²⁴	paŋ⁴⁵

① paŋ²⁴ ～～：玉米。下同。

字目 方言	胖 江开二 平江滂	胖 江开二 去绛滂	朴 江开二 入觉滂	庞 江开二 平江並	棒 江开二 上讲並
蓝田	pʰaŋ³¹	pʰaŋ⁴⁴	pᶠʰu⁵²	pʰaŋ²⁴	paŋ⁴⁴
长安	pʰaŋ⁴⁴	pʰaŋ⁴⁴	pʰu⁵³	pʰaŋ²⁴	paŋ⁴⁴
户县	pʰaŋ³¹	pʰaŋ⁵⁵	pᶠʰu⁵²	pʰaŋ²⁴	paŋ⁵⁵
周至		pʰaŋ⁵⁵	pʰu⁵²	pʰaŋ²⁴	paŋ⁵⁵
三原		pʰaŋ⁵⁵	pʰu⁵²	pʰaŋ²⁴	paŋ⁵⁵
泾阳	pʰaŋ³¹	pʰaŋ⁵⁵	pʰu⁵²	pʰaŋ²⁴	paŋ⁵⁵
咸阳	pʰaŋ³¹	pʰaŋ⁵⁵	pʰu⁵²	pʰaŋ²⁴	paŋ⁵⁵/paŋ²⁴
兴平	pʰaŋ³¹	pʰaŋ⁵⁵	pʰu⁵²	pʰaŋ²⁴	paŋ⁵⁵/paŋ²⁴
武功	pʰaŋ³¹	pʰaŋ⁵⁵	pᶠʰu⁵²	pʰaŋ²⁴	paŋ⁵⁵/paŋ²⁴
礼泉		pʰaŋ⁵⁵	pᶠʰu⁵²	pʰaŋ²⁴	paŋ⁵⁵
乾县	pʰaŋ³¹	pʰaŋ⁴⁴	pʰu⁵²	pʰaŋ²⁴	paŋ⁴⁴
永寿	pʰaŋ³¹	pʰaŋ⁵⁵	pʰu⁵²	pʰaŋ²⁴	paŋ⁵⁵/paŋ²⁴
淳化	pʰaŋ³¹	pʰaŋ⁵⁵	pʰu⁵²	pʰaŋ²⁴	paŋ⁵⁵
旬邑	pʰaŋ³¹	pʰaŋ⁴⁴	pʰu⁵²	pʰaŋ²⁴	<u>paŋ</u>⁴⁴/pʰaŋ⁴⁴
彬县	pʰaŋ³¹	pʰaŋ⁴⁴	pʰu⁵²	pʰaŋ²⁴	paŋ⁴⁴/pʰaŋ²⁴
长武	pʰaŋ³¹	pʰaŋ⁴⁴	pʰu⁵²	pʰaŋ²⁴	paŋ⁴⁴/pʰaŋ²⁴
扶风	pʰaŋ³¹	pʰaŋ³³	pᶠʰu⁵²	pʰaŋ²⁴	paŋ³³
眉县		pʰaŋ⁴⁴	pʰo⁵²	pʰaŋ²⁴	paŋ⁴⁴
麟游	pʰaŋ⁴⁴	pʰaŋ⁴⁴	pʰu⁵³	pʰaŋ²⁴	paŋ⁴⁴
岐山	pʰaŋ³¹	pʰaŋ⁴⁴	pʰu⁵³	pʰaŋ²⁴	paŋ⁴⁴
凤翔	pʰaŋ³¹	pʰaŋ⁴⁴	pᶠʰu⁵³	pʰaŋ²⁴	paŋ⁴⁴
宝鸡	pʰaŋ⁴⁴	pʰaŋ⁴⁴	pᶠʰo⁵³	pʰaŋ²⁴	paŋ⁴⁴
千阳		pʰaŋ⁴⁴	<u>pᶠʰu</u>⁵³/pᶠʰo⁵³	pʰaŋ²⁴	paŋ³¹
陇县	pʰaŋ³¹	pʰaŋ⁴⁴	pᶠʰu⁵³	pʰaŋ²⁴	paŋ⁴⁴

字目 / 方言	雹	攘	桩	桌	戳
	江开二入觉並	江开二上讲泥	江开二平江知	江开二入觉知	江开二入觉彻
西安	pau²¹	naŋ⁵³	pfaŋ²¹	pfo²¹ ｜ pfo	pfʰo²¹
韩城	pao³¹	naŋ⁵³	pfaŋ³¹	pfə³¹ ｜ pfo	pfʰə³¹
合阳	pɔɔ³¹	naŋ⁵²	pfaŋ³¹	pfo³¹ ｜ pfo	pfʰo³¹
澄城	pɔ³¹	naŋ⁵³	tʃuaŋ³¹	tʃuo³¹ ｜ tsʮə	tʃʰuo³¹
白水	pɔ³¹	naŋ³¹	tʃuaŋ³¹	tʃuo³¹ ｜ tsʮə	tʃʰuo³¹
大荔	pɔ³¹	naŋ⁵²	pfaŋ³¹	pfo³¹ ｜ pfo	pfʰo³¹
蒲城	pɔ³¹	naŋ⁵³	tʃuaŋ³¹	tʃuo³¹ ｜ tsʮo	tʃʰuo³¹
美原	pɔ³¹	naŋ³¹	tʃaŋ³¹	tʃo³¹ ｜ tsʮo	tʃʰo³¹
富平	pɔ³¹	naŋ⁵³	tʃuaŋ³¹	tʃuo³¹ ｜ tsʮʰə	tʃʰuo³¹
潼关	pɔ³¹	naŋ⁵²	pfaŋ³¹	pfo³¹ ｜ pfo	pfʰo³¹
华阴	po³¹	naŋ⁵²	pfaŋ³¹	pfo³¹ ｜ pfo	pfʰo³¹
华县	pɔ³¹	naŋ⁵³	tʃuaŋ³¹	tʃuo³¹ ｜ tsʮʰə	tʃʰuo³¹
渭南	pɔ³¹	naŋ⁵³	tʃuaŋ³¹	tʃuo³¹ ｜ tsʮʰə	tʃʰuo³¹
洛南	pɔ³¹	naŋ⁵³	tʃuaŋ³¹	tʃuo³¹ ｜ tsʮo	tʃʰuo³¹
商州	pɔ³¹	naŋ⁵³	tʃuaŋ³¹	tʃuo³¹ ｜ tsʮo	tʃʰuo³¹
丹凤	pɔ³¹	naŋ⁵³	tʃuaŋ³¹	tʃuo³¹	tʃʰuo³¹
宜川	pʰɔ⁵¹	naŋ⁴⁵	tʂuaŋ⁵¹	tʂuo⁵¹	tʂʰuo⁵¹
富县	pɔ³¹	naŋ⁵²	tsuaŋ³¹	tsuo³¹	tsʰuo³¹
黄陵	pao³¹	naŋ⁵²	tʃuaŋ³¹	tʃuo³¹	tʃʰuo³¹
宜君	pɔ²¹	naŋ⁵²	tʃuaŋ²¹	tʃuo²¹	t͟sʰuo²¹/tʃʰua²¹
铜川	pɔ²¹	naŋ⁵²	tʃuaŋ²¹	tʃuo²¹ ｜ tsʮo	tʃʰuo²¹
耀县	pao³¹	naŋ⁵²	tʃuaŋ³¹	tʃuo³¹ ｜ tsʮo	tʃʰuo³¹
高陵	pao³¹	naŋ⁵²	tʃuaŋ³¹	tʃuo³¹ ｜ tsʮə	tʂʰuo³¹
临潼	pɔ³¹	naŋ⁵²	tʂaŋ³¹/tʃuaŋ³¹ 老	tʂʮ³¹/tʃuo³¹ 老 ｜ tsʮʰə/tsʮo	tʂʰʮ³¹/tʃʰuo³¹ 老

字目 方言	雹 江开二 入觉并	攮 江开二 上讲泥	桩 江开二 平江知	桌 江开二 入觉知		戳 江开二 入觉彻
蓝田	po³¹	naŋ⁵²	tʃuaŋ³¹	tʃuo³¹	tʂʅo	tʃʰuo³¹
长安	po³¹	naŋ⁵³	pfaŋ³¹	pfo³¹		pfʰo³¹
户县	poo³¹	naŋ⁵²	tʃuaŋ³¹	tʃuo³¹	tsʮo	tʃʰuo³¹
周至	po²¹	naŋ⁵²	pfaŋ²¹	tʂuo²¹/pfo²¹	pfo	tʂʰuo²¹/pfʰo²¹①
三原	po³¹	naŋ⁵²	tʃuaŋ³¹	tʃuo³¹	tsʮo	tʃʰuo³¹
泾阳	po³¹	naŋ⁵²	tʃuaŋ³¹	tʃuo³¹	tsʮo	tʃʰuo³¹
咸阳	po³¹	laŋ⁵²	tʃuaŋ³¹	tʃuo³¹		tʃʰuo³¹
兴平	po³¹	laŋ⁵²	tʃuaŋ³¹	tʃuo³¹	tsʮə	tʃʰuo³¹
武功	po³¹	laŋ⁵²	tʃuaŋ³¹	tʃuo³¹	tsʮə	tʃʰuo³¹
礼泉	po³¹	laŋ⁵²	tʃuaŋ³¹	tʃuo³¹	tsʮo	tʃʰuo³¹
乾县	po³¹	laŋ⁵²	tʃuaŋ³¹	tʃuo³¹	tsʮo	tʃʰuo³¹
永寿	po³¹	laŋ⁵²	tʃuaŋ³¹	tʃuo³¹	tsʮo	tʃʰuo³¹
淳化	po³¹	naŋ⁵²	tʃuaŋ³¹	tʃuo³¹	tsʮə	tʃʰuo³¹
旬邑	po³¹	laŋ⁵²	tʃuaŋ³¹	tʃuo³¹	tsʮə	tʃʰuo³¹
彬县	po³¹	laŋ⁵²	tʃuaŋ³¹	tʃuo³¹	tsʮo	tʃʰuo³¹
长武	pʰo³¹	laŋ⁵²	tʃuaŋ³¹	tʃuo³¹	tsʮo	tʃʰuo³¹
扶风	po³¹	laŋ⁵²	tʂaŋ³¹	tʂuo³¹	tsʮo	tʂʰuo³¹
眉县	po³¹	laŋ⁵²	tʂaŋ³¹/tsʮaŋ³¹	tʂʅə³¹	tsʮə	tʂʰʅə³¹
麟游	po³¹	laŋ⁵³	tʃuaŋ³¹	tʃuo³¹	tsʮau	tʃʰuo³¹
岐山	po³¹	laŋ⁵³	tʂaŋ³¹	tʂuo³¹	tʂuo	tʂʰuo³¹
凤翔	po³¹	laŋ⁵³	tʂaŋ³¹	tʂuo³¹	tsʮə	tʂʰuo³¹
宝鸡	po³¹	laŋ⁵³	tʂaŋ³¹/tsʮaŋ³¹新	tʂuo³¹	tsʮə	tʂʰuo³¹
千阳	po³¹	laŋ⁵³	tʃaŋ³¹	tsuo³¹	tsʮo	tsʰuo³¹
陇县	po³¹	laŋ⁵³	tʃuaŋ³¹	tʂuo³¹	tʂuo	tʂʰuo³¹

① tʂʰuo²¹ 盖～。

字目 方言	撞 江开二 去绛澄	浊 江开二 入觉澄	捉 江开二 入觉庄	窗 江开二 平江初	镯 江开二 入觉崇
西安	pfʰaŋ⁵³	pfo²⁴ ∣ pfo	pfo²¹	pfʰaŋ²¹	tsuo²⁴/pfo²⁴
韩城	pfʰaŋ⁴⁴	pfə²⁴ ∣ pfo	pfə³¹	pfʰaŋ³¹	pfʰə²⁴
合阳	pfʰaŋ⁵⁵/pfʰaŋ⁵²	pfo²⁴ ∣ pfo	pfo³¹	pfʰaŋ³¹	pfʰo²⁴/fo²⁴
澄城	tʃʰuo⁴⁴	tʃuo²⁴ ∣ tsʮə	tʃuo³¹	tʃʰuaŋ³¹	ʃuo²⁴
白水	tʃʰuo⁴⁴	tʃuo²⁴ ∣ tsʮə	tʃuo³¹	tʃʰuaŋ³¹	ʃuo²⁴
大荔	pfʰaŋ⁵⁵	pfo²⁴ ∣ pfo	pfo³¹	pfʰaŋ³¹	pfo²⁴
蒲城	tʃʰuaŋ⁵⁵	tʃuo³⁵ ∣ tʂʮə	tʃuo³¹	tʃʰuaŋ³¹	ʃuo³⁵
美原	tʃʰaŋ⁵⁵	tʃo³⁵ ∣ tsʮo	tʃo³¹	tʃʰaŋ³¹	ʃo³⁵
富平	tʃʰuaŋ⁵⁵	tʃuo³⁵ ∣ tsʮə	tʃuo³¹	tʃʰuaŋ³¹	tʃʰuo³⁵
潼关	pfʰaŋ⁴⁴	pfo²⁴ ∣ pfʰo	pfo³¹	pfʰaŋ³¹	pfo²⁴
华阴	pfʰaŋ⁵⁵	pfo²⁴ ∣ pfʰo	pfo³¹	pfʰaŋ³¹	pfo²⁴
华县	tʃʰuaŋ⁵⁵	tʃuo³⁵ ∣ tsʰʮə	tʃuo³¹	tʃʰuaŋ³¹	ʃuo³⁵
渭南	tʃʰuaŋ⁴⁴	tʃuo²⁴ ∣ tsʮə	tʃuo³¹	tʃʰuaŋ³¹	ʃuo²⁴
洛南	tʃʰuaŋ⁴⁴	tʃuo²⁴ ∣ tsʮə	tʃuo³¹	tʃʰuaŋ³¹	ʃuo²⁴
商州	tʃʰuaŋ⁵⁵	tʃuo³⁵ ∣ tsʮə	tʃuo³¹	tʃʰuaŋ³¹	ɕyo³⁵
丹凤	tʃʰuaŋ⁴⁴	tʃuo²⁴	tʃuo³¹	tʃʰuaŋ³¹	tʃuo²⁴
宜川	tʂʰuaŋ⁴⁵	tʂʰuo²⁴	tʂuo⁵¹	tʂʰuaŋ⁵¹	tʂʰuo²⁴
富县	tʂʰuaŋ⁴⁴	tʂʰuo²⁴	tʂuo³¹	tʂʰuaŋ³¹	tʂʰuo²⁴
黄陵	tʃʰuaŋ⁴⁴	tʃuo²⁴	tʃuo³¹	tʃʰuaŋ³¹	ʃuo²⁴
宜君	tʃʰuaŋ⁴⁴	tʃuo²⁴	tʃuo²¹	tʃʰuaŋ²¹	ʃuo²⁴
铜川	tʃʰuaŋ⁴⁴	tʃuo²⁴ ∣ tsʰʮo	tʃuo²¹	tʃʰuaŋ²¹	tsʰuo²⁴/tʃʰuo²⁴
耀县	tʃʰuaŋ⁴⁴	tʃuo²⁴ ∣ tsʮo	tʃuo³¹	tʃʰuaŋ³¹	tʃʰuo²⁴
高陵	tʃʰuaŋ⁵⁵	tʃuo²⁴ ∣ tsʮə	tʃuo³¹	tʃʰuaŋ³¹	tʃʰuo²⁴
临潼	tʂʰaŋ⁴⁵/ tʃʰuaŋ⁴⁵ 老	tʂʮɤ²⁴/tʃuo²⁴ 老 ∣ tsʮə/tsʮo	tʂʮɤ³¹/ tʃuo³¹ 老	tʂʰaŋ³¹/ tʃʰuaŋ³¹ 老	ʂɤ²⁴/ ʃuo²⁴ 老

字目／方言	撞 江开二 去绛澄	浊 江开二 入觉澄	捉 江开二 入觉庄	窗 江开二 平江初	镯 江开二 入觉崇
蓝田	tʂuaŋ⁴⁴/tʂʰuaŋ⁴⁴	tʂuo²⁴ ｜ tʂʰɥo	tʂuo³¹	tʂʰuaŋ³¹	tʂuo²⁴
长安	pfʰaŋ⁴⁴	tsuo²⁴	pfo³¹	pfʰaŋ³¹	tsuo²⁴
户县	tʂʰuaŋ⁵⁵	tʂuo²⁴ ｜ tsʰɥo	tʂuo³¹	tʂʰuaŋ³¹	tʂuo²⁴
周至	pfʰaŋ⁵⁵	tsuo²⁴ ｜ pfʰo	pfo²¹	pfʰaŋ²¹	tsuo²⁴
三原	tʂʰuaŋ⁵⁵	tʂuo²⁴ ｜ tsɥə	tʂuo³¹	tʂʰuaŋ³¹	tʂuo²⁴
泾阳	tʂʰuaŋ⁵⁵	tʂuo²⁴ ｜ tsɥo	tʂuo³¹	tʂʰuaŋ³¹	tʂʰuo²⁴
咸阳	tʂʰuaŋ⁵⁵	tʂuo²⁴	tʂuo³¹	tʂʰuaŋ³¹	tʂuo²⁴
兴平	tʂʰuaŋ⁵⁵	tʂuo²⁴ ｜ tsɥə	tʂuo³¹	tʂʰuaŋ³¹	tsuo²⁴/tʂuo²⁴
武功	tʂʰuuaŋ⁵⁵	tʂuo²⁴ ｜ tsɥə	tʂuo³¹	tʂʰuaŋ³¹	tsuo²⁴
礼泉	tʂʰuaŋ⁵⁵	tʂuo²⁴ ｜ tsɥo	tʂuo³¹	tʂʰuaŋ³¹	tʂuo²⁴
乾县	tʂʰuaŋ⁴⁴	tʂuo²⁴ ｜ tsɥo	tʂuo³¹	tʂʰuaŋ³¹	tʂuo²⁴
永寿	tʂʰuaŋ⁵⁵	tʂuo²⁴ ｜ tsɥo	tʂuo³¹	tʂʰuaŋ³¹	tʂuo²⁴
淳化	tʂʰuaŋ⁵⁵	tʂuo²⁴ ｜ tsɥə	tʂuo³¹	tʂʰuaŋ³¹	tʂʰuo²⁴
旬邑	tʂʰuaŋ⁴⁴	tʂuo²⁴ ｜ tsʰɥə	tʂuo³¹	tʂʰuaŋ³¹	tʂuo²⁴
彬县	tʂʰuaŋ⁴⁴	tʂuo²⁴ ｜ tsʰɥə	tʂuo³¹	tʂʰuaŋ³¹	tsʰuo²⁴
长武	tʂʰuaŋ⁴⁴	tʂuo²⁴ ｜ tsʰɥo	tʂuo³¹	tʂʰuaŋ³¹	tsʰuo²⁴
扶风	tʂʰaŋ³³	tʂʰuo²⁴ ｜ tsɥo	tʂuo³¹	tʂʰaŋ³¹	tsʰuo²⁴
眉县	tʂaŋ⁴⁴/tʂʰuaŋ⁴⁴	tʂʅə²⁴ ｜ tsʰɥə	tʂʅə³¹	tʂʰaŋ³¹/ tʂʰuaŋ³¹	tsuo²⁴
麟游	tʂuaŋ⁴⁴/tʂʰuaŋ⁴⁴	tʂuo²⁴ ｜ tsʰɥau	tʂuo³¹	tʂʰuaŋ³¹	tʂʰuo²⁴
岐山	tʂaŋ⁴⁴/tʂʰaŋ⁴⁴	tʂʰuo²⁴ ｜ tʂʰuo	tʂuo³¹	tʂʰaŋ³¹	tʂʰuo²⁴
凤翔	tʂaŋ⁴⁴/tʂʰaŋ⁴⁴	tʂʰuo²⁴ ｜ tʂʰuo	tʂuo³¹	tʂʰaŋ³¹	tsuo²⁴
宝鸡	tʂʰaŋ⁴⁴/tʂʰuaŋ⁴⁴新	tsuo²⁴ ｜ tsɥə	tʂuo³¹	tʂʰaŋ³¹/ tʂʰuaŋ³¹新	tʂʰuo²⁴
千阳	tʂaŋ⁴⁴	tsuo²⁴ ｜ tsʰɥo	tsuo³¹	tʂʰaŋ³¹	tsuo²⁴/tsʰuo²⁴
陇县	tʂuaŋ⁴⁴/tʂʰuaŋ⁴⁴	tsuo²⁴ ｜ tʂʰuo	tʂuo³¹	tʂʰuaŋ³¹	tsuo²⁴

字目 方言	双一~ 江开二 平江生	双~生 江开二 去绛生	朔 江开二 入觉生	江 江开二 平江见	讲 江开二 上讲见
西安	faŋ²¹	faŋ⁵⁵	fo²¹ ｜ fo	tɕiaŋ²¹	tɕiaŋ⁵³
韩城	faŋ³¹	faŋ⁵³	ʂə³¹ ｜ fo	tɕiaŋ³¹	tɕiaŋ⁵³
合阳	faŋ³¹	faŋ⁵⁵	fo⁵⁵/so⁵⁵ ｜ fo	tɕiaŋ³¹	tɕiaŋ⁵²
澄城	ʃuaŋ³¹	ʃuaŋ⁴⁴	ʃuo³¹ ｜ sʮə	tɕiaŋ³¹	tɕiaŋ⁵³
白水	ʃuaŋ³¹	ʃuaŋ⁴⁴	ʃuo⁵³ ｜ sʮo	tɕiaŋ³¹	tɕiaŋ⁵³
大荔	faŋ³¹	faŋ⁵⁵	fo³¹ ｜ fo	tɕiaŋ³¹	tɕiaŋ⁵²
蒲城	ʃuaŋ³¹	ʃuaŋ⁵⁵	ʃuo³¹ ｜ sʮo	tɕiaŋ³¹	tɕiaŋ⁵³
美原	ʃaŋ³¹	ʃaŋ⁵⁵	ʃo³¹/sou⁵⁵① ｜ sʮo	tɕiaŋ³¹	tɕiaŋ⁵³
富平	ʃuaŋ³¹	ʃuaŋ⁵⁵	ʃuo³¹ ｜ sʮə	tɕiaŋ³¹	tɕiaŋ⁵³
潼关	faŋ³¹	faŋ⁴⁴	fo³¹ ｜ fo	tɕiaŋ³¹	tɕiaŋ⁵²
华阴	faŋ³¹	faŋ⁵⁵	fo³¹ ｜ fo	tɕiaŋ³¹	tɕiaŋ⁵²
华县	ʃuaŋ³¹	ʃuaŋ⁵⁵	ʃuo³¹ ｜ sʮə	tɕiaŋ³¹	tɕiaŋ⁵³
渭南	ʃuaŋ³¹	ʃuaŋ⁴⁴	ʃuo³¹ ｜ sʮə	tɕiaŋ³¹	tɕiaŋ⁵³
洛南	ʃuaŋ³¹	ʃuaŋ⁴⁴	ʃuo³¹ ｜ sʮo	tɕiaŋ³¹	tɕiaŋ⁵³
商州	ʃuaŋ³¹	ʃuaŋ⁵⁵	ʃuo³¹ ｜ sʮo	tɕiaŋ³¹	tɕiaŋ⁵³
丹凤	ʃuaŋ³¹	ʃuaŋ⁴⁴	ʃuo³¹	tɕiaŋ³¹	tɕiaŋ⁵³
宜川	ʂuaŋ⁵¹	ʂuaŋ⁵¹	ʂuo⁵¹	tɕiaŋ⁵¹	tɕiaŋ⁴⁵
富县	suaŋ³¹	suaŋ⁴⁴	suo³¹	tɕiaŋ³¹	tɕiaŋ⁵²
黄陵	ʃuaŋ³¹	ʃuaŋ⁴⁴	ʃuo³¹	tɕiaŋ³¹	tɕiaŋ⁵²
宜君	ʃuaŋ²¹	ʃuaŋ⁴⁴	su²¹	tɕiaŋ²¹	tɕiaŋ⁵²
铜川	ʃuaŋ²¹	ʃuaŋ⁴⁴	suo²¹ ｜ sʮo	tɕiaŋ²¹	tɕiaŋ⁵²
耀县	ʃuaŋ³¹	ʃuaŋ⁴⁴	ʃuo⁵² ｜ sʮo	tɕiaŋ³¹	tɕiaŋ⁵²
高陵	ʃuaŋ³¹	ʃuaŋ⁵⁵	ʂuo⁵⁵ ｜ sʮə	tɕiaŋ³¹	tɕiaŋ⁵²
临潼	ʂaŋ³¹/ʃuaŋ³¹ 老	ʂaŋ⁴⁵/ʃuaŋ⁴⁵ 老	ʂʮɤ⁵²/ʃuo⁵² ｜ sʮə	tɕiaŋ³¹	tɕiaŋ⁴⁵

---

① sou⁵⁵ 东方~。

字目 方言	双一~ 江开二 平江生	双~生 江开二 去绛生	朔 江开二 入觉生	江 江开二 平江见	讲 江开二 上讲见
蓝田	ʃuaŋ³¹	ʃuaŋ⁴⁴	ʃuo³¹/ʃu⁴⁴① ｜ ʂ˭ɥo	tɕiaŋ³¹	tɕiaŋ⁵²
长安	faŋ³¹	faŋ⁴⁴	su⁴⁴/ʂuo⁵³	tɕiaŋ³¹	tɕiaŋ⁵³
户县	ʃuaŋ³¹	ʃuaŋ⁵⁵	ʃuo³¹/ʂ˭ə²⁴② ｜ fo	tɕiaŋ³¹	tɕiaŋ⁵²
周至	faŋ²¹	faŋ⁵⁵	ʂuo⁵² ｜ fo	tɕiaŋ²¹	tɕiaŋ⁵²
三原	ʃuaŋ³¹	ʃuaŋ⁵⁵	ʃuo⁵² ｜ sˀɥə	tɕiaŋ³¹	tɕiaŋ⁵²
泾阳	ʃuaŋ³¹	ʃuaŋ⁵⁵	ʃuo³¹ ｜ sˀɥo	tɕiaŋ³¹	tɕiaŋ⁵²
咸阳	ʃuaŋ³¹	ʃuaŋ⁵⁵	suo³¹	tɕiaŋ³¹	tɕiaŋ⁵²
兴平	ʃuaŋ³¹	ʃuaŋ⁵⁵	ʃuo³¹ ｜ sˀɥə	tɕiaŋ³¹	tɕiaŋ⁵²
武功	ʃuaŋ³¹	ʃuaŋ⁵⁵	ʃuo³¹ ｜ sˀɥə	tɕiaŋ³¹	tɕiaŋ⁵²
礼泉	ʃuaŋ³¹	ʃuaŋ⁵⁵	ʃuo³¹ ｜ sˀɥo	tɕiaŋ³¹	tɕiaŋ⁵²
乾县	ʃuaŋ³¹	ʃuaŋ⁴⁴	ʂuo³¹ ｜ sˀɥo	tɕiaŋ³¹	tɕiaŋ⁵²
永寿	ʃuaŋ³¹	ʃuaŋ⁵⁵	suo³¹ ｜ sˀɥo	tɕiaŋ³¹	tɕiaŋ⁵²
淳化	ʃuaŋ³¹	ʃuaŋ⁵⁵	ʂuo³¹ ｜ sˀɥə	tɕiaŋ³¹	tɕiaŋ⁵²
旬邑	ʃuaŋ³¹	ʃuaŋ⁴⁴	ʂuo³¹ ｜ sˀɥə	tɕiaŋ³¹	tɕiaŋ⁵²
彬县	ʃuaŋ³¹	ʃuaŋ⁴⁴	ʂuo³¹ ｜ sˀɥə	tɕiaŋ³¹	tɕiaŋ⁵²
长武	ʃuaŋ³¹	ʃuaŋ⁴⁴	ʃuo³¹ ｜ sˀɥə	tɕiaŋ³¹	tɕiaŋ⁵²
扶风	ʂaŋ³¹	ʂaŋ³³	ʂuo³¹ ｜ sˀɥə	tɕiaŋ³¹	tɕiaŋ⁵²
眉县	ʂaŋ³¹/ʃuaŋ³¹	ʂaŋ⁴⁴/ʃuaŋ⁴⁴	ʂˀə³¹ ｜ sˀɥə	tɕiaŋ³¹	tɕiaŋ⁵²
麟游	ʃuaŋ³¹	ʃuaŋ⁴⁴	ʃuo²⁴ ｜ sˀɥau	tɕiaŋ³¹	tɕiaŋ⁵³
岐山	ʂaŋ³¹	ʂaŋ⁴⁴	ʂuo³¹ ｜ ʂuo	tɕiaŋ³¹	tɕiaŋ⁵³
凤翔	ʂaŋ³¹	ʂaŋ⁴⁴	ʂuo³¹ ｜ sˀɥo	tɕiaŋ³¹	tɕiaŋ⁵³
宝鸡	ʂaŋ³¹/ʂuaŋ³¹ 新	ʂaŋ⁴⁴/ʂuaŋ⁴⁴ 新	ʂuo³¹ ｜ sˀɥə	tɕiaŋ³¹	tɕiaŋ⁵³
千阳	ʃaŋ³¹	ʃaŋ⁴⁴	suo³¹ ｜ sˀɥo	tɕiaŋ³¹	tɕiaŋ⁵³
陇县	ʃuaŋ³¹	ʃuaŋ⁴⁴	ʂuo²⁴ ｜ ʂuo	tɕiaŋ³¹	tɕiaŋ⁵³

① ʃu⁴⁴ 东方~。
② ʂˀə²⁴ 东方~。

字目 方言	降下~ 江开二 去绛见	虹 江开二 去绛见	觉知~ 江开二 入觉见	角 江开二 入觉见		腔 江开二 平江溪
西安	tɕiaŋ⁵⁵	tɕiaŋ⁵⁵	tɕyo²¹	tɕyo²¹	tɕyo	tɕʰiaŋ²¹
韩城	tɕiaŋ⁴⁴	tɕiaŋ⁴⁴	tɕiə³¹	tɕiə³¹	tɕio	tɕʰiaŋ³¹
合阳	tɕiaŋ⁵⁵	tɕiaŋ⁵⁵	tɕio³¹	tɕio³¹	tɕyə	tɕʰiaŋ³¹
澄城	tɕiaŋ⁴⁴	tɕiaŋ⁴⁴	tɕyo³¹	tɕyo³¹	tɕyo	tɕʰiaŋ³¹
白水	tɕiaŋ⁴⁴	tɕiaŋ⁴⁴	tɕyo³¹	tɕyo³¹	tɕyo	tɕʰiaŋ³¹
大荔	tɕiaŋ⁵⁵	tɕiaŋ⁵⁵	tɕyo³¹	tɕyo³¹	tɕyo	tɕʰiaŋ³¹
蒲城	tɕiaŋ⁵⁵	tɕiaŋ⁵⁵	tɕyo³¹	tɕyo³¹	tɕyo	tɕʰiaŋ³¹
美原	tɕiaŋ⁵⁵	tɕiaŋ⁵⁵	tɕyo³¹	tɕyo³¹	tɕyo	tɕʰiaŋ³¹
富平	tɕiaŋ⁵⁵	tɕiaŋ⁵⁵	tɕyo³¹	tɕyo³¹	tɕyo	tɕʰiaŋ³¹
潼关	tɕiaŋ⁴⁴	tɕiaŋ⁴⁴	tɕyo³¹	tɕyo³¹	tɕyo	tɕʰiaŋ³¹
华阴	tɕiaŋ⁵⁵	tɕiaŋ⁵⁵	tɕyo³¹	tɕyo³¹	tɕyo	tɕʰiaŋ³¹
华县	tɕiaŋ⁵⁵	tɕiaŋ⁵⁵	tɕyo³¹	tɕyo³¹	tɕyo	tɕʰiaŋ³¹
渭南	tɕiaŋ⁴⁴	tɕiaŋ⁴⁴	tɕyo³¹	tɕyo³¹	tɕyo	tɕʰiaŋ³¹
洛南	tɕiaŋ⁴⁴	tɕiaŋ⁴⁴	tɕyo³¹	tɕyo³¹	tɕyo	tɕʰiaŋ³¹
商州	tɕiaŋ⁵⁵	tɕiaŋ⁵⁵	tɕyo³¹	tɕyo³¹	tɕyo	tɕʰiaŋ³¹
丹凤	tɕiaŋ⁴⁴	tɕiaŋ⁴⁴	tɕyo³¹	tɕyo³¹		tɕʰiaŋ³¹
宜川	tɕiaŋ⁴⁵	tɕiaŋ⁴⁵	tɕiə⁵¹	tɕiə⁵¹		tɕʰiaŋ⁵¹
富县	tɕiaŋ⁴⁴	xuəŋ²⁴/tɕiaŋ⁴⁴	tɕyo³¹	tɕyo³¹		tɕʰiaŋ³¹
黄陵	tɕiaŋ⁴⁴	xuəŋ²⁴/tɕiaŋ⁴⁴	tɕyo³¹	tɕyo³¹		tɕʰiaŋ³¹
宜君	tɕiaŋ⁴⁴	xuəŋ²⁴/tɕiaŋ⁴⁴	tɕyo²¹	tɕyo²¹		tɕʰiaŋ²¹
铜川	tɕiaŋ⁴⁴	xuɤŋ²⁴/tɕiaŋ⁴⁴	tɕyo²¹	tɕyo²¹	tɕyo	tɕʰiaŋ²¹
耀县	tɕiaŋ⁴⁴	xuəŋ²⁴/tɕiaŋ⁴⁴	tɕyo³¹	tɕyo³¹	tɕyo	tɕʰiaŋ³¹
高陵	tɕiaŋ⁵⁵	xuəŋ²⁴/tɕiaŋ⁵⁵	tɕyo³¹	tɕyo³¹	tɕyo	tɕʰiaŋ³¹
临潼	tɕiaŋ⁴⁵	xuəŋ²⁴/tɕiaŋ⁴⁵	tɕyo³¹	tɕyo³¹	tɕyo	tɕʰiaŋ³¹

字目 / 方言	降下~ 江开二去绛见	虹 江开二去绛见	觉知~ 江开二入觉见	角 江开二入觉见	腔 江开二平江溪
蓝田	tɕiaŋ⁴⁴	tɕiaŋ⁴⁴	tɕyo³¹	tɕyo³¹ | tɕyo	tɕʰiaŋ³¹
长安	tɕiaŋ⁴⁴	tɕiaŋ⁴⁴	tɕyo³¹	tɕyo³¹	tɕʰiaŋ³¹
户县	tɕiaŋ⁵⁵	xuəŋ²⁴/tɕiaŋ⁵⁵	tɕyo³¹	tɕyo³¹ | tɕyo	tɕʰiaŋ³¹
周至	tɕiaŋ⁵⁵	xuəŋ²⁴/tɕiaŋ⁵⁵	tɕyo²¹	tɕyo²¹ | tɕyo	tɕʰiaŋ²¹
三原	tɕiaŋ⁵⁵	xuŋ²⁴/tɕiaŋ⁵⁵	tɕyo³¹	tɕyo³¹ | tɕyo	tɕʰiaŋ³¹
泾阳	tɕiaŋ⁵⁵	xuŋ²⁴/tɕiaŋ⁵⁵	tɕyo³¹	tɕyo³¹ | tɕyo	tɕʰiaŋ³¹
咸阳	tɕiaŋ⁵⁵	tɕiaŋ⁵⁵	tɕyo³¹	tɕyo³¹ | tɕyo	tɕʰiaŋ³¹
兴平	tɕiaŋ⁵⁵	tɕiaŋ⁵⁵	tɕyo³¹	tɕyo³¹ | tɕyo	tɕʰiaŋ³¹
武功	tɕiaŋ⁵⁵	tɕiaŋ⁵⁵	tɕyo³¹	tɕyo³¹ | tɕyo	tɕʰiaŋ³¹
礼泉	tɕiaŋ⁵⁵	xuŋ²⁴/tɕiaŋ⁵⁵	tɕyo³¹	tɕyo³¹ | tɕyo	tɕʰiaŋ³¹
乾县	tɕiaŋ⁴⁴	tɕiaŋ⁴⁴	tɕyo³¹	tɕyo³¹ | tɕyo	tɕʰiaŋ³¹
永寿	tɕiaŋ⁵⁵	tɕiaŋ⁵⁵	tɕyo³¹	tɕyo³¹ | tɕyo	tɕʰiaŋ³¹
淳化	tɕiaŋ⁵⁵	tɕiaŋ⁵⁵	tɕyo³¹	tɕyo³¹ | tɕyo	tɕʰiaŋ³¹
旬邑	tɕiaŋ⁴⁴	tɕiaŋ⁴⁴	tɕyo³¹	tɕyo³¹ | tɕyo	tɕʰiaŋ³¹
彬县	tɕiaŋ⁴⁴	tɕiaŋ⁴⁴	tɕyo³¹	tɕyo³¹ | tɕyo	tɕʰiaŋ³¹
长武	tɕiaŋ⁴⁴	tɕiaŋ⁴⁴	tɕyo³¹	tɕyo³¹ | tɕyo	tɕʰiaŋ³¹
扶风	tɕiaŋ³³	xuŋ²⁴/tɕiaŋ³³	tɕyo³¹	tɕyo³¹ | tɕyo	tɕʰiaŋ³¹
眉县	tɕiaŋ⁴⁴	tɕiaŋ⁴⁴	tɕyo³¹	tɕyo³¹ | tɕyo	tɕʰiaŋ³¹
麟游	tɕiaŋ⁴⁴	xuŋ²⁴/tɕiaŋ⁴⁴	tɕyo³¹	tɕyo³¹ | tɕyo	tɕʰiaŋ³¹
岐山	tɕiaŋ⁴⁴	tɕiaŋ⁴⁴	tɕyo³¹	tɕyo³¹ | tɕyo	tɕʰiaŋ³¹
凤翔	tɕiaŋ⁴⁴	tɕiaŋ⁴⁴	tɕyo³¹	tɕyo³¹ | tɕyo	tɕʰiaŋ³¹
宝鸡	tɕiaŋ⁴⁴	tɕiaŋ⁴⁴	tɕyo³¹	tɕyo³¹ | tɕyo	tɕʰiaŋ³¹
千阳	tɕiaŋ⁴⁴	xuŋ²⁴/tɕiaŋ⁴⁴	tɕyo³¹	tɕyo³¹ | tɕyo	tɕʰiaŋ³¹
陇县	tɕiaŋ⁴⁴	tɕiaŋ⁴⁴	tɕyo³¹	tɕyo³¹ | tɕyo	tɕʰiaŋ³¹

字目 方言	确 江开二 入觉溪	壳 江开二 入觉溪	岳 江开二 入觉疑	夯 江开二 平江晓	降~伏，投~ 江开二 平江匣
西安	tɕʰyo⁵³ ｜ tɕʰyo	kʰɤ²¹	yo²¹	xaŋ⁵³	ɕiaŋ²⁴
韩城	tɕʰiə⁵³ ｜ tɕʰio	kʰə³¹	iə³¹	xaŋ⁵³	ɕiaŋ²⁴
合阳	tɕʰio⁵² ｜ tɕʰyə	tɕʰio³¹	io³¹	xaŋ⁵²	ɕiaŋ²⁴
澄城	tɕʰyo⁵³ ｜ tɕʰyo	kʰuo³¹	yo³¹	xaŋ⁵³	ɕiaŋ²⁴
白水	tɕʰyo⁵³ ｜ tɕʰyo	kʰɤ³¹	yo³¹	xaŋ⁵³	ɕiaŋ²⁴
大荔	tɕʰyo⁵² ｜ tɕʰyo	kʰɤ³¹	yo³¹	xaŋ⁵²	ɕiaŋ²⁴
蒲城	tɕʰyo⁵³ ｜ tɕʰyo	kʰɤ³¹	yo³¹	xaŋ⁵³	ɕiaŋ³⁵
美原	tɕʰyo⁵³ ｜ tɕʰyo	kʰə³¹	yo³¹	xaŋ⁵³	ɕiaŋ³⁵
富平	tɕʰyo⁵³ ｜ tɕʰyo	kʰɤ³¹	yo³¹	xaŋ⁵³	ɕiaŋ³⁵
潼关	tɕʰyo⁵² ｜ tɕʰyo	kʰɤ³¹	yo³¹	xaŋ³¹	ɕiaŋ²⁴
华阴	tɕʰyo⁵² ｜ tɕʰyo	kʰɤ³¹	yo³¹	xaŋ⁵²	ɕiaŋ²⁴
华县	tɕʰyo⁵³ ｜ tɕʰyo	kʰɤ³¹	yo³¹	xaŋ⁵³	ɕiaŋ³⁵
渭南	tɕʰyo⁵³ ｜ tɕʰyo	kʰɤ³¹	yo³¹	xaŋ⁵³	ɕiaŋ²⁴
洛南	tɕʰyo⁵³ ｜ tɕʰyo	kʰuo³¹	yo³¹	xaŋ⁵³	ɕiaŋ²⁴
商州	tɕʰyo⁵³ ｜ tɕʰyo	kʰɤ³¹	yo³¹	xaŋ³¹	ɕiaŋ³⁵
丹凤	tɕʰyo⁵³	kʰuo³¹	yo³¹	xaŋ⁵³	ɕiaŋ²⁴
宜川	tɕʰiə⁵¹	kʰə⁵¹	iə⁵¹	xaŋ⁵¹	ɕiaŋ²⁴
富县	tɕʰyo⁵²	kʰuo³¹	yo³¹	xaŋ⁵²	ɕiaŋ²⁴
黄陵	tɕʰyo⁵²	kʰɤ³¹	yo³¹	xaŋ⁵²	ɕiaŋ²⁴
宜君	tɕʰyo⁵²	kʰɤ²¹	yo²¹	xaŋ⁵²	ɕiaŋ²⁴
铜川	tɕʰyo⁵² ｜ tɕʰyo	kʰɤ²¹	yo²¹	xaŋ⁵²	ɕiaŋ²⁴
耀县	tɕʰyo⁵² ｜ tɕʰyo	kʰɤ³¹	yo³¹	xaŋ⁵²	ɕiaŋ²⁴
高陵	tɕʰyo⁵² ｜ tɕʰyo	kʰə³¹	yo³¹	xaŋ⁵²	ɕiaŋ²⁴
临潼	tɕʰyo⁵² ｜ tɕʰyo	kʰɤ³¹	y̱o³¹/n̠uo³¹ 三里~	xaŋ⁵²	ɕiaŋ²⁴

字目 方言	确 江开二 入觉溪	壳 江开二 入觉溪	岳 江开二 入觉疑	夯 江开二 平江晓	降~伏, 投~ 江开二 平江匣
蓝田	tɕʰyo⁵² ∣ tɕʰyo	kʰɤ³¹	yo³¹	xaŋ⁵²	ɕiaŋ²⁴
长安	tɕʰyo⁵³	kʰɤ³¹	yo³¹/n̠yo³¹ ~村	xaŋ⁵³	ɕiaŋ²⁴
户县	tɕʰyo⁵² ∣ tɕʰyo	kʰɤ³¹	yo³¹	xaŋ⁵²	ɕiaŋ²⁴
周至	tɕʰyo⁵² ∣ tɕʰyo	kʰɤ²¹	yo²¹	xaŋ⁵²	ɕiaŋ²⁴
三原	tɕʰyo⁵² ∣ tɕʰyo	kʰɤ³¹	yo³¹	xaŋ⁵²	ɕiaŋ²⁴
泾阳	tɕʰyo⁵² ∣ tɕʰyo	kʰɤ³¹	yo³¹	xaŋ⁵²	ɕiaŋ²⁴
咸阳	tɕʰyo⁵²	kʰɤ³¹/tɕʰyo³¹①	yo³¹	xaŋ⁵²	ɕiaŋ²⁴
兴平	tɕʰyo⁵² ∣ tɕʰyo	kʰɤ³¹	yo³¹	xaŋ⁵²	ɕiaŋ²⁴
武功	tɕʰyo⁵² ∣ tɕʰyo	kʰɤ³¹/tɕʰyo³¹	yo³¹	xaŋ⁵²	ɕiaŋ²⁴
礼泉	tɕʰyo⁵² ∣ tɕʰyo	kʰɤ³¹/tɕʰyo³¹	yo³¹	xaŋ⁵²	ɕiaŋ²⁴
乾县	tɕʰyo⁵² ∣ tɕʰyo	kʰɤ³¹	yo³¹	xaŋ⁵²	ɕiaŋ²⁴
永寿	tɕʰyo⁵² ∣ tɕʰyo	kʰɤ³¹	yo³¹	xaŋ⁵²	ɕiaŋ²⁴
淳化	tɕʰyo⁵² ∣ tɕʰyo	kʰɤ³¹	yo³¹	xaŋ⁵²	ɕiaŋ²⁴
旬邑	tɕʰyo⁵² ∣ tɕʰyo	kʰɤ³¹/tɕʰyo³¹	yo³¹	xaŋ⁵²	ɕiaŋ²⁴
彬县	tɕʰyo⁵² ∣ tɕʰyo	kʰɤ³¹/tɕʰyo³¹	yo³¹	xaŋ⁵²	ɕiaŋ²⁴
长武	tɕʰyo⁵² ∣ tɕʰyo	kʰɤ³¹/tɕʰyo³¹	yo³¹	xaŋ⁵²	ɕiaŋ²⁴
扶风	tɕʰyo⁵² ∣ tɕʰyo	kʰɤ³¹/tɕʰyo³¹	yo³¹	xaŋ³¹	ɕiaŋ²⁴
眉县	tɕʰyo³¹ ∣ tɕʰyo	tɕʰyo³¹	yo³¹	xaŋ³¹	ɕiaŋ²⁴
麟游	tɕʰyo⁵³ ∣ tɕʰyo	tɕʰyo³¹	yo³¹/y³¹②	xaŋ⁵³	ɕiaŋ²⁴/tɕʰiaŋ²⁴③
岐山	tɕʰyo⁵³ ∣ tɕʰyo	kʰɤ³¹/tɕʰyo³¹	yo³¹	xaŋ³¹	ɕiaŋ²⁴
凤翔	tɕʰyo⁵³ ∣ tɕʰyo	tɕʰyo³¹	yo³¹	xaŋ³¹	ɕiaŋ²⁴
宝鸡	tɕʂʰyo³¹ ∣ tɕʰyo	tɕʂʰyo³¹	yo³¹	xaŋ³¹	ɕiaŋ²⁴
千阳	tɕʰyo⁵³ ∣ tɕʰyo	tɕʰyo³¹	yo³¹	xaŋ⁵³	ɕiaŋ²⁴
陇县	tɕʰyo³¹ ∣ tɕʰyo	kʰɤ³¹/tɕʰyo³¹	yo³¹	xaŋ⁵³	ɕiaŋ²⁴/tɕʰiaŋ²⁴

① tɕʰyo³¹ 软壳，如玉麦~~。
② y³¹ 华~庙。
③ ɕiaŋ²⁴ ~伏；tɕʰiaŋ²⁴ 投~。下同。

字目 方言	项 江开二 上讲匣	巷 江开二 去绛匣	学 江开二 入觉匣	握 江开二 入觉影	崩 曾开一 平登帮
西安	xaŋ⁵⁵	xaŋ²¹	ɕyo²⁴ ǀ ɕyo	u̠o²¹/n̠yo²¹	pəŋ²¹ ǀ pəŋ
韩城	xaŋ⁴⁴	xaŋ⁴⁴	ɕiə²⁴ ǀ ɕio	u̠o³¹/i̠ə⁴⁴	pəŋ⁴⁴ ǀ pəŋ
合阳	xaŋ⁵⁵	xaŋ³¹/ xaŋ⁵⁵	ɕio²⁴ ǀ ɕyə	u̠o³¹/i̠o³¹	pəŋ⁵⁵ ǀ pəŋ
澄城	xaŋ⁴⁴	xaŋ³¹	ɕyo²⁴ ǀ ɕyo	yo³¹	pəŋ⁴⁴ ǀ pəŋ
白水	xaŋ⁴⁴	xaŋ³¹	ɕyo²⁴ ǀ ɕyo	uo³¹	pəŋ³¹ ǀ pəŋ
大荔	xaŋ⁵⁵	xaŋ³¹	ɕyo²⁴ ǀ ɕyo	u̠o³¹/yo³¹	pəŋ⁵⁵ ǀ pəŋ
蒲城	xaŋ⁵⁵	xaŋ³¹	ɕyo³⁵ ǀ ɕyo	n̠yo³¹	pəŋ³¹ ǀ pəŋ
美原	xaŋ⁵⁵	xaŋ³¹	ɕyo³⁵ ǀ ɕyo	n̠yo³¹	pəŋ³¹ ǀ pəŋ
富平	xaŋ⁵⁵	xaŋ³¹	ɕyo³⁵ ǀ ɕyo	n̠yo³¹	pəŋ³¹ ǀ pəŋ
潼关	xaŋ⁴⁴	xaŋ³¹	ɕyo²⁴ ǀ ɕyo	v̠o³¹/n̠yo³¹	pəŋ³¹ ǀ pəŋ
华阴	xaŋ⁵⁵	xaŋ³¹	ɕyo²⁴ ǀ ɕyo	yo³¹	pəŋ³¹ ǀ pəŋ
华县	xaŋ⁵⁵	xaŋ³¹	ɕyo³⁵ ǀ ɕyo	n̠yo³¹	pəŋ³¹ ǀ pəŋ
渭南	xaŋ⁴⁴	xaŋ³¹	ɕyo²⁴ ǀ ɕyo	uo³¹	pəŋ³¹ ǀ pəŋ
洛南	xaŋ⁴⁴	xaŋ³¹	ɕyo²⁴ ǀ ɕyo	n̠yo³¹	pəŋ³¹ ǀ pəŋ
商州	xaŋ⁵⁵	xaŋ³¹	ɕyo³⁵ ǀ ɕyo	n̠yo³¹	pəŋ³¹ ǀ pəŋ
丹凤	xaŋ⁴⁴	xaŋ³¹	ɕyo²⁴	n̠yo³¹	pəŋ³¹
宜川	ɕiaŋ⁴⁵/xaŋ⁴⁵	xaŋ⁴⁵	ɕie²⁴/ɕiə²⁴①	uo⁵¹	pəŋ⁴⁵
富县	ɕiaŋ⁴⁴/xaŋ⁴⁴	xaŋ³¹	ɕyo²⁴	uo³¹	pəŋ⁴⁴
黄陵	ɕiaŋ⁴⁴/xaŋ⁴⁴	xaŋ³¹	ɕyo²⁴	uo³¹	pəŋ⁴⁴
宜君	xaŋ⁴⁴	xaŋ³¹	ɕyo²⁴	yo²¹	pəŋ²¹
铜川	ɕiaŋ⁴⁴/xaŋ⁴⁴	xaŋ²¹	ɕyo²⁴ ǀ ɕyo	uo²¹/n̠yo²¹	pɤŋ²¹ ǀ pəŋ
耀县	ɕiaŋ⁴⁴/xaŋ⁴⁴	xaŋ³¹	ɕyo²⁴ ǀ ɕyo	yo³¹/n̠yo³¹	pəŋ⁴⁴ ǀ pəŋ
高陵	xaŋ⁵⁵	xaŋ³¹	ɕyo²⁴ ǀ ɕyo	u̠o³¹/n̠yo³¹	pəŋ⁵⁵ ǀ pəŋ
临潼	xaŋ⁴⁵	xaŋ³¹	ɕyo²⁴ ǀ ɕyo	u̠o³¹/nuo³¹	pəŋ⁴⁵ ǀ pəŋ

① ɕie²⁴～校。

字目 方言	项 江开二 上讲匣	巷 江开二 去绛匣	学 江开二 入觉匣	握 江开二 入觉影	崩 曾开一 平登帮
蓝田	ɕian^{44}/$\underline{\text{xaŋ}}^{44}$	xaŋ^{31}	ɕyo^{24} ∣ ɕyo	$\underline{\text{uo}}^{31}$/$\text{n̥yo}^{31}$	pəŋ^{31} ∣ pəŋ
长安	ɕian^{44}/$\underline{\text{xaŋ}}^{44}$	xaŋ^{44}/$\underline{\text{xaŋ}}^{31}$①	ɕyo^{24}	$\underline{\text{uo}}^{31}$	pəŋ^{31}
户县	ɕian^{55}/$\underline{\text{xaŋ}}^{55}$	xaŋ^{31}	ɕyo^{24} ∣ ɕyo	yo^{31}	pəŋ^{31} ∣ pəŋ
周至	ɕian^{55}/$\underline{\text{xaŋ}}^{55}$	xaŋ^{21}	ɕyo^{24} ∣ ɕyo	$\underline{\text{uo}}^{21}$/$\text{n̥yo}^{21}$	pəŋ^{55}/pəŋ^{21}② ∣ pəŋ
三原	xaŋ^{55}	xaŋ^{31}	ɕyo^{24} ∣ ɕyo	$\underline{\text{uo}}^{31}$/$\text{n̥yo}^{31}$	pəŋ^{55} ∣ pəŋ
泾阳	xaŋ^{55}	xaŋ^{31}	ɕyo^{24} ∣ ɕyo	$\underline{\text{uo}}^{31}$/$\text{n̥yo}^{31}$	pəŋ^{31} ∣ pəŋ
咸阳	xaŋ^{55}	xaŋ^{31}	ɕyo^{24}	$\underline{\text{uo}}^{31}$/$\text{n̥yo}^{31}$③	pəŋ^{55}
兴平	xaŋ^{55}	xaŋ^{31}	ɕyo^{24} ∣ ɕyo	$\underline{\text{uo}}^{31}$/$\text{n̥yo}^{31}$	pəŋ^{31} ∣ pəŋ
武功	ɕian^{55}/$\underline{\text{xaŋ}}^{55}$	xaŋ^{55}	ɕyo^{24} ∣ ɕyo	$\underline{\text{uo}}^{31}$/$\text{n̥yo}^{31}$	pəŋ^{31} ∣ pəŋ
礼泉	xaŋ^{55}	xaŋ^{31}	ɕyo^{24} ∣ ɕyo	$\underline{\text{uo}}^{31}$/$\text{n̥yo}^{31}$	pəŋ^{55} ∣ pəŋ
乾县	xaŋ^{44}	xaŋ^{31}	ɕyo^{24} ∣ ɕyo	$\underline{\text{uo}}^{31}$/$\text{n̥yo}^{31}$	pəŋ^{31} ∣ pəŋ
永寿	xaŋ^{55}	xaŋ^{55}	ɕyo^{24} ∣ ɕyo	$\underline{\text{uo}}^{31}$/$\text{n̥yo}^{31}$	pəŋ^{55} ∣ pəŋ
淳化	xaŋ^{55}	xaŋ^{52}	ɕyo^{24} ∣ ɕyo	$\underline{\text{uo}}^{31}$/$\text{n̥yo}^{31}$	pəŋ^{55} ∣ pəŋ
旬邑	xaŋ^{44}	xaŋ^{52}	ɕyo^{24} ∣ ɕyo	$\underline{\text{uo}}^{31}$/$\text{n̥yo}^{31}$	pəŋ^{44} ∣ pəŋ
彬县	xaŋ^{44}	xaŋ^{31}	ɕyo^{24} ∣ ɕyo	$\underline{\text{uo}}^{31}$/$\text{n̥yo}^{31}$	pəŋ^{44} ∣ pəŋ
长武	xaŋ^{44}	xaŋ^{31}	ɕyo^{24} ∣ ɕyo	$\underline{\text{uo}}^{31}$/$\text{n̥yo}^{31}$	pəŋ^{31} ∣ pəŋ
扶风	xaŋ^{33}	xaŋ^{31}	ɕyo^{24} ∣ ɕyo	vo^{31}/n̥yo^{31}	pəŋ^{31} ∣ pəŋ
眉县	ɕian^{44}/$\underline{\text{xaŋ}}^{44}$	xaŋ^{31}	ɕyo^{24} ∣ ɕyo	$\underline{\text{uo}}^{31}$/$\text{n̥yo}^{31}$	pəŋ^{31} ∣ pəŋ
麟游	xaŋ^{44}	xaŋ^{44}	ɕyo^{24} ∣ ɕyo	n̥yo^{31}	pəŋ^{44} ∣ pəŋ
岐山	xaŋ^{44}	xaŋ^{53}	ɕyo^{24} ∣ ɕyo	n̥yo^{31}	pəŋ^{31} ∣ pəŋ
凤翔	ɕian^{44}/$\underline{\text{xaŋ}}^{44}$	xaŋ^{44}	ɕyo^{24} ∣ ɕyo	$\underline{\text{uo}}^{31}$/$\text{n̥yo}^{31}$	pəŋ^{31} ∣ pəŋ
宝鸡	xaŋ^{44}	xaŋ^{44}	ɕyo^{24} ∣ ɕyo	n̥yo^{31}	pəŋ^{31} ∣ pəŋ
千阳	ɕian^{44}/$\underline{\text{xaŋ}}^{44}$	xaŋ^{44}	ɕyo^{24} ∣ ɕyo	vo^{31}	pəŋ^{31} ∣ pəŋ
陇县	xaŋ^{44}	xaŋ^{44}	ɕyo^{24} ∣ ɕyo	vo^{31}	pəŋ^{31} ∣ pəŋ

① xaŋ^{31} ～子。

② pəŋ^{55} 山～咧。

③ n̥yo^{31} ～手，或是塬上的读音。

字目 方言	北 曾开一 入德帮	朋 曾开一 平登並	墨 曾开一 入德明	灯 曾开一 平登端	等 曾开一 上等端
西安	pei²¹	pʰəŋ²⁴	mei²⁴	təŋ²¹	təŋ⁵³
韩城	pɿ³¹	pʰəŋ²⁴	mɿ²⁴	təŋ³¹	təŋ⁵³
合阳	pɿ³¹/pu³¹	pʰəŋ²⁴	mɿ²⁴	təŋ³¹	təŋ⁵²
澄城	pei³¹/pu³¹	pʰəŋ²⁴	mei²⁴	təŋ³¹	təŋ⁵³
白水	pei³¹	pʰəŋ²⁴	mei²⁴	təŋ³¹	təŋ⁵³
大荔	pei³¹	pʰəŋ²⁴	mei²⁴	təŋ³¹	təŋ⁵²
蒲城	pei³¹	pʰəŋ³⁵	mei³⁵	təŋ³¹	təŋ⁵³
美原	pei³¹	pʰəŋ³⁵	mei³⁵	təŋ³¹	təŋ⁵³
富平	pei³¹	pʰəŋ³⁵	mei³⁵	təŋ³¹	təŋ⁵³
潼关	pei³¹	pʰəŋ²⁴	mei²⁴	təŋ³¹	təŋ⁵²
华阴	pei³¹	pʰəŋ²⁴	mei²⁴	təŋ³¹	təŋ⁵²
华县	pei³¹	pʰəŋ³⁵	mei³⁵	təŋ³¹	təŋ⁵³
渭南	pei³¹	pʰəŋ²⁴	mei²⁴	təŋ³¹	təŋ⁵³
洛南	pei³¹	pʰəŋ²⁴	mei²⁴	təŋ³¹	təŋ⁵³
商州	pei³¹	pʰəŋ³⁵	mei³⁵	təŋ³¹	təŋ⁵³
丹凤	pei³¹	pʰəŋ²⁴	mei²⁴	təŋ³¹	təŋ⁵³
宜川	pei⁵¹	pʰəŋ²⁴	mei²⁴	təŋ⁵¹	təŋ⁴⁵
富县	pei³¹	pʰəŋ²⁴	mei²⁴	təŋ³¹	təŋ⁵²
黄陵	pei³¹	pʰəŋ²⁴	mei²⁴	təŋ³¹	təŋ⁵²
宜君	pei²¹	pʰəŋ²⁴	mẽ²⁴	təŋ²¹	təŋ⁵²
铜川	pei²¹	pʰɤŋ²⁴	mei²⁴	tɤŋ²¹	tɤŋ⁵²
耀县	pei³¹	pʰəŋ²⁴	mei²⁴	təŋ³¹	təŋ⁵²
高陵	pei³¹	pʰəŋ²⁴	mei²⁴	təŋ³¹	təŋ⁵²/tʰəŋ⁵²
临潼	pei³¹	pʰəŋ²⁴	mei²⁴	təŋ³¹	təŋ⁵²

字目 方言	北 曾开一 入德帮	朋 曾开一 平登並	墨 曾开一 入德明	灯 曾开一 平登端	等 曾开一 上等端
蓝田	pei^{31}	p^{h}əŋ^{24}	mei^{24}	təŋ^{31}/tuəŋ^{021}①	təŋ^{52}
长安	pei^{31}	p^{h}əŋ^{24}	mei^{24}	təŋ^{31}	təŋ^{53}
户县	pei^{31}	p^{h}əŋ^{24}	mei^{24}	təŋ^{31}	təŋ^{52}
周至	pɿ^{21}	p^{h}əŋ^{24}	mɿ^{24}	təŋ^{21}	təŋ^{52}
三原	pei^{31}	p^{h}əŋ^{24}	mei^{24}	təŋ^{31}	təŋ^{52}
泾阳	pei^{31}	p^{h}əŋ^{24}	mei^{24}	təŋ^{31}	təŋ^{52}
咸阳	pei^{31}	p^{h}əŋ^{24}	mei^{24}	təŋ^{31}	təŋ^{52}
兴平	pei^{31}	p^{h}əŋ^{24}	mei^{24}	təŋ^{31}	təŋ^{52}
武功	pei^{31}	p^{h}əŋ^{24}	mei^{24}	təŋ^{31}	təŋ^{52}
礼泉	pe^{31}	p^{h}əŋ^{24}	me^{24}	təŋ^{31}	təŋ^{52}
乾县	pei^{31}	p^{h}əŋ^{24}	mei^{24}	təŋ^{31}	təŋ^{52}
永寿	pei^{31}	p^{h}əŋ^{24}	mei^{24}	təŋ^{31}	təŋ^{52}
淳化	pei^{31}	p^{h}əŋ^{24}	mei^{24}	təŋ^{31}	təŋ^{52}
旬邑	pei^{31}	p^{h}əŋ^{24}	mei^{24}	təŋ^{31}	təŋ^{52}
彬县	pei^{31}	p^{h}əŋ^{24}	mei^{24}	təŋ^{31}	təŋ^{52}
长武	pei^{31}	p^{h}əŋ^{24}	mei^{24}	təŋ^{31}	təŋ^{52}
扶风	pei^{31}	p^{h}əŋ^{24}	mei^{24}	təŋ^{31}	təŋ^{52}
眉县	pei^{31}	p^{h}əŋ^{24}	mei^{24}	təŋ^{31}	təŋ^{52}
麟游	pei^{31}	p^{h}əŋ^{24}	mei^{24}	təŋ^{31}	təŋ^{53}
岐山	pei^{31}	p^{h}əŋ^{24}	mei^{24}	təŋ^{31}	təŋ^{53}
凤翔	pei^{31}	p^{h}əŋ^{24}	mei^{24}	təŋ^{31}	təŋ^{53}
宝鸡	pei^{31}	p^{h}əŋ^{24}	mei^{24}	təŋ^{31}	təŋ^{53}
千阳	pei^{31}	p^{h}əŋ^{24}	mei^{24}	təŋ^{31}	təŋ^{53}
陇县	pei^{31}	p^{h}əŋ^{24}	mei^{24}	təŋ^{31}	təŋ^{53}

① tuəŋ^{021} 耍龙～。

字目 方言	凳 曾开一去嶝端	得 曾开一入德端		藤 曾开一平登定	邓 曾开一去嶝定	特 曾开一入德定	
西安	təŋ⁵⁵	tei²¹	tei	tʰəŋ²⁴	təŋ⁵⁵	tʰei²⁴	tʰei
韩城	təŋ⁴⁴	tɿ³¹	tei	tʰəŋ²⁴	təŋ⁵³	tʰɿ²⁴	tʰei
合阳	təŋ⁵⁵	tɿ³¹	tei	tʰəŋ²⁴	təŋ⁵⁵	tʰɿ²⁴	tʰei
澄城	təŋ⁴⁴	tei³¹	tei	tʰəŋ²⁴	təŋ⁴⁴	tʰei²⁴	tʰei
白水	təŋ⁴⁴	tei³¹	tei	tʰəŋ²⁴	təŋ⁴⁴	tʰei²⁴	tʰei
大荔	təŋ⁵⁵	tei³¹	tei	tʰəŋ²⁴	təŋ⁵⁵	tʰei²⁴	tʰei
蒲城	təŋ⁵⁵	tei³¹	tei	tʰəŋ³⁵	təŋ⁵⁵	tʰei³⁵	tʰei
美原	təŋ⁵⁵	tei³¹	tei	tʰəŋ³⁵	təŋ⁵⁵	tʰei³⁵	tʰei
富平	təŋ⁵⁵	tei³¹	tei	tʰəŋ³⁵	təŋ⁵⁵	tʰei³⁵	tʰei
潼关	təŋ⁴⁴	tei³¹	tei	tʰəŋ²⁴	təŋ⁴⁴	tʰei²⁴	tʰei
华阴	təŋ⁵⁵	tei³¹	tei	tʰəŋ²⁴	təŋ⁵⁵	tʰei²⁴	tʰei
华县	təŋ⁵⁵	tei³¹	tei	tʰəŋ³⁵	təŋ⁵⁵	tʰei³⁵	tʰei
渭南	təŋ⁴⁴	tei³¹	tei	tʰəŋ²⁴	təŋ⁴⁴	tʰei²⁴	tʰei
洛南	təŋ⁴⁴	tei³¹	tei	tʰəŋ²⁴	təŋ⁴⁴	tʰei²⁴	tʰei
商州	təŋ⁵⁵	tei³¹	tei	tʰəŋ³⁵	təŋ⁵⁵	tʰei³⁵	tʰei
丹凤	təŋ⁴⁴	tei³¹		tʰəŋ²⁴	təŋ⁴⁴	tʰei²⁴	
宜川	təŋ⁴⁵/tʰəŋ⁴⁵①	tei⁵¹		tʰəŋ²⁴	təŋ⁴⁵	tʰei⁵¹	
富县	təŋ⁴⁴	tei³¹		tʰəŋ³¹	təŋ⁴⁴	tʰei²⁴	
黄陵	təŋ⁴⁴	tei³¹		tʰəŋ³¹	təŋ⁴⁴	tʰei²⁴	
宜君	təŋ⁴⁴	tei²¹		tʰəŋ²¹	təŋ⁴⁴	tʰei²⁴	
铜川	tɤŋ⁴⁴	tei²¹	tei	tʰɤŋ²⁴	təŋ⁴⁴	tʰei²⁴	tʰei
耀县	təŋ⁴⁴	tei³¹	tei	tʰəŋ²⁴	təŋ⁴⁴	tʰei²⁴	tʰei
高陵	təŋ⁵⁵	tei³¹	tei	tʰəŋ²⁴	təŋ⁵⁵	tʰei²⁴	tʰei
临潼	təŋ⁴⁵/tʰəŋ⁴⁵	tei³¹	tei	tʰəŋ²⁴	təŋ⁴⁵	tʰei²⁴	tʰei

① tʰəŋ⁴⁵ 板～。

字目／方言	凳 曾开一去嶝端	得 曾开一入德端	藤 曾开一平登定	邓 曾开一去嶝定	特 曾开一入德定
蓝田	təŋ⁴⁴	tei³¹ | tei	tʰəŋ²⁴	təŋ⁴⁴	tʰei²⁴ | tʰei
长安	təŋ⁴⁴	tei³¹	tʰəŋ²⁴	təŋ⁴⁴	tʰei²⁴
户县	təŋ⁵⁵	tei³¹ | tei	tʰəŋ²⁴	təŋ⁵⁵	tʰei²⁴ | tʰei
周至	təŋ⁵⁵	tɿ²¹ | tei	tʰəŋ²⁴	təŋ⁵⁵	tʰɿ²⁴ | tʰei
三原	təŋ⁵⁵	tei³¹ | tei	tʰəŋ²⁴	təŋ⁵⁵	tʰei²⁴ | tʰei
泾阳	təŋ⁵⁵	tei³¹ | tei	tʰəŋ²⁴	təŋ⁵⁵	tʰei²⁴ | tʰei
咸阳	təŋ⁵⁵	tei³¹	tʰəŋ²⁴	təŋ⁵⁵	tʰei²⁴
兴平	təŋ⁵⁵	tei³¹ | tei	tʰəŋ²⁴	təŋ⁵⁵	tʰei²⁴ | tʰei
武功	təŋ⁵⁵	tei³¹ | tei	tʰəŋ²⁴	təŋ⁵⁵	tʰei²⁴ | tʰei
礼泉	təŋ⁵⁵	te³¹ | tei	tʰəŋ²⁴	təŋ⁵⁵	tʰe²⁴ | tʰei
乾县	təŋ⁴⁴	tei³¹ | tei	tʰəŋ²⁴	təŋ⁴⁴	tʰei²⁴ | tʰei
永寿	təŋ⁵⁵	tei³¹ | tei	tʰəŋ²⁴	təŋ⁵⁵	tʰei²⁴ | tʰei
淳化	təŋ⁵⁵	tei³¹ | tei	tʰəŋ²⁴	təŋ⁵⁵	tʰei²⁴ | tʰei
旬邑	təŋ⁴⁴	tei³¹ | tei	tʰəŋ²⁴	təŋ⁴⁴	tʰei²⁴ | tʰei
彬县	təŋ⁴⁴	tei³¹ | tei	tʰəŋ²⁴	təŋ⁴⁴	tʰei²⁴ | tʰei
长武	təŋ⁴⁴	tei³¹ | tei	tʰəŋ²⁴	təŋ⁴⁴	tʰei²⁴ | tʰei
扶风	təŋ³³	tei³¹ | tei	tʰəŋ²⁴	təŋ³³	tʰei²⁴ | tʰei
眉县	təŋ⁴⁴	tei³¹ | tei	tʰəŋ²⁴	təŋ⁴⁴	tʰei²⁴ | tʰei
麟游	təŋ⁴⁴	tei³¹ | tei	tʰəŋ²⁴	təŋ⁴⁴	tʰei²⁴ | tʰei
岐山	təŋ³¹/tʰəŋ³¹	tei³¹ | tei	tʰəŋ²⁴	təŋ⁴⁴	tʰei²⁴ | tʰei
凤翔	təŋ⁴⁴	tei³¹ | tei	tʰəŋ²⁴	təŋ⁴⁴	tʰei²⁴ | tʰei
宝鸡	təŋ⁴⁴	tei³¹ | tei	tʰəŋ²⁴	təŋ⁴⁴	tʰei²⁴ | tʰei
千阳	təŋ⁴⁴	tei³¹ | tei	tʰəŋ²⁴	təŋ⁴⁴	tʰei²⁴ | tʰei
陇县	təŋ⁴⁴	tei³¹ | tei	tʰəŋ²⁴	təŋ⁴⁴	tʰei²⁴ | tʰei

字目\方言	能 曾开一 平登泥	楞 曾开一 平登来	肋 曾开一 入德来	增 曾开一 平登精	则 曾开一 入德精
西安	nəŋ²⁴ | nəŋ	ləŋ²⁴ | ləŋ	lei²¹	tsəŋ²¹ | tsəŋ	tsei²¹ | tsei
韩城	nəŋ²⁴ | nəŋ	ləŋ²⁴ | ləŋ	lɪ³¹	tsəŋ³¹ | tsəŋ	tsɿ³¹ | tsei
合阳	nəŋ²⁴ | nəŋ	ləŋ²⁴ | ləŋ	lɪ³¹	tsəŋ³¹ | tsəŋ	tsɿ³¹ | tsei
澄城	nəŋ²⁴ | nəŋ	ləŋ²⁴ | ləŋ	lei³¹	tsəŋ³¹ | tsəŋ	tsei³¹ | tsei
白水	nəŋ²⁴ | nəŋ	ləŋ²⁴ | ləŋ	lei³¹	tsəŋ³¹ | tsəŋ	tsei³¹ | tsei
大荔	nəŋ²⁴ | nəŋ	ləŋ²⁴ | ləŋ	lei³¹	tsəŋ³¹ | tsəŋ	tsei³¹ | tsei
蒲城	nəŋ³⁵ | nəŋ	ləŋ³⁵ | ləŋ	lei³¹	tsəŋ³¹ | tsəŋ	tsei³¹ | tsei
美原	nəŋ³⁵ | nəŋ	ləŋ³⁵	lei³¹	tsəŋ³¹	tsei³¹ | tsei
富平	nəŋ³⁵ | nəŋ	ləŋ³⁵ | ləŋ	lei³¹	tsəŋ³¹ | tsəŋ	tsei³¹ | tsei
潼关	nəŋ²⁴ | nəŋ	ləŋ²⁴ | ləŋ	lei³¹	tsəŋ³¹ | tsəŋ	tsei³¹ | tsei
华阴	nəŋ²⁴ | nəŋ	ləŋ²⁴ | ləŋ	lei³¹	tsəŋ³¹ | tsəŋ	tsei³¹ | tsei
华县	nəŋ³⁵ | nəŋ	ləŋ³⁵ | ləŋ	lei³¹	tsəŋ³¹ | tsəŋ	tsei³¹ | tsei
渭南	nəŋ²⁴ | nəŋ	ləŋ²⁴ | ləŋ	lei³¹	tsəŋ³¹ | tsəŋ	tsei³¹ | tsei
洛南	nəŋ²⁴ | nəŋ	ləŋ²⁴ | ləŋ	lei³¹	tsəŋ³¹ | tsəŋ	tsei³¹ | tsei
商州	nəŋ³⁵ | nəŋ	ləŋ³⁵ | ləŋ	lei³¹	tsəŋ³¹ | tsəŋ	tsei³¹ | tsei
丹凤	nəŋ²⁴	ləŋ²⁴	lei³¹	tsəŋ³¹	tsei³¹
宜川	nəŋ²⁴	ləŋ²⁴/ləŋ⁴⁵	lei⁵¹	tsəŋ⁵¹	tsʰei⁵¹
富县	nəŋ²⁴	ləŋ²⁴/ləŋ⁴⁴	lei³¹	tsəŋ³¹	tsei³¹
黄陵	nəŋ²⁴	ləŋ²⁴/ləŋ⁴⁴	lei³¹	tsəŋ³¹	tsei³¹
宜君	nəŋ²⁴	ləŋ²⁴	lei²¹	tsəŋ³¹	tsei²¹
铜川	nʌŋ²⁴ | nəŋ	lʌŋ⁴⁴/lʌŋ²⁴ | ləŋ	lei²¹	tsʌŋ²¹ | tsəŋ	tsei²¹
耀县	nəŋ²⁴ | ŋəŋ	ləŋ²⁴/ləŋ⁴⁴ | ləŋ	lei³¹	tsəŋ³¹ | tsəŋ	tsei³¹ | tsei
高陵	nəŋ²⁴ | nəŋ	ləŋ²⁴ | ləŋ	lei³¹	tsəŋ³¹ | tsəŋ	tsei³¹ | tsei
临潼	nəŋ²⁴ | nəŋ	ləŋ⁴⁵ | ləŋ	lei³¹	tsəŋ³¹ | tsəŋ	tsei³¹ | tsei

字目 / 方言	能 曾开一平登泥	楞 曾开一平登来	肋 曾开一入德来	增 曾开一平登精	则 曾开一入德精
蓝田	nəŋ²⁴	nəŋ	ləŋ²⁴/ləŋ⁴⁴①	ləŋ	lei³¹	tsəŋ³¹	tsəŋ	tsei³¹	tsei
长安	nəŋ²⁴	ləŋ²⁴/ləŋ⁴⁴	lei³¹	tsəŋ³¹	tsei³¹
户县	nəŋ²⁴	nəŋ	ləŋ²⁴/ləŋ⁵⁵	ləŋ	lei³¹	tsəŋ³¹	tsəŋ	tsəŋ³¹	tsei
周至	nəŋ²⁴	nəŋ	ləŋ²⁴	ləŋ	li²¹	tsəŋ²¹	tsəŋ	tsɿ²¹	tsei
三原	nəŋ²⁴	nəŋ	ləŋ⁵⁵	ləŋ	lei³¹	tsəŋ³¹	tsəŋ	tsei³¹	tsei
泾阳	nəŋ²⁴	nəŋ	ləŋ⁵⁵	ləŋ	lei³¹	tsəŋ³¹	tsəŋ	tsei³¹	tsei
咸阳	nəŋ²⁴	ləŋ²⁴	lei³¹	tsəŋ³¹	tsei³¹
兴平	nəŋ²⁴	nəŋ	nəŋ²⁴	nəŋ	lei³¹	tsəŋ³¹	tsəŋ	tsei³¹	tsei
武功	ləŋ⁵⁵	nəŋ	ləŋ²⁴	nəŋ	lei³¹	tsəŋ³¹	tsəŋ	tsei³¹	tsei
礼泉	ləŋ²⁴	ləŋ	ləŋ²⁴	ləŋ	le³¹	tsəŋ³¹	tsəŋ	tse³¹	tsei
乾县	ləŋ²⁴	ləŋ	ləŋ⁴⁴	ləŋ	lei³¹	tsəŋ³¹	tsəŋ	tsei³¹	tsei
永寿	ləŋ²⁴	ləŋ	ləŋ²⁴	ləŋ	lei³¹	tsəŋ³¹	tsəŋ	tsei³¹	tsei
淳化	nəŋ²⁴	nəŋ	ləŋ²⁴	ləŋ	lei³¹	tsəŋ³¹	tsəŋ	tsei³¹	tsei
旬邑	ləŋ²⁴	ləŋ	ləŋ²⁴	ləŋ	lei³¹	tsəŋ³¹	tsəŋ	tsei³¹	tsei
彬县	ləŋ²⁴	ləŋ	ləŋ²⁴	ləŋ	lei³¹	tsəŋ³¹	tsəŋ	tsei³¹	tsei
长武	ləŋ²⁴	ləŋ	ləŋ²⁴	ləŋ	lei⁴⁴	tsəŋ³¹	tsəŋ	tsei³¹	tsei
扶风	ləŋ²⁴	ləŋ	ləŋ³³	ləŋ	lei³¹	tsəŋ³¹	tsəŋ	tsei³¹	tsei
眉县	ləŋ²⁴	ləŋ	ləŋ⁴⁴	ləŋ	lei³¹	tsəŋ³¹	tsəŋ	tsei³¹	tsei
麟游	ləŋ²⁴	ləŋ	ləŋ⁴⁴	ləŋ	lei³¹	tsəŋ³¹	tsəŋ	tsei³¹	tsei
岐山	ləŋ²⁴	ləŋ	ləŋ⁴⁴	ləŋ	lei³¹	tsəŋ³¹	tsəŋ	tsei³¹	tsei
凤翔	ləŋ²⁴	ləŋ	ləŋ⁴⁴	ləŋ	lei³¹	tsəŋ³¹	tsəŋ	tsei³¹	tsei
宝鸡	ləŋ²⁴	ləŋ	ləŋ⁴⁴	ləŋ	li³¹	tsəŋ³¹	tsəŋ	tsei³¹	tsei
千阳	ləŋ²⁴	ləŋ	ləŋ⁴⁴	ləŋ	lei³¹	tsəŋ³¹	tsəŋ	tsei³¹	tsei
陇县	ləŋ²⁴	ləŋ	ləŋ⁴⁴	ləŋ	lei³¹	tsəŋ³¹	tsəŋ	tsei³¹	tsei

① ləŋ²⁴一般用于"地～、～～"等；ləŋ⁴⁴一般用于"二～"等。

字目 / 方言	蹭 曾开一去嶝清	层 曾开一平登从	赠 曾开一去嶝从	贼 曾开一入德从	僧 曾开一平登心
西安	$ts^h\partial\eta^{55}$	$ts^h\partial\eta^{24}$ | $ts^h\partial\eta$	$ts\partial\eta^{55}$	$tsei^{24}$	$s\partial\eta^{21}$ | $s\partial\eta$
韩城	$ts^h\partial\eta^{53}$	$ts^h\partial\eta^{24}$ | $ts^h\partial\eta$	$ts\partial\eta^{44}$	$ts^h\textrm{ɿ}^{24}$	$s\partial\eta^{31}$ | $s\partial\eta$
合阳	$ts^h\partial\eta^{55}$	$ts^h\partial\eta^{24}$ | $ts^h\partial\eta$	$ts\partial\eta^{55}$	$ts^h\textrm{ɿ}^{24}$	$s\partial\eta^{31}$ | $s\partial\eta$
澄城	$ts^h\partial\eta^{31}$	$ts^h\partial\eta^{24}$ | $ts^h\partial\eta$	$ts\partial\eta^{44}$	ts^hei^{24}	$s\partial\eta^{31}$ | $s\partial\eta$
白水	$ts^h\partial\eta^{44}$	$ts^h\partial\eta^{24}$ | $ts^h\partial\eta$	$ts\partial\eta^{44}$	ts^hei^{24}	$s\partial\eta^{31}$ | $s\partial\eta$
大荔	$ts^h\partial\eta^{55}$	$ts^h\partial\eta^{24}$ | $ts^h\partial\eta$	$ts\partial\eta^{55}$	ts^hei^{24}	$s\partial\eta^{31}$ | $s\partial\eta$
蒲城	$ts^h\partial\eta^{55}$	$ts^h\partial\eta^{35}$ | $ts^h\partial\eta$	$ts\partial\eta^{55}$	ts^hei^{35}	$s\partial\eta^{31}$ | $s\partial\eta$
美原	$ts^h\partial\eta^{55}$	$ts^h\partial\eta^{35}$	$ts\partial\eta^{55}$	ts^hei^{35}	$s\partial\eta^{31}$
富平	$ts^h\partial\eta^{55}$	$ts^h\partial\eta^{35}$ | $ts^h\partial\eta$	$ts\partial\eta^{55}$	ts^hei^{35}	$s\partial\eta^{31}$ | $s\partial\eta$
潼关	$ts^h\partial\eta^{44}$	$ts^h\partial\eta^{24}$ | $ts^h\partial\eta$	$ts\partial\eta^{44}$	ts^hei^{24}	$s\partial\eta^{31}$ | $s\partial\eta$
华阴	$ts^h\partial\eta^{55}$	$ts^h\partial\eta^{24}$ | $ts^h\partial\eta$	$ts\partial\eta^{55}$	$tsei^{24}$	$s\partial\eta^{31}$ | $s\partial\eta$
华县	$ts^h\partial\eta^{55}$	$ts^h\partial\eta^{35}$ | $ts^h\partial\eta$	$ts\partial\eta^{55}$	ts^hei^{35}	$s\partial\eta^{31}$ | $s\partial\eta$
渭南	$ts^h\partial\eta^{44}$	$ts^h\partial\eta^{24}$ | $ts^h\partial\eta$	$ts\partial\eta^{44}$	ts^hei^{24}	$s\partial\eta^{31}$ | $s\partial\eta$
洛南	$ts^h\partial\eta^{44}$	$ts^h\partial\eta^{24}$ | $ts^h\partial\eta$	$ts\partial\eta^{44}$	$tsei^{24}$	$s\partial\eta^{31}$ | $s\partial\eta$
商州	$ts^h\partial\eta^{55}$	$ts^h\partial\eta^{35}$ | $ts^h\partial\eta$	$ts\partial\eta^{55}$	$tsei^{35}$	$s\partial\eta^{31}$ | $s\partial\eta$
丹凤	$ts^h\partial\eta^{44}$	$ts^h\partial\eta^{24}$	$ts\partial\eta^{44}$	$tsei^{24}$	$s\partial\eta^{31}$
宜川	$ts^h\partial\eta^{45}$	$ts^h\partial\eta^{24}$	$ts\partial\eta^{51}$	ts^hei^{24}	$s\partial\eta^{51}$
富县	$ts^h\partial\eta^{44}$	$ts^h\partial\eta^{24}$	$ts\partial\eta^{44}$	ts^hei^{24}	$s\partial\eta^{31}$
黄陵	$ts^h\partial\eta^{44}$	$ts^h\partial\eta^{24}$	$ts\partial\eta^{31}$	ts^hei^{24}	$s\partial\eta^{31}$
宜君	$ts^h\partial\eta^{44}$	$ts^h\partial\eta^{24}$	$ts\partial\eta^{44}$	ts^hei^{24}	$s\partial\eta^{21}$
铜川	$ts^h\textrm{ʏ}\eta^{44}$	$ts^h\textrm{ʏ}\eta^{24}$ | $ts^h\partial\eta$	$ts\textrm{ʏ}\eta^{44}$	$tsei^{24}$	$s\textrm{ʏ}\eta^{21}$ | $s\partial\eta$
耀县	$ts^h\partial\eta^{44}$	$ts^h\partial\eta^{24}$ | $ts^h\partial\eta$	$ts\partial\eta^{44}$	$tsei^{24}$	$s\partial\eta^{31}$ | $s\partial\eta$
高陵	$ts^h\partial\eta^{55}$	$ts^h\partial\eta^{24}$ | $ts^h\partial\eta$	$ts\partial\eta^{55}$	$tsei^{24}$	$s\partial\eta^{31}$ | $s\partial\eta$
临潼	$ts^h\partial\eta^{45}$	$ts^h\partial\eta^{24}$ | $ts^h\partial\eta$	$ts\partial\eta^{45}$	$tsei^{24}$	$s\partial\eta^{31}$ | $s\partial\eta$

字目 方言	蹭 曾开一 去嶝清	层 曾开一 平登从		赠 曾开一 去嶝从	贼 曾开一 入德从	僧 曾开一 平登心	
蓝田	tsʰəŋ⁴⁴	tsʰəŋ²⁴	tsʰəŋ	tsəŋ⁴⁴	tsei²⁴	səŋ³¹	səŋ
长安	tsʰəŋ⁴⁴	tsʰəŋ²⁴		tsəŋ⁴⁴	tsei²⁴	səŋ³¹	
户县	tsʰəŋ⁵⁵	tsʰəŋ²⁴	tsʰəŋ	tsəŋ⁵⁵	tsei²⁴	səŋ³¹	səŋ
周至	tsʰəŋ⁵⁵	tsʰəŋ²⁴	tsʰəŋ	tsəŋ⁵⁵	tsɿ²⁴	səŋ²¹	səŋ
三原	tsʰəŋ⁵⁵	tsʰəŋ²⁴	tsʰəŋ	tsəŋ⁵⁵	tsei²⁴	səŋ³¹	səŋ
泾阳	tsʰəŋ⁵⁵	tsʰəŋ²⁴	tsʰəŋ	tsəŋ⁵⁵	tsei²⁴	səŋ³¹	səŋ
咸阳	tsʰəŋ⁵⁵	tsʰəŋ²⁴		tsəŋ⁵⁵	tsei²⁴	səŋ³¹	
兴平	tsʰəŋ⁵⁵	tsʰəŋ²⁴	tsʰəŋ	tsəŋ⁵⁵	tsei²⁴	səŋ³¹	səŋ
武功	tsʰəŋ⁵⁵	tsʰəŋ²⁴	tsʰəŋ	tsəŋ⁵⁵	tsei²⁴	səŋ³¹	səŋ
礼泉	tsʰəŋ⁵⁵	tsʰəŋ²⁴	tsʰəŋ	tsəŋ⁵⁵	tse²⁴	səŋ³¹	səŋ
乾县	tsʰəŋ⁴⁴	tsʰəŋ²⁴	tsʰəŋ	tsəŋ⁴⁴	tsei²⁴	tsəŋ³¹/səŋ³¹①	səŋ
永寿	tsʰəŋ⁵⁵	tsʰəŋ²⁴	tsʰəŋ	tsəŋ⁵⁵	tsei²⁴	səŋ³¹	səŋ
淳化	tsʰəŋ⁵⁵	tsʰəŋ²⁴	tsʰəŋ	tsəŋ⁵⁵	tsei²⁴	tsəŋ³¹/səŋ³¹	səŋ
旬邑	tsʰəŋ⁴⁴	tsʰəŋ²⁴	tsʰəŋ	tsəŋ⁴⁴	tsʰei²⁴	səŋ³¹	səŋ
彬县	tsʰəŋ⁴⁴	tsʰəŋ²⁴	tsʰəŋ	tsəŋ⁴⁴	tsʰei²⁴	tsəŋ³¹/səŋ³¹	səŋ
长武	tsʰəŋ⁴⁴	tsʰəŋ²⁴	tsʰəŋ	tsəŋ⁴⁴	tsʰei²⁴	tsəŋ³¹	səŋ
扶风	tsʰəŋ³¹	tsʰəŋ²⁴	tsʰəŋ	tsəŋ³³	tsei²⁴	səŋ³¹	səŋ
眉县	tsʰəŋ⁴⁴	tsʰəŋ²⁴	tsʰəŋ	tsəŋ⁴⁴	tsei²⁴	səŋ³¹	səŋ
麟游	tsʰəŋ³¹	tsʰəŋ²⁴	tsʰəŋ	tsəŋ⁴⁴	tsei²⁴	səŋ³¹	səŋ
岐山	tsʰəŋ³¹	tsʰəŋ²⁴	tsʰəŋ	tsəŋ⁴⁴	tsei²⁴	səŋ³¹	səŋ
凤翔	tsʰəŋ³¹	tsʰəŋ²⁴	tsʰəŋ	tsəŋ⁴⁴	tsei²⁴	səŋ³¹	səŋ
宝鸡	tsʰəŋ³¹	tsʰəŋ²⁴	tsʰəŋ	tsəŋ⁴⁴	tsei²⁴	səŋ³¹	səŋ
千阳	tsʰəŋ³¹	tsʰəŋ²⁴	tsʰəŋ	tsəŋ⁴⁴	tsei²⁴	səŋ³¹	səŋ
陇县	tsʰəŋ⁴⁴	tsʰəŋ²⁴	tsʰəŋ	tsəŋ⁴⁴	tsei²⁴	səŋ³¹	səŋ

① səŋ³¹ 唐～。下同。

字目 / 方言	塞	肯	刻 用刀~	黑		恒
	曾开一入德心	曾开一上等溪	曾开一入德溪	曾开一入德晓		曾开一平登匣
西安	sei²¹	kʰɛ̃⁵³	kʰei²¹	xei²¹	xei	xəŋ²⁴
韩城	sɿ³¹	kʰɛ̃⁵³	kʰɿ³¹	x̱ɿ³¹/x̱ɯ³¹	xei/xɯ	xəŋ²⁴
合阳	sɿ³¹	kʰɛ̃⁵²	kʰɿ³¹	xɯ³¹/xɿ³¹ 新	xei	xəŋ²⁴
澄城	tei³¹	kʰɛ̃⁵³	kʰei³¹	xɯ³¹	xei/xɯ	xəŋ²⁴
白水	sei³¹	kʰɛ̃⁵³	kʰei³¹	xei³¹	xei	xəŋ²⁴
大荔	sei³¹	kʰɛ̃⁵²	kʰei³¹	xei³¹	xei	xəŋ²⁴
蒲城	sei³¹	kʰɛ̃⁵³	kʰei³¹	xei³¹	xei	xəŋ³⁵
美原	sei³¹	kʰɛ̃⁵³	kʰei³¹	xei³¹	xei	xəŋ³⁵
富平	sei³¹	kʰɛ̃⁵³	kʰei³¹	xei³¹	xei	xəŋ³⁵
潼关	sei³¹	kʰɛ̃⁵²	kʰei³¹	xei³¹	xei	xəŋ²⁴
华阴	sei³¹	kʰɛ̃⁵²	kʰei³¹	xei³¹	xei	xəŋ²⁴
华县	sei³¹	kʰɛ̃⁵³	kʰei³¹	xei³¹	xei	xəŋ³⁵
渭南	sei³¹	kʰɛ̃⁵³	kʰei³¹	xei³¹	xei	xəŋ²⁴
洛南	sei³¹	kʰei⁵³	kʰei³¹	xei³¹	xei	xəŋ²⁴
商州	s̱ei³¹/ṯsei³¹	kʰɛ̃⁵³	kʰei³¹	xei³¹	xei	xəŋ³⁵
丹凤	sei³¹	kʰei⁵³	kʰei³¹	xei³¹		xəŋ²⁴
宜川	sei⁵¹	kʰiei⁴⁵	kʰiei⁵¹	xei⁵¹		xəŋ²⁴
富县	sei³¹	kʰəŋ⁵²	kʰei³¹	xei³¹		xəŋ²⁴
黄陵	sei³¹	kʰɛ̃⁵²	kʰei³¹	xei³¹		xəŋ²⁴
宜君	sei²¹	kʰɛ̃⁵²	kʰɛ̃²¹	xei²¹		xəŋ²⁴
铜川	sei²¹	kʰɛ̃⁵²	kʰei²¹	xei²¹	xei	xɤŋ²⁴
耀县	sei³¹	kʰei⁵²	kʰei³¹	xei³¹	xei	xəŋ²⁴
高陵	sei³¹	kʰɛ̃⁵²	kʰei³¹	xei³¹	xei	xəŋ²⁴
临潼	sei³¹	kʰei⁵²	kʰei³¹	xei³¹	xei	xəŋ²⁴

字目 方言	塞 曾开一 入德心	肯 曾开一 上等溪	刻用刀~ 曾开一 入德溪	黑 曾开一 入德晓	恒 曾开一 平登匣
蓝田	sei³¹	kʰẽ⁵²	kʰei³¹	xei³¹ ｜ xei	xəŋ²⁴
长安	sei³¹	kʰẽ⁵³	kʰei³¹	xei³¹	xəŋ²⁴
户县	sei³¹	kʰẽ⁵²	kʰei³¹	xei³¹ ｜ xei	xəŋ²⁴
周至	sɿ²¹	kʰẽ⁵²	kʰɿ²¹	xɿ²¹ ｜ xei	xəŋ²⁴
三原	sei³¹	kʰẽ⁵²	kʰei³¹	xei³¹ ｜ xei	xəŋ²⁴
泾阳	sei³¹	kʰẽ⁵²	kʰei³¹	xei³¹ ｜ xei	xəŋ²⁴
咸阳	sei³¹	kʰɛ̃⁵²	kʰei³¹	xei³¹	xəŋ²⁴
兴平	sei³¹	kʰɛ̃⁵²	kʰei³¹	xei³¹ ｜ xei	xəŋ²⁴
武功	sei³¹	kʰẽ⁵²	kʰei³¹	xei³¹ ｜ xei	xəŋ²⁴
礼泉	se³¹	kʰɛ̃⁵²	kʰe³¹	xe³¹ ｜ xei	xəŋ²⁴
乾县	sei³¹	kʰɛ̃⁵²	kʰei³¹	xei³¹ ｜ xei	xəŋ²⁴
永寿	sei³¹	kʰɛ̃⁵²	kʰei³¹	xei³¹ ｜ xei	xəŋ²⁴
淳化	sei³¹	kʰei⁵²	kʰei³¹	xei³¹ ｜ xei	xəŋ²⁴
旬邑	sei³¹	kʰei⁵²	kʰei³¹	xei³¹ ｜ xei	xəŋ²⁴
彬县	sei³¹	kʰẽ⁵²	kʰei³¹	xei³¹ ｜ xei	xəŋ²⁴
长武	sei³¹	kʰɛ̃⁵²	kʰei³¹	xei³¹ ｜ xei	xəŋ²⁴
扶风	sei³¹	kʰəŋ⁵²	kʰei³¹	xei³¹ ｜ xei	xəŋ²⁴
眉县	sei³¹	kʰəŋ⁵²	kʰei³¹	xei³¹ ｜ xei	xəŋ²⁴
麟游	sei³¹	kʰəŋ⁵³	kʰei³¹	xei³¹ ｜ xei	xəŋ²⁴
岐山	sei³¹	kʰəŋ⁵³	kʰei³¹	xei³¹ ｜ xei	xəŋ²⁴
凤翔	sei³¹	kʰəŋ⁵³	kʰei³¹	xei³¹ ｜ xei	xəŋ²⁴
宝鸡	sei³¹	kʰəŋ⁵³	kʰei³¹	xei³¹ ｜ xei	xəŋ²⁴
千阳	sei³¹	kʰəŋ⁵³	kʰei³¹	xei³¹ ｜ xei	xəŋ²⁴
陇县	sei³¹	kʰəŋ⁵³	kʰei³¹	xei³¹ ｜ xei	xəŋ²⁴

字目 方言	冰 曾开三 平蒸帮	逼 曾开三 入职帮	凭 曾开三 平蒸並	匿 曾开三 入职泥	陵 曾开三 平蒸来
西安	piŋ²¹	pi²¹	pʰiŋ²⁴	ȵi²¹	liŋ²⁴
韩城	piəŋ³¹	pi³¹	pʰiəŋ²⁴	ȵi²⁴	liəŋ²⁴
合阳	piəŋ³¹	pi³¹	pʰiẽ²⁴	ȵi³¹	liəŋ²⁴
澄城	piəŋ³¹	pi³¹	pʰiəŋ²⁴	ȵi³¹	liəŋ²⁴
白水	piəŋ³¹	pi³¹	pʰiəŋ²⁴	ȵi³¹	liəŋ²⁴
大荔	piəŋ³¹	pi³¹	pʰiẽ²⁴	ȵi³¹	liəŋ²⁴
蒲城	piəŋ³¹	pi³¹	pʰiəŋ³⁵	ȵi³¹	liəŋ³⁵
美原	piəŋ³¹	pi³¹	pʰiəŋ³⁵	ȵi³¹	liəŋ³⁵
富平	piəŋ³¹	pi³¹	pʰiəŋ³⁵	ȵi³¹	liəŋ³⁵
潼关	piəŋ³¹	pi³¹	pʰiəŋ²⁴	ȵi³¹	liəŋ²⁴
华阴	piəŋ³¹	pi³¹	pʰiẽ²⁴	ȵi³¹	liəŋ²⁴
华县	piəŋ³¹	pi³¹	pʰiəŋ³⁵	ȵi³¹	liəŋ³⁵
渭南	piəŋ³¹	pi³¹	pʰiəŋ²⁴	ȵi³¹	liəŋ²⁴
洛南	piəŋ³¹	pi³¹	pʰiəŋ²⁴	ȵi³¹	liəŋ²⁴
商州	piəŋ³¹	pi³¹	pʰiəŋ³⁵	ȵi³¹	liəŋ³⁵
丹凤	piəŋ³¹	pi³¹	pʰiəŋ²⁴	ȵi³¹	liəŋ²⁴
宜川	piəŋ⁵¹/piɛ⁴⁵	pi⁵¹	pʰiei²⁴	iei⁴⁵ ~名信	liəŋ²⁴
富县	piəŋ³¹	pi³¹	pʰiəŋ²⁴	mi⁴⁴	liəŋ²⁴
黄陵	piəŋ³¹	pi³¹	pʰiẽ²⁴	mi⁵²	liəŋ²⁴
宜君	piəŋ²¹	pi²¹	pʰiẽ²⁴	ȵi⁴⁴	liəŋ²⁴
铜川	piɤŋ²¹	pi²¹	pʰiɤŋ²⁴	ȵi²¹	liɤŋ²⁴
耀县	piəŋ³¹	pi³¹	pʰiəŋ²⁴	ȵi³¹	liəŋ²⁴
高陵	piəŋ³¹	pi³¹	pʰiəŋ²⁴	ȵi⁵⁵	liəŋ²⁴
临潼	piəŋ³¹	pi³¹	pʰiəŋ²⁴	ȵi³¹	liəŋ²⁴

字目方言	冰	逼	凭	匿	陵
	曾开三平蒸帮	曾开三入职帮	曾开三平蒸並	曾开三入职泥	曾开三平蒸来
蓝田	piəŋ^{31}	pi^{31}	pʰiəŋ^{24}	mi^{44}	liəŋ^{24}
长安	piəŋ^{31}	pi^{31}	pʰiəŋ^{24}	ȵi^{31}	liəŋ^{24}
户县	piəŋ^{31}	pi^{31}	pʰiəŋ^{24}	ȵi^{31}	liəŋ^{24}
周至	piəŋ^{21}	pi^{21}	pʰiəŋ^{24}	ȵi^{55}	liəŋ^{24}
三原	piŋ^{31}	pi^{31}	pʰiŋ^{24}	ȵi^{31}	liŋ^{24}
泾阳	piŋ^{31}	pi^{31}	pʰiŋ^{24}	ȵi^{31}	liŋ^{24}
咸阳	piŋ^{31}	pi^{31}	pʰiŋ^{24}	ȵi^{31}	liŋ^{24}
兴平	piŋ^{31}	pi^{31}	pʰiŋ^{24}	ȵi^{31}	liŋ^{24}
武功	piŋ^{31}	pi^{31}	pʰiŋ^{24}	ȵi^{31}	liŋ^{24}
礼泉	piəŋ^{31}	pi^{31}	pʰiəŋ^{24}	ȵi^{31}	liəŋ^{24}
乾县	piŋ^{31}	pi^{31}	pʰiŋ^{24}	ȵi^{31}	liŋ^{24}
永寿	piŋ^{31}	pi^{31}	pʰiŋ^{24}	ȵi^{31}	liŋ^{24}
淳化	piŋ^{31}	pi^{31}	pʰiŋ^{24}	ȵi^{31}	liŋ^{24}
旬邑	piŋ^{31}	pi^{31}	pʰiŋ^{24}	ȵi^{31}	liŋ^{24}
彬县	piŋ^{31}	pi^{31}	pʰiŋ^{24}	ȵi^{31}	liŋ^{24}
长武	piŋ^{31}	pi^{31}	pʰiŋ^{24}	ȵi^{31}	liŋ^{24}
扶风	piŋ^{31}	pi^{31}	pʰiŋ^{24}	ȵi^{31}	liŋ^{24}
眉县	piŋ^{31}	pi^{31}	pʰiŋ^{24}	ȵi^{31}	liŋ^{24}
麟游	piŋ^{31}	pi^{31}	pʰiŋ^{24}	ȵi^{31}	liŋ^{24}
岐山	piŋ^{31}	pi^{31}	pʰiŋ^{24}	ȵi^{31}	liŋ^{24}
凤翔	piŋ^{31}	pi^{31}	pʰiŋ^{24}	ȵi^{31}	liŋ^{24}
宝鸡	piŋ^{31}	pi^{31}	pʰiŋ^{24}	ȵi^{31}	liŋ^{24}
千阳	piŋ^{31}	pi^{31}	pʰiŋ^{24}	ȵi^{31}	liŋ^{24}
陇县	piŋ^{31}	pi^{31}	pʰiŋ^{24}	ȵi^{31}	liŋ^{24}

字目 方言	力 曾开三 入职来	即 曾开三 入职精	息 曾开三 入职心	征 曾开三 平蒸澄	惩 曾开三 平蒸澄
西安	li²¹	tɕi²¹	ɕi²¹	tʂəŋ²¹ ∣ təŋ	tʂʰəŋ²⁴
韩城	lɿ³¹	tɕi³¹	ɕi³¹	tʂəŋ³¹ ∣ təŋ	tʂʰəŋ²⁴
合阳	li³¹	tsi³¹	si³¹	tʂəŋ³¹ ∣ təŋ	tʂʰəŋ²⁴
澄城	li³¹	ti³¹	si³¹	tʂəŋ³¹ ∣ təŋ	tʂʰəŋ²⁴
白水	li³¹	ti³¹	si³¹	tʂəŋ³¹ ∣ təŋ	tʂʰəŋ²⁴
大荔	li³¹	ti³¹	si³¹	tʂəŋ³¹ ∣ təŋ	tʂʰəŋ²⁴
蒲城	li³¹	ti³¹	si³¹	tʂəŋ³¹ ∣ kəŋ/tʂəŋ	tʂʰəŋ³⁵
美原	li³¹	tɕi³¹	ɕi³¹	kəŋ³¹ ∣ kəŋ	kʰəŋ³⁵
富平	li³¹	ti³¹	si³¹	tʂəŋ³¹ ∣ təŋ	tʂʰəŋ³⁵
潼关	li³¹	tɕi³¹	ɕi³¹	tʂəŋ³¹ ∣ təŋ	tʂʰəŋ²⁴
华阴	li³¹	tɕi³¹	ɕi³¹	tʂəŋ³¹ ∣ təŋ	tʂʰəŋ²⁴
华县	li³¹	ti³¹	si³¹	tʂəŋ³¹ ∣ təŋ	tʂʰəŋ³⁵
渭南	li³¹	tɕi³¹	ɕi³¹	tʂəŋ³¹ ∣ təŋ	tʂʰəŋ²⁴
洛南	li³¹	tɕi³¹	ɕi³¹	tʂəŋ³¹ ∣ təŋ	tʂʰəŋ²⁴
商州	li³¹	tɕi³¹	ɕi³¹	tʂəŋ³¹ ∣ təŋ	tʂʰəŋ³⁵
丹凤	li³¹	tɕi³¹	ɕi³¹	tʂəŋ³¹	tʂʰəŋ²⁴
宜川	li⁵¹	tɕi⁵¹	ɕi⁵¹	tʂəŋ⁵¹	tʂʰəŋ²⁴
富县	li³¹	tɕi³¹	ɕi³¹	ʈəŋ³¹	ʈʰəŋ²⁴
黄陵	li³¹	tɕi³¹	ɕi³¹	tʂəŋ³¹	tʂʰəŋ²⁴
宜君	li²¹	ʈi²¹	si²¹	ʈəŋ²¹	ʈʰəŋ²⁴
铜川	li²¹	tɕi²¹	ɕi²¹	tʂʅŋ²¹ ∣ təŋ	tʂʰʅŋ²⁴
耀县	li³¹	tɕi³¹	ɕi³¹	ʈəŋ³¹ ∣ təŋ	ʈəŋ³¹
高陵	li³¹	ʈi³¹	si³¹	ʈəŋ³¹ ∣ təŋ	ʈʰəŋ²⁴
临潼	li³¹	tɕi³¹	ɕi³¹	tʂəŋ³¹ ∣ təŋ	tʂʰəŋ²⁴

字目 方言	力	即	息	征	惩
	曾开三 入职来	曾开三 入职精	曾开三 入职心	曾开三 平蒸澄	曾开三 平蒸澄
蓝田	li³¹	tɕi³¹	ɕi³¹	tʂəŋ³¹ ｜ təŋ	tʂʰəŋ²⁴/tʂəŋ³¹
长安	li³¹	tɕi³¹	ɕi³¹	təŋ³¹	tʰəŋ²⁴
户县	li³¹	tɕi²⁴	ɕi³¹	tʂəŋ³¹ ｜ təŋ	tʂʰəŋ⁵²/tʂəŋ³¹
周至	li²¹	tɕi²¹	ɕi²¹	təŋ²¹ ｜ təŋ	tʰəŋ²⁴
三原	li³¹	ti³¹	si³¹	təŋ³¹ ｜ təŋ	təŋ³¹
泾阳	li³¹	tɕi³¹	ɕi³¹	təŋ³¹ ｜ təŋ	təŋ³¹
咸阳	li³¹	tɕi²⁴	ɕi³¹	təŋ³¹	təŋ³¹
兴平	li³¹	tɕi⁵⁵	ɕi³¹	təŋ³¹ ｜ təŋ	tʰəŋ²⁴
武功	li³¹	tɕi³¹	ɕi³¹	təŋ³¹ ｜ təŋ	təŋ³¹
礼泉	li³¹	tɕi³¹	ɕi³¹	təŋ³¹ ｜ təŋ	təŋ⁵²
乾县	li³¹	tɕi⁴⁴	ɕi³¹	təŋ³¹ ｜ təŋ	tʰəŋ²⁴
永寿	li³¹	tɕi³¹	ɕi³¹	təŋ³¹ ｜ təŋ	təŋ³¹
淳化	lei³¹	ti³¹	si³¹	təŋ³¹ ｜ təŋ	təŋ³¹
旬邑	li³¹	tsi³¹	si³¹	təŋ³¹ ｜ tʂəŋ	tʰəŋ²⁴
彬县	li³¹	tsi³¹	si³¹	təŋ³¹ ｜ tʂəŋ	təŋ³¹
长武	li³¹	tsi³¹	si³¹	təŋ³¹ ｜ təŋ	təŋ³¹
扶风	li³¹	tɕi³¹	ɕi³¹	tʂəŋ³¹ ｜ təŋ	tʂʰəŋ²⁴
眉县	li³¹	ʈi³¹	si³¹	tʂəŋ³¹ ｜ təŋ	tʂʰəŋ²⁴
麟游	li³¹	ʈi³¹	si³¹	tʂəŋ³¹ ｜ təŋ	tʂʰəŋ²⁴
岐山	li³¹	ʈi³¹	si³¹	tʂəŋ³¹ ｜ təŋ	tʂəŋ³¹
凤翔	li³¹	ʈi³¹	si³¹	tʂəŋ³¹ ｜ təŋ	tʂʰəŋ²⁴
宝鸡	li³¹	tɕi³¹	ɕi³¹	tʂəŋ³¹ ｜ tʂəŋ	tʂʰəŋ²⁴
千阳	li³¹	ʈi³¹	si³¹	tʂəŋ³¹ ｜ təŋ	tʂʰəŋ²⁴
陇县	li³¹	tɕi³¹	ɕi³¹	tʂəŋ³¹ ｜ tʂəŋ	tʂəŋ³¹

字目 方言	瞪 曾开三 去证澄	直 曾开三 入职澄	侧 曾开三 入职庄	测 曾开三 入职初	色 曾开三 入职生
西安	$təŋ^{55}$	$tʂʅ^{24}$	$tsʰei^{21}/tsei^{21}$ ｜ $tsʰei$	$tsʰei^{21}$	sei^{21} ｜ sei
韩城	$təŋ^{44}$	$tʂʅ^{24}$	$tsʰɿ^{31}/tsɿ^{31}$ ｜ $tsʰei$	$tsʰɿ^{31}$	$sɿ^{31}$ ｜ sei
合阳	$təŋ^{55}$	$tʂʰʅ^{24}$	$tsʰɿ^{31}/tsɿ^{31}$ ｜ $tsʰei$	$tsʰɿ^{31}$	$sɿ^{31}$ ｜ sei
澄城	$təŋ^{44}$	$tʂʰʅ^{24}$	$tsʰei^{31}/tsei^{31}$ ｜ $tsʰei$	$tsʰei^{31}$	sei^{31} ｜ tei
白水	$təŋ^{44}$	$tʂʰʅ^{24}$	$tsʰei^{31}/tsei^{31}$ ｜ $tsʰei$	$tsʰei^{31}$	sei^{31} ｜ sei
大荔	$təŋ^{55}$	$tʂʰʅ^{24}$	$tsʰei^{31}/tsei^{31}$ ｜ $tsʰei$	$tsʰei^{31}$	sei^{31} ｜ sei
蒲城	$təŋ^{55}$	$tʂʰʅ^{35}$	$tsʰei^{31}/tsei^{31}$ ｜ $tsʰei$	$tsʰei^{31}$	sei^{31} ｜ sei
美原	$təŋ^{55}$	$kʰi^{35}$	$tsʰei^{31}/tsei^{31}$ ｜ $tsʰei$	$tsʰei^{31}$	sei^{31} ｜ sei
富平	$təŋ^{55}$	$tʂʰʅ^{35}$	$tsʰei^{31}/tsei^{31}$ ｜ $tsʰei$	$tsʰei^{31}$	sei^{31} ｜ sei
潼关	$təŋ^{44}$	$tʂʅ^{24}$	$tsʰei^{31}/tsei^{31}$ ｜ $tsʰei$	$tsʰei^{31}$	sei^{31} ｜ sei
华阴	$təŋ^{55}$	$tʂʰʅ^{24}$	$tsʰei^{31}/tsei^{31}$ ｜ $tsʰei$	$tsʰei^{31}$	sei^{31} ｜ sei
华县	$təŋ^{55}$	$tʂʰʅ^{35}$	$tsʰei^{31}/tsei^{31}$ ｜ $tsʰei$	$tsʰei^{31}$	sei^{31} ｜ sei
渭南	$təŋ^{44}$	$tʂʰʅ^{24}$	$tsʰei^{31}/tsei^{31}$ ｜ $tsʰei$	$tsʰei^{31}$	sei^{31} ｜ sei
洛南	$təŋ^{44}$	$tʂʰʅ^{24}$	$tsʰei^{31}/tsei^{31}$ ｜ $tsʰei$	$tsʰei^{31}$	sei^{31} ｜ sei
商州	$təŋ^{55}$	$tʂʅ^{35}$	$tsʰei^{31}/tsei^{31}$ ｜ $tsʰei$	$tsʰei^{31}$	sei^{31} ｜ sei
丹凤	$təŋ^{44}$	$tʂʅ^{24}$	$tsʰei^{31}/tsei^{31}$	$tsʰei^{31}$	sei^{31}
宜川	$təŋ^{45}$	$tʂʰʅ^{24}$	$tsʰei^{51}/tsei^{51}$	$tsʰei^{51}$	sei^{51}
富县	$təŋ^{44}$	$tʂʰʅ^{24}$	$tsʰei^{31}/tsei^{31}$	$tsʰei^{31}$	sei^{31}
黄陵	$təŋ^{44}$	$tʂʰʅ^{24}$	$tsʰei^{31}/tsei^{31}$	$tsʰei^{31}$	sei^{31}
宜君	$təŋ^{44}$	$tʂʰʅ^{24}$	$tsʰei^{21}/tsei^{21}$	$tsʰei^{21}$	sei^{21}
铜川	$tɤŋ^{44}$	$tʂʅ^{24}$	$tsʰei^{21}/tsei^{21}$	$tsʰei^{21}$	sei^{21}
耀县	$təŋ^{44}$	$tʂʅ^{24}$	$tsʰei^{31}/tsei^{31}$ ｜ $tsʰei$	$tsʰei^{31}$	sei^{31} ｜ sei
高陵	$təŋ^{55}$	$tʃʅ^{24}$	$tsʰei^{31}/tsei^{31}$ ｜ $tsʰei$	$tsʰei^{31}$	sei^{31} ｜ sei
临潼	$təŋ^{45}$	$tʂʅ^{24}$	$tsʰei^{31}/tsei^{31}$ ｜ $tsʰei$	$tsʰei^{31}$	sei^{31} ｜ sei

字目 方言	瞪 曾开三 去证澄	直 曾开三 入职澄	侧 曾开三 入职庄	测 曾开三 入职初	色 曾开三 入职生
蓝田	təŋ⁴⁴	tʂʅ²⁴	tsʰei³¹/tsei³¹ ∣ tsʰei	tsʰei³¹	sei³¹ ∣ sei
长安	təŋ⁴⁴	tʂʅ²⁴	tsʰei³¹/tsei³¹	tsʰei³¹	sei³¹
户县	təŋ⁵⁵	tʂʅ²⁴	tsʰei³¹/tsei³¹ ∣ tsʰei	tsʰei³¹	sei³¹ ∣ sei
周至	təŋ⁵⁵	tʂʅ²⁴	tsʰɿ²¹/tsɿ²¹ ∣ tsʰei	tsʰɿ²¹	sɿ²¹ ∣ sei
三原	təŋ⁵⁵	tʂʅ²⁴	tsʰei³¹ ∣ tsʰei	tsʰei³¹	sei³¹ ∣ sei
泾阳	təŋ⁵⁵	tʂʅ²⁴	tsʰei³¹ ∣ tsʰei	tsʰei³¹	sei³¹ ∣ sei
咸阳	təŋ⁵⁵	tʂʅ²⁴	tsʰei³¹	tsʰei³¹	sei³¹
兴平	təŋ⁵⁵	tʂʅ²⁴	tsʰei³¹ ∣ tsʰei	tsʰei³¹	sei³¹ ∣ sei
武功	təŋ⁵⁵	tʂʅ²⁴	tsʰei³¹ ∣ tsʰei	tsʰei³¹	sei³¹ ∣ sei
礼泉	təŋ⁵⁵	tʂʅ²⁴	tsʰe³¹ ∣ tsʰei	tsʰei³¹	se³¹ ∣ sei
乾县	təŋ⁴⁴	tʂʅ²⁴	tsʰei³¹ ∣ tsʰei	tsʰei³¹	sei³¹ ∣ sei
永寿	təŋ⁵⁵	tʂʅ²⁴	tsʰei³¹ ∣ tsʰei	tsʰei³¹	sei³¹ ∣ sei
淳化	təŋ⁵⁵	tsʅ²⁴/tʂʰʅ²⁴	tsʰei³¹ ∣ tsʰei	tsʰei³¹	sei³¹ ∣ sei
旬邑	təŋ⁴⁴	tʂʰʅ²⁴	tsʰei³¹ ∣ tsʰei	tsʰei³¹	sei³¹ ∣ sei
彬县	təŋ⁴⁴	tʂʰʅ²⁴	tsʰei³¹ ∣ tsʰei	tsʰei³¹	sei³¹ ∣ sei
长武	təŋ⁴⁴	tʂʅ²⁴	tsʰei³¹ ∣ tsʰei	tsʰei³¹	sei³¹ ∣ sei
扶风	təŋ³³	tsʅ²⁴/tʂʰʅ²⁴	tsʰei³¹/tsei³¹ ∣ tsʰei	tsʰei³¹	sei³¹ ∣ sei
眉县	təŋ⁴⁴	tʂʅ²⁴	tsʰei³¹ ∣ tsʰei	tsʰei³¹	sei³¹ ∣ sei
麟游	təŋ⁴⁴	tʂʅ²⁴	tsʰei³¹/tsei³¹ ∣ tsʰei	tsʰei³¹	sei³¹ ∣ sei
岐山	təŋ⁴⁴	tʂʰʅ²⁴	tsʰei³¹/tsei³¹ ∣ tsʰei	tsʰei³¹	sei³¹ ∣ sei
凤翔	təŋ⁴⁴	tʂʅ²⁴	tsʰei³¹/tsei³¹ ∣ tsʰei	tsʰei³¹	sei³¹ ∣ sei
宝鸡	təŋ⁴⁴	tʂʅ²⁴	tsʰei³¹/tsei³¹ ∣ tsʰei	tsʰei³¹	sei³¹ ∣ sei
千阳	təŋ⁴⁴	tʂʅ²⁴	tsʰei³¹ ∣ tsʰei	tsʰei³¹	sei³¹ ∣ sei
陇县	təŋ⁴⁴	tʂʅ²⁴	tsʰei³¹ ∣ tsʰei	tsʰei³¹	sei³¹ ∣ sei

字目　　方言	蒸	证	织	称~呼,~重量	秤
	曾开三平蒸章	曾开三去证章	曾开三入职章	曾开三平蒸昌	曾开三去证昌
西安	tʂəŋ²¹	tʂəŋ⁵⁵	tʂʅ²¹	tʂʰəŋ²¹	tʂʰəŋ⁵⁵
韩城	tʂəŋ³¹	tʂəŋ⁴⁴	tʂʅ³¹	tʂʰəŋ³¹	tʂʰəŋ⁴⁴
合阳	tʂəŋ³¹	tʂəŋ⁵⁵	tʂʅ³¹	tʂʰəŋ³¹/tʂʰəŋ⁵²①	tʂʰəŋ⁵⁵
澄城	tʂəŋ³¹	tʂəŋ⁴⁴	tʂʅ³¹	tʂʰəŋ⁵³/tʂʰəŋ³¹	tʂʰəŋ⁴⁴
白水	tʂəŋ³¹	tʂəŋ⁴⁴	tʂʅ³¹	tʂʰəŋ⁵³/tʂʰəŋ³¹	tʂʰəŋ⁴⁴
大荔	tʂəŋ³¹	tʂəŋ⁵⁵	tʂʅ³¹	tʂʰəŋ³¹	tʂʰəŋ⁵⁵
蒲城	tʂəŋ³¹	tʂəŋ⁵⁵	tʂʅ³¹	tʂʰəŋ³¹	tʂʰəŋ⁵⁵
美原	kəŋ³¹	kəŋ⁵⁵	ki³¹	kʰəŋ⁵³/kʰəŋ³¹	kʰəŋ⁵⁵
富平	tʂəŋ³¹	tʂəŋ⁵⁵	tʂʅ³¹	tʂʰəŋ⁵³/tʂʰəŋ³¹	tʂʰəŋ⁵⁵
潼关	tʂəŋ³¹	tʂəŋ⁴⁴	tʂʅ³¹	tʂʰəŋ³¹	tʂʰəŋ⁴⁴
华阴	tʂəŋ³¹	tʂəŋ⁵⁵	tʂʅ³¹	tʂʰəŋ³¹	tʂʰəŋ⁵⁵
华县	tʂəŋ³¹	tʂəŋ⁵⁵	tʂʅ³¹	tʂʰəŋ³¹	tʂʰəŋ⁵⁵
渭南	tʂəŋ³¹	tʂəŋ⁴⁴	tʂʅ³¹	tʂʰəŋ³¹	tʂʰəŋ⁴⁴
洛南	tʂəŋ³¹	tʂəŋ⁴⁴	tʂʅ³¹	tʂʰəŋ³¹	tʂʰəŋ⁴⁴
商州	tʂəŋ³¹	tʂəŋ⁵⁵	tʂʅ³¹	tʂʰəŋ³¹	tʂʰəŋ⁵⁵
丹凤	tʂəŋ³¹	tʂəŋ⁴⁴	tʂʅ³¹	tʂʰəŋ³¹	tʂʰəŋ⁴⁴
宜川	tʂəŋ⁵¹	tʂəŋ⁴⁵	tʂʅ⁵¹	tʂʰəŋ⁵¹	tʂʰəŋ⁴⁵
富县	təŋ³¹	təŋ⁴⁴	tʂʅ³¹	tʰəŋ³¹/tʰəŋ⁵²	tʰəŋ⁴⁴
黄陵	tʂəŋ³¹	tʂəŋ⁴⁴	tʂʅ³¹	tʂʰəŋ³¹	tʂʰəŋ⁴⁴
宜君	təŋ²¹	təŋ⁴⁴	tʂʅ²¹	tʰəŋ²¹	tʰəŋ⁴⁴
铜川	tʂɤŋ²¹	tʂɤŋ⁴⁴	tʂʅ²¹	tʂʰɤŋ²¹	tʂʰɤŋ⁴⁴
耀县	təŋ³¹	təŋ⁴⁴	tʂʅ³¹	tʰəŋ³¹	tʰəŋ⁴⁴
高陵	təŋ³¹	təŋ⁵⁵	tʃʅ³¹	tʰəŋ³¹	tʰəŋ⁵⁵
临潼	tʂəŋ³¹	tʂəŋ⁴⁵	tʂʅ³¹	tʂʰəŋ³¹	tʂʰəŋ⁴⁵

① tʂʰəŋ³¹ ~重量；tʂʰəŋ⁵² ~呼。下同。

字目 方言	蒸 曾开三 平蒸章	证 曾开三 去证章	织 曾开三 入职章	称~呼，~重量 曾开三 平蒸昌	秤 曾开三 去证昌
蓝田	tʂəŋ³¹	tʂəŋ⁴⁴	tʂʅ³¹	tʂʰəŋ³¹/tʂʰəŋ⁵²	tʂʰəŋ⁴⁴
长安	təŋ³¹	təŋ⁴⁴	tʂʅ³¹	tʰəŋ³¹	tʰəŋ⁴⁴
户县	tʂəŋ³¹	tʂəŋ⁵⁵	tʂʅ³¹	tʂʰəŋ³¹	tʂʰəŋ⁵⁵
周至	təŋ²¹	təŋ⁵⁵	tʂʅ²¹	tʰəŋ²¹	tʰəŋ⁵⁵
三原	təŋ³¹	təŋ⁵⁵	tʂʅ³¹	tʰəŋ⁵²	tʰəŋ⁵⁵
泾阳	təŋ³¹	təŋ⁵⁵	tʂʅ³¹	tʰəŋ⁵²	tʰəŋ⁵⁵
咸阳	təŋ³¹	təŋ⁵⁵	tʂʅ³¹	tʰəŋ³¹	tʰəŋ⁵⁵
兴平	təŋ³¹	təŋ⁵⁵	tʂʅ³¹	tʰəŋ³¹	tʰəŋ⁵⁵
武功	təŋ³¹	təŋ⁵⁵	tʂʅ³¹	tʰəŋ³¹	tʰəŋ⁵⁵
礼泉	təŋ³¹	təŋ⁵⁵	tʂʅ³¹	tʰəŋ³¹	tʰəŋ⁵⁵
乾县	təŋ³¹	təŋ⁴⁴	tʂʅ³¹	tʰəŋ³¹	tʰəŋ⁴⁴
永寿	təŋ³¹	təŋ⁵⁵	tʂʅ³¹	tʰəŋ³¹	tʰəŋ⁵⁵
淳化	təŋ³¹	təŋ⁵⁵	tʂʅ³¹	tʰəŋ³¹	tʰəŋ⁵⁵
旬邑	təŋ³¹	təŋ⁴⁴	tʂʅ³¹	tʰəŋ³¹	tʰəŋ⁴⁴
彬县	təŋ³¹	təŋ⁴⁴	tʂʅ³¹	tʰəŋ³¹	tʰəŋ⁴⁴
长武	təŋ³¹	təŋ⁴⁴	tʂʅ³¹	tʰəŋ³¹	tʰəŋ⁴⁴
扶风	tʂəŋ³¹	tʂəŋ³³	tʂʅ³¹	tʂʰəŋ⁵²/tʂʰəŋ³¹	tʂʰəŋ³³
眉县	tʂəŋ³¹	tʂəŋ⁴⁴	tʂʅ³¹	tʂʰəŋ³¹	tʂʰəŋ⁴⁴
麟游	tʂəŋ³¹	tʂəŋ⁴⁴	tʂʅ³¹	tʂʰəŋ⁵³/tʂʰəŋ³¹	tʂʰəŋ⁴⁴
岐山	tʂəŋ³¹	tʂəŋ⁴⁴	tʂʅ³¹	tʂʰəŋ⁵³/tʂʰəŋ³¹	tʂʰəŋ⁴⁴
凤翔	tʂəŋ³¹	tʂəŋ⁴⁴	tʂʅ³¹	tʂʰəŋ³¹	tʂʰəŋ⁴⁴
宝鸡	tʂəŋ³¹	tʂəŋ⁴⁴	tʂʅ³¹	tʂʰəŋ⁵³/tʂʰəŋ³¹	tʂʰəŋ⁴⁴
千阳	tʂəŋ³¹	tʂəŋ⁴⁴	tʂʅ³¹	tʂʰəŋ⁵³/tʂʰəŋ³¹	tʂʰəŋ⁴⁴
陇县	tʂəŋ³¹	tʂəŋ⁴⁴	tʂʅ³¹	tʂʰəŋ⁵³/tʂʰəŋ³¹	tʂʰəŋ⁴⁴

字目 / 方言	乘	绳	剩	食	升
	曾开三平蒸船	曾开三平蒸船	曾开三去证船	曾开三入职船	曾开三平蒸书
西安	tʂʰəŋ²⁴	ʂəŋ²⁴	ʂəŋ⁵⁵	ʂʅ²⁴	ʂəŋ²¹
韩城	tʂʰəŋ²⁴	ʂəŋ²⁴	ʂəŋ⁴⁴	ʂʅ²⁴	ʂəŋ³¹
合阳	tʂʰəŋ²⁴/tʂʰəŋ⁵⁵	ʂəŋ²⁴	ʂəŋ⁵⁵	ʂʅ²⁴	ʂəŋ³¹
澄城	tʂʰəŋ²⁴	ʂəŋ²⁴	ʂəŋ⁴⁴	ʂʅ²⁴	ʂəŋ³¹
白水	tʂʰəŋ²⁴	ʂəŋ²⁴	ʂəŋ⁴⁴	ʂʅ²⁴	ʂəŋ³¹
大荔	tʂʰəŋ²⁴	ʂəŋ²⁴	ʂəŋ⁵⁵	ʂʅ²⁴	ʂəŋ³¹
蒲城	tʂʰəŋ³⁵	ʂəŋ³⁵	ʂəŋ⁵⁵	ʂʅ³⁵	ʂəŋ³¹
美原	kʰəŋ³⁵	xəŋ³⁵	xəŋ⁵⁵	xi³⁵	xəŋ³¹
富平	tʂʰəŋ³⁵	ʂəŋ³⁵	ʂəŋ⁵⁵	ʂʅ³⁵	ʂəŋ³¹
潼关	tʂʰəŋ²⁴	ʂəŋ²⁴	ʂəŋ⁴⁴	ʂʅ²⁴	ʂəŋ³¹
华阴	tʂʰəŋ²⁴	ʂəŋ²⁴	ʂəŋ⁵⁵	ʂʅ²⁴	ʂəŋ³¹
华县	tʂʰəŋ³⁵	ʂəŋ³⁵	ʂəŋ⁵⁵	ʂʅ³⁵	ʂəŋ³¹
渭南	tʂʰəŋ²⁴	ʂəŋ²⁴	ʂəŋ⁴⁴	ʂʅ²⁴	ʂəŋ³¹
洛南	tʂʰəŋ²⁴	ʂəŋ²⁴	ʂəŋ⁴⁴	ʂʅ²⁴	ʂəŋ³¹
商州	tʂʰəŋ³⁵	ʂəŋ³⁵	ʂəŋ⁵⁵	ʂʅ³⁵	ʂəŋ³¹
丹凤	tʂʰəŋ²⁴	ʂəŋ²⁴	ʂəŋ⁴⁴	ʂʅ²⁴	ʂəŋ³¹
宜川	tʂʰəŋ⁴⁵	ʂəŋ²⁴	ʂəŋ⁴⁵	ʂʅ²⁴	ʂəŋ⁵¹
富县	tʰəŋ²⁴/tʰəŋ⁴⁴①	ʂəŋ²⁴	ʂəŋ⁴⁴	ʂʅ²⁴	ʂəŋ³¹
黄陵	tʂʰəŋ²⁴	ʂəŋ²⁴	ʂəŋ⁴⁴	ʂʅ²⁴	ʂəŋ³¹
宜君	tʰəŋ²⁴	ʂəŋ²⁴	ʂəŋ⁴⁴	ʂʅ²⁴	ʂəŋ²¹
铜川	tʂʰɤŋ²⁴	ʂɤŋ²⁴	ʂɤŋ⁴⁴	ʂʅ²⁴	ʂɤŋ²¹
耀县	tʰəŋ²⁴	ʂəŋ²⁴	ʂəŋ⁴⁴	ʂʅ²⁴	ʂəŋ³¹
高陵	tʰəŋ²⁴	ʂəŋ²⁴	ʂəŋ⁵⁵	ʃʅ²⁴	ʂəŋ³¹
临潼	tʂʰəŋ²⁴	ʂəŋ²⁴	ʂəŋ⁴⁵	ʂʅ²⁴	ʂəŋ³¹

① tʰəŋ²⁴ ～法；tʰəŋ⁴⁴ ～车，～客。

字目 方言	乘 曾开三 平蒸船	绳 曾开三 平蒸船	剩 曾开三 去证船	食 曾开三 入职船	升 曾开三 平蒸书
蓝田	tʂʰəŋ²⁴	ʂəŋ²⁴	ʂəŋ⁴⁴	ʂʅ²⁴	ʂəŋ³¹
长安	tʰəŋ²⁴	ʂəŋ²⁴	ʂəŋ⁴⁴	ʂʅ²⁴	ʂəŋ³¹
户县	tʂʰəŋ²⁴	ʂəŋ²⁴	ʂəŋ⁵⁵	ʂʅ²⁴	ʂəŋ³¹
周至	tʰəŋ²⁴	ʂəŋ²⁴	ʂəŋ⁵⁵	ʂʅ²⁴	ʂəŋ²¹
三原	tʰəŋ²⁴	ʂəŋ²⁴	ʂəŋ⁵⁵	ʂʅ²⁴	ʂəŋ³¹
泾阳	tʰəŋ²⁴	ʂəŋ²⁴	ʂəŋ⁵⁵	ʂʅ²⁴	ʂəŋ³¹
咸阳	tʰəŋ²⁴	ʂəŋ²⁴	ʂəŋ⁵⁵	ʂʅ²⁴	ʂəŋ³¹
兴平	tʰəŋ²⁴	ʂəŋ²⁴	ʂəŋ⁵⁵	ʂʅ²⁴	ʂəŋ³¹
武功	tʰəŋ²⁴	ʂəŋ²⁴	ʂəŋ⁵⁵	ʂʅ²⁴	ʂəŋ³¹
礼泉	tʰəŋ²⁴	ʂəŋ²⁴	ʂəŋ⁵⁵	ʂʅ²⁴	ʂəŋ³¹
乾县	tʰəŋ²⁴	ʂəŋ²⁴	ʂəŋ⁴⁴	ʂʅ²⁴	ʂəŋ³¹
永寿	tʰəŋ²⁴	ʂəŋ²⁴	ʂəŋ⁵⁵	ʂʅ²⁴	ʂəŋ³¹
淳化	tʰəŋ²⁴	ʂəŋ²⁴	ʂəŋ⁵⁵	ʂʅ²⁴	ʂəŋ³¹
旬邑	tʰəŋ²⁴	ʂəŋ²⁴	ʂəŋ⁴⁴	ʂʅ²⁴	ʂəŋ³¹
彬县	tʰəŋ²⁴	ʂəŋ²⁴	ʂəŋ⁴⁴	ʂʅ²⁴	ʂəŋ³¹
长武	tʰəŋ²⁴	ʂəŋ²⁴	ʂəŋ⁴⁴	ʂʅ²⁴	ʂəŋ³¹
扶风	tʂʰəŋ²⁴	ʂəŋ²⁴	ʂəŋ³³	ʂʅ²⁴	ʂəŋ³¹
眉县	tʂʰəŋ²⁴	ʂəŋ²⁴	ʂəŋ⁴⁴	ʂʅ²⁴	ʂəŋ³¹
麟游	tʂʰəŋ²⁴	ʂəŋ²⁴	ʂəŋ⁴⁴	ʂʅ²⁴	ʂəŋ³¹
岐山	tʂʰəŋ²⁴	ʂəŋ²⁴	ʂəŋ⁴⁴	ʂʅ²⁴	ʂəŋ³¹
凤翔	tʂʰəŋ²⁴	ʂəŋ²⁴	ʂəŋ⁴⁴	ʂʅ²⁴	ʂəŋ³¹
宝鸡	tʂʰəŋ²⁴	ʂəŋ²⁴	ʂəŋ⁴⁴	ʂʅ²⁴	ʂəŋ³¹
千阳	tʂʰəŋ²⁴	ʂəŋ²⁴	ʂəŋ⁴⁴	ʂʅ²⁴	ʂəŋ³¹
陇县	tʂʰəŋ²⁴	ʂəŋ²⁴	ʂəŋ⁴⁴	ʂʅ²⁴	ʂəŋ³¹

字目 方言	胜~败 曾开三 去证书	式 曾开三 入职书	承 曾开三 平蒸禅	植 曾开三 入职禅	仍 曾开三 平蒸日
西安	ʂəŋ⁵⁵	ʂʅ²¹	tʂʰəŋ²⁴	tʂʅ²⁴	vəŋ²⁴/zəŋ²⁴ ｜ vəŋ
韩城	ʂəŋ⁴⁴	ʂʅ³¹	tʂʰəŋ²⁴	tʂʰʅ²⁴	vəŋ²⁴ ｜ vəŋ
合阳	ʂə̃ŋ⁵⁵	ʂʅ³¹	t͡ʂʰəŋ²⁴/ʂəŋ²⁴	tʂʰʅ²⁴	zəŋ²⁴ ｜ zəŋ
澄城	ʂəŋ⁴⁴	ʂʅ³¹	tʂʰəŋ²⁴	tʂʰʅ²⁴	zəŋ²⁴ ｜ zʯəŋ
白水	ʂəŋ⁴⁴	ʂʅ³¹	tʂʰəŋ²⁴	tʂʰʅ²⁴	ʒuəŋ²⁴ ｜ zʯəŋ/zəŋ
大荔	ʂəŋ⁵⁵	ʂʅ³¹	tʂʰəŋ²⁴	tʂʰʅ²⁴	zəŋ²⁴ ｜ zəŋ
蒲城	ʂəŋ⁵⁵	ʂʅ³¹	tʂʰəŋ³⁵	tʂʰʅ³⁵	zəŋ³⁵ ｜ zʯəŋ
美原	xəŋ⁵⁵	xi³¹	kʰəŋ³⁵	kʰi³⁵	ʒəŋ³⁵ ｜ zʯəŋ
富平	ʂə̃ŋ⁵⁵	ʂʅ³¹	tʂʰəŋ³⁵	tʂʰʅ³⁵	ʒuəŋ³⁵ ｜ zʯəŋ
潼关	ʂəŋ⁴⁴	ʂʅ³¹	tʂʰəŋ²⁴	tʂʰʅ²⁴	zəŋ²⁴ ｜ vəŋ
华阴	ʂəŋ⁵⁵	ʂʅ³¹	tʂʰəŋ²⁴	tʂʰʅ²⁴	zəŋ²⁴ ｜ zəŋ
华县	ʂəŋ⁵⁵	ʂʅ³¹	tʂʰəŋ²⁴	tʂʰʅ³⁵	zəŋ³⁵ ｜ zəŋ
渭南	ʂəŋ⁴⁴	ʂʅ³¹	tʂʰəŋ²⁴	tʂʰʅ²⁴	zə̃ŋ²⁴ ｜ zʯəŋ
洛南	ʂəŋ⁴⁴	ʂʅ³¹	tʂʰəŋ²⁴	tʂʰʅ²⁴	zə̃ŋ²⁴ ｜ zʯəŋ
商州	ʂəŋ⁵⁵	ʂʅ³¹	tʂʰəŋ³⁵	tʂʅ³⁵	zəŋ³⁵ ｜ zəŋ
丹凤	ʂəŋ⁴⁴	ʂʅ³¹	tʂʰəŋ²⁴	tʂʅ²⁴	zəŋ²⁴
宜川	ʂəŋ⁴⁵	ʂʅ⁵¹	tʂʰəŋ²⁴	tʂʰʅ²⁴	z̲u̲ə̲ŋ²⁴/z̲ə̲ŋ²⁴
富县	ʂəŋ⁴⁴	ʂʅ³¹	tʰəŋ²⁴	tʂʰʅ²⁴	zə̃ŋ²⁴
黄陵	ʂəŋ⁴⁴	ʂʅ³¹	tʂʰəŋ²⁴	tʂʰʅ²⁴	z̲ə̲ŋ²⁴/ʒuəŋ²⁴
宜君	ʂəŋ⁴⁴	ʂʅ²¹	tʰəŋ²⁴	tʂʰʅ²⁴	ʒuəŋ²⁴
铜川	ʂʯəŋ⁴⁴	ʂʅ²¹	tʂʰʯəŋ²⁴	tʂʰʅ²⁴	ʒuʯəŋ²⁴ ｜ zʯəŋ
耀县	ʂəŋ⁴⁴	ʂʅ³¹	tʰəŋ²⁴	tʂʅ²⁴	ʒuəŋ²⁴ ｜ zʯəŋ
高陵	ʂəŋ⁵⁵	ʃʅ³¹	tʰəŋ²⁴	tʃʅ²⁴	ʒuəŋ²⁴ ｜ zʯəŋ
临潼	ʂə̃ŋ⁴⁵	ʂʅ³¹	tʂʰəŋ²⁴	tʂʅ²⁴	zəŋ²⁴/ʒuəŋ²⁴ 老 ｜ zʯəŋ

字目 方言	胜~败 曾开三 去证书	式 曾开三 入职书	承 曾开三 平蒸禅	植 曾开三 入职禅	仍 曾开三 平蒸日
蓝田	ʂəŋ⁴⁴	ʂʅ³¹	tʂʰəŋ²⁴	tʂʅ²⁴	ʒuəŋ²⁴ ｜ zʮəŋ
长安	ʂəŋ⁴⁴	ʂʅ³¹	tʰəŋ²⁴	tʂʅ²⁴	zəŋ²⁴
户县	ʂəŋ⁵⁵	ʂʅ³¹	tʂʰəŋ²⁴	tʂʅ²⁴	ʒuəŋ²⁴ ｜ zʮəŋ
周至	ʂəŋ⁵⁵	ʂʅ²¹	tʰəŋ²⁴	tʂʅ²⁴	zəŋ²⁴ ｜ vəŋ
三原	ʂəŋ⁵⁵	ʂʅ³¹	tʰəŋ²⁴	tʂʅ²⁴	ʒuŋ²⁴ ｜ zʮəŋ
泾阳	ʂəŋ⁵⁵	ʂʅ³¹	tʰəŋ²⁴	tʂʅ²⁴	ʒuŋ²⁴ ｜ zʮəŋ
咸阳	ʂəŋ⁵⁵	ʂʅ³¹	tʰəŋ²⁴	tʂʅ²⁴	ʒuŋ²⁴ ｜ zʮəŋ
兴平	ʂəŋ⁵⁵	ʂʅ³¹	tʰəŋ²⁴	tʂʅ²⁴	ʒuŋ²⁴ ｜ zʮəŋ
武功	ʂəŋ⁵⁵	ʂʅ³¹	tʰəŋ²⁴	tʂʅ²⁴	ʒuŋ²⁴ ｜ zʮəŋ
礼泉	ʂəŋ⁵⁵	ʂʅ³¹	tʰəŋ²⁴	tʂʅ²⁴	ʒuŋ²⁴ ｜ zʮəŋ
乾县	ʂəŋ⁴⁴	ʂʅ³¹	tʰəŋ²⁴	tʂʅ²⁴	ʒuŋ²⁴ ｜ zʮəŋ
永寿	ʂəŋ⁵⁵	ʂʅ³¹	tʰəŋ²⁴	tʂʅ²⁴	zuŋ²⁴ ｜ zʮəŋ
淳化	ʂəŋ⁵⁵	ʂʅ³¹	tʰəŋ²⁴	tʂʅ²⁴/tʂʰʅ²⁴	ʒuŋ²⁴ ｜ zʮəŋ
旬邑	ʂəŋ⁴⁴	ʂʅ³¹	tʰəŋ²⁴	tʂʰʅ²⁴	ʒuŋ²⁴ ｜ zʮəŋ
彬县	ʂəŋ⁴⁴	ʂʅ³¹	tʰəŋ²⁴	tʂʰʅ²⁴	ʒuŋ²⁴ ｜ zʮəŋ
长武	ʂəŋ⁴⁴	ʂʅ³¹	tʰəŋ²⁴	tʂʅ²⁴	ʒuŋ²⁴ ｜ zʮəŋ
扶风	ʂəŋ³³	ʂʅ³¹	tʂʰəŋ²⁴	tʂʅ²⁴	zəŋ²⁴ ｜ zʮəŋ
眉县	ʂəŋ⁴⁴	ʂʅ³¹	tʂʰəŋ²⁴	tʂʅ²⁴	zəŋ²⁴ ｜ zʮəŋ/zəŋ
麟游	ʂəŋ⁴⁴	ʂʅ³¹	tʂʰəŋ²⁴	tʂʰʅ²⁴	zəŋ²⁴/ʒuəŋ²⁴ ｜ zʮəŋ
岐山	ʂəŋ⁴⁴	ʂʅ³¹	tʂʰəŋ²⁴	tʂʰʅ²⁴	zəŋ²⁴ ｜ zʮəŋ
凤翔	ʂəŋ⁴⁴	ʂʅ³¹	tʂʰəŋ²⁴	tʂʅ²⁴	zəŋ²⁴ ｜ zʮəŋ/zəŋ
宝鸡	ʂəŋ⁴⁴	ʂʅ³¹	tʂʰəŋ²⁴	tʂʅ²⁴	zəŋ²⁴ ｜ zʮəŋ
千阳	ʂəŋ⁴⁴	ʂʅ³¹	tʂʰəŋ²⁴	tʂʅ²⁴	ʒəŋ²⁴ ｜ zʮəŋ
陇县	ʂəŋ⁴⁴	ʂʅ³¹	tʂʰəŋ²⁴	tʂʅ²⁴	zəŋ²⁴ ｜ zuəŋ

字目 / 方言	扔	极	凝	凝汤~成冻了	兴~旺
	曾开三平蒸日	曾开三入职群	曾开三平蒸疑	曾开三去证疑	曾开三平蒸晓
西安	zəŋ²¹	tɕi²⁴	n̠iŋ²⁴/tɕʰiŋ⁵⁵	n̠iŋ²⁴/tɕʰiŋ⁵⁵	ɕiŋ²¹
韩城	zəŋ³¹/z̩³¹	tɕʰi²⁴	n̠iəŋ²⁴	n̠iəŋ²⁴	ɕiəŋ³¹
合阳	zəŋ⁵²/z̩⁵²	tɕʰi²⁴	n̠iəŋ²⁴	n̠iəŋ²⁴	ɕiəŋ³¹
澄城	zəŋ⁵³/z̩⁵³	tɕʰi²⁴	n̠iəŋ²⁴	n̠iəŋ²⁴	ɕiəŋ³¹
白水	ʒuəŋ⁵³	tɕi²⁴	n̠iəŋ²⁴	n̠iəŋ²⁴	ɕiəŋ³¹
大荔	zəŋ⁵²/z̩⁵²	tɕi²⁴	n̠iəŋ²⁴	n̠iəŋ²⁴/tɕʰiəŋ⁵⁵	ɕiəŋ³¹
蒲城	zəŋ³¹	tɕʰi³⁵	n̠iəŋ³⁵	n̠iəŋ³⁵/tɕʰiəŋ⁵⁵	ɕiəŋ³¹
美原	ʒəŋ⁵³	tɕi³⁵	n̠iəŋ³⁵	n̠iəŋ³⁵/tɕʰiəŋ⁵⁵	ɕiəŋ³¹
富平	zəŋ⁵³	tɕi³⁵	n̠iəŋ³⁵	n̠iəŋ³⁵/tɕʰiəŋ⁵⁵	ɕiəŋ³¹
潼关	zəŋ³¹	tɕi²⁴	n̠iəŋ²⁴	n̠iəŋ²⁴/tɕʰiəŋ⁴⁴	ɕiəŋ³¹
华阴	zəŋ⁵²	tɕʰi²⁴	n̠iəŋ²⁴	n̠iəŋ²⁴	ɕiəŋ³¹
华县	zəŋ⁵³	tɕʰi³⁵	n̠iəŋ³⁵	n̠iəŋ³⁵/tɕʰiəŋ⁵⁵	ɕiəŋ³¹
渭南	zə̃ŋ³¹	tɕi²⁴	n̠iəŋ²⁴	n̠iəŋ²⁴	ɕiəŋ³¹
洛南	zə̃ŋ³¹	tɕi²⁴	n̠iəŋ²⁴	n̠iəŋ²⁴/tɕʰiəŋ⁴⁴	ɕiəŋ³¹
商州	zəŋ⁵³	tɕi³⁵	n̠iəŋ³⁵	n̠iəŋ³⁵/tɕʰiəŋ⁵⁵	ɕiəŋ³¹
丹凤	zəŋ⁵³	tɕi²⁴	n̠iəŋ²⁴	n̠iəŋ²⁴/tɕʰiəŋ⁴⁴	ɕiəŋ³¹
宜川	zəŋ⁴⁵/z̩⁴⁵	tɕi²⁴	n̠iəŋ²⁴	tɕʰiɛ⁴⁵/tɕʰi⁴⁵	ɕiəŋ⁵¹
富县	zəŋ⁵²/z̩⁵²	tɕi²⁴	n̠iəŋ²⁴	tɕʰiəŋ⁴⁴	ɕiəŋ³¹
黄陵	zə̃⁵²	tɕi²⁴	n̠iəŋ²⁴	tɕʰiəŋ⁴⁴	ɕiəŋ³¹
宜君	ʒuəŋ⁵²/z̩⁵²	tɕi²⁴	n̠iəŋ²⁴	n̠iəŋ²⁴/tɕʰiəŋ⁴⁴	ɕiəŋ²¹
铜川	zʮŋ⁵²	tɕi²⁴	n̠iɤŋ²⁴	tɕʰiɤŋ⁴⁴	ɕiɤŋ²¹
耀县	zə̃ŋ⁵²	tɕi²⁴	n̠iəŋ²⁴	n̠iəŋ²⁴/tɕʰiəŋ⁴⁴	ɕiəŋ³¹
高陵	zə̃ŋ⁵²	tɕi²⁴	n̠iəŋ²⁴	tɕʰiəŋ⁵⁵	ɕiəŋ³¹
临潼	zə̃ŋ⁵²	tɕi²⁴	n̠iəŋ²⁴	tɕʰiəŋ⁴⁵	ɕiəŋ³¹

字目 方言	扔 曾开三 平蒸日	极 曾开三 入职群	凝 曾开三 平蒸疑	凝汤~成冻了 曾开三 去证疑	兴~旺 曾开三 平蒸晓
蓝田	zəŋ⁵²	tɕi²⁴	n̠iəŋ²⁴	tɕʰiəŋ⁴⁴	ɕiəŋ³¹
长安	zəŋ⁵³	tɕi²⁴	n̠iəŋ²⁴	tɕʰiəŋ⁴⁴	ɕiəŋ³¹
户县	zəŋ⁵²	tɕi²⁴	n̠iəŋ²⁴	n̠iəŋ²⁴/tɕʰiəŋ⁵⁵	ɕiəŋ³¹
周至	zəŋ⁵²	tɕi²⁴	n̠iəŋ²⁴	tɕʰiəŋ⁵⁵	ɕiəŋ²¹
三原	ʒuŋ⁵²	tɕi²⁴	n̠iŋ²⁴	tɕʰiŋ⁵⁵	ɕiŋ³¹
泾阳	zəŋ⁵²	tɕi²⁴	n̠iəŋ²⁴	tɕʰiəŋ⁵⁵	ɕiŋ³¹
咸阳	ʒuŋ⁵²/zəŋ³¹	tɕi²⁴	n̠iŋ²⁴	tɕʰiŋ⁵⁵	ɕiŋ³¹
兴平	zuŋ³¹	tɕi²⁴	n̠iŋ²⁴	tɕʰiŋ⁵⁵	ɕiŋ³¹
武功	zuŋ⁵²	tɕi²⁴	n̠iŋ²⁴	tɕʰiŋ⁵⁵	ɕiŋ³¹
礼泉	ʒuŋ⁵²	tɕi²⁴	n̠iəŋ²⁴	tɕʰiəŋ⁵⁵	ɕiəŋ³¹
乾县	ʒuŋ⁵²	tɕi²⁴	n̠iŋ²⁴	tɕʰiŋ⁴⁴	ɕiŋ³¹
永寿	zuŋ⁵²	tɕi²⁴	n̠iŋ²⁴	tɕʰiŋ⁵⁵	ɕiŋ³¹
淳化	ʒuŋ⁵²	tɕi²⁴	n̠iŋ²⁴	tɕʰiŋ⁵⁵	ɕiŋ³¹
旬邑	ʒuŋ⁵²	tɕi²⁴	n̠iŋ²⁴	tɕʰiŋ⁴⁴	ɕiŋ³¹
彬县	ʒuŋ⁵²	tɕi²⁴	n̠iŋ²⁴	tɕʰiŋ⁴⁴	ɕiŋ³¹
长武	ʒuŋ³¹	tɕi²⁴	n̠iŋ²⁴	tɕʰiŋ⁴⁴	ɕiŋ³¹
扶风	zəŋ⁵²/ɚ⁵²	tɕi²⁴	n̠iŋ²⁴	n̠iŋ²⁴	ɕiŋ³¹
眉县	zəŋ⁵²/ɚ⁵²	tɕi²⁴	n̠iŋ²⁴	tɕʰiŋ⁴⁴	ɕiŋ³¹
麟游	zəŋ⁵³/ɚ⁵³	tɕi²⁴	n̠iŋ²⁴	n̠iŋ²⁴/tɕʰiŋ⁴⁴	ɕiŋ³¹
岐山	zəŋ⁵³/ɚ⁵³	tɕi²⁴	n̠iŋ²⁴	n̠iŋ²⁴	ɕiŋ³¹
凤翔	zəŋ⁵³/ɔ⁵³	tɕi²⁴	n̠iŋ²⁴	n̠iŋ²⁴	ɕiŋ³¹
宝鸡	zəŋ⁵³	tɕi³¹	n̠iŋ²⁴~固/n̠i²⁴混~土	tɕʰiŋ⁴⁴	ɕiŋ³¹
千阳	ʒəŋ⁵³/ɚ⁵³	tɕi²⁴	n̠iŋ²⁴	n̠iŋ²⁴/tɕʰiŋ⁴⁴	ɕiŋ³¹
陇县	zəŋ⁵³/ɚ⁵³	tɕi²⁴	n̠iŋ²⁴	n̠iŋ⁴⁴/tɕʰiŋ⁴⁴	ɕiŋ³¹

字目 方言	兴高~ 曾开三 去证晓	鹰 曾开三 平蒸影	应~对, 响~ 曾开三 去证影	忆 曾开三 入职影	蝇 曾开三 平蒸以
西安	$ɕiŋ^{55}$	$iŋ^{21}$	$iŋ^{55}$ ǀ $iŋ$	i^{55}	$iŋ^{24}$
韩城	$ɕiəŋ^{44}$	$ȵiəŋ^{31}$	$ȵiəŋ^{44}$ ǀ $iŋ$	i^{44}	$iəŋ^{24}$
合阳	$ɕiəŋ^{55}$	$ȵiəŋ^{31}$	$ȵiəŋ^{55}$ ǀ $iŋ$	i^{55}	$iəŋ^{24}$
澄城	$ɕiəŋ^{44}$	$iəŋ^{31}$	$iəŋ^{44}$ ǀ $iŋ$	i^{44}	$iəŋ^{24}$
白水	$ɕiəŋ^{44}$	$iəŋ^{31}$	$iəŋ^{44}$	i^{44}	$iəŋ^{24}$
大荔	$ɕiəŋ^{44}$	$iəŋ^{31}$	$iəŋ^{55}$ ǀ $iŋ$	i^{55}	$iəŋ^{24}$
蒲城	$ɕiəŋ^{55}$	$iəŋ^{31}$	$iəŋ^{55}$ ǀ $iŋ$	i^{55}	$iəŋ^{35}$
美原	$ɕiəŋ^{55}$	$ȵiəŋ^{31}$	$iəŋ^{55}$ ǀ $iŋ$	i^{55}	$iəŋ^{35}$
富平	$ɕiəŋ^{55}$	$iəŋ^{31}$	$iəŋ^{55}$ ǀ $iŋ$	i^{55}	$iəŋ^{35}$
潼关	$ɕiəŋ^{44}$	$iəŋ^{31}$	$iəŋ^{44}$ ǀ $iŋ$	i^{44}	$iəŋ^{24}$
华阴	$ɕiəŋ^{55}$	$iəŋ^{31}$	$iəŋ^{55}$ ǀ $iŋ$	i^{55}	$iəŋ^{24}$
华县	$ɕiəŋ^{55}$	$iəŋ^{31}$	$iəŋ^{55}$ ǀ $iŋ$	i^{55}	$iəŋ^{35}$
渭南	$ɕiəŋ^{44}$	$iəŋ^{31}$	$iəŋ^{44}$ ǀ $iŋ$	i^{44}	$iəŋ^{24}$
洛南	$ɕiəŋ^{44}$	$iəŋ^{31}$	$iəŋ^{44}$ ǀ $iŋ$	i^{44}	$iəŋ^{24}$
商州	$ɕiəŋ^{55}$	$iəŋ^{31}$	$iəŋ^{55}$ ǀ $iŋ$	i^{55}	$iəŋ^{35}$
丹凤	$ɕiəŋ^{44}$	$iəŋ^{31}$	$iəŋ^{44}$	i^{44}	$iəŋ^{24}$
宜川	$ɕiəŋ^{45}$	$iəŋ^{51}$	$iəŋ^{45}$	i^{45}	$iəŋ^{24}$
富县	$ɕiəŋ^{44}$	$iəŋ^{31}$	$iəŋ^{44}$	i^{44}	$iəŋ^{24}$
黄陵	$ɕiəŋ^{44}$	$iəŋ^{31}$	$iəŋ^{44}$	i^{44}	$iəŋ^{24}$
宜君	$ɕiəŋ^{44}$	$iəŋ^{21}$	$iəŋ^{44}$	i^{44}	$iəŋ^{24}$
铜川	$ɕiɤŋ^{44}$	$iɤŋ^{21}$	$iɤŋ^{44}$ ǀ $iŋ$	i^{44}	$iɤŋ^{24}$
耀县	$ɕiəŋ^{44}$	$iəŋ^{31}$	$iəŋ^{44}$ ǀ $iŋ$	i^{44}	$iəŋ^{24}$
高陵	$ɕiəŋ^{55}$	$iəŋ^{31}$	$iəŋ^{55}$ ǀ $iŋ$	i^{55}	$iəŋ^{24}$
临潼	$ɕiəŋ^{45}$	$iəŋ^{31}$	$iəŋ^{45}$ ǀ $iŋ$	i^{45}	$iəŋ^{24}$

字目／方言	兴高~	鹰	应~对,响~	忆	蝇
	曾开三去证晓	曾开三平蒸影	曾开三去证影	曾开三入职影	曾开三平蒸以
蓝田	φiəŋ^{44}	iəŋ^{31}	iəŋ^{44} ｜ iŋ	i^{44}	iəŋ^{24}
长安	φiəŋ^{44}	iəŋ^{31}	iəŋ^{44}	i^{44}	iəŋ^{24}
户县	φiəŋ^{55}	iəŋ^{31}	iəŋ^{55} ｜ iŋ	i^{55}	iəŋ^{24}
周至	φiəŋ^{55}	iəŋ^{21}	iəŋ^{55} ｜ iŋ	i^{55}	iəŋ^{24}
三原	φiŋ^{55}	iŋ^{31}	iŋ^{55} ｜ iŋ	i^{55}	iŋ^{24}
泾阳	φiŋ^{55}	iŋ^{31}	iŋ^{55}	i^{55}	iŋ^{24}
咸阳	φiŋ^{55}	iŋ^{31}	iŋ^{55}	i^{55}	iŋ^{24}
兴平	φiŋ^{55}	iŋ^{31}	iŋ^{55} ｜ iŋ	i^{55}	iŋ^{24}
武功	φiŋ^{55}	iŋ^{31}	iŋ^{55} ｜ iŋ	i^{55}	iŋ^{24}
礼泉	φiəŋ^{55}	iəŋ^{31}	iəŋ^{55} ｜ iŋ	i^{55}	iəŋ^{24}
乾县	φiŋ^{44}	iŋ^{31}	iŋ^{44} ｜ iŋ	i^{44}	iŋ^{24}
永寿	φiŋ^{55}	iŋ^{31}	iŋ^{55} ｜ iŋ	i^{55}	iŋ^{24}
淳化	φiŋ^{55}	iŋ^{31}	iŋ^{55} ｜ iŋ	i^{55}	iŋ^{24}
旬邑	φiŋ^{44}	iŋ^{31}	iŋ^{44} ｜ iŋ	i^{44}	iŋ^{24}
彬县	φiŋ^{44}	iŋ^{31}	iŋ^{44} ｜ iŋ	i^{44}	iŋ^{24}
长武	φiŋ^{44}	iŋ^{31}	iŋ^{44} ｜ iŋ	i^{44}	iŋ^{24}
扶风	φiŋ^{33}	iŋ^{31}	iŋ^{33} ｜ iŋ	i^{33}	iŋ^{24}
眉县	φiŋ^{44}	iŋ^{31}	iŋ^{44} ｜ iŋ	i^{44}	iŋ^{24}
麟游	φiŋ^{44}	iŋ^{31}	iŋ^{44} ｜ iŋ	i^{44}	iŋ^{24}
岐山	φiŋ^{44}	iŋ^{31}	iŋ^{44} ｜ iŋ	i^{44}	iŋ^{24}
凤翔	φiŋ^{44}	iŋ^{31}	iŋ^{44} ｜ iŋ	i^{44}	iŋ^{24}
宝鸡	φiŋ^{44}	iŋ^{31}	iŋ^{31}	i^{44}	iŋ^{24}
千阳	φiŋ^{44}	iŋ^{31}	iŋ^{44} ｜ iŋ	i^{44}	iŋ^{24}
陇县	φiŋ^{44}	iŋ^{31}	iŋ^{44} ｜ iŋ	i^{44}	iŋ^{24}

字目 / 方言	孕 曾开三 去证以	翼 曾开三 入职以	国 曾合一 入德见	弘 曾合一 平登匣	或 曾合一 入德匣
西安	y̰ẽ⁵⁵/iẽ⁵⁵	i⁵⁵	kuei²¹	xuoŋ²⁴	xuei²⁴
韩城	iẽ⁴⁴	i⁴⁴	kuɿ³¹	xuəŋ²⁴	xuɿ²⁴
合阳	iẽ⁵⁵	i⁵⁵	kuɿ³¹	xuoŋ²⁴	xuɿ²⁴
澄城	iẽ⁴⁴	i⁴⁴	kuei³¹	xuəŋ²⁴	xuei²⁴
白水	iẽ⁴⁴	i⁴⁴	kuei³¹	xuəŋ²⁴	xuei²⁴
大荔	iẽ⁵⁵	i⁵⁵	kuei³¹	xuəŋ²⁴	xuei²⁴
蒲城	iẽ⁵⁵	i⁵⁵	kuei³¹	xuəŋ³⁵	xuei³⁵
美原	iẽ⁵⁵	i⁵⁵	kuei³¹	xuəŋ³⁵	xuei³⁵
富平	iẽ⁵⁵	i⁵⁵	kuei³¹	xuəŋ³⁵	xuei³⁵
潼关	iẽ⁴⁴	i⁴⁴	kuei³¹	xuəŋ²⁴	xuei²⁴
华阴	iẽ⁵⁵	i⁵⁵	kuei³¹	xuəŋ²⁴	xuei²⁴
华县	iẽ⁵⁵	i⁵⁵	kuei³¹	xuəŋ³⁵	xuei³⁵
渭南	iẽ⁴⁴	i⁴⁴	kuei³¹	xuəŋ²⁴	xuei²⁴
洛南	iei⁴⁴	i⁴⁴	kuei³¹	xuəŋ²⁴	xuei²⁴
商州	iẽ⁵⁵	i⁵⁵	kuei³¹	xuəŋ³⁵	xuei³⁵
丹凤	iei⁴⁴	i⁴⁴	kuei³¹	xuəŋ²⁴	xuei²⁴
宜川	iei⁴⁵	i⁴⁵	kuo⁵¹/kuei⁵¹	xuəŋ²⁴	xuei²⁴
富县	iəŋ⁴⁴	i⁵⁵	kuei³¹	xuəŋ²⁴	xuei²⁴
黄陵	y̰ẽ⁴⁴/iẽ⁴⁴	i⁴⁴	kuei³¹	xuəŋ²⁴	xuei²⁴
宜君	iẽ⁴⁴	i⁴⁴	kuei²¹	xuəŋ²⁴	xuei²⁴
铜川	iẽ⁴⁴	i⁴⁴	kuei²¹	xuʏŋ²⁴	xuei²⁴
耀县	iẽi⁴⁴	i⁴⁴	kuei³¹	xuəŋ²⁴	xuei²⁴
高陵	y̰ẽ⁵⁵/iẽ⁵⁵	i⁵⁵	kuei³¹	xuəŋ²⁴	xuei²⁴
临潼	iẽi⁴⁵	i⁴⁵	kuei³¹	xuəŋ²⁴	xuei²⁴

字目 方言	孕 曾开三 去证以	翼 曾开三 入职以	国 曾合一 入德见	弘 曾合一 平登匣	或 曾合一 入德匣
蓝田	yẽ⁴⁴/iẽ⁴⁴	i⁴⁴	kuei³¹	xuəŋ²⁴	xuei²⁴
长安	yẽ⁴⁴/iẽ⁴⁴	i⁴⁴	kuei³¹	xuəŋ²⁴	xuei²⁴
户县	iẽ⁵⁵	i⁵⁵	kuei³¹	xuəŋ²⁴	xuei²⁴
周至	yẽ⁵⁵/iẽ⁵⁵	i⁵²	kuɿ²¹	xuəŋ²⁴	xuɿ²⁴
三原	iẽ⁵⁵	i⁵⁵	kuei³¹	xuŋ²⁴	xuei²⁴
泾阳	iẽ⁵⁵	i⁵⁵	kuei³¹	xuŋ²⁴	xuei²⁴
咸阳	iẽ⁵⁵	i⁵⁵	kuei³¹	xuŋ²⁴	xuei²⁴
兴平	iẽ⁵⁵	i⁵⁵	kuei³¹	xuŋ²⁴	xuei²⁴
武功	yẽ⁵⁵/iẽ⁵⁵	i⁵⁵	kuei³¹	xuŋ²⁴	xuei²⁴
礼泉	iẽ⁵⁵	i⁵⁵	kue³¹	xuŋ²⁴	xue²⁴
乾县	iẽ⁴⁴	i⁴⁴	kuei³¹	xuŋ²⁴	xuei²⁴
永寿	yẽ⁵⁵/iẽ⁵⁵	i⁵⁵	kuei³¹	xuŋ²⁴	xuei²⁴
淳化	iei⁵⁵	i⁵⁵	kuei³¹	xuŋ²⁴	xuei²⁴
旬邑	iẽ⁴⁴	i⁴⁴	kuei³¹	xuŋ²⁴	xuei²⁴
彬县	iẽ⁴⁴	i⁴⁴	kuei³¹	xuŋ²⁴	xuei²⁴
长武	iẽ⁴⁴	i⁴⁴	kuei³¹	xuŋ²⁴	xuei²⁴
扶风	iŋ³³	i³³	kui³¹	xuŋ²⁴	xui²⁴
眉县	iŋ⁴⁴	i⁴⁴	kui³¹	xuŋ²⁴	xui²⁴
麟游	iŋ⁴⁴	i⁴⁴	kuei³¹	xuŋ²⁴	xuei²⁴
岐山	iŋ⁴⁴	i⁴⁴	kui³¹	xuŋ²⁴	xui²⁴
凤翔	iŋ⁴⁴	i⁴⁴	kuei³¹	xuŋ²⁴	xuei²⁴
宝鸡	iŋ⁴⁴	i⁴⁴	kui³¹	xuŋ²⁴	xui²⁴
千阳	iŋ⁴⁴	i⁴⁴	kui³¹	xuŋ²⁴	xui²⁴
陇县	iŋ⁴⁴	i⁴⁴	kui³¹	xuŋ²⁴	xui²⁴

字目 方言	域 曾合三 入职云	百 梗开二 入陌帮	迫 梗开二 入陌帮	烹 梗开二 平庚滂		拍 梗开二 入陌滂
西安	y^{55}	pei^{21}	pei^{53}	$p^həŋ^{21}$	$p^həŋ$	p^hei^{21}
韩城	y^{44}	$pɿ^{31}$	$pɿ^{53}$	$p^həŋ^{24}$	$p^həŋ$	$p^hɿ^{31}$
合阳	y^{55}	$pɿ^{31}$	$pɿ^{52}$	$p^həŋ^{52}$	$p^həŋ$	$p^hɿ^{31}$
澄城	y^{44}	pei^{31}	pei^{53}	$p^həŋ^{31}$	$p^həŋ$	p^hei^{31}
白水	y^{44}	pei^{31}	pei^{53}	$p^həŋ^{31}$	$p^həŋ$	p^hei^{31}
大荔	y^{55}	pei^{31}	pei^{52}	$p^həŋ^{31}$	$p^həŋ$	p^hei^{31}
蒲城	y^{55}	pei^{31}	pei^{53}	$p^həŋ^{31}$	$p^həŋ$	p^hei^{31}
美原	y^{55}	pei^{31}	$\underline{p^hei^{53}}/\underline{pei^{53}}$	$p^həŋ^{31}$		p^hei^{31}
富平	y^{55}	pei^{31}	pei^{53}	$p^həŋ^{31}$	$p^həŋ$	p^hei^{31}
潼关	y^{44}	pei^{31}	pei^{52}	$p^həŋ^{31}$	$p^həŋ$	p^hei^{31}
华阴	y^{55}	pei^{31}	pei^{52}	$p^həŋ^{31}$	$p^həŋ$	p^hei^{31}
华县	y^{55}	pei^{31}	pei^{53}	$p^həŋ^{31}$	$p^həŋ$	p^hei^{31}
渭南	y^{44}	pei^{31}	pei^{53}	$p^həŋ^{31}$	$p^həŋ$	p^hei^{31}
洛南	y^{44}	pei^{31}	pei^{53}	$p^həŋ^{31}$	$p^həŋ$	p^hei^{31}
商州	y^{55}	pei^{31}	pei^{53}	$p^həŋ^{31}$	$p^həŋ$	p^hei^{31}
丹凤	y^{44}	pei^{31}	pei^{53}	$p^həŋ^{31}$		p^hei^{31}
宜川	y^{45}	pei^{51}	p^hei^{45} 压~	$p^həŋ^{51}$		p^hei^{51}
富县	y^{44}	pei^{31}	$\underline{p^hei^{52}}/\underline{pei^{52}}$①	$p^həŋ^{31}$		p^hei^{31}
黄陵	y^{44}	pei^{31}	$\underline{p^{fh}o^{52}}/\underline{pei^{52}}$	$p^həŋ^{31}$		p^hei^{31}
宜君	y^{44}	pei^{21}	pei^{52}	$p^həŋ^{52}$		p^hei^{21}
铜川	y^{44}	pei^{21}	pei^{52}	$\underline{p^hɤŋ^{21}}/p^hei^{21}$	$p^heŋ$	p^hei^{21}
耀县	y^{44}	pei^{31}	pei^{52}	$\underline{p^həŋ^{31}}/p^hei^{31}$	$p^həŋ$	p^hei^{31}
高陵	y^{55}	pei^{31}	p^hei^{52}	$p^həŋ^{31}$	$p^həŋ$	p^hei^{31}
临潼	y^{45}	pei^{31}	pei^{52}	$p^həŋ^{31}$	$p^həŋ$	p^hei^{31}

① pei^{52} 逼~；p^hei^{52} 压~。

字目 方言	域 曾合三 入职云	百 梗开二 入陌帮	迫 梗开二 入陌帮	烹 梗开二 平庚滂		拍 梗开二 入陌滂
蓝田	y⁴⁴	pei³¹	pei⁵²	pʰəŋ³¹	pʰəŋ	pʰei³¹
长安	y⁴⁴	pei³¹	pʰo⁴⁴/pʰei⁵³①	pʰəŋ³¹		pʰei³¹
户县	y⁵⁵	pei³¹	pei⁵²	pʰəŋ⁵²	pʰəŋ	pʰei³¹
周至	y⁵⁵	pɿ²¹	pʰo⁵²/pʰɿ⁵²	pʰəŋ²¹	pʰəŋ	pʰɿ²¹
三原	y⁵⁵	pei³¹	pei⁵²	pʰəŋ³¹	pʰəŋ	pʰei³¹
泾阳	y⁵⁵	pei³¹	pei⁵²	pʰəŋ²⁴	pʰəŋ	pʰei³¹
咸阳	y⁵⁵	pei³¹	pʰei⁵²	pʰəŋ³¹		pʰei³¹
兴平	y⁵⁵	pei³¹	pei⁵²	pʰəŋ³¹	pʰəŋ	pʰei³¹
武功	y⁵⁵	pei³¹	pei⁵²	pʰəŋ³¹	pʰəŋ	pʰei³¹
礼泉	y⁵⁵	pe³¹	pe⁵²	pʰəŋ³¹	pʰəŋ	pʰe³¹
乾县	y⁴⁴	pei³¹	pei⁵²	pʰəŋ³¹	pʰəŋ	pʰei³¹
永寿	y⁵⁵	pei³¹	pei⁵²	pʰəŋ³¹	pʰəŋ	pʰei³¹
淳化	y⁵⁵	pei³¹	pʰei³¹/pei⁵²②	pʰəŋ³¹	pʰəŋ	pʰei³¹
旬邑	y⁴⁴	pei³¹	pei³¹	pʰəŋ³¹	pʰəŋ	pʰei³¹
彬县	y⁴⁴	pei³¹	pei³¹	pʰəŋ³¹	pʰəŋ	pʰei³¹
长武	y⁴⁴	pei³¹	pei³¹	pʰəŋ³¹	pʰəŋ	pʰei³¹
扶风	y³³	pei³¹	pʰei⁵²/pei⁵²	pʰəŋ³¹	pʰəŋ	pʰei³¹
眉县	y⁴⁴	pei³¹	pei⁵²	pʰəŋ²⁴	pʰəŋ	pʰei³¹
麟游	y⁴⁴	pei³¹	pʰei⁵³	pʰəŋ³¹	pʰəŋ	pʰei³¹
岐山	y⁴⁴	pei³¹	pʰei⁵³	pʰəŋ³¹	pʰəŋ	pʰei³¹
凤翔	y⁴⁴	pei³¹	pʰei⁵³	pʰəŋ³¹	pʰəŋ	pʰei³¹
宝鸡	y⁴⁴	pei³¹	pʰei⁵³	pʰəŋ³¹	pʰəŋ	pʰei³¹
千阳	y⁴⁴	pei³¹	pʰei⁵³	pʰəŋ²⁴	pʰəŋ	pʰei³¹
陇县	y⁴⁴	pei³¹	pʰei⁵³/pei⁵³	pʰəŋ³¹	pʰəŋ	pʰei³¹

① pʰei⁵³ 强～；pʰo⁴⁴ 被～。周至、黄陵同。
② pʰei³¹ 逼～；pei⁵² 压～。

字目 方言	彭 梗开二 平庚並	白 梗开二 入陌並	盲 梗开二 平庚明	猛 梗开二 上梗明	孟 梗开二 去映明
西安	pʰəŋ²⁴	pei²⁴	maŋ²⁴	məŋ⁵³	məŋ⁵⁵
韩城	pʰəŋ²⁴	pʰ<u>ɪ</u>²⁴	maŋ²⁴	<u>məŋ⁵³</u>/mia⁵³	məŋ⁴⁴
合阳	pʰəŋ²⁴	pʰ<u>ɪ</u>²⁴	maŋ²⁴	<u>məŋ⁵²</u>/miə⁵²	<u>məŋ⁵⁵</u>/<u>n̩.iə⁵⁵</u>
澄城	pʰəŋ²⁴	pʰei²⁴	maŋ²⁴	məŋ⁵³	məŋ⁴⁴
白水	pʰəŋ²⁴	pʰei²⁴	maŋ²⁴	məŋ⁵³	məŋ⁴⁴
大荔	pʰəŋ²⁴	pʰei²⁴	maŋ²⁴	məŋ⁵²	məŋ⁵⁵
蒲城	pʰəŋ³⁵	pʰei³⁵	maŋ³⁵	məŋ⁵³	məŋ⁵⁵
美原	pʰəŋ³⁵	pʰei³⁵	maŋ³⁵	məŋ⁵³	məŋ⁵⁵
富平	pʰəŋ³⁵	pei³⁵	maŋ³⁵	məŋ⁵³	məŋ⁵⁵
潼关	pʰəŋ²⁴	pʰei²⁴	maŋ²⁴	məŋ⁵²	məŋ⁴⁴
华阴	pʰəŋ²⁴	pʰei²⁴	maŋ²⁴	məŋ⁵²	məŋ⁵⁵
华县	pʰəŋ³⁵	pʰei³⁵	maŋ³⁵	məŋ⁵³	məŋ⁵⁵
渭南	pʰəŋ²⁴	pʰei²⁴	maŋ²⁴	məŋ⁵³	məŋ⁴⁴
洛南	pʰəŋ²⁴	pei²⁴	maŋ²⁴	məŋ⁵³	məŋ⁴⁴
商州	pʰəŋ³⁵	pei³⁵	maŋ³⁵	məŋ⁵³	məŋ⁵⁵
丹凤	pʰəŋ²⁴	pei²⁴	maŋ²⁴	məŋ⁵³	məŋ⁴⁴
宜川	pʰəŋ²⁴	pʰei²⁴	maŋ²⁴	məŋ⁴⁵	məŋ⁴⁵
富县	pʰəŋ²⁴	pei²⁴	maŋ²⁴	məŋ⁵²	məŋ⁴⁴
黄陵	pʰəŋ²⁴	pʰei²⁴	maŋ²⁴	məŋ⁵²	məŋ⁴⁴
宜君	pʰəŋ²⁴	pʰei²⁴	maŋ²⁴	məŋ⁵²	məŋ⁴⁴
铜川	pʰɤŋ²⁴	<u>pei²⁴</u>/<u>pʰei²⁴</u>	maŋ²⁴	mɤŋ⁵²	mɤŋ⁴⁴
耀县	pʰəŋ²⁴	pei²⁴	maŋ²⁴	məŋ⁵²	məŋ⁴⁴
高陵	pʰəŋ²⁴	pei²⁴	maŋ²⁴	məŋ⁵²	məŋ⁵⁵
临潼	pʰəŋ²⁴	pei²⁴	maŋ²⁴	məŋ⁵²	məŋ⁴⁵

字目 方言	彭 梗开二 平庚并	白 梗开二 入陌并	盲 梗开二 平庚明	猛 梗开二 上梗明	孟 梗开二 去映明
蓝田	pʰəŋ²⁴	pei²⁴	maŋ²⁴	məŋ⁵²	məŋ⁴⁴
长安	pʰəŋ²⁴	pei²⁴	maŋ²⁴	məŋ⁵³	məŋ⁴⁴
户县	pʰəŋ²⁴	pei²⁴	maŋ²⁴	məŋ⁵²	məŋ⁵⁵
周至	pʰəŋ²⁴	pɿ²⁴	maŋ²⁴	məŋ⁵²	məŋ⁵⁵
三原	pʰəŋ²⁴	pei²⁴	maŋ²⁴	məŋ⁵²	məŋ⁵⁵
泾阳	pʰəŋ²⁴	pei²⁴	maŋ²⁴	məŋ⁵²	məŋ⁵⁵
咸阳	pʰəŋ²⁴	pei²⁴	maŋ²⁴	məŋ⁵²	məŋ⁵⁵
兴平	pʰəŋ²⁴	pei²⁴	maŋ²⁴	məŋ⁵²	məŋ⁵⁵
武功	pʰəŋ²⁴	pei²⁴	maŋ²⁴	məŋ⁵²	məŋ⁵⁵
礼泉	pʰəŋ²⁴	pe²⁴	maŋ²⁴	məŋ⁵²	məŋ⁵⁵
乾县	pʰəŋ²⁴	pei²⁴	maŋ²⁴	məŋ⁵²	məŋ⁴⁴
永寿	pʰəŋ²⁴	pei²⁴	maŋ²⁴	məŋ⁵²	məŋ⁵⁵
淳化	pʰəŋ²⁴	pei²⁴	maŋ²⁴	məŋ⁵²	məŋ⁵⁵
旬邑	pʰəŋ²⁴	pʰei²⁴	maŋ²⁴	məŋ⁵²	məŋ⁴⁴
彬县	pʰəŋ²⁴	pʰei²⁴	maŋ²⁴	məŋ⁵²	məŋ⁴⁴
长武	pʰəŋ²⁴	pʰei²⁴	maŋ²⁴	məŋ⁵²	məŋ⁴⁴
扶风	pʰəŋ²⁴	pei²⁴/pʰei²⁴	maŋ²⁴	məŋ⁵²	məŋ³³
眉县	pʰəŋ²⁴	pei²⁴	maŋ²⁴	məŋ⁵²	məŋ⁴⁴
麟游	pʰəŋ²⁴	pʰei²⁴	maŋ²⁴	məŋ⁵³	məŋ⁴⁴
岐山	pʰəŋ²⁴	pʰei²⁴	maŋ²⁴	məŋ⁵³	məŋ⁴⁴
凤翔	pʰəŋ²⁴	pei²⁴	maŋ²⁴	məŋ⁵³	məŋ⁴⁴
宝鸡	pʰəŋ²⁴	pʰei²⁴	maŋ²⁴	məŋ⁵³	məŋ⁴⁴
千阳	pʰəŋ²⁴	pei²⁴	maŋ²⁴	məŋ⁵³	məŋ⁴⁴
陇县	pʰəŋ²⁴	pei²⁴	maŋ²⁴	məŋ⁵³	məŋ⁴⁴

字目 方言	陌 梗开二 入陌明	打 梗开二 上梗端	冷 梗开二 上梗来	撑 梗开二 平庚彻	拆 梗开二 入陌彻
西安	mei^{21}	ta^{53}	$ləŋ^{53}$	$tsʰəŋ^{21}$	$tsʰei^{21}$
韩城	$mɿ^{31}$	ta^{53}	$\underline{lə}ŋ^{53}/liɑ^{53}$	$tsʰəŋ^{31}$	$tsʰɿ^{31}$
合阳	$mɿ^{24}/mɿ^{55}$①	ta^{52}	$\underline{lə}ŋ^{52}/\underline{liə}^{52}$	$tsʰəŋ^{31}$	$tsʰɿ^{31}$
澄城	mei^{31}	ta^{53}	$\underline{lə}ŋ^{53}/\underline{liə}^{53}$	$tsʰəŋ^{31}$	$tsʰei^{31}$
白水	mei^{31}	ta^{53}	$ləŋ^{53}$	$tsʰəŋ^{31}$	$tsʰei^{31}$
大荔	mei^{31}	ta^{52}	$ləŋ^{52}$	$tsʰəŋ^{31}$	$tsʰei^{31}$
蒲城	mei^{31}	ta^{53}	$ləŋ^{53}$	$tsʰəŋ^{31}$	$tsʰei^{31}$
美原	mei^{31}	ta^{53}	$ləŋ^{53}$	$tsʰəŋ^{31}$	$tsʰei^{31}$
富平	mei^{31}	ta^{53}	$ləŋ^{53}$	$tsʰəŋ^{31}$	$tsʰei^{31}$
潼关	mei^{31}	ta^{52}	$ləŋ^{52}$	$tsʰəŋ^{31}$	$tsʰei^{31}$
华阴	mei^{24}	ta^{52}	$ləŋ^{52}$	$tsʰəŋ^{31}$	$tsʰei^{31}$
华县	pei^{31}	ta^{53}	$ləŋ^{53}$	$tsʰəŋ^{31}$	$tsʰei^{31}$
渭南	mei^{31}	ta^{53}	$ləŋ^{53}$	$tsʰəŋ^{31}$	$tsʰei^{31}$
洛南	mei^{31}	ta^{53}	$ləŋ^{53}$	$tsʰəŋ^{31}$	$tsʰei^{31}$
商州	mei^{31}	ta^{53}	$ləŋ^{53}$	$tsʰəŋ^{31}$	$tsʰei^{31}$
丹凤	mei^{31}	ta^{53}	$ləŋ^{53}$	$tsʰəŋ^{31}$	$tsʰei^{31}$
宜川	mo^{24}	ta^{45}	$ləŋ^{45}$	$tsʰəŋ^{51}$	$tsʰei^{51}$
富县	$m^{b}ɤ^{31}$	ta^{52}	$ləŋ^{52}$	$tsʰəŋ^{31}$	$tsʰei^{31}$
黄陵	mo^{31}	ta^{52}	$ləŋ^{52}$	$tsʰəŋ^{31}$	$tsʰei^{31}$
宜君	mei^{24}	ta^{52}	$ləŋ^{52}$	$tsʰəŋ^{21}$	$tsʰei^{21}$
铜川	mei^{24}	ta^{52}	$lɤŋ^{52}$	$tsʰɤŋ^{21}$	$tsʰei^{21}$
耀县	$mɤ^{24}/pei^{24}$	ta^{52}	$ləŋ^{52}$	$tsʰəŋ^{31}$	$tsʰei^{31}$
高陵	mei^{31}	ta^{52}	$ləŋ^{52}$	$tsʰəŋ^{31}$	$tsʰei^{31}$
临潼	mei^{31}	ta^{52}	$ləŋ^{52}$	$tsʰəŋ^{31}$	$tsʰei^{31}$

① $mɿ^{55}$ ～东：地名。

字目 方言	陌 梗开二 入陌明	打 梗开二 上梗端	冷 梗开二 上梗来	撑 梗开二 平庚彻	拆 梗开二 入陌彻
蓝田	mo³¹	tɑ⁵²	ləŋ⁵²	tsʰəŋ³¹	tsʰei³¹
长安	mei³¹	tɑ⁵³	ləŋ⁵³	tsʰəŋ³¹	tsʰei³¹
户县	mo³¹	tɑ⁵²	ləŋ⁵²	tsʰəŋ³¹	tsʰei³¹
周至	mɿ²¹	tɑ⁵²	ləŋ⁵²	tsʰəŋ²¹	tsʰʅ²¹
三原	mei²⁴	tɑ⁵²	ləŋ⁵²	tsʰəŋ³¹	tsʰei³¹
泾阳	<u>mo</u>³¹/mei³¹	tɑ⁵²	ləŋ⁵²	tsʰəŋ³¹	tsʰei³¹
咸阳	mei²⁴	tɑ⁵²	ləŋ⁵²	tsʰəŋ³¹	tsʰei³¹
兴平	mei³¹	tɑ⁵²	nəŋ⁵²	tsʰəŋ³¹	tsʰei³¹
武功	mei³¹	tɑ⁵²	ləŋ⁵²	tsʰəŋ³¹	tsʰei³¹
礼泉	me³¹	tɑ⁵²	ləŋ⁵²	tsʰəŋ³¹	tsʰei³¹
乾县	mei²⁴	tɑ⁵²	ləŋ⁵²	tsʰəŋ³¹	tsʰei³¹
永寿	mei²⁴	tɑ⁵²	ləŋ⁵²	tsʰəŋ³¹	tsʰei³¹
淳化	mei²⁴	tɑ⁵²	ləŋ⁵²	tsʰəŋ³¹	tsʰei³¹
旬邑	mei²⁴	tɑ⁵²	ləŋ⁵²	tsʰəŋ³¹	tsʰei³¹
彬县	mei²⁴	tɑ⁵²	ləŋ⁵²	tsʰəŋ³¹	tsʰei³¹
长武	mei²⁴	tɑ⁵²	ləŋ⁵²	tsʰəŋ³¹	tsʰei³¹
扶风	mei³¹	tɑ⁵²	ləŋ⁵²	tsʰəŋ³¹	tsʰei³¹
眉县	mei²⁴	tɑ⁵²	ləŋ⁵²	tsʰəŋ³¹	tsʰei³¹
麟游	mei³¹	tɑ⁵³	ləŋ⁵³	tsʰəŋ³¹	tsʰei³¹
岐山	mei²⁴	tɑ⁵³	ləŋ⁵³	tsʰəŋ³¹	tsʰei³¹
凤翔	mei²⁴	tɑ⁵³	ləŋ⁵³	tsʰəŋ³¹	tsʰei³¹
宝鸡	mei²⁴	tɑ⁵³	ləŋ⁵³	tsʰəŋ³¹	tsʰei³¹
千阳	mei²⁴	tɑ⁵³	ləŋ⁵³	tsʰəŋ³¹	tsʰei³¹
陇县	<u>mo</u>²⁴/mei²⁴	tɑ⁵³	ləŋ⁵³	tsʰəŋ³¹	tsʰei³¹

字目 方言	澄 梗开二 平庚澄	锃 梗开二 去映澄	择 梗开二 入陌澄	窄 梗开二 入陌庄	生 梗开二 平庚生
西安	tʂʰən²⁴/təŋ⁵⁵	tsəŋ⁵⁵	tsei²⁴	tsei²¹	<u>səŋ</u>²¹/sɛ̃²¹①
韩城	tʂʰəŋ²⁴	tsəŋ⁵³	tsʰɿ²⁴	tsɿ³¹	<u>səŋ</u>³¹/sɑ³¹
合阳	tʂʰəŋ²⁴/təŋ⁵⁵	tsəŋ⁵⁵	tsʰɿ²⁴	tsɿ³¹	<u>səŋ</u>³¹/sə³¹/sɿ³¹
澄城	tʂʰəŋ²⁴	tsəŋ⁴⁴	tsʰei²⁴	tsei³¹	<u>səŋ</u>³¹/sɤ³¹
白水	tʂʰəŋ²⁴	tsəŋ⁵⁵	tsʰei²⁴	tsei³¹	səŋ³¹
大荔	tʂʰəŋ²⁴	tsəŋ⁵⁵	tsʰei²⁴	tsei³¹	<u>səŋ</u>³¹/sɛ̃³¹
蒲城	tʂʰəŋ³⁵	tsəŋ⁵⁵	tsʰei³⁵	tsei³¹	səŋ³¹
美原	kʰəŋ³⁵	tsəŋ³¹	<u>tsei³⁵</u>/tsʰei³⁵	tsei³¹	<u>səŋ</u>³¹/sɛ̃³¹
富平	tʂʰəŋ³⁵	tsəŋ⁵⁵	<u>tsei³⁵</u>/tsʰei³⁵	tsei³¹	səŋ³¹
潼关	tʂʰəŋ²⁴	tsəŋ⁴⁴	tsʰei²⁴	tsei³¹	<u>səŋ</u>³¹/sɛ̃³¹
华阴	tʂʰəŋ²⁴	tsəŋ⁵⁵	tsʰei²⁴	tsei³¹	səŋ³¹
华县	tʂʰəŋ³⁵	tsəŋ⁵⁵	tsʰei³⁵	tsei³¹	səŋ³¹
渭南	tʂʰəŋ²⁴/təŋ⁴⁴	tsəŋ⁴⁴	tsei²⁴	tsei³¹	səŋ³¹
洛南	tʂʰəŋ²⁴/təŋ⁴⁴	tsəŋ⁴⁴	tsʰei²⁴	tsei³¹	səŋ³¹
商州	tʂʰəŋ³⁵/təŋ⁵⁵	tsəŋ⁵⁵	<u>tsei³⁵</u>/tsʰei³⁵	tsei³¹	səŋ³¹
丹凤	tʂʰəŋ²⁴/təŋ⁴⁴	tsəŋ⁴⁴	tsei²⁴	tsei³¹	səŋ³¹
宜川	tʂʰəŋ²⁴	tsəŋ⁴⁵	tsʰei²⁴	tsei⁵¹	<u>səŋ</u>⁵¹/sei⁵¹
富县	təŋ⁴⁴	tsəŋ⁴⁴	tsʰei²⁴	tsei³¹	səŋ³¹
黄陵	tʂʰəŋ²⁴	tsəŋ⁴⁴	tsei²⁴	tsei³¹	<u>səŋ</u>³¹/sei³¹
宜君	tʰəŋ²⁴/təŋ⁴⁴	tsəŋ²¹	tsʰei²⁴	tsei²¹	<u>səŋ</u>²¹/sei²¹②
铜川	tsʰɤŋ²⁴/tɤŋ⁴⁴		tsei²⁴	tsei²¹	sɤŋ²¹
耀县	tʰəŋ²⁴/təŋ⁴⁴	tɕiəŋ⁴⁴	tsei³¹	tsei³¹	<u>səŋ</u>³¹/sei⁰²¹
高陵	tʰəŋ²⁴	tsəŋ⁵⁵	tsei²⁴	tsei³¹	səŋ³¹
临潼	tʂʰəŋ²⁴/təŋ⁴⁵	tsəŋ⁴⁵	tsei²⁴	tsei³¹	<u>səŋ</u>³¹/sei³¹

① sɛ̃²¹ 花~。下同。
② sei²¹ 落花~。

字目 方言	澄 梗开二 平庚澄	锃 梗开二 去映澄	择 梗开二 入陌澄	窄 梗开二 入陌庄	生 梗开二 平庚生
蓝田	tʂʰəŋ²⁴/təŋ⁴⁴	tsəŋ⁴⁴	tsei²⁴	tsei³¹	səŋ³¹/sẽ³¹
长安	tʰəŋ²⁴/təŋ⁴⁴	tsəŋ⁴⁴	tsei²⁴	tsei³¹	səŋ³¹/sẽ³¹
户县	tʂʰəŋ²⁴/təŋ⁵⁵	tsəŋ⁵⁵	tsei²⁴	tsei³¹	səŋ³¹
周至	tʰəŋ²⁴/təŋ⁵⁵	tsəŋ²¹	tsɿ²⁴	tsɿ²¹	səŋ²¹
三原	tʰəŋ²⁴/təŋ⁵⁵	tsəŋ⁵⁵	tsei²⁴	tsei³¹	səŋ³¹
泾阳	tʰəŋ²⁴/təŋ⁵⁵	tsəŋ⁵⁵	tsei²⁴	tsei³¹	səŋ³¹
咸阳	tʰəŋ²⁴/təŋ⁵⁵	tsəŋ⁵⁵	tsei²⁴	tsei³¹	səŋ³¹
兴平	tʰəŋ²⁴/təŋ⁵⁵	tsəŋ⁵⁵	tsei²⁴	tsei³¹	səŋ³¹
武功	tʰəŋ²⁴/təŋ⁵⁵	tsəŋ⁵⁵	tsei²⁴	tsei³¹	səŋ³¹
礼泉	tʰəŋ²⁴/təŋ⁵⁵	tsəŋ³¹	tse²⁴	tse³¹	səŋ³¹
乾县	tʰəŋ²⁴/təŋ⁴⁴	tsəŋ⁴⁴	tsei²⁴	tsei³¹	səŋ³¹
永寿	tʰəŋ²⁴/təŋ⁵⁵	tsəŋ⁵⁵	tsei²⁴	tsei³¹	səŋ³¹
淳化	tʰəŋ²⁴	tsəŋ⁵⁵	tsei²⁴	tsei³¹	səŋ³¹
旬邑	tʰəŋ²⁴/təŋ⁵⁵	tsəŋ⁴⁴	tsʰei²⁴	tsei³¹	səŋ³¹
彬县	tʰəŋ²⁴/təŋ⁴⁴	tsəŋ⁴⁴	tsei²⁴	tsei³¹	səŋ³¹
长武	tʰəŋ²⁴/təŋ⁴⁴	tsəŋ⁴⁴	tsei²⁴/tsʰei²⁴	tsei³¹	səŋ³¹
扶风	tʂʰəŋ²⁴		tsei²⁴/tsʰei²⁴	tsei³¹	səŋ³¹
眉县	tʂʰəŋ²⁴		tsei²⁴	tsei³¹	səŋ³¹
麟游	tʂʰəŋ²⁴	tsʰəŋ⁴⁴	tsʰei²⁴	tsei³¹	səŋ³¹
岐山	tʂʰəŋ²⁴	tsəŋ⁴⁴	tsʰei²⁴	tsei³¹	səŋ³¹
凤翔	tʂʰəŋ²⁴	tsəŋ⁴⁴	tsei³¹	tsei³¹	səŋ³¹
宝鸡	tʂʰəŋ²⁴		tsʰei²⁴	tsei³¹	səŋ³¹
千阳	tʂʰəŋ²⁴		tsei²⁴/tsʰei²⁴	tsei³¹	səŋ³¹
陇县	tʂʰəŋ²⁴	tsəŋ⁴⁴	tsei²⁴	tsei³¹	səŋ³¹

字目 方言	省~长 梗开二 上梗生	庚 梗开二 平庚见	更三~，打~ 梗开二 平庚见	埂 梗开二 上梗见	更~加 梗开二 去映见
西安	səŋ⁵³	kəŋ²¹	kəŋ²¹/tɕiŋ²¹①	kəŋ⁵³	kəŋ⁵⁵ ∣ kəŋ
韩城	səŋ⁵³	kəŋ³¹	kəŋ³¹/tɕiəŋ³¹	kəŋ⁵³	kəŋ⁴⁴ ∣ kəŋ
合阳	səŋ⁵²	kəŋ³¹	kəŋ³¹/tɕiŋ³¹	kəŋ⁵²	kəŋ⁵⁵ ∣ kəŋ
澄城	səŋ⁵³	kəŋ³¹	kəŋ³¹/tɕiəŋ³¹	kəŋ⁵³	kəŋ⁴⁴ ∣ kəŋ
白水	səŋ⁵³	kəŋ³¹	kəŋ³¹/tɕiəŋ³¹	kəŋ⁵³	kəŋ⁴⁴ ∣ kəŋ
大荔	səŋ⁵²	kəŋ³¹	kəŋ³¹/tɕiəŋ³¹	kəŋ⁵²	kəŋ⁵⁵ ∣ kəŋ
蒲城	səŋ⁵³	kəŋ³¹	kəŋ³¹/tɕiəŋ³¹	kəŋ⁵³	kəŋ⁵⁵ ∣ kəŋ
美原	səŋ⁵³	kəŋ³¹	kəŋ³¹/tɕiəŋ³¹	kəŋ⁵³	kəŋ⁵⁵ ∣ kəŋ
富平	səŋ⁵³	kəŋ³¹	kəŋ³¹/tɕiəŋ³¹	kəŋ⁵³	kəŋ⁵⁵ ∣ kəŋ
潼关	səŋ⁵²	kəŋ³¹	kəŋ³¹/tɕiŋ³¹	kəŋ⁵²	kəŋ⁴⁴ ∣ kəŋ
华阴	səŋ⁵²	kəŋ³¹	kəŋ³¹/tɕiŋ³¹	kəŋ⁵²	kəŋ⁵⁵ ∣ kəŋ
华县	səŋ⁵³	kəŋ³¹	kəŋ³¹/tɕiəŋ³¹	kəŋ⁵³	kəŋ⁵⁵ ∣ kəŋ
渭南	səŋ⁵³	kəŋ³¹	kəŋ³¹/tɕiəŋ³¹	kəŋ⁵³	kəŋ⁴⁴ ∣ kəŋ
洛南	səŋ⁵³	kəŋ³¹	kəŋ³¹/tɕiəŋ³¹	kəŋ⁵³	kəŋ⁴⁴ ∣ kəŋ
商州	səŋ⁵³	kəŋ³¹	kəŋ³¹/tɕiəŋ³¹	kəŋ⁵³	kəŋ⁵⁵ ∣ kəŋ
丹凤	səŋ⁵³	kəŋ³¹	kəŋ³¹/tɕiəŋ³¹	kəŋ⁵³	kəŋ⁴⁴
宜川	səŋ⁴⁵	kəŋ⁵¹	kəŋ⁵¹	kəŋ⁰²¹ 田~	kəŋ⁴⁵
富县	səŋ⁵²	kəŋ³¹	kəŋ³¹	kəŋ⁵²	kəŋ⁴⁴
黄陵	səŋ⁵²	kəŋ³¹	kəŋ³¹	kəŋ⁵²	kəŋ⁴⁴
宜君	səŋ⁵²	kəŋ²¹	kəŋ²¹ 打~	kəŋ⁵²	kəŋ⁴⁴
铜川	sɤŋ⁵²	kɤŋ²¹	kɤŋ²¹/tɕiɤŋ²¹	kɤŋ⁵²	kɤŋ⁴⁴ ∣ kəŋ
耀县	səŋ⁵²	kəŋ⁵²	kəŋ³¹	kəŋ³¹	kəŋ⁴⁴ ∣ kəŋ
高陵	səŋ⁵²	kəŋ³¹	kəŋ³¹	kəŋ⁵²	kəŋ⁵⁵ ∣ kəŋ
临潼	səŋ⁵²	kəŋ³¹	kəŋ³¹	kəŋ⁵²	kəŋ⁴⁵ ∣ kəŋ

---

① tɕiŋ²¹ 打~，三~半夜。下同。

字目 / 方言	省~长	庚	更三~, 打~	埂	更~加	
	梗开二 上梗生	梗开二 平庚见	梗开二 平庚见	梗开二 上梗见	梗开二 去映见	
蓝田	səŋ^{52}	kəŋ^{31}	kəŋ^{31}	kəŋ^{52}	kəŋ^{44}	kəŋ
长安	səŋ^{53}	kəŋ^{31}	kəŋ^{31}	kəŋ^{53}	kəŋ^{44}	
户县	səŋ^{52}	kəŋ^{31}	kəŋ^{31}	kəŋ^{52}	kəŋ^{55}	kəŋ
周至	səŋ^{52}	kəŋ^{21}	kəŋ^{21}	kəŋ^{52}读	kəŋ^{55}	kəŋ
三原	səŋ^{52}	kəŋ^{31}	k̲ə̲ŋ^{31}/t̲ɕ̲i̲ŋ^{31}	kəŋ^{52}	kəŋ^{55}	kəŋ
泾阳	səŋ^{52}	kəŋ^{31}	kəŋ^{31}	kəŋ^{52}	kəŋ^{55}	
咸阳	səŋ^{52}	kəŋ^{31}	k̲ə̲ŋ^{31}/t̲ɕ̲i̲ŋ^{31}	kəŋ^{52}	kəŋ^{55}	
兴平	səŋ^{52}	kəŋ^{31}	k̲ə̲ŋ^{31}/t̲ɕ̲i̲ə̲ŋ^{31}	kəŋ^{52}	kəŋ^{55}	kəŋ
武功	səŋ^{52}	kəŋ^{31}	k̲ə̲ŋ^{31}/t̲ɕ̲i̲ŋ^{31}	kəŋ^{31}	kəŋ^{55}	kəŋ
礼泉	səŋ^{52}	kəŋ^{31}	k̲ə̲ŋ^{31}/t̲ɕ̲i̲ə̲ŋ^{31}	kəŋ^{52}	kəŋ^{55}	kəŋ
乾县	səŋ^{52}	kəŋ^{31}	kəŋ^{31}	kəŋ^{52}	kəŋ^{44}	kəŋ
永寿	səŋ^{52}	kəŋ^{31}	kəŋ^{31}	kəŋ^{52}	kəŋ^{55}	kəŋ
淳化	səŋ^{52}	kəŋ^{52}	kəŋ^{31}	kəŋ^{52}	kəŋ^{55}	kəŋ
旬邑	səŋ^{52}	kəŋ^{31}	kəŋ^{31}	kəŋ^{52}	kəŋ^{44}	kəŋ
彬县	səŋ^{52}	kəŋ^{31}	kəŋ^{31}	kəŋ^{52}	kəŋ^{44}	kəŋ
长武	səŋ^{52}	kəŋ^{31}	kəŋ^{31}	kəŋ^{52}	kəŋ^{44}	kəŋ
扶风	səŋ^{52}	kəŋ^{31}	k̲ə̲ŋ^{31}/t̲ɕ̲i̲ŋ^{31}	kəŋ^{31}	kəŋ^{33}	kəŋ
眉县	səŋ^{52}	kəŋ^{31}	kəŋ^{31}	kəŋ^{52}	kəŋ^{44}	kəŋ
麟游	səŋ^{53}	kəŋ^{31}	kəŋ^{31}	kəŋ^{44}	kəŋ^{44}	kəŋ
岐山	səŋ^{53}	kəŋ^{31}	k̲ə̲ŋ^{31}/t̲ɕ̲i̲ŋ^{31}	kəŋ^{44}	kəŋ^{44}	kəŋ
凤翔	səŋ^{53}	kəŋ^{31}	kəŋ^{31}	kəŋ^{44}	kəŋ^{44}	kəŋ
宝鸡	səŋ^{53}	kəŋ^{31}	kəŋ^{31}		kəŋ^{44}	kəŋ
千阳	səŋ^{53}	kəŋ^{31}	kəŋ^{44}/kəŋ^{31}	kəŋ^{53}	kəŋ^{44}	kəŋ
陇县	səŋ^{53}	kəŋ^{31}	kəŋ^{44}	kəŋ^{31}	kəŋ^{44}	kəŋ

字目 方言	格 梗开二 入陌见		坑 梗开二 平庚溪		梗 梗开二 上梗见	客 梗开二 入陌溪		硬 梗开二 去映疑
西安	kei²¹	kei	kʰəŋ²¹	kʰəŋ	kəŋ⁵³	kʰei²¹	kʰei	n̠iŋ⁵⁵
韩城	kɪ³¹	kei	kʰəŋ³¹	kʰəŋ	kəŋ⁵³	kʰɪ³¹	kʰei	n̠iəŋ⁴⁴/n̠iɛ⁴⁴
合阳	kɪ³¹	kei	kʰəŋ³¹	kʰəŋ	kəŋ⁵²	kʰɪ³¹	kʰei	n̠iəŋ⁵⁵/n̠iə⁵⁵
澄城	kei³¹	kei	kʰəŋ³¹	kʰəŋ	kəŋ⁵³	kʰei³¹	kʰei	n̠iəŋ⁴⁴/n̠iə⁴⁴
白水	kei³¹	kei	kʰəŋ³¹	kʰəŋ	kəŋ⁵³	kʰei³¹	kʰei	n̠iəŋ⁴⁴
大荔	kei³¹	kei	kʰəŋ³¹	kʰəŋ	kəŋ⁵²	kʰei³¹	kʰei	n̠iəŋ⁵⁵
蒲城	kei³¹	kei	kʰəŋ³¹	kʰəŋ	kəŋ⁵³	kʰei³¹	kʰei	n̠iəŋ⁵⁵
美原	kei³¹	kei	kʰəŋ³¹	kʰəŋ	kəŋ⁵³	kʰei³¹	kʰei	n̠iəŋ⁵⁵
富平	kei³¹	kei	kʰəŋ³¹	kʰəŋ	kəŋ⁵³	kʰei³¹	kʰei	n̠iəŋ⁵⁵
潼关	kei³¹	kei	kʰəŋ³¹	kʰəŋ	kəŋ⁵²	kʰei³¹	kʰei	n̠iəŋ⁴⁴
华阴	kei³¹	kei	kʰəŋ³¹	kʰəŋ	kəŋ⁵³	kʰei³¹	kʰei	n̠iəŋ⁵⁵
华县	kei³¹	kei	kʰəŋ³¹	kʰəŋ	kəŋ⁵³	kʰei³¹	kʰei	n̠iəŋ⁵⁵
渭南	kei³¹	kei	kʰəŋ³¹	kʰəŋ	kəŋ⁵³	kʰei³¹	kʰei	n̠iəŋ⁴⁴
洛南	kei³¹	kei	kʰəŋ³¹		kəŋ⁵³	kʰei³¹	kʰei	n̠iəŋ⁴⁴
商州	kei³¹	kei	kʰəŋ³¹	kʰəŋ	kəŋ⁵³	kʰei³¹	kʰei	n̠iəŋ⁵⁵
丹凤	kei³¹		kʰəŋ³¹		kəŋ⁵³	kʰei³¹		n̠iəŋ⁴⁴
宜川	kiei⁵¹		kʰəŋ⁵¹		kəŋ⁵¹	kʰiei⁵¹		n̠iəŋ⁴⁵/n̠iɛ⁴⁵
富县	kei³¹		kʰəŋ³¹		kəŋ⁵²	kʰei³¹		n̠iəŋ⁴⁴
黄陵	kiei³¹		kʰəŋ³¹		kəŋ⁵²	kʰei³¹		n̠iəŋ⁴⁴
宜君	kẽ²¹		kʰəŋ²¹		kəŋ⁵²	kʰẽ²¹		n̠iəŋ⁴⁴
铜川	kei²¹	kei	kʰɤŋ²¹	kʰəŋ	kɤŋ⁵²	kʰei²¹	kʰei	n̠iɤŋ⁴⁴
耀县	kei³¹	kei	kʰəŋ³¹	kʰəŋ	kəŋ⁵²	kʰei³¹	kʰei	n̠iəŋ⁴⁴
高陵	kei³¹	kei	kʰəŋ³¹	kʰəŋ	kəŋ⁵²	kʰei³¹	kʰei	n̠iəŋ⁵⁵
临潼	kei³¹	kei	kʰəŋ³¹	kʰəŋ	kəŋ³¹	kʰei³¹	kʰei	n̠iəŋ⁴⁵

字目 \ 方言	格	坑	梗	客	硬
	梗开二 入陌见	梗开二 平庚溪	梗开二 上梗见	梗开二 入陌溪	梗开二 去映疑
蓝田	kə^{31}/kei^{31} ∣ kei	kʰəŋ^{31} ∣ kʰəŋ	kəŋ^{52}	kʰei^{31} ∣ kʰei	n̩iəŋ^{44}
长安	kei^{31}	kʰəŋ^{31}	kəŋ^{53}	kʰei^{31}	n̩iəŋ^{44}
户县	kei^{31} ∣ kei	kʰəŋ^{31} ∣ kʰəŋ	kəŋ^{52}	kʰei^{31} ∣ kʰei	n̩iəŋ^{55}
周至	kɪ^{21} ∣ kei	kʰəŋ^{21} ∣ kʰəŋ	kəŋ^{52}	kʰɪ^{21} ∣ kʰei	n̩iəŋ^{55}
三原	kei^{31} ∣ kei	kʰəŋ^{31} ∣ kʰəŋ	kəŋ^{52}	kʰei^{31} ∣ kʰei	n̩iŋ^{55}
泾阳	kei^{31}	kʰəŋ^{31}	kəŋ^{52}	kʰei^{31}	n̩iŋ^{55}
咸阳	kei^{31}	kʰəŋ^{31}	kəŋ^{52}	kʰei^{31}	n̩iŋ^{55}
兴平	kei^{31} ∣ kei	kʰəŋ^{31} ∣ kʰəŋ	kəŋ^{52}	kʰei^{31} ∣ kʰei	n̩iŋ^{55}
武功	kei^{31} ∣ kei	kʰəŋ^{31} ∣ kʰəŋ	kəŋ^{52}	kʰei^{31} ∣ kʰei	n̩iŋ^{55}
礼泉	ke^{31} ∣ kei	kʰəŋ^{31} ∣ kʰəŋ		kʰe^{31} ∣ kʰei	n̩iəŋ^{55}
乾县	kei^{31} ∣ kei	kʰəŋ^{31} ∣ kʰəŋ	kəŋ^{52}	kʰei^{31} ∣ kʰei	n̩iŋ^{44}
永寿	kei^{31} ∣ kei	kʰəŋ^{31} ∣ kʰəŋ	kəŋ^{52}	kʰei^{31} ∣ kʰei	n̩iŋ^{55}
淳化	kei^{31} ∣ kei	kʰəŋ^{31} ∣ kʰəŋ	kəŋ^{52}	kʰei^{31} ∣ kʰei	n̩iŋ^{55}
旬邑	kei^{31} ∣ kei	kʰəŋ^{31} ∣ kʰəŋ	kəŋ^{52}	kʰei^{31} ∣ kʰei	n̩iŋ^{44}
彬县	kei^{31} ∣ kei	kʰəŋ^{31} ∣ kʰəŋ	kəŋ^{52}	kʰei^{31} ∣ kʰei	n̩iŋ^{44}
长武	kei^{31} ∣ kei	kʰəŋ^{31} ∣ kʰəŋ	kəŋ^{52}	kʰei^{31} ∣ kʰei	n̩iŋ^{44}
扶风	kei^{31} ∣ kei	kʰəŋ^{31} ∣ kʰəŋ	kəŋ^{31}	kʰei^{31} ∣ kʰei	iŋ^{33}/n̩iŋ^{33}
眉县	kei^{31} ∣ kei	kʰəŋ^{31} ∣ kʰəŋ	kəŋ^{52}	kʰei^{31} ∣ kʰei	n̩iŋ^{44}
麟游	kei^{31} ∣ kei	kʰəŋ^{31} ∣ kʰəŋ	kəŋ^{44}	kʰei^{31} ∣ kʰei	n̩iŋ^{44}
岐山	kei^{31} ∣ kei	kʰəŋ^{31} ∣ kʰəŋ	kəŋ^{44}	kʰei^{31} ∣ kʰei	n̩iŋ^{44}
凤翔	kei^{31} ∣ kei	kʰəŋ^{31} ∣ kʰəŋ	kəŋ^{44}	kʰei^{31} ∣ kʰei	n̩iŋ^{44}
宝鸡	kei^{31} ∣ kei	kʰəŋ^{31} ∣ kʰəŋ		kʰei^{31} ∣ kʰei	n̩iŋ^{44}
千阳	kei^{31} ∣ kei	kʰəŋ^{31} ∣ kʰəŋ	kəŋ^{53}	kʰei^{31} ∣ kʰei	n̩iəŋ^{55}
陇县	kei^{31} ∣ kei	kʰəŋ^{31} ∣ kʰəŋ	kəŋ^{31}	kʰei^{31} ∣ kʰei	n̩iŋ^{44}

字目 方言	额 梗开二 入陌疑		亨 梗开二 平庚晓	赫 梗开二 入陌晓	行~为 梗开二 平庚匣	衡 梗开二 平庚匣
西安	ŋei²¹	ŋei	xəŋ²¹	xei²¹	ɕin²⁴	xuoŋ²³
韩城	ŋɪ⁵³	ŋei	xəŋ³¹	xɪ³¹	ɕiəŋ²⁴	xuəŋ²⁴
合阳	ŋɪ³¹	ŋei	xəŋ³¹	xɪ³¹	ɕiəŋ²⁴	xuoŋ²⁴
澄城	ŋei³¹	ŋei	xəŋ³¹	xei³¹	ɕiəŋ²⁴	xuəŋ²⁴
白水	ŋei³¹	ŋei	xəŋ³¹	xei³¹	ɕiəŋ²⁴	xuəŋ²⁴
大荔	ŋei³¹	ŋei	xəŋ³¹	xei³¹	ɕiəŋ²⁴	xuəŋ²⁴
蒲城	ŋei³¹	ŋei	xəŋ³¹	xei³¹	ɕiəŋ³⁵	xuəŋ³⁵
美原	ŋei³¹	ŋei	xəŋ³¹	xei³¹	ɕiəŋ³⁵	xuəŋ³⁵
富平	ŋei³¹	ŋei	xəŋ³¹	xei³¹	ɕiəŋ³⁵	xuəŋ³⁵
潼关	ŋei³¹	ŋei	xəŋ³¹	xei³¹	ɕiəŋ²⁴	xuəŋ²⁴
华阴	ŋei³¹	ŋei	xəŋ³¹	xei³¹	ɕiəŋ²⁴	xuəŋ²⁴
华县	ŋei³¹	ŋei	xəŋ³¹	xei³¹	ɕiəŋ³⁵	xuəŋ³⁵
渭南	ŋei³¹	ŋei	xəŋ³¹	xei³¹	ɕiəŋ²⁴	xuəŋ²⁴
洛南	ŋei³¹	ŋei	xəŋ³¹	xei³¹	ɕiəŋ²⁴	xuəŋ²⁴
商州	ŋei³¹	ŋei	xəŋ³¹	xei³¹	ɕiəŋ³⁵	xuəŋ³⁵
丹凤	ŋei³¹	xəŋ³¹	xei³¹	ɕiəŋ²⁴	xuəŋ²⁴
宜川	ŋei⁵¹	xəŋ²⁴	xiei⁵¹	ɕiəŋ²⁴	xəŋ²⁴
富县	ŋəŋ³¹/ŋɤ³¹①	xəŋ³¹	xei³¹	ɕiəŋ²⁴	xəŋ²⁴
黄陵	ŋiei³¹	xəŋ³¹	xuo³¹	ɕiəŋ²⁴	xəŋ²⁴
宜君	ŋẽ²¹	xəŋ²¹	xei²¹	ɕiəŋ²⁴	xuəŋ²⁴
铜川	ŋei²¹	ŋei	xɤɤŋ²¹	xei²¹	ɕiɤŋ²⁴	xuɤŋ²⁴
耀县	ŋei³¹	ŋei	xəŋ²⁴	xei³¹	ɕiəŋ²⁴	xuəŋ²⁴
高陵	ŋei³¹	ŋei	xəŋ³¹	xei³¹	ɕiəŋ²⁴	xuəŋ²⁴
临潼	ŋei³¹	ŋei	xəŋ³¹	xuo³¹	ɕiəŋ²⁴	xuəŋ²⁴

---

① ŋɤ³¹ 名~。

字目 方言	额	亨	赫	行~为	衡
	梗开二 入陌疑	梗开二 平庚晓	梗开二 入陌晓	梗开二 平庚匣	梗开二 平庚匣
蓝田	ŋei³¹ ｜ ŋei	xəŋ³¹	xei³¹	ɕiəŋ²⁴	x̲ə̲ŋ̲²⁴/xuəŋ²⁴
长安	ŋei³¹	xəŋ³¹	xei³¹	ɕiəŋ²⁴	xəŋ²⁴
户县	ŋei³¹ ｜ ŋei	xəŋ³¹	xei³¹	ɕiəŋ²⁴	xuəŋ²⁴
周至	ŋɪ²¹ ｜ ŋei	xəŋ²¹	xɪ²¹	ɕiəŋ²⁴	xəŋ²⁴
三原	ŋei³¹ ｜ ŋei	xəŋ³¹	xei³¹	ɕiŋ²⁴	xuŋ²⁴
泾阳	ŋẽ³¹ ｜ ŋei	xəŋ³¹	xei³¹	ɕiŋ²⁴	xuŋ²⁴
咸阳	ŋei³¹	xəŋ²⁴	xei³¹	ɕiŋ²⁴	xuŋ²⁴
兴平	ŋei³¹ ｜ ŋei	xəŋ³¹	xei³¹	ɕiŋ²⁴	xuŋ²⁴
武功	ŋei³¹ ｜ ŋei	xəŋ³¹	xei³¹	ɕiŋ²⁴	xəŋ²⁴
礼泉	ŋei³¹ ｜ ŋei	xəŋ³¹	xe³¹	ɕiəŋ²⁴	xuŋ²⁴
乾县	ŋei³¹ ｜ ŋei	xəŋ³¹	xei³¹	ɕiŋ²⁴	xəŋ²⁴
永寿	ŋei³¹ ｜ ŋei	xəŋ³¹	xei³¹	ɕiŋ²⁴	x̲ə̲ŋ̲²⁴/xuŋ²⁴
淳化	ŋei³¹ ｜ ŋei	xəŋ³¹	xei³¹	ɕiŋ²⁴	xuŋ²⁴
旬邑	ŋei³¹ ｜ ŋei	xəŋ³¹	xei³¹	ɕiŋ²⁴	xəŋ²⁴
彬县	ŋei³¹ ｜ ŋei	xəŋ³¹	xei³¹	ɕiŋ²⁴	x̲ə̲ŋ̲²⁴/xuŋ²⁴
长武	ŋei³¹ ｜ ŋei	xəŋ³¹	xei³¹	ɕiŋ²⁴	xəŋ²⁴
扶风	ŋei³¹ ｜ ŋei	xəŋ³¹	xei³¹	ɕiŋ²⁴	xəŋ²⁴
眉县	ŋei³¹ ｜ ŋei	xəŋ³¹	xei³¹	ɕiŋ²⁴	xəŋ²⁴
麟游	ŋei³¹ ｜ ŋei	xəŋ³¹	xei³¹	ɕiŋ²⁴	xəŋ²⁴
岐山	ŋei³¹ ｜ ŋei	xəŋ³¹	xei³¹	ɕiŋ²⁴	xəŋ²⁴
凤翔	ŋei³¹ ｜ ŋei	xəŋ³¹	xei³¹	ɕiŋ²⁴	xəŋ²⁴
宝鸡	ŋei³¹ ｜ ŋei	xəŋ³¹	xei³¹	ɕiŋ²⁴	xəŋ²⁴
千阳	ŋei³¹ ｜ ŋei	xəŋ³¹	xei³¹	ɕiŋ²⁴	xəŋ²⁴
陇县	ŋei³¹ ｜ ŋei	xəŋ³¹	xei³¹	ɕiŋ²⁴	xəŋ²⁴

字目＼方言	杏 梗开二 上梗匣	迸 梗开二 去诤帮	擘 梗开二 入麦帮	棚 梗开二 平耕并	萌 梗开二 平耕明
西安	ɕiŋ⁵⁵/xəŋ⁵⁵ ｜ xəŋ	pəŋ⁵⁵/pie⁵⁵	pei²¹	pʰəŋ²⁴	məŋ²⁴ ｜ məŋ
韩城	ɕiəŋ⁴⁴/xəŋ⁴⁴/ xɑ⁴⁴ ｜ xəŋ	pəŋ⁴⁴/piɛ⁴⁴	pei³¹	pʰəŋ³⁵	məŋ³⁵ ｜ məŋ
合阳	ɕiəŋ⁵⁵/xəŋ⁵⁵ ｜ xəŋ	piəŋ⁵⁵/pəŋ⁵⁵ /pie⁵⁵	pɿ³¹	pʰəŋ²⁴/ pʰiə²⁴	miəŋ²⁴/məŋ²⁴新 ｜ məŋ
澄城	xəŋ⁴⁴/ɕiə⁴⁴ ｜ xəŋ	pəŋ⁴⁴/pie⁴⁴	pɿ³¹	pʰəŋ²⁴	məŋ²⁴ ｜ məŋ
白水	xəŋ⁴⁴ ｜ xəŋ	pəŋ⁴⁴/pie⁴⁴	pei³¹	pʰəŋ²⁴	məŋ²⁴ ｜ məŋ
大荔	ɕiəŋ⁵⁵/xəŋ⁵⁵ ｜ xəŋ	pəŋ⁵⁵/pie⁵⁵	pei³¹	pʰəŋ²⁴	məŋ²⁴ ｜ məŋ
蒲城	xəŋ⁵⁵ ｜ xəŋ	pəŋ⁵⁵/pie⁵⁵	pei³¹	pʰəŋ²⁴	məŋ²⁴ ｜ məŋ
美原	xəŋ⁵⁵ ｜ xəŋ	pəŋ⁵⁵/pie⁵⁵	pei³¹	pʰəŋ³⁵	məŋ³⁵
富平	xəŋ⁵⁵ ｜ xəŋ	pəŋ⁵⁵/pie⁵⁵	pei³¹	pʰəŋ³⁵	məŋ³⁵ ｜ məŋ
潼关	ɕiəŋ⁴⁴/xəŋ⁴⁴ ｜ xəŋ	pəŋ⁴⁴/pie⁴⁴	pei³¹	pʰəŋ²⁴	məŋ²⁴ ｜ məŋ
华阴	xəŋ⁵⁵ ｜ xəŋ	pəŋ⁵⁵/pie⁵⁵	pei³¹	pʰəŋ²⁴	məŋ²⁴ ｜ məŋ
华县	xəŋ⁵⁵ ｜ xəŋ	pəŋ⁵⁵/pie⁵⁵	pei³¹	pʰəŋ³⁵	məŋ³⁵ ｜ məŋ
渭南	xəŋ⁴⁴ ｜ xəŋ	pəŋ⁴⁴/pie⁴⁴	pei³¹	pʰəŋ²⁴	məŋ²⁴ ｜ məŋ
洛南	xəŋ⁴⁴ ｜ xəŋ	pəŋ⁴⁴/pie⁴⁴	pei³¹	pʰəŋ²⁴	məŋ²⁴ ｜ məŋ
商州	xəŋ⁵⁵ ｜ xəŋ	pəŋ⁵⁵/pie⁵⁵	pei³¹	pʰəŋ³⁵	məŋ³⁵ ｜ məŋ
丹凤	xəŋ⁴⁴	pəŋ⁴⁴/pie⁴⁴	pei³¹	pʰəŋ²⁴	məŋ²⁴
宜川	ɕiəŋ⁴⁵/xəŋ⁴⁵	pʰiɛ⁵¹	pei⁵¹	pʰəŋ²⁴	məŋ²⁴
富县	ɕiəŋ⁴⁴/xəŋ⁴⁴	pie⁴⁴	pei³¹	pʰəŋ²⁴	məŋ²⁴
黄陵	xəŋ⁴⁴	pəŋ⁴⁴/piɛ⁴⁴	pei³¹	pʰəŋ²⁴	məŋ²⁴/miəŋ²⁴①
宜君	ɕiəŋ⁴⁴/xəŋ⁴⁴	piəŋ⁴⁴/piɛ²¹	pei²¹	pʰəŋ²⁴	məŋ²⁴
铜川	ɕiɤŋ⁴⁴/xɤŋ⁴⁴ ｜ ɕiŋ	pɤŋ⁴⁴/pie²¹	pei²¹	pʰɤŋ²⁴	mɤŋ²⁴ ｜ məŋ
耀县	ɕiəŋ⁴⁴/xəŋ⁴⁴ ｜ xəŋ	pəŋ⁴⁴/pie³¹	pei³¹	pʰəŋ²⁴	məŋ²⁴ ｜ məŋ
高陵	xəŋ⁵⁵ ｜ xəŋ	pie⁵⁵	pei³¹	pʰəŋ²⁴	məŋ²⁴ ｜ məŋ
临潼	xəŋ⁴⁵ ｜ xəŋ/ɕiŋ	pʰiɛ³¹~火	pei³¹	pʰəŋ²⁴	məŋ²⁴ ｜ məŋ

① miəŋ²⁴ ~条。

字目 / 方言	杏 梗开二 上梗匣	迸 梗开二 去诤帮	擘 梗开二 入麦帮	棚 梗开二 平耕並	萌 梗开二 平耕明
蓝田	çiəŋ⁴⁴/xəŋ⁴⁴ ｜ xəŋ	pəŋ³¹/piɛ³¹/pʰiɛ³¹ ~火	pei³¹	pʰəŋ²⁴	məŋ²⁴ ｜ məŋ
长安	çiəŋ⁴⁴/xəŋ⁴⁴	pəŋ³¹/piɛ³¹/piɛ⁴⁴ 新	pei³¹	pʰəŋ²⁴	məŋ²⁴
户县	çiəŋ⁵⁵/xəŋ⁵⁵ ｜ xəŋ	pəŋ⁵⁵/piɛ³¹	pei³¹	pʰəŋ²⁴	məŋ²⁴ ｜ məŋ
周至	çiəŋ⁵⁵/xəŋ⁵⁵ ｜ xəŋ	pəŋ²¹/piɛ²¹	pɿ²¹	pʰəŋ²⁴	məŋ²⁴ ｜ məŋ
三原	çiŋ⁵⁵/xəŋ⁵⁵ ｜ xəŋ	pəŋ⁵⁵/piɛ⁵⁵	pei³¹	pʰəŋ²⁴	məŋ²⁴ ｜ məŋ
泾阳	xəŋ⁵⁵ ｜ xəŋ	pəŋ⁵⁵/piɛ⁵⁵	pei³¹	pʰəŋ²⁴	məŋ²⁴ ｜ məŋ
咸阳	çiŋ⁵⁵/xəŋ⁵⁵ ｜ xəŋ	pəŋ⁵⁵/piɛ⁵⁵	pei⁵⁵	pʰəŋ²⁴	məŋ²⁴ ｜ məŋ
兴平	çiŋ⁵⁵/xəŋ⁵⁵ ｜ xəŋ	pəŋ⁵⁵/piɛ⁵⁵	pei³¹	pʰəŋ²⁴	məŋ²⁴ ｜ məŋ
武功	xəŋ⁵⁵ ｜ xəŋ	pəŋ⁵⁵/piɛ⁵⁵	pei³¹	pʰəŋ²⁴	məŋ²⁴ ｜ məŋ
礼泉	çiəŋ⁴⁴/xəŋ⁴⁴ ｜ xəŋ	pəŋ⁵⁵/piɛ⁵⁵	pe⁵⁵	pʰəŋ²⁴	məŋ²⁴ ｜ məŋ
乾县	xəŋ⁴⁴ ｜ xəŋ	pəŋ⁴⁴/piɛ⁴⁴	pei³¹	pʰəŋ²⁴	məŋ²⁴ ｜ məŋ
永寿	çiŋ⁵⁵/xəŋ⁵⁵ ｜ xəŋ	pəŋ⁵⁵/piɛ⁵⁵	pei³¹	pʰəŋ²⁴	məŋ²⁴ ｜ məŋ
淳化	xəŋ⁵⁵ ｜ xəŋ	pəŋ⁵⁵/piɛ⁵⁵	pei³¹	pʰəŋ²⁴	məŋ²⁴ ｜ məŋ
旬邑	xəŋ⁴⁴ ｜ xəŋ	pəŋ⁴⁴/piɛ⁴⁴	pei³¹	pʰəŋ²⁴	məŋ²⁴ ｜ məŋ
彬县	çiŋ⁴⁴/xəŋ⁴⁴ ｜ xəŋ	pəŋ⁴⁴/piɛ⁴⁴	pei³¹	pʰəŋ²⁴	məŋ²⁴ ｜ məŋ
长武	çiŋ⁴⁴/xəŋ⁴⁴ ｜ xəŋ	pəŋ⁴⁴/piɛ⁴⁴	pei³¹	pʰəŋ²⁴	məŋ²⁴ ｜ məŋ
扶风	çiŋ³³/xəŋ³³ ｜ xəŋ	pəŋ³³/piɛ³³	pei³¹	pʰəŋ²⁴	məŋ²⁴ ｜ məŋ
眉县	çiŋ⁴⁴/xəŋ⁴⁴ ｜ xəŋ	pəŋ⁴⁴/piɛ⁴⁴	pei³¹	pʰəŋ²⁴	məŋ²⁴ ｜ məŋ
麟游	xəŋ⁴⁴ ｜ xəŋ	pəŋ⁴⁴/piɛ⁴⁴	pei³¹	pʰəŋ²⁴	məŋ²⁴ ｜ məŋ
岐山	xəŋ⁴⁴ ｜ xəŋ	pəŋ⁴⁴/piɛ⁴⁴	pei³¹	pʰəŋ²⁴	məŋ²⁴ ｜ məŋ
凤翔	çiŋ⁴⁴/xəŋ⁴⁴ ｜ xəŋ	pəŋ⁴⁴/piɛ⁴⁴	pei³¹	pʰəŋ²⁴	məŋ²⁴ ｜ məŋ
宝鸡	xəŋ⁴⁴/çiŋ⁴⁴新 ｜ xəŋ	pəŋ⁴⁴	pei³¹	pʰəŋ²⁴	məŋ²⁴ ｜ məŋ
千阳	xəŋ⁴⁴ ｜ xəŋ	pəŋ⁴⁴/piɛ⁴⁴	pei³¹	pʰəŋ²⁴	məŋ²⁴ ｜ məŋ
陇县	xəŋ⁴⁴ ｜ xəŋ	pəŋ⁴⁴/piɛ⁴⁴	pei³¹	pʰəŋ²⁴	məŋ²⁴ ｜ məŋ

字目 方言	麦 梗开二 入麦明	摘 梗开二 入麦知	橙 梗开二 平耕澄	争 梗开二 平耕庄	责 梗开二 入麦庄
西安	mei²¹	tsei²¹	tʂʰəŋ²⁴	tsəŋ²¹	tsei²¹
韩城	mei³¹	tsei³¹	tʂʰəŋ³⁵	tsəŋ³¹	tsʅ³¹
合阳	mʅ³¹	tsʅ³¹	tʂʰəŋ²⁴	tsəŋ³¹	tsʅ³¹
澄城	mʅ³¹	tsʅ³¹	tʂʰəŋ²⁴	tsəŋ³¹	tsei³¹
白水	mei³¹	tsei³¹	tʂʰəŋ²⁴	tsəŋ³¹	tsei³¹
大荔	mei³¹	tsei³¹	tʂʰəŋ²⁴	tsəŋ³¹/tsɤ³¹	tsei³¹
蒲城	mei³¹	tsei³¹	tʂʰəŋ²⁴	tsəŋ³¹	tsei³¹
美原	mei³¹	tsei³¹	kʰəŋ³⁵	tsəŋ³¹	tsei³¹
富平	mei³¹	tsei³¹	tʂʰəŋ³⁵	tsəŋ³¹	tsei³¹
潼关	mei³¹	tsei³¹	tʂʰəŋ²⁴	tsəŋ³¹	tsei³¹
华阴	mei³¹	tsei³¹	tʂʰəŋ²⁴	tsəŋ³¹	tsei³¹
华县	mei³¹	tsei³¹	tʂʰəŋ³⁵	tsəŋ³¹	tsei³¹
渭南	mei³¹	tsei³¹	tʂʰəŋ²⁴	tsəŋ³¹	tsei³¹
洛南	mei³¹	tsei³¹	tʂʰəŋ²⁴	tsəŋ³¹	tsei³¹
商州	mei³¹	tsei³¹	tʂʰəŋ³⁵	tsəŋ³¹	tsei³¹
丹凤	mei³¹	tsei³¹	tʂʰəŋ²⁴	tsəŋ³¹	tsei³¹
宜川	mei⁵¹	tsei⁵¹	tʂʰəŋ²⁴	tsəŋ⁵¹	tsei⁵¹
富县	mei³¹	tsei³¹	tʰəŋ²⁴	tsəŋ³¹	tsei³¹
黄陵	mei³¹	tsei³¹	tʂʰəŋ²⁴	tsəŋ³¹	tsei³¹
宜君	mei²¹	tsei²¹	təŋ⁴⁴	tsəŋ²¹	tsei²¹
铜川	mei²¹	tsei²¹	tʂʰɤŋ²⁴	tsɤŋ²¹	tsei²¹
耀县	mei³¹	tsei³¹	tʰəŋ²⁴	tsəŋ³¹	tsei³¹
高陵	mei³¹	tsei³¹	tʰəŋ²⁴	tsəŋ³¹	tsei³¹
临潼	mei³¹	tsei³¹	tʂʰəŋ²⁴	tsəŋ³¹	tsei³¹

字目 方言	麦 梗开二 入麦明	摘 梗开二 入麦知	橙 梗开二 平耕澄	争 梗开二 平耕庄	责 梗开二 入麦庄
蓝田	mei³¹	tsei³¹	tʂʰəŋ²⁴	tsəŋ³¹	tsei⁵²
长安	mei³¹	tsei²⁴	tʰəŋ²⁴	tsəŋ³¹	tsei³¹
户县	mei³¹	tsei²⁴	təŋ⁵⁵	tsəŋ³¹	tsei³¹
周至	mɿ²¹	tsɿ²¹	tʰəŋ²⁴	tsəŋ²¹	tsɿ²¹
三原	mei³¹	tsei³¹	tʰəŋ²⁴	tsəŋ³¹	tsei³¹
泾阳	mei³¹	tsei³¹	tʰəŋ²⁴	tsəŋ³¹	tsei³¹
咸阳	mei³¹	tsei²⁴	tʰəŋ²⁴	tsəŋ³¹	tsei³¹
兴平	mei³¹	tsei³¹	tʰəŋ²⁴	tsəŋ³¹	tsei³¹
武功	mei³¹	tsei³¹	tʰəŋ²⁴	tsəŋ³¹	tsei³¹
礼泉	me³¹	tse³¹	tʰəŋ²⁴	tsəŋ³¹	tse³¹
乾县	mei³¹	tsei³¹	tʰəŋ²⁴	tsəŋ³¹	tsei³¹
永寿	mei³¹	tsei³¹	tʰəŋ²⁴	tsəŋ³¹	tsei³¹
淳化	mei³¹	tsei³¹	tʰəŋ²⁴	tsəŋ³¹	tsei³¹
旬邑	mei³¹	tsei³¹	tʰəŋ²⁴	tsəŋ³¹	tsei³¹
彬县	mei³¹	tsei³¹	tʰəŋ²⁴	tsəŋ³¹	tsei³¹
长武	mei³¹	tsei³¹	tʰəŋ²⁴	tsəŋ³¹	tsei³¹
扶风	mei³¹	tsei³¹	tʂʰəŋ²⁴	tsəŋ³¹	tsei³¹
眉县	mei³¹	tsei³¹	tʂʰəŋ²⁴	tsəŋ³¹	tsei³¹
麟游	mei³¹	tsei³¹	tʂʰəŋ²⁴	tsəŋ³¹	tsei³¹
岐山	mei³¹	tsei³¹	tʂʰəŋ²⁴	tsəŋ³¹	tsei³¹
凤翔	mei³¹	tsei³¹	tʂʰəŋ²⁴	tsəŋ³¹	tsei³¹
宝鸡	mei³¹	tsei³¹	tʂʰəŋ²⁴	tsəŋ³¹	tsei³¹
千阳	mei³¹	tsei³¹	tʂʰəŋ²⁴	tsəŋ³¹	tsei⁵²
陇县	mei³¹	tsei³¹	tʂʰəŋ²⁴	tsəŋ³¹	tsei³¹

字目　　方言	策	耕	耿	隔	茎
	梗开二入麦初	梗开二平耕见	梗开二上耿见	梗开二入麦见	梗开二平耕匣
西安	tsʰei²¹	kəŋ²¹/tɕie²¹	kəŋ⁵³	kei²¹	tɕiŋ⁵⁵
韩城	tsʰ⳽³¹	kəŋ³¹	kəŋ⁵³	k⳽³¹	tɕiəŋ⁴⁴
合阳	tsʰ⳽³¹	kəŋ³¹/tɕiəŋ³¹	kəŋ⁵²	k⳽³¹	tɕiəŋ⁵⁵
澄城	tsʰei³¹	kəŋ³¹	kəŋ⁵³	kei³¹	tɕiəŋ⁴⁴
白水	tsʰei³¹	kəŋ³¹/tɕiəŋ³¹	kəŋ⁵³	kei³¹	tɕiəŋ⁴⁴
大荔	tsʰei³¹	kəŋ³¹/tɕiəŋ³¹	kəŋ⁵²	kei³¹	tɕiəŋ⁵⁵
蒲城	tsʰei³¹	kəŋ³¹/tɕiəŋ³¹	kəŋ⁵³	kei³¹	tɕiəŋ⁵⁵
美原	tsʰei³¹	kəŋ³¹/tɕie³¹	kəŋ⁵³	kei³¹	tɕiəŋ⁵⁵
富平	tsʰei³¹	kəŋ³¹/tɕie³¹	kəŋ⁵³	kei³¹	tɕiəŋ⁵⁵
潼关	tsʰei³¹	kəŋ³¹	kəŋ⁵²	kei³¹	tɕiəŋ⁴⁴
华阴	tsʰei³¹	kəŋ³¹/tɕiəŋ³¹	kəŋ⁵²	kei³¹	tɕiəŋ⁵⁵
华县	tsʰei³¹	kəŋ³¹/tɕiəŋ³¹	kəŋ⁵³	kei³¹	tɕiəŋ⁵⁵
渭南	tsʰei³¹	kəŋ³¹	kəŋ⁵³	kei³¹	tɕiəŋ⁴⁴
洛南	tsʰei³¹	kəŋ³¹/tɕiəŋ³¹	kəŋ⁵³	kei³¹	tɕiəŋ⁵⁵
商州	tsʰei³¹	kəŋ³¹	kəŋ⁵³	kei³¹	tɕiəŋ⁴⁴
丹凤	tsʰei³¹	kəŋ³¹	kəŋ⁵³	kei³¹	tɕiəŋ⁴⁴
宜川	tsʰei⁵¹	kəŋ⁵¹/tɕie⁵¹	kəŋ⁴⁵	kiei⁵¹	tɕiəŋ⁵¹
富县	tsʰei³¹	tɕiəŋ³¹	kəŋ⁵²	kei³¹	tɕiəŋ⁴⁴
黄陵	tsʰei³¹	kəŋ³¹/tɕiɛ³¹	kəŋ⁵²	kiei³¹	tɕiəŋ⁴⁴
宜君	tsʰei²¹	kəŋ²¹/tɕiɛ²¹/tɕiəŋ²¹	kəŋ⁵²	kẽ²¹	tɕiəŋ⁴⁴
铜川	tsʰei²¹	kɤŋ²¹/tɕiɛ²¹/tɕiɤŋ²¹	kɤŋ⁵²	kei²¹	tɕiɤŋ⁴⁴
耀县	tsʰei³¹	kəŋ³¹/tɕie³¹	kəŋ⁵³	kei³¹	tɕiəŋ⁴⁴
高陵	tsʰei³¹	kəŋ³¹/tɕie³¹	kəŋ⁵²	kei³¹	tɕiəŋ⁵⁵
临潼	tsʰei³¹	kəŋ³¹	kəŋ⁵²	kei³¹	tɕiəŋ⁴⁵

字目 方言	策 梗开二 入麦初	耕 梗开二 平耕见	耿 梗开二 上耿见	隔 梗开二 入麦见	茎 梗开二 平耕匣
蓝田	tsʰei³¹	kəŋ³¹/tɕie³¹	kəŋ⁵²	kei³¹	tɕiəŋ⁴⁴
长安	tsʰei³¹	kəŋ³¹	kəŋ⁵³	kei³¹	tɕiəŋ⁴⁴
户县	tsʰei³¹	kəŋ³¹/tɕiəŋ³¹	kəŋ⁵²	kei³¹	tɕiəŋ⁵⁵
周至	tsʰɹ²¹	kəŋ²¹/tɕie²¹①	kəŋ⁵²	kɹ²¹	tɕiəŋ⁵⁵
三原	tsʰei³¹	kəŋ³¹/tɕie³¹	kəŋ⁵²	kei³¹	tɕiŋ⁵⁵
泾阳	tsʰei³¹	kəŋ³¹/tɕie³¹	kəŋ⁵²	kei³¹	tɕiŋ⁵⁵
咸阳	tsʰei³¹	kəŋ³¹/tɕie³¹	kəŋ⁵²	kei³¹	tɕiŋ⁵⁵
兴平	tsʰei³¹	kəŋ³¹/tɕie³¹	kəŋ⁵²	kei³¹	tɕiŋ⁵⁵
武功	tsʰei³¹	kəŋ³¹	kəŋ⁵²	kei³¹	tɕiŋ⁵⁵
礼泉	tsʰe³¹	kəŋ³¹/tɕie³¹	kəŋ³¹	ke³¹	tɕiəŋ⁵⁵
乾县	tsʰei³¹	kəŋ³¹/tɕie³¹	kəŋ⁵²	kei³¹	tɕiŋ⁴⁴
永寿	tsʰei³¹	kəŋ³¹/tɕie³¹	kəŋ⁵²	kei³¹	tɕiŋ⁵⁵
淳化	tsʰei³¹	kəŋ³¹/tɕie³¹	kəŋ⁵²	kei³¹	tɕiŋ⁵⁵
旬邑	tsʰei³¹	kəŋ³¹/tɕie³¹/tɕiŋ³¹	kəŋ⁵²	kei³¹	tɕiŋ⁴⁴
彬县	tsʰei³¹	kəŋ³¹/tɕie³¹	kəŋ⁵²	kei³¹	tɕiŋ⁴⁴
长武	tsʰei³¹	kəŋ³¹/tɕiŋ³¹	kəŋ⁵²	kei³¹	tɕiŋ⁴⁴
扶风	tsʰei³¹	kəŋ³¹	kəŋ³¹	kei³¹	tɕiŋ³³
眉县	tsʰei³¹	kəŋ³¹	kəŋ⁵²	kei³¹	tɕiŋ⁴⁴
麟游	tsʰei³¹	kəŋ³¹	kəŋ⁵³/kəŋ⁴⁴②	kei³¹	tɕiŋ⁴⁴
岐山	tsʰei³¹	kəŋ³¹	kəŋ⁵³	kei³¹	tɕiŋ⁴⁴
凤翔	tsʰei³¹	kəŋ³¹	kəŋ⁵³	kei³¹	tɕiŋ⁴⁴
宝鸡	tsʰei³¹	kəŋ³¹	kəŋ⁴⁴	kei³¹	tɕiŋ⁴⁴
千阳	tsʰei³¹	kəŋ³¹	kəŋ⁵³	kei³¹	tɕiŋ⁴⁴
陇县	tsʰei³¹	kəŋ³¹	kəŋ⁵³	kei³¹	tɕiŋ⁴⁴

———————

① tɕie²¹ 马召说，县城不说。

② kəŋ⁴⁴ ～直。

字目 方言	幸 梗开二 上耿匣	莺 梗开二 平耕影	扼 梗开二 入麦影	兵 梗开三 平庚帮	丙 梗开三 上梗帮
西安	ɕiŋ⁵⁵	iŋ²¹	ŋei²¹	piŋ²¹	piŋ⁵³
韩城	ɕiəŋ⁴⁴	iəŋ³¹	ŋʅ³¹	piəŋ³¹	piəŋ⁵³
合阳	ɕiəŋ⁵⁵	iəŋ³¹	ŋʅ³¹	piəŋ³¹	piəŋ⁵²
澄城	ɕiəŋ⁴⁴	iəŋ³¹	ŋei³¹	piəŋ³¹	piəŋ⁵³
白水	ɕiəŋ⁴⁴	iəŋ³¹	ŋei³¹	piəŋ³¹	piəŋ⁵³
大荔	ɕiəŋ⁵⁵	iəŋ³¹	ŋei³¹	piəŋ³¹	piəŋ⁵²
蒲城	ɕiəŋ⁵⁵	iəŋ³¹	ŋei³¹	piəŋ³¹	piəŋ⁵³
美原	ɕiəŋ⁵⁵	iəŋ³¹	ŋei³¹	piəŋ³¹	piəŋ⁵³
富平	ɕiəŋ⁵⁵	iəŋ³¹	ŋei³¹	piəŋ³¹	piəŋ⁵³
潼关	ɕiəŋ⁴⁴	iəŋ³¹	ŋei³¹	piəŋ³¹	piəŋ⁵²
华阴	ɕiəŋ⁵⁵	iəŋ³¹	ŋei³¹	piəŋ³¹	piəŋ⁵²
华县	ɕiəŋ⁵⁵	iəŋ³¹	ŋei³¹	piəŋ³¹	piəŋ⁵³
渭南	ɕiəŋ⁴⁴	iəŋ³¹	ŋei³¹	piəŋ³¹	piəŋ⁵³
洛南	ɕiəŋ⁵⁵	iəŋ³¹	ŋei³¹	piəŋ³¹	piəŋ⁵³
商州	ɕiəŋ⁴⁴	iəŋ³¹	ŋei³¹	piəŋ³¹	piəŋ⁵³
丹凤	ɕiəŋ⁴⁴	iəŋ³¹	ŋei³¹	piəŋ³¹	piəŋ⁵³
宜川	ɕiəŋ⁴⁵	iəŋ⁵¹	ŋei⁵¹	piəŋ⁵¹	piəŋ⁴⁵
富县	ɕiəŋ⁴⁴	iəŋ³¹	ŋəŋ³¹	piəŋ³¹	piəŋ⁵²
黄陵	ɕiəŋ⁴⁴	iəŋ³¹	ŋiei³¹	piəŋ³¹	piəŋ⁵²
宜君	ɕiəŋ⁴⁴	iəŋ²¹	ŋẽ²¹	piəŋ²¹	piəŋ⁵²
铜川	ɕiɤŋ⁴⁴	iɤŋ²¹	ŋei²¹	piɤŋ²¹	piɤŋ⁵²
耀县	ɕiəŋ⁴⁴	iəŋ³¹	ŋei³¹	piəŋ³¹	piəŋ⁵²
高陵	ɕiəŋ⁵⁵	iəŋ³¹	ŋei³¹	piəŋ³¹	piəŋ⁵²
临潼	ɕiəŋ⁴⁵	iəŋ²⁴	ŋei³¹	piəŋ³¹	piəŋ⁵²

字目方言	幸	莺	扼	兵	丙
	梗开二上耿匣	梗开二平耕影	梗开二入麦影	梗开三平庚帮	梗开三上梗帮
蓝田	ɕiəŋ⁴⁴	iəŋ³¹	ŋei³¹	p̲iəŋ³¹/pie͂³¹	piəŋ⁵²
长安	ɕiəŋ⁴⁴	iəŋ³¹	ŋei³¹	piəŋ³¹	piəŋ⁵³
户县	ɕiəŋ⁵⁵	iəŋ³¹	ŋei³¹	piəŋ³¹	piəŋ⁵²
周至	ɕiəŋ⁵⁵	iəŋ²¹	ŋɿ²¹	piəŋ²¹	piəŋ⁵²
三原	ɕiŋ⁵⁵	iŋ³¹	ŋei³¹	piŋ³¹	piŋ⁵²
泾阳	ɕiŋ⁵⁵	iŋ³¹	ŋe͂³¹	piŋ³¹	piŋ⁵²
咸阳	ɕiŋ⁵⁵	iŋ³¹	ŋei³¹	piŋ³¹	piŋ⁵²
兴平	ɕiŋ⁵⁵	iŋ³¹	ŋei³¹	piŋ³¹	piŋ⁵²
武功	ɕiŋ⁵⁵	iŋ³¹	ŋei⁵⁵	piŋ³¹	piŋ⁵²
礼泉	ɕiəŋ⁵⁵	iəŋ²⁴	ŋe⁵⁵	piəŋ³¹	piəŋ⁵²
乾县	ɕiŋ⁴⁴	iŋ³¹	ŋei³¹	piŋ³¹	piŋ⁵²
永寿	ɕiŋ⁵⁵	iŋ³¹	ŋei³¹	piŋ³¹	piŋ⁵²
淳化	ɕiŋ⁵⁵	iŋ³¹	ŋei³¹	piŋ³¹	piŋ⁵²
旬邑	ɕiŋ⁴⁴	iŋ³¹	ŋei³¹	piŋ³¹	piŋ⁵²
彬县	ɕiŋ⁴⁴	iŋ³¹	ŋei³¹	piŋ³¹	piŋ⁵²
长武	ɕiŋ⁴⁴	iŋ³¹	ŋei³¹	piŋ³¹	piŋ⁵²
扶风	ɕiŋ³³	iŋ³¹	ŋei³¹	piŋ³¹	piŋ⁵²
眉县	ɕiŋ⁴⁴	iŋ³¹	ŋɤ³¹/ŋ̲ei³¹	piŋ³¹	piŋ⁵²
麟游	ɕiŋ⁴⁴	iŋ³¹	ŋei³¹	piŋ³¹	piŋ⁵³
岐山	ɕiŋ⁴⁴	iŋ³¹	ŋei³¹	piŋ³¹	piŋ⁵³
凤翔	ɕiŋ⁴⁴	iŋ³¹	ŋei³¹	piŋ³¹	piŋ⁵³
宝鸡	ɕiŋ⁴⁴	iŋ³¹	ŋei³¹	piŋ³¹	piŋ⁵³
千阳	ɕiŋ⁴⁴	iŋ³¹	ŋuo²⁴	piŋ³¹	piŋ⁵³
陇县	ɕiŋ⁴⁴	iŋ³¹	ŋ̲ɤ³¹/ŋ̲uo³¹	piŋ³¹	piŋ⁵³

字目 方言	柄 梗开三 去映帮	碧 梗开三 入陌帮	平 梗开三 平庚並	病 梗开三 去映並	明 梗开三 平庚明
西安	$piŋ^{53}$	pi^{21}	$pʰiŋ^{24}$	$piŋ^{55}$	$miŋ^{24}$
韩城	$piəŋ^{53}$	pi^{31}	$pʰiəŋ^{24}/pʰiɛ^{24}$	$pʰiəŋ^{44}/pʰiɛ^{44}$	$miəŋ^{24}/miɛ^{24}$
合阳	$piəŋ^{52}$	pi^{31}	$pʰiəŋ^{24}$	$pʰiəŋ^{55}$	$miəŋ^{24}/miə^{24}$
澄城	$piəŋ^{53}$	pi^{31}	$pʰiəŋ^{24}/pʰi^{24}①$	$pʰiəŋ^{44}$	$miəŋ^{24}/miə^{24}$
白水	$piəŋ^{53}$	pi^{31}	$pʰiəŋ^{24}$	$pʰiəŋ^{44}$	$miəŋ^{24}$
大荔	$piəŋ^{52}$	pi^{31}	$pʰiəŋ^{24}$	$pʰiəŋ^{55}$	$miəŋ^{24}$
蒲城	$piəŋ^{53}$	pi^{31}	$pʰiəŋ^{35}$	$pʰiəŋ^{55}$	$miəŋ^{35}$
美原	$piəŋ^{53}$	pi^{31}	$pʰiəŋ^{35}$	$pʰiəŋ^{55}$	$miəŋ^{35}$
富平	$piəŋ^{53}$	pi^{31}	$pʰiəŋ^{35}$	$pʰiəŋ^{55}$	$miəŋ^{35}$
潼关	$piəŋ^{52}$	pi^{31}	$pʰiəŋ^{24}$	$pʰiəŋ^{44}$	$miəŋ^{24}$
华阴	$piəŋ^{52}$	pi^{31}	$pʰiəŋ^{24}$	$pʰiəŋ^{55}$	$miəŋ^{24}$
华县	$piəŋ^{53}$	pi^{31}	$pʰiəŋ^{35}$	$pʰiəŋ^{55}$	$miəŋ^{35}$
渭南	$piəŋ^{53}$	pi^{31}	$pʰiəŋ^{24}$	$pʰiəŋ^{44}$	$miəŋ^{24}$
洛南	$piəŋ^{53}$	pi^{31}	$pʰiəŋ^{24}$	$pʰiəŋ^{44}$	$miəŋ^{24}$
商州	$piəŋ^{53}$	pi^{31}	$pʰiəŋ^{35}$	$piəŋ^{55}$	$miəŋ^{35}$
丹凤	$piəŋ^{53}$	pi^{31}	$pʰiəŋ^{24}$	$piəŋ^{44}$	$miəŋ^{24}$
宜川	$piəŋ^{45}$	pi^{51}	$pʰiəŋ^{24}/pʰiɛ^{24}$	$pʰiəŋ^{45}/pʰiɛ^{45}$ 害~	$miəŋ^{24}/miɛ^{24}$
富县	$piəŋ^{52}$	pi^{31}	$pʰiəŋ^{24}$	$pʰiəŋ^{44}$	$miəŋ^{24}$
黄陵	$piəŋ^{52}$	pi^{31}	$pʰiəŋ^{24}$	$pʰiəŋ^{44}$	$miəŋ^{24}$
宜君	$piəŋ^{52}$	pi^{21}	$pʰiəŋ^{24}$	$pʰiəŋ^{44}$	$miəŋ^{24}$
铜川	$piɤŋ^{52}$	pi^{21}	$pʰiɤŋ^{24}$	$piɤŋ^{44}$	$miɤŋ^{24}$
耀县	$piəŋ^{52}$	pi^{31}	$pʰiəŋ^{24}$	$piəŋ^{44}$	$miəŋ^{24}$
高陵	$piəŋ^{52}$	pi^{31}	$pʰiəŋ^{24}$	$piəŋ^{55}$	$miəŋ^{24}$
临潼	$piəŋ^{52}$	pi^{31}	$pʰiəŋ^{24}$	$piəŋ^{45}$	$miəŋ^{24}$

① $pʰi^{24}$ ~定：地名。

字目／方言	柄	碧	平	病	明
	梗开三 去映帮	梗开三 入陌帮	梗开三 平庚並	梗开三 去映並	梗开三 平庚明
蓝田	piəŋ^{52}	pi^{31}	p^{h}iəŋ^{24}	piəŋ^{44}	miəŋ^{24}
长安	piəŋ^{53}	pi^{31}	p^{h}iəŋ^{24}	piəŋ^{44}	miəŋ^{24}
户县	piəŋ^{52}	pi^{31}	p^{h}iəŋ^{24}	piəŋ^{55}	miəŋ^{24}
周至	piəŋ^{52}	pi^{21}	p^{h}iəŋ^{24}	piəŋ^{55}	miəŋ^{24}
三原	piŋ^{52}	pi^{31}	p^{h}iŋ^{24}	piŋ^{55}	miŋ^{24}
泾阳	piŋ^{52}	pi^{31}	p^{h}iŋ^{24}	piŋ^{55}	miŋ^{24}
咸阳	piŋ^{52}	pi^{31}	p^{h}iŋ^{24}	piŋ^{55}	miŋ^{24}
兴平	piŋ^{52}	pi^{31}	p^{h}iŋ^{24}	p^{h}iŋ^{55}	miŋ^{24}
武功	piŋ^{52}	pi^{31}	p^{h}iŋ^{24}	piŋ^{55}	miŋ^{24}
礼泉	piəŋ^{52}	pi^{31}	p^{h}iəŋ^{24}	piəŋ^{55}	miəŋ^{24}
乾县	piŋ^{52}	pi^{31}	p^{h}iŋ^{24}	p^{h}iŋ^{44}	miŋ^{24}
永寿	piŋ^{52}	pi^{31}	p^{h}iŋ^{24}	piŋ^{55}	miŋ^{24}
淳化	piŋ^{52}	pi^{31}	p^{h}iŋ^{24}	piŋ^{55}	miŋ^{24}
旬邑	piŋ^{52}	pi^{31}	p^{h}iŋ^{24}	p^{h}iŋ^{44}	miŋ^{24}
彬县	piŋ^{52}	pi^{31}	p^{h}iŋ^{24}	p^{h}iŋ^{44}	miŋ^{24}
长武	piŋ^{52}	pi^{31}	p^{h}iŋ^{24}	p^{h}iŋ^{44}	miŋ^{24}
扶风	piŋ^{52}	pi^{31}	p^{h}iŋ^{24}	piŋ^{33}	miŋ^{24}
眉县	piŋ^{52}	pi^{31}	p^{h}iŋ^{24}	piŋ^{44}	miŋ^{24}
麟游	piŋ^{53}	pi^{31}	p^{h}iŋ^{24}	piŋ^{44}	miŋ^{24}
岐山	piŋ^{53}	pi^{31}	p^{h}iŋ^{24}	<u>piŋ^{44}</u>/p^{h}iŋ^{44}	miŋ^{24}
凤翔	piŋ^{53}	pi^{31}	p^{h}iŋ^{24}	piŋ^{44}	miŋ^{24}
宝鸡	piŋ^{53}	pi^{31}	p^{h}iŋ^{24}	piŋ^{44}	miŋ^{24}
千阳	piŋ^{53}	pi^{31}/p^{h}ei^{31}①	p^{h}iŋ^{24}	piŋ^{44}	miŋ^{24}
陇县	piŋ^{53}	pi^{31}	p^{h}iŋ^{24}	piŋ^{44}	miŋ^{24}

① p^{h}ei^{31} 草～：当地镇名。

字目 方言	盟 梗开三 平庚明	命 梗开三 去映明	京 梗开三 平庚见	境 梗开三 上梗见	景 梗开三 上梗见
西安	məŋ²⁴	miŋ⁵⁵	tɕiŋ²¹ | tɕiŋ	tɕiŋ⁵⁵	tɕiŋ⁵³
韩城	məŋ²⁴	mi̱əŋ⁴⁴/miɛ⁴⁴	tɕiəŋ³¹ | tɕiŋ	tɕiəŋ⁴⁴	tɕiəŋ⁵³
合阳	miəŋ²⁴	mi̱əŋ⁵⁵/miə⁵⁵	tɕiəŋ³¹ | tɕiŋ	tɕiəŋ⁵⁵	tɕiəŋ⁵²
澄城	məŋ²⁴	mi̱əŋ⁴⁴/ɕiə⁴⁴	tɕiəŋ³¹ | tɕiŋ	tɕiəŋ⁴⁴	tɕiəŋ⁵³
白水	məŋ²⁴	miəŋ⁴⁴	tɕiəŋ³¹ | tɕiŋ	tɕiəŋ⁴⁴	tɕiəŋ⁵³
大荔	məŋ²⁴	miəŋ⁵⁵	tɕiəŋ³¹ | tɕiŋ	tɕiəŋ⁵⁵	tɕiəŋ⁵²
蒲城	məŋ³⁵	miəŋ⁵⁵	tɕiəŋ³¹ | tɕiŋ	tɕiəŋ⁵⁵	tɕiəŋ⁵³
美原	məŋ³⁵	miəŋ⁵⁵	tɕiəŋ³¹ | tɕiŋ	tɕiəŋ⁵⁵	tɕiəŋ⁵³
富平	məŋ³⁵	miəŋ⁵⁵	tɕiəŋ³¹ | tɕiŋ	tɕiəŋ⁵⁵	tɕiəŋ⁵³
潼关	məŋ²⁴	miəŋ⁴⁴	tɕiəŋ³¹ | tɕiŋ	tɕiəŋ⁴⁴	tɕiəŋ⁵²
华阴	məŋ²⁴	miəŋ⁵⁵	tɕiəŋ³¹ | tɕiŋ	tɕiəŋ⁵⁵	tɕiəŋ⁵²
华县	məŋ³⁵	miəŋ⁵⁵	tɕiəŋ³¹ | tɕiŋ	tɕiəŋ⁵⁵	tɕiəŋ⁵³
渭南	məŋ²⁴	miəŋ⁴⁴	tɕiəŋ³¹ | tɕiŋ	tɕiəŋ⁴⁴	tɕiəŋ⁵³
洛南	məŋ²⁴	miəŋ⁴⁴	tɕiəŋ³¹ | tɕiŋ	tɕiəŋ⁴⁴	tɕiəŋ⁵³
商州	məŋ³⁵	miəŋ⁵⁵	tɕiəŋ³¹ | tɕiŋ	tɕiəŋ⁵⁵	tɕiəŋ⁵³
丹凤	məŋ²⁴	miəŋ⁴⁴	tɕiəŋ³¹	tɕiəŋ⁴⁴	tɕiəŋ⁵³
宜川	məŋ²⁴	mi̱əŋ⁴⁵/miɛ⁴⁵ 长~	tɕiəŋ⁵¹	tɕiəŋ⁴⁵	tɕiəŋ⁴⁵/tɕiə⁴⁵①
富县	məŋ²⁴	miəŋ⁴⁴	tɕiəŋ³¹	tɕiəŋ⁵²	tɕiəŋ⁵²
黄陵	məŋ²⁴	miəŋ⁴⁴	tɕiəŋ³¹	tɕiəŋ⁵²	tɕiəŋ⁵²
宜君	məŋ²⁴	miəŋ⁴⁴	tɕiəŋ²¹	tɕiəŋ⁴⁴	tɕiəŋ⁵²
铜川	mɤŋ²⁴	miɤŋ⁴⁴	tɕiɤŋ²¹ | tɕiŋ	tɕiɤŋ⁴⁴	tɕiɤŋ⁵²
耀县	məŋ²⁴	miəŋ⁴⁴	tɕiəŋ³¹ | tɕiŋ	tɕiəŋ⁴⁴	tɕiəŋ⁵²
高陵	məŋ²⁴	miəŋ⁵⁵	tɕiəŋ³¹ | tɕiŋ	tɕiəŋ⁵⁵	tɕiəŋ⁵²
临潼	məŋ²⁴	miəŋ⁴⁵	tɕiəŋ³¹ | tɕiŋ	tɕiəŋ⁴⁵	tɕiəŋ⁵²

① tɕiə⁴⁵ ~阳：村名。

字目 方言	盟 梗开三 平庚明	命 梗开三 去映明	京 梗开三 平庚见	境 梗开三 上梗见	景 梗开三 上梗见
蓝田	məŋ²⁴	miəŋ⁴⁴	tɕiəŋ³¹ ｜ tɕiŋ	tɕiəŋ⁴⁴	tɕiəŋ⁵²
长安	məŋ²⁴	miəŋ⁴⁴	tɕiəŋ³¹	tɕiəŋ⁴⁴	tɕiəŋ⁵³
户县	məŋ²⁴	miəŋ⁵⁵	tɕiəŋ³¹ ｜ tɕiŋ	tɕiəŋ⁵⁵	tɕiəŋ⁵²
周至	məŋ²⁴	miəŋ⁵⁵	tɕiəŋ²¹ ｜ tɕiŋ	tɕiəŋ⁵⁵	tɕiəŋ⁵²
三原	məŋ²⁴	miŋ⁵⁵	tɕiŋ³¹ ｜ tɕiŋ	tɕiŋ⁵⁵	tɕiŋ⁵²
泾阳	məŋ²⁴	miŋ⁵⁵	tɕiŋ³¹	tɕiŋ⁵⁵	tɕiŋ⁵²
咸阳	məŋ²⁴	miŋ⁵⁵	tɕiŋ³¹ ｜ tɕiŋ	tɕiŋ⁵⁵	tɕiŋ⁵²
兴平	məŋ²⁴	miŋ⁵⁵	tɕiŋ³¹ ｜ tɕiŋ	tɕiŋ⁵⁵	tɕiŋ⁵²
武功	məŋ²⁴	miŋ⁵⁵	tɕiŋ³¹ ｜ tɕiŋ	tɕiŋ⁵⁵	tɕiŋ⁵²
礼泉	məŋ²⁴	miəŋ⁵⁵	tɕiəŋ³¹ ｜ tɕiŋ	tɕiəŋ⁵⁵	tɕiəŋ⁵²
乾县	məŋ²⁴	miŋ⁴⁴	tɕiŋ³¹ ｜ tɕiŋ	tɕiŋ⁴⁴	tɕiŋ⁵²
永寿	məŋ²⁴	miŋ⁵⁵	tɕiŋ³¹ ｜ tɕiŋ	tɕiŋ⁵⁵	tɕiŋ⁵²
淳化	məŋ²⁴	miŋ⁵⁵	tɕiŋ³¹ ｜ tɕiŋ	tɕiŋ⁵⁵	tɕiŋ⁵²
旬邑	məŋ²⁴	miŋ⁴⁴	tɕiŋ³¹ ｜ tɕiŋ	tɕiŋ⁴⁴	tɕiŋ⁵²
彬县	məŋ²⁴	miŋ⁴⁴	tɕiŋ³¹ ｜ tɕiŋ	tɕiŋ⁴⁴	tɕiŋ⁵²
长武	məŋ²⁴	miŋ⁴⁴	tɕiŋ³¹ ｜ tɕiŋ	tɕiŋ⁴⁴	tɕiŋ⁵²
扶风	məŋ²⁴	miŋ³³	tɕiŋ³¹ ｜ tɕiŋ	tɕiŋ³³	tɕiŋ⁵²
眉县	məŋ²⁴	miŋ⁴⁴	tɕiŋ³¹ ｜ tɕiŋ	tɕiŋ⁴⁴	tɕiŋ⁵²
麟游	məŋ²⁴	miŋ⁴⁴	tɕiŋ³¹ ｜ tɕiŋ	tɕiŋ⁴⁴	tɕiŋ⁵³
岐山	məŋ²⁴	miŋ⁴⁴	tɕiŋ³¹ ｜ tɕiŋ	tɕiŋ⁴⁴	tɕiŋ⁵³
凤翔	məŋ²⁴	miŋ⁴⁴	tɕiŋ³¹ ｜ tɕiŋ	tɕiŋ⁴⁴	tɕiŋ⁵³
宝鸡	məŋ²⁴	miŋ⁴⁴	tɕiŋ³¹ ｜ tɕiŋ	tɕiŋ⁴⁴	tɕiŋ⁵³
千阳	məŋ²⁴	miŋ⁴⁴	tɕiŋ³¹ ｜ tɕiŋ	tɕiŋ⁴⁴	tɕiŋ⁵³
陇县	məŋ²⁴	miŋ⁴⁴	tɕiŋ³¹ ｜ tɕiŋ	tɕiŋ⁴⁴	tɕiŋ⁵³

字目 方言	镜 梗开三 去映见	卿 梗开三 平庚溪		庆 梗开三 去映溪	擎 梗开三 平庚群	竞 梗开三 去映群
西安	tɕiŋ⁵⁵	tɕʰiŋ²¹	tɕʰiŋ	tɕʰiŋ⁵⁵	tɕʰiŋ²⁴	tɕiŋ⁵⁵
韩城	<u>tɕiəŋ⁴⁴</u>/tɕiɛ⁴⁴	tɕʰiəŋ³¹	tɕʰiŋ	tɕʰiəŋ⁴⁴	tɕʰiəŋ²⁴	tɕiəŋ⁴⁴
合阳	tɕiəŋ⁵⁵	tɕʰiəŋ³¹	tɕʰiŋ	tɕʰiəŋ⁵⁵	tɕʰiəŋ⁵²	tɕʰiəŋ⁵⁵
澄城	tɕiəŋ⁴⁴	tɕʰiəŋ³¹	tɕʰiŋ	tɕʰiəŋ⁴⁴	tɕʰiəŋ²⁴	tɕiəŋ⁴⁴
白水	tɕiəŋ⁴⁴	tɕʰiəŋ³¹	tɕʰiŋ	tɕʰiəŋ⁴⁴	tɕʰiəŋ²⁴	tɕiəŋ⁴⁴
大荔	tɕiəŋ⁵⁵	tɕʰiəŋ³¹	tɕʰiŋ	tɕʰiəŋ⁵⁵	tɕʰiəŋ⁵²	tɕiəŋ⁵⁵
蒲城	tɕiəŋ⁵⁵	tɕʰiəŋ³¹	tɕʰiŋ	tɕʰiəŋ⁵⁵	tɕʰiəŋ³⁵	tɕiəŋ⁵⁵
美原	tɕiəŋ⁵⁵	tɕʰiəŋ³¹	tɕʰiŋ	tɕʰiəŋ⁵⁵	tɕʰiəŋ³⁵	tɕiəŋ⁵⁵
富平	tɕiəŋ⁵⁵	tɕʰiəŋ³¹	tɕʰiŋ	tɕʰiəŋ⁵⁵	tɕʰiəŋ³⁵	tɕiəŋ⁵⁵
潼关	tɕiəŋ⁴⁴	tɕʰiəŋ³¹	tɕʰiŋ	tɕʰiəŋ⁴⁴	tɕʰiəŋ²⁴	tɕiəŋ⁴⁴
华阴	tɕiəŋ⁵⁵	tɕʰiəŋ³¹	tɕʰiŋ	tɕʰiəŋ⁵⁵	tɕʰiəŋ²⁴	tɕiəŋ⁵⁵
华县	tɕiəŋ⁵⁵	tɕʰiəŋ³¹	tɕʰiŋ	tɕʰiəŋ⁵⁵	tɕʰiəŋ³⁵	tɕiəŋ⁵⁵
渭南	tɕiəŋ⁴⁴	tɕʰiəŋ³¹	tɕʰiŋ	tɕʰiəŋ⁴⁴	tɕʰiəŋ²⁴	tɕiəŋ⁴⁴
洛南	tɕiəŋ⁴⁴	tɕʰiəŋ³¹		tɕʰiəŋ⁴⁴	tɕʰiəŋ²⁴	tɕiəŋ⁴⁴
商州	tɕiəŋ⁵⁵	tɕʰiəŋ³¹	tɕʰiŋ	tɕʰiəŋ⁵⁵	tɕʰiəŋ³⁵	tɕiəŋ⁵⁵
丹凤	tɕiəŋ⁴⁴	tɕʰiəŋ³¹		tɕʰiəŋ⁴⁴	tɕʰiəŋ²⁴	tɕiəŋ⁴⁴
宜川	tɕiəŋ⁴⁵	tɕʰiəŋ⁵¹		tɕʰiəŋ⁴⁵	tɕiəŋ⁴⁵	tɕiəŋ⁴⁵
富县	tɕiəŋ⁴⁴	tɕʰiəŋ³¹		tɕʰiəŋ⁴⁴	tɕiəŋ⁴⁴/tɕʰiəŋ²⁴	tɕiəŋ⁴⁴
黄陵	tɕiəŋ⁴⁴	tɕʰiəŋ³¹		tɕʰiəŋ⁴⁴	tɕʰiəŋ⁴⁴	tɕiəŋ⁴⁴
宜君	tɕiəŋ⁴⁴	tɕʰiəŋ²¹		tɕʰiəŋ⁴⁴	tsʰəŋ²¹/tɕʰiəŋ²¹ 引~	tɕiəŋ⁴⁴
铜川	tɕiɤŋ⁴⁴	tɕʰiɤŋ²¹	tɕʰiŋ	tɕʰiɤŋ⁴⁴	tsʰɤŋ²¹	tɕiɤŋ⁴⁴
耀县	tɕiəŋ⁴⁴	tɕʰiəŋ³¹	tɕʰiŋ	tɕʰiəŋ⁴⁴	tɕiəŋ⁴⁴	tɕiəŋ⁴⁴
高陵	tɕiəŋ⁵⁵	tɕʰiəŋ³¹	tɕʰiŋ	tɕʰiəŋ⁵⁵	tɕʰiəŋ²⁴	tɕiəŋ⁵⁵
临潼	tɕiəŋ⁴⁵	tɕʰiəŋ³¹	tɕʰiŋ	tɕʰiəŋ⁴⁵	tɕiəŋ⁵²/tɕʰiəŋ²⁴	tɕiəŋ⁴⁵

字目 / 方言	镜 梗开三 去映见	卿 梗开三 平庚溪	庆 梗开三 去映溪	擎 梗开三 平庚群	竞 梗开三 去映群
蓝田	tɕiəŋ^{44}	tɕʰiəŋ^{31} ｜ tɕʰiŋ	tɕʰiəŋ^{44}	tɕiəŋ^{44}	tɕiəŋ^{44}
长安	tɕiəŋ^{44}	tɕʰiəŋ^{31}	tɕʰiəŋ^{44}	tɕʰiəŋ^{24}	tɕiəŋ^{44}
户县	tɕiəŋ^{55}	tɕʰiəŋ^{31} ｜ tɕʰiŋ	tɕʰiəŋ^{55}	tɕiəŋ^{55}	tɕiəŋ^{55}
周至	tɕiəŋ^{55}	tɕʰiəŋ^{21} ｜ tɕʰiŋ	tɕʰiəŋ^{55}	tɕʰiəŋ^{24}/tɕiəŋ^{021} 引~	tɕiəŋ^{55}
三原	tɕiŋ^{55}	tɕʰiŋ^{31} ｜ tɕʰiŋ	tɕʰiŋ^{55}	tɕʰiŋ^{24}	tɕiŋ^{55}
泾阳	tɕiŋ^{55}	tɕʰiŋ^{31} ｜ tɕʰiŋ	tɕʰiŋ^{55}	tɕʰiŋ^{24}	tɕiŋ^{55}
咸阳	tɕiŋ^{55}	tɕʰiŋ^{31}	tɕʰiŋ^{55}	tɕʰiŋ^{24}	tɕiŋ^{55}
兴平	tɕiŋ^{55}	tɕʰiŋ^{31} ｜ tɕʰiŋ	tɕʰiŋ^{55}	tɕʰiŋ^{24}	tɕiŋ^{55}
武功	tɕiŋ^{55}	tɕʰiŋ^{31} ｜ tɕʰiŋ	tɕʰiŋ^{55}	tɕʰiŋ^{24}	tɕiŋ^{55}
礼泉	tɕiəŋ^{55}	tɕʰiəŋ^{31} ｜ tɕʰiŋ	tɕʰiəŋ^{55}	tɕʰiəŋ^{24}	tɕiəŋ^{55}
乾县	tɕiŋ^{44}	tɕʰiŋ^{31} ｜ tɕʰiŋ	tɕʰiŋ^{44}	tɕʰiŋ^{24}	tɕiŋ^{44}
永寿	tɕiŋ^{55}	tɕʰiŋ^{31} ｜ tɕʰiŋ	tɕʰiŋ^{55}	tɕʰiŋ^{24}	tɕiŋ^{55}
淳化	tɕiŋ^{55}	tɕʰiŋ^{31} ｜ tɕʰiŋ	tɕʰiŋ^{55}	tɕʰiŋ^{24}	tɕiŋ^{55}
旬邑	tɕiŋ^{44}	tɕʰiŋ^{31} ｜ tɕʰiŋ	tɕʰiŋ^{44}	tɕʰiŋ^{24}	tɕiŋ^{44}
彬县	tɕiŋ^{44}	tɕʰiŋ^{31} ｜ tɕʰiŋ	tɕʰiŋ^{44}	tɕʰiŋ^{24}	tɕiŋ^{44}
长武	tɕiŋ^{44}	tɕʰiŋ^{31} ｜ tɕʰiŋ	tɕʰiŋ^{44}	tɕʰiŋ^{24}	tɕiŋ^{44}
扶风	tɕiŋ^{33}	tɕʰiŋ^{31} ｜ tɕʰiŋ	tɕʰiŋ^{33}	tɕiŋ^{52}	tɕiŋ^{33}
眉县	tɕiŋ^{44}	tɕʰiŋ^{31} ｜ tɕʰiŋ	tɕʰiŋ^{44}	tɕʰiŋ^{24}	tɕiŋ^{44}
麟游	tɕiŋ^{44}	tɕʰiŋ^{31} ｜ tɕʰiŋ	tɕʰiŋ^{44}	tɕʰiŋ^{24}	tɕiŋ^{44}
岐山	tɕiŋ^{44}	tɕʰiŋ^{31} ｜ tɕʰiŋ	tɕʰiŋ^{44}	tɕiŋ^{53}	tɕiŋ^{53}
凤翔	tɕiŋ^{44}	tɕʰiŋ^{31} ｜ tɕʰiŋ	tɕʰiŋ^{44}	tɕʰiŋ^{24}	tɕiŋ^{44}
宝鸡	tɕiŋ^{44}	tɕʰiŋ^{31} ｜ tɕʰiŋ	tɕʰiŋ^{44}	tɕiŋ^{53}	tɕiŋ^{44}
千阳	tɕiŋ^{44}	tɕʰiŋ^{31} ｜ tɕʰiŋ	tɕʰiŋ^{44}	tɕʰiŋ^{24}	tɕiŋ^{31}
陇县	tɕiŋ^{44}	tɕʰiŋ^{31} ｜ tɕʰiŋ	tɕʰiŋ^{44}	tɕʰiŋ^{24}/tɕiŋ^{44}	tɕiŋ^{44}

字目\方言	剧戏~ 梗开三入陌群	迎 梗开三平庚疑	逆 梗开三入陌疑	英 梗开三平庚影	影 梗开三上梗影
西安	tɕy⁵⁵	iŋ²⁴	n̠i²¹	iŋ²¹	iŋ⁵³
韩城	tɕy⁴⁴	n̠iəŋ²⁴/n̠iɛ²⁴	n̠i³¹	iəŋ³¹	n̠iəŋ⁵³/n̠iɛ⁵³
合阳	tɕy⁵⁵	n̠iəŋ²⁴/n̠iə²⁴	n̠i³¹	iəŋ³¹	n̠iəŋ⁵²/iəŋ⁵²/n̠iə⁵²
澄城	tɕy⁴⁴	n̠iəŋ²⁴	n̠i³¹	iəŋ³¹	n̠iəŋ⁵³
白水	tɕy⁴⁴	n̠iəŋ²⁴	n̠i³¹	iəŋ³¹	n̠iəŋ⁵³
大荔	tɕy⁵⁵	n̠iəŋ²⁴	n̠i³¹	iəŋ³¹	n̠iəŋ⁵²
蒲城	tɕy⁵⁵	n̠iəŋ³⁵	n̠i³¹	iəŋ³¹	n̠iəŋ⁵³
美原	tɕy⁵⁵	iəŋ³⁵/n̠iəŋ³⁵	n̠i³¹	iəŋ³¹	iəŋ⁵³/n̠iəŋ⁵³
富平	tɕy⁵⁵	iəŋ³⁵	n̠i³¹	iəŋ³¹	iəŋ⁵³
潼关	tɕy⁴⁴	iəŋ²⁴	n̠i³¹	iəŋ³¹	iəŋ⁵²
华阴	tɕy⁵⁵	iəŋ²⁴	n̠i³¹	iəŋ³¹	n̠iəŋ⁵²
华县	tɕy⁵⁵	iəŋ³⁵	n̠i³¹	iəŋ³¹	iəŋ⁵³
渭南	tɕy⁴⁴	iəŋ²⁴	n̠i³¹	iəŋ³¹	n̠iəŋ⁵³
洛南	tɕy⁴⁴	iəŋ²⁴	n̠i³¹	iəŋ³¹	n̠iəŋ⁵³
商州	tɕy⁵⁵	iəŋ³⁵	n̠i⁵⁵	iəŋ³¹	n̠iəŋ⁵³
丹凤	tɕy⁴⁴	iəŋ²⁴	n̠i³¹	iəŋ³¹	n̠iəŋ⁵³
宜川	tɕy⁴⁵	iəŋ²⁴	n̠i⁵¹	iəŋ⁵¹	iəŋ⁴⁵
富县	tɕy⁴⁴	iəŋ²⁴	n̠i³¹	iəŋ³¹	iəŋ⁵²
黄陵	tɕy⁴⁴	iəŋ²⁴	n̠i³¹	iəŋ³¹	iəŋ⁵²
宜君	tɕy⁴⁴	iəŋ²⁴	n̠i²¹	iəŋ²¹	iəŋ⁵²
铜川	tɕy⁴⁴	iʮŋ²⁴	n̠i²¹	iʮŋ²¹	iʮŋ⁵²
耀县	tɕy⁴⁴	iəŋ²⁴	n̠i³¹	iəŋ³¹	iəŋ⁵²
高陵	tɕy⁵⁵	iəŋ²⁴	n̠i³¹	iəŋ³¹	iəŋ⁵²
临潼	tɕy⁴⁵	iəŋ²⁴	n̠i³¹	iəŋ³¹	iəŋ⁵² 皮~/n̠iəŋ⁵²

字目\方言	剧戏~ 梗开三 入陌群	迎 梗开三 平庚疑	逆 梗开三 入陌疑	英 梗开三 平庚影	影 梗开三 上梗影
蓝田	tɕy⁴⁴	iəŋ²⁴	n̺i³¹	iəŋ³¹	iəŋ⁵²
长安	tɕy⁴⁴	iəŋ²⁴	n̺i³¹	iəŋ³¹	iəŋ⁵³
户县	tɕy⁵⁵	iəŋ²⁴	n̺i³¹	iəŋ³¹	iəŋ⁵²
周至	tɕy⁵⁵	iəŋ²⁴	n̺i²¹	iəŋ²¹	iəŋ⁵²
三原	tɕy⁵⁵	iŋ²⁴	n̺i³¹	iŋ³¹	iŋ⁵²
泾阳	tɕy⁵⁵	iŋ²⁴	n̺i³¹	iŋ³¹	iŋ⁵²
咸阳	tɕy⁵⁵	iŋ²⁴	n̺i³¹	iŋ³¹	iŋ⁵²
兴平	tɕy⁵⁵	iŋ²⁴	n̺i³¹	iŋ³¹	iŋ⁵²
武功	tɕy⁵⁵	iŋ²⁴	n̺i³¹	iŋ³¹	iŋ⁵²
礼泉	tɕy⁵²	iəŋ²⁴	n̺i³¹	iəŋ³¹	iəŋ⁵²
乾县	tɕy⁴⁴	iŋ²⁴	n̺i³¹	iŋ³¹	iŋ⁵²
永寿	tɕy⁵⁵	iŋ²⁴	n̺i³¹	iŋ³¹	iŋ⁵²
淳化	tɕy⁵⁵	iŋ²⁴	n̺i³¹	iŋ³¹	iŋ⁵²
旬邑	tɕy⁴⁴	iŋ²⁴	n̺i³¹	iŋ³¹	iŋ⁵²
彬县	tɕy⁴⁴	iŋ²⁴	n̺i³¹	iŋ³¹	iŋ⁵²
长武	tɕy⁴⁴	iŋ²⁴	n̺i³¹	iŋ³¹	iŋ⁵²/n̺iŋ⁵²
扶风	tɕy³³	iŋ²⁴	n̺i³¹	iŋ³¹	iŋ⁵²/n̺iŋ⁵²
眉县	tɕy⁴⁴	iŋ²⁴	n̺i³¹	iŋ³¹	iŋ⁵²
麟游	tɕy⁴⁴	iŋ²⁴	n̺i³¹	iŋ³¹	iŋ⁵³
岐山	tɕy⁴⁴	iŋ²⁴	n̺i³¹	iŋ³¹	iŋ⁵³
凤翔	tɕy⁴⁴	iŋ²⁴	n̺i³¹	iŋ³¹	iŋ⁵³
宝鸡	tɕy⁴⁴	iŋ²⁴	n̺i³¹	iŋ³¹	iŋ⁵³
千阳	tɕy⁴⁴	iŋ²⁴	n̺i³¹	iŋ³¹	iŋ⁵³
陇县	tɕy⁴⁴	iŋ²⁴	n̺i³¹	iŋ³¹	iŋ⁵³

字目／方言	映	饼	并	璧	聘
	梗开三 去映影	梗开三 上静帮	梗开三 去劲帮	梗开三 入昔帮	梗开三 去劲滂
西安	iaŋ⁵⁵	piŋ⁵³ ｜ piŋ	piŋ⁵⁵	pi²¹	pʰiɛ̃⁵⁵
韩城	iaŋ⁴⁴	piəŋ⁵³ ｜ piŋ	piəŋ⁴⁴	pi³¹	pʰiɛ̃⁴⁴
合阳	iaŋ⁵⁵	piəŋ⁵²/piaŋ²⁴ ｜ piŋ	piəŋ⁵⁵	pi³¹	pʰiɛ̃⁵⁵
澄城	iaŋ⁴⁴	piəŋ⁵³ ｜ piŋ	piəŋ⁴⁴	pi³¹	pʰiɛ̃⁴⁴
白水	iaŋ⁴⁴	piəŋ⁵³ ｜ piŋ	piəŋ⁴⁴	pi³¹	pʰiɛ̃⁴⁴
大荔	iaŋ⁵⁵	piəŋ⁵² ｜ piŋ	piəŋ⁵⁵	pi³¹	pʰiɛ̃⁵⁵
蒲城	iaŋ⁵⁵	piəŋ⁵³ ｜ piŋ	piəŋ⁵⁵	pi³¹	pʰiɛ̃⁵⁵
美原	iaŋ⁵⁵	piəŋ⁵³ ｜ piŋ	piəŋ⁵⁵	pi³¹	pʰiɛ̃⁵³
富平	iaŋ⁵⁵	piəŋ⁵³ ｜ piŋ	piəŋ⁵⁵	pi³¹	pʰiɛ̃⁵⁵
潼关	iaŋ⁴⁴	piəŋ⁵² ｜ piŋ	piəŋ⁴⁴	pi³¹	pʰiɛ̃⁴⁴
华阴	iaŋ⁵⁵	piəŋ⁵² ｜ piŋ	piəŋ⁵⁵	pi³¹	pʰiɛ̃⁵⁵
华县	iaŋ⁵⁵	piəŋ⁵³ ｜ piŋ	piəŋ⁵⁵	pi³¹	pʰiɛ̃⁵⁵
渭南	iaŋ⁴⁴	piəŋ⁵³ ｜ piŋ	piəŋ⁴⁴	pi³¹	pʰiɛ̃⁴⁴
洛南	iaŋ⁴⁴	piəŋ⁵³ ｜ piŋ	piəŋ⁴⁴	pi³¹	pʰiei⁴⁴
商州	iaŋ⁵⁵	piəŋ⁵³ ｜ piŋ	piəŋ⁵⁵	pi³¹	pʰiɛ̃⁵⁵
丹凤	iaŋ⁴⁴	piəŋ⁵³	piəŋ⁴⁴	pi³¹	pʰiei⁴⁴
宜川	iaŋ⁴⁵/iəŋ⁴⁵	piəŋ⁴⁵	piəŋ⁴⁵	pi⁵¹	pʰiei⁴⁵
富县	iaŋ⁵²/iəŋ⁴⁴	piəŋ⁵²	piəŋ⁴⁴	pi³¹	pʰiəŋ⁵²
黄陵	iaŋ⁵²/iəŋ⁴⁴	piəŋ⁵²	piəŋ⁴⁴	pi³¹	pʰiɛ̃⁵²
宜君	iaŋ⁴⁴	piəŋ⁵²	piəŋ⁴⁴	pi²¹	pʰiɛ̃⁵²
铜川	iaŋ⁴⁴/iaŋ⁵²	piɤŋ⁵² ｜ piŋ	piɤŋ⁴⁴	pi²¹	pʰiɛ̃⁴⁴
耀县	iaŋ⁵²	piəŋ⁵² ｜ piŋ	piəŋ⁴⁴	pi³¹	pʰiɛ̃i⁵²
高陵	iaŋ⁵⁵/iəŋ⁵⁵	piəŋ⁵² ｜ piŋ	piəŋ⁵⁵	pi³¹	pʰiɛ̃⁵²
临潼	iəŋ³¹/iaŋ⁴⁵	piəŋ⁵² ｜ piŋ	piəŋ⁴⁵	pi³¹	pʰiei⁵²

字目 方言	映 梗开三 去映影	饼 梗开三 上静帮	并 梗开三 去劲帮	璧 梗开三 入昔帮	聘 梗开三 去劲滂
蓝田	iəŋ⁵²	piəŋ⁵² ∣ piŋ	piəŋ⁴⁴	pi³¹	pʰiẽ⁴⁴
长安	iəŋ⁴⁴/iəŋ⁵³①	piəŋ⁵³	piəŋ⁴⁴	pi⁵³	pʰiẽ⁴⁴
户县	iəŋ⁵²	piəŋ⁵² ∣ piŋ	piəŋ⁵⁵	pi³¹	pʰiẽ⁵⁵
周至	iəŋ⁵⁵/iaŋ⁵⁵/iəŋ⁵²	piəŋ⁵² ∣ piŋ	piəŋ⁵⁵	pi⁵²	pʰiẽ⁵⁵
三原	iaŋ⁵⁵	piŋ⁵² ∣ piŋ	piŋ⁵⁵	pi³¹	pʰiẽ⁵⁵
泾阳	iaŋ⁵⁵	piŋ⁵²	piŋ⁵⁵	pi³¹	pʰiẽ⁵⁵
咸阳	iaŋ⁵⁵	piŋ⁵²	piŋ⁵⁵	pi³¹	pʰiẽ⁵⁵
兴平	iaŋ⁵⁵	piŋ⁵² ∣ piŋ	piŋ⁵⁵	pi³¹	pʰiẽ⁵⁵
武功	iaŋ⁵⁵	piŋ⁵² ∣ piŋ	piŋ⁵⁵	pi⁵²	pʰiẽ⁵⁵
礼泉	iaŋ⁵⁵	piəŋ⁵² ∣ piŋ	piəŋ⁵⁵	pi³¹	pʰiẽ⁵⁵
乾县	iaŋ⁴⁴	piŋ⁵² ∣ piŋ	piŋ⁴⁴	pi³¹	pʰiẽ⁴⁴
永寿	iaŋ⁵⁵	piŋ⁵² ∣ piŋ	piŋ⁵⁵	pi³¹	pʰiẽ⁵⁵
淳化	iaŋ⁵⁵	piŋ⁵² ∣ piŋ	piŋ⁵⁵	pi³¹	pʰiei⁵⁵
旬邑	iaŋ⁴⁴	piŋ⁵² ∣ piŋ	piŋ⁴⁴	pi³¹	pʰiẽ⁴⁴
彬县	iaŋ⁵²	piŋ⁵² ∣ piŋ	piŋ⁴⁴	pi³¹	pʰiẽ⁵²
长武	iaŋ⁴⁴	piŋ⁵² ∣ piŋ	piŋ⁴⁴	pi³¹	pʰiẽ⁵²
扶风	iŋ³³/iaŋ³³	piŋ⁵² ∣ piŋ	piŋ³³	pi³¹	pʰiŋ⁵²
眉县	iŋ⁴⁴/iaŋ⁴⁴	piŋ⁵² ∣ piŋ	piŋ⁴⁴	pi³¹	pʰiŋ⁵²
麟游	iaŋ⁵³	piŋ⁵³ ∣ piŋ	piŋ⁴⁴	pi³¹	pʰiŋ⁵³
岐山	iaŋ⁴⁴	piŋ⁵³ ∣ piŋ	piŋ⁴⁴	pi³¹	pʰiŋ⁵³
凤翔	iaŋ⁵²	piŋ⁵³ ∣ piŋ	piŋ⁴⁴	pi³¹	pʰiŋ⁵³
宝鸡	iaŋ⁵³	piŋ⁵³ ∣ piŋ	piŋ⁴⁴	pi³¹	pʰiŋ⁵³
千阳	iŋ⁵³新/iaŋ⁵³老	piŋ⁵³ ∣ piŋ	piŋ⁴⁴	pi³¹	pʰiŋ⁵³
陇县	iŋ⁴⁴/iaŋ⁴⁴	piŋ⁵³ ∣ piŋ	piŋ⁴⁴	pi³¹	pʰiŋ⁵³

① iəŋ⁴⁴ 反～；iəŋ⁵³ 放～。

字目 方言	僻 梗开三 入昔滂	辟 梗开三 入昔並	名 梗开三 平清明	领 梗开三 上静来	令 梗开三 去劲来
西安	pʰi⁵³	pʰi⁵³	miŋ²⁴ ｜ miŋ	liŋ⁵³/lie̠⁵³	liŋ⁵⁵
韩城	pʰi⁵³	pʰi⁵³	miəŋ²⁴/miɛ̠²⁴ ｜ miŋ	liəŋ⁵³/liɛ̠⁵³	liəŋ⁴⁴
合阳	pʰi⁵²	pʰi⁵²	miəŋ²⁴ ｜ miŋ	liəŋ⁵²	liəŋ⁵⁵
澄城	pʰi⁵³	pʰi⁵³	miəŋ²⁴ ｜ miŋ	liəŋ⁵³	liəŋ⁴⁴
白水	pʰi⁵³	pʰi⁵³	miəŋ²⁴ ｜ miŋ	liəŋ⁵³	liəŋ⁴⁴
大荔	pʰi⁵⁵	pʰi⁵⁵	miəŋ²⁴ ｜ miŋ	liəŋ⁵²	liəŋ⁵⁵
蒲城	pʰi⁵³	pʰi⁵³	miəŋ³⁵ ｜ miŋ	liəŋ⁵³	liəŋ⁵⁵
美原	pʰi⁵³	pʰi⁵³	miəŋ³⁵ ｜ miŋ	liəŋ⁵³	liəŋ⁵⁵
富平	pʰi⁵³	pʰi⁵³	miəŋ³⁵ ｜ miŋ	liəŋ⁵³	liəŋ⁵⁵
潼关	pʰi⁵²	pʰi⁵²	miəŋ²⁴ ｜ miŋ	liəŋ⁵²	liəŋ⁴⁴
华阴	pʰi⁵²	pʰi⁵³	miəŋ²⁴ ｜ miŋ	liəŋ⁵²	liəŋ⁵⁵
华县	pʰi⁵³	pʰi⁵³	miəŋ³⁵ ｜ miŋ	liəŋ⁵³	liəŋ⁵⁵
渭南	pʰi⁵³	pʰi⁵³	miəŋ²⁴ ｜ miŋ	liəŋ⁵³	liəŋ⁴⁴
洛南	pʰi⁵³	pʰi⁵³	miəŋ²⁴ ｜ miŋ	liəŋ⁵³	liəŋ⁴⁴
商州	pʰi⁵³	pʰi⁵³	miəŋ³⁵ ｜ miŋ	liəŋ⁵³	liəŋ⁵⁵
丹凤	pʰi⁵³	pʰi⁵³	miəŋ²⁴	liəŋ⁵³	liəŋ⁴⁴
宜川	pʰi⁴⁵	pʰi⁴⁵	miəŋ²⁴/miɛ²⁴	liəŋ⁴⁵/liɛ⁴⁵①	liəŋ⁴⁵
富县	pʰi⁵²	pʰi⁵²	miəŋ²⁴	liəŋ⁵²	liəŋ⁴⁴
黄陵	pʰi⁵²	pʰi⁵²	miəŋ²⁴	liəŋ⁵²	liəŋ⁴⁴
宜君	pʰi⁵²	pʰi⁵²	miəŋ²⁴	liəŋ⁵²	liəŋ⁴⁴
铜川	pʰi⁵²	pʰi⁵²	miɤŋ²⁴ ｜ miŋ	iɤŋ⁵²	liɤŋ⁴⁴
耀县	pʰi⁵²	pʰi⁵²	miəŋ²⁴ ｜ miŋ	liəŋ⁵²	liəŋ⁴⁴
高陵	pʰi⁵²	pʰi⁵²/pi～邪	miəŋ²⁴ ｜ miŋ	liəŋ⁵²	liəŋ⁵⁵
临潼	pʰi⁵²	pʰi⁵²	miəŋ²⁴ ｜ miŋ	liəŋ⁵²	liəŋ⁴⁵

---

① liɛ⁴⁵ 袄～儿。

字目 方言	僻 梗开三 入昔滂	辟 梗开三 入昔並	名 梗开三 平清明	领 梗开三 上静来	令 梗开三 去劲来
蓝田	p^hi^{52}	p^hi^{52}	$mi\partial\eta^{24}$ ｜ $mi\eta$	$li\partial\eta^{52}$	$li\partial\eta^{44}$
长安	p^hi^{53}	p^hi^{53}	$mi\partial\eta^{24}$	$li\partial\eta^{53}$	$li\partial\eta^{44}$
户县	p^hi^{52}	p^hi^{52}	$mi\partial\eta^{24}$ ｜ $mi\eta$	$li\partial\eta^{52}$	$li\partial\eta^{55}$
周至	p^hi^{52}	p^hi^{52}	$mi\partial\eta^{24}$ ｜ $mi\eta$	$li\partial\eta^{52}$	$li\partial\eta^{55}$
三原	p^hi^{52}	p^hi^{52}	$mi\eta^{24}$ ｜ $mi\eta$	$li\eta^{52}$	$li\eta^{55}$
泾阳	p^hi^{52}	p^hi^{52}	$mi\eta^{24}$	$li\eta^{52}$	$li\eta^{55}$
咸阳	p^hi^{52}	p^hi^{52}	$mi\eta^{24}$	$li\eta^{52}$	$li\eta^{55}$
兴平	p^hi^{52}	p^hi^{52}	$mi\eta^{24}$ ｜ $mi\eta$	$li\eta^{52}$	$li\eta^{55}$
武功	p^hi^{52}	p^hi^{52}	$mi\eta^{24}$ ｜ $mi\eta$	$li\eta^{52}$	$li\eta^{55}$
礼泉	p^hi^{52}	p^hi^{52}	$mi\partial\eta^{24}$ ｜ $mi\eta$	$li\partial\eta^{52}$	$li\partial\eta^{55}$
乾县	p^hi^{52}	p^hi^{52}	$mi\eta^{24}$ ｜ $mi\eta$	$li\eta^{52}$	$li\eta^{44}$
永寿	p^hi^{52}	p^hi^{52}	$mi\eta^{24}$ ｜ $mi\eta$	$li\eta^{52}$	$li\eta^{55}$
淳化	p^hi^{52}	p^hi^{52}	$mi\eta^{24}$ ｜ $mi\eta$	$li\eta^{52}$	$li\eta^{55}$
旬邑	p^hi^{52}	p^hi^{52}	$mi\eta^{24}$ ｜ $mi\eta$	$li\eta^{52}$	$li\eta^{44}$
彬县	p^hi^{52}	p^hi^{52}	$mi\eta^{24}$ ｜ $mi\eta$	$li\eta^{52}$	$li\eta^{44}$
长武	p^hi^{52}	p^hi^{52}	$mi\eta^{24}$ ｜ $mi\eta$	$li\eta^{52}$	$li\eta^{44}$
扶风	p^hi^{52}	p^hi^{52}	$mi\eta^{24}$ ｜ $mi\eta$	$li\eta^{52}$	$li\eta^{33}$
眉县	p^hi^{52}	p^hi^{52}	$mi\eta^{24}$ ｜ $mi\eta$	$li\eta^{52}$	$li\eta^{44}$
麟游	p^hi^{53}	p^hi^{53}	$mi\eta^{24}$ ｜ $mi\eta$	$li\eta^{53}$	$li\eta^{44}$
岐山	p^hi^{53}	p^hi^{53}	$mi\eta^{24}$ ｜ $mi\eta$	$li\eta^{53}$	$li\eta^{44}$
凤翔	p^hi^{53}	p^hi^{53}	$mi\eta^{24}$ ｜ $mi\eta$	$li\eta^{53}$	$li\eta^{44}$
宝鸡	p^hi^{53}	p^hi^{53}	$mi\eta^{24}$ ｜ $mi\eta$	$li\eta^{53}$	$li\eta^{44}$
千阳	p^hi^{53}	p^hi^{53}	$mi\eta^{24}$ ｜ $mi\eta$	$li\eta^{53}$	$li\eta^{44}$
陇县	p^hi^{53}	p^hi^{53}	$mi\eta^{24}$ ｜ $mi\eta$	$li\eta^{53}$	$li\eta^{44}$

字目 方言	精 梗开三 平清精	井 梗开三 上静精	积 梗开三 入昔精	清 梗开三 平清清	请 梗开三 上静清
西安	tɕiŋ²¹ | tɕiŋ	tɕiŋ⁵³	tɕi²¹	tɕʰiŋ²¹ | tɕʰiŋ	tɕʰiŋ⁵³
韩城	tɕiəŋ³¹ | tɕiŋ	tɕiəŋ⁵³/tɕiE⁵³	tɕi³¹	tɕʰiəŋ³¹/tɕʰiE³¹ | tɕʰiŋ	tɕʰiəŋ⁵³
合阳	tsiəŋ³¹ | tsiŋ	tsiəŋ⁵²/tsiə⁵²	tsi³¹/tsi⁵⁵	tsʰiəŋ³¹/tsʰiə³¹ | tsʰiŋ	tsʰiəŋ⁵²/tsʰiə⁵²
澄城	tiəŋ³¹ | tiŋ	tiəŋ⁵³/ti⁵³	ti³¹	tʰiəŋ³¹ | tsʰiŋ	tʰiəŋ⁵³
白水	tiəŋ³¹ | tsiŋ	tiəŋ⁵³	ti³¹	tsʰiəŋ³¹ | tsʰiŋ	tsʰiəŋ⁵³
大荔	tiəŋ³¹ | tiŋ	tiəŋ⁵²	ti³¹	tʰiəŋ³¹ | tʰiŋ	tʰiəŋ⁵²
蒲城	tiəŋ³¹ | tiŋ	tiəŋ⁵³	ti³¹	tsʰiəŋ³¹ | tʰiŋ	tsʰiəŋ⁵³
美原	tɕiəŋ³¹	tɕiəŋ⁵³	tɕi³¹	tɕʰiəŋ³¹ | tsʰiŋ	tɕʰiəŋ⁵³
富平	tiəŋ³¹ | tsiŋ	tiəŋ⁵³	ti³¹	tsʰiəŋ³¹ | tsʰiŋ	tsʰiəŋ⁵³
潼关	tɕiəŋ³¹ | tɕiŋ	tɕiəŋ⁵²	tɕi³¹	tɕʰiəŋ³¹ | tɕʰiŋ	tɕʰiəŋ⁵²
华阴	tɕiəŋ³¹ | tɕiŋ	tɕiəŋ⁵²	tɕi³¹	tɕʰiəŋ³¹ | tɕʰiŋ	tɕʰiəŋ⁵²
华县	tiəŋ³¹ | tiŋ/tsiŋ	tiəŋ⁵³	ti³¹	tʰiəŋ³¹ | tʰiŋ/tsʰiŋ	tʰiəŋ⁵³
渭南	tɕiəŋ³¹ | tiŋ	tɕiəŋ⁵³	tɕi³¹	tɕʰiəŋ³¹ | tʰiŋ	tɕʰiəŋ⁵³
洛南	tɕiəŋ³¹ | tɕiŋ	tɕiəŋ⁵³	tɕi³¹	tɕʰiəŋ³¹ | tɕʰiŋ	tɕʰiəŋ⁵³
商州	tɕiəŋ³¹ | ȶiŋ	tɕiəŋ⁵³	tɕi³¹	tɕʰiəŋ³¹ | ȶʰiŋ	tɕʰiəŋ⁵³
丹凤	tɕiəŋ³¹	tɕiəŋ⁵³	tɕi³¹	tɕʰiəŋ³¹	tɕʰiəŋ⁵³
宜川	tɕiəŋ⁵¹	tɕiəŋ⁴⁵/tɕiE⁴⁵	tɕi⁵¹	tɕʰiəŋ⁵¹/tɕʰiE⁵¹	tɕʰiəŋ⁴⁵
富县	tɕiəŋ³¹	tɕiəŋ⁵²	tɕi³¹	tɕʰiəŋ³¹	tɕʰiəŋ⁵²
黄陵	tɕiəŋ³¹	tɕiəŋ⁵²	tɕi³¹	tɕʰiəŋ³¹	tɕʰiəŋ⁵²
宜君	ȶiəŋ²¹	ȶiəŋ⁵²	ȶi²¹	tʰiəŋ²¹	ȶʰiəŋ⁵²
铜川	tɕiɤŋ²¹	tɕiɤŋ⁵²	tɕi²¹	tɕʰiɤŋ²¹	tɕʰiɤŋ⁵²
耀县	tɕiəŋ³¹ | tɕiŋ	tɕiəŋ⁵²	tɕi³¹	tɕʰiəŋ³¹	tɕʰiəŋ⁵²
高陵	ȶiəŋ³¹ | ȶiŋ	ȶiəŋ⁵²	ȶi³¹	tʰiəŋ³¹ | tʰiŋ	ȶʰiəŋ⁵²
临潼	tɕiəŋ³¹ | tiŋ/ȶiŋ	tɕiəŋ⁵²	tɕi³¹	tɕʰiəŋ³¹ | tʰiŋ/tʰiŋ	tɕʰiəŋ⁵²

字目＼方言	精	井	积	清	请
	梗开三 平清精	梗开三 上静精	梗开三 入昔精	梗开三 平清清	梗开三 上静清
蓝田	tɕiəŋ³¹ ｜ tiŋ	tɕiəŋ⁵²	tɕi³¹	tɕʰiəŋ³¹ ｜ tʰiŋ	tɕʰiəŋ⁵²
长安	tɕiəŋ³¹	tɕiəŋ⁵³	tɕi³¹	tɕʰiəŋ³¹	tɕʰiəŋ⁵³
户县	tɕiəŋ³¹ ｜ tɕiŋ	tɕiəŋ⁵²	tɕi³¹	tɕʰiəŋ³¹ ｜ tɕʰiŋ	tɕʰiəŋ⁵²
周至	tɕiəŋ²¹ ｜ tɕiŋ	tɕiəŋ⁵²	tɕi²¹	tɕʰiəŋ²¹ ｜ tɕʰiŋ	tɕʰiəŋ⁵²
三原	tiŋ³¹ ｜ tiŋ	tiŋ⁵²	ti³¹	tʰiŋ³¹ ｜ tʰiŋ	tʰiŋ⁵²
泾阳	tɕiŋ³¹ ｜ ȶiŋ	tɕiŋ⁵²	tɕi³¹	tɕʰiŋ³¹ ｜ tsʰiŋ	tɕʰiŋ⁵²
咸阳	tɕiŋ³¹	tɕiŋ⁵²	tɕi³¹	tɕʰiŋ³¹	tɕʰiŋ⁵²
兴平	tɕiŋ³¹ ｜ ȶiŋ	tɕiŋ⁵²	tɕi³¹	tɕʰiŋ³¹ ｜ tʰiŋ	tɕʰiŋ⁵²
武功	tɕiŋ³¹ ｜ tɕiŋ	tɕiŋ⁵²	tɕi³¹	tɕʰiŋ³¹ ｜ tɕʰiŋ	tɕʰiŋ⁵²
礼泉	tɕiəŋ³¹ ｜ tɕiŋ	tɕiəŋ⁵²	tɕi³¹	tɕʰiəŋ³¹ ｜ tɕʰiŋ	tɕʰiəŋ⁵²
乾县	tɕiŋ³¹ ｜ tɕiŋ	tɕiŋ⁵²	tɕi³¹	tɕʰiŋ³¹ ｜ tɕʰiŋ	tɕʰiŋ⁵²
永寿	tɕiŋ³¹ ｜ tɕiŋ	tɕiŋ⁵²	tɕi³¹	tɕʰiŋ³¹ ｜ tɕʰiŋ	tɕʰiŋ⁵²
淳化	tiŋ³¹ ｜ tsiŋ	tiŋ⁵²	ti³¹	tʰiŋ³¹ ｜ tsʰiŋ	tʰiŋ⁵²
旬邑	tsiŋ³¹ ｜ tsiŋ	tsiŋ⁵²	tsi³¹	tsʰiŋ³¹ ｜ tsʰiŋ	tsʰiŋ⁵²
彬县	tsiŋ³¹ ｜ tsiŋ	tsiŋ⁵²	tsi³¹	tsʰiŋ³¹ ｜ tsʰiŋ	tsʰiŋ⁵²
长武	tsiŋ³¹ ｜ tsiŋ	tsiŋ⁵²	tsi³¹	tsʰiŋ³¹ ｜ tsʰiŋ	tsʰiŋ⁵²
扶风	tɕiŋ³¹ ｜ tsiŋ	tɕiŋ⁵²	tɕi³¹	tɕʰiŋ³¹ ｜ tsʰiŋ	tɕʰiŋ⁵²
眉县	ȶiŋ³¹ ｜ tsiŋ	ȶiŋ⁵²	ȶi³¹	ȶʰiŋ³¹ ｜ tsʰiŋ	ȶʰiŋ⁵²
麟游	tiŋ³¹ ｜ tsiŋ	tiŋ⁵³	ȶi³¹	tʰiŋ³¹ ｜ tsʰiŋ	tʰiŋ⁵³
岐山	tiŋ³¹ ｜ tsiŋ	ȶiŋ⁵³	ȶi³¹	tʰiŋ³¹ ｜ tsʰiŋ	tʰiŋ⁵³
凤翔	tiŋ³¹ ｜ ȶiŋ	ȶiŋ⁵³	ȶi³¹	tʰiŋ³¹ ｜ tʰiŋ	tʰiŋ⁵³
宝鸡	tɕiŋ³¹ ｜ ȶiŋ	tɕiŋ⁵³	tɕi³¹	tɕʰiŋ³¹ ｜ tʰiŋ	tɕʰiŋ⁵³
千阳	tiŋ³¹ ｜ tsiŋ	ȶiŋ⁵³	ȶi³¹	tʰiŋ³¹ ｜ tsʰiŋ	tʰiŋ⁵³
陇县	tɕiŋ³¹ ｜ tɕiŋ	tɕiəŋ⁵³	tɕi³¹	tɕʰiŋ³¹ ｜ tɕʰiŋ	tɕʰiŋ⁵³

字目 / 方言	情 梗开三 平清从	静 梗开三 上静从	净 梗开三 去劲从	籍 梗开三 入昔从	省反~ 梗开三 上静心
西安	tɕʰiŋ²⁴	tɕiŋ⁵⁵	tɕiŋ⁵⁵	tɕi²¹	ɕiŋ⁵³
韩城	tɕʰiəŋ²⁴	tɕʰiəŋ⁴⁴	tɕʰiəŋ⁴⁴/tɕʰiɛ⁴⁴	tɕi²⁴	ɕiəŋ⁵³
合阳	tsʰiəŋ²⁴	tsʰiəŋ⁵⁵	tsʰiəŋ⁵⁵/tsʰiə⁵⁵	tsi³¹/tsʰi³¹	siəŋ⁵²
澄城	tʰiəŋ²⁴	tʰiəŋ⁴⁴	tʰiəŋ⁴⁴/tʰiə⁴⁴	ti³¹	siəŋ⁵³
白水	tsʰiəŋ²⁴	tsʰiəŋ⁴⁴	tsʰiəŋ⁴⁴	ti³¹	siəŋ⁵³
大荔	tʰiəŋ²⁴	tʰiəŋ⁵⁵	tʰiəŋ⁵⁵	ti³¹	siəŋ⁵²
蒲城	tsʰiəŋ³⁵	tsʰiəŋ⁵⁵	tsʰiəŋ⁵⁵	ti³¹	siəŋ⁵³
美原	tɕʰiəŋ³⁵	tɕʰiəŋ⁵⁵	tɕʰiəŋ⁵⁵	tɕi³¹	ɕiəŋ⁵³
富平	tsʰiəŋ³⁵	tiəŋ⁵⁵	tiəŋ⁵⁵	ti³¹	siəŋ⁵³
潼关	tɕʰiəŋ²⁴	tɕiəŋ⁴⁴	tɕʰiəŋ⁴⁴	tɕi³¹	ɕiəŋ⁵²
华阴	tɕʰiəŋ²⁴	tɕʰiəŋ⁵⁵	tɕʰiəŋ⁵⁵	tɕi³¹	ɕiəŋ⁵²
华县	tʰiəŋ³⁵	tiəŋ⁵⁵	tʰiəŋ⁵⁵	ti³¹	siəŋ⁵³
渭南	tɕʰiəŋ²⁴	tɕiəŋ⁴⁴	tɕʰiəŋ⁴⁴	tɕi³¹	ɕiəŋ⁵³
洛南	tɕʰiəŋ²⁴	tɕiəŋ⁴⁴	tɕʰiəŋ⁴⁴	tɕi³¹	ɕiəŋ⁵³
商州	tɕʰiəŋ³⁵	tɕiəŋ⁵⁵	tɕiəŋ⁵⁵	tɕi³¹	ɕiəŋ⁵³
丹凤	tɕʰiəŋ²⁴	tɕiəŋ⁴⁴	tɕiəŋ⁴⁴	tɕi³¹	ɕiəŋ⁵³
宜川	tɕʰiəŋ²⁴	tɕiəŋ⁴⁵	tɕʰiəŋ⁴⁵/tɕʰiɛ⁴⁵	tɕʰi⁵¹	ɕiəŋ⁴⁵
富县	tɕʰiəŋ²⁴	tɕiəŋ⁴⁴	tɕiəŋ⁴⁴/tɕʰiəŋ⁴⁴	tɕi³¹	ɕiəŋ⁵²
黄陵	tɕʰiəŋ²⁴	tɕiəŋ⁴⁴	tɕiəŋ⁴⁴	tɕi³¹	ɕiəŋ⁵²
宜君	tʰiəŋ²⁴	ȶiəŋ⁴⁴	tʰiəŋ⁴⁴	ȶi²¹	siəŋ⁵²
铜川	tɕʰiɤŋ²⁴	tɕiɤŋ⁴⁴	tɕiɤŋ⁴⁴	tɕi²¹	ɕiɤŋ⁵²
耀县	tɕʰiəŋ²⁴	tɕiəŋ⁴⁴	tɕiəŋ⁴⁴	tɕi³¹	ɕiəŋ⁵²
高陵	tʰiəŋ²⁴	ȶiəŋ⁵⁵	ȶiəŋ⁵⁵	ȶi³¹	siəŋ⁵²
临潼	tɕʰiəŋ²⁴	tɕiəŋ⁴⁵	tɕiəŋ⁴⁵	tɕi³¹	ɕiəŋ⁵²

字目 方言	情	静	净	籍	省反~
	梗开三 平清从	梗开三 上静从	梗开三 去劲从	梗开三 入昔从	梗开三 上静心
蓝田	tɕʰiəŋ²⁴	tɕiəŋ⁴⁴	tɕiəŋ⁴⁴	tɕi³¹	səŋ⁵²/ɕiəŋ⁵²
长安	tɕʰiəŋ²⁴	tɕiəŋ⁴⁴	tɕiəŋ⁴⁴	tɕi³¹	ɕiəŋ⁵³
户县	tɕʰiəŋ²⁴	tɕiəŋ⁵⁵	tɕiəŋ⁵⁵i	tɕi³¹	səŋ⁵²/ɕiəŋ⁵²
周至	tɕʰiəŋ²⁴	tɕiəŋ⁵⁵	tɕiəŋ⁵⁵	tɕi²¹	ɕiəŋ⁵²
三原	tʰiŋ²⁴	tiŋ⁵⁵	tiŋ⁵⁵	ti³¹	siŋ⁵²
泾阳	tɕʰiŋ²⁴	tɕiŋ⁵⁵	tɕiŋ⁵⁵	tɕi³¹	ɕiŋ⁵²
咸阳	tɕʰiŋ²⁴	tɕiŋ⁵⁵	tɕiŋ⁵⁵	tɕi³¹	ɕiŋ⁵²
兴平	tɕʰiŋ²⁴	tɕiŋ⁵⁵	tɕiŋ⁵⁵	tɕi³¹	ɕiŋ⁵²
武功	tɕʰiŋ²⁴	tɕiŋ⁵⁵	tɕiŋ⁵⁵	tɕi³¹	ɕiŋ⁵²
礼泉	tɕʰiəŋ²⁴	tɕiəŋ⁵⁵	tɕiəŋ⁵⁵	tɕi³¹	ɕiəŋ⁵²
乾县	tɕʰiŋ²⁴	tɕiŋ⁴⁴	tɕiŋ⁴⁴	tɕi³¹	ɕiŋ⁵²
永寿	tɕʰiŋ²⁴	tɕiŋ⁵⁵	tɕiŋ⁵⁵	tɕi³¹	ɕiŋ⁵²
淳化	tʰiŋ²⁴	tiŋ⁵⁵	tiŋ⁵⁵	ti³¹	siŋ⁵²
旬邑	tsʰiŋ²⁴	tsiŋ⁴⁴	tsʰiŋ⁴⁴	t̠si³¹/ts̠ʰi³¹①	siŋ⁵²
彬县	tsʰiŋ²⁴	tsiŋ⁴⁴	tsʰiŋ⁴⁴	tsi³¹	siŋ⁵²
长武	tsʰiŋ²⁴	tsiŋ⁴⁴	tsiŋ⁴⁴	tsi³¹	siŋ⁵²
扶风	tɕʰiŋ²⁴	tɕiŋ³³	tɕiŋ³³	tɕi³¹	ɕiŋ⁵²
眉县	tʰiŋ²⁴	t̠iŋ⁴⁴	t̠iŋ⁴⁴	t̠i³¹	siŋ⁵²
麟游	tʰiŋ²⁴	t̠iŋ⁴⁴	t̠iŋ⁴⁴	t̠ʰi³¹	seŋ⁵³
岐山	tʰiŋ²⁴	t̠iŋ⁴⁴	tʰiŋ⁴⁴	t̠ʰi³¹	siŋ⁵³
凤翔	tʰiŋ²⁴	t̠iŋ⁴⁴	t̠iŋ⁴⁴	t̠i³¹	siŋ⁵³
宝鸡	tɕʰiŋ²⁴	tɕʰiŋ⁴⁴	tɕʰiŋ⁴⁴	tɕi³¹	səŋ⁵³
千阳	tʰiŋ²⁴	t̠iŋ⁴⁴	t̠iŋ⁴⁴	ti³¹	siŋ⁵³
陇县	tɕʰiŋ²⁴	tɕiŋ⁴⁴	tɕiŋ⁴⁴	tɕi³¹	ɕiŋ⁵³

① tsʰi³¹ 户~。

字目 / 方言	姓 梗开三 去劲心	惜 梗开三 入昔心	席 梗开三 入昔邪	贞 梗开三 平清知	侦 梗开三 平清彻
西安	ɕin⁵⁵	ɕi²¹	ɕi²⁴	tʂẽ²¹	tʂẽ²¹
韩城	ɕiəŋ⁴⁴	ɕi³¹	ɕi²⁴	tʂẽ³¹	tʂẽ³¹
合阳	siəŋ⁵⁵	si³¹	si²⁴	tʂẽ³¹/tʂəŋ³¹	tʂẽ³¹/tʂəŋ³¹
澄城	siəŋ⁴⁴	si³¹	si²⁴	tʂẽ³¹	tʂẽ³¹
白水	siəŋ⁴⁴	si³¹	si²⁴	tʂəŋ³¹	tʂəŋ³¹
大荔	siəŋ⁵⁵	si³¹	si²⁴	tʂəŋ³¹	tʂəŋ³¹
蒲城	siəŋ⁵⁵	si³¹	si³⁵	tʂẽ³¹	tʂẽ³¹
美原	ɕiəŋ⁵⁵	ɕi³¹	ɕi³⁵	kẽ³¹	kẽ³¹
富平	siəŋ⁵⁵	si³¹	si³⁵	tʂẽ³¹	tʂẽ³¹
潼关	ɕiəŋ⁴⁴	ɕi³¹	ɕi²⁴	tʂẽ³¹	tʂẽ³¹
华阴	ɕiəŋ⁵⁵	ɕi³¹	ɕi²⁴	tʂəŋ³¹	tʂəŋ³¹
华县	siəŋ⁵⁵	si³¹	si³⁵	tʂẽ³¹/tʂəŋ³¹	tʂẽ³¹/tʂəŋ³¹
渭南	ɕiəŋ⁴⁴	ɕi³¹	ɕi²⁴	tʂẽ³¹	tʂẽ³¹
洛南	ɕiəŋ⁴⁴	ɕi³¹	ɕi²⁴	tʂəŋ³¹	tʂei³¹
商州	ɕiəŋ⁵⁵	ɕi³¹	ɕi³⁵	tʂẽ³¹	tʂẽ³¹
丹凤	ɕiəŋ⁴⁴	ɕi³¹	ɕi²⁴	tʂəŋ³¹	tʂei³¹
宜川	ɕiəŋ⁴⁵	ɕi⁵¹	ɕi²⁴	tʂei⁵¹	tʂei⁵¹
富县	ɕiəŋ⁴⁴	ɕi³¹	ɕi²⁴	ʈəŋ³¹	ʈəŋ³¹
黄陵	ɕiəŋ⁴⁴	ɕi³¹	ɕi²⁴	tʂẽ³¹	tʂẽ³¹
宜君	siəŋ⁴⁴	si²¹	si²⁴	tẽ²¹	tẽ²¹
铜川	ɕiɤŋ⁴⁴	ɕi²¹	ɕi²⁴	tʂẽ²¹	tʂẽ²¹
耀县	ɕiəŋ⁴⁴	ɕi³¹	ɕi²⁴	tẽi³¹	tẽi³¹
高陵	siəŋ⁵⁵	si³¹	si²⁴	tẽ³¹	tẽ³¹
临潼	ɕiəŋ⁴⁵	ɕi³¹	ɕi²⁴	tʂei³¹	tʂei³¹

字目 方言	姓 梗开三 去劲心	惜 梗开三 入昔心	席 梗开三 入昔邪	贞 梗开三 平清知	侦 梗开三 平清彻
蓝田	ɕiəŋ⁴⁴	ɕi³¹	ɕi²⁴	tʂẽ³¹	tʂẽ³¹
长安	ɕiəŋ⁴⁴	ɕi³¹	ɕi²⁴	tẽ³¹	tẽ³¹
户县	ɕiəŋ⁵⁵	ɕi³¹	ɕi²⁴	tʂẽ³¹	tʂẽ³¹
周至	ɕiəŋ⁵⁵	ɕi²¹	ɕi²⁴	tẽ²¹	tẽ²¹
三原	siŋ⁵⁵	si³¹	si²⁴	tẽ³¹	tẽ³¹
泾阳	ɕiŋ⁵⁵	ɕie³¹	ɕi²⁴	tẽ³¹	tẽ³¹
咸阳	ɕiŋ⁵⁵	ɕi³¹	ɕi²⁴	tẽ³¹	tẽ³¹
兴平	ɕiŋ⁵⁵	ɕi³¹	ɕi²⁴	tẽ³¹	tẽ³¹
武功	ɕiŋ⁵⁵	ɕi³¹	ɕi²⁴	tẽ³¹	tẽ³¹
礼泉	ɕiəŋ⁵⁵	ɕi³¹	ɕi²⁴	tẽ³¹	tẽ³¹
乾县	ɕiŋ⁴⁴	ɕi³¹	ɕi²⁴	tẽ³¹	tẽ³¹
永寿	ɕiŋ⁵⁵	ɕi³¹	ɕi²⁴	tẽ³¹	tẽ³¹
淳化	siŋ⁵⁵	si³¹	si²⁴	ʈei³¹	ʈei³¹
旬邑	siŋ⁴⁴	si³¹	si²⁴	tẽ³¹	tẽ³¹
彬县	siŋ⁴⁴	si³¹	si²⁴	tẽ³¹	tẽ³¹
长武	siŋ⁴⁴	si³¹	si²⁴	tẽ³¹	tẽ³¹
扶风	ɕiŋ³³	ɕi³¹	ɕi²⁴	tʂəŋ³¹	tʂəŋ³¹
眉县	siŋ⁴⁴	si³¹	si²⁴	tʂəŋ³¹	tʂəŋ³¹
麟游	siŋ⁴⁴	si³¹	si²⁴	tʂəŋ³¹	tʂəŋ³¹
岐山	siŋ⁴⁴	si³¹	si²⁴	tʂəŋ³¹	tʂəŋ³¹
凤翔	siŋ⁴⁴	si³¹	si²⁴	tʂəŋ³¹	tʂəŋ³¹
宝鸡	ɕiŋ⁴⁴	ɕi³¹	ɕi²⁴	tʂəŋ³¹	tʂəŋ³¹
千阳	siŋ⁴⁴	si³¹	si²⁴	tʂəŋ³¹	tʂəŋ³¹
陇县	ɕiŋ⁴⁴	ɕi³¹	ɕi²⁴	tʂəŋ³¹	tʂəŋ³¹

字目 / 方言	逞 梗开三 上静彻	程 梗开三 平清澄	郑 梗开三 去劲澄	掷 梗开三 入昔澄	正~月 梗开三 平清章
西安	tʂʰəŋ⁵³	tʂʰəŋ²⁴	tʂəŋ⁵⁵	tʂʅ²¹	tʂəŋ²¹
韩城	tʂʰəŋ²⁴	tʂʰəŋ²⁴	tʂʰəŋ⁴⁴	tʂʰʅ²⁴	tʂəŋ³¹
合阳	tʂʰəŋ⁵²	tʂʰəŋ²⁴	tʂʰəŋ⁵⁵	tʂʅ³¹/tʂʰʅ²⁴	tʂəŋ³¹
澄城	tʂʰəŋ⁵³	tʂʰəŋ²⁴	tʂʰəŋ⁴⁴	tʂʅ³¹	tʂəŋ³¹
白水	tʂʰəŋ⁵³	tʂʰəŋ²⁴	tʂʰəŋ⁴⁴	tʂʰʅ²⁴	tʂəŋ³¹
大荔	tʂʰəŋ⁵²	tʂʰəŋ²⁴	tʂʰəŋ⁵⁵	tʂʰʅ²⁴	tʂəŋ³¹
蒲城	tʂʰəŋ⁵³	tʂʰəŋ³⁵	tʂʰəŋ⁵⁵	tʂʅ³¹	tʂəŋ³¹
美原	kʰəŋ⁵³	kʰəŋ³⁵	kəŋ⁵⁵	ki³¹	kəŋ³¹
富平	tʂʰəŋ⁵³	tʂʰəŋ³⁵	tʂəŋ⁵⁵	tʂʅ³¹	tʂəŋ³¹
潼关	tʂʰəŋ⁵²	tʂʰəŋ²⁴	tʂʰəŋ⁴⁴	tʂʅ³¹	tʂəŋ³¹
华阴	tʂʰəŋ⁵²	tʂʰəŋ²⁴	tʂʰəŋ⁵⁵	tʂʅ³¹	tʂəŋ³¹
华县	tʂʰəŋ⁵³	tʂʰəŋ³⁵	tʂʰəŋ⁵⁵	tʂʅ³¹	tʂəŋ³¹
渭南	tʂʰəŋ⁵³	tʂʰəŋ²⁴	tʂəŋ⁴⁴	tʂʅ²⁴	tʂəŋ³¹
洛南	tʂʰəŋ⁵³	tʂʰəŋ³⁵	tʂəŋ⁵⁵	tʂʅ³⁵	tʂəŋ³¹
商州	tʂʰəŋ⁵³	tʂʰəŋ²⁴	tʂʰəŋ⁴⁴	tʂʅ³¹	tʂəŋ³¹
丹凤	tʂʰəŋ⁵³	tʂʰəŋ²⁴	tʂʰəŋ⁴⁴	tʂʅ³¹	tʂəŋ³¹
宜川	tʂʰəŋ²⁴/tʂʰei⁴⁵	tʂʰəŋ²⁴	tʂəŋ⁴⁵/tʂʰəŋ⁴⁵①	tʂʅ⁴⁵	tʂəŋ⁵¹
富县	tʰəŋ⁵²	tʰəŋ²⁴	tʰəŋ⁴⁴	tʂʅ³¹	təŋ³¹
黄陵	tʂʰəŋ⁵²	tʂʰəŋ²⁴	tʂʰəŋ⁴⁴	tʂʅ³¹/tʂʰʅ³¹ 老	tʂəŋ³¹
宜君	tʰəŋ²⁴	tʰəŋ²⁴	tʰəŋ⁴⁴	tʰəŋ⁴⁴	təŋ²¹
铜川	tʂʰɤŋ⁵²	tʂʰɤŋ²⁴	tʂɤŋ⁴⁴/tʂʰɤŋ⁴⁴	tʂʅ²¹	tʂɤŋ²¹
耀县	tʰəŋ⁵²	tʰəŋ²⁴	təŋ⁴⁴	tʂʅ²⁴	təŋ³¹
高陵	tʰəŋ⁵²	tʰəŋ²⁴	təŋ⁵⁵	tʃʅ³¹	təŋ³¹
临潼	tʂʰəŋ⁵²	tʂʰəŋ²⁴	tʂəŋ⁴⁵	tʂʅ⁴⁵	tʂəŋ³¹

① tʂʰəŋ⁴⁵ 姓。

字目＼方言	逞 梗开三 上静彻	程 梗开三 平清澄	郑 梗开三 去劲澄	掷 梗开三 入昔澄	正~月 梗开三 平清章
蓝田	tʂʰəŋ⁵²	tʂʰəŋ²⁴	tʂəŋ⁴⁴	tʂʅ³¹	tʂəŋ³¹
长安	tʰəŋ⁵³	tʰəŋ²⁴	təŋ⁴⁴	tʂʅ³¹	təŋ³¹
户县	tʂʰəŋ⁵²	tʂʰəŋ²⁴	tʂəŋ⁵⁵	tʂʅ³¹	tʂəŋ³¹
周至	tʰəŋ⁵²	tʰəŋ²⁴	təŋ⁵⁵	tʂʅ²¹	təŋ²¹
三原	tʰəŋ⁵²	tʰəŋ²⁴	təŋ⁵⁵	tʂʅ³¹	təŋ³¹
泾阳	tʰəŋ⁵²	tʰəŋ²⁴	təŋ⁵⁵	tʂʅ³¹	təŋ³¹
咸阳	tʰəŋ⁵²	tʰəŋ²⁴	təŋ⁵⁵	tʂʅ³¹	təŋ³¹
兴平	tʰəŋ⁵²	tʰəŋ²⁴	təŋ⁵⁵	tʂʅ³¹	təŋ³¹
武功	tʰəŋ²⁴	tʰəŋ²⁴	təŋ⁵⁵	tʂʅ³¹	təŋ³¹
礼泉	tʰəŋ²⁴	tʰəŋ²⁴	təŋ⁵⁵	tʂʅ³¹	təŋ³¹
乾县	tʰəŋ⁵²	tʰəŋ²⁴	təŋ⁴⁴	tʂʅ³¹	təŋ³¹
永寿	tʰəŋ⁵²	tʰəŋ²⁴	təŋ⁵⁵	tʂʅ³¹	təŋ³¹
淳化	tʰəŋ⁵²	tʰəŋ²⁴	tʰəŋ⁵⁵	tʂʅ³¹	təŋ³¹
旬邑	tʰəŋ⁵²	tʰəŋ²⁴	tʰəŋ⁴⁴	tʂʅ³¹	təŋ³¹
彬县	tʰəŋ⁵²	tʰəŋ²⁴	təŋ⁴⁴/tʰəŋ⁴⁴	tʂʅ³¹	təŋ³¹
长武	tʰəŋ⁵²	tʰəŋ²⁴	tʰəŋ⁴⁴	tʂʅ³¹	təŋ³¹
扶风	tʂʰəŋ³³	tʂʰəŋ²⁴	tʂəŋ³³	tʂʅ³¹	tʂəŋ³¹
眉县	tʂʰəŋ⁵²	tʂʰəŋ²⁴	tʂəŋ⁴⁴	tʂʅ³¹	tʂəŋ³¹
麟游	tʂʰəŋ⁵³	tʂʰəŋ²⁴	tʂəŋ⁴⁴	tʂʅ³¹	tʂəŋ³¹
岐山	tʂʰəŋ⁵³	tʂʰəŋ²⁴	tʂʰəŋ⁴⁴	tʂʰʅ²⁴	tʂəŋ³¹
凤翔	tʂʰəŋ⁵³	tʂʰəŋ²⁴	tʂəŋ⁴⁴	tʂʅ²⁴	tʂəŋ³¹
宝鸡	tʂʰəŋ⁵³	tʂʰəŋ²⁴	tʂəŋ⁴⁴	tʂʅ⁴⁴	tʂəŋ³¹
千阳	tʂʰəŋ⁵³	tʂʰəŋ²⁴	tʂəŋ⁴⁴/tʂʰəŋ⁴⁴	tʂʅ³¹	tʂəŋ³¹
陇县	tʂʰəŋ⁵³	tʂʰəŋ²⁴	tʂəŋ⁴⁴	tʂʅ³¹	tʂəŋ³¹

字目 方言	整 梗开三 上静章	正~反 梗开三 去劲章	只 梗开三 入昔章	尺 梗开三 入昔昌	射 梗开三 入昔船
西安	$tʂəŋ^{53}$	$tʂəŋ^{55}$	$tʂʅ^{21}$	$tʂʰʅ^{21}$	$ʂʅ^{24}/ʂɤ^{55}$①
韩城	$tʂəŋ^{53}$	$tʂəŋ^{44}$	$tʂʅ^{31}$	$tʂʰʅ^{31}$	$ʂʅ^{24}$
合阳	$tʂəŋ^{52}/tʂə^{52}$	$tʂəŋ^{55}/tʂə^{55}$	$tʂʅ^{31}$	$tʂʰʅ^{31}$	$ʂʅ^{24}/ʂə^{55}$
澄城	$tʂəŋ^{53}$	$tʂəŋ^{44}$	$tʂʅ^{31}$	$tʂʰʅ^{31}$	$ʂʅ^{24}$
白水	$tʂəŋ^{53}$	$tʂəŋ^{44}$	$tʂʅ^{31}$	$tʂʰʅ^{31}$	$ʂʅ^{24}$
大荔	$tʂəŋ^{52}$	$tʂəŋ^{55}$	$tʂʅ^{31}$	$tʂʰʅ^{31}$	$ʂʅ^{24}$
蒲城	$tʂəŋ^{53}$	$tʂəŋ^{55}$	$tʂʅ^{31}$	$tʂʰʅ^{31}$	$ʂʅ^{35}$
美原	$kəŋ^{53}$	$kəŋ^{55}$	ki^{31}	$kʰi^{31}$	xi^{35}
富平	$tʂəŋ^{53}$	$tʂəŋ^{55}$	$tʂʅ^{31}$	$tʂʰʅ^{31}$	$ʂʅ^{35}$
潼关	$tʂəŋ^{52}$	$tʂəŋ^{44}$	$tʂʅ^{31}$	$tʂʰʅ^{31}$	$ʂʅ^{24}$
华阴	$tʂəŋ^{52}$	$tʂəŋ^{55}$	$tsʅ^{31}$	$tʂʰʅ^{31}$	$ʂʅ^{24}$
华县	$tʂəŋ^{53}$	$tʂəŋ^{55}$	$tsʅ^{31}$	$tʂʰʅ^{31}$	$ʂʅ^{35}$
渭南	$tʂəŋ^{53}$	$tʂəŋ^{44}$	$tʂʅ^{31}$	$tʂʰʅ^{31}$	$ʂʅ^{24}$
洛南	$tʂəŋ^{53}$	$tʂəŋ^{55}$	$tʂʅ^{31}$	$tʂʰʅ^{31}$	$ʂʅ^{24}$
商州	$tʂəŋ^{53}$	$tʂəŋ^{44}$	$tʂʅ^{31}$	$tʂʰʅ^{31}$	$ʂʅ^{35}$
丹凤	$tʂəŋ^{53}$	$tʂəŋ^{44}$	$tʂʅ^{31}$	$tʂʰʅ^{31}$	$ʂʅ^{24}$
宜川	$tʂəŋ^{45}$	$tʂəŋ^{45}$	$tʂʅ^{51}$	$tʂʰʅ^{51}$	$ʂʅə^{45}$
富县	$təŋ^{52}$	$təŋ^{44}$	$tʂʅ^{31}$	$tʂʰʅ^{31}$	$ʂʅə^{52}$
黄陵	$tʂəŋ^{52}$	$tʂəŋ^{44}$	$tʂʅ^{31}$	$tʂʰʅ^{31}$	$ʂʅɤ^{52}$
宜君	$təŋ^{52}$	$təŋ^{44}$	$tʂʅ^{21}$	$tʂʰʅ^{31}$	$ʂʅɤ^{52}$
铜川	$tʂɤŋ^{52}$	$tʂɤŋ^{44}$	$tʂʅ^{21}/tʂʅ^{21}$	$tʂʰʅ^{21}$	$ʂʅɤ^{52}/ʂʅ^{24}$
耀县	$təŋ^{52}$	$təŋ^{44}$	$tʂʅ^{31}$	$tʂʰʅ^{31}$	$ʂʅɤ^{44}$
高陵	$təŋ^{52}$	$təŋ^{55}$	$tʃʅ^{31}$	$tʃʰʅ^{31}$	$ʂʅə^{55}$
临潼	$tʂəŋ^{52}$	$tʂəŋ^{45}$	$tsʅ^{31}$	$tʂʰʅ^{31}$	$ʂʅɤ^{52}$

① $ʂʅ^{24}$ 用剑击；$ʂɤ^{55}$ ~箭。

字目 方言	整 梗开三 上静章	正~反 梗开三 去劲章	只 梗开三 入昔章	尺 梗开三 入昔昌	射 梗开三 入昔船
蓝田	tʂəŋ⁵²	tʂəŋ⁴⁴	tʂʅ³¹	tʂʰʅ³¹	ʂʅə⁵²/ʂʅ²⁴
长安	təŋ⁵³	təŋ⁴⁴	tʂʅ³¹	tʂʰʅ³¹	ʂʅ⁴⁴
户县	tʂəŋ⁵²	tʂəŋ⁵⁵	tʂʅ³¹	tʂʰʅ³¹	ʂʅə⁵⁵/ʂʅ²⁴①
周至	təŋ⁵²	təŋ⁵⁵	tʂʅ²¹	tʂʰʅ²¹	ʂɤ⁵⁵
三原	təŋ⁵²	təŋ⁵⁵	tʂʅ³¹/tsʅ³¹	tʂʰʅ³¹	ʂɤ⁵⁵
泾阳	təŋ⁵²	təŋ⁵⁵	tʂʅ³¹	tʂʰʅ³¹	ʂɤ⁵⁵
咸阳	təŋ⁵²	təŋ⁵⁵	tʂʅ³¹/tsʅ³¹	tʂʰʅ³¹	ʂɤ⁵⁵
兴平	təŋ⁵²	təŋ⁵⁵	tʂʅ³¹	tʂʰʅ³¹	ʂɤ⁵⁵
武功	təŋ⁵²	təŋ⁵⁵	tʂʅ³¹	tʂʰʅ³¹	ʂɤ⁵⁵
礼泉	təŋ⁵²	təŋ⁵⁵	tʂʅ³¹	tʂʰʅ³¹	ʂɤ³¹
乾县	təŋ⁵²	təŋ⁴⁴	tʂʅ³¹/tsʅ³¹	tʂʰʅ³¹	ʂɤ⁴⁴
永寿	təŋ⁵²	təŋ⁵⁵	tʂʅ³¹	tʂʰʅ³¹	ʂɤ⁵²
淳化	təŋ⁵²	təŋ⁵⁵	tʂʅ³¹	tʂʰʅ³¹	ʂɤ⁵²
旬邑	təŋ⁵²	təŋ⁴⁴	tʂʅ³¹	tʂʰʅ³¹	ʂɤ⁵²
彬县	təŋ⁵²	təŋ⁴⁴	tʂʅ³¹	tʂʰʅ³¹	ʂɤ⁵²
长武	təŋ⁵²	təŋ⁴⁴	tʂʅ³¹	tʂʰʅ³¹	ʂɤ³¹
扶风	tʂəŋ⁵²	tʂəŋ³³	tʂʅ³¹	tʂʰʅ³¹	ʂɤ³³
眉县	tʂəŋ⁵²	tʂəŋ⁴⁴	tʂʅ³¹	tʂʰʅ³¹	ʂʅə⁴⁴
麟游	tʂəŋ⁵³	tʂəŋ⁴⁴	tʂʅ³¹	tʂʰʅ³¹	ʂʅə⁴⁴
岐山	tʂəŋ⁵³	tʂəŋ⁴⁴	tʂʅ³¹	tʂʰʅ³¹	ʂʅ²⁴
凤翔	tʂəŋ⁵³	tʂəŋ⁴⁴	tʂʅ³¹	tʂʰʅ³¹	ʂʅə⁴⁴
宝鸡	tʂəŋ⁵³	tʂəŋ⁴⁴	tʂʅ³¹	tʂʰʅ³¹	ʂɤ⁴⁴
千阳	tʂəŋ⁵³	tʂəŋ⁴⁴	tʂʅ³¹	tʂʰʅ³¹	ʂʅə⁴⁴
陇县	tʂəŋ⁵³	tʂəŋ⁴⁴	tʂʅ³¹	tʂʰʅ³¹	ʂʅə⁴⁴/ʂʅ²⁴

① ʂʅ²⁴ 水～出来。下同。

字目 / 方言	声 梗开三 平清书	圣 梗开三 去劲书	适 梗开三 入昔书	城 梗开三 平清禅	盛兴~ 梗开三 去劲禅
西安	ʂəŋ²¹ ∣ ʂəŋ	ʂəŋ⁵⁵	ʂʅ²¹	tʂʰəŋ²⁴ ∣ tʂʰəŋ	ʂəŋ⁵⁵
韩城	ʂəŋ³¹ ∣ ʂəŋ	ʂəŋ⁴⁴	ʂʅ³¹	tʂʰəŋ²⁴ ∣ tʰəŋ	ʂəŋ⁴⁴
合阳	ʂəŋ³¹/ʂə³¹ ∣ ʂəŋ	ʂəŋ⁵⁵	ʂʅ³¹	tʂʰəŋ²⁴/ʂʅ²⁴	ʂəŋ⁵⁵
澄城	ʂəŋ³¹/ʂʅ³¹ ∣ ʂəŋ	ʂəŋ⁴⁴	ʂʅ³¹	tʂʰəŋ²⁴/ʂʅ²⁴ ∣ tʰəŋ	ʂəŋ⁴⁴
白水	ʂəŋ³¹ ∣ ʂəŋ	ʂəŋ⁴⁴	ʂʅ³¹	tʂʰəŋ²⁴ ∣ tʰəŋ	ʂəŋ⁴⁴
大荔	ʂəŋ³¹ ∣ ʂəŋ	ʂəŋ⁵⁵	ʂʅ³¹	tʂʰəŋ²⁴ ∣ tʰəŋ	ʂəŋ⁵⁵
蒲城	ʂəŋ³¹ ∣ ʂəŋ	ʂəŋ⁵⁵	ʂʅ³¹	tʂʰəŋ³⁵ ∣ kʰəŋ/tʂʰəŋ	ʂəŋ⁵⁵
美原	xəŋ³¹ ∣ xiəŋ	xəŋ⁵⁵	xi³¹	kʰəŋ³⁵ ∣ kʰəŋ	xəŋ⁵⁵
富平	ʂəŋ³¹ ∣ ʂəŋ	ʂəŋ⁵⁵	ʂʅ³¹	tʂʰəŋ³⁵ ∣ kʰəŋ	ʂəŋ⁵⁵
潼关	ʂəŋ³¹ ∣ ʂəŋ	ʂəŋ⁴⁴	ʂʅ³¹	tʂʰəŋ²⁴ ∣ tʰəŋ	ʂəŋ⁴⁴
华阴	ʂəŋ³¹ ∣ ʂəŋ	ʂəŋ⁵⁵	ʂʅ³¹	tʂʰəŋ²⁴ ∣ tʰəŋ	ʂəŋ⁵⁵
华县	ʂəŋ³¹ ∣ ʂəŋ/ɕˣəŋ	ʂəŋ⁵⁵	ʂʅ³¹	tʂʰəŋ³⁵ ∣ tʰəŋ	ʂəŋ⁵⁵
渭南	ʂəŋ³¹ ∣ ʂəŋ/ɕˣəŋ	ʂəŋ⁴⁴	ʂʅ³¹	tʂʰəŋ²⁴ ∣ tʰəŋ	ʂəŋ⁴⁴
洛南	ʂəŋ³¹ ∣ ʂəŋ	ʂəŋ⁴⁴	ʂʅ³¹	tʂʰəŋ²⁴ ∣ tʰəŋ	ʂəŋ⁴⁴
商州	ʂəŋ³¹ ∣ ʂəŋ	ʂəŋ⁵⁵	ʂʅ³¹	tʂʰəŋ³⁵ ∣ tʰəŋ	ʂəŋ⁵⁵
丹凤	ʂəŋ³¹	ʂəŋ⁴⁴	ʂʅ³¹	tʂʰəŋ²⁴	ʂəŋ⁴⁴
宜川	ʂəŋ⁵¹/ʂə⁵¹	ʂəŋ⁴⁵	ʂʅ⁵¹	tʂʰəŋ²⁴	ʂəŋ⁴⁵
富县	ʂəŋ³¹	ʂəŋ⁴⁴	ʂʅ³¹	tʰəŋ²⁴	ʂəŋ⁴⁴
黄陵	ʂəŋ³¹	ʂəŋ⁴⁴	ʂʅ³¹	tʂʰəŋ²⁴	ʂəŋ⁴⁴
宜君	ʂəŋ²¹	ʂəŋ⁴⁴	ʂʅ²¹	tʰəŋ²⁴	ʂəŋ⁴⁴
铜川	ʂɤŋ²¹ ∣ ʂəŋ	ʂɤŋ⁴⁴	ʂʅ²¹	tʂʰɤŋ²⁴ ∣ təŋ	ʂɤŋ⁴⁴
耀县	ʂəŋ³¹ ∣ ʂəŋ	ʂəŋ⁴⁴	ʂʅ³¹	tʰəŋ²⁴ ∣ təŋ	ʂəŋ⁴⁴
高陵	ʂəŋ³¹ ∣ ʂəŋ	ʂəŋ⁵⁵	ʃʅ³¹	tʰəŋ²⁴ ∣ tʰəŋ	ʂəŋ⁵⁵
临潼	ʂəŋ³¹ ∣ ʂəŋ	ʂəŋ⁴⁵	ʂʅ³¹	tʂʰəŋ²⁴ ∣ tʰəŋ	ʂəŋ⁴⁵

字目 / 方言	声	圣	适	城	盛兴~
	梗开三平清书	梗开三去劲书	梗开三入昔书	梗开三平清禅	梗开三去劲禅
蓝田	ʂəŋ^{31} ｜ ʂəŋ	ʂəŋ^{44}	ʂɿ^{31}	tʂʰəŋ^{24} ｜ tʰəŋ	ʂəŋ^{44}
长安	ʂəŋ^{31}	ʂəŋ^{44}	ʂɿ^{31}	tʰəŋ^{24}	ʂəŋ^{44}
户县	ʂəŋ^{31} ｜ ʂəŋ	ʂəŋ^{55}	ʂɿ^{31}	tʂʰəŋ^{24} ｜ tʰəŋ	ʂəŋ^{55}
周至	ʂəŋ^{21} ｜ ʂəŋ	ʂəŋ^{55}	ʂɿ^{21}/tʂʰɿ^{21}①	tʰəŋ^{24} ｜ tʰəŋ	ʂəŋ^{55}
三原	ʂəŋ^{31} ｜ ʂəŋ	ʂəŋ^{55}	ʂɿ^{31}	tʰəŋ^{24} ｜ tʰəŋ	ʂəŋ^{55}
泾阳	ʂəŋ^{31} ｜ ʂəŋ	ʂəŋ^{55}	ʂɿ^{31}	tʰəŋ^{24} ｜ təŋ	ʂəŋ^{55}
咸阳	ʂəŋ^{31}	ʂəŋ^{55}	ʂɿ^{31}	tʰəŋ^{24}	ʂəŋ^{55}
兴平	ʂəŋ^{31} ｜ ʂəŋ	ʂəŋ^{55}	ʂɿ^{31}	tʰəŋ^{24} ｜ tʰəŋ	ʂəŋ^{55}
武功	ʂəŋ^{31} ｜ ʂəŋ	ʂəŋ^{55}	ʂɿ^{31}	tʰəŋ^{24} ｜ tʰəŋ	ʂəŋ^{55}
礼泉	ʂəŋ^{31} ｜ ʂəŋ	ʂəŋ^{55}	ʂɿ^{31}	tʰəŋ^{24} ｜ tʰəŋ	ʂəŋ^{55}
乾县	ʂəŋ^{31} ｜ ʂəŋ	ʂəŋ^{44}	ʂɿ^{31}	tʰəŋ^{24} ｜ tʰəŋ	ʂəŋ^{44}
永寿	ʂəŋ^{31} ｜ ʂəŋ	ʂəŋ^{55}	ʂɿ^{31}	tʰəŋ^{24} ｜ tʰəŋ	ʂəŋ^{55}
淳化	ʂəŋ^{31} ｜ ʂəŋ	ʂəŋ^{31}	tʂɿ^{31}/tʂʰɿ^{31}	tʰəŋ^{24} ｜ tʂəŋ	ʂəŋ^{55}
旬邑	ʂəŋ^{31} ｜ ʂəŋ	ʂəŋ^{44}	ʂɿ^{31}/tʂʰɿ^{31}	tʰəŋ^{24} ｜ tʰəŋ	ʂəŋ^{44}
彬县	ʂəŋ^{31} ｜ ʂəŋ	ʂəŋ^{44}	ʂɿ^{31}/tʂʰɿ^{31}	tʰəŋ^{24} ｜ tʂʰəŋ	ʂəŋ^{44}
长武	ʂəŋ^{31} ｜ ʂəŋ	ʂəŋ^{44}	ʂɿ^{31}	tʰəŋ^{24} ｜ tʂʰəŋ	ʂəŋ^{44}
扶风	ʂəŋ^{31} ｜ ʂəŋ	ʂəŋ^{33}	ʂɿ^{31}	tʂʰəŋ^{24} ｜ tʰəŋ	ʂəŋ^{33}
眉县	ʂəŋ^{31} ｜ ʂəŋ	ʂəŋ^{44}	ʂɿ^{31}	tʂʰəŋ^{24} ｜ tʰəŋ	ʂəŋ^{44}
麟游	ʂəŋ^{31} ｜ ʂəŋ	ʂəŋ^{44}	ʂɿ^{31}/tʂʰɿ^{31}	tʂʰəŋ^{24} ｜ tʰəŋ	ʂəŋ^{44}
岐山	ʂəŋ^{31} ｜ ʂəŋ	ʂəŋ^{44}	ʂɿ^{31}	tʂʰəŋ^{24} ｜ tʰəŋ	ʂəŋ^{44}
凤翔	ʂəŋ^{31} ｜ ʂəŋ	ʂəŋ^{44}	ʂɿ^{31}	tʂʰəŋ^{24} ｜ tʰəŋ	ʂəŋ^{44}
宝鸡	ʂəŋ^{31} ｜ ʂəŋ	ʂəŋ^{44}	ʂɿ^{31}	tʂʰəŋ^{24} ｜ tʂʰəŋ	ʂəŋ^{44}
千阳	ʂəŋ^{31} ｜ ʂəŋ	ʂəŋ^{44}	ʂɿ^{31}	tʂʰəŋ^{24} ｜ tʂʰəŋ	ʂəŋ^{44}
陇县	ʂəŋ^{31} ｜ ʂəŋ	ʂəŋ^{44}	ʂɿ^{31}	tʂʰəŋ^{24} ｜ tʂʰəŋ	ʂəŋ^{44}

① tʂʰɿ^{21} 合~。下同。

字目 方言	石 梗开三 入昔禅	颈 梗开三 上静见	轻 梗开三 平清溪	缨 梗开三 平清影	益 梗开三 入昔影
西安	ʂɿ²⁴	tɕiŋ⁵⁵	tɕʰiŋ²¹	iŋ²¹	i²¹
韩城	ʂɿ²⁴	tɕiəŋ⁴⁴	tɕʰiəŋ³¹/tɕʰiɛ³¹	iəŋ³¹	i³¹
合阳	ʂɿ²⁴	tɕiəŋ⁵⁵	tɕʰiəŋ³¹/tɕʰiə³¹	iəŋ³¹	i³¹
澄城	ʂɿ²⁴	tɕiəŋ⁴⁴	tɕʰiəŋ³¹	iəŋ³¹	i³¹
白水	ʂɿ²⁴	tɕiəŋ⁴⁴	tɕʰiəŋ³¹	iəŋ³¹	i³¹
大荔	ʂɿ²⁴	tɕiəŋ⁵⁵	tɕʰiəŋ³¹	iəŋ³¹	i³¹
蒲城	ʂɿ³⁵	tɕiəŋ⁵⁵	tɕʰiəŋ³¹	iəŋ³¹	i³¹
美原	xi³⁵	tɕiəŋ⁵⁵	tɕʰiəŋ³¹	iəŋ³¹	i³¹
富平	ʂɿ³⁵	tɕiəŋ⁵⁵	tɕʰiəŋ³¹	iəŋ³¹	i³¹
潼关	ʂɿ²⁴	tɕiəŋ⁴⁴	tɕʰiəŋ³¹	iəŋ³¹	i³¹
华阴	ʂɿ²⁴	tɕiəŋ⁵⁵	tɕʰiəŋ³¹	iəŋ³¹	i³¹
华县	ʂɿ³⁵	tɕiəŋ⁵⁵	tɕʰiəŋ³¹	iəŋ³¹	i³¹
渭南	ʂɿ²⁴	tɕiəŋ⁴⁴	tɕʰiəŋ³¹	iəŋ³¹	i³¹
洛南	ʂɿ²⁴	tɕiəŋ⁴⁴	tɕʰiəŋ³¹	iəŋ³¹	i³¹
商州	ʂɿ³⁵	tɕiəŋ⁵⁵	tɕʰiəŋ³¹	iəŋ³¹	i³¹
丹凤	ʂɿ²⁴	tɕiəŋ⁴⁴	tɕʰiəŋ³¹	iəŋ³¹	i³¹
宜川	ʂɿ²⁴	tɕiəŋ⁴⁵	tɕʰiəŋ⁵¹/tɕʰiɛ⁵¹	iəŋ⁵¹	i⁵¹
富县	ʂɿ²⁴	tɕiəŋ⁴⁴	tɕʰiəŋ³¹	iəŋ³¹	i³¹
黄陵	ʂɿ²⁴	tɕiəŋ⁴⁴	tɕʰiəŋ³¹	iəŋ³¹	i³¹
宜君	ʂɿ²⁴	tɕiəŋ⁴⁴	tɕʰiəŋ²¹	iəŋ²¹	i²¹
铜川	ʂɿ²⁴	tɕiɤŋ⁴⁴	tɕʰiɤŋ²¹	iɤŋ²¹	i²¹
耀县	ʂɿ²⁴	tɕiəŋ⁴⁴	tɕʰiəŋ³¹	iəŋ³¹	i³¹
高陵	ʃɿ²⁴	tɕiəŋ⁵⁵	tɕʰiəŋ³¹	iəŋ³¹	i³¹
临潼	ʂɿ²⁴	tɕiəŋ⁴⁵	tɕʰiəŋ³¹	iəŋ⁴⁵	i³¹

字目 方言	石 梗开三 入昔禅	颈 梗开三 上静见	轻 梗开三 平清溪	缨 梗开三 平清影	益 梗开三 入昔影
蓝田	ʂʅ²⁴	tɕiəŋ⁴⁴	tɕʰiəŋ³¹	iəŋ³¹	i³¹
长安	ʂʅ²⁴	tɕiəŋ⁴⁴	tɕʰiəŋ³¹	iəŋ³¹/iəŋ²⁴红~枪	i³¹
户县	ʂʅ²⁴	tɕiəŋ⁵⁵	tɕʰiəŋ³¹	iəŋ³¹	i³¹
周至	ʂʅ²⁴	tɕiəŋ⁵⁵	tɕʰiəŋ²¹	iəŋ²¹	i²¹
三原	ʂʅ²⁴	tɕiŋ⁵⁵	tɕʰiŋ³¹	iŋ³¹	i³¹
泾阳	ʂʅ²⁴	tɕiŋ⁵⁵	tɕʰiŋ³¹	iŋ³¹	i³¹
咸阳	ʂʅ²⁴	tɕiŋ⁵⁵	tɕʰiŋ³¹	iŋ³¹	i³¹
兴平	ʂʅ²⁴	tɕiŋ⁵⁵	tɕʰiŋ³¹	iŋ³¹	i³¹
武功	ʂʅ²⁴	tɕiŋ⁵⁵	tɕʰiŋ³¹	iŋ³¹	i³¹
礼泉	ʂʅ²⁴	tɕiəŋ⁵⁵	tɕʰiəŋ³¹	iəŋ³¹	i³¹
乾县	ʂʅ²⁴	tɕiŋ⁴⁴	tɕʰiŋ³¹	iŋ³¹	i³¹
永寿	ʂʅ²⁴	tɕiŋ⁵⁵	tɕʰiŋ³¹	iŋ³¹	i³¹
淳化	ʂʅ²⁴	tɕiŋ⁵⁵	tɕʰiŋ³¹	iŋ³¹	i³¹
旬邑	ʂʅ²⁴	tɕiŋ⁴⁴	tɕʰiŋ³¹	iŋ³¹	i³¹
彬县	ʂʅ²⁴	tɕiŋ⁴⁴	tɕʰiŋ³¹	iŋ³¹	i³¹
长武	ʂʅ²⁴	tɕiŋ⁴⁴	tɕʰiŋ³¹	iŋ³¹	i³¹
扶风	ʂʅ²⁴	tɕiŋ³³	tɕʰiŋ³¹	iŋ³¹	i³¹
眉县	ʂʅ²⁴	tɕiŋ⁴⁴	tɕʰiŋ³¹	iŋ³¹	i³¹
麟游	ʂʅ²⁴	tɕiŋ⁵³	tɕʰiŋ³¹	iŋ³¹	i³¹
岐山	ʂʅ²⁴	tɕiŋ⁴⁴	tɕʰiŋ³¹	iŋ³¹	i³¹
凤翔	ʂʅ²⁴	tɕiŋ⁴⁴	tɕʰiŋ³¹	iŋ³¹	i³¹
宝鸡	ʂʅ²⁴	tɕiŋ⁵³	tɕʰiŋ³¹	iŋ³¹	i³¹
千阳	ʂʅ²⁴	tɕiŋ⁴⁴	tɕʰiŋ³¹	iŋ³¹	i³¹
陇县	ʂʅ²⁴	tɕiŋ⁴⁴	tɕʰiŋ³¹	iŋ³¹	i³¹

字目 方言	赢 梗开三 平清以	译 梗开三 入昔以	液 梗开三 入昔以	壁 梗开四 入锡帮	劈 梗开四 入锡滂
西安	iŋ²⁴	i²⁴	i̯e²¹/i²⁴	pi²¹	pʰi⁵³/pʰi²¹
韩城	iən²⁴/iɛ²⁴	i²⁴	i³¹	pi³¹	pʰi⁵³
合阳	iən²⁴/iə²⁴	i²⁴	i³¹	pi³¹	pʰi⁵²
澄城	iəŋ²⁴	i²⁴	i³¹	pi³¹	pʰi⁵³
白水	iəŋ²⁴	i²⁴	i³¹	pi³¹	pʰi⁵³
大荔	iəŋ²⁴	i²⁴	i³¹	pi³¹	pʰi³¹
蒲城	iəŋ³⁵	i³⁵	i³¹	pi³¹	pʰi³¹
美原	iəŋ³⁵	i³⁵	i³¹	pi³¹	pʰi⁵³
富平	iəŋ³⁵	i³⁵	i³¹	pi³¹	pʰi⁵³
潼关	iəŋ²⁴	i²⁴	i³¹	pi³¹	pʰi³¹
华阴	iəŋ²⁴	i²⁴	i̱³¹	pi³¹	pʰi⁵²
华县	iəŋ³⁵	i³⁵	i³¹	pi³¹	pʰi⁵³
渭南	iəŋ²⁴	i²⁴	i³¹	pi³¹	pʰi³¹
洛南	iəŋ²⁴	i²⁴	i³¹	pi³¹	pʰi⁵³
商州	iəŋ³⁵	i³⁵	i³¹	pi³¹	pʰi⁵³
丹凤	iəŋ²⁴	i²⁴	i³¹	pi³¹	pʰi⁵³
宜川	iəŋ²⁴	i²⁴	iɛ⁴⁵	pi⁵¹	pʰi⁵¹
富县	iəŋ²⁴	i²⁴	i³¹	pi³¹	pʰi²⁴
黄陵	iəŋ²⁴	i²⁴	i³¹	pi³¹	pʰi⁵²
宜君	iəŋ²⁴	i²⁴	i²¹	pi²¹	pʰi⁵²
铜川	iɤŋ²⁴	i²⁴	i̯e²¹/i̱²¹	pi²¹	pʰi⁵²/pʰi²¹
耀县	iəŋ²⁴	i²⁴	i³¹	pi³¹	pʰi⁵²
高陵	iəŋ²⁴	i²⁴	i³¹	pi³¹	pʰi⁵²
临潼	iəŋ²⁴	i²⁴	i³¹	pi³¹	pʰi⁵²

字目 方言	赢 梗开三 平清以	译 梗开三 入昔以	液 梗开三 入昔以	壁 梗开四 入锡帮	劈 梗开四 入锡滂
蓝田	iəŋ²⁴	i²⁴	i̱ɛ³¹/i̱³¹	pi³¹	pʰi⁵²
长安	iəŋ²⁴	i²⁴	i̱ɛ³¹/i̱³¹	pi³¹	pʰi⁵³
户县	iəŋ²⁴	i²⁴	i³¹	pi³¹	pʰi⁵²
周至	iəŋ²⁴	i²⁴	i²¹	pi²¹	pʰi⁵²
三原	iŋ²⁴	i²⁴	i³¹	pi³¹	pʰi⁵²
泾阳	iŋ²⁴	i²⁴	i³¹	pi³¹	pʰi⁵²
咸阳	iŋ²⁴	i²⁴	i̱ɛ³¹/i̱³¹	pi³¹	pʰi⁵²
兴平	iŋ²⁴	i²⁴	i̱ɛ³¹/i̱³¹	pi³¹	pʰi⁵²
武功	iŋ²⁴	i²⁴	i̱ɛ³¹/i̱³¹	pi³¹	pʰi⁵²
礼泉	iəŋ²⁴	i²⁴	i³¹	pi³¹	pʰi⁵²
乾县	iŋ²⁴	i²⁴	i̱ɛ³¹/i̱³¹	pi³¹	pʰi⁵²
永寿	iŋ²⁴	i²⁴	i̱ɛ³¹/i̱³¹	pi³¹	pʰi⁵²
淳化	iŋ²⁴	i²⁴	i³¹	pi³¹	pʰi⁵²
旬邑	iŋ²⁴	i²⁴	i³¹	pi³¹	pʰi⁵²
彬县	iŋ²⁴	i²⁴	i̱ɛ³¹/i̱³¹	pi³¹	pʰi⁵²
长武	iŋ²⁴	i²⁴	i̱ɛ³¹/i̱³¹	pi³¹	pʰi⁵²
扶风	iŋ²⁴	i²⁴	i̱ɛ³¹/i̱³¹	pi³¹	pʰi⁵²
眉县	iŋ²⁴	i²⁴	i³¹	pi³¹	pʰi⁵²
麟游	iŋ²⁴	i²⁴	i³¹	pi³¹	pʰi⁵³
岐山	iŋ²⁴	i²⁴	i³¹	pi³¹	pʰi⁵³
凤翔	iŋ²⁴	i²⁴	i³¹	pi³¹	pʰi⁵³
宝鸡	iŋ²⁴	i²⁴	i³¹	pi³¹	pʰi⁵³
千阳	iŋ²⁴	i²⁴	i³¹	pi³¹	pʰi⁵³
陇县	iŋ²⁴	i²⁴	i̱ɛ³¹/i̱³¹	pi³¹	pʰi⁵³

字目 方言	瓶 梗开四 平青並	並 梗开四 上迥並	铭 梗开四 平青明	觅 梗开四 入锡明	钉铁~ 梗开四 平青端
西安	$p^hiŋ^{24}$ ｜ $p^hiŋ$	$piŋ^{55}$	$miŋ^{24}$	mi^{55}/mi^{21}	$tiŋ^{21}$
韩城	$p^hiəŋ^{24}$ ｜ $p^hiŋ$	$piəŋ^{44}$	$miəŋ^{24}$	mi^{44}	$\underline{tiəŋ^{31}}/\underline{tiɛ^{31}}$
合阳	$p^hiəŋ^{24}$ ｜ $p^hiŋ$	$piəŋ^{55}$	$\underline{miəŋ^{24}}/miəŋ^{52}/\underline{miə^{24}}$	mi^{55}	$tiəŋ^{31}$
澄城	$p^hiəŋ^{24}$ ｜ $p^hiŋ$	$piəŋ^{44}$	$miəŋ^{24}$	mi^{44}	$tiəŋ^{31}$
白水	$p^hiəŋ^{24}$ ｜ $p^hiŋ$	$piəŋ^{44}$	$miəŋ^{24}$	mi^{31}	$tiəŋ^{31}$
大荔	$p^hiəŋ^{24}$ ｜ $p^hiŋ$	$piəŋ^{55}$	$miəŋ^{24}$	mi^{55}	$tiəŋ^{31}$
蒲城	$p^hiəŋ^{35}$ ｜ $p^hiŋ$	$piəŋ^{55}$	$miəŋ^{35}$	mi^{31}	$tiəŋ^{31}$
美原	$p^hiəŋ^{35}$ ｜ $p^hiŋ$	$piəŋ^{55}$	$miəŋ^{35}$	mi^{31}	$tiəŋ^{31}$
富平	$p^hiəŋ^{35}$ ｜ $p^hiŋ$	$piəŋ^{55}$	$miəŋ^{35}$	mi^{31}	$tiəŋ^{31}$
潼关	$p^hiəŋ^{24}$ ｜ $p^hiŋ$	$piəŋ^{44}$	$miəŋ^{24}$	mi^{31}	$tiəŋ^{31}$
华阴	$p^hiəŋ^{24}$ ｜ $p^hiŋ$	$piəŋ^{55}$	$miəŋ^{24}$	mi^{31}	$tiəŋ^{31}$
华县	$p^hiəŋ^{35}$ ｜ $p^hiŋ$	$piəŋ^{55}$	$miəŋ^{35}$	mi^{31}	$tiəŋ^{31}$
渭南	$p^hiəŋ^{24}$ ｜ $p^hiŋ$	$piəŋ^{44}$	$miəŋ^{24}$	mi^{44}	$tɕiəŋ^{31}$
洛南	$p^hiəŋ^{24}$ ｜ $p^hiŋ$	$piəŋ^{44}$	$miəŋ^{24}$	mi^{44}	$tɕiəŋ^{31}$
商州	$p^hiəŋ^{35}$ ｜ $p^hiŋ$	$piəŋ^{55}$	$miəŋ^{35}$	mi^{55}	$tiəŋ^{31}$
丹凤	$p^hiəŋ^{24}$	$piəŋ^{44}$	$miəŋ^{24}$	mi^{44}	$tɕiəŋ^{31}$
宜川	$p^hiəŋ^{24}$	$piəŋ^{45}$	$miəŋ^{24}$	$miɛ^{45}/mi^{24}$①	$\underline{tiəŋ^{51}}/\underline{tiɛ^{51}}$
富县	$p^hiəŋ^{24}$	$piəŋ^{44}$	$miəŋ^{24}$	$miəŋ^{52}$	$tiəŋ^{31}$
黄陵	$p^hiəŋ^{24}$	$piəŋ^{44}$	$miəŋ^{24}$	mi^{52}	$tɕiəŋ^{31}$
宜君	$p^hiəŋ^{24}$	$piəŋ^{44}$	$miəŋ^{24}$	mi^{21}	$ȵiəŋ^{31}$
铜川	$p^hiɤŋ^{24}$ ｜ $p^hiŋ$	$piɤŋ^{44}$	$miɤŋ^{24}/miɤŋ^{52}$	mi^{24}	$tiɤŋ^{21}$
耀县	$p^hiəŋ^{24}$ ｜ $p^hiŋ$	$piəŋ^{44}$	$miəŋ^{24}$	mi^{52}	$tiəŋ^{31}$
高陵	$p^hiəŋ^{24}$ ｜ $p^hiŋ$	$piəŋ^{55}$	$miəŋ^{24}$	mi^{31}	$ȵiəŋ^{31}$
临潼	$p^hiəŋ^{24}$ ｜ $p^hiŋ$	$piəŋ^{45}$	$miəŋ^{24}$	mi^{52}	$tɕiəŋ^{31}$

① $miɛ^{45}$ 寻死~活。

字目 方言	瓶 梗开四 平青並	並 梗开四 上迥並	铭 梗开四 平青明	觅 梗开四 入锡明	钉铁~ 梗开四 平青端
蓝田	p^hiəŋ^{24} ｜ p^hiŋ	piəŋ^{44}	miəŋ^{24}	mi^{31}	tɕiəŋ^{31}
长安	p^hiəŋ^{24}	piəŋ^{44}	miəŋ^{24}	mi^{31}	tɕiəŋ^{31}
户县	p^hiəŋ^{24} ｜ p^hiŋ	piəŋ^{55}	miəŋ^{24}	mi^{31}	tiəŋ^{31}
周至	p^hiəŋ^{24} ｜ p^hiŋ	piəŋ^{55}	miəŋ^{24}	mi^{21}	tiəŋ^{21}
三原	p^hiŋ^{24} ｜ p^hiŋ	piŋ^{55}	miŋ^{24}	mi^{55}	tiŋ^{31}
泾阳	p^hiŋ^{24} ｜ p^hiŋ	piŋ^{55}	miŋ^{24}	mi^{24}	tiŋ^{31}
咸阳	p^hiŋ^{24}	piŋ^{55}	miŋ^{24}	mi^{31}	tiŋ^{31}
兴平	p^hiŋ^{24} ｜ p^hiŋ	piŋ^{55}	miŋ^{24}	mi^{31}	tɕiŋ^{31}
武功	p^hiŋ^{24} ｜ p^hiŋ	piŋ^{55}	miŋ^{24}	mi^{31}	tiŋ^{31}
礼泉	p^hiəŋ^{24} ｜ p^hiŋ	piəŋ^{55}	miəŋ^{24}	mi^{31}	tiəŋ^{31}
乾县	p^hiŋ^{24} ｜ p^hiŋ	piŋ^{44}	miŋ^{24}	mi^{31}	tiŋ^{31}
永寿	p^hiŋ^{24} ｜ p^hiŋ	piŋ^{55}	miŋ^{24}	mi^{31}	tiŋ^{31}
淳化	p^hiŋ^{24} ｜ p^hiŋ	piŋ^{55}	miŋ^{24}	mi^{31}	tiŋ^{31}
旬邑	p^hiŋ^{24} ｜ p^hiŋ	piŋ^{55}	miŋ^{24}	mi^{31}	tiŋ^{31}
彬县	p^hiŋ^{24} ｜ p^hiŋ	piŋ^{44}	miŋ^{24}	mi^{31}	tiŋ^{31}
长武	p^hiŋ^{24} ｜ p^hiŋ	piŋ^{44}	miŋ^{24}	mi^{24}	tiŋ^{31}
扶风	p^hiŋ^{24} ｜ p^hiŋ	piŋ^{33}	miŋ^{24}	mi^{33}	tɕiŋ^{31}
眉县	p^hiŋ^{24} ｜ p^hiŋ	piŋ^{44}	miŋ^{24}	mi^{31}	ʈiŋ^{31}
麟游	p^hiŋ^{24} ｜ p^hiŋ	piŋ^{44}	miŋ^{24}	mi^{44}	ʈiŋ^{31}
岐山	p^hiŋ^{24} ｜ p^hiŋ	piŋ^{44}/p^hiŋ^{44}	miŋ^{24}	mi^{44}	ʈiŋ^{31}
凤翔	p^hiŋ^{24} ｜ p^hiŋ	piŋ^{44}	miŋ^{24}	mi^{44}	ʈiŋ^{31}
宝鸡	p^hiŋ^{24} ｜ p^hiŋ	piŋ^{44}	miŋ^{24}	mi^{31}	tɕiŋ^{31}
千阳	p^hiŋ^{24} ｜ p^hiŋ	piŋ^{44}	miŋ^{24}	mi^{31}	tiŋ^{31}
陇县	p^hiŋ^{24} ｜ p^hiŋ	piŋ^{44}	miŋ^{24}	mi^{31}	tiŋ^{31}

字目 / 方言	顶	钉~住	的	滴	听~见
	梗开四上迥端	梗开四去径端	梗开四入锡端	梗开四入锡端	梗开四平青透
西安	$tiŋ^{53}$	$tiŋ^{55}$	ti^{21}	tie^{21}	$t^hiŋ^{21}$
韩城	$tiəŋ^{53}$	$tiəŋ^{44}$/$tiɛ^{44}$	ti^{53}	$tiɛ^{31}$	$t^hiəŋ^{31}$/$t^hiɛ^{31}$
合阳	$tiəŋ^{52}$	$tiəŋ^{55}$	ti^{24}/ti^{52}①	$tiə^{31}$	$t^hiəŋ^{31}$/$t^hiə^{31}$
澄城	$tiəŋ^{53}$	$tiəŋ^{44}$	ti^{53}	$tiə^{31}$	$t^hiəŋ^{31}$/t^hi^{31}
白水	$tiəŋ^{53}$	$tiəŋ^{44}$	ti^{53}	$tiɛ^{31}$	$ts^hiəŋ^{31}$
大荔	$tiəŋ^{52}$	$tiəŋ^{55}$	ti^{52}	$tiɛ^{31}$	$t^hiəŋ^{31}$
蒲城	$tiəŋ^{53}$	$tiəŋ^{55}$	ti^{53}	$tiɛ^{31}$	$ts^hiəŋ^{31}$
美原	$tiəŋ^{53}$	$tiəŋ^{55}$	ti^{53}	$tiɛ^{31}$	$tɕ^hiəŋ^{31}$
富平	$tiəŋ^{53}$	$tiəŋ^{55}$	ti^{53}	$tiɛ^{31}$	$ts^hiəŋ^{31}$
潼关	$tiəŋ^{52}$	$tiəŋ^{44}$	ti^{52}	$tiɛ^{31}$	$t^hiəŋ^{31}$
华阴	$tiəŋ^{52}$	$tiəŋ^{55}$	ti^{52}	$tiɛ^{31}$	$t^hiəŋ^{31}$
华县	$tiəŋ^{53}$	$tiəŋ^{55}$	ti^{52}	$tiɛ^{31}$	$t^hiəŋ^{31}$
渭南	$tɕiəŋ^{53}$	$tɕiəŋ^{44}$	$tɕi^{53}$	$tɕie^{31}$	$tɕ^hiəŋ^{31}$
洛南	$tɕiəŋ^{53}$	$tɕiəŋ^{44}$	$tɕi^{53}$	$tɕi^{31}$	$tɕ^hiəŋ^{31}$
商州	$tiəŋ^{53}$	$tiəŋ^{55}$	ti^{53}	$tiɛ^{31}$	$tɕ^hiəŋ^{31}$
丹凤	$tɕiəŋ^{53}$	$tɕiəŋ^{44}$	$tɕi^{53}$	$tɕi^{31}$	$tɕ^hiəŋ^{31}$
宜川	$tiəŋ^{45}$	$tiəŋ^{45}$/$tiɛ^{45}$	ti^{51}	$tiɛ^{51}$	$t^hiəŋ^{51}$/$t^hiɛ^{51}$
富县	$tiəŋ^{52}$	$tiəŋ^{44}$	ti^{31}	$tiɛ^{31}$	$t^hiəŋ^{31}$
黄陵	$tɕiəŋ^{52}$	$tɕiəŋ^{44}$	$tɕi^{31}$	$tɕiɛ^{31}$	$tɕ^hiəŋ^{31}$
宜君	$ȶiəŋ^{52}$	$ȶiəŋ^{52}$	$ȶi^{21}$	$ȶiɛ^{21}$	$t^hiəŋ^{21}$
铜川	$tiɤŋ^{52}$	$tiɤŋ^{52}$	ti^{21}	tie^{21}	$tɕ^hiɤŋ^{21}$
耀县	$tiəŋ^{52}$	$tiəŋ^{44}$	ti^{31}	tie^{31}	$t^hiəŋ^{31}$
高陵	$ȶiəŋ^{52}$	$ȶiəŋ^{55}$	$ȶi^{31}$	ti^{31}/$ȶiɛ^{31}$	$t^hiəŋ^{31}$
临潼	$tɕiəŋ^{52}$	$tɕiəŋ^{45}$	$tɕi^{31}$	$tɕiɛ^{31}$	$tɕ^hiəŋ^{31}$

① ti^{24} ~确；ti^{52} 目~。

字目 方言	顶	钉~住	的	滴	听~见
	梗开四 上迥端	梗开四 去径端	梗开四 入锡端	梗开四 入锡端	梗开四 平青透
蓝田	tɕiəŋ⁵²	tɕiəŋ⁴⁴	tɕi³¹	tɕie³¹	tɕʰiəŋ³¹
长安	tɕiəŋ⁵³	tɕiəŋ⁴⁴	tɕi³¹	tɕie³¹	tɕʰiəŋ³¹
户县	tiəŋ⁵²	tiəŋ⁵⁵	ti³¹	tiɛ³¹	tʰiəŋ³¹
周至	tiəŋ⁵²/tiəŋ²⁴①		ti²¹	tie²¹	tʰiəŋ²¹
三原	tiŋ⁵²	tiŋ⁵⁵	ti³¹	ti³¹	tʰiŋ³¹
泾阳	tiŋ⁵²	tiŋ⁵⁵	ti³¹	tie³¹	tʰiŋ³¹
咸阳	tiŋ⁵²	tiŋ⁵⁵	ti³¹	tie³¹	tʰiŋ³¹
兴平	tɕiŋ⁵²	tɕiŋ⁵⁵	tɕi³¹	tɕiɛ³¹	tɕʰiŋ³¹
武功	tiŋ⁵²	tiŋ⁵⁵	ti³¹	tie³¹	tʰiŋ³¹
礼泉	tiəŋ⁵²	tiəŋ⁵⁵	ti³¹	ti³¹	tʰiəŋ³¹
乾县	tiŋ⁵²	tiŋ⁴⁴	ti³¹	tie³¹	tʰiŋ³¹
永寿	tiŋ⁵²	tiŋ⁵⁵	ti³¹	t̲i̲³¹/tie³¹	tʰiŋ³¹
淳化	tiŋ⁵²	tiŋ⁵⁵	ti³¹	tie³¹	tʰiŋ³¹
旬邑	tiŋ⁵²	tiŋ⁴⁴	ti³¹	tie³¹	tsʰiŋ³¹
彬县	tiŋ⁵²	tiŋ⁴⁴	ti³¹	tie³¹	tʰiŋ³¹
长武	tiŋ⁵²	tiŋ⁴⁴	ti³¹	tie³¹	tsʰiŋ³¹
扶风	tɕiŋ⁵²/tɕiŋ²⁴	tɕiŋ³³	tɕi³¹	t̲ɕ̲i̲³¹/tɕie³¹	tɕʰiŋ³¹
眉县	ȶiŋ⁵²	ȶiŋ⁴⁴	ȶi³¹	t̲i̲³¹/tie³¹	tʰiŋ³¹
麟游	ȶiŋ⁵³	ȶiŋ⁴⁴	ȶi³¹	tie³¹	tʰiŋ³¹
岐山	ȶiŋ⁵³/ȶiŋ²⁴	tʰiŋ⁴⁴	ȶi³¹	tie³¹	tʰiŋ³¹
凤翔	ȶiŋ⁵³	tʰiŋ⁴⁴	ȶi³¹	ȶie³¹	tʰiŋ³¹
宝鸡	tɕiŋ⁵³	tɕiŋ⁴⁴	tɕi³¹	tɕie³¹	tɕʰiŋ³¹
千阳	tiŋ⁵³	tiŋ³¹	ti⁵³	tie³¹	tʰiŋ³¹
陇县	tiŋ⁵³/tiŋ²⁴	tiŋ³¹	ti³¹	tie³¹	tʰiŋ³¹

① tiəŋ⁵²～替；tiəŋ²⁴～了：两人吵架了或意见不合。下同。

字目　方言	厅 梗开四 平青透	踢 梗开四 入锡透	停 梗开四 平青定	挺 梗开四 上迥定	锭 梗开四 上迥定
西安	tʰiŋ²¹	tʰi²¹	tʰiŋ⁵⁵/tʰiŋ²⁴	tʰiŋ⁵³	tiŋ⁵⁵
韩城	tʰiəŋ³¹	tʰi³¹	tʰiəŋ²⁴	tʰiəŋ⁵³/tʰiɛ⁵³	tiəŋ⁴⁴/tʰiɛ⁴⁴
合阳	tʰiəŋ³¹	tʰi³¹	tʰiəŋ⁵⁵/tʰiəŋ²⁴	tʰiəŋ⁵²/tʰiə⁵²	tʰiəŋ⁵⁵/tʰiə⁵⁵
澄城	tʰiəŋ³¹	tʰi³¹	tʰiəŋ²⁴	tʰiəŋ⁵³	tʰiəŋ⁴⁴
白水	tsʰiəŋ³¹	tsʰi³¹	tsʰiəŋ²⁴	tsʰiəŋ⁵³	tiəŋ⁴⁴
大荔	tʰiəŋ³¹	tʰi³¹	tʰiəŋ²⁴	tʰiəŋ⁵²	tʰiəŋ⁵⁵
蒲城	tsʰiəŋ³¹	tsʰi³¹	tsʰiəŋ³⁵	tsʰiəŋ⁵³	tsʰiəŋ⁵⁵
美原	tɕʰiəŋ³¹	tɕʰi³¹	tɕʰiəŋ³⁵	tɕʰiəŋ⁵³	tiəŋ⁵⁵
富平	tsʰiəŋ³¹	tsʰi³¹	tsʰiəŋ³⁵	tsʰiəŋ⁵³	tiəŋ⁵⁵
潼关	tʰiəŋ³¹	tʰi³¹	tʰiəŋ²⁴	tʰiəŋ⁵²	tiəŋ⁴⁴
华阴	tʰiəŋ³¹	tʰi³¹	tʰiəŋ²⁴	tʰiəŋ⁵²	tʰiəŋ⁵⁵
华县	tʰiəŋ³¹	tʰi³¹	tʰiəŋ³⁵	tʰiəŋ⁵³	tʰiəŋ⁵⁵
渭南	tɕʰiəŋ³¹	tɕʰi³¹	tɕʰiəŋ²⁴	tɕʰiəŋ⁵³	tɕiəŋ⁴⁴
洛南	tɕʰiəŋ³¹	tɕʰi³¹	tɕʰiəŋ²⁴	tɕʰiəŋ⁵³	tɕiəŋ⁴⁴
商州	tɕʰiəŋ³¹	tɕʰi³¹	tɕʰiəŋ³⁵	tɕʰiəŋ⁵³	tiəŋ⁵⁵
丹凤	tɕʰiəŋ³¹	tɕʰi³¹	tɕʰiəŋ²⁴	tɕʰiəŋ⁵³	tɕiəŋ⁴⁴
宜川	ȶʰiəŋ⁵¹	ȶʰi⁵¹	ȶʰiəŋ²⁴	ȶʰiəŋ⁴⁵	tiəŋ⁴⁵
富县	ȶʰiəŋ³¹	ȶʰi³¹	ȶʰiəŋ²⁴	ȶʰiəŋ⁵²	ȶʰiəŋ⁴⁴
黄陵	tɕʰiəŋ³¹	tɕʰi³¹	tɕʰiəŋ⁴⁴	tɕʰiəŋ⁵²	tɕiəŋ⁴⁴
宜君	ȶʰiəŋ²¹	ȶʰi²¹	ȶʰiəŋ⁴⁴/ȶʰiəŋ²⁴	ȶʰiəŋ⁵²	ȶiəŋ⁴⁴
铜川	tɕʰiɤŋ²¹	tɕʰi²¹	tɕʰiɤŋ⁴⁴/tɕʰiɤŋ²⁴	tɕʰiɤŋ⁵²	tiɤŋ⁴⁴
耀县	ȶʰiəŋ³¹	ȶʰi³¹	ȶʰiəŋ⁴⁴/ȶʰiəŋ²⁴	ȶʰiəŋ⁵²	tiəŋ⁴⁴
高陵	ȶʰiəŋ³¹	ȶʰi³¹	ȶʰiəŋ⁵⁵	ȶʰiəŋ⁵²	ȶiəŋ⁵⁵
临潼	tɕʰiəŋ³¹	tɕʰi³¹	tɕʰiəŋ⁴⁵	tɕʰiəŋ⁵²	tɕiəŋ⁴⁵

字目／方言	厅 梗开四平青透	踢 梗开四入锡透	停 梗开四平青定	挺 梗开四上迥定	锭 梗开四上迥定
蓝田	tɕʰiəŋ³¹	tɕʰi³¹	tɕʰiəŋ⁴⁴/tɕʰiəŋ²⁴	tɕʰiəŋ⁵²	tɕiəŋ⁴⁴
长安	tɕʰiəŋ³¹	tɕʰi³¹	tɕʰiəŋ⁴⁴	tɕʰiəŋ⁵³	tɕiəŋ⁴⁴
户县	t̪ʰiəŋ³¹	t̪ʰi³¹	t̪ʰiəŋ⁵⁵/t̪ʰiəŋ²⁴	t̪ʰiəŋ⁵²	t̪iəŋ⁵⁵
周至	tʰiəŋ²¹	tʰi²¹	tʰiəŋ⁵⁵	tʰiəŋ⁵²	tiəŋ⁵⁵
三原	tʰiŋ³¹	tʰi³¹	tʰiŋ⁵⁵/tʰiŋ²⁴	tʰiŋ⁵²	tiŋ⁵⁵
泾阳	tʰiŋ³¹	tʰi³¹	tʰiŋ²⁴/tʰiŋ⁵⁵	tʰiŋ⁵²	tiŋ⁵⁵
咸阳	tʰiŋ³¹	tʰi³¹	tʰiŋ⁵⁵/tʰiŋ²⁴	tʰiŋ⁵²	tiŋ⁵⁵
兴平	tɕʰiŋ³¹	tɕʰi³¹	tɕʰiŋ⁵⁵	tɕʰiŋ⁵²	tɕiŋ⁵⁵
武功	tʰiŋ³¹	tʰi³¹	tʰiŋ⁵⁵/tʰiŋ²⁴	tʰiŋ⁵²	tiŋ⁵⁵
礼泉	tʰiəŋ³¹	tʰi³¹	tʰiəŋ⁵⁵	tʰiəŋ⁵²	tiəŋ⁵⁵
乾县	tʰiŋ³¹	tʰi³¹	tʰiŋ⁴⁴	tʰiŋ⁵²	tiŋ⁴⁴
永寿	tʰiŋ³¹	tʰi³¹	tʰiŋ⁵⁵	tʰiŋ⁵²	tiŋ⁵⁵
淳化	tʰiŋ³¹	tʰi³¹	tʰiŋ⁵⁵/tʰiŋ²⁴	tʰiŋ⁵²	tiŋ⁵⁵
旬邑	tsʰiŋ³¹	tsʰi³¹	tsʰiŋ⁴⁴/tsʰiŋ²⁴	tsʰiŋ⁵²	tiŋ⁴⁴
彬县	tʰiŋ³¹	tʰi³¹	tʰiŋ⁴⁴/tʰiŋ²⁴	tʰiŋ⁵²	tiŋ⁴⁴
长武	tsʰiŋ³¹	tsʰi³¹	tsʰiŋ⁴⁴/tsʰiŋ²⁴	tsʰiŋ⁵²	tiŋ⁴⁴
扶风	tɕʰiŋ³¹	tɕʰi³¹	tɕʰiŋ²⁴/tɕʰiŋ³³①	tɕʰiŋ⁵²	tɕiŋ³³
眉县	t̪ʰiŋ³¹	t̪ʰi³¹	t̪ʰiŋ⁴⁴	t̪ʰiŋ⁵²	t̪iŋ⁴⁴
麟游	tʰiŋ³¹	tʰi³¹	tʰiŋ²⁴	tʰiŋ⁵³	tʰiŋ⁴⁴
岐山	t̪ʰiŋ³¹	t̪ʰi³¹	t̪ʰiŋ²⁴	t̪ʰiŋ⁵³	t̪iŋ⁴⁴/t̪ʰiŋ⁴⁴
凤翔	t̪ʰiŋ³¹	t̪ʰi³¹	t̪ʰiŋ²⁴	t̪ʰiŋ⁵³	t̪iŋ⁴⁴
宝鸡	tɕʰiŋ³¹	tɕʰi³¹	tɕʰiŋ²⁴	tɕʰiŋ⁵³	tɕiŋ⁴⁴
千阳	tʰiŋ³¹	tʰi³¹	tʰiŋ⁴⁴	tʰiŋ⁵³	tiŋ⁴⁴
陇县	tʰiŋ³¹	tʰi³¹	tʰiŋ²⁴	tʰiŋ⁵³	tiŋ⁴⁴

① tɕʰiŋ²⁴ 指人死后安置在灵床上；tɕʰiŋ³³ ～止。

字目\方言	定 梗开四 去径定	笛 梗开四 入锡定	宁安~ 梗开四 平青泥	宁~可 梗开四 去径泥	溺 梗开四 入锡泥
西安	tiŋ⁵⁵	ti²⁴	ȵiŋ²⁴ ｜ ȵiŋ	ȵiŋ⁵⁵	ȵi²¹
韩城	tʰiəŋ⁴⁴	tʰi²⁴	ȵiəŋ²⁴ ｜ ȵiŋ	ȵiəŋ⁴⁴	ȵi⁵³
合阳	tiəŋ⁵⁵/tʰiə⁵⁵	tʰi²⁴	ȵiəŋ²⁴/ȵiə²⁴ ｜ ȵiŋ	ȵiəŋ⁵⁵	ȵi³¹
澄城	tiəŋ⁴⁴	tʰi²⁴	ȵiəŋ²⁴ ｜ ȵiŋ	ȵiəŋ⁴⁴	ȵi³¹
白水	tiəŋ⁴⁴	tsʰi²⁴	ȵiəŋ²⁴ ｜ ȵiŋ	ȵiəŋ⁴⁴	ȵi³¹
大荔	tiəŋ⁵⁵	tʰi²⁴	ȵiəŋ²⁴ ｜ ȵiŋ	ȵiəŋ⁵⁵	ȵi³¹
蒲城	tiəŋ⁵⁵	tsʰi³⁵	ȵiəŋ³⁵ ｜ ȵiŋ	ȵiəŋ⁵⁵	ȵi³¹
美原	tiəŋ⁵⁵	tɕʰi³⁵	ȵiəŋ³⁵ ｜ ȵiŋ	ȵiəŋ³⁵	ȵi³¹
富平	tiəŋ⁵⁵	ti³⁵	ȵiəŋ³⁵ ｜ ȵiŋ	ȵiəŋ⁵⁵	ȵi³¹
潼关	tiəŋ⁴⁴	ti²⁴	ȵiəŋ²⁴ ｜ ȵiŋ	ȵiəŋ⁴⁴	ȵi³¹
华阴	tiəŋ⁵⁵	tʰi²⁴	ȵiəŋ²⁴ ｜ ȵiŋ	ȵiəŋ⁵⁵	ȵi³¹
华县	tiəŋ⁵⁵	tʰi³⁵	ȵiəŋ³⁵ ｜ ȵiŋ	ȵiəŋ⁵⁵	ȵi³¹
渭南	tɕiəŋ⁴⁴	tɕʰi²⁴	ȵiəŋ²⁴ ｜ ȵiŋ	ȵiəŋ⁴⁴	ȵi³¹
洛南	tɕiəŋ⁴⁴	tɕʰi²⁴	ȵiəŋ²⁴ ｜ ȵiŋ	ȵiəŋ⁴⁴	ȵi³¹
商州	tiəŋ⁵⁵	tɕʰi³⁵	ȵiəŋ³⁵ ｜ ȵiŋ	ȵiəŋ⁵⁵	ȵi³¹
丹凤	tɕiəŋ⁴⁴	tɕʰi²⁴	ȵiəŋ²⁴	ȵiəŋ⁴⁴	ȵi³¹
宜川	tiəŋ⁴⁵	tʰi²⁴	ȵiəŋ²⁴	ȵiəŋ⁴⁵	ȵi⁵¹
富县	tiəŋ⁴⁴	tʰi²⁴	ȵiəŋ²⁴	ȵiəŋ²⁴	ȵi³¹
黄陵	tɕiəŋ⁴⁴	tɕʰi²⁴	ȵiəŋ²⁴	ȵiəŋ²⁴/ȵiəŋ⁴⁴	ȵi³¹
宜君	ȶiəŋ⁴⁴	tʰi²⁴	ȵiəŋ²⁴	ȵiəŋ²⁴	ȵi²¹
铜川	tiɤŋ⁴⁴	ti²⁴/tɕʰi²⁴	ȵiɤŋ²⁴ ｜ ȵiŋ	ȵiɤŋ²⁴	ȵi²¹
耀县	tiəŋ⁴⁴	tʰi²⁴	ȵiəŋ²⁴ ｜ ȵiŋ	ȵiəŋ²⁴	ȵi³¹
高陵	ȶiəŋ⁵⁵	tʰi²⁴	ȵiəŋ²⁴ ｜ ȵiŋ	ȵiəŋ²⁴/ȵiəŋ⁵⁵	ȵi³¹
临潼	tɕiəŋ⁴⁵	tɕʰi²⁴	ȵiəŋ²⁴ ｜ ȵiŋ	ȵiəŋ⁴⁵	ȵi³¹

字目 / 方言	定	笛	宁安~	宁~可	溺
	梗开四 去径定	梗开四 入锡定	梗开四 平青泥	梗开四 去径泥	梗开四 入锡泥
蓝田	tɕiəŋ⁴⁴	tɕi²⁴	n̥iəŋ²⁴ ∣ ȵiŋ	n̥iəŋ²⁴/n̥iəŋ⁴⁴	
长安	tɕiəŋ⁴⁴	tɕi²⁴	n̥iəŋ²⁴	n̥iəŋ⁴⁴	n̥i³¹
户县	tiəŋ⁵⁵	ti²⁴	n̥iəŋ²⁴ ∣ ȵiŋ	n̥iəŋ²⁴/n̥iəŋ⁵⁵	n̥i³¹
周至	tiəŋ⁵⁵	ti²⁴	n̥iəŋ²⁴ ∣ ȵiŋ	n̥iəŋ⁵⁵	n̥i²¹
三原	tiŋ⁵⁵	tʰi²⁴	n̥iŋ²⁴ ∣ ȵiŋ	n̥iŋ⁵⁵	n̥i³¹
泾阳	tiŋ⁵⁵	tʰi²⁴	n̥iŋ²⁴ ∣ ȵiŋ	n̥iŋ⁵⁵	n̥i³¹
咸阳	tiŋ⁵⁵	ti²⁴	n̥iŋ²⁴	n̥iŋ⁵⁵	n̥i³¹
兴平	tɕiŋ⁵⁵	tɕi²⁴	n̥iŋ²⁴ ∣ ȵiŋ	n̥iŋ⁵⁵	n̥i³¹
武功	tiŋ⁵⁵	ti²⁴	n̥iŋ²⁴ ∣ ȵiŋ	n̥iŋ²⁴	n̥i³¹
礼泉	tiəŋ⁵⁵	ti²⁴	n̥iəŋ²⁴ ∣ ȵiŋ	n̥iəŋ⁵⁵	n̥i³¹
乾县	tiŋ⁴⁴	ti²⁴	n̥iŋ²⁴ ∣ ȵiŋ	n̥iŋ²⁴	n̥i³¹
永寿	tiŋ⁵⁵	ti²⁴	n̥iŋ²⁴ ∣ ȵiŋ	n̥iŋ²⁴	n̥i³¹
淳化	tiŋ⁵⁵	tʰi²⁴	n̥iŋ²⁴ ∣ ȵiŋ	n̥iŋ⁵⁵	n̥i³¹
旬邑	tiŋ⁴⁴	tsʰi²⁴	n̥iŋ²⁴ ∣ ȵiŋ	n̥iŋ²⁴	n̥i³¹
彬县	tiŋ⁴⁴	tʰi²⁴	n̥iŋ²⁴ ∣ ȵiŋ	n̥iŋ⁴⁴	n̥i³¹
长武	tiŋ⁴⁴	tsʰi²⁴	n̥iŋ²⁴ ∣ ȵiŋ	n̥iŋ⁴⁴	n̥i³¹
扶风	tɕiŋ³³	tɕʰi²⁴	n̥iŋ²⁴ ∣ ȵiŋ	n̥iŋ²⁴	n̥i³¹
眉县	t̠iŋ⁴⁴	t̠i²⁴	n̥iŋ²⁴ ∣ ȵiŋ	n̥iŋ²⁴	n̥i³¹
麟游	t̠iŋ⁴⁴	tʰi²⁴	n̥iŋ²⁴ ∣ ȵiŋ	n̥iŋ²⁴	n̥i³¹
岐山	t̠iŋ⁴⁴/tʰiŋ⁴⁴	tʰi²⁴	n̥iŋ²⁴ ∣ ȵiŋ	n̥iŋ⁴⁴	n̥i³¹
凤翔	t̠iŋ⁴⁴	t̠i²⁴/tʰi²⁴	n̥iŋ²⁴ ∣ ȵiŋ	n̥iŋ²⁴	n̥i³¹
宝鸡	tɕiŋ⁴⁴	tɕi²⁴	n̥iŋ³¹ ∣ ȵiŋ	n̥iŋ²⁴	n̥i³¹
千阳	tiŋ⁴⁴	tʰi²⁴	n̥iŋ²⁴ ∣ ȵiŋ	n̥iŋ²⁴	n̥i³¹
陇县	tiŋ⁴⁴	ti²⁴	n̥iŋ²⁴ ∣ ȵiŋ	n̥iŋ²⁴	n̥i³¹

字目 方言	零 梗开四 平青来	另 梗开四 去径来	历 梗开四 入锡来	绩 梗开四 入锡精	青 梗开四 平青清
西安	liŋ²⁴	liŋ⁵⁵	li²¹	tɕi²¹	tɕʰiŋ²¹
韩城	liəŋ²⁴	li̯əŋ⁴⁴/liɛ⁴⁴	lɿ⁴⁴	tɕi³¹	tɕʰiəŋ³¹/tɕʰiɛ³¹
合阳	li̯əŋ²⁴/liə²⁴	li̯əŋ⁵⁵/liə⁵⁵	li³¹/li⁵⁵/liou³¹	tsi³¹	tsʰiəŋ³¹/tsʰiə³¹
澄城	liəŋ²⁴	liəŋ⁴⁴	li³¹	ti³¹	tʰiəŋ³¹
白水	liəŋ²⁴	liəŋ⁴⁴	li³¹	ti³¹	tsʰiəŋ³¹
大荔	liəŋ²⁴	liəŋ⁵⁵	li³¹	ti³¹	tʰiəŋ³¹
蒲城	liəŋ³⁵	liəŋ⁵⁵	li³¹	ti³¹	tsʰiəŋ³¹
美原	liəŋ³⁵	liəŋ⁵⁵	li³¹	tɕi³¹	tɕʰiəŋ³¹
富平	liəŋ³⁵	liəŋ⁵⁵	li³¹	ti³¹	tsʰiəŋ³¹
潼关	liəŋ²⁴	liəŋ⁴⁴	li³¹	tɕi³¹	tɕʰiəŋ³¹
华阴	liəŋ²⁴	liəŋ⁵⁵	li³¹	tɕi³¹	tɕʰiəŋ³¹
华县	liəŋ³⁵	liəŋ⁵⁵	li³¹	ti³¹	tʰiəŋ³¹
渭南	liəŋ²⁴	liəŋ⁴⁴	li³¹	tɕi³¹	tɕʰiəŋ³¹
洛南	liəŋ²⁴	liəŋ⁴⁴	li³¹	tɕi³¹	tɕʰiəŋ³¹
商州	liəŋ³⁵	liəŋ⁵⁵	li³¹	tɕi³¹	tɕʰiəŋ³¹
丹凤	liəŋ²⁴	liəŋ⁴⁴	li³¹	tɕi³¹	tɕʰiəŋ³¹
宜川	liəŋ²⁴	li̯əŋ⁴⁵/liɛ⁴⁵	li⁵¹	tɕi⁵¹	tɕʰiəŋ⁵¹/tɕʰiɛ⁵¹
富县	liəŋ²⁴	liəŋ⁴⁴	li³¹	tɕi³¹	tɕʰiəŋ³¹
黄陵	liəŋ²⁴	liəŋ⁴⁴	li³¹	tɕi³¹	tɕʰiəŋ³¹
宜君	liəŋ²⁴	liəŋ⁴⁴	li²¹	ʈi²¹	tʰiəŋ²¹
铜川	liɤŋ²⁴	liɤŋ⁴⁴	li²¹	tɕi²¹	tɕʰiɤŋ²¹
耀县	liəŋ²⁴	liəŋ⁴⁴	li³¹	tɕi³¹	tɕʰiəŋ³¹
高陵	liəŋ²⁴	liəŋ⁵⁵	li⁵⁵	ʈi³¹	tʰiəŋ³¹
临潼	liəŋ²⁴	liəŋ⁴⁵	li⁴⁵	tɕi³¹	tɕʰiəŋ³¹

字目 方言	零 梗开四 平青来	另 梗开四 去径来	历 梗开四 入锡来	绩 梗开四 入锡精	青 梗开四 平青清
蓝田	$liəŋ^{24}$	$liəŋ^{44}$	li^{44}	$tɕi^{31}$	$tɕʰiəŋ^{31}$
长安	$liəŋ^{24}$	$liəŋ^{44}$	li^{44}	$tɕi^{31}$	$tɕʰiəŋ^{31}$
户县	$liəŋ^{24}$	$liəŋ^{55}$	li^{55}	$tɕi^{31}$	$tɕʰiəŋ^{31}$
周至	$liəŋ^{24}$	$liəŋ^{55}$	li^{21}	$tɕi^{21}$	$tɕʰiəŋ^{21}$
三原	$liŋ^{24}$	$liŋ^{55}$	li^{24}	ti^{31}	$tʰiŋ^{31}$
泾阳	$liŋ^{24}$	$liŋ^{55}$	li^{24}	$tɕi^{31}$	$tɕʰiŋ^{31}$
咸阳	$liŋ^{24}$	$liŋ^{55}$	li^{55}	$tɕi^{31}$	$tɕʰiŋ^{31}$
兴平	$liŋ^{24}$	$liŋ^{55}$	li^{31}	$tɕi^{31}$	$tɕʰiŋ^{31}$
武功	$liŋ^{24}$	$liŋ^{55}$	li^{31}	$tɕi^{31}$	$tɕʰiŋ^{31}$
礼泉	$liəŋ^{24}$	$liəŋ^{55}$	li^{31}	$tɕi^{31}$	$tɕʰiəŋ^{31}$
乾县	$liŋ^{24}$	$liŋ^{44}$	li^{31}	$tɕi^{31}$	$tɕʰiŋ^{31}$
永寿	$liŋ^{24}$	$liŋ^{55}$	li^{31}	$tɕi^{31}$	$tɕʰiŋ^{31}$
淳化	$liŋ^{24}$	$liŋ^{55}$	li^{31}	ti^{31}	$tʰiŋ^{31}$
旬邑	$liŋ^{24}$	$liŋ^{44}$	li^{31}	tsi^{31}	$tsʰiŋ^{31}$
彬县	$liŋ^{24}$	$liŋ^{44}$	li^{31}	tsi^{31}	$tsʰiŋ^{31}$
长武	$liŋ^{24}$	$liŋ^{44}$	li^{31}	tsi^{31}	$tsʰiŋ^{31}$
扶风	$liŋ^{24}$	$liŋ^{33}$	li^{24}	$tɕi^{31}$	$tɕʰiŋ^{31}$
眉县	$liŋ^{24}$	$liŋ^{44}$	li^{31}	$ȶi^{31}$	$ȶʰiŋ^{31}$
麟游	$liŋ^{24}$	$liŋ^{44}$	li^{24}	$ȶi^{31}$	$ȶʰiŋ^{31}$
岐山	$liŋ^{24}$	$liŋ^{44}$	li^{24}	$ȶi^{31}$	$ȶʰiŋ^{31}$
凤翔	$liŋ^{24}$	$liŋ^{44}$	li^{31}	$ȶi^{31}$	$ȶʰiŋ^{31}$
宝鸡	$liŋ^{24}$	$liŋ^{44}$	li^{24}	$tɕi^{31}$	$tɕʰiŋ^{31}$
千阳	$liŋ^{24}$	$liŋ^{44}$	li^{31}	$ȶi^{31}$	$tʰiŋ^{31}$
陇县	$liŋ^{24}$	$liŋ^{44}$	li^{31}	$tɕi^{31}$	$tɕʰiŋ^{31}$

字目 方言	戚 梗开四 入锡清	寂 梗开四 入锡从	星 梗开四 平青心	醒 梗开四 上迥心	锡 梗开四 入锡心
西安	tɕʰi²¹	tɕi²¹	ɕiŋ²¹	ɕiŋ⁵³	ɕi²¹
韩城	tɕʰi³¹	tɕi³¹	ɕiəŋ³¹/ɕiɛ³¹	ɕiəŋ⁵³/ɕiɛ⁵³	ɕi³¹
合阳	tsʰi³¹	tsi³¹	siəŋ³¹/siə³¹	siəŋ⁵²/siə⁵²	si³¹
澄城	tʰi³¹	ti³¹	siəŋ³¹	siəŋ⁵³/si²⁴①	si³¹
白水	tsʰi³¹	ti³¹	siəŋ³¹	siəŋ⁵³	si³¹
大荔	tʰi³¹	ti³¹	siəŋ³¹	siəŋ⁵²	si³¹
蒲城	tsʰi³¹	ti³¹	siəŋ³¹	siəŋ⁵³	si³¹
美原	tɕʰi³¹	tɕi³¹	ɕiəŋ³¹	ɕiəŋ⁵³	ɕi³¹
富平	tsʰi³¹	ti³¹	siəŋ³¹	siəŋ⁵³	si³¹
潼关	tɕʰi³¹	tɕi³¹	ɕiəŋ³¹	ɕiəŋ⁵²	ɕi³¹
华阴	tɕʰi³¹	tɕi³¹	ɕiəŋ³¹	ɕiəŋ⁵²	ɕi³¹
华县	tʰi³¹	tʰi³¹	siəŋ³¹	siəŋ⁵³	si³¹
渭南	tɕʰi³¹	tɕʰi³¹	ɕiəŋ³¹	ɕiəŋ⁵³	ɕi³¹
洛南	tɕʰi³¹	tɕi³¹	ɕiəŋ³¹	ɕiəŋ⁵³	ɕi³¹
商州	tɕʰi³¹	tɕi³¹	ɕiəŋ³¹	ɕiəŋ⁵³	ɕi³¹
丹凤	tɕʰi³¹	tɕi³¹	ɕiəŋ³¹	ɕiəŋ⁵³	ɕi³¹
宜川	tɕʰiei⁵¹	tɕi⁴⁵	ɕiəŋ⁵¹/ɕiɛ⁵¹	ɕiəŋ⁴⁵/ɕiɛ⁴⁵	ɕi⁵¹
富县	tɕʰi³¹	tɕi³¹	ɕiəŋ³¹	ɕiəŋ⁵²	ɕi³¹
黄陵	tɕʰi³¹	tɕi³¹	ɕiəŋ³¹	ɕiəŋ⁵²	ɕi³¹
宜君	tʰi²¹	ti²¹	siəŋ²¹	siəŋ⁵²	si²¹
铜川	tɕʰi²¹	tɕi²¹	ɕiɤŋ²¹	ɕiɤŋ⁵²	ɕi²¹
耀县	tɕʰi³¹	tɕi³¹	ɕiəŋ³¹	ɕiəŋ⁵²	ɕi³¹
高陵	tʰi³¹	ti³¹	siəŋ³¹	siəŋ⁵²	si³¹
临潼	tɕʰi³¹	tɕi³¹	ɕiəŋ³¹	ɕiəŋ⁵²	ɕi³¹

① si²⁴～面。

字目 方言	戚	寂	星	醒	锡
	梗开四 入锡清	梗开四 入锡从	梗开四 平青心	梗开四 上迥心	梗开四 入锡心
蓝田	tɕʰi³¹	tɕi⁴⁴	ɕiəŋ³¹	ɕiəŋ⁵²	ɕi³¹
长安	tɕʰi³¹	tɕi⁴⁴	ɕiəŋ³¹	ɕiəŋ⁵³	ɕi³¹
户县	tɕʰi³¹	tɕi³¹	ɕiəŋ³¹	ɕiəŋ⁵²	ɕi³¹
周至	tɕʰi²¹	tɕi²¹	ɕiəŋ²¹	ɕiəŋ⁵²	ɕi²¹
三原	tʰi³¹	ti³¹	siŋ³¹	siŋ⁵²	si³¹
泾阳	tɕʰi³¹	tɕi³¹	ɕiŋ³¹	ɕiŋ⁵²	ɕi³¹
咸阳	tɕʰi³¹	tɕi³¹	ɕiŋ³¹	ɕiŋ⁵²	ɕi³¹
兴平	tɕʰi³¹	tɕi³¹	ɕiŋ³¹	ɕiŋ⁵²	ɕi³¹
武功	tɕʰi³¹	tɕi³¹	ɕiŋ³¹	ɕiŋ⁵²	ɕi³¹
礼泉	tɕʰi³¹	tɕi³¹	ɕiəŋ³¹	ɕiəŋ⁵²	ɕi³¹
乾县	tɕʰi³¹	tɕi³¹	ɕiŋ³¹	ɕiŋ⁵²	ɕi³¹
永寿	tɕʰi³¹	tɕi³¹	ɕiŋ³¹	ɕiŋ⁵²	ɕi³¹
淳化	tʰi³¹	ti³¹	siŋ³¹	siŋ⁵²	si³¹
旬邑	tsʰi³¹	tsi³¹	siŋ³¹	siŋ⁵²	si³¹
彬县	tsʰi³¹	tsi³¹	siŋ³¹	siŋ⁵²	si³¹
长武	tsʰi³¹	tsi³¹	siŋ³¹	siŋ⁵²	si³¹
扶风	tɕʰi³¹	tɕi³¹	ɕiŋ³¹	ɕiŋ⁵²	ɕi³¹
眉县	ʈʰi³¹	ʈi³¹	siŋ³¹	siŋ⁵²	si³¹
麟游	ʈʰi³¹	ʈi³¹	siŋ³¹	siŋ⁵²	si³¹
岐山	ʈʰi³¹	ʈi³¹	siŋ³¹	siŋ⁵²	si³¹
凤翔	ʈʰi³¹	ʈi³¹	siŋ³¹	siŋ⁵²	si³¹
宝鸡	tɕʰi³¹	tɕʰi³¹	ɕiŋ³¹	ɕiŋ⁵²	ɕi³¹
千阳	ʈʰi³¹	ʈi³¹	siŋ³¹	siŋ⁵³	si³¹
陇县	tɕʰi³¹	tɕi²⁴	ɕiŋ³¹	ɕiŋ⁵³	ɕi³¹

字目 方言	经 梗开四 平青见	径 梗开四 去径见	经~线 梗开四 去径见	击 梗开四 入锡见	磬 梗开四 去径溪
西安	tɕiŋ²¹	tɕiŋ⁵⁵	tɕiŋ²¹	tɕi²¹	tɕʰiŋ⁵⁵
韩城	tɕiəŋ³¹	tɕiəŋ⁴⁴	tɕiɛ⁴⁴	tɕiɛ³¹	tɕʰiəŋ⁴⁴
合阳	tɕiəŋ³¹	tɕiəŋ⁵⁵	tɕiəŋ³¹/tɕiə³¹	tɕi³¹	tɕʰiəŋ⁵⁵
澄城	tɕiəŋ³¹	tɕiəŋ⁴⁴	tɕiəŋ³¹	tɕi³¹	tɕʰiəŋ⁴⁴
白水	tɕiəŋ³¹	tɕiəŋ⁴⁴	tɕiəŋ³¹	tɕi³¹	tɕʰiəŋ⁴⁴
大荔	tɕiəŋ³¹	tɕiəŋ⁵⁵	tɕiəŋ³¹	tɕi³¹	tɕʰiəŋ⁵⁵
蒲城	tɕiəŋ³¹	tɕiəŋ⁵⁵	tɕiəŋ³¹	tɕi³¹	tɕʰiəŋ⁵⁵
美原	tɕiəŋ³¹	tɕiəŋ⁵⁵	tɕiəŋ⁵⁵/tɕiəŋ³¹①	tɕi31	tɕʰiəŋ⁵⁵
富平	tɕiəŋ³¹	tɕiəŋ⁵⁵	tɕiəŋ⁵⁵	tɕi³¹	tɕʰiəŋ⁵⁵
潼关	tɕiəŋ³¹	tɕiəŋ⁴⁴	tɕiəŋ³¹	tɕi³¹	tɕʰiəŋ⁴⁴
华阴	tɕiəŋ³¹	tɕiəŋ⁵⁵	tɕiəŋ³¹	tɕi³¹	tɕʰiəŋ⁵⁵
华县	tɕiəŋ³¹	tɕiəŋ⁵⁵	tɕiəŋ³¹	tɕi³¹	tɕʰiəŋ⁵⁵
渭南	tɕiəŋ³¹	tɕiəŋ⁴⁴	tɕiəŋ³¹	tɕi³¹	tɕʰiəŋ⁴⁴
洛南	tɕiəŋ³¹	tɕiəŋ⁴⁴	tɕiəŋ³¹	tɕi³¹	tɕʰiəŋ⁴⁴
商州	tɕiəŋ³¹	tɕiəŋ⁵⁵	tɕiəŋ³¹	tɕi³¹	tɕʰiəŋ⁵⁵
丹凤	tɕiəŋ³¹	tɕiəŋ⁴⁴	tɕiəŋ³¹	tɕi³¹	tɕʰiəŋ⁴⁴
宜川	tɕiəŋ⁵¹	tɕiəŋ⁴⁵	tɕiəŋ⁵¹/tɕiɛ⁵¹	tɕi⁵¹	tɕʰiəŋ⁴⁵
富县	tɕiəŋ³¹	tɕiəŋ⁴⁴	tɕiəŋ⁴⁴	tɕi³¹	tɕʰiəŋ⁴⁴
黄陵	tɕiəŋ³¹	tɕiəŋ⁴⁴	tɕiəŋ³¹/tɕiɛ³¹	tɕi³¹	tɕʰiəŋ⁴⁴
宜君	tɕiəŋ²¹	tɕiəŋ⁴⁴	tɕiəŋ²¹	tɕi²¹	tɕʰiəŋ⁴⁴
铜川	tɕiɤŋ²¹	tɕiɤŋ⁴⁴	tɕiɤŋ²¹	tɕi²¹	tɕʰiɤŋ⁴⁴
耀县	tɕiəŋ³¹	tɕiəŋ⁴⁴	tɕiəŋ³¹	tɕi³¹	tɕʰiəŋ⁴⁴
高陵	tɕiəŋ³¹	tɕiəŋ⁵⁵	tɕiəŋ³¹	tɕi³¹	tɕʰiəŋ⁵⁵
临潼	tɕiəŋ³¹	tɕiəŋ⁴⁵	tɕiəŋ³¹	tɕi³¹	tɕʰiəŋ⁴⁵

① tɕiəŋ⁵⁵ ～线，与纬线相对。

字目 方言	经 梗开四 平青见	径 梗开四 去径见	经~线 梗开四 去径见	击 梗开四 入锡见	磬 梗开四 去径溪
蓝田	tɕiəŋ³¹	tɕiəŋ⁴⁴	tɕiəŋ³¹	tɕi³¹	tɕʰiəŋ⁴⁴
长安	tɕiəŋ³¹	tɕiəŋ⁴⁴	tɕiəŋ⁴⁴	tɕi³¹	tɕʰiəŋ⁴⁴
户县	tɕiəŋ³¹	tɕiəŋ⁵⁵	tɕiəŋ³¹	tɕi³¹	tɕʰiəŋ⁵⁵
周至	tɕiəŋ²¹	tɕiəŋ⁵⁵	tɕiəŋ²¹	tɕi²¹	tɕʰiəŋ⁵⁵
三原	tɕiŋ³¹	tɕiŋ⁵⁵	tɕiŋ³¹	tɕi³¹	tɕʰiŋ⁵⁵
泾阳	tɕiŋ³¹	tɕiŋ⁵⁵	tɕiŋ³¹	tɕi³¹	tɕʰiŋ⁵⁵
咸阳	tɕiŋ³¹	tɕiŋ⁵⁵	tɕiŋ³¹	tɕi³¹	tɕʰiŋ⁵⁵
兴平	tɕiŋ³¹	tɕiŋ⁵⁵	tɕiŋ³¹	tɕi³¹	tɕʰiŋ⁵⁵
武功	tɕiŋ³¹	tɕiŋ⁵⁵	tɕiŋ³¹	tɕi³¹	tɕʰiŋ⁵⁵
礼泉	tɕiəŋ³¹	tɕiəŋ⁵⁵	tɕiŋ³¹	tɕi³¹	tɕʰiəŋ⁵⁵
乾县	tɕiŋ³¹	tɕiŋ⁴⁴	tɕiŋ³¹	tɕi³¹	tɕʰiŋ⁴⁴
永寿	tɕiŋ³¹	tɕiŋ⁵⁵	tɕiŋ³¹	tɕi³¹	tɕʰiŋ⁵⁵
淳化	tɕiŋ³¹	tɕiŋ⁵⁵	tɕiŋ³¹	tɕi³¹	tɕʰiŋ⁵⁵
旬邑	tɕiŋ³¹	tɕiŋ⁴⁴	tɕiŋ³¹	tɕi³¹	tɕʰiŋ⁴⁴
彬县	tɕiŋ³¹	tɕiŋ⁴⁴	tɕiŋ³¹	tɕi³¹	tɕʰiŋ⁴⁴
长武	tɕiŋ³¹	tɕiŋ⁴⁴	tɕʰiŋ³¹	tɕi³¹	tɕʰiŋ⁴⁴
扶风	tɕiŋ³¹	tɕiŋ³³	tɕiŋ³³	tɕi³¹	tɕʰiŋ³³
眉县	tɕiŋ³¹	tɕiŋ⁴⁴	tɕiŋ³¹	tɕi³¹	tɕʰiŋ⁴⁴
麟游	tɕiŋ³¹	tɕiŋ⁴⁴	tɕiŋ⁵³	tɕi³¹	tɕʰiŋ⁴⁴
岐山	tɕiŋ³¹	tɕiŋ⁴⁴	tɕiŋ⁴⁴	tɕi³¹	tɕʰiŋ⁴⁴
凤翔	tɕiŋ³¹	tɕiŋ⁴⁴	tɕiŋ⁴⁴	tɕi³¹	tɕʰiŋ⁴⁴
宝鸡	tɕ̧iŋ³¹	tɕ̧iŋ⁴⁴	tɕ̧iŋ⁴⁴	tɕ̧i³¹	tɕ̧ʰiŋ⁴⁴
千阳	tɕiŋ³¹	tɕiŋ⁴⁴	tɕiŋ³¹	tɕi³¹	tɕʰiŋ⁴⁴
陇县	tɕiŋ³¹	tɕiŋ⁴⁴	tɕiŋ³¹	tɕi³¹	tɕʰiŋ⁴⁴

字目／方言	吃	馨	形	矿	虢
	梗开四 入锡溪	梗开四 平青晓	梗开四 平青匣	梗合二 上梗见	梗合二 入陌见
西安	tʂʰʅ²¹	ɕiẽ²¹	ɕiŋ²⁴ ∣ ɕĩ	kʰuaŋ⁵⁵/kuoŋ⁵³ 旧	kuei²¹
韩城	tʂʰʅ³¹	ɕiẽ³¹	ɕiəŋ²⁴ ∣ ɕiŋ	kʰuaŋ⁴⁴	kuɿ³¹
合阳	tʂʰʅ³¹	ɕiẽ³¹	ɕiəŋ²⁴ ∣ ɕiŋ	kʰuaŋ⁵⁵/kʰuo³¹	kuɿ³¹
澄城	tʂʰʅ³¹	ɕiẽ³¹	ɕiəŋ²⁴ ∣ ɕiŋ	kʰuaŋ⁴⁴	kuei³¹
白水	tʂʰʅ³¹	ɕiẽ³¹	ɕiəŋ²⁴ ∣ ɕiŋ	kʰuaŋ⁴⁴	kuei³¹
大荔	tʂʰʅ³¹	ɕiẽ³¹	ɕiəŋ²⁴ ∣ ɕiŋ	kʰuaŋ⁵⁵	kuei³¹
蒲城	tʂʰʅ³¹	ɕiẽ³¹	ɕiəŋ³⁵ ∣ ɕiŋ	kʰuaŋ⁵⁵	kuei³¹
美原	kʰi³¹	ɕiẽ³¹	ɕiəŋ³⁵ ∣ ɕiŋ	kʰuaŋ⁵⁵	kuei³¹
富平	tʂʰʅ³¹	ɕiẽ³¹	ɕiəŋ³⁵ ∣ ɕiŋ	kʰuaŋ⁵⁵	kuei³¹
潼关	tʂʰʅ³¹	ɕiẽ³¹	ɕiəŋ²⁴ ∣ ɕiŋ	kʰuaŋ⁴⁴	kuei³¹
华阴	tʂʰʅ³¹	ɕiẽ³¹	ɕiəŋ²⁴ ∣ ɕiŋ	kʰuaŋ⁵⁵	kuei³¹
华县	tʂʰʅ³¹	ɕiẽ³¹	ɕiəŋ³⁵ ∣ ɕiŋ	kʰuaŋ⁵⁵	kuei³¹
渭南	tʂʰʅ³¹	ɕiẽ³¹	ɕiəŋ²⁴ ∣ ɕiŋ	kʰuaŋ⁴⁴	kuei³¹
洛南	tʂʰʅ³¹	ɕiei³¹	ɕiəŋ²⁴ ∣ ɕiŋ	kʰuaŋ⁴⁴	kuei³¹
商州	tʂʰʅ³¹	ɕiẽ³¹	ɕiəŋ³⁵ ∣ ɕiŋ	kʰuaŋ⁵⁵	kuei³¹
丹凤	tʂʰʅ³¹	ɕiei³¹	ɕiəŋ²⁴	kʰuaŋ⁴⁴	kuei³¹
宜川	tʂʰʅ⁵¹	ɕiei⁵¹	ɕiəŋ²⁴	kʰuaŋ⁴⁵	kuei⁵¹
富县	tʂʰʅ³¹/tʂʰʅə³¹ 要饭~	ɕiəŋ³¹	ɕiəŋ²⁴	kʰuaŋ⁴⁴	kuei³¹
黄陵	tʂʰʅ³¹	ɕiẽ³¹	ɕiəŋ²⁴	kʰuaŋ⁴⁴	kuei³¹
宜君	tʂʰʅ²¹	ɕiẽ²¹	ɕiəŋ²⁴	kʰuaŋ⁴⁴	kuei²¹
铜川	tʂʰʅ²¹	ɕiẽ²¹	ɕiɤŋ²⁴ ∣ ɕiŋ	kʰuaŋ⁴⁴	kuei²¹
耀县	tʂʰʅ³¹	ɕiẽi³¹	ɕiəŋ²⁴ ∣ ɕiŋ	kʰuaŋ⁴⁴	kuei³¹
高陵	tʃʰʅ³¹	ɕiẽ³¹	ɕiəŋ²⁴ ∣ ɕiŋ	kʰuaŋ⁵⁵	kuei³¹
临潼	tʂʰʅ³¹	ɕiẽ³¹	ɕiəŋ²⁴ ∣ ɕiŋ	kuaŋ⁴⁵	kuei³¹

字目 / 方言	吃	馨	形	矿	虢
	梗开四入锡溪	梗开四平青晓	梗开四平青匣	梗合二上梗见	梗合二入陌见
蓝田	tʂʰʅ³¹	ɕiẽ³¹	ɕiəŋ²⁴ ｜ ɕiŋ	kʰuaŋ⁴⁴	kuei³¹
长安	tʂʰʅ³¹	ɕiẽ³¹	ɕiəŋ²⁴	kʰuaŋ⁴⁴	kuei³¹
户县	tʂʰʅ³¹	ɕiẽ³¹	ɕiəŋ²⁴ ｜ ɕiŋ	kʰuaŋ⁵⁵	kuei³¹
周至	tʂʰʅ²¹	ɕiẽ²¹	ɕiəŋ²⁴ ｜ ɕiŋ	kʰuaŋ⁵⁵	kui²¹
三原	tʂʰʅ³¹	ɕiẽ³¹	ɕiŋ²⁴ ｜ ɕiŋ	kʰuaŋ⁵⁵	kuei³¹
泾阳	tʂʰʅ³¹	ɕiẽ³¹	ɕiŋ²⁴	kʰuaŋ⁵⁵	kuei³¹
咸阳	tʂʰʅ³¹	ɕiẽ³¹	ɕiŋ²⁴	kʰuaŋ⁵⁵	kuei³¹
兴平	tʂʰʅ³¹	ɕiẽ³¹	ɕiŋ²⁴ ｜ ɕiŋ	kʰuaŋ⁵⁵	kuei³¹
武功	tʂʰʅ³¹	ɕiẽ³¹	ɕiŋ²⁴ ｜ ɕiŋ	kʰuaŋ⁵⁵	kuei³¹
礼泉	tʂʰʅ³¹	ɕiẽ³¹	ɕiəŋ²⁴ ｜ ɕiŋ	kʰuaŋ⁵⁵	kue³¹
乾县	tʂʰʅ³¹	ɕiẽ³¹	ɕiŋ²⁴ ｜ ɕiŋ	kʰuaŋ⁴⁴	kuei³¹
永寿	tʂʰʅ³¹	ɕiẽ³¹	ɕiŋ²⁴ ｜ ɕiŋ	kʰuaŋ⁵⁵	kuei³¹
淳化	tʂʰʅ³¹	ɕiei³¹	ɕiŋ²⁴ ｜ ɕiŋ	kʰuaŋ⁵⁵	kuei³¹
旬邑	tʂʰʅ³¹	ɕiẽ³¹	ɕiŋ²⁴ ｜ ɕiŋ	kʰuaŋ⁴⁴	kuei³¹
彬县	tʂʰʅ³¹	ɕiẽ³¹	ɕiŋ²⁴ ｜ ɕiŋ	kʰuaŋ⁴⁴	kuei³¹
长武	tʂʰʅ³¹	ɕiẽ³¹	ɕiŋ²⁴ ｜ ɕiŋ	kʰuaŋ⁴⁴	kuei³¹
扶风	tʂʰʅ³¹	ɕiŋ³¹	ɕiŋ²⁴ ｜ ɕiŋ	kʰuaŋ³³	kui³¹
眉县	tʂʰʅ³¹	ɕiŋ³¹	ɕiŋ²⁴ ｜ ɕiŋ	kʰuaŋ⁴⁴	kuei³¹
麟游	tʂʰʅ³¹	ɕiŋ⁴⁴	ɕiŋ²⁴ ｜ ɕiŋ	kʰuaŋ⁴⁴	kuei³¹
岐山	tʂʰʅ³¹	ɕiŋ³¹	ɕiŋ²⁴ ｜ ɕiŋ	kʰuaŋ⁴⁴	kui³¹
凤翔	tʂʰʅ³¹	ɕiŋ³¹	ɕiŋ²⁴ ｜ ɕiŋ	kʰuaŋ⁵²	kuei³¹
宝鸡	tʂʰʅ³¹	ɕiŋ³¹	ɕiŋ²⁴ ｜ ɕiŋ	kʰuaŋ⁴⁴	kui³¹
千阳	tʂʰʅ³¹	ɕiŋ³¹	ɕiŋ²⁴ ｜ ɕiŋ	kʰuaŋ⁴⁴	kui³¹
陇县	tʂʰʅ³¹	ɕiŋ³¹	ɕiŋ²⁴ ｜ ɕiŋ	kʰuaŋ⁴⁴	kui³¹

字目 / 方言	横~直 梗合二 平庚匣	横蛮~ 梗合二 去映匣	宏 梗合二 平耕匣	获 梗合二 入麦匣	划 梗合二 入麦匣
西安	xuoŋ²⁴/çye²⁴	xuoŋ⁵⁵/çye²⁴	xuoŋ²⁴	xuo²¹	xua⁵⁵
韩城	xuəŋ²⁴/çyE²⁴	xuəŋ⁴⁴/çyE²⁴	xuəŋ²⁴	xuɿ²⁴	xua⁴⁴
合阳	xuoŋ⁵⁵/çyə²⁴	xuoŋ⁵⁵	xuoŋ²⁴	xuɿ²⁴	xua⁵⁵
澄城	xəŋ²⁴/çyo²⁴	xəŋ⁴⁴/çyo²⁴	xuəŋ²⁴	xuei³¹	xua⁴⁴
白水	xuəŋ²⁴/çyo²⁴	xuəŋ⁴⁴/çyo²⁴	xuəŋ²⁴	xuei³¹	xua⁴⁴
大荔	xuəŋ⁵⁵/çye²⁴	xuəŋ⁵⁵/çye²⁴	xuəŋ²⁴	xuei³¹	xua⁵⁵
蒲城	xuəŋ³⁵/çyo³⁵	xuəŋ⁵⁵/çyo³⁵	xuəŋ³⁵	xuo³¹	xua⁵⁵
美原	xuəŋ⁵⁵/çyo³⁵	xuəŋ⁵⁵/çyo³⁵	xuəŋ³⁵	xuo³¹	xua⁵⁵
富平	xuəŋ³⁵/çye³⁵	xuəŋ⁵⁵/çye³⁵	xuəŋ³⁵	xuei³¹	xua⁵⁵
潼关	xuəŋ²⁴/çyo²⁴	xuəŋ⁴⁴/çyo²⁴	xuəŋ²⁴	xuo³¹	xua⁴⁴
华阴	xuəŋ²⁴/çye²⁴	xuəŋ⁵⁵/çye²⁴	xuəŋ²⁴	xuo³¹	xua⁵⁵
华县	xuəŋ⁵⁵/çyo³⁵	xuəŋ⁵⁵/çyo³⁵	xuəŋ³⁵	xuo³¹	xua⁵⁵
渭南	xuəŋ²⁴/çyo²⁴	xuəŋ⁴⁴/çyo²⁴	xuəŋ²⁴	xuo³¹	xua⁴⁴
洛南	xəŋ²⁴/çyɛ²⁴	xəŋ⁴⁴/çyɛ²⁴	xuəŋ²⁴	xuo³¹	xua⁴⁴
商州	xuəŋ³⁵/çyɛ³⁵	xuəŋ⁵⁵/çyɛ³⁵	xuəŋ³⁵	xuei³¹	xua⁵⁵
丹凤	xəŋ²⁴/çyɛ²⁴	xəŋ⁴⁴/çyɛ²⁴	xuəŋ²⁴	xuo³¹	xua⁴⁴
宜川	xuəŋ⁴⁵/çiɛ²⁴	xəŋ⁴⁵/xuəŋ⁴⁵	xuəŋ²⁴	xu⁴⁵	xua⁴⁵
富县	xuəŋ⁴⁴	xuəŋ⁴⁴/çyo²⁴	xuəŋ²⁴	xu⁴⁴	xua⁴⁴
黄陵	xuəŋ⁴⁴/çyo²⁴	xuəŋ⁴⁴/çyo²⁴	xuəŋ²⁴	xuei²⁴	xua²⁴
宜君	xuəŋ⁴⁴/çyo²⁴	xuəŋ⁴⁴/çyo²⁴	xuəŋ²⁴	xuei²⁴	xua⁴⁴
铜川	xuɤŋ²⁴/çyɛ²⁴	xuɤŋ⁴⁴/çyɛ²⁴/çiɛ²⁴	xuɤŋ²⁴	xuei²¹	xua⁴⁴
耀县	xuəŋ²⁴	xuəŋ⁴⁴/çye²⁴	xuəŋ²⁴	xuei³¹	xua⁴⁴
高陵	xuəŋ⁵⁵/çye²⁴	xuəŋ⁵⁵/çye²⁴	xuəŋ²⁴	xuo³¹	xua⁵⁵
临潼	xuəŋ⁴⁵/çyo²⁴	xəŋ⁴⁵	xuəŋ²⁴	xuo³¹	xua⁴⁵

字目 方言	横~直 梗合二 平庚匣	横蛮~ 梗合二 去映匣	宏 梗合二 平耕匣	获 梗合二 入麦匣	划 梗合二 入麦匣
蓝田	xuəŋ²⁴/xəŋ²⁴/çyo²⁴	xuəŋ²⁴/xuəŋ⁴⁴/çyo²⁴	xuəŋ²⁴	xuo³¹/xuei⁵²①	xua⁴⁴
长安	xəŋ²⁴	xuəŋ⁴⁴/çyɛ²⁴	xuəŋ²⁴	xuo³¹	xua⁴⁴
户县	xuəŋ²⁴/çyɛ²⁴	xuəŋ²⁴/çyɛ²⁴	xuəŋ²⁴	xuei²⁴	xua⁵⁵
周至	xəŋ²⁴/xuəŋ⁵⁵/çyɛ²⁴	xuəŋ⁵⁵/xəŋ⁵⁵/çyɛ²⁴	xuəŋ²⁴	xuo²¹	xua⁵⁵
三原	xuŋ⁵⁵	xuŋ⁵⁵/çyo²⁴	xuŋ²⁴	xuo³¹/xuei³¹	xua⁵⁵
泾阳	xuŋ⁵⁵	xuŋ⁵⁵/çyo²⁴	xuŋ²⁴	xuei³¹	xua⁵⁵
咸阳	xəŋ²⁴/çyo²⁴	xəŋ⁵⁵/xuŋ⁵⁵	xuŋ²⁴	xuei³¹	xua⁵⁵
兴平	xuŋ⁵⁵	xuŋ⁵⁵/çyo²⁴	xuŋ²⁴	xuo³¹/xuei³¹	xua⁵⁵
武功	xuŋ⁵⁵	xuŋ⁵⁵/çyo²⁴	xuŋ²⁴	xuo³¹/xuei³¹	xua⁵⁵
礼泉	xəŋ⁵⁵	çyo⁵⁵	xuŋ²⁴	xuo³¹	xua⁵⁵
乾县	xəŋ²⁴/çyo²⁴	xuŋ⁴⁴/çyo²⁴	xuŋ²⁴	xuo²⁴/xuei²⁴	xua⁴⁴
永寿	xəŋ²⁴	xuŋ⁵⁵	xuŋ²⁴	xuo²⁴/xuei²⁴	xua⁵⁵
淳化	xuŋ⁵⁵/çyo²⁴	xuŋ⁵⁵	xuŋ²⁴	xuo³¹/xuei³¹	xua⁵⁵/xuɑ²⁴②
旬邑	xuŋ⁴⁴	xuŋ⁴⁴	xuŋ²⁴	xuo³¹/xuei³¹	xuɑ⁴⁴/xuɑ²⁴
彬县	xuŋ⁴⁴	xuŋ⁴⁴	xuŋ²⁴	xuo²⁴/xuei²⁴	xua⁴⁴
长武	xəŋ²⁴	xuŋ⁴⁴	xuŋ²⁴	xuo³¹/xuei³¹	xua⁴⁴
扶风	xuŋ³³/çyɛ²⁴	xuŋ³³	xuŋ²⁴	xui²⁴	xua³³
眉县	xuŋ⁴⁴	xuŋ⁴⁴	xuŋ²⁴	xuo³¹/xuei²⁴③	xua⁴⁴
麟游	xuŋ⁴⁴	xuŋ⁴⁴	xuŋ²⁴	xuo³¹/xuei²⁴	xua⁴⁴
岐山	xuŋ²⁴/çyɛ²⁴	xuŋ²⁴	xuŋ²⁴	xui³¹	xua⁴⁴
凤翔	xuŋ⁴⁴/çyɛ²⁴	xuŋ⁴⁴	xuŋ²⁴	xuei⁵³	xua⁴⁴
宝鸡	xuŋ⁴⁴/çyɛ²⁴	xuŋ⁴⁴	xuŋ²⁴	xu⁴⁴	xua⁴⁴
千阳	xuŋ⁴⁴	xuŋ⁴⁴	xuŋ²⁴	xuo³¹/xui³¹	xua⁴⁴
陇县	xəŋ²⁴/xuŋ⁴⁴	xəŋ⁴⁴/xuŋ⁴⁴	xuŋ²⁴	xui³¹	xua⁴⁴

① xuo³¹ 收~；xuei⁵² ~得。

② xuɑ²⁴ ~船。下同。

③ xuo³¹ 收获；xuei²⁴ ~得。

字目 方言	兄 梗合三 平庚晓	荣 梗合三 平庚云	永 梗合三 上梗云	咏 梗合三 去映云	倾 梗合三 平清溪
西安	ɕyoŋ²¹	yoŋ²⁴	yoŋ⁵³	yoŋ⁵³	t͡ɕʰiŋ⁵³/t͡ɕʰyoŋ⁵³//kʰəŋ²¹
韩城	ɕyəŋ³¹	yoŋ²⁴	yəŋ⁵³	yəŋ⁵³	t͡ɕʰiəŋ⁵³
合阳	ɕyoŋ³¹	yoŋ²⁴	yəŋ⁵²	yoŋ⁵²	t͡ɕʰiəŋ⁵²
澄城	ɕyəŋ³¹	yəŋ²⁴	yəŋ⁵³	yəŋ⁵³	t͡ɕʰyəŋ⁵³
白水	ɕyəŋ³¹	yəŋ²⁴	yəŋ⁵³	yəŋ⁵³	t͡ɕʰyəŋ⁵³
大荔	ɕyəŋ³¹	yəŋ²⁴	yəŋ⁵²	yəŋ⁵²	t͡ɕʰyəŋ⁵²
蒲城	ɕyəŋ³¹	yəŋ³⁵	yəŋ⁵³	yəŋ⁵³	t͡ɕʰiəŋ⁵³
美原	ɕyəŋ³¹	yəŋ³⁵	yəŋ⁵³	yəŋ⁵³	t͡ɕʰiəŋ⁵³/t͡ɕʰyəŋ⁵³
富平	ɕyəŋ³¹	yəŋ³⁵	yəŋ⁵³	yəŋ⁵³	t͡ɕʰiəŋ⁵³
潼关	ɕyəŋ³¹	yəŋ²⁴	yəŋ⁵²	yəŋ⁵²	t͡ɕʰyəŋ⁵³
华阴	ɕyəŋ³¹	yəŋ²⁴	yəŋ⁵²	yəŋ⁵²	t͡ɕʰyəŋ⁵²
华县	ɕyəŋ³¹	yəŋ³⁵	yəŋ⁵³	yəŋ⁵³	t͡ɕʰiəŋ⁵³
渭南	ɕyəŋ³¹	yəŋ²⁴	yəŋ⁵³	yəŋ⁵³	t͡ɕʰyəŋ⁵³
洛南	ɕyəŋ³¹	yəŋ²⁴	yəŋ⁵³	yəŋ⁵³	t͡ɕʰiəŋ⁵³
商州	ɕyəŋ³¹	yəŋ³⁵	yəŋ⁵³	yəŋ⁵³	t͡ɕʰiəŋ⁵³
丹凤	ɕyəŋ³¹	yəŋ²⁴	yəŋ⁵³	yəŋ⁵³	t͡ɕʰiəŋ⁵³
宜川	ɕyəŋ⁵¹	zuəŋ²⁴/ yəŋ²⁴	yəŋ⁴⁵	yəŋ⁴⁵	t͡ɕʰyəŋ⁴⁵
富县	ɕyəŋ³¹	yəŋ²⁴	yəŋ⁵²	yəŋ⁵²	tʰiəŋ⁵²
黄陵	ɕyəŋ³¹	yəŋ²⁴	yəŋ⁵²	yəŋ⁵²	t͡ɕʰyəŋ⁵²
宜君	ɕyəŋ²¹	yəŋ²⁴	yəŋ⁵²	yəŋ⁵²	t͡ɕʰiəŋ⁵²/t͡ɕʰyəŋ⁵²
铜川	ɕyɤŋ²¹	yɤŋ²⁴	yɤŋ⁵²	yɤŋ⁵²	t͡ɕʰiɤŋ⁵²/t͡ɕʰyɤŋ⁵²
耀县	ɕyəŋ³¹	yəŋ²⁴	yəŋ⁵²	yəŋ⁵²	t͡ɕʰyəŋ⁵²
高陵	ɕyəŋ³¹	yəŋ²⁴	yəŋ⁵²	yəŋ⁵²	t͡ɕʰyəŋ⁵²
临潼	ɕyəŋ³¹	yəŋ²⁴	yəŋ⁵²	yəŋ⁵²	t͡ɕʰyəŋ⁵²

字目 方言	兄 梗合三 平庚晓	荣 梗合三 平庚云	永 梗合三 上梗云	咏 梗合三 去映云	倾 梗合三 平清溪
蓝田	ɕyəŋ³¹	yəŋ²⁴	yəŋ⁵²	yəŋ⁵²	tɕʰyəŋ⁵²
长安	ɕyəŋ³¹	yəŋ²⁴	yəŋ⁵³	yəŋ⁵³	tɕʰyəŋ⁵³
户县	ɕyəŋ³¹	yəŋ²⁴	yəŋ⁵²	yəŋ⁵²	tɕʰyəŋ⁵²
周至	ɕyəŋ²¹	yəŋ²⁴	yəŋ⁵²	yəŋ⁵²	tɕʰyəŋ⁵²
三原	ɕyŋ³¹	yŋ²⁴	yŋ⁵²	yŋ⁵²	tɕʰyŋ⁵²
泾阳	ɕyŋ³¹	yŋ²⁴	yŋ⁵²	yŋ⁵²	tɕʰyŋ⁵²
咸阳	ɕyŋ³¹	yŋ²⁴	yŋ⁵²	yŋ⁵²	tɕʰyŋ⁵²
兴平	ɕyŋ³¹	yŋ²⁴	yŋ⁵²	yŋ⁵²	tɕʰyŋ⁵²
武功	ɕyŋ³¹	yŋ²⁴	yŋ⁵²	yŋ⁵²	tɕʰyŋ⁵²
礼泉	ɕyŋ³¹	yŋ²⁴	yŋ⁵²	yŋ⁵²	tɕʰyŋ⁵²
乾县	ɕyŋ³¹	yŋ²⁴	yŋ⁵²	yŋ⁵²	tɕʰyŋ⁵²
永寿	ɕyŋ³¹	yŋ²⁴	yŋ⁵²	yŋ⁵²	tɕʰyŋ⁵²
淳化	ɕyŋ³¹	yŋ²⁴	yŋ⁵²	yŋ⁵²	tɕʰyŋ⁵²
旬邑	ɕyŋ³¹	yŋ²⁴	yŋ⁵²	yŋ⁵²	tɕʰyŋ⁵²
彬县	ɕyŋ³¹	yŋ²⁴	yŋ⁵²	yŋ⁵²	tɕʰyŋ⁵²
长武	ɕyŋ³¹	yŋ²⁴	yŋ⁵²	yŋ⁵²	tɕʰiŋ³¹
扶风	ɕyŋ³¹	yŋ²⁴	yŋ⁵²	yŋ⁵²	tɕʰyŋ⁵²
眉县	ɕyŋ³¹	yŋ²⁴	yŋ⁵²	yŋ⁵²	tɕʰyŋ⁵²
麟游	ɕyŋ³¹	yŋ²⁴	yŋ⁵³	yŋ⁵³	tɕʰyŋ⁵³
岐山	ɕyŋ³¹	yŋ²⁴	yŋ⁵³	yŋ⁵³	tɕʰyŋ⁵³
凤翔	ɕyŋ³¹	yŋ²⁴	yŋ⁵³	yŋ⁵³	tɕʰyŋ⁵³
宝鸡	ɕyŋ³¹	yŋ²⁴	yŋ⁵³	yŋ⁵³	tɕʰyŋ⁵³
千阳	ɕyŋ³¹	yŋ²⁴	yŋ⁵³	yŋ⁵³	tɕʰyŋ⁵³
陇县	ɕyŋ³¹	yŋ²⁴	yŋ⁵³	yŋ⁵³	tɕʰyŋ⁵³

字目／方言	顷	琼	营	颖	疫
	梗合三 上静溪	梗合三 平清群	梗合三 平清以	梗合三 上静以	梗合三 入昔以
西安	tɕʰiŋ^{53}/tɕʰyoŋ^{53}①	tɕʰyoŋ^{24}	iŋ^{24}	iŋ^{53}/iŋ^{24}	i^{24}
韩城	tɕʰiəŋ^{53}	tɕʰyəŋ^{24}	iəŋ^{24}	iəŋ^{53}	i^{24}
合阳	tɕʰiəŋ^{52}	tɕʰyoŋ^{24}	iəŋ^{24}	iəŋ^{52}	i^{24}
澄城	tɕʰiəŋ^{53}	tɕʰyəŋ^{24}	iəŋ^{24}	iəŋ^{53}	i^{24}
白水	tɕʰyəŋ^{53}	tɕʰyəŋ^{24}	iəŋ^{24}	iəŋ^{53}	i^{24}
大荔	tɕʰiəŋ^{52}/tɕʰyəŋ^{52}	tɕʰyəŋ^{24}	iəŋ^{24}	iəŋ^{52}	i^{24}
蒲城	tɕʰiəŋ^{53}	tɕʰyəŋ^{35}	iəŋ^{35}	iəŋ^{35}	i^{35}
美原	tɕʰiəŋ^{53}	tɕʰyəŋ^{35}	iəŋ^{35}	iəŋ^{53}	i^{35}
富平	tɕʰiəŋ^{53}/tɕʰyəŋ^{53}	tɕʰyəŋ^{35}	iəŋ^{35}	iəŋ^{35}	i^{35}
潼关	tɕʰyəŋ^{53}	tɕʰyəŋ^{35}	iəŋ^{24}	iəŋ^{52}	i^{24}
华阴	tɕʰiəŋ^{52}	tɕʰyəŋ^{24}	iəŋ^{24}	iəŋ^{52}	i^{24}
华县	tɕʰiəŋ^{53}	tɕʰyəŋ^{35}	iəŋ^{35}	iəŋ^{35}	i^{35}
渭南	tɕʰyəŋ^{53}	tɕʰyəŋ^{24}	iəŋ^{24}	iəŋ^{53}	i^{24}
洛南	tɕʰiəŋ^{53}	tɕʰyəŋ^{24}	iəŋ^{24}	iəŋ^{53}	i^{24}
商州	tɕʰiəŋ^{53}	tɕʰyəŋ^{35}	iəŋ^{35}	iəŋ^{53}	i^{35}
丹凤	tɕʰiəŋ^{53}	tɕʰyəŋ^{24}	iəŋ^{24}	iəŋ^{53}	i^{24}
宜川	tɕʰiəŋ^{45}	tɕʰyəŋ^{24}	iəŋ^{24}	iəŋ^{24}	i^{24}
富县	tʰiəŋ^{52}	tɕʰyəŋ^{24}	iəŋ^{24}	iəŋ^{24}	i^{24}
黄陵	tɕʰiəŋ^{52}	tɕʰyəŋ^{24}	iəŋ^{24}	iəŋ^{52}	i^{24}
宜君	tɕʰiəŋ^{52}	tɕʰyəŋ^{24}	iəŋ^{24}	iəŋ^{21}	i^{24}
铜川	tɕʰiɤŋ^{52}/tɕʰyɤŋ^{52}	tɕʰyɤŋ^{24}	iɤŋ^{24}	iɤŋ^{52}	i^{24}
耀县	tɕʰiəŋ^{52}/tɕʰyəŋ^{52}	tɕʰyəŋ^{24}	iəŋ^{24}	iəŋ^{52}	i^{24}
高陵	tɕʰiəŋ^{52}	tɕʰyəŋ^{24}	iəŋ^{24}	iəŋ^{52}	i^{24}
临潼	tɕʰiəŋ^{52}	tɕʰyəŋ^{24}	iəŋ^{24}	iəŋ^{52}	i^{24}

① tɕʰyoŋ^{53} ～刻。下同。

字目 方言	顷 梗合三 上静溪	琼 梗合三 平清群	营 梗合三 平清以	颖 梗合三 上静以	疫 梗合三 入昔以
蓝田	tɕʰiəŋ⁵²	tɕʰyəŋ²⁴	iəŋ²⁴	iəŋ⁵²	i²⁴
长安	tɕʰyəŋ⁵³	tɕʰyəŋ²⁴/ɕyəŋ²⁴①	iəŋ²⁴	iəŋ⁵³	i⁴⁴
户县	t̲ɕ̲ʰ̲i̲ə̲ŋ̲⁵²/tɕʰyəŋ⁵²	tɕʰyəŋ²⁴	iəŋ²⁴	iəŋ⁵²	i²⁴
周至	tɕʰiəŋ⁵²	tɕʰyəŋ²⁴/ɕyəŋ²⁴	iəŋ²⁴	iəŋ²⁴	i²⁴
三原	tɕʰiŋ⁵²	tɕʰyŋ²⁴	iŋ²⁴	iŋ⁵²	i²⁴
泾阳	tɕʰiŋ⁵²	tɕʰyŋ²⁴	iŋ²⁴	iŋ⁵²	i²⁴
咸阳	tɕʰiŋ⁵²	tɕʰyŋ²⁴	iŋ²⁴	iŋ⁵²	i²⁴
兴平	tɕʰiŋ⁵²	tɕʰyŋ²⁴	iŋ²⁴	iŋ²⁴	i²⁴
武功	tɕʰiŋ⁵²	tɕʰyŋ²⁴	iŋ²⁴	iŋ⁵²	i²⁴
礼泉	tɕʰiəŋ⁵²	tɕʰyŋ²⁴	iəŋ²⁴	iəŋ⁵²	i²⁴
乾县	tɕʰiŋ⁵²	tɕʰyŋ²⁴	iŋ²⁴	iŋ⁵²	i²⁴
永寿	tɕʰiŋ⁵²	tɕʰyŋ²⁴	iŋ²⁴	iŋ⁵²	i²⁴
淳化	tɕʰiŋ⁵²	tɕʰyŋ²⁴	iŋ²⁴	iŋ⁵²	i²⁴
旬邑	tɕʰiŋ⁵²	tɕʰyŋ²⁴	iŋ²⁴	iŋ⁵²	i²⁴
彬县	tɕʰiŋ⁵²	tɕʰyŋ²⁴	iŋ²⁴	iŋ⁵²	i²⁴
长武	tɕʰiŋ⁵²	tɕʰyŋ²⁴	iŋ²⁴	iŋ⁵²	i²⁴
扶风	tɕʰyŋ⁵²	tɕʰyŋ²⁴	iŋ²⁴	iŋ⁵²	i²⁴
眉县	tɕʰyŋ⁵²	tɕʰyŋ²⁴	iŋ²⁴	iŋ⁵²	i²⁴
麟游	tɕʰyŋ⁵³	tɕʰyŋ²⁴	iŋ²⁴	iŋ⁵³	i²⁴
岐山	tɕʰyŋ⁵³	tɕʰyŋ²⁴	iŋ²⁴	iŋ⁵³	i²⁴
凤翔	tɕʰyŋ⁵³	tɕʰyŋ²⁴	iŋ²⁴	iŋ⁵³	i²⁴
宝鸡	tɕʰyŋ⁵³	tɕʰyŋ²⁴	iŋ²⁴	iŋ⁵³	i²⁴
千阳	tɕʰyŋ⁵³	tɕʰyŋ²⁴	iŋ²⁴	iŋ⁵³	i²⁴
陇县	tɕʰyŋ⁵³	tɕʰyŋ²⁴	iŋ²⁴	iŋ⁵³	i²⁴

① ɕyəŋ²⁴ 秦～。下同。

字目　方言	仆 通合一入屋並	蒙 通合一平东明	木 通合一入屋明	东 通合一平东端	懂 通合一上董端
西安	pʰu²⁴	məŋ²¹/məŋ²⁴①	mu²¹/mu⁵⁵ ｜ mu	tuoŋ²¹ ｜ tuoŋ	tuoŋ⁵³
韩城	pʰu²⁴	məŋ²⁴	mu³¹ ｜ mu	tuoŋ³¹ ｜ tuoŋ	təŋ⁵³
合阳	pʰu²⁴	məŋ²⁴	mu³¹ ｜	tuoŋ³¹ ｜ tuoŋ	tuoŋ⁵²
澄城	pʰu²⁴	məŋ²⁴	mu³¹/mu⁴⁴ ｜ mu	tuoŋ³¹ ｜ tuoŋ	tuoŋ⁵³
白水	pʰu²⁴	məŋ²⁴	mu³¹/mu⁴⁴ ｜ mu	tuoŋ³¹ ｜ tuoŋ	tuoŋ⁵³
大荔	pʰu²⁴	məŋ²⁴	mu³¹ ｜	tuoŋ³¹ ｜ tuoŋ	tuoŋ⁵²
蒲城	pʰu³⁵	məŋ³⁵	mu³¹/mu⁵⁵ ｜	tuoŋ³¹ ｜ tuoŋ	tuoŋ⁵³
美原	pᶠʰu³⁵	məŋ³⁵	mᶠu³¹/mᶠu⁵⁵ ｜ mu	tuoŋ³¹ ｜ tuoŋ	tuoŋ⁵³
富平	pᶠʰu³⁵	məŋ³⁵	mu³¹/mu⁵⁵ ｜ mu	tuoŋ³¹ ｜ tuŋ	tuoŋ⁵³
潼关	pʰu²⁴	məŋ²⁴	mu³¹ ｜ mu	tuoŋ³¹ ｜ tuoŋ	tuoŋ⁵²
华阴	pʰu²⁴	məŋ²⁴	mu³¹ ｜ mu	tuoŋ³¹ ｜ tuoŋ	tuoŋ⁵²
华县	pᶠʰu³⁵	məŋ³⁵	mu³¹ ｜ mu	tuoŋ³¹ ｜ tuoŋ	tuoŋ⁵³
渭南	pᶠʰu²⁴	məŋ²⁴	mu³¹/mu⁴⁴ ｜ mu	tuoŋ³¹ ｜ tuŋ/tuoŋ	tuoŋ⁵³
洛南	pʰu²⁴	məŋ²⁴	mu³¹/mu⁴⁴ ｜ mu	tuoŋ³¹ ｜ tuoŋ	tuoŋ⁵³
商州	pʰu³⁵	məŋ³⁵	mu³¹/mu⁵⁵ ｜ mu	tuoŋ³¹ ｜ tuoŋ	tuoŋ⁵³
丹凤	pʰu²⁴	məŋ²⁴	mu³¹/mu⁴⁴	tuoŋ³¹	tuoŋ⁵³
宜川	pʰu⁵¹	məŋ²⁴	mu⁵¹	tuoŋ⁵¹	tuoŋ⁴⁵
富县	pʰu⁵²	məŋ³¹/məŋ²⁴	mu³¹	tuoŋ³¹	tuoŋ⁵²
黄陵	pʰu⁵²	məŋ³¹/məŋ²⁴	mu³¹	tuoŋ³¹	tuoŋ⁵²
宜君	pᶠʰu²⁴	məŋ²¹/məŋ²⁴	mu²¹	tuoŋ²¹	tuoŋ⁵²
铜川	pʰu²⁴	mɤŋ²¹/mɤŋ²⁴	mu²¹ ｜ mu	tuɤŋ²¹ ｜ tuoŋ	tuɤŋ⁵²
耀县	pʰu²⁴	məŋ³¹/məŋ²⁴	mu³¹ ｜ mu	tuoŋ³¹ ｜ tuoŋ	tuoŋ⁵²
高陵	pʰu²⁴	məŋ³¹/məŋ²⁴	mu³¹ ｜ mu	tuoŋ³¹ ｜ tuŋ	tuoŋ⁵²
临潼	pᶠʰu²⁴	məŋ³¹/məŋ²⁴	mu³¹/mu⁴⁵麻~ ｜ mu	tuoŋ³¹ ｜ tuŋ	tuoŋ⁵²

① məŋ²¹～住咧；məŋ²⁴～上布。下同。

字目 / 方言	仆	蒙	木	东	懂
	通合一 入屋並	通合一 平东明	通合一 入屋明	通合一 平东端	通合一 上董端
蓝田	$p^{fh}u^{52}$	$məŋ^{31}/məŋ^{24}$	mu^{31} | mu	$tuəŋ^{31}$ | $tuoŋ$	$tuəŋ^{52}$
长安	$p^{h}u^{24}$	$məŋ^{31}/məŋ^{24}$	mu^{31}	$tuəŋ^{31}$	$tuəŋ^{53}$
户县	$p^{fh}u^{24}$	$məŋ^{31}/məŋ^{24}$	mu^{31} | mu	$tuəŋ^{31}$ | $tuoŋ$	$tuəŋ^{52}$
周至	$p^{h}u^{24}$	$məŋ^{21}/məŋ^{24}$	mu^{21} | mu	$tuəŋ^{21}$ | $t^{ʁ}uoŋ$	$tuəŋ^{52}$
三原	$p^{h}u^{55}$	$məŋ^{24}$	mu^{31} | mu	$tuŋ^{31}$ | $tuŋ$	$tuŋ^{52}$
泾阳	$p^{h}u^{24}$	$məŋ^{24}$	mu^{31} | mu	$tuŋ^{31}$ | $tuoŋ$	$tuŋ^{52}$
咸阳	$p^{h}u^{24}$	$məŋ^{24}$	mu^{31}	$tuŋ^{31}$	$tuŋ^{52}$
兴平	$p^{h}u^{24}$	$məŋ^{24}$	mu^{31} | mu	$tuŋ^{31}$ | $t^{ʁ}uoŋ$	$tuŋ^{52}$
武功	$p^{fh}u^{24}$	$məŋ^{24}$	$m^{f}u^{31}$ | mu	$tuŋ^{31}$ | $t^{ʁ}uoŋ$	$tuŋ^{52}$
礼泉	$p^{fh}u^{24}$	$məŋ^{24}$	$m^{f}u^{31}$ | mu	$tuŋ^{31}$ | $t^{ʁ}uoŋ$	$tuŋ^{52}$
乾县	$p^{h}u^{24}$	$məŋ^{24}$	mu^{31} | mu	$tuŋ^{31}$ | $tuoŋ$	$tuŋ^{52}$
永寿	$p^{h}u^{24}$	$məŋ^{24}$	mu^{31} | mu	$tuŋ^{31}$ | $tuoŋ$	$tuŋ^{52}$
淳化	$p^{h}u^{24}$	$məŋ^{24}$	mu^{31} | mu	$tuŋ^{31}$ | $tuoŋ$	$tuŋ^{52}$
旬邑	$p^{h}u^{24}$	$məŋ^{24}$	mu^{31} | mu	$tuŋ^{31}$ | $tuoŋ$	$tuŋ^{52}$
彬县	$p^{h}u^{24}$	$məŋ^{24}$	mu^{31} | mu	$tuŋ^{31}$ | $tuoŋ$	$tuŋ^{52}$
长武	$p^{h}u^{24}$	$məŋ^{24}$	mu^{31} | $m^{f}u$	$tuŋ^{31}$ | $tuoŋ$	$tuŋ^{52}$
扶风	$p^{fh}u^{24}$	$məŋ^{31}/məŋ^{24}$	mu^{31} | mu	$tuŋ^{31}$ | $tuoŋ$	$tuŋ^{52}$
眉县	$p^{h}u^{31}$	$məŋ^{24}$	mu^{31} | mu	$tuŋ^{31}$ | $t^{ʁ}uoŋ$	$tuŋ^{52}$
麟游	$p^{h}u^{24}$	$məŋ^{24}$	mu^{31} | mu	$tuŋ^{31}$ | $tuŋ$	$tuŋ^{53}$
岐山	$p^{h}u^{24}$	$məŋ^{24}$	mu^{31} | $m^{f}u$	$tuŋ^{31}$ | $tuoŋ$	$tuŋ^{53}$
凤翔	$p^{fh}u^{24}$	$məŋ^{24}$	mu^{31} | mu	$tuŋ^{31}$ | $tuoŋ$	$tuŋ^{53}$
宝鸡	$p^{fh}u^{24}$	$məŋ^{24}$	mu^{31} | mu	$tuŋ^{31}$ | $tuəŋ$	$tuŋ^{53}$
千阳	$p^{h}u^{31}$	$məŋ^{24}$	mu^{31} | mu	$tuŋ^{31}$ | $tuoŋ$	$tuŋ^{53}$
陇县	$p^{fh}u^{24}$	$məŋ^{24}$	mu^{31} | mu	$tuŋ^{31}$ | $tuoŋ$	$tuŋ^{53}$

字目 / 方言	冻 通合一去送端	通 通合一平东透	桶 通合一上董透	痛 通合一去送透	秃 通合一入屋透
西安	tuoŋ⁵⁵	tʰuoŋ²¹ ∣ tʰuoŋ	tʰuoŋ⁵³	tʰuoŋ⁵⁵	tʰu²¹
韩城	tuaŋ⁴⁴	tʰəŋ³¹ ∣ tʰuoŋ	tʰəŋ⁵³	tʰəŋ⁴⁴	tʰu³¹
合阳	tuoŋ⁵⁵/tuoŋ³¹①	tʰuoŋ³¹ ∣ tʰuoŋ	tʰuoŋ⁵²	tʰuoŋ⁵⁵	tʰu³¹
澄城	tuaŋ⁴⁴	tʰuaŋ³¹ ∣ tʰuoŋ	tʰuaŋ⁵³	tʰuaŋ⁴⁴	tʰu³¹
白水	tuaŋ⁴⁴	tʰuaŋ³¹ ∣ tʰuoŋ	tʰuaŋ⁵³	tuaŋ⁴⁴	tʰou³¹
大荔	tuaŋ⁵⁵	tʰuaŋ³¹ ∣ tʰuoŋ	tʰuaŋ⁵²	tʰuaŋ⁵⁵	tʰu³¹
蒲城	tuaŋ⁵⁵	tʰuaŋ³¹ ∣ tʰuoŋ	tʰuaŋ⁵³	tʰuaŋ⁵⁵	tʰou³¹
美原	tuaŋ⁵⁵	tʰuaŋ³¹ ∣ tʰuoŋ	tʰuaŋ⁵³	tʰuaŋ⁵⁵	tʰou³¹
富平	tuaŋ⁵⁵	tʰuaŋ³¹ ∣ tʰuoŋ	tʰuaŋ⁵³	tʰuaŋ⁵⁵	tʰou³¹
潼关	tuaŋ⁴⁴	tʰuaŋ³¹ ∣ tʰuoŋ	tʰuaŋ⁵²	tʰuaŋ⁴⁴	tʰou³¹
华阴	tuaŋ⁵⁵	tʰuaŋ³¹ ∣ tʰuoŋ	tʰuaŋ⁵²	tʰuaŋ⁵⁵	tʰou³¹
华县	tuaŋ⁵⁵	tʰuaŋ³¹ ∣ tʰuoŋ	tʰuaŋ⁵³	tʰuaŋ⁵⁵	tʰou³¹
渭南	tuaŋ⁴⁴	tʰuaŋ³¹ ∣ tʰuŋ	tʰuaŋ⁵³	tuaŋ⁴⁴	tʰou³¹
洛南	tuaŋ⁴⁴	tʰuaŋ³¹ ∣ tʰuoŋ	tʰuaŋ⁵³	tʰuaŋ⁴⁴	tʰou³¹
商州	tuaŋ⁵⁵	tʰuaŋ³¹ ∣ tʰuoŋ	tʰuaŋ⁵³	tʰuaŋ⁵⁵	tʰou³¹
丹凤	tuaŋ⁴⁴	tʰuaŋ³¹	tʰuaŋ⁵³	tʰuaŋ⁴⁴	tʰou³¹
宜川	tuaŋ⁴⁵	tʰuaŋ⁵¹	tʰuaŋ⁴⁵	tʰuaŋ⁴⁵	tʰu⁵¹
富县	tuaŋ⁴⁴	tʰuaŋ³¹	tʰuaŋ⁵²	tʰuaŋ⁴⁴	tʰu³¹
黄陵	tuaŋ⁴⁴	tʰuaŋ³¹	tʰuaŋ⁵²	tʰuaŋ⁴⁴	tʰu³¹
宜君	tuaŋ⁴⁴	tʰuaŋ²¹	tʰuaŋ⁵²	tuaŋ⁴⁴	tʰu²¹
铜川	tuɤŋ⁴⁴	tʰuɤŋ²¹ ∣ tʰuoŋ	tʰuɤŋ⁵²	tʰuɤŋ⁴⁴	tʰɤu²¹
耀县	tuaŋ⁴⁴	tʰuaŋ³¹	tʰuaŋ⁵²	tʰuaŋ⁴⁴	tʰou³¹
高陵	tuaŋ⁵⁵	tʰuaŋ³¹ ∣ tʰuŋ	tʰuaŋ⁵²	tʰuaŋ⁵⁵	tʰɤu³¹
临潼	tuaŋ⁴⁵	tʰuaŋ³¹ ∣ tʰuŋ	tʰuaŋ⁵²	tʰuaŋ⁴⁵	tʰɤu³¹

———————

① tuoŋ³¹ ～溜：冰溜子。

字目　方言	冻	通	桶	痛	秃
	通合一 去送端	通合一 平东透	通合一 上董透	通合一 去送透	通合一 入屋透
蓝田	tuəŋ⁴⁴	tʰuəŋ³¹ ∣ tʰuoŋ	tʰuəŋ⁵²	tʰuəŋ⁴⁴	tʰɤu³¹
长安	tuəŋ⁴⁴	tʰuəŋ³¹	tʰuəŋ⁵³	tʰuəŋ⁴⁴	tʰɤu³¹
户县	tuəŋ⁵⁵	tʰuəŋ³¹ ∣ tʰuŋ	tʰuəŋ⁵²	tʰuəŋ⁵⁵	tʰɤu³¹
周至	tuəŋ⁵⁵	tʰuəŋ²¹ ∣ tˢʰuoŋ	tʰuəŋ⁵²	tʰuəŋ⁵⁵	tʰu²¹
三原	tuŋ⁵⁵	tʰuŋ³¹ ∣ tʰuŋ	tʰuŋ⁵²	tʰuŋ⁵⁵	tʰou³¹
泾阳	tuŋ⁵⁵	tʰuŋ³¹	tʰuŋ⁵²	tʰuŋ⁵⁵	tʰou³¹
咸阳	tuŋ⁵⁵	tʰuŋ³¹	tʰuŋ⁵²	tʰuŋ⁵⁵	tʰu³¹
兴平	tuŋ⁵⁵	tʰuŋ³¹ ∣ tˢʰuoŋ	tʰuŋ⁵²	tʰuŋ⁵⁵	tʰu³¹
武功	tuŋ⁵⁵	tʰuŋ³¹ ∣ tˢʰuoŋ	tʰuŋ⁵²	tʰuŋ⁵⁵	tʰu³¹
礼泉	tuŋ⁵⁵	tʰuŋ³¹ ∣ tʰuoŋ	tʰuŋ⁵²	tʰuŋ⁵⁵	tʰu³¹
乾县	tuŋ⁴⁴	tʰuŋ³¹ ∣ tʰuoŋ	tʰuŋ⁵²	tʰuŋ⁴⁴	tʰu³¹
永寿	tuŋ⁵⁵	tʰuŋ³¹ ∣ tʰuoŋ	tʰuŋ⁵²	tʰuŋ⁵⁵	tʰu³¹
淳化	tuŋ⁵⁵	tʰuŋ³¹ ∣ tʰuoŋ	tʰuŋ⁵²	tʰuŋ⁵⁵	tʰou³¹
旬邑	tuŋ⁴⁴	tʰuŋ³¹ ∣ tʰuoŋ	tʰuŋ⁵²	tʰuŋ⁴⁴	tʰu³¹
彬县	tuŋ⁴⁴	tʰuŋ³¹ ∣ tʰuoŋ	tʰuŋ⁵²	tʰuŋ⁴⁴	tʰu³¹
长武	tuŋ⁴⁴	tʰuŋ³¹ ∣ tʰuoŋ	tʰuŋ⁵²	tʰuŋ⁴⁴	tʰu³¹
扶风	tuŋ³³	tʰuŋ³¹ ∣ tʰuoŋ	tʰuŋ⁵²	tʰuŋ³³	tʰu³¹
眉县	tuŋ⁴⁴	tʰuŋ³¹ ∣ tˢʰuoŋ	tʰuŋ⁵²	tʰuŋ⁴⁴	tʰu³¹
麟游	tuŋ⁴⁴	tʰuŋ³¹ ∣ tʰuoŋ	tʰuŋ⁵³	tʰuŋ⁴⁴	tʰu³¹
岐山	tuŋ⁴⁴	tʰuŋ³¹ ∣ tˢʰuoŋ	tʰuŋ⁵³	tʰuŋ⁴⁴	tʰu³¹
凤翔	tuŋ⁴⁴	tʰuŋ³¹ ∣ tʰuoŋ	tʰuŋ⁵³	tʰuŋ⁴⁴	tʰu³¹
宝鸡	tuŋ⁴⁴	tʰuŋ³¹ ∣ tʰuoŋ	tʰuŋ⁵³	tʰuŋ⁴⁴	tʰu³¹
千阳	tuŋ⁴⁴	tʰuŋ³¹ ∣ tʰuoŋ	tʰuŋ⁵³	tʰuŋ⁴⁴	tʰu³¹
陇县	tuŋ⁴⁴	tʰuŋ³¹ ∣ tʰuoŋ	tʰuŋ⁵³	tʰuŋ⁴⁴	tʰu³¹

字目 方言	铜 通合一 平东定	动 通合一 上董定	洞 通合一 去送定	独 通合一 入屋定	齈 通合一 去送泥
西安	tʰuoŋ²⁴	tuoŋ⁵⁵	tuoŋ⁵⁵	tu²⁴	naŋ⁵⁵
韩城	tʰəŋ²⁴	tuəŋ⁴⁴/tʰuəŋ⁴⁴	tʰuəŋ⁴⁴	tʰu²⁴	naŋ⁵³
合阳	tʰuoŋ²⁴	tuoŋ⁵⁵/tʰuoŋ⁵⁵	tʰuoŋ⁵⁵	tʰu²⁴	naŋ⁵²
澄城	tʰuəŋ²⁴	tʰuəŋ⁴⁴	tʰuəŋ⁴⁴	tʰu²⁴	naŋ⁴⁴
白水	tʰuəŋ²⁴	tuəŋ⁴⁴	tʰuəŋ⁴⁴	tʰou²⁴	naŋ⁴⁴
大荔	tʰuəŋ²⁴	tuəŋ⁵⁵	tʰuəŋ⁵⁵	tʰu²⁴	naŋ⁵²
蒲城	tʰuəŋ³⁵	tuəŋ⁵⁵	tʰuəŋ⁵⁵	tʰou³⁵	naŋ⁵⁵
美原	tʰuəŋ³⁵	tʰuəŋ⁵⁵	tʰuəŋ⁵⁵	tʰou³⁵	naŋ⁵³
富平	tʰuəŋ³⁵	tuəŋ⁵⁵	tuəŋ⁵⁵	tou³⁵	naŋ⁵⁵
潼关	tʰuəŋ²⁴	tuəŋ⁴⁴	tʰuəŋ⁴⁴	tʰou²⁴	naŋ⁵²
华阴	tʰuəŋ²⁴	tʰuəŋ⁵⁵	tʰuəŋ⁵⁵	tʰou²⁴	naŋ⁵²
华县	tʰuəŋ³⁵	tʰuəŋ⁵⁵	tʰuəŋ⁵⁵	tʰou³⁵	naŋ⁵⁵
渭南	tʰuəŋ²⁴	tʰuəŋ⁴⁴	tʰuəŋ⁴⁴	tou²⁴	naŋ⁴⁴
洛南	tʰuəŋ²⁴	tuəŋ⁴⁴	tuəŋ⁴⁴	tʰu²⁴	naŋ⁴⁴
商州	tʰuəŋ³⁵	tuəŋ⁵⁵	tuəŋ⁵⁵	tou³⁵	naŋ⁵⁵
丹凤	tʰuəŋ²⁴	tuəŋ⁴⁴	tuəŋ⁴⁴	tou²⁴	naŋ⁴⁴
宜川	tʰuəŋ²⁴	tuəŋ⁴⁵/tʰuəŋ⁴⁵	tuəŋ⁴⁵	tʰu²⁴	naŋ⁵¹
富县	tʰuəŋ²⁴	tuəŋ⁴⁴/tʰuəŋ⁴⁴	tuəŋ⁴⁴	tʰu²⁴	naŋ⁴⁴
黄陵	tʰuəŋ²⁴	tuəŋ⁴⁴/tɤu⁴⁴	tʰuəŋ⁴⁴	tʰu²⁴	naŋ⁴⁴
宜君	tʰuəŋ²⁴	tuəŋ⁴⁴/tʰuəŋ⁴⁴/tou⁴⁴	tʰuəŋ⁴⁴	tʰu²⁴	naŋ⁴⁴
铜川	tʰuɤŋ²⁴	tuɤŋ⁴⁴/tʰuɤŋ⁴⁴	tuɤŋ⁴⁴	tɤu²⁴	naŋ⁵²
耀县	tʰuəŋ²⁴	tuəŋ⁴⁴/tou⁴⁴	tuəŋ⁴⁴	tou²⁴	naŋ⁵²
高陵	tʰuəŋ²⁴	tuəŋ⁵⁵	tuəŋ⁵⁵	tɤu²⁴	naŋ⁵⁵
临潼	tʰuəŋ²⁴	tuəŋ⁴⁵	tuəŋ⁴⁵	tɤu²⁴	naŋ⁴⁵

字目 / 方言	铜	动	洞	独	齈
	通合一平东定	通合一上董定	通合一去送定	通合一入屋定	通合一去送泥
蓝田	$t^huəŋ^{24}$	$tuəŋ^{44}$	$tuəŋ^{44}$	$tʐu^{24}$	$nɑŋ^{44}$
长安	$t^huəŋ^{24}$	$tuəŋ^{44}$	$tuəŋ^{44}$	$tʐu^{24}$	$nɑŋ^{44}$
户县	$t^huəŋ^{24}$	$\underline{tuəŋ^{55}}/\underline{tʐu^{55}}$	$tuəŋ^{55}$	$tʐu^{24}$	$nɑŋ^{55}$
周至	$t^huəŋ^{24}$	$tuəŋ^{55}$	$tuəŋ^{55}$	tu^{24}	$nɑŋ^{55}$
三原	$t^huŋ^{24}$	$tuŋ^{55}$	$tuŋ^{55}$	tou^{24}	$nɑŋ^{55}$
泾阳	$t^huŋ^{24}$	$tuŋ^{55}$	$tuŋ^{55}$	tou^{24}	$nɑŋ^{55}$
咸阳	$t^huŋ^{24}$	$tuŋ^{55}$	$tuŋ^{55}$	tu^{24}	$nɑŋ^{55}$
兴平	$t^huŋ^{24}$	$tuŋ^{55}$	$tuŋ^{55}$	tu^{24}	$nɑŋ^{52}$
武功	$t^huŋ^{24}$	$tuŋ^{55}$	$tuŋ^{55}$	tu^{24}	$lɑŋ^{52}$
礼泉	$t^huŋ^{24}$	$tuŋ^{55}$	$tuŋ^{55}$	tu^{24}	$lɑŋ^{52}$
乾县	$t^huŋ^{24}$	$tuŋ^{44}$	$tuŋ^{44}$	tu^{24}	$lɑŋ^{52}$
永寿	$t^huŋ^{24}$	$tuŋ^{55}$	$tuŋ^{55}$	tu^{24}	$lɑŋ^{52}$
淳化	$t^huŋ^{24}$	$tuŋ^{55}$	$tuŋ^{55}$	tou^{24}	$nɑŋ^{55}$
旬邑	$t^huŋ^{24}$	$tuŋ^{44}$	$t^huŋ^{44}$	t^hu^{24}	$lɑŋ^{44}$
彬县	$t^huŋ^{24}$	$\underline{tuŋ^{44}}/t^huŋ^{44}$	$\underline{tuŋ^{44}}/t^huŋ^{44}$	t^hu^{24}	$lɑŋ^{52}$
长武	$t^huŋ^{24}$	$\underline{tuŋ^{44}}/t^huŋ^{44}$	$\underline{tuŋ^{44}}/t^huŋ^{44}$	t^hu^{24}	$lɑŋ^{52}$
扶风	$t^huŋ^{24}$	$\underline{tuŋ^{33}}/t^huŋ^{33}$	$tuŋ^{33}$	$\underline{tu^{24}}/t^hu^{24}$	$lɑŋ^{52}$
眉县	$t^huŋ^{24}$	$tuŋ^{44}$	$tuŋ^{44}$	tu^{24}	$lɑŋ^{44}$
麟游	$t^huŋ^{24}$	$\underline{tuŋ^{44}}/t^huŋ^{44}$	$tuŋ^{44}$	t^hu^{24}	$lɑŋ^{44}$
岐山	$t^huŋ^{24}$	$\underline{tuŋ^{44}}/\underline{tou^{44}}$	$tuŋ^{44}$	t^hu^{24}	$lɑŋ^{44}$
凤翔	$t^huŋ^{24}$	$tuŋ^{44}$	$tuŋ^{44}$	tu^{24}	$lɑŋ^{44}$
宝鸡	$t^huŋ^{24}$	$tuŋ^{44}$	$tuŋ^{44}$	t^hu^{24}	$lɑŋ^{44}$
千阳	$t^huŋ^{24}$	$\underline{tuŋ^{44}}/\underline{t^huŋ^{44}}$	$tuŋ^{44}$	tu^{24}	$lɑŋ^{44}$
陇县	$t^huŋ^{24}$	$\underline{tuŋ^{44}}/\underline{tou^{44}}$	$tuŋ^{44}$	$tʐu^{24}$	$lɑŋ^{44}$

字目 方言	聋 通合一 平东来	拢 通合一 上董来	弄 通合一 去送来	鹿 通合一 入屋来	鬃 通合一 平东精
西安	nuoŋ²⁴	luoŋ⁵³	nuoŋ⁵⁵	lou²¹	tsuoŋ²¹
韩城	ləŋ²⁴	luəŋ⁵³	nəŋ⁴⁴	ləu³¹	tsəŋ³¹
合阳	ləŋ²⁴	ləŋ⁵²	ləŋ⁵⁵/nəŋ⁵⁵	lou³¹	tɕyoŋ³¹
澄城	ləŋ²⁴	ləŋ⁵³	ləŋ⁴⁴	ləu³¹	tʃuəŋ³¹
白水	luəŋ²⁴	luəŋ⁵³	luəŋ⁴⁴	lou³¹	tsuəŋ³¹
大荔	nəŋ²⁴	ləŋ⁵²	nəŋ⁵⁵	lou³¹	tsuəŋ³¹
蒲城	nəŋ³⁵	luəŋ⁵³	luəŋ⁵⁵	lou³¹	tʃuəŋ³¹
美原	nəŋ³⁵	luəŋ⁵³	luəŋ⁵⁵	lou³¹	tʃəŋ³¹
富平	nəŋ³⁵	luəŋ⁵³	nuəŋ⁵⁵	lou³¹	tsuəŋ³¹
潼关	luəŋ²⁴	luəŋ⁵²	luəŋ⁴⁴	lou³¹	tsuəŋ³¹
华阴	nəŋ²⁴	luəŋ⁵²	nuəŋ⁵⁵	lou³¹	tsuəŋ³¹
华县	luəŋ³⁵	luəŋ⁵³	luəŋ⁵⁵	lou³¹	tʃuəŋ³¹
渭南	luəŋ²⁴	luəŋ⁵³	luəŋ⁴⁴	lou³¹	tʃuəŋ³¹
洛南	luəŋ²⁴	luəŋ⁵³	nuəŋ⁴⁴	lou³¹	tʃuəŋ³¹
商州	nuəŋ³⁵	luəŋ⁵³	nuəŋ⁵⁵	lou³¹	tʃuəŋ³¹
丹凤	luəŋ²⁴	luəŋ⁵³	nuəŋ⁴⁴	lou³¹	tʃuəŋ³¹
宜川	luəŋ²⁴	luəŋ⁴⁵	luəŋ⁴⁵/nɔ⁴⁵	lɤu⁵¹	tsuəŋ⁵¹
富县	luəŋ²⁴	luəŋ⁵²	nuəŋ⁴⁴	lɤu³¹	tsuəŋ³¹
黄陵	luəŋ²⁴	luəŋ⁵²	nəŋ⁴⁴	lɤu³¹	tʃuəŋ³¹
宜君	luəŋ²⁴	luəŋ⁵²	luəŋ⁴⁴	lou²¹	tsuəŋ²¹
铜川	nuɤŋ²⁴	luɤŋ⁵²	nuɤŋ⁴⁴	lɤu²¹	tsuɤŋ²¹
耀县	luəŋ²⁴/nəŋ²⁴①	luəŋ⁵²	nɑo⁴⁴	lou³¹	tʃuəŋ³¹
高陵	nuəŋ²⁴/nəŋ²⁴	luəŋ⁵²	nəŋ⁵⁵	lɤu³¹	tsuəŋ³¹
临潼	nuəŋ²⁴	luəŋ⁵²	nɤu⁴⁵	lɤu³¹	tsuəŋ³¹

① nəŋ²⁴ ～子。下同。

字目 / 方言	聋 通合一平东来	拢 通合一上董来	弄 通合一去送来	鹿 通合一入屋来	鬃 通合一平东精
蓝田	luəŋ²⁴	luəŋ⁵²	nuəŋ⁴⁴	lʏu³¹	tʃuəŋ³¹
长安	nuəŋ²⁴	luəŋ⁵³	nuəŋ⁴⁴	lʏu³¹	tsuəŋ³¹
户县	nuəŋ²⁴	luəŋ⁵²	<u>nuəŋ</u>⁵⁵/<u>nɔo</u>⁵⁵	lʏu³¹	tʃuəŋ³¹
周至	nuəŋ²⁴	luəŋ⁵²	nəŋ⁵⁵	lʏu²¹	tsuəŋ²¹
三原	ləŋ²⁴	luŋ⁵²	nuŋ⁵⁵	lou³¹	tsuŋ³¹
泾阳	ləŋ²⁴	luŋ⁵²	nuŋ⁵⁵	lou³¹	tsuŋ³¹
咸阳	luŋ²⁴	luŋ⁵²	nəŋ⁵⁵	lou³¹	tsuŋ³¹
兴平	nəŋ²⁴	nəŋ⁵²	nəŋ⁵⁵	lou³¹	tsuŋ³¹
武功	luŋ²⁴	luŋ⁵²	luŋ⁵⁵	lu³¹	tsuŋ³¹
礼泉	ləŋ²⁴	ləŋ⁵²	ləŋ⁵⁵	lu³¹	tsuŋ³¹
乾县	luŋ²⁴	luŋ⁵²	luŋ⁴⁴	lou³¹	tsuŋ³¹
永寿	luŋ²⁴	luŋ⁵²	luŋ⁵⁵	lou³¹	tsuŋ³¹
淳化	ləŋ²⁴	luŋ⁵²	nou⁵⁵	lou³¹	tsuŋ³¹
旬邑	luŋ²⁴	luŋ⁵²	luŋ⁴⁴	lou³¹	tsuŋ³¹
彬县	luŋ²⁴	luŋ⁵²	luŋ⁴⁴	lu³¹	tsuŋ³¹
长武	luŋ²⁴	luŋ⁵²	luŋ⁵⁵	lu³¹	tsuŋ³¹
扶风	luŋ²⁴	luŋ⁵²	luŋ³³	lu³¹	tsuŋ³¹
眉县	luŋ⁵²	luŋ⁵³	luŋ⁴⁴	lu³¹	tsuŋ³¹
麟游	luŋ²⁴	luŋ⁵³	luŋ⁴⁴	lu³¹	tsuŋ³¹
岐山	luŋ²⁴	luŋ⁵³	luŋ⁴⁴	lu³¹	tsuŋ³¹
凤翔	<u>luŋ</u>²⁴/<u>nuŋ</u>²⁴	luŋ⁵³	luŋ⁴⁴	lu³¹	tsuŋ³¹
宝鸡	luŋ²⁴	luŋ⁵³	luŋ⁴⁴	lu³¹	tsuŋ³¹
千阳	luŋ²⁴	luŋ⁵³	nuŋ⁴⁴	lu³¹	tsuŋ³¹
陇县	luŋ²⁴	luŋ⁵³	luŋ⁴⁴	lu³¹	tsuŋ³¹

字目／方言	总	粽	葱	从	族
	通合一上董精	通合一去送精	通合一平东清	通合一平东从	通合一入屋从
西安	tsuoŋ⁵³	tsuoŋ⁵³	tsʰuoŋ²¹	tsʰuoŋ²⁴	<u>tsou²⁴</u>/tsʰou²⁴
韩城	tsəŋ⁵³	tsəŋ⁴⁴	tsʰəŋ³¹	tsʰəŋ⁵³	tsʰəu²⁴
合阳	tɕyoŋ⁵²	tɕyoŋ⁵⁵	tɕʰyoŋ³¹	tɕʰyoŋ³¹	tsʰou²⁴
澄城	tʃuəŋ⁵³	tʃuəŋ⁴⁴	tʃʰuəŋ³¹	tʃʰuəŋ²⁴	tsʰəu²⁴
白水	tsuəŋ⁵³	tsuəŋ⁴⁴	tsʰuəŋ³¹	tsʰuəŋ²⁴	tsʰou²⁴
大荔	tsuəŋ⁵²	tsuəŋ⁵²	tsʰuəŋ³¹	tsʰuəŋ²⁴	tsʰou²⁴
蒲城	tʃuəŋ⁵³	tʃuəŋ⁵⁵	tʃʰuəŋ³¹	tʃʰuəŋ³⁵	tsʰou³⁵
美原	tʃəŋ⁵³	tʃəŋ⁵⁵	tʃʰəŋ³¹	tʃʰəŋ³⁵	tsʰou³⁵
富平	tsuəŋ⁵³	tsuəŋ⁵³	tsʰuəŋ³¹	tsʰuəŋ³⁵	tsou³⁵
潼关	tsuəŋ⁵²	tsuəŋ⁵²	tsʰuəŋ³¹	tsʰuəŋ²⁴	tsʰou²⁴
华阴	tsuəŋ⁵²	tsuəŋ⁵²	tsʰuəŋ³¹	tsʰuəŋ²⁴	tsʰou²⁴
华县	tʃuəŋ⁵³	tʃuəŋ⁵³	tʃʰuəŋ³¹	tʃʰuəŋ³⁵	tsʰou³⁵
渭南	tʃuəŋ⁵³	tʃuəŋ⁴⁴	tʃʰuəŋ³¹	tʃʰuəŋ²⁴	tsʰou²⁴
洛南	tʃuəŋ⁵³	tʃuəŋ⁵³	tʃʰuəŋ³¹	tʃʰuəŋ²⁴	tsʰou²⁴
商州	tʃuəŋ⁵³	tʃuəŋ⁵³	tʃʰuəŋ³¹	tʃʰuəŋ³⁵	tsʰou³⁵
丹凤	tʃuəŋ⁵³	tʃuəŋ⁵³	tʃʰuəŋ³¹	tʃʰuəŋ²⁴	tsou²⁴
宜川	<u>tsuəŋ⁴⁵</u>/tsuo⁴⁵①	tsuəŋ⁴⁵	tsʰuəŋ⁵¹	tsʰuəŋ²⁴	tsʰɤu²⁴
富县	tsuəŋ⁵²	tsuəŋ⁴⁴	tsʰuəŋ³¹	tsʰuəŋ²⁴	tsʰɤu²⁴
黄陵	tʃuəŋ⁵²	tʃuəŋ⁴⁴	tʃʰuəŋ³¹	tʃʰuəŋ³¹	tsʰɤu²⁴
宜君	tsuəŋ⁵²	tsuəŋ⁴⁴	tsʰuəŋ³¹	tsʰuəŋ²⁴	tsʰou²⁴
铜川	tsuɤŋ⁵²	tsuɤŋ⁴⁴	tsʰuɤŋ²¹	tʃʰuɤŋ²¹	<u>tsɤu²⁴</u>/tsʰɤu²⁴
耀县	tʃuəŋ⁵²	tʃuəŋ⁵²	tʃʰuəŋ³¹	tʃʰuəŋ³¹	tsʰou²⁴
高陵	tsuəŋ⁵²	tsuəŋ⁵²	tsʰuəŋ³¹	tsʰuəŋ³¹	tsɤu²⁴
临潼	tsuəŋ⁵²	tsuəŋ⁵²	tsʰuəŋ³¹	tsʰuəŋ²⁴	tsɤu²⁴

---

① tsuo⁴⁵ ～是。

字目 方言	总 通合一 上董精	粽 通合一 去送精	葱 通合一 平东清	丛 通合一 平东从	族 通合一 入屋从
蓝田	tʃuəŋ⁵²	tʃuəŋ⁵²	tʃʰuəŋ³¹	tʃʰuəŋ²⁴	tsʰɤu²⁴
长安	tsuəŋ⁵³	tsuəŋ⁵³	tsʰuəŋ³¹	tsʰuəŋ²⁴	tsɤu²⁴
户县	tʃuəŋ⁵²	tʃuəŋ⁵²	tʃʰuəŋ³¹	tʃʰuəŋ³¹	tsʰɤu²⁴
周至	tsuəŋ⁵²	tsuəŋ⁵²	tsʰuəŋ²¹	tsʰuəŋ²⁴	tsu²⁴
三原	tsuŋ⁵²	tsuŋ⁵²	tsʰuŋ³¹	tsʰuŋ²⁴	tsou²⁴
泾阳	tsuŋ⁵²	tsuŋ⁵⁵	tsʰuŋ³¹	tsʰuŋ²⁴	tsou²⁴
咸阳	tsuŋ⁵²	tsuŋ⁵²	tsʰuŋ³¹	tsʰuŋ²⁴	tsu²⁴
兴平	tsuŋ⁵²	tsuŋ⁵²	tsʰuŋ³¹	tsʰuŋ²⁴	tsu²⁴
武功	tsuŋ³¹	tsuŋ⁵⁵	tsʰuŋ³¹	tsʰuŋ²⁴	tsu²⁴
礼泉	tsuŋ⁵²	tsuŋ⁵²	tsʰuŋ³¹	tsʰuŋ²⁴	tsʅ²⁴
乾县	tsuŋ⁵²	tsuŋ²⁴	tsʰuŋ³¹	tsʰuŋ²⁴	tsu²⁴
永寿	tsuŋ⁵²	tsuŋ⁵⁵	tsʰuŋ³¹	tsʰuŋ²⁴	tsu²⁴
淳化	tsuŋ⁵²	tsuŋ⁵²	tsʰuŋ³¹	tsʰuŋ²⁴	tsou²⁴
旬邑	tsuŋ⁵²	tsuŋ³¹	tsʰuŋ³¹	tsʰuŋ²⁴	tsʰou²⁴
彬县	tsuŋ⁵²	tsuŋ²⁴	tsʰuŋ³¹	tsʰuŋ²⁴	tsʰu²⁴
长武	tsuŋ⁵²	tsuŋ⁴⁴	tsʰuŋ³¹	tsʰuŋ²⁴	tsʰu²⁴
扶风	tsuŋ⁵²	tsuŋ³³	tsʰuŋ³¹	tsʰuŋ²⁴	tsʰu²⁴
眉县	tsuŋ⁵²	tsuŋ⁴⁴	tsʰuŋ³¹	tsʰuŋ²⁴	tsu²⁴
麟游	tsuŋ⁵³	tsuŋ⁴⁴	tsʰuŋ³¹	tsʰuŋ²⁴	tsʰu²⁴
岐山	tsuŋ⁵³	tsuŋ⁴⁴	tsʰuŋ³¹	tsʰuŋ³¹	tsʰu²⁴
凤翔	tsuŋ⁵³	tsuŋ⁴⁴	tsʰuŋ³¹	tsʰuŋ²⁴	tsu²⁴
宝鸡	tsuŋ⁵³	tsuŋ⁴⁴	tsʰuŋ³¹	tsʰuŋ²⁴	tsʰu²⁴
千阳	tsuŋ⁵³	tsuŋ⁴⁴	tsʰuŋ³¹	tsʰuŋ³¹	tsu²⁴
陇县	tsuŋ⁵³	tsuŋ⁴⁴	tsʰuŋ³¹	tsʰuŋ²⁴	tsu²⁴

字目 方言	送 通合一 去送心	速 通合一 入屋心	公 通合一 平东见		贡 通合一 去送见	谷 通合一 入屋见
西安	suoŋ⁵⁵	su²¹	kuoŋ²¹		kuoŋ⁵⁵	ku²¹
韩城	səŋ⁴⁴	səu³¹	kuəŋ³¹	kuoŋ	kuəŋ⁴⁴	ku³¹
合阳	ɕyoŋ⁵⁵	sou³¹	kuoŋ³¹	kuoŋ	kuoŋ⁵⁵	ku³¹
澄城	tuəŋ⁴⁴	səu³¹	kuəŋ³¹	kuoŋ	kuəŋ⁴⁴	ku³¹
白水	suəŋ⁴⁴	sou³¹	kuəŋ³¹	kuoŋ	kuəŋ⁴⁴	ku³¹
大荔	suəŋ⁵⁵	sou³¹	kuəŋ³¹	kuoŋ	kuəŋ⁵⁵	ku³¹
蒲城	ʃuəŋ⁵⁵	sou³¹	kuəŋ³¹	kuoŋ	kuəŋ⁵⁵	ku³¹
美原	ʃəŋ⁵⁵	sou³¹	kuəŋ³¹	kuoŋ	kuəŋ⁵⁵	ku³¹
富平	suəŋ⁵⁵	sou³¹	kuəŋ³¹	kuŋ	kuəŋ⁵⁵	ku³¹
潼关	suəŋ⁴⁴	sou³¹	kuəŋ³¹		kuəŋ⁴⁴	ku³¹
华阴	suəŋ⁵⁵	sou³¹	kuəŋ³¹	kuŋ	kuəŋ⁵⁵	ku³¹
华县	ʃuəŋ⁵⁵	sou³¹	kuəŋ³¹	kuoŋ	kuəŋ⁵⁵	ku³¹
渭南	ʃuəŋ⁴⁴	sou³¹	kuəŋ³¹	kuoŋ	kuəŋ⁴⁴	ku³¹
洛南	ʃuəŋ⁴⁴	sou³¹	kuəŋ³¹	kuoŋ	kuəŋ⁴⁴	ku³¹
商州	ʃuəŋ⁵⁵	sou³¹	kuəŋ³¹	kuəŋ	kuəŋ⁵⁵	ku³¹
丹凤	ʃuəŋ⁴⁴	sou³¹	kuəŋ³¹		kuəŋ⁴⁴	ku³¹
宜川	suəŋ⁴⁵	sɤu⁵¹	kuəŋ⁵¹		kuəŋ⁴⁵	ku⁵¹
富县	suəŋ⁴⁴	sɤu³¹	kuəŋ³¹		kuəŋ⁴⁴	ku³¹
黄陵	ʃuəŋ⁴⁴	sɤu³¹	kuəŋ³¹		kuəŋ⁴⁴	ku³¹
宜君	suəŋ⁴⁴	sou²¹	kuəŋ²¹		kuəŋ⁴⁴	ku²¹
铜川	suɤŋ⁴⁴	sɤu²¹	kuɤŋ²¹	kuoŋ	kuɤŋ⁴⁴	ku²¹
耀县	ʃuəŋ⁴⁴	sou³¹	kuəŋ³¹	kuoŋ	kuəŋ⁵²/ kuəŋ⁴⁴①	ku³¹
高陵	suəŋ⁵⁵	sɤu³¹	kuəŋ³¹	kuŋ	kuəŋ⁵⁵	ku³¹
临潼	suəŋ⁴⁵	sɤu³¹	kuəŋ³¹	kuŋ	kuəŋ⁴⁵	ku³¹

---

① kuəŋ⁵² ～献；kuəŋ⁴⁴ 进～。

字目 方言	送 通合一 去送心	速 通合一 入屋心	公 通合一 平东见	贡 通合一 去送见	谷 通合一 入屋见
蓝田	ʃuəŋ⁴⁴	sɤu³¹	kuəŋ³¹ ｜ kuəŋ	kuəŋ⁴⁴	ku³¹
长安	suəŋ⁴⁴	sɤu³¹	kuəŋ³¹	kuəŋ⁴⁴	ku³¹
户县	ʃuəŋ⁵⁵	sɤu³¹	kuəŋ³¹ ｜ kuoŋ	kuəŋ⁵⁵	ku³¹
周至	suəŋ⁵⁵	su²¹	kuəŋ²¹ ｜ kuoŋ	kuəŋ⁵⁵	ku²¹
三原	suŋ⁵⁵	sou³¹	kuŋ³¹ ｜ kuŋ	kuŋ⁵⁵	ku³¹
泾阳	suŋ⁵⁵	sou³¹	kuŋ³¹ ｜ kuoŋ	kuŋ⁵⁵	ku³¹
咸阳	suŋ⁵⁵	su³¹	kuŋ³¹	kuŋ⁵⁵	ku³¹
兴平	suŋ⁵⁵	su³¹	kuŋ³¹ ｜ kuŋ	kuŋ⁵⁵	ku³¹
武功	suŋ⁵⁵	su³¹	kuŋ³¹ ｜ kuŋ	kuŋ⁵⁵	ku³¹
礼泉	suŋ⁵⁵	sʅ³¹	kuŋ³¹ ｜ kuoŋ	kuŋ⁵⁵	ku³¹
乾县	suŋ⁴⁴	su³¹	kuŋ³¹ ｜ kuoŋ	kuŋ⁵⁵	ku³¹
永寿	suŋ⁵⁵	su³¹	kuŋ³¹ ｜ kuoŋ	kuŋ⁵⁵	ku³¹
淳化	suŋ⁵⁵	sou³¹	kuŋ³¹ ｜ kuoŋ	kuŋ⁵⁵	ku³¹
旬邑	suŋ⁵⁵	sou³¹	kuŋ³¹ ｜ kuoŋ	kuŋ⁴⁴	ku³¹
彬县	suŋ⁴⁴	su³¹	kuŋ³¹ ｜ kuoŋ	kuŋ⁴⁴	ku³¹
长武	suŋ⁴⁴	su³¹	kuŋ³¹ ｜ kuoŋ	kuŋ⁴⁴	ku³¹
扶风	suŋ³³	su³¹	kuŋ³¹ ｜ kuoŋ	kuŋ³³	ku³¹
眉县	suŋ⁴⁴	su³¹	kuŋ³¹ ｜ kuoŋ	kuŋ⁴⁴	ku³¹
麟游	suŋ⁴⁴	su³¹	kuŋ³¹ ｜ kuŋ	kuŋ⁴⁴	ku³¹
岐山	suŋ⁴⁴	su³¹	kuŋ³¹ ｜ kuoŋ	kuŋ⁴⁴	ku³¹
凤翔	suŋ⁴⁴	su³¹	kuŋ³¹ ｜ kuoŋ	kuŋ⁴⁴	ku³¹
宝鸡	suŋ⁴⁴	su³¹	kuŋ³¹ ｜ kuəŋ	kuŋ⁴⁴	ku³¹
千阳	suŋ⁴⁴	su³¹	kuŋ³¹ ｜ kuoŋ	kuŋ⁴⁴	ku³¹
陇县	suŋ⁴⁴	su³¹	kuŋ³¹ ｜ kuoŋ	kuŋ⁴⁴	ku³¹

字目 方言	空~虚 通合一 平东溪	孔 通合一 上董溪	空~缺 通合一 去送溪	哭 通合一 入屋溪	烘 通合一 平东晓
西安	k^huoŋ^{21} | k^huoŋ	k^huoŋ^{53}	k^huoŋ^{55} | k^huoŋ	k^hu^{21}	xuoŋ^{21} | xuoŋ
韩城	k^huəŋ^{31} | k^huoŋ	k^huəŋ^{53}	k^huəŋ^{44} | k^huoŋ	k^hu^{31}	xuəŋ^{31} | xuoŋ
合阳	k^huoŋ^{31} | k^huoŋ	k^huoŋ^{52}	k^huoŋ^{55} | k^huoŋ	k^hu^{31}	xuəŋ^{31} | xuoŋ
澄城	k^huəŋ^{31} | k^huoŋ	k^huəŋ^{53}	k^huəŋ^{44} | k^huoŋ	k^hu^{31}	xuəŋ^{31} | xuoŋ
白水	k^huəŋ^{31} | k^huoŋ	k^huəŋ^{53}	k^huəŋ^{44} | k^huoŋ	fu^{31}	xuəŋ^{31} | xuoŋ
大荔	k^huəŋ^{31} | k^huoŋ	k^huəŋ^{52}	k^huəŋ^{55} | k^huoŋ	k^hu^{31}	xuəŋ^{31} | xuoŋ
蒲城	k^huəŋ^{31} | k^huoŋ	k^huəŋ^{53}	k^huəŋ^{55} | k^huoŋ	k^hu^{31}	xuəŋ^{31} | xuoŋ
美原	k^huəŋ^{31} | k^huoŋ	k^huəŋ^{53}	k^huəŋ^{55} | k^huoŋ	k^hu^{31}	xuəŋ^{31}
富平	k^huəŋ^{31} | k^huŋ	k^huəŋ^{53}	k^huəŋ^{55} | k^huŋ	k^hu^{31}/fu^{31}	xuəŋ^{31} | xuŋ
潼关	k^huəŋ^{31}	k^huəŋ^{52}	k^huəŋ^{44}	k^hu^{31}	xuəŋ^{31}
华阴	k^huəŋ^{31} | k^huŋ	k^huəŋ^{52}	k^huəŋ^{55} | k^huŋ	k^hu^{31}	xuəŋ^{31} | xuŋ
华县	k^huəŋ^{31} | k^huoŋ	k^huəŋ^{53}	k^huəŋ^{55} | k^huoŋ	k^hu^{31}	xuəŋ^{31} | xuoŋ
渭南	k^huəŋ^{31} | k^huoŋ	k^huəŋ^{53}	k^huəŋ^{44} | k^huoŋ	k^hu^{31}	xuəŋ^{31} | xuŋ
洛南	k^huəŋ^{31} | k^huoŋ	k^huəŋ^{53}	k^huəŋ^{44} | k^huoŋ	k^hu^{31}	xuəŋ^{31} | xuoŋ
商州	k^huəŋ^{31} | k^huəŋ	k^huəŋ^{53}	k^huəŋ^{55} | k^huəŋ	k^hu^{31}	xuəŋ^{31} | xuəŋ
丹凤	k^huəŋ^{31}	k^huəŋ^{53}	k^huəŋ^{44}	k^hu^{31}	xuəŋ^{31}
宜川	k^huəŋ^{51}	k^huəŋ^{45}	k^huəŋ^{45}	k^hu^{51}	xuəŋ^{51}
富县	k^huəŋ^{31}	k^huəŋ^{52}	k^huəŋ^{44}	k^hu^{31}	xuəŋ^{31}
黄陵	k^huəŋ^{31}	k^huəŋ^{52}	k^huəŋ^{44}	k^hu^{31}	xuəŋ^{31}
宜君	k^huəŋ^{21}	k^huəŋ^{52}	k^huəŋ^{44}	k^hu^{21}	xuəŋ^{21}
铜川	k^huɤŋ^{21} | k^huoŋ	k^huɤŋ^{52}	k^huɤŋ^{44} | k^huoŋ	k^hu^{21}	xuɤŋ^{21} | xuoŋ
耀县	k^huəŋ^{31} | k^huoŋ	k^huəŋ^{52}	k^huəŋ^{44} | k^huoŋ	k^hu^{31}	xuəŋ^{31} | xuoŋ
高陵	k^huəŋ^{31} | k^huŋ	k^huəŋ^{52}	k^huəŋ^{55} | k^huŋ	k^hu^{31}	xuəŋ^{31} | xuŋ
临潼	k^huəŋ^{31} | k^huŋ	k^huəŋ^{52}	k^huəŋ^{45} | k^huŋ	k^hu^{31}	xuəŋ^{31} | xuŋ

字目 / 方言	空~虚 通合一 平东溪	孔 通合一 上董溪	空~缺 通合一 去送溪	哭 通合一 入屋溪	烘 通合一 平东晓
蓝田	kʰuəŋ³¹ | kʰuəŋ	kʰuəŋ⁵²	kʰuəŋ⁴⁴ | kʰuəŋ	kʰu³¹	xuəŋ³¹ | xuəŋ
长安	kʰuəŋ³¹	kʰuəŋ⁵³	kʰuəŋ⁴⁴	kʰu³¹	xuəŋ³¹
户县	kʰuəŋ³¹ | kʰuoŋ	kʰuəŋ⁵²	kʰuəŋ⁵⁵ | kʰuoŋ	kʰu³¹	xuəŋ³¹ | xuoŋ
周至	kʰuəŋ²¹ | kʰuoŋ	kʰuəŋ⁵²	kʰuəŋ⁵⁵ | kʰuoŋ	kʰu²¹	xuəŋ²¹ | xuoŋ
三原	kʰuŋ³¹ | kʰuŋ	kʰuŋ⁵²	kʰuŋ⁵⁵ | kʰuŋ	kʰu³¹/fu³¹	xuŋ³¹ | xuŋ
泾阳	kʰuŋ³¹ | kʰuoŋ	kʰuŋ⁵²	kʰuŋ⁵⁵ | kʰuoŋ	kʰu³¹/fu³¹	xuŋ³¹
咸阳	kʰuŋ³¹	kʰuŋ⁵²	kʰuŋ⁵⁵	kʰu³¹/fu³¹	xuŋ³¹ | xuoŋ
兴平	kʰuŋ³¹ | kʰuŋ	kʰuŋ⁵²	kʰuŋ⁵⁵ | kʰuŋ	kʰu³¹/fu³¹	xuŋ³¹ | xuŋ
武功	kʰuŋ³¹ | kʰuŋ	kʰuŋ⁵²	kʰuŋ⁵⁵ | kʰuŋ	kʰu³¹/fu³¹	xuŋ³¹ | xuŋ
礼泉	kʰuŋ³¹ | kʰuoŋ	kʰuŋ⁵²	kʰuŋ⁵⁵ | kʰuoŋ	kʰu³¹/fu³¹	xuŋ³¹ | xuoŋ
乾县	kʰuŋ³¹ | kʰuoŋ	kʰuŋ⁵²	kʰuŋ⁵⁵ | kʰuoŋ	kʰu³¹/fu³¹	xuŋ³¹ | xuoŋ
永寿	kʰuŋ³¹ | kʰuoŋ	kʰuŋ⁵²	kʰuŋ⁵⁵ | kʰuoŋ	kʰu³¹/fu³¹	xuŋ³¹ | xuoŋ
淳化	kʰuŋ³¹ | kʰuoŋ	kʰuŋ⁵²	kʰuŋ⁵⁵ | kʰuoŋ	kʰu³¹/fu³¹	xuŋ³¹ | xuŋ
旬邑	kʰuŋ³¹ | kʰuoŋ	kʰuŋ⁵²	kʰuŋ⁴⁴ | kʰuoŋ	kʰu³¹/fu³¹	xuŋ³¹ | xuŋ
彬县	kʰuŋ³¹ | kʰuoŋ	kʰuŋ⁵²	kʰuŋ⁴⁴ | kʰuoŋ	kʰu³¹/fu³¹	xuŋ³¹ | xuŋ
长武	kʰuŋ³¹	kʰuŋ⁵²	kʰuŋ⁴⁴	kʰu³¹/fu³¹	xuŋ³¹ | xuŋ
扶风	kʰuŋ³¹ | kʰuoŋ	kʰuŋ⁵²	kʰuŋ³³ | kʰuoŋ	kʰu³¹	xuŋ³¹ | xuoŋ
眉县	kʰuŋ³¹ | kʰuoŋ	kʰuŋ⁵²	kʰuŋ⁴⁴ | kʰuoŋ	kʰu³¹/fu³¹①	xuŋ³¹ | xuoŋ
麟游	kʰuŋ³¹ | kʰuŋ	kʰuŋ⁵³	kʰuŋ⁴⁴ | kʰuŋ	kʰu³¹/pʰu³¹	xuŋ³¹ | xuŋ
岐山	kʰuŋ³¹ | kʰuoŋ	kʰuŋ⁵³	kʰuŋ⁴⁴ | kʰuoŋ	kʰu³¹	xuŋ³¹ | xuoŋ
凤翔	kʰuŋ³¹ | kʰuoŋ	kʰuŋ⁵³	kʰuŋ⁴⁴ | kʰuoŋ	fu³¹	xuŋ³¹ | xuoŋ
宝鸡	kʰuŋ³¹ | kʰuəŋ	kʰuŋ⁵³	kʰuŋ⁴⁴ | kʰuəŋ	fu³¹老/kʰu³¹新	xuŋ³¹ | xuəŋ
千阳	kʰuŋ³¹ | kʰuəŋ	kʰuŋ⁵³	kʰuŋ⁴⁴ | kʰuəŋ	kʰu³¹/fu³¹	xuŋ³¹ | xuəŋ
陇县	kʰuŋ³¹ | kʰuoŋ	kʰuŋ⁵³	kʰuŋ⁴⁴ | kʰuoŋ	kʰu³¹	xuŋ³¹ | xuoŋ

① kʰu³¹ 在城关地区使用；fu³¹ 在渭河以北使用。

字目 方言	哄~骗 通合一 上董晓	红 通合一 平东匣	汞 通合一 上董匣	哄起~ 通合一 去送匣	斛 通合一 入屋匣
西安	$xuoŋ^{53}$	$xuoŋ^{24}$	$kuoŋ^{53}$	$xuoŋ^{55}$	xu^{24}
韩城	$xuŋ^{53}$	$xuŋ^{24}$	$kuŋ^{53}$	$xuŋ^{31}$	xu^{24}
合阳	$xuoŋ^{52}$	$xuoŋ^{24}$	$kuoŋ^{52}$	$xuoŋ^{31}$	xu^{55}
澄城	$xuəŋ^{53}$	$xuəŋ^{24}$	$kuəŋ^{53}$	$xuəŋ^{44}$	xu^{24}
白水	$xuəŋ^{53}$	$xuəŋ^{24}$	$kuəŋ^{53}$	$xuəŋ^{44}$	xu^{24}
大荔	$xuəŋ^{52}$	$xuəŋ^{24}$	$kuəŋ^{52}$	$xuəŋ^{55}$	xu^{24}
蒲城	$xuəŋ^{53}$	$xuəŋ^{35}$	$kuəŋ^{53}$	$xuəŋ^{55}$	xu^{35}
美原	$xuəŋ^{53}$	$xuəŋ^{35}$	$kuəŋ^{53}$	$xuəŋ^{55}$	xu^{35}
富平	$xuəŋ^{53}$	$xuəŋ^{35}$	$kuəŋ^{53}$	$xuəŋ^{55}$	xu^{35}
潼关	$xuəŋ^{52}$	$xuəŋ^{24}$	$kuəŋ^{52}$	$xuəŋ^{44}$	xu^{24}
华阴	$xuəŋ^{52}$	$xuəŋ^{24}$	$kuəŋ^{52}$	$xuəŋ^{55}$	xu^{24}
华县	$xuəŋ^{53}$	$xuəŋ^{35}$	$kuəŋ^{53}$	$xuəŋ^{55}$	xu^{35}
渭南	$xuəŋ^{53}$	$xuəŋ^{24}$	$kuəŋ^{53}$	$xuəŋ^{44}$	xu^{24}
洛南	$xuəŋ^{53}$	$xuəŋ^{24}$	$kuəŋ^{53}$	$xuəŋ^{44}$	xu^{24}
商州	$xuəŋ^{53}$	$xuəŋ^{35}$	$kuəŋ^{53}$	$xuəŋ^{55}$	xu^{35}
丹凤	$xuəŋ^{53}$	$xuəŋ^{24}$	$kuəŋ^{53}$	$xuəŋ^{44}$	xu^{24}
宜川	$xuəŋ^{45}$	$xuəŋ^{24}$	$kuəŋ^{45}$	$xuəŋ^{45}$	xu^{24}
富县	$xuəŋ^{52}$	$xuəŋ^{24}$	$kuəŋ^{52}$	$xuəŋ^{31}$	xu^{24}
黄陵	$xuəŋ^{52}$	$xuəŋ^{24}$	$kuəŋ^{52}$	$xuəŋ^{44}$	xu^{24}
宜君	$xuəŋ^{52}$	$xuəŋ^{24}$	$kuəŋ^{44}$	$xuəŋ^{44}$	xu^{24}
铜川	$xuɤŋ^{52}$	$xuɤŋ^{24}$	$kuɤŋ^{52}$	$xuɤŋ^{21}$	xu^{24}
耀县	$xuəŋ^{52}$	$xuəŋ^{24}$	$kuəŋ^{52}$	$xuəŋ^{44}$	xu^{24}
高陵	$xuəŋ^{52}$	$xuəŋ^{24}$	$kuəŋ^{52}$	$xuəŋ^{55}$	xu^{24}
临潼	$xuəŋ^{52}$	$xuəŋ^{24}$	$kuəŋ^{52}$	$xuəŋ^{45}$	xu^{24}

字目 方言	哄~骗 通合一 上董晓	红 通合一 平东匣	汞 通合一 上董匣	哄起~ 通合一 去送匣	斛 通合一 入屋匣
蓝田	xuəŋ⁵²	xuəŋ²⁴	kuəŋ⁵²	xuəŋ⁴⁴	xu²⁴
长安	xuəŋ⁵³	xuəŋ²⁴	kuəŋ⁵³	xuəŋ⁴⁴	xu²⁴
户县	xuəŋ⁵²	xuəŋ²⁴	kuəŋ⁵²	xuəŋ⁵⁵	xu²⁴
周至	xuəŋ⁵²	xuəŋ²⁴	kuəŋ⁵²	xuəŋ⁵⁵	xu²⁴
三原	xuŋ⁵²	xuŋ²⁴	kuŋ⁵²	xuŋ⁵²	xu²⁴
泾阳	xuŋ⁵²	xuŋ²⁴	kuŋ⁵²	xuŋ³¹	xu²⁴
咸阳	xuŋ⁵²	xuŋ²⁴	kuŋ⁵²	xuŋ³¹	xu²⁴
兴平	xuŋ⁵²	xuŋ²⁴	kuŋ⁵²	xuŋ⁵²	xu²⁴
武功	xuŋ⁵²	xuŋ²⁴	kuŋ⁵²	xuŋ⁵⁵	xu²⁴
礼泉	xuŋ⁵²	xuŋ²⁴	kuŋ⁵²	xuŋ³¹	xu²⁴
乾县	xuŋ⁵²	xuŋ²⁴	kuŋ⁵²	xuŋ³¹	xu²⁴
永寿	xuŋ⁵²	xuŋ²⁴	kuŋ⁵²	xuŋ³¹	xu²⁴
淳化	xuŋ⁵²	xuŋ²⁴	kuŋ⁵²	xuŋ³¹	xu²⁴
旬邑	xuŋ⁵²	xuŋ²⁴	kuŋ⁵²	xuŋ³¹	xu²⁴
彬县	xuŋ⁵²	xuŋ²⁴	kuŋ⁵²	xuŋ⁴⁴	xu²⁴
长武	xuŋ⁵²	xuŋ²⁴	kuŋ⁵²	xuŋ⁴⁴	xu²⁴
扶风	xuŋ⁵²	xuŋ²⁴	kuŋ⁵²	xuŋ³¹	xu²⁴
眉县	xuŋ⁵²	xuŋ²⁴	kuŋ⁵²	xuŋ⁴⁴	xu²⁴
麟游	xuŋ⁵³	xuŋ²⁴	kuŋ⁵³	xuŋ⁴⁴	xu²⁴
岐山	xuŋ⁵³	xuŋ²⁴	kuŋ⁵³	xuŋ⁴⁴	xu²⁴
凤翔	xuŋ⁵³	xuŋ²⁴	kuŋ⁵³	xuŋ⁴⁴	xu²⁴
宝鸡	xuŋ⁵³	xuŋ²⁴	kuŋ⁵³	xuŋ⁴⁴	xu²⁴
千阳	xuŋ⁵³	xuŋ²⁴	kuŋ⁵³	xuŋ⁴⁴	xu²⁴
陇县	xuŋ⁵³	xuŋ²⁴	kuŋ⁵³	xuŋ⁴⁴	xu²⁴

字目 / 方言	翁 通合一平东影		瓮 通合一去送影	屋 通合一入屋影	冬~至 通合一平冬端	督 通合一入沃端
西安	uoŋ²¹	uoŋ	uoŋ⁵⁵	u²¹	tuoŋ²¹	tu²¹
韩城	uəŋ³¹	kuoŋ	uəŋ⁴⁴	u³¹	tuəŋ³¹	tu³¹
合阳	uoŋ³¹	uoŋ	uoŋ⁵⁵	u³¹	tuoŋ³¹	tu³¹
澄城	uəŋ³¹	uoŋ	uəŋ⁴⁴	u³¹	tuəŋ³¹	tu³¹
白水	uəŋ³¹	uoŋ	uəŋ⁴⁴	u³¹	tuəŋ³¹	tou³¹
大荔	uəŋ³¹	uoŋ	uəŋ⁵⁵	u³¹	tuəŋ³¹	tu³¹
蒲城	uəŋ³¹	uoŋ	uəŋ⁵⁵	u³¹	tuəŋ³¹	tou³¹
美原	uəŋ³¹	uoŋ	uəŋ⁵⁵	u³¹	tuəŋ³¹	tou³¹
富平	uəŋ³¹	uŋ	uəŋ⁵⁵	u³¹	tuəŋ³¹	tou³¹
潼关	vəŋ³¹	uəŋ	vəŋ⁴⁴	vu³¹	tuəŋ³¹	tou³¹
华阴	uəŋ³¹	uəŋ	uəŋ⁵⁵	u³¹	tuəŋ³¹	tou³¹
华县	uəŋ³¹	uoŋ	uəŋ⁵⁵	u³¹	tuəŋ³¹	tou³¹
渭南	uəŋ³¹	uoŋ	uəŋ⁴⁴	u³¹	tuəŋ³¹	tou³¹
洛南	vəŋ³¹	uoŋ	vəŋ⁵⁵	vu³¹	tuəŋ³¹	tou³¹
商州	vəŋ³¹		vəŋ⁴⁴	vu³¹	tuəŋ³¹	tu³¹
丹凤	vəŋ³¹		vəŋ⁴⁴	vu³¹	tuəŋ³¹	tou³¹
宜川	vəŋ⁵¹		vəŋ⁴⁵	u²⁴	tuəŋ⁵¹	tu⁵¹
富县	vəŋ³¹		vəŋ⁴⁴	u³¹	tuəŋ³¹	tu³¹
黄陵	vəŋ³¹		vəŋ⁴⁴	u³¹	tuəŋ³¹	tu³¹
宜君	vəŋ²¹	uoŋ	vəŋ⁴⁴	vu²¹	tuəŋ²¹	tou²¹
铜川	uɤŋ²¹	uoŋ	uɤŋ⁴⁴	u²¹	tuɤŋ²¹	tɤu²¹
耀县	uəŋ³¹	uoŋ	uəŋ⁴⁴	u³¹	tuəŋ³¹	tou³¹
高陵	uəŋ³¹	uŋ	uəŋ⁵⁵	u³¹	tuəŋ³¹	tɤu³¹
临潼	uəŋ³¹	uəŋ	uəŋ⁴⁵	u³¹	tuəŋ³¹	tɤu³¹

字目 / 方言	翁 通合一 平东影	瓮 通合一 去送影	屋 通合一 入屋影	冬~至 通合一 平冬端	督 通合一 入沃端
蓝田	uəŋ³¹ ｜ uoŋ	uəŋ⁴⁴	u³¹	tuəŋ³¹	tʀu³¹
长安	uəŋ³¹	uəŋ⁴⁴	u³¹	tuəŋ³¹	tʀu³¹
户县	uəŋ³¹ ｜ uoŋ	uəŋ⁵⁵	u³¹	tuəŋ³¹	tʀu³¹
周至	uəŋ²¹ ｜ uoŋ	uəŋ⁵⁵	u²¹	tuəŋ²¹	tu²¹
三原	uŋ³¹ ｜ uoŋ	uŋ⁵⁵	u³¹	tuŋ³¹	tou³¹
泾阳	uŋ³¹ ｜ uoŋ	uŋ⁵⁵	u³¹	tuŋ³¹	tou³¹
咸阳	uŋ³¹	uŋ⁵⁵	u³¹	tuŋ³¹	tu³¹
兴平	uŋ³¹ ｜ uoŋ	uŋ⁵⁵	u³¹	tuŋ³¹	tu³¹
武功	uŋ³¹ ｜ uoŋ	uŋ⁵⁵	u³¹	tuŋ³¹	tu³¹
礼泉	uŋ³¹ ｜ uoŋ	uŋ⁵⁵	u³¹	tuŋ³¹	tu³¹
乾县	uŋ³¹ ｜ uŋ	uŋ⁴⁴	u³¹	tuŋ³¹	tu³¹
永寿	uŋ³¹ ｜ uoŋ	uŋ⁵⁵	u³¹	tuŋ³¹	tu³¹
淳化	uŋ³¹ ｜ uŋ	uŋ⁵⁵	u³¹	tuŋ³¹	tou³¹
旬邑	uŋ³¹ ｜ uŋ	uŋ⁴⁴	u³¹	tuŋ³¹	tu³¹
彬县	uŋ³¹	uŋ⁴⁴	u³¹	tuŋ³¹	tu³¹
长武	uŋ³¹ ｜ uŋ	uŋ⁴⁴	u³¹	tuŋ³¹	tu³¹
扶风	vəŋ³¹ ｜ uoŋ	vəŋ³³	vu³¹	tuŋ³¹	tu³¹
眉县	uəŋ³¹ ｜ uoŋ	uəŋ⁴⁴	u³¹	tuŋ³¹	tu³¹
麟游	vəŋ³¹ ｜ kuəŋ	vəŋ⁴⁴	vu³¹	tuŋ³¹	tu³¹
岐山	vəŋ³¹ ｜ kuoŋ	vəŋ⁴⁴	vu³¹	tuŋ³¹	tu³¹
凤翔	uŋ³¹ ｜ kuəŋ	uŋ⁴⁴	u³¹	tuŋ³¹	tu³¹
宝鸡	vəŋ³¹ ｜ kuəŋ	vəŋ⁴⁴	vu³¹	tuŋ³¹	tu³¹
千阳	vəŋ³¹ ｜ kuəŋ	vəŋ⁴⁴	vu³¹	tuŋ³¹	tu³¹
陇县	vəŋ³¹	vəŋ⁴⁴	vu³¹	tuŋ³¹	tu³¹

字目　方言	统 通合一去宋透	毒 通合一入沃定	农 通合一平冬泥		脓 通合一平冬泥	宗 通合一平冬精
西安	tʰuoŋ⁵³	tu²⁴	luoŋ²⁴	nuoŋ	nuoŋ²⁴	tsuoŋ²¹
韩城	tʰəŋ⁵³	tʰu²⁴	ləŋ²⁴	luoŋ	ləŋ²⁴	tsəŋ³¹
合阳	tʰuoŋ⁵²	tʰu²⁴	ləŋ²⁴	luoŋ	ləŋ²⁴	tɕyoŋ³¹
澄城	tʰuəŋ⁵³	tʰu²⁴	ləŋ²⁴	luoŋ	ləŋ²⁴	tʃuəŋ³¹
白水	tʰuəŋ⁵³	tʰou²⁴	luəŋ²⁴	luoŋ	luəŋ²⁴	tsuəŋ³¹
大荔	tʰuəŋ⁵²	tʰu²⁴	ləŋ²⁴	luoŋ	nəŋ²⁴	tsuəŋ³¹
蒲城	tʰuəŋ⁵³	tʰou³⁵	luəŋ³⁵	nuoŋ	nəŋ³⁵	tʃuəŋ³¹
美原	tʰuəŋ⁵³	tʰou³⁵	luəŋ³⁵	luoŋ	nəŋ³⁵	tʃəŋ³¹
富平	tʰuəŋ⁵³	tou³⁵	luəŋ³⁵	luŋ	nəŋ³⁵	tsuəŋ³¹
潼关	tʰuəŋ⁵²	tʰou²⁴	luəŋ²⁴	luoŋ	nəŋ²⁴	tsuəŋ³¹
华阴	tʰuəŋ⁵²	tʰou²⁴	luəŋ²⁴	luŋ	nəŋ²⁴	tsuəŋ³¹
华县	tʰuəŋ⁵³	tʰou³⁵	luəŋ³⁵	luŋ/lən	luəŋ³⁵	tʃuəŋ³¹
渭南	tʰuəŋ⁵³	tʰou²⁴	luəŋ²⁴	luŋ	luəŋ²⁴	tʃuəŋ³¹
洛南	tʰuəŋ⁵³	tou³⁵	luəŋ³⁵	luoŋ	nuəŋ²⁴	tʃuəŋ³¹
商州	tʰuəŋ⁵³	tʰu²⁴	luəŋ²⁴	luəŋ	nuəŋ³⁵	tʃuəŋ³¹
丹凤	tʰuəŋ⁵³	tou²⁴	luəŋ²⁴		nuəŋ²⁴	tʃuəŋ³¹
宜川	tʰuəŋ⁴⁵	tʰu²⁴	luəŋ²⁴		luəŋ²⁴	tsuəŋ⁵¹
富县	tʰuəŋ⁵²	tʰu²⁴	luəŋ²⁴		luəŋ²⁴	tsuəŋ³¹
黄陵	tʰuəŋ⁵²	tʰu²⁴	luəŋ²⁴		luəŋ²⁴	tʃuəŋ³¹
宜君	tʰuəŋ⁵²	tʰu²⁴	luəŋ²⁴		luəŋ²⁴	tsuəŋ²¹
铜川	tʰuɤŋ⁵²	tɤu²⁴	luɤŋ²⁴	luoŋ	<u>luɤŋ²⁴</u>/nɤŋ²⁴	tsuɤŋ²¹
耀县	tʰuəŋ⁵²	tou²⁴	luəŋ²⁴	luoŋ	<u>luəŋ²⁴</u>/<u>nəŋ²⁴</u>	tʃuəŋ³¹
高陵	tʰuəŋ⁵²	tɤu²⁴	luəŋ²⁴	luŋ	nəŋ²⁴	tsuəŋ³¹
临潼	tʰuəŋ⁵²	tɤu²⁴	luəŋ²⁴	luŋ/nuŋ	nuəŋ²⁴	tsuəŋ³¹

字目 方言	统 通合一 去宋透	毒 通合一 入沃定	农 通合一 平冬泥	脓 通合一 平冬泥	宗 通合一 平冬精
蓝田	tʰuəŋ⁵²	tɤu²⁴	luəŋ²⁴ ｜ nuoŋ	nuəŋ²⁴	tʃuəŋ³¹
长安	tʰuəŋ⁵³	tɤu²⁴	luəŋ²⁴	nuəŋ²⁴	tsuəŋ³¹
户县	tʰuəŋ⁵²	tɤu²⁴	luəŋ²⁴ ｜ noŋ	nuəŋ²⁴	tʃuəŋ³¹
周至	tʰuəŋ⁵²	tu²⁴	nuəŋ²⁴ ｜ luoŋ	nuəŋ²⁴	tsuəŋ²¹
三原	tʰuŋ⁵²	tou²⁴	luŋ²⁴ ｜ nuŋ	nəŋ²⁴	tsuŋ³¹
泾阳	tʰuŋ⁵²	tou²⁴	luŋ²⁴ ｜ luoŋ	nəŋ²⁴	tsuŋ³¹
咸阳	tʰuŋ⁵²	tu²⁴	luŋ²⁴	luŋ²⁴	tsuŋ³¹
兴平	tʰuŋ⁵²	tu²⁴	nəŋ²⁴ ｜ luəŋ/noŋ	nəŋ²⁴	tsuŋ³¹
武功	tʰuŋ⁵²	tu²⁴	luŋ²⁴ ｜ noŋ	luŋ²⁴	tsuŋ³¹
礼泉	tʰuŋ⁵²	tu²⁴	ləŋ²⁴ ｜ luoŋ	luŋ²⁴	tsuŋ³¹
乾县	tʰuŋ⁵²	tu²⁴	luŋ²⁴ ｜ luoŋ	luŋ²⁴	tsuŋ³¹
永寿	tʰuŋ⁵²	tu²⁴	luŋ²⁴ ｜ luoŋ	luŋ²⁴	tsuŋ³¹
淳化	tʰuŋ⁵²	tou²⁴	nuŋ²⁴ ｜ nuŋ	nəŋ²⁴	tsuŋ³¹
旬邑	tʰuŋ⁵²	tʰu²⁴	luŋ²⁴ ｜ luoŋ	luŋ²⁴	tsuŋ³¹
彬县	tʰuŋ⁵²	tʰu²⁴	luŋ²⁴ ｜ luoŋ	luŋ²⁴	tsuŋ³¹
长武	tʰuŋ⁵²	tʰu²⁴	luŋ²⁴ ｜ luoŋ	luŋ²⁴	tsuŋ³¹
扶风	tʰuŋ⁵²	tʰu²⁴	luŋ²⁴ ｜ luoŋ	luŋ²⁴	tsuŋ³¹
眉县	tʰuŋ⁵²	tu²⁴	luŋ²⁴ ｜ luoŋ	luŋ²⁴	tsuŋ³¹
麟游	tʰuŋ⁵³	tʰu²⁴	luŋ²⁴ ｜ luəŋ	luŋ²⁴	tsuŋ³¹
岐山	tʰuŋ⁵³	tʰu²⁴	luŋ²⁴ ｜ luoŋ	luŋ²⁴	tsuŋ³¹
凤翔	tʰuŋ⁵³	tu²⁴	luŋ²⁴ ｜ luəŋ	luŋ²⁴	tsuŋ³¹
宝鸡	tʰuŋ⁵³	tʰu²⁴	luŋ²⁴ ｜ luəŋ	luŋ²⁴	tsuŋ³¹
千阳	tʰuŋ⁵³	t̲u̲²⁴/tʰu²⁴	luŋ²⁴ ｜ luəŋ	luŋ²⁴	tsuŋ³¹
陇县	tʰuŋ⁵³	tu²⁴	luŋ²⁴ ｜ luəŋ	luŋ²⁴	tsuŋ³¹

字目 方言	综织布机上的~ 通合一 去宋精	松轻~ 通合一 平冬心	宋 通合一 去宋心	酷 通合一 入沃溪	沃 通合一 入沃影
西安	tsəŋ⁵⁵	suoŋ²¹	suoŋ⁵⁵	kʰu²¹	u²¹
韩城	tsəŋ⁴⁴	səŋ³¹	səŋ⁴⁴	kʰu³¹	u³¹
合阳	tɕyoŋ³¹	ɕyoŋ³¹	ɕyoŋ⁵⁵	kʰu³¹	u³¹
澄城	tsəŋ⁴⁴	tuəŋ³¹	tuəŋ⁴⁴	kʰu³¹	u³¹
白水	tsəŋ⁴⁴	suəŋ³¹	suəŋ⁴⁴	kʰu³¹	u³¹
大荔	tsəŋ⁵⁵	suəŋ³¹	suəŋ⁵⁵	kʰu³¹	u³¹
蒲城	tsəŋ⁵⁵	ʃuəŋ³¹	ʃuəŋ⁵⁵	kʰu³¹	u³¹
美原	tsəŋ⁵⁵	ʃəŋ³¹	ʃəŋ⁵⁵	kʰu³¹	u³¹
富平	tsəŋ⁵⁵	suəŋ³¹	suəŋ⁵⁵	kʰu³¹	u³¹
潼关	tsəŋ⁴⁴	suəŋ³¹	suəŋ⁴⁴	kʰu³¹	vu³¹
华阴	tsəŋ⁵⁵	suəŋ³¹	suəŋ⁵⁵	kʰu³¹	u³¹
华县	tsəŋ⁵⁵	ʃuəŋ³¹	ʃuəŋ⁵⁵	kʰu³¹	u³¹
渭南	tsəŋ⁴⁴	ʃuəŋ³¹	ʃuəŋ⁴⁴	kʰu³¹	u³¹
洛南	tsəŋ⁴⁴	ʃuəŋ³¹	ʃuəŋ⁴⁴	kʰu³¹	vu³¹
商州	tsəŋ⁵⁵	ʃuəŋ³¹	ʃuəŋ⁵⁵	kʰu³¹	vu³¹
丹凤	tsəŋ⁴⁴	ʃuəŋ³¹	ʃuəŋ⁴⁴	kʰu³¹	vu³¹
宜川	tsəŋ⁴⁵	suəŋ⁵¹	suəŋ⁴⁵	kʰu⁴⁵	u⁵¹
富县	tsəŋ³¹	suəŋ³¹	suəŋ⁴⁴	kʰu⁵²	u³¹
黄陵	tsəŋ³¹	ʃuəŋ³¹	ʃuəŋ⁴⁴	kʰu⁵²	u³¹
宜君	tsəŋ⁴⁴	suəŋ²¹	suəŋ⁴⁴	kʰu⁵²	u²¹
铜川	tsɤŋ²¹	suɤŋ²¹	suɤŋ⁴⁴	kʰu²¹	u²¹
耀县	tsəŋ⁴⁴	ʃuəŋ³¹	ʃuəŋ⁴⁴	kʰu³¹	u³¹
高陵	tsəŋ³¹	suəŋ³¹	suəŋ⁵⁵	kʰu³¹	u³¹
临潼	tsəŋ⁴⁵	suəŋ³¹	suəŋ⁴⁵	kʰu⁵²	u̠o³¹/u̠³¹

字目 方言	综织布机上的~ 通合一 去宋精	松轻~ 通合一 平冬心	宋 通合一 去宋心	酷 通合一 入沃溪	沃 通合一 入沃影
蓝田	tsəŋ⁴⁴	ʃuəŋ³¹	ʃuəŋ⁴⁴	kʰu⁵²	u³¹
长安	tsəŋ³¹	suəŋ³¹	suəŋ⁴⁴	kʰu³¹	u³¹
户县	tsəŋ⁵⁵	ʃuəŋ³¹	ʃuəŋ⁵⁵	kʰu⁵²	u³¹
周至	tsəŋ²¹	suəŋ²¹	suəŋ⁵⁵	kʰu²¹	u²¹
三原	tsuŋ⁵⁵	suŋ³¹	suŋ⁵⁵	kʰu⁵²	u⁵⁵
泾阳	tsəŋ⁵⁵	suŋ³¹	suŋ⁵⁵	kʰu³¹	u³¹
咸阳	tsəŋ⁵⁵	suŋ³¹	suŋ⁵⁵	kʰu³¹	u³¹
兴平	tsəŋ⁵⁵	suŋ³¹	suŋ⁵⁵	kʰu³¹	u³¹
武功	tsəŋ⁵⁵	suŋ³¹	suŋ⁵⁵	kʰu³¹	u³¹
礼泉	tsəŋ⁵⁵	suŋ³¹	suŋ⁵⁵	kʰu⁵²	u³¹
乾县	tsəŋ⁴⁴	suŋ³¹	suŋ⁴⁴	kʰu⁵²	u³¹
永寿	tsəŋ⁵⁵	suŋ³¹	suŋ⁵⁵	kʰu³¹	u³¹
淳化	tsəŋ⁵⁵	suŋ³¹	suŋ⁵⁵	kʰu⁵²	u³¹
旬邑	tsəŋ⁴⁴	suŋ³¹	suŋ⁴⁴	kʰu⁵²	u³¹
彬县	tsəŋ⁴⁴	suŋ³¹	suŋ⁴⁴	kʰu³¹	u³¹
长武	tsəŋ⁴⁴	suŋ³¹	suŋ⁴⁴	kʰu³¹	u³¹
扶风	tsuŋ³³	suŋ³¹	suŋ³³	kʰu⁵²	vu³¹
眉县	tsəŋ⁴⁴	suŋ³¹	suŋ⁴⁴	kʰu⁵²	uo³¹/u³¹
麟游	tsuŋ⁴⁴	suŋ³¹	suŋ⁴⁴	kʰu⁵³	vu³¹
岐山	tsəŋ⁴⁴	suŋ³¹	suŋ⁴⁴	kʰu⁵³	vu³¹
凤翔	tsuŋ⁴⁴	suŋ³¹	suŋ⁴⁴	kʰu⁵³	u³¹
宝鸡	tsuŋ³¹	suŋ³¹	suŋ⁴⁴	kʰu⁵³	vu³¹
千阳	tsəŋ⁴⁴	suŋ³¹	suŋ⁴⁴	kʰu⁵³	vu³¹
陇县	tsəŋ⁴⁴	suŋ³¹	suŋ⁴⁴	kʰu⁵³	vu³¹

字目\方言	冯 通合三平东奉	凤 通合三去送奉	服 通合三入屋奉	梦 通合三去送明	目 通合三入屋明
西安	fəŋ^{24}	fəŋ^{55}	fu^{24}/fu^{55}	məŋ^{55}	mu^{21}
韩城	fəŋ^{24}	fəŋ^{44}	fu^{24}	məŋ^{44}	mu^{31}
合阳	fəŋ^{24}	fəŋ^{55}	fu^{24}	məŋ^{55}	mu^{31}
澄城	fəŋ^{24}	fəŋ^{44}	fu^{24}	məŋ^{44}	mu^{31}
白水	fəŋ^{24}	fəŋ^{44}	fu^{24}	məŋ^{44}	mu^{31}
大荔	fəŋ^{24}	fəŋ^{55}	fu^{24}	məŋ^{55}	mu^{31}
蒲城	fəŋ^{35}	fəŋ^{55}	fu^{35}	məŋ^{55}	mu^{31}
美原	fəŋ^{35}	fəŋ^{55}	fu^{35}	məŋ^{55}	mu^{31}
富平	fəŋ^{35}	fəŋ^{55}	fu^{35}	məŋ^{55}	mu^{31}
潼关	fəŋ^{24}	fəŋ^{44}	fu^{24}	məŋ^{44}	mu^{31}
华阴	fəŋ^{24}	fəŋ^{55}	fu^{24}	məŋ^{55}	mu^{31}
华县	fəŋ^{35}	fəŋ^{55}	fu^{35}	məŋ^{55}	mu^{31}
渭南	fəŋ^{24}	fəŋ^{44}	fu^{24}	məŋ^{44}	mu^{31}
洛南	fəŋ^{24}	fəŋ^{44}	fu^{24}	məŋ^{44}	mu^{31}
商州	fəŋ^{35}	fəŋ^{55}	fu^{35}	məŋ^{55}	mu^{31}
丹凤	fəŋ^{24}	fəŋ^{44}	fu^{24}	məŋ^{44}	mu^{31}
宜川	fəŋ^{24}	fəŋ^{45}	fu^{24}	məŋ^{45}	mu^{51}
富县	fəŋ^{24}	fəŋ^{44}	fu^{24}	məŋ^{44}	mu^{31}
黄陵	fəŋ^{24}	fəŋ^{44}	fu^{24}	məŋ^{44}	mu^{31}
宜君	fəŋ^{24}	fəŋ^{44}	fu^{24}	məŋ^{44}	mu^{21}
铜川	fɤŋ^{24}	fɤŋ^{44}	fu^{24}/fu^{44}①	mɤŋ^{44}	mu^{21}
耀县	fəŋ^{24}	fəŋ^{44}	fu^{24}	məŋ^{44}/mo^{021}②	mu^{31}
高陵	fəŋ^{24}	fəŋ^{55}	fu^{24}	məŋ^{55}	mu^{31}
临潼	fəŋ^{24}	fəŋ^{45}	fu^{24}	məŋ^{45}	mu^{31}

① fu^{44} ～从。
② mo^{021} 做睡～。下同。

字目 方言	冯 通合三 平东奉	凤 通合三 去送奉	服 通合三 入屋奉	梦 通合三 去送明	目 通合三 入屋明
蓝田	fəŋ²⁴	fəŋ⁴⁴	fu²⁴	məŋ⁴⁴/mo²¹	mu³¹
长安	fəŋ²⁴	fəŋ⁴⁴	fu²⁴	məŋ⁴⁴/mo⁰²¹	mu³¹
户县	fəŋ²⁴	fəŋ⁵⁵	fu²⁴	məŋ⁵⁵/mo⁰²¹	mu³¹
周至	fəŋ²⁴	fəŋ⁵⁵	fu²⁴	məŋ⁵⁵/mo⁰²¹	mu²¹
三原	fəŋ²⁴	fəŋ⁵⁵	fu²⁴	məŋ⁵⁵	mu³¹
泾阳	fəŋ²⁴	fəŋ⁵⁵	fu²⁴	məŋ⁵⁵	mu³¹
咸阳	fəŋ²⁴	fəŋ⁵⁵	fu²⁴	məŋ⁵⁵	mu³¹
兴平	fəŋ²⁴	fəŋ⁵⁵	fu²⁴	məŋ⁵⁵	mu³¹
武功	fəŋ²⁴	fəŋ⁵⁵	fu²⁴	məŋ⁵⁵	mᶠu³¹
礼泉	fəŋ²⁴	fəŋ⁵⁵	fu²⁴	məŋ⁵⁵	mᶠu³¹
乾县	fəŋ²⁴	fəŋ⁴⁴	fu²⁴	məŋ⁴⁴	mu³¹
永寿	fəŋ²⁴	fəŋ⁵⁵	fu²⁴	məŋ⁵⁵	mu³¹
淳化	fəŋ²⁴	fəŋ⁵⁵	fu²⁴	məŋ⁵⁵	mu³¹
旬邑	fəŋ²⁴	fəŋ⁴⁴	fu²⁴	məŋ⁴⁴	mu³¹
彬县	fəŋ²⁴	fəŋ⁴⁴	fu²⁴	məŋ⁴⁴	mu³¹
长武	fəŋ²⁴	fəŋ⁴⁴	fu²⁴	məŋ⁴⁴	mu³¹
扶风	fəŋ²⁴	fəŋ³³	fu²⁴	məŋ³³	mu³¹
眉县	fəŋ²⁴	fəŋ⁴⁴	fu²⁴	məŋ⁴⁴	mu³¹
麟游	fəŋ²⁴	fəŋ⁴⁴	fu²⁴	məŋ⁴⁴	mu³¹
岐山	fəŋ²⁴	fəŋ⁴⁴	fu²⁴	məŋ⁴⁴	mu³¹
凤翔	fəŋ²⁴	fəŋ⁴⁴	fu²⁴	məŋ⁴⁴	mu³¹
宝鸡	fəŋ²⁴	fəŋ⁴⁴	fu²⁴	məŋ⁴⁴	mu³¹
千阳	fəŋ²⁴	fəŋ⁴⁴	fu²⁴	məŋ⁴⁴	mu³¹
陇县	fəŋ²⁴	fəŋ⁴⁴	fu²⁴	məŋ⁴⁴	mu³¹

字目 方言	隆 通合三 平东来	六 通合三 入屋来	陆 通合三 入屋来	嵩 通合三 平东心	宿住~，~舍 通合三 入屋心
西安	luoŋ²⁴	liou²¹	lu²¹	suoŋ²¹	ɕy²¹
韩城	ləŋ²⁴	liəu³¹	ləu³¹	suəŋ³¹	ɕy³¹
合阳	ləŋ²⁴	liou³¹	lou³¹	ɕyoŋ³¹	ɕy³¹
澄城	ləŋ²⁴	liəu³¹	ləu³¹	tuəŋ³¹	ɕy³¹
白水	luəŋ²⁴	liou³¹	lou³¹	suəŋ³¹	ɕy³¹
大荔	ləŋ²⁴	liou³¹	lou³¹	suəŋ³¹	ɕy³¹
蒲城	luəŋ³⁵	liou³¹	lou³¹	ʃuəŋ³¹	ɕy³¹
美原	luəŋ³⁵	liou³¹	lou³¹	ʃəŋ³¹	ɕy³¹
富平	luəŋ³⁵	liou³¹	lou³¹	suəŋ³¹	ɕy³¹
潼关	luəŋ²⁴	liou³¹	lou³¹	suəŋ³¹	ɕy³¹
华阴	luəŋ²⁴	liou³¹	lou³¹	suəŋ³¹	ɕy³¹
华县	luəŋ³⁵	liou³¹	lou³¹	ʃuəŋ³¹	ɕy³¹
渭南	luəŋ²⁴	liou³¹	lou³¹	ʃuəŋ³¹	ɕy³¹
洛南	luəŋ²⁴	liou³¹	lou³¹	ʃuəŋ³¹	ɕy³¹
商州	luəŋ³⁵	liou³¹	lou³¹	ʃuəŋ³¹	ɕy³¹
丹凤	luəŋ²⁴	liou³¹	lou³¹	ʃuəŋ³¹	ɕy³¹
宜川	luəŋ²⁴	liɤu⁵¹	lɤu⁵¹	suəŋ⁵¹	ɕy⁵¹
富县	luəŋ²⁴	liu³¹	lɤu³¹/liu³¹	suəŋ³¹	ɕy³¹
黄陵	luəŋ²⁴	liɤu³¹	lɤu³¹	ʃuəŋ³¹	ɕy³¹
宜君	luəŋ²⁴	liou²¹	lou²¹	suəŋ²¹	ɕy²¹
铜川	luɤŋ²⁴	liɤu²¹	lɤu²¹	suɤŋ²¹	ɕy²¹
耀县	luəŋ²⁴	liou³¹	lou³¹	ʃuəŋ³¹	ɕy³¹
高陵	luəŋ²⁴	liɤu³¹	lɤu³¹	suəŋ³¹	ɕy³¹
临潼	luəŋ²⁴	liɤu³¹	lɤu³¹	suəŋ³¹	ɕy³¹

字目 方言	隆 通合三 平东来	六 通合三 入屋来	陆 通合三 入屋来	嵩 通合三 平东心	宿住~，~舍 通合三 入屋心
蓝田	luəŋ²⁴	liɤu³¹	lɤu³¹	ʃuəŋ³¹	s̪ɤu³¹/çy³¹
长安	luəŋ²⁴	liɤu³¹	lɤu³¹	suəŋ³¹	çy³¹
户县	luəŋ²⁴	liɤu³¹	lɤu³¹	ʃuəŋ³¹	çy³¹
周至	luəŋ²⁴	liɤu²¹	lɤu²¹	suəŋ²¹	su̪²¹/çy²¹
三原	luŋ²⁴	liou³¹	lou³¹	suŋ³¹	çy³¹
泾阳	luŋ²⁴	liou³¹	lou³¹	suŋ³¹	çy³¹
咸阳	luŋ²⁴	liou³¹	lou³¹	suŋ³¹	çy³¹
兴平	nəŋ²⁴	liou³¹	lou³¹	suŋ³¹	çy³¹
武功	luŋ²⁴	liou³¹	lu³¹	suŋ³¹	çy³¹
礼泉	luŋ²⁴	liou³¹	lou³¹	suŋ³¹	çy³¹
乾县	luŋ²⁴	liou³¹	lou³¹	suŋ³¹	çy³¹
永寿	luŋ²⁴	liou³¹	lou³¹	suŋ³¹	çy³¹
淳化	luŋ²⁴	liou³¹	lou³¹	suŋ³¹	çy³¹
旬邑	luŋ²⁴	liou³¹	lou³¹	suŋ³¹	çy³¹
彬县	luŋ²⁴	liou³¹	lou³¹	suŋ³¹	çy³¹
长武	luŋ²⁴	liou³¹	lu³¹	suŋ³¹	çy³¹
扶风	luŋ²⁴	liu³¹	liu³¹	suŋ³¹	çy³¹
眉县	luŋ²⁴	liu³¹	lu³¹/liu³¹①	suŋ³¹	çy³¹
麟游	luŋ²⁴	liu³¹	lu³¹	suŋ³¹	su̪³¹/çy³¹
岐山	luŋ⁵³	liu³¹	liu³¹	suŋ³¹	çy³¹
凤翔	luŋ²⁴	liu³¹	lu³¹/liu³¹	suŋ³¹	çy³¹
宝鸡	luŋ²⁴	liu³¹	liu³¹	suŋ³¹	çy³¹
千阳	luŋ²⁴	liu³¹	lu³¹/liu³¹	suŋ³¹	çy³¹
陇县	luŋ²⁴	liu³¹	lu³¹/liu³¹	suŋ³¹	çy³¹

---

① lu³¹ ～地；liu³¹ "六"的大写。

字目\方言	中当~ 通合三 平东知	中射~ 通合三 去送知	竹 通合三 入屋知	畜~牲 通合三 入屋彻	虫 通合三 平东澄
西安	pfəŋ²¹	pfəŋ⁵⁵	tsou²¹/pfu²¹	pfʰu²¹	pfʰəŋ²⁴
韩城	pfəŋ³¹	pfəŋ⁴⁴	tsəu³¹	tsʰəu³¹	pfʰəŋ²⁴
合阳	pfʰəŋ³¹/pfəŋ³¹	pfəŋ⁵⁵	tsou³¹	tsʰou³¹	pfʰəŋ²⁴
澄城	tʃuəŋ³¹	tʃuəŋ⁴⁴	tsəu³¹	tsʰəu³¹	tʃʰuəŋ²⁴
白水	tʃuəŋ³¹	tʃuəŋ⁴⁴	tsou³¹	tsʰou³¹	tʃʰuəŋ²⁴
大荔	pfəŋ³¹	pfəŋ⁵⁵	tsou³¹	tsʰou³¹	pfʰəŋ²⁴
蒲城	tʃuəŋ³¹	tʃuəŋ⁵⁵	tsou³¹	tsʰou³¹	tʃʰuəŋ²⁴
美原	tʃəŋ³¹	tʃəŋ⁵⁵	tsou³¹	tsʰou³¹	tʃʰəŋ³⁵
富平	tʃuəŋ³¹	tʃuəŋ⁵⁵	tsou³¹	tsʰou³¹	tʃʰuəŋ³⁵
潼关	pfəŋ³¹	pfəŋ⁴⁴	tsou³¹	tsʰou³¹	pfʰəŋ²⁴
华阴	pfəŋ³¹	pfəŋ⁵⁵	tsou³¹	tsʰou³¹	pfʰəŋ²⁴
华县	tʃuəŋ³¹	tʃuəŋ⁵⁵	tsou³¹	tsʰou³¹	tʃʰuəŋ³⁵
渭南	tʃuəŋ³¹	tʃuəŋ⁴⁴	tsou³¹	tsʰou³¹	tʃʰuəŋ²⁴
洛南	tʃuəŋ³¹	tʃuəŋ⁴⁴	tsou³¹	tsʰou³¹	tʃʰuəŋ²⁴
商州	tʃuəŋ³¹	tʃuəŋ⁵⁵	tsou³¹	tsʰou³¹	tʃʰuəŋ³⁵
丹凤	tʃuəŋ³¹	tʃuəŋ⁴⁴	tsou³¹	tsʰou³¹	tʃʰuəŋ²⁴
宜川	tʂuəŋ⁵¹	tʂuəŋ⁴⁵	t̠sʐu⁵¹/t̠ʂu⁵¹	t̠sʰʐu⁵¹/t̠ʂʰu⁵¹	tʂʰuəŋ²⁴
富县	tsuəŋ³¹	tsuəŋ⁵²/tsuəŋ⁴⁴	tsʁu³¹	tsʰʁu³¹	tʃʰuəŋ²⁴
黄陵	tʃuəŋ³¹	tʃuəŋ⁴⁴	tsʁu³¹	tsʰʁu³¹	tʃʰuəŋ²⁴
宜君	tʃuəŋ²¹	tʃuəŋ⁴⁴	tsou²¹	tsʰou²¹	tʃʰuəŋ²⁴
铜川	tʃuɤŋ²¹	tʃuɤŋ⁴⁴	tsʁu²¹	tsʰʁu²¹	tʃʰuɤŋ²⁴
耀县	tʃuəŋ³¹	tʃuəŋ⁴⁴	tsou³¹	tsʰou³¹	tʃʰuəŋ²⁴
高陵	tʃuəŋ³¹	tʃuəŋ⁵⁵	tsʁu³¹	tsʰʁu³¹	tsʰuəŋ²⁴
临潼	tʂəŋ³¹/tʃuəŋ³¹老	tʂəŋ⁴⁵/tʃuəŋ⁴⁵老	tsʁu³¹	tsʰʁu³¹	tʂʰəŋ²⁴/tʃʰuəŋ²⁴老

字目 方言	中当~ 通合三 平东知	中射~ 通合三 去送知	竹 通合三 入屋知	畜~牲 通合三 入屋彻	虫 通合三 平东澄
蓝田	tʃuəŋ³¹	tʃuəŋ⁴⁴	tsʁu³¹	tsʰʁu³¹	tʃʰuəŋ²⁴
长安	pfəŋ³¹	pfəŋ⁴⁴	tsʁu³¹	tsʰʁu³¹	pfʰəŋ²⁴
户县	tʃuəŋ³¹	tʃuəŋ⁵⁵	tsʁu³¹	tsʰʁu³¹	tʃʰuəŋ²⁴
周至	pfəŋ²¹	pfəŋ⁵⁵	pfu²¹	pfʰu²¹	pfʰəŋ²⁴
三原	tʃuŋ³¹	tʃuŋ⁵⁵	tsou³¹	tsʰou³¹	tʃʰuŋ²⁴
泾阳	tʃuŋ³¹	tʃuŋ⁵⁵	tsou³¹	tsʰou³¹	tʃʰuŋ²⁴
咸阳	tʃuŋ³¹	tʃuŋ⁵⁵	tʃu³¹	tʃʰu³¹	tʃʰuŋ²⁴
兴平	tʃuŋ³¹	tʃuŋ⁵⁵	tʃu³¹	tʃʰu³¹	tʃʰuŋ²⁴
武功	tʃuŋ³¹	tʃuŋ⁵⁵	tʃu³¹	tʃʰu³¹	tʃʰuŋ²⁴
礼泉	tʃuŋ³¹	tʃuŋ⁵⁵	tʃu³¹	tʃʰu³¹	tʃʰuŋ²⁴
乾县	tʃuŋ³¹	tʃuŋ⁴⁴	tʃu³¹	tʃʰu³¹	tʃʰuŋ²⁴
永寿	tʃuŋ³¹	tʃuŋ⁵⁵	tʃu³¹	tʃʰu³¹	tʃʰuŋ²⁴
淳化	tʃuŋ³¹	tʃuŋ⁵⁵	tsou³¹	tsʰou³¹	tʃʰuŋ²⁴
旬邑	tʃuŋ³¹	tʃuŋ⁴⁴	tʃu³¹/tsou³¹	tʃʰu³¹	tʃʰuŋ²⁴
彬县	tʃuŋ³¹	tʃuŋ⁴⁴	tʃu³¹	tʃʰu³¹	tʃʰuŋ²⁴
长武	tʃuŋ³¹	tʃuŋ⁴⁴	tʃu³¹	tʃʰu³¹	tʃʰuŋ²⁴
扶风	tʂʂəŋ³¹	tʂʂəŋ³³	tʂʅ³¹	ɕy³¹	tʂʂʰəŋ²⁴
眉县	tʂʂəŋ³¹/tʃuəŋ³¹	tʂʂəŋ⁴⁴/tʃuəŋ⁴⁴	tʂʅ³¹/tʃu³¹	ɕy³¹	tʂʂʰəŋ²⁴/tʃʰuəŋ²⁴
麟游	tʃuəŋ³¹	tʃuəŋ⁵³	tʃu³¹	ɕy³¹	tʃʰuəŋ²⁴
岐山	tʂʂəŋ³¹/ tʂʂʰəŋ²⁴	tʂʂəŋ⁴⁴	tʂʅ³¹	ɕy³¹	tʂʂʰəŋ²⁴
凤翔	tʂʂəŋ³¹	tʂʂəŋ⁵³	tʂʅ³¹	ɕy³¹	tʂʂʰəŋ²⁴
宝鸡	tʂʂəŋ³¹/ tʂuəŋ³¹新	tʂʂəŋ⁴⁴/tʂuəŋ⁴⁴新	tʂʅ³¹/tʂu³¹新	ɕy³¹	tʂʂʰəŋ²⁴/ tʂʂʰuəŋ²⁴新
千阳	tʃəŋ³¹	tʃəŋ⁴⁴	tʃu³¹	tʃʰʅ⁵³/ɕy³¹	tʃʰəŋ²⁴
陇县	tʃuŋ³¹	tʃuŋ⁴⁴	tʃu³¹	tʃʰu⁵³/ɕy³¹	tʃʰuŋ²⁴

字目 方言	仲 通合三 去送澄	逐 通合三 入屋澄	轴 通合三 入屋澄	崇 通合三 平东崇	缩 通合三 入屋生
西安	pfəŋ⁵⁵	tsou²⁴/pfu²⁴	tsou²⁴/pfu²⁴	pfʰəŋ²⁴	suo²¹/fo²¹
韩城	pfʰəŋ⁴⁴	tsʰou²⁴	tsʰou²⁴	pfʰəŋ²⁴	fə³¹
合阳	pfʰəŋ⁵⁵	tsou²⁴	tsʰou²⁴/pfʰu²⁴	pfʰəŋ²⁴	fo³¹/faŋ²⁴/faŋ⁵²
澄城	tʃʰuəŋ⁴⁴	tsəu²⁴	tsʰəu²⁴	tʃʰuəŋ²⁴	ʃuo³¹
白水	tʃʰuəŋ⁴⁴	tsou²⁴	tsʰou²⁴	tʃʰuəŋ²⁴	ʃuo³¹
大荔	pfʰəŋ⁵⁵	tsou²⁴	tsʰou²⁴	pfʰəŋ²⁴	fo³¹
蒲城	tʃʰuəŋ⁵⁵	tsʰou³⁵	tsʰou³⁵	tʃʰuəŋ³⁵	ʃuo³¹
美原	tʃəŋ⁵⁵	tsou³⁵	tsʰou³⁵	tʃʰəŋ³⁵	ʃo³¹
富平	tʃuəŋ⁵⁵	tsou³⁵	tsʰou³⁵	tʃʰuəŋ³⁵	ʃuo³¹
潼关	pfəŋ⁴⁴	tsou²⁴	tsʰou²⁴	pfʰəŋ²⁴	fo³¹
华阴	pfəŋ⁵⁵	tsou²⁴	tsʰou²⁴	pfʰəŋ²⁴	fo³¹
华县	tʃʰuəŋ⁵⁵	tsou³⁵	tsʰou³⁵	tʃʰuəŋ³⁵	ʃuo³¹
渭南	tʃuəŋ⁴⁴	tsou²⁴	tsʰou²⁴	tʃʰuəŋ²⁴	ʃuo³¹
洛南	tʃuəŋ⁴⁴	tsou²⁴	tsou²⁴	tʃʰuəŋ²⁴	ʃuo³¹
商州	tʃuəŋ³¹	tsou³⁵	tsou³⁵	tʃʰuəŋ³⁵	ʃuo³¹
丹凤	tʃuəŋ⁴⁴	tsou²⁴	tsou²⁴	tʃʰuəŋ²⁴	ʃuo³¹
宜川	tʂuəŋ⁵¹	tsɤu⁵¹/tsɤu²⁴①	tsʰɤu²⁴	tʂʰuəŋ²⁴	ʂuo⁵¹
富县	tʃuəŋ³¹	tsɤu²⁴	tsʰɤu²⁴	tsʰuəŋ²⁴	suo³¹
黄陵	tʃuəŋ⁵²	tsʰɤu²⁴	tsʰɤu²⁴	tʃʰuəŋ²⁴	ʃuo³¹
宜君	tʃuəŋ²¹	tsʰou²⁴	tsou²⁴/tsʰou²⁴	tʃʰuəŋ²⁴	suo²¹
铜川	tʃuɤŋ⁴⁴	tsɤu²⁴	tsɤu²⁴/tsʰɤu²⁴	tʃʰuɤŋ²⁴	suo²¹
耀县	tʃuəŋ⁵²	tʃuo²⁴	tsʰɤu²⁴	tʃʰuəŋ²⁴	ʃuo³¹/ʃuaŋ²⁴
高陵	tsuəŋ⁵²	tsɤu²⁴	tsʰɤu²⁴	tʃʰuəŋ²⁴	suo³¹
临潼	tʂəŋ⁵²/tʃuəŋ⁵²老	tsɤu²⁴	tsɤu²⁴	tsʰəŋ²⁴/tʃʰuəŋ²⁴老	suo³¹

---

① tsɤu²⁴ 追～。

字目 / 方言	仲	逐	轴	崇	缩
	通合三 去送澄	通合三 入屋澄	通合三 入屋澄	通合三 平东崇	通合三 入屋生
蓝田	tʃuəŋ^{44}	tsʁu^{24}	tsʁu^{24}	tʃʰuəŋ^{24}	ʃuo^{31}/ʃuaŋ^{52}
长安	pfəŋ^{44}	tsʁu^{24}	tsʁu^{24}	pfʰəŋ^{24}	fo^{31}
户县	tʃuəŋ^{55}	tsʁu^{24}	tsʁu^{24}	tʃʰuəŋ^{24}	ʃuo^{31}/ʃuaŋ^{52}
周至	pfəŋ^{55}	pfu^{24}	pfu^{24}旧/tsʁu^{24}	pfʰəŋ^{24}/tsʰuəŋ^{24}	fo^{21}/pfʰu^{21}
三原	tʃuŋ^{55}	tsou^{24}	tsou^{24}	tʃʰuŋ^{24}	suo^{31}
泾阳	tʃuŋ^{55}	tsou^{24}	tsou^{24}	tʃʰuŋ^{24}	suo^{31}
咸阳	tʃuŋ^{55}	tʃu^{24}	tʃu^{24}	tʃʰuŋ^{24}	ʃuo^{31}
兴平	tʃuŋ^{55}	tʃu^{24}	tʃu^{24}	tʃʰuŋ^{24}	ʃuo^{31}
武功	tʃuŋ^{44}	tʃu^{24}	tʃu^{24}	tʃʰuŋ^{24}	ʃuo^{31}
礼泉	tʃuŋ^{55}	tʃu^{24}	tʃu^{24}	tʃʰuŋ^{24}	ʃuo^{31}
乾县	tʃuŋ^{44}	tʃu^{24}	tʃu^{24}	tʃʰuŋ^{24}	suo^{31}
永寿	tʃuŋ^{55}	tʃu^{24}	tʃu^{24}	tʃʰuŋ^{24}	suo^{31}
淳化	tʃuŋ^{55}	tsou^{24}	tsʰou^{24}	tʃʰuŋ^{24}	suo^{31}
旬邑	tʃuŋ^{31}	tʃu^{24}	tʃʰu^{24}	tʃʰuŋ^{24}	suo^{31}
彬县	tʃuŋ^{44}	tʃu^{24}	tʃʰu^{24}	tʃʰuŋ^{24}	ʃuo^{31}
长武	tʃuŋ^{44}	tʃu^{24}	tʃʰu^{24}	tʃʰuŋ^{24}	ʃuo^{31}
扶风	tʂəŋ^{33}	tʂʅ^{24}	tʂʰʅ^{24}	tʂʰəŋ^{24}	ʂuo^{31}
眉县	tʂəŋ^{44}/tʃuəŋ^{44}	tʂʅ^{24}	tʂʅ^{24}	tʂʰəŋ^{24}/tʃʰuəŋ^{24}	ʃuo^{31}/ʂʅə^{31}
麟游	tʃuəŋ^{44}	tʃu^{24}	tʃu^{24}	tʃʰuəŋ^{24}	ʃuo^{31}
岐山	tʂəŋ^{53}	tʂʅ^{24}	tʂʰʅ^{24}	tʂʰəŋ^{24}	ʂuo^{31}
凤翔	tʂəŋ^{53}	tʂʅ^{24}	tʂʰʅ^{24}	tʂʰəŋ^{24}	suo^{31}/ʂaŋ^{53}
宝鸡	tʂəŋ^{31}/tʂuəŋ^{31}新	tʂʅ^{24}/tʂu^{24}新	tʂʅ^{24}/tʂu^{24}新	tʂʰəŋ^{24}/tʂʰuəŋ^{24}新	suo^{31}
千阳	tʃəŋ^{44}	tʃʰʅ^{24}	tʃʰʅ^{24}	tʃʰəŋ^{24}	suo^{31}
陇县	tʃuŋ^{44}	tʃu^{24}	tʃu^{24}	tʃʰuŋ^{24}	ʂuo^{31}

字目 方言	终 通合三 平东章	众 通合三 去送章	祝 通合三 入屋章	粥 通合三 入屋章	充 通合三 平东昌
西安	pfη^{21} ∣ pfη	pfη^{55}	t̠sou^{21}/pfu^{21}	tsou^{21}	pfʰη^{21}/pfʰη^{53} ∣ pfʰη
韩城	pfη^{31} ∣ pfη	pfη^{44}	tsəu^{31}	tsəu^{31}	pfʰη^{31} ∣ pfʰη
合阳	pfη^{31} ∣ pfη	pfη^{55}	tsou^{31}	tsou^{31}	pfʰη^{31} ∣ pfʰη
澄城	tʃuəŋ^{31} ∣ tsʮəŋ	tʃuəŋ^{44}	tsəu^{31}	tsəu^{31}	tʃʰuəŋ^{31} ∣ tsʰʮəŋ
白水	tʃuəŋ^{31} ∣ tsʮəŋ	tʃuəŋ^{44}	tsou^{31}	tsou^{31}	tʃʰuəŋ^{31} ∣ tsʰʮəŋ
大荔	pfη^{31} ∣ pfη	pfη^{55}	tsou^{31}	tsou^{31}	pfʰη^{31} ∣ pfʰη
蒲城	tʃuəŋ^{31} ∣ tsʮəŋ	tʃuəŋ^{55}	tsou^{31}	tsou^{31}	tʃʰuəŋ^{31} ∣ tsʰʮəŋ
美原	tʃəŋ^{31} ∣ tsʰʮəŋ	tʃəŋ^{55}	tsou^{53}	tsou^{31}	tʃʰəŋ^{31} ∣ tsʰʮəŋ
富平	tʃuəŋ^{31} ∣ tsʮəŋ	tʃuəŋ^{55}	tsou^{55}	tsou^{31}	tʃʰuəŋ^{53} ∣ tsʰʮəŋ
潼关	pfη^{31} ∣ pfη	pfη^{44}	tsou^{44}	tsou^{31}	pfʰη^{31} ∣ pfʰη
华阴	pfη^{31} ∣ pfη	pfη^{55}	tsou^{31}	tsou^{31}	pfʰη^{31} ∣ pfʰη
华县	tʃuəŋ^{31} ∣ tsʮəŋ	tʃuəŋ^{55}	tsou^{31}	tsou^{31}	tʃʰuəŋ^{53} ∣ tsʰʮəŋ
渭南	tʃuəŋ^{31} ∣ tsʮəŋ	tʃuəŋ^{44}	tsou^{31}	tsou^{31}	tʃʰuəŋ^{31} ∣ tsʰʮəŋ
洛南	tʃuəŋ^{31} ∣ tsʮəŋ	tʃuəŋ^{44}	tsou^{31}	tsou^{31}	tʃʰuəŋ^{53} ∣ tsʰʮəŋ
商州	tʃuəŋ^{31} ∣ tsʮəŋ	tʃuəŋ^{55}	tsou^{31}	tsou^{31}	tʃʰuəŋ^{53} ∣ tsʰʮəŋ
丹凤	tʃuəŋ^{31}	tʃuəŋ^{44}	tsou^{31}	tsou^{31}	tʃʰuəŋ^{53}
宜川	tʂuəŋ^{51}	tʂuəŋ^{45}	tsʐu^{51}/tsʂu^{51}	tsʐu^{51}	tʂʰuəŋ^{51}
富县	tsuəŋ^{31}	tsuəŋ^{44}	tsʐu^{31}	tsʐu^{31}	tsʰuəŋ^{52}
黄陵	tʃuəŋ^{31}	tʃuəŋ^{44}	tsʐu^{52}	tsʐu^{31}	tʃʰuəŋ^{52}
宜君	tʃuəŋ^{21}	tʃuəŋ^{44}	tsou^{52}	tsou^{31}	tʃʰuəŋ^{52}
铜川	tʃuɤŋ^{21} ∣ tʂʮəŋ	tʃuɤŋ^{44}	tsʐu^{21}/ tsʐu^{52}①	tsʐu^{21}	tʃʰuɤŋ^{21}/ tʃʰuɤŋ^{52} ∣ tʂʮəŋ
耀县	tʃuəŋ^{31} ∣ tʂʮəŋ	tʃuəŋ^{44}	tsʐu^{31}	tsou^{31}	tʃʰuəŋ^{52} ∣ tsʰʮəŋ
高陵	tʃuəŋ^{31} ∣ tsʮəŋ	tʃuəŋ^{55}	tsʐu^{52}	tsʐu^{31}	tʃʰuəŋ^{52} ∣ tsʰʮəŋ
临潼	tʂəŋ^{31}/tʃuəŋ^{31}老 ∣ tʃʮəŋ	tʂəŋ^{45}/ tʃuəŋ^{45}老	tsʐu^{52}	tsʐu^{31}	tʂʰəŋ^{52}/tʃʰuəŋ^{52}老 ∣ tsʰʮəŋ

① tsʐu^{21} ～贺；tsʐu^{52} 庆～。

字目 方言	终 通合三 平东章	众 通合三 去送章	祝 通合三 入屋章	粥 通合三 入屋章	充 通合三 平东昌
蓝田	tʃuəŋ³¹ ∣ tsʮəŋ	tʃuəŋ⁴⁴	tsʮu³¹	tsʮu³¹	tʃʰuəŋ⁵² ∣ tsʰʮəŋ
长安	pfəŋ³¹	pfəŋ⁴⁴	tsʮu³¹	tsʮu³¹	pfʰəŋ⁵³
户县	tʃuəŋ³¹ ∣ tsʮəŋ	tʃuəŋ⁵⁵	tsʮu³¹	tsʮu³¹	tʃʰuəŋ⁵² ∣ tsʰʮəŋ
周至	pfəŋ²¹/tsuəŋ²¹ ∣ pfoŋ	pfəŋ⁵⁵	tsu²¹	tsʮu⁵⁵	pfʰəŋ⁵²/tsʰuəŋ⁵² ∣ pfʰoŋ
三原	tʃuŋ³¹ ∣ tsʮəŋ	tʃuŋ⁵⁵	tsou⁵²	tsou³¹	tʃʰuŋ⁵² ∣ tsʰʮəŋ
泾阳	tʃuŋ³¹ ∣ tsʮəŋ	tʃuŋ⁵⁵	tsou³¹	tsou³¹	tʃʰuŋ³¹ ∣ tsʰʮəŋ
咸阳	tʃuŋ³¹	tʃuŋ⁵⁵	tʃu²⁴	tsou³¹	tʃʰuŋ³¹
兴平	tʃuŋ³¹ ∣ tsʮəŋ	tʃuŋ⁵⁵	tʃu³¹	tʃu³¹	tʃʰuŋ³¹ ∣ tsʰʮəŋ
武功	tʃuŋ³¹ ∣ tsʮəŋ	tʃuŋ⁵⁵	tʃu²⁴	tʃu³¹	tʃʰuŋ³¹ ∣ tsʰʮəŋ
礼泉	tʃuŋ³¹ ∣ tsʮəŋ	tʃuŋ⁵⁵	tʃu³¹/ tʃu²⁴①	tou³¹	tʃʰuŋ⁵² ∣ tsʰʮəŋ
乾县	tʃuŋ³¹ ∣ tsʮəŋ	tʃuŋ⁴⁴	tʃu²⁴	tʃu³¹	tʃʰuŋ⁵² ∣ tsʰʮəŋ
永寿	tʃuŋ³¹ ∣ tsʮəŋ	tʃuŋ⁵⁵	tʃu⁵²	tʃu³¹	tʃʰuŋ⁵² ∣ tsʰʮəŋ
淳化	tʃuŋ³¹ ∣ tsʮəŋ	tʃuŋ⁵⁵	tsou⁵²	tsou³¹	tʃʰuŋ³¹ ∣ tsʰʮəŋ
旬邑	tʃuŋ³¹ ∣ tsʮəŋ	tʃuŋ⁴⁴	tʃu⁴⁴	tsou³¹	tʃʰuŋ³¹ ∣ tsʰʮəŋ
彬县	tʃuŋ³¹ ∣ tsʮəŋ	tʃuŋ⁴⁴	tʃu³¹	tou³¹	tʃʰuŋ³¹ ∣ tsʰʮəŋ
长武	tʃuŋ³¹ ∣ tsʮəŋ	tʃuŋ⁴⁴	tʃu³¹	tʃu³¹	tʃʰuŋ³¹ ∣ tsʰʮəŋ
扶风	tʂəŋ³¹ ∣ tsʰʮəŋ	tʂəŋ³³	tʂʅ²⁴	tʂʅ³¹	tʂʰəŋ⁵² ∣ tsʰʮəŋ
眉县	tʂəŋ³¹/tʃuəŋ³¹ ∣ tsʮəŋ	tʂəŋ⁴⁴/ tʃuəŋ⁴⁴	tʂʅ⁴⁴/tʃu⁴⁴	tsou³¹	tʂʰəŋ⁵²/tʃʰuəŋ⁵² ∣ tsʰʮəŋ
麟游	tʃuəŋ³¹ ∣ tsʮəŋ	tʃuəŋ⁴⁴	tʃu⁴⁴	tʃu³¹	tʃʰuəŋ⁵³ ∣ tsʰʮəŋ
岐山	tʂəŋ³¹ ∣ tsəŋ	tʂəŋ⁴⁴	tʂʅ⁴⁴	tʂʅ³¹	tʂʰəŋ⁵³ ∣ tsʰəŋ
凤翔	tʂəŋ³¹ ∣ tsʮəŋ	tʂəŋ⁴⁴	tʂʅ²⁴	tʂʅ³¹	tʂʰəŋ³¹ ∣ tsʰʮəŋ
宝鸡	tʂəŋ³¹/tʂuəŋ³¹新 ∣ tsʮəŋ	tʂəŋ⁴⁴/ tʂuəŋ⁴⁴新	tʂʅ⁴⁴/ tsu⁴⁴新	tʂʅ³¹/ tʂu³¹新	tʂʰəŋ³¹/ tʂʰuəŋ³¹新 ∣ tsʰʮəŋ
千阳	tʃəŋ³¹ ∣ tsʮəŋ	tʃəŋ⁴⁴	tʃʅ⁴⁴	tʃʅ³¹	tʃʰəŋ⁵³ ∣ tsʰʮəŋ
陇县	tʃuŋ³¹ ∣ tsuəŋ	tʃuŋ⁴⁴	tʃu⁴⁴	tʃu³¹	tʃʰuŋ⁵³ ∣ tsʰuəŋ

① tʃu³¹ 姓氏；tʃu²⁴ ～贺。

字目 方言	叔 通合三 入屋书	熟 通合三 入屋禅	绒 通合三 平东日	肉 通合三 入屋日	宫 通合三 平东见
西安	sou²¹/fu²⁴/fu²¹	fu²⁴	vəŋ²⁴ ∣ vəŋ	ʐou⁵⁵	kuoŋ²¹
韩城	sou²⁴	fu²⁴/ sou²⁴	vəŋ²⁴ ∣ vəŋ	ʐə̧u⁴⁴/vu³¹①	kuəŋ³¹
合阳	sou²⁴	sou²⁴	vəŋ²⁴ ∣ vəŋ	zou³¹/zou⁵⁵	kuoŋ³¹
澄城	sə̧u²⁴	sə̧u²⁴	ʒuəŋ²⁴ ∣ zṷəŋ	ʐə̧u³¹	kuəŋ³¹
白水	sou²⁴	sou²⁴	ʒuəŋ²⁴ ∣ zṷəŋ/zə̧ŋ	zou³¹	kuəŋ³¹
大荔	sou²⁴	sou²⁴	vəŋ²⁴ ∣ vəŋ	zou⁵⁵	kuəŋ³¹
蒲城	sou³⁵	sou³⁵	ʒuəŋ³⁵ ∣ zṷəŋ	zou³¹	kuəŋ³¹
美原	sou³⁵	sou³⁵	ʒəŋ³⁵ ∣ zṷəŋ	zou³¹	kuəŋ³¹
富平	sou³⁵	sou³⁵	ʒuəŋ³⁵ ∣ zṷəŋ	zou⁵⁵	kuəŋ³¹
潼关	sou²⁴	sou²⁴	vəŋ²⁴ ∣ vəŋ	ʐou⁴⁴	kuəŋ³¹
华阴	sou²⁴	sou²⁴	vəŋ²⁴ ∣ vəŋ	ʐou⁵⁵	kuəŋ³¹
华县	sou³⁵	sou³⁵	ʒuəŋ³⁵ ∣ zṷəŋ	ʐou⁵⁵	kuəŋ³¹
渭南	sou³¹	sou²⁴	ʒuəŋ²⁴ ∣ zṷəŋ	zou⁴⁴	kuəŋ³¹
洛南	sou³¹	sou²⁴	ʒuəŋ²⁴ ∣ zṷəŋ	ʐou⁴⁴	kuəŋ³¹
商州	sou³¹/sou³⁵	sou³⁵	ʒuəŋ³⁵ ∣ zṷəŋ	ʐou⁵⁵	kuəŋ³¹
丹凤	sou³¹	sou²⁴	ʒuəŋ²⁴	ʐou⁴⁴	kuəŋ³¹
宜川	ʂu⁵¹	ʂu²⁴/ sʁu²⁴②	zuəŋ²⁴	zʁu⁴⁵	kuəŋ⁵¹
富县	sʁu²⁴	sʁu²⁴	zuəŋ²⁴	zɤu⁴⁴旧/zʁu⁴⁴新	kuəŋ³¹
黄陵	sʁu²⁴	sʁu²⁴	ʒuəŋ²⁴	zʁu⁴⁴	kuəŋ³¹
宜君	sou²⁴	sou²⁴	ʒuəŋ²⁴	ʐou⁴⁴/zou⁴⁴	kuəŋ²¹
铜川	sʁu²¹	sʁu²⁴	ʒuɤŋ²⁴ ∣ zṷəŋ	ʐʁu⁴⁴/zʁu²¹	kuɤŋ²¹
耀县	sou³¹	sou²⁴	ʒuəŋ²⁴ ∣ zṷəŋ	ʐou⁴⁴/zou³¹	kuəŋ³¹
高陵	sʁu³¹	sʁu²⁴	ʒuəŋ²⁴ ∣ zṷəŋ	zʁu⁵⁵	kuəŋ³¹
临潼	sʁu²⁴	sʁu²⁴	zəŋ²⁴ ∣ zṷəŋ	zʁu⁴⁵	kuəŋ³¹

① vu³¹ 羊~。
② ʂu²⁴ 庄稼~了；sʁu²⁴ 饭~了。

字目 方言	叔 通合三 入屋书	熟 通合三 入屋禅	绒 通合三 平东日	肉 通合三 入屋日	宫 通合三 平东见
蓝田	sʐu³¹	sʐu²⁴	ʒuəŋ²⁴/ʒuəŋ⁵² ｜ zɥəŋ	zʐu⁴⁴	kuəŋ³¹
长安	sʐu³¹/fu³¹①	sʐu²⁴	vəŋ²⁴	zʐu⁴⁴	kuəŋ³¹
户县	sʐu³¹	sʐu²⁴	ʒɥəŋ²⁴ ｜ zɥəŋ	zʐu⁵⁵	kuəŋ³¹
周至	fu²⁴/sʐu²¹	fu²⁴	vəŋ²⁴ ｜ vəŋ	zʐu⁵⁵	kuəŋ²¹
三原	sou²⁴	sou²⁴	ʒuŋ²⁴ ｜ zɥəŋ	zou⁵⁵	kuŋ³¹
泾阳	sou²⁴	sou²⁴	ʒuŋ²⁴ ｜ zɥəŋ	zou⁵⁵	kuŋ³¹
咸阳	ʃu²⁴	ʃu²⁴	ʒuŋ²⁴ ｜ zɥəŋ	zou⁵⁵	kuŋ³¹
兴平	ʃu²⁴	ʃu²⁴	ʒuŋ²⁴ ｜ zɥəŋ	zou⁵⁵	kuŋ³¹
武功	ʃu³¹	ʃu²⁴	ʒuŋ²⁴ ｜ zɥəŋ	zou⁵⁵	kuŋ³¹
礼泉	ʃu³¹/ʃu²⁴	ʃu²⁴	ʒuŋ²⁴ ｜ zɥəŋ	zou⁵⁵	kuŋ³¹
乾县	ʃu²⁴	ʃu²⁴	ʒuŋ²⁴ ｜ zɥəŋ	zou⁴⁴	kuŋ³¹
永寿	ʃu²⁴	ʃu²⁴	ʒuŋ²⁴ ｜ zɥəŋ	zou⁵⁵	kuŋ³¹
淳化	sou³¹	sou²⁴	ʒuŋ²⁴ ｜ zɥəŋ	zou⁵⁵/zou⁵⁵	kuŋ³¹
旬邑	ʃu⁵²	ʃu²⁴	ʒuŋ²⁴ ｜ zɥəŋ	zou⁴⁴	kuŋ³¹
彬县	ʃu³¹	ʃu²⁴	ʒuŋ²⁴ ｜ zɥəŋ	zou⁴⁴	kuŋ³¹
长武	ʃu³¹	ʃu²⁴	ʒuŋ²⁴ ｜ zɥəŋ	zou⁴⁴	kuŋ³¹
扶风	ʂʅ³¹/ʂʅ²⁴	ʂʅ²⁴	zəŋ²⁴ ｜ zɥəŋ	zou³³	kuŋ³¹
眉县	ʂʅ³¹/ʂʅ²⁴/ ʃu³¹/ʃu²⁴	ʂʅ²⁴/ʃu²⁴	zəŋ²⁴/ʒuəŋ²⁴	zou⁴⁴/ʒu⁵²②	kuŋ³¹
麟游	ʃu²⁴	ʃu²⁴	ʒuəŋ²⁴ ｜ zɥəŋ	zou⁴⁴/ʒu³¹	kuŋ³¹
岐山	ʂʅ³¹/ʂʅ²⁴	ʂʅ³¹	zəŋ²⁴ ｜ zəŋ	zou⁴⁴/zʅ³¹	kuŋ³¹
凤翔	ʂʅ³¹	ʂʅ²⁴	zəŋ²⁴ ｜ zɥəŋ	zou⁴⁴	kuŋ³¹
宝鸡	ʂʅ³¹/ʂu³¹新	ʂʅ²⁴/ ʂu²⁴新	zəŋ²⁴/zuəŋ²⁴新 ｜ zɥəŋ	zʅ⁵³/zou⁴⁴新	kuŋ³¹
千阳	ʃʅ³¹/ʃʅ²⁴	ʃʅ²⁴	zəŋ²⁴ ｜ zɥəŋ	zou⁴⁴/ʒʅ⁵³	kuŋ³¹
陇县	ʃu²⁴	ʃu²⁴	ʒuŋ²⁴ ｜ zuəŋ	zou⁴⁴/ʒu⁵³/ ʒu³¹	kuŋ³¹

① fu³¹ ～伯。

② ʒu⁵² ～桂。

字目 方言	菊 通合三 入屋见	曲酒~ 通合三 入屋溪	穷 通合三 平东群		畜~牧 通合三 入屋晓	郁 通合三 入屋影
西安	tɕy²¹	tɕʰy²¹	tɕʰyoŋ²⁴	tɕʰyuŋ	ɕy²¹	y⁵⁵/y²¹①
韩城	tɕy³¹	tɕʰy³¹	tɕʰyəŋ²⁴	tɕʰyuŋ	ɕy³¹	y⁴⁴
合阳	tɕy³¹	tɕʰy³¹	tɕʰyoŋ²⁴	tɕʰyuŋ	ɕy³¹	y⁵⁵
澄城	tɕy³¹	tɕʰy³¹	tɕʰyəŋ²⁴	tɕʰyuŋ	ɕy³¹	y⁴⁴
白水	tɕy³¹	tɕʰy³¹	tɕʰyəŋ²⁴	tɕʰyuŋ	ɕy³¹	y⁴⁴
大荔	tɕy³¹	tɕʰy³¹	tɕʰyəŋ²⁴	tɕʰyuŋ	ɕy³¹	y⁵⁵
蒲城	tɕy³¹	tɕʰy³¹	tɕʰyəŋ³⁵	tɕʰyuŋ	ɕy³¹	y³¹
美原	tɕy³¹	tɕʰy³¹	tɕʰyəŋ³⁵	tɕʰyuŋ	ɕy³¹	y⁵⁵
富平	tɕy³¹	tɕʰy³¹	tɕʰyəŋ³⁵	tɕʰyŋ	ɕy³¹	y⁵⁵
潼关	tɕy³¹	tɕʰy³¹	tɕʰyəŋ²⁴	tɕʰyəŋ	ɕy³¹	y³¹
华阴	tɕy³¹	tɕʰy³¹	tɕʰyəŋ²⁴	tɕʰyəŋ	ɕy³¹	y⁵⁵
华县	tɕy³¹	tɕʰy³¹	tɕʰyəŋ³⁵	tɕʰyuŋ	ɕy³¹	y⁵⁵
渭南	tɕy³¹	tɕʰy³¹	tɕʰyəŋ²⁴	tɕʰyuŋ	ɕy³¹	y⁴⁴
洛南	tɕy³¹	tɕʰy³¹	tɕʰyəŋ²⁴	tɕʰyuŋ	ɕy³¹	y⁴⁴
商州	tɕy³¹	tɕʰy³¹	tɕʰyəŋ³⁵	tɕʰyuŋ	ɕy³¹	y⁵⁵
丹凤	tɕy³¹	tɕʰy³¹	tɕʰyəŋ²⁴		ɕy³¹	y⁴⁴
宜川	tɕy⁵¹	tɕʰy⁵¹	tɕʰyəŋ²⁴		ɕy⁵¹	y⁴⁵
富县	tɕy³¹	tɕʰy³¹	tɕʰyəŋ²⁴		ɕy³¹	y⁴⁴/y³¹
黄陵	tɕy³¹	tɕʰy³¹	tɕʰyəŋ²⁴		ɕy³¹	y⁴⁴/y³¹
宜君	tɕy²¹	tɕʰy²¹	tɕʰyəŋ²⁴		ɕy²¹	y⁴⁴
铜川	tɕy²¹	tɕʰy²¹	tɕʰyɤŋ²⁴	tɕʰyuŋ	ɕy²¹	y⁴⁴/y²¹
耀县	tɕy³¹	tɕʰy³¹	tɕʰyəŋ²⁴	tɕʰyuŋ	ɕy³¹	y⁴⁴
高陵	tɕy³¹	tɕʰy³¹	tɕʰyəŋ²⁴	tɕʰyŋ	ɕy³¹	y⁵⁵
临潼	tɕy³¹	tɕʰy³¹	tɕʰyəŋ²⁴	tɕʰyŋ	ɕy³¹	y⁴⁵

① y⁵⁵ ~闷；y²¹ ~金香。下同。

字目 / 方言	菊 通合三入屋见	曲酒~ 通合三入屋溪	穷 通合三平东群	畜~牧 通合三入屋晓	郁 通合三入屋影
蓝田	tɕy³¹	tɕʰy³¹	tɕʰyəŋ²⁴ ｜ tɕʰyuŋ	ɕy³¹	y⁴⁴
长安	tɕy³¹	tɕʰy³¹	tɕʰyəŋ²⁴	ɕy³¹	y⁴⁴/y³¹
户县	tɕy³¹	tɕʰy³¹	tɕʰyəŋ²⁴ ｜ tɕʰyuŋ	ɕy³¹	y³¹/y⁵⁵
周至	tɕy²¹	tɕʰy²¹	tɕʰyəŋ²⁴ ｜ tɕʰyuŋ	ɕy²¹	y⁵⁵
三原	tɕy³¹	tɕʰy³¹	tɕʰyŋ²⁴ ｜ tɕʰyŋ	ɕy³¹	y⁵⁵
泾阳	tɕy³¹	tɕʰy³¹	tɕʰyŋ²⁴ ｜ tɕʰyuŋ	ɕy³¹	y⁵⁵
咸阳	tɕy³¹	tɕʰy³¹	tɕʰyŋ²⁴	ɕy³¹	y⁵⁵
兴平	tɕy³¹	tɕʰy³¹	tɕʰyŋ²⁴ ｜ tɕʰyŋ	ɕy³¹	y⁵⁵
武功	tɕy³¹	tɕʰy³¹	tɕʰyŋ²⁴ ｜ tɕʰyŋ	ɕy³¹	y³¹
礼泉	tɕy³¹	tɕʰy³¹	tɕʰyŋ²⁴ ｜ tɕʰyuŋ	ɕy⁵²	y⁵⁵
乾县	tɕy³¹	tɕʰy³¹	tɕʰyŋ²⁴ ｜ tɕʰyuŋ	ɕy³¹	y⁴⁴
永寿	tɕy³¹	tɕʰy³¹	tɕʰyŋ²⁴ ｜ tɕʰyuŋ	ɕy³¹	y⁵⁵
淳化	tɕy³¹	tɕʰy³¹	tɕʰyŋ²⁴ ｜ tɕʰyuŋ	ɕy³¹	y³¹
旬邑	tɕy³¹	tɕʰy³¹	tɕʰyŋ²⁴ ｜ tɕʰyuŋ	ɕy³¹	y³¹
彬县	tɕy³¹	tɕʰy³¹	tɕʰyŋ²⁴ ｜ tɕʰyuŋ	ɕy³¹	y⁴⁴
长武	tɕy³¹	tɕʰy³¹	tɕʰyŋ²⁴ ｜ tɕʰyuŋ	ɕy³¹	y⁴⁴
扶风	tɕy³¹	tɕʰy³¹	tɕʰyŋ²⁴ ｜ tɕʰyuŋ	ɕy³¹	y³³
眉县	tɕy³¹	tɕʰy³¹	tɕʰyŋ²⁴ ｜ tɕʰyəŋ	ɕy³¹	y⁴⁴
麟游	tɕy³¹	tɕʰy³¹	tɕʰyŋ²⁴ ｜ tɕʰyŋ	ɕy³¹	y⁴⁴
岐山	tɕy³¹	tɕʰy³¹	tɕʰyŋ²⁴ ｜ tɕʰyuŋ	ɕy³¹	y⁴⁴
凤翔	tɕy³¹	tɕʰy³¹	tɕʰyŋ²⁴ ｜ tɕʰyuŋ	ɕy³¹	y⁴⁴
宝鸡	tɕy³¹	tʂʰy³¹	tɕʰyŋ²⁴ ｜ tɕʰyəŋ	ɕy³¹	y⁴⁴
千阳	tɕy³¹	tɕʰy³¹	tɕʰyŋ²⁴ ｜ tɕʰyəŋ	ɕy³¹	y⁴⁴
陇县	tɕy³¹	tɕʰy³¹	tɕʰyŋ²⁴ ｜ tɕʰyuŋ	ɕy³¹	y⁴⁴

字目 方言	雄 通合三 平东云		融 通合三 平东以	育 通合三 入屋以	封 通合三 平鍾非	蜂 通合三 平鍾敷
西安	$\varsigma yoŋ^{24}$	$\varsigma yuŋ$	$yoŋ^{24}$	y^{55}	$fəŋ^{21}$	$fəŋ^{21}$
韩城	$\varsigma yəŋ^{24}$	$\varsigma yuŋ$	$yəŋ^{24}$	y^{44}	$fəŋ^{31}$	$fəŋ^{31}$
合阳	$\varsigma yəŋ^{24}$	$\varsigma yuŋ$	$yoŋ^{24}$	y^{55}	$fəŋ^{31}$	$fəŋ^{31}$
澄城	$\varsigma yəŋ^{24}$	$\varsigma yuŋ$	$yəŋ^{24}$	y^{44}	$fəŋ^{31}$	$fəŋ^{31}$
白水	$\varsigma yəŋ^{24}$	$\varsigma yuŋ$	$ʒəŋ^{24}$	y^{44}	$fəŋ^{31}$	$fəŋ^{31}$
大荔	$\varsigma yəŋ^{24}$	$\varsigma yuŋ$	$yəŋ^{24}$	y^{55}	$fəŋ^{31}$	$fəŋ^{31}$
蒲城	$\varsigma yəŋ^{35}$	$\varsigma yuŋ$	$yəŋ^{35}$	y^{55}	$fəŋ^{31}$	$fəŋ^{31}$
美原	$\varsigma yəŋ^{35}$	$\varsigma yuŋ$	$yəŋ^{35}$	y^{55}	$fəŋ^{31}$	$fəŋ^{31}$
富平	$\varsigma yəŋ^{35}$	$\varsigma yŋ$	$yəŋ^{35}$	y^{55}	$fəŋ^{31}$	$fəŋ^{31}$
潼关	$\varsigma yəŋ^{24}$	$\varsigma yŋ$	$yəŋ^{24}$	y^{44}	$fəŋ^{31}$	$fəŋ^{31}$
华阴	$\varsigma yəŋ^{24}$	$\varsigma yŋ$	$yəŋ^{24}$	y^{55}	$fəŋ^{31}$	$fəŋ^{31}$
华县	$\varsigma yəŋ^{35}$	$\varsigma yuŋ$	$yəŋ^{35}$	y^{55}	$fəŋ^{31}$	$fəŋ^{31}$
渭南	$\varsigma yəŋ^{24}$	$\varsigma yuŋ$	$yəŋ^{24}$	y^{44}	$fəŋ^{31}$	$fəŋ^{31}$
洛南	$\varsigma yəŋ^{24}$	$\varsigma yuŋ$	$yəŋ^{24}$	y^{44}	$fəŋ^{31}$	$fəŋ^{31}$
商州	$\varsigma yəŋ^{35}$	$\varsigma yŋ$	$yəŋ^{35}$	y^{55}	$fəŋ^{31}$	$fəŋ^{31}$
丹凤	$\varsigma yəŋ^{24}$		$yəŋ^{24}$	y^{44}	$fəŋ^{31}$	$fəŋ^{31}$
宜川	$\varsigma yəŋ^{24}$		$yəŋ^{24}$	y^{45}	$fəŋ^{51}$	$fəŋ^{51}$
富县	$\varsigma yəŋ^{24}$		$yəŋ^{24}$	y^{44}	$fəŋ^{31}$	$fəŋ^{31}$
黄陵	$\varsigma yəŋ^{24}$		$ʒuəŋ^{24}$	y^{44}	$fəŋ^{31}$	$fəŋ^{31}$
宜君	$\varsigma yəŋ^{24}$		$yəŋ^{24}/iəŋ^{24}$	y^{44}	$fəŋ^{21}$	$fəŋ^{21}$
铜川	$\varsigma yɤŋ^{24}$	$\varsigma yuŋ$	$yɤŋ^{24}/iɤŋ^{24}$	y^{44}	$fɤŋ^{21}$	$fɤŋ^{21}$
耀县	$\varsigma yəŋ^{24}$	$\varsigma yuŋ$	$yəŋ^{24}$	y^{44}	$fəŋ^{31}$	$fəŋ^{31}$
高陵	$\varsigma yəŋ^{24}$	$\varsigma yŋ$	$yoŋ^{24}$	y^{55}	$fəŋ^{31}$	$fəŋ^{31}$
临潼	$\varsigma yəŋ^{24}$	$\varsigma yŋ$	$yəŋ^{24}$	y^{45}	$fəŋ^{31}$	$fəŋ^{31}$

字目 / 方言	雄 通合三 平东云	融 通合三 平东以	育 通合三 入屋以	封 通合三 平鍾非	蜂 通合三 平鍾敷
蓝田	ɕyəŋ²⁴ ｜ ɕyuŋ	ʒuəŋ²⁴/yəŋ²⁴	y⁴⁴	fəŋ³¹	fəŋ³¹
长安	ɕyəŋ²⁴	yəŋ²⁴	y⁴⁴	fəŋ³¹	fəŋ³¹
户县	ɕyəŋ²⁴ ｜ ɕyuŋ	yəŋ²⁴	y⁵⁵	fəŋ³¹	fəŋ³¹
周至	ɕyəŋ²⁴ ｜ ɕyuŋ	zuəŋ²⁴/yəŋ²⁴	y⁵⁵	fəŋ²¹	fəŋ²¹
三原	ɕyŋ²⁴ ｜ ɕyŋ	yŋ²⁴	y⁵⁵	fəŋ³¹	fəŋ³¹
泾阳	ɕyŋ²⁴ ｜ ɕyuŋ	yŋ²⁴	y⁵⁵	fəŋ³¹	fəŋ³¹
咸阳	ɕyŋ²⁴ ｜ ɕyŋ	yŋ²⁴	y⁵⁵	fəŋ³¹	fəŋ³¹
兴平	ɕyŋ²⁴ ｜ ɕyŋ	yŋ²⁴	y⁵⁵	fəŋ³¹	fəŋ³¹
武功	ɕyŋ²⁴ ｜ ɕyŋ	yŋ²⁴	y⁵⁵	fəŋ³¹	fəŋ³¹
礼泉	ɕyŋ²⁴ ｜ ɕyuŋ	yŋ²⁴	y⁵⁵	fəŋ³¹	fəŋ³¹
乾县	ɕyŋ²⁴ ｜ ɕyuŋ	yŋ²⁴	y⁴⁴	fəŋ³¹	fəŋ³¹
永寿	ɕyŋ²⁴ ｜ ɕyuŋ	yŋ²⁴	y⁵⁵	fəŋ³¹	fəŋ³¹
淳化	ɕyŋ²⁴ ｜ ɕyŋ	yŋ²⁴	y⁵⁵	fəŋ³¹	fəŋ³¹
旬邑	ɕyŋ²⁴ ｜ ɕyuŋ	yŋ²⁴	y⁴⁴	fəŋ³¹	fəŋ³¹
彬县	ɕyŋ²⁴ ｜ ɕyuŋ	yŋ²⁴	y⁴⁴	fəŋ³¹	fəŋ³¹
长武	ɕyŋ²⁴ ｜ ɕyuŋ	yŋ²⁴	y⁴⁴	fəŋ³¹	fəŋ³¹
扶风	ɕyŋ²⁴ ｜ ɕyuŋ	yŋ²⁴	y³³	fəŋ³¹	fəŋ³¹
眉县	ɕyŋ²⁴ ｜ ɕyəŋ	yŋ²⁴	y⁴⁴	fəŋ³¹	fəŋ³¹
麟游	ɕyŋ²⁴ ｜ ɕyŋ	yŋ²⁴	y⁴⁴	fəŋ³¹	fəŋ³¹
岐山	ɕyŋ²⁴ ｜ ɕyuŋ	yŋ²⁴	y⁴⁴	fəŋ³¹	fəŋ³¹
凤翔	ɕyŋ²⁴ ｜ ɕyuŋ	yŋ²⁴	y⁴⁴	fəŋ³¹	fəŋ³¹
宝鸡	ɕyŋ²⁴ ｜ ɕyəŋ	yŋ²⁴	y⁴⁴	fəŋ³¹	fəŋ³¹
千阳	ɕyŋ²⁴ ｜ ɕyəŋ	yŋ²⁴	y⁴⁴	fəŋ³¹	fəŋ³¹
陇县	ɕyŋ²⁴ ｜ ɕyuŋ	ʒuŋ²⁴/yŋ²⁴	y⁴⁴	fəŋ³¹	fəŋ³¹

字目 方言	捧 通合三 上肿敷	缝~衣服 通合三 平鍾奉	奉 通合三 上肿奉	缝一条~ 通合三 去用奉	浓 通合三 平鍾泥
西安	pʰəŋ⁵³	fəŋ²⁴	fəŋ⁵⁵	fəŋ⁵⁵	luoŋ²⁴
韩城	pʰəŋ⁵³	fəŋ²⁴	fəŋ⁴⁴	fəŋ⁴⁴	ləŋ²⁴
合阳	pʰəŋ⁵²	fəŋ²⁴	fəŋ⁵⁵	fəŋ⁵⁵	ləŋ²⁴
澄城	pʰəŋ⁵³	fəŋ²⁴	fəŋ⁴⁴	fəŋ⁴⁴	ləŋ²⁴
白水	pʰəŋ⁵³	fəŋ²⁴	fəŋ⁴⁴	fəŋ⁴⁴	luəŋ²⁴
大荔	pʰəŋ⁵²	fəŋ²⁴	fəŋ⁵⁵	fəŋ⁵⁵	ləŋ²⁴
蒲城	pʰəŋ⁵³	fəŋ³⁵	fəŋ⁵⁵	fəŋ⁵⁵	luəŋ³⁵
美原	pʰəŋ⁵³	fəŋ³⁵	fəŋ⁵⁵	fəŋ⁵⁵	luəŋ³⁵
富平	pʰəŋ⁵³	fəŋ³⁵	fəŋ⁵⁵	fəŋ⁵⁵	luəŋ³⁵
潼关	pʰəŋ⁵²	fəŋ²⁴	fəŋ⁴⁴	fəŋ⁴⁴	luəŋ²⁴
华阴	pʰəŋ⁵²	fəŋ²⁴	fəŋ⁵⁵	fəŋ⁵⁵	luəŋ²⁴
华县	pʰəŋ⁵³	fəŋ³⁵	fəŋ⁵⁵	fəŋ⁵⁵	luəŋ³⁵
渭南	pʰəŋ⁵³	fəŋ²⁴	fəŋ⁴⁴	fəŋ⁴⁴	luəŋ²⁴
洛南	pʰəŋ⁵³	fəŋ²⁴	fəŋ⁴⁴	fəŋ⁴⁴	luəŋ²⁴
商州	pʰəŋ⁵³	fəŋ³⁵	fəŋ⁵⁵	fəŋ⁵⁵	luəŋ³⁵
丹凤	pʰəŋ⁵³	fəŋ²⁴	fəŋ⁴⁴	fəŋ⁴⁴	nuəŋ²⁴
宜川	pʰəŋ⁵¹	fəŋ²⁴	fəŋ⁴⁵	fəŋ⁴⁵	luəŋ²⁴
富县	pʰəŋ⁵²	fəŋ²⁴	fəŋ⁴⁴	fəŋ⁴⁴	luəŋ²⁴
黄陵	pʰəŋ⁵²	fəŋ²⁴	fəŋ⁴⁴	fəŋ⁴⁴	luəŋ²⁴
宜君	pʰəŋ²⁴/pʰəŋ⁵²	fəŋ²⁴	fəŋ⁴⁴	fəŋ⁴⁴	luəŋ²⁴
铜川	pʰɤŋ⁴⁴/pʰɤŋ⁵²	fɤŋ²⁴	fɤŋ⁴⁴	fɤŋ⁴⁴	luɤŋ²⁴
耀县	pʰəŋ³¹	fəŋ²⁴	fəŋ⁴⁴	fəŋ⁴⁴	luəŋ²⁴
高陵	pʰəŋ⁵²	fəŋ²⁴	fəŋ⁵⁵	fəŋ⁵⁵	luəŋ²⁴
临潼	pʰəŋ⁵²	fəŋ²⁴	fəŋ⁴⁵	fəŋ⁴⁵	luəŋ²⁴

字目 方言	捧 通合三 上肿敷	缝～衣服 通合三 平锺奉	奉 通合三 上肿奉	缝一条～ 通合三 去用奉	浓 通合三 平锺泥
蓝田	pʰəŋ⁵²	fəŋ²⁴	fəŋ⁴⁴	fəŋ⁴⁴	luəŋ²⁴
长安	pʰəŋ⁵³	fəŋ²⁴	fəŋ⁴⁴	fəŋ⁴⁴	luəŋ²⁴
户县	pʰəŋ⁵²	fəŋ²⁴	fəŋ⁵⁵	fəŋ⁵⁵	luəŋ²⁴
周至	pʰəŋ⁵²	fəŋ²⁴	fəŋ⁵⁵	fəŋ⁵⁵	luəŋ²⁴
三原	pʰəŋ⁵²	fəŋ²⁴	fəŋ⁵⁵	fəŋ⁵⁵	luŋ²⁴
泾阳	pʰəŋ⁵²	fəŋ²⁴	fəŋ⁵⁵	fəŋ⁵⁵	luŋ²⁴
咸阳	pʰəŋ⁵²	fəŋ²⁴	fəŋ⁵⁵	fəŋ⁵⁵	luŋ²⁴
兴平	pʰəŋ⁵²	fəŋ²⁴	fəŋ⁵⁵	fəŋ⁵⁵	nəŋ²⁴
武功	pʰəŋ⁵²	fəŋ²⁴	fəŋ⁵⁵	fəŋ⁵⁵	luŋ²⁴
礼泉	pʰəŋ⁵²	fəŋ²⁴	fəŋ⁵⁵	fəŋ⁵⁵	ləŋ²⁴
乾县	pʰəŋ⁵²	fəŋ²⁴	fəŋ⁴⁴	fəŋ⁴⁴	luŋ²⁴
永寿	pʰəŋ⁵⁵	fəŋ²⁴	fəŋ⁵⁵	fəŋ⁵⁵	luŋ²⁴
淳化	pʰəŋ⁵⁵	fəŋ²⁴	fəŋ⁵⁵	fəŋ⁵⁵	luŋ²⁴
旬邑	pʰəŋ⁴⁴	fəŋ²⁴	fəŋ⁴⁴	fəŋ⁴⁴	luŋ²⁴
彬县	pʰəŋ⁵²	fəŋ²⁴	fəŋ⁴⁴	fəŋ⁴⁴	luŋ²⁴
长武	pʰəŋ⁵²	fəŋ²⁴	fəŋ⁴⁴	fəŋ⁴⁴	luŋ²⁴
扶风	pʰəŋ⁵²	fəŋ²⁴	fəŋ³³	fəŋ³³	luŋ²⁴
眉县	pʰəŋ⁵²	fəŋ²⁴	fəŋ⁴⁴	fəŋ⁴⁴	luŋ²⁴
麟游	pʰəŋ⁴⁴	fəŋ²⁴	fəŋ⁴⁴	fəŋ⁴⁴	luŋ²⁴
岐山	pʰəŋ⁵³	fəŋ²⁴	fəŋ⁴⁴	fəŋ⁴⁴	luŋ²⁴
凤翔	pʰəŋ⁴⁴	fəŋ²⁴	fəŋ⁴⁴	fəŋ⁴⁴	luŋ²⁴
宝鸡	pʰəŋ⁵³	fəŋ²⁴	fəŋ⁴⁴	fəŋ⁴⁴	luŋ²⁴
千阳	pʰəŋ⁵³	fəŋ²⁴	fəŋ⁴⁴	fəŋ⁴⁴	luŋ²⁴
陇县	pʰəŋ⁵³	fəŋ²⁴	fəŋ⁴⁴	fəŋ⁴⁴	luŋ²⁴

字目 / 方言	龙	陇	绿	踪		纵放~
	通合三 平鍾来	通合三 上肿来	通合三 入烛来	通合三 平鍾精		通合三 去用精
西安	luoŋ^{24}	luoŋ^{53}	lou^{21}/liou^{21}	tsuoŋ^{21}	tsuoŋ	tsuoŋ^{55}
韩城	ləŋ^{24}	ləŋ^{53}	ləu^{31}/liəu^{31}	tsəŋ^{31}	tsəŋ	tsəŋ^{44}
合阳	ləŋ^{24}	ləŋ^{52}	liou^{31}	tɕyoŋ^{55}	tɕyuŋ	tɕyoŋ^{55}
澄城	ləŋ^{24}	ləŋ^{53}	liəu^{31}	tʃuəŋ^{31}	tsuoŋ	tʃuəŋ^{44}
白水	luəŋ^{24}	luəŋ^{53}	lou^{31}/liou^{31}	tsuəŋ^{31}	tsuŋ	tsuəŋ^{44}
大荔	ləŋ^{24}	ləŋ^{52}	liou^{31}	tsuəŋ^{31}	tsuoŋ	tsuəŋ^{55}
蒲城	luəŋ^{35}	luəŋ^{53}	liou^{31}	tʃuəŋ^{31}	tsʮəŋ	tʃuəŋ^{55}
美原	luəŋ^{35}	luəŋ^{53}	lou^{31}/liou^{31}	tʃəŋ^{31}	tsʮəŋ	tʃəŋ^{55}
富平	luəŋ^{35}	luəŋ^{53}	lou^{31}/liou^{31}	tsuəŋ^{31}	tsuŋ	tsuəŋ^{55}
潼关	luəŋ^{24}	luəŋ^{52}	lou^{31}/liou^{31}	tsuəŋ^{31}	tsuŋ	tsuəŋ^{44}
华阴	luəŋ^{24}	luəŋ^{52}	lou^{31}/liou^{31}	tsuəŋ^{31}	tsuŋ	tsuəŋ^{55}
华县	luəŋ^{35}	luəŋ^{53}	lou^{31}/liou^{31}	tʃuəŋ^{31}	tsʮəŋ	tʃuəŋ^{55}
渭南	luəŋ^{24}	luəŋ^{53}	lou^{31}/liou^{31}	tʃuəŋ^{31}	tsʮəŋ	tʃuəŋ^{44}
洛南	luəŋ^{24}	luəŋ^{53}	lou^{31}/liou^{31}	tʃuəŋ^{31}	tsʮəŋ	tʃuəŋ^{53}
商州	luəŋ^{35}	luəŋ^{53}	lou^{31}/liou^{31}	tʃuəŋ^{31}	tsʮəŋ	tʃuəŋ^{53}
丹凤	luəŋ^{24}	luəŋ^{53}	lou^{31}/liou^{31}	tʃuəŋ^{31}		tʃuəŋ^{53}
宜川	luəŋ^{24}	luəŋ^{45}	ly^{51}/lʮu^{51}/liʮu^{51}	tsuəŋ^{51}		tsuəŋ^{45}
富县	luəŋ^{24}	luəŋ^{52}	ly^{31}/liu^{31}	tsuəŋ^{31}		tsuəŋ^{44}/tsʰuəŋ^{44}
黄陵	luəŋ^{24}	luəŋ^{52}	ly^{31}/liʮu^{31}	tʃuəŋ^{31}		tʃuəŋ^{44}
宜君	luəŋ^{24}	luəŋ^{52}	lou^{21}/liou^{21}	tsuəŋ^{21}		tsuəŋ^{44}
铜川	luʮŋ^{24}	luʮŋ^{52}	lʮu^{21}/liʮu^{21}	tsuʮŋ^{21}	tɕyəŋ	tsuʮŋ^{44}
耀县	luəŋ^{24}	luəŋ^{52}	lou^{31}/liou^{31}	tʃuəŋ^{31}	tsʮəŋ	tʃuəŋ^{52}
高陵	luəŋ^{24}	luəŋ^{52}	ly^{31}/liʮu^{31}	tsuəŋ^{31}	tsuŋ	tsuəŋ^{55}
临潼	luəŋ^{24}	luəŋ^{52}	lʮu^{31}/liʮu^{31}	tsuəŋ^{31}	tsuoŋ	tsuəŋ^{45}

字目 方言	龙 通合三 平鍾来	陇 通合三 上肿来	绿 通合三 入烛来	踪 通合三 平鍾精	纵放~ 通合三 去用精
蓝田	luəŋ²⁴	luəŋ⁵²	ly̱³¹/lɤu³¹/liɤu³¹	tʃuəŋ³¹ ｜ tsuoŋ	tʃuəŋ⁴⁴
长安	luəŋ²⁴	luəŋ⁵³	liɤu³¹	tsuəŋ³¹	tsuəŋ⁴⁴
户县	luəŋ²⁴	luəŋ⁵²	lɤu³¹/liɤu³¹①	tʃuəŋ³¹ ｜ tsʮəŋ	tʃuəŋ⁵²
周至	luəŋ²⁴	luəŋ⁵²	ly̱²¹/lɤu²¹/liɤu²¹	tsuəŋ²¹ ｜ tsuoŋ	tsuəŋ⁵⁵
三原	luŋ²⁴	luŋ⁵²	lou³¹/liou³¹	tsuŋ³¹ ｜ tsuoŋ	tsuŋ⁵⁵
泾阳	luŋ²⁴	luŋ⁵²	lou³¹/liou³¹	tsuŋ³¹ ｜ tsuoŋ	tsuŋ⁵⁵
咸阳	luŋ²⁴	luŋ⁵²	ly̱³¹/liou³¹新	tsun⁵⁵	tsuŋ⁵⁵
兴平	nəŋ²⁴	nəŋ⁵²	liou³¹	tsuŋ³¹ ｜ tsuŋ	tsuŋ⁵⁵
武功	luŋ²⁴	luŋ⁵²	ly̱³¹/liou³¹	tsuŋ³¹ ｜ tsuŋ	tsuŋ⁵⁵
礼泉	ləŋ²⁴	ləŋ⁵²	liou³¹	tsuŋ³¹ ｜ tsuŋ	tsuŋ⁵⁵
乾县	luŋ²⁴	luŋ⁵²	ly̱³¹/liou³¹	tsuŋ³¹ ｜ tsuŋ	tsuŋ⁴⁴
永寿	luŋ²⁴	luŋ⁵²	ly̱³¹/liou³¹	tsuŋ³¹ ｜ tsuŋ	tsuŋ⁵⁵
淳化	luŋ²⁴	luŋ⁵²	lou³¹/liou³¹	tsuŋ³¹ ｜ tsuŋ	tsuŋ⁵⁵
旬邑	luŋ²⁴	luŋ⁵²	lou³¹/liou³¹	tsuŋ³¹ ｜ tsuŋ	tsuŋ⁴⁴
彬县	luŋ²⁴	luŋ⁵²	lou³¹/liou³¹	tsuŋ³¹ ｜ tsuŋ	tsuŋ⁴⁴
长武	luŋ²⁴	luŋ⁵²	lu̱³¹/liou³¹	tsuŋ³¹ ｜ tsuŋ	tsuŋ⁴⁴
扶风	luŋ²⁴	luŋ⁵²	ly̱³¹/lu³¹/liu³¹②	tsuŋ³¹ ｜ tsuoŋ	tsuŋ³³
眉县	luŋ²⁴	luŋ⁵²	lu̱³¹/liou³¹	tsuŋ³¹ ｜ tsuoŋ	tsuŋ⁴⁴
麟游	luŋ²⁴	luŋ⁵³	lu̱³¹/liu³¹	tsuŋ⁴⁴ ｜ tsuoŋ	tsuŋ⁴⁴
岐山	luŋ²⁴	luŋ⁵³	lu̱³¹/liu³¹	tsuŋ³¹ ｜ tsuoŋ	tsuŋ⁴⁴
凤翔	luŋ²⁴	luŋ⁵³	lu̱³¹/liu³¹	tsuŋ³¹ ｜ tsuoŋ	tsuŋ⁴⁴
宝鸡	luŋ²⁴	luŋ⁵³	lu̱³¹/liu³¹	tsuŋ³¹ ｜ tsuoŋ	tsuŋ⁴⁴
千阳	luŋ²⁴	luŋ⁵³	ly̱³¹/lu³¹/liu³¹	tsuŋ³¹ ｜ tsuoŋ	tsuŋ⁴⁴
陇县	luŋ²⁴	luŋ⁵³	ly̱³¹/lu³¹/liu³¹	tsuŋ³¹ ｜ tsuoŋ	tsuŋ⁴⁴

① 文读音一般用于"绿化"等词，白读音一般用于"绿颜色、绿豆"等词。

② lu³¹ ～林好汉。

字目 / 方言	足	促	从 跟~		粟	松 ~树	
	通合三 入烛精	通合三 入烛清	通合三 平鍾从		通合三 入烛心	通合三 平鍾邪	
西安	tsu²¹/tɕy²¹ 旧	tsʰou²¹/ tsʰu²¹	tsʰuoŋ²⁴	tsʰuoŋ	ɕy²¹	suoŋ²¹	suoŋ
韩城	tɕy³¹	tsʰəu³¹	tsʰəŋ²⁴	tsʰəŋ	ɕy³¹	səŋ³¹	səŋ
合阳	tɕy³¹	tɕʰy³¹/ tsʰou³¹	tɕʰyoŋ²⁴	tɕʰyuŋ	ɕy³¹	ɕyoŋ³¹	ɕyuŋ
澄城	tɕy³¹	tsʰəu³¹	tʃʰuəŋ²⁴	tsʰuoŋ	ɕy³¹	tuəŋ³¹	tuoŋ
白水	tɕy³¹	tsʰou³¹	tsʰuəŋ²⁴	tsʰuŋ	ɕy³¹	suəŋ³¹	suŋ
大荔	tɕy³¹	tsʰou³¹	tsʰuəŋ²⁴	tsʰuoŋ	ɕy³¹	suəŋ³¹	sʮəŋ
蒲城	tɕy³¹	tsʰou³¹	tʃʰuəŋ³⁵	tsʰʮəŋ	ɕy³¹	ʃuəŋ³¹	sʮəŋ
美原	tɕy³¹	tsʰou³¹	tʃʰəŋ³⁵	tsʰʮəŋ	ɕy³¹	ʃəŋ³¹	soŋ
富平	tɕy³¹	tsʰou³¹	tsʰuəŋ³⁵	tsʰʮəŋ	ɕy³¹	suəŋ³¹	suŋ
潼关	tsou³¹/tɕy³¹	tsʰou³¹	tsʰuəŋ²⁴	tsʰuŋ	ɕy³¹	suəŋ³¹	suŋ
华阴	tɕy³¹	tsʰou³¹	tsʰuəŋ²⁴	tsʰuŋ	ɕy³¹	suəŋ³¹	suŋ
华县	tɕy³¹	tsʰou³¹	tʃʰuəŋ³⁵	tsʰʮəŋ	ɕy³¹	ʃuəŋ³¹	sʮəŋ
渭南	tɕy³¹	tsʰou³¹	tʃʰuəŋ²⁴	tsʰʮəŋ	ɕy³¹	ʃuəŋ³¹	sʮəŋ
洛南	tɕy³¹	tsʰou³¹	tʃʰuəŋ²⁴	tsʰʮəŋ	ɕy³¹	ʃuəŋ³¹	sʮəŋ
商州	tsou³¹/tɕy³¹	tsʰou³¹	tʃʰuəŋ³⁵	tsʰʮəŋ	ɕy³¹	ʃuəŋ³¹	sʮəŋ
丹凤	tɕy³¹	tsʰou³¹	tʃʰuəŋ²⁴		ɕy³¹	ʃuəŋ³¹	
宜川	tɕy⁵¹	tsʰu⁵¹	tsʰuəŋ²⁴		sʮu⁵¹	suəŋ⁵¹	
富县	tsʮu³¹/tɕy³¹	tsʰʮu³¹	tsʰuəŋ²⁴		sʮu³¹	suəŋ³¹	
黄陵	tsʮu³¹/tɕy³¹	tsʰʮu³¹	tʃʰuəŋ²⁴		sʮu³¹	ʃuəŋ³¹	
宜君	tɕy²¹	tsʰou²¹	tsʰuəŋ²⁴		ɕy²¹	suəŋ²¹	
铜川	tsʮu²¹/tɕy²¹	tsʰʮu²¹/ tsʰʮu⁵²	tsʰuʮŋ²⁴	tsʰʮəŋ	ɕy²¹	suʮŋ²¹	sʮəŋ
耀县	tsou³¹/tɕy³¹ 旧	tsʰou³¹	tʃʰuəŋ²⁴	tsʰʮəŋ		ʃuəŋ³¹	sʮəŋ
高陵	tsʮu³¹	tsʰʮu³¹	tsʰuəŋ²⁴	tsʰuŋ	sʮu³¹	suəŋ³¹	suŋ
临潼	tsʮu³¹/tɕy³¹	tsʰʮu³¹	tsʰuəŋ²⁴	tɕʰʮəŋ	sʮu³¹	suəŋ³¹	ɕyəŋ

字目　方言	足　通合三入烛精	促　通合三入烛清	从跟~　通合三平鍾从		粟　通合三入烛心	松~树　通合三平鍾邪	
蓝田	tsʐu³¹/tɕy³¹	tsʰʐu³¹	tʃʰuəŋ²⁴	tsʰʅŋ	sʐu³¹	ʃuəŋ³¹	sʅŋ
长安	tsʐu³¹	tsʰʐu³¹	tsʰuəŋ²⁴		ɕy³¹	suəŋ³¹	
户县	tsʐu³¹/tɕy³¹ 旧	tsʰʐu³¹	tʃʰuəŋ²⁴	tsʰʅŋ		ʃuəŋ³¹	suoŋ
周至	tsu²¹	tsʰu²¹	tsʰuəŋ²⁴	tsʰuoŋ	su⁵⁵	suəŋ²¹	suoŋ
三原	tɕy³¹	tsʰou³¹	tsʰuŋ²⁴	tsʰuŋ	ɕy³¹	suŋ³¹	suŋ
泾阳	tsou³¹/tɕy³¹	tsʰou³¹	tsʰuŋ²⁴	tsʰuoŋ	sou³¹/ɕy³¹①	suŋ³¹	suoŋ
咸阳	tsu³¹/tɕy³¹	tsʰu³¹	tsʰuŋ²⁴		su³¹	suŋ³¹	
兴平	tsu³¹/tɕy³¹	tsʰu³¹	tsʰuŋ²⁴	tsʰuoŋ	ɕy³¹	suŋ³¹	suŋ
武功	tsu³¹/tɕy³¹	tsʰu³¹	tsʰuŋ²⁴	tsʰuŋ	su³¹/ɕy³¹	suŋ³¹	suŋ
礼泉	tɕy³¹	tsʰu³¹	tsʰuŋ²⁴	tsʰuŋ	su³¹	suŋ³¹	suŋ
乾县	tsu³¹/tɕy³¹	tsʰu³¹	tsʰuŋ²⁴	tsʰuŋ	su³¹	suŋ³¹	suŋ
永寿	tsu³¹/tɕy³¹	tsʰu³¹	tsʰuŋ²⁴	tsʰuŋ	su³¹/ɕy³¹	suŋ³¹	suŋ
淳化	tsou³¹/tɕy³¹	tsʰou³¹	tsʰuŋ²⁴	tsʰuŋ	ɕy³¹	suŋ³¹	suoŋ
旬邑	tɕy³¹	tsʰou³¹	tsʰuŋ²⁴	tsʰuŋ	ɕy³¹	suŋ³¹	suŋ
彬县	tsu³¹/tɕy³¹	tsʰu³¹	tsʰuŋ²⁴	tsʰuŋ	su³¹	suŋ³¹	suŋ
长武	tsu³¹/tɕy³¹	tsʰu³¹	tsʰuŋ²⁴	tsʰuŋ	ɕy³¹	suŋ³¹	suŋ
扶风	tsu³¹	tsʰu³¹	tsʰuŋ²⁴	tsʰuoŋ	ɕy³¹	suŋ³¹	suoŋ
眉县	tsu³¹	tsʰu³¹	tsʰuŋ²⁴	tsʰuoŋ	ɕy³¹	suŋ³¹	suoŋ
麟游	tsu³¹/tɕy³¹	tsʰu³¹	tsʰuŋ²⁴	tsʰuoŋ	ɕy³¹	suŋ³¹	suoŋ
岐山	tsu³¹/tɕy³¹ 老	tsʰu³¹	tsʰuŋ²⁴	tsʰuoŋ	ɕy³¹	suŋ³¹	suoŋ
凤翔	tsu³¹	tsʰu³¹	tsʰuŋ²⁴	tsʰuoŋ	su³¹	suŋ³¹	suoŋ
宝鸡	tsu³¹	tsʰu³¹	tsʰuŋ²⁴	tsʰuoŋ	ɕy³¹	suŋ³¹	suoŋ
千阳	tsu³¹	tsʰu³¹	tsʰuŋ²⁴	tsʰuoŋ	ɕy³¹	suŋ³¹	suoŋ
陇县	tʃu³¹	tʃʰu³¹	tsʰuŋ²⁴	tsʰuoŋ	ɕy³¹	suŋ³¹	suoŋ

———————

① sou³¹ 姓。

字目 / 方言	诵	俗	续	宠	重~复
	通合三 去用邪	通合三 入烛邪	通合三 入烛邪	通合三 上肿彻	通合三 平鍾澄
西安	suoŋ⁵⁵	ɕy²⁴	ɕy⁵⁵	pfʰəŋ⁵³	pfʰəŋ²⁴
韩城	səŋ⁴⁴	ɕy²⁴	ɕy⁴⁴	pfʰəŋ⁵³	pfʰəŋ²⁴
合阳	ɕyoŋ⁵⁵	ɕy²⁴	ɕy⁵⁵	pfʰəŋ⁵²	pfʰəŋ²⁴
澄城	tuəŋ⁴⁴	ɕy²⁴	ɕy⁴⁴	tʂʰuəŋ⁵³	tʂʰuəŋ²⁴
白水	suəŋ⁴⁴	ɕy²⁴	ɕy⁴⁴	tʂʰuəŋ⁵³	tʂʰuəŋ²⁴
大荔	suəŋ⁵⁵	ɕy²⁴	ɕy⁵⁵	pfʰəŋ⁵²	pfʰəŋ²⁴
蒲城	ʃuəŋ⁵⁵	ɕy³⁵	ɕy⁵⁵	tʂʰuəŋ⁵³	tʂʰuəŋ³⁵
美原	ʃəŋ⁵⁵	ɕy³⁵	ɕy⁵⁵	tʂʰəŋ⁵³	tʂʰəŋ³⁵
富平	suəŋ⁵⁵	ɕy³⁵	ɕy⁵⁵	tʂʰuəŋ⁵³	tʂʰuəŋ³⁵
潼关	suəŋ⁴⁴	ɕy²⁴	ɕy⁴⁴	pfʰəŋ⁵²	pfʰəŋ⁵²
华阴	suəŋ⁵⁵	ɕy²⁴	ɕy⁵⁵	pfʰəŋ⁵²	pfʰəŋ²⁴
华县	ʃuəŋ⁵⁵	ɕy³⁵	ɕy⁵⁵	tʂʰuəŋ⁵³	tʂʰuəŋ³⁵
渭南	ʃuəŋ⁴⁴	ɕy²⁴	ɕy⁴⁴	tʂʰuəŋ⁵³	tʂʰuəŋ²⁴
洛南	ʃuəŋ⁴⁴	ɕy²⁴	ɕy⁴⁴	tʂʰuəŋ⁵³	tʂʰuəŋ²⁴
商州	ʃuəŋ⁵⁵	ɕy³⁵	ɕy⁵⁵	tʂʰuəŋ⁵³	tʂʰuəŋ³⁵
丹凤	ʃuəŋ⁴⁴	ɕy²⁴	ɕy⁴⁴	tʂʰuəŋ⁵³	tʂʰuəŋ²⁴
宜川	suəŋ⁴⁵	ɕy²⁴	ɕy⁴⁵	tʂʰuəŋ⁴⁵	tʂʰuəŋ²⁴
富县	suəŋ⁵²	ɕy²⁴	ɕy⁴⁴	tsʰuəŋ⁵²	tsʰuəŋ²⁴
黄陵	ʃuəŋ⁴⁴	ɕy²⁴	ɕy⁴⁴	tʂʰuəŋ⁵²	tʂʰuəŋ²⁴
宜君	suəŋ⁴⁴	ɕy²⁴	ɕy⁴⁴	tʂʰuəŋ⁵²	tʂʰuəŋ²⁴
铜川	suɤŋ⁵²	ɕy²⁴	ɕy⁴⁴	tʂʰuɤŋ⁵²	tʂʰuɤŋ²⁴
耀县	ʃuəŋ⁵²	ɕy²⁴	ɕy⁴⁴	tʂʰuəŋ⁵²/luəŋ⁵²	tʂʰuəŋ²⁴
高陵	suəŋ⁵⁵	ɕy²⁴	ɕy⁵⁵	tʂʰuəŋ⁵²	tʂʰuəŋ²⁴
临潼	suəŋ⁵²/suəŋ⁴⁵①	ɕy²⁴	ɕy⁴⁵	tʂʰəŋ⁵²/tʂʰuəŋ⁵² 老	tʂʰəŋ²⁴/tʂʰuəŋ²⁴ 老

① suəŋ⁵² 朗~；suəŋ⁴⁵ ~读。

字目 / 方言	诵	俗	续	宠	重~复
	通合三 去用邪	通合三 入烛邪	通合三 入烛邪	通合三 上肿彻	通合三 平鍾澄
蓝田	ʃuəŋ⁵²	s̯ɤu²⁴/ɕy²⁴	ɕy⁴⁴	tʃʰuəŋ⁵²	tʃʰuəŋ²⁴
长安	suəŋ⁴⁴	ɕy²⁴	ɕy⁴⁴	pfʰəŋ⁵³	pfʰəŋ²⁴
户县	ʃuəŋ⁵²	ɕy²⁴	ɕy⁵⁵	tʃʰuəŋ⁵²	tʃʰuəŋ²⁴
周至	suəŋ⁵⁵	ɕy²⁴	ɕy⁵⁵	pfʰəŋ⁵²	pfʰəŋ²⁴/tsʰuəŋ²⁴
三原	suŋ⁵⁵	ɕy²⁴	ɕy⁵⁵	tʃʰuŋ⁵²	tʃʰuŋ²⁴
泾阳	suŋ⁵⁵	ɕy²⁴	ɕy⁵⁵	tʃʰuŋ⁵²	tʃʰuŋ²⁴
咸阳	suŋ⁵⁵	ɕy²⁴	ɕy⁵⁵	tʃʰuŋ⁵²	tʃʰuŋ²⁴
兴平	suŋ⁵⁵	ɕy²⁴	ɕy⁵⁵	tʃʰuŋ⁵²	tʃʰuŋ²⁴
武功	suŋ⁵⁵	ɕy²⁴	ɕy⁵⁵	tʃʰuŋ⁵²	tʃʰuŋ²⁴
礼泉	suŋ⁵⁵	ɕy²⁴	ɕy⁵⁵	tʃʰuŋ⁵²	tʃʰuŋ²⁴
乾县	suŋ⁴⁴	ɕy²⁴	ɕy⁴⁴	tʃʰuŋ⁵²	tʃʰuŋ²⁴
永寿	suŋ⁵⁵	su²⁴/ɕy²⁴	ɕy⁵⁵	tʃʰuŋ⁵²	tʃʰuŋ²⁴
淳化	suŋ⁵⁵	ɕy²⁴	ɕy⁵⁵	tʃʰuŋ⁵²	tʃʰuŋ²⁴
旬邑	suŋ⁴⁴	ɕy²⁴	ɕy⁴⁴	tʃʰuŋ⁵²	tʃʰuŋ²⁴
彬县	suŋ⁴⁴	ɕy²⁴	ɕy⁴⁴	tʃʰuŋ⁵²	tʃʰuŋ²⁴
长武	suŋ⁴⁴	ɕy²⁴	ɕy⁴⁴	tʃʰuŋ⁵²	tʃʰuŋ²⁴
扶风	suŋ³³	ɕy²⁴	ɕy³³	tʂʰəŋ⁵²	tʂʰəŋ²⁴
眉县	suŋ⁴⁴	ɕy²⁴	ɕy⁴⁴	tʂʰəŋ⁵²/tʃʰuəŋ⁵²	tʂʰəŋ²⁴/tʃʰuəŋ²⁴
麟游	suŋ⁴⁴	ɕy²⁴	ɕy⁴⁴	tʃʰuəŋ⁵³	tʃʰuəŋ²⁴
岐山	suŋ⁵³	ɕy²⁴	ɕy⁴⁴	tʂʰəŋ²⁴	tʂʰəŋ³¹
凤翔	suŋ⁴⁴	ɕy²⁴	ɕy⁴⁴	tʂʰəŋ⁵³	tʂʰəŋ²⁴
宝鸡	suŋ⁵³	ɕy²⁴	ɕy⁴⁴	tʂʰəŋ⁵³ 老/tʂʰuəŋ⁵³ 新	tʂʰəŋ²⁴ 老/tʂʰuəŋ²⁴ 新
千阳	suŋ⁴⁴	ɕy²⁴	ɕy⁴⁴	tʃʰəŋ⁵³	tʃʰəŋ²⁴
陇县	suŋ⁵³	ɕy²⁴	ɕy⁴⁴	tʃʰuŋ⁵³	tʃʰuŋ²⁴

字目 方言	重轻~ 通合三 上肿澄	钟 通合三 平鍾章	肿 通合三 上肿章	种~树 通合三 去用章	烛 通合三 入烛章
西安	pfəŋ⁵⁵	pfəŋ²¹	pfəŋ⁵³	pfəŋ⁵⁵	tsou²¹/pfu²¹
韩城	pfʰəŋ⁴⁴	pfəŋ³¹	pfəŋ⁵³	pfəŋ⁴⁴	tsəu³¹
合阳	pfʰəŋ⁵⁵	pfəŋ³¹	pfəŋ⁵²	pfəŋ⁵⁵	tsou³¹
澄城	tʃʰuəŋ⁴⁴	tʃuəŋ³¹	tʃuəŋ⁵³	tʃuəŋ⁴⁴	tsəu³¹
白水	tʃuəŋ⁴⁴	tʃuəŋ³¹	tʃuəŋ⁵³	tʃuəŋ⁴⁴	tsou³¹
大荔	pfʰəŋ⁵⁵	pfəŋ³¹	pfəŋ⁵²	pfəŋ⁵⁵	tsou³¹
蒲城	tʃʰuəŋ⁵⁵	tʃuəŋ³¹	tʃuəŋ⁵³	tʃuəŋ⁵⁵	tsou³¹
美原	tʃʰəŋ⁵⁵	tʃəŋ³¹	tʃəŋ⁵³	tʃəŋ⁵⁵	tsou³¹
富平	tʃuəŋ⁵⁵	tʃuəŋ³¹	tʃuəŋ⁵³	tʃuəŋ⁵⁵	tsou³¹
潼关	pfʰəŋ⁴⁴	pfəŋ³¹	pfəŋ⁵²	pfəŋ⁴⁴	tsou³¹
华阴	pfʰəŋ⁵⁵	pfəŋ³¹	pfəŋ⁵²	pfəŋ⁵⁵	tsou³¹
华县	tʃʰuəŋ⁵⁵	tʃuəŋ³¹	tʃuəŋ⁵³	tʃuəŋ⁵⁵	tsou³¹
渭南	tʃʰuəŋ⁴⁴	tʃuəŋ³¹	tʃuəŋ⁵³	tʃuəŋ⁴⁴	tsou³¹
洛南	tʃuəŋ⁴⁴	tʃuəŋ³¹	tʃuəŋ⁵³	tʃuəŋ⁴⁴	tsou³¹
商州	tʃuəŋ⁵⁵	tʃuəŋ³¹	tʃuəŋ⁵³	tʃuəŋ⁵⁵	tsou³¹
丹凤	tʃuəŋ⁴⁴	tʃuəŋ³¹	tʃuəŋ⁵³	tʃuəŋ⁴⁴	tsou³¹
宜川	tʂʰuəŋ⁴⁵	tʂuəŋ⁵¹	tʂuəŋ⁴⁵	tʂuəŋ⁴⁵	tsɤu⁵¹/t̠ʂu⁵¹
富县	tsʰuəŋ⁴⁴	tsuəŋ³¹	tsuəŋ⁵²	tsuəŋ⁴⁴	tsɤu³¹
黄陵	tʃʰuəŋ⁴⁴	tʃuəŋ³¹	tʃuəŋ⁵²	tʃuəŋ⁴⁴	tsɤu³¹
宜君	tʃʰuəŋ⁴⁴	tʃuəŋ²¹	tʃuəŋ⁵²	tʃuəŋ⁴⁴	tsou²¹
铜川	tʃuɤŋ⁴⁴	tʃuɤŋ²¹	tʃuɤŋ⁵²	tʃuɤŋ⁴⁴	tsɤu²¹
耀县	tʃuəŋ⁴⁴	tʃuəŋ³¹	tʃuəŋ⁵²	tʃuəŋ⁴⁴	tsou³¹
高陵	tʃuəŋ⁵⁵	tʃuəŋ³¹	tʃʰuəŋ⁵²	tʃuəŋ⁵⁵	tsɤu³¹
临潼	tʂəŋ⁴⁵/tʃuəŋ⁴⁵老	tʂəŋ³¹/tʃuəŋ³¹老	tʂəŋ⁵²/tʃuəŋ⁵²老	tʂəŋ⁴⁵/tʃuəŋ⁴⁵老	tsɤu³¹

字目 / 方言	重轻~	钟	肿	种~树	烛
	通合三 上肿澄	通合三 平鍾章	通合三 上肿章	通合三 去用章	通合三 入烛章
蓝田	tʃuəŋ^{44}	tʃuəŋ^{31}	tʃuəŋ^{52}	tʃuəŋ^{44}	tsʐu^{31}
长安	pfəŋ^{44}	pfəŋ^{31}	pfəŋ^{53}	pfəŋ^{44}	tsʐu^{31}
户县	tʃuəŋ^{55}	tʃuəŋ^{31}	tʃuəŋ^{52}	tʃuəŋ^{55}	tsʐu^{24}
周至	pfəŋ^{55}	pfəŋ^{21}	pfəŋ^{52}	pfəŋ^{55}	tsu^{24}
三原	tʃuŋ^{55}	tʃuŋ^{31}	tʃuŋ^{52}	tʃuŋ^{55}	tsou^{31}
泾阳	tʃuŋ^{55}	tʃuŋ^{31}	tʃuŋ^{52}	tʃuŋ^{55}	tsou^{31}
咸阳	tʃuŋ^{55}	tʃuŋ^{31}	tʃuŋ^{52}	tʃuŋ^{55}	tʃu^{31}
兴平	tʃuŋ^{55}	tʃuŋ^{31}	tʃuŋ^{52}	tʃuŋ^{55}	tʃu^{31}
武功	tʃuŋ^{55}	tʃuŋ^{31}	tʃuŋ^{52}	tʃuŋ^{55}	tʃu^{31}
礼泉	tʃuŋ^{55}	tʃuŋ^{31}	tʃuŋ^{52}	tʃuŋ^{55}	tʃu^{31}
乾县	tʃuŋ^{44}	tʃuŋ^{31}	tʃuŋ^{52}	tʃuŋ^{44}	tʃu^{24}
永寿	tʃuŋ^{55}	tʃuŋ^{31}	tʃuŋ^{52}	tʃuŋ^{55}	tʃu^{31}
淳化	tʃuŋ^{55}	tʃuŋ^{31}	tʃuŋ^{52}	tʃuŋ^{55}	tsou^{31}
旬邑	tʃʰuŋ^{44}	tʃuŋ^{31}	tʃuŋ^{52}	tʃuŋ^{44}	tsou^{31}
彬县	tʃʰuŋ^{44}	tʃuŋ^{31}	tʃuŋ^{52}	tʃuŋ^{44}	tʃu^{31}
长武	tʃʰuŋ^{44}	tʃuŋ^{31}	tʃuŋ^{52}	tʃuŋ^{44}	tʃu^{31}
扶风	tʂəŋ^{33}	tʂəŋ^{31}	tʂəŋ^{52}	tʂəŋ^{33}	tʂʅ^{31}
眉县	tʂəŋ^{44}/tʃuəŋ^{44}	tʂəŋ^{31}/tʃuəŋ^{31}	tʂəŋ^{52}/tʃuəŋ^{52}	tʂəŋ^{44}/tʃuəŋ^{44}	tʂʅ^{31}/tʃu^{31}
麟游	tʃuəŋ^{44}	tʃuəŋ^{31}	tʃuəŋ^{53}	tʃuəŋ^{44}	tʃu^{31}
岐山	t_ʂəŋ^{44}/tʂʰəŋ^{44}	tʂəŋ^{31}	tʂəŋ^{53}	tʂəŋ^{44}	tʂʅ^{31}
凤翔	tʂəŋ^{44}	tʂəŋ^{31}	tʂəŋ^{53}	tʂəŋ^{44}	tʂʅ^{31}
宝鸡	tʂəŋ^{44} 老 / tʂuəŋ^{44} 新	tʂəŋ^{31} 老 / tʂuəŋ^{31} 新	tʂəŋ^{53} 老 / tʂuəŋ^{53} 新	tʂəŋ^{44} 老 / tʂuəŋ^{44} 新	tʂʅ^{31} 老 / tʂu^{31} 新
千阳	tʃəŋ^{44}	tʃəŋ^{31}	tʃʰəŋ^{53}	tʃəŋ^{44}	tʃʅ^{24}
陇县	tʃuŋ^{44}	tʃuŋ^{31}	tʃuŋ^{53}	tʃuŋ^{44}	tʃu^{31}

字目 / 方言	冲 通合三 平鍾昌	触 通合三 入烛昌	赎 通合三 入烛船	春 通合三 平鍾书	束 通合三 入烛书
西安	pfʰəŋ²¹	tsou²⁴/pfu²⁴	sou²⁴/fu²⁴	pfʰəŋ²¹	sou²¹/fu²¹
韩城	pfʰəŋ³¹	tsəu²⁴	səu²⁴/fu²⁴	pfʰəŋ³¹	səu³¹
合阳	pfʰəŋ³¹	tsou²⁴	sou²⁴	pfʰẽ³¹	sou³¹
澄城	tʃʰuəŋ³¹	tsʰəu²⁴	səu²⁴	tʃʰuəŋ³¹	səu³¹
白水	tʃʰuəŋ³¹	tsou²⁴	sou²⁴	tʃʰuəŋ³¹	sou³¹
大荔	pfʰəŋ³¹	tsou²⁴	sou²⁴	pfʰəŋ³¹	sou³¹
蒲城	tʃʰuəŋ³¹	tsou³⁵	sou³⁵	tʃʰuəŋ³¹	sou³¹
美原	tʃʰəŋ³¹	tsou³⁵	sou³⁵	tʃʰəŋ³¹	sou³¹
富平	tʃʰuəŋ³¹	tsou³⁵	sou³⁵	tʃʰuəŋ⁵³	sou³¹
潼关	pfʰəŋ³¹	tsʰou²⁴	sou²⁴	pfʰəŋ³¹	sou³¹
华阴	pfʰəŋ³¹	tsou²⁴	sou²⁴	pfʰəŋ³¹	sou³¹
华县	tʃʰuəŋ³¹	tsou³⁵	sou³⁵	tʃʰuəŋ³¹	sou³¹
渭南	tʃʰuəŋ³¹	tsʰou²⁴	sou²⁴	tʃʰuəŋ³¹	sou³¹
洛南	tʃʰuəŋ³¹	tsou³¹	sou²⁴	tʃʰuəŋ³¹	sou³¹
商州	tʃʰuəŋ³¹	tsou³⁵	sou³⁵	tʃʰuəŋ³¹	sou³¹
丹凤	tʃʰuəŋ³¹	tsou³¹	sou²⁴	tʃʰuəŋ³¹	sou³¹
宜川	tʂʰuəŋ⁵¹	tsʁu²⁴	ʂu²⁴		sʁu⁵¹
富县	tsʰuəŋ³¹	tsʁu²⁴	sʁu²⁴	tsʰuəŋ³¹	sʁu³¹
黄陵	tʃʰuəŋ³¹	tsʰʁu³¹/tsʁu³¹	sʁu²⁴		sʁu³¹
宜君	tʃʰuəŋ²¹	tsou²¹	sou²⁴	tʃʰuəŋ²¹	sou²¹
铜川	tʃʰuʁŋ²¹	tsʁu²⁴	sʁu²⁴	tʃʰuei²⁴	sʁu²¹
耀县	tʃʰuəŋ³¹	tsou³¹	sou²⁴	tʃʰuei²⁴	sou³¹
高陵	tʃʰuəŋ³¹	tsʰʁu²⁴/tsʁu²⁴①	sʁu²⁴	tʃʰuæ̃⁵²	sʁu³¹
临潼	tʂʰəŋ³¹/tʃʰuəŋ³¹老	tsʰʁu⁵²/tsʁu²⁴	sʁu²⁴	tʂʰəŋ³¹/tʃʰuəŋ³¹老	sʁu³¹

① tsʰʁu²⁴ ～摸；tsʁu²⁴ 接～。

字目 / 方言	冲	触	赎	春	束
	通合三平鍾昌	通合三入烛昌	通合三入烛船	通合三平鍾书	通合三入烛书
蓝田	tʃʰuəŋ³¹	tsʰɤu²⁴~犯	sɤu²⁴	tʃʰuəŋ³¹	sɤu³¹
长安	pfʰəŋ³¹	tsɤu²⁴	sɤu²⁴	pfʰəŋ³¹	sɤu³¹
户县	tʃʰuəŋ³¹	tsɤu²⁴	sɤu²⁴	tʃʰuəŋ³¹/tʃʰuã⁵¹	sɤu³¹
周至	pfʰəŋ²¹	pfu²⁴/tsu²⁴	fu²⁴	pfʰəŋ²¹	fu²¹/su²¹
三原	tʃʰuŋ³¹	tsou²⁴	sou²⁴	tʃʰuŋ³¹	sou³¹
泾阳	tʃʰuŋ³¹	tsou²⁴	sou²⁴	tʃʰuŋ³¹	sou³¹
咸阳	tʃʰuŋ³¹	tʃu²⁴	ʃu²⁴	tʃʰuŋ³¹	ʃu³¹
兴平	tʃʰuŋ³¹	tʃu²⁴	ʃu²⁴	tʃʰuŋ³¹	ʃu³¹
武功	tʃʰuŋ³¹	tʃu²⁴	ʃu²⁴	tʃʰuŋ³¹	ʃu³¹
礼泉	tʃʰuŋ³¹	tʃu²⁴	ʃu²⁴		ʃu³¹
乾县	tʃʰuŋ³¹	tʃu²⁴	ʃu²⁴	tʃʰuŋ³¹	ʃu³¹
永寿	tʃʰuŋ³¹	tʃu²⁴	ʃu²⁴	tʃʰuŋ³¹	ʃu³¹
淳化	tʃʰuŋ³¹	tsou²⁴	sou²⁴	tʃʰuŋ³¹	sou³¹
旬邑	tʃʰuŋ³¹	tsou²⁴	ʃu²⁴	tʃʰuŋ³¹	ʃu³¹
彬县	tʃʰuŋ³¹	tʃu²⁴	ʃu²⁴	tʃʰuŋ³¹	ʃu³¹
长武	tʃʰuŋ³¹	tʃu²⁴	ʃu²⁴	tʃʰuŋ³¹	ʃu³¹
扶风	tʂʰəŋ³¹	tʂʅ²⁴	ʂʅ²⁴	tʂʰəŋ⁵²	ʂʅ³¹
眉县	tʂʰəŋ³¹/tʃʰuəŋ³¹	tʂʅ²⁴/tʃu²⁴	ʂʅ²⁴/ʃu²⁴	tʂʰəŋ⁵²/tʃʰuəŋ⁵²	ʂʅ³¹/ʃu³¹
麟游	tʃʰuəŋ³¹	tʃu²⁴	ʃu²⁴	tʃʰuəŋ³¹	ʃu³¹
岐山	tʂʰəŋ³¹	tʂʅ²⁴	ʂʅ²⁴	tʂʰəŋ³¹	ʂʅ³¹
凤翔	tʂʰəŋ³¹	tʂʅ²⁴	ʂʅ²⁴		ʂʅ³¹
宝鸡	tʂʰəŋ³¹/tʂʰuəŋ³¹新	tʂʅ²⁴/tʂu²⁴新	ʂʅ²⁴/ʂu²⁴新	tʂʰəŋ³¹/tʂʰuəŋ³¹新	ʂʅ⁵³/ʂu⁵³新
千阳	tʃʰəŋ³¹	tʃʅ²⁴	ʃʅ²⁴	tʃʰəŋ³¹	ʃʅ³¹
陇县	tʃʰuŋ³¹	tʃu²⁴	ʃu²⁴	tʃʰuŋ³¹	ʃu³¹

字目 方言	属 通合三 入烛禅	茸 通合三 平锺日	褥 通合三 入烛日	恭 通合三 平锺见	拱 通合三 上肿见
西安	sou²⁴/fu⁵³	vəŋ²⁴	vu²¹	kuoŋ²¹	kuoŋ⁵³
韩城	səu²⁴	vəŋ²⁴	vu³¹	kəŋ³¹	kəŋ⁵³
合阳	sou²⁴	vəŋ²⁴	zou³¹	kuoŋ³¹	kuoŋ⁵²
澄城	səu²⁴	ʒuəŋ²⁴	zəu³¹	kuəŋ³¹	kuəŋ⁵³
白水	sou²⁴	ʒuəŋ²⁴	zou³¹	kuəŋ³¹	kuəŋ⁵³
大荔	sou²⁴	vəŋ²⁴	zou³¹	kuəŋ³¹	kuəŋ⁵²
蒲城	sou³⁵	ʒuəŋ³⁵	zou³¹	kuəŋ³¹	kuəŋ⁵³
美原	sou³⁵	ʒəŋ³⁵	zou³¹	kuəŋ³¹	kuəŋ⁵³
富平	sou³⁵	ʒuəŋ³⁵	zou³¹	kuəŋ³¹	kuəŋ⁵³
潼关	sou²⁴	vəŋ²⁴	vu³¹	kuəŋ³¹	kuəŋ⁵²
华阴	sou²⁴	vəŋ²⁴	z̦ou³¹	kuəŋ³¹	kuəŋ⁵²
华县	sou³⁵	ʒuəŋ³⁵	z̦ou³¹	kuəŋ³¹	kuəŋ⁵³
渭南	sou²⁴	ʒuəŋ²⁴	zou³¹	kuəŋ³¹	kuəŋ⁵³
洛南	sou²⁴	ʒuəŋ²⁴	z̦ou³¹	kuəŋ³¹	kuəŋ⁵³
商州	sou³⁵	ʒuəŋ³⁵	z̦ou³¹	kuəŋ³¹	kuəŋ⁵³
丹凤	sou²⁴	ʒuəŋ²⁴	z̦ou³¹	kuəŋ³¹	kuəŋ⁵³
宜川	ʂu²⁴	ʐuəŋ²⁴	z̺ʐɤu⁵¹/z̺ʐu⁵¹	kuəŋ⁵¹	kuəŋ⁴⁵
富县	sɤu²⁴	zuəŋ²⁴	zʐɤu³¹	kuəŋ³¹	kuəŋ³¹
黄陵	sɤu²⁴	ʒuəŋ²⁴	zʐɤu³¹	kuəŋ³¹	kuəŋ⁵²
宜君	sou²⁴	ʒuəŋ²⁴	z̺ou⁵²/z̺ou²¹/z̺ou²¹	kuəŋ²¹	kuəŋ⁵²
铜川	sɤu²⁴	ʒuɤŋ²⁴	zʐɤu²¹	kuɤŋ²¹	kuɤŋ⁵²
耀县	sou²⁴	ʒuəŋ²⁴	zou³¹	kuəŋ³¹	kuəŋ⁴⁴
高陵	sɤu⁵⁵/sɤu²⁴①	ʒuəŋ²⁴	zʐɤu⁵²	kuəŋ³¹	kuəŋ⁵²
临潼	sɤu²⁴	zəŋ²⁴/ʒuəŋ²⁴老	zʐɤu³¹	kuəŋ³¹	kuəŋ⁴⁵

① sɤu⁵⁵ ～羊。

字目 方言	属 通合三 入烛禅	茸 通合三 平鍾日	褥 通合三 入烛日	恭 通合三 平鍾见	拱 通合三 上肿见
蓝田	sɤu²⁴	ʒuəŋ²⁴	zɤu³¹	kuəŋ³¹	kuəŋ⁵²
长安	sɤu²⁴	vəŋ²⁴	vu³¹	kuəŋ³¹	kuəŋ⁵³
户县	sɤu²⁴	ʒuəŋ²⁴	zɤu³¹	kuəŋ³¹	kuəŋ⁵⁵
周至	fu⁵²/fu²⁴/sɤu²⁴①	vəŋ²⁴	vu²¹/zʅ²¹	kuəŋ²¹	kuəŋ⁵²
三原	sou²⁴	ʒuŋ²⁴	zou³¹	kuŋ³¹	kuŋ⁵²
泾阳	sou²⁴	ʒuŋ²⁴	zou³¹	kuŋ³¹	kuŋ⁵²
咸阳	ʃu²⁴	ʒuŋ²⁴	ʒu³¹	kuŋ³¹	kuŋ⁵²
兴平	ʃu³¹	ʒuŋ²⁴	ʒu³¹	kuŋ³¹	kuŋ⁵²
武功	ʃu²⁴	ʒuŋ²⁴	ʒu³¹	kuŋ³¹	kuŋ⁵²
礼泉	ʃu²⁴	ʒuŋ²⁴	ʒu³¹	kuŋ³¹	kuŋ⁵²
乾县	ʃu⁵²/ʃu²⁴②	ʒuŋ²⁴	ʒu⁵²	kuŋ³¹	kuŋ⁵²
永寿	ʃu⁵²	ʒuŋ²⁴	ʒu⁵²	kuŋ³¹	kuŋ⁵²
淳化	sou²⁴	ʒuŋ²⁴	zou³¹	kuŋ³¹	kuŋ⁵⁵
旬邑	ʃu²⁴	ʒuŋ²⁴	ʒu³¹	kuŋ³¹	kuŋ⁵²
彬县	ʃu²⁴	ʒuŋ²⁴	ʒu³¹	kuŋ³¹	kuŋ³¹
长武	ʃu²⁴	ʒuŋ²⁴	ʒu³¹	kuŋ³¹	kuŋ⁵²
扶风	ʂʅ²⁴	zəŋ²⁴	zʅ³¹	kuŋ³¹	kuŋ³³
眉县	ʂʅ²⁴/ʃu²⁴	zəŋ²⁴	zʅ⁵²/ʒu⁵²	kuŋ³¹	kuŋ⁵²
麟游	ʃu⁵³	ʒuəŋ²⁴	ʒu³¹	kuŋ³¹	kuŋ³¹
岐山	ʂʅ⁵³	zəŋ²⁴	zʅ⁵³	kuŋ³¹	kuŋ³¹
凤翔	ʂʅ⁵³	zəŋ²⁴	zʅ³¹	kuŋ³¹	kuŋ⁵³
宝鸡	ʂʅ⁵³/ʂu⁵³ 新	zəŋ²⁴/ zuəŋ²⁴ 新	zʅ⁵³/zu⁵³ 新	kuŋ³¹	kuŋ⁴⁴
千阳	ʃʅ²⁴	ʒəŋ²⁴	ʒʅ⁵³	kuŋ³¹	kuŋ⁵³
陇县	ʃu⁵³	ʒuŋ²⁴	ʒu³¹	kuŋ³¹	kuŋ³¹

① fu⁵² ～羊；fu²⁴ ～于。
② ʃu⁵² ～于；ʃu²⁴ ～相。

字目 / 方言	玉 通合三 入烛疑	凶~吉 通合三 平鍾晓	雍 通合三 平鍾影	拥 通合三 上肿影	容 通合三 平鍾以
西安	y²¹	ɕyoŋ²¹	yoŋ²¹ | yuŋ	yoŋ²¹	yoŋ²⁴
韩城	y³¹	ɕyɑŋ³¹	yəŋ³¹ | yuŋ	yəŋ³¹	yəŋ²⁴
合阳	y³¹	ɕyoŋ³¹	yəŋ³¹ | yuŋ	yoŋ³¹	yoŋ²⁴
澄城	y³¹	ɕyəŋ³¹	yəŋ³¹ | yuŋ	yəŋ³¹	yəŋ²⁴
白水	y³¹	ɕyəŋ³¹	yəŋ³¹ | yuŋ	yəŋ³¹	yəŋ²⁴
大荔	y³¹	ɕyəŋ³¹	yəŋ³¹ | yuŋ	yəŋ³¹	yəŋ²⁴
蒲城	y³¹	ɕyəŋ³¹	yəŋ³¹ | yuŋ	yəŋ³¹	yəŋ³⁵
美原	y³¹	ɕyəŋ³¹	yəŋ³¹ | yuŋ	yəŋ³¹	yəŋ³⁵
富平	y³¹	ɕyəŋ³¹	yəŋ³¹ | yŋ	yəŋ³¹	yəŋ³⁵
潼关	y³¹	ɕyəŋ³¹	yəŋ³¹ | yŋ	yəŋ³¹	yəŋ²⁴
华阴	y³¹	ɕyəŋ³¹	yəŋ³¹ | yŋ	yəŋ³¹	yəŋ²⁴
华县	y³¹	ɕyəŋ³¹	yəŋ³¹ | yuŋ	yəŋ³¹	yəŋ³⁵
渭南	y³¹	ɕyəŋ³¹	yəŋ³¹ | yuŋ	yəŋ³¹	yəŋ²⁴
洛南	y³¹	ɕyəŋ³¹	yəŋ³¹ | yuŋ	yəŋ³¹	yəŋ²⁴
商州	y³¹	ɕyəŋ³¹	yəŋ³¹ | yŋ	yəŋ³¹	yəŋ³⁵
丹凤	y³¹	ɕyəŋ³¹	yəŋ³¹	yəŋ³¹	yəŋ²⁴
宜川	y⁵¹	ɕyəŋ⁵¹	yəŋ²⁴	yəŋ⁵¹	yəŋ²⁴
富县	y³¹	ɕyəŋ³¹	iəŋ²⁴	yəŋ³¹	yəŋ²⁴
黄陵	y³¹	ɕyəŋ³¹	yəŋ³¹	yəŋ³¹	yəŋ²⁴
宜君	y²¹	ɕyəŋ²¹	yəŋ²¹	yəŋ²¹	yəŋ²⁴
铜川	y²¹	ɕyʌŋ²¹	yʌŋ²¹ | yuŋ	yʌŋ²¹	yʌŋ²⁴
耀县	y³¹	ɕyəŋ³¹	yəŋ³¹ | yuŋ	yəŋ³¹	yəŋ²⁴
高陵	y³¹	ɕyəŋ³¹	yəŋ³¹ | yŋ	yəŋ³¹	yəŋ²⁴
临潼	y³¹	ɕyəŋ³¹	yəŋ³¹ | yŋ	yəŋ³¹	yəŋ²⁴

字目　方言	玉　通合三入烛疑	凶~吉　通合三平鍾晓	雍　通合三平鍾影	拥　通合三上肿影	容　通合三平鍾以
蓝田	y^{31}	$\varsigma y\partial\eta^{31}$	$y\partial\eta^{31}$ ∣ $yu\eta$	$y\partial\eta^{31}$	$\textipa{Z}u\partial\eta^{24}$/$y\partial\eta^{24}$
长安	y^{31}	$\varsigma y\partial\eta^{31}$	$y\partial\eta^{31}$	$y\partial\eta^{31}$	$y\partial\eta^{24}$
户县	y^{31}	$\varsigma y\partial\eta^{31}$	$y\partial\eta^{31}$ ∣ $yu\eta$	$y\partial\eta^{31}$	$y\partial\eta^{24}$
周至	y^{21}	$\varsigma y\partial\eta^{21}$	$y\partial\eta^{21}$ ∣ $yu\eta$	$y\partial\eta^{21}$	$y\partial\eta^{24}$
三原	y^{31}	$\varsigma y\eta^{31}$	$y\eta^{31}$ ∣ $y\eta$	$y\eta^{31}$	$y\eta^{24}$
泾阳	y^{31}	$\varsigma y\eta^{31}$	$y\eta^{31}$ ∣ $yu\eta$	$y\eta^{31}$	$y\eta^{24}$
咸阳	y^{31}	$\varsigma y\eta^{31}$	$y\eta^{31}$	$y\eta^{31}$	$y\eta^{24}$
兴平	y^{31}	$\varsigma y\eta^{31}$	$y\eta^{31}$ ∣ $y\eta$	$y\eta^{31}$	$y\eta^{24}$
武功	y^{31}	$\varsigma y\eta^{31}$	$y\eta^{31}$ ∣ $y\eta$	$y\eta^{31}$	$y\eta^{24}$
礼泉	y^{31}	$\varsigma y\eta^{31}$	$y\eta^{31}$ ∣ $yu\eta$	$y\eta^{31}$	$y\eta^{24}$
乾县	y^{31}	$\varsigma y\eta^{31}$	$y\eta^{31}$ ∣ $yu\eta$	$y\eta^{31}$	$y\eta^{24}$
永寿	y^{31}	$\varsigma y\eta^{31}$	$y\eta^{31}$ ∣ $yu\eta$	$y\eta^{31}$	$y\eta^{24}$
淳化	y^{31}	$\varsigma y\eta^{31}$	$y\eta^{31}$ ∣ $y\eta$	$y\eta^{31}$	$y\eta^{24}$
旬邑	y^{31}	$\varsigma y\eta^{31}$	$y\eta^{31}$ ∣ $y\eta$	$y\eta^{31}$	$y\eta^{24}$
彬县	y^{31}	$\varsigma y\eta^{31}$	$y\eta^{31}$ ∣ $y\eta$	$y\eta^{31}$	$y\eta^{24}$
长武	y^{31}	$\varsigma y\eta^{31}$	$y\eta^{31}$ ∣ $y\eta$	$y\eta^{31}$	$y\eta^{24}$
扶风	y^{31}	$\varsigma y\eta^{31}$	$y\eta^{31}$ ∣ $yu\eta$	$y\eta^{31}$	$y\eta^{24}$
眉县	y^{31}	$\varsigma y\eta^{31}$	$y\eta^{31}$ ∣ $yu\eta$	$y\eta^{31}$	$y\eta^{24}$
麟游	y^{31}	$\varsigma y\eta^{31}$	$y\eta^{31}$ ∣ $y\partial\eta$	$y\eta^{31}$	$y\eta^{24}$
岐山	y^{31}	$\varsigma y\eta^{31}$	$y\eta^{44}$ ∣ $yu\eta$	$y\eta^{31}$	$y\eta^{24}$
凤翔	y^{31}	$\varsigma y\eta^{31}$	$y\eta^{31}$/$y\eta^{53}$① ∣ $yu\eta$	$y\eta^{44}$	$y\eta^{24}$
宝鸡	y^{31}	$\varsigma y\eta^{31}$	$y\eta^{31}$ ∣ $y\partial\eta$	$y\eta^{31}$	$y\eta^{24}$
千阳	y^{31}	$\varsigma y\eta^{31}$	$y\eta^{31}$ ∣ $y\partial\eta$	$y\eta^{31}$	$y\eta^{24}$
陇县	y^{31}	$\varsigma y\eta^{31}$	$y\eta^{31}$ ∣ $yu\eta$	$y\eta^{31}$	$\textipa{Z}u\eta^{24}$/$y\eta^{24}$

① $y\eta^{53}$ 雍城：凤翔古称。

字目 / 方言	勇 通合三 上肿以	用 通合三 去用以	浴 通合三 入烛以
西安	yoŋ⁵³	yoŋ⁵⁵	y²¹
韩城	yəŋ⁵³	yəŋ⁴⁴	yu³¹
合阳	yoŋ⁵²	yoŋ⁵⁵	y³¹
澄城	yəŋ⁵³	yəŋ⁴⁴	y³¹
白水	yəŋ⁵³	yəŋ⁴⁴	y³¹
大荔	yəŋ⁵²	yəŋ⁵⁵	y³¹
蒲城	yəŋ⁵³	yəŋ⁵⁵	y³¹
美原	yəŋ⁵³	yəŋ⁵⁵	y³¹
富平	yəŋ⁵³	yəŋ⁵⁵	y³¹
潼关	yəŋ⁵²	yəŋ⁴⁴	y³¹
华阴	yəŋ⁵²	yəŋ⁵⁵	y³¹
华县	yəŋ⁵³	yəŋ⁵⁵	y³¹
渭南	yəŋ⁵³	yəŋ⁴⁴	y³¹
洛南	yəŋ⁵³	yəŋ⁴⁴	y³¹
商州	yəŋ⁵³	yəŋ⁵⁵	y³¹
丹凤	yəŋ⁵³	yəŋ⁴⁴	y³¹
宜川	yəŋ⁴⁵	yəŋ⁴⁵	y⁴⁵
富县	yəŋ⁵²	yəŋ⁴⁴	y²⁴
黄陵	yəŋ⁵²	yəŋ⁴⁴	y³¹
宜君	yəŋ⁵²	yəŋ⁴⁴	y²¹
铜川	yəŋ⁵²	yəŋ⁴⁴	y²¹
耀县	yəŋ⁵²	yəŋ⁴⁴	y³¹
高陵	yəŋ⁵²	yəŋ⁵⁵	y³¹
临潼	yəŋ⁵²	yəŋ⁴⁵	y³¹

字目 方言	勇 通合三 上肿以	用 通合三 去用以	浴 通合三 入烛以
蓝田	yəŋ⁵²	yəŋ⁴⁴	y³¹
长安	yəŋ⁵³	yəŋ⁴⁴	y³¹
户县	yəŋ⁵²	yəŋ⁵⁵	y³¹
周至	yəŋ⁵²	yəŋ⁵⁵	y²¹
三原	yŋ⁵²	yŋ⁵⁵	y³¹
泾阳	yŋ⁵²	yŋ⁵⁵	y³¹
咸阳	yŋ⁵²	yŋ⁵⁵	y³¹
兴平	yŋ⁵²	yŋ⁵⁵	y³¹
武功	yŋ⁵²	yŋ⁵⁵	y³¹
礼泉	yŋ⁵²	yŋ⁵⁵	y³¹
乾县	yŋ⁵²	yŋ⁴⁴	y³¹
永寿	yŋ⁵²	yŋ⁵⁵	y³¹
淳化	yŋ⁵²	yŋ⁵⁵	y³¹
旬邑	yŋ⁵²	yŋ⁴⁴	y³¹
彬县	yŋ⁵²	yŋ⁴⁴	y³¹
长武	yŋ⁵²	yŋ⁴⁴	y³¹
扶风	yŋ⁵²	yŋ³³	y³¹
眉县	yŋ⁵²	yŋ⁴⁴	y³¹
麟游	yŋ⁵³	yŋ⁴⁴	y³¹
岐山	yŋ⁵³	yŋ⁴⁴	y³¹
凤翔	yŋ⁵³	yŋ⁴⁴	y³¹
宝鸡	yŋ⁵³	yŋ⁴⁴	y³¹
千阳	yŋ⁵³	yŋ⁴⁴	y³¹
陇县	yŋ⁵³	yŋ⁴⁴	y³¹

参考文献

白涤洲遗稿，喻世长整理 1954《关中方音调查报告》，北京：中国科学院出版社。

北京大学中文系语言学教研室编 1995《汉语方言词汇》(第二版)，北京：语文出版社。

北京大学中文系语言学教研室编 2003《汉语方音字汇》(第二版重排本)，北京：语文出版社。

曹延杰 2003《宁津方言志》，北京：中国文史出版社。

曹志耘 1998 汉语方言声调演变的两种类型，《语言研究》第 1 期，第 89—99 页。

曹志耘 2009a 汉语方言中的调值分韵现象，《中国语文》第 2 期，第 141—148 页。

曹志耘 2009b 湘西方言里的特殊语音现象，《方言》第 1 期，第 18—22 页。

长安县地方志编纂委员会编 1999《长安县志》，西安：陕西人民教育出版社。

陈保亚 1996《论语言接触与语言联盟》，北京：语文出版社。

陈荣泽 2014 关中方言古溪母字"苦裤哭窟"的白读音，《西藏民族学院学报》(哲学社会科学版) 第 6 期，第 123—127 页。

陈淑静 1998《平谷方言研究》，保定：河北大学出版社。

丁声树编录、李 荣参订 1981《古今字音对照手册》，北京：中华书局。

董同龢 1985《汉语音韵学》(第八版)，台北：台湾文史哲出版社。

杜依倩 2007 海口方言 (老派) 同音字汇，《方言》第 2 期，第 147—162 页。

冯成豹 1989 海南省板桥话的语音特点,《方言》第 1 期,第 47—53 页。

［瑞典］高本汉著,赵元任、李方桂、罗常培合译 2003《中国音韵学研究》,北京:商务印书馆。

葛剑雄、吴松弟、曹树基 1997《中国移民史》(第五卷),福州:福建人民出版社。

葛剑雄、吴松弟、曹树基 1997《中国移民史》(第六卷),福州:福建人民出版社。

顾　黔 2001《通泰方言音韵研究》,南京:南京大学出版社。

郭沈青 2005 甘肃秦安(五营)音系记略,《甘肃高师学报》第 4 期,第 14—15 页。

郭锡良编著 1986《汉字古音手册》,北京:北京大学出版社。

海　峰 2003《中亚东干语言研究》,乌鲁木齐:新疆大学出版社。

河北省地方志编纂委员会编 2005《河北省志·方言志》,北京:方志出版社。

贺　巍 1993《洛阳方言研究》,北京:社会科学文献出版社。

贺　巍 2005 中原官话分区(稿),《方言》第 2 期,第 136—140 页。

侯精一 2002《现代汉语方言概论》,上海:上海教育出版社。

侯精一、温端政主编 1993《山西方言调查研究报告》,太原:山西高校联合出版社。

黄大祥 2009 甘肃张掖方言同音字汇,《方言》第 4 期,第 342—352 页。

雷兆杰编著 2008《陇东方言》,西宁:青海人民出版社。

李　斐 2006《潼关方言志》,载刘静主编《陕西关中东府五县市方言志》,西安:陕西师范大学出版社,第 97—202 页。

李　虹 2006《富平方言志》,载刘静主编《陕西关中东府五县市方言志》,西安:陕西师范大学出版社,第 19—96 页。

李　倩 2001 中宁方言两字组的两种连调模式,《语言学论丛》第 24 辑,第 106—131 页。

李　荣 1985 官话方言的分区,《方言》第 1 期,第 2—5 页。

李如龙 1996 声韵调的演变是互制互动的,《方言与音韵论集》,香港中文大学中国文化研究所吴多泰中国语文研究中心,第 25—35 页。

李如龙 1999《福建县市方言志 12 种》，福州：福建教育出版社。

李如龙、辛世彪 1999 晋南、关中的"全浊送气"与唐宋西北方音，《中国语文》第 3 期，第 197—203 页。

林　涛 1994 青铜峡市方言记略，《西北第二民族学院学报》（哲学社会科学版）第 1 期，第 36—58 页。

林　涛主编 2003《中亚东干语研究》，香港：香港教育出版社。

林　涛 2008《中亚回族陕西话研究》，银川：宁夏人民出版社

林　焘、耿振生 2004《音韵学概要》，北京：商务印书馆。

麟游县地方志编纂委员会编 1993《麟游县志》，西安：陕西人民出版社。

刘　静主编 2006《陕西关中东府五县市方言志》，西安：陕西师范大学出版社。

刘俐李 1989《回民乌鲁木齐语言志》，乌鲁木齐：新疆大学出版社。

刘俐李 1993《焉耆汉语方言研究》，乌鲁木齐：新疆大学出版社。

刘俐李、周　磊 1986 新疆汉语方言的分区（稿），《方言》第 1 期，第 161—171 页。

刘文锦 1932 记咸阳方音，《史语所集刊》第 3 本，第 415—437 页。

陇县地方志编纂委员会编 1993《陇县志》，西安：陕西人民出版社。

吕叔湘著，江蓝生补 1985《近代汉语指代词》，上海：学林出版社。

吕枕甲 1991《运城方言志》，太原：山西高校联合出版社。

罗常培 1933《唐五代西北方音》，国立中央研究院历史语言研究所单刊甲种之十二，上海：上海中国科学公司。

罗常培、王　均编著 2004《普通语音学纲要》（修订本），北京：商务印书馆。

马毛朋 2006《渭南方言志》，载刘静主编《陕西关中东府五县市方言志》，西安：陕西师范大学出版社，第 203—284 页。

平凉市志编纂委员会编 1996《平凉市志》，北京：中华书局。

［日］平山久雄 2007 关于轻唇音产生的几个问题，《中国语言学集刊》第一卷第 1 期，第 13—24 页。

钱曾怡 1993《博山方言研究》，北京：社会科学文献出版社。

钱曾怡主编 2001《山东方言研究》，济南：齐鲁书社。

钱曾怡、曹志耘、罗福腾 2002《诸城方言志》，长春：吉林人民出版社。

［日］桥本万太郎著，余志鸿译 2008《语言地理类型学》，北京：世界图书出版公司。

乔光明 2006 旬邑方言读［ʈʂʰ］的知章组字，载邢向东主编《西北方言与民俗研究论丛》（二），北京：中国社会科学出版社，第253—254页。

乔光明、晁保通 2002 彬县方言同音字汇，《方言》第3期，第260—271页。

［日］秋谷裕幸、徐朋彪 2016《韩城方言调查研究》，北京：中华书局。

瞿建慧 2009 湘语辰溆片异调变韵现象，《中国语文》第2期，第149—152页。

瞿建慧 2010 规则借贷与音值借贷——从湘语辰溆片假摄文读看借贷的方式，《语言研究》第2期，第55—58页。

陕西省临潼县志编纂委员会编 1991《临潼县志》，上海：上海人民出版社。

邵荣芬 1963 敦煌俗文学中的别字异文和唐五代西北方音，《中国语文》第3期，第193—217页。

石汝杰 1998 汉语方言中高元音的强摩擦倾向，《语言研究》第1期，第100—109页。

史秀菊 2004《河津方言研究》，太原：山西人民出版社。

苏晓青 1997《东海方言研究》，乌鲁木齐：新疆大学出版社。

孙立新 1995 咸阳市方言语音特点综述，《咸阳师专学报》第1期，第31—36页。

孙立新 1997 关中方言略说，《方言》第2期，第106—124页。

孙立新 2000《陕西方言纵横谈》，北京：华夏文化出版社。

孙立新 2001《户县方言研究》，北京：东方出版社。

孙立新 2004《陕西方言漫话》，北京：中国社会出版社。

孙立新 2007《西安方言研究》，西安：西安出版社。

孙立新 2008 咸阳方言同音字汇，《咸阳师院学报》第3期，第82—89页。

田晓荣 2009《临渭方言调查研究》，西安：陕西师范大学出版社。

［日］樋口勇夫 2004《临汾屯里方言研究》（《开篇》单刊），东京：日本好文出版。

王国杰 1997《东干族形成发展史——中亚陕甘回族移民研究》，西安：陕西人民出版社。

王军虎 2001 陕西关中方言的 ʮ 类韵母,《方言》第 3 期,第 250—252 页。

王军虎 2004 陕西凤翔方言的语音特点,载邢向东主编《西北方言与民俗研究论丛》(一),北京:中国社会科学出版社,第 184—188 页。

王军虎 2008 凤翔方言的一种特殊变调,西安:陕西省语言学会年会报告。

王临惠 2001 晋南方言知庄章组声母研究,《语文研究》第 1 期,第 53—56 页。

王临惠 2003《汾河流域方言的语音特点及其流变》,北京:中国社会科学出版社。

王临惠 2007《临猗方言研究》,天津:天津社会科学院出版社。

王士元 2000a 语音演变的双向扩散,载《语言的探索——王士元语言学论文选译》,北京:北京语言文化大学出版社,第 70—116 页。

王士元 2000b 语言的变异及语言的关系,载《语言的探索——王士元语言学论文选译》,北京:北京语言文化大学出版社,第 125—154 页。

王旭东 2007 灞溪方言语音研究,西安外国语大学硕士学位论文。

毋效智 1997 陕西省扶风方言同音字汇,《方言》第 3 期,第 192—205 页。

毋效智 2005《扶风方言》,乌鲁木齐:新疆大学出版社。

吴宗济、林茂灿主编 1989《实验语音学概要》,北京:高等教育出版社。

吴建生、李改样编 1990《永济方言志》,太原:山西高校联合出版社。

吴 嫒 2006 岐山方言语音研究,陕西师范大学硕士学位论文。

吴 嫒 2008 岐山话两字组的连读变调及中和调的模式,《南开语言学刊》第 2 期,第 142—152 页。

伍 巍 1999 广州话溪母字读音研究,《语文研究》第 4 期,第 45—47,53 页。

邢向东 2002《神木方言研究》,北京:中华书局。

邢向东 2004 论西北方言和晋语重轻式语音词的调位中和模式,《南开语言学刊》第 1 期,第 8—18 页。

邢向东 2007 陕西省的汉语方言,《方言》第 4 期,第 372—381 页

邢向东 2013 陕西关中方言古帮组声母的唇齿化与汉语史上的重唇变轻唇,《中国语文》第 2 期,第 99—106 页。

邢向东、蔡文婷 2010《合阳方言调查研究》,北京:中华书局。

邢向东、郭沈青 2005 晋陕宁三省区中原官话的内外差异与分区,《方言》第 4 期，第 364—371 页。

邢向东、黄　珊 2007 中古端、精、见组字在关中方言齐齿呼韵母前的演变,《语言学论丛》第 36 辑，第 129—144 页。

邢向东、黄　珊 2009 中古精组来母合口一等字在关中方言中的演变——附论精组合口三等字的演变,《语文研究》第 1 期，第 52—57 页。

邢向东、张双庆 2011 关中方言例外上声字探究,《陕西师范大学学报》(哲学社会科学版) 第 2 期，第 117—123 页。

邢向东、张双庆 2013 当代关中方言古山臻摄合口字介音演变考察——地域分布的视角,《太田斋、古屋昭弘两教授还历纪念中国语学论文集》，东京：日本好文出版，第 270—282 页。

邢向东、张双庆 2014 关中东府方言古知庄章组合口字与精组字合流的内外因素,《语言研究》第 1 期，第 41—46 页。

熊正辉 1990 官话区方言分 [ts tʂ] 的类型,《方言》第 1 期，第 1—10 页。

熊正辉、张振兴主编 2012《中国语言地图集·汉语方言卷》(第 2 版)，北京：商务印书馆。

徐通锵 1991《历史语言学》，北京：商务印书馆。

薛平拴 2001《陕西历史人口地理》，北京：人民出版社。

杨银梅 2006《铜川方言志》，载刘静主编《陕西关中东府五县市方言志》，西安：陕西师范大学出版社，第 389—491 页。

杨增武 2002《平鲁方言研究》，太原：山西人民出版社。

于永敏 2008 韩城方言语音研究，陕西师范大学硕士学位论文。

[日] 远藤光晓 1994 元音与声调,《中国境内语言暨语言学》(第二辑)，台北：中央研究院历史语言研究所，第 487—516 页。

[日] 远藤光晓 2001 介音与其他语音成分之间的配合关系,《声韵论丛》(第十一辑)，台北：台湾学生书局，第 45—68 页。

岳 佳 2009 耀县方言的两字组连读变调，未刊。

翟英谊 1989 山西娄烦方言同音字汇,《方言》第 1 期，第 11—19 页。

詹伯慧、张日升主编 1987《珠江三角洲方言字音对照》，广州：新世纪出版社。

以后要找机会一起研究西北方言。2007年秋，张先生邀请我去他负责的香港中文大学吴多泰语文研究中心访问了十天。其间我们讨论了对白涤洲《关中方音调查报告》作追踪调查的具体计划，决定以研究声母和介音之间的互动关系为主，还商量了申报有关项目的细节，决定先由张先生在香港申请政府资助局的资助。到2008年，《当代关中方言的调查及声母、介音演变研究》（项目编号440808）成功申请到香港政府资助局立项资助，由我组织精干的队伍实施。正式调查以前，我们在礼泉县组织了十天的试调查，张先生、我都参加了，还邀请潘悟云先生作软件技术上的支持和指导。那十天中，我们几乎天天吃"biāngbiāng面"，对这种美味面食留下了难以忘怀的印象，也对下一步调查中各种情况和问题的处理达成了一致意见。此后，项目进展非常顺利，到2009年调查完成，我们一边整理材料，一边合写文章。张先生就邀请我的博士生张建军到吴多泰语文研究中心工作半年，完成了语料登录。2010年又邀请我去中文大学一年，完成语料核对、结项工作。和张双庆先生朝夕相处的一年，是我回西安以来最放松、最开心的时光。我永远忘不了从新亚书院的住所隔窗眺望的"天人合一"的梦幻景色，还有晚间在后山的小径上边散步边大声唱陕北民歌的情形。经过我们共同努力，香港资助局的项目于2010年顺利结项。因为项目遗留的任务还多，我同张先生商量后，又申请到国家社科基金重点项目《近八十年来关中方言微观演变研究》，2015年结项并获得优秀等级。2019年，我用项目成果申报国家哲学社科文库，2020年获批入选。这个项目的成果，从始至终，都是我和张双庆先生以及项目组其他成员合作的结果，是我和张先生多年来友谊的象征和结晶。

由于成果文库的有关规定，即将出版的《近八十年来关中方音微观演变研究》只能由我单独署名。这令我非常不安，也留下了巨大的遗憾！尽管张先生诚恳地说不要紧，等以后《关中方言词汇、语法语料集》出版的时候再考虑联合署名，但我还是要在这里把情况交代清楚，向张先生表示诚挚的歉意！

在我们开始对《关中方音调查报告》进行追踪调查之前及以后，杨春霖、张成材、张崇、王军虎、张维佳、孙立新等先生已经对关中方言作过多年的研究，取得了丰硕的成果。对于关中方音的基本面貌，关中方言韵母系统中发生的多种演变，上述学者已经有比较深透的研究，尤其是张维佳《演化与竞争——关中方言音韵结构的演变》一书，对古全浊声母字的今读、阳声韵的文白异读及其竞争、阴声韵和入声韵的关系等等问题，他的观察以及其他先生的研究已经比较深入。因此，我们的着力点就放在了声母和韵母的互动关系以及声调的特殊演变上，确定以追踪调查为路径，通过田野调查获得"同时性"很强的语料，以此来观察近八十年来关中方言的微观演变，在共时平面将关中方言放到北方方言的整体格局中，在历时平面将目光延伸到汉语史的发展进程中，以更开阔的视野来观察、解释当代关中方言的演变，并用当代方音的演变来认识、理解汉语史上曾经发生过的演变现象，其中大量运用了地理语言学的理论、方法。在这过程中，作者逐渐形成了"一切以解决问题为宗旨"的研究理念。在语料处理上，本书把 2273 个单字在关中 48 点中的读音全部对照列出，其中包括《关中方音调查报告》"音缀表"中的所有例字及注音，以资比较。关中方言（特别是东西两翼）的文白异读比较丰富，字音对照表一律照收，可以作为下一步研究文白异读的材料。该项目成果的 1624 条词语对照表和 70 条语法例句对照表，限于篇幅，只好割爱，将来另行出版。

本书的完成和出版，除了主要合作者张双庆先生的贡献外，还要特别感谢张振兴先生。张先生是我博士论文答辩的主席，多年来我一直把先生视为自己的老师。张先生对西北方言研究非常关注，对陕西师大的语言学研究非常关心，对我个人也特别关怀。每次召开西北方言与民俗国际学术研讨会，先生必到会支持，每每提出高屋建瓴的观点和建议。是他促成我和张双庆先生合作调查关中方言，成就了这个项目。成果入选《文库》之后，张先生又不辞辛苦阅读了全书，欣然作序。对书稿及我和张双庆先生多所褒奖和鼓励。

我还要感谢潘悟云先生在试调查过程中给我们的指导。感谢调查中的所有发音合作人。感谢研究团队的全体成员：调查组的吴媛、陈荣泽、徐朋彪、史艳锋，独力完成登录的张建军，项目成果排版校对的代少若、张永哲，为书稿绘制方言地图的孙建华，复核、排校的曹兴隆、庄佳、侯治中。最后要感谢中华书局支持本书申报国家哲学社会科学成果文库，感谢秦淑华主任的大力支持，感谢责任编辑张可女士的倾力而为。

在本书即将付梓之际，我们真诚地期待来自学术界各位师友的批评指正。

邢向东

2020 年 11 月 19 日于西安俗雅斋

图书在版编目(CIP)数据

近八十年来关中方音微观演变研究/邢向东著. —北京:中华书局,2021.5
(国家哲学社会科学成果文库)
ISBN 978-7-101-15078-0

Ⅰ.近… Ⅱ.邢… Ⅲ.西北方言-方言研究-关中
Ⅳ.H172.2

中国版本图书馆 CIP 数据核字(2021)第 030996 号

书　　名　近八十年来关中方音微观演变研究(上、下册)
著　　者　邢向东
丛 书 名　国家哲学社会科学成果文库
责任编辑　张　可
出版发行　中华书局
　　　　　(北京市丰台区太平桥西里 38 号　100073)
　　　　　http://www.zhbc.com.cn
　　　　　E-mail:zhbc@zhbc.com.cn
印　　刷　北京瑞古冠中印刷厂
版　　次　2021 年 5 月北京第 1 版
　　　　　2021 年 5 月北京第 1 次印刷
规　　格　开本/710×1000 毫米　1/16
　　　　　印张 77　插页 5　字数 1205 千字
国际书号　ISBN 978-7-101-15078-0
定　　价　360.00 元